APRESENTAÇÃO

Chegou o momento de conquistar seu lugar no serviço público, e a chave para isso está na preparação certa com a obra elaborada pelo AlfaCon. Em um universo tão competitivo como o dos concursos públicos, a diferença está na qualidade da sua preparação. Para trilhar com sucesso sua jornada rumo a essa carreira tão desejada, é crucial contar com os materiais do AlfaCon.

Nesse material são abordados os seguintes assuntos:

- Língua Portuguesa
- Lei Orgânica da Polícia Civil de Minas Gerais
- Noções de Direito Administrativo
- Noções de Direito Civil
- Noções de Direito Constitucional
- Noções de Direito Penal
- Noções de Direito Processual Penal
- Direitos Humanos
- Noções de Informática
- Noções de Criminologia

Nosso compromisso é proporcionar a você um material completo e de qualidade, estruturado com explicações claras e objetivas. Destacamos os tópicos mais frequentemente cobrados nas provas, garantindo que você esteja preparado para enfrentar qualquer desafio.

Além disso o AlfaCon também te ajuda com:

- **Atualizações (sempre que necessárias) no Site:** mantemos nosso conteúdo sempre atualizado, alinhado às últimas novidades e mudanças nos editais, para que você esteja sempre à frente da concorrência.
- **Conteúdo Complementar**: oferecemos material adicional para aprofundar seus estudos, proporcionando uma compreensão abrangente e sólida dos temas abordados.
- **Curso Gratuito:** como parte do nosso compromisso com o seu sucesso, você terá acesso a um curso gratuito que complementa sua preparação, proporcionando uma experiência ainda mais completa.

Acesse o Conteúdo Online com o
Código de Resgate e Desperte o Seu Potencial!

Estamos ao seu lado nessa jornada de conquistas. Desfrute ao máximo do seu material, e lembre-se: **cada momento de estudo é um passo rumo à sua aprovação!**

Bons estudos e rumo à sua aprovação

EDITORA
AlfaCon
Concursos Públicos

COMO ESTUDAR PARA UM CONCURSO PÚBLICO!

AlfaCon Concursos Públicos

Para se preparar para um concurso público, não basta somente estudar o conteúdo. É preciso adotar metodologias e ferramentas, como plano de estudo, que ajudem o concurseiro em sua organização.

As informações disponibilizadas são resultado de anos de experiência nesta área e apontam que estudar de forma direcionada traz ótimos resultados ao aluno.

Curso on-line GRATUITO

- Como montar caderno
- Como estudar
- Como e quando fazer simulados
- O que fazer antes, durante e depois de uma prova!

Ou pelo link: alfaconcursos.com.br/cursos/material-didatico-como-estudar

ORGANIZAÇÃO

Organização é o primeiro passo para quem deseja se preparar para um concurso público.

Conhecer o conteúdo programático é fundamental para um estudo eficiente, pois os concursos seguem uma tendência e as matérias são previsíveis. Usar o edital anterior - que apresenta pouca variação de um para outro - como base é uma boa opção.

Quem estuda a partir desse núcleo comum precisa somente ajustar os estudos quando os editais são publicados.

PLANO DE ESTUDO

Depois de verificar as disciplinas apresentadas no edital, as regras determinadas para o concurso e as características da banca examinadora, é hora de construir uma tabela com seus horários de estudo, na qual todas as matérias e atividades desenvolvidas na fase preparatória estejam dispostas.

PASSO A PASSO

VEJA AS ETAPAS FUNDAMENTAIS PARA ORGANIZAR SEUS ESTUDOS

PASSO 1	PASSO 2	PASSO 3	PASSO 4	PASSO 5
Selecionar as disciplinas que serão estudadas.	Organizar sua rotina diária: marcar pontualmente tudo o que é feito durante 24 horas, inclusive o tempo que é destinado para dormir, por exemplo.	Organizar a tabela semanal: dividir o horário para que você estude 2 matérias por dia e também destine um tempo para a resolução de exercícios e/ou revisão de conteúdos.	Seguir rigorosamente o que está na tabela, ou seja, destinar o mesmo tempo de estudo para cada matéria. Por exemplo: 2h/dia para cada disciplina.	Reservar um dia por semana para fazer exercícios, redação e também simulados.

Esta tabela é uma sugestão de como você pode organizar seu plano de estudo. Para cada dia, você deve reservar um tempo para duas disciplinas e também para a resolução de exercícios e/ou revisão de conteúdos. Fique atento ao fato de que o horário precisa ser determinado por você, ou seja, a duração e o momento do dia em que será feito o estudo é você quem escolhe.

AlfaCon Concursos Públicos

TABELA SEMANAL

SEMANA	SEGUNDA	TERÇA	QUARTA	QUINTA	SEXTA	SÁBADO	DOMINGO
1							
2							
3							
4							

SUMÁRIO

Sumário

Sumário

Sumário

Sumário

Sumário

Sumário

Sumário

Sumário

Sumário

LÍNGUA PORTUGUESA

1. FONOLOGIA

Para escrever corretamente, dentro das normas aplicadas pela gramática, é preciso estudar o menor elemento sonoro de uma palavra: o fonema. A fonologia, então, é o estudo feito dos fonemas.

Os fonemas podem ser classificados em vogais, semivogais e consoantes. Esta qualificação ocorre de acordo com a forma como o ar passa pela boca e/ou nariz e como as cordas vocais vibram para produzir o som deles.

Cuidado para não confundir fonema com letra! A letra é a representação gráfica do fonema. Uma palavra pode ter quantidades diferentes de letras e fonemas.

Por exemplo:

Manhã: 5 letras

m/ /a/ /nh/ /ã/: 4 fonemas

- **Vogais:** existem **vogais nasais**, quando ocorre o movimento do ar saindo pela boca e pelo nariz. Tais vogais acompanham as letras m e n, ou também podem estar marcadas pelo til (~). No caso das **vogais orais**, o som passa apenas pela boca.

  Por exemplo:

  Mãe, lindo, tromba → vogais nasais

  Flor, calor, festa → vogais orais

- **Semivogais:** os fonemas /i/ e /u/ acompanhados por uma vogal na mesma sílaba da palavra constituem as semivogais. O som das semivogais é mais fraco do que o das vogais.

  Por exemplo: automóvel, história.

- **Consoantes:** quando o ar que sai pela boca sofre uma quebra formada por uma barreira como a língua, os lábios ou os dentes. São elas: b, c, d, f, g, j, k, l, lh, m, n, nh, p, rr, r, s, t, v, ch, z.

Lembre-se de que estamos tratando de fonemas, e não de letras. Por isso, os dígrafos também são citados como consoantes: os dígrafos são os encontros de duas consoantes, também chamados de encontros consonantais.

O encontro de dois sons vocálicos, ou seja, vogais ou semivogais, chama-se encontro vocálico. Eles são divididos em: ditongo, tritongo e hiato.

- **Ditongo:** na mesma sílaba, estão uma vogal e uma semivogal.

  Por exemplo: **pai** (**A** → vogal, **I** → semivogal).

- **Tritongo:** na mesma sílaba, estão juntas uma semivogal, uma vogal e outra semivogal.

  Por exemplo: Urug**uai** (**U** → semivogal, **A** → vogal, **I** → semivogal).

- **Hiato:** são duas vogais juntas na mesma palavra, mas em sílabas diferentes.

  Por exemplo: juíza (ju-í-za).

1.1 Partição silábica

Quando um fonema é falado em uma só expiração, ou seja, em uma única saída de ar, ele recebe o nome de sílaba. As palavras podem ser classificadas de diferentes formas, de acordo com a quantidade de sílabas ou quanto à sílaba tônica.

Pela quantidade de sílabas, as palavras podem ser:

- Monossílaba: 1 sílaba.

  Por exemplo: céu (monossílaba).

- Dissílaba: 2 sílabas.

  Por exemplo: jovem (jo-vem).

- Trissílaba: 3 sílabas.

  Por exemplo: palhaço (pa-lha-ço).

- Polissílaba: 4 ou mais sílabas.

  Por exemplo: dignidade (dig-ni-da-de,), particularmente (par-ti-cu-lar-men-te).

Pela tonicidade, ou seja, pela força com que a sílaba é falada e sua posição na palavra:

- **Oxítona:** a última sílaba é a tônica.
- **Paroxítona:** a penúltima sílaba é a tônica.
- **Proparoxítona:** a antepenúltima sílaba é a tônica.

A identificação da posição da sílaba tônica de uma palavra é feita de trás para frente. Desta forma, uma palavra oxítona possui como sílaba tônica a sílaba final da palavra.

Para realizar uma correta divisão silábica, é preciso ficar atento às regras.

- Não separe ditongos e tritongos.

  Por exemplo: sau-da-de, sa-guão.

- Não separe os dígrafos **CH, LH, NH, GU, QU**.

  Por exemplo: ca-**ch**o, a-be-**lh**a, ga-li-**nh**a, Gui-**lh**er-me, **qu**e-ri-do.

- Não separe encontros consonantais que iniciam sílaba.

  Por exemplo: **ps**i-có-lo-go, a-**gl**u-ti-nar.

- Separe as vogais que formam um hiato.

  Por exemplo: pa-r**a**-**í**-so, s**a**-**ú**-de.

- Separe os dígrafos **RR, SS, SC, SÇ, XC**.

  Por exemplo: ba**r**-**r**i-ga, a**s**-**s**a-do, pi**s**-**c**i-na, cre**s**-**ç**o, e**x**-**c**e-der.

- Separe as consoantes que estejam em sílabas diferentes.

  Por exemplo: a**d**-**j**un-to, sub**s**-**t**an-ti-vo, pra**g**-**m**á-ti-co.

2. ACENTUAÇÃO GRÁFICA

Antes de começar o estudo, é importante que você entenda quais são os padrões de tonicidade da Língua Portuguesa e quais são os encontros vocálicos presentes na Língua. Assim, fica mais fácil entender quais são as regras e como elas surgem.

2.1 Padrões de tonicidade

- **Palavras oxítonas:** última sílaba tônica (*so*-**fá**, *ca*-**fé**, *ji*-**ló**).
- **Palavras paroxítonas:** penúltima sílaba tônica (fer-**ru**-gem, a-**du**-bo, sa-**ú**-de).
- **Palavras proparoxítonas:** antepenúltima sílaba tônica (**â**-ni-mo, **ví**-ti-ma, **ó**-ti-mo).

2.2 Encontros vocálicos

- **Hiato: encontro vocálico que se separa (**pi-**a**-no, sa-**ú**-de).
- **Ditongo: encontro vocálico que permanece unido na sílaba** (cha-**péu**, to-**néis**).
- **Tritongo: encontro vocálico que permanece unido na sílaba** (sa-**guão**, U-ru-**guai**).

2.3 Regras gerais

2.3.1 Quanto às proparoxítonas

Acentuam-se todas as palavras proparoxítonas:

- Por exemplo: **ví**-ti-ma, **â**-ni-mo, hi-per-**bó-li-co.**

2.3.2 Quanto às paroxítonas

Não se acentuam as paroxítonas terminadas em **A, E, O** (seguidas ou não de S) **M** e **ENS**.

- Por exemplo: cas**te**lo, gra**na**da, pa**ne**la, pe**pi**no, **pa**jem, i**ma**gens etc.

Acentuam-se as terminadas em **R, N, L, X, I** ou **IS, US, UM, UNS, PS, Ã** ou **ÃS** e ditongos.

Por exemplo: susten**tá**vel, **tó**rax, **hí**fen, **tá**xi, **ál**bum, **bí**ceps, prin**cí**pio etc.

Fique de olho em alguns casos particulares, como as palavras terminadas em **OM, ON, ONS**.

- Por exemplo: **iân**dom; **pró**ton, **nêu**trons etc.

Com a reforma ortográfica, deixam de se acentuar as paroxítonas com **OO** e **EE**:

- Por exemplo: **voo**, enj**oo**, perd**oo**, mag**oo**, **leem**, **veem**, **deem**, **creem** etc.

2.3.3 Quanto às oxítonas

São acentuadas as terminadas em:

- **A** ou **AS**: so**fá**, Pa**rá**.
- **E** ou **ES**: ra**pé**, ca**fé**.
- **O** ou **OS**: a**vô**, ci**pó**.
- **EM** ou **ENS**: tam**bém**, para**béns**.

2.3.4 Acentuação de monossílabos

Acentuam-se os monossílabos tônicos terminados em **A, E O**, seguidos ou não de **S**.

- Por exemplo: **pá**, **pó**, **pé**, **já**, **lá**, **fé**, **só**.

2.3.5 Acentuação dos hiatos

Acentuam-se os hiatos quando forem formados pelas letras **I** ou **U**, sozinhas ou seguidas de **S**:

- Por exemplo: sa**ú**va, ba**ú**, bala**ús**tre, pa**ís**.

Exceções:

- Seguidas de **NH**: **tainha.**
- Paroxítonas antecedidas de ditongo: fe**i**ura.
- Com o **I** duplicado: xi**i**ta.

2.3.6 Ditongos abertos

Serão acentuados os ditongos abertos **ÉU, ÉI** e **ÓI**, com ou sem **S**, quando forem oxítonos ou monossílabos.

- Por exemplo: chap**éu**, **réu**, ton**éis**, her**ói**, past**éis**, hot**éis**, lenç**óis** etc.

Com a reforma ortográfica, caiu o acento do ditongo aberto em posição de paroxítona.

- Por exemplo: id**ei**a, onomatop**ei**a, jib**oi**a, paran**oi**a, her**oi**co etc.

2.3.7 Formas verbais com hífen

Para saber se há acento em uma forma verbal com hífen, deve-se analisar o padrão de tonicidade de cada bloco da palavra:

- Aju**dá**-lo (oxítona terminada em "a" → monossílabo átono).
- Con**tar**-lhe (oxítona terminada em "r" → monossílabo átono).
- Convi**dá**-la-íamos (oxítona terminada em "a" → proparoxítona).

2.3.8 Verbos "ter" e "vir"

Quando escritos na 3ª pessoa do singular, não serão acentuados:

- Ele **tem/vem**.

Quando escritos na **3ª pessoa do plural**, receberão o **acento circunflexo**:

- Eles **têm/vêm.**

Nos verbos derivados das formas apresentadas anteriormente:

- Acento agudo para singular: contém, convém.
- Acento circunflexo para o plural: contêm, convêm.

2.3.9 Acentos diferenciais

Alguns permanecem:

- Pôde/pode (pretérito perfeito/presente simples).
- Pôr/por (verbo/preposição).
- Fôrma/forma (substantivo/verbo ou ainda substantivo).

Caiu o acento diferencial de:

- Para/pára (preposição/verbo).
- Pelo/pêlo (preposição + artigo/substantivo).
- Polo/pólo (preposição + artigo/substantivo).
- Pera/pêra (preposição + artigo/substantivo).

3. ACORDO ORTOGRÁFICO DA LÍNGUA PORTUGUESA

O Acordo Ortográfico busca simplificar as regras ortográficas da Língua Portuguesa e unificar a nossa escrita e a das demais nações de língua portuguesa: Portugal, Angola, Moçambique, Cabo Verde, Guiné-Bissau, São Tomé e Príncipe e Timor-Leste.

Sua implementação no Brasil passou por algumas etapas:

- **2009:** vigência ainda não obrigatória.
- **2010-2015:** adaptação completa às novas regras.
- **A partir de 1º de janeiro de 2016:** emprego obrigatório. O acordo ortográfico passa a ser o único formato da língua reconhecido no Brasil.

Entre as mudanças na língua portuguesa decorrentes da reforma ortográfica, podemos citar o fim do trema, alterações na forma de acentuar palavras com ditongos abertos e que sejam hiatos, supressão dos acentos diferenciais e dos acentos tônicos, novas regras para o emprego do hífen e inclusão das letras w, k e y ao idioma.

3.1 Trema

Não se usa mais o trema (¨), sinal colocado sobre a letra u para indicar que ela deve ser pronunciada nos grupos **gue**, **gui**, **que**, **qui**.

- Por exemplo: aguentar, bilíngue, cinquenta, delinquente, eloquente, ensanguentado, frequente, linguiça, quinquênio, sequência, sequestro, tranquilo etc.

Obs.: o trema permanece apenas nas palavras estrangeiras e em suas derivadas. Exemplos: Müller, mülleriano.

3.2 Regras de acentuação

3.2.1 Ditongos abertos em paroxítonas

Não se usa mais o acento dos ditongos abertos **EI** e **OI** das palavras paroxítonas (palavras que têm acento tônico na penúltima sílaba).

- Por exemplo: alcat**ei**a, andr**oi**de, ap**oi**a, ap**oi**o (verbo), aster**oi**de, b**oi**a, celul**oi**de, clarab**oi**a, colm**ei**a, Cor**ei**a, debil**oi**de, epop**ei**a, est**oi**co, estr**ei**a, gel**ei**a, her**oi**co, id**ei**a, jib**oi**a, j**oi**a, odiss**ei**a, paran**oi**a, paran**oi**co, plat**ei**a, tram**oi**a etc.

Obs.: a regra vale somente para palavras paroxítonas. Assim, continuam a ser acentuadas as palavras oxítonas e os monossílabos tônicos terminados em ÉI(**S**), ÓI(**S**).

- Por exemplo: papéis, herói, heróis, dói (verbo doer), sóis etc.

A palavra **ideia** não leva mais acento, assim como **heroico**, mas o termo **herói** é acentuado.

3.2.2 I e U tônicos depois de um ditongo

Nas palavras paroxítonas, não se usa mais o acento no **I** e no **U** tônicos quando vierem depois de um ditongo.

- Por exemplo: bai**u**ca, bocai**u**va (tipo de palmeira), caui**l**a (avarento).

Obs.:

- Se a palavra for oxítona e o I ou o U estiverem em posição final (ou seguidos de S), o acento permanece. Exemplos: tuiuiú, tuiuiús, Piauí.
- Se o I ou o U forem precedidos de ditongo crescente, o acento permanece. Exemplos: guaíba, Guaíra.

3.2.3 Hiatos EE e OO

Não se usa mais acento em palavras terminadas em **EEM** e **OO**(**S**).

- Abenç**oo**, cr**eem**, d**eem**, d**oo**, enj**oo**, l**eem**, mag**oo**, perd**oo**, pov**oo**, v**eem**, v**oos**, z**oo**.

3.2.4 Acento diferencial

Não se usa mais o acento que diferenciava os pares pára/para, péla(s)/pela(s), pêlo(s)/pelo(s), pólo(s)/polo(s) e pêra/pera. Por exemplo:

Ele para o carro.
Ele foi ao polo Norte.
Ele gosta de jogar polo.
Esse gato tem pelos brancos.
Comi uma pera.

Obs.:

- Permanece o acento diferencial em **pôde/pode**. **Pôde** é a forma do passado do verbo poder (pretérito perfeito do indicativo), na 3ª pessoa do singular. **Pode** *é* a forma do presente do indicativo, na 3ª pessoa do singular.
  - Por exemplo: Ontem, ele não **pôde** sair mais cedo, mas hoje ele **pode**.
- Permanece o acento diferencial em pôr/por. Pôr é verbo. Por é preposição.
  - Por exemplo: Vou **pôr** o livro na estante que foi feita **por** mim.
- Permanecem os acentos que diferenciam o singular do plural dos verbos ter e vir, assim como de seus derivados (manter, deter, reter, conter, convir, intervir, advir etc.). Por exemplo:

  Ele **tem** dois carros. Eles **têm** dois carros.
  Ele **vem** de Sorocaba. Eles **vêm** de Sorocaba.
  Ele **mantém** a palavra. Eles **mantêm** a palavra.
  Ele **convém** aos estudantes. Eles **convêm** aos estudantes.
  Ele **detém** o poder. Eles **detêm** o poder.
  Ele **intervém** em todas as aulas. Eles **intervêm** em todas as aulas.
- É facultativo o uso do acento circunflexo para diferenciar as palavras **forma/fôrma**. Em alguns casos, o uso do acento deixa a frase mais clara. Por exemplo: Qual é a forma da fôrma do bolo?

3.2.5 Acento agudo no U tônico

Não se usa mais o acento agudo no **U** tônico das formas (tu) arguis, (ele) argui, (eles) arguem, do presente do indicativo dos verbos **arguir** e **redarguir**.

3.3 Hífen com compostos

3.3.1 Palavras compostas sem elementos de ligação

Usa-se o hífen nas palavras compostas que não apresentam elementos de ligação.

- Por exemplo: guarda-chuva, arco-íris, boa-fé, segunda-feira, mesa-redonda, vaga-lume, joão-ninguém, porta-malas, porta-bandeira, pão-duro, bate-boca etc.

Exceções: não se usa o hífen em certas palavras que perderam a noção de composição, como girassol, madressilva, mandachuva, pontapé, paraquedas, paraquedista, paraquedismo.

3.3.2 Compostos com palavras iguais

Usa-se o hífen em compostos que têm palavras iguais ou quase iguais, sem elementos de ligação.

- Por exemplo: reco-reco, blá-blá-blá, zum-zum, tico-tico, tique-taque, cri-cri, glu-glu, rom-rom, pingue-pongue, zigue-zague, esconde-esconde, pega-pega, corre-corre.

3.3.3 Compostos com elementos de ligação

Não se usa o hífen em compostos que apresentam elementos de ligação.

- Por exemplo: pé de moleque, pé de vento, pai de todos, dia a dia, fim de semana, cor de vinho, ponto e vírgula, camisa de força, cara de pau, olho de sogra.

Obs.: incluem-se nesse caso os compostos de base oracional.

- Por exemplo: Maria vai com as outras, leva e traz, diz que diz que, Deus me livre, Deus nos acuda, cor de burro quando foge, bicho de sete cabeças, faz de conta.

Exceções: água-de-colônia, arco-da-velha, cor-de-rosa, mais-que-perfeito, pé-de-meia, ao deus-dará, à queima-roupa.

3.3.4 Topônimos

Usa-se o hífen nas palavras compostas derivadas de topônimos (nomes próprios de lugares), com ou sem elementos de ligação. Por exemplo:

- Belo Horizonte: belo-horizontino.
- Porto Alegre: porto-alegrense.
- Mato Grosso do Sul: mato-grossense-do-sul.
- Rio Grande do Norte: rio-grandense-do-norte.
- África do Sul: sul-africano.

3.4 Uso do hífen com palavras formadas por prefixos

3.4.1 Casos gerais

Antes de H

Usa-se o hífen diante de palavra iniciada por **H**.

- Por exemplo: anti-higiênico, anti-histórico, macro-história, mini-hotel, proto-história, sobre-humano, super-homem, ultra-humano.

Letras iguais

Usa-se o hífen se o prefixo terminar com a mesma letra com que se inicia a outra palavra.

- Por exemplo: micro-ondas, anti-inflacionário, sub-bibliotecário, inter-regional.

Letras diferentes

Não se usa o hífen se o prefixo terminar com letra diferente daquela com que se inicia a outra palavra.

- Por exemplo: aeroespacial agroindustrial autoescola, antiaéreo, intermunicipal, supersônico, superinteressante, semicírculo.

Obs.: se o prefixo terminar por vogal e a outra palavra começar por **R** ou **S**, dobram-se essas letras.

- Por exemplo: minissaia, antirracismo, ultrassom, semirreta.

3.4.2 Casos particulares

Prefixos SUB- e SOB-

Com os prefixos **SUB-** e **SOB-**, usa-se o hífen também diante de palavra iniciada por **R**.

- Por exemplo: sub-região, sub-reitor, sub-regional, sob-roda.

Prefixos CIRCUM- e PAN-

Com os prefixos **CIRCUM-** e **PAN-**, usa-se o hífen diante de palavra iniciada por **M**, **N** e vogal.

- Por exemplo: circum-murado, circum-navegação, pan-americano.

Outros prefixos

Usa-se o hífen com os prefixos **EX-**, **SEM-**, **ALÉM-**, **AQUÉM-**, **RECÉM-**, **PÓS-**, **PRÉ-**, **PRÓ-**, **VICE-**.

- Por exemplo: além-mar, além-túmulo, aquém-mar, ex-aluno, ex-diretor, ex-hospedeiro, pós-graduação, pré-história, pré-vestibular, pró-europeu, recém-casado, recém-nascido, sem-terra, vice-rei.

Prefixo CO

O prefixo **CO** junta-se com o segundo elemento, mesmo quando este se inicia por **O** ou **H**. Neste último caso, corta-se o **H**. Se a palavra seguinte começar com **R** ou **S**, dobram-se essas letras.

- Por exemplo: coobrigação, coedição, coeducar, cofundador, coabitação, coerdeiro, corréu, corresponsável, cosseno.

Prefixos PRE- e RE-

Com os prefixos **PRE-** e **RE-**, não se usa o hífen, mesmo diante de palavras começadas por **E**.

- Por exemplo: preexistente, reescrever, reedição.

Prefixos AB-, OB- e AD-

Na formação de palavras com **AB-**, **OB-** e **AD-**, usa-se o hífen diante de palavra começada por **B**, **D** ou **R**.

- Por exemplo: ad-digital, ad-renal, ob-rogar, ab-rogar.

3.4.3 Outros casos do uso do hífen

NÃO e QUASE

Não se usa o hífen na formação de palavras com **não** e **quase**.

- Por exemplo: (acordo de) não agressão, (isto é, um) quase delito.

MAL

Com **mal**, usa-se o hífen quando a palavra seguinte começar por vogal, **H** ou **L**.

- Por exemplo: mal-entendido, mal-estar, mal-humorado, mal-limpo.

Obs.: quando **mal** significa doença, usa-se o hífen se não houver elemento de ligação.

- Por exemplo: mal-francês.

Se houver elemento de ligação, escreve-se sem o hífen.

- Por exemplo: mal de Lázaro, mal de sete dias.

Tupi-guarani

Usa-se o hífen com sufixos de origem tupi-guarani que representam formas adjetivas: **açu**, **guaçu**, **mirim**:

- Por exemplo: capim-açu, amoré-guaçu, anajá-mirim.

Combinação ocasional

Usa-se o hífen para ligar duas ou mais palavras que ocasionalmente se combinam, formando não propriamente vocábulos, mas encadeamentos vocabulares.

- Por exemplo: ponte Rio-Niterói, eixo Rio-São Paulo.

Hífen e translineação

Para clareza gráfica, se no final da linha a partição de uma palavra ou combinação de palavras coincidir com o hífen, ele deve ser repetido na linha seguinte.

- Por exemplo: O diretor foi receber os ex-
-alunos.

3.4.4 Síntese das principais regras do hífen

	Síntese do hífen	Exemplos
Letras diferentes	Não use hífen	Infraestrutura, extraoficial, supermercado
Letras iguais	Use hífen	Anti-inflamatório, contra-argumento, inter-racial, hiper-realista
Vogal + R ou S	Não use hífen (duplique R ou S)	Corréu, cosseno, minissaia, autorretrato
Bem	Use hífen	Bem-vindo, bem-humorado

3.4.5 Quadro resumo do emprego do hífen com prefixos

Prefixos	Letra que inicia a palavra seguinte
Ante-, anti-, contra-, entre-, extra-, infra-, intra-, sobre-, supra-, ultra-	H/VOGAL IDÊNTICA À QUE TERMINA O PREFIXO Exemplos com H: ante-hipófise, anti-higiênico, anti-herói, contra-hospitalar, entre-hostil, extra-humano, infra-hepático, sobre-humano, supra-hepático, ultra-hiperbólico. Exemplos com vogal idêntica: anti-inflamatório, contra-ataque, infra-axilar, sobre-estimar, supra-auricular, ultra-aquecido.
Ab-, ad-, ob-, sob-	B/R/D (Apenas com o prefixo "Ad") Exemplos: ab-rogar (pôr em desuso), ad-rogar (adotar), ob-reptício (astucioso), sob-roda, ad-digital
Circum-, pan-	H/M/N/VOGAL Exemplos: circum-meridiano, circum-navegação, circum-oral, pan-americano, pan-mágico, pan-negritude.
Ex- (no sentido de estado anterior), sota-, soto-, vice-, vizo-	DIANTE DE QUALQUER PALAVRA Exemplos: ex-namorada, sota-soberania (não total), soto-mestre (substituto), vice-reitor, vizo-rei.
Hiper-, inter-, super-	H/R Exemplos: hiper-hidrose, hiper-raivoso, inter-humano, inter-racial, super-homem, super-resistente.
Pós-, pré-, pró- (tônicos e com significados próprios)	DIANTE DE QUALQUER PALAVRA Exemplos: pós-graduação, pré-escolar, pró-democracia. Obs.: se os prefixos não forem autônomos, não haverá hífen. Exemplos: predeterminado, pressupor, pospor, propor.
Sub-	B /H/R Exemplos: sub-bloco, sub-hepático, sub-humano, sub-região. Obs.: "subumano" e "subepático" também são aceitas.
Pseudoprefixos (diferem-se dos prefixos por apresentarem elevado grau de independência e possuírem uma significação mais ou menos delimitada, presente à consciência dos falantes.) Aero-, agro-, arqui-, auto-, bio-, eletro-, geo-, hidro-, macro-, maxi-, mega, micro-, mini-, multi-, neo-, pluri-, proto-, pseudo-, retro-, semi-, tele-	H/VOGAL IDÊNTICA À QUE TERMINA O PREFIXO Exemplos com H: geo-histórico, mini-hospital, neo-helênico, proto-história, semi-hospitalar. Exemplos com vogal idêntica: arqui-inimigo, auto-observação, eletro-ótica, micro-ondas, micro-ônibus, neo-ortodoxia, semi-interno, tele-educação.

Não se utilizará o hífen:

- Em palavras iniciadas pelo prefixo **CO**-.
  - Por exemplo: Coadministrar, coautor, coexistência, cooptar, coerdeiro corresponsável, cosseno.
- Em palavras iniciadas pelos prefixos **DES**- ou **IN**- seguidos de elementos sem o "h" inicial.
  - Por exemplo: desarmonia, desumano, desumidificar, inábil, inumano etc.
- Com a palavra não.
  - Por exemplo: Não violência, não agressão, não comparecimento.

- Em palavras que possuem os elementos **BI**, **TRI**, **TETRA**, **PENTA**, **HEXA** etc.
  - Por exemplo: bicampeão, bimensal, bimestral, bienal, tridimensional, trimestral, triênio, tetracampeão, tetraplégico, pentacampeão, pentágono etc.
- Em relação ao prefixo **HIDRO-**, em alguns casos pode haver duas formas de grafia.
  - Por exemplo: hidroelétrica e hidrelétrica.
- No caso do elemento **SOCIO**, o hífen será utilizado apenas quando houver função de substantivo (= de associado).
  - Por exemplo: sócio-gerente / socioeconômico.

4. ORTOGRAFIA

A ortografia é a parte da Gramática que estuda a escrita correta das palavras. O próprio nome da disciplina já designa tal função. É oriunda das palavras gregas *ortho* que significa "correto" e *graphos* que significa "escrita".

4.1 Alfabeto

As letras **K**, **W** e **Y** foram inseridas no alfabeto devido a uma grande quantidade de palavras que são grafadas com tais letras e não podem mais figurar como termos exóticos em relação ao português. Eis alguns exemplos de seu emprego:

- Em abreviaturas e em símbolos de uso internacional: **kg** - quilograma / **w** - watt.
- Em palavras estrangeiras de uso internacional, nomes próprios estrangeiros e seus derivados: Kremlin, Kepler, Darwin, Byron, byroniano.

O alfabeto, também conhecido como abecedário, é formado (a partir do novo acordo ortográfico) por 26 letras.

FORMA MAIÚSCULA	FORMA MINÚSCULA	FORMA MAIÚSCULA	FORMA MINÚSCULA
A	a	N	n
B	b	O	o
C	c	P	p
D	d	Q	q
E	e	R	r
F	f	S	s
G	g	T	t
H	h	U	u
I	i	V	v
J	j	W	w
K	k	X	x
L	l	Y	y
M	m	Z	z

4.2 Emprego da letra H

A letra **H** demanda um pouco de atenção. Apesar de não possuir verdadeiramente sonoridade, ainda a utilizamos por convenção histórica. Seu emprego, basicamente, está relacionado às seguintes regras:

- No início de algumas palavras, por sua origem: hoje, hodierno, haver, Helena, helênico.
- No fim de algumas interjeições: Ah! Oh! Ih! Uh!
- No interior de palavra compostas que preservam o hífen, nas quais o segundo elemento se liga ao primeiro: super-homem, pré-história, sobre-humano.
- Nos dígrafos **NH**, **LH** e **CH**: tainha, lhama, chuveiro.

4.3 Emprego de E e I

Existe uma curiosidade a respeito do emprego dessas letras nas palavras que escrevemos: o fato de o "e", no final da palavra, ser pronunciado como uma semivogal faz com que muitos falantes pensem ser correto grafar a palavra com **I**.

Aqui, veremos quais são os principais aspectos do emprego dessas letras.

- Escreveremos com "e" palavras formadas com o prefixo **ANTE-** (que significa antes, anterior).
  - Por exemplo: antebraço, antevéspera, antecipar, antediluviano etc.
- A sílaba final de formas conjugadas dos verbos terminados em **–OAR** e **–UAR** (quando estiverem no subjuntivo).
  - Por exemplo: abençoe (abençoar), continue (continuar), pontue (pontuar).
- Algumas palavras, por sua origem.
  - Por exemplo: arrepiar, cadeado, creolina, desperdiçar, desperdício, destilar, disenteria, empecilho, indígena, irrequieto, mexerico, mimeógrafo, orquídea, quase, sequer, seringa, umedecer etc.
- Escreveremos com "i" palavras formadas com o prefixo **ANTI-** (que significa contra).
  - Por exemplo: antiaéreo, anticristo, antitetânico, anti-inflamatório.
- A sílaba final de formas conjugadas dos verbos terminados em **-AIR**, **-OER** e **-UIR**.
  - Por exemplo: cai (cair), sai (sair), diminui (diminuir), dói (doer).
- Os ditongos AI, OI, ÓI, UI.
  - Por exemplo: pai, foi, herói, influi.
- As seguintes palavras: aborígine, chefiar, crânio, criar, digladiar, displicência, escárnio, implicante, impertinente, impedimento, inigualável, lampião, pátio, penicilina, privilégio, requisito etc.

Vejamos alguns casos em que o emprego das letras **E** e **I** pode causar uma alteração semântica:

- Escrito com **E**:

  Arrear = pôr arreios.
  Área = extensão de terra, local.
  Delatar = denunciar.
  Descrição = ação de descrever.
  Descriminação = absolver.
  Emergir = vir à tona.
  Emigrar = sair do país ou do local de origem.
  Eminente = importante.

- Escrito com **I**:

  Arriar = abaixar, desistir.
  Ária = peça musical.
  Dilatar = alargar, aumentar.
  Discrição = separar, estabelecer diferença.
  Imergir = mergulhar.
  Imigrar = entrar em um país estrangeiro.
  Iminente = próximo, prestes a ocorrer.

O Novo Acordo Ortográfico explica que, agora, escreve-se com **I** antes de sílaba tônica. Veja alguns exemplos: acriano (admite-se, por ora, acreano, de Acre), rosiano (de Guimarães Rosa), camoniano (de Camões), nietzschiano (de Nietzsche) etc.

4.4 Emprego de O e U

Apenas por exceção, palavras em português com sílabas finais átonas (fracas) terminam por **US**; o comum é que se escreva com **O** ou **OS**. Por exemplo: carro, aluno, abandono, abono, chimango etc.

Exemplos das exceções a que aludimos: bônus, vírus, ônibus etc.

Em palavras proparoxítonas ou paroxítonas com terminação em ditongo, são comuns as terminações em **-UA**, **-ULA**, **-ULO**: tábua, rábula, crápula, coágulo.

As terminações em -**AO**, -**OLA**, -**OLO** só aparecem em algumas palavras: mágoa, névoa, nódoa, agrícola, vinícola, varíola etc.

Fique de olho na grafia destes termos:

- **Com a letra O:** abolir, boate, botequim, bússola, costume, engolir, goela, moela, moleque, mosquito etc.
- **Com a letra U:** bulício, buliçoso, bulir, camundongo, curtume, cutucar, jabuti, jabuticaba, rebuliço, urtiga, urticante etc.

4.5 Emprego de G e J

Essas letras, por apresentarem o mesmo som, eventualmente, costumam causar problemas de ortografia. A letra **G** só apresenta o som de **J** diante das letras **E** e **I**: gesso, gelo, agitar, agitador, agir, gíria.

4.5.1 Escreveremos com G

- Palavras terminadas em -**AGEM**, -**IGEM**, -**UGEM**. Por exemplo: garagem, vertigem, rabugem, ferrugem, fuligem etc.

  Exceções: pajem, lambujem (doce ou gorjeta), lajem (pedra da sepultura).
- Palavras terminadas em -ÁGIO, -ÉGIO, -ÍGIO, -ÓGIO, -ÚGIO: contágio, régio, prodígio, relógio, refúgio.
- Palavras derivadas de outras que já possuem a letra **G**. Por exemplo: **viagem** – viageiro; **ferrugem** – ferrugento; **vertigem** – vertiginoso; **regime** – regimental; **selvagem** – selvageria; **regional** – regionalismo.
- Em geral, após a letra "r". Por exemplo: aspergir, divergir, submergir, imergir etc.
- Palavras:

  De origem latina: agir, gente, proteger, surgir, gengiva, gesto etc.

  De origem árabe: álgebra, algema, ginete, girafa, giz etc.

  De origem francesa: estrangeiro, agiotagem, geleia, sargento etc.

  De origem italiana: gelosia, ágio etc.

  Do castelhano: gitano.

  Do inglês: gim.

4.5.2 Escreveremos com J

- Os verbos terminados em -**JAR** ou -**JEAR** e suas formas conjugadas:

  Gorjear: gorjeia (lembre-se das "aves"), gorjeiam, gorjearão.

  Viajar: viajei, viaje, viajemos, viajante.

Cuidado para não confundir os termos **viagem** (substantivo) com **viajem** (verbo "viajar"). Vejamos o emprego:
Ele fez uma bela viagem.
Tomara que eles viajem amanhã.

- Palavras derivadas de outras terminadas em -**JA**. Por exemplo: **granja:** granjeiro, granjear; **loja:** lojista, lojinha; **laranja:** laranjal, laranjeira; **lisonja:** lisonjeiro, lisonjeador; **sarja:** sarjeta.
- Palavras cognatas (raiz em comum) ou derivadas de outras que possuem o J. Por exemplo:

  Laje: lajense, lajedo.

  Nojo: nojento, nojeira.

  Jeito: jeitoso, ajeitar, desajeitado.
- Palavras de origem ameríndia (geralmente tupi-guarani) ou africana: canjerê, canjica, jenipapo, jequitibá, jerimum, jia, jiboia, jiló, jirau, Moji, pajé.
- Palavras: conjetura, ejetar, injeção, interjeição, objeção, objeto, objetivo, projeção, projeto, rejeição, sujeitar, sujeito, trajeto, trajetória, trejeito, berinjela, cafajeste, jeca, jegue, Jeremias, jerico, jérsei, majestade, manjedoura, ojeriza, pegajento, rijeza, sujeira, traje, ultraje, varejista.

4.6 Orientações sobre a grafia do fonema /s/

Podemos representar o fonema /s/ por:

- S: ânsia, cansar, diversão, farsa.
- SS: acesso, assar, carrossel, discussão.
- C, Ç: acetinado, cimento, açoite, açúcar.
- SC, SÇ: acréscimo, adolescente, ascensão, consciência, nasço, desça.
- X: aproximar, auxiliar, auxílio, sintaxe.
- XC: exceção, exceder, excelência, excepcional.

4.6.1 Escreveremos com S

- A correlação **ND** – **NS**:

  Pretender – pretensão, pretenso.

  Expandir – expansão, expansivo.
- A correlação **RG** – **RS**:

  Aspergir – aspersão.

  Imergir – imersão.

  Emergir – emersão.
- A correlação **RT** – **RS**:

  Divertir – diversão.

  Inverter – inversão.
- O sufixo -**ENSE**:

  Paranaense.

  Cearense.

  Londrinense.

4.6.2 Escreveremos com SS

- A correlação **CED** – **CESS**:

  Ceder – cessão.

  Interceder – intercessão.

  Retroceder – retrocesso.
- A correlação **GRED** – **GRESS**:

  Agredir – agressão, agressivo.

  Progredir – progressão, progresso.
- A correlação **PRIM** – **PRESS**:

  Imprimir – impressão, impresso.

  Oprimir – opressão, opressor.

  Reprimir – repressão, repressivo.
- A correlação **METER** – **MISS**:

  Submeter – submissão.

  Intrometer – intromissão.

4.6.3 Escreveremos com C ou com Ç

- Palavras de origem tupi ou africana. Por exemplo: açaí, araçá, Iguaçu, Juçara, muçurana, Paraguaçu, caçula, cacimba.
- **O Ç só será usado antes das vogais A, O e U.**
- Com os sufixos:

  -AÇA: barcaça.

  -AÇÃO: armação.

  -*ÇAR*: aguçar.

  -ECER: esmaecer.

-**IÇA:** carniça.
-**NÇA:** criança.
-**UÇA:** dentuça.

- Palavras derivadas de verbos terminados em -**TER** (não confundir com a regra do –**METER** – -**MISS**):
  Abster: abstenção.
  Reter: retenção.
  Deter: detenção.
- Depois de ditongos:
  Feição; louça; traição.
- Palavras de origem árabe:
  Açúcar; açucena; cetim; muçulmano.

4.6.4 Emprego do SC

Escreveremos com **SC** palavras que são termos emprestados do latim. Por exemplo: adolescência; ascendente; consciente; crescer; descer; fascinar; fescenino.

4.6.5 Grafia da letra S com som de /z/

Escreveremos com S:

- Terminações em -**ÊS**, -**ESA** e -**ISA**, que indicam nacionalidade, título ou origem:
  Japonês – japonesa.
  Marquês – marquesa.
  Camponês – camponesa.
- Após ditongos: causa; coisa; lousa; Sousa.
- As formas dos verbos **pôr** e **querer** e de seus compostos:
  Eu pus, nós pusemos, pusésseis etc.
  Eu quis, nós quisemos, quiséssseis etc.
- Terminações -**OSO** e -**OSA**, que indicam qualidade. Por exemplo: gostoso; garboso; fervorosa; talentosa.
- Prefixo **TRANS**-: transe; transação; transoceânico.
- Em diminutivos cujo radical termine em **S**:
  Rosa – rosinha.
  Teresa – Teresinha.
  Lápis – lapisinho.
- Na correlação **D** – **S**:
  Aludir – alusão, alusivo.
  Decidir – decisão, decisivo.
  Defender – defesa, defensivo.
- Verbos derivados de palavras cujo radical termina em **S**:
  Análise – analisar.
  Presa – apresar.
  Êxtase – extasiar.
  Português – aportuguesar.
- Substantivos com os sufixos gregos -**ESE**, -**ISA** e -**OSE**: catequese, diocese, poetisa, virose, (obs.: "catequizar" com **Z**).
- Nomes próprios: Baltasar, Heloísa, Isabel, Isaura, Luísa, Sousa, Teresa.
- Palavras: análise, cortesia, hesitar, reses, vaselina, avisar, defesa, obséquio, revés, vigésimo, besouro, fusível, pesquisa, tesoura, colisão, heresia, querosene, vasilha.

4.7 Emprego da letra Z

Escreveremos com **Z**:

- Terminações -**EZ** e -**EZA** de substantivos abstratos derivados de adjetivos:
  Belo – beleza.
  Rico – riqueza.
  Altivo – altivez.
  Sensato - sensatez.
- Verbos formados com o sufixo -**IZAR** e palavras cognatas: balizar, inicializar, civilizar.
- As palavras derivadas em:
  -**ZAL:** cafezal, abacaxizal.
  -**ZEIRO:** cajazeiro, açaizeiro.
  -**ZITO:** avezita.
  -**ZINHO:** cãozinho, pãozinho, pezinho
- Derivadas de palavras cujo radical termina em **Z**: cruzeiro, esvaziar.
- Palavras: azar, aprazível, baliza, buzina, bazar, cicatriz, ojeriza, prezar, proeza, vazamento, vizinho, xadrez, xerez.

4.8 Emprego do X e do CH

A letra X pode representar os seguintes fonemas:

/ch/: xarope.
/cx/: sexo, tóxico.
/z/: exame.
/ss/: máximo.
/s/: sexto.

4.9 Escreveremos com X

- Em geral, após um ditongo. Por exemplo: caixa, peixe, ameixa, rouxinol, caixeiro. **Exceções**: recauchutar e guache.
- Geralmente, depois de sílaba iniciada por **EN**-: enxada; enxerido; enxugar; enxurrada.
- Encher (e seus derivados); palavras que iniciam por **CH** e recebem o prefixo **EN**-. Por exemplo: encharcar, enchumaçar, enchiqueirar, enchumbar, enchova.
- Palavras de origem indígena ou africana: abacaxi, xavante, xará, orixá, xinxim.
- Após a sílaba **ME** no início da palavra. Por exemplo: mexerica, mexerico, mexer, mexida. **Exceção**: mecha de cabelo.
- Palavras: bexiga, bruxa, coaxar, faxina, graxa, lagartixa, lixa, praxe, vexame, xícara, xale, xingar, xampu.

4.10 Escreveremos com CH

- As seguintes palavras, em razão de sua origem: chave, cheirar, chuva, chapéu, chalé, charlatão, salsicha, espadachim, chope, sanduíche, chuchu, cochilo, fachada, flecha, mecha, mochila, pechincha.
- **Atente para a divergência de sentido com os seguintes elementos:**
  Bucho – estômago.
  Buxo – espécie de arbusto.
  Cheque – ordem de pagamento.
  Xeque – lance do jogo de xadrez.
  Tacha – pequeno prego.
  Taxa – imposto.

5. NÍVEIS DE ANÁLISE DA LÍNGUA

A Língua Portuguesa possui quatro níveis de análise. Veja cada um deles:

- **Nível fonético/fonológico:** estuda a produção e articulação dos sons da língua.
- **Nível morfológico:** estuda a estrutura e a classificação das palavras.
- **Nível sintático:** estuda a função das palavras dentro de uma sentença.
- **Nível semântico:** estuda as relações de sentido construídas entre as palavras.

Na **Semântica**, entre outras coisas, estuda-se a diferença entre linguagem de sentido denotativo (ou literal, do dicionário) e linguagem de sentido conotativo (ou figurado).

- Rosa é uma flor.
    - **Morfologia:**

        Rosa: substantivo;
        É: verbo ser;
        Uma: artigo;
        Flor: substantivo
    - **Sintaxe:**

        Rosa: sujeito;
        É uma flor: predicado;
        Uma flor: predicativo do sujeito.
    - **Semântica:**

        Rosa pode ser entendida como uma pessoa ou como uma planta, depende do sentido.

6. ESTRUTURA E FORMAÇÃO DE PALAVRAS

6.1 Estrutura das palavras

Para compreender os termos da Língua Portuguesa, deve-se observar, nos vocábulos, a presença de algumas estruturas como **raiz**, **desinências** e **afixos**:

- **Raiz ou radical (morfema lexical):** parte que guarda o sentido da palavra.

  Pedreiro.
  Pedrada.
  Em**pedr**ado.
  Pedregulho.

- **Desinências:** fazem a flexão dos termos.

  Nominais:
  Gênero: jogador/jogadora.
  Número: aluno/alunos.
  Grau: cadeira/cadeirinha.
  Verbais:
  Modo-tempo: cantá**va**mos, vendê**ra**mos.
  Número-pessoa: fize**mos**, compra**stes.**

- **Afixos: conectam-se às raízes dos termos.**

  Prefixos: colocados antes da raiz.
  Infeliz, **des**fazer, **re**tocar.
  Sufixos: colocados após a raiz.
  Feliz**mente**, capac**idade**, igual**dade.**

Também é importante atentar aos termos de ligação. São eles:

- **Vogal de ligação:**

  Gas**ô**metro, bar**ô**metro, cafe**i**cultura, carn**í**voro.

- **Consoante de ligação:**

  Gira**s**sol, cafe**t**eira, pau**l**ada, cha**l**eira.

6.2 Radicais gregos e latinos

O conhecimento sobre a origem dos radicais é, muitas vezes, importante para a compreensão e memorização de inúmeras palavras.

6.2.1 Radicais gregos

Os radicais gregos têm uma importância expressiva para a compreensão e fácil memorização de diversas palavras que foram criadas e vulgarizadas pela linguagem científica.

Podemos observar que esses radicais se unem, geralmente, a outros elementos de origem grega e, frequentemente, sofrem alterações fonéticas e gráficas para formarem palavras compostas.

Seguem alguns radicais gregos, seus respectivos significados e algumas palavras de exemplo:

- ***Ácros*** **(alto):** acrópole, acrobacia, acrofobia.
- ***Álgos*** **(dor):** algofilia, analgésico, nevralgia.
- ***Ánthropos*** **(homem):** antropologia, antropófago, filantropo.
- ***Astér, astéros*** **(estrela):** asteroide, asterisco.
- ***Ástron*** **(astro):** astronomia, astronauta.
- ***Biblíon*** **(livro):** biblioteca, bibliografia, bibliófilo.
- ***Chéir, cheirós*** **(mão – cir-, quiro):** cirurgia, cirurgião, quiromante.
- ***Chlorós,*** **(verde):** cloro, clorofila, clorídrico.
- ***Chróma, chrómatos,*** **(cor):** cromático, policromia.
- ***Dáktylos*** **(dedo):** datilografia, datilografar.
- ***Déka*** **(dez):** decálogo, decâmetro, decassílabo.
- ***Gámos,*** **(casamento):** poligamia, polígamo, monogamia.
- ***Gastér, gastrós,*** **(estômago):** gastrite, gastrônomo, gástrico.
- ***Glótta, glóssa,*** **(língua):** poliglota, epiglote, glossário.
- ***Grámma*** **(letra, escrito):** gramática, anagrama, telegrama.
- ***Grápho*** **(escrevo):** grafia, ortografia, caligrafia.
- ***Heméra*** **(dia):** herneroteca, hernerologia, efêmero.
- ***Hippos*** **(cavalo):** hipódromo, hipismo, hipopótamo.
- ***Kardía*** **(coração):** cardíaco, cardiologia, taquicardia.
- ***Mésos,*** **(meio, do meio):** mesocarpo, mesóclise, mesopotâmia.
- ***Mnéme*** **(memória, lembrança):** mnemônico, amnésia, mnemoteste.
- ***Morphé*** **(forma):** morfologia, amorfo, metamorfose.
- ***Nekrós*** **(morto):** necrotério, necropsia, necrológio.
- ***Páis, paidós*** **(criança):** pedagogia, pediatria, pediatra.
- ***Pyr, pyrós*** **(fogo):** pirosfera, pirotécnico, antipirético.
- ***Rhis, rhinós*** **(nariz):** rinite, rinofonia, otorrino.
- ***Theós*** **(deus):** teologia, teólogo, apoteose.
- ***Zóon*** **(animal):** zoologia, zoológico, zoonose.

6.2.2 Radicais latinos

Outras palavras da língua portuguesa possuem radicais latinos. A maioria delas entrou na língua entre os séculos XVIII e XX. Seguem algumas das que vieram por via científica ou literária:

- ***Ager, agri*** **(campo):** agrícola, agricultura.
- ***Ambi*** **(de ambo, ambos):** ambidestro, ambíguo.
- ***Argentum, argenti*** **(prata):** argênteo, argentífero, argentino.
- ***Capillus, capilli*** **(cabelo):** capilar, capiliforme, capilaridade.
- ***Caput, capitis*** **(cabeça:** capital, decapitar, capitoso.
- ***Cola-, colere*** **(habitar, cultivar):** arborícola, vitícola.
- ***Cuprum, cupri*** **(cobre):** cúpreo, cúprico, cuprífero.
- ***Ego*** **(eu):** egocêntrico, egoísmo, ególatra.
- ***Equi-, aequus*** **(igual):** equivalente, equinócio, equiângulo.
- ***-fero, ferre*** **(levar, conter):** aurífero, lactífero, carbonífero.
- ***Fluvius*** **(rio):** fluvial, fluviômetro.
- ***Frigus, frigoris*** **(frio):** frigorífico, frigomóvel.
- ***Lapis, lapidis*** **(pedra):** lápide, lapidificar, lapidar.
- ***Lex, legis*** **(lei):** legislativo, legislar, legista.
- ***Noceo, nocere*** **(prejudicar, causar mal):** nocivo, inocente, inócuo.
- ***Pauper, pauperis*** **(pobre):** pauperismo, depauperar.
- ***Pecus*** **(rebanho):** pecuária, pecuarista, pecúnia.
- ***Pluvia*** **(chuva):** pluvial, pluviômetro.
- ***Radix, radieis*** **(raiz):** radical, radicar, erradicar.
- ***Sidus, sideris*** **(astro):** sideral, sidéreo, siderar.
- ***Stella*** **(estrela):** estelar, constelação.
- ***Triticum, tritici*** **(trigo):** triticultura, triticultor, tritícola.
- ***Vinum, vini*** **(vinho):** vinicultura, vinícola.
- ***Vitis*** **(videira):** viticultura, viticultor, vitícola.
- ***Volo, volare*** **(voar):** volátil, noctívolo.
- ***Vox, vocis*** **(voz):** vocal, vociferar.

6.3 Origem das palavras de Língua Portuguesa

As palavras da Língua Portuguesa têm múltiplas origens, mas a maioria delas veio do latim vulgar, ou seja, o latim que era falado pelo povo duzentos anos antes de Cristo.

No geral, as palavras que formam o nosso léxico podem ser de origem latina, de formação vernácula ou de importação estrangeira.

Quanto às palavras de origem latina, sabe-se que algumas datam dos séculos VI e XI, aproximadamente, e outras foram introduzidas na língua por escritores e letrados ao longo do tempo, sobretudo no período áureo, o século XVI, e de forma ainda mais abundante durante os séculos que o seguiram, por meios literário e científico. As primeiras, as formas populares, foram grandemente alteradas na fala do povo rude, mas as formas eruditas tiveram leves alterações.

Houve, ao longo desses séculos, com incentivo do povo luso-brasileiro, a criação de palavras que colaboraram para enriquecer o vocabulário. Essas palavras são chamadas criações vernáculas.

Desde os primórdios da língua, diversos termos estrangeiros entraram em uso, posteriormente enriquecendo definitivamente o patrimônio léxico, porque é inevitável que palavras de outros idiomas adentrem na língua por meio das relações estabelecidas entre os povos e suas culturas.

Devido a isso, encontramos, no vocabulário português, palavras provenientes:

- Do grego: por influência do cristianismo e do latim literário: anjo, bíblia, clímax. E por criação de sábios e cientistas: nostalgia, microscópio.
- Do hebraico: veiculadas pela Bíblia: aleluia, Jesus, Maria, sábado.
- Do alemão: guerra, realengo, interlância.
- Do árabe: algodão, alfaiate, algema.
- Do japonês: biombo, micado, samurai.
- Do francês: greve, detalhe, pose.
- Do inglês: bife, futebol, tênis.
- Do turco: lacaio, algoz.
- Do italiano: piano, maestro, lasanha.
- Do russo: vodca, esputinique.
- Do tupi: tatu, saci, jiboia, pitanga.
- Do espanhol: cavalheiro, ninharia, castanhola.
- De línguas africanas: macumba, maxixe, marimbondo.

Atualmente, o francês e o inglês são os idiomas com maior influência sobre a língua portuguesa.

6.4 Processos de formação de palavras

Há dois processos mais fortes (presentes) na formação de palavras em Língua Portuguesa: a composição e a derivação. Vejamos suas principais características.

6.4.1 Composição

É uma criação de vocábulo. Pode ocorrer por:

- **Justaposição:** sem perda de elementos.

  Guarda-chuva, girassol, arranha-céu etc.
- **Aglutinação:** com perda de elementos.

  Embora, fidalgo, aguardente, planalto, boquiaberto etc.
- **Hibridismo:** união de radicais oriundos de línguas distintas.

  Automóvel (latim e grego); sambódromo (tupi e grego).

6.4.2 Derivação

É uma transformação no vocábulo. Pode ocorrer das seguintes maneiras:

- **Prefixal (prefixação):** reforma, anfiteatro, cooperação.
- **Sufixal (sufixação):** pedreiro, engenharia, florista.
- **Prefixal – sufixal:** infelizmente, ateísmo, desordenamento.
- **Parassintética:** prefixo e sufixo simultaneamente, sem a possibilidade de remover umas das partes.

  Avermelhado, anoitecer, emudecer, amanhecer.
- **Regressão (regressiva) ou deverbal:** advinda de um verbo.

  Abalo (abalar), luta (lutar), fuga (fugir).
- **Imprópria (conversão):** mudança de classe gramatical.

  O jantar, um não, o seu sim, o pobre.

6.4.3 Estrangeirismo

Pode-se entender como um empréstimo linguístico.

- **Com aportuguesamento:** abajur (do francês *abat-jour*), algodão (do árabe *al-qutun*), lanche (do inglês *lunch*) etc.
- **Sem aportuguesamento:** *networking*, *software*, *pizza*, *show*, *shopping* etc.

6.5 Acrônimo ou sigla

- **Silabáveis:** podem ser separados em sílabas.

  Infraero (Infraestrutura Aeroportuária), **Petrobras** (Petróleo Brasileiro) etc.
- **Não-silabáveis:** não podem ser separados em sílabas.

  FMI, MST, SPC, PT, INSS, MPU etc.

6.6 Onomatopeia ou reduplicação

- **Onomatopeia:** tentativa de representar um som da natureza.

  Pow, paf, tum, psiu, argh.
- **Reduplicação:** repetição de palavra com fim onomatopaico.

  Reco-reco, tique-taque, pingue-pongue.
- **Redução ou abreviação:** eliminação do segmento de alguma palavra.

  Fone (telefone), cinema (cinematógrafo), pneu (pneumático) etc.

7. MORFOLOGIA

Antes de adentrar nas conceituações, veja a lista a seguir para facilitar o estudo. Nela, temos uma classe de palavra seguida de um exemplo.

Artigo: o, a, os, as, um, uma, uns, umas.

Adjetivo: legal, interessante, capaz, brasileiro, francês.

Advérbio: muito, pouco, bem, mal, ontem, certamente.

Conjunção: que, caso, embora.

Interjeição: Ai! Ui! Ufa! Eita!

Numeral: sétimo, vigésimo, terço.

Preposição: a, ante, até, após, com, contra, de, desde, em, entre.

Pronome: cujo, o qual, quem, eu, lhe.

Substantivo: mesa, bicho, concursando, Pablo, José.

Verbo: estudar, passar, ganhar, gastar.

7.1 Substantivos

É a palavra variável que designa qualidades, sentimentos, sensações, ações etc.

Quanto à sua classificação, o substantivo pode ser:

- **Primitivo** (sem afixos): pedra.
- **Derivado** (com afixos): pedreiro/empedrado.
- **Simples** (1 núcleo): guarda.
- **Composto** (mais de 1 núcleo): guarda-roupas.
- **Comum** (designa ser genérico): copo, colher.
- **Próprio** (designa ser específico): Maria, Portugal.
- **Concreto** (existência própria): cadeira, lápis.
- **Abstrato** (existência dependente): glória, amizade.

7.1.1 Substantivos concretos

Designam seres de existência própria, como: padre, político, carro e árvore.

7.1.2 Substantivos abstratos

Nomeiam qualidades ou conceitos de existência dependente, como: beleza, fricção, tristeza e amor.

7.1.3 Substantivos próprios

São sempre concretos e devem ser grafados com iniciais maiúsculas. Alguns substantivos próprios, no entanto, podem vir a se tornar comuns pelo processo de derivação imprópria que, geralmente, ocorre pela anteposição de um artigo e a grafia do substantivo com letra minúscula (um judas = traidor/um panamá = chapéu). As flexões dos substantivos podem se dar em gênero, número e grau.

7.1.4 Gênero dos substantivos

Quanto à distinção entre masculino e feminino, os substantivos podem ser:

- **Biformes:** quando apresentam uma forma para o masculino e outra para o feminino. Por exemplo: gato, gata, homem, mulher.
- **Uniformes:** quando apresentam uma única forma para ambos os gêneros. Nesse caso, eles estão divididos em:
  - **Epicenos:** usados para animais de ambos os sexos (macho e fêmea). Por exemplo: besouro, jacaré, albatroz.
  - **Comum de dois gêneros:** aqueles que designam pessoas. Nesse caso, a distinção é feita por um elemento ladeador (artigo, pronome). Por exemplo: o/a terrícola, o/a estudante, o/a dentista, o/a motorista.
  - **Sobrecomuns:** apresentam um só gênero gramatical para designar seres de ambos os sexos. Por exemplo: o indivíduo, a vítima, o algoz.

Em algumas situações, a mudança de gênero altera também o sentido do substantivo:

- O cabeça (líder).
- A cabeça (parte do corpo).

7.1.5 Número dos substantivos

Tentemos resumir as principais regras de formação do plural nos substantivos.

TERMINAÇÃO	VARIAÇÃO	EXEMPLO
vogal ou ditongo	acréscimo do S	barco – barcos
M	NS	pudim – pudins
ÃO (primeiro caso)	ÕES	ladrão – ladrões
ÃO (segundo caso)	ÃES	pão – pães
ÃO (terceiro caso)	S	cidadão – cidadãos
R	ES	mulher – mulheres
Z	ES	cartaz – cartazes
N	ES	abdômen – abdômenes
S (oxítonos)	ES	inglês – ingleses
AL, EL, OL, ULI	IS	tribunal – tribunais
IL (oxítonos)	S	barril – barris
IL (paroxítonos)	EIS	fóssil – fósseis
ZINHO, ZITO	S	anelzinho – aneizinhos

Alguns substantivos são grafados apenas no plural: alvíssaras, anais, antolhos, arredores, belas-artes, calendas, cãs, condolências, esponsais, exéquias, fastos, férias, fezes, núpcias, óculos, pêsames.

7.1.6 Grau do substantivo

Aumentativo/diminutivo

Analítico: quando se associam os adjetivos ao substantivo. Por exemplo: carro grande, pé pequeno.

Sintético: quando se adiciona ao substantivo sufixos indicadores de grau, carrão, pezinho.

- **Sufixos:**
  - **Aumentativos:** -ÁZIO, -ORRA, -OLA, -AZ, -ÃO, -EIRÃO, -ALHÃO, -ARÃO, -ARRÃO, -ZARRÃO.
  - **Diminutivos:** -ITO, -ULO-, -CULO, -OTE, -OLA, -IM, -ELHO, -INHO, -ZINHO. O sufixo -ZINHO é obrigatório quando o substantivo terminar em vogal tônica ou ditongo: cafezinho, paizinho etc.

O aumentativo pode exprimir tamanho (casarão), desprezo (sabichão, ministraço, poetastro) ou intimidade (amigão); enquanto o diminutivo pode indicar carinho (filhinho) ou ter valor pejorativo (livreco, casebre), além das noções de tamanho (bolinha).

7.2 Artigo

O artigo é a palavra variável que tem por função individualizar algo, ou seja, possui como função primordial indicar um elemento, por meio de definição ou indefinição da palavra que, pela anteposição do artigo, passa a ser substantivada. Os artigos se subdividem em:

- **Artigos definidos (O, A, OS, AS):** definem o substantivo a que se referem. Por exemplo:

  Hoje à tarde, falaremos sobre **a** aula da semana passada.

  Na última aula, falamos **do** conteúdo programático.

- **Artigos indefinidos (um, uma, uns, umas):** indefinem o substantivo a que se referem. Por exemplo:

  Assim que eu passar no concurso, eu irei comprar **um** carro.

  Pela manhã, papai, apareceu **um** homem da loja aqui.

É importante ressaltar que os artigos podem ser contraídos com algumas preposições essenciais, como demonstrado na tabela a seguir:

PREPOSIÇÕES	ARTIGO							
	DEFINIDO				INDEFINIDO			
	O	A	OS	AS	UM	UMA	UNS	UMAS
A	ao	à	aos	às	-	-	-	-
De	do	da	dos	das	dum	duma	duns	dumas
Em	no	na	nos	nas	num	numa	nuns	numas
Per	pelo	pela	pelos	pelas	-	-	-	-
Por	polo	pola	polos	polas	-	-	-	-

O artigo é utilizado para substantivar um termo. Ou seja, quer transformar algo em um substantivo? Coloque um artigo em sua frente.

Cantar alivia a alma. (Verbo)

O **cantar** alivia a alma. (Substantivo)

7.2.1 Emprego do artigo com a palavra "todo"

Quando inserimos artigos ao lado da palavra "todo", em geral, o sentido da expressão passa a designar totalidade. Como no exemplo abaixo:

Pobreza é um problema que acomete **todo país**. (todos os países)

Pobreza é um problema que acomete **todo o país**. (o país em sua totalidade).

7.3 Pronome

Em uma definição breve, podemos dizer que pronome é o termo que substitui um substantivo, desempenhando, na sentença em que aparece, uma função coesiva. Podemos dividir os pronomes em sete categorias, são elas: pessoais, tratamento, demonstrativos, relativos, indefinidos, interrogativos, possessivos.

Antes de partir para o estudo pormenorizado dos pronomes, vamos fazer uma classificação funcional deles quando empregados em uma sentença:

- **Pronomes substantivos:** são aqueles que ocupam o lugar do substantivo na sentença. Por exemplo:

  Alguém apareceu na sala ontem.

  Nós faremos todo o trabalho.

- **Pronomes adjetivos:** são aqueles que acompanham um substantivo na sentença. Por exemplo:

  Meus alunos são os mais preparados.

  Pessoa **alguma** fará tal serviço por **esse** valor.

7.3.1 Pronomes substantivos e adjetivos

É chamado **pronome substantivo** quando um pronome substitui um substantivo.

É chamado **pronome adjetivo** quando determina o substantivo com o qual se encontra.

7.3.2 Pronomes pessoais

Referem-se às pessoas do discurso, veja:

- Quem fala (1ª pessoa).
- Com quem se fala (2ª pessoa).
- De quem se fala (3ª pessoa).

Classificação dos pronomes pessoais (caso **reto** × caso **oblíquo**):

PESSOA GRAMATICAL	RETOS	OBLÍQUOS	
		ÁTONOS	TÔNICOS
1ª - Singular	eu	me	mim, comigo
2ª - Singular	tu	te	ti, contigo
3ª - Singular	ele, ela	o, a, lhe, se	si, consigo
1ª - Plural	nós	nos	nós, conosco
2ª - Plural	vós	vos	vós, convosco
3ª - Plural	eles, elas	os, as, lhes, se	si, consigo
Função	Sujeito	Complemento/Adjunto	

Veja a seguir o emprego de alguns pronomes (**certo** × **errado**).

Eu e tu × mim e ti

1ª regra: depois de preposição essencial, usa-se pronome oblíquo. Observe:

Entre mim e ti, não há acordo.

Sobre Manoel e ti, nada se pode falar.

Devo **a** ti esta conquista.

O presente é **para** mim.

Não saia **sem** mim.

Comprei um livro **para** ti.

Observe a preposição essencial destacada nas sentenças.

2ª regra: se o pronome utilizado na sentença for sujeito de um verbo, deve-se empregar os do caso reto.

Não saia sem **eu** deixar.

Comprei um livro para **tu** leres.

O presente é para **eu** desfrutar.

Observe que o pronome desempenha a função de sujeito do verbo destacado. Ou seja: "mim" não faz nada!

Não se confunda com as sentenças em que a ordem frasal está alterada. Deve-se, nesses casos, tentar colocar a sentença na ordem direta.

Para mim, fazer exercícios é muito bom. → Fazer exercícios é muito bom para mim.

Não é tarefa para mim realizar esta revisão. → Realizar esta revisão não é para mim.

Com causativos e sensitivos

Regra com verbos causativos (mandar, fazer, deixar) ou sensitivos (ver, ouvir, sentir): quando os pronomes oblíquos átonos são empregados com verbos causativos ou sensitivos, pode haver a possibilidade de desempenharem a função de sujeito de uma forma verbal próxima. Veja os exemplos:

Fiz **Juliana** chorar. (Sentença original).

Fi-**la** chorar. (Sentença reescrita com a substituição do termo Juliana pelo pronome oblíquo).

Em ambas as situações, a "Juliana é a chorona". Isso quer dizer que o termo feminino que está na sentença é sujeito do verbo "chorar". Pensando dessa maneira, entenderemos a primeira função da forma pronominal "la" que aparece na sentença reescrita.

Outro fator a ser considerado é que o verbo "fazer" necessita de um complemento, portanto, é um verbo transitivo. Ocorre que o complemento do verbo "fazer" não pode ter outro referente senão "Juliana". Então, entendemos que, na reescrita da frase, a forma pronominal "la" funciona como complemento do verbo "fazer" e sujeito do verbo "chorar".

Si e consigo

Esses pronomes somente podem ser empregados se se referirem ao sujeito da oração, pois possuem função reflexiva. Observe:

Alberto só pensa em si. ("Si" refere-se a "Alberto": sujeito do verbo "pensar").

O aluno levou as apostilas consigo. ("consigo" refere-se ao termo "aluno").

Estão erradas, portanto, frases como estas:

Creio muito em si, meu amigo.

Quero falar consigo.

Corrigindo:

Creio muito em você, meu amigo.

Quero falar contigo.

Conosco e convosco

As formas **"conosco"** e **"convosco"** são substituídas por **"com nós"** e **"com vós"** quando os pronomes pessoais são reforçados por palavras como **outros, mesmos, próprios, todos, ambos** ou **algum numeral**. Por exemplo:

Ele disse que iria com nós três.

Ele(s), ela(s) × o(s), a(s)

É muito comum ouvirmos frases como: "vi **ela** na esquina", "não queremos **eles** aqui". De acordo com as normas da Língua Portuguesa, é errado falar ou escrever assim, pois o pronome em questão está sendo utilizado fora de seu emprego original, ou seja, como um complemento (ao passo que deveria ser apenas sujeito). O certo é: "vi-**a** na esquina", "não **os** queremos aqui".

"O" e "a"

São complementos diretos, ou seja, são utilizados juntamente aos verbos transitivos diretos, ou nos bitransitivos, como no exemplo a seguir:

Comprei **um carro** para minha namorada = Comprei-**o** para ela. (Ocorreu a substituição do objeto direto)

É importante lembrar que há uma especificidade em relação à colocação dos pronomes "o" e "a" depois de algumas palavras:

- Se a palavra terminar em **R, S** ou **Z**: tais letras devem ser suprimidas e o pronome será empregado como **lo, la, los, las**.

  Fazer as tarefas = fazê-**las.**

  Querer o dinheiro = querê-**lo**.

- Se a palavra terminar com **ÃO, ÕE** ou **M**: tais letras devem ser mantidas e o pronome há de ser empregado como **no, na, nos, nas**.

  Compraram a casa = compraram-**na**.

  Compõe a canção = compõe-**na.**

Lhe

É um complemento indireto, equivalente a "a ele" ou "a ela". Ou seja, é empregado juntamente a um verbo transitivo indireto ou a um verbo bitransitivo, como no exemplo:

- Comprei um carro **para minha namorada** = comprei-**lhe** um carro. (Ocorreu a substituição do objeto indireto).

Muitas bancas gostam de trocar as formas "o" e "a" por "lhe", o que não pode ser feito sem que a sentença seja totalmente reelaborada.

7.3.3 Pronomes de tratamento

São pronomes de tratamento **você, senhor, senhora, senhorita, fulano, sicrano, beltrano** e as expressões que integram o quadro seguinte:

PRONOME	ABREVIATURA SINGULAR	ABREVIATURA PLURAL
Vossa Excelência(s)	V. Ex.ª	V. Ex.ªs
USA-SE PARA:		
Presidente (sem abreviatura), ministro, embaixador, governador, secretário de Estado, prefeito, senador, deputado federal e estadual, juiz, general, almirante, brigadeiro e presidente de câmara de vereadores.		
PRONOME	**ABREVIATURA SINGULAR**	**ABREVIATURA PLURAL**
Vossa(s) Magnificência(s)	V. Mag.ª	V. Mag.ªs
USA-SE PARA:		
Reitor de universidade para o qual também se pode usar V. Ex.ª.		

PRONOME	ABREVIATURA SINGULAR	ABREVIATURA PLURAL
Vossa(s) Senhoria(s)	V. Sª	V. S.^{as}
USA-SE PARA:		
Qualquer autoridade ou pessoa civil não citada acima.		
PRONOME	**ABREVIATURA SINGULAR**	**ABREVIATURA PLURAL**
Vossa(s) Santidade(s)	V. S	VV. SS.
USA-SE PARA:		
Papa.		
PRONOME	**ABREVIATURA SINGULAR**	**ABREVIATURA PLURAL**
Vossa(s) Eminência(s)	V. Em.ª	V.Em.^{as}
USA-SE PARA:		
Cardeal.		
PRONOME	**ABREVIATURA SINGULAR**	**ABREVIATURA PLURAL**
Vossa(s) Excelência(s) Reverendíssima(s)	V. Exª. Rev.ma	V. Ex.^{as}. Rev.^{mas}
USA-SE PARA:		
Arcebispo e bispo.		
PRONOME	**ABREVIATURA SINGULAR**	**ABREVIATURA PLURAL**
Vossa(s) Reverendíssima(s)	V. Rev.^{ma}	V.Rev.^{mas}
Usa-se para:		
Autoridade religiosa inferior às acima citadas.		
PRONOME	**ABREVIATURA SINGULAR**	**ABREVIATURA PLURAL**
Vossa(s) Reverência(s)	V. Rev.ª	V. Rev.^{mas}
USA-SE PARA:		
Religioso sem graduação.		
PRONOME	**ABREVIATURA SINGULAR**	**ABREVIATURA PLURAL**
Vossa(s) Majestade(s)	V. M.	VV. MM.
USA-SE PARA:		
Rei e imperador.		
PRONOME	**ABREVIATURA SINGULAR**	**ABREVIATURA PLURAL**
Vossa(s) Alteza(s)	V. A.	VV. AA.
USA-SE PARA:		
Príncipe, arquiduque e duque.		

Todas essas expressões se apresentam também com "Sua" para cujas abreviaturas basta substituir o "V" por "S".

Emprego dos pronomes de tratamento

- **Vossa Excelência** etc. × **Sua Excelência** etc.

Os pronomes de tratamento iniciados com "Vossa(s)" empregam-se em uma relação direta, ou seja, indicam o nosso interlocutor, pessoa com quem falamos:

> Soube que V. Ex.ª, Senhor Ministro, falou que não estava interessado no assunto da reunião.

Empregaremos o pronome com a forma "sua" quando a relação não é direta, ou seja, quando falamos sobre a pessoa:

> A notícia divulgada é de que Sua Excelência, o Presidente da República, foi flagrado em uma boate.

Utilização da 3ª pessoa

Os pronomes de tratamento são de 3ª pessoa; portanto, todos os elementos relacionados a eles devem ser empregados também na 3ª pessoa, para que se mantenha a uniformidade:

> É preciso que V. Ex.ª **diga** qual será o **seu** procedimento no caso em questão, a fim de que seus assessores possam agir a tempo.

Uniformidade de tratamento

No momento da escrita ou da fala, não é possível ficar fazendo "dança das pessoas" com os pronomes. Isso quer dizer que se deve manter a uniformidade de tratamento. Para tanto, se for utilizada 3ª pessoa no início de uma sentença, ela deve permanecer ao longo de todo o texto. Preste atenção para ver como ficou estranha a construção abaixo:

Quando **você** chegar, eu **te** darei o presente.

"Você" é de 3ª pessoa e "te" é de 2ª pessoa. Não há motivo para cometer tal engano. Tome cuidado, portanto. Podemos corrigir a sentença:

Quando tu chegares, eu te darei o presente.
Quando você chegar, eu lhe darei o presente.

7.3.4 Pronomes possessivos

São os pronomes que atribuem posse de algo às pessoas do discurso.

Eles podem estar em:

- **1ª pessoa do singular:** meu, minha, meus, minhas.
- **2ª pessoa do singular:** teu, tua, teus, tuas.
- **3ª pessoa do singular:** seu, sua, seus, suas.
- **1ª pessoa do plural:** nosso, nossa, nossos, nossas.
- **2ª pessoa do plural:** vosso, vossa, vossos, vossas.
- **3ª pessoa do plural:** seu, sua, seus, suas.

Emprego

- Ambiguidade: "seu", "sua", "seus" e "suas" são os reis da ambiguidade (duplicidade de sentido).

  O policial prendeu o maconheiro em **sua** casa. (casa de quem?).
  Meu pai levou meu tio para casa em **seu** carro. (no carro de quem?).
- Corrigindo:

  O policial prendeu o maconheiro na casa **deste**.
  Meu pai, em **seu** carro, levou meu tio para casa.
- Emprego especial: não se usam os possessivos em relação às partes do corpo ou às faculdades do espírito. Devemos, pois, dizer:

  Machuquei a mão. (E não "a minha mão").
  Ele bateu a cabeça. (E não "a sua cabeça").
  Perdeste a razão? (E não "a tua razão").

7.3.5 Pronomes demonstrativos

São os que localizam ou identificam o substantivo ou uma expressão no espaço, no tempo ou no texto.

- **1ª pessoa:**

  Masculino: este(s).
  Feminino: esta(s).
  Neutro: isto.
  No espaço: com o falante.
  No tempo: presente.
  No texto: o que se pretende dizer ou o imediatamente retomado.
- **2ª pessoa**

  Masculino: esse(s).
  Feminino: essa(s).
  Neutro: isso.
  No espaço: pouco afastado.
  No tempo: passado ou futuro próximos.
  No texto: o que se disse anteriormente.
- **3ª pessoa**

  Masculino: aquele(s).
  Feminino: aquela(s).
  Neutro: aquilo.
  No espaço: muito afastado.
  No tempo: passado ou futuro distantes.
  No texto: o que se disse há muito ou o que se pretende dizer.

Quando o pronome retoma algo já mencionado no texto, dizemos que ele possui função **anafórica**. Quando aponta para algo que será dito, dizemos que possui função **catafórica**. Essa nomenclatura começou a ser cobrada em algumas questões de concurso público, portanto, é importante ter esses conceitos na ponta da língua.

Exemplos de emprego dos demonstrativos:

Veja **este** livro que eu trouxe, é muito bom.
Você deve estudar mais! **Isso** é o que eu queria dizer.
Vê **aquele** mendigo lá na rua? Terrível futuro o aguarda.

Há outros pronomes demonstrativos: **o, a, os, as**, quando antecedem o relativo que e podem ser permutados por **aquele(s), aquela(s), aquilo**. Veja os exemplos:

Não entendi o que disseste. (Não entendi aquilo que disseste.).
Esta rua não é a que te indiquei. (Esta rua não é aquela que te indiquei.).

Tal: quando puder ser permutado por qualquer demonstrativo:

Não acredito que você disse **tal** coisa. (Aquela coisa).

Semelhante: quando puder ser permutado por qualquer demonstrativo:

Jamais me prestarei a **semelhante** canalhice. (Esta canalhice).

Mesmo: quando modificar os pronomes eu, tu, nós e vós:

Eu **mesmo** investiguei o caso.

De modo análogo, classificamos o termo "**próprio**" (eu próprio, ela própria).

O termo "**mesmo**" pode ainda funcionar como pronome neutro em frases como: "é o mesmo", "vem a ser o mesmo".

Vejamos mais alguns exemplos:

José e **João** são alunos do ensino médio. Este gosta de matemática, **aquele** gosta de português.

Veja que a verdadeira relação estabelecida pelos pronomes demonstrativos focaliza, por meio do "este" o elemento mais próximo, por meio do "aquele" o elemento mais afastado.

Esta sala precisa de bons professores.
Gostaria de que esse órgão pudesse resolver meu problema.

Este(s), esta(s), isto indicam o local de onde escrevemos. **Esse(s), essa(s), isso** indicam o local em que se encontra o nosso interlocutor.

7.3.6 Pronomes relativos

São termos que relacionam palavras em um encadeamento. Os relativos da Língua Portuguesa são:

- **Que:** quando puder ser permutado por "o qual" ou um de seus termos derivados. Utiliza-se o pronome "que" para referências a pessoas ou coisas.

  O peão a **que** me refiro é Jonas.
- **O qual:** empregado para referência a coisas ou pessoas.

  A casa **na qual** houve o tiroteio foi interditada.
- **Quem:** é equivalente a dois pronomes: "aquele" e "que".

  O homem para **quem** se enviou a correspondência é Alberto.

- **Quanto:** será relativo quando seu antecedente for o termo "tudo".

 Não gastes tudo **quanto** tens.

- **Onde:** é utilizado para estabelecer referência a lugares, sendo permutável por "em que" ou "no qual" e seus derivados.

 O estado para **onde** vou é Minas Gerais.

- **Cujo:** possui um sentido possessivo. Não permite permuta por outro relativo. Também é preciso lembrar que o pronome "cujo" não admite artigo, pois já é variável (cujo/cuja, jamais "cujo o", "cuja a").

 Cara, o pedreiro em **cujo** serviço podemos confiar é Marcelino.

> A preposição que está relacionada ao pronome é, em grande parte dos casos, oriunda do verbo que aparece posteriormente na sentença.

7.3.7 Pronomes indefinidos

São os pronomes que se referem, de forma imprecisa e vaga, à 3ª pessoa do discurso.

Eles podem ser:

- **Pronomes indefinidos substantivos:** têm função de substantivo: alguém, algo, nada, tudo, ninguém.
- **Pronomes indefinidos adjetivos:** têm função de adjetivo: cada, certo(s), certa (s).
- **Que variam entre pronomes adjetivos e substantivos:** variam de acordo com o contexto: algum, alguma, bastante, demais, mais, qual etc.

VARIÁVEIS				INVARIÁVEIS
MASCULINO		FEMININO		
SINGULAR	PLURAL	SINGULAR	PLURAL	
Algum	Alguns	Alguma	Algumas	Alguém
Certo	Certos	Certa	Certas	Algo
Muito	Muitos	Muita	Muitas	Nada
Nenhum	Nenhuns	Nenhuma	Nenhumas	Ninguém
Outro	Outros	Outra	Outras	Outrem
Qualquer	Quaisquer	Qualquer	Quaisquer	Cada
Quando	Quantos	Quanta	Quantas	-
Tanto	Tantos	Tanta	Tantas	-
Todo	Todos	Toda	Todas	Tudo
Vário	Vários	Vária	Várias	-
Pouco	Poucos	Pouca	Poucas	-

Fique bem atento para as alterações de sentido relacionadas às mudanças de posição dos pronomes indefinidos.

 Alguma pessoa passou por aqui ontem. (Alguma pessoa = ao menos uma pessoa).

 Pessoa alguma passou por aqui ontem. (Pessoa alguma = ninguém).

Locuções pronominais indefinidas

"Cada qual", "cada um", "seja qual for", "tal qual", "um ou outro" etc.

7.3.8 Pronomes interrogativos

Chamam-se interrogativos os pronomes **que, quem, qual** e **quanto**, empregados para formular uma pergunta direta ou indireta:

 Que conteúdo estão estudando?

 Diga-me **que** conteúdo estão estudando.

 Quem vai passar no concurso?

 Gostaria de saber **quem** vai passar no concurso.

 Qual dos livros preferes?

 Não sei ***qual*** dos livros preferes.

 Quantos de coragem você tem?

 Pergunte **quanto** de coragem você tem.

7.4 Verbo

É a palavra com que se expressa uma ação (cantar, vender), um estado (ser, estar), mudança de estado (tornar-se) ou fenômeno da natureza (chover).

Quanto à noção que expressam, os verbos podem ser classificados da seguinte maneira:

- **Verbos relacionais:** exprimem estado ou mudança de estado. São os chamados verbos de ligação.
- **Verbos de ligação: ser, estar, continuar, andar, parecer, permanecer, ficar, tornar-se etc.**
- **Verbos nocionais:** exprimem ação ou fenômeno da natureza. São os chamados verbos significativos.

Os verbos nocionais podem ser classificados da seguinte maneira:

- **Verbo Intransitivo (VI):** diz-se daquele que não necessita de um complemento para que se compreenda a ação verbal. Por exemplo: "morrer", "cantar", "sorrir", "nascer", "viver".
- **Verbo Transitivo (VT):** diz-se daquele que necessita de um complemento para expressar o afetado pela ação verbal. Divide-se em três tipos:
  - **Diretos (VTD):** não possuem preposição para ligar o complemento verbal ao verbo. São exemplos os verbos "querer", "comprar", "ler", "falar" etc.
  - **Indiretos (VTI):** possuem preposição para ligar o complemento verbal ao verbo. São exemplos os verbos "gostar", "necessitar", "precisar", "acreditar" etc.
  - **Diretos e Indiretos (VTDI) ou bitransitivos:** possuem dois complementos, um não preposicionado, outro com preposição. São exemplos os verbos "pagar", "perdoar", "implicar" etc.

Preste atenção na dica que segue:

 João morreu. (Quem morre, morre. Não é preciso um complemento para entender o verbo).

 Eu quero um aumento. (Quem quer, quer alguma coisa. É preciso um complemento para entender o sentido do verbo).

 Eu preciso de um emprego. (Quem precisa, precisa "de" alguma coisa. Deve haver uma preposição para ligar o complemento ao seu verbo).

 Mário pagou a conta ao padeiro. (Quem paga, paga algo a alguém. Há um complemento com preposição e um complemento sem preposição).

7.4.1 Estrutura e conjugação dos verbos

Os verbos possuem:

- **Raiz:** o que lhes guarda o sentido (**cant**ar, **corr**er, **sorr**ir).
- **Vogal temática:** o que lhes garante a família conjugacional (AR, ER, IR).
- **Desinências:** o que ajuda a conjugar ou nominalizar o verbo (canta**ndo**, cantá**vamos**).

Os verbos apresentam três conjugações, ou seja, três famílias conjugacionais. Em função da vogal temática, podem-se criar três paradigmas verbais. De acordo com a relação dos verbos com esses paradigmas, obtém-se a seguinte classificação:

- **Regulares:** seguem o paradigma verbal de sua conjugação sem alterar suas raízes (amar, vender, partir).
- **Irregulares:** não seguem o paradigma verbal da conjugação a que pertencem. As irregularidades podem aparecer na raiz ou nas desinências (ouvir – ouço/ouve, estar – estou/estão).
- **Anômalos:** apresentam profundas irregularidades. São classificados como anômalos em todas as gramáticas os verbos "ser" e "ir".
- **Defectivos:** não são conjugados em determinadas pessoas, tempo ou modo, portanto, apresentam algum tipo de "defeito" ("falir", no presente do indicativo, só apresenta a 1ª e a 2ª pessoa do plural). Os defectivos distribuem-se em grupos:
  - Impessoais.
  - Unipessoais: vozes ou ruídos de animais, só conjugados nas terceiras pessoas.
  - Antieufônicos: a sonoridade permite confusão com outros verbos – "demolir"; "falir", "abolir" etc.
- **Abundantes:** apresentam mais de uma forma para uma mesma conjugação.

Existe abundância **conjugacional** e **participial**. A primeira ocorre na conjugação de algumas formas verbais, como o verbo "haver", que admite "nós havemos/hemos", "vós haveis/heis". A segunda ocorre com as formas nominais de particípio.

A seguir segue uma lista dos principais abundantes na forma participial.

VERBOS	PARTICÍPIO REGULAR - EMPREGADO COM OS AUXILIARES "TER" E "HAVER"	PARTICÍPIO IRREGULAR - EMPREGADO COM OS AUXILIARES "SER", "ESTAR" E "FICAR"
aceitar	aceitado	aceito
acender	acendido	aceso
benzer	benzido	bento
eleger	elegido	eleito
entregar	entregado	entregue
enxugar	enxugado	enxuto
expressar	expressado	expresso
expulsar	expulsado	expulso
extinguir	extinguido	extinto
matar	matado	morto
prender	prendido	preso
romper	rompido	roto
salvar	salvado	salvo
soltar	soltado	solto
suspender	suspendido	suspenso
tingir	tingido	tinto

7.4.2 Flexão verbal

Relativamente à flexão verbal, anotamos:

- **Número:** singular ou plural.
- **Pessoa gramatical:** 1ª, 2ª ou 3ª.

Tempo: referência ao momento em que se fala (pretérito, presente ou futuro). O modo imperativo só tem um tempo, o presente.

- **Voz:** ativa, passiva, reflexiva e recíproca (que trabalharemos mais tarde).
- **Modo:** indicativo (certeza de um fato ou estado), subjuntivo (possibilidade ou desejo de realização de um fato ou incerteza do estado) e imperativo (expressa ordem, advertência ou pedido).

7.4.3 Formas nominais do verbo

As três formas nominais do verbo (infinitivo, gerúndio e particípio) não possuem função exclusivamente verbal.

- **Infinitivo:** assemelha-se ao substantivo, indica algo atemporal – o nome do verbo, sua desinência característica é a letra R: ama**r**, realça**r**, ungi**r** etc.
- **Gerúndio:** equipara-se ao adjetivo ou advérbio pelas circunstâncias que exprime de ação em processo. Sua desinência característica é **-NDO**: ama**ndo**, realça**ndo**, ungi**ndo** etc.
- **Particípio:** tem valor e forma de adjetivo – pode também indicar ação concluída, sua desinência característica é **-ADO** ou **-IDO** para as formas regulares: am**ado**, realç**ado**, ung**ido** etc.

7.4.4 Tempos verbais

Dentro do **modo indicativo**, anotamos os seguintes tempos:

- **Presente do indicativo:** indica um fato situado no momento ou época em que se fala.

  Eu amo, eu vendo, eu parto.

- **Pretérito perfeito do indicativo:** indica um fato cuja ação foi iniciada e concluída no passado.

  Eu amei, eu vendi, eu parti.

- **Pretérito imperfeito do indicativo:** indica um fato cuja ação foi iniciada no passado, mas não foi concluída ou era uma ação costumeira no passado.

  Eu amava, eu vendia, eu partia.

- **Pretérito mais-que-perfeito do indicativo:** indica um fato cuja ação é anterior a outra ação já passada.

  Eu amara, eu vendera, eu partira.

- **Futuro do presente do indicativo:** indica um fato situado em momento ou época vindoura.

  Eu amarei, eu venderei, eu partirei.

- **Futuro do pretérito do indicativo:** indica um fato possível, hipotético, situado num momento futuro, mas ligado a um momento passado.

  Eu amaria, eu venderia, eu partiria.

Dentro do **modo subjuntivo**, anotamos os seguintes tempos:

- Presente do subjuntivo: indica um fato provável, duvidoso ou hipotético, situado no momento ou época em que se fala. Para facilitar a conjugação, utilize a conjunção "que".

  Que eu ame, que eu venda, que eu parta.
- Pretérito imperfeito do subjuntivo: indica um fato provável, duvidoso ou hipotético, cuja ação foi iniciada, mas não concluída no passado. Para facilitar a conjugação, utilize a conjunção "se".

  Se eu amasse, se eu vendesse, se eu partisse.
- Futuro do subjuntivo: indica um fato provável, duvidoso, hipotético, situado num momento ou época futura. Para facilitar a conjugação, utilize a conjunção "quando".

  Quando eu amar, quando eu vender, quando eu partir.

7.4.5 Tempos compostos da voz ativa

Constituem-se pelos verbos auxiliares "**ter**" ou "**haver**" + particípio do verbo que se quer conjugar, dito principal.

No **modo indicativo**, os tempos compostos são formados da seguinte maneira:

- **Pretérito perfeito:** presente do indicativo do auxiliar + particípio do verbo principal (tenho amado).
- **Pretérito mais-que-perfeito:** pretérito imperfeito do indicativo do auxiliar + particípio do verbo principal (tinha amado).
- **Futuro do presente:** futuro do presente do indicativo do auxiliar + particípio do verbo principal (terei amado).
- **Futuro do pretérito:** futuro do pretérito indicativo do auxiliar + particípio do verbo principal (teria amado).

No **modo subjuntivo,** a formação se dá da seguinte maneira:

- **Pretérito perfeito:** presente do subjuntivo do auxiliar + particípio do verbo principal (tenha amado).
- **Pretérito mais-que-perfeito:** imperfeito do subjuntivo do auxiliar + particípio do verbo principal (tivesse amado).
- **Futuro composto:** futuro do subjuntivo do auxiliar + particípio do verbo principal (tiver amado).

Quanto às **formas nominais**, elas são formadas da seguinte maneira:

- **Infinitivo composto:** infinitivo pessoal ou impessoal do auxiliar + particípio do verbo principal (ter vendido/teres vendido).
- **Gerúndio composto:** gerúndio do auxiliar + particípio do verbo principal (tendo partido).

7.4.6 Vozes verbais

Quanto às vozes, os verbos apresentam voz:

- **Ativa:** o sujeito é agente da ação verbal.

  O corretor vende casas.
- **Passiva:** o sujeito é paciente da ação verbal.

  Casas são vendidas **pelo corretor**.
- **Reflexiva:** o sujeito é agente e paciente da ação verbal.

  A garota feriu-**se** ao cair da escada.
- **Recíproca:** há uma ação mútua descrita na sentença.

  Os amigos entreolh**aram-se**.

Voz passiva: sua característica é possuir um sujeito paciente, ou seja, que é afetado pela ação do verbo.

- **Analítica:** verbo auxiliar + particípio do verbo principal. Isso significa que há uma locução verbal de voz passiva.

  Casas **são *vendidas*** pelo corretor.

  Ele fez o trabalho – O trabalho **foi feito** por ele (mantido o pretérito perfeito do indicativo).

  O vento ia levando as folhas – As folhas iam **sendo levadas** pelo vento (mantido o gerúndio do verbo principal em um dos auxiliares).

  Vereadores entregarão um prêmio ao gari – Um prêmio **será entregue** ao gari por vereadores (veja como a flexão do futuro se mantém na locução).
- **Sintética:** verbo apassivado pelo termo "se" (partícula apassivadora) + sujeito paciente.

  Roubou-se **o dinheiro do povo**.

  Fez-se **o trabalho** com pressa.

É comum observar, em provas de concurso público, questões que mostram uma voz passiva sintética como aquela que é proveniente de uma ativa com sujeito indeterminado.

Alguns verbos da língua portuguesa apresentam **problemas de conjugação**:

Compraram um carro novo (ativa).

Comprou-se um carro novo (passiva sintética).

7.4.7 Verbos com a conjugação irregular

Abolir: defectivo – não possui a 1ª pessoa do singular do presente do indicativo, por isso não possui presente do subjuntivo e o imperativo negativo. (= banir, carpir, colorir, delinquir, demolir, descomedir-se, emergir, exaurir, fremir, fulgir, haurir, retorquir, urgir).

Acudir: alternância vocálica O/U no presente do indicativo – acudo, acodes etc. Pretérito perfeito do indicativo com U. (= bulir, consumir, cuspir, engolir, fugir).

Adequar: defectivo – só possui a 1ª e a 2ª pessoa do plural no presente do indicativo.

Aderir: alternância vocálica E/I no presente do indicativo – adiro, adere etc. (= advertir, cerzir, despir, diferir, digerir, divergir, ferir, sugerir).

Agir: acomodação gráfica G/J no presente do indicativo – ajo, ages etc. (= afligir, coagir, erigir, espargir, refulgir, restringir, transigir, urgir).

Agredir: alternância vocálica E/I no presente do indicativo – agrido, agrides, agride, agredimos, agredis, agridem. (= prevenir, progredir, regredir, transgredir).

Aguar: regular. Presente do indicativo – águo, águas etc. Pretérito perfeito do indicativo – aguei, aguaste, aguou, aguamos, aguastes, aguaram. (= desaguar, enxaguar, minguar).

Aprazer: irregular. Presente do indicativo – aprazo, aprazes, apraz etc. Pretérito perfeito do indicativo – aprouve, aprouveste, aprouve, aprouvemos, aprouvestes, aprouveram.

Arguir: irregular com alternância vocálica O/U no presente do indicativo – arguo (ú), arguis, argui, arguimos, arguis, arguem. Pretérito perfeito – argui, arguiste etc.

Atrair: irregular. Presente do indicativo – atraio, atrais etc. Pretérito perfeito – atraí, atraíste etc. (= abstrair, cair, distrair, sair, subtrair).

Atribuir: irregular. Presente do indicativo – atribuo, atribuis, atribui, atribuímos, atribuís, atribuem. Pretérito perfeito – atribuí, atribuíste, atribuiu etc. (= afluir, concluir, destituir, excluir, instruir, possuir, usufruir).

Averiguar: alternância vocálica O/U no presente do indicativo – averiguo (ú), averiguas (ú), averigua (ú), averiguamos, averiguais, averiguam (ú). Pretérito perfeito – averiguei, averiguaste etc. Presente do subjuntivo – averigue, averigues, averigue etc. (= apaziguar).

Cear: irregular. Presente do indicativo – ceio, ceias, ceia, ceamos, ceais, ceiam. Pretérito perfeito indicativo – ceei, ceaste, ceou, ceamos, ceastes, cearam. (= verbos terminados em -ear: falsear, passear... - alguns apresentam pronúncia aberta: estreio, estreia...).

Coar: irregular. Presente do indicativo – coo, côas, côa, coamos, coais, coam. Pretérito perfeito – coei, coaste, coou etc. (= abençoar, magoar, perdoar).

Comerciar: regular. Presente do indicativo – comercio, comerciais etc. Pretérito perfeito – comerciei etc. (= verbos em -iar, exceto os seguintes verbos: mediar, ansiar, remediar, incendiar, odiar).

Compelir: alternância vocálica E/I. Presente do indicativo – compilo, compeles etc. Pretérito perfeito indicativo – compeli, compeliste.

Compilar: regular. Presente do indicativo – compilo, compilas, compila etc. Pretérito perfeito indicativo – compilei, compilaste etc.

Construir: irregular e abundante. Presente do indicativo – construo, constróis, constrói, construímos, construís, constroem. Pretérito perfeito indicativo – construí, construíste etc.

Crer: irregular. Presente do indicativo – creio, crês, crê, cremos, credes, creem. Pretérito perfeito indicativo – cri, creste, creu, cremos, crestes, creram. Imperfeito indicativo – cria, crias, cria, críamos, críeis, criam.

Falir: defectivo. Presente do indicativo – falimos, falis. Pretérito perfeito indicativo – fali, faliste etc. (= aguerrir, combalir, foragir-se, remir, renhir).

Frigir: acomodação gráfica G/J e alternância vocálica E/I. Presente do indicativo – frijo, freges, frege, frigimos, frigis, fregem. Pretérito perfeito indicativo – frigi, frigiste etc.

Ir: irregular. Presente do indicativo – vou, vais, vai, vamos, ides, vão. Pretérito perfeito indicativo – fui, foste etc. Presente subjuntivo – vá, vás, vá, vamos, vades, vão.

Jazer: irregular. Presente do indicativo – jazo, jazes etc. Pretérito perfeito indicativo – jázi, jazeste, jazeu etc.

Mobiliar: irregular. Presente do indicativo – mobílio, mobílias, mobília, mobiliamos, mobiliais, mobíliam. Pretérito perfeito indicativo – mobiliei, mobiliaste.

Obstar: regular. Presente do indicativo – obsto, obstas etc. Pretérito perfeito indicativo – obtei, obstaste etc.

Pedir: irregular. Presente do indicativo – peço, pedes, pede, pedimos, pedis, pedem. Pretérito perfeito indicativo – pedi, pediste etc. (= despedir, expedir, medir).

Polir: alternância vocálica E/I. Presente do indicativo – pulo, pules, pule, polimos, polis, pulem. Pretérito perfeito indicativo – poli, poliste etc.

Precaver-se: defectivo e pronominal. Presente do indicativo – precavemo-nos, precaveis-vos. Pretérito perfeito indicativo – precavi-me, precaveste-te etc.

Prover: irregular. Presente do indicativo – provejo, provês, provê, provemos, provedes, proveem. Pretérito perfeito indicativo – provi, proveste, proveu etc.

Reaver: defectivo. Presente do indicativo – reavemos, reaveis. Pretérito perfeito indicativo – reouve, reouveste, reouve etc. (verbo derivado do haver, mas só é conjugado nas formas verbais com a letra v).

Remir: defectivo. Presente do indicativo – remimos, remis. Pretérito perfeito indicativo – remi, remiste etc.

Requerer: irregular. Presente do indicativo – requeiro, requeres etc. Pretérito perfeito indicativo – requeri, requereste, requereu etc. (Derivado do querer, diferindo dele na 1ª pessoa do singular do presente do indicativo e no pretérito perfeito do indicativo e derivados, sendo regular).

Rir: irregular. Presente do indicativo – rio, rir, ri, rimos, rides, riem. Pretérito perfeito indicativo – ri, riste. (= sorrir).

Saudar: alternância vocálica. Presente do indicativo – saúdo, saúdas etc. Pretérito perfeito indicativo – saudei, saudaste etc.

Suar: regular. Presente do indicativo – suo, suas, sua etc. Pretérito perfeito indicativo – suei, suaste, sou etc. (= atuar, continuar, habituar, individuar, recuar, situar).

Valer: irregular. Presente do indicativo – valho, vales, vale etc. Pretérito perfeito indicativo – vali, valeste, valeu etc.

Também merecem atenção os seguintes verbos irregulares:

- ▷ **Pronominais:** apiedar-se, dignar-se, persignar-se, precaver-se.

- **Caber**

  Presente do indicativo: caibo, cabes, cabe, cabemos, cabeis, cabem.

  Presente do subjuntivo: caiba, caibas, caiba, caibamos, caibais, caibam.

  Pretérito perfeito do indicativo: coube, coubeste, coube, coubemos, coubestes, couberam.

  Pretérito mais-que-perfeito do indicativo: coubera, couberas, coubera, coubéramos, coubéreis, couberam.

  Pretérito imperfeito do subjuntivo: coubesse, coubesses, coubesse, coubéssemos, coubésseis, coubessem.

  Futuro do subjuntivo: couber, couberes, couber, coubermos, couberdes, couberem.

- **Dar**

  Presente do indicativo: dou, dás, dá, damos, dais, dão.

  Presente do subjuntivo: dê, dês, dê, demos, deis, deem.

  Pretérito perfeito do indicativo: dei, deste, deu, demos, destes, deram.

  Pretérito mais-que-perfeito do indicativo: dera, deras, dera, déramos, déreis, deram.

  Pretérito imperfeito do subjuntivo: desse, desses, desse, déssemos, désseis, dessem.

  Futuro do subjuntivo: der, deres, der, dermos, derdes, derem.

- **Dizer**

  Presente do indicativo: digo, dizes, diz, dizemos, dizeis, dizem.

  Presente do subjuntivo: diga, digas, diga, digamos, digais, digam.

  Pretérito perfeito do indicativo: disse, disseste, disse, dissemos, dissestes, disseram.

  Pretérito mais-que-perfeito do indicativo: dissera, disseras, dissera, disséramos, disséreis, disseram.

  Futuro do presente: direi, dirás, dirá etc.

  Futuro do pretérito: diria, dirias, diria etc.

  Pretérito imperfeito do subjuntivo: dissesse, dissesses, dissesse, disséssemos, dissésseis, dissessem.

  Futuro do subjuntivo: disser, disseres, disser, dissermos, disserdes, disserem.

- **Estar**

  Presente do indicativo: estou, estás, está, estamos, estais, estão.

  Presente do subjuntivo: esteja, estejas, esteja, estejamos, estejais, estejam.

  Pretérito perfeito do indicativo: estive, estiveste, esteve, estivemos, estivestes, estiveram.

  Pretérito mais-que-perfeito do indicativo: estivera, estiveras, estivera, estivéramos, estivéreis, estiveram.

Pretérito imperfeito do subjuntivo: estivesse, estivesses, estivesse, estivéssemos, estivésseis, estivessem.

Futuro do subjuntivo: estiver, estiveres, estiver, estivermos, estiverdes, estiverem.

- **Fazer**

Presente do indicativo: faço, fazes, faz, fazemos, fazeis, fazem.

Presente do subjuntivo: faça, faças, faça, façamos, façais, façam.

Pretérito perfeito do indicativo: fiz, fizeste, fez, fizemos, fizestes, fizeram.

Pretérito mais-que-perfeito do indicativo: fizera, fizeras, fizera, fizéramos, fizéreis, fizeram.

Pretérito imperfeito do subjuntivo: fizesse, fizesses, fizesse, fizéssemos, fizésseis, fizessem.

Futuro do subjuntivo: fizer, fizeres, fizer, fizermos, fizerdes, fizerem.

Seguem esse modelo os verbos: desfazer, liquefazer e satisfazer.

Os particípios destes verbos e seus derivados são irregulares: feito, desfeito, liquefeito, satisfeito etc.

- **Haver**

Presente do indicativo: hei, hás, há, havemos, haveis, hão.

Presente do subjuntivo: haja, hajas, haja, hajamos, hajais, hajam.

Pretérito perfeito do indicativo: houve, houveste, houve, houvemos, houvestes, houveram.

Pretérito mais-que-perfeito do indicativo: houvera, houveras, houvera, houvéramos, houvéreis, houveram.

Pretérito imperfeito do subjuntivo: houvesse, houvesses, houvesse, houvéssemos, houvésseis, houvessem.

Futuro do subjuntivo: houver, houveres, houver, houvermos, houverdes, houverem.

- **Ir**

Presente do indicativo: vou, vais, vai, vamos, ides, vão.

Presente do subjuntivo: vá, vás, vá, vamos, vades, vão.

Pretérito imperfeito do indicativo: ia, ias, ia, íamos, íeis, iam.

Pretérito perfeito do indicativo: fui, foste, foi, fomos, fostes, foram.

Pretérito mais-que-perfeito do indicativo: fora, foras, fora, fôramos, fôreis, foram.

Pretérito imperfeito do subjuntivo: fosse, fosses, fosse, fôssemos, fôsseis, fossem.

Futuro do subjuntivo: for, fores, for, formos, fordes, forem.

- **Poder**

Presente do indicativo: posso, podes, pode, podemos, podeis, podem.

Presente do subjuntivo: possa, possas, possa, possamos, possais, possam.

Pretérito perfeito do indicativo: pude, pudeste, pôde, pudemos, pudestes, puderam.

Pretérito mais-que-perfeito do indicativo: pudera, puderas, pudera, pudéramos, pudéreis, puderam.

Pretérito imperfeito do subjuntivo: pudesse, pudesses, pudesse, pudéssemos, pudésseis, pudessem.

Futuro do subjuntivo: puder, puderes, puder, pudermos, puderdes, puderem.

- **Pôr**

Presente do indicativo: ponho, pões, põe, pomos, pondes, põem.

Presente do subjuntivo: ponha, ponhas, ponha, ponhamos, ponhais, ponham.

Pretérito imperfeito do indicativo: punha, punhas, punha, púnhamos, púnheis, punham.

Pretérito perfeito do indicativo: pus, puseste, pôs, pusemos, pusestes, puseram.

Pretérito mais-que-perfeito do indicativo: pusera, puseras, pusera, puséramos, puséreis, puseram.

Pretérito imperfeito do subjuntivo: pusesse, pusesses, pusesse, puséssemos, pusésseis, pusessem.

Futuro do subjuntivo: puser, puseres, puser, pusermos, puserdes, puserem.

Todos os derivados do verbo pôr seguem exatamente este modelo: antepor, compor, contrapor, decompor, depor, descompor, dispor, expor, impor, indispor, interpor, opor, pospor, predispor, pressupor, propor, recompor, repor, sobrepor, supor, transpor são alguns deles.

- **Querer**

Presente do indicativo: quero, queres, quer, queremos, quereis, querem.

Presente do subjuntivo: queira, queiras, queira, queiramos, queirais, queiram.

Pretérito perfeito do indicativo: quis, quiseste, quis, quisemos, quisestes, quiseram.

Pretérito mais-que-perfeito do indicativo: quisera, quiseras, quisera, quiséramos, quiséreis, quiseram.

Pretérito imperfeito do subjuntivo: quisesse, quisesses, quisesse, quiséssemos, quisésseis, quisessem.

Futuro do subjuntivo: quiser, quiseres, quiser, quisermos, quiserdes, quiserem.

- **Saber**

Presente do indicativo: sei, sabes, sabe, sabemos, sabeis, sabem.

Presente do subjuntivo: saiba, saibas, saiba, saibamos, saibais, saibam.

Pretérito perfeito do indicativo: soube, soubeste, soube, soubemos, soubestes, souberam.

Pretérito mais-que-perfeito do indicativo: soubera, souberas, soubera, soubéramos, soubéreis, souberam.

Pretérito imperfeito do subjuntivo: soubesse, soubesses, soubesse, soubéssemos, soubésseis, soubessem.

Futuro do subjuntivo: souber, souberes, souber, soubermos, souberdes, souberem.

- **Ser**

Presente do indicativo: sou, és, é, somos, sois, são.

Presente do subjuntivo: seja, sejas, seja, sejamos, sejais, sejam.

Pretérito imperfeito do indicativo: era, eras, era, éramos, éreis, eram.

Pretérito perfeito do indicativo: fui, foste, foi, fomos, fostes, foram.

Pretérito mais-que-perfeito do indicativo: fora, foras, fora, fôramos, fôreis, foram.

Pretérito imperfeito do subjuntivo: fosse, fosses, fosse, fôssemos, fôsseis, fossem.

Futuro do subjuntivo: for, fores, for, formos, fordes, forem.

As segundas pessoas do imperativo afirmativo são: sê (tu) e sede (vós).

- **Ter**

Presente do indicativo: tenho, tens, tem, temos, tendes, têm.

Presente do subjuntivo: tenha, tenhas, tenha, tenhamos, tenhais, tenham.

Pretérito imperfeito do indicativo: tinha, tinhas, tinha, tínhamos, tínheis, tinham.

Pretérito perfeito do indicativo: tive, tiveste, teve, tivemos, tivestes, tiveram.

Pretérito mais-que-perfeito do indicativo: tivera, tiveras, tivera, tivéramos, tivéreis, tiveram.

Pretérito imperfeito do subjuntivo: tivesse, tivesses, tivesse, tivéssemos, tivésseis, tivessem.

Futuro do subjuntivo: tiver, tiveres, tiver, tivermos, tiverdes, tiverem.

Seguem esse modelo os verbos: ater, conter, deter, entreter, manter, reter.

- **Trazer**

Presente do indicativo: trago, trazes, traz, trazemos, trazeis, trazem.

Presente do subjuntivo: traga, tragas, traga, tragamos, tragais, tragam.

Pretérito perfeito do indicativo: trouxe, trouxeste, trouxe, trouxemos, trouxestes, trouxeram.

Pretérito mais-que-perfeito do indicativo: trouxera, trouxeras, trouxera, trouxéramos, trouxéreis, trouxeram.

Futuro do presente: trarei, trarás, trará etc.

Futuro do pretérito: traria, trarias, traria etc.

Pretérito imperfeito do subjuntivo: trouxesse, trouxesses, trouxesse, trouxéssemos, trouxésseis, trouxessem.

Futuro do subjuntivo: trouxer, trouxeres, trouxer, trouxermos, trouxerdes, trouxerem.

- **Ver**

Presente do indicativo: vejo, vês, vê, vemos, vedes, veem.

Presente do subjuntivo: veja, vejas, veja, vejamos, vejais, vejam.

Pretérito perfeito do indicativo: vi, viste, viu, vimos, vistes, viram.

Pretérito mais-que-perfeito do indicativo: vira, viras, vira, víramos, víreis, viram.

Pretérito imperfeito do subjuntivo: visse, visses, visse, víssemos, vísseis, vissem.

Futuro do subjuntivo: vir, vires, vir, virmos, virdes, virem.

Seguem esse modelo os derivados antever, entrever, prever, rever. Prover segue o modelo acima apenas no presente do indicativo e seus tempos derivados; nos demais tempos, comporta-se como um verbo regular da segunda conjugação.

- **Vir**

Presente do indicativo: venho, vens, vem, vimos, vindes, vêm.

Presente do subjuntivo: venha, venhas, venha, venhamos, venhais, venham.

Pretérito imperfeito do indicativo: vinha, vinhas, vinha, vínhamos, vínheis, vinham.

Pretérito perfeito do indicativo: vim, vieste, veio, viemos, viestes, vieram.

Pretérito mais-que-perfeito do indicativo: viera, vieras, viera, viéramos, viéreis, vieram.

Pretérito imperfeito do subjuntivo: viesse, viesses, viesse, viéssemos, viésseis, viessem.

Futuro do subjuntivo: vier, vieres, vier, viermos, vierdes, vierem.

Particípio e gerúndio: vindo.

7.4.8 Emprego do infinitivo

Apesar de não haver regras bem definidas, podemos anotar as seguintes ocorrências:

▹ Usa-se o **impessoal**:

- Sem referência a nenhum sujeito:

  É proibido **estacionar** na calçada.

- Nas locuções verbais:

  Devemos **pensar** sobre a sua situação.

- Se o infinitivo exercer a função de complemento de adjetivos:

  É uma questão fácil de **resolver**.

- Se o infinitivo possuir valor de imperativo:

  O comandante gritou: "**marchar**!"

▹ Usa-se o **pessoal**:

- Quando o sujeito do infinitivo é diferente do sujeito da oração principal:

  Eu não te culpo por **seres** um imbecil.

- Quando, por meio de flexão, se quer realçar ou identificar a pessoa do sujeito:

  Não foi bom **agires** dessa forma.

7.5 Adjetivo

É a palavra variável que expressa uma qualidade, característica ou origem de algum substantivo ao qual se relaciona.

- Meu terno é azul, elegante e italiano.

Analisando, entendemos assim:

Azul: característica.

Elegante: qualidade.

Italiano: origem.

7.5.1 Estrutura e a classificação dos adjetivos

Com relação à sua formação, eles podem ser:

- **Explicativos:** quando a característica é comum ao substantivo referido.

  Fogo **quente**, homem **mortal**. (Todo fogo é quente, todo homem é mortal).

- **Restritivos:** quando a característica não é comum ao substantivo, ou seja, nem todo substantivo é assim caracterizado.

  Terno **azul**, casa **grande**. (Nem todo terno é azul, nem toda casa é grande).

- **Simples:** quando possui apenas uma raiz.

  Amarelo, brasileiro, competente, sagaz, loquaz, inteligente, grande, forte etc.

- **Composto:** quando possui mais de uma raiz.

  Amarelo-canário, luso-brasileiro, verde-escuro, vermelho-sangue etc.

- **Primitivo:** quando pode dar origem a outra palavra, não tendo sofrido derivação alguma.

  Bom, legal, grande, rápido, belo etc.

- **Derivado:** quando resultado de um processo de derivação, ou seja, oriundo de outra palavra.

  Bondoso (de bom), grandioso (de grande), maléfico (de mal), esplendoroso (de esplendor) etc.

Os adjetivos que designam origem de algum termo são denominados adjetivos pátrios ou gentílicos.

Adjetivos pátrios de estados:

Acre: acriano.
Alagoas: alagoano.
Amapá: amapaense.
Aracaju: aracajuano ou aracajuense.
Amazonas: amazonense ou baré.
Belém (PA): belenense.
Belo Horizonte: belo-horizontino.
Boa Vista: boa-vistense.
Brasília: brasiliense.
Cabo Frio: cabo-friense.
Campinas: campineiro ou campinense.
Curitiba: curitibano.
Espírito Santo: espírito-santense ou capixaba.
Fernando de Noronha: noronhense.
Florianópolis: florianopolitano.
Fortaleza: fortalezense.
Goiânia: goianiense.
João Pessoa: pessoense.
Macapá: macapaense.
Maceió: maceioense.
Manaus: manauense.
Maranhão: maranhense.
Marajó: marajoara.
Natal: natalense ou papa-jerimum.
Porto Alegre: porto alegrense.
Ribeirão Preto: ribeiropretense.
Rio de Janeiro (estado): fluminense.
Rio de Janeiro (cidade): carioca.
Rio Branco: rio-branquense.
Rio Grande do Norte: rio-grandense-do-norte, norte-riograndense ou potiguar.
Rio Grande do Sul: rio-grandense-do-sul, sul-rio-grandense ou gaúcho.
Rondônia: rondoniano.
Roraima: roraimense.
Salvador: salvadorense ou soteropolitano.
Santa Catarina: catarinense ou barriga verde.
Santarém: santarense.
São Paulo (estado): paulista.
São Paulo (cidade): paulistano.
Sergipe: sergipano.
Teresina: teresinense.
Tocantins: tocantinense.

Adjetivos pátrios de países:

Croácia: croata.
Costa Rica: costarriquense.
Curdistão: curdo.
Estados Unidos: estadunidense, norte-americano ou ianque.
El Salvador: salvadorenho.
Guatemala: guatemalteco.
Índia: indiano ou hindu (os que professam o hinduísmo).
Israel: israelense ou israelita.
Irã: iraniano.
Moçambique: moçambicano.
Mongólia: mongol ou mongólico.
Panamá: panamenho.
Porto Rico: porto-riquenho.
Somália: somali.

Na formação de adjetivos pátrios compostos, o primeiro elemento aparece na forma reduzida e, normalmente, erudita.

Observe alguns exemplos de adjetivos pátrios compostos:

África: afro-americana.
Alemanha: germano- ou teuto-: competições teutoinglesas.
América: Américo-: companhia américo-africana.
Ásia: ásio-: encontros ásio-europeus.
Áustria: austro-: peças austro-búlgaras.
Bélgica: belgo-: acampamentos belgo-franceses.
China: sino-: acordos sino-japoneses.
Espanha: hispano- + mercado: hispano-português.
Europa: euro + negociações euro-americanas.
França: franco- ou galo-: reuniões franco-italianas.
Grécia: greco-: filmes greco-romanos.
Índia: indo-: guerras indo-paquistanesas.
Inglaterra: anglo-: letras anglo-portuguesas.
Itália: ítalo-: sociedade ítalo-portuguesa.
Japão: nipo-: associações nipo-brasileiras.
Portugal: luso-: acordos luso-brasileiros.

7.5.2 Locução adjetiva

Expressão que tem valor adjetival, mas que é formada por mais de uma palavra. Geralmente, concorrem para sua formação uma preposição e um substantivo. Veja alguns exemplos de locução adjetiva seguida de adjetivo:

De águia: aquilino.
De aluno: discente.
De anjo: angelical.
De bispo: episcopal.
De cabelo: capilar.
De cão: canino.
De dedo: digital.
De estômago: estomacal ou gástrico.
De fera: ferino.
De gelo: glacial.
De homem: viril ou humano.
De ilha: insular.
De lago: lacustre.
De madeira: lígneo.
De neve: níveo ou nival.
De orelha: auricular.
De paixão: passional.
De quadris: ciático.
De rio: fluvial.
De serpente: viperino.
De trigo: tritício.
De urso: ursino.
De velho: senil.

7.5.3 Flexão do adjetivo

O adjetivo pode ser flexionado em gênero, número e grau.

Flexão de gênero (masculino/feminino)

Com relação ao gênero, os adjetivos podem ser classificados de duas formas:

- Biformes: quando possuem uma forma para cada gênero.

  Homem **belo**/mulher **bela.**

Contexto **complicado**/questão **complicada.**

- Uniformes: quando possuem apenas uma forma, como se fossem elementos neutros.

Homem **fiel**/mulher **fiel.**

Contexto **interessante**/questão **interessante.**

Flexão de número (singular/plural)

Os adjetivos simples seguem a mesma regra de flexão que os substantivos simples. Serão, por regra, flexionados os adjetivos compostos que, em sua formação, possuírem dois adjetivos. A flexão ocorrerá apenas no segundo elemento da composição.

Guerra greco-**romana** – Guerras greco-**romanas.**

Conflito **socioeconômico** – Análises **socioeconômicas.**

Por outro lado, se houver um substantivo como elemento da composição, o adjetivo fica invariável.

Blusa **amarelo-canário** – Blusas **amarelo-canário.**

Mesa **verde-musgo** – Mesas **verde-musgo.**

O caso em questão também pode ocorrer quando um substantivo passa a ser, por derivação imprópria, um adjetivo, ou seja, também serão invariáveis os "substantivos adjetivados".

Terno cinza – Ternos cinza.

Vestido rosa – Vestidos rosa.

E também:

Surdo mudo – surdos mudos.

Pele vermelha – peles vermelhas.

> Azul- marinho e azul-celeste são invariáveis.

7.5.4 Flexão de grau (comparativo e superlativo)

Há duas maneiras de se estabelecer o grau do adjetivo: por meio do **grau comparativo** e por meio do **grau superlativo.**

Grau comparativo: estabelece um tipo de comparação de características, sendo estabelecido de três maneiras:

- **Inferioridade:** o açúcar é **menos** doce (do) **que** os teus olhos.
- **Igualdade:** o meu primo é **tão** estudioso **quanto** o meu irmão.
- **Superioridade:** gramática **é mais legal** (do) **que** matemática.

Grau superlativo: reforça determinada qualidade em relação a um referente. Pode-se estabelecer o grau superlativo de duas maneiras:

- ▷ **Relativo:** em relação a um grupo.
  - **De superioridade:** José é o **mais** inteligente dos alunos.
  - **De inferioridade:** o presidente foi o **menos** prestigiado da festa.
- ▷ **Absoluto:** sem relações, apenas reforçando as características:
  - **Analítico:** com auxílio de algum termo:

    Pedro é muito magro.

    Pedro é magro, magro, magro.
  - **Sintético** (com o acréscimo de -íssimo ou -érrimo):

    Pedro é macérrimo.

    Somos todos estudiosíssimos.

Veja, agora, alguns exemplos de superlativos sintéticos:

Ágil: agilíssimo.
Bom: ótimo ou boníssimo.
Capaz: capacíssimo.
Difícil: dificílimo.
Eficaz: eficacíssimo.
Fiel: fidelíssimo.
Geral: generalíssimo.
Horrível: horribilíssimo.
Inimigo: inimicíssimo.
Jovem: juveníssimo.
Louvável: laudabilíssimo.
Mísero: misérrimo.
Notável: notabilíssimo.
Pequeno: mínimo ou pequeníssimo.
Sério: seríssimo.
Terrível: terribilíssimo.
Vão: vaníssimo.

Atente à mudança de sentido provocada pela alteração de posição do adjetivo.

Homem **grande** (alto, corpulento).

Grande homem (célebre).

Mas isso nem sempre ocorre. Se você analisar a construção "giz azul" e "azul giz", perceberá que não há diferença semântica.

7.6 Advérbio

É a palavra invariável que se relaciona ao verbo, ao adjetivo ou a outro advérbio para atribuir-lhes uma circunstância. Veja os exemplos:

Os alunos saíram **apressadamente**.

O caso era muito **interessante**.

Resolvemos **muito bem** o problema.

7.6.1 Classificação do advérbio

- **Afirmação:** sim, certamente, efetivamente etc.
- **Negação:** não, nunca, jamais.
- **Intensidade:** muito, pouco, assaz, bastante, mais, menos, tão, tanto, quão etc.
- **Lugar:** aqui, ali, aí, aquém, acima, abaixo, atrás, dentro, junto, defronte, perto, longe, algures, alhures, nenhures etc.
- **Tempo:** agora, já, depois, anteontem, ontem, hoje, jamais, sempre, outrora, breve etc.
- **Modo:** assim, bem, mal, depressa, devagar, melhor, pior e a maior parte das palavras formadas de um adjetivo, mais a terminação "mente" (leve + mente = levemente; calma + mente = calmamente).
- **Inclusão:** também, inclusive.
- **Designação:** eis.
- **Interrogação:** onde, como, quando, por que.

Também existem as chamadas locuções adverbiais que vêm quase sempre introduzidas por uma preposição: à farta (= fartamente), às pressas (= apressadamente), à toa, às cegas, às escuras, às tontas, às vezes, de quando em quando, de vez em quando etc.

Existem casos em que utilizamos um adjetivo como forma de advérbio. É o que chamamos de adjetivo adverbializado. Veja os exemplos:

Aquele orador fala **belamente**. (Advérbio de modo).

Aquele orador fala **bonito**. (Adjetivo adverbializado que tenta designar modo).

7.7 Conjunção

É a palavra invariável que conecta elementos em algum encadeamento frasal. A relação em questão pode ser de natureza lógico-semântica (relação de sentido) ou apenas indicar uma conexão exigida pela sintaxe da frase.

7.7.1 Coordenativas

São as conjunções que conectam elementos que não possuem dependência sintática, ou seja, as sentenças que são conectadas por meio desses elementos já estão com suas estruturas sintáticas (sujeito / predicado / complemento) completas.

- **Aditivas:** e, nem (= e não), também, que, não só..., mas também, não só... como, tanto ... como, assim... como etc.

  José não foi à aula **nem** fez os exercícios.

  Devemos estudar **e** apreender os conteúdos.

- **Adversativas:** mas, porém, contudo, todavia, no entanto, entretanto, senão, não obstante, aliás, ainda assim.

  Os países assinaram o acordo, **mas** não o cumpriram.

  A menina cantou bem, **contudo** não agradou ao público.

- **Alternativas:** ou... ou, já ... já, seja... seja, quer... quer, ora... ora, agora... agora.

  Ora diz sim, **ora** diz não.

  Ou está feliz, **ou** está no ludibriando.

- **Conclusivas:** logo, pois (depois do verbo), então, portanto, assim, enfim, por fim, por conseguinte, conseguintemente, consequentemente, donde, por onde, por isso.

  O **concursando** estudou muito, **logo**, deverá conseguir seu cargo.

  É professor, **por conseguinte** deve saber explicar o conteúdo.

- **Explicativas:** isto é, por exemplo, a saber, ou seja, verbi gratia, pois (antes do verbo), pois bem, ora, na verdade, depois, além disso, com efeito, que, porque, ademais, outrossim, porquanto etc.

  Deve ter chovido, **pois** o chão está molhado.

  O homem é um animal racional, **porque** é capaz de raciocinar.

  Não converse agora, **que** eu estou explicando.

7.7.2 Subordinativas

São as conjunções que denotam uma relação de subordinação entre orações, ou seja, a conjunção subordinativa evidencia que uma oração possui dependência sintática em relação a outra. O que se pretende dizer com isso é que uma das orações envolvidas nesse conjunto desempenha uma função sintática para com sua oração principal.

Integrantes

- Que, se:

  Sei **que** o dia do pagamento é hoje.

  Vejamos **se** você consegue estudar sem interrupções.

Adverbiais

▹ **Causais:** indicam a causa de algo.

- Já que, porque, que, pois que, uma vez que, sendo que, como, visto que, visto como, como etc.

  Não teve medo do perigo, **já que** estava protegido.

  Passou no concurso, **porque** estudou muito.

▹ **Comparativas:** estabelecem relação de comparação:

- Como, mais... (do) que, menos... (do) que, tão como, assim como, tanto quanto etc.

  Tal como procederes, receberás o castigo.

  Alberto é aplicado **como** quem quer passar.

▹ **Concessivas (concessão):** estabelecem relação de quebra de expectativa com respeito à sentença à qual se relacionam.

- Embora, ainda que, dado que, posto que, conquanto, em que, quando mesmo, mesmo que, por menos que, por pouco que, apesar de (que).

  Embora tivesse estudado pouco, conseguiu passar.

  Conquanto estudasse, não conseguiu aprender.

▹ **Condicionais:** estabelecem relação de condição.

- Se, salvo se, caso, exceto se, contanto que, com tal que, caso, a não ser que, a menos que, sem que etc.

  Se tudo der certo, estaremos em Portugal amanhã.

  Caso você tenha dúvidas, pergunte a seu professor.

▹ **Consecutivas:** estabelecem relação de consequência.

- Tanto que, de modo que, de sorte que, tão...que, sem que etc.

  O aluno estudou **tanto que** morreu.

  Timeto Amon era **tão** feio **que** não se olhava no espelho.

▹ **Conformativas:** estabelecem relação de conformidade.

- Conforme, consoante, segundo, da mesma maneira que, assim como, como que etc.

  Faça a prova **conforme** teu pai disse.

  Todos agem **consoante** se vê na televisão.

▹ **Finais:** estabelecem relação de finalidade.

- Para que, a fim de que, que, porque.

  Estudou muito **para que** pudesse ter uma vida confortável.

  Trabalhei **a fim de que** o resultado seja satisfatório.

▹ **Proporcionais:** estabelecem relação de proporção.

- À proporção que, à medida que, quanto mais... tanto mais, quanto menos... tanto menos, ao passo que etc.

  À medida que o momento de realizar a prova chegava, a ansiedade de todos aumentava.

  Quanto mais você estudar, **tanto mais** terá a chance de ser bem-sucedido.

▹ **Temporais:** estabelecem relação de tempo.

- Quando, enquanto, apenas, mal, desde que, logo que, até que, antes que, depois que, assim que, sempre que, senão quando, ao tempo que, apenas que, antes que, depois que, sempre que etc.

  Quando todos disserem para você parar, continue.

  Depois que terminar toda a lição, poderá descansar um pouco.

  Mal chegou, já quis sair.

7.8 Interjeição

É o termo que exprime, de modo enérgico, um estado súbito de alma. Sem muita importância para a análise a que nos propomos, vale apenas lembrar que elas possuem uma classificação semântica:

- **Dor:** ai! ui!
- **Alegria:** ah! eh! oh!
- **Desejo:** oxalá! tomara!
- **Admiração:** puxa! cáspite! safa! quê!
- **Animação:** eia! sus! coragem!
- **Aplauso:** bravo! apoiado!
- **Aversão:** ih! chi! irra! apre!
- **Apelo:** ó, olá! psit! pitsiu! alô! socorro!
- **Silêncio:** psit! psiu! caluda!
- **Interrogação, espanto:** hem!

Há, também, locuções interjeitivas: **minha nossa! Meu Deus!**

A despeito da classificação acima, o que determina o sentido da interjeição é o seu uso.

7.9 Numeral

É a palavra que indica uma quantidade, multiplicação, fração ou um lugar em uma série. Os numerais podem ser divididos em:

- **Cardinais:** quando indicam um número básico: um, dois, três, cem mil etc.
- **Ordinais:** quando indicam um lugar numa série: primeiro, segundo, terceiro, centésimo, milésimo etc.
- **Multiplicativos:** quando indicam uma quantidade multiplicativa: dobro, triplo, quádruplo etc.
- **Fracionários:** quando indicam parte de um inteiro: meio, metade, dois terços etc.

ALGARISMO		CARDINAIS	ORDINAIS
ROMANOS	ARÁBICOS		
I	1	um	primeiro
II	2	dois	segundo
III	3	três	terceiro
IV	4	quatro	quarto
V	5	cinco	quinto
VI	6	seis	sexto
VII	7	sete	sétimo
VIII	8	oito	oitavo
IX	9	nove	nono
X	10	dez	décimo
XI	11	onze	undécimo ou décimo primeiro
XII	12	doze	duodécimo ou décimo segundo
XIII	13	treze	décimo terceiro
XIV	14	quatorze ou catorze	décimo quarto
XV	15	quinze	décimo quinto
XVI	16	dezesseis	décimo sexto
XVII	17	dezessete	décimo sétimo
XVIII	18	dezoito	décimo oitavo
XIX	19	dezenove	décimo nono
XX	20	vinte	vigésimo
XXI	21	vinte e um	vigésimo primeiro
XXX	30	trinta	trigésimo
XXXL	40	quarenta	quadragésimo
L	50	cinquenta	quinquagésimo
LX	60	sessenta	sexagésimo
LXX	70	setenta	septuagésimo ou setuagésimo
LXXX	80	oitenta	octogésimo
XC	90	noventa	nonagésimo
C	100	cem	centésimo
CC	200	duzentos	ducentésimo
CCC	300	trezentos	trecentésimo
CD	400	quatrocentos	quadringentésimo
D	500	quinhentos	quingentésimo
DC	600	seiscentos	seiscentésimo ou sexcentésimo
DCC	700	setecentos	septingentésimo
DCCC	800	oitocentos	octingentésimo
CM	900	novecentos	nongentésimo ou noningentésimo
M	1.000	mil	milésimo
X'	10.000	dez mil	dez milésimos
C'	100.000	cem mil	cem milésimos
M'	1.000.000	um milhão	milionésimo
M''	1.000.000.000	um bilhão	bilionésimo

Lista de numerais multiplicativos e fracionários:

Algarismos	Multiplicativos	Fracionários
2	duplo, dobro, dúplice	meio ou metade
3	triplo, tríplice	terço
4	quádruplo	quarto
5	quíntuplo	quinto
6	sêxtuplo	sexto
7	sétuplo	sétimo
8	óctuplo	oitavo
9	nônuplo	nono
10	décuplo	décimo
11	undécuplo	onze avos
12	duodécuplo	doze avos
100	cêntuplo	centésimo

7.9.1 Cardinais

Para realizar a leitura dos cardinais, é necessário colocar a conjunção "e" entre as centenas e dezenas, assim como entre as dezenas e a unidade.

Exemplo: 3.068.724 = três milhões, sessenta **e** oito mil, setecentos **e** vinte **e** quatro.

7.9.2 Ordinais

Quanto à leitura do numeral ordinal, há duas possibilidades: quando é inferior a 2.000, lê-se inteiramente segundo a forma ordinal.

- 1.766º = milésimo septingentésimo sexagésimo sexto.

Acima de 2.000, lê-se o primeiro algarismo como cardinal e os demais como ordinais. Hodiernamente, entretanto, tem-se observado a tendência a ler os números redondos segundo a forma ordinal.

- 2.536º = dois milésimos quingentésimo trigésimo sexto.
- 8 000º = oitavo milésimo.

7.9.3 Fracionários

O numerador de um numeral fracionário é sempre lido como cardinal. Quanto ao denominador, há dois casos:

- Primeiro: se for inferior ou igual a 10, ou ainda for um número redondo, será lido como ordinal 2/6 = dois sextos; 9/10 = nove décimos; centésimos (se houver). São exceções: 1/2 = meio; 1/3 = um terço.
- Segundo: se for superior a 10 e não constituir número redondo, é lido como cardinal, seguido da palavra "avos". 1/12 = um doze avos; 4/25 = quatro vinte e cinco avos.

Ao se fazer indicação de reis, papas, séculos, partes de uma obra, usam-se os numerais ordinais até décimo. A partir daí, devem-se empregar os cardinais. Século V (século quinto), século XX (vinte), João Paulo II (segundo), Bento XVI (dezesseis).

7.10 Preposição

É a palavra invariável que serve de ligação entre dois termos de uma oração ou, às vezes, entre duas orações. Costuma-se denominar "regente" o termo que exige a preposição e "regido" aquele que recebe a preposição:

Ele comprou um livro **de** poesia.
Ele tinha medo **de** ficar solitário.

Como se vê, a preposição "de", no primeiro caso, liga termos de uma mesma oração; no segundo, liga orações.

7.10.1 Preposições essenciais

São aquelas que têm como função primordial a conexão das palavras:

- a, ante, até, após, com contra, de, desde, em, entre, para, per, perante, por, sem, sob, sobre, trás.

Veja o emprego de algumas preposições:

Os manifestantes lutaram **contra** a polícia.
O aluno chegou **ao** salão rapidamente.
Aguardo sua decisão **desde** ontem.
Entre mim e ti, não há qualquer problema.

7.10.2 Preposições acidentais

São palavras que pertencem a outras classes, empregadas, porém, eventualmente como preposições: conforme, consoante, durante, exceto, fora, agora, mediante, menos, salvante, salvo, segundo, tirante.

O emprego das preposições acidentais é mais comum do que parece, veja os exemplos:

Todos saíram da sala, **exceto** eu.
Tirante as mulheres, o grupo que estava na sala parou de falar.
Escreveu o livro **conforme** o original.

7.10.3 Locuções prepositivas

Além das preposições simples, existem também as chamadas locuções prepositivas, que terminam sempre por uma preposição simples:

- abaixo de, acerca de, acima de, a despeito de, adiante de, a fim de, além de, antes de, ao lado de, a par de, apesar de, a respeito de, atrás de, através de, de acordo com, debaixo de, de cima de, defronte de, dentro de, depois de, diante de, embaixo de, em cima de, em frente de(a), em lugar de, em redor de, em torno de, em vez de, graças a, junto a (de), para baixo de, para cima de, para com, perto de, por baixo de, por causa de, por cima de, por detrás de, por diante de, por entre, por trás de.

7.10.4 Conectivos

Os conectivos têm a função de ligar palavras ou orações. Eles podem ser coordenativos (ligam orações coordenadas) ou subordinativos (ligam orações subordinadas).

Coordenativos

- Conjunções coordenativas que iniciam as orações coordenadas:
  Aditivas: e.
  Adversativas: mas.
  Alternativas: ou.
  Conclusivas: logo.
  Explicativas: pois.

Subordinativos

- Pronomes relativos que iniciam as orações adjetivas:
  Que.
  Quem.
  Cujo/cuja.
  O qual/a qual.
- Conjunções subordinativas que iniciam as orações adverbiais:
  Causais: porque.
  Comparativas: como.
  Concessivas: embora.
  Condicionais: se.
  Conformativas: conforme.
  Consecutivas: (tão) que.
  Finais: para que.
  Proporcionais: à medida que.
  Temporais: quando.
- **Conjunções subordinativas que iniciam as orações substantivas:**
  Integrantes: que, se.

7.10.5 Formas variantes

Algumas palavras possuem mais de uma forma, ou seja, junto à forma padrão existem outras formas variantes.

Em algumas situações, é irrelevante a variação utilizada, mas em outros deve-se escolher a variação mais generalizada.

Exemplos:

Assobiar, assoviar.
Coisa, cousa.
Louro, loiro.
Lacrimejar, lagrimejar.
Infarto, enfarte.
Diabete, diabetes.
Transpassar, traspassar, trespassar.

8. SINTAXE BÁSICA

Sintaxe é a parte da Gramática que estuda a função das palavras ou das expressões em uma oração ou em um período.

Antes de iniciar o estudo da sintaxe, faz-se necessário definir alguns conceitos, tais como: frase, oração e período (conceitos essenciais).

- **Frase**: qualquer sentença dotada de sentido.
  Eu adoro estudar português!
  Fogo! Socorro!
- **Oração**: frase organizada em torno de uma forma verbal.
  Os alunos farão a prova amanhã!
- **Período**: conjunto de orações.
  - Período simples: 1 oração.
    Ex.: **Estudarei** português.
  - Período composto: mais de 1 oração.
    Ex.: **Estudarei** português e **farei** a prova.

8.1 Período simples (oração)

A oração é dividida em termos. Assim, o estudo fica organizado e impossibilita a confusão. São os termos da oração:

- Essenciais.
- Integrantes.
- Acessórios.

8.1.1 Termos essenciais da oração

Sujeito e predicado: são chamados de essenciais, porque são os elementos que dão vida à oração. Quer dizer, sem um deles (o predicado, ao menos) não se pode formar oração.

- O **Brasil** caminha para uma profunda transformação social.
  O Brasil: sujeito.
  Para uma profunda transformação social: predicado.

Sujeito

Sujeito é o termo sintático sobre o qual se declara ou se constata algo. Deve-se observar que há uma profunda relação entre o verbo que comporá o predicado e o sujeito da oração. Usualmente, o sujeito é formado por um substantivo ou por uma expressão substantivada.

O sujeito pode ser: simples; composto; oculto, elíptico ou desinencial; indeterminado; inexistente ou oracional.

- **Sujeito simples:** aquele que possui apenas um núcleo.
  O país deverá enfrentar difíceis rivais na competição.
  A perda de fôlego de algumas das grandes economias também já foi notada por outras gigantes do setor.
- **Sujeito composto:** é aquele que possui mais de um núcleo.
  João e Maria são amigos inseparáveis.
  Eu, meus **amigos** e todo o **resto** dos alunos faremos a prova.
- **Sujeito oculto, elíptico ou desinencial:** aquele que não se encontra expresso na oração, porém é facilmente subentendido pelo verbo apresentado.
  Acord**amos** cedo naquele dia. (Nós)
  Abr**i** o blusão, tirei o 38, e perguntei com tanta raiva que uma gota de meu cuspe bateu na cara dele. (R. Fonseca) (eu)
  Vanderlei caminh**ou** pela manhã. À tarde pass**eou** pelo lago municipal, onde encontr**ou** a Anaconda da cidade. (Ele, Vanderlei)

Perceba que o sujeito não está grafado na sentença, mas é facilmente recuperável por meio da terminação do verbo.

▷ **Sujeito indeterminado:** ocorre quando o verbo não se refere a um núcleo determinado. São situações de indeterminação do sujeito:

- Terceira pessoa do plural sem um referente:
  Nunca lhe **deram** nada.
  Fizeram comentários maldosos a seu respeito.
- Com verbos transitivos indiretos, intransitivo e relacionais (de ligação) acompanhados da partícula "se" que, no caso, será classificada como índice de indeterminação de sujeito:
  Vive-se muito bem.
  Precisa-se de força e coragem na vida de estudante.
  Nem sempre **se está** feliz na riqueza.

▷ **Sujeito inexistente ou oração sem sujeito:** ocorre em algumas situações específicas.

- Com verbos impessoais (principalmente os que denotam fenômeno da natureza).
  Em setembro **chove** muito.
  Nevava em Palotina.
- Com o verbo haver, desde que empregado nos sentidos de existir, acontecer ou ocorrer.
  Há poemas perfeitos, não **há** poetas perfeitos.
  Deveria haver soluções para tais problemas.
- Com os verbos ir, haver e fazer, desde que empregado fazendo alusão a tempo transcorrido.
  Faz um ano que não viajo. (verbo "fazer" no sentido de "tempo transcorrido")
  Há muito tempo que você não aparece. (verbo "haver" no sentido de "tempo")
  Vai para dois meses que não recebo salário. (verbo "ir" no sentido de "tempo")
- Com os verbos ser ou estar indicando tempo.
  Era noite fechada.
  É tarde, eles não vêm!
- Com os verbos bastar e chegar indicando cessamento.
  Basta de tanta corrupção no Senado!
  Chega de ficar calado quando a situação aperta!
- Com o verbo ser indicando data ou horas.
  São dez horas no relógio da torre.
  Amanhã **serão** dez de dezembro.

▷ **Sujeito oracional:** ocorre nas análises do período composto, quando se verifica que o sujeito de um verbo é uma oração.
  É preciso **que você estude Língua Portuguesa.**

Predicado

É o termo que designa aquilo que se declara acerca do sujeito. É mais simples e mais prudente para o aluno buscar identificar o predicado antes do sujeito, pois, se assim o fizer, terá mais concretude na identificação do sujeito.

O predicado pode ser nominal, verbal ou verbo-nominal.

- **Predicado Nominal:** o predicado nominal é formado por um verbo relacional (de ligação) + predicativo.

Principais verbos de ligação: ser, estar, permanecer, continuar, ficar, parecer, andar e torna-se.

A economia da Ásia parecia derrotada após a crise.
O deputado, de repente, virou patriota.
Português é legal.

- **Predicado Verbal:** o predicado verbal tem como núcleo um verbo nocional.

    Empresários **investirão R$ 250 milhões em novo berço para o Porto de Paranaguá.**

- **Predicado Verbo-nominal:** ocorre quando há um verbo significativo (nocional) + um predicativo do sujeito.

    O trem chegou atrasado. ("atrasado" é uma qualidade do sujeito que aparece após o verbo, portanto, é um predicativo do sujeito).

    Pedro Paladino já nasceu rico.

    Acompanhei a indignação de meus alunos preocupado.

Predicativo

O predicativo é um termo componente do predicado. Qualifica sujeito ou objeto.

Josefina era **maldosa, ruim, sem valor**. (predicativo do sujeito)

Leila deixou o garoto **louco**. (predicativo do objeto)

O diretor nomeou João **chefe da repartição**. (predicativo do objeto)

8.2 Termos integrantes da oração

Os termos integrantes da oração são: objeto direto (complemento verbal); objeto indireto (complemento verbal); complemento nominal e agente da passiva.

- **Objeto Direto:** é o complemento de um verbo transitivo direto.

    Os bons cidadãos cumprem **as leis**. (quem cumpre, cumpre algo)

    Em resumo: ele queria **uma mulher**. (quem quer, quer algo)

- **Objeto Indireto:** é o complemento de um verbo transitivo indireto.

    Os bons cidadãos obedecem **às leis**. (quem obedece, obedece a algo)

    Necessitamos **de manuais mais práticos** nos dias de hoje. (quem necessita, necessita de algo)

- **Complemento Nominal:** é o complemento, sempre preposicionado, de adjetivos, advérbios e substantivos que, em determinadas circunstâncias, pedem complemento, assim como os verbos transitivos indiretos.

    O filme era impróprio para crianças.

    Finalizou-se a construção do prédio.

    Agiu favoravelmente ao réu.

- **Agente da Passiva:** é o complemento que, na voz passiva, designa o ser praticante da ação sofrida ou recebida pelo sujeito. Veja os exemplos:

    Voz ativa: o zagueiro executou a jogada.

    Voz passiva: a jogada foi executada **pelo zagueiro. (Agente da passiva)**

    Conversas foram interceptadas pela **Polícia Federal**. (Agente da passiva)

8.3 Termos acessórios da oração

Os termos acessórios da oração são: adjunto adnominal; adjunto adverbial; aposto e vocativo.

▷ **Adjunto Adnominal:** a função do adjunto adnominal é desempenhada por qualquer palavra ou expressão que, junto de um substantivo ou de uma expressão substantivada, modifica o seu sentido. Vejamos algumas palavras que desempenham tal função.

- **Artigos: as** alunas serão aprovadas.
- **Pronomes adjetivos: aquela** aluna será aprovada.
- **Numerais adjetivos: duas** alunas serão aprovadas.
- **Adjetivos:** aluno **estudioso** é aprovado.
- **Locuções adjetivas:** aluno **de gramática** passa no concurso.

▷ **Adjunto Adverbial:** o adjunto adverbial é o termo acessório (que não é exigido por elemento algum da sentença) que exprime circunstância ao verbo e, às vezes, ao adjetivo ou mesmo ao advérbio.

- **Advérbios:** os povos antigos trabalhavam mais.
- **Locuções Adverbiais:** li vários livros **durante as férias**.
- **Alguns tipos de adjuntos adverbiais:**

    Tempo: ontem, choveu muito.

    Lugar: gostaria de que me encontrasse **na esquina da padaria**.

    Modo: Alfredo executou a aria **fantasticamente**.

    Meio: fui para a escola **a pé**.

    Causa: por amor, cometem-se loucuras.

    Instrumento: quebrou a **vidraça com uma pedra**.

    Condição: se estudar muito, será aprovado.

    Companhia: faremos sucesso **com essa banda.**

▷ **Aposto:** o aposto é o termo sintático que, possuindo equivalência semântica, esclarece seu referente. Tipos de aposto:

Explicativo: Alencar, **escritor romântico**, possui uma obra vastíssima.

Resumitivo ou recapitulativo: estudo, esporte, cinema, **tudo** o chateava.

Enumerativo: preciso de duas coisas: **saúde e dinheiro**.

Especificativo: a notícia foi publicada na revista **Veja**.

Distributivo: havia grupos interessados: **o da direita e o da esquerda**.

Oracional: desejo só uma coisa: **que vocês passem no concurso**.

Vocativo: é uma interpelação, é um chamamento. Normalmente, indica com quem se fala.

▷ **Ó mar**, por que não me levas contigo?

- Vem, **minha amiga**, abraçar um vitorioso.

8.4 Período composto

O período composto possui dois processos: coordenação e subordinação.

- **Coordenação:** ocorre quando são unidas orações independentes sintaticamente. Ou seja, são autônomas do ponto de vista estrutural. Vamos a um exemplo:
    - Altamiro pratica esportes e estuda muito.
- **Subordinação:** ocorre quando são unidas orações que possuem dependência sintática. Ou seja, não estão completas em sua estrutura. O processo de subordinação ocorre de três maneiras:
    - **Substantiva:** quando a oração desempenhar a função de um substantivo na sentença (**sujeito, predicativo, objeto direto, objeto indireto, complemento nominal ou aposto**).
    - **Adjetiva:** quando a oração desempenhar a função de adjunto adnominal na sentença.
    - **Adverbial:** quando a oração desempenhar a função de adjunto adverbial na sentença.

    Eu quero **que vocês passem no concurso**. (Oração subordinada substantiva objetiva direta – a função de objeto direto está sendo desempenhada pela oração)

    O Brasil, **que é um belíssimo país**, possui vegetação exuberante. (Oração subordinada adjetiva explicativa)

Quando José entrou na sala, Manoel saiu. (Oração subordinada adverbial temporal)

8.4.1 Processo de coordenação

Há dois tipos de orações coordenadas: **assindéticas** e **sindéticas.**

- **Assindéticas:**

O nome vem da palavra grega *sýndetos*, que significa conjunção, união. Ou seja, oração que não possui conjunção quando está colocada ao lado de outra.

Valdevino **correu (oração coordenada assindética), correu (oração coordenada assindética), correu (oração coordenada assindética)** o dia todo.

Perceba que não há conjunções para ligar os verbos, ou seja, as orações estão colocadas uma ao lado da outra sem síndeto, portanto, são **orações coordenadas assindéticas.**

- **Sindéticas:**

Contrariamente às assindéticas, as sindéticas possuem conjunção para exprimir uma relação lógico-semântica. Cada oração recebe o nome da conjunção que a introduz. Por isso é necessário decorar as conjunções.

- **Aditivas:** são introduzidas pelas conjunções e, nem, mas também, também, como (após "não só"), como ou quanto (após "tanto"), mais etc., dando a ideia de adição à oração anterior.

  A seleção brasileira venceu a Dinamarca / **e empatou com a Inglaterra.** (Oração coordenada assindética / **oração coordenada sindética aditiva)**

- **Adversativas:** são introduzidas pelas conjunções: mas, porém, todavia, contudo, entretanto, no entanto, não obstante, senão, apesar disso, embora etc., indicando uma relação de oposição à sentença anterior.

  O time batalhou muito, / **mas não venceu o adversário.** (Oração coordenada assindética / **oração coordenada sindética adversativa)**

- **Alternativas:** são introduzidas pelas conjunções ou... ou, ora... ora, já... já, quer... quer, seja... seja, nem... nem etc., indicando uma relação de alternância entre as sentenças.

  Ora estuda, / ora trabalha. **(Oração coordenada sindética alternativa / oração coordenada sindética alternativa)**

- **Conclusivas:** são introduzidas pelas conjunções: pois (posposto ao verbo), logo, portanto, então, por conseguinte, por consequência, assim, desse modo, destarte, com isso, por isto, consequentemente, de modo que, indicando uma relação de conclusão do período anterior.

  Comprei a carne e o carvão, / **portanto podemos fazer o churrasco.** (Oração coordenada assindética / **oração coordenada sindética conclusiva)**

  Estou muito doente, / **não posso, pois, ir à aula.** (Oração coordenada assindética/ **oração coordenada sindética conclusiva)**

- **Explicativas:** são introduzidas pelas conjunções que, porque, porquanto, por, portanto, como, pois (anteposta ao verbo), ou seja, isto é, indicando uma relação de explicação para com a sentença anterior.

  Não converse, / **pois estou estudando.** (Oração coordenada assindética / **oração coordenada sindética explicativa)**

8.4.2 Processo de subordinação

As orações subordinadas substantivas se dividem em seis tipos, introduzidas, geralmente, pelas conjunções "**que**" e "**se**".

- **Subjetiva:** exerce função de sujeito do verbo da oração principal.

  É interessante / **que todos joguem na loteria.** (Oração principal / **oração subordinada substantiva subjetiva)**

- **Objetiva direta:** exerce função de objeto direto.

  Eu quero / **que você entenda a matéria.** Quem quer, quer algo ou alguma coisa. (Oração principal / **oração subordinada substantiva objetiva direta)**

- **Objetiva indireta:** exerce função de objeto indireto.

  Os alunos necessitam / **de que as explicações fiquem claras.** Quem necessita, necessita de algo. (Oração principal / **oração subordinada substantiva objetiva indireta)**

- **Predicativa:** exerce função de predicativo.

  O bom é / **que você faça exercícios todos os dias.** (Oração principal / **oração subordinada substantiva predicativa)**

- **Completiva nominal:** exerce função de complemento nominal de um nome da oração principal.

  Jonas tem vontade / **de que alguém o mande calar a boca.** (Oração principal / **oração subordinada substantiva completiva nominal)**

- **Apositivas:** possuem a função de aposto da sentença principal, geralmente são introduzidas por dois-pontos (:).

  Eu quero apenas isto: / **que você passe no concurso.** (Oração principal / **oração subordinada substantiva apositiva)**

- **Orações subordinadas adjetivas:** dividem-se em dois tipos. Quando desenvolvidas, são introduzidas por um pronome relativo.

O nome oração subordinada adjetiva se deve ao fato de ela desempenhar a mesma função de um adjetivo na oração, ou seja, a função de adjunto adnominal. Na Gramática de Portugal, são chamadas de orações relativas pelo fato de serem introduzidas por pronome relativo.

- **Restritivas:** restringem a informação da oração principal. Não possuem vírgulas.

  O homem / **que mora ao lado** / é mal-humorado. (Oração principal / **oração subordinada adjetiva restritiva** / oração principal)

Para entender basta perguntar: qualquer homem é mal-humorado? Não. Só o que mora ao lado.

- **Explicativas:** explicam ou dão algum esclarecimento sobre a oração principal.

  João, / **que é o ex-integrante da comissão,** / chegou para auxiliar os novos contratados. (Oração principal / **oração subordinada adjetiva explicativa** /oração principal)

- **Orações subordinadas adverbiais:** dividem-se em nove tipos. Recebem o nome da conjunção que as introduz. Nesse caso, teremos uma principal (que não está negritada) e uma subordinada adverbial (que está em negrito).

Essas orações desempenham a função de adjunto adverbial da oração principal.

- **Causais:** exprimem a causa do fato que ocorreu na oração principal. Introduzidas, principalmente, pelas conjunções porque, visto que, já que, uma vez que, como que, como.

  Já que precisamos de dinheiro, vamos trabalhar.

- **Comparativas:** representam o segundo termo de uma comparação. Introduzidas, na maior parte dos casos, pelas conjunções que, do que, como, assim como, (tanto) quanto.

  Tiburcina fala **como uma gralha** (fala - o verbo está elíptico).

- **Concessivas:** indica uma concessão entre as orações. Introduzidas, principalmente, pelas conjunções embora, a menos que, ainda que, posto que, conquanto, mesmo que, se bem que, por mais que, apesar de que. Fique de olho na relação da conjunção com o verbo.

  Embora não tivesse tempo disponível, consegui estudar.

- **Condicionais:** expressa ideia de condição. Introduzidas, principalmente, pelas conjunções se, salvo se, desde que, exceto, caso, desde, contanto que, sem que, a menos que.

  Se ele não se defender, acabará como "boi-de-piranha" no caso.

- **Conformativas:** exprimem acordo, concordância entre fatos ou ideias. Introduzidas, principalmente, pelas conjunções como, consoante, segundo, conforme, de acordo com etc.

  Realize as atividades **conforme eu expliquei**.

- **Consecutivas:** indicam a consequência ou o efeito daquilo que se diz na oração principal. Introduzidas, principalmente, pelas conjunções que (precedida de tal, tão, tanto, tamanho), de sorte que, de modo que.

  Estudei tanto, **que saiu sangue dos olhos**.

- **Finais:** exprimem finalidade da ação primeira. Introduzidas, em grande parte dos casos, pelas conjunções para que, a fim de que, que e porque.

  Estudei muito **para que pudesse fazer a prova**.

- **Proporcionais:** expressa uma relação de proporção entre as orações. Introduzidas, principalmente, pelas conjunções (locuções conjuntivas) à medida que, quanto mais... mais, à proporção que, ao passo que, quanto mais.

  - José piorava, **à medida que abandonava seu tratamento**.

- **Temporais:** indicam circunstância de tempo. Introduzidas, principalmente, pelas conjunções quando, antes que, assim que, logo que, até que, depois que, mal, apenas, enquanto etc.

  Logo que iniciamos o trabalho os alunos ficaram mais tranquilos.

9. FUNÇÕES DO "SE"

A palavra "se", assim como o "que", possui diversas funções e costuma gerar muitas dúvidas. Por isso, para entender cada função e identificá-las, observe os exemplos a seguir.

9.1 Partícula apassivadora

Vendem-**se** plantas. (É possível passar a oração para a voz passiva analítica: plantas são vendidas).

Neste caso, o "se" nunca será seguido por preposição.

9.2 Pronome reflexivo

Nesse caso, o pronome expressa a igualdade entre o sujeito e o objeto da ação, exercendo a função de complemento verbal.

Penteou-**se** com capricho.

9.3 Pronome recíproco

Denota a ocorrência de que houve uma ação trocada entre os elementos do sujeito.

Amaram-**se** durante anos.

9.4 Partícula expletiva (de realce)

Tem o papel de realçar ou enfatizar um vocábulo ou um segmento da frase. Pode ser retirada da frase sem prejuízo sintático ou semântico.

Foi-**se** o tempo em que confiávamos nos políticos. (Não possui função na oração, apenas realça o que foi dito).

9.5 Pronome indeterminador do sujeito

O pronome "se" serve como índice de indeterminação do sujeito. O sujeito indeterminado é o sujeito que não quer ou não se pode identificar.

Precisa-**se** de secretária. (Não se pode passar a oração para a voz passiva analítica).

Nessa casa, come-**se** muito.

9.6 Parte do verbo pronominal

Alguns verbos exigem a presença da partícula "se" para indicar que a ação é referente ao sujeito que a pratica. Veja os exemplos:

Arrependeu-**se** de ter ligado.

Outros exemplos de verbos pronominais: lembrar-**se**, queixar-**se**, enganar-**se**, suicidar-**se**.

9.7 Conjunção

A conjunção "se" pode assumir várias funções, veja alguns exemplos:

Vou chegar no horário **se** não chover. (Conjunção condicional).

Não sei **se** dormirei em casa hoje. (Conjunção integrante).

Se vai ficar aqui, então fale comigo. (Conjunção adverbial causal).

Se queria ser mãe, nunca demonstrou amor pelas crianças. (Conjunção concessiva).

10. FUNÇÕES DO "QUE"

A palavra "que" possui diversas funções e costuma gerar muitas dúvidas. Por isso, para entender cada função e identificá-las, observe os exemplos a seguir:

10.1 Substantivo

Senti um **quê** de falsidade naquela fala.

Neste caso, o que está precedido por um determinante – um artigo –, e é acentuado, pois assume o papel de um substantivo. Poderia ser substituído por outro substantivo:

Senti um **ar** de falsidade naquela fala.

Quanto atua como substantivo, o quê será sempre acentuado e precedido por um artigo, pronome ou numeral.

10.2 Pronome

Exemplos:

Que beleza de festa! (Pronome exclamativo)

O livro **que** comprei estava em promoção. (Pronome relativo)

Que dia é a prova? (Pronome interrogativo)

10.3 Interjeição

Exemplos:

Quê? Não entendi.

Quê! Ela sabe sim!

10.4 Preposição

Temos **que** chegar cedo.

Observe que a regência do verbo ter exige a preposição "de": *temos de chegar cedo*. No entanto, na fala coloquial, já é aceito o uso do "que" como preposição.

10.5 Advérbio

Que bela está a casa!

Neste caso, antecede um adjetivo, modificando-o: **como** a casa está bela!

Que longe estava da cidade!

Neste caso, antecede um advérbio, intensificando-o: Estava **muito longe** da cidade.

10.6 Conjunção

Exemplos:

Que gostem ou **que** não gostem, tomei minha decisão. (Conjunção alternativa).

Pode entrar na fila **que** não será atendida. (Conjunção adversativa).

Não falte à aula **que** o conteúdo é importante. (Conjunção explicativa).

10.7 Conjunção subordinativa

Exemplos:

Estava tão cansada **que** não quis recebê-lo. (Conjunção subordinativa consecutiva).

Gostei da viagem, cara **que** tenha sido. (Conjunção subordinativa concessiva).

Não corra **que** o chão está molhado! (Conjunção subordinativa causal).

10.8 Partícula expletiva (de realce)

Que bonito **que** está o seu cabelo! (Não tem função na oração, apenas realça o que está sendo falado)

11. CONCORDÂNCIA VERBAL E NOMINAL

Trata-se do processo de flexão dos termos a fim de se relacionarem harmoniosamente na frase. Quando se pensa sobre a relação do verbo com os demais termos da oração, o estudo focaliza a concordância verbal. Quando a análise se volta para a relação entre pronomes, substantivos, adjetivos e demais termos do grupo nominal, diz-se que o foco é concordância nominal.

11.1 Concordância verbal

11.1.1 Regra geral

O verbo concorda com o sujeito em número e pessoa.

O **primeiro-ministro** russo **acusou** seus inimigos.
Dois **parlamentares rebateram** a acusação.
Contaram-se **mentiras** no telejornal.
Vós sois os responsáveis por vosso destino.

Regras para sujeito composto

- Anteposto se colocado antes do verbo, o verbo vai para o plural:

  Eu e meus irmãos vamos à praia.

- Posposto se colocado após o verbo, o verbo concorda com o mais próximo ou vai para o plural:

  Morreu (morreram), no acidente, **o prefeito e o vereador**.

- Formado por pessoas (gramaticais) diferentes: plural da predominante.

  Eu, você e os alunos **estudaremos** para o concurso. (a primeira pessoa é a predominante, por isso, o verbo fica na primeira pessoa do plural).

- Com núcleos em correlação, a concordância se dá com o mais próximo ou fica no plural:

  O professor assim como o monitor auxilia(m) os estudantes.

- **Ligado por NEM o verbo concordará:**
  - No singular: se houver exclusão.

    Nem Josias nem Josué **percebeu** o perigo iminente.

  - No singular: quando se pretende individualizar a ação, aludindo a um termo em específico.

    Nem os esportes nem a leitura **o entretém**.

  - No plural: quando não houver exclusão, ou seja, quando a intenção for aludir ao sujeito em sua totalidade.

    Nem a minha rainha nem o meu mentor **serão** tão convincentes a ponto de me fazerem mudar de ideia.

- **Ligado por COM o verbo concorda com o antecedente do COM ou vai para o plural:**

  O vocalista com os demais integrantes da banda **realizaram (realizou)** o show.

- **Ligado por OU o verbo fica no singular (se houver exclusão) ou no plural (se não houver exclusão):**

  Ou Pedro Amorim ou Jurandir Leitão **será** eleito vereador da cidade.

  O aviso ou o ofício **deveriam** ser expedidos antes da data prevista.

- **Se o sujeito for construído com os termos:** um e outro, nem um nem outro, o verbo fica no singular ou plural, dependendo do sentido pretendido.

  Um e outro **passou (passaram)** no concurso.

  Um ou outro: verbo no singular.

  Um ou outro fez a lição.

- **Expressões partitivas seguidas de nome plural:** verbo no singular ou plural.

  A maior parte das pessoas **fez (fizeram)** o exercício recomendado.

- **Coletivo geral:** verbo no singular.

  O cardume **nadou** rio acima.

- **Expressões que indicam quantidade aproximada seguida de numeral:** o verbo concorda com o substantivo.

  Aproximadamente 20% dos eleitores **compareceram** às urnas.
  Aproximadamente 20% do eleitorado **compareceu** às urnas.

- **Pronomes (indefinidos ou interrogativos) seguidos dos pronomes "nós" e/ou "vós":** o verbo fica no singular ou plural.

  Quem de nós **fará (faremos)** a diferença?

- **Palavra QUE (pronome relativo):** o verbo concorda com o antecedente do pronome "que".

  Fui eu que **fiz** a diferença.

- **Palavra QUEM:** verbo na 3ª pessoa do singular.

  Fui eu *quem* **fez** a diferença.

Pela repetida utilização errônea, algumas gramáticas já toleram a concordância do verbo com a pessoa gramatical distinta da terceira, no caso de se utilizar um pronome pessoal como antecedente do "quem".

- **Um dos que**: verbo no singular ou plural.

  Ele foi *um dos que* **fez (fizeram)** a diferença.

- **Palavras sinônimas**: verbo concorda com o mais próximo ou fica no plural.

  A ruindade, a maldade, a vileza **habita (habitam)** a alma do ser humano.

- **Quando os verbos estiverem acompanhados da palavra "SE":** fique atento à função da palavra "SE".
  - **SE na função de pronome apassivador:** o verbo concorda com o sujeito paciente.

    Vendem-se casas e sobrados em Alta Vista.
    Presenteou-se o aluno aplicado com uma gramática.

  - **SE na função de índice de indeterminação do sujeito:** o verbo fica sempre na 3ª pessoa do singular.

    Precisa-se de empregados com capacidade de aprender.
    Vive-se muito bem na riqueza.

A dica é ficar de olho na transitividade do verbo. Se o verbo for VTI, VI ou VL, o termo "SE" será índice de indeterminação do sujeito.

- **Casos de concordância com o verbo "ser":**
  - **Quando indicar tempo ou distância**: concorda com o predicativo.

    Amanhã **serão** 7 de fevereiro.
    São 890 quilômetros daqui até Florianópolis.

  - **Quando houver sujeito que indica quantidade e predicativo que indica suficiência ou excesso**: concorda com o predicativo.

    Vinte milhões **era** muito por aquela casa.
    Sessenta centavos **é** pouco por aquele lápis.

  - **O verbo "dar", no sentido de "bater" ou "soar", acompanhado do termo "hora(s)":** concorda com o sujeito.

    Deram cinco horas no relógio do juiz.
    Deu cinco horas o relógio juiz.

  - **Verbo "parecer" somado a infinitivo:** flexiona-se um dos dois.

    Os alunos **pareciam** estudar novos conteúdos.
    Os alunos **pareciam estudarem** novos conteúdos.

- **Quando houver sujeito construído com nome no plural,** com artigo no singular ou sem artigo: o verbo fica no singular.

  Memórias Póstumas de Brás Cubas **continua** sendo lido por jovens estudantes.

  Minas Gerais **é** um lindo lugar.

- Com artigo plural: o verbo fica no plural.

  Os Estados Unidos **aceitaram** os termos do acordo assinado.

11.2 Concordância nominal

A concordância nominal está relacionada aos termos do grupo nominal. Ou seja, relaciona-se com o substantivo, o pronome, o artigo, o numeral e o adjetivo. Vamos à regra geral para a concordância.

11.2.1 Regra geral

O artigo, o numeral, o adjetivo e o pronome adjetivo devem concordar com o substantivo a que se referem em gênero e número.

Meu belíssimo e **antigo** carro **amarelo** quebrou, ontem, em **uma** rua **estreita.**

Os termos destacados acima, mantém uma relação harmoniosa com o núcleo de cada expressão. Relação essa que se estabelece em questões de gênero e de número.

A despeito de a regra geral dar conta de grande parte dos casos de concordância, devemos considerar a existência de casos particulares, que merecem atenção.

11.2.2 Casos que devem ser estudados

Dependendo da intencionalidade de quem escreve, pode-se realizar a concordância atrativa, primando por concordar com apenas um termo de uma sequência ou com toda a sequência. Vejamos:

Vi um carro e uma **moto** *vermelha.* (concordância apenas com o termo "moto")

Vi um carro e uma **moto** *vermelhos.* (concordância com ambos os elementos)

A palavra "**bastante**", por exemplo, varia de acordo com o contexto. Se "bastante" é pronome adjetivo, será variável; se for advérbio (modificando o verbo), será invariável, ou seja, não vai para o plural.

Há *bastantes* **motivos** para sua ausência. (adjetivo)

Os alunos **falam** *bastante.* (advérbio)

Troque a palavra "bastante" por "muito". Se "muito" for para o plural, "bastante" também irá.

Anexo, incluso, apenso, obrigado, mesmo, próprio: são adjetivos que devem concordar com o substantivo a que se referem.

O *relatório* segue **anexo** ao documento.

Os *documentos* irão **apensos** ao relatório.

A expressão "em anexo" é invariável (não vai para plural nem para o feminino).

As planilhas irão **em anexo.**

É bom, é necessário, é proibido, é permitido: variam somente se o sujeito vier antecedido de um artigo ou outro termo determinante.

Maçã **é bom** para a voz. / A maçã **é boa** para a voz.

É necessário **aparecer** na sala. / É necessária **sua aparição** na sala.

"Menos" e "alerta" são sempre invariáveis, contanto que respeitem sua classe de origem - advérbio: se forem derivadas para substantivo, elas poderão variar.

Encontramos **menos** alunos na escola. / Encontramos **menos** alunas na escola.

O policial ficou **alerta.** / Os policiais ficaram **alerta.**

"Só" e "sós" variam apenas quando forem adjetivos: quando forem advérbios, serão invariáveis.

Pedro apareceu **só** (sozinho) na sala. / Os meninos apareceram **sós** (sozinhos) na sala. (adjetivo)

Estamos **só** (somente) esperando sua decisão. (advérbio)

- A expressão "a sós" é invariável.

  A menina ficou **a sós** com seus pensamentos.

Troque "só" por "sozinho" (vai para o plural) ou "somente" (fica no singular).

12. REGÊNCIA VERBAL E NOMINAL

Regência é a parte da Gramática Normativa que estuda a relação entre dois termos, verificando se um termo serve de complemento a outro e se nessa complementação há uma preposição.

Dividimos a regência em:

- Regência verbal (ligada aos verbos).
- Regência nominal (ligada aos substantivos, adjetivos ou advérbios).

12.1 Regência verbal

Deve-se analisar, nesse caso, a necessidade de complementação, a presença ou ausência da preposição e a possibilidade de mudança de sentido do texto.

Vamos aos casos:

- **Agradar e desagradar:** são transitivos indiretos (com preposição a) nos sentidos de satisfazer, contentar.

  A biografia de Aníbal Machado **agradou/desagradou** à maioria dos leitores.

  A criança **agradava** ao pai por ser muito comportada.

- **Agradar:** pode ser transitivo direto (sem preposição) se significar acariciar, afagar.

  Agradar a esposa.

  Pedro passava o dia todo **agradando** os seus gatos.

- **Agradecer:** transitivo direto e indireto, com a preposição a, no sentido de demonstrar gratidão a alguém.

  Agradecemos a Santo Antônio o milagre alcançado.

  Agradecemos-lhes a benesse concedida.

O verbo em questão também pode ser transitivo direto no sentido de mostrar gratidão por alguma coisa:

  Agradeço a dedicação de todos os estudantes.

  Os pais **agradecem** a dedicação dos professores para com os alunos.

- **Aspirar:** é transitivo indireto (preposição "a") nos sentidos de desejar, pretender ou almejar.

  Sempre **aspirei** a um cargo público.

  Manoel **aspirava** a ver novamente a família na Holanda.

- **Aspirar:** é transitivo direto na acepção de inalar, sorver, tragar, ou seja, mandar para dentro.

  Aspiramos o perfume das flores.

  Vimos a empregada **aspirando** a poeira do sofá.

- **Assistir:** é transitivo direto no sentido de ajudar, socorrer etc.

  O professor **assistia** o aluno.

  Devemos **assistir** os mais necessitados.

- **Assistir:** é transitivo indireto (complemento regido pela preposição "a") no sentido de ver ou presenciar.

  Assisti ao comentário da palestra anterior.

  Você deve **assistir** às aulas do professor!

- **Assistir:** é transitivo indireto (complemento regido pela preposição "a") no sentido de "ser próprio de", "pertencer a".

  O direito à vida **assiste** ao ser humano.

  Esse comportamento **assiste** às pessoas vitoriosas.

- **Assistir:** é intransitivo no sentido de morar ou residir.

  Maneco **assistira** em Salvador.

- **Chegar:** é verbo intransitivo e possui os adjuntos adverbiais de lugar introduzidos pela preposição "a".

  Chegamos a Cascavel pela manhã.

  Este é o ponto a que pretendia **chegar**.

Caso a expressão indique posição em um deslocamento, admite-se a preposição em:

  Cheguei no trem à estação.

Os verbos ir e vir têm a mesma regência de chegar:

  Nós **iremos** à praia amanhã.

  Eles **vieram** ao cursinho para estudar.

- **Custar no sentido de** ter valor ou preço: verbo transitivo direto.

  O avião **custa** 100 mil reais.

- **Custar no sentido de** ter como resultado certa perda ou revés é verbo transitivo direto e indireto:

  Essa atitude **custou**-lhe a vida.

- **Custar no sentido de** ser difícil ou trabalhoso é intransitivo:

  Custa muito entender esse raciocínio.

- **Custar no sentido de** levar tempo ou demorar é intransitivo:

  Custa a vida para aprender a viver.

- **Esquecer/lembrar:** possuem a seguinte regra – se forem pronominais, terão complemento regido pela preposição "de"; se não forem, não haverá preposição.

  Lembrei-**me de** seu nome.

  Esqueci-**me de** seu nome.

  Lembrei seu nome.

  Esqueci seu nome.

- **Gostar:** é transitivo indireto no sentido de apreciar (complemento introduzido pela preposição "de").

  Gosto de estudar.

  Gosto muito de minha mãe.

- **Gostar:** como sinônimo de experimentar ou provar é transitivo direto.

  Gostei a sobremesa apenas uma vez e já adorei.

  Gostei o chimarrão uma vez e não mais o abandonei.

- **Implicar** pode ser:
  - **Transitivo direto** (sentido de acarretar):

    Cada escolha **implica** uma renúncia.

  - **Transitivo direto e indireto** (sentido de envolver alguém em algo):

    Implicou a irmã no crime.

  - **Transitivo indireto** (sentido de rivalizar):

    Joana estava **implicando** com o irmão menor.

- **Informar:** é bitransitivo, ou seja, é transitivo direto e indireto. Quem informa, informa:

  Algo a alguém: **informei** o acontecido para Jonas.

  Alguém de algo: **informei**-o do acontecido.

  Alguém sobre algo: **informei**-o sobre o acontecido.

- **Morar/residir:** verbos intransitivos (ou, como preconizam alguns dicionários, transitivo adverbiado), cujos adjuntos adverbiais de lugar são introduzidos pela preposição "em".

  José **mora** em Alagoas.

  Há boas pessoas **residindo** em todos os estados do Brasil.

- **Obedecer:** é um verbo transitivo indireto.

  Os filhos **obedecem** aos pais.

  Obedeça às leis de trânsito.

Embora transitivo indireto, admite forma passiva:

  Os pais são obedecidos pelos filhos.

O antônimo "desobedecer" também segue a mesma regra.

- **Perdoar:** é transitivo direto e indireto, com objeto direto de coisa e indireto de pessoa.

Jesus **perdoou** os pecados aos pecadores.

Perdoava-lhe a desconsideração.

Perdoar admite a voz passiva:

Os pecadores foram perdoados por Deus.

- **Precisar:** é transitivo indireto (complemento regido pela preposição de) no sentido de "necessitar".

  Precisaremos de uma nova Gramática.
- **Precisar:** é transitivo direto no sentido de indicar com precisão.

  Magali não soube **precisar** quando o marido voltaria da viagem.
- **Preferir:** é um verbo bitransitivo, ou seja, é transitivo direto e indireto, sempre exigindo a preposição a (preferir alguma coisa à outra).

  Adelaide **preferiu** o filé ao risoto.

  Prefiro estudar a ficar em casa descansando.

  Prefiro o sacrifício à desistência.

É incorreto reforçar o verbo "preferir" ou utilizar a locução "do que".

- **Proceder:** é intransitivo na acepção de "ter cabimento":

  Suas críticas são vazias, não **procedem**.
- **Proceder:** é também intransitivo na acepção de "portar-se":

Todas as crianças **procederam** bem ao lavarem as mãos antes do lanche.

- **Proceder:** no sentido de "ter procedência" é utilizado com a preposição de:

  Acredito que a dúvida **proceda** do coração dos curiosos.
- **Proceder:** é transitivo indireto exigindo a preposição a no sentido de "dar início":

  Os investigadores **procederam** ao inquérito rapidamente.
- **Querer:** é transitivo direto no sentido de "desejar":

  Eu **quero** um carro novo.
- **Querer:** é transitivo indireto (com o complemento de pessoa) no sentido de "ter afeto":

  Quero muito a meus alunos que são dedicados.
- **Solicitar:** é utilizado, na maior parte dos casos, como transitivo direto e indireto. Nada impede, entretanto, que se construa como transitivo direto.

  O juiz **solicitou** as provas ao advogado.

  Solicito seus documentos para a investidura no cargo.
- **Visar:** é transitivo direto na acepção de mirar.

  O atirador **visou** o alvo e disparou um tiro certeiro.
- **Visar:** é transitivo direto também no sentido de "dar visto", "assinar".

  O gerente havia **visado** o relatório do estagiário.
- **Visar:** é transitivo indireto, exigindo a preposição a, na acepção de "ter em vista", "pretender", "almejar".

  Pedro **visava** ao amor de Mariana.

  As regras gramaticais **visam** à uniformidade da expressão linguística.

12.2 Regência nominal

Alguns nomes (substantivos, adjetivos e advérbios) são comparáveis aos verbos transitivos indiretos: precisam de um complemento introduzido por uma preposição.

Acompanhemos os principais termos que exigem regência especial.

SUBSTANTIVO		
Admiração a, por	Devoção a, para, com, por	Medo a, de
Aversão a, para, por	Doutor em	Obediência a
Atentado a, contra	Dúvida acerca de, em, sobre	Ojeriza a, por
Bacharel em	Horror a	Proeminência sobre
Capacidade de, para	Impaciência com	Respeito a, com, para com, por
Exceção a	Excelência em	Exatidão de, em
Dissonância entre	Divergência com, de, em, entre, sobre	Referência a
Alusão a	Acesso a	Menção a

ADJETIVOS		
Acessível a	Diferente de	Necessário a
Acostumado a, com	Entendido em	Nocivo a
Afável com, para com	Equivalente a	Paralelo a
Agradável a	Escasso de	Parco em, de
Alheio a, de	Essencial a, para	Passível de
Análogo a	Fácil de	Preferível a
Ansioso de, para, por	Fanático por	Prejudicial a
Apto a, para	Favorável a	Prestes a
Ávido de	Generoso com	Propício a
Benéfico a	Grato a, por	Próximo a
Capaz de, para	Hábil em	Relacionado com
Compatível com	Habituado a	Relativo a
Contemporâneo a, de	Idêntico a	Satisfeito com, de, em, por
Contíguo a	Impróprio para	Semelhante a
Contrário a	Indeciso em	Sensível a
Curioso de, por	Insensível a	Sito em
Descontente com	Liberal com	Suspeito de
Desejoso de	Natural de	Vazio de
Distinto de, em, por	Dissonante a, de, entre	Distante de, para

ADVÉRBIOS		
Longe de	Perto de	Relativamente a
Contemporaneamente a	Impropriamente a	Contrariamente a

É provável que você encontre muitas listas com palavras e suas regências, porém a maneira mais eficaz de se descobrir a regência de um termo é fazer uma pergunta para ele e verificar se, na pergunta, há uma preposição. Havendo, descobre-se a regência.

- A descoberta era **acessível** a todos.

Faz-se a pergunta: algo que é acessível é acessível? (a algo ou a alguém). Descobre-se, assim, a regência de acessível.

13. PARALELISMO

Ocorre quando há uma sequência de expressões com estrutura idêntica.

13.1 Paralelismo sintático

O paralelismo sintático é possível quando a estrutura de termos coordenados entre si é idêntica. Nesse caso, entende-se que "termos coordenados entre si" são aqueles que desempenham a mesma função sintática em um período ou trecho.

João comprou **balas** e **biscoitos**.

Perceba que "balas" e "biscoitos" têm a mesma função sintática (objeto direto). Além disso, ambas são expressões nominais. Assim, apresentam, na sentença, uma estrutura sintática idêntica.

Os formandos **estão pensando na carreira, isto é, no futuro.**

Tanto "na carreira" quanto "no futuro" são complementos do verbo pensar. Ademais, as duas expressões são formadas por preposição e substantivo.

13.2 Paralelismo semântico

Estrutura-se pela coerência entre as informações.

Lucélia **gosta de maçã e de pera**.

Percebe-se que há uma relação semântica entre maçã e pera, pois ambas são frutas.

Lucélia **gosta de livros de ação e de pizza**.

Observa-se que os termos "livros de ação" e "pizza" não possuem sentidos semelhantes que garantam a sequência lógica esperada no período.

14. COLOCAÇÃO PRONOMINAL

Esta parte do conteúdo é relativa ao estudo da posição dos pronomes oblíquos átonos em relação ao verbo. Antes de iniciar o estudo, memorize os pronomes em questão.

PRONOMES OBLÍQUOS ÁTONOS
me
te
o, a, lhe, se
nos
vos
os, as, lhes, se

Quatro casos de colocação:

- **Próclise** (anteposto ao verbo):
  Nunca **o** vi.
- **Mesóclise** (medial em relação ao verbo):
  Dir-te-ei algo.
- **Ênclise** (posposto ao verbo):
  Passa-**me** a resposta.
- **Apossínclise** (intercalação de uma ou mais palavras entre o pronome e o verbo):
  - Talvez tu **me** já não creias.

14.1 Regras de próclise

- Palavras ou expressões negativas:
  Não **me** deixe aqui neste lugar!
  Ninguém **lhe** disse que seria fácil.
- Pronomes relativos:
  O material de que **me** falaste é muito bom.
  Eis o conteúdo que **me** causa nojo.
- Pronomes indefinidos:
  Alguém **me** disse que você vai ser transferido.
  Tudo **me** parece estranho.
- Conjunções subordinativas:
  Confiei neles, assim que **os** conheci.
  Disse que **me** faltavam palavras.
- Advérbios:
  Sempre **lhe** disse a verdade.
  Talvez **nos** apareça a resposta para essa questão.
- Pronomes interrogativos:
  Quem **te** contou a novidade?
  Que **te** parece essa situação?
- "Em + gerúndio"
  Em **se** tratando de Gramática, eu gosto muito!
  Nesta terra, em **se** plantando, tudo há de nascer.
- Particípio
  Ele havia avisado-**me.** (errado)
  Ele **me** havia avisado. (certo)
- Sentenças optativas:
  Deus **lhe** pague!
  Deus **o** acompanhe!

14.2 Regras de mesóclise

Emprega-se o pronome oblíquo átono no meio da forma verbal, quando ela estiver no futuro do presente ou no futuro simples do pretérito do indicativo.

Chamar-**te**-ei, quando ele chegar.
Se houver tempo, contar-**vos**-emos nossa aventura.
Contar-**te**-ia a novidade.

14.3 Regras de ênclise

Não se inicia sentença, em Língua Portuguesa, por pronome oblíquo átono. Ou seja, o pronome átono não deve ficar no início da frase.

Formas verbais:

- Do **infinitivo impessoal** (precedido ou não da preposição "a");
- Do **gerúndio**;
- Do **imperativo afirmativo**:
  Alcança-**me** o prato de salada, por favor!
  Urge obedecer-**se** às leis.
  O garoto saiu da sala desculpando-**se**.
  Tratando-**se** desse assunto, não gosto de pensar.
  Dá-**me** motivos para estudar.

Se o gerúndio vier precedido da preposição "em", deve-se empregar a próclise.

Em **se** tratando de Gramática, eu gosto muito.

14.4 Casos facultativos

Sujeito expresso, próximo ao verbo.

O menino se machucou **(-se)**.
Eu **me** refiro **(-me)** ao fato de ele ser idiota.

Infinitivo antecedido de "não" ou de preposição.

Sabemos que não se habituar **(-se)** ao meio causa problemas.
O público o incentivou a se jogar **(-se)** do prédio.

15. CRASE

O acento grave é solicitado nas palavras quando há a união da preposição "a" com o artigo (ou a vogal dependendo do caso) feminino "a" ou com os pronomes demonstrativos (aquele, aquela, aquilo e "a").

- Mário foi **à** festa ontem.

  Tem-se o "a" preposição e o "a" artigo feminino.

  Quem vai, vai a algum lugar. "Festa" é palavra feminina, portanto, admite o artigo "a".

- Chegamos **àquele** assunto (a + aquele).
- A gravata que eu comprei é semelhante **à** que você comprou (a + a).

Decore os casos em que não ocorre crase, pois a tendência da prova é perguntar se há crase ou não. Sabendo os casos proibitivos, fica muito fácil.

15.1 Crase proibitiva

Não se pode usar acento grave indicativo de crase:

- Antes de palavras masculinas.

  Fez uma pergunta **a** Mário.

- Antes de palavras de sentido indefinido.

  Não vai **a** festas, **a** reuniões, **a** lugar algum.

- Antes de verbos.

  Todos estão dispostos **a** colaborar.

- Antes de pronomes pessoais.

  Darei um presente **a ela**.

- Antes de nomes de cidade, estado ou país que não utilizam o artigo feminino.

  Fui **a** Cascavel.

  Vou **a** Pequim.

- Antes da palavra "casa" quando tem significado de próprio lar, ou seja, quando ela aparecer indeterminada na sentença.

  Voltei a casa, pois precisava comer algo.

> Quando houver determinação da palavra casa, ocorrerá crase.
>
> "Voltei à casa de meus pais."

- Da palavra "terra" quando tem sentido de solo.

  Os tripulantes vieram a terra.

> A mesma regra da palavra "casa" se aplica à palavra terra.

- De expressões com palavras repetidas.

  Dia a dia, mano a mano, face a face, cara a cara etc.

- Diante de numerais cardinais referentes a substantivos que não estão determinados pelo artigo.

  Assistirei a duas aulas de Língua Portuguesa.

> No caso de locuções adverbiais que exprimem hora determinada e nos casos em que o numeral estiver precedido de artigo, acentua-se:
>
> "Chegamos às oito horas da noite."
>
> "Assisti às duas sessões de ontem."
>
> No caso dos numerais, há uma dica para facilitar o entendimento dos casos de crase. Se houver o "a" no singular e a palavra posterior no plural, não ocorrerá o acento grave. Do contrário, ocorrerá.

15.2 Crase obrigatória

Deve-se usar acento grave indicativo de crase:

- Antes de locução adverbial feminina.

  À noite, à tarde, às pressas, às vezes, à farta, à vista, à hora certa, à esquerda, à direita, à toa, às sete horas, à custa de, à força de, à espera de, à vontade, à toa.

- Antes de termos femininos ou masculinos com sentido da expressão "à moda de" ou "ao estilo de".

  Filé à milanesa, servir à francesa, brigar à portuguesa, gol à Pelé, conto à Machado de Assis, discurso à Rui Barbosa etc.

- Antes de locuções conjuntivas proporcionais.

  À medida que, à proporção que.

- Antes de locuções prepositivas.

  À procura de, à vista de, à margem de, à beira de, à custa de, à razão de, à mercê de, à maneira de etc.

- Para evitar ambiguidade: receberá o acento o termo afetado pela ação do verbo (objeto direto preposicionado).

  Derrubou a menina **à panela**.

  Matou a vaca **à cobra**.

  Diante da palavra distância quando houver determinação da distância em questão:

  Achava-se à **distância de cem** (ou de alguns) **metros**.

- Antes das formas de tratamento "senhora", "senhorita" e "madame" = não há consenso entre os gramáticos, no entanto, opta-se pelo uso.

  Enviei lindas flores **à senhorita**.

  Josias remeteu uma carta **à senhora**.

15.3 Crase facultativa

- Após a preposição até.

  As crianças foram até **à escola**.

- Antes de pronomes possessivos femininos.

  Ele fez referência **à nossa causa!**

- Antes de nomes próprios femininos.

  Mandei um SMS **à Joaquina**.

- Antes da palavra "Dona".

  Remeti uma carta à **Dona Benta**.

  Não se usa crase antes de nomes históricos ou sagrados.

  O padre fez alusão a Nossa Senhora.

  Quando o professor fez menção a Joana D'Arc, todos ficaram entusiasmados.

16. PONTUAÇÃO

A pontuação assinala a melodia de nossa fala, ou seja, as pausas, a ênfase etc.

16.1 Principais sinais e usos

16.1.1 Vírgula

É o sinal mais importante para concurso público.

Usa-se a vírgula para:

- Separar termos que possuem mesma função sintática no período.

  José, **Maria**, **Antônio** e **Joana** foram ao mercado. (Função de núcleo do sujeito).

- Isolar o vocativo.

  Então, **minha cara**, não há mais o que se dizer!

- Isolar um aposto explicativo (cuidado com essa regra, veja que não há verbo no aposto explicativo).

  O João, **ex-integrante da comissão**, veio fazer parte da reunião.

- Isolar termos antecipados, como: complemento, adjunto ou predicativo.

  Na semana passada, comemos camarão no restaurante português. (Antecipação de adjunto adverbial).

- Separar expressões explicativas, conjunções e conectivos.

  Isto é, ou seja, por exemplo, além disso, pois, porém, mas, no entanto, assim etc.

- Separar os nomes dos locais de datas.

  Cascavel, 2 de maio de 2012.

- Isolar orações adjetivas explicativas (pronome relativo + verbo + vírgula).

  O Brasil, **que é um belíssimo país**, possui ótimas praias.

- Separar termos de uma enumeração.

  Vá ao mercado e traga **cebola**, **alho**, **sal**, **pimenta e coentro**.

- Separar orações coordenadas.

  Esforçou-se muito, **mas não venceu o desafio**. (Oração coordenada sindética adversativa).

  Roubou todo o dinheiro, **e ainda apareceu na casa**. (Oração coordenada sindética aditiva).

A vírgula pode ser utilizada antes da conjunção aditiva "e" caso se queira enfatizar a oração por ela introduzida.

- Omitir um termo, elipse (no caso da elipse verbal, chamaremos "zeugma").
  - De dia era um anjo, de noite um **demônio**. (Omissão do verbo "ser").
- Separar termos de natureza adverbial deslocados dentro da sentença.

  Na semana passada, trinta alunos foram aprovados no concurso. (Locução adverbial temporal)

  Se estudar muito, você será aprovado no concurso. (Oração subordinada adverbial condicional)

16.1.2 Ponto final

Usa-se o ponto final:

- Ao final de frases para indicar uma pausa total; é o que marca o fim de um período.

  Depois de passar no concurso, comprarei um carro.

Em abreviaturas:

Sr., a. C., Ltda., num., adj., obs., máx., *bat., brit. etc.*

16.1.3 Ponto e vírgula

Usam-se ponto e vírgula para:

- Separar itens que aparecem enumerados.
  - Uma boa dissertação apresenta:

    Coesão;

    Coerência;

    Progressão lógica;

    Riqueza lexical;

    Concisão;

    Objetividade;

    Aprofundamento.
- Separar um período que já se encontra dividido por vírgulas.

  Não gostava de trabalhar; queria, no entanto, muito dinheiro no bolso.

- Separar partes do texto que se equilibram em importância.

  Os pobres dão pelo pão o trabalho; os ricos dão pelo pão a fazenda; os de espíritos generosos dão pelo pão a vida; os de nenhum espírito dão pelo pão a alma. (Vieira)

  O capitalismo é a exploração do homem pelo homem; o socialismo é exatamente o contrário.

16.1.4 Dois pontos

São usados dois pontos quando:

- Se vai fazer uma citação ou introduzir uma fala.

  José respondeu:

  – Não, muito obrigado!

- Se quer indicar uma enumeração.

  Quero apenas uma coisa: que vocês sejam aprovados no concurso!

16.1.5 Aspas

São usadas aspas para indicar:

- Citação presente no texto.

  "Há distinção entre categorias do pensamento" – disse o filósofo.

- Expressões estrangeiras, neologismos, gírias.

  Na parede, haviam pintado a palavra "love". (Expressão estrangeira).

  Ficava "bailarinando", como diria Guimarães. (Neologismo).

  "Velho", esconde o "cano" aí e "deixa baixo". (Gíria).

16.1.6 Reticências

São usadas para indicar supressão de um trecho, interrupção na fala, ou dar ideia de continuidade ao que se estava falando.

[...] Profundissimamente hipocondríaco. Este ambiente me causa repugnância. Sobe-me à boca uma ânsia análoga à ânsia. Que se escapa pela boca de um cardíaco [...]

Eu estava andando pela rua quando...

Eu gostei da nova casa, mas da garagem...

16.1.7 Parênteses

- São usados quando se quer explicar melhor algo que foi dito ou para fazer simples indicações.

  Foi o homem que cometeu o crime (o assassinato do irmão).

16.1.8 Travessão

- Indica a fala de um personagem.

  Ademar falou.

  Amigo, preciso contar algo para você.

- Isola um comentário no texto.

  O estudo bem realizado – **diga-se de passagem, que quase ninguém faz** – é o primeiro passo para a aprovação.

- Isola um aposto na sentença.

  A Semântica – **estudo sobre as relações de sentido** – é importantíssima para o entendimento da Língua.

- Reforçar a parte final de um enunciado.

  Para passar no concurso, é preciso estudar muito – **muito mesmo.**

16.1.9 Trocas

A banca, eventualmente, costuma perguntar sobre a possibilidade de troca de termos, portanto, atenção!

Vírgulas, travessões e parênteses, quando isolarem um aposto, podem ser trocados sem prejuízo para a sentença.

Travessões podem ser trocados por dois pontos, a fim de enfatizar um enunciado.

16.1.10 Regra de ouro

Na ordem natural de uma sentença, é proibido:

- Separar sujeito e predicado com vírgulas:

  Aqueles maravilhosos velhos ensinamentos de meu pai foram de grande utilidade. (Certo)

  Aqueles maravilhosos velhos ensinamentos de meu pai, foram de grande utilidade. (Errado)

- Separar verbo de objeto:

  "O presidente do maravilhoso país chamado Brasil assinou uma lei importante. (Certo)

  O presidente do maravilhoso país chamado Brasil assinou, uma lei importante. (Errado)

17. PARÁFRASE

Parafrasear, em sentido lato, significa reescrever uma sequência de texto sem alterar suas informações originais. Isso quer dizer que o texto resultante deve apresentar o mesmo sentido do texto original, modificando, evidentemente, apenas a ordem frasal ou o vocabulário. Há algumas exigências para uma paráfrase competente. São elas:

- Usar a mesma ordem das ideias que aparecem no texto original.
- Em hipótese alguma é possível omitir informações essenciais.
- Não tecer comentários acerca do texto original, apenas parafrasear, sem frescura.
- Usar construções sintáticas e vocabulares que, apesar de manterem o sentido original, sejam distintas das do texto base.

17.1 Passos da paráfrase

Há alguns recursos para parafrasear um texto:

- Utilização de termos sinônimos.

    O presidente assinou o documento, **mas** esqueceu-se de pegar sua caneta.

    O presidente assinou o documento, **contudo** esqueceu-se de pegar sua caneta.

- Uso de palavras antônimas, valendo-se de palavra negativa.

    José era um **covarde.**

    José **não** era um **valente.**

- Emprego de termos anafóricos.

    São Paulo e Palmeiras são dois times brasileiros. O São Paulo venceu o Palmeiras na semana passada.

    São Paulo e Palmeiras são dois times brasileiros. **Aquele** (São Paulo) venceu **este** (Palmeiras) na semana passada.

- Permuta de termo verbal por nominal, e vice-versa.

    É importante que chegue cedo.

    Sua chegada é importante.

- Deixar termos elípticos.

    Eu preciso da colaboração de todos.

    Preciso da colaboração de todos.

- Alteração da ordem frasal.

    Adalberto venceu o último desafio de sua vida ontem.

    Ontem, Adalberto venceu o último desafio de sua vida.

- Transposição de voz verbal.

    Joel cortou a seringueira centenária. A seringueira centenária foi cortada por Joel.

- Troca de discurso.

    Naquela manhã, Oséas dirigiu-se ao pai dizendo: "Cortarei a grama sozinho." (Discurso direto).

    Naquela manhã, Oséas dirigiu-se ao pai dizendo que cortaria a grama sozinho. (Discurso indireto).

- Troca de palavras por expressões perifrásticas.

    O Rei do Futebol esteve presente durante as celebrações.

    Pelé esteve presente durante as celebrações.

- Troca de locuções por palavras de mesmo sentido.

    A turma **da noite** está comprometida com os estudos.

    A turma **noturna** está mais comprometida com os estudos.

18. REESCRITURA DE FRASES

A reescrita de frases é uma paráfrase que visa à mudança da forma de um texto. Para que o novo período esteja correto, é preciso que sejam respeitadas a correção gramatical e o sentido do texto original. Desse modo, quando há qualquer inadequação do ponto de vista gramatical e/ou semântico, o trecho reescrito deve ser considerado incorreto.

Assim, para resolver uma questão que envolve reescrita de trechos ou períodos, é necessário verificar os aspectos gramaticais (principalmente, pontuação, elementos coesivos, ortografia, concordância, emprego de pronomes, colocação pronominal, regência etc.) e aspectos semânticos (significação de palavras, alteração de sentido etc.).

Existem diversas maneiras de se parafrasear uma frase, por isso cada banca examinadora pode formular questões a partir de muitas formas. Nesse sentido, é essencial conhecer e dominar as variadas estruturas que uma sentença pode assumir quando ela é reescrita.

18.1 Substituição de palavras ou de trechos de texto

No processo de reescrita, pode haver a substituição de palavras ou trechos. Ao se comparar o texto original e o que foi reestruturado, é necessário verificar se essa substituição mantém ou altera o sentido e a coerência do primeiro texto.

18.1.1 Locuções × palavras

Em muitos casos, há locuções (expressões formadas por mais de uma palavra) que podem ser substituídas por uma palavra, sem alterar o sentido e a correção gramatical. Isso é muito comum com verbos.

> Os alunos **têm buscado** formação profissional. (Locução: têm buscado).
>
> Os alunos **buscam** formação profissional. (Uma palavra: buscam).

Ambas as frases têm sentido atemporal, ou seja, expressam ações constantes, que não têm fim.

18.1.2 Significação das palavras

Ao avaliarmos a significação das palavras, devemos ficar atentos a alguns aspectos: sinônimos, antônimos, polissemia, homônimos e parônimos.

Sinônimos

Palavras que possuem significados próximos, mas não são totalmente equivalentes.

> Casa – lar – moradia – residência.
>
> Carro – automóvel.

Para verificar a validade da substituição, deve-se também ficar atento ao significado contextual. Por exemplo, na frase "as fronteiras entre o bem e o mal", não há menção a limites geográficos, pois a palavra "fronteira" está em sentido conotativo (figurado).

Além disso, nem toda substituição é coerente. Por exemplo, na frase "eu comprei uma casa", fica incoerente reescrever "eu comprei um lar".

Antônimos

Palavras que possuem significados diferentes, opostos, contrários.

> Mal – bem.
>
> Ausência – presença.
>
> Subir – descer.
>
> Cheio – vazio.
>
> Possível – impossível.

Polissemia

Ocorre quando uma palavra apresenta mais de um significado em diferentes contextos.

> Banco (instituição comercial financeira; assento).
>
> Manga (parte da roupa; fruta).

A polissemia está relacionada ao significado contextual, ou seja, uma palavra tem um sentido específico apenas no contexto em que está inserida. Por exemplo:

> A eleição foi marcada por debates explosivos (ou seja: debates acalorados, e não com sentido de explodir algo).

Homônimos

Palavras com a mesma pronúncia (algumas vezes, a mesma grafia), mas com significados diferentes.

> **A**cender: colocar fogo. **As**cender: subir.
>
> Con**c**erto: sessão musical. Con**s**erto: reparo.

Homônimos perfeitos

Palavras com a mesma grafia e o mesmo som.

> Eu **cedo** este lugar você. (**Cedo** = verbo).
>
> Cheguei **cedo** para jantar. (**Cedo** = advérbio de tempo).

Percebe-se que o significado depende do contexto em que a palavra aparece. Portanto, deve-se ficar atento à ortografia quando a questão é de reescrita.

Parônimos

Palavras que possuem significados diferentes, mas são muito parecidas na pronúncia e na escrita.

> Abso**l**ver: perdoar, inocentar. Abso**r**ver: aspirar.
>
> C**o**mprimento: extensão. C**u**mprimento: saudação.

18.2 Conectores de mesmo valor semântico

Há palavras, principalmente as conjunções, que possuem valores semânticos específicos, os quais devem ser levados em conta no momento de fazer uma substituição.

Logo, pode-se reescrever um período, alterando a conjunção. Para tanto, é preciso que a outra conjunção tenha o mesmo valor semântico. Além disso, é importante verificar como ficam os tempos verbais após a substituição.

> **Embora** fosse tarde, fomos visitá-lo. (Conjunção subordinativa concessiva).
>
> **Apesar de** ser tarde, fomos visitá-lo. (Conjunção subordinativa concessiva).

No exemplo anterior, o verbo também sofreu alteração.

> Toque o sinal **para que** todos entrem na sala. (Conjunção subordinativa final).
>
> Toque o sinal **a fim de que** todos entrem na sala. (Conjunção subordinativa final).

No exemplo anterior, o verbo permaneceu da mesma maneira.

18.3 Retextualização de diferentes gêneros e níveis de formalidade

Na retextualização, pode-se alterar o nível de linguagem do texto, dependendo de qual é a finalidade da transformação proposta. Nesse caso, são possíveis as seguintes alterações: linguagem informal para a formal; tipos de discurso; vozes verbais; oração reduzida para desenvolvida; inversão sintática; dupla regência.

18.3.1 Linguagem formal × linguagem informal

Um texto pode estar escrito em linguagem coloquial (informal) ou formal (norma padrão). A proposta de reescrita pode mudar de uma linguagem para outra. Veja o exemplo:

Pra que serve a política? (Informalidade)

Para que serve a política? (Formalidade)

A oralidade, geralmente, é mais informal. Portanto, fique atento: a fala e a escrita são diferentes, ou seja, a escrita não reproduz a fala e vice-versa.

18.3.2 Tipos de discurso

Discurso está relacionado à construção de textos, tanto orais quanto escritos, portanto, ele é considerado uma prática social.

Em um texto, podem ser encontrados três tipos de discurso: o discurso direto, o indireto e o indireto livre.

Discurso direto

São as falas das personagens. Esse discurso pode aparecer em forma de diálogos e citações, e vêm marcados com alguma pontuação (travessão, dois pontos, aspas etc.). Ou seja, o discurso direto reproduz fielmente a fala de alguém.

O médico disse à paciente:

Você precisa fazer exercícios físicos regularmente.

Discurso indireto

É a reprodução da fala de alguém, a qual é feita pelo narrador. Normalmente, esse discurso é escrito em terceira pessoa.

O médico disse à paciente que ela precisava fazer exercícios regulamente.

Discurso indireto livre

É a ocorrência do discurso direto e indireto ao mesmo tempo. Ou seja, o narrador conta a história, mas as personagens também têm voz própria.

No exemplo a seguir, há um discurso direto: "que raiva", que mostra a fala da personagem.

> *Retirou as asas e estraçalhou-a. Só tinham beleza. Entretanto, qualquer urubu... que raiva...*
>
> (Ana Maria Machado)

No trecho a seguir, há uma fala da personagem, mesclada com a narração: "Para que estar catando defeitos no próximo?".

> *D. Aurora sacudiu a cabeça e afastou o juízo temerário. Para que estar catando defeitos no próximo? Eram todos irmãos. Irmãos.*
>
> (Graciliano Ramos)

Exemplo de uma transposição de discurso direto para indireto:

Ana perguntou:

– Qual é a resposta correta?

Ana perguntou qual era a resposta correta.

Nas questões de reescrita que tratam da transposição de discursos, é mais frequente a substituição do direto pelo indireto. Nesse caso, deve-se ficar atento aos tempos verbais.

18.3.3 Voz verbal

Um verbo pode apresentar-se na voz ativa, passiva ou reflexiva.

Ativa

Ocorre quando o sujeito é agente, ou seja, pratica a ação expressa pelo verbo.

O aluno resolveu o exercício.

Passiva

Ocorre quando o sujeito é paciente, ou seja, recebe a ação expressa pelo verbo.

O exercício foi resolvido pelo aluno.

Reflexiva

Ocorre quando o sujeito é agente e paciente ao mesmo tempo, ou seja, pratica e recebe a ação.

A criança feriu-se com a faca.

Não confunda o emprego reflexivo do verbo com a reciprocidade. Por exemplo:

Os lutadores de MMA feriram-se. (Um ao outro)

Formação da voz passiva

A voz passiva pode ocorrer de forma analítica ou sintética.

- **Voz passiva analítica:** verbo SER + particípio do verbo principal.

  A academia de polícia **será pintada**.

  O relatório é **feito** por ele.

- A variação de tempo é determinada pelo verbo auxiliar (SER), pois o particípio é invariável.

  João **fez** a tarefa. (Pretérito perfeito do indicativo)

  A tarefa **foi** feita por João. (Pretérito perfeito do indicativo)

  João **faz** a tarefa. (Presente do indicativo)

  A tarefa **é** feita por João. (Presente do indicativo)

  João **fará** a tarefa. (Futuro do presente)

  A tarefa **será** feita por João. (Futuro do presente)

- **Voz passiva sintética:** verbo na 3ª pessoa, seguido do pronome apassivador SE.

  Abriram-se as inscrições para o concurso.

Transposição da voz ativa para a voz passiva

Pode-se mudar de uma voz para outra sem alterar o sentido da frase.

Os médicos brasileiros **lançaram** um tratamento para o câncer.

Um tratamento para o câncer **foi lançado** pelos médicos brasileiros.

Nas questões de concursos, costuma-se cobrar a transposição da voz ativa para a passiva, e da voz passiva sintética para a analítica.

Veja os exemplos:

A fiscalização exige o passaporte.

O passaporte é exigido pela fiscalização.

Exige-se comprovante de pagamento.

É exigido comprovante de pagamento.

18.3.4 Oração reduzida × oração desenvolvida

As orações subordinadas podem ser reduzidas ou desenvolvidas. Não há mudança de sentido se houver a substituição de uma pela outra. Veja os exemplos:

Ao terminar a aula, todos podem sair. (Reduzida de infinitivo)

Quando terminarem a prova, todos podem sair. (Desenvolvida)

Os vizinhos ouviram uma criança chorando na rua. (Reduzida de gerúndio)

Os vizinhos ouviram uma criança que chorava na rua. (Desenvolvida)

Terminada a reforma, a família mudou-se para a nova casa. (Reduzida de particípio)

Assim que terminou a reforma, a família mudou-se para a nova casa. (Desenvolvida)

18.3.5 Inversão sintática

Um período pode ser escrito na ordem direta ou indireta. Nesse caso, quando ocorre a inversão sintática, a correção gramatical é mantida. Apenas é necessário ficar atento ao sentido do período.

- Ordem direta: sujeito – verbo – complementos/adjuntos adverbiais.

  Os documentos foram levados para o gerente. (Direta)

  Foram levados os documentos para o gerente. (Indireta)

18.3.6 Dupla regência

Há verbos que exigem a presença da preposição e outros não. Deve-se ficar atento ao fato de que a regência pode influenciar no significado de um verbo.

Verbos transitivos diretos ou indiretos

Sem alterar o sentido, alguns verbos admitem duas construções: uma transitiva direta e outra indireta. Portanto, a ocorrência ou não da preposição mantém um trecho com o mesmo sentido.

- Almejar

  Almejamos **a** paz entre os países que estão em guerra.

  Almejamos **pela** paz entre os países que estão em guerra.

- Atender

  O gerente atendeu **os** meus pedidos.

  O gerente atendeu **aos** meus pedidos.

- Necessitar

  Necessitamos algumas horas para organizar o evento.

  Necessitamos **de** algumas horas para organizar o evento.

Transitividade e mudança de significado

Existem alguns verbos que, conforme a mudança de transitividade, têm o sentido alterado.

- **Aspirar:** é **transitivo direto** no sentido de sorver, inspirar (o ar), inalar.

  Aspirava o suave perfume. (Aspirava-o.)

- **Aspirar:** é **transitivo indireto** no sentido de desejar, ter como ambição.

  Aspirávamos ao cargo de diretor.

19. FIGURAS DE LINGUAGEM

As figuras de linguagem (também chamadas de figuras de pensamento) são construções que se relacionam com a função **poética da linguagem**, ou seja, estão articuladas em razão de modificar o código linguístico para dar ênfase no sentido de uma frase.

É comum vermos exemplos de figuras de linguagem em propagandas publicitárias, poemas, músicas etc. Essas figuras estão presentes em nossa fala cotidiana, principalmente na fala de registro **informal**.

O registro dito informal é aquele que não possui grande preocupação com a situação comunicativa, uma vez que não há tensão para a comunicação entre os falantes. Gírias, erros de concordância e subtração de termos da frase são comuns nesse baixo nível de formalidade comunicativa. Até grandes poetas já escreveram textos sobre esse assunto, veja o exemplo do escritor Oswald de Andrade, que discute a norma gramatical em relação à fala popular do brasileiro:

Pronominais
Dê-me um cigarro
Diz a gramática
Do professor e do aluno
E do mulato sabido
Mas o bom negro e o bom branco
Da Nação Brasileira
Dizem todos os dias
Deixa disso camarada
Me dá um cigarro

ANDRADE, Oswald de Andrade. **Os Cem Melhores Poemas Brasileiros do Século** - Seleção e Organização de Ítalo Moriconi. Rio de Janeiro: Editora Objetiva, 2001.

Vejamos agora algumas das principais figuras de linguagem que costumam ser cobradas em provas de concursos públicos:

- **Metáfora:** uma figura de linguagem, que consiste na comparação de dois termos sem o uso de um conectivo.

  Rosa **é uma flor**. (A pessoa é como uma flor: perfumada, delicada, bela etc.).

  Seus olhos **são dois oceanos**. (Os olhos possuem a profundidade do oceano, a cor do oceano etc.).

  João **é fera**. (João é perito em alguma coisa, desempenha determinada tarefa muito bem etc.).

- **Metonímia:** figura de linguagem que consiste em utilização de uma expressão por outra, dada a semelhança de sentido ou a possibilidade de associação lógica entre elas.

Há vários tipos de metonímia, vejamos alguns deles:

Efeito pela causa: O carrasco ergueu **a morte**. (O efeito é a morte, a causa é o machado)

Marca pelo produto: Vá ao mercado e traga um Nescau. (Achocolatado em pó)

Autor pela obra: Li Camões com entusiasmo. (Quem leu, leu a obra, não o autor)

Continente pelo conteúdo: Comi dois pratos de feijão. (Comeu o feijão, ou seja, o conteúdo do prato)

Parte pelo todo: Peço sua **mão em casamento**. (Pede-se, na verdade, o corpo todo)

Possuidor pelo possuído: Mulher, vou **ao médico**. (Vai-se ao consultório que pertence ao médico, não ao médico em si)

- **Antítese**: figura de linguagem que consiste na exposição de ideias opostas.

  *Nasce o **Sol** e **não dura mais que um dia***
  *Depois da **Luz** se segue à **noite escura***
  *Em **tristes sombras** morre a formosura,*
  *Em contínuas **tristezas** e **alegrias**.*

(Gregório de Matos)

Os termos em negrito evidenciam relações semânticas de distinção (oposição). Nascer é o contrário de morrer, assim como sombra é o contrário de luz. Essa figura foi muito utilizada na poesia brasileira, em especial pelo autor dos versos citados anteriormente: Gregório de Matos Guerra.

- **Paradoxo**: expressão que contraria o senso comum. Ilógica.

  *Amor é fogo que **arde sem se ver;***
  *É ferida que **dói e não se sente;***
  *É um **contentamento descontente;***
  *É dor que **desatina sem doer.***

(Luís de Camões)

A construção semântica apresentada é totalmente ilógica, pois é impossível uma ferida doer e não ser sentida, assim como não é possível o contentamento ser descontente.

- **Perífrase:** expressão que tem por função substituir semanticamente um termo:

  A última flor do Lácio anda muito judiada. (Português é a última flor do Lácio)

  O país do futebol é uma grande nação. (Brasil)

  O Bruxo do Cosme Velho foi um grande escritor. (Machado de Assis era conhecido como o Bruxo do Cosme Velho)

  O anjo de pernas tortas foi o melhor jogador do mundo. (Garrincha)

- **Eufemismo:** figura que consiste em atenuar uma expressão desagradável:

  José **pegou emprestado sem avisar**. (Roubou)

  Maurício **entregou a alma a Deus.** (Morreu)

  Coitado, só porque **é desprovido de beleza**. (Feio)

- **Disfemismo:** contrário ao eufemismo, é a figura de linguagem que consiste em tornar uma expressão desagradável em algo ainda pior.

  O homem **abotoou o paletó de madeira**. (Morreu)

  Está chupando cana pela raiz. (Morreu)

  Sentou no colo do capeta. (Morreu)

- **Prosopopeia:** atribuição de características animadas a seres inanimados.

  O vento sussurrou em meus ouvidos.

  Parecia que a **agulha odiava o homem**.

- **Hipérbole:** exagero proposital de alguma característica.

  Estou morrendo de rir.

  Chorou rios de lágrimas.

- **Hipérbato:** inversão sintática de efeito expressivo.

  Ouviram do Ipiranga as margens plácidas. / De um povo heroico o brado e retumbante.

  - **Colocando na ordem direta:**

  As margens plácidas do Ipiranga ouviram o brado retumbante de um povo heroico.

- **Gradação:** figura que consiste na construção de uma escala de termo que fazem parte do mesmo campo semântico.

  Plantou **a semente**, zelou pelo **broto**, regou a **planta** e colheu o **fruto**. (A gradação pode ser do campo semântico da palavra semente – broto, planta e fruto – ou da palavra plantar – zelar, regar, colher)

- **Ironia:** figura que consiste em dizer o contrário do que se pensa.

  Lamento por ter sido eu o vencedor dessa prova. (Evidentemente a pessoa não lamenta ser o vencedor de alguma coisa)

- **Onomatopeia:** tentativa de representar um som da natureza. Figura muito comum em histórias em quadrinhos.
  Pof, tic-tac, click, bum, vrum!
- **Sinestesia:** confusão dos sentidos do corpo humano para produzir efeitos expressivos.
  Ouvi uma **voz suave** saindo do quarto.
  O seu **perfume doce** é extremamente inebriante.

19.1 Vícios de linguagem

Em âmbito geral, vício de linguagem é toda expressão contrária à lógica da norma gramatical. Vejamos quais são os principais deslizes que se transformam em vícios.

- **Pleonasmo vicioso:** consiste na repetição desnecessária de ideias.
  Subir para cima.
  Descer para baixo.
  Entrar para dentro.
  Cardume de peixes.
  Enxame de abelhas.
  Elo de ligação.
  Fato real.

OBSERVAÇÃO

Pode existir o plágio expressivo em um texto poético. Na frase "ele penetrou na escura treva" há pleonasmo, mas não é vicioso.

- **Ambiguidade:** ocorre quando a construção frasal permite que a sentença possua dois sentidos.
  Tenho de buscar **a cadela da sua irmã**.
  A empregada disse para o chefe que o cheque estava sobre **sua mesa**.
- **Cacofonia:** ocorre quando a pronúncia de determinadas palavras permite a construção de outra palavra.
  Dei um beijo na bo**ca dela**. (Cadela)
  Nos**so hino** é belo. (Suíno)
  Na **vez passada**, esca**pei de** uma. (Vespa assada)
- **Barbarismo:** é um desvio na forma de falar ou grafar determinada palavra.
  Mortandela (em vez de mortadela).
  Poblema (em vez de problema).
  Mindingo (em vez de mendigo).
  Salchicha (em vez de salsicha).

Esse conteúdo costuma ser simples para quem pratica a leitura de textos poéticos, portanto, devemos sempre ler poesia.

19.2 Funções da linguagem

Deve-se a Roman Jakobson a discriminação das seis funções da linguagem na expressão e na comunicação humanas, conforme o realce particular que cada um dos componentes do processo de comunicação recebe no enunciado. Por isso mesmo, é raro encontrar em uma única mensagem apenas uma dessas funções, ou todas reunidas em um mesmo texto. O mais frequente é elas se superporem, apresentando-se uma ou outra como predominante.

Em que pese tal fato, é preciso considerar que há particularidades com relação às funções da linguagem, ou seja, cada função descreve algo em particular. Com isso, pretendo dizer que, antes de o estudante se ater às funções em si, é preciso que ele conheça o sistema que é um pouco mais amplo, ou seja, o ato comunicativo. Afinal, a teoria de Roman Jakobson se volta à descrição do ato comunicativo em si.

Na obra *Linguística e comunicação*, o linguista Roman Jakobson, pensando sobre o ato comunicativo e seus elementos, identifica seis funções da linguagem.

- Nesse esquema, identificamos:
  - **Emissor:** quem enuncia.
  - **Mensagem:** aquilo que é transmitido pelo emissor.
  - **Receptor:** quem recebe a mensagem.
  - **Código:** o sistema em que a mensagem é codificada. O código deve ser comum aos polos da comunicação.
  - **Canal:** meio físico porque ocorre a comunicação.

Pensando sobre esses elementos, Jakobson percebeu que cada função da linguagem está centrada em um elemento específico do ato comunicativo. É o que veremos agora.

As funções da linguagem são:

- **Referencial:** centrada na mensagem, ou seja, na transmissão do conteúdo. Como possui esse caráter, a objetividade é uma constante para a função referencial. É comum que se busque a imparcialidade quando dela se faz uso. É também conhecida como função denotativa. Como a terceira pessoa do singular é predominante, podem-se encontrar exemplos de tal função em textos científicos, livros didáticos, textos de cunho apenas informativo etc.
- **Emotiva:** centrada no emissor, ou seja, em quem enuncia a mensagem. Basicamente, a primeira pessoa predomina quando o texto se apoia sobre a função emotiva. É muito comum a observarmos em depoimentos, discursos, em textos sentimentais, e mesmo em textos líricos.
- **Apelativa:** centrada no receptor, ou seja, em quem recebe a mensagem. As características comuns a manifestações dessa função da linguagem são os verbos no modo imperativo, a tentativa de persuadir o receptor, a utilização dos pronomes de tratamento que tangenciem o interlocutor. É comum observar a função apelativa em propaganda, em discursos motivacionais etc.
- **Poética:** centrada na transformação da mensagem, ou seja, em como modificar o conteúdo da mensagem a fim de torná-lo mais expressivo. As figuras de linguagem são abundantes nessa função e, por sua presença, convencionou-se chamar, também, função poética de função conotativa. Textos literários, poemas e brincadeiras com a mensagem são fontes em que se pode verificar a presença da função poética da linguagem.
- **Fática:** centrada no canal comunicativo. Basicamente, busca testar o canal para saber se a comunicação está ocorrendo. Expressões como "olá", "psiu" e "alô você" são exemplos dessa função.
- **Metalinguística:** centrada no código. Quando o emissor se vale do código para explicar o próprio código, ou seja, num tipo de comunicação autorreferente. Como exemplo, podemos citar um livro de gramática, que se vale da língua para explicar a própria língua; uma aula de didática (sobre como dar aula); ou mesmo um poema que se refere ao processo de escrita de um poema. O poema a seguir é um ótimo exemplo de função metalinguística.

Catar feijão

Catar feijão se limita com escrever:
jogam-se os grãos na água do alguidar
e as palavras na da folha de papel;
e depois, joga-se fora o que boiar.
Certo, toda palavra boiará no papel,
água congelada, por chumbo seu verbo:
pois para catar esse feijão, soprar nele,
e jogar fora o leve e oco, palha e eco.

Ora, nesse catar feijão entra um risco:
o de que entre os grãos pesados entre
um grão qualquer, pedra ou indigesto,
um grão imastigável, de quebrar dente.
Certo não, quando ao catar palavras:
a pedra dá à frase seu grão mais vivo:
obstrui a leitura fluviante, flutual,
açula a atenção, isca-a com risco.

MELO NETO, João Cabral de. **Obra completa**. Rio de Janeiro: Nova Aguilar, 1995.

20. TIPOLOGIA TEXTUAL

O primeiro item que se deve ter em mente na hora de analisar um texto segundo sua tipologia é o caráter da predominância. Isso quer dizer que um mesmo agrupamento textual pode possuir características de diversas tipologias distintas, porém as questões costumam focalizar qual é o "tipo" predominante, o que mais está evidente no texto. Um pouco de bom-senso e uma pequena dose de conhecimento relativo ao assunto são necessários para obter sucesso nesse conteúdo.

Trabalharemos com três tipologias básicas: **narração, dissertação e descrição.**

20.1 Texto narrativo

Facilmente identificável, a tipologia narrativa guarda uma característica básica: contar algo, transmitir a ocorrência de fatos e/ou ações que possuam um registro espacial e temporal. Quer dizer, a narração necessita, também, de um espaço bem-marcado e de um tempo em que as ações narradas ocorram. Discorramos sobre cada aspecto separadamente.

São elementos de uma narração:

- **Personagem:** quem pratica ação dentro da narrativa, é claro. Deve-se observar que os personagens podem possuir características físicas (altura, aparência, cor do cabelo etc.) e psicológicas (temperamento, sentimentos, emoções etc.), as quais podem ser descritas ao longo do texto.
- **Espaço:** trata-se do local em que a ação narrativa ocorre.
- **Tempo:** é o lapso temporal em que a ação é descrita. O tempo pode ser enunciado por um simples "era uma vez".
- **Ação:** não existe narração sem ação! Ou seja, os personagens precisam fazer algo, ou sofrer algo para que haja ação narrativa.
- **Narrador:** afinal, como será contada uma estória sem uma voz que a narre? Portanto, este é outro elemento estruturante da tipologia narrativa. O narrador pode estar inserido na narrativa ou apenas "observar" e narrar os acontecimentos.

Note-se que, na tipologia narrativa, os verbos flexionados no pretérito são mais evidentes.

Eis um exemplo de narração, tente observar os elementos descritos anteriormente, no texto a seguir:

Um apólogo

Era uma vez uma agulha, que disse a um novelo de linha:

— Por que está você com esse ar, toda cheia de si, toda enrolada, para fingir que vale alguma cousa neste mundo?

— Deixe-me, senhora.

— Que a deixe? Que a deixe, por quê? Por que lhe digo que está com um ar insuportável? Repito que sim, e falarei sempre que me der na cabeça.

— Que cabeça, senhora? A senhora não é alfinete, é agulha. Agulha não tem cabeça. Que lhe importa o meu ar? Cada qual tem o ar que Deus lhe deu. Importe-se com a sua vida e deixe a dos outros.

— Mas você é orgulhosa.

— Decerto que sou.

— Mas por quê?

— É boa! Porque coso. Então os vestidos e enfeites de nossa ama, quem é que os cose, senão eu?

— Você? Esta agora é melhor. Você é que os cose? Você ignora que quem os cose sou eu e muito eu? – Você fura o pano, nada mais; eu é que coso, prendo um pedaço ao outro, dou feição aos babados...

— Sim, mas que vale isso? Eu é que furo o pano, vou adiante, puxando por você, que vem atrás obedecendo ao que eu faço e mando...

— Também os batedores vão adiante do imperador.

— Você é imperador?

— Não digo isso. Mas a verdade é que você faz um papel subalterno, indo adiante; vai só mostrando o caminho, vai fazendo o trabalho obscuro e ínfimo. Eu é que prendo, ligo, ajunto...

Estavam nisto, quando a costureira chegou à casa da baronesa. Não sei se disse que isto se passava em casa de uma baronesa, que tinha a modista ao pé de si, para não andar atrás dela. Chegou à costureira, pegou do pano, pegou da agulha, pegou da linha, enfiou a linha na agulha, e entrou a coser. Uma e outra iam andando orgulhosas, pelo pano adiante, que era a melhor das sedas, entre os dedos da costureira, ágeis como os galgos de Diana – para dar a isto uma cor poética. E dizia a agulha:

— Então, senhora linha, ainda teima no que dizia há pouco? Não repara que esta distinta costureira só se importa comigo; eu é que vou aqui entre os dedos dela, unidinha a eles, furando abaixo e acima...

A linha não respondia; ia andando. Buraco aberto pela agulha era logo enchido por ela, silenciosa e ativa, como quem sabe o que faz, e não está para ouvir palavras loucas. A agulha, vendo que ela não lhe dava resposta, calou-se também, e foi andando. E era tudo silêncio na saleta de costura; não se ouvia mais que o plic-plic-plic-plic da agulha no pano. Caindo o sol, a costureira dobrou a costura, para o dia seguinte. Continuou ainda nessa e no outro, até que no quarto acabou a obra, e ficou esperando o baile.

Veio a noite do baile, e a baronesa vestiu-se. A costureira, que a ajudou a vestir-se, levava a agulha espetada no corpinho, para dar algum ponto necessário. E enquanto compunha o vestido da bela dama, e puxava de um lado ou outro, arregaçava daqui ou dali, alisando, abotoando, acolchetando, a linha para mofar da agulha, perguntou-lhe:

— Ora, agora, diga-me, quem é que vai ao baile, no corpo da baronesa, fazendo parte do vestido e da elegância? Quem é que vai dançar com ministros e diplomatas, enquanto você volta para a caixinha da costureira, antes de ir para o balaio das mucamas? Vamos, diga lá.

Parece que a agulha não disse nada; mas um alfinete, de cabeça grande e não menor experiência, murmurou à pobre agulha:

— Anda, aprende, tola. Cansas-te em abrir caminho para ela e ela é que vai gozar da vida, enquanto aí ficas na caixinha de costura. Faze como eu, que não abro caminho para ninguém. Onde me espetam, fico.

Contei esta história a um professor de melancolia, que me disse, abanando a cabeça:

— Também eu tenho servido de agulha a muita linha ordinária!

ASSIS, Machado de. Um apólogo. In: **Para Gostar de Ler**. v. 9, Contos. São Paulo: Ática, 1984, p. 59.

20.2 Texto dissertativo

O texto dissertativo, também chamado por alguns de informativo, possui a finalidade de discorrer sobre determinado assunto, apresentando fatos, opiniões de especialistas, dados quantitativos ou mesmo informações sobre o assunto da dissertação. É preciso entender que nem sempre a dissertação busca persuadir o seu interlocutor, ela pode simplesmente transmitir informações pertinentes ao assunto dissertado.

Quando a persuasão é objetivada, o texto passa a ter também características argumentativas. A rigor, as questões de concurso público focalizam a tipologia, não seus interstícios, portanto, não precisa ficar desesperado com o fato de haver diferença entre texto dissertativo-expositivo e texto dissertativo-argumentativo. Importa saber que ele é dissertativo.

Ressalta-se que toda boa dissertação possui a **introdução** do tema, o **desenvolvimento** coeso e coerente, que está vinculado ao que se diz na introdução, e uma **conclusão** lógica do texto, evidenciando o que se permite compreender por meio da exposição dos parágrafos de desenvolvimento.

A tipologia dissertativa pode ser facilmente encontrada em editoriais, textos de divulgação acadêmica, ou seja, com caráter científico, ensaios, resenhas, artigos científicos e textos pedagógicos.

Exemplo de dissertação:

> ***Japão foi avisado sobre problemas em usinas dois anos antes, diz Wikileaks***
>
> *O Wikileaks, site de divulgação de informações consideradas sigilosas, vazou um documento que denuncia que o governo japonês já havia sido avisado pela vigilância nuclear internacional que suas usinas poderiam não ser capazes de resistir a terremotos. O relatório, assinado pelo embaixador Thomas Schieffer obtido pelo WikiLeaks foi publicado hoje pelo jornal britânico, The Guardian.*

O documento revela uma conversa de dezembro de 2008 entre o então deputado japonês, Taro Kono, e um grupo diplomático norte-americano durante um jantar. Segundo o relatório, um membro da Agência Internacional de Energia Atômica (AIEA) disse que as normas de segurança estavam obsoletas para aguentar os fortes terremotos, o que significaria "um problema grave para as centrais nucleares". O texto diz ainda que o governo do Japão encobria custos e problemas associados a esse ramo da indústria.

Diante da recomendação da AIEA, o Japão criou um centro de resposta de emergência em Fukushima, capaz de suportar, apenas, tremores até magnitude 7,0.

Como visto anteriormente, conceituar, polemizar, questionar a lógica de algum tema, explicar ou mesmo comentar uma notícia são estratégias dissertativas. Vamos dividir essa tipologia textual em dois tipos essencialmente diferentes: o **dissertativo-expositivo** e o **dissertativo-argumentativo**.

Padrão dissertativo-expositivo

A característica fundamental do padrão expositivo da dissertação é utilizar a estrutura da prosa não para convencer alguém de alguma coisa, e sim para apresentar uma ideia, apresentar um conceito. O princípio do texto expositivo não é a persuasão, é a informação e, justamente por tal fato, ficou conhecido como informativo. Para garantir uma boa interpretação desse padrão textual, é importante buscar a ideia principal (que deve estar presente na introdução do texto) e, depois, entender quais serão os aspectos que farão o texto progredir.

- **Onde posso encontrar esse tipo de texto?** Jornais revistas, sites sobre o mundo de economia e finanças. Diz-se que esse tipo de texto focaliza a função referencial da linguagem.
- **Como costuma ser o tipo de questão relacionada ao texto dissertativo-expositivo?** Geralmente, os elaboradores questionam sobre as informações veiculadas pelo texto. A tendência é que o elaborador inverta as informações contidas no texto.
- **Como resolver mais facilmente?** Toda frase que mencionar o conceito ou a quantidade de alguma coisa deve ser destacada para facilitar a consulta.

Padrão dissertativo-argumentativo

No texto do padrão dissertativo-argumentativo, existe uma opinião sendo defendida e existe uma posição ideológica por detrás de quem escreve o texto. Se analisarmos a divisão dos parágrafos de um texto com características argumentativas, perceberemos que a introdução apresenta sempre uma tese (ou hipótese) que é defendida ao longo dos parágrafos.

Uma vez feito isso, o candidato deve entender qual é a estratégia utilizada pelo produtor do texto para defender seu ponto de vista. Na verdade, agora é o momento de colocar "a mão na massa" para valer, uma vez que aqueles enunciados que iniciam com "infere-se da argumentação do texto", "depreende-se dos argumentos do autor" serão vencidos caso se observem os fatores de interpretação corretos:

- Conexão entre as ideias do texto (atenção para as conjunções).
- Articulação entre as ideias do texto (atenção para a combinação de argumentos).
- Progressão do texto.

Recursos argumentativos

Quando o leitor interage com uma fonte textual, deve observar – tratando-se de um texto com o padrão dissertativo-argumentativo – que o autor se vale de recursos argumentativos para construir seu raciocínio dentro do texto. Vejamos alguns recursos importantes:

- **Argumento de autoridade:** baseado na exposição do pensamento de algum especialista ou alguma autoridade no assunto. Citações, paráfrases e menções ao indivíduo podem ser tomadas ao longo do texto. É importante saber diferenciar se a opinião colocada em foco é a do autor ou se é a do indivíduo que ele cita ao longo do texto.
- **Argumento com base em consenso:** parte de uma ideia tomada como consensual, o que leva o leitor a entender apenas aquilo que o elaborador mostra. Sentenças do tipo "todo mundo sabe que", "é de conhecimento geral que" identificam esse tipo de argumentação.
- **Argumento com fundamentação concreta:** basear aquilo que se diz em algum tipo de pesquisa ou fato que ocorre com certa frequência.
- **Argumento silogístico (com base em um raciocínio lógico):** do tipo hipotético – "Se ... então".
- **Argumento de competência linguística:** consiste em adequar o discurso ao panorama linguístico de quem é tido como possível leitor do texto.
- **Argumento de exemplificação:** utilizar casos ou pequenos relatos para ilustrar a argumentação do texto.

20.3 Texto descritivo

Em um texto descritivo, faz-se um tipo de retrato por escrito de um lugar, uma pessoa, um animal ou um objeto. Os adjetivos são abundantes nessa tipologia, uma vez que a sua função de caracterizar os substantivos é extremamente exigida nesse contexto. É possível existir um texto descritivo que enuncie características de sensações ou sentimentos, porém não é muito comum em provas de concurso público. Não há relação temporal na descrição. Os verbos relacionais são mais presentes para poder evidenciar aspectos e características. Significa "criar" com palavras uma imagem.

Exemplo de texto descritivo:

Texto extraído da prova do BRB (2010) – Banca CESPE/UnB

Nome científico: *Ginkgo biloba L.*
Nome popular: *Nogueira-do-japão*
Origem: *Extremo Oriente*

***Aspecto:** as folhas dispõem-se em leque e são semelhantes ao trevo; a altura da árvore pode chegar a 40 metros; o fruto lembra uma ameixa e contém uma noz que pode ser assada e comida*

20.4 Conotação × denotação

É interessante, quando se estuda o conteúdo de tipologia textual, ressaltar a distinção conceitual entre o sentido conotativo e o sentido denotativo da linguagem. Vejamos como se opera essa distinção:

Sentido conotativo: figurado, ou abstrato. Relaciona-se com as figuras de linguagem.

- Adalberto **entregou sua alma a Deus.**

  A ideia de entregar a alma a Deus é figurada, ou seja, não ocorre literalmente, pois não há um serviço de entrega de almas. Essa é uma figura que convencionamos chamar de **metáfora.**

Sentido denotativo: literal, ou do dicionário. Relaciona-se com a função **referencial** da linguagem.

- Adalberto **morreu.**

  Quando dizemos função referencial, entende-se que o falante está preocupado em transmitir precisamente o fato ocorrido, sem apelar para figuras de pensamento. Essa frase do exemplo serviu para mostrar o sinônimo da figura de linguagem anterior.

21. GÊNEROS TEXTUAIS

Os gêneros textuais podem ser textos orais ou escritos, formais ou informais. Eles possuem características em comum, como a intenção comunicativa, mas há algumas características que os distinguem uns dos outros.

21.1 Gêneros textuais e esferas de circulação

Cada gênero textual está vinculado a uma esfera de circulação, ou seja, um lugar comum em que ele pode ser encontrado.

Cotidiana: adivinhas, diário, álbum de família exposição oral, anedotas, fotos, bilhetes, músicas, cantigas de roda, parlendas, carta pessoal, piadas, cartão, provérbios, cartão postal, quadrinhas, causos, receitas, comunicado, relatos de experiências vividas, convites, trava-línguas, *curriculum vitae*.

Literária/artística: autobiografia, letras de músicas, biografias, narrativas de aventura, contos, narrativas de enigma, contos de fadas, narrativas de ficção, contos de fadas contemporâneos, narrativas de humor, crônicas de ficção, narrativas de terror, escultura, narrativas fantásticas, fábulas, narrativas míticas, fábulas contemporâneas, paródias, haicais, pinturas, histórias em quadrinhos, poemas, lendas, romances, literatura de cordel, tankas, memórias, textos dramáticos.

Científica: artigos, relatos históricos, conferências, relatórios, debates, palestras, verbetes, pesquisas.

Escolar: atas, relatos históricos, cartazes, relatórios, debates, regrados, relatos de experiências, diálogos/discussões argumentativas científicas, exposições orais, resenhas, júris simulados, resumos, mapas, seminários, palestras, textos argumentativos, pesquisas, textos de opinião, verbetes de enciclopédias.

Jornalística: imprensas, agendas culturais, fotos, anúncios de emprego, horóscopos, artigos de opinião, infográficos, caricaturas, manchetes, cartas ao leitor, mapas, mesas redondas, cartuns, notícias, charges, reportagens, classificados, resenhas críticas, crônicas jornalísticas, sinopses de filmes, editoriais, tiras, entrevistas (orais e escritas).

Publicidade: anúncios, músicas, caricaturas, **paródias**, cartazes, placas, comerciais para televisão, publicidades comerciais, *e-mails*, publicidades institucionais, *folders*, publicidades oficiais, fotos, textos políticos, *slogans*.

Política: abaixo-assinados, debates regrados, assembleias, discursos políticos, cartas de emprego, fóruns, cartas de reclamação, manifestos, cartas de solicitação, mesas redondas, debates, panfletos.

Jurídica: boletins de ocorrência, estatutos, constituição brasileira, leis, contratos, ofícios, declaração de direitos, procurações, depoimentos, regimentos, discursos de acusação, regulamentos, discursos de defesa, requerimentos.

Social: bulas, relatos históricos, manuais técnicos, relatórios, placas, relatos de experiências científicas, resenhas, resumos, seminários, textos argumentativos, textos de opinião, verbetes de enciclopédias.

Midiática: *blogs*, *realities show*, *chats*, *talks show*, desenhos animados, telejornais, e-mails, telenovelas, entrevistas, torpedos, filmes, vídeos clip, fotoblogs, videoconferências, *home page*.

21.2 Exemplos de gêneros textuais

Artigo: o artigo de opinião é um gênero textual que faz parte da esfera jornalística e tem por finalidade a exposição do ponto de vista sobre um determinado assunto. Assim como a dissertação, ele também se compõe de um título, uma introdução, um desenvolvimento e uma conclusão.

Ata: a ata tem como finalidade registrar ocorrências, resoluções e decisões de reuniões, sessões realizadas por algum órgão, setor, entidade etc.

Estrutura da ata:

- Dia, mês, ano e hora (por extenso);
- Local da reunião;
- Pessoas presentes, devidamente qualificadas;
- Ordem do dia (pauta);
- Fecho.

Observações:

- Não há disposição quanto à quantidade de pessoas que deve assinar a ata; pode ser assinada apenas pelo presidente e pelo secretário.
- A ata deve ser redigida de modo que não sejam possíveis alterações posteriores à assinatura (há o emprego de expressões "digo" e "em tempo").
- Não há parágrafos ou alíneas.
- A ata é o registro fiel.

Atestado: atestado é o documento mediante o qual a autoridade comprova um fato ou situação de que tenha conhecimento em razão do cargo que ocupa ou da função que exerce. Destina-se à comprovação de fatos ou situações passíveis de modificações frequentes. É uma mera declaração, ao passo que a certidão é uma transcrição. Ato administrativo enunciativo, o atestado é, em síntese, afirmação oficial de fatos.

Partes:

- **Título ou epígrafe:** denominação do ato (atestado).
- **Texto:** exposição do objeto da atestação. Pode-se declarar, embora não seja obrigatório, a pedido de quem e com que finalidade o documento é emitido.
- **Local e data:** cidade, dia, mês e ano da emissão do ato, podendo também citar, preferentemente sob forma de sigla, o nome do órgão em que a autoridade signatária do atestado exerce suas funções.
- **Assinatura:** nome e cargo ou função da autoridade que atesta.

Apostila: apostila é a averbação, feita abaixo dos textos ou no verso de decretos e portarias pessoais (nomeação, promoção, ascensão, transferência, readaptação, reversão, aproveitamento, reintegração, recondução, remoção, exoneração, demissão, dispensa, disponibilidade e aposentadoria), para que seja corrigida flagrante inexatidão material do texto original (erro na grafia de nomes próprios, lapso na especificação de datas etc.), desde que essa correção não venha a alterar a substância do ato já publicado.

Tratando-se de erro material em decreto pessoal, a apostila deve ser feita pelo Ministro de Estado que o propôs. Se o lapso houver ocorrido em portaria pessoal, a correção por apostilamento estará a cargo do ministro ou secretário signatário da portaria. Nos dois casos, a apostila deve sempre ser publicada no Boletim de Serviço ou Boletim Interno correspondente e, quando se tratar de ato referente a ministro de Estado, também no Diário Oficial da União.

A finalidade da correção de inexatidões materiais por meio de apostila é evitar que se sobrecarregue o Presidente da República com a assinatura de atos repetidos, e que se onere a Imprensa Nacional com a republicação de atos.

Forma e estrutura:

- Título, em maiúsculas e centralizado sobre o texto.

- Texto, no qual deve constar a correção que está sendo feita, a ser iniciada com a remissão ao decreto que autoriza esse procedimento.
- Local e data, por extenso:
    - Por exemplo: Brasília, em 12 de novembro de 1990.
- Identificação do signatário, abaixo da assinatura:
    - Por exemplo: NOME (em maiúsculas)
      Secretário da Administração Federal

No original do ato normativo, próximo à apostila, deverá ser mencionada a data de publicação da apostila no Boletim de Serviço ou no Boletim Interno.

Carta: pode ter caráter argumentativo quando se trata de uma carta aberta ou carta do leitor. Quando se trata de carta pessoal, há a presença de aspectos narrativos ou descritivos.

Charge: é um gênero textual em que é feita uma ilustração cômica, irônica, por meio de caricaturas, com o objetivo de satirizar, criticar ou fazer um comentário sobre algum acontecimento, que é atual, em sua grande maioria.

A charge é um dos gêneros textuais mais cobrados em questões de concurso. Deve-se dar atenção à crítica feita pelo autor, a qual pode ser percebida pela relação texto verbal e não verbal (palavras e imagens).

Certidão: certidão é o ato pelo qual se procede à publicidade de algo relativo à atividade Cartorária, a fim de que não haja dúvidas. Possui formato padrão próprio, termos essenciais que lhe dão suas características. Exige linguagem formal, objetiva e concisão.

Termos essenciais da certidão:

- **Afirmação:** certidão e dou fé que.
- **Identificação do motivo de sua expedição:** a pedido da parte interessada.
- **Ato a que se refere:** revendo os assentamentos constantes deste cartório, não logrei encontrar ação movida contra (nome).
- **Data:** de sua expedição.
- **Assinatura:** do escrivão.

Circular: é utilizada para transmitir avisos, ordens, pedidos ou instruções, dar ciência de leis, decretos, portarias etc.

- Destina-se a uma ou mais de uma pessoa/órgão/empresa. No caso de mais de um destinatário, todas as vias distribuídas devem ser iguais.
- A paragrafação pode seguir o estilo americano (sem entradas de parágrafo), ou estilo tradicional. No caso de estilo americano, todo o texto, a data e a assinatura devem ser alinhados à margem esquerda. No estilo tradicional, devem ser centralizados.

Partes:

- **Timbre:** impresso no alto do papel.
- **Título e número:** cerca de três linhas do timbre e no centro da folha. O número pode vir seguido do ano.
- **Data:** deve estar próxima do título e número, ao lado ou abaixo, podendo se apresentar de várias formas:
    - Por exemplo:
    - CIRCULAR Nº 01, DE 2 MARÇO DE 2002
    - CIRCULAR Nº 01
    - De 2 de março de 2002
    - CIRCULAR Nº 01/02
    - Rio de Janeiro, 2 de março de 2002
- **Ementa (opcional):** deve vir abaixo do título e data, cerca de três linhas.
    - Ementa: Material de consumo.
    - Ref.: Material de consumo.
- **Invocação:** cerca de quatro linhas do título. Dependendo do assunto e destinatários, a invocação é dispensável.
    - Excelentíssimo Senhor:
    - Senhor Prefeito:
    - Senhores Pais:
- **Texto:** cerca de três linhas do título. Deve conter:
    - Exposição do assunto, desenvolvida a partir dos objetivos.
    - A sensibilização do receptor/destinatário;
    - Convite a agir.
    - Cumprimento final:
    - Respeitosamente,
    - Atenciosamente,
- **Assinatura:** cerca de quatro linhas do cumprimento final. É composta do nome do emissor (só as iniciais maiúsculas) e cargo ou função (todo em maiúscula):
    - Por exemplo:
      Herivelto Nascimento
      DIRETOR
- **Anexos:** quando houver documentos a anexar, escreve-se a palavra anexo à margem esquerda, seguida da relação do que está anexado:
    - Por exemplo:
      Anexo: quadro de horários.
      Anexa: cópia do documento.
      Anexas: tabela de horários e cópia dos documentos.
- **Iniciais:** na última linha útil do papel, à esquerda, devemos escrever as iniciais de quem elaborou o texto (redator), seguidas das iniciais de quem a datilografou/digitou (em maiúscula ou minúscula, tanto faz). Quando o redator e o datilógrafo forem a mesma pessoa, basta colocar a barra seguida das iniciais:
    - PPS/AZ
    - Pps/az
    - /pps
    - /PPS
- **Declaração:** a declaração deve ser fornecida por pessoa credenciada ou idônea que nele assume a responsabilidade sobre uma situação ou a concorrência de um fato. Portanto, é uma comprovação escrita com caráter de documento. A declaração pode ser manuscrita em papel almaço simples ou digitada. Quanto ao aspecto formal, divide-se nas seguintes etapas:
    - **Timbre:** impresso com cabeçalho, contendo o nome do órgão ou empresa. Nas declarações particulares, usa-se papel sem timbre.
    - **Título:** no centro da folha, em caixa alta.

- **Texto:**
  - Identificação do emissor.
  - O verbo atestar ou declarar deve aparecer no presente do indicativo, terceira pessoa do singular ou do plural.
  - Finalidade do documento: em geral, costuma-se usar o termo "para os devidos fins". Também se pode especificar: "para fins de trabalho", "para fins escolares" etc.
  - Nome e dados de identificação do interessado.
  - Citação do fato a ser atestado.
- **Local e data:** deve-se escrevê-lo acerca de três linhas do texto.

Editorial: é um gênero textual dissertativo-argumentativo que apresenta o posicionamento de uma empresa, revista, jornal sobre determinado assunto.

Entrevista: é um gênero textual em que aparece o diálogo entre o entrevistador e o(s) entrevistado(s), para obter informações sobre o entrevistado ou algum assunto. Podem aparecer elementos expositivos, argumentativos e narrativos.

Edital: é um documento em que são apresentados avisos, citações, determinações.

São diversos os tipos de editais, de acordo com o objetivo: pode comunicar uma citação, um proclame, um contrato, uma exoneração, uma licitação de obras, serviços, tomada de preço etc.

Entre eles, os editais mais comuns são os de concursos públicos, que determinam as etapas dos processos seletivos e as competências necessárias para a sua execução.

22. COMPREENSÃO E INTERPRETAÇÃO DE TEXTOS

22.1 Ideias preliminares sobre o assunto

Para interpretar um texto, o indivíduo precisa de muita atenção e de muito treino. Interpretar pode ser comparado com o disparar de uma arma: apenas temos chance de acertar o alvo se treinarmos muito e soubermos combinar todos os elementos externos ao disparo: velocidade do ar, direção, distância etc.

Quando o assunto é texto, o primordial é estabelecer uma relação contextual com aquilo que estamos lendo. Montar o contexto significa associar o que está escrito no texto-base com o que está disposto nas questões. Lembre-se de que as questões são elaboradas com a intenção de testar os concursandos, ou seja, deve ficar atento para todas as palavras e para todas as possibilidades de mudança de sentido que possa haver nas questões.

É preciso, para entender as questões de interpretação de qualquer banca, buscar o raciocínio que o elaborador da questão emprega na redação da questão. Usualmente, objetiva-se a depreensão dos sentidos do texto. Para tanto, destaque os itens fundamentais (as ideias principais contidas nos parágrafos) para poder refletir sobre tais itens dentro das questões.

22.2 Semântica ou pragmática?

Existe uma discussão acadêmica sobre o que possa ser considerado como semântica e como pragmática. Em que pese o fato de os universitários divergirem a respeito do assunto, vamos estabelecer uma distinção simples, apenas para clarear nossos estudos.

- **Semântica:** disciplina que estuda o **significado** dos termos. Para as questões relacionadas a essa área, o comum é que se questione acerca da troca de algum termo e a manutenção do sentido original da sentença.
- **Pragmática:** disciplina que estuda o **sentido** que um termo assume dentro de determinado contexto. Isso quer dizer que a identificação desse sentido depende do entorno linguístico e da intenção de quem exprime a sentença.

Para exemplificar essa situação, vejamos o exemplo a seguir:

- **Pedro está na geladeira.**

Nesse caso, é possível que uma questão avalie a capacidade de o leitor compreender que há, no mínimo, dois sentidos possíveis para essa sentença: um deles diz respeito ao fato de a expressão "na geladeira" poder significar algo como "ele foi até a geladeira buscar algo", o que – coloquialmente – significaria uma expressão indicativa de lugar.

O outro sentido diz respeito ao fato de "na geladeira" significar que "foi apartado de alguma coisa para receber algum tipo de punição".

A questão sobre **semântica** exigiria que o candidato percebesse a possibilidade de trocar a palavra "geladeira" por "refrigerador" – havendo, nesse caso, uma relação de sinonímia.

A questão de **pragmática** exigiria que o candidato percebesse a relação contextualmente estabelecida, ou seja, a criação de uma figura de linguagem (um tipo de metáfora) para veicular um sentido particular.

22.3 Questão de interpretação

Como se faz para saber que uma questão de interpretação é uma questão de interpretação?

Respondendo a essa pergunta, entende-se que há pistas que identificam a questão como pertencente ao rol de questões para interpretação. Os indícios mais precisos que costumam aparecer nas questões são:

- Reconhecimento da intenção do autor.
- Ponto de vista defendido.
- Argumentação do autor.
- Sentido da sentença.

Apesar disso, não são apenas esses os indícios de que uma questão é de intepretação. Dependendo da banca, podemos ter a natureza interpretativa distinta, principalmente porque o critério de intepretação é mais subjetivo que objetivo. Algumas bancas podem restringir o entendimento do texto; outras podem extrapolá-lo.

22.4 Dicas para interpretação

Há três elementos fundamentais para boa interpretação:

- Eliminação dos vícios de leitura.
- Organização.
- Sagacidade.

22.4.1 Vícios de leitura

A pior coisa que pode acontecer com o concursando, quando recebe um texto complexo para ler e interpretar, é cair num vício de leitura. Veja se você possui algum deles. Caso possua, tente eliminar o quanto antes.

Movimento

Como tudo inicia. O indivíduo pega o texto para ler e não para quieto. Troca a maneira de sentar, troca a posição do texto, nada está bom, nada está confortável. Em casa, senta para estudar e o que acontece? Fome. Depois? Sede. Então, a pessoa fica se mexendo para pegar comida, para tomar água, para ficar mais sossegado e o fluxo de leitura vai para o espaço. Fique quieto! O conceito é militar! Sente-se e permaneça assim até acabar a leitura, do contrário, vai acabar com a possibilidade de entender o que está escrito. Estudar com televisão, rádio, redes sociais e qualquer coisa dispersiva desse gênero só vai atrapalhar você.

Apoio

Não é aconselhável utilizar apoios para a leitura, tais como: réguas, acompanhar a linha com a caneta, ler em voz baixa, passar o dedo pelo papel etc. Basta pensar que seus olhos são muito mais rápidos que qualquer movimento ou leitura em voz alta.

"Garoto da borboleta"

Se você possui os vícios anteriores, certamente é um "garoto da borboleta" também. Isso quer dizer que é desatento e fica facilmente (fatalmente) disperso. Tudo chama sua atenção: caneta batendo na mesa, o concorrente barulhento, a pessoa estranha que está em sua frente, o tempo passando etc. Você vai querer ficar voltando ao início do texto porque não conseguiu compreender nada e, finalmente, vai perder as questões de interpretação.

22.4.2 Organização da leitura

Para que ocorra organização, é necessário compreender que todo texto possui:

- **Posto:** aquilo que é dito no texto. O conteúdo expresso.
- **Pressuposto:** aquilo que não está dito, mas que é facilmente compreendido.
- **Subentendido:** o que se pode interpretar por uma soma de dito com não-dito.

Veja um exemplo:

Alguém diz: "felizmente, meu tio parou de beber." É certo que o dito se compõe pelo conteúdo da mensagem: o homem parou de beber. O não-dito, ou pressuposto, fica a cargo da ideia de que o homem bebia e, agora, não bebe mais. Por sua vez, o subentendido pode ser abstraído como "meu tio possuía problemas com a bebida e eu assumo isso por meio da sentença que profiro". Não é difícil! É necessário, no entanto, possuir uma certa "malandragem linguística" para perceber isso de início.

22.5 Dicas para organização

As dicas de organização não são novas, mas são eficazes, vamos lá:

- **Ler mais de uma vez o texto (quando for curto, é lógico)**

A primeira leitura é para tomar contato com o assunto, a segunda, para observar como o texto está articulado.

Ao lado de cada parágrafo, escreva a principal ideia (tópico frasal) ou argumento mais forte do trecho. Isso ajuda você a ter clareza da temática e como ela está sendo desenvolvida.

Se o texto for muito longo, recomenda-se ler primeiro a questão de interpretação, para, então, buscá-la na leitura.

- **Observar as relações entre parágrafos**

Observar que há relações de exemplificação, oposição e causalidade entre os parágrafos do texto, por isso, tente compreender as relações intratextuais nos parágrafos.

Ficar de olho aberto para as conjunções adversativas: *no entanto*, *contudo*, *entretanto* etc.

- **Atentar para o comando da questão**

Responda àquilo que foi pedido.

  - **Dica:** entenda que modificar e prejudicar o sentido não são a mesma coisa.

- **Palavras de alerta (polarizadoras)**

Sublinhar palavras como: *erro*, *incorreto*, *correto* e *exceto*, para não se confundir no momento de responder à questão.

Inaceitável, *incompatível* e *incongruente* também podem aparecer.

- **Limitar os horizontes**

Não imaginar que você sabe o que o autor quis dizer, mas sim entender o que ele disse: o que ele escreveu. Não extrapolar a significação do texto. Para isso, é importante prestar atenção ao significado das palavras.

Pode até ser coerente o que você concluiu, mas se não há base textual, descarte.

> O homem **pode** morrer de infarto. / O homem **deve** morrer de infarto.

- **Busque o tema central do texto**

Geralmente aparece no primeiro parágrafo do texto.

- **Desenvolvimento**

Se o enunciado mencionar a argumentação do texto, você deve buscar entender o que ocorre com o desenvolvimento dos parágrafos.

Verificar se o desenvolvimento ocorre por:

  - Causa e consequência.
  - Enumeração de fatos.
  - Retrospectiva histórica.
  - Fala de especialista.
  - Resposta a um questionamento.
  - Sequência de dados.
  - Estudo de caso.
  - Exemplificação.

- **Relatores**

Atentar para os pronomes relativos e demonstrativos no texto. Eles auxiliam o leitor a entender como se estabelece a coesão textual.

Alguns deles: *que*, *cujo*, *o qual*, *onde*, *esse*, *este*, *isso*, *isto* etc.

- **Entender se a questão é de interpretação ou de compreensão**
  - Interpretação

Parte do texto para uma conclusão. As questões que solicitam uma inferência costumam apresentar as seguintes estruturas:

> "É possível entender que..."
> "O texto possibilita o entendimento de que..."
> "O texto encaminha o leitor para..."
> "O texto possibilita deduzir que..."
> "Depreende-se do texto que..."
> "Com apoio no texto, infere-se que..."
> "Entende-se que..."
> "Compreende-se que..."
> "Compreensão"

Buscam-se as informações solicitadas pela questão no texto. As questões dessa natureza possuem as seguintes estruturas:

> "De acordo com o texto, é possível afirmar..."
> "Segundo o texto..."
> "Conforme o autor..."
> "No texto..."
> "Conforme o texto..."

- **Tome cuidado com as generalizações**

Na maior parte das vezes, o elaborador da prova utiliza a generalização para tornar a questão incorreta.

Atenção para as palavras: *sempre*, *nunca*, *exclusivamente*, *unicamente*, *somente*.

O que você não deve fazer!
"Viajar" no texto: interpretar algo para além do que o texto permite.
Interpretar apenas um trecho do texto.
Entender o contrário: fique atento a palavras como "pode", "não", "deve" etc.

22.5.1 Astúcia da banca

Talvez seja essa a característica mais difícil de se desenvolver no concursando, pois ela envolve o conhecimento do tipo de interpretação e dos limites estabelecidos pelas bancas. Só há uma maneira de ficar esperto estudando para concurso público: realizando provas! Pode parecer estranho, mas depois de resolver 200 questões da mesma banca, você já consegue prever como será a próxima questão. Prever é garantir o acerto! Então, faça exercícios até cansar e, quando cansar, faça mais um pouco.

Vamos trabalhar com alguns exemplos agora:

- **Exemplo I**

> *Entre os maiores obstáculos ao pleno desenvolvimento do Brasil, está a educação. Este é o próximo grande desafio que deve ser enfrentado com paciência, mas sem rodeios. É a bola da vez dentro das políticas públicas prioritárias do Estado. Nos anos 1990 do século passado, o país derrotou a inflação – que corroía salários, causava instabilidade política e irracionalidade econômica. Na primeira década deste século, os avanços deram-se em direção a uma agenda social, voltada para a redução da pobreza e da desigualdade estrutural. Nos próximos anos,*

a questão da melhoria da qualidade do ensino deve ser uma obrigação dos governantes, sejam quais forem os ungidos pelas decisões das urnas.

Jornal do Brasil, Editorial, 21/1/2010 (com adaptações).

Agora o mesmo texto, devidamente marcado.

*Entre **os maiores obstáculos** ao pleno desenvolvimento do Brasil, está a educação. Este é o **próximo grande desafio** que deve ser enfrentado com paciência, mas sem rodeios. É a **bola da vez** dentro das políticas públicas prioritárias do Estado. **Nos anos 90 do século passado,** o país derrotou a inflação – que corroía salários, causava instabilidade política e irracionalidade econômica. **Na primeira década deste século,** os avanços deram-se em direção a uma agenda social, voltada para a redução da pobreza e da desigualdade estrutural. **Nos próximos anos,** a questão da melhoria da qualidade do ensino deve ser uma **OBRIGAÇÃO DOS GOVERNANTES**, sejam quais forem os ungidos pelas decisões das urnas.*

Observe que destacamos para você elementos que podem surgir, posteriormente como questões. O texto inicia falando que há mais obstáculos além da educação. Também argumenta, posteriormente, que já houve outros desafios além desse que ele chama de "próximo grande desafio". Utilizando uma expressão de sentido **conotativo** (bola da vez), o escritor anuncia que a educação ocupa posição de destaque quando o assunto se volta para as políticas públicas prioritárias do Estado.

No decorrer do texto, que se desenvolve por um tipo de retrospectiva histórica (veja o que está destacado), o redator traça um panorama dessas políticas públicas ao longo da história do país, fazendo uma previsão para os anos vindouros (o que foi destacado em caixa alta).

- **Exemplo II**

*Um passo fundamental para que não nos enganemos quanto à **natureza do capitalismo contemporâneo** e o significado das políticas empreendidas pelos países centrais para enfrentar a recente **crise econômica** é problematizarmos, com cuidado, o termo **neoliberalismo**: "começar pelas palavras talvez não seja coisa vã", escreve Alfredo Bosi em Dialética da Colonização.*

***A partir da década de 1980**, buscando exprimir a natureza do capitalismo contemporâneo, muitos, principalmente os críticos, utilizaram esta palavra que, por fim, se generalizou. Mas o que, de fato, significa? O prefixo neo quer dizer novo; portanto, novo liberalismo. Ora, durante o século **XIX deu-se a construção de um liberalismo** que viria encontrar a sua crise definitiva na I Guerra Mundial em 1914 e na crise de 1929. Mas desde o período entre guerras e, sobretudo, depois, com o término da II Guerra Mundial, em 1945, tomou corpo um novo modelo, principalmente na Europa, que de certa forma se contrapunha ao velho liberalismo: era **o mundo da socialdemocracia**, da presença do Estado na vida econômica, das ações políticas inspiradas na reflexão teórica do economista britânico John Keynes, um crítico do liberalismo econômico clássico que viveu na primeira metade do século XX. Quando esse modelo também entrou em crise, no princípio da década de 1970, surgiu a perspectiva de **reconstrução da ordem liberal**. Por isso, novo liberalismo, neoliberalismo.*

Grupo de São Paulo, disponível em: http://www.correiocidadania.com.br/content/view/5158/9/. Acesso em: 28/10/2010. (Adaptado)

- **Exemplo III**

Em Defesa do Voto Obrigatório

*O voto, direito duramente conquistado, **deve ser considerado um dever** cívico, sem o exercício do qual o **direito se descaracteriza ou se perde**, afinal liberdade e democracia são fins e não apenas meios. Quem vive em uma comunidade política não pode estar **desobrigado** de opinar sobre os rumos dela. Nada contra a desobediência civil, recurso legítimo para o protesto cidadão, que, no caso eleitoral, se pode expressar no voto nulo (cuja tecla deveria constar na máquina utilizada para votação). Com o **voto facultativo**, o direito de votar e o de não votar ficam inscritos, em pé de igualdade, no corpo legal. Uma parte do eleitorado deixará voluntariamente de opinar sobre a constituição do poder político. O desinteresse pela política e a descrença no voto são registrados como mera "escolha", sequer como desobediência civil ou protesto. **A consagração da alienação política** como um direito legal interessa aos conservadores, reduz o peso da soberania popular e desconstitui o sufrágio como universal.*

*Para o **cidadão ativo**, que, além de votar, se organiza para garantir os direitos civis, políticos e sociais, o enfoque é inteiramente outro. O tempo e o **trabalho dedicados ao acompanhamento continuado da política não se apresentam como restritivos da liberdade individual.** Pelo contrário, são obrigações auto assumidas no esforço de construção e aprofundamento da democracia e de vigília na defesa das liberdades individuais e públicas. A ideia de que a democracia se constrói nas lutas do dia a dia se contrapõe, na essência, ao modelo liberal. O cidadão escolado na disputa política sabe que a liberdade de não ir votar é uma armadilha. Para que o sufrágio continue universal, para que todo poder emane do povo e não, dos donos do poder econômico, o voto, além de ser um direito, **deve conservar a sua condição de dever cívico.***

23. INTERPRETAÇÃO DE TEXTO POÉTICO

Cada vez mais comum em provas de concursos públicos, o texto poético possui suas particularidades. Nem todas as pessoas possuem a capacidade de ler um texto poético, quanto mais interpretá-lo. Justamente por esse fato, ele tem sido o predileto dos examinadores que querem dificultar a vida dos candidatos.

Antes de passar à interpretação propriamente dita, é preciso identificar a nomenclatura das partes de um poema. Cada "linha" do poema é chamada de "**verso**", o conjunto de versos é chamado de "**estrofe**". A primeira sugestão para quem pretende interpretar um poema é segmentar a interpretação por estrofe e anotar o sentido trazido ao lado e cada trecho.

Geralmente, as bancas pecam ao diferenciar **autor** de **eu-lírico**. O primeiro é realmente a pessoa por detrás da caneta, ou seja, é quem efetivamente escreve o texto; o segundo é a "voz" do poema, a "pessoa" fictícia, abstrata que figura como quem traz o poema para o leitor.

Outra dificuldade muito comum é a leitura do texto. Como o texto está em uma disposição que não é mais tão usual, as pessoas têm dificuldade para realizar a leitura. Eis uma dica fundamental: só interrompa a leitura quando chegar a um ponto ou a uma vírgula, porque é dessa maneira que se lê um texto poético. Além disso, é preciso que, mesmo mentalmente, o indivíduo tente dar ênfase na leitura, pois isso pode ajudar na interpretação.

Comumente, o vocabulário do texto poético não é acessível e, em razão disso, costuma haver notas explicativas com o significado das palavras, jamais ignore essa informação! Pode ser a salvação para a interpretação do texto lido.

Veja um exemplo:

Nel mezzo del camin

Cheguei. Chegaste. Vinhas fatigada
E triste, e triste e fatigado eu vinha.
Tinhas a alma de sonhos povoada,
E a alma de sonhos povoada eu tinha...

E paramos de súbito na estrada
Da vida: longos anos, presa à minha
A tua mão, a vista deslumbrada
Tive da luz que teu olhar continha.

Hoje, segues de novo... Na partida
Nem o pranto os teus olhos umedece,
Nem te comove a dor da despedida.
E eu, solitário, volto a face, e tremo,
Vendo o teu vulto que desaparece
Na extrema curva do caminho extremo.

(Olavo Bilac)

Existe outro fator extremamente importante na hora de tentar entender o conteúdo de um texto poético: o **título**! Nem todo poema possui um título, é claro, mas os que possuem ajudam, e muito, na compreensão do "assunto" do poema.

É claro que ter conhecimento do autor e do estilo de escrita por ele adotado é a ferramenta mais importante para que o candidato compreenda com profundidade o que está sendo veiculado pelo texto, porém, como grande parte das bancas ainda não chegou a esse nível de aprofundamento interpretativo, apenas o reconhecimento da superfície do texto já é suficiente para responder às questões.

Vejamos alguns textos para explanar melhor:

Bem no fundo

No fundo, no fundo,
Bem lá no fundo,
A gente gostaria
De ver nossos problemas
Resolvidos por decreto

A partir desta data,
Aquela mágoa sem remédio
É considerada nula
E sobre ela – silêncio perpétuo

Extinto por lei todo o remorso,
Maldito seja quem olhar pra trás,
Lá pra trás não há nada,
E nada mais

Mas problemas não se resolvem,
Problemas têm família grande,
E aos domingos saem todos passear
O problema, sua senhora
E outros pequenos probleminhas

(Paulo Leminski)

Interpretação: por mais que trabalhemos para resolvermos nossos problemas, a única certeza é a de que eles continuarão existindo, pois é isso o que nos move.

23.1 Tradução de sentido

As questões de tradução de sentido costumam ser o "calcanhar de Aquiles" dos candidatos. A maneira mais eficaz de resolvê-las é buscar relações de sinonímia em ambos os lados da sentença. Com isso, fica mais fácil acertar a questão.

Consideremos a relação de sinonímia presente entre "alegria" e "felicidade". Esses dois substantivos não significam, rigorosamente, a mesma coisa, mas são considerados sinônimos contextuais, se considerarmos um texto. Disso, entende-se que o sinônimo é identificado contextualmente e não depende, necessariamente, do conhecimento do sentido de todas as palavras.

Seria bom se fosse sempre dessa maneira. Ocorre que algumas bancas tentam selecionar de maneira não rigorosa os candidatos, cobrando deles o chamado "conhecimento que não é básico". O melhor exemplo é pedir o significado da palavra "adrede", o qual pouquíssimas pessoas conhecem.

23.2 Organização de texto

Em algumas bancas, é comum haver questões que apresentam um texto desordenado, para que o candidato o reordene, garantido a **coesão** e a **coerência**. Além disso, não é raro haver trecho de texto com lacunas para preencher com alguns parágrafos. Para que isso ocorra, é mister saber o que significa coesão e coerência. Vamos a algumas definições simples.

23.2.1 Coesão

Coesão é o conjunto de procedimentos e mecanismos que estabelecem conexão dentro do texto, o que busca garantir a progressão daquilo que se escreve nas sentenças. Pronomes, perífrases e sinônimos estão entre os mecanismos de coesão que podem ser empregados na sentença.

23.2.2 Coerência

Coerência diz respeito à organização de significância do texto, ou seja, o sentido daquilo que se escreve. A sequência temporal e o princípio de não contradição são os dispostos mais emergentes da coerência.

Em questões dessa natureza, busque analisar as sequências de entrada e saída dos textos. Veja se há definições e conectivos que encerram ideias, ou se há pronomes que buscam sequenciar as sentenças. Desse modo, fica mais fácil acertar a questão.

23.3 Significação das palavras

23.3.1 Compreensão, interpretação e intelecção

O candidato que é concurseiro de longa data sabe que, dentre as questões de interpretação de texto, é muito comum surgirem nomenclaturas distintas para fenômenos não tão distintos assim. Quer dizer que, se no seu edital há elementos como leitura, compreensão, intelecção ou interpretação de texto, no fundo, o conceito é o mesmo. Ocorre que, dentro desse processo de interpretação, há elementos importantes para a resolução dos certames.

O que se diz e o que se pode ter dito

Sempre que há um momento de enunciação, o material linguístico serve de base para que os interlocutores negociem o sentido daquilo que está na comunicação. Isso ocorre por meio de vários processos. É possível destacar alguns mais relevantes:

- **Dito:** consiste na superfície do enunciado. O próprio material linguístico que se enuncia.
- **Não-dito:** consiste naquilo que se identifica imediatamente, quando se trabalha com o que está posto (o dito).
- **Subentendido:** consiste nos sentidos ativados por um processo inferencial de análise e síntese do material linguístico somado ao não-dito.

Vejamos isso em uma sentença para compreendermos a teoria.

- "A eleição de Barack Obama não é um evento apenas americano."

  Dito: é o próprio conteúdo da sentença – o fato de a eleição em questão não ser um evento apenas americano.

  Não-dito: alguém poderia pensar que a eleição teria importância apenas para os americanos.

  Subentendido: pode-se concluir que a eleição em questão terá grandes repercussões, a um nível global.

23.4 Inferência

Para a finalidade dos concursos públicos, vamos considerar que a inferência é o resultado do processamento na leitura, ou seja, é aquilo que se pode "concluir" ou "depreender" da leitura de um texto.

No momento de responder a uma questão dessa natureza, recomenda-se prudência. Existe um conceito que parece fundamental para facilitar a resolução dessas questões. Ele se chama **ancoragem lexical.** Basicamente, entende-se como ancoragem lexical a inserção de algum elemento que dispara pressuposições e fomenta inferências, ou seja, se alguma questão pedir se é possível inferir algo, o candidato só poderá responder afirmativamente, se houver uma palavra ou uma expressão (âncora lexical) que permita associar diretamente esses elementos.

Semântica (sentido)

Evidentemente, o conteúdo relativo à significação das palavras deve muito a uma boa leitura do dicionário. Na verdade, o vocabulário faz parte do histórico de leitura de qualquer pessoa: quanto mais você lê, maior é o número de palavras que você vai possuir em seu vocabulário. Como é impossível receitar a leitura de um dicionário, podemos arrolar uma lista com palavras que possuem peculiaridades na hora de seu emprego. Falo especificamente de **sinônimos, antônimos, homônimos e parônimos**. Mãos à obra!

▷ **Sinônimos:**

- Sentido aproximado: não existem sinônimos perfeitos:

  Feliz – alegre – contente.

  Palavra – vocábulo.

  Professor – docente.

  O professor Mário chegou à escola. O **docente** leciona matemática.

▷ **Antônimos:**

- Oposição de sentido:

  Bem – mal.

  Bom – mau.

  Igual – diferente.

▷ **Homônimos:** são palavras com escrita ou pronúncia iguais (semelhantes), porém com significado (sentido) diferente.

  Adoro comer **manga** com sal.

  Derrubei vinho na **manga** da camisa.

Há três tipos de homônimos: homógrafos, homófonos e homônimos perfeitos.

- **Homógrafos** – palavras que possuem a mesma grafia, mas o som é diferente.

  O meu **olho** está doendo.

  Quando eu **olho** para você, dói.

- **Homófonos** – apresentam grafia diferente, mas o som é semelhante.

  A **cela** do presídio foi incendiada.

  A **sela** do cavalo é novinha.

- **Homônimos perfeitos** – possuem a mesma grafia e o mesmo som.

  O **banco** foi assaltado.

  O **banco** da praça foi restaurado ontem.

  Ele não **para** de estudar.

  Ele olhou **para** a prova.

- **Parônimos:** são palavras que possuem escrita e pronúncia semelhantes, mas com significado distinto.

  O professor fez a **descrição** do conteúdo.

  Haja com muita **discrição,** Marivaldo.

Aqui vai uma lista para você se precaver quanto aos sentidos desses termos:

- **Ascender** (subir) e **acender** (pôr fogo, alumiar).

  Quando Nero **ascendeu** em Roma, ele **acendeu** Roma.

- **Acento** (sinal gráfico) e **assento** (lugar de sentar-se).

  O **acento** grave indica crase.

  O **assento** 43 está danificado.

- **Acerca de** (a respeito de) e **cerca de** (aproximadamente). **Há cerca de** (faz aproximadamente).

  Falamos **acerca de** Português ontem.

  José mora **cerca de** mim.

  Há cerca de 10 anos, leciono Português.

- **Afim** (semelhante a) e **a fim de** (com a finalidade de).

  Nós possuímos ideias **afins.**

  Nós estamos estudando **a fim** de passar.

- **Aprender** (instruir-se) e **apreender** (assimilar).

Quando você **apreender** o conteúdo, saberá que **aprendeu** o conteúdo.

- Área (superfície) e **ária** (melodia, cantiga).
  O tenor executou a ária.
  A polícia cercou a área.
- **Arrear** (pôr arreios) e **arriar** (abaixar, descer).
  Precisamos **arrear** o cavalo.
  Joaquim **arriou** as calças.
- **Caçar** (apanhar animais) e **cassar** (anular).
  O veado foi **caçado**.
  O deputado teve sua candidatura **cassada**.
- **Censo** (recenseamento) e **senso** (raciocínio).
  Finalizou-se o **censo** no Brasil.
  Argumentou com bom-**senso**.
- **Cerração** (nevoeiro) **serração** (ato de serrar).
  Nos dias de chuva, pode haver **cerração**.
  Rolou a maior **serração** na madeireira ontem.
- **Cerrar** (fechar) e **serrar** (cortar).
  Cerrou os olhos para a verdade.
  Marina **serrou**, acidentalmente, o nariz na serra.
- **Cessão** (ato de ceder), **seção** (divisão), **secção** (corte) e **sessão** (reunião).
  O órgão pediu a **cessão** do espaço.
  Compareça à **seção** de materiais.
  Fez-se uma **secção** no azulejo.
  Assisti à **sessão** de cinema ontem. Passava "A Lagoa Azul".
- **Concerto** (sessão musical) e **conserto** (reparo).
  Vamos ao **concerto** hoje.
  Fizeram o **conserto** do carro.
- **Mal** (antônimo de bem) e **mau** (antônimo de bom).
  O homem **mau** vai para o inferno.
  O **mal** nunca prevalece sobre o bem.
- **Ratificar** (confirmar) e **retificar** (corrigir).
  O documento **ratificou** a decisão.
  O documento **retificou** a decisão.
- **Tacha** (pequeno prego, mancha) e **taxa** (imposto, percentagem).
  Comprei uma **tacha**.
  Paguei outra **taxa**.
  Bucho (estômago) **e buxo** (arbusto)
- **Calda** (xarope) e **cauda** (rabo)
- **Cela** (pequeno quarto) **e sela** (arreio)
- **Chá** (bebida) e **xá** (título do soberano da Pérsia, atual Irã, antes da revolução islâmica)
- **Cheque** (ordem de pagamento) **e xeque** (lance do jogo de xadrez)
- **Comprimento** (extensão) e **cumprimento** (saudação)
- **Conjetura** (hipótese) **e conjuntura** (situação)
- **Coser** (costurar) e **cozer** (cozinhar)
- **Deferir** (costurar) **e diferir** (distinguir-se)
- **Degredado** (desterrado, exilado) e **degradado** (rebaixado, estragado)
- **Descrição** (ato de descrever) **e discrição** (reserva, qualidade de discreto)
- **Descriminar** (inocentar) e **discriminar** (distinguir)
- **Despensa** (lugar de guardar mantimentos) **e dispensa** (isenção, licença)
- **Despercebido** (não notado) e **desapercebido** (desprovido, despreparado)
- **Emergir** (vir à tona) **e imergir** (mergulhar)
- **Eminente** (notável, célebre) e **iminente** (prestes a acontecer)
- **Esbaforido** (ofegante, cansado) **e espavorido** (apavorado)
- **Esperto** (inteligente) e **experto** (perito)
- **Espiar** (observar) **e expiar** (sofrer castigo)
- **Estada** (ato de estar, permanecer) e **estadia** (permanência, estada por tempo limitado)
- **Estático** (imóvel) **e extático** (pasmo)
- **Estrato** (tipo de nuvem) e **extrato** (resumo)
- **Flagrante** (evidente) **e fragrante** (perfumado)
- **Fluir** (correr) e **fruir** (gozar, desfrutar)
- **Incidente** (episódio) **e acidente** (acontecimento grave)
- **Incipiente** (principiante) e **insipiente** (ignorante)
- **Inflação** (desvalorização do dinheiro) **e infração** (violação, transgressão)
- **Infligir** (aplicar castigo) e **infringir** (transgredir)
- **Intercessão** (ato de interceder) **e interseção ou intersecção** (ato de cortar)
- **Laço** (nó) e **lasso** (frouxo)
- **Mandado** (ordem judicial) **e mandato** (período político)
- **Ótico** (relativo ao ouvido) e **óptico** (relativo à visão)
- **Paço** (palácio) **e passo** (passada)
- **Peão** (empregado/peça de xadrez) e **pião** (brinquedo)
- **Pequenez** (pequeno) **e pequinês** (ração de cão, de Pequim)
- **Pleito** (disputa) e **preito** (homenagem)
- **Proeminente** (saliente) **e preeminente** (nobre, distinto)
- **Prescrição** (ordem expressa) e **proscrição** (eliminação, expulsão)
- **Prostrar-se** (humilhar-se) **e postar-se** (permanecer por muito tempo)
- **Ruço** (grisalho, desbotado) e **russo** (da Rússia)
- **Sexta** (numeral cardinal), **cesta** (utensílio) **e sesta** (descanso depois do almoço)
- **Sortido** (abastecido) e **surtido** (produzido, causado)
- **Sortir** (abastecer) **e surtir** (efeito ou resultado)
- **Sustar** (suspender) e **suster** (sustentar)
- **Tilintar** (soar) e **tiritar** (tremer)
- **Tráfego** (trânsito) **e tráfico** (comércio ilícito)
- **Vadear** (passa a pé ou a cavalo, atravessar o rio) e **vadiar** (vagabundear)
- **Viagem** (substantivo) **e viajem** (verbo)
- **Vultoso** (volumoso, grande vulto) e **vultuoso** (inchado)

24. TIPOS DE DISCURSO

Discurso está relacionado à construção de textos, tanto orais quanto escritos, portanto, ele é considerado uma prática social.

Em um texto, podem ser encontrados três tipos de discurso: o discurso **direto**, o **indireto** e o **indireto livre**.

24.1 Discurso direto

São as falas das personagens. Esse discurso pode aparecer em forma de diálogos e citações, e vem marcado com alguma pontuação (travessão, dois pontos, aspas etc.). Ou seja, o discurso direto reproduz fielmente a fala de alguém.

- Por exemplo:

  O médico disse à paciente:

  Você precisa fazer exercícios físicos regularmente.

24.2 Discurso indireto

É a reprodução da fala de alguém, a qual é feita pelo narrador. Normalmente, esse discurso é escrito em terceira pessoa.

- Por exemplo:

  O médico disse à paciente que ela precisava fazer exercícios regulamente.

24.3 Discurso indireto livre

É a ocorrência do discurso direto e indireto ao mesmo tempo. Ou seja, o narrador conta a história, mas as personagens também têm voz própria.

No exemplo a seguir, há um discurso direto: "que raiva", que mostra a fala da personagem.

"Retirou as asas e estraçalhou-a. Só tinham beleza. Entretanto, qualquer urubu... que raiva..." (Ana Maria Machado)

No trecho a seguir, há uma fala da personagem, mesclada com a narração: "Para que estar catando defeitos no próximo?".

"D. Aurora sacudiu a cabeça e afastou o juízo temerário. Para que estar catando defeitos no próximo? Eram todos irmãos. Irmãos." (Graciliano Ramos)

Exemplo de uma transposição de discurso direto para indireto:

Ana perguntou:

– Qual a resposta correta?

Ana perguntou qual era a resposta correta.

Ressalta-se que nas questões de reescrita que tratam da transposição de discursos, é mais frequente a substituição do direto pelo indireto.

25. REDAÇÃO DE CORRESPONDÊNCIAS OFICIAIS

25.1 Aspectos Gerais da Redação Oficial

25.1.1 Panorama da comunicação oficial

A finalidade da língua é comunicar, quer pela fala, quer pela escrita. Para que haja comunicação, são necessários:

a) alguém que comunique;

b) algo a ser comunicado;

c) alguém que receba essa comunicação.

No caso da redação oficial, quem comunica é sempre o serviço público (este/esta ou aquele/aquela Ministério, Secretaria, Departamento, Divisão, Serviço, Seção); o que se comunica é sempre algum assunto relativo às atribuições do órgão que comunica; e o destinatário dessa comunicação é o público, uma instituição privada ou outro órgão ou entidade pública, do Poder Executivo ou dos outros Poderes. Além disso, deve-se considerar a intenção do emissor e a finalidade do documento, para que o texto esteja adequado à situação comunicativa.

A necessidade de empregar determinado nível de linguagem nos atos e nos expedientes oficiais decorre, de um lado, do próprio caráter público desses atos e comunicações; de outro, de sua finalidade. Os atos oficiais, aqui entendidos como atos de caráter normativo, ou estabelecem regras para a conduta dos cidadãos, ou regulam o funcionamento dos órgãos e entidades públicos, o que só é alcançado se, em sua elaboração, for empregada a linguagem adequada. O mesmo se dá com os expedientes oficiais, cuja finalidade precípua é a de informar com clareza e objetividade.

25.1.2 O que é redação oficial

Em uma frase, pode-se dizer que redação oficial é a maneira pela qual o Poder Público redige comunicações oficiais e atos normativos. Neste Manual, interessa-nos tratá-la do ponto de vista da administração pública federal.

A redação oficial não é necessariamente árida e contrária à evolução da língua. É que sua finalidade básica – comunicar com objetividade e máxima clareza – impõe certos parâmetros ao uso que se faz da língua, de maneira diversa daquele da literatura, do texto jornalístico, da correspondência particular etc.

Apresentadas essas características fundamentais da redação oficial, passemos à análise pormenorizada de cada um de seus atributos.

25.1.3 Atributos da redação oficial

▹ A redação oficial deve caracterizar-se por:

- clareza e precisão;
- objetividade;
- concisão;
- coesão e coerência;
- impessoalidade;
- formalidade e padronização; e
- uso da norma padrão.

Fundamentalmente, esses atributos decorrem da Constituição, que dispõe, no art. 37: "A administração pública direta, indireta, de qualquer dos Poderes da União, dos Estados, do Distrito Federal e dos Municípios obedecerá aos princípios de legalidade, impessoalidade, moralidade, publicidade e eficiência (...)". Sendo a publicidade, a impessoalidade e a eficiência princípios fundamentais de toda a administração pública, devem igualmente nortear a elaboração dos atos e das comunicações oficiais.

Clareza e precisão

Clareza

A clareza deve ser a qualidade básica de todo texto oficial. Pode-se definir como claro aquele texto que possibilita imediata compreensão pelo leitor. Não se concebe que um documento oficial ou um ato normativo de qualquer natureza seja redigido de forma obscura, que dificulte ou impossibilite sua compreensão. A transparência é requisito do próprio Estado de Direito: é inaceitável que um texto oficial ou um ato normativo não seja entendido pelos cidadãos. O princípio constitucional da publicidade não se esgota na mera publicação do texto, estendendo-se, ainda, à necessidade de que o texto seja claro.

▹ Para a obtenção de clareza, sugere-se:

- utilizar palavras e expressões simples, em seu sentido comum, salvo quando o texto versar sobre assunto técnico, hipótese em que se utilizará nomenclatura própria da área;
- usar frases curtas, bem estruturadas; apresentar as orações na ordem direta e evitar intercalações excessivas. Em certas ocasiões, para evitar ambiguidade, sugere-se a adoção da ordem inversa da oração;
- buscar a uniformidade do tempo verbal em todo o texto;
- não utilizar regionalismos e neologismos;
- pontuar adequadamente o texto;
- explicitar o significado da sigla na primeira referência a ela; e
- utilizar palavras e expressões em outro idioma apenas quando indispensáveis, em razão de serem designações ou expressões de uso já consagrado ou de não terem exata tradução. Nesse caso, grafe-as em itálico, conforme orientações do subitem 10.2 deste Manual.

Precisão

▹ O atributo da precisão complementa a clareza e caracteriza-se por:

- articulação da linguagem comum ou técnica para a perfeita compreensão da ideia veiculada no texto;
- manifestação do pensamento ou da ideia com as mesmas palavras, evitando o emprego de sinonímia com propósito meramente estilístico; e
- escolha de expressão ou palavra que não confira duplo sentido ao texto.

É indispensável, também, a releitura de todo o texto redigido. A ocorrência, em textos oficiais, de trechos obscuros provém principalmente da falta da releitura, o que tornaria possível sua correção. Na revisão de um expediente, deve-se avaliar se ele será de fácil compreensão por seu destinatário. O que nos parece óbvio pode ser desconhecido por terceiros. O domínio que adquirimos sobre certos assuntos, em decorrência de nossa experiência profissional, muitas vezes, faz com que os tomemos como de conhecimento geral, o que nem sempre é verdade. Explicite, desenvolva, esclareça, precise os termos técnicos, o significado das siglas e das abreviações e os conceitos específicos que não possam ser dispensados.

A revisão atenta exige tempo. A pressa com que são elaboradas certas comunicações quase sempre compromete sua clareza. "Não há assuntos urgentes, há assuntos atrasados", diz a máxima. Evite-se, pois, o atraso, com sua indesejável repercussão no texto redigido.

A clareza e a precisão não são atributos que se atinjam por si sós: elas dependem estritamente das demais características da redação oficial, apresentadas a seguir.

Objetividade

Ser objetivo é ir diretamente ao assunto que se deseja abordar, sem voltas e sem redundâncias. Para conseguir isso, é fundamental que o redator saiba de antemão qual é a ideia principal e quais são as secundárias.

Procure perceber certa hierarquia de ideias que existe em todo texto de alguma complexidade: as fundamentais e as secundárias. Essas últimas podem esclarecer o sentido daquelas, detalhá-las, exemplificá-las; mas existem também ideias secundárias que não acrescentam informação alguma ao texto, nem têm maior relação com as fundamentais, podendo, por isso, ser dispensadas, o que também proporcionará mais objetividade ao texto.

A objetividade conduz o leitor ao contato mais direto com o assunto e com as informações, sem subterfúgios, sem excessos de palavras e de ideias. É errado supor que a objetividade suprime a delicadeza de expressão ou torna o texto rude e grosseiro.

Concisão

A concisão é antes uma qualidade do que uma característica do texto oficial. Conciso é o texto que consegue transmitir o máximo de informações com o mínimo de palavras. Não se deve de forma alguma entendê-la como economia de pensamento, isto é, não se deve eliminar passagens substanciais do texto com o único objetivo de reduzi-lo em tamanho. Trata-se, exclusivamente, de excluir palavras inúteis, redundâncias e passagens que nada acrescentem ao que já foi dito.

Detalhes irrelevantes são dispensáveis: o texto deve evitar caracterizações e comentários supérfluos, adjetivos e advérbios inúteis, subordinação excessiva. A seguir, um exemplo1 de período mal construído, prolixo:

> Exemplo:
>
> Apurado, com impressionante agilidade e precisão, naquela tarde de 2009, o resultado da consulta à população acriana, verificou-se que a esmagadora e ampla maioria da população daquele distante estado manifestou-se pela efusiva e indubitável rejeição da alteração realizada pela Lei nº 11.662/2008. Não satisfeita, inconformada e indignada, com a nova hora legal vinculada ao terceiro fuso, a maioria da população do Acre demonstrou que a ela seria melhor regressar ao quarto fuso, estando cinco horas a menos que em Greenwich.

Nesse texto, há vários detalhamentos desnecessários, abusou-se no emprego de adjetivos (impressionante, esmagadora, ampla, inconformada, indignada), o que lhe confere carga afetiva injustificável, sobretudo em texto oficial, que deve primar pela impessoalidade. Eliminados os excessos, o período ganha concisão, harmonia e unidade:

> Exemplo:
>
> Apurado o resultado da consulta à população acreana, verificou-se que a maioria da população manifestou-se pela rejeição da alteração realizada pela Lei no 11.662/2008. Não satisfeita com a nova hora legal vinculada ao terceiro fuso, a maioria da população do Acre demonstrou que a ela seria melhor regressar ao quarto fuso, estando cinco horas menos que em Greenwich.

Coesão e coerência

É indispensável que o texto tenha coesão e coerência. Tais atributos favorecem a conexão, a ligação, a harmonia entre os elementos de um texto. Percebe-se que o texto tem coesão e coerência quando se lê um texto e se verifica que as palavras, as frases e os parágrafos estão entrelaçados, dando continuidade uns aos outros.

Alguns mecanismos que estabelecem a coesão e a coerência de um texto são: referência, substituição, elipse e uso de conjunção.

A referência diz respeito aos termos que se relacionam a outros necessários à sua interpretação. Esse mecanismo pode dar-se por retomada de um termo, relação com o que é precedente no texto, ou por antecipação de um termo cuja interpretação dependa do que se segue.

> Exemplos:
>
> O Deputado evitou a instalação da CPI da corrupção. Ele aguardou a decisão do Plenário. O TCU apontou estas irregularidades: falta de assinatura e de identificação no documento.

A substituição é a colocação de um item lexical no lugar de outro(s) ou no lugar de uma oração.

> Exemplos:
>
> O Presidente assinou o acordo. O Chefe do Poder Executivo federal propôs reduzir as alíquotas.
>
> O memorando está pronto. O documento trata da exoneração do servidor.
>
> Os governadores decidiram acatar a decisão. Em seguida, os prefeitos fizeram o mesmo.

A elipse consiste na omissão de um termo recuperável pelo contexto.

> Exemplo:
>
> O decreto regulamenta os casos gerais; a portaria, os particulares. (Na segunda oração, houve a omissão do verbo "regulamenta").

Outra estratégia para proporcionar coesão e coerência ao texto é utilizar conjunção para estabelecer ligação entre orações, períodos ou parágrafos.

> Exemplo:
>
> O Embaixador compareceu à reunião, pois identificou o interesse de seu Governo pelo assunto.

Impessoalidade

A impessoalidade decorre de princípio constitucional (Constituição, art. 37), e seu significado remete a dois aspectos: o primeiro é a obrigatoriedade de que a administração pública proceda de modo a não privilegiar ou prejudicar ninguém, de que o seu norte seja, sempre, o interesse público; o segundo, a abstração da pessoalidade dos atos administrativos, pois, apesar de a ação administrativa ser exercida por intermédio de seus servidores, é resultado tão-somente da vontade estatal.

A redação oficial é elaborada sempre em nome do serviço público e sempre em atendimento ao interesse geral dos cidadãos. Sendo assim, os assuntos objetos dos expedientes oficiais não devem ser tratados de outra forma que não a estritamente impessoal.

Percebe-se, assim, que o tratamento impessoal que deve ser dado aos assuntos que constam das comunicações oficiais decorre:

- da ausência de impressões individuais de quem comunica: embora se trate, por exemplo, de um expediente assinado por Chefe de determinada Seção, a comunicação é sempre feita em nome do serviço público. Obtém-se, assim, uma desejável padronização, que permite que as comunicações elaboradas em diferentes setores da administração pública guardem entre si certa uniformidade;
- da impessoalidade de quem recebe a comunicação: ela pode ser dirigida a um cidadão, sempre concebido como público, ou a uma instituição privada, a outro órgão ou a outra entidade pública. Em todos os casos, temos um destinatário concebido de forma homogênea e impessoal; e
- do caráter impessoal do próprio assunto tratado: se o universo temático das comunicações oficiais se restringe a questões que dizem respeito ao interesse público, é natural não caber qualquer tom particular ou pessoal.

Não há lugar na redação oficial para impressões pessoais, como as que, por exemplo, constam de uma carta a um amigo, ou de um artigo assinado de jornal, ou mesmo de um texto literário. A redação oficial deve ser isenta da interferência da individualidade de quem a elabora. A concisão, a clareza, a objetividade e a formalidade de que nos valemos para elaborar os expedientes oficiais contribuem, ainda, para que seja alcançada a necessária impessoalidade.

Formalidade e padronização

As comunicações administrativas devem ser sempre formais, isto é, obedecer a certas regras de forma (BRASIL, 2015a). Isso é válido tanto para as comunicações feitas em meio eletrônico (por exemplo, o e-mail , o documento gerado no SEI!, o documento em html etc), quanto para os eventuais documentos impressos.

É imperativa, ainda, certa formalidade de tratamento. Não se trata somente do correto emprego deste ou daquele pronome de tratamento para uma autoridade de certo nível, mais do que isso: a formalidade diz respeito à civilidade no próprio enfoque dado ao assunto do qual cuida a comunicação.

A formalidade de tratamento vincula-se, também, à necessária uniformidade das comunicações. Ora, se a administração pública federal é una, é natural que as comunicações que expeça sigam o mesmo padrão. O estabelecimento desse padrão, uma das metas deste Manual, exige que se atente para todas as características da redação oficial e que se cuide, ainda, da apresentação dos textos.

A digitação sem erros, o uso de papéis uniformes para o texto definitivo, nas exceções em que se fizer necessária a impressão, e a correta diagramação do texto são indispensáveis para a padronização. Consulte o Capítulo II, "As comunicações oficiais", a respeito de normas específicas para cada tipo de expediente.

Em razão de seu caráter público e de sua finalidade, os atos normativos e os expedientes oficiais requerem o uso do padrão culto do idioma, que acata os preceitos da gramática formal e emprega um léxico compartilhado pelo conjunto dos usuários da língua. O uso do padrão culto é, portanto, imprescindível na redação oficial por estar acima das diferenças lexicais, morfológicas ou sintáticas, regionais; dos modismos vocabulares e das particularidades linguísticas.

▷ Recomendações:

- a língua culta é contra a pobreza de expressão e não contra a sua simplicidade;
- o uso do padrão culto não significa empregar a língua de modo rebuscado ou utilizar figuras de linguagem próprias do estilo literário;
- a consulta ao dicionário e à gramática é imperativa na redação de um bom texto.

Pode-se concluir que não existe propriamente um padrão oficial de linguagem, o que há é o uso da norma padrão nos atos e nas comunicações oficiais. É claro que haverá preferência pelo uso de determinadas expressões, ou será obedecida certa tradição no emprego das formas sintáticas, mas isso não implica, necessariamente, que se consagre a utilização de uma forma de linguagem burocrática. O jargão burocrático, como todo jargão, deve ser evitado, pois terá sempre sua compreensão limitada.

25.2 Redação das Comunicações Oficiais

25.2.1 Introdução

A redação das comunicações oficiais deve, antes de tudo, seguir os preceitos explicitados no Capítulo I, "Aspectos gerais da redação oficial". Além disso, há características específicas de cada tipo de expediente, que serão tratadas em detalhe neste capítulo. Antes de passarmos à sua análise, vejamos outros aspectos comuns a quase todas as modalidades de comunicação oficial.

25.2.2 Pronomes de tratamento

Tradicionalmente, o emprego dos pronomes de tratamento adota a segunda pessoa do plural, de maneira indireta, para referenciar atributos da pessoa à qual se dirige. Na redação oficial, é necessário atenção para o uso dos pronomes de tratamento em três momentos distintos: no endereçamento, no vocativo e no corpo do texto. No vocativo, o autor dirige-se ao destinatário no início do documento. No corpo do texto, pode-se empregar os pronomes de tratamento em sua forma abreviada ou por extenso. O endereçamento é o texto utilizado no envelope que contém a correspondência oficial.

A seguir, alguns exemplos de utilização de pronomes de tratamento no texto oficial.

Autoridade	Endereçamento	Vocativo	Tratamento no corpo do texto	Abreviatura
Presidente da República	A Sua Excelência o Senhor	Excelentíssimo Senhor Presidente da República,	Vossa Excelência	Não se usa
Presidente do Congresso Nacional	A Sua Excelência o Senhor	Excelentíssimo Senhor Presidente do Congresso Nacional,	Vossa Excelência	Não se usa
Presidente doSupremo Tribunal Federal	A Sua Excelência o Senhor	Excelentíssimo Senhor Presidente do Supremo Tribunal Federal,	Vossa Excelência	Não se usa
Vice-Presidente da República	A Sua Excelência o Senhor	Senhor Vice-Presidente da República,	Vossa Excelência	V. Exa.
Ministro deEstado	A Sua Excelência o Senhor	Senhor Ministro,	Vossa Excelência	V. Exa.
Secretário- Executivo deMinistério edemais ocupantes de cargos denatureza especial	A Sua Excelência o Senhor	Senhor Secretário- Executivo,	Vossa Excelência	V. Exa.

Autoridade	Endereçamento	Vocativo	Tratamento no corpo do texto	Abreviatura
Embaixador	A Sua Excelência o Senhor	Senhor Embaixador,	Vossa Excelência	V. Exa.
Oficial-General das Forças Armadas	A Sua Excelência o Senhor	Senhor + Posto,	Vossa Excelência	V. Exa.
Outros postos militares	Ao Senhor	Senhor + Posto,	Vossa Senhoria	V. Sa.
Senador da República	A Sua Excelência o Senhor	Senhor Senador,	Vossa Excelência	V. Exa.
Deputado Federal	A Sua Excelência o Senhor	Senhor Deputado,	Vossa Excelência	V. Exa.
Ministro do Tribunal de Contas da União	A Sua Excelência o Senhor	Senhor Ministro do Tribunal de Contas da União,	Vossa Excelência	V. Exa.
Ministro dos Tribunais Superiores	A Sua Excelência o Senhor	Senhor Ministro,	Vossa Excelência	V. Exa.

Os exemplos acima são meramente exemplificativos. A profusão de normas estabelecendo hipóteses de tratamento por meio do pronome "Vossa Excelência" para categorias específicas tornou inviável arrolar todas as hipóteses.

25.2.3 Concordância com os pronomes de tratamento

Exemplo:

Vossa Senhoria designará o assessor.

Os pronomes de tratamento apresentam certas peculiaridades quanto às concordâncias verbal, nominal e pronominal. Embora se refiram à segunda pessoa gramatical (à pessoa com quem se fala), levam a concordância para a terceira pessoa. Os pronomes Vossa Excelência ou Vossa Senhoria são utilizados para se comunicar diretamente com o receptor.

Da mesma forma, os pronomes possessivos referidos a pronomes de tratamento são sempre os da terceira pessoa.

Exemplo:

Vossa Senhoria designará seu substituto. (E não "Vossa Senhoria designará vosso substituto")

Já quanto aos adjetivos referidos a esses pronomes, o gênero gramatical deve coincidir com o sexo da pessoa a que se refere, e não com o substantivo que compõe a locução.

Exemplos:

Se o interlocutor for homem, o correto é: Vossa Excelência está atarefado.

Se o interlocutor for mulher: Vossa Excelência está atarefada.

O pronome Sua Excelência é utilizado para se fazer referência a alguma autoridade (indiretamente).

Exemplo:

A Sua Excelência o Ministro de Estado Chefe da Casa Civil (por exemplo, no endereçamento do expediente)

25.2.4 Signatário

Cargos interino e substituto

Na identificação do signatário, depois do nome do cargo, é possível utilizar os termos interino e substituto, conforme situações a seguir: interino é aquele nomeado para ocupar transitoriamente cargo público durante a vacância; substituto é aquele designado para exercer as atribuições de cargo público vago ou no caso de afastamento e impedimentos legais ou regulamentares do titular. Esses termos devem ser utilizados depois do nome do cargo, sem hífen, sem vírgula e em minúsculo.

Exemplos:

Diretor-Geral interino Secretário-Executivo substituto

Signatárias do sexo feminino

Na identificação do signatário, o cargo ocupado por pessoa do sexo feminino deve ser flexionado no gênero feminino.

Grafia de cargos compostos

Exemplos:

Ministra de Estado Secretária-Executiva interina Técnica Administrativa

Coordenadora Administrativa

- Escrevem-se com hífen:
  - cargos formados pelo adjetivo "geral": diretor-geral, relator-geral, ouvidor-geral;
  - postos e gradações da diplomacia: primeiro-secretário, segundo-secretário;
  - postos da hierarquia militar: tenente-coronel, capitão-tenente;

Atenção: nomes compostos com elemento de ligação preposicionado ficam sem hífen: general de exército, general de brigada, tenente-brigadeiro do ar, capitão de mar e guerra;

- cargos que denotam hierarquia dentro de uma empresa: diretor-presidente, diretor-adjunto, editor-chefe, editor-assistente, sócio-gerente, diretor-executivo;
- cargos formados por numerais: primeiro-ministro, primeira-dama;
- cargos formados com os prefixos "ex" ou "vice": ex-diretor, vice-coordenador.

O novo Acordo Ortográfico tornou opcional o uso de iniciais maiúsculas em palavras usadas reverencialmente, por exemplo para cargos e títulos (exemplo: o Presidente francês ou o presidente francês). Porém, em palavras com hífen, após se optar pelo uso da maiúscula ou da minúscula, deve-se manter a escolha para a grafia de todos os elementos hifenizados: pode-se escrever "Vice-Presidente" ou "vice-presidente", mas não "Vice-presidente".

25.2.5 Vocativo

O vocativo é uma invocação ao destinatário. Nas comunicações oficiais, o vocativo será sempre seguido de vírgula.

Em comunicações dirigidas aos Chefes de Poder, utiliza-se a expressão Excelentíssimo Senhor ou Excelentíssima Senhora e o cargo respectivo, seguidos de vírgula.

Exemplos:

Excelentíssimo Senhor Presidente da República,

Excelentíssimo Senhor Presidente do Congresso Nacional,

Excelentíssimo Senhor Presidente do Supremo Tribunal Federal,

As demais autoridades, mesmo aquelas tratadas por Vossa Excelência, receberão o vocativo Senhor ou Senhora seguido do cargo respectivo.

Exemplos:

Senhora Senadora, Senhor Juiz, Senhora Ministra,

Na hipótese de comunicação com particular, pode-se utilizar o vocativo Senhor ou Senhora e a forma utilizada pela instituição para referir-se ao interlocutor: beneficiário, usuário, contribuinte, eleitor etc.

Exemplos:

Senhora Beneficiária, Senhor Contribuinte,

Ainda, quando o destinatário for um particular, no vocativo, pode-se utilizar Senhor ou Senhora seguido do nome do particular ou pode-se utilizar o vocativo "Prezado Senhor" ou "Prezada Senhora".

Exemplos:

Senhora [Nome], Prezado Senhor,

Em comunicações oficiais, está abolido o uso de Digníssimo (DD) e de Ilustríssimo (Ilmo.).

Evite-se o uso de "doutor" indiscriminadamente. O tratamento por meio de Senhor confere a formalidade desejada.

O padrão ofício

Até a segunda edição deste Manual, havia três tipos de expedientes que se diferenciavam antes pela finalidade do que pela forma: o ofício, o aviso e o memorando. Com o objetivo de uniformizá-los, deve-se adotar nomenclatura e diagramação únicas, que sigam o que chamamos de padrão ofício.

▷ A distinção básica anterior entre os três era:

- aviso: era expedido exclusivamente por Ministros de Estado, para autoridades de mesma hierarquia;
- ofício: era expedido para e pelas demais autoridades; e
- memorando: era expedido entre unidades administrativas de um mesmo órgão.

Atenção: Nesta nova edição ficou abolida aquela distinção e passou-se a utilizar o termo ofício nas três hipóteses.

A seguir, será apresentada a estrutura do padrão ofício, de acordo com a ordem com que cada elemento aparece no documento oficial.

25.2.6 Partes do documento no padrão ofício

Cabeçalho

O cabeçalho é utilizado apenas na primeira página do documento, centralizado na área determinada pela formatação (ver subitem "5.2 Formatação e apresentação").

▷ No cabeçalho deverão constar os seguintes elementos:

- brasão de Armas da República2: no topo da página. Não há necessidade de ser aplicado em cores. O uso de marca da instituição deve ser evitado na correspondência oficial para não se sobrepor ao Brasão de Armas da República.
- nome do órgão principal;
- nomes dos órgãos secundários, quando necessários, da maior para a menor hierarquia; e
- espaçamento: entrelinhas simples (1,0).

Exemplo:

[Nome do órgão] [Secretaria/Diretoria]

[Departamento/Setor/Entidade]

Os dados do órgão, tais como endereço, telefone, endereço de correspondência eletrônica, sítio eletrônico oficial da instituição, podem ser informados no rodapé do documento, centralizados.

Identificação do expediente

Os documentos oficiais devem ser identificados da seguinte maneira:

- nome do documento: tipo de expediente por extenso, com todas as letras maiúsculas;
- indicação de numeração: abreviatura da palavra "número", padronizada como No;
- informações do documento: número, ano (com quatro dígitos) e siglas usuais do setor que expede o documento, da menor para a maior hierarquia, separados por barra (/); e
- alinhamento: à margem esquerda da página.

Exemplo:

OFÍCIO Nº 652/2018/SAA/SE/MT

Local e data do documento

Na grafia de datas em um documento, o conteúdo deve constar da seguinte forma:

- composição: local e data do documento;
- informação de local: nome da cidade onde foi expedido o documento, seguido de vírgula. Não se deve utilizar a sigla da unidade da federação depois do nome da cidade;
- dia do mês: em numeração ordinal se for o primeiro dia do mês e em numeração cardinal para os demais dias do mês. Não se deve utilizar zero à esquerda do número que indica o dia do mês;
- nome do mês: deve ser escrito com inicial minúscula;
- pontuação: coloca-se ponto-final depois da data; e
- alinhamento: o texto da data deve ser alinhado à margem direita da página.

Exemplo:

Brasília, 2 de fevereiro de 2018.

Endereçamento

O endereçamento é a parte do documento que informa quem receberá o expediente.

- Nele deverão constar os seguintes elementos:
  - vocativo: na forma de tratamento adequada para quem receberá o expediente (ver subitem "4.1 Pronomes de tratamento");
  - nome: nome do destinatário do expediente;
  - cargo: cargo do destinatário do expediente;
  - endereço: endereço postal de quem receberá o expediente, dividido em duas linhas:

Primeira linha: informação de localidade/logradouro do destinatário ou, no caso de ofício ao mesmo órgão, informação do setor;

Segunda linha: CEP e cidade/unidade da federação, separados por espaço simples. Na separação entre cidade e unidade da federação pode ser substituída a barra pelo ponto ou pelo travessão. No caso de ofício ao mesmo órgão, não é obrigatória a informação do CEP, podendo ficar apenas a informação da cidade/unidade da federação; e

- alinhamento: à margem esquerda da página.

O pronome de tratamento no endereçamento das comunicações dirigidas às autoridades tratadas por Vossa Excelência terá a seguinte forma: "A Sua Excelência o Senhor" ou "A Sua Excelência a Senhora".

Quando o tratamento destinado ao receptor for Vossa Senhoria, o endereçamento a ser empregado é "Ao Senhor" ou "À Senhora". Ressalte-se que não se utiliza a expressão "A Sua Senhoria o Senhor" ou "A Sua Senhoria a Senhora".

Exemplos:

A Sua Excelência o Senhor

[Nome]

Ministro de Estado da Justiça Esplanada dos Ministérios Bloco T 70064-900 Brasília/DF 70070-030 Brasília. DF Brasília — DF

À Senhora

[Nome]

Diretora de Gestão de Pessoas
SAUS Q. 3 Lote 5/6 Ed Sede I Diretoria de Material, Seção

Ao Senhor

[Nome]

Chefe da Seção de Compras I Diretoria de Material, Seção 70064-900 Brasília/DF

Assunto

O assunto deve dar uma ideia geral do que trata o documento, de forma sucinta. Ele deve ser grafado da seguinte maneira:

- título: a palavra Assunto deve anteceder a frase que define o conteúdo do documento, seguida de dois-pontos;
- descrição do assunto: a frase que descreve o conteúdo do documento deve ser escrita com inicial maiúscula, não se deve utilizar verbos e sugere-se utilizar de quatro a cinco palavras;
- destaque: todo o texto referente ao assunto, inclusive o título, deve ser destacado em negrito;
- pontuação: coloca-se ponto-final depois do assunto; e
- alinhamento: à margem esquerda da página.

Exemplos:

Assunto: Encaminhamento do Relatório de Gestão julho/2018.

Assunto: Aquisição de computadores.

Texto do documento

O texto do documento oficial deve seguir a seguinte padronização de estrutura:

- nos casos em que não seja usado para encaminhamento de documentos, o expediente deve conter a seguinte estrutura:
  - introdução: em que é apresentado o objetivo da comunicação. Evite o uso das formas: Tenho a honra de, Tenho o prazer de, Cumpre-me informar que. Prefira empregar a forma direta: Informo, Solicito, Comunico;
  - desenvolvimento: em que o assunto é detalhado; se o texto contiver mais de uma ideia sobre o assunto, elas devem ser tratadas em parágrafos distintos, o que confere maior clareza à exposição; e
  - conclusão: em que é afirmada a posição sobre o assunto.
- quando forem usados para encaminhamento de documentos, a estrutura é modificada:
  - introdução: deve iniciar com referência ao expediente que solicitou o encaminhamento. Se a remessa do documento não tiver sido solicitada, deve iniciar com a informação do motivo da comunicação, que é encaminhar, indicando a seguir os dados completos do documento encaminhado (tipo, data, origem ou signatário e assunto de que se trata) e a razão pela qual está sendo encaminhado; e

    Exemplos:

    Em resposta ao Ofício nº 12, de 1º de fevereiro de 2018, encaminho cópia do Ofício nº 34, de 3 de abril de 2018, da Coordenação-Geral de Gestão de Pessoas, que trata da requisição do servidor Fulano de Tal.

    Encaminho, para exame e pronunciamento, cópia do Ofício nº 12, de 1º de fevereiro de 2018, do Presidente da Confederação Nacional da Indústria, a respeito de projeto de modernização de técnicas agrícolas na região Nordeste.
  - desenvolvimento: se o autor da comunicação desejar fazer algum comentário a respeito do documento que encaminha, poderá acrescentar parágrafos de desenvolvimento. Caso contrário, não há parágrafos de desenvolvimento em expediente usado para encaminhamento de documentos.
- tanto na estrutura I quanto na estrutura II, o texto do documento deve ser formatado da seguinte maneira:
  - alinhamento: justificado;
  - espaçamento entre linhas: simples;
  - parágrafos:

    i espaçamento entre parágrafos: de 6 pontos após cada parágrafo;
    ii recuo de parágrafo: 2,5 cm de distância da margem esquerda;

    iii numeração dos parágrafos: apenas quando o documento tiver três ou mais parágrafos, desde o primeiro parágrafo. Não se numeram o vocativo e o fecho;
  - fonte: Calibri ou Carlito;

    corpo do texto: tamanho 12 pontos;

    citações recuadas: tamanho 11 pontos; e iii notas de Rodapé: tamanho 10 pontos;
  - símbolos: para símbolos não existentes nas fontes indicadas, pode-se utilizar as fontes

    Symbol e Wingdings;

Fechos para comunicações

O fecho das comunicações oficiais objetiva, além da finalidade óbvia de arrematar o texto, saudar o destinatário. Os modelos para fecho anteriormente utilizados foram regulados pela Portaria nº 1, de 1937, do Ministério da Justiça, que estabelecia quinze padrões.

Com o objetivo de simplificá-los e uniformizá-los, este Manual estabelece o emprego de somente dois fechos diferentes para todas as modalidades de comunicação oficial:

- Para autoridades de hierarquia superior a do remetente, inclusive o Presidente da República:

  Respeitosamente,

- Para autoridades de mesma hierarquia, de hierarquia inferior ou demais casos:

  Atenciosamente,

Ficam excluídas dessa fórmula as comunicações dirigidas a autoridades estrangeiras, que atendem a rito e tradição próprios.

O fecho da comunicação deve ser formatado da seguinte maneira:

- alinhamento: alinhado à margem esquerda da página;
- recuo de parágrafo: 2,5 cm de distância da margem esquerda;
- espaçamento entre linhas: simples;
- espaçamento entre parágrafos: de 6 pontos após cada parágrafo; e
- não deve ser numerado.

Identificação do signatário

Excluídas as comunicações assinadas pelo Presidente da República, todas as demais comunicações oficiais devem informar o signatário segundo o padrão:

- nome: nome da autoridade que as expede, grafado em letras maiúsculas, sem negrito. Não se usa linha acima do nome do signatário;
- cargo: cargo da autoridade que expede o documento, redigido apenas com as iniciais maiúsculas. As preposições que liguem as palavras do cargo devem ser grafadas em minúsculas; e
- alinhamento: a identificação do signatário deve ser centralizada na página.

Para evitar equívocos, recomenda-se não deixar a assinatura em página isolada do expediente. Transfira para essa página ao menos a última frase anterior ao fecho.

Exemplo:

(espaço para assinatura)

NOME

Ministro de Estado Chefe da Casa Civil da Presidência da República

(espaço para assinatura)

NOME

Coordenador-Geral de Gestão de Pessoas

Numeração das páginas

A numeração das páginas é obrigatória apenas a partir da segunda página da comunicação.

Ela deve ser centralizada na página e obedecer à seguinte formatação:

- posição: no rodapé do documento, dentro da área de 2 cm da margem inferior; e
- fonte: Calibri ou Carlito.

Formatação e apresentação

Os documentos do padrão ofício devem obedecer à seguinte formatação:

- tamanho do papel: A4 (29,7 cm x 21,0 cm);
- margem lateral esquerda: no mínimo, 3 cm de largura;
- margem lateral direita: 1,5 cm;
- margens superior e inferior: 2 cm;
- área de cabeçalho: na primeira página, 5 cm a partir da borda superior do papel;
- área de rodapé: nos 2 cm da margem inferior do documento;
- impressão: na correspondência oficial, a impressão pode ocorrer em ambas as faces do papel. Nesse caso, as margens esquerda e direita terão as distâncias invertidas nas páginas pares (margem espelho);
- cores: os textos devem ser impressos na cor preta em papel branco, reservando-se, se necessário, a impressão colorida para gráficos e ilustrações;
- destaques: para destaques deve-se utilizar, sem abuso, o negrito. Deve-se evitar destaques com uso de itálico, sublinhado, letras maiúsculas, sombreado, sombra, relevo, bordas ou qualquer outra forma de formatação que afete a sobriedade e a padronização do documento;
- palavras estrangeiras: palavras estrangeiras devem ser grafadas em itálico;
- arquivamento: dentro do possível, todos os documentos elaborados devem ter o arquivo de texto preservado para consulta posterior ou aproveitamento de trechos para casos análogos. Deve ser utilizado, preferencialmente, formato de arquivo que possa ser lido e editado pela maioria dos editores de texto utilizados no serviço público, tais como DOCX, ODT ou RTF.
- nome do arquivo: para facilitar a localização, os nomes dos arquivos devem ser formados da seguinte maneira:
- tipo do documento + número do documento + ano do documento (com 4 dígitos) + palavras-chaves do conteúdo

  Exemplo:

  Ofício 123_2018_relatório produtividade anual

  Seguem exemplos de Ofício:

2 cm

5 cm

Presidência da República

Casa Civil

Subchefia para Assuntos Jurídicos

OFÍCIO Nº 197/2022/SAJ/CC

Brasília, 8 de agosto de 2022. 1,5cm

Ao Senhor
[Nome]
Chefe de Gabinete Ministério dos Transportes
Esplanada dos Ministérios, Bloco R
70044-902 - Brasília/DF

29,7 cm

Assunto: Apresentação de novas funcionalidades do Sidof – Módulo I.

Senhor Chefe de Gabinete,

3 cm 2,5 cm

1. A Subchefia para Assuntos Jurídicos da Casa Civil da Presidência da República aprimo rou o Sistema de Geração e Tramitação de Documentos Oficiais – Sidof, com a inserção de novas funcionalidades. Os novos recursos do sistema serão apresentados aos servidores em módulos organizados por esta Subchefia.

2. Convido os servidores do [nome do Ministério] para assistir à apresentação do primeiro módulo, a ser realizada em 10 de setembro de 2022, às 9h30, no Auditório desta Subchefia.

3. Para assegurar o credenciamento, solicito a esse órgão a indicação dos servidores que trabalham com o Sidof, até 28 de agosto de 2022, por meio do endereço eletrônico [endereço eletrônico]:

a) nome completo do servidor;

b) número de Cadastro de Pessoa Física;

c) *e-mail* institucional, unidade/órgão em que atua; e

d) *login* no Sidof (caso esteja cadastrado no Sistema).

21.0 cm

2 cm

4. Caso o servidor ainda não esteja cadastrado no Sistema, será necessário o envio de autorização da chefia imediata. O envio das informações solicitadas supracitadas é fundamental para garantir a inscrição do servidor no evento.

Atensiosamente,

(espaço para assinatura)

[NOME DO SIGNATÁRIO]
[Cargo do signatário]

2

[Endereço] – Telefone: (xx) xxxx-xxxx
CEP 00000-000 Cidade/UF – http://www.xxxxxxxxxxxxxxxxxxxx.gov.br

2 cm

29,7 cm

21,0 cm

2 cm

5 cm

1,5 cm

[Nome do Ministério]
[Secretaria/Diretoria]
[Departamento/Setor/Entidade]

OFÍCIO Nº 10.457/2022/MDH

Brasília, 3 de março de 2022.

A Sua Excelência o Senhor [Nome]
Ministro de Estado
Esplanada dos Ministérios, Bloco X 70064-900 - Brasília/DF

3 cm

29,7 cm

Assunto: Debates sobre o Plano Nacional da Pessoa com Deficiência.

Senhor Ministro,

2,5 cm

Convido Vossa Excelência a participar do lançamento do Ciclo de Debates sobre a Execução do Plano Nacional da Pessoa com Deficiência, a ser realizado em 15 de março de 2022, às 9 horas, no Auditório da Escola Nacional de Administração Pública (Enap), no Setor de Áreas Isoladas Sul, em Brasília/DF.

O debate inicial faz parte de uma sequência de cinco encontros, com o objetivo de acompanhar o desenvolvimento das diversas ações contidas no referido Plano.

Atenciosamente,

(espaço para assinatura)

[NOME DO SIGNATÁRIO]
[Ministro de Estado]

21,0 cm

2 cm

5 cm

[Nome do órgão]

[Secretaria/Departamento]

[Setor/Entidade]

OFÍCIO Nº 257/2022/CODOC/CC

Brasília, 3 de março de 2022

À Senhora
[Nome]
Diretora de Tecnologia da Presidência da República
Palácio do Planalto, Anexo II, Ala B, sala 100
Brasília/DF

29,7 cm

Senhora Diretora,

1,5 cm

2,5 cm

3 cm

Solicito a criação de software para mensurar os índices de produtividade no âmbito desta Coordenação-Geral, de modo a disponibilizar informações gerenciais completas para todos os cadastros, como dados quantitativos de tempo de entrada e conclusão de tarefas, por usuário, por equipe, por tipo de ato, além de dados quantitativos e gráficos referentes às tarefas atribuídas e concluídas por usuário em determinado período de tempo e outras informações que possibilitem a produção de relatórios gerenciais, conforme especificação completa em anexo.

Respeitosamente,

(espaço para assinatura)

[NOME DO SIGNATÁRIO]

[Cargo do Signatário]

Mín. 2 cm

21,0 cm

25.2.7 Tipos de documentos

Variações dos documentos oficiais

Os documentos oficiais podem ser identificados de acordo com algumas possíveis variações:

- [NOME DO EXPEDIENTE] + CIRCULAR: Quando um órgão envia o mesmo expediente para mais de um órgão receptor. A sigla na epígrafe será apenas do órgão remetente.
- [NOME DO EXPEDIENTE] + CONJUNTO: Quando mais de um órgão envia, conjuntamente, o mesmo expediente para um único órgão receptor. As siglas dos órgãos remetentes constarão na epígrafe.
- [NOME DO EXPEDIENTE] + CONJUNTO CIRCULAR: Quando mais de um órgão envia, conjuntamente, o mesmo expediente para mais de um órgão receptor. As siglas dos órgãos remetentes constarão na epígrafe.

Exemplos:

OFÍCIO CIRCULAR Nº 652/2018/MEC

OFÍCIO CONJUNTO Nº 368/2018/SECEX/SAJ

OFÍCIO CONJUNTO CIRCULAR Nº 795/2018/CC/MJ/MRE

Nos expedientes circulares, por haver mais de um receptor, o órgão remetente poderá inserir no rodapé as siglas ou nomes dos órgãos que receberão o expediente.

Exposição de Motivos

Definição e finalidade

Exposição de motivos (EM) é o expediente dirigido ao Presidente da República ou ao Vice- Presidente para:

- propor alguma medida;
- submeter projeto de ato normativo à sua consideração; ou
- informá-lo de determinado assunto.

A exposição de motivos é dirigida ao Presidente da República por um Ministro de Estado. Nos casos em que o assunto tratado envolva mais de um ministério, a exposição de motivos será assinada por todos os ministros envolvidos, sendo, por essa razão, chamada de interministerial.

Independentemente de ser uma EM com apenas um autor ou uma EM interministerial, a sequência numérica das exposições de motivos é única. A numeração começa e termina dentro de um mesmo ano civil.

Forma e estrutura

As exposições de motivos devem, obrigatoriamente:

- apontar, na introdução: o problema que demanda a adoção da medida ou do ato normativo proposto; ou informar ao Presidente da República algum assunto;
- indicar, no desenvolvimento: a razão de aquela medida ou de aquele ato normativo ser o ideal para se solucionar o problema e as eventuais alternativas existentes para equacioná-lo; ou fornecer mais detalhes sobre o assunto informado, quando for esse o caso; e
- na conclusão: novamente, propor a medida a ser tomada ou o ato normativo a ser editado para solucionar o problema; ou apresentar as considerações finais no caso de EMs apenas informativas.

As Exposições de Motivos que encaminham proposições normativas devem seguir o prescrito no Decreto nº 9.191, de 1º de novembro de 2017. Em síntese, elas devem ser instruídas com parecer jurídico e parecer de mérito que permitam a adequada avaliação da proposta.

O atendimento dos requisitos do Decreto nº 9.191, de 2017, nas exposições de motivos que proponham a edição de ato normativo, tem como propósito:

- permitir a adequada reflexão sobre o problema que se busca resolver;
- ensejar avaliação das diversas causas do problema e dos efeitos que podem ter a adoção da medida ou a edição do ato, em consonância com as questões que devem ser analisadas na elaboração de proposições normativas no âmbito do Poder Executivo;
- conferir transparência aos atos propostos;
- resumir os principais aspectos da proposta; e
- evitar a devolução a proposta de ato normativo para complementação ou reformulação da proposta.

A exposição de motivos é a principal modalidade de comunicação dirigida ao Presidente da República pelos ministros. Além disso, pode, em certos casos, ser encaminhada cópia ao Congresso Nacional ou ao Poder Judiciário.

Exemplo de exposição de motivos:

2 cm

5 cm

EM nº 38/2022/MTB/MS

1,5 cm

Brasília, 6 de novembro de 2022.

Excelentíssimo Senhor Presidente da República,

2,5 cm

3 cm

1. Submetemos à consideração de Vossa Excelência a proposta de Medida Provisória que tem por objetivo de efetivar as operações de financiamento destinadas a entidades hospitalares filantrópicas e sem fins lucrativos que participem de forma complementar do Sistema Único de Saúde (SUS).

2. A Medida Provisória nº 848, de 16 de agosto de 2018, autorizou o Fundo de Garantia do Tempo de Serviço (FGTS) a realizar operações de crédito destinadas às entidades hospitalares filantrópicas e sem fins lucrativos que participem de forma complementar do SUS.

3. No entanto, em discussões no âmbito do Conselho Curador do FGTS foi observada a falta de previsão legal para determinar quem seria o órgão do Poder Executivo federal que deveria regulamentar, acompanhar a execução, subisidiar o Conselho Curador com estudos técnicos necessários ao seu aprimoramento operacional e definir as metas a serem alcançadas nas operações de crédito destinadas às entidades hospitalares filantrópicas e sem fins lucrativos que participem de forma complementar do SUS.

4. Com efeito, a disposição sobre a necessidade de autorização do órgão de educação responsável para o fechamento de escolas do campo, exigindo-se diagnóstico sobre o impacto da ação e manifestação da comunidade escolar, visa a assegurar o acesso da população rural à educação, sem ferir a autonomia dos entes federativos.

29,7 cm

21,0 cm

2 cm

5. O presente Projeto de Lei representa medida importante para institucionalizar instrumentos de gestão voltados para a melhoria da qualidade da educação básica das populações do campo.

6. Essas, Excelentíssimo Senhor Presidente, são as razões que justificam o encaminhamento da presente proposta de ato normativo à consideração de Vossa Excelência.

Respeitosamente,

(espaço para assinatura)

[NOME DO SIGNATÁRIO]
[Ministro de Estado]

29,7 cm

2

2 cm

21.0 cm

Sistema de Geração e Tramitação de Documentos Oficiais (Sidof)

O Sistema de Geração e Tramitação de Documentos Oficiais (Sidof) é a ferramenta eletrônica utilizada para a elaboração, a redação, a alteração, o controle, a tramitação, a administração e a gerência das exposições de motivos com as propostas de atos a serem encaminhadas pelos Ministérios à Presidência da República.

Ao se utilizar o Sidof, a assinatura, o nome e o cargo do signatário, apresentados no exemplo do item 6.2.2, são substituídos pela assinatura eletrônica que informa o nome do ministro que assinou a exposição de motivos e do consultor jurídico que assinou o parecer jurídico da Pasta.

Mensagem

Definição e finalidade

A Mensagem é o instrumento de comunicação oficial entre os Chefes dos Poderes Públicos, notadamente as mensagens enviadas pelo Chefe do Poder Executivo ao Poder Legislativo para informar sobre fato da administração pública; para expor o plano de governo por ocasião da abertura de sessão legislativa; para submeter ao Congresso Nacional matérias que dependem de deliberação de suas Casas; para apresentar veto; enfim, fazer comunicações do que seja de interesse dos Poderes Públicos e da Nação.

Minuta de mensagem pode ser encaminhada pelos ministérios à Presidência da República, a cujas assessorias caberá a redação final.

As mensagens mais usuais do Poder Executivo ao Congresso Nacional têm as seguintes finalidades:

- Encaminhamento de proposta de emenda constitucional, de projeto de lei ordinária, de projeto de lei complementar e os que compreendem plano plurianual, diretrizes orçamentárias, orçamentos anuais e créditos adicionais:

Os projetos de lei ordinária ou complementar são enviados em regime normal (Constituição, art. 61) ou de urgência (Constituição, art. 64, §§ 1º a 4º). O projeto pode ser encaminhado sob o regime normal e, mais tarde, ser objeto de nova mensagem, com solicitação de urgência.

Em ambos os casos, a mensagem se dirige aos membros do Congresso Nacional, mas é encaminhada com ofício do Ministro de Estado Chefe da Casa Civil da Presidência da República ao Primeiro-Secretário da Câmara dos Deputados, para que tenha início sua tramitação (Constituição, art. 64, caput).

Quanto aos projetos de lei que compreendem plano plurianual, diretrizes orçamentárias, orçamentos anuais e créditos adicionais, as mensagens de encaminhamento dirigem-se aos membros do Congresso Nacional, e os respectivos ofícios são endereçados ao Primeiro-Secretário do Senado Federal. A razão é que o art. 166 da Constituição impõe a deliberação congressual em sessão conjunta, mais precisamente, "na forma do regimento comum". E, à frente da Mesa do Congresso Nacional, está o Presidente do Senado Federal (Constituição, art. 57, § 5º), que comanda as sessões conjuntas.

- Encaminhamento de medida provisória:

Para dar cumprimento ao disposto no art. 62 da Constituição, o Presidente da República encaminha Mensagem ao Congresso, dirigida a seus Membros, com ofício para o Primeiro- Secretário do Senado Federal, juntando cópia da medida provisória.

- Indicação de autoridades:

As mensagens que submetem ao Senado Federal a indicação de pessoas para ocuparem determinados cargos (magistrados dos tribunais superiores, ministros do Tribunal de Contas da União, presidentes e diretores do Banco Central, Procurador-Geral da República, chefes de missão diplomática, diretores e conselheiros de agências etc.) têm em vista que a Constituição, incisos III e IV do caput do art. 52, atribui àquela Casa do Congresso Nacional competência privativa para aprovar a indicação.

O curriculum vitae do indicado, assinado, com a informação do número de Cadastro de Pessoa Física, acompanha a mensagem.

- Pedido de autorização para o Presidente ou o Vice-Presidente da República se ausentarem do país por mais de 15 dias:

Trata-se de exigência constitucional (Constituição, art. 49, caput, inciso III e art. 83), e a autorização é da competência privativa do Congresso Nacional. O Presidente da República, tradicionalmente, por cortesia, quando a ausência é por prazo inferior a 15 dias, faz uma comunicação a cada Casa do Congresso, enviando-lhes mensagens idênticas.

- Encaminhamento de atos de concessão e de renovação de concessão de emissoras de rádio e TV:

A obrigação de submeter tais atos à apreciação do Congresso Nacional consta no inciso XII do caput do art. 49 da Constituição. Somente produzirão efeitos legais a outorga ou a renovação da concessão após deliberação do Congresso Nacional (Constituição, art. 223, § 3º). Descabe pedir na mensagem a urgência prevista na Constituição, art. 64, uma vez que o § 1º do art. 223 já define o prazo da tramitação. Além do ato de outorga ou renovação, acompanha a mensagem o correspondente processo administrativo.

- Encaminhamento das contas referentes ao exercício anterior:

O Presidente da República tem o prazo de 60 dias após a abertura da sessão legislativa para enviar ao Congresso Nacional as contas referentes ao exercício anterior (Constituição, art. 84, caput, inciso XXIV), para exame e parecer da Comissão Mista permanente (Constituição, art. 166,

> *§ 1º, sob pena de a Câmara dos Deputados realizar a tomada de contas (Constituição, art. 51, caput, inciso II) em procedimento disciplinado no art. 215 do seu Regimento Interno.*

- Mensagem de abertura da sessão legislativa:

Deve conter o plano de governo, exposição sobre a situação do País e a solicitação de providências que julgar necessárias (Constituição, art. 84, inciso XI). O portador da mensagem é o Chefe da Casa Civil da Presidência da República. Esta mensagem difere das demais, porque vai encadernada e é distribuída a todos os congressistas em forma de livro.

- Comunicação de sanção (com restituição de autógrafos):

Esta mensagem é dirigida aos Membros do Congresso Nacional, encaminhada por ofício ao Primeiro-Secretário da Casa onde se originaram os autógrafos. Nela se informa o número que tomou a lei e se restituem dois exemplares dos três autógrafos recebidos, nos quais o Presidente da República terá aposto o despacho de sanção.

- Comunicação de veto:

Dirigida ao Presidente do Senado Federal (Constituição, art. 66, § 1º), a mensagem informa sobre a decisão de vetar, se o veto é parcial, quais as disposições vetadas, e as razões do veto. Seu texto é publicado na íntegra no Diário Oficial da União, ao contrário das demais mensagens, cuja publicação se restringe à notícia do seu envio ao Poder Legislativo.

▷ Outras mensagens remetidas ao Legislativo:

- Apreciação de intervenção federal (Constituição, art. 36, § 2º).
- Encaminhamento de atos internacionais que acarretam encargos ou compromissos gravosos (Constituição, art. 49, caput, inciso I);
- Pedido de estabelecimento de alíquotas aplicáveis às operações e prestações interestaduais e de exportação (Constituição, art. 155, § 2º, inciso IV);
- Proposta de fixação de limites globais para o montante da dívida consolidada (Constituição, art. 52, caput, inciso VI);
- Pedido de autorização para operações financeiras externas (Constituição, art. 52, caput, inciso V);
- Convocação extraordinária do Congresso Nacional (Constituição, art. 57, § 6º);
- Pedido de autorização para exonerar o Procurador-Geral da República (Constituição, art. 52, inciso XI, e art. 128, § 2º);
- Pedido de autorização para declarar guerra e decretar mobilização nacional (Constituição, art. 84, inciso XIX);
- Pedido de autorização ou referendo para celebrar a paz (Constituição, art. 84, inciso XX);
- Justificativa para decretação do estado de defesa ou de sua prorrogação (Constituição, art. 136, § 4º);
- Pedido de autorização para decretar o estado de sítio (Constituição, art. 137);
- Relato das medidas praticadas na vigência do estado de sítio ou de defesa (Constituição, art. 141, parágrafo único);
- Proposta de modificação de projetos de leis que compreendem plano plurianual, diretrizes orçamentárias, orçamentos anuais e créditos adicionais (Constituição, art. 166, § 5º);
- Pedido de autorização para utilizar recursos que ficarem sem despesas correspondentes, em decorrência de veto, emenda ou rejeição do projeto de lei orçamentária anual (Constituição, art. 166, § 8º);
- Pedido de autorização para alienar ou conceder terras públicas com área superior a 2.500 ha (Constituição, art. 188, § 1º).

Forma e estrutura

As mensagens contêm:

- brasão: timbre em relevo branco
- identificação do expediente: MENSAGEM No, alinhada à margem esquerda, no início do texto;
- vocativo: alinhado à margem esquerda, de acordo com o pronome de tratamento e o cargo do destinatário, com o recuo de parágrafo dado ao texto;
- texto: iniciado a 2 cm do vocativo; e
- local e data: posicionados a 2 cm do final do texto, alinhados à margem direita.

A mensagem, como os demais atos assinados pelo Presidente da República, não traz identificação de seu signatário.

Exemplo de mensagem:

2 cm

5 cm

MENSAGEM Nº 13

4 cm

3 cm 2,5 cm

Senhores Membros do Senado Federal,

2 cm

Nos termos do art. 6º da Lei nº 9.069, de 29 de junho de 1995, encaminho a Vossas Excelências a Programação Monetária, de conformidade com a inclusa Exposição de Motivos do Banco Central do Brasil, destinada à Comissão de Assuntos Econômicos dessa Casa.

1,5 cm

2 cm

Brasília, 8 de janeiro de 2022.

2 cm

29,7 cm

21,0 cm

Correio eletrônico (e-mail)

Definição e finalidade

A utilização do e-mail para a comunicação tornou-se prática comum, não só em âmbito privado, mas também na administração pública. O termo e-mail pode ser empregado com três sentidos. Dependendo do contexto, pode significar gênero textual, endereço eletrônico ou sistema de transmissão de mensagem eletrônica.

Como gênero textual, o e-mail pode ser considerado um documento oficial, assim como o ofício e o memorando. Portanto, deve-se evitar o uso de linguagem incompatível com uma comunicação oficial.

Como endereço eletrônico utilizado pelos servidores públicos, o e-mail deve ser oficial, utilizando-se a extensão ".gov.br", por exemplo.

Como sistema de transmissão de mensagens eletrônicas, por seu baixo custo e celeridade, transformou-se na principal forma de envio e recebimento de documentos na administração pública.

Valor documental

Nos termos da Medida Provisória nº 2.200-2, de 24 de agosto de 2001, para que o e-mail tenha valor documental, isto é, para que possa ser aceito como documento original, é necessário existir certificação digital que ateste a identidade do remetente, segundo os parâmetros de integridade, autenticidade e validade jurídica da Infraestrutura de Chaves Públicas Brasileira – ICP- Brasil.

O destinatário poderá reconhecer como válido o e-mail sem certificação digital ou com certificação digital fora ICP-Brasil; contudo, caso haja questionamento, será obrigatório a repetição do ato por meio documento físico assinado ou por meio eletrônico reconhecido pela ICP-Brasil.

Salvo lei específica, não é dado ao ente público impor a aceitação de documento eletrônico que não atenda os parâmetros da ICP-Brasil.

Forma e estrutura

Um dos atrativos de comunicação por correio eletrônico é sua flexibilidade. Assim, não interessa definir padronização da mensagem comunicada. No entanto, devem-se observar algumas orientações quanto à sua estrutura.

Campo "Assunto"

O assunto deve ser o mais claro e específico possível, relacionado ao conteúdo global da mensagem. Assim, quem irá receber a mensagem identificará rapidamente do que se trata; quem a envia poderá, posteriormente, localizar a mensagem na caixa do correio eletrônico.

Deve-se assegurar que o assunto reflita claramente o conteúdo completo da mensagem para que não pareça, ao receptor, que se trata de mensagem não solicitada/lixo eletrônico. Em vez de "Reunião", um assunto mais preciso seria "Agendamento de reunião sobre a Reforma da Previdência".

Local e data

São desnecessários no corpo da mensagem, uma vez que o próprio sistema apresenta essa informação.

Saudação inicial/vocativo

Exemplos:

Senhor Coordenador, Prezada Senhora,

O texto dos correios eletrônicos deve ser iniciado por uma saudação. Quando endereçado para outras instituições, para receptores desconhecidos ou para particulares, deve-se utilizar o vocativo conforme os demais documentos oficiais, ou seja, "Senhor" ou "Senhora", seguido do cargo respectivo, ou "Prezado Senhor", "Prezada Senhora".

Fecho

Atenciosamente é o fecho padrão em comunicações oficiais. Com o uso do e-mail, popularizou-se o uso de abreviações como "Att.", e de outros fechos, como "Abraços", "Saudações", que, apesar de amplamente usados, não são fechos oficiais e, portanto, não devem ser utilizados em e-mails profissionais.

O correio eletrônico, em algumas situações, aceita uma saudação inicial e um fecho menos formais. No entanto, a linguagem do texto dos correios eletrônicos deve ser formal, como a que se usaria em qualquer outro documento oficial.

Bloco de texto da assinatura

Sugere-se que todas as instituições da administração pública adotem um padrão de texto de assinatura. A assinatura do e-mail deve conter o nome completo, o cargo, a unidade, o órgão e o telefone do remetente.

Exemplo:

Maria da Silva

Assessora

Subchefia para Assuntos Jurídicos da Casa Civil

(61)XXXX-XXXX

Anexos

A possibilidade de anexar documentos, planilhas e imagens de diversos formatos é uma das vantagens do e-mail. A mensagem que encaminha algum arquivo deve trazer informações mínimas sobre o conteúdo do anexo.

Antes de enviar um anexo, é preciso avaliar se ele é realmente indispensável e se seria possível colocá-lo no corpo do correio eletrônico.

Deve-se evitar o tamanho excessivo e o reencaminhamento de anexos nas mensagens de resposta.

Os arquivos anexados devem estar em formatos usuais e que apresentem poucos riscos de segurança. Quando se tratar de documento ainda em discussão, os arquivos devem, necessariamente, ser enviados, em formato que possa ser editado.

Recomendações

- Sempre que necessário, deve-se utilizar recurso de confirmação de leitura. Caso não esteja disponível, deve constar da mensagem pedido de confirmação de recebimento;
- Apesar da imensa lista de fontes disponíveis nos computadores, mantêm-se a recomendação de tipo de fonte, tamanho e cor dos documentos oficiais: Calibri ou Carlito, tamanho 12, cor preta;
- Fundo ou papéis de parede eletrônicos não devem ser utilizados, pois não são apropriados para mensagens profissionais, além de sobrecarregar o tamanho da mensagem eletrônica;
- A mensagem do correio eletrônico deve ser revisada com o mesmo cuidado com que se revisam outros documentos oficiais;
- O texto profissional dispensa manifestações emocionais. Por isso, ícones e emoticons não devem ser utilizados;
- Os textos das mensagens eletrônicas não podem ser redigidos com abreviações como "vc", "pq", usuais das conversas na internet, ou neologismos, como "naum", "eh", "aki";
- Não se deve utilizar texto em caixa alta para destaques de palavras ou trechos da mensagem pois denota agressividade de parte do emissor da comunicação.
- Evite-se o uso de imagens no corpo do e-mail, inclusive das Armas da República Federativa do Brasil e de logotipos do ente público junto ao texto da assinatura.
- Não devem ser remetidas mensagem com tamanho total que possa exceder a capacidade do servidor do destinatário.

NOÇÕES DE DIREITO CIVIL

1 PERSONALIDADE E CAPACIDADE

O Código Civil disciplina as relações jurídicas privadas que nascem da vida em sociedade e se formam entre pessoas, não entre pessoas e animais ou entre pessoas e coisas. São as relações sociais, de pessoa a pessoa, física ou jurídica, que produzem efeitos no âmbito do direito.

A Parte Geral contém três livros. O primeiro sobre as pessoas naturais e jurídicas, como sujeitos da relação jurídica; o segundo, relativo aos bens, como objeto do direito, em torno dos quais se formam as diversas relações jurídicas; e o terceiro, a respeito dos fatos jurídicos, que estimulam o relacionamento humano e permitem criar, modificar ou extinguir direitos.

O Código Civil de 2002 cuida, no Livro I da Parte Geral, concernente às pessoas, em três títulos, das pessoas naturais, das pessoas jurídicas e do domicílio. O título das pessoas naturais, por sua vez, divide-se em três capítulos, respectivamente sobre a personalidade e a capacidade, os direitos da personalidade e a ausência. A inserção de um capítulo novo acerca dos direitos da personalidade constitui relevante inovação, em face da importância e da atualidade do tema. A disciplina da ausência foi deslocada do direito de família, em que se encontrava no Código de 1916, para a Parte Geral do novo diploma, em que encontra sua sede natural.

1.1 Personalidade jurídica

O conceito de personalidade está umbilicalmente ligado ao de pessoa. Todo aquele que nasce com vida torna-se uma pessoa, ou seja, adquire personalidade. Esta é, portanto, qualidade ou atributo do ser humano. Pode ser definida como aptidão genérica para adquirir direitos e contrair obrigações ou deveres na ordem civil. É pressuposto para a inserção e atuação da pessoa na ordem jurídica.

A personalidade é, portanto, o conceito básico da ordem jurídica, que a estende a todos os homens, consagrando, na legislação civil e nos direitos constitucionais de vida, liberdade e igualdade. É qualidade jurídica que se revela como condição preliminar de todos os direitos e deveres.

1.2 Capacidade jurídica e legitimação

O art. 1º do novo Código entrosa o conceito de capacidade com o de personalidade, ao declarar que toda "pessoa é capaz de direitos e deveres na ordem civil". Afirmar que o homem tem personalidade é o mesmo que dizer que ele tem capacidade para ser titular de direitos.

Pode-se falar que a capacidade é a medida da personalidade, pois para uns ela é plena e, para outros, limitada. A que todos têm, e adquirem ao nascer com vida, é a capacidade de direito ou de gozo, também denominada capacidade de aquisição de direitos. Essa espécie de capacidade é reconhecida a todo ser humano, sem qualquer distinção. Estende-se aos privados de discernimento e aos infantes em geral, independentemente de seu grau de desenvolvimento mental. Podem estes, assim, herdar bens deixados por seus pais, receber doações etc.

Personalidade e capacidade completam-se: de nada valeria a personalidade sem a capacidade jurídica, que se ajusta assim ao conteúdo da personalidade, na mesma e certa medida em que a utilização do direito integra a ideia de ser alguém titular dele. Com este sentido genérico não há restrições à capacidade, porque todo direito se materializa na efetivação ou está apto a concretizar-se. A privação total de capacidade implicaria a frustração da personalidade: se ao homem, como sujeito de direito, fosse negada a capacidade genérica para adquiri-lo, a consequência seria o seu aniquilamento no mundo jurídico. Só não há capacidade de aquisição de direitos onde falta personalidade, como no caso do nascituro, por exemplo.

Nem todas as pessoas têm, contudo, a capacidade de fato, também denominada capacidade de exercício ou de ação, que é a aptidão para exercer, por si só, os atos da vida civil, por faltarem a certas pessoas alguns requisitos materiais, como maioridade, saúde, desenvolvimento mental etc.

Quem possui as duas espécies de capacidade tem capacidade plena. Quem só ostenta a de direito, tem capacidade limitada e necessita de outra pessoa que substitua ou complete a sua vontade. São, por isso, chamados de "incapazes".

1.3 Pessoa natural

> ***Art. 1º*** *Toda pessoa é capaz de direitos e deveres na ordem civil.*

A nomenclatura "pessoa natural" revela-se, assim, a mais adequada, como reconhece a doutrina em geral, por designar o ser humano tal como ele é, com todos os predicados que integram a sua individualidade. Pessoa natural é o ser humano considerado como sujeito de direitos e obrigações.

Para qualquer pessoa ser assim designada, basta nascer com vida e, desse modo, adquirir personalidade.

Prescreve o art. 2º do Código Civil:

> *A personalidade civil da pessoa começa do nascimento com vida; mas a lei põe a salvo, desde a concepção, os direitos do nascituro.*

De acordo com o sistema adotado, tem-se o nascimento com vida como o marco inicial da personalidade. Respeitam-se, porém, os direitos do nascituro, desde a concepção, pois desde esse momento já começa a formação do novo ser.

1.4 Pessoa jurídica

O direito não podia ignorar essas unidades coletivas, criadas pela evolução histórica ou pela vontade dos homens, e passou então a discipliná-las, para que possam participar da vida jurídica como sujeitos de direitos, a exemplo das pessoas naturais, dotando-as, para esse fim, de personalidade própria.

A razão de ser, portanto, da pessoa jurídica está na necessidade ou conveniência de os indivíduos unirem esforços e utilizarem recursos coletivos para a realização de objetivos comuns, que transcendem as possibilidades individuais. Essa constatação motivou a organização de pessoas e bens, com o reconhecimento do direito, que atribui personalidade ao grupo, distinta da de cada um de seus membros, passando este a atuar na vida jurídica com personalidade própria.

A necessária individualização, com efeito, só se efetiva se a ordem jurídica atribui personalidade ao grupo, permitindo que atue em nome próprio, com capacidade jurídica igual à das pessoas naturais. Surge, assim, a necessidade de personalizar o grupo, para que possa proceder como uma unidade, participando do comércio jurídico com individualidade.

A pessoa jurídica é, portanto, proveniente desse fenômeno histórico e social. Consiste num conjunto de pessoas ou de bens, dotado de personalidade jurídica própria e constituído na forma da lei, para a consecução de fins comuns. Pode-se afirmar, pois, que pessoas jurídicas são entidades a que a lei confere personalidade, capacitando-as a serem sujeitos de direitos e obrigações. A sua principal característica é a de que atuam na vida jurídica com personalidade diversa da dos indivíduos que as compõem (CC, art. 50, a contrario sensu, e art. 1.024).

1.5 Início da personalidade jurídica e individualização das pessoas naturais

O termo "personalidade" (do latim personalitate) é definido como "Qualidade pessoal".

Caráter essencial e exclusivo de uma pessoa.

Opõe-se à acepção de generalidade e expressa a singularidade, a independência, a vida autônoma do ente. No sentido jurídico, é a aptidão que tem todo homem, por força da lei, de exercer direitos e contrair obrigações.

É possível identificar algumas características bastante marcantes da categoria dos direitos da personalidade.

A primeira delas é a sua essencialidade; tratam-se de direitos fundamentais aos indivíduos, os bens mais íntimos da pessoa humana, suas mais importantes qualidades, bens que a natureza lhe deu, de maneira primordial e direta.

Uma segunda característica é a pessoalidade destes direitos (personalíssimos, para alguns autores), pois inseparáveis do seu titular, na medida em que representam os elementos de individualização da pessoa, que caracterizam a pessoa humana.

Exatamente o caráter essencial e o caráter pessoal conferem a estes direitos outras duas características, quais sejam: a irrenunciabilidade e a intransmissibilidade.

No art. 11 do Código Civil, nota-se que os direitos da personalidade, em sua natureza, não podem sofrer limitações por ato voluntário, inclusive de seu titular. Só encontram limites nos direitos de outrem.

Contudo, entende-se ser admitida a limitação voluntária e temporária do exercício de alguns direitos da personalidade quando tal limitação for permitida ou não contrária à ordem jurídica ou aos bons costumes.

Em razão da ampla variedade de critérios de classificação dos direitos da personalidade apresentados pela doutrina, restringir-se-á a alguns deles; salienta-se que as classificações apresentadas não esgotam o rol dos direitos da personalidade, eis que outros existem e muitos virão a ser detectados com a evolução do pensamento jurídico.

O primeiro critério classificatório é o que, seguindo a clássica dicotomia do Direito, distingue os direitos da personalidade em: direitos da personalidade públicos e direitos da personalidade privados.

Os direitos da personalidade públicos, previstos e tutelados pela Declaração Universal dos Direitos do Cidadão, destinam-se à proteção do indivíduo contra atentados praticados pelo Estado, bem como, à tutela da sociedade contra violações cometidas por certos particulares.

Os direitos da personalidade privados, por seu turno, abrangem os direitos intrínsecos ao ser humano, referem-se aos aspectos privados da personalidade e tutelam relações entre particulares.

Ainda, há que se falar em uma terceira classificação, qual seja: direitos da personalidade social.

Esta classificação abrange certos direitos de categoria social e econômica; surgem do progresso e são originários da evolução de certos direitos da personalidade.

1.5.1 Positivação dos direitos da personalidade

A positivação dos direitos da personalidade, fenômeno presente na maioria dos Estados de Direito, constitui o reconhecimento destes direitos por parte do Estado, conferindo-lhes proteção própria.

Ao criar determinada norma, o legislador confere tutela jurídica a certo bem que a coletividade entende carecer de uma tutela específica.

O escopo da lei é garantir a ampla proteção do interesse social normativamente tutelado, vetando que outrem venha a prejudicá-lo. A positivação é, pois, a etapa final de um processo social que deu origem a um direito como prerrogativa atribuída a uma pessoa, em virtude da qual a cada um se atribui o que é seu (sum cuique tribuere).

1.5.2 Individualização da pessoa natural

Já se disse que o homem é um ser gregário por natureza. Não vive isolado, mas em grupos, por uma necessidade natural de convivência e para alcançar melhores resultados no trabalho e na produção. Desse convívio nascem as relações jurídicas, negociais e familiares principalmente. É essencial que os sujeitos dessas diversas relações sejam individualizados, perfeitamente identificados, como titulares de direitos e deveres na ordem civil. Essa identificação interessa não só a eles, mas também ao Estado e a terceiros, para maior segurança dos negócios e da convivência familiar e social.

1.5.3 Nome

O vocábulo "nome", como elemento individualizador da pessoa natural, é empregado em sentido amplo, indicando o nome completo. Integra a personalidade, individualiza a pessoa não só durante a sua vida como também após a sua morte, e indica a sua procedência familiar.

Destacam-se, no estudo do nome, um aspecto público e um aspecto individual.

O aspecto público decorre do fato de o Estado ter interesse em que as pessoas sejam perfeitas e corretamente identificadas na sociedade pelo nome e, por essa razão, disciplina o seu uso na Lei dos Registros Públicos (Lei n. 6.015/73), proibindo a alteração do prenome, salvo exceções expressamente admitidas (art. 58) e o registro de prenomes suscetíveis de expor ao ridículo os seus portadores (art. 55, parágrafo único).

O aspecto individual consiste no direito ao nome, no poder reconhecido ao seu possuidor de por ele designar-se e de reprimir abusos cometidos por terceiros. Preceitua, com efeito, o art. 16 do Código Civil que "toda pessoa tem direito ao nome, nele compreendidos o prenome e o sobrenome ".

Esse direito abrange o de usá-lo e de defende-lo contra usurpação, como no caso de direito autoral, e contra exposição ao ridículo. O uso desses direitos é protegido mediante ações, que podem ser propostas independentemente da ocorrência de dano material, bastando haja interesse moral.

1.5.4 Domicílio

A noção de domicílio é de grande importância no direito. Como as relações jurídicas se formam entre pessoas, é necessário que estas tenham um local, livremente escolhido ou determinado pela lei, onde possam ser encontradas para responder por suas obrigações. Todos os sujeitos de direito devem ter, pois, um lugar certo, no espaço, de onde irradiem sua atividade jurídica. Esse ponto de referência é o seu domicílio (do latim domus, casa ou morada).

É definido domicílio da pessoa natural como "o lugar onde ela, de modo definitivo, estabelece a sua residência e o centro principal da sua atividade".

Pode-se simplesmente dizer que é o local onde o indivíduo responde por suas obrigações, ou o local em que estabelece a sede principal de sua residência e de seus negócios.

O domicílio, em última análise, é a sede jurídica da pessoa, onde ela se presume presente para efeitos de direito e onde pratica habitualmente seus atos e negócios jurídicos.

1.6 Incapacidade absoluta

1.6.1 Os menores de 16 (dezesseis) anos

A incapacidade absoluta acarreta a proibição total do exercício, por si só, do direito. O ato somente poderá ser praticado pelo representante legal do absolutamente incapaz. A inobservância dessa regra provoca a nulidade do ato, nos termos do art. 166, I, do Código Civil.

> ***Art. 3º*** *São absolutamente incapazes de exercer pessoalmente os atos da vida civil os menores de 16 (dezesseis) anos.*

O Código de 2002 considera que o ser humano, até atingir essa idade, não tem discernimento suficiente para dirigir sua vida e seus negócios e, por essa razão, deve ser representado na vida jurídica por seus pais, tutores ou curadores.

Ainda, o artigo 166 do Código Civil, cita que é nulo o negócio jurídico quando celebrado por pessoa absolutamente incapaz.

> ***Art. 166*** *É nulo o negócio jurídico quando:*
>
> *I - celebrado por pessoa absolutamente incapaz;*
>
> *II - for ilícito, impossível ou indeterminável o seu objeto;*
>
> *III - o motivo determinante, comum a ambas as partes, for ilícito;*
>
> *IV - não revestir a forma prescrita em lei;*
>
> *V - for preterida alguma solenidade que a lei considere essencial para a sua validade;*
>
> *VI - tiver por objetivo fraudar lei imperativa;*
>
> *VII - a lei taxativamente o declarar nulo, ou proibir-lhe a prática, sem cominar sanção.*

Dessa forma, qualquer das hipóteses acima é reputada pela lei como séria ofensa provocando sua nulidade.

Referida nulidade pode atingir todo o ato, como regra, ou apenas parte dele se assim o ordenamento e a própria natureza do negócio permitir.

Também haverá nulidade quando o motivo determinante, comum a ambas as partes, for ilícito. Assim, se ambas as partes se orquestrarem, agirem em conluio, sob aparente legalidade, para obter fim ilícito, haverá nulidade absoluta.

O ato ou negócio jurídico também será nulo quando qualquer solenidade considerada essencial pela lei para sua validade for esquecida ou não cumprida. É o caso, por exemplo, do testamento, que pede um determinado número de testemunhas para sua validade.

Não pode o ato ter como objetivo a fraude de norma imperativa, de ordem pública.

Por fim, ainda no art. 166, temos como caso de nulidade quando taxativamente o ordenamento o disser.

Outrossim, cumpre ressaltar que a nulidade traz a ideia de que a nulidade é questão de ordem pública, de interesse até mesmo do Estado. Já a anulabilidade é de interesse entre particulares, ou seja, entre privados.

Nesse sentido a nulidade gera o desfazimento do negócio celebrado, o qual deixará de existir. Portanto, quando o juiz, por intermédio de sentença decretar a nulidade, esta retroagirá até o momento do nascimento do ato celebrado.

A consequência da situação acima citada, é de que o ato não existe e nunca existiu no mundo jurídico.

> ***Art. 182*** *Anulado o negócio jurídico, restituir-se-ão as partes ao estado, em que antes dele se achavam, e não sendo possível restituí-las, serão indenizadas com o equivalente.*

Ademais, convém esclarecer que a nulidade pode ser decretada de ofício pelo próprio juiz.

Ainda, é possível que haja a nulidade total como a parcial. Total quando afeta todo o negócio, e parcial quando se limita a algumas de suas cláusulas. A nulidade parcial somente será possível se o negócio for separável, divisível.

Ato ou negócio jurídico nulo não pode ser confirmado (ratificado). As partes só conseguirão obter os efeitos jurídicos derivados do ato ou negócio jurídico se executarem (firmarem) o ato todo novamente e, desta vez, de acordo com a lei. Ainda sobre este assunto temos o artigo 184 do CC:

> ***Art. 184*** *Respeitada a intenção das partes, a invalidade parcial de um negócio jurídico não o prejudicará na parte válida, se esta for separável; a invalidade da obrigação principal implica a das obrigações acessórias, mas a destas não induz a da obrigação principal.*

Assim, o negócio jurídico será nulo, quando:

- Celebrado por pessoa absolutamente incapaz;
- Objeto ilícito, impossível ou indeterminável;
- Não se revestir da forma prescrita em lei;
- Não observar solenidade considerada por lei essencial;
- Motivo comum a ambas as partes for ilícito;
- Fraudar lei imperativa;
- A lei taxativamente o declarar nulo, ou proibi-lhe a prática, sem cominar sanção.

Simulação.

Nesse sentido, a ocorrência de qualquer dessas hipóteses é reputada pela lei como séria ofensa, provocando sua nulidade.

Importante frisar, que se o representante do absolutamente incapaz autorizar o menor a praticar o ato, mesmo assim continuará sendo nulo.

De toda forma, ninguém pode reclamar o que, por uma obrigação anulada, pagou a um incapaz, se não provar que reverteu em proveito dele a importância paga, determina o art. 181 do Código Civil. Ademais, excepcionam a regra as situações previstas no art. 180 do Código:

O menor, entre dezesseis e dezoito anos, não pode, para eximir-se de uma obrigação, invocar a sua idade se dolosamente a ocultou quando inquirido pela outra parte, ou se, no ato de obrigar-se, declarou-se maior.

Anulabilidade, portanto, é a sanção imposta pela lei aos atos e negócios jurídicos realizados por pessoa relativamente incapaz ou eivados de algum vício do consentimento ou vício social. Visa, pois, à proteção do consentimento ou refere-se à incapacidade do agente.

1.7 Incapacidade relativa

A incapacidade relativa permite que o incapaz pratique atos da vida civil, desde que assistido por seu representante legal, sob pena de anulabilidade (CC, art. 171, I). Certos atos, porém, pode praticar sem a assistência de seu representante legal, como ser testemunha (art. 228, I), aceitar mandato (art. 666), fazer testamento (art. 1.860, parágrafo único), exercer empregos públicos para os quais não for exigida a maioridade (art. 5º, parágrafo único, III), casar (art. 1.517), ser eleitor, celebrar contrato de trabalho etc.

> ***Art. 4º*** *São incapazes, relativamente a certos atos, ou à maneira de os exercer:*
>
> *I - os maiores de dezesseis e menores de dezoito anos;*
>
> *II - os ébrios habituais e os viciados em tóxicos;*
>
> *III - aqueles que, por causa transitória ou permanente, não puderem exprimir sua vontade;*
>
> *IV - os pródigos.*

1.7.1 Maiores de dezesseis e menores de dezoito anos

Os maiores de 16 e menores de 18 anos são os menores púberes do direito anterior. Já foi dito que podem praticar apenas determinados atos sem a assistência de seus representantes: aceitar mandato, ser testemunha, fazer testamento etc. Não se tratando desses casos especiais, necessitam da referida assistência, sob pena de anulabilidade do ato, se o lesado tomar providências nesse sentido e o vício não houver sido sanado. O ordenamento jurídico não mais despreza a sua vontade. Ao contrário, a considera, atribuindo ao ato praticado pelo relativamente incapaz todos os efeitos jurídicos, desde que esteja assistido por seu representante.

Os referidos menores figuram nas relações jurídicas e delas participam pessoalmente, assinando documentos, se necessário. Contudo, não podem fazê-lo sozinhos, mas acompanhados, ou seja, assistidos por seu representante legal (pai, mãe ou tutor), assinando ambos os documentos concernentes ao ato ou negócio jurídico. Se houver conflito de interesse entre ambos, como na hipótese em que o menor tenha necessidade de promover ação contra seu genitor, o juiz lhe dará curador especial (CC, art. 1.692).

Os maiores de 16 anos, porém, já tendo discernimento suficiente para manifestar a sua vontade, devem, em contrapartida, para merecê-la, proceder de forma correta. Preceitua, com efeito, o art. 180 do aludido diploma:

> ***Art. 180*** *O menor, entre dezesseis e dezoito anos, não pode, para eximir-se de uma obrigação, invocar a sua idade se dolosamente a ocultou quando inquirido pela outra parte, ou se, no ato de obrigar-se, declarou-se maior.*

Exige-se, no entanto, que o erro da outra parte seja escusável. Se não houve malícia por parte do menor, anula-se o ato, para protegê-lo. Constituindo exceção pessoal, a incapacidade só pode ser arguida pelo próprio incapaz ou pelo seu representante legal.

Por essa razão, dispõe o art. 105 do Código Civil que "a incapacidade relativa de uma das partes não pode ser invocada pela outra em benefício próprio, nem aproveita aos cointeressados capazes, salvo se, neste caso, for indivisível o objeto do direito ou da obrigação comum".

Como ninguém pode locupletar-se à custa alheia, determina-se a restituição da importância paga ao menor se ficar provado que o pagamento nulo reverteu em seu proveito. Prescreve, com efeito, o art. 181 do Código Civil que "ninguém poderá reclamar o que, por uma obrigação anulada, pagou a um incapaz, se não provar que reverteu em proveito dele a importância paga".

Ainda, preceitua, no art. 928, que o incapaz (amental ou menor de qualquer idade) "responde pelos prejuízos que causar, se as pessoas por ele responsáveis não tiverem obrigação de o fazer ou não dispuserem de meios suficientes". Acrescenta o parágrafo único que a indenização prevista neste artigo, "que deverá ser equitativa, não terá lugar se privar do necessário o incapaz ou as pessoas que dele dependem".

Desse modo, se a vítima não conseguir receber a indenização da pessoa encarregada de sua guarda, que continua responsável em primeiro plano (art. 932, I), poderá o juiz, mas somente se o incapaz for abastado, condená-lo ao pagamento de uma indenização equitativa. Adotou-se, pois, o princípio da responsabilidade subsidiária e mitigada dos incapazes.

1.7.2 Os ébrios habituais e os viciados em tóxicos

Somente, os alcoólatras ou dipsômanos (os que têm impulsão irresistível para beber) e os toxicômanos, isto é, os viciados no uso e dependentes de substâncias alcoólicas ou entorpecentes, são assim considerados.

Em todos os casos, haverá necessidade de um processo de interdição relativa, não se presumindo tais incapacidades. A sentença de interdição relativa deve apontar quais os atos que podem ser ou não praticados pelo relativamente incapaz. Enuncia o art. 1.772 do CC que pronunciada a interdição das pessoas descritas no art. 4.º, II e III, o juiz assinará, segundo o estado ou o desenvolvimento mental do interdito, os limites da curatela do maior incapaz

1.7.3 Aqueles que, por causa transitória ou permanente, não puderem exprimir sua vontade

A partir da Lei 13.146/2015, a pessoa com deficiência – seja física, mental, intelectual ou sensorial – tem de ser considerada plenamente capaz, não pode sofrer qualquer restrição, preconceito ou discriminação por isso. A não ser que não possa exprimir a sua vontade, e, então, é enquadrada não mais como absolutamente incapaz, mas como relativamente incapaz, sendo-lhe nomeado um curador num processo judicial, e esta medida é considerada excepcional.

Note-se: a incapacidade relativa não decorre, inexoravelmente, da deficiência, em si e por si só, mas pela circunstância de o portador de deficiência estar impossibilitado de manifestar a sua vontade. Mais: o ato praticado pelo curatelado sem a assistência do curador não é nulo, mas anulável.

Um deficiente mental, que tem comprometido absolutamente o seu discernimento, o que sofre de insanidade permanente, irreversível, é considerado relativamente incapaz. Bem como o que manifestou a sua vontade quando estava em estado de coma. Ou o que contratou, ou perfilhou, ou fez testamento, sendo portador do mal de Alzheimer em grau extremo.

1.7.4 Pródigos

Pródigo é o indivíduo que dissipa o seu patrimônio desvairadamente, é o indivíduo que, por ser portador de um defeito de personalidade, gasta imoderadamente, dissipando o seu patrimônio com o risco de reduzir-se à miséria.

Trata-se de um desvio da personalidade, comumente ligado à prática do jogo e à dipsomania (alcoolismo), e não, propriamente, de um estado de alienação mental.

O pródigo só passará à condição de relativamente incapaz depois de declarado como tal em sentença de interdição. Justifica-se a interdição do pródigo pelo fato de encontrar-se permanentemente sob o risco de reduzir-se à miséria, em detrimento de sua pessoa e de sua família, podendo ainda transformar-se num encargo para o Estado, que tem a obrigação de dar assistência às pessoas necessitadas.

A curatela do pródigo (CC, art. 1.767, V) pode ser promovida pelos pais ou tutores, pelo cônjuge ou companheiro (CF, art. 226, § 3º; JTJ, Lex, 235/108), por qualquer parente e pelo Ministério Público (CC, arts. 1.768 e 1.769).

A interdição do pródigo só interfere em atos de disposição e oneração do seu patrimônio. Pode inclusive administrá-lo, mas ficará privado de praticar atos que possam desfalcá-lo, como "emprestar, transigir, dar quitação, alienar, hipotecar, demandar ou ser demandado" (CC, art. 1.782). Tais atos dependem da assistência do curador; sem isso, serão anuláveis (art. 171, I). Não há limitações concernentes à pessoa do pródigo, que poderá viver como lhe aprouver, podendo votar, ser jurado, testemunha, fixar o domicílio do casal, autorizar o casamento dos filhos, exercer profissão que não seja a de comerciante e até casar, exigindo-se, somente neste último caso, a assistência do curador se celebrar pacto antenupcial que acarrete alteração em seu patrimônio.

1.7.5 Efeitos da incapacidade relativa

A incapacidade relativa permite que o incapaz pratique atos da vida civil, desde que assistido por seu representante legal, sob pena de anulabilidade (art. 171, I). Certos atos, porém, pode praticar sem a assistência deste.

Quando necessária a assistência, ambos participam do ato: o relativamente incapaz e seu representante. Se necessário for assinar algum documento, ambos o assinarão. Se faltar a assinatura de um deles, o ato será anulável.

1.8 Emancipação e direitos da personalidade

1.8.1 Maioriedade

A maioridade começa aos 18 anos completos, tornando-se a pessoa apta para as atividades da vida civil que não exigirem limite especial, como as de natureza política. Cessa a menoridade (art. 5º, caput) no primeiro momento do dia em que o indivíduo perfaz os 18 anos.

1.8.2 Emancipação

A emancipação é definida como a aquisição da capacidade civil antes da idade legal.

Dispõe o parágrafo único do art. 5º do novo Código que cessará, para os menores, a incapacidade:

> *I - pela concessão dos pais, ou de um deles na falta do outro, mediante instrumento público, independentemente de homologação judicial, ou por sentença do juiz, ouvido o tutor, se o menor tiver dezesseis anos completos;*
>
> *II - pelo casamento;*
>
> *III - pelo exercício de emprego público efetivo;*
>
> *IV - pela colação de grau em curso de ensino superior;*
>
> *V - pelo estabelecimento civil ou comercial, ou pela existência de relação de emprego, desde que, em função deles, o menor com dezesseis anos completos tenha economia própria.*

1.8.3 Espécies de emancipação

A emancipação pode ser de três espécies.

- voluntária;
- judicial;
- legal.
  - **voluntária:** é a concedida pelos pais se o menor tiver 16 anos completos (art. 5º, parágrafo único);
  - **judicial:** é a deferida por sentença, ouvido o tutor, em favor do tutelado que já completou 16 anos;
  - **legal:** é a que decorre de determinados fatos previstos na lei.

As emancipações voluntária e judicial devem ser registradas em livro próprio do 1º Ofício do Registro Civil da comarca do domicílio do menor, anotando-se também, com remissões recíprocas, no assento de nascimento (CC, art. 9º, II; LRP, art. 107, § 1º). Antes do registro, não produzirão efeito (LRP, art. 91, parágrafo único). Quando concedida por sentença, deve o juiz comunicar, de ofício, a concessão ao oficial do Registro Civil. A emancipação legal (casamento, emprego público etc.) independe de registro e produzirá efeitos desde logo, isto é, a partir do ato ou do fato que a provocou.

1.8.3.1 Emancipação voluntária

Apresenta as seguintes características: efetiva-se por concessão de ambos os pais, ou seja, em decorrência de ato unilateral destes, reconhecendo ter seu filho maturidade necessária para reger sua pessoa e seus bens e não necessitar mais da proteção que o Estado oferece ao incapaz. Só pode conceder emancipação quem esteja na titularidade do poder familiar, uma vez que sua concessão é atributo deste. Não constitui direito do menor, que não pode exigi-la nem a pedir judicialmente, mas benesse concedida pelos genitores.

Com efeito, a lei fala em concessão dos pais e em sentença do juiz no caso do menor sob tutela, que pressupõe o exame, pelo magistrado, dos motivos ensejadores do pedido. A outorga do benefício deve ser feita por ambos os pais ou por um deles na falta do outro. A impossibilidade de qualquer deles participar do ato, por se encontrar em local ignorado ou por outro motivo relevante, deve ser devidamente justificada. Se divergirem entre si, a divergência deverá ser dirimida pelo juiz. Este somente decidirá qual vontade deve prevalecer. A concessão continuará sendo dos pais se o juiz decidir em favor da outorga.

Forma: é expressamente exigido o instrumento público, independentemente de homologação judicial (art. 5º, parágrafo único, I).

Invalidade e irrevogabilidade do ato: a emancipação só deve ser outorgada pelos pais em função do interesse do menor. Por essa razão, pode ser anulada se ficar comprovado que aqueles só praticaram o ato para exonerar-se do dever alimentar. A emancipação, em qualquer de suas formas, é irrevogável.

1.8.3.2 Emancipação judicial

A única hipótese de emancipação judicial, que depende de sentença do juiz, é a do menor sob tutela que já completou 16 anos de idade.

Entende o legislador que tal espécie deve ser submetida ao crivo do magistrado, para evitar emancipações destinadas apenas a livrar o tutor dos ônus da tutela e prejudiciais ao menor, que se encontra sob influência daquele, nem sempre satisfeito com o encargo que lhe foi imposto. O tutor, desse modo, não pode emancipar o tutelado.

1.8.3.3 Emancipação legal

Decorre de determinados acontecimentos a que a lei atribui esse efeito, quais sejam:

Casamento: o casamento válido produz o efeito de emancipar o menor (art. 5º, parágrafo único, II). Se a sociedade conjugal logo depois se dissolver pela viuvez ou pelo divórcio, não retornará ele à condição de incapaz. O casamento nulo, entretanto, não produz nenhum efeito (art. 1.563). Proclamada a nulidade, ou mesmo a anulabilidade, o emancipado retorna à situação de incapaz, salvo se o contraiu de boa-fé. Nesse caso, o casamento será putativo em relação a ele e produzirá todos os efeitos de um casamento válido, inclusive a emancipação (art. 1.561). A idade mínima para o casamento do homem e da mulher é 16 anos, com autorização dos representantes legais (art. 1.517). Excepcionalmente, porém, será permitido o casamento de quem não alcançou a idade núbil mediante suprimento judicial de idade, em caso de gravidez, segundo dispõe o art. 1.520 do Código Civil. A Lei n. 11.106, de 28 de março de 2005, revogou, além de outros dispositivos, o inc. VII do art. 107 do Código Penal. Com isso, o casamento deixou de evitar a imposição ou o cumprimento de pena criminal nos crimes contra os costumes de ação penal pública. Assim, emancipa-se a jovem que tem a sua idade suprida pelo juiz, na hipótese de gravidez, que se casa com menos de 16 anos de idade. A união estável, todavia, não é causa de emancipação. Além de o rol constante do art. 5º, parágrafo único, do Código Civil ser taxativo (numerus clausus), tal modus vivendi não exige a autorização dos pais.

Exercício de emprego público efetivo: é dominante a corrente que exige tratar-se de emprego efetivo, afastando os interinos, contratados, diaristas, mensalistas etc. Há, todavia, algumas decisões abrandado o rigor da lei, entendendo que deve prevalecer o status de servidor público, qualquer que seja o serviço ou função administrativa e o modo de sua investidura. Esse modo de emancipação constava do projeto do novo Código Civil e se justificava plenamente, porque a maioridade começava aos 21 anos de idade.

Colação de grau em curso de ensino superior: porque demonstra maturidade própria do menor. Contudo, dificilmente uma pessoa menor de 18 anos, conseguiria colar grau em curso de nível superior, a não ser os gênios, que se submeteram a procedimento especial para avaliação dessa circunstância junto ao Ministério da Educação.

O estabelecimento civil ou comercial, ou a existência de relação de emprego, desde que, em função deles, o menor com 16 anos completos tenha economia própria: tais fatos justificam a emancipação por afastarem as dificuldades que a subordinação aos pais acarretaria na gestão dos negócios ou no exercício do emprego particular, ao mesmo tempo em que tutela o interesse de terceiros, que de boa-fé com eles estabeleceram relações comerciais. Raramente, também, alguém consegue estabelecer-se civil ou comercialmente antes dos 18 anos.

1.8.4 Direito ao nome; a proteção à palavra e à imagem bem como proteção à intimidade

O vocábulo "nome", como elemento individualizador da pessoa natural, é empregado em sentido amplo, indicando o nome completo. Integra a personalidade, individualiza a pessoa não só durante a sua vida como também após a sua morte, e indica a sua procedência familiar.

Nome é a designação ou sinal exterior pelo qual a pessoa identifica-se no seio da família e da sociedade. É considerada a expressão mais característica da personalidade, o elemento inalienável e imprescritível da individualidade da pessoa, não se concebendo, na vida social, ser humano que não traga um nome.

Destacam-se, no estudo do nome, um aspecto público e um aspecto individual.

O aspecto público decorre do fato de o Estado ter interesse em que as pessoas sejam perfeita e corretamente identificadas na sociedade pelo nome e, por essa razão, disciplina o seu uso na Lei dos Registros Públicos (Lei n. 6.015/73), proibindo a alteração do prenome, salvo exceções expressamente admitidas (art. 58) e o registro de prenomes suscetíveis de expor ao ridículo os seus portadores (art. 55, parágrafo único).

O aspecto individual consiste no direito ao nome, no poder reconhecido ao seu possuidor de por ele designar-se e de reprimir abusos cometidos por terceiros. Preceitua, com efeito, o art. 16 do Código Civil que "toda pessoa tem direito ao nome, nele compreendidos o prenome e o sobrenome ". Esse direito abrange o de usá-lo e de defendê-lo contra usurpação, como no caso de direito autoral, e contra exposição ao ridículo. O uso desses direitos é protegido mediante ações, que podem ser propostas independentemente da ocorrência de dano material, bastando haja interesse moral.

Dispõe, com efeito, o art. 17 do Código Civil que

> o nome da pessoa não pode ser empregado por outrem em publicações ou representações que a exponham ao desprezo público, ainda quando não haja intenção difamatória".

Por sua vez, preceitua o art. 18 do mesmo diploma, tutelando também a honra objetiva: "Sem autorização, não se pode usar o nome alheio em propaganda comercial.

1.8.4.1 Elementos do nome

Proclama o art. 16 do Código Civil que "toda pessoa tem direito ao nome, nele compreendidos o prenome e o sobrenome". O nome completo compõe-se, pois, de dois elementos: prenome (antigamente denominado nome de batismo) e sobrenome ou apelido familiar (também denominado nome de família ou simplesmente nome).

Em alguns casos, usa-se também o agnome, sinal que distingue pessoas pertencentes a uma mesma família que têm o mesmo nome (Júnior, Neto, Sobrinho etc.). A Lei dos Registros Públicos (Lei n. 6.015/73) diz apenas que os gêmeos e irmãos que tiverem o mesmo prenome deverão ser registrados com prenome duplo ou com nome completo diverso, "de modo que possam distinguir-se" (art. 63 e parágrafo único). Nada impede, pois, que a distinção de nomes entre pessoas ligadas pelo parentesco seja feita mediante a utilização de agnomes ordinais, como o fez conhecido intérprete da música popular brasileira, que deu ao filho o nome de Roberto Carlos Braga Segundo.

Axiônimo é designação que se dá à forma cortês de tratamento ou à expressão de reverência, como, por exemplo: Exmo. Sr., Vossa Santidade etc. Os títulos de nobreza, como conde, comendador e outros, usados em alguns países, completam o nome da pessoa, servindo para sua identificação. Por essa razão, integram-no para todos os efeitos. Algumas vezes acrescentam-se ao nome títulos acadêmicos, eclesiásticos ou qualificações de dignidade oficial, como professor, doutor, monsenhor, desembargador etc. Integram também o nome as partículas de, do, da, e seus correspondentes em idiomas estrangeiros, consideradas sinal de nobreza em certos países.

1.8.4.2 Prenome

Prenome é o nome próprio de cada pessoa e serve para distinguir membros da mesma família. Pode ser simples (José, João) ou composto. Este pode ser duplo (José Roberto, João Carlos, p. ex.), triplo ou quádruplo, como ocorre em algumas famílias reais (p. ex.: Caroline Louise Marguerite, princesa de Mônaco). Irmãos não podem ter o mesmo prenome, a não ser que seja duplo, estabelecendo a distinção.

O prenome pode ser livremente escolhido pelos pais, desde que não exponha o filho ao ridículo. Prescreve o art. 55, parágrafo único, da Lei n. 6.015, de 31 de dezembro de 1973, que

> os oficiais do registro civil não registrarão nomes suscetíveis de expor ao ridículo os seus portadores. Quando os pais não se conformarem com a recusa do oficial, este submeterá por escrito o caso, independente da cobrança de quaisquer emolumentos, à decisão do juiz competente

1.8.4.3 Sobrenome

Sobrenome é sinal que identifica a procedência da pessoa, indicando a sua filiação ou estirpe. Enquanto o prenome é a designação do indivíduo, o sobrenome é o característico de sua família, transmissível por sucessão. É também conhecido como patronímico, sendo ainda chamado de apelido familiar, como se observa no art. 56 da Lei n. 6.015/73. Este dispositivo impede, como regra, a sua alteração. Há exceções, porém, a essa proibição, como se verá adiante.

As pessoas já nascem com o apelido familiar herdado dos pais, não sendo, pois, escolhido por estes, como ocorre com o prenome.

Adquirem-no, assim, com o nascimento. Dispõe, com efeito, o art. 55 da referida lei que, se "o declarante não indicar o nome completo, o oficial lançará adiante do prenome escolhido o nome do pai, e, na falta, o da mãe, se forem conhecidos e não o impedir a condição de ilegitimidade, salvo reconhecimento no ato".

Não mais se justifica, ante o princípio da isonomia constitucional, que o oficial lance, de ofício, somente o sobrenome do pai no registro de nascimento do filho. Deve o aludido dispositivo ser interpretado à luz da Constituição Federal, lançando-se o nome de ambos, genitor e genitora.

Verifica-se, assim, que mesmo na hipótese de a criança ser registrada somente com prenome, o sobrenome faz parte, por lei, de seu nome completo, podendo o escrivão lançá-lo de ofício adiante do prenome escolhido pelos pais. Por conseguinte, o registro, com indicação do sobrenome, tem caráter puramente declaratório. Pode ser o do pai, o da mãe, ou de ambos. Pode ser simples ou composto, como, por exemplo, "Telles Correa", "Pinheiro Franco", "Chinelato e Almeida" etc.

1.8.4.4 Retificação de prenome

O art. 58 da Lei dos Registros Públicos, em sua redação original, dispunha que o prenome era imutável. Todavia, permitia, no parágrafo único, a retificação, em caso de evidente erro gráfico, bem como a sua mudança, no caso do parágrafo único do art. 55, que proíbe o registro de nomes que possam expor a ridículo os seus portadores.

A imutabilidade do prenome é salutar, devendo ser afastada somente em caso de necessidade comprovada, como nas hipóteses suprarreferidas, e não simplesmente porque ele não agrada ao seu portador. A facilitação da mudança pode ser realmente nociva aos interesses sociais.

A retificação do prenome em caso de evidente erro gráfico e de outros "erros que não exijam qualquer indagação para a constatação imediata de necessidade de sua correção" se processa com base no art. 110 e parágrafos da Lei n. 6.015/73 (Lei dos Registros Públicos), com a redação dada pela Lei n. 12.100, de 27 de novembro de 2009, que preveem para a hipótese um procedimento sumário, no próprio cartório, com manifestação "conclusiva" do Ministério Público e correção "de ofício pelo oficial de registro no próprio cartório onde se encontrar o assentamento".

A mudança do prenome, no caso do parágrafo único do art. 55, se o oficial não o houver impugnado por expor ao ridículo o seu portador, bem como outras alterações dependem de distribuição, perante o juiz, de procedimento de retificação de nome, na forma do art. 109 da mencionada lei. Incluem-se nesse caso as hipóteses de pessoas do sexo masculino registradas com nome feminino e vice-versa. Tem a jurisprudência admitido a retificação não só do prenome, como também de outras partes esdrúxulas do nome.

1.8.4.5 Mudanças no sobrenome

O sobrenome ou patronímico, por outro lado, em razão do princípio, que é de ordem pública, da estabilidade do nome, só deve ser alterado em casos excepcionais. Se o nome civil da pessoa natural é signo de identidade social, nele guarda particular relevo o patronímico, porque situando o portador como membro de determinado grupo familiar, desvela o traço não arbitrário, mas histórico de sua estirpe, de sua individualização social, e, por isso, desempenha decisivo papel de ordem jurídica e prática, como componente mais importante do nome.

Porém, decidiu o Superior Tribunal de Justiça que "o nome pode ser modificado desde que motivadamente justificado". No caso em julgamento, além do abandono pelo pai, o autor da ação sempre foi conhecido por outro patronímico, o da mãe. O pedido de retificação do registro para exclusão do patronímico paterno foi deferido, ao fundamento de que "a jurisprudência tem sido sensível ao entendimento de que o que se pretende com o nome civil é a real individualização da pessoa perante a família e a sociedade".

O nome completo pode também sofrer alterações no casamento e na separação judicial e divórcio, na adoção, no reconhecimento de filho, na união estável e no caso de transexualidade.

Dispõe, com efeito, o § 1º do art. 1.565 do novo diploma que "qualquer dos nubentes, querendo, poderá acrescer ao seu o sobrenome do outro ". E mais adiante, no § 2º do art. 1.571, prescreve que, "dissolvido o casamento pelo divórcio direto ou por conversão, o cônjuge poderá manter o nome de casado; salvo, no segundo caso, dispondo em contrário a sentença de separação judicial".

1.9 À proteção à palavra e à imagem

A transmissão da palavra e a divulgação de escritos já eram protegidas pela Lei n. 9.610, de 19 de fevereiro de 1998, que hoje disciplina toda a matéria relativa a direitos autorais.

O art. 20 do Código Civil, considerando tratar-se de direitos da personalidade, prescreve que tais atos poderão ser proibidos, a requerimento do autor e sem prejuízo da indenização que couber, "se lhe atingirem a honra, a boa fama ou a respeitabilidade, ou se se destinarem a fins comerciais, salvo se autorizadas, ou se necessárias à administração da justiça ou à manutenção da ordem pública".

Complementa o parágrafo único que, em se "tratando de morto ou de ausente, são partes legítimas para requerer essa proteção o cônjuge, os ascendentes ou os descendentes".

A proteção à transmissão da palavra abrange a tutela da voz, que é a emanação natural de som da pessoa, também protegida como direito da personalidade, como dispõe o inciso XXVIII, a, do art. 5º da Constituição Federal, in verbis:

> *XXVIII – são assegurados, nos termos da lei:*
>
> *a) a proteção às participações individuais em obras coletivas e à reprodução da imagem e voz humanas, inclusive nas atividades desportivas.*

O mesmo tratamento é dado à exposição ou à utilização da imagem de uma pessoa, que o art. 5º, X, da Constituição Federal considera um direito inviolável. A reprodução da imagem é emanação da própria pessoa e somente ela pode autorizá-la.

A Carta Magna foi explícita em assegurar, ao lesado, direito a indenização por dano material ou moral decorrente da violação da intimidade, da vida privada, da honra e da imagem das pessoas. Nos termos do art. 20 do Código Civil, a reprodução de imagem para fins comerciais, sem autorização do lesado, enseja o direito à indenização, ainda que não lhe tenha atingido a honra, a boa fama ou a respeitabilidade.

A parte lesada pelo uso não autorizado de sua palavra ou voz, ou de seus escritos, bem como de sua imagem, pode obter ordem judicial interditando esse uso e condenando o infrator a reparar os prejuízos causados. O art. 20 do Código Civil, retromencionado, contém, como se observa, duas ressalvas. A primeira permitindo esse uso se necessário "à administração da justiça ou à manutenção da ordem pública"; a segunda, restringindo a proibição às hipóteses de a divulgação da palavra ou da imagem atingir "a honra, a boa fama ou a respeitabilidade da pessoa, ou se destinar a fins comerciais".

O direito à própria imagem integra, pois, o rol dos direitos da personalidade. No sentido comum, imagem é a representação pela pintura, escultura, fotografia, filme etc. de qualquer objeto e, inclusive, da pessoa humana, destacando-se, nesta, o interesse primordial que apresenta o rosto.

A Constituição Federal de 1988 veio afastar qualquer dúvida que porventura ainda pudesse pairar a respeito da tutela do direito à própria imagem.

Com efeito, a referida Constituição, como já foi dito, declara invioláveis "a intimidade, a vida privada, a honra e a imagem das pessoas, assegurado o direito a indenização pelo dano material ou moral decorrente de sua violação" (art. 5º, X). E o inciso V do mesmo dispositivo assegura "o direito de resposta, proporcional ao agravo, além da indenização por dano material, moral ou à imagem".

A nova Carta erigiu, assim, expressamente, o direito à própria imagem à condição de direito individual, conexo ao da vida, integrando o conjunto dos "direitos à privacidade", juntamente com o direito à intimidade, à vida privada e à honra. Via de regra, as decisões judiciais têm determinado que o quantum da verba indenizatória seja arbitrado na fase de execução, por perito ligado ao ramo.

A tutela à voz não exige que esteja atrelada à imagem, podendo ganhar individualidade, para identificar o seu portador. Do mesmo modo, o direito à imagem é autônomo. Embora possa estar conexo a outros bens, como a intimidade, a identidade, a honra etc., não constitui parte integrante destes. É possível, com efeito, ofender-se a imagem sem atingir a intimidade ou a honra das pessoas.

O Superior Tribunal de Justiça tem decidido que o "retrato de uma pessoa não pode ser exposto ou reproduzido, sem o consentimento dela, em decorrência do direito à própria imagem, atributo da pessoa física e desdobramento do direito da personalidade". E, ainda, que "o uso de imagem para fins publicitários, sem autorização, pode caracterizar dano moral se a exposição é feita de forma vexatória, ridícula ou ofensiva ao decoro da pessoa retratada".

Saliente-se que o art. 20 do Código Civil não exige, em sua parte final, que a reprodução de imagem para fins comerciais, sem autorização do lesado, enseje o direito à indenização, que lhe tenha atingido a honra ou a respeitabilidade. O Superior Tribunal de Justiça, mesmo antes da entrada em vigor do novo diploma, já havia decidido, nessa linha: "Cuidando-se de direito à imagem, o ressarcimento se impõe pela só constatação de ter havido a utilização sem a devida autorização. O dano está na utilização indevida. O dano, neste caso, é a própria utilização para que a parte aufira lucro com a imagem não autorizada de outra pessoa".

1.10 Proteção à intimidade

Dispõe o art. 21 do novo Código Civil:

> ***Art. 21*** *A vida privada da pessoa natural é inviolável, e o juiz, a requerimento do interessado, adotará as providências necessárias para impedir ou fazer cessar o ato contrário a esta norma.*

O dispositivo, em consonância com o disposto no art. 5º, X, da Constituição Federal, supra referido, protege todos os aspectos da intimidade da pessoa, concedendo ao prejudicado a prerrogativa de pleitear que cesse o ato abusivo ou ilegal.

Caso o dano, material ou moral, já tenha ocorrido, o direito à indenização é assegurado expressamente pela norma constitucional mencionada.

A proteção à vida privada visa resguardar o direito das pessoas de intromissões indevidas em seu lar, em sua família, em sua correspondência, em sua economia etc. O direito de estar só, de se isolar, de exercer as suas idiossincrasias se vê hoje, muitas vezes, ameaçado pelo avanço tecnológico, pelas fotografias obtidas com teleobjetivas de longo alcance, pelas minicâmeras, pelos grampeamentos telefônicos, pelos abusos cometidos na Internet e por outros expedientes que se prestam a esse fim.

Desse modo, o art. 21 do novo diploma, retro transcrito, e o art. 5º, X, da Constituição Federal, protegem a zona espiritual íntima e reservada das pessoas, assegurando-lhes o direito ao recato e a prerrogativa de tomar as providências necessárias para impedir ou fazer cessar o ato lesivo, ou exigir a reparação do dano já consumado.

1.11 Extinção da pessoa natural

1.11.1 Extinção da pessoa

Preceitua o art. 6º do Código Civil que "a existência da pessoa natural termina com a morte; presume-se esta, quanto aos ausentes, nos casos em que a lei autoriza a abertura de sucessão definitiva". Somente com a morte real termina a existência da pessoa natural, que pode ser também simultânea (comoriência). Doutrinariamente, pode-se falar em: morte real, morte simultânea ou comoriência, morte civil e morte presumida.

1.11.2 Morte real

A morte real é apontada no art. 6º do Código Civil como responsável pelo término da existência da pessoa natural. A sua prova faz-se pelo atestado de óbito ou por ação declaratória de morte presumida, sem decretação de ausência (art. 7º), podendo, ainda, ser utilizada a "justificação para o assento de óbito" prevista no art. 88 da Lei dos Registros Públicos (Lei n. 6.015/73) quando houver certeza da morte em alguma catástrofe, não sendo encontrado o corpo do falecido.

A morte real - que ocorre com o diagnóstico de paralisação da atividade encefálica, segundo o art. 3º da Lei n. 9.434/97, que dispõe sobre o transplante de órgãos - extingue a capacidade e dissolve tudo (mors omnia solvit), não sendo mais o morto sujeito de direitos e obrigações. Acarreta a extinção do poder familiar, a dissolução do vínculo matrimonial, a abertura da sucessão, a extinção dos contratos personalíssimos, a extinção da obrigação de pagar alimentos, que se transfere aos herdeiros do devedor (CC, art. 1.700) etc.

1.11.3 Morte simultânea ou comoriência

A comoriência é prevista no art. 8º do Código Civil. Dispõe este que, se dois ou mais indivíduos falecerem na mesma ocasião (não precisa ser no mesmo lugar), não se podendo averiguar qual deles morreu primeiro, "presumir-se-ão simultaneamente mortos".

Quando duas pessoas morrem em determinado acidente, somente interessa saber qual delas morreu primeiro se uma for herdeira ou beneficiária da outra. Do contrário, inexiste qualquer interesse jurídico nessa pesquisa. O principal efeito da presunção de morte simultânea é que, não tendo havido tempo ou oportunidade para a transferência de bens entre os comorientes, um não herda do outro. Não há, pois, transferência de bens e direitos entre comorientes. Por conseguinte, se morrem em acidente casal sem descendentes e ascendentes, sem se saber qual morreu primeiro, um não herda do outro. Assim, os colaterais da mulher ficarão com a meação dela, enquanto os colaterais do marido ficarão com a meação dele.

Diversa seria a solução se houvesse prova de que um faleceu pouco antes do outro. O que viveu um pouco mais herdaria a meação do outro e, por sua morte, a transmitiria aos seus colaterais. O diagnóstico científico do momento exato da morte só pode ser feito por médico legista. Se este não puder estabelecer o exato momento das mortes, porque os corpos se encontram em adiantado estado de putrefação, por exemplo, presumir-se-á a morte simultânea, com as consequências já mencionadas. A situação de dúvida que o art. 8º pressupõe é a incerteza invencível. Tendo em vista, porém, que "o juiz apreciará livremente a prova" (CPC, art. 131), cumpre, em primeiro plano, apurar, pelos meios probatórios regulares, desde a inquirição de testemunhas até os processos científicos empregados pela medicina legal, se alguma das vítimas precedeu na morte às outras. Na falta de um resultado positivo, vigora a presunção da simultaneidade da morte, sem se atender a qualquer ordem de precedência em razão da idade ou do sexo. A presunção é, portanto, relativa (juris tantum), uma vez que pode ser elidida por laudo médico ou outra prova inequívoca de premoriência.

1.11.4 Morte presumida

Pode ser:

- com declaração de ausência; e
- sem declaração de ausência.

Morte presumida com declaração de ausência: presume-se a morte, quanto aos ausentes, nos casos em que a lei autoriza a abertura de sucessão definitiva (CC, art. 6º, 2ª parte). O art. 37 permite que os interessados requeiram a sucessão definitiva e o levantamento das cauções prestadas dez anos depois de passada em julgado a sentença que concede a abertura da sucessão provisória. Pode-se, ainda, requerer a sucessão definitiva, provando-se que o ausente conta 80 anos de idade e que de cinco datam as últimas notícias dele (art. 38).

Morte presumida sem decretação de ausência: o art. 7º do Código Civil permite a declaração de morte presumida, para todos os efeitos, sem decretação de ausência:

> *I - se for extremamente provável a morte de quem estava em perigo de vida;*
>
> *II - se alguém, desaparecido em campanha ou feito prisioneiro, não for encontrado até dois anos após o término da guerra.*

Parágrafo único. A declaração da morte presumida, nesses casos, somente poderá ser requerida depois de esgotadas as buscas e averiguações, devendo a sentença fixar a data provável do falecimento.

Quando os parentes requerem apenas a declaração de ausência, para que possam providenciar a abertura da sucessão provisória e, depois, a definitiva (CC, art. 22), não estão pretendendo que se declare a morte do ausente, mas apenas que ele se encontra desaparecido e não deixou representante para cuidar de seus negócios. Na hipótese do art. 7º retrotranscrito, pretende-se, ao contrário, que se declare a morte que se supõe ter ocorrido, sem decretação de ausência. Em ambos os casos, a sentença declaratória de ausência e a de morte presumida serão registradas em registro público (CC, art. 9º, IV).

A Lei dos Registros Públicos (Lei n. 6.015/73, art. 88) prevê um procedimento de justificação, destinado a suprir a falta do atestado de óbito, que não pode ser fornecido pelo médico em razão de o corpo do falecido não ter sido encontrado.

O procedimento a ser observado, nesse caso, é o previsto nos arts. 861 a 866 do Código de Processo Civil, específico para a justificação da existência de algum fato ou relação jurídica.

O Código Civil amplia, no art. 7º, I e II, as hipóteses de morte presumida, usando expressão genérica: "quem estava em perigo de vida". Desse modo, abrange não somente aqueles que desapareceram em alguma catástrofe como também os que estavam em perigo de vida decorrente de qualquer situação, sendo extremamente provável a sua morte. Nesse caso, somente poderá ser requerida a declaração de morte presumida "depois de esgotadas as buscas e averiguações, devendo a sentença fixar a data provável do falecimento".

Resumindo:

- **morte real:** extingue a capacidade. Ocorre com o diagnóstico de paralisação da atividade encefálica, conforme art. 3º da Lei de Transplantes (CC, art. 6º, 1ª parte);
- **morte simultânea ou comoriência:** é modalidade de morte real. Ocorre quando dois ou mais indivíduos falecem na mesma ocasião (não precisa ser no mesmo lugar), não se podendo averiguar qual deles morreu primeiro. Neste caso, presumir-se-ão simultaneamente mortos, não havendo transferência de bens e direitos sucessórios entre os comorientes (art. 8º);
- **morte civil:** existiu no direito romano, especialmente para os escravos. Há um resquício dela no art. 1.816 do Código Civil, que trata o herdeiro afastado da herança por indignidade como se ele "morto fosse antes da abertura da sucessão";
- **morte presumida:** pode ser com ou sem declaração de ausência. A declaração de ausência é requerida para que se reconheça apenas que o ausente se encontra desaparecido, autorizando-se a abertura da sucessão provisória e, depois, a definitiva (art. 6º, 2ª parte). Na hipótese do art. 7º do Código Civil, pretende-se que se declare a morte de quem "estava em perigo de vida" e que se supõe ter ocorrido, sem decretação de ausência.

1.12 Ausência (curadoria dos bens, sucessão provisória e definitiva)

Ausente é a pessoa que desaparece de seu domicílio sem dar notícia de seu paradeiro e sem deixar um representante ou procurador para administrar-lhe os bens (CC, art. 22). O Código, por meio de medidas acautelatórias, inicialmente, protege o seu patrimônio, pois quer ele esteja vivo, quer esteja morto, é importante considerar o interesse social de preservar os seus bens, impedindo que se deteriorem ou pereçam (arts. 22 a 25).

Prolongando-se a ausência e crescendo as possibilidades de que haja falecido, a proteção legal volta-se para os herdeiros, cujos interesses passam a ser considerados (arts. 25 a 38).

1.12.1 Curadoria dos bens do ausente

Constatado o desaparecimento do indivíduo, sem que tenha deixado procurador com poderes para administrar os seus bens e sem que dele haja notícia, o juiz, a requerimento de qualquer interessado ou do Ministério Público, declarará a ausência e nomear-lhe-á curador (CC, art. 22). Também será este nomeado quando o ausente deixar mandatário que não queira ou não possa exercer ou continuar o mandato ou se os seus poderes forem insuficientes (art. 23).

Dispõe o art. 25, caput, do novo diploma que "o cônjuge do ausente, sempre que não esteja separado judicialmente, ou de fato por mais de dois anos antes da declaração da ausência, será o seu legítimo curador". Em falta de cônjuge, a escolha recairá, em ordem preferencial:

- sobre os pais do ausente;
- na falta dos pais, serão chamados os descendentes (CC, art. 25, § 1º), sendo que, dentre estes, os mais próximos precedem os mais remotos (§ 2º)
- **na falta de cônjuge, pais e descendentes, o juiz nomeará pessoa idônea como curador dativo (§ 3º). Malgrado a omissão do Código, em falta de cônjuge e existindo companheira, esta deverá ser nomeada, aplicando-se o art. 226, § 3º, da Constituição Federal de 1988. Nesse sentido o Enunciado 97 da I Jornada de Direito Civil realizada pelo Conselho da Justiça Federal:** "No que tange à tutela especial da família, as regras do Código Civil que se referem apenas ao cônjuge devem ser estendidas à situação jurídica que envolve o companheirismo, como por exemplo na hipótese de nomeação de curador dos bens do ausente (art. 25 do CC)".

A situação do ausente passa por três fases:

- na primeira, subsequente ao desaparecimento, o ordenamento jurídico procura preservar os bens por ele deixados para a hipótese de seu eventual retorno, como já dito (é a fase da curadoria do ausente, em que o curador cuida de seu patrimônio);
- na segunda fase, prolongando-se a ausência, o legislador passa a preocupar-se com os interesses de seus sucessores, permitindo a abertura da sucessão provisória;
- na terceira fase, depois de longo período de ausência, é autorizada a abertura da sucessão definitiva.

Fique Ligado

Curadoria do ausente: a curadoria do ausente fica restrita aos bens, não produzindo efeitos de ordem pessoal. Equipara-se à morte (é chamada de "morte presumida") somente para o fim de permitir a abertura da sucessão, mas a esposa do ausente não é considerada viúva. Para se casar, terá de promover o divórcio, citando o ausente por edital, salvo se se tratar de pessoa voltada a atividades políticas e tiver sido promovida a justificação prevista na lei nº 6.683/1979, que concedeu anistia aos políticos envolvidos na revolução de 1964.

Comunicada a ausência ao juiz, este determinará a arrecadação dos bens do ausente e os entregará à administração do curador nomeado. A curadoria dos bens do ausente prolonga-se pelo período de um ano, durante o qual serão publicados editais, de dois em dois meses, convocando o ausente a reaparecer (CPC, art. 1.161). Deixando o ausente um representante, o prazo é estendido para três anos. Decorrido o prazo sem que o ausente reapareça ou se tenha notícia de sua morte, ou se ele deixou representante ou procurador, em se passando três anos, poderão os interessados requerer a abertura da sucessão provisória (CC, art. 26).

Cessa a curadoria:

- pelo comparecimento do ausente, do seu procurador ou de quem o represente.
- pela certeza da morte do ausente;
- pela sucessão provisória. A abertura desta, com a partilha dos bens, faz cessar, portanto, a curadoria do ausente.

1.12.2 Sucessão provisória

Presentes os pressupostos exigidos no artigo 26 do Código Civil, legitimam-se para requerer a abertura da sucessão provisória:

- o cônjuge não separado judicialmente;
- os herdeiros presumidos, legítimos ou testamentários;
- os que tiverem sobre os bens do ausente direito dependente de sua morte, como os legatários;
- os credores de obrigações vencidas e não pagas.

Apesar, novamente, da omissão do Código, não se pode negar à companheira esse direito, em face do art. 227, § 6º, da Constituição Federal e de sua eventual condição de herdeira (CC, art. 1.790).

Dispõe o art. 28 do Código Civil que "a sentença que determinar a abertura da sucessão provisória só produzirá efeito cento e oitenta dias depois de publicada pela imprensa; mas, logo que passe em julgado165, proceder-se-á à abertura do testamento, se houver, e ao inventário e partilha dos bens, como se o ausente fosse falecido". Esse prazo suplementar de seis meses é concedido ao ausente para que, ao ter conhecimento das reais e sérias consequências de seu desaparecimento, possa mudar de ideia e talvez retornar.

Os bens serão entregues aos herdeiros, porém, em caráter provisório e condicional, ou seja, desde que prestem garantias da restituição deles mediante penhores ou hipotecas equivalentes aos quinhões respectivos, em razão da incerteza da morte do ausente. Se não o fizerem, não serão imitidos na posse, ficando os respectivos quinhões sob a administração do curador ou de outro herdeiro designado pelo juiz e que preste dita garantia (CC, art. 30, § 1º). O excluído da posse provisória poderá, contudo, "justificando falta de meios, requerer lhe seja entregue metade dos rendimentos do quinhão que lhe tocaria" (art. 34). Os ascendentes, os descendentes e o cônjuge, todavia, uma vez provada a sua qualidade de herdeiros, poderão, independentemente de garantia, entrar na posse dos bens do ausente (art. 30, § 2º). Portanto, somente os colaterais estão obrigados a prestar a referida garantia. Os imóveis do ausente só se poderão alienar, não sendo por desapropriação, ou hipotecar quando o ordene o juiz, para lhes evitar a ruína (art. 31).

Prescreve o art. 33, caput, que o descendente, o ascendente ou o cônjuge que for sucessor provisório do ausente fará seus todos os frutos e rendimentos dos bens que couberem a este; os outros sucessores, ou seja, os colaterais, porém, deverão capitalizar metade desses frutos e rendimentos, na forma do disposto no art. 29, com a fiscalização do Ministério Público e prestação anual de contas ao juiz.

Cessará a sucessão provisória pelo comparecimento do ausente e converter-se-á em definitiva:

- quando houver certeza da morte do ausente;
- dez anos depois de passada em julgado a sentença de abertura da sucessão provisória;
- quando o ausente contar oitenta anos de idade e houverem decorridos cinco anos das últimas notícias suas.

1.12.3 Sucessão definitiva

Poderão os interessados, dez anos depois de passada em julgado a sentença que concedeu a abertura da sucessão provisória, requerer a definitiva e o levantamento das cauções prestadas. Também pode ser requerida a sucessão definitiva provando-se que o ausente conta oitenta anos de idade e decorreram cinco anos das últimas notícias suas (CC, arts. 37 e 38). Essa presunção leva em conta a expectativa média de vida do brasileiro, em torno dos setenta anos.

Observa-se que o prolongado período de ausência modifica a postura do legislador, que abandona a posição de preocupação com o interesse do ausente para atentar precipuamente para o interesse de seus sucessores, a quem confere a prerrogativa de pleitear a conversão da sucessão provisória em definitiva, levantando as cauções prestadas.

1.12.4 Retorno do ausente

Aberta a sucessão definitiva, os sucessores deixam de ser provisórios, adquirindo o domínio dos bens, mas de modo resolúvel, porque se o ausente regressar "nos dez anos seguintes à abertura da sucessão definitiva, ou algum de seus descendentes ou ascendentes, aquele ou estes haverão só os bens existentes no estado em que se acharem, os sub-rogados em seu lugar, ou o preço que os herdeiros e demais interessados houverem recebido pelos bens alienados depois daquele tempo" (CC, art. 39).

Pode-se dizer, na realidade, que tal sucessão, como diz Silvio Rodrigues, é quase definitiva, pois a lei ainda admite a hipótese, agora remotíssima, de retorno do ausente. E ordena que, se este reaparecer nos dez anos seguintes à abertura da sucessão definitiva, haverá "só os bens existentes e no estado em que se encontrarem. Se tais bens tiverem sido alienados, o ausente haverá o preço que os herdeiros e demais interessados tiverem por eles recebido. Se, por ordem judicial, houverem sido vendidos os bens do ausente e convertido o produto da venda em imóveis ou títulos da dívida pública, opera-se, na hipótese, a sub-rogação real, ou seja, os bens adquiridos tomam o lugar, no patrimônio do ausente, dos bens que foram alienados para com seu produto adquirir aqueles".

Se o retorno do ausente ocorrer antes, ou seja, durante o período da sucessão provisória, e ficar provado que o desaparecimento foi voluntário e injustificado, perderá ele, em favor dos sucessores, sua parte nos frutos e rendimentos (CC, art. 33, parágrafo único). Caso contrário, cessarão imediatamente as vantagens dos sucessores imitidos na posse provisória, que terão de restituí-la ao que se encontrava desaparecido, bem como tomar as medidas assecuratórias precisas, até a entrega dos bens a este (art. 36). Ao retornar o ausente no período da curadoria de seus bens, esta cessará automaticamente, recuperando ele todos os seus bens.

2 PESSOAS JURÍDICAS

A razão de ser da pessoa jurídica está na necessidade ou conveniência de os indivíduos unirem esforços e utilizarem recursos coletivos para a realização de objetivos comuns, que transcendem as possibilidades individuais. Essa constatação motivou a organização de pessoas e bens com o reconhecimento do direito, que atribui personalidade ao grupo, distinta da de cada um de seus membros, passando este a atuar na vida jurídica com personalidade própria.

A necessária individualização, com efeito, "só se efetiva se a ordem jurídica atribui personalidade ao grupo, permitindo que atue em nome próprio, com capacidade jurídica igual à das pessoas naturais". Surge, assim, "a necessidade de personalizar o grupo, para que possa proceder como uma unidade, participando do comércio jurídico com individualidade.

A pessoa jurídica é, portanto, proveniente desse fenômeno histórico e social. Consiste num conjunto de pessoas ou de bens dotado de personalidade jurídica própria e constituído na forma da lei para a consecução de fins comuns. Pode-se afirmar, pois, que pessoas jurídicas são entidades a que a lei confere personalidade, capacitando-as a serem sujeitos de direitos e obrigações.

2.1 Principal característica

A principal característica das pessoas jurídicas é a de que atuam na vida jurídica com personalidade diversa da dos indivíduos que as compõem (CC, art. 50, a contrário sensu, e art. 1.024). A nota distintiva repousa, pois, na distinção entre o seu patrimônio e o dos seus instituidores, não se confundindo a condição jurídica autonomamente conferida àquela entidade com a de seus criadores. Em vista disso, não podem, em regra, ser penhorados bens dos sócios por dívida da sociedade.

2.2 Natureza jurídica

Embora subsistam teorias que negam a existência da pessoa jurídica (teorias negativistas), não aceitando que uma associação possa ser formada por um grupo de indivíduos com personalidade própria; outras, em maior número (teorias afirmativistas), procuram explicar esse fenômeno pelo qual um grupo de pessoas passa a constituir uma unidade orgânica, com individualidade própria reconhecida pelo Estado e distinta das pessoas que a compõem.

As diversas teorias afirmativistas existentes podem ser reunidas em dois grupos:

- o das teorias da ficção; e
- o das teorias da realidade.

2.2.1 Teoria da ficção

As concepções ficcionistas, que são em grande número, desfrutaram largo prestígio no século XIX e podem ser divididas em duas categorias:

- **teoria da ficção legal:** desenvolvida por Savigny, considera a pessoa jurídica uma criação artificial da lei, um ente fictício, pois somente a pessoa natural pode ser sujeito da relação jurídica e titular de direitos subjetivos. Desse modo, só entendida como uma ficção pode essa capacidade jurídica ser estendida às pessoas jurídicas, para fins patrimoniais. Constrói-se, desse modo, uma ficção jurídica, uma abstração que, diversa da realidade, assim é considerada pelo ordenamento jurídico.
- **teoria da ficção doutrinária:** seus adeptos, dentre eles Vareilles-Sommières, afirmam que a pessoa jurídica não tem existência real, mas apenas intelectual, ou seja, na inteligência dos juristas, sendo assim uma mera ficção criada pela doutrina. É uma variação da anterior.

As teorias da ficção não são, hoje, aceitas. A crítica que se lhes faz é a de que não explicam a existência do Estado como pessoa jurídica. Dizer que o Estado é uma ficção legal ou doutrinária é o mesmo que dizer que o direito, que dele emana, também o é. Tudo quanto se encontre na esfera jurídica seria, portanto, uma ficção, inclusive a própria teoria da pessoa jurídica.

2.2.2 Teorias da realidade

Para os defensores da teoria da realidade, que representa uma reação contra a teoria da ficção, as pessoas jurídicas são realidades vivas, e não mera abstração, tendo existência própria como os indivíduos. Divergem os seus adeptos apenas no modo de apreciar essa realidade, dando origem a várias concepções, dentre as quais se destacam as seguintes:

- **teoria da realidade objetiva ou orgânica:** sustenta que a pessoa jurídica é uma realidade sociológica, ser com vida própria, que nasce por imposição das forças sociais. De origem germânica (Gierke e Zitelmann), proclama que a vontade, pública ou privada, é capaz de dar vida a um organismo, que passa a ter existência própria, distinta da de seus membros, capaz de tornar-se sujeito de direito, real e verdadeiro.

Fique Ligado

A crítica que se faz a essa teoria é que ela não esclarece como os grupos sociais, que não têm vida própria e personalidade, que é característica do ser humano, podem adquiri-la e se tornarem sujeitos de direitos e obrigações. Ademais, reduz o papel do estado a mero conhecedor de realidades já existentes, desprovido de maior poder criador.

- **teoria da realidade jurídica ou institucionalista:** defendida por Hauriou, assemelha-se à da realidade objetiva pela ênfase dada ao aspecto sociológico. Considera as pessoas jurídicas como organizações sociais destinadas a um serviço ou ofício e, por isso, personificadas. Parte da analise das relações sociais, não da vontade humana, constatando a existência de grupos organizados para a realização de uma ideia socialmente útil, as instituições, sendo estas grupos sociais dotados de ordem e organização próprias.

Fique Ligado

Essa teoria merece a mesma crítica feita à teoria anteriormente comentada. Nada esclarece sobre as sociedades que se organizam sem a finalidade de prestar um serviço ou de preencher um ofício nem sobre aquelas infensas ao poder autonormativo do grupo, como as fundações, cuja constituição decorre fundamentalmente da vontade do instituidor.

- **teoria da realidade técnica:** seus adeptos, especialmente Saleilles e Colin e Capitant, entendem que a personificação dos grupos sociais é expediente de ordem técnica, a forma encontrada pelo direito para reconhecer a existência de grupos de indivíduos que se unem na busca de fins determinados. A personificação é atribuída a grupos em que a lei reconhece vontade e objetivos próprios. O Estado, reconhecendo a necessidade e a conveniência de que tais grupos sejam dotados de personalidade própria para poder participar da vida jurídica nas mesmas condições das pessoas naturais, outorga-lhes esse predicado. A personalidade jurídica é, portanto, um atributo que o Estado defere a certas entidades havidas como merecedoras dessa benesse por observarem determinados requisitos por ele estabelecidos.

Fique Ligado

Apesar de essa teoria ser positivista e, assim, desvinculada de pressupostos materiais, é a que melhor explica o fenômeno pelo qual um grupo de pessoas, com objetivos comuns, pode ter personalidade própria, que não se confunde com a de cada um de seus membros e, portanto, a que melhor segurança oferece. É a teoria adotada pelo direito brasileiro, como se depreende do art. 45 do código civil, que disciplina o começo da existência legal das pessoas jurídicas de direito privado, bem como dos arts. 51, 54, VI, 61, 69 e 1.033 do mesmo diploma.

2.3 Classificação e constituição da pessoa jurídica

2.3.1 Requisitos para a constituição da pessoa jurídica

A formação da pessoa jurídica exige uma pluralidade de pessoas ou de bens e uma finalidade específica (elementos de ordem material), bem como um ato constitutivo e respectivo registro no órgão competente (elemento formal). Pode-se dizer que são três os requisitos para a constituição da pessoa jurídica.

A vontade humana, que significa a intenção de criar uma entidade distinta da de seus membros, materializa-se no ato de constituição, que deve ser escrito. São necessárias duas ou mais pessoas com vontades convergentes, ligadas por uma intenção comum.

O ato constitutivo é requisito formal exigido pela lei e se denomina:

- estatuto, em se tratando de associações, que não têm fins lucrativos;
- contrato social, no caso de sociedades, simples ou empresárias, antigamente denominadas civis e comerciais; e
- escritura pública ou testamento, em se tratando de fundações (CC, art. 62).

O ato constitutivo deve ser levado a registro para que comece, então, a existência legal da pessoa jurídica de direito privado (CC, art. 45). Antes do registro, não passará de mera "sociedade de fato" ou "sociedade não personificada", equiparada por alguns ao nascituro, que já foi concebido mas que só adquirirá personalidade se nascer com vida. No caso da pessoa jurídica, se o seu ato constitutivo for registrado. O registro será precedido, quando necessário, de autorização ou aprovação do Poder Executivo.

A licitude de seu objetivo é indispensável para a formação da pessoa jurídica. Deve ele ser, também, determinado e possível. Nas sociedades em geral, civis ou comerciais, o objetivo é o lucro pelo exercício da atividade. Nas fundações, os fins podem ser religiosos, morais, culturais ou de assistência (CC, art. 62, parágrafo único), admitindo-se possam elas se prestar a outras finalidades, desde que afastado o caráter lucrativo. Nesse sentido o Enunciado 9 da Jornada de Direito Civil promovida pelo Conselho de Justiça Federal (V. item 5.4.4.3.3, infra). E nas associações, de fins não econômicos (art. 53), os objetivos colimados são de natureza cultural, educacional, esportiva, religiosa, filantrópica, recreativa, moral etc. Objetivos ilícitos ou nocivos constituem causa de extinção da pessoa jurídica (art. 69).

A existência das pessoas jurídicas de direito público decorre, todavia, de outros fatores, como a lei e o ato administrativo, bem como de fatos históricos, de previsão constitucional e de tratados internacionais, sendo regidas pelo direito púbico, e não pelo Código Civil.

2.3.2 Começo da existência legal

O impulso volitivo, coletivo nas associações e sociedades e individual nas fundações, formaliza-se no ato constitutivo, como já dito, que pode ser contrato social ou estatuto, de acordo com a espécie de pessoa jurídica a ser criada (conforme tenha ou não fins lucrativos – CC, art. 981). Essa manifestação anímica deve observar os requisitos de validade dos negócios jurídicos exigidos no art. 104 do Código Civil.

A declaração de vontade pode revestir-se de forma pública ou particular (CC, art. 997), exceto no caso das fundações, que só podem ser criadas por escritura pública ou testamento (CC, art. 62). Certas pessoas jurídicas, por estarem ligadas a interesses de ordem coletiva, ainda dependem, como visto, de prévia autorização ou aprovação do Governo Federal, como empresas estrangeiras, agências ou estabelecimentos de seguros, caixas econômicas, cooperativas, instituições financeiras, sociedades de exploração de energia elétrica, de riquezas minerais, de empresas jornalísticas etc. (CF, arts. 21, XII, b; 192, I, II, IV; 176, § 1º; e 223).

2.3.3 Registro do ato constitutivo

A existência legal, no entanto, das pessoas jurídicas de direito privado só começa efetivamente com o registro de seu ato constitutivo no órgão competente. Dispõe, com efeito, o art. 45 do Código Civil:

> ***Art. 45*** *Começa a existência legal das pessoas jurídicas de direito privado com a inscrição do ato constitutivo no respectivo registro, precedida, quando necessário, de autorização ou aprovação do Poder Executivo, averbando-se no registro todas as alterações por que passar o ato constitutivo.*

O registro do contrato social de uma sociedade empresária é feito na Junta Comercial, que mantém o Registro Público de Empresas Mercantis. Os estatutos e os atos constitutivos das demais pessoas jurídicas de direito privado são registrados no Cartório de Registro Civil das Pessoas Jurídicas, como dispõem os arts. 1.150 do Código Civil e 114 da Lei nº 6.015/1973 (Lei dos Registros Públicos). Já os das sociedades simples de advogados só podem ser registrados na Ordem dos Advogados do Brasil (OAB) (EOAB, arts. 15 e 16, § 3º).

O registro no órgão competente, além de servir de prova, tem, pois, natureza constitutiva, por ser atributivo da personalidade, da capacidade jurídica. Em casos especiais de necessidade de autorização do governo, o registro só será efetivado depois da chancela ter sido expressa e previamente obtida, sob pena de nulidade do ato. A capacidade jurídica adquirida com o registro estende-se a todos os campos do direito, não se limitando à esfera patrimonial. O art. 52 do Código Civil dispõe, com efeito, que "a proteção aos direitos da personalidade" aplica-se às pessoas jurídicas. Têm, portanto, direito ao nome, à boa reputação, à própria existência, bem como a serem proprietárias e usufrutuárias (direitos reais), a contratarem (direitos obrigacionais) e adquirirem bens por sucessão causa mortis.

Os direitos e deveres das pessoas jurídicas decorrem dos atos de seus diretores no âmbito dos poderes que lhes são concedidos no ato constitutivo. Preceitua o art. 47 do Código Civil a propósito:

> ***Art. 47*** *Obrigam a pessoa jurídica os atos dos administradores, exercidos nos limites de seus poderes definidos no ato constitutivo.*

O cancelamento do registro da pessoa jurídica, nos casos de dissolução ou cassação da autorização para seu funcionamento, não se promove, mediante averbação, no instante em que é dissolvida, mas depois de encerrada sua liquidação (CC, art. 51). O direito de anular a sua constituição por defeito do ato respectivo pode ser exercido dentro do prazo decadencial de três anos, contado da publicação e sua inscrição no registro (art. 45, parágrafo único).

2.3.4 Grupos com personificação anômala

Há determinadas entidades com muitas das características das pessoas jurídicas, mas que não chegam a ganhar a sua personalidade.

Constituem um simples agrupamento, sem que haja a affectio societatis, porque são formados independentemente da vontade de seus membros ou por ato jurídico que vincule um corpo de bens.

Assim, faltam-lhes requisitos imprescindíveis à personificação, embora, na maioria das vezes, tenham representação processual, podendo figurar no processo como partes ativas ou passivas.

São as principais:

- massa falida;
- herança falida;
- herança jacente e herança vacante;
- espólio;
- sociedade em comum;
- condomínio.

2.4 Desconsideração da personalidade jurídica

O ordenamento jurídico confere às pessoas jurídicas personalidade distinta da dos seus membros. Esse princípio da autonomia patrimonial possibilita que sociedades empresárias sejam utilizadas como instrumento para a prática de fraudes e abusos de direito contra credores, acarretando-lhes prejuízos. Pessoas inescrupulosas têm-se aproveitado desse princípio com a intenção de se locupletarem em detrimento de terceiros, utilizando a pessoa jurídica como uma espécie de "capa" ou "véu" para proteger os seus negócios escusos.

A reação a esses abusos ocorreu em diversos países, dando origem à teoria da desconsideração da personalidade jurídica.

Tal teoria permite que o juiz, em casos de fraude e de má-fé, desconsidere o princípio de que as pessoas jurídicas têm existência distinta da de seus membros e os efeitos dessa autonomia para atingir e vincular os bens particulares dos sócios à satisfação das dívidas da sociedade.

A decisão judicial que desconsidera a personalidade jurídica da sociedade não desfaz o seu ato constitutivo, não o invalida, nem importa a sua dissolução. Trata, apenas e rigorosamente, de suspensão episódica da eficácia desse ato. Quer dizer, a constituição da pessoa jurídica não produz efeitos apenas no caso em julgamento, permanecendo válida e inteiramente eficaz para todos os outros fins.

Em suma, a aplicação da teoria da desconsideração não importa dissolução ou anulação da sociedade".

Cumpre distinguir, pois, despersonalização de desconsideração da personalidade jurídica. A primeira acarreta a dissolução da pessoa jurídica ou a cassação da autorização para seu funcionamento, enquanto na segunda "subsiste o princípio da autonomia subjetiva da pessoa coletiva, distinta da pessoa de seus sócios ou componentes, mas essa distinção é afastada, provisoriamente e tão só para o caso concreto".

2.4.1 Teorias "maior" e "menor" da desconsideração

A doutrina e a jurisprudência reconhecem a existência, no direito brasileiro, de duas teorias da desconsideração:

- a teoria maior, que prestigia a contribuição doutrinária e em que a comprovação da fraude e do abuso por parte dos sócios constitui requisito para que o juiz possa ignorar a autonomia patrimonial das pessoas jurídicas;
- a teoria menor, que considera o simples prejuízo do credor motivo suficiente para a desconsideração. Esta última não se preocupa em verificar se houve ou não utilização fraudulenta do princípio da autonomia patrimonial, nem se houve ou não abuso da personalidade. Se a sociedade não possui patrimônio, mas o sócio é solvente, isso basta para responsabilizá-lo por obrigações daquela.

2.4.1.1 Teoria maior

A teoria maior, por sua vez, divide-se em:

- objetiva, para a qual a confusão patrimonial constitui o pressuposto necessário e suficiente da desconsideração. Basta, para tanto, a constatação da existência de bens de sócio registrados em nome da sociedade e vice-versa;
- subjetiva, que não prescinde, todavia, do elemento anímico presente nas hipóteses de desvio de finalidade e de fraude. É pressuposto inafastável para a desconsideração o abuso da personalidade jurídica.

Foi adotada, aparentemente, a linha objetivista de Fábio Konder Comparato, que não se limita às hipóteses de fraude e abuso, de caráter subjetivo e de difícil prova.

Segundo a concepção objetiva, o pressuposto da desconsideração se encontra, precipuamente, como dito, na confusão patrimonial. Desse modo, se pelo exame da escrituração contábil e das contas bancárias apurar-se que a sociedade paga dívidas do sócio, que este recebe créditos dela, ou o inverso, ou constatar-se a existência de bens de sócio registrados em nome da sociedade, e vice-versa, comprovada estará a referida confusão.

Nessa linha, têm os tribunais determinado a desconsideração da personalidade jurídica nos casos em que a promiscuidade patrimonial é demonstrada, autorizando a penhora de bens dos sócios, pois se trata de eloquente indicativo de fraude. A doutrina, em geral, considera, no entanto, que o art. 28 e § 5º do Código de Defesa do Consumidor, o art. 4º da Lei do Meio Ambiente e o art. 18 da Lei Antitruste adotaram a teoria menor, contentando-se com a demonstração do mero prejuízo do credor para o deferimento do pedido de desconsideração da personalidade jurídica.

2.4.2 Desconsideração inversa

Caracteriza-se a desconsideração inversa quando é afastado o princípio da autonomia patrimonial da pessoa jurídica para responsabilizar a sociedade por obrigação do sócio, por exemplo, na hipótese de um dos cônjuges, ao adquirir bens de maior valor, registrá-los em nome de pessoa jurídica sob seu controle para livrá-los da partilha a ser realizada nos autos da separação judicial. Ao se desconsiderar a autonomia patrimonial, será possível responsabilizar a pessoa jurídica pelo devido ao ex-cônjuge do sócio.

É comum verificar, nas relações conjugais e de uniões estáveis, que os bens adquiridos para uso dos consortes ou companheiros, móveis e imóveis, encontram-se registrados em nome de empresas de que participa um deles.

É fácil encontrar, nas relações afetivas entre marido e mulher, "manobras fraudatórias de um dos cônjuges que, valendo-se da estrutura societária, esvazia o patrimônio da sociedade conjugal em detrimento do outro (no mais das vezes o marido em prejuízo da esposa) e, assim, com colaboração de terceiro, reduzem a zero o patrimônio do casal".

Não raras vezes, também, o pai esconde seu patrimônio pessoal na estrutura societária da pessoa jurídica, com o reprovável propósito de esquivar-se do pagamento de pensão alimentícia devida ao filho. A aplicação da teoria da desconsideração da pessoa jurídica, quando se configurar o abuso praticado pelo marido, companheiro ou genitor em detrimento dos legítimos interesses de seu cônjuge, companheiro ou filho, constituirá um freio às fraudes e abusos promovidos sob o véu protetivo da pessoa jurídica.

Igualmente no campo do direito das sucessões podem ocorrer abusos que justificam a aplicação da aludida teoria, especialmente nas hipóteses de utilização de pessoas jurídicas por genitores que pretendem beneficiar alguns filhos em detrimento de outros, frustrando o direito à herança destes. A aplicação da teoria da desconsideração inversa poderá também ser invocada pelo prejudicado para obter o reconhecimento de seu direito integral à herança.

2.5 Responsabilidade e extinção das pessoas jurídicas

No âmbito civil, a responsabilidade da pessoa jurídica pode ser contratual e extracontratual, sendo para esse fim equiparada à pessoa natural.

Na órbita contratual essa responsabilidade, de caráter patrimonial, emerge do art. 389 do Código Civil: "Não cumprida a obrigação, responde o devedor por perdas e danos, mais juros e atualização monetária segundo índices oficiais regularmente estabelecidos, e honorários de advogado". Também o Código de Defesa do Consumidor responsabiliza de forma objetiva as pessoas jurídicas pelo fato e por vício do produto e do serviço (arts. 12 e s. e 18 e s.).

No campo extracontratual, a responsabilidade delitual ou aquiliana provém dos arts. 186, 187 e 927, bem como dos arts. 932, III, e 933 do Código Civil, que reprimem a prática de atos ilícitos e estabelecem, para o seu autor, a obrigação de reparar o prejuízo causado, impondo a todos, indiretamente, o dever de não lesar a outrem.

No sistema da responsabilidade subjetiva, deve haver nexo de causalidade entre o dano indenizável e o ato ilícito praticado pelo agente. Só responde pelo dano, em princípio, aquele que lhe der causa. É a responsabilidade por fato próprio, que deflui do art. 186 do Código Civil. A lei, entretanto, estabelece alguns casos em que o agente deve suportar as consequências do fato de terceiro. Nesse particular, estabelece o art. 932, III, do Código Civil, que são também responsáveis pela reparação civil "o empregador ou comitente, por seus empregados, serviçais e prepostos, no exercício do trabalho que lhes competir, ou em razão dele". Acrescenta o art. 933 que essa responsabilidade independe de culpa, sendo, portanto, objetiva.

Há outros casos de responsabilidade objetiva no diploma civil, podendo ser lembrados os previstos nos arts. 929, 930, 936, 937, 938, 939 e 940, bem como o parágrafo único do art. 927, que trata da obrigação de reparar o dano, independentemente de culpa, nos casos especificados em lei, ou quando a atividade normalmente desenvolvida pelo autor do dano implicar, por sua natureza, risco para os direitos de outrem. Inúmeras leis esparsas também sancionam a responsabilidade objetiva: a Lei de Acidentes do Trabalho, o Código Brasileiro de Aeronáutica, a Lei n. 6.938/81 (que cuida dos danos causados ao meio ambiente), o Código de Defesa do Consumidor e outras.

Toda pessoa jurídica de direito privado, tenha ou não fins lucrativos, responde pelos danos causados a terceiros, qualquer que seja a sua natureza e os seus fins (corporações e fundações). Sobreleva a preocupação em não deixar o dano irressarcido. Responde, assim, a pessoa jurídica civilmente pelos atos de seus dirigentes ou administradores, bem como de seus empregados ou prepostos que, nessa qualidade, causem dano a outrem.

A pessoa jurídica de direito privado responde como preponente pelos atos de seus empregados ou prepostos (responsabilidade por fato de terceiro), como também pelos de seus órgãos (diretores, administradores, assembleias etc.), o que vai dar na responsabilidade direta ou por fato próprio.

A responsabilidade direta da pessoa jurídica coexiste com a responsabilidade individual do órgão culposo. Em consequência, a vítima pode agir contra ambos. Já se decidiu que "o administrador de pessoa jurídica só responde civilmente pelos danos causados pela empresa a terceiros quando tiver agido com dolo ou culpa, ou, ainda, com violação da lei ou dos estatutos".

2.5.1 Responsabilidade das pessoas jurídicas de direito público

A responsabilidade civil das pessoas jurídicas de direito público passou por diversas fases: a) a da irresponsabilidade do Estado, representada pela frase universalmente conhecida: The King can do not wrong; b) a civilista, representada pelo art. 15 do Código Civil de 1916 , que responsabilizava civilmente as pessoas jurídicas de direito público pelos atos de seus representantes, que nessa qualidade causassem danos a terceiros. Nessa fase, a vítima tinha o ônus de provar culpa ou dolo do funcionário. Assegurou-se ao Estado ação regressiva contra este último; c) a publicista, a partir de 1946, quando a questão passou a ser tratada em nível de direito público, regulamentada na Constituição Federal. A responsabilidade passou a ser objetiva, mas na modalidade do risco administrativo (não na do risco integral, em que o Estado responde em qualquer circunstância), sendo tranquila nesse sentido a atual jurisprudência.

Assim, a vítima não tem mais o ônus de provar culpa ou dolo do funcionário. Mas se admite a inversão do ônus da prova. O Estado exonerar-se-á da obrigação de indenizar se provar culpa exclusiva da vítima, força maior ou fato exclusivo de terceiro. Em caso de culpa concorrente da vítima, a indenização será reduzida pela metade.

Se total a culpa da vítima, fica excluída a responsabilidade da Fazenda Pública; se parcial, reparte-se o 'quantum' da indenização.

Atualmente, o assunto está regulamentado no art. 37, § 6º, da Constituição Federal, que trouxe duas inovações em relação às Constituições anteriores: substituiu a expressão "funcionários" por "agentes", mais ampla, e estendeu essa responsabilidade objetiva às pessoas jurídicas de direito privado prestadoras de serviço público, como as concessionárias e as sociedades privadas permissionárias, por exemplo.

O novo Código Civil tratou do assunto no art. 43, verbis: "As pessoas jurídicas de direito público interno são civilmente responsáveis por atos dos seus agentes que nessa qualidade causem danos a terceiros, ressalvado direito regressivo contra os causadores do dano, se houver, por parte destes, culpa ou dolo". Acrescentou, apenas, a palavra "interno", não trazendo nenhuma inovação, mesmo porque, como já se afirmou, esta matéria é hoje tratada em nível constitucional.

Tem sido decidido, em face do texto constitucional, que a "pessoa jurídica de direito privado, na qualidade de concessionária de serviço público, responde imediata e diretamente pelos danos que as empresas contratadas causarem a terceiros, não se necessitando indagar da culpa ou dolo, pois sua responsabilidade está ancorada na culpa objetiva e surge do fato lesivo, conforme dispõe o art. 37, § 6º, da Constituição Federal.

Desse modo, o Estado responde apenas subsidiariamente, e não solidariamente, pelos danos causados pela prestadora de serviços públicos, uma vez exauridos os recursos financeiros e o patrimônio desta. A má escolha da entidade acarreta a responsabilidade subsidiária do Estado, caso aquela se torne insolvente.

Pode o Estado alegar, além da força maior (danos inevitáveis, decorrentes de fenômenos da natureza, como raio, tempestade etc.), da culpa da vítima, exclusiva ou concorrente também o fato exclusivo de terceiro, pois a Constituição Federal o responsabiliza objetivamente apenas pelos danos que os seus agentes causarem a outrem, agindo nessa qualidade.

Não o responsabiliza por atos praticados por terceiros, como assaltos em via pública, atos predatórios etc., que não são causados por seus agentes. A Constituição não adotou a teoria do risco integral.

O Poder Público só poderá ser responsabilizado nesses casos se restar provado que a sua omissão concorreu diretamente para o dano, deixando de realizar obras ou de tomar outras providências indispensáveis, que lhe incumbiam (se os policiais, p. ex., alertados a tempo, omitiram-se e, negligentemente, nenhuma providência tomaram para evitar o assalto). Neste caso, a responsabilidade estatal será definida pela teoria da culpa anônima da administração.

Assim, em caso de furto de veículo estacionado nas imediações de feira livre, em que se alegava falha no serviço de policiamento em logradouros públicos, a ação foi julgada improcedente em virtude da inexistência da demonstração de imperícia ou descuido dos agentes responsáveis pela segurança pública.

Embora alguns autores afirmem que a ação só pode ser movida contra a pessoa jurídica e não contra o funcionário, o Supremo Tribunal Federal já decidiu que esse entendimento se aplica unicamente às ações fundadas na responsabilidade objetiva. Mas, se o autor se dispõe a provar a culpa ou dolo do servidor (responsabilidade subjetiva), abrindo mão de uma vantagem, poderá movê-la diretamente contra o causador do dano, principalmente porque a execução contra o particular é menos demorada. Se preferir movê-la contra ambos, terá também de arcar com o ônus de descrever a modalidade de culpa do funcionário e de provar a sua existência.

O Superior Tribunal de Justiça tem proclamado ser possível, por expressa disposição legal e constitucional, a denunciação da lide ao funcionário, mesmo que o Estado, na contestação, alegue culpa exclusiva da vítima, sendo defeso ao juiz condicioná-la à confissão de culpa do denunciante.

Tem repelido, portanto, a corrente restritivista, que não admite a denunciação da lide nesses casos, porque a discussão sobre a culpa ou dolo na lide secundária (entre o Estado e o seu funcionário, regressivamente) significaria introduzir um elemento novo na demanda, retardando a solução da lide principal entre a vítima e o Estado.

2.5.2 Responsabilidade por atos omissivos

Cabe ação contra o Estado mesmo quando não se identifique o funcionário causador do dano, especialmente nas hipóteses de omissão da administração. Estes casos são chamados de "culpa anônima" da administração (enchentes em São Paulo, que não foram solucionadas pelas diversas administrações, p. ex.).

O Supremo Tribunal Federal já decidiu que a atividade administrativa a que alude o art. 37, § 6º, da Constituição Federal, abrange tanto a conduta comissiva como a omissiva. No último caso, desde que a omissão seja a causa direta e imediata do dano.

Um dos julgamentos refere-se a acidente ocorrido nas dependências de escola municipal, por omissão da administração em evitar que uma criança, durante o recreio, atingisse o olho de outra, acarretando-lhe a perda total do globo ocular direito.

A ação deve ser proposta dentro do prazo prescricional de três anos (CC, art. 206, § 3º, V). Decidiu o Superior Tribunal de Justiça, antes da vigência do atual estatuto civil, que, se o ato do qual pode exsurgir a responsabilidade civil do Estado está sendo objeto de processo criminal, "o lapso prescricional da ação de reparação de danos começa a fluir, excepcionalmente, da data do trânsito em julgado da sentença penal, à qual o próprio Código de Processo Civil confere executoriedade (art. 584, II)".

Essa orientação foi acolhida no art. 200 do novo Código Civil, que dispõe: "Quando a ação se originar de fato que deva ser apurado no juízo criminal, não correrá a prescrição antes da respectiva sentença definitiva".

2.5.3 Extinção da pessoa jurídica

As pessoas jurídicas nascem, desenvolvem-se, modificam-se e extinguem-se. Nas sociedades comerciais, as modificações compreendem a transformação, a incorporação e a fusão. As sociedades civis devem manter a forma específica.

O começo da existência legal das pessoas jurídicas de direito privado se dá com o registro do ato constitutivo no órgão competente (CC, art. 45), mas o seu término pode decorrer de diversas causas, especificadas nos arts. 54, VI, segunda parte, 69, 1.028, II, e 1.033 e s. O ato de dissolução pode assumir quatro formas distintas, conforme a natureza e a origem, correspondentes às seguintes modalidades de extinção:

- Convencional - por deliberação de seus membros, conforme quorum previsto nos estatutos ou na lei. A vontade humana criadora, hábil a gerar uma entidade com personalidade distinta da de seus membros, é também capaz de extingui-la. Dispõe o art. 1.033 do Código Civil que a sociedade se dissolve quando ocorrer a "deliberação dos sócios, por maioria absoluta, na sociedade de prazo indeterminado" (inciso III).
- Legal - em razão de motivo determinante na lei (arts. 1.028, II, 1.033 e 1.034), como, verbi gratia, a decretação da falência (Lei n. 11.101, de 9-2-2005), a morte dos sócios 122 (CC, art. 1.028) ou desaparecimento do capital, nas sociedades de fins lucrativos. As associações, que não os têm, não se extinguem pelo desaparecimento do capital, que não é requisito de sua existência.

- Administrativa - quando as pessoas jurídicas dependem de autorização do Poder Público e esta é cassada (CC, art. 1.033), seja por infração a disposição de ordem pública ou prática de atos contrários aos fins declarados no seu estatuto (art. 1.125), seja por se tornar ilícita, impossível ou inútil a sua finalidade (art. 69, primeira parte). Pode, nesses casos, haver provocação de qualquer do povo ou do Ministério Público (CPC de 1939, art. 676, que continua em vigor, juntamente com todo o procedimento para a dissolução e liquidação da sociedade, por força do disposto no art. 1.218 do atual diploma processual).
- Judicial - quando se configura algum dos casos de dissolução previstos em lei ou no estatuto, especialmente quando a entidade se desvia dos fins para que se constituiu, mas continua a existir, obrigando um dos sócios a ingressar em juízo.

O processo de extinção da pessoa jurídica realiza-se pela dissolução e pela liquidação. Esta refere-se ao patrimônio e concerne ao pagamento das dívidas e à partilha entre os sócios. Se o destino dos bens não estiver previsto no ato constitutivo, a divisão e a partilha serão feitas de acordo com os princípios que regem a partilha dos bens da herança.

Dispõe o art. 51 do Código Civil que, nos casos de dissolução da pessoa jurídica ou cassada a autorização para seu funcionamento, "ela subsistirá para os fins de liquidação, até que esta se conclua". O cancelamento da inscrição da pessoa jurídica no registro não se promove, portanto, quando ela é dissolvida, mas depois de encerrada sua liquidação. Segundo o § 3º do mencionado art. 51, somente após o encerramento da liquidação "promover-se-á o cancelamento da inscrição da pessoa jurídica".

A jurisprudência, inclusive do Supremo Tribunal Federal, já vinha afirmando que a sociedade dissolvida permanece na integralidade de sua personalidade até o final da liquidação, apenas para o término das negociações pendentes. O art. 51 do novo diploma reafirma, pois, tese acolhida na jurisprudência, sobre a intangibilidade da personalidade jurídica até o final da liquidação, que se mostra conforme o precedente art. 207 da Lei das Sociedades Anônimas, ao dispor que a companhia dissolvida conserva a personalidade jurídica até a extinção, com o fim de proceder à liquidação.

3 ATOS, FATOS E NEGÓCIOS JURÍDICOS

Todo acontecimento, natural ou humano, que determine a ocorrência de efeitos constitutivos, modificativos ou extintivos de direitos e obrigações, na órbita do direito, denomina-se fato jurídico.

Fato jurídico seria todo acontecimento em virtude do qual começam ou terminam as relações jurídicas.

Indiscutivelmente, trata-se de conceito basilar, verdadeira causa genética das relações jurídicas, e, bem assim, dos direitos e obrigações aí compreendidos. Fora da noção de fato jurídico, pouca coisa existe ou importa para o direito.

3.1 Conceito de fato jurídico em sentido amplo

Fato jurídico, em sentido amplo, seria todo acontecimento natural ou humano capaz de criar, modificar, conservar ou extinguir relações jurídicas.

Nesse diapasão, conclui-se facilmente que a noção de fato jurídico, entendido como o evento concretizador da hipótese contida na norma, comporta, em seu campo de abrangência, não apenas os acontecimentos naturais (fatos jurídicos em sentido estrito), mas também as ações humanas lícitas ou ilícitas (ato jurídico em sentido amplo e ato ilícito, respectivamente), bem como aqueles fatos em que, embora haja atuação humana, esta é desprovida de manifestação de vontade, mas mesmo assim produz efeitos jurídicos (ato-fato jurídico).

3.2 Classificação dos fatos jurídicos em sentido amplo

Assim, a despeito das controvérsias existentes, podemos decompor o fato jurídico, visualizando-o esquematicamente da seguinte forma: Essa nossa classificação dos fatos jurídicos toma por base o próprio ser humano enquanto sujeito destinatário da norma jurídica e agente de sua aplicação.

Assim, parte-se dos fatos - ordinários ou extraordinários - em que a intervenção humana é inexistente (fatos jurídicos stricto sensu), passando por aquelas situações em que, embora a atuação do homem seja da substância do fato jurídico, não importa para a norma se houve, ou não, manifestação de vontade em praticá-lo (ato-fato jurídico) até chegar, finalmente, nas situações em que se destaca juridicamente a ação da pessoa, seja com consequências jurídicas impostas pela lei e não escolhidas pelas partes (ato jurídico stricto sensu ou meramente lícito), seja pela regulamentação da autonomia privada (negócio jurídico).

Não esquecemos, obviamente, da atuação humana com efeitos não desejados pelo ordenamento jurídico (ato ilícito), que, por produzir efetivamente reflexos no mundo do Direito, não pode deixar de ser analisada quando do estudo dos fatos jurídicos.

Note-se, inclusive, que respeitável corrente doutrinária esposa entendimento no sentido de que deveriam subsumir-se na categoria dos atos jurídicos em sentido amplo.

Para tanto, argumenta-se que, mesmo atuando contrariamente à ordem jurídica, a conduta humana deflagraria efeitos relevantes para o direito, razão pela qual não se lhe poderia negar o qualificativo (de ato) jurídico. Embora não ignoremos a ideia, preferível é, não apenas por força do específico tratamento legal dado à matéria (arts. 186 e 187 do CC-02 e art. 159 do CC-16), mas também, e sobretudo, por imperativo metodológico, reconhecer posição própria para as ações desvaliosas (ilícitas), sem confundi-la com a definição de ato jurídico lícito.

3.3 Fato jurídico em sentido estrito

Considera-se fato jurídico em sentido estrito todo acontecimento natural, determinante de efeitos na órbita jurídica.

Mas nem todos os acontecimentos alheios à atuação humana merecem esse qualificativo. Uma chuva em alto-mar, por exemplo, é fato da natureza estranho para o Direito.

Todavia, se a precipitação ocorre em zona urbana, causando graves prejuízos a determinada construção, objeto de um contrato de seguro, deixa de ser um simples fato natural, e passa a ser um fato jurídico, qualificado pelo Direito.

Isso porque determinará a ocorrência de importantes efeitos obrigacionais entre o proprietário e a companhia seguradora, que passou a ser devedora da indenização estipulada simplesmente pelo advento de um fato da natureza.

Os fatos jurídicos em sentido estrito, por sua vez, subdividem-se em:

- ordinários;
- **extraordinários. Os fatos jurídicos ordinários são fatos da natureza de ocorrência comum, costumeira, cotidiana:** o nascimento, a morte, o decurso do tempo.

Os segundos, porém, ganham destaque pela nota da extraordinariedade, por serem inesperados, às vezes imprevisíveis: um terremoto, uma enchente, o caso fortuito e a força maior.

3.4 Ato-fato jurídico

Outra especial categoria, que guarda caracteres inconfundíveis, é a dos atos-fatos jurídicos.

A ausência de uma previsão legal específica sobre o ato-fato jurídico tem gerado um efeito comum em vários manuais de Teoria Geral de Direito Civil, que praticamente ignoram o instituto.

Todavia, não há como deixar de reconhecer a sua existência, principalmente se tomarmos como base as obras fundamentais dos Mestres Pontes de Miranda e Marcos Bernardes de Mello.

Com efeito, o ato-fato jurídico nada mais é do que um FATO JURÍDICO qualificado pela atuação humana.

Não seria uma contradição dizer que se trata de um fato, mas, mesmo assim, se exige a intervenção do indivíduo?

Não, dizemos nós! No ato-fato jurídico, o ato humano é realmente da substância desse fato jurídico, mas não importa para a norma se houve, ou não, intenção de praticá-lo.

O que se ressalta, na verdade, é a consequência do ato, ou seja, o fato resultante, sem se dar maior significância se houve vontade ou não de realizá-lo.

A ideia que deve presidir a compreensão dos atos-fatos jurídicos é a de que, para a sua caracterização, a vontade humana é irrelevante, pois é o fato humano, por si só, que goza de importância jurídica e eficácia social.

Excelente exemplo de ato-fato jurídico encontramos na compra e venda feita por crianças. Ninguém discute que a criança, ao comprar o doce no boteco da esquina, não tem a vontade direcionada à celebração do contrato de consumo. Melhor do que considerar, ainda que apenas formalmente, esse ato como negócio jurídico, portador de intrínseca nulidade por força da incapacidade absoluta do agente, é enquadrá-lo na noção de ato-fato jurídico, dotado de ampla aceitação social.

Doutrinariamente, podemos classificá-los em três espécies distintas:

- **Atos reais:** nessa categoria enquadram-se os atos humanos de que resultam circunstâncias fáticas, geralmente irremovíveis. Pouco importa, para o Direito, se houve vontade na procura do tesouro ou na pintura de uma tela, pois o que interessa é o resultado que se obteve, indiferentemente de ter havido ou não vontade em obtê-lo.

  Assim, um louco, que pinta quadros, adquire sua propriedade (especificação), o mesmo ocorrendo com uma criança que descobre tesouro enterrado no quintal (invenção). Independentemente de terem querido ou não, ou mesmo se poderiam manifestar vontade, adquirem a propriedade. Tal aquisição será decorrente de um ato-fato jurídico.

- **Atos-fatos jurídicos indenizativos:** nessa espécie estão as situações em que de um ato humano lícito (ou seja, não contrário ao Direito) decorre prejuízo a terceiro, com dever de indenizar. É o caso da deterioração ou destruição de coisa alheia, ou a lesão pessoal, a fim de remover perigo iminente, em que se aceita a licitude do ato, mas se determina a indenização, na forma dos arts. 160, II, c/c o art. 1.519 do CC-16, e do art. 188, II, c/c os arts. 929 e 930 do CC-02. Nesse caso, a indenização será resultado de um ato-fato jurídico.

- **Atos-fatos jurídicos caducificantes:** nesta última forma estão as situações que, dependentes de atos humanos, constituem fatos jurídicos, cujos efeitos consistem na extinção de determinado direito e, por consequência, da pretensão, da ação e da exceção dele decorrentes, como ocorre na decadência ou na prescrição, independentemente de ato ilícito do titular.

4 NEGÓCIOS JURÍDICOS

4.1 Conceito, teoria do negócio jurídico e classificação

Antes de analisar as teorias explicativas do negócio jurídico, é preciso salientar que toda a sua teoria passa, atualmente, por um processo de transformação.

O Direito Civil, no início do século XX, na Europa, e após a década de 30, no Brasil, deslocou o seu eixo centralizador do Código para leis especiais e estatutos jurídicos autônomos, caracterizando o fenômeno da descentralização ou desconcentração normativa.

Dentro dessa concepção, calcada, como sugere a sua própria denominação, na noção de "vontade", costuma-se definir o negócio jurídico como sendo "a manifestação de vontade destinada a produzir efeitos jurídicos", "o ato de vontade dirigido a fins práticos tutelados pelo ordenamento jurídico", ou "uma declaração de vontade, pela qual o agente pretende atingir determinados efeitos admitidos por lei".

O negócio jurídico é, para os voluntaristas, a mencionada declaração de vontade dirigida à provocação de determinados efeitos jurídicos, ou ainda, a ação da vontade, que se dirige, de acordo com a lei, a constituir, modificar ou extinguir uma relação jurídica.

A corrente voluntarista, é dominante no Direito brasileiro, consoante se depreende da leitura do art. 112 do CC-02:

> ***Art. 112** Nas declarações de vontade se atenderá mais à intenção nelas consubstanciada do que ao sentido literal da linguagem.*

É bom que diga, todavia, que críticas contundentes são dirigidas à corrente voluntarista.

Afirma-se não ser verdadeira a premissa de que o declarante sempre manifesta a sua vontade dirigida a um determinado fim querido e previamente conhecido.

Na hipótese de conversão substancial - medida sanatória do ato nulo que será ulteriormente analisada -, por exemplo, as partes celebram um determinado negócio jurídico inválido, mas que, por força do princípio da conservação, poderá ser convertido em outra categoria de negócio, se contiver os pressupostos de validade deste último (um contrato de compra e venda de imóvel, nulo por inobservância da forma pública, por exemplo, pode se converter em uma promessa de compra e venda, que admite instrumento particular).

Note-se que, nesse caso, não se pode afirmar que o negócio resultante da conversão foi desejado e pretendido, e, ainda assim, não se nega a sua natureza negocial.

Nessa perspectiva, o negócio jurídico "seria antes um meio concedido pelo ordenamento jurídico para a produção de efeitos jurídicos, que propriamente um ato de vontade".

Em outras palavras: para os objetivistas, o negócio jurídico, expressão máxima da autonomia da vontade, teria conteúdo normativo, consistindo em "um poder privado de autocriar um ordenamento jurídico próprio".

Para a teoria da vontade, o elemento produtor dos efeitos jurídicos é a vontade real, de forma que a sua declaração seria simplesmente a causa imediata do efeito perseguido.

Já para a teoria da declaração, negam à intenção "o caráter de vontade propriamente dita, sustentando que o elemento produtor dos efeitos jurídicos é a declaração.

Se o negócio jurídico, enquanto manifestação humana destinada a produzir fins tutelados por lei, é fruto de um processo cognitivo que se inicia com a solicitação do mundo exterior, passando pela fase de deliberação e formação da vontade, culminando, ao final, com a declaração de vontade, parece que não há negar-se o fato de que a vontade interna e a vontade declarada são faces da mesma moeda.

4.2 Concepção do negócio jurídico no direito positivo e pelos planos de existência, validade e eficácia

- Existência - um negócio jurídico não surge do nada, exigindo-se, para que seja considerado como tal, o atendimento a certos requisitos mínimos;
- Validade - o fato de um negócio jurídico ser considerado existente não quer dizer que ele seja considerado perfeito, ou seja, com aptidão legal para produzir efeitos;
- Eficácia - ainda que um negócio jurídico existente seja considerado válido, ou seja, perfeito para o sistema que o concebeu, isto não importa em produção imediata de efeitos, pois estes podem estar limitados por elementos acidentais da declaração.

4.3 Classificação dos negócios jurídicos

- **Quanto ao número de declarantes, os negócios jurídicos poderão ser:**
  - **unilaterais** - quando concorre apenas uma manifestação de vontade (o testamento, a renúncia, p. ex.);
  - **bilaterais** - quando concorrem as manifestações de vontades de duas partes, formadoras do consenso (os contratos de compra e venda, locação, prestação de serviços, p. ex.);
  - **plurilaterais** - quando se conjugam, no mínimo, duas vontades paralelas, admitindo-se número superior, todas direcionadas para a mesma finalidade (o contrato de sociedade, p. ex.).

  Quanto ao exercício de direitos poderão ser:
  - **negócios de disposição** - quando autorizam o exercício de amplos direitos, inclusive de alienação, sobre o objeto transferido. Em regra, são negócios jurídicos translativos, a exemplo da doação;
  - **negócios de administração** - admitem apenas a simples administração e uso do objeto cedido. É o que ocorre no comodato e no mútuo.
- **Quanto às vantagens patrimoniais, poderão ser:**
  - **gratuitos** - são aqueles em que somente uma das partes é beneficiada (a doação pura, p. ex.);
  - **onerosos - consistem em negócios em que ao benefício auferido experimenta-se um sacrifício correspondente (os contratos de empreitada, de compra e venda, de mútuo a juros etc.). Subtipificam-se em:** comutativos e aleatórios. Nos primeiros, existe um equilíbrio subjetivo entre as prestações pactuadas, de forma que as vantagens auferidas pelos declarantes equivalem-se entre si (na locação, por exemplo, existe equilíbrio subjetivo entre as prestações do locador - cessão do uso do bem -, e do locatário - pagamento do aluguel). Já nos segundos, a prestação de uma das partes fica condicionada a um acontecimento exterior, não havendo o equilíbrio subjetivo próprio da comutatividade. Assim, no contrato de compra de coisas futuras (de uma safra, p. ex.), o comprador pode assumir o risco de, naquele ano, a plantação não prosperar, não vindo a produzir absolutamente nada ou produzindo em quantidade inferior ao esperado. Nessas hipóteses, o preço previamente convencionado será devido, já que assumiu tal risco, ao pactuar um negócio jurídico de natureza aleatória;
  - **neutros** - são destituídos de atribuição patrimonial específica, não se incluindo em nenhuma das duas categorias supra-apresentadas. É o caso da instituição voluntária do bem de família, que não tem natureza gratuita nem onerosa;
  - **bifrontes** - são negócios que tanto podem ser gratuitos como onerosos. Tudo depende da intenção perseguida pelas partes. O contrato de depósito, por exemplo, é, em princípio, gratuito, embora nada impeça seja convencionada a remuneração do depositário, convertendo em negócio oneroso.

4.4 Defeitos dos negócios jurídicos (erro e dolo)

Trata-se dos defeitos dos negócios jurídicos, que se classificam em vícios de consentimento - aqueles em que a vontade não é expressada de maneira absolutamente livre - e vícios sociais - em que a vontade manifestada não tem, na realidade, a intenção pura e de boa-fé que enuncia.

Pelo fato de tais vícios se materializarem em diversas modalidades, para uma melhor compreensão da matéria, delineia-se o seguinte quadro esquemático:

- **Vícios de consentimento:**
  - erro;
  - dolo;
  - coação;
  - lesão;
  - estado de perigo.
- **Vícios sociais:**
  - simulação;
  - fraude contra credores.

4.4.1 Erro ou ignorância

Quando o agente, por desconhecimento ou falso conhecimento das circunstâncias, age de um modo que não seria a sua vontade, se conhecesse a verdadeira situação, diz-se que procede com erro.

Embora a lei não estabeleça distinções, o erro é um estado de espírito positivo, qual seja, a falsa percepção da realidade, ao passo que a ignorância é um estado de espírito negativo, o total desconhecimento do declarante a respeito das circunstâncias do negócio.

O erro, entretanto, só é considerado como causa de anulabilidade do negócio jurídico se for:

- essencial (substancial);
- escusável (perdoável).

Nesse sentido, a nova Lei Codificada é expressa ao dispor que:

> ***Art. 138*** *São anuláveis os negócios jurídicos, quando as declarações de vontade emanarem de erro substancial que poderia ser percebido por pessoa de diligência normal, em face das circunstâncias do negócio.*

Substancial é o erro que incide sobre a essência (substância) do ato que se pratica, sem o qual este não se teria realizado. É o caso do colecionador que, pretendendo adquirir uma estátua de marfim, compra, por engano, uma peça feita de material sintético.

O Novo Código Civil enumerou as seguintes hipóteses de erro substancial, em seu art. 139.

- quando interessa à natureza do negócio, ao objeto principal da declaração, ou a alguma das qualidades a ele essenciais;
- quando concerne à identidade ou à qualidade essencial da pessoa a quem se refira a declaração de vontade, desde que tenha influído nesta de modo relevante;
- sendo de direito e não implicando recusa à aplicação da lei, for o motivo único ou principal do negócio jurídico.

Vê-se, portanto, que o erro poderá incidir no negócio, no objeto ou na pessoa.

- *error in negotio* - é o erro que incide sobre a natureza do negócio que se leva a efeito, como ocorre quando se troca uma causa jurídica por outra (a enfiteuse com a locação, o comodato com a doação) (art. 139, I, do CC-02);
- *error in corpore* - aquele que versa sobre a identidade do objeto, é o que ocorre quando, por exemplo, declara-se querer comprar o animal que está diante de si, mas acaba-se levando outro, trocado (art. 139, I, do CC-02);
- *error in substantia* - é o que versa sobre a essência da coisa ou as propriedadesessenciais de determinado objeto. É o erro sobre a qualidade do objeto. É o caso do sujeito que compra um anel imaginando ser de ouro, não sabendo que se trata de cobre (art. 139, I, do CC-02);
- *error in persona* - é o que versa sobre a identidade ou as qualidades de determinada pessoa. É o caso de o sujeito doar uma quantia a Caio, imaginando-o ser o salvador de seu filho, quando, em verdade, o herói foi Tício. A importância desta modalidade de erro avulta no campo do Direito de Família, uma vez que o erro essencial sobre a pessoa do outro cônjuge é causa de anulação do casamento (arts. 1.556 e 1.557 do CC-02) (art. 139, II, do CC-02).

O erro invalidante há que ser, ainda, escusável, isto é, perdoável, dentro do que se espera do homem médio que atue com grau normal de diligência. Não se admite, outrossim, a alegação de erro por parte daquele que atuou com acentuado grau de displicência. O direito não deve amparar o negligente.

Ademais, a própria concepção de homem médio deve levar em consideração o contexto em que os sujeitos estão envolvidos. Afinal, a compra de uma joia falsa pode ser um erro escusável de um particular, mas muito dificilmente de um especialista em tal comércio.

Em regra, o error juris (que não se confunde com a ignorância da lei) não é causa de anulabilidade do negócio.

Ainda, deve-se admitir, sempre em caráter excepcional, o erro de direito, até mesmo por força da regra expressa no art. 3.º da Lei de Introdução às Normas do Direito Brasileiro, de que ninguém pode se escusar de cumprir a lei, alegando que não a conhece.

Desde que não se pretenda descumprir preceito de lei, se o agente, de boa-fé, pratica o ato incorrendo em erro substancial e escusável, há que reconhecer, por imperativo de equidade, a ocorrência do erro de direito.

É o caso, por exemplo, de alguém que eventualmente celebra um contrato de importação de uma determinada mercadoria, sem saber que, recentemente, foi expedido decreto proibindo a entrada de tal produto no território nacional. Não admitir a anulação do contrato simplesmente pela ficção legal da LINDB seria fazer com que o jurista fechasse os olhos para a realidade do que ordinariamente acontece, o que é inadmissível.

O Novo Código Civil, consoante já se anotou supra, admitiu o erro de direito substancial, desde que não implique recusa à aplicação da lei (art. 139, III). Embora a regra legal não seja expressa a respeito, o requisito da boa-fé é obviamente indispensável para que se reconheça esta espécie de erro.

Em conclusão, interessa a referência feita pelo Novo Código Civil à hipótese de erro que não invalida o negócio, quando a pessoa a quem a declaração de vontade se dirige se oferece para executá-la de acordo com a vontade real do manifestante:

> ***Art. 144*** *O erro não prejudica a validade do negócio jurídico quando a pessoa, a quem a manifestação de vontade se dirige, se oferecer para executá-la na conformidade da vontade real do manifestante.*

Neste artigo, bem como na regra do art. 142 (que prevê a possibilidade de convalescimento do ato se o erro na indicação da pessoa ou da coisa for suprido pelas circunstâncias), constata-se a aplicação do princípio da conservação, regra de ouro do moderno Direito Civil, segundo o qual deve o intérprete, desde que não haja prejuízo, e respeitadas as prescrições legais, empreender todos os esforços para resguardar a eficácia jurídica do ato acoimado de invalidade.

Outro equívoco muito comum que deve ser afastado é a falsa ideia de que erro e vício redibitório se confundem.

O erro, consoante já se anotou, expressa uma equivocada representação da realidade, uma opinião não verdadeira a respeito do negócio, do seu objeto ou da pessoa com quem se trava a relação jurídica. Este defeito do negócio, portanto, vicia a própria vontade do agente, atuando no campo psíquico (subjetivo).

Diferente é a hipótese de vício redibitório, garantia legal prevista para os contratos comutativos em geral. Se o adquirente, por força de uma compra e venda, por exemplo, recebe a coisa com defeito oculto que lhe diminui o valor ou prejudica a sua utilização (vícios redibitórios), poderá rejeitá-la, redibindo o contrato, ou, se preferir, exigir o abatimento no preço.

Note-se, pois, que o agente, ao adquirir a coisa, não incorreu em erro, uma vez que recebeu exatamente aquilo que pretendia comprar. Apenas a coisa transferida portava defeito oculto que lhe depreciava ou tornava imprópria a sua utilização.

4.4.2 Dolo

Dolo é o erro provocado por terceiro, e não pelo próprio sujeito enganado. Seria, portanto, todo artifício malicioso empregado por uma das partes ou por terceiro com o propósito de prejudicar outrem, quando da celebração do negócio jurídico.

É o artifício ou expediente astucioso, empregado para induzir alguém à prática de um ato jurídico que o prejudica, aproveitando ao autor do dolo ou a terceiro.

Assim, o sujeito que aliena a caneta de cobre, afirmando tratar-se de ouro, atua com dolo, e o negócio poderá ser anulado.

Também não se deve identificar o dolo com a fraude. Nesta, quase sempre, busca-se violar a lei ou prejudicar a um número indeterminado de pessoas; a atuação dolosa, por sua vez, dirige-se especificamente à outra parte do negócio.

O dolo não se presume das circunstâncias de fato, devendo ser provado por quem o alega.

Dispensa-se, outrossim, a prova de efetivo prejuízo para a sua caracterização.

- **Quanto à extensão dos seus efeitos no negócio jurídico, o dolo poderá ser:**
  - principal (essencial, determinante ou causal);
  - acidental.

O dolo, para invalidar o ato, deve ser principal - atacando a causa do negócio em si -, uma vez que o acidental, aquele que não impediria a realização do negócio, só gera a obrigação de indenizar.

- **Elementos que tornam o dolo principal vício de consentimento:**
  - finalidade de levar o declarante a praticar um ato jurídico;
  - gravidade do artifício fraudulento utilizado;
  - o artifício como causa da declaração de vontade.

Nesse diapasão, o Novo Código Civil, em seu art. 145, após referir que os negócios jurídicos só são anuláveis quando o dolo for a sua causa (principal), ressalva, no artigo seguinte, que o dolo acidental só obriga à satisfação das perdas e danos.

É acidental, prossegue o legislador, quando, a seu despeito, o negócio seria realizado, embora por outro modo. Exemplo de dolo acidental: o sujeito declara pretender adquirir um carro, escolhendo um automóvel com cor metálica, e, quando do recebimento da mercadoria, enganado pelo vendedor, verifica que a coloração é, em verdade, básica.

Neste caso, não pretendendo desistir do negócio, poderá exigir compensação por perdas e danos.

Diferente, seria, porém, a situação em que ao sujeito somente interessasse comprar o veículo se fosse da cor metálica - hipótese em que este elemento faria parte da causa do negócio jurídico. Nesse caso, tendo sido enganado pelo vendedor para adquirir o automóvel, poder-se-ia anular o negócio jurídico com base em dolo.

▷ **Quanto à atuação do agente, o dolo poderá ser:**

- positivo;
- negativo (omissivo).

O primeiro decorre de uma atuação comissiva, a exemplo do expediente ardiloso do vendedor que engana o adquirente quanto à natureza do produto colocado no mercado.

O segundo, fruto de uma omissão, traduz uma abstenção maliciosa juridicamente relevante. É o caso do silêncio intencional de uma das partes, levando a outra a celebrar negócio jurídico diverso do que pretendia realizar.

▷ **São requisitos do dolo negativo:**

- intenção de levar o outro contratante a se desviar de sua real vontade, induzindo-o a erro;
- silêncio sobre circunstância desconhecida pela outra parte;
- relação de essencialidade entre a omissão dolosa intencional e a declaração de vontade;
- omissão do próprio contraente e não de terceiro.

O Novo Código Civil, inclusive, traz previsão expressa sobre o dolo negativo no art. 147, ao preceituar que, nos "negócios jurídicos bilaterais, o silêncio intencional de uma das partes a respeito de fato ou qualidade que a outra parte haja ignorado constitui omissão dolosa, provando-se que sem ela o negócio não se teria celebrado".

Admite-se, ainda, que o negócio jurídico seja anulado por dolo de terceiro. Neste ponto, houve louvável avanço. O Novo Código Civil é mais preciso e justo do que o CC-16, ao prever que o dolo de terceiro invalida o ato, não apenas quando a parte a quem aproveite efetivamente soube do expediente astucioso, mas também se dele devesse ter conhecimento. Cria-se uma hipótese de dolo eventual da parte a quem aproveita o ardil:

> ***Art. 148*** *Pode também ser anulado o negócio jurídico por dolo de terceiro, se a parte a quem aproveite dele tivesse ou devesse ter conhecimento; em caso contrário, ainda que subsista o negócio jurídico, o terceiro responderá por todas as perdas e danos da parte a quem ludibriou.*

Se a parte a quem aproveita o dolo não sabia, nem tinha como saber do expediente astucioso, subsiste o negócio, embora o terceiro responda civilmente perante a parte ludibriada.

Não há que se confundir, outrossim, o dolo de terceiro com a hipótese de dolo do representante de uma das partes.

Em se tratando de representação legal - tutela ou curatela, por exemplo -, o representado só responderá civilmente até a importância do proveito que obteve. Se a representação for convencional - efetivada por meio do contrato de mandato -, ambas as partes (representante e representado), além da obrigatoriedade de devolver aquilo que indevidamente receberam, responderão solidariamente por perdas e danos (art. 149 do CC- 02).

Nesta última hipótese, se apenas o representante atuou com dolo, descumprindo instruções expressas do representado e extrapolando, portanto, os limites do mandato, entendemos que restará afastada a referida solidariedade.

Uma observação final ainda deve ser feita.

Se ambas as partes do negócio procederam com dolo, pelo princípio que veda a alegação da própria torpeza em juízo (*nemo propriam turpitudinem allegans*), a lei proíbe que se possa anular o negócio ou pleitear indenização (art. 150 do CC-02).

4.4.3 Coação e estado de perigo

Coação é toda ameaça ou pressão injusta exercida sobre um indivíduo para forçá-lo, contra a sua vontade, a praticar um ato ou realizar um negócio. O que a caracteriza é o emprego da violência psicológica para viciar à vontade.

Não é a coação, em si, um vício da vontade, mas sim o temor que ela inspira, tornando defeituosa a manifestação de querer do agente. Corretamente, os romanos empregavam o termo *metus* (*mentis trepidatio*), e não vis (violência), porque é o temor infundido na vítima que constitui o vício do consentimento, e não os atos externos utilizados no sentido de desencadear o medo.

Nosso direito positivo, entretanto, referindo-se a esse defeito, ora o chama de coação (art. 171, II), ora de violência (art. 1.814, III). A coação é o vício mais grave e profundo que pode afetar o negócio jurídico, mais até do que o dolo, pois aquele impede a livre manifestação da vontade, enquanto este incide sobre a inteligência da vítima.

▷ A coação pode ser:

- absoluta e relativa; e
- principal e acidental.

Coação absoluta ou física (vis absoluta) - nesta espécie de coação, inocorre qualquer consentimento ou manifestação da vontade. A vantagem pretendida pelo coator é obtida mediante o emprego de força física.

Por exemplo: a colocação da impressão digital do analfabeto no contrato, agarrando-se à força o seu braço. Embora, por inexistir nesse caso qualquer manifestação de vontade, os autores, em geral, considerem nulo o negócio, trata-se, na realidade, de hipótese de inexistência do negócio jurídico, por ausência do primeiro e principal requisito de existência, que é a declaração da vontade.

Coação relativa ou moral (vis compulsiva) - a coação que constitui vício da vontade e torna anulável o negócio jurídico (CC, art. 171, II) é a relativa ou moral.

Nesta, deixa-se uma opção ou escolha à vítima: praticar o ato exigido pelo coator ou correr o risco de sofrer as consequências da ameaça por ele feita. Trata-se, portanto, de uma coação psicológica.

É o que ocorre, por exemplo, quando o assaltante ameaça a vítima, apontando-lhe a arma e propondo-lhe a alternativa: "a bolsa ou a vida".

Coação principal - é assim denominada a que é a causa determinante do negócio. Embora o Código Civil não faça a distinção, a doutrina entende existir coação principal e acidental, como no dolo.

Coação acidental - influi apenas nas condições da avença, ou seja, sem ela o negócio assim mesmo se realizaria, mas em condições menos desfavoráveis à vítima. A coação principal constitui causa de anulação do negócio jurídico; a acidental somente obriga ao ressarcimento do prejuízo.

4.4.3.1 Requisitos da coação

Dispõe o art. 151 do Código Civil:

> ***Art. 151** A coação, para viciar a declaração da vontade, há de ser tal que incuta ao paciente temor de dano iminente e considerável à sua pessoa, à sua família, ou aos seus bens. Parágrafo único. Se disser respeito a pessoa não pertencente à família do paciente, o juiz, com base nas circunstâncias, decidirá se houve coação.*

Verifica-se, assim, que nem toda ameaça configura a coação, vício do consentimento. Para que tal ocorra, é necessário reunirem-se os requisitos estabelecidos no dispositivo supratranscrito. Assim, a coação:

- deve ser a causa determinante do ato;
- deve ser grave;
- deve ser injusta;
- deve dizer respeito a dano atual ou iminente;
- deve constituir ameaça de prejuízo à pessoa ou a bens da vítima ou a pessoa de sua família.

Deve ser a causa determinante do ato - deve haver uma relação de causalidade entre a coação e o ato extorquido, ou seja, o negócio deve ter sido realizado somente por ter havido grave ameaça ou violência, que provocou na vítima fundado receio de dano à sua pessoa, à sua família ou aos seus bens. Sem ela, o negócio não se teria concretizado. Incumbe à parte que pretende a anulação do negócio jurídico o ônus de provar o nexo de causa e efeito entre a violência e a anuência.

Deve ser grave - a coação, para viciar a manifestação de vontade, há de ser de tal intensidade que efetivamente incuta na vítima um fundado temor de dano a bem que considera relevante. Esse dano pode ser moral ou patrimonial. Para aferir a gravidade ou não da coação, não se considera o critério abstrato do vir medius, ou seja, não se compara a reação da vítima com a do homem médio, de diligência normal. Por esse critério, se a média das pessoas se sentir atemorizada na situação da vítima, então a coação será considerada grave. Segue-se o critério concreto, ou seja, o de avaliar em cada caso as condições particulares ou pessoais da vítima. Algumas pessoas, em razão de diversos fatores, são mais suscetíveis de se sentir atemorizadas do que outras.

Por essa razão, determina o art. 152 do Código Civil: "No apreciar a coação, ter-se-ão em conta o sexo, a idade, a condição, a saúde, o temperamento do paciente e todas as demais circunstâncias que possam influir na gravidade dela". Cabe verificar se a ameaça bastou para amedrontar o indivíduo contra quem foi dirigida, não qualquer outro nem a média das pessoas.

Por exemplo: um ato incapaz de abalar um homem pode ser suficiente para atemorizar uma mulher, assim como uma ameaça incapaz de perturbar pessoa jovem e sadia pode afetar profundamente pessoa doente e idosa.

Diz o art. 153, segunda parte, do novo estatuto civil que não se considera coação o simples temor reverencial. Assim, não se reveste de gravidade suficiente para anular o ato o receio de desgostar os pais ou outras pessoas a quem se deve obediência e respeito, como os superiores hierárquicos.

Não se anula um negócio mediante a simples alegação do empregado, do filho ou do soldado no sentido de que foi realizado para não desgostar, respectivamente, o patrão, o pai ou o coronel, quando estes constituem a contraparte ou apenas recomendaram a celebração da avença com terceiro, malgrado se reconheça a utilidade desse respeito para o relacionamento social. Todavia, o emprego do vocábulo "simples" no dispositivo legal supra referido evidencia que o temor reverencial não vicia o consentimento quando desacompanhado de ameaças ou violências.

Deve ser injusta - tal expressão deve ser entendida como ilícita, contrária ao direito ou abusiva.

Prescreve, com efeito, o art. 153, primeira parte, do Código Civil que não se considera coação a ameaça do exercício normal de um direito. Assim, por exemplo, não constitui coação a ameaça feita pelo credor de protestar ou executar o título de crédito vencido e não pago, o pedido de abertura de inquérito policial ou a intimidação feita pela mulher a um homem de propor contra ele ação de investigação de paternidade. Em todos esses casos, o agente procede de acordo com o seu direito.

O citado art. 153 emprega o adjetivo "normal", referindo-se ao exercício do direito. Desse modo, configura-se a coação não apenas quando o ato praticado pelo coator contraria o direito como também quando sua conduta, conquanto jurídica, constitui exercício anormal ou abusivo de um direito. Assim, é injusta a conduta de quem se vale dos meios legais para obter vantagem indevida.

Por exemplo: a do credor que ameaça proceder à execução da hipoteca contra sua devedora caso esta não concorde em desposá-lo; a do indivíduo que, surpreendendo alguém a praticar algum crime, ameaça denunciá-lo caso não realize com ele determinado negócio; a do marido que surpreende a mulher em adultério e obtém dela a renúncia à sua meação em favor dos filhos para não prosseguir com a queixa-crime.

O problema não se altera pelo fato de haver a vítima da coação agido com culpa. Deve dizer respeito a dano atual ou iminente, não constitui coação capaz de viciar o ato". Tem ela em vista aquele prestes a se consumar, variando a apreciação temporal segundo as circunstâncias de cada caso.

A existência de dilatado intervalo entre a ameaça e o desfecho do ato extorquido permite à vítima ilidir-lhe os efeitos, socorrendo-se de outras pessoas.

Deve constituir ameaça de prejuízo à pessoa ou a bens da vítima ou a pessoas de sua família - a intimidação à pessoa pode ocorrer de diversas formas, como sofrimentos físicos, cárcere privado, tortura etc.

Pode configurar coação também a ameaça de provocação de dano patrimonial, como incêndio, depredação, greve etc. Pode o lesado sentir-se intimado, ainda, com ameaça de dano a pessoa de sua família. O termo "família", usado no art. 151, tem hoje acepção ampla, compreendendo não só a que resulta do casamento como também a decorrente de união estável. Também não se faz distinção entre graus de parentesco, seja decorrente dos laços de consanguinidade ou da adoção, qualquer que seja a sua espécie (CF, art. 227, § 6º). Para os fins de intimidação, incluem-se também as ameaças a parentes afins, como cunhados, sogros etc.

4.4.4 Estado de perigo

O Código Civil de 2002 apresenta dois institutos, no capítulo concernente aos defeitos do negócio jurídico, que não constavam do Código de 1916: o estado de perigo e a lesão.

Segundo o art. 156 do novo diploma, "configura-se o estado de perigo quando alguém, premido da necessidade de salvar-se, ou a pessoa de sua família, de grave dano conhecido pela outra parte, assume obrigação excessivamente onerosa". Aduz o parágrafo único: "Tratando-se de pessoa não pertencente à família do declarante, o juiz decidirá segundo as circunstâncias".

Constitui o estado de perigo, portanto, a situação de extrema necessidade que conduz uma pessoa a celebrar negócio jurídico em que assume obrigação desproporcional e excessiva.

Constitui o fato necessário que compele à conclusão de negócio jurídico, mediante prestação exorbitante.

Exemplos clássicos de situação dessa espécie são os do náufrago, que promete a outrem extraordinária recompensa pelo seu salvamento.

A doutrina menciona, ainda, outras hipóteses, como a daquele que, assaltado por bandidos, em lugar ermo, se dispõe a pagar alta cifra a quem venha livrá-lo da violência; a do comandante de embarcação, às portas do naufrágio, que propõe pagar qualquer preço a quem venha socorrê-lo; a do doente que, no agudo da moléstia, concorda com os altos honorários exigidos pelo cirurgião; a da mãe que promete toda a sua fortuna para quem lhe venha salvar o filho, ameaçado pelas ondas ou de ser devorado pelo fogo; a do pai que, no caso de sequestro, realiza maus negócios para levantar a quantia do resgate etc.

Merece ser também citado exemplo de inegável atualidade e característico de estado de perigo, que é o da pessoa que se vê compelida a efetuar depósito ou a prestar garantia, sob a forma de emissão de cambial ou de prestação de fiança, exigida por hospital para conseguir internação ou atendimento de urgência de cônjuge ou de parente em perigo de vida.

Há no direito civil outras situações em que a necessidade atua como fundamento jurídico da solução do problema: passagem forçada, gestão de negócios, casamento nuncupativo, testamento marítimo, depósito necessário, pedido de alimentos etc.

A anulabilidade do negócio jurídico celebrado em estado de perigo encontra justificativa em diversos dispositivos do novo Código, principalmente naqueles que consagram os princípios da boa-fé e da probidade e condicionam o exercício da liberdade de contratar à função social do contrato (arts. 421 e 422).

5 RELAÇÕES DE PARENTESCO

5.1 Disposições gerais

> ***Art. 1.****591 São parentes em linha reta as pessoas que estão umas para com as outras na relação de ascendentes e descendentes.*
>
> ***Art. 1.****592 São parentes em linha colateral ou transversal, até o quarto grau, as pessoas provenientes de um só tronco, sem descenderem uma da outra.*
>
> ***Art. 1.****593 O parentesco é natural ou civil, conforme resulte de consangüinidade ou outra origem.*
>
> ***Art. 1.****594 Contam-se, na linha reta, os graus de parentesco pelo número de gerações, e, na colateral, também pelo número delas, subindo de um dos parentes até ao ascendente comum, e descendo até encontrar o outro parente.*
>
> ***Art. 1.****595 Cada cônjuge ou companheiro é aliado aos parentes do outro pelo vínculo da afinidade.*
>
> ***§ 1*** *o O parentesco por afinidade limita-se aos ascendentes, aos descendentes e aos irmãos do cônjuge ou companheiro.*
>
> ***§ 2*** *o Na linha reta, a afinidade não se extingue com a dissolução do casamento ou da união estável."*

5.2 Espécies de parentesco

As pessoas podem se unir em uma família em razão de vínculo conjugal, de união estável, de parentesco por consanguinidade e da afinidade. Também podem se unir em razão de adoção ou da utilização de técnicas de reprodução assistida, por exemplo. Portanto, o parentesco, segundo o Direito, pode se dar das seguintes maneiras.

- **Parentesco consanguíneo:** relação que vincula entre si pessoas que descendem umas das outras, pertencendo ao mesmo tronco ancestral.
- **Parentesco por afinidade:** afinidade é o vínculo que se estabelece entre um dos cônjuges ou companheiro e os parentes do outro (sogro, genro, cunhado etc.). A relação advém da lei e tem os seus limites traçados na mesma. Tal vínculo resulta exclusivamente do casamento e da união estável.
- Neste caso, a relação de parentesco se perpetua mesmo após a dissolução do casamento ou da união estável. Portanto, rompido o vínculo matrimonial permanecem o sogro ou a sogra e o genro ou a nora ligados pelas relações de afinidade. Significa dizer que, falecendo a esposa ou companheira, por exemplo, o marido ou companheiro continua ligado à sogra pelo vínculo da afinidade. Se se casar novamente, terá duas sogras.
- **Parentesco decorrente da adoção e parentesco decorrentes de outras origens:** ambas são espécies de parentesco civil, trazidas pelo art. 1.593, do CC/02.

5.3 Vínculo de parestesco – linhas e graus

O vínculo de parentesco estabelece-se por linhas: reta e colateral, e a contagem faz-se por graus.

- **Parentesco em linha reta:** pessoas que descendem umas das outras, ou, segundo o art. 1.591 do Código Civil, são "as pessoas que estão umas para com as outras na relação de ascendentes e descendentes" (bisavô, avô, pai, filho, neto e bisneto).

A linha reta ascendente é quando se olha para os antepassados de determinada pessoa (do pai para o avô etc.). É descendente quando se olha para os seus descendentes (CC, art. 1.591).

- **Parentesco em linha colateral:** são as pessoas que vêm de um mesmo tronco ancestral, porém não descendem umas das outras (CC, art. 1.592). São os irmãos, tios, sobrinhos e primos.

Na linha reta não há limite de parentesco. Na linha colateral, o parentesco se estende apenas até o quarto grau.

GRAU é a distância entre dois parentes. Por exemplo, entre o pai e o filho há apenas um grau; entre avô e neto, há dois graus.

- **Grau de parentesco de linha reta:** na linha reta, contam-se os graus "pelo número de gerações" e geração, por sua vez, é a relação existente entre o genitor e o gerado. Portanto, seguindo o exemplo supramencionado, pai e filho são parentes em linha reta em primeiro grau, enquanto avô e neto são parentes em segundo grau, porque entre eles há duas gerações.
- **Grau de parentesco em linha colateral:** a contagem neste caso também se baseia no número de gerações. O que a diferencia é que, neste caso, se busca o ascendente em comum, ou seja, contam-se as gerações até se atingir o tronco em comum e continua-se a contagem até encontrar o parente desejado. Lembrando que cada geração corresponde a um grau. Assim, por exemplo, irmãos são colaterais em segundo grau porque partindo-se de um deles, até chegar ao tronco comum conta-se uma geração (os pais) e descendo pela outra linha, logo depois de uma geração já se encontra o outro irmão. Algumas observações importantes sobre essa contagem merecem destaque:
  - em linha colateral, o parentesco mais próximo é o de segundo grau, existente entre irmãos;
  - em linha colateral não há parentesco em primeiro grau, porque quando se conta a primeira geração ainda se está em linha reta;
  - para a contagem dos graus o ascendente comum não é incluído na contagem.

5.4 Filiação

> ***Art. 1.****596 Os filhos, havidos ou não da relação de casamento, ou por adoção, terão os mesmos direitos e qualificações, proibidas quaisquer designações discriminatórias relativas à filiação.*

Art. 1.597 Presumem-se concebidos na constância do casamento os filhos:

I - nascidos cento e oitenta dias, pelo menos, depois de estabelecida a convivência conjugal;

II - nascidos nos trezentos dias subsequentes à dissolução da sociedade conjugal, por morte, separação judicial, nulidade e anulação do casamento;

III - havidos por fecundação artificial homóloga, mesmo que falecido o marido;

IV - havidos, a qualquer tempo, quando se tratar de embriões excedentários, decorrentes de concepção artificial homóloga;

V - havidos por inseminação artificial heteróloga, desde que tenha prévia autorização do marido.

Art. 1.*598 Salvo prova em contrário, se, antes de decorrido o prazo previsto no inciso II do art. 1.523, a mulher contrair novas núpcias e lhe nascer algum filho, este se presume do primeiro marido, se nascido dentro dos trezentos dias a contar da data do falecimento deste e, do segundo, se o nascimento ocorrer após esse período e já decorrido o prazo a que se refere o inciso I do art. 1597.*

Art. 1.*599 A prova da impotência do cônjuge para gerar, à época da concepção, ilide a presunção da paternidade.*

Art. 1.*600 Não basta o adultério da mulher, ainda que confessado, para ilidir a presunção legal da paternidade.*

Art. 1.*601 Cabe ao marido o direito de contestar a paternidade dos filhos nascidos de sua mulher, sendo tal ação imprescritível.*

***Parágrafo único.** Contestada a filiação, os herdeiros do impugnante têm direito de prosseguir na ação.*

Art. 1.*602 Não basta a confissão materna para excluir a paternidade.*

Art. 1.*603 A filiação prova-se pela certidão do termo de nascimento registrada no Registro Civil.*

Art. 1.*604 Ninguém pode vindicar estado contrário ao que resulta do registro de nascimento, salvo provando-se erro ou falsidade do registro.*

Art. 1.*605 Na falta, ou defeito, do termo de nascimento, poderá provar-se a filiação por qualquer modo admissível em direito:*

I - quando houver começo de prova por escrito, proveniente dos pais, conjunta ou separadamente;

II - quando existirem veementes presunções resultantes de fatos já certos.

Art. 1.*606 A ação de prova de filiação compete ao filho, enquanto viver, passando aos herdeiros, se ele morrer menor ou incapaz.*

***Parágrafo único.** Se iniciada a ação pelo filho, os herdeiros poderão continuá-la, salvo se julgado extinto o processo."*

Filiação é a relação descendente, em linha reta, de primeiro grau. Portanto, filiação é a relação de parentesco estabelecida entre filhos e pais.

Sob a ótica dos filhos, essa relação é chamada de filiação e quando é vista sob a ótica dos pais ou genitores a relação denomina-se paternidade (inclui paternidade e maternidade).

Hoje o ordenamento jurídico adota o princípio da igualdade entre os filhos, que veda qualquer discriminação (inclusive de direito) entre filhos havidos fora do casamento, filhos adotados, filhos havidos dentro do casamento, ou entre qualquer tipo de filiação (Art. 1.596, do CC/02 combinado com art. 227, §6º, da CRFB/1988).

> ***Art. 227** É dever da família, da sociedade e do Estado assegurar à criança, ao adolescente e ao jovem, com absoluta prioridade, o direito à vida, à saúde, à alimentação, à educação, ao lazer, à profissionalização, à cultura, à dignidade, ao respeito, à liberdade e à convivência familiar e comunitária, além de colocá-los a salvo de toda forma de negligência, discriminação, exploração, violência, crueldade e opressão.*
>
> ***§ 6º** Os filhos, havidos ou não da relação do casamento, ou por adoção, terão os mesmos direitos e qualificações, proibidas quaisquer designações discriminatórias relativas à filiação.*

Porém, quanto à paternidade, estabelece a lei:

- para os filhos que concebidos dentro do casamento legal, uma presunção de paternidade e a forma de sua impugnação;
- para os havidos fora do casamento, critérios para o reconhecimento, judicial ou voluntário;
- para os adotados, requisitos para a sua efetivação.

5.4.1 Presunção de paternidade

Segundo o art. 1.597, do CC/02, presumem-se concebidos na constância do casamento os filhos:

- nascidos cento e oitenta dias, pelo menos, depois de estabelecida a convivência conjugal;
- nascidos nos trezentos dias subsequentes à dissolução da sociedade conjugal, por morte, separação judicial/divórcio, nulidade e anulação do casamento;
- havidos por fecundação artificial homóloga, mesmo que falecido o marido;
- havidos, a qualquer tempo, quando se tratar de embriões excedentários, decorrentes de concepção artificial homóloga;
- havidos por inseminação artificial heteróloga, desde que tenha prévia autorização do marido.
  - As duas primeiras hipóteses não possuem mais aplicabilidade, pois é possível que se faça um teste de paternidade, sem que seja necessário aguardar os prazos trazidos nos incisos I e II do art. 1.597, do CC/02.
  - Reprodução assistida homologa – colheita do material genético do marido e da mulher separadamente. Não há aqui material genético de terceiros. É possível realizar essa fecundação, inclusive após a morte do homem ou da mulher.
  - **Embriões excedentários – aqui já existe a junção do sêmen e do óvulo, formando o embrião. Este é congelado para ser utilizado posteriormente. Quando é feita esta opção, normalmente são fecundados mais de um embrião, mas nem todos são utilizados. Daí surgem os embriões excedentários, que permanecem criogenizados (congelados) por tempo indeterminado podendo ser utilizados a qualquer tempo. OBS.:** Lei nº 11.105/2005 – Lei de Biossegurança, que possibilita o descarte desses embriões excedentários após o prazo de 3 anos, podendo ser utilizados, inclusive para pesquisas científicas.
  - Reprodução assistida heteróloga – havendo a autorização do homem, é possível que a mulher se socorra de material genético de terceiro.

OBS.:

01. Todas as hipóteses de presunção podem ser aplicadas à união estável.

02. Também é possível aplicação utilizar para união homoafetiva.

03. Quanto à reprodução heteróloga, caso ela não tenha sido ainda realizada a autorização do homem poderá ser revogada; mas se já foi concretizada a reprodução, não poderá ser revogada.

04. Barriga de aluguel – o empréstimo da barriga não pode ser onerado no Brasil. A nomenclatura correta seria barriga solidária ou barriga de empréstimo por tempo determinado ou barriga em comodato, porque não tem a natureza pecuniária. São três os requisitos para o empréstimo da barriga: deve ser demonstrada a inviabilidade gestacional, a pessoa que realizará a gestação pode pertencer até o 4º grau de parentesco, a pessoa que realizará a gestação deve ter no máximo 50 anos para evitar a gestação de risco.

O art. 1.599, do CC/02 diz que em algumas situações, se o pai demonstrar a impotência haverá o afastamento da presunção de paternidade. Ocorre que temos duas formas de impotência: a generante que é aquela que o sujeito não tem quantidade de material genético suficiente e a instrumental que é aquela em que o indivíduo não consegue realizar o ato sexual. A segunda não afasta a presunção porque existem soluções cientificas que auxiliam este problema. A impotência generante é apta a afastar a presunção de paternidade. Porém, não podemos esquecer da paternidade socioafetiva, que não afasta a presunção de paternidade.

5.4.2 Ações filiatórias ou denegatórias de paternidade

São três as ações filiatórias:

01. Ação vindicatória de paternidade – o sujeito pede para ser reconhecido como pai. A ação vindicatória pode se concretizar em três situações: por erro no momento do registro da criança, quando os pais sabendo que não são pais biológicos registram a criança como se tivessem adotado (o que configura crime previsto no art. 242, do Código Penal) ou quando houver paternidade socioafetiva (quando surge um pai genético e um afetivo).

02. Ação negatória de paternidade – nessa ação o indivíduo registrado como pai pede para ser retirado do vínculo. Não é possível quando houver reprodução assistida heteróloga (porque o próprio pai autorizou a utilização de material genético de outrem – vedação do venire contra factum próprio). Também não é possível ajuizar ação negatória de paternidade quando houver vínculo socioafetivo constituído (paternidade socioafetiva).

03. Ação de investigação de paternidade – art. 1.606, do CC/02. Quem tem competência para propositura dessa ação são os filhos. Em caso de falecimento do investigado, a ação prossegue em relação aos seus herdeiros.

5.5 Reconhecimento dos filhos

> ***Art. 1.****607 O filho havido fora do casamento pode ser reconhecido pelos pais, conjunta ou separadamente.*
>
> ***Art. 1.****608 Quando a maternidade constar do termo do nascimento do filho, a mãe só poderá contestá-la, provando a falsidade do termo, ou das declarações nele contidas.*
>
> ***Art. 1.****609 O reconhecimento dos filhos havidos fora do casamento é irrevogável e será feito:*
>
> *I - no registro do nascimento;*
>
> *II - por escritura pública ou escrito particular, a ser arquivado em cartório;*
>
> *III - por testamento, ainda que incidentalmente manifestado;*
>
> *IV - por manifestação direta e expressa perante o juiz, ainda que o reconhecimento não haja sido o objeto único e principal do ato que o contém.*
>
> ***Parágrafo único.*** *O reconhecimento pode preceder o nascimento do filho ou ser posterior ao seu falecimento, se ele deixar descendentes.*
>
> ***Art. 1.****610 O reconhecimento não pode ser revogado, nem mesmo quando feito em testamento.*
>
> ***Art. 1.****611 O filho havido fora do casamento, reconhecido por um dos cônjuges, não poderá residir no lar conjugal sem o consentimento do outro.*
>
> ***Art. 1.****612 O filho reconhecido, enquanto menor, ficará sob a guarda do genitor que o reconheceu, e, se ambos o reconheceram e não houver acordo, sob a de quem melhor atender aos interesses do menor.*
>
> ***Art. 1.****613 São ineficazes a condição e o termo apostos ao ato de reconhecimento do filho.*
>
> ***Art. 1.****614 O filho maior não pode ser reconhecido sem o seu consentimento, e o menor pode impugnar o reconhecimento, nos quatro anos que se seguirem à maioridade, ou à emancipação.*
>
> ***Art. 1.****615 Qualquer pessoa, que justo interesse tenha, pode contestar a ação de investigação de paternidade, ou maternidade.*
>
> ***Art. 1.****616 A sentença que julgar procedente a ação de investigação produzirá os mesmos efeitos do reconhecimento; mas poderá ordenar que o filho se crie e eduque fora da companhia dos pais ou daquele que lhe contestou essa qualidade.*
>
> ***Art. 1.****617 A filiação materna ou paterna pode resultar de casamento declarado nulo, ainda mesmo sem as condições do putativo."*

Existem duas maneiras de reconhecimento filiatório: reconhecimento voluntário e perfiliação. Há também o reconhecimento forçado, que é a ação de investigação de paternidade.

5.5.1 Reconhecimento voluntário

Possui natureza jurídica de confissão. O indivíduo reconhece voluntariamente que é pai de alguém. O reconhecimento voluntário de paternidade é irrevogável, uma vez reconhecida a paternidade, não poderá desfazer o reconhecimento.

- ▹ Formas de reconhecimento voluntário (art. 1.609, do CC/02):

  1) Certidão de nascimento.

  2) Escrituras públicas ou particulares.

  3) Testamento.

No direito sucessório, a disposição de última vontade se concretiza de três maneiras:

- testamento;
- legado;
- codicilo.

Ocorre que tanto o legado quanto o codicilo são aceitos como formas de reconhecimento filiatório.

Obs.: Legado é dar coisa certa para pessoa certa. Codicilo também é dar coisa certa para pessoa, só que o codicilo serve para coisas de pequeno valor ou até mesmo sem valor monetário.

4) Manifestação expressa perante o juiz.

- ▹ Momento do reconhecimento voluntário:

  1) Antes do nascimento.

  2) Após a morte.

Só é possível o reconhecimento do filho após a morte dele quando o filho tiver deixado descendentes.

- ▹ Consentimento

Se o filho for maior de 18 anos, possuindo capacidade civil plena, é necessário que o reconhecimento seja bilateral, devendo o filho consentir com a paternidade. Caso o filho seja menor de 18 anos, o reconhecimento será unilateral, não importando a manifestação de vontade do filho, mas é possível a impugnação dentro do prazo de 04 anos, prazo este que começa a ser contado depois que o filho adquira a capacidade civil plena (através da maioridade ou da emancipação).

OBS.: O STJ diz que o filho pode impugnar a qualquer momento, porque o estado filiatório envolve estado de pessoa, que é imprescritível, podendo se dar a qualquer momento.

O reconhecimento não pode ser condicionado aos elementos relacionados à eficácia do negócio jurídico (termo ou condição).

Ademais, reconhecida a paternidade, caso o pai esteja casado ou em união estável com outra pessoa que não seja a genitora, a opção de levar o filho para morar junto depende da anuência do cônjuge/companheiro(a).

5.5.2 Reconhecimento forçado

O reconhecimento forçado também pode ser chamado de reconhecimento judicial ou de ação de investigação de paternidade.

▹ Prazo para interposição da ação

Trata-se de ação imprescritível, ou seja, o sujeito pode pleitear a investigação de paternidade a qualquer tempo.

Art. 27, do ECA (Lei nº 8.069/90) e Súmula nº 149, do STF.

▹ Foro competente para interposição da ação

O foro competente para investigação de paternidade é o domicílio do réu, que é aquela pessoa que pleiteia para tornar-se pai ou mãe.

Existem três exceções a esta regra. São elas:

01. Ação de investigação de paternidade cumulada com ação de alimentos – quando a pessoa que interpõe é o alimentando, este ocupa uma posição de hipossuficiência em relação ao réu. Portanto, o foro competente para interposição da ação passa a ser o domicílio do alimentando. Súmula n° 1, STJ.

02. Ação de investigação de paternidade cumulada com herança – a primeira coisa a se analisar nesse caso é se já houve partilha. Caso ainda não tenha havido partilha, significa que ainda está na fase do inventário e nesse caso, o foro competente para ajuizamento da ação de investigação de paternidade será o foro do inventário. Caso já tenha havido partilha, os bens que integram o espólio já foram divididos, e assim, o foro competente para ajuizar ação de investigação de paternidade poderá ser o foro de qualquer um dos herdeiros.

03. Regras do foro do local do inventário – são três regras: o processo de inventário correrá no último domicílio do falecido; não havendo domicílio certo, o foro será o local dos bens; se o falecido tiver bens espalhados por vários locais, adota-se a regra da prevenção presente no Código de Processo Civil de 2015.

OBS.: Caso o indivíduo entre com todas as ações acima cumuladas, devemos lembrar que sempre deve-se priorizar o alimentando, que ocupa posição de hipossuficiência no processo. Portanto, será dele o foro competente para ajuizamento das ações.

▹ Legitimidade ativa

Os filhos possuem legitimidade ativa para propositura da ação de investigação de paternidade.

É possível também que os netos proponham a ação em relação aos avós e, nesse caso, trata-se de ação AVOENGA.

Existe também a discussão que debate se o nascituro teria legitimidade ativa para propositura da ação de investigação de paternidade. Daí surgem três correntes que estão ligadas ao entendimento da personalidade jurídica do nascituro. Caso se adote a corrente natalista, que é majoritária (art. 2º, do CC/02), o indivíduo adquire personalidade a partir do nascimento com vida, mas não possui capacidade processual e, por isto, não teria legitimidade ativa para propositura da ação de investigação de paternidade. Por outro lado, caso se entenda pela corrente concepcionista, o nascituro teria todos os direitos e, assim, poderia ingressar com a ação através de um representante. Há também a teoria da personalidade condicionada ou formal, que condiciona a legitimidade processual ao nascimento com vida enquanto o direito da personalidade independe do nascimento com vida.

O Ministério Público tem legitimidade para propositura da ação (art. 127, da CRFB/1988 – envolve direitos individuais indisponíveis).

▹ Legitimidade passiva

Pode ser o próprio pai ou mãe. Também podem ocupar o polo passivo os avós e, nesse caso, teremos a ação avoenga.

Na falta pai, mão, avô e avó, poderão ocupar o polo passivo os herdeiros.

Porém, pode ser que também não haja herdeiros. Nesse caso, a legitimidade passiva será do ESTADO (arts. 1.819 e 1.823, do CC/02 – heranças jacente e vacante):

> ***Art. 1****.819 Falecendo alguém sem deixar testamento nem herdeiro legítimo notoriamente conhecido, os bens da herança, depois de arrecadados, ficarão sob a guarda e administração de um curador, até a sua entrega ao sucessor devidamente habilitado ou à declaração de sua vacância.*
>
> ***Art. 1****.823 Quando todos os chamados a suceder renunciarem à herança, será esta desde logo declarada vacante."*

▹ Provas

Talvez o meio probatório mais conhecido utilizado nas ações de investigação de paternidade seja o exame de comprovação genética ou exame de DNA. Porém este não é o único meio de prova possível. O norte quando falamos aqui em produção de provas deve ser o princípio da liberdade probatória presente no CPC/15, que significa dizer que é possível demonstrar qualquer prova desde que se empregue meios legítimos e moralmente necessários.

Arts. 231 e 232, do CC/02 – o indivíduo que se nega a realizar o exame de comprovação genética, será presumidamente considerado pai.

> ***Art. 231*** *Aquele que se nega a submeter-se a exame médico necessário não poderá aproveitar-se de sua recusa.*
>
> ***Art. 232*** *A recusa à perícia médica ordenada pelo juiz poderá suprir a prova que se pretendia obter com o exame."*

▹ Relativização da coisa julgada

Primeiramente vejamos o art. 6º da Lei de Introdução à Normas do Direito Brasileiro:

> ***Art. 6º*** *A Lei em vigor terá efeito imediato e geral, respeitados o ato jurídico perfeito, o direito adquirido e a coisa julgada.*
>
> ***§ 1º*** *Reputa-se ato jurídico perfeito o já consumado segundo a lei vigente ao tempo em que se efetuou,*
>
> ***§ 2º*** *Consideram-se adquiridos assim os direitos que o seu titular, ou alguém por ele, possa exercer, como aqueles cujo começo do exercício tenha termo pré-fixo, ou condição pré-estabelecida inalterável, a arbítrio de outrem.*
>
> ***§ 3º*** *Chama-se coisa julgada ou caso julgado a decisão judicial de que já não caiba recurso.*

Com o surgimento do exame de DNA, a questão da imutabilidade da coisa julgada, nas ações de investigação de paternidade, passou a ser questionada, trazendo a lume a discussão sobre a relativização desse instituto.

Até meados da década de 1990, o entendimento predominante era o da irreversibilidade das decisões transitadas em julgado. Somente se admitia a sua modificação em sede de ação rescisória, nos casos previstos em lei.

Diante da evolução científica, com a precisão trazida pelo exame de DNA, nasceu a discussão e a possibilidade de relativizar a coisa julgada nas ações de investigação de paternidade, quando essa já houver sido declarada.

5.6 Adoção

> ***Art. 1****.618 A adoção de crianças e adolescentes será deferida na forma prevista pela Lei no 8.069, de 13 de julho de 1990 - Estatuto da Criança e do Adolescente.*
>
> ***Art. 1****.619 A adoção de maiores de 18 (dezoito) anos dependerá da assistência efetiva do poder público e de sentença constitutiva, aplicando-se, no que couber, as regras gerais da Lei no 8.069, de 13 de julho de 1990 - Estatuto da Criança e do Adolescente. (*

Em primeiro lugar, importante dizer que as principais regras sobre adoção estão presentes no Estatuto da Criança e do Adolescente (Lei nº 8.069/30), nos arts. 39 a 52-D.

A adoção é um ato solene (são várias etapas a serem observadas, vários estudos são realizados para que a adoção se concretize), que constitui vínculo filiatório com pessoa que até então lhe era estranha. É também ato complexo, porque para que se concretize a adoção se faz necessário uma decisão judicial (art. 47, caput, do ECA) que irá modificar o registro civil da pessoa adotada.

> ***Art. 47*** *O vínculo da adoção constitui-se por sentença judicial, que será inscrita no registro civil mediante mandado do qual não se fornecerá certidão."*

5.6.1 Foro competente

- Adoção de menores de 18 anos – Vara da infância e Juventude.
- Adoção de pessoas maiores de 18 anos – Vara de família.
- O Ministério Público deve atuar na adoção? SIM! O MP atua tanto na adoção de menores de 18 anos quanto na adoção de maiores de 18 anos. Isto porque a ação envolve estado de pessoa, que é direito indisponível.

5.6.2 Natureza da adoção

> ***Art. 39****, ECA:*
>
> ***Art. 39*** *A adoção de criança e de adolescente reger-se-á segundo o disposto nesta Lei.*
>
> ***§ 1 o*** *A adoção é medida excepcional e irrevogável, à qual se deve recorrer apenas quando esgotados os recursos de manutenção da criança ou adolescente na família natural ou extensa, na forma do parágrafo único do art. 25 desta Lei.*
>
> ***§ 2 o*** *É vedada a adoção por procuração.*
>
> ***§ 3 o*** *Em caso de conflito entre direitos e interesses do adotando e de outras pessoas, inclusive seus pais biológicos, devem prevalecer os direitos e os interesses do adotando. (*

A natureza do instituto da adoção se subdivide em três partes.

- Natureza excepcional – no sentido de exceção. Ela rompe com os vínculos pretéritos havidos para a constituição de novos vínculos.
- **Natureza subsidiária – o ECA traz três formas de família:** natural, ampliada ou extensiva e substituta (guarda, tutela e adoção). Isto quer dizer que só teremos a adoção se não for possível colocar a pessoa nas outras modalidades de família.
- Natureza irrevogável – uma vez realizada a adoção e constituídos os novos vínculos, não há como voltar atrás (por esse motivo que antes de concretizar a adoção, é comum colocar o adotando num período de convivência com a família).

5.6.3 Capacidade para adotar

> ***Art. 42****, ECA:*
>
> ***Art. 42*** *Podem adotar os maiores de 18 (dezoito) anos, independentemente do estado civil.*
>
> ***§ 1º*** *Não podem adotar os ascendentes e os irmãos do adotando.*
>
> ***§ 2º*** *Para adoção conjunta, é indispensável que os adotantes sejam casados civilmente ou mantenham união estável, comprovada a estabilidade da família.*
>
> ***§ 3º*** *O adotante há de ser, pelo menos, dezesseis anos mais velho do que o adotando.*
>
> ***§ 4º*** *Os divorciados, os judicialmente separados e os ex-companheiros podem adotar conjuntamente, contanto que acordem sobre a guarda e o regime de visitas e desde que o estágio de convivência tenha sido iniciado na constância do período de convivência e que seja comprovada a existência de vínculos de afinidade e afetividade com aquele não detentor da guarda, que justifiquem a excepcionalidade da concessão.*
>
> ***§ 5º*** *Nos casos do § 4º deste artigo, desde que demonstrado efetivo benefício ao adotando, será assegurada a guarda compartilhada, conforme previsto no art. 1.584 da Lei nº 10.406, de 10 de janeiro de 2002 - Código Civil.*
>
> ***§ 6º*** *A adoção poderá ser deferida ao adotante que, após inequívoca manifestação de vontade, vier a falecer no curso do procedimento, antes de prolatada a sentença.*

No Brasil, para ter capacidade para adotar, o indivíduo deve possuir capacidade civil plena, ou seja, ter mais de 18 anos.

Outro requisito para capacidade é que a pessoa que está adotando e a pessoa a ser adotada devem possuir uma diferença de idade de, no mínimo, 16 anos. Importante fazer uma observação sobre esta regra. A adoção pode ser realizada de forma conjunta, bilateral, ou seja, pessoas casadas decidem adotar conjuntamente. Nesse caso, quando se adota conjuntamente, a diferença de 16 anos entre adotante e adotado deve ser respeitada a partir da idade da pessoa mais nova da relação (se o marido tem 40 anos e a mulher 30, a diferença de 16 anos para o adotando é vista sob a ótima da idade da mulher que, nesse caso, é a mais nova da relação).

Ainda neste ponto, apesar de o parágrafo 2º determinar que para realizar a adoção conjunta os adotantes sejam casados ou mantenham união estável, o parágrafo 4º do mesmo art. 42 do ECA determina que os divorciados, os judicialmente separados e os ex-companheiros podem adotar conjuntamente, devendo respeitar três requisitos:

1) que o estágio de convivência com o adotado tenha começado antes da dissolução da sociedade conjugal.

2) que as partes já tenham estipulado como será a guarda.

3) que a pessoa que está sendo adotada tenha boa relação com a outra que não terá a guarda.

- O tutor pode adotar o tutelado? O curador pode adotar o curatelado? SIM! Para que haja essa situação deve ser demonstrada uma saúde financeira do tutor ou curador para evitar que se adote por algum interesse pecuniário.
- Casal homossexual pode adotar conjuntamente.

5.6.4 Consentimento

> ***Art. 45****, do ECA:*
>
> ***Art. 45*** *A adoção depende do consentimento dos pais ou do representante legal do adotando.*
>
> ***§ 1º*** *O consentimento será dispensado em relação à criança ou adolescente cujos pais sejam desconhecidos ou tenham sido destituídos do poder familiar.*
>
> ***§ 2º*** *Em se tratando de adotando maior de doze anos de idade, será também necessário o seu consentimento."*

A adoção depende do consentimento dos pais ou do representante legal do adotado, devendo sempre ser observado o princípio do melhor interesse da criança e do adolescente.

- **Observações:**

- Em algumas situações o consentimento dos pais, dos genitores, pode ser dispensado. São três as exceções em que não é necessário o consentimento dos pais para que se realize a adoção:
  - 1) Quando se tratar de adoção de maior de 18 anos, porque ele já terá capacidade civil plena e não é mais necessário de representação ou assistência de seus pais;
  - 2) Quando os próprios pais já foram destituídos do poder familiar, não havendo mais o vínculo familiar;
  - 3) Quando os pais se encontram em local incerto e não sabido.

- Se os filhos tiverem mais de 12 anos eles precisarão ser ouvidos e seu posicionamento vinculam a decisão do Poder Judiciário. Para os menores de 12 anos, seu consentimento e opinião sobre adoção não é levada em conta e quem avaliará as condições é uma equipe multidisciplinar especializada no assunto.

5.6.5 Vínculo

- Diferença entre reprodução assistida heteróloga e adoção

Reprodução assistida heteróloga ocorre quando há utilização de material genético de terceiro e este não cria vínculo com o filho. Na adoção, os que eram pais tinham vínculos, que serão extintos para a criação de novos vínculos entre adotantes e adotado.

Art. 47, ECA

Quando você adota uma criança, você pode modificar o nome da pessoa adotada, passando seu sobrenome para ela. Mas se eu quiser mudar o prenome do adotado, por exemplo, de João para Henrique, é possível? SIM! Porém, caso o adotado tenha mais de 12 anos, a criança deve aprovar a mudança do prenome.

NOÇÕES DE DIREITO ADMINISTRATIVO

1. INTRODUÇÃO AO DIREITO ADMINISTRATIVO

Na introdução ao Direito Administrativo, conheceremos algumas características do Direito Administrativo, seu conceito, sua finalidade e seu regime jurídico peculiar que orienta toda a sua atividade administrativa, seja ela exercida pelo próprio Estado-administrador, ou por particular. Para entendermos melhor tudo isso, é preciso iniciar os estudos pela compreensão adequada do papel do Direito na vida social.

O Direito é um conjunto de normas (regras e princípios) impostas coativamente pelo Estado que regulam a vida em sociedade, possibilitando a coexistência pacífica das pessoas.

1.1 Ramos do Direito

O Direito é historicamente dividido em dois grandes ramos: o **direito público** e o **direito privado**.

Em relação ao **direito privado**, vale o princípio da igualdade (isonomia) entre as partes; aqui não há que se falar em superioridade de uma parte sobre a outra. Por esse motivo, dizemos que estamos em uma relação jurídica horizontal ou em uma horizontalidade nas relações jurídicas.

O **direito privado** é regulado pelo princípio da autonomia da vontade, o que traduz a regra que diz que o particular pode fazer tudo aquilo que não é proibido (art. 5º, inciso II, da Constituição Federal de 1988).

No **direito público**, temos uma relação jurídica vertical, com o Estado em um dos polos, representando os interesses da coletividade, e um particular no outro, desempenhando seus próprios interesses. O Estado é tratado com superioridade ante ao particular, pois o Estado é o procurador da vontade da coletividade, que, representada pelo próprio Estado, deve ser tratada de forma prevalente ante a vontade do particular.

O fundamento dessa relação jurídica vertical é encontrado no princípio da supremacia do interesse público, que estudaremos com mais detalhes no tópico referente aos princípios. Já podemos, no entanto, adiantar que, o interesse público é supremo. Desse modo, são disponibilizadas ao Estado prerrogativas especiais para que este possa atingir os seus objetivos. Essas prerrogativas são os poderes da Administração Pública.

Os dois princípios norteadores do Direito Administrativo são: Supremacia do Interesse Público (gera os poderes) e Indisponibilidade do Interesse Público (gera os deveres da administração).

1.2 Conceito de Direito Administrativo

Na doutrina, podem ser encontrados vários conceitos para o Direito Administrativo. A seguir, descreveremos dois deles, trazidos pela doutrina contemporânea:

- O Direito Administrativo é o ramo do direito público que tem por objeto órgãos, agentes e pessoas jurídicas administrativas que integram a Administração Pública. A atividade jurídica não contenciosa que exerce e os bens que se utiliza para a consecução de seus fins são de natureza pública.
- O Direito Administrativo é o conjunto harmônico de princípios jurídicos que regem órgãos, agentes e atividades públicas que tendem a realizar concreta, direta e imediatamente os fins desejados pelo Estado.

Os conceitos de Direito Administrativo foram desenvolvidos de forma que se desdobram em uma sequência natural de tópicos que devem ser estudados ponto a ponto para que a matéria seja corretamente entendida.

1.3 Objeto do Direito Administrativo

Por meio desses conceitos, podemos constatar que o objeto do Direito Administrativo são as relações da Administração Pública, sejam elas de natureza interna entre as entidades que a compõem, seus órgãos e agentes, ou de natureza externa entre a administração e os administrados.

Além de ter por objeto a atuação da Administração Pública, também é foco do Direito Administrativo o desempenho das atividades públicas quando exercidas por algum particular, como no caso das concessões, permissões e autorizações de serviços públicos.

Resumidamente, podemos dizer que o Direito Administrativo tem por objeto a Administração Pública e as atividades administrativas, independentemente de quem as exerçam.

1.4 Fontes do Direito Administrativo

É o lugar de onde provém algo, no nosso caso, no qual emanam as regras do Direito Administrativo. Esse não está codificado em um único livro. Dessa forma, para o estudarmos de maneira completa, temos que recorrer às fontes, ou seja, a institutos esparsos. Por esse motivo, dizemos que o Direito Administrativo está tipificado (escrito), mas não está codificado em um único instituto.

- **Lei:** fonte principal do Direito Administrativo. A lei deve ser compreendida em seu sentido amplo, o que inclui a Constituição Federal, as normas supralegais, as leis e também os atos normativos da própria Administração Pública. Temos como exemplo os arts. 37 ao 41 da Constituição Federal, as Leis nºs 8.666/1993, 14.133/2021, 8.112/1990, 8.429/1992 (Lei de Improbidade Administrativa), 14.230/2021, 9.784/1999 (Processo Administrativo Federal) etc.
- **Súmulas Vinculantes:** são instruções jurídicas que norteiam a interpretação e aplicação das normas constitucionais. Ou seja, as decisões trazidas pelo STF nas súmulas devem ser seguidas pelo Poder Judiciário e pela Administração Pública.
- **Jurisprudência:** são decisões que são editadas pelos tribunais e não possuem efeito vinculante; são resumos numerados que servem de fonte de pesquisa do direito materializados em livros, artigos e pareceres.
- **Doutrina:** tem a finalidade de tentar sistematizar e melhor explicar o conteúdo das normas de Direito Administrativo. A doutrina pode ser utilizada como critério de interpretação de normas, bem como para auxiliar a produção normativa.
- **Costumes:** conjunto de regras não escritas, porém, observadas de maneira uniforme, as quais suprem a omissão legislativa acerca de regras internas da Administração Pública.

Segundo o doutrinador do Direito Administrativo, Hely Lopes Meirelles, em razão da deficiência da legislação, a prática administrativa vem suprindo o texto escrito e, sedimentada na consciência dos administradores e administrados, a praxe burocrática passa a saciar a lei e atuar como elemento informativo da doutrina.

Leis e súmulas vinculantes são consideradas fontes principais do Direito Administrativo. Jurisprudência, súmulas, doutrinas e costumes são considerados fontes secundárias.

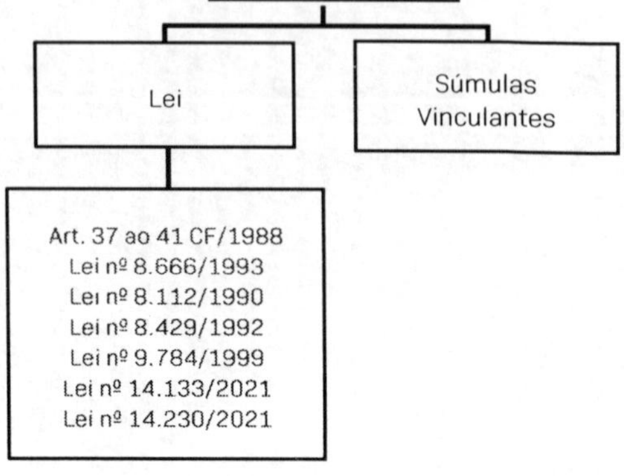

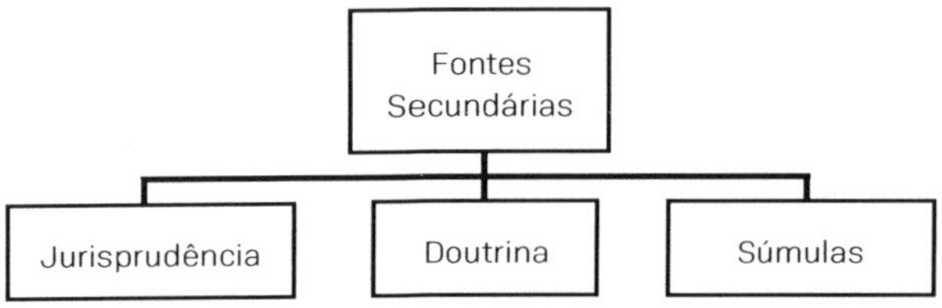

1.5 Sistemas Administrativos

É o regime que o Estado adota para o controle dos atos administrativos ilegais praticados pelo poder público nas diversas esferas e em todos os poderes. Existem dois sistemas que são globalmente utilizados:

- O **sistema francês** (do contencioso administrativo), não utilizado no Brasil, determina que as lides administrativas podem transitar em julgado, ou seja, as decisões administrativas têm força de definibilidade. Nesse sentido, falamos em dualidade de jurisdição, já que existem tribunais administrativos e judiciais, cada qual com suas competências.
- O **sistema inglês** (do não contencioso administrativo), também chamado de jurisdicional único ou unicidade da jurisdição, é o sistema que atribui somente ao Poder Judiciário a capacidade de tomar decisões sobre a legalidade administrativa com caráter de coisa julgada ou definitividade.

Atenção!

A Constituição Federal de 1988 adotou o Sistema Inglês, do não contencioso administrativo.

O Direito Administrativo, no nosso sistema, não pode fazer coisa julgada e todas as decisões administrativas podem ser revistas pelo Poder Judiciário, pois somente ele pode dar resolução em caráter definitivo. Ou seja, não cabem mais recursos, por isso, falamos em trânsito em julgado das decisões judiciais e nunca das decisões administrativas.

1.5.1 Via administrativa de curso forçado

São situações em que o particular é obrigado a seguir todas as vias administrativas até o fim, antes de recorrer ao Poder Judiciário. Isso é exceção, pois a regra é que, ao particular, é facultado recorrer-se ao Poder Judiciário, por força do art. 5º, inciso XXXV, da Constituição Federal de 1988.

Aqui, o indivíduo deve esgotar as esferas administrativas obrigatoriamente antes de ingressar com ação no Poder Judiciário.

> *XXXV - A lei não excluirá da apreciação do Poder Judiciário lesão ou ameaça a direito.*

Exemplos:

- **Justiça Desportiva:** só são admitidas pelo Poder Judiciário ações relativas à disciplina e às competições desportivas depois de esgotadas as instâncias da Justiça Desportiva. Art. 217, § 1º, CF/1988.
- **Ato administrativo ou omissão da Administração Pública que contrarie súmula vinculante:** só pode ser alvo de reclamação ao STF depois de esgotadas as vias administrativas. Lei nº 11.417/2006, art. 7º, § 1º.
- ***Habeas data*:** é indispensável para caracterizar o interesse de agir no *habeas data* a prova anterior do indeferimento do pedido de informação de dados pessoais ou da omissão em atendê-lo sem que se confirme situação prévia de pretensão. (STF, HD, 22-DF Min. Celso de Mello).

1.6 Regime jurídico administrativo

É o conjunto de normas e princípios de direito público que regulam a atuação da Administração Pública. Tais regras se fundamentam nos princípios da Supremacia e da Indisponibilidade do Interesse Público, conforme estudaremos adiante.

O princípio da supremacia do interesse público é o fundamento dos poderes da Administração Pública, afinal de contas, qualquer pessoa que tenha como fim máximo da sua atuação o interesse da coletividade, somente conseguirá atingir esses objetivos se dotadas de poderes especiais.

O princípio da indisponibilidade do interesse público é o fundamento dos deveres da Administração Pública, pois essa tem o dever de nunca abandonar o interesse público e de usar os seus poderes com a finalidade de satisfazê-lo.

Desses dois princípios, decorrem todos os outros princípios e regras que se desdobram no regime jurídico administrativo.

1.7 Noções de Estado

1.7.1 Conceito de Estado

- **Estado:** é a pessoa jurídica territorial soberana.
- **Pessoa:** capacidade para contrair direitos e obrigações.
- **Jurídica:** é constituída por meio de uma formalidade documental e não por uma mulher, tal como a pessoa física.
- **Territorial soberana:** quer dizer que, dentro do território do Estado, esse detém a soberania, ou seja, sua vontade prevalece ante a das demais pessoas (sejam elas físicas ou jurídicas). Podemos definir soberania da seguinte forma: soberania é a independência na ordem internacional (lá fora ninguém manda no Estado) e supremacia na ordem interna (aqui dentro quem manda é o Estado).

1.7.2 Elementos do Estado

- **Território**: é a base fixa do Estado (solo, subsolo, mar, espaço aéreo).
- **Povo**: é o componente humano do Estado.
- **Governo soberano**: é o responsável pela condução do Estado. Por ser tal governo soberano, ele não se submete a nenhuma vontade externa, apenas aos desígnios do povo.

1.7.3 Formas de Estado

- **Estado unitário:** é caracterizado pela centralização política; não existe divisão em Estados-membros ou municípios, há somente uma esfera política central que emana sua vontade para todo o país. É o caso do Uruguai.
- **Estado federado:** caracteriza-se pela descentralização política. Existem diferentes entidades políticas autônomas que são distribuídas regionalmente e cada uma exerce o poder político dentro de sua área de competência. É o caso do Brasil.

1.7.4 Poderes do Estado

Os poderes do Estado estão previstos no texto Constitucional.

> ***Art. 2º*** *São Poderes da União, independentes e harmônicos entre si, o Legislativo, o Executivo e o Judiciário.*

Os poderes podem exercer as funções para que foram investidos pela Constituição Federal (funções típicas) ou executar cargos diversos das suas competências constitucionais (funções atípicas). Por esse motivo, não há uma divisão absoluta entre os poderes, e sim relativa, pois o Poder Executivo pode executar suas funções típicas (administrar) e pode também iniciar o processo legislativo em alguns casos (pedido de vagas para novos cargos). Além disso, é possível até mesmo legislar no caso de medidas provisórias com força de lei.

Poderes	Funções típicas	Funções atípicas
Legislativo	Criar leis Fiscalizar (Tribunal de Contas)	Administrar Julgar conflitos
Executivo	Administrar	Criar leis Julgar conflitos
Judiciário	Julgar conflitos	Administrar Criar leis

É importante notar que a atividade administrativa está presente nos três poderes. Por isso, o Direito Administrativo, por ser um dos ramos do Direito Público, disciplina não somente a atividade administrativa do Poder Executivo, mas também as do Poder Legislativo e do Judiciário.

1.8 Noções de governo

Governar é atividade política e discricionária, tendo conduta independente. O ato de governar está relacionado com as funções políticas do Estado: de comandar, coordenar, direcionar e fixar planos e diretrizes de atuação do Estado.

O governo é o conjunto de Poderes e órgãos constitucionais responsáveis pela função política do Estado. Ele está diretamente ligado às decisões tomadas pelo Estado, exercendo direção suprema e geral. Ao fazer uma analogia, podemos dizer que o governo é o cérebro do Estado.

1.8.1 Função de governo e função administrativa

É comum aparecer em provas de concursos públicos questões que confundem as ideias de governo e de Administração Pública. Para evitar esse erro, analisaremos as diferenças entre as expressões.

O governo é uma atividade política e discricionária e que possui conduta independente. Para ele, a administração é uma atividade neutra, normalmente vinculada à lei ou à norma técnica, e exercida mediante conduta hierarquizada.

Não podemos confundir governo com Administração Pública, pois o governo se encarrega de definir os objetivos do Estado e as políticas para o alcance desses objetivos. A Administração Pública, por sua vez, se encarrega de atingir os objetivos traçados pelo governo.

O governo atua mediante atos de soberania ou, ao menos, de autonomia política na condução dos negócios públicos. A administração é atividade neutra, normalmente vinculada à lei ou à norma técnica. Governo é conduta independente, enquanto a administração é hierarquizada.

O governo deve comandar com responsabilidade constitucional e política, mas sem responsabilidade técnica e legal pela execução. A administração age sem responsabilidade política, mas com responsabilidade técnica e legal pela execução dos serviços públicos.

1.8.2 Sistemas de governo

Sistema de governo refere-se ao grau de dependência entre o Poder Legislativo e Executivo.

- **Parlamentarismo**

É caracterizado por uma grande relação de dependência entre o Poder Legislativo e o Executivo.

A chefia do Estado e a do Governo são desempenhadas por pessoas distintas.

Chefe de Estado: responsável pelas relações internacionais.

Chefe de governo: responsável pelas relações internas, o chefe de governo é o da Administração Pública.

- **Presidencialismo**

É caracterizado por não existir dependência, ou quase nenhuma, entre os Poderes Legislativo e Executivo.

A chefia do Estado e a do Governo são representadas pela mesma pessoa.

O Brasil adota o presidencialismo como sistema de governo.

1.8.3 Formas de governo

A forma de governo refere-se à relação entre governantes e governados.

- **Monarquia**

Hereditariedade: o poder é passado de pai para filho.

Vitaliciedade: o detentor do poder fica no cargo até a morte e não necessita prestar contas.

- **República**

Eletividade: o governante precisa ser eleito para chegar ao poder.

Temporalidade: ao chegar ao poder, o governante ficará no cargo por tempo determinado e deve prestar contas.

O Brasil adota a república como forma de governo.

2. ADMINISTRAÇÃO PÚBLICA

Antes de fazermos qualquer conceituação doutrinária sobre Administração Pública, podemos entendê-la como a ferramenta utilizada pelo Estado para atingir os seus objetivos. O Estado possui objetivos, e quem escolhe quais são eles é seu governo, pois a esse é que cabe a função política (atividade eminentemente discricionária) do Estado e que determina as suas vontades, ou seja, o Governo é o cérebro do Estado. Para poder atingir esses objetivos, o Estado precisa fazer algo, e o faz por meio de sua Administração Pública. Assim, essa é a responsável pelo exercício das atividades públicas do Estado.

2.1 Classificação de Administração Pública

2.1.1 Sentido material/objetivo

Em sentido material ou objetivo, a Administração Pública compreende o exercício de atividades pelas quais se manifesta a função administrativa do Estado.

Compõe a Administração Pública material qualquer pessoa jurídica, seus órgãos e agentes que exercem as atividades administrativas do Estado. Como exemplo de tais atividades, há a prestação de serviços públicos, o exercício do poder de Polícia, o fomento, a intervenção e as atividades da Administração Pública.

Essas são as chamadas atividades típicas do Estado e, pelo critério formal, qualquer pessoa que exerce alguma dessas é de Administração Pública, não importa quem seja. Por esse critério, teríamos, por exemplo, as seguintes pessoas na Administração Pública: União, estados, municípios, Distrito Federal, Autarquias, Fundações Públicas prestadoras de serviços públicos, Empresa Pública prestadora de serviço público, Sociedade de Economia Mista prestadora de serviços públicos e, ainda, as concessionárias, autorizatárias e permissionárias de serviço público.

Esse critério não é o adotado pelo Brasil. Assim sendo, a classificação feita acima não descreve a Administração Pública brasileira, que, conforme veremos a seguir, adota o modelo formal de classificação.

2.1.2 Sentido formal/subjetivo

Em sentido formal ou subjetivo, a Administração Pública compreende o conjunto de órgãos e pessoas jurídicas encarregadas, por determinação legal, do exercício da função administrativa do Estado.

Pelo modelo formal, segundo Meirelles, a Administração Pública é o conjunto de entidades (pessoas jurídicas, seus órgãos e agentes) que o nosso ordenamento jurídico identifica como Administração Pública, pouco interessa a sua área de atuação, ou seja, pouco importa a atividade, mas, sim, quem a desempenha. A Administração Pública brasileira que adota o modelo formal é classificada em Administração Direta e Indireta.

2.2 Organização da Administração

A Administração Pública foi definida pela Constituição Federal de 1988 no art. 37.

> ***Art. 37*** *A Administração Pública Direta e indireta de qualquer dos Poderes da União, dos Estados, do Distrito Federal e dos Municípios obedecerá aos princípios de legalidade, impessoalidade, moralidade, publicidade e eficiência e, também, ao seguinte [...].*

O Decreto-lei nº 200/1967 determina quem é Administração Pública Direta e Indireta.

> ***Art. 4º*** *A Administração Federal compreende:*
>
> *I - A Administração Direta, que se constitui dos serviços integrados na estrutura administrativa da Presidência da República e dos Ministérios.*
>
> *II - A Administração Indireta, que compreende as seguintes categorias de entidades, dotadas de personalidade jurídica própria:*
>
> *a) Autarquias;*
>
> *b) Empresas Públicas;*
>
> *c) Sociedades de Economia Mista.*
>
> *d) Fundações públicas.*

Dessa forma, temos somente quatro pessoas que representam a Administração Direta. Elas são consideradas pessoas jurídicas de direito público e possuem várias características. As pessoas da Administração Direta recebem o nome de pessoas políticas do estado.

A Administração Indireta também representa um rol taxativo e não cabe ampliação. Existem quatro pessoas da Administração Indireta e nenhuma outra. Elas possuem características marcantes, contudo, não possuem a mais importante e que as diferencia das pessoas políticas do Estado: a capacidade de legislar (capacidade política).

2.3 Administração Direta

A Administração Direta é representada pelas entidades políticas. São elas: União, estados, Distrito Federal e municípios.

A definição no Brasil foi feita pelo Decreto-lei nº 200/1967, que dispõe sobre a organização da Administração Federal e estabelece diretrizes para a Reforma Administrativa.

É importante observar que esse decreto dispõe somente sobre a Administração Pública Federal, todavia, pela aplicação do princípio da simetria, tal regra é aplicada uniformemente por todo o território nacional. Assim sendo, tal classificação utilizada nesse decreto define expressamente a Administração Pública Federal e também, implicitamente, a Administração Pública dos demais entes da federação.

Os entes políticos possuem autonomia política (capacidade de legislar), administrativa (capacidade de se auto-organizar) e capacidade financeira (capacidade de julgar as próprias contas). Não podemos falar aqui em hierarquia entre os entes, mas sim em cooperação, pois um não dá ordens aos outros, visto que eles são autônomos.

As principais características da Administração Direta são:

- São pessoas jurídicas de direito público interno – têm autonomia.
- Unidas formam a República Federativa do Brasil: pessoa jurídica de direito público externo – tem soberania (independência na ordem externa e supremacia na interna).
- Regime jurídico de direito público.
- **Autonomia política:** administrativa e financeira.
- **Sem subordinação:** atuam por cooperação.
- **Competências:** extraídas da CF/1988.
- Responsabilidade civil – regra – objetiva.
- **Bens:** públicos, não podem ser objeto de sequestro, arresto, penhora etc.
- **Débitos judiciais:** são pagos por precatórios.
- **Regime de pessoal:** regime jurídico único.
- Competência para julgamento de ações judiciais da União é a Justiça Federal; dos demais Entes Políticos é a Justiça Estadual.

Algumas noções de centralização, descentralização e desconcentração são importantes para compreender a Administração Direta:

- **Centralização Administrativa:** órgãos e agentes trabalhando para a Administração Direta.
- **Descentralização administrativa:** técnica administrativa em que a Administração Direta passa a atividade administrativa, serviço ou obra pública para outras pessoas jurídicas ou físicas (para pessoa física somente por delegação por colaboração). A descentralização pode ser feita por outorga legal (titularidade + execução) ou diante delegação por colaboração (somente execução). A outorga legal cria as pessoas da Administração Indireta. A Delegação por colaboração gera os concessionários, permissionários e autorizatários de serviços públicos.
- **Descentralização por outorga legal:** também chamada de descentralização técnica, por serviços, ou funcional, é feita por lei e transfere a titularidade e a execução da atividade administrativa por prazo indeterminado para uma pessoa jurídica integrante da Administração Indireta.
- **Descentralização por delegação:** também chamada de descentralização por colaboração, é feita em regra por um contrato administrativo e, nesses casos, depende de licitação. Também pode acontecer descentralização por delegação por meio de um ato administrativo. Transfere somente a execução da atividade administrativa, e não a sua titularidade, por prazo determinado para um particular, pessoa física ou jurídica.

▷ **Outorga legal:**
- Feita por lei;
- Transfere a titularidade e a execução do serviço público;
- Não tem prazo.

▷ **Delegação:**
- Feita por contrato, exceto as autorizações;
- Os contratos dependem de licitação;
- Transfere somente a execução do serviço público e não a titularidade;
- À fiscalização do Poder Público. Tal fiscalização decorre do exercício do poder disciplinar;
- Tem prazo.
- **Desconcentração administrativa:** técnica de subdivisão de órgãos públicos para que melhor desempenhem o serviço público ou atividade administrativa. Em outras palavras, na desconcentração, a pessoa jurídica distribui competências no âmbito de sua própria estrutura. É a distribuição de competências entre os diversos órgãos integrantes da estrutura de uma pessoa jurídica da Administração Pública. Somente ocorre na Administração Direta ou Indireta, jamais para particulares, uma vez que não existem órgãos públicos entre particulares.

2.4 Administração Indireta

Pessoas/entes/entidades administrativas

- Fundações públicas;
- Autarquias;
- Sociedades de economia mista;
- Empresas públicas.

Características

- Tem personalidade jurídica própria;
- Tem patrimônio e receita próprios;
- Tem autonomia: administrativa, técnica e financeira.
- Não tem autonomia política;
- Finalidade definida em lei;
- Controle do Estado.

Não há subordinação nem hierarquia entre os entes da Administração Direta e indireta, mas sim vinculação que se manifesta por meio da **supervisão ministerial** realizada pelo ministério ou secretaria da pessoa política responsável pela área de atuação da entidade administrativa. Tal supervisão tem por finalidade o exercício do denominado **controle finalístico** ou **poder de tutela**.

Em alguns casos, a entidade administrativa pode estar diretamente vinculada à chefia do Poder Executivo e, nesse contexto, caberá a essa chefia o exercício do controle finalístico de tal entidade.

Nomeação de dirigentes: os dirigentes das entidades administrativas são nomeados pelo chefe do poder a que está vinculada a respectiva entidade, ou seja, as entidades administrativas ligadas ao Poder Executivo Federal têm seus dirigentes nomeados pelo chefe de tal poder, que, nesse caso, é o Presidente da República.

É válido lembrar que, em todos os poderes, existe a função administrativa no Executivo, de forma típica, e nos demais poderes, de forma atípica. Além disso, a função administrativa de todos os poderes é exercida pela sua Administração Pública (Administração Direta e Indireta), assim, existe Administração Pública Direta e Indireta nos três poderes e, caso uma entidade administrativa seja vinculada ao Poder Legislativo ou Judiciário, caberá ao chefe do respectivo poder a nomeação de tal dirigente.

Excepcionalmente, a nomeação de um dirigente pode depender ainda de aprovação do Poder Legislativo. Na esfera federal, temos como exemplo a nomeação dos dirigentes das agências reguladoras. Tais nomeações são feitas pelo Presidente da República e, para terem efeito, dependem de aprovação do Senado Federal.

Via de regra, lembraremos que a nomeação do dirigente de uma entidade administrativa é feita pelo chefe do Poder Executivo, sendo que, em alguns casos, é necessária a prévia aprovação de outro poder. Excepcionalmente, o Judiciário e o Legislativo poderão nomear dirigentes para essas entidades, desde que vinculadas ao respectivo poder.

Criação dos entes da Administração Indireta: a instituição das entidades administrativas depende sempre de uma lei ordinária específica. Essa lei pode criar a entidade administrativa. Nesse caso, nasce uma pessoa jurídica de direito público, a autarquia. A lei também pode autorizar a criação das entidades administrativas. Nessa circunstância, nascem as demais entidades da Administração Indireta: fundações públicas, empresas públicas e sociedades de economia mista. Pelo fato dessas entidades serem autorizadas por lei, elas são pessoas jurídicas de direito privado.

A lei que cria ou que autoriza a criação de uma entidade administrativa é uma **lei ordinária específica.**

Quando a lei autoriza a criação de uma entidade da Administração Indireta, a sua construção será consumada após o registro na serventia registral pertinente (cartório ou junta comercial, conforme o caso).

Ocorre extinção dos entes da Administração Indireta nas seguintes condições:

- Só lei revoga lei.
- Se a lei cria, a lei extingue.
- Se a lei autoriza a criação, autoriza também a extinção.

Relação da Administração Pública Direta com a Indireta: as entidades compreendidas na Administração Indireta vinculam-se ao Ministério em cuja área de competência estiver enquadrada sua principal atividade. Dessa forma, não há que se falar em hierarquia ou subordinação, mas, sim em vinculação.

A vinculação entre a Administração Direta e a Administração Indireta gera o chamado controle finalístico ou supervisão ministerial. Assim, a Administração Direta não pode intervir nas decisões da Indireta, salvo se ocorrer a chamada fuga de finalidade.

2.4.1 Autarquias

Autarquia é a pessoa jurídica de direito público, criada por lei, com capacidade de autoadministração, para o desempenho de serviço público descentralizado (atividade típica do Estado). É o próprio serviço público personificado.

Vejamos a seguir as suas características:

- **Personalidade jurídica:** direito público.
- Recebem todas as prerrogativas do direito público.
- **Finalidade:** atividade típica do Estado.
- **Regime jurídico:** público.
- **Responsabilidade civil:** objetiva.
- **Bens públicos:** não podem ser objeto de penhora, arresto ou sequestro.
- Ao serem constituídas, recebem patrimônio do ente instituidor e, a partir desse momento, seguem com sua autonomia.
- **Débitos judiciais:** pagamento por precatórios.
- **Regime de pessoal:** regime jurídico único.
- Competência para o julgamento de suas ações judiciais:
  - Autarquia Federal = Justiça Federal.
  - Outras Esferas = Justiça Estadual. Por exemplo: Instituto Nacional do Seguro Social (INSS), Banco Central do Brasil.

A seguir estão presentes as espécies de autarquias:

- **Comum ou ordinária (de acordo com Decreto-lei nº 200/1967):** são as autarquias que recebem as características principais, ou seja, criadas diretamente por lei, pessoas jurídicas de direito público e que desempenham um serviço público especializado; seu ato constitutivo é a própria lei.
- **Sob regime especial:** as autarquias em regime especial são submetidas a um regime jurídico peculiar, diferente do jurídico relativo às autarquias comuns. Por autarquia comum deve-se entender as ordinárias, aquelas que se submetem a regime jurídico comum das autarquias. Na esfera federal, o regime jurídico comum das autarquias é o Decreto-lei nº 200/1967. Se a autarquia, além das regras do regime jurídico comum, ainda é alcançada por alguma regra especial, peculiar às suas atividades, será considerada uma autarquia em regime especial.
- **Agências reguladoras:** são responsáveis por regular, normatizar e fiscalizar determinados serviços públicos que foram delegados ao particular. Em razão dessa característica, elas têm mais liberdade e maior autonomia, se comparadas com as Autarquias comuns. Por exemplo: Agência Nacional do Cinema (Ancine); Agência Nacional de Águas e Saneamento Básico (ANA); Agência Nacional de Aviação Civil (Anac); Associação Nacional de Tecnologia do Ambiente Construído (Antaq); Agência Nacional de Telecomunicações (Anatel); Agência Nacional de Energia Elétrica (Aneel); Agência Nacional do Petróleo, Gás Natural e Biocombustíveis (ANP); Agência Nacional de Transportes Terrestres (ANTT) etc.
- **Autarquia territorial:** é classificado como Autarquia Territorial o espaço que faça parte do território da União, mas que não se enquadre na definição de Estado-membro, Distrito Federal ou município. No Brasil atual, não existem exemplos de autarquias territoriais, mas elas podem vir a ser criadas. Nesse caso, esses territórios fazem parte da Administração Direta e são autarquias territoriais, pois são criados por lei e assumem personalidade jurídica de direito público.
- **Associações públicas (autarquias interfederativas ou multifederativas):** também chamadas de consórcio público de Direito Público. O consórcio público é a pessoa jurídica formada exclusivamente por entes da Federação, na forma da Lei nº 11.107/2005, para estabelecer relações de cooperação federativa, inclusive a realização de objetivos de interesse comum, constituída como associação pública, com personalidade jurídica de direito público e natureza autárquica, ou como pessoa jurídica de direito privado, sem fins econômicos. Assim, não é todo consórcio público que representa uma autarquia interfederativa, mas somente os públicos de Direito Público.

- **Autarquia fundacional ou fundação autárquica:** as fundações públicas de Direito Público (exceção) são consideradas, na verdade, uma espécie de autarquia.
- **Agências executivas:** as agências executivas não se configuram como pessoas jurídicas, menos ainda outra classificação qualquer. Representam, na prática, um título que é dado às autarquias e fundações públicas que assinam contrato de gestão com a Administração Pública, conforme art. 37, § 8º, CF/1988.
- **Conselhos fiscalizadores de profissões:** são considerados autarquias, contudo, comportam uma exceção muito importante:

> *ADI 3.026-DF Min. Eros Graus. 08/06/2006. OAB: Considerada entidade sui generis, um serviço independente não sujeita ao controle finalístico da Administração Direta.*

2.4.2 Fundação Pública

A Fundação Pública é a entidade dotada de personalidade jurídica de direito privado, sem fins lucrativos, criada em virtude de autorização legislativa, para o desenvolvimento de atividades que não exijam execução por órgãos ou entidades de direito público, com autonomia administrativa, patrimônio próprio gerido pelos respectivos órgãos de direção e funcionamento custeado por recursos da União e de outras fontes.

Regra

- Autorizada por lei;
- Pessoa jurídica de direito privado;
- Depende de registro dos atos constitutivos na junta comercial;
- Depende de lei complementar que especifique o campo de atuação.

Exceção

- Criada diretamente por lei;
- Pessoa jurídica de direito público;
- Possui um capital personalizado (diferença meramente conceitual);
- Considerada pela doutrina como autarquia fundacional.

Atenção!

As fundações públicas de Direito Público, são espécie de autarquia, sendo chamadas pela doutrina como autarquias fundacionais.

Características

- **Personalidade jurídica:** direito privado.
- **Finalidade:** lei complementar definirá – sem fins lucrativos.
- **Regime jurídico:** híbrido (regras de Direito Público + direito privado) incontroverso.
- **Responsabilidade civil:** se for prestadora de serviço público, é objetiva; caso contrário, é subjetiva.
- **Bens privados, com exceção:** bens diretamente ligados à prestação de serviço público são bens públicos.
- **Débitos judiciais:** são pagos por meio do seu patrimônio, com exceção dos bens diretamente ligados à prestação de serviços públicos, que são bens públicos e não se submetem a pagamento de débitos judiciais.
- **Regime de pessoal:** Regime Jurídico Único (RJU).

Competência para o julgamento de suas ações judiciais:

- Justiça Federal.
- Outras esferas = Justiça Estadual.
- Instituto Brasileiro de Geografia e Estatística (IBGE), Biblioteca Nacional, Fundação Nacional do Índio (Funai).

2.4.3 Empresas Públicas e Sociedades de Economia Mista

São pessoas jurídicas de direito privado, criadas pela Administração Direta por meio de autorização da lei, com o respectivo registro, para a prestação de serviços públicos ou a exploração da atividade econômica.

A Lei nº 13.303/2016 dispõe sobre o estatuto jurídico da empresa pública, da sociedade de economia mista e de suas subsidiárias, no âmbito da União, dos estados, do Distrito Federal e dos municípios.

A referida lei apresenta os seguintes conceitos:

> ***Art. 3º*** *Empresa pública é a entidade dotada de personalidade jurídica de direito privado, com criação autorizada por lei e com patrimônio próprio, cujo capital social é integralmente detido pela União, pelos Estados, pelo Distrito Federal ou pelos Municípios.*
>
> ***Art. 4º*** *Sociedade de economia mista é a entidade dotada de personalidade jurídica de direito privado, com criação autorizada por lei, sob a forma de sociedade anônima, cujas ações com direito a voto pertençam em sua maioria à União, aos Estados, ao Distrito Federal, aos Municípios ou a entidade da Administração Indireta.*

2.4.4 Empresas Públicas e Sociedades de Economia Mista Exploradoras da Atividade Econômica

> ***Art. 173*** *Ressalvados os casos previstos nesta Constituição, a exploração direta de atividade econômica pelo Estado só será permitida quando necessária aos imperativos da segurança nacional ou a relevante interesse coletivo, conforme definidos em lei.*
>
> ***§ 1º*** *A lei estabelecerá o estatuto jurídico da Empresa Pública, da sociedade de economia mista e de suas subsidiárias que explorem atividade econômica de produção ou comercialização de bens ou de prestação de serviços, dispondo sobre:*
>
> *I - Sua função social e formas de fiscalização pelo Estado e pela sociedade;*
>
> *II - A sujeição ao regime jurídico próprio das empresas privadas, inclusive quanto aos direitos e obrigações civis, comerciais, trabalhistas e tributários;*
>
> *III -. Licitação e contratação de obras, serviços, compras e alienações, observados os princípios da Administração Pública;*
>
> *IV - A constituição e o funcionamento dos conselhos de administração e fiscal, com a participação de acionistas minoritários;*
>
> *V - Os mandatos, a avaliação de desempenho e a responsabilidade dos administradores.*
>
> ***§ 2º*** *As empresas públicas e as sociedades de economia mista não poderão gozar de privilégios fiscais não extensivos às do setor privado.*
>
> ***§ 3º*** *A lei regulamentará as relações da Empresa Pública com o Estado e a sociedade.*
>
> ***§ 4º*** *A lei reprimirá o abuso do poder econômico que vise à dominação dos mercados, à eliminação da concorrência e ao aumento arbitrário dos lucros.*
>
> ***§ 5º*** *A lei, sem prejuízo da responsabilidade individual dos dirigentes da pessoa jurídica, estabelecerá a responsabilidade desta, sujeitando-a as punições compatíveis com sua natureza, nos atos praticados contra a ordem econômica e financeira e contra a economia popular.*

2.4.5

2.4.6 Empresas Públicas e Sociedades de Economia Mista Prestadoras de Serviço Público

Essas entidades são criadas para a exploração da atividade econômica em sentido amplo, o que inclui o exercício delas em sentido estrito e também a prestação de serviços públicos que podem ser explorados com o intuito de lucro.

Segundo o art. 175 da Constituição Federal de 1988:

> ***Art. 175*** *Incumbe ao Poder Público, na forma da lei, diretamente ou sob regime de concessão ou permissão, sempre através de licitação, a prestação de serviços públicos.*
>
> ***Parágrafo único.*** *A lei disporá sobre:*
>
> *I - O regime das empresas concessionárias e permissionárias de serviços públicos, o caráter especial de seu contrato e de sua prorrogação, bem como as condições de caducidade, fiscalização e rescisão da concessão ou permissão;*
>
> *II - Os direitos dos usuários;*
>
> *III - Política tarifária;*
>
> *IV - A obrigação de manter serviço adequado.*

Não se inclui nessa categoria os serviços públicos relativos aos direitos sociais, pois esses não podem ser prestados com o intuito de lucro pelo Estado e, também, não são de titularidade exclusiva do Estado, podendo ser livremente explorados por particulares.

2.4.7 Sociedade de Economia Mista

A sociedade de economia mista é uma entidade dotada de personalidade jurídica de direito privado, autorizada por lei para a exploração de atividade econômica, sob a forma de sociedade anônima, cujas ações com direito a voto pertençam em sua maioria à União ou a entidade da Administração Indireta:

- Autorizada por lei;
- Pessoa jurídica de direito privado;
- Capital 50% + 1 ação no controle da Administração Pública;
- Constituição obrigatória por Sociedade Anônima (SA);
- Competência da Justiça Estadual.

2.4.8 Empresa Pública

Entidade dotada de personalidade jurídica de direito privado, com patrimônio próprio e capital exclusivo da União, autorizado por lei para a exploração de atividade econômica que o governo seja levado a exercer por força de contingência ou de conveniência administrativa, podendo revestir-se de qualquer das formas admitidas em direito.

Principais características:

- Autorizado por lei;
- Pessoa jurídica de direito privado;
- 100% na constituição de capital público;
- Constituído de qualquer forma admitido em direito;
- Competência da Justiça Federal.

Algumas características comuns das empresas públicas e sociedades de economia mista:

- **Personalidade jurídica:** direito privado.
- **Finalidade:** prestação de serviço público ou a exploração da atividade econômica.
- **Regime jurídico híbrido:** se for prestadora de serviço público, o regime jurídico é mais público; se for exploradora da atividade econômica, o regime jurídico é mais privado.
- **Responsabilidade civil:** se for prestadora de serviço público, a responsabilidade civil é objetiva, se for exploradora da atividade econômica, a civil é subjetiva.
- **Bens privados, com exceção:** bens diretamente ligados à prestação de serviço público são bens públicos.
- **Débitos judiciais:** são pagos por meio do seu patrimônio, com exceção dos bens diretamente ligados à prestação de serviços públicos, que são bens públicos e não se submetem a pagamento de débitos judiciais.
- **Regime de pessoal:** Consolidação das Leis do Trabalho (CLT) – Emprego Público.
- **Exemplos de empresas públicas:** Caixa Econômica Federal, Correios.
- **Exemplo de sociedades de economia mista:** Banco do Brasil e Petrobras.

O quadro a seguir foi desenvolvido para memorização das características mais importantes das pessoas da Administração Pública Indireta.

Tabela comparativa das características dos entes da Administração Pública

Característica	Entidades políticas	Autarquia	Fundação pública	Empresa pública	Sociedade de economia mista
Personalidade jurídica	Direito Público	Direito Público	direito privado	direito privado	direito privado
Finalidade	Competências constitucionais	Atividade típica do Estado	Lei complementar definirá	Exploração da atividade econômica ou prestação de serviço público	Exploração da atividade econômica ou prestação de serviço público
Regime jurídico	Direito Público	Direito Público	Híbrido: se PSP + público. Caso desenvolva outra atividade, mais privado.	Híbrido: se EAE + privado; se PSP + público	Híbrido: se EAE + privado; se PSP + público
Responsabilidade civil	Objetiva: ação Subjetiva: omissão	Objetiva: ação Subjetiva: omissão	PSP = Objetiva, nos demais casos, subjetiva	PSP = Objetiva, EAE = Subjetiva	PSP = Objetiva, EAE = Subjetiva
Bens	Públicos	Públicos	Privados, exceção: bens diretamente ligados à prestação de serviços públicos são bens públicos.	Privados, exceção: bens diretamente ligados à prestação de serviços públicos são bens públicos.	Privados, exceção: bens diretamente ligados à prestação de serviços públicos são bens públicos.
Débitos judiciais	Precatórios	Precatórios	Patrimônio	Patrimônio	Patrimônio
Regime de pessoal	Regime Jurídico Único	Regime Jurídico Único	Regime Jurídico Único	CLT	CLT
Competência para Julgamento	União: Justiça Federal; Demais: Justiça Estadual.	Federal: Justiça Federal; Demais: Justiça Estadual.	Federal: Justiça Federal; Demais: justiça Estadual.	Federal: Justiça Federal; Demais: justiça Estadual.	Todas: Justiça Estadual.

* EAE: Exploração da Atividade Econômica.

* PSP: Prestação de Serviço Público.

3. ÓRGÃO PÚBLICO

É importantíssimo para o estudo do Direito Administrativo estudar a respeito dos órgãos públicos, sua finalidade, seu papel na estrutura da Administração Pública, bem como as diversas teorias e classificações relativas ao tema. Começaremos a partir das teorias que buscam explicar o que é o órgão público.

3.1 Teorias

São três as teorias criadas para caracterizar e conceituar a ideia de órgão público: a Teoria do Mandato, Teoria da Representação e Teoria Geral do Órgão.

3.1.1 Teoria do mandato

Essa teoria preceitua que o agente, pessoa física, funciona como o mandatário da pessoa jurídica, agindo sob seu nome e com a responsabilidade dela, em razão de outorga específica de poderes (não adotado).

3.1.2 Teoria da representação

O agente funciona como um tutor ou curador do Estado.

3.1.3 Teoria geral do órgão

Tem-se a presunção de que a pessoa jurídica exterior a sua vontade por meio dos órgãos, os quais são parte integrante da própria estrutura da pessoa jurídica, de tal modo que, quando os agentes que atuam nesses órgãos manifestam sua vontade, considera-se que essa foi manifestada pelo próprio Estado. Falamos em imputação da atuação do agente, pessoa natural, à pessoa jurídica (adotado pela Constituição Federal de 1988).

Alguns órgãos possuem uma pequena capacidade de impetrar mandado de segurança para garantir prerrogativas próprias. Contudo, somente os órgãos independentes e autônomos têm essa capacidade.

Os órgãos não possuem personalidade jurídica, tampouco vontade própria, agem em nome da entidade a que pertencem, mantendo relações entre si e com terceiros, e não possuem patrimônio próprio. Os órgãos manifestam a vontade da pessoa jurídica à qual pertencem. Dizemos que os agentes, quando atuam para o Estado, estão em imputação à pessoa jurídica à qual estão efetivamente ligados. Assim, falamos em imputação à pessoa jurídica.

Constatamos que órgãos são meros centros de competência, e que os agentes que trabalham nesses órgãos estão em imputação à pessoa jurídica a que estão ligados; suas ações são imputadas ao ente federativo. Assim, quando um servidor público federal atua, suas ações são imputadas (como se o próprio Estado estivesse agindo) à União, pois o agente é ligado a um órgão que pertence a esse ente.

Por exemplo: quando um policial federal está trabalhando, ele é um agente público que atua dentro de um órgão (Departamento de Polícia Federal) e suas ações, quando feitas, são consideradas como se a União estivesse agindo. Por esse motivo, os atos que gerem prejuízo a terceiros são imputados à União, ou seja, é a União que paga o prejuízo e, depois, entra com ação regressiva contra o agente público.

3.2 Características

3.2.1 Não possui personalidade jurídica

Muitas pessoas se assustam com essa regra devido ao fato de o órgão público ter Cadastro Nacional da Pessoa Jurídica (CNPJ), realizar licitações e também por celebrar contratos públicos. Todavia, essas situações não devem ser levadas em consideração nesse momento.

O CNPJ não é suficiente para conferir personalidade jurídica para o órgão público, a sua instituição está ligada ao direito tributário. O órgão faz licitação, celebra contratos, no entanto, ele não possui direitos, não é responsável pela conduta dos seus agentes e tudo isso porque não possui personalidade jurídica, uma vez que órgão público não é pessoa.

3.2.2 Integram a estrutura da pessoa jurídica a que pertencem

O órgão público é o integrante essencial da estrutura corporal (orgânica) da pessoa jurídica a que está ligado.

Algumas características sobre o tema:

- Não possui capacidade processual, salvo os órgãos independentes e autônomos que podem impetrar Mandado de Segurança em defesa de suas prerrogativas constitucionais, quando violadas por outro órgão.
- Não possui patrimônio próprio.
- É hierarquizado.
- É fruto da desconcentração.
- Está presente na Administração Direta e Indireta.
- **Criação e extinção:** por meio de Lei.
- **Estruturação:** pode ser feita por meio de decreto autônomo, desde que não implique em aumento de despesas.
- Os agentes que trabalham nos órgãos estão em imputação à pessoa jurídica que estão ligados.

3.3 Classificação

Dentre as diversas classificações pertinentes ao tema, a partir de agora, abordaremos as classificações quanto à posição estatal que leva em consideração a relação de subordinação e hierarquia, a estrutura que se relaciona com a desconcentração e a composição ou atuação funcional que se relaciona com a quantidade de agentes que agem e manifestam vontade em nome do órgão.

3.3.1 Posição estatal

Quanto à posição estatal, os órgãos são classificados em independentes, autônomos, superiores e subalternos:

- **Órgãos independentes**
  - São considerados o mais alto escalão do Governo.
  - Não exercem subordinação.
  - Seus agentes são inseridos por eleição.
  - Têm suas competências determinadas pelo texto constitucional.
  - Possuem alguma capacidade processual.

- **Órgãos autônomos**
  - São classificados como órgãos diretivos.
  - Possuem capacidade administrativa, financeira e técnica.
  - São exemplos os ministérios e as secretarias.
  - Possuem alguma capacidade processual.

- **Órgãos superiores**
  - São órgãos de direção, controle e decisão.
  - Não possuem autonomia administrativa ou financeira.
  - Exemplos são as coordenadorias, gabinetes etc.

- **Subalternos**
  - Exercem atribuições de mera execução.
  - Exercem reduzido poder decisório.
  - São exemplos as seções de expediente ou de materiais.

3.4 Estrutura

A classificação quanto à estrutura leva em consideração, a partir do órgão analisado, se existe ou não um processo de desconcentração, se há ramificações que levam a órgãos subordinados ao órgão analisado.

- **Simples:** são aqueles que representam um só centro de competências, sem ramificações, independentemente do número de cargos.
- **Compostos:** são aqueles que reúnem em sua estrutura diversos órgãos, ou seja, existem ramificações.

A Presidência da República é um órgão composto, pois dela se originam outros órgãos de menor hierarquia, dentre esses o Ministério da Justiça, por exemplo, que também é órgão composto, pois, a partir dele, tem-se novas ramificações, como o Departamento Penitenciário Nacional, o Departamento de Polícia Federal, entre outros.

A partir da Presidência da República, tem-se também um órgão chamado de gabinete. Ele é considerado simples, pois, a partir dele, não há novos órgãos, ou seja, não nasce nenhuma ramificação a partir do gabinete da Presidência da República.

3.5 Atuação funcional/composição

Os órgãos públicos podem ser classificados em singulares ou colegiados:

- **Órgãos singulares ou unipessoais**: a sua atuação ou decisões são atribuições de um único agente. Por exemplo: Presidência da República.
- **Órgãos colegiados ou pluripessoais**: a atuação e as decisões dos órgãos colegiados acontecem mediante obrigatória manifestação conjunta de seus membros. Por exemplo: Congresso Nacional, Tribunais de Justiça.

3.6 Paraestatais

A expressão "paraestatais" gera divergência em nosso ordenamento jurídico, sendo que podemos mencionar três posicionamentos:

- As paraestatais são as autarquias – posição de José Cretella Júnior – entendimento ultrapassado.
- As paraestatais são: as fundações públicas, empresas públicas, sociedades de economia mista e os serviços sociais autônomos – posição de Hely Lopes Meirelles – corrente minoritária.
- As paraestatais são os serviços sociais autônomos, as fundações de apoio, as Organizações Sociais (OSs), as Organizações da Sociedade Civil de Interesse Público (Oscips) e as Organizações da Sociedade Civil (OSCs) – posição de Maria Silvia Zanella Di Pietro, entre outros – é o entendimento majoritário.
- Observação: nesse terceiro sentido, as paraestatais equivalem ao chamado terceiro setor. O primeiro setor é o Estado e o segundo setor é o mercado (iniciativa privada que visa ao lucro).

Serviços sociais autônomos: são pessoas jurídicas de direito privado sem fins lucrativos, instituídas por lei e vinculadas a categorias profissionais, sendo mantidas por dotações orçamentárias ou contribuições parafiscais. É o chamado sistema "S".

Por exemplo: Serviço Social da Indústria (Sesi), Serviço Social do Comércio (Sesc), Serviço Nacional de Aprendizagem Industrial (Senai), Serviço Nacional de Aprendizagem Comercial (Senac), Serviço Brasileiro de Apoio às Micro e Pequenas Empresas (Sebrae) etc. Não integram a Administração Pública nem direta e nem indireta.

Fundações de apoio: são pessoas jurídicas de direito privado que se destinam a colaborar com instituições de ensino e pesquisa, sendo instituídas por professores, pesquisadores ou universitários (Lei nº 8.958/1994). Por exemplo: Fundação Universitária para o Vestibular (Fuvest), Fundação Instituto de Pesquisas Econômicas (Fipe), Conselho Nacional de Desenvolvimento Científico e Tecnológico (CNPQ) etc.

Organizações Sociais (OSs) e Organizações da Sociedade Civil de Interesse Público (Oscips): são pessoas jurídicas de direito privado sem fins lucrativos, instituídas por particulares que desempenham serviços não exclusivos de Estado, como a saúde, cultura, preservação do meio ambiente etc.

Existem **características comuns** entre as Organizações Sociais (Lei nº 9.637/1998) e as Organizações da Sociedade Civil de Interesse Público (Lei nº 9.790/1999):

- São pessoas jurídicas de direito privado.
- Não têm fins lucrativos.
- Instituídas por particulares.
- Desempenham serviços não exclusivos de Estado.
- Não integram a Administração Pública (seja direta ou indireta).
- Integram o chamado terceiro setor.
- Sujeitam-se ao controle da Administração Pública e do Tribunal de Contas.
- Gozam de imunidade tributária, desde que atendidos os requisitos legais, conforme prevê o art. 150, inciso VI, alínea "c", da Constituição Federal de 1988.

Principais diferenças entre OS e OSCIP
Organizações Sociais: o vínculo com o Estado se dá por contrato de gestão; o ato de qualificação é discricionário, dado pelo ministro da pasta competente; pode ser contratada pela Administração com dispensa de licitação (hipótese de licitação dispensável); o conselho deve ser formado por representantes do poder público; regulada pela Lei nº 9.637/1998. Exs.: Associação Roquette Pinto, Instituto Nacional de Matemática Pura e Aplicada (IMPA).
Organizações da Sociedade Civil de Interesse Público: o vínculo com o Estado se dá por Termo de Parceria; o ato de qualificação é vinculado, dado pelo Ministro da Justiça; não há essa previsão; não há essa exigência; regulada pela Lei nº 9.790/1999. Exs.: Amigo do Índio (AMI), Associação de Amparo às Mães de Alto Risco (AMAR).

Observações sobre as Organizações Sociais (OSs)

- O poder público pode destinar para as OSs recursos orçamentários e bens necessários ao cumprimento do contrato de gestão, mediante permissão de uso.
- O poder público pode ceder servidores públicos para as OSs com ônus para a origem.
- A Administração poderá dispensar a licitação nos contratos de prestação de serviços celebrados com as OSs (art. 24, inciso XXIV da Lei nº 8.666/1993).

3.7 Organizações da Sociedade Civil (OSC)

As Organizações da Sociedade Civil (OSCs) são entidades do terceiro setor criadas com a finalidade de atuar junto ao Poder Público, em regime de mútua cooperação, na execução de serviços públicos e tem o seu regime jurídico regulado pela Lei nº 13.019/2014.

Essas entidades atuam na prestação de serviço público não exclusivo do Estado e têm vínculo com a Administração Pública, de modo que essa conexão se dá mediante celebração de Termo de Fomento, Termo de Colaboração e Acordo de Cooperação. Vejamos tais conceitos:

- **Termo de Colaboração (art. 2º, inciso VII e art. 16):** instrumento por meio do qual são formalizadas as parcerias estabelecidas pela Administração Pública com organizações da sociedade civil para a consecução de finalidades de interesse público e recíproco propostas pela Administração Pública que envolvam a transferência de recursos financeiros. Assim, o Termo de Colaboração é utilizado para a execução de políticas públicas nas mais diversas áreas, para consecução de **planos de trabalho de iniciativa da própria Administração**, nos casos em que esta já tem parâmetros consolidados, com indicadores e formas de avaliação conhecidos, abarcando, reitere-se, o **repasse de valores por parte do erário;**

- **Termo de Fomento (art. 2º, inciso VIII, e art. 17):** instrumento por meio do qual são formalizadas as parcerias estabelecidas pela Administração Pública com organizações da sociedade civil para a consecução de finalidades de interesse público e recíproco propostas pelas organizações da sociedade civil, que envolvam a transferência de recursos financeiros. Note, portanto, que o Termo de Fomento, ao contrário do Termo de Colaboração, tem como objetivo **incentivar iniciativas das próprias OSCs, para consecução de planos de trabalho por elas propostos,** buscando albergar nas políticas públicas tecnologias sociais inovadoras, promover projetos e eventos nas mais diversas áreas e expandir o alcance das ações desenvolvidas pelas organizações. Assim como no Termo de Colaboração, o Termo de Fomento também enseja a transferência de recursos financeiros por parte da Administração Pública;
- **Acordo de Cooperação (art. 2º, inciso VIII-A):** instrumento por meio do qual são formalizadas as parcerias estabelecidas pela Administração Pública com organizações da sociedade civil para a consecução de finalidades de interesse público e recíproco que não envolvam a transferência de recursos financeiros. Portanto, o grande diferencial do Acordo de Cooperação com os demais é justamente a **ausência de repasse de valores financeiros**. O acordo, como regra, também não exige prévia realização de chamamento público como ocorre no caso do Termo de Fomento e do Termo de Colaboração, salvo quando envolver alguma forma de compartilhamento de recurso patrimonial (comodato, doação de bens etc.).
- **Chamamento público**: trata-se do procedimento que o poder público deverá realizar, obrigatoriamente, na prospecção de organizações. É a partir desse chamamento que serão avaliadas diferentes propostas para escolher a OSC mais adequada à parceria, ou ainda um grupo de OSCs trabalhando em rede, a fim de tornar mais eficaz a execução do objeto. Tal procedimento deverá adotar métodos claros, objetivos e simplificados que orientem os interessados e facilitem o acesso direto aos órgãos e às instâncias decisórias.
- Observação: não se aplicará a Lei nº 8.666/1993 às relações de parceria com as OSCs (art. 84 da Lei nº 13.019/2014), uma vez que agora há lei própria.

3.8 Organizações Não Governamentais (ONGs)

A ONG é uma entidade civil sem fins lucrativos, formada por pessoas interessadas em determinado tema, o qual se constitui em seu objetivo e interesse principal. Por exemplo: Instituto Brasileiro de Defesa do Consumidor (Idec).

Normalmente, são iniciativas de pessoas ou grupos que visam colaborar com a solução de problemas da comunidade, como mobilizações, educação, conscientização e organização de serviços ou programas para o atendimento de suas necessidades.

Do ponto de vista jurídico, o termo ONG não se aplica. O Código Civil brasileira prevê apenas dois formatos institucionais para entidades civis sem fins lucrativos, sendo a Associação Civil (art. 44, inciso I e art. 53, ambos do Código Civil) e a Fundação Privada (art. 44, III e 62, ambos do Código Civil).

4. PRINCÍPIOS FUNDAMENTAIS DA ADMINISTRAÇÃO PÚBLICA

Neste momento, o objetivo é conhecer o rol de princípios fundamentais que norteiam e orientam toda a atividade administrativa do Estado, bem como toda a atuação da Administração Pública Direta e indireta.

Tais princípios são de observância obrigatória para toda a Administração Pública, quer da União, dos estados, do Distrito Federal, quer dos municípios. São considerados expressos, pois estão descritos expressamente no *caput* do art. 37 da Constituição Federal de 1988.

> ***Art. 37*** *A Administração Pública Direta e indireta de qualquer dos Poderes da União, dos Estados, do Distrito Federal e dos Municípios obedecerá aos princípios de legalidade, impessoalidade, moralidade, publicidade e eficiência e, também, ao seguinte. (Ver CF/1988)*

4.1 Classificação

Os princípios da Administração Pública são classificados como princípios explícitos (expressos) e implícitos.

É importante apontar que não existe relação de subordinação e de hierarquia entre os princípios expressos e os implícitos; na verdade, essa relação não existe entre nenhum princípio.

Isso quer dizer que, em um aparente conflito entre os princípios, um não exclui o outro, pois deve o administrador público observar ambos ao mesmo tempo, devendo nortear sua decisão na obediência de todos os princípios fundamentais pertinentes ao caso em concreto.

Como exemplo, não pode o administrador público deixar de observar o princípio da legalidade para buscar uma atuação mais eficiente (de acordo com o princípio da eficiência), devendo ele, na colisão entre os dois princípios, observar a lei e ainda buscar a eficiência conforme os meios que lhes seja possível.

Os **princípios explícitos** ou expressos são aqueles que estão descritos no *caput* do art. 37 da CF/1988. São eles:

- Legalidade;
- Impessoalidade;
- Moralidade;
- Publicidade;
- Eficiência.

Os **princípios implícitos** são aqueles que não estão descritos no *caput* do art. 37 da Constituição Federal. São eles:

- Supremacia do interesse público;
- Indisponibilidade do interesse público;
- Motivação;
- Razoabilidade;
- Proporcionalidade;
- Autotutela;
- Continuidade dos serviços públicos;
- Segurança jurídica, entre outros.

A seguir, analisaremos as características dos princípios fundamentais da Administração Pública que mais aparecem nas provas de concurso público.

4.2 Princípios explícitos da Administração Pública

4.2.1 Princípio da legalidade

O princípio da legalidade está previsto em dois lugares distintos na Constituição Federal. Em primeiro plano, no art. 5º, inciso II: *ninguém será obrigado a fazer ou deixar de fazer alguma coisa senão em virtude de lei.* O princípio da legalidade regula a vida dos particulares e, ao particular, é facultado fazer tudo que a lei não proíbe; é o chamado princípio da autonomia da vontade. Essa regra não deve ser aplicada à Administração Pública.

Em segundo plano, o art. 37, *caput* do texto Constitucional, determina que a Administração Pública somente pode fazer aquilo que a lei determina ou autoriza. Assim, em caso de omissão legislativa (falta de lei), a Administração Pública está proibida de agir.

Nesse segundo caso, a lei deve ser entendida em sentido amplo, o que significa que a Administração Pública deve obedecer aos mandamentos constitucionais, às leis formais e materiais (leis complementares, leis delegadas, leis ordinárias, medidas provisórias) e também às normas infralegais (decretos, resoluções, portarias, entre outros), e não somente a lei em sentido estrito.

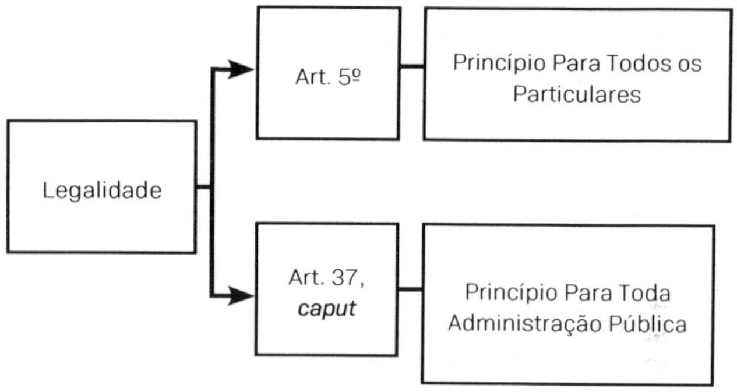

4.2.2 Princípio da impessoalidade

O princípio da impessoalidade determina que todas as ações da Administração Pública devem ser revestidas de finalidade pública. Além disso, como segunda vertente, proíbe a promoção pessoal do agente público, como determina o art. 37, § 1º da Constituição Federal de 1988:

> ***Art. 37, § 1º*** *A publicidade dos atos, programas, obras, serviços e campanhas dos órgãos públicos deverá ter caráter educativo, informativo ou de orientação social, dela não podendo constar nomes, símbolos ou imagens que caracterizem promoção pessoal de autoridades ou servidores públicos.*

O princípio da impessoalidade é tratado sob dois prismas, a saber:

- Como determinante da finalidade de toda atuação administrativa (também chamado de princípio da **finalidade**, considerado constitucional implícito, inserido no princípio expresso da impessoalidade).
- Como vedação a que o agente público se promova à custa das realizações da Administração Pública (vedação à promoção pessoal do administrador público pelos serviços, obras e outras realizações efetuadas pela Administração Pública).

É pelo princípio da impessoalidade que dizemos que o agente público age em imputação à pessoa jurídica a que está ligado, ou seja, pelo princípio da impessoalidade as ações do agente público são determinadas como se o próprio Estado estivesse agindo.

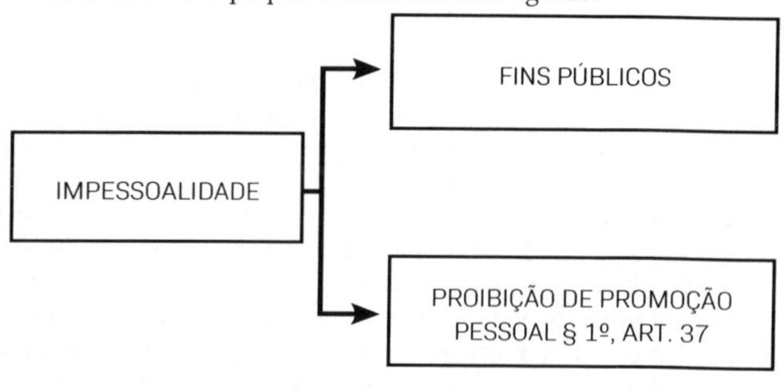

4.2.3 Princípio da moralidade

O princípio da moralidade é um complemento ao da legalidade, pois nem tudo que é legal é moral. Dessa forma, o Estado impõe a sua administração a atuação segundo a lei e também segundo a moral

DADM

administrativa. Tal princípio traz para o agente público o dever de probidade. Esse dever é sinônimo de atuação com ética, decoro, honestidade e boa-fé.

O princípio da moralidade determina que o agente deva sempre trabalhar com ética e em respeito aos princípios morais da Administração Pública. O princípio está intimamente ligado ao dever de probidade (honestidade) e sua não observação acarreta a aplicação do art. 37, § 4º da Constituição Federal de 1988 e a Lei nº 8.429/1992 (Lei de Improbidade Administrativa).

> ***Art. 37, § 4º*** *Os atos de improbidade administrativa importarão a suspensão dos direitos políticos, a perda da função pública, a indisponibilidade dos bens e o ressarcimento ao erário, na forma e gradação previstas em lei, sem prejuízo da ação penal cabível.*

O desrespeito ao princípio da moralidade afeta a própria legalidade do ato administrativo, ou seja, leva a anulação do ato, e ainda pode acarretar a responsabilização dos agentes por improbidade administrativa.

O princípio da moralidade não se refere ao senso comum de moral, que é formado por meio das instituições que passam pela vida da pessoa, como família, escola, igreja, entre outras. Para a Administração Pública, esse princípio refere-se à moralidade administrativa, que está inserida no corpo das normas de Direito Administrativo.

4.2.4 Princípio da publicidade

Esse princípio deve ser entendido como aquele que determina que os atos da Administração sejam claros quanto à sua procedência. Por esse motivo, em regra, os atos devem ser publicados em diário oficial e, além disso, a Administração deve tornar o fato acessível (público). Tornar público é, além de publicar em diário oficial, apresentar os atos na internet, pois esse meio, hoje, é o que deixa todas as informações acessíveis.

O princípio da publicidade apresenta dupla acepção em face do sistema constitucional vigente:

- Exigência de publicação em órgão oficial como requisito de eficácia dos atos administrativos que devam produzir efeitos externos e dos atos que impliquem ônus para o patrimônio público.

Essa regra não é absoluta, pois, em defesa da intimidade e também do Estado, alguns atos públicos não precisam ser publicados:

> ***Art. 5º, X, CF/1988*** *São invioláveis a intimidade, a vida privada, a honra e a imagem das pessoas, assegurado o direito a indenização pelo dano material ou moral decorrente de sua violação.*
>
> ***Art. 5º, XXXIII, CF/1988*** *Todos têm direito a receber dos órgãos públicos informações de seu interesse particular, ou de interesse coletivo ou geral, que serão prestadas no prazo da lei, sob pena de responsabilidade, ressalvadas aquelas cujo sigilo seja imprescindível à segurança da sociedade e do Estado.*

Assim, o ato que tiver em seu conteúdo uma informação sigilosa ou relativa à intimidade da pessoa tem de ser resguardado no devido sigilo.

- Exigência de transparência da atuação administrativa:

> ***Art. 5º, XXXIII, CF/1988*** *Todos têm direito a receber dos órgãos públicos informações de seu interesse particular, ou de interesse coletivo ou geral, que serão prestadas no prazo da lei, sob pena de responsabilidade, ressalvadas aquelas cujo sigilo seja imprescindível à segurança da sociedade e do Estado.*

O princípio da publicidade orientou o poder legislativo nacional a editar a Lei nº 12.527/2011, que regulamenta o dispositivo do art. 5º, inciso XXXIII, da Constituição Federal de 1988. Dispõe sobre o acesso à informação pública, sobre a informação sigilosa, sua classificação, bem como a informação pessoal, entre outras providências. Tal dispositivo merece ser lido, pois essa lei transpassa toda a essência do princípio da publicidade.

Podemos inclusive afirmar que esse princípio foi materializado em lei após a edição da Lei nº 12.527/2011. Veja a seguir a redação do art. 3º dessa lei:

> ***Art. 3º*** *Os procedimentos previstos nesta Lei destinam-se a assegurar o direito fundamental de acesso à informação e devem ser executados em conformidade com os princípios básicos da Administração Pública e com as seguintes diretrizes:*
>
> *I - Observância da publicidade como preceito geral e do sigilo como exceção;*
>
> *II - Divulgação de informações de interesse público, independentemente de solicitações;*
>
> *III - Utilização de meios de comunicação viabilizados pela tecnologia da informação;*
>
> *IV - Fomento ao desenvolvimento da cultura de transparência na Administração Pública;*
>
> *V - Desenvolvimento do controle social da Administração Pública.*

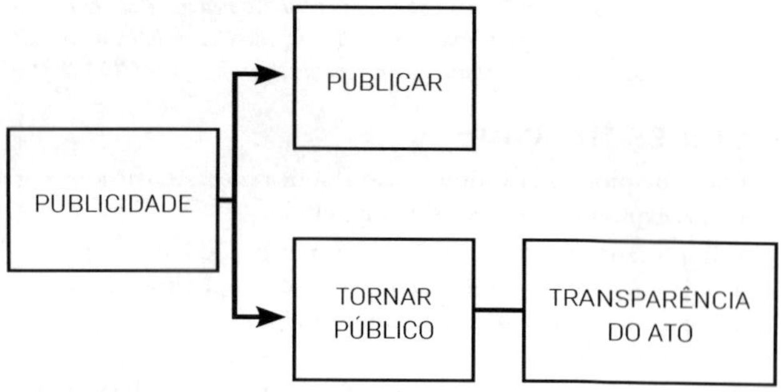

4.2.5 Princípio da eficiência

O princípio da eficiência foi o último a ser inserido no bojo do texto constitucional. Esse princípio foi incluído com a Emenda Constitucional nº 19/1998), e apresenta dois aspectos principais:

- Relativamente à forma de atuação do agente público, espera-se o melhor desempenho possível de suas atribuições, a fim de obter os melhores resultados.
- Quanto ao modo de organizar, estruturar e disciplinar a Administração Pública, exigiu-se que esse seja o mais racional possível, no intuito de alcançar melhores resultados na prestação dos serviços públicos.

> ***Art. 37, § 8º, CF/1988*** *A autonomia gerencial, orçamentária e financeira dos órgãos e entidades da Administração Direta e indireta poderá ser ampliada mediante contrato, a ser firmado entre seus administradores e o poder público, que tenha por objeto a fixação de metas de desempenho para o órgão ou entidade, cabendo à lei dispor sobre.*

O princípio da eficiência orienta a atuação da Administração Pública de forma que essa busque o melhor custo-benefício no exercício de suas atividades, ou seja, os serviços públicos devem ser prestados com adequação às necessidades da sociedade que o custeia.

A atuação da Administração Pública tem que ser eficiente, o que acarreta ao agente público o dever de agir com presteza, esforço, rapidez e rendimento funcional. Seu descumprimento poderá acarretar a perda do seu cargo por baixa produtividade apurada em procedimento da avaliação periódica de desempenho, tanto antes da aquisição da estabilidade, como também após.

4.3 Princípios implícitos da Administração Pública

4.3.1 Princípio da supremacia do interesse público sobre o privado

Esse princípio é também considerado o norteador do Direito Administrativo. Ele determina que o Estado, quando trabalhando com o interesse público, se sobrepõe ao particular. Devemos lembrar que esse princípio deve ser utilizado pelo administrador público de forma razoável e proporcional para que o ato não se transforme em arbitrário e, consequentemente, ilegal.

É o fundamento das prerrogativas do Estado, ou seja, da relação jurídica desigual ou vertical entre o Estado e o particular. A exemplo, temos o poder de império do Estado (também chamado de poder extroverso), que se manifesta por meio da imposição da lei ao administrado, admitindo até o uso da força coercitiva para o cumprimento da norma. Assim sendo, a Administração Pública pode criar obrigações, restringir ou condicionar os direitos dos administrados.

Limitações:

- Respeito aos demais princípios.
- Não está presente diretamente nos atos de gestão (atos de gestão são praticados pela administração na qualidade de gestora de seus bens e serviços, sem exercício de supremacia sobre os particulares, assemelhando-se aos atos praticados pelas pessoas privadas. São exemplos de atos de gestão a alienação ou a aquisição de bens pela Administração Pública, o aluguel a um particular de um imóvel de propriedade de uma autarquia, entre outros).

Exemplos de incidência:

- Intervenção na propriedade privada.
- Exercício do poder de polícia, limitando ou condicionando o exercício de direito em prol do interesse público.
- Presunção de legitimidade dos atos administrativos.

4.3.2 Princípio da indisponibilidade do interesse público

Conforme dito anteriormente, o princípio da indisponibilidade do interesse público juntamente com o da supremacia do interesse público, formam os pilares do regime jurídico administrativo.

Esse princípio é o fundamento das **restrições** do Estado. Assim sendo, apesar de o princípio da supremacia do interesse público prever prerrogativas especiais para a Administração Pública em determinadas relações jurídicas com o administrado, tais poderes são ferramentas que a ordem jurídica confere aos agentes públicos para alcançar os objetivos do Estado. E o uso desses poderes, então, deve ser balizado pelo interesse público, o que impõe restrições legais a sua atuação, garantindo que a utilização do poder tenha por finalidade o interesse público e não o do administrador.

Assim, é vedada a renúncia do exercício de competência pelo agente público, pois a atuação desse não é balizada por sua vontade pessoal, mas, sim, pelo interesse público, também chamado de interesse da lei. Os poderes conferidos aos agentes públicos têm a finalidade de auxiliá-los a atingir tal interesse. Com base nessa regra, concluímos que esses agentes não podem dispor do interesse público, por não ser o seu proprietário, e sim o povo. Ao agente público cabe a gestão da Administração Pública em prol da coletividade.

4.3.3 Princípios da razoabilidade e proporcionalidade

Os princípios da razoabilidade e da proporcionalidade não se encontram expressos no texto constitucional. Esses são classificados como princípios gerais do Direito e são aplicáveis a vários ramos da ciência jurídica. São chamados de princípios da proibição de excesso do agente público.

A razoabilidade diz que toda atuação da Administração tem que seguir a teoria do homem médio, ou seja, as decisões devem ser tomadas segundo o critério da maioria das pessoas "racionais", sem exageros ou deturpações.

- **Razoabilidade:** adequação entre meios e fins. O princípio da proporcionalidade diz que o agente público deve ser proporcional no uso da força para o cumprimento do bem público, ou seja, nas aplicações de penalidades pela Administração deve ser levada em conta sempre a gravidade da falta cometida.
- **Proporcionalidade:** vedação de imposição de obrigações, restrições e sanções em medida superior àquela estritamente necessária ao interesse público.

Podemos dar como exemplo a atuação de um fiscal sanitário, que esteja vistoriando dois estabelecimentos e, em um deles, encontre um quilo de carne estragada e, no outro, encontre uma tonelada.

Na aplicação da penalidade, deve ser respeitada tanto a razoabilidade quanto a proporcionalidade, ou seja, aplica-se, no primeiro, uma penalidade pequena, uma multa, por exemplo, e, no segundo, uma penalidade grande, suspensão de 90 dias.

Veja que o administrador não pode fazer menos ou mais do que a lei determina, isso em obediência ao princípio da legalidade, senão cometerá abuso de poder.

4.3.4 Princípio da autotutela

O princípio da autotutela propicia o controle da Administração Pública sob seus próprios atos em dois pontos específicos:

- **De legalidade:** em que a Administração Pública pode controlar seus próprios atos quando eivados de vício de ilegalidade, sendo provocado ou de ofício.
- **De mérito:** em que a Administração Pública pode revogar seus atos por conveniência e oportunidade.

> ***Súmula nº 473 – STF*** *A Administração pode anular seus próprios atos, quando eivados de vícios que os tornam ilegais, porque deles não se originam direitos; ou revogá-los, por motivo de conveniência ou oportunidade, respeitados os direitos adquiridos, e ressalvada, em todos os casos, a apreciação judicial.*

O princípio da autotutela não exclui a possibilidade de controle jurisdicional do ato administrativo previsto no art. 5º, inciso XXXV, da Constituição Federal de 1988: a lei não excluirá da apreciação do Poder Judiciário lesão ou ameaça a direito.

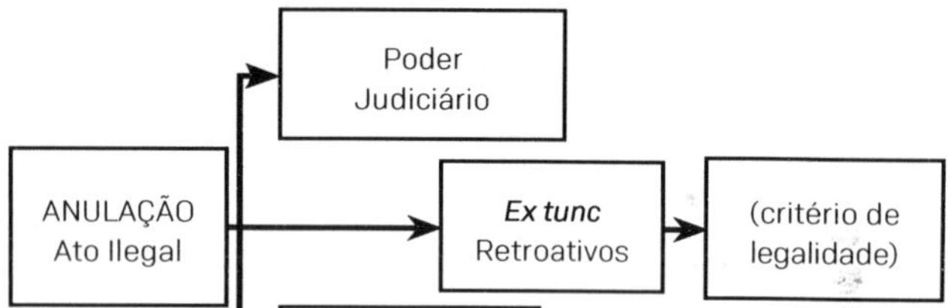

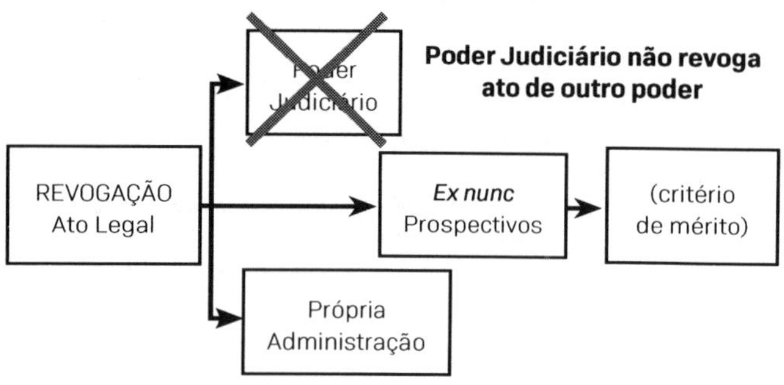

4.3.5 Princípio da ampla defesa

A ampla defesa determina que todos que sofrerem medidas de caráter de pena terão direito a se defender de todos os meios disponíveis legais em direito. Está previsto nos processos administrativos disciplinares:

> ***Art. 5º, LV, CF/1988*** *Aos litigantes, em processo judicial ou administrativo, e aos acusados em geral são assegurados o contraditório e ampla defesa, com os meios e recursos a ela inerentes;*

4.3.6 Princípio da continuidade do serviço público

O princípio da continuidade do serviço público tem como escopo (objetivo) não prejudicar o atendimento dos serviços essenciais à população. Assim, evitam que esses sejam interrompidos.

Regra

- Os serviços públicos devem ser adequados e ininterruptos.

Exceção

- Aviso prévio;
- Situações de emergência.

Alcance

- Todos os prestadores de serviços públicos;
- Administração Direta;
- Administração Indireta;
- Concessionárias, autorizatárias e permissionárias de serviços públicos.

Efeitos

- Restrição de direitos das prestadoras de serviços públicos, bem como dos agentes envolvidos na prestação desses serviços, a exemplo do direito de greve.

Dessa forma, quem realiza o serviço público se submete a algumas restrições:

- Restrição ao direito de greve, art. 37, inciso VII, da Constituição Federal de 1988;
- Suplência, delegação e substituição – casos de funções vagas temporariamente;
- Impossibilidade de alegar a exceção do contrato não cumprido, somente em casos em que se configure uma impossibilidade de realização das atividades;
- Possibilidade da encampação da concessão do serviço, retomada da administração do serviço público concedido no prazo na concessão, quando o serviço não é prestado de forma adequada.

O Código de Defesa do Consumidor, em seu art. 22, assegura ao consumidor que os serviços essenciais devem ser contínuos, caso contrário, aos responsáveis, caberá indenização. O referido código não diz quais seriam esses serviços essenciais. Podemos usar, como analogia, o art. 10 da Lei nº 7.783/1989, que enumera os que seriam considerados fundamentais:

> ***Art. 10** São considerados serviços ou atividades essenciais:*
> *I - Tratamento e abastecimento de água; produção e distribuição de energia elétrica, gás e combustíveis;*
> *II - Assistência médica e hospitalar;*
> *III - Distribuição e comercialização de medicamentos e alimentos;*
> *IV - Funerários;*
> *V - Transporte coletivo;*
> *VI - Captação e tratamento de esgoto e lixo;*
> *VII - Telecomunicações;*
> *VIII - Guarda, uso e controle de substâncias radioativas, equipamentos e materiais nucleares;*
> *IX - Processamento de dados ligados a serviços essenciais;*
> *X - controle de tráfego aéreo e navegação aérea;*
> *XI - Compensação bancária.*

4.3.7 Princípio da segurança jurídica

Esse princípio veda a aplicação retroativa da nova interpretação da norma.

Caso uma regra tenha a sua redação ou interpretação revogada ou alterada, os atos praticados durante a vigência da norma antiga continuam valendo, pois tal princípio visa resguardar o direito adquirido, o ato jurídico perfeito e a coisa julgada.

Assim, temos que a nova interpretação da norma, via de regra, somente terá efeitos prospectivos, ou seja, da data em que for revogada para frente, não atingindo os atos praticados na vigência da norma antiga.

5. AGENTES PÚBLICOS

Estudaremos a seguir os agentes públicos, sua finalidade, seu papel na estrutura da Administração Pública, bem como as diversas classificações relativas ao tema.

5.1 Conceito

Considera-se agente público toda pessoa física que exerça, ainda que transitoriamente ou sem remuneração, por eleição, nomeação, designação, contratação ou qualquer outra forma de investidura ou vínculo, mandato, cargo, emprego ou função pública.

5.2 Classificação

- Agentes políticos.
- Agentes administrativos.
- Particulares em colaboração com o poder público.

5.2.1 Agentes políticos

Os agentes políticos estão nos mais altos escalões do Poder Público. São responsáveis pela elaboração das diretrizes governamentais e pelas funções de direção, orientação e supervisão geral da Administração Pública.

- **Características**
- Sua competência é haurida da Constituição Federal.
- Não se sujeitam às regras comuns aplicáveis aos servidores públicos em geral.
- Normalmente, são investidos em seus cargos por meio de eleição, nomeação ou designação.
- Não são hierarquizados, subordinando-se tão somente à Constituição Federal.

Exceção: auxiliares imediatos dos chefes do Executivo são, hierarquizados, pois se subordinam ao líder desse poder.

Exemplos: ministros de Estado e secretários estaduais e municipais.

Tabela de Agentes Políticos

Poder	Federal	Estadual	Municipal
Executivo	Presidente da República; Ministros de estados	Governadores; secretários estaduais	Prefeitos; secretários municipais
Legislativo	Deputados federais; senadores	Deputados estaduais	Vereadores
Judiciário	Membros do Poder Judiciário Federal	Membros do Poder Judiciário Estadual	Não há
Ministério Público	Membros do Ministério Público Federal	Membros do Ministério Público Estadual	Não há

5.2.2 Agentes administrativos

São as pessoas que exercem atividade pública de natureza profissional, permanente e remunerada, estão sujeitos à hierarquia funcional e ao regime jurídico estabelecido pelo ente ao qual pertencem. O vínculo entre esses agentes e o ente ao qual estão ligados é um vínculo de natureza permanente.

- **Servidores públicos (estrito)**: são os titulares de cargos públicos (efetivos e comissionados), são vinculados ao seu cargo por meio de um estatuto estabelecido pelo ente contratante.
- **Empregados públicos:** são os ocupantes de Emprego Público; são vinculados ao seu emprego por meio da Consolidação das Leis do Trabalho (CLT).
- **Temporários:** são contratados por tempo determinado para atender necessidade temporária de excepcional interesse público. Exercem função pública temporária e remunerada, estão vinculados à Administração Pública por meio de um contrato de direito público e não de natureza trabalhista. O meio utilizado pelo Estado para selecionar os temporários é o processo seletivo simplificado e não o concurso público.

Algumas doutrinas dividem a classificação dos servidores públicos em sentido amplo e em estrito. Nesse último caso, servidor público é o que consta acima, ou seja, somente os titulares de cargos públicos; já em sentido amplo, adota-se a seguinte regra: servidor público é um gênero que comporta três espécies: os servidores estatutários, os empregados públicos e os servidores temporários. Então, caso se adote o conceito de servidor público em sentido amplo, este será sinônimo de agente administrativo.

Servidor público (amplo)
Servidor estatutário = servidor público (estrito)
Empregado público = empregado público
Servidor temporário = temporário

5.2.3 Particulares em colaboração com o Poder Público

- **Agentes honoríficos:** são cidadãos que transitoriamente são requisitados ou designados para prestar certos serviços públicos específicos em razão da sua honra, da sua conduta cívica ou de sua notória capacidade profissional. Geralmente atuam sem remuneração. São os mesários, jurados, entre outros.
- **Agentes delegados:** são particulares que recebem a incumbência de exercer determinada atividade, obra ou serviço, por sua conta e risco e em nome próprio, sob permanente fiscalização do poder contratante, ou seja, são aquelas pessoas que recebem a incumbência de prestar certas atividades do Estado por meio da descentralização por delegação. São elas:
  - Autorizatárias de serviços públicos;
  - Concessionárias de serviços públicos;
  - Permissionárias de serviços públicos.
- **Agentes credenciados:** são os particulares que recebem a incumbência de representar a administração em determinado ato ou praticar certa atividade específica, mediante remuneração do poder público credenciante.

6. IMPROBIDADE ADMINISTRATIVA

A improbidade administrativa está prevista no texto constitucional em seu art. 37, § 4º, que prevê:

> ***Art. 37, § 4º, CF/1988*** *Os atos de improbidade administrativa importarão a suspensão dos direitos políticos, a perda da função pública, a indisponibilidade dos bens e o ressarcimento ao erário, na forma e gradação previstas em lei, sem prejuízo da ação penal cabível.*

A norma constitucional determinou que os atos de improbidade administrativa deveriam ser regulamentados para a sua execução, o que ocorreu com a edição da Lei nº 8.429/1992 por meio da Lei nº 14.230/2021, que dispõe sobre as sanções aplicáveis aos agentes públicos nos casos de enriquecimento ilícito no exercício de mandato, cargo, emprego ou função na Administração Pública Direta, Indireta ou fundacional e dá outras providências.

6.1 Sujeitos

6.1.1 Sujeito passivo (vítima)

A Administração Direta, Indireta ou fundacional de qualquer dos Poderes da União, dos estados, do Distrito Federal, dos municípios, de território, de empresa incorporada ao patrimônio público ou de entidade para cuja criação ou custeio o erário haja concorrido ou concorra com mais de 50% do patrimônio ou da receita anual.

Entidade que receba subvenção, benefício ou incentivo, fiscal ou creditício, de órgão público, bem como daquelas para cuja criação ou custeio o erário haja concorrido ou concorra com menos de cinquenta por cento do patrimônio ou da receita anual, limitando-se, nesses casos, a sanção patrimonial à repercussão do ilícito sobre a contribuição dos cofres públicos.

6.1.2 Sujeito ativo (pessoa que pratica o ato de improbidade administrativa)

Agente público (exceção agente político sujeito a crime de responsabilidade Supremo Tribunal Federal), servidores ou não, com algum tipo de vínculo nas entidades que podem ser vítimas de improbidade administrativa.

Conceito de agente público para aplicação da lei
Reputa-se agente público, para os efeitos dessa lei, todo aquele que exerce, ainda que transitoriamente ou sem remuneração, por eleição, nomeação, designação, contratação ou qualquer outra forma de investidura ou vínculo, mandato, cargo, emprego ou função nas entidades mencionadas no artigo anterior. Qualquer pessoa que induza ou concorra com o agente público ou que se beneficie do ato. As disposições dessa lei são aplicáveis, no que couber, àquele que, mesmo não sendo agente público, induza ou concorra para a prática do ato de improbidade ou dele se beneficie sob qualquer forma direta ou indireta.

6.2 Regras gerais

Os agentes públicos de qualquer nível ou hierarquia são obrigados a velar pela estrita observância dos princípios de legalidade, impessoalidade, moralidade e publicidade no trato dos assuntos que lhe são afetos.

Ocorrendo lesão ao patrimônio público por ação ou omissão, dolosa ou culposa, do agente ou de terceiros, dar-se-á o integral ressarcimento do dano.

No caso de enriquecimento ilícito, o agente público ou terceiro beneficiário perderá os bens ou valores acrescidos ao seu patrimônio.

Quando o ato de improbidade causar lesão ao patrimônio público ou ensejar enriquecimento ilícito, como medida cautelar, caberá à autoridade administrativa responsável pelo inquérito representar ao Ministério Público, para a indisponibilidade dos bens do indiciado.

O sucessor daquele que causar lesão ao patrimônio público ou se enriquecer ilicitamente está sujeito às cominações dessa lei até o limite do valor da herança.

6.3 Atos de improbidade administrativa

As modalidades estão previstas do art. 9º ao 11, da Lei nº 8.429/1992, e constituem um rol exemplificativo, ou seja, no caso concreto, podem existir outras situações capituladas como improbidade que não estão expressamente previstas no texto da lei.

6.3.1 Enriquecimento ilícito

> ***Art. 9º*** *Constitui ato de improbidade administrativa importando em enriquecimento ilícito auferir, mediante a prática de ato doloso, qualquer tipo de vantagem patrimonial indevida em razão do exercício de cargo, de mandato, de função, de emprego ou de atividade nas entidades referidas no art. 1º desta Lei, e notadamente:*
>
> *I - Receber, para si ou para outrem, dinheiro, bem móvel ou imóvel, ou qualquer outra vantagem econômica, direta ou indireta, a título de comissão, percentagem, gratificação ou presente de quem tenha interesse, direto ou indireto, que possa ser atingido ou amparado por ação ou omissão decorrente das atribuições do agente público;*
>
> *II - Perceber vantagem econômica, direta ou indireta, para facilitar a aquisição, permuta ou locação de bem móvel ou imóvel, ou a contratação de serviços pelas entidades referidas no art. 1º por preço superior ao valor de mercado;*
>
> *III - Perceber vantagem econômica, direta ou indireta, para facilitar a alienação, permuta ou locação de bem público ou o fornecimento de serviço por ente estatal por preço inferior ao valor de mercado;*
>
> *IV - Utilizar, em obra ou serviço particular, qualquer bem móvel, de propriedade ou à disposição de qualquer das entidades referidas no art. 1º desta Lei, bem como o trabalho de servidores, de empregados ou de terceiros contratados por essas entidades;*
>
> *V - Receber vantagem econômica de qualquer natureza, direta ou indireta, para tolerar a exploração ou a prática de jogos de azar, de lenocínio, de narcotráfico, de contrabando, de usura ou de qualquer outra atividade ilícita, ou aceitar promessa de tal vantagem;*
>
> *VI - Receber vantagem econômica de qualquer natureza, direta ou indireta, para fazer declaração falsa sobre qualquer dado técnico que envolva obras públicas ou qualquer outro serviço ou sobre quantidade, peso, medida, qualidade ou característica de mercadorias ou bens fornecidos a qualquer das entidades referidas no art. 1º desta Lei;*
>
> *VII - Adquirir, para si ou para outrem, no exercício de mandato, de cargo, de emprego ou de função pública, e em razão deles, bens de qualquer natureza, decorrentes dos atos descritos no caput deste artigo, cujo valor seja desproporcional à evolução do patrimônio ou à renda do agente público, assegurada a demonstração pelo agente da licitude da origem dessa evolução;*
>
> *VIII - Aceitar emprego, comissão ou exercer atividade de consultoria ou assessoramento para pessoa física ou jurídica que tenha interesse suscetível de ser atingido ou amparado por ação ou omissão decorrente das atribuições do agente público, durante a atividade;*
>
> *IX - Perceber vantagem econômica para intermediar a liberação ou aplicação de verba pública de qualquer natureza;*
>
> *X - Receber vantagem econômica de qualquer natureza, direta ou indiretamente, para omitir ato de ofício, providência ou declaração a que esteja obrigado;*
>
> *XI - Incorporar, por qualquer forma, ao seu patrimônio, bens, rendas, verbas ou valores integrantes do acervo patrimonial das entidades mencionadas no art. 1º dessa lei;*
>
> *XII - Usar, em proveito próprio, bens, rendas, verbas ou valores integrantes do acervo patrimonial das entidades mencionadas no art. 1º dessa lei.*

6.3.2 Prejuízo ao erário

Dos atos de improbidade administrativa que causam prejuízo ao erário:

> ***Art. 10*** *Constitui ato de improbidade administrativa que causa lesão ao erário qualquer ação ou omissão dolosa, que enseje, efetiva e comprovadamente, perda patrimonial, desvio, apropriação, malbaratamento*

ou dilapidação dos bens ou haveres das entidades referidas no art. 1º desta Lei, e notadamente:

I - Facilitar ou concorrer, por qualquer forma, para a indevida incorporação ao patrimônio particular, de pessoa física ou jurídica, de bens, de rendas, de verbas ou de valores integrantes do acervo patrimonial das entidades referidas no art. 1º desta Lei;

II - Permitir ou concorrer para que pessoa física ou jurídica privada utilize bens, rendas, verbas ou valores integrantes do acervo patrimonial das entidades mencionadas no art. 1º desta lei, sem a observância das formalidades legais ou regulamentares aplicáveis à espécie;

III - Doar à pessoa física ou jurídica bem como ao ente despersonalizado, ainda que de fins educativos ou assistências, bens, rendas, verbas ou valores do patrimônio de qualquer das entidades mencionadas no art. 1º desta lei, sem observância das formalidades legais e regulamentares aplicáveis à espécie;

IV - Permitir ou facilitar a alienação, permuta ou locação de bem integrante do patrimônio de qualquer das entidades referidas no art. 1º desta lei, ou ainda a prestação de serviço por parte delas, por preço inferior ao de mercado;

V - Permitir ou facilitar a aquisição, permuta ou locação de bem ou serviço por preço superior ao de mercado;

VI - Realizar operação financeira sem observância das normas legais e regulamentares ou aceitar garantia insuficiente ou inidônea;

VII - Conceder benefício administrativo ou fiscal sem a observância das formalidades legais ou regulamentares aplicáveis à espécie;

VIII - Frustrar a licitude de processo licitatório ou de processo seletivo para celebração de parcerias com entidades sem fins lucrativos, ou dispensá-los indevidamente, acarretando perda patrimonial efetiva;

IX - Ordenar ou permitir a realização de despesas não autorizadas em lei ou regulamento;

X - Agir ilicitamente na arrecadação de tributo ou de renda, bem como no que diz respeito à conservação do patrimônio público;

XI - Liberar verba pública sem a estrita observância das normas pertinentes ou influir de qualquer forma para a sua aplicação irregular;

XII - Permitir, facilitar ou concorrer para que terceiro se enriqueça ilicitamente;

XIII - Permitir que se utilize, em obra ou serviço particular, veículos, máquinas, equipamentos ou material de qualquer natureza, de propriedade ou à disposição de qualquer das entidades mencionadas no art. 1º desta lei, bem como o trabalho de servidor público, empregados ou terceiros contratados por essas entidades.

XIV - Celebrar contrato ou outro instrumento que tenha por objeto a prestação de serviços públicos por meio da gestão associada sem observar as formalidades previstas na lei;

XV - Celebrar contrato de rateio de consórcio público sem suficiente e prévia dotação orçamentária, ou sem observar as formalidades previstas na lei.

XVI - Facilitar ou concorrer, por qualquer forma, para a incorporação, ao patrimônio particular de pessoa física ou jurídica, de bens, rendas, verbas ou valores públicos transferidos pela Administração Pública a entidades privadas mediante celebração de parcerias, sem a observância das formalidades legais ou regulamentares aplicáveis à espécie;

XVII - Permitir ou concorrer para que pessoa física ou jurídica privada utilize bens, rendas, verbas ou valores públicos transferidos pela Administração Pública a entidade privada mediante celebração de parcerias, sem a observância das formalidades legais ou regulamentares aplicáveis à espécie;

XVIII - Celebrar parcerias da Administração Pública com entidades privadas sem a observância das formalidades legais ou regulamentares aplicáveis à espécie;

XIX - Agir para a configuração de ilícito na celebração, na fiscalização e na análise das prestações de contas de parcerias firmadas pela Administração Pública com entidades privadas;

XX - Liberar recursos de parcerias firmadas pela Administração Pública com entidades privadas sem a estrita observância das normas pertinentes ou influir de qualquer forma para a sua aplicação irregular.

XXI – (Revogado pela Lei nº 14.230/2021).

6.3.3 Atos que atentem aos princípios da Administração Pública

***Art. 11** Constitui ato de improbidade administrativa que atenta contra os princípios da Administração Pública a ação ou omissão dolosa que viole os deveres de honestidade, de imparcialidade e de legalidade, caracterizada por uma das seguintes condutas:*

I e II (Revogados pela Lei nº 14.230/2021).

III - Revelar fato ou circunstância de que tem ciência em razão das atribuições e que deva permanecer em segredo, propiciando beneficiamento por informação privilegiada ou colocando em risco a segurança da sociedade e do Estado;

IV - Negar publicidade aos atos oficiais, exceto em razão de sua imprescindibilidade para a segurança da sociedade e do Estado ou de outras hipóteses instituídas em lei;

V - Frustrar, em ofensa à imparcialidade, o caráter concorrencial de concurso público, de chamamento ou de procedimento licitatório, com vistas à obtenção de benefício próprio, direto ou indireto, ou de terceiros;

VI - Deixar de prestar contas quando esteja obrigado a fazê-lo, desde que disponha das condições para isso, com vistas a ocultar irregularidades;

VII - Deixar de prestar contas quando esteja obrigado a fazê-lo, desde que disponha das condições para isso, com vistas a ocultar irregularidades;

VIII - Descumprir as normas relativas à celebração, fiscalização e aprovação de contas de parcerias firmadas pela Administração Pública com entidades privadas. (Redação dada pela Lei nº 13.019, de 2014)

IX e X -(Revogados pela Lei nº 14.230/2021).

6.4 Efeitos da lei

A lei de improbidade administrativa gera quatro efeitos.

- Suspensão dos direitos políticos;
- Perda da função pública;
- Indisponibilidade dos bens;
- Ressarcimento ao erário.

A suspensão dos direitos políticos e a perda da função pública somente se dão depois do trânsito em julgado da sentença condenatória. A indisponibilidade dos bens não constitui penalidade, mas, sim medida cautelar e pode se dar mesmo antes do início da ação.

O ressarcimento ao erário, por sua vez, constitui a responsabilidade civil do agente, ou seja, a obrigação de reparar o dano.

6.5 Sanções

6.5.1 Natureza das sanções

Administrativa

- Perda da função pública;
- Proibição de contratar com o poder público;
- Proibição de receber benefícios ou incentivos fiscais do poder público.

Civil

- Ressarcimento ao erário;
- Perda dos bens;
- Multa.

Política

- Suspensão dos direitos políticos.

Medida cautelar

- A indisponibilidade dos bens visa à garantia da aplicação das penalidades civis.
- Não estabelece sanções penais, mas, se o fato também for tipificado como crime, haverá tal responsabilidade.

D A D M

6.5.2 Penalidades

- **Enriquecimento ilícito:** perda dos bens ou valores acrescidos ilicitamente ao patrimônio; perda da função pública; suspensão dos direitos políticos até 14 anos; pagamento de multa civil equivalente ao valor do acréscimo patrimonial; e proibição de contratar com o Poder Público ou receber benefícios ou incentivos fiscais ou creditícios, direta ou indiretamente, ainda que por intermédio de pessoa jurídica da qual seja sócio majoritário, por prazo não superior a 14 anos.
- **Prejuízo ao erário:** perda dos bens ou valores acrescidos ilicitamente ao patrimônio, se concorrer essa circunstância; perda da função pública; suspensão dos direitos políticos até 12 anos; pagamento de multa civil equivalente ao valor do dano; e proibição de contratar com o poder público ou receber benefícios ou incentivos fiscais ou creditícios, direta ou indiretamente, ainda que por intermédio de pessoa jurídica da qual seja sócio majoritário, por prazo não superior a 12 anos.
- **Atos que atentem contra os princípios da Administração Pública:** pagamento de multa civil de até 24 vezes o valor da remuneração percebida pelo agente; e proibição de contratar com o Poder Público ou receber benefícios ou incentivos fiscais ou creditícios, direta ou indiretamente, ainda que por intermédio de pessoa jurídica da qual seja sócio majoritário, por prazo não superior a 4 anos.

6.5.3 Punições

Art. 12 da Lei nº 8.429/1992			
Modalidades Sanções	Enriquecimento Ilícito (art. 9º)	Prejuízo ao Erário (art. 10)	Afronta os princípios (art. 11)
Suspensão dos direitos políticos	Até 14 anos	Até 12 anos	-
Multa civil	Equivalente ao valor do acréscimo	Equivalente ao valor do dano	Até 24X o valor da remuneração
Proibição de contratar com a administração	Não superior a 14 anos	Não superior a 12 anos	Não superior a 4 anos

Aplicação das sanções: na fixação das penas previstas, o juiz levará em conta a extensão do dano causado, assim como o proveito patrimonial obtido pelo agente.

Independe de aprovação ou rejeição de contas pelos órgãos de controle.

6.6 Prescrição

Os atos de improbidade administrativa prescrevem, segundo o art. 23 da Lei nº 8.429/1992:

> ***Art. 23*** *A ação para a aplicação das sanções previstas nesta Lei prescreve em 8 (oito) anos, contados a partir da ocorrência do fato ou, no caso de infrações permanentes, do dia em que cessou a permanência.*
>
> *I a III Revogados pela Lei nº 14.230/2021.*
>
> ***§ 1º*** *A instauração de inquérito civil ou de processo administrativo para apuração dos ilícitos referidos nesta Lei suspende o curso do prazo prescricional por, no máximo, 180 (cento e oitenta) dias corridos, recomeçando a correr após a sua conclusão ou, caso não concluído o processo, esgotado o prazo de suspensão.*
>
> ***§ 2º*** *O inquérito civil para apuração do ato de improbidade será concluído no prazo de 365 (trezentos e sessenta e cinco) dias corridos, prorrogável uma única vez por igual período, mediante ato fundamentado submetido à revisão da instância competente do órgão ministerial, conforme dispuser a respectiva lei orgânica.*
>
> ***§ 3º*** *Encerrado o prazo previsto no § 2º deste artigo, a ação deverá ser proposta no prazo de 30 (trinta) dias, se não for caso de arquivamento do inquérito civil.*
>
> ***§ 4º*** *O prazo da prescrição referido no caput deste artigo interrompe-se:*
>
> *I - Pelo ajuizamento da ação de improbidade administrativa;*
>
> *II - Pela publicação da sentença condenatória;*
>
> *III - Pela publicação de decisão ou acórdão de Tribunal de Justiça ou Tribunal Regional Federal que confirma sentença condenatória ou que reforma sentença de improcedência;*
>
> *IV - Pela publicação de decisão ou acórdão do Superior Tribunal de Justiça que confirma acórdão condenatório ou que reforma acórdão de improcedência;*
>
> *V - Pela publicação de decisão ou acórdão do Supremo Tribunal Federal que confirma acórdão condenatório ou que reforma acórdão de improcedência.*
>
> ***§ 5º*** *Interrompida a prescrição, o prazo recomeça a correr do dia da interrupção, pela metade do prazo previsto no caput deste artigo.*
>
> ***§ 6º*** *A suspensão e a interrupção da prescrição produzem efeitos relativamente a todos os que concorreram para a prática do ato de improbidade.*
>
> ***§ 7º*** *Nos atos de improbidade conexos que sejam objeto do mesmo processo, a suspensão e a interrupção relativas a qualquer deles estendem-se aos demais.*
>
> ***§ 8º*** *O juiz ou o tribunal, depois de ouvido o Ministério Público, deverá, de ofício ou a requerimento da parte interessada, reconhecer a prescrição intercorrente da pretensão sancionadora e decretá-la de imediato, caso, entre os marcos interruptivos referidos no § 4º, transcorra o prazo previsto no § 5º deste artigo.*

Atenção!
As ações de ressarcimento ao erário dos prejuízos causados por atos dolosos de improbidade administrativa são imprescritíveis.

7. DEVERES E PODERES ADMINISTRATIVOS

Para um desempenho adequado do papel que compete à Administração Pública, o ordenamento jurídico confere a ela poderes e deveres especiais. Conheceremos seus deveres e poderes de modo a diferenciar a aplicabilidade de um ou de outro poder ou dever na análise de casos concretos, bem como apresentado nas questões de concurso público.

7.1 Deveres

Os deveres da Administração Pública são um conjunto de obrigações de direito público que a ordem jurídica confere aos agentes públicos com o objetivo de permitir que o Estado alcance seus fins.

O fundamento desses deveres é o princípio da indisponibilidade do interesse público, pois, como a Administração Pública é uma ferramenta do Estado para alcançar seus objetivos, não é permitido ao agente público usar dos seus poderes para satisfazer interesses pessoais ou de terceiros. Com base nessa regra, concluímos que esses agentes não podem dispor do interesse público, por não ser o seu proprietário, e sim o povo. A ele cabe a gestão da Administração Pública em prol da coletividade.

A doutrina, de modo geral, enumera como alguns dos principais deveres impostos aos agentes administrativos pelo ordenamento jurídico quatro obrigações administrativas, a saber:

- Poder-dever de agir;
- Dever de eficiência;
- Dever de probidade;
- Dever de prestar contas.

7.1.1 Poder-dever de agir

O poder-dever de agir determina que toda a Administração Pública tem que agir em caso de determinação legal. Contudo, essa é temperada, uma vez que o administrador precisa ter possibilidade real de atuar.

> ***Art. 37, § 6º, CF/1988*** *Policiais em serviço que presenciam um cidadão ser assaltado e morto e nada fazem. Nessa situação, além do dever imposto por lei, havia a possibilidade de agir. Nesse caso concreto, gera-se a possibilidade de indenização por parte do Estado, com base na responsabilidade civil do Estado.*

Enquanto, no direito privado, agir é uma faculdade do administrador, no direito público, agir é um dever legal do agente público.

Em decorrência dessa regra temos que os **poderes** administrativos são **irrenunciáveis**, devendo ser **obrigatoriamente exercidos** por seus titulares nas situações cabíveis.

A inércia do agente público acarreta responsabilização a ela por abuso de poder na modalidade omissão. A Administração Pública também responderá pelos danos patrimoniais ou morais decorrentes da omissão na esfera cível.

7.1.2 Dever de eficiência

A Constituição implementou o dever de eficiência com a introdução da Emenda Constitucional nº 19 de 1998, a chamada reforma administrativa. Esse novo modelo instituiu a denominada "administração gerencial", tendo vários exemplos dispostos no corpo do texto constitucional, como:

- Possibilidade de perda do cargo de servidor estável em razão de insuficiência de desempenho (art. 41, § 1º, inciso III);
- O estabelecimento como condição para o ganho da estabilidade de avaliação de desempenho (art. 41, § 4º);
- A possibilidade da celebração de contratos de gestão (art. 37, § 8º);
- A exigência de participação do servidor público em cursos de aperfeiçoamento profissional como um dos requisitos para a promoção na carreira (art. 39, § 2º).

7.1.3 Dever de probidade

O dever de probidade determina que todo administrador público, no desempenho de suas atividades, atue sempre com ética, honestidade e boa-fé, em consonância com o princípio da moralidade administrativa.

> ***Art. 37, § 4º, CF/1988*** *Os atos de improbidade administrativa importarão a suspensão dos direitos políticos, a perda da função pública, a indisponibilidade dos bens e o ressarcimento ao erário, na forma e gradação previstas em lei, sem prejuízo da ação penal cabível.*

Efeitos

- A suspensão dos direitos políticos;
- Perda da função pública;
- Ressarcimento ao erário;
- Indisponibilidade dos bens.

7.1.4 Dever de prestar contas

O dever de prestar contas decorre diretamente do princípio da indisponibilidade do interesse público, sendo pertinente à função do agente público, que é simples gestão da coisa pública.

> ***Art. 70,*** *Parágrafo único,* ***CF/1988*** *Prestará contas qualquer pessoa física ou jurídica, pública ou privada, que utilize, arrecade, guarde, gerencie ou administre dinheiros, bens e valores públicos ou pelos quais a União responda, ou que, em nome dessa, assuma obrigações de natureza pecuniária.*

7.2 Poderes administrativos

São mecanismos que, utilizados isoladamente ou em conjunto, permitem que a Administração Pública possa cumprir suas finalidades. Dessa forma, os poderes administrativos representam um conjunto de prerrogativas de direito público que a ordem jurídica confere aos agentes administrativos para o fim de permitir que o Estado alcance os seus fins.

O fundamento desses poderes é o princípio da supremacia do interesse público, pois, como a Administração Pública é uma ferramenta do Estado para alcançar seus objetivos, e tais objetivos são de interesse de toda coletividade, é necessário que o Estado possa ter prerrogativas especiais na busca de seus objetivos. Como exemplo, podemos citar a aplicação de uma multa de trânsito. Imagine que a lei fale que ultrapassar o sinal vermelho é errado, mas que o Estado não tenha o poder de aplicar a multa. De nada vale a previsão da infração na lei.

São poderes administrativos descritos pela doutrina pátria:

- Poder vinculado;
- Poder discricionário;
- Poder hierárquico;
- Poder disciplinar;
- Poder regulamentar;
- Poder de polícia.

7.2.1 Poder vinculado

O poder vinculado determina que o administrador somente pode fazer o que a lei determina; aqui não se gera poder de escolha, ou seja, está o administrador preso (vinculado) aos ditames da lei.

O agente público não pode fazer considerações de conveniência e oportunidade. Caso descumpra a única hipótese prevista na lei para orientar a sua conduta, praticará um ato ilegal, assim, deve o ato ser anulado.

7.2.2 Poder discricionário

O poder discricionário gera a margem de escolha, que é a conveniência e a oportunidade, o mérito administrativo. Diz-se que o agente público pode agir com liberdade de escolha, mas sempre respeitando os parâmetros da lei.

Duas são as vertentes que autorizam o poder discricionário: a lei e os conceitos jurídicos indeterminados. Esses últimos são determinações da própria lei, por exemplo: quando a lei prevê a boa-fé, quem decide se o administrado está de boa ou má-fé é o agente público, sempre sendo razoável e proporcional.

7.2.3 Poder hierárquico

Manifesta a noção de um escalonamento vertical da Administração Pública, já que temos a subordinação entre órgãos e agentes, sempre no âmbito de uma mesma pessoa jurídica.

É interessante salientar que não há subordinação nem hierarquia:

- Entre pessoas distintas.
- Entre os poderes da república.
- Entre a administração e o administrado.

Suas prerrogativas são:

- **Dar ordens:** cabe ao subordinado o dever de obediência, salvo nos casos de ordens manifestamente ilegais.
- Fiscalizar a atuação dos subordinados.
- Revisar os atos dos subordinados e, nessa atribuição:
- Manter os atos vinculados legais e os atos discricionários legais convenientes e oportunos.
- Convalidar os atos com defeitos sanáveis.
- Anular os atos ilegais.
- Revogar os atos discricionários legais inconvenientes e inoportunos.
- Aplicar sanções aos servidores que praticarem infrações funcionais.

A caraterística marcante é o grau de subordinação entre órgãos e agentes, sempre dentro da estrutura da mesma pessoa jurídica. O controle hierárquico permite que o superior aprecie todos os aspectos dos atos de seus subordinados (quanto à legalidade e quanto ao mérito administrativo) e pode ocorrer de ofício ou a pedido, quando for interesse de terceiros, por meio de recurso hierárquico.

- **Delegação**

Competência: é o ato discricionário, revogável a qualquer tempo, mediante o qual o superior hierárquico confere o exercício temporário de algumas de suas atribuições, originariamente pertencentes ao seu cargo, a um subordinado.

É importante alertar que, excepcionalmente, a lei admite a delegação para outro órgão que não seja hierarquicamente subordinado ao delegante, conforme podemos constatar da redação do art. 12 da Lei nº 9.784/1999:

> *Art. 12 Um órgão administrativo e seu titular poderão, se não houver impedimento legal, delegar parte da sua competência a outros órgãos ou titulares, ainda que estes não lhe sejam hierarquicamente subordinados, quando for conveniente, em razão de circunstâncias de índole técnica, social, econômica, jurídica ou territorial.*

São características da delegação:

- **Não podem ser delegados:**
  - Edição de atos de caráter normativo;
  - A decisão de recursos administrativos;
  - As matérias de competência exclusiva do órgão ou autoridade.
- **Consequências:**
  - **Não acarreta renúncia de competências;**
  - Transfere o exercício da atribuição e não a titularidade, pois pode ser revogada a delegação a qualquer tempo pela autoridade delegante;
  - O ato de delegação e sua revogação deverão ser publicados em meio oficial.
  - **Avocação.**

Competência: avocar é o ato discricionário mediante o qual o superior hierárquico traz para si o exercício temporário de determinada competência, atribuída por lei a um subordinado.

Cabimento: é uma medida excepcional e deve ser fundamentada.

Restrições: não podem ser avocadas competências exclusivas do subordinado.

Consequências: desonera o agente de qualquer responsabilidade relativa ao ato praticado pelo superior hierárquico.

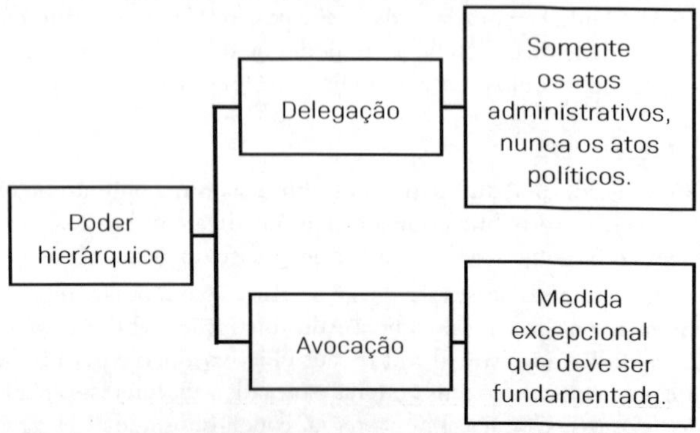

Atenção!

Segundo a Lei nº 9.784/1999, que trata do processo administrativo federal:

Art. 13. *Não podem ser objeto de delegação:*

I - a edição de atos de caráter normativo;

II - a decisão de recursos administrativos;

III - as matérias de competência exclusiva do órgão ou autoridade.

7.2.4 Poder disciplinar

O poder disciplinar é uma espécie de poder-dever de agir da Administração Pública. Dessa forma, o administrador público atua de forma a punir internamente as infrações cometidas por seus agentes e, em exceção, atua de forma a punir particulares que mantenham um vínculo jurídico específico com a Administração.

O poder disciplinar não pode ser confundido com o *jus puniendi* do Estado, ou seja, com o poder do Estado de aplicar a lei penal a quem comete uma infração penal.

Em regra, o poder disciplinar é discricionário, algumas vezes, é vinculado. Essa discricionariedade se encontra na escolha da quantidade de sanção a ser aplicada dentro das hipóteses previstas na lei, e não na faculdade de punir ou não o infrator, pois puni-lo é um dever. Assim, a punição não é discricionária, quantidade de punição que em regra é, porém, é importante lembrar que, quando a lei apontar precisamente a penalidade ou a quantidade dela que deve ser aplicada para determinada infração, o poder disciplinar será vinculado.

7.2.5 Poder regulamentar

Quando a Administração atua punindo particulares (comuns) que cometeram falta, ela está usando o poder de polícia. Contudo, quando atua penalizando particulares que mantenham um vínculo jurídico específico (plus), estará utilizando o poder disciplinar.

Existem duas formas de manifestação do poder regulamentar: o decreto regulamentar e o autônomo, sendo que o primeiro é a regra e o segundo é a exceção.

- **Decreto regulamentar**

Também denominado decreto executivo ou regulamento executivo.

O decreto regulamentar é uma prerrogativa dos chefes do poder executivo de regulamentar a lei para garantir a sua fiel aplicação.

- **Restrições**
  - Não inova o ordenamento jurídico;
  - Não pode alterar a lei;
  - Não pode criar direitos e obrigações;
  - Caso o decreto regulamentar extrapole os limites da lei, haverá quebra do princípio da legalidade. Nessa situação,

se do decreto regulamentar for federal, caberá ao Congresso Nacional sustar os seus dispositivos violadores da lei.

- **Exercício**
  - Somente por decretos dos chefes do poder Executivo (presidente da República, governadores e prefeitos), sendo uma competência exclusiva, indelegável a qualquer outra autoridade.
- **Natureza**
  - Decreto: natureza secundária ou derivada;
  - Lei: natureza primária ou originária.
- **Prazo para regulamentação**
  - A ausência do prazo é inconstitucional;
  - Enquanto não regulamentada, a lei é inexequível (não pode ser executada);
  - Se o chefe do Executivo descumprir o prazo, a lei se torna exequível (pode ser executada);
  - A competência para editar decreto regulamentar não pode ser objeto de delegação.
- **Decreto autônomo**

A Emenda Constitucional nº 32, alterou o art. 84 da Constituição Federal e deu ao seu inciso VI a seguinte redação:

> ***Art. 84*** *Compete privativamente ao Presidente da República: [...]*
>
> *VI. dispor, mediante decreto, sobre:*
>
> *a) organização e funcionamento da administração federal, quando não implicar aumento de despesa nem criação ou extinção de órgãos públicos;*
>
> *b) extinção de funções ou cargos públicos, quando vagos; [...]*

Essa previsão se refere ao que a doutrina chama de decreto autônomo, pois se refere à predição para o presidente da república tratar mediante decreto de determinados assuntos, sem lei anterior, balizando a sua atuação, pois a baliza foi a própria Constituição Federal. O decreto é autônomo porque não depende de lei.

Características:

- Inova o ordenamento jurídico;
- O decreto autônomo tem natureza primária ou originária;
- Somente pode tratar das matérias descritas no art. 84, inciso VI, da Constituição Federal de 1988;
- O presidente da República poderá delegar as atribuições mencionadas para edição de decretos autônomos aos ministros de Estado, ao procurador-geral da República ou ao advogado-geral da União, que observarão os limites traçados nas respectivas delegações, conforme prevê o inciso único do art. 84.

As regras relativas às competências do presidente da República no uso do decreto regulamentar e do autônomo são estendidas aos demais chefes do executivo nacional dentro das suas respectivas administrações públicas. Assim, governadores e prefeitos podem tratar, mediante decreto autônomo, dos temas estaduais e municipais de suas respectivas administrações que o presidente da República pode resolver, mediante decreto autônomo, na esfera da Administração Pública federal.

7.2.6 Poder de polícia

O Código Tributário Nacional, em seu art. 78, ao tratar dos fatos geradores das taxas, assim conceitua poder de polícia:

> ***Art. 78*** *Considera-se poder de polícia atividade da Administração Pública que, limitando ou disciplinando direito, interesse ou liberdade, regula a prática de ato ou abstenção de fato, em razão de interesse público concernente à segurança, à higiene, à ordem, aos costumes, à disciplina da produção e do mercado, ao exercício de atividades econômicas dependentes de concessão ou autorização do Poder Público, à tranquilidade pública ou ao respeito à propriedade e aos direitos individuais ou coletivos.*

O **conceito** de poder de polícia é a faculdade que dispõe a Administração Pública para condicionar, restringir o uso, o gozo de bens, atividades e direitos individuais, em benefício da coletividade ou do próprio Estado.

É competente para exercer o poder de polícia administrativa sobre uma dada atividade o ente federado, ao qual a Constituição da República atribui competência para legislar sobre essa mesma atividade, para regular a prática dessa.

Assim, podemos dizer que o poder de polícia é discricionário em regra, podendo ser vinculado nos casos em que a lei determinar. Ele dispõe que toda a Administração Pública pode condicionar ou restringir os direitos dos administrados em caso de não cumprimento das determinações legais.

O poder de polícia **fundamenta-se no império** do Estado **(poder extroverso)**, que decorre do princípio da supremacia do interesse público, pois, por meio de imposições limitando ou restringindo a esfera jurídica dos administrados, visa à Administração Pública à defesa de um bem maior, que é proteção dos direitos da coletividade, pois o interesse público prevalece sobre os particulares.

- **Atributos do Poder de Polícia**

Discricionariedade: o poder de polícia, em regra, é discricionário, pois dá margem de liberdade dentro dos parâmetros legais ao administrador público para agir; contudo, se a lei exigir, tal poder pode ser vinculado.

O Estado escolhe as atividades que sofrerão as fiscalizações da polícia administrativa. Essa escolha é manifestação da discricionariedade do poder de polícia do Estado. Também é manifestação da discricionariedade do poder de polícia a majoração da quantidade de pena aplicada a quem cometer uma infração sujeita à disciplina do poder de polícia.

Nos casos em que a lei prevê uma pena que tenha duração no tempo e não fixar exatamente a quantidade, dando uma margem de escolha de quantidade ao julgador, temos o exercício do poder discricionário na atuação de polícia e, como limite desse poder de punir, temos a própria lei que traz a ordem de polícia e ainda os princípios da razoabilidade e da proporcionalidade que vedam a aplicação da pena em proporção superior à gravidade do fato ilícito praticado.

O cabimento se aplica em autorização da lei e medida urgente.

Autoexecutoriedade: é a prerrogativa da Administração Pública de executar diretamente as decisões decorrentes do poder de polícia, por seus próprios meios, sem precisar recorrer ao judiciário.

A autoexecutoriedade no uso do poder de polícia não é absoluta, tendo natureza relativa, ou seja, não são todos os atos decorrentes do poder de polícia que são autoexecutórios. Para que um ato assim ocorra, é necessário que ele seja exigível e executório ao mesmo tempo.

Exigibilidade: exigível é aquela conduta prevista na norma que, caso seja infringida, pode ser aplicada uma **coerção indireta**, ou seja, caso a pessoa venha a sofrer uma penalidade e se recuse a aceitar a aplicação da sanção, a aplicação dessa somente poderá ser executada por decisão judicial. É o caso das multas, por exemplo, que podem ser lançadas a quem comete uma infração de trânsito, a administração não pode receber o valor devido por meio da coerção, caso a pessoa penalizada se recuse a pagar a multa, o seu recebimento dependerá de execução judicial pela Administração Pública. A exigibilidade é uma característica de todos os atos praticados no exercício do poder de polícia.

Executoriedade: executória é a norma que, caso seja desrespeitada, permite a aplicação de uma **coerção direta**, ou seja, a administração pode utilizar da força coercitiva para garantir a aplicação da penalidade, sem precisar recorrer ao Judiciário.

É o caso das sanções de interdição de estabelecimentos comerciais, suspensão de direitos, entre outras. Não são todas as medidas decorrentes do poder de polícia executórias.

O ato de polícia para ser autoexecutório precisa ser ao mesmo tempo exigível e executório, ou seja, nem todos os atos decorrentes do poder de polícia são autoexecutórios.

Coercibilidade: esse atributo informa que as determinações da Administração Pública podem ser impostas coercitivamente ao administrado, ou seja, o particular é obrigado a observar os ditames da administração. Caso ocorra resistência por parte desse, a Administração Pública estará autorizada a usar força, independentemente de autorização judicial, para fazer com que seja cumprida a regra de polícia. Todavia, os meios utilizados pela administração devem ser legítimos, humanos e compatíveis com a urgência e a necessidade da medida adotada.

- **Classificação**

O poder de polícia pode ser originário, no caso da Administração Pública Direta e derivada. Quando diz respeito às autarquias, a doutrina orienta que fundações públicas, sociedade de economia mista e empresas públicas não possuem o poder de polícia em suas ações.

Poder de polícia originário:

- Dado à Administração Pública Direta.

Poder de polícia delegado:

- Dado às pessoas da Administração Pública Indireta que possuem personalidade jurídica de direito público. Esse poder somente é proporcionado para as autarquias ligadas à Administração Indireta.

O poder de polícia não pode ser exercido por particulares ou por pessoas jurídicas de direito privado da Administração Indireta, entretanto, o STJ em uma recente decisão entendeu que os atos de consentimento de polícia e de fiscalização dessa, que por si só não têm natureza coercitiva, podem ser delegados às pessoas jurídicas de direito privado da Administração Indireta.

- **Meios de atuação**

O poder de polícia pode ser exercido tanto preventivamente quanto repressivamente.

Prevenção: manifesta-se por meio da edição de atos normativos de alcance geral, como leis, decretos, resoluções, entre outros, e também por meio de várias medidas administrativas, como a fiscalização, a vistoria, a notificação, a licença, a autorização, entre outras.

Repressão: manifesta-se por meio da aplicação de punições, como multas, interdição de direitos, destruição de mercadorias etc.

- **Ciclo de polícia**

O ciclo de polícia se refere às fases de atuação desse poder, ordem de polícia, consentimento, fiscalização e sanção de polícia. Para se completar, esse ciclo pode passar por quatro fases distintas:

Ordem de polícia: é a lei inovadora que tem trazido limites ou condições ao exercício de atividades privadas ou uso de bens.

Consentimento: é a autorização prévia fornecida pela Administração para a prática de determinada atividade privada ou para usar um bem.

Fiscalização: é a verificação, por parte da Administração Pública, para certificar-se de que o administrado está cumprindo as exigências contidas na ordem de polícia para a prática de determinada atividade privada ou uso de bem.

Sanção de Polícia: é a coerção imposta pela administração ao particular que pratica alguma atividade regulada por ordem de polícia em descumprimento com as exigências contidas.

É importante destacar que o ciclo de polícia não precisa necessariamente comportar essas quatro fases, pois as de ordem e fiscalização devem sempre estar presentes em qualquer atuação de polícia administrativa, todavia, as fases de consentimento e de sanção não estarão presentes em todos os ciclos de polícia.

- **Prescrição**

O prazo de prescrição das ações punitivas decorrentes do exercício do poder de polícia é de **5 anos** para a esfera federal, conforme constata-se na redação do art. 1º da Lei nº 9.873/1999:

> *Art. 1º Prescreve em cinco anos a ação punitiva da Administração Pública Federal, direta e indireta, no exercício do poder de polícia, objetivando apurar infração à legislação em vigor, contados da data da prática do ato ou, no caso de infração permanente ou continuada, do dia em que tiver cessado.*

Polícia Administrativa x Polícia Judiciária
Polícia Administrativa: atua visando evitar a prática de infrações administrativas, tem natureza preventiva, entretanto, em alguns casos ela pode ser repressiva. A polícia administrativa atua sobre atividades privadas, bens ou direitos. **Polícia Judiciária:** atua com o objetivo de reprimir a infração criminal, tem natureza repressiva, mas, em alguns casos, pode ser preventiva. Ao contrário da polícia administrativa que atua sobre atividades privadas, bens ou direitos, a atuação da judiciária recai sobre as pessoas.

- **Poder de polícia prestação de serviços públicos**

Não podemos confundir toda atuação estatal com a prestação de serviços públicos, pois, dentre as diversas atividades desempenhadas pela Administração Pública, temos, além da prestação de serviços públicos, o exercício do poder de polícia, o fomento, a intervenção na propriedade privada, entre outras.

Distingue-se o poder de polícia da prestação de serviços públicos, pois essa é uma atividade positiva, que se manifesta numa obrigação de fazer.

Poder de polícia: atividade negativa, que traz a noção de não fazer, proibição, excepcionalmente pode trazer uma obrigação de fazer. Seu exercício sofre tributação mediante taxa e é indelegável a particulares.

Serviço público: atividade positiva, que traz a noção de fazer algo. Sua remuneração se dá por meio da tarifa, que não é um tributo, mas, sim, uma espécie de preço público, e o serviço público, mesmo sendo de titularidade exclusiva do Estado, é delegável a particulares.

7.2.7 Abuso de poder

O administrador público tem de agir, obrigatoriamente, em obediência aos princípios constitucionais, do contrário, sua ação pode ser arbitrária e, consequentemente, ilegal, o que gerará o chamado abuso de poder.

- **Excesso de poder:** quando o agente público atua fora dos limites de sua esfera de competência.
- **Desvio de poder:** quando a atuação do agente, embora dentro de sua órbita de competência, contraria a finalidade explícita ou implícita na lei que determinou ou autorizou a sua atuação, tanto é desvio de poder a conduta contrária à finalidade geral (ou mediata) do ato – o interesse público –, quanto a que discrepe de sua finalidade específica (ou imediata).
- **Omissão de poder:** ocorre quando o agente público fica inerte diante de uma situação em que a lei impõe o uso do poder.

Atenção!
Todos os atos que forem praticados com abuso de poder são ilegais e devem ser anulados; essa anulação pode acontecer tanto pela via administrativa quanto pela via judicial. O remédio constitucional para combater o abuso de poder é o Mandado de Segurança.

8. ATO ADMINISTRATIVO

8.1 Conceito de ato administrativo

Ato administrativo é toda manifestação unilateral de vontade da Administração Pública, que, agindo nessa qualidade, tenha por fim imediato adquirir, resguardar, transferir, modificar, extinguir e declarar direitos, ou impor obrigações aos administrados ou a si própria.

Da prática dos atos administrativos gera-se superioridade e efeitos jurídicos.

8.2 Elementos de validade do ato administrativo

8.2.1 Competência

Poderes que a lei confere aos agentes públicos para exercer funções com o mínimo de eficácia. A competência tem caráter instrumental, ou seja, é um instrumento outorgado para satisfazer interesses públicos – finalidade pública.

Características da competência:

- **Obrigatoriedade:** ela é obrigatória para todos os agentes e órgãos públicos.
- **Irrenunciabilidade:** a competência é um poder-dever de agir e não pode ser renunciada pelo detentor do poder-dever. Contudo, tem caráter relativo uma vez que a competência pode ser delegada ou pode ocorrer a avocação.
- **Intransferível:** mesmo após a delegação, a competência pode ser retomada a qualquer tempo pelo titular do poder-dever, por meio da figura da revogação.
- **Imodificável:** pela vontade do agente, pois somente a lei determina competências.
- **Imprescritível:** a competência pode ser executada a qualquer tempo. Somente a lei pode exercer a função de determinar prazos prescricionais. Por exemplo: o art. 54 da Lei nº 9.784/1999 determina o prazo decadência de cinco anos para anular atos benéficos para o administrado de boa-fé.

8.2.2 Finalidade

Visa sempre ao interesse público e à finalidade específica prevista em lei. Por exemplo: remoção de ofício.

8.2.3 Forma

O ato administrativo é, em regra, formal e escrito.

8.2.4 Motivo

O motivo é a causa imediata do ato administrativo. É a situação de fato e de direito que determina ou autoriza a prática do ato, ou, em outras palavras, o pressuposto fático e jurídico (ou normativo) que enseja a prática do ato.

> ***Art. 40**, § 1º, II, "**a**", **CF/1988** Trata da aposentadoria por tempo de contribuição.*

> **Atenção!**
>
> A Lei nº 9.784/1999, que trata dos processos administrativos no âmbito da União, reza pelo princípio do informalismo, admitindo que existam atos verbais ou por meio de sinais (de acordo com o contexto).

8.2.5 Objeto

É o ato em si, ou seja, no caso da remoção o ato administrativo é o próprio instituto da remoção.

Por exemplo: demissão – quanto ao ato de demissão deve ter o agente competente para determiná-lo (competência), depois disso, deve ser revertido de forma escrita (forma), a finalidade deve ser o interesse público (finalidade), o motivo deve ser embasado em lei, ou seja, os casos do art. 132 da Lei nº 8.112/1990, o objeto é o próprio instituto da demissão que está prescrito em lei.

8.2.6 Motivação

É a exteriorização por escrito dos motivos que levaram a produção do ato.

- Faz parte do elemento "forma" e não do "motivo".
- Teoria dos motivos determinantes.

A motivação é elemento de controle de validade dos atos administrativos. Se ela for falsa, o ato é ilegal, independentemente da sua qualidade (discricionário ou vinculado).

Devem ser motivados:

- Todos os atos administrativos vinculados;
- Alguns atos administrativos discricionários (atos punitivos, que geram despesas, dentre outros).

A Lei nº 9.784/1999, em seu art. 50, traz um rol dos atos que devem ser motivados:

> ***Art. 50** Os atos administrativos deverão ser motivados, com indicação dos fatos e dos fundamentos jurídicos, quando:*
>
> *I - Neguem, limitem ou afetem direitos ou interesses;*
>
> *II - Imponham ou agravem deveres, encargos ou sanções;*
>
> *III - Decidam processos administrativos de concurso ou seleção pública;*
>
> *IV - Dispensem ou declarem a inexigibilidade de processo licitatório;*
>
> *V - Decidam recursos administrativos;*
>
> *VI - Decorram de reexame de ofício;*
>
> *VII - Deixem de aplicar jurisprudência firmada sobre a questão ou discrepem de pareceres, laudos, propostas e relatórios oficiais;*
>
> *VIII - Importem anulação, revogação, suspensão ou convalidação de ato administrativo.*
>
> ***§ 1º** A motivação deve ser explícita, clara e congruente, podendo consistir em declaração de concordância com fundamentos de anteriores pareceres, informações, decisões ou propostas, que, nesse caso, serão parte integrante do ato.*
>
> ***§ 2º** Na solução de vários assuntos da mesma natureza, pode ser utilizado meio mecânico que reproduza os fundamentos das decisões, desde que não prejudique direito ou garantia dos interessados.*
>
> ***§ 3º** A motivação das decisões de órgãos colegiados e comissões ou de decisões orais constará da respectiva ata ou de termo escrito.*

8.3 Atributos do ato administrativo

São as qualidades especiais dos atos administrativos que lhes asseguram uma qualidade jurídica superior à dos atos de direito privado.

8.3.1 Presunção de legitimidade e veracidade

Presume-se, em caráter relativo, que os atos da administração foram produzidos em conformidade com a lei e os fatos deles. Para os administrados, são obrigatórios. Ocorre, aqui, a inversão do ônus da prova (cabe ao administrado provar que o ato é vicioso).

8.3.2 Consequências

Imediata executoriedade do ato administrativo, mesmo impugnado pelo administrado. Até decisão que reconhece o vício ou susta os efeitos do ato.

Impossibilidade de o Poder Judiciário analisar, de ofício, elementos de validade do ato não expressamente impugnados pelo administrado.

8.3.3 Imperatividade

Imperativo, ou seja, é impositivo e independe da anuência do administrado, com exceção de:

- **Atos negociais:** a Administração concorda com uma pretensão do administrado ou reconhece que ela satisfaz os requisitos para o exercício de certo direito (autorização e permissão – discricionário; licença – vinculado).

DAD

- **Atos enunciativos:** declaram um fato ou emitem uma opinião sem que tal manifestação produza por si só efeitos jurídicos.

Atenção!
Relacionado ao ***poder extroverso*** do Estado (expressão italiana do autor Renato Aless), esse poder é usado como sinônimo para imperatividade nas provas de concurso.

8.3.4 Autoexecutoriedade

O ato administrativo, uma vez produzido pela Administração, é passível de execução imediata, independentemente de manifestação do Poder Judiciário.

Deve haver previsão legal, a exceção existe em casos de emergência. Esse atributo incide em todos os atos, com exceção dos enunciativos e negociais. A Administração não goza de autoexecutoriedade na cobrança de débito, quando o administrado resiste ao pagamento.

8.3.5 Tipicidade

O ato deve observar a forma e o tipo previsto em lei para sua produção.

8.4 Classificação dos atos administrativos

- **Atos vinculados:** são os que a Administração pratica sem margem alguma de liberdade de decisão, pois a lei previamente determinou o único comportamento possível a ser obrigatoriamente adotado sempre que se configure a situação objetiva descrita na lei. Não cabe ao agente público apreciar a situação objetiva descrita nela.
- **Atos discricionários:** a Administração pode praticar, com certa liberdade de escolha, nos termos e limites da lei, quanto ao seu conteúdo, seu modo de realização, sua oportunidade e sua conveniência administrativa.
- **Atos gerais:** caracterizam-se por não possuir destinatários determinados. Os atos gerais são sempre determinados e prevalecem sobre os individuais. Podem ser revogados a qualquer tempo. Por exemplo: são os decretos regulamentares. Esses atos necessitam ser publicados em meio oficial.
- **Atos individuais:** são aqueles que possuem destinatários certos (determinados), produzindo diretamente efeitos concretos, constituindo ou declarando situação jurídicas subjetivas. Por exemplo: nomeação em concurso público e exoneração. Os atos podem ser discricionários ou vinculados e sua revogação somente é passível caso não tenha gerado direito adquirido.
- **Atos simples:** decorrem de uma única manifestação de vontade, de um único órgão.
- **Atos complexos:** necessitam, para formação de seu conteúdo, da manifestação de vontade de dois ou mais órgãos.
- **Atos compostos:** o seu conteúdo depende de manifestação de vontade de um único órgão, contudo, para funcionar, necessita de outro ato que o aprove.

Diferenças entre Ato Complexo e Ato Composto

Ato Complexo
1 ato, 2 vontades e 2 ou + órgãos
Ato Composto
2 atos, 2 vontades, 1 órgão com aprovação de outro

Ato complexo	Ato composto
1 ato	2 atos
2 vontades	2 vontades
2 ou + órgãos	1 órgão com a aprovação de outro

Espécies de Atos Administrativos

- Normativo;
- Ordinatórios;
- Negociais;
- Enunciativos;
- Punitivos.

8.4.1 Atos normativos

São atos caracterizados pela generalidade e pela abstração, isto é, um ato normativo não é prescrito para uma situação determinada, mas para todos os eventos assemelhados; a abstração deriva do fato desse ato não representar um caso concreto, determinado, mas, sim, um caso abstrato, descrito na norma e possível de acontecer no mundo real. A regra abstrata deve ser aplicada no caso concreto.

Finalidade: regulamentar as leis e uniformizar procedimentos administrativos.

Características:

- Não possuem destinatários determinados;
- Correspondem aos atos gerais;
- Não pode inovar o ordenamento jurídico;
- Controle.

Regra: os atos administrativos normativos não podem ser atacados mediante recursos administrativos ou judiciais.

Exceção: atos normativos que gerarem efeitos concretos para determinado destinatário podem ser impugnados pelo administrado na via judicial ou administrativa. Por exemplo: decretos regulamentares, instruções normativas, atos declaratórios normativos.

8.4.2 Atos ordinários

São atos administrativos endereçados aos servidores públicos em geral.

Finalidade: divulgar determinações aplicáveis ao adequado desempenho de suas funções.

Características

- Atos internos;
- Decorrem do exercício do poder hierárquico;
- Vinculam os servidores subordinados ao órgão que o expediu;
- Não atingem os administrados;
- Estão hierarquicamente abaixo dos atos normativos;
- Devem obediência aos atos normativos que tratem da mesma matéria relacionada ao ato ordinatório.
- Por exemplo: instruções, circulares internas, portarias, ordens de serviço.

8.4.3 Atos negociais

São atos administrativos editados quando o ordenamento jurídico exige que o particular obtenha anuência prévia da Administração para realizar determinada atividade de interesse dele ou exercer determinado direito.

Finalidade: satisfação do interesse público, ainda que essa possa coincidir com o interesse do particular que requereu o ato.

Características:

- Os atos negociais não são imperativos, coercitivos e autoexecutórios;
- Os atos negociais não podem ser confundidos com contratos, pois, nesses existe manifestação de vontade bilateral e, nos atos negociais, nós temos uma manifestação de vontade unilateral da Administração Pública, que é provocada mediante requerimento do particular.

Os atos negociais também são divididos em vinculados, discricionários, definitivos e precários:

- **Atos negociais vinculados:** reconhecem um direito subjetivo do particular, mediante um requerimento, desse particular, comprovando preencher os requisitos que a lei exige para a anuência do direito, a Administração obrigatoriamente deve praticar o ato.
- **Atos negociais discricionários:** não reconhecem um direito subjetivo do particular, pois, mesmo que esse atenda às exigências necessárias para a obtenção do ato, a Administração poderá não o praticar, decidindo se executa ou não o ato por juízo de conveniência e oportunidade.
- **Atos negociais definitivos:** não comportam revogação, são atos vinculados, mas podem ser anulados ou cassados. Assim, esses atos geram, ao particular, apenas uma expectativa de definitividade.
- **Atos negociais precários**: podem ser revogados a qualquer tempo, são atos discricionários; geralmente, a revogação do ato negocial não gera direito de indenização ao particular.

Os atos negociais apresentam as seguintes espécies:

- **Licença:** fundamenta-se no poder de polícia da Administração. É ato vinculado e definitivo, pois reconhece um direito subjetivo do particular, mediante um requerimento desse, comprovando preencher os requisitos que a lei exige. Para a anuência do direito, a Administração, obrigatoriamente, deve praticar o ato. A licença não comporta revogação, mas ela pode ser anulada ou cassada. Assim, esses atos geram, ao particular, apenas uma expectativa de definitividade.

  Por exemplo: alvará para a realização de uma obra, alvará para o funcionamento de um estabelecimento comercial, licença para dirigir, licença para exercer uma profissão.
- **Admissão:** é o ato unilateral e vinculado pelo qual a Administração faculta a alguém a inclusão em estabelecimento governamental para o gozo de um serviço público. O ato de admissão não pode ser negado aos que preencham as condições normativas requeridas.

  Por exemplo: ingresso em estabelecimento oficial de ensino na qualidade de aluno; o desfrute dos serviços de uma biblioteca pública como inscrito entre seus usuários.
- **Aprovação:** é o ato unilateral e discricionário pelo qual a Administração faculta a prática de ato jurídico (aprovação prévia) ou manifesta sua concordância com ato jurídico já praticado (aprovação *a posteriori*).
- **Homologação**: é o ato unilateral e vinculado de controle pelo qual a Administração concorda com um ato jurídico ou série de atos (procedimento) já praticados, verificando a consonância deles com os requisitos legais condicionadores de sua válida emissão.
- **Autorização:** na maior parte das vezes em que é praticado, fundamenta-se no poder de polícia do Estado quando a lei exige a autorização como condicionante para prática de uma determinada atividade privada ou para o uso de bem público. Todavia, a autorização também pode representar uma forma de descentralizar, por delegação, serviços públicos para o particular.
  - A autorização é caracterizada por uma predominância do interesse do particular que solicita o ato, todavia, também existe interesse público na prática desse ato.
  - É um ato discricionário, pois não reconhece um direito subjetivo do particular; mesmo que esse atenda às exigências necessárias para a obtenção do ato, a Administração poderá não o praticar, decidindo se desempenha ou não o ato por juízo de conveniência e oportunidade.
  - É um ato precário, pois pode ser revogado a qualquer tempo. Via de regra, a revogação da autorização não gera direito de indenização ao particular, mas, caso a autorização tenha sido concedida por prazo certo, pode haver o direito de indenização para o particular.
- **Prazo:** a autorização é concedida sem prazo determinado, todavia, pode havê-la outorgada por prazo certo.
  - Por exemplo: atividades potencialmente perigosas e que podem colocar em risco a coletividade, por isso, a necessidade de regulação do Estado; autorização para porte de arma de fogo; autorização para a prestação de serviços privados de educação e saúde; autorização de uso de bem público; autorização de serviço público: prestação de serviço de táxi.
- **Permissão:** é o ato administrativo discricionário e precário, pelo qual a Administração Pública consente ao particular o exercício de uma atividade de interesse predominantemente da coletividade.
  - A permissão apresenta as seguintes características: pode ser concedida por prazo certo e pode ser imposta condições ao particular.
  - A permissão é um ato precário, pois pode ser revogada a qualquer tempo. Via de regra, a revogação da permissão não gera direito de indenização ao particular, mas, caso a autorização tenha sido concedida por prazo certo ou sob condições, pode haver o direito de indenização para o particular.
  - A permissão concedida ao particular, por meio de um ato administrativo, não se confunde com a permissão para a prestação de serviços públicos. Nesse último caso, representa uma espécie de descentralização por delegação realizada por meio de contrato.
  - Por exemplo: permissão de uso de bem público.

8.4.4 Atos enunciativos

São atos administrativos enunciativos aqueles que têm por finalidade declarar um juízo de valor, uma opinião ou um fato.

Características:

- Não produzem efeitos jurídicos por si só;
- Não contêm uma manifestação de vontade da administração.

Seguem alguns exemplos de atos enunciativos:

- **Certidão:** é uma cópia de informações registradas em banco de dados da Administração. Geralmente, é concedida ao particular mediante requerimento da informação registrada pela Administração.
- **Atestado:** declara uma situação de que a Administração tomou conhecimento em virtude da atuação de seus agentes. O atestado não se assemelha à certidão, pois essa declara uma informação constante em banco de dados e aquele declara um fato que não corresponde a um registro de um arquivo da Administração.
- **Parecer:** é um documento técnico, confeccionado por órgão especializado na respectiva matéria tema do parecer, em que o órgão emite sua opinião relativa ao assunto.
- **Apostila:** apostilar significa corrigir, emendar, complementar um documento. É o aditamento de um contrato administrativo ou de um ato administrativo. É um ato de natureza aditiva, pois sua finalidade é adicionar informações a um registro já existente.
  - Por exemplo: anotar alterações na situação funcional de um servidor.

8.4.5 Atos punitivos

São os atos administrativos por meio dos quais a Administração Pública impõe sanções a seus servidores ou aos administrados.

Fundamento:

- **Poder disciplinar:** quando o ato punitivo atinge servidores públicos e particulares ligados à Administração por algum vínculo jurídico específico.

- **Poder de polícia:** quando o ato punitivo atinge particulares não ligados à Administração Pública por um vínculo jurídico específico.

Os atos punitivos podem ser internos e externos:

- **Atos punitivos internos:** têm como destinatários os servidores públicos e aplicam penalidades disciplinares, ou seja, os atos punitivos internos decorrem sempre do poder disciplinar.
- **Atos punitivos externos:** têm como destinatários os particulares. Podem ter fundamento decorrente do poder disciplinar, quando punem particulares sujeitos à disciplina administrativa, ou podem ter fundamento no poder de polícia, quando punem particulares não ligados à Administração Pública.

Todo ato punitivo interno decorre do poder disciplinar, mas nem todo ato que decorre do poder punitivo que surge do poder disciplinar é um ato punitivo interno, pois, quando a Administração Pública aplica punição aos particulares ligados à administração, essa punição decorre do poder disciplinar, mas também representa um ato punitivo externo.

Todo ato punitivo decorrente do poder de polícia é um ato punitivo externo, pois, nesse caso, temos a Administração punindo sempre o particular.

8.5 Extinção dos atos administrativos

8.5.1 Anulação ou controle de legalidade

É o desfazimento do ato administrativo que decorre de vício de legalidade ou de legitimidade na prática do ato.

Cabimento

- Ato discricionário;
- Ato vinculado.

Competência para anular

- **Entidade da Administração Pública que praticou o ato:** pode anular o ato a pedido do interessado ou de ofício em razão do princípio da autotutela.
- **Poder Judiciário:** pode anular somente por provocação do interessado.

Efeitos da anulação: *ex tunc*, retroagem desde a data da prática do ato, impugnando a validade do ato.

Prazo: 5 anos.

- Contagem;
- Prática do ato.

No caso de efeitos patrimoniais contínuos, a partir do primeiro pagamento.

8.5.2 Revogação ou controle de mérito

É o desfazimento do ato administrativo por motivos de conveniência e oportunidade.

Cabimento

- Ato discricionário legal, inconveniente e inoportuno;
- Não é cabível a revogação de ato vinculado.

A competência para revogar é apenas a entidade da Administração Pública que praticou o ato.

Não pode o controle de mérito ser feito pelo Poder Judiciário na sua função típica de julgar. Todavia, a Administração Pública está presente nos três poderes da União e, caso uma entidade dos Poderes Judiciário, Legislativo ou Executivo pratique ato discricionário legal, que com o passar do tempo, se mostre inconveniente e inoportuno, somente a entidade que criou o ato tem competência para revogá-lo.

Assim, o Poder Judiciário não tem competência para exercer o controle de mérito dos atos da Administração Pública, mas essa prática atos administrativos e cabe somente a ela a revogação de seus atos.

Efeitos da revogação: *ex nunc*, não retroagem, ou seja, a revogação gera efeitos prospectivos, para frente.

8.5.3 Cassação

É o desfazimento do ato administrativo decorrente do descumprimento dos requisitos que permitem a manutenção do ato. Na maioria das vezes, a cassação representa uma sanção aplicada ao particular que deixou de atender às condições exigidas para a manutenção do ato.

Como exemplo, temos a cassação da carteira de motorista, que nada mais é do que a cassação de um ato administrativo classificado como licença. A cassação da licença para dirigir decorre da prática de infrações de trânsito praticadas pelo particular, assim, nesse caso, essa cassação é uma punição.

8.5.4 Convalidação

Convalidação é a correção com efeitos retroativos do ato administrativo com defeito sanável, o qual pode ser considerado:

- **Vício de competência relativo à pessoa**
  - **Exceção:** competência exclusiva (não cabe convalidação).
  - O vício de competência relativo à matéria não é considerado um defeito sanável e também não cabe convalidação.
- **Vício de forma**
  - **Exceção:** a lei determina que a forma seja elemento essencial de validade de determinado ato (também não cabe convalidação).
- **Convalidação tácita**
  - O art. 54 da Lei nº 9.784/1999 prevê que a Administração tem o direito de anular os atos administrativos de que decorram efeitos favoráveis para os destinatários. O prazo é de 5 anos, contados da data em que forem praticados, salvo comprovada má-fé. Transcorrido esse prazo, o ato foi convalidado, pois não pode ser mais anulado pela Administração.
- **Convalidação expressa**

  Art. 55, Lei nº 9.784/1999 *Em decisão na qual se evidencie não acarretarem lesão ao interesse público nem prejuízo a terceiros, os atos que apresentarem defeitos sanáveis poderão ser convalidados pela própria Administração.*

9. SERVIÇOS PÚBLICOS

9.1 Base constitucional

> ***Art. 175*** *Incumbe ao Poder Público, na forma da lei, diretamente ou sob regime de concessão ou permissão, sempre através de licitação, a prestação de serviços públicos.*
>
> ***Parágrafo único.*** *A lei disporá sobre:*
>
> *I - O regime das empresas concessionárias e permissionárias de serviços públicos, o caráter especial de seu contrato e de sua prorrogação, bem como as condições de caducidade, fiscalização e rescisão da concessão ou permissão;*
>
> *II - Os direitos dos usuários;*
>
> *III - Política tarifária;*
>
> *IV - A obrigação de manter serviço adequado.*

Conforme a redação desse artigo, vemos que incumbe ao Poder Público a prestação direta dos serviços públicos ou, sob delegação (concessão ou permissão), a prestação indireta.

O Poder Público a que o artigo se refere são as entidades da Administração Direta e Indireta. Assim, a prestação direta dos serviços públicos é a realizada pelas entidades direta e da Administração Indireta, e a prestação indireta é a prestação executada por delegação por um particular, seja por meio de concessão ou permissão.

Os serviços públicos são conceituados em sentido estrito, se referem aos serviços que têm a possibilidade de serem explorados com o intuito de lucro, relaciona-se com a atividade econômica em sentido amplo. É importante ressaltar que o art. 175 da Constituição Federal se enquadra no Título VI – Da Ordem Econômica e Financeira.

Características dos serviços públicos (estrito)

- Referem-se às atividades econômicas em sentido amplo.
- Têm a possibilidade de serem explorados com o intuito de lucro.

Não perde a natureza de serviço público:

- Titularidade exclusiva do poder público.
- Pode ser prestado por particular mediante delegação:
- Quando prestado por delegação pelo **particular**, tal atividade é fiscalizada pelo poder público por meio do exercício do poder disciplinar.
- Atividades prestadas pelo **Estado** como serviço público e que, ao mesmo tempo, são abertas à livre iniciativa.

Atividades relacionadas aos Direitos Fundamentais Sociais (art. 6º da Constituição Federal de 1988)

- São atividades de natureza essencial à sobrevivência e ao desenvolvimento da sociedade.
- A prestação dessas atividades é um dever do Estado, por isso, não podem ser exploradas pelo Poder Público com o intuito de lucro.
- Não existe delegação dessas atividades a particulares.
- Os particulares têm o direito de explorar tais atividades, sem delegação do poder público, sob fiscalização decorrente do exercício do poder de Polícia.

Serviços de educação, saúde e assistência social

- Se prestado pelo Estado, é um serviço público, caso seja oferecido por particular, não se enquadra como serviço público e sim como privado. Todavia, o foco deste tópico são os serviços públicos de titularidade exclusiva do Estado, possíveis de serem explorados economicamente com o intuito de lucro e que podem ser prestados por particular mediante delegação. Assim sendo, quando nos referirmos aos serviços públicos, em regra, não estaremos nos reportando às atividades prestadas pelo Estado como serviço público e que ao mesmo tempo podem ser oferecidas livremente pelo particular sob fiscalização do poder de polícia.

9.2 Elementos definidores de uma atividade como serviço público

9.2.1 Material

O elemento material se refere a uma atividade administrativa que visa à prestação de utilidade ou comodidade material, que possa ser fruível, individual ou coletivamente, pelos administrados, sejam elas vitais ou secundárias às necessidades da sociedade.

Esse elemento exclui da noção de serviço público várias atividades estatais, como:

- Atividade legislativa;
- Atividade jurisdicional;
- Poder de polícia;
- Fomento;
- Intervenção;
- Atividades internas (atividade-meio da Administração Pública);
- Obras públicas.

9.2.2 Subjetivo/orgânico

A titularidade do serviço é exclusiva do Estado.

9.2.3 Formal

A prestação do serviço público é submetida a Regime Jurídico de Direito Público.

9.2.4 Conceito

Serviço público é atividade administrativa concreta traduzida em prestações que diretamente representem, em si mesmas, utilidades ou comodidades materiais para a população em geral, executada sob regime jurídico de direito público pela Administração Pública, ou, se for o caso, por particulares delegatários (concessionários e permissionários ou, ainda, em restritas hipóteses, detentores de autorização de serviço público).

Observem que tal conceito tenta satisfazer a necessidade da presença dos elementos caracterizadores dos serviços públicos.

9.3 Classificação dos serviços públicos

9.3.1 Serviços essenciais e úteis

Serviços públicos essenciais

- São serviços essenciais à própria sobrevivência da sociedade.
- Devem ser garantidos pelo Estado.
- Por exemplo: serviços públicos que estejam relacionados aos direitos fundamentais sociais, como o saneamento básico.

Serviços públicos de utilidade pública

- Não são essenciais à sobrevivência da sociedade, mas sua prestação é útil ou conveniente a ela, pois proporciona maior bem-estar.
- Por exemplo: telefonia.

9.3.2 Serviços públicos gerais e individuais

Serviços públicos gerais (*uti universi*):

- Supremo Tribunal Federal: serviço público indivisível.
- Prestado à coletividade.
- Usuários indeterminados e indetermináveis.

Serviços públicos individuais/específicos/singulares (*uti singuli*)

- Supremo Tribunal Federal: serviço público divisível.
- Prestados a beneficiários determinados.
- Podem ser remunerados mediante a cobrança de tarifas.

9.3.3 Serviços públicos delegáveis e indelegáveis

Serviços públicos delegáveis

- São prestados pelo Estado centralizadamente.
- São oferecidos também por meio de descentralização:
  - Serviços ou outorga legal: Administração Indireta.
  - Colaboração ou delegação: particulares.

Serviços públicos indelegáveis

- Somente podem ser prestados pelo Estado centralizadamente ou por entidade da Administração Indireta de direito público.
- Exige para a sua prestação o exercício do poder de império do Estado.

9.3.4 Serviços administrativos, sociais e econômicos

Serviços administrativos

- São atividades internas da Administração (atividade-meio).
- Não são diretamente fruível pela população.
- O benefício gerado à coletividade é indireto.

Serviços públicos sociais

- Todos os serviços públicos que correspondem às atividades do art. 6º (direitos fundamentais sociais).
- Prestação obrigatória pelo Estado sob regime jurídico de direito público.
- Podem ser livremente prestados por particular sob regime jurídico de direito privado (nesse caso não é serviço público, mas, sim, serviço privado).

Serviços públicos econômicos

- Descritos no art. 175 da Constituição Federal de 1988.
- Atividade econômica em sentido amplo.
- Podem ser explorados com o intuito de lucro.
- Titularidade exclusiva do Estado.
- Pode ser delegado a particulares.

9.3.5 Serviço público adequado

A definição de serviço público adequado é feita pelo art. 6º, § 1º, da Lei nº 8.987/1995:

> ***Art. 6º, § 1º** Serviço adequado é o que satisfaz as condições de regularidade, continuidade, eficiência, segurança, atualidade, generalidade, cortesia na sua prestação e modicidade das tarifas.*

9.4 Princípios dos serviços públicos

Com base no conceito acima exposto de serviço público adequado, constatamos que são princípios da boa prestação dos serviços públicos, além dos princípios fundamentais da Administração Pública, o exposto na redação de tal conceito, assim, analisaremos os princípios descritos no art. 6º, § 1º.

- **Regularidade:** o padrão de qualidade da prestação do serviço deve ser sempre o mesmo e suficiente para atender com adequação as necessidades dos usuários.
- **Continuidade dos serviços públicos:** os serviços públicos não podem ser interrompidos, salvo em situações de emergência ou mediante aviso prévio do prestador, como ocorre em casos de inadimplência ou quando o prestador pretende realizar manutenção nos equipamentos necessários à boa prestação do serviço.
- **Eficiência:** na prestação dos serviços públicos, devem ser observados o custo e o benefício.
- **Segurança:** os serviços devem ser prestados sem riscos aos usuários e esses não podem expor sua saúde em perigos na utilização do serviço.
- **Atualidade:** busca constante de atualizações de tecnologia e técnicas empregadas, bem como da qualificação de pessoal. A adequação na prestação às novas tecnologias tem como finalidade melhorar o alcance e a eficiência da prestação.
- **Generalidade:** a prestação de serviços públicos não distingue usuários, ou seja, é igual para todos.
- **Cortesia na prestação:** os prestadores dos serviços públicos devem tratar bem os usuários.
- **Modicidade das tarifas:** as tarifas oriundas da prestação dos serviços públicos devem ter valores razoáveis para os usuários. A finalidade dessa regra é garantir o acesso aos serviços públicos ao maior número de usufruidores possíveis. Quanto mais essencial for o serviço, mais barata será a tarifa e, em alguns casos, pode até mesmo chegar à zero.

9.5 Formas de prestação dos serviços públicos

Prestação centralizada: a pessoa política titular do serviço público faz a prestação por meio dos seus próprios órgãos.

Prestação descentralizada: a pessoa política transfere a execução do serviço público para outra pessoa.

9.5.1 Modalidades

- **Prestação descentralizada por serviços/outorga legal:** a pessoa política titular do serviço público transfere a sua titularidade e a sua execução para uma entidade integrante da Administração Indireta.
- **Prestação descentralizada por colaboração/delegação:** a pessoa política transfere somente a execução do serviço público, por delegação a um particular, que vai executá-lo por sua conta e risco.

  Por exemplo: concessões, permissões e autorizações de serviços públicos.
- **Prestação desconcentrada:** o serviço é executado por um órgão, com competência específica para prestá-lo, integrante da estrutura da pessoa jurídica que detém a titularidade do serviço.
- **Prestação desconcentrada centralizada:** o órgão competente para prestar o serviço integra a estrutura de uma entidade da Administração Direta.
- **Prestação desconcentrada descentralizada:** o órgão competente para prestar o serviço integra a estrutura de uma entidade da Administração Indireta.

Atenção!

A prestação feita por delegação **não caracteriza** prestação desconcentrada descentralizada, pois, para isso, seria necessário que o particular delegado tivesse a titularidade do serviço público, o que não acontece na delegação, que transfere somente a execução do serviço e mantém a titularidade com o poder concedente.

- **Prestação direta:** é a prestação feita pelo poder público, que é sinônimo de Administração Direta e Indireta. Assim, prestação direta é a do serviço público feita pelas entidades da Administração Direta e também pela Indireta.
- **Prestação indireta:** é a prestação do serviço público feita por particulares mediante delegação da execução.

9.6 Concessão e permissão de serviço público

9.6.1 Base constitucional

> ***Art. 22, XXVII, CF/1988** Compete privativamente à União legislar sobre: normas gerais de licitação e contratação, em todas as modalidades, para as administrações públicas diretas, autárquicas e fundacionais*

da União, Estados, Distrito Federal e Municípios, obedecido o disposto no art. 37, XXI, e para as empresas públicas e sociedades de economia mista, nos termos do art. 173, § 1º, III;

Art. 175[...]

***Parágrafo único.** A lei disporá sobre:*

I - O regime das empresas concessionárias e permissionárias de serviços públicos, o caráter especial de seu contrato e de sua prorrogação, bem como as condições de caducidade, fiscalização e rescisão da concessão ou permissão;

II - Os direitos dos usuários;

III - Política tarifária;

IV - A obrigação de manter serviço adequado.

9.7 Competência para a edição de normas

9.7.1 Normas gerais

Competência privativa da União (art. 22, inciso XXVII, CF/1988).

Lei nº 8.987/1995: institui normas gerais sobre o regime de concessão ou permissão de serviço público.

Lei nº 11.079/2004: institui normas gerais para licitação e contratação de parceria público-privada no âmbito da Administração Pública.

As duas leis acima descritas são nacionais, ou seja, são leis criadas pela União e que devem obrigatoriamente ser observadas pela União, estados, Distrito Federal e municípios. Todavia, a Lei nº 11.079/2004 tem um núcleo que é aplicável somente à Administração Pública Federal, em outras palavras, ela traça normas gerais para todos os entes federados e ainda traz algumas específicas que são aplicadas somente à Administração Pública Federal.

9.7.2 Normas específicas

Cada ente federal cria as suas próprias normas específicas.

A Lei nº 8.987/1995 institui normas gerais sobre o regime de concessão e permissão da prestação de serviços públicos.

É importante observar que, com base no art. 1º da Lei nº 8.987/1995, é aplicável aos contratos de concessão e permissão de serviços públicos, naquilo que lhes couber, as disposições contidas na Lei nº 8.666/1993 (licitação e contratos administrativos) e Lei nº 14.133/2021. Tal lei visa regulamentar as regras contidas no parágrafo único do art. 175 da Constituição Federal de 1988.

9.7.3 Conceito de concessão e permissão de serviço público

- **Poder concedente:** a União, o estado, o Distrito Federal ou o município, em cuja competência se encontre o serviço público, precedido ou não da execução de obra pública, objeto de concessão ou permissão (art. 2º, inciso I).
- **Concessão de serviço público:** a delegação de sua prestação, feita pelo poder concedente, mediante licitação, na modalidade de concorrência ou diálogo competitivo, à pessoa jurídica ou consórcio de empresas que demonstre capacidade para seu desempenho, por sua conta e risco e por prazo determinado (art. 2º, inciso II).
- **Concessão de serviço público precedida da execução de obra pública:** a construção, total ou parcial, conservação, reforma, ampliação ou melhoramento de quaisquer obras de interesse público, delegada pelo poder concedente, mediante licitação, na modalidade de concorrência ou diálogo competitivo, à pessoa jurídica ou a consórcio de empresas que demonstre capacidade para a sua realização, por sua conta e risco, de forma que o investimento da concessionária seja remunerado e amortizado mediante a exploração do serviço ou da obra por prazo determinado (art. 2º, inciso III).
- **Permissão de serviço público:** a delegação, a título precário, mediante licitação, da prestação de serviços públicos, feita pelo poder concedente à pessoa física ou jurídica que demonstre capacidade para seu desempenho, por sua conta e risco (art. 2º, inciso IV).

9.7.4 Características comuns das concessões e permissões

- São delegações de prestação de serviço público.
- Transferem somente a execução do serviço público, ficando a titularidade com o poder público concedente.
- A prestação do serviço é por conta e risco do particular.
- O poder concedente fiscaliza a prestação feita pelo particular em decorrência do exercício do poder disciplinar.
- Duração por prazo determinado, podendo o contrato prever sua prorrogação, estipulando as condições.
- A execução indireta por delegação (concessão ou permissão) depende de lei autorizativa.
- São sempre precedidos de licitação.

O particular tem o dever de prestar um serviço público adequado nos casos de:

- Descumprimento.
- Intervenção.
- Aplicação de penalidade administrativa.
- Extinção por caducidade.

9.7.5 Diferenças entre a concessão e permissão de serviços públicos

***Art. 2º, Lei nº 9.074/1995** É vedado à União, aos Estados, ao Distrito Federal e aos Municípios executarem obras e serviços públicos por meio de concessão e permissão de serviço público, sem lei que lhes autorize e fixe os termos, dispensada a lei autorizativa nos casos de saneamento básico e limpeza urbana e nos já referidos na Constituição Federal, nas Constituições Estaduais e nas Leis Orgânicas do Distrito Federal e Municípios, observado, em qualquer caso, os termos da Lei nº 8.987, de 1995.*

- **Concessão:** sempre licitação na modalidade concorrência ou diálogo competitivo; natureza contratual; celebração do contrato: pessoa jurídica ou consórcio de empresas; não há precariedade; não é cabível revogação do contrato.
- **Permissão:** sempre licitação, todavia, admite outras modalidades e não somente concorrência; natureza contratual: contrato de adesão (art. 40); celebração do contrato: pessoa jurídica ou pessoa física; delegação a título precário; revogabilidade unilateral do contrato pelo poder concedente.

9.7.6 Autorização de serviço público

Autorização de serviço público é o ato discricionário, mediante o qual o Poder Público delega ao particular, a título precário, a prestação de serviço público que não exija alto investimento de capital ou alto grau de especialização técnica.

Características do termo de autorização

- Tem natureza precária/discricionária.
- É discricionária a autorização.
- Pode ser revogada unilateralmente pela Administração Pública por razões de conveniência e oportunidade.
- Em regra, não tem prazo determinado.
- A revogação não acarreta direito à indenização.
- **Exceção:** nos casos de autorização por prazo certo, ou seja, com tempo determinado no ato de autorização, a revogação antes do término do prazo pode ensejar ao particular o direito à indenização.

Cabimento da autorização de serviços públicos

- Casos em que o serviço seja prestado a um grupo restrito de usuários, sendo o seu beneficiário exclusivo ou principal o próprio particular autorizado.

- Por exemplo: exploração de serviços de telecomunicação em regime privado, que é autorizada a prestação por usuário restrito que é o seu único beneficiário: operador privado de radioamador.
- Situações de emergência, transitórias e eventuais.

9.7.7 Diferença entre autorização de serviços públicos e a autorização do poder de polícia

- **Autorização de serviço público:** concede ao particular o exercício de atividade cuja titularidade é exclusiva do poder público.
- **Autorização do poder de polícia:** concede ao particular o exercício de atividades regidas pelo direito privado, livre à iniciativa privada.

9.7.8 Características comuns entre concessão, autorização e permissão de serviços públicos

- São formas de delegação da prestação de serviços públicos.
- Transferem somente a execução da atividade e não a sua titularidade.
- As delegações de serviço público são fiscalizadas em decorrência do Poder Disciplinar da Administração Pública.

9.7.9 Diferenças entre concessão, permissão e autorização de serviços públicos

Concessão	Permissão	Autorização
Sempre licitação na modalidade concorrência ou diálogo competitivo	Sempre licitação, todavia, admite outras modalidades e não somente concorrência	Não há licitação
Natureza contratual	Natureza contratual: contrato de adesão (art. 40)	Ato administrativo
Celebração do contrato: pessoa jurídica ou consórcio de empresas	Celebração do contrato: pessoa jurídica ou pessoa física	Concessão da Autorização pode ser feita para pessoa física, jurídica ou consórcio de empresas
Não há precariedade.	Delegação a título precário	Ato administrativo precário
Não é cabível revogação do contrato	Revogabilidade unilateral do contrato pelo poder concedente	Revogável unilateralmente pelo Poder Concedente

9.7.10 Parcerias público-privadas

A parceria público-privada (PPP), cujas normas gerais encontram-se traçadas na Lei nº 11.079/2004, é um contrato de prestação de obras ou serviços com valor não inferior a R$ 10 milhões firmado entre empresa privada e o governo federal, estadual ou municipal, com duração mínima de 5 e no máximo de 35 anos.

9.7.11 Disposições preliminares

A Lei nº 11.079/2004 institui normas gerais para licitação e contratação de parceria público-privada no âmbito dos Poderes:

- Da União.
- Dos estados.
- Do Distrito Federal.
- Dos municípios.

Da mesma forma, essa lei também é aplicada para:

- Órgãos da Administração Pública **Direita**;
- Administração Pública **Indireta** (autarquias, fundações públicas, empresas públicas, sociedades de economia mista);
- **Fundos especiais**;
- **Entidades controladas** (direta ou indiretamente pela União, estados, Distrito Federal e municípios).

A parceria público-privada é um **contrato administrativo de concessão**, podendo adotar duas modalidades:

Concessão patrocinada: é a concessão de serviços públicos ou de obras públicas de que trata a Lei nº 8.987/1995, quando envolver, adicionalmente à tarifa cobrada dos usuários **contraprestação pecuniária do parceiro público ao parceiro privado.**

As concessões patrocinadas regem-se Lei nº 11.079/2004, aplicando subsidiariamente o disposto na Lei nº 8.987/1995, e nas leis que lhe são correlatas.

Concessão Administrativa: é o contrato de prestação de serviços de que a Administração Pública seja a usuária direta ou indireta, ainda que envolva execução de obra ou fornecimento e instalação de bens.

As concessões administrativas regem-se pela Lei nº 11.079/2004, aplicado adicionalmente o disposto nos arts. 21, 23, 25 e 27 a 39 da Lei nº 8.987/1995, e art. 31 da Lei nº 9.074/1995.

Atenção!
Concessão patrocinada: contraprestação paga pela Administração + tarifa paga pelo usuário. **Concessão administrativa:** contraprestação paga pela Administração.

A concessão comum não constitui parceria público-privada – assim entendida a concessão de serviços públicos ou de obras públicas de que trata a Lei nº 8.987/1995, quando não envolver contraprestação pecuniária do parceiro público ao parceiro privado. Os contratos administrativos de concessão comum continuam sendo regidos exclusivamente pela Lei nº 8.987/1995 demais legislação correlata.

Os contratos administrativos **que não caracterizem concessão** comum, patrocinada ou administrativa continuam regidos exclusivamente pela Lei nº 8.666/1993 e pela Lei nº 14.133/2021, bem como demais leis correlatas.

É **vedada a celebração** de contrato de parceria público-privada:

- Cujo valor do contrato seja **inferior a R$ 10.000.000,00** (dez milhões de reais).
- Cujo período de prestação do serviço seja **inferior a 5 anos**.
- Que tenha como **objeto único** o fornecimento de mão de obra, o fornecimento e instalação de equipamentos ou a execução de obra pública.

Diretrizes que devem ser observadas na contratação de parceria público-privada:

- Eficiência no cumprimento das missões de Estado e no emprego dos recursos da sociedade.
- Respeito aos interesses e direitos dos destinatários dos serviços e dos entes privados incumbidos da sua execução.
- Indelegabilidade das funções de regulação, jurisdicional, do exercício do poder de polícia e de outras atividades exclusivas do Estado.
- Responsabilidade fiscal na celebração e execução das parcerias.
- Transparência dos procedimentos e das decisões.
- Repartição objetiva de riscos entre as partes.
- Sustentabilidade financeira e vantagens socioeconômicas dos projetos de parceria.

9.7.12 Contratos de parceria público-privada

As cláusulas dos contratos de parceria público-privada atenderão ao disposto no art. 23 da Lei nº 8.987/1995, no que couber, devendo também prever:

- O **prazo de vigência** do contrato, compatível com a amortização dos investimentos realizados, não inferior a cinco, nem superior a 35 anos, incluindo eventual prorrogação.
- As **penalidades aplicáveis** à Administração Pública e ao parceiro privado em caso de inadimplemento contratual, fixadas sempre de forma proporcional à gravidade da falta cometida, e às obrigações assumidas.
- A **repartição de riscos** entre as partes, inclusive os referentes a caso fortuito, força maior, fato do príncipe e álea econômica extraordinária.
- As formas de remuneração e de atualização dos valores contratuais.
- Os mecanismos para a preservação da atualidade da prestação dos serviços.
- Os fatos que caracterizem a inadimplência pecuniária do parceiro público, os modos e o prazo de regularização e, quando houver, a forma de acionamento da garantia.
- Os critérios objetivos de avaliação do desempenho do parceiro privado.
- A prestação, pelo parceiro privado, de garantias de execução suficientes e compatíveis com os ônus e riscos envolvidos, observados os limites dos §§ 3º e 5º do art. 56 da Lei nº 8.666/1993, e, no que se refere às concessões patrocinadas, o disposto no inciso XV do art. 18 da Lei nº 8.987/1995.
- O compartilhamento com a Administração Pública de ganhos econômicos efetivos do parceiro privado decorrentes da redução do risco de crédito dos financiamentos utilizados pelo parceiro privado.
- A realização de vistoria dos bens reversíveis, podendo o parceiro público reter os pagamentos ao privado, no valor necessário para reparar as irregularidades eventualmente detectadas.
- O cronograma e os marcos para o repasse ao parceiro privado das parcelas do aporte de recursos, na fase de investimentos do projeto e/ou após a disponibilização dos serviços, sempre que verificada a hipótese do § 2º do art. 6º da Lei nº 11.079/2004.

As cláusulas contratuais de atualização automática de valores baseadas em índices e fórmulas matemáticas, quando houver, serão aplicadas sem necessidade de homologação pela Administração Pública, exceto se essa publicar na imprensa oficial, onde houver, até o prazo de 15 dias após apresentação da fatura, razões fundamentadas nesta Lei ou no contrato para a rejeição da atualização.

Os contratos poderão prever adicionalmente:

- Os requisitos e condições em que o parceiro público autorizará a transferência do controle da sociedade de propósito específico para os seus financiadores, com o objetivo de promover a sua reestruturação financeira e assegurar a continuidade da prestação dos serviços, não se aplicando para esse efeito o previsto no inciso I do parágrafo único do art. 27 da Lei nº 8.987/1995.
- A possibilidade de emissão de empenho em nome dos financiadores do projeto em relação às obrigações pecuniárias da Administração Pública.
- A legitimidade dos financiadores do projeto para receber indenizações por extinção antecipada do contrato, bem como pagamentos efetuados pelos fundos e empresas estatais garantidores de parcerias público-privadas.

A **contraprestação da Administração Pública** nos contratos de parceria público-privada poderá ser feita por:

- Ordem bancária.
- Cessão de créditos não tributários.
- Outorga de direitos em face da Administração Pública.
- Outorga de direitos sobre bens públicos dominicais.
- Outros meios admitidos em lei.

O contrato poderá prever o pagamento ao parceiro privado de **remuneração variável** vinculada ao seu desempenho, conforme metas e padrões de qualidade e disponibilidade definidos no contrato.

O contrato poderá prever o **aporte de recursos** em favor do parceiro privado para a **realização de obras e aquisição de bens reversíveis**, nos termos dos incisos X e XI do *caput* do art. 18 da Lei nº 8.987/1995, desde que autorizado no edital de licitação, se contratos novos, ou em lei específica, se contratos **celebrados até 8 de agosto de 2012.**

O valor desse aporte poderá ser excluído da determinação:

- Do lucro líquido para fins de apuração do lucro real e da base de cálculo da Contribuição Social sobre o Lucro Líquido (CSLL).
- Da base de cálculo da Contribuição para o PIS/Pasep e da Contribuição para o Financiamento da Seguridade Social (Cofins).

Essa parcela excluída deverá ser computada na determinação do lucro líquido para fins de apuração do lucro real, da base de cálculo da CSLL e da base de cálculo da Contribuição para o PIS/Pasep e da Cofins, na proporção em que o custo para a realização de obras e aquisição de bens a que se refere o § 2º deste artigo for realizado, inclusive mediante depreciação ou extinção da concessão, nos termos do art. 35 da Lei nº 8.987/1995.

Por ocasião da **extinção do contrato**, o parceiro privado **não receberá indenização** pelas parcelas de investimentos vinculados a bens reversíveis ainda não amortizadas ou depreciadas, quando tais investimentos houverem sido realizados com valores provenientes do aporte de recursos acima tratado.

A contraprestação da Administração Pública será obrigatoriamente precedida da disponibilização do serviço objeto do contrato de parceria público-privada.

É facultado à Administração Pública, nos termos do contrato, efetuar o pagamento da contraprestação relativa à parcela fruível do serviço objeto do contrato de parceria público-privada.

O aporte de recursos acima tratado, quando realizado durante a fase dos investimentos a cargo do parceiro privado, deverá guardar proporcionalidade com as etapas efetivamente executadas.

9.7.13 Garantias

As obrigações pecuniárias contraídas pela Administração Pública em contrato de parceria público-privada poderão ser garantidas mediante:

- Vinculação de receitas, observado o disposto no inciso IV do art. 167 da Constituição Federal.
- Instituição ou utilização de fundos especiais previstos em lei.
- Contratação de seguro-garantia com as companhias seguradoras que não sejam controladas pelo Poder Público.
- Garantia prestada por organismos internacionais ou instituições financeiras que não sejam controladas pelo Poder Público.
- Garantias prestadas por fundo garantidor ou empresa estatal criada para essa finalidade.
- Outros mecanismos admitidos em lei.

9.7.14 Sociedade de propósito específico

Antes da celebração do contrato, deverá ser constituída sociedade de propósito específico, incumbida de implantar e gerir o objeto da parceria.

A transferência do controle da sociedade de propósito específico estará condicionada à autorização expressa da Administração Pública, nos termos do edital e do contrato, observado o disposto no parágrafo único do art. 27 da Lei nº 8.987/1995.

A sociedade de propósito específico poderá assumir a forma de companhia aberta, com valores mobiliários admitidos a negociação no mercado. Tal sociedade também deverá obedecer a padrões de governança corporativa e adotar contabilidade e demonstrações financeiras padronizadas, conforme regulamento.

Fica **vedado à Administração Pública ser titular da maioria do capital votante dessas sociedades.** Entretanto, essa vedação não se aplica à eventual aquisição da maioria do capital votante da sociedade de propósito específico por instituição financeira controlada pelo Poder Público em caso de inadimplemento de contratos de financiamento.

9.7.15 Licitação

De acordo com o art. 10 da Lei nº 11.079/2004, contratação de parceria público-privada será precedida de licitação na modalidade de concorrência, estando a abertura do processo licitatório condicionada a:

> ***Art. 10*** *A contratação de parceria público-privada será precedida de licitação na modalidade concorrência ou diálogo competitivo, estando a abertura do processo licitatório condicionada a:*
>
> *I - Autorização da autoridade competente, fundamentada em estudo técnico que demonstre:*
>
> *a) A conveniência e a oportunidade da contratação, mediante identificação das razões que justifiquem a opção pela forma de parceria público-privada.*
>
> *b) Que as despesas criadas ou aumentadas não afetarão as metas de resultados fiscais previstas no Anexo referido no § 1º do art. 4º da Lei Complementar nº 101, de 4 de maio de 2000, devendo seus efeitos financeiros, nos períodos seguintes, ser compensados pelo aumento permanente de receita ou pela redução permanente de despesa.*
>
> *c) Quando for o caso, conforme as normas editadas na forma do art. 25 desta Lei, a observância dos limites e condições decorrentes da aplicação dos arts. 29, 30 e 32 da Lei Complementar nº 101, de 4 de maio de 2000, pelas obrigações contraídas pela Administração Pública relativas ao objeto do contrato.*

A comprovação referida nas alíneas *b* e *c* acima citadas conterá as premissas e metodologia de cálculo utilizadas, observadas as normas gerais para consolidação das contas públicas, sem prejuízo do exame de compatibilidade das despesas com as demais normas do plano plurianual e da Lei de Diretrizes Orçamentárias.

> *II - Elaboração de estimativa do impacto orçamentário-financeiro nos exercícios em que deva vigorar o contrato de parceria público-privada;*
>
> *III - Declaração do ordenador da despesa de que as obrigações contraídas pela Administração Pública no decorrer do contrato são compatíveis com a lei de diretrizes orçamentárias e estão previstas na lei orçamentária anual;*
>
> *IV - Estimativa do fluxo de recursos públicos suficientes para o cumprimento, durante a vigência do contrato e por exercício financeiro, das obrigações contraídas pela Administração Pública;*
>
> *V - Seu objeto estar previsto no plano plurianual em vigor no âmbito onde o contrato será celebrado;*
>
> *VI - Submissão da minuta de edital e de contrato à consulta pública, mediante publicação na imprensa oficial, em jornais de grande circulação e por meio eletrônico, que deverá informar a justificativa para a contratação, a identificação do objeto, o prazo de duração do contrato, seu valor estimado, fixando-se tempo mínimo de 30 (trinta) dias para recebimento de sugestões, cujo termo dar-se-á pelo menos 7 (sete) dias antes da data prevista para a publicação do edital; e*
>
> *VII - Licença ambiental prévia ou expedição das diretrizes para o licenciamento ambiental do empreendimento, na forma do regulamento, sempre que o objeto do contrato exigir.*

Sempre que a assinatura do contrato ocorrer em exercício diverso daquele em que for publicado o edital, deverá ser precedida da atualização dos estudos e demonstrações a que se referem os itens I a IV citados anteriormente.

As concessões patrocinadas em que mais de **70% da remuneração do parceiro privado for paga pela Administração Pública** dependerão de **autorização legislativa específica.**

Os estudos de engenharia para a definição do valor do investimento da PPP deverão ter nível de detalhamento de anteprojeto, e o valor dos investimentos para definição do preço de referência para a licitação será calculado com base em preços de mercado considerando o custo global de obras semelhantes no Brasil ou no exterior ou com base em sistemas de custos que utilizem como insumo valores de mercado do setor específico do projeto, aferidos, em qualquer caso, mediante orçamento sintético, elaborado por meio de metodologia expedita ou paramétrica.

O **instrumento convocatório** conterá minuta do contrato, indicará expressamente a submissão da licitação às normas da Lei nº 11.079/2004 e observará, no que couber, os §§ 3º e 4º do art. 15, os arts. 18, 19 e 21 da Lei nº 8.987/1995, podendo ainda prever:

- Exigência de garantia de proposta do licitante, observado o limite do inciso III do art. 31 da Lei nº 8.666/1993.
- O emprego dos mecanismos privados de resolução de disputas, inclusive a arbitragem, a ser realizada no Brasil e em língua portuguesa, nos termos da Lei nº 9.307/1996, para dirimir conflitos decorrentes ou relacionados ao contrato.

O edital deverá especificar, quando houver, as garantias da contraprestação do parceiro público a serem concedidas ao privado.

> ***Art. 12*** *O certame para a contratação de parcerias público-privadas obedecerá ao procedimento previsto na legislação vigente sobre licitações e contratos administrativos e também ao seguinte:*
>
> *I -. O julgamento poderá ser precedido de etapa de qualificação de propostas técnicas, desclassificando-se os licitantes que não alcançarem a pontuação mínima, os quais não participarão das etapas seguintes;*
>
> *II - O julgamento poderá adotar como critérios, além dos previstos nos incisos I e V do art. 15 da Lei nº 8.987, de 13 de fevereiro de 1995, os seguintes:*
>
> *a) menor valor da contraprestação a ser paga pela Administração Pública;*
>
> *b) melhor proposta em razão da combinação do critério da alínea a com o de melhor técnica, de acordo com os pesos estabelecidos no edital;*
>
> *III - O edital definirá a forma de apresentação das propostas econômicas, admitindo-se:*
>
> *a) propostas escritas em envelopes lacrados; ou*
>
> *b) propostas escritas, seguidas de lances em viva voz;*
>
> *IV - O edital poderá prever a possibilidade de saneamento de falhas, de complementação de insuficiências ou ainda de correções de caráter formal no curso do procedimento, desde que o licitante possa satisfazer as exigências dentro do prazo fixado no instrumento convocatório.*

No caso de propostas escritas, seguidas de lances em viva voz (verbais):

- Os lances em viva-voz serão sempre oferecidos na ordem inversa da classificação das propostas escritas, sendo vedado ao edital limitar a quantidade de propostas.
- O edital poderá restringir a apresentação de lances em viva-voz aos licitantes cuja proposta escrita for no máximo **20% maior que o valor da melhor proposta.**

O exame de propostas técnicas, para fins de qualificação ou julgamento, será feito por ato motivado, com base em exigências, parâmetros e indicadores de resultado pertinentes ao objeto, definidos com clareza e objetividade no edital. Este poderá prever a inversão da ordem das fases de habilitação e julgamento, hipótese em que:

> *I - Encerrada a fase de classificação das propostas ou o oferecimento de lances, será aberto o invólucro com os documentos de habilitação do licitante mais bem classificado, para verificação do atendimento das condições fixadas no edital;*
>
> *II - Verificado o atendimento das exigências do edital, o licitante será declarado vencedor;*
>
> *III - Inabilitado o licitante melhor classificado, serão analisados os documentos habilitatórios do licitante com a proposta classificada em 2º (segundo) lugar, e assim, sucessivamente, até que um licitante classificado atenda às condições fixadas no edital;*
>
> *IV - Proclamado o resultado final do certame, o objeto será adjudicado ao vencedor nas condições técnicas e econômicas por ele ofertadas.*

9.7.16 Disposições aplicáveis à União

Apesar de traçar normas gerais aplicáveis no âmbito federal, estadual, distrital e municipal, a Lei nº 11.079/2004 traz algumas regras específicas para a União.

Sobre o órgão gestor de parcerias público-privadas federais:

- Será instituído por **decreto** e com **competência** para:
- Definir os serviços prioritários para execução no regime de parceria público-privada.
- Disciplinar os procedimentos para celebração desses contratos.
- Autorizar a abertura da licitação e aprovar seu edital.
- Apreciar os relatórios de execução dos contratos.

Esse órgão será composto por indicação nominal de um representante titular e respectivo suplente de cada um dos seguintes órgãos:

- Ministério do Planejamento, Orçamento e Gestão, ao qual cumprirá a tarefa de coordenação das respectivas atividades.
- Ministério da Fazenda.
- Casa Civil da Presidência da República.

Um representante do órgão da Administração Pública Direta cuja área de competência seja pertinente ao objeto do contrato em análise participará das reuniões desse órgão para examinar projetos de parceria público-privada.

Para deliberação do órgão gestor sobre a contratação de parceria público-privada, o expediente deverá estar instruído com pronunciamento prévio e fundamentado:

- Do Ministério do Planejamento, Orçamento e Gestão, sobre o mérito do projeto.
- Do Ministério da Fazenda, quanto à viabilidade da concessão da garantia e à sua forma, relativamente aos riscos para o Tesouro Nacional e ao cumprimento do limite de que trata o art. 22 da Lei nº 11.079/2004.

Para o desempenho de suas funções, o órgão gestor de parcerias público-privadas federais poderá criar estrutura de apoio técnico com a presença de representantes de instituições públicas.

O órgão gestor de parcerias público-privadas federais remeterá ao Congresso Nacional e ao Tribunal de Contas da União, com periodicidade anual, relatórios de desempenho dos contratos de parceria público-privada (esses relatórios, salvo informações classificadas como sigilosas, serão disponibilizados ao público, por meio de rede pública de transmissão de dados).

Compete aos **ministérios** e às **agências reguladoras**, nas suas respectivas áreas de competência, submeter o edital de licitação ao órgão gestor, proceder à licitação, acompanhar e fiscalizar os contratos de parceria público-privada.

Os Ministérios e Agências Reguladoras encaminharão ao órgão gestor de parcerias público-privadas federais, com **periodicidade semestral**, relatórios circunstanciados acerca da execução dos contratos de parceria público-privada, na forma definida em regulamento.

Ficam a União, seus fundos especiais, suas autarquias, suas fundações públicas e suas empresas estatais dependentes autorizadas a participar, no **limite global de R$ 6.000.000.000,00 (seis bilhões de reais)**, em Fundo Garantidor de Parcerias Público-Privadas (FGP) que terá por finalidade prestar garantia de pagamento de obrigações pecuniárias assumidas pelos parceiros públicos federais, distritais, estaduais ou municipais em virtude das parcerias de que trata a Lei nº 11.079/2004.

O FGP terá natureza privada e patrimônio próprio separado do patrimônio dos cotistas, e será sujeito a direitos e obrigações próprios.

O patrimônio do Fundo será formado pelo aporte de bens e direitos realizado pelos cotistas, por meio da integralização de cotas e pelos rendimentos obtidos com sua administração.

Os bens e direitos transferidos ao Fundo serão avaliados por empresa especializada, que deverá apresentar laudo fundamentado, com indicação dos critérios de avaliação adotados e instruído com os documentos relativos aos bens julgados.

A integralização das cotas poderá ser realizada em dinheiro, títulos da dívida pública, bens imóveis dominicais, bens móveis, inclusive ações de sociedade de economia mista federal excedentes ao necessário para manutenção de seu controle pela União, ou outros direitos com valor patrimonial.

O FGP responderá por suas obrigações com os bens e direitos integrantes de seu patrimônio, não respondendo os cotistas por qualquer obrigação do Fundo, salvo pela integralização das cotas que subscreverem.

A integralização com bens acima referido será feita independentemente de licitação, mediante prévia avaliação e autorização específica do Presidente da República, por proposta do Ministro da Fazenda.

O aporte de bens de uso especial ou de uso comum no FGP será condicionado a sua desafetação de forma individualizada.

A capitalização do FGP, quando realizada por meio de recursos orçamentários, dar-se-á por ação orçamentária específica para essa finalidade, no âmbito de Encargos Financeiros da União.

O FGP será criado, administrado, gerido e representado judicial e extrajudicialmente por instituição financeira controlada, direta ou indiretamente, pela União, com observância das normas a que se refere o inciso XXII do art. 4º da Lei nº 4.595/1964.

O estatuto e o regulamento do FGP serão aprovados em assembleia dos cotistas. A representação da União na referida assembleia dar-se-á na forma do inciso V do art. 10 do Decreto-lei nº 147/1967.

Caberá à instituição financeira deliberar sobre a gestão e alienação dos bens e direitos do FGP, zelando pela manutenção de sua rentabilidade e liquidez.

O estatuto e o regulamento do FGP devem deliberar sobre a política de concessão de garantias, inclusive no que se refere à relação entre ativos e passivos do Fundo.

A garantia será prestada na forma aprovada pela assembleia dos cotistas, nas seguintes modalidades:

- Fiança, sem benefício de ordem para o fiador.
- Penhor de bens móveis ou de direitos integrantes do patrimônio do FGP, sem transferência da posse da coisa empenhada antes da execução da garantia.
- Hipoteca de bens imóveis do patrimônio do FGP.
- Alienação fiduciária, permanecendo a posse direta dos bens com o FGP ou com agente fiduciário por ele contratado antes da execução da garantia.

- Outros contratos que produzam efeito de garantia, desde que não transfiram a titularidade ou posse direta dos bens ao parceiro privado antes da execução da garantia.
- Garantia, real ou pessoal, vinculada a um patrimônio de afetação Constituído em decorrência da separação de bens e direitos pertencentes ao FGP.

O FGP poderá prestar contragarantias a seguradoras, instituições financeiras e organismos internacionais que assegurarem o cumprimento das obrigações pecuniárias dos cotistas em contratos de parceria público-privadas.

A quitação pelo parceiro público de cada parcela de débito garantido pelo FGP importará exoneração proporcional da garantia.

O FGP poderá prestar garantia mediante contratação de instrumentos disponíveis em mercado, inclusive para complementação das modalidades acima previstas.

O parceiro privado poderá acionar o Fundo Garantidor de Parcerias Público-Privadas (FGP) nos casos de:

- Crédito líquido e certo, constante de título exigível aceito e não pago pelo parceiro público após 15 dias contados da data de vencimento; e
- Débitos constantes de faturas emitidas e não aceitas pelo parceiro público após 45 dias contados da data de vencimento, desde que não tenha havido rejeição expressa por ato motivado.

A quitação de débito pelo FGP importará sua sub-rogação nos direitos do parceiro privado. Em caso de inadimplemento, os bens e direitos do Fundo poderão ser objeto de constrição judicial e alienação para satisfazer as obrigações garantidas.

O FGP poderá usar parcela da cota da União para prestar garantia aos seus fundos especiais, às suas autarquias, às suas fundações públicas e às suas empresas estatais dependentes.

O FGP é obrigado a honrar faturas aceitas e não pagas pelo parceiro público. O FGP é proibido de pagar faturas rejeitadas expressamente por ato motivado.

O parceiro público deverá informar o FGP sobre qualquer fatura rejeitada e sobre os motivos da rejeição no prazo de 40 dias contado da data de vencimento.

A ausência de aceite ou rejeição expressa de fatura por parte do parceiro público no prazo de 40 dias contado da data de vencimento implicará aceitação tácita. O agente público que contribuir por ação ou omissão para essa aceitação tácita ou que rejeitar fatura sem motivação será responsabilizado pelos danos que causar, em conformidade com a legislação civil, administrativa e penal em vigor.

O FGP não pagará rendimentos a seus cotistas, assegurando-se a qualquer deles o direito de requerer o resgate total ou parcial de suas cotas, correspondente ao patrimônio ainda não utilizado para a concessão de garantias, fazendo-se a liquidação com base na situação patrimonial do Fundo.

A dissolução do FGP, deliberada pela assembleia dos cotistas, ficará condicionada à prévia quitação da totalidade dos débitos garantidos ou liberação das garantias pelos credores.

Dissolvido o FGP, o seu patrimônio será rateado entre os cotistas, com base na situação patrimonial à data da dissolução.

É facultada a constituição de patrimônio de afetação que não se comunicará com o restante da herança do FGP, ficando vinculado exclusivamente à garantia em virtude da qual tiver sido constituído, não podendo ser objeto de penhora, arresto, sequestro, busca e apreensão ou qualquer ato de constrição judicial decorrente de outras obrigações do FGP.

A constituição do patrimônio de afetação será feita por registro em Cartório de Registro de Títulos e Documentos ou, no caso de bem imóvel, no Cartório de Registro Imobiliário correspondente.

A União somente poderá contratar parceria público-privada quando a soma das despesas de caráter continuado derivadas do conjunto das parcerias já contratadas **não tiver excedido, no ano anterior, a 1% da receita corrente líquida** do exercício, e as despesas anuais dos contratos vigentes, **nos 10 anos subsequentes, não excedam a 1% da receita corrente líquida projetada para os respectivos exercícios.**

9.7.17 Disposições finais

Fica a União autorizada a conceder incentivo, nos termos do Programa de Incentivo à Implementação de Projetos de Interesse Social (PIPS), instituído pela Lei nº 10.735/2003, às aplicações em fundos de investimento, criados por instituições financeiras, em direitos creditórios provenientes dos contratos de Parcerias Público-Privadas.

O Conselho Monetário Nacional (CMN) estabelecerá, na forma da legislação pertinente, as diretrizes para a concessão de crédito destinado ao financiamento de contratos de parcerias público-privadas, bem como para participação de entidades fechadas de previdência complementar.

A Secretaria do Tesouro Nacional editará, na forma da legislação pertinente, normas gerais relativas à consolidação das contas públicas aplicáveis aos contratos de parceria público-privada.

O inciso I do § 1º do art. 56 da Lei nº 8.666/1993, foi alterado pela Lei nº 11.079/2004, passando a vigorar com a seguinte redação:

> *I - Caução em dinheiro ou em títulos da dívida pública, devendo estes ter sido emitidos sob a forma escritural, mediante registro em sistema centralizado de liquidação e de custódia autorizado pelo Banco Central do Brasil e avaliados pelos seus valores econômicos, conforme definido pelo Ministério da Fazenda.*

As operações de crédito efetuadas por empresas públicas ou sociedades de economia mista controladas pela União não poderão exceder a 70% do total das fontes de recursos financeiros da sociedade de propósito específico, sendo que para as áreas das regiões Norte, Nordeste e Centro-Oeste, onde o Índice de Desenvolvimento Humano (IDH) seja inferior à média nacional, essa participação não poderá exceder a 80%.

Não poderão exceder a 80% do total das fontes de recursos financeiros da sociedade de propósito específico ou 90% nas áreas das regiões Norte, Nordeste e Centro-Oeste, onde o IDH seja inferior à média nacional, as operações de crédito ou contribuições de capital realizadas cumulativamente por:

- Entidades fechadas de previdência complementar.
- Empresas públicas ou sociedades de economia mista controladas pela União.

Para esses fins, financeiros as operações de crédito e contribuições de capital à sociedade entende-se por fonte de recursos de propósito específico.

A União não poderá conceder garantia ou realizar transferência voluntária aos estados, Distrito Federal e municípios se a soma das despesas de caráter continuado, derivadas do conjunto das parcerias já contratadas por esses entes, tiver excedido, no ano anterior, a 5% da receita corrente líquida do exercício ou se as despesas anuais dos contratos vigentes nos 10 anos subsequentes excederem a 5% da receita corrente líquida projetada para os respectivos exercícios.

Os estados, o Distrito Federal e os municípios que contratarem empreendimentos por intermédio de parcerias público-privadas deverão encaminhar ao Senado Federal e à Secretaria do Tesouro Nacional, previamente à contratação, as informações necessárias para cumprimento dessa determinação.

Na aplicação do limite previsto no *caput* deste artigo, serão computadas as despesas derivadas de contratos de parceria celebrados pela Administração Pública Direta, autarquias, fundações públicas, empresas públicas, sociedades de economia mista e demais entidades controladas, direta ou indiretamente, pelo respectivo ente, excluídas as instituições estatais não dependentes.

Serão aplicáveis, no que couber, as penalidades previstas no Decreto-lei nº 2.848/1940 – Código Penal; na Lei nº 8.429/1992 e Lei nº 14.230/2021 – Lei de Improbidade Administrativa; na Lei nº 10.028/2000 – Lei dos Crimes Fiscais; no Decreto-lei nº 201/1967; e na Lei nº 1.079/1950, sem prejuízo das penalidades financeiras previstas contratualmente.

10. RESPONSABILIDADE CIVIL DO ESTADO

A Responsabilidade Civil consubstancia-se na obrigação de indenizar um dano patrimonial decorrente de um fato lesivo voluntário. É modalidade de obrigação extracontratual e, para que ocorra, são necessários alguns elementos previstos no art. 37, § 6º, da Constituição Federal:

> *§ 6º As pessoas jurídicas de direito público e as pessoas jurídicas de direito privado prestadoras de serviço público responderão pelos danos seus agentes, nessa qualidade, causarem a terceiros, assegurado o direito de regresso contra o responsável nos casos de dolo ou culpa.*

10.1 Teoria do risco administrativo

É a responsabilidade objetiva do Estado, que paga o terceiro lesado, desde que ocorra o dano por ação praticada pelo agente público, mesmo o agente não agindo com dolo ou culpa.

Enquanto para a Administração a responsabilidade independe da culpa, para o servidor, ela depende: aquela é objetiva, esta é subjetiva e se apura pelos critérios gerais do Código Civil.

Atenção!

As pessoas jurídicas de direito privado prestadoras de serviço público estão também sob a responsabilidade na modalidade risco administrativo.

10.1.1 Requisitos

- O fato lesivo causado pelo agente em decorrência de culpa em sentido amplo, a qual abrange o dolo (intenção), e a culpa em sentido estrito, que engloba a negligência, a imprudência e a imperícia.
- A ocorrência de um dano patrimonial ou moral.
- O nexo de causalidade entre o dano havido e o comportamento do agente, o que significa ser necessário que o dano efetivamente haja decorrido diretamente, da ação ou omissão indevida do agente.
- Situações de quebra do nexo causal da Administração Pública (Rompimento do Nexo Causal). Veja os casos a seguir:
- **Caso I:** culpa exclusiva de terceiros ou da vítima.

  Por exemplo: Marco, agente federal, dirigindo regularmente viatura oficial em escolta, atropela Sérgio, um suicida. Nessa situação, a Administração Pública não está obrigada a indenizar, pois o prejuízo foi causado exclusivamente pela vítima.
- **Caso II:** caso fortuito, evento da natureza imprevisível e inevitável.

  Por exemplo: a Polícia Rodoviária Federal (PRF) apreende um veículo em depósito. No local, cai um raio e destrói por completo o veículo apreendido. Nessa situação, a Administração não estará obrigada a indenizar o prejuízo sofrido, uma vez que não ocorreu culpa.
- **Caso III:** motivo de força maior, evento humano imprevisível e inevitável.

  Por exemplo: a PRF apreende um veículo em depósito. Uma manifestação popular intensa invade-o e depreda todo o veículo, inutilizando-o. Nessa situação, a Administração não estará obrigada a indenizar o prejuízo sofrido, uma vez que não ocorreu culpa.

Atenção!

Estão incluídas todas as pessoas jurídicas de direito público, ou seja, a Administração Direta, as autarquias e as fundações públicas de direito público, independentemente de suas atividades.

10.2 Teoria da culpa administrativa

Segundo a teoria da culpa administrativa, também conhecida como teoria da culpa anônima ou falta de serviço, o dever do Estado de indenizar o dano sofrido pelo particular somente existe caso seja comprovada a existência de falta de serviço. É possível, ainda, ocorrer a responsabilização do Estado aos danos causados por fenômenos da natureza quando ficar comprovado que o Estado concorreu de alguma maneira para que se produzisse o evento danoso, seja por dolo ou culpa. Nessa situação, vigora a responsabilidade subjetiva, pois temos a condição de ter ocorrido com dolo ou culpa. A culpa administrativa pode decorrer de uma das três formas possíveis de falta do serviço:

- Inexistência do serviço.
- Mau funcionamento do serviço.
- Retardamento do serviço.

Cabe sempre ao particular prejudicado pela falta comprovar sua ocorrência para fazer justa indenização.

Para os casos de omissão, a regra geral é a responsabilidade subjetiva. No entanto, há casos em que mesmo na omissão a responsabilidade do Estado será objetiva, por exemplo, no caso de atendimento hospitalar deficiente e de pessoas sob a custódia do Estado, ou seja, o preso, pois, nesse caso, o Estado tem o dever de assegurar integridade física e mental do custodiado.

10.3 Teoria do risco integral

A Teoria do risco integral representa uma exacerbação da responsabilidade civil da Administração. Segundo essa teoria, basta a existência de evento danoso e do nexo causal para que surja a obrigação de indenizar para a administração, mesmo que o dano decorra de culpa exclusiva do particular.

Alguns autores consideram essa teoria para o caso de acidente nuclear.

10.4 Danos decorrentes de obras públicas

Só o fato da obra: sem qualquer irregularidade na sua execução.

- Responsabilidade Civil Objetiva da Administração Pública ou particular (tanto faz quem execute a obra).

Má execução da obra

- **Administração Pública:** responsabilidade civil objetiva, com direito de ação regressiva.
- **Particular:** responsabilidade civil subjetiva.

10.5 Responsabilidade civil decorrente de atos legislativos

Regra: irresponsabilidade do Estado.

Exceção 1: leis inconstitucionais:

- Depende de declaração de inconstitucionalidade do STF;
- Depende de ajuizamento de ação de reparação de danos.

Exceção 2: leis de efeitos concretos.

10.6 Responsabilidade civil decorrente de atos jurisdicionais

Regra: irresponsabilidade do Estado.

Exceção: erro judiciário – esfera penal, ou seja, erro do judiciário que acarretou a prisão de um inocente ou na manutenção do preso no cárcere por tempo superior ao prolatado na sentença, art. 5º, inciso LXXV, da Constituição Federal de 1988. Segundo o STF, essa responsabilidade não alcança outras esferas.

Caso seja aplicada uma prisão cautelar a um acusado criminal e ele venha a ser absolvido, o Estado não responderá pelo erro judiciário, pois se entende que a aplicação da medida não constitui erro do judiciário, mas, sim, uma medida cautelar pertinente ao processo.

10.7 Ação de reparação de Danos

Administração Pública Particular

- Pode ser amigável ou judicial.
- Não pode ser intentada contra o agente público cuja ação acarretou o dano.

Ônus da prova

- **Particular:** nexo de causalidade direto e imediato entre o fato lesivo e o dano.
- **Administração Pública**
  - Culpa exclusiva da vítima.
  - Força maior.
  - Culpa concorrente da vítima.

Valor da indenização destina-se à cobertura das seguintes despesas:

- O que a vítima perdeu;
- O que a vítima gastou (advogados);
- O que a vítima deixou de ganhar.
- **Em caso de morte:**
  - Sepultamento;
  - Pensão alimentícia para os dependentes com base na expectativa de vida da vítima.

Prescrição

De acordo com o art. 1º da Lei nº 9.494/1997: 5 anos.

Tal prazo aplica-se inclusive às delegatárias de serviço público.

10.8 Ação regressiva

Administração Pública agente público

O art. 37, § 6º, da CF/1988 permite à Administração Pública ou delegatária (concessionárias, autorizatárias e permissionárias) de serviço público a ingressar com uma ação regressiva contra o agente cuja atuação acarretou o dano, desde que comprovado dolo ou culpa.

Requisitos

- Trânsito em julgado da sentença que condenou a Administração ou delegatária a indenizar.
- Culpa ou dolo do agente público (responsabilidade civil subjetiva).

Regras especiais

- O dever de reparação se estende aos sucessores até o limite da herança recebida.
- Pode acontecer após a quebra do vínculo entre o agente público e a Administração Pública.
- A ação de ressarcimento ao erário é imprescritível.

O agente ainda pode ser responsabilizado nas esferas administrativa e criminal se a conduta que gerou o prejuízo ainda incorrer em crime ou em falta administrativa, conforme o caso, podendo as penalidades serem aplicadas de forma cumulativa.

NOÇÕES DE DIREITO CONSTITUCIONAL

1 INTRODUÇÃO AO DIREITO CONSTITUCIONAL

1.1 Noções gerais

Para iniciarmos o estudo do Direito Constitucional, alguns conceitos precisam ser esclarecidos.

Primeiramente, faz-se necessário conhecer qual será o objeto de estudo desta disciplina jurídica: **Constituição Federal**.

A Constituição Federal é a norma mais importante de todo o ordenamento jurídico brasileiro. Ela é a norma principal, a norma fundamental.

Se pudéssemos posicionar as espécies normativas na forma de uma pirâmide hierárquica, a Constituição Federal apareceria no topo desta pirâmide, ao passo que as outras espécies normativas estariam todas abaixo dela, como na ilustração:

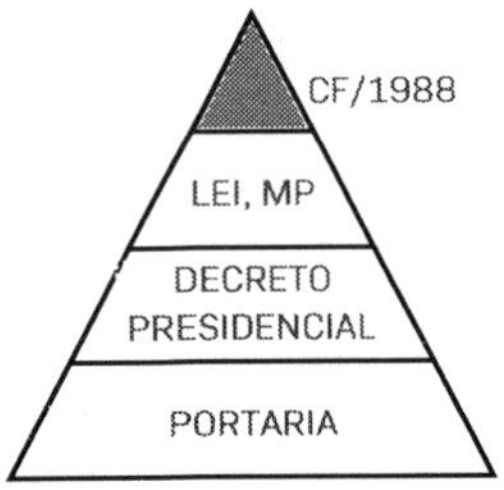

Para que sua preparação seja adequada, é necessário ter em vista uma Constituição atualizada. Isso por conta de que a Constituição Federal atual foi promulgada em 1988, mas já sofreu diversas alterações. Significa dizer, numa linguagem mais jurídica, que ela foi **emendada**.

As emendas constitucionais são a única forma de alteração do texto constitucional. Portanto, uma lei ou outra espécie normativa hierarquicamente inferior à Constituição jamais poderá alterar o seu texto.

Neste ponto, caberia a seguinte pergunta: o que torna a Constituição Federal a norma mais importante do direito brasileiro? A resposta é muito simples: a Constituição possui alguns elementos que a distinguem das outras espécies normativas, por exemplo:

- **Princípios constitucionais;**
- **Direitos fundamentais;**
- **Organização do Estado;**
- **Organização dos Poderes.**

De nada adiantaria possuir uma Constituição Federal com tantos elementos essenciais ao Estado se não existisse alguém para protegê-la. O próprio texto constitucional previu um Guardião para a Constituição: o **Supremo Tribunal Federal (STF)**.

O STF é o órgão de cúpula do Poder Judiciário e possui como atribuição principal a guarda da Constituição. Ele é tão poderoso que, se alguém editar uma norma que contrarie o disposto no texto constitucional, o STF a declarará inconstitucional. Uma norma declarada inconstitucional pelo STF não produzirá efeitos na sociedade.

Além de guardião da Constituição Federal, o STF possui outra atribuição: a de intérprete do texto fundamental. É o STF quem define a melhor interpretação para esta ou aquela norma constitucional. Quando um Tribunal manifesta sua interpretação, dizemos que ele revelou sua **jurisprudência** (o pensamento dos tribunais), sendo a do STF a que mais interessa para o estudo do Direito Constitucional.

É exatamente neste ponto que se encontra a maior importância do STF para o objetivo que se tem em vista: é essencial conhecer sua jurisprudência, pois costuma cair em prova. Para se ter ideia da importância dessa matéria, é possível que alguma jurisprudência do STF seja contrária ao próprio texto constitucional. Dessa forma, o aluno precisa ter uma dupla percepção: conhecer o texto da Constituição e conhecer a jurisprudência do STF.

Contudo, ainda existe outra fonte de conhecimento essencial para o aprendizado em Direito Constitucional: a **doutrina**. A doutrina é o pensamento produzido pelos estudiosos do Direito Constitucional. Conhecer a doutrina também faz parte de sua preparação.

Em suma, para estudar Direito Constitucional é necessário estudar:

- **A Constituição Federal;**
- **A jurisprudência do Supremo Tribunal Federal;**
- **A doutrina do Direito Constitucional.**

Neste estudo, apresentaremos o conteúdo de Direito Constitucional atualizado, objetivo e necessário para prova, de forma que se tenha à mão um material suficiente ao estudo para concurso público.

Atenção

Metodologia de Estudo

A preparação em Direito Constitucional precisa observar três passos:

1. Leitura da Constituição Federal;
2. Leitura de material teórico;
3. Resolução de exercícios.

O aluno que seguir esses passos certamente chegará à aprovação em concurso público. Essa é a melhor orientação para quem está iniciando os estudos.

1.1.1 Classificações

A partir de algumas **características** que possuem as constituições, é possível classificá-las, agrupá-las. As classificações a seguir não são as únicas possíveis, realçando apenas aqueles elementos mais comumente cobrados nos concursos públicos.

- **Quanto à origem:** a Constituição Federal pode ser promulgada ou outorgada. A **promulgada** é aquela decorrente de um verdadeiro processo democrático para a sua elaboração, fruto de uma Assembleia Nacional Constituinte. A **outorgada** é aquela imposta, unilateralmente, por um governante ou por um grupo de pessoas, ao povo.
- **Quanto à possibilidade de alteração, mutação:** podem ser **flexíveis, rígidas** ou **semirrígidas**. As **flexíveis** não exigem, para a sua alteração, qualquer processo legislativo especial. As **rígidas**, contudo, dependem de um processo legislativo de alteração mais difícil do que aquele utilizado para as normas ordinárias. Já as constituições **semirrígidas** são aquelas cuja parte de seu texto só pode ser alterada por um processo mais difícil, sendo que outra parte pode ser mudada sem qualquer processo especial.
- **Quanto à forma adotada:** podem ser **escritas/dogmáticas** e **costumeiras**. As **dogmáticas** são aquelas que apresentam um único texto, no qual encontramos sistematizadas e organizadas todas as disposições essenciais do Estado. As **costumeiras** são aquelas formadas pela reunião de diversos textos esparsos, reconhecidos pelo povo como fundamentais, essenciais.
- **Quanto à extensão:** podem ser **sintéticas** ou **analíticas**. As **sintéticas** são aquelas concisas, enxutas e que só trazem as disposições políticas essenciais a respeito da forma, organização, fundamentos e objetivos do Estado. As analíticas são aquelas que abordam diversos assuntos, não necessariamente relacionados com a organização do Estado e dos poderes.

A partir das classificações apresentadas acima, temos que a Constituição Federal de 1988 pode ser considerada por **promulgada, rígida, escrita** e **analítica**.

2 TEORIA GERAL DO ESTADO

Antes de passarmos ao Estudo da Constituição propriamente dito, é importante que entendamos bem alguns conceitos relativos à chamada "Teoria Geral do Estado".

2.1 Conceito de Estado

A palavra "Estado" vem da palavra latina *status*, que significa "estar firme". Foi utilizada pela primeira vez no sentido atualmente aceito por Maquiavel, na sua obra *O Príncipe*.

A definição de Estado é muito importante para o Direito Constitucional pelo fato de a Constituição justamente regular a forma de existência e funcionamento de um determinado Estado, bem como as formas de transmissão e exercício do poder.

Embora não haja uma unanimidade sobre o conceito de Estado, que, aliás, já sofreu várias alterações ao longo do tempo, uma das definições mais aceitas é a cunhada por Max Weber, que o conceitua da seguinte forma:

> *Estado é uma instituição política que, dirigida por um governo soberano, detém o monopólio da força física, em determinado território, subordinando a sociedade que nele vive.*

Veja-se que a palavra "Estado", aqui, refere-se ao que chamamos de "País" (Estado Brasileiro, Estado Alemão, por exemplo), e não às unidades da Federação (estado de São Paulo, do Rio de Janeiro, de Pernambuco etc.). Quando a Constituição se refere a essas unidades internas, costuma chamá-las de estados membros ou utiliza-se do plural: estados.

É nesse primeiro sentido, por exemplo, que a Constituição usa o termo quando afirma que o Brasil constitui um "Estado Democrático de Direito" ou que o "Estado promoverá, na forma da lei, a defesa do consumidor".

Dessa forma, podemos definir Estado como pessoa jurídica formada por um conjunto de pessoas que ocupam um determinado território e cuja convivência mútua é regulada por meio de leis, a que estão submetidas essas pessoas, inclusive com o uso da força, se necessário, desde que obedecidas determinadas regras para sua utilização.

2.2 Origem do Estado

No que se refere ao momento do surgimento do Estado, existem diversas correntes.

A primeira, chamada de Teoria do Estado Sempiterno, afirma que o Estado, assim como a sociedade humana, sempre existiu, uma vez que o homem sempre viveu em grupos em que havia divisão de tarefas e reconhecimento de autoridades.

A segunda teoria defende que o Estado não existiu sempre, mas que surgiu em determinado momento da história humana para atender às necessidades de grupos isolados relacionadas à segurança, ordem, justiça, entre outras. Para os adeptos dessa vertente, sempre que um grupo de pessoas se associa para fins de proteção, reconhecendo autoridades que agem em nome do grupo inteiro, às quais é entregue o direito exclusivo de usar a força, se necessário, e que organizam em torno de si uma estrutura formal de comando, teríamos um Estado.

Já a terceira corrente entende que o conceito de Estado varia ao longo do tempo, mas compreende que sempre estaria ligado ao conceito de soberania, o qual surgiu somente no século XVII. Assim, para eles, o Estado surge somente no século XVII, ou seja, o que muitos chamam de Estado Moderno, para eles é simplesmente Estado.

No que se refere à forma de surgimento de um Estado, existem duas possibilidades: **formação originária** e **formação derivada**.

- **Formação originária:** nesse caso, o Estado surge espontaneamente do meio nacional, ou seja, surge de grupamentos humanos que ainda não se vincularam a outro Estado. Os primeiros Estados da antiguidade formaram-se dessa forma.
- Hoje em dia, quase já não é mais possível a criação de Estados de forma originária, uma vez que praticamente todo o globo terrestre, exceto o continente antártico e o alto-mar, está dividido entre as nações.
- **Formação derivada:** consiste na criação do Estado a partir de outros já existentes. É a forma atual de criação de estados.

A formação pode ocorrer por **fracionamento** ou **união:**

- **Fracionamento:** é a forma de formação derivada mais comum, há o desmembramento de um Estado, que dá origem a outro ou outros. Ele ocorre quando uma colônia ou mesmo uma parte plenamente integrada do território de um Estado declara sua independência, ocasionando uma ruptura quase sempre violenta.
- **União:** dois ou mais Estados, normalmente de forma pacífica e negociada (embora às vezes possa ocorrer uma anexação forçada), unificam-se, adotando uma constituição e leis comuns.
- Nesse caso, cada Estado renuncia a sua soberania para se integrar a outro. Quando adotada a formação por união, normalmente, tem-se optado pela forma de federação, a qual permite que os Estados que se juntaram, apesar de terem perdido sua soberania, possam manter certa autonomia em relação ao governo central.

2.3 Elementos essenciais do Estado

Normalmente, identificam-se quatro elementos caracterizadores do Estado, sendo que alguns autores falam em somente três, pois reúnem os dois últimos elementos (poder e soberania) em um só.

É importante observar que esses elementos não estiveram presentes em todas as formas de Estado organizados pela humanidade ao longo da história, sendo, na verdade, elementos típicos do chamado "Estado Moderno", que surgiu após o fim da Idade Média na Europa. Por isso, os elementos essenciais do Estado também são chamados de elementos caracterizadores do Estado moderno.

Os elementos essenciais ou caracterizadores do Estado são: **povo**, **território**, **poder** e **soberania**. Vejamos cada um deles.

2.3.1 Povo

É o elemento humano do Estado. É o conjunto de pessoas que, reunidas, formam sua população, tendo com o Estado um vínculo jurídico permanente. São os chamados nacionais ou súditos do Estado.

É a lei de cada Estado que define quem serão os seus nacionais, e pode ocorrer de uma pessoa ser nacional de mais de um Estado (ter dupla nacionalidade) ou até mesmo não ter nenhuma nacionalidade (são os chamados apátridas), mas o mais comum é que as pessoas tenham uma só nacionalidade.

O vínculo jurídico permanente estabelecido entre o Estado e seus súditos traz uma série de direitos e obrigações recíprocos, estabelecidos pela Constituição Federal e pelas leis.

No Brasil, por exemplo, os nacionais são obrigados a pagar tributos, a submeter-se às diversas leis brasileiras, a votar e, no caso dos cidadãos do sexo masculino, a prestar o serviço militar obrigatório.

Por outro lado, o Brasil obriga-se, entre outras coisas, a garantir a segurança de seus cidadãos, propiciar o acesso destes a serviços de saúde e de educação, zelar por um ambiente econômico estável, além de muitos outros direitos reconhecidos aos brasileiros.

Os estrangeiros não residentes no território do País (turistas, estudantes em intercâmbio, viajantes a negócios etc.) não são considerados parte de seu povo, pois lhes faltam o vínculo jurídico permanente com o Estado, o que pode restringir os seus direitos e diminuir os seus deveres em relação ao Estado.

2.3.2 Território

O território corresponde ao espaço físico ocupado pelo povo do Estado no globo terrestre. Corresponde à área em que o Estado exerce o seu poder, onde ele impõe suas leis.

Não há como existir Estado sem território. No entanto, a forma ou extensão desse território pode ser alterada sem que o Estado deixe de existir. Essa alteração de tamanho pode se dar tanto para mais (anexação de outros territórios, formação de ilhas pela ação da natureza etc.) como para menos (perda de territórios para outros países, invasão do mar etc.). O importante é que haja uma extensão definida de terra onde o Estado exerça seu poder.

Apesar da palavra "território" originar-se da palavra "terra", é importante observar que o território do Estado se estende também, no caso dos países que possuem praias marítimas, ao chamado "mar territorial", que é uma faixa de mar, paralela à costa do Estado, que também é considerada parte de seu território.

Embora o território seja um elemento indispensável à existência do Estado, não existe uma extensão mínima de território exigida. Tanto que o menor Estado do mundo, o Vaticano, possui apenas 0,44 km^2.

2.3.3 Poder

O poder é o elemento político do Estado e pode ser definido como a capacidade que o Estado tem de se autoadministrar e de obrigar as pessoas que se encontram em seu território a fazer algumas coisas ou a não fazer outras, utilizando, se necessário, da força.

Essas obrigações de fazer ou não fazer são definidas por aquilo que chamamos de lei, que nada mais é do que uma manifestação da vontade do Estado, a qual, numa democracia, deve também corresponder à vontade da população em geral.

Em outras palavras, então, podemos dizer que poder é o elemento do Estado que permite a ele criar leis e fazê-las obedecer, dentro dos limites de seu território.

Esse poder se manifesta por meio do chamado Governo, que é a autoridade suprema do Estado, seu órgão político, dotado de soberania.

Assim, embora nas democracias modernas costuma-se dizer que o poder pertence ao povo, o seu exercício se dá por meio dos representantes eleitos pelo povo, e não diretamente por ele. Já numa ditadura, o poder costuma ser exercido por pessoas não eleitas pelo povo.

Atualmente, entende-se que o poder do Estado deve ser utilizado para atender às necessidades da sociedade, buscando sempre o chamado bem-comum, que é a situação que propicie o máximo de bem-estar possível à maior parte da população.

2.3.4 Soberania

O conceito de soberania tem a ver com o respeito da ordem jurídica do Estado pelos outros países. É o reconhecimento que determinado Estado obtém de seus semelhantes, de sua independência em relação a qualquer outro país.

Essa soberania manifesta-se tanto interna como externamente.

A soberania interna está intimamente ligada ao poder, implicando a exclusividade, dentro do território nacional, da aplicação das leis elaboradas pelo próprio Estado, sem a ingerência de leis externas, a não ser nos casos permitidos pelo próprio Estado. Assim, no caso do Brasil, por exemplo, vigoram nos limites de nosso país as leis brasileiras, exceto nos casos em que a Constituição Federal, os tratados internacionais assinados pelo Brasil e nossas leis permitam a aplicação da lei estrangeira.

Já a soberania externa se relaciona com a independência do Estado no plano internacional, em que ele deve se pautar somente pelos seus compromissos, que devem ser assumidos prioritariamente pensando nos interesses de seus próprios súditos.

Existem os chamados protetorados, que alguns chamam de Estados semi-soberanos, que, embora gozem de certa autonomia política, administrativa, jurídica e econômica, colocam-se sob a autoridade de outro Estado, principalmente no que se refere à segurança e relações exteriores. Nesse caso, eles não são Estados de fato por lhes faltar a soberania plena. Exemplo de protetorado é Porto Rico, em relação aos Estados Unidos.

A soberania não impede que determinado Estado aceite a aplicação da lei estrangeira em seu território ou que assine tratados internacionais assumindo obrigações com outros países. O que ela exige é que, mesmo quando tais situações ocorrem, deve ser sempre por livre consentimento do Estado, o qual deve agir pensando nos interesses de seus cidadãos, ou, pelo menos, sem prejudicá-los.

Nossa Constituição Federal de 1988, logo em seu primeiro artigo, coloca a soberania como um dos fundamentos da República.

2.4 Personalidade jurídica do Estado

Apesar de o Estado ser formado, em seu aspecto visível, pela sua população, ser conduzido pelos governantes e ser movimentado pelos servidores públicos, não se confunde com nenhum deles.

Na verdade, ele possui personalidade jurídica, ou seja, o Direito reconhece a ele a sua existência própria, distinta do povo e até mesmo dos governantes que dirigem o Estado em um determinado momento.

É por conta dessa personalidade jurídica do Estado que se admite, por exemplo, que ele possua bens em seu nome, ou que possa entrar com ações na justiça (até mesmo contra os governantes ou contra os servidores públicos), ou ainda que seja processado por súditos, caso venha a lesar algum de seus direitos individuais.

No entanto, mesmo possuindo personalidade jurídica, o Estado precisa ser representado por alguém, como, aliás, ocorre com qualquer outra pessoa jurídica, como uma empresa, por exemplo.

E quem são aqueles que representam o Estado, manifestando a vontade dele?

Nos Estados modernos, essa capacidade de representação se divide entre inúmeras pessoas, cada uma representando o Estado para um determinado propósito e sempre com limites impostos pela Constituição e pelas leis.

Assim, são representantes do Estado, o Presidente da República, os parlamentares, os juízes, os membros do Ministério Público, os servidores públicos e todos aqueles a quem for concedida tal capacidade, sempre dentro das atribuições concedidas pela legislação.

2.5 Diferença entre Estado e nação

Muito embora, na prática, muitas vezes as palavras "Estado" e "nação" sejam tomadas como sinônimos, na Teoria Geral do Estado, faz-se distinção entre elas.

Já vimos que o Estado é uma pessoa jurídica soberana, formada por um conjunto de pessoas que ocupam um determinado território e cuja convivência mútua é regulada por meio de leis.

Por outro lado, uma nação pode ser definida como um grupo de pessoas cujos membros, extrapolando os laços familiares, possuem entre si laços de identidade mútua, que fazem com que esse grupo se sinta diferenciado, distinto, destacado em relação aos demais grupos humanos.

Esses laços de identidade mútua podem ser produzidos, por exemplo, pela origem em comum entre os membros da nação, ou ainda por um idioma diferenciado falado pelo grupo, ou por costumes ou religião próprios, que façam com que essa população se considere e seja vista como um grupo diferenciado e unido por algo em comum.

Assim, por exemplo, fala-se em nação curda, em nações indígenas, em nação cigana etc.

Veja que um mesmo Estado pode comportar mais de uma nação em seus limites territoriais. É o que ocorre com a Rússia, que possui em seu vastíssimo território várias nações distintas, como a dos chechenos, por exemplo.

Além disso, pode ocorrer de existirem nações sem Estado, como acontece atualmente com os curdos e ciganos e acontecia com os judeus até 1948.

2.6 Formas de Estado

O estado pode assumir duas formas: **unitária** ou **federal**.

2.6.1 Estados unitários

Nos Estados unitários, o poder e as leis emanam de uma única esfera. Não existem leis diferentes para diferentes regiões do país. As mesmas leis valem em todo o território nacional.

Como exemplos de Estados unitários temos: Suíça, Itália, Inglaterra, Chile e França.

2.6.2 Estados federais

Nos Estados federais (ou federações) têm-se duas esferas de governo (federal e estadual). No caso brasileiro, foi acrescentada uma terceira: a municipal.

Nestes países, existem os chamados estados membros (unidades federativas), que podem se autoadministrar, auto-organizar e criar suas próprias leis.

No entanto, esses estados membros estão reunidos em uma instituição chamada de União, que é quem representa toda a nação perante a comunidade internacional e que possui soberania.

Nas federações, geralmente, não existe o direito de secessão, ou seja, os estados membros não podem se desligar da União. A secessão costuma ser permitida somente nas chamadas confederações. Exemplos de federação: Brasil, Estados Unidos e a Alemanha.

Por fim, deve-se observar que, embora a federação reconheça a autonomia dos estados e municípios, existem situações de anormalidade que podem justificar a intervenção da União nos estados e a intervenção dos estados nos municípios, sendo que nossa Constituição trata dessas hipóteses nos artigos 34 e 35.

2.7 Poderes do Estado

O poder estatal é uno e indivisível.

No entanto, para evitar a concentração excessiva de poder nas mãos de uma só pessoa, costuma-se dividir o poder estatal em várias funções, exercidas por pessoas diferentes, prevendo-se a fiscalização e controle mútuo entre elas.

Cada uma dessas funções é chamada pela Constituição Federal de "poderes", que prevê a existência de três: Legislativo, Executivo e Judiciário, afirmando, em seu art. 2º, que eles são "independentes e harmônicos entre si".

Os três poderes possuem cada um deles uma atribuição específica, principal, mas essa divisão não é estanque, pois, cada Poder também exerce, embora secundariamente, atribuições de outros poderes.

Desta forma, a principal função do **Poder Legislativo** é elaborar as leis. No entanto, de forma secundária, os parlamentares também administram (por exemplo, quando contratam servidores ou empresas para prestar serviços de limpeza) e julgam (por exemplo, quando apreciam o processo de *impeachment* do Presidente da República).

Por outro lado, a principal função do **Poder Executivo** é administrar, governar. No entanto, de forma secundária, o Presidente da República também legisla (por exemplo, quando edita medidas provisórias ou quando sanciona projetos de lei) e julga (quando decide processos administrativos que envolvam seus subalternos).

Por fim, a principal função do **Poder Judiciário** é julgar. No entanto, de forma secundária, o Poder Judiciário também administra (por exemplo, quando realiza licitações para compras de bens ou realiza concursos públicos) e participa do processo legislativo (quando apresenta projetos de lei ou quando julga inconstitucionais determinadas leis).

3 PRINCÍPIOS FUNDAMENTAIS

Os Princípios fundamentais, também chamados de Princípios constitucionais, formam a **base de toda a organização do Estado Brasileiro**. Como bem citado por José Afonso da Silva, na obra *Curso de Direito Constitucional Positivo*, "os Princípios Fundamentais visam essencialmente definir e caracterizar a coletividade política e o Estado e enumerar as principais opções político-constitucionais".

Exatamente em razão de sua importância, a Constituição Federal os colocou logo no início, pois eles são a base de todo o texto. O que se segue a partir desses princípios é mero desdobramento de seu conteúdo.

Quem se prepara para concurso público deve saber que, quando esse tema é abordado, costuma-se trabalhar questões com o conteúdo previsto nos arts. 1º ao 4º do texto constitucional. Geralmente, aparece apenas texto constitucional puro, mas, dependendo do concurso, as bancas costumam cobrar questões doutrinárias mais difíceis.

Quais princípios serão abordados?

- Princípio da tripartição dos poderes;
- Princípio federativo;
- Princípio republicano;
- Presidencialismo;
- Princípio democrático;
- Fundamentos da República Federativa do Brasil;
- Objetivos fundamentais da República Federativa do Brasil;
- Princípios que regem as relações internacionais do Brasil.

3.1 Princípio da tripartição dos poderes

Esse princípio, também chamado de princípio da separação dos poderes, originou-se, historicamente, numa tentativa de limitar os poderes do Estado. Alguns filósofos perceberam que, se o poder do Estado estivesse dividido entre três entidades diferentes, seria possível que a sociedade exercesse um maior controle de sua utilização.

Na verdade, a divisão não é do poder estatal, haja vista ser ele uno, indivisível e indelegável, mas apenas uma divisão das suas funções. Nos dizeres de José Afonso da Silva, na obra *Curso de Direito Constitucional Positivo*:

> O poder político, uno, indivisível e indelegável, se desdobra e se compõe de várias funções, fato que permite falar em distinções das funções, que fundamentalmente são três: a legislativa, a executiva e a jurisdicional.

A previsão constitucional desse princípio encontra-se no art. 2º, que diz:

> ***Art. 2º*** *São Poderes da União, independentes e harmônicos entre si, o Legislativo, o Executivo e o Judiciário.*

Esses são os três poderes, cada qual responsável pelo desenvolvimento de uma função principal do Estado:

- **Poder Executivo:** função principal (típica) de administrar o Estado.
- **Poder Legislativo:** função principal (típica) de legislar e fiscalizar as contas públicas.
- **Poder Judiciário:** função principal (típica) jurisdicional.

Além da sua própria função, a Constituição criou uma sistemática que permite a cada um dos poderes o exercício da função do outro poder. Essa função acessória chamamos de **função atípica:**

- **Poder Executivo:** função atípica de legislar e julgar.
- **Poder Legislativo:** função atípica de administrar e julgar.
- **Poder Judiciário:** função atípica de administrar e legislar.

Dessa forma, pode-se dizer que além da própria função, cada poder exerce de forma acessória a função do outro poder.

Uma pergunta sempre surge na cabeça dos candidatos: qual dos três poderes é mais importante?

A única resposta possível é a inexistência de poder mais importante. Cada poder possui sua própria função de forma que não se pode afirmar que exista hierarquia entre os poderes do Estado.

Eles são independentes e harmônicos entre si, e para se garantir essa harmonia, a doutrina norte-americana desenvolveu um sistema que mantém a igualdade entre os poderes: **sistema de freios e contrapesos** *(checks and balances).*

O sistema de freios e contrapesos adotado pela nossa Constituição, revela-se nas inúmeras medidas previstas no texto constitucional que condicionam a competência de um poder à apreciação de outro poder de forma a garantir o equilíbrio entre os três poderes. A seguir estão alguns exemplos delas:

- **Necessidade de sanção do chefe do Poder Executivo** para que um projeto de lei aprovado pelo Poder Legislativo possa entrar em vigor.
- **Processo do chefe do Poder Executivo** por crime de responsabilidade a ser realizado no Senado Federal, cuja sessão de julgamento é presidida pelo presidente do STF.
- **Necessidade de apreciação** pelo Poder Legislativo das Medidas Provisórias editadas pelo chefe do Poder Executivo.
- **Nomeação dos ministros** do STF é feita pelo Presidente da República depois de aprovada pelo Senado Federal.

Em todas as hipóteses acima apresentadas, faz-se necessária a participação de mais de um Poder para a consecução de um ato administrativo. Isso cria uma verdadeira relação de interdependência entre os poderes, o que garante o equilíbrio entre eles.

Por último, não se pode esquecer que a separação dos poderes é uma das cláusulas pétreas por força do art. 60, § 4º, inciso III, da Constituição Federal.

Significa dizer que a separação dos poderes não pode ser abolida do texto constitucional por meio de emenda:

> ***Art. 60*** *[...]*
> *§ 4º Não será objeto de deliberação a proposta de emenda tendente a abolir: [...]*
> *III – A separação dos Poderes.*

3.2 Princípio federativo

Esse princípio apresenta a forma de Estado adotada no Brasil: federação. A forma de Estado reflete o modo de exercício do poder político em função do território. É uma forma composta ou complexa, visto que prevalece a pluralidade de poderes políticos internos. Está baseada na descentralização política do Estado, cuja representação se dá por meio de quatro entes federativos:

- **União;**
- **Estados;**
- **Distrito Federal;**
- **Municípios.**

Cada ente federativo possui sua **própria autonomia política**, o que **não** pode ser confundido com o atributo da soberania, pertencente ao Estado Federal.

A autonomia de cada ente confere-lhe a capacidade política de, inclusive, criar sua própria Constituição. Apesar de cada ente federativo possuir essa independência, não se pode esquecer que a existência do pacto federativo pressupõe a existência de uma Constituição Federal e da impossibilidade de separação (princípio da indissolubilidade do vínculo federativo). Havendo quebra do pacto federativo, a Constituição Federal prevê como instrumento de manutenção da forma de Estado a chamada Intervenção Federal, a qual será estudada em momento oportuno.

Não existe hierarquia entre os entes federativos. O que os distingue é a competência que cada um recebeu da Constituição Federal. Deve-se ressaltar que os estados e o Distrito Federal possuem direito de participação na formação da vontade nacional ao possuírem representantes no Senado Federal. Os municípios não possuem representantes no Senado Federal. Caracteriza-se, ainda, pela existência de um guardião da Constituição Federal, o Supremo Tribunal Federal (STF). A doutrina tem apontado para algumas características da forma federativa brasileira:

- **Tricotômica:** a Federação é constituída em três níveis: federal, estadual e municipal. O Distrito Federal não é considerado nessa classificação, haja vista possuir competência híbrida, ou seja, ora age como estado ora como município.
- **Centrífuga:** essa característica reflete a formação da federação brasileira. É a formação "de dentro para fora". A força de criação do estado federal brasileiro surgiu a partir de um Estado Unitário para a criação de um estado federado, ou seja, o poder centralizado que se torna descentralizado. O poder político era concentrado nas mãos de um só ente e, depois, passa a fazer parte de vários entes federativos.
- **Por desagregação:** ocorre quando um estado unitário resolve se descentralizar politicamente, desagregando o poder central em favor de vários entes titulares de poder político.

Como última observação, não menos importante, a **forma federativa de Estado** também é uma **cláusula pétrea.**

Depois de estudar os princípios da tripartição dos poderes e o poder federativo, passa-se a ver como eles estão estruturados dentro da República Federativa do Brasil. Uma informação importante antes disso: a autonomia política existente em cada ente federativo pode ser percebida por meio de existência dos poderes em cada um.

- União
- Poder Executivo – Presidente da República.
- Poder Legislativo – Congresso Nacional.
- Poder Judiciário – STF e demais órgãos judiciais federais.
- Estados
- Poder Executivo – Governador.
- Poder Legislativo – Assembleia Legislativa.
- Poder Judiciário – Tribunal de Justiça.
- Municípios
- Poder Executivo – Prefeito.
- Poder Legislativo – Câmara de Vereadores.
- Poder Judiciário – Não existe.
- Distrito Federal
- Poder Executivo – Governador.
- Poder Legislativo – Câmara Legislativa.
- Poder Judiciário – Tribunal de Justiça.

3.3 Princípio republicano

O princípio republicano representa a **forma de governo** adotada no Brasil. A forma de governo reflete o modo de aquisição e exercício do poder político, além de medir a relação existente entre o governante e o governado.

A melhor forma de entender esse instituto é conhecendo suas características. A primeira característica decorre da análise etimológica da expressão *res publica*. Essa expressão, que dá origem ao princípio ora estudado, significa coisa pública, ou seja, em um Estado republicano, o governante cuida da coisa pública, governa para o povo.

Outra característica importante é a temporariedade. Esse atributo revela o caráter temporário do exercício do poder político. Por causa desse princípio, em nosso Estado, o governante permanece no poder por tempo determinado.

Em uma República, o governante é escolhido pelo povo. Essa é a chamada eletividade. O poder político é adquirido pelas eleições, sendo que a vontade popular se concretiza nas urnas.

Por fim, em um Estado republicano, o governante pode ser responsabilizado por seus atos.

A forma de governo republicana se contrapõe à monarquia, cujas características são opostas às estudadas aqui.

É importante destacar que o princípio republicano não é uma cláusula pétrea, pois esse princípio não se encontra listado no rol das cláusulas pétreas do art. 60, § 4º, da Constituição Federal. Apesar disso, a Constituição o considerou como princípio sensível. Princípios sensíveis são aqueles que, se tocados, ensejarão a chamada Intervenção Federal, conforme previsto no art. 34, inciso VII, da Constituição Federal de 1988:

> ***Art. 34*** *A União não intervirá nos Estados nem no Distrito Federal, exceto para: [...]*
>
> *VII – assegurar a observância dos seguintes princípios constitucionais:*
>
> *a) forma republicana, sistema representativo e regime democrático.*

3.4 Presidencialismo

O Presidencialismo é o sistema de governo adotado no Brasil. O sistema de governo rege a relação entre o Poder Executivo e o Legislativo medindo o grau de dependência entre eles. No presidencialismo, prevalece a separação entre os Poderes Executivo e Legislativo, os quais são independentes e harmônicos entre si.

A Constituição Federal de 1988 declara, em seu art. 76, que:

> *O Poder Executivo é exercido pelo Presidente da República, auxiliado pelos Ministros de Estado.*

O Presidencialismo possui uma característica muito importante, que é a concentração das funções executivas em uma só pessoa, o Presidente, o qual é eleito pelo povo, e exerce ao mesmo tempo três funções: chefe de Estado, chefe de governo, e chefe da Administração Pública.

A função de chefe de Estado diz respeito a todas as atribuições do presidente nas relações externas do País. Como chefe de governo, o presidente possui inúmeras atribuições internas no que tange à governabilidade do país. Já como chefe da Administração Pública, o presidente exercerá as funções relacionadas com a chefia da Administração Pública federal.

3.5 Regime democrático

Este princípio revela o regime de governo adotado no Brasil. Caracteriza-se pela existência do Estado Democrático de Direito e pela preservação da dignidade da pessoa humana.

A democracia significa o governo do povo, pelo povo e para o povo. É a chamada soberania popular. Sua fundamentação constitucional encontra-se no art. 1º da CF/1988/1988:

> ***Art. 1º*** *[...]*
>
> ***Parágrafo único.*** *Todo o poder emana do povo, que o exerce por meio de representantes eleitos ou diretamente, nos termos desta Constituição.*

Esse princípio também é conhecido como princípio sensível e, no Brasil, caracteriza-se por seu exercício se dar de forma direta e indireta. Por esse motivo, a democracia brasileira é conhecida como semidireta ou participativa. Esse tema, porém, será abordado na seção sobre **Direitos Políticos**.

- Forma de Estado → Federativa
- Forma de Governo → Republicana
- Sistema de Estado → Presidencialista
- Regime de Estado → Democrático

3.6 Fundamentos da República Federativa do Brasil

Entre os Princípios Constitucionais mais importantes, destacam-se os Fundamentos da República Federativa do Brasil, os quais estão elencados no art. 1º da Constituição Federal de 1988:

> ***Art. 1º*** *A República Federativa do Brasil, formada pela união indissolúvel dos Estados e Municípios e do Distrito Federal, constitui-se em Estado Democrático de Direito e tem como fundamentos:*
>
> *I – A soberania;*
>
> *II – A cidadania;*
>
> *III – A dignidade da pessoa humana;*
>
> *IV – Os valores sociais do trabalho e da livre iniciativa;*
>
> *V – O pluralismo político.*

- **Soberania:** é um fundamento que possui estreita relação com o Poder do Estado. É a capacidade que o Estado tem de impor sua vontade. Esse princípio possui uma dupla acepção: soberania interna e externa.
- **A soberania interna** é a capacidade de impor o poder estatal no âmbito interno, perante os administrados, sem se sujeitar a qualquer outro poder.
- **A soberania externa** é percebida pelo reconhecimento dos outros Estados soberanos de que o Estado Brasileiro possui sua própria autonomia no âmbito internacional.
- **Cidadania:** como princípio revela a condição jurídica de quem é titular de direitos políticos. Ela permite ao indivíduo que possui vínculo jurídico com o Estado participar de suas decisões e escolher seus representantes. O exercício da cidadania guarda estreita relação com a democracia, pois essa autoriza a participação popular na formação da vontade estatal.
- **Dignidade da pessoa humana:** é considerada o princípio com maior hierarquia axiológica da Constituição. Sua importância se traduz na medida em que deve ser assegurada, primordialmente, pelo Estado, mas também deve ser observada nas relações particulares. Como fundamento, embasa toda a gama de direitos fundamentais, os quais estão ligados em sua origem a esse princípio. A dignidade da pessoa humana representa o núcleo mínimo de direitos e garantias que devem ser assegurados aos seres humanos.
- **Valor social do trabalho e da livre iniciativa:** revela a adoção de uma economia capitalista ao mesmo tempo em que elege o trabalho como elemento responsável pela valorização social. Ao mesmo tempo em que a Constituição garante uma liberdade econômica, protege o trabalho como elemento relacionado à dignidade do indivíduo como membro da sociedade.
- **Pluralismo político:** ao contrário do que parece, não está relacionado apenas com a pluralidade de partidos políticos, devendo ser entendido sob um sentido mais amplo, pois revela uma sociedade em que pluralidade de ideias se torna um ideal a ser preservado. Liberdades, como de expressão, religiosa ou política estão entre as formas de manifestação desse princípio.

3.7 Objetivos fundamentais da República Federativa do Brasil

Outro grupo de princípios constitucionais que costuma ser cobrado em prova é o dos objetivos da República Federativa do Brasil, os quais estão previstos em um rol exemplificativo no art. 3º da Constituição Federal de 1988:

> ***Art. 3º*** *Constituem objetivos fundamentais da República Federativa do Brasil:*
>
> *I – Construir uma sociedade livre, justa e solidária;*
>
> *II – Garantir o desenvolvimento nacional;*
>
> *III – Erradicar a pobreza e a marginalização e reduzir as desigualdades sociais e regionais;*
>
> *IV – Promover o bem de todos, sem preconceitos de origem, raça, sexo, cor, idade e quaisquer outras formas de discriminação.*

Os objetivos são verdadeiras metas a serem perseguidas pelo Estado com o fim de garantir os ditames constitucionais. Deve-se ter muita atenção em relação a esses dispositivos, pois eles costumam ser cobrados em prova fazendo-se alterações dos termos constitucionais.

Outra característica que distingue os fundamentos dos objetivos é o fato de os fundamentos serem nominados com substantivos ao passo que os objetivos se iniciam com verbos. Essa diferença pode ajudar a perceber qual a resposta correta na prova.

3.8 Princípios que regem as relações internacionais do Brasil

Têm-se os princípios que regem as relações internacionais, os quais estão previstos no art. 4º da Constituição Federal de 1988:

> ***Art. 4º*** *A República Federativa do Brasil rege-se nas suas relações internacionais pelos seguintes princípios:*
>
> *I – Independência nacional;*
>
> *II – Prevalência dos direitos humanos;*
>
> *III – Autodeterminação dos povos;*
>
> *IV – Não intervenção;*
>
> *V – Igualdade entre os Estados;*
>
> *VI – Defesa da paz;*
>
> *VII – Solução pacífica dos conflitos;*
>
> *VIII – Repúdio ao terrorismo e ao racismo;*
>
> *IX – Cooperação entre os povos para o progresso da humanidade;*
>
> *X – Concessão de asilo político.*
>
> ***Parágrafo único.*** *A República Federativa do Brasil buscará a integração econômica, política, social e cultural dos povos da América Latina, visando à formação de uma comunidade latino-americana de nações.*

Esses princípios revelam características muito interessantes do Brasil, ressaltando sua soberania e independência em relação aos outros Estados do mundo.

- **Independência nacional:** destaca, no âmbito da soberania externa, a relação do país com os demais estados, uma relação de igualdade, sem estar subjugado a outro Estado.
- **Prevalência dos direitos humanos:** vai ao encontro do fundamento da dignidade da pessoa humana, característica muito importante que se revela por meio do grande rol de direitos e garantias fundamentais previstos na Constituição Federal.
- **Autodeterminação dos povos:** por esse princípio, respeitam-se as decisões e escolhas de cada povo. Entende-se que cada povo é capaz de escolher o seu próprio caminho político e de resolver suas crises internas sem necessidade de intervenção externa de outros países.
- **Não intervenção:** no mesmo sentido de preservação e respeito à soberania dos demais Estados.

D C O N

- **Igualdade entre os Estados:** sendo que cada país é reconhecido como titular de soberania na mesma proporção que os demais, sem hierarquia entre eles.
- **Defesa da paz:** princípio fundamental que funciona como bandeira defendida pelo Brasil em suas relações internacionais.
- **Solução pacífica dos conflitos:** revela o lado conciliador do governo brasileiro, que por vezes intermedeia relações conturbadas entre outros chefes de estado.
- **Repúdio ao terrorismo e ao racismo:** é princípio decorrente da dignidade da pessoa humana; terrorismo e racismo são tomados como inaceitáveis em sociedades modernas.
- **Cooperação entre os povos para o progresso da humanidade:** envolvimento em pesquisas científicas para cura de doenças, bem como na defesa e preservação do meio ambiente, entre outros.
- **Concessão de asilo político:** como princípio constitucional, fundamenta a decisão brasileira de amparar estrangeiros que estejam sendo perseguidos em seus países por questões políticas ou de opinião.

Destaca-se, entre os princípios que regem as relações internacionais, um mandamento para que a República Federativa do Brasil busque a integração econômica, política, social e cultural dos povos da América Latina, visando à formação de uma comunidade latino-americana de nações. Repare que o texto constitucional mencionou América Latina, não América do Sul. Parece não haver muita diferença, mas esse tema já foi cobrado em prova e a troca dos termos é considerada errada.

4 DIREITOS FUNDAMENTAIS – REGRAS GERAIS

4.1 Conceito

Os direitos e garantias fundamentais são institutos jurídicos que foram criados no decorrer do desenvolvimento da humanidade e se constituem de normas protetivas que formam um núcleo mínimo de prerrogativas inerentes à condição humana.

4.1.1 Amplitude horizontal e amplitude vertical

Possuem como objetivo principal a proteção do indivíduo diante do poder do Estado. Mas não só do Estado. Os direitos e garantias fundamentais também constituem normas de proteção do indivíduo em relação aos outros indivíduos da sociedade.

E é exatamente nesse ponto que surgem os conceitos de **amplitude vertical e amplitude horizontal.**

- **Amplitude vertical:** é o efeito protetor que as normas definidoras de direitos e garantias fundamentais produzem para um indivíduo diante do Estado.
- **Amplitude horizontal:** é o efeito protetor que as normas definidoras de direitos e garantias fundamentais produzem para um indivíduo diante dos outros indivíduos.

4.2 Classificação

A Constituição Federal, quando se refere aos direitos fundamentais, classifica-os em cinco grupos:

- Direitos e deveres individuais e coletivos;
- Direitos sociais;
- Direitos de nacionalidade;
- Direitos políticos;
- Partidos políticos.

Essa classificação encontra-se distribuída entre os arts. 5º e 17 do texto constitucional e é normalmente chamada pela doutrina de Conceito Formal dos Direitos Fundamentais. O Conceito Formal é o que a Constituição Federal resolveu classificar como sendo Direito Fundamental. É o rol de direitos fundamentais previstos expressamente no texto constitucional.

Costuma-se perguntar nas provas: "O rol de direitos fundamentais é um rol exaustivo? Ou melhor, taxativo?" O que se quer saber é se o rol de direitos fundamentais é só aquele que está expresso na Constituição ou não.

Responde-se a essa questão com o § 2º do art. 5º, que diz:

> *§ 2º Os direitos e garantias expressos nesta Constituição não excluem outros decorrentes do regime e dos princípios por ela adotados, ou dos tratados internacionais em que a República Federativa do Brasil seja parte.*

Isso significa que o rol não é taxativo, mas exemplificativo. A doutrina costuma chamar esse parágrafo de cláusula de abertura material, que é exatamente a possibilidade de existirem outros direitos fundamentais, ainda que fora do texto constitucional. Esse seria o conceito material dos direitos fundamentais, ou seja, todos os direitos fundamentais que possuem a essência fundamental, ainda que não estejam expressos no texto constitucional.

4.3 Características

O elemento jurídico acima abordado, além de explicar a possibilidade de se inserirem novos direitos fundamentais no rol dos que já existem expressamente na Constituição Federal, também constitui uma das características que serão abordadas a seguir:

- **Historicidade:** essa característica revela que os direitos fundamentais são frutos da evolução histórica da humanidade. Significa que eles evoluem com o passar do tempo.
- **Inalienabilidade:** os direitos fundamentais não podem ser alienados, não podem ser negociados, não podem ser transigidos.
- **Irrenunciabilidade:** os direitos fundamentais não podem ser renunciados.
- **Imprescritibilidade:** os direitos fundamentais não se sujeitam aos prazos prescricionais. Não se perde um direito fundamental pelo decorrer do tempo.
- **Universalidade:** os direitos fundamentais pertencem a todas as pessoas, independentemente da sua condição.
- **Máxima Efetividade:** essa característica é mais uma imposição ao Estado, que está coagido a garantir a máxima efetividade dos direitos fundamentais. Esses direitos não podem ser ofertados de qualquer forma. É necessário que eles sejam garantidos da melhor forma possível.
- **Concorrência:** os direitos fundamentais podem ser utilizados em conjunto com outros direitos. Não é necessário abandonar um para usufruir outro direito.
- **Complementariedade:** um direito fundamental não pode ser interpretado sozinho. Cada direito deve ser analisado juntamente com outros direitos fundamentais, bem como com outros institutos jurídicos.
- **Proibição do retrocesso:** essa característica proíbe que os direitos já conquistados sejam perdidos.
- **Limitabilidade:** não existe direito fundamental absoluto. São direitos relativos.
- **Não Taxatividade:** essa característica, já tratada anteriormente, diz que o rol de direitos fundamentais é apenas exemplificativo, tendo em vista a possibilidade de inserção de novos direitos.

4.4 Dimensões dos direitos fundamentais

As dimensões, também conhecidas por gerações de direitos fundamentais, são uma classificação adotada pela doutrina que leva em conta a ordem cronológica de reconhecimento desses direitos. São cinco as dimensões atualmente reconhecidas:

- **1ª dimensão:** foram os primeiros direitos conquistados pela humanidade. São direitos relacionados à liberdade, em todas as suas formas. Possuem um caráter negativo diante do Estado, tendo em vista ser utilizado como uma verdadeira limitação ao poder estatal, ou seja, o Estado, diante dos direitos de primeira dimensão, fica impedido de agir ou interferir na sociedade. São verdadeiros direitos de defesa com caráter individual. Estão entre estes direitos as liberdades públicas, civis e políticas.
- **2ª dimensão:** estes direitos surgem na tentativa de reduzirem as desigualdades sociais provocadas pela primeira dimensão. Por isso, são conhecidos como direitos de igualdade. Para reduzir as diferenças sociais, o Estado precisa interferir na sociedade: essa interferência reflete a conduta positiva adotada por meio de prestações sociais. São exemplos de direitos de segunda dimensão: os direitos sociais, econômicos e culturais.
- **3ª dimensão:** aqui estão os conhecidos direitos de fraternidade. São direitos que refletem um sentimento de solidariedade entre os povos na tentativa de preservarem os direitos de toda a coletividade. São de terceira geração o direito ao meio ambiente saudável, o direito ao progresso da humanidade, ao patrimônio comum, entre outros.

- **4ª dimensão:** esses direitos ainda não possuem um posicionamento pacífico na doutrina, mas costuma-se dizer que nesta dimensão ocorre a chamada globalização dos direitos fundamentais. São direitos que rompem com as fronteiras entre os Estados. São direitos de todos os seres humanos, independentemente de sua condição, como o direito à democracia, ao pluralismo político. São também considerados direitos de 4ª geração os direitos mais novos, que estão em construção, como o direito genético ou espacial.
- **5ª dimensão:** essa é a mais nova dimensão defendida por alguns doutrinadores. É formado basicamente pelo direito à paz. Esse seria o direito mais almejado pelo homem e que consubstancia a reunião de todos os outros direitos.

Deve-se ressaltar que esses direitos, à medida que foram sendo conquistados, complementavam os direitos anteriores, de forma que não se pode falar em substituição ou superação de uma geração sobre a outra, mas em cumulação, de forma que hoje podemos usufruir de todos os direitos pertencentes a todas as dimensões.

Para não se esquecer das três primeiras dimensões é só lembrar-se do lema da Revolução Francesa: Liberdade (1ª dimensão), Igualdade (2ª dimensão) e Fraternidade (3ª dimensão).

4.5 Titulares dos direitos fundamentais

4.5.1 Quem são os titulares dos direitos fundamentais?

A própria Constituição Federal responde a essa pergunta quando diz no *caput* do art. 5º que são titulares "os brasileiros e estrangeiros residentes no país". Mas será que é necessário residir no país para que o estrangeiro tenha direitos fundamentais?

Imaginemos um avião cheio de alemães que está fazendo uma escala no Aeroporto Municipal de Cascavel-PR.

Nenhum dos alemães reside no país. Seria possível entrar no avião e matar todas aquelas pessoas, haja vista não serem titulares de direitos fundamentais por não residirem no país? É claro que não. Para melhor se compreender o termo "residente", o STF o tem interpretado de forma mais ampla no sentido de abarcar todos aqueles que estão no país. Ou seja, todos os que estão no território brasileiro, independentemente de residirem no país, são titulares de direitos fundamentais.

Mas será que, para ser titular de direitos fundamentais, é necessário ter a condição humana? Ao contrário do que parece, não é necessário. Tem-se reconhecido como titulares de direitos fundamentais as pessoas jurídicas. Ressalta-se que não só as pessoas jurídicas de direito privado, mas também as pessoas jurídicas de direito público.

Os animais não são considerados titulares de direitos fundamentais, mas isso não significa que seja possível maltratá-los. Na prática, a Constituição Federal de 1988 os protege contra situações de maus-tratos. O STF já se pronunciou sobre a "briga de galo" e a "farra do boi", declarando-as inconstitucionais. Quanto à "vaquejada", o Supremo se manifestou acerca da admissibilidade parcial, desde que não figure flagelação do animal. Por fim, o tema de "rodeios" ainda não foi pleiteado. De outro lado, mortos podem ser titulares de direitos fundamentais, desde que o direito seja compatível (por exemplo: honra).

4.6 Cláusulas pétreas fundamentais

O art. 60, § 4º da Constituição Federal de 1988, traz o rol das chamadas **Cláusulas Pétreas:**

> *§ 4º Não será objeto de deliberação a proposta de emenda tendente a abolir:*
>
> *I – A forma federativa de Estado;*
> *II – O voto direto, secreto, universal e periódico;*
> *III – A separação dos Poderes;*
> *IV – Os direitos e garantias individuais.*

As Cláusulas Pétreas são núcleos temáticos formados por institutos jurídicos de grande importância, os quais não podem ser retirados da Constituição. Observe-se que o texto proíbe a abolição desses princípios, mas não impede que eles sejam modificados, no caso, para melhor. Isso já foi cobrado em prova. É importante notar que o texto constitucional prevê no inciso IV como sendo Cláusulas Pétreas apenas os direitos e garantias individuais. Pela literalidade da Constituição, não são todos os direitos fundamentais que são protegidos por esse instituto, mas apenas os de caráter individual. Parte da doutrina e da jurisprudência entende que essa proteção deve ser ampliada, abrangendo os demais direitos fundamentais. Deve-se ter atenção com esse tema em prova, pois já foram cobrados os dois posicionamentos.

4.7 Eficácia dos direitos fundamentais

O § 1º do art. 5º da Constituição Federal de 1988 prevê que:

> *§ 1º As normas definidoras dos direitos e garantias fundamentais têm aplicação imediata.*

Quando a Constituição Federal de 1988 se refere à aplicação de uma norma, na verdade está falando da sua eficácia.

Esse tema é sempre cobrado em provas de concurso. Com o intuito de obter uma melhor compreensão, é necessário conceituar, classificar e diferenciar os vários níveis de eficácia das normas constitucionais.

Para que uma norma constitucional seja aplicada é indispensável que a ela possua eficácia, a qual é a capacidade que uma norma jurídica tem de produzir efeitos.

Se os efeitos produzidos se restringem ao âmbito normativo, tem-se a chamada **eficácia jurídica**, ao passo que, se os efeitos são concretos, reais, tem-se a chamada **eficácia social.** Eficácia jurídica, portanto, é a capacidade que uma norma constitucional tem de revogar todas as outras normas que com ela apresentem divergência. Já a eficácia social, também conhecida como efetividade, é a aplicabilidade na prática, concreta, da norma. Todas as normas constitucionais possuem eficácia jurídica, mas nem todas possuem eficácia social. Logo, é possível afirmar que todas as normas constitucionais possuem eficácia. O problema surge quando uma norma constitucional não pode ser aplicada na prática, ou seja, não possui eficácia social.

Para explicar esse fenômeno, foram desenvolvidas várias classificações acerca do grau de eficácia de uma norma constitucional. A classificação mais adotada pela doutrina e mais cobrada em prova é a adotada pelo professor José Afonso da Silva, na obra *Curso de Direito Constitucional Positivo*. Para esse estudioso, a eficácia social se classifica em:

- **Eficácia plena:** são aquelas **autoaplicáveis.** São normas que possuem aplicabilidade direta, imediata e integral. Seus efeitos práticos são plenos. É uma norma que não depende de complementação legislativa para produzir efeitos. Veja os exemplos: art. 1º; art. 5º, *caput* e incisos XXXV e XXXVI; art. 19; art. 21; art. 53; art. 60, § 1º e 4º; art. 69; art. 128, § 5º, incisos I e II; art. 145, § 2º; entre outros.
- **Eficácia contida:** também são **autoaplicáveis**. Assim como as normas de eficácia plena, elas possuem **aplicabilidade direta e imediata**. Contudo, sua aplicação não é integral. É neste ponto que a eficácia contida se diferencia da eficácia plena. A norma de eficácia contida nasce plena, mas pode ser restringida por outra norma.

- Daí a doutrina chamá-la de norma contível, restringível ou redutível. Essas espécies permitem que outra norma reduza a sua aplicabilidade. São normas que produzem efeitos imediatos, mas esses efeitos podem ser restringidos. Por exemplo: art. 5º, incisos VII, XII, XIII, XV, XXVII e XXXIII; art. 9º; art. 37, inciso I; art. 170, parágrafo único; entre outros.
- **Eficácia limitada:** são desprovidas de eficácia social. Diz-se que as normas de eficácia limitada não são autoaplicáveis, possuem aplicabilidade indireta, mediata e reduzida ou diferida.
- São normas que dependem de outra para produzirem efeitos. O que as difere das normas de eficácia contida é a dependência de outra norma para que produza efeitos sociais. Enquanto as de eficácia contida produzem efeitos imediatos, os quais poderão ser restringidos posteriormente, as de eficácia limitada dependem de outra norma para produzirem efeitos. Deve-se ter cuidado para não pensar que essas espécies normativas não possuem eficácia. Como se afirmou anteriormente, elas possuem eficácia jurídica, mas não possuem eficácia social. As normas de eficácia limitada são classificadas, ainda, em:
- **Normas de eficácia limitada de princípio institutivo:** são aquelas que dependem de outra norma para organizar ou instituir estruturas, entidades ou órgãos. Por exemplo: art. 18, § 2º; art. 22, parágrafo único; art. 25, § 3º; art. 33; art. 88; art. 90, § 2º; art. 102, § 1º; art. 107, § 1º; art. 113; art. 121; art. 125, § 3º; art. 128, § 5º; art. 131; entre outros.
- **Normas de eficácia limitada de princípio programático:** são aquelas que apresentam verdadeiros objetivos a serem perseguidos pelo Estado, programas a serem implementados. Em regra, possuem fins sociais. Por exemplo: art. 7º, incisos XI, XX e XXVII; art. 173, § 4º; arts. 196; 205; 215; 218; 227; entre outros.

O Supremo Tribunal Federal (STF) possui algumas decisões que conferiram o grau de eficácia limitada aos seguintes dispositivos: art. 5º, inciso LI; art. 37, inciso I; art. 37, inciso VII; art. 40, § 4º; art. 18, § 4º.

Feitas as considerações iniciais sobre esse tema, resta saber o que o § 1º do art. 5º da Constituição Federal de 1988 quis dizer com "aplicação imediata". Para traduzir essa expressão, basta analisar a explicação apresentada anteriormente. Segundo a doutrina, as normas que possuem aplicação imediata ou são de eficácia plena ou contida. Ao que parece, o texto constitucional quis restringir a eficácia dos direitos fundamentais em plena ou contida, não existindo, em regra, normas definidoras de direitos fundamentais com eficácia limitada. Entretanto, pelos próprios exemplos aqui apresentados, não é essa a realidade do texto constitucional. Certamente, existem normas de eficácia limitada entre os direitos fundamentais (art. 7º, incisos XI, XX e XXVII). A dúvida que surge então é: como responder na prova?

A doutrina e o STF têm entendido que, apesar do texto expresso na Constituição Federal, existem normas definidoras de direitos fundamentais que não possuem aplicabilidade imediata, as quais são de eficácia limitada. Diante dessa contradição, a doutrina tem orientado no sentido de se conferir a maior eficácia possível aos direitos fundamentais. Em prova, pode ser cobrada tanto uma questão abordando o texto puro da Constituição Federal quanto o posicionamento da doutrina. Deve-se responder conforme for perguntado.

A Constituição previu dois instrumentos para garantir a efetividade das normas de eficácia limitada: **Ação Direta de Inconstitucionalidade por Omissão** e o **Mandado de Injunção.**

4.8 Força normativa dos tratados internacionais

Uma regra muito importante para a prova é a que está prevista no § 3º do art. 5º da Constituição Federal de 1988:

> *§ 3º Os tratados e convenções internacionais sobre direitos humanos que forem aprovados, em cada Casa do Congresso Nacional, em dois turnos, por três quintos dos votos dos respectivos membros, serão equivalentes às emendas constitucionais.*

Esse dispositivo constitucional apresenta a chamada força normativa dos tratados internacionais.

Segundo o texto constitucional, é possível que um tratado internacional possua força normativa de emenda constitucional, desde que preencha os seguintes requisitos:

- Deve falar de direitos humanos;
- Deve ser aprovado nas duas casas legislativas do Congresso Nacional, ou seja, na Câmara dos Deputados e no Senado Federal;
- Deve ser aprovado em dois turnos em cada casa;
- Deve ser aprovado por 3/5 dos membros em cada turno de votação, em cada casa.

Preenchidos esses requisitos, o Tratado Internacional terá força normativa de **Emenda à Constituição.**

Mas surge a seguinte questão: e se o Tratado Internacional for de Direitos Humanos e não preencher os requisitos constitucionais previstos no § 3º do art. 5º da Constituição? Qual será sua força normativa? Segundo o STF, caso o Tratado Internacional fale de direitos humanos, mas não preencha os requisitos do § 3º do art. 5º da CF/1988/1988, ele terá força normativa de **norma supralegal.**

Ainda há os tratados internacionais que não falam de direitos humanos. São tratados que falam de outros temas, por exemplo, o comércio. Esses tratados possuem força normativa de **lei ordinária.**

Em suma, são três as forças normativas dos Tratados Internacionais:

- Emenda à Constituição;
- Norma supralegal;
- Lei ordinária.

4.9 Tribunal Penal Internacional (TPI)

Há outra regra muito interessante prevista no § 4º do art. 5º da Constituição Federal de 1988:

> *§ 4º O Brasil se submete à jurisdição de Tribunal Penal Internacional a cuja criação tenha manifestado adesão.*

É o chamado **Tribunal Penal Internacional**. Mas o que é o Tribunal Penal Internacional? É uma corte permanente, localizada em Haia, na Holanda, com competência de julgamento dos crimes contra a humanidade.

É um Tribunal, pois tem função jurisdicional; é penal porque só julga crimes; é internacional, haja vista sua competência não estar restrita à fronteira de um só Estado.

Mas uma coisa deve ser esclarecida. O TPI não julga qualquer tipo de crime. Só os crimes que tenham repercussão para toda a humanidade. Geralmente, são crimes de guerra, agressão estrangeira, genocídio, dentre outros.

Apesar de ser um tribunal com atribuições jurisdicionais, o TPI não faz parte do Poder Judiciário brasileiro. Sua competência é complementar à jurisdição nacional, não ofendendo, portanto, a soberania do Estado brasileiro. Isso significa que o TPI só age quando a Justiça Brasileira se omite ou é ineficaz.

4.10 Direitos e garantias

Muitos questionam se direitos e garantias são a mesma coisa, mas a melhor doutrina tem diferenciado esses dois institutos.

Os direitos são os próprios direitos previstos na Constituição Federal de 1988. São os bens jurídicos tutelados pela Constituição. Eles representam por si só esses bens.

As garantias são instrumentos de proteção dos direitos. São ferramentas disponibilizadas pela Constituição para a fruição dos direitos.

Apesar da diferença entre os dois institutos é possível afirmar que **toda garantia é um direito.**

5 DIREITOS E DEVERES INDIVIDUAIS E COLETIVOS

A Constituição Federal, ao disciplinar os direitos individuais, os coloca basicamente no art. 5º. Logo no *caput* desse artigo, já aparece uma classificação didática dos direitos ali previstos:

> ***Art. 5º*** *Todos são iguais perante a lei, sem distinção de qualquer natureza, garantindo-se aos brasileiros e aos estrangeiros residentes no País a inviolabilidade do direito à vida, à liberdade, à igualdade, à segurança e à propriedade, nos termos seguintes:*

Para estudarmos os direitos individuais, utilizaremos os cinco grupos de direitos previstos no *caput* do art. 5º:

- **Direito à vida;**
- **Direito à igualdade;**
- **Direito à liberdade;**
- **Direito à propriedade;**
- **Direito à segurança.**

Percebe-se que os 78 incisos do art. 5º, de certa forma, decorrem de um desses direitos que podem ser chamados de **"direitos raízes"**. Utilizando essa divisão, a seguir serão abordados os incisos mais importantes desse artigo, tendo em vista a preparação para a prova. Logicamente, não conseguiremos abordar todos os incisos, o que não tira a responsabilidade de lê-los.

5.1 Direito à vida

Ao falar desse direito, que é considerado pela doutrina como o **direito mais fundamental de todos**, por ser um pressuposto para o exercício dos demais direitos, enfrenta-se um primeiro desafio: esse direito é absoluto?

Assim como os demais direitos, o direito à vida não é absoluto. São várias as justificativas existentes para considerá-lo um direito passível de flexibilização.

5.1.1 Pena de morte

Existe pena de morte no Brasil? A resposta é sim. A alínea "a" do inciso XLVII do art. 5º traz essa previsão expressamente:

> *XLVII – Não haverá penas:*
>
> *a) de morte, salvo em caso de guerra declarada, nos termos do art. 84, XIX;*

Todas as vezes que a Constituição traz uma negação acompanhada de uma exceção, estamos diante de uma possibilidade.

5.1.2 Aborto

A prática de aborto no Brasil é permitida? O art. 128 do Código Penal Brasileiro apresenta duas possibilidades de prática de aborto que são verdadeiras excludentes de ilicitude:

> ***Art. 128*** *Não se pune o aborto praticado por médico:*
>
> *Aborto necessário*
>
> *I – Se não há outro meio de salvar a vida da gestante;*
>
> *Aborto sentimental*
>
> *II – Se a gravidez resulta de estupro e o aborto é precedido de consentimento da gestante ou, quando incapaz, de seu representante legal.*

São os **abortos necessário** e **sentimental**. Aborto necessário é aquele praticado para salvar a vida da gestante e o aborto sentimental é utilizado nos casos de estupro. Essas duas exceções à prática do crime de aborto são hipóteses em que se permite a sua prática no direito brasileiro. Além dessas duas hipóteses previstas expressamente na legislação brasileira, o STF também reconhece a possibilidade da prática de aborto do feto anencéfalo (feto sem cérebro). Mais uma vez, o direito à vida encontra-se flexibilizado.

5.1.3 Legítima defesa e estado de necessidade

Esses dois institutos, também excludentes de ilicitude do crime, são outras possibilidades de limitação do direito à vida, conforme disposto no art. 23 do Código Penal Brasileiro:

> ***Art. 23*** *Não há crime quando o agente pratica o fato:*
>
> *I – Em estado de necessidade;*
>
> *II – Em legítima defesa;*

Em linhas gerais e de forma exemplificativa, o estado de necessidade permite que, diante de uma situação de perigo, uma pessoa possa, para salvar uma vida, tirar a vida de outra pessoa. Na legítima defesa, caso sua vida seja ameaçada por alguém, existe legitimidade em retirar a vida de quem o ameaçou.

Outro ponto que deve ser ressaltado é que o direito à vida não está subordinado apenas ao fato de se estar vivo. Quando a constituição protege o direito à vida, a faz em suas diversas acepções. Existem dispositivos constitucionais que protegem o direito à vida no que tange a sua preservação da integridade física e moral (art. 5º, incisos III, V, XLVII e XLIX; art. 199, § 4º). A Constituição também protege o direito à vida no que tange à garantia de uma vida com qualidade (arts. 6º; 7º, inciso IV; 196; 205; 215).

5.2 Direito à igualdade

5.2.1 Igualdade formal e igualdade material

Possui como sinônimo o termo Isonomia. A doutrina classifica esse direito em:

- **Igualdade formal:** traduz-se no termo "todos são iguais perante a lei, sem distinção de qualquer natureza". É o previsto no *caput* do art. 5º. É uma igualdade jurídica, que não se preocupa com a realidade, mas apenas evita que alguém seja tratado de forma discriminatória.
- **Igualdade material:** também chamada de igualdade efetiva ou substancial. É a igualdade que se preocupa com a realidade. Traduz-se na seguinte expressão: "tratar os iguais com igualdade e os desiguais com desigualdade, na medida das suas desigualdades". Esse tipo de igualdade confere um tratamento com justiça para aqueles que não a possuem.

A igualdade formal é a regra utilizada pelo Estado para conferir um tratamento isonômico entre as pessoas. Contudo, por diversas vezes, um tratamento igualitário não consegue atender a todas as necessidades práticas. Faz-se necessária a utilização da igualdade em seu aspecto material para que se consiga produzir um verdadeiro tratamento isonômico.

Imaginemos as relações entre homens e mulheres. A regra é que homem e mulher são tratados da mesma forma conforme previsto no inciso I do art. 5º:

> *I – Homens e mulheres são iguais em direitos e obrigações, nos termos desta Constituição;*

Contudo, em diversas situações, homens e mulheres serão tratados de forma diferente:

- **Licença-maternidade:** tem duração de 120 dias para a mulher. Para o homem, apenas 5 dias de licença-paternidade;
- **Aposentadoria:** a mulher se aposenta 5 anos mais cedo que o homem;
- **Serviço militar obrigatório:** só o homem está obrigado.

Essas são algumas das situações em que são permitidos tratamentos desiguais entre as pessoas. As razões que justificam essa discriminação são as diferenças efetivas que existem entre os homens e as mulheres em cada uma das hipóteses. Exemplificando, a mulher tem mais tempo para se recuperar em razão da nítida distinção do desgaste feminino para o masculino no que tange ao parto. É indiscutível que, por mais desgastante que seja o nascimento de um filho para o pai, nada se compara ao sofrimento suportado pela mãe. Por essa razão, a licença-maternidade é maior que a licença-paternidade.

5.2.2 Igualdade nos concursos públicos

O tema diz respeito à igualdade nos concursos públicos. Seria possível restringir o acesso a um cargo público em razão do sexo de uma pessoa? Ou por causa de sua altura? Ou ainda, pela idade que possui?

Essas questões encontram a mesma resposta: sim! É possível, desde que os critérios discriminatórios preencham alguns requisitos:

- **Deve ser fixado em lei:** não basta que os critérios estejam previstos no edital, precisam estar previstos em lei, no seu sentido formal.
- **Deve ser necessário ao exercício do cargo:** o critério discriminatório deve ser necessário ao exercício do cargo. A título de exemplo: seria razoável exigir para um cargo de policial militar, altura mínima ou mesmo, idade máxima, que representam vigor físico, tendo em vista a natureza do cargo que exige tal condição. As mesmas condições não poderiam ser exigidas para um cargo de técnico judiciário, por não serem necessárias ao exercício do cargo.

Em suma, podem ser exigidos critérios discriminatórios desde que previstos em lei e que sejam necessários ao exercício do cargo, observados os critérios de proporcionalidade e razoabilidade.

Esse tema sempre tem sido alvo de questões em prova, principalmente sob o aspecto jurisprudencial.

5.2.3 Ações afirmativas

Como formas de concretização da igualdade material foram desenvolvidas políticas públicas de compensação dirigidas às minorias sociais chamadas de **ações afirmativas ou discriminações positivas**. São verdadeiras ações de cunho social que visam a compensar possíveis perdas que determinados grupos sociais tiveram ao longo da história de suas vidas. Quem nunca ouviu falar nas "quotas para os pobres nas Universidades" ou ainda, "reserva de vagas para deficientes em concursos públicos"? Essas são algumas das espécies de ações afirmativas desenvolvidas no Brasil.

Mas por que reservar vagas para deficientes em concursos públicos? O deficiente, qualquer que seja sua deficiência, quando se prepara para um concurso público possui muito mais dificuldade que uma pessoa que tem a plenitude de seu vigor físico. Em razão dessa diferença, o Estado, na tentativa de reduzir a desigualdade existente entre os concorrentes, resolveu compensar a limitação de um portador de necessidades especiais reservando-lhe vagas especiais.

Perceba que, ao contrário do que parece, quando se reservam vagas num concurso público para deficientes estamos diante de um nítido tratamento discriminatório, que nesse caso é justificável pelas diferenças naturais entre o concorrente sadio e o concorrente deficiente. Lembre-se de que igualdade material é tratar iguais com igualdade e desiguais com desigualdade. O que se faz por meio dessas políticas de compensação é tratar os desiguais com desigualdade, na medida de suas desigualdades. Só dessa forma é possível alcançar um verdadeiro tratamento isonômico entre os candidatos.

Por fim, destaca-se o fato de o STF ter declarado constitucional a política de cotas étnico-raciais para seleção de estudantes em universidades públicas pacificando uma discussão antiga sobre esse tipo de ação afirmativa.

5.3 Direito à liberdade

O direito à liberdade pertence à primeira geração de direitos fundamentais por expressarem os direitos mais ansiados pelos indivíduos como forma de defesa diante do Estado. O que se verá a seguir são algumas das acepções desse direito que podem ser cobradas em prova.

5.3.1 Liberdade de ação

O inciso II do art. 5º apresenta aquilo que a doutrina chama de liberdade de ação:

> *II – Ninguém será obrigado a fazer ou deixar de fazer alguma coisa senão em virtude de lei;*

Essa é a liberdade por excelência. Segundo o texto constitucional, a liberdade só pode ser restringida por lei. Por isso, dizemos que esse inciso também apresenta o **princípio da legalidade.**

A liberdade pode ser entendida de duas formas, a depender do destinatário da mensagem:

- **Para o particular:** liberdade significa "fazer tudo que não for proibido".
- **Para o agente público:** liberdade significa "poder fazer tudo o que for determinado ou permitido pela lei".

5.3.2 Liberdade de locomoção

Uma das liberdades mais almejadas pelos indivíduos durante as lutas sociais é o grande carro-chefe na limitação dos poderes do Estado. O inciso XV do art. 5º já diz:

> *XV – É livre a locomoção no território nacional em tempo de paz, podendo qualquer pessoa, nos termos da lei, nele entrar, permanecer ou dele sair com seus bens;*

Perceba-se que o direito explanado nesse inciso não possui caráter absoluto, haja vista ter sido garantido em tempo de paz. Isso significa que em momentos sem paz seriam possíveis restrições às liberdades de locomoção. Destaca-se o Estado de Sítio que pode ser decretado nos casos previstos no art. 137 da Constituição Federal de 1988. Nessas circunstâncias, seriam possíveis maiores restrições à chamada liberdade de locomoção por meio de medidas autorizadas pela própria Constituição Federal:

> ***Art. 137*** *O Presidente da República pode, ouvidos o Conselho da República e o Conselho de Defesa Nacional, solicitar ao Congresso Nacional autorização para decretar o estado de sítio nos casos de:*
>
> *I – Comoção grave de repercussão nacional ou ocorrência de fatos que comprovem a ineficácia de medida tomada durante o estado de defesa;*
>
> *II – Declaração de estado de guerra ou resposta a agressão armada estrangeira.*
>
> ***Art. 139*** *Na vigência do estado de sítio decretado com fundamento no art. 137, I, só poderão ser tomadas contra as pessoas as seguintes medidas:*
>
> *I – Obrigação de permanência em localidade determinada;*
>
> *II – Detenção em edifício não destinado a acusados ou condenados por crimes comuns;*

Outro ponto interessante refere-se à possibilidade de qualquer pessoa entrar, permanecer ou sair do país com seus bens. Esse direito também não pode ser encarado de forma absoluta, haja vista a possibilidade de se exigir declaração de bens ou pagamento de imposto quando da entrada no país com bens. Nesse caso, liberdade de locomoção não se confunde com imunidade tributária.

Caso a liberdade de locomoção seja restringida por ilegalidade ou abuso de poder, a Constituição reservou um poderoso instrumento garantidor, o chamado *Habeas corpus.*

> ***Art. 5º*** *[...]*
>
> *LXVIII – conceder-se-á "Habeas corpus" sempre que alguém sofrer ou se achar ameaçado de sofrer violência ou coação em sua liberdade de locomoção, por ilegalidade ou abuso de poder;*

5.3.3 Liberdade de pensamento

Essa liberdade serve de amparo para uma série de possibilidades no que tange ao pensamento. Assim como os demais direitos fundamentais, a manifestação do pensamento não possui caráter absoluto, sendo restringido pela própria Constituição Federal, que proíbe seu exercício de forma anônima:

> ***Art. 5º*** *[...]*
>
> *IV – É livre a manifestação do pensamento, sendo vedado o anonimato;*

A vedação ao anonimato, além de ser uma garantia ao exercício da manifestação do pensamento, possibilita o exercício do direito de resposta caso alguém seja ofendido.

Sobre Denúncia Anônima, é importante fazer uma observação. Diante da vedação constitucional ao anonimato, poder-se-ia imaginar que essa ferramenta de combate ao crime fosse considerada inconstitucional. Contudo, não tem sido esse o entendimento do STF. A denúncia anônima pode até ser utilizada como ferramenta de comunicação do crime, mas não pode servir como amparo para a instauração do Inquérito Policial, muito menos como fundamento para condenação de quem quer que seja.

5.3.4 Liberdade de consciência e crença religiosa

Uma primeira pergunta deve ser feita acerca da liberdade religiosa em nosso país: qual a religião oficial do Brasil? A única resposta possível: é nenhuma. A liberdade religiosa do Estado brasileiro é incompatível com a existência de uma religião oficial. É o que apresenta o inciso VI do art. 5º:

> *VI – É inviolável a liberdade de consciência e de crença, sendo assegurado o livre exercício dos cultos religiosos e garantida, na forma da lei, a proteção aos locais de culto e a suas liturgias;*

Esse inciso marca a liberdade religiosa existente no Brasil. Por esse motivo, dizemos que o Brasil é um Estado laico, leigo ou não confessional. Isso significa, basicamente, que no Brasil existe uma relação de separação entre Estado e Igreja. Essa relação entre o Estado e a Igreja encontra, inclusive, vedação expressa no texto constitucional:

> ***Art. 19** É vedado à União, aos Estados, ao Distrito Federal e aos Municípios:*
>
> *I – Estabelecer cultos religiosos ou igrejas, subvencioná-los, embaraçar-lhes o funcionamento ou manter com eles ou seus representantes relações de dependência ou aliança, ressalvada, na forma da lei, a colaboração de interesse público;*

Por causa da liberdade religiosa, é possível exercer qualquer tipo de crença no país. É possível ser católico, protestante, mulçumano, ateu ou satanista. Isso é liberdade de crença ou consciência. Liberdade de crer ou não crer. Perceba que o inciso VI, além de proteger as crenças e cultos, também protege as suas liturgias. Apesar do amparo constitucional, não se pode utilizar esse direito para praticar atos contrários às demais normas do direito brasileiro como, por exemplo, sacrificar seres humanos como forma de prestar culto a determinada divindade. Isso a liberdade religiosa não ampara.

Outro dispositivo importante é o previsto no inciso VII:

> ***Art. 5º** [...]*
>
> *VII – É assegurada, nos termos da lei, a prestação de assistência religiosa nas entidades civis e militares de internação coletiva;*

Nesse inciso, a Constituição Federal de 1988 garantiu a assistência religiosa nas entidades de internação coletivas, sejam elas civis ou militares. Entidades de internação coletivas são quartéis, hospitais ou hospícios. Em razão dessa garantia constitucional, é comum encontrarmos nesses estabelecimentos capelas para que o direito seja exercido.

Apesar da importância dos dispositivos analisados anteriormente, nenhum é mais cobrado em prova que o inciso VIII:

> ***Art. 5º** [...]*
>
> *VIII – Ninguém será privado de direitos por motivo de crença religiosa ou de convicção filosófica ou política, salvo se as invocar para eximir-se de obrigação legal a todos imposta e recusar-se a cumprir prestação alternativa, fixada em lei;*

Estamos diante do instituto da Escusa de Consciência. Esse direito permite a qualquer pessoa que, em razão de sua crença ou consciência, deixe de cumprir uma obrigação imposta sem que com isso sofra alguma consequência em seus direitos. Tal permissivo constitucional encontra uma limitação prevista expressamente no texto em análise. No caso de uma obrigação imposta a todos, se o indivíduo se recusar ao seu cumprimento, ser-lhe-á oferecida uma prestação alternativa. Não a cumprindo também, a Constituição permite que direitos sejam restringidos. O art. 15 prescreve que os direitos restringidos serão os direitos políticos:

> ***Art. 15** É vedada a cassação de direitos políticos, cuja perda ou suspensão só se dará nos casos de: [...]*
>
> *IV – Recusa de cumprir obrigação a todos imposta ou prestação alternativa, nos termos do art. 5º, VIII;*

5.3.5 Liberdade de reunião

Acerca dessa liberdade, é importante ressaltar as condições estabelecidas pelo texto constitucional:

> ***Art. 5º** [...]*
>
> *XVI – Todos podem reunir-se pacificamente, sem armas, em locais abertos ao público, independentemente de autorização, desde que não frustrem outra reunião anteriormente convocada para o mesmo local, sendo apenas exigido prévio aviso à autoridade competente;*

Enumerando-as, de forma a facilitar o estudo, tem-se que as condições estabelecidas para o exercício do direito à reunião são:

- **Reunião pacífica:** não se legitima uma reunião que tenha fins não pacíficos.
- **Sem armas:** para evitar a violência ou coação por meio de armas.
- **Locais abertos ao público:** encontra-se subentendida a reunião em local fechado.
- **Independente de autorização:** não precisa de autorização.
- **Necessidade de prévio aviso.**
- **Não frustrar outra reunião convocada anteriormente para o mesmo local:** garantia de isonomia no exercício do direito prevalecendo o de quem exerceu primeiro.

Sobre o exercício da liberdade de reunião é importante saber que ele não depende de autorização, mas necessita de prévio aviso.

Outro ponto que já foi alvo de questão de prova é a possibilidade de restrição desse direito no Estado de Sítio e no Estado de Defesa. O problema está na distinção entre as limitações que podem ser adotadas em cada uma das medidas:

> ***Art. 136** [...]*
>
> *§ 1º O decreto que instituir o estado de defesa determinará o tempo de sua duração, especificará as áreas a serem abrangidas e indicará, nos termos e limites da lei, as medidas coercitivas a vigorarem, dentre as seguintes:*
>
> *I – Restrições aos direitos de:*
>
> *a) reunião, ainda que exercida no seio das associações;*
>
> ***Art. 139.** Na vigência do estado de sítio decretado com fundamento no art. 137, I, só poderão ser tomadas contra as pessoas as seguintes medidas: [...]*
>
> *IV – Suspensão da liberdade de reunião;*

Ao passo que no **estado de defesa** ocorrerão **restrições** ao direito de reunião, no **estado de sítio** ocorrerá a **suspensão** desse direito.

5.3.6 Liberdade de associação

São vários os dispositivos constitucionais que regulam a liberdade de associação:

> ***Art. 5º** [...]*
>
> *XVII – É plena a liberdade de associação para fins lícitos, vedada a de caráter paramilitar;*
>
> *XVIII – A criação de associações e, na forma da lei, a de cooperativas independem de autorização, sendo vedada a interferência estatal em seu funcionamento;*
>
> *XIX – As associações só poderão ser compulsoriamente dissolvidas ou ter suas atividades suspensas por decisão judicial, exigindo-se, no primeiro caso, o trânsito em julgado;*
>
> *XX – Ninguém poderá ser compelido a associar-se ou a permanecer associado;*
>
> *XXI – As entidades associativas, quando expressamente autorizadas, têm legitimidade para representar seus filiados judicial ou extrajudicialmente;*

O primeiro ponto que dever ser lembrado é que a liberdade de associação só poderá ser usufruída para fins lícitos sendo proibida a criação de associação paramilitar.

Entende-se como associação de caráter paramilitar toda organização paralela ao Estado, sem legitimidade, com estrutura e organização tipicamente militar. São as facções criminosas, milícias ou qualquer outra organização que possua fins ilícitos e alheios aos do Estado.

Destaca-se, com a mesma importância, a dispensa de autorização e interferência estatal no funcionamento e criação das associações.

Maior destaque deve ser dado ao inciso XIX, que condiciona qualquer limitação às atividades associativas a uma decisão judicial. As associações podem ter suas atividades **suspensas** ou **dissolvidas**. Em qualquer um dos casos deve haver **decisão judicial**. No caso da **dissolução**, por ser uma medida mais grave, não basta qualquer decisão judicial, tem que ser **transitada em julgado**. Isso significa uma decisão definitiva, à qual não caiba mais recurso.

O inciso XX tutela a chamada liberdade associativa, pela qual ninguém será obrigado a se associar ou mesmo a permanecer associado a qualquer entidade associativa.

Por fim, temos o inciso XXI, que permite às associações que representem seus associados tanto na esfera judicial quanto na administrativa desde que possuam expressa autorização. Expressa autorização significa por escrito, por meio de instrumento legal que comprove a autorização.

Vale destacar que, para suspender as atividades de uma associação, basta qualquer decisão judicial; para dissolver, tem que haver decisão judicial transitada em julgado.

5.4 Direito à propriedade

Quando se fala em direito à propriedade, alguns atributos que lhe são inerentes aparecem imediatamente. Propriedade é a faculdade que uma pessoa tem de usar, gozar dispor de um bem. O texto constitucional garante esse direito de forma expressa:

> ***Art. 5º** [...]*
>
> *XXII – É garantido o direito de propriedade.*

Apesar de esse direito aparentar possuir um caráter absoluto, quando se investiga mais a fundo esse tema, percebe-se que ele possui vários limitadores no próprio texto constitucional. E é isso que se passa a analisar agora.

5.4.1 Limitações

Dentre as limitações existentes na Constituição, estão: função social, requisição administrativa, desapropriação, bem de família, propriedade imaterial e direito à herança.

5.4.2 Função social

A Constituição Federal de 1988 exige, em seu art. 5º, que a propriedade atenda a sua função social:

> *XXIII – A propriedade atenderá a sua função social;*

Isso significa que a propriedade não é tão individual quanto pensamos. A necessidade de observância da função social demonstra que a propriedade é muito mais que uma titularidade privada. Esse direito possui reflexos em toda a sociedade. É só imaginar uma propriedade imóvel, um terreno urbano, que, apesar de possuir um proprietário, fica abandonado. Cresce o mato, as pessoas começam a jogar lixo naquele lugar, alguns criminosos começam a utilizar aquele ambiente para prática de atividades ilícitas. Veja quantas coisas podem acontecer numa propriedade e que importarão em consequências gravosas para o meio social mais próximo. É por isso que a propriedade tem que atender a sua função social.

5.4.3 Requisição administrativa

Consta no inciso XXV do art. 5º:

> *XXV – No caso de iminente perigo público, a autoridade competente poderá usar de propriedade particular, assegurada ao proprietário indenização ulterior, se houver dano;*

Essa é a chamada Requisição Administrativa. Esse instituto permite que a propriedade seja limitada pela necessidade de se solucionar situação de perigo público. Não se trata de uma forma de desapropriação, pois o dono da propriedade requisitada não a perde, apenas a empresta para uso público, sendo garantido, posteriormente, havendo dano, direito a indenização. Esse instituto limita o caráter absoluto da propriedade.

5.4.4 Desapropriação

É a perda da propriedade. Esse é o limitador por excelência do direito, restringindo o caráter perpétuo da propriedade. A seguir, estão exemplificadas as três modalidades de desapropriação.

- **Desapropriação pelo mero interesse público:** essa modalidade é utilizada pelo Estado quando o interesse social ou a utilidade pública prevalecem sobre o direito individual. Nesse tipo de desapropriação, destaca-se que o proprietário nada fez para merecê-la, contudo, o interesse público exige que determinada área seja desapropriada. É o caso de construção de uma rodovia que exige a desapropriação de várias propriedades para o asfaltamento da via.
- Deve ser destacado que essa modalidade de desapropriação gera direito à indenização, que deve ser paga em dinheiro, previamente e com valor justo.
- Conforme o texto da Constituição Federal de 1988:

> ***Art. 5º** [...]*
>
> *XXIV – A lei estabelecerá o procedimento para desapropriação por necessidade ou utilidade pública, ou por interesse social, mediante justa e prévia indenização em dinheiro, ressalvados os casos previstos nesta Constituição;*

- **Desapropriação-sanção:** nesta modalidade, o proprietário, por algum motivo, não observou a função social da propriedade. Por esse motivo, é chamada de Desapropriação-sanção, haja vista ser uma verdadeira punição. Segundo a Constituição Federal de 1988, essa desapropriação gera direito à indenização, que deverá ser paga em títulos da dívida pública ou agrária. Segundo os arts. 182, § 4º, inciso III e 184 da Constituição Federal de 1988:

> ***Art. 182** [...]*
>
> *§ 4º É facultado ao Poder Público municipal, mediante lei específica para área incluída no plano diretor, exigir, nos termos da lei federal, do proprietário do solo urbano não edificado, subutilizado ou não utilizado, que promova seu adequado aproveitamento, sob pena, sucessivamente, de:*
>
> *I – Parcelamento ou edificação compulsórios;*
>
> *II – Imposto sobre a propriedade predial e territorial urbana progressivo no tempo;*
>
> *III – Desapropriação com pagamento mediante títulos da dívida pública de emissão previamente aprovada pelo Senado Federal, com prazo de resgate de até dez anos, em parcelas anuais, iguais e sucessivas, assegurados o valor real da indenização e os juros legais.*
>
> ***Art. 184** Compete à União desapropriar por interesse social, para fins de reforma agrária, o imóvel rural que não esteja cumprindo sua função social, mediante prévia e justa indenização em títulos da dívida agrária, com cláusula de preservação do valor real, resgatáveis no prazo de até vinte anos, a partir do segundo ano de sua emissão, e cuja utilização será definida em lei.*

- **Desapropriação confiscatória: *é a desapropriação que ocorre com a propriedade utilizada para cultivo de plantas psicotrópicas. Nesse caso, não haverá indenização, mas o proprietário poderá ser processado pela prática de ilícito penal.***

> ***Art. 243** As propriedades rurais e urbanas de qualquer região do País onde forem localizadas culturas ilegais de plantas psicotrópicas ou a exploração de trabalho escravo na forma da lei serão expropriadas e destinadas à reforma agrária e a programas de habitação popular, sem qualquer indenização ao proprietário e sem prejuízo de outras sanções previstas em lei, observado, no que couber, o disposto no art. 5º.*
>
> ***Parágrafo único.** Todo e qualquer bem de valor econômico apreendido em decorrência do tráfico ilícito de entorpecentes e drogas afins e da exploração de trabalho escravo será confiscado e reverterá a fundo especial com destinação específica, na forma da lei.*

D
C
O
N

Atenção!

Desapropriação por interesse público → indenizada em dinheiro.
Desapropriação-sanção → indenizada em títulos da Dívida Pública.
Desapropriação confiscatória → não tem direito à indenização.

5.4.5 Bem de família

A Constituição consagra uma forma de proteção às pequenas propriedades rurais chamada de bem de família:

> ***Art. 5º** [...]*
>
> *XXVI – A pequena propriedade rural, assim definida em lei, desde que trabalhada pela família, não será objeto de penhora para pagamento de débitos decorrentes de sua atividade produtiva, dispondo a lei sobre os meios de financiar o seu desenvolvimento;* =

O mais importante para prova é atentar para os requisitos estabelecidos no inciso, quais sejam:

- **Pequena propriedade rural:** não se trata de qualquer propriedade.
- **Definida em lei:** não em outra espécie normativa.
- **Trabalhada pela família:** não por qualquer pessoa.
- **Débitos decorrentes da atividade produtiva:** não por qualquer débito.

5.4.6 Propriedade imaterial

Além das propriedades sobre bens materiais, a Constituição também consagra normas de proteção sobre a propriedade de bens imateriais. São duas as propriedades consagradas: autoral e industrial.

- **Propriedade autoral:** encontra-se protegida nos incisos XXVII e XXVIII do art. 5º:

> *XXVII – Aos autores pertence o direito exclusivo de utilização, publicação ou reprodução de suas obras, transmissível aos herdeiros pelo tempo que a lei fixar;*
>
> *XXVIII – São assegurados, nos termos da lei:*
>
> *a) a proteção às participações individuais em obras coletivas e à reprodução da imagem e voz humanas, inclusive nas atividades desportivas;*
>
> *b) o direito de fiscalização do aproveitamento econômico das obras que criarem ou de que participarem aos criadores, aos intérpretes e às respectivas representações sindicais e associativas;*

- **Propriedade industrial:** encontra-se protegida no inciso XXIX:

> *XXIX – A lei assegurará aos autores de inventos industriais privilégio temporário para sua utilização, bem como proteção às criações industriais, à propriedade das marcas, aos nomes de empresas e a outros signos distintivos, tendo em vista o interesse social e o desenvolvimento tecnológico e econômico do País;*

Uma relação muito interessante entre a propriedade autoral e a industrial está no tempo de proteção previsto na Constituição Federal de 1988. Observe-se que na propriedade autoral o direito do autor é vitalício, tendo em vista a previsão de possibilidade de transmissão desses direitos aos herdeiros. Contudo, quando nas mãos dos sucessores, a proteção será pelo tempo que a lei fixar, ou seja, temporário.

Já na propriedade industrial, a proteção do próprio autor já possui caráter temporário.

5.4.7 Direito à herança

De nada adiantaria tanta proteção à propriedade se esse bem jurídico não pudesse ser transmitido por meio da sucessão de bens aos herdeiros após a morte. O direito à herança, consagrado expressamente na Constituição, traduz-se no coroamento do direito de propriedade. É a grande força motriz desse direito. Só faz sentido ter direito à propriedade se esse direito possa ser transferido aos herdeiros.

> ***Art. 5º** [...]*
>
> *XXX – É garantido o direito de herança;*
>
> *XXXI – A sucessão de bens de estrangeiros situados no País será regulada pela lei brasileira em benefício do cônjuge ou dos filhos brasileiros, sempre que não lhes seja mais favorável a lei pessoal do de cujus;*

Destaque especial deve ser dado ao inciso XXXI, que prevê a possibilidade de aplicação de lei estrangeira no país em casos de sucessão de bens de pessoa estrangeira desde que esses bens estejam situados no Brasil. A Constituição Federal permite que seja aplicada a legislação mais favorável aos herdeiros, quer seja a lei brasileira, quer seja a lei estrangeira.

5.5 Direito à segurança

Ao se referir à segurança como direito individual, o art. 5º pretende significar "segurança jurídica "que trata de normas de pacificação social e que produzem uma maior segurança nas relações sociais. Esse é o ponto alto dos direitos individuais. Sem dúvida, aqui está a maior quantidade de questões cobradas em prova.

5.5.1 Princípio da segurança nas relações jurídicas

Este princípio tem como objetivo garantir a estabilidade das relações jurídicas. Veja o que diz a Constituição:

> ***Art. 5º** [...]*
>
> *XXXVI – A lei não prejudicará o direito adquirido, o ato jurídico perfeito e a coisa julgada;*

Os três institutos aqui protegidos encontram seu conceito formalizado na ***Lei de Introdução às Normas do Direito brasileiro.***

> ***Art. 6º** [...]*
>
> *§ 1º Reputa-se ato jurídico perfeito o já consumado segundo a lei vigente ao tempo em que se efetuou.*
>
> *§ 2º Consideram-se adquiridos assim os direitos que o seu titular, ou alguém por ele, possa exercer, como aqueles cujo começo do exercício tenha termo pré-fixo, ou condição pré-estabelecida inalterável, a arbítrio de outrem.*
>
> *§ 3º Chama-se coisa julgada ou caso julgado a decisão judicial de que já não caiba recurso.*

Em linhas gerais, pode-se assim conceituá-los:

- **Direito adquirido:** direito já incorporado ao patrimônio do titular.
- **Ato jurídico perfeito:** ato jurídico que já atingiu seu fim. Ato jurídico acabado, aperfeiçoado, consumado.
- **Coisa julgada:** sentença judicial transitada em julgado. Aquela sentença em relação à qual não cabe mais recurso.

De uma coisa não se pode esquecer: a proibição de retroatividade da lei nos casos aqui estudados não se aplica às leis mais benéficas, ou seja, uma lei mais benéfica poderá produzir efeitos em relação ao direito adquirido, ao ato jurídico perfeito e à coisa julgada.

5.5.2 Devido processo legal

O devido processo legal possui como objetivo principal limitar o poder do Estado. Esse princípio condiciona a restrição da liberdade ou dos bens de um indivíduo à existência de um procedimento estatal que respeite todos os direitos e garantias processuais previstos na lei. É o que diz o inciso LIV do art. 5º:

> *LIV – Ninguém será privado da liberdade ou de seus bens sem o devido processo legal;*

A exigência constitucional de existência de processo aplica-se tanto aos processos judiciais quanto aos procedimentos administrativos.

Desse princípio, surge a garantia constitucional à **proporcionalidade** e **razoabilidade.** Da mesma forma, é durante o devido processo legal que poderão ser exercidos os direitos ao contraditório e à ampla defesa, que serão analisados a seguir.

5.5.3 Contraditório e ampla defesa

Essas garantias constitucionais, conforme já salientado, decorrem do devido processo legal. São utilizadas como ferramenta de defesa diante das acusações impostas pelo Estado ou por um particular nos processos judiciais e administrativos:

Art. 5º [...]

LV – Aos litigantes, em processo judicial ou administrativo, e aos acusados em geral são assegurados o contraditório e ampla defesa, com os meios e recursos a ela inerentes;

Mas o que significam o contraditório e a ampla defesa?

Contraditório é o direito de contradizer, contrariar, contraditar. Se alguém diz que você é ou fez alguma coisa, o contraditório lhe permite dizer que não é e que não fez o que lhe foi imputado. É simplesmente o direito de contrariar. Já a **ampla defesa** é a possibilidade de utilização de todos os meios admitidos em direito para se defender de uma acusação.

Em regra, o contraditório e a ampla defesa são garantidos em todos os processos judiciais ou administrativos, contudo, a legislação brasileira previu alguns procedimentos administrativos incompatíveis com o exercício desse direito:

- Inquérito policial.
- Sindicância investigativa.
- Inquérito civil.

Em suma, nos procedimentos investigatórios que não possuem o condão de punir o investigado não serão garantidos o contraditório e a ampla defesa.

Observem-se as Súmulas Vinculantes do Supremo Tribunal Federal que versam sobre esse tema:

Súmula Vinculante nº 3 – STF *Nos processos perante o Tribunal de Contas da União asseguram-se o contraditório e a ampla defesa quando da decisão puder resultar anulação ou revogação de ato administrativo que beneficie o interessado, excetuada a apreciação da legalidade do ato de concessão inicial de aposentadoria, reforma e pensão.*

Súmula Vinculante nº 5 – STF *A falta de defesa técnica por advogado no processo administrativo disciplinar não ofende a Constituição.*

Súmula Vinculante nº 14 – STF *É direito do defensor, no interesse do representado, ter acesso amplo aos elementos de prova que, já documentados em procedimento investigatório realizado por órgão com competência de polícia judiciária, digam respeito ao exercício do direito de defesa.*

Súmula Vinculante nº 21 – STF *É inconstitucional a exigência de depósito ou arrolamento prévios de dinheiro ou bens para admissibilidade de recurso administrativo.*

5.5.4 Proporcionalidade e razoabilidade

Eis uma garantia fundamental que não está expressa no texto constitucional apesar de ser um dos institutos mais utilizados pelo Supremo em suas decisões atuais. Trata-se de um princípio implícito, cuja fonte é o princípio do devido processo legal. Esses dois institutos jurídicos são utilizados como parâmetro de ponderação quando adotadas medidas pelo Estado, principalmente no que tange à restrição de bens e direitos dos indivíduos. Duas palavras esclarecem o sentido dessas garantias: necessidade e adequação.

Para saber se um ato administrativo observou os critérios de proporcionalidade e razoabilidade, deve-se questionar se o ato foi necessário e se foi adequado à situação.

Para exemplificar, imaginemos que um determinado fiscal sanitário, ao inspecionar um supermercado, depara-se com um pote de iogurte com a data de validade vencida há um dia. Imediatamente, ele prende o dono do mercado, dá dois tiros para cima, realiza revista manual em todos os clientes e funcionários do mercado e aplica uma multa de dois bilhões de reais. Pergunta-se: será que a medida adotada pelo fiscal foi necessária? Foi adequada? Certamente que não. Logo, a medida não observou os princípios da razoabilidade e proporcionalidade.

É importante deixar claro que os princípios da proporcionalidade e da razoabilidade estão implícitos no texto constitucional, ou seja, não estão previstos expressamente.

5.5.5 Inadmissibilidade das provas ilícitas

Uma das garantias mais importantes do direito brasileiro é a inadmissibilidade das provas ilícitas. Encontra-se previsto expressamente no inciso LVI do art. 5º:

LVI – São inadmissíveis, no processo, as provas obtidas por meios ilícitos.

Em razão dessa garantia, é proibida a produção de provas ilícitas num processo sob pena de nulidade processual. Em regra, a prova ilícita produz nulidade de tudo o que a ela estiver relacionado. Esse efeito decorre da chamada **Teoria dos Frutos da Árvore Envenenada**. Segundo a teoria, se a árvore está envenenada, os frutos também o serão. Se uma prova foi produzida de forma ilícita, as demais provas dela decorrentes também serão ilícitas (ilicitude por derivação). Contudo, deve-se ressaltar que essa teoria é aplicada de forma restrita no direito brasileiro, ou seja, encontrada uma prova ilícita num processo, não significa que todo o processo será anulado, mas apenas os atos e demais provas que decorreram direta ou indiretamente daquela produzida de forma ilícita.

Caso existam provas autônomas produzidas em conformidade com a lei, o processo deve prosseguir ainda que tenham sido encontradas e retiradas as provas ilícitas. Logo, é possível afirmar que a existência de uma prova ilícita no processo não anula de pronto todo o processo.

Deve-se destacar, ainda, a única possibilidade já admitida de prova ilícita nos tribunais brasileiros: a produzida em legítima defesa.

5.5.6 Inviolabilidade domiciliar

Essa garantia protege o indivíduo em seu recinto mais íntimo: a casa. A Constituição dispõe que:

***Art. 5º** [...]*

XI – A casa é asilo inviolável do indivíduo, ninguém nela podendo penetrar sem consentimento do morador, salvo em caso de flagrante delito ou desastre, ou para prestar socorro, ou, durante o dia, por determinação judicial.

Como regra, só se pode entrar na casa de uma pessoa com o seu consentimento. Excepcionalmente, a Constituição Federal admite a entrada sem consentimento do morador nos casos de:

- Flagrante delito.
- Desastre.
- Prestar socorro.
- Determinação Judicial – só durante o dia.

No caso de determinação judicial, a entrada se dará apenas durante o dia. Nos demais casos, a entrada será permitida a qualquer hora.

Alguns conceitos importantes: o que é casa? O que pode ser entendido como casa para efeito de inviolabilidade? A jurisprudência tem interpretado o conceito de casa de forma ampla, em consonância com o disposto nos arts. 245 e 246 do Código de Processo Penal:

Art. 245 *As buscas domiciliares serão executadas de dia, salvo se o morador consentir que se realizem à noite, e, antes de penetrarem na casa, os executores mostrarão e lerão o mandado ao morador, ou a quem o represente, intimando-o, em seguida, a abrir a porta.*

Art. 246 *Aplicar-se-á também o disposto no artigo anterior, quando se tiver de proceder a busca em compartimento habitado ou em aposento ocupado de habitação coletiva ou em compartimento não aberto ao público, onde alguém exercer profissão ou atividade.*

O STF já considerou como casa, para efeitos de inviolabilidade, oficina mecânica, quarto de hotel ou escritório profissional.

Outra questão relevante é saber o que é dia? Dois são os posicionamentos adotados na doutrina:

- Das 6 h às 18 h.
- Da aurora ao crepúsculo.

Segundo a jurisprudência, isso deve ser resolvido no caso concreto, tendo em vista variação de fusos horários existentes em nosso país, bem como a ocorrência do horário de verão. Na prática, é possível entrar na casa independentemente do horário, desde que seja durante o dia.

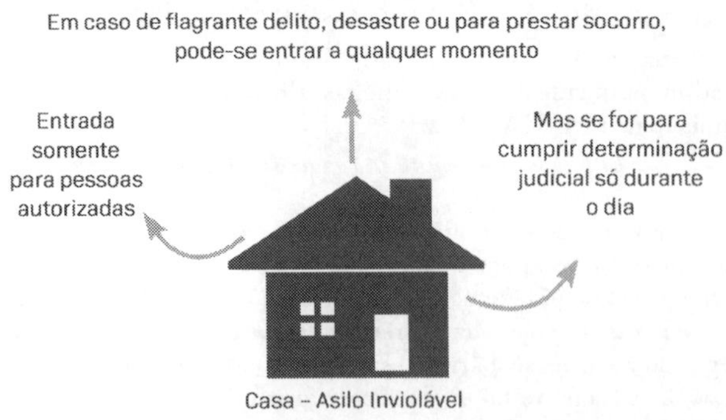

5.5.7 Princípio da inafastabilidade da jurisdição

Esse princípio, também conhecido como princípio do livre acesso ao poder judiciário ou direito de ação, garante, nos casos de necessidade, o acesso direto ao Poder Judiciário. Também, decorre desse princípio a ideia de que não é necessário o esgotamento das vias administrativas para ingressar com uma demanda no Poder Judiciário. Assim prevê a Constituição Federal:

> ***Art. 5º*** *[...]*
>
> *XXXV – A lei não excluirá da apreciação do Poder Judiciário lesão ou ameaça a direito;*

Perceba que a proteção possui sentido duplo: lesão ou ameaça à lesão. Significa dizer que a garantia pode ser utilizada tanto de forma preventiva como de forma repressiva. Tanto para prevenir a ofensa a direito como para reprimir a ofensa já cometida.

Quanto ao acesso ao Judiciário independentemente do esgotamento das vias administrativas, há algumas peculiaridades previstas na legislação brasileira:

- **Justiça desportiva:** a Constituição Federal de 1988 prevê no art. 217 que o acesso ao Poder Judiciário está condicionado ao esgotamento das vias administrativas.

> ***Art. 217*** *[...]*
>
> *§ 1º O Poder Judiciário só admitirá ações relativas à disciplina e às competições desportivas após esgotarem-se as instâncias da justiça desportiva, regulada em lei.*

- **Compromisso arbitral:** a Lei nº 9.307/1996 prevê que as partes, quando em discussão patrimonial, poderão optar pela arbitragem como forma de resolução de conflito. Não se trata de uma instância administrativa de curso forçado, mas de uma opção facultada às partes.
- *Habeas data:* o art. 8º da Lei nº 9.507/1997 exige, para impetração do *habeas data*, a comprovação da recusa ao acesso à informação. Parte da doutrina não considera isso como exigência de prévio esgotamento da via administrativa, mas condição da ação. Veja-se a súmula nº 2 do STJ:

> ***Súmula nº 2*** *– STJ Não cabe "Habeas Data" se não houve recusa de informações por parte da autoridade administrativa.*

- **Reclamação Constitucional:** o art. 7º, § 1º da Lei nº 11.417/2006, que regula a edição de Súmulas Vinculantes, prevê que só será possível a Reclamação Constitucional nos casos de omissão ou ato da Administração Pública que contrarie ou negue vigência à Súmula Vinculante, após o esgotamento das vias administrativas.

5.5.8 Gratuidade das certidões de nascimento e de óbito

A Constituição Federal de 1988 traz expressamente que:

> *Art. 5º, LXXVI. São gratuitos para os reconhecidamente pobres, na forma da lei:*
>
> *a) o registro civil de nascimento;*
>
> *b) a certidão de óbito;*

Observe-se que o texto constitucional condiciona o benefício da gratuidade do registro de nascimento e da certidão de óbito apenas para os reconhecidamente pobres. Entretanto, a Lei nº 6.015/1973 prevê que:

> ***Art. 30*** *Não serão cobrados emolumentos pelo registro civil de nascimento e pelo assento de óbito, bem como pela primeira certidão respectiva.*
>
> *§ 1º Os reconhecidamente pobres estão isentos de pagamento de emolumentos pelas demais certidões extraídas pelo cartório de registro civil.*

Perceba que essa lei amplia o benefício garantido na Constituição para todas as pessoas no que tange ao registro e à aquisição da primeira certidão de nascimento e de óbito. Quanto às demais vias, só serão garantidas aos reconhecidamente pobres. Deve-se ter cuidado com essa questão em prova, pois deve ser levado em conta se a pergunta tem como referência a Constituição ou não.

5.5.9 Celeridade processual

Traz o texto constitucional:

> ***Art. 5º*** *[...]*
>
> *LXXVIII – A todos, no âmbito judicial e administrativo, são assegurados a razoável duração do processo e os meios que garantam a celeridade de sua tramitação.*

Essa é a garantia da celeridade processual. Decorre do princípio da eficiência que obriga o Estado a prestar assistência em tempo razoável. Celeridade quer dizer rapidez, mas uma rapidez com qualidade. Esse princípio é aplicável nos processos judiciais e administrativos, visa dar maior efetividade a prestação estatal. Deve-se garantir o direito antes que o seu beneficiário deixe de precisar. Após a inclusão desse dispositivo entre os direitos fundamentais, várias medidas para acelerar a prestação jurisdicional foram adotadas, dentre as quais destacam-se:

- Juizados especiais;
- Súmula vinculante;
- Realização de inventários e partilhas por vias administrativas;
- Informatização do processo.

Essas são algumas das medidas que foram adotadas para trazer mais celeridade ao processo.

5.5.10 Erro judiciário

Dispositivo de grande utilidade social que funciona como limitador da arbitrariedade estatal. O Estado, no que tange à liberdade do indivíduo, não pode cometer erros sob pena de ter que indenizar o injustiçado. Isso é o que prevê o inciso LXXV do art. 5º:

> *LXXV – O Estado indenizará o condenado por erro judiciário, assim como o que ficar preso além do tempo fixado na sentença;*

5.5.11 Publicidade dos atos processuais

Em regra, os atos processuais são públicos. Essa publicidade visa a garantir maior transparência aos atos administrativos bem como permite a fiscalização popular. Além disso, atos públicos possibilitam um exercício efetivo do contraditório e da ampla defesa. Entretanto, essa publicidade comporta algumas exceções:

> ***Art. 5º*** *[...]*
>
> *LX – A lei só poderá restringir a publicidade dos atos processuais quando a defesa da intimidade ou o interesse social o exigirem;*

Nos casos em que a intimidade ou o interesse social exigirem, a publicidade poderá ser restringida apenas aos interessados. Imaginemos uma audiência em que estejam envolvidas crianças; nesse caso, como forma de preservação da intimidade, o juiz poderá restringir a participação na audiência apenas aos membros da família e demais interessados.

5.5.12 Sigilo das comunicações

Uma das normas mais importantes da Constituição Federal que versa sobre segurança jurídica é esta:

> ***Art. 5º** [...]*
>
> *XII – É inviolável o sigilo da correspondência e das comunicações telegráficas, de dados e das comunicações telefônicas, salvo, no último caso, por ordem judicial, nas hipóteses e na forma que a lei estabelecer para fins de investigação criminal ou instrução processual penal;*

Esse dispositivo prevê quatro formas de comunicação que possuem proteção constitucional:

- Sigilo da correspondência;
- Comunicação telegráfica;
- Comunicação de dados;
- Comunicações telefônicas.

Dessas quatro formas de comunicação, apenas uma obteve autorização de violação do sigilo pelo texto constitucional: as comunicações telefônicas. Deve-se tomar cuidado com esse tema em prova. Segundo o texto expresso, só as comunicações telefônicas poderão ter o seu sigilo violado. E só o juiz poderá fazê-lo, com fins definidos também pela Constituição, os quais são para investigação criminal e instrução processual penal.

Entretanto, considerando a inexistência de direito fundamental absoluto, a jurisprudência tem considerado a possibilidade de quebra dos demais sigilos, desde que seja determinada por ordem judicial.

No que tange ao sigilo dos dados bancários, fiscais, informáticos e telefônicos, a jurisprudência tem permitido sua quebra por determinação judicial, determinação de Comissão Parlamentar de Inquérito, requisição do Ministério Público, solicitação da autoridade fazendária.

5.5.13 Tribunal do Júri

O Tribunal do Júri é uma instituição pertencente ao Poder Judiciário, que possui competência específica para julgar determinados tipos de crime. O Júri é formado pelo Conselho de Sentença, que é presidido por um Juiz Togado e por sete jurados que efetivamente farão o julgamento do acusado. A ideia do Tribunal do Júri é que o acusado seja julgado por seus pares.

A Constituição Federal apresenta alguns princípios que regem esse tribunal:

> ***Art. 5º** [...]*
>
> *XXXVIII – É reconhecida a instituição do júri, com a organização que lhe der a lei, assegurados:*
>
> *a) a plenitude de defesa;*
>
> *b) o sigilo das votações;*
>
> *c) a soberania dos veredictos;*
>
> *d) a competência para o julgamento dos crimes dolosos contra a vida.*

Segundo esse texto, o Tribunal do Júri é regido pelos seguintes princípios:

- **Plenitude de defesa:** esse princípio permite que no júri sejam utilizadas todas as provas permitidas em direito. Aqui, o momento probatório é bastante explorado haja vista a necessidade de se convencer os jurados que são pessoas comuns da sociedade.
- **Sigilo das votações:** o voto é sigiloso. Durante o julgamento não é permitido que um jurado converse com o outro sobre o julgamento sob pena de nulidade;
- **Soberania dos veredictos:** o que for decidido pelos jurados será considerado soberano. Nem o Juiz presidente poderá modificar o julgamento. Aqui quem decide são os jurados;
- **Competência para julgar os crimes dolosos contra a vida:** o júri não julga qualquer tipo de crime, mas apenas os dolosos contra a vida. Crimes dolosos, em simples palavras, são aqueles praticados com intenção, com vontade. São diferentes dos crimes culposos, os quais são praticados sem intenção.

5.5.14 Princípio da anterioridade

O inciso XXXIX do art. 5º da Constituição Federal de 1988 apresenta o chamado princípio da anterioridade penal:

> *XXXIX – Não há crime sem lei anterior que o defina, nem pena sem prévia cominação legal.*

Esse princípio decorre na necessidade de se prever antes da aplicação da pena, a conduta que é considerada como crime e a pena que deverá ser cominada. Mais uma regra de segurança jurídica.

5.5.15 Princípio da irretroatividade

Esse princípio também possui sua importância ao prever que a lei penal não poderá retroagir, salvo se for para beneficiar o réu.

> ***Art. 5º** [...]*
>
> *XL – A lei penal não retroagirá, salvo para beneficiar o réu.*

5.5.16 Crimes imprescritíveis, inafiançáveis e insuscetíveis de graça e anistia

Os dispositivos a seguir estão entre os mais cobrados em prova. O ideal é que sejam memorizados na ordem proposta no quadro abaixo:

> ***Art. 5º** [...]*
>
> *XLII – A prática do racismo constitui crime inafiançável e imprescritível, sujeito à pena de reclusão, nos termos da lei;*
>
> *XLIII – A lei considerará crimes inafiançáveis e insuscetíveis de graça ou anistia a prática da tortura, o tráfico ilícito de entorpecentes e drogas afins, o terrorismo e os definidos como crimes hediondos, por eles respondendo os mandantes, os executores e os que, podendo evitá-los, se omitirem;*
>
> *XLIV – Constitui crime inafiançável e imprescritível a ação de grupos armados, civis ou militares, contra a ordem constitucional e o Estado Democrático.*

Atenção

Crimes imprescritíveis → racismo; ação de grupos armados.
Crimes inafiançáveis → racismo; ação de grupos armados; tráfico; terrorismo, tortura; crimes hediondos.
Crimes insuscetíveis de graça e anistia → tráfico; terrorismo; tortura; crimes hediondos.

Os crimes inafiançáveis englobam todos os crimes previstos no art. 5º, incisos XLII, XLIII e XLIV.

Os crimes que são insuscetíveis de graça e anistia não são imprescritíveis, e vice e versa. Dessa forma, nunca pode existir, na prova, uma questão que trabalhe com as duas classificações ao mesmo tempo.

Nunca, na prova, pode haver uma questão em que se apresentem as três classificações ao mesmo tempo.

5.5.17 Princípio da personalidade da pena

Assim diz o inciso XLV, do art. 5º da Constituição Federal de 1988:

> *XLV – Nenhuma pena passará da pessoa do condenado, podendo a obrigação de reparar o dano e a decretação do perdimento de bens ser, nos termos da lei, estendidas aos sucessores e contra eles executadas, até o limite do valor do patrimônio transferido.*

Esse inciso diz que a pena é pessoal, quem comete o crime responde pelo crime, de forma que não é possível que uma pessoa cometa um crime e outra responda pelo crime em seu lugar, porque a pena é pessoal.

É necessário prestar atenção ao tema, pois já apareceu em prova tanto na forma de um problema quanto com a modificação do próprio texto constitucional. Esse princípio da personalidade da pena diz que a pena é pessoal, isto é, a pena não pode passar para outra pessoa, mas permite que a responsabilidade pelos danos civis possa passar para seus herdeiros. Para exemplificar, imaginemos que uma determinada pessoa assalta uma padaria e consegue roubar uns R$ 50.000,00.

Em seguida, a polícia prende o ladrão por ter roubado a padaria. Em regra, todo crime cometido gera uma responsabilidade penal prevista no Código Penal brasileiro. Ainda, deve-se ressarcir os danos causados à vítima. Se ele roubou R$50.000,00, tem que devolver, no mínimo, esse valor à vítima.

É muito difícil conseguir o montante voluntariamente, por isso, é necessário entrar com uma ação civil *ex delicto* para reaver o dinheiro referente ao crime cometido. O dono da padaria entra com a ação contra o bandido pedindo os R$ 50.000,00 acrescidos juros e danos morais. Enquanto ele cumpre a pena, a ação está tramitando. Ocorre que o preso se envolve numa confusão dentro da penitenciária e acaba morrendo.

O preso possui alguns filhos, os quais são seus herdeiros. Quando os bens passam aos herdeiros, chamamos isso de sucessão. Quando foram contabilizar os bens que o bandido tinha, perceberam que sobraram apenas R$ 30.000,00, valor que deve ser dividido entre os herdeiros. Pergunta:

O homem que cometeu o crime estava cumprindo pena, mas ele morreu. Qual filho assume o lugar dele? O mais velho ou o mais novo?

Nenhum dos dois, porque a pena é personalíssima. Só cumpre a pena quem praticou o crime.

É possível que a responsabilidade de reparar os danos materiais exigidos pelo dono da padaria recaia sobre seus herdeiros?

Sim. A Constituição diz que os herdeiros respondem com o valor do montante recebido, até o limite da herança recebida.

O dono da padaria pediu R$ 50.000,00, mas só sobraram R$ 30.000,00. Os filhos terão que inteirar esse valor até completar os R$ 50.000,00?

Não, pois a Constituição diz que os sucessores respondem até o limite do patrimônio transferido. Ou seja, se só são transferidos R$ 30.000,00, então os herdeiros só vão responder pela indenização com esses R$ 30.000,00. E o os outros R$ 20.000,00, quem vai pagar? Ninguém. O dono da padaria fica com esse prejuízo.

5.5.18 Penas proibidas e permitidas

Vejamos agora dois incisos do art. 5º da Constituição Federal de 1988, que sempre caem em prova juntos: incisos XLVI e XLVII. Há no inciso XLVI as penas permitidas e no XLVII as penas proibidas. Mas como isso cai em prova? O examinador pega uma pena permitida e diz que é proibida ou pega uma proibida e diz que é permitida. Conforme os incisos:

> ***Art. 5º** [...]*
>
> *XLVI – A lei regulará a individualização da pena e adotará, entre outras, as seguintes:*
>
> *a) privação ou restrição da liberdade;*
>
> *b) perda de bens;*
>
> *c) multa;*
>
> *d) prestação social alternativa;*
>
> *e) suspensão ou interdição de direitos.*

Aqui há o rol de penas permitidas. Memorize essa lista para lembrar quais são as penas permitidas. Atenção para uma pena que é pouco comum e que geralmente em prova é colocada como pena proibida, que é a pena de perda de bens.

Veja o próximo inciso com o rol de penas proibidas:

> *XLVII – Não haverá penas:*
>
> *a) de morte, salvo em caso de guerra declarada, nos termos do art. 84, XIX;*
>
> *b) de caráter perpétuo;*
>
> *c) de trabalhos forçados;*
>
> *d) de banimento;*
>
> *e) cruéis.*

Essas são as penas que não podem ser aplicadas no Brasil. E, na prova, é cobrado da seguinte forma: existe pena de morte no Brasil? Deve-se ter muita atenção com esse tema, pois apesar de a Constituição ter dito que é proibida, existe uma exceção: no caso de guerra declarada. Essa exceção é uma verdadeira possibilidade, de forma que se deve afirmar que existe pena de morte no Brasil. Apesar de a regra ser a proibição, existe a possibilidade de sua aplicação. Só como curiosidade, a pena de morte no Brasil é regulada pelo Código Penal Militar, a qual será executada por meio de fuzilamento.

A próxima pena proibida é a de caráter perpétuo. Não existe esse tipo de pena no Brasil, pois as penas aqui são temporárias. No Brasil, uma pessoa só fica presa por, no máximo, 40 anos.

A outra pena é a de trabalhos forçados. É aquela pena em que o sujeito é obrigado a trabalhar de forma a denegrir a sua condição como ser humano. Esse tipo de pena não é permitido no Brasil.

Há ainda a pena de banimento, que é a expulsão do brasileiro, tanto nato como naturalizado.

Por fim, a Constituição veda a aplicação de penas cruéis. Pena cruel é aquela que denigre a condição humana, expõe o indivíduo a situações desumanas, vexatórias, que provoquem intenso sofrimento.

5.5.19 Princípio da individualização da pena

Nos termos do art. 5º, inciso XLVIII, da Constituição Federal de 1988:

> *XLVIII – A pena será cumprida em estabelecimentos distintos, de acordo com a natureza do delito, a idade e o sexo do apenado;*

Esse dispositivo traz uma regra muito interessante, o princípio da individualização da pena. Significa que a pessoa, quando cumprir sua pena, deve cumpri-la em estabelecimento e condições compatíveis com a sua situação. Se mulher, deve cumprir com mulheres; se homem, cumprirá com homens; se reincidente, com reincidentes; se réu primário, com réus primários; e assim por diante. O ideal é que cada situação possua um cumprimento de pena adequado que propicie um melhor acompanhamento do poder público e melhores condições para a ressocialização.

5.5.20 Regras sobre prisões

São vários os dispositivos constitucionais previstos no art. 5º, da Constituição Federal de 1988, que se referem às prisões:

> *LXI – Ninguém será preso senão em flagrante delito ou por ordem escrita e fundamentada de autoridade judiciária competente, salvo nos casos de transgressão militar ou crime propriamente militar, definidos em lei;*
>
> *LXII – A prisão de qualquer pessoa e o local onde se encontre serão comunicados imediatamente ao juiz competente e à família do preso ou à pessoa por ele indicada;*
>
> *LXIII – O preso será informado de seus direitos, entre os quais o de permanecer calado, sendo-lhe assegurada a assistência da família e de advogado;*
>
> *LXIV – O preso tem direito à identificação dos responsáveis por sua prisão ou por seu interrogatório policial;*
>
> *LXV – A prisão ilegal será imediatamente relaxada pela autoridade judiciária;*
>
> *LXVI – Ninguém será levado à prisão ou nela mantido, quando a lei admitir a liberdade provisória, com ou sem fiança;*
>
> *LXVII – Não haverá prisão civil por dívida, salvo a do responsável pelo inadimplemento voluntário e inescusável de obrigação alimentícia e a do depositário infiel.*

Como destaque para provas, é importante enfatizar o disposto no inciso LXVII, o qual prevê duas formas de prisão civil por dívida:

- **Devedor de pensão alimentícia;**
- **Depositário infiel.**

Apesar de a Constituição Federal de 1988 apresentar essas duas possibilidades de prisão civil por dívida, o STF tem entendido que só existe uma: a prisão do devedor de pensão alimentícia. Isso significa que o depositário infiel não poderá ser preso. Essa é a inteligência da Súmula Vinculante nº 25:

> ***Súmula Vinculante nº 25** É ilícita a prisão civil de depositário infiel, qualquer que seja a modalidade do depósito.*

Em relação a esse assunto, deve-se ter muita atenção ao resolver a questão. Se a Banca perguntar conforme a Constituição Federal, responde-se segundo a Constituição Federal. Mas se perguntar à luz da jurisprudência, responde-se conforme o entendimento do STF.

Atenção

Constituição Federal → duas formas de prisão civil → depositário infiel e devedor de pensão alimentícia.
STF → uma forma de prisão civil → devedor de pensão alimentícia.

5.5.21 Extradição

Fruto de acordo internacional de cooperação, a extradição permite que determinada pessoa seja entregue a outro país para que seja responsabilizada pelo cometimento de algum crime. Existem duas formas de extradição:

- **Extradição ativa:** quando o Brasil pede para outro país a extradição de alguém.
- **Extradição passiva:** quando algum país pede para o Brasil a extradição de alguém.

A Constituição Federal preocupou-se em regular apenas a extradição passiva por meios dos incisos LI e LII do art. 5º:

> *LI – Nenhum brasileiro será extraditado, salvo o naturalizado, em caso de crime comum, praticado antes da naturalização, ou de comprovado envolvimento em tráfico ilícito de entorpecentes e drogas afins, na forma da lei;*
>
> *LII – Não será concedida extradição de estrangeiro por crime político ou de opinião.*

De acordo com a inteligência desses dispositivos, três regras podem ser adotadas em relação à extradição passiva:

- **Brasileiro nato:** nunca será extraditado.
- **Brasileiro naturalizado:** será extraditado em duas hipóteses: crime comum cometido antes da naturalização comprovado envolvimento com o tráfico ilícito de drogas, antes ou depois da naturalização.
- **Estrangeiro:** poderá ser extraditado salvo em dois casos: **crime político e crime de opinião.**

Na **extradição ativa**, qualquer pessoa pode ser extraditada, inclusive o brasileiro nato. Deve-se ter muito cuidado com essa questão em prova. Lembre-se de que a extradição ativa ocorre quando o Brasil pede a extradição de um criminoso para outro país. Isso pode ser feito pedindo a extradição de qualquer pessoa que o Brasil queira punir.

Quais princípios que regem a extradição no país?

- **Princípio da reciprocidade:** o Brasil só extradita ao país que extradita para o Brasil. Deve haver acordo ou tratado de extradição entre o país requerente e o Brasil.
- **Princípio da especialidade:** o extraditando só poderá ser processado e julgado pelo crime informado no pedido de extradição.
- **Comutação da pena:** o país requerente deverá firmar um compromisso de comutar a pena prevista em seu país quando a pena a ser aplicada for proibida no Brasil.
- **Dupla tipicidade ou dupla incriminação:** só se extradita se a conduta praticada for considerada crime no Brasil e no país requerente.

Deve-se ter muito cuidado para não confundir extradição com entrega, deportação, expulsão ou banimento.

- **Extradição:** a extradição, como se viu, é instituto de cooperação internacional entre países soberanos para a punição de criminosos. Pela extradição, um país entrega o criminoso a outro país para que ele seja punido pelo crime praticado.
- **Entrega:** é o ato por meio do qual o país entrega uma pessoa para ser julgada no Tribunal Penal Internacional.
- **Deportação:** é a retirada do estrangeiro que tenha entrado de forma irregular no território nacional.
- **Expulsão:** é a retirada do estrangeiro que tenha praticado um ato ofensivo ao interesse nacional conforme as regras estabelecidas no Estatuto do Estrangeiro (art. 65, Lei nº 6.815/1980).
- **Banimento:** é uma das penas proibidas no direito brasileiro que consiste na expulsão de brasileiros para fora do território nacional.

5.5.22 Princípio da presunção da inocência

Também conhecido como princípio da não culpabilidade, essa regra de segurança jurídica garante que ninguém poderá ser condenado sem antes haver uma sentença penal condenatória transitada em julgado. Ou seja, uma sentença judicial condenatória definitiva:

> ***Art. 5º** [...]*
>
> *LVII – Ninguém será considerado culpado até o trânsito em julgado de sentença penal condenatória.*

5.5.23 Identificação criminal

> ***Art. 5º** [...]*
>
> *LVIII – O civilmente identificado não será submetido a identificação criminal, salvo nas hipóteses previstas em lei.*

A Constituição garante que não será identificado criminalmente quem possuir identificação pública capaz de identificá-lo. Contudo, a Lei nº 12.037/2009 prevê hipóteses nas quais será possível a identificação criminal mesmo de quem apresentar outra identificação:

> ***Art. 3º** Embora apresentado documento de identificação, poderá ocorrer identificação criminal quando:*
>
> *I – O documento apresentar rasura ou tiver indício de falsificação;*
>
> *II – O documento apresentado for insuficiente para identificar cabalmente o indiciado;*
>
> *III – O indiciado portar documentos de identidade distintos, com informações conflitantes entre si;*
>
> *IV – A identificação criminal for essencial às investigações policiais, segundo despacho da autoridade judiciária competente, que decidirá de ofício ou mediante representação da autoridade policial, do Ministério Público ou da defesa;*
>
> *V – Constar de registros policiais o uso de outros nomes ou diferentes qualificações;*
>
> *VI – O estado de conservação ou a distância temporal ou da localidade da expedição do documento apresentado impossibilite a completa identificação dos caracteres essenciais.*

5.5.24 Ação penal privada subsidiária da pública

> ***Art. 5º** [...]*
>
> *LIX – Será admitida ação privada nos crimes de ação pública, se esta não for intentada no prazo legal.*

Em regra, nos crimes de ação penal pública, o titular da ação penal é o Ministério Público. Contudo, havendo omissão ou mesmo desídia por parte do órgão ministerial, o ofendido poderá promover a chamada ação penal privada subsidiária da pública. Esse tema encontra-se disciplinado no art. 29 do Código de Processo Penal:

> ***Art. 29** Será admitida ação privada nos crimes de ação pública, se esta não for intentada no prazo legal, cabendo ao Ministério Público aditar a queixa, repudiá-la e oferecer denúncia substitutiva, intervir em todos os termos do processo, fornecer elementos de prova, interpor recurso e, a todo tempo, no caso de negligência do querelante, retomar a ação como parte principal.*

5.6 Remédios constitucionais

Os remédios constitucionais são espécies de garantias constitucionais que visam a proteger determinados direitos e até outras garantias fundamentais. São poderosas ações constitucionais que estão disciplinadas no texto da Constituição.

DCON

5.6.1 *Habeas corpus*

Sem dúvida, esse remédio constitucional é o mais importante para prova, haja vista a sua utilização para proteger um dos direitos mais ameaçados do indivíduo: a liberdade de locomoção. Vejamos o que diz o texto constitucional:

> ***Art. 5º** [...]*
>
> *LXVIII – Conceder-se-á "Habeas corpus" sempre que alguém sofrer ou se achar ameaçado de sofrer violência ou coação em sua liberdade de locomoção, por ilegalidade ou abuso de poder.*

É essencial, conhecer os elementos necessários para a utilização dessa ferramenta.

Deve-se compreender que o *Habeas corpus* é utilizado para proteger a liberdade de locomoção. Em relação a isso, é preciso estar atento, pois ele não tutela qualquer liberdade, mas apenas a liberdade de locomoção.

Outro ponto fundamental é que ele poderá ser utilizado tanto de forma preventiva quanto de forma repressiva.

- *Habeas corpus* **preventivo**: é aquele utilizado para prevenir a violência ou coação à liberdade de locomoção.
- *Habeas corpus* **repressivo**: é utilizado para reprimir à violência ou coação a liberdade de locomoção, ou seja, é utilizado quando a restrição da liberdade de locomoção já ocorreu.

Percebe-se que não é a qualquer tipo de restrição à liberdade de locomoção que caberá o remédio, mas apenas àquelas cometidas com ilegalidade ou abuso de poder.

Nas relações processuais que envolvem a utilização do *Habeas corpus*, é possível identificar a participação de três figurantes: o impetrante, o paciente e a autoridade coatora.

- **Impetrante:** o impetrante é a pessoa que impetra a ação. Quem entra com a ação. A titularidade dessa ferramenta é Universal, pois qualquer pessoa pode impetrar o HC. Não precisa sequer de advogado. Sua possibilidade é tão ampla que não precisa possuir capacidade civil ou mesmo qualquer formalidade. Esse remédio é desprovido de condições que impeçam sua utilização da forma mais ampla possível. Poderá impetrar essa ação tanto uma pessoa física quanto jurídica.
- **Paciente:** o paciente é quem teve a liberdade de locomoção restringida. Ele será o beneficiário do *Habeas corpus*. Pessoa jurídica não pode ser paciente de *Habeas corpus*, pois a liberdade de locomoção é um direito incompatível com sua natureza jurídica.
- **Autoridade coatora:** é quem restringiu a liberdade de locomoção com ilegalidade ou abuso de poder. Poderá ser tanto uma autoridade privada quanto uma autoridade pública.

Outra questão interessante que está prevista na Constituição é a gratuidade dessa ação:

> ***Art. 5º** [...]*
>
> *LXXVII – São gratuitas as ações de Habeas corpus e Habeas Data, e, na forma da lei, os atos necessários ao exercício da cidadania.*

A Constituição Federal de 1988 proíbe a utilização desse remédio constitucional em relação às punições disciplinares militares. É o que prevê o art. 142, § 2º:

> *§ 2º Não caberá "Habeas corpus" em relação a punições disciplinares militares.*

Contudo, o STF tem admitido o remédio quando impetrado por razões de ilegalidade da prisão militar. Quanto ao mérito da prisão, deve-se aceitar a vedação Constitucional, mas em relação às legalidades da prisão, prevalece o entendimento de que o remédio seria possível.

Também não cabe *Habeas corpus* em relação às penas pecuniárias, multas, advertências ou, ainda, nos processos administrativos disciplinares e no processo de *Impeachment*. Nesses casos, o não cabimento deve-se ao fato de que as medidas não visam restringir a liberdade de locomoção.

Por outro lado, a jurisprudência tem admitido o cabimento para impugnar inserção de provas ilícitas no processo ou quando houver excesso de prazo na instrução processual penal.

Por último, cabe ressaltar que o magistrado poderá concedê-lo de ofício.

5.6.2 *Habeas data*

O *habeas data* cuja previsão está no inciso LXXII do art. 5º tem como objetivo proteger a liberdade de informação:

> *LXXII – conceder-se-á "Habeas Data":*
>
> *a) para assegurar o conhecimento de informações relativas à pessoa do impetrante, constantes de registros ou bancos de dados de entidades governamentais ou de caráter público;*
>
> *b) para a retificação de dados, quando não se prefira fazê-lo por processo sigiloso, judicial ou administrativo.*

Duas são as formas previstas na Constituição para utilização desse remédio:

- **Para conhecer a informação.**
- **Para retificar a informação.**

É importante ressaltar que só caberá o remédio em relação às informações do próprio impetrante.

As informações precisam estar em um banco de dados governamental ou de caráter público, o que significa que seria possível entrar com um *habeas data* contra um banco de dados privado desde que tenha caráter público.

Da mesma forma que o *habeas corpus*, o *habeas data* também é gratuito:

> ***Art. 5º** [...]*
>
> *LXXVII – São gratuitas as ações de "Habeas corpus" e "Habeas Data", e, na forma da lei, os atos necessários ao exercício da cidadania.*

5.6.3 Mandado de segurança

O mandado de segurança é um remédio muito cobrado em prova em razão dos seus requisitos:

> ***Art. 5º, CF/1988/1988** [...]*
>
> *LXIX – Conceder-se-á mandado de segurança para proteger direito líquido e certo, não amparado por "Habeas corpus" ou "Habeas Data", quando o responsável pela ilegalidade ou abuso de poder for autoridade pública ou agente de pessoa jurídica no exercício de atribuições do Poder Público.*

Como se pode ver, o mandado de segurança será cabível proteger direito líquido e certo desde que não amparado por *Habeas corpus* ou *habeas data*. O que significa dizer que será cabível desde que não seja para proteger a liberdade de locomoção e a liberdade de informação. Esse é o chamado caráter subsidiário do mandado de segurança.

O texto constitucional exigiu também para a utilização dessa ferramenta a ilegalidade e o abuso de poder praticado por autoridade pública ou privada, desde que esteja no exercício de atribuições do poder público.

O mandado de segurança possui prazo decadencial para ser utilizado: 120 dias.

Existe também o mandado de segurança coletivo:

> ***Art. 5º** [...]*
>
> *LXX – O mandado de segurança coletivo pode ser impetrado por:*
>
> *a) partido político com representação no Congresso Nacional;*
>
> *b) organização sindical, entidade de classe ou associação legalmente constituída e em funcionamento há pelo menos um ano, em defesa dos interesses de seus membros ou associados.*

Observadas as regras do mandado de segurança individual, o mandado de segurança coletivo possui alguns requisitos que lhe são peculiares: os legitimados para propositura.

São legitimados para propor o mandado de segurança coletivo:

- **Partidos políticos com representação no Congresso Nacional:** para se ter representação no Congresso Nacional, basta um membro em qualquer uma das casas.
- **Organização sindical.**
- **Entidade de classe.**

- **Associação.**

Desde que legalmente constituída e em funcionamento há, pelo menos, um ano. Segundo o STF, a necessidade de estar constituída e em funcionamento há pelo menos um ano só se aplica às associações. A Banca FCC entende que esse requisito se aplica a todas as entidades.

5.6.4 Mandado de injunção

O mandado de injunção é uma ferramenta mais complexa para se entender. Vejamos o que diz a Constituição Federal de 1988:

> *Art. 5º [...]*
>
> *LXXI – Conceder-se-á mandado de injunção sempre que a falta de norma regulamentadora torne inviável o exercício dos direitos e liberdades constitucionais e das prerrogativas inerentes à nacionalidade, à soberania e à cidadania.*

O seu objetivo é suprir a omissão legislativa que impede o exercício de direitos fundamentais. Algumas normas constitucionais para que produzam efeitos dependem da edição de outras normas infraconstitucionais. Essas normas são conhecidas por sua eficácia como normas de eficácia limitada. O mandado de injunção visa a corrigir a ineficácia das normas com eficácia limitada.

Todas as vezes que um direito deixar de ser exercido pela ausência de norma regulamentadora, será cabível esse remédio.

No que tange à efetividade da decisão, deve-se esclarecer a possibilidade de adoção por parte do STF de duas correntes doutrinárias:

- **Teoria concretista geral:** o Poder Judiciário concretiza o direito no caso concreto aplicando seu dispositivo com efeito *erga omnes*, para todos os casos iguais;
- **Teoria concretista individual:** o Poder Judiciário concretiza o direito no caso concreto aplicando seu dispositivo com efeito *inter partes*, ou seja, apenas com efeito entre as partes.

5.6.5 Ação popular

A ação popular é uma ferramenta fiscalizadora utilizada como espécie de exercício direto dos direitos políticos. Por isso, só poderá ser utilizada por cidadãos. Segundo o inciso LXXIII do art. 5º da Constituição Federal de 1988:

> *LXXIII – Qualquer cidadão é parte legítima para propor ação popular que vise a anular ato lesivo ao patrimônio público ou de entidade de que o Estado participe, à moralidade administrativa, ao meio ambiente e ao patrimônio histórico e cultural, ficando o autor, salvo comprovada má-fé, isento de custas judiciais e do ônus da sucumbência.*

Além da previsão constitucional, essa ação encontra-se regulamentada pela Lei nº 4.717/1965. Percebe-se que seu objetivo consiste em proteger o patrimônio público, a moralidade administrativa, o meio ambiente e o patrimônio histórico e cultural.

O autor não precisa pagar custas judiciais ou ônus de sucumbência, salvo se houver má-fé.

6 DIREITOS SOCIAIS E NACIONALIDADE

6.1 Direitos sociais

6.1.1 Prestações positivas

Os direitos sociais encontram-se previstos a partir do art. 6º até o art. 11 da Constituição Federal de 1988. São normas que se concretizam por meio de prestações positivas por parte do Estado, haja vista objetivarem reduzir as desigualdades sociais.

Deve-se dar destaque para o art. 6º, que foi alterado pela Emenda Constitucional nº 90/2015 e que possivelmente será objeto de questionamento em concurso público:

> ***Art. 6º*** *São direitos sociais a educação, a saúde, a alimentação, o trabalho, a moradia, o transporte, o lazer, a segurança, a previdência social, a proteção à maternidade e à infância, a assistência aos desamparados, na forma desta Constituição.*
>
> ***Parágrafo único.*** *Todo brasileiro em situação de vulnerabilidade social terá direito a uma renda básica familiar, garantida pelo poder público em programa permanente de transferência de renda, cujas normas e requisitos de acesso serão determinados em lei, observada a legislação fiscal e orçamentária. (Incluído pela EC nº 114/2021)*

Boa parte dos direitos aqui previstos necessita de recursos financeiros para serem implementados, o que acaba por dificultar sua plena eficácia.

No entanto, antes de avançar nessa parte do conteúdo, faz-se necessário dizer que costumam ser cobradas questões de provas que abordam apenas o texto puro da Constituição Federal de 1988. A principal orientação, portanto, é que se dedique tempo à leitura da Constituição Federal, mais precisamente, do art. 7º, que possui vários dispositivos que podem ser trabalhados em prova.

6.1.2 Reserva do possível

Seria possível exigir do Estado a concessão de um direito social quando tal direito não fosse assegurado de forma condizente com sua previsão constitucional? A título de exemplo, veremos um dispositivo dos direitos sociais dos trabalhadores:

> ***Art. 7º*** *[...]*
>
> *IV – Salário-mínimo, fixado em lei, nacionalmente unificado, capaz de atender a suas necessidades vitais básicas e às de sua família com moradia, alimentação, educação, saúde, lazer, vestuário, higiene, transporte e previdência social, com reajustes periódicos que lhe preservem o poder aquisitivo, sendo vedada sua vinculação para qualquer fim.*

Observe-se que a Constituição Federal de 1988 garante que o salário-mínimo deve atender às necessidades vitais básicas do trabalhador e de sua família com moradia, alimentação, educação, saúde, lazer, vestuário, higiene, transporte e previdência social. Entendendo que os direitos sociais são espécies de direitos fundamentais e, analisando-os sob o dispositivo previsto no § 1º do art. 5º, segundo o qual "as normas definidoras de direitos e garantias fundamentais têm aplicação imediata", pergunta-se: seria possível entrar com uma ação visando a garantir o disposto no inciso IV, que está sendo analisado?

Certamente não. Para se garantir tudo o que está previsto no referido inciso, seria necessário que o salário-mínimo valesse, em média, por volta de R$ 3.000,00. Agora, imagine se algum trabalhador conseguisse esse benefício por meio de uma decisão judicial, o que não fariam todos os demais trabalhadores do país.

Se o Estado fosse obrigado a pagar esse valor para todos os trabalhadores, os cofres públicos rapidamente quebrariam. Para se garantir essa estabilidade, foi desenvolvida a **Teoria da Reserva do Possível**, por meio da qual o Estado pode alegar essa impossibilidade financeira para atender algumas demandas, como o aumento do salário-mínimo. Quando o poder público for demandado para garantir algum benefício de ordem social, poderá ser alegada, previamente, a impossibilidade financeira para concretização do direito sob o argumento da reserva do possível.

6.1.3 Mínimo existencial

Por causa da Reserva do Possível, o Estado passou a se esconder atrás dessa teoria, eximindo-se da sua obrigação social de garantia dos direitos tutelados na Constituição Federal. Tudo o que era pedido para o Estado era negado sob o argumento de que "não era possível". Para trazer um pouco de equilíbrio a essa relação, foi desenvolvida outra teoria chamada de Mínimo Existencial. Essa teoria permite que os poderes públicos deixem de atender algumas demandas em razão da reserva do possível, mas exige que seja garantido o mínimo existencial.

6.1.4 Princípio da proibição ou retrocesso ou efeito cliquet

Uma regra que funciona com caráter de segurança jurídica é a proibição do retrocesso. Esse dispositivo proíbe que os direitos sociais já conquistados sejam esvaziados ou perdidos sob pena de desestruturação social do país.

6.1.5 Salário-mínimo

Feitas algumas considerações iniciais sobre a doutrina social, segue-se à análise de alguns dispositivos que se encontram no art. 7º da Constituição Federal de 1988:

> *IV – Salário-mínimo, fixado em lei, nacionalmente unificado, capaz de atender a suas necessidades vitais básicas e às de sua família com moradia, alimentação, educação, saúde, lazer, vestuário, higiene, transporte e previdência social, com reajustes periódicos que lhe preservem o poder aquisitivo, sendo vedada sua vinculação para qualquer fim.*

Vários pontos são relevantes nesse inciso. Primeiramente, é importante comentar o trecho "fixado em lei". Segundo o texto constitucional, o salário-mínimo só poderá ser fixado em Lei; entretanto, no dia 25 de fevereiro de 2011 foi publicada a Lei nº 12.382, que prevê a possibilidade de fixação do salário-mínimo por meio de Decreto do Poder Executivo. Questionado no STF, o guardião da Constituição considerou constitucional a fixação de salário-mínimo por meio de Decreto Presidencial.

Outro ponto interessante diz respeito ao salário-mínimo ser nacionalmente unificado. Muitos acham que alguns estados da federação fixam valores referentes ao salário-mínimo maiores do que o fixado nacionalmente. O STF já afirmou que os Estados não podem fixar salário-mínimo diferente do nacionalmente unificado. O que cada Estado pode fixar é o piso salarial da categoria de trabalhadores com valor maior que o salário-mínimo.

Algumas súmulas vinculantes do STF são importantes, pois se referem ao salário-mínimo:

> **Súmula Vinculante nº 4** *Salvo nos casos previstos na Constituição, o salário-mínimo não pode ser usado como indexador de base de cálculo de vantagem de servidor público ou de empregado, nem ser substituído por decisão judicial.*
>
> **Súmula Vinculante nº 6** *Não viola a Constituição o estabelecimento de remuneração inferior ao salário-mínimo para as praças prestadoras de serviço militar inicial.*
>
> **Súmula Vinculante nº 15** *O cálculo de gratificações e outras vantagens do servidor público não incide sobre o abono utilizado para se atingir o salário-mínimo.*

Súmula Vinculante 16: *Os Arts. 7º, IV, e 39, § 3º (redação da EC nº 19/1998) da Constituição referem-se ao total da remuneração percebida pelo servidor público.*

6.1.6 Prescrição trabalhista

Um dos dispositivos previstos no art. 7º da Constituição Federal de 1988 mais cobrados em prova é o inciso XXIX:

> *XXIX – Ação, quanto aos créditos resultantes das relações de trabalho, com prazo prescricional de cinco anos para os trabalhadores urbanos e rurais, até o limite de dois anos após a extinção do contrato de trabalho.*

Imaginemos, por exemplo, uma pessoa que tenha exercido sua função no período noturno, em uma empresa, durante 20 anos. Contudo, em todos esses anos de trabalho, ela não recebeu nenhum adicional noturno. Ao ter seu contrato de trabalho rescindido, ela poderá ingressar em juízo pleiteando as verbas trabalhistas não pagas. Tendo em vista a existência de prazo prescricional para reaver seus direitos, o trabalhador terá o prazo de 2 anos para entrar com a ação, e só terá direito aos últimos 5 anos de adicional noturno.

Ressalta-se que esses 5 anos são contados a partir do dia em que se entrou com a ação. Se ele entrar com a ação no último dia do prazo de 2 anos, só terá direito a 3 anos de adicional noturno.

Nesse exemplo, se o trabalhador entrar com a ação no dia 01/01/2021, receberá os últimos 5 anos de adicional noturno, ou seja, até o dia 01/01/2016. Mas se o trabalhador entrar com a ação no dia 01/01/2023, último dia do prazo prescricional de 2 anos, ele terá direito aos últimos 5 anos de adicional noturno a contar do dia em que entrou com a ação. Isso significa que se depare o adicional noturno até o dia 01/01/2018. Perceba que, se o trabalhador demorar a entrar com a ação, ele perde os direitos trabalhistas anteriores ao prazo dos últimos 5 anos.

6.1.7 Proibição do trabalho noturno, perigoso e insalubre

Este inciso também é muito cotado para ser cobrado em prova. É importante lê-lo para que, em seguida, se possa responder a uma pergunta que fará entender o motivo de ele ser tão abordado em testes:

> ***Art. 7º** [...]*
>
> *XXXIII – Proibição de trabalho noturno, perigoso ou insalubre a menores de dezoito e de qualquer trabalho a menores de dezesseis anos, salvo na condição de aprendiz, a partir de quatorze anos.*

A pergunta é muito simples: a partir de qual idade pode trabalhar no Brasil? Você deve estar em dúvida: entre 16 e 14 anos. Isso é o que acontece com a maioria dos candidatos. Por isso, nunca esqueça: se temos uma regra e essa regra está acompanhada de uma exceção; temos, então, uma possibilidade.

Se a Constituição diz que é proibido o trabalho para os menores de 16 e, em seguida, excepciona essa regra dizendo que é possível a partir dos 14, na condição de aprendiz, ela quis dizer que o trabalho no Brasil se inicia aos 14 anos. Esse entendimento se fortalece à luz do art. 227, § 3º, inciso I:

> ***Art. 227** [...]*
>
> *§ 3º O direito a proteção especial abrangerá os seguintes aspectos:*
>
> *I – Idade mínima de quatorze anos para admissão ao trabalho, observado o disposto no art. 7º, XXXIII.*

6.1.8 Direitos dos empregados domésticos

O parágrafo único, do art. 7º, da Constituição Federal de 1988 assegurava ao trabalhador doméstico um número reduzido de direitos, se comparado com os demais empregados, urbanos ou rurais.

Nos termos da CF/1988/1988, estariam garantidos à categoria dos trabalhadores domésticos apenas os direitos previstos nos incisos IV, VI, VIII, XV, XVII, XVIII, XIX, XXI e XXIV, do art. 7º, bem como a sua integração à previdência social.

Com a promulgação da Emenda Constitucional nº 72, de 2 de abril de 2013, aquele parágrafo foi alterado para estender aos empregados domésticos praticamente todos os demais direitos constantes nos incisos, do art. 7º, da CF/1988.

A nova redação do parágrafo único, do art. 7º, da CF/1988 dispõe:

> ***Art. 7º** [...]*
>
> ***Parágrafo único.** São assegurados à categoria dos trabalhadores domésticos os direitos previstos nos incisos IV, VI, VII, VIII, X, XIII, XV, XVI, XVII, XVIII, XIX, XXI, XXII, XXIV, XXVI, XXX, XXXI e XXXIII e, atendidas as condições estabelecidas em lei e observada a simplificação do cumprimento das obrigações tributárias, principais e acessórias, decorrentes da relação de trabalho e suas peculiaridades, os previstos nos incisos I, II, III, IX, XII, XXV e XXVIII, bem como a sua integração à previdência social.*

6.1.9 Direitos coletivos dos trabalhadores

São basicamente os direitos relacionados à criação e organização das associações e sindicatos que estão previstos no art. 8º.

- **Princípio da unicidade sindical**

O primeiro direito coletivo refere-se ao princípio da unicidade sindical. Esse dispositivo proíbe a criação de mais de uma organização sindical, representativa de categoria profissional ou econômica, em uma mesma base territorial:

> ***Art. 8º** [...]*
>
> *II – É vedada a criação de mais de uma organização sindical, em qualquer grau, representativa de categoria profissional ou econômica, na mesma base territorial, que será definida pelos trabalhadores ou empregadores interessados, não podendo ser inferior à área de um Município.*

Em cada base territorial (federal, estadual, municipal ou distrital) só pode existir um sindicato representante da mesma categoria, lembrando que a base territorial mínima se refere à área de um município.

Exemplificando: só pode existir **um** sindicato municipal de pescadores no município de Cascavel. Só pode existir **um** sindicato estadual de pescadores no estado do Paraná. Só pode existir **um** sindicato federal de pescadores no Brasil. Contudo, é possível existirem vários sindicatos municipais de pescadores no Estado do Paraná.

- **Contribuição confederativa e sindical**

Essa questão costuma enganar até mesmo os mais preparados. Vejamos o que diz a Constituição Federal de 1988 no art. 8º, inciso IV:

> *IV – A assembleia geral fixará a contribuição que, em se tratando de categoria profissional, será descontada em folha, para custeio do sistema confederativo da representação sindical respectiva, independentemente da contribuição prevista em lei.*

A primeira coisa que se deve perceber é a existência de duas contribuições nesse inciso. Uma chamada de **contribuição confederativa** a outra de **contribuição sindical**.

A **contribuição confederativa** é a prevista nesse inciso, fixada pela assembleia geral, descontada em folha para custear o sistema confederativo. Essa contribuição é aquela paga às organizações sindicais e que só é obrigada aos filiados e aos sindicatos. Não possui natureza tributária, por isso obriga apenas as pessoas que voluntariamente se filiam a uma entidade sindical.

A **contribuição sindical**, que é a contribuição prevista em lei, mais precisamente na Consolidação das Leis Trabalhistas (Decreto-Lei nº 5.452/1943), deve ser paga por todos os trabalhadores ainda que profissionais liberais. Sua natureza é tributária, não possuindo caráter facultativo.

CONTRIBUIÇÃO	
Confederativa	**Sindical**
Fixada pela Assembleia	Fixada pela CLT
Natureza não tributária	Natureza tributária
Obrigada apenas aos filiados a sindicatos	Obrigada a todos os trabalhadores

- **Liberdade de associação**

Esse inciso costuma ser cobrado em prova devido às inúmeras possibilidades de se modificar o seu texto:

> ***Art. 8º** [...]*
>
> *V – Ninguém será obrigado a filiar-se ou a manter-se filiado a sindicato.*

É a liberdade de associação que permite aos trabalhadores escolherem se desejam ou não se filiar a um determinado sindicato. Ninguém será obrigado a filiar-se ou a manter-se filiado.

- **Participação do aposentado no sindicato**

Esse inciso também possui aplicação semelhante ao anterior, portanto, deve haver uma leitura atenta aos detalhes que podem ser modificados em prova:

> ***Art. 8º** [...]*
>
> *VII – O aposentado filiado tem direito a votar e ser votado nas organizações sindicais.*

- **Estabilidade sindical**

A estabilidade sindical constitui norma de proteção aos dirigentes sindicais que possui grande utilidade ao evitar o cometimento de arbitrariedades por partes das empresas em retaliação aos representantes dos empregados:

> ***Art 8º** [...]*
>
> *VIII – É vedada a dispensa do empregado sindicalizado a partir do registro da candidatura a cargo de direção ou representação sindical e, se eleito, ainda que suplente, até um ano após o final do mandato, salvo se cometer falta grave nos termos da lei.*

O importante aqui é entender o período de proteção que a Constituição Federal de 1988 garantiu aos dirigentes sindicais. A estabilidade se inicia com o registro da candidatura e permanece, com o candidato eleito, até um ano após o término do seu mandato. Ressalte-se que essa proteção contra despedida arbitrária não prospera diante do cometimento de falta grave.

6.2 Direitos de nacionalidade

A nacionalidade é um vínculo jurídico existente entre um indivíduo e um Estado. Esse vínculo jurídico é a ligação existente capaz de gerar direitos e obrigações entre a pessoa e o Estado.

A aquisição da nacionalidade decorre do nascimento ou da manifestação de vontade. Quando a nacionalidade é adquirida pelo nascimento, estamos diante da chamada **nacionalidade originária.** Mas, se for adquirida por meio da manifestação de vontade, estamos diante de uma **nacionalidade secundária.**

A **nacionalidade originária**, também chamada de aquisição de nacionalidade primária, é aquela involuntária. Decorre do nascimento desde que preenchidos os requisitos previstos na legislação. Um brasileiro que adquire nacionalidade originária é chamado de nato.

Dois critérios foram utilizados em nossa Constituição para se conferir a nacionalidade originária: *jus solis* e *jus sanguinis*.

- ***Jus solis:*** esse é critério do solo, critério territorial. Serão considerados brasileiros natos as pessoas que nascerem no território nacional. Esse é o critério adotado como regra no texto constitucional.
- ***Jus sanguinis***: esse é o critério do sangue. Serão considerados brasileiros natos os descendentes de brasileiros, ou seja, aqueles que possuem o sangue brasileiro.

A **nacionalidade secundária** ou adquirida é a aquisição que depende de uma manifestação de vontade. É voluntária e, quem a adquire, possui a qualificação de naturalizado.

6.2.1 Conflito de nacionalidade

Alguns países adotavam apenas o critério *jus sanguinis*, outros somente o critério *jus solis*, e isso gerou alguns problemas que a doutrina nominou de conflito de nacionalidade. O conflito de nacionalidade pode ser de duas formas: positivo e negativo.

- **Conflito positivo:** ocorre quando o indivíduo adquire várias nacionalidades. Ele será chamado de polipátrida.
- **Conflito negativo:** ocorre quando o indivíduo não adquire qualquer nacionalidade. Esse será chamado de apátrida (*heimatlos*).

Para evitar a ocorrência desses tipos de conflito, os países têm adotado critérios mistos de aquisição de nacionalidade originária, a exemplo do próprio Brasil.

A seguir, serão analisadas várias hipóteses previstas no art. 12 da Constituição Federal de aquisição de nacionalidade tanto originária quanto secundária.

6.2.2 Nacionalidade originária

As hipóteses de aquisição da nacionalidade originária estão previstas no art. 12, I da Constituição Federal, e são:

> ***Art. 12** São brasileiros:*
>
> *I – Natos:*
>
> *a) os nascidos na República Federativa do Brasil, ainda que de pais estrangeiros, desde que estes não estejam a serviço de seu país;*
>
> *b) os nascidos no estrangeiro, de pai brasileiro ou mãe brasileira, desde que qualquer deles esteja a serviço da República Federativa do Brasil;*
>
> *c) os nascidos no estrangeiro de pai brasileiro ou de mãe brasileira, desde que sejam registrados em repartição brasileira competente ou venham a residir na República Federativa do Brasil e optem, em qualquer tempo, depois de atingida a maioridade, pela nacionalidade brasileira.*

A primeira hipótese, prevista na alínea "a", adotou para aquisição o critério *jus solis*, ou seja, serão considerados brasileiros natos aqueles que nascerem no país ainda que de pais estrangeiros, desde que, os pais não estejam a serviço do seu país. Para que os filhos de pais estrangeiros fiquem impedidos de adquirirem a nacionalidade brasileira, é preciso que ambos os pais sejam estrangeiros, mas basta que apenas um deles esteja a serviço do seu país. Se os pais estrangeiros estiverem a serviço de outro país, a doutrina tem entendido que não se aplicará a vedação.

Já a segunda hipótese, adotada na alínea "b", utilizou o critério *jus sanguinis* para fixação da nacionalidade originária. Serão brasileiros natos os nascidos fora do país, filho de pai ou mãe brasileira, desde que qualquer deles esteja a serviço da República Federativa do Brasil. Estar a serviço do país significa estar a serviço de qualquer ente federativo (União, estados, Distrito Federal ou municípios) incluídos os órgãos e entidades da administração indireta (fundações, autarquias, empresas públicas e sociedades de economia mista).

A terceira hipótese, prevista na alínea "c", apresenta, na verdade, duas possibilidades: uma depende do registro a outra depende da opção confirmativa.

Primeiro, temos a regra aplicada aos nascidos no estrangeiro, filho de pai brasileiro ou mãe brasileira, condicionada à aquisição da nacionalidade ao registro em repartição brasileira competente. Nessa hipótese, adota-se o critério *jus sanguinis* acompanhado do registro em repartição brasileira.

Em seguida, temos a segunda possibilidade destinada aos nascidos no estrangeiro de pai brasileiro ou de mãe brasileira, que venham a residir na República Federativa do Brasil e optem (opção confirmativa), em qualquer tempo, depois de atingida a maioridade, pela nacionalidade brasileira.

Essa é a chamada nacionalidade protestativa, pois depende da manifestação de vontade por parte do interessado. Deve-se ter cuidado com a condição para a manifestação da vontade que só pode ser exercida depois de atingida a maioridade, apesar de não existir tempo limite para o exercício desse direito.

6.2.3 Nacionalidade secundária

A seguir, serão apresentadas as hipóteses de aquisição de nacionalidade secundária:

> ***Art. 12** [...]*
>
> *II – Naturalizados:*
>
> *a) Os que, na forma da lei, adquiram a nacionalidade brasileira, exigidas aos originários de países de língua portuguesa apenas residência por um ano ininterrupto e idoneidade moral;*
>
> *b) os estrangeiros de qualquer nacionalidade, residentes na República Federativa do Brasil há mais de quinze anos ininterruptos e sem condenação penal, desde que requeiram a nacionalidade brasileira.*

A primeira hipótese de naturalização, prevista na alínea "a" do inciso II, é a chamada naturalização ordinária. Essa naturalização apresenta uma forma de aquisição prevista em lei. Esta Lei é a nº 6.815/1980, que traz algumas regras para aquisição de nacionalidade, as quais não serão estudadas neste momento. O que interessa agora para a prova é a segunda parte da alínea, que confere um tratamento diferenciado para os originários de países de língua portuguesa, para quem será exigida apenas residência por um ano ininterrupto e idoneidade moral. Entende-se país de língua portuguesa qualquer país que possua a língua portuguesa como língua oficial (Angola, Portugal, Timor Leste, entre outros). Essa forma de naturalização não gera direito subjetivo ao estrangeiro, o que significa que ele poderá pleitear sua naturalização e essa poderá ser indeferida pelo Chefe do Poder Executivo, haja vista se tratar de um ato discricionário.

A alínea "b" do inciso II apresenta a chamada naturalização extraordinária ou quinzenária. Essa hipótese é destinada a qualquer estrangeiro e será exigida residência ininterrupta pelo prazo de 15 anos e não existência de condenação penal. Nessa espécie, não há discricionariedade em conceder a naturalização, pois ela gera direito subjetivo ao estrangeiro que tenha preenchido os requisitos.

O melhor é não esquecer que a ausência temporária da residência não quebra o vínculo ininterrupto exigido para a naturalização no país. Também deve ser ressaltado que não existe naturalização tácita ou automática, sendo exigido requerimento de quem desejar se naturalizar no Brasil.

6.2.4 Português equiparado

> ***Art. 12** [...]*
>
> *§ 1º Aos portugueses com residência permanente no País, se houver reciprocidade em favor de brasileiros, serão atribuídos os direitos inerentes ao brasileiro, salvo os casos previstos nesta Constituição.*

Trata-se do chamado português equiparado ou quase nacional. Segundo o dispositivo, a Constituição assegura aos portugueses tratamento diferenciado, como se fossem brasileiros. Não se trata de uma hipótese de naturalização, nesse caso são atribuídos os mesmos direitos inerentes ao brasileiro.

Essa condição depende de reciprocidade por parte de Portugal. O Brasil possui um acordo internacional com Portugal por meio do Decreto nº 3.927/2001 que promulgou o Tratado de Cooperação, Amizade e Consulta Brasil/Portugal. Havendo o mesmo tratamento a um brasileiro quando estiver no país português, serão garantidos tratamentos diferenciados aos portugueses que aqui estiverem desde que manifestem interesse no recebimento desse tratamento diferenciado. Ressalta-se que para requerer esse tipo de tratamento será necessária, além do requerimento, a constituição de residência permanente no Brasil.

Por fim, não se pode esquecer de que o tratamento dado aos portugueses os equipara aos brasileiros naturalizados.

6.2.5 Tratamento diferenciado entre brasileiros

O § 2º do art. 12 proíbe o tratamento diferenciado entre brasileiros natos e naturalizados:

> *§ 2º A lei não poderá estabelecer distinção entre brasileiros natos e naturalizados, salvo nos casos previstos nesta Constituição.*

O próprio dispositivo excepciona a regra permitindo que a Constituição Federal estabeleça tratamento diferenciado entre brasileiros natos e naturalizados. São quatro os tratamentos diferenciados estabelecidos pelo texto constitucional:

- **Cargos privativos de brasileiros natos;**
- **Funções privativas de brasileiros natos;**
- **Regras de extradição;**
- **Propriedade de empresas de jornalística ou de radiodifusão.**

O § 3º apresenta a primeira hipótese de distinção dentre brasileiros natos e naturalizados:

> *§ 3º São privativos de brasileiro nato os cargos:*
>
> *I – De Presidente e Vice-Presidente da República;*
>
> *II – De Presidente da Câmara dos Deputados;*
>
> *III – De Presidente do Senado Federal;*
>
> *IV – De Ministro do Supremo Tribunal Federal;*
>
> *V – Da carreira diplomática;*
>
> *VI – de oficial das Forças Armadas;*
>
> *VII – De Ministro de Estado da Defesa.*

Os cargos privativos aos brasileiros natos são muito incidentes em provas. Por esse motivo, sugere-se que sejam memorizados. Dois critérios foram utilizados para escolha desses cargos. O primeiro está relacionado com os cargos que sucedem o Presidente da República (presidente e vice-Presidente da República, presidente da Câmara dos Deputados, presidente do Senado Federal e ministro do Supremo Tribunal Federal). O segundo critério diz respeito à segurança nacional (carreira diplomática, oficial das forças armadas e ministro do Estado da Defesa).

As funções privativas de brasileiros natos estão previstas no art. 89, inciso VII da Constituição Federal de 1988:

> ***Art. 89*** *O Conselho da República é órgão superior de consulta do Presidente da República, e dele participam:*
>
> *I – O Vice-Presidente da República;*
>
> *II – O Presidente da Câmara dos Deputados;*
>
> *III – O Presidente do Senado Federal;*
>
> *IV – Os líderes da maioria e da minoria na Câmara dos Deputados;*
>
> *V – Os líderes da maioria e da minoria no Senado Federal;*
>
> *VI – O Ministro da Justiça;*
>
> *VII – Seis cidadãos brasileiros natos, com mais de trinta e cinco anos de idade, sendo dois nomeados pelo Presidente da República, dois eleitos pelo Senado Federal e dois eleitos pela Câmara dos Deputados, todos com mandato de três anos, vedada a recondução.*

A terceira possibilidade de tratamento diferenciado diz respeito às regras de extradição previstas no inciso LI do art. 5º da Constituição Federal de 1988:

> *LI – Nenhum brasileiro será extraditado, salvo o naturalizado, em caso de crime comum, praticado antes da naturalização, ou de comprovado envolvimento em tráfico ilícito de entorpecentes e drogas afins, na forma da lei.*

A quarta previsão está no art. 222 da Constituição Federal de 1988:

> ***Art. 222*** *A propriedade de empresa jornalística e de radiodifusão sonora e de sons e imagens é privativa de brasileiros natos ou naturalizados há mais de dez anos, ou de pessoas jurídicas constituídas sob as leis brasileiras e que tenham sede no País.*

6.2.6 Perda da nacionalidade

A seguir serão trabalhadas as hipóteses de perda da nacionalidade. Uma pergunta: brasileiro nato pode perder a nacionalidade?

Vejamos o que diz a Constituição Federal:

> ***Art. 12, § 4º*** *Será declarada a perda da nacionalidade do brasileiro que:*
>
> *I – Tiver cancelada sua naturalização, por sentença judicial, em virtude de atividade nociva ao interesse nacional;*
>
> *II – Adquirir outra nacionalidade, salvo nos casos:*
>
> *a) de reconhecimento de nacionalidade originária pela lei estrangeira;*
>
> *b) de imposição de naturalização, pela norma estrangeira, ao brasileiro residente em estado estrangeiro, como condição para permanência em seu território ou para o exercício de direitos civis.*

Ao se analisar o dispositivo do *caput* desse parágrafo, é possível concluir que as regras são para os brasileiros natos ou naturalizados.

Mas vale a pena verificar cada hipótese:

- O inciso I deixa claro que é uma hipótese aplicada apenas aos brasileiros naturalizados (cancelamento de naturalização). Se o indivíduo tem seu vínculo com o Estado cancelado por decisão judicial, não há que se falar em permanência da nacionalidade brasileira;
- O inciso II já não permite a mesma conclusão, haja vista ter considerado qualquer brasileiro. Logo, ao brasileiro, seja ele nato ou naturalizado, que adquirir outra nacionalidade, será declarada a perda da nacionalidade, pelo menos em regra. Essa regra possui duas exceções: nos casos de reconhecimento de nacionalidade originária estrangeira ou de imposição de naturalização, não será declarada a perda da nacionalidade brasileira. É nestas hipóteses que se encontram permitidas as situações de dupla nacionalidade que conhecemos.

Uma questão interessante surge: seria possível a reaquisição da nacionalidade brasileira?

Uma vez perdida a nacionalidade, tem-se entendido que é possível a sua reaquisição dependo da forma que foi perdida.

Se o indivíduo perde a nacionalidade com fundamento no inciso I, por cancelamento de naturalização, só seria possível a reaquisição por meio de ação rescisória.

Caso o indivíduo perca a nacionalidade por ter adquirido outra, que revela a hipótese do inciso II, também será possível a reaquisição por decreto presidencial (art. 36, Lei nº 818/1949).

Apesar da divergência doutrinária, prevalece o entendimento de que o brasileiro, após a reaquisição, volta à condição anterior, ou seja, se era brasileiro nato, volta a ser nato, se era naturalizado, volta como naturalizado.

7 ORGANIZAÇÃO POLÍTICO--ADMINISTRATIVA

Para que se possa compreender a organização político-administrativa do Estado brasileiro, faz-se necessário, primeiramente, entender como se deu essa formação. Para isso, será abordado o princípio federativo.

7.1 Princípio federativo: entes federativos

A forma de Estado adotada no Brasil é a federativa. Quando se afirma que o nosso Estado é uma Federação, quer-se dizer como se dá o exercício do poder político em função do território. Em um Estado Federal, existe pluralidade de poderes políticos internos, os quais se organizam de forma descentralizada. No Brasil, são quatro poderes políticos, também chamados de entes federativos:

- **União;**
- **Estados;**
- **Distrito Federal;**
- **Municípios.**

Essa organização é baseada na autonomia política de cada ente federativo. Deve-se estar atento a esse tema em prova, pois as bancas gostam de trocar autonomia por soberania. Cada ente possui sua própria autonomia, enquanto o Estado Federal possui a soberania. A autonomia de cada ente federativo se dá no âmbito político, financeiro, orçamentário, administrativo e em qualquer outra área permitida pela Constituição Federal:

> ***Art. 18** A organização político-administrativa da República Federativa do Brasil compreende a União, os Estados, o Distrito Federal e os Municípios, todos autônomos, nos termos desta Constituição.*

Deve-se destacar, inclusive, que o pacto federativo sobrevive em torno da Constituição Federal, que impede sua dissolução sob pena de se decretar Intervenção Federal:

> ***Art. 34** A União não intervirá nos Estados nem no Distrito Federal, exceto para:*
>
> *I – Manter a integridade nacional.*

A proibição de secessão, que impede a separação de um ente federativo, também é conhecida como princípio da indissolubilidade.

Outro ponto muito cobrado em prova diz respeito à inexistência de hierarquia entre os entes federativos. O que distingue um ente federativo do outro não é a superioridade, mas a distribuição de competências feita pela própria Constituição Federal de 1988. Não se deve esquecer também que as Unidades da Federação possuem representação junto ao Poder Legislativo da União, mais precisamente, no Senado Federal.

Em razão dessa organização completamente diferenciada, a doutrina classifica a federação brasileira de várias formas:

- **Tricotômica:** federação constituída em três níveis: federal, estadual e municipal. O Distrito Federal não é considerado nessa classificação, haja vista possuir competência híbrida, agindo tanto como um Estado quanto como Município.
- **Centrífuga:** característica que reflete a formação da federação brasileira. É a formação "de dentro para fora". O movimento é de centrifugadora. A força de criação do estado federal brasileiro surgiu a partir de um Estado Unitário para a criação de um estado federado, ou seja, o poder centralizado que se torna descentralizado. O poder político era concentrado nas mãos de um só ente e depois passa a fazer parte de vários entes federativos.
- **Por desagregação:** ocorre quando um Estado Unitário resolve se descentralizar politicamente, desagregando o poder central em favor de vários entes titulares de poder político.

Mais uma característica que não pode ser ignorada em prova: a forma Federativa de Estado é uma **cláusula pétrea**, conforme dispõe o art. 60, § 4º, inciso I:

> ***Art. 60** [...]*
>
> *§ 4º Não será objeto de deliberação a proposta de emenda tendente a abolir:*
>
> *I – A forma federativa de Estado.*

Cumpre lembrar de que a capital do Brasil é Brasília. Deve-se ter cuidado: há questão de prova que diz que a capital é o Distrito Federal. O Distrito Federal é um ente federativo, ao passo que Brasília é uma região administrativa dentro do Distrito Federal:

> ***Art. 18** [...]*
>
> *§ 1º Brasília é a Capital Federal.*

Outra coisa com a qual se deve ter cuidado diz respeito aos territórios federais:

> ***Art. 18** [...]*
>
> *§ 2º Os Territórios Federais integram a União, e sua criação, transformação em Estado ou reintegração ao Estado de origem serão reguladas em lei complementar.*

Esses não são entes federativos, pois não possuem autonomia política. São pessoas jurídicas de direito público que possuem apenas capacidade administrativa. Sua natureza jurídica é de autarquia federal e só podem ser criados por lei federal. Para sua criação se faz necessária a aprovação das populações diretamente envolvidas, por meio de plebiscito, parecer da Assembleia Legislativa e lei complementar federal. Os territórios são administrados por governadores escolhidos pelo Presidente da República e podem ser divididos em municípios. Cada território elegerá quatro deputados federais, mas não poderá eleger Senador da República. Seguem abaixo vários dispositivos da Constituição Federal de 1988 que regulamentam os territórios:

> ***Art. 18** [...]*
>
> *§ 3º Os Estados podem incorporar-se entre si, subdividir-se ou desmembrar-se para se anexarem a outros, ou formarem novos Estados ou Territórios Federais, mediante aprovação da população diretamente interessada, através de plebiscito, e do Congresso Nacional, por lei complementar.*
>
> ***Art. 45** [...]*
>
> *§ 2º Cada Território elegerá quatro Deputados.*
>
> ***Art. 48** Cabe ao Congresso Nacional, com a sanção do Presidente da República, não exigida esta para o especificado nos Arts. 49, 51 e 52, dispor sobre todas as matérias de competência da União, especialmente sobre:[...]*
>
> *VI – Incorporação, subdivisão ou desmembramento de áreas de Territórios ou Estados, ouvidas as respectivas Assembleias Legislativas.*
>
> ***Art. 84** Compete privativamente ao Presidente da República: [...]*
>
> *XIV – Nomear, após aprovação pelo Senado Federal, os Ministros do Supremo Tribunal Federal e dos Tribunais Superiores, os Governadores de Territórios, o Procurador-geral da República, o presidente e os diretores do banco central e outros servidores, quando determinado em lei.*

A Constituição Federal autoriza a divisão dos Territórios em Municípios. Os Territórios com mais de 100.000 habitantes possuirão Poder Judiciário próprio, bem como membros do Ministério Público e Defensores Públicos Federais. Poderão ainda eleger membros para Câmara Territorial:

> ***Art. 33** [...]*
>
> *§ 1º Os Territórios poderão ser divididos em Municípios, aos quais se aplicará, no que couber, o disposto no Capítulo IV deste Título. [...]*
>
> *§ 3º Nos Territórios Federais com mais de cem mil habitantes, além do Governador nomeado na forma desta Constituição, haverá órgãos judiciários de primeira e segunda instância, membros do Ministério Público e defensores públicos federais; a lei disporá sobre as eleições para a Câmara Territorial e sua competência deliberativa.*

7.1.1 Vedações constitucionais

A Constituição Federal de 1988 fez questão de estabelecer algumas vedações expressas aos entes federativos, as quais estão previstas no art. 19:

> ***Art. 19*** *É vedado à União, aos Estados, ao Distrito Federal e aos Municípios:*
>
> *I – Estabelecer cultos religiosos ou igrejas, subvencioná-los, embaraçar-lhes o funcionamento ou manter com eles ou seus representantes relações de dependência ou aliança, ressalvada, na forma da lei, a colaboração de interesse público;*
>
> *II – Recusar fé aos documentos públicos;*
>
> *III – Criar distinções entre brasileiros ou preferências entre si.*

A primeira vedação decorre da laicidade do Estado brasileiro, ou seja, não possuímos religião oficial no Brasil, em razão da situação de separação entre Estado e Igreja. A segunda vedação decorre da presunção de veracidade dos documentos públicos. E, por último, contemplando o princípio da isonomia, o qual será tratado em momento oportuno, fica vedado estabelecer distinções entre brasileiros ou preferências entre si. Atente-se a esta questão.

7.1.2 Características dos entes federativos

- **União**

Muitos sentem dificuldade em visualizar a União, tendo em vista ser um ente meio abstrato. O que se precisa saber é que a União é uma pessoa jurídica de direito público interno ao mesmo tempo em que é pessoa jurídica de direito público externo. É o Poder Central responsável por assuntos de interesse geral do Estado e que representa os demais entes federativos. Apesar de não possuir o atributo de soberania, a União exerce essa soberania em nome do Estado Federal. É só pensar na representação internacional do Estado. Quem celebra tratados internacionais? É o chefe do executivo da União, o Presidente da República.

Um dos temas mais cobrados em prova são os Bens da União. Os bens da União estão previstos no art. 20 da Constituição Federal:

> ***Art. 20*** *São bens da União:*
>
> *I – Os que atualmente lhe pertencem e os que lhe vierem a ser atribuídos;*
>
> *II – As terras devolutas indispensáveis à defesa das fronteiras, das fortificações e construções militares, das vias federais de comunicação e à preservação ambiental, definidas em lei;*
>
> *III – Os lagos, rios e quaisquer correntes de água em terrenos de seu domínio, ou que banhem mais de um Estado, sirvam de limites com outros países, ou se estendam a território estrangeiro ou dele provenham, bem como os terrenos marginais e as praias fluviais;*
>
> *IV – As ilhas fluviais e lacustres nas zonas limítrofes com outros países; as praias marítimas; as ilhas oceânicas e as costeiras, excluídas, destas, as que contenham a sede de Municípios, exceto aquelas áreas afetadas ao serviço público e a unidade ambiental federal, e as referidas no art. 26, II;*
>
> *V – Os recursos naturais da plataforma continental e da zona econômica exclusiva;*
>
> *VI – O mar territorial;*
>
> *VII – Os terrenos de marinha e seus acrescidos;*
>
> *VIII – os potenciais de energia hidráulica;*
>
> *IX – Os recursos minerais, inclusive os do subsolo;*
>
> *X – As cavidades naturais subterrâneas e os sítios arqueológicos e pré-históricos;*
>
> *XI – As terras tradicionalmente ocupadas pelos índios.*
>
> *§ 1º É assegurada, nos termos da lei, à União, aos Estados, ao Distrito Federal e aos Municípios a participação no resultado da exploração de petróleo ou gás natural, de recursos hídricos para fins de geração de energia elétrica e de outros recursos minerais no respectivo território, plataforma continental, mar territorial ou zona econômica exclusiva, ou compensação financeira por essa exploração. (Redação dada pela Emenda Constitucional nº 102/2019)*
>
> *§ 2º A faixa de até cento e cinquenta quilômetros de largura, ao longo das fronteiras terrestres, designada como faixa de fronteira, é considerada fundamental para defesa do território nacional, e sua ocupação e utilização serão reguladas em lei.*

Esse artigo, quando cobrado em prova, costuma ser trabalhado apenas com o texto literal da Constituição. A dica de estudo é a memorização dos bens que são considerados da União. Contudo, alguns bens necessitam de uma explicação maior para que sejam compreendidos.

- **Terras devolutas**

O inciso II fala das chamadas terras devolutas, mas o que significa terras devolutas? São terras que estão sob o domínio da União sem qualquer destinação, nem pública nem privada. Serão da União apenas as terras devolutas indispensáveis à defesa das fronteiras, das fortificações e construções militares, das vias federais de comunicação e à preservação ambiental, conforme definição em lei. As demais terras devolutas serão de propriedade dos Estados Membros nos termos do art. 26, incisos IV:

> ***Art. 26*** *Incluem-se entre os bens dos Estados: [...]*
>
> *IV – As terras devolutas não compreendidas entre as da União.*

- **Mar Territorial, Plataforma Continental e Zona Econômica Exclusiva (ZEE)**

Os incisos IV e V apresentam três bens que são muito interessantes e que se confundem nas cabeças dos alunos: mar territorial, plataforma continental e Zona Econômica Exclusiva. A Lei nº 8.617/1993 esclarece as diferenças entre esses institutos.

O mar territorial é formado por uma faixa de água marítima ao longo da costa brasileira, com uma dimensão de 12 milhas marítimas, contadas a partir da linha base. A plataforma continental é o prolongamento natural do território terrestre, compreendidos o leito e o subsolo do mar até a distância de 200 milhas marítimas ou até o bordo exterior da margem continental.

A ZEE é a extensão situada além do mar territorial até o limite das 200 milhas marítimas.

Acerca desse tema sempre há confusão. O mar territorial é extensão do território nacional sobre qual o Estado exerce sua soberania. Já a plataforma continental e a zona econômica exclusiva são águas internacionais onde o direito à soberania do Estado se limita à exploração e ao aproveitamento, à conservação e a gestão dos recursos naturais, vivos ou não vivos, das águas sobrejacentes ao leito do mar, do leito do mar e seu subsolo, e no que se refere a outras atividades com vistas à exploração e ao aproveitamento da zona para fins econômicos.

- **Estados**

Os estados são pessoas jurídicas de direito público interno, entes federativos detentores de autonomia própria. Essa autonomia se percebe pela sua capacidade de auto-organização, autogoverno, autoadministração. Destaca-se, ainda, o seu poder de criação da própria Constituição Estadual, bem como das demais normas de sua competência:

> ***Art. 25*** *Os Estados organizam-se e regem-se pelas Constituições e leis que adotarem, observados os princípios desta Constituição.*

Percebe-se, ainda, o seu autogoverno à medida que cada Estado organiza seus próprios Poderes: Poder Legislativo (Assembleia Legislativa), Poder Executivo (Governador) e Poder Judiciário (Tribunal de Justiça). Destacam-se também suas autonomias administrativa, tributária e financeira.

Segundo o art. 18, § 3º, da Constituição Federal de 1988:

> ***Art. 18** [...]*
>
> *§ 3º Os Estados podem incorporar-se entre si, subdividir-se ou desmembrar-se para se anexarem a outros, ou formarem novos Estados ou Territórios Federais, mediante aprovação da população diretamente interessada, através de plebiscito, e do Congresso Nacional, por lei complementar.*

O que se precisa lembrar para a prova é que, para se criar outro Estado, faz-se necessária a aprovação da população diretamente interessada por meio de plebiscito e que essa criação depende de lei complementar federal. A Constituição Federal de 1988 prevê ainda a oitiva das Assembleias Legislativas envolvidas na modificação:

> ***Art. 48** Cabe ao Congresso Nacional, com a sanção do Presidente da República, não exigida esta para o especificado nos Arts. 49, 51 e 52, dispor sobre todas as matérias de competência da União, especialmente sobre: [...]*
>
> *IV – Incorporação, subdivisão ou desmembramento de áreas de Territórios ou Estados, ouvidas as respectivas Assembleias Legislativas.*

Em razão de sua autonomia, a Constituição Federal de 1988 apresentou um rol de bens que pertencem aos Estados:

> ***Art. 26** Incluem-se entre os bens dos Estados:*
>
> *I – As águas superficiais ou subterrâneas, fluentes, emergentes e em depósito, ressalvadas, neste caso, na forma da lei, as decorrentes de obras da União;*
>
> *II – As áreas, nas ilhas oceânicas e costeiras, que estiverem no seu domínio, excluídas aquelas sob domínio da União, Municípios ou terceiros;*
>
> *III – As ilhas fluviais e lacustres não pertencentes à União;*
>
> *IV – As terras devolutas não compreendidas entre as da União.*

Algumas regras em relação à Organização dos Poderes Legislativo e Executivo no âmbito dos Estados também aparecem na Constituição Federal de 1988. Quando cobradas em prova, a leitura e memorização dos artigos abaixo se tornam essenciais:

> ***Art. 27** O número de Deputados à Assembleia Legislativa corresponderá ao triplo da representação do Estado na Câmara dos Deputados e, atingido o número de trinta e seis, será acrescido de tantos quantos forem os Deputados Federais acima de doze.*
>
> *§ 1º Será de quatro anos o mandato dos Deputados Estaduais, aplicando-se-lhes as regras desta Constituição sobre sistema eleitoral, inviolabilidade, imunidades, remuneração, perda de mandato, licença, impedimentos e incorporação às Forças Armadas.*
>
> *§ 2º O subsídio dos Deputados Estaduais será fixado por lei de iniciativa da Assembleia Legislativa, na razão de, no máximo, setenta e cinco por cento daquele estabelecido, em espécie, para os Deputados Federais, observado o que dispõem os Arts. 39, § 4º, 57, § 7º, 150, II, 153, III, e 153, § 2º, I.*
>
> *§ 3º Compete às Assembleias Legislativas dispor sobre seu regimento interno, polícia e serviços administrativos de sua secretaria, e prover os respectivos cargos.*
>
> *§ 4º A lei disporá sobre a iniciativa popular no processo legislativo estadual.*
>
> ***Art. 28** A eleição do Governador e do Vice-Governador de Estado, para mandato de quatro anos, realizar-se-á no primeiro domingo de outubro, em primeiro turno, e no último domingo de outubro, em segundo turno, se houver, do ano anterior ao do término do mandato de seus antecessores, e a posse ocorrerá em primeiro de janeiro do ano subsequente, observado, quanto ao mais, o disposto no art. 77.*
>
> *§ 1º Perderá o mandato o Governador que assumir outro cargo ou função na Administração Pública direta ou indireta, ressalvada a posse em virtude de concurso público e observado o disposto no art. 38, I, IV e V.*
>
> *§ 2º Os subsídios do Governador, do Vice-Governador e dos Secretários de Estado serão fixados por lei de iniciativa da Assembleia Legislativa, observado o que dispõem os Arts. 37, XI, 39, § 4º, 150, II, 153, III, e 153, § 2º, I.*

- **Municípios**

Os municípios são elencados pela Constituição Federal de 1988 como entes federativos dotados de autonomia, a qual se percebe pela sua capacidade de auto-organização, autogoverno e autoadministração. São regidos por lei orgânica e possui Executivo e Legislativo próprio, os quais são representados, respectivamente, pela Prefeitura e pela Câmara Municipal e que são regulamentados pelos arts. 29 e 29-A da Constituição Federal de 1988. O examinador pode explorar, em prova de concurso público, questões que requeiram a memorização desses artigos. Para entender por que ele faria isso, recomenda-se a leitura:

> ***Art. 29** O Município reger-se-á por lei orgânica, votada em dois turnos, com o interstício mínimo de dez dias, e aprovada por dois terços dos membros da Câmara Municipal, que a promulgará, atendidos os princípios estabelecidos nesta Constituição, na Constituição do respectivo Estado e os seguintes preceitos:*
>
> *I – Eleição do Prefeito, do Vice-Prefeito e dos Vereadores, para mandato de quatro anos, mediante pleito direto e simultâneo realizado em todo o País;*
>
> *II – Eleição do Prefeito e do Vice-Prefeito realizada no primeiro domingo de outubro do ano anterior ao término do mandato dos que devam suceder, aplicadas as regras do art. 77, no caso de Municípios com mais de duzentos mil eleitores;*
>
> *III – Posse do Prefeito e do Vice-Prefeito no dia 1º de janeiro do ano subsequente ao da eleição;*
>
> *IV – Para a composição das Câmaras Municipais, será observado o limite máximo de:*
>
> *a) 9 (nove) Vereadores, nos Municípios de até 15.000 (quinze mil) habitantes;*
>
> *b) 11 (onze) Vereadores, nos Municípios de mais de 15.000 (quinze mil) habitantes e de até 30.000 (trinta mil) habitantes;*
>
> *c) 13 (treze) Vereadores, nos Municípios com mais de 30.000 (trinta mil) habitantes e de até 50.000 (cinquenta mil) habitantes;*
>
> *d) 15 (quinze) Vereadores, nos Municípios de mais de 50.000 (cinquenta mil) habitantes e de até 80.000 (oitenta mil) habitantes;*
>
> *e) 17 (dezessete) Vereadores, nos Municípios de mais de 80.000 (oitenta mil) habitantes e de até 120.000 (cento e vinte mil) habitantes;*
>
> *f) 19 (dezenove) Vereadores, nos Municípios de mais de 120.000 (cento e vinte mil) habitantes e de até 160.000 (cento sessenta mil) habitantes;*
>
> *g) 21 (vinte e um) Vereadores, nos Municípios de mais de 160.000 (cento e sessenta mil) habitantes e de até 300.000 (trezentos mil) habitantes;*
>
> *h) 23 (vinte e três) Vereadores, nos Municípios de mais de 300.000 (trezentos mil) habitantes e de até 450.000 (quatrocentos e cinquenta mil) habitantes;*
>
> *i) 25 (vinte e cinco) Vereadores, nos Municípios de mais de 450.000 (quatrocentos e cinquenta mil) habitantes e de até 600.000 (seiscentos mil) habitantes;*
>
> *j) 27 (vinte e sete) Vereadores, nos Municípios de mais de 600.000 (seiscentos mil) habitantes e de até 750.000 (setecentos cinquenta mil) habitantes;*
>
> *k) 29 (vinte e nove) Vereadores, nos Municípios de mais de 750.000 (setecentos e cinquenta mil) habitantes e de até 900.000 (novecentos mil) habitantes;*
>
> *l) 31 (trinta e um) Vereadores, nos Municípios de mais de 900.000 (novecentos mil) habitantes e de até 1.050.000 (um milhão e cinquenta mil) habitantes;*
>
> *m) 33 (trinta e três) Vereadores, nos Municípios de mais de 1.050.000 (um milhão e cinquenta mil) habitantes e de até 1.200.000 (um milhão e duzentos mil) habitantes;*
>
> *n) 35 (trinta e cinco) Vereadores, nos Municípios de mais de 1.200.000 (um milhão e duzentos mil) habitantes e de até 1.350.000 (um milhão e trezentos e cinquenta mil) habitantes;*

DCON

o) 37 (trinta e sete) Vereadores, nos Municípios de 1.350.000 (um milhão e trezentos e cinquenta mil) habitantes e de até 1.500.000 (um milhão e quinhentos mil) habitantes;

p) 39 (trinta e nove) Vereadores, nos Municípios de mais de 1.500.000 (um milhão e quinhentos mil) habitantes e de até 1.800.000 (um milhão e oitocentos mil) habitantes;

q) 41 (quarenta e um) Vereadores, nos Municípios de mais de 1.800.000 (um milhão e oitocentos mil) habitantes e de até 2.400.000 (dois milhões e quatrocentos mil) habitantes;

r) 43 (quarenta e três) Vereadores, nos Municípios de mais de 2.400.000 (dois milhões e quatrocentos mil) habitantes e de até 3.000.000 (três milhões) de habitantes;

s) 45 (quarenta e cinco) Vereadores, nos Municípios de mais de 3.000.000 (três milhões) de habitantes e de até 4.000.000 (quatro milhões) de habitantes;

t) 47 (quarenta e sete) Vereadores, nos Municípios de mais de 4.000.000 (quatro milhões) de habitantes e de até 5.000.000 (cinco milhões) de habitantes;

u) 49 (quarenta e nove) Vereadores, nos Municípios de mais de 5.000.000 (cinco milhões) de habitantes e de até 6.000.000 (seis milhões) de habitantes;

v) 51 (cinquenta e um) Vereadores, nos Municípios de mais de 6.000.000 (seis milhões) de habitantes e de até 7.000.000 (sete milhões) de habitantes;

w) 53 (cinquenta e três) Vereadores, nos Municípios de mais de 7.000.000 (sete milhões) de habitantes e de até 8.000.000 (oito milhões) de habitantes; e

x) 55 (cinquenta e cinco) Vereadores, nos Municípios de mais de 8.000.000 (oito milhões) de habitantes;

V – Subsídios do Prefeito, do Vice-Prefeito e dos Secretários Municipais fixados por lei de iniciativa da Câmara Municipal, observado o que dispõem os Arts. 37, XI, 39, § 4º, 150, II, 153, III, e 153, § 2º, I;

VI – O subsídio dos Vereadores será fixado pelas respectivas Câmaras Municipais em cada legislatura para a subsequente, observado o que dispõe esta Constituição, observados os critérios estabelecidos na respectiva Lei Orgânica e os seguintes limites máximos:

a) em Municípios de até dez mil habitantes, o subsídio máximo dos Vereadores corresponderá a vinte por cento do subsídio dos Deputados Estaduais;

b) em Municípios de dez mil e um a cinquenta mil habitantes, o subsídio máximo dos Vereadores corresponderá a trinta por cento do subsídio dos Deputados Estaduais;

c) em Municípios de cinquenta mil e um a cem mil habitantes, o subsídio máximo dos Vereadores corresponderá a quarenta por cento do subsídio dos Deputados Estaduais;

d) em Municípios de cem mil e um a trezentos mil habitantes, o subsídio máximo dos Vereadores corresponderá a cinquenta por cento do subsídio dos Deputados Estaduais;

e) em Municípios de trezentos mil e um a quinhentos mil habitantes, o subsídio máximo dos Vereadores corresponderá a sessenta por cento do subsídio dos Deputados Estaduais;

f) em Municípios de mais de quinhentos mil habitantes, o subsídio máximo dos Vereadores corresponderá a setenta e cinco por cento do subsídio dos Deputados Estaduais;

VII – O total da despesa com a remuneração dos Vereadores não poderá ultrapassar o montante de cinco por cento da receita do Município;

VIII – Inviolabilidade dos Vereadores por suas opiniões, palavras e votos no exercício do mandato e na circunscrição do Município;

IX – Proibições e incompatibilidades, no exercício da vereança, similares, no que couber, ao disposto nesta Constituição para os membros do Congresso Nacional e na Constituição do respectivo Estado para os membros da Assembleia Legislativa;

X – Julgamento do Prefeito perante o Tribunal de Justiça;

XI – Organização das funções legislativas e fiscalizadoras da Câmara Municipal;

XII – Cooperação das associações representativas no planejamento municipal;

XIII – Iniciativa popular de projetos de lei de interesse específico do Município, da cidade ou de bairros, através de manifestação de, pelo menos, cinco por cento do eleitorado;

XIV – Perda do mandato do Prefeito, nos termos do art. 28, parágrafo único.

***Art. 29-A** O total da despesa do Poder Legislativo Municipal, incluídos os subsídios dos Vereadores e excluídos os gastos com inativos, não poderá ultrapassar os seguintes percentuais, relativos ao somatório da receita tributária e das transferências previstas no § 5º do art. 153 e nos arts. 158 e 159, efetivamente realizado no exercício anterior: (Conforme Emenda Constitucional nº 109/2021) [...]*

I – 7% (sete por cento) para Municípios com população de até 100.000 (cem mil) habitantes;

II – 6% (seis por cento) para Municípios com população entre 100.000 (cem mil) e 300.000 (trezentos mil) habitantes;

III – 5% (cinco por cento) para Municípios com população entre 300.001 (trezentos mil e um) e 500.000 (quinhentos mil) habitantes;

IV – 4,5% (quatro inteiros e cinco décimos por cento) para Municípios com população entre 500.001 (quinhentos mil e um) e 3.000.000 (três milhões) de habitantes;

V – 4% (quatro por cento) para Municípios com população entre 3.000.001 (três milhões e um) e 8.000.000 (oito milhões) de habitantes;

VI – 3,5% (três inteiros e cinco décimos por cento) para Municípios com população acima de 8.000.001 (oito milhões e um) habitantes.

§ 1º A Câmara Municipal não gastará mais de setenta por cento de sua receita com folha de pagamento, incluído o gasto com o subsídio de seus Vereadores.

§ 2º Constitui crime de responsabilidade do Prefeito Municipal:

I – Efetuar repasse que supere os limites definidos neste artigo;

II – Não enviar o repasse até o dia vinte de cada mês; ou

III – Enviá-lo a menor em relação à proporção fixada na Lei Orçamentária.

§ 3º. Constitui crime de responsabilidade do Presidente da Câmara Municipal o desrespeito ao § 1º deste artigo.

Mesmo sendo dotada de autonomia federativa, sua organização possui algumas limitações impostas pela própria Constituição. Entre essas limitações, deve-se destacar a ausência de Poder Judiciário no âmbito municipal, cuja função jurisdicional é exercida pelos órgãos do Judiciário federal e estadual. É importante lembrar que não existe representante municipal no Congresso Nacional.

A Constituição Federal de 1988 permite que sejam criados novos municípios, conforme as regras estabelecidas no art. 18, § 4º:

> ***Art. 18** [...]*
>
> *§ 4º A criação, a incorporação, a fusão e o desmembramento de Municípios, far-se-ão por lei estadual, dentro do período determinado por Lei Complementar Federal, e dependerão de consulta prévia, mediante plebiscito, às populações dos Municípios envolvidos, após divulgação dos Estudos de Viabilidade Municipal, apresentados e publicados na forma da lei.*

Perceba que as regras são um pouco diferentes das necessárias para a criação de Estados. A primeira coisa que deve ser lembrada é que a criação será por lei ordinária estadual, desde que haja autorização emanada de lei complementar federal. As populações diretamente envolvidas na modificação devem ser consultadas por meio de plebiscito. E, por último, não se pode esquecer a exigência de Estudo de Viabilidade Municipal. Para prova, memorize essas condições.

Um fato curioso é que apesar de não existir ainda uma Lei Complementar Federal autorizando o período de criação de Municípios, vários Municípios foram criados na vigência de Constituição Federal, o que obrigou o Congresso Nacional a aprovar a Emenda Constitucional nº

57/2008, que acrescentou o art. 96 ao Ato das Disposições Constitucionais Transitórias (ADCT), convalidando a criação dos Municípios até 31 de dezembro de 2006:

> ***Art. 96*** *Ficam convalidados os atos de criação, fusão, incorporação e desmembramento de Municípios, cuja lei tenha sido publicada até 31 de dezembro de 2006, atendidos os requisitos estabelecidos na legislação do respectivo Estado à época de sua criação.*

- **Distrito Federal**

Se questionarem se o Distrito Federal é um Estado ou é um Município, a resposta será: "O Distrito Federal não é Estado nem Município, é Distrito Federal."

A Constituição Federal afirma que o Distrito Federal é ente federativo assim como a União, os Estados e os Municípios. Esse ente federativo é conhecido pela sua autonomia e por sua competência híbrida. Quando se fala em competência híbrida, quer-se dizer que o DF pode exercer competências tanto de Estado quanto de Município:

> ***Art. 32*** *[...]*
>
> *§ 1º Ao Distrito Federal são atribuídas as competências legislativas reservadas aos Estados e Municípios.*

Caracteriza a sua autonomia o fato de poder criar a sua própria lei orgânica, bem como a existência do Poder Executivo (governador), Legislativo (Câmara Legislativa) e Judiciário (Tribunal de Justiça do Distrito Federal e Territórios):

> ***Art. 32*** *O Distrito Federal, vedada sua divisão em Municípios, reger-se-á por lei orgânica, votada em dois turnos com interstício mínimo de dez dias, e aprovada por dois terços da Câmara Legislativa, que a promulgará, atendidos os princípios estabelecidos nesta Constituição.*
>
> *§ 2º A eleição do Governador e do Vice-Governador, observadas as regras do art. 77, e dos Deputados Distritais coincidirá com a dos Governadores e Deputados Estaduais, para mandato de igual duração.*
>
> *§ 3º Aos Deputados Distritais e à Câmara Legislativa aplica-se o disposto no art. 27.*

Como se pode depreender da leitura do artigo, a autonomia do DF possui algumas limitações, por exemplo, a vedação da sua divisão em Municípios. Nesse mesmo sentido, deve-se lembrar que o Distrito Federal não possui competência para organizar e manter as Polícias Civil e Militar, o Corpo de Bombeiros Militar, o Poder Judiciário, o Ministério Público e a Defensoria Pública. Nesses casos, a competência foi conferida à União:

> ***Art. 32*** *[...]*
>
> *§ 4º Lei federal disporá sobre a utilização, pelo Governo do Distrito Federal, da polícia civil, da polícia penal, da polícia militar e do corpo de bombeiros militar. (Redação dada pela Emenda Constitucional nº 104/2019)*
>
> ***Art. 21*** *Compete à União:[...]*
>
> *XIII – organizar e manter o Poder Judiciário, o Ministério Público do Distrito Federal e dos Territórios e a Defensoria Pública dos Territórios;*
>
> *XIV – organizar e manter a polícia civil, a polícia penal, a polícia militar e o corpo de bombeiros militar do Distrito Federal, bem como prestar assistência financeira ao Distrito Federal para a execução de serviços públicos, por meio de fundo próprio; (Redação dada pela Emenda Constitucional nº 104/2019)*

Por fim, é importante lembrar que o Distrito Federal não se confunde com Brasília. Isso é facilmente percebido pela leitura do art. 18:

> ***Art. 18*** *A organização político-administrativa da República Federativa do Brasil compreende a União, os Estados, o Distrito Federal e os Municípios, todos autônomos, nos termos desta Constituição.*
>
> *§ 1º Brasília é a Capital Federal.*

O Distrito Federal é ente federativo, ao passo que Brasília é a capital federal. Sob a ótica da organização administrativa do DF, pode-se afirmar que Brasília é uma das regiões administrativas do Distrito Federal, haja vista não poder o DF ser dividido em municípios.

7.1.3 Competências dos entes federativos

Como já foi visto, entre os entes federativos não existe hierarquia. Mas o que diferencia um ente federativo do outro? A diferença está na distribuição das competências pela Constituição. Cada ente federativo possui sua parcela de responsabilidades estabelecidas dentro da Constituição Federal de 1988.

Para a fixação dessas competências, a Constituição fez uso do princípio da predominância de interesse. Esse princípio define a abrangência das competências de cada ente com base na predominância de interesse. Para a União, em regra, foram previstas competências de interesse geral, de toda a coletividade. Para os Estados, a Constituição reservou competências de interesse regional. Aos municípios, competências de interesse local. E, por fim, ao Distrito Federal, foram reservadas competências de interesse local e regional, razão pela qual a doutrina chama de competência híbrida.

As competências são classificadas em dois tipos:

- **Competências materiais ou administrativas:** são aquelas que preveem ações a serem desempenhadas pelos entes federativos.
- **Competências legislativas:** estão relacionadas com a capacidade que um ente federativo possui de criar leis, inovar o ordenamento jurídico. Primeiramente, serão analisadas as competências administrativas de todos os entes federativos. De início, será abordada a União.

7.1.4 Competências administrativas

A União possui duas formas de competências materiais: exclusiva e comum. As competências exclusivas estão previstas no art. 21 da Constituição Federal de 1988:

> ***Art. 21*** *Compete à União:*
>
> *I – Manter relações com Estados estrangeiros e participar de organizações internacionais;*
>
> *II – Declarar a guerra e celebrar a paz;*
>
> *III – Assegurar a defesa nacional;*
>
> *IV – Permitir, nos casos previstos em lei complementar, que forças estrangeiras transitem pelo território nacional ou nele permaneçam temporariamente;*
>
> *V – Decretar o estado de sítio, o estado de defesa e a intervenção federal;*
>
> *VI – Autorizar e fiscalizar a produção e o comércio de material bélico;*
>
> *VII – Emitir moeda;*
>
> *VIII – Administrar as reservas cambiais do País e fiscalizar as operações de natureza financeira, especialmente as de crédito, câmbio e capitalização, bem como as de seguros e de previdência privada;*
>
> *IX – Elaborar e executar planos nacionais e regionais de ordenação do território e de desenvolvimento econômico e social;*
>
> *X – Manter o serviço postal e o correio aéreo nacional;*
>
> *XI – Explorar, diretamente ou mediante autorização, concessão ou permissão, os serviços de telecomunicações, nos termos da lei, que disporá sobre a organização dos serviços, a criação de um órgão regulador e outros aspectos institucionais;*
>
> *XII – Explorar, diretamente ou mediante autorização, concessão ou permissão:*
>
> *a) os serviços de radiodifusão sonora, e de sons e imagens;*
>
> *b) os serviços e instalações de energia elétrica e o aproveitamento energético dos cursos de água, em articulação com os Estados onde se situam os potenciais hidroenergéticos;*
>
> *c) a navegação aérea, aeroespacial e a infraestrutura aeroportuária;*

d) os serviços de transporte ferroviário e aquaviário entre portos brasileiros e fronteiras nacionais, ou que transponham os limites de Estado ou Território;

e) os serviços de transporte rodoviário interestadual e internacional de passageiros;

f) os portos marítimos, fluviais e lacustres;

XIII – organizar e manter o Poder Judiciário, o Ministério Público do Distrito Federal e dos Territórios e a Defensoria Pública dos Territórios;

XIV – organizar e manter a polícia civil, a polícia penal, a polícia militar e o corpo de bombeiros militar do Distrito Federal, bem como prestar assistência financeira ao Distrito Federal para a execução de serviços públicos, por meio de fundo próprio; (Redação dada pela Emenda Constitucional nº 104/2019)

XV – Organizar e manter os serviços oficiais de estatística, geografia, geologia e cartografia de âmbito nacional;

XVI – Exercer a classificação, para efeito indicativo, de diversões públicas e de programas de rádio e televisão;

XVII – Conceder anistia;

XVIII – Planejar e promover a defesa permanente contra as calamidades públicas, especialmente as secas e as inundações;

XIX – Instituir sistema nacional de gerenciamento de recursos hídricos e definir critérios de outorga de direitos de seu uso;

XX – Instituir diretrizes para o desenvolvimento urbano, inclusive habitação, saneamento básico e transportes urbanos;

XXI – Estabelecer princípios e diretrizes para o sistema nacional de viação;

XXII – Executar os serviços de polícia marítima, aeroportuária e de fronteiras;

XXIII – Explorar os serviços e instalações nucleares de qualquer natureza e exercer monopólio estatal sobre a pesquisa, a lavra, o enriquecimento e reprocessamento, a industrialização e o comércio de minérios nucleares e seus derivados, atendidos os seguintes princípios e condições:

a) toda atividade nuclear em território nacional somente será admitida para fins pacíficos e mediante aprovação do Congresso Nacional;

b) sob regime de permissão, são autorizadas a comercialização e a utilização de radioisótopos para pesquisa e uso agrícolas e industriais; (Redação dada pela Emenda Constitucional nº 118, de 2022)

c) sob regime de permissão, são autorizadas a produção, a comercialização e a utilização de radioisótopos para pesquisa e uso médicos; (Redação dada pela Emenda Constitucional nº 118, de 2022)

d) a responsabilidade civil por danos nucleares independe da existência de culpa;

XXIV – organizar, manter e executar a inspeção do trabalho;

XXV – estabelecer as áreas e as condições para o exercício da atividade de garimpagem, em forma associativa.

XXVI – organizar e fiscalizar a proteção e o tratamento de dados pessoais, nos termos da lei. (Incluído pela Emenda Constitucional nº 115/2022)

Essas competências são exclusivas, pois a União exclui a possibilidade de outro ente federativo realizá-la. Por isso, diz-se que são indelegáveis. Só a União pode fazer.

A outra competência material da União é a comum. Ela é comum a todos os entes federativos, União, estados, Distrito Federal e municípios. Vejamos o que diz o art. 23 da Constituição Federal de 1988:

> ***Art. 23** É competência comum da União, dos Estados, do Distrito Federal e dos Municípios:*
>
> *I – Zelar pela guarda da Constituição, das leis e das instituições democráticas e conservar o patrimônio público;*
>
> *II – Cuidar da saúde e assistência pública, da proteção e garantia das pessoas portadoras de deficiência;*
>
> *III – Proteger os documentos, as obras e outros bens de valor histórico, artístico e cultural, os monumentos, as paisagens naturais notáveis e os sítios arqueológicos;*
>
> *IV – Impedir a evasão, a destruição e a descaracterização de obras de arte e de outros bens de valor histórico, artístico ou cultural;*
>
> *V – Proporcionar os meios de acesso à cultura, à educação, à ciência, à tecnologia, à pesquisa e à inovação;*
>
> *VI – Proteger o meio ambiente e combater a poluição em qualquer de suas formas;*
>
> *VII – Preservar as florestas, a fauna e a flora;*
>
> *VIII – Fomentar a produção agropecuária e organizar o abastecimento alimentar;*
>
> *IX – Promover programas de construção de moradias e a melhoria das condições habitacionais e de saneamento básico;*
>
> *X – Combater as causas da pobreza e os fatores de marginalização, promovendo a integração social dos setores desfavorecidos;*
>
> *XI – Registrar, acompanhar e fiscalizar as concessões de direitos de pesquisa e exploração de recursos hídricos e minerais em seus territórios;*
>
> *XII – Estabelecer e implantar política de educação para a segurança do trânsito.*
>
> ***Parágrafo único.** Leis complementares fixarão normas para a cooperação entre a União e os Estados, o Distrito Federal e os Municípios, tendo em vista o equilíbrio do desenvolvimento e do bem-estar em âmbito nacional.*

Agora vejamos as competências materiais dos Estados. A primeira de que já se falou, é a competência comum prevista no art. 23, analisada anteriormente.

Os Estados também possuem a chamada competência residual, reservada ou remanescente. Está prevista no art. 25, § 1º, o qual cita que estão reservadas aos Estados as competências que não lhe sejam vedadas pela Constituição. Significa dizer que os Estados poderão fazer tudo aquilo que não for competência da União ou do Município:

> ***Art. 25** [...]*
>
> *§ 1º São reservadas aos Estados as competências que não lhes sejam vedadas por esta Constituição.*

Em relação às competências administrativas dos Municípios, a Constituição previu duas espécies: Comum e Exclusiva. A competência comum está prevista no art. 23 e já foi vista anteriormente. A competência exclusiva está no art. 30, incisos III a IX da Constituição Federal de 1988:

> ***Art. 30** Compete aos Municípios:[...]*
>
> *III – Instituir e arrecadar os tributos de sua competência, bem como aplicar suas rendas, sem prejuízo da obrigatoriedade de prestar contas e publicar balancetes nos prazos fixados em lei;*
>
> *IV – Criar, organizar e suprimir distritos, observada a legislação estadual;*
>
> *V – Organizar e prestar, diretamente ou sob regime de concessão ou permissão, os serviços públicos de interesse local, incluído o de transporte coletivo, que tem caráter essencial;*
>
> *VI – Manter, com a cooperação técnica e financeira da União e do Estado, programas de educação infantil e de ensino fundamental;*
>
> *VII – Prestar, com a cooperação técnica e financeira da União e do Estado, serviços de atendimento à saúde da população;*
>
> *VIII – Promover, no que couber, adequado ordenamento territorial, mediante planejamento e controle do uso, do parcelamento e da ocupação do solo urbano;*
>
> *IX – Promover a proteção do patrimônio histórico-cultural local, observada a legislação e a ação fiscalizadora federal e estadual.*

No âmbito das competências administrativas, temos as competências do Distrito Federal que são chamadas de híbridas. O Distrito Federal pode fazer tudo o que for de competência dos Estados ou dos Municípios.

7.1.5 Competências legislativas

Vejamos agora as competências legislativas de cada ente federativo. Primeiramente, no que diz respeito às competências legislativas da União, elas podem ser privativas ou concorrentes.

As competências privativas da União estão previstas no art. 22 da Constituição Federal de 1988 e possuem como característica principal a possibilidade de delegação mediante Lei Complementar aos Estados:

> ***Art. 22*** *Compete privativamente à União legislar sobre:*
>
> *I – Direito civil, comercial, penal, processual, eleitoral, agrário, marítimo, aeronáutico, espacial e do trabalho;*
>
> *II – Desapropriação;*
>
> *III – Requisições civis e militares, em caso de iminente perigo e em tempo de guerra;*
>
> *IV – Águas, energia, informática, telecomunicações e radiodifusão;*
>
> *V – Serviço postal;*
>
> *VI – Sistema monetário e de medidas, títulos e garantias dos metais;*
>
> *VII – Política de crédito, câmbio, seguros e transferência de valores;*
>
> *VIII – Comércio exterior e interestadual;*
>
> *IX – Diretrizes da política nacional de transportes;*
>
> *X – Regime dos portos, navegação lacustre, fluvial, marítima, aérea e aeroespacial;*
>
> *XI – Trânsito e transporte;*
>
> *XII – Jazidas, minas, outros recursos minerais e metalurgia;*
>
> *XIII – Nacionalidade, cidadania e naturalização;*
>
> *XIV – Populações indígenas;*
>
> *XV – Emigração e imigração, entrada, extradição e expulsão de estrangeiros;*
>
> *XVI – Organização do sistema nacional de emprego e condições para o exercício de profissões;*
>
> *XVII – Organização judiciária, do Ministério Público do Distrito Federal e dos Territórios e da Defensoria Pública dos Territórios, bem como organização administrativa destes;*
>
> *XVIII – Sistema estatístico, sistema cartográfico e de geologia nacionais;*
>
> *XIX – Sistemas de poupança, captação e garantia da poupança popular;*
>
> *XX – Sistemas de consórcios e sorteios;*
>
> *XXI – normas gerais de organização, efetivos, material bélico, garantias, convocação, mobilização, inatividades e pensões das polícias militares e dos corpos de bombeiros militares; (Redação dada pela Emenda Constitucional nº 103/2019)*
>
> *XXII – Competência da polícia federal e das polícias rodoviária e ferroviária federais;*
>
> *XXIII – Seguridade social;*
>
> *XXIV – Diretrizes e bases da educação nacional;*
>
> *XXV – Registros públicos;*
>
> *XXVI – Atividades nucleares de qualquer natureza;*
>
> *XXVII – Normas gerais de licitação e contratação, em todas as modalidades, para as administrações públicas diretas, autárquicas e fundacionais da União, Estados, Distrito Federal e Municípios, obedecido o disposto no art. 37, XXI, e para as empresas públicas e sociedades de economia mista, nos termos do art. 173, § 1º, III;*
>
> *XXVIII – Defesa territorial, defesa aeroespacial, defesa marítima, defesa civil e mobilização nacional;*
>
> *XXIX – Propaganda comercial.*
>
> *XXX – proteção e tratamento de dados pessoais. (Incluído pela Emenda Constitucional nº 115/2022)*
>
> ***Parágrafo único.*** *Lei complementar poderá autorizar os Estados a legislar sobre questões específicas das matérias relacionadas neste artigo.*

As competências concorrentes, previstas no art. 24 da Constituição, podem ser exercidas de forma concorrente pela União, pelos Estados e pelo Distrito Federal. Atenção: Município não possui competência concorrente. Vejamos o que diz o citado artigo:

> ***Art. 24*** *Compete à União, aos Estados e ao Distrito Federal legislar concorrentemente sobre:*
>
> *I – Direito tributário, financeiro, penitenciário, econômico e urbanístico;*
>
> *II – Orçamento;*
>
> *III – Juntas comerciais;*
>
> *IV – Custas dos serviços forenses;*
>
> *V – Produção e consumo;*
>
> *VI – Florestas, caça, pesca, fauna, conservação da natureza, defesa do solo e dos recursos naturais, proteção do meio ambiente e controle da poluição;*
>
> *VII – Proteção ao patrimônio histórico, cultural, artístico, turístico e paisagístico;*
>
> *VIII – Responsabilidade por dano ao meio ambiente, ao consumidor, a bens e direitos de valor artístico, estético, histórico, turístico e paisagístico;*
>
> *IX – Educação, cultura, ensino, desporto, ciência, tecnologia, pesquisa, desenvolvimento e inovação;*
>
> *X – Criação, funcionamento e processo do juizado de pequenas causas;*
>
> *XI – Procedimentos em matéria processual;*
>
> *XII – Previdência social, proteção e defesa da saúde;*
>
> *XIII – Assistência jurídica e Defensoria pública;*
>
> *XIV – Proteção e integração social das pessoas portadoras de deficiência;*
>
> *XV – Proteção à infância e à juventude;*
>
> *XVI – Organização, garantias, direitos e deveres das polícias civis.*
>
> *§ 1º No âmbito da legislação concorrente, a competência da União limitar-se-á a estabelecer normas gerais.*
>
> *§ 2º A competência da União para legislar sobre normas gerais não exclui a competência suplementar dos Estados.*
>
> *§ 3º Inexistindo lei federal sobre normas gerais, os Estados exercerão a competência legislativa plena, para atender a suas peculiaridades.*
>
> *§ 4º A superveniência de lei federal sobre normas gerais suspende a eficácia da lei estadual, no que lhe for contrário.*

No âmbito das competências concorrentes, algumas regras são fundamentais para a prova. Aqui, a participação da União é no sentido de fixar normas gerais, ficando os Estados com a competência de suplementar a legislação federal. Caso a União não legisle sobre determinada matéria de competência concorrente, nasce para o Estado o direito de legislar de forma plena sobre a matéria. Contudo, resolvendo a União legislar sobre matéria já regulada pelo Estado, a lei estadual ficará com sua eficácia suspensa pela lei federal nos pontos discordantes. Deve-se ter cuidado com esse último ponto. Não ocorre revogação da lei estadual pela lei federal, haja vista não existir hierarquia entre leis de entes federativos distintos. O que ocorre, como bem explicitou a Constituição Federal, é a suspensão da eficácia.

Quanto às competências dos Estados, há as seguintes espécies: residual, por delegação da União, concorrente suplementar e expressa.

A competência residual dos Estados é também chamada de competência remanescente ou reservada. Está prevista no art. 25, § 1º, que prevê que aos estados serão reservadas todas as competências que não sejam previstas a União ou aos municípios. Deve-se lembrar que esse dispositivo fundamenta tanto as competências materiais quanto as legislativas:

> ***Art. 25*** *[...]*
>
> *§ 1º São reservadas aos Estados as competências que não lhes sejam vedadas por esta Constituição.*

Outra competência dos Estados é a por delegação da União, que decorre da possibilidade de serem delegadas as competências privativas

D C O N

da União mediante Lei Complementar. Encontra-se prevista no art. 22, parágrafo único:

> *Art. 22 [...]*
>
> ***Parágrafo único.** Lei complementar poderá autorizar os Estados a legislar sobre questões específicas das matérias relacionadas neste artigo.*

Temos ainda as competências concorrentes suplementares previstas no art. 24, § 2º da Constituição Federal de 1988. Essas suplementam a competência legislativa da União no âmbito das competências concorrentes permitindo, inclusive, que os Estados legislem de forma plena quando não existir lei federal sobre o assunto:

> *Art. 24 [...]*
>
> *§ 2º A competência da União para legislar sobre normas gerais não exclui a competência suplementar dos Estados.*
>
> *§ 3º Inexistindo lei federal sobre normas gerais, os Estados exercerão a competência legislativa plena, para atender a suas peculiaridades.*

Há também as competências expressas dos Estados, as quais podem ser encontradas nos art. 18, § 4º e 25, §§ 2º e 3º da Constituição Federal:

> *Art. 18 [...]*
>
> *§ 4º A criação, a incorporação, a fusão e o desmembramento de Municípios, far-se-ão por lei estadual, dentro do período determinado por Lei Complementar Federal, e dependerão de consulta prévia, mediante plebiscito, às populações dos Municípios envolvidos, após divulgação dos Estudos de Viabilidade Municipal, apresentados e publicados na forma da lei.*
>
> *Art. 25, § 2º Cabe aos Estados explorar diretamente, ou mediante concessão, os serviços locais de gás canalizado, na forma da lei, vedada a edição de medida provisória para a sua regulamentação.*
>
> *§ 3º Os Estados poderão, mediante lei complementar, instituir regiões metropolitanas, aglomerações urbanas e microrregiões, constituídas por agrupamentos de municípios limítrofes, para integrar a organização, o planejamento e a execução de funções públicas de interesse comum.*

Para os Municípios, a Constituição previu dois tipos de competência legislativa: exclusiva e suplementar. A legislativa exclusiva dos Municípios está prevista no art. 30, I, o qual menciona que os Municípios possuem competência para legislar sobre assuntos de interesse local:

> *Art. 30 Compete aos Municípios:*
>
> *I – Legislar sobre assuntos de interesse local.*

A competência legislativa suplementar está prevista no art. 30, II, que permite aos Municípios legislar de forma suplementar a Legislação Federal e Estadual:

> *Art. 30 Compete aos Municípios: [...]*
>
> *II – Suplementar a legislação federal e a estadual no que couber.*

Por fim, nós há a competência legislativa do Distrito Federal que, conforme já dito, é híbrida, permitindo ao Distrito Federal legislar sobre as matérias de competência dos estados e dos municípios. Apesar dessa competência ampla, a Constituição resolveu estabelecer algumas limitações a sua autonomia legislativa excluindo algumas matérias de sua competência. Segundo o art. 21, incisos XIII e XIV da Constituição Federal de 1988, o Distrito Federal não possui competência para organizar e legislar sobre alguns dos seus órgãos: Poder Judiciário, Polícia Militar, Corpo de Bombeiros Militar e Polícia Civil.

> *Art. 21 Compete à União:[...]*
>
> *XIII – Organizar e manter o Poder Judiciário, o Ministério Público do Distrito Federal e dos Territórios e a Defensoria Pública dos Territórios.*
>
> *XIV – organizar e manter a polícia civil, a polícia penal, a polícia militar e o corpo de bombeiros militar do Distrito Federal, bem como prestar assistência financeira ao Distrito Federal para a execução de serviços públicos, por meio de fundo próprio;*

Dicas para os concursos

Não se deve confundir as competências exclusivas com as privativas da União. **Competência exclusiva** é administrativa e indelegável. **Competência privativa** é legislativa e delegável. Não se deve confundir as **competências comuns** com as **concorrentes**. **Competência comum** é comum a todos os entes e é administrativa. **Competência concorrente** é só para União, estados e o Distrito Federal além de ser legislativa. Município tem competência comum, mas não tem concorrente.

Competências administrativas

- **União**
- Exclusiva (art. 21)
- Comum (art. 23)
- **Estados**
- Comum (art. 23)
- Residual, reservada, remanescente (art. 25, §1º)
- **Municípios**
- Comum (art. 23)
- Exclusiva (art. 30, III-IX)
- **Distrito Federal**
- Competência híbrida

Competências legislativas

- **União**
- Privativa (art. 22)
- Concorrente (art. 24)
- **Estados**
- Concorrente suplementar (art. 24)
- Residual reservada remanescente (art. 25, §1º)
- Por delegação da União (art. 22, parágrafo único)
- Expressos (art. 25, §§2º e 3º)
- **Municípios**
- Exclusiva (art. 30, I)
- Suplementar ao Estado (art. 30, II)
- **Distrito Federal**
- Competência híbrida (Estados e Municípios)

7.2 Intervenção

A Constituição Federal de 1988 está assentada no princípio federativo como forma de Estado adotada no Brasil. O fato de sermos uma federação reflete inúmeras características, dentre as quais se destaca a autonomia de cada ente federativo. A autonomia é atributo inerente aos entes federativos que exclui a possibilidade de hierarquia entre eles bem como a possibilidade de intervenção de um ente federativo no outro.

A regra constitucional é a da não intervenção. Contudo, excepcionalmente, a Constituição Federal de 1988 previu hipóteses taxativas que permitem a um ente federativo intervir em outro ente em situações que visem à preservação da unidade do pacto federativo, a garantia da soberania nacional e de princípios fundamentais.

A União poderá intervir nos estados e no Distrito Federal e os estados poderão intervir em seus Municípios. A União não pode intervir em município, salvo se for um município pertencente a Território Federal. Destaca-se, novamente, que a possibilidade de intervenção é uma exceção e só poderá ocorrer nas hipóteses taxativamente elencadas na Constituição Federal de 1988.

Outra regra comum às intervenções é que a competência para as decretar é exclusiva do chefe do Poder Executivo. Se a intervenção é federal, a competência para decretar é do Presidente da República. Se a intervenção é estadual, a competência é do Governador de Estado.

A seguir serão abordadas as espécies de intervenção.

7.2.1 Intervenção federal

A intervenção federal é a intervenção da União nos Estados ou nos Municípios pertencentes aos Territórios Federais e será decretada pelo Presidente da República.

Como dito anteriormente, a possibilidade de intervenção federal constitui exceção prevista em rol taxativo, conforme disposto no art. 34:

> ***Art. 34*** *A União não interverá nos Estados nem no Distrito Federal, exceto para:*
>
> *I – Manter a integridade nacional;*
>
> *II – Repelir invasão estrangeira ou de uma unidade da Federação em outra;*
>
> *III – Pôr termo a grave comprometimento da ordem pública;*
>
> *IV – Garantir o livre exercício de qualquer dos Poderes nas unidades da Federação;*
>
> *V – Reorganizar as finanças da unidade da Federação que:*
>
> *a) suspender o pagamento da dívida fundada por mais de dois anos consecutivos, salvo motivo de força maior;*
>
> *b) deixar de entregar aos Municípios receitas tributárias fixadas nesta Constituição, dentro dos prazos estabelecidos em lei;*
>
> *VI – Prover a execução de lei federal, ordem ou decisão judicial;*
>
> *VII – Assegurar a observância dos seguintes princípios constitucionais:*
>
> *a) forma republicana, sistema representativo e regime democrático;*
>
> *b) direitos da pessoa humana;*
>
> *c) autonomia municipal;*
>
> *d) prestação de contas da Administração Pública, direta e indireta;*
>
> *e) aplicação do mínimo exigido da receita resultante de impostos estaduais, compreendida a proveniente de transferências, na manutenção e desenvolvimento do ensino e nas ações e serviços públicos de saúde.*

A partir desse artigo, a doutrina classificou a intervenção federal em dois tipos:

- **Intervenção federal espontânea:** ou de ofício, é aquela em que o Chefe do Poder Executivo, de forma discricionária, decreta a intervenção independentemente de provocação de outros órgãos. A decretação de ofício ocorrerá nas hipóteses previstas nos incisos I, II, III do art. 34:

> ***Art. 34*** *A União não intervirá nos Estados nem no Distrito Federal, exceto para:*
>
> *I – Manter a integridade nacional;*
>
> *II – Repelir invasão estrangeira ou de uma unidade da Federação em outra;*
>
> *III – Pôr termo a grave comprometimento da ordem pública.*

- **Intervenção federal provocada:** é aquela que depende da provocação dos órgãos legitimados pela Constituição Federal de 1988, conforme o art. 36:

> ***Art. 36*** *A decretação da intervenção dependerá:*
>
> *I – No caso do art. 34, IV, de solicitação do Poder Legislativo ou do Poder Executivo coacto ou impedido, ou de requisição do Supremo Tribunal Federal, se a coação for exercida contra o Poder Judiciário;*
>
> *II – No caso de desobediência a ordem ou decisão judiciária, de requisição do Supremo Tribunal Federal, do Superior Tribunal de Justiça ou do Tribunal Superior Eleitoral;*
>
> *III – De provimento, pelo Supremo Tribunal Federal, de representação do Procurador-geral da República, na hipótese do art. 34, VII, e no caso de recusa à execução de lei federal.*

A provocação se dá por meio de solicitação ou requisição. A solicitação não obriga o Presidente da República a decretar a medida, ao contrário da requisição, que está revestida de obrigatoriedade na qual caberá ao presidente apenas executá-la.

A decretação de intervenção federal por solicitação ocorrerá na hipótese do art. 34, inciso IV, a qual compete ao Poder Executivo ou Legislativo das Unidades da Federação solicitar a execução da medida quando se acharem coagidos ou impedidos de executarem suas atribuições constitucionais.

A decretação de intervenção federal por requisição ocorrerá nas hipóteses previstas no art. 34, incisos IV, VI e VII. No inciso IV, a requisição caberá ao Supremo Tribunal Federal quando a coação for exercida contra o Poder Judiciário. No inciso VI, a requisição virá do STF, STJ ou do TSE quando houver desobediência de ordem judicial. Nos incisos VI e VII, a requisição será do Supremo quando houver representação interventiva feita pelo Procurador Geral da República nos casos de recusa de execução de lei federal ou ofensa aos princípios sensíveis.

O decreto interventivo especificará todas as condições em que ocorrerá a medida e terá eficácia imediata após a sua decretação pelo Presidente da República. Após sua decretação, a medida será submetida a apreciação do Congresso Nacional no prazo de 24 horas:

> ***Art. 36*** *[...]*
>
> *§ 1º O decreto de intervenção, que especificará a amplitude, o prazo e as condições de execução e que, se couber, nomeará o interventor, será submetido à apreciação do Congresso Nacional ou da Assembleia Legislativa do Estado, no prazo de vinte e quatro horas.*
>
> *§ 2º Se não estiver funcionando o Congresso Nacional ou a Assembleia Legislativa, far-se-á convocação extraordinária, no mesmo prazo de vinte e quatro horas.*

Caberá ao Congresso Nacional aprovar ou suspender a execução da Intervenção:

> ***Art. 49*** *É da competência exclusiva do Congresso Nacional:[...]*
>
> *IV – Aprovar o estado de defesa e a intervenção federal, autorizar o estado de sítio, ou suspender qualquer uma dessas medidas.*

Nas hipóteses de intervenção decretada por requisição do Poder Judiciário previstas no art. 34, VI e VII, a Constituição dispensou a necessidade e apreciação do Congresso Nacional, destacando que, nesses casos, o decreto limitar-se-á a suspensão do ato impugnado, caso essa medida seja suficiente para conter a crise. Se a mera suspensão do ato não restabelecer a normalidade, poderão ser adotadas outras medidas com o mesmo objetivo:

> ***Art. 36*** *[...]*
>
> *§ 3º Nos casos do art. 34, VI e VII, ou do art. 35, IV, dispensada a apreciação pelo Congresso Nacional ou pela Assembleia Legislativa, o decreto limitar-se-á a suspender a execução do ato impugnado, se essa medida bastar ao restabelecimento da normalidade.*

Não podemos esquecer que nos casos de intervenção espontânea ou provocada por solicitação, o Presidente deverá consultar, antes da decretação, o Conselho da República e o Conselho da Defesa Nacional que emitirão parecer opinativo sobre a situação:

> ***Art. 90*** *Compete ao Conselho da República pronunciar-se sobre:*
>
> *I – Intervenção federal, estado de defesa e estado de sítio;*

DCON

> ***Art. 91*** *[...]*
> *§ 1º Compete ao Conselho de Defesa Nacional:[...]*
> *II – Opinar sobre a decretação do estado de defesa, do estado de sítio e da intervenção federal.*

Cessando a crise, a ordem será restabelecida, inclusive com o retorno das autoridades públicas afastadas, caso não possuam outra incompatibilidade:

> ***Art. 36*** *[...]*
> *§ 4º Cessados os motivos da intervenção, as autoridades afastadas de seus cargos a estes voltarão, salvo impedimento legal.*

Apesar de a Constituição Federal não mencionar sobre a possibilidade de controle judicial da intervenção, seria possível que ocorresse este controle caso os limites constitucionais estabelecidos fossem desrespeitados. Ressalta-se que contra a intervenção em si não cabe atuação do Poder Judiciário, considerando ser essa uma medida de natureza política.

7.2.2 Intervenção estadual

A intervenção estadual poderá ocorrer nos Municípios localizados em seu território mediante decreto do Governador do Estado nas hipóteses previstas no art. 35:

> ***Art. 35*** *O Estado não intervirá em seus Municípios, nem a União nos Municípios localizados em Território Federal, exceto quando:*
> *I – Deixar de ser paga, sem motivo de força maior, por dois anos consecutivos, a dívida fundada;*
> *II – Não forem prestadas contas devidas, na forma da lei;*
> *III – Não tiver sido aplicado o mínimo exigido da receita municipal na manutenção e desenvolvimento do ensino e nas ações e serviços públicos de saúde;*
> *IV – O Tribunal de Justiça der provimento a representação para assegurar a observância de princípios indicados na Constituição Estadual, ou para prover a execução de lei, de ordem ou de decisão judicial.*

Devem ser atendidos os mesmos requisitos da intervenção federal: temporariedade, controle político pelo legislativo e decreto do Chefe do Executivo.

Na hipótese do inciso IV, a intervenção dependerá de representação interventiva do Procurador-geral de Justiça, sendo dispensada a apreciação da Assembleia Legislativa. Segundo o STF, essa decisão do Tribunal de Justiça que autoriza a intervenção do Estado no Município possui natureza político-administrativa e tem caráter definitivo, sendo insuscetível de recurso extraordinário para o STF.

8 FUNÇÕES ESSENCIAIS À JUSTIÇA

As funções essenciais à justiça estão previstas expressamente do art. 127 ao 135 da Constituição Federal de 1988, elas são representadas pelas seguintes instituições:

- **Ministério Público;**
- **Advocacia Pública;**
- **Defensoria Pública;**
- **Advocacia.**

Ao contrário do que muitos pensam, essas instituições não fazem parte do Poder Judiciário, mas desempenham suas funções junto a esse poder. Sua atuação é essencial ao exercício jurisdicional, razão pela qual foram classificadas como funções essenciais. Essa necessidade se justifica em razão da impossibilidade de o Judiciário agir de ofício, ou seja, toda a atuação jurisdicional demanda provocação, a qual será titularizada por uma dessas instituições.

Esses organismos são representados por agentes públicos ou privados cuja função principal é provocar a atuação do Poder Judiciário, o qual se mantém inerte e imparcial, aguardando o momento certo para agir. São em sua essência "advogados".

O Ministério Público é o advogado da sociedade, pois, conforme prevê o *caput* do art. 127, incumbe-lhe a tarefa de defender a ordem jurídica, o regime democrático e os interesses sociais e individuais indisponíveis:

> ***Art. 127*** *O Ministério Público é instituição permanente, essencial à função jurisdicional do Estado, incumbindo-lhe a defesa da ordem jurídica, do regime democrático e dos interesses sociais e individuais indisponíveis.*

A Advocacia Pública advoga para o Estado representando os entes públicos judicial e extrajudicialmente ou mesmo desempenhando atividades de assessoria e consultoria jurídica.

A Defensoria Pública tem como atribuição principal advogar para os necessitados. São os defensores públicos responsáveis pela defesa dos hipossuficientes, aqueles que não possuem recursos financeiros para contratarem advogados privados.

E, por último, há a Advocacia, que, pela lógica, é privada, formada por advogados particulares, os quais são inscritos na Ordem dos Advogados do Brasil (OAB) e atuam de forma autônoma e independente dentro dos limites estabelecidos em lei.

O objetivo desta breve introdução é apresentar a diferença funcional básica entre as instituições de forma a facilitar o estudo que, a partir de agora, será mais aprofundado, visando a possíveis questões em provas de concursos públicos. Então, analisaremos, a partir de agora, as Funções Essenciais à Justiça.

8.1 Ministério Público

A compreensão dessa instituição inicia-se pela leitura do próprio texto constitucional, que prevê: o Ministério Público é uma instituição permanente, de natureza política, cujas atribuições possuem natureza administrativa, sem que com isso esteja subordinada ao Poder Executivo.

Fala-se em uma instituição independente e autônoma aos demais Poderes, motivo pelo qual está posicionada constitucionalmente em capítulo à parte na organização dos poderes como uma função essencial à justiça. Como função essencial à justiça, o Ministério Público é responsável pela provocação do Poder Judiciário em defesa da sociedade, quando se tratar de direitos sociais e individuais indisponíveis.

O Ministério Público no Brasil, além de obedecer às regras constitucionais, também é regido por duas normas: Lei Complementar nº 75/1993 e a Lei nº 8.625/1993. Essa regula o Ministério Público Nacional e é aplicável aos Ministérios Públicos dos Estados. Aquela é específica para o Ministério Público da União. Cada Estado da Federação poderá organizar o seu órgão ministerial editando sua própria lei orgânica estadual.

A seguir, será feita uma leitura da instituição sob a ótica constitucional sem aprofundar nas estruturas lançadas nas referidas leis orgânicas, o que será feito em momento oportuno.

8.1.1 Estrutura orgânica

Para viabilizar o exercício de suas funções, a Constituição Federal organizou o Ministério Público no art. 128:

> ***Art. 128*** *O Ministério Público abrange:*
>
> *I – o Ministério Público da União, que compreende:*
>
> *a) o Ministério Público Federal;*
>
> *b) o Ministério Público do Trabalho;*
>
> *c) o Ministério Público Militar;*
>
> *d) o Ministério Público do Distrito Federal e Territórios;*
>
> *II – os Ministérios Públicos dos Estados.*

Fique atento a essa classificação, pois o rol é taxativo e, em prova, os examinadores costumam mencionar a existência de um Ministério Público Eleitoral ao se fazer comparativo com a estrutura do Poder Judiciário. Na organização do MPU, não foi prevista a existência de Ministério Público com atribuição Eleitoral, função essa de competência do Ministério Público Federal e do Ministério Público Estadual, conforme prevê a Lei Complementar nº 75/1993 (arts. 72 a 80).

Como se pode perceber, o Ministério Público está dividido em Ministério Público da União e Ministério Público dos Estados, cada um com sua própria autonomia organizacional e chefia própria. O Ministério Público da União, por sua vez, abrange:

- Ministério Público Federal;
- Ministério Público do Trabalho;
- Ministério Público Militar;
- Ministério Público do Distrito Federal e Territórios.

Existe ainda o Ministério Público junto ao Tribunal de Contas, o qual possui natureza diversa do Ministério Público aqui estudado. Sua organização está atrelada ao Tribunal de Contas do qual faz parte, mas aos seus membros são estendidas as disposições aplicáveis aos Membros do Ministério Público:

> ***Art. 130*** *Aos membros do Ministério Público junto aos Tribunais de Contas aplicam-se as disposições desta seção pertinentes a direitos, vedações e forma de investidura.*

8.1.2 Atribuições

Suas atribuições se apoiam na defesa da ordem jurídica, do regime democrático e dos interesses sociais e individuais indisponíveis. É um verdadeiro defensor da sociedade e fiscal dos poderes públicos. Em rol meramente exemplificativo, a Constituição previu como funções institucionais o art. 129:

> ***Art. 129*** *São funções institucionais do Ministério Público:*
>
> *I – promover, privativamente, a ação penal pública, na forma da lei;*
>
> *II – zelar pelo efetivo respeito dos Poderes Públicos e dos serviços de relevância pública aos direitos assegurados nesta Constituição, promovendo as medidas necessárias a sua garantia;*
>
> *III – promover o inquérito civil e a ação civil pública, para a proteção do patrimônio público e social, do meio ambiente e de outros interesses difusos e coletivos;*
>
> *IV – promover a ação de inconstitucionalidade ou representação para fins de intervenção da União e dos Estados, nos casos previstos nesta Constituição;*
>
> *V – defender judicialmente os direitos e interesses das populações indígenas;*
>
> *VI – expedir notificações nos procedimentos administrativos de sua competência, requisitando informações e documentos para instruí-los, na forma da lei complementar respectiva;*
>
> *VII – exercer o controle externo da atividade policial, na forma da lei complementar mencionada no artigo anterior;*
>
> *VIII – requisitar diligências investigatórias e a instauração de inquérito policial, indicados os fundamentos jurídicos de suas manifestações processuais;*

IX – exercer outras funções que lhe forem conferidas, desde que compatíveis com sua finalidade, sendo-lhe vedada a representação judicial e a consultoria jurídica de entidades públicas.

§ 1º A legitimação do Ministério Público para as ações civis previstas neste artigo não impede a de terceiros, nas mesmas hipóteses, segundo o disposto nesta Constituição e na lei.

§ 2º As funções do Ministério Público só podem ser exercidas por integrantes da carreira, que deverão residir na comarca da respectiva lotação, salvo autorização do chefe da instituição.

§ 3º O ingresso na carreira do Ministério Público far-se-á mediante concurso público de provas e títulos, assegurada a participação da Ordem dos Advogados do Brasil em sua realização, exigindo-se do bacharel em direito, no mínimo, três anos de atividade jurídica e observando-se, nas nomeações, a ordem de classificação.

§ 4º Aplica-se ao Ministério Público, no que couber, o disposto no art. 93.

§ 5º A distribuição de processos no Ministério Público será imediata.

No desempenho das suas funções institucionais, algumas características foram previstas pela Constituição, as quais são muito importantes para a prova.

Os § 2º e § 3º afirmam que as funções do Ministério Púbico só podem ser exercidas por integrantes da carreira, ou seja, por Membros aprovados em concurso público de provas e títulos, assegurada a participação da OAB durante a sua realização, entre os quais são exigidos os seguintes requisitos:

- Ser bacharel em direito;
- Possuir, no mínimo, três anos de atividade jurídica.

Em relação à atividade jurídica, deve-se salientar a regulamentação feita pela Resolução nº 40 do Conselho Nacional do Ministério Público, a qual prevê, entre outras atividades, o exercício da advocacia ou de cargo, função e emprego que exija a utilização preponderante de conhecimentos jurídicos, ou até mesmo a realização de cursos de pós-graduação dentro dos parâmetros estabelecidos pela referida resolução. É importante lembrar que esse requisito deverá ser comprovado no momento da investidura no cargo, ou seja, na posse, depois de finalizadas todas as fases do concurso.

A Constituição exige ainda que o Membro do Ministério Público resida na comarca de lotação, salvo quando houver autorização do chefe da Instituição. Em razão da semelhança e importância com a carreira da magistratura, a Constituição previu expressamente a aplicação do art. 93 aos membros do Ministério Público, no que for compatível com a carreira. E, por fim, determina que a distribuição dos processos aos órgãos ministeriais seja feita de forma imediata.

Titular da ação penal pública

Segundo o inciso I do art. 129, compete ao Ministério Público promover, privativamente, a ação penal pública, na forma da lei. A doutrina classifica esse dispositivo como espécie de norma de eficácia contida possuindo aplicabilidade direta e imediata, permitida a regulamentação por lei.

Essa competência é corroborada pela possibilidade de requisição de diligências investigatórias e da instauração de inquérito policial, para que o órgão ministerial formule sua convicção sobre o ilícito penal, o que está previsto no inciso VIII do art. 129.

Essa exclusividade conferida pela Constituição Federal encontra limitação no próprio texto constitucional, ao permitir o cabimento de ação penal privada subsidiária da pública nos casos em que o Ministério Público (MP) fique inerte e não cumpra com sua obrigação.

Dessa competência decorre o poder de investigação do Ministério Público, o qual tem sido alvo de muita discussão nos tribunais. Quem não concorda com esse poder sustenta ser a atividade de investigação criminal uma atividade exclusiva da autoridade policial nos termos do art. 144 da CF/1988.

O posicionamento que tem prevalecido na doutrina e na jurisprudência é no sentido de que o Ministério Público tem legitimidade para promover a investigação criminal, haja vista ser ele o destinatário das informações sobre o fato delituoso produzido no inquérito policial. Ademais, por ter caráter administrativo, o inquérito policial é dispensável, não dependendo o Ministério Público da sua existência para promover a persecução penal.

Para a solução desse caso, tem-se aplicado a Teoria dos Poderes Implícitos. Segundo a teoria, as competências expressamente previstas no texto constitucional carregam consigo os meios necessários para sua execução, ou seja, a existência de uma competência explícita implica existência de competências implicitamente previstas e necessárias para execução da atribuição principal. Em suma, se ao Ministério Público compete o oferecimento exclusivo da ação penal pública, por consequência da aplicação dessa teoria, compete também a execução das atividades necessárias à formação da sua opinião sobre o delito. Significa dizer que o poder de investigação criminal está implicitamente previsto no poder de oferecimento da ação penal pública.

8.1.3 Legitimidade para promover o inquérito civil e a ação civil pública

O Ministério Público também é competente para promover o inquérito civil e a ação civil pública nos termos do inciso III do art. 129. Essas ferramentas são utilizadas para a proteção do patrimônio público e social, do meio ambiente e de outros interesses difusos e coletivos.

Entendem-se como interesses difusos aqueles de natureza indivisível, cujos titulares não se podem determinar apesar de estarem ligados uns aos outros pelas circunstâncias fáticas. Interesses coletivos se diferenciam dos difusos na medida em que é possível determinar quem são os titulares do direito.

Segundo a Constituição Federal, a ação civil pública não é medida exclusiva a ser adotada pelo Ministério Público:

> ***Art. 129** [...]*
>
> *§ 1º A legitimação do Ministério Público para as ações civis previstas neste artigo não impede a de terceiros, nas mesmas hipóteses, segundo o disposto nesta Constituição e na lei.*

A Lei nº 7.347/1985 (Lei de Ação Civil Pública) prevê que são legitimados para propor tal ação, além do MP:

- **A Defensoria Pública;**
- **A União, os estados, o Distrito Federal e os municípios;**
- **A autarquia, empresa pública, fundação ou sociedade de economia mista;**
- **A associação que concomitantemente esteja constituída há pelo menos 1 ano nos termos da lei civil e inclua entre suas finalidades institucionais a proteção ao meio ambiente, ao consumidor, à ordem econômica, à livre concorrência ou ao patrimônio artístico, estético, histórico, turístico e paisagístico.**

Já o inquérito civil é procedimento investigatório de caráter administrativo, que poderá ser instaurado pelo Ministério Público com o fim de colher os elementos de prova necessários para a sua convicção sobre o ilícito e, posteriormente, instrução da ação civil pública.

8.1.4 Controle de constitucionalidade

Função das mais relevantes desempenhada pelos órgãos ministeriais ocorre no controle da constitucionalidade das leis e atos normativos. Essa atribuição é inerente à sua função de guardião da ordem jurídica. Como protetor da ordem jurídica, compete ao Ministério Público oferecer as ações de controle abstrato de constitucionalidade, bem como a Representação Interventiva para fins de intervenção da União e dos estados nas hipóteses previstas na Constituição Federal.

8.1.5 Controle externo da atividade policial

A Constituição Federal determina que o Ministério Público realize o controle externo da atividade policial. Fala-se em controle externo haja vista o Ministério Público não pertencer à mesma estrutura das forças policiais. É uma instituição totalmente autônoma a qualquer órgão policial, razão pela qual não se pode falar em subordinação dos organismos policiais ao Parquet. A justificativa para essa atribuição decorre do fato de ser ele o destinatário final da atividade policial.

Se, por um lado, o controle externo objetiva a fiscalização das atividades policiais para que elas não sejam desenvolvidas além dos limites legais, preservando os direitos e garantias fundamentais dos investigados, por outro, garante o seu perfeito desenvolvimento, prevenindo e corrigindo a produção probatória, visando ao adequado oferecimento da ação penal.

O controle externo da atividade policial desenvolvido pelo Ministério Público, além de regulamentado nas respectivas leis orgânicas, está normatizado na Resolução nº 20 do CNMP. Ressalte-se que o controle externo não exime a instituição policial de realizar o seu próprio controle interno por meio das corregedorias e órgãos de fiscalização.

Sujeitam-se ao citado controle externo todas as instituições previstas no art. 144 da Constituição Federal de 1988, bem como as demais instituições que possuam parcela do poder de polícia desde que estejam relacionadas com a segurança pública e a persecução criminal.

8.1.6 Conselho Nacional do Ministério Público (CNMP)

O Conselho Nacional do Ministério Público, a exemplo do Conselho Nacional de Justiça, foi criado pela Emenda Constitucional nº 45/2004 com o objetivo de efetuar a fiscalização administrativa e financeira do Ministério Público, bem como o cumprimento dos deveres funcionais de seus membros.

- **Composição**

Segundo o texto constitucional, o CNMP é composto de 14 membros, nomeados pelo Presidente da República, depois de aprovada a escolha pela maioria absoluta do Senado Federal, para um mandato de dois anos, sendo permitida apenas uma recondução. Veja-se a composição prevista pela Constituição Federal no art. 130-A:

> ***Art. 130-A*** *O Conselho Nacional do Ministério Público compõe-se de quatorze membros nomeados pelo Presidente da República, depois de aprovada a escolha pela maioria absoluta do Senado Federal, para um mandato de dois anos, admitida uma recondução, sendo:*
>
> *I – o Procurador-geral da República, que o preside;*
>
> *II – quatro membros do Ministério Público da União, assegurada a representação de cada uma de suas carreiras;*
>
> *III – três membros do Ministério Público dos Estados;*
>
> *IV – dois juízes, indicados um pelo Supremo Tribunal Federal e outro pelo Superior Tribunal de Justiça;*
>
> *V – dois advogados, indicados pelo Conselho Federal da Ordem dos Advogados do Brasil;*
>
> *VI – dois cidadãos de notável saber jurídico e reputação ilibada, indicados um pela Câmara dos Deputados e outro pelo Senado Federal.*
>
> *§ 1º. Os membros do Conselho oriundos do Ministério Público serão indicados pelos respectivos Ministérios Públicos, na forma da lei.*

- **Atribuições**

Vejamos as atribuições previstas constitucionalmente para o CNMP:

> ***Art. 130-A*** *[...]*
>
> *§ 2º. Compete ao Conselho Nacional do Ministério Público o controle da atuação administrativa e financeira do Ministério Público e do cumprimento dos deveres funcionais de seus membros, cabendo-lhe:*
>
> *I – zelar pela autonomia funcional e administrativa do Ministério Público, podendo expedir atos regulamentares, no âmbito de sua competência, ou recomendar providências;*
>
> *II – zelar pela observância do art. 37 e apreciar, de ofício ou mediante provocação, a legalidade dos atos administrativos praticados por membros ou órgãos do Ministério Público da União e dos Estados, podendo desconstituí-los, revê-los ou fixar prazo para que se adotem as providências necessárias ao exato cumprimento da lei, sem prejuízo da competência dos Tribunais de Contas;*
>
> *III – receber e conhecer das reclamações contra membros ou órgãos do Ministério Público da União ou dos Estados, inclusive contra seus serviços auxiliares, sem prejuízo da competência disciplinar e correicional da instituição, podendo avocar processos disciplinares em curso, determinar a remoção, a disponibilidade ou a aposentadoria com subsídios ou proventos proporcionais ao tempo de serviço e aplicar outras sanções administrativas, assegurada ampla defesa;*
>
> *IV – rever, de ofício ou mediante provocação, os processos disciplinares de membros do Ministério Público da União ou dos Estados julgados há menos de um ano;*
>
> *V – elaborar relatório anual, propondo as providências que julgar necessárias sobre a situação do Ministério Público no País e as atividades do Conselho, o qual deve integrar a mensagem prevista no art. 84, XI.*
>
> *§ 3º. O Conselho escolherá, em votação secreta, um Corregedor nacional, dentre os membros do Ministério Público que o integram, vedada a recondução, competindo-lhe, além das atribuições que lhe forem conferidas pela lei, as seguintes:*
>
> *I – receber reclamações e denúncias, de qualquer interessado, relativas aos membros do Ministério Público e dos seus serviços auxiliares;*
>
> *II – exercer funções executivas do Conselho, de inspeção e correição geral;*
>
> *III – requisitar e designar membros do Ministério Público, delegando-lhes atribuições, e requisitar servidores de órgãos do Ministério Público.*
>
> *§ 4º. O Presidente do Conselho Federal da Ordem dos Advogados do Brasil oficiará junto ao Conselho.*
>
> *§ 5º. Leis da União e dos Estados criarão ouvidorias do Ministério Público, competentes para receber reclamações e denúncias de qualquer interessado contra membros ou órgãos do Ministério Público, inclusive contra seus serviços auxiliares, representando diretamente ao Conselho Nacional do Ministério Público.*

8.1.7 Princípios institucionais

A Constituição Federal prevê expressamente no § 1º do art. 127 os chamados princípios institucionais, os quais norteiam o desenvolvimento das atividades dos Órgãos Ministeriais:

> *§ 1º São princípios institucionais do Ministério Público a unidade, a indivisibilidade e a independência funcional.*

- **Princípio da unidade:** revela que os membros do Ministério Público integram um órgão único chefiado por um procurador-geral. Essa unidade é percebida dentro de cada ramo do Ministério Público, não existindo unidade entre o Ministério Público estadual e da União, ou entre os diversos Ministérios Públicos estaduais, ou ainda entre os ramos do Ministério Público da União. Qualquer divisão que exista dentro de um dos órgãos ministeriais possui caráter meramente funcional.
- **Princípio da indivisibilidade:** que decorre do princípio da unidade, revela a possibilidade de os membros se substituírem sem qualquer prejuízo ao processo, pois o Ministério Público é uno e indivisível. Os membros agem em nome da instituição e nunca em nome próprio, pois pertencem a um só corpo. Esse princípio veda a vinculação de um membro a um processo permitindo, inclusive, a delegação da denúncia a outro membro. Ressalte-se que, como no princípio da unidade, a indivisibilidade só ocorre dentro de um mesmo ramo do Ministério Público.
- **Princípio da independência funcional:** com uma dupla acepção: em relação aos membros e em relação à instituição. No que tange aos membros, o referido princípio garante uma atuação independente no exercício das suas atribuições sujeitando-se apenas às determinações constitucionais, legais e de sua consciência jurídica, não havendo qualquer hierarquia ou subordinação intelectual entre os membros. Sob a perspectiva da instituição, o princípio da independência funcional elimina qualquer subordinação do Ministério Público a outro poder. Apesar da independência funcional, verifica-se a existência de uma mera hierarquia administrativa.

Além desses princípios expressos na Constituição Federal, a doutrina e a jurisprudência reconhecem a existência de um princípio implícito no texto constitucional:

- **Princípio do promotor natural:** esse princípio decorre da interpretação do art. 129, § 2º, da Constituição, que afirma:

> *§ 2º As funções do Ministério Público só podem ser exercidas por integrantes da carreira, que deverão residir na comarca da respectiva lotação, salvo autorização do chefe da instituição.*

O princípio do promotor natural veda a designação de membros do Ministério Público fora das hipóteses constitucionais e legais, exigindo que sua atuação seja predeterminada por critérios objetivos aplicáveis a todos os membros da carreira, evitando, assim, que haja designações arbitrárias. O princípio também impede a nomeação de promotor *ad hoc* ou de exceção considerando que as funções do Ministério Público só podem ser desempenhadas por membros da carreira.

8.1.8 Garantias

O Ministério Público, em razão da importância de sua função, recebeu da Constituição Federal algumas garantias que lhe asseguram a independência necessária para bem desempenhar suas atribuições. E não é só a instituição que possui garantias, mas os membros também. Vejamos o que diz a Constituição sobre as garantias institucionais e dos membros:

> ***Art. 127** [...]*
>
> *§ 2º Ao Ministério Público é assegurada autonomia funcional e administrativa, podendo, observado o disposto no art. 169, propor ao Poder Legislativo a criação e extinção de seus cargos e serviços auxiliares, provendo-os por concurso público de provas ou de provas e títulos, a política remuneratória e os planos de carreira; a lei disporá sobre sua organização e funcionamento.*
>
> *§ 3º O Ministério Público elaborará sua proposta orçamentária dentro dos limites estabelecidos na lei de diretrizes orçamentárias.*
>
> *§ 4º Se o Ministério Público não encaminhar a respectiva proposta orçamentária dentro do prazo estabelecido na lei de diretrizes orçamentárias, o Poder Executivo considerará, para fins de consolidação da proposta orçamentária anual, os valores aprovados na lei orçamentária vigente, ajustados de acordo com os limites estipulados na forma do § 3º.*
>
> *§ 5º Se a proposta orçamentária de que trata este artigo for encaminhada em desacordo com os limites estipulados na forma do § 3º, o Poder Executivo procederá aos ajustes necessários para fins de consolidação da proposta orçamentária anual.*
>
> *§ 6º Durante a execução orçamentária do exercício, não poderá haver a realização de despesas ou a assunção de obrigações que extrapolem os limites estabelecidos na lei de diretrizes orçamentárias, exceto se previamente autorizadas, mediante a abertura de créditos suplementares ou especiais.*

O art. 127, § 2º a § 6º, trata das chamadas **garantias institucionais.** Essas garantias visam a conceder maior autonomia à instituição, além de proteger sua independência no exercício de suas atribuições constitucionais. As Garantias Institucionais são de três espécies:

- **Autonomia funcional**: ao desempenhar sua função, o Ministério Público não se subordina a qualquer outra autoridade ou poder, sujeitando-se apenas às determinações constitucionais, legais e de sua consciência jurídica.
- **Autonomia administrativa**: é a capacidade de autogestão, autoadministração e autogoverno. O Ministério Público tem competência para propor ao Legislativo a criação, extinção e organização de seus cargos e carreiras bem como demais atos de gestão.
- **Autonomia financeira:** o Ministério Público pode elaborar sua proposta orçamentária dentro dos limites estabelecidos na Lei de Diretrizes Orçamentárias, tendo liberdade para administrar esses recursos.

Um dos temas mais importantes e que revelam a autonomia administrativa do Ministério Público é a possibilidade que a instituição tem de escolher os seus próprios chefes. Vejamos a literalidade do texto constitucional:

> ***Art. 128** [...]*
>
> *§ 1º O Ministério Público da União tem por chefe o Procurador-geral da República, nomeado pelo Presidente da República dentre integrantes da carreira, maiores de trinta e cinco anos, após a aprovação de seu nome pela maioria absoluta dos membros do Senado Federal, para mandato de dois anos, permitida a recondução.*
>
> *§ 2º A destituição do Procurador-geral da República, por iniciativa do Presidente da República, deverá ser precedida de autorização da maioria absoluta do Senado Federal.*

No âmbito dessa autonomia, a Constituição previu expressamente que o procurador-geral será escolhido pela própria instituição dentre os membros da carreira. No caso do Ministério Público da União (MPU), a chefia ficará a cargo do procurador-geral da República, o qual será nomeado pelo Presidente da República dentre os membros da carreira com mais de 35 anos de idade, desde que sua escolha seja aprovada pelo voto da maioria absoluta do Senado Federal. O procurador-geral da República exercerá seu mandato por dois anos, permitida a recondução. Ao permitir a recondução, a Constituição não estabeleceu limites, de forma que o procurador-geral da República poderá ser reconduzido por quantas vezes o presidente considerar conveniente. Se o presidente pode nomear o Chefe do MPU, ele também poderá destituí-lo do cargo, desde que autorizado pelo Senado pela mesma quantidade de votos, qual seja, maioria absoluta.

Já em relação à Chefia dos Ministérios Públicos dos Estados e do Distrito Federal e Territórios a regra é um pouco diferente:

> ***Art. 128** [...]*
>
> *§ 3º Os Ministérios Públicos dos Estados e o do Distrito Federal e Territórios formarão lista tríplice dentre integrantes da carreira, na forma da lei respectiva, para escolha de seu Procurador-Geral, que será nomeado pelo Chefe do Poder Executivo, para mandato de dois anos, permitida uma recondução.*
>
> *§ 4º Os Procuradores-Gerais nos Estados e no Distrito Federal e Territórios poderão ser destituídos por deliberação da maioria absoluta do Poder Legislativo, na forma da lei complementar respectiva.*

A escolha dos procuradores-gerais de justiça dependerá de nomeação pelo chefe do Poder Executivo, com base em lista tríplice formada dentre os integrantes da carreira, sendo permitida uma recondução. Diferentemente do procurador-geral da República, que poderá ser reconduzido várias vezes, o procurador-geral de Justiça só poderá ser reconduzido uma única vez. A destituição desses procuradores-gerais dependerá da deliberação da maioria absoluta do Poder Legislativo.

Já o art. 128, § 5º, apresenta as **garantias dos membros.**

> ***Art. 128** [...]*
>
> *§ 5º Leis complementares da União e dos Estados, cuja iniciativa é facultada aos respectivos Procuradores-Gerais, estabelecerão a organização, as atribuições e o estatuto de cada Ministério Público, observadas, relativamente a seus membros:*
>
> *I – as seguintes garantias:*
>
> *a) vitaliciedade, após dois anos de exercício, não podendo perder o cargo senão por sentença judicial transitada em julgado;*
>
> *b) inamovibilidade, salvo por motivo de interesse público, mediante decisão do órgão colegiado competente do Ministério Público, pelo voto da maioria absoluta de seus membros, assegurada ampla defesa;*
>
> *c) irredutibilidade de subsídio, fixado na forma do art. 39, § 4º, e ressalvado o disposto nos Arts. 37, X e XI, 150, II, 153, III, 153, § 2º, I;*

São duas espécies de garantias dos membros: **garantias de independência e garantias de imparcialidade.**

- **Garantias de independência**

São prerrogativas inerentes ao cargo e estão previstas no inciso I do referido artigo, as quais visam a garantir aos membros maior liberdade, independência e autonomia no exercício de sua função ministerial. Tais garantias são indisponíveis, proibindo o titular do cargo de dispensar qualquer das prerrogativas. São as garantias da vitaliciedade, inamovibilidade e irredutibilidade dos subsídios.

A **vitaliciedade** é como se fosse uma estabilidade só que muito mais vantajosa. O membro, ao ingressar na carreira mediante concurso público, torna-se vitalício após o efetivo exercício no cargo pelo prazo de dois anos. Uma vez vitalício só perderá o cargo por sentença judicial transitada em julgado. Após passar pelo estágio probatório de dois anos, um Membro do Ministério Público só perderá o cargo por sentença judicial transitada em julgado.

A **inamovibilidade** impede a movimentação do membro *ex-ofício* contra a sua vontade. Em regra, o Membro do Ministério Público só poderá ser removido ou promovido por sua própria iniciativa, ressalvados os casos em que houver interesse público. E mesmo quando o interesse público exigir, a remoção dependerá de decisão do órgão colegiado competente pelo voto da maioria absoluta de seus membros, assegurando-se o direito à ampla defesa.

A **Irredutibilidade dos Subsídios** diz respeito à proteção da remuneração do membro ministerial. Subsídio é a forma de retribuição pecuniária paga ao membro do Ministério Público a qual se caracteriza por ser uma parcela única. Com essa garantia, o Membro do Ministério Público poderá trabalhar sem medo de perder sua remuneração.

Ressalta-se que o Supremo Tribunal Federal já entendeu tratar-se esta irredutibilidade como meramente nominal, não protegendo o subsídio da desvalorização provocada por perdas inflacionárias. Lembre-se também de que essa garantia não é absoluta, pois comporta exceções previstas nos Arts. 37, X e XI, 150, II, 153, III, e 153, § 2º, I, da Constituição Federal. Em suma, a irredutibilidade não impedirá a redução do subsídio quando ultrapassar o teto constitucional ou em razão da cobrança do imposto de renda.

- **Garantias de imparcialidade**

São verdadeiras vedações e visam a garantir uma atuação isenta de qualquer interferência política ou pessoal.

> ***Art. 128*** *[...]*
>
> *§ 5º [...]*
>
> *II – as seguintes vedações:*
>
> *a) receber, a qualquer título e sob qualquer pretexto, honorários, percentagens ou custas processuais;*
>
> *b) exercer a advocacia;*
>
> *c) participar de sociedade comercial, na forma da lei;*
>
> *d) exercer, ainda que em disponibilidade, qualquer outra função pública, salvo uma de magistério;*
>
> *e) exercer atividade político-partidária;*
>
> *f) receber, a qualquer título ou pretexto, auxílios ou contribuições de pessoas físicas, entidades públicas ou privadas, ressalvadas as exceções previstas em lei (Incluída pela Emenda Constitucional nº 45, de 2004).*
>
> *§ 6º Aplica-se aos membros do Ministério Público o disposto no art. 95, parágrafo único, V.*

Antes de explorar essas regras, faz-se necessária a menção ao art. 29, § 3º, da ADCT:

> *§ 3º Poderá optar pelo regime anterior, no que respeita às garantias e vantagens, o membro do Ministério Público admitido antes da promulgação da Constituição, observando-se, quanto às vedações, a situação jurídica na data desta.*

Esse dispositivo retrata uma peculiaridade interessante a respeito dos membros do Ministério Público. Antes da promulgação da Constituição Federal de 1988, o regime jurídico a que estavam sujeitos era diferente. A ADCT permitiu aos membros que ingressaram antes de 1988 a escolha do regime jurídico a que estariam sujeitos a partir de então. Os membros que ingressaram na carreira antes de 1988 e que possuíam inscrição na OAB podem advogar desde que tenham optado pelo regime jurídico anterior a 1988. Para os membros que ingressaram na carreira depois da promulgação da Constituição Federal, essa escolha não é permitida, pois estão sujeitos apenas ao regime constitucional atual. Feita essa consideração, passa-se à análise das garantias vigentes.

Deve-se compreender a abrangência das vedações do inciso II do § 5º do art. 128 da Constituição Federal de 1988.

É vedado aos membros do Ministério Público receber, a qualquer título e sob qualquer pretexto, honorários, percentagens ou custas processuais, bem como receber auxílios ou contribuições de pessoas físicas, entidades públicas ou privadas, ressalvadas as exceções previstas em lei. Tais vedações visam a impedir que membros sejam motivados indevidamente a exercer suas funções sob a expectativa de receberem maiores valores pela sua atuação. Percebe-se que a vedação encontra exceção quando a contribuição está prevista em lei. Dessa forma, não ofende a Constituição Federal o recebimento de valores em razão da venda de livros, do exercício do magistério ou mesmo da ministração de palestra.

Outra vedação aplicável aos membros do Parquet é em relação ao exercício da advocacia. Acerca desse impedimento, deve-se ressaltar a situação dos membros do Ministério Público da União que ingressaram na carreira antes de 1988 e que tenham optado pelo regime jurídico anterior, nos termos do § 3º do art. 29 da ADCT, os quais poderão exercer a advocacia nos termos da Resolução nº 8 do CNMP, com a nova redação dada pela Resolução nº 16.

Ademais, o texto constitucional estendeu aos Membros do Ministério Público a mesma vedação aplicável aos Magistrados no art. 95, parágrafo único, V, qual seja, a de exercer a advocacia no juízo ou tribunal do qual se afastou, antes de decorridos três anos do afastamento do cargo por aposentadoria ou exoneração. A doutrina tem chamado essa vedação de quarentena.

Os membros do Ministério Público não podem participar de sociedade comercial, na forma da lei. Essa vedação encontra regulamentação na Lei nº 8.625/1993, a qual prevê a possibilidade de participação como cotista ou acionista.

Também não podem exercer, ainda que em disponibilidade, qualquer outra função pública, salvo uma de magistério. Ressalta-se que o CNMP regulamentou o exercício do magistério, que poderá ser público ou privado, por no máximo 20 horas aula por semana, desde que o horário seja compatível com as atribuições ministeriais e o seu exercício se dê inteiramente em sala de aula.

Para evitar que sua atuação seja influenciada por pressões políticas, a Constituição vedou o exercício de atividade político-partidária aos membros do Ministério Público. Isso significa que, se um membro quiser se filiar ou mesmo exercer um cargo político, deverá se afastar do cargo no Ministério Público. Essa vedação tem caráter absoluto desde a Emenda Constitucional nº 45/2004, a qual foi regulamentada pelo Conselho Nacional do Ministério Público, que determinou a aplicação da vedação apenas aos membros que tenham ingressado na carreira após a promulgação da emenda.

8.2 Advocacia Pública

A Advocacia Pública é a função essencial à justiça responsável pela defesa dos interesses dos entes estatais, tanto judicialmente quanto extrajudicialmente, bem como as atividades de consultoria e assessoramento jurídico do Poder Executivo.

No âmbito da União, essa atividade é exercida pela Advocacia-Geral da União, enquanto nos estados, Distrito Federal e nos municípios, a Advocacia Pública será exercida pelas procuradorias.

Apesar de não haver previsão constitucional para as procuradorias municipais, elas são perfeitamente possíveis desde que previstas na Lei Orgânica do Município ou permitidas sua criação pela Constituição Estadual.

São vistas, a seguir, quais instituições compõem a Advocacia Pública no Brasil.

8.2.1 Advocacia-Geral da União (AGU)

A AGU é responsável pela assistência jurídica da União, conforme prevê o texto constitucional:

> ***Art. 131*** *A Advocacia-Geral da União é a instituição que, diretamente ou através de órgão vinculado, representa a União, judicial e extrajudicialmente, cabendo-lhe, nos termos da lei complementar que dispuser sobre sua organização e funcionamento, as atividades de consultoria e assessoramento jurídico do Poder Executivo.*

§ 1º A Advocacia-Geral da União tem por chefe o Advogado-Geral da União, de livre nomeação pelo Presidente da República dentre cidadãos maiores de trinta e cinco anos, de notável saber jurídico e reputação ilibada.

A chefia desse órgão fica a cargo do Advogado-Geral da União, o qual é nomeado livremente pelo Presidente da República, entre os cidadãos maiores de trinta e cinco anos, com notável saber jurídico e reputação ilibada. Segundo a Lei nº 10.683/2003, em seu art. 25, o advogado-geral da União é considerado ministro de Estado, sendo-lhe aplicadas todas as prerrogativas inerentes ao *status*. Atente-se para isso em prova, visto que, para ser o chefe dessa Instituição, não é necessário ser membro da carreira nem depende de aprovação do Senado Federal. É um cargo de livre nomeação e exoneração cuja confiança do Presidente da República se torna o principal critério para a escolha do seu titular.

Um detalhe muito importante e que pode ser cobrado em prova é que a Constituição Federal, ao apontar as competências dessa instituição, afirmou que a AGU representa judicial e extrajudicialmente a União e em relação a consultoria e assessoramento jurídico apenas ao Poder Executivo. Essas competências foram confirmadas na Lei Complementar nº 73/1993 (Lei Orgânica da Advocacia-Geral da União):

Art. 1º *A Advocacia-Geral da União é a instituição que representa a União judicial e extrajudicialmente.*

Parágrafo único. *À Advocacia-Geral da União cabem as atividades de consultoria e assessoramento jurídicos ao Poder Executivo, nos termos desta Lei Complementar.*

Enquanto a atividade de consultoria e assessoramento jurídico restringe-se apenas ao Poder Executivo, a representação judicial e extrajudicial abrangerá todos os poderes da União (Executivo, Legislativo e Judiciário), bem como suas autarquias e fundações públicas, conforme esclarece a Lei nº 9.028/1995:

Art. 22 *A Advocacia-Geral da União e os seus órgãos vinculados, nas respectivas áreas de atuação, ficam autorizados a representar judicialmente os titulares e os membros dos Poderes da República, das Instituições Federais referidas no Título IV, Capítulo IV, da Constituição, bem como os titulares dos Ministérios e demais órgãos da Presidência da República, de autarquias e fundações públicas federais, e de cargos de natureza especial, de direção e assessoramento superiores e daqueles efetivos, inclusive promovendo ação penal privada ou representando perante o Ministério Público, quando vítimas de crime, quanto a atos praticados no exercício de suas atribuições constitucionais, legais ou regulamentares, no interesse público, especialmente da União, suas respectivas autarquias e fundações, ou das Instituições mencionadas, podendo, ainda, quanto aos mesmos atos, impetrar Habeas corpus e mandado de segurança em defesa dos agentes públicos de que trata este artigo.*

É importante lembrar também que o ingresso na carreira da AGU depende de aprovação em concurso público de provas e títulos nos termos do art. 131, § 2º:

§ 2º O ingresso nas classes iniciais das carreiras da instituição de que trata este artigo far-se-á mediante concurso público de provas e títulos.

Destaca-se ainda a atuação da AGU na defesa da República Federativa do Brasil em demandas instauradas perante Cortes Internacionais.

Além das diversas carreiras que serão vistas, não se pode esquecer dos Advogados da União, os quais são responsáveis pela defesa da União quando esta se encontra em juízo.

8.2.2 Procuradoria-Geral da Fazenda Nacional (PGFN)

A PGFN é órgão vinculado a AGU responsável pelas ações de natureza tributária, cujo objetivo principal é garantir o recebimento de recursos de origem fiscal. A Constituição assim define sua competência no art. 131:

Art. 131, § 3º. Na execução da dívida ativa de natureza tributária, a representação da União cabe à Procuradoria-Geral da Fazenda Nacional, observado o disposto em lei.

8.2.3 Procuradoria-Geral Federal

A Procuradoria-Geral Federal, órgão vinculado à AGU, é responsável pela representação judicial e extrajudicial das autarquias e fundações públicas da União por meio dos Procuradores Federais. Sua previsão não é constitucional, mas está descrita na Lei nº 10.480/2002:

Art. 10 *À Procuradoria-Geral Federal compete a representação judicial e extrajudicial das autarquias e fundações públicas federais, as respectivas atividades de consultoria e assessoramento jurídicos, a apuração da liquidez e certeza dos créditos, de qualquer natureza, inerentes às suas atividades, inscrevendo-os em dívida ativa, para fins de cobrança amigável ou judicial.*

Em relação ao Banco Central, autarquia vinculada a União, foi prevista carreira própria regulamentada na Lei nº 9.650/1998, a qual localizou o Procurador do Banco Central como membro de carreira da própria instituição. Apesar disso, o Procurador do Banco Central está vinculado à AGU.

8.2.4 Procuradoria-Geral dos estados e do Distrito Federal

No âmbito dos estados e do Distrito Federal, a consultoria jurídica e a representação judicial serão realizadas pelos Procuradores dos Estados e do Distrito Federal, conforme preleciona o art. 132 da Constituição Federal:

Art. 132 *Os Procuradores dos Estados e do Distrito Federal, organizados em carreira, na qual o ingresso dependerá de concurso público de provas e títulos, com a participação da Ordem dos Advogados do Brasil em todas as suas fases, exercerão a representação judicial e a consultoria jurídica das respectivas unidades federadas.*

Parágrafo único. *Aos procuradores referidos neste artigo é assegurada estabilidade após três anos de efetivo exercício, mediante avaliação de desempenho perante os órgãos próprios, após relatório circunstanciado das corregedorias.*

Segundo a Constituição, o ingresso na carreira depende de concurso público de provas e títulos, cuja participação da OAB é obrigatória em todas as suas fases, não sendo admitido, portanto, que as atividades de representação judicial e de consultoria jurídica sejam realizadas por ocupantes de cargos em comissão.

Apesar de não haver previsão constitucional, o STF já decidiu que devem ser aplicadas simetricamente as mesmas regras da União para a nomeação do Procurador-geral das Unidades Federadas. Dessa forma, o governador detém a competência de nomear e exonerar livremente o chefe da Instituição, não se exigindo que o titular do referido cargo seja membro da carreira.

Por fim, a Constituição Federal de 1988 garantiu aos procuradores estaduais e do Distrito Federal, estabilidade após três anos de efetivo exercício mediante avaliação de desempenho perante os órgãos próprios, após relatório circunstanciado das corregedorias.

8.2.5 Procuradoria dos municípios

Conforme já estudado, não existe previsão constitucional para a criação das procuradorias municipais, não havendo da mesma forma qualquer impedimento para sua criação. Logo, cada município poderá criar sua própria procuradoria, desde que prevista essa possibilidade na Constituição Estadual ou na Lei Orgânica do Município.

8.2.6 Defensoria Pública

Como instituição essencial ao funcionamento da Justiça, a Defensoria Pública é responsável, em primeiro plano, pela assistência jurídica e gratuita dos hipossuficientes, os quais não possuem recursos financeiros para contratar um advogado. Essa função tipicamente realizada pela Defensoria concretiza o direito fundamental expresso no art. 5º, LXXIV, da Constituição:

Art. 5º *[...]*

LXXIV – O Estado prestará assistência jurídica integral e gratuita aos que comprovarem insuficiência de recursos.

Complementando esse dispositivo, a Constituição previu no art. 134 algumas regras sobre a defensoria:

> ***Art. 134*** *A Defensoria Pública é instituição permanente, essencial à função jurisdicional do Estado, incumbindo-lhe, como expressão e instrumento do regime democrático, fundamentalmente, a orientação jurídica, a promoção dos direitos humanos e a defesa, em todos os graus, judicial e extrajudicial, dos direitos individuais e coletivos, de forma integral e gratuita, aos necessitados, na forma do inciso LXXIV do art. 5º desta Constituição Federal.*
>
> *§ 1º Lei complementar organizará a Defensoria Pública da União e do Distrito Federal e dos Territórios e prescreverá normas gerais para sua organização nos Estados, em cargos de carreira, providos, na classe inicial, mediante concurso público de provas e títulos, assegurada a seus integrantes a garantia da inamovibilidade e vedado o exercício da advocacia fora das atribuições institucionais.*
>
> *§ 2º Às Defensorias Públicas Estaduais são asseguradas autonomia funcional e administrativa e a iniciativa de sua proposta orçamentária dentro dos limites estabelecidos na lei de diretrizes orçamentárias e subordinação ao disposto no art. 99, § 2º.*
>
> *§ 3º Aplica-se o disposto no § 2º às Defensorias Públicas da União e do Distrito Federal.*
>
> *§ 4º São princípios institucionais da Defensoria Pública a unidade, a indivisibilidade e a independência funcional, aplicando-se também, no que couber, o disposto no art. 93 e no inciso II do art. 96 desta Constituição Federal.*

Atualmente, cada Unidade Federativa é responsável pela organização da sua Defensoria Pública, havendo ainda uma defensoria no âmbito da União e no Distrito Federal.

As defensorias estaduais possuem autonomia funcional e administrativa não se admitindo sua subordinação a nenhum dos poderes. Sua autonomia avança ainda nas questões orçamentárias permitindo que tenha iniciativa própria para apresentação de proposta orçamentária dentro dos limites estabelecidos na lei de diretrizes orçamentárias.

A Emenda Constitucional nº 74/2013, introduziu o § 3º ao art. 134, da CF/1988/1988 para conferir autonomia funcional e administrativa e a iniciativa de proposta orçamentária também às Defensorias Públicas da União e do Distrito Federal.

Segundo a Lei Complementar nº 80/1994 que organiza a Defensoria Pública:

> ***Art. 2º*** *A Defensoria Pública abrange:*
>
> *I – a Defensoria Pública da União;*
>
> *II – a Defensoria Pública do Distrito Federal e dos Territórios;*
>
> *III – as Defensorias Públicas dos Estados.*

Cabe aos defensores públicos a assistência jurídica integral dos hipossuficientes, não se limitando apenas à defesa judicial. A Lei Complementar nº 80/1994 traz extenso rol de atribuições:

> ***Art. 4º*** *São funções institucionais da Defensoria Pública, dentre outras:*
>
> *I – prestar orientação jurídica e exercer a defesa dos necessitados, em todos os graus;*
>
> *II – promover, prioritariamente, a solução extrajudicial dos litígios, visando à composição entre as pessoas em conflito de interesses, por meio de mediação, conciliação, arbitragem e demais técnicas de composição e administração de conflitos;*
>
> *III – promover a difusão e a conscientização dos direitos humanos, da cidadania e do ordenamento jurídico;*
>
> *IV – prestar atendimento interdisciplinar, por meio de órgãos ou de servidores de suas Carreiras de apoio para o exercício de suas atribuições;*
>
> *V – exercer, mediante o recebimento dos autos com vista, a ampla defesa e o contraditório em favor de pessoas naturais e jurídicas, em processos administrativos e judiciais, perante todos os órgãos e em todas as instâncias, ordinárias ou extraordinárias, utilizando todas as medidas capazes de propiciar a adequada e efetiva defesa de seus interesses;*
>
> *VI – representar aos sistemas internacionais de proteção dos direitos humanos, postulando perante seus órgãos;*
>
> *VII – promover ação civil pública e todas as espécies de ações capazes de propiciar a adequada tutela dos direitos difusos, coletivos ou individuais homogêneos quando o resultado da demanda puder beneficiar grupo de pessoas hipossuficientes;*
>
> *VIII – exercer a defesa dos direitos e interesses individuais, difusos, coletivos e individuais homogêneos e dos direitos do consumidor, na forma do inciso LXXIV do art. 5º da Constituição Federal;*
>
> *IX – impetrar Habeas corpus, mandado de injunção, Habeas Data e mandado de segurança ou qualquer outra ação em defesa das funções institucionais e prerrogativas de seus órgãos de execução;*
>
> *X – promover a mais ampla defesa dos direitos fundamentais dos necessitados, abrangendo seus direitos individuais, coletivos, sociais, econômicos, culturais e ambientais, sendo admissíveis todas as espécies de ações capazes de propiciar sua adequada e efetiva tutela;*
>
> *XI – exercer a defesa dos interesses individuais e coletivos da criança e do adolescente, do idoso, da pessoa portadora de necessidades especiais, da mulher vítima de violência doméstica e familiar e de outros grupos sociais vulneráveis que mereçam proteção especial do Estado;*
>
> *XII e XIII. Vetados.*
>
> *XIV – acompanhar inquérito policial, inclusive com a comunicação imediata da prisão em flagrante pela autoridade policial, quando o preso não constituir advogado;*
>
> *XV – patrocinar ação penal privada e a subsidiária da pública;*
>
> *XVI – exercer a curadoria especial nos casos previstos em lei;*
>
> *XVII – atuar nos estabelecimentos policiais, penitenciários e de internação de adolescentes, visando a assegurar às pessoas, sob quaisquer circunstâncias, o exercício pleno de seus direitos e garantias fundamentais;*
>
> *XVIII – atuar na preservação e reparação dos direitos de pessoas vítimas de tortura, abusos sexuais, discriminação ou qualquer outra forma de opressão ou violência, propiciando o acompanhamento e o atendimento interdisciplinar das vítimas;*
>
> *XIX – atuar nos Juizados Especiais;*
>
> *XX – participar, quando tiver assento, dos conselhos federais, estaduais e municipais afetos às funções institucionais da Defensoria Pública, respeitadas as atribuições de seus ramos;*
>
> *XXI – executar e receber as verbas sucumbenciais decorrentes de sua atuação, inclusive quando devidas por quaisquer entes públicos, destinando-as a fundos geridos pela Defensoria Pública e destinados, exclusivamente, ao aparelhamento da Defensoria Pública e à capacitação profissional de seus membros e servidores;*
>
> *XXII – convocar audiências públicas para discutir matérias relacionadas às suas funções institucionais.*

Por fim, cabe destacar que, assim como os Advogados Públicos, os Defensores Públicos são remunerados por meio de subsídio:

> ***Art. 135*** *Os servidores integrantes das carreiras disciplinadas nas Seções II e III deste Capítulo serão remunerados na forma do art. 39, § 4º.*

8.3 Advocacia

Quando a Constituição Federal se refere à advocacia, fala-se do advogado privado, profissional autônomo, indispensável à função jurisdicional. Os advogados estão vinculados à Ordem dos Advogados do Brasil, entidade de classe de natureza especial, não vinculada aos poderes do Estado e que tem como atribuições controlar, fiscalizar e selecionar novos profissionais para o exercício da carreira.

Segundo a Constituição Federal de 1988:

> ***Art. 133*** *O advogado é indispensável à administração da justiça, sendo inviolável por seus atos e manifestações no exercício da profissão, nos limites da lei.*

Esse dispositivo revela dois princípios que regem a advocacia no Brasil: o princípio da indispensabilidade e o da inviolabilidade.

- **Princípio da indispensabilidade:** o advogado é indispensável à administração da justiça, pois só ele possui a chamada capacidade postulatória. Logicamente, esse princípio não goza de caráter absoluto, sendo permitida a capacidade de postular ao próprio interessado em situações expressamente previstas na Constituição Federal como no *Habeas corpus* e nos juizados especiais.

DCON

- Destaca-se ainda que nos processos administrativos disciplinares a ausência de defesa técnica por meio de advogado não gera nulidade ao procedimento.
- **Princípio da inviolabilidade:** constitui norma que visa garantir ao advogado o exercício das suas atribuições de forma independente e autônoma às demais instituições do Estado. Da mesma forma, esse princípio não goza de caráter absoluto, sendo possível a limitação quando seus atos e atribuições não estiverem ligados ao exercício da profissão nos termos do Estatuto da Advocacia.

Como condição para o exercício dessa profissão, o STF já declarou que é constitucional a necessidade de aprovação do Exame de Ordem aplicado pela OAB aos bacharéis em Direito.

A amplitude desse tema requer análise aprofundada, a qual é feita em disciplina própria. Aqui foi feita uma breve análise constitucional do instituto.

Ministério Público → defende a sociedade.
Advocacia Pública → defende o Estado.
Advocacia Privada → defende os particulares.
Defensoria Pública → defende pessoas de baixa renda.

9 DEFESA DO ESTADO E DAS INSTITUIÇÕES DEMOCRÁTICAS

No título V, arts. 136 a 144, a Constituição Federal de 1988 apresenta instrumentos eficazes na proteção do Estado e de toda estrutura democrática. Os instrumentos disponibilizados são o Sistema Constitucional de Crises que compreende o Estado de Defesa e o Estado de Sítio, Forças Armadas e Segurança Pública, os quais serão analisados a partir de agora.

9.1 Sistema constitucional de crises

O Sistema constitucional de crises é um conjunto de medidas criadas pela Constituição Federal para restabelecer a ordem constitucional em momentos de crises político-institucionais. Antes de tratar das espécies em si, deve-se ressaltar algumas características essenciais desses institutos.

É necessário partir do pressuposto de que o **estado de sítio é mais grave que o estado de defesa.** Essa compreensão permite entender que as medidas adotadas no estado de sítio serão mais gravosas que no estado de defesa.

Outro ponto interessante são os princípios que regem o Sistema constitucional de crises. As duas medidas devem observar os seguintes princípios:

- **Necessidade:** as medidas só podem ser decretadas em último caso.
- **Proporcionalidade:** as medidas adotadas devem ser proporcionais aos problemas existentes.
- **Temporariedade:** as medidas do sistema constitucional de crises devem ser temporárias. Devem durar apenas o tempo necessário para resolver a crise.
- **Legalidade:** as medidas devem guardar respeito à lei. E aqui é possível vislumbrar duas perspectivas acerca da legalidade:
- ***Stricto sensu:*** as medidas devem respeitar os limites estabelecidos nos Decretos Presidenciais que autorizam a execução. É uma perspectiva mais restrita da legalidade;
- ***Lato sensu:*** as medidas precisam respeitar a lei em sentido amplo, ou seja, toda a legislação brasileira, incluindo a Constituição Federal.

9.1.1 Estado de defesa

O estado de defesa está regulamentado no art. 136 da Constituição e o seu *caput* apresenta algumas informações importantíssimas:

> ***Art. 136*** *O Presidente da República pode, ouvidos o Conselho da República e o Conselho de Defesa Nacional, decretar estado de defesa para preservar ou prontamente restabelecer, em locais restritos e determinados, a ordem pública ou a paz social ameaçadas por grave e iminente instabilidade institucional ou atingidas por calamidades de grandes proporções na natureza.*

Esse dispositivo enumera as **hipóteses de cabimento da medida ou quais são os seus objetivos**: preservar ou prontamente restabelecer a ordem pública ou a paz social ameaçadas por grave e iminente instabilidade institucional ou atingidas por calamidades de grandes proporções na natureza. Qualquer circunstância dessas autoriza a decretação de estado de defesa. Lembre-se de que esse rol é taxativo. Só essas situações podem autorizar a medida.

Um detalhe interessante e que pode funcionar como ponto de distinção entre o Estado de Sítio e de Defesa é a área abrangida. O texto constitucional apresentado determina que as áreas abrangidas pela medida sejam locais restritos e determinados.

Outro ponto importante e que é frequente cobrado em prova diz respeito ao tempo de duração do Estado de Defesa. Segundo o art. 136, § 2º, essa medida de contenção de crises poderá durar 30 dias, podendo prorrogar mais uma vez por igual período:

> *§ 2º O tempo de duração do estado de defesa não será superior a trinta dias, podendo ser prorrogado uma vez, por igual período, se persistirem as razões que justificaram a sua decretação.*

Não se esqueça de que o prazo só poderá ser prorrogado uma única vez.

Como característica principal da execução do estado de defesa está a possibilidade de se restringirem alguns direitos, os quais estão previamente definidos nos §§ 1º a 3º do art. 136 da Constituição Federal de 1988:

> *§ 1º O decreto que instituir o estado de defesa determinará o tempo de sua duração, especificará as áreas a serem abrangidas e indicará, nos termos e limites da lei, as medidas coercitivas a vigorarem, dentre as seguintes:*
>
> *I – restrições aos direitos de:*
>
> *a) reunião, ainda que exercida no seio das associações;*
>
> *b) sigilo de correspondência;*
>
> *c) sigilo de comunicação telegráfica e telefônica;*
>
> *II – ocupação e uso temporário de bens e serviços públicos, na hipótese de calamidade pública, respondendo a União pelos danos e custos decorrentes.*
>
> *§ 3º. Na vigência do estado de defesa:*
>
> *I – a prisão por crime contra o Estado, determinada pelo executor da medida, será por este comunicada imediatamente ao juiz competente, que a relaxará, se não for legal, facultado ao preso requerer exame de corpo de delito à autoridade policial;*
>
> *II – a comunicação será acompanhada de declaração, pela autoridade, do estado físico e mental do detido no momento de sua autuação;*
>
> *III – a prisão ou detenção de qualquer pessoa não poderá ser superior a dez dias, salvo quando autorizada pelo Poder Judiciário;*
>
> *IV – é vedada a incomunicabilidade do preso.*

Alguns pontos merecem um destaque especial. Devido à gravidade da situação e à excepcionalidade das medidas, a Constituição Federal de 1988 autoriza a restrição de vários direitos fundamentais, por exemplo, o direito de reunião, o sigilo das correspondências, das comunicações telegráficas e telefônicas.

Essas medidas restritivas dispensam autorização judicial, inclusive a decretação de prisão que será determinada pela própria autoridade executora do estado de defesa e poderá durar até dez dias. A prisão deverá ser comunicada imediatamente ao juiz o qual poderá prorrogá-la por período superior.

Não se deve esquecer que, mesmo em um momento de crise, como esse em que muitos direitos constitucionais são flexibilizados, é vedada pela Constituição Federal de 1988 a incomunicabilidade do preso. A ele deverá ser garantido o direito de falar com seu familiar ou advogado, além do direito de ter preservada sua integridade.

Para que seja decretado o estado de defesa, a Constituição previu alguns procedimentos. Primeiramente, deve-se lembrar que a decretação é competência do Presidente da República. Antes de executar a medida, ele deverá consultar o Conselho de Defesa Nacional e o Conselho da República os quais emitirão um parecer acerca da situação. Apesar da obrigatoriedade em ouvir os conselhos, o presidente não está vinculado aos seus pareceres. Significa dizer que os pareceres emitidos pelos conselhos são meramente opinativos.

Ouvidos os conselhos, o presidente decreta a medida e imediatamente submete o decreto ao Congresso Nacional para aprovação.

A decisão do Congresso Nacional é definitiva. Caso o decreto seja rejeitado, o estado de defesa cessa imediatamente.

> *Art. 136 [...]*
>
> *§ 4º Decretado o estado de defesa ou sua prorrogação, o Presidente da República, dentro de vinte e quatro horas, submeterá o ato com a respectiva justificação ao Congresso Nacional, que decidirá por maioria absoluta.*
>
> *§ 5º Se o Congresso Nacional estiver em recesso, será convocado, extraordinariamente, no prazo de cinco dias.*
>
> *§ 6º O Congresso Nacional apreciará o decreto dentro de dez dias contados de seu recebimento, devendo continuar funcionando enquanto vigorar o estado de defesa.*
>
> *§ 7º Rejeitado o decreto, cessa imediatamente o estado de defesa.*

Apesar de ser caracterizado por medidas excepcionais, que restringem sobremaneira os direitos e garantias fundamentais, o controle constitucional de crises não está imune à fiscalização por parte dos poderes públicos. Havendo excessos nas medidas adotadas, a Constituição Federal de 1988 prevê a possibilidade de responsabilização dos agentes por seus atos. A doutrina constitucional prevê duas formas de controle: controle político e controle jurisdicional.

O controle político é realizado basicamente pelo Congresso Nacional, que o efetuará de três formas:

- **Imediato:** ocorre logo após a decretação da medida conforme o § 4º do art. 136.
- **Concomitante:** ocorre durante a execução do estado de defesa conforme § 6º do art. 136 e art. 140.

> ***Art. 140** A Mesa do Congresso Nacional, ouvidos os líderes partidários, designará Comissão composta de cinco de seus membros para acompanhar e fiscalizar a execução das medidas referentes ao estado de defesa e ao estado de sítio.*

- **Sucessivo (posterior):** ocorre após a execução da medida nos termos do art. 141:

> ***Art. 141** Cessado o estado de defesa ou o estado de sítio, cessarão também seus efeitos, sem prejuízo da responsabilidade pelos ilícitos cometidos por seus executores ou agentes.*
>
> ***Parágrafo único.** Logo que cesse o estado de defesa ou o estado de sítio, as medidas aplicadas em sua vigência serão relatadas pelo Presidente da República, em mensagem ao Congresso Nacional, com especificação e justificação das providências adotadas, com relação nominal dos atingidos e indicação das restrições aplicadas.*

O Controle Jurisdicional é o realizado pelo Poder Judiciário, e ocorrerá de duas formas:

- **Concomitante:** durante a execução da medida. Veja-se o disposto no art. 136, § 3º.
- **Sucessivo (Posterior):** após a execução da medida nos termos do art. 141.

9.1.2 Estado de sítio

O estado de sítio é mais gravoso que o estado de defesa. Por consequência, as medidas adotadas nesse caso terão maior efeito restritivo aos direitos fundamentais.

Primeiramente são abordadas às hipóteses de cabimento do estado de sítio, que estão previstas no art. 137, incisos I e II:

> *I – comoção grave de repercussão nacional ou ocorrência de fatos que comprovem a ineficácia de medida tomada durante o estado de defesa;*
>
> *II – declaração de estado de guerra ou resposta a agressão armada estrangeira.*

A doutrina faz uma distinção interessante entre os dois incisos, classificando-os em **repressivo** e **defensivo**. O **estado de sítio repressivo** está previsto no inciso I, haja vista ser necessária a atuação dos poderes públicos para conter a situação de crise. Já o inciso II, é chamado de **estado de sítio defensivo**, pois o poder público utiliza a medida como forma de se defender de agressões externas.

Um ponto distintivo entre o **estado de defesa** e o **estado de sítio**, muito cobrado em prova, refere-se à área abrangida. Segundo o inciso I do art. 137, será decretada a medida quando a crise tiver repercussão nacional. Quando o candidato encontrar na prova o termo "repercussão nacional", deve associar com o **estado de sítio**. Diferentemente, se estiver escrito "local restrito e determinado", relacionar o dispositivo com **estado de defesa**.

Um tema muito cobrado em prova é o tempo de duração do estado de sítio. Vejamos o que diz o §1º do art. 138:

> *§ 1º O estado de sítio, no caso do art. 137, I, não poderá ser decretado por mais de trinta dias, nem prorrogado, de cada vez, por prazo superior; no do inciso II, poderá ser decretado por todo o tempo que perdurar a guerra ou a agressão armada estrangeira.*

Qual o prazo de duração do estado de sítio? Depende da hipótese de cabimento.

Segundo o § 1º, se a hipótese for a do inciso I do art. 137, o prazo será de 30 dias prorrogáveis por mais 30 dias enquanto for necessário para conter a situação. Cuidado com este prazo, pois a Constituição deixou transparecer que ele não pode ser prorrogado, contudo, o que ela quis dizer é que não pode ser prorrogado por mais de 30 dias todas as vezes que for prorrogado. Dessa forma, ele poderá ser prorrogado indefinidamente, enquanto for necessário.

Já no caso do inciso II, a Constituição regula o estado de sítio em caso de guerra ou agressão estrangeira e prevê que a medida durará enquanto for necessária para repelir a agressão estrangeira ou acabar com a guerra. Logo, o estado de sítio nestes casos não possui prazo certo para terminar.

No que tange às medidas coercitivas que podem ser adotadas no Estado de Sítio, a Constituição prevê no art. 139:

> ***Art. 139** Na vigência do estado de sítio decretado com fundamento no art. 137, I, só poderão ser tomadas contra as pessoas as seguintes medidas:*
>
> *I – obrigação de permanência em localidade determinada;*
>
> *II – detenção em edifício não destinado a acusados ou condenados por crimes comuns;*
>
> *III – restrições relativas à inviolabilidade da correspondência, ao sigilo das comunicações, à prestação de informações e à liberdade de imprensa, radiodifusão e televisão, na forma da lei;*
>
> *IV – suspensão da liberdade de reunião;*
>
> *V – busca e apreensão em domicílio;*
>
> *VI – intervenção nas empresas de serviços públicos;*
>
> *VII – requisição de bens.*
>
> ***Parágrafo único.** Não se inclui nas restrições do inciso III a difusão de pronunciamentos de parlamentares efetuados em suas Casas Legislativas, desde que liberada pela respectiva Mesa.*

O dispositivo só regulamentou as restrições adotadas na hipótese do inciso I do art. 137, qual seja: comoção grave de repercussão nacional ou ocorrência de fatos que comprovem a ineficácia de medida tomada durante o estado de defesa. Esse rol de medidas é taxativo, restringindo a atuação do poder público durante sua aplicação. No caso do art. 137, inciso II, a Constituição nada disse, o que levou a doutrina a concluir a possibilidade de adoção de qualquer medida necessária para conter a situação, desde que compatíveis com a ordem constitucional e com as leis brasileiras.

Como se pode perceber, as medidas aqui são mais gravosas que as adotadas no **estado de defesa**, e isso pode ser muito bem notado pela distinção feita entre o estado de defesa e de sítio no que se refere à liberdade de reunião. Enquanto no **estado de defesa** a liberdade de reunião sofre restrições, aqui ela será suspensa.

Outro dispositivo importante é o previsto no parágrafo único, que isenta os pronunciamentos dos parlamentares efetuados em suas Casas das restrições impostas no inciso III do artigo em análise, desde que liberadas pelas respectivas mesas. As demais restrições devem ser lidas e memorizadas, pois podem ser cobradas em prova.

Vejamos agora como é o procedimento de decretação do estado de sítio:

> ***Art. 137*** *O Presidente da República pode, ouvidos o Conselho da República e o Conselho de Defesa Nacional, solicitar ao Congresso Nacional autorização para decretar o estado de sítio nos casos de:*
>
> ***Parágrafo único.*** *O Presidente da República, ao solicitar autorização para decretar o estado de sítio ou sua prorrogação, relatará os motivos determinantes do pedido, devendo o Congresso Nacional decidir por maioria absoluta.*
>
> ***Art. 138*** *O decreto do estado de sítio indicará sua duração, as normas necessárias a sua execução e as garantias constitucionais que ficarão suspensas, e, depois de publicado, o Presidente da República designará o executor das medidas específicas e as áreas abrangidas.[...]*
>
> *§ 2º Solicitada autorização para decretar o estado de sítio durante o recesso parlamentar, o Presidente do Senado Federal, de imediato, convocará extraordinariamente o Congresso Nacional para se reunir dentro de cinco dias, a fim de apreciar o ato.*
>
> *§ 3º O Congresso Nacional permanecerá em funcionamento até o término das medidas coercitivas.*

A **decretação do estado de sítio** fica a cargo do Presidente da República após ouvir o Conselho da República e o Conselho de Defesa Nacional. A consulta é obrigatória, mas os pareceres dos conselhos não vinculam o presidente. Apesar da similaridade de procedimentos, aqui o presidente tem que solicitar autorização do Congresso Nacional antes de decretar o estado de sítio. Essa diferença é bastante cobrada em prova.

Ao passo que, **no estado de defesa**, o presidente decreta a medida e depois apresenta para o Congresso avaliar. No **estado de sítio**, antes de decretar, o presidente deve sujeitar a medida à apreciação do Congresso Nacional.

Essa característica demonstra que, assim como no estado de defesa, a medida está sujeita a controle dos outros poderes. Sendo assim, verifica-se que a fiscalização será feita tanto pelos órgãos políticos quanto pelos órgãos jurisdicionais.

Tem-se controle político quando realizado pelo Congresso Nacional, o qual se dará de forma:

- **Prévio:** ocorre quando o Congresso Nacional autoriza a execução da medida;
- **Concomitante:** ocorre durante a execução da medida;

> ***Art. 140*** *A Mesa do Congresso Nacional, ouvidos os líderes partidários, designará Comissão composta de cinco de seus membros para acompanhar e fiscalizar a execução das medidas referentes ao estado de defesa e ao estado de sítio.*

- **Sucessivo (posterior):** ocorre após a execução da medida;

> ***Art. 141*** *Cessado o estado de defesa ou o estado de sítio, cessarão também seus efeitos, sem prejuízo da responsabilidade pelos ilícitos cometidos por seus executores ou agentes.*
>
> ***Parágrafo único.*** *Logo que cesse o estado de defesa ou o estado de sítio, as medidas aplicadas em sua vigência serão relatadas pelo Presidente da República, em mensagem ao Congresso Nacional, com especificação e justificação das providências adotadas, com relação nominal dos atingidos e indicação das restrições aplicadas.*

Também existe o controle jurisdicional executado pelos órgãos do Poder Judiciário, o qual se dará de forma:

- **Concomitante:** durante a execução da medida. Apesar de não haver previsão constitucional expressa, qualquer lesão ou ameaça a direito poderá ser apreciada pelo Poder Judiciário;
- **Sucessiva (posterior):** após a execução da medida nos termos do art. 141.

9.2 Forças Armadas

9.2.1 Instituições

As Forças Armadas são formadas por instituições que compõem a estrutura de defesa do Estado, a Marinha, o Exército e a Aeronáutica. Possuem como funções principais a defesa da pátria, a garantia dos poderes constitucionais, da lei e da ordem. Apesar de sua vinculação à União, suas atribuições têm caráter nacional e podem ser exercidas em todo o território brasileiro:

> ***Art. 142*** *As Forças Armadas, constituídas pela Marinha, pelo Exército e pela Aeronáutica, são instituições nacionais permanentes e regulares, organizadas com base na hierarquia e na disciplina, sob a autoridade suprema do Presidente da República, e destinam-se à defesa da Pátria, à garantia dos poderes constitucionais e, por iniciativa de qualquer destes, da lei e da ordem.*

Segundo o *caput* do art. 142, são classificadas como instituições permanentes e regulares. Estão sempre prontas para agir. São regulares, pois desempenham funções sistemáticas e dependem de um efetivo de servidores para realizá-las.

Ainda, destaca-se a base de sua organização na hierarquia e na disciplina. Esses atributos típicos da Administração Pública são ressaltados nessas instituições devido ao caráter militar que possuem. As Forças Armadas valorizam demasiadamente essa estrutura hierárquica, com regulamentos que garantem uma distribuição do efetivo em diversos níveis de escalonamento, cujo comando supremo está nas mãos do Presidente da República.

Em linhas gerais, a Constituição Federal de 1988 previu algumas regras para o funcionamento das instituições militares:

> ***Art. 142*** *[...]*
>
> *§ 1º Lei complementar estabelecerá as normas gerais a serem adotadas na organização, no preparo e no emprego das Forças Armadas.*
>
> *§ 3º Os membros das Forças Armadas são denominados militares, aplicando-se-lhes, além das que vierem a ser fixadas em lei, as seguintes disposições:*
>
> *I – as patentes, com prerrogativas, direitos e deveres a elas inerentes, são conferidas pelo Presidente da República e asseguradas em plenitude aos oficiais da ativa, da reserva ou reformados, sendo-lhes privativos os títulos e postos militares e, juntamente com os demais membros, o uso dos uniformes das Forças Armadas;*
>
> *II – o militar em atividade que tomar posse em cargo ou emprego público civil permanente, ressalvada a hipótese prevista no art. 37, inciso XVI, alínea "c", será transferido para a reserva, nos termos da lei;*
>
> *III – o militar da ativa que, de acordo com a lei, tomar posse em cargo, emprego ou função pública civil temporária, não eletiva, ainda que da administração indireta, ressalvada a hipótese prevista no art. 37, inciso XVI, alínea "c", ficará agregado ao respectivo quadro e somente poderá, enquanto permanecer nessa situação, ser promovido por antiguidade, contando-se-lhe o tempo de serviço apenas para aquela promoção e transferência para a reserva, sendo depois de dois anos de afastamento, contínuos ou não, transferido para a reserva, nos termos da lei;*
>
> *IV – ao militar são proibidas a sindicalização e a greve;*
>
> *V – o militar, enquanto em serviço ativo, não pode estar filiado a partidos políticos;*
>
> *VI – o oficial só perderá o posto e a patente se for julgado indigno do oficialato ou com ele incompatível, por decisão de tribunal militar de caráter permanente, em tempo de paz, ou de tribunal especial, em tempo de guerra;*

D
C
O
N

VII – o oficial condenado na justiça comum ou militar a pena privativa de liberdade superior a dois anos, por sentença transitada em julgado, será submetido ao julgamento previsto no inciso anterior;

VIII – aplica-se aos militares o disposto no art. 7º, incisos VIII, XII, XVII, XVIII, XIX e XXV, e no art. 37, incisos XI, XIII, XIV e XV, bem como, na forma da lei e com prevalência da atividade militar, no art. 37, inciso XVI, alínea "c";

IX – (Revogado pela Emenda Constitucional nº 41, de 19.12.2003).

X – a lei disporá sobre o ingresso nas Forças Armadas, os limites de idade, a estabilidade e outras condições de transferência do militar para a inatividade, os direitos, os deveres, a remuneração, as prerrogativas e outras situações especiais dos militares, consideradas as peculiaridades de suas atividades, inclusive aquelas cumpridas por força de compromissos internacionais e de guerra.

9.2.2 *Habeas corpus*

A Constituição declarou expressamente o não cabimento de *Habeas corpus* nas punições disciplinares militares:

> ***Art. 142** [...]*
>
> *§ 2º Não caberá Habeas corpus em relação a punições disciplinares militares.*

Essa vedação decorre do regime constritivo rigoroso existente nas instituições castrenses, o qual permite como sanção administrativa a prisão. Deve-se ter muito cuidado com isso em prova. Segundo o STF, se o *Habeas corpus* versar sobre a ilegalidade da prisão, ele será admitido, ficando a vedação subordinada apenas ao seu mérito.

9.2.3 Vedações

Como foi dito anteriormente, o regime militar é bem rigoroso e a Constituição apresentou algumas vedações que sempre caem em prova:

> ***Art. 142** [...]*
>
> *IV – ao militar são proibidas a sindicalização e a greve;*
>
> *V – o militar, enquanto em serviço ativo, não pode estar filiado a partidos políticos;*

A sindicalização e a greve são medidas que dificultam o trabalho do militar, pois o influencia a questionar as ordens recebidas de seus superiores. As atribuições dos militares dependem de uma obediência irrestrita, por essa razão a Constituição os impediu de se organizarem em sindicatos e de realizarem movimentos paredistas.

Quanto à vedação de filiação ao partido político, deve-se destacar que o militar, para que desenvolva suas atividades com eficiência, não pode se sujeitar às correntes político-partidárias. O militar deve obedecer apenas à Constituição Federal e executar suas atividades com determinação. Essa vedação não o impede de se candidatar a cargo eletivo, desde que não seja conscrito. Aqui cabe citar o art. 14, § 8º da Constituição Federal de 1988:

> *§ 8º O militar alistável é elegível, atendidas as seguintes condições:*
>
> *I – se contar menos de dez anos de serviço, deverá afastar-se da atividade;*
>
> *II – se contar mais de dez anos de serviço, sera agregado pela autoridade superior e, se eleito, passará automaticamente, no ato da diplomação, para a inatividade.*

9.2.4 Serviço militar obrigatório

Outro tema importante acerca das Forças Armadas é a existência do serviço militar obrigatório, previsto no art. 143:

> ***Art. 143** O serviço militar é obrigatório nos termos da lei.*
>
> *§ 1º Às Forças Armadas compete, na forma da lei, atribuir serviço alternativo aos que, em tempo de paz, após alistados, alegarem imperativo de consciência, entendendo-se como tal o decorrente de crença religiosa e de convicção filosófica ou política, para se eximirem de atividades de caráter essencialmente militar.*
>
> *§ 2º as mulheres e os eclesiásticos ficam isentos do serviço militar obrigatório em tempo de paz, sujeitos, porém, a outros encargos que a lei lhes atribuir.*

A lei que regula o serviço militar obrigatório é a Lei nº 4.375/1964, a qual obriga todos os brasileiros a se alistarem. Destaca-se que essa obrigatoriedade não se aplica aos eclesiásticos (líderes religiosos) e às mulheres, em tempos de paz, o que nos conduz à conclusão de que eles poderiam ser convocados em momentos de guerra ou mobilização nacional.

O § 1º apresenta um tema que já foi cobrado em prova: a dispensa do serviço obrigatório pela escusa de consciência. Isso ocorre quando o indivíduo se recusa a cumprir a obrigação essencialmente militar que é imposta pela Constituição Federal em razão da sua convicção filosófica, religiosa ou política. O referido parágrafo, em consonância com o inciso VIII do art. 5º, permite que nesses casos o interessado tenha respeitado o seu direito de escolha e de livre consciência desde que cumpra a prestação alternativa regulamentada na Lei nº 8.239/1991, a qual consiste no desempenho de atribuições de caráter administrativo, assistencial, filantrópico ou produtivo, em substituição às atividades de caráter essencialmente militar. Não havendo o cumprimento da atividade obrigatória ou da prestação alternativa fixada em lei, o art. 15 prevê como consequência a restrição dos direitos políticos:

> ***Art. 15** É vedada a cassação de direitos políticos, cuja perda ou suspensão só se dará nos casos de:[...]*
>
> *IV – recusa de cumprir obrigação a todos imposta ou prestação alternativa, nos termos do art. 5º, VIII.*

Acerca desse tema, um problema surge na doutrina. A Constituição não estabelece de forma clara qual consequência deverá ser aplicada ao indivíduo que se recusa a cumprir a obrigação ou a prestação alternativa. A Lei nº 8.239/1991, que regula a prestação alternativa ao serviço militar obrigatório, prevê que será declarada a suspensão dos direitos políticos de quem se recusar a cumprir a obrigação e a prestação alternativa. A doutrina tem se dividido entre as duas possibilidades: perda ou suspensão dos direitos políticos.

9.3 Órgãos de segurança pública

Conforme prescrito no *caput* do art. 144, a segurança pública é dever do Estado e tem como objetivo a preservação da ordem pública e da incolumidade das pessoas e do patrimônio. Esse tema é certo em concursos públicos da área de Segurança Pública e deve ser estudado com o foco na memorização de todo o artigo. Um dos pontos mais importantes está na definição de quais órgãos compõem a chamada segurança pública, os quais estão listados de forma taxativa no art. 144:

> ***Art. 144** A segurança pública, dever do Estado, direito e responsabilidade de todos, é exercida para a preservação da ordem pública e da incolumidade das pessoas e do patrimônio, através dos seguintes órgãos:*
>
> *I – polícia federal;*
>
> *II – polícia rodoviária federal;*
>
> *III – polícia ferroviária federal;*
>
> *IV – polícias civis;*
>
> *V – polícias militares e corpos de bombeiros militares.*
>
> *VI – polícias penais federal, estaduais e distrital.*

O STF já decidiu que esse rol é taxativo e que os demais entes federativos estão vinculados à classificação proposta pela Constituição. Diante disso, conclui-se que os estados, Distrito Federal e municípios estão proibidos de criar outros órgãos de segurança pública diferentes dos estabelecidos na Constituição Federal.

Ainda, como fruto dessa taxatividade, deve-se afirmar que nenhum outro órgão além dos estabelecidos nesse artigo poderá ser considerado como sendo de Segurança Pública. Isso se aplica às Guardas

Municipais, aos Agentes Penitenciários, aos Agentes de Trânsito e aos Seguranças Privados.

Há ainda a chamada Força Nacional de Segurança, instituição criada como fruto de um acordo de cooperação entre os estados e o Distrito Federal que possui o objetivo de apoiar ações de segurança pública nesses locais. Apesar de ser formado por membros dos órgãos de segurança pública de todo o país, não se pode afirmar, principalmente numa prova de concurso, que essa instituição faça parte dos órgãos de Segurança Pública.

Não se pode esquecer das Polícias Legislativas criadas no âmbito da Câmara dos Deputados e do Senado Federal, previstas nos arts. 51, inciso IV e 52, inciso XIII. Também não entram na classificação de órgãos de Segurança Pública para a prova, pois não estão no rol do art. 144:

> ***Art. 51*** *Compete privativamente à Câmara dos Deputados:[...]*
> *IV – dispor sobre sua organização, funcionamento, polícia, criação, transformação ou extinção dos cargos, empregos e funções de seus serviços, e a iniciativa de lei para fixação da respectiva remuneração, observados os parâmetros estabelecidos na lei de diretrizes orçamentárias.*
> ***Art. 52*** *Compete privativamente ao Senado Federal: [...]*
> *XIII – dispor sobre sua organização, funcionamento, polícia, criação, transformação ou extinção dos cargos, empregos e funções de seus serviços, e a iniciativa de lei para fixação da respectiva remuneração, observados os parâmetros estabelecidos na lei de diretrizes orçamentárias.*

Cada um dos órgãos será organizado em estatuto próprio, conforme preleciona o § 7º do art. 144:

> *§ 7º. A lei disciplinará a organização e o funcionamento dos órgãos responsáveis pela segurança pública, de maneira a garantir a eficiência de suas atividades.*

9.3.1 Polícia Administrativa e Polícia Judiciária

Antes de iniciar uma análise mais detida do artigo em questão, uma importante distinção doutrinária deve ser feita em relação às polícias de segurança pública: Polícia Administrativa e Polícia Judiciária.

- **Polícia Administrativa** é a polícia preventiva. Sua atividade ocorre antes do cometimento da infração penal com o intuito de impedir a sua ocorrência. Sua atuação é ostensiva, ou seja, visível pelos membros da sociedade. É aquela polícia a que recorremos quando temos um problema. Uma característica marcante das polícias ostensivas é o seu uniforme. É a vestimenta que identifica um policial ostensivo. O maior exemplo de polícia administrativa é a Polícia Militar. Também são consideradas como polícia preventiva: Polícia Federal (em situações específicas), Polícia Rodoviária Federal, Polícia Ferroviária Federal e Corpo de Bombeiros Militar.
- **Polícia Judiciária** é a polícia repressiva. Sua atividade ocorre após o cometimento da infração penal, quando a atuação da polícia preventiva não surtiu efeito. Sua atividade é investigativa com o fim de encontrar os elementos comprobatórios do ilícito penal cometido. O resultado do trabalho das polícias judiciárias é utilizado posteriormente pelo Ministério Público para subsidiar sua atuação junto ao Poder Judiciário. Daí a razão do nome ser Polícia Judiciária. O resultado de seu trabalho é utilizado pelo Poder Judiciário em seus julgamentos. Atente-se para a seguinte diferença, pois já caiu em prova de concurso: a Polícia Judiciária não faz parte do Poder Judiciário, mas do Poder Executivo. São consideradas como Polícia Judiciária a Polícia Civil e a Polícia Federal. A Polícia Militar também possui atribuições repressivas quando atua na investigação de crimes cometidos por policiais militares.

Além dessa classificação, pode-se distinguir os órgãos do art. 144 em federais e estaduais, a depender da sua vinculação federativa:

- **Federais:** Polícia Federal, Polícia Rodoviária Federal e Polícia Ferroviária Federal;
- **Estaduais:** Polícia Civil, Polícia Militar e Corpo de Bombeiro Militar.

Feitas essas considerações iniciais, prossegue-se agora com a análise de cada um dos órgãos de segurança pública do art. 144.

9.3.2 Polícia Federal

A Polícia Federal é o órgão de segurança pública com maior quantidade de atribuições previstas na Constituição Federal, razão pela qual é a mais cobrada em prova:

> *§ 1º A polícia federal, instituída por lei como órgão permanente, organizado e mantido pela União e estruturado em carreira, destina-se a:*
> *I – apurar infrações penais contra a ordem política e social ou em detrimento de bens, serviços e interesses da União ou de suas entidades autárquicas e empresas públicas, assim como outras infrações cuja prática tenha repercussão interestadual ou internacional e exija repressão uniforme, segundo se dispuser em lei;*
> *II – prevenir e reprimir o tráfico ilícito de entorpecentes e drogas afins, o contrabando e o descaminho, sem prejuízo da ação fazendária e de outros órgãos públicos nas respectivas áreas de competência;*
> *III – exercer as funções de polícia marítima, aeroportuária e de fronteiras;*
> *IV – exercer, com exclusividade, as funções de polícia judiciária da União.*

Deve-se destacar, como característica principal, a sua atuação como Polícia Judiciária exclusiva da União. É ela quem atuará na repressão dos crimes cometidos contra a União e suas entidades autárquicas e empresas públicas. Apesar de mencionar algumas entidades da administração indireta, não se mencionou as sociedades de economia mista. Isso força uma conclusão de que a Polícia Federal não tem atribuição nos crimes que envolvam interesses de sociedades de economia mista.

As demais atribuições serão exercidas concomitantemente com outros órgãos, limitando a exclusividade de sua atuação apenas à função investigativa no âmbito da União.

9.3.3 Polícia Rodoviária Federal

A Polícia Rodoviária Federal é órgão da União responsável pelo patrulhamento das rodovias federais:

> *§ 2º A polícia rodoviária federal, órgão permanente, organizado e mantido pela União e estruturado em carreira, destina-se, na forma da lei, ao patrulhamento ostensivo das rodovias federais.*

Eventualmente, sua atuação se estenderá às rodovias estaduais ou distritais mediante convênio firmado entre os entes federativos. Não havendo esse convênio, o patrulhamento das rodovias estaduais e distritais fica a cargo das Polícias Militares. É comum no âmbito das Polícias Militares a criação de batalhões ou companhias com essa atribuição específica, as chamadas Polícias Rodoviárias.

9.3.4 Polícia Ferroviária Federal

A Polícia Ferroviária Federal é o órgão da União responsável pelo patrulhamento das ferrovias federais:

> *§ 3º. A polícia ferroviária federal, órgão permanente, organizado e mantido pela União e estruturado em carreira, destina-se, na forma da lei, ao patrulhamento ostensivo das ferrovias federais.*

Diante da pouca relevância das ferrovias no Brasil, esse órgão ficou no esquecimento durante vários anos. No dia 5 agosto de 2011, a presidente Dilma sancionou a Lei nº 12.462, que criou no âmbito do Ministério da Justiça a Polícia Ferroviária Federal. O efetivo que comporá essa nova estrutura se originará das instituições que anteriormente cuidavam das ferrovias:

> ***Art. 48*** *A Lei nº 10.683, de 28 de maio de 2003, passa a vigorar com as seguintes alterações:*
>
> ***Art. 29*** *[...]*
>
> *XIV – Do Ministério da Justiça: o Conselho Nacional de Política Criminal e Penitenciária, o Conselho Nacional de Segurança Pública, o Conselho Federal Gestor do Fundo de Defesa dos Direitos Difusos, o Conselho Nacional de Combate à Pirataria e Delitos contra a Propriedade Intelectual, o Conselho Nacional de Arquivos, o Conselho Nacional de Políticas sobre Drogas, o Departamento de Polícia Federal, o Departamento de Polícia Rodoviária Federal, o Departamento de Polícia Ferroviária Federal, a Defensoria Pública da União, o Arquivo Nacional e até 6 (seis) Secretarias;*
>
> *§ 8º Os profissionais da Segurança Pública Ferroviária oriundos do grupo Rede, Rede Ferroviária Federal (RFFSA), da Companhia Brasileira de Trens Urbanos (CBTU) e da Empresa de Trens Urbanos de Porto Alegre (Trensurb) que estavam em exercício em 11 de dezembro de 1990, passam a integrar o Departamento de Polícia Ferroviária Federal do Ministério da Justiça (NR).*

9.3.5 Polícia Civil

Essa é a Polícia Judiciária no âmbito dos estados e do Distrito Federal. É dirigida por delegados de polícia de carreira e possui atribuição subsidiária à da Polícia Federal e à da Polícia Militar. Significa dizer que o que não for atribuição da Polícia Federal ou da Polícia Militar será da Polícia Civil:

> *§ 4º. às polícias civis, dirigidas por delegados de polícia de carreira, incumbem, ressalvada a competência da União, as funções de polícia judiciária e a apuração de infrações penais, exceto as militares.*

9.3.6 Polícia Militar e Corpo de Bombeiros Militar

Essas duas instituições possuem caráter essencialmente ostensivo dentro das atribuições próprias. A Polícia Militar é responsável pelo policiamento ostensivo e preservação da ordem pública.

É a Polícia Militar quem exerce a função principal de prevenção do crime. Quando se pensa em polícia, certamente é a primeira que vem à mente, pois é vista pela sociedade. Já o Corpo de Bombeiros Militar, apesar de não ser órgão policial, possui atribuição de segurança pública à medida que executa atividades de defesa civil. São responsáveis por uma atuação voltada para a proteção da sociedade, prestação de socorro, atuação em incêndios e acidentes. Destaca-se pela agilidade no atendimento, o que muitas vezes acaba por coibir maiores tragédias:

> *§ 5º às polícias militares cabem a polícia ostensiva e a preservação da ordem pública; aos corpos de bombeiros militares, além das atribuições definidas em lei, incumbe a execução de atividades de defesa civil.*
>
> *§ 6º As polícias militares e corpos de bombeiros militares, forças auxiliares e reserva do Exército, subordinam-se, juntamente com as polícias civis, aos Governadores dos Estados, do Distrito Federal e dos Territórios.*

Por serem corporações militares, a eles se aplicam as mesmas regras que são aplicadas às Forças Armadas, como a proibição de greve, filiação partidária e sindicalização.

São ainda consideradas forças auxiliares e reserva do Exército. Significa que, em um momento de necessidade de efetivo, seria possível a convocação de Policiais e Bombeiros Militares como força reserva e de apoio.

Estão subordinados aos governadores dos estados, a Distrito Federal e dos territórios a quem compete a gestão da Segurança Pública em cada ente federativo.

No que tange à Polícia Militar, ao Corpo de Bombeiros Militares e à Polícia Civil do Distrito Federal, há um detalhe que não pode ser esquecido, pois já foi cobrado em prova. Apesar da subordinação destas forças ao governador do Distrito Federal, a competência para legislar e manter estas corporações é da União.

Aqui há uma exceção na autonomia federativa do Distrito Federal, que está prevista expressamente na Constituição no art. 21, XIV:

> ***Art. 21*** *Compete à União:*
>
> *XIV – organizar e manter a polícia civil, a polícia penal, a polícia militar e o corpo de bombeiros militar do Distrito Federal, bem como prestar assistência financeira ao Distrito Federal para a execução de serviços públicos, por meio de fundo próprio; (Redação dada pela Emenda Constitucional nº 104/2019)*

9.3.7 Polícias penais

A Emenda Constitucional nº 104/2019 introduziu no rol de entidades de segurança pública as chamadas polícias penais.

De acordo com o art. 144, § 5º-A da Constituição Federal de 1988, cabe às polícias penais, vinculadas ao órgão administrador do sistema penal da unidade federativa a que pertencem, a segurança dos estabelecimentos penais.

10 CONSTITUIÇÃO DO ESTADO DE MINAS GERAIS

10.1 Disposições Preliminares

O Estado de Minas Gerais integra, com autonomia político-administrativa, a República Federativa do Brasil.

Todo o poder do Estado emana do povo, que o exerce por meio de representantes eleitos ou diretamente, nos termos da Constituição da República e desta Constituição.

O Estado se organiza e se rege por esta Constituição e leis que adotar, observados os princípios constitucionais da República.

São objetivos prioritários do Estado:

- garantir a efetividade dos direitos públicos subjetivos;
- assegurar o exercício, pelo cidadão, dos mecanismos de controle da legalidade e legitimidade dos atos do Poder Público e da eficácia dos serviços públicos;
- preservar os valores éticos;
- promover a regionalização da ação administrativa, em busca do equilíbrio no desenvolvimento das coletividades;
- criar condições para a segurança e a ordem públicas;
- promover as condições necessárias para a fixação do homem no campo;
- garantir a educação, o acesso à informação, o ensino, a saúde e a assistência à maternidade, à infância, à adolescência e à velhice;
- dar assistência ao Município, especialmente ao de escassas condições de propulsão socioeconômica;
- preservar os interesses gerais e coletivos;
- garantir a unidade e a integridade de seu território;
- desenvolver e fortalecer, junto aos cidadãos e aos grupos sociais, os sentimentos de pertinência à comunidade mineira em favor da preservação da unidade geográfica de Minas Gerais e de sua identidade social, cultural, política e histórica;
- erradicar a pobreza e reduzir as desigualdades sociais e regionais.

O território do Estado somente será incorporado, dividido ou desmembrado, com aprovação da Assembleia Legislativa.

10.2 Direitos E Garantias Fundamentais

O Estado assegura, no seu território e nos limites de sua competência, os direitos e garantias fundamentais que a Constituição da República confere aos brasileiros e aos estrangeiros residentes no País.

Incide na penalidade de destituição de mandato administrativo ou de cargo ou função de direção, em órgão da administração direta ou entidade da administração indireta, o agente público que deixar injustificadamente de sanar, dentro de noventa dias da data do requerimento do interessado, omissão que inviabilize o exercício de direito constitucional.

Independe do pagamento de taxa ou de emolumento ou de garantia de instância o exercício do direito de petição ou representação, bem como a obtenção de certidão para a defesa de direito ou esclarecimento de situação de interesse pessoal.

Nenhuma pessoa será discriminada, ou de qualquer forma prejudicada, pelo fato de litigar com órgão ou entidade estadual, no âmbito administrativo ou no judicial.

Nos processos administrativos, qualquer que seja o objeto e o procedimento, observar-se-ão, entre outros requisitos de validade, a publicidade, o contraditório, a defesa ampla e o despacho ou a decisão motivados.

Todos têm o direito de requerer e obter informação sobre projeto do Poder Público, a qual será prestada no prazo da lei, ressalvada aquela cujo sigilo seja imprescindível à segurança da sociedade e do Estado.

O Estado garante o exercício do direito de reunião e de outras liberdades constitucionais e a defesa da ordem pública, da segurança pessoal e dos patrimônios público e privado.

Ao presidiário é assegurado o direito a:

- assistência médica, jurídica e espiritual;
- aprendizado profissionalizante e trabalho produtivo e remunerado;
- acesso a notícia divulgada fora do ambiente carcerário;
- acesso aos dados relativos à execução da respectiva pena;
- creche ou outras condições para o atendimento do disposto no art. 5º, L, da Constituição da República.

É passível de punição, nos termos da lei, o agente público que, no exercício de suas atribuições e independentemente da função que exerça, violar direito constitucional do cidadão.

Ao Estado é vedado:

- estabelecer culto religioso ou igreja, subvencioná-los, embaraçar-lhes o funcionamento ou manter com eles ou com seus representantes relações de dependência ou de aliança, ressalvada, na forma da lei, a colaboração de interesse público;
- recusar fé a documento público;
- criar distinção entre brasileiros ou preferência em relação às demais unidades e entidades da Federação.

10.3 Estado

10.3.1 Organização Do Estado

Disposições Gerais

São Poderes do Estado, independentes e harmônicos entre si, o Legislativo, o Executivo e o Judiciário.

Ressalvados os casos previstos nesta Constituição, é vedado a qualquer dos Poderes delegar atribuição e, a quem for investido na função de um deles, exercer a de outro.

São símbolos do Estado a bandeira, o hino e o brasão, definidos em lei.

A cidade de Belo Horizonte é a Capital do Estado.

Competência do Estado

É reservada ao Estado a competência que não lhe seja vedada pela Constituição da República.

Compete ao Estado:

- manter relações com a União, os Estados Federados, o Distrito Federal e os Municípios;
- organizar seu Governo e Administração;
- firmar acordo, convênio, ajuste e instrumento congênere;
- difundir a seguridade social, a educação, a cultura, o desporto, a ciência e a tecnologia;
- proteger o meio ambiente;
- manter e preservar a segurança e a ordem públicas e a incolumidade da pessoa e do patrimônio;
- intervir no Município, nos casos previstos nesta Constituição;

- explorar diretamente ou mediante concessão os serviços locais de gás canalizado, na forma da lei;
- explorar diretamente, ou mediante concessão, os serviços de transporte rodoviário estadual de passageiros e de transporte aquaviário que não transponham os limites de seu território, e diretamente, ou mediante concessão, permissão ou autorização, a infraestrutura e os serviços de transporte ferroviário que não transponham os limites de seu território;
- instituir região metropolitana, aglomeração urbana e microrregião;
- instituir plano de aproveitamento e destinação de terra pública e devoluta, compatibilizando-o com a política agrícola e com o plano nacional de reforma agrária;
- criar sistema integrado de parques estaduais, reservas biológicas, estações ecológicas e equivalentes, adequado à conservação dos ecossistemas do Estado, para proteção ecológica, pesquisa científica e recreação pública, e dotá-los dos serviços públicos indispensáveis às suas finalidades;
- dispor sobre sua divisão e organização judiciárias e divisão administrativa;
- suplementar as normas gerais da União sobre:
  - organização, efetivos, garantias, direitos, deveres, inatividades e pensões da Polícia Militar e do Corpo de Bombeiros Militar;
  - licitação e contrato administrativo na administração pública direta e indireta;
- legislar privativamente nas matérias de sua competência e, concorrentemente com a União, sobre:
  - direito tributário, financeiro, penitenciário, econômico e urbanístico;
  - orçamento;
  - junta comercial;
  - custas dos serviços forenses;
  - produção e consumo;
  - florestas, caça, pesca, fauna, conservação da natureza, defesa do solo
  - e dos recursos naturais, proteção do ambiente e controle da poluição;
  - proteção do patrimônio histórico, cultural, artístico, turístico e paisagístico;
  - responsabilidade por dano ao meio ambiente, ao consumidor, a bens e direitos de valor artístico, estético, histórico, turístico e paisagístico;
  - educação, cultura, ensino e desporto;
  - criação, funcionamento e processo do juizado de pequenas causas;
  - procedimentos em matéria processual;
  - previdência social, proteção e defesa da saúde;
  - assistência jurídica e defensoria pública;
  - apoio e assistência ao portador de deficiência e sua integração social;
  - proteção à infância e à juventude;
  - organização, garantias, direitos e deveres da Polícia Civil e da Polícia Penal.

No domínio da legislação concorrente, o Estado exercerá:

- competência suplementar;
- competência plena, quando inexistir lei federal sobre normas gerais, ficando suspensa a eficácia da lei estadual no que for contrário a lei federal superveniente.

O Estado poderá legislar sobre matéria da competência privativa da União, quando permitido em lei complementar federal.

É competência do Estado, comum à União e ao Município:

- zelar pela guarda da Constituição, das leis e das instituições democráticas e conservar o patrimônio público;
- cuidar da saúde e assistência pública, da proteção e garantia do
- portador de deficiência;
- proteger os documentos, obras e outros bens de valor histórico, artístico e cultural, os monumentos, paisagens naturais notáveis e sítios arqueológicos;
- impedir a evasão, destruição e descaracterização de obra de arte e de outros bens de valor histórico, artístico ou cultural;
- proporcionar os meios de acesso à cultura, à educação e à ciência;
- proteger o meio ambiente e combater a poluição em qualquer de suas formas;
- preservar as florestas, a fauna e a flora;
- fomentar a produção agropecuária e organizar o abastecimento alimentar, com a viabilização da assistência técnica ao produtor e da extensão rural;
- promover programas de construção de moradias e a melhoria das condições habitacionais e de saneamento básico;
- combater as causas da pobreza e os fatores de marginalização, mediante a integração social dos setores desfavorecidos;
- registrar, acompanhar e fiscalizar as concessões de direito de
- pesquisa e de exploração de recursos hídricos e minerais em seu território;
- estabelecer e implantar política de educação para a segurança do trânsito.

Domínio Público

Formam o domínio público patrimonial do Estado os seus bens móveis e imóveis, os seus direitos e os rendimentos das atividades e serviços de sua competência.

Incluem-se entre os bens do Estado:

- as águas superficiais ou subterrâneas, fluentes, emergentes e em depósito, salvo, neste caso, na forma da lei federal, as decorrentes de obra da União;
- as ilhas fluviais e lacustres não pertencentes à União;
- os lagos em terreno de seu domínio e os rios que em seu território têm nascente e foz, salvo os de domínio da União;
- as terras devolutas não compreendidas entre as da União.

Administração Pública

A atividade de administração pública dos Poderes do Estado e a de entidade descentralizada se sujeitarão aos princípios de legalidade, impessoalidade, moralidade, publicidade, eficiência, razoabilidade e sustentabilidade.

A moralidade e a razoabilidade dos atos do Poder Público serão apuradas, para efeito de controle e invalidação, em face dos dados objetivos de cada caso.

O agente público motivará o ato administrativo que praticar,

explicitando-lhe o fundamento legal, o fático e a finalidade.

Administração pública direta é a que compete a órgão de qualquer dos Poderes do Estado.

Administração pública indireta é a que compete:

- à autarquia, de serviço ou territorial;

- à sociedade de economia mista;
- à empresa pública;
- à fundação pública;
- às demais entidades de direito privado, sob controle direto ou indireto do Estado.

A atividade administrativa do Estado se organizará em sistemas, principalmente a de planejamento, a de finanças e a de administração geral.

É facultado ao Estado criar órgão, dotado de autonomia financeira e administrativa, segundo a lei, sob a denominação de órgão autônomo.

Depende de lei específica:

- a instituição e a extinção de autarquia, fundação pública e órgão autônomo;
- a autorização para instituir, cindir e extinguir a entidade a que se refere o § 14 do art. 36, sociedade de economia mista e empresa pública e para alienar ações que garantam o controle dessas entidades pelo Estado;
- a autorização para criação de subsidiária das entidades mencionadas neste parágrafo e para sua participação em empresa privada;
- a alienação de ações que garantam, nas empresas públicas e sociedades de economia mista, o controle pelo Estado.

Ressalvada a entidade a que se refere o § 14 do art. 36, ao Estado somente é permitido instituir ou manter fundação com personalidade jurídica de direito público, cabendo a lei complementar definir as áreas de sua atuação.

As relações jurídicas entre o Estado e o particular prestador de serviço público em virtude de delegação, sob a forma de concessão, permissão ou autorização, são regidas pelo direito público.

É vedada a delegação de poderes ao Executivo para criação, extinção ou transformação de entidade de sua administração indireta.

A lei disciplinará as formas de participação do usuário de serviços públicos na administração pública direta e indireta, regulando especialmente:

- a reclamação relativa à prestação de serviços públicos em geral, asseguradas a manutenção de serviços de atendimento ao usuário e a avaliação periódica, externa e interna, da qualidade dos serviços;
- o acesso dos usuários a registros administrativos e a informações sobre atos de governo, observado o disposto no art. 5º, X e XXXIII, da Constituição da República;
- a representação contra negligência ou abuso de poder no exercício de cargo, emprego ou função da administração pública.

A autonomia gerencial, orçamentária e financeira dos órgãos e das entidades da administração direta e indireta poderá ser ampliada mediante instrumento específico que tenha por objetivo a fixação de metas de desempenho para o órgão ou entidade.

A lei disporá sobre a natureza jurídica do instrumento a que se refere o § 10 deste artigo e, entre outros requisitos, sobre:

- o seu prazo de duração;
- o controle e o critério de avaliação de desempenho;
- os direitos, as obrigações e as responsabilidades dos dirigentes;
- a remuneração do pessoal;
- alteração do quantitativo e da distribuição dos cargos de provimento em comissão e das funções gratificadas, observados os valores de retribuição correspondentes e desde que não altere as unidades orgânicas estabelecidas em lei e não acarrete aumento de despesa.

O Estado e os Municípios disciplinarão, por meio de lei, os consórcios públicos e os convênios de cooperação com os entes federados, autorizando a gestão associada de serviços públicos bem como a transferência total ou parcial de encargos, serviços, pessoal e bens essenciais à continuidade dos serviços transferidos.

A transferência ou cessão, onerosa ou gratuita, de pessoal efetivo ou estável para entidade não mencionada no § 1º deste artigo fica condicionada à anuência do servidor.

Lei complementar disporá sobre normas gerais de criação, funcionamento e extinção de conselhos estaduais.

Será de três quintos dos membros da Assembleia Legislativa o quórum para aprovação de lei que autorizar a alteração da estrutura societária ou a cisão de sociedade de economia mista e de empresa pública ou a alienação das ações que garantem o controle direto ou indireto dessas entidades pelo Estado, ressalvada a alienação de ações para entidade sob controle acionário do poder público federal, estadual ou municipal.

A lei que autorizar a alienação de ações de empresa concessionária ou permissionária de serviço público estabelecerá a exigência de cumprimento, pelo adquirente, de metas de qualidade de serviço e de atendimento aos objetivos sociais inspiradores da constituição da entidade.

A desestatização de empresa de propriedade do Estado prestadora de serviço público de distribuição de gás canalizado, de geração, transmissão e distribuição de energia elétrica ou de saneamento básico, autorizada nos termos deste artigo, será submetida a referendo popular.

Lei disporá sobre a estrutura e as competências do órgão executivo de trânsito do Estado.

Lei estadual disciplinará o procedimento de licitação, obrigatória para a contratação de obra, serviço, compra, alienação, concessão e permissão, em todas as modalidades, para a administração pública direta, autárquica e fundacional, bem como para as empresas públicas e sociedades de economia mista.

Na licitação a cargo do Estado ou de entidade de administração indireta, observar-se-ão, entre outros, sob pena de nulidade, os princípios de isonomia, publicidade, probidade administrativa, vinculação ao instrumento convocatório e julgamento objetivo.

As pessoas jurídicas de direito público e as de direito privado prestadoras de serviços públicos responderão pelos danos que seus agentes, nessa qualidade, causarem a terceiros, sendo obrigatória a regressão, no prazo estabelecido em lei, contra o responsável, nos casos de dolo ou culpa.

A publicidade de ato, programa, projeto, obra, serviço e campanha de órgão público, por qualquer veículo de comunicação, somente pode ter caráter informativo, educativo ou de orientação social, e dela não constarão nome, símbolo ou imagem que caracterizem a promoção pessoal de autoridade, servidor público ou partido político.

Os Poderes do Estado e do Município, incluídos os órgãos que os compõem, publicarão, trimestralmente, o montante das despesas com publicidade pagas, ou contratadas naquele período com cada agência ou veículo de comunicação.

A aquisição de bem imóvel, a título oneroso, depende de avaliação prévia e de autorização legislativa, exigida ainda, para a alienação, a licitação, salvo nos casos de permuta e doação, observada a lei.

A alienação de bem móvel depende de avaliação prévia e de licitação, dispensável esta, na forma da lei, nos casos de:

- doação;
- permuta.

O uso especial de bem patrimonial do Estado por terceiro será objeto, na forma da lei, de:

- concessão, mediante contrato de direito público, remunerada ou gratuita, ou a título de direito real resolúvel;
- permissão;
- cessão;
- autorização.

Os bens do patrimônio estadual devem ser cadastrados, zelados e tecnicamente identificados, especialmente as edificações de interesse administrativo, as terras públicas e a documentação dos serviços públicos.

O cadastramento e a identificação técnica dos imóveis do Estado, de que trata o parágrafo anterior, devem ser anualmente atualizados, garantido o acesso às informações neles contidas.

O disposto neste artigo se aplica às autarquias e às fundações públicas.

A administração fazendária e seus servidores fiscais terão, dentro das respectivas áreas de competência e jurisdição, precedência sobre os demais setores administrativos, na forma da lei.

As administrações tributárias do Estado e dos Municípios, atividades essenciais ao funcionamento do Estado, exercidas por servidores de carreiras específicas, terão recursos prioritários para a realização de suas atividades e atuarão de forma integrada, inclusive com o compartilhamento de cadastros e de informações fiscais, na forma da lei ou de convênio.

10.3.2 Servidores Públicos

Disposições Gerais

A atividade administrativa permanente é exercida:

- na administração direta de qualquer dos Poderes, por servidor público ocupante de cargo público em caráter efetivo ou em comissão, por empregado público detentor de emprego público ou designado para função de confiança ou por detentor de função pública, na forma do regime jurídico previsto em lei;
- nas autarquias e fundações públicas, por servidor público ocupante de cargo público em caráter efetivo ou em comissão, por empregado público detentor de emprego público ou designado para função de confiança ou por detentor de função pública, na forma do regime jurídico previsto em lei;
- nas sociedades de economia mista, empresas públicas e demais entidades de direito privado sob o controle direto ou indireto do Estado, por empregado público detentor de emprego público ou função de confiança.

A lei disporá sobre os requisitos e as restrições a serem observados pelo ocupante de cargo ou detentor de emprego ou função que lhe possibilite acesso a informações privilegiadas.

Os cargos, funções e empregos públicos são acessíveis aos brasileiros que preencham os requisitos estabelecidos em lei, assim como aos estrangeiros, na forma da lei.

A investidura em cargo ou emprego público depende de aprovação prévia em concurso público de provas ou de provas e títulos, ressalvadas as nomeações para cargo em comissão declarado em lei de livre nomeação e exoneração.

O prazo de validade do concurso público é de até dois anos, prorrogável, uma vez, por igual período.

Durante o prazo improrrogável previsto no edital de convocação, o aprovado em concurso público será convocado, observada a ordem de classificação, com prioridade sobre novos concursados, para assumir o

cargo ou emprego na carreira.

A inobservância do disposto nos §§ 1º, 2º e 3º deste artigo implica nulidade do ato e punição da autoridade responsável, nos termos da lei.

A lei estabelecerá os casos de contratação por tempo determinado, para atender a necessidade temporária de excepcional interesse público.

O disposto neste artigo não se aplica a funções de magistério.

As funções de confiança, exercidas exclusivamente por servidores ocupantes de cargo efetivo, e os cargos em comissão, a serem preenchidos por servidores de carreira nos casos, condições e percentuais mínimos previstos em lei, destinam-se apenas às atribuições de direção, chefia e assessoramento.

Nas entidades da administração indireta, pelo menos um cargo ou função de confiança de direção superior será provido por servidor ou empregado público de carreira da respectiva instituição.

Lei complementar disporá sobre as condições para o provimento de cargos e empregos de direção nas autarquias, fundações, empresas públicas e sociedades de economia mista estaduais, vedada a nomeação ou a designação daqueles inelegíveis em razão de atos ilícitos, nos termos da legislação federal.

A remuneração dos servidores públicos e o subsídio de que trata o § 7º deste artigo somente poderão ser fixados ou alterados por lei específica, observada a iniciativa privativa em cada caso, assegurada revisão geral anual, sempre na mesma data e sem distinção de índices.

A remuneração e o subsídio dos ocupantes de cargos, funções e empregos públicos da administração direta, autárquica e fundacional dos Poderes do Estado, do Ministério Público, do Tribunal de Contas e da Defensoria Pública e os proventos, pensões ou outra espécie remuneratória, percebidos cumulativamente ou não, incluídas as vantagens pessoais, não poderão exceder o subsídio mensal dos Desembargadores do Tribunal de Justiça, nos termos do § 12 do art. 37 da Constituição da República e observado o disposto no § 5º deste artigo.

Os vencimentos dos cargos do Poder Legislativo e do Poder Judiciário não podem ser superiores aos percebidos no Poder Executivo.

É vedado vincular ou equiparar espécies remuneratórias para efeito de remuneração de pessoal do serviço público.

Os acréscimos pecuniários percebidos por servidor público não serão computados nem acumulados para o fim de concessão de acréscimo ulterior.

O subsídio e os vencimentos dos ocupantes de cargos, funções e empregos públicos são irredutíveis, ressalvado o disposto nos §§ 1º, 4º e 7º deste artigo e nos arts. 150, caput, II, e 153, caput, III, e § 2º, I, da Constituição da República.

A lei estabelecerá a relação entre a maior e a menor remuneração dos servidores públicos, obedecido, em qualquer caso, o disposto no § 1º deste artigo.

O membro de Poder, o detentor de mandato eletivo e os Secretários de Estado serão remunerados exclusivamente por subsídio fixado em parcela única, vedado o acréscimo de qualquer gratificação, adicional, abono, prêmio, verba de representação ou outra espécie remuneratória, e observado, em qualquer caso, o disposto no § 1º deste artigo.

A remuneração dos servidores públicos organizados em carreira poderá ser fixada nos termos do § 7º deste artigo.

Não serão computadas, para efeito dos limites remuneratórios de que trata o § 1º deste artigo, as parcelas de caráter indenizatório previstas em lei.

O disposto no § 1º deste artigo aplica-se às empresas públicas e às sociedades de economia mista, bem como às suas subsidiárias, que recebam recursos do Estado para pagamento de despesas de pessoal ou de custeio em geral.

Os Poderes Executivo, Legislativo e Judiciário publicarão anualmente os valores do subsídio e da remuneração dos cargos, funções e empregos públicos.

É vedada a acumulação remunerada de cargos públicos, permitida, se houver compatibilidade de horários e observado o disposto no § 1º do art. 24:

- a de dois cargos de professor;
- a de um cargo de professor com outro técnico ou científico;
- a de dois cargos e empregos privativos de profissionais de saúde com profissões regulamentadas.

A proibição de acumular estende-se a empregos e funções e abrange autarquias, fundações e empresas públicas, sociedades de economia mista, bem como suas subsidiárias, e sociedades controladas, direta ou indiretamente, pelo poder público.

Ao servidor público da administração direta, autárquica e fundacional no exercício de mandato eletivo aplicam-se as seguintes disposições:

- tratando-se de mandato eletivo federal, estadual ou distrital, ficará afastado do cargo, emprego ou função;
- investido no mandato de Prefeito, será afastado do cargo, emprego ou função, sendo-lhe facultado optar por sua remuneração;
- investido no mandato de Vereador, se houver compatibilidade de horários, perceberá as vantagens de seu cargo, emprego ou função, sem prejuízo da remuneração do cargo eletivo, e, se não houver, será aplicada a norma do inciso anterior;
- em qualquer caso que exija o afastamento para o exercício de mandato eletivo, seu tempo de serviço será contado para todos os efeitos legais, exceto para promoção por merecimento;
- para o efeito de benefício previdenciário, no caso de afastamento, os valores serão determinados como se no exercício estivesse.

A despesa com pessoal ativo e inativo do Estado e dos Municípios não pode exceder os limites estabelecidos em lei complementar.

A concessão de vantagem ou o aumento de remuneração, a criação de cargo, emprego e função ou a alteração de estrutura de carreira bem como a admissão ou contratação de pessoal, a qualquer título, por órgão ou entidade da administração direta ou indireta ficam condicionados a:

- prévia dotação orçamentária suficiente para atender às projeções de despesa de pessoal e aos acréscimos dela decorrentes;
- autorização específica na Lei de Diretrizes Orçamentárias, ressalvadas as empresas públicas e as sociedades de economia mista.

Decorrido o prazo estabelecido em lei para a adaptação aos parâmetros por ela previstos, serão suspensos os repasses de verbas estaduais aos Municípios que não observarem os limites legalmente estabelecidos.

Para o cumprimento dos limites estabelecidos com base neste artigo, dentro do prazo fixado na lei complementar referida no caput, o Estado adotará as seguintes providências, sucessivamente:

- redução de pelo menos 20% (vinte por cento) das despesas com cargos em comissão e funções de confiança;
- dispensa ou exoneração de servidor público civil não estável, admitido em órgão da administração direta ou em entidade autárquica ou fundacional, que conte menos de três anos de efetivo exercício no Estado;
- dispensa ou exoneração de servidor não estável, observados os critérios de menor tempo de efetivo serviço e de avaliação de desempenho, na forma da lei.

A lei reservará percentual dos cargos e empregos públicos para provimento com portador de deficiência e definirá os critérios de sua admissão.

Os atos de improbidade administrativa importam a suspensão dos direitos políticos, a perda de função pública, a indisponibilidade dos bens e o ressarcimento ao erário, na forma e na gradação estabelecidas em lei, sem prejuízo da ação penal cabível.

Servidores Públicos Civis

O Estado instituirá conselho de política de administração e remuneração de pessoal, integrado por servidores designados por seus Poderes, com a finalidade de participar da formulação da política de pessoal.

A política de pessoal obedecerá às seguintes diretrizes:

- valorização e dignificação da função pública e do servidor público;
- profissionalização e aperfeiçoamento do servidor público;
- constituição de quadro dirigente, mediante formação e aperfeiçoamento de administradores;
- sistema do mérito objetivamente apurado para ingresso no serviço e desenvolvimento na carreira;
- remuneração compatível com a complexidade e a responsabilidade das tarefas e com a escolaridade exigida para seu desempenho.

Ao servidor público que, por acidente ou doença, tornar-se inapto para exercer as atribuições específicas de seu cargo, serão assegurados os direitos e vantagens a ele inerentes, até seu definitivo aproveitamento em outro cargo.

Para provimento de cargo de natureza técnica, exigir-se-á a respectiva habilitação profissional.

Os recursos orçamentários provenientes da economia na execução de despesas correntes em cada órgão, autarquia e fundação serão aplicados no desenvolvimento de programas de qualidade e produtividade, de treinamento e desenvolvimento, de modernização, reaparelhamento e racionalização do serviço público ou no pagamento de adicional ou prêmio de produtividade, nos termos da lei.

O Estado instituirá planos de carreira para os servidores da administração direta, das autarquias e das fundações públicas.

O Estado manterá escola de governo para a formação e o aperfeiçoamento dos servidores públicos, constituindo a participação nos cursos um dos requisitos para a promoção na carreira, facultada, para isso, a celebração de convênios ou contratos com os demais entes federados.

O Estado assegurará ao servidor público civil da Administração Pública direta, autárquica e fundacional os direitos previstos no art. 7º, incisos IV, VII, VIII, IX, XII, XIII, XV, XVI, XVII, XVIII, XIX, XX, XXII e XXX, da

Constituição da República e os que, nos termos da lei, visem à melhoria de sua condição social e da produtividade e da eficiência no serviço público, em especial o prêmio por produtividade e o adicional de desempenho.

A lei disporá sobre o cálculo e a periodicidade do prêmio por produtividade a que se refere o caput deste artigo, o qual não se incorporará, em nenhuma hipótese, aos proventos de aposentadoria e pensões a que o servidor fizer jus e cuja concessão dependerá de previsão orçamentária e disponibilidade financeira do Estado.

O adicional de desempenho será pago mensalmente, em valor variável, calculado nos termos da lei, vedada sua concessão ao detentor,

D C O N

exclusivamente, de cargo em comissão declarado em lei de livre nomeação e exoneração.

Para fins de promoção e progressão nas carreiras será adotado, além dos critérios estabelecidos na legislação pertinente, o sistema de avaliação de desempenho, que será disciplinado em lei, podendo ser prevista pontuação por tempo de serviço.

Serão concedidas ao servidor ocupante de cargo de provimento efetivo e função pública férias-prêmio com duração de três meses a cada cinco anos de efetivo exercício no serviço público do Estado de Minas Gerais.

A avaliação de desempenho dos integrantes da Polícia Civil e da Polícia Penal, para efeito de promoção e progressão nas respectivas carreiras, obedecerá a regras especiais.

Fica assegurado ao servidor público civil o direito a:

- ▹ assistência e previdência sociais, extensivas ao cônjuge ou companheiro e aos dependentes;
- ▹ assistência gratuita, em creche e pré-escola, aos filhos e aos
- ▹ dependentes, desde o nascimento até seis anos de idade;
- ▹ adicional de remuneração para as atividades penosas, insalubres ou perigosas.

A fixação dos padrões de vencimento e dos demais componentes do sistema remuneratório observará:

- ▹ a natureza, o grau de responsabilidade e a complexidade dos cargos que compõem cada carreira;
- ▹ os requisitos para a investidura nos cargos;
- ▹ as peculiaridades dos cargos.

Observado o disposto no caput e incisos deste artigo, a lei disporá sobre reajustes diferenciados nas administrações direta, autárquica e fundacional dos três Poderes do Estado, visando à reestruturação do sistema remuneratório de funções, cargos e carreiras.

O direito de greve será exercido nos termos e nos limites definidos em lei específica.

É garantida a liberação do servidor público civil e do militar para exercício de mandato eletivo em diretoria de entidade ou central sindical, associação, federação ou confederação representativas de servidores públicos civis ou de militares, de âmbito estadual ou nacional, sem prejuízo da remuneração e dos demais direitos e vantagens do seu cargo.

Os servidores civis e os militares eleitos para cargos de direção ou de representação serão liberados, na seguinte proporção, para cada sindicato ou associação:

- ▹ de 1.001 (mil e um) a 2.000 (dois mil) filiados, 1 (um) representante;
- ▹ de 2.001 (dois mil e um) a 4.000 (quatro mil) filiados, 2 (dois) representantes;
- ▹ de 4.001 (quatro mil e um) a 6.000 (seis mil) filiados, 3 (três) representantes;
- ▹ de 6.001 (seis mil e um) a 8.000 (oito mil) filiados, 4 (quatro) representantes;
- ▹ acima de 8.000 (oito mil) filiados, 5 (cinco) representantes.

Para fins do disposto no § 1º, o Estado poderá, por meio de lei complementar, definir proporção diferente da prevista no referido dispositivo, desde que observados os parâmetros mínimos nele estabelecidos.

Para fins do disposto no § 1º, no caso de central sindical, federação ou confederação, o número de filiados corresponderá à soma dos filiados dos sindicatos de base que a constitui.

O Estado procederá ao desconto, em folha ou ordem de pagamento, de consignações autorizadas pelos militares e servidores públicos civis das administrações direta e indireta em favor dos sindicatos e associações de classe, efetuando o repasse às entidades até o quinto dia do mês subsequente ao mês de competência do pagamento dos servidores, observada a data do efetivo desconto.

O tempo em exercício de mandato eletivo de que trata este artigo será computado para fins de progressões e promoções.

É estável, após três anos de efetivo exercício, o servidor público nomeado para cargo de provimento efetivo em virtude de concurso público.

O servidor público estável só perderá o cargo:

- ▹ em virtude de sentença judicial transitada em julgado;
- ▹ mediante processo administrativo em que lhe seja assegurada ampla defesa;
- ▹ mediante procedimento de avaliação periódica de desempenho, na forma de lei complementar, assegurada ampla defesa.

Invalidada por sentença judicial a demissão do servidor estável, será ele reintegrado, e o eventual ocupante da vaga, se estável, reconduzido ao cargo de origem, sem direito a indenização, aproveitado em outro cargo ou posto em disponibilidade com remuneração proporcional ao tempo de serviço público federal, estadual e municipal.

Extinto o cargo ou declarada a sua desnecessidade, o servidor estável ficará em disponibilidade, com remuneração proporcional ao tempo de serviço público federal, estadual e municipal, até seu adequado aproveitamento em outro cargo.

Como condição para aquisição da estabilidade, é obrigatória a avaliação especial de desempenho por comissão instituída para essa finalidade.

Aos servidores titulares de cargos de provimento efetivo do Estado, incluídas suas autarquias e fundações, é assegurado regime próprio de previdência social, nos termos deste artigo, de caráter contributivo e solidário, mediante contribuição do Estado, dos servidores ativos e aposentados e dos pensionistas, observados critérios que preservem o equilíbrio financeiro e atuarial, que será gerido por instituição previdenciária de natureza pública e instituída por lei.

Os servidores abrangidos pelo regime de previdência de que trata este artigo serão aposentados:

- ▹ voluntariamente, desde que observada a idade mínima de sessenta e dois anos de idade, se mulher, e sessenta e cinco anos de idade, se homem, bem como o tempo de contribuição e os demais requisitos estabelecidos em lei complementar;
- ▹ por incapacidade permanente para o trabalho, no cargo em que estiver investido, quando insuscetível de readaptação, hipótese em que será obrigatória a realização de avaliações periódicas para verificação da continuidade das condições que ensejaram a concessão da aposentadoria, na forma da lei;
- ▹ compulsoriamente, aos setenta e cinco anos de idade, com proventos proporcionais, na forma de lei complementar.

Os proventos de aposentadoria não poderão ser inferiores ao valor mínimo a que se refere o § 2º do art. 201 da Constituição da República ou superiores ao limite máximo estabelecido para o regime geral de previdência social, observado o disposto nos §§ 14 a 16.

É vedada a adoção de requisitos ou critérios diferenciados para a concessão de benefícios do regime próprio de previdência social do Estado, ressalvado o disposto nos §§ 4º-A e 5º.

Serão estabelecidos em lei complementar os critérios de idade e tempo de contribuição diferenciados para aposentadoria:

- de servidores com deficiência;
- de ocupantes dos cargos de carreiras policiais, de agente penitenciário e de agente socioeducativo e dos membros da polícia legislativa a que se refere o inciso III do caput do art. 62;
- de servidores cujas atividades sejam exercidas com efetiva exposição a agentes químicos, físicos e biológicos prejudiciais à saúde, ou a associação desses agentes, vedada a caracterização por categoria profissional ou ocupação.

Os ocupantes do cargo de professor poderão aposentar-se, voluntariamente, aos cinquenta e sete anos de idade, se mulher, e aos sessenta anos de idade, se homem, desde que comprovem o tempo, fixado em lei complementar, de efetivo exercício das funções de magistério na educação infantil e no ensino fundamental e médio.

É vedada:

- a percepção de mais de uma aposentadoria pelos regimes de previdência a que se referem este artigo e o art. 40 da Constituição da República, ressalvadas as aposentadorias decorrentes dos cargos acumuláveis na forma prevista nesta Constituição;
- a percepção simultânea de proventos de aposentadoria pelo regime de previdência a que se referem este artigo e o art. 40 da Constituição da República, bem como de remuneração de inatividade dos militares a que se referem o art. 39 desta Constituição e os arts. 42 e 142 da Constituição da República, com a remuneração de cargo, função ou emprego públicos, ressalvados os cargos acumuláveis na forma prevista nesta Constituição, os cargos eletivos e os cargos em comissão declarados em lei de livre nomeação e exoneração.

Lei disporá sobre a concessão do benefício da pensão por morte, observado o disposto no § 2º do art. 201 da Constituição da República quanto ao valor do benefício, quando se tratar da única fonte de renda formal auferida pelo dependente, e tratará de forma diferenciada a concessão da pensão na hipótese de morte dos servidores de que trata o inciso II do § 4º-A decorrente de agressão sofrida no exercício ou em razão da função.

É assegurado o reajustamento dos benefícios de pensão e aposentadoria para preservar, em caráter permanente, seu valor real, conforme critérios estabelecidos em lei.

O tempo de contribuição federal, estadual, distrital ou municipal será contado para fins de aposentadoria, observado o disposto nos §§ 9º e 9º-A do art. 201 da Constituição da República, e o tempo de serviço correspondente será contado para fins de disponibilidade.

A lei não poderá estabelecer nenhuma forma de contagem de tempo de contribuição fictício.

Aplica-se o limite fixado no § 1º do art. 24 à soma total dos proventos de aposentadoria ou da remuneração de inatividade dos militares, inclusive quando decorrentes da acumulação de cargos, funções ou empregos públicos, bem como de outras atividades sujeitas à contribuição para o regime geral de previdência social, e ao montante resultante da adição de proventos de aposentadoria com remuneração de cargo, de cargo em comissão declarado em lei de livre nomeação e exoneração ou de cargo eletivo, salvo quando se tratar de cargos, empregos, funções ou proventos acumuláveis na forma desta Constituição.

Além do disposto neste artigo, o regime de previdência dos servidores públicos titulares de cargo efetivo observará, no que couber, os requisitos e critérios fixados para o regime geral de previdência social.

Aplica-se ao agente público ocupante, exclusivamente, de cargo em comissão declarado em lei de livre nomeação e exoneração ou de outro cargo temporário, ao detentor de mandato eletivo e ao ocupante de emprego público o regime geral de previdência social, em observância ao disposto no § 13 do art. 40 da Constituição da República.

O benefício do regime próprio de previdência social, limitado ao valor máximo do benefício do regime geral de previdência social, observado o disposto no § 16, poderá ser cumulado com os valores de aposentadoria e pensão do regime de previdência complementar, criado por lei de iniciativa do Governador.

O regime de previdência complementar de que trata o § 14 oferecerá plano de benefícios somente na modalidade de contribuição definida e será efetivado por intermédio de entidade fechada ou de entidade aberta de previdência complementar, observado o disposto no art. 202 da Constituição da República.

O disposto nos §§ 14 e 15 poderá ser aplicado ao servidor que tiver ingressado no serviço público até a data da publicação do ato de instituição do regime de previdência complementar, mediante sua prévia e expressa opção.

O Estado adotará mecanismos para incentivar a opção de que trata o § 16.

Todos os valores de remuneração considerados para o cálculo dos proventos da aposentadoria previsto no § 3º deste artigo serão devidamente atualizados, na forma da lei.

O Estado, por meio de lei complementar, instituirá contribuições para custeio do regime próprio de previdência social, cobradas dos servidores ativos, dos aposentados e dos pensionistas, que poderão ter alíquotas progressivas de acordo com o valor da base de contribuição ou dos proventos de aposentadoria e de pensões, observado o disposto no § 18 do art. 40 da Constituição da República.

Quando houver déficit atuarial, a contribuição ordinária dos aposentados e pensionistas poderá incidir sobre o valor dos proventos de aposentadoria e de pensões que supere três salários mínimos.

A contribuição de que trata o § 18-A será instituída por meio de lei específica.

No caso de adoção de alíquotas progressivas, nos termos do § 18, os valores de referência utilizados para fins de fixação das faixas de incidência das alíquotas serão atualizados na mesma data e com o mesmo índice em que se der o reajuste dos benefícios do regime geral de previdência social, ressalvados aqueles eventualmente vinculados ao salário mínimo, aos quais se aplicará a legislação específica.

Quando o beneficiário, na forma da lei, for portador de doença incapacitante, a contribuição prevista no § 18 deste artigo incidirá apenas sobre as parcelas de proventos de aposentadoria e de pensão que superem o dobro do limite máximo estabelecido para os benefícios do regime geral de previdência social de que trata o art. 201 da Constituição da República.

Observados os critérios a serem estabelecidos em lei, o servidor titular de cargo efetivo que tenha completado as exigências para a aposentadoria voluntária e que opte por permanecer em atividade terá direito a abono de permanência equivalente ao valor da sua contribuição previdenciária, até completar a idade para aposentadoria compulsória.

É vedada, no âmbito do Estado, a existência de mais de um regime próprio de previdência social e de mais de um órgão ou entidade gestora desse regime, abrangidos todos os Poderes, órgãos e entidades autárquicas e fundacionais, que serão responsáveis pelo seu financiamento, observados os critérios, os parâmetros e a natureza jurídica definidos na lei complementar federal de que trata o § 22 do art. 40 da Constituição da República.

Os valores destinados aos benefícios dos membros e servidores dos órgãos dos Poderes Legislativo e Judiciário, do Ministério Público, do Tribunal de Contas e da Defensoria Pública integrarão os recursos de que trata o art. 162 desta Constituição e serão pagos pelas respectivas tesourarias.

O órgão ou entidade gestora do regime próprio de previdência social dos servidores do Estado contará com colegiado, com participação paritária de representantes e de servidores dos Poderes do Estado, ao qual caberá acompanhar e fiscalizar a administração do regime, na forma do regulamento.

Com o objetivo de assegurar recursos para o pagamento de proventos de aposentadorias e pensões concedidas aos servidores e seus dependentes, em adição aos recursos do Tesouro, o Estado poderá constituir fundos integrados pelos recursos provenientes de contribuições e por bens, direitos e ativos de qualquer natureza, mediante lei que disporá sobre a natureza e a administração desses fundos.

É assegurado ao servidor afastar-se da atividade a partir da data do requerimento de aposentadoria, e a não concessão desta importará o retorno do requerente para o cumprimento do tempo necessário à aquisição do direito, na forma da lei.

Para fins de aposentadoria, será assegurada a contagem recíproca do tempo de contribuição entre o regime geral de previdência social e regime próprio de previdência social, e dos regimes próprios entre si, observada a compensação financeira, de acordo com os critérios estabelecidos em lei.

O tempo de serviço militar exercido nas atividades de que tratam os arts. 42, 142 e 143 da Constituição da República e o tempo de contribuição ao regime geral de previdência social ou a regime próprio de previdência social terão contagem recíproca, desde que não concomitantes, para fins de inativação militar ou aposentadoria, e a compensação financeira será devida entre as receitas de contribuição referentes aos militares e as receitas de contribuição aos respectivos regimes.

É vedada a complementação de aposentadorias de servidores públicos e de pensões por morte a seus dependentes que não seja decorrente do disposto nos §§ 14 a 16 ou que não seja prevista em lei que extinga regime próprio de previdência social.

O servidor público titular de cargo efetivo poderá ser readaptado para exercício de cargo cujas atribuições e responsabilidades sejam compatíveis com a limitação que tenha sofrido em sua capacidade física ou mental, enquanto permanecer nessa condição, desde que possua a habilitação e o nível de escolaridade exigidos para o cargo de destino, mantida a remuneração do cargo de origem.

A aposentadoria concedida com a utilização de tempo de contribuição decorrente de cargo, emprego ou função pública, inclusive do regime geral de previdência social, acarretará o rompimento do vínculo que gerou o referido tempo de contribuição.

10.3.3 Servidores Policiais Civis

Assegurados, no que couber, os direitos, garantias e prerrogativas previstos nas Subseções I e II deste Capítulo e observado o disposto no art. 32 desta Constituição, a lei disporá sobre os planos de carreira e o regime jurídico dos servidores policiais civis.

10.3.4 Militares do Estado

São militares do Estado os integrantes da Polícia Militar e do Corpo de Bombeiros Militar, que serão regidos por estatuto próprio estabelecido em lei complementar.

As patentes, com prerrogativas, direitos e deveres a elas inerentes, são asseguradas em plenitude aos Oficiais da ativa, da reserva ou reformados, sendo-lhes privativos os títulos, postos e uniforme militares.

As patentes dos Oficiais são conferidas pelo Governador do Estado.

O militar em atividade que aceitar cargo ou emprego público permanentes será transferido para a reserva.

O militar da ativa que aceitar cargo, emprego ou função públicos temporários, não eletivos, ainda que de entidade da administração indireta, ficará agregado ao respectivo quadro e, enquanto permanecer nessa situação, somente poderá ser promovido por antiguidade, terá seu tempo de serviço contado apenas para aquela promoção e transferência para a reserva e será, depois de dois anos de afastamento, contínuos ou não, transferido para a inatividade.

Ao militar são proibidas a sindicalização e a greve.

O militar, enquanto em efetivo serviço, não pode estar filiado a partidos políticos.

O Oficial somente perderá o posto e a patente se for julgado indigno do oficialato ou com ele incompatível, por decisão do Tribunal de Justiça Militar, ou de tribunal especial, em tempo de guerra, e a lei especificará os casos de submissão a processo e o rito deste.

O militar condenado na Justiça, comum ou militar, a pena privativa de liberdade superior a dois anos, por sentença transitada em julgado, será submetido ao julgamento previsto no parágrafo anterior.

A lei estabelecerá as condições em que a praça perderá a graduação, observado o disposto no art. 111.

Os direitos, deveres, garantias e vantagens do servidor militar e as normas sobre admissão, promoção, estabilidade, limites de idade e condições de transferência para a inatividade serão estabelecidos no estatuto.

Aplica-se ao militar o disposto nos §§ 1º, 3º, 4º e 5º do art. 24, nos §§ 1º, 2º, 3º, 4º, 5º e 6º do art. 31 e nos §§ 9º, 24 e 25 do art. 36 desta Constituição e nos incisos VIII, XII, XVII, XVIII e XIX do art. 7º da Constituição da República.

Os militares da mesma patente perceberão os mesmos vencimentos e vantagens, excetuadas as provenientes de cursos ou tempo de serviço.

Aos pensionistas dos militares aplica-se o que for fixado em lei complementar específica.

10.3.5 Serviços Públicos

Incumbe ao Estado, às entidades da administração indireta e ao particular delegado assegurar, na prestação de serviços públicos, a efetividade:

- dos requisitos, dentre outros, de eficiência, segurança e continuidade dos serviços públicos, e do preço ou tarifa justa e compensada;
- dos direitos do usuário.

A delegação da execução de serviço público será precedida de licitação, na forma da lei.

A lei disporá sobre:

- o regime das empresas concessionárias e permissionárias de serviços públicos, o caráter especial de seu contrato e de sua prorrogação e as condições de exclusividade do serviço, caducidade, fiscalização e rescisão da concessão ou da permissão;
- a política tarifária;
- a obrigação de o concessionário e o permissionário manterem serviço adequado.

É facultado ao Poder Público ocupar e usar temporariamente bens e serviços, na hipótese de calamidade, situação em que o Estado responderá pela indenização, em dinheiro e imediatamente após a cessação do evento, dos danos e custos decorrentes.

As reclamações relativas à prestação de serviço público serão disciplinadas em lei.

A lei estabelecerá tratamento especial em favor do usuário de baixa renda.

10.3.6 Regionalização

Disposições Gerais

O Estado articulará regionalmente a ação administrativa, com o objetivo de:

- integrar o planejamento, a organização e a execução de funções públicas, de interesse comum, em área de intensa urbanização;
- contribuir para a redução das desigualdades regionais, mediante execução articulada de planos, programas e projetos regionais e setoriais dirigidos ao desenvolvimento global das coletividades do mesmo complexo geoeconômico e social;
- assistir os Municípios de escassas condições de propulsão socioeconômica, situados na região, para que se integrem no processo de desenvolvimento.

Região Metropolitana, Aglomeração Urbana e Microrregião

O Estado poderá instituir, mediante lei complementar, região metropolitana, aglomeração urbana e microrregião constituídas por agrupamento de Municípios limítrofes, para integrar o planejamento, a organização e a execução de funções públicas de interesse comum.

Considera-se função pública de interesse comum a atividade ou o serviço cuja realização por parte de um Município, isoladamente, seja inviável ou cause impacto nos outros Municípios integrantes da região metropolitana.

A gestão de função pública de interesse comum será unificada.

As especificações das funções públicas de interesse comum serão definidas na lei complementar que instituir região metropolitana, aglomeração urbana e microrregião.

A instituição de região metropolitana se fará com base nos conceitos estabelecidos nesta Constituição e na avaliação, na forma de parecer técnico, do conjunto dos seguintes dados ou fatores, dentre outros, objetivamente apurados:

- população e crescimento demográfico, com projeção quinquenal;
- grau de conurbação e movimentos pendulares da população;
- atividade econômica e perspectivas de desenvolvimento;
- fatores de polarização;
- deficiência dos serviços públicos, em um ou mais Municípios, com implicação no desenvolvimento da região.

Lei complementar estabelecerá os procedimentos para a elaboração e a análise do parecer técnico a que se refere o caput deste artigo, indispensável para a apresentação do projeto de lei complementar de instituição de região metropolitana.

A inclusão de Município em região metropolitana já instituída será feita com base em estudo técnico prévio, elaborado em conformidade com os critérios estabelecidos neste artigo.

Considera-se região metropolitana o conjunto de Municípios limítrofes que apresentam a ocorrência ou a tendência de continuidade do tecido urbano e de complementaridade de funções urbanas, que tenha como núcleo a capital do Estado ou metrópole regional e que exija planejamento integrado e gestão conjunta permanente por parte dos entes públicos nela atuantes.

Haverá em cada região metropolitana:

- uma Assembleia Metropolitana;
- um Conselho Deliberativo de Desenvolvimento Metropolitano;
- uma Agência de Desenvolvimento, com caráter técnico e executivo;
- um Plano Diretor de Desenvolvimento Integrado;
- um Fundo de Desenvolvimento Metropolitano.

A Assembleia Metropolitana constitui o órgão colegiado de decisão superior e de representação do Estado e dos municípios na região metropolitana, competindo-lhe:

- definir as macrodiretrizes do planejamento global da regiãometropolitana;
- vetar, por deliberação de pelo menos dois terços de seus membros, resolução emitida pelo Conselho Deliberativo de Desenvolvimento Metropolitano.

Fica assegurada, para fins de deliberação, representação paritária entre o Estado e os Municípios da região metropolitana na Assembleia Metropolitana, nos termos de lei complementar.

O Conselho Deliberativo de Desenvolvimento Metropolitano é o órgão colegiado da região metropolitana ao qual compete:

- deliberar sobre o planejamento e a execução das funções públicas de interesse comum;
- elaborar a programação normativa da implantação e da execução das funções públicas de interesse comum;
- provocar a elaboração e aprovar o Plano Diretor de Desenvolvimento Integrado da região metropolitana;
- provar as regras de compatibilização entre o planejamento da região metropolitana e as políticas setoriais adotadas pelo poder público para a região;
- deliberar sobre a gestão do Fundo de Desenvolvimento Metropolitano.

Fica assegurada a participação de representantes do Estado, dos Municípios da região metropolitana e da sociedade civil organizada no Conselho Deliberativo de Desenvolvimento Metropolitano.

Fica instituído o Fundo de Desenvolvimento Metropolitano, destinado a financiar os planos e projetos da região metropolitana, em consonância com o Plano Diretor de Desenvolvimento Integrado.

Considera-se aglomeração urbana o agrupamento de Municípios limítrofes que apresentam tendência à complementaridade das funções urbanas que exija planejamento integrado e recomende ação coordenada dos entes públicos.

A instituição de aglomeração urbana obedecerá, no que couber, ao disposto no art. 44.

Considera-se microrregião o agrupamento de Municípios limítrofes resultante de elementos comuns físico-territoriais e socioeconômicos que exija planejamento integrado com vistas a criar condições adequadas para o desenvolvimento e a integração regional.

O Estado compatibilizará a organização administrativa regional de seus órgãos da administração direta e indireta com as regiões metropolitanas, aglomerações urbanas e microrregiões.

Regiões de Desenvolvimento

O Estado instituirá autarquias territoriais para planejamento e orientação da execução articulada de funções e serviços públicos com a

D C O N

finalidade de desenvolvimento global em favor da população do mesmo complexo geoeconômico e social.

Entre outras atribuições, incumbe à autarquia territorial de desenvolvimento:

- ▹ coordenar a elaboração dos planos, programas e projetos permanentes de desenvolvimento integrado da região, orientando, fiscalizando e controlando-lhes a execução, observadas as diretrizes do Governo;
- ▹ articular, no âmbito regional, a ação dos organismos estaduais, para que se integrem no processo de consecução racionalizada dos objetivos comuns de justiça social e desenvolvimento;
- ▹ executar, em articulação com os organismos estaduais, funções públicas e serviços essenciais da infraestrutura de desenvolvimento do complexo geoeconômico e social;
- ▹ articular-se com organismo federal, ou internacional, para a captação de recursos de investimento ou financiamento na região;
- ▹ promover a cultura e preservar as tradições da região.

É obrigatória a inclusão, nas propostas orçamentárias e nos planos plurianuais de despesas de capital, de dotações especificamente destinadas às regiões de desenvolvimento, que serão administradas pelas respectivas autarquias.

Lei complementar disporá sobre as autarquias territoriais de desenvolvimento, sua organização e funcionamento.

A lei criará o Fundo de Desenvolvimento Regional.

10.4 Funções Essenciais à Justiça

10.4.1 Ministério Público

O Ministério Público é instituição permanente, essencial à função jurisdicional do Estado, a que incumbe a defesa da ordem jurídica, do regime democrático e dos interesses sociais e individuais indisponíveis.

São princípios institucionais do Ministério Público a unidade, a indivisibilidade e a independência funcional.

São funções institucionais do Ministério Público:

- ▹ promover, privativamente, a ação penal pública, na forma da lei;
- ▹ zelar pelo efetivo respeito dos Poderes Públicos e dos serviços de relevância pública aos direitos constitucionalmente assegurados, promovendo as medidas necessárias à sua garantia;
- ▹ promover inquérito civil e ação civil pública, para a proteção do patrimônio público e social, do meio ambiente e de outros interesses difusos e coletivos;
- ▹ promover ação de inconstitucionalidade ou representação para o fim de intervenção do Estado em Município, nos casos previstos nesta Constituição;
- ▹ expedir notificação nos procedimentos administrativos de sua competência, requisitando informação e documento para instruí-los, na forma da lei complementar respectiva;
- ▹ exercer o controle externo da atividade policial, na forma da lei complementar respectiva;
- ▹ requisitar diligência investigatória e instauração de inquérito policial, indicados os fundamentos jurídicos de suas manifestações processuais;
- ▹ exercer outras funções que lhe forem conferidas, desde que compatíveis com sua finalidade, vedada a representação judicial e a consultoria jurídica de entidade pública.

Além das funções previstas na Constituição da República e nas leis, incumbe ao Ministério Público, nos termos de sua lei complementar:

- ▹ exercer a fiscalização de estabelecimento prisional ou que abrigue idoso, menor, incapaz ou portador de deficiência;
- ▹ participar de organismo estatal de defesa do meio ambiente, do consumidor, de política penal e penitenciária e de outros afetos à sua área de atuação.

Ao Ministério Público é assegurada autonomia funcional, administrativa e financeira, cabendo-lhe, especialmente:

- ▹ propor ao Poder Legislativo a criação e a extinção de seus cargos e serviços auxiliares e a fixação do subsídio de seus membros e da remuneração de seus servidores;
- ▹ expedir, nos termos desta Constituição, ato de provimento de cargo inicial de carreira e dos serviços auxiliares, de promoção, de remoção, de readmissão e de reversão;
- ▹ editar ato de aposentadoria, exoneração, demissão e outros que importem vacância de cargo de carreira ou dos serviços auxiliares;
- ▹ organizar suas secretarias e os serviços auxiliares das Procuradorias e Promotorias de Justiça;
- ▹ elaborar regimento interno;
- ▹ elaborar sua proposta orçamentária dentro dos limites estabelecidos na Lei de Diretrizes Orçamentárias.

Os atos de que tratam os incisos I, II, III e VI do caput deste artigo são da competência do Procurador-Geral de Justiça.

Se o Ministério Público não encaminhar a respectiva proposta orçamentária dentro do prazo estabelecido na Lei de Diretrizes Orçamentárias, o Poder Executivo considerará, para fins de consolidação da proposta orçamentária anual, os valores aprovados na lei orçamentária vigente, ajustados de acordo com os limites mencionados no inciso VI do caput deste artigo.

Se a proposta orçamentária do Ministério Público for encaminhada em desacordo com os limites a que se refere o inciso VI do caput deste artigo, o Poder Executivo procederá aos ajustes necessários para fins de consolidação da proposta orçamentária anual.

Durante a execução orçamentária do exercício, não poderá haver a realização de despesas ou a assunção de obrigações que extrapolem os limites estabelecidos na Lei de Diretrizes Orçamentárias, exceto se previamente autorizadas, mediante a abertura de créditos suplementares ou especiais.

O Ministério Público Estadual é exercido:

- ▹ pelo Procurador-Geral de Justiça;
- ▹ pelos Procuradores de Justiça;
- ▹ pelos Promotores de Justiça.

Os membros do Ministério Público, em exercício, que gozem de vitaliciedade, formarão lista tríplice entre os Procuradores de Justiça de categoria mais elevada, na forma da lei complementar, para escolha de seu Procurador-Geral, que será nomeado pelo Governador do Estado para mandato de dois anos, permitida uma recondução, observado o mesmo procedimento.

Recebida a lista tríplice, o Governador do Estado, nos vinte dias subsequentes, nomeará um dos seus integrantes e lhe dará posse.

Caso o Governador do Estado não nomeie ou empossе o Procurador-Geral de Justiça no prazo do parágrafo anterior, será investido no cargo o mais votado entre os integrantes da lista, para o exercício do mandato.

O Procurador-Geral de Justiça poderá ser destituído por deliberação da maioria dos membros do Poder Legislativo, na forma da lei complementar respectiva.

O Ministério Público junto do Tribunal de Contas e do Tribunal de Justiça Militar será exercido por Procurador de Justiça integrante do Ministério Público Estadual.

É facultada ao Procurador-Geral de Justiça a iniciativa de lei complementar que disponha sobre:

- organização, atribuições e Estatuto do Ministério Público, observado o seguinte:
    - ingresso na carreira do Ministério Público mediante concurso público de provas e títulos, assegurada a participação da Ordem dos Advogados do Brasil, Seção do Estado de Minas Gerais, em sua realização, sendo exigidos o título de bacharel em Direito e, no mínimo, três anos de atividade jurídica, e observando-se, nas nomeações, a ordem de classificação;
    - promoção, por antiguidade e merecimento, alternadamente, de uma para outra entrância ou categoria, e da entrância mais elevada para o cargo imediato de Procurador de Justiça, aplicado, no que couber, o disposto no art. 98, II;
    - subsídio fixado em lei, com diferença não superior a 10% (dez por cento) nem inferior a 5% (cinco por cento) de uma categoria da carreira para a subsequente, não podendo exceder o valor atribuído ao Procurador-Geral de Justiça, que não poderá ser superior ao que perceber o Desembargador do Tribunal de Justiça;
    - aposentadoria dos membros do Ministério Público e pensão de seus dependentes, nos termos do art. 36 desta Constituição;
    - direitos previstos nos incisos VIII, XII, XVII, XVIII e XIX do art. 7º da Constituição da República, no § 4º e no inciso I do § 6º do art. 31 desta Constituição;
- controle externo da atividade policial, por meio do exercício das seguintes atribuições, entre outras:
    - fiscalizar o cumprimento dos mandados de prisão;
    - receber, diretamente da autoridade policial, os inquéritos e quaisquer outras peças de informação;
    - fixar prazo para prosseguimento de inquérito policial;
    - requisitar diligência à autoridade policial;
    - inspecionar as unidades policiais civis ou militares;
    - receber cópia de ocorrência lavrada pela Polícia Civil ou pela Polícia Militar;
    - avocar, excepcional e fundamentadamente, inquérito policial em andamento;
- procedimentos administrativos de sua competência;
- manutenção de curadorias especializadas para atuação na defesa do meio ambiente, dos direitos do consumidor e do patrimônio cultural do Estado.

A distribuição de processos no Ministério Público será imediata.

Aos membros do Ministério Público são asseguradas as seguintes garantias:

- vitaliciedade, após dois anos de exercício, não podendo perder o cargo senão por sentença judicial transitada em julgado;
- inamovibilidade, salvo por motivo de interesse público, mediante decisão do órgão colegiado competente do Ministério Público, pelo voto da maioria absoluta de seus membros, assegurada a ampla defesa;
- irredutibilidade de subsídio, ressalvado o disposto no caput e nos §§ 1º e 7º do art. 24 desta Constituição e nos arts. 150, caput, II, e 153, caput, III, e § 2º, I, da Constituição da República.

Aplica-se aos casos de disponibilidade e aposentadoria, por interesse público, o disposto no inciso II deste artigo.

Os membros do Ministério Público se sujeitam, entre outras, às seguintes vedações:

- receber, a qualquer título e sob qualquer pretexto, honorários, percentagens ou custas processuais;
- exercer a advocacia;
- participar de sociedade comercial, na forma da lei;
- exercer, ainda que em disponibilidade, qualquer outra função pública, salvo uma de magistério;
- exercer atividade político-partidária;
- receber, a qualquer título ou pretexto, auxílio ou contribuição de pessoa física ou de entidade pública ou privada, ressalvadas as exceções previstas em lei.

As funções do Ministério Público só podem ser exercidas por integrantes da carreira, que deverão residir na comarca da respectiva lotação, salvo autorização do chefe da instituição.

Aplica-se aos membros do Ministério Público o disposto no inciso V do art. 102 desta Constituição.

10.4.2 Advocacia do Estado

A Advocacia-Geral do Estado, subordinada ao Governador do Estado, representa o Estado judicial e extrajudicialmente, cabendo-lhe, nos termos da lei complementar que sobre ela dispuser, as atividades de consultoria e assessoramento jurídicos do Poder Executivo.

A Advocacia-Geral do Estado será chefiada pelo Advogado-Geral do Estado, nomeado pelo Governador entre Procuradores do Estado, integrantes da carreira da Advocacia Pública do Estado, estáveis e maiores de trinta e cinco anos.

Subordinam-se técnica e juridicamente ao Advogado-Geral do Estado as consultorias, as assessorias, os departamentos jurídicos, as procuradorias das autarquias e das fundações e os demais órgãos e unidades jurídicas integrantes da administração direta e indireta do Poder Executivo.

O ingresso na classe inicial da carreira da Advocacia Pública do Estado depende de concurso público de provas e títulos, realizado com a participação da Ordem dos Advogados do Brasil, Seção do Estado de Minas Gerais, em todas as suas fases.

Ao integrante da carreira referida no § 3º deste artigo é assegurada estabilidade após três anos de efetivo exercício, mediante avaliação de desempenho, após relatório circunstanciado e conclusivo da Corregedoria do órgão.

No processo judicial que versar sobre ato praticado pelo Poder Legislativo ou por sua administração, a representação do Estado incumbe à Procuradoria-Geral da Assembleia Legislativa, na forma do § 2º do art. 62.

10.4.3 Defensoria Pública

A Defensoria Pública é instituição essencial à função jurisdicional do Estado, a que incumbe a orientação jurídica, a representação judicial e a defesa gratuitas, em todos os graus, dos necessitados.

À Defensoria Pública é assegurada autonomia funcional e administrativa.

Compete à Defensoria Pública, observados os prazos e os limites estabelecidos na lei de diretrizes orçamentárias, a elaboração de sua proposta orçamentária.

No caso de a Defensoria Pública não encaminhar sua proposta orçamentária dentro do prazo a que se refere o § 2º, o Poder Executivo considerará, para fins de consolidação da proposta orçamentária anual, os valores constantes na lei orçamentária vigente.

Ocorrendo a hipótese prevista no § 3º ou desacordo entre a proposta orçamentária a que se refere este artigo e os limites estipulados na lei de diretrizes orçamentárias, o Poder Executivo procederá aos ajustes necessários, para fins de consolidação da proposta orçamentária anual.

Lei complementar organizará a Defensoria Pública em cargos de carreira, providos na classe inicial mediante concurso público de provas e títulos, realizado com participação da Ordem dos Advogados do Brasil, Seção do Estado de Minas Gerais, assegurada aos seus integrantes a garantia de inamovibilidade e vedado o exercício da advocacia fora de suas atribuições institucionais.

O Defensor Público-Geral da Defensoria Pública será nomeado pelo Governador do Estado, escolhido dentre três defensores públicos de classe final, indicados em lista tríplice pelos integrantes da carreira, para mandato de dois anos, permitida uma recondução.

É obrigatória a criação de órgão da Defensoria Pública em todas as comarcas.

Às carreiras disciplinadas nas Seções I, II e III e nas Subseções I, II e III da Seção IV deste capítulo aplica-se o disposto nos arts. 24 e 32 desta Constituição, devendo os servidores integrantes das carreiras a que se referem as Subseções II e III da Seção IV ser remunerados na forma do § 7º do art. 24.

10.4.4 Advocacia

O advogado é indispensável à administração da Justiça e inviolável por seus atos e manifestações no exercício da profissão, nos limites da lei.

É obrigatória a representação das partes por advogado, para ingresso ou defesa em Juízo, perante juiz ou tribunal estadual.

10.5 Segurança do Cidadão e Sociedade

10.5.1 Defesa Social

A defesa social, dever do Estado e direito e responsabilidade de todos, organiza-se de forma sistêmica visando a:

- garantir a segurança pública, mediante a manutenção da ordem pública, com a finalidade de proteger o cidadão, a sociedade e os bens públicos e privados, coibindo os ilícitos penais e as infrações administrativas;
- prestar a defesa civil, por meio de atividades de socorro e assistência, em casos de calamidade pública, sinistros e outros flagelos;
- promover a integração social, com a finalidade de prevenir a violência e a criminalidade.

O Conselho de Defesa Social é órgão consultivo do Governador na definição da política de defesa social do Estado e tem assegurada, em sua composição, a participação:

- do Vice-Governador do Estado, que o presidirá;
- do Secretário de Estado da Justiça e de Direitos Humanos;
- do Secretário de Estado da Educação;
- de um membro do Poder Legislativo Estadual;
- do Comandante-Geral da Polícia Militar;
- do Chefe da Polícia Civil;
- de um representante da Defensoria Pública;
- de um representante do Ministério Público;
- de três representantes da sociedade civil, sendo um da Ordem dos Advogados do Brasil, Seção do Estado de Minas Gerais, um da imprensa e um indicado na forma da lei.

Na definição da política a que se refere este artigo, serão observadas as seguintes diretrizes:

- valorização dos direitos individuais e coletivos;
- estímulo ao desenvolvimento da consciência individual e coletiva de respeito à lei e ao direito;
- valorização dos princípios éticos e das práticas da sociabilidade;
- prevenção e repressão dos ilícitos penais e das infrações administrativas;
- preservação da ordem pública;
- eficiência e presteza na atividade de colaboração para atuação jurisdicional da lei penal.

A lei disporá sobre a organização e o funcionamento do Conselho de Defesa Social.

A lei disporá sobre a criação e a organização de serviços autônomos de assistência psicossocial e jurídica, a cargo de profissionais com exercício de suas atividades junto das unidades policiais.

10.5.2 Segurança Pública

A segurança pública, dever do Estado e direito e responsabilidade de todos, é exercida para a preservação da ordem pública e da incolumidade das pessoas e do patrimônio, através dos seguintes órgãos:

- Polícia Civil;
- Polícia Militar;
- Corpo de Bombeiros Militar.
- Polícia Penal.

A Polícia Civil, a Polícia Militar, a Polícia Penal e o Corpo de Bombeiros Militar se subordinam ao Governador do Estado.

O Município pode constituir guardas municipais para a proteção de seus bens, serviços e instalações, nos termos do art. 144, § 8º, da Constituição da República.

À Polícia Civil, órgão permanente do poder público, dirigido por Delegado de Polícia de carreira e organizado de acordo com os princípios da hierarquia e da disciplina, incumbem, ressalvada a competência da União, as funções de polícia judiciária e a apuração, no território do Estado, das infrações penais, exceto as militares, e lhe são privativas as atividades pertinentes à perícia oficial de natureza criminal e ao processamento e arquivo de identificação civil e criminal.

A Polícia Civil é estruturada em carreiras, e as promoções obedecerão ao disposto em lei complementar.

O ingresso na Polícia Civil se dará em classe inicial das carreiras, mediante concurso público de provas ou de provas e títulos, realizado privativamente pela Academia de Polícia Civil.

O exercício de cargo policial civil é privativo de integrantes das respectivas carreiras.

Para o ingresso na carreira de Delegado de Polícia, é exigido o título de Bacharel em Direito e concurso público, realizado com a participação da Ordem dos Advogados do Brasil, Seção do Estado de Minas Gerais, e exigido curso de nível superior de escolaridade para a de Perito Criminal.

O cargo de Delegado de Polícia integra, para todos os fins, as carreiras jurídicas do Estado.

O Chefe da Polícia Civil é livremente nomeado pelo Governador do Estado dentre os integrantes, em atividade, da classe final da carreira de Delegado de Polícia.

A Polícia Militar e o Corpo de Bombeiros Militar, forças públicas estaduais, são órgãos permanentes, organizados com base na hierarquia e na disciplina militares e comandados, preferencialmente, por oficial da ativa do último posto, competindo:

- à Polícia Militar, a polícia ostensiva de prevenção criminal, de segurança, de trânsito urbano e rodoviário, de florestas e de mananciais e as atividades relacionadas com a preservação e restauração da ordem pública, além da garantia do exercício do poder de polícia dos órgãos e entidades públicos, especialmente das áreas fazendária, sanitária, de proteção ambiental, de uso e ocupação do solo e de patrimônio cultural;
- ao Corpo de Bombeiros Militar, a coordenação e a execução de ações de defesa civil, a prevenção e combate a incêndio, perícias de incêndio, busca e salvamento e estabelecimento de normas relativas à segurança das pessoas e de seus bens contra incêndio ou qualquer tipo de catástrofe;
- à Polícia Militar e ao Corpo de Bombeiros Militar, a função de polícia judiciária militar, nos termos da lei federal.

A Polícia Militar e o Corpo de Bombeiros Militar são forças auxiliares e reservas do Exército.

Por decisão fundamentada do Governador do Estado, o comando da Polícia Militar ou do Corpo de Bombeiros Militar poderá ser exercido por oficial da reserva que tenha ocupado, durante o serviço ativo e em caráter efetivo, cargo privativo do último posto da corporação.

Para o ingresso no Quadro de Oficiais da Polícia Militar – QO-PM – é exigido o título de bacharel em Direito e a aprovação em concurso público de provas ou de provas e títulos, realizado com a participação da Ordem dos Advogados do Brasil, Seção do Estado de Minas Gerais.

O cargo de Oficial do Quadro de Oficiais da Polícia Militar – QO- PM –, com competência para o exercício da função de Juiz Militar e das atividades de polícia judiciária militar, integra, para todos os fins, a carreira jurídica militar do Estado.

Lei complementar organizará a Polícia Militar e o Corpo de Bombeiros Militar.

Os regulamentos disciplinares das corporações a que se refere o caput deste artigo serão revistos periodicamente pelo Poder Executivo, com intervalos de no máximo cinco anos, visando ao seu aprimoramento e atualização.

À Polícia Penal incumbe a segurança dos estabelecimentos penais do Estado.

O preenchimento do quadro de servidores da Polícia Penal será feito exclusivamente por meio de concurso público de provas ou de provas e títulos e por meio da transformação de cargos de carreira dos agentes penitenciários.

A Polícia Penal é estruturada em carreiras, e as promoções obedecerão ao critério alternado de antiguidade e merecimento.

A Polícia Penal, dotada de autonomia administrativa, será dirigida por policial penal com no mínimo quinze anos de efetivo exercício, que esteja na classe final da respectiva carreira e seja bacharel em Direito.

Ao Sistema de Atendimento Socioeducativo incumbem a elaboração, a coordenação e a execução da política de atendimento ao adolescente autor de ato infracional.

Integram o quadro de pessoal da Polícia Penal e do Sistema de Atendimento Socioeducativo as carreiras administrativas, instituídas na forma de lei específica.

À polícia legislativa a que se refere o inciso III do caput do art. 62 desta Constituição incumbem a segurança dos membros do parlamento mineiro e o policiamento da sede e das demais dependências da Assembleia Legislativa.

NOÇÕES DE DIREITO PENAL

1 DA APLICAÇÃO DA LEI PENAL

O Direito Penal é o ramo do direito que repercute na esfera de liberdade do indivíduo. É, por excelência, o ramo do direito que prevê a tipificação de delitos (condutas proibidas, seguidas da aplicação da respectiva pena).

Porém, antes de adentrarmos especificamente nos crimes em espécie, é imprescindível repassarmos uma série de peculiaridades, conceitos e princípios que funcionam como verdadeiras matrizes, pelas quais toda a disciplina irá se desdobrar.

Seja como for, o Direito Penal tem como essência a proteção dos bens jurídicos mais importantes e necessários para a sobrevivência em sociedade.

Além disso, é mister dividir o Direito Penal em duas partes:

- Parte geral – dos arts. 1º ao 120.
- Parte especial – dos arts. 121 ao 361.

1.1 Conceitos importantes

A parte conceitual nunca teve grande relevância para as provas de concurso, entretanto, recentemente, a CESPE/CEBRASPE trouxe algumas questões envolvendo este aspecto, o que torna relevante a apresentação destas classificações.

1.1.1 Direito Penal objetivo e Direito Penal subjetivo

O Direito Penal objetivo consiste no conjunto de normas em vigor, o qual deve respeitar, naturalmente, o princípio da legalidade, estampado no art. 1º do Código Penal e art. 5º, XXXIX, da CF.

Por sua vez, o Direito Penal subjetivo traduz-se no chamado *jus puniendi*, ou seja, o direito de punir do Estado, representando a capacidade de produzir e fazer cumprir suas normas.

1.1.2 Direito Penal substantivo e Direito Penal adjetivo

O Direito Penal substantivo corresponde ao Direito material, que cria as figuras criminosas e contravencionais, enquanto o Direito Penal adjetivo é o direito processual que trata das normas destinadas a instrumentalizar a atuação do Estado diante da ocorrência de um crime.

1.1.3 Direito internacional penal e Direito Penal internacional

Conforme o estudo avançar, vamos perceber que o Direito Penal, como regra, é aplicado aos fatos ocorridos em território nacional. Porém, há a possibilidade de que a norma estrangeira seja aplicada a fato ocorrido dentro dos nossos limites territoriais. Quando a lei estrangeira regulamenta um fato ocorrido no Brasil, temos o fenômeno da **intraterritorialidade**, ou Direito internacional penal.

Noutro giro, existe também a possibilidade de a Lei Penal Brasileira regulamentar fatos que ocorram no estrangeiro, ao que se denomina **extraterritorialidade** ou Direito Penal internacional.

1.1.4 Direito Penal de emergência e Direito Penal simbólico

O Direito Penal de emergência consiste em situações em que uma lei é editada com a finalidade de atender aos reclames da sociedade ou pressões políticas. Pode também ser lembrado como um direito editado às pressas.

Já o Direito Penal simbólico pode ser tratado como um aleatório jurídico, na medida em que podemos ter a norma, porém sem efetividade jurídica, carecendo de regulamentação ou subsídios para sua implantação e aplicação.

1.2 Características da lei penal

- **Exclusividade:** somente a lei pode prever figuras criminosas e suas respectivas sanções.
- **Imperatividade:** é imposta a todos, independente da vontade do sujeito.
- **Generalidade:** todos devem respeitar a lei.
- **Impessoalidade:** destina-se a regulamentar fatos, não é direcionada à pessoa.

1.3 Classificação da lei penal

Lei penal incriminadora: define infrações e as respectivas sanções.

Obs.: a lei penal incriminadora subdivide-se em preceito primário (descrição da conduta) e preceito secundário (previsão de pena).

Lei penal não incriminadora: lei penal em sentido amplo. Não prevê a conduta criminosa. Desmembra-se em:

- **Permissiva justificante:** tornam lícitas determinadas condutas (Ex.: art. 25 do CP).
- **Permissiva exculpante:** elimina a culpabilidade (Ex.: embriaguez acidental completa – art. 28, § 1º, do CP).
- **Explicativa ou interpretativa:** norma conceitual (Ex.: art. 327 do CP).
- **Complementar:** aquela que delimita a aplicação da lei penal incriminadora.
- **Lei penal de extensão ou integrativa:** aquela utilizada para viabilizar a tipicidade de alguns fatos (Ex.: art. 14 do CP – tentativa).

Em muitos dispositivos da lei penal, temos menções que remetem à década de 40, quando o Código foi editado. Dessa forma, a interpretação das normas penais deve ser moderna e contemporânea à época em que é realizada.

Com relação às formas de interpretação, é preciso recordar alguns conceitos que podem induzir o candidato a erro, são os seguintes termos:

- **Interpretação extensiva:** situações em que a lei disse menos do que deveria, em razão disso, o intérprete amplia o significado da norma (Ex.: art. 186 do CP).
- **Interpretação restritiva:** a lei disse mais do que deveria, assim, o aplicador do direito deve enxugar o alcance da norma.
- **Interpretação analógica:** para esta modalidade, que destoa um pouco do conceito de interpretação, estamos diante de situações em que, em homenagem ao princípio da legalidade, o legislador traz algumas situações que de fato pretendeu regular, mas, na sequência, permite que aquilo que seja semelhante também seja abrangido pelo dispositivo (Ex.: quando o Código utiliza a expressão: "ou outro meio...", "ou por qualquer outro meio...", como acontece no art. 121, § 2º, I, do CP).

Também não se pode confundir métodos de interpretação com a analogia. Esta não é forma de interpretação, e, sim, de integração.

1.4 Princípios do Direito Penal

1.4.1 Legalidade

Indubitavelmente, trata-se da norma motriz, que permite o desenvolvimento de todo o Direito Penal, possibilitando a real identificação do plano sobre o qual o direito penal se desenvolve.

> ***Art. 1º, CP c/c art. 5º, XXXIX, CF*** *Não há crime sem lei anterior que o defina e não há pena sem prévia cominação legal.*

O princípio da legalidade visa a fornecer segurança jurídica em matéria penal, ou seja, dar às pessoas a garantia de que não sofrerão punição criminal, a não ser que pratiquem um comportamento descrito previamente em lei, com pena antecipadamente cominada.

Deste princípio matriz e balizador do Direito Penal, extraímos algumas regras:

- **Primeira regra:** proíbe a retroatividade de uma lei penal incriminadora (princípio da irretroatividade da lei penal). Entretanto, excepcionalmente permite-se a retroatividade da lei penal que beneficie o agente (art. 5º, XL, da CF).

A esta movimentação de leis no tempo damos o nome de extratividade.

A extratividade pode ser compreendida como um gênero do qual são espécies: a retroatividade (lei aplicada a período anterior à sua vigência – o que só ocorre *in bonam partem*); e a ultratividade (quando a lei é aplicada após o seu período de revogação, em homenagem ao *tempus regit actum*).

Art. 5º, XL – a lei penal não retroagirá, salvo para beneficiar o réu.

- **Segunda regra:** proíbe o uso da analogia, dos princípios gerais de direito ou costumes para incriminar determinadas condutas.

Permite-se, contudo, a aplicação da analogia *in bonam partem*. É importante conceituar **analogia**, pois usualmente seus termos são confundidos por outros institutos.

A analogia consiste em uma ferramenta de **integração** (não é interpretação), e em aplicar uma disposição prevista em lei para determinado caso, a outro caso semelhante, sem, contudo, ter previsão legal.

> **Ex.:** aplicação do perdão judicial constante no art. 121, § 5º, do CP ao homicídio culposo previsto no CTB.

Perceba que ambos os dispositivos tutelam a vida. Outrossim, um deles goza de um benefício e o outro não.

A lei penal, para produzir seus efeitos na prática, precisa ser: anterior ao fato, escrita, elaborada no seu sentido estrito e certa/determinada (ademais, deve respeitar o aspecto formal e material na sua elaboração).

- **Terceira regra:** consolida a ideia de proibição à criação a tipos penais vagos, abstratos, indeterminados, de modo que a lei penal deve ser determinada em seu conteúdo (taxatividade).

Importante mencionar que a norma penal em branco não se enquadra neste aspecto. A norma mencionada é aquela que depende de uma complementação normativa para que se possa compreender o âmbito de aplicação do preceito primário da norma.

Fique ligado

Ponto importante e que já foi tema de prova é que o princípio da legalidade é a soma do princípio da reserva legal (somente a lei pode criar crimes e prever penas) + princípio da anterioridade da lei penal (a lei deve ser anterior ao fato).

1.4.2 Intervenção mínima

Consagra a ideia de que o Direito Penal deve intervir minimamente na vida do indivíduo. Isso porque a regulamentação das condutas deve se limitar ao necessário e indispensável para manutenção da paz social. Assim, somente se deve recorrer à intervenção do Direito Penal em situações extremas, como a última saída (*ultima ratio*).

Este princípio é o responsável não só pela indicação dos bens de maior relevo, mas também se presta a fazer com que ocorra a chamada descriminalização.

Naturalmente, se é com base neste princípio que os bens são selecionados para permanecer sob a tutela do Direito Penal, porque são considerados como os de maior importância, também será com fundamento nele que o legislador fará retirar do nosso ordenamento jurídico penal certos tipos incriminadores.

Portanto, identifica-se que o Estado, a partir do Direito Penal, deve interferir o menos possível na vida em sociedade, devendo ser solicitado somente quando os demais ramos do direito, comprovadamente, não forem capazes de proteger aqueles de maior importância.

Tal princípio relaciona-se a duas características do Direito Penal: à **fragmentariedade e à subsidiariedade.**

A partir da ideia de intervenção mínima, temos dois desdobramentos:

- **Princípio da fragmentariedade:** caberá ao Direito Penal proteger os bens jurídicos mais importantes e punir os ataques mais graves, deixando de lado bens ou lesões de pouca importância.
- **Princípio da subsidiariedade:** o Direito Penal é direito de *ultima ratio*, isto é, só deve atuar nos casos em que os demais ramos do Direito forem insuficientes para resolver o problema.

1.4.3 Culpabilidade

Este princípio não encontra previsão expressa no texto constitucional, sendo um desdobramento lógico oriundo de critérios hermenêuticos (interpretativos).

Possui três sentidos fundamentais:

- Culpabilidade como elemento integrante do conceito analítico de crime;
- Culpabilidade como princípio medidor da pena;
- Culpabilidade como ferramenta *latu sensu*, que traz a ideia de responsabilidade.

O primeiro elemento corresponde a identificar se a culpabilidade é preenchida para fins de identificar se o critério trifásico para conceituar o crime encontra-se preenchido.

No segundo aspecto, a culpabilidade deve ser analisada sob o crivo de que o crime já existe, para tanto, no ato da aplicação de uma pena, o magistrado deve se ater ao **critério trifásico**, previsto no art. 59 do CP e ponderar qual é o grau de culpabilidade do agente, entendendo-se como o grau de participação do agente na prática da conduta.

Por derradeiro, o estudo da culpabilidade *latu sensu* consagra a ideia de que o sujeito só pode ser responsabilizado se sua conduta ofensiva for dolosa (quis o fato ou assumiu o risco de produzi-lo) ou culposa (deu causa ao resultado por imprudência, negligência ou imperícia), evitando-se, portanto, a chamada imputação objetiva.

Fique ligado

Embora a responsabilidade penal, em regra, seja subjetiva, no que diz respeito aos crimes ambientais e à responsabilidade civil do Estado, esta será objetiva.

Assim, a simples participação material no resultado não configura, por si só, responsabilidade penal.

1.4.4 Humanidade/dignidade da pessoa humana

A dignidade da pessoa humana configura valor transcendental e verdadeiro sobreprincípio, orientador de toda interpretação normativa, apta a influenciar a aplicação do ordenamento jurídico e nortear a atuação estatal em todos os seus setores.

Ciente desta importância, o legislador constituinte erigiu a dignidade humana como fundamento da República, o consagrando no art. 1º, III, da Constituição Federal de 1988:

> ***Art. 1º, CF*** *A República Federativa do Brasil, formada pela união indissolúvel dos Estados e Municípios e do Distrito Federal, constitui-se em Estado Democrático de Direito e tem como fundamentos:*
>
> *[...]*
>
> ***III*** *– a dignidade da pessoa humana.*

Por sua vez, preconiza o princípio da humanidade, as normas penais devem sempre dispensar tratamento humanizado aos sujeitos ativos de infrações penais, vedando-se a tortura, o tratamento desumano ou degradante penas de morte, de caráter perpétuo, cruéis, de banimento ou de trabalhos forçados.

Deve-se garantir ao indivíduo um mínimo existencial, um sentimento de autoestima e de respeitabilidade.

Penas proibidas: art. 5º, XLVII, da CF.

> ***Art. 5º, XLVII, CF*** *não haverá penas:*
>
> *a) de morte, salvo em caso de guerra declarada, nos termos do art. 84, XIX;*
>
> *b) de caráter perpétuo;*
>
> *c) de trabalhos forçados;*
>
> *d) de banimento;*
>
> *e) cruéis.*

Além disso, rotineiramente o Estado demonstra preocupação com este aspecto, como com a edição da Lei nº 13.769/2018, que estabelece regras especiais para a progressão de regime da mulher gestante, mãe ou responsável por pessoas ou crianças com deficiência.

A edição da referida norma consagra um entendimento firmado pelo STF no bojo do julgamento do HC nº 143.641/SP, no qual figuravam como pacientes todas as mulheres submetidas à prisão cautelar no sistema penitenciário nacional, que ostentassem a condição de gestante, puérperas (pouco tempo após o parto) ou mães com crianças de até 12 anos de idade sob sua responsabilidade.

1.4.5 Insignificância ou bagatela

Desenvolvido por Claus Roxin, o princípio da insignificância ou da bagatela estabelece que a finalidade do Direito Penal consiste na proteção subsidiária de bens jurídicos. Logo, comportamentos que produzam lesões insignificantes aos objetos jurídicos tutelados pela norma penal devem ser considerados penalmente irrelevantes. A aplicação do princípio produz fatos materialmente *atípicos*.

Assim, o Direito Penal deve procurar proteger a comunidade de crimes que tenham gravidade razoável, evitando punir os chamados crimes de bagatela (ninharia). Fundamenta-se no princípio da fragmentariedade, pois compete ao Direito Penal proteger bens jurídicos mais importantes, e não proteger as condutas irrelevantes no aspecto material. A conduta já nasce insignificante, atípica (excluída a tipicidade material).

> **Ex.:** acionar o aparato penal, porque um cidadão primário, sem antecedentes criminais, subtraiu, episodicamente, objeto em valor inferior a dez reais de um grande estabelecimento comercial, importaria na violação do princípio da insignificância (ou da bagatela própria).

Para sua incidência, a jurisprudência do STF e do STJ firmou entendimento de que é necessária a presença dos seguintes vetores:

- A mínima ofensividade da conduta do agente;
- Nenhuma periculosidade social da ação;
- O reduzidíssimo grau de reprovabilidade do comportamento;
- A inexpressividade da lesão jurídica provocada.

Para balizar a aplicação, vale também recortar que as circunstâncias subjetivas (pessoais) da vítima também devem ser levadas em consideração no que tange ao princípio da insignificância.

Assim, ainda que o bem seja de valor econômico irrelevante, não é possível aplicar o princípio da bagatela caso a lesão jurídica, do ponto de vista da vítima, seja considerável.

Por exemplo, um cão vira-latas, apesar de não apresentar valor econômico aferível, jamais será considerado insignificante para seu dono, razão pela qual não é possível aplicar o princípio da insignificância para o agente que furta o animal.

Acerca do assunto, merecem atenção as Súmulas nº 589, 599 e 606 do STJ:

> ***Súmula nº 589 – STJ***
>
> *É inaplicável o princípio da insignificância nos crimes ou contravenções penais praticados contra a mulher no âmbito das relações domésticas.*
>
> ***Súmula nº 599 – STJ***
>
> *O princípio da insignificância é inaplicável aos crimes contra a administração pública.*
>
> ***Súmula nº 606 – STJ***
>
> *Não se aplica o princípio da insignificância aos casos de transmissão clandestina de sinal de internet via radiofrequência que caracterizam o fato típico previsto no art. 183 da Lei nº 9.472/97.*

A jurisprudência também entende que não se aplica aos seguintes crimes: tráfico de drogas; roubo; moeda falsa; furto qualificado (em regra); estelionato previdenciário, crimes contra a administração pública; drogas; apropriação indébita previdenciária; contrabando.

Não bastasse, jurisprudência oscila (e muito) nesse aspecto. Nesse sentido, hoje prevalece o entendimento de que, ao indivíduo reincidente, analisando-se cada caso, pode ser aplicado o princípio em estudo. Entretanto, se estivermos de um criminoso contumaz, não se dará esta aplicação.

Vale destacar a aplicação do princípio no que tange ao crime de descaminho (art. 334 do CP).

Não obstante o crime de descaminho estar no capítulo dos crimes praticados por particular contra a Administração em geral, tanto o STF quanto o STJ admitem a aplicação do princípio da insignificância.

A justificativa passa pelo forte viés arrecadatório/tributário do tipo penal do art. 334 do CP, razão pela qual, como ocorre nos crimes tributários, admite-se a bagatela para o descaminho.

Fique ligado

Mesmo que soe como um contrassenso, o valor a ser considerado para fins de aplicação da insignificância no descaminho, é de R$ 20.000,00 (vinte mil reais).

1.4.6 *Ne bis in idem*

Este princípio não está previsto expressamente em nosso texto legal, mas, sim, no Estatuto de Roma, que criou o Tribunal Penal Internacional, e possui o seguinte enunciado:

> ***Art. 20*** *Ne bis in idem Salvo disposição em contrário do presente Estatuto, ninguém será julgado pelo Tribunal por condutas constitutivas de crimes pelos quais já tenha sido condenado ou absolvido pelo próprio Tribunal. Ninguém será julgado por outro tribunal por um crime previsto no art. 5º, pelo qual já tenha sido condenado ou absolvido pelo Tribunal. Ninguém que já tenha sido julgado por outro tribunal por uma conduta igualmente prevista nos arts. 6º, 7º ou 8º, será julgado pelo Tribunal pela mesma conduta, a menos que os procedimentos no outro tribunal: Tenham obedecido ao propósito de subtrair o acusado de sua responsabilidade penal por crimes sob a jurisdição do Tribunal; ou Não tenham sido conduzidos de forma independente ou imparcial, em conformidade com as normas do devido processo reconhecidas pelo direito internacional, mas de tal forma que, nas circunstâncias, era incompatível com a intenção de efetivamente submeter o indivíduo em questão à ação da justiça.*

Como decorrência de todo princípio, este também não é absoluto, constando com a exceção do próprio Estatuto de Roma, relativamente ao crime de genocídio. Em nosso ordenamento jurídico, a exceção fica por conta da possibilidade de dupla punição pelo mesmo fato quando estivermos diante de uma hipótese de **extraterritorialidade** incondicionada da Lei Penal Brasileira.

Para nosso estudo, devemos correlacionar referido princípio em três aspectos:

- No sentido de que ninguém poderá ser processado duas vezes pelo mesmo crime (fato).

Fique ligado

Para o STJ não ocorre bis in idem para a hipótese de instauração de processo penal no Brasil, enquanto ainda tramita processo pelo mesmo fato no exterior, tendo em vista que apenas a sentença pode provocar efeitos no Brasil.

- Refere-se à **matéria,** já que ninguém pode ser condenado pela segunda vez em razão do mesmo fato.
- Refere-se à etapa de **execução** de um processo, consiste na ideia de que ninguém poderá executar duas penas pelo mesmo fato.

> ***Súmula nº 241 – STJ***
> *A reincidência penal não pode ser considerada como circunstância agravante e, simultaneamente, como circunstância judicial.*

1.4.7 Presunção de inocência

A Constituição Federal consagrou a presunção de inocência em seu art. 5º, LVII:

> ***Art. 5º, LVII, CF*** *Ninguém será considerado culpado até o trânsito em julgado de sentença penal condenatória.*

No mesmo sentido, o princípio também se concretiza na **Convenção Americana sobre Direito Humanos:**

> ***Art. 8º, § 2º*** *Toda pessoa acusada de um delito tem direito a que se presuma sua inocência, enquanto não for legalmente comprovada sua culpa. Durante o processo, toda pessoa tem direito, em plena igualdade, às seguintes garantias mínimas.*

Pelo presente princípio, identificamos duas regras: a primeira, que configura o dever da acusação em demonstrar a responsabilidade do réu (e não a este comprovar sua inocência); e que a condenação deve derivar da certeza do julgador, sendo que qualquer dúvida deve ser interpretada em favor do réu (*in dubio pro reo*). A segunda refere-se ao tratamento do acusado, ou seja, dentro do processo a finalidade do princípio é fazer com o que juiz veja o acusado como um inocente, com a tendência de absolvê-lo quando a acusação não conseguir provar a sua culpa.

É importante registrar que a partir do julgamento das Ações Declaratórias de Constitucionalidade (ADCs) nº 43, 44 e 54, o STF reconheceu que a execução provisória de pena, baseada em acórdão penal condenatório proferido em grau de apelação, ainda que sujeito a recurso especial ou extraordinário, viola o princípio constitucional da presunção de inocência, não sendo permitida, portanto.

Fique ligado

Esta regra pode ser alterada dependendo da composição do STF.

1.4.8 Materialização do fato

Eventual pena a ser imposta, deve ser baseada por ter o agente praticado um fato lesivo a bem jurídico de terceiro e não em razão do modo de ser do sujeito.

1.4.9 Isonomia/igualdade

Consagrou-se o princípio da isonomia, ou da igualdade, como a obrigação de tratar igualmente aos iguais, e desigualmente aos desiguais, na medida de suas desigualdades.

1.4.10 Proporcionalidade

O princípio da proporcionalidade objetiva, de imediato, uma justa correlação entre a gravidade do fato perpetrado pelo agente e a sanção penal correspondente.

1.4.11 Confiança

Trata-se de construção jurisprudencial para enfrentar os problemas resultantes dos crimes praticados na direção de veículo automotor. Em resumo, o indivíduo deve pautar sua conduta imaginando e acreditando que os outros cidadãos também cumprirão com sua parcela de responsabilidade. Se ocorrer a violação de um dever de confiança por parte de terceira pessoa, não há que se falar em responsabilidade do agente que participou do resultado.

> Ex.: quando o indivíduo conduz seu veículo com prudência e cautela e, de repente, uma pessoa correndo atravessa a rua, é atropelada e morre. Ora, o condutor agiu amparado pelo princípio da confiança, não tendo culpa (responsabilidade), já que dirigia na expectativa de que os demais respeitariam as regras de sinalização e circulação.

1.4.12 Ofensividade/lesividade/ exclusiva proteção de bens jurídicos

O princípio da ofensividade, também chamado de princípio da lesividade (*nullum crimen sine injuria*), significa que não há crime sem que haja lesão ou perigo de lesão a um bem jurídico determinado.

Este princípio exige que, para que ocorra a atuação/intervenção da lei penal, é preciso que exista lesão ou perigo de lesão ao bem jurídico tutelado.

- **Dessa forma, do referido princípio extrai-se duas importantes consequências:** De uma parte, **impede a incriminação de mera atitude interna.** As ideias e convicções, os desejos, as aspirações e os sentimentos dos homens não podem constituir o fundamento de um tipo penal, nem mesmo quando se orientem para a prática de um crime. Também veda a incriminação **de simples estados ou condições existenciais,** ou seja, não se pode punir alguém pelo que é ou pela sua periculosidade, mas tão somente pelo que faz.
- **Delitos de perigo abstrato e perigo concreto:** nos primeiros, o perigo gerado pela conduta é presumido (porte de arma, porte de drogas para consumo...), enquanto que, no segundo, a situação de perigo é exigida pela Lei e, para que a conduta seja materializada, este perigo precisa ser comprovado (Ex.: art. 250 do CP).

A autolesão, ou a colocação em risco de um bem jurídico próprio, não configura crime, em razão do que determina o princípio da alteridade.

Pelo fato de se exigir a ofensa ao bem jurídico é que não se pune, como regra, os atos preparatórios ou a simples cogitação.

Condutas internas não exigem a intervenção do Direito Penal.

1.4.13 Adequação social

Para o princípio da adequação social, o Direito Penal há de ser produzido e aplicado com um mínimo de racionalidade. Não faz sentido incriminar comportamentos socialmente adequados. A lei não pode coibir condutas úteis para o corpo social.

Este princípio parte do pressuposto de que comportamentos historicamente desenvolvidos dentro de um contexto social positivo, adequados, portanto, aos valores éticos-sociais tutelados pelo direito, não poderão ser tidos como ilícitos, ainda que se amoldem formalmente a um tipo penal.

Tal princípio tem, por decorrência, duas funções: a primeira, de restringir o âmbito de abrangência do tipo penal, no sentido de que não devem ser punidas aquelas condutas que sejam socialmente aceitas. A segunda vertente corresponde à ideia de orientar o legislador acerca da seleção de bens jurídicos.

> ***Súmula nº 502 – STJ***
>
> *Presentes a materialidade e a autoria, afigura-se típica, em relação ao crime previsto no art. 184, § 2º, do CP, a conduta de expor à venda CDs e DVDs piratas.*

1.4.14 Individualização da pena

Deriva do art. 5º, XLVI, da CF, que traz a seguinte redação:

> ***Art. 5º, XLVI** – a lei regulará a individualização da pena e adotará, entre outras, as seguintes:*

- Privação ou restrição da liberdade;
- Perda de bens;
- Multa;
- Prestação social alternativa;
- Suspensão ou interdição de direitos.

A individualização da pena deverá ocorrer nas seguintes fases: cominação, aplicação e execução.

- **Fase legislativa:** escolha das espécies de penas que irão cominar determinado comportamento penal.
- **Fase judiciária:** consistente na operação jurídica de fixação da pena que será imposta ao autor do fato típico, ilícito e culpável.
- **Fase administrativa:** consistente no cumprimento da pena após o trânsito em julgado da sentença penal condenatória, nos termos regulados na Lei de Execução Penal.

1.4.15 Pessoalidade/ intranscendência da pena

O referido princípio está positivado na Constituição Federal, em seu art. 5º, XLV, que estatui:

> ***Art. 5º, XLV, CF** Nenhuma pena passará da pessoa do condenado, podendo a obrigação de reparar o dano e a decretação do perdimento de bens ser, nos termos da lei, estendidas aos sucessores e contra eles executadas, até o limite do valor do patrimônio transferido.*

Este princípio traz um importante vetor de controle social, bem como a limitação da punição. Segundo este princípio, a pena não pode jamais transcender a pessoa que foi a autora ou partícipe do delito. Nesse contexto, diferentemente do que acontecia nos primórdios, sobretudo à época da vingança privada, a pena poderia passar para outra pessoa da família (ascendente, descendente ou colateral), entretanto, corroborado pelo princípio do direito penal do autor, somente quem pratica o fato é que pode sofrer os consectários lógicos decorrentes de uma conduta.

Se vincula, ainda, ao postulado da imputação subjetiva, de modo que apenas tem responsabilidade penal o agente que dolosa ou culposamente deu causa ao resultado, não se estendendo a terceiros as sanções daí decorrentes. Fundamenta-se na culpabilidade, pois, da mesma forma, apenas o agente que praticou o injusto e é reprovável por tal prática sofrerá a respectiva sanção penal.

A extensão para os limites patrimoniais, dizem respeito a uma possível indenização na seara cível, a título de reparação de danos.

1.5 Classificação e estrutura da lei penal

1.5.1 Lei penal incriminadora

É a norma penal por excelência. É aquela que define infrações e as respectivas sanções, efetivando o princípio da legalidade penal (art. 5º, XXXIX, da CF, e art. 1º do CP).

> **Fique ligado**
>
> A lei penal incriminadora se subdivide em **preceito primário** (descrição da conduta) e **preceito secundário** (previsão de pena).

1.5.2 Lei penal não incriminadora

É a denominada lei penal em sentido amplo, na medida em que não prevê a conduta criminosa, mas, sim, pode tornar lícita determinada conduta, ou apresentar descrições e conceitos gerais.

Desmembram-se em:

- **Permissiva justificante:** tornam lícitas determinadas condutas (Ex.: art. 25 do CP)
- **Permissiva exculpante:** elimina a culpabilidade (Ex.: embriaguez acidental completa – art. 28, § 1º, do CP).
- **Explicativa ou interpretativa:** norma conceitual (Ex.: art. 327 do CP – que nos traz o conceito de funcionário público).
- **Lei penal de extensão ou integrativa:** aquela utilizada para viabilizar a tipicidade de alguns fatos (Ex.: art. 14 do CP – tentativa).

Perceba que na utilização da norma relativa à tentativa, ela é quem permite a punição pelo respectivo fato. Seja como for, o indivíduo responde pela pena prevista para o delito, com a redução de 1 a 2/3.

Bom lembrar também quais são os crimes que **não** admitem tentativa, é o CCHOUP:

- **Crimes** culposos;
- **Contravenções** penais;
- Crimes **habituais**;
- Crimes **omissivos** próprios;
- Crimes **unissubsistentes**;
- Crimes **preterdolosos**.

1.5.3 Lei ou norma penal em branco ou incompleta ou primariamente remetida

É importante ressaltar que nem sempre o legislador consegue atingir todas as condutas a partir da edição de uma norma penal.

Nesse sentido, exsurge a chamada Lei Penal em Branco, ou também chamada de primariamente remetida.

Em linhas gerais, esta modalidade legislativa é aquela que depende de um **complemento normativo** para que se possa compreender o âmbito de alcance do preceito primário da norma.

> **Fique ligado**
>
> Ressalte-se que o preceito primário é aquele que descreve a conduta.

Para sua correta classificação e compreensão do instituto, deve-se observar com rigor a **fonte legislativa** (origem da norma).

1.5.4 Norma penal em branco homogênea/ em sentido *lato sensu*/imprópria/homóloga

Chama-se norma penal em branco em sentido *lato* ou norma pena em branco homogênea aquela cujo complemento está no mesmo patamar que a norma incriminadora, ou seja, tem a mesma natureza jurídica (é, portanto, lei e não outro ato normativo) e provém do mesmo órgão (o Poder Legislativo Federal).

> Ex.: uma lei complementa outra lei.

A normas penais em branco homogêneas ainda podem ser subdivididas:

- **Homovitelinas:** o complemento normativo origina-se da mesma fonte legislativa e encontra-se dentro do mesmo ramo do ordenamento jurídico (Ex.: art. 338 do CP, que é complementado pelo art. 5º do mesmo CP).
- **Heterovitelinas:** o complemento normativo vem da mesma fonte, porém, o complemento está em outro diploma normativo (Ex.: arts. 236 e 237 do CP, que são complementados por artigos do Código Civil – arts. 1.521, 1.523, 1.577).

1.5.5 Heterogênea/sentido estrito/própria/heteróloga

Já a norma penal em branco em sentido estrito ou norma penal em branco heterogênea é aquela cujo complemento normativo advém de fonte legislativa **diversa** (portaria, decreto, regulamento), como ocorre com a Lei de Drogas, que é complementada pela Portaria nº 344 da SVS/MS, ou seja, uma norma elaborada pelo **Poder Legislativo**, sendo complementada por uma norma do **Poder Executivo**.

Da mesma forma, as condutas descritas nos arts. 268 e 269 do CP, que trata da infração de medida sanitária destinada a impedir a introdução ou propagação de doença contagiosa e a omissão de informação de doença de notificação compulsória. Porém, essas doenças, bem como as medidas de contenção, devem partir de resoluções ou outros atos normativos expedidos pela Anvisa.

Vale destacar que, em que pese ter havido grande embate acerca da constitucionalidade desta modalidade de lei, prevaleceu o entendimento de que **são constitucionais**, na medida em que possibilitam um melhor e mais seguro controle das substâncias ditas por ilícitas, sem a necessidade de um moroso procedimento legislativo para sua alteração.

1.5.6 Norma penal em branco secundariamente remetida, ao avesso ou ao revés

Trata-se de nova denominação trazida pela doutrina.

Aqui, haverá necessidade de "complementação" do preceito secundário da norma.

Deixamos o termo complementação entre aspas pois não será, necessariamente, um complemento normativo, a fim de facilitar a retórica, haverá, em verdade, uma remessa de pena.

Ou seja, o preceito primário da norma é claro, porém, no que concerne à pena, haverá a disposição de que a pena será "a mesma aplicada para outro delito", conforme exemplos abaixo.

> **Ex. 1:** Art. 304 – Fazer uso de qualquer dos papéis falsificados ou alterados, a que se referem os arts. 297 a 302:
>
> ***Pena – a cominada à falsificação ou à alteração.***

> **Ex. 2:** Lei nº 2.889/1956.
>
> ***Art. 1º*** *Quem, com a intenção de destruir, no todo ou em parte, grupo nacional, étnico, racial ou religioso, como tal:*
>
> *a) matar membros do grupo;*
>
> *b) causar lesão grave à integridade física ou mental de membros do grupo;*
>
> *c) submeter intencionalmente o grupo a condições de existência capazes de ocasionar-lhe a destruição física total ou parcial;*
>
> *d) adotar medidas destinadas a impedir os nascimentos no seio do grupo;*
>
> *e) efetuar a transferência forçada de crianças do grupo para outro grupo.*
>
> Será punido:
>
> Com as penas do art. 121, § 2º, do Código Penal, no caso da letra "a";
>
> Com as penas do art. 129, § 2º, no caso da letra "b";
>
> Com as penas do art. 270, no caso da letra "c";
>
> Com as penas do art. 125, no caso da letra "d";
>
> Com as penas do art. 148, no caso da letra "e".

1.6 Fontes do Direito Penal

Trata-se da origem da norma, de onde se pode extrair conteúdo de Direito Penal. As fontes subdividem-se em fontes materiais, substanciais ou de produção e em fontes formais, de conhecimento ou de cognição.

1.6.1 Fonte material/de produção

Diz respeito à produção da norma. Em nosso ordenamento jurídico, existe apenas uma fonte, que é a União, representada pelo Poder Legislativo, conforme o art. 22, I, da CF.

1.6.2 Fonte formal/de conhecimento

De onde extraímos o conteúdo Direito Penal (instrumento de exteriorização). Subdividem-se em imediatas e mediatas:

- **Imediatas:** lei, Constituição Federal (através dos mandados de criminalização – art. 5º, XLII, XLIII, XLIV), tratados e acordos internacionais de direitos humanos, jurisprudência, princípios e complementos normativos.

Note-se que todas essas fontes fornecem, de maneira direta ou imediata, o conteúdo de Direito Penal. Não existe a necessidade de se passar por um processo de interpretação (processo hermenêutico).

- **Mediatas:** doutrina, pois são aquelas que, necessariamente, passam por um processo de interpretação.
- **Informal:** costumes.

Fique ligado
Costume não cria nem revoga infração penal.

Além disso, o princípio pode ser utilizado *secundum legem*, hipótese em que funcionará como ferramenta de apoio à lei. E pode ser classificado como *prater legem*, que são situações em que serão utilizados para suprir a falta da lei.

1.7 Analogia

A analogia constitui **método de integração do ordenamento jurídico**. Trata-se de mecanismo utilizado para suprir lacunas. Consiste em "aplicar, a um caso não contemplado de modo direto ou específico por uma norma jurídica, uma norma prevista para uma hipótese distinta, mas semelhante ao caso não contemplado".

Vale destacar que no Direito Penal somente se admite a analogia *in bonam partem*, ou seja, aquela utilizada em benefício do sujeito ativo da infração penal. Proíbe-se, de outro lado, a analogia *in malam partem*, isto é, em prejuízo do sujeito ativo da infração penal, justamente por importar na criação de delitos não previstos em lei ou no agravamento da punição de fatos já disciplinados legalmente, atentando contra o princípio da legalidade.

Um bom exemplo pode ser extraído do art. 302 do CTB. Trata-se do homicídio culposo praticado na direção de veículo automotor. O dispositivo mencionado, tutela à vida.

No art. 121 do Código Penal também temos a tutela à vida. Ocorre que no § 3º do art. 121 temos o homicídio culposo. Mais adiante, no § 5º do mesmo art. 121, temos uma hipótese de perdão judicial.

Pelo texto da lei, quando uma pessoa praticar homicídio culposo, se a consequência da conduta for mais grave do que uma possível pena, o magistrado deixará de aplicá-la.

Entretanto, esta hipótese de perdão judicial não está prevista para o homicídio culposo do CTB. Por isso, como ambos tutelam o mesmo bem jurídico, devem ter a mesma regulamentação. A consequência é a aplicação do perdão judicial analogicamente à previsão contida no CTB.

1.8 Interpretação de lei penal

Quando se fala em interpretação da lei penal, uma grande polêmica surge. Isso porque existem diversos conceitos e práticas aplicadas para se extrair o conteúdo da norma.

Ocorre que, diferentemente daquilo que é empregado por muitos, não podemos falar em critérios corretos e equivocados de interpretação. E a razão é muito simples: não existe certo ou errado.

A busca pela interpretação, por meio dos critérios hermenêuticos, depende daquilo que se defende.

Além disso, devemos enfatizar que, em muitos dispositivos da lei penal, temos menções que remetem à década de 1940, quando o Código foi editado.

Dessa forma, a interpretação das normas penais deve ser moderna e contemporânea à época em que é realizada.

Para permitir uma correta compreensão dos institutos, devemos nos ater à interpretação em três momentos: quanto ao sujeito, quanto ao meio e quanto ao resultado.

> **Ex.:** uma pessoa emprega um mecanismo e chega a um resultado, utilizando as três etapas.

1.8.1 Mecanismos empregados

Quanto ao sujeito

Quanto à pessoa que interpreta, temos as seguintes formas:

- **Autêntica ou legislativa:** é aquele fornecida pelo próprio legislador no corpo da lei. Como vemos, por exemplo, no art. 327 do CP, que traz expressamente a classificação de funcionário público.
- **Doutrinária ou científica:** é aquela interpretação feita pelos estudiosos do direito, gerando as chamadas correntes doutrinárias.
- **Jurisprudencial:** trata-se da interpretação praticada pelos órgãos jurisdicionais.

Quanto ao meio/modo

- **Gramatical:** considera o sentido literal das palavras.
- **Teleológica:** diz respeito à vontade intrínseca da lei, atendendo-se aos seus fins e busca pelo seu real sentido, coadunando o dispositivo interpretado com as demais disposições vigentes no universo jurídico.
- **Histórica:** é aquela que indaga a origem da lei, identificando os reais fundamentos da sua edição.
- **Sistemática:** é aquela moderna, realizada de acordo com as premissas atuais, e não de acordo com o entendimento existente no ato de edição da norma.

Quanto ao resultado

No que concerne ao resultado, a interpretação pode ser:

- **Declarativa:** é aquela em que o texto da lei corresponde ao que o legislador quis dizer, como se observa nas hipóteses do art. 302 do CPP, por exemplo.
- **Interpretação restritiva:** nesta modalidade, a lei disse mais do que deveria, assim o aplicador do direito deve restringir o alcance da norma, é o que se vê em termos deveras aberto, como no art. 312 do CTB (expressão garantia da ordem pública).
- **Interpretação extensiva:** situações em que a lei disse menos do que deveria, em razão disso o intérprete amplia o significado da norma (Ex.: art. 176 do CP – outras fraudes).

É possível a interpretação extensiva contra o réu?

A resposta deriva do entendimento do STF que encampou entendimento proferido por Zaffaroni no seguinte sentido: é possível a interpretação extensiva contra réu sempre que outra forma de interpretação puder gerar um escândalo (entenda-se reiteração de condutas) por sua notória irracionalidade.

Em resumo, o entendimento é de que é possível a interpretação extensiva contra o réu.

1.8.2 Interpretação analógica

Para esta modalidade, que destoa um pouco do conceito de interpretação, estamos diante de situações em que, em homenagem ao princípio da legalidade, o legislador traz algumas situações que de fato pretendeu regular, mas, na sequência, permite que aquilo que seja semelhante também seja abrangido pelo dispositivo (Ex.: quando o Código utiliza a expressão: "ou outro meio...", "ou por qualquer outro meio...", como acontece no art. 121, § 2º, I, do CP).

> ***Art. 121, § 2º*** *Se o homicídio é cometido:*
>
> *I – mediante paga ou promessa de recompensa,* ***ou por outro motivo torpe;***
>
> *[...]*
>
> *III – com emprego de veneno, fogo, explosivo, asfixia, tortura* ***ou outro meio insidioso ou cruel, ou de que possa resultar perigo comum;***
>
> *IV – à traição, de emboscada, ou mediante dissimulação* ***ou outro recurso que dificulte ou torne impossível a defesa do ofendido.***

Fique ligado

Não se pode confundir a interpretação analógica com analogia. A primeira é interpretação; a segunda, é meio de integração utilizada em caso de lacuna de lei.

1.9 Lei penal no tempo

Como decorrência lógica do princípio da legalidade, aplica-se, em regra, a lei penal vigente ao tempo da realização do fato criminoso (*tempus regit actum*), ou seja, tão logo um fato seja praticado, a lei que estiver em vigência naquele momento, deve ser aplicada.

Excepcionalmente, no entanto, será permitida a retroatividade da lei penal para alcançar fatos passados, desde que benéfica ao réu, conforme assegura o art. 5º, XL, da CF:

> ***Art. 5º, XL*** *– A lei penal não retroagirá, salvo para beneficiar o réu.*

No mesmo sentido é a previsão do art. 2º do Código Penal:

> ***Art. 2º, CP*** *Ninguém pode ser punido por fato que lei posterior deixa de considerar crime, cessando em virtude dela a execução e os efeitos penais da sentença condenatória.*
>
> ***Parágrafo único.*** *A lei posterior, que de qualquer modo favorecer o agente, aplica-se aos fatos anteriores, ainda que decididos por sentença condenatória transitada em julgado.*

A esta possibilidade conferida à lei de movimentar-se no tempo (para beneficiar o réu) dá-se o nome de extra-atividade da lei penal.

A extra-atividade deve ser compreendida como gênero do qual são espécies:

D
P
E
N

- **Retroatividade**, capacidade que a lei penal tem de ser aplicada a fatos praticados antes da sua vigência; e
- **Ultratividade**, que representa a possibilidade de aplicação da lei penal mesmo depois de revogada.

1.9.1 Tempo do crime

> ***Art. 4º, CP*** *Considera-se praticado o crime no momento da ação ou omissão, ainda que outro seja o momento do resultado.*

Para a correta (e justa) aplicação da lei penal é imprescindível definir o tempo do crime, ou seja, quando um crime se considera praticado. A respeito disso, há diferentes teorias apontadas pela doutrina:

- **Teoria da atividade:** considera praticado o crime no momento da conduta (ação ou omissão), ainda que outro seja o momento do resultado. O CP adotou esta teoria (art. 4º).
- **Teoria do resultado:** considera o momento da produção do resultado (consumação).
- **Teoria mista (ou ubiquidade):** considera tanto o momento da conduta como o do resultado.

Crime permanente e imputabilidade: se uma pessoa menor de 18 anos inicia a prática de um crime permanente (Ex.: sequestro) e atinge a maioria enquanto não cessada a permanência, aplica-se a legislação penal, tendo em vista que passou a ser imputável durante a prática da conduta.

Fixação da imputabilidade: se um menor de 18 anos desfere facadas na vítima que vem a falecer dias depois, ocasião em que já atingiu a maioridade, aplica-se o Estatuto da Criança e do Adolescente (ECA) e não do Código Penal (CP), tendo em vista que o ato infracional foi praticado na época em que era inimputável (momento da conduta).

1.9.2 Sucessão de leis no tempo

Avaliando este tópico, é imprescindível ter em mente que, amparado pelo princípio da legalidade, diversos cenários podem aparecer para fins de validarem a substituição/sucessão legislativa. E, em decorrência disso, precisamos avaliar o disposto no art. 5º, XL, da CF.

Assim, no âmbito intertemporal, temos 4 situações distintas:

- ***Novatio legis* incriminadora:** trata-se de nova lei que aporta nova figura criminosa no ordenamento jurídico. Em resumo, um fato que não era criminalizado, com a vigência de determinada lei passa a ser.

  > **Ex.:** Lei nº 12.012/2009, que introduziu no CP a figura do art. 349-A, que consiste na figura de ingressar, promover, intermediar, auxiliar ou facilitar a entrada de aparelho telefônico de comunicação móvel, de rádio ou similar, sem autorização legal, em estabelecimento prisional, pratica o crime.

  Como se trata de lei nova prejudicial, não haverá retroatividade.
- ***Novatio legis in pejus:*** trata-se de lei nova que não cria um crime, mas que prejudica, de alguma forma, a situação do agente (Ex.: lei nova que aumenta a pena do delito).

  Como se trata de lei nova prejudicial, não haverá retroatividade.
- ***Novatio legis in mellius*:** trata-se de lei nova que surge com o intuito de melhorar, de alguma forma, a situação do agente (art. 2º, parágrafo único, do CP).

  Como se trata de lei nova benéfica, haverá retroatividade.
- ***Abolitio criminis*:** trata-se de lei nova que descriminaliza a conduta. É o melhor dos cenários para o agente, tendo em vista que, nesta modalidade, haverá a supressão da figura criminosa. Com isso, um fato que antes era considerado criminoso, deixará de ser. Sobrevindo *abolitio criminis* após o trânsito em julgado de sentença penal condenatória, cessa a execução da pena e extinguem-se todos os efeitos penais secundários da condenação, tais como a formação de condição para reincidência e a constituição de maus antecedentes.

  Como se trata de lei nova benéfica, haverá retroatividade.
- **Princípio da continuidade normativo-típica:** o conteúdo típico criminalizado migra para outro tipo penal.

  Não se trata de lei que extingue o crime. A lei continua com as mesmas disposições, porém, haverá tão somente a migração do conteúdo delitivo para outro dispositivo.

Acerca do tema **combinação de leis**, existe divergência doutrinária acerca da possibilidade, porém, a jurisprudência do STJ e a do STF já estão firmes no sentido de que a aplicação da norma não pode ser fracionada, devendo ser aplicada num todo.

Outrossim, merece destaque a Súmula nº 711 do STF, que discorre sobre a lei penal no caso de crimes permanentes ou continuados.

> ***Súmula nº 711 – STF***
>
> *A lei penal mais grave aplica-se ao crime continuado ou ao crime permanente, se a sua vigência é anterior à cessação da continuidade ou da permanência.*

1.9.3 Competência para a aplicação da lei mais benéfica após o trânsito em julgado

Em regra, é do juízo da execução, e não do Tribunal, mediante revisão criminal. Nesse sentido é o entendimento consolidado na jurisprudência:

> ***Súmula nº 611 – STF***
>
> *Transitada em julgado a sentença condenatória, compete ao juízo das execuções a aplicação da lei mais benigna.*

1.9.4 Retroatividade de lei penal mais benéfica

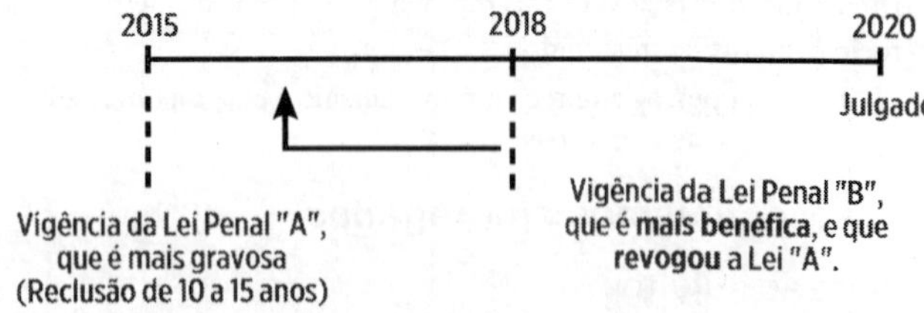

O sujeito ativo praticou o crime sob a vigência da Lei A. Entretanto, em 2018, **surgiu uma nova lei, uma lei mais benéfica que a Lei A**, que foi revogada. Nessa situação, será aplicada a **retroatividade** para **beneficiar o réu**, ainda que haja sentença condenatória transitada em julgado (sentença irrecorrível).

1.9.5 Ultratividade de lei mais benéfica

A ultratividade mais benéfica vai aplicar uma lei revogada que estava vigente na época do fato (*tempus regit actum*) e por ser mais benéfica que a lei nova.

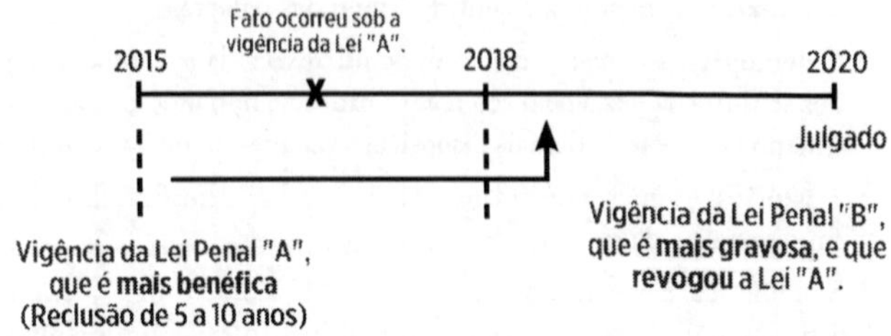

Como a banca pode usar os termos de lei nova mais benéfica ou lei nova mais gravosa:

- **BENÉFICA:**
  - ***Novatio legis in mellius*:** nova lei mais favorável, mais benéfica (**melhor**).
  - ***Abolitio criminis.***

- ▷ **GRAVOSA:**
  - ***Novatio legis* incriminadora:** nova lei que torna um fato criminoso.
  - ***Novatio legis in pejus*:** nova lei mais gravosa (**pior**).

Existe ainda uma expressão chamada ***lex tertia***, que seria uma terceira lei, mas formada pela combinação de outras duas (**é vedada sua aplicação no ordenamento jurídico, ainda que para favorecer**).

1.10 Súmula nº 711 - STF

> ***Súmula nº 711 – STF***
>
> *A lei penal mais grave aplica-se ao crime continuado ou ao crime permanente, se a sua vigência é anterior à cessação da continuidade ou da permanência.*

De uma forma clara e objetiva, não há aplicação necessariamente de uma lei mais benéfica quando o caso estiver tratando de **crimes pernamente ou continuado**, dado o fato de que a Súmula nº 711 do STF determina que se aplique a lei que estiver vigente anteriormente à cessação da continuidade/permanência, **ainda que ela seja mais grave.** Em outros termos, aplica-se a lei que estiver valendo quando o indivíduo cessou o crime (sendo a lei mais benéfica ou mais gravosa).

> **Ex.:** "B", penalmente imputável, sequestrou "A". Se sobrevier uma LEI (AINDA QUE MAIS GRAVOSA) e "B" estiver na permanência desse crime, cerceando a liberdade de "A", essa lei será aplicada a ele. Isso porque o crime de sequestro é permanente, consumando-se enquanto a vítima estiver em privação de liberdade pelo autor

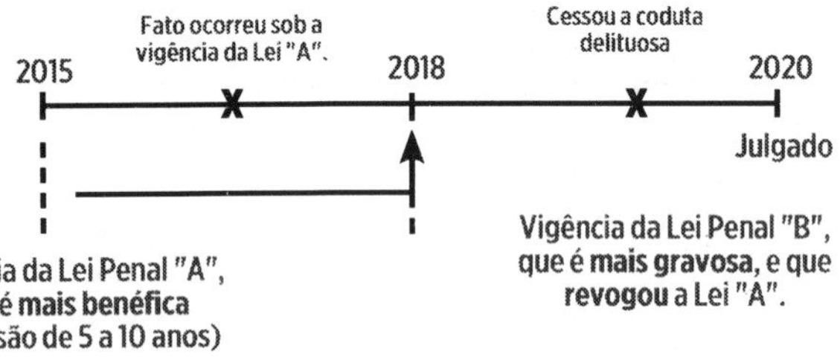

1.10.1 Lei excepcional e lei temporária

Segundo o art. 3º do CP, há a ultratividade da lei excepcional ou temporária: ela se aplica aos fatos havidos ao tempo de sua vigência, mesmo depois de decorrido o tempo de sua duração ou cessada a situação de excepcionalidade.

As leis excepcionais ou temporárias possuem duas características marcantes, quais sejam:

- ▷ **Ultrativas:** aplicam-se mesmo depois de revogadas.
- ▷ **Autorrevogáveis:** decorrido o prazo de duração ou a situação que autorizou a sua edição, a norma se extingue.

AMBAS:

- ▷ Efeito ULTRATIVO (MAIS GRAVOSO).

LEI TEMPORÁRIA:

- ▷ Tempo determinado para revogação (prazo certo).
- ▷ **Não** ocorre ***abolitio criminis*** em decorrência de sua *autorrevogação*, pois o autor será responsabilizado pelos atos praticados durante o império dela.

LEI EXCEPCIONAL:

- ▷ Não há um tempo certo fixado, pois são circunstâncias excepcionais que determinaram a criação da lei.
- ▷ **São exemplos de circunstâncias excepcionais:** estado de calamidade, guerra, situações fáticas que não há como determinar um prazo certo (pandemia).

Portanto, se a banca não afirmar tempo determinado, período determinado (prazo certo), estará falando da lei excepcional.

Em determinado momento de escassez de água, em razão da ausência de chuvas, entrou em vigor nova lei penal que tornou crime a conduta de lavar carros e/ou calçadas, enquanto **perdurasse o período de racionamento** de água (AOCP – Lei Excepcional).

1.11 Lei penal no espaço

Não basta que se determine em que momento a lei penal brasileira pode ser aplicada. Para que a lei cumpra as suas funções, é necessário que seja determinado em quais locais poderá o judiciário brasileiro exercer sua competência. Sobre o assunto, o Código Penal estabelece os critérios gerais para que a lei possa alcançar fatos cuja persecução penal seja do interesse do Estado brasileiro.

Por intermédio de tais critérios, pretende-se basicamente evitar que ocorram lacunas de impunidade a respeito de ilícitos que atinjam bens jurídicos tutelados, direta ou indiretamente, pelo ordenamento jurídico brasileiro. Por esta mesma razão, a generalidade dos Estados adota também critérios de incidência para as suas respectivas leis penais, criando-se, assim, uma espécie de "malha" de leis penais, circunstância esta que redunda na quase impossibilidade de "conflitos negativos de jurisdições", ou seja, o surgimento de "paraísos penais".

A matéria envolve, portanto, o chamado Direito Penal Internacional, ou seja, o ramo do Direito que define os crimes internacionais, próprios ou impróprios, as regras relativas à aplicação territorial e extraterritorial do Direito Penal, a imunidade de pessoas especialmente protegidas, a cooperação penal internacional em todos os seus níveis, as extradições, as transferências de condenados entre países, a determinação da forma e dos limites de execução de sentença penal estrangeira, a existência e funcionamento de tribunais penais internacionais ou regionais, bem como as demais questões jurídicas que envolvam a imputação criminal de fatos que possam surgir no plano internacional.

Especificamente no que diz respeito à aplicação da lei penal, ou seja, à prerrogativa de investigar, processar e julgar fatos no âmbito espacial, a doutrina elaborou alguns princípios gerais, que foram acolhidos, em maior ou menor extensão, pelos legisladores dos diversos países.

1.11.1 Princípios

Territorialidade

A lei penal aplica-se no território onde se exerce a soberania do Estado, independentemente da nacionalidade do agente ou da vítima ou do titular do bem jurídico atingido. O princípio da territorialidade é o preponderante na lei brasileira e é consequência direta da soberania estatal (art. 5º do CP).

Personalidade ou nacionalidade

A lei penal nacional pode ser aplicada ao cidadão onde quer que se encontre, devendo ser considerada apenas a nacionalidade do agente ou da vítima. Segundo tal princípio, a lei penal aplica-se aos fatos praticados pelo ou contra nacional de um Estado, independentemente do local da ocorrência do fato ou da procedência do bem jurídico lesado por tal conduta.

O princípio da personalidade se subdivide em ativo, referente, exatamente, ao autor do delito, e passivo, que também leva em consideração a nacionalidade da vítima.

Ressalte-se que os nacionais têm deveres para com o seu país, não sendo, portanto, aceitável, que, no estrangeiro, perpetrem fatos delituosos e contem com a impunidade ao retornarem à terra natal.

Ademais, como a maioria dos Estados não concede extradição de seus nacionais, justifica-se plenamente a existência desse princípio.

Defesa, real ou da proteção

A lei penal deve incidir tutelando determinados bens jurídicos de suma relevância para o Estado (vida, liberdade, patrimônio, fé pública etc.), onde quer que eles se encontrem, independentemente da nacionalidade do sujeito ativo da ameaça ou lesão de tais bens jurídicos.

O ordenamento jurídico brasileiro adota o princípio da defesa em três situações:

Crimes contra a vida ou liberdade do Presidente da República. É a primeira situação de extraterritorialidade incondicionada;

Crimes contra o patrimônio ou a fé pública da União, Distrito Federal, Estado, Município, empresa pública, sociedade de economia mista, fundação pública. É também hipótese de extraterritorialidade incondicionada; e

Crimes praticados contra a administração por quem está a seu serviço.

Por este princípio pune-se, por exemplo, o falsificador de moeda que opere no estrangeiro ou o estelionatário que acarrete um dano material nas finanças públicas fora do território nacional.

Justiça universal

A lei penal aplica-se a todo e qualquer fato punível, seja qual for a nacionalidade do agente ou do bem jurídico lesado ou posto em perigo e qualquer que tenha sido o lugar onde tenha sido o fato praticado. Por intermédio deste postulado, os Estados acordam em reprimir os fatos quem mais atentam contra a consciência universal, independentemente do lugar onde ocorram ou da nacionalidade do seu autor.

O ordenamento jurídico brasileiro reconhece o princípio da justiça universal em dois casos:

- **Crimes de genocídio:** ainda aqui a extraterritorialidade é incondicionada, embora seja exigido, para a aplicação da lei brasileira, um requisito: que o agente seja brasileiro ou domiciliado no Brasil; e
- **Crimes que, por tratado ou convenção, o Brasil se obrigou a reprimir:** trata-se também de situação na qual o parâmetro que determina a aplicação da lei brasileira é a necessidade de cooperação internacional, mas, ao contrário da primeira, a extraterritorialidade aqui é condicionada à presença cumulativa das condições já mencionadas.

Representação ou bandeira

Cuida-se de levar em conta, para efeito de aplicação da lei penal brasileira, a bandeira da embarcação ou aeronave no interior da qual o fato foi praticado. No caso, releva saber a natureza da aeronave ou embarcação (pública ou privada), bem como o lugar onde ela se encontre.

1.11.2 Classificações

Trata-se de normas que nos auxiliam a identificar quando a lei penal brasileira terá incidência.

O art. 5º do CP estabelece que, ressalvadas as disposições constantes em convenções, tratados e regras de direito internacional, aplica-se a lei brasileira ao crime cometido em território nacional.

Para fins de compreensão do território nacional, devemos entender que neste se compreende:

- **Território físico ou geográfico:** compreende o solo, subsolo, rios, lagos, mar territorial e o espaço aéreo correspondente.

> **Fique ligado**
>
> Para fins de definição do mar territorial, considera-se uma linha de 12 milhas náuticas contadas da linha de baixa-mar (art. 1º da Lei nº 8.617/1993).

- **Território jurídico ou por equiparação** (art. 5º, §§ 1º e 2º):
  - As embarcações e aeronaves brasileiras, de natureza pública ou a serviço do governo brasileiro onde quer que se encontrem;
  - As aeronaves e as embarcações brasileiras, mercantes ou de propriedade privada, que se encontrem, respectivamente, no espaço aéreo correspondente ou em alto-mar; e
  - Aeronaves ou embarcações estrangeiras de propriedade privada, achando-se aquelas em pouso no território nacional ou em voo no espaço aéreo correspondente, e estas em porto ou mar territorial do Brasil.

1.11.3 Disposições gerais

Diferentemente do que ocorre com o **tempo do crime**, aqui temos outro critério. Isso porque, aqui, relativamente ao **espaço** de aplicação da lei penal, tem-se por objetivo evitar o que a doutrina chama de "lacunas de impunidade", e fazer com que a lei penal alcance condutas que transcendam as fronteiras do território nacional.

A ideia aqui é fazer com que a lei brasileira possa ser aplicada aos chamados "crimes à distância", que são aqueles em que a conduta começa em um país e tem seu resultado em outro.

Para resolver o impasse, o CP adotou em seu art. 6º a chamada **teoria da ubiquidade** (mista, híbrida ou da unidade), que é aquela em que se considera praticado o crime no momento da ação ou da omissão, no todo ou em parte, bem como onde se produziu ou deveria produzir-se o resultado.

A adoção da teoria da ubiquidade impede a formação de vazios ou "pontos cegos", situação que poderia apresentar-se caso o país no qual foi praticada a conduta acolhesse a teoria do resultado, e aquele em que ocorreu o resultado acolhesse a teoria da atividade.

> **Exs.:**
>
> "A" é alvejado por disparo de arma de fogo no Brasil e vem a falecer após cruzar a fronteira com o Paraguai.
>
> "B" despacha um pacote contendo uma bomba-relógio que deveria ser detonada quando o destinatário, residente no Brasil, a abrisse, sendo certo que o artefato foi descoberto e desativado em alto-mar.

1.12 Extraterritorialidade da lei penal brasileira

Extraterritorialidade é o fenômeno pelo qual a lei penal brasileira se aplica a fatos ocorridos fora do território nacional, ou seja, pratica-se um crime em algum lugar estranho ao território brasileiro e, por determinação do nosso Código Penal, esse fato fica sujeito à aplicação da nossa lei penal.

Embora a regra em nosso ordenamento seja de que a lei penal será aplicada aos fatos que ocorrerem em território nacional, o art. 7º apresenta uma série de situações em que a lei penal brasileira pode ser aplicada a fatos ocorridos fora dos limites territoriais brasileiros.

O Código Penal prevê três **espécies** de extraterritorialidade. Os casos mais graves são os de extraterritorialidade **incondicionada**, em que a lei penal brasileira se aplica aos fatos praticados no exterior, independentemente de qualquer condição (art. 7º, I e § 1º). Por outro lado, existem as hipóteses de extraterritorialidade **condicionada**, em que a aplicação da lei penal brasileira depende do concurso de diversas condições (art. 7º, II e §§ 2º e 3º).

Por fim, há a extraterritorialidade **hipercondicionada**, prevista no art. 7º, § 3º, do CP, em que o legislador faz ainda mais exigências para a incidência da lei penal, do que para as hipóteses de extraterritorialidade condicionada. Vejamos cada uma das modalidades:

1.12.1 Extraterritorialidade incondicionada

Dar-se-á a extraterritorialidade incondicionada nas seguintes hipóteses:

> ***Art. 7º*** *Ficam sujeitos à lei brasileira, embora cometidos no estrangeiro:*
> *I – os crimes:*
> *a) contra a vida ou a liberdade do Presidente da República;*
> *b) contra o patrimônio ou a fé pública da União, do Distrito Federal, de Estado, de Território, de Município, de empresa pública, sociedade de economia mista, autarquia ou fundação instituída pelo Poder Público;*
> *c) contra a administração pública, por quem está a seu serviço;*
> *d) de genocídio, quando o agente for brasileiro ou domiciliado no Brasil;*
> *§ 1º Nos casos do inciso I, o agente é punido segundo a lei brasileira, ainda que absolvido ou condenado no estrangeiro.*

Veja-se que todas as hipóteses constantes do art. 7º consubstanciam fatos cuja gravidade reclama a adoção de providências, nos termos da legislação penal brasileira, independentemente de qualquer condição.

Vemos aqui verdadeira exceção ao *bis in idem*, isso porque, além de não ser necessário o preenchimento de nenhuma condição para a incidência da lei brasileira, o agente será punido mesmo que condenado no estrangeiro.

Eventual condenação aplicada no estrangeiro será detraída/descontada da condenação do Brasil, vide art. 8º do CP.

Para sua prova, os exemplos virão da maneira mais complexa possível. Entretanto, a resolução da questão depende exclusivamente do texto de lei.

1.12.2 Extraterritorialidade condicionada

A extraterritorialidade condicionada ocorre em relação às seguintes infrações:

> ***Art. 7º*** *Ficam sujeitos à lei brasileira, embora cometidos no estrangeiro: [...]*
> *II – os crimes:*
> *a) que, por tratado ou convenção, o Brasil se obrigou a reprimir;*
> *b) praticados por brasileiro;*
> *c) praticados em aeronaves ou embarcações brasileiras, mercantes ou de propriedade privada, quando em território estrangeiro e aí não sejam julgados. [...]*
> *§ 2º Nos casos do inciso II, a aplicação da lei brasileira depende do concurso das seguintes condições:*
> *a) entrar o agente no território nacional;*
> *b) ser o fato punível também no país em que foi praticado;*
> *c) estar o crime incluído entre aqueles pelos quais a lei brasileira autoriza a extradição;*
> *d) não ter sido o agente absolvido no estrangeiro ou não ter aí cumprido a pena;*
> *e) não ter sido o agente perdoado no estrangeiro ou, por outro motivo, não estar extinta a punibilidade, segundo a lei mais favorável.*

Para esta segunda hipótese de extraterritorialidade, vale mencionar que é necessária a ocorrência de um dos crimes descritos no inciso II do art. 7º, **mais** o preenchimento de todas as condições previstas no § 2º do mesmo dispositivo.

Além disso, a lei penal brasileira somente será aplicada aos crimes aqui destacados na hipótese de o agente não ter sido processado no estrangeiro.

Perceba que, na extraterritorialidade **incondicionada**, o agente será submetido ao julgamento de acordo com a lei brasileira independentemente de qualquer condição. Já na extraterritorialidade **condicionada**, é mister (obrigatória) a presença de todas as condições legalmente previstas.

É relevante mencionar que, nos casos de extraterritorialidade condicionada, não existirá a possibilidade de ocorrer *bis in idem*, haja vista que se o agente tiver sido absolvido ou condenado e cumprido pena no estrangeiro, ficará afastada a possibilidade de aplicação extraterritorial de nossa lei penal.

1.12.3 Extraterritorialidade hipercondicionada

Quando se tratar de crime praticado por estrangeiro, contra brasileiro, fora do nosso território, além das cinco condições previstas no § 2º, do art. 7º, anteriormente citadas, exigem-se outras duas, previstas no § 3º do mesmo dispositivo:

> ***Art. 7º, § 3º*** *A lei brasileira aplica-se também ao crime cometido por estrangeiro contra brasileiro fora do Brasil, se, reunidas as condições previstas no parágrafo anterior (§ 2º do art. 7º, II, do CP):*
> *a) não foi pedida ou foi negada a extradição;*
> *b) houve requisição do Ministro da Justiça.*

Com certeza esta é a hipótese que demonstra maior grau de excepcionalidade para a aplicação da lei brasileira, pois, para a sua aplicação, além das condições estabelecidas no § 2º do art. 7º, ainda se faz necessária a presença das outras duas condições.

1.13 Pena cumprida no estrangeiro

> ***Art. 8º*** *A pena cumprida no estrangeiro atenua a pena imposta no Brasil pelo mesmo crime, quando diversas, ou nela é computada, quando idênticas.*

O regramento contido neste dispositivo tem relação com as hipóteses de extraterritorialidade incondicionada da lei penal brasileira. Nesta toada, se o indivíduo cumpriu pena por um determinado fato no estrangeiro e caso seja hipótese de aplicação da nossa lei, a pena por ele cumprida no estrangeiro deve atenuar ou ser computada na pena imposta no Brasil.

1.14 Eficácia de sentença estrangeira

O art. 9º do CP estabelece as hipóteses em que a sentença penal estrangeira precisa ser homologada para que produza efeitos no Brasil. São as seguintes:

> ***Art. 9º*** *A sentença estrangeira, quando a aplicação da lei brasileira produz na espécie as mesmas consequências, pode ser homologada no Brasil para:*
> *I – obrigar o condenado à reparação do dano, a restituições e a outros efeitos civis;*
> *II – sujeitá-lo a medida de segurança.*
> ***Parágrafo único.*** *A homologação depende:*
> *a) para os efeitos previstos no inciso I, de pedido da parte interessada;*
> *b) para os outros efeitos, da existência de tratado de extradição com o país de cuja autoridade judiciária emanou a sentença, ou, na falta de tratado, de requisição do Ministro da Justiça.*

Segundo o art. 9º do CP, a sentença estrangeira, quando a aplicação da lei brasileira produz na espécie as mesmas consequências – dupla tipicidade –, pode ser homologada para: (1) obrigar o condenado à reparação do dano, restituição da coisa ou a outros efeitos civis; e

D P E N

(2) sujeitá-lo à medida de segurança, no caso de inimputável ou semi--imputável que necessite de especial tratamento.

Não obstante, o parágrafo único do art. 9º do CP estabelece os requisitos para a homologação da sentença penal estrangeira, sendo certo que a competência para tanto é do Superior Tribunal de Justiça, conforme o art. 105, I, "i", da CF, com a redação da Emenda Constitucional nº 45/2004.

Fique ligado

Antes da referida emenda, a competência era do STF.

Extrai-se, desse dispositivo que não é possível a homologação da sentença penal estrangeira para que no Brasil venha surtir a imposição de pena. Como visto, admitia-se a homologação tão somente para efeitos secundários e – acresça-se – de difícil verificação na prática, não sendo possível a incidência de um dos principais mecanismos de cooperação penal internacional, a teor do art. 9º do CP.

Porém, com a edição da Lei nº 13.445/2017 (Lei de Migração), houve parcial revogação do art. 9º do CP (derrogação).

Como dito, a Lei de Migração adotou o instituto da homologação da sentença penal estrangeira, sob a denominação de "transferência de execução de pena".

Segundo o art. 100, da Lei de Migração, nas hipóteses em que couber solicitação de extradição executória, a autoridade competente poderá solicitar ou autorizar a transferência de execução da pena, desde que observado o princípio do *non bis in idem*. Conforme o parágrafo único daquele dispositivo, sem prejuízo do disposto no Código Penal – vale dizer, sem prejuízo da homologação da sentença estrangeira para os efeitos secundários acima apontados –, a transferência de execução de pena será possível quando:

- O condenado em território estrangeiro for nacional ou tiver residência habitual ou vínculo pessoal no Brasil;
- A sentença tiver transitado em julgado;
- A duração da condenação a cumprir ou que restar para cumprir for de, pelo menos, um ano, na data de apresentação do pedido ao Estado da condenação;
- O fato que originou a condenação constituir infração penal perante a lei de ambas as partes; e
- Houver tratado ou promessa de reciprocidade de tratamento.

Demais disso, o pedido passivo de transferência da execução da pena formulado por Estado estrangeiro deve ser encaminhado pela via diplomática ou por via de autoridades centrais, se houver tratado nessa matéria, sendo certo que, após o recebimento pela autoridade responsável do Poder Executivo, ele deve ser encaminhado ao STJ para decisão quanto a sua homologação (art. 105, I, "i", da CF, c/c art. 101 e §§, da Lei nº 13.445/2017). Caso o STJ decida pelo preenchimento dos pressupostos legais para a homologação, deve a sentença estrangeira ser encaminhada para a respectiva vara de execução penal da Justiça Federal do local onde se encontra a pessoa que irá cumprir a pena (art. 102 da Lei nº 13.445/2017).

Por fim, vale destacar que a sentença estrangeira não depende de homologação para produzir reincidência, impedir a obtenção de *sursis* ou para aumentar o período para concessão de livramento condicional.

1.15 Contagem de prazo

Art. 10 O dia do começo inclui-se no cômputo do prazo.

Contam-se os dias, os meses e os anos pelo calendário comum.

Este dispositivo, embora pareça simples e não tenha a devida importância, deve ser enfatizado, na medida em que permite a aplicação de uma série de benefícios ao acusado.

Não se pode confundir o prazo de natureza penal com o prazo de natureza processual. Este possui previsão no art. 798, § 1º, do CPP e, para ele, não se computará no prazo o dia do começo, incluindo-se, porém, o do vencimento.

Ao contrário do que ocorre com os prazos processuais, os penais contam-se, incluindo-se o dia do começo. Não importa a hora do dia em que o evento que dá início ao prazo ocorreu. Conta-se o dia como um todo.

São prazos penais, por exemplo, o tempo de cumprimento de pena, o prazo decadencial e o prazo prescricional.

Por fim, os prazos penais são contínuos, não se prorrogam nem se suspendem em virtude de férias ou feriados.

1.16 Frações não computáveis da pena

Art. 11 *Desprezam-se, nas penas privativas de liberdade e nas restritivas de direitos, as frações de dia, e, na pena de multa, as frações de cruzeiro.*

No ato do cálculo da pena, se, ao final, o magistrado não obtiver um número inteiro, ele deverá desprezar as frações de dia nas penas privativas de liberdade e restritiva de direitos e, na pena de multa, desprezar as frações de real.

1.17 Conflito aparente de normas

Denomina-se conflito ou concurso aparente de normas a circunstância de duas ou mais normas penais incriminadoras regularem, em tese, o mesmo caso concreto, sendo que, efetivamente, somente uma deverá ser aplicada, em homenagem à vedação trazida pelo princípio do *ne bis in idem*.

O conflito aparente de normas possui as seguintes características:

- Unidade de fato;
- Aplicação (aparente) de mais de uma norma;
- Vigência simultânea dessas normas.

1.17.1 Critérios para resolver o conflito aparente de normas

Não há em nosso ordenamento jurídico critérios orientadores expressos sobre qual tipo penal preferir quando mais de um aparentemente for aplicável. A doutrina e a jurisprudência, porém, desenvolveram parâmetros norteadores, chamados comumente de "princípios", voltados à solução do conflito aparente de normas.

É importante destacar que para a existência de um verdadeiro conflito aparente de normas, três pressupostos devem ser identificados:

Fique ligado

Antes da referida emenda, a competência era do STF.

- **Unidade de fato:** é necessário que o agente tenha praticado efetivamente um único fato delituoso, pois, do contrário, haverá concurso de crimes (arts. 69 a 71 do CP);
- **Incidência aparente de dois ou mais tipos penais:** isso porque a aplicação de mais de um tipo penal a um único comportamento viola o princípio do *ne bis in idem*, de tal modo que a constatação de o fato configurar simultaneamente dois ou mais tipos penais deve ser apenas aparente, isto é, à primeira vista, pois cabe ao aplicador da lei identificar, dentre estes, qual deve prevalecer; e
- **Vigência simultânea dos tipos penais aparentemente aplicáveis:** é necessário que todos os tipos penais incidentes estejam em plena vigência, pois se um deles houver sido revogado por outro, não há conflito aparente de normas, mas **conflito de leis penais no tempo**, o qual deve ser solucionado por critérios próprios (*abolitio criminis, novatio legis in mellius, novatio legis in pejus* e *novatio legis* incriminadora).

Vejamos, a seguir, os critérios ou "princípios" utilizados na solução do conflito aparente de normas.

Princípio da especialidade

A aplicação da lei especial exclui a aplicação da lei geral.

> ***Art. 12, CP*** *As regras gerais deste Código aplicam-se aos fatos incriminados por lei especial, se esta não dispuser de modo diverso.*

Em suma, este princípio se faz pertinente para resolução do conflito aparente quando uma norma possua, em sua definição, todos os elementos típicos de outra, mais alguns denominados especializantes.

Se a hipótese a ser subsumida apresentar os elementos da norma particular, esta irá preponderar sobre aquela. Alude-se, nesse sentido, ao adágio latino: *lex specialis derogat legi generali.*

Princípio da subsidiariedade

O tipo penal prevalece sobre o tipo subsidiário. Também chamado de "soldado de reserva". Utiliza-se deste princípio quando não existir previsão legal para tanto, bem como quando não for possível caracterizar uma infração principal. Esses casos podem ser observados quando o legislador utiliza o termo "se o fato não constitui crime mais grave".

> Exs.: arts. 132, 238 e 307 do CP.

Embora de compreensão menos fácil do que o anterior, o princípio da subsidiariedade também é utilizado para a resolução do conflito aparente de normas. No caso, a relação que se estabelece não é a de exclusão entre o geral e o especial, mas, sim, entre normas primária e secundária.

> ***Art. 132*** *Expor a vida ou a saúde de outrem a perigo direto e iminente:*
>
> *Pena – detenção, de três meses a um ano, se o fato não constitui crime mais grave.*
>
> *Simulação de autoridade para celebração de casamento*
>
> ***Art. 238*** *Atribuir-se falsamente autoridade para celebração de casamento:*
>
> *Pena – detenção, de um a três anos, se o fato não constitui crime mais grave.*
>
> *Falsa identidade*
>
> ***Art. 307*** *Atribuir-se ou atribuir a terceiro falsa identidade para obter vantagem, em proveito próprio ou alheio, ou para causar dano a outrem:*
>
> *Pena – detenção, de três meses a um ano, ou multa, se o fato não constitui elemento de crime mais grave.*

Princípio da consunção/absorção

O crime-fim prevalece (absorve) sobre o crime-meio. Será utilizado quando a conduta definida na norma penal também está abrangida por outra mais ampla. Há uma relação entre continente e conteúdo.

Quando um crime for meio para um resultado, o crime-meio fica absorvido pelo crime-fim.

> **Ex.:** o agente tem a finalidade de matar uma determinada pessoa a socos e pontapés. Para a execução do delito, o indivíduo pratica diversas lesões corporais até chegar ao resultado. As lesões corporais foram o meio para a consumação, devendo ser, portando, absorvidas pelo homicídio.

Não obstante, justamente neste aspecto, vale destacar a Súmula nº 17 do STJ, que estabelece uma especial relação entre o crime de falsidade e estelionato, nesse sentido:

> ***Súmula nº 17 – STJ***
>
> *Quando o falso se exaure no estelionato, sem mais potencialidade lesiva, é por este absorvido.*

Princípio da alternatividade/tipo misto alternativo

Quando o agente comete mais de uma ação ou omissão, todas previstas no mesmo tipo penal, incorre em um único crime. Neste espeque, temos as situações envolvendo os chamados crimes de ação múltipla, ou, simplesmente, tipo misto alternativo.

Consiste naquelas condutas em que o tipo penal é composto por diversos núcleos (verbos).

Assim, a prática de mais de um verbo dentro de um mesmo contexto fático representa crime único.

Exemplo clássico é a Lei de Drogas, que traz em seu bojo 18 ações nucleares, conforme abaixo:

> ***Art. 33*** *Importar, exportar, remeter, preparar, produzir, fabricar, adquirir, vender, expor à venda, oferecer, ter em depósito, transportar, trazer consigo, guardar, prescrever, ministrar, entregar a consumo ou fornecer drogas, ainda que gratuitamente, sem autorização ou em desacordo com determinação legal ou regulamentar:*
>
> *Pena – reclusão de 5 (cinco) a 15 (quinze) anos e pagamento de 500 (quinhentos) a 1.500 (mil e quinhentos) dias-multa.*

2 TEORIA DO CRIME

2.1 Classificação de crimes e contravenções

No ordenamento jurídico brasileiro quando se fala em infração penal, estamos falando de crime e contravenção penal. Então, o termo **infração penal** é usado como um gênero do qual os crimes e contravenções são espécies.

Você poderia perfeitamente perguntar: mas e os delitos? Não existem os delitos? Existem países em que há três tipos de infrações penais, três espécies: os crimes, os delitos e as contravenções, sendo que os delitos ficariam entre os crimes e as contravenções, menos graves que os crimes e mais graves que as contravenções.

No Brasil, quando o vocábulo delito é sinônimo de crime. Aqui não há essa terceira espécie; só temos duas: crimes ou delitos e contravenções.

Poderíamos nos questionar: será que de fato existe alguma diferença entre crime e contravenção? Se olharmos a essência, os substratos, a substância, não há diferenças. Não há nada, nenhum elemento numa determinada conduta que diga que ela tem que ser uma contravenção ou crime. Não há diferença de natureza ontológica.

A diferença consiste no bem jurídico tutelado. O legislador reserva aos crimes a titulação das ofensas mais graves, inerentes aos bens jurídicos mais importantes para o convívio social. Por outro lado, reserva às condutas que não são consideradas tão importantes ou graves a condição de contravenção penal. Mas isso é apenas uma opção do legislador, por questão de política criminal. Tanto é assim que muitas condutas, que um dia foram classificadas como contravenções penais, hoje são tipificadas como crimes.

> **Exs.:** pode-se citar a questão da arma de fogo, cujo porte e posse até 1997 eram condutas tipificadas como contravenção penal e, a partir de 1997, passaram a ser catalogadas como crimes na Lei nº 10.826/2003, por uma opção do legislador.

Também há a questão dos maus-tratos aos animais. Até 1998, antes da Lei nº 9.605/1998 (Lei de Crimes Ambientais), a conduta de maus-tratos caracterizava conduta meramente contravencional. A partir da novel Lei, a conduta passou a ser tipificada como crime, conforme previsão do art. 32 da Lei nº 9.605/1998. No mesmo sentido, tem-se o racismo, que já foi contravenção penal, no entanto hoje é crime. Veja-se, portanto, que a questão é de opção legislativa, de política criminal, do que é mais ou menos grave, a depender do contexto social.

O examinador pode questionar se uma contravenção penal pode ser convertida em crime. Sim, você já sabe que pode, porque é uma opção legislativa. A diferença situa-se apenas no grau de reprovação, a depender do tempo histórico e dos valores de determinada sociedade. Mas por quê? Porque não há diferença de essência nem natureza, a diferença é apenas de reprovação da conduta.

2.2 Infração penal

É possível definir infração penal como toda conduta previamente tipificada na legislação como sendo ilícita.

Como afirma a doutrina, a infração penal é um gênero cujas espécies são: CRIME e CONTRAVENÇÃO.

2.2.1 Espécies

Crime

Trata-se de infração de maior potencial ofensivo, punida com pena de reclusão ou detenção, podendo, também, ser cominada a pena de multa, seja cumulativa ou alternativamente.

- Há algum conceito legal de crime?

A resposta é **SIM**.

O conceito legal de crime encontra-se no art. 1º do Decreto-lei nº 3.914/1941 (Lei de Introdução ao Código Penal), nos seguintes termos:

> ***Art. 1º*** *Considera-se crime a infração penal que a lei comina pena de reclusão ou de detenção, quer isoladamente, quer alternativa ou cumulativamente com a pena de multa [...].*

- Considerando que o art. 28 da Lei nº 11.343/2006 (Lei de Drogas) não prevê pena de reclusão ou detenção, houve descriminalização da conduta?

A resposta é **NÃO**.

Segundo o STF, apesar de não prever pena de prisão (reclusão ou detenção), o tipo penal do art. 28 da Lei de Drogas ainda é crime, havendo, apenas, a despenalização.

Art. 28 da Lei de Drogas
Despenalização

Demais peculiaridades do crime

- Os crimes podem ser de ação penal pública, condicionada ou incondicionada, ou de ação penal privada (art. 100 do CP);
- Os crimes admitem a tentativa (art. 14, II, do CP);
- Os crimes podem ser dolosos ou culposos;
- A lei penal brasileira se aplica tanto aos crimes praticados no Brasil (art. 5º do CP) como àqueles cometidos no exterior (art. 7º do CP);
- O limite de cumprimento das penas privativas de liberdade decorrentes de crime é de 40 anos (art. 75 do CP).

Contravenção

Por outro lado, a contravenção penal pode ser definida como infração de menor potencial ofensivo, sendo punida com prisão simples ou multa.

O conceito legal de contravenção também se encontra no art. 1º do Decreto-lei nº 3.914/1941 (Lei de Introdução ao Código Penal), nos seguintes termos:

> ***Art. 1º*** *[...] contravenção, a infração penal a que a lei comina, isoladamente, pena de prisão simples ou de multa, ou ambas, alternativa ou cumulativamente.*

As contravenções são tipificadas no Decreto-lei nº 3.688/1941, também conhecida como Lei das Contravenções Penais.

Peculiaridades das contravenções penais

- São sempre de ação penal pública incondicionada (art. 17 da LCP);
- As contravenções não admitem tentativa (art. 4º da LCP);
- A lei penal brasileira aplica-se somente às contravenções cometidas em território nacional (art. 2º da LCP);
- O limite de cumprimento da pena de contravenção (prisão simples) penal é de cinco anos (art. 10 da LCP).

Fique ligado
Cuidado para não confundir crime de menor potencial ofensivo (cuja pena máxima é igual ou inferior a dois anos) e infração de menor potencial ofensivo (contravenção).

Crime de menor potencial ofensivo	Infração de menor potencial ofensivo
Crime	Contravenção
Pena máxima igual ou inferior a 2 anos	

2.3 Sujeitos

2.3.1 Sujeito ativo

É aquele que ofende o bem jurídico protegido pelo Direito Penal, ou seja, é o agente que comete a infração penal.

Responsabilidade da pessoa jurídica

Sem dúvidas, a responsabilidade penal das pessoas jurídicas pela prática de crimes ambientais é um dos temas mais debatidos e questionados em concursos públicos.

Inicialmente, é importante destacar o art. 225, § 3º, da CF, com a seguinte redação:

> ***Art. 225, § 3º** As condutas e atividades consideradas lesivas ao meio ambiente sujeitarão os infratores, pessoas físicas ou **jurídicas**, a sanções penais e administrativas, independentemente da obrigação de reparar os danos causados.*

Por outro lado, o art. 3º da Lei nº 9.605/1998 também traz previsão expressa no mesmo sentido:

> ***Art. 3º** As pessoas jurídicas serão responsabilizadas administrativa, civil e penalmente conforme o disposto nesta Lei, nos casos em que a infração seja cometida por decisão de seu representante legal ou contratual, ou de seu órgão colegiado, no interesse ou benefício da sua entidade.*
>
> ***Parágrafo único.** A responsabilidade das pessoas jurídicas não exclui a das pessoas físicas, autoras, coautoras ou partícipes do mesmo fato.*

A doutrina sempre apresentou resistência a possibilidade de responsabilização penal da pessoa jurídica, já que o ente carece de voluntariedade, característica essencial da conduta considerada criminosa.

De fato, do ponto de vista lógico-jurídico, qualquer ação praticada pela pessoa jurídica, certamente, surge da vontade da(s) pessoa(s) físicas que a determina(m).

Contudo, a Constituição Federal trouxe, expressamente, a possibilidade de responsabilização penal da pessoa jurídica em seu art. 225, § 3º, razão pela qual, hoje, é amplamente admitida.

Pessoa jurídica
↓
Responsabilidade por crimes ambientais

- O que é teoria da dupla imputação?

Segundo a teoria da dupla imputação, para a responsabilização penal da pessoa jurídica é necessária a responsabilização (imputação), também, da pessoa física que a determina (comanda).

Teoria da dupla imputação	
Pessoa física	Pessoa jurídica

É importante ressaltar que a teoria da dupla imputação, antes exigida pelo STJ, não é mais aceita para os crimes ambientais.

Dessa forma, é plenamente possível que a pessoa jurídica seja denunciada e, inclusive, condenada sem que seja necessária a condenação da pessoa física que a administrava.

Por exemplo, é possível que a empresa Vale S/A seja condenada por crime ambiental sem que seja necessária a condenação de qualquer de seus funcionários ou administradores.

2.3.2 Sujeito passivo

É o titular do bem jurídico ofendido, ou seja, é aquele que foi lesado pela infração penal cometida pelo sujeito ativo.

Apesar de não ser frequentemente cobrado, há uma classificação quanto ao sujeito passivo, que pode ser exigida em provas de concurso público:

Sujeito passivo formal	Sujeito passivo material
O Estado, que sempre será atingido pela prática da infração penal	O titular do bem jurídico atingido

2.4 Critério de crime

Inicialmente, é importante destacar que o conceito de crime não é único e pode ser definido de diversas formas a depender do enfoque adotado.

Nesse sentido, a doutrina apresenta 3 critérios bastante comuns:

Critérios
↓
Material
↓
Formal
↓
Analítico

2.4.1 Critério material

Para tal critério, o crime é toda ação ou omissão que causa lesão ao bem jurídico penalmente tutelado.

Nas provas de concurso público, é bastante comum associar o critério material com um conceito pré-jurídico, ou seja, o crime seria tudo aquilo que atenta contra os interesses da sociedade e que é reprimido por meio do Direito Penal.

2.4.2 Critério formal

Por outro lado, para o critério formal, leva-se em consideração um conceito legal de crime.

Nesse sentido, como visto anteriormente, o conceito legal de crime é previsto no art. 1º do Decreto-lei nº 3.914/1941 (Lei de Introdução ao Código Penal), nos seguintes termos:

> ***Art. 1º** Considera-se crime a infração penal que a lei comina pena de reclusão ou de detenção, quer isoladamente, quer alternativa ou cumulativamente com a pena de multa[....].*

2.4.3 Critério analítico

Não há dúvidas de que é o critério mais exigido nos concursos públicos.

Inicialmente, é importante chamar atenção ao fato de que será adotada a **Teoria Tripartite**, aceita pela maioria das bancas de concurso público.

Assim, para o critério analítico, é possível conceituar o crime como sendo um fato típico, ilícito e culpável.

Critério analítico (Teoria tripartite)
↓
Fato típico
↓
Ilicitude
↓
Culpabilidade

Fique ligado

Alguns doutrinadores adotam a **Teoria Bipartite.** Para tal corrente, a **culpabilidade** não seria um elemento do crime, mas um pressuposto de aplicação da pena.

"Escada" do crime

É importante destacar que, no critério analítico, só é possível falar em crime caso estejam presentes todos os elementos (tipicidade, ilicitude e culpabilidade).

> "A" atira contra "B", que vem a morrer por conta dos disparos de arma de fogo.

No exemplo acima, não é possível, *a priori*, afirmar a existência do crime de homicídio.

Assim, com as informações apresentadas, há como apontar, apenas, que houve um fato típico, previsto no art. 121 do Código Penal.

Com a escassez de informações, não há como saber se "A", por exemplo, agiu em legítima defesa, hipótese de exclusão da ilicitude.

Nesse caso, não há dúvidas da inexistência de crime, já que ausente o 2º elemento (ilicitude).

Tudo isso que foi dito pode ser resumido no seguinte esquema, denominado "escada do crime":

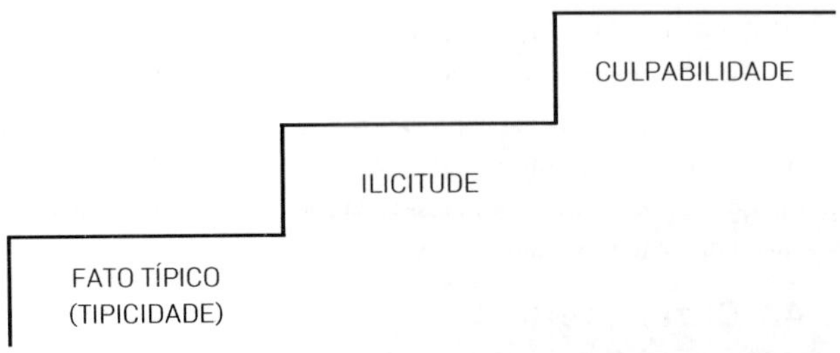

Fique ligado

Em suma, para a existência do crime, é necessária a presença de todos os elementos, de forma que cada um, na ordem apresentada, seja pressuposto do antecessor.

2.5 Fato típico

É todo fato jurídico decorrente da conduta de um indivíduo que atenta contra um bem jurídico e, por essa razão, o legislador resolveu reprimir por meio da criação de um tipo penal.

Por exemplo, cita-se o tipo penal do art. 121 do CP, conhecido como homicídio, que visa proteger a vida (bem jurídico).

Fique ligado

Tipo penal é a descrição, em lei, de uma conduta proibida e que enseja a cominação de uma pena.

2.5.1 Elementos do fato típico

Da mesma forma que o crime é formado por seus elementos (fato típico, ilicitude e culpabilidade), cada um deles será composto por outros elementos.

Em relação ao fato típico, os elementos são:

Fato típico
↓
Conduta
↓
Resultado
↓
Nexo Causal
↓
Tipicidade

Assim, até o momento, é possível apresentar o seguinte esquema:

	CRIME	
Fato típico	Culpabilidade	Ilicitude
↓		
Conduta		
Resultado		
Nexo Causal		
Tipicidade		

2.5.2 Resultado

Há uma classificação bem conhecida no Direito Penal que leva em consideração a relação entre o resultado naturalístico e a consumação do crime.

Dessa forma, os crimes podem ser classificados em:

Fato típico
↓
Material
↓
Formal
↓
Mera conduta

Crime material

O crime material é aquele em que há previsão no tipo penal de um resultado naturalístico e que tal circunstância precisa ocorrer para que se tenha a modalidade consumada.

Por exemplo, o homicídio é classificado como crime material, já que há no art. 121 do CP a previsão de que o resultado naturalístico (morte) é condição necessária para a consumação, ou seja, se não ocorrer o resultado morte, o homicídio restará praticado na modalidade tentada.

Crime material	
Previsão de resultado naturalístico	O resultado naturalístico é necessário para a consumação do crime

Crime formal

O crime formal é aquele em que há previsão no tipo penal de um resultado naturalístico, mas sua ausência no caso concreto não interfere na consumação do crime.

Por exemplo, o crime de extorsão (art. 158) prevê um resultado naturalístico, que é a obtenção da vantagem indevida pelo agente.

Contudo, a consumação da extorsão independe do recebimento dessa vantagem, já que esta se dá quando o agente a exige, ou seja, a obtenção do lucro ilícito é mero exaurimento do delito.

Crime formal	
Previsão de resultado naturalístico	O resultado naturalístico **não** é necessário para a consumação do crime

Crime de mera conduta

O crime de mera conduta é aquele em que não há previsão no tipo penal de um resultado naturalístico, ou seja, praticada a conduta descrita no tipo penal, o crime estará consumado.

A doutrina apresenta diversos exemplos de crimes de mera conduta, como a violação de domicílio (CP, art. 150).

Assim, uma vez violado o domicílio, o crime já estará consumado, até porque não há previsão de um resultado naturalístico em sua descrição, ou seja, basta que o agente adentre na residência sem autorização:

> ***Art. 150*** *Entrar ou permanecer, clandestina ou astuciosamente, ou contra a vontade expressa ou tácita de quem de direito, em casa alheia ou em suas dependências:*
> *Pena – detenção, de um a três meses, ou multa.*

Crime de mera conduta
Não há previsão de resultado naturalístico

2.5.3 Conduta

A doutrina atual, com origem na década de 1930, e que veio a se incorporar na legislação brasileira, classifica a conduta como o **comportamento humano voluntário psiquicamente dirigido a um fim.**

A conduta, pois, pressupõe um movimento humano voluntário (que seja dotado de vontade), que cause repercussão no mundo exterior. Por isso que, **como regra**, não se pune a cogitação e os atos preparatórios.

Assim, podemos traduzir dois elementos da conduta:

- Comportamento voluntário; e
- Exteriorização da vontade.

Exclusão da conduta

- **Caso fortuito e força maior:** decorre de atos imprevisíveis, fenômenos naturais, situações que tiveram a causa desconhecida. Para Zaffaroni, é um resultado que se produz fora do controle da vontade.
- **Involuntariedade:** atos praticados sem intenção.
  - **Estado de inconsciência completa:** sonambulismo, hipnose, ataque de epilepsia.
  - **Movimentos reflexos:** são atos originados a partir de uma reação automática do agente.
- **Coação física irresistível:** uma força física externa conduz o agente a praticar um fato ou o impossibilita de evitar o resultado.

Fique ligado
Este elemento não pode ser confundido com a coação moral irresistível, pois esta, além de ser uma situação à culpabilidade, o agente tinha a opção entre o agir/não agir, mas uma força psicológica (grave ameaça), retira a liberdade de escolha do cidadão.

Nexo causal

É o vínculo, a ponte que une a conduta ao resultado. Em resumo, trata-se da análise da vinculação do resultado ao agente.

O Código Penal dispõe sobre o nexo de causalidade no *caput* do art. 13, ao assim dispor:

> ***Art. 13*** *O resultado, de que depende a existência do crime, somente é imputável a quem lhe deu causa. Considera-se causa a ação ou omissão sem a qual o resultado não teria ocorrido.*

A nossa legislação adotou a chamada Teoria da Equivalência dos Antecedentes Causais (*conditio sine qua non*). Para essa teoria, reitere-se, todos os antecedentes do resultado, ainda que sobre ele tenham exercido mínima influência, serão considerados como sua "causa".

Essa teoria deve ser somada à teoria da eliminação hipotética dos antecedentes causais para se apurar quais são, de fato, as causas determinantes para o resultado. Mas cuidado para não regredir ao infinito!

Concausas

No caso concreto, é possível que exista mais de uma causa motivadora do resultado. É o que se denomina tecnicamente de concausa.

> **Ex.:** Pedro, desfere 4 tiros em seu desafeto, pretendendo matá-lo. Porém, o desafeto havia sido vítima de ministração de veneno por sua esposa minutos antes. O desafeto morre em decorrência do envenenamento.

Nesse caso, existem duas causas concorrendo para o evento morte. Entretanto, aplicando-se o método da eliminação hipotética, Pedro não pode ser responsabilizado pelo resultado, pois este aconteceria independentemente de sua conduta. Resta, pois, sua responsabilização por tentativa de homicídio.

A doutrina trata das **causas dependentes e independentes.** As primeiras seriam as que têm origem na conduta do sujeito e inserem-se dentro da sua linha de desdobramento causal natural, esperada. Já as causas independentes são as que, originando-se ou não da conduta do agente, produzem por si só o resultado. Elas configuram um fator que está fora do desdobramento do que normalmente aconteceria com a conduta praticada. São eventos inusitados, inesperados.

Ainda, a respeito das **causas independentes**, faz-se necessário distingui-las entre as causas **absolutamente** e as **relativamente** independentes da conduta.

As causas absolutamente independentes dizem respeito às que produzem por si só o resultado, não possuindo qualquer origem ou relação com a conduta praticada. Nesse caso, o resultado ocorreria de qualquer modo, com ou sem o comportamento realizado (eliminação hipotética), motivo pelo qual fica afastado o nexo de causalidade (fazendo com que não se possa imputar o resultado ao autor da conduta). O agente, desse modo, só responde pelos atos praticados, excluindo-se de seu âmbito a imputação do resultado.

As causas **absolutamente independentes** se dividem em:

- **Preexistentes:** a causa do resultado antecede o comportamento concorrente. Trata-se da situação do exemplo acima.
- **Concomitantes:** as causas concorrentes para o resultado são simultâneas.
- **Supervenientes:** a causa do resultado é posterior ao comportamento concorrente.

Para todas estas hipóteses, em se tratando de concausa absolutamente independente, não importa a espécie, o comportamento concorrente será punido na modalidade tentada.

Noutro giro, na **causa relativamente independente**, a origem efetiva do resultado se origina do comportamento concorrente, ocorrendo

D P E N

uma fusão entre as causas para produzir o resultado final. Possuem a mesma subclassificação.

Preexistente: o elemento que se conjuga para produzir ao resultado é anterior à causa concorrente.

> **Ex.:** indivíduo que é portador de hemofilia, vítima de uma pequena facada, que morre em razão da dificuldade para estancar o sangue. O autor dessa facada responde pelo crime consumado.

Concomitante: a causa efetiva do resultado se conjuga simultaneamente com a concausa.

> **Ex.:** "A" querendo matar "B" desfere-lhe um tiro. Por circunstâncias alheias, o tiro não atinge a vítima, mas esta, em razão do susto, tem um ataque cardíaco e morre. O agente "A" responde pelo crime doloso, na medida em que, se não tivesse atirado, "B" não morreria.

Superveniente: o elemento propulsor que se soma à concausa acontece após a causa concorrente. Trata-se de situação descrita no art. 13, § 1º, do CP.

> ***Art. 13, § 1º*** *A superveniência de causa relativamente independente exclui a imputação quando, por si só, produziu o resultado; os fatos anteriores, entretanto, imputam-se a quem os praticou.*

Formas de conduta

Quando se analisa a conduta, é importante analisar a voluntariedade do agente, que consiste em ter consciência do ato praticado.

Para tanto, é imprescindível analisar se a conduta foi dolosa (praticada intencionalmente) ou culposa (sem intenção de produzir o resultado), praticada por ação (conduta positiva/agir – ou também chamado de crime comissivo) ou por omissão (conduta negativa, deixar de fazer).

- **Crime doloso:** nos termos do art. 18, I, do CP, diz-se doloso o crime que o agente quis o resultado ou assumiu o risco de produzi-lo. Trata-se, pois da vontade consciente dirigida a praticar um crime. **O dolo apresenta dois elementos:** o volitivo, que consiste na vontade de praticar a conduta, e o intelectivo, que representa a consciência do resultado.
- **Crime culposo:** tem previsão no art. 18, II, do CP, e diz respeito às condutas praticadas com a quebra de um dever objetivo de cuidado. Ou seja, consiste em uma conduta não pretendida pelo autor do fato, que poderia ter sido evitado se as cautelas necessárias fossem observadas.

Nesta modalidade, o agente pratica uma conduta eivado de voluntariedade. Espera que seu resultado seja lícito, porém, pela quebra do dever objetivo de cuidado, falha.

Quebra do dever objetivo de cuidado

- **Imprudência:** consiste em uma conduta positiva, que deságua no resultado não pretendido.
- **Negligência:** abstenção, conduta negativa, deixar de fazer.
- **Imperícia:** falta de aptidão técnica.

Em suma, para a configuração do crime culposo, é necessário o preenchimento dos seguintes requisitos:

- Conduta humana e voluntária;
- Violação do dever objetivo de cuidado;
- Resultado (naturalístico) involuntário;
- Nexo de causalidade;
- Resultado involuntário previsível;
- Previsão legal para crime culposo.

Espécies de culpa

- **Culpa consciente:** o agente prevê o resultado, mas espera que ele não ocorra, supondo poder evitá-lo com sua habilidade.
- **Culpa inconsciente ou própria:** o agente não prevê o resultado, que era previsível. Qualquer outro cidadão, nas mesmas condições, poderia prever. O agente não quer e não assume o risco de produzir o resultado, mas falha relativamente ao dever de cuidado objetivo.
- **Culpa imprópria:** quando o dolo na conduta é tratado como culpa, em razão de um erro evitável (art. 20, § 1º, do CP).

Obs.: É elementar para o seu concurso diferenciar de maneira clara a culpa consciente do dolo eventual. Na primeira situação, o agente prevê o resultado, mas acredita que com sua habilidade ele é capaz de evitar o resultado. Já no dolo eventual, o agente prevê o resultado e assume o risco de sua ocorrência, agindo com descaso (com indiferença) em relação ao bem jurídico tutelado.

- **Crime comissivo:** é o crime praticado por ação, quando há subsunção de uma conduta a um núcleo de um tipo penal.
- **Crime omissivo:** trata-se de situações em que há uma abstenção de conduta, um deixar de fazer.
  - **Crime omissivo próprio:** é o crime omissivo por excelência, aquele em que já contém no tipo penal a ideia de não fazer, constando expressamente em seu núcleo o vocábulo "deixar de".

  > Ex.: arts. 135, 244 e 269 do CP.

  - **Crime omissivo impróprio ou comissivo por omissão (existem ainda os sinônimos: espúrio, impuro):** aqui não se leva em consideração apenas a abstenção de comportamento. Deve ser levado em consideração para esta classificação que a omissão a ser analisada é quando o agente tinha um dever jurídico para evitar a ocorrência do resultado.

Fique ligado

Trazendo uma rápida diferenciação: na **omissão própria**, o agente tem um dever genérico de agir, enquanto na **omissão imprópria**, o indivíduo tem um dever jurídico que o vincula ao resultado caso seja omisso. Além disso, na **omissão própria** o agente responde por omissão pura, enquanto na **omissão imprópria**, o agente responde por crime comissivo praticado por omissão.

A omissão imprópria tem sua previsão no art. 13, § 2º, do CP:

> ***§ 2º*** *A omissão é penalmente relevante quando o omitente devia e podia agir para evitar o resultado. O dever de agir incumbe a quem:*
> *a) tenha por lei obrigação de cuidado, proteção ou vigilância;*
> *b) de outra forma, assumiu a responsabilidade de impedir o resultado;*
> *c) com seu comportamento anterior, criou o risco da ocorrência do resultado.*

Crime preterdoloso

Além das espécies de crimes já estudados (doloso e culposo), reconhece-se o crime preterdoloso ou preterintencional, em que o resultado vai além da intenção do agente. O crime preterdoloso é uma das espécies de crime qualificado pelo resultado (gênero).

O agente quer um resultado e o atinge, mas sua conduta enseja outro evento, por ele não desejado (obtido culposamente).

> **Ex.:** lesão corporal seguida de morte (art. 129, § 3º, do CP). Ocorre "dolo no antecedente e culpa no consequente". Importante assinalar que o agente só responderá pelo resultado que agrava a pena se para ele concorrer, ao menos, culposamente (CP, art. 19).

2.6 Etapas da realização do delito – *iter criminis*

Aqui estamos diante do caminho do crime, os atos que são usualmente praticados até que alcancemos um resultado (jurídico ou naturalístico).

Ademais, estuda-se também a consumação e tentativa, tendo em vista que existe reflexo jurídico distinto em cada uma das situações.

Acerca das etapas, apresentamos as quatro:

- Cogitação;
- Atos preparatórios;
- Atos executórios;
- Consumação.

Fique ligado

O **exaurimento** não integra o *iter criminis*, mas serve de importante critério para solução de questões envolvendo sucessão de leis no tempo. Também pode recair em fato que aumenta a reprovabilidade da conduta.

2.6.1 Cogitação

Consiste na fase interna, o mero pensamento, antecipação mental. Mostra-se irrelevante aos fins de direito na medida em que não houve o exercício ou violação de bem jurídico alheio.

2.6.2 Atos preparatórios

Momento anterior ao início da execução e posterior à cogitação. Os atos preparatórios verificam-se quando a ideia passa da esfera mental e se materializa mediante condutas voltadas ao cometimento do crime.

Via de regra, os atos preparatórios são impuníveis, mas existem exceções.

Fique ligado

As exceções aparecem nos arts. 288 e 291 do CP, bem como no art. 34 da Lei de Drogas, e art. 5º da Lei nº 13.260/2016.

2.6.3 Atos executórios

Aqui, efetivamente, dá-se início à violação ao bem jurídico alheio. São as ações ou omissões diretamente dirigidas ao intento criminoso.

2.6.4 Consumação

É a fase conclusiva do *iter criminis*. O delito encontra-se consumado quando estiverem reunidos todos os elementos da definição legal do delito (art. 14, I, do CP). Com a consumação, alcança-se o resultado, o que faz preencher a figura típica.

O exaurimento não faz parte do *iter criminis*. Cuida-se, em verdade, de momento posterior à consumação, sendo, em regra, por ela absorvido.

2.7 Situações que impedem a responsabilização do agente pelo resultado

2.7.1 Tentativa

Também chamada de *conatus*, é denominada uma norma de extensão (regra ampliativa da tipicidade penal), que permite a aplicação de pena mesmo quando não há a consumação delitiva.

> ***Art. 14*** *Diz-se o crime:*
>
> ***Crime consumado***
>
> *I – consumado, quando nele se reúnem todos os elementos de sua definição legal;*
>
> ***Tentativa***
>
> *II – tentado, quando, iniciada a execução, não se consuma por circunstâncias alheias à vontade do agente.*
>
> ***Parágrafo único.*** *Salvo disposição em contrário, pune-se a tentativa com a pena correspondente ao crime consumado, diminuída de um a dois terços.*

A tentativa pode se desmembrar em:

- **Tentativa perfeita ou inacabada (crime falho):** o agente percorre todo o *iter criminis*, esgotando o processo executório que tinha por objetivo, mas a consumação não ocorre por fatores involuntários (circunstâncias alheais à sua vontade).
- **Tentativa imperfeita ou inacabada:** aqui o agente não consegue levar adiante todo o plano criminoso. O processo de execução delitiva sofre interferência antes mesmo da realização do itinerário previsto.
- **Tentativa vermelha ou cruenta:** a vítima sofre lesões, mas o fato não se consuma.
- **Tentativa branca ou incruenta:** a vítima não chega a ser fisicamente atingida.

Não admitem tentativa:

- Crimes de atentado;
- Crimes culposos;
- Crimes preterdolosos;
- Crimes omissivos próprios;
- Crimes unissubsistentes;
- Crimes habituais;
- Contravenções penais.

2.7.2 Desistência voluntária e arrependimento eficaz (tentativa abandonada ou qualificada)

As hipóteses relacionadas à chamada tentativa qualificada encontram respaldo no art. 15 do CP, que são os institutos da desistência voluntária e do arrependimento eficaz, também classificados como "ponte de ouro". São duas as espécies: a desistência voluntária e o arrependimento eficaz.

> ***Art. 15*** *O agente que, voluntariamente, desiste de prosseguir na execução ou impede que o resultado se produza, só responde pelos atos já praticados.*

A **desistência voluntária** está prevista na primeira parte do art. 15 do Código Penal, e consiste na prática em que o agente, durante a execução do delito, **desiste de prosseguir na execução quando lhe era possível.**

Assim, o agente que voluntariamente (não precisa ser espontaneamente) desiste de prosseguir na execução responde tão somente pelos atos já praticados.

Por outro lado, no **arrependimento eficaz,** os atos executórios já foram praticados, mas o agente, agindo em sentindo contrário, evita o resultado do crime.

> **Ex.:** OREIA, com intuito de matar, dispara os cinco tiros possíveis em NARIGA. Na sequência, se arrepende e socorre a vítima, levando-a ao hospital. Por conta do tratamento médico, NARIGA sobrevive.

Perceba que nesta segunda hipótese o agente evita a produção do resultado. E, para ser agraciado com a aplicação do instituto, o resultado não pode se produzir.

Além disso, perceba que neste instituto o agente termina de praticar **todos** os atos de execução.

DPEN

Segundo o entendimento dominante na doutrina, as figuras do art. 15 do CP são excludentes da tipicidade tentada. Isso porque "tanto na desistência voluntária quanto no arrependimento eficaz não se atinge o momento consumativo do crime 'por vontade do agente'. Isso torna evidente a falta de adequação típica pela inocorrência do segundo elemento da tentativa, que é a não consumação do crime por circunstâncias independentes da vontade do agente".

2.7.3 Arrependimento posterior

> ***Art. 16*** *Nos crimes cometidos sem violência ou grave ameaça à pessoa, reparado o dano ou restituída a coisa, até o recebimento da denúncia ou da queixa, por ato voluntário do agente, a pena será reduzida de um a dois terços.*

Essa modalidade de "interferência" no *iter criminis* corresponde a uma hipótese em que o agente se arrepende da prática delitiva após a consumação do delito.

Nesse sentido, nos termos do art. 16 do CP, que também é conhecido como "Ponte de Prata", **nos crimes sem violência ou grave ameaça,** se o agente **repara o dano ou restitui a coisa** (por ato voluntário – não necessariamente espontâneo) **até o recebimento da denúncia**, tem sua pena reduzida de 1/3 a 2/3.

Obs. 1: Embora o *caput* do art. 16 estabeleça que o instituto é aplicado aos crimes sem violência ou grave ameaça, temos os seguintes entendimentos:

- É aplicável este instituto aos crimes de lesões corporais culposas, tendo em vista que, neste caso, a lesão está no resultado, e não no meio empregado.
- **Também se aplica o arrependimento posterior ao crime praticado com violência imprópria** (Ex.: quando há redução de capacidade de resistência da vítima), na medida em que inexiste violência física.

Obs. 2: Os **crimes contra a fé pública**, assim como os demais **crimes** não patrimoniais em geral, são incompatíveis com o instituto do **arrependimento posterior**, dada a impossibilidade material de haver reparação do dano causado ou a restituição da coisa subtraída.

2.7.4 Crime impossível

> ***Art. 17*** *Não se pune a tentativa quando, por ineficácia absoluta do meio ou por absoluta impropriedade do objeto, é impossível consumar-se o crime.*

Configura-se o crime impossível quando, após a prática do fato, constata-se que a consumação jamais poderia ter sido realmente alcançada.

Este instituto se materializa e, consequentemente, não permite a punição pela tentativa quando o meio for absolutamente ineficaz (Ex.: tentar matar alguém por um ato de bruxaria ou com uma arma de brinquedo) ou pela impropriedade do objeto (Ex.: atirar contra um cadáver; tomar medicação abortiva sem estar grávida).

É relevante destacar que o meio (absolutamente ineficaz) a que alude o Código é o meio executório e o objeto (absolutamente impróprio) a que faz referência é o objeto material.

Por fim, vale mencionar o chamado crime impossível por obra do agente provocador, que se dá quando a Polícia induz o agente a praticar o fato, assegurando-se, em paralelo, que será impossível consumá-lo. Essa hipótese decorre do entendimento jurisprudencial do STF:

> ***Súmula nº 145 – STF***
> *Não há crime, quando a preparação do flagrante pela polícia torna impossível a sua consumação.*

Tomemos como exemplo o fato de a Polícia, pretendendo identificar o autor de crimes contra o patrimônio em local de grande circulação de pessoas, colocar um policial ostentando diversas joias de ouro, fazendo-se passar pela vítima preferencial do investigado, com o intuito de servir de isca, para induzi-lo à prática do crime e, ao mesmo tempo, são colocados diversos policiais à paisana. Quando o agente tentar praticar o delito, será preso em flagrante pelos policiais. Veja-se que, nesse exemplo, a preparação do flagrante pela polícia torna impossível a consumação do delito.

2.8 Teoria do erro

Ainda dentro do campo da conduta, situação que gera boa discussão sobre o tema é a teoria do erro, prevista no art. 20 do CP, que traz a seguinte redação:

> ***Art. 20*** *O erro sobre elemento constitutivo do tipo legal de crime exclui o dolo, mas permite a punição por crime culposo, se previsto em lei.*

Erro, em Direito Penal, corresponde a uma *falsa percepção da realidade.* O erro pode interferir na responsabilidade penal do agente, retirando do fato seu caráter criminoso ou eximindo de culpa o autor do crime.

No *caput* do art. 20 temos a figura do erro de tipo, hipótese em que o agente ignora ou tem uma falsa percepção da realidade que o circunda, ou seja, ele não capta corretamente os eventos que ocorrem ao seu redor. O sujeito se confunde, trocando um fato por outros.

Por exemplo, incorre em erro de tipo a pessoa que, ao sair de um supermercado, dirige-se ao estacionamento e, diante de um automóvel idêntico ao seu (mesma cor e modelo), nele ingressa e, com sua chave, o aciona e deixa o local. A falsa percepção da realidade incidiu sobre um dado fático previsto como elementar do tipo penal do art. 155 do CP (no caso, desconhecia que o bem era "coisa alheia" e acreditava, de boa-fé, que se tratava de "coisa própria").

O erro de tipo pode ser desmembrado em: **essencial** e **acidental**.

O erro de tipo **essencial** recai sobre os dados principais do crime e pode ser inevitável ou evitável.

- **Inevitável/escusável/justificável/invencível:** é o erro imprevisível, que exclui o dolo (ausência de consciência) e a culpa (sem previsibilidade do resultado).
- **Evitável/inescusável/injustificável/vencível:** erro previsível. Exclui somente o dolo (falta de consciência) e pune-se a culpa, se prevista em lei.

Já o erro acidental recai sobre dados secundários do crime. Pode se dar de seis formas:

2.8.1 Erro sobre o objeto

O agente confunde o objeto material. A consequência é que o agente responde de acordo com o bem jurídico efetivamente atingido. Não há que se falar em exclusão do dolo nem da culpa.

2.8.2 Erro sobre a pessoa

Aqui, há o erro com relação à pessoa sobre a qual recai a conduta. Aqui, existe uma vítima real (que recebe a conduta), e uma virtual (a que deveria receber). A consequência, conforme prevê o art. 20, § 3º, do CP é que o agente responde pelo crime de acordo com as condições da vítima a que se pretendia atingir.

2.8.3 Erro na execução/*aberratio ictus*

Quando, por acidente ou erro no uso dos meios de execução, o agente, ao invés de atingir a pessoa que pretendia ofender, atinge pessoa diversa, responde como se tivesse praticado o crime contra aquela, atendendo-se ao disposto no § 3º do art. 20 deste Código. No caso de ser também atingida a pessoa que o agente pretendia ofender, aplica-se a regra do art. 70 deste Código.

2.8.4 Resultado diverso do pretendido/ *aberratio criminis ou delicti*

> ***Art. 74*** *Fora dos casos do artigo anterior, quando, por acidente ou erro na execução do crime, sobrevém resultado diverso do pretendido, o agente responde por culpa, se o fato é previsto como crime culposo; se ocorre também o resultado pretendido, aplica-se a regra do art. 70 deste Código.*

2.8.5 Erro provocado por terceiro

> ***Art. 20, § 2º*** *Responde pelo crime o terceiro que determina o erro.*

2.8.6 Erro sobre o nexo causal

Erro sobre o nexo causal é aquele em que o resultado almejado pelo agente é alcançado, mas se produz com nexo causal diverso, de maneira não quista pelo agente.

Divide-se em duas espécies:

- **A primeira é o erro sobre o nexo causal em sentido estrito:** ocorre quando o agente, mediante um só ato, provoca o resultado visado, porém com outro nexo de causalidade.

> **Ex.:** "A" empurra "B" de uma montanha para que ele morra afogado, porém, durante a queda, "B" bate a cabeça contra uma rocha e morre em razão das múltiplas lesões.

- **A segunda é o dolo geral ou *aberratio causae*:** nesta situação, o agente realiza uma pluralidade de atos, provocando o resultado pretendido, porém com outro liame (nexo causal).

> **Ex.:** Caio, com intenção de matar, desfere três tiros contra seu desafeto, Getúlio, acreditando tê-lo matado. Ato contínuo, desova o cadáver em uma distante lagoa da região, porém, Getúlio acaba morrendo por afogamento. Dessa forma, o agente será responsabilizado por crime único onde irá ser considerado, o nexo ocorrido (e não o pretendido inicialme

Erro de tipo essencial

O erro de tipo essencial é previsto no art. 20 do Código Penal, nos seguintes termos:

> ***Art. 20*** *O erro sobre elemento constitutivo do tipo legal de crime exclui o dolo, mas permite a punição por crime culposo, se previsto em lei.*

Dessa forma, o erro de tipo essencial ocorre quando a falsa percepção recai sobre elementares do tipo penal.

Fique ligado
Elementares do tipo penal: São os elementos do tipo penal que, se suprimidos, desclassificam o crime (leva a outro tipo penal) ou tornam a conduta atípica.

O caso concreto anteriormente apresentado é um exemplo de erro de tipo essencial, já que ser "menor de 14 anos" é elementar do tipo penal.

> ***Art. 217-A*** *Ter conjunção carnal ou praticar outro ato libidinoso com* ***menor de 14 (catorze) anos****:*
>
> *Pena – reclusão, de 8 (oito) a 15 (quinze) anos.*

Exclusão do dolo

A principal consequência do erro de tipo essencial é a **exclusão do dolo.**

O motivo é bastante simples.

Como o indivíduo age sob falsa percepção da realidade, a voluntariedade (dolo) de sua conduta é viciada, ou seja, ele não tinha a intenção de praticar o ilícito, aliás, teria, até mesmo, a evitado.

Apesar das terminologias semelhantes, é na consequência que se verifica a maior distinção entre o erro de tipo e o erro de proibição:

Erro de tipo	Erro de tipo
Exclusão do dolo	Exclusão da culpabilidade

Erro de tipo essencial: escusável x inescusável

Dentro do erro de tipo essencial, há a classificação em: 1) ESCUSÁVEL e 2) INESCUSÁVEL.

O erro de tipo **essencial escusável (inevitável)** ocorre quando o agente toma as devidas cautelas, mas, ainda assim, pratica a conduta com base em falsa percepção dos fatos, ou seja, qualquer outra pessoa agiria da mesma forma.

> "A", maior, conhece "B" em uma boate e a convida para passar a noite em sua casa. Contudo, "B" é menor e possui menos de 14 anos, apesar de sua compleição física aparentar mais idade (exemplo já apresentado).

Por outro lado, o **erro de tipo essencial inescusável (evitável)** ocorre quando o agente age sem tomar os cuidados adequados ao caso concreto, ou seja, age com **culpa.**

> "A", caçador, atira em direção a um arbusto que se movimentava, sem se preocupar em verificar se era, de fato, uma presa. Após o disparo, "A" descobre que atingiu "B", um outro caçador que se encontrava no local.

- O erro de tipo essencial sempre exclui o dolo?

A resposta é **SIM.**

Não importa se o erro de tipo essencial é escusável ou inescusável, pois se o agente agiu com falsa percepção dos fatos (realidade), sua intenção (dolo) é viciada.

Dessa forma, o Direito Penal, corretamente, exclui o dolo.

- Mas qual a diferença prática entre as modalidades do erro de tipo essencial?

Como no erro de tipo essencial inescusável (evitável) o agente age com culpa, haverá responsabilização penal caso a conduta corresponda a um tipo penal que admita a modalidade culposa.

Por exemplo, se o indivíduo pratica um homicídio incorrendo em erro de tipo essencial escusável, deverá responder pelo crime de homicídio culposo, já que o tipo penal admite a modalidade culposa.

Escusável	Inescusável
Exclui o dolo	Exclui o dolo
↓	↓
Exclui a culpa	Responde pela culpa se prevista a modalidade culposa

2.8.7 Erro de proibição

No erro de proibição, ao contrário do erro de tipo, a pessoa tem plena noção da realidade que se passa a seu redor.

Não há confusão mental sobre o que está acontecendo diante de seus olhos. O sujeito, portanto, sabe exatamente o que faz. Seu equívoco recai sobre a compreensão acerca de uma regra de conduta. Com seu comportamento, o agente viola alguma proibição contida em norma penal que desconhece por absoluto. Em outras palavras, ele sabe o que faz, só não sabe que o que faz é proibido.

O instituto está previsto no art. 21 do Código Penal:

> ***Art. 21*** *O desconhecimento da lei é inescusável. O erro sobre a ilicitude do fato, se inevitável, isenta de pena; se evitável, poderá diminuí-la de um sexto a um terço.*

É importante mencionar que não se pode confundir erro de proibição com o desconhecimento da lei. Isso porque a maioria da população desconhece a legislação, muito menos o Código Penal, contudo, as pessoas sabem bem que matar, roubar, sequestrar, ofender a honra etc. são crimes. Se o desconhecimento da lei isentasse a população de responsabilidade penal por seus atos, quase todos teriam um "alvará" para cometer os mais variados crimes, prejudicando terceiros, sem sofrer qualquer punição.

2.9 Descriminantes putativas

De início, registra-se que descriminante é sinônimo de causa de exclusão de ilicitude, que estão elencadas no art. 23 do Código Penal:

> ***Art. 23*** *Não há crime quando o agente pratica o fato:*
>
> *I – em estado de necessidade;*
>
> *II – em legítima defesa;*
>
> *III – em estrito cumprimento de dever legal ou no exercício regular de direito.*

O termo "putativa" está relacionado à ausência de realidade, ou seja, descriminante putativa é uma situação que somente aparenta ser uma causa de excludente de ilicitude.

As descriminantes putativas estão previstas no art. 20, § 1º, do CP, nos seguintes termos:

> ***Art. 20, § 1º*** *É isento de pena quem, por erro plenamente justificado pelas circunstâncias, supõe situação de fato que, se existisse, tornaria a ação legítima. Não há isenção de pena quando o erro deriva de culpa e o fato é punível como crime culposo.*

2.9.1 Espécies

Inicialmente, o tema requer muita atenção do aluno, bem como o domínio dos institutos: erro de proibição e erro de tipo.

Apesar do Código Penal não mencionar, são reconhecidas 2 (duas) espécies de descriminantes putativas:

Descriminantes putativas	
Falsa percepção dos fatos (pressupostos fáticos)	Erro sobre existência ou limite da descrimintante

2.10 Ilicitude

Também denominada antijuridicidade, é o segundo elemento do conceito analítico de crime. A ilicitude consiste na contrariedade do fato com o ordenamento jurídico, por meio da exposição a perigo de dano ou da lesão a um bem jurídico tutelado.

Ao examinar uma conduta, que é, em verdade, casuística, pois não é possível universalizar os fatos, é preciso analisar se o agente praticou esta conduta amparado por alguma situação que tornou a ação legítima ou não.

Se ele agir amparado por uma causa que torne lícita sua conduta, estaremos diante da exclusão da ilicitude e, como decorrência, do crime em si.

As causas excludentes de ilicitude podem ser chamadas de Descriminantes ou Justificantes.

A ilicitude, também denominada de antijuridicidade, é a relação de contrariedade entre o fato humano e as exigências do ordenamento jurídico.

2.10.1 Causas excludentes de ilicitude em espécie

São situações nas quais o ordenamento jurídico autoriza, excepcionalmente, a prática de fatos típicos. As excludentes de ilicitude são previstas no art. 23 do Código Penal. De acordo com o texto, são quatro as causas de justificação:

> ***Art. 23*** *Não há crime quando o agente pratica o fato:*
>
> *I – em estado de necessidade;*
>
> *II – em legítima defesa*
>
> *III – em estrito cumprimento de dever legal ou no exercício regular de direito.*
>
> *Excesso punível*
>
> ***Parágrafo único.*** *O agente, em qualquer das hipóteses deste artigo, responderá pelo excesso doloso ou culposo.*

Sendo o fato praticado nessas circunstâncias, não haverá crime.

Estado de necessidade

> ***Art. 24*** *Considera-se em estado de necessidade quem pratica o fato para salvar de perigo atual, que não provocou por sua vontade, nem podia de outro modo evitar, direito próprio ou alheio, cujo sacrifício, nas circunstâncias, não era razoável exigir-se.*
>
> *§ 1º Não pode alegar estado de necessidade quem tinha o dever legal de enfrentar o perigo.*
>
> *§ 2º Embora seja razoável exigir-se o sacrifício do direito ameaçado, a pena poderá ser reduzida de um a dois terços.*

Nesta modalidade de descriminante, verificamos situação em que dois bens jurídicos correm risco de perecer. Nesse contexto, a Lei permite que um deles seja sacrificado em detrimento de outrem, já que não seria possível a preservação de ambos.

Requisitos:

- **Perigo atual:** é o risco presente, real, gerado por fato humano, **comportamento de animal** (não provocado pelo dono) ou fato da natureza.
- A situação de perigo não pode ter sido causada pelo agente.
- Salvar direito próprio ou alheio.
- Inexistência de dever legal de enfrentar o perigo.
- Impossibilidade da prática de outro ato de salvaguarda.

Dentro do estado de necessidade, muito se discute acerca do furto famélico.

Hodiernamente, a jurisprudência encara esta situação como estado de necessidade, desde que preenchidos os seguintes requisitos:

- Fato praticado em razão de extrema miserabilidade do agente.
- Que o crime seja o único/último recurso possível.
- Subtração de coisa capaz de solucionar a situação de emergência.
- Falta de recursos ou impossibilidade de trabalhar.

Além disso, merece ênfase o exemplo do **ataque animal.**

Se o ataque animal se dá "por conta" do instinto deste, e, posteriormente, há o sacrifício de direito alheio (Ex.: morte do cachorro, invasão de domicílio ou deterioração de parte de carro), estaremos diante do estado de necessidade.

Por outro lado, se o animal for utilizado como uma ferramenta para ataque (como uma arma), eventual repulsa será considerada como a excludente da legítima defesa.

Legítima defesa

> ***Art. 25*** *Entende-se em legítima defesa quem, usando moderadamente dos meios necessários, repele injusta agressão, atual ou iminente, a direito seu ou de outrem.*
>
> ***Parágrafo único.*** *Observados os requisitos previstos no caput deste artigo, considera-se também em legítima defesa o agente de segurança pública que repele agressão ou risco de agressão a vítima mantida refém durante a prática de crimes.*

É a figura clássica quando se fala em excludente de ilicitude.

Requisitos:

- **Agressão injusta:** trata-se de uma agressão imotivada, ou seja, a conduta humana que lesa ou expõe a perigo o bem jurídico alheio.

Uma vez identificada a agressão injusta, o titular do bem que pode ser violado pode repeli-la, valendo-se da utilização dos meios necessários. Registre-se, que a saída do local para buscar uma arma, com o posterior regresso, afasta a ocorrência de legítima defesa.

É importante mencionar que contra o ataque de animal cabe estado de necessidade (a não ser que alguém provoque deliberadamente o animal, de modo que ele sirva como instrumento do ataque de um ser humano).

- **Atual ou iminente:** atual é a agressão presente, enquanto iminente é a que está para acontecer.
- **Uso moderado dos meios necessários:** deve haver um juízo de proporcionalidade ao se repelir a conduta.
- **Proteção de direito próprio ou de outrem:** a legítima defesa pode ser utilizada como instrumento para a proteção de direito próprio ou de terceiro.

Fique ligado

O pacote anticrime inseriu no art. 25 do CP a legítima defesa de agente de segurança pública.

Porém, trata-se dos mesmos requisitos daqueles previstos no *caput*. Assim, vale a pena conferir a letra da lei.

Por fim, vale destacar que a mera provocação enseja à legítima defesa. Ao reagir a uma provocação por parte da vítima, o agente responderá pelo crime, podendo ser reconhecida em seu favor uma atenuante genérica (art. 65, III, "b") ou um privilégio, como no crime de homicídio (art. 121, § 1º).

Estrito cumprimento do dever legal

Os agentes públicos, no curso de suas atuações, eventualmente podem violar bem jurídico alheio (Ex.: prisão).

Assim, se a intervenção é praticada de maneira legal, não há que se falar em ato ilícito, pois há respaldo da própria lei.

Nesse sentido, para não inviabilizar o desempenho das atividades inerentes ao cargo público, o Direito Penal criou uma hipótese de exclusão de ilicitude que autoriza o agente público a praticar condutas típicas, porém, não ilícitas.

Para que o cumprimento do dever legal exclua a ilicitude da conduta é preciso que obedeça aos seguintes requisitos:

- Existência prévia de um dever legal;
- Atitude pautada pelos estritos limites do dever; e
- Conduta, como regra, de agente público e, excepcionalmente, de particular.

Exercício regular de direito

Todo aquele que exerce um direito assegurado por lei não pratica ato ilícito. Quando o ordenamento jurídico, por meio de qualquer de seus ramos, autoriza determinada conduta, sua licitude reflete-se na seara penal, configurando excludente de ilicitude: exercício regular de um direito (art. 23, III, do CP).

Se a parte age em uma situação legítima, respaldada por um direito, não há que se falar em ilícito.

É o que ocorre, por exemplo, quando um civil efetua uma prisão em flagrante, conforme autorização do art. 301 do CPP.

Outro exemplo bastante difundido é o chamado desforço pessoal possessório (defesa da posse), regulado pela lei civil, efetivado depois de consumado o esbulho.

Atente-se que, durante a perturbação da posse, a reação do possuidor será legítima defesa. Porém, concretizado o esbulho, poderá o titular do direito (o possuidor) reavê-lo, reação esta que configurará o exercício regular de direito.

Consentimento do ofendido

Trata-se de causa supralegal de exclusão de ilicitude, que poderá ser reconhecida desde que: o não consentimento não pode integrar o tipo penal; o ofendido tem que ser capaz; o consentimento deve ser válido; o bem deve ser disponível; o bem deve ser próprio; o consentimento deve ser anterior à lesão e deve ser expresso.

É importante destacar que o art. 23 do CP apresenta um rol exemplificativo, ou seja, é possível identificar outras causas de exclusão da ilicitude no ordenamento jurídico.

Por exemplo, a doutrina entende que as hipóteses elencadas no art. 128 do CP – aborto terapêutico e aborto humanitário – são espécies de exclusão da ilicitude no crime de aborto.

Também é pacífico o entendimento de que há, inclusive, causas supralegais de exclusão de ilicitude, ou seja, situações em que, mesmo diante da ausência de lei específica, não haverá crime na conduta do agente.

Fique ligado

O consentimento, hipótese supralegal de exclusão da ilicitude, pode ser posterior à conduta do agente? A resposta é **NÃO**. Segundo a jurisprudência dos Tribunais Superiores, o consentimento da suposta vítima deve ser prévio ou, no mínimo, concomitante à conduta do agente.

2.10.2 Excesso no uso das excludentes

O excesso configura-se com a desnecessária intensificação de uma conduta inicialmente legítima. Predomina na doutrina o entendimento de que o excesso decorre tanto do emprego do meio desnecessário como da falta de moderação.

Havendo excesso durante a prática de uma excludente de ilicitude, a Lei permite que haja punição por excesso **doloso ou culposo** (art. 23, parágrafo único, do CP).

3 CULPABILIDADE

Este elemento do crime tem como pressuposto lógico a liberdade de escolha do indivíduo no ato da prática de uma conduta. A doutrina conceitua como "a capacidade antropológica de se determinar no sentido da norma jurídica".

Evidentemente, a responsabilidade penal só pode recair sobre aquele que possui aptidão de dominar os seus instintos (físicos e psíquicos) para praticar uma conduta. Em resumo, o indivíduo precisa ser livre para decidir (livre-arbítrio).

Como fator preponderante na análise dos elementos do crime, é imperioso, diante do caso concreto, formalizar a seguinte indagação: "Poderia o agente agir de outra forma?".

Assim, a culpabilidade constitui o **juízo de reprovação** que recai sobre o autor de um fato típico e antijurídico, resultando da soma dos seguintes elementos: imputabilidade, potencial consciência da ilicitude e exigibilidade de conduta diversa.

3.1 Elementos da culpabilidade

3.1.1 Imputabilidade

No ordenamento jurídico brasileiro, todos os maiores de 18 anos presumem-se imputáveis, salvo se possuírem qualquer anormalidade psíquica, duradoura ou transitória, que lhes retire a capacidade. Já para os menores de 18 anos, a presunção é inversa e não admite prova em contrário: por força de lei, são sempre considerados inimputáveis.

Consiste na capacidade de autodeterminação, ou o conjunto de condições que permitem ao agente a faculdade de atuar de modo distinto, permitindo que a responsabilidade penal possa recair sobre quem praticou a conduta.

A nossa construção legislativa não laborou no sentido de apresentar um conceito claro de imputabilidade, mas apresenta diretamente hipóteses de **inimputabilidade.**

No parágrafo único do art. 26 do Código Penal, há hipótese de semi-imputabilidade, na medida em que o agente é dotado de parcial capacidade para compreender a reprovabilidade do fato. A consequência da semi-imputabilidade é a aplicação de pena reduzida ou medida de segurança.

> ***Art. 26*** *É isento de pena o agente que, por doença mental ou desenvolvimento mental incompleto ou retardado, era, ao tempo da ação ou da omissão, inteiramente incapaz de entender o caráter ilícito do fato ou de determinar-se de acordo com esse entendimento.*
>
> *Redução de pena*
>
> ***Parágrafo único.*** *A pena pode ser reduzida de um a dois terços, se o agente, em virtude de perturbação de saúde mental ou por desenvolvimento mental incompleto ou retardado não era inteiramente capaz de entender o caráter ilícito do fato ou de determinar-se de acordo com esse entendimento.*
>
> *Menores de 18 anos*
>
> ***Art. 27*** *Os menores de 18 (dezoito) anos são penalmente inimputáveis, ficando sujeitos às normas estabelecidas na legislação especial*

3.1.2 Causas de exclusão da imputabilidade

Anomalia psíquica

A doença mental, ou desenvolvimento mental incompleto ou retardado, se aliada à falta de capacidade de compreender o caráter ilícito do fato e de determinar-se de acordo com esse entendimento, produz a inimputabilidade.

A expressão **doença mental** empregada pelo legislador deve ser tomada em seu sentido amplo ou lato, entendida como qualquer condição física ou psíquica, orgânica ou funcional, congênita ou adquirida, transitória ou permanente, que comprometa a capacidade de entendimento ou autodeterminação do sujeito.

De acordo com o art. 26 do CP, se, em virtude da doença mental, desenvolvimento mental incompleto ou retardado o agente era, ao tempo da ação ou omissão, inteiramente incapaz de entender o caráter ilícito do fato ou de determinar-se de acordo com esse entendimento, será considerado inimputável.

Por outro lado, estabelece o parágrafo único do art. 26 do CP que, se em virtude da perturbação mental ou desenvolvimento mental incompleto ou retardado o agente tem meramente diminuída a capacidade de entendimento ou determinação, o agente será considerado semi-imputável

Menoridade

No ordenamento jurídico brasileiro, a menoridade é a condição de toda pessoa que ainda não completou 18 anos de idade. O fundamento da inimputabilidade penal dos menores de 18 anos, além de prevista no art. 27 do CP, encontra-se determinada no art. 228 da CF.

> ***Art. 27, CP*** *Os menores de 18 (dezoito) anos são penalmente inimputáveis, ficando sujeitos às normas estabelecidas na legislação especial.*
>
> ***Art. 228, CF*** *São penalmente inimputáveis os menores de 18 (dezoito) anos, sujeitos às normas da legislação especial.*

Vale destacar que a idade do agente deve ser verificada no momento da conduta, pouco importando qual seja no momento do resultado, em virtude da adoção da teoria da atividade com relação ao tempo do crime, adotada pelo art. 4º do CP.

Por fim, é importante ressaltar que o adolescente (pessoa com mais de 12 e menos de 18 anos completos) que pratica um fato definido como crime ou contravenção penal incorre em ato infracional, nos termos da Lei nº 8.069/1990 – Estatuto da Criança e do Adolescente, ficando sujeito às chamadas medidas socioeducativas (internação, semiliberdade etc.).

A criança que cometer semelhante ato, por sua vez, pode receber a aplicação de uma medida protetiva (encaminhamento aos pais ou responsável, mediante termo de responsabilidade; orientação, apoio e acompanhamento temporários; matrícula e frequência obrigatórias em estabeecimento oficial de ensino fundamental etc.), nos termos do referido Estatuto

Emoção e paixão

Conforme previsão expressa do art. 28, I, do CP, não excluem a imputabilidade penal a emoção e a paixão.

Emoção e paixão não se confundem. Por **emoção** entende-se **a forte e transitória perturbação da afetividade** ou a viva excitação do sentimento. Cuida-se de um estado momentâneo. A paixão, por outro lado, corresponde a um forte sentimento de caráter duradouro.

Vale lembrar que a emoção, muito embora não isente o agente de pena, pode influenciar na sua dosimetria, beneficiando o agente com uma sanção reduzida.

É o caso, por exemplo, se o agente praticar um homicídio sob o **domínio de violenta emoção, logo em seguida a injusta provocação da vítima,** sua pena será reduzida de um sexto a um terço (art. 121, § 1º, do CP).

Ainda, aquele que praticar a infração penal sob *a influência* de violenta emoção provocada por ato injusto do ofendido receberá uma atenuante genérica, conforme previsão do art. 65, III, "c", do Código Penal

Embriaguez

A embriaguez consiste na intoxicação transitória e aguda, provocada por álcool ou substância de efeitos análogos.

Neste ponto, é imprescindível cuidado especial. Perceba, o inciso II do art. 28 do CP estabelece com propriedade que a **embriaguez voluntária ou culposa** também **não tem o condão de excluir** a imputabilidade penal.

A única forma de se excluir a imputabilidade em razão da embriaguez é aquela completa e fortuita ou acidental. Porém, exige-se que ela conduza o agente a estado em que seja inteiramente incapaz de entender o caráter criminoso do fato e de determinar-se de acordo com seu entendimento.

> ***Art. 28, CP** [...]*
>
> *§ 1º É isento de pena o agente que, por embriaguez completa, proveniente de caso fortuito ou força maior, era, ao tempo da ação ou da omissão, inteiramente incapaz de entender o caráter ilícito do fato ou de determinar-se de acordo com esse entendimento.*
>
> *§ 2º A pena pode ser reduzida de um a dois terços, se o agente, por embriaguez, proveniente de caso fortuito ou força maior, não possuía, ao tempo da ação ou da omissão, a plena capacidade de entender o caráter ilícito do fato ou de determinar-se de acordo com esse entendimento.*

A doutrina identifica três estágios de embriaguez: excitação, depressão e sono (letargia). Considera-se completa a embriaguez nas duas últimas fases, pois ela retira por completo a capacidade de discernimento do agente.

A embriaguez completa e involuntária enseja absolvição própria, por exclusão da culpabilidade (inimputabilidade penal). Se o comprometimento da capacidade de compreensão ou autodeterminação for apenas parcial, incidirá uma causa de diminuição de pena, de um a dois terços (art. 28, § 2º) ("semi-imputabilidade" penal).

Embriaguez fortuita ou acidental

É a embriaguez que ocorre a partir de um fato não previsível.

> **Fique ligado**
>
> Acerca da situação do alcoólatra, não enquadramos a situação no art. 28 do CP, mas sim na hipótese de doente mental do art. 26 do mesmo códex.

Embriaguez voluntária (dolosa ou culposa)

Na primeira vertente, estamos diante da situação em que o agente voluntariamente se embriaga (Ex.: pedindo várias rodadas de drinks) ou quando ele consome bebida em excesso e alcança o estado de embriaguez sem intenção.

A embriaguez voluntária possui três subdivisões: culposa; dolosa e preordenada.

- A **embriaguez culposa** consiste no excesso imprudente no consumo da bebida, ou seja, a pessoa não age com o propósito de embriagar-se, mas exagera na dose e se alcooliza.
- A **embriaguez dolosa**, por sua vez, se dá quando o indivíduo tem intenção prévia de se inebriar com álcool. Além do eventual prazer decorrente do consumo da bebida, ele almeja atingir o estágio de ebriez.
- A **preordenada**, por fim, ocorre quando o sujeito pretende se embriagar para cometer algum delito, ou seja, o agente, desde o início, atua com dolo de realizar algum comportamento criminoso, de modo que a bebida atua como possível fator de desinibição ou encorajamento para a prática do crime. Nesse caso, a embriaguez preordenada é constitui agravante genérica expressamente prevista no art. 61, II, "l", do Código Penal.

Em todas as situações acima retratadas, o agente responde pelo fato, aplicando-se a teoria da *actio libera in causa*, situação em que o sujeito pratica um comportamento criminoso sendo inimputável ou incapaz de agir, mas, em momento anterior, ele próprio se colocou nesta situação de ausência de imputabilidade ou de capacidade de ação, de maneira propositada ou, pelo menos, previsível.

É fundamental, nesse sentido, que o resultado posteriormente produzido tenha sido desejado ou seja, ao menos, previsível, no momento em que se realizou o ato livre, causador da futura inimputabilidade ou falta de ação

3.1.3 Potencial consciência da ilicitude

Para que o fato típico e contrário ao Direito possa ser reprovado ao agente que o praticou, é necessário que ele conheça ou possa conhecer justamente tal natureza ilícita.

Em resumo, o juízo de censura pressupõe que o agente saiba ou possa atingir a percepção de que o fato que praticou era antijurídico. Se não detiver o necessário conhecimento da proibição (que não se confunde com desconhecimento da lei, o qual é inescusável), sua ação ou omissão não terá a mesma reprovabilidade.

Não se pode confundir a imputabilidade com a consciência da ilicitude. É preciso atentar para a diferença, notadamente no que diz respeito à imputabilidade enquanto capacidade de entender o caráter ilícito do fato. Esta diz respeito a condições *mentais*, ao passo que a possibilidade de conhecer o caráter ilícito do fato (ou potencial consciência da ilicitude) refere-se a condições *culturais*

Erro de proibição

O erro de proibição é o equívoco que incide sobre o juízo de ilicitude de um comportamento criminoso. O agente tem perfeitamente formada a representação da sua conduta, mas acredita que o comportamento não constitui crime.

A ausência ou a errônea compreensão acerca da natureza ilícita do fato acarreta aquilo que se denomina de erro sobre o que é proibido (erro de proibição). A culpabilidade só restará afastada se o agente, além de não dispor do conhecimento da proibição, nem ao menos detiver capacidade para adquirir tal entendimento (careça de possibilidade – ou potencial – consciência da ilicitude). Assim dispõe o art. 21 do CP, em sua parte final:

> ***Art. 21** O desconhecimento da lei é inescusável. O erro sobre a ilicitude do fato, se inevitável, isenta de pena; se evitável, poderá diminuí-la de um sexto a um terço.*
>
> ***Parágrafo único.** Considera-se evitável o erro se o agente atua ou se omite sem a consciência da ilicitude do fato, quando lhe era possível, nas circunstâncias, ter ou atingir essa consciência.*

O erro de proibição que interfere, como visto, na consciência da ilicitude classifica-se em evitável (vencível ou inescusável) e inevitável (invencível ou escusável):

- **Inevitável:** isenta de pena, por excluir a culpabilidade em virtude da ausência de potencial conhecimento da ilicitude.
- **Evitável:** não isenta de pena nem exclui a culpabilidade, visto que o agente, embora não tivesse o real conhecimento, tinha o potencial conhecimento da ilicitude. A pena, entanto, será reduzida de 1/6 a 1/3.

3.1.4 Exigibilidade de conduta diversa

Neste requisito, deve-se analisar sobre a viabilidade e a possibilidade de o agente ter agido de outra forma, ou seja, se o agente poderia agir de acordo com o direito e não praticar uma conduta antijurídica.

Como nosso raciocínio para (des)construção da teoria do crime é inverso, é imperioso analisar os fatores que ensejam no afastamento deste requisito, quando se identifica na casuística que o agente não poderia agir de outra forma (o que se denomina de inexigibilidade de conduta diversa).

A Lei Penal apresenta duas figuras neste espeque:

- A coação moral irresistível;
- Obediência hierárquica a ordem não manifestamente ilegal.

> ***Art. 22** Se o fato é cometido sob coação irresistível ou em estrita obediência a ordem, não manifestamente ilegal, de superior hierárquico, só é punível o autor da coação ou da ord*

D P E N

Coação moral irresistível

Trata-se de situação que não permite ao indivíduo agir de outra forma, uma vez que a prática da conduta se deu de modo em que não se poderia exigir do agente comportamento diverso.

Aqui, o comportamento do agente é viciado pois ele age impelido por uma ameaça de mal sério (*vis compulsiva*).

A coação deve ser irresistível quando não pode ser superada, senão com uma energia extraordinária, portanto, juridicamente inexigível.

Excluída a culpabilidade do fato, deverá o coator responder pelo delito.

Aqui, estamos diante do que se denomina de autoria mediata. Quando caracterizada a coação moral irresistível, somente será punível o autor da coação. O coagido será isento de pena. Apesar de haver duas pessoas envolvidas na consecução do fato, o coator e o coagido, não se há de falar em concurso de pessoas. O coagido é mero instrumento nas mãos do coator. Por isso fala-se em autoria mediata.

Fique ligado
A coação **moral** irresistível exclui a culpabilidade, enquanto a coação **física** irresistível representa uma causa de exclusão da conduta, afastando, pois, o **fato típico.**

3.1.5 Coação física irrestível x coação moral irresistível

Um dos temas mais relevantes da culpabilidade é a distinção entre coação física irresistível e coação moral irresistível.

Apesar de o resultado ser idêntico (inexistência de crime), são diversas as causas:

Coação física irresistível	Coação moral irresistível
Atipicidade	Exclusão da culpabilidade

Obediência hierárquica

Dá-se a obediência hierárquica quando alguém detentor de função pública, cumpre ordem de autoridade superior, revestida de caráter criminoso, desconhecendo a ilicitude de tal comando que, ademais, não pode ser manifestamente ilegal.

Trata-se também de hipótese de inexigibilidade de conduta diversa por não ser exigível que o funcionário público subordinado proceda a um minucioso exame de legalidade das ordens que recebe de seu superior hierárquico antes de cumpri-las.

Nesse requisito, deparamo-nos com a situação de hierarquia entre superior e subordinado. Dessa forma, não pode o funcionário questionar a determinação recebida pelo superior, salvo se claramente ilegal.

Os requisitos da excludente são:

- Relação de hierarquia em sentido estrito;
- Existência de uma ordem legal;
- Ilegalidade não manifesta; e
- Cumprimento nos estritos limites da ordem.

Se a ordem for não manifestamente ilegal, resta excluída a culpabilidade do agente, desde que sua obediência tenha se adstrito aos limites da ordem. Por outro lado, se a ordem for manifestamente ilegal, torna-se exigível que o subordinado se negue ao cumprimento, de forma que não há incidência da exculpante, mas, tão somente, atenuação da pena nos termos do art. 65, III, do CP.

4 CONCURSO DE PESSOAS

Como regra, os crimes podem ser praticados por uma ou por várias pessoas, em coautoria ou participação. Tais delitos denominam-se unissubjetivos, monossubjetivos ou de concurso eventual.

> **Ex.:** furto, roubo e homicídio.

Outros delitos, por sua vez, apenas podem ser cometidos por várias pessoas reunidas, são casos em que a pluralidade de sujeitos ativos aparece como condição para a existência do ilícito penal. Esses crimes chamam-se plurissubjetivos ou de concurso necessário. Nestes, não se fala em coautoria ou participação, pois todos os concorrentes são considerados autores do crime.

> **Ex.:** associação criminosa (art. 288 do CP).

Eventualmente, admite-se o chamado concurso necessário, ou seja, quando mais de uma pessoa concorre para a prática delitiva.

O concurso de pessoas consiste na reunião de várias pessoas que concorrem, de forma relevante, para a realização do mesmo evento, estando os autores em unidade de desígnios.

Para que se aplique valorização jurídica neste concurso, é imprescindível analisar o grau de intensidade de participação do indivíduo e em qual momento do *iter criminis* ele participou.

O concurso de pessoas depende do preenchimento dos quatro requisitos abaixo:

- Pluralidade de agentes e de condutas;
- Relevância causal das condutas;
- Liame subjetivo entre os agentes (atuação consciente ou domínio do fato);
- Identidade da infração.

Pois bem, superados os requisitos, é indispensável destacar que a Lei Penal Brasileira adotou a chamada **Teoria Monista** (unitária ou igualitária) para fins de estabelecer que os agentes que atuem em concurso responderão, em regra, por crime único.

Ademais, o art. 29 do CP ressalva que, todos responderão pelo crime, incidindo nas penas a ele previstas, na medida de sua culpabilidade.

> ***Art. 29*** *Quem, de qualquer modo, concorre para o crime incide nas penas a este cominadas, na medida de sua culpabilidade.*

Assim, por exemplo, respondem pelo crime de latrocínio (art. 157, § 3º, II) tanto o agente que empunha a arma e efetua o disparo quanto o que, ciente de tudo, limita-se a dar-lhe cobertura.

Nessa toada, temos, pois, três formas da prática da conduta: autoria, coautoria e participação.

É de fundamental importância diferir cada uma das condutas, já que os conceitos não são trazidos pelo Código Penal.

Prevalece que **autor** é aquele que controla finalisticamente o fato, ou seja, quem decide sua forma de execução. **Partícipe**, por sua vez, é aquele que colabora dolosamente para o alcance do resultado, mas não exerce o domínio sobre a ação.

> **Ex.:** Paulo e Pedro querem praticar um furto. Enquanto Paulo pratica o núcleo do tipo penal, consistente na conduta de subtrair coisa alheia móvel, Pedro fica responsável por vigiar o local, para impedir que pessoas se aproximem ou para avisar Paulo de eventual aproximação. Neste caso, a norma do art. 29 é imprescindível para garantir a punição de Pedro como partícipe.

As figuras envolvendo a autoria podem se desdobrar:

- **Autoria Imediata:** aquele que executa o núcleo do tipo.
- **Autoria Mediata/Intelectual:** trata-se da pessoa que traça o plano para que outro o execute. Em resumo, vale-se de uma interposta pessoa para a execução de seu plano.

Essa hipótese de autoria pode aparecer na coação moral irresistível, obediência hierárquica, erro provocado por terceiro.

Fique ligado

Não se admite a autoria mediata nos crimes culposos, pois nestes o resultado é involuntário.

Ainda acerca da autoria mediata, destaca-se o novo conceito de autoria de escritório, hipótese de autoria utilizada no âmbito das organizações criminosas, estruturadas hierarquicamente.

- **Autoria Colateral:** hipótese em que dois ou mais agentes, um ignorando a conduta do outro, concentram suas condutas para o cometimento da mesma infração. Não há, no caso, vínculo subjetivo entre os agentes.

> **Ex.:** Pedro e Pablo desejam, sem vínculo subjetivo, matar José. Para tanto, armam uma tocaia (cada um a sua). Quando o alvo passa pelo local, Pedro e Pablo disparam, causando a morte de José. Se existisse vínculo psicológico entre os autores, ambos responderiam por homicídio. Todavia, como o vínculo entre eles não era presente, somente poderá ser responsabilizado aquele que produziu o resultado, à luz da teoria da equivalência dos antecedentes causais (art. 13 do CP).

Fique ligado

E se, a partir do exemplo anteriorquando os agentes atuam sem unidade de desígnios, causando a morte, não sendo possível imputar o resultado a algum deles?

Nesse caso, estaremos diante de autoria incerta. Como não se pode imputar o resultado às condutas que não foram propulsoras de resultado, a alternativa é punir ambos pelo crime tentado.

- **Coautoria:** quando dois ou mais indivíduos, ambos dominando o fato, praticam o núcleo do tipo. Trata-se da própria autoria desenvolvida por vários indivíduos.
- **Participação:** como visto acima, consiste na conduta do agente que pratica atos paralelos a fim de garantir o sucesso da empreitada.

A participação pode ocorrer pela via moral (induzimento ou instigação) ou pela via material (auxílio).

4.1 Concurso de pessoas em crimes culposos

É admissível a coautoria nos crimes culposos, desde que, naturalmente, dois ou mais indivíduos, agindo vinculados subjetivamente, atuem a partir da quebra de um dever objetivo de cuidado.

4.2 Crime omissivo

Apesar da divergência acerca da possibilidade de coautoria em crime omissivo, há corrente majoritária no sentido positivo.

> Ex.: "A" e "B" encontram "C" ferido e, ao invés de socorrê-lo, vão embora sem nada fazer. No caso concreto, ambos responderão pelo crime de omissão de socorro (art. 135 do CP).

4.3 Punibilidade no concurso de pessoas

Em regra, autor e partícipe respondem pela mesma conduta, ficando sujeitos à mesma sanção penal.

Entretanto, de acordo com as disposições legais, é indispensável que se analise e pondere o grau de participação para dosar a pena.

Devem aqui ser analisados os parágrafos do art. 29:

> *§ 1º Se a participação for de menor importância, a pena pode ser diminuída de um sexto a um terço.* ***(participação de menor importância)***
>
> *§ 2º Se algum dos concorrentes quis participar de crime menos grave, ser-lhe-á aplicada a pena deste; essa pena será aumentada até metade, na hipótese de ter sido previsível o resultado mais grave.* ***(cooperação dolosamente distinta)***

Em ambas as situações, a análise de aplicação dos institutos depende do caso concreto.

4.4 Comunicabilidade das circunstâncias, condições e elementares

> *Art. 30 Não se comunicam as circunstâncias e as condições de caráter pessoal, salvo quando elementares do crime.*

Aqui, importante três análises:

- A primeira diz respeito às circunstâncias e condições de caráter pessoal do agente (subjetivas), que não se comunicarão, mesmo com o conhecimento do coautor.
- A segunda, por sua vez, corresponde às condições de caráter objetivo, e sempre se comunicam, desde que os demais agentes tenham conhecimento a seu respeito.
- Por derradeiro, as elementares também se comunicarão, desde que ingressem na esfera de conhecimento dos agentes.

4.5 Participação impunível

> *Art. 31 O ajuste, a determinação ou instigação e o auxílio, salvo disposição expressa em contrário, não são puníveis, se o crime não chega, pelo menos, a ser tentado.*

A análise desta conduta dispõe expressamente que os crimes como um todo, desde que não ingressem nos atos executórios, não receberão a chancela de intervenção do direito penal, salvo quando constituírem crimes autônomos. Trata-se de causa de atipicidade da conduta do partícipe, de modo que o seu comportamento só adquire relevância penal se o autor iniciar a execução do crime, ingressando, ao menos, na esfera da tentativa (art. 14, II, do CP).

Contudo, nos casos taxativamente previstos em lei, é possível a punição do ajuste, da determinação, da instigação e do auxílio como crime autônomo. É o que se dá nos crimes de incitação ao crime (art. 286 do CP) e de associação criminosa (art. 288 do CP).

5 AÇÃO PENAL

Consiste no direito público subjetivo do Estado, representado por um juiz togado, de aplicar o Direito Penal objetivo ao caso concreto e exercer a sua pretensão punitiva (*jus puniendi*). A Constituição consagra no art. 5º, XXXV, o princípio da inafastabilidade de jurisdição, o qual preconiza que:

> ***Art. 5º, XXXV*** *– a lei não excluirá da apreciação do Poder Judiciário lesão ou ameaça a direito.*

Logo, sendo a jurisdição inerte, e estando a autotutela banida, em regra, do ordenamento jurídico, resta aos interessados, por meio do exercício do direito de ação, provocarem a jurisdição no intuito de obter o provimento jurisdicional adequado à solução do litígio.

Obs.: há posição doutrinária divergente acerca do conceito supra que sustenta que ação penal não é direito. O direito subjetivo existente é o direito à tutela jurisdicional ou mesmo o direito de petição. A ação processual seria simplesmente a conduta ou "o agir" em juízo, coisa diversa de direito. Seria, então, a expressão dinâmica de um direito subjetivo público que lhe pertence e no qual se fundamenta (nesse sentido: Ovídio Baptista; também Pontes de Miranda). De tal sorte, a ação penal é o agir em juízo, por meio de seu titular, a fim de exercer o direito punitivo estatal. A ação penal teria, sob essa perspectiva, somente natureza processual.

5.1 Características da ação penal/direito de ação

- **Autônomo:** não se confunde com o direito material. Tem força e brilho próprio. O direito de ação é preexistente à pretensão punitiva do Estado, que surge com a ocorrência da infração penal;
- **Abstrato:** independe do resultado do processo. Mesmo que a demanda seja julgada improcedente, o direito de ação terá sido exercido;
- **Subjetivo:** o titular do direito é especificado na própria legislação, sendo como regra o Ministério Público (art. 129, I, da CF e art. 257, I, do CPP) e excepcionalmente a própria vítima ou seu representante legal;
- **Público:** a atividade provocada é de natureza pública, sendo a ação exercida perante o próprio Estado;
- **Instrumental:** é o meio para se alcançar a efetividade do direito penal material.

5.2 Condições da ação

São os requisitos necessários e condicionantes ao exercício regular do direito de ação.

De início, as condições da ação podem ser vistas de forma genérica: legitimidade, interesse processual e possibilidade jurídica do pedido, indicadas no art. 267, VI, do CPC, e incorporadas ao processo penal na antiga redação do art. 43, III. Atualmente, o inciso II do art. 395 do CPP trata das condições da ação, na redação conferida pela Lei nº 11.719/2008. A justa causa é trabalhada de forma autônoma no inciso III do art. 395 do CPP, sendo polêmico o enquadramento como uma quarta condição da ação, o que veremos adiante.

- **Possibilidade jurídica do pedido:** exige-se que a providência requerida pelo demandante seja admitida pelo direito objetivo. Assim, pedido possível é aquele, em tese, com respaldo legal. De pronto, se o fato narrado na inicial evidentemente não constituir infração penal, incompatibilizando-se com uma aferição da própria tipicidade, não será possível instaurar a ação penal, devendo a inicial acusatória ser rejeitada.
- **Interesse de agir:** materializa-se no trinômio **necessidade, adequação e utilidade.** Deve haver necessidade para bater às portas do judiciário no intuito de solver a demanda, através do meio adequado, e este provimento deve ter o condão de trazer algo de relevo, útil ao autor.
- **Legitimidade:** capacidade de ser parte na relação processual.

Mirabete esclarece que "a ação só pode ser proposta por quem é titular do interesse que se quer realizar e contra aquele cujo interesse deve ficar subordinado ao do autor".

Obs.: pessoa jurídica: é importante destacar que segundo a atual ordem constitucional, a pessoa jurídica pode figurar no polo passivo da demanda criminal. A Carta Magna, no § 5º do art. 173 e no § 3º do art. 225, assim dispõe:

> ***Art. 173, § 5º*** *A lei, sem prejuízo da responsabilidade individual dos dirigentes da pessoa jurídica, estabelecerá a responsabilidade desta, sujeitando-a às punições compatíveis com sua natureza, nos atos praticados contra a ordem econômica e financeira e contra a economia popular.*
>
> ***Art. 225, § 3º*** *As condutas e atividades consideradas lesivas ao meio ambiente sujeitarão os infratores, pessoas físicas ou jurídicas, a sanções penais e administrativas, independentemente da obrigação de reparar os danos causados.*

- **Justa causa:** a ação só pode ser validamente exercida se a parte autora lastrear a inicial com um mínimo probatório que indique os indícios de autoria e da materialidade delitiva, além da constatação da ocorrência de infração penal em tese (art. 395, III, do CPP). É o *fumus commissi delicti* (fumaça da prática do delito) para o exercício da ação penal. Como a instauração do processo já atenta contra o *status dignitatis* do demandado, não se pode permitir que a ação seja uma aventura irresponsável, lançando-se no polo passivo, sem nenhum critério, qualquer pessoa. Nos dizeres de Afrânio Silva jardim, "torna-se necessário ao regular exercício da ação penal a demonstração, *prima facie*, de que a acusação não é temerária ou leviana, por isso que lastreada em um mínimo de prova. Esse suporte probatório mínimo relaciona-se com os indícios de autoria, existência material de uma conduta típica e alguma prova de sua antijuridicidade e culpabilidade". Normalmente tais elementos são extraídos do inquérito policial, e nada impede que possam ser obtidos por meio de outras peças de informação, como relatórios de CPI, inquéritos militares, procedimento investigatório criminal – PIC, de atribuição do Ministério Público, dentre outros.

A justa causa, todavia, não é pacificamente aceita como quarta condição da ação. Alguns a integram ao interesse de agir, ou mesmo como requisito ao desenvolvimento do procedimento, "e não à propositura da demanda".

- **Condições específicas:** as condições da ação, até então vistas, trata-se de condições genéricas, que atingem a todos os processos no âmbito penal. Todavia, alguns processos dependem de outras condições que emanam um cunho de especialidade, dada a matéria que lhe é afeta. São as seguintes condições:
  - Condições de **procedibilidade** (requisição do Ministro da Justiça ou representação da vítima, a exemplo do que ocorre nos crimes de ação penal pública condicionada: lesão corporal leve – art. 129, e ameaça – art. 147, ambos do Código Penal).
  - Condições **específicas** constitucionais (admissão da acusação pela Câmara dos Deputados para o início de processo contra o Presidente e o Vice-Presidente da República, bem como contra os Ministros do Estado, a teor dos arts. 51, I, e 86, da CF).

D
P
E
N

- **Condições objetivas de punibilidade:** são condições necessárias para o exercício do *jus puniendi*, aferidas em momento subsequente à instauração do processo. No caso, nada impede que a ação penal seja exercida validamente, diante da presença das condições gerais e específicas para seu ajuizamento. Há óbice, contudo, à prolação de sentença condenatória, enquanto não preenchido o pressuposto punitivo, sendo autêntica questão prejudicial para o julgamento do mérito da demanda penal. É o que ocorre com as hipóteses de extraterritorialidade condicionada e hipercondicionada: ingresso no País, do autor de crime praticado no estrangeiro, ser o fato punível também no país em que foi praticado, houve requisição do Ministro da Justiça etc., (diante da dicção do art. 7º, §§ 2º, "a" e "b", e 3º, do CP).

5.3 Classificações da ação penal

5.3.1 Ação penal pública incondicionada

A ação penal pública incondicionada é aquela titularizada pelo Ministério Público e que prescinde de manifestação de vontade da vítima ou de terceiros para ser exercida.

Constitui a regra em nosso ordenamento jurídico e será a ação cabível quando do silêncio da lei acerca da ação penal cabível. A parte inicial do *caput* do art. 24 do CPP assevera que

> ***Art. 24** Nos crimes de ação pública, esta será promovida por denúncia do Ministério Público [...] , ao passo que o § 2º, do mesmo artigo, dispõe que seja qual for o crime, quando praticado em detrimento do patrimônio ou interesse da União, Estado e Município, a ação penal será pública.*

- Conhecida como "ação penal *ex officio*".

Princípios

- **Obrigatoriedade:** também pode ser denominado de princípio da legalidade. Aqui, temos a ideia de que, uma vez preenchidos os requisitos exigidos pela lei, o titular da ação penal pública (geralmente, o Ministério Público) deve oferecer a denúncia, sob pena de responsabilidade legal (prevaricação ou ato de improbidade administrativa).

Fique ligado

Destaca-se a ressalva diante de alguns institutos despenalizadores inseridos em nosso ordenamento, como a transação penal, suspensão condicional do processo e o Acordo de Não Persecução Penal.

- **Indisponibilidade:** uma vez oferecida a denúncia, o Ministério Público não pode desistir da ação penal proposta;

Denomina-se que o Ministério Público é o titular da ação penal (*dominus littis*), assim, não pode simplesmente renunciar a seu andamento.

- **Intranscendência:** o titular da ação penal somente pode buscar a responsabilização daquele que praticou efetivamente a infração penal, não podendo atribuir a responsabilidade a um descendente ou ascendente do autor do fato;
- **Divisibilidade:** por muito tempo prevaleceu a ideia de que a ação penal era indivisível. Porém, visando a fortalecer a repressão, e também com o intuito de se possibilitar uma maior colheita probatória, a jurisprudência tem aceitado a divisão da ação penal pública;
- **Oficialidade:** a ação penal deve ser conduzida por um órgão oficial do Estado.

5.3.2 Ação pública condicionada

A ação penal pública condicionada é também titularizada pelo Ministério Público, afinal, trata-se de ação pública. Entretanto, diante da ofensa à vítima em sua intimidade, para o seu exercício válido, o legislador optou por condicioná-la a um permissivo externalizado pelo ofendido ou seu representante legal, concordância tecnicamente denominada de representação. Pode, ainda, a permissão, ser dada na forma de requisição oriunda do Ministro da Justiça, por uma opção cabalmente política, a exemplo das ações deflagradas com o propósito de apurar crime cometido contra a honra do Presidente da República e de chefe de governo estrangeiro (art. 141, I, c/c art. 145, parágrafo único, CP).

Examinemos amiúde os institutos desta espécie de ação:

- **Representação:** é uma condição de procedibilidade para que possa instaurar-se a persecução criminal. É a autorização manifestada pela vítima ou por seu representante legal. Sem ela a persecução penal não se inicia. Não pode haver a propositura da ação, e também não pode sequer ser iniciado o inquérito policial, afinal, o legislador conferiu à vítima a faculdade de autorizar ou não o início do procedimento. Isto porque a preservação da intimidade do ofendido foi colocada em primeiro plano.
  - A representação pode ser direcionada ao juiz, ao MP ou ao delegado de polícia;
  - Segundo o STF, não necessita de rigor formal;
  - A representação deve ser ofertada, como regra, no prazo de seis meses do conhecimento da autoria da infração penal, isto é, do dia em que a vítima vier a saber quem é o autor do crime. Por ser um prazo decadencial, é contado nos termos do art. 10 do CP;
  - Só o representante legal representa. E se for emancipado, poderá representar? Não. Neste caso, restaria como solução, segundo Luiz Flávio Gomes, ou nomear-se curador especial, ou aguardar que complete 18 anos, quando só então poderá representar. O prazo decadencial só passa a contar a partir do advento da maioridade. O risco, contudo, é a ocorrência da prescrição;
- **Sucessão processual:** em caso de morte ou declaração de ausência da vítima, o direito de representar passa ao cônjuge (incluída a companheira), ascendentes, descendentes ou aos irmãos, ordem esta preferencial e taxativa, nos termos dos arts. 31 e 36 do CPP.

Fique ligado

Retratação: enquanto não oferecida a denúncia, a vítima pode retratar-se da representação, inibindo o início do processo. Como a representação está adstrita à conveniência do ofendido, uma vez apresentada, é possível que ele se arrependa, volte atrás. Só é possível até a apresentação da inicial acusatória na secretaria da vara criminal ou na distribuição, pois, após este ato, a representação é irretratável (art. 25 do CPP c/c art. 102 do CP).

- **Requisição do Ministro da Justiça:** é um ato de conveniência política, a cargo do Ministro da Justiça, autorizando a persecução criminal nas infrações que a exijam. O legislador condicionou a intervenção punitiva estatal, nestas hipóteses de caráter excepcional, à discricionariedade do Ministro da Justiça, como ocorre, a título de exemplo, nos crimes cometidos por estrangeiro contra brasileiro fora do Brasil (art. 7º, § 3º, "b", CP).
  - Será endereçada ao membro do MP competente;
  - Poderá ser oferecida em qualquer prazo enquanto não estiver prescrito o crime. Não existe prazo decadencial para essa modalidade;
  - Não cabe retratação, por ausência de disposição legal e por se tratar de um ato político de cunho discricionário;
  - Ausência de vinculação do MP. Se este entender que não existem motivos, pode requerer o arquivamento do feito, que será apreciado pelo juiz.

5.3.3 Ação penal privada

Naquelas infrações penais que ofendem sobremaneira a intimidade da vítima, o legislador lhe conferiu o próprio exercício do direito de ação. Nessas hipóteses, a persecução criminal é transferida excepcionalmente ao particular que atua em nome próprio, na tutela de interesse alheio (*jus puniendi* do Estado).

Nessas ações, as partes são chamadas de querelante e querelado.

Titularidade

O exercício do direito de ação cabe ao ofendido ou ao seu representante legal (art. 30 do CPP). No caso de morte ou declaração de ausência da vítima, o direito de ação transfere-se ao cônjuge (incluída a companheira), ascendentes, descendentes e irmãos, nesta ordem preferencial (art. 31 do CPP).

Princípios

- **Oportunidade ou da Conveniência:** por este princípio, é facultado à vítima decidir entre ofertar ou não a ação, pois ela, por permissivo legal, é a titular do direito. Não querendo exercê-lo, pode ficar inerte e deixar transcorrer *in albis* o prazo decadencial de seis meses para ofertar a queixa ou, se assim o desejar, renunciar a este direito de forma expressa ou tácita (arts. 49 e 50 do CPP). Caso não pretenda exercer seu direito de queixa, teremos as seguintes situações:
  - **Decadência:** pela omissão da vítima em propor a ação privada, quedando-se inerte no transcurso do prazo de seis meses de que dispõe para exercer o seu direito, contados como regra do conhecimento da autoria da infração (art. 38 do CPP c/c o art. 107, IV, do CP). Vale destacar, sempre por oportuno, que, sendo o referido prazo de natureza decadencial, não se prorroga, não se suspende nem se interrompe, contando-se na forma do art. 10 do CP, incluindo-se o primeiro dia e excluindo-se o do vencimento. Portanto, a vítima tem prazo para exercer a ação privada. Se não o fizer, decai do direito, ocasionando a extinção da punibilidade.
  - **Renúncia:** opera-se pela prática de ato incompatível com a vontade de ver processado o infrator, ou através de declaração expressa da vítima neste sentido, já que a vítima é movida pelo princípio da oportunidade. Ainda, é possível que o ofendido revele o desejo de não exercer a ação, seja de forma **expressa**, declarando que não o fará, seja de forma **tácita**, praticando ato incompatível com a vontade de dar início a ação penal.

A renúncia tácita admite todos os meios de prova para demonstrá-la (art. 57 do CPP), ao passo que a renúncia expressa deve constar de declaração assinada pelo ofendido, por seu representante legal, ou por procurador com poderes especiais (este não precisa ser advogado).

Características: por consectário lógico, a renúncia é **(i) ato voluntário** (sem coação sobre a pessoa do ofendido ou do seu representante legal), **(ii) unilateral** (não há necessidade de aceitação pelo suposto sujeito ativo da infração), **(iii) pré-processual** (extraprocessual) e **(iv) irretratável**, já que em razão dela o direito de ação não mais poderá ser exercido, tendo por consequência a extinção da punibilidade (art. 107, V, do CP).

- **Disponibilidade:** pelo princípio em estudo, uma vez exercida a ação penal, poderá o particular desistir desta, seja perdoando o acusado (arts. 51 e seguintes do CPP), seja pelo advento da perempção. A ação penal privada é movida pelo interesse do ofendido, assim, se ele pode optar entre exercer ou não o direito de ação (princípio da oportunidade), com muito mais razão, tendo deflagrado a ação, poderá arrepender-se, dispondo do seu direito.
  - **Perdão do ofendido:** é uma espécie de benevolência. Qualquer motivo pode levar a vítima a não mais desejar prosseguir com a ação, perdoando o réu. O perdão tem por consequência a extinção da punibilidade (art. 107, V, do CP). Contudo, precisa ser aceito pelo imputado, senão não operará efeitos (ato bilateral). Uma vez oferecido o perdão mediante declaração nos autos (EXPRESSO), o demandado será intimado para dizer se concorda, dentro de três dias. Se nada disser, o silêncio implica acatamento (TÁCITO).

Renúncia	Perdão do ofendido
Causa extinta da punibulidade nas hipóteses de ação penal exclusivamente privada e de ação penal privada personalíssima.	Causa extinta da punibilidade nas hipóteses de ação penal exclusivamente privada e de ação penal privada personalíssima.
Decorre do princípio da oportunidade ou conveniência.	Decorre do princípio da disponibilidade.
Ato unilateral: não depende de aceitação.	Ato bilateral: depende da aceitação do querelado
É concedida antes do início do processo (até o oferecimento da queixa-crime).	É concedido durante o curso do processo
Por força do princípio da indivisibilidade, a renúncia concedida a um dos coautores ou partícipes do delito estende-se aos demais	Por força de princípio da indivisibilidade, o perdão concedido a um dos querelados estende-se aos demais, mas desde que haja aceitação

  - **Perempção:** é uma sanção de caráter processual que revela a desídia do querelante que já exerceu o direito de ação, sendo uma sanção processual ocasionada pela inércia na condução da ação privada, desaguando na extinção da punibilidade (art. 107, IV, do CP). Suas hipóteses de ocorrência estão disciplinadas no art. 60 do CPP. Vejamos:

> ***Art. 60*** *Nos casos em que somente se procede mediante queixa, considerar-se-á perempta a ação penal:*
>
> *I – quando, iniciada esta, o querelante deixar de promover o andamento do processo durante 30 dias seguidos;*
>
> *II – quando, falecendo o querelante, ou sobrevindo sua incapacidade, não comparecer em juízo, para prosseguir no processo, dentro do prazo de 60 (sessenta) dias, qualquer das pessoas a quem couber fazê-lo, ressalvado o disposto no art. 36;*
>
> *III – quando o querelante deixar de comparecer, sem motivo justificado, a qualquer ato do processo a que deva estar presente, ou deixar de formular o pedido de condenação nas alegações finais;*
>
> *IV – quando, sendo o querelante pessoa jurídica, esta se extinguir sem deixar sucessor.*

- **Indivisibilidade:** o art. 48 do CPP reconhece de forma expressa o princípio da indivisibilidade da ação penal privada, devendo o particular, ao optar pelo processamento dos autores da infração, fazê-lo em detrimento de todos os envolvidos. É dizer, ou se processa todos, ou não processa ninguém, cabendo ao Ministério Público velar pela indivisibilidade da ação penal privada.

O Ministério Público, como fiscal do princípio da indivisibilidade, não pode aditar a queixa-crime, lançando novos réus ao processo, pois lhe falta legitimidade ativa *ad causam*. Tendo o Ministério Público vista dos autos na ação de iniciativa privada (art. 45 do CPP), e percebendo o órgão ministerial que o particular omitiu-se dolosamente em processar todos os envolvidos, resta, em parecer, manifestar-se pela extinção da punibilidade, afinal, quando o querelante ajuíza a ação lançando no polo passivo apenas parte dos envolvidos, mesmo sabendo da existência de outros e tendo elementos para processá-los (justa causa), estará renunciando ao direito de ação quanto àqueles que deixou de processar, e, como já visto, a renúncia beneficia a todos os envolvidos.

- **Intranscendência:** a ação penal só pode ser proposta contra quem se imputa a prática do delito.

Espécies de ação privada

- **Exclusivamente privada:** é a ação penal movida diretamente pelo ofendido ou seu representante legal.

  Observa as disposições do art. 100 do CP.

D P E N

Sucessão, nos termos dos arts. 30 e 31 do CPP.

- **Personalíssima:** nela, a ação penal só será movida pelo ofendido, ninguém mais.

Não há intervenção do representante legal, nem sucessão em caso de morte.

O único exemplo no ordenamento de infração sujeita à ação personalíssima é o crime de induzimento a erro essencial e ocultação de impedimento ao casamento (art. 236 do CP), já que o adultério, que também servia como exemplo, foi revogado pela Lei nº 11.106/2005 (art. 240 do CP).

- **Ação Penal Privada Subsidiária da Pública ou Supletiva ou Acidentalmente Privada:** art. 5º, LIX, da CF; art. 29 do CPP e art. 100, § 3º, do CP.

Trata-se de instrumento voltado à fiscalização da atuação do Ministério Público. Constitui uma mera faculdade, cabendo ao ofendido ou seu representante legal, em caso de inércia do MP, optar entre manejar ou não a ação, por meio do oferecimento de queixa subsidiária, no prazo de seis meses, contados do termo final do prazo para o oferecimento da denúncia, ou seja, normalmente cinco ou quinze dias, a depender da existência ou não de prisão (art. 46 do CPP). Nesse sentido, veja-se a previsão do CPP:

> ***Art. 29*** *Será admitida ação privada nos crimes de ação pública, se esta não for intentada no prazo legal, cabendo ao Ministério Público (i)* ***aditar a queixa****, (ii)* ***repudiá-la e oferecer denúncia substitutiva****, (iii)* ***intervir em todos os termos do processo, fornecer elementos de prova, interpor recurso e****, (iv)* ***a todo tempo, no caso de negligência do querelante, retomar a ação como parte principal****.*

Fique ligado

É importante destacar que a circunstância autorizadora da ação penal subsidiária da pública é a inércia do agente ministerial (promotor de justiça). Nesse caso, se houver o pedido de arquivamento ou a solicitação de diligências, não há que se falar em manejo da referida ação, na medida em que não houve inércia do órgão ministerial.

6 CRIMES CONTRA A PESSOA

6.1 Crimes contra vida

6.1.1 Homicídio

Art. 121 Matar alguém:

Pena – reclusão, de seis a vinte anos.

A primeira figura delitiva, disposta na parte especial do Código Penal, diz respeito ao homicídio: morte injusta de uma pessoa (humana) praticada por outrem.

Atente-se: o crime do *caput* não é hediondo, **assim**, é **considerado apenas quando praticado em atividade típica de grupo de extermínio (ainda que por um só agente)**, tampouco, homicídio qualificado.

Vale destacar que a tipificação do tipo penal do art. 121, *caput*, determina-se por exclusão, isto é, constitui homicídio simples aquele que não é **privilegiado** (art. 121, § 1º) ou **qualificado** (art. 121, §2º).

O tipo penal do art. 121 visa à tutela da vida humana, a qual se inicia com a primeira contração expulsiva do feto e vai até o instante que antecede a morte cerebral. Quanto ao sujeito ativo, o homicídio é crime comum, podendo ser praticado por qualquer pessoa. De igual modo, qualquer pessoa pode ser classificada como sujeito passivo do homicídio, desde o início do nascimento.

No que tange à conduta, a prática do homicídio consiste em tirar a vida[1] de alguém e pode ser praticada de maneira comissiva ou omissiva. Recaindo a conduta sobre pessoa já sem vida, só podemos falar em crime impossível, dada a absoluta impropriedade do objeto (art. 17, CP).

Fique ligado

Portador de HIV que, intencionalmente, transmite a doença à parceira que não tinha ciência da condição do parceiro: para o STJ, restou decidido que a transmissão consciente do HIV caracteriza lesão corporal gravíssima, enquadrando-se a enfermidade no conceito de doença incurável (art. 129, § 2º, II, CP). Ainda, foi entendido que a ausência de manifestação dos sintomas não exclui o crime.

O homicídio é crime material, pois somente é consumado com a morte da vítima. Inclusive, considera-se como delito plurissubsistente, uma vez que a execução pode ser fracionada, admitindo-se a tentativa.

O delito insere-se na categoria dos **crimes que deixam vestígios.** Aplica-se, portanto, o disposto no art. 158 do CPP, tornando obrigatória a realização do exame de corpo de delito.

Homicídio privilegiado

Causa de diminuição de pena

§ 1º Se o agente comete o crime impelido por motivo de relevante valor social ou moral, ou sob o domínio de violenta emoção, logo em seguida a injusta provocação da vítima, o juiz pode reduzir a pena de um sexto a um terço.

De acordo com o § 1°, a pena será reduzida de um sexto até um terço, isto é, embora se tenha convencionado denominar de "homicídio privilegiado", cuida-se de causa da diminuição de pena.

Aqui, podemos extrair três hipóteses para a aplicação da redução da pena – são as chamadas causas privilegiadoras:

- **Relevante valor social (interesses coletivos):** o valor social refere-se ao motivo nobre ligado a questões de interesse coletivo;

  Ex.: indivíduo que espanca até a morte pessoa que vinha cometendo vários latrocínios na comunidade.

- Relevante valor moral (interesses particulares do agente, fazendo valer sentimento de piedade): por valor moral entende-se aquele que diz respeito aos interesses pessoais do agente e merece apoio da moralidade média das pessoas;

  Ex.: pai que mata o estuprador da filha.

- **Domínio de violenta emoção após injusta provocação da vítima:** ocorre a perda do autocontrole – o agente está em choque emocional.

Fique ligado

Não basta estar influenciado pela violenta emoção, e, sim, estar **dominado**.

O domínio da violenta emoção consiste num estado anímico diferenciado, em que o agente atua de maneira impulsiva. Para caracterizá-la, é preciso que haja reação imediata após a injusta provocação, sem nenhum tipo de intervalo.

O privilégio, ora discutido, tem natureza jurídica de **direito subjetivo do indivíduo**, e, uma vez reconhecido, a redução da pena é obrigatória. Outro ponto de destaque que deve ser enfatizado diz respeito à possibilidade de cumulação do privilégio com as qualificadoras. Prevalece a orientação de que o privilégio (causa subjetiva) somente é compatível com as qualificadoras de ordem **objetivas.**

Homicídio qualificado

Aqui, já avançamos ao campo de um crime considerado hediondo (o *quantum* de pena migra para 12 a 30 anos). As qualificadoras podem ser de natureza subjetiva ou objetiva:

- **Subjetiva:** são aquelas relacionadas aos motivos do crime, relacionadas à **"depravação espiritual do agente"** e estão previstas nos incisos I, II, V, VII quando expressam que o crime é praticado contra a autoridade ou agente de segurança em decorrência da função ou contra cônjuge, companheiro ou parente consanguíneo até terceiro grau, em razão dessa condição;
- **Objetivas:** são aquelas relacionadas ao **modo de execução**, constantes dos incisos III, IV, VI, VII e IX quando estabelecem que o crime é praticado contra autoridade ou agente de segurança no exercício da função.

Fique ligado

A vertente atual é a de que a qualificadora do feminicídio é de ordem objetiva, seguindo os parâmetros estabelecidos pela jurisprudência do STJ.

Assim, o homicídio qualificado pode se dar:

- **Mediante paga ou promessa de recompensa, ou por outro motivo torpe:** a primeira parte, corresponde ao homicídio mercenário ou por mandato remunerado. Quando o agente pratica o delito almejando o lucro ou uma recompensa prometida.

Fique ligado

A recompensa não necessita ser de ordem patrimonial, basta que seja qualquer tipo de vantagem.
Ademais, importante destacar que a qualificadora se materializa mesmo que a vantagem não chegue a ser percebida pelo agente.

Para a análise desta qualificadora, é imprescindível destacar que temos duas figuras presentes: o mandante e o executor.

A doutrina e a jurisprudência ensinam que a comunicação desta qualificadora não se dá de maneira automática ao mandante.

1 Considera-se que a vida extrauterina de um indivíduo se inicia com o parto (início das contrações expulsivas ou, quando ocorrer por intervenção cirúrgica, a partir do momento em que se inicia a cirurgia para retirada).

D P E N

Fique ligado

Imagine que um pai de família simples resida com sua família em uma localidade dominada por uma milícia local. Um dos milicianos estupra a filha de 15 anos.
O pai, consternado, solicita a um justiceiro que mate o traficante, mediante promessa de pagamento, o que ocorre.
Nesse caso, o executor responde pelo crime qualificado, enquanto que o pai responde pelo crime na forma simples, com aplicação do privilégio, pelo relevante valor moral.

Por motivo torpe entende-se aquele repugnante, que causa asco, nojo.

Na primeira parte do dispositivo, o delito é de concurso necessário, pois é indispensável a participação do mandante e do executor.

Fique ligado

A vingança pode ou não constituir motivo torpe, depende da causa que a originou (nem mesmo os tribunais possuem uniformidade).

▷ **Por motivo fútil:** aqui verifica-se total desproporção entre o delito e sua causa moral. Trata-se do motivo que é pequeno demais para que se justifique. É o motivo realmente insignificante.

Como exemplo, temos o cliente que mata o garçom, pois esse lhe entregou o troco errado; aquele que mata por dívidas irrisórias.

Enfim, no motivo fútil há um imenso abismo entre a motivação e o comportamento praticado pelo agente.

É a qualificadora que indica a percepção de que a motivação decorre de um fator insuficiente para conduzir alguém a delinquir.

▷ **Com emprego de veneno, fogo, explosivo, asfixia, tortura ou outro meio insidioso ou cruel, ou de que possa resultar perigo comum:** a utilização do veneno pode também ser chamada de venefício.

Veneno é um meio insidioso por excelência, pois a pessoa não sabe que está sendo morta. Cuida-se de qualquer substância gasosa, mineral, vegetal ou animal que, introduzida no organismo, é idônea a alterar ou destruir as funções vitais, levando a óbito. É, de fato, meio costumeiramente imperceptível, como ocorre com "vidro moído", adicionado a um suco ou alimento a ser ingerido pela vítima.

Fique ligado

Para caracterizar o venefício, seguindo o entendimento doutrinário e jurisprudencial, é imprescindível que o consumo do veneno seja desconhecido pela vítima.
Caso a vítima seja obrigada a ingerir substância que, sabidamente, está envenenada, poderá incidir a qualificadora do meio cruel.

O uso do fogo ou explosivo pode ser facilmente identificado a partir da casuística. Seja o agente ateando fogo ou inserindo artefato explosivo na vítima, ou em seu carro, sempre dominado pela vontade de matar.

Por asfixia entende-se todo impedimento, por qualquer meio (mecânico – enforcamento, afogamento, estrangulamento, esganadura ou sufocação – ou tóxico – produzido por gases) da passagem do ar pelas vias respiratórias e pulmões da pessoa.

Matar sob tortura significa infligir intenso mal para dar a morte a alguém. Tortura é, portanto, o excesso de dor, de angústia, de sofrimento desnecessário. Ela pode ser física ou mental, como ocorre, por exemplo, quando o agente emprega "terror" por ocasião da conduta homicida.

Fique ligado

Não há que se confundir o homicídio qualificado pela tortura com a tortura com resultado morte, mormente porque, na primeira hipótese, a intenção do agente é matar, enquanto que, na segunda, o resultado morte não é querido pelo agente, mas ocorre a título de preterdolo.

▷ **À traição, de emboscada, ou mediante dissimulação ou outro recurso que dificulte ou torne impossível a defesa do ofendido:** trata-se de uma qualificadora que representa uma forma covarde de tirar a vida de outrem. Está relacionada a uma conduta desleal ou com abuso de boa-fé da vítima.

| **Ex.:** matar a vítima enquanto está dormindo.

Na traição, há a quebra da confiança depositada pelo lesado. Isso porque, o agente constrói ou tira vantagem da confiança alheia.

A emboscada representa a armadilha, esconder-se para atacar o desafeto.

Na dissimulação, temos a aplicação de um disfarce, que tem o intuito de facilitar a aproximação do autor com a vítima.

Para identificar as demais hipóteses em que se torna impossível a defesa da vítima, estamos diante da utilização da interpretação analógica, que dependerá do casuísmo para sua qualificação.

▷ **Para assegurar a execução, a ocultação, a impunidade ou vantagem de outro crime:** a primeira parte do dispositivo denomina-se de homicídio **teleológico (assegurar a execução)**, já a segunda, **consequencial (assegurar a execução, impunidade ou vantagem de outro crime).**

No homicídio teleológico, o ato é praticado no intuito de permitir ao agente a prática de outra conduta.

| **Ex.:** agente mata o marido para estuprar sua mulher.

Já no homicídio consequencial, há a prática do crime para ocultar o outro crime, por exemplo: matar uma testemunha ocular de um fato.

Garantir a impunidade diz respeito à conduta de praticar homicídio para sagrar-se ileso. Ex.: matar o oficial de justiça que iria cumprir seu mandado de prisão.

Por fim, assegurar a vantagem de outro crime consiste em ter o proveito do crime anterior de maneira isolada.

Assim, podemos imaginar dois indivíduos que praticam um roubo. No intuito de permanecer sozinho com o proveito do crime, um dos coautores mata o outro, permanecendo assim, sozinho com todo o produto do crime.

▷ **Contra a mulher por razões da condição de sexo feminino** (art. 121, § 2°, VI,) – Feminicídio: trata-se de disposição inserida pela Lei nº 13.104/2015 que apresentou uma nova qualificadora para o delito de homicídio.

A disposição - que deve ser considerada como uma *novatio legis incriminadora* – está prevista no art. 121, § 2º, VI e tem sua conceituação no art. 121 e o § 2°-A. Não obstante, é importante conjugar as disposições mencionadas com o art. 121, §7º, que nos traz uma causa de aumento de pena, que adiante será abordado.

Fique ligado

O feminicídio consiste numa qualificadora do homicídio, logo, é considerado CRIME HEDIONDO (Lei nº 8.072/1990). Todavia, ao analisar o texto da referida lei, não se encontrará a disposição expressa do feminicídio, apenas do homicídio qualificado.

Outro ponto de relevância diz respeito à diferenciação entre os termos femicídio e feminicídio. O primeiro consiste na morte de uma mulher. Já o segundo, por sua vez, é uma espécie de femicídio, que consiste em tirar a vida da mulher por menosprezo ou discriminação à condição de mulher ou em decorrência de violência doméstica.

Nesse contexto, vale mencionar que todo feminicídio é um homicídio, mas nem todo homicídio de mulher é um feminicídio.

> **Ex.:** a morte, ainda que violenta, de uma mulher, por exemplo, decorrente de um acidente de trabalho, em nada se relaciona a sua condição de mulher.

A lei é taxativa ao designar a mulher como sujeito passivo desse crime.

Em resumo, temos dois elementos para caracterizar o feminicídio: 1) situação de violência doméstica; ou 2) discriminação ou menosprezo à condição de mulher.

Na primeira hipótese, violência doméstica e familiar se faz referência à Lei nº 11.340/2006 (Lei Maria da Penha). Nesse sentido, o art. 5º da Lei Maria da Penha define a violência doméstica e familiar. É importante ressaltar que a configuração da violência doméstica não exige, necessariamente, a coabitação, conforme o disposto na Súmula nº 600, do STJ.

Na segunda situação apresentada, faz-se necessário que a vítima seja mulher. Entretanto, considerando as atuais disposições envolvendo diversidade de gênero, a lei tem sido interpretada extensivamente para considerar como sujeito passivo do feminicídio também a pessoa transgênero, desde que seja demonstrado que o fato se deu por menosprezo ou discriminação à condição de gênero da vítima.

Menosprezo significa depreciação, desdém, indiferença, e discriminação é o ato de tratar de forma injusta, desigual. Nesse inciso, especificamente, não há necessidade de vínculo afetivo entre a mulher e o agente misógino, diferentemente da hipótese anterior.

Evidentemente, que diante de um caso concreto, é necessária uma profunda identificação para que se constate a real motivação do fato.

Fique ligado

Por fim, é importante ressaltar que, de acordo com o entendimento atual, o feminicídio é uma qualificadora de natureza objetiva, logo, compatível com o privilégio.

Causas de aumento de pena no feminicídio: vale destacar que a Lei nº 13.104/2015, além de dispor sobre o feminicídio, também trouxe causas de aumento da pena no referido crime, quando o fato for praticado: 1º) durante a gestação ou nos três meses posteriores ao parto; 2º) contra mulher menor de 14 anos, maior de 60 ou com reduzida capacidade de desistência; e 3º) na presença física ou virtual de descendente ou de ascendente da vítima.

Fique ligado

Os parentes colaterais (irmãos, tios, sobrinhos...) não foram incluídos no referido rol, razão porque não podem ser aqui enquadrados, pena de configurar analogia *in malam partem*.

Como se pode verificar, cuidar-se-iam de situações nas quais a morte por razões da condição de sexo feminino guardaria maior reprovabilidade.

- **Contra autoridade ou agente de segurança pública (art. 121, § 2º, VII):** Trata-se do chamado homicídio funcional, circunstância qualificadora do delito de homicídio quando o crime é praticado contra autoridade ou agente das Forças Armadas, da segurança pública, integrantes do sistema prisional ou da Força Nacional de Segurança Pública, no exercício da função ou em decorrência dela, ou contra seu cônjuge, companheiro ou parente consanguíneo **até terceiro grau**, em razão dessa condição – atenção, relativamente aos parentes, é necessário que haja relação com a função do agente.

Fique ligado

Embora a letra de lei traga o termo "parentes consanguíneos", é imperioso aplicar uma interpretação sistemática, podendo aqui também considerar o filho adotivo, por exemplo.

Registra-se que esta qualificadora faz expressa referência a dois dispositivos da Constituição Federal de 1988: o art. 142 e o art. 144. O primeiro dispõe sobre as Forças Armadas e diz: as Forças Armadas, constituídas pela Marinha, pelo Exército e pela Aeronáutica, são instituições nacionais permanentes e regulares, organizadas com base na hierarquia e na disciplina, sob a autoridade suprema do Presidente da República, e destinam-se à defesa da Pátria, à garantia dos poderes constitucionais e, por iniciativa de qualquer destes, da lei e da ordem."

Por sua vez, o art. 144 dispõe sobre as autoridades e agentes de segurança pública: a segurança pública, dever do Estado, direito e responsabilidade de todos, é exercida para a preservação da ordem pública e da incolumidade das pessoas e do patrimônio, por meio dos seguintes órgãos:

- Polícia federal;
- Polícia rodoviária federal;
- Polícia ferroviária federal;
- Polícias civis;
- Polícias militares e corpos de bombeiros militares.
- Polícias penais federal, estaduais e distrital.

Cumpre mencionar que o § 8º, do art. 144, da Constituição, faz referência à guarda municipal e o § 10 refere-se à segurança viária. Considerando que a qualificadora não faz menção somente ao *caput* do art. 144 da Constituição Federal, deve-se entender que ela abarcaria, igualmente, as autoridades e agentes da guarda municipal e da segurança viária, bem como as pessoas a eles relacionados, o que ampliaria sobremodo, o raio de incidência dessa qualificadora.

Por outro lado, como visto, os integrantes do sistema prisional também são mencionados pela qualificadora em estudo.

- **Homicídio qualificado pelo emprego de arma de uso restrito ou proibido (art. 121, § 2°, VIII):** Trata-se de uma nova qualificadora, que havia sido vetada originalmente pelo Presidente da República, veto este que fora cassado pelo Congresso Nacional.

No ato da vedação, o Presidente da República entendeu que referido dispositivo violava o princípio da proporcionalidade, na medida em que não haveria coerência, pois se o fato fosse praticado com uso de uma arma branca ou com arma de fogo de uso permitida, a pena poderia ser mais branda.

Usou como argumento também o fato que a qualificadora poderia representar uma insegurança jurídica, tendo em vista que o fogo da referida qualificadora seriam os agentes de segurança pública.

Sua redação é bastante simples e qualifica o homicídio, elevando a pena-base para um patamar de 12 a 30 anos quando o homicídio é praticado mediante emprego de arma de fogo de uso **restrito** ou **proibido**.

A qualificadora é de natureza objetiva, pois se refere ao modo de execução do crime. Logo, é compatível com a forma privilegiada do homicídio. Assim como as demais hipóteses de homicídio qualificado, trata-se de crime hediondo, submetido aos rigores da Lei nº 8.072/1990.

De plano, vale ressaltar que se trata de uma norma penal em branco heterogênea, na medida em que depende de complementação normativa para se compreender o âmbito de alcance de seu preceito primário. Em linhas gerais, o complemento normativo será utilizado para classificar as armas de uso restrito ou proibido (Decreto nº 9.847/2019, art. 2º).

Apenas em linhas gerais, vale destacar que arma de fogo de uso restrito é aquela cujo uso é exclusivo das forças de segurança pública, enquanto que as armas de fogo de uso proibido são as armas dissimuladas que não possuem, em um primeiro momento, aparência de arma de fogo (Ex.: uma caneta que é dotada de dispositivos que permitem a expulsão de um projétil a partir da queima de gases).

Fique ligado

Outra questão importante é que a natureza jurídica da referida qualificadora é de ordem **objetiva**.

Importante frisar, igualmente, que referido dispositivo não faz menção acerca de o agente ter ou não o registro de cautela ou porte da referida arma. Para tanto, pessoa que ostente o porte ou registro e pratique crime doloso com arma de fogo de uso restrito ou proibido, responderá pelo delito de acordo com essa qualificadora.

A título de recapitulação, vale frisar que os decretos que regulamentam e classificam as armas de fogo de uso restrito e proibido não têm incidência em concursos policiais federais, justamente pelo fato de possuírem questões estritamente técnicas e voltadas ao estudo da estrutura e composição da arma, assim como a potência por ela proferida no ato do disparo.

Ditos regulamentos são dotados de complexidade e, por serem expedidos via Decreto, possuem fácil grau de revogação e edição.

Outro ponto que merece atenção, já que seus conceitos têm sido cobrados, diz respeito à classificação da norma. Como vimos, trata-se de norma penal em branco. Acerca disso, é importante ressaltar que nem sempre o legislador consegue atingir todas as condutas a partir da edição de uma norma penal.

Nesse sentido, exsurge a chamada Lei Penal em Branco, também chamada de primariamente remetida.

Em linhas gerais, essa modalidade legislativa é aquela que depende de um complemento normativo para que se possa compreender o âmbito de alcance do preceito primário da norma.

Fique ligado

Ressalte-se que o preceito primário é aquele que descreve a conduta.

Para sua correta classificação e compreensão do instituto, deve-se observar com rigor a **fonte legislativa** (origem da norma).

Divide-se em:

- **Norma penal em branco homogênea/em sentido *lato sensu*/imprópria/homóloga:** o complemento normativo advém da mesma fonte legislativa (Ex.: uma lei complementa outra lei).

A normas penais em branco homogêneas ainda podem ser subdivididas:

- **Homovitelinas: o complemento normativo vem da mesma fonte legislativa e se encontra dentro do mesmo ramo do ordenamento jurídico (Ex.:** art. 338 do CP, que é complementado pelo art. 5º do mesmo CP);
- **Heterovitelinas: o complemento normativo vem da mesma fonte, porém, o complemento está em outro diploma normativo (Ex.:** art. 236 e 237 do CP, que são complementados por artigos do Código Civil – arts. 1.521, 1.523, 1.577).

- **Heterogênea/sentido estrito/própria/heteróloga:** o complemento normativo vem de fonte legislativa **diversa**, como ocorre com a Lei de Drogas, que é complementada pela Portaria nº 344 da SVS/MS, ou seja, uma norma elaborada pelo Poder Legislativo, complementada por uma norma do Poder Executivo.

Da mesma forma, as condutas descritas nos arts. 268 e 269 do CP, que tratam da infração de medida sanitária destinada a impedir a introdução ou propagação de doença contagiosa e a omissão de informação de doença de notificação compulsória. Porém, essas doenças, bem como as medidas de contenção, devem partir de resoluções ou outros atos normativos expedidos pela Anvisa.

Vale destacar que, em que pese ter havido grande embate acerca da constitucionalidade dessa modalidade de lei, prevaleceu o entendimento de que **são constitucionais**, na medida em que possibilitam um melhor e mais seguro controle das substâncias ditas ilícitas, sem a necessidade de um moroso procedimento legislativo para sua alteração.

- **Norma penal em branco secundariamente remetida, ao avesso ou ao revés:** trata-se de nova denominação trazida pela doutrina, aqui, haverá necessidade de "complementação" do preceito secundário da norma.

O termo "complementação" foi grafado entre aspas, pois não será, necessariamente, um complemento normativo. A fim de facilitar a retórica, haverá, em verdade, uma remessa de pena, ou seja, o preceito primário da norma é claro, porém, no que concerne à pena, haverá a disposição de que a pena será "a mesma aplicada para outro delito", conforme exemplos a seguir.

> **Ex. 1:** *Art. 304 Fazer uso de qualquer dos papéis falsificados ou alterados, a que se referem os arts. 297 a 302:*
>
> ***Pena*** *– a cominada à falsificação ou à alteração.*

> **Ex. 2:**Lei nº 2.889/1956
>
> *Art. 1º Quem, com a intenção de destruir, no todo ou em parte, grupo nacional, étnico, racial ou religioso, como tal:*
>
> *a) matar membros do grupo;*
>
> *b) causar lesão grave à integridade física ou mental de membros do grupo;*
>
> *c) submeter intencionalmente o grupo a condições de existência capazes de ocasionar-lhe a destruição física total ou parcial;*
>
> *d) adotar medidas destinadas a impedir os nascimentos no seio do grupo;*
>
> *e) efetuar a transferência forçada de crianças do grupo para outro grupo.*
>
> ***Será punido:***
>
> ***Com as penas do art. 121, § 2º, do Código Penal, no caso da letra a;***
>
> ***Com as penas do art. 129, § 2º, no caso da letra b;***
>
> ***Com as penas do art. 270, no caso da letra c;***
>
> ***Com as penas do art. 125, no caso da letra d;***
>
> ***Com as penas do art. 148, no caso da letra e.***

- **Homicídio contra menor de 14 (quatorze) anos (art. 121, §2°, IX):** trata-se de qualificadora acrescida pela Lei Henry Borel – Lei n°14.344/2022. A inovação legislativa prevê circunstância mais gravosa para os homicídios praticados contra menor de 14 (quatorze) anos, de modo que a pena atribuída a esses casos é de 12 a 30 anos, assim como as demais hipóteses qualificadoras previstas no §2°, do art. 121, do CP.

O nome da lei é uma homenagem a Henry Borel, menino de quatro anos que foi espancado e morto no apartamento em que morava com a mãe o padrasto, no dia 8 de março de 2021, no Rio de Janeiro.

Trata-se de qualificadora de natureza objetiva, relacionada à qualidade da vítima, absolutamente conectada com as disposições constitucionais previstas no art. 227 da CF, cujo dispositivo veicula como dever do Estado assegurar à criança e ao adolescente, com absoluta prioridade, o direito à vida.

Ademais, para a incidência da nova qualificadora, é necessário que o agente tenha consciência sobre a idade da vítima por ocasião do cometimento do crime, já que o Direito Penal é regido pelo princípio da responsabilidade subjetiva (ou princípio da culpabilidade), não havendo falar-se, assim, em responsabilidade penal objetiva.

A idade da vítima deve ser verificada no momento da prática da conduta, por força da adoção da teoria da atividade (art. 4°, CP).

Assim, o assassinato de crianças e adolescentes menores de 14 anos é considerado homicídio qualificado e crime hediondo, tendo em vista que a novel lei também alterou o art. I, da Lei n° 8.072/1990 para atribuir o caráter hediondo ao delito.

Ademais, a Lei n°14.344/2022 também acrescentou o § 2°-B ao art. 121, do CP, prevendo novas majorantes para o homicídio qualificado praticado contra menor de 14 anos.

De acordo com o inciso I do aludido dispositivo, a pena é aumentada de 1/3 (um terço) até a metade se o homicídio é praticado contra menor de 14 (quatorze) anos, com deficiência ou com doença que implique o aumento de sua vulnerabilidade. O inciso II prevê circunstância mais gravosa para os casos de homicídio contra menor de 14 (quatorze) anos nas situações, por exemplo, em que o autor seja ascendente, padrasto ou madrasta, da vítima. Nessas hipóteses, a pena será aumentada de 2/3 (dois terços).

Assim, o homicídio contra menor de menor de 14 (quatorze) anos, além de qualificar o delito, iniciando o cálculo da dosimetria da pena já em 12 anos, poderá ter a sanção penal aumentada com as novas circunstâncias previstas no novo § 2°-B, do art. 121, do CP.

A fim de clarificar e facilitar a memorização, vejamos a nova disposição legal:

> ***Art. 121** Matar alguém:*
> *Homicídio qualificado*
> *§ 2° Se o homicídio é cometido:*
> *[...]*
> *IX - contra menor de 14 (quatorze) anos:*
> ***Pena** - reclusão, de doze a trinta anos.*
> *[...]*
> *§ 2º-B. A pena do homicídio contra menor de 14 (qutorze) anos é aumentada de: (Incluído pela Lei nº 14.344, de 2022)*
> *I - 1/3 (um terço) até a metade se a vítima é pessoa com deficiência ou com doença que implique o aumento de sua vulnerabilidade; (Incluído pela Lei nº 14.344, de 2022)*
> *II - 2/3 (dois terços) se o autor é ascendente, padrasto ou madrasta, tio, irmão, cônjuge, companheiro, tutor, curador, preceptor ou empregador da vítima ou por qualquer outro título tiver autoridade sobre ela.*

Homicídio privilegiado-qualificado

Discute-se sobre a possibilidade do chamado homicídio privilegiado-qualificado.

> **Ex.:** Carlos, já não mais suportando o estado de saúde de sua genitora, que há anos batalha contra um câncer, e já em estado terminal, decide abreviar o seu sofrimento, adicionando, sem o seu conhecimento, uma dose excessiva de medicamento em seu soro, levando-a a óbito.

Na hipótese, evidente que o agente praticou o homicídio por relevante valor moral, porém, utilizou-se de meio insidioso para praticar o crime.

Sobre o tema, prevalece o entendimento de que é possível a coexistência do homicídio privilegiado **(natureza jurídica subjetiva)** com os tipos qualificados do § 2º, **desde que se tratem de hipóteses objetivas**, tais como o meio – como o meio insidioso, referido no exemplo – ou o modo de execução que dificulte ou impossibilite a defesa do ofendido.

Em resumo, o privilégio pode coexistir com as qualificadoras objetivas. Admite- se homicídio eutanásico cometido mediante veneno. A circunstância do relevante valor moral (subjetivo) não repele o elemento exasperador objetivo. O mesmo se diga do fato de alguém matar de emboscada e impelido por esse motivo.

A jurisprudência considera possível o homicídio privilegiado-qualificado: *A jurisprudência do STF admite a possibilidade de homicídio privilegiado-qualificado, desde que não haja incompatibilidade entre as circunstâncias do caso. O recurso utilizado para atingir a vítima 'é realidade objetiva, pertinente à mecânica do agir do infrator' (HC 77.347, HC 69.524, HC 61.074).* Daí a inexistência de contradição no reconhecimento da qualificadora, cujo caráter é objetivo (modo de execução do crime), e do privilégio, afinal reconhecido (sempre de natureza subjetiva).

Por outro lado, considera-se inadmissível a coexistência de homicídio privilegiado e qualificado, quando decorrentes de fatores ou motivações de natureza subjetiva – tais como a torpeza ou a futilidade –, uma vez que motivações nobres e reprováveis se excluem reciprocamente.

Homicídio culposo

> *§ 3º Se o homicídio é culposo:*
> *Pena - detenção, de um a três anos.*

Por se tratar de crime **culposo**, a punição é de detenção, menos rigorosa do que a previsão de pena para o crime doloso.

No homicídio culposo, observa-se que o resultado causado – a morte de um ser humano – não decorre de um comportamento doloso, mas, sim, da violação de um dever de cuidado exigido pela norma penal, ante a previsibilidade objetiva do fato desvalioso.

Fique ligado

Quando o resultado morte for causado na modalidade culpa na condução de veículo automotor a punição será regida pelo art. 302 do CTB (Lei nº9.503/1997).

Trata-se da situação em que o agente **não quis o resultado**, atuando por imprudência, negligência ou imperícia, quando o resultado jamais era aceito ou quisto pelo agente.

Relativamente às causas de aumento, temos a seguinte disposição:

> *Aumento de pena*
> *§ 4o No homicídio culposo, a pena é aumentada de 1/3 (um terço), se o crime resulta de inobservância de regra técnica de profissão, arte ou ofício, ou se o agente deixa de prestar imediato socorro à vítima, não procura diminuir as consequências do seu ato, ou foge para evitar prisão em flagrante. Sendo doloso o homicídio, a pena é aumentada de 1/3 (um terço) se o crime é praticado contra pessoa menor de 14 (quatorze) ou maior de 60 (sessenta) anos.*

A primeira parte do §4º do art. 121 do CP traz algumas situações majorantes para o homicídio culposo.

- **a)** Quando é praticado em inobservância de regra técnica de profissão, arte ou ofício, também chamada de **culpa profissional**;
- **b)** Quando ocorrer omissão de socorro;
- **c)** Quando não procura diminuir as consequências do seu ato; ou
- **d)** Quando o agente foge para evitar prisão em flagrante.

A segunda parte do § 4° prevê circunstâncias majorantes para a pena do homicídio doloso. De início, é importante destacar que a inclusão da qualificadora do inciso IX, do § 2° (contra menor de 14 anos), pela novel Lei n°14.344/2022, revogou tácita e parcialmente a segunda parte do § 4º do art. 121, do Código Penal, de modo que o homicídio praticado contra pessoa menor de 14 (quatorze) não mais pode servir como causa de aumento de pena, devendo agora, qualificar o delito doloso contra a vida.

Portanto, remanesce como causa de aumento de pena (1/3) somente a hipótese em que o crime de homicídio é praticado contra pessoa maior de 60 (sessenta) anos.

Vale destacar que para a incidência da majorante é necessário que o agente conheça (ou seja previsível) que se trata de idoso.

- **Perdão judicial:** ponto de fundamental destaque é que o homicídio **culposo** pode ter a possibilidade de perdão judicial.

> *§ 5º Na hipótese de homicídio culposo, o juiz poderá deixar de aplicar a pena, se as consequências da infração atingirem o próprio agente de forma tão grave que a sanção penal se torne desnecessária.*

O perdão judicial constitui **causa extintiva da punibilidade**, por meio da qual o Estado, mediante a presença de certos requisitos, renuncia ao direito de punir, geralmente fundado na desnecessidade da pena.

No homicídio culposo, a causa extintiva da punibilidade se dá quando as consequências da infração atingirem o próprio agente de forma tão grave que a sanção penal se torne desnecessária.

Em resumo, se, por um descuido, da conduta do agente ocorre o resultado morte, a depender das consequências (quando a consequência da infração atinge o próprio autor do fato de maneira tão gravosa), é possível perdoá-lo.

Fique ligado

Por exemplo, o pai que, por descuido, deixa a arma de fogo cair no chão e provoca um disparo que acerta seu filho, que vem a óbito. Ou a mãe que esquece seu filho recém-nascido no interior do automóvel, causando a morte da criança por desidratação em razão da exposição do veículo ao sol por várias horas.

Evidentemente, que nos exemplos narrados, não se fará necessária a imposição de pena, já que o sofrimento decorrente da perda do filho é muito mais gravosa ao agente do que qualquer tipo de sanção.

No que se refere à natureza jurídica da sentença que concede o perdão judicial, o entendimento é de que não se trata de decisão absolutória e nem condenatória, mas **declaratória de extinção da punibilidade.** Vejamos o entendimento sumulado pelo STJ:

> ***Súmula nº 18 – STJ***
>
> *A sentença concessiva do perdão judicial é declaratória da extinção da punibilidade, não subsistindo qualquer efeito condenatório.*

6.1.2 Induzimento, instigação ou auxílio a suicídio ou à automutilação

> ***Art. 122*** *Induzir ou instigar alguém a suicidar-se ou a praticar automutilação ou prestar-lhe auxílio material para que o faça:*
>
> *Pena – reclusão, de 6 (seis) meses a 2 (dois) anos.*
>
> *§ 1º Se da automutilação ou da tentativa de suicídio resulta lesão corporal de natureza grave ou gravíssima, nos termos dos §§ 1º e 2º do art. 129 deste Código*
>
> *Pena – reclusão, de 1 (um) a 3 (três) anos.*
>
> *§ 2º Se o suicídio se consuma ou se da automutilação resulta morte:*
>
> *Pena – reclusão, de 2 (dois) a 6 (seis) anos.*
>
> *§ 3º A pena é duplicada:*
>
> *I – se o crime é praticado por motivo egoístico, torpe ou fútil;*
>
> *II – se a vítima é menor ou tem diminuída, por qualquer causa, a capacidade de resistência.*
>
> *§ 4º A pena é aumentada até o dobro se a conduta é realizada por meio da rede de computadores, de rede social ou transmitida em tempo real.*
>
> *§ 5º Aumenta-se a pena em metade se o agente é líder ou coordenador de grupo ou de rede virtual.*
>
> *§ 6º Se o crime de que trata o § 1º deste artigo resulta em lesão corporal de natureza gravíssima e é cometido contra menor de 14 (quatorze) anos ou contra quem, por enfermidade ou deficiência mental, não tem o necessário discernimento para a prática do ato, ou que, por qualquer outra causa, não pode oferecer resistência, responde o agente pelo crime descrito no § 2º do art. 129 deste Código.*
>
> *§ 7º Se o crime de que trata o § 2º deste artigo é cometido contra menor de 14 (quatorze) anos ou contra quem não tem o necessário discernimento para a prática do ato, ou que, por qualquer outra causa, não pode oferecer resistência, responde o agente pelo crime de homicídio, nos termos do art. 121 deste Código.*

A Lei nº 13.968/2019 trouxe importantes inovações para o delito previsto no art. 122, do CP, cuja redação anterior não era capaz de atender à modernidade das técnicas de induzimento ao suicídio ou automutilação. Porém, com todo respeito, o legislador errou ao inserir um crime contra a vida e um crime contra a integridade física dentro de um mesmo dispositivo, considerando, inclusive, o mesmo *quantum* de pena para as duas condutas, o que se revela desproporcional, já que os resultados oriundos da conduta podem ser distintos. Inclusive, a distinção é importante, pois a instigação, o induzimento ou o auxílio ao suicídio serão de competência do Tribunal do Júri, enquanto a instigação, o induzimento ou o auxílio à automutilação serão de competência do Juizado Especial Criminal (somente a figura do *caput*).

Nas condutas que direcionam ao suicídio (art. 122, 1ª parte, CP), qualquer pessoa pode ser caracterizada como sujeito ativo do crime, admitindo-se concurso eventual. Já o sujeito passivo deve ser apenas a pessoa capaz, uma vez que, se o "suicida" for incapaz de entender o significado de sua ação e de determinar-se de acordo com seu próprio entendimento, o agente responderá por homicídio, pois a incapacidade da vítima é um instrumento daquele que lhe provocou a morte (art. 122, § 7º, CP).

Já na figura das condutas que direcionam à automutilação (art. 122, 2ª parte), qualquer pessoa pode ser sujeito ativo. Quanto ao sujeito passivo, deve ser pessoa capaz, tendo em vista que, sendo a vítima menor de quatorze anos ou que não tenha capacidade de oferecer resistência, se da automutilação resulta morte (culposa, pois não era o resultado querido pelo agente), o agente responde por homicídio. Porém, *in factu*, este dispositivo sofre severas críticas, por não poder o agente responder por crime doloso contra a vida, sendo que a morte ocorreu de forma culposa. A doutrina tem caminhado no sentido de que, nesses casos, o agente deve responder por lesão corporal seguida de morte.

Pela atual sistemática, não se exige nenhum resultado lesivo, bastando a prática do núcleo do tipo para que a ação se consume.

Fique ligado

O crime é classificado como formal, na medida em que inexiste necessidade de resultado naturalístico para sua consumação. Assim, se o agente induz/instiga/auxilia materialmente a vítima a cometer suicídio ou a automutilar-se, incorre no delito do art. 122, caput. Não há necessidade nem mesmo de a vítima tentar se matar ou se automutilar, pois a conduta de induzir ou instigar já é suficiente para consumar o delito.

As condutas aqui previstas consistem em **instigar** (fomentar ideia existente), **induzir** (construir a ideia) ou **auxiliar** (prestação de auxílio). Este crime só é punido a título de dolo.

A conduta aqui praticada deve recair sobre uma pessoa específica ou grupo determinado de pessoas. Por esta razão, a disseminação ou a apologia da prática de suicídio para um grupo indistinto de pessoas, não será considerada crime.

- **Formas qualificadas (§ 1º e § 2º):** se da automutilação ou da tentativa de suicídio resultar lesão corporal grave ou gravíssima, haverá a punição do agente que induziu, instigou ou auxiliou em reclusão de um a três anos. Noutro giro, se o suicídio se consuma ou se da automutilação resultar morte, haverá pena de reclusão de dois a seis anos.
- **Causas de aumento de pena:** a pena para o crime será duplicada se o fato for praticado por motivo egoístico (interesses pessoais), torpe (motivo desprezível, repugnante) ou fútil (desproporcional), ou se a vítima é menor de idade ou tem diminuída, por qualquer causa, a capacidade de resistência.

A pena será aumentada também até o dobro (§ 4º) se a conduta é realizada por meio da rede de computadores, de rede social ou transmitida em tempo real. Ademais, poderá ocorrer o aumento da pena em até metade, se o agente é líder ou coordenador de grupo ou de rede virtual (§ 5º).

§ 6º Se o crime de que trata o § 1º deste artigo resulta em lesão corporal de natureza gravíssima e é cometido contra menor de 14 (quatorze) anos ou contra quem, por enfermidade ou deficiência mental, não tem o necessário discernimento para a prática do ato, ou que, por qualquer outra causa, não pode oferecer resistência, responde o agente pelo crime descrito no § 2º do art. 129 deste Código.

§ 7º Se o crime de que trata o § 2º deste artigo é cometido contra menor de 14 (quatorze) anos ou contra quem não tem o necessário discernimento para a prática do ato, ou que, por qualquer outra causa, não pode oferecer resistência, responde o agente pelo crime de homicídio, nos termos do art. 121 deste Código.

Aqui temos duas situações inusitadas que merecem destaque pela redação adotada. Se do crime previsto no § 1º do art. 122 ocorrer lesão corporal gravíssima e for praticado contra menor de 14 anos ou pessoa que, por enfermidade ou falta de discernimento para compreender os seus atos, o agente que instiga auxilia ou induz, responderá diretamente pela lesão corporal gravíssima, na medida em que a vulnerabilidade da vítima foi explorada para a prática do crime.

O mesmo raciocínio se aplica ao crime do art. 122, § 2º. Na hipótese, se praticado contra menor de 14 anos ou contra quem não tenha o necessário discernimento para a prática do ato, ou quem por qualquer outra causa não possa oferecer resistência, o agente que induz, instiga ou auxilia, responderá pelo crime de homicídio, ante a exploração da vulnerabilidade da vítima.

6.1.3 Infanticídio

Art. 123 *Matar, sob a influência do estado puerperal, o próprio filho, durante o parto ou logo após:*

Pena - detenção, de dois a seis anos.

A conduta aqui prevista é aquela em que a mãe mata o próprio filho, **influenciada pelo estado puerperal**, durante o parto ou logo após.

A figura aqui prevista é uma hipótese de homicídio privilegiado em que, por circunstâncias particulares e especiais, o legislador resolveu conferir tratamento mais brando à autora do delito, reduzindo as penas mínimas e máxima do delito. O puerpério é o período que se estende do início do parto até a volta da mulher às condições pré-gravidez. Momento em que a mãe sofre profundas alterações psíquicas e físicas, que chegam a transtorná-la, deixando-a sem plenas condições de entender o que está fazendo.

A influência do estado puerperal (estado originado a partir da profusão hormonal) deve ser constatado por laudo médico.

O período "logo após" é de difícil conceituação. Entretanto, prevalece que este lapso temporal compreende todo o período do puerpério.

A conduta só se pune a título de dolo.

Trata-se de delito próprio, pois só pode ser cometido por agente especial, no caso a mãe do recém-nascido.

O delito admite tentativa. Inclusive, vários casos de agressões contra recém-nascidos terminam não se consumando.

Fique ligado

Atualmente, existe o entendimento de que é possível a participação de outra pessoa na prática do crime, não se admitindo, no entanto, a coautoria.

6.1.4 Aborto provocado pela gestante ou com seu consentimento

Art. 124 *Provocar aborto em si mesma ou consentir que outrem lhe provoque:*

Pena - detenção, de um a três anos.

Tecnicamente, consiste na interrupção da gravidez com a destruição do produto da concepção. Na ótica jurídica, o termo inicial da gestação é a implantação do embrião no endométrio.

A hipótese do art. 124 traz duas hipóteses, o autoaborto e o aborto praticado por terceiro com o consentimento da gestante.

No autoaborto, o delito pode ser cometido por qualquer meio (crime de forma livre). É necessário que a gestante provoque em si própria (dê causa, produza, realize) a morte do produto do nascituro. No aborto consentido, um terceiro, com o consentimento válido da gestante, pratica o fato.

Quanto ao elemento subjetivo, o tipo penal é doloso, isto é, o ato deve ser praticado de modo consciente e voluntário, tendente à interrupção da vida humana intrauterina. Não se pune a forma culposa.

Fique ligado

Acerca do crime de aborto, é importante recordar que o STF possui precedente de que não haverá crime se o aborto for praticado até o terceiro mês da gestação. (HC nº 124.306)

6.1.5 Aborto provocado por terceiro sem o consentimento da gestante

Art. 125 *Provocar aborto, sem o consentimento da gestante:*

Pena - reclusão, de três a dez anos.

Trata-se da forma mais cruel de aborto, na medida em que a gestante é pega de surpresa, ou seja, tem a sua gestação interrompida sem o seu consentimento.

Dessa forma, tem-se a conduta punida com maior rigor do que as demais formas do abordo.

A conduta típica é semelhante àquela contida no art. 124, isto é, dá-se quando o agente provocar aborto, **sem o consentimento da mulher** ou **mediante consentimento inválido.**

Aborto provocado por terceiro com consentimento da gestante

Art. 126 *Provocar aborto com o consentimento da gestante:*

Pena - reclusão, de um a quatro anos.

Parágrafo único. *Aplica-se a pena do artigo anterior, se a gestante não é maior de quatorze anos, ou é alienada ou débil mental, ou se o consentimento é obtido mediante fraude, grave ameaça ou violência.*

A conduta típica é semelhante àquela contida nos arts. 124 e 125, isto é, provocar aborto. Exige-se, todavia, que ocorra o **consentimento válido da gestante**.

Trata-se de crime que se manifesta como exceção à teoria monista, na medida em que, quem praticar o crime, com consentimento da gestante, responde por este crime, enquanto que, a gestante que consente para a sua prática responde pelo crime do art. 124 do CP.

Fique ligado

Se a gestante não é maior de 14 anos ou possui algum tipo de comprometimento mental ou, ainda, se o consentimento é obtido mediante fraude, o agente que pratica o aborto responde pela pena prevista do art. 125, na medida em que não se trata de consentimento válido.

6.1.6 Aborto majorado pelo resultado

Art. 127 *As penas cominadas nos dois artigos anteriores são aumentadas de um terço, se, em consequência do aborto ou dos meios empregados para provocá-lo, a gestante sofre lesão corporal de natureza grave; e são duplicadas, se, por qualquer dessas causas, lhe sobrevém a morte.*

Haverá aumento de pena em um terço se, em decorrência do aborto praticado por terceiro, com ou sem o consentimento da gestante, ocorrer lesão corporal de natureza grave ou gravíssima.

A pena aplicada será duplicada se houver a morte da gestante.

As causas de aumento de pena aqui previstas não alcançam a figura do art. 124 (da própria gestante), pois, em homenagem ao princípio da lesividade, não se pune a autolesão.

6.1.7 Aborto legal

> ***Art. 128*** *Não se pune o aborto praticado por médico:*
>
> *Aborto necessário*
>
> *I - se não há outro meio de salvar a vida da gestante;*
>
> *Aborto no caso de gravidez resultante de estupro*
>
> *II - se a gravidez resulta de estupro e o aborto é precedido de consentimento da gestante ou, quando incapaz, de seu representante legal.*

O art. 128 prevê duas hipóteses em que a provocação do aborto não é considerada crime. Esses dispositivos têm natureza jurídica de causas especiais de exclusão da ilicitude. As figuras em que o aborto é legal são chamadas de aborto necessário (terapêutico) e sentimental (humanitário).

No inciso I, prevê-se o aborto necessário ou terapêutico, e, no inciso II, tem-se o denominado aborto sentimental ou humanitário ou ético.

Para a caracterização do inciso I, é imprescindível três requisitos:

- Ser praticado por médico;

Se for necessária a realização por pessoa sem habilitação profissional, poderá haver a incidência do estado de necessidade.

- Perigo de vida da gestante;
- A impossibilidade de outro meio de salvaguarda.

Para a caracterização da hipótese do inciso II, são necessários os seguintes requisitos:

- Ser praticado por médico;

Se for necessária a realização por pessoa sem habilitação profissional, poderá haver a incidência do estado de necessidade.

- Gravidez decorrente de estupro;
- Consentimento da gestante ou do representante legal.

Vale recordar que, além das hipóteses previstas, em 2012, ao julgar a ADPF n 54, o STF entendeu ser cabível mais uma forma de aborto, o que restou denominado de aborto terapêutico de feto anencéfalo. A anencefalia consiste na malformação do tubo neural, a caracterizar-se pela ausência parcial do encéfalo e do crânio, resultante de defeito no fechamento do tubo neural durante o desenvolvimento embrionário.

6.2 Lesões corporais

6.2.1 Lesão corporal leve

> ***Art. 129*** *Ofender a integridade corporal ou a saúde de outrem:*
>
> *Pena - detenção, de três meses a um ano.*

No capítulo II da parte especial, o CP trata das condutas criminosas que afetam a integridade física ou a saúde do corpo humano. Para a configuração do núcleo do tipo é preciso que a vítima sofra dano em seu corpo, com alguma alteração interna ou externa. Também é aceito, para fins de tipificação desta conduta, qualquer ofensa que provoque abalo ou prejuízo às funções orgânicas.

Objeto jurídico deste delito é a incolumidade pessoal (física do indivíduo), especialmente, no aspecto corporal, fisiológico e mental.

São dois os critérios de análise da lesão corporal, no primeiro aspecto, subdividem-se em:

- Simples (*caput*);
- Dolosa qualificada (§§1º, 2º e 3º);
- Dolosa privilegiada (§§4º e 5º);
- Culposa (§6º).

No segundo critério, leva-se em consideração o grau da lesão, desmembrando-se em:

- Leve;
- Grave;
- Gravíssima;
- Seguida de morte.

Qualquer pessoa pode ser o sujeito ativo do crime, enquanto que sujeito passivo é toda pessoa viva. Excepcionalmente, quando da lesão puder ocorrer aceleração de parto ou aborto, o sujeito passivo é a mulher grávida.

A punição, quanto à voluntariedade, dá-se a título de dolo, culpa e preterdolo.

A lesão leve pode ser considerada um crime subsidiário, pois, se não for possível classificá-la como uma lesão grave ou gravíssima, a tipificação permanece na conduta do *caput*.

Ademais, as lesões corporais de natureza leve e lesões culposas são suscetíveis de ação penal pública condicionada à representação do ofendido e serão processadas perante o Juizado Especial Criminal.

6.2.2 Lesão corporal grave

> *§ 1º Se resulta:*
>
> *I - Incapacidade para as ocupações habituais, por mais de trinta dias;*
>
> *II - perigo de vida;*
>
> *III - debilidade permanente de membro, sentido ou função;*
>
> *IV - aceleração de parto:*
>
> *Pena - reclusão, de um a cinco anos.*

Avançando ao campo das qualificadoras, no inciso I, considera-se qualificada a lesão que causa incapacidade física ou mental do agente em praticar suas atividades habituais por mais de 30 dias.

Por atividade ou ocupação habitual entende-se qualquer atividade costumeira, não necessariamente ligada ao trabalho ou ocupação lucrativa –, mas deve ser uma atividade lícita.

A gravidade da lesão será aferida por perícia médica após o trigésimo dia (art. 168, §2º, CPP), que, entretanto, poderá ser suprido pela prova testemunhal (art. 168, §3º, CPP).

No inciso II, trabalha-se com o perigo de vida, consistente no alto grau de probabilidade de um resultado fatal. O perigo deve ser presente, não presumido, e será atestado por laudo médico.

- Frise-se que o perigo de vida deve ser gerado a partir do preterdolo, uma vez que, se o agente tinha a intenção de matar e este resultado não ocorre, é imperiosa a punição por tentativa de homicídio.

A hipótese aventada no inciso III corresponde à diminuição/redução ou enfraquecimento da capacidade dos membros, sentidos (visão, audição, tato, paladar) ou função (capacidade respiratória, digestiva etc.).

Cuidado, a debilidade permanente não exige perpetuidade, mas somente que seja incerto o prazo de recuperação.

Fique ligado

Atente-se também que, no caso de órgãos duplos (olhos, rins, pulmões, dedos), a perda de um deles, com preservação da atividade do outro, caracteriza-se aqui, na **debilidade permanente.**

Por derradeiro, a hipótese do inciso IV tata da aceleração de parto. Mas cuidado! Se o feto é expulso sem vida ou, mesmo se, com vida logo vem a morrer em razão dos ferimentos, a lesão corporal será gravíssima.

Para caracterizar a qualificadora do inciso IV, é imprescindível que o agente saiba do estado gravídico da ofensora.

Em arremate, a doutrina de Cezar Roberto Bitencourt ensina que todas as qualificadoras contidas no §1º são de natureza **objetiva**.

6.2.3 Lesão corporal gravíssima

No §2º trataremos de situações que são, via de regra, irreparáveis.

§ 2° Se resulta:

Pena - reclusão, de dois a oito anos.

I - Incapacidade permanente para o trabalho;

A incapacidade aqui mencionada deve se dar para qualquer tipo de trabalho, e não, especificamente, para a função que até então era exercida pela vítima.

II - enfermidade incurável;

Para esta classificação, podemos configurar como a transmissão intencional de uma doença para qual não existe cura ou também o desenvolvimento de um processo patológico incurável após a prática da conduta ofensiva (Ex.: desenvolvimento de convulsão a partir de um traumatismo cranioencefálico).

Fique ligado

Para o STJ, restou decidido que a transmissão consciente do HIV caracteriza lesão corporal gravíssima, enquadrando-se a enfermidade no conceito de doença incurável (art. 129, §2º, II, CP). Ainda, entendeu que a ausência de manifestação dos sintomas não exclui o crime.

III - perda ou inutilização do membro, sentido ou função;

Aqui, trata-se de amputação, mutilação ou inutilização de mão, pé, braço...

IV - deformidade permanente;

Trata-se do dano estético irreparável. Além disso, a presente qualificadora abrange todo o corpo, não somente as regiões visíveis.

As questões da organizadora CESPE/CEBRASPE tendem a confundir o candidato entre as hipóteses de debilidade permanente e deformidade permanente de acordo com o grau da lesão (grave ou gravíssima).

Fique ligado

Para facilitar:
→ de**B**ilidade → Lesão **grave**: Pela ordem alfabética, o B vem antes do F, logo, está para a lesão GRAVE, que também é estudada antes da gravíssima.
→ de**F**ormidade → Lesão **gravíssima**: F depois do B.

V - aborto:

Indispensável que o agente tenha conhecimento do estado da vítima. Aqui, pune-se a lesão a título de dolo e o abortamento a título de culpa (crime preterdoloso ou preterintencional).

6.2.4 Lesão corporal seguida de morte

§ 3º Se resulta morte e as circunstâncias evidenciam que o agente não quis o resultado, nem assumiu o risco de produzi-lo:
Pena - reclusão, de quatro a doze anos.

Cuida-se do chamado "homicídio preterdoloso".

Em resumo, pune-se a morte causada culposamente. Conforme consta do dispositivo, é necessário que as circunstâncias do caso concreto indiquem que o sujeito não quis a morte, nem assumiu o risco de produzi-la, pena de responder pelo crime de homicídio culposo.

Em apertada síntese, pode-se dizer que o evento "morte" pode ter sido:

- **Previsto e querido:** homicídio doloso com dolo direto de 1º grau (homicídio doloso);
- **Previsto, não querido, mas aceito como efeito secundário necessário:** homicídio doloso com dolo direto de 2º grau (homicídio com dolo de consequência necessária);
- **Previsto, não querido, mas aceito ou tolerado:** homicídio doloso com dolo eventual;
- **Previsto, não querido, não aceito ou tolerado:** lesões corporais seguidas de morte com culpa consciente;
- **Não previsto, embora previsível:** lesões corporais seguidas de morte com culpa inconsciente;
- **Não previsto e não previsível:** exclusão da responsabilidade pela morte (art. 19, do CP).

DPEN

6.2.5 Hipótese de diminuição de pena/lesão corporal privilegiada

§ 4º Se o agente comete o crime impelido por motivo de relevante valor social ou moral ou sob o domínio de violenta emoção, logo em seguida a injusta provocação da vítima, o juiz pode reduzir a pena de um sexto a um terço.

Tal como verificado no homicídio, há uma causa de redução de pena (de 1/6 a 1/3) quando o agente comete o crime impelido **por motivo de relevante valor social ou moral ou sob o domínio de violenta emoção, logo em seguida à injusta provocação da vítima.**

Assim, a causa de diminuição abrange fatores de cunho pessoal, subjetivo, incomunicável, portanto, no concurso de pessoas.

6.2.6 Substituição da pena

§ 5º O juiz, não sendo graves as lesões, pode ainda substituir a pena de detenção pela de multa, de duzentos mil réis a dois contos de réis:

I - se ocorre qualquer das hipóteses do parágrafo anterior;

II - se as lesões são recíprocas.

Incidente somente nas lesões corporais de natureza leve, a substituição da detenção por multa se dá quando presente a motivação privilegiada (§ 4º) ou na hipótese de lesões recíprocas.

Fique ligado

No caso de violência recíproca, cumpre verificar se um dos contendores agiu em legítima defesa, hipótese em que haverá excludente de ilicitude àquele que repele a injusta agressão.

6.2.7 Lesão corporal culposa

§ 6º Se a lesão é culposa:

***Pena** - detenção, de dois meses a um ano.*

Trata-se de situação em que a ofensa à integridade física ou à saúde da vítima decorre de comportamento em que há a violação do dever de cuidado. Compreende, pois, a culpa consciente ou inconsciente.

A gravidade das lesões corporais é irrelevante para a tipificação do delito de lesões corporais de natureza culposa, podendo ser levada em consideração na dosimetria da pena, haja vista a circunstância judicial das consequências do crime.

Fique ligado

A lesão corporal culposa não é desmembrada em leve, grave ou gravíssima.
O que se valora é a intenção ou não em produzir o resultado. Se dolosa, haverá a gradação, se culposa, não.
Vale destacar que as lesões corporais culposas praticadas na condução de veículo automotor tipificam o delito do art. 303, do CTB.

6.2.8 Aumento de pena

> *§ 7º Aumenta-se a pena de 1/3 (um terço) se ocorrer qualquer das hipóteses dos §§ 4º e 6º do art. 121 deste Código.*

Haverá aumento de pena em 1/3, quando a lesão corporal culposa representar violação de regra técnica de arte, profissão ou ofício; ausência de socorro imediato ou fuga para evitar a prisão; ou lesão corporal dolosa contra criança ou idoso.

Ademais, haverá aumento de pena, se a lesão é praticada por milícia privada ou sob o pretexto de prestação de serviço de segurança ou, ainda, por grupo de extermínio.

6.2.9 Perdão judicial

> *§ 8º Aplica-se à lesão culposa o disposto no § 5º do art. 121.*

Trata-se de hipótese de perdão judicial idêntica a existente para o homicídio culposo (art. 121, § 5º).

6.2.10 Violência doméstica

> *§ 9º Se a lesão for praticada contra ascendente, descendente, irmão, cônjuge ou companheiro, ou com quem conviva ou tenha convivido, ou, ainda, prevalecendo-se o agente das relações domésticas, de coabitação ou de hospitalidade:*
>
> *Pena - detenção, de 3 (três) meses a 3 (três) anos.*
>
> *§ 10 Nos casos previstos nos §§ 1º a 3º deste artigo, se as circunstâncias são as indicadas no § 9º deste artigo, aumenta-se a pena em 1/3 (um terço).*
>
> *§ 11 Na hipótese do § 9º deste artigo, a pena será aumentada de um terço se o crime for cometido contra pessoa portadora de deficiência.*

A pena máxima cominada para essa qualificadora foi triplicada pela Lei nº 11.340/2006 com o objetivo de retirar a violência doméstica e familiar contra a mulher (lesões leves) do âmbito das infrações de menor potencial ofensivo, vedando-se, inclusive, a pena alternativa das cestas básicas (art. 17, da Lei Maria da Penha).

Haverá o aumento da pena em 1/3 quando ocorrer o resultado lesões grave, gravíssima ou seguida de morte havidas contra ascendente, descendente, irmão, cônjuge ou companheiro, ou com quem conviva ou tenha convivido, ou, ainda, prevalecendo-se o agente das relações domésticas, de coabitação ou de hospitalidade.

Fique ligado

Vale frisar que, para que se caracterize a violência doméstica, não há a necessidade de coabitação entre autor do fato e vítima.

Na hipótese de violência doméstica (art. 129, § 9º), quando a vítima for pessoa portadora de deficiência, a pena sofrerá acréscimo de 1/3.

Cumpre observar que, quando da incidência de duas ou mais causas de aumento – ou de duas ou mais causas de diminuição –, contempladas na Parte Especial do Código, deve-se aplicar a regra constaste do art. 68, parágrafo único, do CP.

Quando a mulher figurar como vítima das lesões corporais será preciso verificar se o fato foi ou não resultante de violência doméstica ou familiar. Em caso positivo, e, sendo lesão corporal leve, o fato se subsumirá ao art. 129, § 9º, agravado pelo art. 61, II, f, p. final. Caso contrário, a lesão corporal leve fora do âmbito doméstico ou familiar caracterizará o art. 129, *caput*, c/c art. 61, II, f, parte final. Cuidando-se de lesão corporal grave e lesão corporal seguida de morte, incidirá a majorante do § 10, quando oriunda de violência doméstica ou familiar, c/c art. 61, II, f, parte final. A tipificação corresponderá ao art. 129, §§ 1º, 2º e 3º, c/c art. 61, II, f, p. final, quando as lesões forem resultantes de violência fora do ambiente familiar ou doméstico.

Em resumo, fez-se inserir a qualificadora da lesão corporal praticada em razão de discriminação à condição de mulher ou em situação de violência doméstica.

O próprio texto da lei faz a remessa específica ao § 2-A do art. 121, do CP.

Para compreender de maneira correta aquilo que se entende por violência doméstica, é imprescindível que se analise o que dispõem os arts. 5º e 7º da Lei nº 11.340/2006:

> ***Art. 5º*** *Para os efeitos desta Lei, configura violência doméstica e familiar contra a mulher qualquer ação ou omissão baseada no gênero que lhe cause morte, lesão, sofrimento físico, sexual ou psicológico e dano moral ou patrimonial:*
>
> *I - no âmbito da unidade doméstica, compreendida como o espaço de convívio permanente de pessoas, com ou sem vínculo familiar, inclusive as esporadicamente agregadas;*
>
> *II - no âmbito da família, compreendida como a comunidade formada por indivíduos que são ou se consideram aparentados, unidos por laços naturais, por afinidade ou por vontade expressa;*
>
> *III - em qualquer relação íntima de afeto, na qual o agressor conviva ou tenha convivido com a ofendida, independentemente de coabitação.*
>
> ***Parágrafo único.*** *As relações pessoais enunciadas neste artigo independem de orientação sexual.*
>
> ***Art. 7º*** *São formas de violência doméstica e familiar contra a mulher, entre outras:*
>
> *I - a violência física, entendida como qualquer conduta que ofenda sua integridade ou saúde corporal;*
>
> *II - a violência psicológica, entendida como qualquer conduta que lhe cause dano emocional e diminuição da autoestima ou que lhe prejudique e perturbe o pleno desenvolvimento ou que vise degradar ou controlar suas ações, comportamentos, crenças e decisões, mediante ameaça, constrangimento, humilhação, manipulação, isolamento, vigilância constante, perseguição contumaz, insulto, chantagem, violação de sua intimidade, ridicularização, exploração e limitação do direito de ir e vir ou qualquer outro meio que lhe cause prejuízo à saúde psicológica e à autodeterminação;*
>
> *III - a violência sexual, entendida como qualquer conduta que a constranja a presenciar, a manter ou a participar de relação sexual não desejada, mediante intimidação, ameaça, coação ou uso da força; que a induza a comercializar ou a utilizar, de qualquer modo, a sua sexualidade, que a impeça de usar qualquer método contraceptivo ou que a force ao matrimônio, à gravidez, ao aborto ou à prostituição, mediante coação, chantagem, suborno ou manipulação; ou que limite ou anule o exercício de seus direitos sexuais e reprodutivos;*
>
> *IV - a violência patrimonial, entendida como qualquer conduta que configure retenção, subtração, destruição parcial ou total de seus objetos, instrumentos de trabalho, documentos pessoais, bens, valores e direitos ou recursos econômicos, incluindo os destinados a satisfazer suas necessidades;*
>
> *V - a violência moral, entendida como qualquer conduta que configure calúnia, difamação ou injúria.*

Desse modo, conclui-se que, mesmo no caso de lesão corporal praticada no contexto de violência doméstica e familiar, é indispensável que o crime envolva o gênero ("razões de condição de sexo feminino").

> **Ex. 1:** convivente que pratica lesão corporal contra a mulher por alegar que ela "não tem direito de se separar dele".
>
> **Ex. 2:** marido que pratica lesão corporal contra a esposa pelo fato de a mesma não preparar o jantar.

É importante destacar, igualmente, que existem hipóteses em que a vítima pode ser mulher, mas não haverá, necessariamente, o deslocamento para esta figura qualificada se não existir, no caso concreto, uma motivação baseada no gênero.

| **Ex.:** irmã que lesiona a outra numa disputa por herança.

Veja que nesse caso, por mais que a lesão tenha ocorrido em um ambiente doméstico, não houve a prática do delito em razão de menosprezo à condição de mulher ou em situação de violência doméstica, não há embasamento nas razões de gênero, e sim, discussão essencialmente patrimonial.

Por fim, impende destacar que o parágrafo em questão será aplicado apenas para a lesão corporal de natureza leve, na medida em que, sendo grave ou gravíssima, haverá o deslocamento da figura típica para este dispositivo.

Fique ligado

Haverá a aplicação da nova qualificadora para a mulher transgênero, ainda que não tenha se submetido à cirurgia de alteração de sexo.

6.2.11 Lesão corporal funcional

> *§ 12 Se a lesão for praticada contra autoridade ou agente descrito nos arts. 142 e 144 da Constituição Federal, integrantes do sistema prisional e da Força Nacional de Segurança Pública, no exercício da função ou em decorrência dela, ou contra seu cônjuge, companheiro ou parente consanguíneo até terceiro grau, em razão dessa condição, a pena é aumentada de um a dois terços.*

A Lei nº 13.142/2015 alterou não somente o crime de homicídio, como também determinou o aumento de pena de um a dois terços, no caso de lesão corporal praticada contra autoridade ou agente, que seja integrante do sistema prisional ou da força nacional de segurança pública, no exercício da função ou em decorrência dela.

Assim, a referida causa de aumento tem incidência quando qualquer crime de lesão corporal dolosa (leve, grave, gravíssima ou seguida de morte) for cometido contra: integrante das Forças Armadas (art. 142, CF), integrante das forças de segurança pública (art. 144, CF), do sistema prisional, da Força Nacional de Segurança Pública.

É pressuposto da causa de aumento que a vítima esteja no exercício de suas funções no momento do delito ou que esse tenha sido cometido em decorrência delas. Quem agride policial que está de folga em razão, por exemplo, de uma discussão de trânsito não incorre na causa de aumento.

A referida majorante é também aplicável no caso de a violência ser cometida contra cônjuge ou companheiro ou parente consanguíneo de **até terceiro grau** da referida autoridade ou agente, igualmente em razão dessa condição.

Fique ligado

Neste aspecto, vale destacar o art. 1º, I-A da Lei nº 8.072/1990 que dispõe ser crime hediondo lesão corporal dolosa de natureza gravíssima (art. 129, § 2º) e lesão corporal seguida de morte (art. 129, § 3º), quando praticadas contra autoridade ou agente descrito nos arts. 142 e 144 da Constituição Federal, integrantes do sistema prisional e da Força Nacional de Segurança Pública, no exercício da função ou em decorrência dela, ou contra seu cônjuge, companheiro ou parente consanguíneo até terceiro grau, em razão dessa condição.

6.2.12 Lesão corporal praticada contra mulher por razões da condição do sexo feminino

> *§ 13 Se a lesão for praticada contra a mulher, por razões da condição do sexo feminino, nos termos do § 2º-A do art. 121 deste Código:*
> ***Pena** - reclusão, de 1 (um) a 4 (quatro anos)*

A Lei nº 14.188/2021 acrescentou o § 13 ao art. 129, prevendo a modalidade de lesão corporal em cenário de violência de gênero contra a mulher. Essa figura difere da "violência doméstica", descrita no art. 129, § 9º, que pode ter como sujeito passivo tanto o homem quanto a mulher. Já a nova modalidade qualificada, de sua parte, só admite a mulher como vítima do crime, exigindo, também, que a conduta seja praticada "por razões da condição do sexo feminino".

Por exemplo, se um homem, menosprezando a vítima por sua condição de mulher, a agride para provar sua superioridade física, causando-lhe lesão leve, incorre na qualificadora prevista no § 13.

Assim, com a inclusão do § 13° no art. 129 do CP, que se apresenta em relação de especialidade para com o § 9º, lesões leves cometidas contra mulheres em situação de violência doméstica ou mediante menosprezo ou discriminação à condição de mulher, ainda que perpetradas por descendente, ascendente, irmão, cônjuge, companheiro etc., não mais se enquadram no § 9º.

6.2.13 Ação penal

A lesão corporal de natureza leve é punida com detenção, de 3 meses a 1 ano. Por sua vez, a lesão corporal de natureza grave é sancionada com pena de reclusão, de 1 a 5 anos. A lesão gravíssima tem pena de reclusão, de 2 a 8 anos. Caso se trate de lesão corporal seguida de morte, a pena é de reclusão, de 4 a 12 anos. A lesão corporal culposa contém pena de detenção, de 2 meses a 1 ano. Na hipótese de violência doméstica, a pena é de detenção, de 6 meses a 1 ano.

A ação penal é pública, porém condicionada nas hipóteses de lesões de natureza leve e culposa, conforme o art. 88, da Lei nº 9.099/1995.

Nas demais hipóteses, a ação penal será pública incondicionada.

Fique ligado

No tocante à ação penal pública condicionada em delitos de violência doméstica e familiar contra a mulher, o art. 16, da Lei Maria da Penha só admite a "renúncia" ao direito de representação em audiência especial perante o Juiz e o membro do Ministério Público.

O art. 17, da mesma lei, veda a aplicação da pena substitutiva de cesta básica ou outras de prestação pecuniária, bem como a aplicação substitutiva de pagamento isolado de multa.

Ademais, em se tratando de lesão corporal, ainda que leve ou culposa, praticada no âmbito de violência doméstica e familiar, a ação penal sempre será pública incondicionada.

6.2.14 Periclitação da vida e da saúde

6.2.15 Perigo de contágio venéreo

> ***Art. 130** Expor alguém, por meio de relações sexuais ou qualquer ato libidinoso, a contágio de moléstia venérea, de que sabe ou deve saber que está contaminado:*
> *Pena - detenção, de três meses a um ano, ou multa.*
> *§ 1º Se é intenção do agente transmitir a moléstia:*
> *Pena - reclusão, de um a quatro anos, e multa.*
> *§ 2º Somente se procede mediante representação.*

A partir deste capítulo, serão analisados tipos penais que tratam de um perigo individual.

Também são tipos penais dotados de subsidiariedade. Ora tácita, ora expressa.

O crime é comum, na medida que pode ser praticado por qualquer pessoa.

A conduta pressupõe "expor alguém" a partir de relações sexuais ou qualquer ato libidinoso – conjunção carnal ou qualquer outro ato com conotação sexual, por exemplo, sexo oral -, a contágio de moléstia

D P E N

venérea, essa, podendo ser interpretada como uma Doença Sexualmente Transmissível (herpes, sífilis, gonorreia etc.).

A doutrina sustenta que a AIDS não é doença venérea, embora possa ser também transmitida por relações sexuais desprotegidas, como ocorre com o vírus da Hepatite B.

De modo que, a questão da AIDS, na dogmática penal, sempre foi envolta em grande polêmica. Em regra geral, se o agente sabe ou deve saber estar infectado com o vírus HIV (exame positivo ou sinais visíveis da moléstia) e mantém relação sexual com parceiro insciente desse fato, ele responde pelo ato em si, pelo crime do art. 131.

Se da relação sexual desprotegida, o parceiro contrai a AIDS, há uma mudança de tipificação, ou seja, o agente responderá por lesões corporais gravíssimas (art. 129, § 2º, II), de acordo com o posicionamento do STF – situação de extrema dificuldade em se comprovar.

Por outro lado, se o agente informa ao parceiro ser portador do vírus e esse consente livremente em manter relações sexuais sem proteção (sem preservativos), há a incidência do princípio da autocolocação em risco que exclui a tipicidade do ato.

Atente que o crime é formal ou de consumação antecipada, tendo em vista que a mera exposição da vítima ao perigo de contágio já basta para a sua tipificação.

O crime somente se pratica mediante dolo (direto ou eventual).

No §1º há a presença de uma qualificadora e o §2º estabelece que o crime somente se processa mediante ação penal pública condicionada à representação.

6.2.16 Perigo de contágio de moléstia grave

> ***Art. 131*** *Praticar, com o fim de transmitir a outrem moléstia grave de que está contaminado, ato capaz de produzir o contágio:*
> *Pena - reclusão, de um a quatro anos, e multa.*

Trata-se de crime comum, podendo ser praticado por qualquer pessoa que pratique um determinado ato com a finalidade de transmitir moléstia grave de que está contaminado, sujeita a produzir contágio para terceiros, seja por contato direto, ou indireto.

Veja que o crime se consuma independente do contágio.

Basta imaginar um agente que, sabendo ser portador de pneumonia bacteriana, espalha, intencionalmente, sua saliva em um corrimão de um shopping center.

Mesmo que não ocorra o efetivo contágio por terceiros, houve risco de contágio para terceiros, estando consumado o delito.

6.2.17 Perigo para a vida ou saúde de outrem

> ***Art. 132*** *Expor a vida ou a saúde de outrem a perigo direto e iminente:*
> *Pena - detenção, de três meses a um ano, se o fato não constitui crime mais grave.*
> ***Parágrafo único.*** *A pena é aumentada de um sexto a um terço se a exposição da vida ou da saúde de outrem a perigo decorre do transporte de pessoas para a prestação de serviços em estabelecimentos de qualquer natureza, em desacordo com as normas legais.*

Trata-se, igualmente, de crime comum, no qual a conduta pressupõe a colocação da vida ou da saúde de outrem em situação de perigo direto e iminente (prestes a ocorrer).

Podemos exemplificar com a conduta de um motorista de ônibus, que desce uma serra em alta velocidade, expondo os passageiros a uma situação clara de perigo.

O tipo é expressamente subsidiário, na medida em que, se o fato constituir crime mais grave, esse prevalecerá.

O crime somente se processa mediante dolo.

No parágrafo único, há uma causa de aumento de pena (de 1/6 a 1/3) se a exposição da vida ou da saúde de outrem decorre de transporte de pessoas para a prestação de serviços de qualquer natureza. Assim, haverá a incidência desta causa de aumento, independentemente, de serviço público ou privado.

6.2.18 Abandono de incapaz

> ***Art. 133*** *Abandonar pessoa que está sob seu cuidado, guarda, vigilância ou autoridade, e, por qualquer motivo, incapaz de defender-se dos riscos resultantes do abandono:*
> *§ 1º Se do abandono resulta lesão corporal de natureza grave:*
> *Pena - reclusão, de um a cinco anos.*
> *§ 2º Se resulta a morte:*
> *Pena - reclusão, de quatro a doze anos.*
> *Aumento de pena*
> *§ 3º As penas cominadas neste artigo aumentam-se de um terço:*
> *I - se o abandono ocorre em lugar ermo;*
> *II - se o agente é ascendente ou descendente, cônjuge, irmão, tutor ou curador da vítima.*
> *III – se a vítima é maior de 60 (sessenta) anos.*

Aqui, estaremos diante de crime próprio, na medida em que só poderá praticá-lo aquele que tem o dever de proteger a pessoa que está sob seu cuidado.

Trata-se de crime contra a vida e saúde de pessoa certa, tutelando-se também a proteção daquele que está sob a guarda ou responsabilidade de outrem.

O crime pressupõe o ato de abandonar, deixar sem amparo, assistência, auxílio a pessoa que está sob seu cuidado, sendo esta pessoa incapaz de se proteger dos riscos deste abandono.

O crime somente se pratica mediante dolo de abandono.

> **Fique ligado**
>
> Caso o agente promova o abandono com a intenção de matar, haverá dolo de homicídio, sendo que o crime contra a vida absorverá o crime em tela.

Os §§1º e 2º trazem qualificadoras quando, do abandono, decorre lesão grave ou morte, havendo uma previsão abstrata de pena maior para esta última situação.

No §3º há causas de aumento de pena (1/3) caso:

- O abandono ocorra em local ermo;
- Se o agente é ascendente, descendente, cônjuge, irmão, tutor ou curador da vítima;
- Se a vítima é maior de 60 anos.

6.2.19 Exposição ou abandono de recém-nascido

> ***Art. 134*** *Expor ou abandonar recém-nascido, para ocultar desonra própria:*
> *Pena - detenção, de seis meses a dois anos.*
> *§ 1º Se do fato resulta lesão corporal de natureza grave:*
> *Pena - detenção, de um a três anos.*
> *§ 2º Se resulta a morte:*
> *Pena - detenção, de dois a seis anos.*

Neste crime, estaremos diante de uma forma especial do abandono de incapaz.

O crime é próprio, pois somente o pai ou mãe biológicos podem ser sujeitos ativos.

O tipo objetivo alude, de forma alternativa, a "expor" ou "abandonar" recém-nascido, o que significa deixar o infante sem assistência, desamparado do cuidado maternal.

Percebe-se, ainda, a intenção de ocultar "desonra própria".

Para a maioria da doutrina, a honra que se pretende ocultar é a de cunho sexual, ou seja, visa-se "abafar" o nascimento da criança para manter a reputação, a boa-fama, a decência, enfim, de que gozaria o autor ou autora do crime. Segundo Damásio de Jesus, se se tratar de outro motivo, que não o de natureza sexual, por exemplo, miséria, excesso de prole, receio de um filho doentio etc., o fato constitui abandono de incapaz.

O crime é punido mediante dolo e se consuma com a real exposição à situação de perigo.

Os §§1º e 2º trazem previsões de figuras qualificadas pelo resultado (lesão grave ou morte).

6.2.20 Omissão de socorro

> ***Art. 135*** *Deixar de prestar assistência, quando possível fazê-lo sem risco pessoal, à criança abandonada ou extraviada, ou à pessoa inválida ou ferida, ao desamparo ou em grave e iminente perigo; ou não pedir, nesses casos, o socorro da autoridade pública:*
>
> *Pena - detenção, de um a seis meses, ou multa.*
>
> ***Parágrafo único.*** *A pena é aumentada de metade, se da omissão resulta lesão corporal de natureza grave, e triplicada, se resulta a morte.*

Trata-se de crime comum, omissivo por si só. A razão da incriminação e chancela pelo direito penal reside num dever social e moral de solidariedade para aqueles que estão em situação que reclama ajuda.

A omissão de socorro exige que a situação de perigo não tenha sido criada pelo próprio omitente. Se, ao contrário, o agente criou o perigo com um comportamento precedente (ingerência), responderá pelo resultado normativo nos termos do art. 13, § 2º.

O crime pode ser praticado de duas formas:

- **Diretamente**, ou seja, com o deixar de prestar socorro; ou
- **Indiretamente**, vale dizer, com o não pedido de assistência às autoridades públicas.

Atente-se, todavia, que em primeiro lugar o agente deve prestar imediata assistência. Caso não possa, deverá, então, procurar por socorro.

É o que ocorre, por exemplo, com a vítima que está a se afogar. Caso o agente não saiba ou não possa nadar por alguma circunstância, deverá acionar o Corpo de Bombeiros (ou outro órgão de proteção).

A autoridade pública, mencionada no tipo, é o servidor público em geral, isto é, policial civil, policial militar, bombeiro militar, guarda municipal etc.

A expressão **sem risco pessoal** consiste em agir sem risco à sua vida ou integridade física. A lei penal não exige heroísmo ou martírio, mas tão somente o possível, podendo e devendo o agente optar em chamar por socorro quando não tiver condições de agir pessoalmente. Ademais, o crime de omissão de socorro não admite tentativa, porquanto constitui infração instantânea, consumando-se no instante em que o sujeito omite a prestação de socorro. A falta de socorro quando a vítima está evidentemente morta não constitui crime, sendo considerada hipótese de crime impossível, pois não há socorro a ser prestado.

Por fim, o parágrafo único prevê que a pena será aumentada de metade (1/2) se da omissão resultar lesão corporal de natureza grave, ou triplicada, se houver o resultado morte. Aqui, o resultado não decorre diretamente da omissão, e sim, da causa originária que fez surgir a necessidade do socorro. Assim, a majorante somente será aplicada se ficar provado que, caso o agente tivesse socorrido a vítima, poderia ter-se evitado a ocorrência do resultado mais grave.

6.2.21 Condicionamento de atendimento médico hospitalar emergencial

> ***Art. 135-A*** *Exigir cheque-caução, nota promissória ou qualquer garantia, bem como o preenchimento prévio de formulários administrativos, como condição para o atendimento médico-hospitalar emergencial:*
>
> *Pena - detenção, de 3 (três) meses a 1 (um) ano, e multa.*
>
> ***Parágrafo único.*** *A pena é aumentada até o dobro se da negativa de atendimento resulta lesão corporal de natureza grave, e até o triplo se resulta a morte.*

A Lei nº 12.653/2012 introduziu, no Código Penal, no art. 135-A:

Segundo a dicção da lei, passou-se a tipificar a mencionada conduta comissiva, ao lado do tipo omissivo da omissão de socorro (art. 135, do CP), com o objetivo de obrigar dirigentes e empregados de estabelecimentos de saúde do tipo "pronto-socorro" **a não exigir** "cheques-caução", "nota promissória", ou qualquer outra garantia similar, bem como o preenchimento prévio de formulário administrativo, como *conditio sine qua non* para o atendimento médico-hospitalar emergencial.

Antes da referida inovação legal, não era frequente que aquele que procurasse atendimento médico-hospitalar emergencial, para si ou para terceiros, fosse instado, logo na recepção do nosocômio, a assinar um cheque em um determinado valor – o chamado "cheque-caução" – ou, alternativamente, a preencher um formulário administrativo. Tais providências, prévias e condicionantes do socorro médico, tinha por finalidade acautelar ou "proteger" financeiramente o estabelecimento hospitalar, na hipótese de o indivíduo não ter plano de saúde ou, caso fosse possuidor, que o mesmo não autorizasse, no todo ou em parte, a respectiva intervenção médica.

Superado o burocrático, com a autorização do respectivo plano de saúde, o cheque ou outro título de crédito deixado em caução, bem como o formulário administrativo, eram desconsiderados e devolvidos ao interessado. Caso o plano de saúde não autorizasse, por alguma razão, a cobertura financeira dos serviços médico-hospitalares, podia acontecer de o estabelecimento recusar o atendimento do necessitado ou, alternativamente, atendê-lo e cobrar o respectivo valor, descontando o cheque ou executando diretamente a dívida.

6.2.22 Maus-tratos

> ***Art. 136*** *Expor a perigo a vida ou a saúde de pessoa sob sua autoridade, guarda ou vigilância, para fim de educação, ensino, tratamento ou custódia, quer privando-a de alimentação ou cuidados indispensáveis, quer sujeitando-a a trabalho excessivo ou inadequado, quer abusando de meios de correção ou disciplina:*
>
> *Pena - detenção, de dois meses a um ano, ou multa.*
>
> *§ 1º Se do fato resulta lesão corporal de natureza grave:*
>
> *Pena - reclusão, de um a quatro anos.*
>
> *§ 2º Se resulta a morte:*
>
> *Pena - reclusão, de quatro a doze anos.*
>
> *§ 3º Aumenta-se a pena de um terço, se o crime é praticado contra pessoa menor de 14 (catorze) anos.*

Com a evolução dos costumes, a profissionalização da educação e a constatação de que inúmeros abusos de prerrogativas acarretavam perigos para a saúde ou mesmo a vida da pessoa em processo de educação, passou-se a ter como intolerável certos abusos daquele direito-dever.

Nesse sentido, o Código de Menores, promulgado em 1927, criminalizou os abusos corretivos, então denominados "castigos imoderados".

O bem jurídico tutelado pelo delito de maus-tratos é a vida e saúde humana, especialmente, daqueles submetidos à autoridade, à guarda, à vigilância, para fins de educação, ensino, tratamento ou custódia.

Saliente-se que o pátrio poder – ou melhor, o poder familiar – não é mais tido como um "direito absoluto", visto ser, unicamente, um meio para exercer direito à educação, dentre outros *munus*.

Em síntese, há de ser punido o excesso perpetrado pelos pais ou quaisquer outros responsáveis pela educação, ensino, tratamento ou custódia de pessoa determinada.

Com relação ao tipo objetivo, o primeiro destaque que deve ser dado diz respeito à relação subordinativa existente entre sujeito ativo e passivo. Exige-se uma relação de autoridade, guarda, vigilância para fins de educação, ensino, tratamento ou custódia.

Cuida-se de elementar típica especializante, acarretando, como dito, a figura do crime próprio. Os maus-tratos pressupõem determinadas condutas típicas.

O delito de maus-tratos se consuma com a exposição da vítima a perigo efetivo, ou seja, à probabilidade real de sofrer lesões. Trata-se de crime de perigo concreto, devendo-se comprovar a exposição ao risco de dano.

Dessa maneira, o mero empurrão, palmada ou beliscão, por mais antipedagógico que se apresente, não caracteriza, a princípio, o delito.

Anote-se que o crime é permanente nas três primeiras figuras típicas; e instantâneo na última.

Com relação à tentativa, em tese, é possível. Contudo, na prática, parece difícil se verificar a tentativa. Assim, em tese, se o agente é detido quando estava prestes a desferir uma surra de vara no filho, poderá responder pelo art. 136, do CP, na forma tentada.

De toda sorte, nas hipóteses de privação de alimentos ou dos cuidados básicos, não será possível a tentativa.

O crime somente se pratica mediante dolo.

Fique ligado

Não confundir o crime de maus-tratos com a tortura castigo.

É importante destacar que o delito de maus-tratos não se confunde com o tipo penal previsto no art. 1°, inciso II, da Lei n°9.455/1997 (Lei de Tortura). A diferença fundamental reside no **elemento subjetivo**. Nos maus-tratos, a intenção é obrigatoriamente a de educar, ensinar, tratar ou custodiar. **Na tortura, o objetivo não é educar, mas aplicar o castigo, que ganha importância como um fim em si mesmo. Além disso, neste delito os meios empregados produzem *intenso sofrimento físico ou mental*.** Configurará tortura, por exemplo, acorrentar o tutelado no porão da residência como forma de aplicar castigo. Haverá maus-tratos, de outra parte, se a medida consistir em privá-lo de alimentação por uma semana, visando educá-lo ou ensinar-lhe algo.

Nos §§1º e 2º há causas qualificadoras em decorrência do resultado culposo (lesão grave ou morte).

Se do crime de maus-tratos resultar **lesão corporal grave** ou **morte**, a conduta típica passa a ser qualificada, isto é, punida mais severamente. Tratam-se de qualificadoras exclusivamente **preterdolosas,** pois se o dolo do agente for de lesionar ou matar, não há que se falar no crime do art. 136, CP. No §3º, por fim, há causa de aumento de 1/3, se o crime é praticado contra pessoa menor de 14 (catorze) anos.

6.3 Rixa

Art. 137 *Participar de rixa, salvo para separar os contendores:*
Pena - detenção, de quinze dias a dois meses, ou multa.
Parágrafo único. *Se ocorre morte ou lesão corporal de natureza grave, aplica-se, pelo fato da participação na rixa, a pena de detenção, de seis meses a dois anos.*

Trata-se de crime comum, também denominado de crime de concurso necessário, já que se exige a presença de, pelo menos, três pessoas, para que o crime em estudo se consume.

Fundamentalmente, o ilícito consiste na briga entre várias pessoas, que se agridem reciprocamente.

Como ocorre em situações desse nível, é muito difícil apurar a responsabilidade pormenorizada das lesões havidas em brigas e confusões entre várias pessoas. Dessa forma, para rebarbar a impunidade por falta de provas, decidiu-se criminalizar o fato em si, ou seja, a rixa, posto que geradora de perigo para a saúde ou a vida individual. Numa palavra, rixa é confusão, baderna, desordem, distribuição indiscriminada de socos, tapas, empurrões, pontapés, arremesso de objetos etc.

Deve-se atentar para a sistemática da autonomia da rixa. Em outras palavras, pune-se a participação em rixa, de forma independente da imputação de lesões graves ou mesmo a morte. Restando apurada a autoria das lesões graves ou mesmo da morte, o agente também responderá, na forma do concurso formal, pelos crimes do art. 129 ou art. 121, respectivamente. No caso, não há incidência da forma qualificada da rixa (vedação do *bis in idem*). Os demais rixosos responderão pela forma qualificada do delito.

O bem jurídico protegido no crime de rixa é a incolumidade da pessoa física, mas, por via indireta, objetiva-se também proteger a coletividade. Tutela-se, portanto, a incolumidade privada e pública.

Tratando-se de crime de perigo abstrato, a rixa se consuma por ocasião das agressões, ou seja, com a eclosão da briga generalizada.

Tratando-se de crime de perigo abstrato, a rixa se consuma por ocasião das agressões, ou seja, com a eclosão da briga generalizada.

O crime somente se pratica mediante dolo.

6.4 Crimes contra a honra

6.4.1 Calúnia

Art. 138 *Caluniar alguém, imputando-lhe falsamente fato definido como crime:*
Pena – detenção, de seis meses a dois anos, e multa.
§ 1º Na mesma pena incorre quem, sabendo falsa a imputação, a propala ou divulga.
§ 2º É punível a calúnia contra os mortos.
Exceção da verdade
§ 3º Admite-se a prova da verdade, salvo:
I – se, constituindo o fato imputado crime de ação privada, o ofendido não foi condenado por sentença irrecorrível;
II – se o fato é imputado a qualquer das pessoas indicadas no nº I do art. 141;
III – se do crime imputado, embora de ação pública, o ofendido foi absolvido por sentença irrecorrível.

Trata-se da conduta de imputar falsamente a outra pessoa, fato esse definido como **crime**.

Fique ligado

Não há previsão para imputação falsa de contravenção. Se isso ocorrer, poderemos estar diante do crime de difamação.

A conduta aqui prevista viola a honra objetiva do sujeito e está relacionada com a reputação e a boa fama do cidadão. Para sua consumação é imprescindível o conhecimento de terceiros. Qualquer pessoa pode ser o sujeito ativo deste crime (exceto as autoridades que gozam de inviolabilidade – senadores, deputados, vereadores).

Fique ligado

Ressaltamos que não existe autocalúnia. Se o agente, perante a autoridade, assumir a prática de crime inexistente, dando ensejo a investigações inúteis, responderá por autoacusação falsa (art. 341 do CP).

Haverá a calúnia quando o fato imputado jamais ocorreu, ou, quando o fato existiu e não foi a pessoa apontada seu autor. A conduta é praticada com dolo de ofender a honra da vítima. Não se admite a modalidade culposa.

Consuma-se no momento em que terceiro toma conhecimento da imputação criminosa feita à vítima. O crime é formal, pois consuma-se independentemente do dano à reputação da vítima. A tentativa se limita à modalidade escrita.

Fique ligado

Em defesa do interesse público, o CP admite a chamada exceção da verdade, ou seja, a prova da verdade da imputação, o que gera a atipia da conduta. Trata-se de um incidente processual, no qual o acusado de ter praticado calúnia pretende provar a veracidade do que alegou.

Existe também a chamada exceção de notoriedade, que consiste na oportunidade facultada ao demandado de demonstrar que suas afirmações são de domínio público. A exceção de notoriedade é cabível nos crimes de calúnia e de difamação. Ela se aplica sob o fundamento de que, se o fato é de domínio público, não há como se atentar contra a honra objetiva.

6.4.2 Difamação

> ***Art. 139*** *Difamar alguém, imputando-lhe fato ofensivo à sua reputação:*
>
> *Pena – detenção, de três meses a um ano, e multa.*
>
> *Exceção da verdade*
>
> ***Parágrafo único.*** *A exceção da verdade somente se admite se o ofendido é funcionário público e a ofensa é relativa ao exercício de suas funções.*

Consiste no ato de imputar a alguém fato não criminoso, mas ofensivo à sua reputação. O crime aqui previsto lesa a honra objetiva do autor. Para sua consumação, é imprescindível o conhecimento de terceiros.

Qualquer pessoa pode ser o sujeito ativo desta conduta (ressalvadas aquelas que possuem imunidade). O sujeito passivo também pode ser qualquer pessoa, inclusive a pessoa jurídica.

Fique ligado

Os mortos não podem ser difamados.

O crime se consuma quando um terceiro (ainda que um só) conhece da imputação desonrosa. É fundamental que a ofensa seja comunicada a terceiro. A exceção da verdade somente se admite se o ofendido é funcionário público e a ofensa é relativa ao exercício de suas funções.

> ***Súmula nº 714 – STF***
>
> *É concorrente a legitimidade do ofendido, mediante queixa, e do ministério público, condicionada à representação do ofendido, para a ação penal por crime contra a honra de servidor público em razão do exercício de suas funções.*

Para a difamação, admite-se a exceção de notoriedade.

6.4.3 Injúria

> ***Art. 140*** *Injuriar alguém, ofendendo-lhe a dignidade ou o decoro:*
>
> *Pena – detenção, de um a seis meses, ou multa.*
>
> *§ 1º O juiz pode deixar de aplicar a pena:*
>
> *I – quando o ofendido, de forma reprovável, provocou diretamente a injúria;*
>
> *II – no caso de retorsão imediata, que consista em outra injúria.*
>
> *§ 2º Se a injúria consiste em violência ou vias de fato, que, por sua natureza ou pelo meio empregado, se considerem aviltantes:*
>
> *Pena – detenção, de três meses a um ano, e multa, além da pena correspondente à violência.*
>
> *§ 3º Se a injúria consiste na utilização de elementos referentes à religião ou à condição de pessoa idosa ou com deficiência (Redação dada pela Lei nº 14.532, de 2023):*
>
> *Pena – reclusão de um a três anos, e multa.*

Diferentemente das modalidades anteriores, aqui o indivíduo tem atribuído qualidades negativas ou defeitos contra si. O crime aqui previsto viola a **honra subjetiva** do cidadão, que é aquela relacionada à dignidade e ao decoro pessoal. É o juízo que cada indivíduo tem de si (relacionado à autoestima).

Para sua consumação não é imprescindível o conhecimento de terceiros. Qualquer pessoa pode ser o sujeito ativo ou passivo deste crime. A pessoa jurídica, por não possuir honra subjetiva, não pode ser sujeito passivo deste crime.

A autoinjúria não constitui delito. Na injúria, como não existe a imputação de um fato, mas somente a opinião de um agente sobre o ofendido, não se admite a exceção da verdade nem a de notoriedade.

As hipóteses previstas no §1º consistem em formas de perdão judicial. Embora conste o verbo "poderá", é uniforme a ideia de que se trata de direito subjetivo do acusado. A qualificadora do § 2º é também denominada de injúria real.

A lei exige que a violência seja aviltante, agindo o agente com o propósito de ofender, humilhar a vítima (Ex.: cusparada, tapa na face). Nas palavras de Nelson Hungria, atinge-se a alma do agente e não somente a integridade física (puxão de orelha, cuspe no rosto, tapa na cara etc.).

Já a qualificadora do § 3º foi alterada pela Lei nº14.532/2023, de modo que a denominada injúria racial migrou do Código Penal para a Lei de Racismo (Lei nº 7.716/1989), sendo, então, equiparada ao crime de racismo. Agora, a ofensa motivada pela "raça, cor, etnia e origem" não mais consta do § 3°, do art. 140. Assim, os xingamentos envolvendo a raça, cor, etnia e origem passam a ser tipificados no art. 2°-A, da Lei n° 7.161989, com pena de dois a cinco anos de reclusão. É importante destacar que o termo "origem", anteriormente previsto no §3°, passou a ser denominado de "procedência nacional", configurando a injúria preconceituosa de origem interna, ou seja, para pessoas pertencentes a determinados estados da federação. Com alteração promovida pela Lei n°14.532/2023, a injúria racial deve sofrer as mesmas consequências do crime de racismo, quais sejam, a condição de crime inafiançável, imprescritível e de ação penal pública incondicionada.

É importante destacar que a conduta de injúria preconceituosa não pode ser confundida com o crime de racismo previsto no art. 20 da Lei nº 7.716/1989. Nessa, pressupõe-se a ocorrência de segregação em função da raça ou da cor, situação em que a segregação é utilizada com o intuito de criar, por meio de ações concretas, efetiva divisão dos cidadãos, baseado em preconceito de raça ou cor. Na injúria racial, o crime é praticado contra agente específico, por meio de xingamentos, com intuito de ofender moralmente o indivíduo.

Portanto, a injúria praticada contra a pessoa em razão da raça, cor, etnia ou procedência nacional torna-se, legalmente, espécie de racismo.

Fique ligado

Agora, com as alterações promovidas pela Lei nº14.532/2023, a injúria praticada contra a pessoa em razão da raça, cor, etnia ou procedência nacional torna-se, legalmente, espécie de racismo.

6.4.4 Disposições comuns aos crimes contra a honra

Causas de aumento de pena

> ***Art. 141*** *As penas cominadas neste Capítulo aumentam-se de um terço, se qualquer dos crimes é cometido:*
>
> *I - contra o Presidente da República, ou contra chefe de governo estrangeiro;*
>
> *II - contra funcionário público, em razão de suas funções;*
>
> *III - na presença de várias pessoas, ou por meio que facilite a divulgação da calúnia, da difamação ou da injúria.*
>
> *IV - contra criança, adolescente, pessoa maior de 60 (sessenta) anos ou pessoa com deficiência, exceto na hipótese prevista no § 3º do art. 140 deste Código (Redação da pela Lei nº14.344/2022).*
>
> *§ 1º - Se o crime é cometido mediante paga ou promessa de recompensa, aplica-se a pena em dobro.* ***(também chamado de ofensa mercenária)****.*
>
> *§ 2º Se o crime é cometido ou divulgado em quaisquer modalidades das redes sociais da rede mundial de computadores, aplica-se em triplo a pena.*

O art. 141 apresenta situações em que os crimes contra honra têm a pena aumentada de 1/3. Merece destaque a alteração promovida pela Lei nº14.344/2022, quanto à causa de aumento prevista no inciso IV, do art. 141. Anteriormente, não havia previsão de causa de aumento no caso de crimes contra honra praticado contra criança ou adolescente. Com a novel Lei, os crimes de calúnia, injúria e difamação praticados contra criança ou adolescente serão punidos mais severamente. Vale destacar que o inciso IV alerta, ao final, que a majorante não coexiste com a injúria qualificada pelo preconceito, evitando-se *bis in idem*.

Das disposições apresentadas, a que merece ressalva é a constante do § 2º, tendo em vista que havia sido vetada pelo Presidente da República, mas tal veto fora completamente afastado pelo Congresso Nacional, existindo agora, portanto, disposição que eleva a pena ao triplo.

Exclusão do crime

> ***Art. 142*** *Não constituem injúria ou difamação punível:*
>
> *I - a ofensa irrogada em juízo, na discussão da causa, pela parte ou por seu procurador;*
>
> *II - a opinião desfavorável da crítica literária, artística ou científica, salvo quando inequívoca a intenção de injuriar ou difamar;*
>
> *III - o conceito desfavorável emitido por funcionário público, em apreciação ou informação que preste no cumprimento de dever do ofício.*
>
> ***Parágrafo único.*** *Nos casos dos Ins. I e III, responde pela injúria ou pela difamação quem lhe dá publicidade.*

Não será considerado crime a injúria ou a difamação (exclui-se a calúnia) quando o fato for praticado em juízo, na discussão dos interesses dos envolvidos, alcançando a parte e seu procurador.

Ainda, a opinião da crítica, desde que não tenha a intenção clara de difamar ou de injuriar.

Também, o conceito desfavorável prestado por servidor público, em análise ou informação que preste no exercício da função.

> **Fique ligado**
>
> Na hipótese dos incisos I e III do art. 142, responderá pela injúria ou pela difamação aquele que lhe der publicidade.

Retratação

> ***Art. 143*** *O querelado que, antes da sentença, se retrata cabalmente da calúnia ou da difamação, fica isento de pena.*
>
> ***Parágrafo único.*** *Nos casos em que o querelado tenha praticado a calúnia ou a difamação utilizando-se de meios de comunicação, a retratação dar-se-á, se assim desejar o ofendido, pelos mesmos meios em que se praticou a ofensa.*

A retratação é um ato unilateral, não depende de aceitação do ofendido.

> **Fique ligado**
>
> Não confundir retratação com o perdão do ofendido.

Como possui caráter subjetivo, a retratação de um dos querelados não se estende aos demais.

Ademais, a retratação só é cabível nos crimes de calúnia e difamação. E o momento em que se pode realizar a retratação é **até o proferimento da sentença.**

Pedido de explicações em juízo

> ***Art. 144*** *Se, de referências, alusões ou frases, se infere calúnia, difamação ou injúria, quem se julga ofendido pode pedir explicações em juízo. Aquele que se recusa a dá-las ou, a critério do juiz, não as dá satisfatórias, responde pela ofensa.*

Havendo ofensas equívocas, aquelas com duplo sentido, vagas, é dado ao suposto ofendido o direito de pedir explicações em juízo, funcionando como uma medida preparatória e facultativa para o oferecimento da inicial.

O juízo competente para o processamento do pedido de explicações é o juiz da vara criminal, onde irá tramitar a suposta ação penal privada.

> **Fique ligado**
>
> Vale destacar que se a parte se recusar a dar explicações ou as der de maneira não satisfatória, responderá pelo conteúdo da ofensa.

Ação penal

> ***Art. 145*** *Nos crimes previstos neste Capítulo somente se procede mediante queixa, salvo quando, no caso do art. 140, § 2º, da violência resulta lesão corporal.*
>
> ***Parágrafo único.*** *Procede-se mediante requisição do Ministro da Justiça, no caso do inciso I do caput do art. 141 deste Código, e mediante representação do ofendido, no caso do inciso II do mesmo artigo, bem como no caso do § 3º do art. 140 deste Código.*

Nos crimes contra a honra, a regra é que se adote a ação penal privada. Porém, se do crime de injúria resulta lesão corporal, a ação será pública incondicionada. **Ainda, com o advento da Lei nº 9.099/1995, existe doutrina que sustenta o crime ser de ação penal pública condicionada se a lesão for leve.**

Somado a isso, será pública condicionada a representação no caso de o delito ser cometido contra funcionário público, no exercício de suas funções e, também, pública condicionada à requisição do Ministro da Justiça, caso o crime seja praticado contra o Presidente da República ou chefe de governo estrangeiro.

> ***Súmula nº 714 – STF***
>
> *É concorrente a legitimidade do ofendido, mediante queixa, e do Ministério Público, condicionada à representação do ofendido, para a ação penal por crime contra a honra de servidor público em razão do exercício de suas funções.*

6.5 Crimes contra a liberdade individual

6.5.1 Crimes contra a liberdade pessoal

Constrangimento ilegal

> ***Art. 146*** *Constranger alguém, mediante violência ou grave ameaça, ou depois de lhe haver reduzido, por qualquer outro meio, a capacidade de resistência, a não fazer o que a lei permite, ou a fazer o que ela não manda:*
>
> ***Pena*** *- detenção, de três meses a um ano, ou multa.*
>
> *Aumento de pena*
>
> *§ 1º As penas aplicam-se cumulativamente e em dobro, quando, para a execução do crime, se reúnem mais de três pessoas, ou há emprego de armas.*

§ 2º Além das penas cominadas, aplicam-se as correspondentes à violência.

§ 3º Não se compreendem na disposição deste artigo:

I - a intervenção médica ou cirúrgica, sem o consentimento do paciente ou de seu representante legal, se justificada por iminente perigo de vida;

II - a coação exercida para impedir suicídio.

A liberdade individual pode também ser chamada de "liberdade pública" – que consiste no direito de livre manifestação da vontade, a liberdade ambulatorial, a dignidade da pessoa humana, a privacidade, a intimidade, além de outras garantias do cidadão.

No caso em tela, a lei penal visa proteger a liberdade de autodeterminação, ou seja, o direito de a pessoa fazer ou não fazer o que lhe for permitido por lei.

Trata-se do direito de externar livremente sua vontade, direito de resistir àquilo que não deseja fazer ou se abster, salvo quando obrigada por força de uma norma geral e abstrata, ou seja, pela lei.

O crime em estudo é manifestamente subsidiário.

O sujeito ativo pode ser qualquer pessoa.

O núcleo do tipo é "constranger", que representa a ideia de coagir, compelir, forçar alguém a fazer ou não fazer o que não está obrigado por força de lei.

> **Ex.:** confessar um crime, escrever uma carta, entregar um documento etc.

A finalidade da coação pode ser a prestação de qualquer natureza, desde que não constitua outra infração penal (absorção). Em suma, trata-se de pretensão ilegítima, por exemplo, ingerir bebida alcoólica, ir ou não ir a determinado espetáculo, assistir ou não assistir a um programa de televisão, faltar a aulas na escola etc.

Não é necessário para satisfazer o tipo penal que o sujeito passivo resista à violência, ameaça ou a qualquer outro meio capaz de reduzir a sua resistência. O sujeito passivo pode anuir, viciosamente, claro, a fazer ou deixar de fazer o que lhe é impingido.

É elementar do tipo penal que a conduta seja praticada mediante violência ou grave ameaça.

O constrangimento ilegal se consuma com a efetiva adoção, por parte da vítima, total ou parcial, do comportamento impingido pelo agente.

A tentativa restará caracterizada quando, inobstante o emprego de violência física ou grave ameaça, não se realiza a ação pretendida, ou quando a vítima não se intimida, ou bem resiste heroicamente à agressão/ameaça sofrida.

O art. 146, § 1º contempla hipótese de aplicação da pena cumulativamente (detenção e multa) e em dobro quando, no momento da execução do crime, reúnem-se quatro ou mais pessoas, dado o excessivo acréscimo de temor. Na contagem dos concorrentes, computam-se menores e/ou terceiros não identificados.

Aplica-se, ainda, o disposto nesse parágrafo, na hipótese de emprego de armas. Atente-se que a palavra "armas", no plural, indica gênero e não a exigência de mais de um artefato.

Pode, portanto, ser uma arma legítima ou uma arma branca.

O art. 146, § 2º, do CP, determina que, em havendo o constrangimento com violência, haverá cúmulo material de infrações.

As hipóteses do § 3º do art. 146, do CP, representam excludentes de tipicidade. Assim, não haverá crime das hipóteses destacadas.

Ameaça

Art. 147 *Ameaçar alguém, por palavra, escrito ou gesto, ou qualquer outro meio simbólico, de causar-lhe mal injusto e grave:*

Pena - detenção, de um a seis meses, ou multa.

Parágrafo único. *Somente se procede mediante representação.*

A ação nuclear consiste em *ameaçar*, isto é, intimidar, difundir o medo na vítima.

- É necessário que a ameaça seja idônea, isto é, capaz de inspirar temor e, dessa forma, atingir a vítima psicologicamente. Se for empregada de maneira vaga, deixará de ser idônea (Ex.: "você vai se arrepender"). Crime de menor potencial ofensivo: aplica-se a lei dos juizados (Lei nº 9.099/1995).
- Ação penal condicionada à representação.
- Meio simbólico: muro do indivíduo está marcado de sangue.

Fique ligado

É necessário que o mal seja injusto e grave.

Quanto ao elemento subjetivo, a infração é punida exclusivamente na forma **dolosa**. O fim do agente é intimidar o sujeito passivo **(elemento subjetivo específico)**. Se o autor pretender que a vítima faça ou deixe de fazer algo, ilegitimamente (sem amparo na lei), o crime será de constrangimento ilegal.

Tudo aquilo que tem que ser decidido pela justiça, não é considerado mal injusto, mas sim mal justo. Logo, não será considerado crime de ameaça.

Se for funcionário público constrangendo alguém pode caracterizar o crime de abuso de autoridade específica.

Perseguição (*stalking*)

Art. 147-A *Perseguir alguém, reiteradamente e por qualquer meio, ameaçando-lhe a integridade física ou psicológica, restringindo-lhe a capacidade de locomoção ou, de qualquer forma, invadindo ou perturbando sua esfera de liberdade ou privacidade.*

Pena – reclusão, de 6 (seis) meses a 2 (dois) anos, e multa.

§ 1º A pena é aumentada de metade se o crime é cometido:

I – contra criança, adolescente ou idoso;

II – contra mulher por razões da condição de sexo feminino, nos termos do § 2º-A do art. 121 deste Código;

III – mediante concurso de 2 (duas) ou mais pessoas ou com o emprego de arma.

§ 2º As penas deste artigo são aplicáveis sem prejuízo das correspondentes à violência.

§ 3º Somente se procede mediante representação.

O crime de perseguição foi tipificado recentemente por meio da Lei nº 14.132/2021, incriminando a conduta de qualquer pessoa que **persegue** alguém (vítima determinada), **reiteradamente** e por qualquer meio, **ameaçando-lhe** a integridade física ou psicológica, **restringindo-lhe** a capacidade de **locomoção** ou, de qualquer forma, **invadindo** ou **perturbando** sua esfera de **liberdade** ou **privacidade**.

- Ameaçando-lhe a integridade: **física ou psicológica;** ou
- Restringindo-lhe a capacidade: **locomoção;** ou
- Invadindo/perturbando: **liberdade ou privacidade.**

O crime exige a prática reiterada (pluralidade), que pode se dar por meio de uma perseguição real (*stalking* presencial) ou remota (*stalking* virtual), esta última também chamada de *cyberstalking*, ocorrendo por meio de redes sociais, mensagens de texto, chamadas via telefone, *WhatsApp* etc.

Aumenta-se a pena se o crime é cometido:

DPEN

- Contra criança, adolescente ou idoso;
- Mediante concurso de duas ou mais pessoas;
- Emprego de **arma (genérica);**
- Contra mulher por razões da condição de sexo feminino, nos termos do § 2º-A do art. 121 deste Código.

Consideram-se razões da condição de sexo feminino: violência doméstica e familiar; menosprezo ou discriminação à condição de mulher.

Além disso, pune-se também o agente com as penas correspondentes à violência. Por exemplo, crime de lesão corporal.

Fique ligado

O crime somente se processa mediante representação da vítima ou do ofendido. Trata-se, portanto, de crime de ação penal pública **condicionada.**

Violência psicológica contra a mulher

> ***Art. 147-B Causar dano emocional à mulher*** *que a prejudique e perturbe seu pleno desenvolvimento ou que vise a degradar ou a controlar suas ações, comportamentos, crenças e decisões,* ***mediante*** *ameaça, constrangimento, humilhação, manipulação, isolamento, chantagem, ridicularização, limitação do direito de ir e vir ou qualquer outro meio que cause prejuízo à sua saúde psicológica e autodeterminação:*
>
> *Pena -* ***reclusão,*** *de 6 (seis) meses a 2 (dois) anos, e multa,* ***se a conduta não constitui crime mais grave.***

A Lei nº 14.188/2021, "Lei do Sinal Vermelho", criou a conduta incriminadora Violência psicológica contra a mulher, tipificada no art. 147-B do Código Penal, dentro dos crimes contra a liberdade pessoal, tutelando-se, assim, a liberdade da mulher. Diante disso, reforça a ideia de que a violência contra a mulher não é somente física, conforme prevê o art. 7º da Lei Maria da Penha (Lei nº11.340/2006). Agora, surge em âmbito penal, a fim de suprir a deficiência legislativa que apenas trazia conceitos e formas dessa agressão.

O tipo penal visa proteger a integridade psíquica da mulher, seu bem-estar psicológico, sua autoestima e, ainda, sua liberdade e capacidade de autodeterminação.

É possível a **tentativa**, pois trata-se de crime plurissubsistente. Se o agente, por exemplo, de forma dolosa, ridiculariza ou humilha a vítima, mas não o suficiente para abalá-la emocionalmente, não alcançando este resultado por circunstâncias alheias à sua vontade, responde por crime tentado.

Fique ligado

Trata-se de um tipo penal **subsidiário**, afastando-se sua incidência se houver um crime mais grave.
O tipo penal é processado mediante ação penal pública **incondicionada.**

A descrição do tipo traz consigo um resultado naturalístico (**dano emocional**). Além disso, destaca-se que se trata de **crime comum em relação ao sujeito ativo,** mas não se faz necessária a motivação específica de gênero tipificada no art. 121, § 2º-A, **bastando que a vítima seja mulher.** Portanto, o vínculo familiar, o doméstico ou o afetivo estão dispensados para caracterização do delito.

Fique ligado

A prática do crime, **por si só**, não afasta a incidência da Lei nº 9.099/1995, exceto quando envolve violência doméstica ou familiar.

Conflito entre perseguição motivada por gênero x violência psicológica contra a mulher:

O crime do art. 147-B funciona como um "soldado reserva", atuando quando o fato não constitui um crime mais grave. Nesse caso, havendo perseguição **reiterada** contra uma mulher, considerando-se as razões de gênero do 121, § 2º-A, aplica-se o crime de **perseguição com aumento de pena em metade (art. 147-A, § 1, II)** por ser mais grave.

É possível que haja concurso de crimes, desde que as condutas sejam praticadas em contextos fáticos distintos.

Sequestro e cárcere privado

> ***Art. 148*** *Privar alguém de sua liberdade, mediante seqüestro ou cárcere privado:*
>
> *Pena - reclusão, de um a três anos.*
>
> *§ 1º A pena é de reclusão, de dois a cinco anos:*
>
> *I – se a vítima é ascendente, descendente, cônjuge ou companheiro do agente ou maior de 60 (sessenta) anos;*
>
> *II - se o crime é praticado mediante internação da vítima em casa de saúde ou hospital;*
>
> *III - se a privação da liberdade dura mais de quinze dias.*
>
> *IV – se o crime é praticado contra menor de 18 (dezoito) anos;*
>
> *V – se o crime é praticado com fins libidinosos.*
>
> *§ 2º Se resulta à vítima, em razão de maus-tratos ou da natureza da detenção, grave sofrimento físico ou moral:*
>
> *Pena - reclusão, de dois a oito anos.*

Este delito sofreu significativas alterações por conta de várias reformas legislativas. Porém, sua essência nunca deixou de existir, sendo representada por uma conduta que se assemelha ao constrangimento ilegal, mas com privação de liberdade.

O sujeito ativo pode ser qualquer pessoa. No entanto, sendo o agente funcionário público, poderá responder por delito de abuso de autoridade. Caso o agente tenha laços de família com a vítima, poderá responder pelo delito na forma qualificada.

Terminologicamente, sequestro difere de cárcere privado. A primeira modalidade é gênero, enquanto a segunda é espécie. Explicamos: cárcere privado é o confinamento em recinto fechado (quarto, banheiro, mala do carro etc.), enquanto que, no sequestro há a supressão da liberdade em qualquer lugar.

| **Ex.:** nas dependências de uma área rural.

A diferenciação reside apenas no plano teórico, eis que as situações recebem o mesmo tratamento jurídico.

É imprescindível que a privação ocorra por espaço de tempo juridicamente relevante, não se exigindo que a impossibilidade de superação das barreiras à locomoção seja absoluta, caracterizando, assim, o crime quando a "fuga" for arriscada ou extremamente vexatória (deixar uma mulher despida num banheiro público, por exemplo).

O crime somente se pratica mediante dolo.

O delito se consuma quando a vítima fica privada de sua liberdade de locomoção, isto é, no momento em que não possa exercitar o direito de ir ou vir.

Por outro giro, admite-se a tentativa. Isso porque se trata de delito material. É o que ocorre na hipótese de alguém ser surpreendido prestes a trancafiar a vítima num determinado cômodo.

No art. 148, § 1º, do CP, temos a previsão das formas qualificadas. A primeira diz respeito à condição da vítima: ascendente, descendente, cônjuge ou companheiro do agente.

A segunda qualificadora é a da vítima maior de 60 anos. Cuida-se de disposição inserida pelo Estatuto do Idoso, objetivando uma maior tutela desse grupo especial de pessoas. Não se desconhece que, em razão da saúde frágil, muitos idosos são inescrupulosamente privados da liberdade ambulatorial. Se a pessoa completa 60 anos durante o cativeiro, também incidirá a qualificadora.

A qualificadora seguinte trata do crime praticado mediante a internação. No caso, a internação ou a manutenção sob internação se dá de forma fraudulenta, como forma de mascarar o real propósito do agente.

A forma qualificada da duração de mais de 15 dias de privação da liberdade denota a maior reprovabilidade da conduta.

Há ainda a previsão da figura qualificada quando o crime for praticado contra menor de 18 anos ou quando o crime for praticado com fins libidinosos.

Fique ligado

Há que se recordar que se trata de crime permanente, ou seja, a qualificadora persiste ainda que a vítima venha a completar 18 anos no cárcere.

Redução à condição análoga a de escravo

> ***Art. 149*** *Reduzir alguém a condição análoga à de escravo, quer submetendo-o a trabalhos forçados ou a jornada exaustiva, quer sujeitando-o a condições degradantes de trabalho, quer restringindo, por qualquer meio, sua locomoção em razão de dívida contraída com o empregador ou preposto:*
>
> *Pena - reclusão, de dois a oito anos, e multa, além da pena correspondente à violência.*
>
> *§ 1º Nas mesmas penas incorre quem:*
>
> *I – cerceia o uso de qualquer meio de transporte por parte do trabalhador, com o fim de retê-lo no local de trabalho;*
>
> *II – mantém vigilância ostensiva no local de trabalho ou se apodera de documentos ou objetos pessoais do trabalhador, com o fim de retê-lo no local de trabalho*
>
> *§ 2º A pena é aumentada de metade, se o crime é cometido:*
>
> *I – contra criança ou adolescente;*
>
> *II – por motivo de preconceito de raça, cor, etnia, religião ou origem.*

O crime de redução à condição análoga à de escravo (*plagium*[2]), contemplava um tipo aberto. Todavia, como a quase unanimidade dos casos dizia respeito aos lamentáveis episódios envolvendo pessoas exploradas economicamente, depois de alterações normativas, o tipo penal passou a ostentar redação específica sobre a exploração desumana de trabalhadores brasileiros ou estrangeiros, no campo ou na cidade.

Atente-se, ainda, que a presente infração penal denota um maior desprezo pela pessoa humana. Viola-se, por conseguinte, normas e de princípios inscritos na Constituição Federal de 1988, bem como em tratados e convenções internacionais.

Tutela-se a liberdade pessoal, com especial relação ao *status libertatis*. Busca-se evitar que uma pessoa seja submetida à servidão de outrem. A lei penal quer prevenir e reprimir a completa sujeição de uma pessoa ao poder de outra.

Fique ligado

Nesse particular, o hipotético consentimento do ofendido é irrelevante. Não há a exclusão do delito se o próprio sujeito concorda com a inteira supressão de sua liberdade pessoal, já que isso importaria em anulação da personalidade, o que é vedado pelo ordenamento jurídico.

Qualquer pessoa pode ser autora do crime sob consideração, assim como a vítima.

2 Expressão que vem do Direito Romano e consistia na imposição indevida de um cidadão à condição de escravo.

O tipo objetivo descreve a submissão total do sujeito passivo, suprimindo seu *status libertatis*. Em resumo, a vítima é forçada a sujeitar-se a uma situação atentatória aos seus mais básicos direitos. Para a tipicidade do fato, não é necessário que a vítima seja transportada ou transferida de um lugar para o outro, nem que seja enclausurada, ou sofra maus-tratos, desde que haja privações ao seu direito de ir e vir. Esse estado de submissão deve ter alguma duração temporal, caso contrário poderá ser crime de sequestro.

No Brasil, é comum encontrar-se essa situação tanto nas capitais como no interior dos Estados, onde indivíduos são contratados para prestar serviços em colheitas nas fazendas, mas acabam se tornando devedores de seus patrões que arcam com sua condução, hospedagem, alimentação etc. Até que quitem a dívida, esses indivíduos são forçados a trabalhar sem receber nada em troca.

Com a Lei nº 10.803/2003 foram elencadas modalidades específicas de redução à condução análoga de escravo:

- Submissão a trabalhos forçados ou a jornada exaustiva: sujeitar, subjugar a vítima, forçando-a trabalhos forçados ou exaustivos, quando a vítima não consegue oferecer recusa, em face do emprego de violência, grave ameaça ou fraude;
- Sujeição a condições degradantes de trabalho: o indivíduo é obrigado a trabalhar em condições violadoras de sua dignidade, sem possibilidade ou meios de interromper ou de se recusar a cumprir as ordens;
- Mediante restrição, por qualquer meio, de sua locomoção em razão de dívida contraída com o empregador ou preposto – em decorrência da dívida, há verdadeira restrição da liberdade de locomoção, sendo cerceada a liberdade de ir e vir do indivíduo.

A vítima é obrigada a trabalhar sem permissão para deixar o local até quitar a dívida contraída com o patrão ou preposto.

Tais ações podem ser praticadas por qualquer meio (crime de forma livre), inclusive mediante o emprego de fraude, ameaça ou violência. Trata-se de norma penal especial em relação aos delitos do art. 146 (constrangimento ilegal), art. 147 (ameaça) e art. 148 (cárcere privado), se forem meios para a prática do delito do art. 149, todos do CP. Porém, haverá concurso material se houver homicídio, lesões ou estupro, dentre outras figuras que tutelam bens jurídicos distintos.

O crime é praticado mediante dolo e se aperfeiçoa quando o agente reduz a vítima à condição semelhante à de escravo com a prática de alguma das condutas descritas no tipo.

A tentativa é, em tese, cabível, por tratar-se de crime material, embora, na prática, de difícil verificação. Alude-se ao exemplo do agente ser detido numa *blitz* policial no momento em que conduzia trabalhadores rurais para uma fazenda, onde ficariam sem oportunidade de transporte de volta.

Tráfico de pessoas

> ***Art. 149-A*** *Agenciar, aliciar, recrutar, transportar, transferir, comprar, alojar ou acolher pessoa, mediante grave ameaça, violência, coação, fraude ou abuso, com a finalidade de:*
>
> *I - remover-lhe órgãos, tecidos ou partes do corpo;*
>
> *II - submetê-la a trabalho em condições análogas à de escravo;*
>
> *III - submetê-la a qualquer tipo de servidão;*
>
> *IV - adoção ilegal; ou*
>
> *V - exploração sexual.*
>
> *Pena - reclusão, de 4 (quatro) a 8 (oito) anos, e multa.*
>
> *§ 1º A pena é aumentada de um terço até a metade se:*
>
> *I - o crime for cometido por funcionário público no exercício de suas funções ou a pretexto de exercê-las;*

DPEN

II - o crime for cometido contra criança, adolescente ou pessoa idosa ou com deficiência;

III - o agente se prevalecer de relações de parentesco, domésticas, de coabitação, de hospitalidade, de dependência econômica, de autoridade ou de superioridade hierárquica inerente ao exercício de emprego, cargo ou função; ou

IV - a vítima do tráfico de pessoas for retirada do território nacional.

§ 2º A pena é reduzida de um a dois terços se o agente for primário e não integrar organização criminosa.

O crime pode ser praticado por qualquer pessoa, cuida-se de crime comum. Contudo, na prática, observa-se o concurso de pessoas – na forma de associação ou organização criminosa – para a realização do delito. Com efeito, trata-se de um dos delitos controlados pelo crime organizado transnacional.

Por sua vez, o sujeito passivo é qualquer pessoa.

O tráfico de pessoas para fins de adoção ilegal pressupõe, via de regra, que a vítima seja criança ou adolescente.

Cuida-se de tipo de ação múltipla ou conteúdo variado. Os verbos são agenciar (tratar, cuidar, promover), aliciar (atrair, seduzir, cooptar), recrutar (trazer ou angariar adeptos), transportar (levar de um local para outro), transferir (fazer passar, deslocar), comprar (adquirir de forma onerosa), alojar (recolher ou acomodar) ou acolher (dar acolhida ou hospedar). A ação perpetrada por tais verbos recai sobre pessoa (homem, mulher ou criança) e deve ser empregada mediante grave ameaça (vis compulsiva), violência (vis absoluta), coação moral (que pode ser resistível ou irresistível), fraude (engano, artifício, ardil ou qualquer expediente capaz de induzir ou manter a vítima em erro) ou abuso (uso incorreto ou ilícito de um determinado direito ou de uma autoridade ou, ainda, tirar proveito da situação vulnerável da vítima, conforme as considerações acima apresentadas).

A finalidade objetivada com a conduta é a da remoção de órgãos, tecidos ou partes do corpo; submissão a trabalho em condições análogas à de escravo; submissão a qualquer tipo de servidão; adoção ilegal; ou exploração sexual.

Para existir, o tráfico de pessoas não exige mais o requisito da entrada ou a saída da vítima do território nacional. Todavia, é certo que o cruzar as fronteiras do país constitui-se uma das causas de aumento de pena, consoante o art. 149-A, § 1°, IV, do CP.

A anuência da vítima não descaracteriza o crime em questão.

O crime é praticado por dolo, agregado do especial fim de agir consubstanciado no propósito de remoção de órgãos, tecidos ou partes do corpo, submissão a trabalho em condições análogas à de escravo, submissão a qualquer tipo de servidão, adoção ilegal; ou exploração sexual.

A consumação ocorre com a realização das condutas de agenciar, aliciar, recrutar, transportar, transferir, comprar, alojar ou acolher pessoa, desde que empregada a violência física ou moral, a fraude ou o abuso de direito ou de autoridade. A finalidade objetivada pelo agente (remoção de órgãos, tecidos ou partes do corpo, submissão a trabalho em condições análogas à de escravo, submissão a qualquer tipo de servidão, adoção ilegal; ou exploração sexual) não necessita se verificar para fins de consumação.

A tentativa é cabível, por se tratar de crime plurissubsistente.

Segundo o § 1º, do art. 149-A, do CP, a pena é aumentada de um terço até a metade se o crime for cometido por funcionário público no exercício de suas funções, ou, a pretexto de exercê-las; se a vítima for criança, adolescente ou pessoa idosa ou com deficiência; se o agente se prevalecer de relações de parentesco, domésticas, de coabitação, de hospitalidade, de dependência econômica, de autoridade ou de superioridade hierárquica inerente ao exercício de emprego, cargo ou função; ou se a vítima for para o exterior.

No primeiro caso, além de ir contra a política criminal global de coibir o tráfico de pessoas, o funcionário público (cuja a definição para fins penais está contida no art. 327, do CP) infringe os deveres de probidade e de moralidade inerentes à administração pública federal, estadual ou municipal. Na hipótese de a vítima ser criança, adolescente ou pessoa idosa ou com deficiência, evidencia-se a situação de maior vulnerabilidade, justificando-se, assim, o reforço punitivo. No caso de aproveitamento dos vínculos especiais de parentesco, hospitalidade etc., é indiscutível o maior desvalor da conduta, devendo-se atentar para não incorrer em *bis in idem* no caso de funcionário público valer-se do exercício do seu cargo, emprego ou função nos quadros da administração pública. Por fim, a retirada da vítima do território nacional aprofunda tanto a gravidade da conduta como a do resultado, não raro colocando a vida da pessoa traficada ao risco de morte ou lesões corporais de natureza grave.

Nos termos do § 2°, do art. 149-A, do CP, a pena é reduzida de um até dois terços se o agente for primário e não integrar organização criminosa. Cuida-se de minorante inspirada na causa de diminuição existente em outra modalidade de tráfico, qual seja, no art. 33, § 4º, da Lei nº 11.343/2006 (Lei de Drogas), embora não contemple os requisitos adicionais de bons antecedentes e de não se dedicar às atividades criminosas.

De toda sorte, faz jus a redução de pena aquele que, de fato, além de não ser reincidente (art. 65, do CP), não estiver vinculado a nenhuma rede, esquema ou grupo de tráfico de pessoas, perpetrando-o de maneira episódica, restando, enfim, comprovado que não faz de tal crime um "meio de vida".

Se se tratar da conduta de recrutar trabalhadores, mediante fraude, com o fim de levá-los para território estrangeiro, o crime será do art. 206, do CP, e não tráfico de pessoas. Da mesma forma, se se tratar de aliciamento de trabalhadores de um local para outro do território nacional, estará caracterizado o crime do art. 207, do CP.

Não se confunde, igualmente, com o tráfico de pessoas, a conduta do "coiote", ou seja, daquele que promove, por qualquer meio, com o fim de obter vantagem econômica, a entrada ilegal em território nacional ou de brasileiro em país estrangeiro (art. 232-A, do CP, introduzido pela Lei nº 13.445/2017).

A pena é de quatro a oito anos de reclusão, além de multa na forma básica.

A ação é pública incondicionada. Quanto ao tráfico de pessoas, quando transnacional, a competência será da Justiça Federal (art. 109, V, da CF).

6.5.2 Crimes contra a inviolabilidade do domicílio

Violação de domicílio

Art. 150 *Entrar ou permanecer, clandestina ou astuciosamente, ou contra a vontade expressa ou tácita de quem de direito, em casa alheia ou em suas dependências:*

Pena - detenção, de um a três meses, ou multa.

§ 1º Se o crime é cometido durante a noite, ou em lugar ermo, ou com o emprego de violência ou de arma, ou por duas ou mais pessoas:

Pena - detenção, de seis meses a dois anos, além da pena correspondente à violência.

§ 3º Não constitui crime a entrada ou permanência em casa alheia ou em suas dependências:

I - durante o dia, com observância das formalidades legais, para efetuar prisão ou outra diligência;

II - a qualquer hora do dia ou da noite, quando algum crime está sendo ali praticado ou na iminência de o ser.

§ 4º A expressão "casa" compreende:

I - qualquer compartimento habitado;

II - aposento ocupado de habitação coletiva;

III - compartimento não aberto ao público, onde alguém exerce profissão ou atividade.

§ 5º Não se compreendem na expressão "casa":

I - hospedaria, estalagem ou qualquer outra habitação coletiva, enquanto aberta, salvo a restrição do n.º II do parágrafo anterior;

II - taverna, casa de jogo e outras do mesmo gênero.

Segundo o art. 5º, XI, CF, a casa é asilo inviolável do indivíduo. Protege-se, assim, a liberdade privada, especialmente da inviolabilidade do domicílio, do direito à tranquilidade doméstica e a paz íntima dos moradores (liberdade individual: inviolabilidade da habitação).

Qualquer pessoa pode praticar o crime em tela, inclusive o proprietário, quando o imóvel estiver legitimamente com terceiros. Idem, havendo divórcio, ficando um dos dois no antigo imóvel.

O sujeito ativo é o morador, aquele que pode permitir ou impedir a entrada de outrem em seu domicílio, seja ele proprietário, locador etc.

Prédio de apartamentos: qualquer morador, não só no seu imóvel, mas também nas áreas de uso comum.

Não há crime quando o agente entra a convite de um dos moradores, mesmo com o dissenso do outro, como ocorre em caso de infidelidade conjugal.

Os verbos são entrar ou permanecer na casa sem consentimento de quem de direito. Entrar significa ingressar, invadir, transpor os limites da casa ou suas dependências. O corpo do agente tem de transpor por inteiro a fronteira da casa com o mundo exterior. Por sua vez, permanecer é não sair quando, tendo ingressado legitimamente, recusa-se a se retirar (resistência de certa duração, que é algo mais do que mera hesitação).

Entrada ou permanência deve ser clandestina, astuciosa ou franca. Clandestina é a sorrateira, às escondidas do morador. Astuciosa ocorre quando o agente se utiliza de meios fraudulentos para induzir ou manter o morador em erro. Por exemplo, um falso entregador de pizza ou prestador de serviços ou empregado demitido que finge estar doente para não se locomover e permanecer, indevidamente, no imóvel. Franca, quando o agente contraria abertamente a vontade do morador, ou seja, força a entrada ou a sua permanência contra o dissenso explícito ou tácito do sujeito passivo.

O dissenso tácito se dá com as portas e janelas fechadas. Por sua vez, o expresso ocorre com gestos ou palavras do morador.

O "domicílio" para fins penais não se confunde com o "domicílio" do direito civil. Para esse último, entende-se como domicílio o lugar onde a pessoa estabelece sua residência com ânimo definitivo, o centro de suas ocupações habituais ou o centro de seus negócios. Para o Direito Penal, domicílio é todo lugar de habitação ou de atividade privada (Ex.: quarto de hotel ocupado por hóspede).

O conceito de casa compreende qualquer espaço delimitado habitado por alguém, uma construção materialmente isolada a que se aplica propriamente essa denominação ou qualquer aposento dentro dela que constitua a morada de outrem, quarto de hotel ou hospedaria, compartimento que esteja servindo, de maneira permanente ou transitória, de local de residência, ou mesmo a gruta que alguém tenha disposto para a sua moradia ou qualquer refúgio transformado em habitação.

O fato de um motel receber rotineiramente casais para encontros amorosos não desnatura a condição de habitação coletiva, e seus quartos, quando ocupados, constituem "casa" no sentido legal.

Importa considerar que o recinto deve estar separado do mundo exterior e que seja o espaço físico reservado a outrem.

Dependências da casa são os lugares que complementam a moradia (o *hall* do elevador do apartamento, o terraço, o quintal, o jardim, a garagem etc.). É necessário que haja certa conexão com a casa. Por exemplo, não é crime invadir o pasto de uma fazenda, ainda que isto possa configurar esbulho possessório.

Compartimento não aberto ao público, onde alguém exerce profissão ou atividade (art. 150, § 4º, III, do CP) compreende os escritórios de advocacia ou engenharia, consultório médico, gabinete odontológico, *atelier* de arte ou costura etc.

Segundo o art. 150 § 5º, do CP, não se compreendem na expressão "casa", a hospedaria ou qualquer outra habitação coletiva, enquanto aberta, salvo o aposento ocupado, bem como a taberna, casa de jogo etc. Esses locais não estão protegidos por serem abertos ao público e, consequentemente, não terem destinação de servir de espaço reservado da vida de alguém.

Pelo mesmo motivo, também não são considerados casa: restaurantes, boates, danceterias etc. Repartições públicas, ainda que com restrições de acesso, bem como salas de aula, também não são entendidas como casa.

Por fim, registre-se que é necessário que a casa seja habitada, ainda que os moradores estejam ausentes (Ex.: casa de campo, casa de praia).

O crime é praticado com dolo, ou seja, a vontade de ingressar ou permanecer na casa contra a vontade de quem de direito. Dispensa a finalidade contrária ao direito, basta o dolo genérico.

Não há dolo em episódio acidental, por exemplo, invadir uma casa para fugir de uma briga ou confusão na rua ou, ainda, por engano, ao errar a numeração de um apartamento.

O crime se consuma com a entrada efetiva, transposto pelo agente o limite que separa o domicílio do mundo externo, ou com a permanência ou persistência durante determinado lapso de tempo juridicamente apreciável. Trata-se de crime de mera conduta, que não reclama, assim, qualquer resultado naturalístico, bastando o perigo presumido na conduta do agente para aperfeiçoá-lo.

Tentativa: para a doutrina nada impede, apesar de ser crime de mera conduta.

> Ex.: forçar a entrada, sem sucesso; ser detido quando escalava o muro; manifestar propósito de permanecer sendo, contudo, expulso logo em seguida.

Segundo o art. 150, § 1º, do CP, qualifica-se o crime quando cometido "durante a noite". Isso quer dizer depois do entardecer, quando há ausência de luz solar. Durante a noite é o período compreendido entre o pôr-do-sol e o seu nascer. Cuida-se de uma concepção diferente de "repouso noturno", presente no crime de furto.

Qualifica-se, ainda, quando perpetrado em "lugar ermo". Cuida-se de lugar habitualmente desabitado, despovoado, pouco frequentado; a ausência de habitante torna mais fácil o crime.

O emprego de violência também qualifica a violação de domicílio. Violência pode ser definida como a força física utilizada contra pessoa ou coisa, como ocorre no caso de arrombamento ou agressões ao morador.

Outra qualificadora consiste no emprego de arma ou quando cometido por duas ou mais pessoas. Em ambas as hipóteses, evidencia-se a maior periculosidade da conduta, o que justifica sua majoração.

Qualifica, por fim, o crime, quando perpetrado por funcionário público, fora dos casos legais ou com inobservância das formalidades de estilo. Em se tratando, ainda, de autoridade pública, pode ser caracterizado o abuso de autoridade.

As formalidades em questão estão disciplinadas no art. 150, § 3º, do CP.

É lícita a violação do domicílio quando praticada nas condições estipuladas no § 3º do art. 150, vale dizer, não constitui crime o ingresso ou permanência nas seguintes hipóteses:

D P E N

- Durante o dia, com observância das formalidades legais, para efetuar prisão ou outra diligência judicial (penhora, busca e apreensão etc.) ou administrativa (inspeções sanitárias etc.);
- A qualquer hora do dia ou da noite, quando algum crime está sendo praticado ou na iminência de o ser.

Aduz-se que a própria Constituição Federal contém semelhante permissiva, prevendo a hipótese do ingresso autorizado judicialmente, durante ou dia, ou em caso de flagrante delito, legítima defesa de terceiro, e, ainda, "em caso de desastre ou para prestar socorro" (art. 5º, XI, da CF).

A ação penal é pública incondicionada. Cabe transação penal ou suspensão condicional do processo.

6.5.3 Crimes contra a inviolabilidade dos segredos

Divulgação de segredo

> ***Art. 153*** *Divulgar alguém, sem justa causa, conteúdo de documento particular ou de correspondência confidencial, de que é destinatário ou detentor, e cuja divulgação possa produzir dano a outrem:*
>
> *Pena - detenção, de um a seis meses, ou multa, de trezentos mil réis a dois contos de réis.*
>
> *§ 1º Somente se procede mediante representação.*
>
> *§ 1º-A Divulgar, sem justa causa, informações sigilosas ou reservadas, assim definidas em lei, contidas ou não nos sistemas de informações ou banco de dados da Administração Pública:*
>
> *Pena – detenção, de 1 (um) a 4 (quatro) anos, e multa.*
>
> *§ 2º Quando resultar prejuízo para a Administração Pública, a ação penal será incondicionada.*

O art. 153 tipifica a conduta daquele que divulga, sem justa causa, conteúdo de documento particular ou de correspondência confidencial, de que é destinatário ou detentor, que tenha a possibilidade de produzir dano a outrem.

Trata-se de crime próprio, pois o tipo penal exige uma qualidade especial do sujeito ativo, qual seja, a de destinatário ou detentor do documento particular ou de correspondência confidencial.

Supondo que a divulgação do segredo não pode causar dano, nesse caso, não há crime.

Crime de menor potencial ofensivo.

Fique ligado
Não se confunde com o art.325, do CP (tem como sujeito ativo o funcionário público). Logo, o art.153 § 1º serve para as pessoas que não sejam funcionários públicos.

Violação do segredo profissional

> ***Art. 154*** *Revelar alguém, sem justa causa, segredo, de que tem ciência em razão de função, ministério, ofício ou profissão, e cuja revelação possa produzir dano a outrem:*
>
> *Pena – detenção, de três meses a um ano, ou multa de um conto a dez contos de réis.*
>
> ***Parágrafo único.*** *Somente se procede mediante representação.*

A privacidade da pessoa, sua intimidade, no que concerne ao sigilo daquelas informações particulares que confia apenas ao confidente necessário.

É crime **próprio**, já que o autor do crime deve ser titular de uma função, ministério, ofício ou profissão que toma conhecimento do segredo confiado em razão de um daqueles atributos. O autor deve estar no exercício da função quando obtiver a informação.

O sujeito passivo é aquele que for exposto a perigo de dano com a divulgação do segredo, podendo ser qualquer pessoa.

O agente deve revelar, **sem justa causa**, segredo, de que tem ciência em razão de função, ministério, ofício ou profissão, e cuja revelação possa produzir dano a alguém.

Elemento subjetivo: é doloso, não se exigindo que o agente tenha a intenção de prejudicar a vítima. Não se admite a modalidade culposa.

Por se tratar de crime formal, consuma-se com a mera divulgação do segredo, dispensando a ocorrência do dano para a consumação do delito. Admite-se a tentativa (se for praticado pela forma escrita).

A ação penal é pública condicionada à representação do ofendido.

Invasão de dispositivo informático

> ***Art. 154-A*** *Invadir dispositivo informático de uso alheio, conectado ou não à rede de computadores, com o fim de obter, adulterar ou destruir dados ou informações sem autorização expressa ou tácita do usuário do dispositivo ou de instalar vulnerabilidades para obter vantagem ilícita:*
>
> *Pena – reclusão, de 1 (um) a 4 (quatro) anos, e multa.*
>
> *§ 1º Na mesma pena incorre quem produz, oferece, distribui, vende ou difunde dispositivo ou programa de computador com o intuito de permitir a prática da conduta definida no caput.*
>
> *§ 2º Aumenta-se a pena de 1/3 (um terço) a 2/3 (dois terços) se da invasão resulta prejuízo econômico.*
>
> *§ 3º Se da invasão resultar a obtenção de conteúdo de comunicações eletrônicas privadas, segredos comerciais ou industriais, informações sigilosas, assim definidas em lei, ou o controle remoto não autorizado do dispositivo invadido:*
>
> *Pena – reclusão, de 2 (dois) a 5 (cinco) anos, e multa.*
>
> *§ 4º Na hipótese do § 3º, aumenta-se a pena de um a dois terços se houver divulgação, comercialização ou transmissão a terceiro, a qualquer título, dos dados ou informações obtidos.*
>
> *§ 5º Aumenta-se a pena de um terço à metade se o crime for praticado contra:*
>
> *I - Presidente da República, governadores e prefeitos;*
>
> *II - Presidente do Supremo Tribunal Federal;*
>
> *III - Presidente da Câmara dos Deputados, do Senado Federal, de Assembleia Legislativa de Estado, da Câmara Legislativa do Distrito Federal ou de Câmara Municipal; ou*
>
> *IV - dirigente máximo da administração direta e indireta federal, estadual, municipal ou do Distrito Federal.*
>
> *Ação penal*
>
> ***Art. 154-B*** *Nos crimes definidos no art. 154-A, somente se procede mediante representação, salvo se o crime é cometido contra a administração pública direta ou indireta de qualquer dos Poderes da União, Estados, Distrito Federal ou Municípios ou contra empresas concessionárias de serviços públicos.*

A Lei nº 14.155/2021 apresentou significativa alteração no que diz respeito à conduta prevista no art. 154-A do Código Penal. Isso porque a nova redação tem por objetivo proteger os dispositivos pessoais que possibilitam o armazenamento de informações pessoais e sigilosas.

Antes de adentrarmos na análise específica, é prudente analisar os tipos penais antes e depois da Lei nº 14.155/2021, vejamos:

Redação originial	Redação após a Lei nº 14.155/2021
Art. 154-A *Invadir dispositivo informático alheio, conectado ou não à rede de computadores,* ***Mediante Violação Indevida De Mecanismos De Segurança*** *e com o fim de obter, adulterar ou destruir dados ou informações sem autorização expressa ou tática* ***do titular do dispositivo*** *ou instalar vulnerabilidades para obter vantagem ilícita:* ***Pena*** *– detenção, de* ***3 (três) meses a 1 (um) ano****, e multa.*	***Art. 154-A*** *Invadir dispositivo informático alheio, conectado ou não à rede de computadores, com o fim de obter, adulterar ou destruir dados ou informações sem autorização expressa ou tática* ***do usuário do dispositivo*** *ou de instalar vulnerabilidades para obter vantagem ilícita:* ***Pena*** *– reclusão, de* ***1 (um) a 4 (um) ano****, e multa.*

Pela redação original, era necessário a invasão de dispositivo alheio **mediante a violação de mecanismo de segurança** (Ex.: senha, biometria, reconhecimento facial ou outro meio fraudulento). Tal exigência fora retirada do texto legal.

Pela atual redação, basta haver a invasão de dispositivo alheio, ainda que não tenha senha. Seguindo o que preceitua a doutrina, pela redação original, o crime era de ação vinculada, mas passou a ser de ação livre.

Destaque-se também que pela redação primária, era necessário que o bem invadido fosse de propriedade de outra pessoa. Com a reforma legislativa, basta que o equipamento seja de uso de outrem. Em resumo, o próprio dono do bem pode ser sujeito ativo do crime, desde que o uso do equipamento seja franqueado a outrem.

A pena também foi majorada. O delito foi afastado da esfera do JECRIM e passou a ser de competência da Justiça Comum Estadual.

Considerando apenas o já exposto, temos que a Lei nº 14.155/2021 deve ser considerada como uma *novatio legis in pejus*.

Nesse contexto, qualquer pessoa que tenha praticado o crime antes da vigência do referido diploma normativo será responsabilizada pela lei da data do fato (*tempus regit actum*), enquanto que só serão responsabilizados pela nova lei os indivíduos que praticarem as condutas após o início de vigência das novas disposições, que se deu em 27 de maio de 2021.

Avançando aos parágrafos, insta salientar que incorrerá na mesma pena prevista no *caput* (reclusão de 1 a 4 anos) aquele que produz, oferece, distribui, vende ou difunde dispositivo ou programa de computador que permita a invasão de dispositivo informático de uso alheio.

Resumindo, para que o agente seja responsabilizado pelo crime em questão, ele não necessita ser o invasor. Caso ele, de alguma forma, permita ou possibilite que outra pessoa invada o dispositivo, responderá pela mesma pena.

Havendo prejuízo econômico com a invasão, a pena será majorada no intervalo de 1 a 2/3.

O § 3º traz uma forma qualificada, aumentando o intervalo de pena para 2 a 5 anos quando da invasão resultar a obtenção de conteúdo de comunicações eletrônicas privadas, segredos comerciais ou industriais, informações sigilosas, assim definidas em lei, ou o controle remoto não autorizado do dispositivo invadido.

À luz desse dispositivo, percebe-se que a figura do *caput* é classificada como crime formal, na medida em que a mera invasão já é suficiente para configurar o crime.

No § 4º temos uma majorante referente à forma qualificada, sendo que a pena será aumentada de 1 a 2/3 quando houver comercialização ou transmissão dos dados ou informações obtidos. Haverá aumento de pena mesmo que a divulgação não seja onerosa.

O § 5º prevê outra causa de aumento, no intervalo de 1/3 à metade quando o crime for praticado contra:

- Presidente da República, governadores e prefeitos;
- Presidente do Supremo Tribunal Federal;
- Presidente da Câmara dos Deputados, do Senado Federal, de Assembleia Legislativa de Estado, da Câmara Legislativa do Distrito Federal ou de Câmara Municipal; ou
- Dirigente máximo da administração direta e indireta federal, estadual, municipal ou do Distrito Federal.

Por derradeiro, vale destacar que os crimes previstos no art. 154-A serão processados mediante representação do ofendido, ou seja, ação penal pública condicionada, exceto se o crime for praticado contra a Administração Pública Direta ou Indireta de qualquer dos poderes da União, Estados, Distrito Federal ou Municípios ou, ainda, contra empresas concessionárias de serviços públicos.

D P E N

7 CRIMES CONTRA O PATRIMÔNIO

7.1 Furto

> ***Art. 155** Subtrair, para si ou para outrem, coisa alheia móvel: Pena – reclusão, de um a quatro anos, e multa.*
>
> *§ 1º A pena aumenta-se de um terço, se o crime é praticado durante o repouso noturno.*
>
> *§ 2º Se o criminoso é primário, e é de pequeno valor a coisa furtada, o juiz pode substituir a pena de reclusão pela de detenção, diminuí-la de um a dois terços, ou aplicar somente a pena de multa.*
>
> *§ 3º Equipara-se à coisa móvel a energia elétrica ou qualquer outra que tenha valor econômico.*
>
> *Furto qualificado*
>
> *§ 4º A pena é de reclusão de dois a oito anos, e multa, se o crime é cometido:*
>
> *I – com destruição ou rompimento de obstáculo à subtração da coisa;*
>
> *II – com abuso de confiança, ou mediante fraude, escalada ou destreza;*
>
> *III – com emprego de chave falsa;*
>
> *IV – mediante concurso de duas ou mais pessoas.*
>
> *§ 4º-A A pena é de reclusão de 4 (quatro) a 10 (dez) anos e multa, se houver emprego de explosivo ou de artefato análogo que cause perigo comum.*
>
> *§ 4º-B A pena é de reclusão, de 4 (quatro) a 8 (oito) anos, e multa, se o furto mediante fraude é cometido por meio de dispositivo eletrônico ou informático, conectado ou não à rede de computadores, com ou sem a violação de mecanismo de segurança ou a utilização de programa malicioso, ou por qualquer outro meio fraudulento análogo.*
>
> *§ 4º-C A pena prevista no § 4º-B deste artigo, considerada a relevância do resultado gravoso:*
>
> *I – aumenta-se de 1/3 (um terço) a 2/3 (dois terços), se o crime é praticado mediante a utilização de servidor mantido fora do território nacional;*
>
> *II – aumenta-se de 1/3 (um terço) ao dobro, se o crime é praticado contra idoso ou vulnerável.*
>
> *§ 5º A pena é de reclusão de três a oito anos, se a subtração for de veículo automotor que venha a ser transportado para outro Estado ou para o exterior.*
>
> *§ 6º A pena é de reclusão de 2 (dois) a 5 (cinco) anos se a subtração for de semovente domesticável de produção, ainda que abatido ou dividido em partes no local da subtração.*
>
> *§ 7º A pena é de reclusão de 4 (quatro) a 10 (dez) anos e multa, se a subtração for de substâncias explosivas ou de acessórios que, conjunta ou isoladamente, possibilitem sua fabricação, montagem ou emprego.*

Trata-se de delito que tutela o patrimônio e a propriedade de coisa móvel. Os bens imóveis, independentemente do tratamento que lhes é dado pelo Código Civil, não podem ser objeto de furto. Qualquer pessoa pode ser o sujeito ativo deste crime. O objeto material é a coisa alheia móvel que suporta a conduta criminosa. O verbo núcleo do tipo penal é "subtrair", que significa inverter o título da posse.

Além disso, admite-se a tentativa em todas as modalidades de furto (simples, privilegiado e qualificado).

Segundo a doutrina, a coisa necessariamente deve ser alheia. Portanto, a coisa de **ninguém** (nunca teve dono) e a coisa abandonada (dispensada) não são objetos materiais deste crime.

Diferentemente do que ocorre com a coisa perdida (pertence a alguém), portanto, quem apropria-se de achado que pertence a outrem, incorre na conduta do art. 169, parágrafo único, II, do CP.

Outro ponto de destaque diz respeito ao fato de que o sujeito ativo deve ter a intenção de não devolver a coisa à vítima, deve existir o chamado "ânimo de assenhoramento definitivo". Hipoteticamente, se a subtração se der apenas para uso momentâneo, com a restituição da *res* logo em seguida, ao que se denomina *FURTO DE USO*, estaremos diante de atipicidade da conduta.

Portanto, quanto ao elemento subjetivo, o furto é punido somente na forma dolosa (dolo direto ou eventual).

Fique ligado

E o **furto famélico** (furto para alimentação)? Neste caso, reconhece-se a excludente do estado de necessidade (art. 24, CP), desde que preenchidos os requisitos.

Para a consumação do delito, embora existam correntes diversas, os Tribunais Superiores encamparam a Teoria da *amotio ou apprehensio*, que estabelece a consumação no momento em que ocorrer a inversão da posse – mesmo que por um pequeno espaço de tempo ou por meio de posse mansa e pacífica.

Assim, a consumação do furto se dá quando a vítima perde, ainda que momentaneamente, a livre disponibilidade sobre o bem, não se exigindo que o agente tenha a posse mansa e pacífica do objeto material. Nesse sentido, vale destacar a tese firmada pelo STJ:

> *Consuma-se o crime de furto com a posse de fato da res furtiva, ainda que por breve espaço de tempo e seguida de perseguição ao agente, sendo prescindível a posse mansa e pacífica ou desvigiada (Tema nº934).*

A presença de sistema de vigilância ou a presença de seguranças, em estabelecimentos comerciais, não torna o crime impossível. Nesse sentido, foi editada a Súmula nº 567 do STJ, que estabelece:

> *Sistema de vigilância realizado por monitoramento eletrônico ou por existência de segurança no interior de estabelecimento comercial, por si só, não torna impossível a configuração do crime de furto.*

7.1.1 Furto majorado

O § 1º do art. 155 estabelece uma causa de aumento em razão do **repouso noturno.** A expressão destacada é que gera controvérsia para conceituação – eis que temos dispositivos em leis distintas com considerações que não convergem.

De qualquer forma, a orientação a ser adotada deve levar em conta o casuísmo, entendendo como repouso noturno aquele momento em que, presumidamente, a vítima encontra-se repousando. Assim, tal critério é variável, pois deve ser considerado o tempo em que as pessoas de determinado local costumeiramente recolhem-se para repouso, o que é diferente em uma grande cidade como São Paulo, diante de um pequeno município do interior.

O STJ admitiu a aplicação da causa de aumento em caso de furto praticado contra estabelecimento comercial ou residência desabitada, em razão da maior vulnerabilidade do patrimônio.

Além disso, no que tange à aplicabilidade da causa de aumento de pena do repouso noturno no crime de furto qualificado, o atual entendimento do STJ (Tema Repetitivo 1.087) é no sentido de que **o repouso noturno (§1º) é incompatível com o furto qualificado, pois a majorante, aplicada somente ao furto simples, não pode ser utilizada para redimensionar a dosimetria do delito, cujas penas previstas já são superiores e mais gravosas.** Vejamos a tese fixada (Tema Repetitivo nº 1.087):

> *A causa de aumento prevista no § 1º do art. 155 do Código Penal (prática do crime de furto no período noturno) não incide no crime de furto na sua forma qualificada (§ 4º).*

7.1.2 Furto privilegiado ou mínimo

O § 2º, do art. 155, prevê hipótese de causa de diminuição de pena, chamada pela doutrina de "furto privilegiado". A benesse trata-se de norma penal não incriminadora, e foi instituída, a fim de beneficiar os autores primários e que subtraem coisa de valor de pequeno valor. Assim, para a incidência do privilégio, temos duas situações:

- Primariedade do agente;
- Coisa de pequeno valor (aquela que não ultrapassa um salário mínimo).

Acerca da aplicação do privilégio ao furto qualificado, após muitos embates, editou-se a Súmula nº 511 do STJ:

> *É possível o reconhecimento do privilégio previsto no § 2º do art. 155 do CP nos casos de crime de furto qualificado, se estiverem presentes a primariedade do agente, o pequeno valor da coisa e a qualificadora for de ordem objetiva.*

Para o próprio tribunal, portanto, a qualificadora não se coaduna com o furto praticado mediante abuso de confiança e fraude, que ostentam a natureza subjetiva.

7.1.3 Cláusula de equiparação

O § 3º do art. 155 traz bens móveis por equiparação, qual seja, a energia elétrica ou qualquer outra com valor econômico (elétrica, radioativa, térmica etc.).

Acerca do sinal de TV a cabo, o STF julgou pela atipicidade da conduta, tendo em vista que, diferentemente da energia, que é um recurso findável, o sinal de TV a cabo não se esgota, nem diminui.

Contudo, o STJ já entendeu em sentido contrário.

Outro ponto de enfoque, que não merece ser confundido, diz respeito ao agente que altera (frauda) o medidor de energia, a fim de que o equipamento perca a perfeita funcionalidade e demonstre um resultado menor do consumo – esta conduta é tratada como estelionato (art. 171, CP), e não furto.

7.1.4 Furto qualificado

O § 4° do artigo 155 prevê as figuras qualificadas do furto, situações em que a pena mínima passa a ser de **2 a 8 anos de reclusão**, se o crime é praticado nas situações abaixo descritas.

Destruição ou rompimento de obstáculo

Trata-se do furto cometido mediante violência contra a coisa, por meio da degradação, do arrombamento, do rompimento, da demolição, da destruição total ou parcial de quaisquer objetos ou construções (cadeados, cofres, correntes, muro, teto, janela, portas etc.), que dificultem a subtração da coisa visada pelo agente.

O rompimento aqui mencionado, apto a qualificar o furto, deve ser exterior à coisa subtraída. Nesse contexto, se o agente quebra o vidro para subtrair o próprio veículo, **não haverá incidência da qualificadora.** Contudo, se ocorrer a quebra do vidro para subtrair um bem interno (Ex.: aparelho de som), **haverá a incidência da qualificadora.**

Outro ponto de destaque é que, embora o STJ já tenha reconhecido a aplicação do princípio da insignificância ao furto praticado mediante rompimento de obstáculo, a jurisprudência da corte é firme no sentido de que a escalada, o arrombamento, o rompimento de obstáculo, o concurso de agentes – ou quando o paciente é reincidente ou possuidor de maus antecedentes –, a reprovabilidade do comportamento está demonstrada, afastando a aplicação do princípio da insignificância.

Abuso de confiança

É uma circunstância subjetiva, reveladora de maior periculosidade do agente, que se aproveita de uma relação de confiança nele depositada. É importante frisar que esta qualificadora exige um especial vínculo de lealdade, não sendo considerada pela mera relação de emprego ou hospitalidade. Assim, para sua incidência, a vítima deve depositar, por algum motivo, **especial confiança no agente** (amizade, parentesco, relações ou referências profissionais etc.), **o qual dela se aproveita**

> Ex.: um amigo visita outro e, aproveitando-se da confiança depositada, subtrai algum bem sem que o proprietário perceba ou mesmo suspeite de suas intenções.

Em resumo, o sujeito ativo tem acesso à coisa em razão da confiança nele depositada. Portanto, se qualquer pessoa também puder praticar o fato, mesmo que com a relação de confiança, a qualificadora deverá ser afastada.

Fique ligado

O STJ considera inviável e incompatível o princípio da insignificância com o abuso de confiança.

Além disso, essa causa é a única que não se compatibiliza com o privilégio descrito no art. 155, § 2º, tendo em vista que ambos possuem natureza subjetiva, o que destoa do contido na Súmula nº 511 do STJ.

> ***Súmula nº 511 – STJ***
>
> *É possível o reconhecimento do privilégio previsto no § 2º do art. 155 do CP nos casos de crime de furto qualificado, se estiverem presentes a primariedade do agente, o pequeno valor da coisa e a qualificadora for de ordem objetiva.*

Fraude

É o emprego de artifício, meio enganoso, capaz de iludir a vigilância do ofendido e permitir maior facilidade na subtração pelo agente. É importante não confundir o furto mediante fraude com o estelionato, pois nesta modalidade a fraude empregada visa enganar a vítima, fazendo-a incidir em erro, para que entregue o objeto espontaneamente ao agente. Já no furto mediante fraude, a artimanha é utilizada para diminuir a vigilância da vítima sobre o bem, viabilizando sua retirada pelo agente, sem que o ofendido se dê conta disso.

Escalada

É o uso de via anormal para que o agente ingresse no local onde se encontra a coisa pretendida.

A confecção de um túnel para acesso pode ser classificada como escalada, a partir de uma interpretação extensiva. De acordo com o Superior Tribunal de Justiça, "a escalada pressupõe a entrada em um local por um meio anormal, exigindo do agente esforço físico incomum, como saltar um muro de 1,80 m de altura".

Destreza

Trata-se do indivíduo que aplica técnicas sorrateiras, físicas ou manuais, de maneira que o agente pratica o fato sem que a vítima perceba. A jurisprudência condiciona a aplicação desta qualificadora à vítima trazer o bem junto ao corpo, pressuposto lógico para se avaliar a habilidade.

Chave falsa

Trata-se de todo instrumento com ou sem forma de chave, destinado a abrir fechaduras, sem arrombá-las (grampos, tesouras, mixas, chave de fenda, etc.).

A ligação direta não foi prevista em lei, razão pela qual não se pode equipará-la à chave falsa ou ao rompimento de obstáculo. Registre-se, porém, que existem decisões (posicionamento minoritário) considerando a ligação direta como qualificadora mediante rompimento de obstáculo.

Concurso de pessoas

Basta a participação de mais de uma pessoa, ainda que a outra seja inimputável, para configurar a qualificadora. Vale destacar que não é necessário que todos os agentes estejam no local da subtração.

Fique ligado

Vale recordar a Súmula nº 442 do STJ, que veta a aplicação da majorante do concurso de agentes prevista para o crime de roubo.

Emprego de explosivo

Prevista no §4º-A, a qualificadora foi introduzida pela Lei nº 13.654/2018, a fim de estabelecer uma punição mais eficaz e proporcional para o crime de furto quando cometido com emprego de explosivo ou artefato similar, especialmente a ação de criminosos que explodem caixas eletrônicos para subtrair o dinheiro existente na máquina, uma vez que a explosão pode gerar perigo comum para a população nas imediações do local.

Fique ligado

Registre-se que o furto mediante uso de substância explosiva migrou à condição de crime hediondo.

Furto de veículo automotor

O § 5° estabelece que o furto será qualificado se o veículo for transportado para outro estado ou para o exterior. Vale destacar que a aplicação da qualificadora pressupõe a prévia intenção do agente de transportar o veículo para outro Estado ou para o exterior e a efetiva transposição de fronteiras.

Furto de animal

O § 6° prevê a figura qualificada denominada de abigeato. Esse tipo qualificado é destinado à análise da subtração de animais vivos.

Todavia, para que se enquadre nesta hipótese, é preciso que o animal seja domesticável e destinado à reprodução.

Entende-se por semovente o animal (irracional) que possui condições de se deslocar por conta própria. É fundamental que se cuide de semovente domesticável; significa que o animal deve ter o condão de ser domesticado, sendo desnecessário que já o tenha sido.

Furto de substância explosiva

Também introduzida pela Lei n° 13.654/2018, a qualificadora prevista no § 7° pune com maior rigor a subtração do explosivo ou de acessórios, independentemente de sua utilização. Nesse caso, o que qualifica o furto é a natureza do objeto material subtraído.

Portanto, difere da hipótese do §4º-A, tendo em vista que, lá, ocorre o **emprego da substância explosiva como meio para acessar o patrimônio.** A hipótese do §7º consiste em praticar o furto da própria substância explosiva.

Nova qualificadora do furto (eletrônico ou informático)

A Lei nº 14.155/2021 trouxe novas figuras no intuito de sancionar com maior rigor algumas situações envolvendo o furto.

A primeira modalidade é a prevista no § 4º-B, que qualifica o furto quando a fraude é empregada por meio de dispositivo eletrônico ou informático, estando ou não conectado à Internet, com ou sem violação de mecanismo de segurança. Será também qualificado se houver a utilização de programa malicioso ou qualquer outra ferramenta similar.

Fique ligado

Perceba que, aqui, o legislador optou por utilizar a técnica da interpretação analógica, para fins de classificar "outro meio fraudulento análogo".

Podemos dizer também que o parágrafo em estudo é a qualificadora da qualificadora. Isso porque este parágrafo traz uma forma qualificada para o furto (qualificado) mediante fraude.

Na sequência, faz-se prudente analisar o § 4º-C, que traz também algumas causas de aumento (majorantes) para o furto mediante fraude eletrônica previsto no § 4°-B. Nessa toada, o inciso I do parágrafo acima mencionado dispõe que a pena será elevada de 1/3 até 2/3, caso o crime seja praticado mediante utilização de servidor mantido fora do território nacional.

Como se sabe, o crime organizado tem investido em servidores internacionais (externos) para promover a invasão de dispositivos informáticos alheios, e, com isso, dificultar o trabalho da investigação, rastreamento de IPs etc., para dificultar a responsabilização do criminoso.

Fique ligado

Cuidado, pois aqui não haverá, via de regra, o deslocamento do feito à Justiça Federal, já que esta competência está prevista em um rol taxativo (art. 109 da CF).

Também haverá aumento de pena de 1/3 até o dobro se o crime é praticado contra idoso ou vulnerável, conforme estabelece o inciso II, do § 4°-C. Naturalmente, aqui o aumento se justifica em razão da ignorância da vítima, que, muitas vezes, não dispõe de um conhecimento tecnológico razoável para proteger seu sistema operacional (computador, celular, tablet, entre outros) de qualquer vulnerabilidade.

Contextualizando, esta nova Lei representa uma *novatio legis in pejus*, tendo em vista que prejudica a situação do agente. Dessa forma, não possui aplicação retroativa, sendo que as condutas que se assemelhem ao tipo legal somente terão aplicação após o início de vigência da norma, ou seja, 27 de maio de 2021.

Outro ponto de destaque é que agora existe compatibilidade da conduta com a norma positivada, na medida em que, com o avançar da tecnologia, muito se discutia acerca do uso de dispositivo para facilitar o acesso a contas bancárias, por exemplo.

Havia divergência sobre a tipificação da conduta, entre estelionato e furto mediante fraude, porém, com a nova disposição, não há mais discussão neste aspecto.

É relevante apresentar também que o artifício ardil é empregado para facilitar a **subtração** da coisa, razão pela qual não há que se falar em estelionato, já que, neste, o agente aplica a fraude para que a vítima entregue a vantagem indevida.

7.1.5 Ação penal

No furto, a ação penal é pública incondicionada, ressalvadas as observações do art. 182 do CP (escusas relativas), quando o crime é praticado entre cônjuges separados judicialmente ou desquitados, entre irmãos ou entre tio e sobrinho, se houver, nesse caso, coabitação, situações em que a ação penal se torna pública condicionada à representação do ofendido:

> ***Art. 182*** *Somente se procede mediante representação, se o crime previsto neste título é cometido em prejuízo:*
>
> *I – do cônjuge desquitado ou judicialmente separado;*
>
> *II – de irmão, legítimo ou ilegítimo;*
>
> *III – de tio ou sobrinho, com quem o agente coabita.*

7.2 Furto de coisa comum

> ***Art. 156*** *Subtrair o condômino, co-herdeiro ou sócio, para si ou para outrem, a quem legitimamente a detém, a coisa comum:*
>
> ***Pena*** *– detenção, de seis meses a dois anos, ou multa.*
>
> *§ 1º Somente se procede mediante representação.*
>
> *§ 2º Não é punível a subtração de coisa comum fungível, cujo valor não excede a quota a que tem direito o agente.*

Aqui, temos uma forma menos grave do crime de furto, uma modalidade específica. Não obstante, a conduta recai sobre objeto comum (e não alheio) a várias pessoas (condôminos, coerdeiros ou sócios). Este crime é próprio, pois só pode ser praticado pelo condômino.

A ação penal para este delito é condicionada à representação da vítima ou do representante legal (art. 155, § 1°).

Além disso, não haverá a punição para a hipótese de existir subtração de coisa substituível cujo valor não exceda a quota parte (fração ideal) a que o agente tenha direito.

7.3 Roubo e extorsão

7.3.1 Roubo

> ***Art. 157** Subtrair coisa móvel alheia, para si ou para outrem, mediante grave ameaça ou violência a pessoa, ou depois de havê-la, por qualquer meio, reduzido à impossibilidade de resistência:*
>
> *Pena - reclusão, de quatro a dez anos, e multa.*
>
> *§ 1º Na mesma pena incorre quem, logo depois de subtraída a coisa, emprega violência contra pessoa ou grave ameaça, a fim de assegurar a impunidade do crime ou a detenção da coisa para si ou para terceiro.*
>
> *§ 2º A pena aumenta-se de 1/3 (um terço) até metade:*
>
> *I – (revogado);*
>
> *II – se há o concurso de duas ou mais pessoas;*
>
> *III – se a vítima está em serviço de transporte de valores e o agente conhece tal circunstância;*
>
> *IV – se a subtração for de veículo automotor que venha a ser transportado para outro Estado ou para o exterior;*
>
> *V – se o agente mantém a vítima em seu poder, restringindo sua liberdade;*
>
> *VI – se a subtração for de substâncias explosivas ou de acessórios que, conjunta ou isoladamente, possibilitem sua fabricação, montagem ou emprego;*
>
> *VII – se a violência ou grave ameaça é exercida com emprego de arma branca.*
>
> *§ 2º-A A pena aumenta-se de 2/3 (dois terços):*
>
> *I – se a violência ou ameaça é exercida com emprego de arma de fogo;*
>
> *II – se há destruição ou rompimento de obstáculo mediante o emprego de explosivo ou de artefato análogo que cause perigo comum.*
>
> *§ 2º-B Se a violência ou grave ameaça é exercida com emprego de arma de fogo de uso restrito ou proibido, aplica-se em dobro a pena prevista no caput deste artigo.*
>
> *§ 3º Se da violência resulta:*
>
> *I – lesão corporal grave, a pena é de reclusão de 7 (sete) a 18 (dezoito) anos, e multa;*
>
> *II – morte, a pena é de reclusão de 20 (vinte) a 30 (trinta) anos, e multa.*

Neste artigo, abordaremos uma modalidade de crime complexo (tipo que se materializa pela junção de dois tipos penais: furto e constrangimento ilegal), que tutela o patrimônio, a liberdade individual e a integridade física do agente.

Entre as condutas previstas, é considerado hediondo o roubo cometido com restrição à liberdade de locomoção da vítima, com emprego de arma de fogo (uso permitido, restrito ou proibido) ou do qual resulte lesão corporal grave ou morte (art. 1°, II, "a", "b" ou "c", da Lei n°8.072/1990).

Trata-se de delito que pode ser praticado por qualquer pessoa, exceto o proprietário do objeto. O sujeito passivo é o possuidor/proprietário do bem.

A figura prevista no *caput* é descrita como "roubo próprio", aquela conduta em que o agente, para se apropriar do patrimônio alheio, aplica violência; grave ameaça; ou qualquer outro meio capaz de impossibilitar a vítima de resistir ou defender-se (esta última hipótese também é chamada de violência imprópria.

> Ex.: emprego de drogas, sonífero, hipnose, trancar a vítima em um cômodo.

No § 1º, temos a figura do roubo impróprio ou roubo por aproximação, que se configura quando o agente da violência ou grave ameaça não age para subtrair a coisa, mas para assegurar a impunidade do crime ou a detenção da coisa que já está na sua posse.

É importante colacionar dois entendimentos:

- Não cabe a aplicação do princípio da insignificância ao crime de roubo;
- É típica a conduta de roubar bem ilícito, pois a *res furtiva* tem relevância econômica para a vítima.

Para a consumação do delito, da mesma forma como acontece no furto, não há a necessidade de posse mansa e pacífica do bem. Adotou-se também a teoria da *amotio* (*apprehensio*). Nesse sentido, veja-se o entendimento jurisprudencial consolidado na Súmula nº 582 do STJ: *Consuma-se o crime de roubo com a inversão da posse do bem mediante emprego de violência ou grave ameaça, ainda que por breve tempo e em seguida à perseguição imediata ao agente e recuperação da coisa roubada, sendo prescindível a posse mansa e pacífica ou desvigiada.*

No que se refere à pluralidade de vítimas, o entendimento do STF é no sentido de que, se o roubo é cometido contra mais de uma pessoa e o agente subtrai bens de várias vítimas no mesmo contexto fático, caracteriza concurso formal de crimes. O STJ ratificou este entendimento. Inclusive, o fato de as pessoas serem da mesma família não torna o crime único.

Por outro lado, se o agente emprega grave ameaça ou violência contra duas pessoas, mas subtrai objeto de só uma delas, há crime único, porquanto apenas um patrimônio foi lesado.

A ocasional inexistência de valores em poder da vítima de assalto, inviabilizando sua consumação, traduz-se em caso de impropriedade **relativa** do objeto, o que caracteriza a tentativa, e não a figura de crime impossível.

Majorantes e qualificadoras

O §2° do art. 157 prevê circunstâncias majorantes, em que a pena será aumentada de 1/3 (um terço) até a 1/2 (metade).

O inciso I, que tratava sobre o emprego de arma, foi revogado pela Lei n°13.654/2018, tendo em vista que agora existem causas de aumento distintas para o emprego de arma branca e para o emprego de arma de fogo.

O inciso II faz referência ao concurso de pessoas. Para sua incidência, é imprescindível que os agentes pratiquem o núcleo do tipo e, ainda, que haja um mínimo de duas pessoas, devendo-se considerar possíveis inimputáveis ou agentes não identificados.

O inciso III traz a causa de aumento para situações em que o agente está em situação de transporte de valores.

O STJ tem decidido que o roubo cometido contra os Correios atrai esta majorante (REsp 1.309.966/RJ, j. 26/08/2014).

Redobre a atenção aqui, pois, neste caso, nos termos do art. 109, IV, da CF, a competência para julgamento será da Justiça Federal. Mas isso nem sempre será assim. Como é notório, os Correios também atuam em sistema de agências franqueadas – pessoas jurídicas de direito privado que alçam esse *status* por conta de processo licitatório. Dessa forma, se o fato atingir uma empresa franqueada, a competência será da Justiça Estadual – mas este entendimento diz respeito ao patrimônio da agência propriamente dita. Se a conduta atingir os bens transportados por SEDEX – ainda que por agente terceirizado –, o STF considera crime contra o serviço postal, atraindo a competência da Justiça Federal.

No inciso IV, temos a figura majorada do roubo quando o agente realiza a subtração de veículo e tem por objetivo o deslocamento da coisa para outro Estado da Federação ou para outro País. Vale destacar que a efetiva transposição da fronteira é necessária para incidência da aludida majorante.

D P E N

O inciso V aumenta a pena para a hipótese em que o agente mantém a vítima em seu poder. São hipóteses em que o agente, para consumar o crime de roubo ou garantir o sucesso da fuga, mantém a vítima com restrição da liberdade. Por exemplo, se o agente mantém as vítimas confinadas e amarradas em um cômodo da casa, restringindo-lhes a liberdade por espaço de tempo suficiente à subtração dos bens objeto do roubo, incide o aumento de pena previsto no § 2º, V, do art. 157 do CP. Essa hipótese agora é considerada crime hediondo (art. 1°, II, "a", da Lei n°8.072/1990).

O inciso VI majora a pena se a subtração for de substâncias explosivas ou de acessórios que, conjunta ou isoladamente, possibilitem sua fabricação, montagem ou emprego.

Por fim, o inciso VII foi incluído pela Lei n° 13.964/2019 (Pacote Anticrime) prevendo como causa de aumento de pena o roubo cometido com emprego de arma branca (tais como: faca de cozinha, tesoura, navalha, pedra, vidro etc.).

O §2º-A lei também consagra uma causa de aumento de pena (*quantum* de 2/3) nas seguintes hipóteses:

> *I – violência ou ameaça é exercida com* ***emprego*** *(não bastando o mero porte) de arma de fogo;*

Acerca do uso da arma de brinquedo, deve-se destacar que a Súmula nº 174 do STJ já foi há muito revogada (ano de 2001).

Além disso, o STJ e STF entendem que, para a configuração da majorante, é desnecessária a apreensão da arma, desde que sua utilização seja ratificada por outros meios de prova (por exemplo, a palavra da vítima, que atestou que o agente efetuou disparos).

Entretanto, se a arma de fogo usada no crime for apreendida, periciada e se constatar sua ineficiência, não haverá que se falar na incidência da majorante.

Vale mencionar que o Pacote Anticrime – Lei n°13.964/2019 incluiu o roubo majorado pelo emprego de arma de fogo, inclusive de uso permitido, no rol dos delitos hediondos (alínea b do inciso II do art. 1º da Lei n. 8.072/90). II – se há destruição ou rompimento de obstáculo mediante o emprego de explosivo ou de artefato análogo que cause perigo comum.

Destacamos que o legislador não incluiu este inciso como crime hediondo. Isso se torna curioso, na medida em que o fez com relação ao furto praticado da mesma forma. A doutrina trata o tema como uma "omissão terrível".

O §2º-B prevê que a pena é aplicada **em dobro** se a violência ou a grave ameaça é exercida com emprego de arma de fogo de uso restrito ou proibido. A circunstância majorante, foi criada pela Lei Anticrime (Lei n° 13.964/2019).

Deve-se destacar que, nesse caso, o crime de roubo também é hediondo, tendo em vista que a Lei Anticrime, expressamente, o inclui no respectivo rol (alínea *b* do inciso II do art. 1º da Lei nº 8.072/1990).

Para a análise geral das causas de aumento, é imperioso ressaltar a Súmula nº 443 do STJ, a qual estabelece que a aplicação das causas de aumento deve ser devidamente fundamentada, não bastando a mera indicação do número de majorantes.

Por derradeiro, o §3º traz duas figuras que qualificam o crime de roubo: a primeira trata sobre lesão corporal de natureza grave ou gravíssima (pena de reclusão de 7 a 18 anos); e a segunda hipótese trata do resultado morte – o popular latrocínio (pena de 20 a 30 anos).

Para a ocorrência das qualificadoras, o resultado deve ter sido causado ao menos culposamente.

É relevante atinar, de igual forma, que as majorantes dos §§ 2º, 2º-A e 2º-B têm exclusiva aplicação aos crimes de roubo próprio e impróprio, não se aplicando para as hipóteses de roubo qualificado.

Acerca do latrocínio, impende ressaltar:

Morte consumada	Subtração consumada	Latrocínio consumado
Morte tentada	Subtração tentada	Latrocínio tentado
Morte consumada	Subtração tentada	**Latrocínio consumado (vide Súmula nº 610, STF)**
Morte tentada	Subtração consumada	Latrocínio tentado

Em resumo, se há a consumação da morte – ainda que a subtração não se materialize (tentativa) –, estaremos diante do latrocínio consumado, conforme entendimento do STF, nos termos da Súmulanº610: *Há crime de latrocínio, quando o homicídio se consuma, ainda que não realize o agente a subtração de bens da vítima.*

O processamento do roubo, em todas as suas modalidades, opera-se mediante ação penal pública incondicionada.

Segundo entendimento prevalente, na hipótese de latrocínio com vítimas distintas, o agente responderá pelos crimes na modalidade de concurso formal impróprio ou imperfeito (art. 70, 2ª parte do CP).

O latrocínio também é crime hediondo, previsto no art. 1°, inciso II, "c", da Lei n°8.072/1990.

Por fim, é importante destacar que a competência para julgamento do latrocínio será do **juiz singular** e não do Tribunal do Júri (Súmula nº 603 do STF).

7.3.2 Extorsão

> ***Art. 158*** *Constranger alguém, mediante violência ou grave ameaça, e com o intuito de obter para si ou para outrem indevida vantagem econômica, a fazer, tolerar que se faça ou deixar de fazer alguma coisa:*
>
> *Pena - reclusão, de quatro a dez anos, e multa.*
>
> *§ 1º Se o crime é cometido por duas ou mais pessoas, ou com emprego de arma, aumenta-se a pena de um terço até metade.*
>
> *§ 2º Aplica-se à extorsão praticada mediante violência o disposto no § 3º do artigo anterior.*
>
> *§ 3º Se o crime é cometido mediante a restrição da liberdade da vítima, e essa condição é necessária para a obtenção da vantagem econômica, a pena é de reclusão, de 6 (seis) a 12 (doze) anos, além da multa; se resulta lesão corporal grave ou morte, aplicam-se as penas previstas no art. 159, §§ 2º e 3º, respectivamente.*

Esse delito pune, num primeiro momento, o patrimônio da vítima, e, num segundo plano, a integridade física, a psíquica, a liberdade individual e a vida da pessoa.

O objetivo do agente na extorsão é a obtenção de uma indevida vantagem econômica, para si ou para outrem (o núcleo do tipo é o verbo "constranger", que possui como sinônimo: obrigar, coagir, exigir...). Todavia, estamos diante de um delito formal[1], que se consuma no instante em que a violência ou a grave ameaça é empregada, independentemente da obtenção da vantagem indevida.

Conforme já mencionado, a vantagem, além de ser econômica (cunho patrimonial), deve ser indevida (elemento normativo do tipo). Caso a vantagem seja devida, não há que se falar no delito de extorsão, mas sim no crime de exercício arbitrário das próprias razões, sem prejuízo da violência (CP, art. 345).

O crime pode ser praticado por qualquer pessoa, assim como qualquer pessoa pode ser a vítima. Há entendimento, inclusive, que a pessoa jurídica pode ser vítima de extorsão.

1 Súmula nº 96 do STJ: *O crime de extorsão consuma-se independentemente da obtenção da vantagem indevida.*

Fique ligado

Se a exigência da vantagem indevida partir de um servidor público, não teremos o crime de extorsão, mais sim o de concussão (art. 316, CP).

Não há de se confundir o delito de extorsão com o roubo, pois neste, o agente emprega a violência ou grave ameaça para subtrair o bem, buscando imediata vantagem, dispensando a participação da vítima. Já no delito de extorsão, há o constrangimento mediante emprego de violência ou grave ameaça para fazer com que a vítima lhe conceda uma vantagem econômica indevida. Assim, a diferença é que no roubo o agente atua sem a participação da vítima, ao passo que na extorsão o ofendido colabora com o criminoso.

Logo, não há de se confundir os delitos.

Vale a ressalva de que o entendimento do STJ e do STF é no sentido da possibilidade de cumulação material das infrações (art. 69, do CP), na hipótese em que o agente, após subtrair os bens da vítima mediante violência ou grave ameaça, a constrange a entregar o cartão bancário e a respectiva senha para sacar dinheiro de sua conta (STJ, AgRg no AREsp 323.029/DF – 01/09/2016).

Quanto ao elemento subjetivo, a extorsão somente se consuma mediante dolo, sendo imprescindível que o agente tenha consciência e vontade de realizar a conduta descrita no tipo penal.

O § 1° do art. 158 prevê hipótese de causa de aumento de pena, equivalente a 1/3 até metade, se o crime é cometido por duas ou mais pessoas ou com o emprego de arma, frisando que inimputáveis ou pessoas não identificadas servem para a contabilização do número de agentes.

Fique ligado

Como a lei não fez distinção acerca do que se entende por arma, tanto a doutrina quanto os tribunais entendem que se aplica aqui o sentido amplo de arma, considerando-se como tal tudo aquilo capaz de causar temor à vítima.

Se da extorsão resulta lesão corporal grave, gravíssima ou morte, aplicam-se os regramentos do § 3º do art. 157, com as respectivas proporções. Essas modalidades previstas no § 3º são consideradas como crimes hediondos (art. 1°, III, da Lei n°8.072/1990).

Para arrematar o art. 158, cabe destacar a figura prevista no § 3º do referido artigo, que contempla a hipótese de sequestro relâmpago.

Haverá a incidência da referida qualificadora quando o crime é cometido mediante a restrição da liberdade da vítima, e essa condição é necessária para a obtenção da vantagem econômica (pena de reclusão de 6 a 12 anos). Se da prática do crime resulta lesão corporal grave ou morte, aplicam-se as penas previstas no art. 159, §§ 2º e 3º (pena de reclusão de 24 a 30 anos).

O STJ, a seu turno, considerou aplicáveis a esta qualificadora as causas de aumento do § 1º do art. 158 do Código Penal. Assim, é possível que o juiz condene o agente por extorsão pela restrição da liberdade da vítima, e, na terceira fase da dosimetria da pena, aumente-a de um terço até metade, se o crime foi cometido por duas ou mais pessoas ou com emprego de arma.

Em razão da gravidade do delito, a ação penal será sempre pública incondicionada.

7.3.3 Extorsão mediante sequestro

> ***Art. 159*** *Sequestrar pessoa com o fim de obter, para si ou para outrem, qualquer vantagem, como condição ou preço do resgate:*
>
> *Pena - reclusão, de oito a quinze anos.*
>
> *§ 1º Se o sequestro dura mais de 24 (vinte e quatro) horas, se o sequestrado é menor de 18 (dezoito) ou maior de 60 (sessenta) anos, ou se o crime é cometido por bando ou quadrilha.*
>
> *Pena - reclusão, de doze a vinte anos.*
>
> *§ 2º Se do fato resulta lesão corporal de natureza grave:*
>
> *Pena - reclusão, de dezesseis a vinte e quatro anos.*
>
> *§ 3º Se resulta a morte:*
>
> *Pena - reclusão, de vinte e quatro a trinta anos.*
>
> *§ 4º Se o crime é cometido em concurso, o concorrente que o denunciar à autoridade, facilitando a libertação do sequestrado, terá sua pena reduzida de um a dois terços.*

Neste crime, analisamos a conduta em que a privação da liberdade é meio necessário para a obtenção da vantagem indevida. Além disso, as figuras aqui contidas, tanto em sua forma simples quando nas qualificadas, são todas denominadas hediondas.

Qualquer pessoa pode figurar no polo ativo. No polo passivo, igualmente, qualquer pessoa pode ser vítima. Inclusive, o entendimento predominante é que a pessoa jurídica também pode ser vítima, por exemplo, quando um dos sócios é sequestrado e o pagamento do resgate é feito com o patrimônio da empresa.

Se ocorrer a privação de liberdade de um animal, constrangendo-se seu dono, mediante grave ameaça a pagar resgate, haverá a figura da extorsão simples.

Para a configuração do presente crime, basta o autor exigir qualquer vantagem (diferentemente dos anteriores, em que a vantagem deveria ser indevida).

O delito é permanente, admitindo a prisão em flagrante em qualquer momento durante a privação da liberdade da vítima. Também é crime formal, porquanto se consuma com privação da liberdade da vítima, sendo o recebimento do resgate mero exaurimento do crime.

O crime é qualificado se o sequestro durar mais de 24 horas ou se o agente tem menos de 18 anos ou mais de 60 e, ainda, se o crime é praticado por associação criminosa (neste último caso, não haverá *bis in idem* se for processado e condenado pela extorsão qualificada + associação criminosa).

Fique ligado

Deve-se destacar que, se a pessoa forjar o próprio sequestro com o intuito de receber pelo resgate, estaremos diante do crime de extorsão (art. 158, CP).

O § 3º remete às mesmas condições previstas para o art. 157, § 3º, a qual fazemos remessa.

Por derradeiro, o § 4º apresenta uma hipótese de delação premiada, laborando em uma causa especial de redução de pena.

Assim, a pena será reduzida no patamar de 1/3 a 2/3 se o agente que concorreu para a prática delitiva denunciar o fato à autoridade e, em decorrência da delação houver a facilitação na libertação do sequestrado.

Pela gravidade e, ainda, por ser considerado hediondo, naturalmente a ação penal será pública incondicionada.

7.3.4 Extorsão indireta

> ***Art. 160*** *Exigir ou receber, como garantia de dívida, abusando da situação de alguém, documento que pode dar causa a procedimento criminal contra a vítima ou contra terceiro:*
>
> *Pena - reclusão, de um a três anos, e multa.*

Trata-se de infração que não costuma ser trabalhada pelas bancas de concurso, entretanto, *ad cautelam*, faremos breve análise.

O tipo em estudo é uma infração que tem por objetivo a proteção patrimonial nas relações entre credores e devedores.

O sujeito ativo será qualquer pessoa. Já o sujeito passivo é aquele que entrega o documento.

O documento entregue pela vítima deve ser suficiente para desaguar na propositura de um procedimento criminal, caso contrário, inexistirá o crime. O exemplo é a exigência da entrega de um cheque que, sabidamente, não possui fundos ou um cheque em branco.

A conduta só se pratica mediante dolo, exigindo-se que o sujeito ativo tenha plena consciência de que está abusando da situação financeira aflitiva do ofendido.

Na modalidade exigir, o crime é formal, enquanto que na conduta de receber é material.

O crime se consuma, independentemente, da instauração do procedimento criminal contra a vítima, basta que seja possível.

O crime processa-se mediante ação penal pública incondicionada.

7.4 Dano

> ***Art. 163*** *Destruir, inutilizar ou deteriorar coisa alheia:*
>
> *Pena - detenção, de um a seis meses, ou multa.*
>
> *Dano qualificado*
>
> ***Parágrafo único.*** *Se o crime é cometido:*
>
> *I - com violência à pessoa ou grave ameaça;*
>
> *II - com emprego de substância inflamável ou explosiva, se o fato não constitui crime mais grave;*
>
> *III - contra o patrimônio da União, Estado, Município, empresa concessionária de serviços públicos ou sociedade de economia mista;*
>
> *IV - por motivo egoístico ou com prejuízo considerável para a vítima:*
>
> *Pena - detenção, de seis meses a três anos, e multa, além da pena correspondente à violência.*

- ▹ O tipo penal do art. 163 do CP tutela a propriedade de coisas móveis e imóveis. O verbo núcleo do tipo descreve as ações de destruir, inutilizar ou deteriorar o bem alheio.
- ▹ **Destruir** significa arruinar, extinguir ou eliminar;
- ▹ **Inutilizar** significa tornar inútil ou imprestável alguma coisa para os fins a qual se destina;
- ▹ **Deteriorar** significa estragar ou corromper alguma coisa parcialmente.

No que se refere ao elemento subjetivo, o crime de dano só é punido na forma dolosa, pois o dano causado culposamente constitui mero ilícito civil. Assim, é imprescindível que exista vontade e consciência do agente em destruir, inutilizar ou deteriorar coisa alheia.

Por fim, é importante destacar que quando se tratar de **bem especialmente protegido** por lei, ato administrativo ou decisão judicial, arquivo, registro, museu, biblioteca, pinacoteca, instalação científica ou similar, a conduta se subsumirá ao **art. 62 da Lei n. 9.605/98 (Lei de Crimes Ambientais).**

7.4.1 Ação penal

> ***Art. 167*** *Nos casos do art. 163, do inciso IV do seu parágrafo e do art. 164, somente se procede mediante queixa.*

Em sua forma simples (art. 163, *caput)*, e na forma qualificada pelo motivo egoístico ou considerável prejuízo da vítima, o delito é processado mediante ação penal privada (queixa). Nos demais casos, a ação penal é pública incondicionada. A reparação do dano pode ensejar a aplicação do art. 16 do CP (arrependimento posterior) no caso do dano qualificado (§1°).

7.5 Apropriação indébita

> ***Art. 168*** *Apropriar-se de coisa alheia móvel, de que tem a posse ou a detenção:*
>
> *Pena - reclusão, de um a quatro anos, e multa.*
>
> *Aumento de pena*
>
> *§ 1º A pena é aumentada de um terço, quando o agente recebeu a coisa:*
>
> *I - em depósito necessário;*
>
> *II - na qualidade de tutor, curador, síndico, liquidatário, inventariante, testamenteiro ou depositário judicial;*
>
> *III - em razão de ofício, emprego ou profissão.*

Trata-se de mais um delito que protege o patrimônio e a posse sobre coisas móveis.

O crime pode ser praticado por qualquer pessoa. O sujeito passivo é o proprietário que teve a coisa indevidamente apropriada por outrem.

O verbo núcleo do tipo é "apropriar-se". Assim, o que consubstancia o delito é a apropriação, entendida como a conduta do agente que legitimamente detém algum objeto, em nome alheio, e, a partir de um certo momento, passa a agir como se dono da coisa fosse.

O crime só se pratica mediante dolo e, para sua ocorrência, é necessária a ocorrência dos seguintes requisitos: a) a vítima deve entregar voluntariamente o bem, ou seja, a posse do sujeito deve ser legítima; b) a posse deve ser confiada sem necessidade de vigilância; c) a conduta recai sobre bem alheio móvel; c) inversão do *animus* da posse, ou seja, o sujeito que detinha a coisa passa a tratá-la como sua.

Fique ligado

Constamos a ressalva de que o STJ entendeu que, mesmo que o bem seja fungível (possa ser substituído por outro de igual qualidade), haverá o crime.

Ainda, de acordo com o entendimento do STJ, é aplicável o princípio da insignificância ao delito em questão. Além disso, o ressarcimento do dano não exclui a tipicidade, apenas configura causa de redução de pena (arrependimento posterior), desde que preenchidos os requisitos do art. 16 do CP.

O § 1° prevê a chamada apropriação indébita circunstanciada. A pena será aumentada em 1/3 (um terço) quando o agente recebeu a coisa: em depósito necessário; na qualidade de tutor, curador, síndico, liquidatário, inventariante, testamenteiro ou depósito judicial; ou em razão de ofício, emprego ou profissão.

- ▹ Quanto às causas de aumento, a questão envolvendo o agente que recebe a coisa em depósito necessário tem sido controvertida, pois o depósito necessário será endossado a um servidor público que, se se apropria da coisa, pratica peculato.
- ▹ As demais situações são de fácil constatação.
- ▹ A ação penal será pública incondicionada.

7.5.1 Apropriação indébita previdenciária

> ***Art. 168-A*** *Deixar de repassar à previdência social as contribuições recolhidas dos contribuintes, no prazo e forma legal ou convencional:*
>
> *Pena – reclusão, de 2 (dois) a 5 (cinco) anos, e multa.*
>
> *§ 1º Nas mesmas penas incorre quem deixar de:*
>
> *I – recolher, no prazo legal, contribuição ou outra importância destinada à previdência social que tenha sido descontada de pagamento efetuado a segurados, a terceiros ou arrecadada do público;*
>
> *II – recolher contribuições devidas à previdência social que tenham integrado despesas contábeis ou custos relativos à venda de produtos ou à prestação de serviços;*
>
> *III - pagar benefício devido a segurado, quando as respectivas cotas ou valores já tiverem sido reembolsados à empresa pela previdência social.*
>
> *§ 2º É extinta a punibilidade se o agente, espontaneamente, declara, confessa e efetua o pagamento das contribuições, importâncias ou valores e presta as informações devidas à previdência social, na forma definida em lei ou regulamento, antes do início da ação fiscal.*
>
> *§ 3º É facultado ao juiz deixar de aplicar a pena ou aplicar somente a de multa se o agente for primário e de bons antecedentes, desde que:*
>
> *I – tenha promovido, após o início da ação fiscal e antes de oferecida a denúncia, o pagamento da contribuição social previdenciária, inclusive acessórios; ou*

II – o valor das contribuições devidas, inclusive acessórios, seja igual ou inferior àquele estabelecido pela previdência social, administrativamente, como sendo o mínimo para o ajuizamento de suas execuções fiscais.

§ 4º A faculdade prevista no § 3º deste artigo não se aplica aos casos de parcelamento de contribuições cujo valor, inclusive dos acessórios, seja superior àquele estabelecido, administrativamente, como sendo o mínimo para o ajuizamento de suas execuções fiscais.

O delito do art. 168-A trata da chamada apropriação indébita previdenciária, o qual visa tutelar a previdência social, gerida e administrada pela União. Portanto, é de competência da Justiça Federal.

O sujeito ativo é a pessoa que tem o dever legal de repassar à Previdência Social a contribuição devida e os respectivos recolhimentos. O sujeito passivo é a previdência social, existindo também entendimento de que se trata da União.

A conduta criminosa consiste na omissão de deixar de recolher os valores devidos à Previdência Social.

Fique ligado

Hipoteticamente, se o agente pratica a conduta de forma reiterada, o entendimento sedimentado é que responde em continuidade delitiva, ainda que se trate da gestão de empresas diferentes.

O crime somente se pratica mediante dolo e não há a necessidade de uma finalidade especial por parte do agente.

Segundo entendimento majoritário da doutrina, o crime é formal. Porém, **o STF entende que o crime é material, tendo em vista que, quando há a omissão daquele que deveria repassar o valor,** o agente enriquece ilicitamente, em detrimento da Previdência.

Como o crime é omissivo próprio, unissubsistente, não há de se falar em tentativa.

O importante e relevante de se analisar, diz respeito à hipótese de extinção da punibilidade prevista no §2°, o qual prevê que se o agente, espontaneamente, declarar, confessar e efetuar o pagamento das contribuições, importâncias ou valores e, ainda, prestar as informações devidas à previdência social, na forma definida em lei ou regulamento, antes do início da ação fiscal, extingue-se a punibilidade.

O § 3º prevê a hipótese de **perdão judicial** ou **privilégio.** Nessa situação, o juiz poderá deixar de aplicar a pena ou impor somente a multa, desde que presentes os requisitos genéricos e específicos alternativos.

Quanto aos requisitos genéricos, o agente deve ser primário e de bons antecedentes. Já quanto aos requisitos alternativos, o agente deve ter promovido, após o início da ação fiscal e antes de oferecida a denúncia, o pagamento da contribuição social previdenciária, inclusive acessórios; ou o valor das contribuições devidas, inclusive acessórios, seja igual ou inferior àquele estabelecido pela previdência social, administrativamente, como sendo o mínimo para o ajuizamento de suas execuções fiscais.

Relativamente aos valores utilizados como parâmetro, existe divergência, a jurisprudência do STJ entendia que o valor a ser aplicado seria o de R$ 10.000,00, desconsiderando a Portaria nº 75/2012 do Ministério da Fazenda (que estabelece R$ 20.000,00).

Porém, em recente decisão, datada de 22/05/2019, no AgRg na RvCr 4.881/RJ, a terceira turma entendeu que não se aplica o princípio da insignificância à apropriação indébita previdenciária e de sonegação de contribuição previdenciária, ratificando entendimento exarado pelo STF, no sentido de que a Previdência Social é bem supraindividual, que representa um interesse público, sendo, portanto, insuscetível de aplicação do princípio da bagatela.

7.5.2 Outras formas de apropriação

Apropriação de coisa havida por erro, caso fortuito ou força da natureza

Art. 169 *Apropriar-se alguém de coisa alheia vinda ao seu poder por erro, caso fortuito ou força da natureza:*

Pena – detenção, de um mês a um ano, ou multa.

Parágrafo único. *Na mesma pena incorre:*

Apropriação de tesouro

I – quem acha tesouro em prédio alheio e se apropria, no todo ou em parte, da quota a que tem direito o proprietário do prédio;

Apropriação de coisa achada

II – quem acha coisa alheia perdida e dela se apropria, total ou parcialmente, deixando de restituí-la ao dono ou legítimo possuidor ou de entregá-la à autoridade competente, dentro no prazo de quinze dias.

Art. 170 *Nos crimes previstos neste Capítulo, aplica-se o disposto no art. 155, § 2º.*

Os dispositivos em questão não possuem histórico de cobrança em concursos policiais, razão pela qual trazemos apenas sua redação, tendo em vista que não exigem grandes esforços hermenêuticos.

7.6 Estelionato e outras fraudes

7.6.1 Estelionato

Art. 171 *Obter, para si ou para outrem, vantagem ilícita, em prejuízo alheio, induzindo ou mantendo alguém em erro, mediante artifício, ardil, ou qualquer outro meio fraudulento:*

Pena – reclusão, de um a cinco anos, e multa, de quinhentos mil réis a dez contos de réis.

§ 1º Se o criminoso é primário, e é de pequeno valor o prejuízo, o juiz pode aplicar a pena conforme o disposto no art. 155, § 2º.

§ 2º Nas mesmas penas incorre quem:

Disposição de coisa alheia como própria

I – vende, permuta, dá em pagamento, em locação ou em garantia coisa alheia como própria;

Alienação ou oneração fraudulenta de coisa própria

II – vende, permuta, dá em pagamento ou em garantia coisa própria inalienável, gravada de ônus ou litigiosa, ou imóvel que prometeu vender a terceiro, mediante pagamento em prestações, silenciando sobre qualquer dessas circunstâncias;

Defraudação de penhor

III – defrauda, mediante alienação não consentida pelo credor ou por outro modo, a garantia pignoratícia, quando tem a posse do objeto empenhado;

Fraude na entrega de coisa

IV – defrauda substância, qualidade ou quantidade de coisa que deve entregar a alguém;

Fraude para recebimento de indenização ou valor de seguro

V – destrói, total ou parcialmente, ou oculta coisa própria, ou lesa o próprio corpo ou a saúde, ou agrava as consequências da lesão ou doença, com o intuito de haver indenização ou valor de seguro.

Fraude no pagamento por meio de cheque

VI – emite cheque, sem suficiente provisão de fundos em poder do sacado, ou lhe frustra o pagamento.

Fraude eletrônica

§ 2º-A *A pena é de reclusão, de 4 (quatro) a 8 (oito) anos, e multa, se a fraude é cometida com a utilização de informações fornecidas pela vítima ou por terceiro induzido a erro por meio de redes sociais, contatos telefônicos ou envio de correio eletrônico fraudulento, ou por qualquer outro meio fraudulento análogo.*

§ 2º-B *A pena prevista no § 2º-A deste artigo, considerada a relevância do resultado gravoso, aumenta-se de 1/3 (um terço) a 2/3 (dois terços), se o crime é praticado mediante a utilização de servidor mantido fora do território nacional.*

DPEN

§ 3º A pena aumenta-se de um terço, se o crime é cometido em detrimento de entidade de direito público ou de instituto de economia popular, assistência social ou beneficência.

Estelionato contra idoso ou vulnerável

§ 4º A pena aumenta-se de 1/3 (um terço) ao dobro, se o crime é cometido contra idoso ou vulnerável, considerada a relevância do resultado gravoso.

§ 5º Somente se procede mediante representação, salvo se a vítima for:

I - a Administração Pública, direta ou indireta;

II - criança ou adolescente;

III - pessoa com deficiência mental; ou

IV - maior de 70 (setenta) anos de idade ou incapaz.

Neste título, analisaremos o crime de estelionato, espécie de delito patrimonial em que a fraude constitui elemento fundamento para da conduta típica. A fraude é aquilo que vicia a vontade alheia, que induz a vítima em erro, ou seja, o estelionato é perpetrado por intermédio da astúcia, do engodo, do embuste, da trapaça do agente, que objetiva induzir ou manter alguém em erro, a fim de obter indevida vantagem econômica.

Sobre a caracterização do tipo penal do art. 171, do CP, entende-se que o crime se configura quando o agente emprega qualquer meio fraudulento, induzindo alguém em erro ou mantendo-o nessa situação, e, conseguindo, assim, uma vantagem indevida para si ou para outrem, como lesão patrimonial alheia. A fraude é, portanto, o núcleo do delito. É o meio fraudulento que faz com que a vítima, enganada, entregue a coisa ao estelionatário.

O bem jurídico protegido é o patrimônio alheio, e ainda, protege-se, também, a boa-fé e a confiança recíproca.

O crime de estelionato pode ser praticado por qualquer pessoa, sendo classificado como crime comum, admitindo-se o concurso eventual de pessoas.

É a pessoa física ou jurídica que sofre a lesão patrimonial; normalmente, é aquele que vem a ser enganado, nada impedindo, porém, que seja terceira pessoa. Nesse sentido, a expressão "prejuízo alheio".

O núcleo da conduta é o verbo "obter", que significa receber ou adquirir vantagem em prejuízo alheio. Observe-se que esse verbo não se confunde com as ações de "subtrair" (art. 155, do CP) ou "apropriar-se" (art. 168, do CP). A forma se de obter a vantagem é por meio do "expediente fraudulento", desde que idôneo para lesar o bem jurídico. O próprio dispositivo exemplifica meios fraudulentos: artifício, ardil ou comportamento similar.

Fique ligado

Não confunda o estelionato com o furto qualificado pelo emprego da fraude. No primeiro, a vítima é induzida e mantida em erro e, voluntariamente, entrega o patrimônio ao estelionatário. No furto mediante fraude, haverá o emprego da fraude para permitir a subtração.

Como sempre saliento, é imprescindível recordar os verbos (ações nucleares), a fim de contextualizar com o caso concreto e permitir uma correta tipificação do delito.

A seu turno, induzir ou manter alguém em erro, significa que, no induzir, o agente conduz o lesado a errar, leva-o à falsa representação da realidade. Ao passo que no manter, o erro preexiste ao estelionatário, que, na verdade, dele se aproveita, não desfazendo o equívoco alheio.

O tipo menciona, ainda, "vantagem ilícita". Diversamente do furto ou da apropriação indébita, que aludem à "coisa alheia", ao estelionato basta a "vantagem ilícita", vale dizer, qualquer benefício de caráter econômico ou patrimonial.

O elemento subjetivo do crime é o dolo, consistente na vontade do agente de induzir ou manter alguém em erro, a fim de obter indevida vantagem, para si ou para outrem.

Cuida-se de crime material, consumando-se, portanto, com a ocorrência do resultado naturalístico, qual seja, a obtenção da vantagem econômica ilícita e o correspondente prejuízo alheio. O delito de estelionato consuma-se com a obtenção de vantagem ilícita em prejuízo alheio, desde que o agente desfrute, durante algum tempo desta vantagem, não desaparecendo o crime pelo ressarcimento do dano.

A tentativa é perfeitamente possível, por exemplo, no golpe de apresentar-se como suposto titular de uma conta bancária, mas não conseguir sacar valores depositados por conta da diligente intervenção do gerente daquela instituição bancária.

7.6.2 Estelionato privilegiado

No art. 171, § 1º, temos a figura do estelionato privilegiado, hipótese em que, sendo o réu primário e pequeno o valor do prejuízo, haverá a possibilidade de substituição da pena de reclusão pela detenção; ou a redução da pena de 1 a 2/3 ou, ainda, a possibilidade de aplicação apenas da pena de multa.

Perceba que o dispositivo fala em pequeno prejuízo e não em pequeno valor da coisa. Assim, valor do prejuízo deve ser apurado no caso concreto, a fim de se verificar se foi de grande ou pequena monta.

No § 2°, do art. 171, temos as condutas equiparadas ao estelionato. Vejamos uma a uma.

7.6.3 Disposição de coisa alheia como própria

Prevista no inciso I, do § 2°, esta modalidade pune a conduta de vender, permutar, dar em pagamento, em locação ou em garantia coisa alheia como própria. O verbo "vender" significa alienar por quantia certa. "Permutar" é sinônimo de trocar.

Por sua vez, "dar em pagamento" se refere ao instituto da "dação em pagamento", próprio do Direito Civil. Conforme o art. 356 do Código Civil, a dação em pagamento significa "acordo liberatório, feito entre credor e devedor, em que o credor consente na entrega de uma coisa diversa da avençada". Na hipótese em comento, a tal "coisa diversa da avençada" não seria do devedor, e sim, de pessoa alheia, mas o estelionatário dá em pagamento ao credor como se fosse dele próprio.

"Dar em locação" seria ceder a outrem, "por tempo determinado ou não, o uso e gozo de coisa não fungível, mediante certa retribuição", nos moldes do art. 565 do Código Civil. Na hipótese em comento, a coisa não fungível cedida seria de outra pessoa, mas o estelionatário a coloca como se fosse própria.

Por fim, "dar em garantia" se refere aos direitos reais como o penhor, a anticrese e a hipoteca, nos moldes dos arts. 1.419 e seguintes do Código Civil.

7.6.4 Alienação ou oneração fraudulenta de coisa própria (inalienável)

Prevista no inciso II, do §2°, a segunda modalidade especial é "vender, permutar, dar em pagamento ou em garantia coisa própria inalienável, gravada de ônus ou litigiosa, ou imóvel que prometeu vender a terceiro, mediante pagamento em prestações, silenciando sobre qualquer dessas circunstâncias.

Esta conduta se distingue da anterior porque aqui é o próprio dono da coisa que pratica o ilícito penal. Sua conduta é reprovada porque tenta vender, permutar, dar em pagamento ou em garantia coisa inalienável, seja por cláusula de inalienabilidade, ônus gravado, litígio sobre a coisa ou promessa de venda.

Para a configuração, natural que se obedeça ao regramento geral contido no *caput*.

7.6.5 Defraudação de penhor

Prevista no inciso III, do § 2°, a defraudação de penhor consiste em defraudar, mediante alienação não consentida pelo credor ou por outro modo, a garantia pignoratícia, quando tem a posse do objeto empenhado.

Cumpre observar que, em regra, o penhor implica na transferência efetiva do bem móvel. Entretanto, algumas vezes, por efeito da cláusula *constituti (constituto possessório)*, não há a tradição, permanecendo a coisa com o devedor (Ex.: o penhor de uma máquina industrial).

Nas hipóteses em que isso acontece e o devedor aliena a coisa sem consentimento, ocorre o preenchimento da figura típica em questão. Sobre o tema, decidiu-se que "caracteriza-se a defraudação de penhor pela pretensão de obter vantagem ilícita, decorrente diretamente da violação do direito do credor pela venda, permuta, dação, locação, dissipação ou escondimento do bem dado em garantia."

Em suma, a garantia pignoratícia deve ser sempre respeitada pelo devedor.

7.6.6 Fraude na entrega da coisa

Previsto no inciso IV, do § 2°, o tipo pressupõe defraudar substância, qualidade ou quantidade de coisa que deve entregar a alguém, ou seja, que o sujeito ativo tem a obrigação de entregar a outrem. Ex.: entrega de ouro de 18 quilates ao invés de 24 quilates.

7.6.7 Fraude para o recebimento de indenização ou valor de seguro

Prevista no inciso V, do § 2°, a fraude para o recebimento de indenização ou valor de seguro consiste em qualquer uma das várias condutas a seguir: destruir, total ou parcialmente, ou ocultar coisa própria, ou lesar o próprio corpo ou a saúde, ou agravar as consequências da lesão ou doença, com o intuito de haver indenização ou valor de seguro.

Trata-se de crime próprio, pois o sujeito ativo é quem tem o seguro a receber, admitindo-se, porém, a coautoria ou participação. A figura se desdobra em várias condutas: 1ª destruir total ou parcialmente coisa própria; 2ª ocultar coisa própria; 3ª lesar o próprio corpo ou a saúde (autolesão) que, no caso, é punível porque afeta o patrimônio de outrem; e 4ª agravar lesão ou doença já existente.

A modalidade é crime formal, ou de consumação antecipada, pois não se exige a efetiva obtenção da indenização ou do valor do seguro. De modo que o recebimento efetivo da indenização ou do valor do seguro representa **mero exaurimento** da atividade criminosa, vez que ele somente se refere ao elemento pessoal da conduta.

7.6.8 Fraude no pagamento por meio de cheque

Prevista no inciso VI, do § 2°, é a mais relevante das figuras equiparadas constantes do art. 171, do CP, em razão da grande incidência de casos dessa natureza. A primeira observação a ser feita é a de que o título de crédito denominado "cheque" constitui ordem de pagamento à vista.

Sobre o sujeito ativo, tem-se que vem a ser aquele que emite o cheque sem a correspondente provisão de fundos ou, alternativamente, aquele que frustra o seu pagamento. A seu turno, o sujeito passivo pode ser qualquer pessoa que venha a receber o título de crédito para pagamento de dívida.

O tipo objetivo contempla duas condutas: "emitir", que significa colocar em circulação; e "frustrar", que significa obstar o desconto na respectiva conta bancária, o popular **sustar.**

Na conduta de frustrar, observa-se que, no momento da emissão, não houve dolo, pois havia fundos suficientes à cobertura do cheque. Entretanto, em um segundo momento, o agente obsta-lhe o pagamento, por meio de contraordem ao gerente, retirando, a posterior, os valores existentes, comunicando fraudulentamente um suposto "furto de talonário"etc.

Se o estabelecimento bancário compensa o cheque por meio do limite bancário (cheque especial), não há crime. Se, todavia, o valor emitido superar o referido limite, o delito restará caracterizado. Nesse sentido, decidiu-se que ainda que se trate de cheque especial, pode configurar-se estelionato quando a emissão excede em muito o crédito que a instituição financeira concede ao agente.

Para a configuração desta modalidade, é imprescindível a demonstração de que o agente tinha a manifesta intenção de lesar e de obter o benefício.

7.6.9 Fraude eletrônica

A Lei nº14.155/2021 também trouxe inovações semelhantes às do crime de furto relativamente ao estelionato praticado por meio de redes sociais (*Facebook, Instagram, Whatsapp*) ou qualquer outro tipo de correspondência – física ou virtual –, que permita a aplicação de golpes. A nova lei inseriu os §§ 2°-A e 2°-B ao art. 171, prevendo a figura qualificada do estelionato quando a fraude for eletrônica.

Prevê o § 2°-A que a pena do estelionato será de 04 (quatro) a 08 (oito) anos de reclusão, e multa, se a fraude for cometida com a utilização de informações fornecidas pela vítima ou por terceiro induzido a erro por meio de dispositivo eletrônico ou informático (celular/computador/telefone), ou por qualquer outro meio fraudulento análogo.

De acordo com o §2°-B, se a fraude eletrônica for perpetrada com utilização de servidor mantido fora do território nacional, a pena será aumentada de um a dois terços. Vale destacar que a causa de aumento de pena do art. 171, § 2º-B é idêntica à do art. 155, § 4º-C.

Para elucidar qualquer tipo de dúvida que porventura exista, no furto mediante fraude, o agente emprega artifício ardil com o intuito de **subtrair.** Já no estelionato, há o emprego de fraude para que a vítima entregue "voluntariamente" – movida pelo erro – a coisa.

Exemplo dessa fraude é o caso clássico do SMS do "caminhão do Faustão" ou *e-mails* que anunciam o recebimento de prêmios. Outro exemplo recorrente, que faz milhares de vítimas, é o golpe do *WhatsApp*, em que o sujeito convence o ofendido, mediante ardil, a lhe passar os dados e o controle do aplicativo e, depois de obter o controle, age como se fosse a vítima e manda mensagens a seus contatos pedindo dinheiro "emprestado".

7.6.10 Causa de aumento de pena

O § 3° do art. 171 prevê hipóteses em que a pena aumenta de 1/3 (um terço) quando o estelionato é praticado em prejuízo de entidade de direito público ou de instituto de economia popular, assistência social ou beneficência. Tratando-se do patrimônio da Previdência Social, vide a Súmula n °24, do STJ.

Importante registrar que, no caso de percepção reiterada de benefícios previdenciários fraudulentos, ou seja, praticado "mês a mês", o entendimento jurisprudencial prevalente é de que, para o beneficiário, o estelionato é encarado como crime permanente. Esse entendimento é importante, dentre outras razões, porque influenciará na contagem do prazo prescricional.

No entanto, para aquele que habilita fraudulentamente (geralmente um funcionário do INSS), mercê de vantagem indevida, a conduta é instantânea. Nesse sentido, o STF decidiu que o agente que perpetra a fraude contra a Previdência Social recebe tratamento jurídico-penal diverso daquele que, ciente da fraude, figura como beneficiário das parcelas. O primeiro pratica crime instantâneo de efeitos permanentes; já o segundo pratica crime de natureza permanente, cuja execução se prolonga no tempo, renovando-se a cada parcela recebida da Previdência.

D P E N

Por fim, destaca-se a previsão do § 4° de que a pena do estelionato será majorada de um terço até o dobro se o crime é praticado contra idoso ou vulnerável, considerada a relevância do resultado gravoso.

7.6.11 Distinções relevantes

Conforme já mencionado quando tratávamos do furto, distingue-se o estelionato do furto mediante fraude. Com efeito, no estelionato há entrega espontânea da coisa pela vítima e, no art. 155, § 4º, há subtração. No furto, a fraude é para "amortecer" a esfera de vigilância, e, no estelionato, para "viciar" a vontade.

Distingue-se, ainda, o estelionato da apropriação indébita. Nesta, não há má-fé desde o início, mas aquilo que se denomina – sem muita técnica – de "dolo subsequente", ou seja, a "malícia" do agente sobrevém à posse de boa-fé. Ao revés, no estelionato, a má-fé existe desde o início da conduta.

Impende destacar que, quando o crime de falsificação de documento, sem maior potencialidade lesiva, se exaure no estelionato, este absorve aquele.

7.6.12 Ação penal

Em 2019, houve alteração acerca da natureza jurídica da ação penal aplicável ao estelionato.

Até a vigência da Lei nº 13.964/2019 (Pacote Anticrime), a ação penal era pública incondicionada.

Porém, com as alterações trazidas pela nova lei, a ação penal do estelionato, em regra, passou a ser pública condicionada à representação da vítima. No entanto, a ação continua sendo pública incondicionada quando o estelionato for praticado contra:

- Administração pública, direta ou indireta;
- Criança ou adolescente;
- Pessoa com deficiência mental;
- Maior de 70 anos de idade ou incapaz.

7.7 Receptação

> ***Art. 180** Adquirir, receber, transportar, conduzir ou ocultar, em proveito próprio ou alheio, coisa que sabe ser produto de crime, ou influir para que terceiro, de boa-fé, a adquira, receba ou oculte:*
>
> *Pena - reclusão, de um a quatro anos, e multa.*
>
> *Receptação qualificada*
>
> *§ 1º Adquirir, receber, transportar, conduzir, ocultar, ter em depósito, desmontar, montar, remontar, vender, expor à venda, ou de qualquer forma utilizar, em proveito próprio ou alheio, no exercício de atividade comercial ou industrial, coisa que deve saber ser produto de crime:*
>
> *Pena - reclusão, de três a oito anos, e multa.*
>
> *§ 2º Equipara-se à atividade comercial, para efeito do parágrafo anterior, qualquer forma de comércio irregular ou clandestino, inclusive o exercício em residência.*
>
> *§ 3º Adquirir ou receber coisa que, por sua natureza ou pela desproporção entre o valor e o preço, ou pela condição de quem a oferece, deve presumir-se obtida por meio criminoso:*
>
> *Pena - detenção, de um mês a um ano, ou multa, ou ambas as penas.*
>
> *§ 4º A receptação é punível, ainda que desconhecido ou isento de pena o autor do crime de que proveio a coisa.*
>
> *§ 5º Na hipótese do § 3º, se o criminoso é primário, pode o juiz, tendo em consideração as circunstâncias, deixar de aplicar a pena. Na receptação dolosa aplica-se o disposto no § 2º do art. 155.*
>
> *§ 6º Tratando-se de bens do patrimônio da União, de Estado, do Distrito Federal, de Município ou de autarquia, fundação pública, empresa pública, sociedade de economia mista ou empresa concessionária de serviços públicos, aplica-se em dobro a pena prevista no caput deste artigo.*

Antes de sua tipificação, a receptação era conhecida como *post factum* impunível em crime contra o patrimônio (furto, roubo, estelionato etc.), razão pela qual recebia a mesma pena deste último. Com o passar do tempo e diante da disseminação da prática delitiva, ganhou contornos de crime autônomo.

Ademais, a receptação não se vincula, necessariamente, a um anterior crime contra o patrimônio. O delito pode existir, inclusive, em hipóteses de crimes de outra natureza, como peculato, tráfico de armas, contrabando, descaminho etc.

Denomina-se a receptação de "delito parasitário" ou acessório, na medida em que está relacionada a um crime anterior.

Qualquer pessoa pode praticar a receptação, menos o autor, coautor ou partícipe do delito antecedente.

É questionado se o proprietário pode também ser sujeito ativo da receptação. Tem-se que, a princípio, sim. Isso porque o tipo não exige a qualidade de coisa alheia. Pressupõe-se, porém, que haja a intermediação fática de um terceiro prejudicado.

> **Ex.:** "A" dá uma joia em penhor a "B", que vem a ser roubado. Algum tempo depois, "A" identifica sua joia, exposta à venda em um local mal afamado, adquirindo-a por preço ínfimo, lesando, indiretamente, a garantia pignoratícia do credor "B".

No exemplo, constata-se que, apesar de "A" ser o proprietário da joia, na verdade foi "B" quem sofreu prejuízo com o roubo da coisa, na medida em que, além de ser roubado, ele perdeu a garantia. Portanto, no exemplo, "A" praticou o crime de receptação de coisa própria. Ao revés, se "A" tivesse sido vítima de um delito, readquirindo sua joia, direta ou indiretamente, de um criminoso, sem prejudicar "B" ou qualquer outra pessoa, não haverá o delito em análise. No máximo, uma questão de natureza ética ou moral (transacionar com um infrator).

De acordo com o art. 180, do CP, a receptação pode ser: própria (1ª parte) ou imprópria (2ª parte).

Na receptação dolosa própria, o delito se consuma com a prática de algum dos verbos constantes do tipo, mediante a conduta de adquirir, ou seja, obter a coisa a título de domínio; ou receber, guardar, depositar; ou ocultar, esconder; ou transportar, levar o objeto de um lugar ao outro; ou conduzir (hipóteses que configuram crime permanente).

> **Fique ligado**
>
> Temos, pois, um tipo misto alternativo, na medida em que constam vários verbos na sua composição. Assim, a conduta incidente em mais de um verbo não enseja concurso de crimes, mas crime único. Dessa forma, o agente que adquire e, posteriormente, oculta o bem receptado, comete uma só infração penal.

Na receptação dolosa imprópria, a conduta consiste em "influir" para que terceiro de boa-fé adquira, receba ou oculte o bem que o agente sabe ser produto de crime. O agente influi (faz uma espécie de intermediação) junto ao terceiro de boa-fé, para que ele adquira, receba ou oculte a coisa produto de crime.

Cumpre dizer que o objeto material da receptação é a coisa produto do crime anterior.

Por sua vez, em respeito ao princípio da legalidade, a coisa precisa ser produto de crime, não abrangendo a figura das contravenções penais. Por essa razão, o crime anterior precisa ser provado, ainda que não se exija a condenação do autor do crime antecedente.

O STF entende ser incompatível o princípio da insignificância com o delito em questão, embora já o tenha aplicado em situações pontuais, especialmente, quando preenchidos todos os requisitos.

7.7.1 Elemento subjetivo

A receptação pressupõe o dolo direto, visto que o tipo alude à coisa que sabe ser produto de crime. Ao lado do dolo, há a exigência do especial fim de agir: **proveito próprio ou alheio** (elemento subjetivo específico).

7.7.2 Receptação qualificada

A receptação será punida de maneira mais gravosa quando houver a prática de algum dos núcleos descritos no §1º no exercício de atividade comercial ou industrial. Embora esteja prevista como receptação qualificada, há entendimento na doutrina de que se trata de crime autônomo, porquanto o dispositivo prevê seis novos verbos núcleos a mais que a figura do *caput*.

A figura do § 1° objetiva combater, reprimir de forma mais severa a ação de receptadores profissionais, especialmente, aqueles indivíduos que atuam sistematicamente com a receptação de veículos, os chamados "desmanches".

As condutas previstas no § 1° devem, necessariamente, se dar no exercício de atividade comercial ou industrial.

Além disso, o §2º considera como atividade comercial qualquer forma de comércio irregular ou clandestino, ainda que exercido, exclusivamente, em residência.

7.7.3 Receptação culposa

No § 3º do art. 180, o delito é punido a título de culpa. A receptação é o único crime patrimonial punido tanto na forma dolosa quanto culposa. Utiliza-se, o legislador, da expressão "coisa que deve presumir-se obtida por meio criminoso" para indicar que o agente atua violando o dever de cuidado exigido na conduta. A culpa pode ser consciente ou inconsciente.

Cumpre, ainda, observar que se trata de um raro caso de tipo culposo fechado, pois o dispositivo indica em que consiste o referido cuidado violado: natureza do objeto, desproporção entre valor ou preço do produto, condição de quem oferece.

Haverá, pois, a modalidade culposa da receptação quando houver manifesta desproporção entre o valor e o preço, ou pela desconfiança da condição de quem a oferece.

Segundo o § 4º do art. 180, para que possa haver receptação, é imprescindível a prática de um crime anterior, havendo, pois, uma acessoriedade material. Não é preciso, porém, a punição do delito antecedente, bastando tão somente a certeza jurídica de sua existência.

Por esta razão, o receptador será punido, ainda que desconhecido ou isento de pena o autor do crime anterior.

Fique ligado

Embora a Lei traga a expressão "crime anterior", admite-se o ato infracional anterior.

7.7.4 Perdão judicial e receptação privilegiada

O §5º traz importantes considerações.

A primeira delas é que, em se tratando de receptação culposa, dependendo das circunstâncias, o magistrado poderá **deixar de aplicar a pena**, concedendo ao réu o perdão judicial (art. 107, IX, CP).

Além disso, no que tange à receptação dolosa, admite-se a aplicação da figura da receptação privilegiada, que segue o mesmo regramento do furto privilegiado, ou seja, sendo o réu primário e de pequeno valor a coisa receptada, o magistrado poderá: a) substituir a pena de reclusão pela pena de detenção; b) reduzir a pena de 1 a 2/3 ou; c) aplicar somente a pena de multa.

7.7.5 Receptação de bens públicos

Conforme o disposto no § 6º, do art. 180, do CP, em se tratando de receptação de bens do patrimônio da União, de Estado, do Distrito Federal, de Município ou de autarquia, fundação pública, empresa pública, sociedade de economia mista ou empresa concessionária de serviços públicas, a pena deverá ser **aplicada em dobro.**

7.7.6 Ação penal

A ação penal é pública incondicionada.

7.7.7 Receptação de animal

Visando proteger as atividades campesinas, sobretudo o agronegócio, a Lei nº 13.330/2016 alterou não apenas o furto, para prever o crime de abigeato, como também, acrescentou ao nosso ordenamento a figura penal da receptação de animal.

Assim, a conduta prevista no art. 180-A é basicamente a mesma prevista no *caput* do art. 180, porém, quem recepta a coisa, deve fazê-la no exercício de atividade comercial e consta como objeto material o **semovente domesticável de produção, ainda que abatido ou dividido em partes,** cuja parte deva saber se tratar ser objeto de crime anterior.

> **Ex.:** João chega até o açougue de Zé e lhe oferece partes de carne (bovina) em que afirma que fora subtraída da propriedade de Carlos. Em razão do preço e da qualidade da carne, Zé adquire o produto e expõe à venda em seu estabelecimento.

O sujeito ativo é qualquer pessoa, desde que não seja o executor do crime anterior. O sujeito passivo também pode ser qualquer pessoa, sendo no caso a vítima do crime antecedente.

O crime se consuma quando o agente pratica algum dos verbos alternativamente previstos no tipo.

Na conduta consistente em ocultar, o crime será permanente, nas demais, por se tratar de crime material, consuma-se com a tradição. Admite-se, em qualquer caso, a tentativa.

A pena é de reclusão, de 2 (dois) a 5 (cinco) anos, e multa. A ação penal é pública incondicionada.

8 CRIMES CONTRA A DIGNIDADE SEXUAL

8.1 Crimes contra a liberdade sexual

8.1.1 Revogação da expressão "costumes"

Antes da reforma promovida pela Lei nº 12.015/2009, que alterou a parte dos crimes sexuais, o Título VI do Código Penal era denominado "Dos Crimes Contra os Costumes", agora o título é "Dos Crimes Contra a Dignidade Sexual". A mudança foi fundamental, uma vez que, a expressão "Crimes Contra os Costumes" era um termo conservador, preconceituoso e violava o princípio da isonomia entre homens e mulheres.

Conservadora, pois determinava um comportamento sexual mediano às pessoas, ditado pelo Estado. Preconceituosa, porque havia a presunção de que se a pessoa não se comportasse sexualmente conforme os costumes sociais, como o a sociedade exigia, não era digna de tutela pelo direito penal. Ademais, a expressão também violava o "princípio da isonomia entre homens e mulheres", isso porque, em alguns tipos penais, utilizava-se o termo "mulher honesta", no sentido de que somente "a mulher honesta" era detentora de proteção face a determinados crimes, caso contrário, sua sexualidade não estaria protegida.

Além disso, o entendimento doutrinário sustentava que o marido não praticava crime sexual, quando mediante violência ou grave ameaça, mantivesse relação sexual contra a vontade de sua esposa, em razão do chamado "débito conjugal", ou seja, o dever recíproco de relação sexual entre os cônjuges. Ainda, o entendimento era de que o débito conjugal se aplicava apenas em favor do marido. Visto isso, percebe-se que a mulher sempre foi objetificada, tratada como um objeto de beleza e prazer.

Dessa forma, a expressão "Dos Crimes Contra os Costumes" foi substituída pelo título "Dos Crimes Contra a Dignidade Sexual" com fundamento princípio constitucional da dignidade da pessoa humana, um dos princípios mais importantes da Constituição Federal, com escopo de viabilizar a igualdade entre todas as pessoas, tanto homens como as mulheres.

8.1.2 Revogação do atentado violento ao pudor

A Lei nº 12.015/2009 também revogou o delito de "Atentado Violento ao Pudor" previsto no antigo art. 214 do Código Penal. Todavia, não houve *abolitio criminis*, porquanto a figura típica foi incorporada em outros delitos, a exemplo do crime de estupro (art. 213, CP). Nesse sentido, vejamos a diferença entre estupro e atentado violento ao pudor:

Estupro	Tentado violento ao pudor
Configurava como conjunção carnal	Qualquer ato libidinoso diverso da conjução carnal

Fique ligado

A questão é, houve ***"abolitio criminis"*** em relação ao crime de atentado violento ao pudor? NÃO! Não se pode confundir revogação formal do tipo com ***"abolitio criminis"***, vejamos:

Revogação do Tipo	"Abolitio Criminis"
O tipo é revogado, mas a conduta migra para outro tipo e continua sendo crime. **Princípio da continuidade típico-normativa.**	A conduta deixa de ser crime.

A conduta deixa de ser crime.

- **Princípio da continuidade típico-normativa ou princípio da continuidade normativa:** o tipo penal é revogado, mas a conduta migra para outro tipo penal e continua sendo típica.

Dessa forma, a conduta prevista no tipo penal do crime de "atentando violento ao pudor" continuou sendo criminalizada, porém em outro tipo penal, ou seja, o no delito constante do art. 213, do CP, o "crime de estupro".

8.1.3 Pena do estupro e princípio da proporcionalidade

A conduta de constranger alguém, mediante violência ou grave ameaça, a praticar conjunção carnal ou qualquer outro ato libidinoso que não seja consentido pela outra pessoa, constitui o crime de estupro. Quanto à sanção penal, uma parte da doutrina entende que a pena cominada ao estupro é igual a pena do crime de homicídio. Ademais, outra parte, entende que a pena viola o princípio da proporcionalidade, que por consequência seria inconstitucional.

Todavia, essa concepção de inconstitucionalidade da pena de estupro é uma tese minoritária e já superada, pois a dignidade sexual é um bem jurídico relevante tanto como a vida, assim, o legislador tem a discricionaridade política para estabelecer a sanção penal que entender a mais adequada e necessária para reprimir a conduta. Portanto, não pode o Poder Judiciário revogar a pena estabelecida pelo legislador na norma legal e aplicar a sanção punitiva que entenda ser a mais adequada.

- **Estupro simples** (art. 213,CP, *caput*)
- **Estupro qualificado pela lesão corporal grave** (art. 213, § 1º, primeira parte, CP)
- **Estupro qualificado pela idade da vítima – maior de 14 anos e menor de 18 anos** (art. 213, § 1º, parte final, CP)
- **Estupro qualificado pela morte** (art. 213, § 2º, CP)
- **Estupro de vulnerável** (art. 217-A, CP)

Fique ligado

O delito em qualquer de suas formas é HEDIONDO!

8.1.4 Estupro

> ***Art. 213** Constranger alguém, mediante violência ou grave ameaça, a ter conjunção carnal ou a praticar ou permitir que com ele se pratique outro ato libidinoso:*
>
> *Pena - reclusão, de 6 (seis) a 10 (dez) anos.*
>
> *§ 1º Se da conduta resulta lesão corporal de natureza grave ou se a vítima é menor de 18 (dezoito) ou maior de 14 (catorze) anos:*
>
> *Pena - reclusão, de 8 (oito) a 12 (doze) anos.*
>
> *§ 2º Se da conduta resulta morte:*
>
> *Pena - reclusão, de 12 (doze) a 30 (trinta) anos.*

O estupro é um **crime pluriofensivo**, ou seja, é aquele crime que atinge dois ou mais bens jurídicos distintos. Dessa maneira, tinge a liberdade sexual bem como a integridade física e psíquica.

Crime Pluriofensivo	
Liberdade Sexual	Integridade Física e Psíquica

Objeto material: é a pessoa violentada sexualmente (homem ou mulher).

Tipo objetivo: o verbo nuclear do delito e a conduta de "constranger" alguém a praticar ou permitir que se pratique qualquer ato libidinoso. Entende-se o verbo "constranger" como a conduta de obrigar alguém a fazer algo contra a sua vontade (forçar, compelir, subjugar).

A doutrina costuma dizer que o estupro é uma modalidade especial do crime de constrangimento ilegal, porém o estupro é um crime de "**ação vinculada**", ou seja, que não pode ser praticado por qualquer meio ou modo, deve ser praticado pelos meios de execução classificados pelo tipo penal. Desse modo, só pode ser praticado "**por meio de violência**" ou "**por grave ameaça**".

Conduta: Constranger	Violência	Indireta/Mediata
		Direta/Imediata
	Grave Ameaça	
	Justa / injusta	

A ameaça pode até ser "justa", mas a finalidade é sempre "injusta"!

Portanto, a finalidade é sempre constranger a vítima a manter relação sexual, a qual ela não quer, assim, não importa o teor da grave ameaça, não importa se foi justa ou injusta, pois a finalidade é fazer algo contra a vontade da vítima (a finalidade é sempre ilícita).

- "a praticar ou permitir" – ocorre uma obrigação da vítima em ter uma conduta passiva.
- O estupro é considerado crime hediondo de acordo com o art. 1°, V, da Lei nº 8.072/1990.
- **Pena - reclusão, de 6 (seis) a 10 (dez) anos:** É possível ter prisão preventiva.
- O § 1° e o § 2° constituem qualificadoras do crime de estupro, tendo em vista que punem a conduta de acordo com o resultado, sendo as penas mínimas mais gravosas do que a sanção prevista na forma do *caput*.
- Vale destacar que o resultado lesão corporal grave é uma das circunstâncias que qualifica o crime, conforme previsão do § 1º, contudo, quando o tipo penal se refere à lesão corporal grave, nela também se compreende a lesão gravíssima prevista no § 2º, do art. 129, do CP.
- Se a vítima for menor de 14 anos, não estaremos falando do crime de estupro, mas, sim, de estupro de vulnerável previsto no art. 217 do CP.
- Os resultados lesão grave ou morte são produzidos a título de culpa (crime preterdoloso).

> **Ex.:** o sujeito tem o dolo de estuprar, mas bateu tanto na vítima que a matou. Logo, o resultado grave não era a intenção do agente. Contudo, se o sujeito tinha intenção de estuprar e, na sequência, resolve matar a vítima, ele irá responder pelas duas condutas em concurso de crimes (nessa situação, a morte não foi uma situação consequencial).

Por fim, é importante mencionar que ao crime de estupro aplicam-se as causas de aumento de pena dos arts. 226 e 234-A do CP, que seram vistas mais à frente.

8.1.5 Violação sexual mediante fraude

> ***Art. 215*** *Ter conjunção carnal ou praticar outro ato libidinoso com alguém, mediante fraude ou outro meio que impeça ou dificulte a livre manifestação de vontade da vítima:*
>
> *Pena - reclusão, de 2 (dois) a 6 (seis) anos.*
>
> ***Parágrafo único.*** *Se o crime é cometido com o fim de obter vantagem econômica, aplica-se também multa.*

O art. 215 pune a conduta do agente que para praticar a conjunção carnal ou outro ato libidinoso se vale de artifício fraudulento ou meio ardil para iludir a vítima e mantê-la em erro.

Como exemplo clássico, tem-se a situação do irmão gêmeo que se passa pelo outro para conseguir manter relação sexual com a cunhada.

Questão que ganha bastante repercussão também, diz respeito ao uso do preservativo na relação sexual.

Imagine a situação em que um dos parceiros condiciona a consumação da relação sexual ao uso do preservativo. Se o preservativo for retirado durante o ato sexual, poderá haver o crime do art. 215 do CP. Entretanto, se a pessoa que condicionou o uso do preservativo percebe a retirada da proteção, boicotando o ato, e mesmo assim, o parceiro insiste no ato sexual, teremos a migração da conduta para o estupro. O consentimento deve ser sempre observado.

O elemento subjetivo do tipo é o dolo (direto ou eventual).

O sujeito ativo pode ser qualquer pessoa. De igual modo, o sujeito passivo pode ser homem ou mulher. Em se tratando de vítima vulnerável (menor de 14 anos, pessoa com doença ou deficiência mental que retire o discernimento sexual ou que, por qualquer causa, tenha reduzida sua capacidade de resistência), o crime tipificado será o do art. 217-A (estupro de vulnerável).

A consumação do delito se dá com a prática do ato libidinoso. Admite-se a tentativa.

A pena da violação sexual mediante fraude é inferior à do estupro, justamente em razão do meio empregado, reprovável, mas em menor grau que a violência física ou grave ameaça.

8.1.6 Importunação sexual

> ***Art. 215-A*** *Praticar contra alguém e sem a sua anuência ato libidinoso com o objetivo de satisfazer a própria lascívia ou a de terceiro:*
>
> *Pena - reclusão, de 1 (um) a 5 (cinco) anos, se o ato não constitui crime mais grave.*

Neste dispositivo, vemos um tipo penal nitidamente subsidiário, que fora incluído em nosso ordenamento por força da Lei nº 13.718/2018.

Na época de edição e publicação da lei, havia intensos debates sobre as condutas corriqueiras que ocorriam em transportes coletivos, especialmente, a famosa "encoxada" e o caso do homem que ejaculou sobre o ombro de uma passageira.

Por muito tempo, por falta de previsão legal, as condutas mencionadas eram tipificadas apenas como contravenções penais (Decreto-lei n° 3.688/1941). Porém, com o apelo popular e o clamor midiático, houve por bem o legislado em migrar o conteúdo normativo para a tutela dos crimes contra a dignidade sexual, recebendo um tratamento mais adequado.

Fique ligado
Não há que se confundir os exemplos acima mencionados com a figura do estupro, tendo em vista que neste, é elementar a ocorrência de violência ou grave ameaça.

Trata-se de crime comum, de modo que qualquer pessoa pode figurar como sujeito ativo (autor) ou sujeito passivo (vítima).

Quanto à conduta do delito do art. 215-A, o verbo nuclear é "praticar", no sentido de realizar um ato libidinoso, a fim de satisfazer a lascívia própria ou de outrem. Entende-se como ato libidinoso aquele de conteúdo sexual. Não é necessário o contato do agente com a vítima, basta para a configuração do delito que autor tenha como objetivo a pessoa determinada.

O ato deve ser cometido contra alguém e sem a sua anuência, pois se houver consentimento, o fato é atípico.

O elemento subjetivo é o dolo, o agente deve agir com consciência e vontade de praticar o ato libidinoso.

8.1.7 Assédio sexual

> ***Art. 216-A*** *Constranger alguém com o intuito de obter vantagem ou favorecimento sexual, prevalecendo-se o agente da sua condição de superior hierárquico ou ascendência inerentes ao exercício de emprego, cargo ou função.*
>
> *Pena – detenção, de 1 (um) a 2 (dois) anos.*
>
> *§ 2º A pena é aumentada em até um terço se a vítima é menor de 18 (dezoito) anos.*

Neste crime, o legislador objetiva reprimir a conduta daquele que, abusando de sua posição de superior hierárquico ou possuindo ascendência sobre alguém, passa a importuná-lo, visando a prática de ato libidinoso.

Trata-se de crime próprio, porquanto somente o superior hierárquico ou pessoa com ascendência laboral ou funcional em relação à vítima, pode ser autor do delito. Quanto ao sujeito passivo, o tipo penal exige uma qualidade específica da vítima, qual seja, a de funcinário, empregado ou posição de inferioridade ou obediência na relação profissional pública ou privada). Não será crime o oposto, ou seja, o subalterno não pode ser sujeito ativo de assédio sexual contra seu superior.

A conduta proibida consiste em constranger (importunar, incomodar, forçar, obrigar, aborrecer insistentemente) com o intuito de obter vantagem ou favorecimento sexual (elemento subjetivo específico), vale dizer, qualquer benefício ou favor libidinoso que ofenda o pudor médio. O tipo consiste, portanto, na insistência inoportuna de alguém em posição privilegiada, que usa dessa vantagem para obter favores sexuais do subalterno. E não exige, ao menos expressamente, o fim da conjunção carnal.

Cumpre, contudo, observar que o simples galanteio, a cantada ou a paquera, desde que não atente contra o pudor tutelado nos crimes sexuais, não tipifica o crime. Há uma distinção entre o mero flerte, conduta socialmente tolerada ainda que incômoda, e o assédio, no qual há a ameaça de represália ou um insistente constrangimento indevido.

Fique ligado

Destaque-se também, que o STJ entendeu não haver o crime ora mencionado para situações envolvendo o ***personal trainer*** e a aluna, na medida em que existe apenas uma relação contratual, e não de hierarquia.

É fundamental que o agente se prevaleça do cargo, função ou emprego e, ademais, seja superior hierárquico ou tenha ascendência sobre a vítima.

8.2 Exposição da intimidade sexual

> ***Art. 216-B*** *Produzir, fotografar, filmar ou registrar, por qualquer meio, conteúdo com cena de nudez ou ato sexual ou libidinoso de caráter íntimo e privado sem autorização dos participantes:*
>
> *Pena – detenção, de 6 (seis) meses a 1 (um) ano, e multa.*
>
> ***Parágrafo único.*** *Na mesma pena incorre quem realiza montagem em fotografia, vídeo, áudio ou qualquer outro registro com o fim de incluir pessoa em cena de nudez ou ato sexual ou libidinoso de caráter íntimo.*

O tipo penal do art. 216-B foi inserido no ordenamento penal pela Lei nº 13.772/2018 com o intuito de proteger a exposição não autorizada da intimidade das relações sexuais e conter, sobretudo, aqueles que, de qualquer forma, produzem ou registram atos sexuais sem o consentimento dos participantes.

Naturalmente, que a conduta, ora em análise, tornou-se muito mais frequente com o avanço da tecnologia, em razão da facilidade dos registros fotográficos e de vídeos que dispõem os *smartphones* e suas câmeras, sobretudo, pela alta capacidade de armazenamento destes dispositivos, bem como por poderem ser ocultados em local fora do alcance de visão da vítima.

De acordo com o art. 216-B, são criminalizadas as condutas de produzir, fotografar, filmar ou registrar, por qualquer meio (crime de forma livre), conteúdo com cena de nudez ou ato sexual ou libidinoso de caráter íntimo e privado sem autorização dos participantes. Perceba que o tipo exige que a conduta seja praticada sem a anuênciados participantes, pois se houver autorização, não há que se falar em crime.

O parágrafo único prevê a figura equiparada do delito. De acordo com o dispositivo, incorre na mesma pena que realiza a "montagem" em fotografia, vídeo, áudio ou qualquer outro registro com o fim de incluir pessoa que não participou da relação sexual ou ato libidinoso.

8.3 Crimes sexuais contra vulnerável

8.3.1 Estupro de vulnerável

> ***Art. 217-A*** *Ter conjunção carnal ou praticar outro ato libidinoso com menor de 14 (catorze) anos:*
>
> *Pena – reclusão, de 8 (oito) a 15 (quinze) anos.*
>
> *§ 1º Incorre na mesma pena quem pratica as ações descritas no caput com alguém que, por enfermidade ou deficiência mental, não tem o necessário discernimento para a prática do ato, ou que, por qualquer outra causa, não pode oferecer resistência.*
>
> *§ 2º (VETADO)*
>
> *§ 3º Se da conduta resulta lesão corporal de natureza grave:*
>
> ***Pena*** *– reclusão, de 10 (dez) a 20 (vinte) anos.*
>
> *§ 4º Se da conduta resulta morte:*
>
> ***Pena*** *– reclusão, de 12 (doze) a 30 (trinta) anos.*
>
> *§ 5º As penas previstas no caput e nos §§ 1º, 3º e 4º deste artigo aplicam-se independentemente do consentimento da vítima ou do fato de ela ter mantido relações sexuais anteriormente ao crime.*

O delito do art. 217-A foi inserido no Código Penal por meio da Lei nº 12.015/2009 com o objetivo de tutelar a dignidade sexual das pessoas vulneráveis, revogando-se, assim, o antigo art. 224, do CP. Dessa forma, aquele que em razão de alguma condição pessoal (transitória ou permanente) é incapaz de consentir validamente para o ato sexual, possui denominação própria: vulnerável. Para o Código Penal (art. 217-A § 1º) são considerados vulneráveis os menores de 14 anos, os enfermos, deficientes mentais ou aqueles que por qualquer outra causa não possam oferecer resistência.

Por meio do tipo penal do art. 217-A, objetiva-se a defesa da dignidade sexual (notadamente a ingenuidade e a inocência) de um grupo de pessoas, em razão de sua condição de fragilidade, resguardando-lhes de um "ingresso precoce ou abusivo na vida sexual".

É importante destacar que, diferentemente do estupro, para esta modalidade de crime, em que se protege a vulnerabilidade da vítima, não se exige a ocorrência de violência ou grave ameaça para a configuração do crime.

A conduta típica consiste em "ter conjunção carnal" ou "praticar outro ato libidinoso" contra pessoa vulnerável. Atos libidinosos (diversos da conjunção carnal) são aqueles que tenham natureza sexual, como a felação, o coito anal, o beijo em partes pudendas, as carícias íntimas etc.

No caso da pessoa menor de 14 anos, o consentimento da vítima para a prática do ato sexual é irrevelante para a configuração do delito, tendo em vista a sua presunção de vulnerabilidade, conforme fixado pelo legislador no § 5°, do art. 217-A.

Fique ligado

Ademais, vale destacar que a Súmula nº 593 do STJ considera uma presunção absoluta de violência.

> ***Súmula nº 593 – STJ***
>
> *O crime de estupro de vulnerável se configura com a conjunção carnal ou prática de ato libidinoso com menor de 14 anos, sendo irrelevante eventual consentimento da vítima para a prática do ato, sua experiência sexual anterior ou existência de relacionamento amoroso com o agente.*

O delito é punido exclusivamente na forma **dolosa**. Exige-se do agente a voluntariedade e a consciência.

Vale destacar que as bancas de concurso gostam de introduzir o tipo em tela em uma análise sistemática com o instituto erro de tipo (art. 20, CP). Assim, o desconhecimento da condição de vulnerabilidade da vítima, torna atípica a conduta.

Nesse sentido, é indispensável que a idade da vítima ou a condição de vulnerabilidade esteja na sua esfera de conhecimento, caso contrário, o dolo será afastado e, como desdobramento, não haverá crime, ante a falta de previsão legal para a punição dos crimes em comento na modalidade culposa.

A ação penal é pública incondicionado. Trata-se de crime hediondo, tendo em vista expressa inclusão do delito do art. 217-A no rol do art. 1° da Lei n° 8.072/1990.

8.3.2 Corrupção de menores

> ***Art. 218*** *Induzir alguém menor de 14 (catorze) anos a satisfazer a lascívia de outrem:*
>
> *Pena - reclusão, de 2 (dois) a 5 (cinco) anos.*

A norma penal do art. 218, do CP, objetiva tutelar a livre formação da personalidade dos menores de 14 anos, protegendo sua inocência e imaturidade sexual.

O tipo contempla a conduta de induzir o menor de 14 anos a satisfazer a lascívia alheia. Separa-se, assim, a regra do concurso de pessoas, na medida em que, aquele que pratica ato sexual com menor de idade, responde pelo art. 217-A, enquanto que aquele que induz (sugere ao menor) responde pelo art. 218, com pena mais branda.

É importante destacar que se o agente induzir pessoa **maior de 14 anos** a satisfazer a lascívia alheia, tipifica-se o crime do art. 227, do CP, (mediação para servir à lascívia de outrem).

A ação deve recair sobre pessoa determinada, pois se o agente induz a vítima a satisfazer a lascívia de um número indeterminado de pessoas, o crime a ser configurado será o de favorecimento da prostituição (art. 218-B, CP).

O termo "lascívia" significa luxúria (desejo sexual).

O elemento subjetivo do tipo é dolo. Assim, o agente de agir com consciência e vontade de influenciar o menor de 14 anos a satisfazer a lascívia de outrem. Por outro lado, se o agente induz o menor a praticar determina ação sexual com o objetivo de satisfazer a sua própria lascívia, configura-se o crime de estupro de vulnerável (art. 217-A).

8.3.3 Satisfação de lascívia mediante presença de criança ou adolescente

> ***Art. 218-A*** *Praticar, na presença de alguém menor de 14 (catorze) anos, ou induzi-lo a presenciar, conjunção carnal ou outro ato libidinoso, a fim de satisfazer lascívia própria ou de outrem*
>
> *Pena - reclusão, de 2 (dois) a 4 (quatro) anos.*

Cuida-se de inovação também trazida pela Lei nº 12.015/2009, pretendendo tutelar o menor de 14 anos. Procurou-se, assim, adaptar o já mencionado delito de corrupção de menores à realidade do mundo contemporâneo.

Na verdade, tratava-se de lacuna existente na sistemática anterior, que previa tal proteção apenas ao maior de 14 anos. A criança ou adolescente menor de 14 anos que presenciasse (assistisse) ato de libidinagem, sem dele participar, não estava protegida pelo tipo de corrupção de menores, cuja idade mínima era de 14 anos. Não estava, igualmente, protegida pelo (revogado) atentado violento ao pudor. No caso do atual art. 218-A, do CP, o menor não pratica ato libidinoso, mas é levado a assistir à realização de atos dessa natureza. Não há, portanto, contato físico entre o agente e o menor, sequer o menor é levado a se despir (se o fizer, caracterizado está o crime do art. 217-A, do CP).

Ademais, com o avanço da tecnologia, a terminologia empregada (na presença de alguém menor de 14 anos) corresponde à presença física ou virtual do menor.

Por fim, vale mencionar que o art. 218-A exige, como elementar, seja a vítima menor de 14 anos. Sendo a vítima maior de 14 anos e menor de 18, induzida a presenciar ato libidinoso, visando à satisfação da lascívia própria ou alheia, tem-se configurado o crime de lenocínio qualificado (art. 227, §1°, do CP).

8.3.4 Favorecimento da prostituição ou de outra forma de exploração sexual de criança ou adolescente ou de vulnerável

> ***Art. 218-B*** *Submeter, induzir ou atrair à prostituição ou outra forma de exploração sexual alguém menor de 18 (dezoito) anos ou que, por enfermidade ou deficiência mental, não tem o necessário discernimento para a prática do ato, facilitá-la, impedir ou dificultar que a abandone:*
>
> *Pena - reclusão, de 4 (quatro) a 10 (dez) anos.*
>
> *§ 1° Se o crime é praticado com o fim de obter vantagem econômica, aplica-se também multa.*
>
> *§ 2° Incorre nas mesmas penas:*
>
> *I - quem pratica conjunção carnal ou outro ato libidinoso com alguém menor de 18 (dezoito) e maior de 14 (catorze) anos na situação descrita no* ***caput*** *deste artigo;*
>
> *II - o proprietário, o gerente ou o responsável pelo local em que se verifiquem as práticas referidas no caput deste artigo.*
>
> *§ 3° Na hipótese do inciso II do § 2°, constitui efeito obrigatório da condenação a cassação da licença de localização e de funcionamento do estabelecimento.*

Trata-se de outra inovação que teve por objetivo adaptar o delito de corrupção de menores às necessidades da sociedade atual.

Partindo dessa premissa, a Lei nº 12.015/2009 objetivou regular, no art. 218-B, do CP, a grave questão da prostituição ou exploração sexual de menores de 18 anos e de pessoas sem condições de compreensão mental. Por sua vez, a Lei nº 12.978/2014 pretendeu conferir proteção mais eficaz à dignidade sexual de crianças e adolescentes, alterando a designação jurídica (*nomen iuris*) do art. 218-B, do Código Penal. O referido crime passou a se chamar "Favorecimento da prostituição ou de outra forma de exploração sexual de criança ou adolescente ou de vulnerável". Demais disso, a Lei nº 12.978/2014 classificou o referido crime como "hediondo", ou seja, submetido aos rigores da Lei nº 8.072/1990 (Lei dos Crimes Hediondos).

A propósito, cumpre registrar que a exploração sexual em questão diz respeito à dominação e abuso sexual de crianças e adolescentes. Em geral, o crime é praticado por "mercadores sexuais", que atuam em organizações criminosas locais ou internacionais, contando ou não com a participação dos pais ou responsáveis do menor.

Assim, o bem jurídico tutelado é a livre formação da personalidade do menor, do ponto de vista de sua sexualidade, resguardando-o de se prostituir ou se tornar alvo de exploração sexual.

Diversas são as condutas previstas no tipo penal do art. 218-B. Os verbos nucleares do tipo são "submeter" (obrigar, forçar, sujeitar), "induzir" (fazer surgir a ideia), "atrair" (seduzir, instigar, apresentar vantagens), "facilitar" (favorecer ou retirar obstáculos físicos ou morais) a vítima à prostituição ou outra forma de exploração sexual, ou "impedir" (obstaculizar) ou "dificultar" (comportamento inverso do facilitar) que a abandone. Deve-se destacar o verbo "submeter", haja vista a frequência com que menores são subjugados à exploração sexual.

O favorecimento pode ocorrer por ação ou por omissão, na hipótese em que o agente tenha o dever jurídico de impedir que a vítima ingresse na prostituição e nada faz para impedi-la.

Reitere-se que a exploração sexual consiste em inovação legislativa e significa tirar proveito da sua situação ou enganá-lo para fins de lucro. No caso, há uma relação de gênero e espécie entre exploração sexual e prostituição. Demais disso, a prostituição em si, para o maior de 18 anos ou para o mentalmente são, não é crime, embora seja, como dito, uma das formas de exploração sexual. Não obstante, o Código Penal criminaliza atividades em torno da prostituição, ou seja, como a de quem tira proveito da prostituição alheia, isto é, o proxeneta e o rufião.

Por outro lado, a prostituição do menor de 18 anos, sem qualquer intermediação, constituir-se-ia fato atípico. O art. 218-B, do CP, deixa claro que deve existir alguma forma de submissão, induzimento, atração, facilitação, impedimento ou dificuldade para o menor de 18 anos.

Ainda, se a pessoa prostituída for menor de 14 anos, não se aplica o art. 218-B, mas, sim, o art. 217-A, ou seja, trata-se de estupro de vulnerável. Assim, o cliente que mantém ato libidinoso com a criança ou adolescente menor de 14 anos é autor material do crime de estupro de vulnerável, ao passo que o agente que submete, induz, atrai, facilita a exploração sexual do menor, impede ou dificulta o abandono, será partícipe no delito.

Fique ligado

A doutrina majoritária entende que o art. 218-B do CP revogou tacitamente as disposições do art. 244-A do Estatuto da Criança e do Adolescente.

8.3.5 Divulgação de cena de estupro ou de cena de estupro de vulnerável, de cena de sexo ou de pornografia

> ***Art. 218-C*** *Oferecer, trocar, disponibilizar, transmitir, vender ou expor à venda, distribuir, publicar ou divulgar, por qualquer meio - inclusive por meio de comunicação de massa ou sistema de informática ou telemática -, fotografia, vídeo ou outro registro audiovisual que contenha cena de estupro ou de estupro de vulnerável ou que faça apologia ou induza a sua prática, ou, sem o consentimento da vítima, cena de sexo, nudez ou pornografia:*
>
> *Pena - reclusão, de 1 (um) a 5 (cinco) anos, se o fato não constitui crime mais grave.*
>
> *Aumento de pena*
>
> *§ 1º A pena é aumentada de 1/3 (um terço) a 2/3 (dois terços) se o crime é praticado por agente que mantém ou tenha mantido relação íntima de afeto com a vítima ou com o fim de vingança ou humilhação.*
>
> *Exclusão de ilicitude*
>
> *§ 2º Não há crime quando o agente pratica as condutas descritas no caput deste artigo em publicação de natureza jornalística, científica, cultural ou acadêmica com a adoção de recurso que impossibilite a identificação da vítima, ressalvada sua prévia autorização, caso seja maior de 18 (dezoito) anos.*

O delito do art. 218-C foi inserido no Código por meio da Lei nº 13.718/2018.

Trata-se de tipo penal misto alternativo, na medida em que contempla diversas ações nucleares na sua composição. Conforme se extrai da sua análise, o dispositivo legal tipifica duas condutas. A primeira delas consiste na divulgação de cena envolvendo estupro ou estupro de vulnerável. O outro comportamento punido se consubstancia na divulgação de cenas de sexo ou pornografia, sem o consentimento do ofendido.

Nesse contexto, aquele que divulga, oferece, troca, disponibiliza, transmite, vende, expõe à venda ou publica, por qualquer meio, cena que contenha estupro (simples ou de vulnerável), responde pelo crime.

Ademais, responde pela modalidade aquele que faz apologia ao estupro ou divulga imagens ou cenas de nudez sem o consentimento da vítima.

Quanto à sua consumação, o crime é de mera conduta. Basta que o agente incorra em quaisquer dos verbos do tipo para que se configure o delito.

Conforme estabelece o § 1°, haverá aumento de pena de 1/3 a 2/3 se a divulgação for feita por pessoa que tenha mantido relações de afeto com a vítima ou com o dolo específico de humilhar, ridicularizar ou como vingança.

Há ainda, causa expressa de exclusão de ilicitude no §2°, quando o agente pratica as condutas do ar. 218-B, do CP, em publicação de natureza jornalística, científica, cultural ou acadêmica com a adoção de recurso que impossibilite a identificação da vítima, ressalvada sua prévia autorização, caso seja maior de 18 (dezoito) anos.

8.3.6 Disposições gerais

> ***Art. 225*** *Nos crimes definidos nos Capítulos I e II deste Título, procede-se mediante ação penal pública incondicionada.*
>
> *Aumento de pena*
>
> ***Art. 226*** *A pena é aumentada:*
>
> *I – de quarta parte, se o crime é cometido com o concurso de 2 (duas) ou mais pessoas;*
>
> *II - de metade, se o agente é ascendente, padrasto ou madrasta, tio, irmão, cônjuge, companheiro, tutor, curador, preceptor ou empregador da vítima ou por qualquer outro título tiver autoridade sobre ela;*
>
> *IV - de 1/3 (um terço) a 2/3 (dois terços), se o crime é praticado:*

Estupro coletivo

a) mediante concurso de 2 (dois) ou mais agentes;

Estupro corretivo

b) para controlar o comportamento social ou sexual da vítima.

Os arts. 225 e 226 trazem situações envolvendo a ação penal aplicável e, também, situações correspondentes ao aumento de pena.

No que tange à ação penal, é importante destacar que a Lei n° 13.718/2018 alterou o art. 225, a fim de estabelecer que **todos** os crimes contra a dignidade sexual são processados mediante **ação penal pública incondicionada.**

Isso porque, até o advento da referida lei, o estupro simples, por exemplo, era processável mediante ação penal pública **condicionada** à representação da vítima.

Porém, o que se percebia com a ação penal condicionada, é que, muitas vezes, as vítimas não representavam contra o agressor por medo de represálias e para evitar a exposição. Entretanto, acertada foi a alteração legislativa, em vista de que a deflagração da ação penal não pode depender da iniciativa da vítima em manifestar sua vontade de punir o indivíduo que pratica atos dotados de repugnância.

Fique ligado

Em que pese a alteração da ação penal corresponder a um instituto de direito processual, o entendimento que se consolidou sobre o tema é que a Lei nº 13.718/2018 é uma Lei Processual com conteúdo de direito penal. Ficando, portanto, submissa às disposições do art. 5º, XL, da CF.

Inclusive, neste caso, a alteração da natureza da ação penal é compreendida como uma ***novatio legis in pejus.***

Relativamente às causas de aumento, são de fácil compreensão, bastando uma leitura dinâmica sobre as mesmas para recordar as hipóteses e o *quantum* de aumento.

Todavia, merece destaque e análise minuciosa o chamado estupro corretivo.

Estupro corretivo é crime? O estupro corretivo é o estupro praticado pelo agente que não concorda com a opção sexual ou comportamento social da vítima. E, neste caso a aludida circunstância caracteriza causa de aumento de pena, conforme previsão do **art. 226, IV, "b", Código Penal.**

***Art. 226** A pena é aumentada:*

[...]

IV - de 1/3 (um terço) a 2/3 (dois terços), se o crime é praticado:

b) para controlar o comportamento social ou sexual da vítima.

2. mediação para servir a lascívia de outrem

***Art. 227** Induzir alguém a satisfazer a lascívia de outrem:*

Pena - reclusão, de um a três anos.

§ 1º Se a vítima é maior de 14 (catorze) e menor de 18 (dezoito) anos, ou se o agente é seu ascendente, descendente, cônjuge ou companheiro, irmão, tutor ou curador ou pessoa a quem esteja confiada para fins de educação, de tratamento ou de guarda:

Pena - reclusão, de dois a cinco anos.

§ 2º Se o crime é cometido com emprego de violência, grave ameaça ou fraude:

Pena - reclusão, de dois a oito anos, além da pena correspondente à violência.

§ 3º Se o crime é cometido com o fim de lucro, aplica-se também multa.

8.4 Lenocínio e do tráfico de pessoa para fim de prostituição ou outra forma de exploração sexual

O Capítulo V do Título VI trata dos crimes envolvendo a exploração da prostituição. Prostituir-se não é crime, mas, tirar proveito ou vantagem da prostituição alheia ou, de qualquer forma, concorrer para a exploração sexual é crime.

O lenocínio pode ser definido como a conduta de prestar assistência à libidinagem de outrem, ou dela tirar proveito.

O lenocínio classifica-se em principal (induzir a vítima à libidinagem ou a prostituição) ou em acessório (facilitar ou explorar vítima já corrompida). O bem jurídico protegido é a liberdade sexual em sentido amplo. Em síntese, protege-se a dignidade sexual e a moralidade pública sexual.

A mediação para servir a lascívia de outrem trata-se do primeiro delito entre os abrangidos pelo Capítulo V, que trata "Do Lenocínio e do Tráfico de Pessoas para Fim de Prostituição ou Outra Forma de Exploração Sexual".

8.4.1 Mediação para servir a lascívia de outrem

***Art. 227** Induzir alguém a satisfazer a lascívia de outrem:*

Pena - reclusão, de um a três anos.

§ 1º Se a vítima é maior de 14 (catorze) e menor de 18 (dezoito) anos, ou se o agente é seu ascendente, descendente, cônjuge ou companheiro, irmão, tutor ou curador ou pessoa a quem esteja confiada para fins de educação, de tratamento ou de guarda:

Pena - reclusão, de dois a cinco anos.

§ 2º Se o crime é cometido com emprego de violência, grave ameaça ou fraude:

Pena - reclusão, de dois a oito anos, além da pena correspondente à violência.

§ 3º Se o crime é cometido com o fim de lucro, aplica-se também multa.

Conforme convencionou a doutrina, o art. 227 trata-se do chamado *lenocínio principal.*

O verbo nuclear é "induzir", que significa incutir na mente da vítima a ideia de realizar o ato. É necessário, ademais, que se busque a satisfação da lascívia de outrem.

Valer frisar que o autor da indução, também chamado de proxeneta, responde pelo crime do art. 227, ao passo que o agente que pratica o ato libidinoso não comete, em princípio, delito algum (desde que se trate de relação consensual entre adultos).

Há jurisprudência, nesse sentido: se no caso concreto ficar evidenciado que a vítima já é "corrompida" em relação a sua sexualidade, é necessário ter cuidado ao analisar a ocorrência do delito, pois a vítima não é menor de 14 anos, então, é necessário ter cautela na análise do tipo penal.

A terceira pessoa precisa ser certa ou determinada. Portanto, é necessário ter um terceiro específico.

A lascívia abrange a conjunção carnal ou qualquer outro ato libidinoso.

Quanto ao elemento subjetivo, o delito é punido exclusivamente na forma dolosa, de modo que pressupõe consciência e vontade de influenciar a vítima a realizar atitude tendente à satisfação da lascívia alheia.

O § 1º trata da forma qualificada do delito, no caso de a vítima ser maior de 14 e menor de 18 anos, com pena de reclusão, de dois a cinco anos. Atente-se, pois se a vítima for menor de 14 anos, o fato irá se adequar à figura típica do art. 218, do CP, eis que específico à faixa etária.

Também configura a forma qualificada do delito (§1°) se o agente é ascendente, descendente, cônjuge ou companheiro, irmão, tutor ou curador da vítima, ou pessoa a quem esteja confiada para fins de educação, de tratamento ou de guarda. Aqui, o legislador objetivou punir de forma mais severa o agente, em razão da sua condição diante da vítima.

A regra do art. 227, § 2°, opera-se quando ocorre a violência, real ou ficta, a grave ameaça ou a fraude. Esta segunda forma de lenocínio qualificado tem pena de reclusão de dois a oito anos, além da pena correspondente à violência.

Por fim, de acordo com o § 3°, se o lenocínio é praticado em atividade mercenária, ou seja, com finalidade de lucro, aplica-se cumulativamente a pena de multa.

8.4.2 Favorecimento da prostituição ou outra forma de exploração sexual

> ***Art. 228*** *Induzir ou atrair alguém à prostituição ou outra forma de exploração sexual, facilitá-la, impedir ou dificultar que alguém a abandone:*
>
> *Pena - reclusão, de 2 (dois) a 5 (cinco) anos, e multa.*
>
> *§ 1° Se o agente é ascendente, padrasto, madrasta, irmão, enteado, cônjuge, companheiro, tutor ou curador, preceptor ou empregador da vítima, ou se assumiu, por lei ou outra forma, obrigação de cuidado, proteção ou vigilância:*
>
> *Pena - reclusão, de 3 (três) a 8 (oito) anos.*
>
> *§ 2° Se o crime, é cometido com emprego de violência, grave ameaça ou fraude:*
>
> *Pena - reclusão, de quatro a dez anos, além da pena correspondente à violência.*
>
> *§ 3° Se o crime é cometido com o fim de lucro, aplica-se também multa.*

Analisando os modelos existentes mundo afora, há a seguinte sistemática quanto ao tratamento da prostituição:

- Sistema da regulamentação, no qual a prostituição é legalizada como forma sanitária de higienização da atividade;
- Sistema da abolição, no qual não se considera a atividade da prostituição em si como criminosa;
- Sistema da proibição, no qual a prostituição é um ilícito penal.

O Direito Penal brasileiro, em razão de não punir a prostituição, adota o modelo abolicionista, recriminando apenas as condutas que tenham por objetivo tirar proveito da prostituição alheia.

Vale observar que a prostituição pressupõe a habitualidade de contatos carnais, prestados por uma pessoa a um indeterminado número de indivíduos. Habitualidade e indeterminação de parceiros ou clientes são os elementos caracterizadores da prostituição.

Tutela-se a moralidade sexual, especialmente para impedir o aumento da prostituição. Para alguns, a norma também tutela a liberdade sexual em sentido amplo. Em suma, como no tipo anterior, visa-se, por fim, proteger a dignidade sexual.

A norma contempla quatro verbos, sendo os dois primeiros "induzir" e "atrair", ou seja, cooptar diretamente a degradação máxima de um ser humano. O verbo "facilitar" consiste na conduta de contribuir de maneira a que alguém se submeta à exploração sexual (por exemplo, angariar clientes para a prostituta, colocar a prostituta num local favorável da via pública etc.).

Os verbos "impedir" ou "dificultar" o abandono da prostituição pressupõem a pessoa já prostituída que, não obstante, tem sua vontade de sair dessa situação obstada dolosamente pelo agente, por exemplo, com cobrança de dívidas, não lhe dando o passaporte etc.

O elemento subjetivo é o dolo. O autor ou partícipe deve atuar com consciência e vontade de fomentar a prostituição ou exploração sexual alheia.

O §1° prevê a forma qualificado do delito. Se o agente for ascendente, padrasto, madrasta, irmão, enteado, cônjuge, companheiro, tutor ou curador, preceptor ou empregador da vítima, ou se assumiu, por lei ou outra forma, obrigação de cuidado, proteção ou vigilância, aplica-se reclusão, com pena de 3 (três) a 8 (oito) anos.

Se o crime é cometido com emprego de violência, grave ameaça ou fraude, a pena será de reclusão, de quatro a dez anos, além da pena correspondente à violência.

Caso o delito seja cometido com o fim de lucro, aplica-se também multa. Repete-se, portanto, a dinâmica do art. 227, excluindo-se a menoridade e a descendência, bem como a pessoa confiada a outrem.

8.4.3 Casa de prostituição

> ***Art. 229*** *Manter, por conta própria ou de terceiro, estabelecimento em que ocorra exploração sexual, haja, ou não, intuito de lucro ou mediação direta do proprietário ou gerente:*
>
> *Pena - reclusão, de dois a cinco anos, e multa.*

Por intermédio do art. 229, do CP, o legislador procura proteger a moral pública sexual, especialmente evitar a proliferação das formas de lenocínio.

O verbo é "manter", tendo como sinônimo: conservar, prover, sustentar. Exige-se a **habitualidade** da atividade, isto é, a **reiteração** ou **permanência** de atos. Casa de prostituição é o prostíbulo, bordel, zona, casa de lupanar, onde as prostitutas permanecem à espera dos clientes. Em resumo, o local onde as pessoas prostituídas exercem o comércio sexual.

Segundo a doutrina, a norma em questão deve ser interpretada restritivamente, de forma que os locais destinados a encontros libidinosos de namorados, como os motéis, não podem ser considerados casas de prostituição.

Quanto à consumação, como se trata de crime habitual, a infração somente atinge sua realização integral, nos termos do art. 14, I, do CP, quando o sujeito mantém, reiteradamente (isto é, com estabilidade), o estabelecimento em que se verifica a exploração sexual.

O tipo não abrange a manutenção de casa de prostituição infantil ou juvenil. No caso, o fato se subsume ao art. 218-B, do CP, como acima mencionado.

8.4.4 Rufianismo

> ***Art. 230*** *Tirar proveito da prostituição alheia, participando diretamente de seus lucros ou fazendo-se sustentar, no todo ou em parte, por quem a exerça:*
>
> *Pena - reclusão, de um a quatro anos, e multa.*
>
> *§ 1° Se a vítima é menor de 18 (dezoito) e maior de 14 (catorze) anos ou se o crime é cometido por ascendente, padrasto, madrasta, irmão, enteado, cônjuge, companheiro, tutor ou curador, preceptor ou empregador da vítima, ou por quem assumiu, por lei ou outra forma, obrigação de cuidado, proteção ou vigilância:*
>
> *Pena - reclusão, de 3 (três) a 6 (seis) anos, e multa.*
>
> *§ 2° Se o crime é cometido mediante violência, grave ameaça, fraude ou outro meio que impeça ou dificulte a livre manifestação da vontade da vítima:*
>
> *Pena - reclusão, de 2 (dois) a 8 (oito) anos, sem prejuízo da pena correspondente à violência.*

Neste crime, temos a figura do rufião (cafetão) ou proxeneta. Eis que o indivíduo não é o prostituído, e sim, o intermediador dos encontros.

A conduta nuclear do delito consiste em "tirar proveito", ou seja, auferir vantagens da prostituição alheia, seja 1) participação direta dos lucros, como uma espécie de sócio da prostituta; ou 2) se fazer sustentar e viver das expensas daquela, recebendo roupas, alimentos etc. Em qualquer caso, há o requisito da habitualidade da conduta, como se fosse um "estilo de vida". É classificado como delito permanente. Perceba, portanto, que não se configura o crime, se o agente aufere, ocasionalmente, proveito da prostituição da vítima.

O delito somente se configura na forma dolosa. É fundamental que o sujeito tenha conhecimento de que a pessoa de quem retira seu sustento exerce a prostituição.

As formas qualificadas do delito são contempladas pelos §§ 1º e 2º do art. 230. A primeira delas configura-se quando a vítima for menor de 18 e maior de 14 anos ou se o crime for cometido por ascendente, padrasto, madrasta, irmão, enteado, cônjuge, companheiro, tutor ou curador, preceptor ou empregador da vítima, ou por quem assumiu, por lei ou outra forma, obrigação de cuidado, proteção ou vigilância.

A segunda forma qualificada, prevista no §2°, configura-se quando o crime é cometido mediante violência, grave ameaça, fraude ou outro meio que impeça ou dificulte a livre manifestação da vontade da vítima, hipótese em que a pena será de reclusão, de 2 (dois) a 8 (oito) anos, sem prejuízo da pena correspondente à violência.

8.4.5 Tráfico de pessoas

Antigamente, inserido nos crimes contra a dignidade sexual, migrou seu conteúdo normativo (princípio da continuidade normativo típica) para o título dos crimes contra a pessoa, encontrando suas previsões a partir do art. 149-A, do CP.

8.4.6 Promoção de migração ilegal

> ***Art. 232-A*** *Promover, por qualquer meio, com o fim de obter vantagem econômica, a entrada ilegal de estrangeiro em território nacional ou de brasileiro em país estrangeiro:*
>
> *Pena - reclusão, de 2 (dois) a 5 (cinco) anos, e multa.*
>
> *§ 1º Na mesma pena incorre quem promover, por qualquer meio, com o fim de obter vantagem econômica, a saída de estrangeiro do território nacional para ingressar ilegalmente em país estrangeiro.*
>
> *§ 2º A pena é aumentada de 1/6 (um sexto) a 1/3 (um terço) se:*
>
> *I - o crime é cometido com violência; ou*
>
> *II - a vítima é submetida a condição desumana ou degradante.*
>
> *§ 3º A pena prevista para o crime será aplicada sem prejuízo das correspondentes às infrações conexas.*

Com o advento da Lei de Migração (Lei nº13.445/2017) estabeleceu-se uma nova política migratória e uma nova política criminal relacionada com tratamento a ser dispensado ao estrangeiro – ou, consoante à nova terminologia, "migrante" ou "visitante". Nesse sentido, "na contramão da tendência moderna, observada principalmente nos Estados Unidos e na Europa, de criminalizar as migrações, a Lei nº 13.445/2017, em seu art. 3º, III, prevê como princípio regente da política migratória brasileira a não criminalização da migração. A lei prevê ainda, em seu art. 123, que, em regra, ninguém será privado de sua liberdade por razões migratórias."

Temos, pois, uma política liberal quando o assunto é a migração. Notadamente, como ocorre com a prostituição (que não é crime), crimes envolvendo migração somente serão tipificados quando uma pessoa age de forma a explorar a política migratória, cobrando, por exemplo, uma comissão para facilitar a entrada ou a saída irregular do país.

Demais disso, a Lei nº 13.445/2017 introduziu o art. 232-A no Código Penal, estabelecendo o crime de promoção de migração ilegal. Cuida-se de conduta praticada pelo chamado "coiote", ou seja, aquele que, mediante paga ou promessa de vantagem econômica, se especializa em conduzir ou promover o ingresso de migrantes no território de um determinado país, por meio de rotas alternativas ou clandestinas.

Por estar inserido no Capítulo V, do Título VI, da Parte Especial do Código, o bem jurídico em tese protegido pelo art. 232-A, do CP, seria a dignidade sexual, na esteira dos tipos penais anteriormente analisados. Entretanto, cumpre observar que na descrição típica do art. 232-A, do CP, não há menção à vantagem de natureza libidinosa ou de cunho moral, como seria a prostituição ou exploração sexual, mas tão somente vantagem econômica. Por esse motivo, tem-se que o bem jurídico protegido é a dignidade da pessoa humana, bem como a política migratória brasileira e os princípios em que se vê construída, nos termos da Lei de Migração (Lei nº 13.445/2017).

A conduta típica tem como núcleo o ato de "promover" que significa fazer, realizar, empreender, no caso, a saída ou entrada de pessoas dentro ou fora do território nacional. Cuida-se de crime de forma livre, pois a promoção se dá "por qualquer meio", podendo ser por intermédio de veículo terrestre, embarcação, aeronave, trilhas abertas pela densa floresta, túneis etc.

A consumação do delito se dá com a efetiva promoção da entrada de estrangeiro em território nacional ou com o ingresso de brasileiro no território de outro país (a transposição de fronteiras, portanto, é necessária para tais fins).

Tipifica-se tanto o ingresso do estrangeiro no território nacional como o comportamento inverso, ou seja, a entrada ilegal de cidadão brasileiro no território de outro Estado.

O §1° prevê a conduta equiparada do delito, de modo que incorre na mesma pena quem promove, por qualquer meio, com o fim de obter vantagem econômica, a saída de estrangeiro do território nacional para ingressar ilegalmente em país estrangeiro.

O § 2º prevê duas majorantes: ser o crime cometido com violência e ser a vítima submetida à condição desumana ou degradante. O aumento de pena deverá ser da ordem de de 1/6 (um sexto) a 1/3 (um terço).

8.5 Ultraje público ao pudor

8.5.1 Ato obsceno

> ***Art. 233*** *Praticar ato obsceno em lugar público, ou aberto ou exposto ao público:*
>
> *Pena - detenção, de três meses a um ano, ou multa.*

8.5.2 Escrito ou objeto obsceno

> ***Art. 234*** *Fazer, importar, exportar, adquirir ou ter sob sua guarda, para fim de comércio, de distribuição ou de exposição pública, escrito, desenho, pintura, estampa ou qualquer objeto obsceno:*
>
> *Pena - detenção, de seis meses a dois anos, ou multa.*
>
> ***Parágrafo único.*** *Incorre na mesma pena quem:*
>
> *I - vende, distribui ou expõe à venda ou ao público qualquer dos objetos referidos neste artigo;*
>
> *II - realiza, em lugar público ou acessível ao público, representação teatral, ou exibição cinematográfica de caráter obsceno, ou qualquer outro espetáculo, que tenha o mesmo caráter;*
>
> *III - realiza, em lugar público ou acessível ao público, ou pelo rádio, audição ou recitação de caráter obsceno.*

Como desmembramento do direito penal, a este também incumbe um dever de aplicar regramentos relacionados à decência do cidadão, justamente para impor limites de convivência social.

Neste exato sentido é que se pune o ato e escritos obscenos, evitando-se a prática de atos que atentem contra a moralidade pública ou que possam estigmatizar a sociedade.

Notadamente, são situações que extravasam o limite do aceitável.

Dessa forma, o bem jurídico protegido é o pudor público, a moralidade no meio social a ser observada por cada indivíduo.

No caso do art. 233, do CP, o verbo é "praticar" ato obsceno. Isto é, praticar a conduta de conteúdo sexual, atentaria ao pudor público. O verbo "praticar" pressupõe comportamento comissivo. Trata-se de situação diferente da conduta de importunação ofensiva ao pudor (art. 61, LCP). Na verdade, são atos de conotação sexual, por exemplo, urinar na via pública exibindo o órgão genital.

Nesse sentido, entendeu-se pela ocorrência do crime em um caso no qual o agente exibia propositadamente o pênis em via pública.

Lugar público, na forma descrita no tipo, é onde as pessoas transitam. Lugar aberto ao público é o local onde qualquer um pode acessar. Lugar exposto ao público é o local devassado, passível de observação pelo público, como as varandas de apartamentos, quintais com muro baixo etc.

O delito se consuma com a realização do ato obsceno, independentemente de causar abalo moral em determinada pessoa. Isso porque, por ser crime de perigo, não é necessário que o ato seja presenciado por alguém em particular, ou que se comprove que determinado indivíduo tenha se ofendido.

Ademais, há discussão se o delito do art. 233 constitui a conduta conhecida como *streaking* ou "chispada", que consiste no ato de correr nu pelas ruas, praças, estádios de futebol etc. Nesse sentido, decidiu-se pela caracterização do crime, visto que, apesar da nudez se fazer presente em certos contextos sociais, no estágio em que se encontra a sociedade brasileira, ela não ganhou ainda as ruas. Desse modo, a exibição de homens despidos em plena via pública ainda se traduz numa ação que desmerece ou altera o equilíbrio ético normal que preside a vida social do momento; escandaliza, é obscena.

Por sua vez, o art. 234, do CP, para boa parte da doutrina, já se encontra tacitamente revogado, inclusive, apontam que a linguagem utilizada no artigo é ultrapassada e já superada, além de visar a censura.

Ainda, o objeto material do delito é a escrita (manuscrita ou impressa), desenho (representação gráfica), pintura (representação colorida), estampa (figura impressa por chapa gravada) ou qualquer outro objeto obsceno (como fotografias, esculturas).

O elemento subjetivo é o dolo. Sendo necessário que o agente atue com o fim de comércio, de distribuição ou de exposição pública, mesmo que o realize clandestinamente.

Equiparam-se ao tipo aqueles que: a) vendem, distribuem ou expõem à venda ou ao público qualquer dos objetos referidos; os que b) realizam, em lugar público ou acessível ao público, representação teatral, ou exibição cinematográfica de caráter obsceno, ou qualquer outro espetáculo de mesmo caráter; assim como os que c) realizam, em lugar público ou acessível ao público, ou pelo rádio, audição ou recitação de caráter obsceno.

8.6 Disposições gerais

> ***Art. 234-A*** *Nos crimes previstos neste Título a pena é aumentada:*
>
> *I - (VETADO);*
>
> *II - (VETADO);*
>
> *III - de metade a 2/3 (dois terços), se do crime resulta gravidez;*
>
> *IV - de 1/3 (um terço) a 2/3 (dois terços), se o agente transmite à vítima doença sexualmente transmissível de que sabe ou deveria saber ser portador, ou se a vítima é idosa ou pessoa com deficiência.*
>
> ***Art. 234-B*** *Os processos em que se apuram crimes definidos neste Título correrão em segredo de justiça.*

O Capítulo VII, do Título VI, do CP, acrescentado pela Lei nº 12.105/2009, prevê as disposições específicas dos crimes contra a dignidade sexual, contendo hipóteses de causas de aumento de pena e a previsão expressa acerca do **segredo de justiça nos crimes sexuais**, a fim de evitar o ultraje da imagem da vítima ou qualquer tipo de exploração.

Conforme determina o art. 234-A, inciso III, a pena será aumentada de 2/3 (causa de aumento fixa) se ocorrer gravidez a partir dos crimes contra a dignidade sexual.

Será aumentada de 1/3 a 2/3 se ocorrer transmissão de DST, da qual o portador tenha ciência, ou se a vítima é idosa ou pessoa deficiente.

Acerca da **transmissão dolosa de DST**, vale destacar que a jurisprudência dos tribunais superiores está pacificada acerca da AIDS que, se transmitida intencionalmente (em ato sexual consentido), será caracterizada como espécie de lesão corporal gravíssima, restringindo-se às situações em que a relação sexual foi consentida. Havendo sexo sem consentimento de um dos envolvidos acrescido de violência, grave ameaça ou sendo a vítima vulnerável, a conduta migra para os crimes de estupro ou estupro de vulnerável, a depender de cada caso.

9 CRIMES CONTRA A ADMINISTRAÇÃO PÚBLICA

9.1 Crimes funcionais

Antes de adentrarmos aos tipos penais propriamente ditos, é mister ressaltar que aqui estaremos diante dos **crimes funcionais,** ou seja, aqueles em que o agente, no exercício de suas funções ou a pretexto dela, aproveita-se da facilidade e do grau de confiança de sua função para tirar algum proveito ilícito.

Naturalmente, que embora os crimes não envolvam necessariamente o uso de violência, mostram-se reprováveis na medida em que quebram um dever de lealdade do servidor para com a Administração Pública.

Inclusive, a reprovabilidade destes delitos é de tamanha dimensão, que a orientação jurisprudencial é a de não permitir a aplicação do princípio da insignificância, pois a conduta fere o aspecto material e moral da Administração Pública (Sumula nº 599, STJ).

Além disso, os crimes funcionais podem ser divididos em:

- Próprios (puros); e
- Impróprios (impuros).

9.1.1 Crimes funcionais próprios

Serão próprios aqueles em que, faltando a qualidade de funcionário público ao autor, o fato passa a ser tratado como conduta atípica. Pode-se dizer, então, que nos crimes funcionais próprios, desaparecendo a condição funcional do agente, opera-se a atipicidade total da conduta.

Fique ligado

É o que acontece, por exemplo, com o crime de prevaricação do art. 319, do CP ("Retardar ou deixar de praticar, indevidamente, ato de ofício, ou praticá-lo contra disposição expressa de lei, para satisfazer interesse ou sentimento pessoal).

Perceba que o crime só pode ser praticado pelo funcionário público. Não haverá punição, a título de exemplo, de um particular que deixa de praticar indevidamente um ato de ofício em ato de satisfação de interesse pessoal.

Poderá ocorrer uma sanção administrativa de acordo com as disposições da CLT (Consolidação das Leis do Trabalho), mas jamais um crime.

9.1.2 Crimes funcionais impróprios

Por outro lado, os crimes funcionais **impróprios** são aqueles em que, não mais subsistindo a qualidade de servidor do agente, desaparece o crime funcional, ocorrendo, porém, uma responsabilidade subsidiária (**atipicidade relativa**).

É o que ocorre, a título de exemplo, no crime de peculato, do art. 312, do CP, que traz a seguinte conduta: "Apropriar-se o funcionário público de dinheiro, valor ou qualquer outro bem móvel, público ou particular, de que tem a posse em razão do cargo, ou desviá-lo, em proveito próprio ou alheio".

Analisando o núcleo da primeira conduta (apropriar-se), percebe-se que, se o funcionário público se apropria do bem de que tem a posse em razão do cargo, haverá o crime mencionado. Porém, afastando a condição de funcionário público do agente, se um particular, em situação de trabalho, apropria-se de patrimônio alheio, haverá o crime de apropriação indébita.

Fique ligado

Destaco, por fim, que, é possível o concurso de pessoas entre civil e funcionário público, sendo que ambos poderão responder pelo crime funcional. Entretanto, é **imprescindível** que o particular conheça a condição funcional do agente.

9.2 Conceito de funcionário público

O conceito daquilo que se entende por funcionário público, deriva do art. 327, do CP, conforme abaixo:

> ***Art. 327*** *Considera-se funcionário público, para os efeitos penais, quem, embora transitoriamente ou sem remuneração, exerce cargo, emprego ou função pública.*
>
> *§ 1º Equipara-se a funcionário público quem exerce cargo, emprego ou função em entidade paraestatal, e quem trabalha para empresa prestadora de serviço contratada ou conveniada para a execução de atividade típica da Administração Pública.*
>
> *§ 2º A pena será aumentada da terça parte quando os autores dos crimes previstos neste Capítulo forem ocupantes de cargos em comissão ou de função de direção ou assessoramento de órgão da administração direta, sociedade de economia mista, empresa pública ou fundação instituída pelo poder público.*

Perceba que, destoando da técnica empregada pelo direito administrativo, o Código Penal emprega um conceito em sentido amplo do que se entende por funcionário público.

Para fins penais, será considerado funcionário, todo aquele que exerce cargo, emprego ou função pública, ainda que transitoriamente (temporariamente) e sem remuneração (de maneira gratuita, não onerosa).

Nesse contexto, o jurado, o mesário, médico voluntário que atua em hospital credenciado ao SUS, serão considerados funcionários públicos à luz do direito penal.

Vale ressaltar que o §1º, do art. 327, apresenta os chamados FUNCIONÁRIOS PÚBLICOS POR EQUIPARAÇÃO, que alcança todos aqueles que exerçam cargo, emprego ou função pública em entidades paraestatais (ONG's), OSCIPS, Sistema S).

Aplica-se também àqueles que trabalham para empresa prestadora de serviço contratada ou conveniada para a execução de atividade típica da Administração Pública. Neste caso, podemos mencionar as empresas particulares que, por contratação direta ou licitação, atuam em atribuição do poder público.

> **Ex.:** empresa ALFA que, por contrato ou convênio, estabelecido com o poder público, é responsável pela implantação e atualização de um programa de computador por meio do qual se dão os atos e procedimentos administrativos.

Logo, laborando numa interpretação inversa do dispositivo, temos que aqueles que são contratados pelo poder público para exercer função **não típica de Estado,** não serão considerados funcionários públicos por equiparação. É o que ocorre, por exemplo, com prestadores de serviço de limpeza ou segurança privada.

Em arremate ao art. 327, vale destacar a causa de aumento de pena contida no §2º, que dispõe que a pena será aumentada da terça parte quando os autores dos crimes previstos neste Capítulo forem ocupantes de cargos em comissão ou de função de direção ou assessoramento de **órgão da administração direta, sociedade de economia mista, empresa pública ou fundação** instituída pelo poder público.

Logo, a partir da análise, importante traçar dois cenários relevantes para a melhor compreensão:

- **O primeiro** é que as autarquias não se incluem neste rol.
- **O segundo** é que o STF tem entendimento consolidado no sentido de que Prefeitos, Governadores e o Presidente da República, quando autores de crimes funcionais, estão incluídos na causa de aumento.

DPEN

9.3 Crimes praticados por funcionário público contra a administração em geral

9.3.1 Peculato

Art. 312 *Apropriar-se o funcionário público de dinheiro, valor ou qualquer outro bem móvel, público ou particular, de que tem a posse em razão do cargo, ou desviá-lo, em proveito próprio ou alheio:*

Pena - reclusão, de dois a doze anos, e multa.

§ 1º Aplica-se a mesma pena, se o funcionário público, embora não tendo a posse do dinheiro, valor ou bem, o subtrai, ou concorre para que seja subtraído, em proveito próprio ou alheio, valendo-se de facilidade que lhe proporciona a qualidade de funcionário.

Peculato culposo

§ 2º Se o funcionário concorre culposamente para o crime de outrem:

Pena - detenção, de três meses a um ano.

§ 3º No caso do parágrafo anterior, a reparação do dano, se precede à sentença irrecorrível, extingue a punibilidade; se lhe é posterior, reduz de metade a pena imposta.

Peculato mediante erro de outrem

Art. 313 *Apropriar-se de dinheiro ou qualquer utilidade que, no exercício do cargo, recebeu por erro de outrem:*

Pena - reclusão, de um a quatro anos, e multa.

Inserção de dados falsos em sistema de informações.

Art. 313-A *Inserir ou facilitar, o funcionário autorizado, a inserção de dados falsos, alterar ou excluir indevidamente dados corretos nos sistemas informatizados ou bancos de dados da Administração Pública com o fim de obter vantagem indevida para si ou para outrem ou para causar dano:*

Pena – reclusão, de 2 (dois) a 12 (doze) anos, e multa.

Modificação ou alteração não autorizada de sistema de informações

Art. 313-B *Modificar ou alterar, o funcionário, sistema de informações ou programa de informática sem autorização ou solicitação de autoridade competente:*

Pena – detenção, de 3 (três) meses a 2 (dois) anos, e multa.

Parágrafo único. *As penas são aumentadas de um terço até a metade se da modificação ou alteração resulta dano para a Administração Pública ou para o administrado.*

Podemos classificar o peculato em 5 espécies:

- Peculato apropriação → art. 312, *caput*, 1ª parte;
- Peculato desvio → art. 312, *caput*, 2ª parte;
- Peculato furto → art. 312, §1º;
- Peculato culposo → art. 312, §2º;
- Peculato mediante erro de outrem ou peculato estelionato → art. 313;
- Peculato eletrônico → arts. 313-A e B.

Antes de adentrarmos especificamente em cada figura, é prudente uma análise de circunstâncias comuns, que se aplicam a todas as modalidades do delito.

O peculato é **crime próprio**, na medida em que só pode ser praticado por funcionário público.

Porém, mesmo sendo próprio, admite-se o concurso de pessoas para punir igualmente o particular se este detiver conhecimento da condição funcional do coautor, caso contrário, o particular (mesmo agindo em concurso, mas desconhecendo a condição funcional do agente), responderá por modalidade de apropriação indébita ou furto, no caso do art. 312, §1°, por exemplo.

O sujeito passivo do delito é o Estado, que é lesado na sua esfera patrimonial.

Na figura do **peculato apropriação,** o agente apodera-se de dinheiro, valor ou qualquer outro bem móvel do qual detenha a posse legítima, passando, contudo, a comportar-se como se fosse dono da coisa. Tornando prático: trata-se de uma modalidade especial de apropriação indébita.

No peculato desvio (ou malversação), o funcionário público dá destinação diversa à coisa, em benefício próprio ou de outrem, auferindo vantagem de qualquer natureza. Inclusive, essa modalidade exige um dolo específico do agente, qual seja, o desvio em proveito (patrimonial ou moral) próprio ou alheio. Se o desvio for praticado em benefício da própria administração, poderá ocorrer outro delito (como é o caso do crime de emprego irregular de verbas ou rendas públicas — CP, art. 315), mas não o peculato.

Como já ressaltado nas Condições Gerais, ao crime em comento não se aplica o princípio da insignificância, por força da **Súmula nº 599, do STJ**. Não obstante, não se extingue a punibilidade pela reparação integral do dano. O que pode ocorrer é a figura do arrependimento posterior (art. 16, CP).

Fique ligado

Embora o arrependimento posterior possa ser aplicado ao crime de peculato, não se entende pela sua aplicação do crime de **moeda falsa.**

Diferente da conduta de se apropriar, o **peculato furto** (ou peculato impróprio) previsto no art. 312, §1°, incrimina o servidor público que subtrai, ou concorre para a subtração de coisa que se encontra sob a guarda ou custódia da Administração. Em resumo, o agente, servidor público, não tem a posse do bem, mas vale-se da facilidade que a função lhe proporciona e subtrai – ou concorre para que seja subtraída -, coisa do ente público ou de particular depositada junto à Administração.

Na conduta "subtrair", é o próprio funcionário quem subtrai o bem, como no crime de furto (art. 155, do CP). Já na hipótese de concorrer para a subtração, o servidor público, de forma voluntária e consciente, concorre para que terceira pessoa subtraia o objeto material. Neste caso, há concurso necessário entre o funcionário e o terceiro responsável pela subtração, lembrando-se que a condição funcional do servidor se comunicará a esse, porque se trata de circunstância elementar ao crime (art. 30, CP). É imprescindível que o particular tenha conhecimento da qualidade de funcionário público do agente principal.

Outra figura prevista, com punição mais branda, é o **peculato culposo,** previsto no §2°, do art. 312.

Nesta modalidade, o agente, por meio de manifesta quebra do dever objetivo de cuidado (negligência, imprudência ou imperícia), cria condições favoráveis para a prática do peculato doloso, em qualquer de suas modalidades.

> **Ex.:** Funcionário que sai da repartição às pressas e deixa aberta a porta de um armário onde se depositavam bens apreendidos de alto valor. Assim, se durante a madrugada uma pessoa, ciente da situação, invade o departamento e subtrai os bens armazenados, haverá o crime patrimonial deste, enquanto que o servidor descuidado responderá pelo peculato culposo.

Ainda, no peculato culposo, prevê o § 3 que, **se o agente promove a reparação do dano antes da sentença transitada em julgado, haverá extinção da punibilidade. Se posterior ao trânsito em julgado, não haverá extinção da punibilidade, mas, sim, redução da metade da pena imposta.**

A figura mencionada **somente se aplica ao peculato culposo.**

As questões tendem a suscitar a possibilidade da aplicação do §3º no peculato doloso, o que, evidentemente, não se aplica.

O **peculato mediante erro de outrem (art. 313)** é uma forma especial de apropriação havida por erro de outrem. Aqui, o agente se apodera do bem ou valor em razão do erro de outra pessoa, ou seja, o agente não estava na posse de dinheiro ou qualquer utilidade, mas pelo erro de terceiro que se engana na entrega da coisa, o servidor público se apropria do objeto. Nesta modalidade, diz-se que o dolo é superveniente, na medida em que este não existe no momento em que o agente recebe a coisa por erro, mas, sim, no momento em que dela se apropria.

Ademais, a pessoa que se engana na entrega tanto pode ser particular como outro funcionário público.

Por derradeiro, vejamos a figura típica do chamado peculato eletrônico (digital). O delito se divide em duas modalidades:

- A primeira, disposta no art. 313-A, do CP, corresponde à tutela da proteção dos dados, que somente podem ser alterados para atender ao interesse público.

Aqui, o sujeito ativo é o funcionário público autorizado, ou seja, o que está investido na função de cuidar dos sistemas informatizados.

- A segunda, prevista no art. 313-B, diz respeito à modificação ou alteração, praticada por funcionário, em sistema de informações ou programa de informática sem autorização ou solicitação da autoridade responsável.

Diferentemente do que ocorre com o tipo penal art. 313-A, que protege os dados de um sistema, na figura do art. 313-B, tutela-se o próprio sistema de informações ou programa de informática, por isso mais branda.

O sujeito ativo é o funcionário público.

Para a modalidade trabalhada no segundo item, haverá aumento de pena de um terço até a metade, se da modificação ou alteração resulta dano para a Administração Pública ou para o administrado.

9.3.2 Modificação ou alteração não autorizada de sistema de informações

Se a conduta não for inserir, facilitar, alterar ou excluir dados, mas, sim modificar, temos a tipificação do art. 313-B, que tem uma pena bem mais branda:

> ***Art. 313-B*** *Modificar ou alterar, o funcionário, sistema de informações ou programa de informática sem autorização ou solicitação de autoridade competente:*
>
> *Pena - detenção, de 3 (três) meses a 2 (dois) anos, e multa.*
>
> ***Parágrafo único.*** *As penas são aumentadas de um terço até a metade se da modificação ou alteração resulta dano para a Administração Pública ou para o administrado.*

O parágrafo único do art. 313-B prevê uma modalidade majorada em razão do resultado, ou seja, se da modificação ou alteração resultar dano para a Administração Pública ou para o administrado, as penas serão aumentadas de 1/3 até 1/2.

9.3.3 Extravio, sonegação ou inutilização de livro ou documento

> ***Art. 314*** *Extraviar livro oficial ou qualquer documento, de que tem a guarda em razão do cargo; sonegá-lo ou inutilizá-lo, total ou parcialmente:*
>
> *Pena - reclusão, de um a quatro anos, se o fato não constitui crime mais grave.*

São três os verbos núcleos do tipo: **extraviar, inutilizar ou sonegar** livro ou documento.

Trata-se de crime de mão própria, pois somente o funcionário público que detém a guarda do livro ou documento, em razão do cargo, pode praticar o aludido delito.

Note que nos dias atuais, praticamente todos os dados da Administração Pública são armazenados em sistemas informatizados, mas ainda existem livros e documentos (em menor quantidade do que antigamente).

O elemento subjetivo do delito é o dolo, ou seja, exige-se a vontade livre e consciente de extraviar, sonegar ou inutilizar livro oficial ou documento.

Por se tratar de **crime doloso**, a mera desorganização do funcionário público não enseja a caracterização do delito, apesar de estar sujeito a procedimento administrativo disciplinar.

- **Extraviar** significa propositalmente dar outra destinação ao documento que deveria estar naquele determinado setor (determinado livro que deveria estar no setor "A" foi, propositalmente, colocado no setor "B").
- **Inutilizar** significa deteriorar, destruir o documento e pode se dar de forma total (quando é completamente destruído) ou parcial (manchado, destruído ou deteriorado, mas não em sua totalidade).
- **Sonegar** significa esconder determinado livro ou documento da administração pública (ato comumente chamado de "engavetamento" de documentos).

D
P
E
N

O funcionário público pode extraviar, inutilizar ou sonegar documentos da administração por qualquer motivo que seja. No entanto, quando o funcionário público extravia, inutiliza ou sonega livro ou documento público por solicitar ou aceitar vantagem indevida ou aceitar promessa de **vantagem indevida**, incorre o agente na conduta do art. 317, do Código Penal (corrupção passiva) ou ainda no delito de **concussão (art. 316, CP)**, caso tenha havido a exigência de vantagem indevida.

Note que na cominação da pena para o crime de do art. 314, o legislador prevê reclusão de um a quatro anos **se o fato não constituir crime mais grave**, já pensando na possibilidade de se caracterizar a corrupção passiva, sendo o art. 314 um crime subsidiário dos delitos mais graves.

9.3.4 Emprego irregular de verbas ou rendas públicas

> ***Art. 315*** *Dar às verbas ou rendas públicas aplicação diversa da estabelecida em lei:*
>
> *Pena - detenção, de um a três meses, ou multa.*

A conduta que se incrimina no art. 315 é a de dar aplicação diversa da estabelecida em lei às verbas ou rendas públicas. Trata-se, portanto, de norma penal em branco, em que as verbas ou rendas devem ser vinculadas, por lei, a certa destinação (educação, saúde etc.).

O elemento subjetivo do tipo é o dolo, que consiste na vontade livre e consciente de dar aplicação diferente às verbas ou rendas públicas. A consumação se dá com a efetiva aplicação diversa das verbas ou rendas, independentemente de prejuízo patrimonial ao ente público.

A primeira impressão que se tem ao realizar a leitura da conduta prevista no art. 315 é que se trata de um crime grave. No entanto, veja que se trata de um delito de menor potencial ofensivo, porquanto as penas mínima e máxima previstas são um a três meses de detenção.

No tipo penal apresentado, digamos que a verba mencionada era destinada à reforma de uma quadra poliesportiva. No entanto, a verba acabou sendo empregada irregularmente para a reforma de um hospital público. Note que ambas as obras são de interesse público, ou seja, o delito em comento trata da hipótese de o desvio ocorrer para atender outro interesse público distinto daquele que estava previsto no primeiro momento, mas ainda assim, é um desvio.

Atente-se para o fato de que a conduta prevista no art. 315, do CP, em nada se assemelha com o peculato, que é um dos crimes mais graves que podem ser cometidos contra a Administração Pública.

No crime de peculato, o funcionário público subtrai, se apropria ou desvia bem ou valor de domínio público, para si ou para outrem, ou seja, para um interesse particular, diferente do que ocorre no art. 315, em que o desvio se direciona para outro interesse público.

9.3.5 Concussão

> ***Art. 316*** *Exigir, para si ou para outrem, direta ou indiretamente, ainda que fora da função ou antes de assumi-la, mas em razão dela, vantagem indevida:*
>
> *Pena - reclusão, de 2 (dois) a 12 (doze) anos, e multa.*

O verbo núcleo do tipo é exigir, que tem o sentido de impor, ordenar etc. Trata-se da exigência (imposição, ordem) praticada pelo funcionário público contra outra pessoa, no intuito de obter vantagem indevida.

É importante não confundir o delito de concussão com o crime de corrupção passiva. A diferença está entre os verbos **exigir**, de um lado, e solicitar, receber ou aceitar, de outro. Enfim, na concussão há a imposição da vantagem indevida, sendo a vítima constrangida em razão da função pública do agente. Na corrupção passiva, a intensidade da solicitação equipara-se a uma negociação.

Trata-se de crime próprio, pois somente o funcionário público pode cometê-lo, ainda que fora da função ou antes de assumi-la, desde, entretanto, que atue em nome do cargo.

Fique ligado

Vale frisar que se admite a coautoria com particular, desde que esse tenha conhecimento da condição funcional do agente.

O sujeito passivo primário é o Estado, notadamente no aspecto da moralidade e eficiência administrativa, já que o agente atua em nome do ente que representa. De maneira secundária, o particular também é considerado sujeito passivo, porquanto é lesado pelo servidor.

O crime se consuma com a mera exigência da vantagem indevida, direta ou indiretamente (valendo-se de interposta pessoa), sendo o recebimento da vantagem mero exaurimento do crime. Em resumo, não há a necessidade de obtenção da vantagem, sendo classificado como um crime formal.

A vantagem deve ser indevida, isto é, ilegal, e será, em regra, de natureza econômica e patrimonial. Deve, em suma, beneficiar o próprio agente ou terceiro – não a administração pública.

O crime somente se pratica mediante dolo, inexistindo previsão para a modalidade culposa.

9.3.6 Excesso de exação

> *§ 1º Se o funcionário exige tributo ou contribuição social que sabe ou deveria saber indevido, ou, quando devido, emprega na cobrança meio vexatório ou gravoso, que a lei não autoriza:*
>
> ***Pena*** *- reclusão, de 3 (três) a 8 (oito) anos, e multa.*
>
> *§ 2º Se o funcionário desvia, em proveito próprio ou de outrem, o que recebeu indevidamente para recolher aos cofres públicos:*
>
> *Pena - reclusão, de dois a doze anos, e multa.*

O crime em debate constitui uma forma especial de concussão. Nesse sentido, o sujeito ativo do excesso de exação é o funcionário público encarregado da arrecadação tributária.

O sujeito passivo é o Estado e, indiretamente, o particular atingido.

O excesso de exação é previsto sob duas modalidades distintas: exigência indevida e cobrança vexatória.

A primeira consiste em **exigir tributo ou contribuição que sabe ou deveria saber indevido.**

A segunda consiste em **empregar meio vexatório (que humilha, ridiculariza) ou gravoso na cobrança de tributo devido.**

O crime só se pratica mediante dolo.

Há ainda a previsão da forma qualificada do delito no § 2°, na qual o agente desvia, em proveito próprio ou alheio, o que obteve indevidamente. Segundo se entende, a tipicidade reveste-se da peculiaridade de que o agente, após praticar a conduta delitiva a que se refere o § 1º, desvia em proveito seu ou de outrem o que recebeu ilicitamente, deixando, por conseguinte, de recolhê-lo aos cofres públicos.

Há, pois, dois momentos: no primeiro, há o recebimento indevido; e, no segundo, o posterior desvio do numerário.

A ação penal é pública incondicionada.

9.3.7 Corrupção passiva

> ***Art. 317*** *Solicitar ou receber, para si ou para outrem, direta ou indiretamente, ainda que fora da função ou antes de assumi-la, mas em razão dela, vantagem indevida, ou aceitar promessa de tal vantagem:*
>
> *Pena – reclusão, de 2 (dois) a 12 (doze) anos, e multa.*
>
> *§ 1º A pena é aumentada de um terço, se, em conseqüência da vantagem ou promessa, o funcionário retarda ou deixa de praticar qualquer ato de ofício ou o pratica infringindo dever funcional.*
>
> *§ 2º Se o funcionário pratica, deixa de praticar ou retarda ato de ofício, com infração de dever funcional, cedendo a pedido ou influência de outrem:*
>
> *Pena - detenção, de três meses a um ano, ou multa.*

Lamentavelmente, a corrupção é modalidade criminosa que se faz presente desde o alto escalão da Administração Pública até em atos corriqueiros da vida atual – como a conhecida "cervejinha" ou "cafezinho" solicitado por funcionário público. A corrupção, além de implicar aumento de custos com desvios de dinheiro público, de corroer a confiança nas instituições e na própria Democracia, acarreta efeitos indiretos que, muitas vezes, não são lembrados, gerando graves consequências no próprio crescimento econômico e no desenvolvimento social do país.

A ideia em se coibir o delito de corrupção gira em torno da preservação da moralidade administrativa e no zelo em se manter hígido o nome do Estado.

Noutro vértice, a incriminação da corrupção objetiva evitar o enriquecimento ilícito do agente público.

Trata-se de crime próprio, pois somente pode figurar como sujeito ativo, o funcionário público, ainda que fora da função ou antes de assumi-la, mas desde que pratique o crime em razão da sua função. Vale destacar, os funcionários públicos por equiparação (art. 327, §1º, CP).

É importante ressaltar que, se houver coautoria ou participação no crime de corrupção passiva, o particular (*extraneus*) responderá pelo mesmo tipo, uma vez que há comunicabilidade das circunstâncias elementares do crime, nos termos do art. 30, do Código Penal, sendo, no caso, comunicável a qualidade de funcionário público. Portanto, o particular pode figurar como sujeito ativo desse crime, quando houver concurso de pessoas.

O sujeito passivo é a Administração Pública. Eventualmente, o particular assediado pelo funcionário público também pode ser sujeito passivo, quando não houver a bilateralidade da infração penal.

O tipo objetivo compreende as condutas de **solicitar, receber ou aceitar** promessa de vantagem indevida. Solicitar significa pedir, requerer, manifestar o desejo de receber a espúria vantagem. A solicitação pode ser expressa ou tácita, predominando, nos casos concretos, esta última. A princípio, a solicitação denota um comportamento unilateral. Nesse caso, havendo a solicitação de vantagem indevida, se o particular efetuar o pagamento, este não praticará crime, configurando-se o mero exaurimento da corrupção passiva.

A segunda conduta é receber, isto é, adquirir, tomar, obter, alcançar a vantagem ilícita. Aqui, há o princípio da bilateralidade da corrupção, ou seja, encontra-se uma exceção à teoria monista do concurso de pessoas (art. 29, *caput,* do CP). Significa dizer que ao invés de os indivíduos que solicitam ou recebem a vantagem responderem pelo mesmo tipo penal, serão capitulados em delitos distintos, no caso, corrupção passiva e ativa (crime praticado pelo particular que oferece ou promete vantagem). Naturalmente, se o funcionário público recebe, é porque alguém ofertou.

O terceiro verbo é o aceitar a promessa de vantagem, que consiste em concordar, anuir a um pagamento futuro. Há, igualmente, a bilateralidade de comportamentos.

Conforme tratado anteriormente, se ao invés de solicitar a vantagem indevida, o agente público exigi-la, o crime praticado será o de concussão (art. 316, CP).

Pressupõe-se, para a caracterização do delito, que a conduta do agente deve guardar relação com o exercício da função.

O objeto material é a vantagem indevida, que constitui todo benefício ou proveito contrário ao direito, de qualquer natureza, seja material, imaterial (moeda virtual ou *bitcoin*), moral ou pessoal (favores sexuais).

O crime somente se pratica mediante dolo, ou seja, com a vontade livre e consciente de praticar as ações previstas no tipo penal, aliado ao elemento subjetivo do tipo implícito na expressão "para si ou para outrem".

O crime é formal e sua consumação independe da ocorrência do resultado pretendido. O crime se aperfeiçoa com a mera solicitação da vantagem ou aceitação da promessa, ainda que essa não se concretize. Todavia, no verbo **receber**, entende-se que o crime é material.

Cumpre registrar que, se após a consumação do delito (trata-se de crime formal), o funcionário público concretiza a ilícita "contrapartida", incidirá a causa de aumento do art. 317, § 1º, do CP.

A propósito, vale ressaltar que não se descaracteriza a prisão em flagrante do funcionário no momento do recebimento da "propina", quando, antes, já houve a solicitação da vantagem. Não há que falar em "flagrante preparado" no caso do funcionário ser capturado no momento em que colocava a "mão no dinheiro", não obstante, tecnicamente, poder ser alegado o exaurimento do delito.

Causa de aumento de pena

O §1° prevê a chamada corrupção própria exaurida. Ocorre quando o funcionário, em consequência da vantagem ou promessa, efetivamente, retarda (atrasa) ou deixa de praticar qualquer ato de ofício, ou o pratica infringindo dever funcional.

Cuida-se de hipótese de exaurimento da corrupção passiva que aumenta a reprimenda imposta, diante da maior lesão ao bem jurídico. Nesse sentido, dispõe o art. 317, § 1º, do CP que, se em consequência da vantagem ou promessa o funcionário retarda ou deixa de praticar qualquer ato de ofício ou o pratica infringindo dever funcional, a pena deve ser aumentada de um terço.

Forma privilegiada

Segundo o art. 317, § 2º, do CP, se o funcionário pratica, deixa de praticar ou retarda ato de ofício, com infração de dever funcional, **cedendo a pedido ou influência de outrem**, a pena será de detenção, de três meses a um ano, ou multa.

Nesse caso, o funcionário público não se utiliza da sua função para negociar vantagem indevida; simplesmente, ele viola o dever de fidelidade funcional para atender a um pedido de terceiro, influente ou não. Exige-se que haja pedido ou influência. É a reprovável "deferência" ou "vassalagem" do sujeito ativo que dá origem à forma especial de corrupção que, no caso, aproxima-se bastante do delito de prevaricação.

A ação penal é pública incondicionada.

9.3.8 Facilitação de contrabando ou descaminho

> ***Art. 318*** *Facilitar, com infração de dever funcional, a prática de contrabando ou descaminho (art. 334):*
>
> *Pena – reclusão, de 3 (três) a 8 (oito) anos, e multa.*

O tipo penal do art. 318 incrimina a facilitação da prática de contrabando ou descaminho, por funcionário público, com infração de dever funcional.

Trata-se de outra exceção ao princípio da unidade do delito – igualmente ao verificado no caso de corrupção passiva e ativa. Isso porque, a rigor, o funcionário público que facilita o descaminho ou o contrabando, violando o seu dever funcional, responderia como partícipe dos crimes dos arts. 334 e 334-A, caso não houvesse o aludido tipo penal.

É classificado como crime próprio, pois só o funcionário público, com dever funcional de fiscalização ou repressão ao contrabando ou descaminho, pode cometer o delito.

O sujeito passivo é o Estado, mais especificamente, a União Federal, em razão do controle de entrada e saída de mercadorias do país. É possível, ainda, ter como sujeito passivo indireto, os Estados da Federação, em razão da tributação reflexa.

O crime somente se pratica com dolo, inexistindo previsão para a forma culposa.

A ação penal é pública incondicionada.

9.3.9 Prevaricação

> ***Art. 319*** *Retardar ou deixar de praticar, indevidamente, ato de ofício, ou praticá-lo contra disposição expressa de lei, para satisfazer interesse ou sentimento pessoal:*
>
> *Pena – detenção, de três meses a um ano, e multa.*

O crime do art. 319 consiste no ato do funcionário público retardar ou deixar de praticar, indevidamente, ato de ofício, ou praticá-lo contra disposição expressa da lei, para satisfazer interesse ou sentimento pessoal.

Assim, na hipótese de omissão ou retardamento do ato de ofício, ou na prática desse *contra legem*, guiado por motivação particular, configurada estará a figura da prevaricação.

Trata-se de crime funcional próprio, pois, uma vez afastada a condição de funcionário público do agente, operar-se-á a atipicidade absoluta da conduta.

O crime só se pratica mediante dolo, inexistindo previsão para a modalidade culposa.

Demais disso, exige-se o elemento subjetivo do tipo, compreendido com a expressão "para satisfazer interesse ou sentimento pessoal." Sem essa finalidade específica, a conduta será atípica. Interesse pessoal é a vantagem pretendida pelo funcionário público, seja moral ou material.

Sentimento diz respeito à afetação do funcionário para com determinada pessoa, como simpatia, ódio, vingança etc.

Cumpre salientar, no particular, a grande "fragilidade", em termos práticos, do delito de prevaricação.

Com efeito, nos casos levados a juízo, há uma grande dificuldade de se provar que o ato praticado, omitido ou retardado, se deu em razão da motivação indevida. Isso porque sempre há uma margem de argumentação defensiva no sentido da conveniência ou oportunidade do ato praticado, retardado ou omitido pelo funcionário público. Na dúvida sobre a pertinência da "justificativa", impõe-se, como se sabe, a absolvição do réu.

A ação penal é pública incondicionada. Cabe transação penal ou suspensão condicional do processo, nos termos da Lei nº 9.099/1995.

9.3.10 Prevaricação imprópria

> ***Art. 319-A*** *Deixar o Diretor de Penitenciária e/ou agente público, de cumprir seu dever de vedar ao preso o acesso a aparelho telefônico, de rádio ou similar, que permita a comunicação com outros presos ou com o ambiente externo:*
>
> *Pena – detenção, de 3 (três) meses a 1 (um) ano.*

Trata-se de delito que visa tutelar a lisura no procedimento de recuperação do apenado, visando evitar seu acesso aos meios de comunicação.

Nesse sentido, inúmeros são os efeitos negativos da permissão, direta ou indireta, da manipulação de aparelhos de comunicação por parte dos presos: extorsões, preparações para fugas, gerenciamento da organização criminosa de dentro das prisões etc.

Quanto ao sujeito ativo, o crime somente pode ser praticado pelo Diretor de Penitenciária ou o agente público que tenha o dever de impedir o acesso dos presos a celulares e afins, como diretores de cadeia pública e centros de detenção provisória, agentes penitenciários, Delegados de Polícia ou carcereiros em cujas delegacias se achem recolhidos presos.

O objetivo é evitar que o preso tenha acesso aos meios de comunicação.

Fique ligado

Segundo o entendimento dos Tribunais Superiores, a permissão de acesso a *chip* de aparelho celular não configura o presente crime.

A prevaricação penitenciária somente é punida na forma dolosa, direta ou eventual. O crime se pratica mediante a omissão dolosa.

A tentativa não é possível, tendo em vista que se trata de crime omissivo próprio.

A ação penal é pública incondicionada.

9.3.11 Condescendência criminosa

> ***Art. 320*** *Deixar o funcionário, por indulgência, de responsabilizar subordinado que cometeu infração no exercício do cargo ou, quando lhe falte competência, não levar o fato ao conhecimento da autoridade competente:*
>
> *Pena - detenção, de quinze dias a um mês, ou multa.*

O delito do art. 320 contém duas modalidades. A primeira, consiste na conduta do funcionário **em deixar de responsabilizar** subordinado que cometeu infração no exercício do cargo. O agente, embora tenha competência, deixa de responsabilizar, isto é, não promove a apuração da falta nem aplica ao subordinado as cominações legais. A segunda, configura-se com a conduta do funcionário público de **não levar o fato ao conhecimento** da autoridade competente, quando lhe falte competência.

O pressuposto lógico-jurídico é o fato de que o subordinado tenha cometido infração penal ou administrativa, ou seja, que haja alguma relação com a falta e o exercício do cargo. Ao revés, caso se tratar de falta não relacionada com o serviço público, o fato é atípico.

O crime é omissivo próprio e somente se pratica mediante dolo.

A ação penal é pública incondicionada. Cabe transação penal ou suspensão condicional do processo, conforme o caso.

9.3.12 Advocacia administrativa

> ***Art. 321*** *Patrocinar, direta ou indiretamente, interesse privado perante a administração pública, valendo-se da qualidade de funcionário:*
>
> *Pena - detenção, de um a três meses, ou multa.*
>
> ***Parágrafo único.*** *Se o interesse é ilegítimo:*
>
> *Pena - detenção, de três meses a um ano, além da multa.*

O verbo núcleo do tipo é "patrocinar", que tem a significação de pleitear, advogar, defender, apadrinhar interesse alheio. Configura-se com a conduta o agente que representa, patrocina, intervém, pede, pleiteia por interesse privado perante a Administração Pública, valendo-se da qualidade de funcionário público.

Trata-se de crime próprio, pois somente pode ser praticado por funcionário público.

O delito pode ser cometido direta ou indiretamente. Na forma direta, o próprio funcionário público atua para a obtenção do atendimento do interesse particular. No meio indireto, ele se vale de interposta pessoa, estafeta ou terceiro que faz às vezes do funcionário, agindo, pois, em seu nome.

O crime somente se pratica mediante dolo. Na forma qualificada, deve existir o conhecimento da ilegitimidade do ato.

A consumação ocorre com a prática do primeiro ato de patrocínio, independentemente, de lograr obter alguma decisão favorável ao seu "cliente". Admite-se a tentativa.

Tratando-se de interesse ilegítimo, ou seja, não agasalhado em lei, incide a qualificadora do parágrafo único do art. 321, do CP.

9.3.13 Violência arbitrária

> ***Art. 322*** *Praticar violência, no exercício de função ou a pretexto de exercê-la:*
>
> *Pena - detenção, de seis meses a três anos, além da pena correspondente à violência.*

Há discussão doutrinária e jurisprudencial sobre a revogação ou não deste dispositivo por força da Nova Lei de Abuso de Autoridade (Lei nº 13.869/2019).

Há duas correntes sobre o assunto. Prevalece a orientação de que não houve revogação, consoante entendimento do STF. Entretanto, o tipo penal funcionará de maneira subsidiária.

O bem jurídico tutelado pelo delito do art. 322 é a garantia do regular desenvolvimento das atividades da administração pública. Secundariamente, tutela a integridade do particular afetado pela ação violenta.

O verbo núcleo do tipo é "praticar", que tem o sentido de cometer, fazer, executar. A figura típica pune a prática de violência, entendida essa como a "violência física sobre a pessoa visada, não bastando, portanto, a simples violência moral (ameaça).

É requisito do tipo penal que a violência seja cometida pelo agente no exercício da função, ou seja, quando o funcionário público está efetivamente desempenhando sua atividade funcional específica; ou a pretexto de exercê-la.

O elemento subjetivo é o dolo, ou seja, a vontade de praticar violência com consciência e arbitrariedade.

9.3.14 Abandono de função

> ***Art. 323*** *Abandonar cargo público, fora dos casos permitidos em lei:*
>
> *Pena - detenção, de quinze dias a um mês, ou multa.*
>
> *§ 1º Se do fato resulta prejuízo público:*
>
> *Pena - detenção, de três meses a um ano, e multa.*
>
> *§ 2º Se o fato ocorre em lugar compreendido na faixa de fronteira:*
>
> *Pena - detenção, de um a três anos, e multa.*

O núcleo do tipo é "abandonar", que significa afastar-se deliberadamente, ausentar-se de maneira arbitrária do local onde exerce o cargo público. O abandono deve ser inequívoco e total, vale dizer, sem deixar espaço para substitutos. E, segundo a doutrina, este abandono deve acarretar uma probabilidade de dano ao serviço público.

Caso se trate de demissão requerida pelo servidor público, deve-se aguardar o deferimento por parte da Administração Pública. Caso se afaste sem aguardar a decisão final sobre a demissão, poderá o agente responder pelo crime em questão.

O tipo subjetivo é o dolo, consistente na vontade consciente de abandonar o efetivo exercício do cargo, abrangendo o conhecimento da irregularidade da medida.

O delito se opera com o afastamento do exercício do cargo público por tempo juridicamente relevante. Por se tratar de delito omissivo próprio, não cabe a tentativa.

Há, ainda, a presença de duas qualificadoras. Na primeira, a pena é agravada se, do abandono, redundar prejuízo público.

Na segunda qualificadora, a pena é exasperada quando o fato é cometido em lugar compreendido na faixa de fronteira. No caso, há, naturalmente, um prejuízo maior em razão da lacuna que prejudica os interesses nacionais frente aos países limítrofes. De acordo com o art. 1°, da Lei n° 6.634/1979, é considerada área indispensável à Segurança Nacional a faixa interna de 150 Km (cento e cinquenta quilômetros) de largura, paralela à linha divisória terrestre do território nacional, que será designada como Faixa de Fronteira.

9.3.15 Exercício funcional ilegalmente antecipado ou prolongado

> ***Art. 324*** *Entrar no exercício de função pública antes de satisfeitas as exigências legais, ou continuar a exercê-la, sem autorização, depois de saber oficialmente que foi exonerado, removido, substituído ou suspenso:*
>
> *Pena - detenção, de quinze dias a um mês, ou multa.*

O tipo penal do art. 324, do CP, objetiva proteger a Administração Pública no que diz respeito à segurança e à regularidade do exercício do cargo público, desde a sua investidura até o afastamento do servidor, temporária ou definitivamente.

Objetiva-se evitar insegurança jurídica decorrente da anulação ou mesmo nulidade dos atos praticados por quem ainda não tomou posse, ou, em outro extremo, por quem não mais possui o direito de exercê-lo.

Cuida-se de crime próprio. Por essa razão, o sujeito ativo é o funcionário público que entra no exercício de função, antecipadamente, ou que a exerce mesmo depois de saber, oficialmente, da sua exoneração/remoção ou suspensão.

Todavia, para que haja a incriminação, exige-se que ele tenha conhecimento oficial do impedimento em questão.

Após essa ciência, a continuidade no cargo caracterizará o delito em tela.

O crime só se pratica com dolo, isto é, mediante a vontade e consciência de antecipar ou prolongar o exercício da atividade funcional, com consciência da ilegalidade.

A consumação ocorre com a realização do primeiro ato de ofício indevido. Admite-se a tentativa.

A ação penal é pública incondicionada.

9.3.16 Violação de sigilo funcional

> ***Art. 325*** *Revelar fato de que tem ciência em razão do cargo e que deva permanecer em segredo, ou facilitar-lhe a revelação:*
>
> *Pena - detenção, de seis meses a dois anos, ou multa, se o fato não constitui crime mais grave.*
>
> *§ 1º Nas mesmas penas deste artigo incorre quem:*
>
> *I – permite ou facilita, mediante atribuição, fornecimento e empréstimo de senha ou qualquer outra forma, o acesso de pessoas não autorizadas a sistemas de informações ou banco de dados da Administração Pública;*
>
> *II – se utiliza, indevidamente, do acesso restrito.*
>
> *§ 2º Se da ação ou omissão resulta dano à Administração Pública ou a outrem:*
>
> *Pena – reclusão, de 2 (dois) a 6 (seis) anos, e multa.*

Conforme dispõe o art. 5º, XXXIII, da CF, todos têm direito a receber dos órgãos públicos informações de seu interesse particular, ou de interesse coletivo ou geral, que serão prestadas no prazo da lei, sob pena de responsabilidade, ressalvadas aquelas cujo sigilo seja imprescindível à segurança da sociedade e do Estado.

No mesmo sentido, o art. 37, § 3º, inc. II, da Constituição de 1988, dispõe que a lei disciplinará as formas de participação do usuário na Administração Pública direta e indireta, regulando especialmente: o acesso dos usuários a registros administrativos e a informações sobre atos de governo, observado o disposto no art. 5º, X e XXXIII.

Desse modo, é evidente que as informações que encampam a atuação pública são dotadas de publicidade. Todavia, soa natural que, em determinadas situações, essa publicidade seja mitigada em prol do próprio interesse público, por exemplo, o sigilo no curso de uma investigação.

Desta feita, o funcionário que, violando seu dever de observar o sigilo, revelar fato conhecido em razão do cargo, prejudicando a Administração Pública ou algum particular, incorre no delito do art. 325, do CP.

O sujeito ativo é o funcionário público. Aliás, trata-se de crime próprio, pois somente o funcionário público que tem ciência do segredo, é que pode praticá-lo. Na hipótese de uma terceira pessoa, que não o funcionário público, receber a informação por aquele "vazada", não responde pelo crime, a não ser que tenha induzido, instigado ou auxiliado, secundariamente, o funcionário infiel.

Fique ligado

O pressuposto lógico do crime é que o funcionário tenha conhecimento do segredo em razão do cargo, vale dizer, por força do desempenho de suas funções. Se ele toma conhecimento por razões diversas, não haverá o crime em foco.

Por outro lado, caso se trate de um segredo de interesse particular, poderá caracterizar o art. 154, do CP.

O crime somente se pratica mediante dolo.

A consumação ocorre com o ato da revelação do segredo ou de sua facilitação. Trata-se de delito formal, que independe de produção efetiva de dano, bastando sua potencialidade lesiva.

A tentativa dependerá da forma pela qual o segredo chega até ao terceiro. Se for via oral, não há possibilidade de tentativa; se for por meio escrito, v.g., há possibilidade do *conatus*.

9.4 Crimes praticados por particular contra a administração em geral

9.4.1 Usurpação de função pública

> ***Art. 328*** *Usurpar o exercício de função pública:*
>
> *Pena - detenção, de três meses a dois anos, e multa.*
>
> ***Parágrafo único.*** *Se do fato o agente aufere vantagem:*
>
> *Pena - reclusão, de dois a cinco anos, e multa.*

A partir deste artigo serão analisados os crimes praticados por particulares contra a Administração Pública.

O delito do art. 328 criminaliza a conduta do sujeito que se apropria de maneira ilegítima e ilegal de função reservada a qualquer agente público. A ideia do núcleo "usurpar o exercício de função pública" significa exercer indevidamente, sem ter o direito.

Pode praticar o crime em estudo aquele que se usurpa nas funções de servidor público, de natureza vitalícia, efetiva, temporária ou delegada, sejam elas civis ou militares.

Trata-se de crime comum, que pode ser praticado por qualquer pessoa, inclusive por funcionário público quando venha a exercer uma função que não lhe compete.

Fique ligado

Vale frisar que, se o agente alega que é titular de uma função pública, mas não realiza nenhum ato a ela inerente, não há delito, mas, apenas, a contravenção do art. 45, da Lei das Contravenções Penais.

O elemento subjetivo do tipo é o dolo, consistente na vontade de usurpar a função, com consciência da ilegitimidade do exercício.

O parágrafo único prevê a figura qualificado do delito, se o agente ao usurpar a função pública, aufere vantagem moral ou material, para si ou para terceiro.

A ação penal é pública incondicionada.

9.4.2 Resistência

> ***Art. 329*** *Opor-se à execução de ato legal, mediante violência ou ameaça a funcionário competente para executá-lo ou a quem lhe esteja prestando auxílio:*
>
> *Pena - detenção, de dois meses a dois anos.*
>
> *§ 1º Se o ato, em razão da resistência, não se executa:*
>
> *Pena - reclusão, de um a três anos.*
>
> *§ 2º As penas deste artigo são aplicáveis sem prejuízo das correspondentes à violência.*

Trata-se da conduta daquele que se opõe à execução de um ato **legal**, por exemplo, impedir um oficial de justiça de cumprir um mandado, exercendo violência ou ameaça (não precisa ser grave) contra ele.

Destacamos que a "oposição" referida no dispositivo legal deve-se a uma resistência denominada **ativa**, não caracterizando o delito em tela a resistência passiva, que é o ato de esbravejar, espernear ou manifestar discordância contra o ato praticado.

O crime em tela tem por objetivo proteger a higidez e credibilidade dos servidores públicos.

Além disso, se a resistência se dá para evitar um ato ilegal, a conduta configura fato atípico, na medida em que o particular estará agindo amparado por alguma excludente de ilicitude.

O crime só se pratica com dolo.

O crime será qualificado se o ato, em razão da resistência, não se executa.

A pena do crime de resistência será somada à pena de eventual violência, aplicando-se a regra do concurso material de infrações.

A ação penal é pública incondicionada.

9.4.3 Desobediência

> ***Art. 330*** *Desobedecer a ordem legal de funcionário público:*
>
> *Pena - detenção, de quinze dias a seis meses, e multa.*

Distintamente do que ocorre no crime anterior, na desobediência, pune-se a conduta de quem desobedece à ordem **legal** de funcionário público. Por isso, é muito comum que, havendo resistência, haverá desobediência. Todavia, é possível desobedecer sem resistir, já que a resistência é condicionada à existência de violência ou ameaça ao servidor que cumpre ato legal.

Além disso, para a tipificação da desobediência é indispensável que o destinatário da ordem tenha o dever jurídico de obedecê-la, isto é, a obrigação de acatá-la.

Nesse contexto, não obedecer a ordem legal do funcionário público (ficar parado, em silêncio ou outra conduta) configura o crime em estudo.

Merece destaque o entendimento majoritário no sentido de que até mesmo o servidor público pode cometer este crime, desde que a ordem não seja relacionada às suas funções.

O elemento subjetivo do crime é o dolo, ou seja, a vontade livre e consciente de desobedecer a ordem legal que tem obrigação de cumprir. O erro ou o motivo de força maior exclui o elemento subjetivo.

Admite-se a tentativa somente na forma comissiva, não sendo possível na omissiva.

A ação é pública incondicionada.

9.4.4 Desacato

> ***Art. 331*** *Desacatar funcionário público no exercício da função ou em razão dela:*
>
> *Pena - detenção, de seis meses a dois anos, ou multa.*

O crime de desacato tutela a moralidade, a dignidade e o prestígio da função pública.

Embora o STJ tenha se posicionado pela inconstitucionalidade deste delito, por – de acordo com o antigo entendimento – violar o direito de liberdade de expressão, prevalece a orientação de que todos os direitos comportam mitigação, razão pela qual o delito contido no art. 331 é plenamente constitucional e tem por objetivo proteger a Administração Pública.

O verbo núcleo do delito é "desacatar" que consiste na conduta de humilhar, menosprezar, achincalhar, menoscabar etc. o funcionário público quando no exercício de sua função ou em razão dela. Assim, o entendimento é de que, para que se configure desacato, faz-se necessário que a ofensa seja dirigida diretamente ao funcionário público. Entende-se também que não é admissível que o crime de desacato seja cometido por telefone, fax, telegrama, correspondência eletrônica, carta ou pela imprensa. Nessas situações, estaremos diante de crimes contra a honra.

Ademais, o entendimento predominante é que um funcionário público pode praticar o crime em tela quando desacatar outro, pouco importando a posição hierárquica.

> **Fique ligado**
>
> Em resumo, é elementar para a consumação do crime que a conduta seja realizada contra funcionário público **no exercício da função ou em razão dela, vale dizer, o chamado nexo funcional.**

A prática delitiva se dá mediante dolo, consistente na vontade livre e consciente de proferir palavra ou praticar ato injurioso ou difamatório, com finalidade de desprestigiar a função pública do ofendido.

Vale destacar que não haverá crime se o funcionário houver dado causa ao desacato, pois neste caso será retorsão ou justa repulsa, em que ausente o dolo inerente ao tipo.

A ação penal é pública incondicionada.

9.4.5 Tráfico de influência

> ***Art. 332*** *Solicitar, exigir, cobrar ou obter, para si ou para outrem, vantagem ou promessa de vantagem, a pretexto de influir em ato praticado por funcionário público no exercício da função:*
>
> *Pena – reclusão, de 2 (dois) a 5 (cinco) anos, e multa.*
>
> ***Parágrafo único.*** *A pena é aumentada da metade, se o agente alega ou insinua que a vantagem é também destinada ao funcionário.*

O delito do art. 332 tutela o prestígio (bom nome) da Administração Pública. O tipo penal tem como finalidade evitar a chamada comercialização da suposta influência em atividade de funcionário público.

O objetivo deste tipo penal é dizimar a conduta de qualquer indivíduo que tenha por intuito obter vantagem pessoal sob o argumento de intervir em atividade funcional de servidor público.

A característica do delito está na razão da conduta do agente a pretexto de influir em ato praticado por funcionário público no exercício da função. O sujeito ativo solicita, exige, cobra ou obtém a vantagem ou promessa de vantagem a pretexto de influir em ato praticado por funcionário público.

Note-se, desde logo, que do tipo legal está excluída a alegação de que se possa exercer influência sobre servidores da justiça, tais quais juiz, jurado, órgão do Ministério Público, funcionário de justiça, perito, tradutor, intérprete ou testemunha, uma vez que esses se inserem no rol taxativo do art. 357, do CP (exploração de prestígio).

O crime pode ser praticado por qualquer pessoa, até mesmo por funcionário público.

O delito somente se pratica mediante dolo.

Haverá aumento de pena (1/2), caso o agente dê a entender que a importância ou qualquer outra vantagem, também será destinada ao funcionário público.

9.4.6 Corrupção ativa

> ***Art. 333*** *Oferecer ou prometer vantagem indevida a funcionário público, para determiná-lo a praticar, omitir ou retardar ato de ofício:*
>
> *Pena – reclusão, de 2 (dois) a 12 (doze) anos, e multa.*
>
> ***Parágrafo único.*** *A pena é aumentada de um terço, se, em razão da vantagem ou promessa, o funcionário retarda ou omite ato de ofício, ou o pratica infringindo dever funcional.*

Trata-se de mais um tipo penal que tutela a credibilidade do Estado frente a seus agentes.

Os núcleos do tipo são "oferecer" e "prometer" vantagem indevida para determinar que funcionário público pratique, omita ou retarde ato que deveria praticar de ofício. Oferecer tem o sentido de pôr à disposição, apresentar para que seja aceito. Prometer, por sua vez, tem o sentido de obrigar-se, comprometer-se, garantir dar alguma coisa.

É a clássica forma de corrupção, o chamado "cafezinho" ou "ajudinha".

O entendimento que prevalece nos tribunais superiores é o de que a entrega de lembranças, cestas de natal ou outras regalias ao funcionário público, sem o ânimo de corrompê-lo, não caracteriza o crime em questão.

Vale destacar que se houver imposição do funcionário para o oferecimento ou promessa, não há corrupção ativa, mas concussão praticada pelo funcionário (CP, art. 316).

O crime em estudo é formal e se consuma com a simples promessa ou oferecimento da vantagem indevida.

Caso o agente aceite, poderá haver a responsabilização do particular por corrupção ativa e do servidor que aceita ou recebe por corrupção passiva (art. 317, CP).

> **Fique ligado**
>
> Se a corrupção for de testemunha ou perito, tradutor ou intérprete, aplicar-se-á a norma incriminadora do art. 343, do CP, em homenagem ao princípio da especialidade.

O crime só se pratica mediante dolo, que se representa pela vontade, livre e consciente de oferecer ou prometer vantagem indevida a funcionário público, acrescido do elemento subjetivo do injusto, manifestado pelo especial fim de agir, que, no caso, é a intenção manifesta de levar o funcionário a praticar ato de ofício, ou omiti-lo ou retardá-lo.

O delito será qualificado quando, em razão da vantagem ou promessa, o funcionário retarda ou omite ato de ofício, ou o pratica infringindo dever funcional.

A ação penal é pública incondicionada.

9.4.7 Descaminho

> ***Art. 334*** *Iludir, no todo ou em parte, o pagamento de direito ou imposto devido pela entrada, pela saída ou pelo consumo de mercadoria.*
>
> *Pena – reclusão, de 1 (um) a 4 (quatro) anos.*
>
> *§ 1º Incorre na mesma pena quem:*
>
> *I – pratica navegação de cabotagem, fora dos casos permitidos em lei;*
>
> *II – pratica fato assimilado, em lei especial, a descaminho;*
>
> *III – vende, expõe à venda, mantém em depósito ou, de qualquer forma, utiliza em proveito próprio ou alheio, no exercício de atividade comercial ou industrial, mercadoria de procedência estrangeira que introduziu clandestinamente no País ou importou fraudulentamente ou que sabe ser produto de introdução clandestina no território nacional ou de importação fraudulenta por parte de outrem;*
>
> *IV – adquire, recebe ou oculta, em proveito próprio ou alheio, no exercício de atividade comercial ou industrial, mercadoria de procedência estrangeira, desacompanhada de documentação legal ou acompanhada de documentos que sabe serem falsos.*
>
> *§ 2º Equipara-se às atividades comerciais, para os efeitos deste artigo, qualquer forma de comércio irregular ou clandestino de mercadorias estrangeiras, inclusive o exercido em residências.*
>
> *§ 3º A pena aplica-se em dobro se o crime de descaminho é praticado em transporte aéreo, marítimo ou fluvial.*

O crime de descaminho, hoje, encontra previsão isolada, mas, ao longo do tempo, sempre fora trabalhado em conjunto ao contrabando. Entretanto, em 2014, por força da Lei nº 13.008/2014, houve a divisão do dispositivo, que passou a prever as condutas em dispositivos apartados (separados), notadamente, por se perceber um maior grau de reprovabilidade do contrabando, que é punido com maior rigor.

Em rápida síntese, é necessário apresentar distinções breves entre os delitos de descaminho e contrabando. O primeiro consiste em fraude no pagamento de impostos devidos para o mesmo fim (entrada ou saída de mercadorias permitidas do País), enquanto que o segundo consiste na importação ou exportação de mercadoria proibida no Brasil.

No crime de descaminho, protege-se o interesse tributário e alfandegário, enquanto que, no de contrabando, a conduta atinge a Administração Pública no aspecto de fiscalização e controle dos serviços de saúde, segurança pública, moralidade etc.

Conforme se extrai do *caput* do art. 334, o tipo penal incrimina a conduta de iludir, no todo ou em parte, o pagamento de direito ou imposto devido pela entrada, pela saída ou pelo consumo de mercadoria.

O descaminho é crime comum, que pode ser praticado por qualquer pessoa.

Fique ligado

O funcionário público que concorre com o crime, facilitando-o com infração de dever funcional, pratica a conduta do art. 318, do CP.

Como dito, o descaminho protege a regularidade tributária no país. Por exemplo, na importação é obrigatório o pagamento do Imposto de Importação, contribuições sociais (PIS/PASEP/COFINS) e, eventualmente, do ICMS. Na saída da mercadoria são devidos, em regra, o Imposto de Exportação e tributação reflexa. Como se vê, na conduta, o agente ilude a arrecadação tributária da União e, eventualmente, dos Estados.

Há ainda as figuras equiparadas do delito, que recebem a mesma pena do *caput*, estando elas dispostas no § 1º do artigo. A primeira é a navegação de cabotagem fora dos casos permitidos em lei (§ 1º, I). Essa hipótese delitiva consiste em norma penal em branco, pois depende de uma norma extrapenal para dar os contornos da tipificação, disciplinando, assim, a navegação de cabotagem (ou seja, aquela circunscrita ao território nacional, tendo por escopo a comunicação e o comércio entre os portos do país).

A segunda é a prática de fato assimilado, em lei especial, a descaminho (§ 1º, II). Trata-se de outra norma penal em branco, exigindo preceito em Lei especial que a complemente.

A terceira é o uso comercial ou industrial de mercadoria que o próprio agente importou ou introduziu, ou que sabe ser produto de importação fraudulenta (§ 1º, III). Este inciso trata de condutas múltiplas, relacionadas, na primeira parte, com atividade comercial ou industrial, ainda que irregular ou clandestina (§ 2º), mas sempre revestida de habitualidade ou continuidade.

Observe-se que o tipo descreve condutas do próprio autor do contrabando ou descaminho. Nesse caso, pelo princípio da especialidade, o conflito aparente se resolve pela aplicação exclusiva do § 1º, "I", afastando a incidência do *caput*.

Na segunda parte, definem-se fatos que deveriam ser, em tese, crime de receptação. O agente vende etc., mercadoria, objeto de contrabando ou descaminho cometido por terceiro ("ou que sabe ser produto de introdução clandestina no território nacional ou de importação fraudulenta por parte de outrem"). Nesse caso, não basta a realização de um dos vários verbos, mas deve haver, necessariamente, ciência da origem delituosa da coisa para que se complete o elemento do dolo direto. Pelo mesmo princípio da especialidade, o dispositivo afasta a aplicação do art. 180, do CP.

Por fim, a quarta figura assimilada é a receptação de produtos de descaminho (§ 1º, IV). Nela, encontram-se definidas várias condutas, igualmente praticadas no exercício de atividade comercial ou industrial, que constituiriam, a rigor, o tipo de receptação do art. 180 § 1º, do CP, mas que, em razão da regra da especialidade, serão punidas pelo presente dispositivo.

As ações, no caso, pressupõem a entrada ilícita no País de mercadoria estrangeira, que chega ao sujeito:

- Sem a documentação exigida pela lei;
- Com documentação falsa, de conhecimento do agente.

Há, portanto, a exigência de dolo na ação do comerciante etc. Se ele age de forma culposa, violando dever de cuidado, há a incidência da receptação culposa do art. 180, § 3º, do CP.

A conduta deve ser praticada no exercício de atividade comercial ou industrial, ainda que irregular ou clandestina (§ 2º). Exige-se, pois, a continuidade ou habitualidade do comportamento, vale dizer, a reiteração na prática delituosa, com destinação comercial ou industrial da mercadoria.

O crime só se pratica mediante dolo.

É considerado delito formal, bastando a entrada ou saída da mercadoria do território nacional para que a conduta se materialize.

Considerando a natureza estabelecida para o crime, segundo a jurisprudência do STF, para a configuração do delito em estudo, não se faz necessária a consolidação do débito na via administrativa.

A ação penal é pública incondicionada.

9.4.8 Contrabando

> ***Art. 334-A*** *Importar ou exportar mercadoria proibida:*
>
> *Pena – reclusão, de 2 (dois) a 5 (cinco) anos.*
>
> *§ 1º Incorre na mesma pena quem:*
>
> *I – pratica fato assimilado, em lei especial, a contrabando;*
>
> *II – importa ou exporta clandestinamente mercadoria que dependa de registro, análise ou autorização de órgão público competente;*
>
> *III – reinsere no território nacional mercadoria brasileira destinada à exportação;*
>
> *IV – vende, expõe à venda, mantém em depósito ou, de qualquer forma, utiliza em proveito próprio ou alheio, no exercício de atividade comercial ou industrial, mercadoria proibida pela lei brasileira;*
>
> *V – adquire, recebe ou oculta, em proveito próprio ou alheio, no exercício de atividade comercial ou industrial, mercadoria proibida pela lei brasileira.*
>
> *§ 2º Equipara-se às atividades comerciais, para os efeitos deste artigo, qualquer forma de comércio irregular ou clandestino de mercadorias estrangeiras, inclusive o exercido em residências.*
>
> *§ 3º A pena aplica-se em dobro se o crime de contrabando é praticado em transporte aéreo, marítimo ou fluvial.*

Num primeiro momento, e, inclusive, já foi objeto de questão de prova para a Polícia Federal, destaca-se que o crime de contrabando é punível em razão do princípio da continuidade normativo típica, tendo em vista que a Lei nº 13.008/2014 deslocou o conteúdo criminoso do contrabando para o art. 334-A, do CP, operando-se uma revogação formal do tipo penal, permanecendo típica, a conduta.

As disposições específicas assemelham-se ao crime de descaminho. Inclusive, o funcionário público que facilita o contrabando responde pelo crime do art. 318, do CP.

No contrabando, a mercadoria (coisa móvel de qualquer natureza), pode ser absoluta ou relativamente proibida, sendo que, no primeiro caso, a mercadoria não pode ingressar ou sair em hipótese nenhuma. Já no segundo caso, é possível, desde que satisfeitas as condições previstas na legislação especial.

Há ainda as figuras equiparadas, estando elas dispostas no § 1º do artigo. A primeira figura assimilada (§ 1º, I) consiste na prática de fato assimilado, em lei especial, ao contrabando. Trata-se de outra norma penal em branco, exigindo preceito em Lei especial que a complemente. Como exemplo, temos os decretos que regulamentam as zonas francas.

A segunda forma equiparada (§ 1º, II) é a importação ou exportação clandestina de mercadoria que depende de registro, análise ou autorização de órgão público competente (Ex.: cigarros, agrotóxicos...)

No § 1º, III, o que se proíbe é a reinserção em território nacional de mercadoria brasileira destinada à exportação. Será o caso de se punir aqueles que desviam produtos destinados, especificamente, para exportação.

O quarto caso de contrabando por assimilação é o de uso comercial ou industrial de mercadoria proibida pela lei brasileira (§ 1º, IV). Este inciso trata de condutas múltiplas, relacionadas com atividade comercial ou industrial, ainda que irregular ou clandestina (§ 2º), mas sempre revestida de habitualidade ou continuidade. Trata-se de situação que se assemelha ao inciso III, do artigo anterior.

A última conduta equiparada é a de receptação de produtos de contrabando (§ 1º, V). Semelhante ao inciso IV, do artigo anterior, aqui, novamente, encontram-se definidas várias condutas ("adquire, recebe ou oculta"), igualmente, praticadas no exercício de atividade comercial ou industrial, que constituiriam, a rigor, o tipo de receptação do art. 180, § 1º, do CP, mas que, em razão do princípio da especialidade, serão punidas pelo presente dispositivo.

Diferente do caso de receptação de produto de descaminho, para a receptação de contrabando, somente importará que o sujeito receba mercadoria que é proibida pela lei brasileira. Em caso de necessário conhecimento da situação, há então a exigência de dolo da ação do comerciante ou industrial. Se ele age culposamente, violando dever de cuidado, há a incidência da receptação culposa do art. 180, § 3º, do CP.

Reitere-se que a conduta deve ser praticada no exercício de atividade comercial ou industrial, ainda que irregular ou clandestina (conforme o §2º, do art. 334-A, do CP). Exige-se, pois, a continuidade ou habitualidade do comportamento, vale dizer, reiterada prática delituosa, com destinação comercial ou industrial da mercadoria.

O crime só se pratica mediante dolo, que consiste na vontade livre e consciente de importar ou exportar mercadoria proibida.

A ação penal é pública incondicionada.

9.4.9 Inutilização de edital ou de sinal

> ***Art. 336*** *Rasgar ou, de qualquer forma, inutilizar ou conspurcar edital afixado por ordem de funcionário público; violar ou inutilizar selo ou sinal empregado, por determinação legal ou por ordem de funcionário público, para identificar ou cerrar qualquer objeto:*
>
> *Pena – detenção, de um mês a um ano, ou multa.*

Cumpre ressaltar que edital é um documento afixado no mural da repartição para emanar alguma ordem ao funcionário público. Por outro lado, sinal é um objeto empregado para identificar ou lacrar alguma coisa. Consuma-se quando da prática das condutas, independentemente, de qual dano material à Administração Pública.

9.4.10 Subtração ou inutilização de livro ou documento

> ***Art. 337*** *Subtrair, ou inutilizar, total ou parcialmente, livro oficial, processo ou documento confiado* ***à custódia de funcionário****, em razão de ofício, ou de particular em serviço público:*
>
> *Pena – reclusão, de dois a cinco anos,* ***se o fato não constitui crime mais grave.***

A conduta é subtrair ou inutilizar, total ou parcialmente livro oficial, processo ou documento entregue em confiança a funcionário público ou a particular em serviço público. Consuma-se no momento da prática de quaisquer das condutas previstas no tipo. O crime do art. 337 é absolutamente assemelhado com o crime do art. 314, ambos do CP. As peculiaridades são:

O crime do art. 314 é praticado por funcionário público, o que não ocorre com o crime do art. 337.

No crime do art. 314 do CP, o autor, além de ser funcionário público, deve ter a guarda do documento em razão de sê-lo. Já no crime do art. 337, o autor do crime não tem a posse do livro ou documento. Quem desfruta da posse é o funcionário público ou o particular em serviço público.

9.4.11 Sonegação de contribuição previdenciária

> ***Art. 337-A*** *Suprimir ou reduzir contribuição social previdenciária e qualquer acessório, mediante as seguintes condutas:*
>
> *I – omitir de folha de pagamento da empresa ou de documento de informações previsto pela legislação previdenciária segurados empregado, empresário, trabalhador avulso ou trabalhador autônomo ou a este equiparado que lhe prestem serviços;*
>
> *II – deixar de lançar mensalmente nos títulos próprios da contabilidade da empresa as quantias descontadas dos segurados ou as devidas pelo empregador ou pelo tomador de serviços;*
>
> *III – omitir, total ou parcialmente, receitas ou lucros auferidos, remunerações pagas ou creditadas e demais fatos geradores de contribuições sociais previdenciárias:*
>
> *Pena – reclusão, de 2 (dois) a 5 (cinco) anos, e multa.*

O STJ se manifestou acerca do sujeito ativo do crime, o que é divergente da doutrina. Para o STJ, qualquer pessoa pode ser o sujeito ativo do crime!

Extinção da punibilidade

> *§ 1º É extinta a punibilidade se o agente,* ***espontaneamente****, declara e confessa as contribuições, importâncias ou valores e presta as informações devidas à previdência social, na forma definida em lei ou regulamento, antes do início da ação fiscal.*

Faculdade do juiz

> *§ 2º É facultado ao juiz* ***deixar de aplicar*** *a pena ou aplicar* ***somente a de multa*** *se o agente for primário e de bons antecedentes, desde que:*
>
> *II – o valor das contribuições devidas, inclusive acessórios, seja igual ou inferior àquele estabelecido pela previdência social, administrativamente, como sendo o mínimo para o ajuizamento de suas execuções fiscais.*

Aumento de pena

> *§ 3º Se o empregador não é pessoa jurídica e sua folha de pagamento mensal não ultrapassa* ***R$*** *1.510,00 (um mil, quinhentos e dez reais), o juiz poderá reduzir a pena de* ***um terço até a metade*** *ou aplicar* ***apenas a de multa.***
>
> *§ 4º O valor a que se refere o parágrafo anterior será reajustado nas mesmas datas e nos mesmos índices do reajuste dos benefícios da previdência social.*

9.5 Crimes em licitações e contratos administrativos

Antes de avançar à análise dos tipos penais, é importante tecer algumas considerações sobre os crimes envolvendo licitações e contratos administrativos.

Primeiramente, a licitação consiste no procedimento utilizado pela administração pública para a execução de uma função do Estado.

O contrato administrativo, por sua vez, representa o vínculo formal estabelecido entre a administração e o vencedor da licitação, no qual serão estabelecidas as condições para o desenvolvimento dos trabalhos (chamado de contrato vertical ou leonino).

A antiga (ainda vigente) Lei de Licitações (Lei nº 8.666/1990) já representava um tormento para quem a estudava. Não obstante, o Congresso aprovou e já se encontra em vigência a nova Lei de Licitações – Lei nº 14.133/2021.

Em resumo, as duas leis possuem vigência simultânea.

Evidentemente, que aqui buscaremos analisar tão somente os aspectos penais da Nova Lei de Licitações, que transferiu todas as condutas tidas por ilícitas para o Código Penal.

Como o conteúdo é muito recente, naturalmente que haverá reflexo jurisprudencial sobre o tema.

9.5.1 Contratação direta ilegal

> ***Art. 337-E*** *Admitir, possibilitar ou dar causa à contratação direta fora das hipóteses previstas em lei:*
>
> *Pena - reclusão, de 4 (quatro) a 8 (oito) anos, e multa.*

A nova Lei de Licitações estabelece em seus arts. 71 a 73 as hipóteses de contratação direta. Nesse contexto, sempre que o funcionário público admitir, possibilitar ou dar causa à realização de contratação direta fora das hipóteses legais, haverá o crime em tela.

Estamos diante de uma norma penal em branco, na medida em que as hipóteses de contratação direta estão inseridas na Lei Específica.

Trata-se de crime comum, podendo qualquer pessoa figurar como sujeito ativo, tanto o particular (contratante, por exemplo), como o agente público responsável por viabilizar a contratação direta ilegal.

O crime é formal e se consuma com a mera permissão ou instauração de contratação direta fora do estabelecido pela legislação.

Fique ligado

Como mencionado no preâmbulo, os Tribunais Superiores exigem dolo específico (benefício próprio ou de terceiro, ou para prejudicar o processo licitatório) para a consumação deste delito.

O crime se processa mediante ação penal pública incondicionada.

9.5.2 Frustração do caráter competitivo de licitação

> ***Art. 337-F*** *Frustrar ou fraudar, com o intuito de obter para si ou para outrem vantagem decorrente da adjudicação do objeto da licitação, o caráter competitivo do processo licitatório:*
>
> *Pena - reclusão, de 4 (quatro) anos a 8 (oito) anos, e multa.*

O bem jurídico tutelado tipo penal é a preservação do caráter competitivo da licitação, de modo a assegurar a seleção da proposta mais vantajosa para a Administração Pública.

O crime em análise tem por intuito impedir que haja um procedimento licitatório hígido, no qual os licitantes, por meio de artifícios, pretendem frustrar o resultado do procedimento, como uma combinação de preços, por exemplo.

O crime é formal (não se exige a obtenção da vantagem) e, como no delito anterior, exige-se o dolo específico.

O elemento subjetivo do delito é o dolo, consistente na consciência e vontade do agente de frustrar ou fraudar a natureza competitiva do processo licitatório.

Trata-se de crime comum, o qual pode ser cometido por qualquer pessoa, particular ou agente público. Quando a conduta for cometida pelo servidor público responsável por zelar pela higidez do certame, haverá a incidência da agravante genérica do art. 61, II, *g*, do Código, relativa a cometer o delito com violação de dever inerente ao cargo público.

A ação penal é pública incondicionada.

9.5.3 Patrocínio de contratação indevida

> ***Art. 337-G*** *Patrocinar, direta ou indiretamente, interesse privado perante a Administração Pública, dando causa à instauração de licitação ou à celebração de contrato cuja invalidação vier a ser decretada pelo Poder Judiciário:*
>
> *Pena - reclusão, de 6 (seis) meses a 3 (três) anos, e multa.*

O delito do art. 337-G é uma modalidade específica do delito contido no art. 321, do CP.

O crime é próprio, pois só pode ser praticado por funcionário público.

Assim, o crime se consuma quando o funcionário público representa interesses privados junto à Administração Pública, dando causa à instauração do procedimento licitatório ou quando firmar contrato que seja desconstituído pelo Judiciário (condição específica para punição).

A doutrina entende que o crime é material, eis que depende de resultado naturalístico.

O crime somente se pratica mediante dolo e é processado por ação penal pública incondicionada.

9.5.4 Modificação ou pagamento irregular em contrato administrativo

> ***Art. 337-H*** *Admitir, possibilitar ou dar causa a qualquer modificação ou vantagem, inclusive prorrogação contratual, em favor do contratado, durante a execução dos contratos celebrados com a Administração Pública, sem autorização em lei, no edital da licitação ou nos respectivos instrumentos contratuais, ou, ainda, pagar fatura com preterição da ordem cronológica de sua exigibilidade:*
>
> *Pena - reclusão, de 4 (quatro) anos a 8 (oito) anos, e multa.*

Trata-se de tipo misto alternativo (vários núcleos), que incrimina a conduta do funcionário público (crime próprio) que admite, possibilita ou dá causa a qualquer modificação ou a obtenção de vantagem ou permite a prorrogação contratual sem autorização nos instrumentos regulatórios.

A segunda forma de conduta prevista, diz respeito ao pagamento de fatura fora da ordem cronológica de exigibilidade, ou seja, sem qualquer autorização, altera-se a ordem dos pagamentos, dando-se preferência a uns em detrimento de outros.

O crime é doloso e processado mediante ação penal pública incondicionada.

9.5.5 Perturbação de processo licitatório

> ***Art. 337-I*** *Impedir, perturbar ou fraudar a realização de qualquer ato de processo licitatório:*
>
> *Pena - detenção, de 6 (seis) meses a 3 (três) anos, e multa.*

Trata-se de crime que pune a conduta daquele que atrapalha a realização de qualquer ato de processo licitatório.

O crime é comum, pois pode ser praticado por qualquer pessoa.

As ações nucleares são **impedir** (obstar, obstruir, impossibilitar a execução ou o prosseguimento), **perturbar** (turbar, atrapalhar, embaraçar, tumultuar) ou **fraudar** (enganar, iludir).

O tipo é misto alternativo e, deveras, subjetivo, na medida em que competirá ao magistrado tecer um juízo de valor ao comportamento do agente, para aferir se se amolda ao tipo legal.

O crime é material, pois se exige o efetivo impedimento, perturbação ou fraude à realização dos atos do processo licitatório.

O tipo é doloso e processado por ação penal pública incondicionada.

9.5.6 Violação de sigilo em licitação

> ***Art. 337-J*** *Devassar o sigilo de proposta apresentada em processo licitatório ou proporcionar a terceiro o ensejo de devassá-lo:*
>
> *Pena - detenção, de 2 (dois) anos a 3 (três) anos, e multa.*

O tipo penal do art. 337-J objetiva tutelar a competitividade, imparcialidade, impessoalidade e a lisura do procedimento licitatório.

A conduta incriminada é a de quebrar o sigilo de proposta apresentada no bojo de processo de licitação ou propiciar que um terceiro pratique a conduta.

Trata-se de crime próprio, pois o sujeito ativo deve ser o agente público responsável pela manutenção do segredo em torno da proposta apresentada. Além disso, é crime formal, se consumando pela efetiva ciência indevida do teor da proposta licitatória.

Só pode ser praticado mediante dolo.

A ação penal é pública incondicionada.

9.5.7 Afastamento de licitante

> ***Art. 337-K*** *Afastar ou tentar afastar licitante por meio de violência, grave ameaça, fraude ou oferecimento de vantagem de qualquer tipo:*
>
> *Pena - reclusão, de 3 (três) anos a 5 (cinco) anos, e multa, além da pena correspondente à violência.*
>
> ***Parágrafo único.*** *Incorre na mesma pena quem se abstém ou desiste de licitar em razão de vantagem oferecida.*

Trata-se de tipo misto alternativo (vários núcleos), no qual se incrimina a conduta daquele que afasta ou tenta afastar licitante, valendo-se de violência, grave ameaça, fraude ou oferecimento de vantagem.

> **Fique ligado**
>
> Aqui, estamos diante de um crime de empreendimento ou atentado, tendo em vista que se pune a conduta consumada e a tentada com a mesma pena.

O parágrafo único deste artigo prevê a modalidade equiparada, ao permitir a punição de quem se abstém ou desiste de licitar, em razão de vantagem oferecida.

Percebe-se, dessa forma, que, se uma pessoa aceita a vantagem e se afasta do procedimento licitatório, será punido com a mesma pena daquele que lhe ofereceu efetivamente a vantagem.

O crime é doloso e processado mediante ação penal pública incondicionada.

9.5.8 Fraude em licitação ou contrato

> ***Art. 337-L*** *Fraudar, em prejuízo da Administração Pública, licitação ou contrato dela decorrente, mediante:*
>
> *I - entrega de mercadoria ou prestação de serviços com qualidade ou em quantidade diversas das previstas no edital ou nos instrumentos contratuais;*
>
> *II - fornecimento, como verdadeira ou perfeita, de mercadoria falsificada, deteriorada, inservível para consumo ou com prazo de validade vencido;*
>
> *III - entrega de uma mercadoria por outra;*
>
> *IV - alteração da substância, qualidade ou quantidade da mercadoria ou do serviço fornecido;*
>
> *V - qualquer meio fraudulento que torne injustamente mais onerosa para a Administração Pública a proposta ou a execução do contrato:*
>
> *Pena - reclusão, de 4 (quatro) anos a 8 (oito) anos, e multa.*

No crime em tela, há a punição daquele que aplica fraude em prejuízo da Administração Pública, licitação ou contrato dela decorrente. Para tanto, a fraude aplicada deve se dar da seguinte forma:

- Entrega de mercadoria ou prestação de serviços com qualidade ou em quantidades diversas das previstas no edital ou nos instrumentos contratuais;
- Fornecimento, como verdadeira ou perfeita, de mercadoria falsificada, deteriorada, inservível para consumo ou com prazo de validade vencido;
- Entrega de uma mercadoria por outra;
- Alteração da substância, qualidade ou quantidade da mercadoria ou do serviço fornecido;
- Qualquer meio fraudulento que torne injustamente mais onerosa para a Administração Pública a proposta ou a execução do contrato.

O crime é comum, podendo ser praticado por qualquer pessoa.

O elemento subjetivo do tipo é o dolo, que consiste na vontade e consciência de fraudar a licitação ou contrato administrativo dela decorrente. Há, ainda, elemento subjetivo específico, traduzido no propósito de gerar prejuízo à Administração Pública.

Trata-se de crime material porque sua consumação depende da efetiva produção de prejuízo à Administração Pública, mediante a realização dos comportamentos arrolados no tipo penal.

A ação penal pública incondicionada.

9.5.9 Contratação inidônea

> ***Art. 337-M*** *Admitir à licitação empresa ou profissional declarado inidôneo:*
>
> *Pena - reclusão, de 1 (um) ano a 3 (três) anos, e multa.*
>
> *§ 1º Celebrar contrato com empresa ou profissional declarado inidôneo:*
>
> *Pena - reclusão, de 3 (três) anos a 6 (seis) anos, e multa.*
>
> *§ 2º Incide na mesma pena do caput deste artigo aquele que, declarado inidôneo, venha a participar de licitação e, na mesma pena do § 1º deste artigo, aquele que, declarado inidôneo, venha a contratar com a Administração Pública.*

O *caput* do art. 337-M incrimina a conduta de **permitir a participação de** empresa ou profissional declarado inidôneo.

O mero fato de uma pessoa, seja física ou jurídica, ter sido admitida no processo licitatório macula o procedimento, motivo pelo qual a conduta é tida como ilícita. O crime é próprio, pois apenas o funcionário público com competência para admitir os licitantes é quem pratica o crime em tela.

Desconectando a ordem dos dispositivos, vale mencionar que o parágrafo terceiro equipara à figura do *caput* a conduta do particular declarado inidôneo que **participe da licitação. Neste parágrafo, o crime é comum, pois qualquer empresa participante pode praticá-lo.**

Retomando a sequência, o parágrafo primeiro prevê a **forma qualificada do delito**, com a previsão da conduta de **celebrar contrato** com empresa ou profissional declarado inidôneo, ou seja, mesmo depois de atestada a inidoneidade do participante, celebra-se o contrato.

O crime é doloso, exigindo para a sua consumação a vontade e consciência de admitir ao certame ou celebrar o vínculo contratual com profissional ou empresa, ciente de que foram declarados inidôneos.

É processado mediante ação penal pública incondicionada.

9.5.10 Impedimento indevido

> ***Art. 337-N*** *Obstar, impedir ou dificultar injustamente a inscrição de qualquer interessado nos registros cadastrais ou promover indevidamente a alteração, a suspensão ou o cancelamento de registro do inscrito:*
>
> *Pena - reclusão, de 6 (seis) meses a 2 (dois) anos, e multa.*

D P E N

A conduta incriminada na primeira parte é a de obstar, impedir ou dificultar injustamente a inscrição de qualquer interessado nos registros cadastrais. Exige-se, para a tipificação da conduta, o elemento normativo "injustamente", de modo que se o obstáculo imposto, por exemplo, possuir fundamento legal, a conduta nem sequer será típica.

O crime é próprio, de acordo com a doutrina, porquanto só pode ser cometido pelo agente público responsável pela inscrição do profissional ou empresa no cadastro, ou pela manutenção desses como inscritos no registro.

Nas modalidades de "obstar" e "impedir", é necessário que a inscrição não ocorra para a consumação do delito, razão pela qual o crime é material. Na modalidade de "dificultar", não é imprescindível tal resultado, de modo que o crime é de mera conduta. Na figura de promover, o crime também é material, consumando-se com a efetiva alteração, suspensão ou cancelamento do registro.

O crime é doloso e se processa mediante ação penal pública incondicionada.

9.5.11 Omissão grave de dado ou de informação por projetista

> ***Art. 337-O*** *Omitir, modificar ou entregar à Administração Pública levantamento cadastral ou condição de contorno em relevante dissonância com a realidade, em frustração ao caráter competitivo da licitação ou em detrimento da seleção da proposta mais vantajosa para a Administração Pública, em contratação para a elaboração de projeto básico, projeto executivo ou anteprojeto, em diálogo competitivo ou em procedimento de manifestação de interesse:*
>
> *Pena - reclusão, de 6 (seis) meses a 3 (três) anos, e multa.*
>
> *§ 1º Consideram-se condição de contorno as informações e os levantamentos suficientes e necessários para a definição da solução de projeto e dos respectivos preços pelo licitante, incluídos sondagens, topografia, estudos de demanda, condições ambientais e demais elementos ambientais impactantes, considerados requisitos mínimos ou obrigatórios em normas técnicas que orientam a elaboração de projetos.*
>
> *§ 2º Se o crime é praticado com o fim de obter benefício, direto ou indireto, próprio ou de outrem, aplica-se em dobro a pena prevista no caput deste artigo.*

A conduta incriminada no art. 337-O é omitir, modificar ou entregar à Administração **levantamento cadastral ou condição de entorno** nas seguintes condições: **em relevante dissonância com a realidade** (projeto que não se adequa à real necessidade); **em frustração ao caráter competitivo da licitação** (projeto, por exemplo, feito sob medida para determinado contratante); **ou em detrimento da seleção da proposta mais vantajosa para a Administração Pública** (projeto que busque evitar a seleção da proposta mais vantajosa, frustrando a finalidade da licitação).

Essas condutas, para a configuração do delito, devem ocorrer em:

- Contratação para a elaboração de projeto básico, projeto executivo ou anteprojeto;
- Diálogo competitivo; ou
- Procedimento de manifestação de interesse.

O **levantamento cadastral** é a pesquisa ou investigação, culminando na coleta de dados, envolvendo informações cadastrais.

Já a condição de contorno é definida pelo parágrafo primeiro. Assim, consideram-se **condição de contorno** as informações e os levantamentos suficientes e necessários para a definição da solução de projeto e dos respectivos preços pelo licitante, incluídos sondagens, topografia, estudos de demanda, condições ambientais e demais elementos ambientais impactantes, considerados requisitos mínimos ou obrigatórios em normas técnicas que orientam a elaboração de projetos.

A Administração, antes de proceder à licitação de obras, por exemplo, pode contratar a elaboração de um projeto básico, que será utilizado para seleção das melhores propostas para execução de obras.

O § 2º prevê causa de aumento de pena, que será aplicada no caso de o crime ser praticado **com a finalidade de obter benefício, direto ou indireto, próprio ou de outrem.**

O crime é doloso e se processa mediante ação penal pública incondicionada.

9.5.12 Pena de multa

> ***Art. 337-P*** *A pena de multa cominada aos crimes previstos neste Capítulo seguirá a metodologia de cálculo prevista neste Código e não poderá ser inferior a 2% (dois por cento) do valor do contrato licitado ou celebrado com contratação direta.*

No tocante à aplicação da pena de multa, deve-se observar as disposições estabelecidas pela própria lei penal, sendo que a sanção não pode ser inferior a 2% do valor do contrato.

9.6 Crimes contra a administração da justiça

9.6.1 Reingresso de estrangeiro expulso

> ***Art. 338*** *Reingressar no território nacional o estrangeiro que dele foi expulso:*
>
> *Pena - reclusão, de um a quatro anos, sem prejuízo de nova expulsão após o cumprimento da pena.*

É um delito pouco explorado pelas bancas, mas é de fácil compreensão. Trata simplesmente do reingresso de estrangeiro expulso, conduta bastante rara de ser encontrada.

Além disso, claramente é crime de competência investigativa da Polícia Federal e será processado e julgado perante a Justiça Federal.

Vale destacar que é pressuposto do crime que o sujeito tenha, antes de praticá-lo, sido regularmente expulso por ato legal (ex: decreto presidencial de expulsão).

9.6.2 Denunciação caluniosa

> ***Art. 339*** *Dar causa à instauração de inquérito policial, de procedimento investigatório criminal, de processo judicial, de processo administrativo disciplinar, de inquérito civil ou de ação de improbidade administrativa contra alguém, imputando-lhe crime, infração ético-disciplinar ou ato ímprobo de que o sabe inocente:*
>
> *Pena - reclusão, de dois a oito anos, e multa.*
>
> *§ 1º A pena é aumentada de sexta parte, se o agente se serve de anonimato ou de nome suposto.*
>
> *§ 2º A pena é diminuída de metade, se a imputação é de prática de contravenção.*

O crime do art. 339 tem por objetivo evitar o andamento de investigações baseado em falsas imputações.

A conduta indicada no tipo penal é "dar causa", que significa provocar, motivar, originar. A imputação feita pelo agente requer a indicação de pessoa determinada, a descrição do crime, da infração ético-disciplinar ou ato ímprobo, supostamente cometido.

Ainda, o agente deve saber que o imputado é inocente, seja porque não foi o autor do crime, seja porque o delito não existiu.

Assim, estará consumado o delito quando o sujeito, que pode ser qualquer pessoa, dá causa:

- A instauração de IP;
- A procedimento investigatório criminal (PIC);
- A processo judicial;

- A processo administrativo disciplinar;
- A inquérito civil; ou
- A ação de improbidade administrativa, imputando a alguém crime, contravenção, infração ético-disciplinar ou ato de improbidade administrativa de que sabe ser a pessoa inocente.

Ademais, o paradigma para a correta percepção deste delito é que, aqui, o agente, imputando falsamente um fato a outrem, provoca a ação da autoridade.

A pena será aumentada de 1/6 se o agente se valer do anonimato.

A pena será diminuída de metade se a imputação é de contravenção penal.

O crime em estudo não se confunde com a calúnia, já que nesta, o *animus* é de "lesionar" a imagem do imputado, enquanto que no art. 339 a finalidade especial do agente é prejudicar o imputado, mediante a utilização da máquina pública.

O crime somente se pratica por dolo e a ação penal é pública incondicionada.

9.6.3 Comunicação falsa de crime

> ***Art. 340*** *Provocar a ação de autoridade, comunicando-lhe a ocorrência de crime ou de contravenção que sabe não se ter verificado:*
>
> *Pena - detenção, de um a seis meses, ou multa.*

Consiste na conduta de provocar a ação de autoridade a partir de uma informação falsa de crime ou contravenção.

É o popular **trote.**

Igualmente, não se pode confundir o crime de denunciação caluniosa com a comunicação falsa de crime. Neste, o agente comunica um fato inexistente, enquanto que, naquela, o fato existe, mas imputa-se a autoria a quem se sabe não ter praticado a infração.

O crime somente se pratica mediante dolo e a ação penal é pública incondicionada.

9.6.4 Autoacusação falsa

> ***Art. 341*** *Acusar-se, perante a autoridade, de crime inexistente ou praticado por outrem:*
>
> *Pena - detenção, de três meses a dois anos, ou multa.*

Trata-se da conduta de imputar a si mesmo, assumir a autoria de delito que não ocorreu ou que foi perpetrado por terceiro. Enfim, é confessar ter cometido um crime imaginário ou, se existente, que foi praticado por outra pessoa.

Fique ligado

Consiste na autoimputação falsa de **crime** inexistente ou praticado por outrem, não se incluindo a contravenção.

Além disso, é necessário que se faça "perante" a autoridade, não configurando o crime quando a confissão é feita a particular ou pessoa sem a qualidade de autoridade.

O elemento subjetivo do tipo é o dolo, consistente na vontade livre de acusar-se, com consciência de que o crime inexistiu ou foi cometido por outrem.

A ação penal é pública incondicionada.

9.6.5 Falso testemunho ou falsa perícia

> ***Art. 342*** *Fazer afirmação falsa, ou negar ou calar a verdade como testemunha, perito, contador, tradutor ou intérprete em processo judicial, ou administrativo, inquérito policial, ou em juízo arbitral:*
>
> *Pena - reclusão, de 2 (dois) a 4 (quatro) anos, e multa.*
>
> *§ 1º As penas aumentam-se de um sexto a um terço, se o crime é praticado mediante suborno ou se cometido com o fim de obter prova destinada a produzir efeito em processo penal, ou em processo civil em que for parte entidade da administração pública direta ou indireta.*
>
> *§ 2º O fato deixa de ser punível se, antes da sentença no processo em que ocorreu o ilícito, o agente se retrata ou declara a verdade.*
>
> ***Art. 343*** *Dar, oferecer ou prometer dinheiro ou qualquer outra vantagem a testemunha, perito, contador, tradutor ou intérprete, para fazer afirmação falsa, negar ou calar a verdade em depoimento, perícia, cálculos, tradução ou interpretação:*
>
> *Pena - reclusão, de três a quatro anos, e multa.*
>
> ***Parágrafo único.*** *As penas aumentam-se de um sexto a um terço, se o crime é cometido com o fim de obter prova destinada a produzir efeito em processo penal ou em processo civil em que for parte entidade da administração pública direta ou indireta.*

O bem jurídico tutelado pelo art. 342 é a administração da justiça e veracidade das provas.

O objetivo de um processo, administrativo ou judicial é, basicamente, buscar a verdade dos fatos.

Naturalmente, que qualquer sujeito processual que interfira calando com a verdade ou, simplesmente, não participando de maneira honesta, compromete o resultado do feito.

O delito incrimina os comportamentos de "**fazer afirmação falsa**", que consiste na conduta comissiva, na qual o agente afirma uma inverdade, "**negar a verdade**", conduta na qual o agente nega o que sabe, e "**calar a verdade**", circunstância em que o agente silencia, omite o que sabe.

O crime pode ser praticado por qualquer pessoa. Na segunda parte, somente o perito, tradutor, contador, podem incorrer no delito.

Fique ligado

Lembre-se, prevalece no STF e no STJ a orientação no sentido de que a pessoa que não presta juramento de dizer a verdade também poderá responder por este crime.

Por sua vez, o perito é um auxiliar da justiça, consistindo em especialista chamado a opinar acerca de questão concernente ao seu âmbito de conhecimento. Tradutor é o perito incumbido de traduzir do estrangeiro. Intérprete é quem medeia a comunicação entre a autoridade e alguma pessoa que desconhece o idioma nacional ou que não pode falar (Ex.: Libras). Contador é o especialista em cálculos, muitas vezes, o único apto a avaliar balanços empresariais, importantes, principalmente, para casos de crimes falimentares.

O falso testemunho ou falsa perícia podem ser praticados em:

- Processo judicial, aquele presidido por autoridade judiciária;
- Processo administrativo, o meio de apuração e punição de faltas de servidores públicos e demais pessoas sujeitas a regime funcional estatutário;
- Inquérito policial, o procedimento administrativo que realiza a persecução criminal pré-processual;
- Juízo arbitral, um meio alternativo de solução de litígio, ou qualquer outra corte administrativa de mediação de conflitos.;

O crime só se pratica mediante dolo e a ação penal é pública incondicionada.

Por outro lado, não haverá o crime de falso testemunho se a testemunha mentir, ainda que compromissada, para não se incriminar (autodefesa), pois há inexigibilidade de conduta diversa da sua parte.

DPEN

9.6.6 Coação no curso do processo

> ***Art. 344*** *Usar de violência ou grave ameaça, com o fim de favorecer interesse próprio ou alheio, contra autoridade, parte, ou qualquer outra pessoa que funciona ou é chamada a intervir em processo judicial, policial ou administrativo, ou em juízo arbitral:*
>
> *Pena - reclusão, de um a quatro anos, e multa, além da pena correspondente à violência.*

O direito penal como última instância de atuação deve manter preservada a estrutura da justiça e o bom andamento processual, por esta razão é que o prosseguimento íntegro de um processo também recebe a chancela do direito penal quando maculado ou quando esteja na iminência de ser comprometido.

O crime do art. 344 consiste em usar o agente de violência ou grave ameaça no intuito de favorecer interesse próprio ou alheio, contra quem venha a funcionar no processo judicial, policial, administrativo ou arbitral.

O crime somente se pratica mediante dolo e se consuma com o uso da violência ou grave ameaça, não sendo necessário que o agente consiga o efetivo favorecimento ou que a vítima se sinta intimidada.

A ação penal é pública incondicionada.

9.6.7 Exercício arbitrário das próprias razões

> ***Art. 345*** *Fazer justiça pelas próprias mãos, para satisfazer pretensão, embora legítima, salvo quando a lei o permite:*
>
> *Pena - detenção, de quinze dias a um mês, ou multa, além da pena correspondente à violência.*
>
> ***Parágrafo único.*** *Se não há emprego de violência, somente se procede mediante queixa.*
>
> ***Art. 346*** *Tirar, suprimir, destruir ou danificar coisa própria, que se acha em poder de terceiro por determinação judicial ou convenção:*
>
> *Pena - detenção, de seis meses a dois anos, e multa.*

O art. 345 criminaliza a conduta do agente que tendo ou acreditando ter direito contra outra pessoa, em vez de recorrer à justiça, arbitrariamente satisfaz sua pretensão, fazendo justiça pelas próprias mãos, conforme a expressão utilizada pelo tipo penal. Como visto, o direito penal é controlado e aplicado pelo Estado, não sendo permitida a aplicação do direito pelo próprio particular, como ocorria, por exemplo, no período da vingança privada.

O crime somente se consuma quando a pretensão do agente é satisfeita.

A ação penal será pública incondicionada se houver o uso de violência. Não havendo violência, por expressa previsão legal, a ação penal será privada, sendo promovida mediante queixa.

Por sua vez, o art. 346, do CP, prevê a figura mais grave do crime de exercício arbitrário das próprias razões, que elenca em seu *caput* as condutas que serão punidas: tirar, suprimir, destruir, danificar coisa própria que esteja em poder de terceiro, o que pode ocorrer devido a uma ordem judicial (medida liminar, penhora, guarda, fiel depositário etc.) ou em decorrência de um contrato (convenção, acordo, convênio etc.) bilateral entre as partes.

Importa destacar que para a caracterização aludido delito, é necessário que a coisa (objeto do delito) pertença ao sujeito ativo; caso contrário, a conduta poderá ser tipificada como crime contra o patrimônio ou desobediência à ordem judicial.

O elemento subjetivo do tipo é o dolo. A consumação do delito se dá com a efetiva tirada, supressão, destruição ou danificação. A tentativa é possível e o crime se processa mediante ação penal pública incondicionada.

9.6.8 Fraude processual

> ***Art. 347*** *Inovar artificiosamente, na pendência de processo civil ou administrativo, o estado de lugar, de coisa ou de pessoa, com o fim de induzir a erro o juiz ou o perito:*
>
> *Pena - detenção, de três meses a dois anos, e multa.*
>
> ***Parágrafo único.*** *Se a inovação se destina a produzir efeito em processo penal, ainda que não iniciado, as penas aplicam-se em dobro.*

O processo é o meio pelo qual o Estado-Juiz aplica as disposições do direito material, a fim de aplicá-lo de maneira imparcial e dirimir os conflitos sociais. Sob esta ótica, a fraude processual, crime descrito no art. 347, do CP, tem como finalidade impedir o bom êxito do processo.

O sujeito ativo pode ser qualquer pessoa, mesmo que não seja interessada ou não tenha participação no processo.

O sujeito passivo é o Estado.

A ideia central da figura criminosa consiste na inovação artificiosa, consistente em alterar ou mudar o estado de um lugar, coisa ou pessoa, com a finalidade específica de induzir a erro o juiz da causa ou o perito responsável pela reconstituição (apenas os dois envolvidos).

A inovação artificiosa significa a transformação de algo utilizando-se de um meio fraudulento (artifício ou ardil), ou seja, que visa ocultar a constatação da modificação realizada.

A inovação artificiosa, para configurar a hipótese do *caput*, deverá ocorrer na pendência do julgamento de processo civil ou administrativo. Se a inovação ocorrer no curso de processo penal, haverá causa de aumento de pena (em dobro).

O crime só se pratica com dolo e com a finalidade específica de ludibriar o juiz ou perito.

A ação penal é pública incondicionada.

9.6.9 Favorecimento pessoal

> ***Art. 348*** *Auxiliar a subtrair-se à ação de autoridade pública autor de crime a que é cominada pena de reclusão:*
>
> *Pena - detenção, de um a seis meses, e multa.*
>
> *§ 1º Se ao crime não é cominada pena de reclusão:*
>
> *Pena - detenção, de quinze dias a três meses, e multa.*
>
> *§ 2º Se quem presta o auxílio é ascendente, descendente, cônjuge ou irmão do criminoso, fica isento de pena.*

O **crime** de favorecimento pessoal caracteriza-se pela assistência prestada depois da prática de um delito, com o intuito de auxiliar o autor do crime, a que é cominada pena de **reclusão**, a subtrair-se (fugir) da ação da autoridade competente (tanto judicial como a policial).

Se o autor do crime a que se presta o auxílio, é cominada pena de detenção, haverá a forma privilegiada do delito, conforme prevê o §1º, do art. 348.

O crime é praticado com dolo de favorecimento de outrem, mediante a vontade livre de auxiliar, com consciência de que o favorecido está ou irá ser perseguido pela autoridade.

A consumação se dá no momento que o favorecido consegue subtrair-se à ação da autoridade pública.

Fique ligado

Lição importantíssima trazida pelo §2º, do art. 348, do CP, diz respeito à chamadas escusas absolutórias. Assim, se o auxílio é prestado ao **cônjuge, ascendente, descendente ou irmão,** o sujeito será isento de pena. Mas cuidado, pois esta disposição não se aplica aos crimes subsequentes, especialmente no favorecimento real.

A ação penal é pública incondicionada.

9.6.10 Favorecimento real

Art. 349 Prestar a criminoso, fora dos casos de coautoria ou de receptação, auxílio destinado a tornar seguro o proveito do crime:

Pena - detenção, de um a seis meses, e multa.

Diferentemente do favorecimento pessoal, o favorecimento real se materializa pelo auxílio prestado a criminoso, a fim de garantir o sucesso do ilícito praticado anteriormente, assegurando-se o proveito do crime.

Merece atenção a expressão "fora dos casos de coautoria ou de receptação". Perceba que a configuração do delito exige que o auxílio seja prestado após a prática do crime, pois se o auxílio for praticado antes ou durante a prática criminosa, configurar-se-á a coautoria ou participação. Nesse sentido, a descrição do tipo penal é clara na expressão "que o agente não seja coautor, partícipe ou receptador".

A conduta de prestar indica comportamento ativo direcionado a tornar seguro o proveito do crime de outrem.

O crime somente se pratica com dolo.

Se o agente desconhece que o proveito é oriundo de delito precedente, haverá erro de tipo.

A ação penal é pública incondicionada.

9.6.11 Favorecimento real impróprio

Art. 349-A Ingressar, promover, intermediar, auxiliar ou facilitar a entrada de aparelho telefônico de comunicação móvel, de rádio ou similar, sem autorização legal, em estabelecimento prisional.

Pena: detenção, de 3 (três) meses a 1 (um) ano.

Trata-se de delito que visa tutelar a integridade de estabelecimento prisional, evitando que os visitantes ingressem ou facilitem a entrada de aparelhos telefônicos ou qualquer outro meio que permita contato com o meio externo.

O tipo penal prevê cinco verbos núcleos alternativos: ingressar, promover, intermediar, auxiliar ou facilitar.

As condutas incriminadas devem ser praticadas sem autorização legal (elemento normativo do tipo) e em estabelecimento prisional, pois caso contrário, o fato é atípico.

Com relação ao sujeito ativo é importante ter cuidado. Em regra, pode ser qualquer pessoa, inclusive o próprio apenado (que se encontre em regime aberto ou semiaberto).

Reitere-se que se o sujeito ativo for funcionário público, poderá responder pelo delito do art. 319-A, do CP.

Ademais, o preso que utiliza o celular nas dependências do estabelecimento prisional não pratica crime, apenas falta grave.

O crime se pratica mediante dolo, ou seja, a vontade livre e consciente de praticar as condutas previstas no tipo penal, a fim de fazer chegar ao preso o equipamento de comunicação.

A ação penal é pública incondicionada.

9.6.12 Fuga de pessoa presa ou submetida à medida de segurança

Art. 351 Promover ou facilitar a fuga de pessoa legalmente presa ou submetida a medida de segurança detentiva:

Pena - detenção, de seis meses a dois anos.

§ 1º Se o crime é praticado a mão armada, ou por mais de uma pessoa, ou mediante arrombamento, a pena é de reclusão, de dois a seis anos.

§ 2º Se há emprego de violência contra pessoa, aplica-se também a pena correspondente à violência.

§ 3º A pena é de reclusão, de um a quatro anos, se o crime é praticado por pessoa sob cuja custódia ou guarda está o preso ou o internado.

§ 4º No caso de culpa do funcionário incumbido da custódia ou guarda, aplica-se a pena de detenção, de três meses a um ano, ou multa.

No rol dos crimes praticados em face do sistema prisional, o tipo penal do art. 351 possui grande relevância.

O bem jurídico tutelado é a administração da justiça.

Inicialmente, vale destacar que o crime de **fuga de pessoa presa ou submetida à medida de segurança não é praticado pelo preso**, mas sim, pela pessoa que promove ou facilita a sua fuga.

Fique ligado

Ainda, é prudente ressaltar que, caso o funcionário público promova ou facilite a fuga, esse responde a título de dolo ou culpa, conforme §4º, do art. 351, do CP.

Retirada a exceção do quadro acima, quando o crime é próprio, a regra é que o crime seja comum, podendo ser praticado por qualquer pessoa.

O art. 351 criminaliza a conduta de quem promove ou facilita a fuga de pessoa legalmente presa (inclusive menor que cumpre medida socioeducativa) ou submetida à medida de segurança detentiva. Ademais, cuida-se de crime de ação livre, podendo ser praticado com emprego de qualquer meio executivo: ameaça, fraude, violência contra a pessoa ou coisa, dentre outros meios.

Ademais, é indispensável a **legalidade** da prisão (provisória ou definitiva) ou medida de segurança, pois, em se tratando de prisão ilegal, não haverá o preenchimento dos elementos que constituem o tipo penal, porquanto a legalidade da prisão é elemento normativo do tipo.

O crime se pratica mediante dolo, admitindo-se a culpa quando o sujeito ativo é o funcionário público, conforme acima destacado.

O §1° prevê a forma qualificada pelo meio de execução. De acordo com o dispositivo, se o crime é praticado à mão armada (arma branca ou de fogo), ou por mais de uma pessoa, ou mediante arrombamento, a pena será de reclusão de dois a seis anos.

O § 2° trata do concurso de crimes no caso de emprego de violência contra pessoa, sendo aplicada cumulativamente à pena correspondente à violência com a sanção do delito do art. 351.

Por fim, o § 3°, prevê circunstância qualificadora em razão da condição do agente, incidindo quando o crime é praticado por pessoa sob cuja custódia ou guarda está o preso ou internado. No caso, identifica-se uma falha funcional, cuidando-se, pois, de qualificadora, na qual o sujeito ativo é especial próprio. Dessa maneira, o servidor responsável pelos detentos que facilitar a fuga do custodiado é quem responde pela forma qualificada.

A ação penal é de iniciativa pública incondicionada.

9.6.13 Evasão mediante violência

Art. 352 Evadir-se ou tentar evadir-se o preso ou o indivíduo submetido a medida de segurança detentiva, usando de violência contra a pessoa:

Pena - detenção, de três meses a um ano, além da pena correspondente à violência.

O crime em questão visa evitar a rebeldia daquele que se encontra custodiado.

Trata-se de crime próprio, pois somente a pessoa presa ou submetida à medida de segurança pode praticar o delito, sendo indispensável que a prisão ou internação seja formalmente legal.

Entretanto, o crime somente restará consumado se o detento fugir ou tentar fugir valendo-se de violência contra a pessoa.

Logo, se a fuga é desprovida de violência, não há que se falar no crime do art. 352.

Fique ligado

É relevante mencionar que o crime do art. 352 é punido com a mesma pena tanto para aquele que efetivamente foge quanto para aquele que tenta fugir, mas não consegue, recebendo a nomenclatura de crime de empreendimento ou de atentado.

O crime só se pratica com dolo, consistente na vontade livre e consciente de evadir-se, usando de violência contra pessoa.

A ação penal é pública incondicionada.

9.6.14 Arrebatamento de preso

> ***Art. 353*** *Arrebatar preso, a fim de maltratá-lo, do poder de quem o tenha sob custódia ou guarda:*
>
> *Pena - reclusão, de um a quatro anos, além da pena correspondente à violência.*

A conduta consiste em arrebatar preso do poder de quem o tenha sob custódia ou guarda, a fim de maltratá-lo. O verbo é arrebatar, que significa tomar à força, arrancar, subtrair o preso.

O tipo alude ao preso, seja a prisão legal ou ilegal. Não há menção àquele que cumpre medida de segurança.

A seu turno, o preso pode ser arrebatado do seu cubículo ou de outro local que se encontre sob a tutela pública, como uma sala de audiência, por exemplo.

A conduta somente se pratica com o dolo de arrebatamento somado ao especial fim de agir (maltratar o preso).

A ação penal é pública incondicionada.

9.6.15 Motim de presos

> ***Art. 354*** *Amotinarem-se presos, perturbando a ordem ou disciplina da prisão:*
>
> *Pena - detenção, de seis meses a dois anos, além da pena correspondente à violência.*

Para se evitar rebeliões e o mau comportamento carcerário, houve a necessidade de tipificação desta conduta.

O crime é plurissubjetivo, pois, seguindo o entendimento que prevalece, deve ser praticado por um número significativo de pessoas. Portanto, é crime coletivo ou de concurso necessário.

Amotinarem-se significa rebelarem-se, revoltarem-se, promover algazarra.

Para a consumação do crime, que só se pratica mediante dolo, é imperioso que a revolta conjunta tumultue a ordem ou disciplina do estabelecimento prisional, mediante atos de violência contra os agentes penitenciários e as instalações.

A ação penal é pública incondicionada.

9.6.16 Patrocínio infiel

> ***Art. 355*** *Trair, na qualidade de advogado ou procurador, o dever profissional, prejudicando interesse, cujo patrocínio, em juízo, lhe é confiado:*
>
> *Pena - detenção, de seis meses a três anos, e multa.*

Trata-se de crime próprio, que só pode ser praticado pelo advogado legitimamente constituído ou por procurador.

No crime em estudo há uma traição envolvendo o dever profissional, prejudicando a pessoa que o constituiu para atuar em juízo.

O crime é material e somente praticado mediante dolo.

A ação penal é pública incondicionada.

9.6.17 Patrocínio simultâneo ou tergiversação

> ***Parágrafo único.*** *Incorre na pena deste artigo o advogado ou procurador judicial que defende na mesma causa, simultânea ou sucessivamente, partes contrárias.*

Na mesma pena do artigo anterior incorre o advogado ou o procurador (crime próprio), que patrocina (representa, defende) interesses simultâneos (ao mesmo tempo) ou de maneira sucessiva (inicia representando uma parte e, posteriormente, passa a representar a outra).

Aqui, contudo, o crime é de consumação antecipada (formal), na medida em que não se exige o prejuízo efetivo.

O crime é doloso e processado mediante ação penal pública incondicionada.

9.6.18 Sonegação de papel ou objeto de valor probatório

> ***Art. 356*** *Inutilizar, total ou parcialmente, ou deixar de restituir autos, documento ou objeto de valor probatório, que recebeu na qualidade de advogado ou procurador:*
>
> *Pena - detenção, de seis meses a três anos, e multa.*

O crime é próprio, pois só pode ser praticado pelo advogado ou procurador (exigência do tipo penal).

Assim, sempre que o patrocinador da causa destruir ou tornar sem valor documento ou não o restituir, configurar-se-á o crime em tese.

A consumação do delito ocorre com a não restituição dos autos ou com a inutilização daquilo que tenha valor probatório.

O crime é doloso e processado mediante ação penal pública incondicionada.

9.6.19 Exploração de prestígio

> ***Art. 357*** *Solicitar ou receber dinheiro ou qualquer outra utilidade, a pretexto de influir em juiz, jurado, órgão do Ministério Público, funcionário de justiça, perito, tradutor, intérprete ou testemunha:*
>
> *Pena - reclusão, de um a cinco anos, e multa.*
>
> ***Parágrafo único.*** *As penas aumentam-se de um terço, se o agente alega ou insinua que o dinheiro ou utilidade também se destina a qualquer das pessoas referidas neste artigo.*

Trata-se de modalidade especial do delito de tráfico de influência.

O sujeito ativo é qualquer pessoa que solicita ou recebe dinheiro (propina) sob a mera alegação de que irá influir em funcionário da justiça. Inclusive, o tipo penal cita taxativamente os servidores, não se estendendo a outras pessoas: juiz, jurado, órgão do MP, funcionários da justiça (oficial de justiça, técnicos, analistas e demais serventuários), perito, tradutor, intérprete ou testemunha.

Registre-se que para a consumação do crime, o funcionário público mencionado **não precisa ter conhecimento da situação**, na medida em que o autor do fato está se utilizando de um suposto interesse sobre o serventuário.

Fique ligado

No tráfico de influência (art. 332, CP), os núcleos são os mesmos ("solicitar, exigir, cobrar ou obter, para si ou para outrem), vantagem ou promessa de vantagem, a pretexto de influir em ato praticado por funcionário público no exercício da função", mas a suposta influência é exercida sobre um funcionário público que não seja atuante nas etapas relacionadas ao processo.

A mera solicitação consiste em crime formal (de consumação antecipada), enquanto o recebimento é crime material.

O parágrafo único prevê causa especial de aumento de pena de 1/3 (um terço), se o agente alegar ou insinuar que o dinheiro ou utilidade também se destina a qualquer das pessoas referidas no tipo penal.

Vale frisar que o funcionário que, supostamente, será influenciado não terá o conhecimento da situação, pois, se o tiver, poderá praticar o crime do art. 317, do CP.

Além disso, não há a necessidade de o sujeito ativo do crime de exploração de prestígio exercer efetivamente a influência sobre o funcionário, porquanto é punível a mera alegação do agente de que irá influir. Se a referida influência ocorrer, haverá mero exaurimento do crime (fato posterior não punível).

O crime é doloso e processado mediante ação penal pública incondicionada.

9.6.20 Violência ou fraude em arrematação judicial

> ***Art. 358*** *Impedir, perturbar ou fraudar arrematação judicial; afastar ou procurar afastar concorrente ou licitante, por meio de violência, grave ameaça, fraude ou oferecimento de vantagem:*
>
> *Pena - detenção, de dois meses a um ano, ou multa, além da pena correspondente à violência.*

Trata-se de crime comum, podendo ser praticado por qualquer pessoa.

O tipo penal tutela a administração da justiça, objetivando inibir práticas lesivas em arrematação judicial promovida por particular. O art. 358 criminaliza a conduta daquele que tumultua, impede a realização de uma arrematação judicial ou, por meio de violência ou grave ameaça, impede que o interessado participe.

O crime é doloso e processado mediante ação penal pública incondicionada.

9.6.21 Desobediência à decisão judicial sobre perda ou suspensão de direito

> ***Art. 359*** *Exercer função, atividade, direito, autoridade ou múnus, de que foi suspenso ou privado por decisão judicial:*
>
> *Pena - detenção, de três meses a dois anos, ou multa.*

Da mesma forma que a lei penal pune aquele que se diz funcionário público ou que exerce a função pública antes de nomeado ou depois de formalmente afastado, há a previsão daquele que exerce uma função, atividade, direito, autoridade ou múnus (serviço privado, mas com relevância pública, por exemplo, a advocacia) de que foi afastado por decisão judicial.

O crime é classificado como próprio, pois somente aquele afastado por decisão judicial é que pode praticá-lo.

Para tanto, é preciso que o agente exerça atos relacionados à função mesmo depois de ter sido afastado por decisão judicial.

O crime é doloso e processado mediante ação penal pública incondicionada.

9.7 Crimes contra as finanças públicas

Buscando preservar a saúde das finanças públicas, a Lei Complementar n° 101/2000 (Lei de Responsabilidade Fiscal) estabeleceu normas voltadas para a responsabilidade na gestão fiscal, a fim de prevenir riscos e corrigir desvios capazes de afetar o equilíbrio das contas públicas. A partir da LC nº 101/2000, foi editada a Lei n° 10.028/2000, que acrescentou o Capítulo IV (Dos Crimes contra as Finanças Públicas) ao Título XI (Dos Crimes contra a Administração Pública) da Parte Especial do CP (arts. 359-A a 359-H).

Importante lembrar que a depender da operação de crédito realizada com finanças públicas, vai se estabelecer a justiça competente para processar e julgar o caso, ora justiça federal ora justiça estadual.

9.7.1 Sujeitos do crime contra as finanças públicas

Trata-se de crime próprio, pois somente pode ser praticado pelos agentes públicos que detenham atribuição legal para realizar operação de crédito com finanças públicas.

9.7.2 Contratação de operação de crédito

> ***Art. 359-A*** *Ordenar, autorizar ou realizar operação de crédito, interno ou externo, sem prévia autorização legislativa:*
>
> *Pena – reclusão, de 1 (um) a 2 (dois) anos.*
>
> ***Parágrafo único.*** *Incide na mesma pena quem ordena, autoriza ou realiza operação de crédito, interno ou externo:*
>
> *I – Com inobservância de limite, condição ou montante estabelecido em lei ou em resolução do Senado Federal.*
>
> *II – Quando o montante da dívida consolidada ultrapassa o limite máximo autorizado por lei.*

O art. 359-A criminaliza a conduta do sujeito ativo que **ordenar autorizar ou realizar operação de crédito de maneira interna ou externa sem a prévia autorização legislativa.** Isso quer dizer que não pode existir operação de crédito sem autorização prévia da câmara de vereadores, no âmbito municipal ou da assembleia legislativa em nível estadual, ou autorização do Congresso Nacional no âmbito federal. Note que estamos diante do **sistema de freios e contrapesos,** tão comentado por todo o ordenamento jurídico, que consiste no controle do poder pelo próprio poder.

Importante ressaltar que quando se fala em operações de créditos é preciso destacar o art. 29, inciso III, da Lei de Responsabilidade Fiscal (LC n° 101/2000), que apresenta o conceito de operação de crédito:

> *Lei Complementar n° 101/2000*
>
> ***Art. 29*** *Para os efeitos desta Lei Complementar, são adotadas as seguintes definições:*
>
> *III - operação de crédito: compromisso financeiro assumido em razão de mútuo, abertura de crédito, emissão e aceite de título, aquisição financiada de bens, recebimento antecipado de valores provenientes da venda a termo de bens e serviços, arrendamento mercantil e outras operações assemelhadas, inclusive com o uso de derivativos financeiros;*

Outra importante característica do tipo penal do art. 359–A diz respeito à sua consumação. Trata-se de **crime formal,** consumando-se quando o **sujeito ativo** pratica alguma das condutas típicas consistente em **ordenar ou autorizar operação de crédito.** Por outro lado, a conduta de **realizar operação de crédito trata-se de uma conduta material,** pois a consumação só ocorrerá com a efetiva contratação da operação de crédito.

Note que no elementar **ordenar**, poderá existir uma relação de hierarquia e subordinação, de modo que o subordinado ao agir praticar a conduta, de forma dolosa (com consciência e vontade), responderá como partícipe do crime. No entanto, se a operação de crédito é realizada sem a observância de ilegalidade por parte do subordinado, esse pode alegar **erro de proibição e ser isento de pena**, visto que só está cumprindo uma ordem.

Vale destacar que para a configuração do delito exige-se que as condutas sejam praticadas "sem prévia autorização legislativa", que vem a ser o elemento normativo do tipo. Existindo autorização, não há que se falar no crime do art. 359-A.

Outro detalhe que merece atenção é que o crime do art. 359-A não admite a modalidade **culposa**, admitindo-se por parte do funcionário público somente a atuação com dolo direto ou dolo eventual.

D P E N

Fique ligado

Em razão da sanção cominada ao delito do art. 359-A ser de 1 a 2 anos, incide a lei do juizado especial criminal (JECRIM) Lei nº 9.099/1995, ainda que bem criticada pela doutrina haja vista que o delito visa lesar às finanças públicas.

9.7.3 Inscrição de despesas não empenhadas em restos a pagar

> ***Art. 359-B*** *Ordenar ou autorizar a inscrição em restos a pagar, de despesa que não tenha sido previamente empenhada ou que exceda limite estabelecido em lei:*
>
> *Pena – detenção, de 6 (seis) meses a 2 (dois) anos.*

Perceba que, novamente, trata-se de um crime de natureza formal, não exigindo resultado naturalístico para sua consumação. Note que o simples fato de o agente **ordenar ou autorizar** a inscrição em restos a pagar **sem estar previamente empenhada** ou que exceda o limite estabelecido, já configura a conduta do art. 359-B.

Conforme o art. 36 da Lei nº 4.320/1964, consideram-se restos a pagar as despesas empenhadas, mas não pagas até o dia 31 de dezembro, distinguindo-se as processadas das não processadas.

Trata-se de crime próprio, sendo sujeito ativo o agente público que possua atribuição legal para ordenar ou autorizar a inscrição em restos a pagar.

Portanto, incorre na conduta criminosa tipificada no art. 359-B o agente público que ordenar ou autorizar a inscrição em restos a pagar, de **dívida que não foi empenhada ou excedeu o limite previsto.**

9.7.4 Assunção de obrigação no último ano do mandato ou legislatura

> ***Art. 359-C*** *Ordenar ou autorizar a assunção de obrigação, nos dois últimos quadrimestres do último ano do mandato ou legislatura, cuja despesa não possa ser paga no mesmo exercício financeiro ou, caso reste parcela a ser paga no exercício seguinte, que não tenha contrapartida suficiente de disponibilidade de caixa:*
>
> *Pena - reclusão, de 1 (um) a 4 (quatro) anos.*

Note que a preocupação deste tipo penal é com o futuro Governo, haja vista que incorrerá nesse crime o agente que ordenar ou autorizar a assunção de obrigação nos dois últimos quadrimestres do último ano do mandato legislativo ou legislatura e que a despesa não possa ser paga no mesmo exercício financeiro ou que não tenha disponibilidade de caixa.

Outro detalhe desse dispositivo que deve ser observado trata-se de os **dois últimos quadrimestres do mandato ou legislatura, na qual a despesa não possa ser paga.** É importante também se atentar para o fato de que esse tipo penal trata de **assunção de despesa**, enquanto que os arts. 359-F e 359-G tratam do **não cancelamento de restos a pagar e o aumento de despesa total com pessoal no último ano do mandato ou legislatura,** respectivamente.

Note que existe um lapso temporal diferente que pode ser cobrado na sua prova. Veja que no art.359-C a conduta de **ordenar ou autorizar** a assunção de obrigação, deve se dar **nos dois últimos quadrimestres do último ano do mandato ou legislatura,** ao passo que no art. 359-G a conduta de **ordenar, autorizar ou executar** ato que acarrete aumento de **despesa** total com pessoal, deve ocorrer nos **180 dias anteriores** ao final do mandato ou da legislatura.

9.7.5 Ordenação de despesa não autorizada

> ***Art. 359-D*** *Ordenar despesa **não** autorizada por lei:*
>
> *Pena – reclusão, de 1 (um) a 4 (quatro) anos.*

No art.359-D é apresentada uma conduta genérica, no sentido de que o servidor público não pode ordenar despesas, quando não autorizadas por lei (lei orçamentária anual).

Trata-se de crime formal, não se exigindo resultado naturalístico, ou seja, que a despesa tenha sido efetuada, bastando a efetiva ordem da despesa não autorizada por lei, para a sua consumação.

Também se trata de crime próprio, pois somente pode ser praticado por agente público com atribuição legal para ordenar despesa.

O tipo penal abre algumas exceções, como no caso de uma despesa imprevisível ou um fato decorrente da força da natureza, que exigem uma atenção maior do Estado com a sociedade. Nesse caso, abre-se exceção para uma despesa não autorizado por lei.

Não haverá crime se a despesa tiver sido autorizada na lei orçamentária.

9.7.6 Prestação de garantias graciosas

> ***Art. 359-E*** *Prestar garantia em operação de crédito sem que tenha sido constituída contragarantia em valor igual ou superior ao valor da garantia prestada, na forma da lei:*
>
> *Pena - detenção, de 3 (três) meses a 1 (um) ano.*

O crime de prestação de garantias graciosas prevê conduta de menor potencial ofensivo. Observe que a definição de **operações de crédito** encontra-se no art. 29 da LRF, conforme acima mencionado.

A conduta típica do art. 359-E é prestar garantia, que significa dar, conceder. A garantia é prestada sem ter sido constituída contragarantia em valor igual ou superior àquela, na forma da lei.

Assim, por exemplo, o Estado (União, DF, Estado ou Município), em uma relação contratual, realiza uma operação de crédito com o particular (terceiro) e nessa transação o ente público oferece uma garantia para o terceiro, com objetivo de assegurar o cumprimento do contrato. Contudo, nessa relação contratual, o particular **não ofereceu uma contragarantia de valor igual ou superior ao valor ofertado pelo Estado.**

Portanto, o crime se consuma com a prestação de garantia sem a correspondente contragarantia, em valor igual ou superior àquela.

Fique ligado

Note que se não ocorrer uma contragarantia na relação contratual entre o Estado e o particular, estará configurado o crime de prestação de garantias graciosas.

9.7.7 Não cancelamento de restos a pagar

> ***Art. 359-F*** *Deixar de ordenar, de autorizar ou de promover o cancelamento do montante de restos a pagar inscrito em valor superior ao permitido em lei:*
>
> *Pena - detenção, de 6 (seis) meses a 2 (dois) anos.*

Como já foi visto anteriormente, o resto a pagar trata-se de despesa que já foi, previamente, empenhada, mas que não será paga até o fim do período orçamentário ou até 31/12.

O crime de não cancelamento de restos a pagar, previsto no art. 359-F, exige uma conduta dolosa do agente, consistente na vontade livre e consciente de deixar de ordenar, de autorizar ou de promover o cancelamento do montante de restos a pagar inscrito em valor superior ao permitido em lei.

Este delito ocorre da seguinte forma: o Estado, inicialmente, inscreve uma dívida em restos a pagar para realizar o pagamento em ano posterior, no entanto, diante da impossibilidade financeira para o pagamento da dívida, o agente público deixa de forma dolosa de promover o cancelamento do montante inscrito em restos a pagar.

9.7.8 Aumento de despesa total com pessoal no último ano do mandato ou legislatura

> *Art. 359-G Ordenar, autorizar ou executar ato que acarrete aumento de despesa total com pessoal, nos 180 dias anteriores ao final do mandato ou da legislatura:*
>
> *Pena - reclusão, de 1 (um) a 4 (quatro) anos.*

Assim como nos delitos anteriores, o tipo penal do art. 359-G tutela o equilíbrio das contas públicas, principalmente, a proteção da administração seguinte.

O crime do art. 359-G tem como verbos núcleos as condutas de ordenar, autorizar ou executar, **ato que acarrete aumento com despesa total com pessoal, 180 dias anteriores ao final do mandato ou legislatura.**

O conceito de despesa total com pessoal está previsto no art. 18 da LCnº101/2000 (LRF):

> *Art. 18 Para os efeitos desta Lei Complementar, **entende-se como despesa total com pessoal**: o somatório dos gastos do ente da Federação com os ativos, os inativos e os pensionistas, relativos a mandatos eletivos, cargos, funções ou empregos, civis, militares e de membros de Poder, com quaisquer espécies remuneratórias, tais como vencimentos e vantagens, fixas e variáveis, subsídios, proventos da aposentadoria, reformas e pensões, inclusive adicionais, gratificações, horas extras e vantagens pessoais de qualquer natureza, bem como encargos sociais e contribuições recolhidas pelo ente às entidades de previdência.*

O delito se consuma com o aumento da despesa total com pessoal, no prazo de 180 dias anteriores ao final do mandato ou legislatura.

Vale destacar que esse delito difere do **art. 359-C** visto anteriormente.

9.7.9 Oferta pública ou colocação de títulos no mercado

> *Art. 359-H Ordenar, autorizar ou promover a oferta pública ou a colocação no mercado financeiro de títulos da dívida pública sem que tenham sido criados por lei ou sem que estejam registrados em sistema centralizado de liquidação e de custódia:*
>
> *Pena - reclusão, de 1 (um) a 4 (quatro) anos.*

O delito de oferta pública ou colocação de títulos no mercado, previsto no art. 359-H criminaliza a conduta do agente público que ordenar, autorizar ou promover a oferta pública ou a colocação no mercado financeiro de títulos da dívida pública, sem que esses tenham sido criados por lei ou sem que estejam registrados em sistema centralizado de liquidação e de custódia.

Como se observa, a oferta pública ou a colocação no mercado financeiro, constituem o elemento normativo do tipo, porquanto se os títulos da dívida pública tenham sido criados por lei, ou esses tenham sido registrados em sistema centralizado de liquidação e de custódia, não restará configurado o delito do art. 359-H.

Trata-se de crime formal, que dispensa a ocorrência de resultado naturalístico para sua consumação.

A ação penal é pública incondicionada.

10 CRIMES E INFRAÇÕES NO ECA

Os crimes praticados contra a criança e ao adolescente, seja por ação ou omissão, estão previstos nos arts. 228 ao 244-B do ECA, aplicando-se concomitantemente as normas penais da parte geral do CP e do CPP para aplicação da pena.

Importante mencionar que todos os crimes previstos no ECA terão ação penal pública incondicionada, sendo sua titularidade do Ministério Público.

Vejamos alguns dos principais tipos de crime:

- **Quanto ao sujeito ativo**
  - **Crime comum:** não exige qualidade específica do sujeito ativo para sua prática.
  - **Crime próprio:** exige qualidade específica do sujeito ativo para sua prática.
  - **Crime de mão própria:** é aquele que somente pode ser praticado pela própria pessoa.
- **Quanto à necessidade de resultado naturalístico para sua consumação**
  - **Crime material:** prevê um resultado naturalístico para sua consumação.
  - **Crime formal:** descreve um resultado naturalístico, do qual sua ocorrência é desnecessária para consumar o delito.
  - **Crime de mera conduta:** quando o resultado naturalístico nem mesmo poderia ocorrer por ausência de descrição.
- **Quanto à necessidade de lesão ao bem jurídico para sua consumação**
  - **Crime de dano:** necessita para ocorrer de lesão ou danos a um bem jurídico protegido penalmente.
  - **Crime de perigo:** necessita para a consumação de exposição do bem jurídico a perigo.
- **Quanto à forma da conduta**
  - **Crime comissivo:** é praticado por um ato positivo do agente, ou seja, o ato de fazer algo.
  - **Crime omissivo:** é praticado por um ato negativo do agente, ou seja, o ato de não fazer algo.
  - **Crime de conduta mista:** prevê a ação seguida de uma omissão.
  - **Crime de esquecimento:** é um crime do qual o agente pratica sem prevê o resultado havendo a culpa inconsciente.
- **Quanto ao tempo da consumação**
  - **Crime instantâneo:** consuma-se imediatamente.
  - **Crime permanente:** a consumação se protrai no tempo.
  - **Crime instantâneo de efeitos permanentes:** consuma-se imediatamente, mas os efeitos se prolongam no tempo.
- **Crime a prazo:** depende prazo para sua consumação.
  - **Quanto à unicidade ou não do tipo penal**
- **Crime simples:** formado por um único tipo penal.
- **Crime complexo:** é formado pela junção ou fusão de outros tipos penais.
- **Crime de forma livre:** é aquele que não prevê uma forma específica de realização do núcleo do tipo, como o furto e o homicídio.
- **Crime de forma vinculada:** é aquele que tem forma ou formas de realização do núcleo do tipo especificamente previstas em lei. É o caso do curandeirismo, que possui algumas formas previstas nos incisos do art. 284 em que o núcleo do tipo pode ser realizado.

10.1 Crimes em espécie

O art. 228 do ECA tem como características principais que em o caput e o parágrafo único trazem infrações de menor potencial ofensivo. O tipo penal se refere as obrigações do art. 10 do ECA.

Os crimes descritos são omissivos próprios, formais, próprios e de perigo abstrato. Já o parágrafo único prevê a modalidade culposa.

> ***Art. 228*** *Deixar o encarregado de serviço ou o dirigente de estabelecimento de atenção à saúde de gestante de manter registro das atividades desenvolvidas, na forma e prazo referidos no art. 10 desta Lei, bem como de fornecer à parturiente ou a seu responsável, por ocasião da alta médica, declaração de nascimento, onde constem as intercorrências do parto e do desenvolvimento do neonato:*
>
> ***Pena*** *- detenção de 6 (seis) meses a 2 (dois) anos.*
>
> ***Parágrafo único.*** *Se o crime é culposo:*
>
> ***Pena*** *- detenção de 2 (dois) a 2 (seis) meses, ou multa.*
>
> ***Art. 229*** *Deixar o médico, enfermeiro ou dirigente de estabelecimento de atenção à saúde de gestante de identificar corretamente o neonato e a parturiente, por ocasião do parto, bem como deixar de proceder aos exames referidos no art. 10 desta Lei:*
>
> ***Pena*** *- detenção de 6 (seis) meses a 2 (dois) anos.*
>
> ***Pena*** *- detenção de 2 (dois) a 6 (seis) meses, ou multa.*

O art. 229 do ECA, em seu caput e parágrafo único, trazem infrações de menor potencial ofensivo. O tipo penal refere-se as obrigações do art. 10 do ECA.

Os crimes descritos são omissivos próprios, formais, próprios e de perigo abstrato. Já o parágrafo único prevê a modalidade culposa.

> ***Art. 230*** *Privar a criança ou o adolescente de sua liberdade, procedendo à sua apreensão sem estar em flagrante de ato infracional ou inexistindo ordem escrita da autoridade judiciária competente:*
>
> ***Pena*** *- detenção de 6 (seis) meses a 2 (dois) anos.*
>
> ***Parágrafo único.*** *Incide na mesma pena aquele que procede à apreensão sem observância das formalidades legais.*

O caput e o parágrafo único do art. 230 trazem infrações de menor potencial ofensivo. O crime descrito é comum, material, doloso, permanente.

> ***Art. 231*** *Deixar a autoridade policial responsável pela apreensão de criança ou adolescente de fazer imediata comunicação à autoridade judiciária competente e à família do apreendido ou à pessoa por ele indicada*
>
> ***Pena*** *- detenção de 6 (seis) meses a 2 (dois) anos.*

O art. 231 do ECA, em seu caput e no parágrafo único, trazem infrações de menor potencial ofensivo. O crime descrito é próprio, formal, omissivo, de perigo abstrato.

> ***Art. 232*** *Submeter criança ou adolescente sob sua autoridade, guarda ou vigilância a vexame ou a constrangimento:*
>
> ***Pena*** *- detenção de 6 (seis) meses a 2 (dois) anos.*

O caput e o parágrafo único do art. 232 do ECA trazem infrações de menor potencial ofensivo. O crime descrito é próprio, material, comissivo, admite tentativa.

> ***Art. 234*** *Deixar a autoridade competente, sem justa causa, de ordenar a imediata liberação de criança ou adolescente, tão logo tenha conhecimento da ilegalidade da apreensão:*
>
> ***Pena*** *- detenção de 6 (seis) meses a 2 (dois) anos.*

O art. 234 do ECA, em seu caput e no parágrafo único, trazem infrações de menor potencial ofensivo. O crime descrito é próprio, material, omissivo, permanente.

> ***Art. 235*** *Descumprir, injustificadamente, prazo fixado nesta Lei em benefício de adolescente privado de liberdade:*
>
> ***Pena*** *- detenção de 6 (seis) meses a 2 (dois) anos.*

O art. 235 do ECA, em seu caput e no parágrafo único, trazem infrações de menor potencial ofensivo. O crime descrito é próprio, material, omissivo, permanente. Sendo ainda uma norma penal em branco, tendo em vista que exige que o agente descumpra os prazos fixados no ECA.

> ***Art. 236*** *Impedir ou embaraçar a ação de autoridade judiciária, membro do Conselho Tutelar ou representante do Ministério Público no exercício de função prevista nesta Lei:*
>
> ***Pena*** *- detenção de 6 (seis) meses a 2 (dois) anos.*

O caput e o parágrafo único do art. 236 do ECA trazem infrações de menor potencial ofensivo. O crime descrito é comum, formal, omissivo, de perigo abstrato.

> ***Art. 237*** *Subtrair criança ou adolescente ao poder de quem o tem sob sua guarda em virtude de lei ou ordem judicial, com o fim de colocação em lar substituto:*
>
> ***Pena*** *- reclusão de 2 (dois) a 6 (seis) anos, e multa.*

O crime descrito tem como características principais ser comum, formal, forma livre. Sendo uma norma penal em branco, tendo em vista que o conceito de lar substituto é retirado do ECA.

> ***Art. 238*** *Prometer ou efetivar a entrega de filho ou pupilo a terceiro, mediante paga ou recompensa: [...]*
>
> ***Pena*** *- Reclusão de 1 (um) a 4 (quatro) anos, e multa.*
>
> ***Parágrafo único.*** *Incide nas mesmas penas quem oferece ou efetiva a paga ou recompensa.*

O art. 235 do ECA tem como características principais ser infração de médio potencial ofensivo; no caput há um crime próprio, e no parágrafo único, um crime comum. O crime descrito é comissivo, formal e material, doloso e instantâneo.

> ***Art. 239*** *Promover ou auxiliar a efetivação de ato destinado ao envio de criança ou adolescente para o exterior com inobservância das formalidades legais ou com o fito de obter lucro:*
>
> ***Pena*** *- reclusão de quatro a seis anos, e multa.*
>
> ***Parágrafo único.*** *Se há emprego de violência, grave ameaça ou fraude:*
>
> ***Pena*** *- reclusão, de 6 (seis) a 8 (oito) anos, além da pena correspondente à violência.*

O art. 236 do ECA tem como características principais ser crime comum, formal, de forma livre. Sendo norma penal em branco tendo em vista a referência à violação de formalidades legais de envio de criança ou adolescente ao exterior conforme previsto no ECA.

> ***Art. 240*** *Produzir, reproduzir, dirigir, fotografar, filmar ou registrar, por qualquer meio, cena de sexo explícito ou pornográfica, envolvendo criança ou adolescente:*
>
> ***Pena*** *– reclusão, de 4 (quatro) a 8 (oito) anos, e multa.*
>
> *§ 1º Incorre nas mesmas penas quem agencia, facilita, recruta, coage, ou de qualquer modo intermedeia a participação de criança ou adolescente nas cenas referidas no caput deste artigo, ou ainda quem com esses contracena.*
>
> *§ 2º Aumenta-se a pena de 1/3 se o agente comete o crime:*
>
> *I - No exercício de cargo ou função pública ou a pretexto de exercê-la;*
>
> *II - Prevalecendo-se de relações domésticas, de coabitação ou de hospitalidade; ou*
>
> *III - prevalecendo-se de relações de parentesco consanguíneo ou afim até o terceiro grau, ou por adoção, de tutor, curador, preceptor, empregador da vítima ou de quem, a qualquer outro título, tenha autoridade sobre ela, ou com seu consentimento.*

O art. 240 do ECA tem como finalidade punir qualquer um vinculado à produção de conteúdo sexual ou pornográfico envolvendo crianças ou adolescentes, mesmo que autorizado. É um crime comum, formal, doloso e instantâneo. Admite-se nesse crime o de erro de tipo, no que se refere à idade do infante.

> ***Art. 241*** *Vender ou expor à venda fotografia, vídeo ou outro registro que contenha cena de sexo explícito ou pornográfica envolvendo criança ou adolescente:*
>
> ***Pena*** *- Reclusão, de 4 (quatro) a 8 (oito) anos, e multa.*

O presente artigo tem como alvo o comerciante de material de pornografia infantil, tendo como características do crime ser um crime comum, formal, comissivo, instantâneo.

> ***Art. 241-A*** *Oferecer, trocar, disponibilizar, transmitir, distribuir, publicar ou divulgar por qualquer meio, inclusive por meio de sistema de informática ou telemático, fotografia, vídeo ou outro registro que contenha cena de sexo explícito ou pornográfica envolvendo criança ou adolescente:*
>
> ***Pena*** *- Reclusão, de 3 (três) a 6 (seis) anos, e multa.*
>
> *§ 1º Nas mesmas penas incorre quem:*
>
> *I - Assegura os meios ou serviços para o armazenamento das fotografias, cenas ou imagens de que trata o caput deste artigo;*
>
> *II - Assegura, por qualquer meio, o acesso por rede de computadores às fotografias, cenas ou imagens de que trata o caput deste artigo.*
>
> *§ 2º As condutas tipificadas nos incisos I e II do § 1º deste artigo são puníveis quando o responsável legal pela prestação do serviço, oficialmente notificado, deixa de desabilitar o acesso ao conteúdo ilícito de que trata o caput.*

Neste artigo, a punição é ao dispersor de material pornográfico, incluindo para adquirir para si ou para compartilhar. Tem como classificação ser um crime comum, formal, comissivo.

> ***Art. 241-B*** *Adquirir, possuir ou armazenar, por qualquer meio, fotografia, vídeo ou outra forma de registro que contenha cena de sexo explícito ou pornográfica envolvendo criança ou adolescente:*
>
> ***Pena*** *- Reclusão, de 1 (um) a 4 (quatro) anos, e multa.*
>
> *§ 1º A pena é diminuída de 1 a 2/3 se de pequena quantidade o material a que se refere o caput deste artigo.*
>
> *§ 2º Não há crime se a posse ou o armazenamento tem a finalidade de comunicar às autoridades competentes a ocorrência das condutas descritas nos arts. 240, 241, 241-A e 241-C desta Lei, quando a comunicação for feita por:*
>
> *I - Agente público no exercício de suas funções;*
>
> *II - Membro de entidade, legalmente constituída, que inclua, entre suas finalidades institucionais, o recebimento, o processamento e o encaminhamento de notícia dos crimes referidos neste parágrafo;*
>
> *III - Representante legal e funcionários responsáveis de provedor de acesso ou serviço prestado por meio de rede de computadores, até o recebimento do material relativo à notícia feita à autoridade policial, ao Ministério Público ou ao Poder Judiciário.*
>
> *§ 3º As pessoas referidas no § 2º deste artigo deverão manter sob sigilo o material ilícito referido.*

O art. 241-B trata do criminoso, que é o consumidor da pornografia infantil. Tem como característica ser uma infração de potencial ofensivo, é crime comum, formal, comissivo, instantâneo na modalidade "adquirir" e permanente nas modalidades "armazenar e possuir".

> ***Art. 241-C*** *Simular a participação de criança ou adolescente em cena de sexo explícito ou pornográfica por meio de adulteração, montagem ou modificação de fotografia, vídeo ou qualquer outra forma de representação visual:*
>
> ***Pena*** *- Reclusão, de 1 a 3 anos, e multa.*
>
> ***Parágrafo único.*** *Incorre nas mesmas penas quem vende, expõe à venda, disponibiliza, distribui, publica ou divulga por qualquer meio, adquire, possui ou armazena o material produzido na forma do caput deste artigo.*

Tem como características ser infração de médio potencial ofensivo, crime comum, formal, de forma livre, comissivo, instantâneo.

> ***Art. 241-D*** *Aliciar, assediar, instigar ou constranger, por qualquer meio de comunicação, criança, com o fim de com ela praticar ato libidinoso:*
>
> ***Pena*** *- Reclusão, de 1 a 3 anos, e multa.*

D P E N

Parágrafo único. Nas mesmas penas incorre quem:

I - Facilita ou induz o acesso à criança de material contendo cena de sexo explícito ou pornográfica com o fim de com ela praticar ato libidinoso;

II - Pratica as condutas descritas no caput deste artigo com o fim de induzir criança a se exibir de forma pornográfica ou sexualmente explícita.

Neste artigo, o legislado engloba a conduta de quem, mesmo não produzindo o material pornográfico, recruta os infantes. Tem como características ser uma infração de médio potencial ofensivo, um crime comum, formal, de forma livre, comissivo e instantâneo.

10.1.1 Norma penal explicativa

Art. 241-E Para efeito dos crimes previstos nesta Lei, a expressão "cena de sexo explícito ou pornográfica" compreende qualquer situação que envolva criança ou adolescente em atividades sexuais explícitas, reais ou simuladas, ou exibição dos órgãos genitais de uma criança ou adolescente para fins primordialmente sexuais.

Aqui, o legislador quis evitar contrariedades de interpretação, definindo exatamente o contexto de cena de sexo explícito ou pornográfica, deixando, no entanto, de mencionar a exposição dos seios, uma vez que não são órgãos genitais.

***Art. 242** Vender, fornece ainda que gratuitamente ou entregar, de qualquer forma, a criança ou adolescente arma, munição ou explosivo:*

***Pena** - reclusão, de 3 (três) a 6 (seis) anos.*

Assim, o art. 242 é um crime comum, formal, forma livre, comissivo e instantâneo.

***Art. 243** Vender, fornecer, servir, ministrar ou entregar, ainda que gratuitamente, de qualquer forma, a criança ou a adolescente, bebida alcoólica ou, sem justa causa, outros produtos cujos componentes possam causar dependência física ou psíquica:*

***Pena** - detenção de 2 (dois) a 4 (quatro) anos, e multa, se o fato não constitui crime mais grave.*

O art. 243 tem como características principais ser um crime comum, doloso, comissivo, formal e uma infração penal subsidiária, incidindo apenas na falta de outro mais gravoso.

***Art. 244** Vender, fornece ainda que gratuitamente ou entregar, de qualquer forma, a criança ou adolescente fogos de estampido ou de artifício, exceto aqueles que, pelo seu reduzido potencial, sejam incapazes de provocar qualquer dano físico em caso de utilização indevida:*

***Pena** - detenção de 6 (seis) meses a 2 (dois) anos, e multa.*

O art. 244 tem como características principais ser uma infração de menor potencial ofensivo, bem como ser um crime comum, formal, de forma livre, comissivo.

***Art. 244-A** Submeter criança ou adolescente, como tais definidos no caput do art. 2º desta Lei, à prostituição ou à exploração sexual:*

***Pena** - reclusão de quatro a dez anos e multa, além da perda de bens e valores utilizados na prática criminosa em favor do Fundo dos Direitos da Criança e do Adolescente da unidade da Federação (Estado ou Distrito Federal) em que foi cometido o crime, ressalvado o direito de terceiro de boa-fé.*

§ 1º Incorrem nas mesmas penas o proprietário, o gerente ou o responsável pelo local em que se verifique a submissão de criança ou adolescente às práticas referidas no caput deste artigo.

§ 2º Constitui efeito obrigatório da condenação a cassação da licença de localização e de funcionamento do estabelecimento.

O conteúdo do artigo em questão foi reproduzido pelo art. 218-B do Código Penal, sendo assim, o tipo do art. 244-A foi revogado pela alteração do Código Penal, segundo a doutrina em geral.

***Art. 244-B** Corromper ou facilitar a corrupção de menor de 18 (dezoito) anos, com ele praticando infração penal ou induzindo-o a praticá-la:*

***Pena** - reclusão, de 1 (um) a 4 (quatro) anos.*

§ 1º Incorre nas penas previstas no caput deste artigo quem pratica as condutas ali tipificadas utilizando-se de quaisquer meios eletrônicos, inclusive salas de bate-papo da internet.

§ 2º As penas previstas no caput deste artigo são aumentadas de um terço no caso de a infração cometida ou induzida estar incluída no rol do art. 1º da Lei nº 8.072/90.

Aqui encontramos o crime conhecido por corrupção de menores. Sendo um crime de médio potencial ofensivo, bem como um crime comum, formal, comissivo.

10.2 Infrações administrativas

Em primeiro lugar, quando falamos das infrações administrativas, não estamos falando de crime não havendo penas privativas de liberdade se sim penas de multa serão revertidas a fundos municipais dos direitos da criança e do adolescente. Ocorre a prescrição das infrações em 5 anos.

***Art. 245** Deixar o médico, professor ou responsável por estabelecimento de atenção à saúde e de ensino fundamental, pré-escola ou creche, de comunicar à autoridade competente os casos de que tenha conhecimento, envolvendo suspeita ou confirmação de maus-tratos contra criança ou adolescente:*

***Pena** - multa de 3 (três) a 20 (vinte) salários de referência, aplicando-se o dobro em caso de reincidência.*

Este artigo tem como características um sujeito ativo é próprio e conduta omissiva.

***Art. 246** Impedir o responsável ou funcionário de entidade de atendimento o exercício dos direitos de: [...] Peticionar diretamente a qualquer autoridade; avistar-se reservadamente com seu defensor; receber visitas, ao menos, semanalmente; corresponder-se com seus familiares e amigos; receber escolarização e profissionalização;*

***Pena** - multa de 3 (três) a 20 (vinte) salários de referência, aplicando-se o dobro em caso de reincidência.*

Aqui, o sujeito ativo é funcionário de entidade de medida socioeducativa.

***Art. 247** Divulgar, total ou parcialmente, sem autorização devida, por qualquer meio de comunicação, nome, ato ou documento de procedimento policial, administrativo ou judicial relativo à criança ou adolescente a que se atribua ato infracional.*

***Pena** - multa de 3 (três) a 20 (vinte) salários de referência, aplicando-se o dobro em caso de reincidência.*

§ 1º Incorre na mesma pena quem exibe, total ou parcialmente, fotografia de criança ou adolescente envolvido em ato infracional, ou qualquer ilustração que lhe diga respeito ou se refira a atos que lhe sejam atribuídos, de forma a permitir sua identificação, direta ou indiretamente.

§ 2º Se o fato for praticado por órgão de imprensa ou emissora de rádio ou televisão, além da pena prevista neste artigo, a autoridade judiciária poderá determinar a apreensão da publicação ou a suspensão da programação da emissora até por 2 dias, bem como da publicação do periódico até por dois números. (Expressão declara inconstitucional pela ADIN 869-2).

Neste artigo, o sujeito é qualquer pessoa. A expressão riscada foi declarada inconstitucional pelo STF.

***Art. 249** Descumprir, dolosa ou culposamente, os deveres inerentes ao poder familiar ou decorrente de tutela ou guarda, bem assim determinação da autoridade judiciária ou Conselho Tutelar.*

***Pena** - multa de 3 (três) a 20 (vinte) salários de referência, aplicando-se o dobro em caso de reincidência.*

***Art. 250** Hospedar criança ou adolescente desacompanhado dos pais ou responsável, ou sem autorização escrita desses ou da autoridade judiciária, em hotel, pensão, motel ou congênere.*

***Pena** – multa.*

§ 1º Em caso de reincidência, sem prejuízo da pena de multa, a autoridade judiciária poderá determinar o fechamento do estabelecimento por até 15 dias.

§ 2º Se comprovada a reincidência em período inferior a 30 dias, o estabelecimento será definitivamente fechado e terá licença cassada.

Art. 251 *Transportar criança ou adolescente, por qualquer meio, com inobservância do das regras de autorização de viagem.*

Pena *- multa de 3 (três) a 20 (vinte) salários de referência, aplicando-se o dobro em caso de reincidência.*

Art. 252 *Deixar o responsável por diversão ou espetáculo público de afixar, em lugar visível e de fácil acesso, à entrada do local de exibição, informação destacada sobre a natureza da diversão ou espetáculo e a faixa etária especificada no certificado de classificação.*

Pena *- multa de 3 (três) a 20 (vinte) salários de referência, aplicando-se o dobro em caso de reincidência.*

Art. 253 *Anunciar peças teatrais, filmes ou quaisquer representações ou espetáculos, sem indicar os limites de idade a que não se recomendem.*

Pena *- multa de 3 (três) a 20 (vinte) salários de referência, duplicada em caso de reincidência, aplicável, separadamente, à casa de espetáculo e aos órgãos de divulgação ou publicidade.*

Art. 254 *Transmitir, através de rádio ou televisão, espetáculo em horário diverso do autorizado ou sem aviso de sua classificação.*

Pena *- multa de 20 (vinte) a 100 (cem) salários de referência; duplicada em caso de reincidência, a autoridade judiciária poderá determinar a suspensão da programação da emissora por até 2 dias.*

O STF, no bojo da ADI nº 2.404, julgou inconstitucional a limitação de horários, argumentando que o Estado não pode determinar que os programas possam ser exibidos somente em determinados horários, o que seria uma imposição, vedado pela CF/88. O Poder Público pode apenas recomendar horários adequados, sendo a classificação dos programas meramente indicativa.

Art. 255 *Exibir filmes, trailer, peça, amostra ou congênere classificado pelo órgão competente como inadequado às crianças ou adolescentes admitidos ao espetáculo.*

Pena *- multa de 20 (vinte) a 100 (cem) salários de referência. Na reincidência, a autoridade poderá determinar a suspensão do espetáculo ou o fechamento do estabelecimento por até 15 dias.*

Art. 256 *Vender ou locar a criança ou adolescente fita de programação em vídeo, em desacordo com a classificação atribuída pelo órgão competente.*

Pena *- multa de 3 (três) a 20 (vinte) salários de referência. Em caso de reincidência, a autoridade judiciária poderá determinar o fechamento do estabelecimento por até 15 dias.*

Art. 257 *Descumprir obrigação de:*

I - Comercializar revistas de material impróprio com embalagem lacrada e advertência de seu conteúdo;

II - Não conter em revistas e publicações destinadas ao público infanto-juvenil ilustrações, fotografias, legendas, crônicas ou anúncios de bebidas alcoólicas, tabaco, armas e munições, e respeitar os valores éticos e sociais da pessoa e da família.

Pena *- multa de 3 (três) a 20 (vinte) salários de referência, duplicando-se a pena em caso de reincidência, sem prejuízo de apreensão da revista ou publicação.*

Art. 258 *Deixar o responsável pelo estabelecimento ou o empresário de observar o que dispõe esta Lei sobre o acesso de criança ou adolescente aos locais de diversão, ou sobre sua participação no espetáculo.*

Pena *- multa de 3 (três) a 20 (vinte) salários de referência. Em caso de reincidência, a autoridade judiciária poderá determinar o fechamento do estabelecimento por até 15 dias.*

Art. 258-A *Deixar a autoridade competente de providenciar a instalação e operacionalização dos:*

I - Cadastro do registro de crianças e adolescentes em condições de serem adotados e Cadastro de pessoas interessadas na adoção

II - Cadastro que contenha informações atualizadas sobre as crianças e adolescentes em regime de acolhimento familiar e institucional sob sua responsabilidade.

Pena *- multa de R$ 1.000,00 a R$ 3.000,00.*

Parágrafo único. *Incorre nas mesmas penas a autoridade que deixa de efetuar o cadastramento de crianças e de adolescentes em condições de serem adotadas, de pessoas ou casais habilitados à adoção e de crianças e adolescentes em regime de acolhimento institucional ou familiar.*

Art. 258-B *Deixar o médico, enfermeiro ou dirigente de estabelecimento de atenção à saúde de gestante de efetuar imediato encaminhamento ao juiz de caso de que tenha conhecimento de mãe ou gestante interessada em entregar seu filho para adoção.*

Pena *- multa de R$ 1.000,00 a R$ 3.000,00.*

Parágrafo único. *Incorre na mesma pena o funcionário de programa oficial ou comunitário destinado à garantia do direito à convivência familiar que deixa de efetuar a comunicação referida no caput deste artigo.*

Art. 258-C *Descumprir a proibição de vender bebidas alcoólicas para crianças e adolescentes.*

Pena *- multa de R$ 3.000,00 a R$ 10.000,00.*

Medida administrativa - interdição do estabelecimento comercial até o recolhimento da multa aplicada.

11 LEI Nº 8.072/1990 – LEI DE CRIMES HEDIONDOS

Dispõe sobre os crimes hediondos, nos termos do art. 5º, XLIII, CF/1988 e determina outras providências.

São considerados **hediondos** os seguintes crimes, todos tipificados no Decreto-lei nº2.848/1940 – Código Penal, consumados ou tentados:

- Homicídio (art. 121), quando praticado em atividade típica de grupo de extermínio, ainda que cometido por um só agente, e homicídio qualificado (art. 121, § 2º, incisos I a IX).

> ***Art. 121*** *[...]*
>
> *Homicídio qualificado*
>
> *§ 2° Se o homicídio é cometido:*
>
> *I – mediante paga ou promessa de recompensa, ou por outro motivo torpe;*
>
> *II – por motivo fútil;*
>
> *III – com emprego de veneno, fogo, explosivo, asfixia, tortura ou outro meio insidioso ou cruel, ou de que possa resultar perigo comum;*
>
> *IV – à traição, de emboscada, ou mediante dissimulação ou outro recurso que dificulte ou torne impossível a defesa do ofendido;*
>
> *V – para assegurar a execução, a ocultação, a impunidade ou vantagem de outro crime:*
>
> ***Pena*** *- reclusão, de doze a trinta anos.*
>
> ***Feminicídio***
>
> *VI – contra a mulher por razões da condição de sexo feminino:*
>
> *VII – contra autoridade ou agente descrito nos arts. 142 e 144 da Constituição Federal, integrantes do sistema prisional e da Força Nacional de Segurança Pública, no exercício da função ou em decorrência dela, ou contra seu cônjuge, companheiro ou parente consanguíneo até terceiro grau, em razão dessa condição:*
>
> *VIII – com emprego de arma de fogo de uso restrito ou proibido:*
>
> *Homicídio contra menor de 14 (quatorze) anos*
>
> *IX – contra menor de 14 (quatorze) anos:*
>
> ***Pena*** *- reclusão, de doze a trinta anos*

- Lesão corporal dolosa de natureza gravíssima (art. 129, § 2º) e lesão corporal seguida de morte (art. 129, § 3º), quando praticadas contra autoridade ou agente descrito nos arts. 142 e 144 da Constituição Federal, integrantes do sistema prisional e da Força Nacional de Segurança Pública, no exercício da função ou em decorrência dela, ou contra seu cônjuge, companheiro ou parente consanguíneo até terceiro grau, em razão dessa condição.
- Roubo:
  - Circunstanciado pela restrição de liberdade da vítima (art. 157, § 2º, V).
  - Circunstanciado pelo emprego de arma de fogo (art. 157, § 2º-A, I) ou pelo emprego de arma de fogo de uso proibido ou restrito (art. 157, § 2º-B).
  - Qualificado pelo resultado lesão corporal grave ou morte (art. 157, § 3º).
- Extorsão qualificada pela restrição da liberdade da vítima, ocorrência de lesão corporal ou morte (art. 158, § 3º).
- Extorsão mediante sequestro e na forma qualificada (art. 159, *caput*, e §§ 1º, 2º e 3º).
- Estupro (art. 213, *caput* e §§ 1º e 2º).

Estupro
Art. 213, caput: Constranger alguém, mediante violência ou grave ameaça, a ter conjunção carnal ou a praticar ou permitir que com ele se pratique outro ato libidinoso.
Art. 213, § 1º: Se da conduta resulta lesão corporal de natureza grave ou se a vítima é menor de 18 ou maior de 14 anos.
Art. 213, § 2º: Se da conduta resulta morte.

- Estupro de vulnerável (art. 217-A, *caput* e §§ 1º, 2º, 3º, 4º e 5º).

> ***Art. 217-A*** *Ter conjunção carnal ou praticar outro ato libidinoso com menor de 14 (catorze) anos: [...]*
>
> *§ 1º Incorre na mesma pena quem pratica as ações descritas no caput com alguém que, por enfermidade ou deficiência mental, não tem o necessário discernimento para a prática do ato, ou que, por qualquer outra causa, não pode oferecer resistência.*
>
> *§ 2º (Vetado)*
>
> *§ 3º Se da conduta resulta lesão corporal de natureza grave:*
>
> ***Pena*** *- reclusão, de 10 (dez) a 20 (vinte) anos.*
>
> *§ 4º Se da conduta resulta morte:*
>
> ***Pena*** *- reclusão, de 12 (doze) a 30 (trinta) anos.*
>
> *§ 5º As penas previstas no caput e nos §§ 1º, 3º e 4º deste artigo aplicam-se independentemente do consentimento da vítima ou do fato de ela ter mantido relações sexuais anteriormente ao crime.*

- Epidemia com resultado morte (art. 267, § 1º).
- Falsificação, corrupção, adulteração ou alteração de produto destinado a fins terapêuticos ou medicinais (art. 273, *caput* e § 1º, § 1º-A e § 1º-B, com a redação dada pela Lei nº 9.677, de 2 de julho de 1998).
- Favorecimento da prostituição ou de outra forma de exploração sexual de criança ou adolescente ou de vulnerável (art. 218-B, *caput*, e §§ 1º e 2º).

> ***Favorecimento da prostituição ou de outra forma de exploração sexual de criança ou adolescente ou de vulnerável***
>
> ***Art. 218-B*** *Submeter, induzir ou atrair à prostituição ou outra forma de exploração sexual alguém menor de 18 (dezoito) anos ou que, por enfermidade ou deficiência mental, não tem o necessário discernimento para a prática do ato, facilitá-la, impedir ou dificultar que a abandone:*
>
> ***Pena*** *- reclusão, de 4 (quatro) a 10 (dez) anos.*
>
> *§ 1º Se o crime é praticado com o fim de obter vantagem econômica, aplica-se também multa.*
>
> *§ 2º Incorre nas mesmas penas:*
>
> *I – quem pratica conjunção carnal ou outro ato libidinoso com alguém menor de 18 (dezoito) e maior de 14 (catorze) anos na situação descrita no caput deste artigo;*
>
> *II – o proprietário, o gerente ou o responsável pelo local em que se verifiquem as práticas referidas no caput deste artigo.*

- Furto qualificado pelo emprego de explosivo ou de artefato análogo que cause perigo comum (art. 155, § 4º-A).
- Consideram-se também hediondos, tentados ou consumados:
  - O crime de genocídio, previsto nos arts. 1º, 2º e 3º da Lei nº 2.889/1956;
  - O crime de posse ou porte ilegal de arma de fogo de uso proibido, previsto no art. 16 da Lei nº 10.826/2003;
  - O crime de comércio ilegal de armas de fogo, previsto no art. 17 da Lei nº 10.826/2003;
  - O crime de tráfico internacional de arma de fogo, acessório ou munição, previsto no art. 18 da Lei nº 10.826/2003;
  - O crime de organização criminosa, quando direcionado à prática de crime hediondo ou equiparado.

11.1 Crimes equiparados a hediondos

Consideram-se também hediondos, tentados ou consumados:

- O crime de genocídio, previsto nos arts. 1º, 2º e 3º da Lei nº 2.889/1956;

> ***Art. 1º*** *Quem, com a intenção de destruir, no todo ou em parte, grupo nacional, étnico, racial ou religioso, como tal:*
>
> *a) matar membros do grupo;*
>
> *b) causar lesão grave à integridade física ou mental de membros do grupo;*

c) submeter intencionalmente o grupo a condições de existência capazes de ocasionar-lhe a destruição física total ou parcial;

d) adotar medidas destinadas a impedir os nascimentos no seio do grupo;

e) efetuar a transferência forçada de crianças do grupo para outro grupo.

***Art. 2º** Associarem-se mais de 3 (três) pessoas para prática dos crimes mencionados no artigo anterior:*

***Pena** – Metade da cominada aos crimes ali previstos.*

***Art. 3º** Incitar, direta e publicamente alguém a cometer qualquer dos crimes de que trata o art. 1º:*

***Pena** – Metade das penas ali cominadas.*

- ▷ O crime de posse ou porte ilegal de arma de fogo de uso proibido, previsto no art. 16 da Lei nº 10.826/2003.
- ▷ O crime de comércio ilegal de armas de fogo, previsto no art. 17 da Lei nº 110.826/2003.
- ▷ O crime de tráfico internacional de arma de fogo, acessório ou munição, previsto no art. 18 da Lei nº 10.826/2003.
- ▷ O crime de organização criminosa, quando direcionado à prática de crime hediondo ou equiparado.

11.2 Privilégios não aplicados aos crimes hediondos

Os crimes hediondos, a prática da tortura, o tráfico ilícito de entorpecentes e drogas afins e o terrorismo são insuscetíveis de:

- ▷ Anistia, graça e indulto;
- ▷ Fiança.

***Art. 2º**, § 1º A pena por crime previsto neste artigo será cumprida inicialmente em regime fechado.*

§ 2º (Revogado pela Lei nº 13.964/2019)

§ 3º Em caso de sentença condenatória, o juiz decidirá fundamentadamente se o réu poderá apelar em liberdade.

§ 4º A prisão temporária, sobre a qual dispõe a Lei no 7.960, de 21 de dezembro de 1989, nos crimes previstos neste artigo, terá o prazo de 30 (trinta) dias, prorrogável por igual período em caso de extrema e comprovada necessidade.

***Art. 3º** A União manterá estabelecimentos penais, de segurança máxima, destinados ao cumprimento de penas impostas a condenados de alta periculosidade, cuja permanência em presídios estaduais ponha em risco a ordem ou incolumidade pública.*

11.3 Regime inicial

O art. 2º, § 1º da Lei em estudo determina que a pena por crime hediondo será cumprida, inicialmente, em regime fechado. Contudo, a jurisprudência fixou entendimento que o regime inicial fechado não é obrigatório, ou seja, a hediondez ou a gravidade do crime não obriga, por si só, que o regime aplicado ao caso seja o mais grave, deve o magistrado analisar o caso concreto, e, apenas, após isso, decidir qual regime é o melhor a ser aplicado, respeitando os princípios constitucionais de individualização da pena e fundamentação das decisões.

Em caso de sentença condenatória, o juiz decidirá, fundamentadamente, se o réu poderá apelar em liberdade.

11.4 Prisão temporária

A prisão temporária, sobre a qual dispõe a Lei nº 7.960/1989, nos crimes hediondos, terá o prazo de 30 dias, prorrogável por igual período em caso de extrema e comprovada necessidade.

Prisão Temporária → 30 dias → 30 dias

A União manterá estabelecimentos penais, de segurança máxima, destinados ao cumprimento de penas impostas a condenados de alta periculosidade, cuja permanência em presídios estaduais ponha em risco a ordem ou incolumidade pública.

11.5 Alterações no Código Penal

***Art. 5º** Ao art. 83 do Código Penal é acrescido o seguinte inciso: [...]*

***Art. 83** [...]*

V – cumprido mais de dois terços da pena, nos casos de condenação por crime hediondo, prática da tortura, tráfico ilícito de entorpecentes e drogas afins, e terrorismo, se o apenado não for reincidente específico em crimes dessa natureza.

***Art. 6º** Os arts. 157, § 3º; 159, caput e seus §§ 1º, 2º e 3º; 213; 214; 223, caput e seu parágrafo único; 267, caput e 270; caput, todos do Código Penal, passam a vigorar com a seguinte redação: [...]*

***Art. 157** [...]*

§ 3º Se da violência resulta lesão corporal grave, a pena é de reclusão, de cinco a quinze anos, além da multa; se resulta morte, a reclusão é de vinte a trinta anos, sem prejuízo da multa.

***Art. 159** [...]*

Pena - reclusão, de oito a quinze anos.

§ 1º,

Pena - reclusão, de doze a vinte anos.

§ 2º,

Pena - reclusão, de dezesseis a vinte e quatro anos.

§ 3º,

Pena - reclusão, de vinte e quatro a trinta anos.

***Art. 213** [...]*

Pena - reclusão, de seis a dez anos.

***Art. 214** [...]*

Pena - reclusão, de seis a dez anos.

***Art. 223** [...]*

Pena - reclusão, de oito a doze anos.

Parágrafo único [...] Pena - reclusão, de doze a vinte e cinco anos.

***Art. 267** [...]*

Pena – reclusão, de dez a quinze anos.

***Art. 270** [...]*

Pena – reclusão, de dez a quinze anos.

***Art. 7º** Ao art. 159 do Código Penal fica acrescido o seguinte parágrafo:*

***Art. 159** [...]*

§ 4º

Se o crime é cometido por quadrilha ou bando, o co-autor que denunciá-lo à autoridade, facilitando a libertação do seqüestrado, terá sua pena reduzida de um a dois terços.

***Art. 8º** Será de três a seis anos de reclusão a pena prevista no art. 288 do Código Penal, quando se tratar de crimes hediondos, prática da tortura, tráfico ilícito de entorpecentes e drogas afins ou terrorismo.*

***Parágrafo único.** O participante e o associado que denunciar à autoridade o bando ou quadrilha, possibilitando seu desmantelamento, terá a pena reduzida de um a dois terços.*

***Art. 9º** As penas fixadas no art. 6º para os crimes capitulados nos arts. 157, § 3º, 158, § 2º, 159, caput e seus §§ 1º, 2º e 3º, 213, caput e sua combinação com o art. 223, caput e parágrafo único, 214 e sua combinação com o art. 223, caput e parágrafo único, todos do Código Penal, são acrescidas de metade, respeitado o limite superior de trinta anos de reclusão, estando a vítima em qualquer das hipóteses referidas no art. 224 também do Código Penal.*

***Art. 10** O art. 35 da Lei nº 6.368, de 21 de outubro de 1976, passa a vigorar acrescido de parágrafo único, com a seguinte redação:*

***Art. 35** [...]*

***Parágrafo único.** Os prazos procedimentais deste capítulo serão contados em dobro quando se tratar dos crimes previstos nos arts. 12, 13 e 14.*

D P E N

12 LEI Nº 9.099/1995 – JUIZADOS ESPECIAIS CÍVEIS E CRIMINAIS

Os Juizados Especiais Cíveis e Criminais, órgãos da Justiça Ordinária, serão criados pela União, no Distrito Federal e nos territórios, e pelos estados, para conciliação, processo, julgamento e execução, nas causas de sua competência.

Essa lei aplica-se para a Justiça Comum Estadual. Na **Justiça Federal,** ela pode ser utilizada de forma **subsidiária,** pois o Juizado Especial Federal tem legislação própria (Lei nº 10.259/2001).

O processo orientar-se-á pelos critérios da **oralidade, simplicidade, informalidade, economia processual e celeridade**, buscando, sempre que possível, a conciliação ou a transação.

O sistema dos **Juizados Especiais Civis** (JEC) aplica-se para **causas cíveis de menor complexidade**, enquanto os **Juizados Especiais Criminais** (JECrim) são utilizados **em infrações penais de menor potencial ofensivo.**

12.1 Juizados Especiais Cíveis

12.1.1 Competência

O Juizado Especial Cível tem competência para conciliação, processo e julgamento das causas cíveis de **menor complexidade**, sendo que essa Lei define quais são esses casos.

Podem ser apreciadas pelo JEC:

- Causas que não excedam 40 vezes o salário-mínimo;
- Hipóteses enumeradas no art. 275, II, do Código de Processo Civil (rito sumário do CPC);
- A ação de despejo para uso próprio;
- As ações possessórias sobre bens imóveis de valor não excedente a 40 salários-mínimos.

Essa competência é **facultativa**, isto é, o autor pode optar por ingressar com ação na Justiça Comum, mesmo que esteja enquadrada uma dessas hipóteses.

Se determinada ação for de valor superior a 40 salários-mínimos e a parte optar por esse procedimento, estará **renunciando ao crédito excedente ao teto** estabelecido, salvo conciliação (as partes podem fazer um acordo de valor superior).

O Juizado Especial também é competente para **executar seus próprios julgados e dos títulos executivos extrajudiciais de valor até 40 salários-mínimos** (observadas as restrições estabelecidas na Lei nº 9.099/1995).

Algumas ações, independentemente do valor, não podem ser apreciadas pelo Juizado Especial Cível, devendo tramitar na via comum.

São **excluídas** da competência do JEC as causas:

- De natureza alimentar, falimentar e fiscal;
- De interesse da Fazenda Pública;
- Relativas a acidentes de trabalho, a resíduos e ao estado das pessoas (ainda que de cunho patrimonial).

Mesmo quando o valor for igual ou inferior a 40 salários-mínimos, essas causas não poderão tramitar no JEC. A Lei nº 9.099/1995 também traz algumas regras de competência (locais em que a ação deve ser proposta).

Competência do foro:

- **Domicílio do réu:** autor pode optar pelo local onde o réu exerça atividades profissionais ou econômicas ou mantenha estabelecimento, filial, agência, sucursal ou escritório;
- **Local onde a obrigação deva ser satisfeita;**
- **Domicílio do autor ou do local do ato/fato:** reparação de danos de qualquer natureza.

Apesar dessas regras, em qualquer hipótese o autor pode optar por propor a ação no domicílio do réu.

12.1.2 Juiz, conciliadores e juízes leigos

A Lei nº 9.099/1995 traz um procedimento simplificado. O juiz possui **ampla liberdade** para determinar as provas a serem produzidas, para apreciá-las e dar especial valor às regras de experiência comum ou técnica.

Ele adotará em cada caso a decisão que reputar **mais justa e equânime**, atendendo aos **fins sociais da lei** e às **exigências do bem comum.**

O Juizado Especial é fortemente caracterizado pelos princípios da **conciliação** e da **celeridade**. Para privilegiar esses princípios, a Lei nº 9.099/1995 traz a figura de dois auxiliares da justiça no âmbito da competência dessa lei.

São auxiliares da Justiça:

- **Conciliadores** (bacharéis em Direito);
- **Juízes leigos** (advogados com mais de 5 anos de experiência – impedidos de exercer a advocacia perante os Juizados Especiais enquanto no desempenho de suas funções).

12.1.3 Partes no Juizado Especial

No Juizado Especial **não podem ser partes:**

- O incapaz;
- O preso;
- As pessoas jurídicas de direito público;
- As empresas públicas da União;
- A massa falida;
- O insolvente civil.

Independentemente do valor da causa ou matéria tratada, não poderão ser partes no JEC qualquer um dos acima indicados. Somente podem **propor ação** perante o Juizado Especial (legitimados ativos):

- **Pessoas físicas capazes** (cessionários de direito de pessoas jurídicas são excluídos; considera-se capaz o **maior de 18 anos,** inclusive para conciliação);
- **Microempresas;**
- **Oscip** (pessoas jurídicas qualificadas como Organização da Sociedade Civil de Interesse Público);
- **Sociedades de crédito ao microempreendedor.**

Nos termos dessa Lei, a obrigatoriedade de assistência por advogado depende do valor da causa:

- **Até 20 salários-mínimos: facultativa** (as partes comparecem pessoalmente, elas constituem advogados apenas se quiserem).
- **Valor superior: obrigatória** (devem obrigatoriamente constituir um advogado, não podem praticar os atos processuais pessoalmente).

No caso de **assistência facultativa**, se uma das partes comparecer assistida por advogado, ou se o réu for pessoa jurídica ou firma individual, terá a **outra parte, se quiser, assistência judiciária prestada por órgão instituído junto ao Juizado Especial, na forma da lei local.**

O juiz alertará as partes da conveniência do patrocínio por advogado, quando a causa o recomendar.

O mandato ao advogado **poderá ser verbal**, salvo quanto aos poderes especiais (não precisa de procuração escrita para conferir poderes gerais de foro para o advogado).

Não é admitida, no processo, nenhuma forma de intervenção de terceiro ou de assistência (mas o litisconsórcio é admitido).

O Ministério Público intervirá nos casos previstos em lei.

12.2 Atos processuais

Os atos processuais são **públicos** e poderão ser realizados em **horário noturno**, de acordo com o disposto nas **normas de organização judiciária**.

Na contagem de prazo em dias, estabelecido por lei ou pelo juiz, para a prática de qualquer ato processual, inclusive para a interposição de recursos, computar-se-ão somente os dias úteis. Sempre que **preencherem as finalidades** para as quais forem realizados, eles serão **considerados válidos** (atendidos os critérios definidos no art. 2º da Lei nº 9.099/2005).

Aqui, a lei adota o princípio da **instrumentalidade das formas**, isto é, caso a lei preveja determinada forma para a prática de um ato, sem cominação de nulidade, e o ato seja praticado de forma diversa, tendo ele alcançado a sua finalidade essencial, não será o mesmo anulado.

A prática de atos processuais em outras comarcas poderá ser solicitada por qualquer meio idôneo de comunicação.

- **Registro dos atos:** serão registrados apenas aqueles atos que forem considerados essenciais (de forma resumida), em notas manuscritas, datilografada ou estenotipadas.
    - Os demais atos (não considerados essenciais) poderão ser gravados em fita magnética ou equivalente, que será **inutilizada após o trânsito em julgado da decisão**.

12.2.1 Pedido

O processo é instaurado com a **apresentação do pedido** à Secretaria do Juizado (isso pode ser feito **por escrito** ou de **forma oral**). Nele, constará de forma simples e em linguagem acessível:

- O nome, a qualificação e o endereço das partes;
- Os fatos e os fundamentos, de forma sucinta;
- O objeto e seu valor (pode ser formulado pedido genérico quando não for possível determinar, desde logo, a extensão da obrigação).

No caso de **pedido oral**, ele será **reduzido a escrito pela Secretaria do Juizado**, podendo ser utilizado o sistema de fichas ou formulários impressos.

Os pedidos poderão ser **alternativos** ou **cumulados**. No caso de cumulação de pedidos, eles devem ser conexos e a **soma não deve ultrapassar o limite fixado na lei** (40 salários-mínimos).

Registrado o pedido, independentemente de distribuição e autuação, a Secretaria do Juizado designará a sessão de conciliação, a realizar-se no prazo de **15 dias.** Comparecendo inicialmente ambas as partes, instaurar-se-á, desde logo, a sessão de conciliação, dispensados o registro prévio de pedido e a citação.

Havendo pedidos contrapostos, poderá ser dispensada a contestação formal e ambos serão apreciados na mesma sentença.

12.2.2 Citações e intimações

A citação é a forma pela qual o réu tem ciência de que contra ele, corre um processo, sendo, nesse ato, chamado para integrar a relação processual.

A **citação** é feita:

- Por correspondência, com aviso de recebimento em mão própria;
- Tratando-se de pessoa jurídica ou firma individual, mediante entrega ao encarregado da recepção, que será obrigatoriamente identificado;
- Sendo necessário, por oficial de justiça, independentemente de mandado ou carta precatória.

O **comparecimento espontâneo suprirá a falta ou nulidade da citação**. Dessa forma, caso o réu não tenha sido citado ou a citação tenha ocorrido de maneira nula (citou por engano o vizinho, por exemplo), mas ele compareça espontaneamente em juízo, esse vício estará sanado.

A citação conterá cópia do pedido inicial, dia e hora para comparecimento do citando e advertência de que, não comparecendo este, considerar-se-ão verdadeiras as alegações iniciais, e será proferido julgamento, de plano (efeitos gerados pela revelia do réu).

- **Intimações:** feitas na forma prevista para citação, ou por qualquer outro meio idôneo de comunicação.

Dos atos praticados na audiência, considerar-se-ão, desde logo, cientes as partes (não precisam ser intimados, pois tiveram ciência desses atos quando eles foram praticados).

As partes devem comunicar as mudanças de endereço que ocorrerem no curso do processo. Se não o fizerem, as intimações enviadas ao local anteriormente indicado serão **reputadas eficazes**.

12.2.3 Revelia

Não comparecendo o demandado à sessão de conciliação ou à audiência de instrução e julgamento, reputar-se-ão verdadeiros os fatos alegados no pedido inicial, salvo se o contrário resultar da convicção do Juiz.

12.2.4 Conciliação e juízo arbitral

Aberta a sessão, o juiz togado ou leigo esclarecerá as partes presentes sobre as vantagens da conciliação, mostrando-lhes os riscos e as consequências do litígio, especialmente quanto ao disposto no § 3º do art. 3º desta alei (renúncia ao crédito que exceder a 40 salários-mínimos).

A conciliação será conduzida pelo juiz togado ou leigo ou por conciliador sob sua orientação. Obtida a conciliação, esta será **reduzida a escrito e homologada** pelo juiz togado, mediante **sentença com eficácia de título executivo.**

É cabível a conciliação não presencial conduzida pelo Juizado mediante o emprego dos recursos tecnológicos disponíveis de transmissão de sons e imagens em tempo real, devendo o resultado da tentativa de conciliação ser reduzido a escrito com os anexos pertinentes.

Se o demandado não comparecer ou recusar-se a participar da tentativa de conciliação não presencial, o juiz togado proferirá sentença.

Não obtida a conciliação, as partes poderão optar, de comum acordo, pelo juízo arbitral. O juízo arbitral considerar-se-á instaurado, **independentemente de termo de compromisso**, com a escolha do árbitro pelas partes. Se este não estiver presente, o juiz convocá-lo-á e designará, de imediato, a data para a audiência de instrução. Esse árbitro será escolhido dentre os juízes leigos.

O árbitro conduzirá o processo com os mesmos critérios do juiz (dirigirá o processo com liberdade para determinar as provas a serem produzidas, para apreciá-las e para dar especial valor às regras de experiência comum ou técnica), **podendo decidir por equidade**.

O árbitro apresentará o **laudo ao juiz togado para homologação por sentença irrecorrível** ao término da instrução, ou nos 5 dias subsequentes.

12.2.5 Instrução e julgamento

Caso não seja instituído o juízo arbitral, proceder-se-á imediatamente à audiência de instrução e julgamento, desde que não resulte prejuízo para a defesa.

DPEN

Não sendo possível sua realização imediata, será a audiência designada para um dos **15 dias subsequentes**, cientes, desde logo, as partes e testemunhas eventualmente presentes.

Na audiência de instrução e julgamento, serão ouvidas as partes, colhidas as provas e, em seguida, proferida a sentença (as partes serão inquiridas ou interrogadas antes da produção das demais provas).

Serão **decididos de plano** (imediatamente) todos os incidentes que **possam interferir** no regular prosseguimento da audiência. As demais questões serão decididas na sentença.

As partes se **manifestarão imediatamente** sobre os documentos apresentados pela parte contrária, **sem interrupção da audiência.**

12.2.6 Resposta do réu

A contestação pode ser apresentada de **forma escrita ou oral**. Na contestação, deve estar contida **toda a matéria de defesa**, exceto arguição de suspeição ou impedimento do Juiz, que se processará na forma da legislação em vigor.

No âmbito dos Juizados Especiais, não se admitirá a reconvenção. Entretanto, é lícito ao réu, na contestação, formular pedido em seu favor, nos limites do art. 3º desta lei, desde que fundado nos mesmos fatos que constituem objeto da controvérsia (pedido contraposto).

O autor poderá responder ao pedido do réu na própria audiência ou requerer a designação da nova data, que será desde logo fixada, cientes todos os presentes.

12.2.7 Provas

Todos os meios de prova moralmente legítimos, ainda que não especificados em lei, são hábeis para provar a veracidade dos fatos alegados pelas partes.

Dessa forma, mesmo que determinado meio de prova não esteja previsto na legislação, mas seja moralmente legítimo, ele poderá ser utilizado para demonstrar a veracidade dos fatos narrados pelas partes.

Todas as provas serão produzidas na audiência de instrução e julgamento, **ainda que não requeridas previamente**, podendo o juiz limitar ou excluir as que considerar excessivas, impertinentes ou protelatórias. Assim, não é requisito para a produção da prova que a parte a tenha requerido previamente.

No Juizado Especial Cível, é possível trazer até **três testemunhas**. Essas testemunhas comparecem à audiência de instrução e julgamento levadas pela parte que as tenha arrolado, **independentemente de intimação**, ou mediante esta, se assim for requerido (só ocorre a intimação de testemunha se a parte o requerer).

Esse requerimento para intimação das testemunhas será apresentado à Secretaria, no **mínimo, 5 dias antes** da audiência de instrução e julgamento.

Se, mesmo após regularmente intimada, a testemunha não comparecer, o juiz poderá determinar sua imediata condução, valendo-se, se necessário, do auxílio da Força Pública (condução coercitiva).

Quando a prova do fato exigir, o juiz poderá inquirir técnicos de sua confiança, permitida às partes a apresentação de parecer técnico. No curso da audiência, poderá o juiz, de ofício ou a requerimento das partes, realizar inspeção em pessoas ou coisas, ou determinar que o faça pessoa de sua confiança, que lhe relatará informalmente o verificado.

A prova oral não será reduzida a escrito; a sentença deverá referir, no essencial, os informes trazidos nos depoimentos.

A instrução do processo poderá ser dirigida por juiz leigo, sob a supervisão de juiz togado.

12.2.8 Sentença

A sentença mencionará os elementos de convicção do juiz (com breve resumo dos fatos relevantes ocorridos em audiência), **dispensado o relatório**.

Não se admitirá sentença condenatória por quantia ilíquida, **ainda que genérico o pedido**. Dessa forma, mesmo que a parte tenha formulado um pedido genérico, o juiz não pode proferir sentença ilíquida, ela já deve apresentar o valor da condenação.

É ineficaz a sentença condenatória na parte que exceder a alçada estabelecida nesta lei. Dessa forma, caso a sentença condene o réu em quantia superior a 40 salários-mínimos, ela será ineficaz (sem produção de efeitos) no que ultrapassar esse valor.

O juiz leigo que tiver dirigido a instrução proferirá sua decisão e, imediatamente a submeterá ao juiz togado, que **poderá homologá-la, proferir outra em substituição** ou, antes de se manifestar, determinar a realização de atos probatórios indispensáveis.

Da sentença proferida, caberá recurso para o próprio Juizado (excetuada a homologatória de conciliação ou laudo arbitral). Esse recurso será julgado por uma turma composta por três juízes togados, em exercício no primeiro grau de jurisdição, reunidos na sede do Juizado (Turma Recursal).

Apesar de, em determinados casos, a assistência de advogado ser facultativa no âmbito dos Juizados Especiais, no recurso, as partes serão obrigatoriamente representadas por advogado.

O prazo para interposição de recurso é de **10 dias**, contados da ciência da sentença, por petição escrita, da qual constarão as razões e o pedido do recorrente.

Após a interposição, a parte recorrente tem que realizar o preparo em 48 horas, independentemente de intimação, sob pena de deserção. Após o preparo, a Secretaria intimará o recorrido para oferecer resposta escrita no prazo de 10 dias.

O recurso terá somente efeito devolutivo, mas o juiz poderá dar-lhe efeito suspensivo, para evitar dano irreparável para a parte.

O julgamento em segunda instância constará apenas da ata, com a indicação suficiente do processo, fundamentação sucinta e parte dispositiva. **Se a sentença for confirmada pelos próprios fundamentos, a súmula do julgamento servirá de acórdão.**

12.2.9 Embargos de declaração

Os embargos de declaração constituem o recurso cabível quando, na sentença ou acórdão, houver **obscuridade, contradição, omissão ou dúvida**. Tratando-se apenas de erros materiais, esses podem ser corrigidos de ofício.

Os embargos de declaração serão interpostos **por escrito ou oralmente**, no prazo de **5 dias**, contados da ciência da decisão. Os embargos de declaração interrompem o prazo para a interposição de recurso.

12.2.10 Extinção do processo sem julgamento do mérito

O processo será extinto (sem resolução do mérito), além dos casos previstos em lei, quando:

- O autor deixar de comparecer a qualquer das audiências do processo (caso comprove ter sido por motivo de força maior, a parte poderá ser isentada pelo juiz do pagamento das custas);
- Inadmissível o procedimento instituído por esta lei ou seu prosseguimento, após a conciliação;
- For reconhecida a incompetência territorial;

- Falecido o autor, a habilitação depender de sentença ou não se der no prazo de 30 dias;
- Falecido o réu, o autor não promover a citação dos sucessores no prazo de 30 dias da ciência do fato.

A extinção do processo **independerá**, em qualquer hipótese, de prévia intimação pessoal das partes.

12.2.11 Execução

O juizado possui competência para executar suas próprias decisões. A execução da sentença processar-se-á, no próprio juizado, aplicando-se, no que couber, o disposto no Código de Processo Civil, com as seguintes alterações:

- As sentenças serão necessariamente líquidas, contendo a conversão em Bônus do Tesouro Nacional (BTN) ou índice equivalente;
- Os cálculos de conversão de índices, de honorários, de juros e de outras parcelas serão efetuados por servidor judicial;
- A intimação da sentença será feita, sempre que possível, na própria audiência em que for proferida. Nessa intimação, o vencido será instado a cumprir a sentença tão logo ocorra seu trânsito em julgado, e advertido dos efeitos do seu descumprimento (inciso V);
- Não cumprida voluntariamente a sentença transitada em julgado, e tendo havido solicitação do interessado, que poderá ser verbal, proceder-se-á desde logo à execução, dispensada nova citação;
- Nos casos de obrigação de entregar, de fazer, ou de não fazer, o juiz, na sentença ou na fase de execução, cominará multa diária, arbitrada de acordo com as condições econômicas do devedor, para a hipótese de inadimplemento. Não cumprida a obrigação, o credor poderá requerer a elevação da multa ou a transformação da condenação em perdas e danos, que o juiz de imediato arbitrará, seguindo-se a execução por quantia certa, incluída a multa vencida de obrigação de dar, quando evidenciada a malícia do devedor na execução do julgado;
- Na obrigação de fazer, o juiz pode determinar o cumprimento por outrem, fixado o valor que o devedor deve depositar para as despesas, sob pena de multa diária;
- Na alienação forçada dos bens, o juiz poderá autorizar o devedor, o credor ou terceira pessoa idônea a tratar da alienação do bem penhorado, a qual se aperfeiçoará em juízo até a data fixada para a praça ou leilão. Sendo o preço inferior ao da avaliação, as partes serão ouvidas. Se o pagamento não for à vista, será oferecida caução idônea, nos casos de alienação de bem móvel, ou hipotecado o imóvel;
- É dispensada a publicação de editais em jornais, quando se tratar de alienação de bens de pequeno valor;
- O devedor poderá oferecer embargos, nos autos da execução, versando sobre:
  - Falta ou nulidade da citação no processo, se ele correu à revelia;
  - Manifesto excesso de execução;
  - Erro de cálculo;
  - Causa impeditiva, modificativa ou extintiva da obrigação, superveniente à sentença.

A execução de **título executivo extrajudicial**, no valor de **até 40 salários-mínimos**, obedecerá ao disposto no Código de Processo Civil, com as modificações introduzidas por esta lei.

Efetuada a penhora, o devedor será intimado a comparecer à audiência de conciliação, quando poderá oferecer embargos (art. 52, IX, Lei nº 9.099/1995), por escrito ou verbalmente.

Na audiência, será buscado o **meio mais rápido e eficaz para a solução do litígio**, se possível com dispensa da alienação judicial, devendo o conciliador propor, entre outras medidas cabíveis, o pagamento do débito a prazo ou a prestação, a dação em pagamento ou a imediata adjudicação do bem penhorado.

Não apresentados os embargos em audiência, ou julgados improcedentes, qualquer das partes poderá requerer ao juiz a adoção de uma das alternativas descritas anteriormente.

Não encontrado o devedor ou inexistindo bens penhoráveis, o processo será imediatamente extinto, devolvendo-se os documentos ao autor.

12.2.12 Despesas

Em primeiro grau de jurisdição, o acesso ao Juizado Especial independerá do pagamento de custas, taxas ou despesas.

O preparo do recurso, na forma do § 1º do art. 42 desta lei (o preparo será feito, independentemente de intimação, nas 48 horas seguintes à interposição, sob pena de deserção), compreenderá todas as despesas processuais, inclusive aquelas dispensadas em primeiro grau de jurisdição, ressalvada a hipótese de assistência judiciária gratuita.

Em primeiro grau de jurisdição, não há condenação do vencido em custas e honorários de advogado (salvo se configurada litigância de má-fé).

Em segundo grau, o recorrente, vencido, **pagará as custas e honorários de advogado**, que serão fixados entre 10% e 20% do valor de condenação (não havendo condenação, utiliza-se do valor corrigido da causa como base de cálculo).

Na execução não serão contadas custas, salvo quando:

- Reconhecida a litigância de má-fé;
- Improcedentes os embargos do devedor;
- Tratar-se de execução de sentença que tenha sido objeto de recurso improvido do devedor.

12.2.13 Disposições finais

Instituído o Juizado Especial, serão implantadas as curadorias necessárias e o serviço de assistência judiciária.

O **acordo extrajudicial**, de qualquer natureza ou valor, **poderá ser homologado**, no juízo competente, independentemente de termo, valendo a sentença como **título executivo judicial**.

Valerá como **título extrajudicial** o acordo celebrado pelas partes, por instrumento escrito, **referendado pelo órgão competente do Ministério Público**.

Nas causas sujeitas ao procedimento instituído pela Lei nº 9.099/1995, **não é admitida a ação rescisória**.

12.3 Juizados Especiais Criminais (JECRIM)

12.3.1 Disposições gerais

O Juizado Especial Criminal, **provido por juízes togados ou togados e leigos**, tem competência para a conciliação, o julgamento e a execução das **infrações penais de menor potencial ofensivo**, respeitadas as regras de conexão e continência.

Na hipótese de reunião de processos, perante o juízo comum ou o tribunal do júri, decorrentes da aplicação das regras de conexão e continência, **observar-se-ão os institutos da transação penal e da composição dos danos civis.**

- Consideram-se infrações penais de menor potencial ofensivo (para os efeitos da Lei nº 9.099/1995):
  - As contravenções penais;
  - Os crimes a que a lei comine pena máxima não superior a 2 anos (cumulada ou não com multa).

D
P
E
N

O processo perante o Juizado Especial orientar-se-á pelos critérios de oralidade, simplicidade, informalidade, economia processual e celeridade, objetivando, sempre que possível, a reparação dos danos sofridos pela vítima e a aplicação de pena não privativa de liberdade.

12.3.2 Competência e atos processuais

A competência do Juizado é determinada pelo lugar em que foi praticada a infração penal.

Os atos processuais serão públicos e poderão realizar-se em horário noturno e em qualquer dia da semana, conforme dispuserem as normas de organização judiciária.

Os atos processuais serão válidos sempre que preencherem as finalidades para as quais foram realizados, atendidos os critérios indicados no art. 62 da Lei nº 9.099/1995 (critérios da oralidade, informalidade, economia processual e celeridade, objetivando, sempre que possível, a reparação dos danos sofridos pela vítima e a aplicação de pena não privativa de liberdade).

No âmbito do Juizado Especial Criminal, a nulidade somente será pronunciada se houver prejuízo para alguma das partes.

A prática de atos processuais em outras comarcas poderá ser solicitada por qualquer meio hábil de comunicação.

Somente serão registrados por escrito os atos havidos por essenciais. Os atos realizados em audiência de instrução e julgamento poderão ser gravados em fita magnética ou equivalente.

A citação será pessoal e far-se-á no próprio Juizado, sempre que possível, ou por mandado. Não encontrado o acusado para ser citado, o juiz encaminhará as peças existentes ao Juízo comum para adoção do procedimento previsto em lei.

A intimação far-se-á por correspondência, com aviso de recebimento pessoal ou, tratando-se de pessoa jurídica ou firma individual, mediante entrega ao encarregado da recepção, que será obrigatoriamente identificado, ou, sendo necessário, por oficial de justiça, independentemente de mandado ou carta precatória, ou ainda por qualquer meio idôneo de comunicação.

Dos atos que forem praticados em audiência, são consideradas intimadas desde logo cientes as partes, os interessados e defensores.

Do ato de intimação do autor do fato e do mandado de citação do acusado, constará a necessidade de seu comparecimento acompanhado de advogado, com a advertência de que, na sua falta, ser-lhe-á designado defensor público.

12.3.3 Fase preliminar

A autoridade policial que tomar conhecimento da ocorrência lavrará termo circunstanciado e o encaminhará imediatamente ao Juizado, com o autor do fato e a vítima, providenciando-se as requisições dos exames periciais necessários.

Depois da ocorrência do fato, a autoridade policial lavra o Termo Circunstanciado (TC) e encaminha para o Juizado. Não há inquérito nesse momento.

Se o autor do fato (trata-se do réu, mas a lei usa o termo "autor do fato") que, após a lavratura do termo, for imediatamente encaminhado ao juizado ou assumir o compromisso de a ele comparecer, não se imporá prisão em flagrante nem se exigirá fiança.

Em caso de violência doméstica, o juiz poderá determinar, como medida de cautela, seu afastamento do lar, domicílio ou local de convivência com a vítima.

Comparecendo o autor do fato e a vítima, e não sendo possível a realização imediata da audiência preliminar, será designada data próxima, da qual ambos sairão cientes.

Na falta do comparecimento de qualquer dos envolvidos, a Secretaria providenciará sua intimação e, se for o caso, a do responsável civil (intimação feita na forma dos arts. 67 e 68 da Lei nº 9.099/1995).

Na audiência preliminar, presente o representante do Ministério Público, o autor do fato e a vítima e, se possível, o responsável civil, acompanhados por seus advogados, o juiz esclarecerá sobre a possibilidade da composição dos danos e da aceitação da proposta de aplicação imediata de pena não privativa de liberdade.

A conciliação será conduzida pelo juiz ou também por conciliador (sob orientação do juiz).

Esses conciliadores são auxiliares da Justiça, recrutados, na forma da lei local, **preferentemente** entre bacharéis em Direito (mas aqueles que exerçam funções na administração da Justiça Criminal estão excluídos, não podem atuar como conciliadores).

Na audiência de conciliação, devem estar presentes o juiz, o promotor, a vítima e o autor do fato. Nessa audiência, eles podem fazer acordo.

A composição (acordo) dos danos civis:

- Será reduzida a escrito;
- Homologada pelo juiz (sentença irrecorrível);
- Eficácia de título a ser executado no juízo civil competente.

Tratando-se de ação penal de iniciativa privada ou de ação penal pública condicionada à representação, o acordo homologado acarreta a **renúncia ao direito de queixa ou representação**.

Não obtida a composição dos danos civis, será dada imediatamente ao ofendido a oportunidade de exercer o direito de **representação verbal, que será reduzida a termo**. O não oferecimento da representação na audiência preliminar não implica decadência do direito, que poderá ser exercido no prazo previsto em lei.

Havendo representação ou tratando-se de crime de ação penal pública incondicionada, não sendo caso de arquivamento, o Ministério Público poderá propor a aplicação imediata de pena restritiva de direitos ou multas, a ser especificada na proposta.

Nas hipóteses de ser a pena de multa a única aplicável, o juiz poderá reduzi-la **até a metade**.

Entretanto, **não se admitirá a proposta** se ficar comprovado:

- Ter sido o autor da infração **condenado**, pela prática de crime, à pena **privativa de liberdade**, por **sentença definitiva**;
- Ter sido o agente beneficiado anteriormente, no prazo de **5 anos**, pela aplicação de pena restritiva ou multa;
- **Não indicarem** os antecedentes, a conduta social e a personalidade do agente, bem como os motivos e as circunstâncias, **ser necessária e suficiente a adoção da medida**.

Se a proposta for aceita pelo autor da infração e seu defensor, será submetida à apreciação do juiz.

Se acolher essa proposta, o juiz aplicará a pena restritiva de direitos ou multa, que não importará em reincidência, sendo registrada apenas para impedir novamente o mesmo benefício no prazo de 5 anos.

A imposição dessa sanção não constará de certidão de antecedentes criminais, salvo para os fins previstos no mesmo dispositivo, e não terá efeitos civis, cabendo aos interessados propor ação cabível no juízo cível.

Dessa sentença cabe apelação (mas ela segue as regras previstas para esse recurso na Lei nº 9.099/1995).

12.3.4 Procedimento sumaríssimo

Na ação penal de iniciativa pública, quando não houver aplicação de pena, pela ausência do autor do fato (ou pela não ocorrência da aceitação da proposta), o Ministério Público oferecerá ao juiz, de imediato, denúncia oral, se não houver necessidade de diligências imprescindíveis.

Para o oferecimento da denúncia, que será elaborada com base no termo de ocorrência, com dispensa do inquérito policial, prescindir-se-á do exame do corpo de delito quando a materialidade do crime estiver aferida por boletim médico ou prova equivalente (nesse caso, então, não é preciso o exame de corpo de delito).

Se a complexidade ou circunstâncias do caso não permitirem a formulação da denúncia, o Ministério Público poderá requerer ao juiz o encaminhamento das peças existentes, na forma do parágrafo único do art. 66 da Lei nº 9.099/1995. Não encontrado o acusado para ser citado, o juiz encaminhará as peças existentes ao Juízo comum para adoção do procedimento previsto em lei.

Na ação penal **de iniciativa do ofendido**, poderá ser oferecida **queixa oral**, cabendo ao juiz verificar se a complexidade e as circunstâncias do caso determinam a adoção das providências previstas no parágrafo único do art. 66 dessa lei.

Oferecida a denúncia ou queixa, será reduzida a termo, entregando-se cópia ao acusado, que com ela ficará citado e imediatamente cientificado da designação de dia e hora para a audiência de instrução e julgamento, da qual também tomarão ciência o Ministério Público, o ofendido, o responsável civil e seus advogados.

Se o acusado não estiver presente, será citado na forma dos arts. 66 e 68 da Lei nº 9.099/1995 (pessoalmente no próprio Juizado ou por mandado) e cientificado da data da audiência de instrução e de julgamento, devendo a ela trazer suas testemunhas ou apresentar requerimento para intimação, no mínimo, 5 dias antes de sua realização.

Não estando presentes o ofendido e o responsável civil, serão intimados nos termos do art. 67 desta lei para comparecerem à audiência de instrução e julgamento (intimado por carta com aviso de recebimento ou qualquer outro meio idôneo).

As testemunhas arroladas serão intimadas por correspondência com aviso de recebimento ou qualquer outro meio idôneo.

No dia e hora designados para a audiência de instrução e julgamento, se na fase preliminar não tiver havido possibilidade de tentativa de conciliação e de oferecimento de proposta pelo Ministério Público, proceder-se-á a tentativa de conciliação (na forma estudada – fase preliminar).

Nenhum ato será adiado, determinando o juiz, **quando imprescindível a condução coercitiva** de quem deva comparecer.

Aberta a audiência, será dada a palavra ao defensor para responder à acusação. Após isso, o juiz receberá, ou não, a denúncia ou queixa; havendo recebimento, serão ouvidas a vítima e as testemunhas de acusação e defesa, interrogando-se a seguir o acusado, se presente, passando-se imediatamente aos debates orais e à prolação da sentença.

Todas as provas serão produzidas na audiência de instrução e julgamento, podendo o juiz limitar ou excluir as que considerar excessivas, impertinentes ou protelatórias.

> ***Art. 81** [...]*
>
> *§ 1º-A Durante a audiência, todas as partes e demais sujeitos processuais presentes no ato deverão respeitar a dignidade da vítima, sob pena de responsabilização civil, penal e administrativa, cabendo ao juiz garantir o cumprimento do disposto neste artigo, vedadas:*
>
> *I – a manifestação sobre circunstâncias ou elementos alheios aos fatos objeto de apuração nos autos;*
>
> *II – a utilização de linguagem, de informações ou de material que ofendam a dignidade da vítima ou de testemunhas.*

De todo o ocorrido na audiência, será lavrado termo, assinado pelo juiz e pelas partes, contendo breve resumo dos fatos relevantes ocorridos em audiência e a sentença. A sentença, dispensado o relatório, mencionará os elementos de convicção do juiz.

O recurso cabível no caso de decisão que rejeite a denúncia ou queixa e também da sentença é a **apelação**, que poderá ser julgada por turma composta de três juízes em exercício no primeiro grau de jurisdição, reunidos na sede do Juizado.

A apelação será interposta no prazo de **10 dias**, contados da ciência da sentença pelo Ministério Público, pelo réu e seu defensor, por petição escrita, da qual constarão as razões e o pedido do recorrente (o recorrido será intimado para oferecer resposta escrita também no prazo de 10 dias).

As partes poderão requerer a transcrição da gravação da fita magnética e serão intimadas da data da sessão de julgamento pela imprensa.

Se a sentença for confirmada pelos próprios fundamentos, a súmula do julgamento servirá de acórdão (nesse caso, a turma recursal confirmou a sentença dada, o acórdão é simplificado, consistirá apenas na súmula do julgamento).

Embargos de declaração:

- Recurso cabível quando houver obscuridade, contradição, omissão ou dúvida (em sentença ou em acórdão);
- Serão opostos por escrito ou oralmente;
- Opostos no prazo de cinco dias (contados da ciência da decisão).

Os embargos de declaração interrompem o prazo para a interposição de recurso.

Os erros materiais podem ser corrigidos de ofício (o próprio juiz corrige, sem que ninguém requeira).

12.3.5 Execução

Se a única pena aplicada for a de multa, seu cumprimento se dará mediante pagamento na Secretaria do Juizado. Efetuado o pagamento, o juiz declarará extinta a punibilidade, determinando que a condenação **não fique constando** dos registros criminais, exceto para fins de requisição judicial.

Mas, caso não seja efetuado o pagamento de multa, será feita a conversão **em pena privativa da liberdade**, ou **restritiva de direitos**, nos termos previstos em lei.

A execução das penas privativas de liberdade e restritivas de direitos, ou de multa cumulada com estas, será processada perante o órgão competente, nos termos da lei.

12.3.6 Despesas processuais

Nos casos de homologação do acordo civil e aplicação de pena restritiva de direitos ou multa, as despesas processuais serão reduzidas, conforme dispuser lei estadual.

12.3.7 Disposições finais

Além das hipóteses do Código Penal e da legislação especial, dependerá de representação a ação penal relativa aos crimes de lesões corporais leves e lesões culposas.

Nos crimes em que a pena mínima cominada for igual ou inferior a 1 ano, abrangidas ou não por esta lei, o Ministério Público, ao oferecer a denúncia, poderá propor a suspensão do processo, por 2 a 4 anos, desde que o acusado não esteja sendo processado ou não tenha sido condenado por outro crime, presentes os demais requisitos que autorizariam a suspensão condicional da pena (os requisitos para suspensão da pena são tratados no art. 77 do Código Penal).

Aceita a proposta pelo acusado e seu defensor, na presença do juiz, este, recebendo a denúncia, **poderá suspender o processo**, submetendo o acusado **a período de prova**, sob as **seguintes condições**:

- Reparação do dano (salvo impossibilidade de fazê-lo);
- Proibição de frequentar determinados lugares;
- Proibição de ausentar-se da comarca onde reside, sem autorização do juiz;
- Comparecimento pessoal e obrigatório a juízo, mensalmente, para informar e justificar suas atividades.

O juiz **poderá especificar outras condições** a que fica subordinada a suspensão, desde que adequadas ao fato e à situação pessoal do acusado.

A suspensão poderá ser revogada se o acusado vier a ser processado, no curso do prazo, por contravenção, ou descumprir qualquer outra condição imposta.

Se no curso do prazo da suspensão o beneficiário vier a ser processado por outro crime ou não efetuar a reparação do dano (sem motivo justificado), a suspensão será revogada.

Expirado o prazo sem revogação, o juiz declarará extinta a punibilidade. Não correrá a prescrição durante o prazo de suspensão do processo.

Se o acusado não aceitar a proposta para que seja feita a suspensão, o processo prosseguirá em seus ulteriores termos.

As disposições desta lei não se aplicam aos processos penais cuja instrução já estiver iniciada.

Sobre esse assunto, veja a ADIN nº 1.719/1990 do STF:

> *O Tribunal, por votação unânime, deferiu, em parte, o pedido de medida cautelar, para, sem redução de texto e dando interpretação conforme à Constituição, excluir, com eficácia ex tunc, da norma constante do art. 90 da Lei nº 9099/1995, o sentido que impeça a aplicação de normas de direito penal, com conteúdo mais favorável ao réu, aos processos penais com instrução já iniciada à época da vigência desse diploma legislativo.*

As disposições previstas na Lei nº 9.099/1995 **não se aplicam no âmbito da Justiça Militar.**

Nos casos em que esta lei passa a exigir representação para a propositura da ação penal pública, o ofendido ou seu representante legal será **intimado para oferecê-la no prazo de 30 dias, sob pena de decadência.**

Aplicam-se subsidiariamente as disposições dos Códigos Penal e de Processo Penal, no que não forem incompatíveis com esta lei.

12.3.8 Disposições finais comuns

A lei estadual disporá sobre o Sistema de Juizados Especiais Cíveis e Criminais, sua organização, composição e competência.

Os serviços de cartório poderão ser prestados, e as audiências realizadas fora da sede da Comarca, em bairros ou cidades a ela pertencentes, ocupando instalações de prédios públicos, de acordo com audiências previamente anunciadas.

Os estados, o Distrito Federal e os territórios criarão e instalarão os Juizados Especiais no prazo de 6 meses, a contar da vigência desta Lei.

No prazo de 6 meses, contado da publicação da Lei nº 9.099/1995, serão criados e instalados os Juizados Especiais Itinerantes, que deverão dirimir, prioritariamente, os conflitos existentes nas áreas rurais ou nos locais de menor concentração populacional.

13 LEI Nº 9.455/1997 – LEI DE TORTURA

A prática da tortura encontra proibição expressa no art. 5º, inciso III, da Constituição Federal:

III – ninguém será submetido a tortura nem a tratamento desumano ou degradante.

No mesmo sentido, a Convenção contra a Tortura e outros Tratamentos ou Penas Cruéis, Desumanos ou Degradantes (Decreto nº 40/1991) define que o termo "tortura" designa qualquer ato pelo qual dores ou sofrimentos agudos, físicos ou mentais, são infligidos intencionalmente a uma pessoa a fim de obter, dela ou de uma terceira pessoa, informações ou confissões; de castigá-la por ato que ela ou uma terceira pessoa tenha cometido ou seja suspeita de ter cometido; de intimidar ou coagir essa pessoa ou outras pessoas; ou por qualquer motivo baseado em discriminação de qualquer natureza; quando tais dores ou sofrimentos são infligidos por um funcionário público ou outra pessoa no exercício de funções públicas, ou por sua instigação, ou com seu consentimento ou sua aquiescência. Não se considerará como tortura as dores ou os sofrimentos que sejam consequência unicamente de sanções legítimas, ou que sejam inerentes a tais sanções ou delas decorram (art. 1º, 1).

Essa convenção determinou, em seu art. 4º, que cada Estado-Parte assegurará que os atos de tortura sejam considerados crimes segundo sua legislação penal.

A Lei nº 12.847/2013 instituiu o Sistema Nacional de Prevenção e Combate à Tortura (SNPCT), com o objetivo de fortalecer a prevenção e o combate à tortura, por meio de articulação e atuação cooperativa de seus integrantes, dentre outras formas, permitindo as trocas de informações e o intercâmbio de boas práticas.

Com esse objetivo, o Brasil editou a Lei nº 9.455/1997, para atender à Convenção assinada pelo País, com a finalidade de proteção de todos os seres humanos contra a prática de tortura.

Antes de dar prosseguimento a este estudo, devemos definir o que efetivamente se entende por tortura, levando em consideração a Lei nº 9.455/1997. Isso porque essa lei não seguiu integralmente o parâmetro legislativo que a fundamentou, permitindo a punição da tortura praticada não só por funcionário público, mas também por particulares. Nesse contexto, podemos entender a tortura como todo sofrimento físico ou mental que tenha como finalidade a obtenção de informação, declaração ou confissão; provocar uma ação ou omissão criminosa; causar sofrimento em razão de discriminação pela raça ou religião; ou ainda como meio de aplicação de castigo ou medida preventiva contra alguém sob sua guarda, poder ou autoridade.

Todos os crimes previstos na Lei de Tortura visam tutelar de maneira imediata o bem jurídico "dignidade humana". Sobre o tema, é relevante mencionar o precedente do Supremo Tribunal Federal sobre a definição de dignidade humana:

[..] a dignidade da pessoa humana precede a Constituição de 1988 e esta não poderia ter sido contrariada, em seu art. 1º, III, anteriormente a sua vigência. [..] Tem razão a arguente ao afirmar que a dignidade não tem preço. As coisas têm preço, as pessoas têm dignidade. A dignidade não tem preço, vale para todos quantos participam do humano. Estamos, todavia, em perigo quando alguém se arroga o direito de tomar o que pertence à dignidade da pessoa humana como um seu valor (valor de quem se arrogue a tanto). É que, então, o valor do humano assume forma na substância e medida de quem o afirme e o pretende impor na qualidade e quantidade em que o mensure. Então o valor da dignidade da pessoa humana já não será mais valor do humano, de todos quantos pertencem à humanidade, porém de quem o proclame conforme o seu critério particular. Estamos então em perigo, submissos à tirania dos valores. (STF, Pleno, ADPF 153, voto do rel. Min. Eros Grau, j. 29.04.2010, DJe 06.08.2010). (grifo nosso)

De forma mediata, indireta, também se pretende tutelar a vida e a integralidade física da pessoa torturada.

Vale lembrar, ainda, que todos os crimes de tortura são dolosos, isto é, dependem da vontade consciente do agente que o realiza para sua caracterização. Em outras palavras, não há tortura culposa.

Em todos os casos, ademais, a ação penal será pública incondicionada, isto é, o Ministério Público não dependerá de representação da vítima para ingressar com a denúncia contra o suspeito.

Para facilitar o entendimento, vamos dividir a tortura em duas partes: inciso I e inciso II. Depois que tal assunto for compreendido, dividiremos cada parte conforme sua modalidade.

Art. 1º *Constitui crime de tortura:*

I *– constranger alguém com emprego de violência ou grave ameaça, causando-lhe sofrimento físico ou mental:*

a) *com o fim de obter informação, declaração ou confissão da vítima ou de terceira pessoa;*

b) para provocar ação ou omissão de natureza criminosa;

c) em razão de discriminação racial ou religiosa; (grifo nosso)

A tortura prevista no inciso I fica condicionada ao preenchimento cumulativo de três elementos: o meio utilizado + as consequências sofridas pela vítima + a finalidade pretendida ou as razões do crime.

Meio utilizado	Violência ou grave ameaça
Consequências sofridas	Físicas ou mentais
Finalidades ou razões	Fim de obter informação, declaração ou confissão Provocar ação ou omissão de natureza criminosa Discriminação racial ou religiosa

Nessas hipóteses, o sujeito ativo pode ser qualquer pessoa, não se exigindo qualidade especial, de modo que o inciso I tratará de um crime comum.

II *– submeter alguém, sob sua guarda, poder ou autoridade, com emprego de violência ou grave ameaça, a intenso sofrimento físico ou mental, como forma de aplicar castigo pessoal ou medida de caráter preventivo. (grifo nosso)*

Este inciso apresenta uma importante diferença com relação ao inciso anterior, pois trata de uma hipótese de crime próprio de tortura. Assim, o sujeito ativo nesse caso tem uma qualidade definida no tipo penal, de modo que somente os indivíduos nele descritos é que podem praticá-lo. Então, o crime descrito no inciso II somente será praticado por aquele que tem a guarda, o poder ou a autoridade sobre a vítima.

Sujeito ativo	Detentor	Guarda Poder Autoridade

E, ainda, devemos nos atentar à palavra "intenso". O legislador teve o cuidado de ressaltar que não será qualquer sofrimento a ser punido nesse tipo incriminador, apenas os que ensejam intenso sofrimento. A questão é que o intenso sofrimento é um tipo penal aberto, ou seja, dependerá do caso concreto para verificar sua aplicação, devendo o delegado de polícia apurar a intensidade do sofrimento recebido pela vítima, bem como ao Ministério Público comprovar a intensidade desse sofrimento e o juiz justificá-lo na sentença. Caso não seja verificado

D P E N

o "intenso sofrimento", o agente poderá responder pelo crime de maus-tratos.

Outro aspecto importante sobre este inciso é que há dolo específico nele, ou seja, a vontade de aplicar o sofrimento como forma de castigo pessoal ou medida de caráter preventivo.

O castigo se refere a uma conduta já praticada pela vítima. Assim, o agente tem a intenção de puni-la por algo já feito. Já a medida de caráter preventivo tem a finalidade de evitar que determinada conduta seja praticada, ela antecede a conduta, visando evitar sua ocorrência.

> *STJ. Recurso ordinário em habeas corpus. Tortura. Lesão corporal e cárcere privado. Crimes praticados em contexto de violência doméstica. Prisão em temporária convertida em preventiva. Circunstâncias dos crimes. Gravidade excessiva. Periculosidade social. Garantia da ordem pública. Custódia fundamentada e necessária. Condições pessoais favoráveis. Irrelevância. Coação ilegal não demonstrada. Reclamo improvido. 1. Não há o que se falar em constrangimento ilegal quando a constrição está devidamente justificada na garantia da ordem pública, em razão da gravidade efetiva dos delitos em tese praticados e da periculosidade social do acusado, bem demonstradas pelas circunstâncias em que ocorreu o fato criminoso. 2. Caso em que o recorrente foi denunciado pelos crimes de tortura, lesão corporal e cárcere privado, acusado de haver submetido um bebê de pouco mais de 1 ano de idade, que estava sob a sua autoridade, a intenso sofrimento físico e mental, utilizando de violência como forma de castigo pessoal, ofendendo também a sua integridade corporal. Além disso, o agente teria privado a liberdade da mãe da vítima, sua companheira, mediante cárcere privado, tentando evitar que a mesma prestasse socorro a filha que, em razão das agressões sofridas, se encontrava desfalecida. 3. Condições pessoais favoráveis não têm, em princípio, o condão de, isoladamente, revogar a prisão cautelar, se há nos autos elementos suficientes a demonstrar a necessidade da custódia. 4. Recurso ordinário improvido. (STJ – (5ª T.) – Rec. em HC 83785 – SP – Rel.: Min. Jorge Mussi – J. em 22/08/2017 – DJ 30/08/2017 – Doc. LEGJUR 177.1642.4004.6200)*

Depois de termos nos dedicado à observação de cada inciso, analisaremos o que eles têm de semelhante e depois os dividiremos conforme sua modalidade.

Primeiramente, é pertinente compreender que, em todas as modalidades descritas anteriormente, o crime de tortura é material, isto é, para que o crime se configure, é necessário que ocorra o resultado naturalístico. Em ambos, admite-se a tentativa e, ainda, a desistência voluntária. E em todos os casos, a ação será pública incondicionada.

Modalidades de tortura	
Tortura-prova	Art. 1º, I, "a"
Tortura-crime	Art. 1º, I, "b"
Tortura discriminatória	Art. 1º, I, "c"
Tortura-castigo	Art. 1º, II

> ***Art. 1º [...]***
>
> ***§ 1º** Na mesma pena incorre quem submete pessoa presa ou sujeita à medida de segurança a sofrimento físico ou mental, por intermédio da prática de ato não previsto em lei ou não resultante de medida legal. (grifo nosso)*
>
> ***Pena** – Reclusão, de dois a oito anos.*

Neste parágrafo, é possível observar que a exigência é quanto ao sujeito passivo, de modo que apenas poderão ser vítimas nesse tipo incriminador as pessoas que estão presas ou sujeitas à medida de segurança.

> ***Art. 1º [...]***
>
> ***§ 2º** Aquele que se omite em face dessas condutas, quando tinha o dever de evitá-las ou apurá-las, incorre na pena de detenção de um a quatro anos. (grifo nosso)*

Agora, falaremos da omissão diante da tortura. Nesse caso, o agente tinha o dever de evitar o cometimento da tortura ou de efetuar sua apuração, mas não o fez. Esse tipo penal tem uma peculiaridade, primeiramente temos que dividir o § 2º em duas partes.

A primeira parte diz respeito ao trecho "Aquele que se omite em face dessas condutas, quando tinha o dever de evitá-las"; portanto, estamos falando de um crime próprio, no qual somente podem ser sujeitos ativos as pessoas que tinham o dever de agir, as quais estão descritas no art. 13, § 2º do CP:

> ***Art. 13, CP [...]***
>
> ***§ 2º** A omissão é penalmente relevante quando o omitente devia e podia agir para evitar o resultado. O dever de agir incumbe a quem:*
>
> *a) tenha por lei obrigação de cuidado, proteção ou vigilância;*
>
> *b) de outra forma, assumiu a responsabilidade de impedir o resultado;*
>
> *c) com seu comportamento anterior, criou o risco da ocorrência do resultado.*

E a segunda parte se relaciona ao trecho " A omissão é penalmente relevante quando o omitente devia e podia agir para evitar o resultado". Neste caso, estamos falando de um crime próprio em que o sujeito ativo só poderá ser a autoridade competente para a apuração do fato.

Então, podemos concluir que o crime de omissão diante da tortura se divide em conduta omissiva de evitação e conduta omissiva de apuração.

Quem comete a tortura	→	Pena – Reclusão de 2 a 8 anos
Quem se omite a tortura	→	Pena – Detenção de 1 a 4 anos

> ***Art. 1º [...]***
>
> ***§ 3º** Se resulta lesão corporal de natureza grave ou gravíssima, a pena é de reclusão de quatro a dez anos; se resulta morte, a reclusão é de oito a dezesseis anos.*

A tortura será qualificada se dela houver como resultado lesão corporal de natureza grave, que são as hipóteses previstas no art. 129, § 1º, do CP, ou gravíssima, hipóteses previstas no art. 129, § 2º, do CP, ou se da tortura se resulta a morte.

13.1 Lesão corporal de natureza grave

> ***Art. 129, CP** [...]*
>
> ***§ 1º** Se resulta:*
>
> *I – Incapacidade para as ocupações habituais, por mais de trinta dias;*
>
> *II – perigo de vida;*
>
> *III – debilidade permanente de membro, sentido ou função;*
>
> *IV – aceleração de parto.*

13.2 Lesão corporal de natureza gravíssima

> ***Art. 129, CP** [...]*
>
> ***§ 2º** Se resulta:*
>
> *I – Incapacidade permanente para o trabalho;*
>
> *II – enfermidade incurável;*
>
> *III – perda ou inutilização do membro, sentido ou função;*
>
> *IV – deformidade permanente;*
>
> *V – aborto.*

Tortura que resulta lesão corporal grave	→	Pena – Reclusão de 4 a 10 anos
Tortura que resulta lesão corporal gravíssima	→	Pena – Reclusão em 4 a 10 anos
Tortura que resulta morte	→	Pena – Reclusão de 8 a 16 anos

A tortura qualificada pelo resultado morte ocorre quando há dolo na conduta antecedente (tortura) e dolo ou culpa na consequente (lesão ou morte), exatamente o que ocorreu. A vítima era agredida consecutivamente pelo réu, culminando com sua morte, e condená-lo pelo art. 121, § 2º, inciso III, do CP, e pelo art. 1º, inciso II, § 4º, inciso II, da Lei nº 9.455/1997, incidiria no bis in idem (TJRJ, Apelação Criminal 7.584/2009, rel. Des. Suely Lopes Magalhães, j. em 25/11/2009).

> ***Art. 1º** [...]*
>
> ***§ 4º** Aumenta-se a pena de um sexto até um terço:*
>
> ***I** – se o crime é cometido por agente público;*
>
> ***II** – se o crime é cometido contra criança, gestante, portador de deficiência, adolescente ou maior de 60 (sessenta) anos;*
>
> ***III** – se o crime é cometido mediante sequestro.*

Aumenta-se a pena de 1/6 a 1/3		
	Se cometido por agente público	**Funcionário público:** de acordo com o art. 327, do Código Penal, considera-se funcionário público, para os efeitos penais, quem, embora transitoriamente ou sem remuneração, exerce cargo, emprego ou função pública.
	Se cometido contra criança, gestante, portador de deficiência, adolescente ou maior de 60 anos	**Criança:** pessoa até 12 anos de idade incompletos (art. 2º da Lei 8.069/1990). **Adolescente:** pessoa entre 12 e 18 anos de idade (art. 2º da Lei 8.069/1990). **Portador de deficiência:** considera-se pessoa com deficiência aquela que tem impedimento de longo prazo de natureza física, mental, intelectual ou sensorial, o qual, em interação com uma ou mais barreiras, pode obstruir sua participação plena e efetiva na sociedade em igualdade de condições com as demais pessoas (art. 2º da Lei nº 13.146/2015). **Maior de 60 anos:** é a pessoa idosa conforme estabelece art. 1º do Estatuto do Idoso (Lei nº 10.741/2003).
	Se cometido mediante sequestro	**Sequestro:** é a privação da liberdade da vítima por tempo juridicamente relevante.

As causas de aumento de pena se aplicam também ao crime de omissão à tortura e às hipóteses de tortura qualificada, não se limitando aos crimes previstos no art. 1º.

> ***Art. 1º** [...]*
>
> ***§ 5º** A condenação acarretará a perda do cargo, função ou emprego público e a interdição para seu exercício pelo dobro do prazo da pena aplicada.*

Existem algumas pessoas que têm o dever de agir, ou seja, têm como obrigação o dever de proteger o indivíduo. Tanto no § 4º, inciso I, quanto no § 5º, o legislador visa garantir que o crime de tortura, quando praticado por agente público, tenha uma pena mais severa, uma vez que o agente público, dentro de suas funções, não age em nome próprio, mas, sim, em nome do Estado, sendo que é dever do Estado garantir a proteção aos indivíduos.

Assim, o crime de tortura, quando praticado por agente público, acarreta causa de aumento de pena e, ainda, perda do cargo e interdição para seu exercício.

Suponhamos que Afonso, carcereiro de determinado presídio, torture Daniel, sendo este um dos presos sob sua responsabilidade; suponhamos que Afonso seja condenado pelo crime de tortura e o juiz o sentencie a pena de 6 anos. Além da perda do cargo automática, Afonso só poderá exercer qualquer outra função pública depois de transcorrido o prazo de 12 anos, por força o previsto neste § 5º.

Vale ressaltar que a perda do cargo é, segundo o Supremo Tribunal Federal, efeito automático da condenação:

> *[...] a perda do cargo, função ou emprego público – que configura efeito extrapenal secundário – constitui consequência necessária que resulta, automaticamente, de pleno direito, da condenação penal imposta ao agente público pela prática do crime de tortura, ainda que se cuide de integrante da Polícia Militar, não se lhe aplicando, a despeito de tratar-se de Oficial da Corporação, a cláusula inscrita no art. 125, § 4º, da Constituição da República. Doutrina. Precedentes. (STF, 2ª T., AI 769.637, rel. Min. Celso de Melo, j. 25/06/2013, DJe 15/10/2013).*

No mesmo sentido: "A perda do cargo, função ou emprego público é efeito automático da condenação pela prática do crime de tortura, não sendo necessária fundamentação concreta para a sua aplicação (STJ, 6ª T., AgRg no Ag 1388953/SP, rel. Min.Maria Thereza de Assis Moura, j. 20/06/2013, DJe 28/06/2013)."

> ***Art. 1º** [...]*
>
> ***§ 6º** O crime de tortura é inafiançável e insuscetível de graça ou anistia.*

Temos aqui um aspecto muito importante que merece atenção: o § 6º segue estritamente o que dispõe a Constituição Federal:

> ***Art. 5º**, CF/1988 [...]*
>
> *XLIII – A lei considerará crimes inafiançáveis e insuscetíveis de graça ou anistia a prática da tortura, o tráfico ilícito de entorpecentes e drogas afins, o terrorismo e os definidos como crimes hediondos, por eles respondendo os mandantes, os executores e os que, podendo evitá-los, se omitirem.*

Devemos frisar é que, para fins de concurso, o crime de tortura é equiparado a crime hediondo. Então, além da regra constitucional e da Lei de Tortura, seguimos ainda a regra da Lei nº 8.072/1990:

> ***Art. 2º**, Lei nº 8.072/1990 Os crimes hediondos, a prática da tortura, o tráfico ilícito de entorpecentes e drogas afins e o terrorismo são insuscetíveis de:*
>
> ***I** – anistia, graça e indulto;*
>
> ***II** – fiança.*

Fique ligado!

Não esqueça que, para fins de concurso público, o crime de tortura é inafiançável, insuscetível de graça, anistia e indulto.

Embora haja discussão na doutrina, o Supremo Tribunal Federal decidiu que a Constituição Federal veda, implicitamente, o indulto àqueles que tenham praticado crimes hediondos e assemelhados (como é o caso da tortura), veja-se:

> *Crime hediondo: vedação de graça: inteligência. (...) é constitucional o art. 2º, I, da Lei nº 8.072/1990, porque, nele, a menção ao indulto é meramente expletiva da proibição de graça aos condenados por crimes hediondos ditada pelo art. 5º, XLIII, da Constituição. Na Constituição, a graça individual e o indulto coletivo - que ambos, tanto podem ser totais ou parciais, substantivando, nessa última hipótese, a comutação de pena - são modalidades do poder de graça do Presidente da República (art. 84, XII) - que, no entanto, sofre a restrição do art. 5º,*

DPEN

XLIII, para excluir a possibilidade de sua concessão, quando se trata de condenação por crime hediondo. Proibida a comutação de pena, na hipótese do crime hediondo, pela Constituição, é irrelevante que a vedação tenha sido omitida no D. 3.226/99 (STF, 1ª T., HC 81.565, rel. Min. Sepúlveda Pertence, j. 19/02/2002, DJ 22/03/2002).

***Art. 1º** [...]*

***§ 7º** O condenado por crime previsto nesta Lei, salvo a hipótese do § 2º, iniciará o cumprimento da pena em regime fechado. (grifo nosso)*

Com exceção do crime de omissão à tortura, todos os crimes previstos nessa lei terão como regime inicial o fechado, sendo possível assim a progressão de regimes.

Súmula nº 698 – STF

Não se estende aos demais crimes hediondos a admissibilidade de progressão no regime de execução da pena aplicada ao crime de tortura.

Caso a questão pergunte sobre o início do cumprimento de pena de acordo com a jurisprudência do Supremo Tribunal Federal, a resposta será diferente do texto legal, pois a Corte Suprema entende inconstitucional qualquer determinação abstrata para o início do cumprimento de pena no regime fechado.

***Art. 2º** O disposto nesta Lei aplica-se ainda quando o crime não tenha sido cometido em território nacional, sendo a vítima brasileira ou encontrando-se o agente em local sob jurisdição brasileira.*

Aplicação extraterritorial da Lei nº 9.455/1997	Caso o crime seja cometido **fora do território nacional** quando:	a vítima for brasileira ou o agente esteja em local sob jurisdição brasileira.

14 LEI Nº 11.340/2006 - LEI MARIA DA PENHA

14.1 Origem da Lei Maria da Penha

É interesse o fato do qual se originou a Lei nº 11.340/2006, mais conhecida por Lei Maria da Penha, a qual foi uma determinação da Comissão Interamericana de Direitos Humanos, Renato Brasileiro Lima (2016, p. 899) explica a origem:

> *Em data de 22 de setembro de 2006, entrou em vigor a Lei nº 11.340/06, referente à violência doméstica e familiar contra a mulher.* ***Esta lei ficou conhecida como Lei Maria da Penha em virtude da grave violência de que foi vítima Maria da Penha Maia Fernandes****: em 29 de maio de 1983, na cidade de Fortaleza, a farmacêutica Maria da Penha, enquanto dormia, foi atingida por disparo de espingarda desferido por seu próprio marido. Por força desse disparo, que atingiu a vítima em sua coluna, Maria da Penha ficou paraplégica. Porém, as agressões não cessaram. Uma semana depois, a vítima sofreu nova violência por parte de seu então marido, tendo recebido uma descarga elétrica enquanto se banhava. O agressor foi denunciado em 28 de setembro de 1984. Devido a sucessivos recursos e apelos, sua prisão ocorreu somente em setembro de 2002. Por conta da lentidão do processo, e por envolver grave violação aos direitos humanos, o caso foi levado à Comissão Interamericana de Direitos Humanos, que publicou o Relatório nº 54/2001, no sentido de que a ineficácia judicial a impunidade e a impossibilidade de a vítima obter uma reparação mostra a falta de cumprimento do compromisso assumido pelo Brasil de reagir adequadamente ante a violência doméstica. Cinco anos depois da publicação do referido relatório, com o objetivo de coibir e reprimir a violência doméstica e familiar contra a mulher e superar uma violência há muito arraigada na cultura machista do povo brasileiro, entrou em vigor a Lei nº 11.340/06, que ficou mais conhecida como Lei Maria da Penha.*

Violação dos Direitos Humanos: a lei dita que a violência doméstica e familiar contra a mulher é uma conduta que viola os Direitos Humanos (art. 6º).

> ***Art. 6º*** *A violência doméstica e familiar contra a mulher constitui uma das formas de violação dos direitos humanos.*

14.2 Objetivos

Os objetivos estão expostos na ementa da Lei e no seu art. 1º, quais sejam:

- Cria mecanismos para coibir e prevenir a violência doméstica e familiar contra a mulher, nos termos do § 8º do art. 226 da Constituição Federal, da Convenção sobre a Eliminação de Todas as Formas de Violência contra a Mulher, da Convenção Interamericana para Prevenir, Punir e Erradicar a Violência contra a Mulher e de outros tratados internacionais ratificados pela República Federativa do Brasil;
- Dispõe sobre a criação dos Juizados de Violência Doméstica e Familiar contra a mulher;
- Estabelece medidas de assistência e proteção às mulheres em situação de violência doméstica e familiar;
- Altera o Código de Processo Penal, o Código Penal e a Lei de Execução Penal; e
- Dá outras providências.

O referido artigo remete ao § 8º, do art. 226, da CF/1988; porém, a mesma CF/1988 estabelece a proteção à família de forma genérica (a todos que integram a família), isto é, não diretamente à mulher.

14.3 Direitos das mulheres

> ***Art. 2º*** *Toda mulher, independentemente de classe, raça, etnia, orientação sexual, renda, cultura, nível educacional, idade e religião,* ***goza dos direitos fundamentais inerentes à pessoa humana****, sendo-lhe asseguradas as oportunidades e facilidades para viver sem violência, preservar sua saúde física e mental e seu aperfeiçoamento moral, intelectual e social.*
>
> ***Art. 3º*** *Serão asseguradas* ***às mulheres*** *as condições para o exercício efetivo dos direitos à vida, à segurança, à saúde, à alimentação, à educação, à cultura, à moradia, ao acesso à justiça, ao esporte, ao lazer, ao trabalho, à cidadania, à liberdade, à dignidade, ao respeito e à convivência familiar e comunitária.*
>
> ***§ 1º*** *O poder público desenvolverá políticas que visem garantir os direitos humanos das mulheres no âmbito das relações domésticas e familiares no sentido de resguardá-las de toda forma de negligência, discriminação, exploração, violência, crueldade e opressão.*
>
> ***§ 2º*** *Cabe à família, à sociedade e ao poder público criar as condições necessárias para o efetivo exercício dos direitos enunciados no 'caput'.*

Não é só dever do **poder público**, mas também da **família** e da **sociedade** criar condições para o exercício efetivo dos **direitos garantidos, direitos que estão descritos** no caput do art. 3º: direitos à vida, à segurança, à saúde, à alimentação, à educação, à cultura, à moradia, ao acesso à justiça, ao esporte, ao lazer, ao trabalho, à cidadania, à liberdade, à dignidade, ao respeito e à convivência familiar e comunitária (art. 3º, § 2º).

Todavia, cabe ao **poder público** (exclusivamente) **desenvolver políticas** a fim de garantir os **Direitos Humanos** das mulheres (art. 3º, § 1º).

14.4 Sujeitos da violência doméstica e familiar contra a mulher

> ***Art. 4º*** *Na interpretação desta Lei serão considerados os fins sociais a que ela se destina e, especialmente, as condições peculiares* ***das mulheres*** *em situação de violência doméstica e familiar.*

Sujeito passivo: exclusivamente a mulher, de nascença ou com transgenitalização, com a devida alteração em documento de registro civil de identificação autorizada por ordem judicial, em situação doméstica e/ou familiar.

Os homens não são sujeitos passivos dessa lei (travestis, homossexuais ou transexuais). Há doutrina (minoritária) no sentido de ser extensível aos transexuais sem cirurgia de mudança de sexo.

Deve-se caracterizar o vínculo familiar, de relação doméstica ou de afetividade; basicamente, a existência de laços de convivência entre os sujeitos ativo (agressor) e passivo (vítima), com ou sem habitação.

> *Lei nº 11.340/06. Sujeito passivo: mulher. 'In casu', a relação de violência retratada neste feito ocorreu entre dois irmãos.* ***Inaplicabilidade****. Precedentes.* ***STJ, HC 212.767/DF****, Rel. Min. Vasco Della Giustina (Desembargador convidado do TJRS), julgado em 13/09/2011, 6ª Turma, DJe 09/11/2011. Precedente do STJ: CC 88.027/MG.*

Assevera-se que também é válido para **hermafrodita** que fez procedimento médico para concluir a sua natureza feminina, conforme a jurisprudência do **TJSC:**

> *Conflito negativo de competência. Violência doméstica e familiar. Homologação de auto de prisão em flagrante. Agressões praticadas pelo companheiro contra pessoa civilmente identificada como sendo do sexo masculino.* ***Vítima submetida à cirurgia de adequação de sexo por ser hermafrodita. Adoção do sexo feminino.*** *Presença de órgãos reprodutores femininos que lhe conferem a condição de mulher. Retificação do registro civil já requerida judicialmente.* ***Possibilidade de aplicação, no caso concreto, da Lei nº 11.340/06.*** *Competência do juízo suscitante. Conflito improcedente.* ***TJSC, Conflito de Jurisdição nº 2009.006461-6****, da Capital, Rel. Des. Roberto Lucas Pacheco, julgado em 23/06/2009, 3ª Câmara Criminal, DJe 14/08/2009.*

D P E N

Sujeito ativo: tanto o **homem** quanto a **mulher**, independentemente da opção sexual, por exemplo, em uma relação homoafetiva entre duas mulheres (art. 5º, parágrafo único).

Corrobora o STJ:

> *O sujeito passivo da violência doméstica objeto da Lei Maria da Penha é a mulher, já o sujeito ativo pode ser tanto o homem quanto a mulher, desde que fique caracterizado o vínculo de relação doméstica, familiar ou de afetividade, além da convivência, com ou sem coabitação.* ***STJ, Jurisprudência em Teses nº 41.*** *Precedentes: HC 277.561/AL; HC 250.435/RJ; HC 181.246/RS; HC 175.816/RS; CC 88.027/MG; RHC 46.278/AL (Vide Inf. 551).*

14.5 Alcance da Lei

> ***Art. 5º*** *Para os efeitos desta Lei configura violência doméstica e familiar contra a mulher qualquer ação ou omissão baseada no gênero que lhe cause morte, lesão, sofrimento físico, sexual ou psicológico e dano moral ou patrimonial:*
>
> *I – no âmbito da unidade doméstica, compreendida como o espaço de convívio permanente de pessoas, com ou sem vínculo familiar, inclusive as esporadicamente agregadas;*
>
> *II – no âmbito da família, compreendida como a comunidade formada por indivíduos que são ou se consideram aparentados, unidos por laços naturais, por afinidade ou por vontade expressa;*
>
> *III – em qualquer relação íntima de afeto, na qual o agressor conviva ou tenha convivido com a ofendida, independentemente de coabitação.*
>
> ***Parágrafo único.*** *As relações pessoais enunciadas neste artigo independem de orientação sexual.*

Mesmo que ocorra uma agressão contra a mulher, deve-se obrigatoriamente ser **baseada no gênero** para que seja aplicada a Lei Maria da Penha (art. 5º, caput).

Alcance da norma: a eficácia da lei em estudo tem alcance limitado a três situações (art. 5º,I, II e III):

- **Âmbito doméstico:** coabitação, hospitalar ou empregatício etc.

> A patroa que bate na empregada doméstica que dorme, uma ou duas vezes por semana, na residência da empregadora (sem vínculo familiar e esporadicamente agregada); ou, uma colega agride a outra, em uma república de estudantes (coabitação).

- **Âmbito familiar:** parentesco consanguíneo ou por afinidade.

> Numa perspectiva de gênero e em condições de hipossuficiência ou inferioridade física e econômica, a irmã mais velha (22 anos) agride violentamente a caçula (17 anos) durante as férias à beira-mar (irmã que bate na irmã); ou, na mesma motivação, a mãe que bate na filha e vice-versa.

- **Relação íntima de afeto:** casamento, noivado, namoro ou ex-namoro/noivado, separados, divorciados etc.

> Uma ex-namorada agride a ex-parceira, que nunca moraram juntas (relação homoafetiva independente de coabitação).

União homoafetiva e desnecessidade de coabitação: haverá aplicação da lei em apreço mesmo que em uma relação homossexual (art. 5º, parágrafo único) e sem coabitação (art. 5º, III).

Nesse sentido é a jurisprudência do STJ:

> ***Súmula nº 600* – STJ:** *Para a configuração da violência doméstica e familiar prevista no artigo 5º da Lei nº 11.340/2006 (Lei Maria da Penha) não se exige a coabitação entre autor e vítima.*
>
> *A violência doméstica abrange qualquer relação íntima de afeto, dispensada a coabitação.* ***STJ, Jurisprudência em Teses nº 41.*** *Precedentes: HC 280.082/RS; REsp 1.416.580/RJ; HC 181.246/RS; RHC 27.317/RJ; CC 91.979/MG; HC 179.130/SP; CC 107.238/MG; CC 105.201/MG (Vide Inf. 551).*
>
> *A Lei Maria da Penha atribuiu às uniões homoafetivas o caráter de entidade familiar, ao prever, no seu artigo 5º, parágrafo único, que as relações pessoais mencionadas naquele dispositivo independem de orientação sexual.* ***STJ, Jurisprudência em Teses nº 41.*** *Precedentes: REsp 1.183.378/RS; REsp 827.962/RS; REsp 1.026.981/RJ; REsp 1.236.524/SP.*

Rescindência de contrato de trabalho: o contrato de trabalho poderá ser rescindido, por culpa do empregador, se ele praticar qualquer forma de violência doméstica e familiar contra a mulher prevista na Lei Maria da Penha (Lei Complementar nº 150, de 1º/6/2015).

Necessidade de demonstração de vulnerabilidade: a doutrina tende a entender que há necessidade de demonstração de vulnerabilidade da vítima quando o **sujeito ativo for mulher**.

> *Para a aplicação da Lei nº 11.340/2006, há necessidade de demonstração da situação de vulnerabilidade ou hipossuficiência da mulher, numa perspectiva de gênero.* ***STJ, Jurisprudência em Teses nº 41.*** *Precedentes: AgRg no REsp 1.430.724/RJ; HC 181.246/RS; HC 175.816/RS; HC 176.196/RS; CC 96.533/MG (Vide Inf. 524).*

Desnecessidade de demonstração de vulnerabilidade: todavia, tem-se presumida a condição de vulnerável quando o **sujeito ativo for homem.**

> *A vulnerabilidade, hipossuficiência ou fragilidade da mulher têm-se como presumidas nas circunstâncias descritas na Lei nº 11.340/2006.* ***STJ, Jurisprudência em Teses nº 41.*** *Precedentes: RHC 55.030/RJ; HC 280.082/RS; REsp 1.416.580/RJ (Vide Inf. 539).*

14.6 Formas de violência doméstica e familiar contra a mulher

> ***Art. 7º*** *São formas de violência doméstica e familiar contra a mulher, entre outras:*
>
> *I – a violência física, entendida como qualquer conduta que ofenda sua integridade ou saúde corporal;*
>
> *II – a violência psicológica, entendida como qualquer conduta que lhe cause dano emocional e diminuição da autoestima ou que lhe prejudique e perturbe o pleno desenvolvimento ou que vise degradar ou controlar suas ações, comportamentos, crenças e decisões, mediante ameaça, constrangimento, humilhação, manipulação, isolamento, vigilância constante, perseguição contumaz, insulto, chantagem, violação de sua intimidade, ridicularização, exploração e limitação do direito de ir e vir ou qualquer outro meio que lhe cause prejuízo à saúde psicológica e à autodeterminação; (Redação dada pela Lei nº 13 –772/2018)*
>
> *III – a violência sexual, entendida como qualquer conduta que a constranja a presenciar, a manter ou a participar de relação sexual não desejada, mediante intimidação, ameaça, coação ou uso da força; que a induza a comercializar ou a utilizar, de qualquer modo, a sua sexualidade, que a impeça de usar qualquer método contraceptivo ou que a force ao matrimônio, à gravidez, ao aborto ou à prostituição, mediante coação, chantagem, suborno ou manipulação; ou que limite ou anule o exercício de seus direitos sexuais e reprodutivos;*
>
> *IV – a violência patrimonial, entendida como qualquer conduta que configure retenção, subtração, destruição parcial ou total de seus objetos, instrumentos de trabalho, documentos pessoais, bens, valores e direitos ou recursos econômicos, incluindo os destinados a satisfazer suas necessidades;*
>
> *V – a violência moral, entendida como qualquer conduta que configure calúnia, difamação ou injúria.*

Violência geral: diante deste artigo, é possível perceber que os meios de violência doméstica e familiar contra a mulher são amplos. Por isso, a doutrina a nomeou de **violência geral:** física, psicológica, sexual, patrimonial e moral (art. 7º,I a V).

Além disso, com relevância, não é qualquer ação ou omissão capaz de infligir sofrimento na mulher que se aplicará a Lei Maria da Penha, mas somente aquelas condutas que sejam algum tipo de ilícito civil ou penal (crime ou contravenção).

> Ex.: imagine que Tício, namorado de Mévia, decida terminar o relacionamento com ela, que fica desconsolada e chora

compulsivamente por mais de 30 dias sem parar, sem se alimentar direito, nem saindo de seu quarto, sofrendo de uma forma descomunal. Nessa situação hipotética, a Lei Maria da Penha não será aplicada.

A aplicação da Lei Maria da Penha está condicionada à coexistência de três requisitos: sujeito passivo (art. 4º), âmbito (art. 5º) e violência geral (art. 7º).

14.7 Requisitos para aplicar a Lei Maria da Penha

(1) Sujeito passivo	(1.1) mulher
(2) Âmbito	(2.1) doméstico (2.2) familiar (2.3) relação íntima de afeto
(3) Violência geral	(3.1) física (3.2) psicológica (3.3) sexual (3.4) patrimonial (3.5) moral

14.8 Da assistência à mulher em situação de violência doméstica e familiar

14.8.1 Das medidas integradas de prevenção

***Art. 8º** A política pública que visa coibir a violência doméstica e familiar contra a mulher far-se-á por meio de um conjunto articulado de ações da União, dos Estados, do Distrito Federal e dos Municípios e de ações não-governamentais, tendo por diretrizes:*

I – a integração operacional do Poder Judiciário, do Ministério Público e da Defensoria Pública com as áreas de segurança pública, assistência social, saúde, educação, trabalho e habitação;

II – a promoção de estudos e pesquisas, estatísticas e outras informações relevantes, com a perspectiva de gênero e de raça ou etnia, concernentes às causas, às consequências e à frequência da violência doméstica e familiar contra a mulher, para a sistematização de dados, a serem unificados nacionalmente, e a avaliação periódica dos resultados das medidas adotadas;

III – o respeito, nos meios de comunicação social, dos valores éticos e sociais da pessoa e da família, de forma a coibir os papéis estereotipados que legitimem ou exacerbem a violência doméstica e familiar, de acordo com o estabelecido no inciso III do art. 1º, no inciso IV do art. 3º e no inciso IV do art. 221 da Constituição Federal;

IV – a implementação de atendimento policial especializado para as mulheres, em particular nas Delegacias de Atendimento à Mulher;

V – a promoção e a realização de campanhas educativas de prevenção da violência doméstica e familiar contra a mulher, voltadas ao público escolar e à sociedade em geral, e a difusão desta Lei e dos instrumentos de proteção aos direitos humanos das mulheres;

VI – a celebração de convênios, protocolos, ajustes, termos ou outros instrumentos de promoção de parceria entre órgãos governamentais ou entre estes e entidades não-governamentais, tendo por objetivo a implementação de programas de erradicação da violência doméstica e familiar contra a mulher;

VII – a capacitação permanente das Polícias Civil e Militar, da Guarda Municipal, do Corpo de Bombeiros e dos profissionais pertencentes aos órgãos e às áreas enunciados no inciso I quanto às questões de gênero e de raça ou etnia;

VIII – a promoção de programas educacionais que disseminem valores éticos de irrestrito respeito à dignidade da pessoa humana com a perspectiva de gênero e de raça ou etnia;

IX – o destaque, nos currículos escolares de todos os níveis de ensino, para os conteúdos relativos aos direitos humanos, à equidade de gênero e de raça ou etnia e ao problema da violência doméstica e familiar contra a mulher.

14.8.2 Da assistência à mulher em situação de violência doméstica e familiar

***Art. 9º** A assistência à mulher em situação de violência doméstica e familiar será prestada de forma articulada e conforme os princípios e as diretrizes previstos na Lei Orgânica da Assistência Social, no Sistema Único de Saúde, no Sistema Único de Segurança Pública, entre outras normas e políticas públicas de proteção, e emergencialmente quando for o caso.*

§ 1º O juiz determinará, por prazo certo, a inclusão da mulher em situação de violência doméstica e familiar no cadastro de programas assistenciais do governo federal, estadual e municipal.

§ 2º O juiz assegurará à mulher em situação de violência doméstica e familiar, para preservar sua integridade física e psicológica:

I – acesso prioritário à remoção quando servidora pública, integrante da administração direta ou indireta;

II – manutenção do vínculo trabalhista, quando necessário o afastamento do local de trabalho, por até seis meses.

III – encaminhamento à assistência judiciária, quando for o caso, inclusive para eventual ajuizamento da ação de separação judicial, de divórcio, de anulação de casamento ou de dissolução de união estável perante o juízo competente. (Incluído pela Lei nº 13.894/2019)

§ 3º A assistência à mulher em situação de violência doméstica e familiar compreenderá o acesso aos benefícios decorrentes do desenvolvimento científico e tecnológico, incluindo os serviços de contracepção de emergência, a profilaxia das Doenças Sexualmente Transmissíveis (DST) e da Síndrome da Imunodeficiência Adquirida (AIDS) e outros procedimentos médicos necessários e cabíveis nos casos de violência sexual.

§ 4º Aquele que, por ação ou omissão, causar lesão, violência física, sexual ou psicológica e dano moral ou patrimonial a mulher fica obrigado a ressarcir todos os danos causados, inclusive ressarcir ao Sistema Único de Saúde (SUS), de acordo com a tabela SUS, os custos relativos aos serviços de saúde prestados para o total tratamento das vítimas em situação de violência doméstica e familiar, recolhidos os recursos assim arrecadados ao Fundo de Saúde do ente federado responsável pelas unidades de saúde que prestarem os serviços. (Incluído pela Lei nº 13.871/2019)

§ 5º Os dispositivos de segurança destinados ao uso em caso de perigo iminente e disponibilizados para o monitoramento das vítimas de violência doméstica ou familiar amparadas por medidas protetivas terão seus custos ressarcidos pelo agressor. (Incluído pela Lei nº 13.871/2019)

§ 6º O ressarcimento de que tratam os §§ 4º e 5º deste artigo não poderá importar ônus de qualquer natureza ao patrimônio da mulher e dos seus dependentes, nem configurar atenuante ou ensejar possibilidade de substituição da pena aplicada. (Incluído pela Lei nº 13.871/2019)

§ 7º A mulher em situação de violência doméstica e familiar tem prioridade para matricular seus dependentes em instituição de educação básica mais próxima de seu domicílio, ou transferi-los para essa instituição, mediante a apresentação dos documentos comprobatórios do registro da ocorrência policial ou do processo de violência doméstica e familiar em curso. (Incluído pela Lei nº 13.882/2019)

§ 8º Serão sigilosos os dados da ofendida e de seus dependentes matriculados ou transferidos conforme o disposto no §7º deste artigo, e o acesso às informações será reservado ao juiz, ao Ministério Público e aos órgãos competentes do poder público. (Incluído pela Lei nº 13.882/2019)

Prioridade de remoção de servidora pública: nos casos de violência doméstica e familiar contra a mulher que seja servidora pública da Administração Direta ou Indireta, o juiz deverá garantir prioridade na remoção desta para outro órgão a fim de garantir a integridade física e psicológica da vítima (art. 9º, § 2º, I).

DPEN

Manutenção de vínculo trabalhista até 6 meses: quando houver necessidade de afastamento da vítima, o juiz garantirá a manutenção do vínculo trabalhista por até 6 (seis) meses objetivando a incolumidade dela (art. 9º, § 2º, II).

Ressarcimento ao Sistema Único de Saúde (SUS): a Lei nº 13.871/2019, que incluiu os §§ 4º, 5º e 6º, dispõe sobre a responsabilidade do agressor pelo ressarcimento dos custos relacionados aos serviços de saúde prestados pelo Sistema Único de Saúde (SUS) às vítimas de violência doméstica e familiar e aos dispositivos de segurança por elas utilizados. Todavia, tais parágrafos só tiveram vigência a partir de 2/11/2019 (45 dias após sua publicação no DOU).

Matrícula de dependentes na rede de educação básica: a Lei nº 13.882/2019, que incluiu os §§ 7º e 8º, dispõe sobre a garantia de matrícula dos dependentes da mulher vítima de violência doméstica e familiar em instituição de educação básica mais próxima de seu domicílio. Tais parágrafos possuem eficácia imediata, uma vez que a lei previu a sua vigência a partir do dia de sua publicação (publicado no DOU em 9/10/2019).

14.8.3 Do atendimento pela autoridade policial

> ***Art. 10** Na hipótese da iminência ou da prática de violência doméstica e familiar contra a mulher, à autoridade policial que tomar conhecimento da ocorrência adotará, de imediato, as providências legais cabíveis.*
>
> ***Parágrafo único.** Aplica-se o disposto no 'caput' deste artigo ao descumprimento de medida protetiva de urgência deferida.*

Prioridade de atendimento policial: o art. 10 determina a atuação imediata pela autoridade policial que tomar conhecimento da iminência ou da prática de violência doméstica e familiar contra a mulher.

> ***Art. 10-A** É direito da mulher em situação de violência doméstica e familiar o atendimento policial e pericial especializado, ininterrupto e prestado por servidores — preferencialmente do sexo feminino — previamente capacitados. (Artigo acrescido pela Lei nº 13.505/2017)*
>
> *§ 1º A inquirição de mulher em situação de violência doméstica e familiar ou de testemunha de violência doméstica, quando se tratar de crime contra a mulher, obedecerá às seguintes diretrizes:*
>
> *I – salvaguarda da integridade física, psíquica e emocional da depoente, considerada a sua condição peculiar de pessoa em situação de violência doméstica e familiar;*
>
> *II – garantia de que, em nenhuma hipótese, a mulher em situação de violência doméstica e familiar, familiares e testemunhas terão contato direto com investigados ou suspeitos e pessoas a eles relacionadas;*
>
> *III – não revitimização da depoente, evitando sucessivas inquirições sobre o mesmo fato nos âmbitos criminal, cível e administrativo, bem como questionamentos sobre a vida privada.*
>
> *§ 2º Na inquirição de mulher em situação de violência doméstica e familiar ou de testemunha de delitos de que trata esta Lei, adotar-se-á, preferencialmente, o seguinte procedimento:*
>
> *I – a inquirição será feita em recinto especialmente projetado para esse fim, o qual conterá os equipamentos próprios e adequados à idade da mulher em situação de violência doméstica e familiar ou testemunha e ao tipo e à gravidade da violência sofrida;*
>
> *II – quando for o caso, a inquirição será intermediada por profissional especializado em violência doméstica e familiar designado pela autoridade judiciária ou policial;*
>
> *III – o depoimento será registrado em meio eletrônico ou magnético, devendo a degravação e a mídia integrar o inquérito.*

Atendimento policial e pericial especializado: a Lei nº 13.505/2017, que incluiu os arts. 10-A, 12-A e 12-B, dispõe sobre o direito da mulher em situação de violência doméstica e familiar de ter atendimento policial e pericial especializado, ininterrupto e prestado por servidores — **preferencialmente do sexo feminino** — previamente capacitados.

Veja que o dispositivo não determina o atendimento obrigatório por servidores do sexo feminino, mas, sim, preferencialmente; isto é, na ausência delas, poderá o atendimento ser feito por agente policial masculino.

Diretrizes obrigatórias da inquirição (§ 1º)	Procedimento preferencial da inquirição (§ 2º)
I – Salvaguarda da integridade da depoente;	I – Recinto especial;
II – Ausência de contato direto com investigados, suspeitos ou pessoas relacionadas;	II – Intermediação por profissional especializado;
III – Não revitimização da depoente.	III– Registro em meio eletrônico ou magnético.

> ***Art. 11** No atendimento à mulher em situação de violência doméstica e familiar, a autoridade policial deverá, entre outras providências:*
>
> *I – garantir proteção policial, quando necessário, comunicando de imediato ao Ministério Público e ao Poder Judiciário;*
>
> *II – encaminhar a ofendida ao hospital ou posto de saúde e ao Instituto Médico Legal;*
>
> *III – fornecer transporte para a ofendida e seus dependentes para abrigo ou local seguro, quando houver risco de vida;*
>
> *IV – se necessário, acompanhar a ofendida para assegurar a retirada de seus pertences do local da ocorrência ou do domicílio familiar;*
>
> *V – informar à ofendida os direitos a ela conferidos nesta Lei e os serviços disponíveis, inclusive os de assistência judiciária para o eventual ajuizamento perante o juízo competente da ação de separação judicial, de divórcio, de anulação de casamento ou de dissolução de união estável. (Redação dada pela Lei nº 13.894/2019)*

Providências durante o atendimento policial à mulher: o art. 11 lista certas providências que devem ser executadas pela autoridade policial que estiver atendendo a mulher em situação de violência doméstica e familiar, as quais não estão listadas em um rol taxativo, mas, sim, um rol exemplificativo, por força do termo: "[...] entre outras providências: [...]".

Providências durante o atendimento policial à mulher (art. 11)	
Garantir	Proteção policial (quando necessário).
Encaminhar	A ofendida ao hospital ou posto de saúde e ao IML.
Fornecer	Transporte para abrigo ou local seguro (quando houver risco de vida).
Acompanhar	Para assegurar a retirada de seus pertences (se necessário).
Informar	Os direitos e os serviços disponíveis.

> ***Art. 12** Em todos os casos de violência doméstica e familiar contra a mulher, feito o registro da ocorrência, deverá a autoridade policial adotar, de imediato, os seguintes procedimentos, sem prejuízo daqueles previstos no Código de Processo Penal:*
>
> *I – ouvir a ofendida, lavrar o boletim de ocorrência e tomar a representação a termo, se apresentada;*
>
> *II – colher todas as provas que servirem para o esclarecimento do fato e de suas circunstâncias;*
>
> *III – remeter, no prazo de 48 (quarenta e oito) horas, expediente apartado ao juiz com o pedido da ofendida, para a concessão de medidas protetivas de urgência;*

IV – determinar que se proceda ao exame de corpo de delito da ofendida e requisitar outros exames periciais necessários;

V – ouvir o agressor e as testemunhas;

VI – ordenar a identificação do agressor e fazer juntar aos autos sua folha de antecedentes criminais, indicando a existência de mandado de prisão ou registro de outras ocorrências policiais contra ele;

VI-A – verificar se o agressor possui registro de porte ou posse de arma de fogo e, na hipótese de existência, juntar aos autos essa informação, bem como notificar a ocorrência à instituição responsável pela concessão do registro ou da emissão do porte, nos termos da Lei nº 10.826, de 22 de dezembro de 2003 (Estatuto do Desarmamento); (Incluído pela Lei nº 13.880/2019)

VII – remeter, no prazo legal, os autos do inquérito policial ao juiz e ao Ministério Público.

§ 1º O pedido da ofendida será tomado a termo pela autoridade policial e deverá conter:

I – qualificação da ofendida e do agressor;

II – nome e idade dos dependentes;

III – descrição sucinta do fato e das medidas protetivas solicitadas pela ofendida;

IV – informação sobre a condição de a ofendida ser pessoa com deficiência e se da violência sofrida resultou deficiência ou agravamento de deficiência preexistente. (Incluído pela Lei nº 13.836/2019)

§ 2º A autoridade policial deverá anexar ao documento referido no §1º o boletim de ocorrência e cópia de todos os documentos disponíveis em posse da ofendida.

§ 3º Serão admitidos como meios de prova os laudos ou prontuários médicos fornecidos por hospitais e postos de saúde.

Procedimentos após o registro de ocorrência (art. 12)	
Ouvir, lavrar e tomar	Ouvir a ofendida, lavrar o boletim de ocorrência e tomar a representação a termo, se apresentada;
Colher	Todas as provas que servirem para o esclarecimento do fato e de suas circunstâncias;
Remeter	No prazo de 48 (quarenta e oito) horas, expediente apartado ao juiz com o pedido da ofendida, para a concessão de medidas protetivas de urgência;
Determinar	Que se proceda ao exame de corpo de delito da ofendida e requisitar outros exames periciais necessários;
Ouvir	O agressor e as testemunhas;
Ordenar	A identificação do agressor e fazer juntar aos autos sua folha de antecedentes criminais, indicando a existência de mandado de prisão ou registro de outras ocorrências policiais contra ele;
Verificar	Se o agressor possui registro de porte ou posse de arma de fogo e, na hipótese de existência, juntar aos autos essa informação, bem como notificar a ocorrência à instituição responsável pela concessão do registro ou da emissão do porte, nos termos da Lei nº 10.826/03 (Estatuto do Desarmamento);
Remeter	No prazo legal, os autos do inquérito policial ao juiz e ao Ministério Público.

***Art. 12-A** Os Estados e o Distrito Federal, na formulação de suas políticas e planos de atendimento à mulher em situação de violência doméstica e familiar, darão prioridade, no âmbito da Polícia Civil, à criação de Delegacias Especializadas de Atendimento à Mulher (DEAMS), de Núcleos Investigativos de Feminicídio e de equipes especializadas para o atendimento e a investigação das violências graves contra a mulher. (Artigo acrescido pela Lei nº 13.505/2017)*

***Art. 12-B** (Vetado na Lei nº 13.505/2017)*

§ 1º (Vetado na Lei nº 13.505/2017)

§ 2º (Vetado na Lei nº 13.505/2017)

§ 3º A autoridade policial poderá requisitar os serviços públicos necessários à defesa da mulher em situação de violência doméstica e familiar e de seus dependentes. (Incluído pela Lei nº 13.505, de 8/11/2017)

***Art. 12-C** Verificada a existência de risco atual ou iminente à vida ou à integridade física ou psicológica da mulher em situação de violência doméstica e familiar, ou de seus dependentes, o agressor será imediatamente afastado do lar, domicílio ou local de convivência com a ofendida: (Redação dada pela Lei nº 14.188/2021)*

I – pela autoridade judicial;

II – pelo delegado de polícia, quando o Município não for sede de comarca; ou

III – pelo policial, quando o Município não for sede de comarca e não houver delegado disponível no momento da denúncia.

§ 1º Nas hipóteses dos incisos II e III do 'caput' deste artigo, o juiz será comunicado no prazo máximo de 24 (vinte e quatro) horas e decidirá, em igual prazo, sobre a manutenção ou a revogação da medida aplicada, devendo dar ciência ao Ministério Público concomitantemente.

§ 2º Nos casos de risco à integridade física da ofendida ou à efetividade da medida protetiva de urgência, não será concedida liberdade provisória ao preso.

DPEN

14.9 Aspectos processuais relevantes

14.9.1 Competência mista e legislações aplicáveis

> ***Art. 13** Ao processo, ao julgamento e à execução das causas cíveis e criminais decorrentes da prática de violência doméstica e familiar contra a mulher aplicar-se-ão as normas dos Códigos de Processo Penal e Processo Civil e da legislação específica relativa à criança, ao adolescente e ao idoso que não conflitarem com o estabelecido nesta Lei.*

Aplicação subsidiária: por ser uma lei específica, a Lei Maria da Penha prevalece sobre a genérica naquilo que houver contradição, todavia, ainda se aplicará a lei geral quando aquela não versar sobre o assunto, por exemplo, os Códigos Processuais Penal e Civil (CPP e CPC), o Estatuto da Criança e do Adolescente (ECA), bem como o Estatuto do Idoso, entre outros.

14.9.2 Juizados de Violência Doméstica e Familiar contra a Mulher

> ***Art. 14** Os Juizados de Violência Doméstica e Familiar contra a Mulher, órgãos da Justiça Ordinária com **competência cível e criminal**, poderão ser criados pela União, no Distrito Federal e nos Territórios, e pelos Estados, para o processo, o julgamento e a execução das causas decorrentes da prática de violência doméstica e familiar contra a mulher.*
>
> ***Parágrafo único.** Os atos processuais poderão realizar-se em horário noturno, conforme dispuserem as normas de organização judiciária.*

Competência cumulativa: os juizados de violência doméstica e familiar contra a mulher possuem a cumulação de competência civil e criminal, bem como de outras causas decorrentes (art. 14, caput).

> *Os Juizados de Violência Doméstica e Familiar contra a Mulher **têm competência cumulativa para o julgamento e a execução das causas decorrentes** da prática de violência doméstica e familiar contra a mulher, nos termos do art. 14, da Lei nº 11.340/2006. STJ, Jurisprudência em Teses nº 41. Precedentes: REsp 1.475.006/MT (Vide Inf. 550). (grifo nosso)*

Horário noturno: os atos processuais relativos à Lei Maria da Penha poderão se realizar em **horário noturno** (art. 14, parágrafo único).

> ***Art. 14-A*** *A ofendida tem a opção de propor ação de divórcio ou de dissolução de união estável no Juizado de Violência Doméstica e Familiar contra a Mulher. (Incluído pela Lei nº 13.894/2019)*
>
> *§ 1º Exclui-se da competência dos Juizados de Violência Doméstica e Familiar contra a Mulher a pretensão relacionada à partilha de bens.*
>
> *§ 2º Iniciada a situação de violência doméstica e familiar após o ajuizamento da ação de divórcio ou de dissolução de união estável, a ação terá preferência no juízo onde estiver.*

14.9.3 Opção da ofendida nos processos cíveis

> ***Art. 15*** *É competente, por opção da ofendida, para os processos cíveis regidos por esta Lei, o Juizado:*
>
> *I – do seu domicílio ou de sua residência;*
>
> *II – do lugar do fato em que se baseou a demanda;*
>
> *III – do domicílio do agressor.*

14.9.4 Audiência de retratação

> ***Art. 16*** *Nas **ações penais públicas condicionadas à representação** da ofendida de que trata esta Lei, só será admitida a renúncia à representação perante o juiz, em audiência especialmente designada com tal finalidade, **antes do recebimento da denúncia** e ouvido o Ministério Público.*

Retratação da representação: nos casos de violência doméstica e familiar contra a mulher, somente será possível a **retratação da representação** (nos crimes de ação penal pública condicionada) **antes do recebimento da denúncia**.

> *A audiência de retratação prevista no art. 16 da Lei nº 11.340/06 apenas será designada no caso de **manifestação expressa ou tácita da vítima** e desde que ocorrida **antes do recebimento da denúncia. STJ, Jurisprudência em Teses nº 41.** Precedentes: RHC 41.545/PB; HC 184.923/DF; AgRg no AREsp 40.934/DF; HC 167.898/MG; AgRg no Ag 1.380.117/SE; RHC 27.317/RJ; REsp 1.533.691/MG; AREsp 518.363/DF.(grifo nosso)*

O art. 16 da Lei Maria da Penha apresenta situação dilatada à regra geral descrita no CPP referente à retratação da representação (art. 25, CPP). Portanto, cuidado com esses temas em sua prova.

Retratação da representação	
Lei Maria da Penha	Até o **recebimento** da denúncia (por exemplo: a denúncia está em mãos do juiz, mas ainda não se iniciou o processo).
CPP	Até o **oferecimento** da denúncia (por exemplo: a denúncia ainda não foi encaminhada para o juiz, mas ainda está em mãos do Ministério Público).

14.9.5 Sanções vedadas

> ***Art. 17*** *É vedada a aplicação, nos casos de violência doméstica e familiar contra a mulher, de penas de cesta básica ou outras de prestação pecuniária, bem como a substituição de pena que implique o pagamento isolado de multa.*

Aplicação de pena de cesta básica ou de prestação pecuniária: a fim de desencorajar o agressor, o legislador proibiu (vedou) a **aplicação** de penas de cesta básica ou de prestação pecuniária (pagamento em dinheiro à vítima), bem como a **substituição** de pena pelo pagamento isolado de multa.

Substituição de pena privativa de liberdade por restritiva de direitos: o STJ determinou a impossibilidade de **substituição** de pena privativa de liberdade por restritiva de direitos, nos casos de violência doméstica e familiar contra a mulher.

> ***Súmula nº 588* – STJ:** *A prática de crime ou contravenção penal contra a mulher com violência ou grave ameaça no ambiente doméstico impossibilita a substituição da pena privativa de liberdade por restritiva de direitos.*

Princípio da insignificância e bagatela imprópria

Não se admite o **princípio da insignificância** (bagatela própria) para a violência doméstica e familiar contra a mulher.

> ***Súmula nº 589* – STJ:** *É inaplicável o princípio da insignificância nos crimes ou contravenções penais praticados contra a mulher no âmbito das relações domésticas.*

Nem mesmo a aplicação da bagatela imprópria:

> ***Não é possível** a aplicação dos **princípios da insignificância e da bagatela imprópria** nos delitos praticados com violência ou grave ameaça no âmbito das relações domésticas e familiares. **STJ, Jurisprudência em Teses nº 41.** Precedentes: REsp 1.537.749/DF; AgRg no REsp 1.464.335/MS; AgRg no AREsp 19.042/DF; REsp 1.538.562/SP; AREsp 652.428/DF; HC 317.781/MS. (grifo nosso)*

14.9.6 Vedação da Lei nº 9.099/1995

> ***Art. 41*** *Aos crimes praticados com violência doméstica e familiar contra a mulher, independentemente da pena prevista, não se aplica a Lei nº 9.099, de 26 de setembro de 1995.*

Não se aplica a **Lei nº 9.099/1995** (JECrim) à violência doméstica e familiar contra a mulher, em todos os sentidos: sursis processual (suspensão condicional do processo), transação penal, reparação dos danos, entre outros dispositivos.

> ***Súmula nº 536* – STJ:** *A suspensão condicional do processo e a transação penal não se aplicam na hipótese de delitos sujeitos ao rito da Lei Maria da Penha.*

Lesão corporal leve e culposa

> ***Súmula nº 542* – STJ:** *A ação penal relativa ao crime de lesão corporal resultante de violência doméstica contra a mulher é pública incondicionada.*

Os demais crimes são de ação penal pública condicionada à representação continuarão com a mesma regra do Código Penal ou outras Leis Penais Especiais, o que não se aplica à Lei Maria da Penha é a Lei nº 9.099/1995 (JECrim).

Na violência doméstica e familiar contra a mulher que gere lesão corporal leve ou culposa, a **ação penal é pública incondicionada.** Por exemplo: o **crime de ameaça** contra a mulher em situação de violência doméstica e familiar continua a ser de **ação penal pública condicionada** à representação da vítima, conforme dispõe o art. 147, parágrafo único, do Código Penal.

> *O crime de lesão corporal, ainda que leve ou culposo, praticado contra a mulher no âmbito das relações domésticas e familiares, deve ser processado mediante ação penal pública incondicionada. **STJ, Jurisprudência em Teses nº 41.** Precedentes: REsp 1.537.749/DF; AgRg no REsp 1.442.015/MG; RHC 42.228/SP; AgRg no REsp 1.358.215/MG; RHC 45.444/MG; AgRg no REsp 1.428.577/DF; AgRg no HC 213.597/MT; HC 184.923/DF; RHC 33.881/MG; HC 242.458/DF (Vide Inf. 509).*

14.10 Medidas protetivas de urgência

14.10.1 Disposições gerais

> ***Art. 18*** *Recebido o expediente com o pedido da ofendida, caberá ao juiz, no prazo de 48 (quarenta e oito) horas:*
>
> *I – conhecer do expediente e do pedido e decidir sobre as medidas protetivas de urgência;*

II – determinar o encaminhamento da ofendida ao órgão de assistência judiciária, quando for o caso, inclusive para o ajuizamento da ação de separação judicial, de divórcio, de anulação de casamento ou de dissolução de união estável perante o juízo competente; (Redação dada pela Lei nº 13.894/2019)

III – comunicar ao Ministério Público para que adote as providências cabíveis;

IV – determinar a apreensão imediata de arma de fogo sob a posse do agressor. (Incluído pela Lei nº 13.880/2019)

Atendimento policial e pericial especializado: a Lei nº 13.505/2017, que incluiu os arts. 10-A, 12-A e 12-B, dispõe sobre o direito da mulher em situação de violência doméstica e familiar de ter atendimento policial e pericial especializado, ininterrupto e prestado por servidores — **preferencialmente do sexo feminino** — previamente capacitados.

Art. 19 *As medidas protetivas de urgência poderão ser concedidas pelo juiz, a requerimento do Ministério Público ou a pedido da ofendida.*

§ 1º As medidas protetivas de urgência poderão ser concedidas de imediato, independentemente de audiência das partes e de manifestação do Ministério Público, devendo este ser prontamente comunicado.

§ 2º As medidas protetivas de urgência serão aplicadas isolada ou cumulativamente, e poderão ser substituídas a qualquer tempo por outras de maior eficácia, sempre que os direitos reconhecidos nesta Lei forem ameaçados ou violados.

§ 3º Poderá o juiz, a requerimento do Ministério Público ou a pedido da ofendida, conceder novas medidas protetivas de urgência ou rever aquelas já concedidas, se entender necessário à proteção da ofendida, de seus familiares e de seu patrimônio, ouvido o Ministério Público.

Ministério Público ou ofendida: as medidas protetivas de urgências necessitam de **autorização judicial** e poderão ser concedidas por: [1] requerimento do Ministério Público ou [2] pedido da ofendida. Sendo assim, não cabe à autoridade policial solicitar medida protetiva de urgência, conforme a ausência legal no art. 19.

Art. 20 *Em qualquer fase do inquérito policial ou da instrução criminal, caberá a prisão preventiva do agressor, decretada pelo juiz, de ofício, a requerimento do Ministério Público ou mediante representação da autoridade policial.*

Parágrafo único. *O juiz poderá revogar a prisão preventiva se, no curso do processo, verificar a falta de motivo para que subsista, bem como de novo decretá-la, se sobrevierem razões que a justifiquem.*

Ministério Público ou autoridade policial: a prisão preventiva do agressor necessita de **autorização judicial** e poderá ser concedida: [1] requerimento do Ministério Público ou [2] representação da autoridade policial — no inquérito policial ou na instrução criminal (durante o processo penal poderá o juiz decretá-la de ofício).

Art. 21 *A ofendida deverá ser notificada dos atos processuais relativos ao agressor, especialmente dos pertinentes ao ingresso e à saída da prisão, sem prejuízo da intimação do advogado constituído ou do defensor público.*

Parágrafo único. *A ofendida não poderá entregar intimação ou notificação ao agressor.*

Notificação dos atos processuais: a ofendida deve ser "notificada" (ou "cientificada") sobre todos os atos processuais que envolverem o agressor; vedando-se, entretanto, que ela entregue intimação ou notificação ao agressor.

A Lei nº 14.550/2023 acrescentou três parágrafos ao art. 19 da Lei Maria da Penha (recomenda-se a memorização dos dispositivos):

Art. 19, *§ 4º As medidas protetivas de urgência serão concedidas em juízo de cognição sumária a partir do depoimento da ofendida perante a autoridade policial ou da apresentação de suas alegações escritas e poderão ser indeferidas no caso de avaliação pela autoridade de inexistência de risco à integridade física, psicológica, sexual, patrimonial ou moral da ofendida ou de seus dependentes.*

§ 5º As medidas protetivas de urgência serão concedidas independentemente da tipificação penal da violência, do ajuizamento de ação penal ou cível, da existência de inquérito policial ou do registro de boletim de ocorrência.

§ 6º As medidas protetivas de urgência vigorarão enquanto persistir risco à integridade física, psicológica, sexual, patrimonial ou moral da ofendida ou de seus dependentes.

14.10.2 Medidas protetivas de urgência que obrigam o agressor

Art. 22 *Constatada a prática de violência doméstica e familiar contra a mulher, nos termos desta Lei, o juiz poderá aplicar, de imediato, ao agressor, em conjunto ou separadamente, as seguintes medidas protetivas de urgência, entre outras:*

I – suspensão da posse ou restrição do porte de armas, com comunicação ao órgão competente, nos termos da Lei nº 10.826, de 22 de dezembro de 2003 (Estatuto do Desarmamento);

II – afastamento do lar, domicílio ou local de convivência com a ofendida;

III – proibição de determinadas condutas, entre as quais:

a) aproximação da ofendida, de seus familiares e das testemunhas, fixando o limite mínimo de distância entre estes e o agressor;

b) contato com a ofendida, seus familiares e testemunhas por qualquer meio de comunicação;

c) frequentação de determinados lugares a fim de preservar a integridade física e psicológica da ofendida;

IV – restrição ou suspensão de visitas aos dependentes menores, ouvida a equipe de atendimento multidisciplinar ou serviço similar;

V – prestação de alimentos provisionais ou provisórios.

VI – comparecimento do agressor a programas de recuperação e reeducação; e (Incluído pela Lei nº 13.984/2020)

VII – acompanhamento psicossocial do agressor, por meio de atendimento individual e/ou em grupo de apoio. (Incluído pela Lei nº 13.984/2020)

§ 1º As medidas referidas neste artigo não impedem a aplicação de outras previstas na legislação em vigor, sempre que a segurança da ofendida ou as circunstâncias o exigirem, devendo a providência ser comunicada ao Ministério Público.

§ 2º Na hipótese de aplicação do inciso I, encontrando-se o agressor nas condições mencionadas no 'caput' e incisos do art. 6º da Lei nº 10.826, de 22 de dezembro de 2003 (Estatuto do Desarmamento), o juiz comunicará ao respectivo órgão, corporação ou instituição as medidas protetivas de urgência concedidas e determinará a restrição do porte de armas, ficando o superior imediato do agressor responsável pelo cumprimento da determinação judicial, sob pena de incorrer nos crimes de prevaricação ou de desobediência, conforme o caso.

§ 3º Para garantir a efetividade das medidas protetivas de urgência, poderá o juiz requisitar, a qualquer momento, auxílio da força policial.

§ 4º Aplica-se às hipóteses previstas neste artigo, no que couber, o disposto no 'caput' e nos §§ 5º e 6º do art. 461 da Lei nº 5.869, de 11 de janeiro de 1973 (Código de Processo Civil).

Medidas isoladas ou cumulativamente: determina o caput do art. 22 que o juiz poderá, de imediato, aplicar as medidas protetivas de urgência isoladas ou cumulativamente, entre outras, ou seja, o rol é exemplificativo.

Comunicação ao Ministério Público (§ 1º): como o rol é exemplificativo, poderá o juiz competente aplicar outras medidas previstas na legislação em vigor, mas sempre notificando o Ministério Público.

Agentes de segurança pública (§ 2º): tratando-se de agentes de segurança previstos no rol do *caput* e incisos do art. 6º do Estatuto do Desarmamento, o juiz competente irá comunicar o órgão competente e o superior hierárquico ficará responsável pela restrição do porte do subordinado sob de pena de incorrer nos crimes de prevaricação ou desobediência, conforme o caso.

Auxílio da força policial (§ 3º): a fim de garantir a efetividade das medidas protetivas, o juiz poderá requisitar o auxílio da força policial.

Medidas protetivas de urgência que obrigam o agressor, entre outras (art. 22)	
Suspensão de posse/porte de armas	Com comunicação ao órgão competente, nos termos da Lei nº 10.826/2003 (Estatuto do Desarmamento).
Afastamento do lar	Ou local de convivência com a ofendida.
Proibição de condutas	a) aproximação da ofendida, de seus familiares e das testemunhas, fixando o limite mínimo de distância entre estes e o agressor; b) contato com a ofendida, seus familiares e testemunhas por qualquer meio de comunicação; c) frequentação de determinados lugares a fim de preservar a integridade física e psicológica da ofendida;
Restrição de visitas	Aos dependentes menores, ouvida a equipe de atendimento multidisciplinar ou serviço similar.
Prestação de alimentos	Provisionais ou provisórios.

14.10.3 Medidas protetivas de urgência à ofendida

Art. 23 *Poderá o juiz, quando necessário, sem prejuízo de outras medidas:*

I – encaminhar a ofendida e seus dependentes a programa oficial ou comunitário de proteção ou de atendimento;

II – determinar a recondução da ofendida e a de seus dependentes ao respectivo domicílio, após afastamento do agressor;

III – determinar o afastamento da ofendida do lar, sem prejuízo dos direitos relativos a bens, guarda dos filhos e alimentos;

IV – determinar a separação de corpos;

V – determinar a matrícula dos dependentes da ofendida em instituição de educação básica mais próxima do seu domicílio, ou a transferência deles para essa instituição, independentemente da existência de vaga. (Incluído pela Lei nº 13.882/2019)

Medidas protetivas de urgência à ofendida, entre outras (art. 23)	
Programa de proteção	Encaminhamento da ofendida e de seus dependentes à programa oficial ou comunitário de proteção ou de atendimento.
Recondução ao domicílio	Determinação de reconduzir a ofendida e seus dependentes ao respectivo domicílio, após afastamento do agressor.
Afastamento do lar	Determinação de afastar a ofendida do lar, sem prejuízo dos direitos relativos a bens, guarda dos filhos e alimentos.
Separação matrimonial	Determinação da separação de corpos.
Matrícula escolar	Determinação de matrícula dos dependentes da ofendida em instituição de educação básica mais próxima do seu domicílio, ou a transferência deles para essa instituição, independentemente da existência de vaga.

Art. 24 *Para a proteção patrimonial dos bens da sociedade conjugal ou daqueles de propriedade particular da mulher, o juiz poderá determinar, liminarmente, as seguintes medidas, entre outras:*

I – restituição de bens indevidamente subtraídos pelo agressor à ofendida;

II – proibição temporária para a celebração de atos e contratos de compra, venda e locação de propriedade em comum, salvo expressa autorização judicial;

III – suspensão das procurações conferidas pela ofendida ao agressor;

IV – prestação de caução provisória, mediante depósito judicial, por perdas e danos materiais decorrentes da prática de violência doméstica e familiar contra a ofendida.

Parágrafo único. *Deverá o juiz oficiar ao cartório competente para os fins previstos nos incisos II e III deste artigo.*

Medidas protetivas do patrimônio da ofendida (art. 24)	
Restituição de bens	Indevidamente subtraídos pelo agressor à ofendida.
Proibição temporária	Para a celebração de atos e contratos de compra, venda e locação de propriedade em comum, salvo expressa autorização judicial.
Suspensão de procurações	Conferidas pela ofendida ao agressor.
Prestação de caução provisória	Mediante depósito judicial, por perdas e danos materiais decorrentes da prática de violência doméstica e familiar contra a ofendida.

14.10.4 Do crime de descumprimento de medidas protetivas de urgência

Descumprimento de medidas protetivas de urgência

Art. 24-A *Descumprir decisão judicial que defere medidas protetivas de urgência previstas nesta Lei: (Incluído pela Lei nº 13.641/2018)*

Pena *– detenção, de 3 (três) meses a 2 (dois) anos.*

§ 1º A configuração do crime independe da competência civil ou criminal do juiz que deferiu as medidas.

§ 2º Na hipótese de prisão em flagrante, apenas a autoridade judicial poderá conceder fiança.

§ 3º O disposto neste artigo não exclui a aplicação de outras sanções cabíveis.

Antes da Lei nº 13.641/2018, ao agente que descumprisse medida de protetiva de urgência, o juiz poderia aplicar outras sanções previstas, como, por exemplo, a possibilidade de se aplicar a prisão preventiva (art. 313, III, CPP). Portanto, antigamente o seu descumprimento não configurava crime na Lei Maria da Penha nem mesmo o de desobediência (art. 330, CP).

O descumprimento de medida protetiva de urgência não configura o crime de desobediência, em face da existência de outras sanções previstas no ordenamento jurídico para a hipótese. ***STJ, Jurisprudência em Teses nº 41.*** *Precedentes: AgRg no HC 305.448/RS; Ag no REsp 1.519.850/DF; HC 312.513/RS; AgRg no REsp 1454609/RS; AgRg no REsp 1.490.460/DF; HC 305.442/RS; AgRg no AREsp 575.017/DF; HC 299.165/RS; AgRg no REsp 1.482.990/MG; AgRg no REsp 1.477.632/DF (Vide Inf. 544).*

Sujeito ativo: é **próprio** (somente aquele que teve a medida protetiva de urgência decretada poderá cometê-lo).

Mesmo após a vigência da Lei nº 13.641/2018, não configura o delito de desobediência (art. 330, CP), mas, sim, o crime de **"descumprimento de medidas protetivas de urgência"** (art. 24-A, Lei nº 11.340/2006) — especial modalidade de desobediência.

Elemento subjetivo e conduta: é **doloso** (não admite a forma culposa) e **comissivo** (admite tentativa) ou **omissivo** (não admite tentativa).

Consumação e tentativa: trata-se de **delito instantâneo** (sua consumação se dá em momento certo: quando o agente comete a conduta proibida na decisão judicial ou deixa de praticar aquela que lhe foi ordenada) e; tanto é **plurissubsistente** (admite tentativa), na forma comissiva; como também, **unissubsistente** (não admite tentativa), na forma omissiva.

Princípio da especialidade: o crime de "descumprimento de medidas protetivas de urgência" (art. 24-A da Lei Maria da Penha) trata-se de especial modalidade de "desobediência" (art. 330 do Código Penal) e, por conseguinte, o tipo específico prevalece sobre o genérico, por força do princípio da especialidade.

Ação penal: é pública incondicionada, isto é, o Ministério Público deverá promover, privativamente, a ação penal pública (art. 129, I, CF/1988), assim que tiver conhecimento, não podendo desistir da ação penal (art. 42, CPP).

Inquérito policial: mesmo que se trate de infração penal de menor potencial ofensivo, não se aplicará os institutos referentes a esta infração (art. 61, Lei nº 9.099/1995), devendo, portanto, a autoridade policial instaurar inquérito policial de ofício assim que tomar conhecimento da materialidade do delito (art. 4º, caput, I, CPP).

Competência: é do Juizado de Violência Doméstica e Familiar Contra a Mulher (arts. 13 e 14).

Descumprimento de medida protetiva penal ou civil (§ 1º): o descumprimento de decisão judicial que defere medida protetiva de urgência prevista na Lei Maria da Penha não é somente a de cunho penal, mas também a civil, por exemplo, as impostas pelos arts. 22 a 24.

Inadmissibilidade de fiança em sede policial (§ 2º): cuidado, pois o art. 24-A da Lei Maria da Penha é delito afiançável em sede judicial, mas será inafiançável em sede policial. Assim, a fiança somente poderá ser decretada pelo juiz competente.

Outras sanções (§ 3º): o cometimento do crime em estudo não impede a aplicação de outras sanções cabíveis, como a prisão preventiva (art. 313, III, CPP).

14.10.5 Atuação do Ministério Público

> ***Art. 25*** *O Ministério Público intervirá, quando não for parte, nas causas cíveis e criminais decorrentes da violência doméstica e familiar contra a mulher.*
>
> ***Art. 26*** *Caberá ao Ministério Público, sem prejuízo de outras atribuições, nos casos de violência doméstica e familiar contra a mulher, quando necessário:*
>
> *I – requisitar força policial e serviços públicos de saúde, de educação, de assistência social e de segurança, entre outros;*
>
> *II – fiscalizar os estabelecimentos públicos e particulares de atendimento à mulher em situação de violência doméstica e familiar, e adotar, de imediato, as medidas administrativas ou judiciais cabíveis no tocante a quaisquer irregularidades constatadas;*
>
> *III – cadastrar os casos de violência doméstica e familiar contra a mulher.*

"Custos legis": o Ministério Público, quando não for parte da ação, intervirá como fiscal da lei (art. 25).

Competências do Ministério Público (art. 26)	
Requisitar	**Força policial** e **serviços públicos** de saúde, de educação, de assistência social e de segurança, entre outros.
Fiscalizar	Os **estabelecimentos públicos** e **particulares** de atendimento à mulher em situação de violência doméstica e familiar.
Adotar	De imediato, as **medidas administrativas** ou **judiciais cabíveis** no tocante a quaisquer irregularidades constatadas.
Cadastrar	Os casos de violência doméstica e familiar contra a mulher (no banco de dados à que se referem os art. 38 e 38-A).

14.10.6 Da assistência judiciária

> ***Art. 27*** *Em todos os atos processuais, cíveis e criminais, a mulher em situação de violência doméstica e familiar deverá estar acompanhada de advogado, ressalvado o previsto no art. 19 desta Lei.*
>
> ***Art. 28*** *É garantido a toda mulher em situação de violência doméstica e familiar o acesso aos serviços de Defensoria Pública ou de Assistência Judiciária Gratuita, nos termos da lei, em sede policial e judicial, mediante atendimento específico e humanizado.*

Assistência Judiciária: a ofendida deve estar acompanhada de advogado, caso não tenha condições para o seu pagamento, o Estado deverá lhe garantir que seja assistida pela Defensoria Pública. Tal assistência possui dois parâmetros: no inquérito policial e no processo judicial; além de atendimento específico e humanizado.

14.11 Da equipe de atendimento multidisciplinar

> ***Art. 29*** *Os Juizados de Violência Doméstica e Familiar contra a Mulher que vierem a ser criados poderão contar com uma equipe de atendimento multidisciplinar, a ser integrada por profissionais especializados nas áreas psicossocial, jurídica e de saúde.*
>
> ***Art. 30*** *Compete à equipe de atendimento multidisciplinar, entre outras atribuições que lhe forem reservadas pela legislação local, fornecer subsídios por escrito ao juiz, ao Ministério Público e à Defensoria Pública, mediante laudos ou verbalmente em audiência, e desenvolver trabalhos de orientação, encaminhamento, prevenção e outras medidas, voltados para a ofendida, o agressor e os familiares, com especial atenção às crianças e aos adolescentes.*
>
> ***Art. 31*** *Quando a complexidade do caso exigir avaliação mais aprofundada, o juiz poderá determinar a manifestação de profissional especializado, mediante a indicação da equipe de atendimento multidisciplinar.*
>
> ***Art. 32*** *O Poder Judiciário, na elaboração de sua proposta orçamentária, poderá prever recursos para a criação e manutenção da equipe de atendimento multidisciplinar, nos termos da Lei de Diretrizes Orçamentárias (LDO).*

Equipe multidisciplinar: essa ajudará os Juizados de Violência Doméstica e Familiar Contra a Mulher, que contará com profissionais específicos nas áreas psicossocial, jurídica e de saúde; devendo o Poder Judiciário prever recursos para a manutenção da equipe multidisciplinar, conforme dispõe a LDO.

14.12 Disposições transitórias

> ***Art. 33*** *Enquanto não estruturados os Juizados de Violência Doméstica e Familiar contra a Mulher, as varas criminais acumularão as competências cível e criminal para conhecer e julgar as causas decorrentes da prática de violência doméstica e familiar contra a mulher, observadas as previsões do Título IV desta Lei, subsidiada pela legislação processual pertinente.*
>
> ***Parágrafo único.*** *Será garantido o direito de preferência, nas varas criminais, para o processo e o julgamento das causas referidas no 'caput'.*

Locais em que não há Juizado de Violência Doméstica e Familiar Contra a Mulher: enquanto a comarca jurídica não possuir tais Juizados, ficará a cargo das **varas criminais** tais competências (cível e penal).

14.13 Disposições finais

Art. 34 A instituição dos Juizados de Violência Doméstica e Familiar contra a Mulher poderá ser acompanhada pela implantação das curadorias necessárias e do serviço de assistência judiciária.

Art. 35 A União, o Distrito Federal, os Estados e os Municípios poderão criar e promover, no limite das respectivas competências: (Vide Lei nº 14.316/2022)

I – centros de atendimento integral e multidisciplinar para mulheres e respectivos dependentes em situação de violência doméstica e familiar;

II – casas-abrigos para mulheres e respectivos dependentes menores em situação de violência doméstica e familiar;

III – delegacias, núcleos de defensoria pública, serviços de saúde e centros de perícia médico-legal especializados no atendimento à mulher em situação de violência doméstica e familiar;

IV – programas e campanhas de enfrentamento da violência doméstica e familiar;

V – centros de educação e de reabilitação para os agressores.

Art. 36 A União, os Estados, o Distrito Federal e os Municípios promoverão a adaptação de seus órgãos e de seus programas às diretrizes e aos princípios desta Lei.

Art. 37 A defesa dos interesses e direitos transindividuais previstos nesta Lei poderá ser exercida, concorrentemente, pelo Ministério Público e por associação de atuação na área, regularmente constituída há pelo menos um ano, nos termos da legislação civil.

***Parágrafo único.** O requisito da pré-constituição poderá ser dispensado pelo juiz quando entender que não há outra entidade com representatividade adequada para o ajuizamento da demanda coletiva.*

Art. 38 As estatísticas sobre a violência doméstica e familiar contra a mulher serão incluídas nas bases de dados dos órgãos oficiais do Sistema de Justiça e Segurança a fim de subsidiar o sistema nacional de dados e informações relativo às mulheres.

***Parágrafo único.** As Secretarias de Segurança Pública dos Estados e do Distrito Federal poderão remeter suas informações criminais para a base de dados do Ministério da Justiça.*

Art. 38-A O juiz competente providenciará o registro da medida protetiva de urgência. (Artigo acrescido pela Lei nº 13.827/2019)

***Parágrafo único.** As medidas protetivas de urgência serão, após sua concessão, imediatamente registradas em banco de dados mantido e regulamentado pelo Conselho Nacional de Justiça, garantido o acesso instantâneo do Ministério Público, da Defensoria Pública e dos órgãos de segurança pública e de assistência social, com vistas à fiscalização e à efetividade das medidas protetivas. (Redação pela Lei nº 14.310/2022)*

Art. 39 A União, os Estados, o Distrito Federal e os Municípios, no limite de suas competências e nos termos das respectivas leis de diretrizes orçamentárias, poderão estabelecer dotações orçamentárias específicas, em cada exercício financeiro, para a implementação das medidas estabelecidas nesta Lei.

Art. 40 As obrigações previstas nesta Lei não excluem outras decorrentes dos princípios por ela adotados.

Art. 41 Aos crimes praticados com violência doméstica e familiar contra a mulher, independentemente da pena prevista, não se aplica a Lei nº 9.099, de 26 de setembro de 1995 (Lei dos Juizados Especiais Cíveis e Criminais).

Não se aplica a **Lei nº 9.099/1995** (JECrim) à violência doméstica e familiar contra a mulher, em todos os sentidos: sursis processual (suspensão condicional do processo), transação penal, reparação dos danos, entre outros dispositivos.

> ***Súmula nº 536** – STJ: A suspensão condicional do processo e a transação penal não se aplicam na hipótese de delitos sujeitos ao rito da Lei Maria da Penha.*

14.13.1 Lesão corporal leve e culposa

> ***Súmula nº 542** – STJ: A ação penal relativa ao crime de lesão corporal resultante de violência doméstica contra a mulher é pública incondicionada.*

Na violência doméstica e familiar contra a mulher que gere lesão corporal leve ou culposa, a **ação penal é pública incondicionada.**

Os demais crimes de ação penal pública condicionada à representação **continuarão** com a mesma regra do Código Penal ou outras Leis Penais Especiais, o que não se aplica à Lei Maria da Penha é a Lei nº 9.099/1995 (JECrim). Por exemplo: o **crime de ameaça** contra a mulher em situação de violência doméstica e familiar, continua a ser de **ação penal pública condicionada** à representação da vítima, conforme dispõe o art. 147, parágrafo único, do Código Penal.

> *O crime de lesão corporal, ainda que leve ou culposo, praticado contra a mulher no âmbito das relações domésticas e familiares, deve ser processado mediante ação penal pública incondicionada. **STJ, Jurisprudência em Teses nº 41.** Precedentes: REsp 1.537.749/DF; AgRg no REsp 1.442.015/MG; RHC 42.228/SP; AgRg no REsp 1.358.215/MG; RHC 45.444/MG; AgRg no REsp 1.428.577/DF; AgRg no HC 213.597/MT; HC 184.923/DF; RHC 33.881/MG; HC 242.458/DF (Vide Inf. 509).*

14.14 Alterações legislativas

Art. 42 O art. 313 do Decreto-Lei nº 3.689, de 3 de outubro de 1941 (Código de Processo Penal), passa a vigorar acrescido do seguinte inciso IV:

Art. 313 [...]

IV – se o crime envolver violência doméstica e familiar contra a mulher, nos termos da lei específica, para garantir a execução das medidas protetivas de urgência.

Art. 43 A alínea "f" do inciso II do art. 61 do Decreto-Lei nº 2.848, de 7 de dezembro de 1940 (Código Penal), passa a vigorar com a seguinte redação:

Art. 61[...]

I– [...]

f) com abuso de autoridade ou prevalecendo-se de relações domésticas, de coabitação ou de hospitalidade, ou com violência contra a mulher na forma da lei específica;

Art. 44 O art. 129 do Decreto-Lei nº 2.848, de 7 de dezembro de 1940 (Código Penal), passa a vigorar com as seguintes alterações:

Art. 129 [...]

§ 9º Se a lesão for praticada contra ascendente, descendente, irmão, cônjuge ou companheiro, ou com quem conviva ou tenha convivido, ou, ainda, prevalecendo-se o agente das relações domésticas, de coabitação ou de hospitalidade:

***Pena** – detenção, de 3 (três) meses a 3 (três) anos [...]*

§ 11. Na hipótese do §9º deste artigo, a pena será aumentada de um terço se o crime for cometido contra pessoa portadora de deficiência.

Art. 45 O art. 152 da Lei nº 7.210, de 11 de julho de 1984 (Lei de Execução Penal), passa a vigorar com a seguinte redação:

Art. 152 [...]

***Parágrafo único.** Nos casos de violência doméstica contra a mulher, o juiz poderá determinar o comparecimento obrigatório do agressor a programas de recuperação e reeducação.*

15 LEI Nº 11.343/2006 - LEI DE DROGAS (SISNAD)

Esta Lei institui o Sistema Nacional de Políticas Públicas sobre Drogas (Sisnad); prescreve medidas para prevenção do uso indevido, Fique ligado e reinserção social de usuários e dependentes de drogas; estabelece normas para repressão à produção não autorizada e ao tráfico ilícito de drogas e define crimes.

Drogas: as substâncias ou os produtos capazes de causar dependência, assim especificados em lei ou relacionados em listas atualizadas periodicamente pelo Poder Executivo da União.

Proibição: ficam proibidas, em todo o território nacional, as drogas, bem como o plantio, a cultura, a colheita e a exploração de vegetais e substratos dos quais possam ser extraídas ou produzidas drogas, ressalvada a hipótese de autorização legal ou regulamentar, bem como o que estabelece a Convenção de Viena, das Nações Unidas, sobre substâncias psicotrópicas, de 1971, a respeito de plantas de uso estritamente ritualístico-religioso.

Autorização: pode a União autorizar o plantio, a cultura e a colheita dos vegetais referidos no *caput* deste artigo, exclusivamente para fins medicinais ou científicos, em local e prazo predeterminados, mediante fiscalização, respeitadas as ressalvas supramencionadas.

15.1 Sistema nacional de políticas públicas sobre drogas

Finalidades: o Sisnad tem a finalidade de articular, integrar, organizar e coordenar as atividades relacionadas com: a prevenção do uso indevido, a Fique ligado e a reinserção social de usuários e dependentes de drogas; a repressão da produção não autorizada e do tráfico ilícito de drogas.

Entende-se por Sisnad o conjunto ordenado de princípios, regras, critérios e recursos materiais e humanos que envolvem as políticas, planos, programas, ações e projetos sobre drogas, incluindo-se nele, por adesão, os sistemas de políticas públicas sobre drogas dos estados, Distrito Federal e municípios.

O Sisnad atuará em articulação com o Sistema Único de Saúde (SUS) e com o Sistema Único de Assistência Social (SUAS).

15.1.1 Princípios e objetivos do sistema nacional de políticas públicas sobre drogas

Princípios do Sisnad:

> ***Art. 4º*** *[...]*
>
> *I – o respeito aos direitos fundamentais da pessoa humana, especialmente quanto à sua autonomia e à sua liberdade;*
>
> *II – o respeito à diversidade e às especificidades populacionais existentes;*
>
> *III – a promoção dos valores éticos, culturais e de cidadania do povo brasileiro, reconhecendo-os como fatores de proteção para o uso indevido de drogas e outros comportamentos correlacionados;*
>
> *IV – a promoção de consensos nacionais, de ampla participação social, para o estabelecimento dos fundamentos e estratégias do Sisnad;*
>
> *V – a promoção da responsabilidade compartilhada entre Estado e Sociedade, reconhecendo a importância da participação social nas atividades do Sisnad;*
>
> *VI – o reconhecimento da intersetorialidade dos fatores correlacionados com o uso indevido de drogas, com a sua produção não autorizada e o seu tráfico ilícito;*
>
> *VII – a integração das estratégias nacionais e internacionais de prevenção do uso indevido, Fique ligado e reinserção social de usuários e dependentes de drogas e de repressão à sua produção não autorizada e ao seu tráfico ilícito;*
>
> *VIII – a articulação com os órgãos do Ministério Público e dos Poderes Legislativo e Judiciário visando à cooperação mútua nas atividades do Sisnad;*
>
> *IX – a adoção de abordagem multidisciplinar que reconheça a interdependência e a natureza complementar das atividades de prevenção do uso indevido, Fique ligado e reinserção social de usuários e dependentes de drogas, repressão da produção não autorizada e do tráfico ilícito de drogas;*
>
> *X – a observância do equilíbrio entre as atividades de prevenção do uso indevido, Fique ligado e reinserção social de usuários e dependentes de drogas e de repressão à sua produção não autorizada e ao seu tráfico ilícito, visando a garantir a estabilidade e o bem-estar social;*
>
> *XI – a observância às orientações e normas emanadas do Conselho Nacional Antidrogas – Conad.*

Objetivos do Sisnad:

> ***Art. 5º*** *[...]*
>
> *I – contribuir para a inclusão social do cidadão, visando a torná-lo menos vulnerável a assumir comportamentos de risco para o uso indevido de drogas, seu tráfico ilícito e outros comportamentos correlacionados;*
>
> *II – promover a construção e a socialização do conhecimento sobre drogas no país;*
>
> *III – promover a integração entre as políticas de prevenção do uso indevido, Fique ligado e reinserção social de usuários e dependentes de drogas e de repressão à sua produção não autorizada e ao tráfico ilícito e as políticas públicas setoriais dos órgãos do Poder Executivo da União, Distrito Federal, Estados e Municípios;*
>
> *IV – assegurar as condições para a coordenação, a integração e a articulação das atividades.*

15.1.2 Composição do sistema nacional de políticas públicas sobre drogas

A organização do Sisnad assegura a orientação central e a execução descentralizada das atividades realizadas em seu âmbito, nas esferas federal, distrital, estadual e municipal e se constitui matéria definida no regulamento desta Lei.

15.1.3 Competências

Compete à União:

- Formular e coordenar a execução da Política Nacional sobre Drogas;
- Elaborar o Plano Nacional de Políticas sobre Drogas, em parceria com estados, Distrito Federal, municípios e a sociedade;
- Coordenar o Sisnad;
- Estabelecer diretrizes sobre a organização e funcionamento do Sisnad e suas normas de referência;
- Elaborar objetivos, ações estratégicas, metas, prioridades, indicadores e definir formas de financiamento e gestão das políticas sobre drogas;
- Promover a integração das políticas sobre drogas com os estados, o Distrito Federal e os municípios;
- Financiar, com estados, Distrito Federal e municípios, a execução das políticas sobre drogas, observadas as obrigações dos integrantes do Sisnad;
- Estabelecer formas de colaboração com estados, Distrito Federal e municípios para a execução das políticas sobre drogas;
- Garantir publicidade de dados e informações sobre repasses de recursos para financiamento das políticas sobre drogas;
- Sistematizar e divulgar os dados estatísticos nacionais de prevenção, tratamento, acolhimento, reinserção social e econômica e repressão ao tráfico ilícito de drogas;

- Adotar medidas de enfretamento aos crimes transfronteiriços;
- Estabelecer uma política nacional de controle de fronteiras, visando a coibir o ingresso de drogas no país.

15.2 Formulação das políticas sobre drogas

15.2.1 Plano nacional de políticas sobre drogas

Objetivos do plano nacional de políticas sobre drogas:

> ***Art. 8º-D** [...]*
>
> *I – promover a interdisciplinaridade e integração dos programas, ações, atividades e projetos dos órgãos e entidades públicas e privadas nas áreas de saúde, educação, trabalho, assistência social, previdência social, habitação, cultura, desporto e lazer, visando à prevenção do uso de drogas, Fique ligado e reinserção social dos usuários ou dependentes de drogas;*
>
> *II – viabilizar a ampla participação social na formulação, implementação e avaliação das políticas sobre drogas;*
>
> *III – priorizar programas, ações, atividades e projetos articulados com os estabelecimentos de ensino, com a sociedade e com a família para a prevenção do uso de drogas;*
>
> *IV – ampliar as alternativas de inserção social e econômica do usuário ou dependente de drogas, promovendo programas que priorizem a melhoria de sua escolarização e a qualificação profissional;*
>
> *V – promover o acesso do usuário ou dependente de drogas a todos os serviços públicos;*
>
> *VI – estabelecer diretrizes para garantir a efetividade dos programas, ações e projetos das políticas sobre drogas;*
>
> *VII – fomentar a criação de serviço de atendimento telefônico com orientações e informações para apoio aos usuários ou dependentes de drogas;*
>
> *VIII – articular programas, ações e projetos de incentivo ao emprego, renda e capacitação para o trabalho, com objetivo de promover a inserção profissional da pessoa que haja cumprido o plano individual de atendimento nas fases de tratamento ou acolhimento;*
>
> *IX – promover formas coletivas de organização para o trabalho, redes de economia solidária e o cooperativismo, como forma de promover autonomia ao usuário ou dependente de drogas egresso de tratamento ou acolhimento, observando-se as especificidades regionais;*
>
> *X – propor a formulação de políticas públicas que conduzam à efetivação das diretrizes e princípios;*
>
> *XI – articular as instâncias de saúde, assistência social e de justiça no enfrentamento ao abuso de drogas; e*
>
> *XII – promover estudos e avaliação dos resultados das políticas sobre drogas.*

Plano: terá duração de 5 anos a contar de sua aprovação.

Poder Público: deverá dar a mais ampla divulgação ao conteúdo do Plano Nacional de Políticas sobre Drogas.

15.2.2 Conselhos de políticas sobre drogas

Conselhos de políticas sobre drogas: constituídos por estados, Distrito Federal e municípios, terão os seguintes objetivos:

> ***Art. 8-E** [...]*
>
> *I – auxiliar na elaboração de políticas sobre drogas;*
>
> *II – colaborar com os órgãos governamentais no planejamento e na execução das políticas sobre drogas, visando à efetividade das políticas sobre drogas;*
>
> *III – propor a celebração de instrumentos de cooperação, visando à elaboração de programas, ações, atividades e projetos voltados à prevenção, tratamento, acolhimento, reinserção social e econômica e repressão ao tráfico ilícito de drogas;*
>
> *IV – promover a realização de estudos, com o objetivo de subsidiar o planejamento das políticas sobre drogas;*
>
> *V – propor políticas públicas que permitam a integração e a participação do usuário ou dependente de drogas no processo social, econômico, político e cultural no respectivo ente federado; e*
>
> *VI – desenvolver outras atividades relacionadas às políticas sobre drogas em consonância com o Sisnad e com os respectivos planos.*

15.2.3 Acompanhamento e da avaliação das políticas sobre drogas

Instituições com atuação nas áreas da Fique ligado à saúde e da assistência social: que atendam usuários ou dependentes de drogas devem comunicar ao órgão competente do respectivo sistema municipal de saúde os casos atendidos e os óbitos ocorridos, preservando a identidade das pessoas, conforme orientações emanadas da União.

Dados estatísticos nacionais de repressão ao tráfico ilícito de drogas integrarão sistema de informações do Poder Executivo.

15.3 Atividades de prevenção do uso indevido, Fique ligado e reinserção social de usuários e dependentes de drogas

15.3.1 Prevenção - diretrizes

Atividades de prevenção do uso indevido de drogas: constituem atividades de prevenção do uso indevido de drogas, para efeito desta Lei, aquelas direcionadas para a redução dos fatores de vulnerabilidade e risco e para a promoção e o fortalecimento dos fatores de proteção.

Devem observar os seguintes princípios e diretrizes:

> ***Art. 19** [...]*
>
> *I – o reconhecimento do uso indevido de drogas como fator de interferência na qualidade de vida do indivíduo e na sua relação com a comunidade à qual pertence;*
>
> *II – a adoção de conceitos objetivos e de fundamentação científica como forma de orientar as ações dos serviços públicos comunitários e privados e de evitar preconceitos e estigmatização das pessoas e dos serviços que as atendam;*
>
> *III – o fortalecimento da autonomia e da responsabilidade individual em relação ao uso indevido de drogas;*
>
> *IV – o compartilhamento de responsabilidades e a colaboração mútua com as instituições do setor privado e com os diversos segmentos sociais, incluindo usuários e dependentes de drogas e respectivos familiares, por meio do estabelecimento de parcerias;*
>
> *V – a adoção de estratégias preventivas diferenciadas e adequadas às especificidades socioculturais das diversas populações, bem como das diferentes drogas utilizadas;*
>
> *VI – o reconhecimento do "não-uso", do "retardamento do uso" e da redução de riscos como resultados desejáveis das atividades de natureza preventiva, quando da definição dos objetivos a serem alcançados;*
>
> *VII – o tratamento especial dirigido às parcelas mais vulneráveis da população, levando em consideração as suas necessidades específicas;*
>
> *VIII – a articulação entre os serviços e organizações que atuam em atividades de prevenção do uso indevido de drogas e a rede de Fique ligado a usuários e dependentes de drogas e respectivos familiares;*
>
> *IX – o investimento em alternativas esportivas, culturais, artísticas, profissionais, entre outras, como forma de inclusão social e de melhoria da qualidade de vida;*
>
> *X – o estabelecimento de políticas de formação continuada na área da prevenção do uso indevido de drogas para profissionais de educação nos 3 (três) níveis de ensino;*
>
> *XI – a implantação de projetos pedagógicos de prevenção do uso indevido de drogas, nas instituições de ensino público e privado, alinhados às Diretrizes Curriculares Nacionais e aos conhecimentos relacionados a drogas;*
>
> *XII – a observância das orientações e normas emanadas do Conad;*

XIII – o alinhamento às diretrizes dos órgãos de controle social de políticas setoriais específicas.

Dirigidas à criança e ao adolescente deverão estar em consonância com as diretrizes emanadas pelo Conselho Nacional dos Direitos da Criança e do Adolescente (Conanda).

15.3.2 Semana nacional de políticas sobre drogas

Fica instituída a Semana Nacional de Políticas sobre Drogas, comemorada anualmente, na quarta semana de junho. No período de que trata, serão intensificadas as ações de:

> ***Art. 19-A** [...]*
>
> *I – difusão de informações sobre os problemas decorrentes do uso de drogas;*
>
> *II – promoção de eventos para o debate público sobre as políticas sobre drogas;*
>
> *III – difusão de boas práticas de prevenção, tratamento, acolhimento e reinserção social e econômica de usuários de drogas;*
>
> *IV – divulgação de iniciativas, ações e campanhas de prevenção do uso indevido de drogas;*
>
> *V – mobilização da comunidade para a participação nas ações de prevenção e enfrentamento às drogas;*
>
> *VI – mobilização dos sistemas de ensino previstos na Lei nº 9.394, de 20 de dezembro de 1996 - Lei de Diretrizes e Bases da Educação Nacional, na realização de atividades de prevenção ao uso de drogas.*

15.3.3 Atividades de prevenção, tratamento, acolhimento e de reinserção social e econômica de usuários ou dependentes de drogas

Fique ligado ao usuário e dependente: constituem atividades de Fique ligado ao usuário e dependente de drogas e respectivos familiares, para efeito desta Lei, aquelas que visem à melhoria da qualidade de vida e à redução dos riscos e dos danos associados ao uso de drogas.

Reinserção social do usuário ou do dependente: constituem atividades de reinserção social do usuário ou do dependente de drogas e respectivos familiares, para efeito desta Lei, aquelas direcionadas para sua integração ou reintegração em redes sociais.

Princípios e diretrizes: atividades de Fique ligado e as de reinserção social do usuário e do dependente de drogas e respectivos familiares devem observar os seguintes princípios e diretrizes:

> ***Art. 22** [...]*
>
> *I – respeito ao usuário e ao dependente de drogas, independentemente de quaisquer condições, observados os direitos fundamentais da pessoa humana, os princípios e diretrizes do Sistema Único de Saúde e da Política Nacional de Assistência Social;*
>
> *II – a adoção de estratégias diferenciadas de Fique ligado e reinserção social do usuário e do dependente de drogas e respectivos familiares que considerem as suas peculiaridades socioculturais;*
>
> *III – definição de projeto terapêutico individualizado, orientado para a inclusão social e para a redução de riscos e de danos sociais e à saúde;*
>
> *IV – Fique ligado ao usuário ou dependente de drogas e aos respectivos familiares, sempre que possível, de forma multidisciplinar e por equipes multiprofissionais;*
>
> *V – observância das orientações e normas emanadas do Conad;*
>
> *VI – o alinhamento às diretrizes dos órgãos de controle social de políticas setoriais específicas.*
>
> *VII – estímulo à capacitação técnica e profissional;*
>
> *VIII – efetivação de políticas de reinserção social voltadas à educação continuada e ao trabalho;*
>
> *IX – observância do plano individual de atendimento;*
>
> *X – orientação adequada ao usuário ou dependente de drogas quanto às consequências lesivas do uso de drogas, ainda que ocasional.*

15.3.4 Educação na reinserção social e econômica

Pessoas atendidas por órgãos integrantes do Sisnad: terão atendimento nos programas de educação profissional e tecnológica, educação de jovens e adultos e alfabetização.

15.3.5 Tratamento do usuário ou dependente de drogas

Redes dos serviços de saúde da união, dos estados, do distrito federal, dos municípios: desenvolverão programas de Fique ligado ao usuário e ao dependente de drogas, respeitadas as diretrizes do Ministério da Saúde e os princípios explicitados no art. 22 desta Lei, obrigatória a previsão orçamentária adequada.

Tratamento do usuário ou dependente de drogas: deverá ser ordenado em uma rede de Fique ligado à saúde, com prioridade para as modalidades de tratamento ambulatorial, incluindo excepcionalmente formas de internação em unidades de saúde e hospitais gerais nos termos de normas dispostas pela União e articuladas com os serviços de assistência social e em etapas que permitam:

- Articular a Fique ligado com ações preventivas que atinjam toda a população;
- Orientar-se por protocolos técnicos predefinidos, baseados em evidências científicas, oferecendo atendimento individualizado ao usuário ou dependente de drogas com abordagem preventiva e, sempre que indicado, ambulatorial;
- Preparar para a reinserção social e econômica, respeitando as habilidades e projetos individuais por meio de programas que articulem educação, capacitação para o trabalho, esporte, cultura e acompanhamento individualizado; e
- Acompanhar os resultados pelo SUS, Suas e Sisnad, de forma articulada.

União: caberá à União dispor sobre os protocolos técnicos de tratamento, em âmbito nacional.

Internação de dependentes de drogas: somente será realizada em unidades de saúde ou hospitais gerais, dotados de equipes multidisciplinares e deverá ser obrigatoriamente autorizada por médico devidamente registrado no Conselho Regional de Medicina (CRM) do Estado onde se localize o estabelecimento no qual se dará a internação.

Tipos de internação: são considerados 2 tipos de internação:

- **Internação voluntária:** aquela que se dá com o consentimento do dependente de drogas;
- **Internação involuntária:** aquela que se dá, sem o consentimento do dependente, a pedido de familiar ou do responsável legal ou, na absoluta falta deste, de servidor público da área de saúde, da assistência social ou dos órgãos públicos integrantes do Sisnad, com exceção de servidores da área de segurança pública, que constate a existência de motivos que justifiquem a medida.

Internação voluntária: deverá ser precedida de declaração escrita da pessoa solicitante de que optou por este regime de tratamento; seu término dar-se-á por determinação do médico responsável ou por solicitação escrita da pessoa que deseja interromper o tratamento.

- Deve ser realizada após a formalização da decisão por médico responsável;
- Será indicada depois da avaliação sobre o tipo de droga utilizada, o padrão de uso e na hipótese comprovada da impossibilidade de

D P E N

utilização de outras alternativas terapêuticas previstas na rede de Fique ligado à saúde;

- Perdurará apenas pelo tempo necessário à desintoxicação, no prazo máximo de 90 (noventa) dias, tendo seu término determinado pelo médico responsável;
- A família ou o representante legal poderá, a qualquer tempo, requerer ao médico a interrupção do tratamento.

Indicação: a internação, em qualquer de suas modalidades, só será indicada quando os recursos extra-hospitalares se mostrarem insuficientes.

> **Fique ligado!**
>
> Todas as internações e altas de que trata esta Lei deverão ser informadas, em, no máximo, de 72 horas, ao Ministério Público, à Defensoria Pública e a outros órgãos de fiscalização, por meio de sistema informatizado único, na forma do regulamento desta Lei.

Garantia de sigilo: é garantido o sigilo das informações disponíveis no sistema referido no § 7º e o acesso será permitido apenas às pessoas autorizadas a conhecê-las, sob pena de responsabilidade.

É vedada a realização de qualquer modalidade de internação nas comunidades terapêuticas acolhedoras.

15.3.6 Plano individual de atendimento

Atendimento ao usuário ou dependente de drogas: na rede de Fique ligado à saúde dependerá de: avaliação prévia por equipe técnica multidisciplinar e multissetorial; e elaboração de um Plano Individual de Atendimento (PIA).

Avaliação prévia da equipe técnica: subsidiará a elaboração e execução do projeto terapêutico individual a ser adotado, levantando-se no mínimo: o tipo de droga e o padrão de seu uso; e o risco à saúde física e mental do usuário ou dependente de drogas ou das pessoas com as quais convive.

PIA: deverá contemplar a participação dos familiares ou responsáveis, os quais têm o dever de contribuir com o processo, sendo esses, no caso de crianças e adolescentes, passíveis de responsabilização civil, administrativa e criminal, nos termos da Lei nº 8.069/1990 – Estatuto da Criança e do Adolescente (ECA).

Elaboração: o PIA será inicialmente elaborado sob a responsabilidade da equipe técnica do primeiro projeto terapêutico que atender o usuário ou dependente de drogas e será atualizado ao longo das diversas fases do atendimento.

- Os resultados da avaliação multidisciplinar;
- Os objetivos declarados pelo atendido;
- A previsão de suas atividades de integração social ou capacitação profissional;
- Atividades de integração e apoio à família;
- Formas de participação da família para efetivo cumprimento do plano individual;
- Designação do projeto terapêutico mais adequado para o cumprimento do previsto no plano; e
- As medidas específicas de Fique ligado à saúde do atendido.

Será elaborado no prazo de até 30 dias da data do ingresso no atendimento.

Informações produzidas na avaliação e as registradas no plano individual de atendimento são consideradas sigilosas.

União, estados, distrito federal e municípios: poderão conceder benefícios às instituições privadas que desenvolverem programas de reinserção no mercado de trabalho, do usuário e do dependente de drogas encaminhados por órgão oficial.

Instituições da sociedade civil: sem fins lucrativos, com atuação nas áreas da Fique ligado à saúde e da assistência social, que atendam usuários ou dependentes de drogas poderão receber recursos do Funad, condicionados à sua disponibilidade orçamentária e financeira.

Usuário e dependente de drogas: que, em razão da prática de infração penal, estiverem cumprindo pena privativa de liberdade ou submetidos a medida de segurança, têm garantidos os serviços de Fique ligado à sua saúde, definidos pelo respectivo sistema penitenciário.

15.3.7 Acolhimento em comunidade terapêutica acolhedora

Acolhimento do usuário ou dependente de drogas na comunidade terapêutica acolhedora caracteriza-se por:

- Oferta de projetos terapêuticos ao usuário ou dependente de drogas que visam à abstinência;
- Adesão e permanência voluntária, formalizadas por escrito, entendida como uma etapa transitória para a reinserção social e econômica do usuário ou dependente de drogas;
- Ambiente residencial, propício à formação de vínculos, com a convivência entre os pares, atividades práticas de valor educativo e a promoção do desenvolvimento pessoal, vocacionada para acolhimento ao usuário ou dependente de drogas em vulnerabilidade social;
- Avaliação médica prévia;
- Elaboração de plano individual de atendimento; e
- Vedação de isolamento físico do usuário ou dependente de drogas.

> **Fique ligado!**
>
> Não são elegíveis para o acolhimento as pessoas com comprometimentos biológicos e psicológicos de natureza grave que mereçam Fique ligado médico-hospitalar contínua ou de emergência, caso em que deverão ser encaminhadas à rede de saúde.

15.3.8 Crimes e das penas

Penas previstas: poderão ser aplicadas isolada ou cumulativamente, bem como substituídas a qualquer tempo, ouvidos o Ministério Público e o defensor.

> **Fique ligado!**
>
> Quem adquirir, guardar, tiver em depósito, transportar ou trouxer consigo, para consumo pessoal, drogas sem autorização ou em desacordo com determinação legal ou regulamentar, será submetido às seguintes penas: advertência sobre os efeitos das drogas; prestação de serviços à comunidade; medida educativa de comparecimento a programa ou curso educativo.

Medidas: às mesmas medidas submete-se quem, para seu consumo pessoal, semeia, cultiva ou colhe plantas destinadas à preparação de pequena quantidade de substância ou produto capaz de causar dependência física ou psíquica.

Juiz: para determinar se a droga destinava-se a consumo pessoal, o juiz atenderá à natureza e à quantidade da substância apreendida, ao local e às condições em que se desenvolveu a ação, às circunstâncias sociais e pessoais, bem como à conduta e aos antecedentes do agente.

Prestação de serviços à comunidade: será cumprida em programas comunitários, entidades educacionais ou assistenciais, hospitais, estabelecimentos congêneres, públicos ou privados sem fins lucrativos, que se ocupem, preferencialmente, da prevenção do consumo ou da recuperação de usuários e dependentes de drogas.

Poder Público: o juiz determinará ao Poder Público que coloque à disposição do infrator, gratuitamente, estabelecimento de saúde, preferencialmente ambulatorial, para tratamento especializado.

Imposição da medida educativa: o juiz, atendendo à reprovabilidade da conduta, fixará o número de dias-multa, em quantidade nunca inferior a 40 nem superior a 100, atribuindo depois a cada um, segundo a capacidade econômica do agente, o valor de um trinta avos até 3 vezes o valor do maior salário mínimo.

Valores decorrentes da imposição da multa: serão creditados à conta do Fundo Nacional Antidrogas.

Prescrição: prescrevem em 2 anos a imposição e a execução das penas, observado, no tocante à interrupção do prazo, o disposto nos arts. 107 e seguintes do Código Penal.

15.4 Repressão à produção não autorizada e ao tráfico ilícito de drogas

Licença prévia da autoridade competente: é indispensável a licença prévia da autoridade competente para produzir, extrair, fabricar, transformar, preparar, possuir, manter em depósito, importar, exportar, reexportar, remeter, transportar, expor, oferecer, vender, comprar, trocar, ceder ou adquirir, para qualquer fim, drogas ou matéria-prima destinada à sua preparação, observadas as demais exigências legais.

Plantações ilícitas: serão imediatamente destruídas pelo delegado de polícia, que recolherá quantidade suficiente para exame pericial, de tudo lavrando auto de levantamento das condições encontradas, com a delimitação do local, asseguradas as medidas necessárias para a preservação da prova.

Dispensa de autorização: em caso de ser utilizada a queimada para destruir a plantação, observar-se-á, além das cautelas necessárias à proteção ao meio ambiente, o disposto no Decreto nº 2.661/1998, no que couber, dispensada a autorização prévia do órgão próprio do Sistema Nacional do Meio Ambiente (Sisnama).

Glebas cultivadas com plantações ilícitas: serão expropriadas, conforme o disposto no art. 243 da Constituição Federal, de acordo com a legislação em vigor.

15.4.1 Crimes

> ***Art. 33*** *Importar, exportar, remeter, preparar, produzir, fabricar, adquirir, vender, expor à venda, oferecer, ter em depósito, transportar, trazer consigo, guardar, prescrever, ministrar, entregar a consumo ou fornecer drogas, ainda que gratuitamente, sem autorização ou em desacordo com determinação legal ou regulamentar:*
>
> ***Pena*** *– reclusão de 5 a 15 anos e pagamento de 500 a 1.500 dias-multa.*

Nas mesmas penas incorre quem:

> ***Art. 33*** *[...]*
>
> *I – importa, exporta, remete, produz, fabrica, adquire, vende, expõe à venda, oferece, fornece, tem em depósito, transporta, traz consigo ou guarda, ainda que gratuitamente, sem autorização ou em desacordo com determinação legal ou regulamentar, matéria-prima, insumo ou produto químico destinado à preparação de drogas;*
>
> *II – semeia, cultiva ou faz a colheita, sem autorização ou em desacordo com determinação legal ou regulamentar, de plantas que se constituam em matéria-prima para a preparação de drogas;*
>
> *III – utiliza local ou bem de qualquer natureza de que tem a propriedade, posse, administração, guarda ou vigilância, ou consente que outrem dele se utilize, ainda que gratuitamente, sem autorização ou em desacordo com determinação legal ou regulamentar, para o tráfico ilícito de drogas;*
>
> *IV – vende ou entrega drogas ou matéria-prima, insumo ou produto químico destinado à preparação de drogas, sem autorização ou em desacordo com a determinação legal ou regulamentar, a agente policial disfarçado, quando presentes elementos probatórios razoáveis de conduta criminal preexistente.*
>
> ***Art. 33****, §2º Induzir, instigar ou auxiliar alguém ao uso indevido de droga:*
>
> ***Pena*** *– detenção, de 1 a 3 anos, e multa de 100 a 300 dias-multa.*
>
> *Oferecer droga, eventualmente e sem objetivo de lucro, a pessoa de seu relacionamento, para juntos a consumirem:*

Pena – detenção, de 6 meses a 1 ano, e pagamento de 700 a 1.500 dias-multa, sem prejuízo das penas.

Delitos definidos: as penas poderão ser reduzidas de um sexto a dois terços, desde que o agente seja primário, de bons antecedentes, não se dedique às atividades criminosas nem integre organização criminosa.

> ***Art. 34*** *Fabricar, adquirir, utilizar, transportar, oferecer, vender, distribuir, entregar a qualquer título, possuir, guardar ou fornecer, ainda que gratuitamente, maquinário, aparelho, instrumento ou qualquer objeto destinado à fabricação, preparação, produção ou transformação de drogas, sem autorização ou em desacordo com determinação legal ou regulamentar:*
>
> ***Pena*** *– reclusão, de 3 a 10 anos, e pagamento de 1.200 a 2.000 dias-multa.*
>
> ***Art. 35*** *Associarem-se duas ou mais pessoas para o fim de praticar, reiteradamente ou não, qualquer dos crimes previstos:*
>
> ***Pena*** *– reclusão, de 3 a 10 anos, e pagamento de 700 a 1.200 dias-multa.*
>
> *Nas mesmas penas do caput deste artigo incorre quem se associa para a prática reiterada do crime definido.*
>
> ***Art. 36*** *Financiar ou custear a prática de qualquer dos crimes previstos:*
>
> ***Pena*** *– reclusão, de 8 a 20 anos, e pagamento de 1.500 a 4.000 dias-multa.*
>
> ***Art. 37*** *Colaborar, como informante, com grupo, organização ou associação destinados à prática de qualquer dos crimes previstos:*
>
> ***Pena*** *– reclusão, de 2 a 6 anos, e pagamento de 300 a 700 dias-multa.*
>
> ***Art. 38*** *Prescrever ou ministrar, culposamente, drogas, sem que delas necessite o paciente, ou fazê-lo em doses excessivas ou em desacordo com determinação legal ou regulamentar:*
>
> ***Pena*** *– detenção, de 6 meses a 2 anos, e pagamento de 50 a 200 dias-multa.*
>
> *O juiz comunicará a condenação ao Conselho Federal da categoria profissional a que pertença o agente.*
>
> ***Art. 39*** *Conduzir embarcação ou aeronave após o consumo de drogas, expondo a dano potencial a incolumidade de outrem:*
>
> ***Pena*** *– detenção, de 6 meses a 3 anos, além da apreensão do veículo, cassação da habilitação respectiva ou proibição de obtê-la, pelo mesmo prazo da pena privativa de liberdade aplicada, e pagamento de 200 a 400 dias-multa.*
>
> *As penas de prisão e multa, aplicadas cumulativamente com as demais, serão de 4 a 6 anos e de 400 a 600 dias-multa, se o veículo referido no caput deste artigo for de transporte coletivo de passageiros.*

Penas são aumentadas de um sexto a dois terços, se:

> ***Art. 40****, I - a natureza, a procedência da substância ou do produto apreendido e as circunstâncias do fato evidenciarem a transnacionalidade do delito;*
>
> *II - o agente praticar o crime prevalecendo-se de função pública ou no desempenho de missão de educação, poder familiar, guarda ou vigilância;*
>
> *III - a infração tiver sido cometida nas dependências ou imediações de estabelecimentos prisionais, de ensino ou hospitalares, de sedes de entidades estudantis, sociais, culturais, recreativas, esportivas, ou beneficentes, de locais de trabalho coletivo, de recintos onde se realizem espetáculos ou diversões de qualquer natureza, de serviços de*

tratamento de dependentes de drogas ou de reinserção social, de unidades militares ou policiais ou em transportes públicos;

IV - o crime tiver sido praticado com violência, grave ameaça, emprego de arma de fogo, ou qualquer processo de intimidação difusa ou coletiva;

V - caracterizado o tráfico entre Estados da Federação ou entre estes e o Distrito Federal;

VI - sua prática envolver ou visar a atingir criança ou adolescente ou a quem tenha, por qualquer motivo, diminuída ou suprimida a capacidade de entendimento e determinação;

VII - o agente financiar ou custear a prática do crime.

Indiciado ou acusado: que colaborar voluntariamente com a investigação policial e o processo criminal na identificação dos demais coautores ou partícipes do crime e na recuperação total ou parcial do produto do crime, no caso de condenação, terá pena reduzida de um terço a dois terços.

Juiz, na fixação das penas: considerará, com preponderância sobre o previsto no art. 59, do Código Penal, a natureza e a quantidade da substância ou do produto, a personalidade e a conduta social do agente.

Fique ligado!

Na fixação da multa, o juiz, atendendo ao que dispõe a Lei, determinará o número de dias-multa, atribuindo a cada um, segundo as condições econômicas dos acusados, valor não inferior a um trinta avos nem superior a 5 vezes o maior salário mínimo.

Multas: que em caso de concurso de crimes serão impostas sempre cumulativamente, podem ser aumentadas até o décuplo se, em virtude da situação econômica do acusado, considerá-las o juiz ineficazes, ainda que aplicadas no máximo.

Crimes: são inafiançáveis e insuscetíveis de sursis, graça, indulto, anistia e liberdade provisória, vedada a conversão de suas penas em restritivas de direitos.

Livramento condicional: dar-se-á o livramento condicional após o cumprimento de dois terços da pena, vedada sua concessão ao reincidente específico.

É isento de pena o agente que, em razão da dependência, ou sob o efeito, proveniente de caso fortuito ou força maior, de droga, era, ao tempo da ação ou da omissão, qualquer que tenha sido a infração penal praticada, inteiramente incapaz de entender o caráter ilícito do fato ou de determinar-se de acordo com esse entendimento.

Absolver o agente: reconhecendo, por força pericial, que este apresentava, à época do fato previsto, as condições referidas, poderá determinar o juiz, na sentença, seu encaminhamento para tratamento médico adequado.

Penas: podem ser reduzidas de um terço a dois terços se, por força das circunstâncias, o agente não possuía, ao tempo da ação ou da omissão, a plena capacidade de entender o caráter ilícito do fato ou de determinar-se de acordo com esse entendimento.

Sentença condenatória: o juiz, com base em avaliação que ateste a necessidade de encaminhamento do agente para tratamento, realizada por profissional de saúde com competência específica na forma da lei, determinará que a tal se proceda.

15.4.2 Procedimento penal

Procedimento relativo aos processos por crimes: definidos neste Título rege-se pelo disposto neste Capítulo, aplicando-se, subsidiariamente, as disposições do Código de Processo Penal e da Lei de Execução Penal.

Agente de qualquer das condutas: salvo se houver concurso com os crimes, será processado e julgado, que dispõe sobre os Juizados Especiais Criminais.

Não se imporá prisão em flagrante: devendo o autor do fato ser imediatamente encaminhado ao juízo competente ou, na falta deste, assumir o compromisso de a ele comparecer, lavrando-se termo circunstanciado e providenciando-se as requisições dos exames e perícias necessários.

Ausente a autoridade judicial: as providências previstas serão tomadas de imediato pela autoridade policial, no local em que se encontrar, vedada a detenção do agente.

Agente: será submetido a exame de corpo de delito, se o requerer ou se a autoridade de polícia judiciária entender conveniente, e em seguida liberado.

Juizados especiais criminais: o Ministério Público poderá propor a aplicação imediata de pena, a ser especificada na proposta.

Condutas tipificadas: o juiz, sempre que as circunstâncias o recomendem, empregará os instrumentos protetivos de colaboradores e testemunhas.

15.4.3 Investigação

Prisão em flagrante: ocorrendo prisão em flagrante, a autoridade de polícia judiciária fará, imediatamente, comunicação ao juiz competente, remetendo-lhe cópia do auto lavrado, do qual será dada vista ao órgão do Ministério Público, em 24 horas.

Lavratura do auto de prisão em flagrante: para efeito da lavratura do auto de prisão em flagrante e estabelecimento da materialidade do delito, é suficiente o laudo de constatação da natureza e quantidade da droga, firmado por perito oficial ou, na falta deste, por pessoa idônea.

Perito que subscrever o laudo: não ficará impedido de participar da elaboração do laudo definitivo.

Cópia do auto de prisão em flagrante: recebida cópia do auto de prisão em flagrante, o juiz, no prazo de 10 dias, certificará a regularidade formal do laudo de constatação e determinará a destruição das drogas apreendidas, guardando-se amostra necessária à realização do laudo definitivo.

Destruição das drogas: será executada pelo delegado de polícia competente no prazo de 15 dias na presença do Ministério Público e da autoridade sanitária.

Local: será vistoriado antes e depois de efetivada a destruição das drogas, sendo lavrado auto circunstanciado pelo delegado de polícia, certificando-se neste a destruição total delas.

Destruição das drogas apreendidas sem a ocorrência de prisão em flagrante: será feita por incineração, no prazo máximo de 30 dias contados da data da apreensão, guardando-se amostra necessária à realização do laudo definitivo.

Inquérito policial: será concluído no prazo de 30 dias, se o indiciado estiver preso, e de 90 dias, quando solto. Os prazos podem ser duplicados pelo juiz, ouvido o Ministério Público, mediante pedido justificado da autoridade de polícia judiciária.

Findos os prazos: a autoridade de polícia judiciária, remetendo os autos do inquérito ao juízo: relatará sumariamente as circunstâncias do fato, justificando as razões que a levaram à classificação do delito, indicando a quantidade e natureza da substância ou do produto apreendido, o local e as condições em que se desenvolveu a ação criminosa, as circunstâncias da prisão, a conduta, a qualificação e os antecedentes do agente; ou requererá sua devolução para a realização de diligências necessárias.

Remessa dos autos: far-se-á sem prejuízo de diligências complementares: necessárias ou úteis à plena elucidação do fato, cujo resultado deverá ser encaminhado ao juízo competente até 3 dias antes da audiência de instrução e julgamento; necessárias ou úteis à indicação dos bens, direitos e valores de que seja titular o agente, ou que figurem em seu nome, cujo resultado deverá ser encaminhado ao juízo competente até 3 dias antes da audiência de instrução e julgamento.

Em qualquer fase da persecução criminal: relativa aos crimes previstos, são permitidos, além dos previstos em lei, mediante autorização judicial e ouvido o Ministério Público, os seguintes procedimentos investigatórios: a infiltração por agentes de polícia, em tarefas de investigação, constituída pelos órgãos especializados pertinentes; a não-atuação policial sobre os portadores de drogas, seus precursores químicos ou outros produtos utilizados em sua produção, que se encontrem no território brasileiro, com a finalidade de identificar e responsabilizar maior número de integrantes de operações de tráfico e distribuição, sem prejuízo da ação penal cabível.

Autorização: será concedida desde que sejam conhecidos o itinerário provável e a identificação dos agentes do delito ou de colaboradores.

15.4.4 Instrução criminal

Providências: recebidos em juízo os autos do inquérito policial, de Comissão Parlamentar de Inquérito ou peças de informação, dar-se-á vista ao Ministério Público para, no prazo de 10 dias, adotar uma das seguintes providências: requerer o arquivamento; requisitar as diligências que entender necessárias; oferecer denúncia, arrolar até 5 testemunhas e requerer as demais provas que entender pertinentes.

Oferecida a denúncia: o juiz ordenará a notificação do acusado para oferecer defesa prévia, por escrito, no prazo de 10 dias.

Resposta: consistente em defesa preliminar e exceções, o acusado poderá arguir preliminares e invocar todas as razões de defesa, oferecer documentos e justificações, especificar as provas que pretende produzir e, até o número de 5, arrolar testemunhas. Se a resposta não for apresentada no prazo, o juiz nomeará defensor para oferecê-la em 10 dias, concedendo-lhe vista dos autos no ato de nomeação.

Apresentada a defesa: o juiz decidirá em 5 dias.

Imprescindível: se entender imprescindível, o juiz, no prazo máximo de 10 dias, determinará a apresentação do preso, realização de diligências, exames e perícias.

Recebida a denúncia: o juiz designará dia e hora para a audiência de instrução e julgamento, ordenará a citação pessoal do acusado, a intimação do Ministério Público, do assistente, se for o caso, e requisitará os laudos periciais.

Condutas tipificadas como infração: o juiz, ao receber a denúncia, poderá decretar o afastamento cautelar do denunciado de suas atividades, se for funcionário público, comunicando ao órgão respectivo.

Audiência: será realizada dentro dos 30 dias seguintes ao recebimento da denúncia, salvo se determinada a realização de avaliação para atestar dependência de drogas, quando se realizará em 90 dias.

Audiência de instrução e julgamento: após o interrogatório do acusado e a inquirição das testemunhas, será dada a palavra, sucessivamente, ao representante do Ministério Público e ao defensor do acusado, para sustentação oral, pelo prazo de 20 minutos para cada um, prorrogável por mais 10, a critério do juiz.

Interrogatório: após proceder ao interrogatório, o juiz indagará das partes se restou algum fato para ser esclarecido, formulando as perguntas correspondentes se o entender pertinente e relevante.

Sentença: encerrados os debates, proferirá o juiz sentença de imediato, ou o fará em 10 dias, ordenando que os autos para isso lhe sejam conclusos.

Réu: nos crimes previstos, o réu não poderá apelar sem recolher-se à prisão, salvo se for primário e de bons antecedentes, assim reconhecido na sentença condenatória.

15.4.5 Apreensão, arrecadação e destinação de bens do acusado

Decreto: o juiz, a requerimento do Ministério Público ou do assistente de acusação, ou mediante representação da autoridade de polícia judiciária, poderá decretar, no curso do inquérito ou da ação penal, a apreensão e outras medidas assecuratórias nos casos em que haja suspeita de que os bens, direitos ou valores sejam produto do crime ou constituam proveito dos crimes previstos nesta Lei.

Código de processo penal: o juiz poderá determinar a prática de atos necessários à conservação dos bens, direitos ou valores.

Ordem de apreensão ou sequestro de bens, direitos ou valores: poderá ser suspensa pelo juiz, ouvido o Ministério Público, quando a sua execução imediata puder comprometer as investigações.

Medidas assecuratórias: se as medidas assecuratórias recaírem sobre moeda estrangeira, títulos, valores mobiliários ou cheques emitidos como ordem de pagamento, será determinada, imediatamente, a sua conversão em moeda nacional.

Moeda estrangeira apreendida em espécie: deve ser encaminhada a instituição financeira, ou equiparada, para alienação na forma prevista pelo Conselho Monetário Nacional.

Hipótese de impossibilidade da alienação: a moeda estrangeira será custodiada pela instituição financeira até decisão sobre o seu destino.

Após a decisão sobre o destino da moeda estrangeira: caso seja verificada a inexistência de valor de mercado, seus espécimes poderão ser destruídos ou doados à representação diplomática do país de origem.

Valores relativos às apreensões: feitas antes da data de entrada em vigor da Medida Provisória nº 885, de 17 de junho de 2019, e que estejam custodiados nas dependências do Banco Central do Brasil devem ser transferidos à Caixa Econômica Federal, no prazo de 360 dias, para que se proceda à alienação ou custódia, de acordo com o previsto nesta Lei.

Apreensão de veículos, embarcações, aeronaves e quaisquer outros meios de transporte e dos maquinários, utensílios, instrumentos e objetos de qualquer natureza utilizados para a prática dos crimes definidos nesta Lei será imediatamente comunicada pela autoridade de polícia judiciária responsável pela investigação ao juízo competente.

O juiz, no prazo de 30 dias contado da comunicação de que trata o *caput*, determinará a alienação dos bens apreendidos, excetuadas as armas, que serão recolhidas na forma da legislação específica.

Alienação: será realizada em autos apartados, dos quais constará a exposição sucinta do nexo de instrumentalidade entre o delito e os bens apreendidos, a descrição e especificação dos objetos, as informações sobre quem os tiver sob custódia e o local em que se encontrem.

Determinação da avaliação dos bens apreendidos: o juiz determinará a avaliação dos bens apreendidos, que será realizada por oficial de justiça, no prazo de 5 dias a contar da autuação, ou, caso sejam necessários conhecimentos especializados, por avaliador nomeado pelo juiz, em prazo não superior a 10 dias.Feita a avaliação, o juiz intimará o órgão gestor do Funad, o Ministério Público e o interessado para se manifestarem no prazo de 5 dias e, dirimidas eventuais divergências, homologará o valor atribuído aos bens.

Ministério Público: deve fiscalizar o cumprimento da regra estipulada. Aplica-se a todos os tipos de bens confiscados a regra estabelecida.

Bens móveis e imóveis: devem ser vendidos por meio de hasta pública, preferencialmente por meio eletrônico, assegurada a venda pelo maior lance, por preço não inferior a 50% do valor da avaliação judicial.

Juiz: ordenará às secretarias de fazenda e aos órgãos de registro e controle que efetuem as averbações necessárias, tão logo tenha conhecimento da apreensão.

Alienação: de veículos, embarcações ou aeronaves, a autoridade de trânsito ou o órgão congênere competente para o registro, bem como as secretarias de fazenda, devem proceder à regularização dos bens no prazo de 30 dias, ficando o arrematante isento do pagamento de multas, encargos e tributos anteriores, sem prejuízo de execução fiscal em relação ao antigo proprietário. Eventuais multas, encargos ou tributos pendentes de pagamento não podem ser cobrados do arrematante ou do órgão público alienante como condição para regularização dos bens.

Autoridade de trânsito ou órgão congênere: competente para o registro poderá emitir novos identificadores dos bens.

Interesse público na utilização: comprovado o interesse público na utilização de quaisquer dos bens de que trata o art. 61, os órgãos de polícia judiciária, militar e rodoviária poderão deles fazer uso, sob sua responsabilidade e com o objetivo de sua conservação, mediante autorização judicial, ouvido o Ministério Público e garantida a prévia avaliação dos respectivos bens.

Juízo: deve cientificar o órgão gestor do Funad para que, em 10 dias, avalie a existência do interesse público e indique o órgão que deve receber o bem.

Prioridade: os órgãos de segurança pública que participaram das ações de investigação ou repressão ao crime que deu causa à medida.

Autorização judicial de uso de bens: deverá conter a descrição do bem e a respectiva avaliação e indicar o órgão responsável por sua utilização.

Órgão responsável pela utilização do bem: deverá enviar ao juiz periodicamente, ou a qualquer momento quando por este solicitado, informações sobre seu estado de conservação.

Fique ligado!

Quando a autorização judicial recair sobre veículos, embarcações ou aeronaves, o juiz ordenará à autoridade ou ao órgão de registro e controle a expedição de certificado provisório de registro e licenciamento em favor do órgão ao qual tenha deferido o uso ou custódia, ficando este livre do pagamento de multas, encargos e tributos anteriores à decisão de utilização do bem até o trânsito em julgado da decisão que decretar o seu perdimento em favor da União.

Hipótese de levantamento: se houver indicação de que os bens utilizados na forma deste artigo sofreram depreciação superior àquela esperada em razão do transcurso do tempo e do uso, poderá o interessado requerer nova avaliação judicial.

Constatada a depreciação: o ente federado ou a entidade que utilizou o bem indenizará o detentor ou proprietário dos bens.

Depósito, em dinheiro, de valores referentes ao produto da alienação ou a numerários apreendidos ou que tenham sido convertidos deve ser efetuado na Caixa Econômica Federal, por meio de documento de arrecadação destinado a essa finalidade.

Depósitos: devem ser transferidos, pela Caixa Econômica Federal, para a conta única do Tesouro Nacional, independentemente de qualquer formalidade, no prazo de 24 horas, contado do momento da realização do depósito, onde ficarão à disposição do Funad.

Absolvição do acusado em decisão judicial: o valor do depósito será devolvido a ele pela Caixa Econômica Federal no prazo de até 3 dias úteis, acrescido de juros.

Hipótese de decretação do seu perdimento em favor da união: o valor do depósito será transformado em pagamento definitivo, respeitados os direitos de eventuais lesados e de terceiros de boa-fé.

Valores devolvidos pela caixa econômica federal: por decisão judicial, devem ser efetuados como anulação de receita do Funad no exercício em que ocorrer a devolução.

Caixa econômica federal: deve manter o controle dos valores depositados ou devolvidos.

Ao proferir a sentença, o juiz decidirá sobre: o perdimento do produto, bem, direito ou valor apreendido ou objeto de medidas assecuratórias; e o levantamento dos valores depositados em conta remunerada e a liberação dos bens utilizados.

Bens, direitos ou valores apreendidos em decorrência dos crimes tipificados nesta lei ou objeto de medidas assecuratórias: após decretado seu perdimento em favor da União, serão revertidos diretamente ao Funad.

Juiz: remeterá ao órgão gestor do Funad relação dos bens, direitos e valores declarados perdidos, indicando o local em que se encontram e a entidade ou o órgão em cujo poder estejam, para os fins de sua destinação nos termos da legislação vigente.

Transitada em julgado a sentença condenatória: o juiz do processo, de ofício ou a requerimento do Ministério Público, remeterá à Senad relação dos bens, direitos e valores declarados perdidos em favor da União, indicando, quanto aos bens, o local em que se encontram e a entidade ou o órgão em cujo poder estejam, para os fins de sua destinação nos termos da legislação vigente.

Antes de encaminhar os bens ao órgão gestor do FUNAD, o juiz deve:

Art. 63, §4-A, I – ordenar às secretarias de fazenda e aos órgãos de registro e controle que efetuem as averbações necessárias, caso não tenham sido realizadas quando da apreensão; e

II – determinar, no caso de imóveis, o registro de propriedade em favor da União no cartório de registro de imóveis competente, nos termos do caput e do parágrafo único do art. 243 da Constituição Federal, afastada a responsabilidade de terceiros prevista no inciso VI do caput do art. 134 da Lei nº 5.172, de 25 de outubro de 1966 (Código Tributário Nacional), bem como determinar à Secretaria de Coordenação e Governança do Patrimônio da União a incorporação e entrega do imóvel, tornando-o livre e desembaraçado de quaisquer ônus para sua destinação.

Fique ligado!

Decorridos 360 dias do trânsito em julgado e do conhecimento da sentença pelo interessado, os bens apreendidos, os que tenham sido objeto de medidas assecuratórias ou os valores depositados que não forem reclamados serão revertidos ao Funad.

Pedido de restituição: nenhum pedido de restituição será conhecido sem o comparecimento pessoal do acusado, podendo o juiz determinar a prática de atos necessários à conservação de bens, direitos ou valores.

Juiz determinará a liberação total ou parcial dos bens, direitos e objeto de medidas assecuratórias: quando comprovada a licitude de sua origem, mantendo-se a constrição dos bens, direitos e valores necessários e suficientes à reparação dos danos e ao pagamento de prestações pecuniárias, multas e custas decorrentes da infração penal.

Senad: compete à Senad, do Ministério da Justiça e Segurança Pública, proceder à destinação dos bens apreendidos e não leiloados em caráter cautelar, cujo perdimento seja decretado em favor da União, por meio das seguintes modalidades: alienação, mediante: licitação; doação com encargo a entidades ou órgãos públicos, bem como a comunidades terapêuticas acolhedoras que contribuam para o alcance das finalidades do Funad; ou venda direta; incorporação ao patrimônio de órgão da administração pública, observadas as finalidades do Funad; destruição; ou inutilização.

Alienação por meio de licitação: deve ser realizada na modalidade leilão, para bens móveis e imóveis, independentemente do valor de avaliação, isolado ou global, de bem ou de lotes, assegurada a venda pelo maior lance, por preço não inferior a 50% do valor da avaliação.

Edital do leilão: será amplamente divulgado em jornais de grande circulação e em sítios eletrônicos oficiais, principalmente no Município em que será realizado, dispensada a publicação em diário oficial.

Alienações realizadas por meio de sistema eletrônico da administração pública: a publicidade dada pelo sistema substituirá a publicação em diário oficial e em jornais de grande circulação.

Alienação de imóveis: o arrematante fica livre do pagamento de encargos e tributos anteriores, sem prejuízo de execução fiscal em relação ao antigo proprietário.

Alienação de veículos: embarcações ou aeronaves deverão ser observadas as disposições desta Lei.

Ministério da Justiça e Segurança Pública, pode celebrar convênios ou instrumentos congêneres com órgãos e entidades da União, dos Estados, do Distrito Federal ou dos Municípios, bem como com comunidades terapêuticas acolhedoras, a fim de dar imediato cumprimento ao estabelecido neste artigo.

Observados os procedimentos licitatórios: previstos em lei, fica autorizada a contratação da iniciativa privada para a execução das ações de avaliação, de administração e de alienação dos bens a que se refere esta Lei.

Compete ao Ministério da Justiça e Segurança Pública regulamentar os procedimentos relativos à administração, à preservação e à destinação dos recursos provenientes de delitos e atos ilícitos e estabelecer os valores abaixo dos quais se deve proceder à sua destruição ou inutilização.

Produto da alienação dos bens apreendidos ou confiscados: será revertido integralmente ao Funad, vedada a sub-rogação sobre o valor da arrematação para saldar eventuais multas, encargos ou tributos pendentes de pagamento.

Hipótese de condenação por infrações: às quais esta Lei comine pena máxima superior a 6 anos de reclusão, poderá ser decretada a perda, como produto ou proveito do crime, dos bens correspondentes à diferença entre o valor do patrimônio do condenado e aquele compatível com o seu rendimento lícito.

Decretação da perda prevista: fica condicionada à existência de elementos probatórios que indiquem conduta criminosa habitual, reiterada ou profissional do condenado ou sua vinculação a organização criminosa.

Perda prevista: entende-se por patrimônio do condenado todos os bens: de sua titularidade, ou sobre os quais tenha domínio e benefício direto ou indireto, na data da infração penal, ou recebidos posteriormente; e transferidos a terceiros a título gratuito ou mediante contraprestação irrisória, a partir do início da atividade criminal.

Condenado: poderá demonstrar a inexistência da incompatibilidade ou a procedência lícita do patrimônio.

União: por intermédio da Senad, poderá firmar convênio com os Estados, com o Distrito Federal e com organismos orientados para a prevenção do uso indevido de drogas, a Fique ligado e a reinserção social de usuários ou dependentes e a atuação na repressão à produção não autorizada e ao tráfico ilícito de drogas, com vistas na liberação de equipamentos e de recursos por ela arrecadados, para a implantação e execução de programas relacionados à questão das drogas.

15.5 Cooperação internacional

De conformidade com os princípios da não-intervenção em assuntos internos, da igualdade jurídica e do respeito à integridade territorial dos Estados e às leis e aos regulamentos nacionais em vigor, e observado o espírito das Convenções das Nações Unidas e outros instrumentos jurídicos internacionais relacionados à questão das drogas, de que o Brasil é parte, o governo brasileiro prestará, quando solicitado, cooperação a outros países e organismos internacionais e, quando necessário, deles solicitará a colaboração, nas áreas de:

> ***Art. 65** [...]*
>
> *I – intercâmbio de informações sobre legislações, experiências, projetos e programas voltados para atividades de prevenção do uso indevido, de Fique ligado e de reinserção social de usuários e dependentes de drogas;*
>
> *II – intercâmbio de inteligência policial sobre produção e tráfico de drogas e delitos conexos, em especial o tráfico de armas, a lavagem de dinheiro e o desvio de precursores químicos;*
>
> *III – intercâmbio de informações policiais e judiciais sobre produtores e traficantes de drogas e seus precursores químicos.*

D
P
E
N

16 LEI Nº 13.869/2019 – ABUSO DE AUTORIDADE

16.1 Aspectos gerais

16.1.1 Contexto da lei

Em setembro de 2019 tivemos a publicação da Lei nº 13.869/2019, nossa nova Lei de Abuso de Autoridade, a qual revogou expressamente a Lei nº 4.898/1965 – antiga Lei de Abuso de Autoridade - além de alterar diversos dispositivos de outras leis em vigor.

16.1.2 Finalidade da lei

Estudamos em Direito Administrativo que o Estado e seus agentes possuem algumas prerrogativas não extensíveis aos particulares, como por exemplo a presunção de legitimidade de seus atos (são, a princípio, considerados praticados de acordo com a lei). Contudo, não raro temos a ocorrência de condutas praticadas por agentes estatais que extrapolam ou se desviam dos limites da lei, caracterizando-se em verdadeiro abuso da autoridade legitimamente conferida a eles.

Com isso, surge a necessidade de contenção e punição desses atos praticados em desconformidade com a legislação. Várias são as normas, administrativas, cíveis e penais, que visam punir o agente público que abusa de seu poder. Temos como exemplo os crimes do Código Penal, notadamente os cometidos contra a Administração Pública, que buscam, mesmo que de forma indireta quanto ao abuso, punir tais atos praticados por agentes públicos. Da mesma forma, há normas administrativas, como a Lei de Improbidade, que sancionam administrativamente tais condutas.

Ao lado dessas normas, tínhamos a Lei mº 4.898/1965, a qual, como vimos, foi revogada pela nova Lei de Abuso de Autoridade - Lei nº 13.869/2019 – atualmente em vigor e que, nas palavras de Greco e Sanches, tem por finalidade: *modernizar a prevenção e repressão aos comportamentos abusivos de poder no trato dos direitos fundamentais do cidadão, colocando em mira a conduta de autoridades e agentes públicos*[1].

16.1.3 Organização

Vale ressaltar ainda que a Lei nº 13.869/2019 é dividida nos seguintes Capítulos:

Capítulo I	DISPOSIÇÕES GERAIS
Capítulo II	DOS SUJEITOS DO CRIME
Capítulo III	DA AÇÃO PENAL
Capítulo IV	DOS EFEITOS DA CONDENAÇÃO E DAS PENAS RESTRITIVAS DE DIREITOS
Capítulo V	DAS SANÇÕES DE NATUREZA CIVIL E ADMINISTRATIVA
Capítulo VI	**DOS CRIMES E DAS PENAS**
Capítulo VII	DO PROCEDIMENTO
Capítulo VIII	DISPOSIÇÕES FINAIS

16.2 Sujeitos do crime e características gerais

Art. 1º *Esta Lei define os crimes de abuso de autoridade, cometidos por agente público, servidor ou não, que, no exercício de suas funções ou a pretexto de exercê-las, abuse do poder que lhe tenha sido atribuído.*

§ 1º As condutas descritas nesta Lei constituem crime de abuso de autoridade quando praticadas pelo agente com a finalidade específica de prejudicar outrem ou beneficiar a si mesmo ou a terceiro, ou, ainda, por mero capricho ou satisfação pessoal.

§ 2º A divergência na interpretação de lei ou na avaliação de fatos e provas não configura abuso de autoridade.

Art. 2º *É sujeito ativo do crime de abuso de autoridade qualquer agente público, servidor ou não, da administração direta, indireta ou fundacional de qualquer dos Poderes da União, dos Estados, do Distrito Federal, dos Municípios e de Território, compreendendo, mas não se limitando a:*

I - Servidores públicos e militares ou pessoas a eles equiparadas;

II - Membros do Poder Legislativo;

III - membros do Poder Executivo;

IV - Membros do Poder Judiciário;

V - Membros do Ministério Público;

VI - Membros dos tribunais ou conselhos de contas.

Parágrafo único. *Reputa-se agente público, para os efeitos desta Lei, todo aquele que exerce, ainda que transitoriamente ou sem remuneração, por eleição, nomeação, designação, contratação ou qualquer outra forma de investidura ou vínculo, mandato, cargo, emprego ou função em órgão ou entidade abrangidos pelo caput deste artigo.*

16.2.1 Sujeitos ativo

Quanto ao sujeito ativo (quem pratica o crime), como se extrai da leitura do art. 1°, *caput* c/c art. 2°, os crimes da Lei nº 13.869/2019 são próprios (exigirão uma condição especial do sujeito ativo), os quais somente poderão ser cometidos por **agente público**.

Mas qual o conceito "Agente Público" para os fins da mencionada Lei?

É um conceito bastante amplo. Resumindo e esquematizando o disposto no art. 2°, temos que se trata:

Aquele que exerce cargo, emprego, função ou mandato na admnistração direta ou indireta ou funcional de qualquer dos poderes da União dos Poderes da União, dos Estados, do Distrito Federal, dos Municípios e de Territórrio	
Ainda que de forma transitória ou sem remuneração (Ex.: mesários eleitorais, jurados).	Por qualquer forma de investidura ou vínculo (Ex.: eleição, nomeação, designação, contratação).

O art. 2°, em seus incisos, traz um rol exemplificativo de sujeitos ativos, sem prejuízo de vários outros exemplos: servidores públicos; empregados públicos; agentes políticos; militares, etc.

16.2.2 No exercício de suas funções ou a pretexto de exercê-las

Segundo o art. 1°, os crimes da Lei poderão ser cometidos por agente público: que estiver **no exercício da sua função pública** (Ex.: policial em serviço); bem como por aquele que, embora não esteja no exercício da função (Ex.: policial de folga), cometer o ato invocando a sua condição de autoridade pública, ou seja, **a pretexto de exercê-la**.

Exige-se, portanto, que a conduta cometida guarde relação com a função pública do sujeito ativo para que tenhamos a configuração de crime contido na lei (que pode estar exercendo-a efetivamente ou mesmo atuando a pretexto de exercê-la).

16.2.3 Agente público de férias ou licença

Poderá ser sujeito ativo de crime da Lei nº 13.869/2019. Isso porque quando está de férias ou licença o agente público conserva o seu vínculo com a Administração Pública e, como vimos, é possível que o abuso seja cometido não só no exercício da função, mas também a pretexto de exercê-la.

1 GRECO, Rogério. CUNHA, Rogério Sanches. Abuso de Autoridade Lei nº 13.869/2019 comentada artigo por artigo. Salvador: Juspodivm, 2020, p. 12.

16.2.4 Agente público aposentado ou demitido

Nesses casos, o sujeito não mais possui vínculo funcional com a Administração Pública (não é mais "agente público" para fins da lei), não podendo cometer, em regra, crime de abuso de autoridade.

16.2.5 Múnus público

Aquele que exerce múnus público (um tipo de encargo imposto pela lei) - como por exemplo o tutor, curador, inventariante - não é "agente público" para os fins da Lei de Abuso de Autoridade, não podendo assim ser considerado sujeito ativo dos delitos tipificados na mencionada norma.

16.2.6 Concurso de pessoas

Como são crimes próprios, os delitos da Lei nº 13.869/2019 admitem tanto coautoria quanto participação.

Assunto interessante diz respeito à possibilidade de o particular cometer crime da nova Lei de Abuso de Autoridade: **via de regra não cometerá**, haja vista que não é "agente público" para os fins do mencionado art. 2°.

Contudo, existe uma possibilidade de o particular responder pelo delito: quando pratica-lo conjuntamente com um "agente público", ou seja, atuando como coautor ou partícipe (concurso de pessoas). Dessa forma, sozinho, o particular nunca cometerá crime da Lei de Abuso de Autoridade.

E por qual razão o particular também responderá por crime da Lei nº 13.869/2019, nesse caso de concurso de pessoas? Explicamos. O art. 30 do Código Penal dispõe que *não se comunicam as condições de caráter pessoal, salvo quando elementares do crime*. Ou seja, quando houver uma **elementar**, essa irá se comunicar (aos coautores e partícipes do delito).

Elementares são, basicamente, os dados fundamentais/principais de uma conduta criminosa. Nos crimes da Lei nº 13.869/2019, a condição de "agente público" é uma elementar, portanto ela irá se comunicar, se transmitir do agente público ao particular, respondendo, ambos, por crime de Abuso de Autoridade. Obviamente se o particular desconhecer a condição de agente público do seu parceiro, não responderá por crime de abuso

16.3 Bem jurídico e sujeito passivo

Os bens jurídicos tutelados, ou seja, os valores fundamentais que a Lei nº 13.869/2019 buscou proteger ao criminalizar as condutas de abuso de autoridade são dois: **o regular funcionamento da Administração Pública**, a qual não pode admitir que as condutas de seus agentes estejam em desconformidade com a lei; **os direitos fundamentais das vítimas**, as quais sofreram o ato de abuso por parte do agente estatal.

Analisando os bens jurídicos protegidos pela Lei, teremos que, à semelhança, são dois os sujeitos passivos (vítimas) do crime de abuso: tanto o **Estado**, responsável pela "máquina pública", quanto a pessoa (física ou jurídica) que sofreu a conduta ilegal por parte do agente estatal

16.4 Elemento subjetivo

Todos os crimes previstos na Lei nº 13.869/2019 são **dolosos** - não há delito de abuso de autoridade culposo - e exigem, além do dolo genérico (presente em todo crime doloso), um especial fim de agir, o qual encontra-se previsto no art. 1°, §1°

16.5 Ação penal e competência

> ***Art. 3º*** *Os crimes previstos nesta Lei são de ação penal pública incondicionada.*
>
> *§ 1º Será admitida ação privada se a ação penal pública não for intentada no prazo legal, cabendo ao Ministério Público aditar a queixa, repudiá-la e oferecer denúncia substitutiva, intervir em todos os termos do processo, fornecer elementos de prova, interpor recurso e, a todo tempo, no caso de negligência do querelante, retomar a ação como parte principal.*
>
> *§ 2º A ação privada subsidiária será exercida no prazo de 6 (seis) meses, contado da data em que se esgotar o prazo para oferecimento da denúncia.*

16.5.1 Ação penal

Todos os crimes da Lei de Abuso de Autoridade serão processados e julgados mediante ação penal pública incondicionada.

O art. 3°, em seus §§ 1° e 2°, traz a chamada ação penal privada subsidiária da pública, que consiste na possibilidade de admissão da ação penal privada para crimes que se processam originariamente sob ação penal pública, caso essa não seja intentada no prazo legal[2] pelo Ministério Público (titular dessa espécie de ação penal). Aqui a lei praticamente repetiu o já previsto no Código de Processo Penal, o qual aborda essa temática com mais detalhamento.

Observe que, mesmo no caso de admissão da ação penal privada subsidiária da pública, o Ministério Público continua tendo um amplo poder de gerência, podendo: aditar ou repudiar a queixa (oferecendo denúncia substitutiva); intervir em todos os termos do processo; fornecer elementos de prova; interpor recurso; e, a todo tempo, no caso de negligência do querelante, retomar a ação como parte principal. Além disso, note que o prazo de exercício dessa espécie de ação será de 6 meses, a contar da data em que se esgotar o prazo para oferecimento da denúncia. Transcorrido o prazo mencionado sem que a vítima tenha oferecido a queixa subsidiária, opera-se a decadência do direito de ação (o MP continua legitimado a oferecer a denúncia enquanto não extinta a punibilidade do crime, Ex.: prescrição).

16.5.2 Competência

A competência para julgamento dos crimes de abuso de autoridade é, via de regra, da **Justiça Comum Estadual**.

Poderemos ter também o julgamento pela **Justiça Comum Federal** se vislumbrarmos, no caso concreto, alguma das hipóteses previstas no art. 109 da CF, com destaque para o inciso IV (ofensa a algum bem, serviço ou interesse da União, suas autarquias ou empresas públicas).

> **Ex.:** crime de abuso de autoridade cometido no interior de órgão público federal (bem da União).

E o crime da Lei nº 13.869/2019 praticado por militar? De qual Justiça é a competência?

Segundo a melhor doutrina, se praticado por militar **no exercício de suas funções/em serviço**, competência da **Justiça Militar**. Vamos explicar melhor. Esse é um ponto que tem que ficar bem claro, pois trata-se de uma novidade introduzida pela **Lei nº 13.491/2017**.

Antes da edição da **Lei nº 13.491/2017**, mesmo praticado por militar, os crimes previstos nas leis penais especiais seriam sempre de competência da Justiça Comum. Isso porque a Justiça Militar julga apenas crimes militares e, anteriormente à lei citada, crime militar era definido como aquele contido no Código Penal Militar. Porém, a partir da vigência da mencionada norma, houve **alteração no conceito de crime militar** (em tempo de paz), de forma que atualmente os crimes militares são,

2 O prazo para oferecimento da denúncia encontra-se previsto no art. 46 do CPP: 5 dias estando o réu preso; 15 dias estando o réu solto ou afiançado.

D P E N

além dos previstos no CPM: **aqueles contidos nas leis penais especiais e também no Código Penal (comum),** desde **que sejam praticados em alguma das situações elencadas no art. 9°, II do CPM.**

Dessa forma, o crime de abuso de autoridade cometido por militar, em alguma das situações do art. 9, II do CPM (Ex.: em serviço), será julgado pela **Justiça Militar** (haja vista se tratar de crime militar por extensão/equiparação).

16.6 Efeitos da condenação e penas restritivas de direitos

> ***Art. 4º*** *São efeitos da condenação:*
>
> *I - Tornar certa a obrigação de indenizar o dano causado pelo crime, devendo o juiz, a requerimento do ofendido, fixar na sentença o valor mínimo para reparação dos danos causados pela infração, considerando os prejuízos por ele sofridos;*
>
> *II - A inabilitação para o exercício de cargo, mandato ou função pública, pelo período de 1 (um) a 5 (cinco) anos;*
>
> *III - a perda do cargo, do mandato ou da função pública.*
>
> ***Parágrafo único.*** *Os efeitos previstos nos incisos II e III do caput deste artigo são condicionados à ocorrência de reincidência em crime de abuso de autoridade e não são automáticos, devendo ser declarados motivadamente na sentença.*

16.6.1 Efeitos da condenação

No art. 4° da Lei estão previstos os efeitos extrapenais aplicáveis a quem for condenado por crime de abuso de autoridade. É interessante pontuar que alguns desses efeitos são automáticos, não necessitando de fundamentação pelo juiz quando da prolação da sentença condenatória (inciso I[3]) – uma vez condenado por crime da lei, automaticamente lhe será imposto tal efeito, quando for o caso.

Contudo, outros deles exigirão a devida fundamentação pelo magistrado para a sua caracterização (incisos II e III) – se o juiz, na sentença condenatória, nada diz a respeito desses efeitos, eles não serão impostos ao condenado. Quanto a esses, também é obrigatória a presença de reincidência específica, ou seja, que o condenado seja reincidente **em crime da Lei nº 13.869/2019** (foi condenado definitivamente por delito da Lei de Abuso de Autoridade e, posteriormente).

Para além do mencionado, o desafio do futuro aprovado aqui é memorizar o texto legal. Dessa forma, segue um esquema com as principais informações a serem gravadas:

São efeitos da condenação		
Perda de cargo, do mandato ou da função pública.	Inabilitação para o exercício de cargo, mandato ou função pública - 1 a 5 anos.	Torna certa a obrigação de indenizar o dano causado pelo crime + devendo o juiz, a requerimento do ofendido, fixar na sentença o valor mínimo para reparação dos danos, considerando os prejuízos sofridos.
Esse efeito é condicionado a ocorrência de reincidência em crime de abuso de autoridade e não automático.		

> ***Art. 5º*** *As penas restritivas de direitos substitutivas das privativas de liberdade previstas nesta Lei são:*
>
> *I - Prestação de serviços à comunidade ou a entidades públicas;*
>
> *II - Suspensão do exercício do cargo, da função ou do mandato, pelo prazo de 1 (um) a 6 (seis) meses, com a perda dos vencimentos e das vantagens;*
>
> ***Parágrafo único.*** *As penas restritivas de direitos podem ser aplicadas autônoma ou cumulativamente.*

16.6.2 Penas restritivas de direitos

O art. 5° traz as penas restritivas de direitos substitutivas das penas privativas de liberdade específicas para crimes da lei de abuso de autoridade, as quais podem ser aplicadas de forma autônoma (apenas uma delas) ou cumulativa (as duas em conjunto). Embora a lei anuncie quais são as penas substitutivas possíveis, nada diz a respeito dos requisitos para se operar essa substituição (quanto a esse ponto, deveremos observar o previsto no art. 44 do Código Penal).

Da mesma forma que o art. 4°, para provas de concursos a memorização do dispositivo é fundamental. Portanto, saiba:

Art. 5º - Penas Restritivas de Direito Substitutivas (aplicadas - autônoma ou cumulativamente):	
Prestação de serviços à comunidade ou entidades públicas.	Suspensão do exercício do cargo, função ou do mandato, pelo prazo de 1 a 6 meses + com a perda dos vencimentos e das vantagens.

16.7 Sanções de natureza civil e administrativa

> ***Art. 6º*** *As penas previstas nesta Lei serão aplicadas independentemente das sanções de natureza civil ou administrativa cabíveis.*
>
> ***Parágrafo único.*** *As notícias de crimes previstos nesta Lei que descreverem falta funcional serão informadas à autoridade competente com vistas à apuração.*
>
> ***Art. 7º*** *As responsabilidades civil e administrativa são independentes da criminal, não se podendo mais questionar sobre a existência ou a autoria do fato quando essas questões tenham sido decididas no juízo criminal.*
>
> ***Art. 8º*** *Faz coisa julgada em âmbito cível, assim como no administrativo-disciplinar, a sentença penal que reconhecer ter sido o ato praticado em estado de necessidade, em legítima defesa, em estrito cumprimento de dever legal ou no exercício regular de direito.*

16.7.1 Princípio da independência das instâncias

Via de regra, quanto à diversidade de punições a um ato ilícito vigora o princípio da independência das instâncias: as esferas cível, administrativa e penal são autônomas, ou seja, não guardam qualquer relação de dependência entre si. Por exemplo, para que se apure a responsabilização criminal de um ato de abuso de autoridade, não é necessário aguardar a instauração ou mesmo o encerramento do processo administrativo disciplinar (e vice-versa). É nesse sentido o teor do art. 6°, *caput* da Lei.

Além disso, é possível que um único ato de abuso de autoridade dê ensejo a três espécies diferentes de responsabilização: ADMINISTRATIVA + CIVIL + PENAL (as quais, em regra, são independes).

Contudo, pela leitura dos dispositivos seguintes – art. 7° e 8° - inferimos que o princípio mencionado não é absoluto, comportando duas exceções positivadas na Lei nº 13.869/2019:

Se o juízo do crime já decidiu a respeito da existência ou autoria do fato (materialidade e autoria):	→	Essas questões não poderão ser novamente questionadas nas esferas civil e administrativa

3 Sendo mais específico, doutrina especializada entende que a primeira parte do inciso I é efeito automático da condenação, enquanto a segunda parte do dispositivo (*devendo o juiz, a requerimento do ofendido, fixar na sentença o valor mínimo para reparação dos danos causados pela infração, considerando os prejuízos por ele sofridos*) exigirá requerimento do ofendido para sua incidência (efeito não automático).

Ou seja, o que foi decidido na esfera criminal em relação a existência ou autoria do fato, por meio de sentença penal condenatória (ou absolutória), torna-se imutável para as demais, retirando parcela da "independência" dessas instâncias.

A senteça penal que reconhecer ter sido o ato praticado em estado de necessidade, legitima defesa, estrito cumprimento de dever legal ou exercício regular de direito:	→	Faz coisa julgada no âmbito cívil e administrativo

A sentença penal que reconhecer alguma das causas de exclusão da ilicitude do art. 23 CP, de igual modo, é imodificável nas demais esferas, esvaziando também parte da "independência" das mesmas.

16.7.2 Notificação falta funcional

Conforme disposto no art. 6°, parágrafo único no caso de notícia de crime que descreva também alguma falta funcional (âmbito administrativo), tal fato será comunicado à autoridade competente com vistas à respectiva apuração da responsabilidade disciplinar.

As condutas descritas na Lei constituem criem de abuso de autoridade quando praticadas pelo agente com finalidade específica de (solo específico):	
Prejudicar outrem	Benificiar a terceiro
Benificiar a si mesmo	Ou, ainda, por mero capricho ou satisfação pessoal

Portanto, pelo menos em regra, sem a existência de alguma dessas finalidades específicas não há que se falar em crime da Lei de Abuso de Autoridade. Ok!

Então para a caracterização dos delitos da Lei nº 13.869/2019 é necessário que se alcance alguma das finalidades citadas?

Não é necessário que se alcance, mas apenas que haja a pretensão, a intenção, o fim específico de abusar de seu poder, praticando alguma das condutas tipificadas na lei, para se chegar a qualquer dessas finalidades (mesmo que ela não seja alcançada).

16.8 Divergência na interpretação de lei ou na avaliação de fatos e provas

É certo que o operador do Direito, rotineiramente, se vê diante da necessidade de interpretar leis ou dispositivos de leis, bem como avaliar fatos e provas nas mais diversas situações. É comum que existam divergências entre os operadores quanto a interpretação ou avaliação desses fatos, isso é inclusive muito salutar. A divergência leva ao aprofundamento da questão, o que poderá gerar um raciocínio melhor construído, uma tese melhor trabalhada.

Atento a isso, o legislador previu no art. 1°, §2° que:

> ***Art. 1°, § 2º*** *A divergência na interpretação de lei ou na avaliação de fatos e provas não configura abuso de autoridade.*

Dessa forma, não que se falar em crime de abuso de autoridade no caso de mera divergência na interpretação de lei ou na avaliação de fatos e provas.

16.9 Procedimento

> ***Art. 39*** *Aplicam-se ao processo e ao julgamento dos delitos previstos nesta Lei, no que couber, as disposições do Decreto-Lei nº 3.689, de 3 de outubro de 1941 (Código de Processo Penal), e da Lei nº 9.099, de 26 de setembro de 1995.*

Diferentemente do previsto na antiga lei de abuso de autoridade (Lei nº 4.898/1965), a qual previa um procedimento especial aos seus crimes, a Lei nº 13.869/2019 dispõe em seu art. 39 que aplicam-se aos delitos as normas de processo e julgamento contidas no Código de Processo Penal ou na Lei nº 9.099/1995 (Juizados Especiais Criminais).

De forma objetiva, saiba que a nova Lei de Abuso de Autoridade traz um padrão quanto à sanção penal privativa de liberdade, de modo que os delitos são punidos de duas uma:

- **Ou detenção de 6 meses a 2 anos (menor potencial ofensivo): nesse caso, aplicar-se-ão as disposições da Lei nº 9.099/1995:** procedimento sumaríssimo, institutos despenalizadores e demais disposições da lei.
- **Ou detenção de 1 a 4 anos (médio potencial ofensivo):** para esses, aplicar-se-ão as disposições do CPP. Sendo mais específico, em regra incidirá o procedimento especial reservado ao processo e julgamento dos crimes de responsabilidade dos funcionários públicos (arts. 513 a 518 do CPP), aplicando-se subsidiariamente as normas do procedimento ordinário.

Ressaltamos, por fim, a possibilidade de aplicação da Lei nº 9.099/1995 (no que for compatível), em especial o instituto da suspensão condicional do processo (pois todos os crimes da nova lei de abuso de autoridade possuem pena mínima igual ou inferior a 1 ano).

16.10 Crimes em espécie

A partir do art. 9° nós temos a previsão dos crimes em espécie da nova lei de abuso de autoridade. Certamente a maior parte das questões irão exigir do candidato o conhecimento da letra da lei, principalmente nesse momento inicial, no qual são escassas as decisões jurisprudenciais sobre o tema e as discussões doutrinárias ainda embrionárias.

Inicialmente, como forma de sistematizar os temas, elencaremos aqui ensinamentos sobre os seguintes pontos (alguns já abordados anteriormente, mas que merecem atenção do futuro aprovado, pois aproveitam a todos os crimes da lei): **elemento subjetivo; modalidades da conduta; objeto material**.

16.10.1 Elemento subjetivo

Os crimes previstos na lei são todos dolosos (não há abuso de autoridade culposo). Além disso, não basta o chamado "dolo genérico" (ou simplesmente "dolo"), pois, como já estudado, os delitos exigirão também uma finalidade específica (dolo específico), constante no art. 1°, §1° da Lei.

16.10.2 Modalidades comissiva e omissiva

Em regra, os crimes da lei serão cometidos mediante ação (crimes comissivos), contudo, alguns outros delitos exigirão uma omissão por parte do agente público para sua caracterização (crimes omissivos). Saiba, portanto, que a Lei prevê tanto crimes comissivos quanto omissivos.

16.10.3 Objeto material

É a pessoa ou coisa sob a qual recai a conduta do agente, no caso dos delitos da Lei nº 13.869/2019, cuida-se da pessoa física ou jurídica que sofreu o ato consistente em crime de abuso de autoridade.

16.10.4 Art. 9°

> ***Art. 9º*** *Decretar medida de privação da liberdade em manifesta desconformidade com as hipóteses legais:*
> *Pena - detenção, de 1 (um) a 4 (quatro) anos, e multa.*
> ***Parágrafo único.*** *Incorre na mesma pena a autoridade judiciária que, dentro de prazo razoável, deixar de:*
> ***I*** *- Relaxar a prisão manifestamente ilegal;*

II - Substituir a prisão preventiva por medida cautelar diversa ou de conceder liberdade provisória, quando manifestamente cabível;

III - deferir liminar ou ordem de habeas corpus, quando manifestamente cabível.

Conduta Típica

Estamos diante da conduta de agente público que decreta medida de privação da liberdade em **manifesta**[4] desconformidade com a lei. O conceito de "medida de privação de liberdade" é amplo, abrangendo a **prisão cautelar** (flagrante, preventiva, temporária), **prisão definitiva** (em razão de sentença condenatória transitada em julgado), **prisão civil** (dívida de alimentos) e internação de menor infrator (Lei nº 8.069/1990).

Portanto, trata-se da situação na qual o sujeito ativo, em manifesta desconformidade com o previsto em lei e abusando de seu poder, ordena a privação de liberdade de uma pessoa.

> **Ex.:** juiz que decreta a prisão temporária de um sujeito em razão do cometimento do crime de ameaça (art. 147 CP). Tal ordem é manifestamente ilegal, haja vista que o delito do art. 147 CP não consta no rol da Lei nº 7.960/1989 (prisão temporária).

Figuras equiparadas

No parágrafo único nós temos algumas figuras equiparadas, ou seja, cada inciso constitui um crime autônomo, mas que receberá a mesma consequência penal da conduta prevista no *caput*, incorrendo na mesma pena a autoridade judiciária que, **dentro de prazo razoável, deixar de:**

- **Relaxar prisão manifestamente ilegal:** juiz que ao receber o preso em flagrante, na audiência de custódia, e verificada nítida ilegalidade na prisão, deixa de relaxa-la, convertendo-a em prisão preventiva;
- **Substituir a prisão preventiva por medida cautelar diversa ou de conceder liberdade provisória, quando manifestamente cabível:** conduta do juiz que ao receber preso em flagrante na audiência de custódia - sendo caso de flagrante lícito - e diante da evidente ausência dos requisitos para decretação da prisão preventiva (art. 312 c/c art. 313 do CPP), mesmo assim decide ordena-la, deixando de conceder a liberdade provisória manifestamente cabível;
- **Deferir liminar ou ordem de *habeas corpus*, quando manifestamente cabível:** imagine que um juiz esteja há vários meses com um pedido liminar ou de *habeas corpus* concluso para seu julgamento em processo criminal e, ainda, é manifestamente cabível o pleiteado pela defesa. Mesmo diante de tal situação, o juiz dolosamente se mantém inerte, não deferindo o pedido nitidamente cabível.

Sujeitos do crime

Sujeito ativo: em relação ao *caput*, poderá ser qualquer agente público, na forma do art. 2°, pois todo agente estatal é passível de decretar medida de privação de liberdade em **manifesta** desconformidade com a lei; quanto ao parágrafo único, será apenas quem se enquadrar na qualidade de autoridade judiciária: Juiz, Desembargador, Ministro.

Sujeito passivo: tanto o Estado quanto a pessoa que sofreu a conduta ilegal por parte do agente público.

Modalidades comissiva e omissiva

O verbo "decretar" (*caput*) exige uma ação por parte do sujeito ativo (crime comissivo). Contudo, no tocante ao verbo "deixar" parágrafo único) temos delito praticado por omissão (crime omissivo próprio).

16.10.5 Art. 10

Art. 10 *Decretar a condução coercitiva de testemunha ou investigado manifestamente descabida ou sem prévia intimação de comparecimento ao juízo:*

Pena - detenção, de 1 (um) a 4 (quatro) anos, e multa.

Conduta típica

Em breves palavras, condução coercitiva consiste em levar alguém, ainda que contra a sua vontade, à presença de determinada autoridade para que possa realizar algum ato proveitoso à persecução penal. Segundo o CPP, existe a possibilidade de condução coercitiva em relação aos seguintes sujeitos: **vítima** (art. 201, §1°); **acusado** (art. 260); **testemunha** (art. 218); **perito** (art. 278).

Embora haja todas essas possibilidades, teremos o crime do art. 10 quando o agente público legitimado decretar condução coercitiva, de **testemunha ou investigado** (apenas esses), em uma de duas situações:

- **Quando manifestamente descabida a medida:** citamos como exemplo uma condução coercitiva do investigado para interrogatório em sede policial. O STF recentemente reconheceu a impossibilidade de condução coercitiva de investigado ou réu objetivando a realização de interrogatório na fase investigatória ou judicial, considerando não recepcionada a parte do art. 260 do CPP que dispõe sobre a possibilidade de aplicação da medida *"para interrogatório"*;
- **Quando não tenha havido prévia intimação de comparecimento ao juízo:** sem intimação prévia e o subsequente não comparecimento na data agendada de forma injustificada, a condução coercitiva de testemunha ou investigado configurará o crime do art. 10.

Sujeitos do crime

Sujeito ativo: para melhor doutrina, a condução coercitiva pode ser determinada por várias autoridades, como por exemplo: juiz; autoridade policial; membro do Ministério Público. Dessa forma, não só o juiz como também qualquer agente público com atribuição para determinar a medida poderá ser sujeito ativo do crime

16.10.6 Art. 12

Art. 12 *Deixar injustificadamente de comunicar prisão em flagrante à autoridade judiciária no prazo legal:*

Pena - detenção, de 6 (seis) meses a 2 (dois) anos, e multa.

Parágrafo único. *Incorre na mesma pena quem:*

I - Deixa de comunicar, imediatamente, a execução de prisão temporária ou preventiva à autoridade judiciária que a decretou;

II - Deixa de comunicar, imediatamente, a prisão de qualquer pessoa e o local onde se encontra à sua família ou à pessoa por ela indicada;

III - deixa de entregar ao preso, no prazo de 24 (vinte e quatro) horas, a nota de culpa, assinada pela autoridade, com o motivo da prisão e os nomes do condutor e das testemunhas;

IV - Prolonga a execução de pena privativa de liberdade, de prisão temporária, de prisão preventiva, de medida de segurança ou de internação, deixando, sem motivo justo e excepcionalíssimo, de executar o alvará de soltura imediatamente após recebido ou de promover a soltura do preso quando esgotado o prazo judicial ou legal.

Conduta típica

Os delitos do art. 12 criminalizam o descumprimento de certos deveres legais, inerentes ao momento da prisão ou à execução da pena e de observância obrigatória pelos agentes públicos encarregados. Não se trata de discutir a legalidade da prisão em si, mas sim o cumprimento ou não de deveres correlatos, previstos em lei.

O art. 12, inicialmente, pune o agente público que deixa injustificadamente[5] de comunicar prisão em flagrante à autoridade judiciária no prazo legal. Esse dever de comunicação encontra-se previsto no art. 306, *caput* do CPP (bem como no art. 5°, LXII, CF) que anuncia, dentre outros, a exigência de comunicação imediata da prisão em flagrante de qualquer pessoa ao juiz competente, o qual, uma vez descumprido, caracterizará o crime em questão.

Perceba que o prazo legal dessa comunicação - conforme extraído da letra do art. 306, *caput, CPP* - é **imediatamente**. Contudo, ressaltamos que para boa parte da **doutrina é lícito que a comunicação da prisão se dê no prazo de 24 horas** (aplicando-se, por extensão, o

4 Cuida-se de um elemento normativo a ser esclarecido pelo intérprete. Os mesmo acontece em relação aos termos "dentro de prazo razoável", "manifestamente cabível", presentes no parágrafo único e incisos.

5 Se houver justo motivo, por exemplo falha nos sistemas de comunicação, não há crime.

prazo para remessa do auto de prisão em flagrante ao juiz - art. 306, §1°, CPP), sem que haja crime algum.

Por outro lado, também encontramos entendimento que interpreta literalmente o art. 306, *caput*, CPP, assim se a comunicação da prisão ao juiz não ocorrer imediatamente haverá o delito do art. 12, *caput* da Lei nº 13.869/2019. Para prova objetiva, recomendamos essa interpretação literal do dispositivo.

Figuras equiparadas

No parágrafo único nós temos algumas figuras equiparadas, ou seja, cada inciso constitui um crime autônomo, mas que receberá a mesma consequência penal da conduta prevista no *caput*, incorrendo na mesma pena quem:

- **Deixa de:** comunicar, imediatamente, a **execução** de prisão temporária ou **preventiva à autoridade judiciária** que a decretou. Cuida-se de um dever prescrito pelo art. 289-A, §3° do CPP. Quanto ao alcance da expressão "imediatamente"– aqui e no inciso II - valem as mesmas observações feitas ao *caput*;

Fique ligado

Autoridade policial que cumpre prisão preventivamente legalmente autorizada por juiz, porém não o comunica imediatamente sobre a execução da medida.

- **Deixa de:** comunicar, imediatamente, a prisão de qualquer pessoa e o local onde se encontra **à sua família ou à pessoa por ela indicada**. Esses também são deveres, à semelhança do *caput*, previstos no art. 306 do CPP (bem como no art. 5°, LXII, CF);
- **Deixa de:** entregar ao preso, no prazo de 24 (vinte e quatro) horas, a **nota de culpa**, assinada pela autoridade, com o motivo da prisão e o nome do condutor e das testemunhas. O dever de entrega da nota de culpa no prazo de 24 horas encontra-se previsto no art. 306, §2° do CPP;
- **Deixa:** sem justo e excepcionalíssimo motivo, de **executar imediatamente** alvará de soltura de preso ou **promover a sua soltura** quando esgotado o prazo judicial ou legal, prolongando, dessa forma, a execução de **pena privativa de liberdade**, de **prisão temporária ou preventiva, de medida de segurança ou de internação**.

É certo que se houver justo motivo para a não execução imediata do alvará/não promoção de soltura, não há crime.

> **Ex.:** atraso em virtude de rebelião no presídio ou diante de falha nos sistemas de comunicação, etc.

Sujeitos do crime

Sujeito ativo: será qualquer agente público com atribuição de praticar as condutas previstas nos tipos penais.

Modalidade omissiva

O crime do art. 12 (*caput* ou parágrafo único) reclama conduta omissiva por parte do sujeito ativo (crime omissivo próprio). Excepcionalmente aqui, não há modalidade comissiva do delito.

16.10.7 Art. 13

> ***Art. 13*** *Constranger o preso ou o detento, mediante violência, grave ameaça ou redução de sua capacidade de resistência, a:*
>
> *I - Exibir-se ou ter seu corpo ou parte dele exibido à curiosidade pública;*
>
> *II - Submeter-se a situação vexatória ou a constrangimento não autorizado em lei;*
>
> *III - produzir prova contra si mesmo ou contra terceiro:*
>
> *Pena - detenção, de 1 (um) a 4 (quatro) anos, e multa, sem prejuízo da pena cominada à violência.*

Conduta típica

O crime do art. 13 objetiva tutelar a integridade física e moral do preso ou detento, a qual encontra respaldo em dispositivos constitucionais (art. 5°, XLIX - *é assegurado aos presos o respeito à integridade física e moral*) e legais (art. 41, VIII, LEP - *constituem direitos do preso: proteção contra qualquer forma de sensacionalismo*). Nesse sentido, o mencionado delito tipifica a conduta do agente público que constrange/obriga o preso ou detento, mediante violência, grave ameaça ou redução de sua capacidade de resistência (violência imprópria), a:

- **Exibir-se ou ter seu corpo ou parte dele exibido à curiosidade pública:** essa última expressão indica a ausência de finalidade pública na exibição da pessoa presa ou detida, ou seja, o objetivo é saciar a curiosidade de terceiros e não uma efetiva e razoável contribuição à persecução penal;

  > **Ex.:** policial que coloca pessoa presa em flagrante dentro do "baú" da viatura (bagageiro adaptado) e comunica à imprensa para que possam fotografá-lo e exibi-lo à curiosidade pública. Nessa situação, o constrangimento foi realizado mediante violência imprópria, pois o preso, subjugado na parte traseira da viatura, encontrava-se com sua capacidade de resistência reduzida.

  Ressaltamos que a exposição da imagem de pessoa presa, mesmo que contra sua vontade, mas com o objetivo de auxiliar na elucidação do delito e desde que dentro de limites razoáveis e proporcionais ao atingimento da finalidade pública, não configurará o delito em questão. Podemos citar a divulgação à imprensa das fotos de pessoa presa suspeita de cometer vários delitos contra a dignidade sexual, para que seja possível a identificação de outras possíveis vítimas.
- **Submeter-se a situação vexatória ou a constrangimento não autorizado em lei:** policial que, mediante grave ameaça, constrange pessoa presa a gravar um vídeo de desculpas, chorando e se auto ofendendo, em razão dos delitos praticados;

  Vale ressaltar que se a situação causar vexame ou constrangimento, porém for autorizada pela lei, não há crime.

  > **Ex.:** prisão preventiva lícita, decretada pelo juiz e executada na empresa do detido, na presença de seus funcionários.
- **Produzir prova contra si mesmo ou contra terceiro:** O tipo penal consagra o princípio do *nemo tenetur se detegere* ou direito a não auto incriminação, o qual garante ao réu o direito de não praticar nenhum comportamento ativo que possa auto incriminá-lo. Tipifica também o constrangimento à produção de prova contra terceiro.

  > **Ex.:** escrivão de polícia que constrange pessoa detida, mediante grave ameaça, a fornecer um fio de seu cabelo para que se realize exame de DNA, necessário a comprovar a materialidade de um crime de estupro (art. 213 CP).

Sem prejuízo da pena cominada à violência

Observe que, se para cometer o delito do art. 13 o agente público se valer do emprego de violência à vítima, teremos concurso de crimes - por expressa disposição legal: *detenção, de 1 (um) a 4 (quatro) anos, e multa,* ***sem prejuízo da pena cominada à violência.***

Sujeitos do crime

Sujeito ativo: é o agente público que praticar a conduta prevista no tipo penal (não se enquadram como sujeito ativo do delito, os profissionais da imprensa que, porventura, venham a capturar imagens do preso ou detento – não são "agentes públicos").

16.10.8 Art. 15

> ***Art. 15 Constranger*** *a depor,* ***sob ameaça de prisão,*** *pessoa que, em razão de função, ministério, ofício ou profissão, deva guardar segredo ou resguardar sigilo:*
>
> *Pena - detenção, de 1 (um) a 4 (quatro) anos, e multa.*
>
> ***Parágrafo único.*** *Incorre na mesma pena quem prossegue com o interrogatório:*
>
> *I - de pessoa que tenha decidido exercer o direito ao silêncio; ou*

D P E N

II – de pessoa que tenha optado por ser assistida por advogado ou defensor público, sem a presença de seu patrono.

O núcleo do tipo (verbo) deste crime é **constranger**. Este delito só poder ser praticado por ação, não cabe imputação por omissão.

Sujeito passivo: Os sujeitos passivos deste crime estão previstos no art. 207 do Código de Processo Penal.

> ***Art. 207*** *São proibidas de depor as pessoas que, em razão de função, ministério, ofício ou profissão, devam guardar segredo, salvo se, desobrigadas pela parte interessada, quiserem dar o seu testemunho.*

Exemplos:

- Um padre em relação a uma confissão;
- Um psicólogo em relação ao seu paciente;
- Advogado.

Essas pessoas não podem ser constrangidas a depor, ainda que estejam desobrigadas pela parte interessada.

Esse constrangimento não é feito de qualquer forma para a caracterização deste delito. O constrangimento deve ser feito sobre a ameaça de prisão.

Pois, a maioria da doutrina, Renato Brasileiro, Renee do O', Rogério Greco e **Rogério Sanches Cunha, entende que esse crime é um crime de ação vinculada.**

Já no parágrafo único do art. 15 da Lei nº 13.869/2019 trata de um crime em que o sujeito passivo do crime só podem ser o **acusado ou réu**, uma vez que se trata de interrogatório.

O interrogatório divide-se em duas fases.

- A 1º fase trata-se da qualificação do interrogando. Na qual a autoridade policial coleta dados de identificação do acusado/réu, por exemplo, seu nome, endereço, idade;
- Já na 2º fase trata-se do mérito, do fato em si.

O crime em análise recai sobre a segunda fase do interrogatório, na qual se discute o mérito, ou seja, o que aconteceu de fato.

Fique ligado

Um delegado de polícia inicia o interrogatório. Porém, o interrogando suscita seu direito ao silêncio e o delegado continua estimulando-o a fala, não respeitando assim o direito ao silêncio do acusado. Caracteriza-se o crime do art. 15, parágrafo único, I da Lei nº 13.869/2019.

A primeira fase ou parte do interrogatório não dá ao interrogando o direito ao silêncio quanto menos a faltar com a verdade, pois trata-se de informações sobre a sua identidade. Por isso, não cabe a alegação de autodefesa neste momento do interrogatório, conforme demonstra a Súmula nº 522 do STJ.

Além disso, incorre no art. 68 da Lei de Contravenções Penais o interrogando que mentir ou silenciar seus dados pessoais na fase de qualificação do interrogatório (1º fase).

> ***Súmula nº 522 – STJ***
>
> *A conduta de atribuir-se falsa identidade perante autoridade policial é típica, ainda que em situação de alegada autodefesa.*

Sujeito ativo

Qualquer agente público com atribuição de praticar as funções descritas no tipo penal.

16.10.9 Art. 15-A

Recentemente, por meio da Lei nº 14.321/2022, um novo crime foi adicionado à Lei de Abuso de Autoridade (Lei nº 13.869/2019), que trata da **violência institucional**.

> ***Art. 15-A*** *Submeter a vítima de infração penal ou a testemunha de crimes violentos a procedimentos desnecessários, repetitivos ou invasivos, que a leve a reviver, sem estrita necessidade:*
>
> *I – a situação de violência; ou*
>
> *II – outras situações potencialmente geradoras de sofrimento ou estigmatização:*
>
> *Pena – detenção, de 3 (três) meses a 1 (um) ano, e multa.*
>
> *§ 1º Se o agente público permitir que terceiro intimide a vítima de crimes violentos, gerando indevida revitimização, aplica-se a pena aumentada de 2/3 (dois terços).*
>
> *§ 2º Se o agente público intimidar a vítima de crimes violentos, gerando indevida revitimização, aplica-se a pena em dobro.*

Essa tipificação trata da possibilidade de a vítima sofrer indiretamente em razão do delito que foi praticado contra ela, através da sua submissão a procedimentos repetitivos ou desnecessários, dentro de instituições estatais (delegacia, fórum), fazendo com que ela reviva o evento traumático da violência ou sofrimento.

Esse processo de sofrimento causado é denominado de **vitimização secundária** ou **revitimização**. Em suma, são situações em que o sofrimento não decorre diretamente da violência praticada contra a vítima, mas que se dá em decorrência de procedimentos institucionais.

- Pode acontecer, por exemplo, em tomada de depoimentos ou em virtude de um mau atendimento nos órgãos públicos;

Portanto, o art. 15-A da Lei de Abuso de Autoridade visa punir a conduta de agentes públicos que submetam **vítima de infração penal ou testemunha de crime violento** a um processo de revitimização.

Outro ponto que merece destaque, diz respeito à pena cominada para o crime de violência institucional: **detenção de 3 (três) meses a 1 (um) ano.** É a menor pena da Lei nº 13.869/2019 e, por se tratar de delito de menor potencial ofensivo, é cabível o procedimento do Juizado Especial Criminal (Lei nº 9.099/1995) e os benefícios que dele decorrem.

- Ainda que incidam as causas de aumento de pena, previstas no §1º e §2º, o crime continua sendo de menor potencial ofensivo, vez que não ultrapassa o limite máximo de 2 anos.

Em seguida, vale salientar quais indivíduos podem ser vítimas desse crime:

- As vítimas de infração penal;
- A testemunha de crimes violentos. Nesse ponto, **obrigatoriamente** a testemunha deve ser de crimes violentos, não de qualquer tipo de infração penal.

Prosseguindo, ainda no *caput* do art. 15-A, a lei menciona *"procedimentos desnecessários, repetitivos ou invasivos"*. Não há especificação de quais procedimentos se enquadram nesse conceito, mas são considerados quaisquer procedimentos em que a vítima é submetida perante um agente público e que diga respeito à infração penal.

Só haverá a conduta criminosa, caso a lembrança dos eventos criminosos seja desnecessária, ou seja, quando **não houver a estrita necessidade**.

- Imagine que determinada pessoa foi vítima de uma tentativa de homicídio. Ela deverá ser ouvida em sede policial, para a elucidação do fato, ato que **obrigatoriamente** deve ocorrer e será inevitável que ela reviva os eventos traumáticos que passou;

Ainda, a vítima foi intimada para prestar este depoimento em horário no qual ela poderá se locomover, após total recuperação de sua saúde. Chegando no órgão público, foi tratada com a cordialidade devida. Veja que ela não foi submetida a um procedimento desnecessário, portanto, não haverá crime por parte do agente público.

Agora, em sentido contrário, veja outro exemplo:

- Imagine uma testemunha de um crime de homicídio (crime violento). O delegado que estava conduzindo a investigação desse delito achou que o primeiro depoimento prestado por essa testemunha não seria suficiente para se chegar à identificação do autor do crime;

O delegado, por sua vez, tem a convicção de que tal testemunha sabe quem é o autor, mas não quer revelar. Diante disso, dolosamente, ordena que a testemunha seja intimada toda semana, por várias vezes, para prestar múltiplos depoimento até que ela revele o que ele deseja.

Perceba que o delegado (agente público) submeteu uma testemunha de crime violento a procedimento desnecessário e repetitivo, fazendo-a reviver os eventos traumáticos sem que houvesse estrita necessidade em fazê-lo. Nesse caso, presente o dolo específico, haverá o crime de violência institucional (art. 15-A).

Causas de aumento de pena

Primeiramente, ambas as causas de aumento possuem uma característica em comum: serão aplicadas quando há **intimidação à vítima de crime violento que cause uma indevida revitimização**.

Em segundo lugar, as duas causas são aplicáveis somente **às vítimas de crimes violentos**, de modo que as testemunhas (citadas pelo *caput*) não são abrangidas pelas causas de aumento.

Terceiro, está presente o ato de **intimidar** a vítima, que é uma postura ainda mais hostil do que aquela prevista no *caput*.

Agora, especificamente sobre o §1º, trata-se da situação em que o agente público adota uma postura omissiva e permite que um **terceiro intimide a vítima** de crime violento, causando indevida revitimização (aplica-se a pena aumentada de 2/3).

Quanto ao §2º, trata-se da situação em que o **próprio agente público intimida a vítima** de crime violento, causando indevida revitimização (aplica-se a pena em dobro).

Característica comum	§ 1º	§ 2º
Intimidação da vítima de crime violento, causando indevida revitimação.	Agente público se omite e permite que terceiro intimide a vítima.	Quando o próprio agente público pratica a intimação.

Sujeitos do crime

Em relação ao **sujeito ativo**, poderá ser qualquer agente público com atribuição de aplicar o procedimento (ex: juiz, delegado, promotor de justiça, etc). Assim, como todos os crimes da Lei de Abuso de Autoridade, trata-se de um crime próprio.

Já o **sujeito passivo** é a vítima de infração penal ou testemunha de crime violento. Lembrando que no contexto das causas de aumento (§§1º e 2º), apenas a vítima de crime violento pode figurar como sujeito passivo.

Consumação do crime

O crime de violência institucional é um **crime formal**, ou seja, consuma-se com a mera prática da conduta e não exige a ocorrência do resultado naturalístico (alteração no mundo natural).

Tal delito se consuma com a submissão da vítima aos procedimentos desnecessários, repetitivos ou invasivos que a fazem reviver, sem estrita necessidade, a situação de violência, sofrimento ou estigmatização.

A tentativa é possível. Cuida-se, ainda, de crime de perigo concreto.

16.10.10 Art. 16

> *Art. 16* ***Deixar de identificar-se ou identificar-se falsamente ao preso*** *por ocasião de sua captura ou quando deva fazê-lo durante sua detenção ou prisão:*
>
> *Pena - detenção, de 6 (seis) meses a 2 (dois) anos, e multa.*
>
> ***Parágrafo único.*** *Incorre na mesma pena quem, como responsável por* ***interrogatório*** *em sede de* ***procedimento investigatório de infração penal, deixa de identificar-se*** *ao preso* ***ou atribui a si mesmo falsa identidade, cargo ou função.***

Tem-se neste dispositivo a consagração de um direito fundamental previsto no art. 5, LXIV da CRFB/88, a saber, a identificação dos agentes responsáveis por sua prisão (art.16, caput) ou interrogatório (art. 16, parágrafo único).

> *LXIV - o preso tem direito à identificação dos responsáveis por sua prisão ou por seu interrogatório policial;*

Caput

O art. 16, *caput* pode ser praticado tanto por ação ou por omissão. Por omissão quando o agente deixar de identificar-se. Por ação quando ele utilizar-se de identificação falsa.

Sujeito passivo: é somente o **preso**, seja na captura, detenção ou prisão.

Sujeito ativo: qualquer agente público com atribuição de praticar as funções descritas no tipo penal.

Parágrafo único

É um crime equiparado ao art. 16, *caput*. Contudo, o PÚ fala em atribui a si mesmo falsa **identidade, cargo ou função** enquanto no *caput* fala-se apenas em identidade/identificação.

Neste ponto, a doutrina diverge, pois, para alguns no caput não abrangerá cargo ou função. Portanto, no art. 16, *caput*, se o agente público se identificar falsamente quanto a cargo ou função **não** haveria tipicidade.

Já no parágrafo único do mesmo dispositivo, se o agente público se identificar falsamente quanto a cargo ou função haveria tipicidade.

No parágrafo único do art. 16 também configura-se o crime por ação ou omissão.

Sujeitos do crime

Sujeito passivo: o mesmo sujeito passivo do *caput*, o preso! Contudo, apenas no momento do interrogatório de procedimento investigatório de infração penal. Por isso, a maioria da doutrina diz que este delito em fase pré-processual. Não cabe falar em caracterização do delito na fase processual penal/ fase judicial.

Sujeito ativo: qualquer agente público com atribuição de praticar as funções descritas no tipo penal, autoridade policial, membro do Ministério Público, desde que na fase pré-processual.

16.10.11 Art. 18

> *Art. 18* ***Submeter o preso a interrogatório policial durante o período de repouso noturno****, salvo se capturado em flagrante delito ou se ele, devidamente assistido, consentir em prestar declarações:*
>
> *Pena - detenção, de 6 (seis) meses a 2 (dois) anos, e multa.*

Em regra, o interrogatório não pode ser feito em horário de repouso noturno, ou seja, horário de descanso.

Contudo, há duas exceções, se o preso for capturado em flagrante delito no horário de descanso noturno ou se ele, estando assistido, desejar prestar declarações.

DPEN

Sujeitos do crime

Sujeito passivo: o sujeito passivo é o preso, porém a tipificação só ocorre se o ato se der em sede de inquérito policial.

Sujeito ativo: somente a autoridade policial (Delegado de Polícia).

Repouso noturno

A lei em análise é silente a respeito do conceito de repouso noturno. Por isso, há bastante divergência doutrinária acerca do assunto.

Contudo, segundo Renato Brasileiro, aplica-se para fins de conceituação de repouso noturno o art. 22, § 1º , inciso III da Lei nº 13.869/2019, aplica-se um prazo da própria Lei de Abuso de Autoridade.

Portanto, o período compreendido entre 21h (vinte e uma horas) até 5h (cinco horas).

> *Art. 22 Invadir ou adentrar, clandestina ou astuciosamente, ou à revelia da vontade do ocupante, imóvel alheio ou suas dependências, ou nele permanecer nas mesmas condições, sem determinação judicial ou fora das condições estabelecidas em lei:*
>
> *Pena - detenção, de 1 (um) a 4 (quatro) anos, e multa.*
>
> *§ 1º Incorre na mesma pena, na forma prevista no **caput** deste artigo, quem:*
>
> *III - cumpre mandado de busca e apreensão domiciliar **após as 21h (vinte e uma horas) ou antes das 5h (cinco horas)**.*

> **Ex.:** A autoridade policial inicia o interrogatório do preso antes das 20 horas, contudo, as 20 horas e 50 minutos, ele percebe que aquele interrogatório não está finalizado ainda e que seu término não está próximo, ou seja, ele precisaria continuar o interrogatório após as 21 horas.

Neste caso, ele pode continuar com o interrogatório, mesmo ultrapassando o horário das 21 horas ou ele deve interromper o interrogatório e dar continuidade após o horário de repouso noturno?

Para Renato Brasileiro, o Delegado de Polícia deverá interromper o interrogatório e retomá-lo no dia seguinte após as 5 horas. Num entendimento diferente do que se aplica aos mandados de busca e apreensão.

16.10.12 Art. 19

> ***Art. 19 Impedir ou retardar, injustificadamente**, o envio de pleito de preso à autoridade judiciária competente para a apreciação da legalidade de sua prisão ou das circunstâncias de sua custódia:*
>
> *Pena - detenção, de 1 (um) a 4 (quatro) anos, e multa.*
>
> ***Parágrafo único.** Incorre na mesma pena o magistrado que, ciente do impedimento ou da demora, **deixa** de tomar as providências tendentes a saná-lo ou, não sendo competente para decidir sobre a prisão, **deixa** de enviar o pedido à autoridade judiciária que o seja.*

Este artigo busca proteger o direito fundamental ao direito de petição, art. 5, XXXIV da CRFB/88.

> ***Art. 5º** Todos são iguais perante a lei, sem distinção de qualquer natureza, garantindo-se aos brasileiros e aos estrangeiros residentes no País a inviolabilidade do direito à vida, à liberdade, à igualdade, à segurança e à propriedade, nos termos seguintes:*
>
> *XXXIV - são a todos assegurados, independentemente do pagamento de taxas:*
>
> *a) o **direito de petição aos Poderes Públicos** em defesa de direitos ou contra ilegalidade ou abuso de poder;*

Caput

Para que haja a tipificação deste crime faz-se necessário que a conduta do agente público ocorra de forma **injustificada,** pois, caso exista uma justificativa a conduta será atípica.

Os núcleos do tipo penal em análise são impedir ou retardar, os quais podem ocorrer **por ação ou omissão**. Uma vez que o verbo impedir demonstra uma ação do sujeito ativo, já o verbo retardar traz uma ideia de um não fazer, ou seja, uma omissão.

> **Ex.:** O preso redige um habeas corpus requerendo sua soltura para o juiz. Entretanto, o diretor do estabelecimento prisional, a fim de prejudicar dolosamente o preso, impede que esse habeas corpus chegue ao juiz. Restará configurado o crime do art. 19, caput da Lei nº 13.869/2019.

Sujeitos do crime

Sujeito ativo: trata-se de crime próprio, somente o agente público pode cometê-lo.

Sujeito passivo: o sujeito passivo deste crime é somente o preso.

Porém, para configuração do delito o **pedido** do preso terá de ser necessariamente **a autoridade judiciária (juiz) competente para apreciar sua prisão ou qualquer circunstância relativa a sua custódia.**

Parágrafo único

No parágrafo únci do art. 19 da Lei nº 13.869/2019 estão previstas as figuras equiparadas ao crime do *caput* do referido artigo. A conduta deste crime apenas se configura por omissão.

Sujeito ativo: também é crime próprio, porém, o sujeito ativo deste crime é somente o magistrado (juiz, desembargador ou ministro).

Art. 19 da Lei nº 13.869/2019	
Caput	Parágrafo único
Ação ou Omissão	Apenas por Omissão

16.10.13 Art. 20

> *Art. 20 Impedir, **sem justa causa, a entrevista pessoal e reservada do preso com seu advogado**:*
>
> *Pena - detenção, de 6 (seis) meses a 2 (dois) anos, e multa.*
>
> ***Parágrafo único.** Incorre na mesma pena quem **impede o preso**, o **réu solto ou o investigado** de **entrevistar-se pessoal e reservadamente com seu advogado ou defensor, por prazo razoável, antes de audiência judicial**, e de sentar-se ao seu lado e com ele comunicar-se durante a audiência, salvo no curso de interrogatório ou no caso de audiência realizada por videoconferência.*

Caput

A conduta deste crime é impedir a entrevista pessoal e reservada do preso com seu advogado.

A entrevista pessoal e reservada do preso com seu advogado é assegurada constitucionalmente como um direito fundamental previsto no art. 5º , LXIII da CRFB/88.

> *LXIII - **o preso** será informado de seus direitos, entre os quais o de permanecer calado, sendo-lhe **assegurada a assistência** da família e **de advogado**;*

Sujeitos do crime

Sujeito ativo: trata-se de crime próprio somente o agente público pode cometê-lo.

Sujeito passivo: no caput do art. 20 da Lei de Abuso de Autoridade o sujeito passivo é **apenas o preso**, diferentemente do parágrafo único do mesmo artigo.

Parágrafo único

Trata-se de uma figura equiparada ao art. 20, caput. Por isso, a conduta deste crime também é impedir a entrevista pessoal e reservada do preso com seu advogado, porém, por prazo razoável antes da audiência ou de sentar-se ao seu lado e com ele comunicar-se durante a audiência.

Exceções:

- Interrogatório em juízo;
- Audiência realizada por videoconferência.

Segundo a maioria da doutrina, a exceção do interrogatório é mencionada porque, no interrogatório, o sistema vigente é o presidencialista, ou seja, as perguntas serão realizadas diretamente do juiz para o interrogando. As partes levaram suas perguntas ao juiz e ele as fará diretamente ao acusado/réu.

Sujeito ativo: somente o magistrado/autoridade judiciária (juiz, desembargador ou ministro).

Sujeito passivo: o sujeito passivo deste crime pode ser preso, réu solto ou investigado.

16.10.14 Art. 21

> ***Art. 21*** *Manter presos de ambos os sexos na mesma cela ou espaço de confinamento:*
>
> *Pena - detenção, de 1 (um) a 4 (quatro) anos, e multa.*
>
> ***Parágrafo único.*** *Incorre na mesma pena quem mantém, na mesma cela, criança ou adolescente na companhia de maior de idade ou em ambiente inadequado, observado o disposto na Lei nº 8.069, de 13 de julho de 1990 (Estatuto da Criança e do Adolescente).*

Este crime visa proteger o direito do preso previsto no art. 82 da Lei de Execução Penal (LEP).

> ***Art. 82*** *Os estabelecimentos penais destinam-se ao condenado, ao submetido à medida de segurança, ao preso provisório e ao egresso.*
>
> ***§ 1° A mulher e o maior de sessenta anos, separadamente, serão recolhidos a estabelecimento próprio e adequado à sua condição pessoal.***
>
> *§ 2º - O mesmo conjunto arquitetônico poderá abrigar estabelecimentos de destinação diversa desde que devidamente isolados.*

Cela ou espaço de confinamento

Cela é o local onde ficam os presos definitivos ou provisórios, seja em penitenciárias ou delegacias.

Espaço de confinamento é qualquer outro local enclausurado onde fique o preso que não seja uma cela destinado ao preso provisório ou definitivo. Ex.: baú da viatura/gaiola.

Transexuais e travestis

Há uma intensa discussão doutrinária envolvendo os transexuais e travestis no que tange a questão de qual seria a cela e espaço de confinamento adequado a este grupo de pessoas.

Alguns entendem que os transexuais, de maneira geral, devem ser recolhidos em celas femininas.

Outros doutrinadores vão entender que neste caso vale a opção do indivíduo que está preso. Caso o indivíduo do gênero masculino se identifique com o gênero feminino, mesmo não tendo realizado cirurgia de redesignação sexual, sem alteração no registro civil, deve ser recolhido em unidade prisional feminina.

Segundo Nucci, "(...)Há, certamente, a omissão legislativa – e não deveria ter acontecido - onde prender travesti e transexuais. Já que inexiste clara definição, não se pode processar por abuso de autoridade o lugar onde se coloca, preso, a pessoa travesti ou transexual, vale dizer, em cela masculina ou feminina.(...)"

Cuida-se de tema que carece de uniformização pelos tribunais superiores.

Sujeitos do crime

Sujeito ativo: Somente aquele agente público com atribuição de praticar as funções descritas no tipo penal tanto para a tipificação do *caput* quanto do parágrafo único do art. 21 da Lei de Abuso de Autoridade.

Parágrafo único

A figura descrita no parágrafo único da art. 21 é equiparada a conduta do art. 21, *caput* e nela incorre o agente que, na mesma cela, colocar criança ou adolescente na companhia de maior de idade ou em ambiente inadequado. Para a interpretação do art. 21, parágrafo único faz-se necessário remeter-se aos arts. 94 e 123 do Estatuto da Criança e do Adolescente.

> ***Art. 94*** *As entidades que desenvolvem programas de internação têm as seguintes obrigações, entre outras:*
>
> *I - observar os direitos e garantias de que são titulares os adolescentes;*
>
> *II - não restringir nenhum direito que não tenha sido objeto de restrição na decisão de internação;*
>
> *III - oferecer atendimento personalizado, em pequenas unidades e grupos reduzidos;*
>
> *IV - preservar a identidade e oferecer ambiente de respeito e dignidade ao adolescente;*
>
> *V - diligenciar no sentido do restabelecimento e da preservação dos vínculos familiares;*
>
> *VI - comunicar à autoridade judiciária, periodicamente, os casos em que se mostre inviável ou impossível o reatamento dos vínculos familiares;*
>
> *VII - oferecer instalações físicas em condições adequadas de habitabilidade, higiene, salubridade e segurança e os objetos necessários à higiene pessoal;*
>
> *VIII - oferecer vestuário e alimentação suficientes e adequados à faixa etária dos adolescentes atendidos;*
>
> *IX - oferecer cuidados médicos, psicológicos, odontológicos e farmacêuticos;*
>
> *X - propiciar escolarização e profissionalização;*
>
> *XI - propiciar atividades culturais, esportivas e de lazer;*
>
> *XII - propiciar assistência religiosa àqueles que desejarem, de acordo com suas crenças;*
>
> *XIII - proceder a estudo social e pessoal de cada caso;*
>
> *XIV - reavaliar periodicamente cada caso, com intervalo máximo de seis meses, dando ciência dos resultados à autoridade competente;*
>
> *XV - informar, periodicamente, o adolescente internado sobre sua situação processual;*
>
> *XVI - comunicar às autoridades competentes todos os casos de adolescentes portadores de moléstias infecto-contagiosas;*
>
> *XVII - fornecer comprovante de depósito dos pertences dos adolescentes;*
>
> *XVIII - manter programas destinados ao apoio e acompanhamento de egressos;*
>
> *XIX - providenciar os documentos necessários ao exercício da cidadania àqueles que não os tiverem;*
>
> *XX - manter arquivo de anotações onde constem data e circunstâncias do atendimento, nome do adolescente, seus pais ou responsável, parentes, endereços, sexo, idade, acompanhamento da sua formação, relação de seus pertences e demais dados que possibilitem sua identificação e a individualização do atendimento.*
>
> *§ 1° Aplicam-se, no que couber, as obrigações constantes deste artigo às entidades que mantêm programas de acolhimento institucional e familiar.*
>
> *§ 2º No cumprimento das obrigações a que alude este artigo as entidades utilizarão preferencialmente os recursos da comunidade.*
>
> ***Art. 123*** *A internação deverá ser cumprida em entidade exclusiva para adolescentes, em local distinto daquele destinado ao abrigo, obedecida rigorosa separação por critérios de idade, compleição física e gravidade da infração.*

DPEN

16.10.15 Art. 22

Art. 22 Invadir ou adentrar, clandestina ou astuciosamente, ou à revelia da vontade do ocupante, imóvel alheio ou suas dependências, ou nele permanecer nas mesmas condições, sem determinação judicial ou fora das condições estabelecidas em lei:

Pena – detenção, de 1 (um) a 4 (quatro) anos, e multa.

*§ 1º Incorre na mesma pena, na forma prevista no **caput** deste artigo, quem:*

I – coage alguém, mediante violência ou grave ameaça, a franquear-lhe o acesso a imóvel ou suas dependências;

III – cumpre mandado de busca e apreensão domiciliar após as 21h (vinte e uma horas) ou antes das 5h (cinco horas).

§ 2º Não haverá crime se o ingresso for para prestar socorro, ou quando houver fundados indícios que indiquem a necessidade do ingresso em razão de situação de flagrante delito ou de desastre *(**excludentes de ilicitude**).*

Caput

Invadir, adentrar ou permanecer clandestinamente ou astuciosamente, a â revalia da vontade do ocupante	—	Imovél alheio ou suas depedênciaas (Ex.: quintal, garagem)	—	Tudo isso sem determinação legal ou em desacordo com a lei

Quando que o ingresso ou permanência em imóvel alheio descumprirá as condições estabelecidas na lei?

***Art. 5, XI, CRFB/88** A casa é asilo inviolável do indivíduo, ninguém nela podendo penetrar sem consentimento do morador, salvo em caso de flagrante delito ou desastre, ou para prestar socorro, ou, durante o dia, por determinação judicial;*

Ou seja, quando não for hipótese de:

- Flagrante delito;
- Desastre;
- Prestação de socorro; ou
- Durante o dia, por determinação judicial.

Figura equiparada

Coage alguém, mediate violência ou grave	—	a franquear-lhe o acesso a imóvel ou suas dependências
Cumpre mandado de busca e apreensão domiciliar	—	após as 21h (vinte e uma horas) ou antes das 5h (cinco horas)

Ex.: um policial que chega na residência do suspeito da prática do crime, porém, sem ordem judicial e sem elementos para um flagrante. Esse mesmo policial começa a coagir o investigado, dizendo que já há inquérito instaurado, e que ele teria de consentir com a entrada, caso contrário ele iria "ferrar" o investigado no inquérito policial. E diz mais:

- Quem não deve não teme. Então, você tem de me deixar entrar, eu vou interpretar que você está devendo alguma coisa.

Nesta situação, há uma coação mediante grave ameaça para que o morador franqueie, ou seja, permita a entrada no imóvel ou sua dependência. Isso figura a conduta típica do art. 22, § 1º, I da **Lei nº 13.869/2019.**

O inciso III pressupõe que há um mandado judicial a ser realizado, portanto, ele precisa ser cumprido durante o dia.

A Constituição Federal não traz o conceito de dia deixando a cargo do legislador infraconstitucional e a jurisprudência definirem este conceito. A Lei nº 13.869/2019 definiu que o conceito de dia, para o cumprimento de mandado de busca e apreensão, abrange o horário de 5 (cinco) horas e 21 (vinte e uma) horas.

Portanto, cumprir ordem judicial de busca e apreensão, depois das 21 horas e antes das 5horas, configura crime de abuso de autoridade, na forma do art. 22, § 1º, inciso III da **Lei nº 13.869/2019.**

Antes da Lei de Abuso de Autoridade, para o conceito de dia utilizava-se o critério cronológico, ou seja, dia era o horário das 6 (seis) horas até as 18 (dezoito) horas.

- Imagine que policiais munidos de um mandado de busca e apreensão domiciliar ingressam no imóvel do suspeito as 20 (vinte) horas.

  Nesta situação há crime de abuso de autoridade? Não!

  Essa prova será considerada lícita?

Para boa parte da doutrina (Renato Brasileiro, Norberto Avena, Guilherme de Souza Nucci):

Neste caso, a prova é totalmente lícita, válida e constitucional. Isso porque o critério do art. 22, § 1º, inciso III da **Lei nº 13.869/2019, além de definir um tipo penal, também será determinante quanto a licitude da prova, ou seja, se a prova é lícita ou não.**

Sujeitos do crime

Sujeito ativo: todo o art. 22 da **Lei nº 13.869/2019 é crime próprio, apenas podendo cometê-lo o agente público.**

Conduta

- **Omissiva:** permanecer - Caput.
- **Comissiva:** demais verbos do caput e § 1º .

Faz-se necessário observar que o art. 22 da Lei de Abuso de Autoridade "equivale" ao crime de invasão de domicílio, a diferença está no sujeito ativo desses delitos.

Por isso, **a Lei nº 13.869/2019 REVOGOU o art. 150, § 2º do CP** que era uma causa de aumento de pena do crime de violação de domicílio (quando o crime fosse cometido por funcionário público).

16.10.16 Art. 23

Art. 23 Inovar artificiosamente, no curso de diligência, de investigação ou de processo, o estado de lugar, de coisa ou de pessoa, com o fim de eximir-se de responsabilidade ou de responsabilizar criminalmente alguém ou agravar-lhe a responsabilidade:

Pena – detenção, de 1 (um) a 4 (quatro) anos, e multa.

Ex.: policial, autor de crime de homicídio, que no decorrer das investigações forja uma carta de comunicação de suicídio, dando a entender ter sido redigida pela vítima, com o intento de fazer cessar a persecução penal.

Ou seja, o termo "inovar artificiosamente" significa criar, montar algo que não corresponde à realidade. Ademais, esta inovação deve estar minimamente apta a enganar alguém, caso contrário não haverá crime (crime impossível).

***Parágrafo único.** Incorre na mesma pena quem pratica a conduta com o intuito de:*

I – eximir-se de responsabilidade civil ou administrativa por excesso praticado no curso de diligência;

Imagine que em determinada diligência, o policial comete excesso no momento do cumprimento de uma ordem de busca e apreensão (quebrou vários móveis da residência). Sabendo que este excesso certamente resultaria em uma responsabilização cível ou administrativa, ele adultera as imagens das câmeras de segurança daquele local com o objetivo de eximir-se dessa provável responsabilidade.

Perceba que o agente não cometeu infração penal com o excesso, porém ele certamente lhe gerará responsabilidade na esfera cível ou administrativa. Na verdade, o crime ocorre quando, diante do excesso, o sujeito pratica a conduta para eximir-se de uma das responsabilidades mencionadas.

II - omitir dados ou informações ou divulgar dados ou informações incompletos para desviar o curso da investigação, da diligência ou do processo.

A omissão ou incompletude do dado ou informação tem como finalidade necessária embaraçar o andamento de investigação, diligência ou processo.

Neste delito (como um todo), cabe salientar que o sujeito ativo pode ser qualquer agente público capaz de praticar os atos descritos.

16.10.17 Art. 24

Art. 24 *Constranger, sob violência ou grave ameaça, funcionário ou empregado de instituição hospitalar pública ou privada a admitir para tratamento pessoa cujo óbito já tenha ocorrido, com o fim de alterar local ou momento de crime, prejudicando sua apuração:*

Pena - detenção, de 1 (um) a 4 (quatro) anos, e multa, além da pena correspondente à violência.

Imagine que um policial está com um suspeito da prática de um crime e, após espanca-lo, o suspeito acaba falecendo. Diante da situação, sabendo que o indivíduo estava morto, o policial leva-o até um hospital para que o médico receba o falecido como se vivo estivesse, com o objetivo de alterar o momento da morte. O médico nega realizar o ato ilícito proposto, então o policial o ameaça de morte para que faça sua vontade.

Nesse caso, perceba que o objetivo do agente foi o de alterar o momento da morte, **prejudicando a apuração do crime.** Além disso, destaca-se que o agente necessariamente deve saber que o indivíduo já está sem vida.

No exemplo acima o agente responderá pelo delito do art. 24 da Lei nº 13.869/2019 em concurso com o art. 121, CP (homicídio – considerando o dolo de matar), haja vista o teor do preceito secundário daquele, o qual estabelece pena de detenção, de 1 a 4 anos, e multa, além da pena correspondente à violência (a grave ameaça será absorvida pelo crime da Lei nº 13.869/2019).

Novamente, o sujeito ativo, como um todo, pode ser qualquer agente público.

16.10.18 Art. 25

Art. 25 *Proceder à obtenção de prova, em procedimento de investigação ou fiscalização, por meio manifestamente ilícito:*

Pena - detenção, de 1 (um) a 4 (quatro) anos, e multa.

Observado que o *caput* menciona procedimentos de investigação ou fiscalização, pode-se afirmar que o crime também é aplicável a procedimentos administrativos (da Receita Federal, por exemplo).

Imagine que um investigador de polícia deseje colher elementos de autoria e materialidade de determinada infração penal, mas está encontrando muita dificuldade. Posteriormente, ele toma conhecimento de que o suspeito da infração se comunica através de cartas com outro criminoso e certamente ali estarão presentes elementos de autoria e materialidade do crime. No entanto não foi concedida autorização judicial para interceptação das correspondências.

Então, mesmo sem autorização, o policial vai até a caixa de correspondências do suspeito e retira as cartas lá presentes, onde realmente constam evidências da autoria e materialidade.

Claramente o policial obteve as provas de forma ilícita, violando o sigilo da correspondência (art. 5°, XII da CF) e agindo sem autorização judicial.

Parágrafo único. *Incorre na mesma pena quem faz uso de prova, em desfavor do investigado ou fiscalizado, com prévio conhecimento de sua ilicitude.*

Perceba que no parágrafo único o agente não agiu para obter a prova ilícita (ela já existia), mas sim fez uso, em desfavor do investigado ou fiscalizado, de prova que já sabia ilícita.

O sujeito ativo desde delito, como um todo, pode ser qualquer agente público que praticar as condutas previstas no tipo.

16.10.19 Art. 27

Art. 27 *Requisitar instauração ou instaurar procedimento investigatório de infração penal ou administrativa, em desfavor de alguém, à falta de qualquer indício da prática de crime, de ilícito funcional ou de infração administrativa:*

Pena - detenção, de 6 (seis) meses a 2 (dois) anos, e multa.

Fique ligado

Existem duas ADINs (Ações Diretas de Inconstitucionalidade) em andamento cujo objeto é esse delito, mas nenhuma delas foi julgada até o momento. Portanto, o crime previsto neste artigo ainda é considerado constitucional.

Note que a instauração de procedimento investigatório deve ser contra alguém específico – não haverá crime se for uma investigação sem autoria definida.

> **Ex.:** imagine que um Delegado de Polícia tenha o seu vizinho como inimigo. Este vizinho recebeu uma ótima proposta de emprego e, sabendo disso, o delegado instaura um inquérito policial contra ele, acusando-o da prática de tráfico de drogas. O delegado sabe que este crime nunca ocorreu, mas tem como objetivo frustrar a contratação do vizinho no novo emprego.

Este artigo (entre outros da Lei de Abuso de Autoridade) é alvo de críticas, em razão da subjetividade por ele trazida – não é muito claro quando se caracteriza a "falta de qualquer indício", ficando a critério do intérprete na análise do caso concreto.

Além disso, alguns juristas afirmam que este crime pode servir como desestímulo ao início de novas investigações, quando os indícios ainda são muito frágeis, mas que poderiam ser enrijecidos no decurso do inquérito (ou procedimento administrativo).

Parágrafo único. *Não há crime quando se tratar de sindicância ou investigação preliminar sumária, devidamente justificada.*

O parágrafo único prevê que não haverá o crime quando se tratar de sindicância ou investigação preliminar sumária, devidamente justificada. Assim, havendo qualquer indício, por menor que seja, da prática de crime, infração funcional ou administrativa, não responderá pelo delito em questão o agente público que instaurar ou requisitar o procedimento (aliás, esse será o seu dever).

O sujeito ativo desde delito, como um todo, pode ser qualquer agente público que praticar as condutas previstas no tipo.

16.10.20 Art. 28

Art. 28 *Divulgar gravação ou trecho de gravação sem relação com a prova que se pretenda produzir, expondo a intimidade ou a vida privada ou ferindo a honra ou a imagem do investigado ou acusado:*

Pena - detenção, de 1 (um) a 4 (quatro) anos, e multa.

Infelizmente, o legislador não deixou claro quais tipos de gravação podem ser considerados para fins deste delito. No entanto, a doutrina entende que a "gravação" é resultado de uma anterior interceptação ou de anterior escuta realizada.

Ou seja, o crime trata da divulgação da *mídia* em que está armazenada a comunicação anteriormente interceptada. Podem ser comunicações telefônicas ou ambientais (reguladas pela Lei 9.296/96).

▷ **Relembrando o que se compreende por interceptação ambiental:** são sinais ópticos (filmagens), sinais acústicos (gravação de voz) ou sinais eletromagnéticos (ondas de rádio).

Ademais, ressalta-se que a gravação que foi divulgada (inteiramente ou trechos) deve ser sido interceptada de forma **lícita**. Isso

DPEN

porque, na hipótese de a interceptação ter ocorrido de forma ilícita, pode-se estar diante do crime do art. 10 da Lei nº 9.296/1996.

Além disso, para que tenhamos o delito do art. 28, o tipo penal exige que a conduta do sujeito ativo:

- Recaia sobre gravação ou trecho de gravação sem relação com a prova que se pretenda produzir. Portanto, caso a gravação ou trecho guarde relação com a prova a ser produzida, não haverá o crime do art. 28 (podendo estar caracterizado o delito do art. 10 ou 10-A da Lei nº 9.296/1996, a depender da espécie de comunicação – telefônica ou ambiental);
- Exponha a intimidade ou a vida privada ou fira a honra ou a imagem. Se a conduta não atacar algum desses direitos constitucionalmente garantidos, não teremos o crime;
- Tenha como destinatário o investigado (fase investigativa) ou acusado (fase judicial). Dessa forma, se a conduta recair sobre qualquer outra pessoa que não alguma das citadas, não haverá o crime.

O sujeito ativo desde delito é o agente público que deva assegurar a confidencialidade da gravação.

16.10.21 Art. 29

> ***Art. 29*** *Prestar informação falsa sobre procedimento judicial, policial, fiscal ou administrativo com o fim de prejudicar interesse de investigado:*
> *Pena - detenção, de 6 (seis) meses a 2 (dois) anos, e multa.*

A constitucionalidade desse delito também está sendo discutida em duas ADINs, mas até o momento não houve julgamento do feito. Por enquanto, é constitucional.

A informação falsa prestada pode estar relacionada aos âmbitos judicial, policial, fiscal ou administrativo. Outro ponto importante é que o sujeito deve saber que está prestando uma informação falsa, pois se trata de um crime doloso.

Ademais, a finalidade da informação falsa deve ser exclusivamente para prejudicar os interesses do investigado. Quando há a intenção de beneficiar o investigado, pode-se caracterizar o crime do art. 319 do Código Penal (prevaricação).

O sujeito ativo desde delito, como um todo, pode ser qualquer agente público que praticar as condutas previstas no tipo.

16.10.22 Art. 30

> ***Art. 30*** *Dar início ou proceder à persecução penal, civil ou administrativa sem justa causa fundamentada ou contra quem sabe inocente:*
> *Pena - detenção, de 1 (um) a 4 (quatro) anos, e multa.*

Para a caracterização deste delito, a persecução iniciada deve ser penal, civil ou administrativa, desde **que sem justa causa fundamentada** ou contra **pessoa que o sujeito ativo sabe inocente**.

- A ausência de justa causa é quando não existem elementos mínimos para que se inicie uma persecução (elementos mínimos de materialidade ou autoria), ou seja, ausência de lastro probatório mínimo.

Assim como outros artigos da Lei de Abuso de Autoridade, vários doutrinadores entendem que o art. 30 é inconstitucional, pois é muito vago o conceito do que seria uma persecução penal, civil ou **administrativa "sem justa causa"**, tornando subjetiva essa avaliação.

O sujeito ativo será o agente público que praticar a conduta prevista no tipo penal.

16.10.23 Art. 31

> ***Art. 31*** *Estender injustificadamente a investigação, procrastinando-a em prejuízo do investigado ou fiscalizado:*
> *Pena - detenção, de 6 (seis) meses a 2 (dois) anos, e multa.*

Primeiramente, note que o crime descrito não se restringe ao âmbito penal, pois o legislador utilizou os termos "investigado" e "fiscalizado" (englobando o âmbito administrativo também).

Outro elemento normativo fundamental é o termo *"estender injustificadamente"*. Novamente, a lei não explica o que se deve entender a partir disso. A doutrina aponta que não se trata de uma mera contagem de dias, em que há um limite máximo – deve-se considerar a **complexidade da investigação, o número de vítimas e quem de fato está procrastinando o caso.**

> ***Parágrafo único.*** *Incorre na mesma pena quem, inexistindo prazo para execução ou conclusão de procedimento, o estende de forma imotivada, procrastinando-o em prejuízo do investigado ou do fiscalizado.*

O parágrafo único traz uma conduta equiparada ao *caput*. Independentemente de haver ou não prazo para a conclusão de determinado procedimento, a procrastinação poderá ser verificada de acordo com o caso concreto.

O sujeito ativo será o agente público que incidir na conduta prevista no tipo penal.

Por sua vez, a conduta pode ser comissiva (ação) ou omissiva (omissão).

- Quando um delegado toma medidas protelatórias, com o intuito de prejudicar o investigado, há conduta **comissiva,** por exemplo;
- Quando o delegado se omite quanto ao andamento da investigação, com o intuito de prejudicar o investigado, há conduta **omissiva,** por exemplo.

16.10.24 Art. 32

> ***Art. 32*** *Negar ao interessado, seu defensor ou advogado acesso aos autos de investigação preliminar, ao termo circunstanciado, ao inquérito ou a qualquer outro procedimento investigatório de infração penal, civil ou administrativa, assim como impedir a obtenção de cópias, ressalvado o acesso a peças relativas a diligências em curso, ou que indiquem a realização de diligências futuras, cujo sigilo seja imprescindível:*
> *Pena - detenção, de 6 (seis) meses a 2 (dois) anos, e multa.*

Trata-se da conduta de negar ao interessado (ou ao seu defensor), o acesso aos autos ou à obtenção de cópias destes, podendo ser procedimento investigatório de infração penal, civil ou administrativa.

Existe ressalva quanto às diligências em andamento ou aquelas que estejam relacionadas com diligências futuras. Por exemplo, uma interceptação telefônica que está em curso. Portanto, como uma conclusão óbvia, não haverá crime quando a negativa de acesso aos autos estiver fundamentada na imprescindibilidade de sigilo da diligência (futura ou em andamento).

O presente texto legal possui inspiração no enunciado da Súmula Vinculante nº 14: *É direito do defensor, no interesse do representado, ter acesso amplo aos elementos de prova que, já documentados em procedimento investigatório realizado por órgão com competência de polícia judiciária, digam respeito ao exercício do direito de defesa.*

O sujeito ativo será o agente público que incidir na conduta prevista no tipo penal.

16.10.25 Art. 33

> ***Art. 33*** *Exigir informação ou cumprimento de obrigação, inclusive o dever de fazer ou de não fazer, sem expresso amparo legal:*
> *Pena - detenção, de 6 (seis) meses a 2 (dois) anos, e multa.*

O delito do art. 33 não deve ser confundido com o crime de **constrangimento ilegal**, previsto no art. 146 do Código Penal. Neste último, faz-se necessária a presença de violência ou grave ameaça, diferentemente do crime da Lei de Abuso de Autoridade. Outra diferença, diz respeito ao sujeito ativo – no crime do Código Penal não se exige a qualidade de agente público.

Também não se deve confundir este crime com a **extorsão**, do art. 158 do Código Penal, pelas mesmas razões apresentadas acima, além do fato de o crime de extorsão envolver vantagem de natureza patrimonial.

> ***Parágrafo único.*** *Incorre na mesma pena quem se utiliza de cargo ou função pública ou invoca a condição de agente público para se eximir de obrigação legal ou para obter vantagem ou privilégio indevido.*

Enquanto no caput o agente público exige o cumprimento de obrigação ou informação sem fundamento na lei, no parágrafo único ele utilizará o seu cargo ou função para se eximir de uma obrigação prevista na lei ou obter vantagem indevida.

Entendemos que a vantagem indevida pode ser de qualquer espécie (não necessariamente patrimonial).

> **Ex.:** policial que vai a uma boate e, na bilheteria, invoca a sua função pública para conseguir adentrar no estabelecimento de forma gratuita, obtendo assim uma vantagem indevida. Crime do art. 33, parágrafo único.

O sujeito ativo será o agente público que incidir na conduta prevista no tipo penal (*caput* e parágrafo único).

16.10.26 Art. 36

> ***Art. 36*** *Decretar, em processo judicial, a indisponibilidade de ativos financeiros em quantia que extrapole exacerbadamente o valor estimado para a satisfação da dívida da parte e, ante a demonstração, pela parte, da excessividade da medida, deixar de corrigi-la:*
>
> *Pena - detenção, de 1 (um) a 4 (quatro) anos, e multa.*

Veja que este crime possui dupla exigência para sua caracterização: **decretar** a indisponibilidade de ativos financeiros em quantia que extrapole exacerbadamente o valor estimado para a satisfação da dívida e, ante a demonstração, pela parte, da excessividade da medida, **deixar de corrigi-la**. O crime apenas estará configurado com a presença das duas condutas.

Ademais, é apresentada uma conduta comissiva (decretar) seguida de uma conduta omissiva (deixar de corrigir) – é o que a doutrina denomina de **crime de conduta mista**.

O sujeito ativo é a autoridade judiciária (juiz, desembargador, ministro), pois ela será a competente para decretar a indisponibilidade de ativos financeiros.

16.10.27 Art. 37

> ***Art. 37 Demorar demasiada e injustificadamente no exame de processo de que tenha requerido vista em órgão colegiado,*** *com o intuito de procrastinar seu andamento ou retardar o julgamento:*
>
> *Pena - detenção, de 6 (seis) meses a 2 (dois) anos, e multa.*

É bastante comum que os órgãos colegiados lidem com processos complexos, razão pela qual o pedido de vistas muitas vezes é necessário, para que o desembargador (por exemplo) analise o caso com mais atenção.

Contudo, embora salutar, em algumas ocasiões esses pedidos de vista atrasam de forma demasiada o andamento processual, podendo gerar danos irreversíveis (Ex.: prescrição). Nesse sentido foi editado o presente delito, o qual exigirá uma demora considerável e injustificada no exame de processo constante em órgão colegiado pelo sujeito ativo e, ainda, que essa conduta tenha por finalidade procrastinar seu andamento ou retardar o julgamento.

O sujeito ativo deve ser aquele que integra ou atua em órgão colegiado (desembargador, ministro, membro do Ministério Público, por exemplo). Ademais, trata-se de crime omissivo (não há modalidade comissiva do delito).

16.10.28 Art. 38

> ***Art. 38*** *Antecipar o responsável pelas investigações, por meio de comunicação, inclusive rede social, atribuição de culpa, antes de concluídas as apurações e formalizada a acusação:*
>
> *Pena - detenção, de 6 (seis) meses a 2 (dois) anos, e multa.*

Estamos diante da conduta do agente público, responsável pelas investigações, que antecipa, por meio de comunicação, inclusive rede social, atribuição de culpa, antes de concluídas as apurações (investigações) e formalizada a acusação (oferecimento da peça acusatória).

Imagine que um delegado de polícia, dolosamente, atribuía a culpa pelo cometimento de um crime a um investigado, através de um programa de televisão, mas sem indiciamento, finalização das investigações ou formalização da acusação. Nesta hipótese, temos o delito do art. 38.

Exige-se que a antecipação na atribuição de culpa se dê por meio de comunicação, inclusive rede social (crime de forma vinculada).

Renato Brasileiro acrescenta que "não haverá crime se a conduta for praticada no âmbito de uma conversa privada, por exemplo (v.g., conversa particular via whatsapp). A comunicação é o processo de informação que se realiza entre os comunicadores e a audiência, heterogênea e anônima, por meio de instrumentos que são os meios de comunicação".[6]

O sujeito ativo será o agente público que incidir na conduta prevista no tipo penal.

DPEN

6 LIMA, Renato Brasileiro de. Legislação Criminal Especial Comentada. 9ª ed. Salvador: Juspodivm, 2021, p. 198.

NOÇÕES DE DIREITO PROCESSUAL PENAL

1 INTRODUÇÃO AO DIREITO PROCESSUAL PENAL

Toda vez que ocorre a prática de um delito, nasce para o Estado o *jus puniendi*, ou seja, o direito de punir do Estado, sempre pautado no devido processo legal. Tal mandamento deriva do Estado Democrático de Direito. Cumpre frisar que o Estado não pode simplesmente aplicar qualquer pena, mas, sim, seguir o mandamento constitucional previsto no art. 5º, XLVII:

> ***Art. 5º, CF/1988*** *[...]*
>
> *XLVII – não haverá penas:*
>
> *a) de morte, salvo em caso de guerra declarada, nos termos do art. 84, XIX;*
>
> *b) de caráter perpétuo;*
>
> *c) de trabalhos forçados;*
>
> *d) de banimento;*
>
> *e) cruéis.*

Assim, visa-se respeitar a dignidade da pessoa humana, harmonizando-a com as medidas legais pertinentes à elucidação de um delito, bem como a consequente aplicação posterior da pena.

Desse modo, definimos o processo penal como um conjunto de normas jurídicas tendentes a direcionar a atuação da polícia judiciária, assim como de todo o Poder Judiciário criminal, objetivando uma investigação, um processo e uma sentença justa, que se fundamentem na verdade dos fatos, a fim de respeitar todos os direitos constitucionais do homem, a ampla defesa, a presunção de inocência, dentre outros. Nesse sentido, verificamos nos comandos a seguir relacionados, previstos no art. 5º da CF/1988:

> ***Art. 5º, CF/1988*** *[...]*
>
> *III – ninguém será processado nem sentenciado senão pela autoridade competente;*
>
> *LIV – ninguém será privado da liberdade ou de seus bens sem o devido processo legal;*
>
> *LV – aos litigantes, em processo judicial ou administrativo, e aos acusados em geral são assegurados o contraditório e ampla defesa, com os meios e recursos a ela inerentes;*
>
> *LVI – são inadmissíveis, no processo, as provas obtidas por meios ilícitos;*
>
> *LVII – ninguém será considerado culpado até o trânsito em julgado de sentença penal condenatória.*

Por fim, cabe ressaltar que a prisão ocorre no Brasil conforme mandamento também presente no inciso LXI do art. 5º da CF/1988:

> ***Art. 5º, LXI, CF/1988*** *Ninguém será preso senão em flagrante delito ou por ordem escrita e fundamentada de autoridade judiciária competente, salvo nos casos de transgressão militar ou crime propriamente militar, definidos em lei.*

1.1 Lei Processual Penal no espaço

O Código de Processo Penal, em seu art. 1º, estabelece o princípio da territorialidade da Lei Processual Penal *(Locus Regit Actum ou Lex Fori)*, de modo que se aplicam em território brasileiro as normas de cunho processual penal a todas as infrações penais relacionadas com o Estado brasileiro, de maneira a não haver hipóteses de extraterritorialidade de Lei Processual Penal.

> ***Art. 1º, CPP*** *O processo penal reger-se-á, em todo o território brasileiro, por este Código, ressalvados:*
>
> *I – os tratados, as convenções e regras de Direito Internacional;*
>
> *II – as prerrogativas constitucionais do presidente da República, dos ministros de Estado, nos crimes conexos com os do presidente da República, e dos ministros do Supremo Tribunal Federal, nos crimes de responsabilidade;*
>
> *III – os processos da competência da Justiça Militar;*
>
> *IV – os processos da competência do tribunal especial;*
>
> *V – os processos por crimes de imprensa.*
>
> ***Parágrafo único.*** *Aplicar-se-á, entretanto, este Código aos processos referidos nºs IV e V, quando as leis especiais que os regulam não dispuserem de modo diverso.*

Ao falar sobre território, faz-se necessário buscar seu conceito na própria lei, ou seja, no Código Penal Brasileiro, conforme esculpido definição presente no em seu art. 5º:

> ***Art. 5º, CP*** *Aplica-se a lei brasileira, sem prejuízo de convenções, tratados e regras de direito internacional, ao crime cometido no território nacional.*
>
> *§ 1º Para os efeitos penais, consideram-se como extensão do território nacional as embarcações e aeronaves brasileiras, de natureza pública ou a serviço do governo brasileiro onde quer que se encontrem, bem como as aeronaves e as embarcações brasileiras, mercantes ou de propriedade privada, que se achem, respectivamente, no espaço aéreo correspondente ou em alto-mar.*
>
> *§ 2º É também aplicável a lei brasileira aos crimes praticados a bordo de aeronaves ou embarcações estrangeiras de propriedade privada, achando-se aquelas em pouso no território nacional ou em voo no espaço aéreo correspondente, e estas em porto ou mar territorial do Brasil.*

1.2 Lei Processual Penal no tempo

> ***Art. 2º, CPP*** *A lei processual penal aplicar-se-á desde logo, sem prejuízo da validade dos atos realizados sob a vigência da lei anterior.*

Este artigo contempla o princípio da aplicação imediata (*tempus regit actum*). Deste princípio derivam duas regras fundamentais:

- A lei genuinamente processual tem aplicação imediata;
- A vigência dessa nova lei não invalida os atos processuais anteriores já praticados.

1.3 Interpretação da Lei Processual Penal

> ***Art. 3º, CPP*** *A lei processual penal admitirá interpretação extensiva e aplicação analógica, bem como o suplemento dos princípios gerais de direito.*

A aplicação da Lei Processual Penal segue as mesmas regras de hermenêutica que disciplinam a interpretação da legislação em geral. Interpretar significa definir o sentido e o alcance de determinado conceito.

Em função da impossibilidade de se poder escrever na lei todo seu significado ou, ainda, de se prever todas as situações possíveis de ocorrer efetivamente, o art. 3º do Código de Processo Penal prevê que a Lei Processual Penal admitirá:

- Interpretação extensiva;
- Aplicação analógica;
- Suplemento dos princípios gerais de Direito.

2 INQUÉRITO POLICIAL

A persecução criminal apresenta dois momentos distintos: o da investigação e o da ação penal. A investigação é a atividade preparatória da ação penal, de caráter preliminar e informativo. Já a ação penal consiste no pedido de julgamento da pretensão punitiva.

Em outros termos, a persecução penal estatal se constitui de duas etapas:

- Investigação preliminar: gênero do qual é espécie o inquérito policial, cujo objetivo é formar lastro probatório mínimo para a deflagração válida da fase seguinte;
- Processo penal: é desencadeado pela propositura de ação penal perante o judiciário.

Crime — Persecução / Investigações + Processo judicial — **Pena**

2.1 Conceito de inquérito policial

Inquérito policial (IP) é um **procedimento administrativo** inquisitivo, anterior ao processo, presidido pela autoridade policial (delegado de Polícia) que conduz diligências, as quais objetivam apurar: autoria (responsável pelo crime); materialidade (existência) e circunstâncias com a finalidade de possibilitar que o titular da ação penal possa ingressar em juízo.

2.2 Natureza jurídica

Trata-se de um **procedimento administrativo**, quando verificamos o quesito Procedimento – uma vez que não se trata de processo judicial nem de processo administrativo, porquanto dele não resulta a imposição direta de nenhuma sanção.

O IP é um procedimento administrativo, porque é realizado pela polícia judiciária, que é um órgão do Poder Executivo, que tem como função típica administrar a coisa pública.

2.3 Características do inquérito policial

2.3.1 Inquisitivo

No inquérito policial não há partes, acusação e defesa; temos somente o delegado de Polícia investigando um crime e, consequentemente, um suspeito. Nele, não há contraditório nem ampla defesa.

A investigação não observa o contraditório, pois a Polícia não tem a obrigação de avisar um suspeito que o está investigando; e não há ampla defesa, porque o inquérito não pode, em regra, fundamentar uma sentença condenatória, tendo o suspeito possibilidade de se defender durante o processo.

> ***Art. 5º, LV, CF/1988*** *Aos litigantes, em processo judicial ou administrativo, e aos acusados em geral são assegurados o contraditório e ampla defesa, com os meios e recursos a ela inerentes.*

Como na fase da investigação não existe nenhuma acusação nem partes, não há que se falar em contraditório e ampla defesa, pois o Direito Constitucional previsto no art. 5º, LV, da CF/1988 é válido para as partes de um processo. Além do inquérito policial não ter partes, é um procedimento e não um processo, conforme descrito na Constituição Federal.

2.3.2 Escrito

Todas as diligências realizadas no curso de um inquérito policial devem ser passadas a termo (escritas), para que seja facilitada a troca de informações entre os órgãos responsáveis pela persecução penal.

O delegado de Polícia tem a faculdade de filmar ou gravar diligências realizadas, mas isso não afasta a obrigação de transcrever todas por escrito.

> ***Art. 405, § 1º, CPP*** *Sempre que possível, o registro dos depoimentos do investigado, indiciado, ofendido e testemunhas será feito pelos meios ou recursos de gravação magnética, estenotipia, digital ou técnica similar, inclusive audiovisual, destinada a obter maior fidelidade das informações.*

Assim, é possível que o delegado, havendo meios, documente os atos do IP por meio das tecnologias existentes, inclusive captação de som e imagem.

2.3.3 Discricionário

Discricionariedade é a liberdade dentro da lei (esta determina ou autoriza a atuação do Estado). Assim, o delegado tem liberdade para a adoção e condução das diligências adotadas no curso de um inquérito policial.

O art. 6º do CPP traz um rol de possíveis procedimentos que podem ser adotados pela Polícia na condução de um inquérito; ele não é taxativo, pois a Polícia pode adotar qualquer uma daquelas diligências na ordem que entender melhor, ou seja, o rol é exemplificativo.

Não podemos entender discricionariedade como uma faculdade do delegado de iniciar ou não uma investigação, porque, conforme veremos adiante, em alguns casos a investigação é obrigatória. A discricionariedade refere-se ao fato de o delegado, sendo obrigado ou não a investigar, poder adotar as diligências que considere convenientes para a solução do crime, desde que esteja prevista tal diligência na lei.

Explica essa regra o fato de que cada crime é um acontecimento único no mundo e, assim, a solução deles não tem uma receita certa, devendo a autoridade policial saber utilizar, dentre os meios disponíveis, aqueles adequados à solução do caso.

2.3.4 Oficial

A realização do inquérito policial é atribuição de um órgão oficial do Estado (Polícia Judiciária), com a presidência deste incumbida à autoridade policial do respectivo órgão (delegado de Polícia – art. 2º, § 1º, Lei nº 12.830/2013).

> ***Art. 2º, Lei nº 12.830/2013*** *As funções de polícia judiciária e a apuração de infrações penais exercidas pelo delegado de polícia são de natureza jurídica, essenciais e exclusivas de Estado.*

2.3.5 Oficioso

Ao tomar conhecimento de notícia de crime de ação penal pública incondicionada, a autoridade policial é obrigada a agir de ofício, independentemente de provocação da vítima e/ou qualquer outra pessoa.

Deve instaurar o inquérito policial de ofício, nos termos do art. 5º, I, do CPP, procedendo, então, às diligências investigatórias para obter elementos de informação quanto à infração penal e sua autoria.

No caso de crimes de ação penal pública condicionada à representação e de ação penal de iniciativa privada, a instauração do IP está condicionada à manifestação da vítima ou de seu representante legal.

2.3.6 Sigiloso

Ao contrário do que ocorre no processo, o inquérito não comporta publicidade, sendo procedimento essencialmente sigiloso, disciplinando o art. 20, do CPP:

> ***Art. 20, CPP*** *A autoridade assegurará no inquérito o sigilo necessário à elucidação do fato ou exigido pelo interesse da sociedade.*

Classificação do sigilo:

- **Sigilo externo**: destinado aos terceiros desinteressados e à imprensa;
- **Sigilo Interno**: destinado aos interessados no processo.

O sigilo do IP não atinge o juiz e o membro do Ministério Público.

Quanto ao advogado do investigado, o Estatuto da OAB traz, em art. 7º, XIV, a seguinte redação:

> ***Art. 7º, EOAB*** *São direitos do advogado: [...]*
>
> *XIV – examinar, em qualquer instituição responsável por conduzir investigação, mesmo sem procuração, autos de flagrante e de investigações de qualquer natureza, findos ou em andamento, ainda que conclusos à autoridade, podendo copiar peças e tomar apontamentos, em meio físico ou digital.*

Súmula Vinculante nº 14 – STF

É direito do defensor, no interesse do representado, ter acesso amplo aos elementos de prova que, já documentados em procedimento investigatório realizado por órgão com competência de polícia judiciária, digam respeito ao exercício do direito de defesa.

2.3.7 Indisponível

A persecução criminal é de ordem pública e, uma vez iniciado o inquérito, o delegado de Polícia não pode dispor dele. Se diante de uma circunstância fática o delegado percebe que não houve crime, nem em tese, não deve iniciar o inquérito policial. Contudo, uma vez iniciado o procedimento investigativo, deve levá-lo até o final, não podendo arquivá-lo em virtude de expressa vedação contida no art. 17 do CPP.

Art. 17, CPP *A autoridade policial não poderá mandar arquivar autos de inquérito.*

2.3.8 Dispensável

Da leitura de dispositivos que regem a persecução penal preliminar, a exemplo art. 39, § 5º, do CPP, podemos concluir que o inquérito não é imprescindível para a propositura da ação penal.

Art. 39, § 5º, CPP *O órgão do Ministério Público dispensará o inquérito, se com a representação forem oferecidos elementos que o habilitem a promover a ação penal, e, neste caso, oferecerá a denúncia no prazo de quinze dias.*

O inquérito visa coletar indícios de autoria e materialidade do crime para que o titular da ação penal possa ingressar em juízo. Assim, se ele tiver esses indícios colhidos por outros meios, como por um inquérito não policial, o inquérito policial se torna dispensável.

Súmula nº 234 – STJ

A participação de membro do Ministério Público na fase investigatória criminal não acarreta seu impedimento ou suspeição para o oferecimento da denúncia.

2.4 Valor probatório do inquérito policial

O inquérito policial tem valor probatório relativo, pois ele serve para embasar o início do processo, mas não tem a força de, sozinho, sustentar uma sentença condenatória, porque as provas colhidas durante o IP não se submeteram ao contraditório e à ampla defesa. Enfatizamos que o valor probatório é relativo, uma vez que não fundamenta uma decisão judicial, porém pode dar margem à abertura de um processo criminal contra alguém.

Art. 155, CPP *O juiz formará sua convicção pela livre apreciação da prova produzida em contraditório judicial, não podendo fundamentar sua decisão exclusivamente nos elementos informativos colhidos na investigação, ressalvadas as provas cautelares, não repetíveis e antecipadas.*

2.4.1 Provas cautelares, não repetíveis e antecipadas

São as provas extraídas do inquérito policial e que têm a força de, eventualmente, sustentar uma sentença condenatória, conforme orienta o art. 155 do CPP.

Provas cautelares

São aquelas em que existe um risco de desaparecimento do objeto pelo decurso do tempo. Justificam-se pela necessidade, pela urgência.

Provas não renováveis ou irrepetíveis

São colhidas na fase investigatória, porque não podem ser produzidas novamente na fase processual devido ao seu fácil perecimento.

Perícia nos vestígios do crime: para que essas provas tenham valor probatório de justificar uma sentença na fase processual, é necessário que elas sejam submetidas à ampla defesa e ao contraditório diferido ou postergado, ou seja, durante a fase processual.

Prova antecipada

Aqui, referimo-nos às provas que, em regra, deveriam ser colhidas durante o curso do processo, e não durante o inquérito policial. Em alguns casos, é possível que o juiz antecipe a oitiva de uma testemunha para a fase das investigações, quando houver receio de que ela morra (idade avançada ou doença grave) ou, então, que a vítima se mude definitivamente para outro lugar, inviabilizando sua audição.

Art. 225, CPP *Se qualquer testemunha houver de ausentar-se, ou, por enfermidade ou por velhice, inspirar receio de que ao tempo da instrução criminal já não exista, o juiz poderá, de ofício ou a requerimento de qualquer das partes, tomar-lhe antecipadamente o depoimento.*

2.5 Vícios

Os vícios do inquérito policial são seus defeitos ou suas nulidades, e a dúvida é se aqueles podem ou não causar nulidades ao processo futuro. A resposta é negativa, pois o IP não tem a força de condenar ninguém; assim, seus defeitos serão apurados pelos órgãos competentes (Corregedoria, Ministério Público). Dessa forma, podemos concluir que o delegado não pode ser considerado impedido ou suspeito de presidir o IP pelas futuras partes.

2.6 Procedimento investigatório face aos servidores vinculados aos órgãos da segurança da pública (art. 144, CF/1988)

A Lei nº 13.964/2019 (Pacote Anticrime) incluiu o art. 14-A ao Código de Processo Penal, com a seguinte redação:

Art. 14-A, CPP *Nos casos em que servidores vinculados às instituições dispostas no art. 144 da Constituição Federal figurarem como investigados em inquéritos policiais, inquéritos policiais militares e demais procedimentos extrajudiciais, cujo objeto for a investigação de fatos relacionados ao uso da força letal praticados no exercício profissional, de forma consumada ou tentada, incluindo as situações dispostas no art. 23 do Decreto-lei nº 2.848, de 7 de dezembro de 1940 (Código Penal), o indiciado poderá constituir defensor.*

§ 1º Para os casos previstos no caput deste artigo, o investigado deverá ser citado da instauração do procedimento investigatório, podendo constituir defensor no prazo de até 48 (quarenta e oito) horas a contar do recebimento da citação.

§ 2º Esgotado o prazo disposto no § 1º deste artigo com ausência de nomeação de defensor pelo investigado, a autoridade responsável pela investigação deverá intimar a instituição a que estava vinculado o investigado à época da ocorrência dos fatos, para que essa, no prazo de 48 (quarenta e oito) horas, indique defensor para a representação do investigado.

§ 3º Havendo necessidade de indicação de defensor nos termos do § 2º deste artigo, a defesa caberá preferencialmente à Defensoria Pública, e, nos locais em que ela não estiver instalada, a União ou a Unidade da Federação correspondente à respectiva competência territorial do procedimento instaurado deverá disponibilizar profissional para acompanhamento e realização de todos os atos relacionados à defesa administrativa do investigado.

§ 4º A indicação do profissional a que se refere o § 3º deste artigo deverá ser precedida de manifestação de que não existe defensor público lotado na área territorial onde tramita o inquérito e com atribuição para nele atuar, hipótese em que poderá ser indicado profissional que não integre os quadros próprios da Administração.

§ 5º Na hipótese de não atuação da Defensoria Pública, os custos com o patrocínio dos interesses dos investigados nos procedimentos de que trata este artigo correrão por conta do orçamento próprio da instituição a que este esteja vinculado à época da ocorrência dos fatos investigados.

§ 6º As disposições constantes deste artigo se aplicam aos servidores militares vinculados às instituições dispostas no art. 142 da Constituição Federal, desde que os fatos investigados digam respeito a missões para a Garantia da Lei e da Ordem.

2.7 Incomunicabilidade

É importante saber que a incomunicabilidade não foi recepcionada pela CF/1988 e está tacitamente sem efeitos, mas suas regras são cobradas em questão de concurso.

> ***Art. 21, CPP*** *A incomunicabilidade do indiciado dependerá sempre de despacho nos autos e somente será permitida quando o interesse da sociedade ou a conveniência da investigação o exigir.*
>
> ***Parágrafo único.*** *A incomunicabilidade, que não excederá de três dias, será decretada por despacho fundamentado do Juiz, a requerimento da autoridade policial, ou do órgão do Ministério Público, respeitado, em qualquer hipótese, o disposto no artigo 89, inciso III, do Estatuto da Ordem dos Advogados do Brasil.*

2.8 Notícia crime

Notícia crime (*notitia criminis*) é o conhecimento espontâneo ou provocado por parte da autoridade policial de um fato aparentemente criminoso. Por meio dela, a autoridade policial dará início às investigações.

2.8.1 Classificação da notícia crime

Ela é classificada em direta ou indireta, conforme veremos a seguir:

- **Notícia crime direta (cognição imediata ou espontânea):** a autoridade policial toma conhecimento de um fato supostamente criminoso por meio da atuação da própria Polícia, quando noticiado o crime pela imprensa ou comunicado anonimamente por um particular.
- **Notícia crime indireta (cognição mediata ou provocada):** a Polícia Judiciária toma conhecimento do crime por meio da comunicação de um terceiro identificado.

2.8.2 Espécies de notícia crime indireta

Requerimento

É a comunicação de um fato supostamente criminoso, realizado pela vítima ou por seu representante legal. Além de comunicar o crime, também serve como um pedido para que a Polícia inicie as investigações.

Segundo o CPP, diante de um requerimento, o delegado pode recusar-se a iniciar as investigações e, nesse caso, é cabível recurso ao chefe de Polícia (art. 5º, § 2º, CPP).

> ***Art. 5º, § 2º, CPP*** *Do despacho que indeferir o requerimento de abertura de inquérito caberá recurso para o chefe de Polícia.*

Requisição

É a comunicação do crime feita à autoridade policial pelo promotor ou pelo juiz e uma determinação para o início das investigações. O delegado não pode se recusar a cumprir uma requisição.

> ***Art. 13, CPP*** *Incumbirá ainda à autoridade policial:*
>
> *I – fornecer às autoridades judiciárias as informações necessárias à instrução e julgamento dos processos;*
>
> *II – **realizar as diligências requisitadas pelo juiz ou pelo Ministério Público;***
>
> *III – cumprir os mandados de prisão expedidos pelas autoridades judiciárias;*
>
> *IV – representar acerca da prisão preventiva.*

Representação

É a comunicação do crime e, também, uma autorização para que o Estado atue, seja investigando e/ou processando o possível autor. A representação é apresentada pela vítima ou por seu representante legal nos crimes de ação penal pública condicionada a ela.

É importante saber que a falta da representação nos casos em que a investigação dependa dela impede a atuação do Estado, ou seja, a Polícia não pode investigar o fato, não pode lavrar um auto de prisão em flagrante e não haverá processo.

Requisição do ministro da justiça

É a comunicação do crime e, também, uma autorização política para que o delegado inicie as investigações. Será necessária especificamente em crimes de ação penal pública condicionada à requisição do Ministro da Justiça, a qual não tem caráter de ordem como a do juiz ou do promotor. O nome requisição foi adotado, porque o ato é praticado por uma autoridade da alta cúpula do Poder Executivo.

2.8.3 Notícia crime com força coercitiva ou notícia crime por apresentação

É comunicação de um crime decorrente de uma prisão em flagrante, porque a notícia crime manifesta-se com a simples apresentação do autor do delito à autoridade policial, pela pessoa que realizou a prisão.

2.9 Prazos para conclusão do inquérito policial

O inquérito policial não pode se estender indefinidamente (é temporário), dispondo o Código de Processo Penal e a legislação extravagante acerca dos prazos de sua conclusão.

2.9.1 Regra geral

Como regra geral, para os crimes da atribuição da Polícia Civil estadual, o prazo para a conclusão do inquérito é de 10 dias, estando o indiciado preso (prazo improrrogável), e de 30 dias, se o agente está solto. Este prazo comporta prorrogação, a requerimento do delegado e mediante autorização do juiz (art. 10, CPP), não especificando a lei qual o tempo de prorrogação nem quantas vezes poderá ocorrer, o que nos leva a crer que esta se dá em razão da natureza das diligências necessárias e a complexidade da investigação.

> ***Art. 10, CPP*** *O inquérito deverá terminar no prazo de 10 dias, se o indiciado tiver sido preso em flagrante, ou estiver preso preventivamente, contado o prazo, nesta hipótese, a partir do dia em que se executar a ordem de prisão, ou no prazo de 30 dias, quando estiver solto, mediante fiança ou sem ela.*

Com o advento da Lei nº 13.964/2019, foi acrescentado o art. 3º-B ao CPP, o qual se encontra no tópico "Juiz das Garantias", passando a dispor, dentre as várias competências do juiz das garantias, a possibilidade de que este possa prorrogar o inquérito policial quando o investigado estiver preso.

> ***Art. 3º-B, § 2º, CPP*** *Se o investigado estiver preso, o juiz das garantias poderá, mediante representação da autoridade policial e ouvido o Ministério Público, prorrogar, uma única vez, a duração do **inquérito por até 15 (quinze) dias**, após o que, se ainda assim a investigação não for concluída, a prisão será imediatamente relaxada.*

Reprodução simulada do fato

> ***Art. 7º, CPP*** *Para verificar a possibilidade de haver a infração sido praticada de determinado modo, a autoridade policial poderá proceder à reprodução simulada dos fatos, desde que esta não contrarie a moralidade ou a ordem pública.*

A reprodução simulada do fato é a famosa reconstituição do crime; tem a finalidade de verificar se a infração foi praticada de determinado modo. Nesse caso, o suspeito não é obrigado a contribuir com a diligência, mas é obrigado a comparecer.

Indiciamento

É o ato da autoridade policial que comunica a uma pessoa que ela é a suspeita de ter praticado determinado crime e está sendo investigada em um inquérito policial. O indiciamento não é um ato discricionário, pois se fundamenta nas provas colhidas durante as diligências. Se as provas apontam um suspeito, ele deve ser indiciado; se não apontam, o delegado não pode indiciar ninguém.

> ***Art. 2º, § 6º, Lei nº 12.830/2013*** *O indiciamento, privativo do delegado de polícia, dar-se-á por ato fundamentado, mediante análise técnico-jurídica do fato, que deverá indicar a autoria, materialidade e suas circunstâncias.*

Procedimento especial no CPP

Art. 13-A, CPP *Nos crimes previstos nos arts. 148, 149 e 149-A, no § 3º do art. 158 e no art. 159 do Decreto-lei nº 2.848, de 7 de dezembro de 1940 (Código Penal), e no art. 239 da Lei nº 8.069, de 13 de julho de 1990 (Estatuto da Criança e do Adolescente), o membro do Ministério Público ou o delegado de polícia poderá requisitar, de quaisquer órgãos do poder público ou de empresas da iniciativa privada, dados e informações cadastrais da vítima ou de suspeitos.*

Parágrafo único. *A requisição, que será atendida no prazo de 24 (vinte e quatro) horas, conterá:*

I – o nome da autoridade requisitante;

II – o número do inquérito policial; e

III – a identificação da unidade de polícia judiciária responsável pela investigação.

Art. 13-B *Se necessário à prevenção e à repressão dos crimes relacionados ao tráfico de pessoas, o membro do Ministério Público ou o delegado de polícia poderão requisitar, mediante autorização judicial, às empresas prestadoras de serviço de telecomunicações e/ou telemática que disponibilizem imediatamente os meios técnicos adequados – como sinais, informações e outros – que permitam a localização da vítima ou dos suspeitos do delito em curso.*

§ 1º Para os efeitos deste artigo, sinal significa posicionamento da estação de cobertura, setorização e intensidade de radiofrequência.

§ 2º Na hipótese de que trata o caput, o sinal:

I – não permitirá acesso ao conteúdo da comunicação de qualquer natureza, que dependerá de autorização judicial, conforme disposto em lei;

II – deverá ser fornecido pela prestadora de telefonia móvel celular por período não superior a 30 (trinta) dias, renovável por uma única vez, por igual período;

III – para períodos superiores àquele de que trata o inciso II, será necessária a apresentação de ordem judicial.

§ 3º Na hipótese prevista neste artigo, o inquérito policial deverá ser instaurado no prazo máximo de 72 (setenta e duas) horas, contado do registro da respectiva ocorrência policial.

§ 4º Não havendo manifestação judicial no prazo de 12 (doze) horas, a autoridade competente requisitará às empresas prestadoras de serviço de telecomunicações e/ou telemática que disponibilizem imediatamente os meios técnicos adequados – como sinais, informações e outros – que permitam a localização da vítima ou dos suspeitos do delito em curso, com imediata comunicação ao juiz.

Final do inquérito policial

O inquérito policial é finalizado com a produção de um documento chamado relatório. Nele, o delegado relatará as diligências realizadas.

O delegado não deve emitir opinião no relatório – ressalva feita à Lei nº 11.343/2006 (Lei de Drogas), prevendo que, na elaboração do relatório, a autoridade policial deva justificar as razões que a levaram à classificação do delito (art. 52).

Após a confecção do relatório, o IP estará concluído.

Destino dos autos do inquérito policial

Os autos do inquérito, integrados ao relatório, serão remetidos ao Judiciário (art. 10, § 1º, CPP), para que sejam acessados pelo titular da ação penal.

Art. 10, § 1º, CPP *A autoridade fará minucioso relatório do que tiver sido apurado e enviará autos ao juiz competente.*

Arquivamento do inquérito

Art. 28, CPP *Ordenado o arquivamento do inquérito policial ou de quaisquer elementos informativos da mesma natureza, o órgão do Ministério Público comunicará à vítima, ao investigado e à autoridade policial e encaminhará os autos para a instância de revisão ministerial para fins de homologação, na forma da lei. (Redação dada pela Lei nº 13.964/2019)*

Ordenado o arquivamento do IP, o membro do Ministério Público comunicará à vítima, ao investigado e à autoridade policial, devendo, ainda, encaminhar os autos para a instância de revisão ministerial para fins de homologação.

Assim, atualmente, o controle do arquivamento é feito pelo próprio órgão ministerial (MP) e não mais pelo juiz.

Efeitos do arquivamento do inquérito policial

Arquivado o inquérito policial, por despacho do juiz, a requerimento do promotor de Justiça, não pode a ação penal ser iniciada sem novas provas (Súmula nº 524 – STF). Assim, o arquivamento do IP veda o oferecimento da denúncia para a promoção da ação penal, mas tal vedação não é absoluta, pois, se surgirem novas provas, a acusação poderá ser oferecida e ser iniciada a ação penal.

Art. 18, CPP *Depois de ordenado o arquivamento do inquérito pela autoridade judiciária, por falta de base para a denúncia, a autoridade policial poderá proceder a novas pesquisas, se de outras provas tiver notícia.*

P P E N

3 JUIZ DAS GARANTIAS

O Pacote Anticrime trouxe a figura do juiz das Garantias. Trata-se do magistrado que atua apenas na fase pré-processual, recendo a comunicação e o auto de prisão em flagrante, a fim de decidir sobre a liberdade do acusado, analisando as medidas cautelares formuladas pelo delegado de Polícia ou pelo órgão ministerial, para que, ao final, receba ou não a exordial acusatória.

Depois de recebida a inicial acusatória, ela passa a tramitar em outro juízo (de instrução e julgamento), de forma que não haja contaminação com os atos pré-processuais.

Com essa alteração, o juiz não poderá mais requerer a instauração de IP, nem determinar medidas cautelares de ofício (como a busca e apreensão e a interceptação telefônica).

Processo Penal	Estrutura Acusatória
Vedado	Iniciativa do juiz na fase investigação
	Substituição da atuação probatória do orgão de acusação

Art. 3º-A, CPP *O processo penal terá estrutura acusatória, vedadas a iniciativa do juiz na fase de investigação e a substituição da atuação probatória do órgão de acusação.*

Adoção do sistema acusatório de forma expressa

Art. 3º-B, CPP O juiz das garantias é responsável pelo controle da legalidade da investigação criminal e pela salvaguarda dos direitos individuais *cuja franquia tenha sido reservada à autorização prévia do Poder Judiciário, competindo-lhe especialmente:*

I – receber a comunicação imediata da prisão, nos termos do inciso LXII do caput do art. 5º da Constituição Federal;

II – receber o auto da prisão em flagrante para o controle da legalidade da prisão, observado o disposto no art. 310 deste Código;

III – zelar pela observância dos direitos do preso, podendo determinar que este seja conduzido à sua presença, a qualquer tempo;

IV – ser informado sobre a instauração de qualquer investigação criminal;

V. decidir sobre o requerimento de prisão provisória ou outra medida cautelar, observado o disposto no § 1º deste artigo;

VI – prorrogar a prisão provisória ou outra medida cautelar, bem como substituí-las ou revogá-las, assegurado, no primeiro caso, o exercício do contraditório em audiência pública e oral, na forma do disposto neste Código ou em legislação especial pertinente;

VII – decidir sobre o requerimento de produção antecipada de provas consideradas urgentes e não repetíveis, assegurados o contraditório e a ampla defesa em audiência pública e oral;

VIII – prorrogar o prazo de duração do inquérito, estando o investigado preso, em vista das razões apresentadas pela autoridade policial e observado o disposto no § 2º deste artigo;

IX – determinar o trancamento do inquérito policial quando não houver fundamento razoável para sua instauração ou prosseguimento;

X – requisitar documentos, laudos e informações ao delegado de polícia sobre o andamento da investigação;

XI – decidir sobre os requerimentos de:

a) interceptação telefônica, do fluxo de comunicações em sistemas de informática e telemática ou de outras formas de comunicação;

b) afastamento dos sigilos fiscal, bancário, de dados e telefônico;

c) busca e apreensão domiciliar;

d) acesso a informações sigilosas;

e) outros meios de obtenção da prova que restrinjam direitos fundamentais do investigado;

XII – julgar o habeas corpus impetrado antes do oferecimento da denúncia;

XIII – determinar a instauração de incidente de insanidade mental;

XIV – decidir sobre o recebimento da denúncia ou queixa, nos termos do art. 399 deste Código;

XV – assegurar prontamente, quando se fizer necessário, o direito outorgado ao investigado e ao seu defensor de acesso a todos os elementos informativos e provas produzidos no âmbito da investigação criminal, salvo no que concerne, estritamente, às diligências em andamento;

XVI – deferir pedido de admissão de assistente técnico para acompanhar a produção da perícia;

XVII – decidir sobre a homologação de acordo de não persecução penal ou os de colaboração premiada, quando formalizados durante a investigação;

XVIII – outras matérias inerentes às atribuições definidas no ***caput*** *deste artigo.*

§ 2º Se o investigado estiver preso, o juiz das garantias poderá, mediante representação da autoridade policial e ouvido o Ministério Público, prorrogar, uma única vez, a duração do inquérito por até 15 (quinze) dias, após o que, se ainda assim a investigação não for concluída, a prisão será imediatamente relaxada.

Art. 3º-C *A competência do juiz das garantias abrange todas as infrações penais, exceto as de menor potencial ofensivo, e cessa com o recebimento da denúncia ou queixa na forma do art. 399 deste Código.*

§ 1º Recebida a denúncia ou queixa, as questões pendentes serão decididas pelo juiz da instrução e julgamento.

§ 2º As decisões proferidas pelo juiz das garantias não vinculam o juiz da instrução e julgamento, que, após o recebimento da denúncia ou queixa, deverá reexaminar a necessidade das medidas cautelares em curso, no prazo máximo de 10 (dez) dias.

§ 3º Os autos que compõem as matérias de competência do juiz das garantias ficarão acautelados na secretaria desse juízo, à disposição do Ministério Público e da defesa, e não serão apensados aos autos do processo enviados ao juiz da instrução e julgamento, ressalvados os documentos relativos às provas irrepetíveis, medidas de obtenção de provas ou de antecipação de provas, que deverão ser remetidos para apensamento em apartado.

§ 4º Fica assegurado às partes o amplo acesso aos autos acautelados na secretaria do juízo das garantias.

Art. 3º-D *O juiz que, na fase de investigação, praticar qualquer ato incluído nas competências dos arts. 4º e 5º deste Código ficará impedido de funcionar no processo.*

Parágrafo único. *Nas comarcas em que funcionar apenas um juiz, os tribunais criarão um sistema de rodízio de magistrados, a fim de atender às disposições deste Capítulo.*

Art. 3º-E *O juiz das garantias será designado conforme as normas de organização judiciária da União, dos Estados e do Distrito Federal, observando critérios objetivos a serem periodicamente divulgados pelo respectivo tribunal.*

Art. 3º-F *O juiz das garantias deverá assegurar o cumprimento das regras para o tratamento dos presos, impedindo o acordo ou ajuste de qualquer autoridade com órgãos da imprensa para explorar a imagem da pessoa submetida à prisão, sob pena de responsabilidade civil, administrativa e penal.*

Parágrafo único. *Por meio de regulamento, as autoridades deverão disciplinar, em 180 (cento e oitenta) dias, o modo pelo qual as informações sobre a realização da prisão e a identidade do preso serão, de modo padronizado e respeitada a programação normativa aludida no* ***caput*** *deste artigo, transmitidas à imprensa, assegurados a efetividade da persecução penal, o direito à informação e a dignidade da pessoa submetida à prisão.*

Juiz das garantias

É responsável pelo controle da legalidade da investigação criminal e pela salvaguarda dos direitos individuais.

A competência abrange todas as infrações penais, **exceto as de menor potencial ofensivo**. A competência **cessa com o recebimento da denúncia ou queixa.**

Suas decisões **não** vinculam o juiz da instrução e julgamento. O juiz que, na fase de investigação, praticar qualquer ato incluído nas competências do juiz de garantia **ficará impedido** de funcionar no processo.

4 AÇÃO PENAL

A ação penal é o início para todo o processo penal.

4.1 Condições da ação penal

Possibilidade jurídica do pedido

Para atender a essa condição, a ação penal precisa apenas ter sido ajuizada com base em conduta que demonstre fato típico.

Essa conduta típica se mostra quando cumprido o requisito da possibilidade jurídica do pedido.

Interesse de agir

No Processo Penal, a lide tem, **obrigatoriamente**, que ser resolvida pelas vias judiciárias. Assim, o titular da ação penal deverá provocar o Judiciário.

O interesse de agir, no Processo Penal, está muito ligado à utilização da via correta para dar andamento na lide.

Legitimidade *ad causam*

Trata-se de quem é pertinente para estar em determinado polo da demanda. O Ministério Público, por exemplo, deve estar no polo ativo no caso de denúncia de crimes hediondos, assim como o réu deve estar em polo passivo no processo.

4.2 Espécies de ação penal

Pública

- Incondicionada;
- Condicionada:
  - Representação ofendido;
  - Requisição Ministro da Justiça.

Privada

- Exclusiva;
- Personalíssima;
- Subsidiária da Pública;

4.3 Ação penal incondicionada

É a regra em nosso ordenamento processual penal. A titularidade é do Ministério Público de forma privativa, ou seja, somente ele possui o poder postulatório como pressuposto processual para a provocação do Poder Judiciário.

Há, no entanto, exceções a essa titularidade:

- Nesse caso, a lei deverá determinar se é **ação penal pública condicionada** ou **ação penal privada**;
- Nos casos em que o crime praticado atenta contra patrimônio ou interesse da União, estados e municípios, a ação penal **será sempre pública**.

> ***Art. 24, CPP*** *Nos crimes de ação pública, esta será promovida por denúncia do Ministério Público, mas dependerá, quando a lei o exigir, de requisição do Ministro da Justiça, ou de representação do ofendido ou de quem tiver qualidade para representá-lo. [...]*
>
> *§ 2º Seja qual for o crime, quando praticado em detrimento do patrimônio ou interesse da União, Estado e Município, a ação penal será pública.*

4.4 Princípios que regem a ação penal incondicionada

Obrigatoriedade

Se houver todos os indícios da materialidade do fato (delito), o MP **deverá** oferecer a denúncia.

Exceção: nos juizados especiais, já que nesses casos o titular da ação e o infrator transacionam de forma que não haja o ajuizamento da demanda.

Indisponibilidade

Após ter sido ajuizada a ação penal pública, seu titular **não poderá desistir ou transigir**.

O MP **não** poderá desistir da ação penal.

> ***Art. 42, CPP*** *O Ministério Público não poderá desistir da ação penal.*

Oficialidade

A ação penal pública **deverá** ser ajuizada por um órgão oficial. Se passado o prazo legal para ajuizamento da ação e o MP não o tiver feito, a lei prevê que o ofendido poderá promover a ação penal privada subsidiária da pública.

Durante o **prazo legal**, a ação penal pública é **exclusiva do MP**. O prazo legal para que o ofendido possa ajuizar a ação penal privada subsidiária da pública é de **6 meses**. Após este prazo, caso o ofendido não tenha ajuizado a ação, **a legitimidade volta a ser do MP, exclusivamente**, desde que não tenha sido extinta a punibilidade.

Divisibilidade

Caso haja **mais de 1 infrator**, o MP pode ajuizar a demanda apenas a um ou alguns deles, podendo deixar os demais para a demanda posterior. O MP **não** está obrigado a oferecer a denúncia sempre que uma investigação criminal for instaurada. Há casos em que o inquérito policial será arquivado.

> ***Art. 28, CPP*** *Ordenado o arquivamento do inquérito policial ou de quaisquer elementos informativos da mesma natureza, o órgão do Ministério Público comunicará à vítima, ao investigado e à autoridade policial e encaminhará os autos para a instância de revisão ministerial para fins de homologação, na forma da lei.*

4.5 Ação penal pública condicionada

Nesse caso, para que o MP possa ser o titular da ação penal e exercer de forma legítima tal direito, deverá estar presente o critério de **procedibilidade**, que nada mais é do que a requisição do ministro da Justiça ou, ainda, a representação do ofendido.

Nos casos de requisição do Ministro da Justiça, bem como do condicionamento à representação do ofendido, a representação admite retratação, desde que feita até o momento do oferecimento da denúncia.

No caso em que for ajuizada a ação penal sem a representação, tal nulidade poderá ser sanada se a vítima a apresentar em juízo dentro do prazo de 6 meses – já mencionado anteriormente.

A representação **não podera ser dividida no que diz respeito aos autores do fato.** Mesmo não podendo haver fracionamento da representação, nada impede o MP de denunciar apenas um infrator por vez, de acordo como o que vimos no processo de divisibilidade.

Ofendido menor ou incapaz

Representante legal tem legitimidade.

Não tem representante legal?

Interesses colidem com os do representante?

- Juiz deverá nomear curador (art. 33, CPP);
- Tal curador não está obrigado a oferecer representação, apenas a analisar o que é bom ou não para o ofendido.

Prazo para representação: **6 meses**, a contar da data em que se é conhecido o autor do delito.

Representação poderá ser feita perante:

- MP;
- Autoridade policial;
- Juiz.

PPEN

Nos casos de ação penal pública condicionada à requisição do ministro da Justiça:

- Apenas para determinados crimes;
- **Não** há prazo decadencial para o oferecimento da requisição, desde que não esteja extinta a punibilidade do crime em questão.

4.6 Ação penal privada exclusiva

A vontade do ofendido em oferecer ou não a denúncia se sobrepõe ao interesse público.

Princípios

- **Oportunidade:** o ofendido ou demais legitimados poderão avaliar se darão ou não início ao processo, levando em consideração a **conveniência do ajuizamento da ação.**
- **Disponibilidade:** o ofendido (titular) pode desistir da ação penal.
- **Indivisibilidade:** não será possível fracionar a ação penal no que diz respeito aos infratores.

> ***Art. 48, CPP*** *A queixa contra qualquer dos autores do crime obrigará ao processo de todos, e o Ministério Público velará pela sua indivisibilidade.*
>
> ***Art. 49*** *A renúncia ao exercício do direito de queixa, em relação a um dos autores do crime, a todos se estenderá.*

Prazo decadencial: **6 meses** contados a partir do momento em que o ofendido fica ciente de quem foi o infrator.

A queixa poderá ser oferecida:

- Pessoalmente;
- Por procurador com poderes especiais.

Ofendido faleceu. Quem pode ajuizar a ação penal?

- Cônjuge;
- Ascendente;
- Descendente;
- Irmão.

A ordem acima deverá ser respeitada.

Início do prazo para os legitimados

- **Ação penal já ajuizada:** prazo de **60 dias** para prosseguir na ação.
- **Ação penal ainda não ajuizada:** prazo se inicia com o óbito do ofendido.
- **Exceção**: ainda não era sabido o provável infrator.

4.7 Ação penal privada subsidiária da pública

Trata-se do caso em que a ação penal é pública, no entanto, por inércia do MP, é concedido por lei o direito de ajuizar a ação ao ofendido.

> ***Art. 29, CPP*** *Será admitida ação privada nos crimes de ação pública, se esta não for intentada no prazo legal, cabendo ao Ministério Público aditar a queixa, repudiá-la e oferecer denúncia substitutiva, intervir em todos os termos do processo, fornecer elementos de prova, interpor recurso e, a todo tempo, no caso de negligência do querelante, retomar a ação como parte principal.*

O ofendido terá o prazo de **6 meses** para oferecer a denúncia, que começa a correr a partir de findo o prazo para que o MP a ofereça.

> ***Art. 38, CPP*** *Salvo disposição em contrário, o ofendido, ou seu representante legal, decairá no direito de queixa ou de representação, se não o exercer dentro do prazo de seis meses, contado do dia em que vier a saber quem é o autor do crime, ou, no caso do art. 29 do dia em que se esgotar o prazo para o oferecimento da denúncia.*

Iniciado tal prazo para o ofendido, tanto ele quanto o MP têm legitimidade para oferecer a denúncia. Findo o prazo de **6 meses,** o ofendido perde o direito de ajuizar a ação penal, retornando tal direito exclusivamente para o MP.

Na ação penal privada subsidiária da pública, o MP atua como fiscal da lei, porém com atribuições mais amplas.

Nesses casos, o MP pode:

- **Aditar a queixa:** pode se referir a diversos aspectos (inclusão de réus, por exemplo).
- **Repudiar a queixa**: somente poderá fazê-lo quando alegar que não houve inércia.
- **Retomar a ação como parte principal**: o ofendido deixa a desejar na forma como conduz a causa e o MP retoma a ação como parte principal.

4.8 Ação penal personalíssima

Tipo de ação penal personalíssima exclusiva, na qual apenas o ofendido pode ajuizar a ação.

Caso o ofendido venha a falecer, não há a hipótese de estender a legitimidade aos sucessores.

Se o ofendido for menor, não há a possibilidade de o representante ajuizar a demanda.

4.9 Denúncia e queixa

Elementos

- **Exposição do fato criminoso:** a inicial deverá expor de forma detalhada o fato criminoso.
- **Qualificação do acusado:** a inicial deverá conter a qualificação do acusado. Caso não haja qualificação suficiente, deverão ser indicados elementos que tornem possível a identificação (tatuagem, marcas no corpo, características físicas).
- **Tipificação do delito:** deverá indicar qual dispositivo legal o acusado violou. Não é elemento indispensável.
- **Rol de testemunhas:** a inicial deverá conter o rol de testemunhas, caso haja.
- **Endereçamento:** a peça acusatória deverá ser endereçada ao juiz competente para apreciação do caso. O endereçamento errado não invalidará a peça.
- **Redação em vernáculo:** todos os atos processuais deverão ser redigidos em língua portuguesa.
- **Subscrição:** a inicial deverá ser assinada pelo membro do MP ou advogado querelante, quando for o caso.

4.10 Acordo de não persecução penal

Trata-se de uma espécie de transação, entre o MP e o suposto infrator, em que há uma transação penal buscando evitar o ajuizamento da ação.

> ***Art. 28-A, CPP*** *Não sendo caso de arquivamento e tendo o investigado confessado formal e circunstancialmente a prática de infração penal sem violência ou grave ameaça e com pena mínima inferior a 4 (quatro) anos, o Ministério Público poderá propor acordo de não persecução penal, desde que necessário e suficiente para reprovação e prevenção do crime,* ***mediante as seguintes condições ajustadas cumulativa e alternativamente****:*
>
> *I –* ***reparar o dano ou restituir a coisa à vítima****, exceto na impossibilidade de fazê-lo;*
>
> *II –* ***renunciar voluntariamente a bens e direitos indicados pelo Ministério Público*** *como instrumentos, produto ou proveito do crime;*
>
> *III –* ***prestar serviço à comunidade ou a entidades públicas por período correspondente à pena mínima*** *cominada ao delito diminuída de um a dois terços, em local a ser indicado pelo juízo da execução, na forma do art. 46 do Decreto-lei nº 2.848, de 7 de dezembro de 1940 (Código Penal);*
>
> *IV –* ***pagar prestação pecuniária****, a ser estipulada nos termos do art. 45 do Decreto-lei nº 2.848, de 7 de dezembro de 1940 (Código Penal), a entidade pública ou de interesse social, a ser indicada pelo juízo da execução, que tenha, preferencialmente, como função proteger bens jurídicos iguais ou semelhantes aos aparentemente lesados pelo delito; ou*
>
> *V –* ***cumprir, por prazo determinado, outra condição indicada pelo Ministério Público****, desde que proporcional e compatível com a infração penal imputada.*

§ 1º Para aferição da pena mínima cominada ao delito a que se refere o caput deste artigo, serão consideradas as causas de aumento e diminuição aplicáveis ao caso concreto.

§ 2º O disposto no caput deste artigo não se aplica nas seguintes hipóteses:

I – se for cabível transação penal de competência dos Juizados Especiais Criminais, nos termos da lei;

II – se o investigado for reincidente ou se houver elementos probatórios que indiquem conduta criminal habitual, reiterada ou profissional, exceto se insignificantes as infrações penais pretéritas;

III – ter sido o agente beneficiado nos 5 anos anteriores ao cometimento da infração, em acordo de não persecução penal, transação penal ou suspensão condicional do processo; e

IV – nos crimes praticados no âmbito de violência doméstica ou familiar, ou praticados contra a mulher por razões da condição de sexo feminino, em favor do agressor.

§ 3º O acordo de não persecução penal será formalizado por escrito e será firmado pelo membro do Ministério Público, pelo investigado e por seu defensor.

§ 4º Para a homologação do acordo de não persecução penal, será realizada audiência na qual o juiz deverá verificar a sua voluntariedade, por meio da oitiva do investigado na presença do seu defensor, e sua legalidade.

§ 5º Se o juiz considerar inadequadas, insuficientes ou abusivas as condições dispostas no acordo de não persecução penal, devolverá os autos ao Ministério Público para que seja reformulada a proposta de acordo, com concordância do investigado e seu defensor.

§ 6º Homologado judicialmente o acordo de não persecução penal, o juiz devolverá os autos ao Ministério Público para que inicie sua execução perante o juízo de execução penal.

§ 7º O juiz poderá recusar homologação à proposta que não atender aos requisitos legais ou quando não for realizada a adequação a que se refere o § 5º deste artigo.

§ 8º Recusada a homologação, o juiz devolverá os autos ao Ministério Público para a análise da necessidade de complementação das investigações ou o oferecimento da denúncia.

§ 9º A vítima será intimada da homologação do acordo de não persecução penal e de seu descumprimento.

§ 10 Descumpridas quaisquer das condições estipuladas no acordo de não persecução penal, o Ministério Público deverá comunicar ao juízo, para fins de sua rescisão e posterior oferecimento de denúncia.

§ 11 O descumprimento do acordo de não persecução penal pelo investigado também poderá ser utilizado pelo Ministério Público como justificativa para o eventual não oferecimento de suspensão condicional do processo.

§ 12 A celebração e o cumprimento do acordo de não persecução penal não constarão de certidão de antecedentes criminais, exceto para os fins previstos no inciso III do § 2º deste artigo.

§ 13 Cumprido integralmente o acordo de não persecução penal, o juízo competente decretará a extinção de punibilidade.

§ 14 No caso de recusa, por parte do Ministério Público, em propor o acordo de não persecução penal, o investigado poderá requerer a remessa dos autos a órgão superior, na forma do art. 28 deste Código.

Pressupostos para proposição

- Infração penal;
- Sem violência ou grave ameaça;
- Pena **mínima inferior a 4 anos;**
- Acordo suficiente e necessário para prevenção do crime.

4.11 Da ação penal

Art. 24, CPP *Nos crimes de **ação pública**, esta **será promovida por denúncia do Ministério Público**, mas dependerá, quando a lei o exigir, de requisição do Ministro da Justiça, ou de representação do ofendido ou de quem tiver qualidade para representá-lo.*

*§ 1º No **caso de morte do ofendido ou quando declarado ausente por decisão judicial**, o **direito de representação** passará ao **cônjuge, ascendente, descendente ou irmão**.*

*§ 2º Seja qual for o **crime**, quando **praticado em detrimento do patrimônio** ou **interesse da União, Estado e Município**, a **ação penal será pública**.*

Art. 25 *A representação será irretratável, depois de oferecida a denúncia.*

Art. 26 *A ação penal, nas contravenções, será iniciada com o auto de prisão em flagrante ou por meio de portaria expedida pela autoridade judiciária ou policial.*

Art. 27 *Qualquer pessoa do povo poderá provocar a iniciativa do Ministério Público, nos casos em que caiba a ação pública, fornecendo-lhe, por escrito, informações sobre o fato e a autoria e indicando o tempo, o lugar e os elementos de convicção.*

Art. 28 *Ordenado o arquivamento do inquérito policial ou de quaisquer elementos informativos da mesma natureza, o órgão do Ministério Público comunicará à vítima, ao investigado e à autoridade policial e encaminhará os autos para a instância de revisão ministerial para fins de homologação, na forma da lei.*

§ 1º Se a vítima, ou seu representante legal, não concordar com o arquivamento do inquérito policial, poderá, no prazo de 30 dias do recebimento da comunicação, submeter a matéria à revisão da instância competente do órgão ministerial, conforme dispuser a respectiva lei orgânica.

§ 2º Nas ações penais relativas a crimes praticados em detrimento da União, Estados e Municípios, a revisão do arquivamento do inquérito policial poderá ser provocada pela chefia do órgão a quem couber a sua representação judicial.

Art. 28-A *Não sendo caso de arquivamento e tendo o investigado confessado formal e circunstancialmente a prática de infração penal sem violência ou grave ameaça e com pena mínima inferior a **4 anos**, o Ministério Público poderá propor acordo de não persecução penal, desde que necessário e suficiente para reprovação e prevenção do crime, mediante as seguintes condições ajustadas cumulativa e alternativamente:*

*I – **reparar o dano** ou restituir a coisa à vítima, exceto na impossibilidade de fazê-lo;*

*II – **renunciar voluntariamente** a bens e direitos indicados pelo Ministério Público como instrumentos, produto ou proveito do crime;*

*III – **prestar serviço à comunidade** ou a entidades públicas por período correspondente à pena mínima cominada ao delito diminuída de um a dois terços, em local a ser indicado pelo juízo da execução, na forma do art. 46 do Decreto-lei nº 2.848, de 7 de dezembro de 1940 (Código Penal);*

*IV – **pagar prestação pecuniária**, a ser estipulada nos termos do art. 45 do Decreto-lei nº 2.848, de 7 de dezembro de 1940 (Código Penal), a entidade pública ou de interesse social, a ser indicada pelo juízo da execução, que tenha, preferencialmente, como função proteger bens jurídicos iguais ou semelhantes aos aparentemente lesados pelo delito; ou*

*V – **cumprir, por prazo determinado, outra condição indicada pelo Ministério Público**, desde que proporcional e compatível com a infração penal imputada.*

§ 1º Para aferição da pena mínima cominada ao delito a que se refere o caput deste artigo, serão consideradas as causas de aumento e diminuição aplicáveis ao caso concreto.

§ 2º O disposto no caput deste artigo não se aplica nas seguintes hipóteses:

I – se for cabível transação penal de competência dos Juizados Especiais Criminais, nos termos da lei;

II – se o investigado for reincidente ou se houver elementos probatórios que indiquem conduta criminal habitual, reiterada ou profissional, exceto se insignificantes as infrações penais pretéritas;

*III – ter sido o agente beneficiado nos **5 anos** anteriores ao cometimento da infração, em acordo de não persecução penal, transação penal ou suspensão condicional do processo; e*

IV – nos crimes praticados no âmbito de violência doméstica ou familiar, ou praticados contra a mulher por razões da condição de sexo feminino, em favor do agressor.

§ 3º O acordo de não persecução penal será formalizado por escrito e será firmado pelo membro do Ministério Público, pelo investigado e por seu defensor.

§ 4º Para a homologação do acordo de não persecução penal, será realizada audiência na qual o juiz deverá verificar a sua voluntariedade, por meio da oitiva do investigado na presença do seu defensor, e sua legalidade.

§ 5º Se o juiz considerar inadequadas, insuficientes ou abusivas as condições dispostas no acordo de não persecução penal, devolverá os autos ao Ministério Público para que seja reformulada a proposta de acordo, com concordância do investigado e seu defensor.

§ 6º Homologado judicialmente o acordo de não persecução penal, o juiz devolverá os autos ao Ministério Público para que inicie sua execução perante o juízo de execução penal.

§ 7º O juiz poderá recusar homologação à proposta que não atender aos requisitos legais ou quando não for realizada a adequação a que se refere o § 5º deste artigo.

§ 8º Recusada a homologação, o juiz devolverá os autos ao Ministério Público para a análise da necessidade de complementação das investigações ou o oferecimento da denúncia.

§ 9º A vítima será intimada da homologação do acordo de não persecução penal e de seu descumprimento.

§ 10 Descumpridas quaisquer das condições estipuladas no acordo de não persecução penal, o Ministério Público deverá comunicar ao juízo, para fins de sua rescisão e posterior oferecimento de denúncia.

§ 11 O descumprimento do acordo de não persecução penal pelo investigado também poderá ser utilizado pelo Ministério Público como justificativa para o eventual não oferecimento de suspensão condicional do processo.

§ 12 A celebração e o cumprimento do acordo de não persecução penal não constarão de certidão de antecedentes criminais, exceto para os fins previstos no inciso III do § 2º deste artigo

§ 13 Cumprido integralmente o acordo de não persecução penal, o juízo competente decretará a extinção de punibilidade.

§ 14 No caso de recusa, por parte do Ministério Público, em propor o acordo de não persecução penal, o investigado poderá requerer a remessa dos autos a órgão superior, na forma do art. 28 deste Código.

***Art. 29** Será admitida ação privada nos crimes de ação pública, se esta não for intentada no prazo legal, cabendo ao Ministério Público aditar a queixa, repudiá-la e oferecer denúncia substitutiva, intervir em todos os termos do processo, fornecer elementos de prova, interpor recurso e, a todo tempo, no caso de negligência do querelante, retomar a ação como parte principal.*

***Art. 30** Ao ofendido ou a quem tenha qualidade para representá-lo caberá intentar a **ação privada**.*

***Art. 31** No caso de morte do ofendido ou quando declarado ausente por decisão judicial, o direito de oferecer queixa ou prosseguir na ação passará ao cônjuge, ascendente, descendente ou irmão.*

***Art. 32** Nos crimes de ação privada, o juiz, a requerimento da parte que comprovar a sua pobreza, nomeará advogado para promover a ação penal.*

§ 1º Considerar-se-á pobre a pessoa que não puder prover às despesas do processo, sem privar-se dos recursos indispensáveis ao próprio sustento ou da família.

§ 2º Será prova suficiente de pobreza o atestado da autoridade policial em cuja circunscrição residir o ofendido.

***Art. 33** Se o ofendido for **menor de 18 anos**, ou **mentalmente enfermo**, ou **retardado mental**, e não tiver representante legal, ou colidirem os interesses deste com os daquele, o direito de queixa poderá ser exercido por curador especial, nomeado, de ofício ou a requerimento do Ministério Público, pelo juiz competente para o processo penal.*

***Art. 34** Se o ofendido for **menor de 21 e maior de 18 anos**, o direito de queixa poderá ser exercido por ele ou por seu representante legal.*

***Art. 36** Se comparecer mais de uma pessoa com direito de queixa, terá preferência o cônjuge, e, em seguida, o parente mais próximo na ordem de enumeração constante do art. 31. Podendo, entretanto, qualquer delas prosseguir na ação, caso o querelante desista da instância ou a abandone.*

***Art. 37** As fundações, associações ou sociedades legalmente constituídas poderão exercer a ação penal, devendo ser representadas por quem os respectivos contratos ou estatutos designarem ou, no silêncio destes, pelos seus diretores ou sócios-gerentes.*

***Art. 38** Salvo disposição em contrário, o ofendido, ou seu representante legal, decairá no direito de queixa ou de representação, se não o exercer dentro do prazo de seis meses, contado do dia em que vier a saber quem é o autor do crime, ou, no caso do art. 29 do dia em que se esgotar o prazo para o oferecimento da denúncia.*

***Parágrafo único**. Verificar-se-á a decadência do direito de queixa ou representação, dentro do mesmo prazo, nos casos dos arts. 24, parágrafo único, e 31.*

***Art. 39** O direito de representação poderá ser exercido, pessoalmente ou por procurador com poderes especiais, mediante declaração, escrita ou oral, feita ao juiz, ao órgão do Ministério Público, ou à autoridade policial.*

§ 1º A representação feita oralmente ou por escrito, sem assinatura devidamente autenticada do ofendido, de seu representante legal ou procurador, será reduzida a termo, perante o juiz ou autoridade policial, presente o órgão do Ministério Público, quando a este houver sido dirigida.

§ 2º A representação conterá todas as informações que possam servir à apuração do fato e da autoria.

§ 3º Oferecida ou reduzida a termo a representação, a autoridade policial procederá a inquérito, ou, não sendo competente, remetê-lo-á à autoridade que o for.

§ 4º A representação, quando feita ao juiz ou perante este reduzida a termo, será remetida à autoridade policial para que esta proceda a inquérito.

§ 5º O órgão do Ministério Público dispensará o inquérito, se com a representação forem oferecidos elementos que o habilitem a promover a ação penal, e, neste caso, oferecerá a denúncia no prazo de quinze dias.

***Art. 40** Quando, em autos ou papéis de que conhecerem, os juízes ou tribunais verificarem a existência de crime de ação pública, remeterão ao Ministério Público as cópias e os documentos necessários ao oferecimento da denúncia.*

***Art. 41** A denúncia ou queixa conterá a exposição do fato criminoso, com todas as suas circunstâncias, a qualificação do acusado ou esclarecimentos pelos quais se possa identificá-lo, a classificação do crime e, quando necessário, o rol das testemunhas.*

***Art. 42 O Ministério Público não poderá desistir da ação penal**.*

***Art. 43.** (Revogado pela Lei nº 11.719/2008).*

***Art. 44** A queixa poderá ser dada por procurador com poderes especiais, devendo constar do instrumento do mandato o nome do querelante e a menção do fato criminoso, salvo quando tais esclarecimentos dependerem de diligências que devem ser previamente requeridas no juízo criminal.*

***Art. 45** A queixa, ainda quando a ação penal for privativa do ofendido, poderá ser aditada pelo Ministério Público, a quem caberá intervir em todos os termos subsequentes do processo.*

***Art. 46** O prazo para oferecimento da denúncia, estando o réu preso, será de **5 dias**, contado da data em que o órgão do Ministério Público receber os autos do inquérito policial, e de **15 dias**, se o réu estiver solto ou afiançado. No último caso, se houver devolução do inquérito à autoridade policial (art. 16), contar-se-á o prazo da data em que o órgão do Ministério Público receber novamente os autos.*

§ 1º Quando o Ministério Público dispensar o inquérito policial, o prazo para o oferecimento da denúncia contar-se-á da data em que tiver recebido as peças de informações ou a representação

*§ 2º O prazo para o aditamento da queixa será de **3 dias**, contado da data em que o órgão do Ministério Público receber os autos, e, se este não se pronunciar dentro do tríduo, entender-se-á que não tem o que aditar, prosseguindo-se nos demais termos do processo.*

***Art. 47** Se o Ministério Público julgar necessários maiores esclarecimentos e documentos complementares ou novos elementos de convicção, deverá requisitá-los, diretamente, de quaisquer autoridades ou funcionários que devam ou possam fornecê-los.*

***Art. 48** A queixa contra qualquer dos autores do crime obrigará ao processo de todos, e o Ministério Público velará pela sua indivisibilidade.*

Art. 49 *A renúncia ao exercício do direito de queixa, em relação a um dos autores do crime, a todos se estenderá.*

Art. 50 *A renúncia expressa constará de declaração assinada pelo ofendido, por seu representante legal ou procurador com poderes especiais.*

Parágrafo único. *A renúncia do representante legal do menor que houver completado 18 (dezoito) anos não privará este do direito de queixa, nem a renúncia do último excluirá o direito do primeiro.*

Art. 51 *O perdão concedido a um dos querelados aproveitará a todos, sem que produza, todavia, efeito em relação ao que o recusar.*

Art. 52 *Se o querelante for* ***menor de 21 e maior de 18 anos****, o direito de perdão poderá ser exercido por ele ou por seu representante legal, mas o perdão concedido por um, havendo oposição do outro, não produzirá efeito.*

Art. 53 *Se o querelado for mentalmente enfermo ou retardado mental e não tiver representante legal, ou colidirem os interesses deste com os do querelado, a aceitação do perdão caberá ao curador que o juiz lhe nomear.*

Art. 54 *Se o querelado for* ***menor de 21 anos****, observar-se-á, quanto à aceitação do perdão, o disposto no art. 52.*

Art. 55 *O perdão poderá ser aceito por procurador com poderes especiais.*

Art. 56 *Aplicar-se-á ao perdão extraprocessual expresso o disposto no art. 50.*

Art. 57 *A renúncia tácita e o perdão tácito admitirão todos os meios de prova.*

Art. 58 *Concedido o perdão, mediante declaração expressa nos autos, o querelado será intimado a dizer, dentro de três dias, se o aceita, devendo, ao mesmo tempo, ser cientificado de que o seu silêncio importará aceitação.*

Parágrafo único. Aceito o perdão, o juiz julgará extinta a punibilidade*.*

Art. 59 *A aceitação do perdão fora do processo constará de declaração assinada pelo querelado, por seu representante legal ou procurador com poderes especiais.*

Art. 60 *Nos casos em que somente se procede mediante queixa, considerar-se-á perempta a ação penal:*

I – quando, iniciada esta, o querelante deixar de promover o andamento do processo durante ***30 dias*** *seguidos;*

II – quando, falecendo o querelante, ou sobrevindo sua incapacidade, não comparecer em juízo, para prosseguir no processo, dentro do prazo de ***60 dias****, qualquer das pessoas a quem couber fazê-lo, ressalvado o disposto no art. 36;*

III – quando o querelante deixar de comparecer, sem motivo justificado, a qualquer ato do processo a que deva estar presente, ou deixar de formular o pedido de condenação nas alegações finais;

IV – quando, sendo o querelante pessoa jurídica, esta se extinguir sem deixar sucessor.

Art. 61 *Em qualquer fase do processo, o juiz, se reconhecer extinta a punibilidade, deverá declará-lo de ofício.*

Parágrafo único. *No caso de requerimento do Ministério Público, do querelante ou do réu, o juiz mandará autuá-lo em apartado, ouvirá a parte contrária e, se o julgar conveniente, concederá o prazo de cinco dias para a prova, proferindo a decisão dentro de cinco dias ou reservando-se para apreciar a matéria na sentença final.*

Art. 62 *No caso de morte do acusado, o juiz somente à vista da certidão de óbito, e depois de ouvido o Ministério Público, declarará extinta a punibilidade.*

PPEN

5 PRISÕES

5.1 Conceito

Prisão é uma restrição à liberdade de ir e vir (liberdade ambulatorial ou de locomoção), por meio do recolhimento ao cárcere por ordem fundamentada do juiz ou derivada da prisão em flagrante.

5.2 Espécies de prisão cautelar

Atualmente, existem três espécies de prisão cautelar: 1) prisão em flagrante, 2) preventiva e 3) temporária.

5.2.1 Prisão preventiva

É a medida cautelar de constrição da liberdade pessoal, cabível durante toda a persecução penal (inquérito policial + processo), decretada pelo juiz *ex-officio* no curso da ação penal, ou a requerimento do MP, do querelante, do assistente ou por representação da autoridade policial. Não tem prazo e justifica-se na presença dos requisitos estabelecidos na lei.

Note que a prisão preventiva teve alterações consideráveis conforme o Pacote Anticrime.

Tempo da prisão preventiva

Não há prazo definido em lei acerca da duração dela e estende-se no tempo enquanto houver necessidade, que é dosada pela presença de seus requisitos legais. Se eventualmente estes desaparecem, a prisão preventiva será revogada e nada impede que ela seja decretada novamente, caso algum dos requisitos reapareça.

Por sua vez, se ela se estende no tempo de maneira desproporcional, transforma-se em prisão ilegal e, nesse caso, merecerá relaxamento.

Cabimento

Será possível tanto na investigação policial como no processo.

> ***Art. 311, CPP*** *Em qualquer fase da investigação policial ou do processo penal, caberá a prisão preventiva decretada pelo juiz, a requerimento do Ministério Público, do querelante ou do assistente, ou por representação da autoridade policial.*

Decretação

> ***Art. 312, CPP*** *A prisão preventiva poderá ser decretada como garantia da ordem pública, da ordem econômica, por conveniência da instrução criminal ou para assegurar a aplicação da lei penal, quando houver prova da existência do crime e indício suficiente de autoria e de perigo gerado pelo estado de liberdade do imputado.*
>
> *§ 1º A prisão preventiva também poderá ser decretada em caso de descumprimento de qualquer das obrigações impostas por força de outras medidas cautelares (art. 282, § 4º).*
>
> *§ 2º A decisão que decretar a prisão preventiva deve ser motivada e fundamentada em receio de perigo e existência concreta de fatos novos ou contemporâneos que justifiquem a aplicação da medida adotada.*

Admissibilidade

> ***Art. 313, CPP*** *Nos termos do* ***art. 312 deste Código****, será admitida a decretação da prisão preventiva:*
>
> *I – nos crimes dolosos punidos com pena privativa de liberdade máxima superior a 4 (quatro) anos.*
>
> *II – se tiver sido condenado por outro crime doloso, em sentença transitada em julgado, ressalvado o disposto no inciso I do caput do art. 64 do Decreto-lei nº 2.848, de 7 de dezembro de 1940 – Código Penal.*
>
> *III – se o crime envolver violência doméstica e familiar contra a mulher, criança, adolescente, idoso, enfermo ou pessoa com deficiência, para garantir a execução das medidas protetivas de urgência.*
>
> *§ 1º Também será admitida a prisão preventiva quando houver dúvida sobre a identidade civil da pessoa ou quando esta não fornecer elementos suficientes para esclarecê-la, devendo o preso ser colocado imediatamente em liberdade após a identificação, salvo se outra hipótese recomendar a manutenção da medida.*
>
> *§ 2º Não será admitida a decretação da prisão preventiva com a finalidade de antecipação de cumprimento de pena ou como decorrência imediata de investigação criminal ou da apresentação ou recebimento de denúncia.*

Excludentes de ilicitude

> ***Art. 314, CPP*** *A prisão preventiva em nenhum caso será decretada se o juiz verificar pelas provas constantes dos autos ter o agente praticado o fato nas condições previstas nos incisos I, II e III do caput do art. 23 do Decreto-lei nº 2.848, de 7 de dezembro de 1940 – Código Penal.*

Motivação

> ***Art. 315, CPP*** *A decisão que decretar, substituir ou denegar a prisão preventiva será sempre motivada e fundamentada.*
>
> *§ 1º Na motivação da decretação da prisão preventiva ou de qualquer outra cautelar, o juiz deverá indicar concretamente a existência de fatos novos ou contemporâneos que justifiquem a aplicação da medida adotada.*
>
> *§ 2º Não se considera fundamentada qualquer decisão judicial, seja ela interlocutória, sentença ou acórdão, que:*
>
> *I – limitar-se à indicação, à reprodução ou à paráfrase de ato normativo, sem explicar sua relação com a causa ou a questão decidida.*
>
> *II – empregar conceitos jurídicos indeterminados, sem explicar o motivo concreto de sua incidência no caso.*
>
> *III – invocar motivos que se prestariam a justificar qualquer outra decisão.*
>
> *IV – não enfrentar todos os argumentos deduzidos no processo capazes de, em tese, infirmar a conclusão adotada pelo julgador.*
>
> *V – limitar-se a invocar precedente ou enunciado de súmula, sem identificar seus fundamentos determinantes nem demonstrar que o caso sob julgamento se ajusta àqueles fundamentos.*
>
> *VI – deixar de seguir enunciado de súmula, jurisprudência ou precedente invocado pela parte, sem demonstrar a existência de distinção no caso em julgamento ou a superação do entendimento.*
>
> ***Art. 316*** *O juiz poderá, de ofício ou a pedido das partes, revogar a prisão preventiva se, no correr da investigação ou do processo, verificar a falta de motivo para que ela subsista, bem como novamente decretá-la, se sobrevierem razões que a justifiquem.*
>
> ***Parágrafo único.*** *Decretada a prisão preventiva, deverá o órgão emissor da decisão revisar a necessidade de sua manutenção a cada 90 (noventa) dias, mediante decisão fundamentada, de ofício, sob pena de tornar a prisão ilegal.*

5.2.2 Prisão temporária

É a prisão cautelar cabível apenas ao longo do inquérito policial, decretada pelo juiz a requerimento do MP ou por representação da autoridade policial (o juiz não pode decretar a medida de ofício e não pode ser requerida pelo querelante nos casos de ação penal privada), com prazo pré-estabelecido em lei, uma vez presente os requisitos do art. 1º da Lei nº 7.960/1989.

Prisão temporária

- É a prisão cautelar;
- Cabível apenas ao longo do IP;
- Decretada pelo juiz;
- Requerida pelo MP ou pelo delegado;
- Com prazo pré-estabelecido em lei;
- Uma vez presente os seus requisitos.

Cabimento

> ***Art. 1º, Lei nº 7.960/1989*** *Caberá prisão temporária:*
>
> *I – quando imprescindível para as investigações do inquérito policial;*
>
> *II – quando o indicado não tiver residência fixa ou não fornecer elementos necessários ao esclarecimento de sua identidade;*

III – quando houver fundadas razões, de acordo com qualquer prova admitida na legislação penal, de autoria ou participação do indiciado nos seguintes crimes:

a) homicídio doloso (art. 121, caput, e seu § 2º);

b) sequestro ou cárcere privado (art. 148, caput, e seus §§ 1º e 2º);

c) roubo (art. 157, caput, e seus §§ 1º, 2º e 3º);

d) extorsão (art. 158, caput, e seus §§ 1º e 2º.);

e) extorsão mediante sequestro (art. 159, caput, e seus §§ 1º, 2º e 3º);

f) estupro (art. 213, caput, e sua combinação com o art. 223, caput, e parágrafo único);

g) atentado violento ao pudor (art. 214, caput, e sua combinação com o art. 223, caput, e parágrafo único);

h) rapto violento (art. 219, e sua combinação com o art. 223, caput, e parágrafo único);

i) epidemia com resultado de morte (art. 267, § 1º);

j) envenenamento de água potável ou substância alimentícia ou medicinal qualificado pela morte (art. 270, caput, combinado com art. 285);

l) quadrilha ou bando (art. 288), todos do Código Penal;

m) genocídio (arts. 1º, 2º e 3º da Lei nº 2.889, de 1º de outubro de 1956), em qualquer de suas formas típicas;

n) tráfico de drogas (art. 12 da Lei nº 6.368, de 21 de outubro de 1976);

o) crimes contra o sistema financeiro (Lei nº 7.492, de 16 de junho de 1986).

p) crimes previstos na Lei de Terrorismo.

O rol de crimes descrito é taxativo, o que significa que somente esses delitos comportam a medida e mais nenhum.

5.2.3 Prisão em flagrante

É a prisão cautelar de natureza administrativa que funciona como ferramenta de preservação social, autorizando a captura daquele que é surpreendido no instante em que pratica ou termina de concluir a infração penal. Caracteriza-se pela imediatidade entre o crime e a prisão. Essa modalidade de prisão comporta várias delas e, a seguir, exemplificaremos cada hipótese de flagrante, conforme o que vem sendo cobrado nos principais concursos do país.

Modalidades de flagrante

- **Flagrante obrigatório/coercitivo**: é aquele flagrante das autoridades policiais e seus agentes. A autoridade policial não tem qualquer discricionariedade quanto a prisão em flagrante ou não.

  Art. 301, CPP *Qualquer do povo poderá e as autoridades policiais e seus agentes* ***deverão*** *prender quem quer que seja encontrado em flagrante delito.*

Flagrante obrigátorio
↓
Autoridade Policial ou seus Agentes
↓
Tem o dever de efetuar a prisão

- **Flagrante facultativo**: é o flagrante que se aplica a qualquer pessoa do povo, não tendo o sujeito a obrigação de agir.

  Art. 301, CPP *Qualquer do povo poderá e as autoridades policiais e seus agentes deverão prender quem quer que seja encontrado em flagrante delito.*

Flagrante facultativo
↓
Qualquer pessoa do povo
↓
Poderá realizar o flagrante

Esquematizando o tema:

Art. 301	Espécie de flagrante
Qualquer do povo PODERÁ	FACULTATIVO
As autoridades policiais e seus agentes DEVERÃO	OBRIGATÓRIO

Excludente de licitude	Infração em tese
Exercício regular do direito	Constrangimento ilegal
Estrito cumprimento do dever legal	Abuso de autoridade

- **Flagrante próprio (real/perfeito/propriamente dito)** tem cabimento em duas hipóteses:
  - Quando o agente está cometendo o delito, ou seja, está em plena prática dos atos executórios;
  - Acaba de cometer o delito, isto é, o agente terminou de concluir a prática da infração penal, ficando evidente que é o autor do crime.

  Art. 302, CPP *Considera-se em flagrante delito quem:*

  I – Está cometendo a infração penal;

  II – Acaba de cometê-la;

- **Flagrante impróprio (irreal/imperfeito/quase flagrante):** é a espécie de flagrante que ocorre quando o criminoso conclui o crime ou é interrompido pela chegada de terceiros e foge, sem ser preso no local, fazendo com que se inicie uma perseguição, seja pela polícia, pela vítima ou por terceiro.

  Art. 302 *Considera-se em flagrante delito quem: [...]*

  III – É perseguido, logo após, pela autoridade, pelo ofendido ou por qualquer pessoa, em situação que faça presumir ser autor da infração.

- **Flagrante presumido (ficto ou assimilado):** o criminoso é encontrado logo depois de praticar o crime, com objetos, armas ou papéis que faça presumir ser ele o autor do delito. Nesse caso, não há perseguição.

  Art. 302 *Considera-se em flagrante delito quem: [...]*

  IV – É encontrado, logo depois, com instrumentos, armas, objetos ou papéis que façam presumir ser ele autor da infração.

- **Flagrante forjado:** é o flagrante realizado para incriminar um inocente. A prisão é ilegal e o forjador responderá criminalmente por denunciação caluniosa (art. 339, CP).

- **Flagrante esperado:** ocorre quando a Polícia toma conhecimento da possibilidade da ocorrência de um crime, então, fica em campana, aguardando que se iniciem os primeiros atos executórios, na expectativa de concretizar a captura. Devido à falta de previsão legal do flagrante esperado, quando a tomada se concretiza, ele se transforma em flagrante próprio. Assim, essa é uma modalidade viável para autorizar a prisão em flagrante.

No flagrante esperado, a Polícia em nada contribui com a prática do delito; ela simplesmente toma conhecimento do crime que está por vir e aguarda o delito acontecer para realizar a prisão. Não confundir com o flagrante preparado.

- **Flagrante preparado (provocado/delito putativo por obra do agente provocador):** ocorre quando o agente provocador (em regra, a Polícia, podendo também ser terceiro) induz ou instiga alguém a cometer um crime. Não é admitida no Brasil a prisão – é ilegal –, e o fato praticado não constitui crime, pois é atípico, sendo a consumação da ação impossível, haja vista que, durante os atos executórios, haverá a prisão.

  Súmula nº 145 – STF

  Não há crime, quando a preparação do flagrante pela polícia torna impossível a sua consumação.

- **Flagrante postergado (diferido/estratégico/ação controlada):** caracteriza-se pela possibilidade que a Polícia – e somente ela – tem de retardar a prisão em flagrante, na expectativa de realizá-la em um momento mais adequado para a colheita de provas, para a captura do maior número de infratores e, também, a fim de conseguir o enquadramento no delito principal da facção criminosa. Ele é possível no **art. 53, Lei nº 11.343/2006.**

> ***Art. 53, Lei nº 11.343/2006*** *Em qualquer fase da persecução criminal relativa aos crimes previstos nesta Lei, são permitidos, além dos previstos em lei, mediante autorização judicial e ouvido o Ministério Público, os seguintes procedimentos investigatórios:*
>
> *I – A infiltração por agentes de polícia, em tarefas de investigação, constituída pelos órgãos especializados pertinentes;*
>
> *II – A não atuação policial sobre os portadores de drogas, seus precursores químicos ou outros produtos utilizados em sua produção, que se encontrem no território brasileiro, com a finalidade de identificar e responsabilizar maior número de integrantes de operações de tráfico e distribuição, sem prejuízo da ação penal cabível.*
>
> ***Parágrafo único.*** *Na hipótese do inciso II deste artigo, a autorização será concedida desde que sejam conhecidos o itinerário provável e a identificação dos agentes do delito ou de colaboradores.*

Fases da prisão em flagrante

- **Captura:** emprego da força – a força pode ser utilizada, porém com moderação. Referente ao tema, importante o teor constante do art. 292 do CPP.

> ***Art. 292, CPP*** *Se houver, ainda que por parte de terceiros, resistência à prisão em flagrante ou à determinada por autoridade competente, o executor e as pessoas que o auxiliarem poderão usar dos meios necessários para defender-se ou para vencer a resistência, do que tudo se lavrará auto subscrito também por duas testemunhas.*
>
> ***Uso de algemas***
>
> *Trata-se de uma medida de natureza excepcional, devendo ser utilizado utilizada quando houver risco de fuga OU agressão do preso contra policiais, membros da sociedade ou até a si mesmo.*
>
> ***Súmula Vinculante nº 11 – STF***
>
> *Só é lícito o uso de algemas em casos de resistência e de fundado receio de fuga ou de perigo à integridade física própria ou alheia, por parte do preso ou de terceiros, justificada a excepcionalidade por escrito, sob pena de responsabilidade disciplinar, civil e penal do agente ou da autoridade e de nulidade da prisão ou do ato processual a que se refere, sem prejuízo da responsabilidade civil do Estado.*
>
> ***Art. 292, parágrafo único, CPP*** *É vedado o uso de algemas em mulheres grávidas durante os atos médico-hospitalares preparatórios para a realização do parto e durante o trabalho de parto, bem como em mulheres durante o período de puerpério imediato.*

- **Condução coercitiva:** não se imporá prisão em flagrante.
  - Lei dos Juizados Especiais Criminais;
  - Porte de drogas para consumo pessoal;
  - CTB.
- **Lavratura do auto de prisão em flagrante:** possibilidade de concessão de fiança pela própria autoridade policial, nos moldes previstos pelo art. 322 do CPP.

> ***Art. 322, CPP*** *A autoridade policial **somente** poderá conceder fiança nos casos de infração cuja pena privativa de liberdade máxima não seja superior a 4 (quatro) anos.*
>
> ***Parágrafo único.*** *Nos demais casos, a fiança será requerida ao juiz, que decidirá em 48 (quarenta e oito) horas.*

- **Convalidação judicial da prisão em flagrante:** essa convalidação judicial constitui-se no procedimento que deverá ser observado pelo juiz quando do recebimento do auto de prisão em flagrante.

Cumpre recordarmos que a obrigatoriedade de comunicação da prisão ao juiz encontra-se prevista na legislação ao teor do art. 306, do Código de Processo Penal, o que dispõe:

> ***Art. 306*** *A prisão de qualquer pessoa e local onde se encontre serão comunicados imediatamente ao juiz competente, ao Ministério Público e a família do preso ou a pessoa por ele indicada.*
>
> *§ 1º Em até 24 (vinte e quatro horas) após a realização da prisão, será encaminhado ao juiz competente o auto de prisão em flagrante e, caso o autuado não informe o nome de seu advogado, cópia integral para Defensoria Pública.*
>
> *§ 2º No mesmo prazo, será entregue ao preso, mediante recibo, a nota de culpa (termo de ciência das garantias constitucionais), assinada pela autoridade, com o motivo da prisão, o nome do condutor e os das testemunhas.*

Audiência de custódia: audiência de custódia consiste no direito que a pessoa presa em flagrante possui de ser conduzida (levada), sem demora, à presença de uma autoridade judicial (magistrado) que analisará se os direitos fundamentais dessa pessoa foram respeitados (por exemplo: se não houve tortura), se a prisão em flagrante foi legal e se a prisão cautelar deve ser decretada ou se o preso poderá receber a liberdade provisória ou medida cautelar diversa da prisão.

> ***Art. 310, CPP*** *Após receber o auto de prisão em flagrante, no prazo máximo de até 24 (vinte e quatro) horas após a realização da prisão, o juiz deverá promover audiência de custódia com a presença do acusado, seu advogado constituído ou membro da Defensoria Pública e o membro do Ministério Público, e, nessa audiência, o juiz deverá, fundamentadamente.*
>
> *I – relaxar a prisão ilegal; o.*
>
> *II – converter a prisão em flagrante em preventiva, quando presentes os requisitos constantes do art. 312 deste Código, e se revelarem inadequadas ou insuficientes as medidas cautelares diversas da prisão; o.*
>
> *III – conceder liberdade provisória, com ou sem fiança.*
>
> *§ 1º Se o juiz verificar, pelo auto de prisão em flagrante, que o agente praticou o fato em qualquer das condições constantes dos incisos I, II ou III do caput do art. 23 do Decreto-lei nº 2.848, de 7 de dezembro de 1940 (Código Penal), poderá, fundamentadamente, conceder ao acusado liberdade provisória, mediante termo de comparecimento obrigatório a todos os atos processuais, sob pena de revogação.*
>
> *§ 2º Se o juiz verificar que o agente é reincidente ou que integra organização criminosa armada ou milícia, ou que porta arma de fogo de uso restrito, deverá denegar a liberdade provisória, com ou sem medidas cautelares.*
>
> *§ 3º A autoridade que deu causa, sem motivação idônea, à não realização da audiência de custódia no prazo estabelecido no caput deste artigo responderá administrativa, civil e penalmente pela omissão.*
>
> *§ 4º Transcorridas 24 (vinte e quatro) horas após o decurso do prazo estabelecido no caput deste artigo, a não realização de audiência de custódia sem motivação idônea ensejará também a ilegalidade da prisão, a ser relaxada pela autoridade competente, sem prejuízo da possibilidade de imediata decretação de prisão preventiva.*

6 PROVAS

6.1 Conceito

É tudo aquilo que é apresentado ao juiz com o objetivo de contribuir na formação da sua opinião quanto aos fatos ou atos do processo que sejam relevantes para auxiliá-lo a chegar à sentença.

6.2 Cadeia de custódia

Cadeia de custódia da prova consiste no caminho que deve ser percorrido pela prova até sua análise pelo magistrado, sendo certo que qualquer interferência indevida durante esse trâmite processual pode resultar na sua imprestabilidade.

Note que o tema "cadeia de custódia" é um tema totalmente novo incluído pelo Pacote Anticrime (Lei nº 13.721/2018), portanto, a probabilidade de constar em provas será enorme. Atente à letra da lei, pois, sendo novidade e como não há jurisprudência envolvendo o tema ainda, assim, as bancas devem abusar a lei seca.

Considera-se cadeia de custódia o conjunto de todos os procedimentos utilizados para manter e documentar a história cronológica do vestígio coletado em locais ou em vítimas de crimes, para rastrear sua posse e manuseio a partir de seu reconhecimento até o descarte.

Início da cadeia de custódia: dá-se com a preservação do local de crime ou com procedimentos policiais ou periciais nos quais seja detectada a existência de vestígio.

O agente público que reconhecer um elemento como de potencial interesse para a produção da prova pericial **fica responsável por sua preservação.**

A coleta dos vestígios deverá ser realizada **preferencialmente** por perito oficial.

É proibida a entrada em locais isolados, bem como a remoção de quaisquer vestígios de locais de crime antes da liberação por parte do perito responsável, **sendo tipificada como fraude processual a sua realização.**

> ***Art. 158-A, CPP*** *Considera-se cadeia de custódia o conjunto de todos os procedimentos utilizados para manter e documentar a história cronológica do vestígio coletado em locais ou em vítimas de crimes, para rastrear sua posse e manuseio a partir de seu reconhecimento até o descarte.*
>
> *§ 1º O início da cadeia de custódia dá-se com a preservação do local de crime ou com procedimentos policiais ou periciais nos quais seja detectada a existência de vestígio.*
>
> *§ 2º O agente público que reconhecer um elemento como de potencial interesse para a produção da prova pericial fica responsável por sua preservação.*
>
> *§ 3º Vestígio é todo objeto ou material bruto, visível ou latente, constatado ou recolhido, que se relaciona à infração penal.*
>
> ***Art. 158-B*** *A cadeia de custódia compreende o rastreamento do vestígio nas seguintes etapas:*
>
> *I – reconhecimento: ato de distinguir um elemento como de potencial interesse para a produção da prova pericial;*
>
> *II – isolamento: ato de evitar que se altere o estado das coisas, devendo isolar e preservar o ambiente imediato, mediato e relacionado aos vestígios e local de crime;*
>
> *III – fixação: descrição detalhada do vestígio conforme se encontra no local de crime ou no corpo de delito, e a sua posição na área de exames, podendo ser ilustrada por fotografias, filmagens ou croqui, sendo indispensável a sua descrição no laudo pericial produzido pelo perito responsável pelo atendimento;*
>
> *IV – coleta: ato de recolher o vestígio que será submetido à análise pericial, respeitando suas características e natureza;*
>
> *V – acondicionamento: procedimento por meio do qual cada vestígio coletado é embalado de forma individualizada, de acordo com suas características físicas, químicas e biológicas, para posterior análise, com anotação da data, hora e nome de quem realizou a coleta e o acondicionamento;*
>
> *VI – transporte: ato de transferir o vestígio de um local para o outro, utilizando as condições adequadas (embalagens, veículos, temperatura, entre outras), de modo a garantir a manutenção de suas características originais, bem como o controle de sua posse;*
>
> *VII – recebimento: ato formal de transferência da posse do vestígio, que deve ser documentado com, no mínimo, informações referentes ao número de procedimento e unidade de polícia judiciária relacionada, local de origem, nome de quem transportou o vestígio, código de rastreamento, natureza do exame, tipo do vestígio, protocolo, assinatura e identificação de quem o recebeu;*
>
> *VIII – processamento: exame pericial em si, manipulação do vestígio de acordo com a metodologia adequada às suas características biológicas, físicas e químicas, a fim de se obter o resultado desejado, que deverá ser formalizado em laudo produzido por perito;*
>
> *IX – armazenamento: procedimento referente à guarda, em condições adequadas, do material a ser processado, guardado para realização de contraperícia, descartado ou transportado, com vinculação ao número do laudo correspondente;*
>
> *X – descarte: procedimento referente à liberação do vestígio, respeitando a legislação vigente e, quando pertinente, mediante autorização judicial.*
>
> ***Art. 158-C*** *A coleta dos vestígios deverá ser realizada preferencialmente por perito oficial, que dará o encaminhamento necessário para a central de custódia, mesmo quando for necessária a realização de exames complementares.*
>
> *§ 1º Todos os vestígios coletados no decurso do inquérito ou processo devem ser tratados como descrito nesta Lei, ficando órgão central de perícia oficial de natureza criminal responsável por detalhar a forma do seu cumprimento.*
>
> *§ 2º É proibida a entrada em locais isolados bem como a remoção de quaisquer vestígios de locais de crime antes da liberação por parte do perito responsável, sendo tipificada como fraude processual a sua realização.*
>
> ***Art. 158-D*** *O recipiente para acondicionamento do vestígio será determinado pela natureza do material.*
>
> *§ 1º Todos os recipientes deverão ser selados com lacres, com numeração individualizada, de forma a garantir a inviolabilidade e a idoneidade do vestígio durante o transporte.*
>
> *§ 2º O recipiente deverá individualizar o vestígio, preservar suas características, impedir contaminação e vazamento, ter grau de resistência adequado e espaço para registro de informações sobre seu conteúdo.*
>
> *§ 3º O recipiente só poderá ser aberto pelo perito que vai proceder à análise e, motivadamente, por pessoa autorizada.*
>
> *§ 4º Após cada rompimento de lacre, deve se fazer constar na ficha de acompanhamento de vestígio o nome e a matrícula do responsável, a data, o local, a finalidade, bem como as informações referentes ao novo lacre utilizado.*
>
> *§ 5º O lacre rompido deverá ser acondicionado no interior do novo recipiente.*
>
> ***Art. 158-E*** *Todos os Institutos de Criminalística deverão ter uma central de custódia destinada à guarda e controle dos vestígios, e sua gestão deve ser vinculada diretamente ao órgão central de perícia oficial de natureza criminal.*
>
> *§ 1º Toda central de custódia deve possuir os serviços de protocolo, com local para conferência, recepção, devolução de materiais e documentos, possibilitando a seleção, a classificação e a distribuição de materiais, devendo ser um espaço seguro e apresentar condições ambientais que não interfiram nas características do vestígio.*
>
> *§ 2º Na central de custódia, a entrada e a saída de vestígio deverão ser protocoladas, consignando-se informações sobre a ocorrência no inquérito que a eles se relacionam.*
>
> *§ 3º Todas as pessoas que tiverem acesso ao vestígio armazenado deverão ser identificadas e deverão ser registradas a data e a hora do acesso.*
>
> *§ 4º Por ocasião da tramitação do vestígio armazenado, todas as ações deverão ser registradas, consignando-se a identificação do responsável pela tramitação, a destinação, a data e horário da ação.*

Art. 158-F Após a realização da perícia, o material deverá ser devolvido à central de custódia, devendo nela permanecer.

Parágrafo único. *Caso a central de custódia não possua espaço ou condições de armazenar determinado material, deverá a autoridade policial ou judiciária determinar as condições de depósito do referido material em local diverso, mediante requerimento do diretor do órgão central de perícia oficial de natureza criminal.*

6.3 Classificação das provas

6.3.1 Provas nominadas

São aquelas cujo meio de produção está previsto em lei (arts. 158 a 250, CPP).

Art. 226, CPP *Quando houver necessidade de fazer-se o reconhecimento de pessoa, proceder-se-á pela seguinte forma:*

I – a pessoa que tiver de fazer o reconhecimento será convidada a descrever a pessoa que deva ser reconhecida;

II – a pessoa, cujo reconhecimento se pretender, será colocada, se possível, ao lado de outras que com ela tiverem qualquer semelhança, convidando-se quem tiver de fazer o reconhecimento a apontá-la;

III – se houver razão para recear que a pessoa chamada para o reconhecimento, por efeito de intimidação ou outra influência, não diga a verdade em face da pessoa que deve ser reconhecida, a autoridade providenciará para que esta não veja aquela;

IV – do ato de reconhecimento lavrar-se-á auto pormenorizado, subscrito pela autoridade, pela pessoa chamada para proceder ao reconhecimento e por duas testemunhas presenciais.

6.3.2 Provas inominadas

São aquelas cujos meios de produção não estão previstos na lei. Por exemplo: recognição visuográfica de local de crime.

6.3.3 Princípio da liberdade na produção de provas

É possível a utilização de qualquer uma das duas modalidades de provas anteriormente descritas, ou seja, as nominadas e as inominadas, em razão do princípio da liberdade na produção da prova.

Não há nenhuma hierarquia entre as provas, ou seja, tanto as nominadas quanto as inominadas têm o mesmo valor. Tal princípio encontra exceção na seguinte hipótese: estado civil das pessoas.

Art. 155, parágrafo único, CPP *Somente quanto ao estado das pessoas serão observadas as restrições estabelecidas na lei civil.*

Para provar o estado civil, é necessária a apresentação de certidão, não admitindo nenhum outro modo, como a prova testemunhal.

6.3.4 Provas ilícitas

Recebem conceituação diferente pelo Código de Processo Penal e, também, pela doutrina.

- **Conceito de provas ilícitas dentro do CPP:** não há distinção entre as provas ilícitas e ilegítimas, sendo todas elas espécies de provas ilícitas, ou seja, estas, para o CPP, são aquelas que ferem normas constitucionais e infraconstitucionais. Assim, tanto faz se fere norma de Direito Penal ou de Direito Processual Penal.

  Art. 157, CPP *São inadmissíveis, devendo ser desentranhadas do processo, as provas ilícitas, assim entendidas as obtidas em violação a normas constitucionais ou legais.*

- **Conceito de provas ilícitas para a doutrina:** as provas ilícitas recebem uma subclassificação: ilícitas e ilegítimas.
  - **Provas ilícitas**: são as que ofendem o direito material (Código Penal ou legislação penal extravagante) e aquelas que ofendem os princípios constitucionais penais. Por exemplo: violar uma correspondência para conseguir uma prova.
  - **Provas Ilegítimas**: são as provas que ofendem o direito formal, processual, ou seja, o Código de Processo Penal e a legislação processual penal extravagante. Também são aquelas que violam os princípios constitucionais processuais penais. Por exemplo: laudo pericial confeccionado somente por um perito não oficial.

Distinção entre prova ilícita e prova ilegítima

- **Prova ilícita:** é aquela produzida mediante a violação de norma de direito material prevista na Constituição Federal ou em lei ordinária.
- **Prova ilegítima:** é aquela produzida mediante violação de norma de direito processual.

  Art. 479, CPP *Durante o julgamento não será permitida a leitura de documento ou a exibição de objeto que não tiver sido juntado aos autos com a antecedência mínima de 3 (três) dias úteis, dando-se ciência à outra parte.*

Inutilização da prova Ilícitas

Art. 157, CPP São inadmissíveis*, devendo ser desentranhadas do processo, as provas ilícitas, assim entendidas as obtidas em violação a normas constitucionais ou legais. [...]*

§ 3º Preclusa a decisão de desentranhamento da prova declarada inadmissível, ***esta será inutilizada por decisão judicial, facultado às partes acompanhar o incidente.***

Teoria dos frutos da árvore envenenada (*fruits of the poisonous tree*): teoria da prova ilícita por derivação.

Art. 157, § 1º, 1ª parte, CPP *São também inadmissíveis as provas derivadas das ilícitas.*

As provas que decorrem de uma ilícita também estarão contaminadas, não devendo ser utilizadas no processo.

- **Teoria da descoberta inevitável:** prova originária de fonte independente.

  Art. 157, §§ 1º e 2º, CPP *São também inadmissíveis as provas derivadas das ilícitas, salvo quando não evidenciado o nexo de causalidade entre umas e outras, ou quando as derivadas puderem ser obtidas por uma fonte independente das primeiras. Considera-se fonte independente aquela que por si só, seguindo os trâmites típicos e de praxe, próprios da investigação ou instrução criminal, seria capaz de conduzir ao fato objeto da prova.*

A prova derivada de uma ilícita poderá ser utilizada quando, seguindo os trâmites típicos e de praxe da investigação, ou da instrução criminal, pudermos chegar à mesma prova obtida por meio de uma ilícita.

Por meio de uma escuta ilegal, obtém-se a localização de um documento incriminador em relação ao indiciado. Ocorre que uma testemunha, depondo regularmente, também indicou à Polícia o lugar onde se encontrava a referida prova. Podemos concluir que mesmo que esse documento não fosse confeccionado por meio de um procedimento ilegal, ele seria produzido após o interrogatório, por fonte independente.

- Teoria da prova absolutamente independente:

  Art. 157, § 3º, CPP *Preclusa a decisão de desentranhamento da prova declarada inadmissível, esta será inutilizada por decisão judicial, facultado às partes acompanhar o incidente.*

A mera existência de uma prova ilícita no processo não necessariamente o contamina, pois, havendo outras provas lícitas absolutamente independentes da ilícita no processo serão aproveitadas.

A prova declarada ilícita pelo juiz será desentranhada dos autos e destruída com a presença facultativa das partes.

6.3.5 Ônus da prova

Art. 156, CPP *A prova da alegação incumbirá a quem a fizer.*

- **Prova emprestada:** é aceita no Brasil e é aquela produzida em outro processo.
- **Requisitos:** ser entre as partes envolvidas e ser colhida perante o juiz.

6.3.6 Exame de corpo delito

> ***Art. 158, CPP*** *Quando a infração deixar vestígios, será indispensável o exame de corpo de delito, direto ou indireto, não podendo supri-lo a confissão do acusado.*
>
> ***Parágrafo único.*** *Dar-se-á prioridade à realização do exame de corpo de delito quando se tratar de crime que envolva:*
>
> *I – violência doméstica e familiar contra mulher;*
>
> *II – violência contra criança, adolescente, idoso ou pessoa com deficiência.*

- **Obrigatoriedade do exame de corpo de delito:** quando ocorrer infrações que deixam vestígios.

Não podendo supri-lo a confissão do acusado:

- **Prioridade à realização do exame de corpo de delito:** violência doméstica e familiar contra a mulher, contra criança, adolescente, idoso ou pessoa com deficiência.

O exame de corpo de delito pode ser negado pelo juiz ou delegado?

> ***Art. 184, CPP Salvo o caso de exame de corpo de delito****, o juiz ou a autoridade policial* ***negará a perícia requerida pelas partes****, quando não for necessária ao esclarecimento da verdade.*

Diferença entre corpo de delito e exame de corpo de delito

- **Corpo de delito:** é um conjunto de vestígios deixados, pode ser qualquer coisa, como corpo, documentos etc.
- **Exame de corpo de delito:** é a perícia que será realizada nos vestígios.

> ***Art. 158, CPP*** *Quando a infração deixar vestígios, será indispensável o exame de corpo de delito, direto ou indireto, não podendo supri-lo a confissão do acusado.*

Diferença entre corpo de delito direto e indireto

- **Direto:** é aquele realizado exatamente nos vestígios deixados pelo crime.
- **Indireto:** é aquele realizado por outros meios, pois não foi possível fazer o direto, uma vez que ocorreu desaparecimento (por exemplo: prontuários médicos, atestados).

É possível a prova testemunhal no exame de corpo de delito indireto?

> ***Art. 167, CPP*** *Não sendo possível o exame de corpo de delito, por haverem desaparecido os vestígios, a prova testemunhal poderá suprir-lhe a falta.*

6.3.7 Peritos

> ***Art. 159, CPP*** *O exame de corpo de delito e outras perícias serão realizados por perito oficial, portador de diploma de curso superior.*

O exame de corpo de delito e outras perícias serão realizadas por **perito oficial**, portador de diploma de curso superior.

> ***Art. 159, § 1º, CPP*** *Na falta de perito oficial, o exame será realizado por 2 (duas) pessoas idôneas, portadoras de diploma de curso superior preferencialmente na área específica, dentre as que tiverem habilitação técnica relacionada com a natureza do exame.*
>
> *§ 2º Os peritos não oficiais prestarão o compromisso de bem e fielmente desempenhar o encargo.*

Portanto, o perito não oficial deve:

- Ser pessoa idônea (obrigatório);
- Ser portador de curso superior (obrigatório);
- Estar **preferencialmente** na área específica da matéria examinada.

6.3.8 Reconhecimento de pessoas e objetos

É o meio de prova que tem por finalidade identificar se determinada pessoa ou objeto teve algum tipo de ligação com o crime apurado no processo. Assim, alguém que já tenha visto uma coisa ou outra será chamado a identificá-lo.

Reconhecimento de pessoas

Por meio deste expediente, busca-se identificar não somente o infrator, mas, em alguns casos, até mesmo a vítima e as testemunhas.

> ***Art. 226, CPP*** *[...]*
>
> *I – A pessoa que tiver de fazer o reconhecimento será convidada a descrever a pessoa que deva ser reconhecida;*
>
> *II – A pessoa, cujo reconhecimento se pretender, será colocada, se possível, ao lado de outras que com ela tiverem qualquer semelhança, convidando-se quem tiver de fazer o reconhecimento a apontá-la;*

Reconhecimento de objetos

Se for necessário proceder ao reconhecimento de objetos que tenham algum tipo de vínculo com o crime, será adotará adotado o mesmo procedimento realizado para reconhecer uma pessoa.

> ***Art. 227, CPP*** *No reconhecimento de objeto, proceder-se-á com as cautelas estabelecidas no artigo anterior, no que for aplicável.*

É possível o reconhecimento de pessoas tanto por fotografias como pela voz (modalidade de provas inominadas).

Acareação

É o meio de prova que tem por finalidade esclarecer divergências nas declarações de qualquer cidadão sobre fatos ou circunstâncias relevantes. A acareação pode se dar tanto entre acusados, acusado e testemunha etc.

> ***Art. 229, CPP*** *A acareação será admitida entre acusados, entre acusado e testemunha, entre testemunhas, entre acusado ou testemunha e a pessoa ofendida, e entre as pessoas ofendidas, sempre que divergirem, em suas declarações, sobre fatos ou circunstâncias relevantes.*

Natureza: meio de prova

- **Pressupostos:** divergência substancial sobre fato ou circunstância relevante, prestada previamente pelos confrontantes.
- **Procedimento:** os acareados serão convocados à presença da autoridade (juiz ou delegado). Na sequência, serão provocados pela autoridade a mudar ou ratificar o depoimento anteriormente prestado.

Documentos

É o papel ou meio digital, fotográfico etc., que tem por finalidade transmitir uma informação. É o documento produzido com a finalidade de provar algo. Por exemplo: um comprovante de pagamento, declaração do IR.

Documentos eventuais

Não possuem a finalidade de provar nada, mas, excepcionalmente, podem funcionar como prova. Por exemplo: uma foto familiar.

Tradução

Os documentos em língua estrangeira poderão ser traduzidos para que se obtenha a exata compreensão.

Segundo a doutrina, o que estiver escrito em língua estrangeira, para que tenha valor de prova, deve ser traduzido para o português, respeitando-se o princípio da publicidade.

Restituição

Após a sentença transitar em julgado, será possível a devolução dos documentos originais ao proprietário, adotando-se o seguinte procedimento:

- Requerimento do proprietário;
- Prévia oitiva do MP antes da decisão juiz;
- Se o juiz deferir o pedido, deve ficar cópia nos autos.

> ***Art. 238, CPP*** *Os documentos originais, juntos a processo findo, quando não exista motivo relevante que justifique a sua conservação nos autos, poderão, mediante requerimento, e ouvido o Ministério Público, ser entregues à parte que os produziu, ficando traslado nos autos.*

Indícios

Art. 239, CPP Considera-se indício a circunstância conhecida e provada, que, tendo relação com o fato, autorize, por indução, concluir-se a existência de outra ou outras circunstâncias.

Por exemplo: alguém passeia pela rua e depara-se com uma pessoa com a roupa suja de sangue e uma faca na mão. Essa pessoa passa pela outra correndo e, após alguns metros, encontra um cidadão caído no chão com várias facadas no corpo. Pode-se concluir, logicamente, que aquela primeira que passou com a faca cometeu a agressão, mesmo que não se tenha visto o crime acontecer.

Busca e apreensão

- **Busca:** é a procura de determinada pessoa ou objeto do rol do art. 240 do CPP.
- **Apreensão:** é resultante da busca bem-sucedida, em que se apreende a respectiva pessoa ou objeto procurado.

Para a doutrina moderna, a busca e apreensão seria uma medida cautelar que tem por finalidade prospectar objetos ou pessoas.

- **Momento:** pode ser produzida a qualquer momento, antes, durante ou até mesmo após a persecução penal, ou seja, durante a execução da pena.

Laudo pericial (art. 160, CPP)

Art. 160, CPP Os peritos elaborarão o laudo pericial, onde descreverão minuciosamente o que examinarem, e responderão aos quesitos formulados.

Parágrafo único. O laudo pericial será elaborado no prazo máximo de 10 dias, podendo este prazo ser prorrogado, em casos excepcionais, a requerimento dos peritos.

É um documento por meio do qual o perito expõe suas conclusões e deve conter:

- Informações detalhadas do objeto periciado;
- Respostas elaboradas para os quesitos formulados pelas partes;
- Conclusões.

Art. 161 O exame de corpo de delito poderá ser feito em qualquer dia e a qualquer hora.

Autopsia é obrigatória?

Art. 16, parágrafo único, CPP Nos casos de morte violenta, bastará o simples exame externo do cadáver, quando não houver infração penal que apurar, ou quando as lesões externas permitirem precisar a causa da morte e não houver necessidade de exame interno para a verificação de alguma circunstância relevante.

Interrogatório

- Trata-se de um meio de prova e um meio de defesa;
- Ato personalíssimo do réu.

Via de regra será oral. As exceções estão previstas nos arts. 192 e 193 do CPP:

Art. 192, CPP O interrogatório do mudo, do surdo ou do surdo-mudo será feito pela forma seguinte:

I – ao surdo serão apresentadas por escrito as perguntas, que ele responderá oralmente

II – ao mudo as perguntas serão feitas oralmente, respondendo-as por escrito

III – ao surdo-mudo as perguntas serão formuladas por escrito e do mesmo modo dará as respostas

Parágrafo único. Caso o interrogando não saiba ler ou escrever, intervirá no ato, como intérprete e sob compromisso, pessoa habilitada a entendê-lo

Art. 193 Quando o interrogando não falar a língua nacional, o interrogatório será feito por meio de intérprete.

Individualidade

Art. 191 Havendo mais de um acusado, serão interrogados separadamente.

Procedimentos

Art. 185 O acusado que comparecer perante a autoridade judiciária, no curso do processo penal, será qualificado e interrogado na presença de seu defensor, constituído ou nomeado. [...]

§ 5º Em qualquer modalidade de interrogatório, o juiz garantirá ao réu o direito de entrevista prévia e reservada com o seu defensor; [...]

§ 10 Do interrogatório deverá constar a informação sobre a existência de filhos, respectivas idades e se possuem alguma deficiência e o nome e o contato de eventual responsável pelos cuidados dos filhos, indicado pela pessoa presa

Qualificação – 2 fases

Art. 187 O interrogatório será constituído de duas partes: sobre a pessoa do acusado e sobre os fatos

§ 1º Na primeira parte o interrogando será perguntado sobre a residência, meios de vida ou profissão, oportunidades sociais, lugar onde exerce a sua atividade, vida pregressa, notadamente se foi preso ou processado alguma vez e, em caso afirmativo, qual o juízo do processo, se houve suspensão condicional ou condenação, qual a pena imposta, se a cumpriu e outros dados familiares e sociais

§ 2º Na segunda parte será perguntado sobre:

I – ser verdadeira a acusação que lhe é feita;

II – não sendo verdadeira a acusação, se tem algum motivo particular a que atribuí-la, se conhece a pessoa ou pessoas a quem deva ser imputada a prática do crime, e quais sejam, e se com elas esteve antes da prática da infração ou depois dela;

III – onde estava ao tempo em que foi cometida a infração e se teve notícia desta;

IV – as provas já apuradas;

V – se conhece as vítimas e testemunhas já inquiridas ou por inquirir, e desde quando, e se tem o que alegar contra elas;

VI – se conhece o instrumento com que foi praticada a infração, ou qualquer objeto que com esta se relacione e tenha sido apreendido;

VII – todos os demais fatos e pormenores que conduzam à elucidação dos antecedentes e circunstâncias da infração;

VIII – se tem algo mais a alegar em sua defesa.

Pode ser invocado o *nemo tenetur se detegere* no interrogatório?

Art. 186, CPP Depois de devidamente qualificado e cientificado do inteiro teor da acusação, o acusado será informado pelo juiz, antes de iniciar o interrogatório, do seu direito de permanecer calado e de não responder perguntas que lhe forem formuladas.

Parágrafo único. O silêncio, que não importará em confissão, não poderá ser interpretado em prejuízo da defesa.

Uma vez interrogado o acusado, ele pode ser inquirido novamente?

Art. 196, CPP A todo tempo o juiz poderá proceder a novo interrogatório de ofício ou a pedido fundamentado de qualquer das partes.

Interrogatório por videoconferência

Art. 185, § 2º, CPP Excepcionalmente, o juiz, por decisão fundamentada, de ofício ou a requerimento das partes, poderá realizar o interrogatório do réu preso por sistema de videoconferência ou outro recurso tecnológico de transmissão de sons e imagens em tempo real, desde que a medida seja necessária para atender a uma das seguintes finalidades:

I – prevenir risco à segurança pública, quando exista fundada suspeita de que o preso integre organização criminosa ou de que, por outra razão, possa fugir durante o deslocamento;

II – viabilizar a participação do réu no referido ato processual, quando haja relevante dificuldade para seu comparecimento em juízo, por enfermidade ou outra circunstância pessoal;

III – impedir a influência do réu no ânimo de testemunha ou da vítima, desde que não seja possível colher o depoimento destas por videoconferência, nos termos do art. 217 deste Código;

IV – responder à gravíssima questão de ordem pública.

§ 3º Da decisão que determinar a realização de interrogatório por videoconferência, as partes serão intimadas com 10 (dez) dias de antecedência

§ 4º Antes do interrogatório por videoconferência, o preso poderá acompanhar, pelo mesmo sistema tecnológico, a realização de todos os atos da audiência única de instrução e julgamento

§ 6º A sala reservada no estabelecimento prisional para a realização de atos processuais por sistema de videoconferência será fiscalizada pelos corregedores e pelo juiz de cada causa, como também pelo Ministério Público e pela Ordem dos Advogados do Brasil.

Confissão

Art. 197, CPP *O valor da confissão se aferirá pelos critérios adotados para os outros elementos de prova, e para a sua apreciação o juiz deverá confrontá-la com as demais provas do processo, verificando se entre ela e estas existe compatibilidade ou concordância.*

Art. 198 *O silêncio do acusado não importará confissão, mas poderá constituir elemento para a formação do convencimento do juiz.*

Art. 199 *A confissão, quando feita fora do interrogatório, será tomada por termo nos autos, observado o disposto no art. 195.*

Art. 200 *A confissão será divisível e retratável, sem prejuízo do livre convencimento do juiz, fundado no exame das provas em conjunto.*

P P E N

NOÇÕES DE DIREITOS HUMANOS

1 TEORIA GERAL DOS DIREITOS HUMANOS

1.1 Conceitos

A conceitualização dos Direitos Humanos não obedece a uma forma absoluta de definição universal. Muitos foram, e continuam sendo, os teóricos que refletem esse âmbito do Direito. Vejamos, a título de exemplos, alguns conceitos:

> *Compreendemos por Direitos Humanos os direitos que o homem possui pelo fato de ser homem, por sua própria natureza humana, pela dignidade que a ela é inerente. São direitos que não resultam de uma concessão da sociedade política. Pelo contrário, são direitos que a sociedade política tem o dever de consagrar.*
>
> *João Baptista Herkenhoff (advogado e escritor)*

> *O conjunto institucionalizado de direitos e garantias do ser humano que tem por finalidade básica o respeito à sua dignidade por meio de sua proteção contra o arbítrio do poder estatal e o estabelecimento de condições mínimas de vida e desenvolvimento da personalidade humana.*
>
> *Alexandre de Moraes (jurista, magistrado e atual ministro do Supremo Tribunal Federal – STF)*

> *A expressão Direitos Humanos refere-se obviamente ao homem, e como "direitos" só se pode designar aquilo que pertence à essência do homem, que não é puramente acidental, que não surge e desaparece com a mudança dos tempos, da moda, do estilo ou do sistema, deve ser algo que pertence ao homem como tal.*
>
> *Charlles Malik (relator da comissão de Direitos Humanos da ONU, 1947)*

Após analisarmos os conceitos dados, uma dúvida pode surgir: "Qual é a diferença entre **Direitos do Homem, Direitos Fundamentais e Direitos Humanos**?". Pode-se dizer que a principal diferença entre esses conceitos reside na positivação ou não dos referidos direitos, bem como o local onde se encontram positivados. Porém, as expressões têm sido, equivocadamente, usadas indistintamente como sinônimos. Observe:

- **Direitos do Homem:** é a universalidade de direitos naturais (caráter jusnaturalista) que garantem a proteção global do homem e válido em todos os tempos. Trata-se de direitos que não estão nos textos constitucionais, nem mesmo em tratados de proteção aos direitos humanos. Portanto, podemos caracterizar como direitos que:
  - condicionam ao ser humano exercer sua humanidade;
  - são universais, válidos em qualquer tempo e em qualquer lugar;
  - são naturais, inseparáveis e imprescindíveis a qualquer ser humano.
- **Direitos Fundamentais:** representam os direitos naturais positivados ou escritos no Texto Constitucional, ganhando uma conotação de direitos positivos constitucionais. Um exemplo é o Título II da CF/1988. É importante também ter cuidado para não confundir os direitos fundamentais com garantias fundamentais. A primeira espécie são os bens protegidos pela Constituição, já a segunda é aquela que visa proteger esses bens, ou seja, instrumentos constitucionais.
- **Direitos Humanos:** é a evolução dos direitos fundamentais, ou seja, quando esses direitos previstos nas normas internas passaram a ser regulados em tratados internacionais (seja no plano global ou regional).

Fique ligado

Um tratado é um acordo entre os Estados, que se comprometem com regras específicas. Tratados internacionais têm diferentes designações, como pactos, cartas, protocolos, convenções e acordos. Um tratado é legalmente vinculativo para os Estados que tenham consentido em se comprometer com as disposições do tratado – em outras palavras, que são parte do tratado.

1.2 Concepções

Ao analisarmos os Direitos Humanos, devemos nos perguntar quais as premissas filosóficas que os precedem e os projetam, e o alicerce sobre o qual estão levantadas as colunas que estruturam todos os direitos humanos e suas ramificações. Neste sentido, é possível afirmar as seguintes teorias basilares:

- **Naturalismo:** a pessoa humana é o fundamento atemporal dos Direitos Humanos, pois, a partir dela, verificamos a existência de direitos pré-concebidos e precedentes a qualquer modo de positivação estatal. A dignidade, não importa a cultura na qual a pessoa esteja imersa, deve ser objeto de zelo e amparo, pois está presente no homem enquanto homem. Neste sentido, os Direitos Humanos não são criados pelos homens, não são criados pelo Estado, mas resta a este o reconhecimento destes direitos.
- **Positivismo:** os Direitos Humanos não podem ser caracterizados como absolutos. Devem obedecer à ordem prática do Direito que, como fruto social, leva em consideração fatores culturais, morais e sociais, variáveis em sua constituição. Portanto, não poderíamos almejar uma fundamentação absoluta, ou caráter permanente para algo que necessariamente irá sofrer alterações. Isso gera uma tendência natural à positivação dos Direitos Humanos pelas Constituições nacionais.

Fique ligado

A dignidade pode ser definida como consciência do próprio valor, respeito que se tem para com a própria pessoa e o reconhecimento de suas próprias qualidades. Neste sentido, o ser capaz de reconhecimento de si e autoconsciência, inferindo valores a seu contexto social, artístico e cultural, capaz de dar sentido e promover a liberdade é o ser humano.

Não devemos estabelecer um ponto exato no nascimento dos Direitos Humanos, mas os perceber como fruto do tempo e das experiências. Eles nasceram fragmentados em resposta às atrocidades cometidas arbitrariamente sobre o ser humano durante guerras e conflitos. O direito à liberdade e à vida são exemplos de alguns desses direitos. Mesmo com perspectivas de fundamentação distintas, os Direitos Humanos permanecem tendo como horizonte de ação a **Dignidade do Homem**, que, na condição de humano, já merece respeito e dignidade, ambos inseparáveis de sua natureza.

1.3 Terminologia

Para darmos a terminologia da expressão "direitos humanos", precisamos explicar as expressões "direitos do homem" e "direitos fundamentais".

- **Direitos do homem:** expressão jusnaturalista que apresenta uma série de direitos naturais, os quais visam a proteção global do homem em todos os tempos. São direitos que não estão expressos na Constituição, nem nos tratados internacionais.
- **Direitos fundamentais:** expressão que apresenta a proteção interna dos cidadãos, trata-se dos direitos previstos na Constituição, garantidos e limitados no tempo e no espaço.
- **Direitos humanos:** o termo se refere aos direitos inscritos em tratados ou costumes internacionais, os quais já ultrapassaram as fronteiras estatais de proteção interna e passaram a garantir a proteção internacional.

1.4 Características

Os Direitos Humanos são caracterizados pela:

- **Historicidade:** não nasceram todos de uma única vez, em um único momento histórico. Surgiram de maneira gradual, resultado de lutas contra o poder vigente, evoluem com o tempo e obedecem a fluxos circunstanciais do contexto a que estão inseridos. São assegurados pela positivação jurídica dos Estados.

- **Universalidade:** destinam-se a todos os seres humanos. Não limitam, distinguem ou separam os homens por conta de sexo, orientação política, religião, cor ou nacionalidade. Almejam respeitar e considerar o princípio da liberdade e o princípio da dignidade presente em todo e qualquer ser humano só pelo fato de o sê-lo.
- **Inalienabilidade:** os direitos não podem ser alienados, não podem ser vendidos.
- **Inexauribilidade:** os Direitos Humanos não são esgotados em si mesmos, não assumem rol taxativo. É admissível ampliá-los e não os reduzir, respeitando-se sempre seu núcleo essencial.
- **Irrenunciabilidade:** os titulares desses direitos não podem renunciá-los. Eles são inerentes à existência humana e, tomando consciência disso, o Estado impede que os indivíduos deliberem sobre direitos de ordem natural.
- **Imprescritibilidade:** podem ser exercidos em qualquer tempo. Ainda que não tenham sido exigidos durante certo período, não significa que não possam mais ser exigidos.
- **Inviolabilidade:** os Direitos Humanos não podem ser violados e cabe ao Estado zelar para que a sua violação não ocorra.
- **Complementaridade:** a evolução dos Direitos Humanos é marcada pelo complemento que cada direito dá ao outro.
- **Efetividade:** a concretização, a realização no mundo real. Os direitos não permanecem somente ao plano teórico, mas se efetivam no mundo.
- **Concorrência:** os Direitos Humanos não têm efeito isoladamente. Eles coexistem entre si, ativam-se conjuntamente e um direito não anula o outro.
- **Limitabilidade:** os limites dos direitos são postos por outros direitos. A ponderação e o bom senso sobre determinadas situações confirmará que tipo de limitação será essa. Exemplo: direito de propriedade × direito à vida.
- **Vedação ao retrocesso:** compreende-se a ampliação dos Direitos Humanos enquanto Direitos Fundamentais, porém, não é permitido reduzir esses direitos.
- **Indivisibilidade:** os Direitos Humanos formam um todo, um conjunto de direitos que não podem ser analisados isoladamente.
- **Aplicabilidade imediata:** segundo o art. 5º, § 1º, da CF/1988, a aplicação desses direitos é de ordem imediata.
- **Essencialidade:** os Direitos Humanos são inerentes à natureza humana e fundamentam-se no princípio da dignidade de caráter supremo e inigualável.

2 AFIRMAÇÃO HISTÓRICA DOS DIREITOS HUMANOS

Devemos evitar anacronismos para melhor compreender a evolução dos direitos humanos na história, ou seja, é importante julgar os documentos e as decisões tomadas de acordo com a mentalidade do tempo histórico estudado.

> *Os direitos do homem nascem como direitos naturais universais, desenvolvem-se como direitos positivos particulares, para finalmente encontrarem sua plena realização como direitos positivos universais.*
>
> *Norberto Bobbio*

2.1 Principais documentos

A seguir serão apresentados os principais documentos que remetem à importância dos direitos humanos.

2.1.1 Magna Carta (1215)

Documento que limitava o poder monárquico inglês. Neste caso, o Rei João Sem-Terra o assinou, afastando qualquer possibilidade de absolutismo. Por meio deste documento, reconhecia que sua vontade estava sujeita à lei. A Magna Carta surge como o primeiro passo histórico no caminho para o Constitucionalismo.

2.1.2 Habeas Corpus (1679)

Bem anterior à Magna Carta, o *Habeas Corpus* já estava presente em território inglês, no caso de arbitrariedades cometidas pela justiça. Não havia muita eficácia na realização desse direito até a formulação da Lei de 1679.

2.1.3 Bill of Rights (1689)

O *Bill of Rights* ou lista de direitos, referentes à Declaração dos Direitos, foi uma proposta de lei aprovada em 1689, pelo Parlamento inglês, imposta aos monarcas Guilherme III e Maria II.

2.1.4 Declaração de Direitos do Povo da Virgínia (1776)

É um documento que emerge em um contexto de luta pela independência dos Estados Unidos. Possui em sua essência aspirações iluministas e contratualistas. Esse documento precede a Declaração de Independência dos Estados Unidos.

2.1.5 Declaração de Independência dos Estados Unidos (1776)

Promovido pelas treze colônias dos Estados Unidos da América, este documento surgiu em resposta à dominação da Grã-Bretanha, mobilizando a sociedade estadunidense em busca de sua independência.

2.1.6 Declaração dos Direitos do Homem e do Cidadão (1789)

Um dos legados mais importantes deixados pela Revolução Francesa. É um dos principais documentos da história garantidores de direitos essenciais ao homem e aplicados como garantias inalteráveis nas Constituições democráticas contemporâneas. A Declaração seria um tipo de preâmbulo para a futura Constituição Francesa e fundamentava-se nos princípios iluministas e nas declarações americanas. Pela primeira vez foi institucionalizada uma ordem baseada na liberdade, na igualdade e na fraternidade, que vai ao encontro dos direitos individuais, não apenas com aplicação para França, mas para qualquer Estado, oferecendo, assim, outro conceito de homem e de cidadão.

Como era a sociedade antecedente à Revolução Francesa?
Monárquica, absolutista, estamental, feudal; excessiva intervenção do Estado; insatisfação da burguesia e das massas populares; contato com ideais revolucionários iluministas e da revolução norte-americana.
Quais são as fases da Revolução Francesa?
Monarquia Constitucional (criada a Declaração dos Direitos do Homem e do Cidadão); Convenção Republicana; Terror; Diretório.

2.2 Declaração de Direitos do Homem e do Cidadão (destaques)

> ***Art. 1º*** *Os homens nascem e são livres e iguais em direitos. As distinções sociais só podem fundamentar-se na utilidade comum; [...]*
>
> ***Art. 2º*** *A finalidade de toda associação política é a conservação dos direitos naturais e imprescritíveis do homem; [...]*
>
> ***Art. 4º*** *A liberdade consiste em poder fazer tudo o que não prejudique o próximo. Assim, o exercício dos direitos naturais de cada homem não tem por limites senão aqueles que asseguram aos outros membros da sociedade o gozo dos mesmos direitos. Estes limites somente podem ser determinados pela lei; [...]*
>
> ***Art. 7º*** *Ninguém pode ser acusado preso ou detido senão nos casos determinados pela Lei e de acordo com as formas por esta prescrita. Os que solicitam, expedem, executam ou mandam executar ordens arbitrárias devem ser punidos. Mas qualquer cidadão convocado ou detido em virtude da lei deve obedecer imediatamente, caso contrário, torna-se culpado de resistências. [...]*
>
> ***Art. 9º*** *Todo acusado é considerado inocente até ser declarado culpado e, se julgar indispensável prendê-lo, todo rigor desnecessário à guarda da sua pessoa deverá ser severamente reprimido pela lei. [...]*
>
> ***Art. 11*** *A livre comunicação das ideias e das opiniões é um dos mais preciosos direitos do homem. Todo cidadão pode, portanto, falar, escrever, imprimir livremente, respondendo, todavia, pelos abusos desta liberdade nos termos previstos na lei. [...]*
>
> ***Art. 16*** *A sociedade em que não esteja assegurada a garantia dos direitos nem estabelecida a separação dos poderes não tem Constituição. [...]*

2.3 Convenções de Genebra

Sequência de tratados constituídos em Genebra, na Suíça. Em função dos Direitos Humanitários, as convenções contaram com apoio e liderança de Henri Durant, testemunha das atrocidades da Batalha de Solferino (os tratados foram elaborados entre 1864-1949).

- **1ª Convenção (1864):** criação da Cruz Vermelha.
- **2ª Convenção (1906):** olhar sobre as forças navais.
- **3ª Convenção (1929):** prisioneiros de guerra.
- **4ª Convenção (1949):** proteção dos civis durante a guerra.
- **Protocolo I (1977):** trata das vítimas de guerra em conflitos internacionais.
- **Protocolo II (1977):** trata das vítimas de guerras em conflitos não internacionais.
- **Protocolo III (2005):** adicional à Cruz Vermelha – Cristal Vermelho.

2.4 Tratado de Versalhes (1919)

Acordo de Paz assinado entre países europeus que pôs fim oficialmente à Primeira Guerra Mundial.

2.5 Liga das Nações (1919)

Organização internacional constituída por potências europeias vencedoras da Primeira Guerra Mundial idealizada em Paris. Um dos principais pontos foi a criação de uma organização com a função de promover e assegurar a paz no mundo.

2.6 Organização Internacional do Trabalho (OIT – 1919)

Visa a condições de trabalho que respeitem os direitos inerentes ao homem. Instituída pelo Tratado de Versalhes, configura a parte XIII do mesmo Tratado e tem como base argumentativa as vertentes humanitárias, políticas e econômicas.

2.7 Tribunal de Nuremberg/Carta das Nações Unidas (1945)

Série de julgamentos realizados pelos países da aliança vitoriosa pós-guerra contra lideranças da Alemanha Nazista. Ocorreram em Nuremberg na Alemanha. É possível evidenciar o Tribunal de Nuremberg, inclusive pelos erros, como um grande passo no processo de Internacionalização dos Direitos Humanos.

2.8 Organização das Nações Unidas (1945)

Nasceu em resposta à Segunda Guerra Mundial e ao fracasso da Liga das Nações. A Organização das Nações Unidas, em sua origem, contava com 51 estados membros. Atualmente, possui 193, com os seguintes objetivos: apoiar o desenvolvimento econômico; zelar pela segurança e paz mundial; promover os Direitos do Homem; estimular o progresso social e defender o meio ambiente. Alguns dos seus principais órgãos são:

2.8.1 Assembleia Geral

Composta por todos os Estados membros. É o órgão deliberativo máximo que tem como atribuições principais discutir, iniciar estudos e deliberar sobre qualquer questão que afete a paz e a segurança em qualquer âmbito, exceto quando ela estiver sendo debatida pelo Conselho de Segurança.

2.8.2 Conselho de Segurança

Composto por 15 Estados membros (5 permanentes e 10 temporários). Embora outros conselhos possam deliberar sobre questões de segurança, apenas este decide o que os países membros são obrigados a cumprir.

2.8.3 Conselho Econômico e Social

Composto por 54 membros. Coordena o trabalho econômico e social da ONU e das demais instituições integrantes, além de formular recomendações relacionadas a diversos setores.

2.8.4 Tribunal Internacional da Justiça

Órgão jurídico máximo da ONU que, por meio de convenções ou costumes internacionais, princípios gerais de direito reconhecidos pelas nações civilizadas, jurisprudência e pareceres ou por meio de acordos, tem o poder de decisão sobre qualquer litígio internacional, seja ele parte integrante de seu estatuto ou solicitado por qualquer país membro ou não membro (apenas países, não indivíduos), desde que, no último caso, obedeça a alguns critérios.

2.9 Carta das Nações Unidas (destaques)

> ***Art. 1º*** *Os propósitos das Nações Unidas são:*
>
> *1. Manter a paz e a segurança internacionais, e para esse fim: tomar coletivamente medidas efetivas para evitar ameaças à paz e reprimir os atos de agressão ou outra qualquer ruptura da paz e chegar, por meios pacíficos, e de conformidade com os princípios de Justiça e do direito internacional, a um ajuste ou solução das controvérsias ou situações que possam levar a uma perturbação da paz. [...]*
>
> *3. Conseguir uma cooperação internacional para resolver os problemas internacionais de caráter econômico, político, cultural ou humanitário, e para promover e estimular o respeito aos direitos humanos e às liberdades fundamentais para todos, sem distinção de raça, sexo, língua ou religião.*
>
> *4. Ser um centro destinado a harmonizar a ação das nações para a consecução desses objetivos comuns.*
>
> ***Art. 2º*** *A Organização e seus Membros, para a realização dos propósitos mencionados no Artigo 1, agirão de acordo com os seguintes princípios:*
>
> *1. A organização é baseada no princípio de igualdade de todos os seus membros.*

2.10 Vertentes da proteção internacional da pessoa humana

A proteção internacional da pessoa humana foi pautada no Direito Internacional e é caracterizada por três vertentes:

- Direito Humanitário;
- Direito Internacional dos Refugiados;
- Direito Internacional dos Direitos Humanos.

2.10.1 Direito Humanitário

É especialmente aplicado nos conflitos armados internacionais ou não internacionais, tem origem convencional e consuetudinário. Neste caso, os limites de práticas de guerra são limitados por princípios humanitários.

- **Convenções de Haia (1899 e 1907):** assim como as convenções de Genebra tratam sobre leis e crimes de guerra, os acordos das Convenções Haia versam sobre os limites das condutas procedidas pelos envolvidos militarmente na guerra.

2.10.2 Direito dos refugiados

Para o Direito Internacional, o conceito de refugiado corresponde àqueles que por receio bem fundamentado, contundente ameaça de perseguição por razões de raça, religião, opinião política ou grupo social, não podem ou não querem permanecer em seus Estados, pois essa permanência configura ameaça à vida.

Origem desta vertente:

- Criação do Alto Comissariado das Nações Unidas para Refugiados (ACNUR);
- Convenção de 1951 (especificações sobre a proteção dos refugiados).

A Convenção de 1951 é completada pelo Protocolo de 1967. Este último se preocupava em superar a conceitualização e a definição limitada de refugiado construída na Convenção de 1951.

2.10.3 Direito Internacional dos direitos humanos

É fundamentado na Declaração Universal dos Direitos Humanos, documento norteador dos direitos individuais e coletivos aperfeiçoados no decorrer do tempo.

Possui grande importância histórica, uma vez que nasce após a Segunda Guerra Mundial, na Assembleia Geral das Nações Unidas de 10 de dezembro de 1948, em que os países se comprometeram, entre outros tópicos, a fortalecer os direitos humanos e a cooperação internacional.

3 DIREITOS HUMANOS E RESPONSABILIDADE DO ESTADO

3.1 Estado, seu conceito e funções para os Direitos Humanos

O Estado é um corpo político administrativo, delimitado juridicamente e territorialmente, e constituído por forma de poder soberana com a função de garantir os direitos dos que o constituem e o bem-estar social. São três os pilares fundamentais que permitem sua articulação: os Poderes Executivo, Legislativo e Judiciário. O Estado tem responsabilidades nas áreas, política, econômica e social que devem garantir a eficiência, a estabilidade e equidade social.

O contrato social ou contratualismo indica uma classe de teorias que tentam explicar os caminhos que levam as pessoas a formarem Estados e/ou manterem a ordem social. Essa noção de contrato traz implícito que as pessoas renunciam a certos direitos para um governo ou outra autoridade a fim de obter as vantagens da ordem social. Sob esse prisma, o contrato social seria um acordo entre os membros da sociedade, pelo qual reconhecem a autoridade, igualmente sobre todos, de um conjunto de regras, de um regime político ou de um governante.

No entanto, ao falarmos de Direitos Humanos, o Estado surge como fenômeno garantidor e destrutivo, isto é, possui um lado positivo e outro negativo: **o Estado que garante é o mesmo que pode violar os Direitos Humanos. A Revolução Francesa foi um momento da História que**, além de marcar o início da Idade Contemporânea, **serve de exemplo para analisarmos as responsabilidades do Estado** e como esse Estado estabelecido em prol do bem comum pode se tornar autoritário e violar direitos diversos.

3.2 Gerações ou dimensões dos Direitos Humanos

Em 1979, Karel Vasak (primeiro secretário-geral do Instituto Internacional de Direitos Humanos em Estrasburgo), inspirado nos ideais da Revolução Francesa (liberdade, igualdade e fraternidade), foi o primeiro a propor uma divisão dos direitos humanos em gerações.

Alguns doutrinadores divergem sobre a terminologia mais coerente para se denominar o evento de evolução histórica dos direitos fundamentais, e isto acontece principalmente sobre o uso das expressões **gerações** e **dimensões**. É muito comum doutrinadores utilizarem gerações, porém parte da doutrina tem se posicionado contrária ao uso desse termo, defendendo o uso de dimensões, uma vez que gerações poderia desencadear a falsa ideia de que, conforme fossem evoluindo, ocorreria uma substituição de uma geração por outra.

- **Primeira geração ou dimensão:** referem-se às **liberdades negativas** ou clássicas. São chamados também de direitos de resistência ou de defesa. Enfatizam o princípio da liberdade, configurando direitos civis e políticos. A gênese dessa geração de direitos foi a resistência burguesa contra o Estado absolutista opressor, contra os privilégios da nobreza, contra o sistema feudal que oprimia a burguesia incipiente. Para a realização dos direitos de primeira geração, bastou o surgimento do Estado de Direito, em que a atuação dos entes estatais deveria ser feita mediante lei, suprimindo a vontade despótica do rei.

São direitos que surgiram com a Revolução Francesa e se afirmaram durante os séculos XVIII e XIX. Tinham como função limitar o poder estatal e garantir liberdade aos indivíduos ou grupos.

> **Fique ligado**
>
> A Constituição Imperial brasileira de 1824, em seu art. 179 (o último da Carta Magna), seguindo os passos da Declaração dos Direitos do Homem e do Cidadão, decretada pela Assembleia Nacional Francesa em 1789, afirmou que a inviolabilidade dos direitos civis e políticos tinha por base a liberdade, a segurança individual e a propriedade.

> ***Art. 179*** *A inviolabilidade dos Direitos Civis, e Políticos dos Cidadãos Brasileiros, que tem por base a liberdade, a segurança individual, e a propriedade, é garantida pela Constituição do Império, pela maneira seguinte.*
>
> *I – Nenhum Cidadão pode ser obrigado a fazer, ou deixar de fazer alguma cousa, senão em virtude da Lei. [...]*
>
> *V – Ninguém pode ser perseguido por motivo de Religião, uma vez que respeite a do Estado, e não ofenda a Moral Publica. [...]*
>
> *Trecho do texto original da Constituição de 1824.*

- **Segunda geração ou dimensão: direitos que se associam às liberdades positivas, reais ou concretas, assegurando o princípio da isonomia material entre os seres humanos. A Revolução Industrial foi o estopim da consagração dos direitos de segunda geração, a partir do século XIX, implicando na luta da classe proletária, na defesa de seus direitos básicos: alimentação, saúde e educação. O início do século XX é marcado pela Primeira Grande Guerra e pela fixação desses direitos, o que fica evidenciado, entre outros documentos, pela Constituição de Weimar e pelo Tratado de Versalhes, ambos de 1919. Surge com a queda do Estado Liberal e o aparecimento de um Estado de Bem-estar Social. O que está em jogo não são mais as individualidades, mas as categorias:** direitos do idoso, direitos dos trabalhadores.

A partir da Constituição de 1934, em meio à primeira passagem de Getúlio Vargas pelo poder, verifica-se maior inserção dos direitos de segunda geração nas Constituições brasileiras. Eles exigem do Estado mais participação para serem implementados, ou seja, é necessária uma atuação estatal positiva.

> ***Art. 148*** *Cabe à União, aos Estados e aos Municípios favorecer e animar o desenvolvimento das ciências, das artes, das letras e da cultura em geral, proteger os objetos de interesse histórico e o patrimônio artístico do País, bem como prestar assistência ao trabalhador intelectual. [...]*
>
> *Trecho do texto original da Constituição de 1934.*

- **Terceira geração ou dimensão:** baseada no princípio da fraternidade (ou solidariedade), os direitos dessa geração tendem a proteger interesses de titularidade coletiva ou difusa. Não se destinam especificamente à proteção dos interesses individuais, de um grupo ou de um determinado Estado, e demonstram grande preocupação com as gerações humanas, presentes e futuras. Essa geração possui origem na Revolução Técnico-científico-informacional ou Terceira Revolução Industrial.

> **Fique ligado**
>
> Em seu art. 225, a Constituição de 1988, a "Cidadã", enuncia que todos têm direito ao meio ambiente ecologicamente equilibrado, bem de uso comum do povo e essencial à sadia qualidade de vida, impondo-se ao poder público e à coletividade o dever de defendê-lo e de preservá-lo para as presentes e futuras gerações. Assim, é a primeira, dentre as Constituições brasileiras, que insere em seu texto um direito conhecido como de 3ª geração, ou seja, direito de solidariedade.

> ***Art. 225, CF/1988*** *Todos têm direito ao meio ambiente ecologicamente equilibrado, bem de uso comum do povo e essencial à sadia qualidade de vida, impondo-se ao Poder Público e à coletividade o dever de defendê-lo e preservá-lo para as presentes e futuras gerações.*

DHUM

Atualmente, alguns doutrinadores defendem a existência dos direitos de quarta e quinta gerações ou dimensões, apesar de ainda não haver consenso na doutrina sobre o conteúdo dessa espécie de direito.

- **Quarta geração ou dimensão:** para Norberto Bobbio, são direitos relacionados à **engenharia genética**. Já para Paulo Bonavides, trata-se de aspectos introduzidos pela **globalização política**, relacionados à democracia, à informação e ao pluralismo. Além de Bobbio e de Bonavides, outros autores vêm promovendo o reconhecimento dos direitos de quarta geração ou dimensão.
- **Quinta geração ou dimensão:** Paulo Bonavides afirma em publicações recentes, que a **Paz** seria um direito de quinta geração.

3.3 Dimensão (ou eficácia) subjetiva e objetiva

- **Dimensão subjetiva:** nessa perspectiva, os direitos fundamentais geram direitos subjetivos aos seus titulares, permitindo que estes ordenem comportamentos (negativos ou positivos) dos destinatários. Constata-se que a referência aos direitos fundamentais como direitos subjetivos atribui a estes a característica de serem exigíveis judicialmente.
- **Dimensão objetiva:** os direitos fundamentais são dotados de certos valores que penetram por todo o ordenamento jurídico, condicionando e inspirando a interpretação e a aplicação de outras normas (**efeito irradiante**) e criando dever geral de proteção sobre aqueles bens jurídicos salvaguardados.

4 PROGRAMA NACIONAL DE DIREITOS HUMANOS (PNDH-3)

4.1 Contexto histórico e importância do Programa Nacional de Direitos Humanos

Os Programas Nacionais de Direitos Humanos brasileiros (PNDH-1/1996, PNDH-2/2002, PNDH-3/2009) tiveram origem na Declaração e Programa de Ação de Viena de 1993, organizada pela Organização das Nações Unidas (ONU). A preocupação, naquele momento histórico, era com o estímulo e a proteção dos direitos humanos nos diversos Estados membros da ONU. O Brasil se organizou e, por meio do Decreto nº 1.904/1996, inaugurou o primeiro PNDH brasileiro, focado em verificar e cumprir os direitos humanos em território nacional.

Em 2002, por meio do Decreto nº 4.229, o Brasil promoveu o segundo PNDH, dessa vez com ênfase nos direitos sociais e na democratização das oportunidades à população.

Já em 2009, com o Decreto nº 7.037, o governo lança o PNDH-3, que tem como base uma estrutura sistemática e que tenta englobar o máximo possível, com eficácia e eficiência, os pontos discutidos em todos os momentos que anteciparam sua formação, que foram:

6 eixos orientadores > 25 diretrizes > 82 objetivos estratégicos > 521 ações programáticas

Os objetivos estratégicos e as ações programáticas constam no anexo ao Decreto nº 7.037/2009.

4.2 Decreto nº 7.037/2009 e seus eixos orientadores

A seguir, apresentaremos o texto do Decreto nº 7.037/2009 na íntegra, com algumas contextualizações importantes para melhor compreensão de cada Eixo Orientador, retirados do anexo do próprio decreto:

> ***Decreto nº 7.037/2009***
>
> *Aprova o Programa Nacional de Direitos Humanos - PNDH-3 e dá outras providências.*
>
> *O PRESIDENTE DA REPÚBLICA, no uso da atribuição que lhe confere o art. 84, inciso VI, alínea "a", da Constituição,*
>
> *DECRETA:*
>
> ***Art. 1º*** *Fica aprovado o Programa Nacional de Direitos Humanos - PNDH-3, em consonância com as diretrizes, objetivos estratégicos e ações programáticas estabelecidos, na forma do Anexo deste Decreto.*
>
> ***Art. 2º*** *O PNDH-3 será implementado de acordo com os seguintes eixos orientadores e suas respectivas diretrizes:*

4.2.1 Eixo Orientador I - interação democrática entre Estado e sociedade civil

- **Diretriz 1:** interação democrática entre Estado e sociedade civil como instrumento de fortalecimento da democracia participativa.
- **Diretriz 2:** fortalecimento dos Direitos Humanos como instrumento transversal das políticas públicas e de interação democrática.
- **Diretriz 3:** interação e ampliação dos sistemas de informação em Direitos Humanos e construção de mecanismos de avaliação e monitoramento de sua efetivação.

6 objetivos - 28 ações programáticas

A partir da metade dos anos 1970, começam a ressurgir no Brasil iniciativas de rearticulação dos movimentos sociais, a despeito da repressão política e da ausência de canais democráticos de participação. Fortes protestos e a luta pela democracia marcaram esse período. Paralelamente, surgiram iniciativas populares nos bairros reivindicando direitos básicos como saúde, transporte, moradia e controle do custo de vida. Em um primeiro momento, eram iniciativas atomizadas que buscaram conquistas pontuais, mas que ao longo dos anos foram se caracterizando como movimentos sociais organizados.

Com o avanço da democratização do país, os movimentos sociais se multiplicaram. Alguns deles se institucionalizaram e passaram a ter expressão política. Os movimentos populares e sindicatos foram, no caso brasileiro, os principais promotores da mudança e da ruptura política em diversas épocas e contextos históricos. Com efeito, durante a etapa de elaboração da Constituição Cidadã de 1988, esses segmentos atuaram de forma especialmente articulada, afirmando-se como um dos pilares da democracia e influenciando diretamente nos rumos do país.

Nos anos que se seguiram, os movimentos passaram a se consolidar por meio de redes com abrangência regional ou nacional, firmando-se como sujeitos na formulação e no monitoramento das políticas públicas. Nos anos 1990, desempenharam papel fundamental na resistência a todas as orientações do neoliberalismo de flexibilização dos direitos sociais, privatizações, dogmatismo do mercado e enfraquecimento do Estado. Nesse mesmo período, multiplicaram-se pelo país experiências de gestão estadual e municipal em que lideranças desses movimentos, em larga escala, passaram a desempenhar funções de gestores públicos.

Com as eleições de 2002, alguns dos setores mais organizados da sociedade trouxeram reivindicações históricas acumuladas, passando a influenciar diretamente na atuação do governo e vivendo de perto suas contradições internas. Nesse novo cenário, o diálogo entre Estado e sociedade civil assumiu destaque, com a compreensão e a preservação do distinto papel de cada um dos segmentos no processo de gestão. A interação é desenhada por acordos e dissensos, debates de ideias e pela deliberação em torno de propostas. Esses requisitos são imprescindíveis ao pleno exercício da democracia, cabendo à sociedade civil exigir, pressionar, cobrar, criticar, propor e fiscalizar as ações do Estado.

Essa concepção de interação democrática construída entre os diversos órgãos do Estado e a sociedade civil trouxe consigo resultados práticos em termos de políticas públicas e avanços na interlocução de setores do poder público com toda a diversidade social, cultural, étnica e regional que caracteriza os movimentos sociais no Brasil. Avançou-se, fundamentalmente, na compreensão de que os Direitos Humanos constituem condição para a prevalência da dignidade humana, e que devem ser promovidos e protegidos por meio do esforço conjunto do Estado e da sociedade civil.

Dessa forma, uma das finalidades do PNDH-3 é dar continuidade à integração e ao aprimoramento dos mecanismos de participação existentes, além de criar novos meios de construção e monitoramento das políticas públicas sobre Direitos Humanos no Brasil. No âmbito institucional, o PNDH-3 amplia as conquistas na área de direitos e garantias fundamentais, pois internaliza a diretriz segundo a qual a primazia dos Direitos Humanos constitui princípio transversal a ser considerado em todas as políticas públicas.

Essas diretrizes discorrem sobre a importância de fortalecer a garantia e os instrumentos de participação social, o caráter transversal dos Direitos Humanos e a construção de mecanismos de avaliação e monitoramento de sua efetivação. Isso inclui a construção de um sistema de indicadores de Direitos Humanos e a articulação de políticas e instrumentos de monitoramento.

O Poder Executivo tem papel protagonista na coordenação e na implementação do PNDH-3, mas faz-se necessário definir responsabilidades compartilhadas entre União, Estados, Municípios e Distrito Federal na execução de políticas públicas, tanto quanto criar espaços de participação e controle social nos Poderes Judiciário e Legislativo, no Ministério Público e nas Defensorias, em ambiente de respeito, proteção e efetivação dos Direitos Humanos. O conjunto dos órgãos do Estado – não apenas no âmbito do Poder Executivo Federal – deve estar comprometido com a implementação e o monitoramento do PNDH-3.

Aperfeiçoar a interlocução entre Estado e sociedade civil depende da implementação de medidas que garantam à sociedade maior participação no acompanhamento e no monitoramento das políticas públicas em Direitos Humanos, num diálogo plural e transversal entre os vários atores sociais e deles com o Estado. Ampliar o controle externo dos órgãos públicos por meio de ouvidorias, monitorar os compromissos internacionais assumidos pelo Estado brasileiro, realizar conferências periódicas sobre a temática, fortalecer e apoiar a criação de conselhos nacional, distrital, estaduais e municipais de Direitos Humanos, garantindo-lhes eficiência, autonomia e independência são algumas das formas de assegurar o aperfeiçoamento das políticas públicas por meio de diálogo, de mecanismos de controle e das ações contínuas da sociedade civil.

Fortalecer as informações em Direitos Humanos com produção e seleção de indicadores para mensurar demandas, monitorar, avaliar, reformular e propor ações efetivas, garante e consolida o controle social e a transparência das ações governamentais. A adoção dessas medidas fortalece a democracia participativa, na qual o Estado atua como instância republicana da promoção e defesa dos Direitos Humanos e a sociedade civil como agente ativo – propositivo e reativo – de sua implementação.

4.2.2 Eixo Orientador II - desenvolvimento e Direitos Humanos

- **Diretriz 4:** efetivação de modelo de desenvolvimento sustentável, com inclusão social e econômica, ambientalmente equilibrado e tecnologicamente responsável, cultural e regionalmente diverso, participativo e não discriminatório.
- **Diretriz 5:** valorização da pessoa humana como sujeito central do processo de desenvolvimento.
- **Diretriz 6:** promover e proteger os direitos ambientais como Direitos Humanos, incluindo as gerações futuras como sujeitos de direitos.

8 objetivos - 54 ações programáticas

O tema "desenvolvimento" tem sido amplamente debatido por ser um conceito complexo e multidisciplinar. Não existe modelo único e preestabelecido de desenvolvimento, porém pressupõe-se que ele deva garantir a livre determinação dos povos, o reconhecimento de soberania sobre seus recursos e riquezas naturais, o respeito pleno à sua identidade cultural e a busca de equidade na distribuição das riquezas.

Durante muitos anos, o crescimento econômico, medido pela variação anual do Produto Interno Bruto (PIB), foi usado como indicador relevante para medir o avanço de um país. Acreditava-se que, uma vez garantido o aumento de bens e serviços, sua distribuição ocorreria de forma a satisfazer as necessidades de todas as pessoas. Constatou-se, porém, que, embora importante, o crescimento do PIB não é suficiente para causar, automaticamente, melhoria do bem-estar para todas as camadas sociais. Por isso, o conceito de desenvolvimento foi adotado por ser mais abrangente e refletir, de fato, melhorias nas condições de vida dos indivíduos.

A teoria predominante de desenvolvimento econômico o define como um processo que faz aumentar as possibilidades de acesso das pessoas a bens e serviços, propiciadas pela expansão da capacidade e do âmbito das atividades econômicas. O desenvolvimento seria a medida qualitativa do progresso da economia de um país, refletindo transições de estágios mais baixos para estágios mais altos, por meio da adoção de novas tecnologias que permitem e favorecem essa transição. Cresce nos últimos anos a assimilação das ideias desenvolvidas por Amartya Sen, que abordam o desenvolvimento como liberdade e seus resultados centrados no bem-estar social e, por conseguinte, nos direitos do ser humano.

São essenciais para o desenvolvimento: as liberdades e os direitos básicos como alimentação, saúde e educação.

As privações das liberdades não são apenas resultantes da escassez de recursos, mas das desigualdades inerentes aos mecanismos de distribuição, da ausência de serviços públicos e de assistência do Estado para a expansão das escolhas individuais. Esse conceito de desenvolvimento reconhece seu caráter pluralista e a tese de que a expansão das liberdades não representa somente um fim, mas também o meio para seu alcance. Como consequência, a sociedade deve pactuar as políticas sociais e os direitos coletivos de acesso e uso dos recursos. A partir de então, a medição de um índice de desenvolvimento humano veio substituir a medição de aumento do PIB, uma vez que o Índice de Desenvolvimento Humano (IDH) combina a riqueza per capita indicada pelo PIB aos aspectos de educação e expectativa de vida, permitindo, pela primeira vez, uma avaliação de aspectos sociais não mensurados pelos padrões econométricos.

No caso do Brasil, por muitos anos o crescimento econômico não levou à distribuição justa de renda e riqueza, mantendo-se elevados índices de desigualdade. As ações de Estado voltadas à conquista da igualdade socioeconômica requerem ainda políticas permanentes, de longa duração, para se verificar a plena proteção e promoção dos Direitos Humanos. É necessário que o modelo de desenvolvimento econômico se preocupe em aperfeiçoar os mecanismos de distribuição de renda e de oportunidades para todos os brasileiros, além de incorporar os valores de preservação ambiental.

Os debates sobre as mudanças climáticas e o aquecimento global, gerados pela preocupação com a maneira pela qual os países vêm explorando os recursos naturais e direcionando o progresso civilizatório, estão na agenda do dia. A discussão coloca em pauta os investimentos em infraestrutura e os modelos de desenvolvimento econômico na área rural, baseados, em grande parte, no agronegócio, sem a preocupação com a potencial violação dos direitos de pequenos e médios agricultores e das populações tradicionais.

O desenvolvimento pode ser garantido se as pessoas forem protagonistas do processo, pressupondo a garantia de acesso de todos os indivíduos aos direitos econômicos, sociais, culturais e ambientais, e incorporando a preocupação com a preservação e a sustentabilidade como eixos estruturantes de proposta renovada de progresso. Esses direitos têm como foco a distribuição da riqueza, dos bens e de serviços.

Todo esse debate traz desafios para a conceituação sobre os Direitos Humanos no sentido de incorporar o desenvolvimento como exigência fundamental. Nesse contexto, a perspectiva dos Direitos Humanos contribui para redimensionar o desenvolvimento. Motiva a deixar de ser a consideração de problemas individuais para se tornar questões de interesse comum, de bem-estar coletivo, o que alude novamente o Estado e o chama à corresponsabilidade social e à solidariedade.

Ressaltamos que a noção de desenvolvimento está sendo amadurecida como parte de um debate em curso na sociedade e no governo, incorporando a relação entre os direitos econômicos, sociais, culturais e ambientais, buscando a garantia do acesso ao trabalho, à saúde, à educação, à alimentação, à vida cultural, à moradia adequada, à previdência, à assistência social e a um meio ambiente sustentável. A inclusão do tema Desenvolvimento e Direitos Humanos foi feito na 11ª Conferência Nacional que reforçou as estratégias governamentais em sua proposta de desenvolvimento.

Assim, este tema do PNDH-3 propõe instrumentos de avanço e reforça propostas para políticas públicas de redução das desigualdades sociais concretizadas por meio de ações de transferência de renda, incentivo à economia solidária e ao cooperativismo, à expansão da reforma agrária, ao fomento da aquicultura, da pesca e do extrativismo e da promoção do turismo sustentável. O PNDH-3 inova ao incorporar o meio ambiente saudável e as cidades sustentáveis como Direitos Humanos, propõe a inclusão do item "direitos ambientais" nos relatórios de monitoramento sobre Direitos Humanos e do item "Direitos Humanos" nos relatórios ambientais, assim como fomenta pesquisas de tecnologias socialmente inclusivas.

Nos projetos e empreendimentos com grande impacto socioambiental, o PNDH-3 garante a participação efetiva das populações atingidas, além de prever ações mitigatórias e compensatórias. Considera fundamental fiscalizar o respeito aos Direitos Humanos nos projetos implementados pelas empresas transnacionais e seus impactos na manipulação das políticas de desenvolvimento. Nesse sentido, considera importante mensurar o impacto da biotecnologia aplicada aos alimentos, da nanotecnologia, dos poluentes orgânicos persistentes, metais pesados e outros poluentes inorgânicos em relação aos Direitos Humanos.

Alcançar o desenvolvimento com Direitos Humanos é capacitar as pessoas e as comunidades a exercerem a cidadania, com direitos e responsabilidades. É incorporar, nos projetos, a própria população brasileira, por meio de participação ativa nas decisões que afetam diretamente suas vidas. É assegurar a transparência dos grandes projetos de desenvolvimento econômico e mecanismos de compensação para a garantia dos Direitos Humanos das populações diretamente atingidas. Por fim, este PNDH-3 reforça o papel da equidade no Plano Plurianual, como instrumento de garantia de priorização orçamentária de programas sociais.

4.2.3 Eixo Orientador III – universalizar direitos em um contexto de desigualdades

- **Diretriz 7:** garantia dos Direitos Humanos de forma universal, indivisível e interdependente, assegurando a cidadania plena.
- **Diretriz 8:** promoção de direitos de crianças e adolescentes para o seu desenvolvimento integral, de forma não discriminatória assegurando seu direito de opinião e participação.
- **Diretriz 9:** combate às desigualdades estruturais.
- **Diretriz 10:** garantia da igualdade na diversidade.

25 objetivos – 213 ações programáticas

A Declaração Universal dos Direitos Humanos afirma em seu preâmbulo que o "reconhecimento da dignidade inerente a todos os membros da família humana e de seus direitos iguais e inalienáveis é o fundamento da liberdade, da justiça e da paz no mundo". No entanto, nas vicissitudes ocorridas no cumprimento da Declaração pelos Estados signatários, identificou-se a necessidade de reconhecer as diversidades e diferenças para concretização do princípio da igualdade.

No Brasil, ao longo das últimas décadas, os Direitos Humanos passaram a ocupar uma posição de destaque no ordenamento jurídico. O país avançou decisivamente na proteção e promoção do direito às diferenças. Porém o peso negativo do passado continua a projetar no presente uma situação de profunda iniquidade social. O acesso aos direitos fundamentais continua enfrentando barreiras estruturais, resquícios de um processo histórico, até secular, marcado pelo genocídio indígena, pela escravidão e por períodos ditatoriais, práticas que continuam a ecoar em comportamentos, leis e na realidade social.

O PNDH-3 assimila os grandes avanços conquistados ao longo dos últimos anos, tanto nas políticas de erradicação da miséria e da fome quanto na preocupação com a moradia e saúde, e aponta para a continuidade e ampliação do acesso a tais políticas, fundamentais para garantir o respeito à dignidade humana. Os objetivos estratégicos direcionados à promoção da cidadania plena preconizam a universalidade, a indivisibilidade e a interdependência dos Direitos Humanos, condições para sua efetivação integral e igualitária. O acesso aos direitos de registro civil, alimentação adequada, terra e moradia, trabalho decente, educação, participação política, cultura, lazer, esporte e saúde, deve considerar a pessoa humana em suas múltiplas dimensões de ator social e sujeito de cidadania.

À luz da história dos movimentos sociais e de programas de governo, o PNDH-3 orienta-se pela transversalidade, para que a implementação dos direitos civis e políticos transitem pelas diversas dimensões dos direitos econômicos, sociais, culturais e ambientais. Caso contrário, grupos sociais afetados pela pobreza, pelo racismo estrutural e pela discriminação dificilmente terão acesso a esses direitos.

As ações programáticas formuladas visam enfrentar o desafio de eliminar as desigualdades, levando em conta as dimensões de gênero e raça nas políticas públicas, desde o planejamento até a sua concretização e avaliação. Há, neste sentido, propostas de criação de indicadores que possam mensurar a efetivação progressiva dos direitos. Às desigualdades soma-se a persistência da discriminação, que muitas vezes se manifesta sob a forma de violência contra sujeitos histórica e estruturalmente vulneráveis.

O combate à discriminação mostra-se necessário, mas é insuficiente como medida isolada. Os pactos e as convenções que integram o sistema regional e internacional de proteção dos Direitos Humanos apontam para a necessidade de combinar essas medidas com políticas compensatórias que acelerem a construção da igualdade, como forma capaz de estimular a inclusão de grupos socialmente vulneráveis. Além disso, as ações afirmativas constituem medidas especiais e temporárias que buscam remediar um passado discriminatório. No rol de movimentos e grupos sociais que demandam políticas de inclusão social encontram-se, por exemplo, crianças, adolescentes, mulheres, pessoas idosas, lésbicas, gays, bissexuais, travestis, transexuais, pessoas com deficiência, pessoas moradoras de rua, povos indígenas, populações negras e quilombolas, ciganos, ribeirinhos, vazanteiros e pescadores.

Definem-se, nestas diretrizes, medidas e políticas que devem ser efetivadas para reconhecer e proteger os indivíduos como iguais na diferença, ou seja, para valorizar a diversidade presente na população brasileira para estabelecer acesso igualitário aos direitos fundamentais. Trata-se de reforçar os programas de governo e as resoluções pactuadas nas diversas conferências nacionais temáticas, sempre sob o foco dos Direitos Humanos, com a preocupação de assegurar o respeito às diferenças e o combate às desigualdades, para o efetivo acesso aos direitos.

Por fim, em respeito à primazia constitucional de proteção e promoção da infância, do adolescente e da juventude, o capítulo aponta suas diretrizes para o respeito e a garantia das gerações futuras. Como sujeitos de direitos, as crianças, os adolescentes e os jovens são frequentemente subestimados em sua participação política e em sua capacidade decisória. É dever assegurar-lhes, desde cedo, o direito de opinião e participação.

Marcadas pelas diferenças e por sua fragilidade temporal, as crianças, os adolescentes e os jovens estão sujeitos a discriminações e violências. As ações programáticas garantem espaços e investimentos que assegurem proteção contra qualquer forma de violência e discriminação, além da articulação entre família, sociedade e Estado para fortalecer a rede social de proteção que garante a efetividade de seus direitos.

4.2.4 Eixo Orientador IV – segurança pública, acesso à justiça e combate à violência

- **Diretriz 11:** democratização e modernização do sistema de segurança pública.
- **Diretriz 12:** transparência e participação popular no sistema de segurança pública e justiça criminal.
- **Diretriz 13:** prevenção da violência e da criminalidade e profissionalização da investigação de atos criminosos.
- **Diretriz 14:** combate à violência institucional, com ênfase na erradicação da tortura e na redução da letalidade policial e carcerária.
- **Diretriz 15:** garantia dos direitos das vítimas de crimes e de proteção das pessoas ameaçadas.
- **Diretriz 16:** modernização da política de execução penal, priorizando a aplicação de penas e medidas alternativas à privação de liberdade e melhoria do sistema penitenciário.
- **Diretriz 17:** promoção de sistema de justiça mais acessível, ágil e efetivo, para o conhecimento, a garantia e a defesa dos direitos.

29 objetivos – 161 ações programáticas

Por muito tempo, alguns segmentos da militância em Direitos Humanos mantiveram-se distantes do debate sobre as políticas públicas de segurança no Brasil. No processo de consolidação da democracia, por diferentes razões, movimentos sociais e entidades manifestaram dificuldade no tratamento do tema. Na base dessa dificuldade, estavam a memória dos enfrentamentos com o aparato repressivo ao longo de duas décadas de regime ditatorial, a postura violenta vigente, muitas vezes, em órgãos de segurança pública, a percepção do crime e da violência como meros subprodutos de uma ordem social injusta a ser transformada em seus próprios fundamentos.

Distanciamento análogo ocorreu nas universidades, que, com poucas exceções, não se debruçaram sobre o modelo de polícia legado ou sobre os desafios da segurança pública. As polícias brasileiras, nos termos de sua tradição institucional, pouco aproveitaram da reflexão teórica e dos aportes oferecidos pela criminologia moderna e demais ciências sociais, já disponíveis há algumas décadas às polícias e aos gestores de países desenvolvidos. A cultura arraigada de rejeitar as evidências acumuladas pela pesquisa e pela experiência de reforma das polícias no mundo era a mesma que expressava nostalgia de um passado de ausência de garantias individuais e que identificava na ideia dos Direitos Humanos não a mais generosa entre as promessas construídas pela modernidade, mas uma verdadeira ameaça.

Estavam postas as condições históricas, políticas e culturais para que houvesse um fosso aparentemente intransponível entre os temas da segurança pública e os Direitos Humanos. Nos últimos anos, contudo, esse processo de estranhamento mútuo passou a ser questionado. De um lado, articulações na sociedade civil assumiram o desafio de repensar a segurança pública a partir de diálogos com especialistas na área, policiais e gestores. De outro, começaram a ser implantadas as primeiras políticas públicas buscando caminhos alternativos de redução do crime e da violência, a partir de projetos centrados na prevenção e influenciados pela cultura de paz.

A proposição do Sistema Único de Segurança Pública, a modernização de parte das nossas estruturas policiais e a aprovação de novos regimentos e leis orgânicas das polícias, a consciência crescente de que políticas de segurança pública são realidades mais amplas e complexas do que as iniciativas possíveis às chamadas "forças da segurança", o surgimento de nova geração de policiais, disposta a repensar práticas e dogmas e, sobretudo, a cobrança da opinião pública e a maior fiscalização sobre o Estado, resultante do processo de democratização, têm tornado possível a construção de agenda de reformas na área.

O Programa Nacional de Segurança Pública com Cidadania (Pronasci) e os investimentos já realizados pelo Governo Federal na montagem de rede nacional de altos estudos em segurança pública, que têm beneficiado milhares de policiais em cada Estado, simbolizam, ao lado do processo de debates da 1ª Conferência Nacional de Segurança Pública, acúmulos históricos significativos, que apontam para novas e mais importantes mudanças.

As propostas elencadas neste eixo orientador do PNDH-3 articulam-se com esse processo histórico de transformação e exigem muito mais do que já foi alcançado. Para tanto, parte-se do pressuposto de que a realidade brasileira segue sendo gravemente marcada pela violência e por severos impasses estruturais na área da segurança pública.

Problemas antigos, como a ausência de diagnósticos, de planejamento e de definição formal de metas, a desvalorização profissional dos policiais e dos agentes penitenciários, o desperdício de recursos e a consagração de privilégios dentro das instituições, as práticas de abuso de autoridade e de violência policial contra grupos vulneráveis e a corrupção dos agentes de segurança pública demandam reformas tão urgentes quanto profundas.

As propostas sistematizadas no PNDH-3 agregam, nesse contexto, as contribuições oferecidas pelo processo da 11ª Conferência Nacional dos Direitos Humanos que passou a avançar sobre temas que não foram objeto de debate, trazendo para o PNDH-3 parte do acúmulo crítico que tem sido proposto ao país pelos especialistas e pesquisadores da área.

Em linhas gerais, o PNDH-3 aponta para a necessidade de ampla reforma no modelo de polícia e propõe o debate sobre a implantação do ciclo completo de policiamento às corporações estaduais. Prioriza transparência e participação popular, estimulando o aperfeiçoamento das estatísticas e a publicação de dados, assim como a reformulação do Conselho Nacional de Segurança Pública. Contempla a prevenção da violência e da criminalidade como diretriz, ampliando o controle sobre armas de fogo e indicando a necessidade de profissionalização da investigação criminal.

Com o objetivo de erradicar a tortura e reduzir a letalidade policial e carcerária, confere atenção especial a procedimentos operacionais padronizados, que previnam as ocorrências de abuso de autoridade e de violência institucional, e confiram maior segurança a policiais e agentes penitenciários. Reafirma a necessidade de criação de ouvidorias independentes em âmbito federal e, inspirado em tendências mais modernas de policiamento, estimula as iniciativas orientadas por resultados, o desenvolvimento do policiamento comunitário e voltado para a solução de problemas, elencando medidas que promovam a valorização dos trabalhadores em segurança pública. Contempla, ainda, a criação de um sistema federal que integre os atuais sistemas de proteção a vítimas e testemunhas, defensores de Direitos Humanos e crianças e adolescentes ameaçados de morte.

Também como diretriz, o PNDH-3 propõe uma profunda reforma da Lei de Execução Penal que introduza garantias fundamentais e novos regramentos para superar as práticas abusivas, hoje comuns. E trata as penas privativas de liberdade como última alternativa, propondo a redução da demanda por encarceramento e estimulando novas formas de tratamento dos conflitos, como as sugeridas pelo mecanismo da Justiça Restaurativa.

Reafirma-se a centralidade do direito universal de acesso à Justiça, com a possibilidade de acesso aos tribunais por toda a população, com o fortalecimento das defensorias públicas e a modernização da gestão judicial, de modo a garantir respostas judiciais mais céleres e eficazes. Destacam-se, ainda, o direito de acesso à Justiça em matéria de conflitos agrários e urbanos e o necessário estímulo aos meios de soluções pacíficas de controvérsias.

O PNDH-3 apresenta nesta eixo, fundamentalmente, propostas para que o Poder Público se aperfeiçoe no desenvolvimento de políticas públicas de prevenção ao crime e à violência, reforçando a noção de acesso universal à Justiça como direito fundamental, e sustentando que a democracia, os processos de participação e transparência, aliados ao uso de ferramentas científicas e à profissionalização de instituições e trabalhadores da segurança, assinalam os roteiros mais promissores para o Brasil avançar no caminho da paz pública.

4.2.5 Eixo Orientador V – educação e cultura em Direitos Humanos

- **Diretriz 18:** efetivação das diretrizes e dos princípios da política nacional de educação em Direitos Humanos para fortalecer cultura de direitos.
- **Diretriz 19:** fortalecimento dos princípios de democracia e dos Direitos Humanos nos sistemas de educação básica, nas instituições de ensino superior e nas instituições formadoras.
- **Diretriz 20:** reconhecimento da educação não formal como espaço de defesa e promoção dos Direitos Humanos.
- **Diretriz 21:** promoção da educação em Direitos Humanos no serviço público.
- **Diretriz 22:** garantia do direito à comunicação democrática e o acesso à informação para a consolidação de uma cultura em Direitos Humanos.

11 objetivos - 59 ações

A educação e a cultura em Direitos Humanos visam à formação de nova mentalidade coletiva para o exercício da solidariedade, do respeito às diversidades e da tolerância. Como processo sistemático e multidimensional que orienta a formação do sujeito de direitos, seu objetivo é combater o preconceito, a discriminação e a violência, promovendo a adoção de novos valores de liberdade, justiça e igualdade.

A educação em Direitos Humanos, como canal estratégico capaz de produzir uma sociedade igualitária, extrapola o direito à educação permanente e de qualidade. Trata-se de mecanismo que articula, dentre outros elementos:

- A apreensão de conhecimentos historicamente construídos sobre Direitos Humanos e a sua relação com os contextos internacional, regional, nacional e local;
- A afirmação de valores, atitudes e práticas sociais que expressem a cultura dos Direitos Humanos em todos os espaços da sociedade;
- A formação de consciência cidadã capaz de se fazer presente nos níveis cognitivo, social, ético e político;
- O desenvolvimento de processos metodológicos participativos e de construção coletiva, utilizando linguagens e materiais didáticos contextualizados;
- O fortalecimento de políticas que gerem ações e instrumentos em favor da promoção, da proteção e da defesa dos Direitos Humanos, bem como da reparação das violações.

O PNDH-3 dialoga com o Plano Nacional de Educação em Direitos Humanos (PNEDH) como referência para a política nacional de Educação e Cultura em Direitos Humanos, estabelecendo os alicerces a serem adotados nos âmbitos nacional, estadual, distrital e municipal. O PNEDH, refletido neste programa, se desdobra em cinco grandes áreas:

- Na **Educação Básica**, a ênfase do PNDH-3 é possibilitar, desde a infância, a formação de sujeitos de direito, priorizando as populações historicamente vulnerabilizadas. A troca de experiências entre crianças de diferentes raças e etnias, imigrantes, com deficiência física ou mental, fortalece, desde cedo, um sentimento de convivência pacífica. Conhecer o diferente, desde a mais tenra idade, é perder o medo do desconhecido, formar opinião respeitosa e combater o preconceito, às vezes arraigado na própria família.
- No PNDH-3, essa concepção se traduz em propostas de mudanças curriculares, incluindo a **educação transversal e permanente** nos temas ligados aos Direitos Humanos e, mais especificamente, o estudo de gênero e orientação sexual, das culturas indígena e afro-brasileira entre as disciplinas do ensino fundamental e médio.
- No **Ensino Superior**, as metas previstas visam a incluir os Direitos Humanos, por meio de diferentes modalidades como disciplinas, linhas de pesquisa, áreas de concentração, transversalização nos projetos acadêmicos dos diferentes cursos de graduação e pós-graduação, e em programas e projetos de extensão.
- A **educação não formal** em Direitos Humanos é orientada pelos princípios da emancipação e da autonomia, um processo de sensibilização e de formação da consciência crítica. Desta forma, o PNDH-3 propõe incluir o tema Educação em Direitos Humanos nos programas de capacitação de lideranças comunitárias e nos programas de qualificação profissional e de alfabetização de jovens e adultos. Volta-se, especialmente, para o estabelecimento de diálogo e parcerias permanentes como o vasto leque brasileiro de movimentos populares, sindicatos, igrejas, ONGs, clubes, entidades empresariais e toda sorte de agrupamentos da sociedade civil que desenvolvem atividades formativas em seu cotidiano.
- A **formação e a educação continuada** em Direitos Humanos, com recortes de gênero, relações étnico-raciais e de orientação sexual, em todo o serviço público, especialmente entre os agentes do sistema de Justiça de segurança pública, são fundamentais para consolidar o Estado Democrático e a proteção do direito à vida e à dignidade, garantindo tratamento igual a todos e o funcionamento de sistemas de Justiça que promovam os Direitos Humanos.

Aborda-se também o papel estratégico dos meios de comunicação de massa, no sentido de construir ou desconstruir ambiente nacional e cultura social de respeito e proteção aos Direitos Humanos. Daí a importância primordial de introduzir mudanças que assegurem ampla democratização desses meios, além de atuar permanentemente junto a todos os profissionais e as empresas do setor (seminários, debates, reportagens, pesquisas e conferências), buscando sensibilizar

DHUM

e conquistar seu compromisso ético com a afirmação histórica dos Direitos Humanos.

4.2.6 Eixo Orientador VI – direito à memória e à verdade

- **Diretriz 23:** reconhecimento da memória e da verdade como direito humano da cidadania e dever do Estado.
- **Diretriz 24:** preservação da memória histórica e a construção pública da verdade.
- **Diretriz 25:** modernização da legislação relacionada com a promoção do direito à memória e à verdade, fortalecendo a democracia.

3 objetivos – 11 ações

A investigação do passado é fundamental para a construção da cidadania. Estudar o passado, resgatar sua verdade e trazer à tona seus acontecimentos caracterizam forma de transmissão de experiência histórica essencial para a constituição da memória individual e coletiva.

O Brasil ainda processa com dificuldades o resgate da memória e da verdade sobre o que ocorreu com as vítimas atingidas pela repressão política durante o regime de 1964. A impossibilidade de acesso a todas as informações oficiais impede que familiares de mortos e desaparecidos possam conhecer os fatos relacionados aos crimes praticados e não permite à sociedade elaborar seus próprios conceitos sobre aquele período.

A história que não é transmitida de geração a geração torna-se esquecida e silenciada. O silêncio e o esquecimento das barbáries geram graves lacunas na experiência coletiva de construção da identidade nacional. Ao resgatar a memória e a verdade, o país adquire consciência superior sobre sua própria identidade, a democracia se fortalece. As tentações totalitárias são neutralizadas e crescem as possibilidades de se erradicar definitivamente alguns resquícios daquele período sombrio, como a tortura, por exemplo, ainda persistente no cotidiano brasileiro.

O trabalho de reconstituir a memória exige revisitar o passado e compartilhar experiências de dor, violência e mortes. Somente depois de lembrá-las e fazer seu luto, será possível superar o trauma histórico e seguir adiante. A vivência do sofrimento e das perdas não pode ser reduzida a conflito privado e subjetivo, uma vez que se inscreveu num contexto social, e não individual.

A compreensão do passado por intermédio da narrativa da herança histórica e pelo reconhecimento oficial dos acontecimentos possibilita aos cidadãos construírem os valores que indicarão sua atuação no presente. O acesso a todos os arquivos e documentos produzidos durante o regime militar é fundamental no âmbito das políticas de proteção dos Direitos Humanos.

As violações sistemáticas dos Direitos Humanos pelo Estado durante o regime ditatorial são desconhecidas pela maioria da população, em especial pelos jovens. A radiografia dos atingidos pela repressão política ainda está longe de ser concluída, mas calcula-se que pelo menos cinquenta mil pessoas foram presas somente nos primeiros meses de 1964; cerca de vinte mil brasileiros foram submetidos a torturas e cerca de quatrocentos cidadãos foram mortos ou estão desaparecidos. Ocorreram milhares de prisões políticas não registradas, 130 banimentos, 4.862 cassações de mandatos políticos, uma cifra incalculável de exílios e refugiados políticos.

As ações programáticas deste eixo orientador têm como finalidade assegurar o processamento democrático e republicano de todo esse período da história brasileira, para que se viabilize o desejável sentimento de reconciliação nacional. E para se construir consenso amplo no sentido de que as violações sistemáticas de Direitos Humanos registradas entre 1964 e 1985, assim como no período do Estado Novo, não voltem a ocorrer.

> ***Diretriz 25, parágrafo único.*** *A implementação do PNDH-3, além dos responsáveis nele indicados, envolve parcerias com outros órgãos federais relacionados com os temas tratados nos eixos orientadores e suas diretrizes.*
>
> ***Art. 3º*** *As metas, prazos e recursos necessários para a implementação do PNDH-3 serão definidos e aprovados em Planos de Ação de Direitos Humanos bianuais.*
>
> ***Art. 4º*** *(Revogado pelo Decreto nº 10.087/2019).*
>
> ***Art. 5º*** *Os Estados, o Distrito Federal, os Municípios e os órgãos do Poder Legislativo, do Poder Judiciário e do Ministério Público, serão convidados a aderir ao PNDH-3.*
>
> ***Art. 6º*** *Este Decreto entra em vigor na data de sua publicação.*
>
> ***Art. 7º*** *Fica revogado o Decreto nº 4.229/2002.*

As principais características de cada um dos eixos orientadores estudados são:

- **Eixo I:** diálogo entre Estado e sociedade civil; pressuposição de que a participação social monitora políticas públicas que garantem a realização dos Direitos Humanos e da legitimação da Democracia.
- **Eixo II:** evidencia a inclusão social; a ampliação do espaço da cidadania; levanta reflexões acerca das futuras gerações, além de atitudes que garantam os direitos dos cidadãos futuros.
- **Eixo III:** evidencia a necessidade de se reconhecer desigualdades; a concretização da igualdade frente a uma sociedade desigual; iniciativas para diminuir ou erradicar os problemas sociais que impeçam o desenvolvimento dos Direitos Humanos.
- **Eixo IV:** metas a serem traçadas no combate à violência; aplicação de medidas que promovam mais acesso à justiça; transparência da justiça e dos indivíduos que a ela promovem.
- **Eixo V:** atitudes relativas à ponte Educação – Direitos Humanos; atitudes com relação à ponte Cultura – Direitos Humanos;
- **Eixo VI:** valorização dos princípios históricos como valorização dos Direitos Humanos; reflexão acerca do processo histórico dos Direitos Humanos, evitando o retorno a momentos de violação desses direitos.

5 CONSTITUIÇÃO BRASILEIRA E TRATADOS DE DIREITOS HUMANOS

5.1 Contexto histórico

A Constituição da República Federativa do Brasil de 1988 apresenta em seu corpo, principalmente no Título I (Dos Princípios Fundamentais) e no Título II (Dos Direitos e Garantias Fundamentais), os conceitos de Direitos Humanos que foram historicamente construídos.

Para isso, os Tratados Internacionais de Direitos Humanos foram fundamentais na formação ideológica e sociocultural no contexto da Assembleia Nacional Constituinte de 1987, momento da gênese de nossa Carta Magna.

Antes de abordarmos os Tratados Internacionais de Direitos Humanos e sua relação com a Legislação brasileira e a Constituição, é necessário entendermos o que são Tratados Internacionais.

Fique ligado

Tratados Internacionais: segundo a Convenção de Viena (1969), configura um Tratado Internacional um acordo entre duas partes ou mais em âmbito internacional concretizado e formalizado por meio de texto escrito, com ciência de função de efeitos jurídicos no plano internacional. É o mecanismo pelo qual os Estados estabelecem obrigações para si em âmbito internacional e coparticipativo.

Na conjuntura histórica dos ataques à vida humana, das diversas atrocidades e atentados cometidos contra os seres humanos durante a Segunda Guerra Mundial e logo após seu fim, em guerras pontuais, a comunidade internacional passou a:

- Estabelecer ações que visavam punir os próprios Estados em casos de violação dos Direitos Humanos;
- Relativizar a Soberania dos Estados envolvidos que, a partir dos Tratados, colocavam seus acordos internacionais acima de suas vontades particulares.

Dentre as atrocidades ocorridas durante a Segunda Guerra Mundial estão:

- **Genocídio:** aproximadamente seis milhões de judeus mortos em campos de concentração.
- **Tortura e crueldade:** a polícia militar japonesa (*Kempeitai*) a serviço do Império, aplicava técnicas de tortura em prisioneiros como lascas de metal marteladas embaixo das unhas e ferro em brasa nas genitálias.
- **Crimes de guerra:** prisioneiros alemães na Noruega foram obrigados a limpar campos minados. O saldo foi de 392 feridos e 275 mortos.
- **Estupros:** o Exército Vermelho estuprou milhares de alemãs; os militares japoneses usavam mulheres capturadas em guerra como escravas sexuais.

O breve século XX fez emergir, então, o Direito Internacional dos Direitos Humanos. Era a resposta que a comunidade internacional daria:

- Aos Estados devastados pela guerra e que almejavam um futuro de paz;
- Às violações aos Direitos Humanos ocorridos em alta escala durante a guerra;
- Aos países como mecanismo de prevenção contra tentativas de uma nova guerra.

Apesar do movimento mundial pós-guerra, de todo empenho entre as nações para consolidar acordos e tratados que mantivessem o respeito à dignidade humana e aos Direitos Humanos e prevenissem outra "catástrofe bélica" como havia sido a Segunda Guerra Mundial, o Brasil só começou a participar intensamente do corpo internacional dos Direitos Humanos a partir de 1985, quando o país voltou a dar passos no retorno à Democracia.

Vários Tratados, Pactos e Convenções foram ratificados pelo Brasil. As propostas trazidas pela Carta Constitucional de 1988, evidenciando os Direitos Humanos como norteadores das relações internacionais, exibiram uma nova forma de compreensão a respeito desses direitos. Temos, então, uma clara relação entre Direitos Humanos e Processo de Democratização do Estado brasileiro.

5.2 Redemocratização e tratados internacionais de Direitos Humanos

Juntamente com a necessidade de afirmação democrática, em 1985, tem início no Brasil o processo de ratificação de diversos Tratados Internacionais de Direitos Humanos. Seu ponto inicial foi a ratificação em 1989 da Convenção contra a Tortura e outros Tratamentos cruéis, Desumanos ou Degradantes.

> ***Art. 5º, § 3º, CF/1988*** *Os tratados e as convenções internacionais sobre direitos humanos que forem aprovados, em cada Casa do Congresso Nacional, em dois turnos, por três quintos dos votos dos respectivos membros, serão equivalentes às emendas constitucionais.*

- **Problema:** os Tratados Internacionais anteriores à Emenda Constitucional nº 45/2004 teriam força de Emenda Constitucional com sistema de votação de maioria simples. Isto significa que haveria um ferimento no processo legislativo ao utilizar processo de votação para leis ordinárias elegendo Emendas Constitucionais.
- **Solução:** os tratados e as convenções internacionais sobre direitos humanos incorporados ao ordenamento jurídico brasileiro pela forma comum, ou seja, sem observar o disposto no art. 5º, § 3º, da Constituição Federal, possuem, segundo a posição que prevaleceu no Supremo Tribunal Federal, *status* supralegal, mas infraconstitucional.

Norma supralegal: está acima das leis, mas abaixo da Constituição Federal.
Rito ordinário: maioria simples (todos os tratados anteriores à EC nº 45/2004).
Rito de emenda: maioria qualificada (3/5, 2 turnos, 2 casas do Congresso Nacional).

O Direito Constitucional, depois de 1988, passou a contar com relações diferenciadas frente ao Direito Internacional dos Direitos Humanos. A visão da supralegalidade deste último encontra amparo em vários dispositivos constitucionais (art. 4º, art. 5º, §§ 2º ao 4º, CF/1988).

5.3 Localização dos Tratados Internacionais dos Direitos Humanos na Pirâmide de Hans Kelsen

A pirâmide de Hans Kelsen é uma teoria que caminha entre a Filosofia e o Direito e que se baseia na criação de uma hierarquia entre as leis. Dessa forma, quando houver um possível conflito legal, a pirâmide de Hans Kelsen pode ser utilizada para verificar o grau de prioridade das leis em discussão.

Dessa forma, os Tratados Internacionais dos Direitos Humanos, dentro de um contexto legal, também integram o *corpus* legislativo. Daí

DHUM

a importância de se entender como localizar e priorizar as diferentes leis sobre um determinado assunto.

A Constituição Federal de 1988 é um marco de ruptura com o processo jurídico ditatorial dos anos que a precederam. Neste sentido, os diversos vínculos nela existentes com os Direitos Humanos podem ser evidenciados em toda redação jurídica constitucional:

- **Dignidade da pessoa humana:** art. 1º, III.
- **Interação entre o direito brasileiro e os Tratados Internacionais de Direitos Humanos:** art. 5º, § 2º.
- **Sobre julgamento de causas relativas aos Direitos Humanos:** art. 109, V.

Ao considerarmos os Tratados Internacionais e seu encontro com a legislação constitucional brasileira, podemos extrair como conclusão de que a natureza do Direito encontrado no Tratado Internacional poderá gerar conflitos entre um TIDH e o Direito interno. Se, na existência de conflito entre um Direito interno e os Direitos Internacionais dos Direitos Humanos, a conclusão a que chegamos é a de que sempre prevalece a norma que melhor beneficia os direitos da pessoa humana.

5.3.1 Art. 5º, LXVII, CF/1988

Não haverá prisão civil por dívida, salvo a do responsável pelo inadimplemento voluntário e inescusável de obrigação alimentícia e a do depositário infiel.

- **Pacto de San José de Costa Rica (art. 7, VII):** ninguém deve ser detido por dívidas. Este princípio não limita os mandatos de autoridade judiciária competente expedidos em virtude de inadimplemento de obrigação alimentar.
- **Identificar-se com um direito já presente na Constituição. Exemplo: CF/1988 (art. 5º, III):** ninguém será submetido à tortura ou a tratamento desumano ou degradante.
- **Documentos Internacionais:**

  Art. 5º *Declaração Universal dos Direitos Humanos (1948).*

  Art. 7º *Pacto Internacional de Direitos Civis e Políticos (1966).*

  Art. 5º *Convenção Americana de Direitos Humanos (1969).*

5.4 Fases de incorporação

- **Primeira fase (celebração):** é o ato de celebração do tratado, convenção ou ato internacional, para posteriormente e internamente o parlamento decidir sobre sua viabilidade, conveniência e oportunidade. Essa etapa compete privativamente ao Presidente da República, pois a este cabe celebrar todos os tratados e atos internacionais (art. 84, VIII, CF/1988). No Brasil, concedem-se poderes de negociação de convenções internacionais a pessoas específicas, ou seja, aqueles considerados aptos para negociar em nome do Presidente da República: os Chefes de Missões Diplomáticas, sob a responsabilidade do Ministério das Relações Exteriores. Com isso, exime-se o Chefe de Estado de negociação corriqueira no âmbito das relações internacionais.
- **Segunda fase (aprovação parlamentar):** é de competência exclusiva do Congresso Nacional, pois cabe a este resolver definitivamente sobre tratados, acordos ou atos internacionais que acarretam encargos ou compromissos gravosos ao patrimônio nacional (art. 49, I, CF/1988). Se o Congresso Nacional concordar com a celebração do ato internacional, elabora-se um decreto legislativo, de acordo com o art. 59, VI da Constituição Federal, que é o instrumento adequado para referendar e aprovar a decisão do Chefe do Executivo, dando-se a este uma carta branca para ratificar ou aderir ao tratado.
- **Terceira fase (ratificação pelo presidente):** com o objetivo de incorporar o tratado e, a partir daí, passar a ter efeitos no ordenamento jurídico interno, é a fase em que o Presidente da República, mediante decreto, promulga o texto, publicando-o em português, em órgão da imprensa oficial, dando-se, pois, ciência e publicidade da ratificação da assinatura já lançada. Com a promulgação do tratado, esse ato normativo passa a ser aplicado de forma geral e obrigatória.

A doutrina mais moderna de direito internacional defende uma força mais expressiva dos tratados e convenções sobre a legislação infraconstitucional. Defende-se, inclusive, uma equivalência entre normas constitucionais e tratados, especialmente aqueles que versarem sobre direitos humanos, de maneira que, afora o controle de constitucionalidade, o intérprete deve ainda verificar se o caso sob análise está de acordo com a "legislação" internacional (controle de convencionalidade).

5.5 Declaração Universal dos Direitos Humanos (DUDH)

O período que sucedeu a Segunda Guerra Mundial carregou consigo a memória viva das grandes atrocidades experimentadas em um conflito sangrento e de proporções alarmantes. A barbárie imposta pelos nazistas, consolidada sobre a lógica da "supremacia racial", fez com que o mundo se colocasse diante de situações de absoluta desumanidade em que os direitos mais básicos do ser humano eram negados, restando-lhe a fome, a falta de liberdade, o trabalho forçado, o sofrimento e a morte. Contudo, a consolidação das potências bélicas, vitoriosas da grande guerra, resultou no encabeçamento de um movimento que traria respeito e segurança aos direitos humanos, garantindo-lhes proteção em qualquer tempo e lugar.

A Organização das Nações Unidas (ONU), constituída por 58 Estados-membros em sua origem, entre eles o Brasil, em 10 de dezembro de 1948 instituiu, por meio da Resolução 217-A (III), a Declaração Universal dos Direitos Humanos (DUDH). Quando foi editada, era apenas uma recomendação, não possuía força vinculante. Este posicionamento, no entanto, não é mais adequado porque décadas após a Resolução que criou a DUDH, os Tribunais Internacionais consideram que essa Resolução pode ser vista como espelho do costume internacional de proteção dos Direitos Humanos.

Constituído por 30 artigos, o documento traz a defesa dos direitos básicos para a promoção da dignidade humana. Sem distinção de cor, nacionalidade, orientação sexual, política ou religiosa, a Resolução visa impedir as arbitrariedades dos indivíduos e dos Estados que firam os Direitos Humanos:

> *Considerando que o reconhecimento da dignidade inerente a todos os membros da família humana e de seus direitos iguais e inalienáveis é o fundamento da liberdade, da justiça e da paz no mundo. [...]*
>
> *Considerando que o desprezo e o desrespeito pelos direitos humanos resultam em atos bárbaros que ultrajam a consciência da humanidade e que o advento de um mundo em que os homens gozem de liberdade de palavra, descrença e da liberdade de viverem a salvo do temor e da necessidade foi proclamado como a mais alta aspiração do homem comum, [...]*
>
> *Considerando que os povos das Nações Unidas reafirmaram, na Carta, sua fé nos direitos humanos fundamentais, na dignidade e no valor da pessoa humana e na igualdade de direitos dos homens e das mulheres, e que decidiram promover o progresso social e melhores condições de vida em uma liberdade mais ampla, [...]*
>
> *Considerando que uma compreensão comum desses direitos e liberdades é da mais alta importância para o pleno cumprimento desse compromisso.*
>
> *Trechos retirados do Preâmbulo da DUDH, 1948.*

Outros trechos da DUDH:

A presente Declaração Universal dos Direitos Humanos como o ideal comum a ser atingido por todos os povos e todas as nações, com o objetivo de que cada indivíduo e cada órgão da sociedade, tendo sempre em mente esta Declaração, se esforce, através do ensino e da educação, por promover o respeito a esses direitos e liberdades, e, pela adoção de medidas progressivas de caráter nacional e internacional, por assegurar o seu reconhecimento e a sua observância universal e efetiva, tanto entre os povos dos próprios Estados-Membros, quanto entre os povos dos territórios sob sua jurisdição.

- **Medidas progressivas:** não é intenção da Declaração Universal dos Direitos Humanos que suas medidas sejam compreendidas e estabelecidas de maneira absoluta.
- **Declaração dos Direitos do Homem e do Cidadão (1789)**

Artigo 1

Todos os seres humanos nascem livres e iguais em dignidade e direitos. São dotados de razão e consciência e devem agir em relação uns aos outros com espírito de fraternidade.

Nenhum pré-requisito é motivo de distinção entre cidadãos em relação ao direito.

Artigo 2

1. Todo ser humano tem capacidade para gozar os direitos e as liberdades estabelecidos nesta Declaração, sem distinção de qualquer espécie, seja de raça, cor, sexo, língua, religião, opinião política ou de outra natureza, origem nacional ou social, riqueza, nascimento, ou qualquer outra condição.

2. Não será também feita nenhuma distinção fundada na condição política, jurídica ou internacional do país ou território a que pertença uma pessoa, quer se trate de um território independente, sob tutela, sem governo próprio, quer sujeito a qualquer outra limitação de soberania.

- **Vedação à escravidão:** para alguns autores, temos um direito que se reveste de caráter absoluto.

Artigo 4

Ninguém será mantido em escravidão ou servidão; a escravidão e o tráfico de escravos serão proibidos em todas as suas formas.

- **Base para os remédios constitucionais.**

Artigo 8

Todo ser humano tem direito a receber dos tribunais nacionais competentes remédio efetivo para os atos que violem os direitos fundamentais que lhe sejam reconhecidos pela constituição ou pela lei.

- **Presunção de inocência e reserva legal.**

Artigo 11

1. Todo ser humano acusado de um ato delituoso tem o direito de ser presumido inocente até que a sua culpabilidade tenha sido provada de acordo com a lei, em julgamento público no qual lhe tenham sido asseguradas todas as garantias necessárias à sua defesa.

2. Ninguém poderá ser culpado por qualquer ação ou omissão que, no momento, não constituíam delito perante o direito nacional ou internacional. Também não será imposta pena mais forte do que aquela que, no momento da prática, era aplicável ao ato delituoso.

Em alguns artigos da DUDH, é possível verificar os principais **direitos tutelados** (grifos nossos):

Artigo 5

***Ninguém será submetido** à tortura nem a tratamento ou **castigo cruel, desumano** ou **degradante**.*

Artigo 6

Todo ser humano tem o direito de ser, em todos os lugares, reconhecido como pessoa perante a lei.

Artigo 7

***Todos são iguais perante a lei** e têm direito, sem qualquer distinção, a igual proteção da lei. **Todos têm direito a igual proteção contra qualquer discriminação** que viole a presente Declaração e contra qualquer incitamento a tal discriminação.*

Artigo 13

*1. Todo ser humano tem direito à **liberdade de locomoção** e residência dentro das fronteiras de cada Estado.*

2. Todo ser humano tem o direito de deixar qualquer país, inclusive o próprio, e a este regressar.

Artigo 14

*1. Todo ser humano, vítima de perseguição, **tem o direito de procurar e de gozar asilo em outros países**.*

*2. Este direito **não pode ser invocado em caso de perseguição legitimamente motivada** por crimes de direito comum ou por atos contrários aos objetivos e princípios das Nações Unidas.*

Artigo 15

*1. Todo ser humano tem **direito a uma nacionalidade**.*

2. Ninguém será arbitrariamente privado de sua nacionalidade, nem do direito de mudar de nacionalidade.

Artigo 16

*1. Os homens e mulheres de maior idade, sem qualquer restrição de raça, nacionalidade ou religião, têm o **direito de contrair matrimônio e fundar uma família**. Gozam de iguais direitos em relação ao casamento, sua duração e sua dissolução.*

2. O casamento não será válido senão com o livre e pleno consentimento dos nubentes.

*3. A **família** é o núcleo natural e fundamental da sociedade e **tem direito à proteção da sociedade e do Estado**.*

Artigo 17

*1. Todo ser humano tem **direito à propriedade**, só ou em sociedade com outros.*

2. Ninguém será arbitrariamente privado de sua propriedade.

Artigo 20

*1. Todo ser humano tem direito à **liberdade de reunião e associação pacífica**.*

2. Ninguém pode ser obrigado a fazer parte de uma associação.

Artigo 21

*1. Todo ser humano tem o **direito de tomar parte no governo de seu** país diretamente ou por intermédio de representantes livremente escolhidos.*

*2. Todo ser humano tem igual direito de **acesso ao serviço público** do seu país.*

*3. A **vontade do povo** será a base da autoridade do governo; esta vontade será expressa em **eleições periódicas e legítimas**, por **sufrágio universal**, por **voto secreto** ou processo equivalente que assegure a liberdade de voto.*

Artigo 26

*1. Todo ser humano tem **direito à instrução**. A instrução será **gratuita, pelo menos nos graus elementares** e **fundamentais**. A instrução elementar será **obrigatória**. A **instrução técnico-profissional será acessível a todos**, bem como a **instrução superior**, está **baseada no mérito**.*

*2. A instrução **será orientada no sentido do pleno desenvolvimento da personalidade humana e do fortalecimento do respeito pelos direitos humanos e pelas liberdades fundamentais**. A instrução promoverá a compreensão, a tolerância e a amizade entre todas as nações e grupos raciais ou religiosos, e coadjuvará as atividades das Nações Unidas em prol da manutenção da paz.*

5.5.1 Considerações sobre a Declaração Universal dos Direitos Humanos

Quando a Declaração Universal dos Direitos Humanos começou a ser pensada, o mundo ainda sentia os efeitos da Segunda Guerra Mundial, encerrada em 1945.

Outros documentos já haviam sido redigidos em reação a tratamentos desumanos e injustiças, como a Declaração de Direitos Inglesa (elaborada em 1689, após as Guerras Civis Inglesas, para pregar a democracia) e a Declaração dos Direitos do Homem e do Cidadão

DHUM

(redigida em 1789, após a Revolução Francesa, a fim de proclamar a igualdade para todos).

Depois da Segunda Guerra e da criação da Organização das Nações Unidas (também em 1945), líderes mundiais decidiram complementar a promessa da comunidade internacional de nunca mais permitir atrocidades como as que haviam sido vistas na guerra. Assim, elaboraram um guia para garantir os direitos de todas as pessoas e em todos os lugares do globo.

O documento foi apresentado na primeira Assembleia Geral da ONU em 1946 e repassado à Comissão de Direitos Humanos para que fosse usado na preparação de uma declaração internacional de direitos. Na primeira sessão da comissão em 1947, seus membros foram autorizados a elaborar o que foi chamado de "esboço preliminar da Declaração Internacional dos Direitos Humanos".

Um comitê formado por membros de oito países recebeu a declaração e se reuniu pela primeira vez em 1947. Ele foi presidido por Eleanor Roosevelt, viúva do presidente americano Franklin D. Roosevelt. O responsável pelo primeiro esboço da declaração, o francês René Cassin, também participou.

O primeiro rascunho da Declaração Universal dos Direitos Humanos, que contou com a participação de mais de 50 países na redação, foi apresentado em setembro de 1948 e teve seu texto final redigido em menos de dois anos.

5.5.2 Declaração Universal dos Direitos Humanos e a legislação brasileira

Podemos afirmar que houve uma clara violação dos Direitos Humanos durante 21 anos (1964 a 1985).

Temos uma violação desigual que atinge a sociedade em diferentes níveis.

A Emenda Constitucional nº 01/1969 alterou o Texto Constitucional, formando, na prática, uma nova Constituição (referente a Constituição de 1967).

Em 1984, como resposta à repressão imposta pela Constituição de 1967 aos Direitos Políticos, surgiu o movimento "Diretas Já", que reivindicava a volta das eleições diretas no Brasil para eleger o Presidente da República. No primeiro momento, o movimento não logrou êxito plenamente, pois a primeira eleição após o regime militar foi indireta, realizada pelo Congresso. Entretanto, obteve bom resultado quando, nestas eleições, devolveu o governo à sociedade civil.

A Constituição de 1988, conhecida como "Constituição Cidadã", é a que melhor representa a harmonia do Brasil com os Direitos Humanos atualmente. Pela própria estrutura da Constituição, a forma pela qual é escrita e a organização dos artigos, percebemos maior destaque aos Direitos Humanos: eles aparecem logo nas primeiras linhas do texto constitucional, a demonstrar que o constituinte quis garanti-los e fazer deles a base para a sociedade que nascia a partir daquele momento.

Logo no primeiro artigo, encontramos como fundamento da República Federativa do Brasil a "dignidade da pessoa humana", os "valores sociais do trabalho e da livre iniciativa" e o "pluralismo político". Isto prova que a nova ordem social, acolhida e inaugurada pela Constituição, rompia com aquela criada em 1967, e valorizava os direitos sociais, trabalhistas e políticos. É, porém, no art. 5º da Carta de 1988, que encontramos o maior leque de direitos garantidos; são direitos individuais e coletivos, direitos civis e instrumentos de controle judiciário da vida social e de limitações ao direito estatal de punir. É um grande avanço comparado à Constituição anterior.

5.6 Convenção Americana de Direitos Humanos (Pacto de São José)

É um Tratado Internacional entre os países membros da Organização dos Estados Americanos (OEA) firmado durante a Conferência Interamericana Especializada de Direitos Humanos em 22 de novembro de 1969 na cidade de San José da Costa Rica (país).

Possui **82 artigos**, incluindo as disposições transitórias, que estabelecem os direitos fundamentais da pessoa humana, como o direito à vida, à liberdade, à dignidade, à integridade pessoal e moral, à educação, entre outros.

Tem como **objetivo** promover a garantia dos direitos fundamentais da pessoa humana: direito à liberdade, à vida, à dignidade, à integridade pessoal, proibir a escravidão e a servidão humana, afirmar a liberdade de consciência e liberdade de orientação religiosa, além de garantir os direitos e proteção da família.

Este Tratado busca afirmar que os direitos essenciais da dignidade humana resultam da condição humana e não de sua nacionalidade. Ou seja, em qualquer lugar, o ser humano possui os mesmos direitos essenciais, sem qualquer tipo de discriminação.

O governo brasileiro depositou a carta de adesão a essa convenção em 25 de setembro de 1992. Portanto, a Convenção Americana sobre Direitos Humanos (Pacto de São José) entrou em vigor, para o Brasil, em 25 de setembro de 1992, conforme o disposto no segundo parágrafo de seu art. 74. A promulgação veio com o Decreto nº 678, de 6 de novembro de 1992.

> ***Artigo 74, 2*** *A ratificação desta Convenção ou a adesão a ela efetuar-se-á mediante depósito de um instrumento de ratificação ou de adesão na Secretaria-Geral da Organização dos Estados Americanos. Esta Convenção entrará em vigor logo que onze Estados houverem depositado os seus respectivos instrumentos de ratificação ou de adesão.* ***Com referência a qualquer outro Estado que a ratificar ou que a ela aderir ulteriormente, a Convenção entrará em vigor na data do depósito do seu instrumento de ratificação ou de adesão.*** *(grifo nosso).*

Fique ligado

Segundo a Emenda Constitucional nº 45/2004, sobre a reforma no Poder Judiciário, os tratados referentes aos direitos humanos passam a vigorar imediatamente e tornam-se equiparados às normas constitucionais.

Modo de aprovação: três quintos dos votos na Câmara dos Deputados e no Senado, em dois turnos em cada casa. Vale lembrar que o Pacto de São José é anterior à referida emenda.

> ***PARTE I – DEVERES DOS ESTADOS E DIREITOS PROTEGIDOS***
>
> ***Capítulo I: Enumeração de Deveres***
>
> ***Art. 1º*** *Obrigação de respeitar os direitos.*
>
> ***Art. 2º*** *Dever de adotar disposições de direito interno.*
>
> ***Capítulo II: Direitos Civis e Políticos***
>
> ***Art. 3º*** *Direito ao reconhecimento da personalidade jurídica.*
>
> ***Art. 4º*** *Direito à vida.*
>
> ***Art. 5º*** *Direito à integridade pessoal.*
>
> ***Art. 6º*** *Proibição da escravidão e da servidão.*
>
> ***Art. 7º*** *Direito à liberdade pessoal.*
>
> ***Art. 8º*** *Garantias judiciais.*
>
> ***Art. 9º*** *Princípios da legalidade e da retroatividade.*
>
> ***Art. 10*** *Direito à indenização.*
>
> ***Art. 11*** *Proteção da honra e dignidade.*
>
> ***Art. 12*** *Liberdade de consciência e religião.*

Art. 13 Liberdade de pensamento e de expressão.
Art. 14 Direito da retificação ou resposta.
Art. 15 Direito à reunião.
Art. 16 Liberdade de associação.
Art. 17 Proteção da família.
Art. 18 Direito ao nome.
Art. 19 Direitos da criança.
Art. 20 Direito à nacionalidade.
Art. 21 Direito à propriedade privada.
Art. 22 Direito de circulação e de residência.
Art. 23 Direitos políticos.
Art. 24 Igualdade perante a lei.
Art. 25 Proteção judicial.
Capítulo III: Direitos Econômicos, Sociais e Culturais
Art. 26 Desenvolvimento progressivo.
Capítulo IV: Suspensão de Garantias, Garantias e Aplicação
Art. 27 Suspensão de garantias.
Art. 28 Cláusula federal.
Art. 29 Normas de interpretação.
Art. 30 Alcance das restrições.
Art. 31 Reconhecimento de outros direitos.
Capítulo V: Deveres das Pessoas
Art. 32 Correlação entre deveres e direitos.
PARTE II – MEIOS DA PROTEÇÃO
Capítulo VI: Órgãos Competentes
Art. 33 São competentes para conhecer dos assuntos relacionados com o cumprimento dos compromissos assumidos pelos Estados-Partes dessa convenção:

a) a Comissão Interamericana de Direitos Humanos, doravante denominada a Comissão; e

b) a Corte Interamericana de Direitos Humanos, doravante denominada a Corte.

Capítulo VII: Comissão Interamericana de Direitos Humanos (CIDH)
Art. 34 A Comissão Interamericana de Direitos Humanos compor-se-á de sete membros, que deverão ser pessoas de alta autoridade moral e de reconhecido saber em matéria de direitos humanos.
Art. 35 A Comissão representa todos os membros da Organização dos Estados Americanos.
Art. 36 Dos membros da comissão.
Art. 37 Da Eleição dos membros da comissão e do tempo de mandato.
Art. 38 Das Vagas.
Art. 39 Do Estatuto da Comissão.
Art. 40 Dos servidores de secretaria da Comissão.
Art. 41 Da principal função da Comissão.
Art. 42 Dos relatórios dos Estados-Partes.
Art. 43 Das informações dos Estados-Partes.
Art. 44 Dos órgãos não governamentais.
Art. 45 Do reconhecimento da Comissão como representante dos Estados-Partes.
Art. 46 Dos requisitos para apresentação de petição à Comissão.
Art. 47 Da inadmissibilidade das petições apresentadas à Comissão.
Art. 48 Dos procedimentos após aceitação de petição pela Comissão.
Art. 49 Do procedimento (fim amistoso) pós-resolução de problemas pela Comissão.
Art. 50 Do procedimento (fim não amistoso) pós-resolução de problemas pela Comissão.
Art. 51 Dos procedimentos e limites temporais estabelecidos aos Estados pela Comissão.
Capítulo VIII: Corte Interamericana de Direitos Humanos.
Art. 52 Da composição da Corte.
Art. 53 Da eleição para juízes da Corte.
Art. 54 Do tempo de mandato dos juízes da corte.
Art. 55 Da Nacionalidade dos Juízes.
Art. 56 Da formação de quórum pelos juízes.
Art. 57 Da Comissão e da Corte.
Art. 58 Da Sede da Corte.
Art. 59 Da Secretaria da Corte.
Art. 60 Da elaboração do Estatuto pela Corte.
Art. 61 Do direito de submeter decisões à Corte.
Art. 62 Do reconhecimento da competência da Corte pelos Estados-Partes.
Art. 63 Das Garantias da Corte aos Estados-Partes.
Art. 64 Da relação entre Estados-Partes e a Corte.
Art. 65 Do relatório sobre as atividades da Corte.
Art. 66 Dos fundamentos de um processo na Corte.
Art. 67 Da Sentença da Corte.
Art. 68 Do Comprometimento com a Corte por parte dos Estados-Partes.
Art. 69 Das Sentenças da Corte.
Capítulo IX: Disposições Comuns
Art. 70 Das Condições de Juízes e da Corte.
Art. 71 Da incompatibilidade das atividades dos juízes com outras atividades.
Art. 72 Dos Gastos com Juízes e membros da Corte.
Art. 73 Das Sanções à Corte ou aos Juízes.
PARTE III – DISPOSIÇÕES GERAIS E TRANSITÓRIAS
Capítulo X: Assinatura, Ratificação, Reserva, Emenda, Protocolo e Denúncia
Art. 74 Da adesão e da Ratificação à Convenção.
Art. 75 Da Condição de objeto de reserva.
Art. 76 Das propostas de emenda à Convenção.
Art. 77 Dos projetos de protocolo por parte dos Estados- Partes.
Art. 78 Da Denúncia pelos Estados-Partes.
Capítulo XI: Disposições Transitórias
Art. 79 da apresentação dos membros dos Estados-Partes à convenção
Art. 80 Da eleição dos membros da comissão.
Art. 81 Da apresentação dos Estados-Partes.
Art. 82 Das eleições dos juízes da corte.

Os Estados signatários da Convenção de São José se comprometem a respeitar os direitos e liberdades reconhecidas pela Convenção, algo essencial para o Direito Internacional e as relações diplomáticas entre os países.

Da mesma forma, os Estados Membros estão dispostos a tomar atitudes legais para que direitos acordados no Tratado sejam respeitados por todos os componentes.

A Convenção ainda estabelece um desenvolvimento progressivo dos direitos econômicos, sociais e culturais, de acordo com os recursos disponíveis. Esse é um meio encontrado para que as nações se tornem cada vez menos desiguais em um mundo cada vez mais globalizado.

O cumprimento e a proteção dos direitos humanos ficam sob a tutela de dois órgãos criados pela convenção: Comissão Interamericana dos Direitos Humanos e a Corte Interamericana dos Direitos Humanos.

5.7 Comissão Interamericana de Direitos Humanos (arts. 34 a 51)

A Comissão é o órgão principal da OEA, cuja função primordial é promover a observância e a defesa dos direitos humanos, além de servir como órgão consultivo nessa matéria, incorporando a sua estrutura básica por meio da sua inclusão na Carta da Organização. Compõe-se de sete membros que deverão ser pessoas de alta autoridade moral e de reconhecido saber em matéria de direitos humanos. Os membros da Comissão são eleitos a título pessoal, pela Assembleia Geral da Organização, de uma lista de candidatos propostos pelos governos dos Estados membros. Cada um dos referidos governos pode propor até três candidatos, nacionais do Estado que os propuser ou de qualquer outro Estado membro da Organização dos Estados Americanos. Quando proposta uma lista de três candidatos, pelo menos um deles deverá ser nacional de Estado diferente do proponente.

Os membros da Comissão são eleitos por quatro anos e só poderão ser reeleitos uma vez. Não pode integrar a Comissão mais de um nacional de um mesmo Estado. A Comissão tem a função principal de promover a observância e a defesa dos direitos humanos e, no exercício do seu mandato, tem as seguintes funções e atribuições:

Estimular a consciência dos direitos humanos nos povos da América.

Formular recomendações aos governos dos Estados membros, quando o considerar conveniente, no sentido de que adotem medidas progressivas em prol dos direitos humanos no âmbito de suas leis internas e seus preceitos constitucionais, bem como disposições apropriadas para promover o devido respeito a esses direitos.

Preparar os estudos ou relatórios que considerar convenientes para o desempenho de suas funções.

Solicitar aos governos dos Estados membros que lhe proporcionem informações sobre as medidas que adotarem em matéria de direitos humanos.

Atender às consultas que, por meio da Secretaria-Geral da Organização dos Estados Americanos, lhe formularem os Estados membros sobre questões relacionadas aos direitos humanos e, dentro de suas possibilidades, prestar-lhes o assessoramento que eles lhe solicitarem.

Atuar com respeito às petições e outras comunicações, no exercício de sua autoridade, conforme o disposto nos arts. 44 a 51 da Convenção Americana de Direitos Humanos.

Apresentar um relatório anual à Assembleia Geral da Organização dos Estados Americanos.

Qualquer pessoa ou grupo de pessoas, ou entidade não governamental legalmente reconhecida em um ou mais Estados membros da Organização, pode apresentar à Comissão petições que contenham denúncias ou queixas de violação desta Convenção por um Estado Parte.

5.8 Corte Interamericana de Direitos Humanos (arts. 52 a 73)

A Corte é um órgão de caráter jurisdicional criado pela Convenção com o objetivo de supervisionar o seu cumprimento, com uma função complementar àquela conferida pela mesma Convenção à Comissão. Com sede em San José, capital da Costa Rica, integra o Sistema Interamericano de Direitos Humanos. É um dos três Tribunais regionais de proteção dos Direitos Humanos, ao lado do Tribunal Europeu de Direitos Humanos e a Corte Africana de Direitos Humanos e dos Povos. Sua primeira reunião foi realizada em 1979, na sede da Organização dos Estados Americanos (OEA), em Washington, nos Estados Unidos.

A Corte é composta de sete juízes, nacionais dos Estados membros da Organização, eleitos a título pessoal dentre juristas da mais alta autoridade moral, de reconhecida competência em matéria de direitos humanos, que reúnam as condições requeridas para o exercício das mais elevadas funções judiciais, de acordo com a lei do Estado do qual sejam nacionais, ou do Estado que os propuser como candidatos. Não deve haver dois juízes da mesma nacionalidade.

Os juízes da Corte são eleitos, em votação secreta e pelo voto da maioria absoluta dos Estados Partes na Convenção, na Assembleia Geral da Organização, de uma lista de candidatos propostos pelos mesmos Estados. Cada um dos Estados Partes pode propor até três candidatos, nacionais do Estado que os propuser ou de qualquer outro Estado membro da Organização dos Estados Americanos. Quando se propuser uma lista de três candidatos, pelo menos um deles deverá ser nacional de Estado diferente do proponente. Os juízes da Corte serão eleitos por um período de seis anos e só poderão ser reeleitos uma vez. Somente os Estados Partes e a Comissão têm direito de submeter caso à decisão da Corte.

A Corte tem competência para conhecer de qualquer caso relativo à interpretação e aplicação das disposições da Convenção Americana de Direitos Humanos que lhe seja submetido, desde que os Estados Partes no caso tenham reconhecido ou reconheçam a referida competência. Quando decidir que houve violação de um direito ou liberdade protegidos nesta Convenção, a Corte determinará que se assegure ao prejudicado o gozo do seu direito ou liberdade violados. Determinará, também, se isso for procedente, que sejam reparadas as consequências da medida ou situação que haja configurado a violação desses direitos, além do pagamento de indenização justa à parte lesada.

Em casos de extrema gravidade e urgência, e quando se fizer necessário evitar danos irreparáveis às pessoas, a Corte, nos assuntos de que estiver conhecendo, poderá tomar as medidas provisórias consideradas pertinentes. Se se tratar de assuntos que ainda não estiverem submetidos ao seu conhecimento, poderá atuar a pedido da Comissão.

6 VULNERÁVEIS E MINORIAS

6.1 Princípio da igualdade

Em abordagem preliminar, precisamos lembrar do princípio da igualdade.

- **Igualdade formal:** perante a lei – imposição de tratamento isonômico (igual) a todos da mesma categoria.
- **Igualdade material:** igualdade real, de fato. Objetivo de reduzir as desigualdades fáticas por meio de concessão de direitos/vantagens. Por exemplo: sistema de cotas.
- **Igualdade na lei:** igualdade observada pelo legislador na edição de normas.
- **Igualdade perante a lei:** observada pelos intérpretes/aplicadores do Direito.

O princípio da igualdade não veda o tratamento discriminatório, mas apenas quando há razoabilidade para discriminação e na medida do razoável.

> ***Súmula Vinculante nº 37***
> *Não pode o Poder Judiciário, que não tem função legislativa, aumentar vencimentos a servidores com base na isonomia.*

Por exemplo, a Lei Maria da Penha traz uma diferença de tratamento entre homens e mulheres. Foi considerado constitucional pelo STF. Esta diferenciação é razoável. A própria CF/1988 faz diferenciações, como o caso de aposentadoria de mulheres mais cedo do que os homens.

Sobre a igualdade, temos o direito a ser iguais quando a nossa diferença nos inferioriza, e temos o direito a ser diferentes quando a nossa igualdade nos descaracteriza.

A igualdade material consiste em concretizar duas dimensões de justiça:

- **Justiça distributiva:** redistribuição de recursos socioeconômicos para grupos historicamente em desvantagens. Exemplo: ações afirmativas.
- **Justiça de reconhecimento de identidades:** grupos cujo fator de identidade os leva a situação de vulnerabilidade. Respeitar as pessoas nas suas diferenças. Decorre do pluralismo político, fundamento da República Federativa do Brasil (art. 1, IV, CF/1988).

Exemplo: constitucionalidade da Lei Maria da Penha, direito do transgênero de alterar o nome e sexo no registro civil independentemente de cirurgia de transgenitalização ou de tratamento hormonal (ADI nº 4.275, DF), ato de homofobia e transfobia foi considerado crime de racismo social para o STF, ADO nº 26. O STF reconheceu a união homoafetiva como entidade familiar (ADPF nº 132).

> ***Art. 3º*** *Constituem objetivos fundamentais da República Federativa do Brasil: [...]*
> *III – erradicar a pobreza e a marginalização e reduzir as desigualdades sociais e regionais fundamento da igualdade material na CF/1988.*

Exemplos de igualdade material na CF/1988:

> ***Art. 5º, L*** *– às presidiárias serão asseguradas condições para que possam permanecer com seus filhos durante o período de amamentação;*
> ***Art. 7º, XX*** *– proteção do mercado de trabalho da mulher, mediante incentivos específicos, nos termos da lei;*
> ***Art. 7º, XXX*** *– proibição de diferença de salários, de exercício de funções e de critério de admissão por motivo de sexo, idade, cor ou estado civil.*
> ***Súmula nº 683 – STF***
> *Oo limite de idade para inscrição em concurso público só se legitima quando possa ser justificado pelas naturezas das atribuições do cargo a ser preenchido. Além disso, a limitação deve estar prevista na lei.*

Fique ligado

O STF já entendeu que cargos de natureza intelectual não podem ter discriminação por idade. Por exemplo: magistratura.

> ***Art. 7º, XXXI*** *– proibição de qualquer discriminação no tocante a salário e critérios de admissão do trabalhador portador de deficiência;*
> ***Art. 12, § 2º*** *A lei não poderá estabelecer distinção entre brasileiros natos e naturalizados, salvo nos casos previstos nesta Constituição.*
> ***Art. 203*** *A assistência social será prestada a quem dela necessitar, independentemente de contribuição à seguridade social, e tem por objetivos:*
> *I – a proteção à família, à maternidade, à infância, à adolescência e à velhice;*
> *II – o amparo às crianças e adolescentes carentes;*
> *III – a promoção da integração ao mercado de trabalho;*
> *IV – a habilitação e reabilitação das pessoas portadoras de deficiência e a promoção de sua integração à vida comunitária;*
> *V – a garantia de um salário–mínimo de benefício mensal à pessoa portadora de deficiência e ao idoso que comprovem não possuir meios de prover à própria manutenção ou de tê–la provida por sua família, conforme dispuser a lei.*
> *VI – a redução da vulnerabilidade socioeconômica de famílias em situação de pobreza ou de extrema pobreza (Incluído pela Emenda Constitucional nº 114/2021).*

6.2 Ações afirmativas

Política social de redução da desigualdade fática. Também chamadas de discriminações positivas ou reversas. São medidas de compensação que buscam concretizar, ao menos em parte, uma igualdade de oportunidades com os demais indivíduos que não sofreram as mesmas restrições. As ações afirmativas são transitórias. É mecanismo de inclusão social.

6.2.1 Cotas raciais

O sistema de cotas em universidades públicas, com base em critério étnico-racial, é constitucional. No entanto, as políticas de ação afirmativa baseadas no critério racial possuem natureza transitória, conforme decidiu o STF. Plenário. ADPF 186/DF. Min. Ricardo Lewandowski julgado em 25 e 26/4/2012 (Info nº 663).

É constitucional a Lei nº 12.990/2014 que reserva 20% das vagas oferecidas nos concursos públicos para provimento de cargos efetivos e empregos públicos na administração pública direta e indireta federal. É legítima a utilização, além da autodeclaração, de critérios subsidiários de heteroidentificação, desde que respeitada a dignidade da pessoa humana e garantidos o contraditório e ampla defesa (ADC nº 41).

6.3 Heteroidentificação

É a utilização de outros critérios para identificar o candidato as cotas raciais, no intuito de se evitar fraudes.

É constitucional a Lei nº 12.990/2014, que reserva a pessoas negras 20% das vagas oferecidas nos concursos públicos para provimento de cargos efetivos e empregos públicos no âmbito da Administração Pública federal direta e indireta, por três fundamentos.

Em primeiro lugar, a desequiparação promovida pela política de ação afirmativa em questão está em consonância com o princípio da isonomia. Ela se funda na necessidade de superar o racismo estrutural e institucional ainda existente na sociedade brasileira, e garantir a igualdade material entre os cidadãos, por meio da distribuição mais equitativa de bens sociais e da promoção do reconhecimento da população afrodescendente.

Em segundo lugar, não há violação aos princípios do concurso público e da eficiência. A reserva de vagas para negros não os isenta da aprovação no concurso público. Como qualquer outro candidato, o beneficiário da política deve alcançar a nota necessária para que seja considerado apto a exercer, de forma adequada e eficiente, o cargo em questão. Além disso, a incorporação do fator "raça" como critério de seleção, ao invés de afetar o princípio da eficiência, contribui para sua realização em maior extensão, criando uma "burocracia representativa", capaz de garantir que os pontos de vista e interesses de toda a população sejam considerados na tomada de decisões estatais.

Em terceiro lugar, a medida observa o princípio da proporcionalidade em sua tríplice dimensão. A existência de uma política de cotas para o acesso de negros à educação superior não torna a reserva de vagas nos quadros da Administração Pública desnecessária ou desproporcional em sentido estrito. Isso porque: (i) nem todos os cargos e empregos públicos exigem curso superior; (ii) ainda quando haja essa exigência, os beneficiários da ação afirmativa no serviço público podem não ter sido beneficiários das cotas nas universidades públicas; e (iii) mesmo que o concorrente tenha ingressado em curso de ensino superior por meio de cotas, há outros fatores que impedem os negros de competir em pé de igualdade nos concursos públicos, justificando a política de ação afirmativa instituída pela Lei nº 12.990/2014.

Os direitos humanos se fundam em dois grandes sistemas: um sistema geral, aplicado a toda e qualquer pessoa, bastando ser humano para titularizar esses direitos e outro especial por considerar que nem todos os sujeitos de direito conseguem exercer de maneira efetiva os direitos previstos no sistema geral, razão pela qual necessitam de maiores doses de proteção, por estarem em posição de desvantagem na sociedade.

Estamos tratando de grupos vulneráveis e/ou minorias, daí a necessidade de entendermos a diferença entre minorias e grupos vulneráveis. Inicialmente, nem toda minoria é um grupo vulnerável, nem todo grupo vulnerável é minoria, mas é possível que a mesma categoria se encaixe nos dois grupos.

- **Minorias:** são grupos de pessoas que não têm a mesma representação política que os demais cidadãos ou sofrem histórica e crônica discriminação por guardarem entre si características essenciais à sua personalidade que demarcam sua singularidade no meio social e, portanto, existem em menor número.
- **Grupos vulneráveis:** são marginalizados em razão de um fator de identidade específica e não se constituem, necessariamente, em grupos menores.

Como exemplo, mulheres são grupos vulneráveis, eis que marginalizadas em uma cultura altamente machista, mas não são minorias, eis que existem em proporção até maior do que os homens.

De modo semelhante, os afrodescendentes são grupos vulneráveis, em razão da discriminação pelo legado da escravidão, mas não são minorias.

Por sua vez, os índios são minorias e pela posição altamente marginalizada, são, também, grupos vulneráveis, de igual forma a população em situação de rua, os quais são minorias e grupos vulneráveis.

A doutrina aponta minorias que não são grupos vulneráveis pessoas que exercem o direito de liberdade de maneira diversa ao hábito social geral. Por exemplo, os praticantes do candomblé, os ciganos e os nômades.

6.4 Violência de gênero

O direito à igualdade tem como uma de suas vertentes a igualdade entre os sexos. Nesse sentido, a CF/1988 dispõe que:

> ***Art. 5º*** *Todos são iguais perante a lei, sem distinção de qualquer natureza, garantindo-se aos brasileiros e aos estrangeiros residentes no País a inviolabilidade do direito à vida, à liberdade, à igualdade, à segurança e à propriedade, nos termos seguintes:*
>
> *I – homens e mulheres são iguais em direitos e obrigações, nos termos desta Constituição; [...]*

As mulheres são historicamente discriminadas, por isso, formam grupos vulneráveis. Suas conquistas são recentes na história, a exemplo do voto feminino no Brasil, que só foi aceito em 1932.

As mulheres são grupos vulneráveis, eis que marginalizadas em uma cultura altamente machista, mas não são minorias, eis que existem em proporção até maior do que os homens.

De toda forma, por serem grupos vulneráveis, necessitam de igualdade material sob o viés da justiça de reconhecimento de identidades.

A Lei Maria da Penha traz uma diferença de tratamento entre homens e mulheres. Foi considerada constitucional pelo STF. Esta diferenciação é razoável. A própria CF/1988 traz distinções, como no caso da aposentadoria de mulheres mais cedo que a dos homens.

6.4.1 Caso Maria da Penha Maia Fernandes – Lei nº 11.340/2006

Em maio e junho de 1983, em Fortaleza, no Estado do Ceará, Marco Antônio Heredia Viveiros praticou violência física contra a sua então esposa Maria da Penha Maia Fernandes. O fato configurou-se crime de homicídio tentado. Foram mais de 15 anos desde o início das investigações, sem sentença definitiva e sem reparação das consequências do delito.

Diante disso, em 20 de agosto de 1998, o Centro pela Justiça e pelo Direito Internacional (CEJIL) e o Comitê Latino-Americano de Defesa da Mulher (CLADEM) apresentaram petição à Comissão Interamericana de Direitos Humanos pela tolerância do Brasil em não ter tomado providências efetivas no caso.

O Relatório nº 54/2001 dispõe que:

> *A Comissão considera que as decisões judiciais internas neste caso apresentam uma ineficácia, negligência ou omissão por parte das autoridades judiciais brasileira e uma demora injustificada no julgamento de um acusado, bem como põem em risco definitivo a possibilidade de punir o acusado e indenizar a vítima, pela possível prescrição do delito. Demonstram que o Estado não foi capaz de organizar sua estrutura para garantir esses direitos. Tudo isso é uma violação independente dos artigos 8 e 25 da Convenção Americana sobre Direitos Humanos em relação com o artigo 1(1) da mesma, e dos artigos correspondentes da Declaração. [...]*
>
> ***VIII. RECOMENDAÇÕES***
>
> *61. A Comissão Interamericana de Direitos Humanos reitera ao Estado Brasileiro as seguintes recomendações:*
>
> *1. Completar rápida e efetivamente o processamento penal do responsável da agressão e tentativa de homicídio em prejuízo da Senhora Maria da Penha Fernandes Maia.*
>
> *2. Proceder a uma investigação séria, imparcial e exaustiva a fim de determinar a responsabilidade pelas irregularidades e atrasos injustificados que impediram o processamento rápido e efetivo do responsável, bem como tomar as medidas administrativas, legislativas e judiciárias correspondentes.*
>
> *3. Adotar, sem prejuízo das ações que possam ser instauradas contra o responsável civil da agressão, as medidas necessárias para que o Estado assegure à vítima adequada reparação simbólica e material pelas violações aqui estabelecidas, particularmente por sua falha em oferecer um recurso rápido e efetivo; por manter o caso na impunidade por mais de quinze anos; e por impedir com esse atraso a possibilidade oportuna de ação de reparação e indenização civil.*
>
> *4. Prosseguir e intensificar o processo de reforma que evite a tolerância estatal e o tratamento discriminatório com respeito à violência doméstica contra mulheres no Brasil. A Comissão recomenda particularmente o seguinte:*

a) Medidas de capacitação e sensibilização dos funcionários judiciais e policiais especializados para que compreendam a importância de não tolerar a violência doméstica;

b) Simplificar os procedimentos judiciais penais a fim de que possa ser reduzido o tempo processual, sem afetar os direitos e garantias de devido processo;

c) O estabelecimento de formas alternativas às judiciais, rápidas e efetivas de solução de conflitos intrafamiliares, bem como de sensibilização com respeito à sua gravidade e às consequências penais que gera;

d) Multiplicar o número de delegacias policiais especiais para a defesa dos direitos da mulher e dotá-las dos recursos especiais necessários à efetiva tramitação e investigação de todas as denúncias de violência doméstica, bem como prestar apoio ao Ministério Público na preparação de seus informes judiciais;

e) Incluir em seus planos pedagógicos unidades curriculares destinadas à compreensão da importância do respeito à mulher e a seus direitos reconhecidos na Convenção de Belém do Pará, bem como ao manejo dos conflitos intrafamiliares.

Em face dessas recomendações, o Poder Legislativo Federal editou a Lei nº 11.340/2006 para o respeito e garantia ao direito das mulheres vítimas de violência doméstica e familiar. O agressor foi condenado a 8 anos de reclusão após 19 anos do ocorrido.

6.4.1.1 Direitos na Lei nº 11.340/2006

A Lei nº 11.340/2006 cria mecanismos para coibir a violência doméstica e familiar contra a mulher, nos termos do § 8º do art. 226 da Constituição Federal, da Convenção sobre a Eliminação de Todas as Formas de Discriminação contra as Mulheres e da Convenção Interamericana para Prevenir, Punir e Erradicar a Violência contra a Mulher; dispõe sobre a criação dos Juizados de Violência Doméstica e Familiar contra a Mulher; altera o Código de Processo Penal, o Código Penal e a Lei de Execução Penal; e dá outras providências.

> ***Art. 5º*** *Para os efeitos desta Lei, configura violência doméstica e familiar contra a mulher qualquer ação ou omissão baseada no gênero que lhe cause morte, lesão, sofrimento físico, sexual ou psicológico e dano moral ou patrimonial:*
>
> *I – no âmbito da unidade doméstica, compreendida como o espaço de convívio permanente de pessoas, com ou sem vínculo familiar, inclusive as esporadicamente agregadas;*
>
> *II – no âmbito da família, compreendida como a comunidade formada por indivíduos que são ou se consideram aparentados, unidos por laços naturais, por afinidade ou por vontade expressa;*
>
> *III – em qualquer relação íntima de afeto, na qual o agressor conviva ou tenha convivido com a ofendida, independentemente de coabitação.*
>
> ***Parágrafo único.*** *As relações pessoais enunciadas neste artigo independem de orientação sexual.*
>
> ***Art. 6º*** *A violência doméstica e familiar contra a mulher constitui uma das formas de violação dos direitos humanos.*
>
> ***Art. 7º*** *São formas de violência doméstica e familiar contra a mulher, entre outras:*
>
> *I – a violência física, entendida como qualquer conduta que ofenda sua integridade ou saúde corporal;*
>
> *II – a violência psicológica, entendida como qualquer conduta que lhe cause dano emocional e diminuição da autoestima ou que lhe prejudique e perturbe o pleno desenvolvimento ou que vise degradar ou controlar suas ações, comportamentos, crenças e decisões, mediante ameaça, constrangimento, humilhação, manipulação, isolamento, vigilância constante, perseguição contumaz, insulto, chantagem, violação de sua intimidade, ridicularização, exploração e limitação do direito de ir e vir ou qualquer outro meio que lhe cause prejuízo à saúde psicológica e à autodeterminação; (Redação dada pela Lei nº 13.772/2018)*
>
> *III – a violência sexual, entendida como qualquer conduta que a constranja a presenciar, a manter ou a participar de relação sexual não desejada, mediante intimidação, ameaça, coação ou uso da força; que a induza a comercializar ou a utilizar, de qualquer modo, a sua sexualidade, que a impeça de usar qualquer método contraceptivo ou que a force ao matrimônio, à gravidez, ao aborto ou à prostituição, mediante coação, chantagem, suborno ou manipulação; ou que limite ou anule o exercício de seus direitos sexuais e reprodutivos;*
>
> *IV – a violência patrimonial, entendida como qualquer conduta que configure retenção, subtração, destruição parcial ou total de seus objetos, instrumentos de trabalho, documentos pessoais, bens, valores e direitos ou recursos econômicos, incluindo os destinados a satisfazer suas necessidades;*
>
> *V – a violência moral, entendida como qualquer conduta que configure calúnia, difamação ou injúria.*
>
> ***DO ATENDIMENTO PELA AUTORIDADE POLICIAL***
>
> ***Art. 10*** *Na hipótese da iminência ou da prática de violência doméstica e familiar contra a mulher, a autoridade policial que tomar conhecimento da ocorrência adotará, de imediato, as providências legais cabíveis.*
>
> ***Parágrafo único.*** *Aplica-se o disposto no caput deste artigo ao descumprimento de medida protetiva de urgência deferida.*
>
> ***Art. 10-A*** *É direito da mulher em situação de violência doméstica e familiar o atendimento policial e pericial especializado, ininterrupto e prestado por servidores - preferencialmente do sexo feminino - previamente capacitados.*
>
> *§ 1º A inquirição de mulher em situação de violência doméstica e familiar ou de testemunha de violência doméstica, quando se tratar de crime contra a mulher, obedecerá às seguintes diretrizes:*
>
> *I – salvaguarda da integridade física, psíquica e emocional da depoente, considerada a sua condição peculiar de pessoa em situação de violência doméstica e familiar;*
>
> *II – garantia de que, em nenhuma hipótese, a mulher em situação de violência doméstica e familiar, familiares e testemunhas terão contato direto com investigados ou suspeitos e pessoas a eles relacionadas;*
>
> *III – não revitimização da depoente, evitando sucessivas inquirições sobre o mesmo fato nos âmbitos criminal, cível e administrativo, bem como questionamentos sobre a vida privada. [...]*
>
> *§ 2º Na inquirição de mulher em situação de violência doméstica e familiar ou de testemunha de delitos de que trata esta Lei, adotar-se-á, preferencialmente, o seguinte procedimento:*
>
> *I – a inquirição será feita em recinto especialmente projetado para esse fim, o qual conterá os equipamentos próprios e adequados à idade da mulher em situação de violência doméstica e familiar ou testemunha e ao tipo e à gravidade da violência sofrida;*
>
> *II – quando for o caso, a inquirição será intermediada por profissional especializado em violência doméstica e familiar designado pela autoridade judiciária ou policial;*
>
> *III – o depoimento será registrado em meio eletrônico ou magnético, devendo a degravação e a mídia integrar o inquérito.*
>
> ***Art. 11*** *No atendimento à mulher em situação de violência doméstica e familiar, a autoridade policial deverá, entre outras providências:*
>
> *I – garantir proteção policial, quando necessário, comunicando de imediato ao Ministério Público e ao Poder Judiciário;*
>
> *II – encaminhar a ofendida ao hospital ou posto de saúde e ao Instituto Médico Legal;*
>
> *III – fornecer transporte para a ofendida e seus dependentes para abrigo ou local seguro, quando houver risco de vida;*
>
> *IV – se necessário, acompanhar a ofendida para assegurar a retirada de seus pertences do local da ocorrência ou do domicílio familiar;*
>
> *V – informar à ofendida os direitos a ela conferidos nesta Lei e os serviços disponíveis, inclusive os de assistência judiciária para o eventual ajuizamento perante o juízo competente da ação de separação judicial, de divórcio, de anulação de casamento ou de dissolução de união estável.*

Art. 12 Em todos os casos de violência doméstica e familiar contra a mulher, feito o registro da ocorrência, deverá a autoridade policial adotar, de imediato, os seguintes procedimentos, sem prejuízo daqueles previstos no Código de Processo Penal:

I – ouvir a ofendida, lavrar o boletim de ocorrência e tomar a representação a termo, se apresentada;

II – colher todas as provas que servirem para o esclarecimento do fato e de suas circunstâncias;

III – remeter, no prazo de 48 (quarenta e oito) horas, expediente apartado ao juiz com o pedido da ofendida, para a concessão de medidas protetivas de urgência;

IV – determinar que se proceda ao exame de corpo de delito da ofendida e requisitar outros exames periciais necessários;

V – ouvir o agressor e as testemunhas;

VI – ordenar a identificação do agressor e fazer juntar aos autos sua folha de antecedentes criminais, indicando a existência de mandado de prisão ou registro de outras ocorrências policiais contra ele;

VI-A – verificar se o agressor possui registro de porte ou posse de arma de fogo e, na hipótese de existência, juntar aos autos essa informação, bem como notificar a ocorrência à instituição responsável pela concessão do registro ou da emissão do porte, nos termos da Lei nº 10.826, de 22 de dezembro de 2003 (Estatuto do Desarmamento);

VII – remeter, no prazo legal, os autos do inquérito policial ao juiz e ao Ministério Público.

§ 1º O pedido da ofendida será tomado a termo pela autoridade policial e deverá conter:

I – qualificação da ofendida e do agressor;

II – nome e idade dos dependentes;

III – descrição sucinta do fato e das medidas protetivas solicitadas pela ofendida.

IV – informação sobre a condição de a ofendida ser pessoa com deficiência e se da violência sofrida resultou deficiência ou agravamento de deficiência preexistente. [...]

§ 2º A autoridade policial deverá anexar ao documento referido no § 1º o boletim de ocorrência e cópia de todos os documentos disponíveis em posse da ofendida.

§ 3º Serão admitidos como meios de prova os laudos ou prontuários médicos fornecidos por hospitais e postos de saúde.

Art. 12-A *Os Estados e o Distrito Federal, na formulação de suas políticas e planos de atendimento à mulher em situação de violência doméstica e familiar, darão prioridade, no âmbito da Polícia Civil, à criação de Delegacias Especializadas de Atendimento à Mulher (Deams), de Núcleos Investigativos de Feminicídio e de equipes especializadas para o atendimento e a investigação das violências graves contra a mulher. [...]*

§ 3º A autoridade policial poderá requisitar os serviços públicos necessários à defesa da mulher em situação de violência doméstica e familiar e de seus dependentes. [...]

Art. 12-C *Verificada a existência de risco atual ou iminente à vida ou à integridade física ou psicológica da mulher em situação de violência doméstica e familiar, ou de seus dependentes, o agressor será imediatamente afastado do lar, domicílio ou local de convivência com a ofendida:*

I – pela autoridade judicial;

II – pelo delegado de polícia, quando o Município não for sede de comarca;

III – pelo policial, quando o Município não for sede de comarca e não houver delegado disponível no momento da denúncia.

§ 1º Nas hipóteses dos incisos II e III do caput deste artigo, o juiz será comunicado no prazo máximo de 24 (vinte e quatro) horas e decidirá, em igual prazo, sobre a manutenção ou a revogação da medida aplicada, devendo dar ciência ao Ministério Público concomitantemente.

§ 2º Nos casos de risco à integridade física da ofendida ou à efetividade da medida protetiva de urgência, não será concedida liberdade provisória ao preso.

Do Crime de Descumprimento de Medidas Protetivas de Urgência

Descumprimento de Medidas Protetivas de Urgência

Art. 24-A *Descumprir decisão judicial que defere medidas protetivas de urgência previstas nesta Lei:*

Pena – detenção, de 3 (três) meses a 2 (dois) anos.

§ 1º A configuração do crime independe da competência civil ou criminal do juiz que deferiu as medidas.

§ 2º Na hipótese de prisão em flagrante, apenas a autoridade judicial poderá conceder fiança.

§ 3º O disposto neste artigo não exclui a aplicação de outras sanções cabíveis.

6.4.1.2 Constitucionalidade da Lei Maria da Penha

A Ação Declaratória nº 19 foi julgada procedente por unanimidade, ou seja, o STF declarou constitucional o art. 1º da Lei, afirmando que não há violação ao princípio da igualdade.

Dessa feita, conclui-se que a Lei Maria da Penha protege somente a mulher.

O homem até pode ser vítima de violência doméstica e familiar (exemplo: homem que apanha de sua esposa), no entanto, somente a mulher recebe uma proteção diferenciada. Ao homem cabe a proteção comum prevista no Código Penal.

A mulher, conforme o relator, ministro Marco Aurélio, é vulnerável quando se trata de constrangimentos físicos, morais e psicológicos sofridos em âmbito privado. "Não há dúvida sobre o histórico de discriminação por ela enfrentado na esfera afetiva. As agressões sofridas são significativamente maiores do que as que acontecem – se é que acontecem – contra homens em situação similar", avaliou.

O relator afirmou que a Lei Maria da Penha promove a igualdade em seu sentido material, sem restringir de maneira desarrazoada o direito das pessoas pertencentes ao gênero masculino.

Assim, trata-se de uma ação afirmativa (discriminação positiva) em favor da mulher.

O ministro Ayres Britto afirmou que a Lei está em consonância plena com o "constitucionalismo fraterno", que seria a filosofia de remoção de preconceitos contida na Constituição Federal de 1988.

O ministro Gilmar Mendes lembrou que não há inconstitucionalidade em legislação que dá proteção ao menor, ao adolescente, ao idoso e à mulher.

6.5 Homofobia, discriminação por orientação sexual e identidade de gênero

A proteção da diversidade sexual insere-se no tema de vedação da discriminação por qualquer motivo, direito amplamente protegido no Direito Internacional e no direito interno.

Segundo a ONU, pessoas cuja orientação sexual, identidade ou expressão de gênero diferem de normas vigentes podem enfrentar discriminação, rejeição e violência na sua comunidade ou na própria família.

Em muitos países, pessoas LGBTI enfrentam assédio ativo, discriminação e prisões e detenções arbitrárias por parte das autoridades governamentais, com base em sua orientação sexual ou identidade de gênero, incluindo os 73 Estados nos quais relações homossexuais consensuais são atualmente criminalizadas. Em alguns países, pessoas trans enfrentam também sanções penais e, em outros, crianças intersexo são submetidas a cirurgias e esterilização sem o seu consentimento.

LGBTQIA é a sigla para lésbicas, gays, bissexuais, pessoas trans, queer, intersexual, assexual.

A Constituição Federal protege a igualdade sem preconceito de sexo:

> ***Art. 5º*** *Todos são iguais perante a lei, sem distinção de qualquer natureza, garantindo-se aos brasileiros e aos estrangeiros residentes no País a inviolabilidade do direito à vida, à liberdade, à igualdade, à segurança e à propriedade, nos termos seguintes:*
>
> ***Art. 1º*** *A República Federativa do Brasil, formada pela união indissolúvel dos Estados e Municípios e do Distrito Federal, constitui-se em Estado Democrático de Direito e tem como fundamentos: [...]*
>
> *V – o pluralismo político.*
>
> ***Art. 3º*** *Constituem objetivos fundamentais da República Federativa do Brasil: [...]*
>
> *IV – promover o bem de todos, sem preconceitos de origem, raça, sexo, cor, idade e quaisquer outras formas de discriminação.*
>
> ***Resolução nº 348/2020 – CNJ***
>
> ***Art. 4º*** *O reconhecimento da pessoa como parte da população LGBTI será feito exclusivamente por meio de autodeclaração, que deverá ser colhida pelo magistrado em audiência, em qualquer fase do procedimento penal, incluindo a audiência de custódia, até a extinção da punibilidade pelo cumprimento da pena, garantidos os direitos à privacidade e à integridade da pessoa declarante.*
>
> ***Art. 6º*** *Pessoas autodeclaradas parte da população LGBTI submetidas à persecução penal têm o direito de ser tratadas pelo nome social, de acordo com sua identidade de gênero, mesmo que distinto do nome que conste de seu registro civil, como previsto na Resolução CNJ nº 270/2018.*
>
> ***Art. 7º, § 1º-A*** *A possibilidade de manifestação da preferência quanto ao local de privação de liberdade e de sua alteração deverá ser informada expressamente à pessoa pertencente à população LGBTI no momento da autodeclaração.*

6.6 Discriminação racial e racismo

> ***Art. 4º, CF/1988*** *A República Federativa do Brasil rege-se nas suas relações internacionais pelos seguintes princípios: [...]*
>
> *VIII – repúdio ao terrorismo e ao racismo;*
>
> ***Art. 5º, XLI*** *– a lei punirá qualquer discriminação atentatória dos direitos e liberdades fundamentais;*
>
> ***Art. 5º, XLII*** *– a prática do racismo constitui crime inafiançável e imprescritível, sujeito à pena de reclusão, nos termos da lei;*
>
> ***Declaração Universal dos Direitos Humanos***
>
> ***Artigo 2***
>
> *1. Todo ser humano tem capacidade para gozar os direitos e as liberdades estabelecidos nesta Declaração, sem distinção de qualquer espécie, seja de raça, cor, sexo, língua, religião, opinião política ou de outra natureza, origem nacional ou social, riqueza, nascimento, ou qualquer outra condição.*
>
> *2. Não será também feita nenhuma distinção fundada na condição política, jurídica ou internacional do país ou território a que pertença uma pessoa, quer se trate de um território independente, sob tutela, sem governo próprio, quer sujeito a qualquer outra limitação de soberania.*
>
> ***Pacto de São José***
>
> ***Artigo 1***
>
> ***Obrigação de Respeitar os Direitos***
>
> *1. Os Estados-Partes nesta Convenção comprometem-se a respeitar os direitos e liberdades nela reconhecidos e a garantir seu livre e pleno exercício a toda pessoa que esteja sujeita à sua jurisdição, sem discriminação alguma por motivo de raça, cor, sexo, idioma, religião, opiniões políticas ou de qualquer outra natureza, origem nacional ou social, posição econômica, nascimento ou qualquer outra condição social.*
>
> *2. Para os efeitos desta Convenção, pessoa é todo ser humano.*

6.6.1 Estatuto da Igualdade Racial (Lei nº 12.288/2010)

> ***Art. 1º*** *Esta Lei institui o Estatuto da Igualdade Racial, destinado a garantir à população negra a efetivação da igualdade de oportunidades, a defesa dos direitos étnicos individuais, coletivos e difusos e o combate à discriminação e às demais formas de intolerância étnica.*
>
> ***Parágrafo único.*** *Para efeito deste Estatuto, considera-se:*
>
> *I – discriminação racial ou étnico-racial: toda distinção, exclusão, restrição ou preferência baseada em raça, cor, descendência ou origem nacional ou étnica que tenha por objeto anular ou restringir o reconhecimento, gozo ou exercício, em igualdade de condições, de direitos humanos e liberdades fundamentais nos campos político, econômico, social, cultural ou em qualquer outro campo da vida pública ou privada;*
>
> *II – desigualdade racial: toda situação injustificada de diferenciação de acesso e fruição de bens, serviços e oportunidades, nas esferas pública e privada, em virtude de raça, cor, descendência ou origem nacional ou étnica;*
>
> *III – desigualdade de gênero e raça: assimetria existente no âmbito da sociedade que acentua a distância social entre mulheres negras e os demais segmentos sociais;*
>
> *IV – população negra: o conjunto de pessoas que se autodeclaram pretas e pardas, conforme o quesito cor ou raça usado pela Fundação Instituto Brasileiro de Geografia e Estatística (IBGE), ou que adotam autodefinição análoga;*
>
> *V – políticas públicas: as ações, iniciativas e programas adotados pelo Estado no cumprimento de suas atribuições institucionais;*
>
> *VI – ações afirmativas: os programas e medidas especiais adotados pelo Estado e pela iniciativa privada para a correção das desigualdades raciais e para a promoção da igualdade de oportunidades.*
>
> ***Art. 4º*** *A participação da população negra, em condição de igualdade de oportunidade, na vida econômica, social, política e cultural do País será promovida, prioritariamente, por meio de:*
>
> *I – inclusão nas políticas públicas de desenvolvimento econômico e social;*
>
> *II – adoção de medidas, programas e políticas de ação afirmativa;*
>
> *III – modificação das estruturas institucionais do Estado para o adequado enfrentamento e a superação das desigualdades étnicas decorrentes do preconceito e da discriminação étnica;*
>
> *IV – promoção de ajustes normativos para aperfeiçoar o combate à discriminação étnica e às desigualdades étnicas em todas as suas manifestações individuais, institucionais e estruturais;*
>
> *V – eliminação dos obstáculos históricos, socioculturais e institucionais que impedem a representação da diversidade étnica nas esferas pública e privada;*
>
> *VI – estímulo, apoio e fortalecimento de iniciativas oriundas da sociedade civil direcionadas à promoção da igualdade de oportunidades e ao combate às desigualdades étnicas, inclusive mediante a implementação de incentivos e critérios de condicionamento e prioridade no acesso aos recursos públicos;*
>
> *VII – implementação de programas de ação afirmativa destinados ao enfrentamento das desigualdades étnicas no tocante à educação, cultura, esporte e lazer, saúde, segurança, trabalho, moradia, meios de comunicação de massa, financiamentos públicos, acesso à terra, à Justiça, e outros.*
>
> ***Parágrafo único.*** *Os programas de ação afirmativa constituir-se-ão em políticas públicas destinadas a reparar as distorções e desigualdades sociais e demais práticas discriminatórias adotadas, nas esferas pública e privada, durante o processo de formação social do País.*

Racismo institucional é aquele que se configura no contexto de instituições públicas. Cabe a modificação na estrutura destas instituições em prol da igualdade racial, inclusive mediante adoção de políticas públicas afirmativas, entre as quais estão as cotas. O art. 4º, nos incisos III a V, estabelece o dever de combate ao racismo institucional.

São direitos fundamentais:

- direito à saúde;
- direitos à educação, cultura, esporte e lazer;
- educação;
- cultura;
- direito à liberdade de consciência, crença e livre exercício de cultos religiosos;
- acesso à terra e à moradia adequada;
- moradia;
- trabalho;
- meios de comunicação.

O art. 47 em diante trata do Sistema Nacional de Promoção da Igualdade Racial:

> ***Art. 47, Lei nº 12.288/2010** É instituído o Sistema Nacional de Promoção da Igualdade Racial (Sinapir) como forma de organização e de articulação voltadas à implementação do conjunto de políticas e serviços destinados a superar as desigualdades étnicas existentes no País, prestados pelo poder público federal.*

6.7 Proteção das pessoas com deficiência

A terminologia adequada ao tratamento dessas pessoas vulneráveis é pessoas com deficiência, eis que não escondem a deficiência, valorizando as diferenças e as necessidades decorrentes da deficiência, além de defenderem a igualdade, exigindo a equiparação de oportunidades em atendimento às diferenças individuais.

Não se deve utilizar a expressão "portador de deficiência", pois a condição de ter deficiência integra a pessoa, é inata a sua condição, não se pode abandonar ou deixar de lado a deficiência. No entanto, a própria Convenção Americana de Eliminação a todas as formas de deficiência de 2001 utiliza a expressão portador de deficiência.

O direito à igualdade tem como uma de suas vertentes a igualdade formal, a qual veda discriminações por qualquer motivo. Nesse sentido, a CF/1988 dispõe:

> ***Art. 5º** Todos são iguais perante a lei, sem distinção de qualquer natureza, garantindo-se aos brasileiros e aos estrangeiros residentes no País a inviolabilidade do direito à vida, à liberdade, à igualdade, à segurança e à propriedade, nos termos seguintes: [...]*
>
> ***Art. 7º** São direitos dos trabalhadores urbanos e rurais, além de outros que visem à melhoria de sua condição social: [...]*
>
> *XXXI – proibição de qualquer discriminação no tocante a salário e critérios de admissão do trabalhador portador de deficiência; [...]*
>
> ***Art. 23** É competência comum da União, dos Estados, do Distrito Federal e dos Municípios: [...]*
>
> *II – cuidar da saúde e assistência pública, da proteção e garantia das pessoas portadoras de deficiência; [...]*
>
> ***Art. 24** Compete à União, aos Estados e ao Distrito Federal legislar concorrentemente sobre: [...]*
>
> *XIV – proteção e integração social das pessoas portadoras de deficiência; [...]*
>
> ***Art. 37** A administração pública direta e indireta de qualquer dos Poderes da União, dos Estados, do Distrito Federal e dos Municípios obedecerá aos princípios de legalidade, impessoalidade, moralidade, publicidade e eficiência e, também, ao seguinte: [...]*
>
> *VIII – a lei reservará percentual dos cargos e empregos públicos para as pessoas portadoras de deficiência e definirá os critérios de sua admissão; [...]*
>
> ***Art. 203** A assistência social será prestada a quem dela necessitar, independentemente de contribuição à seguridade social, e tem por objetivos: [...]*
>
> *IV – a habilitação e reabilitação das pessoas portadoras de deficiência e a promoção de sua integração à vida comunitária; [...]*

A doutrina cita quatro fases no desenvolvimento da proteção das pessoas com deficiência:

- **Fase da intolerância:** a deficiência representava pecado ou castigo divino.
- **Fase da invisibilidade:** ignorava-se os direitos das pessoas com deficiência.
- **Fase assistencialista:** perspectiva médica de encontrar uma cura.
- **Fase humanista:** direitos à inclusão social para eliminar barreiras.

Nesses termos, a Convenção das Pessoas com Deficiência reconhece a deficiência como resultado da interação entre indivíduos e seu meio ambiente, não residindo apenas intrinsecamente no indivíduo.

Dessa forma, a noção de se proteger a pessoa com deficiência atual não é tratá-la como se fosse uma doença, mas entender que se trata de uma forma de manifestação da individualidade humana e garantir a proteção da liberdade dessas pessoas, sem exigir das pessoas com deficiência adaptação à sociedade.

6.7.1 Estatuto da Pessoa com Deficiência

> ***Art. 1º** É instituída a Lei Brasileira de Inclusão da Pessoa com Deficiência (Estatuto da Pessoa com Deficiência), destinada a assegurar e a promover, em condições de igualdade, o exercício dos direitos e das liberdades fundamentais por pessoa com deficiência, visando à sua inclusão social e cidadania.*
>
> ***Parágrafo único.** Esta Lei tem como base a Convenção sobre os Direitos das Pessoas com Deficiência e seu Protocolo Facultativo, ratificados pelo Congresso Nacional por meio do Decreto Legislativo nº 186, de 9 de julho de 2008 , em conformidade com o procedimento previsto no § 3º do art. 5º da Constituição da República Federativa do Brasil , em vigor para o Brasil, no plano jurídico externo, desde 31 de agosto de 2008, e promulgados pelo Decreto nº 6.949, de 25 de agosto de 2009, data de início de sua vigência no plano interno.*
>
> *§ 1º A avaliação da deficiência, quando necessária, será biopsicossocial, realizada por equipe multiprofissional e interdisciplinar e considerará:*
>
> *I – os impedimentos nas funções e nas estruturas do corpo;*
>
> *II – os fatores socioambientais, psicológicos e pessoais;*
>
> *III – a limitação no desempenho de atividades; e*
>
> *IV – a restrição de participação.*
>
> ***Art. 6º** A deficiência não afeta a plena capacidade civil da pessoa, inclusive para:*
>
> *I – casar-se e constituir união estável;*
>
> *II – exercer direitos sexuais e reprodutivos;*
>
> *III – exercer o direito de decidir sobre o número de filhos e de ter acesso a informações adequadas sobre reprodução e planejamento familiar;*
>
> *IV – conservar sua fertilidade, sendo vedada a esterilização compulsória;*
>
> *V – exercer o direito à família e à convivência familiar e comunitária; e*
>
> *VI – exercer o direito à guarda, à tutela, à curatela e à adoção, como adotante ou adotando, em igualdade de oportunidades com as demais pessoas.*
>
> ***Art. 7º** É dever de todos comunicar à autoridade competente qualquer forma de ameaça ou de violação aos direitos da pessoa com deficiência.*
>
> ***Do Atendimento Prioritário***
>
> ***Art. 9º** A pessoa com deficiência tem direito a receber atendimento prioritário, sobretudo com a finalidade de:*
>
> *I – proteção e socorro em quaisquer circunstâncias;*
>
> *II – atendimento em todas as instituições e serviços de atendimento ao público;*
>
> *III – disponibilização de recursos, tanto humanos quanto tecnológicos, que garantam atendimento em igualdade de condições com as demais pessoas;*

IV – disponibilização de pontos de parada, estações e terminais acessíveis de transporte coletivo de passageiros e garantia de segurança no embarque e no desembarque;

V – acesso a informações e disponibilização de recursos de comunicação acessíveis;

VI – recebimento de restituição de imposto de renda;

VII – tramitação processual e procedimentos judiciais e administrativos em que for parte ou interessada, em todos os atos e diligências.

São direitos fundamentais previstos no Estatuto os direitos:

- à vida;
- à habilitação e à reabilitação;
- à saúde;
- à educação;
- à moradia;
- ao trabalho (habilitação, reabilitação profissional e da inclusão ao trabalho);
- à assistência social;
- à previdência social;
- à cultura, ao esporte, ao turismo e ao lazer;
- ao transporte e a mobilidade;
- à acessibilidade;
- à participação na vida pública e política.

7 AGENDA 2030 E OS OBJETIVOS DE DESENVOLVIMENTO SUSTENTÁVEL

7.1 Agenda 2030

A Agenda 2030 é um plano de ação global que reúne 17 Objetivos de Desenvolvimento Sustentável (ODS) e 169 metas, criados para erradicar a pobreza e promover vida digna a todos, dentro das condições oferecidas pelo planeta e sem comprometer a qualidade de vida das próximas gerações. São objetivos e metas claras, para que todos os países adotem de acordo com suas próprias prioridades e atuem no espírito de uma parceria global que orienta as escolhas necessárias para melhorar a vida das pessoas, agora e no futuro.

Esse plano nasceu de um acordo firmado em setembro de 2015 pelos 193 Estados membros da Organização das Nações Unidas (ONU), com o compromisso de seguir as medidas recomendadas no documento "Transformando o Nosso Mundo: A Agenda 2030 para o Desenvolvimento Sustentável". Por meio dele, os países se comprometeram a tomar medidas ousadas e transformadoras para promover o desenvolvimento sustentável nos próximos 15 anos.

7.2 Objetivos de Desenvolvimento Sustentável (ODS)

Os 17 Objetivos são integrados, indivisíveis, e mesclam, de forma equilibrada, três dimensões do desenvolvimento sustentável: econômica, social e ambiental. São como uma lista de tarefas a serem cumpridas pelos governos, a sociedade civil, o setor privado e todos os cidadãos na jornada coletiva para um 2030 sustentável. Nos próximos anos de implementação da Agenda 2030, os ODS e suas metas irão estimular e apoiar ações em áreas de importância crucial para a humanidade: pessoas, planeta, prosperidade, paz e parcerias.

7.2.1 Objetivo 1 – Erradicação da pobreza: acabar com a pobreza em todas as suas formas, em todos os lugares

Em 2000, o mundo comprometeu-se em reduzir pela metade o número de pessoas vivendo em extrema pobreza e alcançou ganhos notáveis no desenvolvimento humano. Até 2015, a pobreza havia sido reduzida significativamente, o acesso ao ensino básico e os resultados da saúde melhoraram; também foram realizados progressos na promoção da igualdade de gênero e no empoderamento das mulheres e meninas. Contudo, com a pandemia do Covid-19, a pobreza elevou seus números e muitas pessoas passaram a viver abaixo da linha da miséria. Assim, a erradicação da pobreza extrema continua a ser um desafio a ser superado, com mais de 700 milhões de pessoas vivendo, globalmente, com menos de US$ 1,90 por dia e mais da metade da população global vivendo com menos de US$ 8,00 por dia.

Em um mundo confrontado pelos crescentes desafios para o desenvolvimento, a Agenda 2030 reconhece que a erradicação da pobreza, em todas as suas formas, é o maior desafio global para atingirmos o desenvolvimento sustentável. Por isso, a grande prioridade do desenvolvimento sustentável deve ser os mais pobres e vulneráveis: ninguém será deixado para trás!

7.2.2 Objetivo 2 – Fome zero e agricultura sustentável: acabar com a fome, alcançar a segurança alimentar e a melhoria da nutrição e promover a agricultura sustentável

Durante as duas últimas décadas, o rápido crescimento econômico e o desenvolvimento da agricultura foram responsáveis pela redução pela metade da proporção de pessoas subnutridas no mundo. Entretanto, com a pandemia da Covid-19, em 2020, o número de pessoas desnutridas no mundo subiu para 768 milhões, o equivalente a 10% da população mundial. O ODS 2 pretende acabar com todas as formas de fome e má-nutrição até 2030, de modo a garantir que todas as pessoas – especialmente as crianças – tenham acesso suficiente a alimentos nutritivos durante todos os anos.

Para alcançar este objetivo, é necessário promover práticas agrícolas sustentáveis, por meio do apoio à agricultura familiar, do acesso equitativo à terra, à tecnologia e ao mercado.

7.2.3 Objetivo 3 – Saúde e bem-estar: assegurar uma vida saudável e promover o bem-estar para todos, em todas as idades

Desde os Objetivos do Milênio (ODM) foram registrados progressos históricos na redução da mortalidade infantil, na melhoria da saúde materna e na luta contra o HIV/Aids, a tuberculose, a malária e outras doenças. Em 15 anos, o número de pessoas infectadas pelo HIV anualmente caiu de 3,1 milhões para 2 milhões e mais de 6,2 milhões de vidas foram salvas da malária.

Apesar do progresso, as doenças crônicas e aquelas resultantes de desastres continuam a ser os principais fatores que contribuem para a pobreza e para a privação dos mais vulneráveis. Atualmente, 63% de todas as mortes do mundo provêm de doenças não transmissíveis, principalmente cardiovasculares, respiratórias, câncer e diabetes. Estima-se que as perdas econômicas para os países de renda média e baixa provenientes destas doenças ultrapassaram US$ 7 trilhões até 2025.

Os ODS propõem metas integradas que abordam a promoção da saúde e bem-estar como essenciais ao fomento das capacidades humanas.

7.2.4 Objetivo 4 – Educação de qualidade: assegurar a educação inclusiva e equitativa de qualidade, e promover oportunidades de aprendizagem ao longo da vida para todos

Desde 2000, houve enorme progresso na promoção do acesso universal à educação primária para as crianças ao redor do mundo. Para além do foco na educação básica, todos os níveis de educação estão contemplados no objetivo de desenvolvimento sustentável 4, que enxerga como fundamental a promoção de uma educação inclusiva, igualitária e baseada nos princípios de direitos humanos e desenvolvimento sustentável. A promoção da capacitação e empoderamento dos indivíduos é o centro deste objetivo, que visa ampliar as oportunidades das pessoas mais vulneráveis no caminho do desenvolvimento.

7.2.5 Objetivo 5 – Igualdade de gênero: alcançar a igualdade de gênero e empoderar todas as mulheres e meninas

A igualdade de gênero não é apenas um direito humano fundamental, mas a base necessária para a construção de um mundo pacífico, próspero e sustentável. O esforço de alcance do ODS 5 é transversal à toda Agenda 2030 e reflete a crescente evidência de que a igualdade de gênero tem efeitos multiplicadores no desenvolvimento sustentável.

Muitos avanços em termos de assegurar melhores condições de vida a mulheres e meninas são um importante legado dos ODM. Os Objetivos de Desenvolvimento Sustentável visam intensificar estas realizações, não apenas nas áreas de saúde, educação e trabalho, mas especialmente no combate às discriminações e violências baseadas no gênero e na promoção do empoderamento de mulheres e meninas para que possam atuar enfaticamente na promoção do desenvolvimento sustentável, por meio da participação na política, na economia, e em diversas áreas de tomada de decisão.

O desenvolvimento sustentável não será alcançado se as barreiras tangíveis e intangíveis que impedem o pleno desenvolvimento e exercício das capacidades de metade da população não forem eliminadas.

7.2.6 Objetivo 6 – Água potável e saneamento: assegurar a disponibilidade e a gestão sustentável da água e saneamento para todos

A água está no centro do desenvolvimento sustentável e das suas três dimensões – ambiental, econômica e social. Os recursos hídricos, bem como os serviços a eles associados, sustentam os esforços de erradicação da pobreza, de crescimento econômico e da sustentabilidade ambiental. O acesso à água e ao saneamento importa para todos os aspectos da dignidade humana: da segurança alimentar e energética à saúde humana e ambiental.

A escassez de água afeta mais de 40% da população mundial, número que deverá subir ainda mais como resultado da mudança do clima e da gestão inadequada dos recursos naturais. É possível trilhar um novo caminho que nos leve à realização deste objetivo, por meio da cooperação internacional, proteção às nascentes, rios e bacias e compartilhamento de tecnologias de tratamento de água.

7.2.7 Objetivo 7 – Energia acessível e limpa: assegurar o acesso confiável, sustentável, moderno e a preço acessível à energia para todos

De 2000 a 2013, mais de 5% da população mundial obteve acesso à eletricidade (de 79,313% para 84,58%). A partir disso, a tendência tem sido aumentar a demanda por energia barata. Contudo, combustíveis fósseis e suas emissões de gases de efeito estufa provocam mudanças drásticas no clima. Atender às necessidades da economia e proteger o meio ambiente é um dos grandes desafios para o desenvolvimento sustentável. Nesse sentido, o ODS 7 reconhece a importância e traça metas focadas na transição energética, de fontes não renováveis e poluidoras, para fontes renováveis limpas, com especial atenção às necessidades das pessoas e países em situação de maior vulnerabilidade.

7.2.8 Objetivo 8 – Trabalho decente e crescimento econômico: promover o crescimento econômico sustentado, inclusivo e sustentável, o emprego pleno e produtivo e o trabalho decente para todos

No longo prazo, a desigualdade de renda e de oportunidades prejudica o crescimento econômico e o alcance do desenvolvimento sustentável. Os mais vulneráveis, muitas vezes, têm menores expectativas de vida e apresentam dificuldades de se libertarem de um círculo vicioso de insucesso escolar, baixas qualificações e poucas perspectivas de empregos de qualidade.

A revitalização econômica contribui para criar melhores condições para a estabilidade e a sustentabilidade do país. É possível promover políticas que incentivem o empreendedorismo e a criação de empregos de forma sustentável e inclusiva. O ODS 8 reconhece a urgência de erradicar o trabalho forçado e formas análogas ao do trabalho escravo, bem como o tráfico de seres humanos, de modo a garantir a todos e todas o alcance pleno de seu potencial e capacidades.

7.2.9 Objetivo 9 – Indústria, inovação e infraestrutura: construir infraestruturas resilientes, promover a industrialização inclusiva e sustentável e fomentar a inovação

Investimentos em infraestrutura e em inovação são condições básicas para o crescimento econômico e para o desenvolvimento das nações. Garantir uma rede de transporte público e infraestrutura urbana de qualidade são condições necessárias para o desenvolvimento sustentável. Por meio da promoção de eficiência energética e inclusão social, o progresso tecnológico é também uma das chaves para as soluções dos desafios econômicos e ambientais. Garantir a igualdade de acesso a tecnologias é crucial para promover a informação e conhecimento para todos. O ODS 9 lista metas que visam à construção de estruturas resilientes e modernas, ao fortalecimento industrial de forma eficiente, ao fomento da inovação, com valorização das micro e pequena empresas e inclusão dos mais vulneráveis aos sistemas financeiros e produtivos.

7.2.10 Objetivo 10 – Redução das desigualdades: reduzir a desigualdade dentro dos países e entre eles.

O mundo é mais desigual hoje do que em qualquer momento da história desde 1940. A desigualdade de renda e na distribuição da riqueza dentro dos países tem disparado, incapacitando os esforços de alcance dos resultados do desenvolvimento e de expansão das oportunidades e habilidades das pessoas, especialmente dos mais vulneráveis.

A desigualdade é um problema global que requer soluções integradas. A visão estratégica deste objetivo se constrói sob o objetivo da erradicação da pobreza em todas suas dimensões, na redução das desigualdades socioeconômicas e no combate às discriminações de todos os tipos.

Seu alcance depende de todos os setores na busca pela promoção de oportunidades para as pessoas mais excluídas no caminho do desenvolvimento. Foco importante do ODS 10 é o desafio contemporâneo das migrações e fluxos de pessoas deslocadas entre países e regiões devido a conflitos, eventos climáticos extremos ou perseguições de quaisquer tipos. O alcance de suas metas é estruturante para a realização de todos os outros 16 Objetivos de Desenvolvimento Sustentável.

7.2.11 Objetivo 11 – Cidades e comunidades sustentáveis: tornar as cidades e os assentamentos humanos inclusivos, seguros, resilientes e sustentáveis

Em 2014, 54% da população mundial vivia em áreas urbanas, com projeção de crescimento para 66% em 2050. Em 2030, são estimadas 41 megalópoles com mais de 10 milhões de habitantes. Considerando que a pobreza extrema muitas vezes se concentra nestes espaços urbanos, as desigualdades sociais acabam sendo mais acentuadas e a violência se torna uma consequência das discrepâncias no acesso pleno à cidade. Transformar significativamente a construção e a gestão dos espaços urbanos é essencial para que o desenvolvimento sustentável seja alcançado. Temas intrinsecamente relacionados à urbanização, como mobilidade, gestão de resíduos sólidos e saneamento, estão incluídos nas metas do ODS 11, bem como o planejamento e aumento de resiliência dos assentamentos humanos, levando em conta as necessidades diferenciadas das áreas rurais, periurbanas e urbanas. O objetivo 11 está alinhado à Nova Agenda Urbana, acordada em outubro de 2016, durante a III Conferência das Nações Unidas sobre Moradia e Desenvolvimento Urbano Sustentável.

7.2.12 Objetivo 12 – Consumo e produção responsáveis: assegurar padrões de produção e de consumo sustentáveis

Para alcançar as metas deste ODS, a mudança nos padrões de consumo e produção se configuram como medidas indispensáveis na redução da pegada ecológica sobre o meio ambiente. Essas medidas são a base do desenvolvimento econômico e social sustentável. As metas do ODS 12 visam à promoção da eficiência do uso de recursos energéticos e naturais, da infraestrutura sustentável, do acesso a serviços básicos. Além disso, o objetivo prioriza a informação, a gestão coordenada, a transparência e a responsabilização dos atores consumidores de recursos naturais como ferramentas chave para o alcance de padrões mais sustentáveis de produção e consumo.

7.2.13 Objetivo 13 – Ação contra a mudança global do clima: tomar medidas urgentes para combater a mudança do clima e os seus impactos

A mudança do clima é um evento transnacional, cujos impactos estão desregulando economias nacionais e afetando pessoas em todos os lugares, principalmente aquelas em situação de maior vulnerabilidade nos países em desenvolvimento. Sem a ação imediata frente à mudança do clima, a temperatura terrestre está projetada para aumentar mais de 3°C até o final do século XXI. Uma das metas para esse objetivo é mobilizar 100 milhões de dólares por ano até 2020 para ajudar os países em desenvolvimento no plano de mitigação de desastres relacionados ao clima. O estabelecimento do ODS 13 apenas para lidar com a questão do clima é encarado como estratégico para a mobilização dos atores capazes de promover as mudanças necessárias para impedir estas projeções de se tornarem realidade.

7.2.14 Objetivo 14 – Vida na água: conservar e promover o uso sustentável dos oceanos, dos mares e dos recursos marinhos para o desenvolvimento sustentável

Os oceanos tornam a vida humana possível por meio da provisão de segurança alimentar, transporte, fornecimento de energia, turismo, dentre outros. Além disso, por meio da regulação da sua temperatura, química, correntes e formas de vida, os oceanos regulam muitos dos serviços ecossistêmicos mais críticos do planeta, como ciclo do carbono e nitrogênio, regulação do clima e produção de oxigênio. Além, os oceanos representam aproximadamente US$ 3 trilhões da economia global por ano, ou 5% do PIB global.

Cerca de 40% dos oceanos estão sendo afetados incisiva e diretamente por atividades humanas, como poluição e pesca predatória, o que resulta, principalmente, em perda de habitat, introdução de espécies invasoras e acidificação. Nosso lixo também ajuda na degradação dos oceanos – há 13.000 pedaços de lixo plástico em cada quilômetro quadrado. É frente a esses desafios que os Objetivos de Desenvolvimento Sustentável indicam metas para gerenciar e proteger a vida na água.

7.2.15 Objetivo 15 – Vida terrestre: proteger, recuperar e promover o uso sustentável dos ecossistemas terrestres, gerir de forma sustentável as florestas, combater a desertificação, deter e reverter a degradação da terra e deter a perda

Os seres humanos e outros animais dependem da natureza para terem alimento, ar puro, água limpa e como um meio de combate à mudança do clima. As florestas, que cobrem 30% da superfície da Terra, ajudam a manter o ar e a água limpa e o clima da Terra em equilíbrio – além disso, são o lar de milhões de espécies. Promover o manejo sustentável das florestas, o combate à desertificação, parar e reverter a degradação da terra e interromper o processo de perda de biodiversidade são algumas das metas promovidas pelo ODS 15. Usar sustentavelmente os recursos naturais em cadeias produtivas e em atividades de subsistência de comunidades, e integrá-los em políticas públicas é tarefa central para se atingir estas metas e promover todos os outros ODS.

7.2.16 Objetivo 16 – Paz, justiça e instituições eficazes: promover sociedades pacíficas e inclusivas para desenvolvimento sustentável, proporcionar o acesso à justiça para todos e construir instituições eficazes, responsáveis e inclusivas em todos os níveis

Promover instituições fortes, inclusivas e transparentes, a manutenção da paz e o respeito aos direitos humanos baseados no Estado de direito são a base para o desenvolvimento humano sustentável. Estes são alguns dos princípios que sustentam as metas do ODS 16, que também inclui temas sensíveis, como o combate à exploração sexual, ao tráfico de pessoas e à tortura. Outros temas incluídos nas metas do ODS 16 são o enfrentamento à corrupção, ao terrorismo e a práticas criminosas, especialmente aquelas que ferem os direitos humanos.

7.2.17 Objetivo 17 – Parcerias e meios de implementação: fortalecer os meios de implementação e revitalizar a parceria global para o desenvolvimento sustentável.

Os ODS só serão realizados mediante um compromisso renovado de cooperação entre a comunidade internacional e uma parceria global ampla que inclua todos os setores interessados e as pessoas afetadas pelos processos de desenvolvimento. Os meios de implementação e as parcerias para o desenvolvimento sustentável são vitais para o crescimento sustentado e para o desenvolvimento sustentável das nações. O ODS 17 propõe o caminho para a realização efetiva da Agenda 2030 por todos os países, e a coordenação de esforços na arena internacional é essencial para isso. A Cooperação Sul-Sul e triangular, a transferência de tecnologia, o intercâmbio de dados e capital humano, bem como a assistência oficial ao desenvolvimento são alguns dos principais meios para o alcance dos ODS.

Para conhecer a Agenda 2030, acesse: http://www.agenda2030.org.br/.

NOÇÕES DE INFORMÁTICA

1 SOFTWARE

O software é a parte **abstrata** de um computador, também conhecido como a parte **lógica**. É um conjunto de instruções que devem ser seguidas e executadas por um mecanismo, seja ele um computador ou um aparato eletromecânico. É o termo usado para descrever programas, apps, scripts, macros e instruções de código embarcado diretamente (firmware), de modo a ditar o que uma máquina deve fazer.

Já os programas são a aplicação de regras de maneira digital, para que, dada uma situação, ocorra uma reação pré-programada. Assim, temos que um programa é uma representação de tarefas manuais, em que podemos automatizar processos, o que torna as tarefas mais dinâmicas.

1.1 Licenças de software

Uma licença de software define o que um usuário pode ou não fazer com ele e baseia-se essencialmente no direito autoral. Existem vários tipos de licenças de software, mas, no que tange ao concurso público, apenas duas são de valor significativo: a licença de software livre e a licença de software proprietário.

1.1.1 Software proprietário

A licença de software proprietário procura reservar o direito do desenvolvedor. Um software proprietário é também conhecido como software não livre, pois uma de suas principais características é manter o **código-fonte**[1] **fechado**.

Há vários softwares proprietários gratuitos e, também, aqueles que, para o usuário adquirir o direito de uso, exigem a compra de uma licença, a qual não lhe dá direito de propriedade sobre o programa, apenas concede o direito de utilizá-lo, além de impor algumas regras de utilização.

> Windows, Microsoft Office, Mac OS, aplicativos da Adobe, Corel Draw, WinRAR, WinZip, MSN, entre outros.

1.1.2 Software livre

Em contrapartida ao software proprietário, um grupo criou o software livre. Tem, como um de seus princípios, as leis que regem a definição de **liberdades** como forma de protesto em relação ao software proprietário. A principal organização que mantém e promove esse tipo de software é a Free Software Foundation (FSF).

A característica mais importante para que seja considerado "livre" é que tenha o **código-fonte aberto** e deve obedecer a quatro **liberdades de software** do projeto **GNU/GPL** (*General Public License*/Licença Pública Geral), idealizado por Richard Matthew Stallman, ativista e fundador do movimento software livre. São elas:

- **Liberdade 0:** liberdade para executar o programa, para qualquer propósito.
- **Liberdade 1:** liberdade de estudar como o programa funciona e adaptá-lo às suas necessidades.
- **Liberdade 2:** liberdade de redistribuir cópias do programa de modo que você possa ajudar ao seu próximo.
- **Liberdade 3:** liberdade de modificar o programa e distribuir essas modificações, de modo que toda a comunidade se beneficie.

A GPL é um reforço a essas quatro liberdades, garantindo que o código-fonte de um software livre não possa ser apropriado por outra pessoa ou empresa, principalmente para que não seja transformado em software proprietário. Tem característica Copyleft, que qualquer um que distribui o software, com ou sem modificações, deve passar adiante a liberdade de copiar e modificar novamente o programa.

O Linux é um dos principais projetos desenvolvidos sob a licença de software livre, assim como o BrOffice, mas o principal responsável por alavancar o software livre, assim como o próprio Linux, foi o projeto Apache,[2] que no início só rodava em servidores Linux e hoje é multiplataforma.

> Apache, Linux, BrOffice, LibreOffice, Mozilla Firefox, Mozilla Thunderbird.

1.1.3 Shareware

A licença do tipo shareware é comumente usada quando se deseja permitir ao usuário uma degustação do programa, oferecendo funcionalidades reduzidas ou mesmo total, porém com prazo determinado, que, depois de encerrado, o programa limita as funcionalidades ou pode deixar de funcionar.

O shareware permite a cópia e redistribuição do software, porém não permite a alteração, pois o código-fonte não é aberto.

Um exemplo de software popular que utiliza essa licença é o WinRAR que, após 40 dias, começa a exibir uma mensagem toda vez que é aberto, contudo, continua funcionando mesmo que o usuário não adquira a licença.

1.1.4 BIOS (basic input/output system)

O BIOS (sistema básico de entrada e saída, em português) é um software embarcado em uma **memória do tipo ROM**[3]; nos computadores atuais é mais comum em memórias do tipo **Flash ROM**[4].

É o primeiro programa que roda quando ligamos o computador. Ele é composto pelo **setup**, que são suas configurações, e pelo **post**, responsável por realizar os testes de hardware.

Durante o processo de boot[5], o BIOS aciona a memória CMOS[6], onde ficam armazenadas as últimas informações sobre o hardware do computador e sobre a posição de início do sistema operacional no disco. Em posse dessas informações, consegue executar o post, verificando se todos os dispositivos necessários estão conectados e operantes.

Após as verificações de compatibilidade, o BIOS inicia o processo de leitura do disco indicado como primário a partir do ponto onde se encontra o sistema operacional, que é carregado para a memória principal do computador.

Em um mesmo computador podem ser instalados dois ou mais sistemas operacionais diferentes, ou mesmo versões diferentes do mesmo sistema. Quando há apenas um sistema operacional instalado no computador, este é iniciado diretamente pelo BIOS, porém, se houver dois ou mais, é necessário optar por qual dos sistemas se deseja utilizar.

1 Código-fonte: conjunto de instruções feitas em uma linguagem de programação, que definem o funcionamento e o comportamento do programa.

2 Apache: servidor responsável pelo processamento da maior parte das páginas disponibilizadas atualmente na internet, cerca de 51%.

3 Memórias ROM (Read-Only Memory – Memória Somente de Leitura) recebem esse nome porque os dados são gravados nelas apenas uma vez.

4 Memórias Flash ROM: são mais duráveis e podem guardar um volume elevado de dados.

5 Boot: processo de inicialização do sistema operacional.

6 CMOS: é uma pequena área de memória volátil, alimentada por uma bateria, que é usada para gravar as configurações do setup da placa mãe.

Em uma situação em que existem dois sistemas operacionais atribui-se a caracterização de dual boot. Um computador que possua uma distribuição Linux instalada e uma versão Windows, por exemplo, ao ser concluído o processo do BIOS, inicia um gerenciador de boot. Em geral é citado nas provas ou o **GRUB**7 ou o **LILO**,8 que são associados ao Linux.

1.2 Tipos de software

Existem diversos tipos de software, mas somente alguns nos interessam durante a prova. Dessa forma, focaremos o estudo no que nos é pertinente.

Podemos classificar os softwares em: firmwares, sistemas operacionais, escritório, utilitários, entretenimento e malwares.

1.2.1 Firmwares

Um firmware é normalmente um software embarcado, ou seja, ele é um software desenvolvido para operar sobre um hardware específico. De forma geral, um firmware é incorporado ao hardware já no momento de sua fabricação, mas, dependendo do tipo de memória em que é armazenado, ele pode ser atualizado ou não. O software do tipo firmware que interessa ao nosso estudo é o BIOS.

1.2.2 Sistemas operacionais (SO)

O sistema operacional é o **principal programa do computador**. Ele é o responsável por facilitar a interação do usuário com a máquina, além de ter sido criado para realizar as tarefas de controle do hardware, livrando assim os aplicativos de conhecer o funcionamento de cada peça existente para funcionar.

As tarefas de responsabilidade do SO são, principalmente, de níveis gerenciais e é o tem que administrar a entrada e a saída de dados, de forma que quando um usuário seleciona uma janela, ele está trazendo-a para o primeiro plano de execução. Por exemplo: sempre que o usuário digita um texto, o SO tem de gerenciar qual janela, ou seja, qual aplicativo receberá as informações entradas pelo teclado, mas, ao mesmo tempo, o SO receberá uma solicitação do aplicativo para que exiba na tela as informações recebidas.

Também é responsabilidade do SO gerenciar o uso da memória RAM e do processador. Ele dita que programa será executado naquele instante e quais espaços de memória estão sendo usados por ele e pelos demais aplicativos em execução.

Para que o sistema operacional consiga se comunicar com cada dispositivo, precisa saber antes como estes funcionam e, para tanto, é necessário instalar o **driver**9 do dispositivo. Atualmente, a maioria dos drivers é identificada automaticamente pelo SO, mas o sistema nem sempre possui as informações sobre hardwares recém-lançados. Nesse caso, ao não conseguir o driver específico, o SO solicita ao usuário que informe o local onde ele possa encontrar o driver necessário.

Dentre os sistemas operacionais modernos, o Windows é o que mais se destaca em termos de número de usuários de computadores pessoais (PC). Por outro lado, quando se questiona em relação ao universo de servidores na internet, deparamo-nos com o Linux como mais utilizado e o principal motivo para isso relaciona-se à segurança mais robusta oferecida pelo ele.

7 GRUB (Grand Unifield Bootloader): gerenciador de boot disponibilizado como software GNU. Entre seus principais recursos está a capacidade de trabalhar com diversos sistemas operacionais, como o Linux, o Windows e as versões BSD.

8 LILO (LInux Loader): programa que permite o uso de dois ou mais sistemas operacionais no mesmo computador. A ferramenta possui uma série de instruções para gerenciar o setor de boot (inicialização) do HD, permitindo que se inicialize o computador a partir de uma partição que não seja a primeira do disco.

9 Driver: conjunto de informações sobre como funciona um dispositivo de hardware.

> Exemplos de SO para computadores pessoais: Windows, Linux, Mac OS e Chrome OS.

Vale a observação que esses sistemas derivaram de duas vertentes principais o **DOS** e o **UNIX**. É de interesse da prova saber que o DOS foi o precursor do Windows e que a plataforma UNIX foi a base do Linux e do Mac OS.

Contudo, não encontramos SO apenas em PCs. Os celulares, smartphones e tablets também utilizam sistemas operacionais. Atualmente, fala-se muito no sistema do Google para esses tipos dispositivos, o Google Android.

Os sistemas operacionais podem ser divididos em duas partes principais: núcleo e interface. O **núcleo** é chamado **kernel**. Ele é a parte responsável pelo gerenciamento do hardware, como já explanado, enquanto a **interface** é parte de interação com o usuário, seja ela apenas textual ou com recursos gráficos.

Sistema operacional	Kernel
Windows XP	NT 5.2
Windows Vista	NT 6.0
Windows 7	NT 6.1
Windows 8	NT 6.2
Windows 8.1	NT 6.3
Windows 10	Windows NT 10
Linux	Linux 3.10

A interface com recursos gráficos é comumente chamada **GUI (Graphic User Interface/Interface Gráfica do Usuário)**, também citada como gerenciador de interface gráfica. O nome Windows foi baseado, justamente, nessa característica de trabalhar com janelas gráficas como forma de comunicação com o usuário.

Em relação às **GUIs**, cada versão do Windows utiliza e trabalha com apenas uma interface gráfica, que só passou a ter um nome específico a partir do Windows Vista, conforme indicado na tabela a seguir:

Windows	GUI
XP	Sem nomenclatura
Vista	Aero
7	Aero
8/10	Metro

Por outro lado, existem diversas GUIs para o Linux, algumas distribuições Linux10 trabalham com apenas um gerenciador de interface gráfica, enquanto outras trabalham com múltiplas. Ao contrário do Windows, o Linux tem suporte a várias Interfaces gráficas e as principais GUIs do Linux são: Gnome, FluxBox, KDE, BlackBox, Unity, Mate, XFCE e Cinnamon.

Características de um sistema operacional

Os sistemas operacionais podem ser classificados de acordo com suas características comportamentais: multitarefa, monotarefa, multiusuário e monousuário.

- **Multitarefa:** é o sistema que consegue executar mais de uma tarefa simultânea, como tocar uma música enquanto o usuário navega na internet e escreve um texto no Word.

  > Windows, Linux e Mac OS.

10 Distribuição Linux: uma cópia do Linux desenvolvida, geralmente, com base em outra cópia, mas com algumas adaptações.

I N F O

- **Monotarefa:** é o sistema que, para executar uma tarefa, deve aguardar a que está em execução terminar ou mesmo forçar o seu término para que possa executar o que precisa. Trabalha com um item de cada vez.

  | DOS e algumas versões UNIX.

- **Multiusuário:** é quando o SO permite mais de uma sessão de usuário ativa simultaneamente. Se dois ou mais usuários estiverem com sessões iniciadas, elas são, de certa maneira, tratadas independentemente, ou seja, um usuário não vê o que o outro estava fazendo, como também, em uso normal, não interfere nas atividades que estavam sendo executadas por outro usuário. O sistema multiusuário geralmente possui a opção trocar de usuário, que permite bloquear a sessão ativa e iniciar outra sessão simultânea.

  | Unix, VMS e sistemas operacionais mainframe, como o MVS.

- **Monousuário:** em um sistema monousuário, para que outro usuário inicie sessão, é necessário finalizar a do usuário ativo, também conhecido como efetuar logoff.

  | Palm OS.

1.2.3 Softwares de escritório

São aplicativos com utilização mais genérica, os quais possibilitam diversas demandas de um escritório, suprindo, também, muitas necessidades acadêmicas em relação à criação de trabalhos.

A seguir, apresentamos um comparativo entre as suítes de escritório11 que são cobradas na prova.

Editor	Microsoft Office	BrOffice
Texto	Word	Writer
Planilha	Excel	Calc
Apresentação de slides	PowerPoint	Impress
Desenho	Publisher	Draw
Banco de dados	Access	Base
Fórmula	Equation	Math

Fique ligado

Editores de texto, planilha e apresentação são os itens mais cobrados em provas de concursos. Sobre esses programas, podem aparecer perguntas a respeito do seu funcionamento, ainda que sobre editores de apresentação sejam bem menos frequentes.

Outro ponto importante a ser ressaltado é que o **Microsoft Outlook** é componente da suíte de aplicativos Microsoft Office e que não foi destacado na tabela comparativa por não existir programa equivalente no BrOffice.

Por vezes o concursando pode se deparar na prova com o nome **LibreOffice**, o que está correto, pois o BrOffice é utilizado no Brasil apenas, mas ele é baseado no Libre Office. Até a versão 3.2, o BrOffice era fundamentado no OpenOffice e, após a compra da Sun pela Oracle a comunidade decidiu mudar para o Libre por questões burocráticas.

1.2.4 Softwares utilitários

Alguns programas ganharam tamanho espaço no dia a dia do usuário que, sem eles, podemos ficar sem acesso às informações contidas em arquivo, por exemplo.

11 Suíte de escritório: expressão que remete ao conjunto integrado de aplicativos voltados para as tarefas de escritório, como editores de texto, editores de planilhas, editores de apresentação, aplicativos, agendas e outros.

São classificados como utilitários os programas compactadores de arquivos, como o ZIP, e leitores de PDF, como o Adobe Reader. Esses programas assumiram tal patamar por consolidarem seus formatos de arquivos.

Entre os compactadores temos os responsáveis pelo formato de arquivos ZIP, apesar de que, desde a versão XP, o Windows já dispunha de recurso nativo para compactar e descompactar arquivos nesse formato, muitos aplicativos se destacavam por oferecer o serviço de forma mais eficiente ou prática. Os compactadores mais conhecidos são: WinZip, BraZip e 7-Zip. Outro compactador que ganhou espaço no mercado foi o WinRar com o formato .RAR, que permite maior compactação quando comparado ao ZIP.

1.2.5 Softwares de entretenimento

Aqui entram os aplicativos multimídias como players de áudio e vídeo, assim como Windows Media Player, Winamp, iTunes, VLC player e BS player, dentre outros, e os players de jogos como Campo Minado, Paciência, Pinball e outros tantos de mais alto nível.

1.2.6 Malwares

Os malwares são programas que têm finalidade mal-intencionada e, na maioria das vezes, ilícita. Grande parte das bancas cita-os como pragas cibernéticas que infectam o computador do usuário e trazem algum prejuízo; por outro lado, há bancas que especulam sobre os diferentes tipos de malwares. A seguir são destacados os principais tipos de malwares.

Fique ligado

Para ser um malware tem que ser um software; do contrário, pode ser uma prática maliciosa, mas não um malware.

Vírus

O vírus é apenas um dos tipos de malware, ou seja, nem tudo que ataca o computador é um vírus. Para ser classificado como vírus, tem que ter as seguintes características:

- **Infectar** os arquivos do computador do usuário, principalmente arquivos do sistema.
- **Depender de ação do usuário**, como executar o arquivo ou programa que está contaminado com o vírus.
- Ter finalidades diversas, dentre as quais **danificar** tanto arquivos e o sistema operacional, como também as peças.

Vírus mutante

É um vírus mais evoluído, que tem a capacidade de alterar algumas de suas características a fim de burlar o antivírus.

Vírus de macro

O vírus de macro explora falhas de segurança das suítes de escritório, principalmente da Microsoft. Uma macro, ao ser criada, anexa ao documento uma programação (comandos geralmente em Visual Basic12) e o vírus desse tipo pode inserir seu código dentro deste código em VB.

O vírus de macro geralmente danifica a suíte de escritório, inutilizando-a, além de poder apagar documentos do computador. Para que seja executado, é necessário que o usuário execute o arquivo contaminado.

12 Visual Basic (VB): é uma linguagem de programação criada pela Microsoft.

Worm

Ao contrário do vírus, o worm **não depende de ação do usuário** para executar; ele executa automaticamente: quando um pendrive é conectado a um computador, ele é contaminado ou contamina o sistema.

Ele tem como finalidade se replicar, porém, não infecta outros arquivos, apenas **cria cópias de si** em vários locais, o que pode encher o HD do usuário. Outra forma utilizada de se replicar é por meio da exploração de falhas dos programas, principalmente o e-mail, enviando por correio eletrônico cópias de si para os contatos do usuário.

Um worm, muitas vezes, instala no computador do usuário um bot, transformando o computador em um verdadeiro robô controlado à distância. Os indivíduos que criam um worm o fazem com a finalidade de infectar o maior número possível de computadores, para que possam utilizá-los em um ataque de DDoS13, ou como forma de elevar a estatística de acessos a determinados sites. Também pode ser utilizado para realizar um ataque a algum computador ou servidor na internet a partir do computador infectado.

Trojan Horse (Cavalo de Troia)

O Trojan Horse (Cavalo de Troia) foi batizado com esse nome devido as suas características se assemelharem muito às da guerra da Grécia com Troia. Na História, os gregos deram aos troianos um grande cavalo feito de madeira e coberto de palha para disfarçar que era oco. Porém, dentro do cavalo estavam vários soldados gregos escondidos, que deveriam atacar quando fossem abertos os gigantes e fortes portões da cidade de Troia e, assim, o exército grego poderia invadir a fortaleza.

Um Cavalo de Troia é recebido pelo usuário como um "presente de grego", de modo a levar o usuário a abri-lo, ou seja, ele **depende de ação do usuário**. Esses presentes, geralmente, parecem um cartão virtual, uma mensagem, um álbum de fotos, uma indicação de prêmio, falsas respostas de orçamentos, folhas de pagamento ou qualquer coisa que, de alguma forma, chame a atenção do usuário para que ele abra para ser infectado.

Podemos tratá-lo em essência como um **meio** para que outro malware seja instalado no computador. Da mesma forma como o cavalo da história serviu como meio para infiltrar soldados e abrir os portões da cidade, o malware também pode abrir as portas do computador para que outros malwares o infectem, o que acontece na maioria dos casos, portanto, pode trazer em seu interior qualquer tipo de malware.

Esse malware executa as ações como exibir uma mensagem, ou crackear14 um programa. Essa tarefa é realizada com o intuito de distrair o usuário enquanto os malwares são instalados.

Spyware

Também conhecido como **software espião**, o spyware tem a finalidade de capturar dados do usuário e enviá-los para terceiros. São de interesse, principalmente os números de cartões de crédito, CPF, RG, nomes, data de nascimento e tudo mais que for pertinente para que transações eletrônicas possam ser realizadas a partir dos dados capturados.

Existem dois tipos de spywares: os **KeyLoggers** e os **ScreenLoggers**.

13 DDoS: ataque de negação de serviço distribuído.

14 Crackear: é uma quebra de licença de um software para que não seja necessário adquirir a licença de uso, caracterizando pirataria.

KeyLogger

O termo key significa chave e log significa registro de ações.

O KeyLogger é um spyware cuja característica é capturar os dados digitados pelo usuário. Na maioria das situações o KeyLogger não captura o que é digitado a todo instante, mas o que é teclado após alguma ação prévia do usuário, como abrir uma página de um banco ou de uma mídia social. Há ainda alguns KeyLoggers são desenvolvidos para capturar conversas em programas de mensagens instantâneas.

ScreenLogger

Screen significa tela e, como mencionado anteriormente, log significa registro de ações.

O ScreenLogger é uma evolução do KeyLogger na tentativa de capturar, principalmente, as senhas de bancos, pois essa modalidade captura fotos avançadas da tela do computador a cada clique do mouse. Essa foto avançada, na verdade, é uma imagem de uma pequena área que circunda o cursor na tela, mas grande o suficiente para que seja possível ver em que número o usuário clicou.

Muitos serviços de internet Banking15 utilizam um **teclado virtual**, no qual o usuário clica nos dígitos de sua senha ao invés de digitar. Assim, ao forçar que o usuário não utilize o teclado, essa ferramenta de segurança ajuda a evitar roubos de senhas por KeyLoggers. Por outro lado, foi criado o ScreenLogger, que captura imagens e, para combater essa modalidade, como forma de oferecer maior segurança, alguns bancos utilizam um dispositivo chamado **Token**, que é um dispositivo que gera uma chave de segurança aleatória e temporária, a qual uma vez utilizada para acessar a conta, torna-se inválida para novos acessos. Assim, mesmo sendo capturada, ela se torna inútil ao invasor.

Fique ligado

Cuidado para não confundir: teclado virtual em uma página de internet Banking é um recurso de segurança, enquanto o teclado virtual que faz parte do Windows é um recurso de acessibilidade.

Hijacker

O Hijacker é um malware que tem por finalidade **capturar o navegador** do usuário, principalmente o internet Explorer. Esse programa **fixa uma página inicial** no navegador, que pode ser uma página de propaganda ou um site de venda de produtos, ou mesmo um site de pornografia, ou páginas falsas de bancos.

As alterações realizadas por ele no navegador dificilmente são reversíveis. Na maioria dos casos, é necessário reinstalar o navegador várias vezes ou até formatar o computador. Existem, no mercado, alguns programas que tentam restaurar as configurações padrões dos navegadores, são conhecidos por HijackerThis, porém, não são ferramentas de segurança, mas apenas uma tentativa de consertar o estrago feito.

Adware

Adware (advertising software) é um software especializado em apresentar propagandas. Ele é tratado como malware, quando apresenta algumas características de spywares, além de, na maioria dos casos, se instalar no computador explorando falhas do usuário, por exemplo, durante a instalação de um programa em que o indivíduo não nota que em uma das etapas estava instalando outro programa diferente do desejado.

15 Internet Banking: acesso à conta bancária pela internet, para realizar algumas movimentações e consultas.

I N F O

Muitos adwares monitoram o comportamento do usuário durante a navegação na internet e vendem essas informações para as empresas interessadas.

Backdoors

Backdoor é uma **porta dos fundos** para um ataque futuro ao computador do usuário. Ele pode ser inserido no computador por meio de Trojan Horse – que engana com falsos links –, como também pode ser um programa adulterado recebido de fonte pouco confiável. Por exemplo, um usuário baixa um programa em um site qualquer, diferente do oficial, e, por isso, nada impede que tenha sido ligeiramente alterado com a inserção de brechas para ataques futuros.

RootKits

Root significa raiz, que, nesse caso, é o administrador do ambiente Linux. Kit, por sua vez, é o conjunto de ferramentas e ações.

Um RootKit altera aplicativos do sistema, como os gerenciadores de arquivos, com o intuito de **esconder arquivos maliciosos** que estejam presentes no computador. Por meio dele, o invasor também pode criar backdoors no computador, para que possa voltar a atacar o equipamento sem se preocupar em ter de contaminá-lo novamente para fazer qualquer processo.

2 HARDWARE

O hardware consiste na parte física de um computador, ou seja, são as peças que o compõem. As questões comumente cobradas nos concursos relacionam os tipos de periféricos e sua classificação.

2.1 Classificação dos dispositivos quanto à finalidade

Os periféricos do computador são classificados de acordo com sua finalidade e uso. Assim, como classificações principais, temos as que se seguem.

2.1.1 Entrada

Dispositivos de entrada são aqueles por meio dos quais o usuário entra com alguma informação para ser enviada ao computador. Muito cuidado: para ser classificado como de entrada, os dispositivos têm de ser apenas de entrada.

> Dispositivos de entrada de dados: teclado, mouse, webcam, microfone, scanner de mesa, scanner de mão, scanner biométrico, mesa de design, Kinect1.

2.1.2 Saída

Classificamos como dispositivos de saída aqueles que têm por finalidade informar ao usuário o resultado de algum processamento.

> Dispositivos de saída: monitor, impressora, caixa de som.

2.1.3 Entrada/Saída

Os periféricos classificados nessa categoria são os que devemos tomar mais cuidado durante as provas, porque aqui se encaixam aqueles dispositivos que podemos chamar de dispositivos híbridos devido a sua capacidade de realizar tanto a tarefa de entrada como a de saída de dados.

> Impressoras multifuncionais, telas sensíveis ao toque (touchscreen), kits multimídias2.

2.1.4 Armazenamento

Os dispositivos de armazenamento são aqueles que nos permitem armazenar os dados e os mantêm armazenados mesmo quando não são alimentados por uma fonte de energia.

> Dispositivos de armazenamento: CD-ROM, DVD-ROM, BD-ROM (BlueRay Disk), HD (Hard Disk – disco rígido), HD externo, pendrive, HD SSD, cartão de memória.

2.2 Classificação dos dispositivos quanto ao tipo de tecnologia

Podemos ainda classificar os dispositivos de acordo com a tecnologia que eles utilizam para ler as informações ou escrevê-las.

2.2.1 Óticos

Um dispositivo ótico é aquele que se utiliza de sinais luminosos para, principalmente, ler informações.

> Scanner, CD, DVD, BD, webcam, alguns mouses.

2.2.2 Magnéticos

Os dispositivos de armazenamento magnético digitais possuem uma cabeça de leitura/escrita, que se move sobre uma superfície magnética. A cabeça modifica a magnetização de partes específicas do material, registrando dados em um código binário (bits), como zeros e uns. Ao mesmo tempo, para ler as informações, a cabeça detecta onde estão as alterações na superfície e, assim, reproduz o código que foi marcado.

Assim, vemos que ainda hoje é muito comum, entre os servidores de backup, o uso de fitas magnéticas, como a fita cassete, para armazenar os dados.

2.2.3 Elétricos

Atualmente, os dispositivos elétricos são os que mais vêm sendo utilizados, principalmente pela sua velocidade de operação e praticidade de uso, como o pendrive e os cartões de memória. É um dispositivo de altíssima velocidade que resolve o maior gargalo dos computadores, ou seja, substitui os HDs convencionais, que são as peças mais lentas das máquinas atuais.

2.3 Arquitetura

Podemos dividir as tecnologias de hardware em x86 de 32 bits e a de 64 bits. Essa divisão se baseia na forma como o sistema processa as informações, quer dizer, a quantidade de informações simultâneas que o processador opera.

2.4 Processador

O termo CPU significa Unidade Central de Processamento – e não o gabinete de peças da máquina, como muitos acreditam. Podemos comparar a CPU como sendo o cérebro do computador, porque ela é responsável por processar as informações e gerar um resultado. É composto por vários registradores, que possuem finalidades específicas, sendo os principais a ULA (Unidade Lógico-aritmética), responsável pelos cálculos e comparações lógicas; e a UC (Unidade de Controle), que tem como responsabilidade controlar o que está sendo feito no processador.

Também faz parte do processador a memória cache. Ela é uma memória pequena em relação à principal, porém muito mais rápida, operando quase na mesma velocidade que o processador.

Em um processador, podemos encontrar vários níveis de cache, nos atuais normalmente encontramos 2 níveis (level), sendo que os mais modernos já possuem 3 níveis. Em alguns modelos a cache de nível 3 é interna ao processador, junto às demais, enquanto em outros ela fica externa a ele.

A finalidade da cache é fornecer informações mais rapidamente ao processador, a fim de minimizar o tempo em que ele fica ocioso.

INFO

1 Kinect: é o dispositivo usado no vídeo game Xbox para entrada de movimentos do usuário, a Microsoft também o disponibilizou para ser utilizado como entrada para o computador.

2 Kit multimídia: é composto em geral por dispositivos de entrada e de saída, por isso é classificado como de Entrada/Saída.

2.4.1 Memórias

Existem diversos tipos de memórias, quando tratamos de um computador. Elas podem ser classificadas de diversas formas de acordo com suas características, conforme a tabela a seguir.

Tipo de memória	Categoria	Mecanismo de apagamento	Mecanismo de escrita	Volatilidade
Memória de acesso aleatório (RAM)	Memória de leitura e escrita	Eletricamente, em nível de bytes	Eletricamente	Volátil
Memória apenas de leitura (ROM)	Memória apenas de leitura	Não é possível	Máscaras	Não volátil
ROM programável (PROM)			Elétrico	
PROM apagável (EPROM)	Memória principalmente de leitura	Luz UV, em nível de pastilha		
Memória flash		Eletricamente, em níveis de blocos		
PROM eletricamente apagável (EEPROM)		Eletricamente, em nível de bytes		

A memória RAM é a principal do computador, também conhecida como memória de trabalho. É uma memória de leitura e escrita, porém possui natureza volátil, ou seja, quando desconectada da energia, perde todas as informações que estavam nela, por isso que, quando não salvamos um documento e o fornecimento de energia acaba, desligando o computador, perdemos parte desse trabalho. Já o HD pode ser chamado memória secundária por ser uma memória de armazenamento não volátil.

A memória ROM (read-only memory ou, em português, memória somente de leitura) é um tipo de memória que, como o próprio nome sugere, permite apenas a leitura de dados e não a escrita. Isso porque suas informações são gravadas pelo fabricante uma única vez e não podem ser alteradas ou apagadas, somente acessadas, sendo classificadas como memória não volátil.

A memória RAM é expansível, ao contrário da memória ROM.

2.5 Unidades de medida

Na Informática, a menor unidade de medida é o bit, que consiste em um sinal verdadeiro ou falso para o computador, que, por questões de facilidade, transcreve-se na forma de 0 (zero) e 1 (um). Porém, o bit apenas é uma informação pequena, então foi criado o conceito de "palavra", que passou a ser chamada Byte. Um Byte é composto por 8 bits.

A partir disso temos as unidades K, M, G, T, P e assim por diante, para designar tamanhos de arquivos e capacidades de armazenamentos. A cada letra multiplicamos por 1.024 a quantidade da anterior. A tabela a seguir ilustra as equivalências de valores.

1 Peta (PB)	1 Tera (TB)	1 Giga (GB)	1 Mega (MB)	1 Kilo (KB)	1 Byte	bit
1.024 (TB)	1.024 GB	1.024 MB	1.024 KB	1.024 Bytes	8 bits	0 ou 1

3 MANUSEIO DE EQUIPAMENTOS DE PROJEÇÃO

Os projetores de vídeo permitem a exibição da tela do computador (ou de outro dispositivo) de maneira ampliada em uma parede ou em um telão apropriado. Dessa forma, é possível a todos os presentes no ambiente assistir a apresentações de slides, sequências de fotos, vídeos etc.

Por ser um aparelho tão útil, os projetores são facilmente encontrados em empresas, escolas e universidades para reuniões, apresentações de trabalhos acadêmicos, entre outros.

3.1 Principais características dos projetores de vídeo

3.1.1 Luminosidade (brilho)

Um projetor de vídeo (também chamado datashow) utiliza um canhão luminoso para exibir as imagens oriundas de um computador (ou de outro dispositivo que gera imagens) em uma parede ou em um telão. Para que as imagens exibidas não fiquem apagadas ou difíceis de serem vistas em ambientes razoavelmente iluminados, é necessário que se tenha uma boa taxa de luminosidade.

Por ser padronizada pela American National Standards Institute (ANSI), a avaliação dessa característica é feita por intermédio de uma medida denominada "ANSI lumens". Evidentemente, quanto maior for essa taxa em um projetor, maior será a luminosidade de seu canhão de luz.

Para obter uma imagem com uma nitidez satisfatória, mesmo em ambientes muito espaçosos (por exemplo, um salão de festas), é recomendável usar um Datashow que tenha 1.500 ANSI lumens ou mais. Essa condição é especialmente válida quando se deseja ter o máximo possível de ampliação da imagem exibida.

Em ambientes pequenos, como uma sala de reuniões ou uma sala de aula, pode-se usar, confortavelmente, um projetor que tenha entre 1.000 e 1.500 ANSI lumens.

Convém frisar que, com a luminosidade, é recomendável checar se o aparelho tem uma boa taxa de contraste. Quanto maior for essa taxa, melhor. São preferíveis projetores que tenham, pelo menos, contraste de 500:1.

As tecnologias mais comuns existentes (até o momento) para projetores são: DLP, LCD e LCOS.

3.1.2 Resolução

Assim como nos monitores de vídeo, a resolução de um projetor pode influenciar na qualidade da imagem. Quanto maior é a resolução, melhor é a definição de certos objetos exibidos.

Para apresentações de slides usando softwares como o PowerPoint ou o Impress, por exemplo, uma resolução de 800 × 600 é suficiente para a maioria dos casos. Já para imagens que exibem muitos detalhes, como uma tabela contendo muitos valores ou mapas com muitas informações, uma resolução de 1.024 × 768 se mostra mais adequada. Uma resolução maior que isso só é recomendada quando há muita informação sendo exibida, como a planta de um prédio, por exemplo.

Para obter melhores resultados de imagem, recomenda-se deixar a resolução da placa de vídeo do computador no mesmo valor da resolução do projetor.

3.1.3 Tamanho da imagem

O tamanho da tela ideal para uma projeção depende do tamanho do ambiente. Quanto maior for o local, maior deve ser o tamanho da imagem, para que as pessoas localizadas ao fundo não tenham dificuldades na visualização.

Uma forma de ajustar essa característica é aumentando ou diminuindo a distância do Datashow da parede ou do telão. Quanto mais distante estiver o aparelho, maior será o tamanho da imagem.

3.1.4 Relação distância × tamanho da imagem

É importante frisar, no entanto, que a luminosidade diminui à medida que o projetor fica mais longe da área de exibição. Se o contrário for feito, a imagem fica com mais brilho. Por essa razão, os projetores geralmente indicam em seus manuais as distâncias máximas e mínimas com as quais trabalham.

Praticamente todos os projetores contam com um botão que permite regular a ampliação da imagem, além de outro que permite ajustar o foco, já que este muda quando há alteração no tamanho da imagem.

3.1.5 Lâmpada

Os projetores de vídeo duram bastante se bem cuidados, mas a lâmpada da fonte luminosa costuma durar menos. Por esse motivo, especialistas recomendam a aquisição de aparelhos de marcas que ofereçam uma rede de assistência técnica razoável para que seja possível encontrar lâmpadas substitutas e, quando necessário, outras peças de reposição.

Para aumentar o tempo de vida útil da lâmpada, é importante seguir rigorosamente as recomendações que o fabricante disponibiliza no manual do aparelho.

3.2 Periféricos

São componentes de hardware da informática (peças e componentes físicos) que não são obrigatórios para o funcionamento do computador, porém são fundamentais para que o usuário possa estabelecer interface com o computador.

Existem periféricos em que o usuário envia informações para o computador, denominados periféricos de entrada, ou input. Existem periféricos em que o computador envia as informações para o usuário, denominados periféricos de saída, ou output. Existe ainda um conjunto de periféricos que cumpre as duas funções, e são denominados periféricos de híbridos, ou de Entrada e Saída (E/S) ou ainda Input/Output (I/O).

3.2.1 Periféricos de entrada (input)

Os periféricos de entrada são denominados dessa forma quando têm a função de auxiliar os usuários a enviarem informações para o computador, mas que não são obrigatórios para o seu funcionamento:

- **Mouse:** envia informações de ação para o computador, por meio da interface gráfica, utilizando o cursor visual.
- **Teclado:** envia comandos por intermédio de teclas físicas alfanuméricas, e atalhos ou teclas de atalhos.
- **Microfone:** envia comandos de voz para serem gravados ou executar alguma função no computador.
- **Scanner:** tem como função digitalizar imagens. O scanner padrão digitaliza imagens, transformando fotografias. Caso o scanner tenha o recurso OCR (reconhecimento óptico de caracteres), também terá a capacidade de digitalizar caracteres, transformando em um arquivo de texto que pode ser editado.

- **Leitores:** tanto os leitores de códigos de barras quanto os leitores biométricos enviam para o computador informações capturadas por eles.
- **Webcam:** captura imagens e envia para o computador, que pode servir para envio de imagens em videoconferência ou criação de arquivo de imagem.
- **Mesa digitalizadora:** também denominada tablete gráfico, tem a função de capturar escrita ou desenho em uma base que utiliza uma caneta especial e transformar em um arquivo de texto ou imagem.

3.2.2 Periféricos híbridos (input/output)

Caracterizam-se por cumprirem tanto a função de envio quanto de recebimento de informações:

- **Multifuncionais:** por padrão, são constituídas do periférico de entrada scanner e do periférico de saída impressora, e por esta razão são input/output, ou híbridas.
- **Monitor** touchscreen: os monitores padrão são geralmente componentes exclusivamente de saída, porém os que são sensíveis ao toque ou touchscreen são input/output ou híbridos.

3.2.3 Periféricos de saída (output)

São os componentes de hardware que não são obrigatórios para o funcionamento do computador, mas que têm a função de permitir a interface usuário-computador, e são responsáveis por possibilitar que o computador envie informações para o usuário, em uma interface máquina-homem, sendo considerados de saída, ou output.

Impressoras

As impressoras são periféricos exclusivamente de saída, que enviam documentos impressos e são classificados quanto às suas características de qualidade, velocidade, custo e autonomia de impressão, que é a capacidade da impressora trabalhar de forma contínua sem a necessidade da interferência humana.

- **Impressora matricial:** também é conhecida como impressora "de impacto" e que utiliza fita para impressão e formulário contínuo, tem como características principais baixa qualidade de impressão, baixo custo, baixa velocidade e alta autonomia.
- **Impressora jato de tinta:** é a que tem características mais residenciais e menos corporativas. Funciona com a tinta no estado líquido, utilizando cartuchos para a impressão, e tem como características principais: média qualidade de impressão, alto custo, média velocidade e baixa autonomia.
- **Impressora laser:** é a mais comum na maioria das empresas, pois suas características são as mais apropriadas para o uso em organizações, particularmente em atividades administrativas. Funciona com a tinta no estado sólido, utilizando tonners para a impressão, e tem como características principais: alta qualidade de impressão, médio custo, alta velocidade e média autonomia.
- **Outros tipos de impressoras:** existem ainda outros tipos de impressoras, como térmica, jato de cera, sculp (impressora "3D") e plotter (impressora para impressão de banners, mapas etc.).

Monitores

Os monitores são, por padrão, periféricos exclusivamente de saída. Caso o monitor tenha a característica touchscreen, será um periférico híbrido (input/output).

- **Monitor CRT Mono (de fósforo):** não é mais fabricado e tem a pior qualidade de geração original de imagens. Existem monitores de fósforo verde, cinza e laranja.
- **Monitores CRT Color (de tubo):** durante muito tempo foi o monitor padrão para os computadores de mesa (desktops). Tem um projetor e um amplificador que permitem a visualização das imagens geradas.
- **Monitor LCD (cristal líquido):** é o monitor padrão para computadores de mesa (desktops) ou notebooks e tablets. Existe uma subcategoria de monitores LCD denominada LED e OLED.

Fique ligado

Tanto o monitor CRT Color quanto o monitor LCD utilizam pixels para a geração de imagens. Um pixel possui três elementos internos, que geram, cada um, uma cor sólida, dentre as possíveis na paleta RGB (vermelho, verde e azul). Quanto maior for a distância entre pixels, pior será a geração original de imagens. Essa distância pode ser denominada DP ou Dot Pitch ou Pixel Pitch.

3.2.4 Periféricos de fornecimento de energia

Existe uma categoria de periféricos que não são nem de entrada de dados nem de saída de dados, mas, sim, para fornecimento de energia aos computadores.

- **Filtro de linha:** tem a função de interromper o fornecimento de energia no caso de sobrecarga e eliminar ruídos da rede elétrica.
- **Estabilizador:** tem a função de conter sobrecargas de energia, para que não comprometa o desempenho do computador. O estabilizador concentra tanto a sobretensão quanto a subtensão.
- **Nobreak:** tem a função de acumular energia da rede elétrica e, na ausência de energia da fonte de alimentação direta, fornece energia para o computador. O nobreak tem sempre autonomia relativa e nunca absoluta.

4 LINUX

Trata-se de um sistema operacional (SO) criado por Linus Torvald, com base na plataforma UNIX. Nesta seção são abordados os conceitos relacionados diretamente a algumas funcionalidades e definições deste sistema.

4.1 Dual boot

É possível instalar em um mesmo computador múltiplos sistemas operacionais, de forma que, ao ligar o computador, o usuário escolhe qual sistema deseja utilizar. A etapa de escolha do sistema é controlada por gerenciadores de boot; quando se instala o Linux, ele instala automaticamente um gerenciador de boot, como o GRUB e o LILO.

4.2 Distribuições

Uma distribuição Linux é uma cópia modificada e compartilhada com a comunidade. Isso se deve ao fato de ele ser um software livre e, assim, é permitido alterar uma distribuição e repassar a outras pessoas que, por sua vez, também podem efetuar as suas alterações.

Há sites, como o https://distrowatch.com/, por exemplo, em que existem mais de 300 distribuições Linux registradas. As principais são:

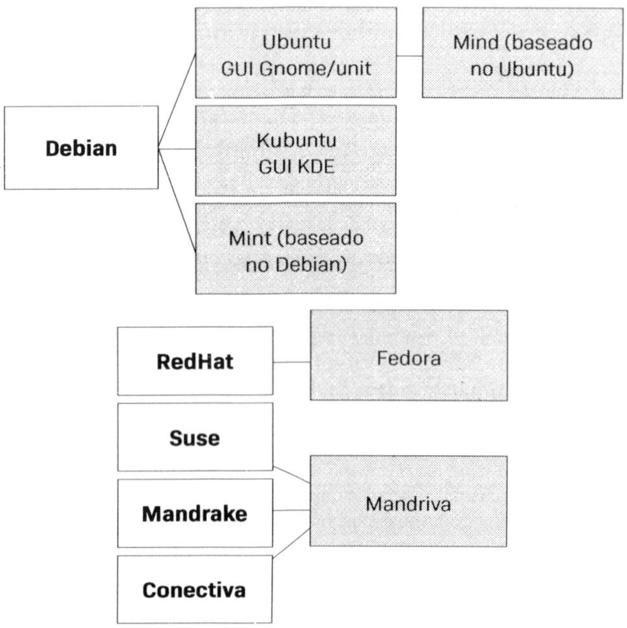

4.3 Estrutura de diretórios

A estrutura de diretórios define quais são as pastas do sistema e quais são as suas finalidades perante os programas e o próprio SO.

A estrutura de diretório do Linux, assim como a do Windows, possui caráter hierárquico, que toma como partida a raiz do sistema – no caso do Linux, a raiz do SO é o diretório / (barra). O termo raiz é atribuído, pois a estrutura de diretórios observada de forma inversa apresenta características de uma árvore que, a partir da raiz, possui seus galhos, as pastas e, por fim, suas folhas, os arquivos.

Diretórios	Funções
/dev	(devices): armazena os drivers/dev dos dispositivos.
/bin	(binaries): armazena os binários essenciais para o funcionamento do sistema. Como também comandos básicos do SO como rm, pwd, su, tar, entre outros.
/Sbin	(binaries): armazena os binários essenciais para o funcionamento do sistema que sejam vinculados ao Super Usuário (administrador).
/mnt	(Mount): conhecido como ponto de montagem padrão, é o local por meio do qual se tem acesso às unidades de armazenamento conectados no computador.
/etc	Armazena os arquivos de configuração do sistema operacional.
/boot	Arquivos necessários para o boot do sistema.
/tmp	Arquivos temporários.
/home	Armazena as pastas dos usuários.
/root	Diretório do administrador.

4.4 Gerenciadores de arquivos

O gerenciador de arquivo é o programa que permite navegar entre as pastas do computador, como também realizar tarefas do tipo copiar, recortar, colar, renomear e mover arquivos e pastas.

O Nautilus é o gerenciador de arquivos utilizado nas distribuições Linux que trabalham com a interface gráfica Gnome, enquanto as distribuições que utilizam o KDE têm como gerenciador de arquivos o Konqueror, que também pode ser utilizado como navegador de internet (o Nautilus tem essa opção desabilitada por segurança).

4.5 Terminal Linux

O Shell é o aplicativo que permite operar com o sistema operacional Linux por meio de linhas de comandos, ou seja, é o responsável por ler e interpretar um comando do usuário. Ele é similar ao Prompt de comandos no Windows (DOS).

4.6 Comandos Linux

Embora o Linux possua várias interfaces gráficas que podem ser utilizadas, a boa e velha linha de comando ainda é o caminho mais prático e rápido para a execução de muitas tarefas. Para facilitar o entendimento, a tabela a seguir contém os principais comandos suas ações:

Comandos	Funções
cd	Permite navegar entre as pastas.
ls	Lista arquivos e pastas do diretório atual.
clear	Limpa a tela.
exit	Sai do terminal.
cp	Copia um arquivo ou pasta especificado.
rm	Remove um arquivo ou pasta especificado.
init 0	Desliga o computador (é necessário ser administrador para executar este comando).
init 6	Reinicia o computador (é necessário ser administrador para executar este comando).
chmod	Permite alterar as permissões de arquivos e pastas.
mv	Move arquivos e pastas. Também pode ser utilizado para renomear um arquivo ou pasta.
pwd	Mostra o diretório em que você está.
mkdir	Cria um diretório.
reboot	Reinicia o sistema operacional.
tar	Empacota os arquivos e pastas em um único arquivo (não compacta).
gzip	Compacta os arquivos e/ou pastas em um mesmo arquivo.

INFO

5 WINDOWS 10

O Microsoft Windows 10 é um sistema operacional lançado em 29 de julho de 2015. Essa versão trouxe inúmeras novidades, principalmente por conta da sua portabilidade para celulares e tablets.

5.1 Requisitos mínimos

Para instalar o Windows 10, o computador deve ter no mínimo 1 GB de memória RAM para computadores com processador 32 bits de 1 GHz, e 2 GB de RAM para processadores de 32 bits de 1 GHz. Todavia, recomenda-se pelo menos 4 GB.

A versão 32 bits do Windows necessita, inicialmente, de 16 GB de espaço livre em disco, enquanto o Windows 64 bits utiliza 20 GB. A resolução mínima recomendada para o monitor é de 1.024 × 768.

5.2 Diferenças em relação à versão anterior

O Windows 10 nasceu com a promessa de ser o último Windows lançado pela Microsoft, o que não significa que não será atualizado. A proposta da fabricante é não lançar mais versões, a fim de tornar as atualizações mais constantes, sem a necessidade de aguardar para atualizar junto com uma versão numerada. Em de outubro de 2021, o Windows 11 foi lançado e conta com um visual mais limpo e minimalista, incluindo ícones remodelados, janelas translúcidas, nova iconografia e um Menu Iniciar centralizado.

O objetivo do projeto do novo Windows foi baseado na interoperabilidade entre os diversos dispositivos como tablets, smartphones e computadores, de modo que a integração seja transparente, sem que o usuário precise, a cada momento, indicar o que deseja sincronizar.

A Charms Bar, presente no Windows 8 e 8.1, foi removida, e a tela inicial foi fundida ao botão (menu) Iniciar. Algumas outras novidades apresentadas pela Microsoft são:

- Xbox Live e novo Xbox app proporcionam novas experiências de jogo no Windows 10. No Xbox, é possível que jogadores e desenvolvedores acessem à rede de jogos do Xbox Live, tanto nos computadores quanto no Xbox One. Os jogadores podem capturar, editar e compartilhar seus melhores.
- Momentos no jogo com o Game DVR e disputar novos jogos com os amigos nos dispositivos, conectando a outros usuários do mundo todo. Os jogadores também podem disputar jogos no seu computador, transmitidos por stream diretamente do console Xbox One para o tablet ou computador Windows 10, dentro de casa.
- Sequential mode: em dispositivos 2 em 1, o Windows 10 alterna facilmente entre teclado, mouse, toque e tablet. À medida que detecta a transição, muda convenientemente para o novo modo.
- Novos apps universais: o Windows 10 oferece novos aplicativos de experiência, consistentes na sequência de dispositivos, para fotos, vídeos, música, mapas, pessoas e mensagens, correspondência e calendário. Esses apps integrados têm design atualizado e uniformidade de app para app e de dispositivo para dispositivo. O conteúdo é armazenado e sincronizado por meio do OneDrive, e isso permite iniciar uma tarefa em um dispositivo e continuá-la em outro.

5.2.1 Área de Trabalho

A barra de tarefas apresenta como novidade a busca integrada.

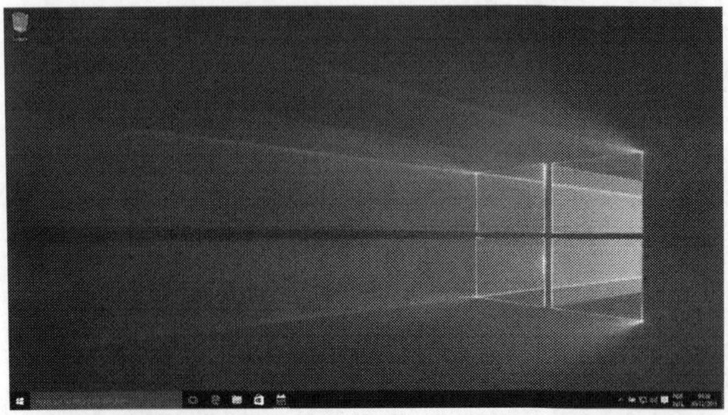

5.2.2 Cortana

Esse recurso opera junto ao campo de pesquisa localizado na barra de tarefas do Windows. É uma ferramenta de execução de comandos por voz, porém, ainda não conta com versão para o português do Brasil.

5.2.3 Continue de onde parou

Esse recurso permite uma troca entre computador, tablet e celular sem que o usuário tenha de salvar os arquivos e os enviar para os aparelhos; o próprio Windows se encarrega da sincronização.

Ao abrir um arquivo em um computador e editá-lo, basta abri-lo em outro dispositivo, de modo que as alterações já estarão acessíveis (a velocidade e disponibilidade dependem da conexão à internet).

5.2.4 Desbloqueio imediato de usuário

Trata-se de um recurso disponível que permite ao usuário que possua webcam usar uma forma de reconhecimento facial para *logar* no sistema, sem a necessidade de digitar senha.

5.2.5 Múltiplas áreas de trabalho

Uma das novidades do Windows 10 é a possibilidade de manipular "múltiplas Áreas de Trabalho", uma característica que já estava há tempos presente no Linux e no MacOS. Ao usar o atalho Windows + Tab, é possível criar uma Área de Trabalho e arrastar as janelas desejadas para ela.

5.2.6 Iniciar

Com essa opção em exibição, ao arrastar o mouse ligeiramente para baixo, são listados os programas abertos pela tela inicial. Programas abertos dentro do desktop não aparecem na lista, conforme ilustrado a seguir.

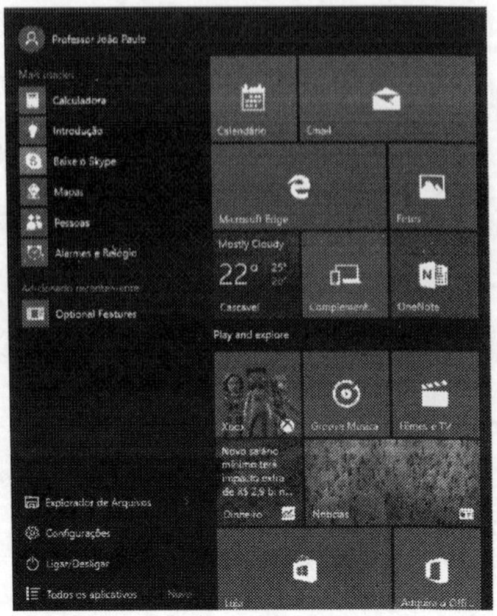

5.2.7 Aplicativos

Os aplicativos podem ser listados clicando-se no botão presente na parte inferior do botão Iniciar, mais à esquerda.

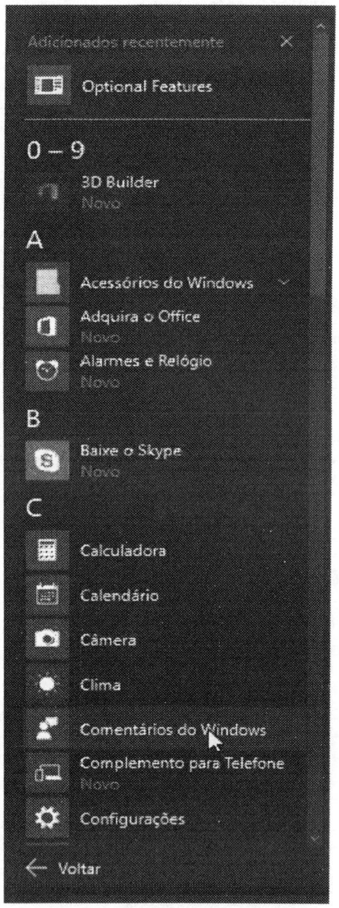

5.2.8 Acessórios

O Windows 10 reorganizou seus acessórios ao remover algumas aplicações para outro grupo (sistema do Windows).

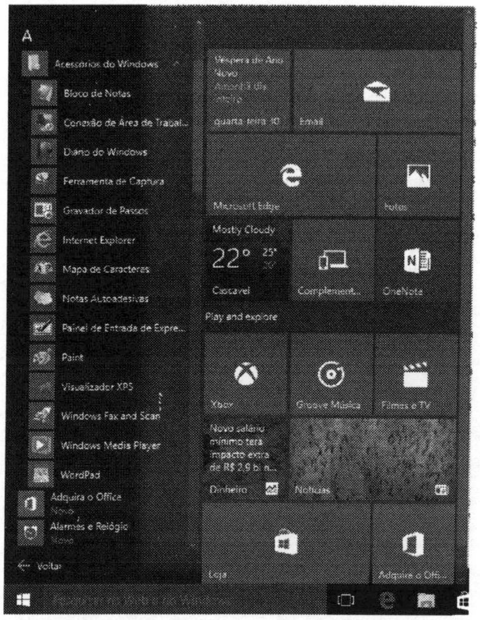

Os aplicativos listados como acessórios são, efetivamente:

- Bloco de notas;
- Conexão de área de trabalho remota;
- Diário do Windows;
- Ferramenta de captura;
- Gravador de passos;
- internet Explorer;
- Mapa de caracteres;
- Notas autoadesivas;
- Painel de entrada de expressões matemática;
- Paint;
- Visualizador XPS;
- Windows Fax and Scan;
- Windows Media Player;
- WordPad.

5.2.9 Bloco de notas

O bloco de notas é um editor de texto simples, e apenas texto, ou seja, não aceita imagens ou formatações muito avançadas e são possíveis apenas algumas formatações de fonte: tipo/nome da fonte, estilo de fonte (negrito, itálico) e tamanho da fonte. A imagem a seguir ilustra a janela do programa.

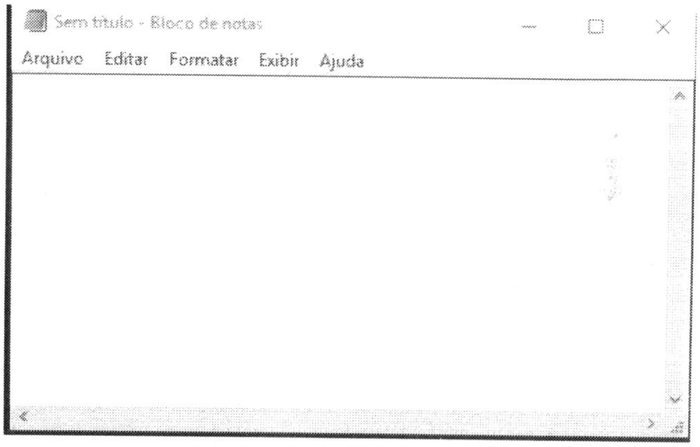

A cor da fonte não é uma opção de formatação presente. A janela a seguir ilustra as opções.

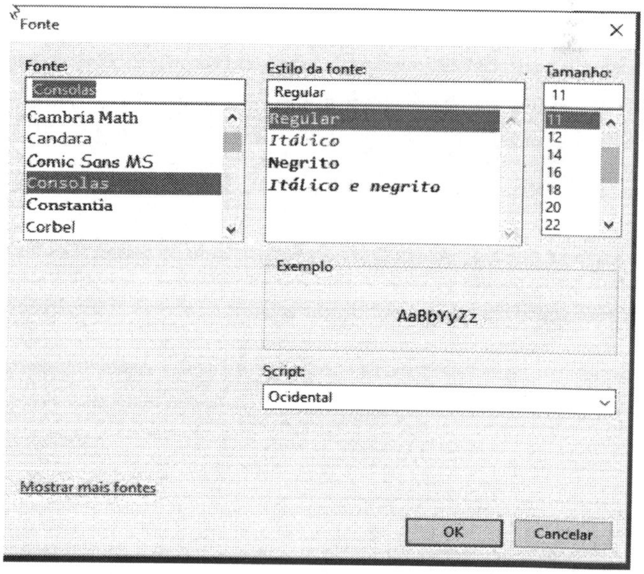

5.2.10 Conexão de área de trabalho remota

A conexão remota do Windows não fica ativa por padrão, por questões de segurança. Para habilitar a conexão, é necessário abrir a janela de configuração das Propriedades do Sistema, ilustrada a seguir. Essa opção é acessível pela janela Sistema do Windows.

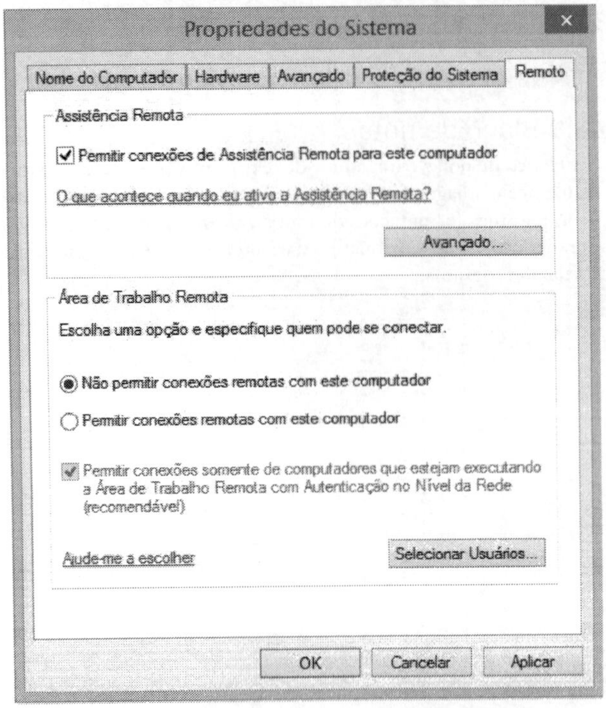

A conexão pode ser limitada à rede por restrição de autenticação em nível de rede, ou pela internet, usando contas de e-mail da Microsoft. A figura a seguir ilustra a janela da Conexão de Área de Trabalho Remota.

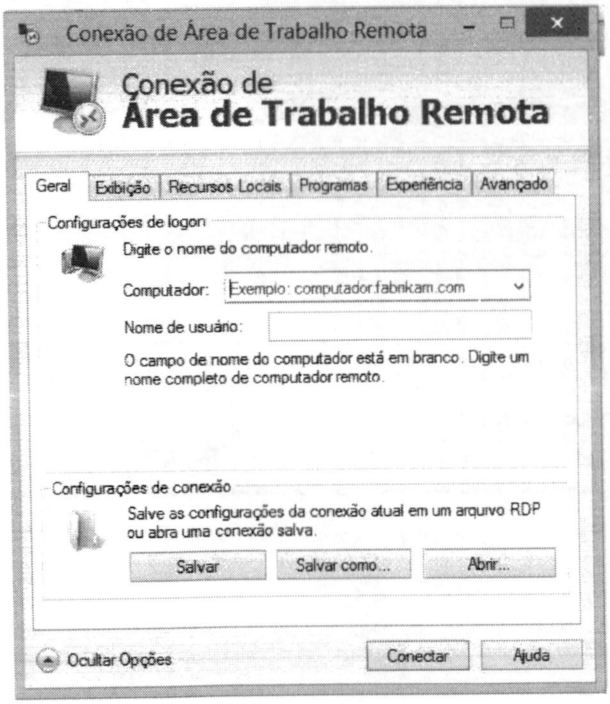

5.2.11 Diário do Windows

A ferramenta Diário do Windows é uma novidade no Windows 8. Ela permite que o usuário realize anotações como em um caderno. Os recursos de formatação são limitados, de modo que o usuário pode escrever com fonte manuscrita ou por meio de caixas de texto.

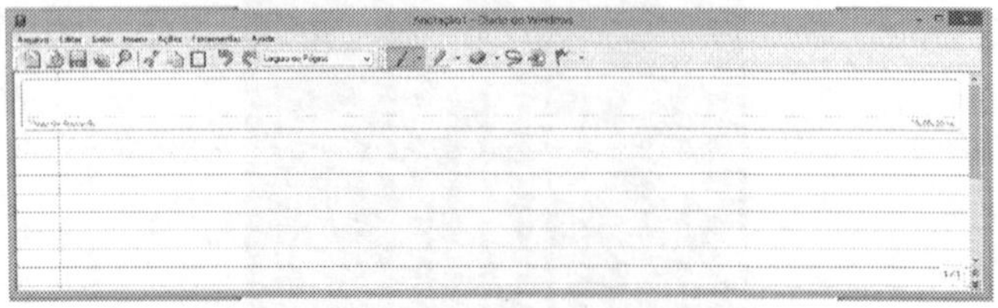

5.2.12 Ferramenta de captura

A ferramenta de captura, presente desde o Windows 7, permite o print de partes da tela do computador. Para tanto, basta selecionar a parte desejada usando o aplicativo.

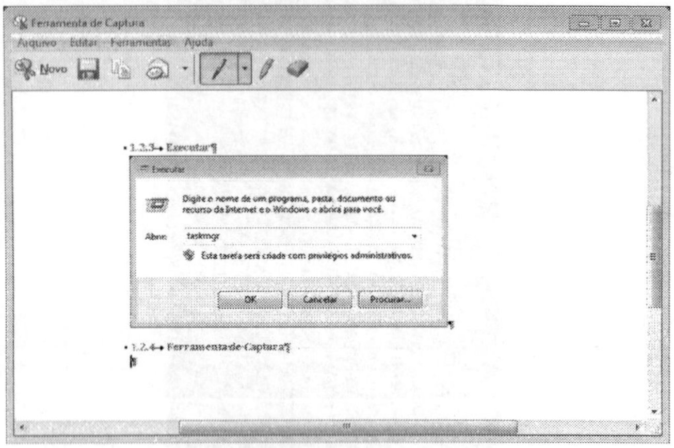

5.2.13 Gravador de passos

É um recurso vindo desde o Windows 8, muito útil para atendentes de suporte que precisam apresentar o passo a passo das ações que um usuário precisa executar para obter o resultado esperado. A figura a seguir ilustra a ferramenta com um passo gravado para exemplificação.

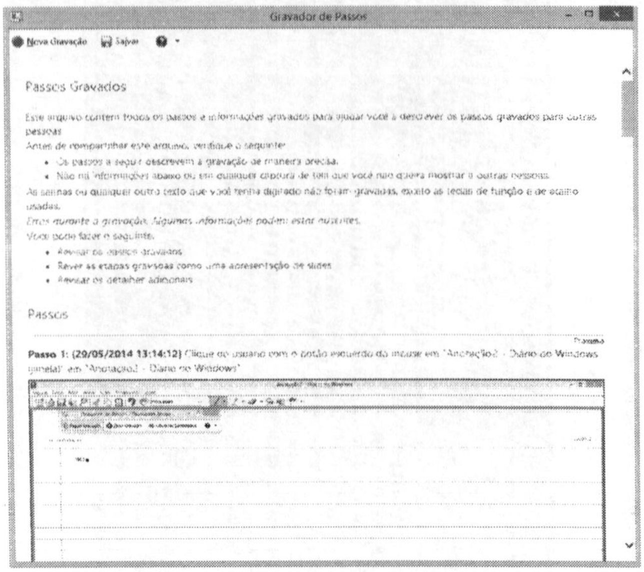

5.2.14 Mapa de caracteres

Frequentemente, faz-se necessário utilizar alguns símbolos diferenciados. Esses símbolos são chamados de caracteres especiais e esse recurso consegue listar os caracteres não presentes no teclado para cada fonte instalada no computador e copiá-los para a área de transferência do Windows.

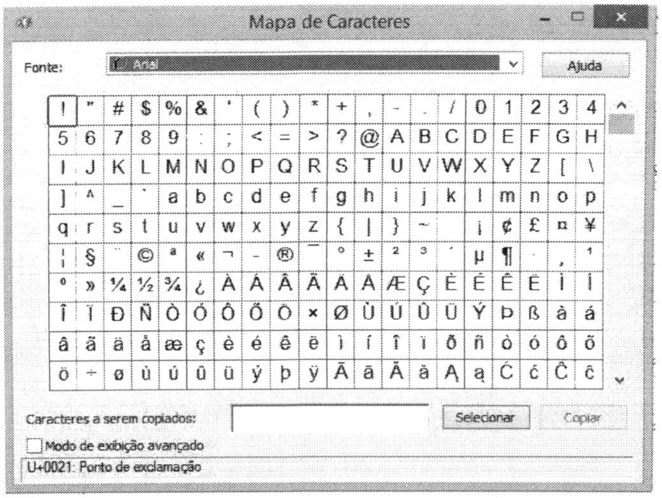

5.2.15 Notas autoadesivas

Por padrão, as notas autoadesivas são visíveis na Área de Trabalho, elas se parecem com post-its.

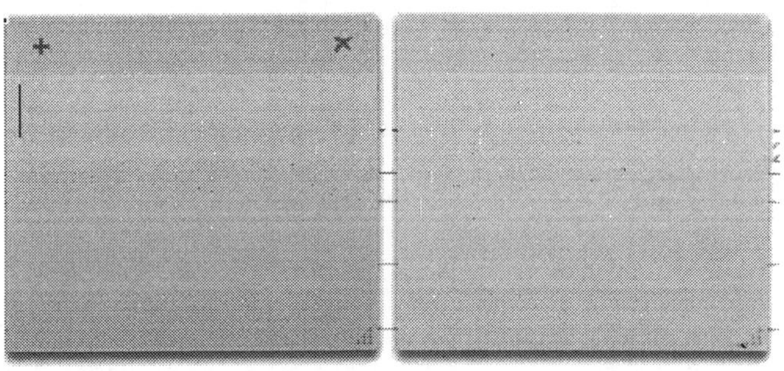

5.2.16 Painel de entrada de expressões matemáticas

Essa ferramenta possibilita o usuário de desenhar fórmulas matemáticas como integrais e somatórios, e ainda colar o resultado produzido em documentos. É possível fazer isso utilizando o mouse ou outro dispositivo de inserção como tablet canetas e mesas digitalizadoras.

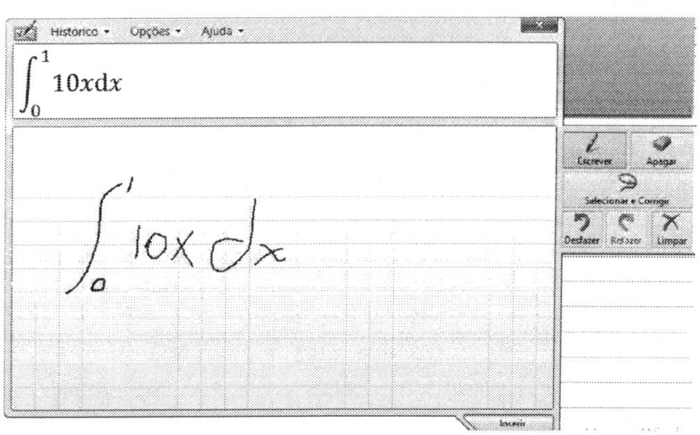

5.2.17 Paint

O tradicional editor de desenho do Windows, que salva seus arquivos no formato PNG, JPEG, JPG, GIF, TIFF e BMP (Bitmap), não sofreu mudanças em comparação com a versão presente no Windows 7.

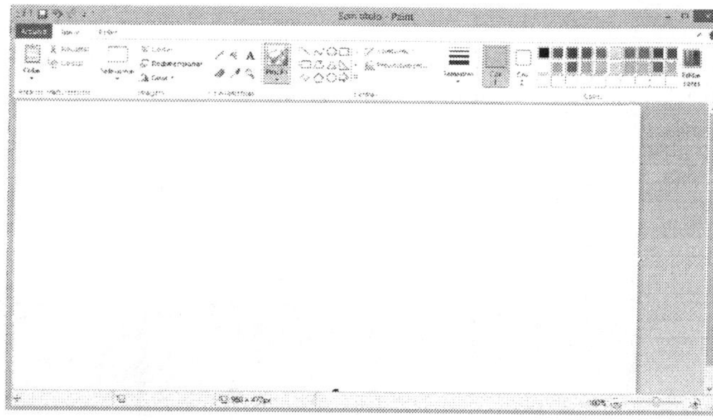

5.2.18 WordPad

É um editor de texto que faz parte do Windows, ao contrário do MS Word, com mais recursos que o Bloco de Notas.

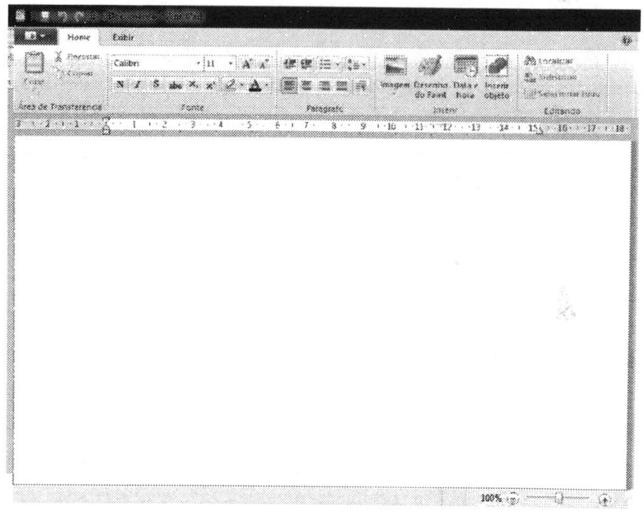

5.2.19 Facilidade de acesso

Anteriormente conhecida como ferramentas de acessibilidade, são recursos que têm por finalidade auxiliar pessoas com dificuldades para utilizar os métodos tradicionais de interação com o computador.

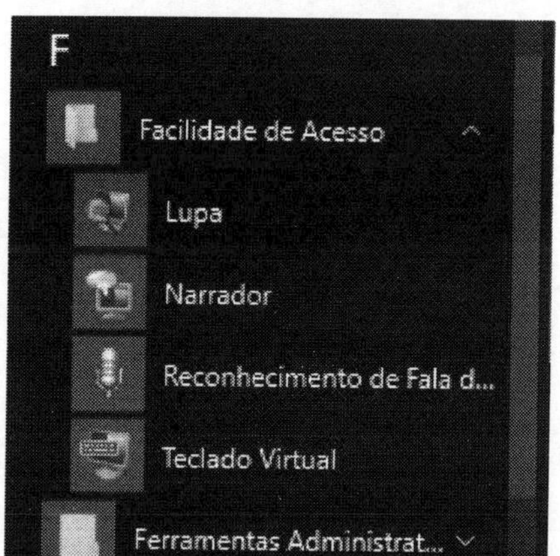

Lupa

Ao utilizar a lupa, pode-se ampliar a tela ao redor do ponteiro do mouse, como também é possível usar metade da tela do computador exibindo a imagem ampliada da área próxima ao cursor.

Narrador

O narrador é uma forma de leitor de tela que lê o texto das áreas selecionadas com o mouse.

Teclado virtual

O teclado virtual é um software que permite entrada de texto em programas de computador de maneira alternativa ao teclado convencional.

Fique ligado

É preciso ter muito cuidado para não confundir o teclado virtual do Windows com o teclado virtual usado nas páginas de internet Banking.

5.2.20 Calculadora

A calculadora do Windows 10 deixa de ser associada aos acessórios. Outra grande mudança é o fato de que sua janela pode ser redimensionada, bem como perde um modo de exibição, sendo eles: padrão, científica e programador. Apresenta inúmeras opções de conversões de medidas, conforme ilustrado respectivamente ilustradas a seguir.

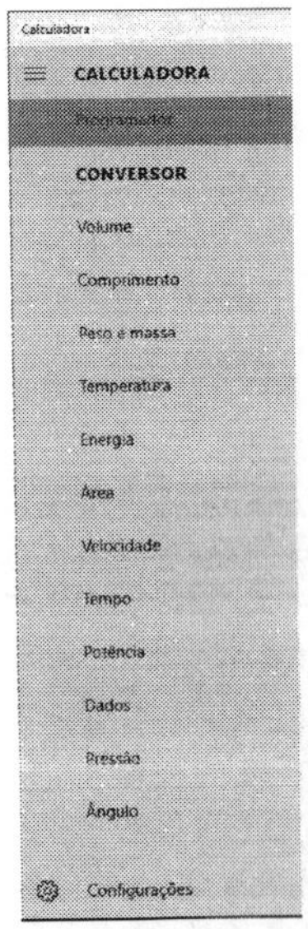

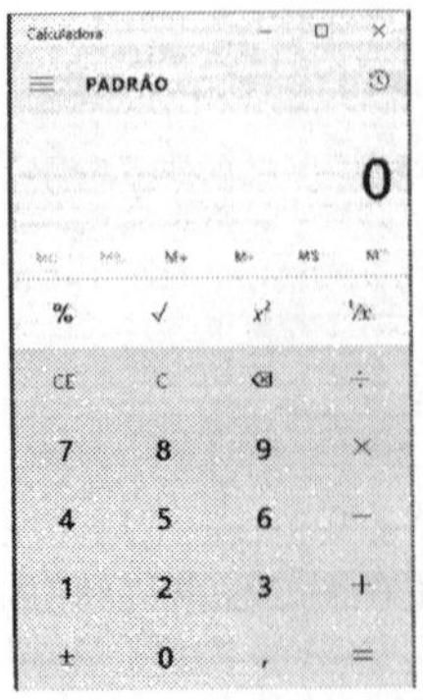

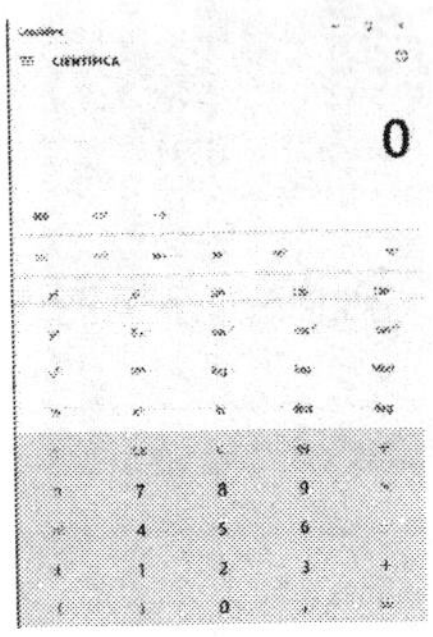

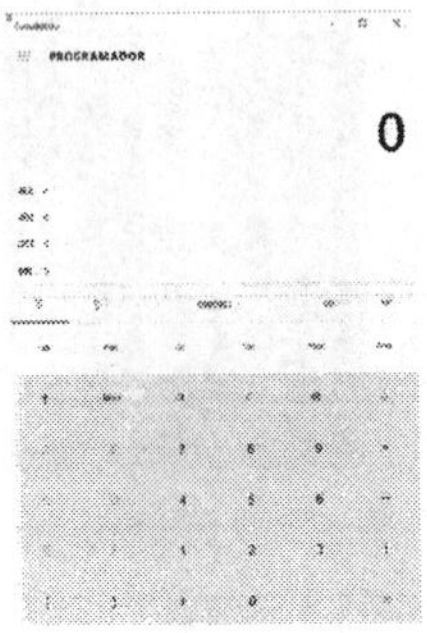

5.2.21 Painel de Controle

É o local onde se encontram as configurações do sistema operacional Windows e pode ser visualizado em dois modos: ícones ou categorias. As imagens a seguir representam, respectivamente, o modo ícones e o modo categorias.

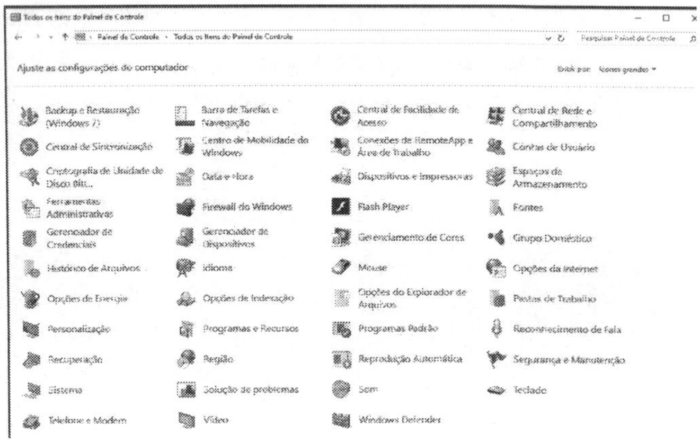

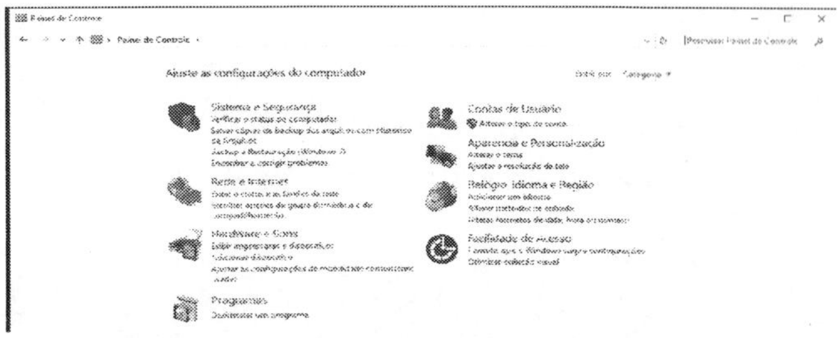

No modo categorias, as ferramentas são agrupadas de acordo com sua similaridade, como "Sistema e segurança", o que envolve o "Histórico de arquivos" e a opção "Corrigir problemas".

A opção para remover um programa possui uma categoria exclusiva chamada "Programas".

Na categoria "Relógio, idioma e região", temos acesso às opções de configuração do idioma padrão do sistema. Por consequência, é possível também o acesso às unidades métricas e monetárias, bem como alterar o layout do teclado ou botões do mouse.

Algumas das configurações também podem ser realizadas pela janela de configurações acessível pelo botão Iniciar.

5.2.22 Segurança e manutenção

Nessa seção, é possível verificar o nível de segurança do computador em relação ao sistema ou à possibilidade de invasão.

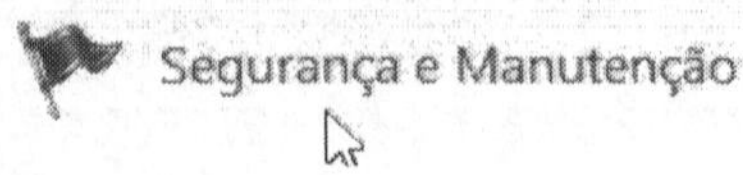

5.2.23 Windows Defender

No Windows 10, o Windows Defender passou a ser antivírus, além de ser antispyware.

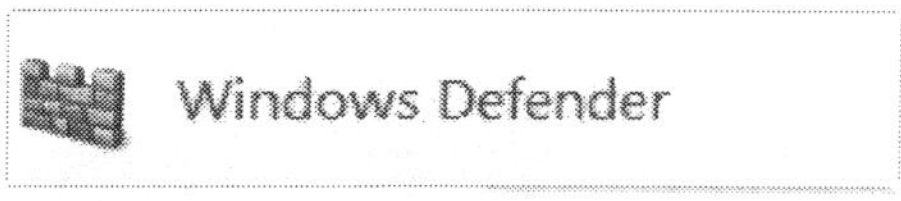

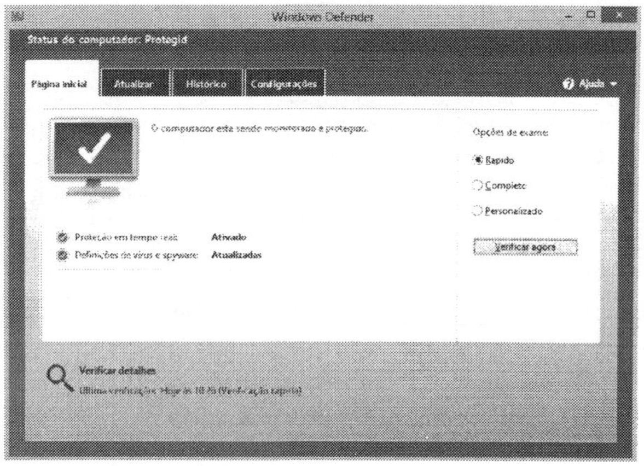

5.3 Estrutura de diretórios

Uma estrutura de diretórios é como o sistema operacional, em que organiza os arquivos, separando-os de acordo com sua finalidade.

O termo diretório é um sinônimo para pasta, que se diferencia apenas por ser utilizado, em geral, quando se cita alguma pasta "raiz" de um dispositivo de armazenamento ou partição.

Quando citamos o termo "raiz", estamos fazendo uma alusão a uma estrutura que se parece com uma árvore, que parte de uma raiz e cria vários galhos, que são as pastas, e as folhas, que são os arquivos. Dessa maneira, observamos que o **diretório raiz do Windows** é o diretório **C:** ou **C:**, enquanto o **diretório Raiz do Linux** é o /.

5.4 Ferramentas administrativas

Compreende ferramentas como agendador de tarefas, limpeza de disco, monitoramento de desempenho, entre muitos outros, que auxiliam na manutenção e no bom funcionamento da máquina.

Limpeza de disco

Apaga os arquivos temporários, por exemplo, arquivos da Lixeira, da pasta "Temporários da internet" e, no caso do Windows, a partir da versão Vista, as miniaturas.

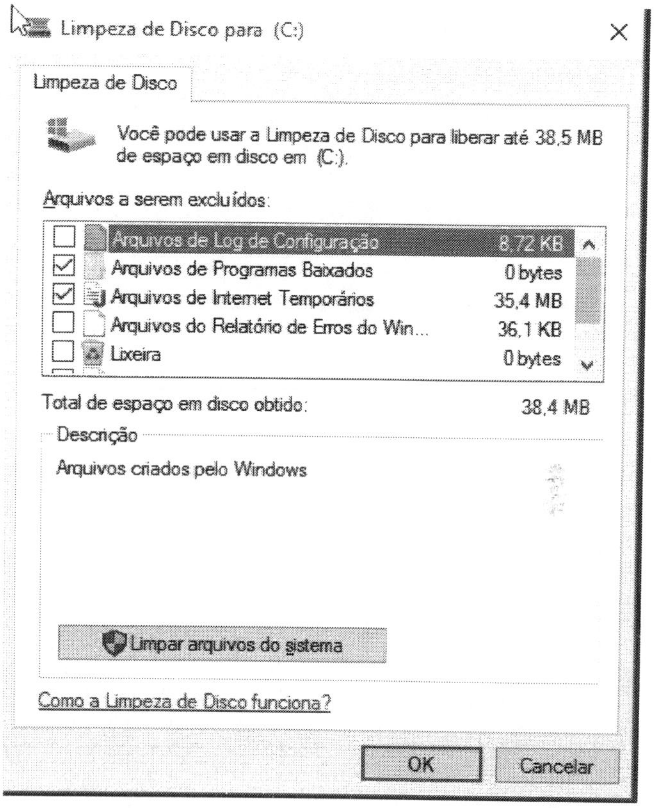

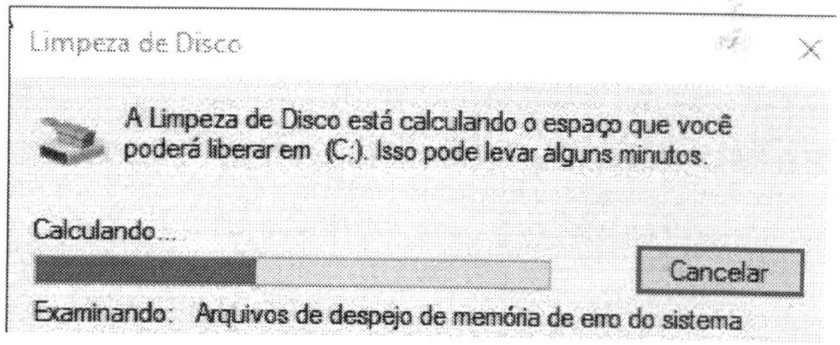

Lixeira

A capacidade da Lixeira do Windows é calculada. Assim, para HDs de até 40 GB, a capacidade é de 10%. Todavia, para discos rígidos maiores que 40 GB, o cálculo não é tão direto. Vamos a um exemplo: caso um HD possua o tamanho de 200 GB, é necessário descontar 40 GB, pois até 40 GB a lixeira possui capacidade de 10%; assim, sobram 160 GB. A partir desse valor, deve-se calcular mais 5%, ou seja, 8 GB. Com isso, a capacidade total da lixeira do HD de 200 GB fica com 4 GB + 8 GB = 12 GB.

Fique ligado

É importante, ainda, destacar que a capacidade da lixeira é calculada para cada unidade de armazenamento. Desse modo, se um HD físico de 500 GB estiver particionado, é necessário calcular separadamente a capacidade da lixeira para cada unidade.

A Lixeira é um local, e não uma pasta. Ela lista os arquivos que foram excluídos, porém nem todos aqueles que foram excluídos vão para a Lixeira. Vejamos a lista de situações em que um arquivo não será movido para a lixeira:

- Arquivos maiores do que a capacidade da Lixeira;
- Arquivos que estão compartilhados na rede;
- Arquivos de unidades removíveis;
- Arquivos que foram removidos de forma permanente pelo usuário.

Desfragmentar e otimizar unidades

É responsabilidade do Desfragmentador organizar os dados dentro do HD de maneira contínua/contígua para que o acesso às informações em disco seja realizado mais rapidamente.

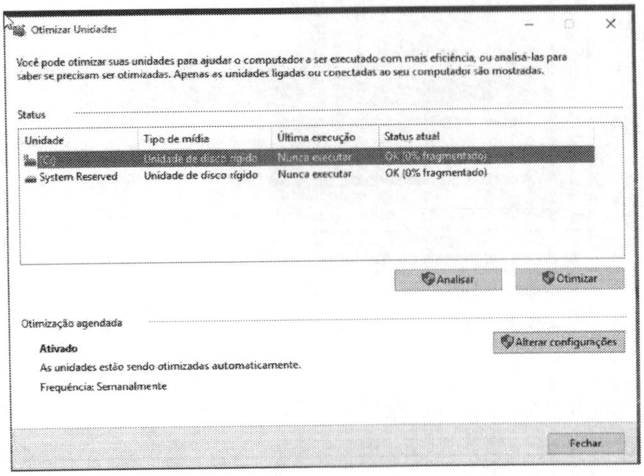

Configuração do sistema

A Configuração do Sistema é também acessível ao ser digitado o comando msconfig na janela "Executar". Essa ação permite configurar quais serviços serão carregados com o Sistema. No entanto, para fazer essa configuração, deve-se proceder ao acesso pelo "Gerenciador de tarefas".

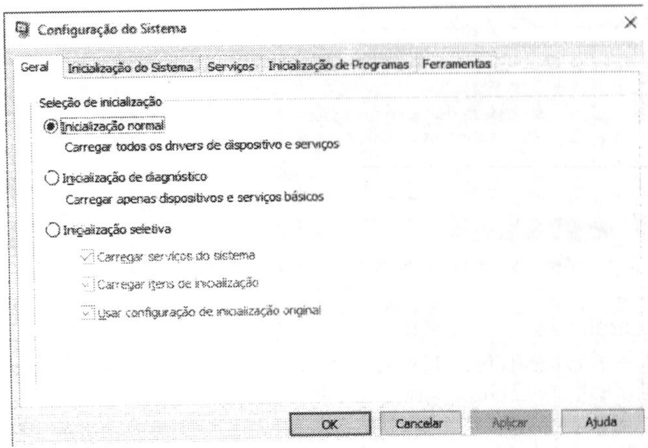

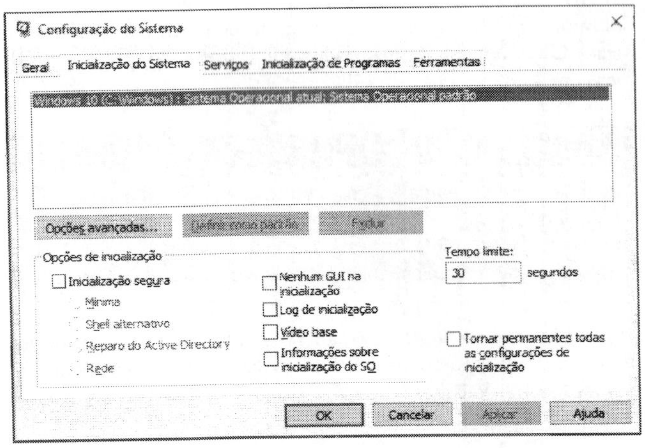

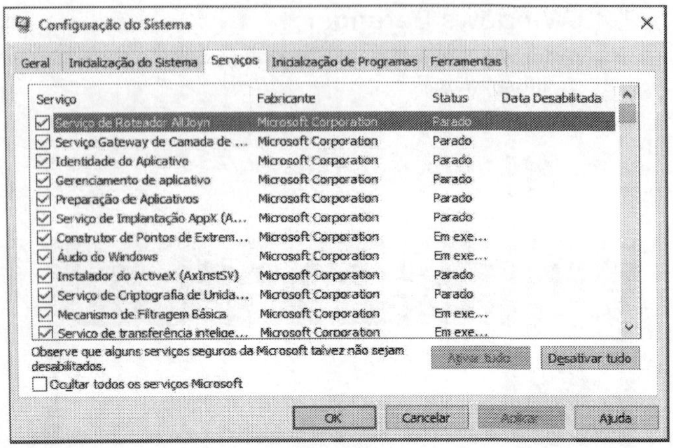

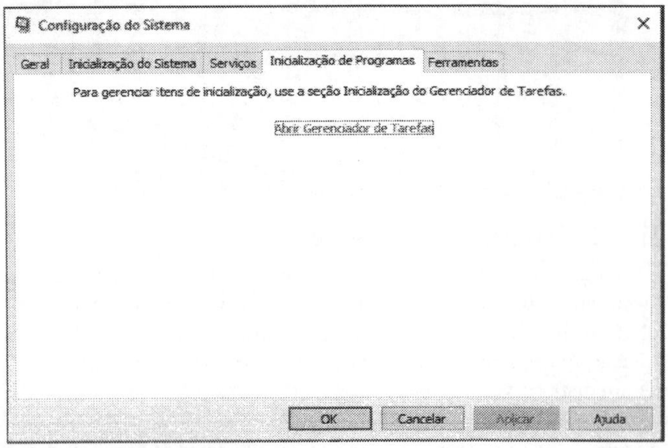

Monitor de recursos

Permite monitorar os recursos do computador e qual o uso que está sendo realizado.

ScanDisk

O ScankDisk é o responsável por verificar o HD em busca de falhas de disco. Muitas vezes, ele consegue corrigi-las.

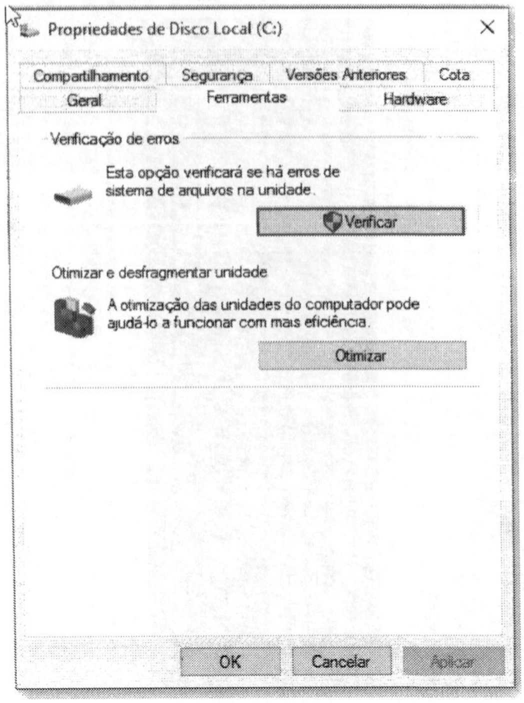

5.5 Configurações

Uma novidade do Windows 10 é a opção "Configurações", presente no botão Iniciar, que apresenta uma estrutura similar ao Painel de Controle, realizando a separação por categorias de ferramentas, conforme ilustra a figura a seguir.

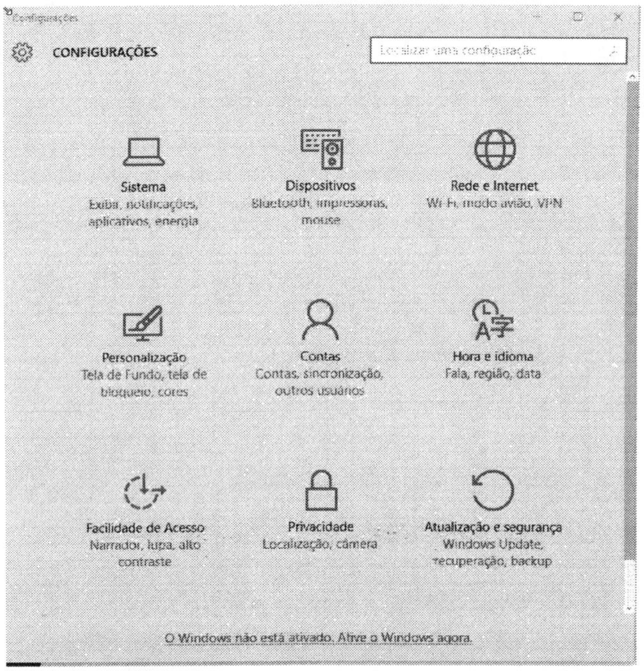

5.6 Sistema

Nessa opção, são apresentadas as ferramentas de configuração de resolução de tela, definição de monitor principal (caso possua mais de um), modos de gestão de energia (mais utilizados em notebooks).

Também é possível encontrar a opção "Mapas offline", que permite o download de mapas para a pesquisa e o uso por GPS, principalmente usado em dispositivos móveis ou dotados de GPS.

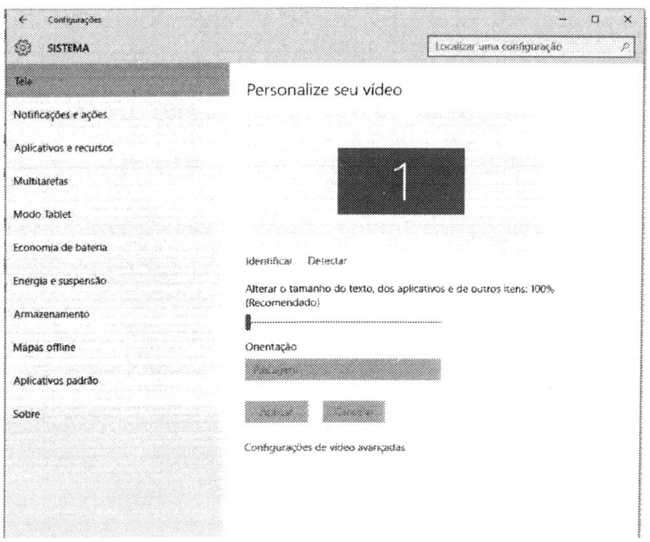

5.7 Dispositivos

Esse recurso lista os dispositivos que foram instalados em algum momento no sistema, como as impressoras.

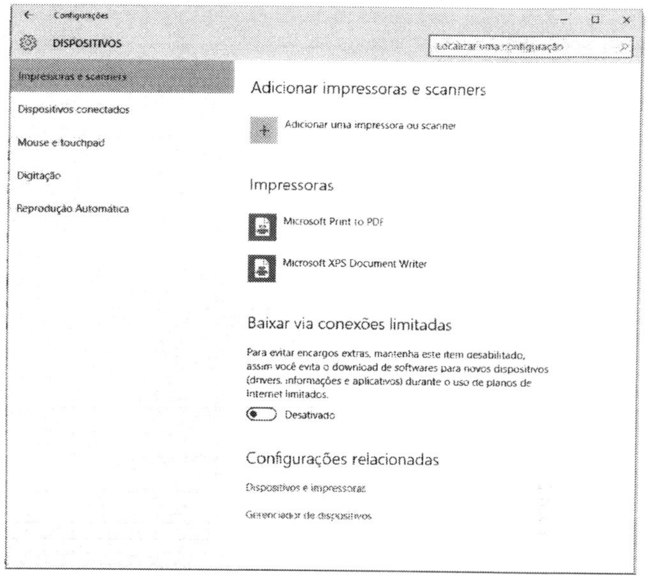

5.8 Rede e internet

Esse recurso serve para configurar rapidamente o proxy de uma rede, ou ativar/desativar a rede wi-fi, incluindo a opção para configurar uma rede VPN.

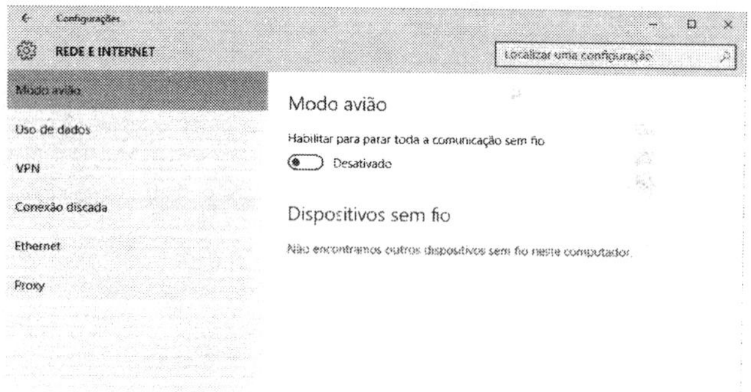

5.9 Personalização

Para personalizar os temas de cores da Área de Trabalho do Windows e os papéis de parede, a opção de personalização pode ser acessada pelas Configurações. Também é possível clicar com o botão direito do mouse sobre uma área vazia da Área de Trabalho e selecionar a opção "Personalizar".

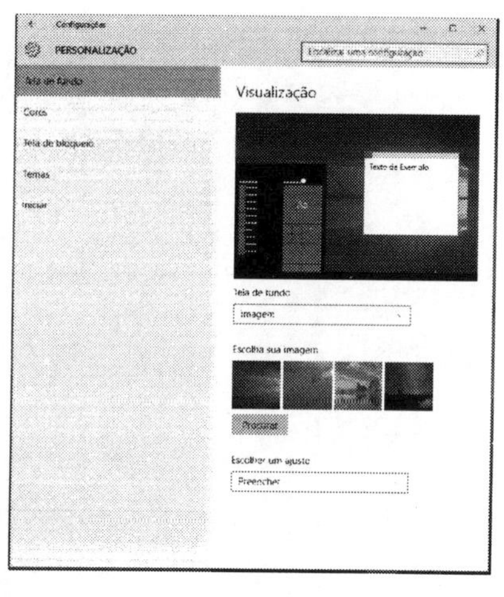

5.9.1 Contas

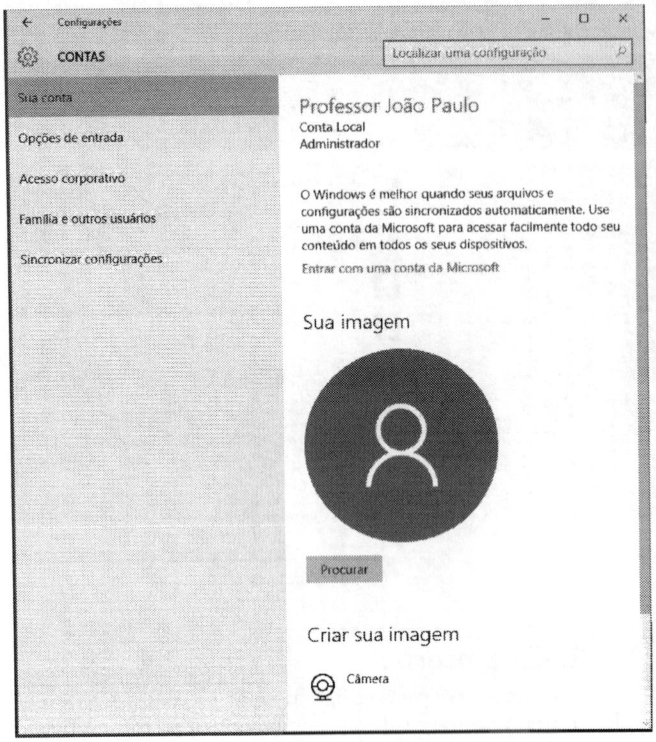

5.9.2 Hora e idioma

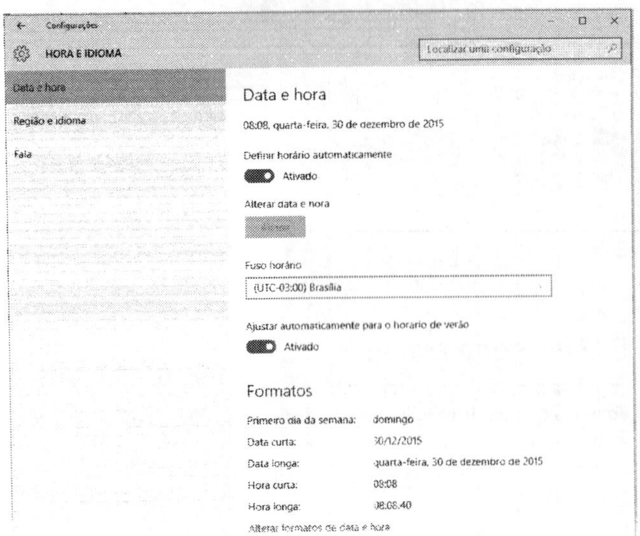

5.10 Facilidade de acesso

Além de contar com as ferramentas para acessibilidade, é possível configurar algumas características com alto contraste para melhorar o acesso ao uso do computador.

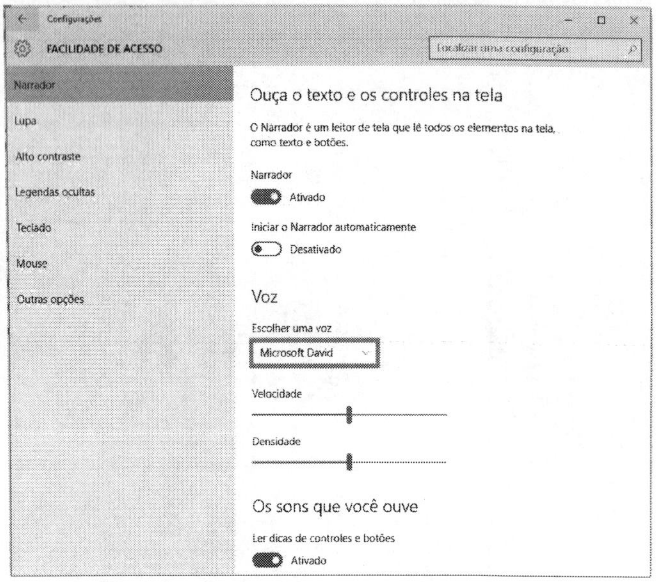

5.10.1 Privacidade

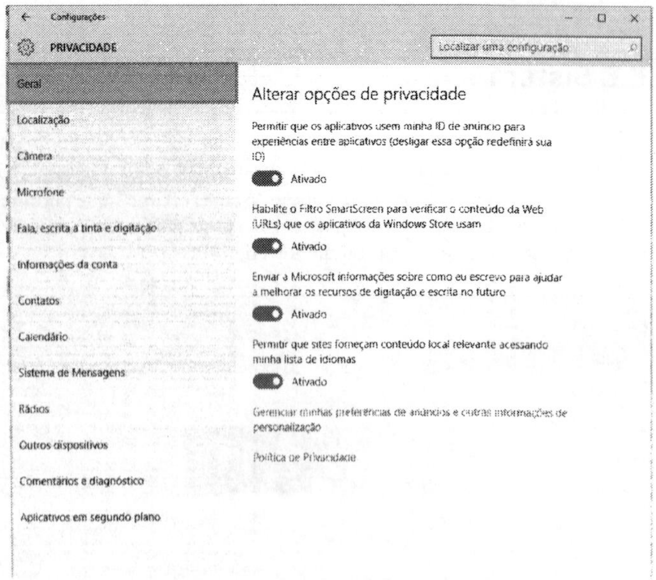

5.11 Atualização e segurança

Essa opção talvez seja uma das principais opções da janela de Configurações, pois, como necessidade mínima para a segurança, o sistema operacional deve estar sempre atualizado, assim como precisa possuir um programa antivírus que também esteja atualizado.

Vale lembrar que a realização periódica de backups também é considerada como um procedimento de segurança.

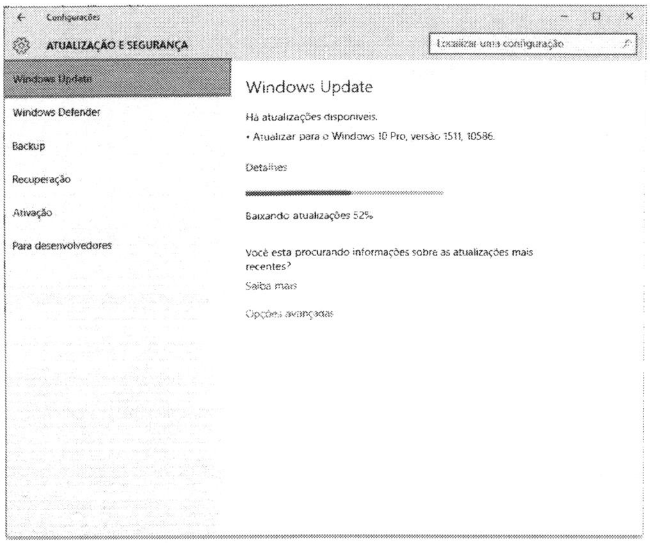

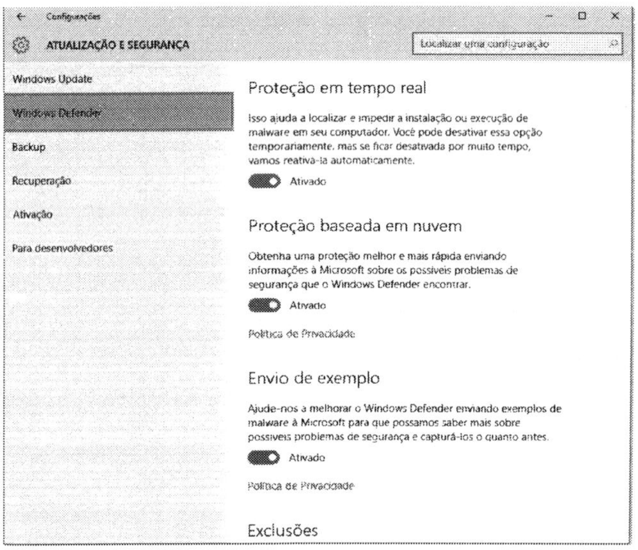

O Windows 10 realiza o backup dos arquivos usando a ferramenta "Histórico de arquivos", embora ainda permita realizar backups como no Windows 7.

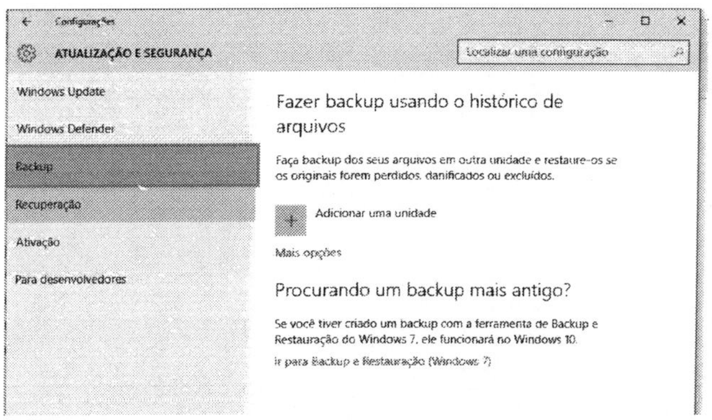

A opção "Para desenvolvedores" é uma novidade do Windows que assusta alguns usuários desavisados, pois, ao tentarem instalar algum aplicativo que não seja originário da loja da Microsoft, não conseguem. Esse impedimento ocorre por segurança. De qualquer forma, para poder instalar aplicativos "externos", basta selecionar a opção "Sideload" ou "Modo desenvolvedor".

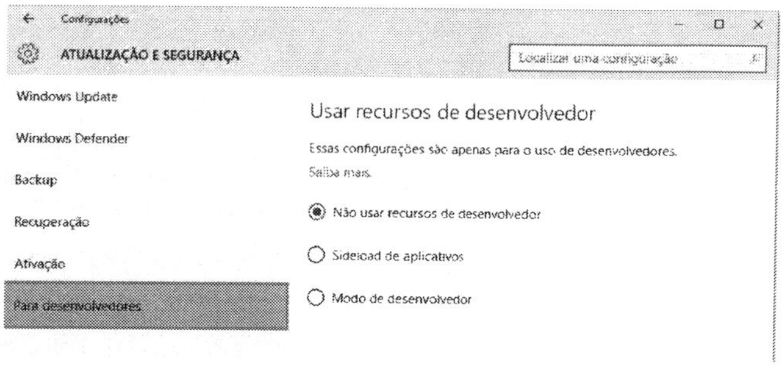

5.12 Backup no Windows 10

Um backup consiste em uma cópia de segurança dos arquivos, que deve ser feita periodicamente, preferencialmente em uma unidade de armazenamento separada do computador.

Apesar do nome cópia de segurança, um backup não impede que os dados sejam acessados por outros usuários. Ele é apenas uma salvaguarda dos dados para amenizar os danos de uma perda.

Nos Windows 8 e 10, o backup é gerenciado pelo "Histórico de arquivos", conforme a imagem a seguir.

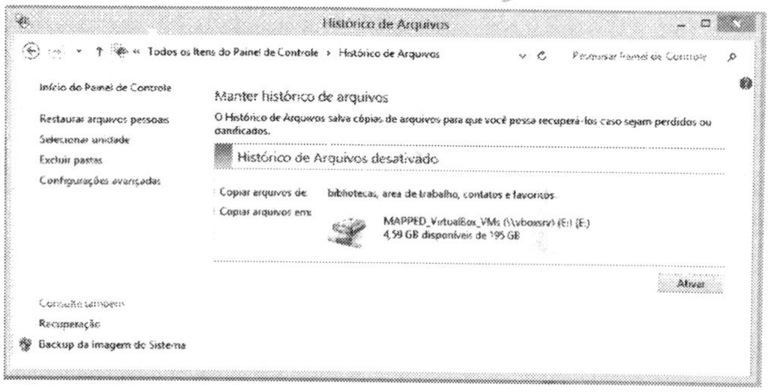

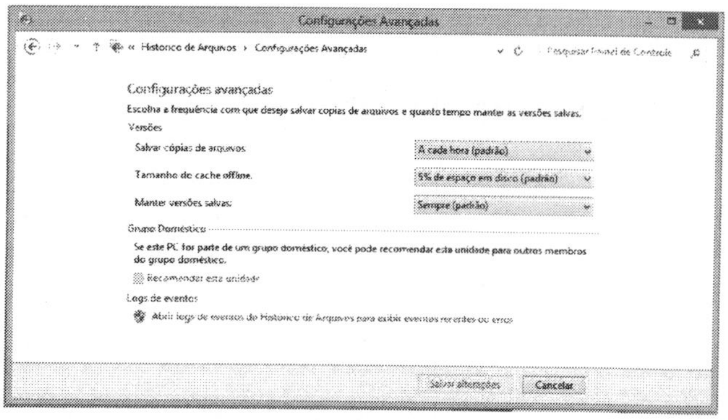

5.12.1 Backup da imagem do sistema

O Backup do Windows oferece a capacidade de criar uma imagem do sistema, que é uma imagem exata de uma unidade. Uma imagem do sistema inclui o Windows e as configurações do sistema, os programas e os arquivos. É possível usar esse recurso para restaurar o conteúdo do computador, caso o disco rígido ou o computador pararem de funcionar. Quando se restaura o computador a partir de uma imagem do sistema, trata-se de uma restauração completa; não é possível escolher itens individuais para a restauração, e todos os atuais programas, as configurações do sistema e os arquivos serão substituídos. Embora esse tipo de backup inclua arquivos pessoais, é recomendável fazer backup dos arquivos regularmente, usando o Backup do Windows, a fim de que seja possível restaurar arquivos e pastas individuais conforme a necessidade. Quando for configurado um backup de arquivos agendado, o usuário poderá escolher se deseja incluir uma imagem do sistema. Essa imagem do sistema inclui apenas as unidades necessárias à execução do Windows. É possível criar manualmente uma imagem do sistema, caso o usuário queira incluir unidades de dados adicionais.

5.12.2 Disco de restauração

O disco de restauração armazena os dados mais importantes do sistema operacional Windows, em geral, o que é essencial para seu funcionamento. Esse disco pode ser utilizado quando o sistema vier a apresentar problemas, por vezes decorrentes de atualizações.

5.12.3 Tipos de backup

- **Completo/Normal:** também chamado backup total, é aquele em que todos os dados são salvos em única cópia de segurança. Ele é indicado para ser feito com menor frequência, pois é o mais demorado para ser processado, como também para ser recuperado. Contudo, localizar um arquivo fica mais fácil, pois se tem apenas uma cópia dos dados.
- **Diferencial:** esse procedimento de backup grava os dados alterados desde o último backup completo. Assim, no próximo backup diferencial, somente serão salvos os dados modificados desde a última vez em que foi realizado o completo. No entanto, esse backup é mais lento de ser processado do que o backup incremental, porém é mais rápido de ser restaurado, pois é necessário apenas restaurar o último backup completo e o último diferencial.
- **Incremental:** nesse tipo de backup, são salvos apenas os dados que foram alterados após a última cópia de segurança realizada. Este procedimento é mais rápido de ser processado, porém leva mais tempo para ser restaurado, pois envolve restaurar todos os backups anteriores. Os arquivos gerados são menores do que os gerados pelo backup diferencial.
- **Diário:** um backup diário copia todos os arquivos selecionados que foram modificados no dia de execução do backup diário. Os arquivos não são marcados como aqueles passaram por backup (o atributo de arquivo não é desmarcado).
- **De cópia:** um backup de cópia copia todos os arquivos selecionados, mas não os marca como arquivos que passaram por backup (ou seja, o atributo de arquivo não é desmarcado). A cópia é útil caso o usuário queira fazer backup de arquivos entre os backups normal e incremental, pois ela não afeta essas outras operações.

5.13 Explorador de arquivos

Conhecido até o Windows 7 como Windows Explorer, o gerenciador de arquivos do Windows usa a chamada Interface Ribbon (por faixas) no Windows 8 e 10. Com isso, torna mais acessíveis algumas ferramentas como a opção para exibir as pastas e os arquivos ocultos.

A figura a seguir ilustra a janela “Computador”, que apresenta os dispositivos e unidades de armazenamento locais como HDs e Drives de mídias ópticas, bem como as mídias removíveis.

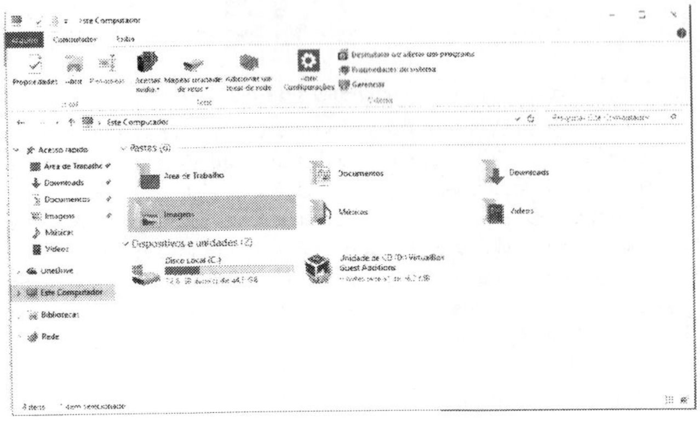

Um detalhe interessante sobre o Windows 10 é que as bibliotecas, conforme é possível verificar na imagem, não estão visíveis por padrão; o usuário precisa ativar sua exibição.

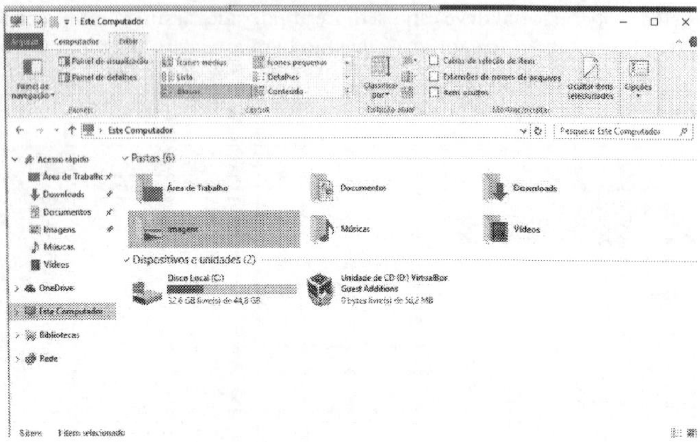

Ao selecionar arquivos ou pastas de determinados tipos, como imagens, algumas guias são exibidas como ilustra a série de figuras a seguir.

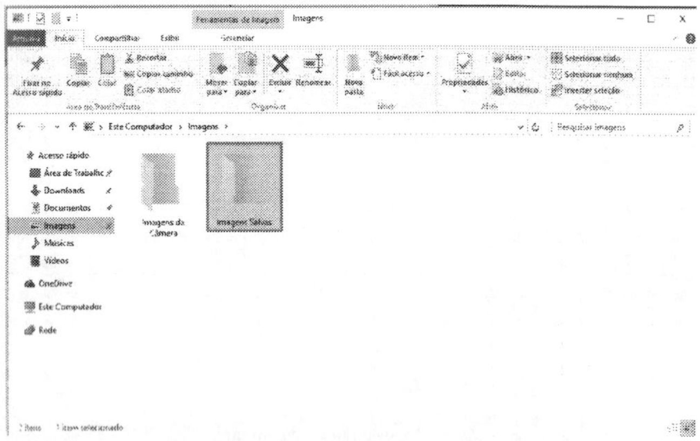

É possível notar que há opções específicas para facilitar o compartilhamento dos arquivos e pastas.

6 REDES DE COMPUTADORES

Dois computadores conectados entre si já caracterizam uma rede. Contudo, ela normalmente é composta por diversificados dispositivos como: celulares, smartphones, tablets, computadores, servidores, impressoras, roteadores, switches, hubs, modens etc. e, devido à essa grande variedade de dispositivos, o nome genérico HOST é atribuído aos dispositivos conectados na rede.

Todo host possui um endereço que o identifica na rede, que é o endereço IP. Mas também cada peça possui um número único de fábrica que o identifica, o MAC Address.

6.1 Paradigma de comunicação

Paradigma é um padrão a ser seguido e, no caso das redes, é o modelo Cliente/Servidor. Nesse modelo, o usuário é o cliente que envia uma solicitação ao servidor; ao receber a solicitação, o servidor a analisa e, se é de sua competência, provê a informação/dado.

6.2 Dispositivos de rede

Os dispositivos de rede são citados até mesmo em provas cujo conteúdo programático não cita a matéria de hardware. E na maioria das vezes em que aparecem questões sobre o assunto, se questiona em relação à finalidade de cada dispositivo na rede, portanto, nesta seção são descritos alguns dos principais dispositivos de rede:

Modem	Modulador/demulador | Responsável por converter o sinal analógico da linha telefônica em um sinal digital para o computador e vice-versa.
Hub	Conecta vários dispositivos em rede, mas não oferece muita segurança, pois envia as informações para todos na rede.
Switch	É um dispositivo que permite interligar vários dispositivos de forma mais inteligente que o Hub, pois no switch os dados são direcionados aos destinos corretos.
Roteador	Um roteador já trabalha no nível de rede; em um mesmo roteador podemos definir várias redes diferentes. Ele também cria uma rota para os dados.
Access Point	Um Ponto de Acesso opera de forma similar a um Switch, só que em redes sem fio.
Backbone	É a estrutura principal dentro de uma rede, na internet é a espinha dorsal que a suporta, ou seja, as principais ligações internacionais.

6.3 Topologia de rede

Topologia diz respeito à estrutura de organização dos dispositivos em uma rede.

6.3.1 Barramento

Na Topologia de Barramento, todos os dispositivos estão conectados no mesmo canal de comunicação, o que torna o tráfego de dados mais lento e, se o barramento se rompe, pode isolar parte da rede.

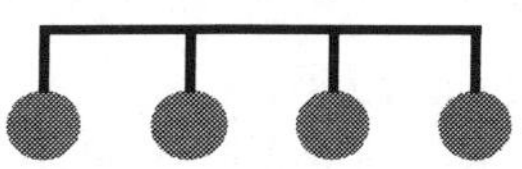

6.3.2 Anel

A estrutura em Anel conecta um dispositivo no outro; para que todos os computadores estejam conectados, é necessário que estejam ligados. Se o anel for simples, ou seja, de única via de dados, um computador desligado já é suficiente para tornar a rede inoperante para algum outro computador; o problema pode ser resolvido em partes, utilizando o anel duplo, trafegando dados em duas direções da rede, porém, se dois pontos forem desconectados, pode-se chegar à situação de duas redes isoladas.

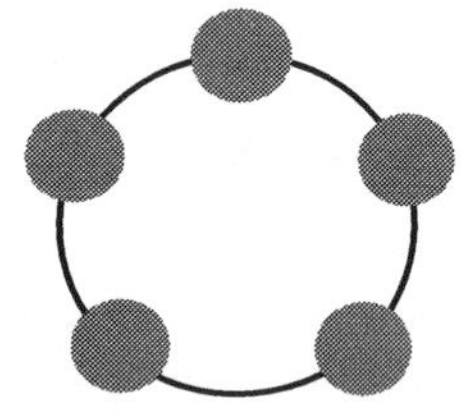

6.3.3 Estrela

Uma rede organizada em forma de estrela possui um nó centralizador. Esse modelo é um dos mais utilizados, pois um nó pode estar desconectado sem interferir no resto da rede, porém, o centro é o ponto crítico.

6.3.4 Estrela estendida

A Estrela Estendida é utilizada em situações como em uma universidade multicampi, em que um nó central é a conexão principal, a partir da qual se conecta com a internet, enquanto os outros *campi* possuem centrais secundárias como conexão entre seus computadores. A estrutura entre o nó principal e as centrais secundárias é o que chamamos de Backbone dessa rede.

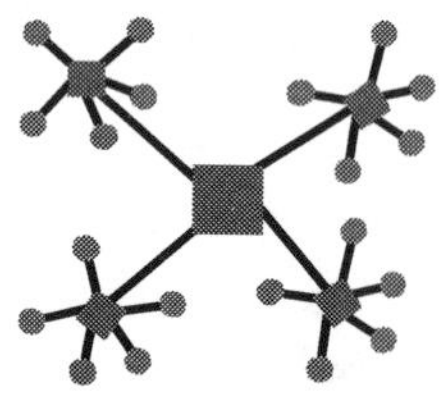

6.3.5 Malha

A conexão em malha é o modelo da internet, em que encontramos vários nós principais, mas também várias ligações entre diversos nós.

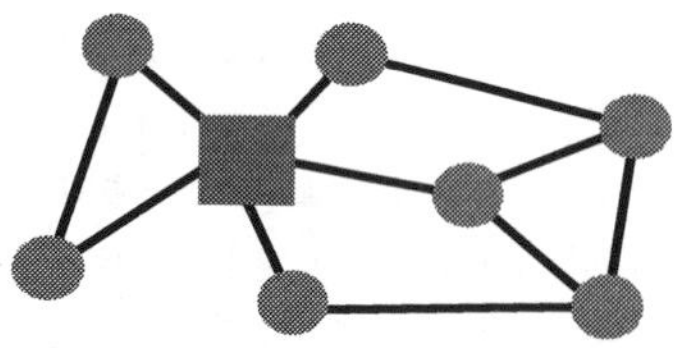

6.3.6 Pilhas de protocolos

Também colocadas pelas bancas examinadoras como modelos, as pilhas de protocolos definem um conjunto de protocolos e em quais camadas de rede devem operar.

Neste tópico temos dois tipos de questões que podem ser associados na prova. Questões que fazem relação com os tipos de redes e questões que tratam da finalidade dos principais protocolos utilizados em uma navegação na internet.

As pilhas de protocolos são:

TCP/IP	OSI

O modelo TCP/IP é o **padrão utilizado nas redes**. Mas, em redes privadas, mesmo o TCP/IP sendo padrão, pode ser implantado o modelo OSI.

Como o modelo TCP/IP é o padrão na seção seguinte são destacados os principais protocolos de navegação.

6.3.7 Principais protocolos

Um protocolo é uma regra de comunicação em redes, portanto, a transferência de arquivos, mesmo entre computadores de uma mesma rede, utiliza um protocolo como forma de padronizar o entendimento entre os dois.

HTTP

HTTP (HyperText Transport Protocol): é o protocolo de transferência de hipertexto. É o mais utilizado pelo usuário em uma navegação pela internet. Hipertexto consiste em um arquivo no formato HTML (HyperText Markup Language) - Linguagem de Marcação de Hipertexto.

HTML: é um arquivo que pode ser gerado por qualquer editor de texto, pois, quando é aberto no Bloco de Notas ou Wordpad, ele apresenta apenas informações de texto. No entanto, quando é aberto pelo navegador, este interpreta o código em HTML e monta o conteúdo Multimídia na página. Entende-se por conteúdo multimídia: textos, áudio, vídeos e imagens.

HTTPS

HTTPS **(HyperText Transport Protocol Secure)**, também conhecido como HTTP Seguro, é um protocolo que tem como diferença entre o HTTP apenas a segurança que oferece, pois, assim como o HTTP, serve para visualizar o conteúdo multimídia.

O que se questiona em relação a sua segurança é como ela é feita. O protocolo HTTPS utiliza o processo de Criptografia para manter sigilo sobre os dados transferidos entre o usuário e o servidor, para isso, são utilizados os protocolos TLS ou SSL.

Um detalhe muito importante é o de saber identificar se a navegação está sendo realizada por meio do protocolo HTTP ou pelo protocolo HTTPS. A forma mais confiável é observar a barra de endereços do navegador:

Firefox 10.02

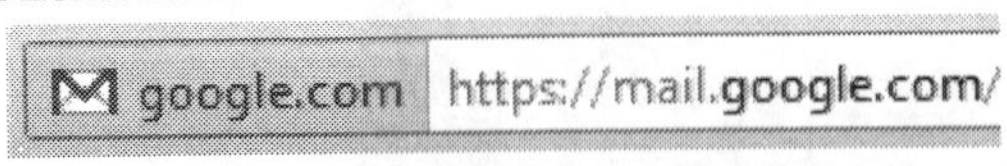

IE 9

Google Chrome

Logo no início da barra, observamos a indicação do protocolo HTTPS, que, sempre que estiver em uso, deverá aparecer. Porém, deve-se ter muita atenção, pois, quando é utilizado o HTTP, alguns navegadores atuais têm omitido a informação no começo da barra de endereços.

Outra informação que nos ajuda a verificar se o acesso é por meio de uma conexão segura é o símbolo do cadeado fechado.

FTP

FTP (File Transport Protocol) é o protocolo de transferência de arquivos utilizado quando um usuário realiza download ou upload de um arquivo na rede.

O protocolo FTP tem como diferencial o fato de operar sobre duas portas: uma para tráfego dos dados e outra para autenticação e controle.

6.4 Firewall

O firewall pode ser software, hardware ou ambos. Ele é o responsável por **monitorar as portas da rede/computador**, permitindo ou negando a passagem dos dados na rede, seja na entrada ou saída.

É o monitor que fica na porta olhando para uma lista na qual contém as regras que um dado tem de cumprir para passar por ela. Essa lista são os protocolos, por exemplo, o Firewall monitorando a porta 80, relativa ao protocolo HTTP, o qual só trabalha com conteúdo multimídia. Então, se um arquivo .EXE tentar passar pela porta 80, ele deve ser barrado; essa é a função do Firewall.

6.5 Tipos de redes

Podemos classificar as redes de acordo com sua finalidade; neste tópico expõe-se a diferença entre as redes: internet × intranet × extranet.

6.5.1 internet

É a rede das redes, também conhecida como rede mundial de computadores.

Muitas provas citam o sinônimo WWW (World Wide Web) para internet, ou por vezes apenas web. Ela é definida como uma **rede pública** a qual todos com computador e servidor de acesso podem conectar-se.

6.5.2 intranet

É uma rede empresarial, também chamada de rede corporativa. Tem como principal característica ser uma **rede privada**, portanto, possui controle de acesso, o qual é restrito somente a pessoas autorizadas.

Uma intranet geralmente é constituída com o intuito de compartilhar recursos entre os funcionários de uma empresa, de maneira que pessoas externas não tenham acesso a eles. Os recursos compartilhados podem ser: impressoras, arquivos, sistemas, entre outros.

6.5.3 Extranet

É quando parte de uma intranet é disponibilizada por meio da internet. Também dizemos que extranet é quando duas empresas com suas distintas intranets possuem um sistema comum que acessam apenas parte de cada uma das intranets.

6.5.4 VPN

VPN é uma forma de criar uma intranet entre localizações geograficamente distantes, com um custo mais baixo do que ligar cabos entre os pontos. Para isso, emprega-se o processo de criptografia nos dados antes de enviá-los por meio da internet e, quando o dado chega na outra sede, passa pelo processo de descriptografia. Dessa maneira, quem está navegando na internet não tem acesso às informações da empresa, que continuam restritas; esse processo também é chamado tunelamento.

6.6 Padrões de infraestrutura

São padrões que definem como deve ser organizada e quais critérios precisam ser seguidos para montar uma estrutura de rede de acordo com os padrões estabelecidos pelo Instituto de Engenheiros Eletricistas e Eletrônicos (IEEE).

O padrão Ethernet define as regras para uma infraestrutura cabeada, como tipos de cabos que devem ser utilizados, distância máxima, tipos e quantidade de dispositivos, entre outras. Já o padrão 802.11 define as regras para uma estrutura wi-fi, ou seja, para a rede sem fio.

6.7 Correio eletrônico

O serviço de e-mail é outro ponto bastante cobrado nos concursos públicos. Em essência, o que se pede é se o concursando sabe sobre as diferentes formas de se trabalhar com ele.

O e-mail é uma forma de comunicação assíncrona, ou seja, no momento do envio apenas o emissor precisa estar conectado.

6.7.1 Formas de acesso

Podemos ler e escrever e-mail utilizando duas formas diferentes. O webmail ganhou mais espaço no mercado e se tornou majoritário no ramo de e-mails, mas muitas empresas utilizam ainda os clientes de e-mail.

Webmail

O webmail é uma interface de acesso para o e-mail via Browser (navegador de internet), ou seja, uma forma de visualizar o e-mail via uma página de web. Diante disso, é possível destacar que usamos os protocolos HTTP ou HTTPS para visualizar páginas da internet. Dessa forma, ao acessar sites de e-mail como Gmail, Hotmail, Yahoo! e Outlook, fazemos uso desses protocolos, sendo o HTTPS o mais usado atualmente pelos grandes serviços de e-mail, pois confere ao usuário maior segurança no acesso.

Dizemos que o webmail é uma forma de ler e escrever e-mails, dificilmente citado como forma de enviar e receber, uma vez que quem realmente envia é o servidor e não o computador do usuário.

Quando um e-mail é enviado, ele parte diretamente do servidor no qual o remetente possui conta para o servidor do serviço de e-mail do destinatário.

Cliente de e-mail

Um cliente de e-mail é um programa específico para enviar e receber mensagens de e-mail e que é, necessariamente, instalado no computador do usuário. Como exemplo temos: o Microsoft Outlook, o Mozilla Thunderbird, o Outlook Express, e o Windows Live Mail.

Os programas clientes de e-mail usam protocolos específicos para envio e recebimento das mensagens de e-mail.

Protocolos utilizados pelos clientes de e-mail

Para o envio, um cliente de e-mail utiliza o protocolo SMTP (Simple Mail Transport Protocol – Protocolo de transporte de mensagens simples). Como todo protocolo, o SMTP também opera sobre uma porta específica, que pode ser citada como sendo a porta 25, correspondente ao padrão, mas atualmente ela foi bloqueada para uso dos usuários, vindo a ser substituída pela 587.

Com isso, em questões de Certo e Errado, apenas a 587 é a correta, quando abordado sobre o usuário, pois entre servidores a 25 ainda é utilizada. Já nas questões de múltipla escolha, vale o princípio da menos errada, ou seja, se não tiver a 587, a 25 responde à questão.

Mesmo que a mensagem de e-mail possua arquivos anexos a ela, envia-se por SMTP; assim o protocolo FTP não é utilizado.

Já para o recebimento, o usuário pode optar em utilizar o protocolo POP ou o protocolo IMAP, contudo, deve ser observada a diferença entre os dois, pois essa diferença é ponto para muitas questões.

O protocolo POP tem por característica baixar as mensagens de e-mail para o computador do usuário, mas por padrão, ao baixá-las, elas são apagadas do servidor. Portanto, as mensagens que um usuário está lendo estão, necessariamente, em seu computador.

Por outro lado, se o usuário desejar, ele pode configurar o protocolo de forma que sejam mantidas cópias das mensagens no servidor, no entanto, a que o usuário está lendo, efetivamente, está em seu computador. Sobre essa característica são citadas questões relacionando à configuração a uma espécie de backup das mensagens de e-mail.

Atualmente o protocolo POP encontra-se na versão 3; dessa forma ele pode aparecer nos textos de questão como POP3, não afetando a compreensão dela. Uma vez que o usuário necessita conectar na internet apenas para baixar as mensagens, é possível que ele se desconecte da internet e mesmo assim leia seus e-mails. E, uma vez configurado o SMTP, também é possível redigir as respostas off-line, sendo necessário, no entanto, conectar-se novamente para que as mensagens possam ser enviadas.

Ao invés de utilizar o POP, o usuário pode optar em fazer uso do protocolo IMAP, que é para acesso a mensagens de e-mail, as quais, por sua vez, residem no servidor de e-mails. Portanto, se faz necessário estar conectado à internet para poder ler o e-mail por meio do protocolo IMAP.

Spam

Spam é uma prática que tem como finalidade divulgar propagandas por e-mail, ou mesmo utilizar-se de e-mails que chamem a atenção do usuário e o incentivem a encaminhar para inúmeros outros contatos, para que, com isso, levantem uma lista de contatos que pode ser vendida na internet ou mesmo utilizada para encaminhar mais propagandas.

Geralmente um spammer utiliza-se de e-mail com temas como: filantropia, hoax (boatos), lendas urbanas, ou mesmo assuntos polêmicos.

6.8 URL (Uniform Resource Locator)

É um endereço que identifica um site, um serviço, ou mesmo um endereço de e-mail. A seguir, temos um exemplo de URL; observe que podemos dividi-la em várias partes.

6.8.1 Domínio

É o nome registrado de um site para que possa ser acessado por meio da internet. Assim como a URL, um domínio também pode ser dividido em três partes.

site.com.br

O .br indica que esse site está registrado no conjunto de domínios do Brasil, que é administrado e regulamentado pelo Registro.Br, componente do Comitê Gestor de internet no Brasil (CGI).

O Registro.Br define várias normas em relação à criação de um domínio, como o tamanho máximo de 26 caracteres, a limitação para apenas letras e números e recentemente a opção de criar domínios com letras acentuadas e o caractere **ç**.

Também compete ao Registro.Br a normatização da segunda parte do domínio, representado na figura pelo **.com**. Essa informação diz respeito ao ramo de atividade a que se destina o domínio, mas não nos garante qual a real finalidade do site. A última parte, por fim, é o próprio nome do site que se deseja registrar.

6.8.2 Protocolo IP

Cada equipamento na rede ganha o nome genérico de Host, o qual deve possuir um endereço para que seja localizado na rede. Esse é o endereço IP.

O protocolo IP é o responsável por trabalhar com essa informação, para tanto, um endereço IP possui versões: IPv4 e IPv6.

Um IP também é um endereço, portanto, pode ser inserido diretamente na barra de endereços de um navegador.

O IPv4 é composto por até quatro grupos de três dígitos que atingem valor máximo de 255 cada grupo, suportando, no máximo, cerca de 4 bilhões (4.294.967.296) de endereços.

O IPv6 é uma proposta que está gradativamente substituindo o IPv4, justamente pela pouca quantidade de endereço que ele oferece. O IPv6 é organizado em 8 grupos de 4 dígitos hexadecimais, suportando cerca de 3,4 × 1038, aproximadamente 3,6 undecilhões de endereços IP.

| 0123:4567:89AB:CDEF:1011:1314:5B6C:88CC

6.8.3 DNS (Domain Name System)

O Domain Name System (em português, Sistema de Nomes de Domínios) é o responsável por traduzir (resolver por meio de consultas aos servidores Raiz da internet) um domínio para o endereço IP do servidor que hospeda (armazena) o site desejado. Esse processo ocorre em questão de segundos e obedece a uma estrutura hierárquica.

6.9 Navegadores

Navegadores são programas que permitem acesso às páginas da internet, são muitas vezes citados em provas pelo termo em inglês Browser. Como exemplo, temos: internet Explorer, Mozilla Firefox e Google Chrome. Também são cobrados os conceitos dos tipos de dados de navegação que estão relacionados aos navegadores.

6.9.1 Cache

É um armazenamento temporário. No caso dos navegadores, trata-se de uma pasta onde são armazenados os conteúdos multimídias como imagens, vídeos, áudio e inclusive textos, para que, no segundo momento em que o mesmo conteúdo for acessado, ele possa ser mostrado ao usuário mais rapidamente.

6.9.2 Cookies

São pequenas informações que alguns sites armazenam no computador do usuário. Exemplos de informações armazenadas nos cookies: senhas, obviamente que são armazenadas criptografadas; também são muito utilizados em sites de compras, para armazenar o carrinho de compras.

6.9.3 Dados de formulários

Quando preenchemos um formulário, os navegadores oferecem opção para armazenar os dados digitados em cada campo, assim, quando necessário preencher o mesmo formulário ou ainda outro formulário com campos de mesmo nome, o navegador sugere os dados já usados a fim de autocompletar o preenchimento do campo.

6.10 Conceitos relacionados à internet

Nesta seção são apresentados alguns conceitos, tecnologias e ferramentas relacionadas à internet que são cobrados nas provas dos concursos.

6.10.1 Motores de busca

Os Motores de Busca são normalmente conhecidos por buscadores. Dentre os principais estão Google, Bing (MSN) e Yahoo!.

É importante observar que, nos navegadores atuais, os motores de busca são integrados, com isso podemos definir qual se deseja utilizar, por exemplo: o Google Chrome e o Mozilla Firefox utilizam como motor de busca padrão o Google, já o internet Explorer utiliza o Bing. Essa informação é relevante, pois é possível nesses navegadores digitar os termos buscados diretamente na barra de endereços, ao invés de acessar previamente o site do motor de busca.

Busca avançada

Os motores de busca oferecem alguns recursos para otimizar a busca, como operadores lógicos, também conhecidos como operadores booleanos[1]. Dentre eles podemos destacar a negação (-). Ao realizar uma busca na qual se deseja encontrar resultados que sejam relacionados a determinado assunto, porém os termos usados são comuns a outro, podemos utilizar o sinal de menos precedendo o termo do assunto irrelevante, como o exemplo de uma questão que já caiu em prova: realizar a busca por leite e cão, contudo, se for inserido apenas estes termos na busca, muitos resultados serão relacionados a gatos e leite. Para que as páginas que contenham a palavra gato não sejam exibidas na lista de páginas encontradas, basta digitar o sinal de menos (-) antes da palavra gato (sem espaço entre o sinal e a palavra), assim a pesquisa a ser inserida no buscador fica **Cão Leite -Gato**.

Também é possível realizar a busca por uma frase exata, assim, somente serão listados os sites que contenham exatamente a mesma expressão. Para isso, basta digitar a frase desejada entre aspas duplas.

- Busca por/em domínio específico: para buscar sites que possuam determinado termo em seu nome de domínio, basta inserir o texto site: seguido da palavra desejada, lembrando que não deve haver espaço entre site: e o termo desejado. De forma similar, também pode-se utilizar **inurl: termo** para buscar sites que possuam o termo na URL.

Quando o domínio já é conhecido, é possível realizar a busca por determinado termo apenas nas páginas do domínio. Para tanto, deve-se digitar **site:Dominiodosite termo.**

- **Calculadora**: é possível, ainda, utilizar o Google como uma calculadora, bastando digitar a expressão algébrica que se deseja resolver como 2 + 2 e, como resultado da "pesquisa", é apresentado o resultado da operação.
- **Operador**: quando não se sabe exatamente qual é a palavra para completar uma expressão, pode-se completar a lacuna com um asterisco, assim o motor de busca irá entender que naquele espaço pode ser qualquer palavra.
- **Busca por tipo de arquivo:** podemos refinar as buscas a resultados que consistam apenas em determinado formato de arquivo. Para tanto, podemos utilizar o operador filetype: assim, para buscar determinado tema, mas que seja em PDF, por exemplo, pode-se digitar **filetype: pdf tema.**

Tipos de busca

Os principais motores de busca permitem realizar as buscas de forma orientada a conteúdos gerais da web, como refinar a busca para exibir apenas imagens, vídeos ou mapas relacionados aos termos digitados.

6.10.2 Chat

Um chat é normalmente citado como um bate-papo em tempo real; é a forma de comunicação em que ambos os interlocutores estão conectados (on-line) simultaneamente. Muitos chats operam com salas de bate-papo. Um chat pode ser em um site específico como o chat do UOL. Conversas pelo MSN ou Facebook podem ser consideradas como chat, desde que ambos os interlocutores estejam conectados.

6.10.3 Fórum

Também conhecidos como Listas de Discussão, os fóruns funcionam como debates sobre determinados assuntos. Em um fórum não é necessário que os envolvidos estejam conectados para receberem os comentários, pois estes ficam disponíveis para acesso futuro pelo usuário ou mesmo por pessoas que não estejam cadastradas no fórum, contudo, existem muitos fóruns fechados, nos quais só se entra por convite ou mediante aquisição. A maioria deles vincula o e-mail dos envolvidos a uma discussão, alertando-os assim, caso um novo comentário seja acrescentado.

6.10.4 Moodle

O Moodle é uma ferramenta fortemente utilizada pelo setor público, e privado, para dar suporte ao Ensino a Distância (EAD).

1 Em referência à lógica de Boole, ou seja, a lógica que você estuda para o concurso.

7 ARQUITETURA DE REDES

Uma rede consiste em uma forma de ligação e comunicação de dispositivos que utilizam regras, denominadas de protocolos, para estabelecer a organização e padronização da comunicação.

Existem vários protocolos em diferentes níveis de organização de comunicação. Estes protocolos são organizados em grupos denominados suítes de protocolos. Embora existam duas principais suítes de protocolos, foi preciso eleger uma como padrão para a comunicação de dados entre os dispositivos em rede.

Apesar de usarmos apenas uma suíte na prática, faz-se necessário conhecer as duas, pois cada uma das coleções organiza os protocolos em quantidades de camadas diferentes. As suítes são: TCP/IP, proposto pela empresa RAND Co, em 1964, e OSI (Open Systems Interconnection), proposto pela ISO (Iternational Organization for Standarization), em 1984. O modelo TCP/IP, também conhecido como Pilha TCP/IP, é o adotado como padrão atualmente, após padronização e implementação pela ARPAnet entre 1980 e 1985, enquanto o OSI é utilizado como modelo de referência para a criação de novos protocolos.

Antes de abordar as estruturas, é necessário entender alguns conceitos:

- Camada: é a forma encontrada para dividir os problemas de comunicação em redes, segmentando em níveis distintos de responsabilidade. Assim, os dados trafegam entre os equipamentos de rede sem que, necessariamente, tenham de acessar os dados transmitidos. Uma camada presta serviços para a camada superior a ela e usa serviços da camada inferior a ela; não é possível pular camadas.
- Interface: é parte que realiza a comunicação direta entre duas máquinas; dentre os níveis de camada, é uma das mais inferiores.

7.1 Modelo OSI

O modelo OSI foi proposto como um sistema aberto de regras. Para atender a objetivos como: Portabilidade da aplicação; Interoperabilidade; Interconectividade e Estabilidade. Assim, diferentes equipamentos, com sistemas operacionais distintos, podem se comunicar. A organização do modelo OSI se divide entre 7 camadas:

Nº	Camada	Finalidade
7	Aplicação	Manipulação de conteúdo específico (conteúdo multimídia, acesso remoto, e-mail, transferência de Arquivos).
6	Apresentação	Formatar os dados e converter códigos e caracteres.
5	Sessão	Estabelecer uma sessão de comunicação com outros dispositivos, ou seja, gerencia a **conversa** entre os equipamentos.
4	Transporte	Estabelecer conectividade fim a fim entre as aplicações, além de oferecer métodos de entrega de dados com ou sem controle de entrega.
3	Rede	Realizar o endereçamento dos dados e roteamento das informações na rede.
2	Enlace de dados	Verificar se os dados trafegados estão livres de erros de comunicação antes de entregá-los à camada de rede.
1	Física	Especificação das interfaces físicas; responsável pela transmissão dos bits através do meio físico.

As três camadas de nível mais alto, 7, 6 e 5, representadas na tabela apresentada anteriormente, não se preocupam em como os dados serão transmitidos pela rede, pois seu objetivo é manipular a informação para atender às necessidades do usuário e dos aplicativos. Além dos conceitos gerais apresentados na tabela 1, as provas de concursos costumam cobrar alguns conceitos mais específicos das principais camadas.

A **camada de aplicação** é a de nível mais alto na organização de camadas, pois é a camada que, em níveis de abstração, mais se aproxima do usuário. Nesta camada encontram-se os protocolos que manipulam diretamente os dados das aplicações (programas). Pode-se dizer que ela usa os serviços prestados pela camada de Apresentação.

Os principais protocolos da camada de aplicação são: HTTP, RTP, SMTP, FTP, SSH, Telnet, IRC, SNMP, NNTP, POP3, IMAP, BitTorrent, DNS, Ping. O detalhamento dos protocolos é apresentado em outra seção deste material.

Na camada de transporte, podem-se destacar dentre os protocolos desta camada o **TCP** e o **UDP**, enquanto na **camada de rede** destacam-se IP, IPsec, ICMP, NAT e ARP. A **camada de Enlace**, presente entre a camada de rede e física, é responsável, também, pela preparação dos dados para que sejam enviados para o meio físico. Para tanto, utiliza protocolos como: Ethernet, IEEE 802.1Q, Token Ring, PPP, Frame relay.

Já a **camada física** é a de mais baixo nível por estar mais próxima ao hardware, sendo em alguns casos o próprio hardware de transmissão de dados. Ela é conhecida como camada 1, conforme classificado na tabela anterior.

Pode-se dizer que uma camada encapsula outra. Deste modo, a camada de nível inferior conterá os dados da superior a ela e ainda acrescentará alguns dados de cabeçalho, conforme ilustra o quadro a seguir.

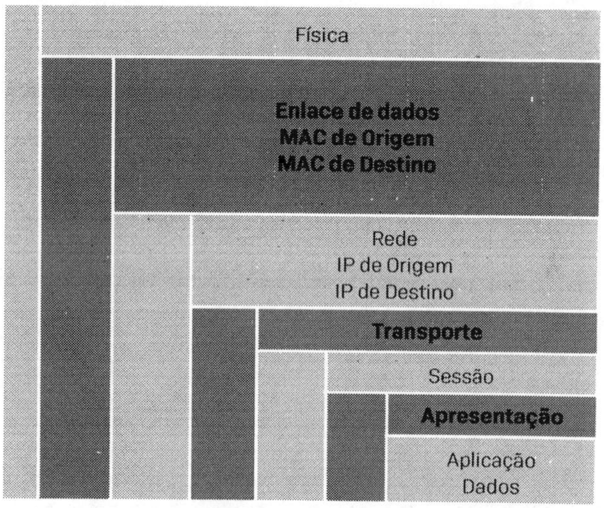

Os protocolos são divididos em camadas para que cada uma seja responsável por ações isoladas, que são utilizadas por vários protocolos da camada superior. Assim, a tabela a seguir, representa quais recursos conseguem acessar as camadas.

Camada	Usada por
Aplicação	Programas e aplicativos em nível do usuário
Apresentação	
Sessão	
Transporte	Sistema Operacional de Rede
Rede	
Enlace de dados	Hardware
Física	

7.2 Modelo TCP/IP

A arquitetura TCP/IP surge com os primórdios da internet, ainda quando estava no ventre acadêmico, para interligar os centros de computação das universidades dos Estados Unidos. Seu nome origina-se dos principais protocolos usados na comunicação de redes o TCP (Transport Control Protocol – Protocolo de Controle de Transporte) e o IP (internet Protocol – Protocolo de internet).

Este modelo permite a interconexão de redes e sistemas heterogêneos, ou seja, redes em que existam diferentes tecnologias, equipamentos e softwares desenvolvidos por fabricantes diferentes.

Embora tenha uma origem comercial, a suíte TCP/IP pode ser (e é) utilizada livremente, tanto que é o atual modelo de organização de protocolos aplicados nas redes. Mesmo uma rede isolada da internet utiliza por padrão o conjunto TCP/IP.

A arquitetura TCP/IP se divide em 4 camadas:

Nº	Camada	Finalidade
4	Aplicação	Manipulação de conteúdo específico (conteúdo multimídia, acesso remoto, e-mail, transferência de Arquivos)
3	Transporte	Estabelecer conectividade fim a fim entre as aplicações, além de oferecer métodos de entrega de dados com ou sem controle de entrega.
2	Rede (Rede Lógica)	Realizar o endereçamento dos dados e roteamento das informações na rede.
1	Interface de Rede (Rede Física)	Preparar e transmitir os dados.

Embora na prática o modelo TCP/IP seja o empregado, ele possui algumas relações e similaridades com a suíte OSI. A tabela 4 representada a seguir ilustra as camadas do modelo TCP/IP que agregam funcionalidades de diferentes camadas do modelo OSI.

Modelo OSI		Modelo TCP/IP	
Nº	Camada	Camada	Nº
7	Aplicação	Aplicação	4
6	Apresentação		
5	Sessão		
4	Transporte	Transporte	3
3	Rede	Rede	2
2	Enlace de dados	Interface de Rede	1
1	Física		

O modelo TCP/IP proposto inicialmente apresenta 4 camadas, conforme ilustra a tabela a seguir. Entretanto, na prática e nas provas, ele é considerado com 5 camadas (também conhecido como TCP/IP híbrido), conforme ilustrado na tabela anterior.

Nº	Camada
5	Aplicação
4	Transporte
3	Rede (Rede Lógica)
2	Enlace
1	Física

Para memorizar as camadas, podemos usar a mnemônica **OFERTA**:

O	TCP/IP é dividido nas camadas:
F	ísica
E	nlace
R	ede
T	ransporte
A	plicação

Convém notar que no modelo TCP/IP de 5 camadas, a camada de Interface de Rede se divide em camadas Física e de Enlace, como no modelo de referência OSI. Para o TCP/IP a camada física consiste no meio físico por onde são trafegados os dados.

Os principais protocolos do conjunto TCP/IP que devem ser estudados são listados a seguir.

- **Camada de aplicação**: DHCP, DNS, FTP, HTTP, HTTPS, IMAP, Ping, POP, SMTP, SNMP, SSH, Telnet, BitTorrent e TLS/SSL.
- **Camada de Transporte**: TCP e UDP.
- **Camada de Rede**: ARP, ICMP, NAT, IPv4 e IPv6.
- **Camada de Enlace**: MAC, Ethernet.
- **Camada Física**: modem, Bluetooth, cabos, wi-fi.

7.2.1 Encapsulamento

O protocolo da camada de aplicação é que manipula os dados diretamente. Contudo, muitas vezes, os dados são grandes e é necessário segmentá-los para transmiti-los pela rede. Assim, as camadas dividem os dados em outros tipos de informação, além de acrescentar um pedaço, chamado de cabeçalho.

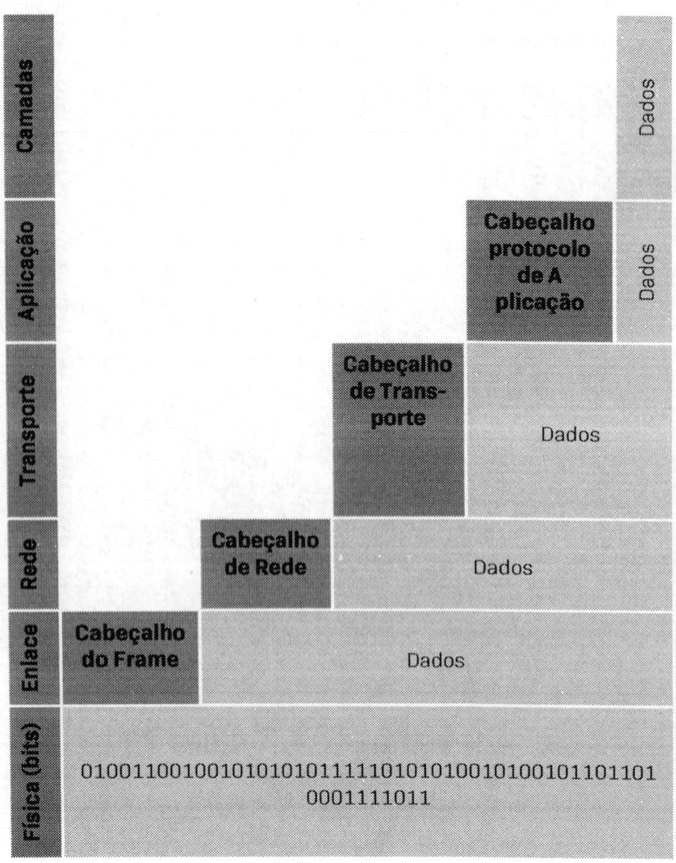

Dados			Cabeçalho do Frame
Dados		Cabeçalho de Rede	
Dados	Cabeçalho de Transporte		
Dados			

7.2.2 TCP

O protocolo TCP é um dos protocolos da família de protocolos do TCP/IP. Ele oferece um serviço **orientando a Conexão**, além de ser um serviço confiável que **garante a entrega** dos dados ao cliente.

Durante a fase de transferência, o TCP está equipado com vários mecanismos que asseguram confiabilidade e robustez:

- Números de sequência que garantem a **entrega ordenada**;
- Código detector de erros (**checksum**) para detecção de falhas em segmentos específicos;
- Confirmação de recepção e temporizadores que permitem o ajuste e contorno de eventuais atrasos e perdas de segmentos.

7.2.3 UDP (User Datagram Protocol – Protocolo de Datagrama de Usuário)

É um protocolo simples da camada de transporte. Ele permite que a aplicação escreva um datagrama encapsulado em um pacote IPv4 ou IPv6, e então enviado ao destino. Mas não garante se o segmento irá chegar ou não. Este protocolo também não oferece segurança na comunicação, portanto não é um serviço confiável. Também dizemos que o UDP é um serviço sem conexão.

Este protocolo é utilizado pelos serviços de Stream e pelo DNS.

7.2.4 ARP (Address Resolution Protocol)

É um protocolo usado para mapear um endereço da camada de enlace (Ethernet, por exemplo) a partir do endereço da camada de rede (como um endereço IP).

A tabela ARP é a estrutura utilizada para mapear os endereços MAC dos dispositivos aos seus respectivos endereços IP.

7.2.5 Tabela NAT (Network Address Translation)

A tabela NAT é utilizada apenas no IPv4 nas conexões de borda de rede, ou seja, para mapear endereços de sub-redes, ou mesmo da rede "fria" (intranet) para endereços da rede "quente" (internet).

Em IPv6, a tabela NAT não se faz necessária.

7.3 Endereços

Em uma rede de computadores trabalhamos com endereços para os dispositivos. Estes dispositivos recebem endereços lógicos e endereços Físicos.

7.3.1 Endereço físico

Um endereço Físico é um endereço original de fábrica, que é único no mundo. Tal endereço é controlado pela IANA, que distribui (vende) as faixas de endereços para as empresas fabricantes. Cada endereço é armazenado em uma memória do tipo ROM, ou seja, não alterável.

O MAC é o endereço Físico de uma rede. Ele identifica o equipamento, mas não a rede; assim, ele não é roteável; é descrito com 48 bits.

7.3.2 Endereço lógico

Endereço lógico é o endereço IP, que pode ser definido por software. Ele é utilizado para identificar tanto a rede como também o Host. Este endereço é roteável.

7.4 Endereçamento IPv4

Um endereço IPv4 possui tamanho de 32 bits, o que viabiliza um total de 4.294.967.296 combinações possíveis, ou seja, pouco mais de 4 bilhões. Considerando que todo dispositivo em rede recebe um endereço IP que deve ser único para identificá-lo, rapidamente nota-se que não há endereços para todos os dispositivos conectados à rede, ainda mais se considerarmos um dispositivo para cada pessoa no mundo.

Inicialmente, o IPv4 foi organizado em classes de endereços (Classful) para que as redes locais não utilizassem endereços IPs reais nos seus dispositivos internos. Deste modo, se uma empresa possui uma rede com 100 computadores, para a internet é como se todos eles fossem apenas um. Neste cenário a tabela NAT se torna necessária.

Porém, com o tempo, até mesmo essa proposta se mostrou ineficiente para atender à alta demanda de endereços. Logo, novas versões de protocolo IP foram apresentadas, mas até que estivessem aptas para uso no mercado outra solução provisória foi tomada: a criação do Classless para o gerenciamento de endereços de redes e sub-redes.

7.4.1 Classful

Na divisão classful foram apresentadas cinco classes distintas, sendo as mais usadas as classes A, B e C, pois D e E são classes de endereços reservados. Assim, na primeira concepção as classes eram tomadas pelo endereço IP, conforme ilustra a tabela a seguir.

Classe	Gama de Endereços
A	0.0.0.0 até 127.255.255.255
B	128.0.0.0 até 191.255.255.255
C	192.0.0.0 até 223.255.255.255
D	224.0.0.0 até 239.255.255.255
E	240.0.0.0 até 255.255.255.254

Classe	Nº de Endereços por Rede
A	16.777.216
B	65.536
C	256

Como identificado anteriormente, tal proposta logo se tornou obsoleta, e o emprego de máscaras foi utilizado para identificar as classes de rede. Na anterior são identificados quantos endereços cada classe (classful) suporta por rede. Contudo, destas quantias é necessário reduzir dois endereços (de rede e de broadcast) para saber quantos endereços poderão ser usados por dispositivos de rede. Desse modo, uma rede classe C suporta 256 endereços por rede dos quais 254 podem ser usados por Hosts, uma vez que dois são reservados.

Uma máscara é um número de estrutura similar ao endereço IP. Porém, relaciona-se a este por cálculos lógicos bit a bit para identificar o endereço que representa a rede e o endereço de broadcast.

Portanto, como o IP, cada grupo pode ter o valor máximo 255. Porém, no caso das máscaras, o mais comum é usar estes valores máximos, como identifica a tabela a seguir.

Classe	Máscara de Rede	CIDR
A	255.0.0.0	/8
B	255.225.0.0	/16
C	255.255.255.0	/24

Máscaras

O número que expressa uma máscara normalmente é alto, pois ele representa os bits mais à esquerda de um octeto marcados como 1 e os demais zeros. Com isso, as máscaras podem sumir apenas valores, como apresenta a tabela a seguir.

Octeto (8 bits)	Decimal
1000 0000	128
1100 0000	192
1110 0000	224
1111 0000	240
1111 1000	248
1111 1100	252
1111 1110	254
1111 1111	255

É importante lembrar que o IPv4 é composto por 4 grupos, chamados octetos quando trabalhados em binário. Por isso, cada grupo pode assumir valor máximo 255, pois é o maior valor possível de ser representado com 8 bits.

Uma máscara assumirá apenas os valores apresentados, postos à esquerda. No exemplo a seguir, a máscara é 255.0.0.0. Cumpre observar os respectivos octetos: os números identificados com 1 representam uma rede. Assim, se algum número deles for alterado no endereço IP de um Host, significa que este se encontra em uma rede diferente.

1111 1111	0000 0000	0000 0000	0000 0000
255	**0**	**0**	**0**

Caso 1:

Se um Host X possui endereço IP 10.0.0.0, um Host Y possui endereço IP 10.12.14.0 e um Host Z possui endereço IP 15.0.3.1 e os três pertençam ao classful A, ou seja, possuem a máscara 255.0.0.0, anteriormente representada, pode-se concluir que X e Y pertencem à mesma rede, uma vez que o primeiro grupo não tem seu valor alterado. Já o Host Z apresenta um número diferente para o primeiro grupo, indicando não pertencer à mesma rede que X e Y. Na prática, o computador realiza um AND bit a bit com o IP binário e a máscara para verificar se pertencem à mesma rede.

255	0	0	0	Máscara
1111 1111	0000 0000	0000 0000	0000 0000	Classe A
0000 1010	0000 0000	0000 0000	0000 0000	IP X
10	0	0	0	
0000 1010	0000 0000	0000 0000	0000 0000	Endereço Rede

255	0	0	0	Máscara
1111 1111	0000 0000	0000 0000	0000 0000	Classe A
0000 1010	0000 1100	0000 1110	0000 0000	IP Y
10	12	14	0	
0000 1010	0000 0000	0000 0000	0000 0000	Endereço Rede

255	0	0	0	Máscara
1111 1111	0000 0000	0000 0000	0000 0000	Classe A
0000 1111	0000 0000	0000 0011	0000 0001	IP Z
15	0	3	1	
0000 1111	0000 0000	0000 0000	0000 0000	Endereço Rede

Caso 2: um exemplo Classful C

Se um Host X possui endereço IP 192.168.0.100, um *Host* Y possui endereço IP 192.168.0.250 e um Host Z possui endereço IP 192.168.5.120, sendo classful C possuem a máscara 255.255.255.0, pode-se concluir que X e Y pertencem à mesma rede, uma vez que o primeiro, o segundo e o terceiro octetos não têm seus valores alterados. Já o *Host* Z apresenta um número diferente para o terceiro grupo, assim o *Host* Z não pertence à mesma rede que X e Y.

255	255	255	0	Máscara
1111 1111	1111 1111	1111 1111	0000 0000	Classe C
1100 0000	1010 1000	0000 0000	0110 0100	IP X
192	168	0	100	
1100 0000	1010 1000	0000 0000	0000 0000	Endereço Rede

255	255	255	0	Máscara
1111 1111	1111 1111	1111 1111	0000 0000	Classe C
1100 0000	1010 1000	0000 0000	1111 1010	IP Y
192	168	0	250	
1100 0000	1010 1000	0000 0000	0000 0000	Endereço Rede

255	255	255	0	Máscara
1111 1111	1111 1111	1111 1111	0000 0000	Classe C
1100 0000	1010 1000	0000 0101	0111 1000	IP Z
192	168	5	120	
1100 0000	1010 1000	0000 0101	0000 0000	Endereço Rede

Observa-se que o endereço de rede obtido para X e Y é o mesmo, mas para Z é outro.

Para saber quantos são os endereços por rede, a máscara é de fundamental ajuda, principalmente se for dada pela questão na forma CIDR, como apresenta a tabela 8. Este é um dos tópicos mais cobrados nas provas.

Sabe-se que o endereço IPv4 possui 32 bits e que uma máscara identifica os bits à esquerda que serão usados para identificar a rede. Assim, os bits que sobram à direita (zerados) são usados para identificar endereços por rede. Um CIDR representa exatamente o total de bits da máscara que são marcados como 1, ou seja, o total de bits que representam redes.

Portanto, ao calcular pelo complemento, temos: 32 (tamanho do IPv4, portanto, sempre será 32) – CIDR (normalmente informado pela questão) = X

Para calcular quantos são os endereços por rede, deve-se elevar 2 por X, ou seja, 2X=Y.

Já para identificar a quantidade de Host utilizáveis, basta calcular Y-2.

Deste modo, dado o exemplo:

Em uma rede classe C, quantos endereços IPs podem ser usados por *Hosts*?

Classe C = 255.255.255.0, ou seja, CIDR /24.

32-24=8

28=256 endereços por rede.

256-2 = 254 endereços para Hosts.

7.4.2 Classless

Como a proposta de divisão em *classful* também se mostrou limitada, surge a proposta classless, agora permitindo uma maior subdivisão, além de apresentar melhor aproveitamento das faixas de endereços IPs.

A lógica de trabalho e cálculo é similar ao *classful*, com a diferença de que agora parte de um octeto pode ser usada como máscara. Assim, os valores apresentados na tabela a seguir são mais presentes.

No exemplo a seguir, dado o endereço IP 192.168.1.0 e a máscara 255.255.255.240, quantos são os endereços por rede?

1100 0000	1010 1000	0000 0001	0000 0000	IP
192	168	1	0	
1111 1111	1111 1111	1111 1111	**1111** 0000	Máscara
255	255	255	240	

A forma mais simples vista até aqui é utilizar o CIDR. Mas é possível notar que nem sempre a questão o irá informar. Se o candidato possuir habilidades em converter decimais para binários ou mesmo se tiver decorado a tabela 9, então só resta contar os números 1, ou neste caso, usar o menor esforço e contar os zeros da máscara, que afinal é o que se deseja. Portanto, a máscara apresentada corresponde ao CIDR /28, ou seja, os 4 últimos dígitos são os endereços por rede. Calculando, temos:

256 – 240 = 16 endereços por rede

ou

32 – 28 = 4

24 = 16 endereços por rede

Para a quantidade de Hosts utilizáveis, é importante lembrar-se de subtrair destes 16 os 2 endereços reservados.

Nota-se que as máscaras 255.255.255.254 e 255.255.255.255 não fazem muito sentido: a primeira por não existirem endereços para Hosts; e a segunda, além de não possuir endereços por rede, é um endereço reservado, utilizado para broadcast.

Vejamos, a seguir, as diferentes redes que podem ser criadas com o endereço 192.168.1.0/27, lembrando que o /27 é o CIDR, ou seja, os 27 bits à esquerda serão para rede, e os 5 bits que sobram são para cada rede. Verifica-se que ao mudar um dos três bits à esquerda do último octeto (em destaque) se tem uma rede distinta. À direita os valores indicam o primeiro endereço IP de cada rede, que é o endereço que a identifica.

Assim, podemos concluir que a primeira rede/sub-rede que pode ser composta vai de 192.168.1.0/27 até 192.168.1.31/27, o endereço 192.168.1.32/27 marca o início da segunda rede/sub-rede. A tabela a seguir, destaca os intervalos de endereços e os respectivos endereços reservados.

Endereço de rede	Faixa de endereços utilizáveis por hosts		Endereço de broadcast	Sub-rede
192.168.1.0	192.168.1.1	192.168.1.30	192.168.1.31	0
192.168.1.32	192.168.1.33	192.168.1.62	192.168.1.63	1
192.168.1.64	192.168.1.65	192.168.1.92	192.168.1.93	2
192.168.1.94	192.168.1.95	192.168.1.126	192.168.1.127	3
192.168.1.128	192.168.1.129	192.168.1.158	192.168.1.159	4
192.168.1.160	192.168.1.161	192.168.1.190	192.168.1.191	5
192.168.1.192	192.168.1.193	192.168.1.222	192.168.1.223	6
192.168.1.224	192.168.1.225	192.168.1.254	192.168.1.255	7

7.4.3 Conversão binário à decimal

A conversão de número binários para decimais é obtida somando-se potências de base 2.

7.4.4 Conversão decimal à binário

Para converter um número decimal para um número binário, devemos realizar divisões inteiras sucessivas por 2, ou seja, mantendo o resto. Ao final deve-se pegar do último resto ao primeiro.

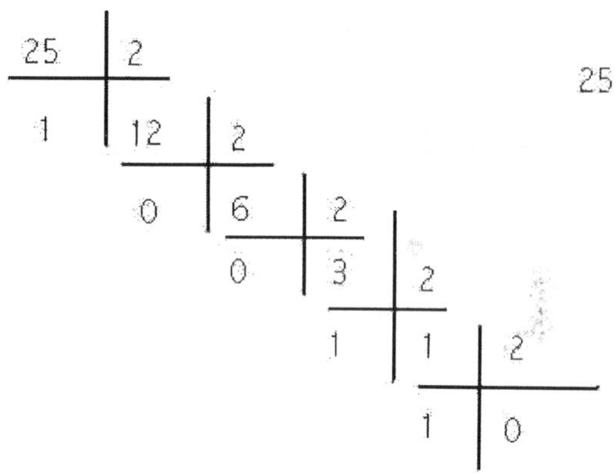

25 = 11001

I N F O

8 MICROSOFT WORD 365

O Microsoft 365 é uma assinatura que possui os recursos mais colaborativos e atualizados em uma experiência integrada e perfeita, como os do Office que possui o Word, o PowerPoint e o Excel. Possui ainda armazenamento *on-line* extra e recursos conectados à nuvem que permitem editar arquivos em tempo real entre várias pessoas, além de sempre ter correções e atualizações de segurança mais recentes e suporte técnico contínuo, sem nenhum custo extra. É possível pagar a assinatura mensalmente ou anualmente, e o plano Microsoft 365 *Family* permite compartilhar a assinatura com até seis pessoas da família e usar seus aplicativos em vários PCs, Macs, tablets e telefones.

8.1 Extensões

Até a versão 2003, os documentos eram salvos no formato ".doc". A partir da versão 2007, os documentos são salvos na versão ".docx". O padrão do Word 2019 continua com a extensão .docx "DOCX", mas podemos salvar arquivos nos formatos .odt (Writer), PDF,.doc, .rtf, entre outros.

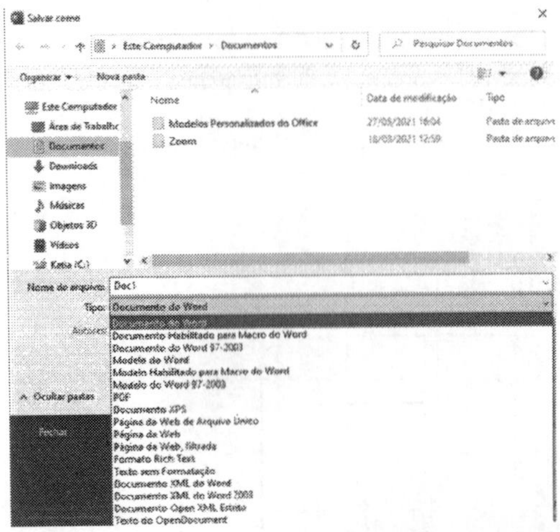

O Office 2019 é, também, vendido como uma compra única, o que significa tem um custo único e inicial para obter os aplicativos do Office para um computador. Compras únicas estão disponíveis para PCs e Macs. No entanto, não há opções de *upgrade*, o que significa que, caso seja necessário fazer um upgrade para a próxima versão principal, precisará comprá-la pelo preço integral.

Preste atenção a esses detalhes como extensão de arquivos, pois eles caem com frequência em provas de concurso.

Você poderá salvar os arquivos em uma versão anterior do Microsoft Office selecionando na lista "Salvar como", na caixa de diálogo. Por exemplo, é possível salvar o documento do Word 2013 (.docx) como um documento 97-2003 (.doc).

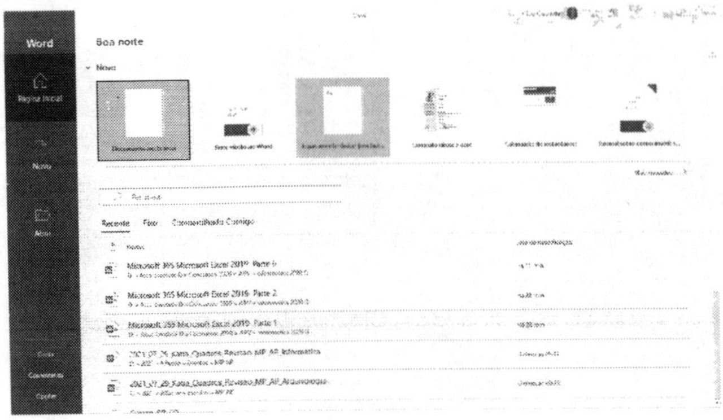

▹ **Barra de título:** em um novo documento, ela apresenta como título "Documento1". Quando o documento for salvo, ele apresentará o nome do documento nesta mesma barra.

▹ **Barra de acesso rápido:** é personalizável e contém um conjunto de comandos independentes da guia exibida no momento na "Faixa de opções".

▹ **Menu arquivo:** possui comandos básicos, que incluem – embora não estejam limitados a – Abrir, Salvar e Imprimir.

Note as entradas da coluna da esquerda, que, na prática, funciona como um painel. Elas prestam os clássicos serviços auxiliares de um menu "Arquivo" convencional, ou seja, Salvar, Salvar como, Abrir e Fechar o arquivo de trabalho.

Outras conhecidas como Novo: cria um arquivo e permite escolher entre centenas de modelos (*templates*) oferecidos.

▹ **Imprimir:** refere-se à impressão do documento.

Ao clicar em Imprimir, abrirá um menu dropdown, que mostra a impressora selecionada no momento. Um clique na lista suspensa mostrará outras impressoras disponíveis.

É possível imprimir tudo ou parte de um documento. As opções para escolher qual parte imprimir podem ser encontradas na guia "Imprimir", no modo de exibição do Microsoft Office *Backstage*. Em "Configurações", clique em Imprimir "Todas as páginas" para ver essas opções.

Quando há a necessidade de imprimir páginas alternadas no Word, é preciso digitar no formulário o intervalo desejado, como ˝Páginas: 3-6;8˝, em que "-"(aspas) significam "até" e ";" ou "e".

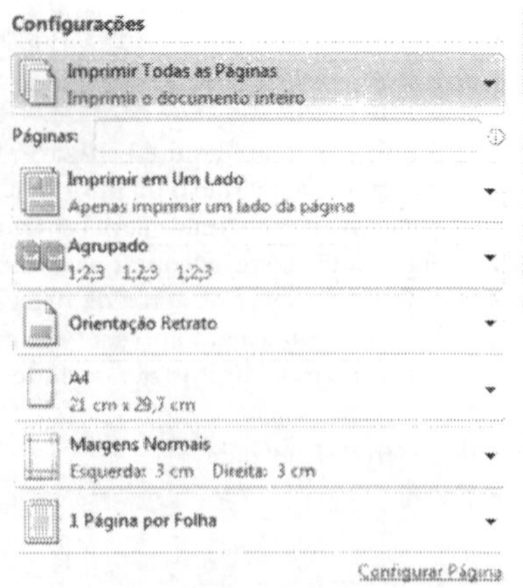

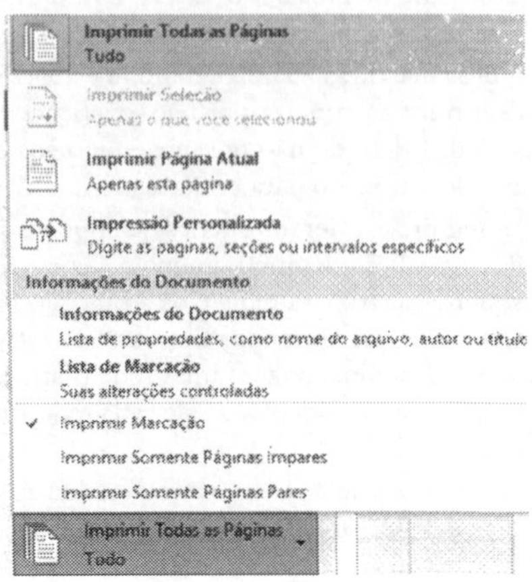

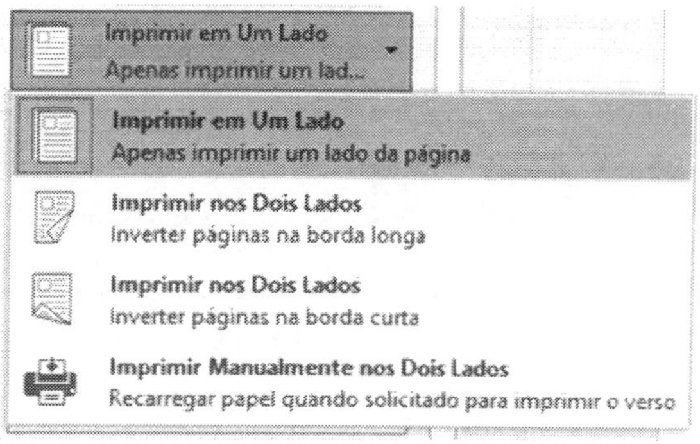

Ainda na opção "Imprimir", é possível visualizar como será feita impressão ao lado da lista de opções.

- **Arquivo/Opções:** esse comando traz muitas funcionalidades de configuração que estavam no menu Ferramentas do Word 2003.

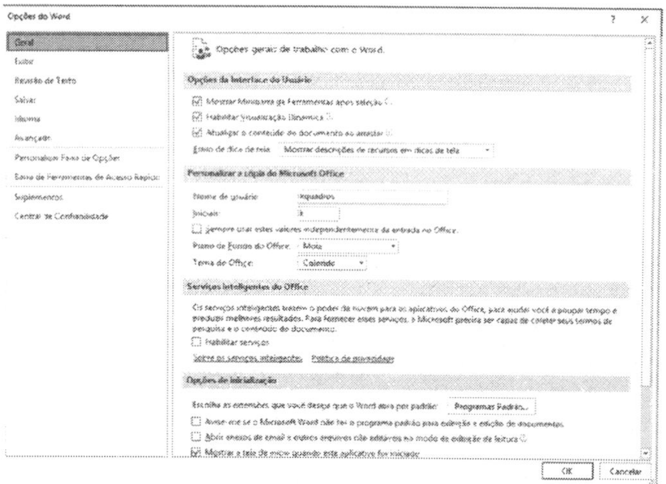

- **Autocorreção:** é possível corrigir automaticamente o arquivo, ou seja, o Word faz uma análise do documento e consegue resolver problemas como palavras duplicadas ou sem acento, ou mesmo o uso acidental da tecla Caps Lock.

A diferença trazida na versão 2013 é poder abrir documentos PDF e editá-los. Basta clicar em "Abrir" e escolher o arquivo. A seguinte mensagem é exibida pelo word:

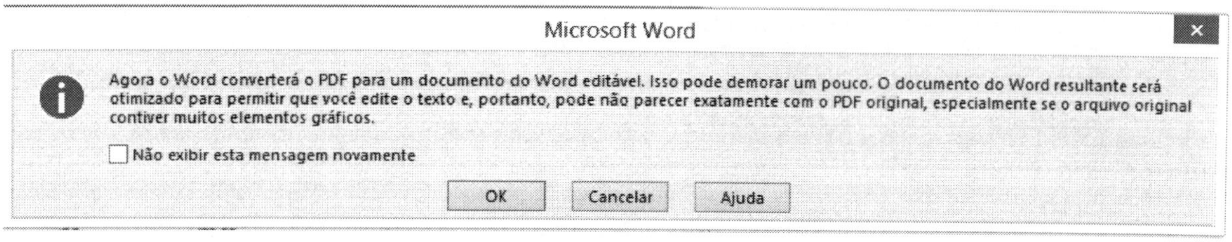

- **Abas ou guias:** todos os comandos e funcionalidades do Word 2013 estão dispostos em Guias. As Guias são divididas por Grupos de ferramentas. Alguns grupos possuem um pequeno botão na sua direita inferior que dão acesso a janelas de diálogo.

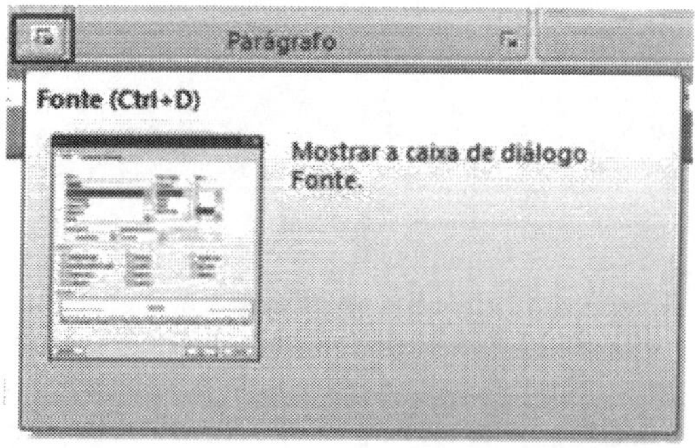

- **Guias contextuais:** essas guias são exibidas na Faixa de Opções somente quando relevantes para a tarefa atual, como formatar uma tabela ou uma imagem.

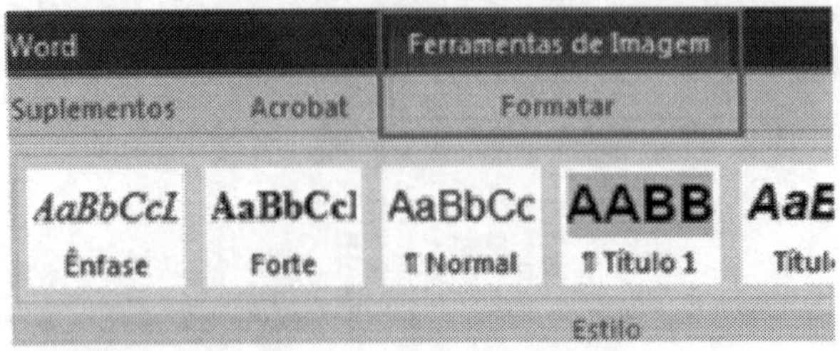

- **Barra de status:** contém informações sobre o documento, modos de exibição e zoom.

8.2 Selecionando texto

Selecionando pelo mouse: ao posicionar o mouse mais à esquerda do texto, o cursor, em forma de flecha branca, aponta para a direita:

- Ao dar um clique, ele seleciona toda a linha.
- Ao dar um duplo clique, ele seleciona todo o parágrafo.
- Ao dar um triplo cliquem, ele seleciona todo o texto.

Com o cursor no meio de uma palavra:

- Ao dar um clique, o cursor se posiciona onde foi clicado.
- Ao dar um duplo clique, ele seleciona toda a palavra.
- Ao dar um triplo clique ele seleciona todo o parágrafo.

É possível também clicar, manter o mouse pressionado e arrastá-lo até onde desejamos selecionar. Ou, ainda, clicar onde começa a seleção, pressionar a tecla SHIFT e clicar onde termina a seleção.

- Selecionar palavras alternadas: selecione a primeira palavra, pressione CTRL e vá selecionando as partes do texto que deseja modificar.

Pressionando ALT, selecionamos o texto em bloco:

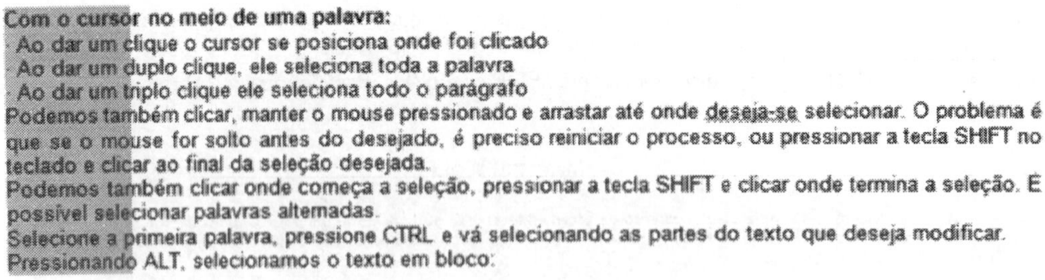

8.3 Guia página inicial

Preste muita atenção nesta guia: é uma das mais cobradas em Word.

8.3.1 Grupo área de transferência

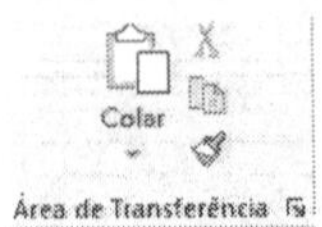

8.3.2 Copiar, Recortar e Colar

Copiar e Recortar enviam um texto ou um objeto selecionado para a área de transferência. Copiar permite que o texto ou objeto selecionado fique no local de origem também, e Recortar faz o contrário: o texto ou objeto selecionado é retirado do local de origem. Colar busca o que está na área de transferência.

Podem-se utilizar as teclas de atalho CTRL + C (copiar), CTRL + X (Recortar) e CTRL + V (Colar), ou o primeiro grupo na Guia Página Inicial.

8.3.3 Opções de colagem

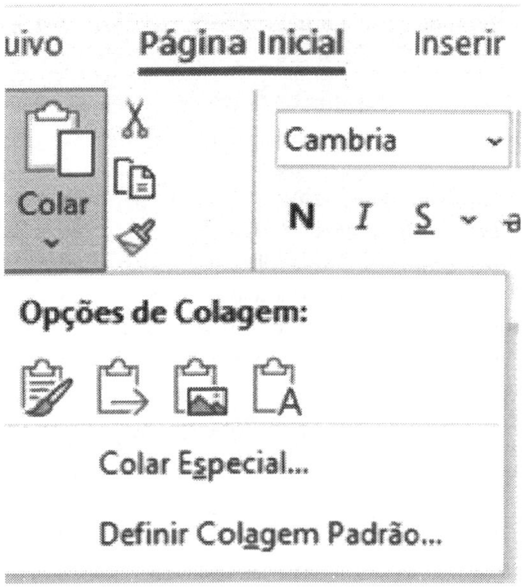

- **Manter formatação original**: preserva a aparência do texto original.
- **Mesclar formatação**: altera a formatação para que ela corresponda ao texto ao redor.
- **Imagem:** cola imagem.
- **Manter somente texto**: remove toda a formatação original do texto. Se você usar a opção Manter Somente Texto para colar conteúdo que inclui imagens e uma tabela, as imagens serão omitidas do conteúdo colado, e a tabela será convertida em uma série de parágrafos.

8.3.4 Colar especial

- **CTRL + ALT + V:** cola um texto ou objeto, que esteja na área de transferência, sem formatação, no formato RTF ou no formato HTML.

8.3.5 Área de Transferência

- **CTRL + CC – Importante:** abre o painel de tarefa Área de Transferência. Você pode armazenar até 24 itens na área de transferência.

Para abrir o painel, clique no botão ou use o atalho CTRL + CC, que deve estar configurado em Opções da Área de Transferência.

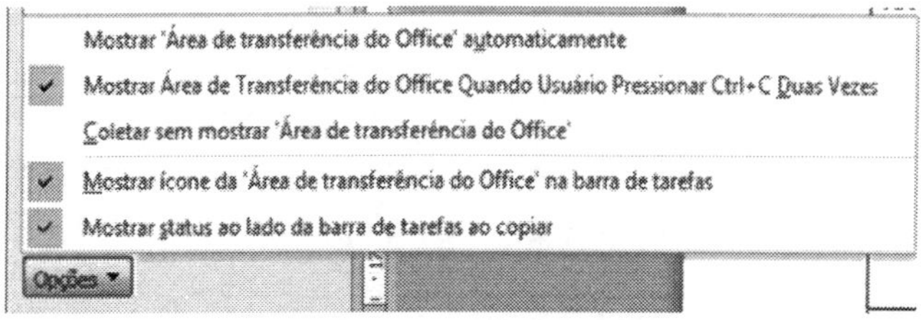

A Área de Transferência é uma área de armazenamento temporário de informações onde o que foi copiado ou movido de um lugar fica armazenado temporariamente. É possível selecionar o texto ou os elementos gráficos e, em seguida, usar os comandos Recortar ou Copiar para mover a seleção para a Área de Transferência, onde ela será armazenada até que o comando Colar seja acionado para inseri-la em algum outro lugar.

Quando são acionados o "Cortar" (CTRL + X) ou o "Copiar" (CTRL + C) de um elemento, este é conservado temporariamente na área de transferência.

8.3.6 Pincel de formatação

Este comando é amplamente cobrado em provas. Ele copia a formatação (fonte, cor, tamanho etc.) de um texto para aplicá-la a outro.

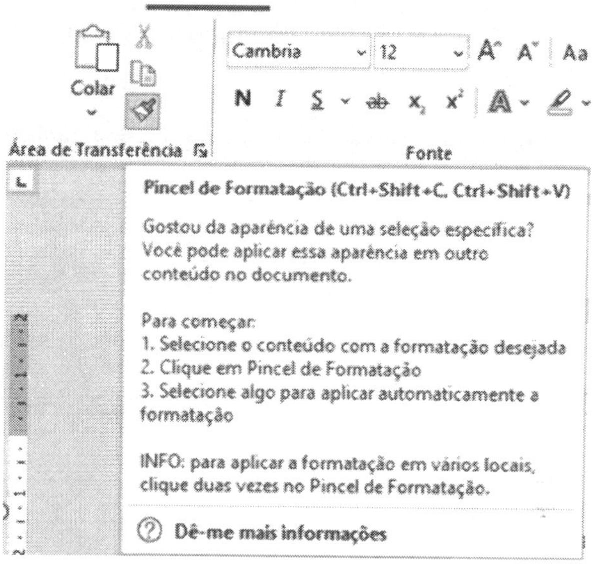

8.3.7 Fonte

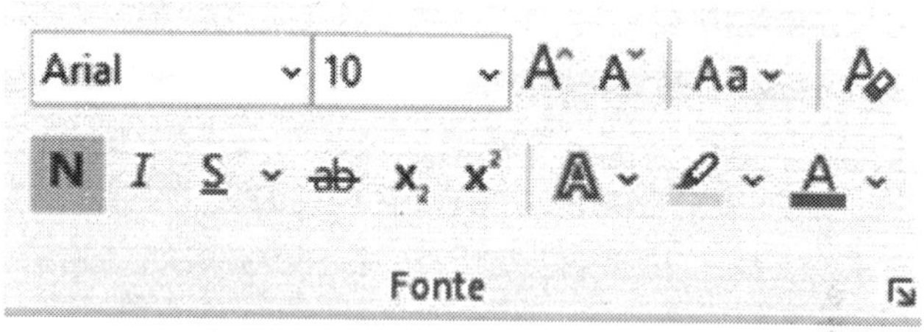

Para usar esse recurso, é possível usar os seguintes atalhos:

- **Abrir caixa de diálogo:** CTRL + D ou CTRL + SHIFT + P
- **Tipo e tamanho da fonte:** aumentar (CTRL + >) e Diminuir (CTRL + <)

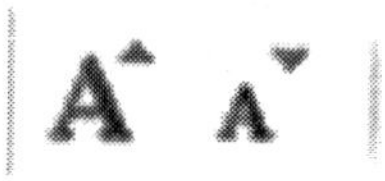

8.3.8 Maiúsculas e minúsculas

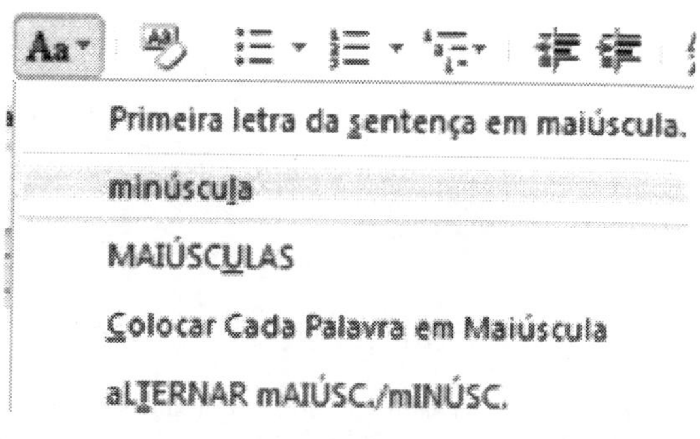

Para usar esse recurso, é possível usar os seguintes atalhos:

- **Abrir caixa de diálogo:** CTRL + SHIFT + A.

- **Negrito**: CTRL + N
- **Itálico**: CTRL + I
- **Sublinhado**: CTRL + S (na seta ao lado do botão há opções de sublinhado).
- **Tachado**: efeito de texto com uma linha no meio: TEXTO
- **Subscrito**: H2O – CTRL + =
- **Sobescrito**: 22 – CTRL + SHIFT + +
- **Cor do realce do texto:** como se fosse um marcador de textos.

8.3.9 Cor da fonte

Ao pressionar o atalho CTRL + D, ou atalho CTRL + SHIFT + P ou ainda clicar no botão (Iniciador de caixa de diálogo) na parte inferior da guia, no grupo Fonte, a janela de diálogo FONTE é aberta.

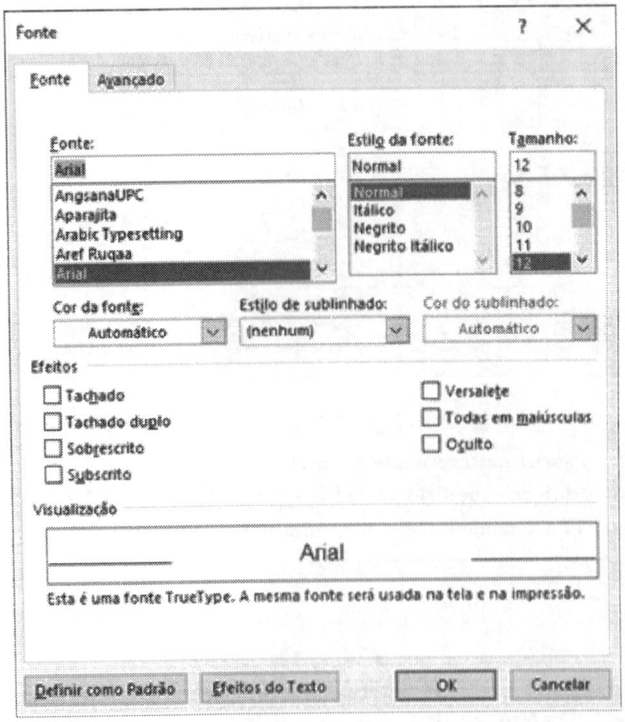

8.3.10 Parágrafo

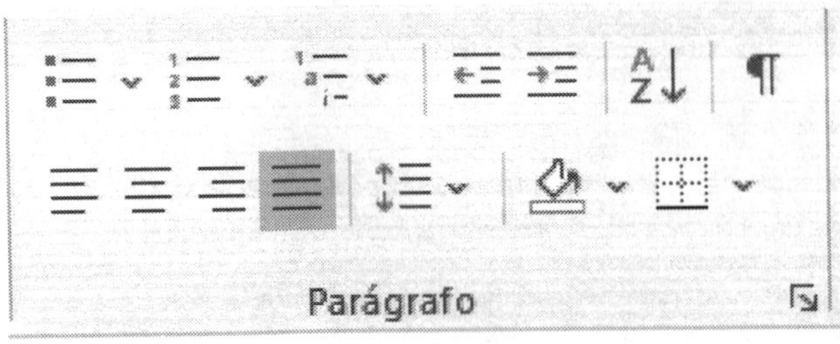

- **Marcadores**: ativa ou desativa marcadores (bullets points)
- **Numeração**: ativa ou desativa numeração, que pode ser com algarismos romanos, arábicos ou mesmo com letras maiúsculas e minúsculas.
- **Lista de vários níveis**: ativa ou desativa numeração de vários níveis, estilo tópicos e subtópicos.
- **Classificar:** abre caixa de diálogo onde podemos ordenar em ordem crescente ou decrescente os parágrafos do texto.
- **Mostrar tudo**: mostra marcas de parágrafo e outros símbolos de formatação ocultos. Esses símbolos não são imprimíveis.

8.3.11 Botões de alinhamento

É possível usar os seguintes recursos:

- **Alinhamento à esquerda:** CTRL + Q
- **Alinhamento centralizado:** CTRL + E
- **Alinhamento à direita:** CTRL + G
- **Alinhamento justificado:** CTRL + J
- **Botão sombreamento:** para colorir plano de fundo.
- **Botão bordas**: para inserir ou retirar bordas.

Na aba Quebra de linha e de página, temos o controle de linhas órfãs e viúvas.

- **Linhas órfãs:** são as primeiras linhas dos parágrafos que têm as linhas subsequentes passadas para outra página.
- **Linhas viúvas:** são as linhas que ficam sozinhas em outra página, com o restante do parágrafo na página anterior.

8.3.12 Estilos

É possível fazer a maioria das alterações no texto pelo grupo Fonte, mas é trabalhoso. Uma maneira de fazer todas as alterações com um único comando é por meio dos estilos. Estilos é um conjunto de formatações predefinido, onde é possível fazer várias formatações em um texto com apenas um clique no botão do estilo escolhido.

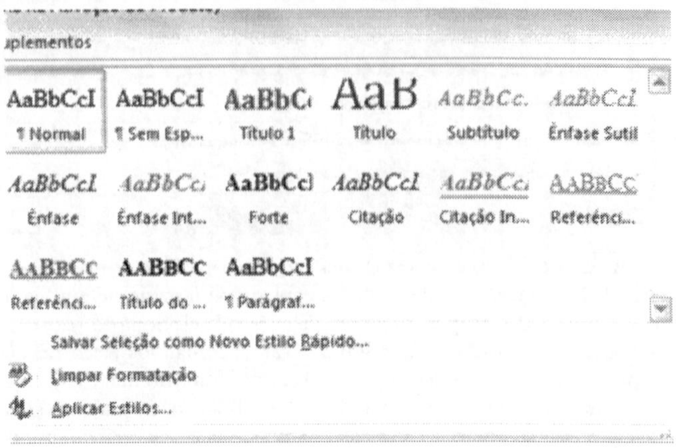

8.3.13 Editando

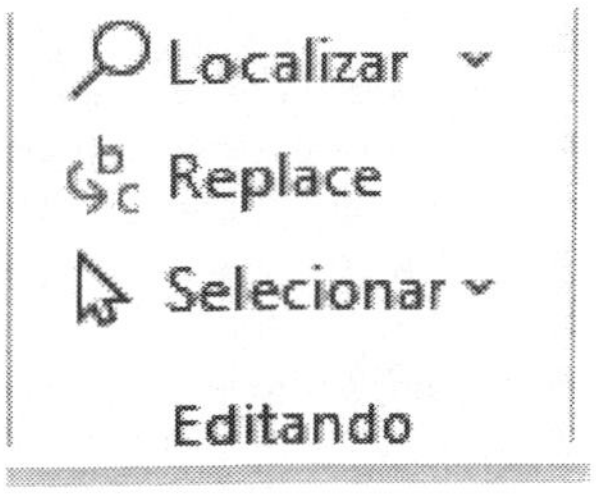

- **Localizar:** abre o painel de navegação para que se digite um texto para ser procurado no Word.
- **Localização avançada:** abre caixa de diálogo com opções avançadas para procurar um texto.
- **Ir Para:** permite ir para determinada página, tabela, gráfico, entre outros.
- **Substituir:** usado para substituir palavras em um texto. Você pode substituir uma palavra ou todas em uma única operação.
- **Selecionar:** seleciona textos ou objetos no documento.

8.4 Inserir

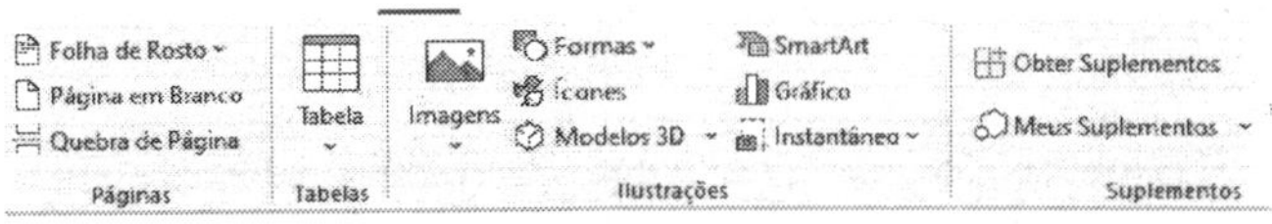

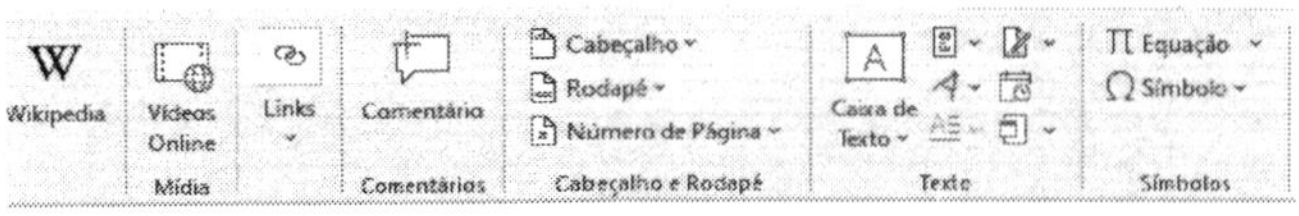

8.4.1 Páginas

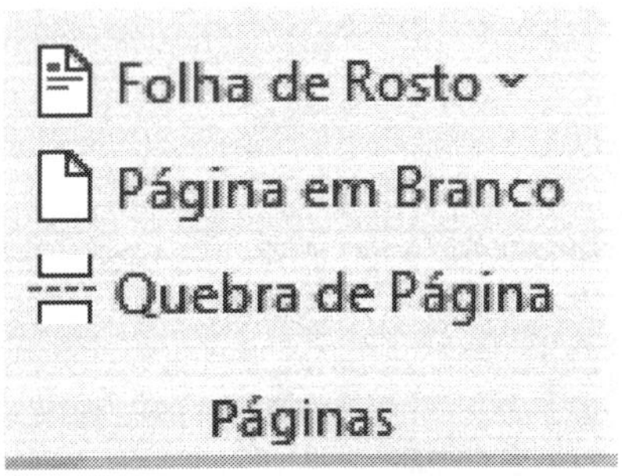

- **Folha de rosto:** insere uma folha de rosto já formatada ao documento.
- **Página em branco:** insere uma página em branco onde está o cursor.
- **Quebra de página:** insere uma quebra de página levando o texto para outra página.

8.4.2 Tabelas

Com o botão "Tabela", temos as funções Inserir Tabela, Desenhar Tabela, Converter Texto em Tabela, Inserir Planilha do Excel e Tabelas Rápidas. Quando o cursor é colocado dentro da tabela ou seleciona alguma área, aparece a guia de ferramentas de tabela, juntamente com o grupo Design e Layout.

Na guia Design é onde terão as opções para tratar as cores de sombreamento, bordas, linhas de cabeçalho da tabela. Na guia Layout, é possível trabalhar com inúmeras funcionalidades, como o botão Selecionar:

Ainda nesse grupo, há o botão "Exibir linhas de grade" e "Propriedades". Clicando em Propriedades, abrir, uma caixa de diálogo para configurar alinhamento, disposição do texto, especificar a altura da linha, largura da coluna ou célula será disposta na tela.

No grupo "Linhas e colunas", temos as opões de excluir células, colunas, linhas ou tabela, inserir linhas acima e abaixo e colunas esquerda e à direita.

No grupo Mesclar estão os botões para Mesclar células, Dividir células e Dividir Tabela.

Há, ainda alguns outros recursos presentes. São eles:

- **Tamanho da célula:** especifica a altura da linha e a largura da coluna. Há também os botões "Distribuir linhas" e "Distribuir colunas", que faz com que todas as linhas e colunas com as mesmas medidas.
- **Alinhamento:** alinhar parte superior à esquerda, alinhar parte superior no centro, alinhar parte superior à direita, centralizar à esquerda, centralizar, centralizar à direita, alinhar parte Inferior à esquerda, alinhar parte Inferior no centro, alinhar parte Inferior à direita. Depois, temos o botão de Direção do Texto e Margens da célula.
- **Classificar:** coloca o texto selecionado em ordem alfabética ou classifica dados numéricos.
- **Converter em texto:** muito importante para as provas. Possibilita converter uma tabela em um texto. É possível também converter texto em tabela, mas, para isso, é preciso clicar na Guia Inserir, no botão Tabela/Converter Texto em Tabela.
- **Movimentação na tabela:** movimente-se na tabela por meio das teclas setas, TAB, ou clicando com o mouse. A tecla ENTER não passará o cursor para outra célula da tabela, mas deixará a linha mais larga, logo, não é utilizada para a movimentação. **Contudo, preste atenção:** caso a tabela esteja no início de um documento, sem linha nenhuma anterior a ela (em branco ou não), posicionando o cursor na primeira célula da tabela e teclando ENTER, o Word criará uma linha em branco antes da tabela, movendo-a para baixo.

Dica: ao pressionar a tecla TAB, se o cursor estiver na última célula da tabela, será adicionada uma nova linha na tabela.

8.4.3 Ilustrações

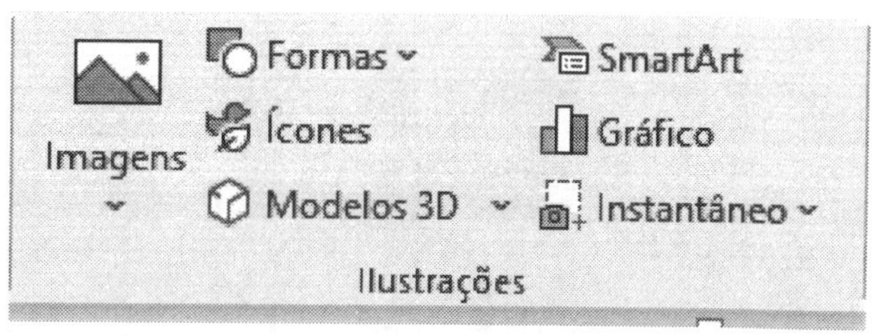

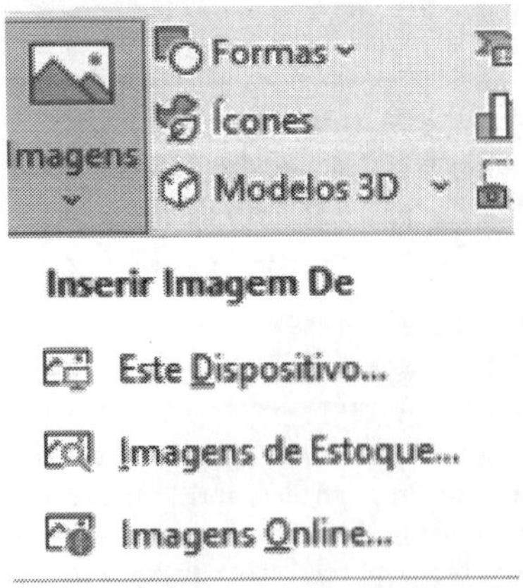

- **Opções de layout de uma imagem:** ao selecionar uma imagem, surge um botão, e, ao clicar nele, abre um menu com opções de Layout, no qual é possível escolher a maneira como seu objeto interage com o texto. Abre, ainda, lista com opção de formas para inserir no documento. Veja exemplos:

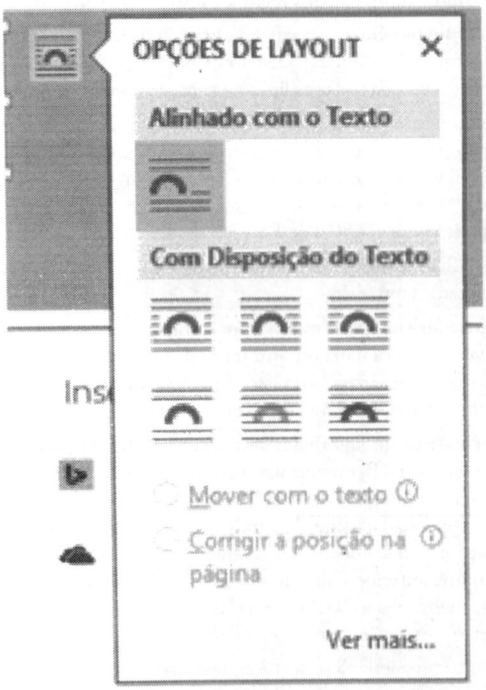

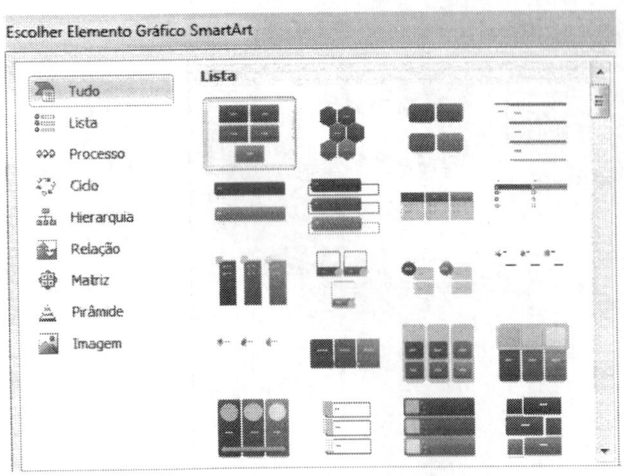

Abre caixa de diálogo para escolher um elemento gráfico como Fluxogramas, Organogramas, entre outros. Veja os tipos na imagem abaixo:

- **Instantâneo:** funciona como um *print screen* e possibilita selecionar a imagem que você quer colar em seu documento.

- **Gráfico:** botão para inserir gráfico com o auxílio do Excel.

8.4.4 Suplementos

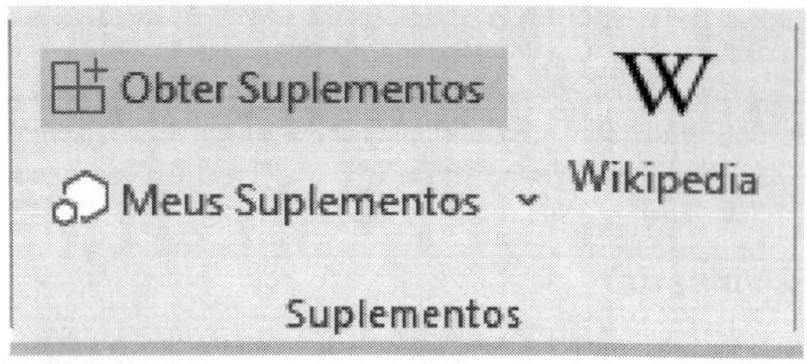

- **Obter suplementos:** é possível adicionar ou comprar aplicativos, como um dicionário, por exemplo. Para começar a usar um novo aplicativo, clique em Meus Suplementos.

8.4.5 Mídia

- **Vídeo online:** é possível adicionar vídeos on-line também. Para isso, acesse o grupo Média. Insira vídeos on-line para assistir diretamente no Word sem ter que sair do documento.

8.4.6 Links

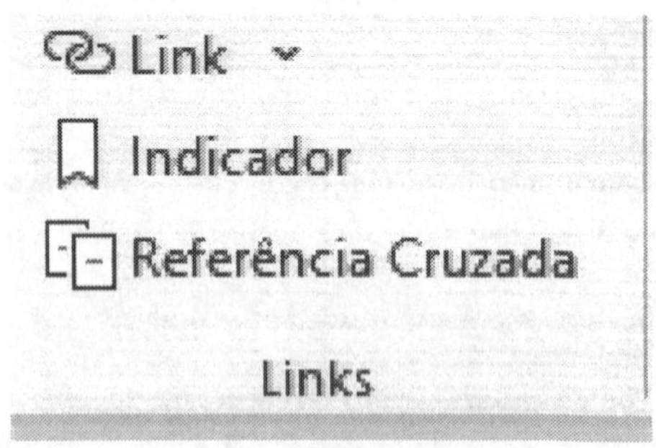

- Hiperlink: permite criar *links* para o mesmo documento ou outros documentos ou sites da internet.
- **Indicador:** cria um nome para um ponto específico do documento.
- **Referência cruzada:** permite criar *links* para redirecionar para uma figura ou tabela, por exemplo.

8.4.7 Cabeçalho e rodapé

Na Guia Contextual, podemos trabalhar com o Cabeçalho e Rodapé. Podemos inserir Número de Páginas, Data e Hora, Imagens, assim como inserir cabeçalhos e/ou rodapés diferentes em páginas pares e ímpares ou somente na primeira página.

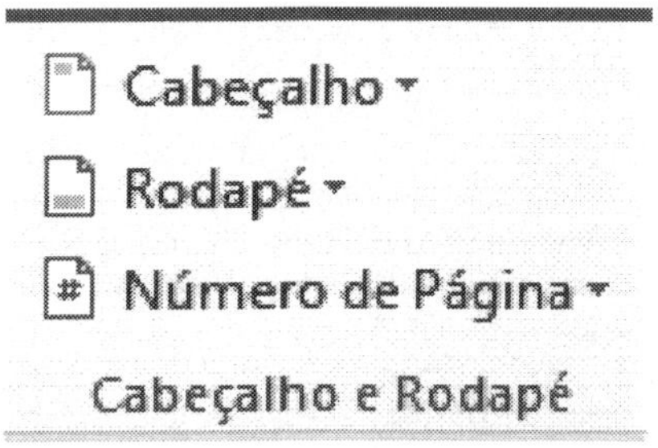

- ▹ **Navegação**: permite alternar entre Cabeçalho e Rodapé.
- ▹ **Fechar:** temos apenas o botão para sair do modo de edição do Cabeçalho e Rodapé.

8.4.8 Texto

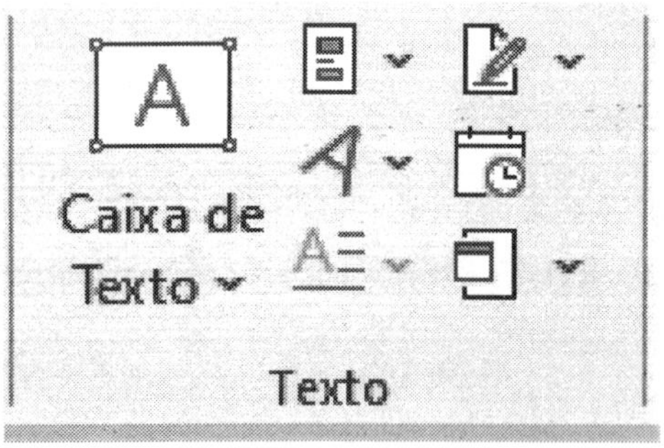

- ▹ **Caixa e texto:** insere uma caixa de texto pré-formatada no documento.
- ▹ **Explorar partes rápidas:** insere trechos de conteúdo reutilizáveis, como data ou uma assinatura.
- ▹ **WordArt:** insere um texto decorativo no documento.
- ▹ **Capitular:** cria uma letra maiúscula, grande, no início do parágrafo.
- ▹ **Adicionar uma linha de assinatura:** insere uma linha de assinatura para identificar quem vai assinar.
- ▹ **Data e hora:** inserir Data e hora atual no documento.
- ▹ **Objeto:** para aplicar um objeto ou texto inserido de outro arquivo no seu documento

8.4.9 Grupo símbolos

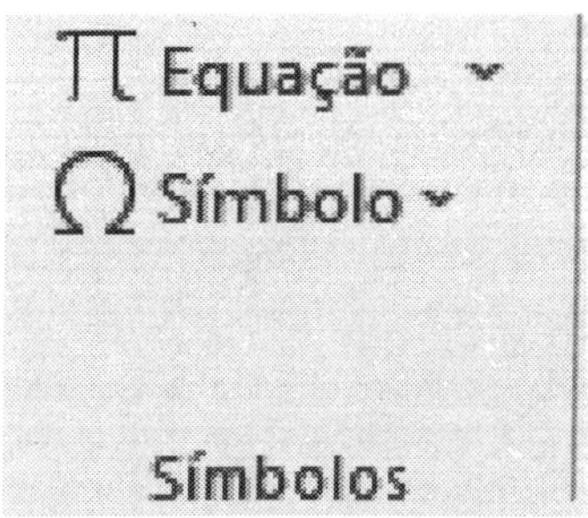

- ▹ **Equação:** permite inserir equações matemáticas ou desenvolver suas próprias equações usando uma biblioteca de símbolos matemáticos.
- ▹ **Símbolo:** utilizado para inserir símbolos que não constam no teclado, como símbolos de copyright, símbolo de marca registrada e outros.

8.5 Guia Design

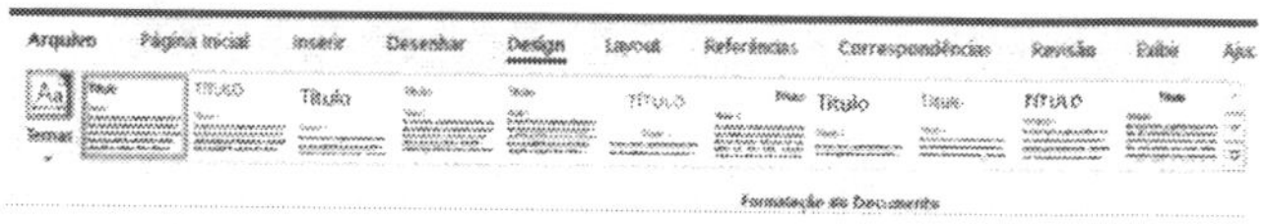

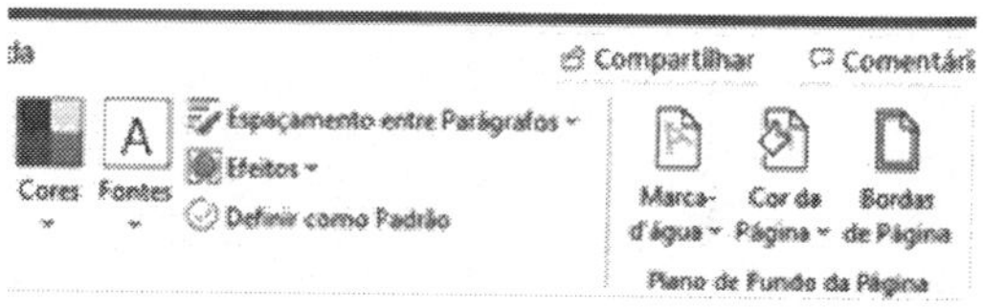

- ▹ **Temas:** botões para alterar o design geral do documento inteiro, incluindo cores, fontes e efeitos.

8.6 Guia Layout

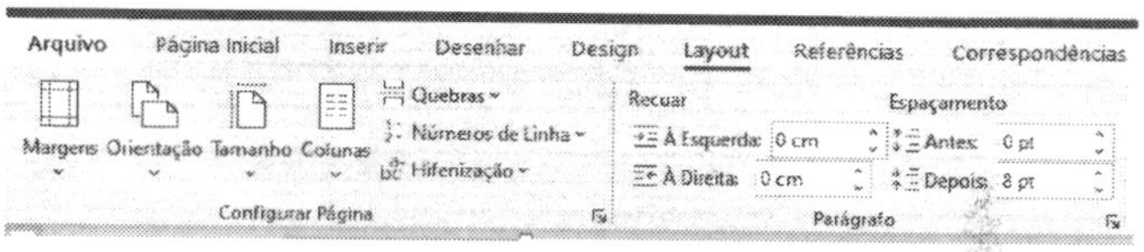

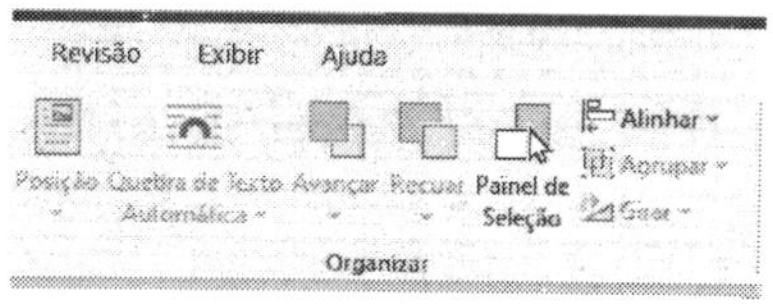

Botões para definir margens, orientação do papel (retrato ou paisagem) e tamanho do papel.

Em Margens personalizadas (acessível ao clicar no botão Margens), há uma caixa de diálogo

"Configurar Página, igual a velha conhecida do Office 2003, lembra? Lá temos configurações como margens, orientação do papel, layout entre outras.

- ▹ **Colunas:** para formatar o documento em colunas, com ou sem linha entre elas.
- ▹ **Quebras:** para adicionar páginas, seção ou quebras de colunas ao documento.
- ▹ **Número de linha:** para adicionar número de linhas à margem lateral de cada linha do documento.
- ▹ **Hifenização**: permite o word quebrar linhas entre as sílabas das palavras.
- ▹ **Configuração de página:** esse botão abre a caixa de diálogo Configurar Página.

8.6.1 Grupo Parágrafo

Permite configurações de Recuo do parágrafo e espaçamento entre linhas. Preste atenção aos botões dessas funcionalidades.

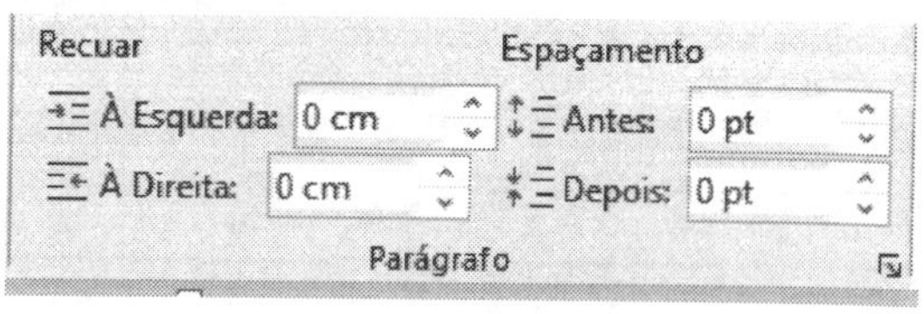

INFO

- **Parágrafo:** abre a caixa de diálogo parágrafo.

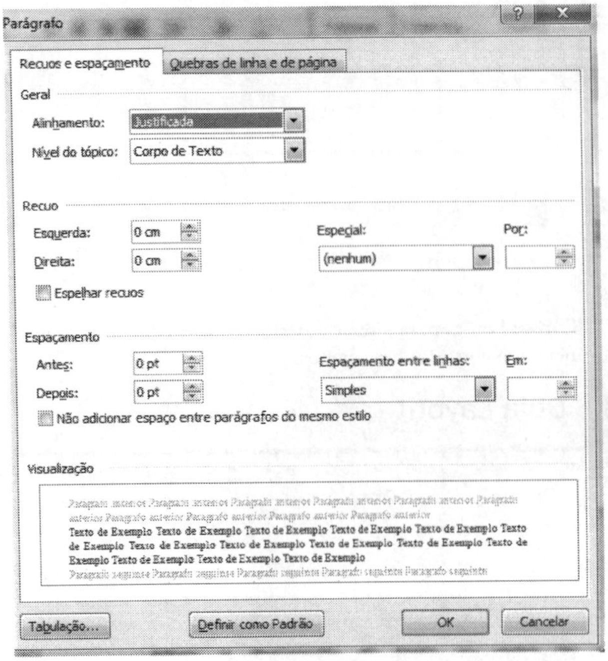

8.6.2 Organizar

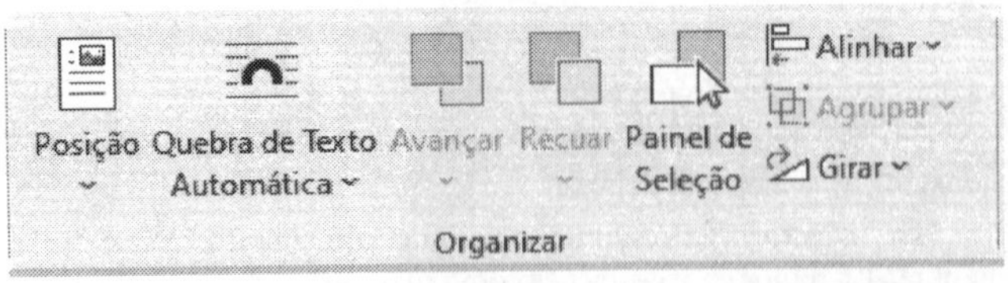

- **Posição:** configura o alinhamento da imagem no documento.
- **Quebra de texto automática:** altera a disposição do texto ao redor do objeto selecionado.
- **Avançar:** trará o objeto selecionado para a frente para que menos objetos fiquem à frente dele.
- **Recuar:** enviará o objeto selecionado para trás para que ele fique oculto atrás dos objetos à frente dele.
- **Painel de seleção:** mostra Painel de Seleção.
- **Alinhar:** alinhará o objeto selecionado em relação às margens.
- **Agrupar:** para agrupar objetos de forma que sejam tratados como um único.
- **Girar:** girar ou inverter o objeto selecionado.

8.7 Guia Referências

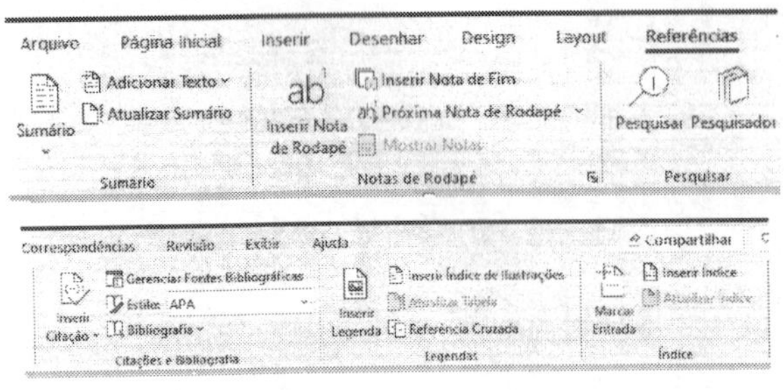

- **Sumário:** permite criar e editar um sumário para o documento ativo. Para isso acesse a guia Referências/Grupo Sumário/ Botão Sumário e escolha o tipo de sumário desejado.
- **Inserir nota de rodapé:** adiciona uma nota de rodapé. Para isso cursor após a palavra ou texto que deseje acrescentar na Nota de rodapé.
- **Inserir nota de fim:** adiciona uma nota de fim ao documento.
- **Próxima nota de rodapé:** útil para navegar até a próxima nota de rodapé do documento.
- **Mostrar notas:** mostra as notas inseridas no documento.

8.7.1 Citações e bibliografia

Uma bibliografia é uma lista de fontes, normalmente colocada no final de um documento, que você consultou ou citou na criação do documento. No Microsoft Word 2019, é possível gerar uma bibliografia automaticamente com base nas informações sobre a fonte fornecidas para o documento.

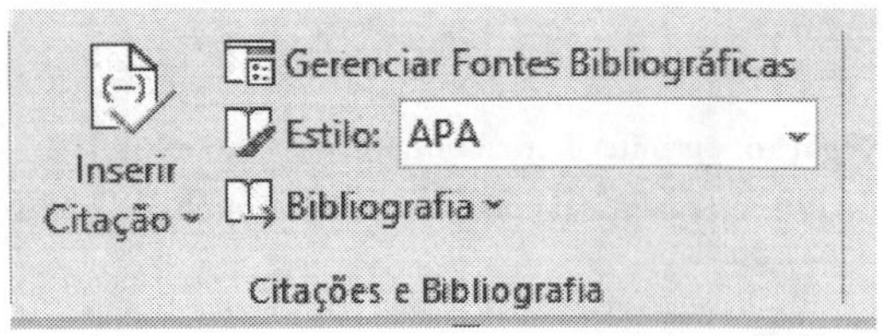

Toda vez que é criada é uma nova fonte (referência), as informações sobre são salvas no seu computador, para que você possa localizar e usar qualquer fonte que criou.

8.7.2 Legendas

Utilizado para inserir e gerenciar legendas de imagens.

8.7.3 Índice

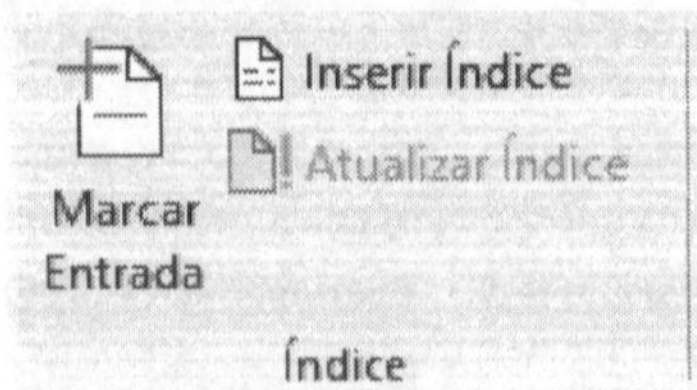

Perceba que Guia Referências oferece funcionalidades referentes a edição de um livro ou produção de uma monografia ou um TCC. Basta dar uma olhada: sumário, citações, bibliografias.

A Guia Página Inicial é utilizada principalmente para a formatação do documento, a Guia Inserir para inserir elementos e assim por diante.

8.8 Guia Correspondências

Essa guia permite a criação de preenchimento envelopes de correspondência, etiquetas de endereçamento e de mala direta.

8.9 Revisão

Esta aba é destinada à revisão textual, por exemplo, verificação de ortografia, substituição por sinônimos, ajuste de idioma, tradução, entre outros.

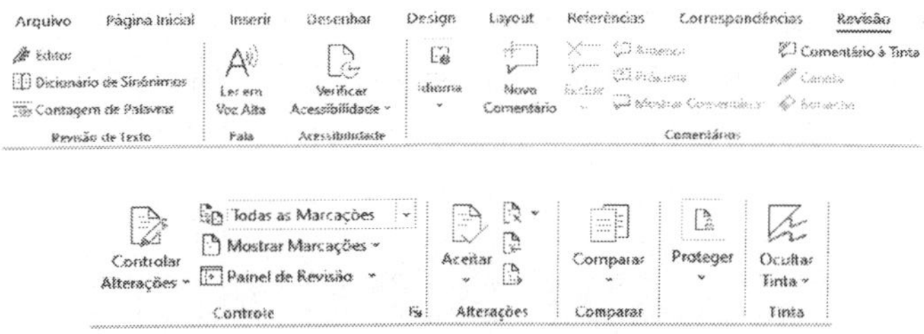

8.9.1 Revisão de texto

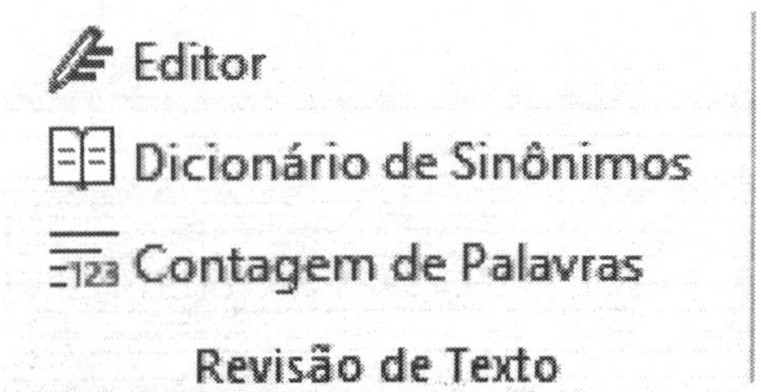

- **Editor/Ortografia e gramática:** inicia a correção ortográfica e gramatical do documento.
- **Dicionário de sinônimos:** sugere outras palavras com significado semelhante ao da palavra selecionada
- **Contagem de palavras:** para saber o número de palavras, caracteres, parágrafos e linhas no documento.

8.9.2 Idioma

Você pode traduzir texto escrito em outro idioma, como frases ou parágrafos e palavras individuais (com o Minitradutor), ou pode traduzir o arquivo inteiro.

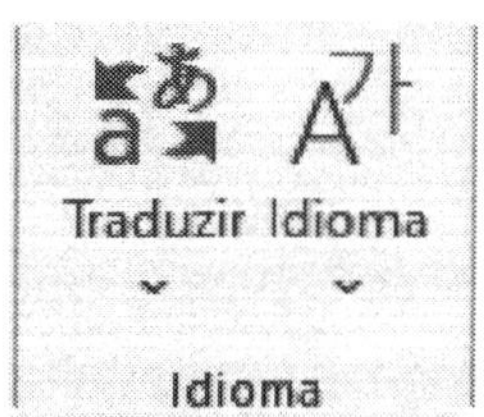

Se esta for a primeira utilização dos serviços de tradução, é preciso clicar em OK para instalar os dicionários bilíngues e habilitar o serviço de tradução no painel Pesquisa. Também é possível ver quais dicionários bilíngues e serviços de tradução automática foram habilitados, basta clicar no link Opções de tradução no painel Pesquisa.

8.10 Exibir

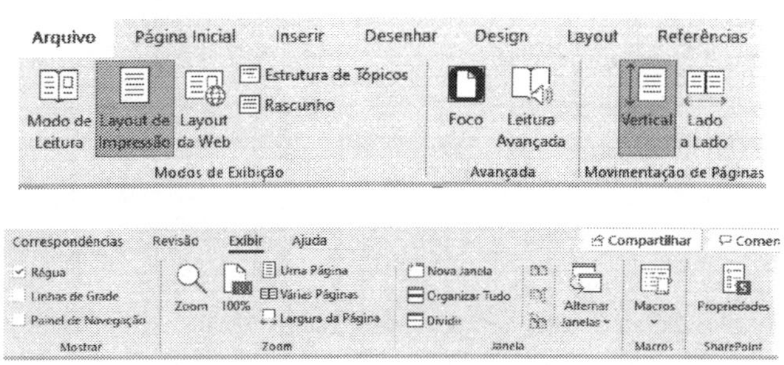

- **Modo de Leitura:** oculta as barras do documento, facilitando a leitura em tela.
- **Layout de impressão:** formato atual do documento - como ficará na folha impressa-. Esse modo de exibição é útil para editar cabeçalhos e rodapés, para ajustar margens e para trabalhar com colunas e objetos de desenho.
- **Layout da web: aproxima** o documento de uma visualização na internet. Esse formato existe, pois muitos usuários postam textos produzidos no Word em sites e blogs.
- **Estrutura de tópicos:** permite visualizar seu documento em tópicos, o formato terá melhor compreensão quando trabalharmos com marcadores.
- **Rascunho**: é o formato bruto, permite aplicar diversos recursos de produção de texto, porém não visualiza como impressão nem outro tipo de meio.

8.10.1 Janela

- **Nova janela:** abre o documento em uma nova janela.
- **Organizar tudo:** organiza as janelas abertas.
- **Dividir:** divide a janela de modo que fica com dupla barra de rolagem, dupla régua. Ideal para trabalhar com cabeçalhos de textos.

8.11 Barra de Status

A barra de status, que é uma área horizontal na parte inferior da janela do documento no Microsoft Word, fornece informações sobre o estado atual do que está sendo exibido na janela e quaisquer outras informações contextuais.

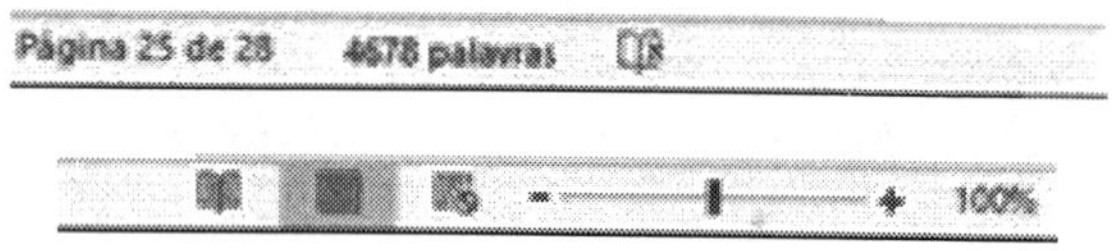

- **Número da página:** mostra o número da página atual e o número de páginas no documento.
- **Palavras:** mostra o número de palavras do documento e quando um texto for selecionado, mostra também o número de palavras que estão selecionadas.

Esta opção, mostra o status da verificação de ortografia e gramática. Quando o Word faz a verificação de erros, uma caneta animada aparece sobre o livro. Se nenhum erro for encontrado, será exibida uma marca de seleção. Se um erro for encontrado, será exibido um "X". Para corrigir o erro, clique duas vezes nesse ícone.

8.12 Visualização do Documento

É possível alterar a forma de visualização do documento. No rodapé, a direta da tela tem o controle de Zoom. Anterior a este controle de zoom temos os botões de forma de visualização de seu documento, que podem também ser acessados pela Aba Exibição, conforme já estudamos.

8.13 Atalhos

Arquivo	
Recurso	**Teclas de atalho**
Novo documento	CTRL + O
Abrir	CTRL + A
Salvar	CTRL + B
Salvar como	F12
Imprimir	CTRL + P
Visualizar impressão	CTRL + F2
Fechar	CTRL + W ou CTRL + F4
Sair	ALT + F4
Desfazer	CTRL + Z

Parágrafo	
Recurso	**Teclas de atalho**
Alinhar à esquerda	CTRL + Q
Centralizar	CTRL + E
Alinhar à direita	CTRL + G
Justificar	CTRL + J
Espaçamento parágrafo 1	CTRL + 1
Espaçamento parágrafo 1,5	CTRL + 5
Espaçamento parágrafo 1,5	CTRL + 2

Fonte	
Recurso	**Teclas de atalho**
Fonte	CTRL + D ou CTRL + SHIFT + P
Aumentar fonte	CTRL + SHIFT + >
Diminuir fonte	CTRL + SHIFT + <
Negrito	CTRL + N
Itálico	CTRL + I
Sublinhado	CTRL + S
Duplo sublinhado	CTRL + SHIFT + D
Maiúscula e minúscula	SHIFT + F3
Todas maiúsculas	CTRL + SHIFT + A
Realce	CTRL + ALT + H
Sobrescrito	CTRL + SHIFT + +
Subscrito	CTRL + =

Outros	
Recurso	**Teclas de atalho**
Ajuda	F1
Quebra de página	CTRL + Enter
Dicionário de sinônimos	SHIFT + F7
Verificação ortográfica	F7
Hipelink	CTRL + K

Edição	
Recurso	**Teclas de atalho**
Localizar	CTRL + L
Ir para	ALT + CTRL + G ou ALT + CTRL + F5

Geral	
Recurso	**Teclas de atalho**
Substituir	CTRL + U
Selecionar tudo	CTRL + T

9 MICROSOFT EXCEL 365

O Microsoft 365 é uma assinatura que inclui os recursos mais colaborativos e atualizados em uma experiência integrada e perfeita, pois inclui os aplicativos robustos de trabalho do Office, como Word, PowerPoint e Excel. Com ele, também é possível também obter armazenamento on-line extra e recursos conectados à nuvem que permitem colaborar com arquivos em tempo real.

O objetivo da assinatura é disponibilizar os recursos, correções e atualizações de segurança mais recentes, além de suporte técnico contínuo, sem nenhum custo extra. É possível optar por pagar a assinatura mensal ou anual, e o plano Microsoft 365 Family permite compartilhar a assinatura com até seis pessoas e usar os aplicativos em vários PCs, Macs, tablets e telefones.

Há também a possibilidade de adquirir o Office 2019 como uma compra única, o que significa pagar um custo único e inicial para obter os aplicativos do Office para um computador. Compras únicas estão disponíveis para PCs e Macs. No entanto, não há opções de upgrade

Segundo a Microsoft, o Excel: é um programa de planilhas do sistema Microsoft Office. Pode ser usado para criar e formatar pastas de trabalho (um conjunto de planilhas), para analisar dados e tomar decisões de negócios mais bem informadas. Especificamente, o Excel é muito utilizado para acompanhar dados, criar modelos de análise de dados, criar fórmulas para fazer cálculos desses dados, organizar dinamicamente de várias maneiras e apresentá-los em diversos tipos de gráficos profissionais.

9.1 Características do Excel

- **Planilha eletrônica:** sistema composto de 1.048.576 linhas e 16.384 colunas.
- **Pastas de trabalho abertas:** limitado pela memória disponível e pelos recursos do sistema (o padrão é 1 planilha).
- **Intervalo de zoom:** 10%a 400% por cento.
- **Extensão**: .xlsx
- **Trabalhando com pastas de trabalho:** cada pasta de trabalho do MS-Excel **consiste em um documento com uma ou mais planilhas**, ou seja, uma pasta no sentido literal, contendo diversos documentos.

9.2 Interface

A interface do Excel segue o padrão dos aplicativos Office, com ABAS, botão Office, controle de Zoom na direita etc. O que muda são alguns grupos e botões exclusivos do Excel e as guias de planilha no rodapé.

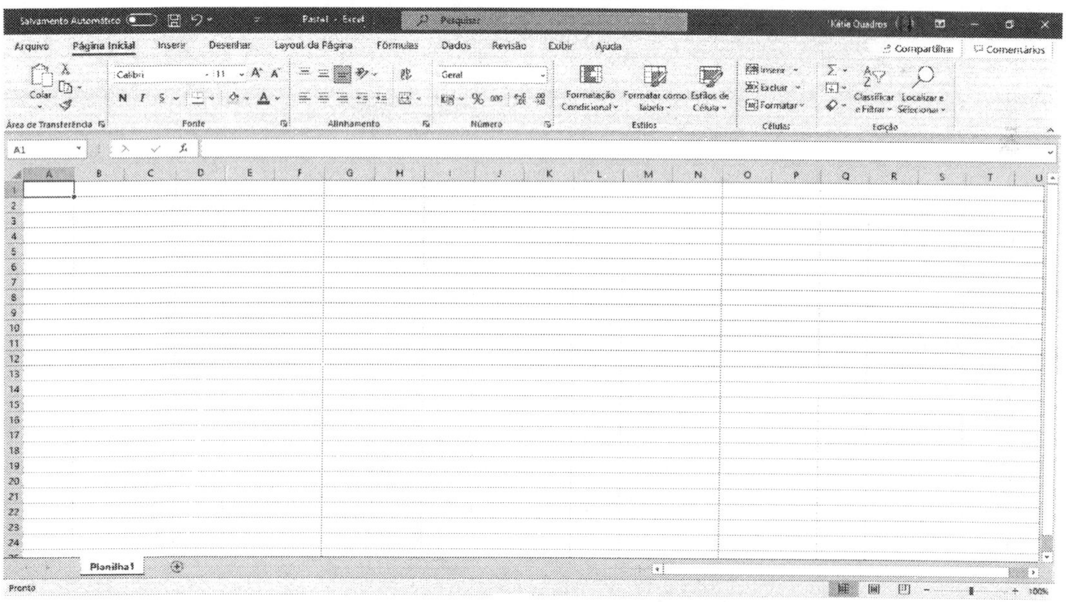

As linhas são identificadas por números e as colunas por letras. Desse modo, a junção de uma coluna e uma linha tem como resultado uma célula.

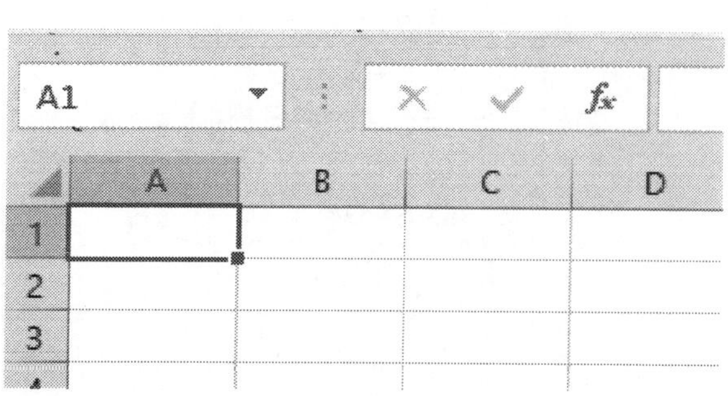

Na imagem mostrada, temos a célula A1 selecionada e podemos perceber uma caixa logo acima com o endereço da célula. Esta é a Caixa de Nome.

Ao lado temos a Barra de Fórmulas com os botões cancelar, inserir e inserir função.

9.3 Seleção de células

Se caso seja necessário selecionar mais de uma célula, basta manter pressionado o mouse e arrastar selecionando as células em sequência. Também, para selecionar células em sequência, clique na primeira célula, selecionando-a e em seguida pressione a tecla SHIFT e clique na última célula da sequência desejada.

Se precisar selecionar células alternadamente, clique sobre a primeira célula a ser selecionada, pressione CTRL e vá clicando nas que você quer selecionar. É possível também selecionar usando a combinação das setas do teclado com a tecla SHIFT.

9.4 Página Inicial

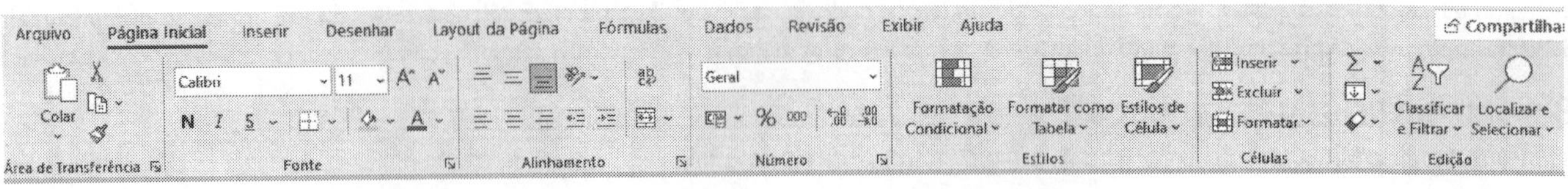

Nessa guia, temos recursos para a formatação das células. Nela é possível encontrar o grupo Fonte, que permite alterar a fonte a ser utilizada, o tamanho, aplicar negrito, itálico e sublinhado, linhas de grade, cor de preenchimento e cor de fonte. Ao clicar na faixa "Fonte", será mostrada a janela, conforme a imagem a seguir:

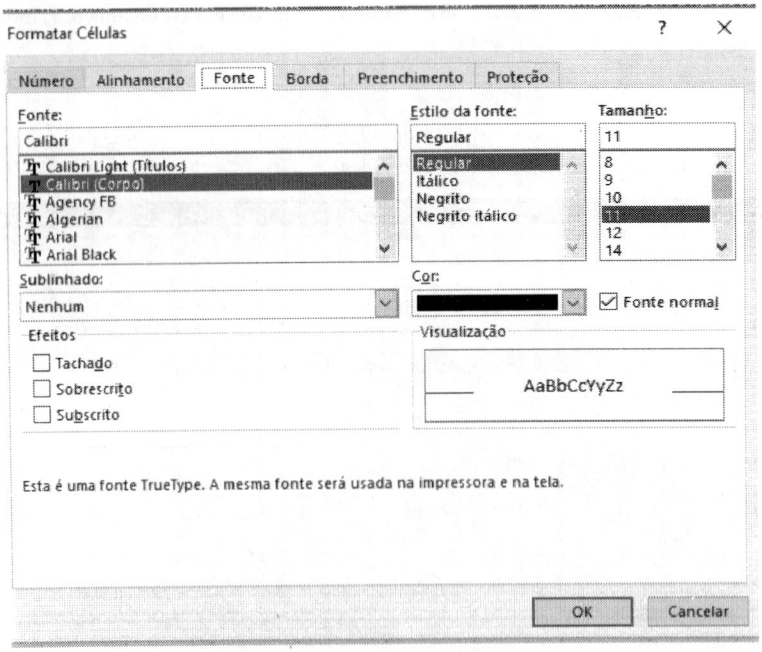

9.4.1 Alinhamento

O grupo Alinhamento permite definir o alinhamento do conteúdo da célula na horizontal e vertical, quebrar texto automaticamente, mesclar e centralizar.

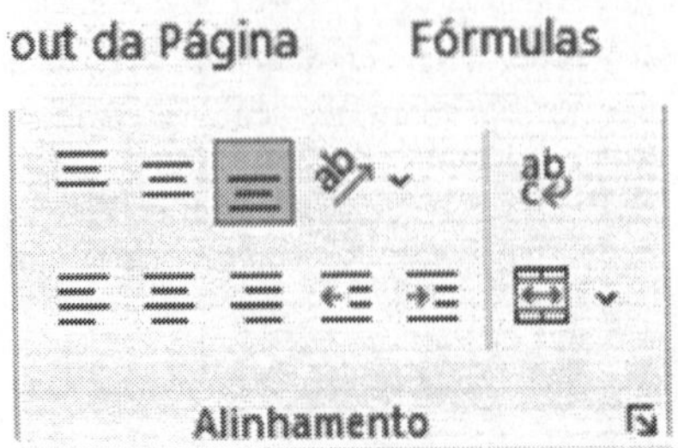

- **Botão Orientação:** permite girar o texto.

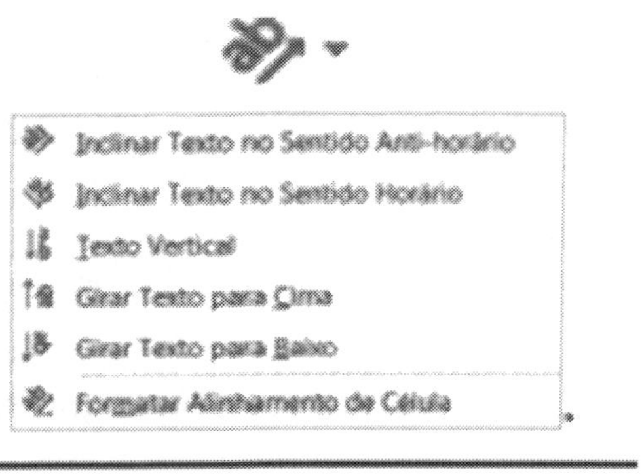

- **Mesclar e Centralizar:** torna duas ou mais células selecionadas em uma, centralizando o conteúdo da célula.
- **Mesclar através:** mescla somente em linha.
- **Mesclar célula:** apenas mescla sem centralizar.
- **Desfazer mesclagem de células:** desfaz a mesclagem das células.

9.4.2 Número

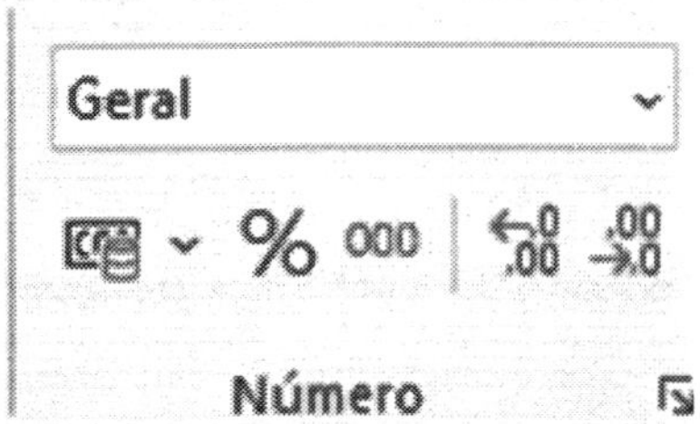

O grupo Número permite que se formatem os números de suas células. Ele dividido em categorias e dentro de cada categoria, possui exemplos de utilização e algumas personalizações, por exemplo, na categoria Moeda em que é possível definir o símbolo a ser usado e o número de casas decimais.

Formato de número de contabilização: Para formatar como moeda. Ex: R$ 40,00.

Separador de Milhares: Para formatar com duas casas decimais.

Aumentar e Diminuir casas decimais.

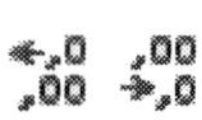

9.5 Formatação condicional

9.5.1 Página Inicial

Com essa funcionalidade podemos criar regras para evidenciar textos ou valores através de formatação de fonte ou preenchimento/sombreamento da célula, por exemplo. Podemos selecionar uma planilha inteira e definir uma regra, por exemplo, que números negativos ficarão automaticamente com fonte na cor vermelho e efeito negrito.

Tudo o que for digitado nestas células com valor negativo, ficarão na cor vermelho e efeito negrito.

9.6 Validação de dados – Guia dados

Use a validação de dados para restringir o tipo de dados ou os valores que os usuários inserem em células.

9.6.1 Texto para Colunas

Pegue o texto em uma ou mais células e divida-o em várias células usando o Assistente para Converter Texto em Colunas.

9.6.2 Remover Duplicatas

Quando você usa o recurso Remover Duplicatas, os dados duplicados são permanentemente excluídos.

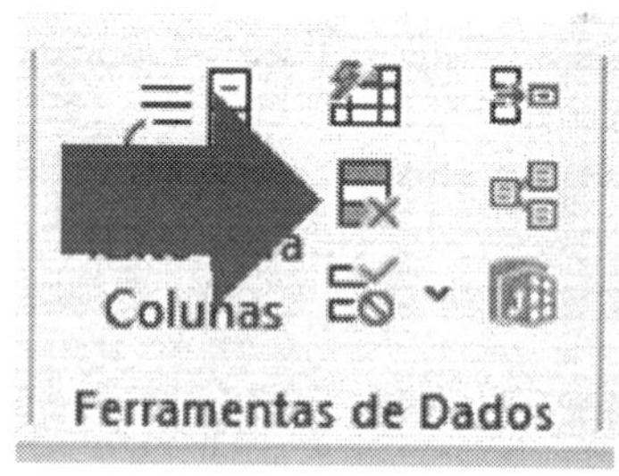

9.6.3 Obter Dados

O principal benefício da conexão com dados externos é que você pode analisar periodicamente esses dados no Microsoft Office Excel sem copiar repetidamente os dados, que é uma operação que pode ser demorada e propensa a erros. Depois de se conectar a dados externos, você também pode atualizar automaticamente (ou atualizar) sua Excel de trabalho da fonte de dados original sempre que a fonte de dados for atualizada com novas informações.

9.6.4 Atingir Meta

Se você conhece o resultado que deseja obter de uma fórmula, mas não tem certeza sobre o valor de entrada necessário para chegar a esse resultado, use o recurso Atingir Meta.

Por exemplo, suponha que você precise pedir algum dinheiro emprestado. Você sabe quanto dinheiro quer, quanto tempo deseja usar para pagar o empréstimo e quanto pode pagar a cada mês. Você pode usar o recurso Atingir Meta para determinar qual taxa de juros você precisará garantir para atingir seu objetivo de empréstimo.

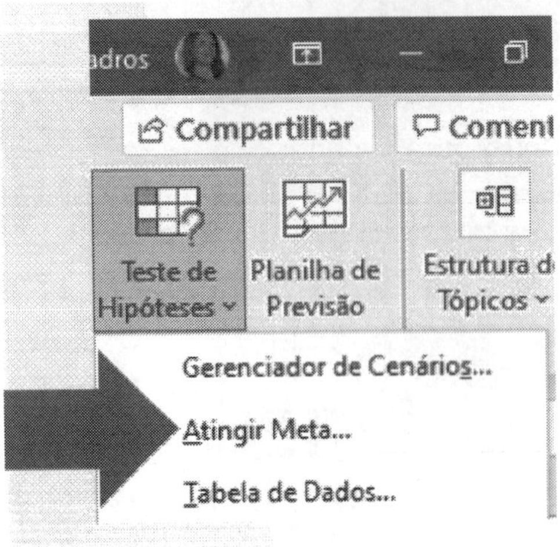

9.6.5 Impressão – Guia Arquivo

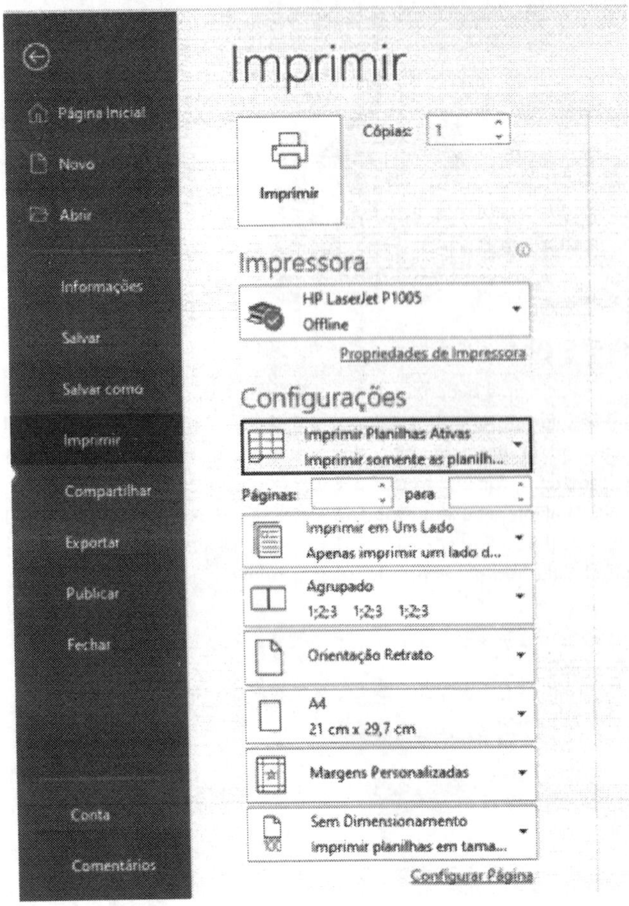

9.6.6 Classificar - Guia Página Inicial e Guia Dados

Permite classificar dados em ordem crescente ou decrescente. Pode ser com texto (alfabeticamente) ou números.

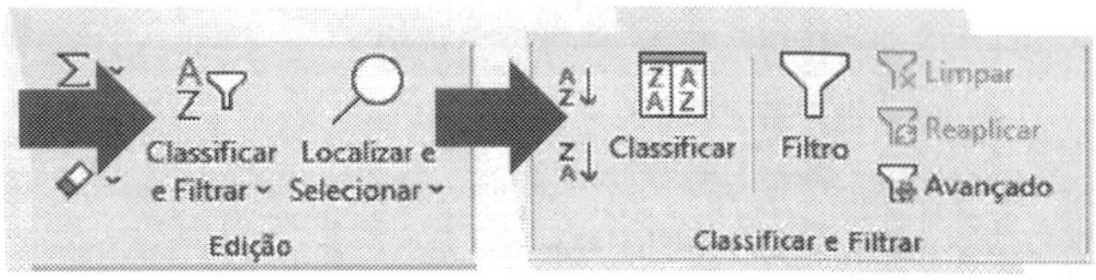

9.6.7 Filtrar – Guia Página Inicial e Guia dados

Organiza os dados para que seja mais fácil analisá-los. Por exemplo: Se tenho uma planilha com Homens e Mulheres, posso filtrar para que apareçam apenas as Mulheres. Perceba que as informações referentes aos Homens não são excluídas, apenas ficam ocultas, facilitando analisar apenas as informações referentes às mulheres.

Também posso filtrar por valores, pedindo para ocultar valores inferiores a R$ 1.000,00, por exemplo.

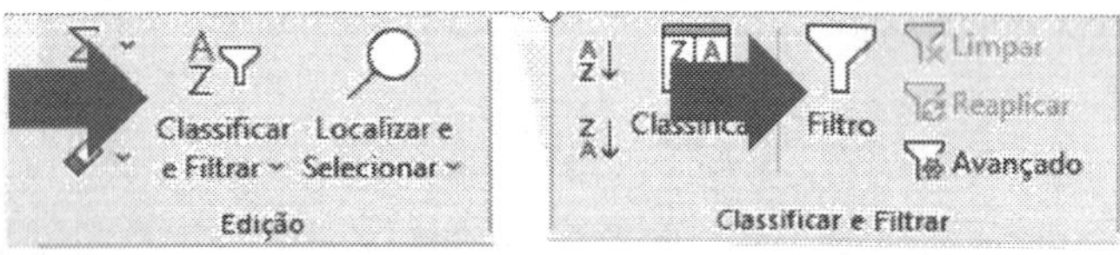

9.6.8 Tabela Dinâmica

Uma Tabela Dinâmica é uma ferramenta poderosa para calcular, resumir e analisar os dados que lhe permitem ver comparações, padrões e tendências nos dados.

Criar uma tabela dinâmica

- Selecione as células a partir das quais você deseja criar uma Tabela Dinâmica.
- Observação: seus dados não devem ter linhas ou colunas vazias. Deve haver apenas uma única linha de título.
- Selecione Inserir > Tabela Dinâmica.
- Em Escolha os dados que você deseja analisar, selecione Selecionar uma tabela ou intervalo.
- Em Tabela/Intervalo, verifique o intervalo de células.
- Em Escolha onde deseja que o relatório da Tabela Dinâmica seja posicionado, selecione Nova Planilha para posicionar a Tabela Dinâmica em uma nova planilha, ou escolha Planilha Existente e selecione o local em que deseja exibir a Tabela Dinâmica.
- Selecione OK.

9.6.9 Rastrear Precedentes e Dependentes - Guia Fórmulas

- **Células precedentes**: células que são referidas por uma fórmula em outra célula. Por exemplo, se a célula D10 contiver a fórmula =B5, a célula B5 será um precedente para a célula D10.
- **Células dependentes**: essas células contêm fórmulas que se referem a outras células. Por exemplo, se a célula D10 contiver a fórmula =B5, a célula D10 é dependente da célula B5.

9.6.10 Guia Fórmula

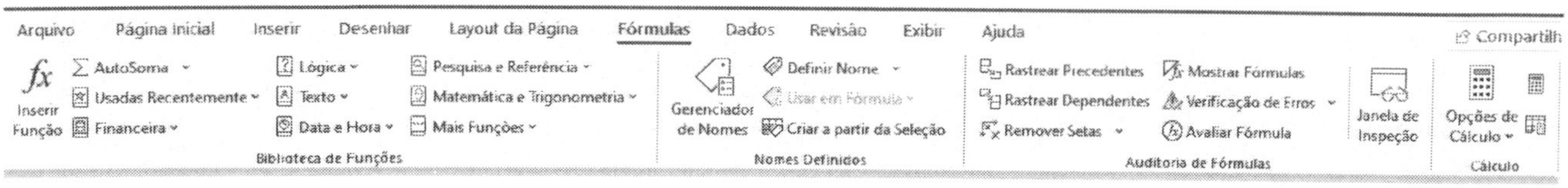

9.6.11 Transpor

Se tiver uma planilha com dados em colunas que você precisa girar para reorganizar em linhas, use o recurso Transpor. Com ele, você pode alternar rapidamente dados de colunas para linhas ou vice-versa.

Por exemplo, se seus dados se parecem com isso, com Regiões de Vendas nos títulos de coluna e Trimestres no lado esquerdo:

Vendas por região	Europa	Ásia	América do Norte
1º trim.	21.704.714	8.774.099	12.094.215
2º trim.	17.987.034	12.214.447	10.873.099
3º trim.	19.485.029	14.356.879	15.689.543
4º trim.	22.567.894	15.763.492	17.456.723

O recurso Transpor reorganizará a tabela de forma que os Trimestres sejam exibidos nos títulos de coluna e as Regiões de Vendas possam ser vistas à esquerda, assim:

Vendas por região	1º trim.	2º trim.	3º trim.	4º trim.
Europa	21.704.714	17.987.034	19.485.029	22.567.894
Ásia	8.774.099	12.214.447	14.356.879	15.763.492
América do Norte	12.094.215	10.873.099	15.689.543	17.456.723

9.6.12 Congelar Painéis

Quando você congela painéis, o Excel mantém linhas ou colunas específicas visíveis durante a rolagem na planilha. Por exemplo, se a primeira linha da planilha contiver rótulos, será possível congelá-la para garantir que os rótulos das colunas permaneçam visíveis enquanto você rola para baixo na planilha.

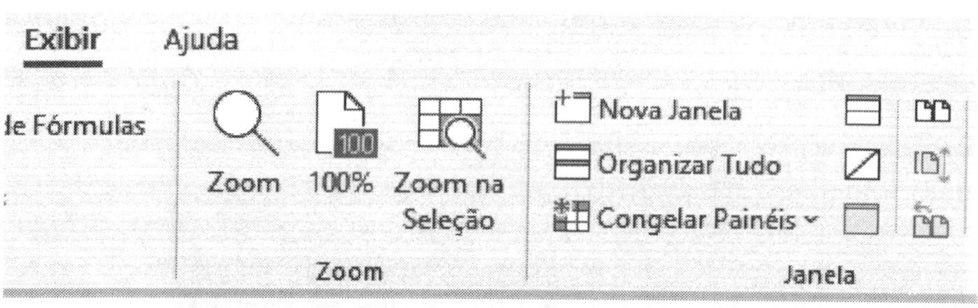

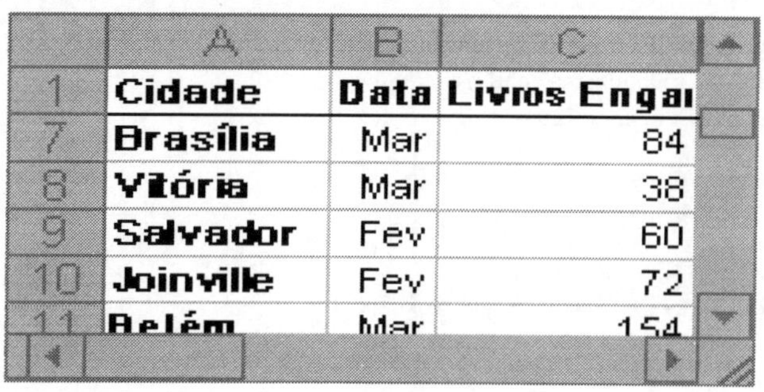

9.6.13 Dividir

- **Dividir**: Ao dividir divide painéis, o Excel cria duas ou quatro áreas separadas da planilha que podem ser roladas individualmente, enquanto as linhas e colunas da área não rolada permanecem visíveis.

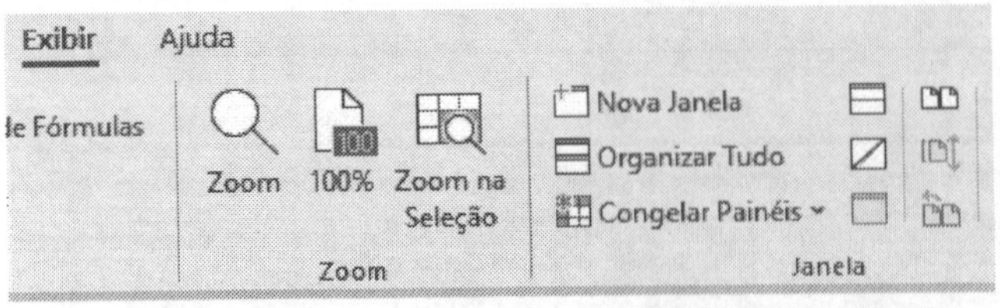

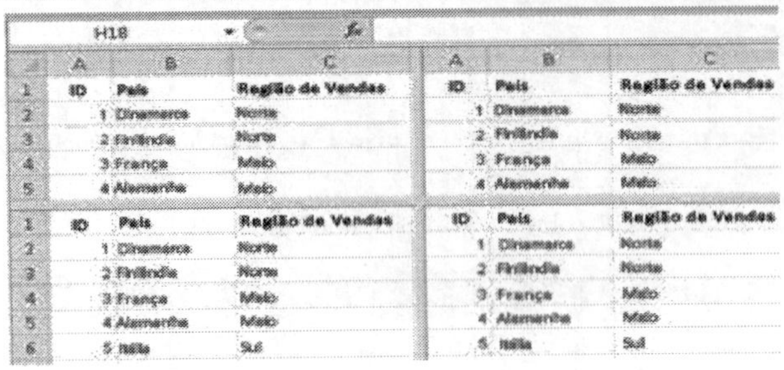

9.6.14 Utilização de fórmulas

A planilha do Excel reconhece um cálculo ou fórmula quando se inicializa a célula com o sinal de igual (=). E, além do sinal de = uma fórmula também pode ser precedida por: + (mais) ou - (menos).

Assim, é possível, por exemplo, somar em uma célula C3, o valor de uma célula A3 mais o valor de uma célula B3, como também, pode-se multiplicar, dividir, subtrair ou inserir outras fórmulas.

9.6.15 Operadores

OPERADOR ARITMÉTICO	SIGNIFICADO	EXEMPLO
+ (sinal de mais)	Adição	3+3
– (sinal de menos)	Subtração Negação	3–1 –1
* (asterisco)	Multiplicação	3*3
/ (sinal de divisão)	Divisão	3/3
% (sinal de porcentagem)	Porcentagem	20%
^ (acento circunflexo)	Exponenciação	3^2

OPERADOR DE COMPARAÇÃO	SIGNIFICADO	EXEMPLO
= (sinal de igual)	Igual a	A1=B1
> (sinal de maior que)	Maior que	A1>B1
< (sinal de menor que)	Menor que	A1<B1
>= (sinal de maior ou igual a)	Maior ou igual a	A1>B1
<= (sinal de menor ou igual a)	Menor ou igual a	A1<B1
<> (sinal de diferente de)	Diferente de	A1<>B1

OPERADOR DE TEXTO	SIGNIFICADO	EXEMPLO
& (E comercial)	Conecta, ou concatena, dois valores para produzir um valor de texto contínuo	("North"&"wind")

É importante ressaltar que o Excel trabalha com os parênteses, quando se pretende fazer vários cálculos em uma mesma célula, a fim de priorizar aqueles que devem ser realizados primeiramente.

1ª prioridade - % e ^
2ª prioridade - * e /
3ª prioridade - + e -

O valor médio do intervalo B1:B10 na planilha denominada Marketing na mesma pasta de trabalho.

Nome da planilha | Referência à célula ou ao intervalo de células na planilha

=MÉDIA(Marketing!B1:B10)

Separa a referência de planilha da referência de célula

PARA SE REFERIR A	USE
A célula na coluna A e linha 10	A10
O intervalo de células na coluna A e linhas 10 a 20	A10:A20
O intervalo de células na linha 15 e colunas B até E	B15:E15
Todas as células na linha 5	5:5
Todas as células nas linhas 5 a 10	5:10
Todas as células na coluna H	H:H
Todas as células nas colunas H a J	H:J
O intervalo de células nas colunas A a E e linhas 10 a 20	A10:E20

Observe que o nome da planilha e um ponto de exclamação (!) precedem a referência de intervalo.

9.7 Funções

Funções são fórmulas predefinidas que efetuam cálculos usando valores específicos, denominados argumentos, em uma determinada ordem ou estrutura. As funções podem ser usadas para executar cálculos simples ou complexos.

9.7.1 SOMA

=SOMA(arg1;arg2;...;arg30)
=soma(a1:a5)
=soma(a1:a5;5)
=soma(a3;5;c1:c20)

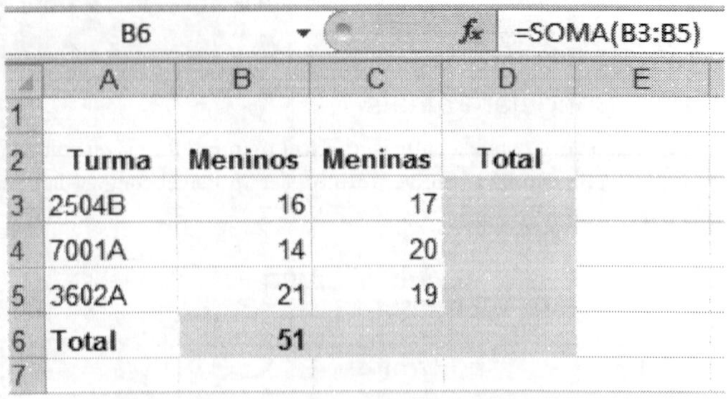

Fique ligado

Essa função soma dois ou mais números. É importante notar que a referência: (dois pontos) significa "ATÉ" e a referência ; (ponto e vírgula) significa "E". É possível usar os dois sinais numa mesma função.

9.7.2 MÉDIA

=MÉDIA(arg1;arg2;...;arg30)
=média(a1:a5)
=média(a1:a5;6)
=média(a3;2;c1:c10)

B6 | f_x =MÉDIA(B3:B5)

	A	B	C	D	E
1					
2	Turma	Meninos	Meninas	Total	
3	2504B	16	17		
4	7001A	14	20		
5	3602A	21	19		
6	Total	17			
7					

Fique ligado

A função MÉDIA soma os argumentos e divide pelo número de argumentos somados.
Por exemplo: MÉDIA(a1:a5)
A média, nesse exemplo, será a soma de a1, a2, a3, a4 e a5 dividido por 5.

9.7.3 MÁXIMO

Mostra o maior valor no intervalo.

=MÁXIMO(arg1;arg2;...arg30)
=máximo(c1:c10)
=máximo(c1:c10;3)

B6 | f_x =MÁXIMO(B3:B5)

	A	B	C	D	E
1					
2	Turma	Meninos	Meninas	Total	
3	2504B	16	17		
4	7001A	14	20		
5	3602A	21	19		
6	Total	21			
7					

9.7.4 MÍNIMO

Mostra o menor valor no intervalo.

=MÍNIMO(arg1;arg2;...arg30)
=mínimo(c1:c10)
=mínimo(c1:c10;3)

B6 | f_x =MÍNIMO(B3:B5)

	A	B	C	D	E
1					
2	Turma	Meninos	Meninas	Total	
3	2504B	16	17		
4	7001A	14	20		
5	3602A	21	19		
6	Total	14			
7					

9.7.5 MAIOR

Você pode usar esta função para selecionar um valor de acordo com a sua posição relativa. Por exemplo, você pode usar MAIOR para obter o primeiro, o segundo e o terceiro resultado e assim por diante.

Neste caso, o EXCEL deve mostrar o terceiro maior valor encontrado no intervalo A1:C3. O número 3 após o ";" é que indica essa posição.

=MAIOR(a1:c3;3)

C5 | f_x =MAIOR(A1:C3;3)

	A	B	C	D	E
1	2	3	5		
2	4	7	1		
3	6	8	0		
4					
5			6		
6					

9.7.6 MENOR

Você pode usar esta função para selecionar um valor de acordo com a sua posição relativa. Por exemplo, você pode usar MENOR para obter o primeiro, segundo e terceiro resultados para obter o primeiro, o segundo e o terceiro resultado e assim por diante.

=MENOR(a1:c3;3)

Neste caso quero que o EXCEL mostre o terceiro menor valor encontrado no intervalo A1:C3.

C5 | f_x =MENOR(A1:C3;3)

	A	B	C	D	E
1	2	3	5		
2	4	7	1		
3	6	8	0		
4					
5			2		
6					

9.7.7 CONT.SE

Realiza a contagem de todas as células de um intervalo que satisfazem uma determinada condição.

=CONT.SE(intervalo;condição)
=cont.se(c3:c8;">=2")
=cont.se(c3:c8;a2)

f_x =CONT.SE(C3:C8;C4)

C	D	E	F
5			
5			
25			
	2		

Perceba que no exemplo queremos que o Excel conte o número de células que contenham o valor referido em C4 (condição), ou seja, o valor 5. As células que o Excel deve procurar e contar esse valor são as células C3 até C8 (intervalo). Nesse caso temos o resultado 2.

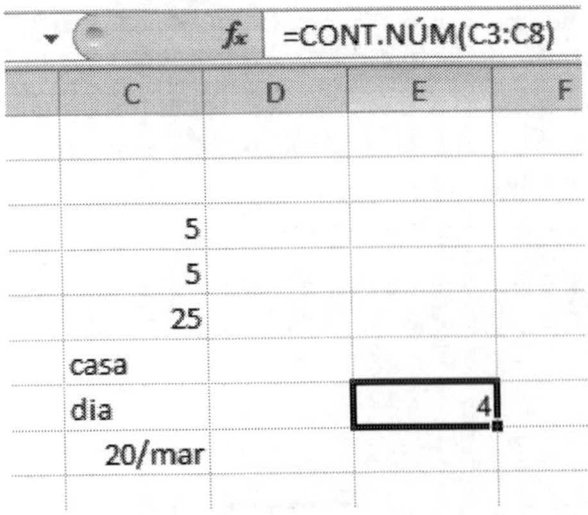

9.7.8 CONT.NÚM

Conta quantas células contêm números.

| =CONT.NÚM(intervalo)

9.7.9 CONT.VALORES

Conta o número de células que não estão vazias em um intervalo.

| =CONT.VALORES(intervalo)

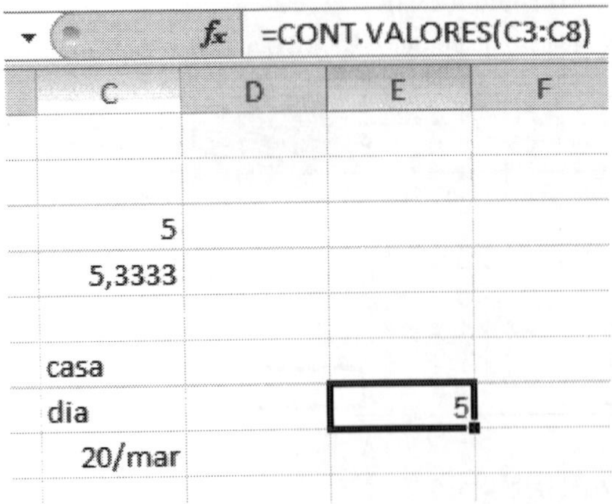

9.7.10 CONCATENAR

A função **CONCATENAR** agrupa cadeias de texto. Os itens agrupados podem ser texto, números, referências de células ou uma combinação desses itens. Por exemplo, se sua planilha contiver o nome de uma pessoa na célula A1 e o sobrenome da pessoa na célula B1, você poderá combinar os dois valores em outra célula usando a seguinte fórmula:

=CONCATENAR(A1;" ";B1)

O segundo argumento neste exemplo (" ") é um caractere de espaço. É preciso especificar quaisquer espaços ou pontuação que você deseja que sejam exibidos nos resultados como um argumento entre aspas.

Você também pode usar o caractere **&** para concatenar:

=CONCATENAR(A2&B2&" -"&C2&"anos")

ou

=A2&" "&B2&" - "&C2&" "&"anos"

ou ainda

=CONCATENAR(A2&" ";B2;"-"&C2&"anos")

Todas as formas estão corretas.

No exemplo abaixo, o examinador pediu que na célula C4 aparecesse o nome que está em A2, mais o sobrenome que está em B2 e a idade que está em C3, com devidos espaços e a palavra anos.

Os espaços e a palavra anos estão entre aspas, pois não são conteúdo de nenhuma célula e são textos. Textos devem ficar entre aspas nas fórmulas do Excel.

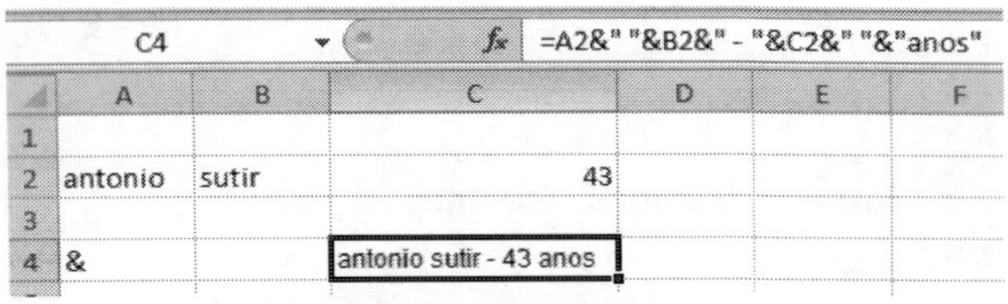

Podemos usar a função **CONCATENAR**:

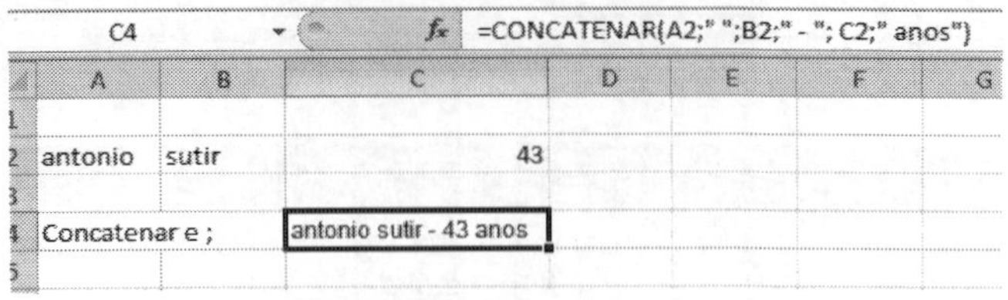

Podemos usar a função **CONCATENAR** e o operador de texto &:

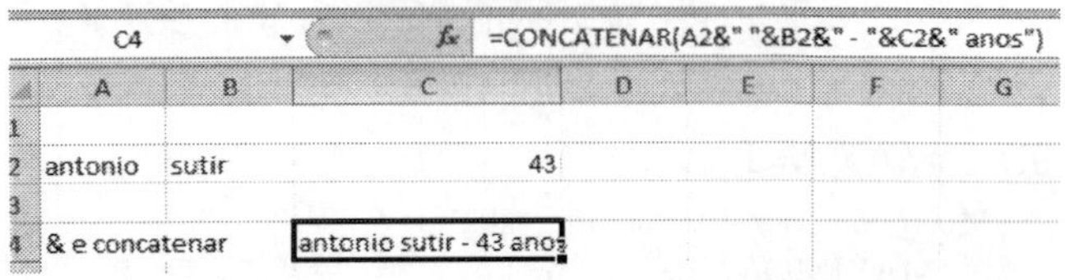

Podemos usar a função **CONCATENAR,** o operador de texto & e;.

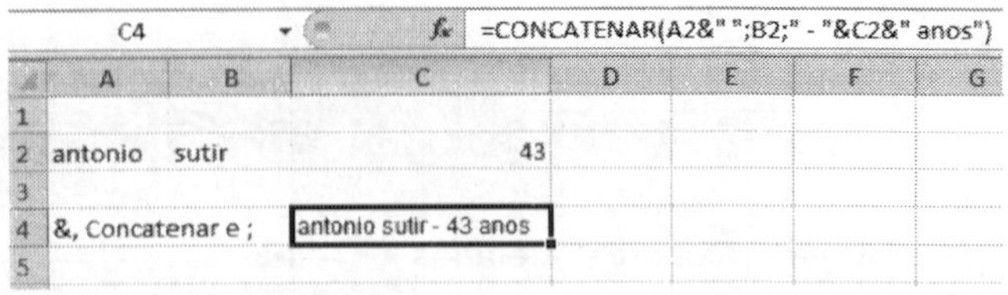

9.7.11 E

TODOS os argumentos devem ser verdadeiros.

=E(E2>=7;F2>=75)

Então, temos a função E e as condições separadas por ";".

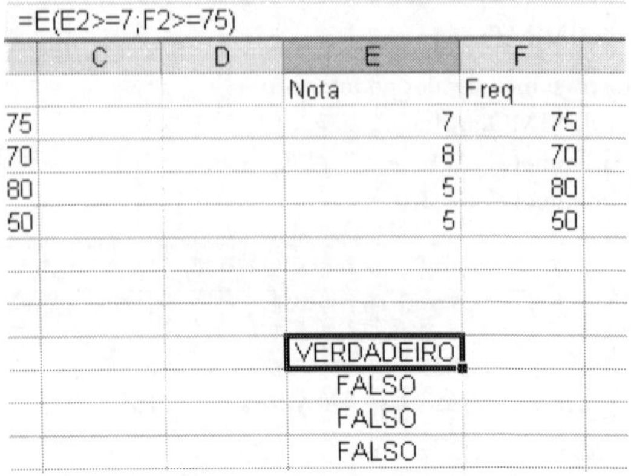

9.7.12 OU

Apenas um dos argumentos precisa ser verdadeiro.

=OU(E2>=7;F2>=75)

Então, temos a função OU e as condições separadas por ";".

=OU(E2>=7;F2>=75)

	C	D	E	F	G
			Nota	Freq	
75			7	75	
70			8	70	
30			5	80	
50			5	50	
			VERDADEIRO		
			VERDADEIRO		
			VERDADEIRO		
			FALSO		

9.7.13 SOMASE

=SOMASE(intervalo;condição)
=SOMASE(c1:c10;">5")

Nesse caso, o Excel realizará a soma apenas das células no intervalo C1 até C10 que contenham valores maiores que 5. Outros números são ignorados. Realiza a soma de todos os valores de um intervalo que satisfazem uma determinada condição.

A função SOMASE pode assumir a seguinte sintaxe:

SOMASE(intervalo, critérios, [intervalo_soma])

fx =SOMASE(C1:C10;">5")

C	D	E
3		
3		
3		
3		
3		
3		
33		
3		
8		
4		
41		

Uma planilha do Microsoft Excel apresenta os valores a seguir.

	A	B
1	23	5
2	12	8
3	32	7
4	17	9
5	11	3

Assinale a alternativa que apresenta, corretamente, o resultado gerado pela fórmula =SOMASE(A1:A5; ">15";B1:B5).

a) 0

b) 21

c) 32

d) 72

e) 95

Veja o resultado diretamente em uma planilha do Excel:

A7 fx =SOMASE(A1:A5; ">15";B1:B5)

	A	B	C	D	E	F	G
1	23	5					
2	12	8					
3	32	7					
4	17	9					
5	11	3					
6							
7	21						
8							

Agora vamos entender este resultado!

=SOMASE(A1:A5; ">15";B1:B5)

A função Somase, neste caso em que tenho o intervalo da soma definido, irá fazer com que o Excel selecione o intervalo indicado: A1:A5, obedeça a condição que é: >15, mas some os valores que constam nas células correspondentes: B1:B5.

Então o Excel irá somar os valores 5, 7 e 9, pois esses valores estão no intervalo B1:B5 e correspondem aos valores 23, 32 e 17 que estão no intervalo A1:A5 e que obedecem a condição: ser >5.

9.7.14 MÉDIASE

=MÉDIASE(B2:B5;"<23000")

Retorna a média (média aritmética) de todas as células em um intervalo que satisfazem um determinado critério.

9.7.15 SE

Retorna valores diferentes dependendo do resultado de uma expressão.

É usada para testar condições, ou seja, se a condição especificada equivaler à verdadeira e a outra se equivaler a falsa.

=SE(teste_lógico;valor_se_verdadeiro;valor_se_falso)

Fique ligado

O "SE" funciona como todos os "SEs" da nossa vida: SE chover não vou à praia, SE eu tiver dinheiro vou à festa, SE eu tiver média final igual ou maior que 7,0 sou aprovado no colégio. Sim, SE você estudar com certeza vai passar no concurso! É lógica pura!

No exemplo a seguir temos um boletim escolar, em que o aluno que tiver nota igual ou maior a 7,0 será aprovado, senão será reprovado.

G7 fx =SE(F7>=7;"Aprovado";"Reprovado")

	F	G	H	I	J	K	L
1	de médi						
2							
3							
4							
5							
6	Média	Situação					
7	8,0	Aprovado					
8	7,0	Aprovado					
9	3,8	Reprovado					
10	8,5	Aprovado					
11	7,5	Aprovado					
12	7,8	Aprovado					
13	8,8	Aprovado					

Vamos entender:

=SE -> aqui tenho a função

A função SE é uma pergunta com duas possíveis respostas: SIM ou NÃO:

F7>=7 -> Aqui tenho a pergunta: F7 é igual ou maior a 7?

Ao verificar a célula F7, ela contém a média 8,0. Logo, 8,0 é maior que 7, então, a resposta da pergunta anterior é SIM. Ao responder SIM à pergunta (condição), o Excel mostra a resposta especificada na função que está logo após o ";", neste caso a palavra "Aprovado". Ao responder NÃO à pergunta, o Excel mostra a segunda resposta especificada na função, após o ";", neste caso a palavra "Reprovado".

9.8 Aninhar uma função dentro de outra função

As funções aninhadas usam uma função como um dos argumentos de outra função.

A fórmula a seguir soma um conjunto de números (G2:G5) somente se a média de outro conjunto de números (F2:F5) for maior que 50. Caso contrário, ela retorna 0. Analise também a planilha.

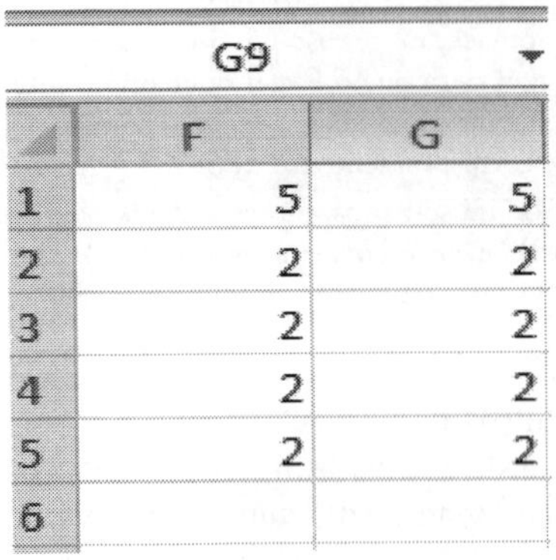
G9

	F	G
1	5	5
2	2	2
3	2	2
4	2	2
5	2	2
6		

=SE(MÉDIA(F2:F5)>50;SOMA(G2:G5);0)

As funções MÉDIA e SOMA são aninhadas na função SE.

Como resolver essa função? **Por partes!**

Primeiro devemos lembrar que a função Se é uma pergunta que pode ter apenas dois tipos de resposta: Ou SIM, ou NÃO. E que a pergunta está antes do primeiro ";". Caso a resposta seja SIM o EXCEL retornará o que estiver entre os dois ";". Caso a resposta seja NÃO o EXCEL retornará o que estiver após o segundo ";".

Vamos em busca da pergunta:

=SE(MÉDIA(F2:F5)>50;SOMA(G2:G5);0)

A pergunta é: MÉDIA(F2:F5)>50

Na planilha fornecida devemos observar os valores e calcular a Média:

Média(F2:F5) => (2 + 2 + 2 + 2)/4 = 2

A média é 2.

A pergunta é: 2>50?

A resposta é NÃO.

Então o EXCEL retornará o que está após o segundo ";" que é 0 (zero).

9.8.1 SE Aninhado

A função SE nos permite definir apenas 2 valores de retorno, porém muitas vezes precisamos de 3, 4 ou mais valores de retorno. Nestes casos utilizamos a função SE Aninhado.

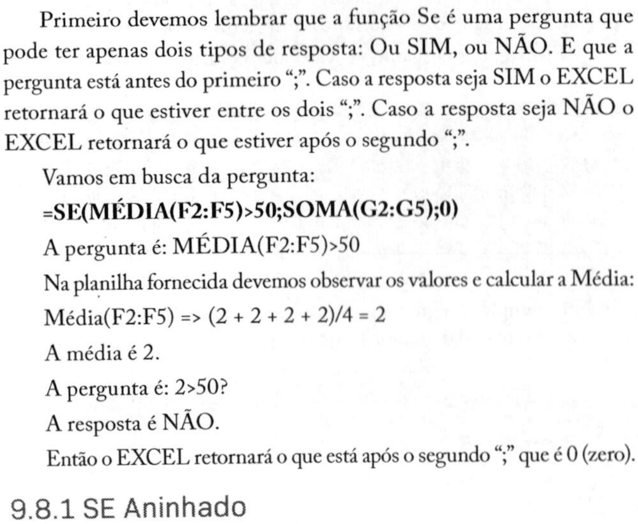
Revisão de Texto | Idioma | Comentários

C3 fx =SE(B3=0;A3*A10;SE(B3=1;A3*A11;SE(B3>=2;0)))

	A	B	C	D
1	Salario	Faltas	Gratificação	Total
2				
3	1280	0	128	1408
4				
5				
6				
7				
8				
9	Gratificação	Faltas		
10	10%	0		
11	5%	1		
12	0%	2 ou mais		
13				
14				
15				

Nesse exemplo temos uma empresa e sua folha de pagamentos. A empresa oferece gratificação aos funcionários que não faltam ou faltam apenas uma vez.

Dessa forma a pergunta que faço para começar a desenvolver a função é: Se o funcionário não faltar quanto ele recebe de gratificação? Basta olhar na célula A10 onde tenho o valor da gratificação que é de 10% sobre o salário. Então veja:

- Se o funcionário não faltar recebe salário acrescido de 10% de gratificação.
- Se o funcionário faltar apenas 1 vez ele recebe salário acrescido de 5% de gratificação.
- Se o funcionário faltar 2 ou mais vezes, recebe apenas o salário.

Agora é colocar essas regras na função. Perceber que o número de faltas está na célula B3, o salário na A3 e as regras para Gratificação nas células A9:B12. Certo?

Feito isso, vamos à função:

=SE(B3=0;A3*A10;SE(B3=1;A3*A11;SE(B3>=2;0)))

Ou seja: SE(B3 {número de faltas) =0;A3 {Salário}) *A10 {Valor da Gratificação}) ;SE {Senão, caso não atenda a condição anterior}(B3 {número de faltas) =1;A3 {Salário}) *A11{Valor da Gratificação});-SE(B3 {número de faltas}) >=2;0 {Não recebe nada de gratificação})))

Obs.: O texto em vermelho entre chaves refere-se a comentários sobre dados da função. Não fazem parte da função.

Ainda podemos escrever a função dessa forma:

=SE(B3=0;A3*A10;SE(B3=1;A3*A11;0))

Nesse caso, não desenvolvemos o último SE. Colocamos um ";" que se comporta como um SENÃO. Ou seja, se não forem satisfeitas as condições dos SEs anteriores o Excel fará o que houver após este último ";".

9.8.2 SES

A função SES verifica se uma ou mais condições são satisfeitas e retorna um valor que corresponde à primeira condição VERDADEIRO. A função SES pode ser usada como substituta de várias instruções SE aninhadas, além de ser muito mais fácil de ser lida quando condições múltiplas são usadas.

=SES(F2=1;D2;F2=2;D3;F2=3;D4;F2=4;D5;F2=5;D6;F2=6;-D7;F2=7;D8)

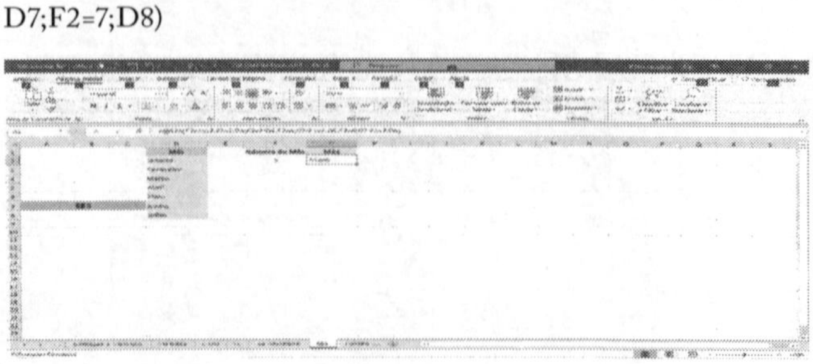

9.8.3 PROCV

Use a função PROCV, uma das funções de pesquisa e referência, quando precisar localizar algo em linhas de uma tabela ou de um intervalo. Por exemplo, para pesquisar o preço de uma peça automotiva pelo número da peça.

=PROCV(Valor que você deseja pesquisar, intervalo no qual você deseja pesquisar o valor, o número da coluna no intervalo contendo o valor de retorno, Correspondência Exata ou Correspondência Aproximada – indicado como 0/FALSO ou 1/VERDADEIRO).

D14 =PROCV(D13;B2:E11;3;FALSO)

	A	B	C	D	E
1	ID do fornecedor	Número da peça	Nome da peça	Preço da peça	Status
2	SP301	A001	Bomba d'água	R$ 68,39	Em estoque
3	SP302	A002	Alternador	R$ 380,73	Em estoque
4	SP303	A003	Filtro de ar	R$ 15,40	Em estoque
5	SP304	A004	Rolamento de roc	R$ 35,16	Em estoque
6	SP305	A005	Silenciador	R$ 160,23	Em estoque
7	SP306	A006	Bandeja de oleo	R$ 101,89	Indisponível
8	SP307	A007	Pastilhas de freio	R$ 65,99	Em estoque
9	SP308	A008	Discos de freio	R$ 85,73	Indisponível
10	SP309	A009	Farol	R$ 35,19	Em estoque
11	SP310	A010	Cabo de freio	R$ 15,49	Em estoque
12					
13		Número da peça		A008	
14		Preço da peça		R$ 85,73	5

- ▷ D13 é o valor_procurado ou o valor que você deseja pesquisar.
- ▷ B2 a E11 (realçados em amarelo na tabela) é a matriz_tabela ou o intervalo onde o valor de pesquisa está localizado.
- ▷ 3 é o núm_índice_coluna ou o número de coluna na matriz_tabela que contém o valor de retorno. Neste exemplo, a terceira coluna da matriz de tabela é Preço da Peça, portanto, o resultado da fórmula será um valor da coluna Preço da Peça.
- ▷ FALSO é o intervalo_pesquisa, portanto, o valor de retorno será uma correspondência exata.
- ▷ O resultado da fórmula PROCV é 85,73, o preço dos Rotores de freio.

Há quatro informações que serão necessárias para criar a sintaxe da função PROCV:

- ▷ O valor que você deseja pesquisar, também chamado valor de pesquisa.
- ▷ O intervalo onde o valor de pesquisa está localizado. Lembre-se de que o valor de pesquisa deve estar sempre na primeira coluna no intervalo para que a função PROCV funcione corretamente. Por exemplo, se o valor de pesquisa estiver na célula C2, o intervalo deve começar com C.
- ▷ O número da coluna no intervalo que contém o valor de retorno. Por exemplo, se você especificar B2:D11 como o intervalo, deverá contar B como a primeira coluna, C como a segunda e assim por diante.
- ▷ Se preferir, você pode especificar VERDADEIRO se quiser uma correspondência aproximada ou FALSO se quiser que uma correspondência exata do valor de retorno. Se você não especificar nada, o valor padrão será sempre VERDADEIRO ou correspondência aproximada.

9.8.4 VF

=VF(taxa,nper,pgto,[vp],[tipo])

Retorna o valor futuro de um investimento de acordo com os pagamentos periódicos e constantes e com uma taxa de juros constante.

| **=VF(2%;10;38,96)**

A sintaxe da função VF tem os seguintes argumentos:

- ▷ **Taxa**: obrigatório. A taxa de juros por período.
- ▷ **Nper**: obrigatório. O número total de períodos de pagamento em uma anuidade.
- ▷ **Pgto**: obrigatório. O pagamento feito a cada período; não pode mudar durante a vigência da anuidade. Geralmente, pgto contém o capital e os juros e nenhuma outra tarifa ou taxas. Se pgto for omitido, você deverá incluir o argumento vp.
- ▷ **Vp**: opcional. O valor presente ou a soma total correspondente ao valor presente de uma série de pagamentos futuros. Se vp for omitido, será considerado 0 (zero) e a inclusão do argumento pgto será obrigatória.
- ▷ **Tipo**: opcional. O número 0 ou 1 e indica as datas de vencimento dos pagamentos. Se tipo for omitido, será considerado 0.

B7 =VF(2%;10;-38,96)

	A	B	C
1	Taxa de Juros	Taxa	2%
2	Número de Parcelas	Nper	10
3	Valor Parcela Inicial	Pgto	38,96
4	Pagamento de cada Período		
5	que é a parcela inicial		
6			
7		R$ 426,60	
8			

9.8.5 VP

=VP(taxa, nper, pgto, [vf], [tipo])

Retorna o valor presente de um investimento. O valor presente é o valor total correspondente ao valor atual de uma série de pagamentos futuros. Por exemplo, quando você toma uma quantia de dinheiro emprestada, a quantia do empréstimo é o valor presente para o concessor do empréstimo.

=VP(2%;10;38,96)

A sintaxe da função VP tem os seguintes argumentos:

- ▷ **Taxa**: necessário. A taxa de juros por período. Por exemplo, se você tiver um empréstimo para um automóvel com taxa de juros de 10% ano e fizer pagamentos mensais, sua taxa de juros mensal será de 10%/12 ou 0,83%. Você deverá inserir 10%/12 ou 0,83%, ou 0,0083, na fórmula como taxa.
- ▷ **Nper**: necessário. O número total de períodos de pagamento em uma anuidade. Por exemplo, se você fizer um empréstimo de carro de quatro anos e fizer pagamentos mensais, seu empréstimo terá 4*12 (ou 48) períodos. Você deverá inserir 48 na fórmula para nper.
- ▷ **Pgto**: necessário. O pagamento feito em cada período. Geralmente, pgto inclui o principal e os juros e nenhuma outra taxa ou tributo. Por exemplo, os pagamentos mensais de R$ 10.000 de um empréstimo de quatro anos para um carro serão de R$ 263,33. Você deverá inserir -263,33 na fórmula como pgto. Se pgto for omitido, você deverá incluir o argumento vf.
- ▷ **Vf**: opcional. O valor futuro, ou o saldo, que você deseja obter depois do último pagamento. Se vf for omitido, será considerado 0 (o valor futuro de um empréstimo, por exemplo, é 0). Por exemplo, se você deseja economizar R$ 50.000 para pagar um projeto em 18 anos, então o valor futuro será de R$ 50.000. Você poderia então fazer uma estimativa na taxa de juros e concluir quanto economizaria por mês. Se vf for omitido, você deverá incluir o argumento pgto.
- ▷ **Tipo**: opcional. O número 0 ou 1 e indica as datas de vencimento.

E7 =VF(2%;10;-38,96)

	A	B	C
1	Taxa de Juros	Taxa	2%
2	Número de Parcelas	Nper	10
3	Valor Parcela Inicial	Pgto	38,96
4	Pagamento de cada Período		
5	que é a parcela inicial		
6			
7		R$ 426,60	
8			

INFO

9.8.6 NPER

=NPER(taxa;pgto;vp;vf;tipo)

Retorna o número de períodos para investimento de acordo com pagamentos constantes e periódicos e uma taxa de juros constante.

=NPER(2%;10;350)

A sintaxe da função NPER tem os seguintes argumentos:

- **Taxa:** é a taxa de juros por período.
- **Pgto:** é o pagamento feito em cada período; não pode mudar durante a vigência da anuidade. Geralmente, pgto contém o capital e os juros, mas nenhuma outra tarifa ou taxas.
- **Vp:** é o valor presente ou atual de uma série de pagamentos futuros.
- **Vf:** é o valor futuro, ou o saldo, que você deseja obter depois do último pagamento. Se vf for omitido, será considerado 0 (o valor futuro de um empréstimo, por exemplo, é 0).
- **Tipo:** é o número 0 ou 1 e indica as datas de vencimento.

9.8.7 Taxa

=TAXA(nper, pgto, vp, [vf], [tipo], [estimativa])

Retorna a taxa de juros por período de uma anuidade.

=TAXA(10;-38,96;426,65)

A sintaxe da função TAXA tem os seguintes argumentos:

- **Nper**: obrigatório. O número total de períodos de pagamento em uma anuidade.
- **Pgto**: obrigatório. O pagamento feito em cada período e não pode mudar durante a vigência da anuidade. Geralmente, pgto inclui o principal e os juros e nenhuma outra taxa ou tributo. Se pgto for omitido, você deverá incluir o argumento vf.
- **Vp: obrigatório.** O valor presente — o valor total correspondente ao valor atual de uma série de pagamentos futuros.
- **Vf**: opcional. O valor futuro, ou o saldo, que você deseja obter depois do último pagamento. Se vf for omitido, será considerado 0 (o valor futuro de um empréstimo, por exemplo, é 0).

Tipo: opcional. O número 0 ou 1 e indica as datas de vencimento.

9.8.8 PGTO

=PGTO(taxa, nper, vp, [fv], [tipo])

Retorna o pagamento periódico de uma anuidade de acordo com pagamentos constantes e com uma taxa de juros constante.

=PGTO(2%;36;350)

A sintaxe da função PGTO tem os seguintes argumentos:

- **Taxa:** obrigatório. A taxa de juros para o empréstimo.
- **Nper:** obrigatório. O número total de pagamentos pelo empréstimo.
- **Vp:** obrigatório. O valor presente, ou a quantia total agora equivalente a uma série de pagamentos futuros; também conhecido como principal.
- **Vf:** opcional. O valor futuro, ou o saldo, que você deseja obter após o último pagamento. Se vf for omitido, será considerado 0 (zero), ou seja, o valor futuro de um empréstimo é 0.
- **Tipo:** opcional. O número 0 (zero) ou 1 e indica o vencimento dos pagamentos.

9.8.9 ABS

=ABS(núm)

Retorna o valor absoluto de um número.

=ABS(-4)

9.8.10 AGORA

Retorna a data e hora.

=AGORA()

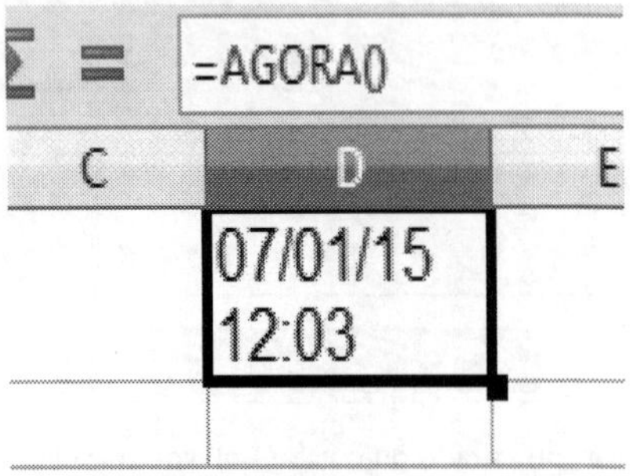

HOJE

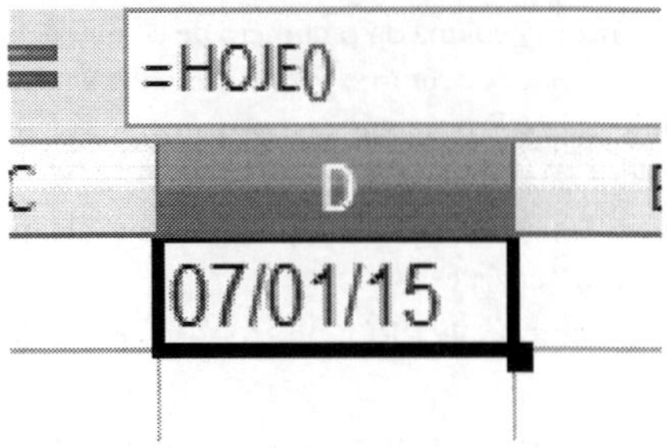

Retorna a data atual.

=HOJE()

9.8.11 DIA DA SEMANA

Fornece o dia da semana a que uma data corresponde. O Excel nos dará como resultado um número que equivale a um dia da semana. Por padrão o n.1 corresponde ao domingo.

=DIA.DA.SEMANA(data ou célula que contém a data)

=DIA.DA.SEMANA("10/11/1975")

=DIA.DA.SEMANA(B6)

9.8.12 DIAS360

Com esta função teremos o número de dias que há entre uma data inicial e uma data final.

=DIAS360(datainicial;datafinal)

=DIAS360("10/11/1975";"10/12/1975")

=DIAS360(A1;A2)

9.8.13 MULT

A função MULT multiplica todos os números especificados como argumentos e retorna o produto. Por exemplo, se as células A1 e A2 contiverem números, você poderá usar a fórmula =MULT(A1;A2) para multiplicar esses dois números juntos. A mesma operação também pode ser realizada usando o operador matemático de multiplicação (*); por exemplo, =A1 * A2.

A função MULT é útil quando você precisa multiplicar várias células ao mesmo tempo. Por exemplo, a fórmula =MULT(A1:A3;-C1:C3) equivale a =A1 * A2 * A3 * C1 * C2 * C3.

9.8.14 MOD

Retorna o resto de uma divisão.

Sintaxe: (Valor a ser dividido; divisor)

Exemplo:

=MOD(10;3)

O resultado retornado pelo Excel será 1.

9.8.15 ESCOLHER

Use núm_índice para retornar um valor da lista de argumentos de valor. Use ESCOLHER para selecionar um valor entre 254 valores que se baseie no número de índice.

=ESCOLHER(3;A1;A2;A3;A4;A5;A6;A7)

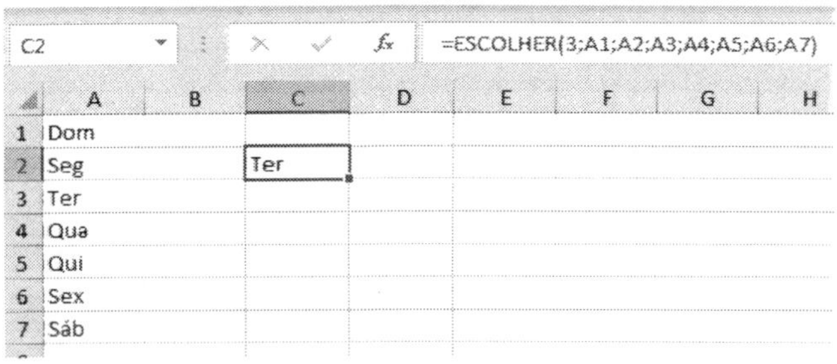

9.8.16 CORRESP

A função CORRESP procura um item especificado em um intervalo de células e retorna à posição relativa desse item no intervalo. Por exemplo, se o intervalo A1:A3 contiver os valores 5, 25 e 38, a fórmula =CORRESP(25,A1:A3,0) retornará o número 2, porque 25 é o segundo item no intervalo.

=CORRESP(25;A1:A3)

9.8.17 TRUNCAR E INT

TRUNCAR e INT são semelhantes pois ambos retornam inteiros.

TRUNCAR remove a parte fracionária do número.

INT arredonda números para baixo até o inteiro mais próximo com base no valor da parte fracionária do número.

INT e TRUNCAR são diferentes apenas ao usar números negativos: TRUNCAR(-4.3) retorna -4, mas INT(-4.3) retorna -5 pois -5 é o número mais baixo.

9.8.18 ARRED

A função ARRED arredonda um número para um número especificado de dígitos. Por exemplo, se a célula A1 contiver 23,7825 e você quiser arredondar esse valor para duas casas decimais, poderá usar a seguinte fórmula:

=ARRED(A1;2)

O resultado dessa função é 23,78

9.8.19 PRI.MAIUSCULA

Coloca em maiúscula a primeira letra e todas as outras letras que seguem um caractere que não seja uma letra em uma cadeia de texto. Converte todas as outras letras da cadeia de texto em letras minúsculas.

PRI.MAIÚSCULA(texto)

9.8.20 MAIÚSCULA

Converte o texto em maiúsculas.

MAIÚSCULA(texto)

9.9 Recursos automatizados do Excel

9.9.1 Autopreenchimento

Este recurso é utilizado para digitar sequências de texto ou números.

Perceba na imagem abaixo que há uma célula qualquer selecionada e que em seu canto direito inferior existe um pequeno quadradinho. É nele que vamos clicar e manter pressionado o mouse para utilizar este recurso. Esta é a alça de preenchimento.

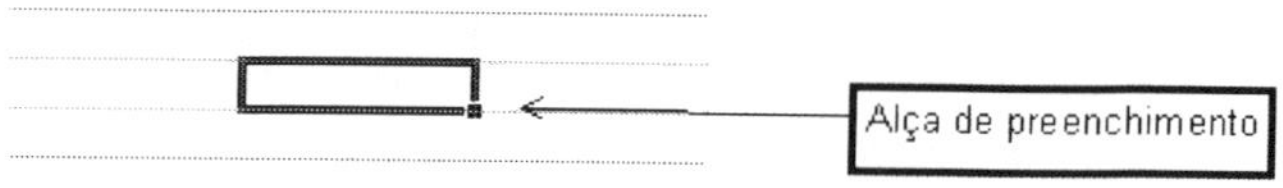

Como exemplo, digite na célula A1 a palavra **Janeiro**. Posicione a seta do mouse sobre a Alça de Preenchimento. Ela irá se transformar em uma cruz. Clique com o botão esquerdo do mouse e arraste a cruz até a célula E1. Ao chegar na coluna E, libere o botão do mouse. O Autopreenchimento reconhece letras maiúsculas e minúsculas, datas, dias de semana, sequências como Mês 1 etc.

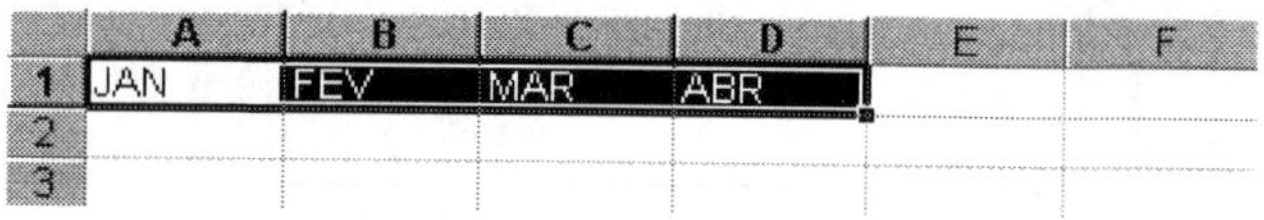

9.10 Endereço absoluto e endereço relativo

Um recurso presente em qualquer planilha é o endereçamento ou referenciamento relativo. Dá-se o nome de referenciamento relativo ao fato de que quando se atribui, por exemplo, "=A2 + 1", na célula "a5" e se copia a fórmula para a célula "A6", esta irá referenciar o valor "=A3 + 1" (observe o incremento na fórmula). O mesmo pode ser feito através da Alça de Preenchimento, que copia a fórmula, mas a incrementa conforme você arrasta no sentido Linha ou Coluna.

Nem sempre este é o comportamento desejável. Veja o exemplo:

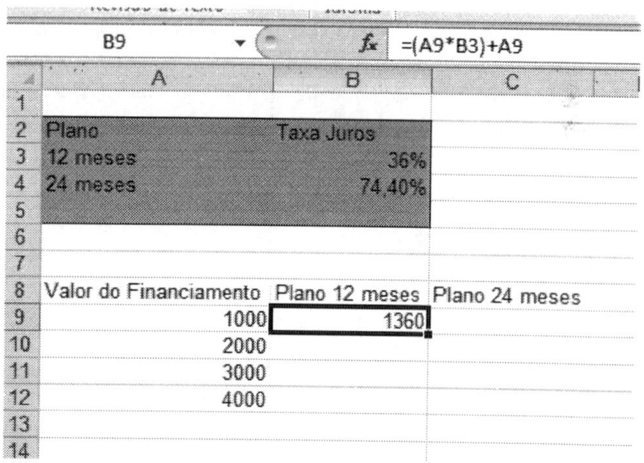

Na imagem, temos uma planilha do Excel com dados de uma empresa que empresta dinheiro, ou seja, trabalha com financiamento.

Se a pessoa emprestar qualquer valor dentre os oferecidos poderá pagar em 12 parcelas sob o juro de 36% ou em 24 parcelas sob o juro de 74,40%.

Então, trabalhamos nessa empresa, criamos a planilha com os dados especificados e que um cliente empresta R$ 1.000,00, então calculamos os juros conforme as especificações: =(A9*B3) + A9. Até aqui tudo certo!

Digamos que um segundo cliente empreste R$ 2.000,00 e para sermos mais rápidos e eficientes, apenas copiamos a fórmula da célula B9 para a B10, ou a arrastamos pela alça de preenchimento. Nesse caso, teremos um erro! Pois ao fazermos isso a função será incrementada e ficará assim: =(A10*B4) + A10, cobrando juros de 74,40% em vez de 36%.

Para lidar com esta situação precisamos fixar, ancorar a fórmula inserindo um $ em frente a especificação de Linha e/ou Coluna que desejamos fixar, que não queremos que seja alterada: =(A9*$B$3) + A9.

Dessa forma, quando copiarmos a função para outras células, a célula B3 não irá incrementar.

Em um endereço, quando se fixa a coluna e a linha simultaneamente, estamos perante um endereço absoluto.

> Se a célula A3 tiver a fórmula =$A$1*A2, ao copiar a fórmula para as células B3 e C3 terão respectivamente as fórmulas:

=$A$1*B2 e =$A$1*C2.

9.11 Erros do Excel

	Significado
#DIV/0!	A função ou fórmula está efetuando uma divisão por zero.
#N/DN	Não existe valor disponível.
#NOME?	O Excel não reconhece um dos itens da fórmula. Pode ser: Função digitada incorretamente. Inclusão do texto sem aspas. Omissão de pontos que especifiquem intervalos de valores e outros.
#NULO	Interseção de valores que não se referenciam.
#NUM!	Algum número da fórmula está incorreto.
#REF!	Referência inválida na fórmula.
#VALOR!	Argumento inserido de forma errada na fórmula ou função.

9.11.1 Referência circular

Quando uma fórmula volta a fazer referência à sua própria célula, tanto direta como indiretamente, este processo chama-se referência circular. Ou seja: Você não pode digitar a função =soma(A1:A3) na célula A1, pois ela faz parte da função.

10 MICROSOFT POWERPOINT 365

O PowerPoint 365 é um aplicativo visual e gráfico, usado principalmente para criar apresentações. Com ele, você pode criar, visualizar e mostrar apresentações de slides que combinam texto, formas, imagens, gráficos, animações, tabelas e vídeos.

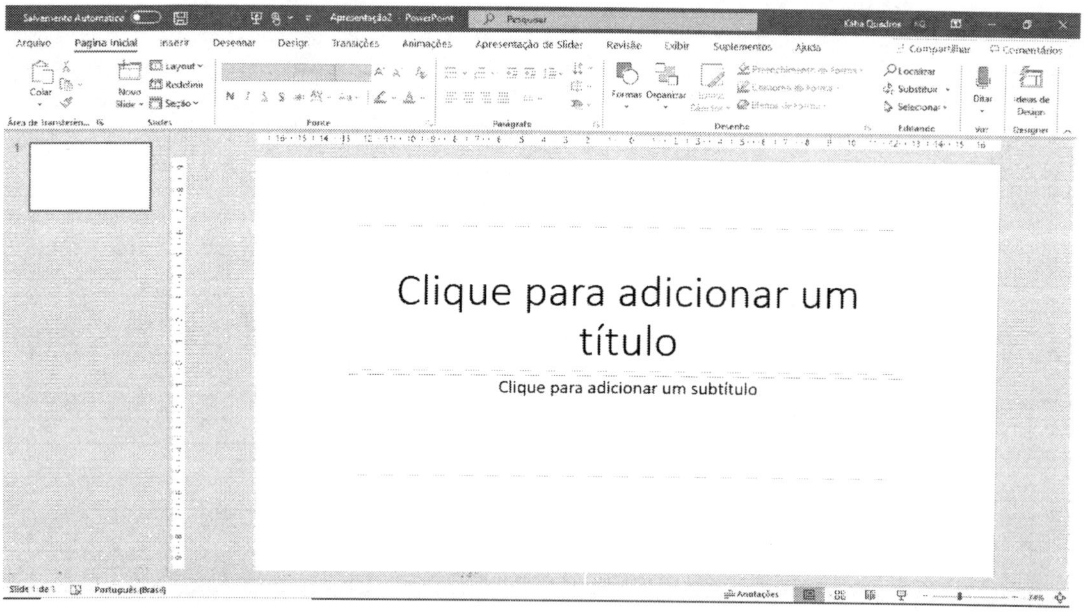

A parte principal do PowerPoint é a janela localizada à direita do aplicativo, em que é exibido o primeiro slide como padrão, perceba que este slide apresenta uma estrutura para inserção de conteúdo por meio de textos, imagens etc.

Principais extensões de arquivos:

- .pptx – extensão padrão.
- .ppsx – extensão de apresentação de slides.
- .potx – extensão modelo de arquivo.
- .odp – salva, abre, edita arquivos do LibreOffice Impress.

10.1 Arquivo

A Guia ou Menu Arquivo contém funcionalidades como Salvar, Salvar Como, Abrir, Fechar e que se comportam da mesma maneira conforme estudamos no Editor de Textos Microsoft Word 2019.

10.2 Imprimir

Na opção Imprimir, vamos trabalhar com Slides ao invés de páginas. Vamos escolher entre Imprimir Todos os Slides, Imprimir Seleção, Imprimir Slide Atual ou Imprimir um Intervalo Personalizado de Slides.

Em Folhetos, você poderá escolher o número de Slides em cada página.

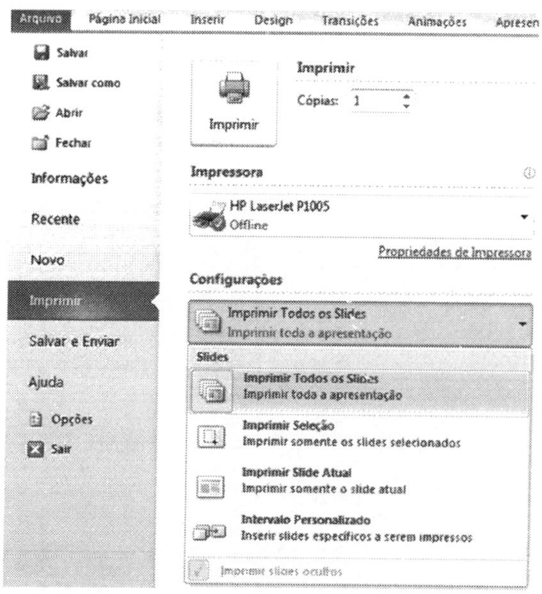

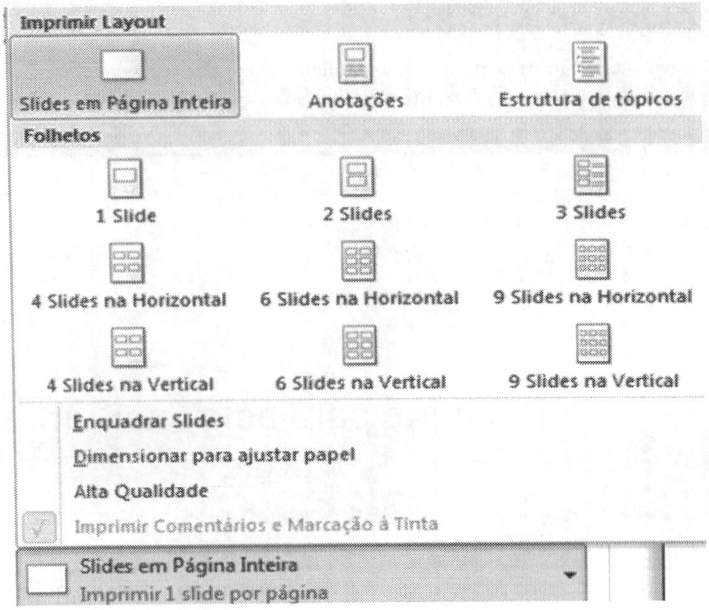

10.3 Página Inicial

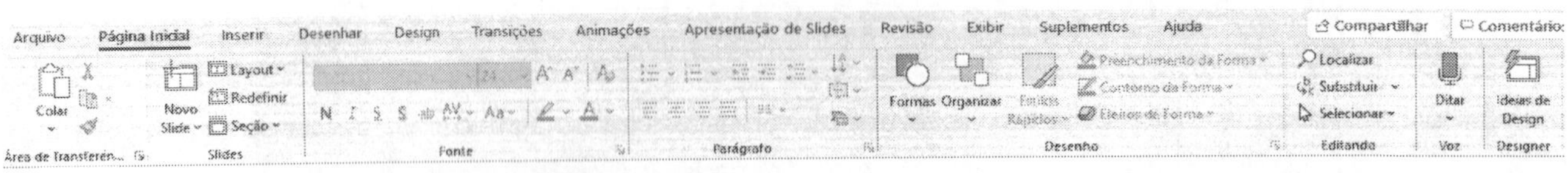

Na Guia Inicial, temos os seguintes grupos de ferramentas: Área de Transferência, Slides, Fonte, Parágrafo, Desenho e Edição.

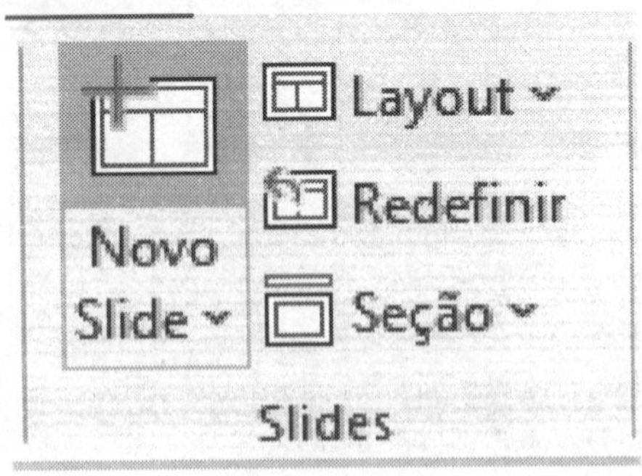

O Grupo **Slides** permite gerenciar o layout das apresentações e a inserção de novos slides personalizados. Com o botão Novo Slide, podemos inserir Novo Slide ou duplicar um slide existente.

10.4 Inserir

Aqui, temos os seguintes grupos de ferramentas: Novo Slide, Tabelas, Imagens, Ilustrações, Aplicativos, Links, Comentários, Texto, Símbolos e Mídia.

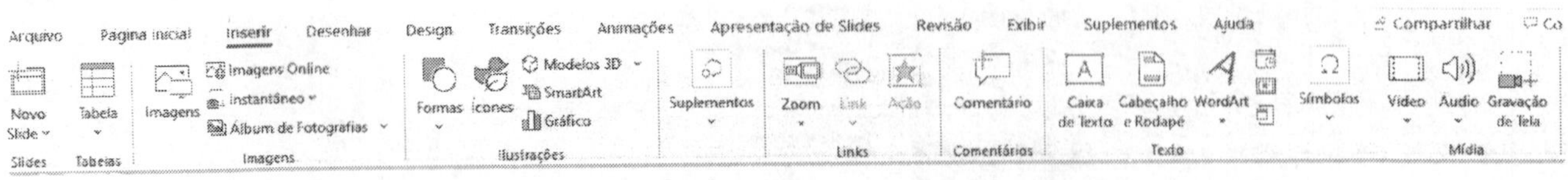

10.4.1 Álbum de Fotografias

No Grupo Imagens, temos Álbum de Fotografias. O Microsoft PowerPoint cria uma apresentação quando você usa o recurso Álbum de Fotografias. Qualquer apresentação que esteja aberta no momento no PowerPoint não será afetada por essa tarefa.

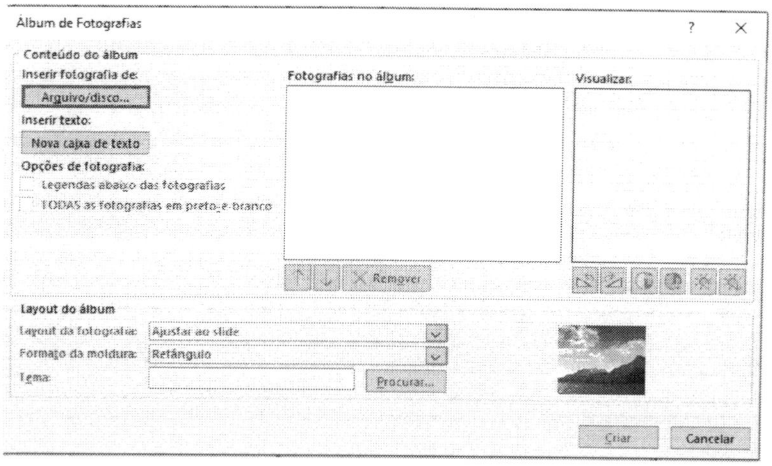

No menu Inserir, aponte para Imagem e clique em Novo álbum de fotografias.

Na caixa de diálogo Álbum de fotografias, adicione as fotos que devem aparecer no seu álbum de fotografias.

No Grupo Ilustrações / Formas temos uma funcionalidade importante: **Botões de Ação.** Um botão de ação consiste em um botão já existente que você pode inserir na sua apresentação e para o qual pode definir hiperlinks. Os botões de ação contêm formas, como setas para direita e para esquerda e símbolos de fácil compreensão referentes às ações de ir para o próximo, anterior, primeiro e último slide, além de executarem filmes ou sons.

Preste atenção ao Botão SmartArt, que permite inserir organogramas, fluxogramas e outros tipos de gráficos, conforme estudamos no Word 2019.

No grupo de ferramentas Texto temos Caixa de Texto, Cabeçalho e Rodapé, WordArt, Data e Hora, Número do Slide e Objetos.

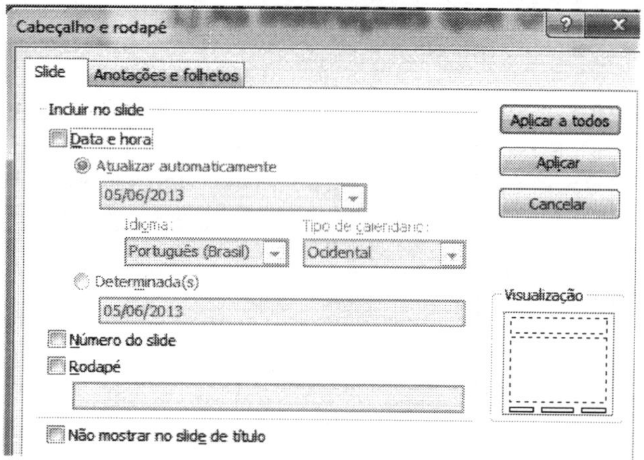

10.5 Transições

Nesta guia, configuramos o efeito durante a transição de um slide para o outro.

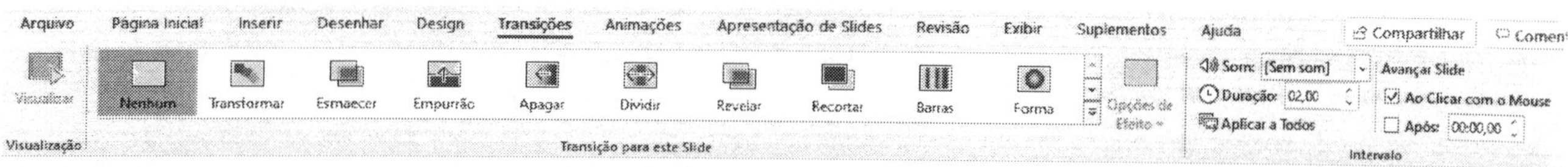

10.6 Animações

Na guia Animações, você irá escolher animações para textos e objetos das apresentações em slides.

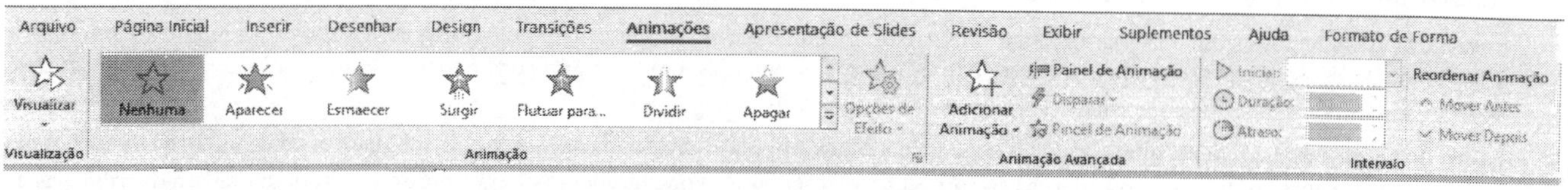

No grupo Animação, você seleciona a animação desejada para se aplicar ao texto ou objeto, bastando, para isso, selecionar o texto ou objeto desejado, escolher a animação e aplicar as configurações de intervalo, por exemplo, o tempo de duração do efeito animado.

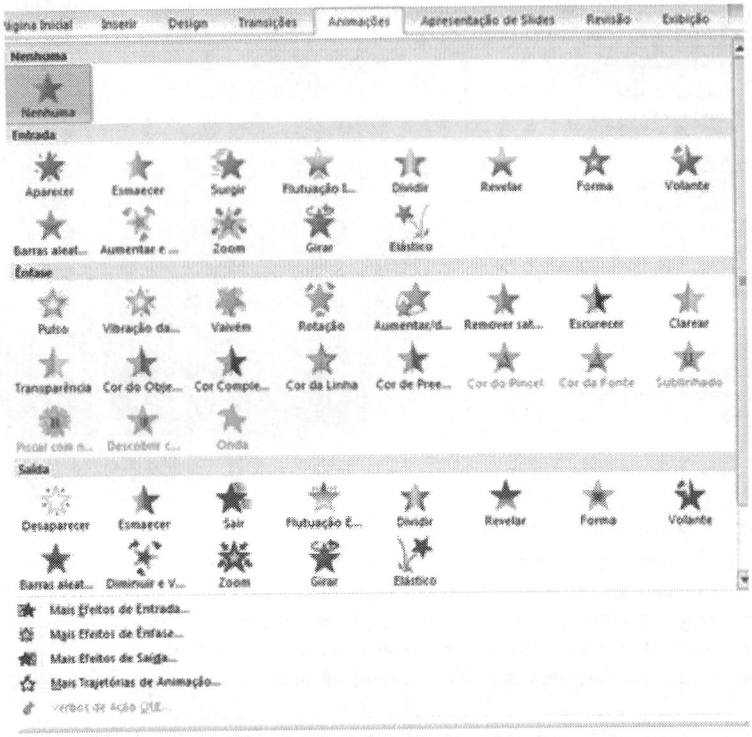

No grupo Animação Avançada, temos o botão Adicionar Animação, Painel de Animação, Disparar e Pincel de Animação que copia a animação de um objeto para outro.

No grupo Intervalo, você irá configurar a Duração e Atraso das animações.

10.7 Apresentação de slides

Esta guia contém os seguintes grupos de ferramentas: Iniciar Apresentação de Slides, Configurar e Monitores.

No grupo **Iniciar Apresentação de Slides, você poderá iniciar sua apresentação através do Botão do Começo, ou do Botão do Slide Atual.**

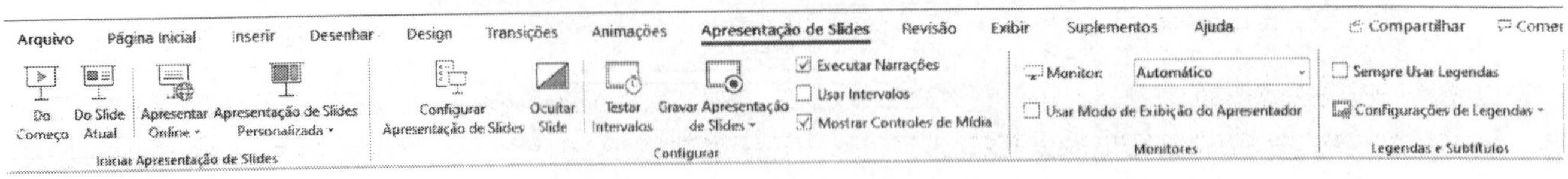

10.8 Guia Exibir

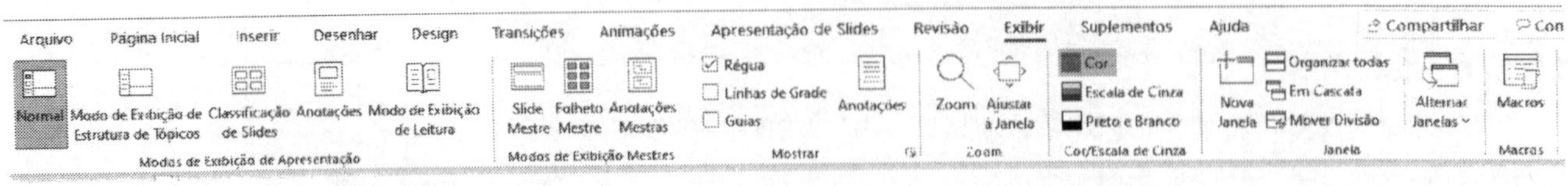

- **Modo de exibição normal:** é o principal modo de exibição de edição, no qual você pode escrever e criar sua apresentação. O modo de exibição Normal tem quatro áreas de trabalho:

  Área do Modo de Exibição Normal:

- **Guia slides:** exiba os slides da sua apresentação na forma de imagens em miniatura enquanto realiza a edição. As miniaturas facilitam a navegação pela apresentação e permitem que você veja os efeitos de qualquer alteração no design. Aqui também é possível reorganizar, adicionar ou excluir slides com facilidade.
- **Guia estrutura de tópicos:** a guia Estrutura de Tópicos mostra o texto do slide na forma de uma estrutura de tópicos.
- **Painel de slides:** na seção superior direita da janela do PowerPoint, o Painel de Slide exibe uma imagem ampla do slide atual. Com o slide nesse modo de exibição, é possível adicionar texto e inserir imagens, tabelas, elementos gráficos SmartArt, gráficos, objetos de desenho, caixas de texto, filmes, sons, hiperlinks e animações.
- **Painel de anotações:** no painel Anotações, abaixo do painel Slide, é possível digitar anotações que se apliquem ao slide atual. Mais tarde, você poderá imprimir suas anotações e consultá-las ao fornecer a apresentação. Você também poderá imprimir as anotações para distribuí-las ao público ou incluir as anotações em uma apresentação que enviar para o público ou publicar em uma página da web.

10.8.1 Classificação de slides

O modo de exibição Classificação de Slides mostra os slides em forma de miniaturas.

- **Anotações:** é possível digitar anotações que se apliquem ao slide atual.
- **Modos de exibição mestres:** tem a função de alterar o design e layout dos slides por meio dos próprios slides, folhetos ou anotações. Esta guia possui as funções Slide Mestre, Folheto Mestre, Anotações Mestras e podem ser utilizadas separadamente. Um slide mestre é o slide principal em uma hierarquia de slides que armazena informações sobre o tema e os layouts dos slides de uma apresentação, incluindo o plano de fundo, a cor, as fontes, os efeitos, os tamanhos dos espaços reservados e o posicionamento. Como os slides mestres afetam a aparência de toda a apresentação, ao criar e editar um slide mestre ou os layouts correspondentes, você trabalha no modo de exibição Slide Mestre.
- **Usar vários slides mestres (cada um com um tema diferente) em uma apresentação:** para que a sua apresentação contenha dois ou mais estilos ou temas diferentes (como planos de fundo, cores, fontes e efeitos), você precisa inserir um slide mestre para cada tema.
- **Prática recomendada para criar e trabalhar com slides mestres:** o ideal é criar um slide mestre antes de começar a criar slides individuais, e não depois. Quando você cria o slide mestre primeiro, todos os slides adicionados à apresentação são baseados nesse slide mestre e nos layouts associados. Quando começar a fazer alterações, faça-as no slide mestre.

11 BROFFICE WRITER

11.1 Formatos de arquivos

Quando se fala nos editores do BrOffice (Libre Office), devemos conhecer seus formatos de arquivos padrões, ou seja, o formato com o qual será salvo um arquivo ao acionar a opção **Salvar Como**.

A suíte de aplicativos, como um todo, possui um formato genérico ODF (Open Document File – Formato de Documento Aberto). Assim, é possível no editor de texto, salvar neste formato, bem como no Calc e Impress. No entanto, o formato específico do Writer é o ODT (Open Document Text). As provas costumam relacionar os formatos com as versões dos editores. Então, vale lembrar que o Word 2003 não consegue trabalhar com esse formato de arquivo. Mas, pelo Writer, é possível salvar um documento de modo que ele possa ser aberto pelo Word 2003, ou seja, é possível salvar nos formatos DOC e DOCX. Em relação ao Word 2007 e 2010, por padrão, esses programas conseguem abrir e salvar arquivos no formato ODT.

11.2 Formatação de texto

A principal finalidade do Writer é editar textos. Portanto, suas principais ferramentas são para a formatação de documentos.

Barra de ferramentas de formatação

11.3 Barra de Menus

A seguir, é ilustrada a Barra de Menus e, por meio dela, temos acesso a quase todas as funcionalidades do programa. Observe que cada menu possui uma letra sublinhada. Por exemplo, o menu Arquivo possui a letra A sublinhada, essa letra sublinhada é a letra que pode ser utilizada após pressionar a tecla Alt, com o intuito de abrir o devido menu. Não é uma combinação necessariamente simultânea. Ela pode ser sequencial, ou seja, teclar Alt soltar e então pressionar a letra.

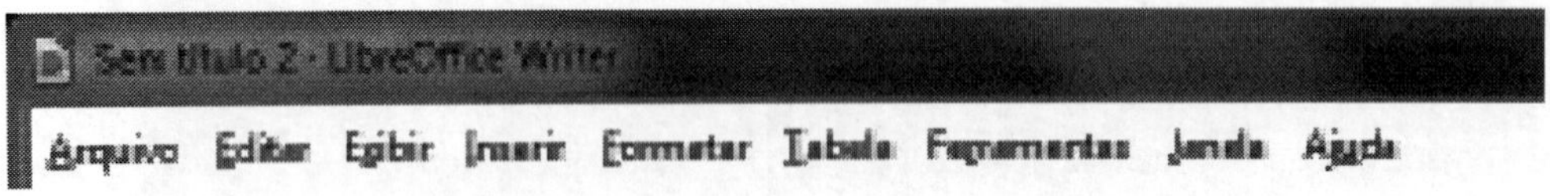

11.4 Menu Formatar

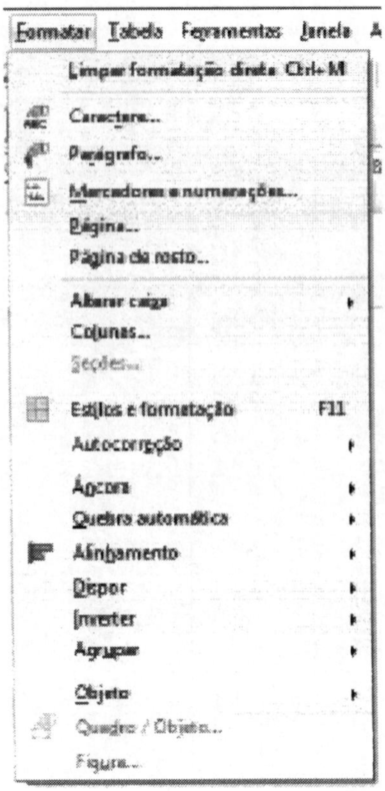

11.4.1 Botão direito do mouse

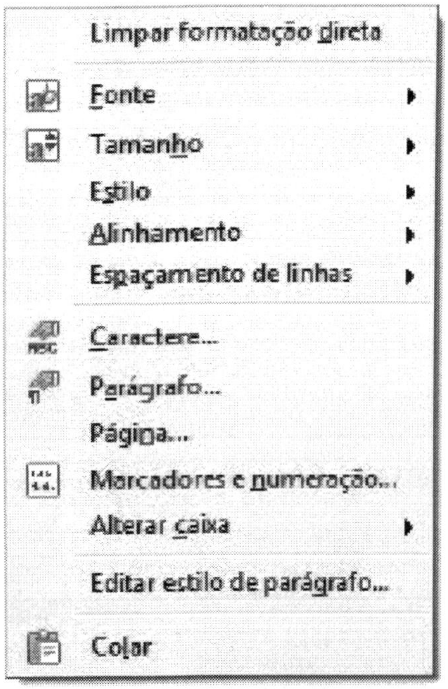

11.4.2 Caractere

Ao acionar esta opção, será aberta a janela ilustrada a seguir, por meio da qual podemos formatar as propriedades de fonte, como tipo/nome, estilo e tamanho e, pela aba Efeitos de Fonte, alterar a cor da fonte.

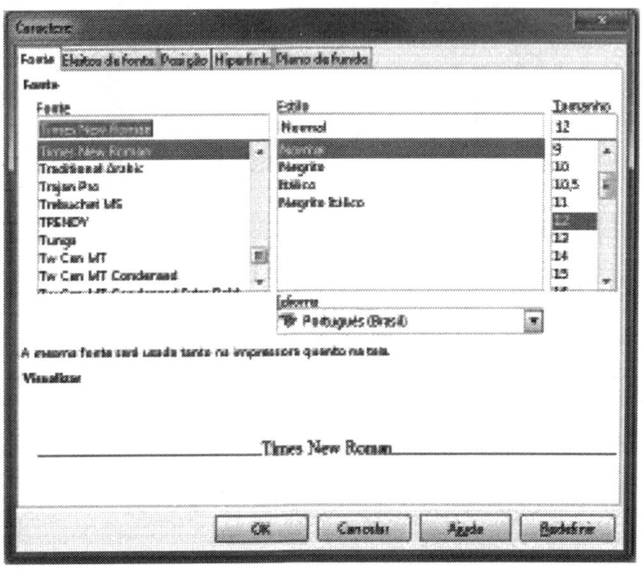

11.4.3 Parágrafo

As propriedades de Parágrafo englobam opções como recuos, espaçamento e alinhamentos, conforme ilustrado nas figuras na sequência:

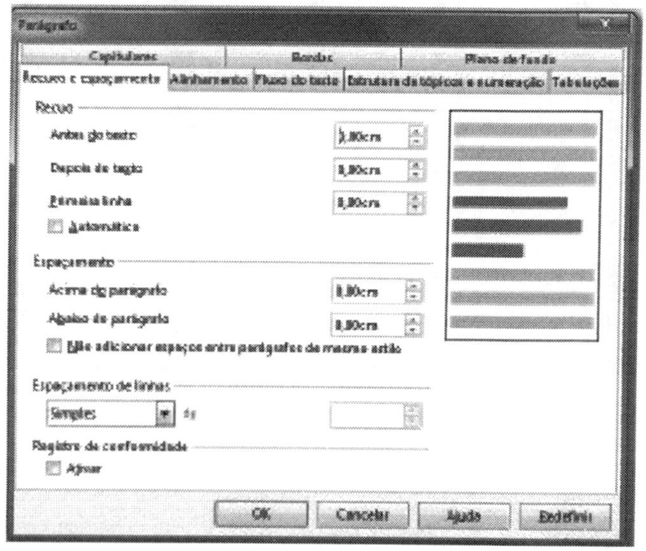

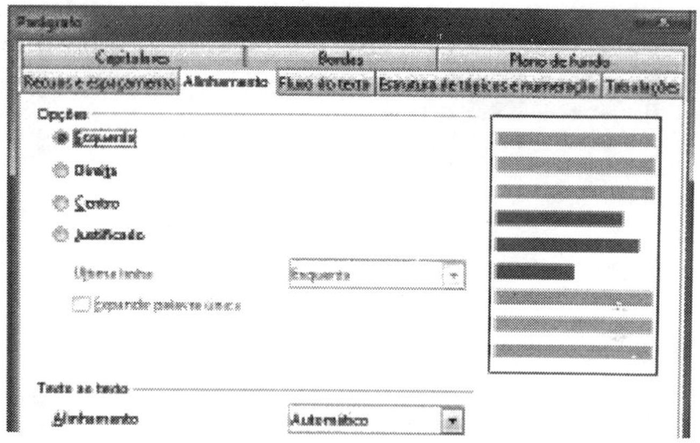

11.4.4 Marcadores e numeração

Fique atento à identificação de uso deste recurso, pois, pelo menu Formatar, elas estão descritas em conjunto. Porém, na barra de Ferramentas padrão elas são apresentadas em dois botões separados.

Ao acionar a opção pelo menu Formatar, a janela aberta apresenta os Marcadores em uma guia e a numeração em outra, conforme ilustram as duas figuras da sequência:

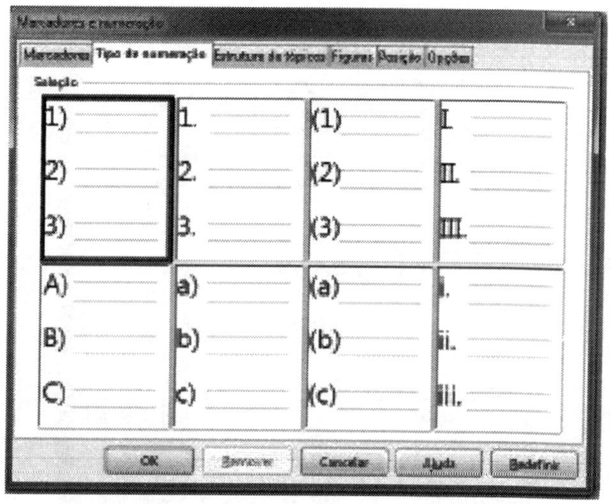

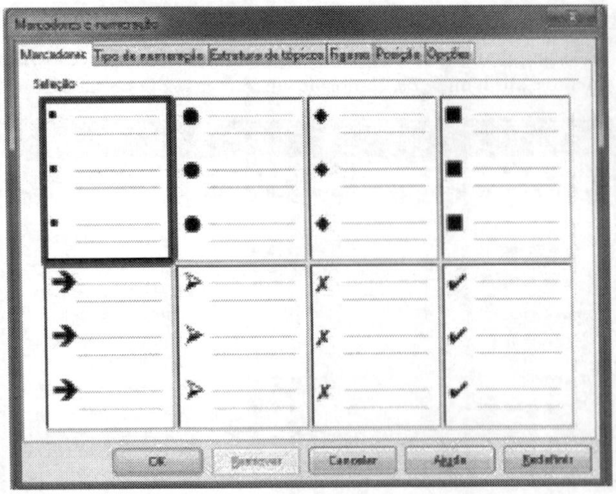

11.4.5 Página

Nesta opção, encontramos os recursos equivalentes aos encontrados na opção Configurar Página do Word, como dimensões das margens, dimensões de cabeçalho e rodapé, tamanho do papel e orientação da página. A imagem a seguir ilustra parte dessa janela:

11.4.6 Página de rosto

Por meio deste recurso, é possível inserir páginas em uma seção separada, para que, de uma forma mais simples, sejam trabalhadas com cabeçalhos e rodapés diferentes em um mesmo documento, mais especificamente, no que tange à numeração de páginas.

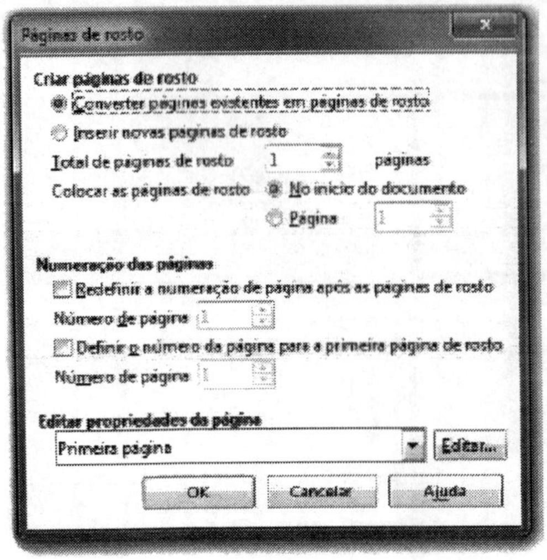

11.4.7 Alterar caixa

Equivalente à opção Maiúsculas e Minúsculas do Word, essa opção permite alterar a forma do caractere de texto. É importante conhecer as cinco opções desse recurso, conforme ilustrado a seguir:

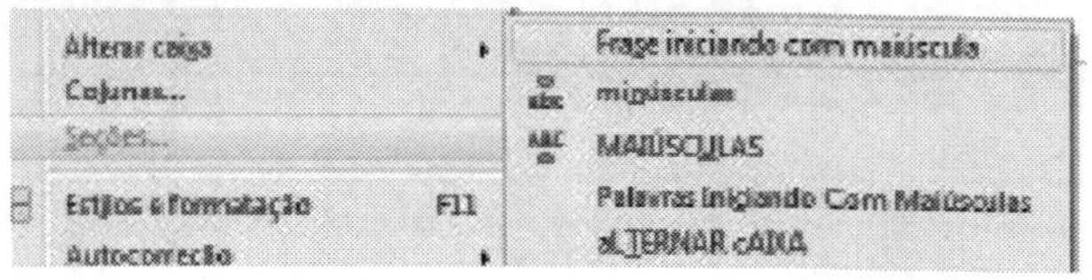

11.4.8 Estilos de formatação (F11) 

Por essa opção, podemos definir estilos de formatação para o texto selecionado, como título 1, título 2, título 3, entre outros, para que a edição do documento seja mais prática, além de favorecer a padronização.

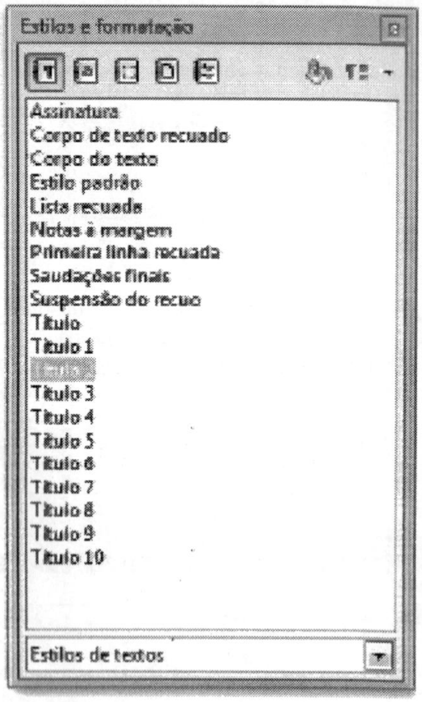

11.4.9 Ferramentas de formatação

Caractere

O campo descrito por Times New Roman define a grafia com que o texto será escrito, a exemplo: Arial, Times New Roman, Vivaldi. Esse campo também é conhecido como Tipo/Nome da Fonte.

 Negrito (Ctrl + B)

 Itálico (Ctrl + I)

 Sublinhado (Ctrl + U)

 Cor da fonte

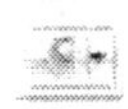 Realçar (exemplo do efeito)

Parágrafo

Alinhamento à esquerda (Ctrl + L)

Alinhamento centralizado (Ctrl + E)

Alinhamento à direita (Ctrl + R)

Alinhamento justificado (Ctrl + J)

Ativar/desativar numeração (F12)

Ativar/desativar marcadores (Shift + F12)

Diminuir o recuo

Aumentar o recuo

Tabulações

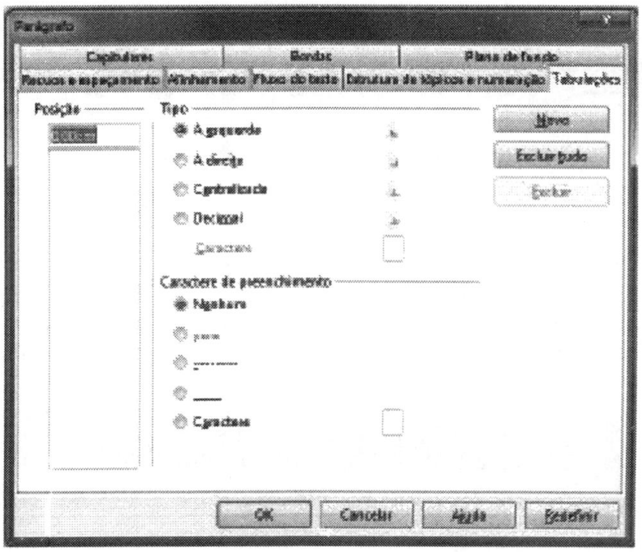

Caracteres não imprimíveis (Ctrl + F10)

Exibe as marcas de edição, que, como o próprio nome já informa, não aparecem na impressão. Essas marcações são úteis para um maior controle do documento em edição, como ilustrado a seguir. Os pontos à meia altura da linha representam um espaço e o mesmo símbolo do botão indica o final de um parágrafo. Assim, no exemplo a seguir, existem dois parágrafos.

Cor do plano de fundo

Atenção para não confundir a cor do fundo do parágrafo com a ferramenta Realçar, pois a função Realçar aplica uma cor ao fundo do texto selecionado, enquanto a opção do Plano de Fundo aplica ao parágrafo, mesmo que tenha sido selecionada apenas uma palavra.

Estilos e formatação (F11)

Por meio deste botão ou pela tecla de atalho, é exibido o painel de estilos que oferece diversos estilos para a formatação do texto, por exemplo: Título 1, título 2, título 3, entre outros. A imagem a seguir ilustra o painel:

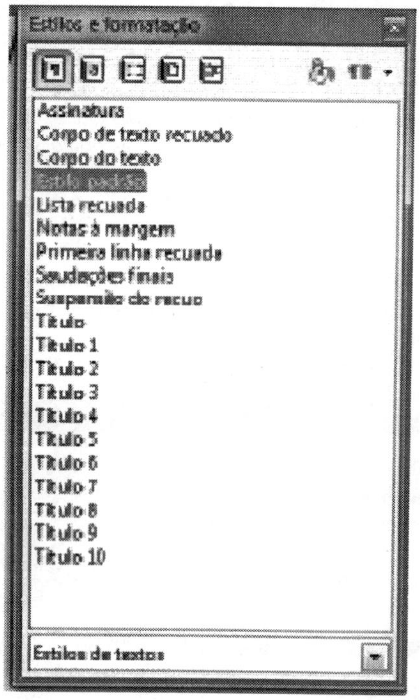

Além desse painel, também é possível escolher e aplicar um estilo por meio do Campo Estilos, ilustrado a seguir, presente na barra de ferramentas de formatação logo à esquerda do campo do tipo da fonte.

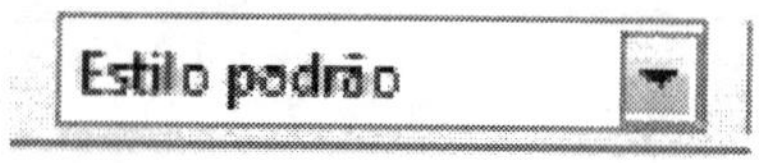

Os estilos de formatação são importantes estruturas na edição de um texto, principalmente se for necessário trabalhar com sumário, pois para utilizar o recurso de sumário, de forma que ele seja automático, é necessário utilizar os estilos de título.

11.4.10 Pincel de estilo

A ferramenta de Pincel de Estilo serve para copiar apenas a formatação. Ela não copia textos, apenas as suas características, como cor da fonte, tamanho, tipo de fonte entre outras, com o intuito de aplicar em outro trecho de texto.

O funcionamento da ferramenta parte de uma seleção prévia do trecho de texto que possui a formatação desejada, clicar no botão pincel de estilo, na sequência selecionar o trecho de texto ao qual se deseja aplicar as mesmas formatações, como que pintando a formatação. Ao terminar a seleção o texto selecionado já estará formatado tal qual o selecionado inicialmente, e o mouse volta ao normal para a edição.

11.4.11 Ferramentas

Exportar diretamente como PDF

O BrOffice como um todo possui este recurso que permite gerar um arquivo PDF a partir do documento em edição. A janela aberta por este botão é muito similar à janela de Salvar Como, em que se deve apontar o local onde o arquivo será salvo e com qual nome se deseja salvá-lo.

Imprimir arquivo diretamente

Este é um recurso diferente da impressão habitual pelo atalho Ctrl + P. Essa ferramenta de impressão direta manda o arquivo diretamente para a impressora que estiver definida, pelo painel de controle, como padrão, usando as propriedades padrão de impressão.

Visualizar página

Este é simplesmente o recurso de visualizar o que será impresso, útil para ter uma maior noção de como ficarão distribuídas as informações no papel.

Ortografia e gramática (F7)

Essa ferramenta exibe uma janela, ilustrada a seguir, por meio da qual é possível corrigir as palavras "erradas" no texto. Erradas porque na verdade, são indicadas as palavras não conhecidas pelo dicionário do programa. Uma vez que ela esteja correta, é possível acrescentá-la ao dicionário.

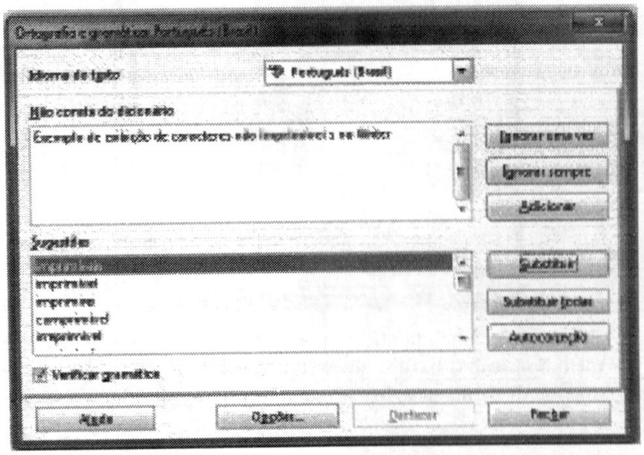

Autoverificação ortográfica

A Autoverificação é uma ferramenta presente apenas no BrOffice, cuja finalidade é apenas habilitar ou desabilitar a exibição do sublinhado vermelho das palavras desconhecidas.

Navegador (F5)

O Navegador tem aparecido nas provas apenas a título de conhecimento de seu nome, associado ao símbolo e atalho. Essa ferramenta é um recurso para navegar no texto, a partir das suas estruturas, como títulos, tabelas, figuras e outros itens que podem ser visualizados na figura a seguir:

Exemplo de exibição de caracteres não imprimíveis no Writer.

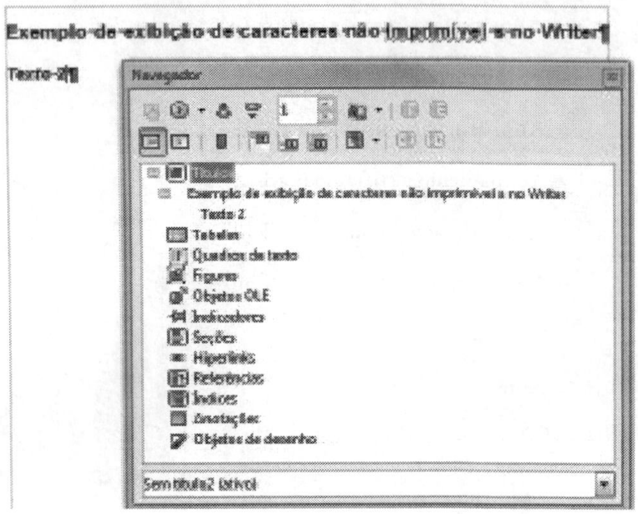

Galeria

O recurso Galeria tem peso similar ao Navegador nas provas. Acionar essa ferramenta resulta na exibição do painel ilustrado a seguir, por meio do qual é possível inserir, em meio ao documento, estruturas de navegação Web, como botões, sons e outros itens.

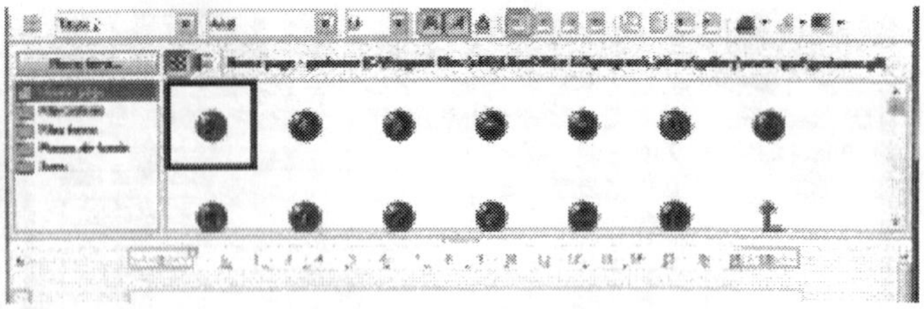

Tabela (Ctrl + F12)

O botão Tabela pode ser usado de duas maneiras. Clicando no desenho da tabela, é aberta a janela ilustrada a seguir. Caso seja clicado na flecha, é exibido um reticulado, pelo qual é possível selecionar a quantidade de células que se deseja criar em uma tabela.

11.4.12 Aba página

A aba Página é a principal da janela de formatação de página. A figura a seguir ilustra essa aba. Observe que as margens estão definidas por padrão em 2 cm, e que o tamanho do papel padrão é o A4. Também é possível determinar a orientação da página. Vale lembrar que, em um mesmo documento, é possível intercalar páginas com orientações diferentes. Para isso, devem ser utilizadas seções.

11.5 Menu Arquivo

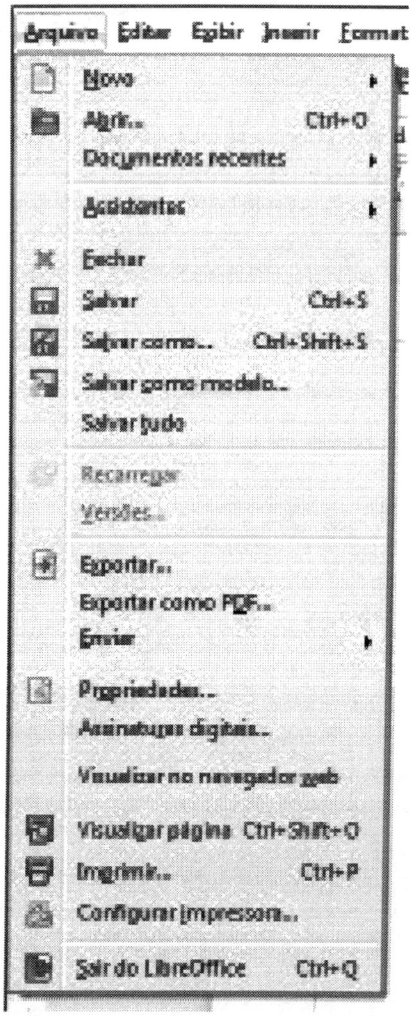

11.5.1 Novo

Dentre as opções do menu Arquivo, damos destaque para a opção Novo. Ela aponta a característica do BrOffice de ser uma suíte de aplicativos integrada, pois, mesmo estando no Writer, é possível criar uma planilha do Calc. No entanto, ao escolher na opção Novo, uma planilha será criada no Calc. Porém, ao realizar o acesso por meio deste caminho, o Calc é carregado mais rapidamente do que se o BrOffice estivesse fechado.

Para criar um Novo Documento em Branco podemos também utilizar a opção do atalho Ctrl + N.

11.5.2 Abrir (Ctrl + O)

Permite abrir um arquivo existente em uma unidade de armazenamento, navegando entre os arquivos e pastas.

Documentos recentes

Exibe a lista com os últimos documentos abertos, como também aqueles salvos, no Writer, com o intuito de fornecer um acesso mais rápido a eles.

11.5.3 Assistentes

Conforme ilustrado a seguir, existem vários assistentes no BrOffice. Eles são nada mais do que procedimentos realizados em etapas, a fim de auxiliar na criação ou estruturação de informações.

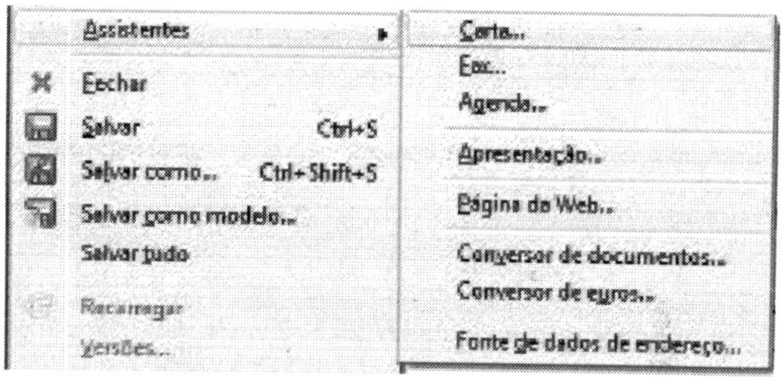

11.5.4 Fechar

A opção Fechar serve para fechar apenas o documento em edição, mantendo o programa aberto. Tem como teclas de atalho Ctrl + W ou Ctrl + F4.

11.5.5 Salvar

A opção Salvar apenas se preocupa em salvar as últimas alterações realizadas em um documento em edição. Seu atalho é Ctrl + S no Writer. Mas essa opção possui uma situação de exceção, quando o arquivo em edição é novo, ou seja, que nunca tenha sido salvo. Essa opção salvar corresponde à opção Salvar Como.

11.5.6 Salvar como

Esse recurso tem como princípio gerar um novo arquivo. Assim, se um arquivo for aberto e sejam realizadas várias alterações, sem salvar, e utilizar o comando Salvar Como, será aberta uma janela em que se solicita o local desejado e o nome do arquivo. Também é possível alterar o tipo de documento, após salvá-lo. O documento que fica em edição é o que acabou de ser salvo. O arquivo aberto inicialmente é apenas fechado, sem nenhuma alteração.

11.5.7 Salvar como modelo

Podemos criar um documento-base para outros documentos, utilizando formatações específicas. Assim, essa opção é a utilizada para salvar este arquivo, de modo que possa ser utilizado para esse fim.

11.5.8 Salvar tudo

Essa ferramenta aplica o comando salvar todos os documentos em edição no BrOffice, até mesmo os que estiverem em edição no Calc.

11.5.9 Recarregar

Ao acionar essa opção, a última versão salva do documento é restaurada. Com isso, as alterações não salvas serão perdidas.

11.5.10 Exportar

É possível pelo BrOffice exportar o documento de texto para outros formatos utilizados por outros programas como: XML, HTML, HTM ou mesmo o PDF.

11.5.11 Exportar como PDF

A opção Exportar como PDF é basicamente um caminho mais curto e explícito para gerar um arquivo PDF, a partir do documento em edição.

11.5.12 Assinaturas digitais

Assim como o Microsoft Office no BrOffice, é possível assinar um documento digitalmente. Claro que, para utilizar a funcionalidade por completo, é necessário possuir um certificado digital. Contudo, mesmo não possuindo um, é possível utilizar esse recurso para assinar um documento. Porém, apenas será garantida a integridade do mesmo e apenas no próprio computador do usuário.

11.5.13 Visualizar no navegador web

Já que podemos criar páginas da Internet, é interessante que, no mínimo, possamos visualizar como ela ficaria no navegador. Diante disso, ao acionar essa ferramenta, será aberto o navegador de Internet (Browser) padrão exibindo como página o documento em edição.

11.5.14 Sair

Em comparação com a opção Fechar, a opção Sair fecha o programa inteiro, podendo utilizar, para isso, os atalhos Alt + F4 ou Ctrl + Q.

11.6 Menu Editar

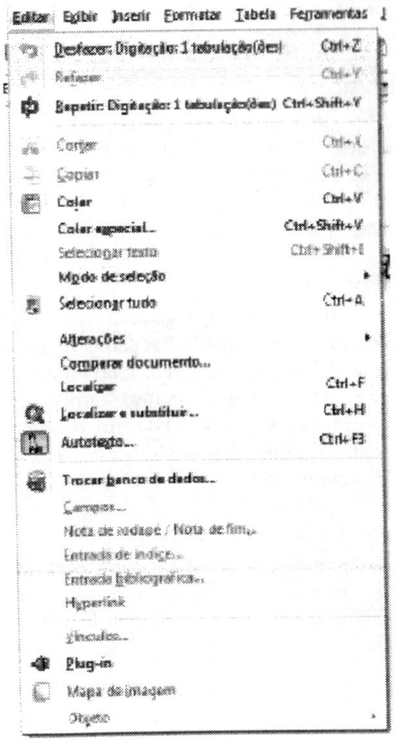

Do menu Editar anteriormente ilustrado, podemos destacar duas opções principais:

11.6.1 Colar especial

Esse recurso permite colar um determinado dado de acordo com a necessidade de formatação, ou seja, é possível manter a formatação igual à do local de onde foi copiado ou não utilizar formatação.

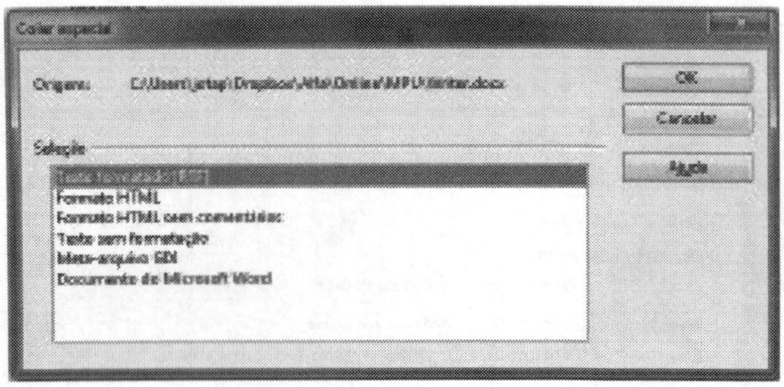

11.6.2 Selecionar tudo

A opção Selecionar Tudo tem como observação a sua tecla de atalho CTRL + A, que é a mesma utilizada para selecionar todos os arquivos e pastas de um diretório por meio dos gerenciadores de arquivos.

11.7 Menu Exibir

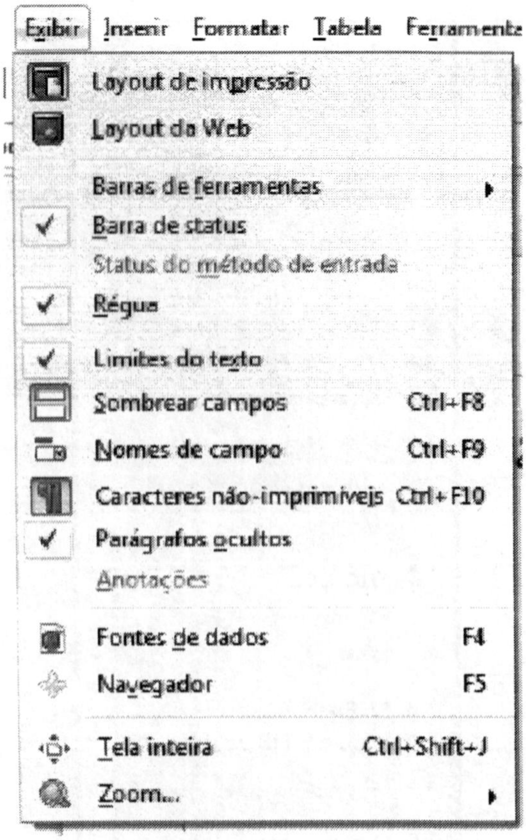

Do menu Exibir devemos conhecer os modos de exibição, bem como alguns itens importantes, listados a seguir. Mas, de modo geral, podemos pensar que as opções que normalmente encontramos nesse menu são coisas que não vemos e gostaríamos de ver, ou que estamos vendo, mas não desejamos mais ver.

11.7.1 Modos de exibição

São dois os Modos de Exibição: Layout de Impressão (Padrão) e Layout da Web. Contudo, poderíamos até considerar, dependendo da situação, a opção Tela Inteira como um modo de exibição.

11.7.2 Barra de ferramentas

A principal Barra de Ferramentas questionada nas provas é a barra de Desenho, que existe também no Writer e Calc, mas que é exibida por padrão apenas no Impress. A figura a seguir ilustra as barras disponíveis:

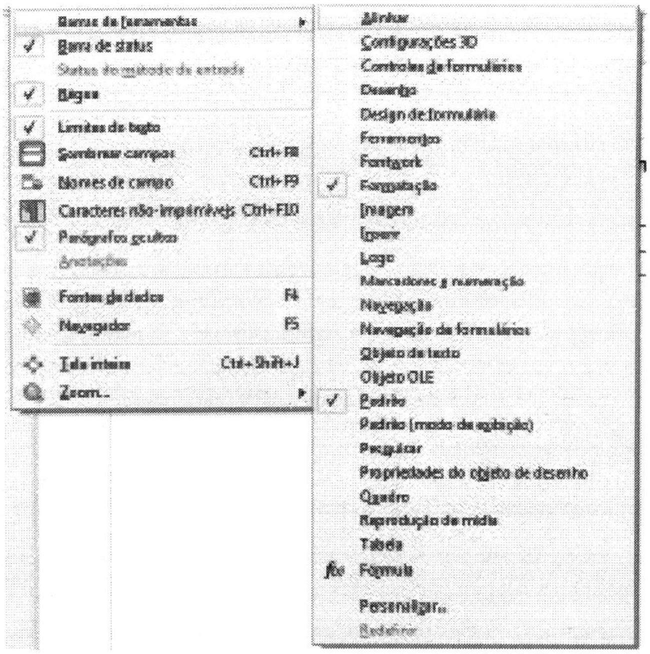

11.7.3 Barra de status

Essa é a barra que aparece por padrão nos editores. Ela fica localizada no fim da janela, ou seja, é a última barra dentro do programa. Nela encontramos informações como número da página atual e total de páginas do documento, idioma em uso e a ferramenta de zoom à direita.

11.7.4 Régua

Para ocultar a régua, basta desabilitar essa opção.

11.7.5 Limites de texto

Os Limites de Texto que são exibidos por padrão são, na verdade, as linhas que indicam as margens da página, ou seja, a área útil do documento.

11.7.6 Caracteres não imprimíveis (Ctrl + F10)

Os caracteres não imprimíveis também podem ser ativados pelo menu Exibir, como pelas teclas de atalho.

11.7.7 Navegador (F5)

O Navegador, anteriormente citado, também é encontrado no menu Exibir.

11.7.8 Tela inteira (Ctrl + Shift + J)

Modo de exibição que oculta as barras e ferramentas, objetivando a leitura do documento.

11.7.9 Zoom

Também podemos alterar o zoom utilizando o scroll do mouse, combinado com a tecla Ctrl.

11.7.10 Menu Inserir

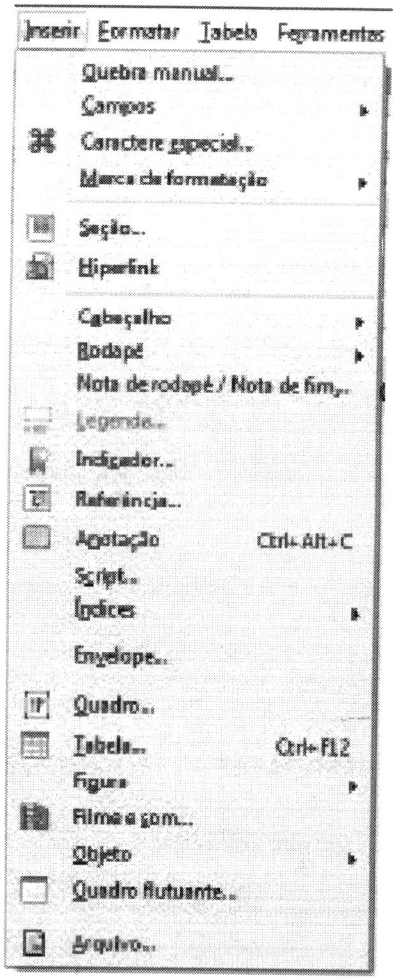

11.7.11 Quebra manual

Este recurso permite utilizar estruturas que sejam auto-organizadas, como as quebras de página. Existem três quebras de texto possíveis, além das quebras de seção.

Quebra de linha (Shift + Enter)

Faz com que o conteúdo, após a quebra, seja iniciado na próxima linha.

Quebra de coluna (Ctrl + Shift + Enter)

Faz com que o conteúdo, após a quebra, seja iniciado na próxima coluna.

Quebra de página (Ctrl + Enter)

Faz com que o conteúdo, após a quebra, seja iniciado na próxima página.

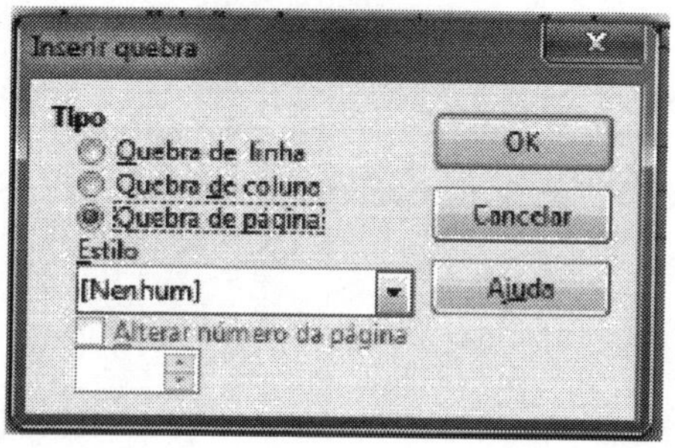

11.7.12 Campos

Os Campos são estruturas de dados que utilizam propriedades do arquivo como nome do autor, título, dentre outras como Data e Hora do sistema.

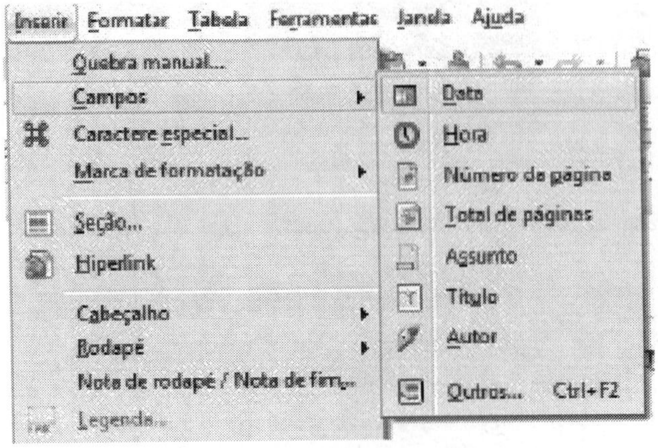

11.7.13 Caractere especial

A opção Caractere Especial pode ser utilizada para inserir símbolos como este ▶ entre inúmeros outros possíveis.

11.7.14 Seção

Uma Seção é o recurso-base para poder, em um mesmo documento, trabalhar com páginas com cabeçalhos e rodapés distintos, ou mesmo configurações de páginas distintas, como intercalar páginas em retrato e paisagem.

11.7.15 Cabeçalho / Rodapé

As estruturas de cabeçalhos e rodapés têm por princípio poupar trabalho durante a edição, de modo que o que for inserido nestas estruturas se repete nas demais páginas, não necessariamente do documento como um todo, mas em todas as páginas da mesma Seção.

11.7.16 Hiperlink

Um link nada mais é do que um caminho, um atalho para algum lugar. Esse lugar pode ser uma página na Internet, ou computador, como um arquivo que esteja na Internet ou mesmo no computador local. Também é possível fazer com que um link aponte para algum ponto do mesmo documento, criando uma espécie de navegação. Contudo, para realizar esse procedimento, deve-se antes inserir Indicadores. A imagem a seguir ilustra a janela de inserir hiperlink:

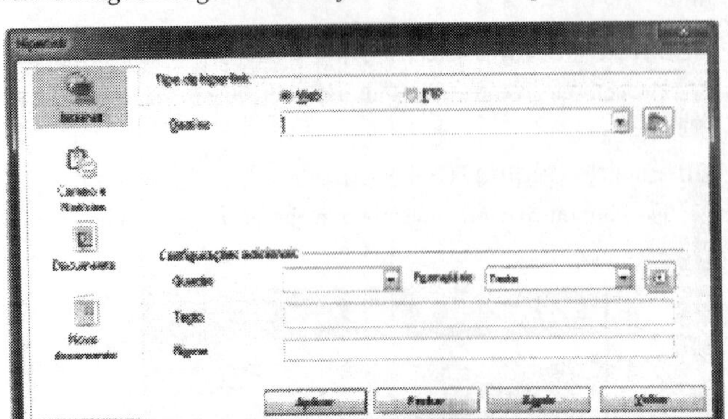

11.7.17 Nota de rodapé/nota de fim

Notas de Rodapé e Notas de Fim são observações que, por vezes, utilizamos para explicar algo que fugiria ao contexto de uma frase[1]. A identificação ao lado da palavra/frase serve para que, no rodapé da mesma página ou ao final do documento, o leitor busque a devida explicação para a observação.

11.7.18 Legenda

Uma Legenda é um recurso que poderia ser utilizado neste documento para identificar as figuras e referenciá-las em meio ao texto, mas como a estrutura de apresentação do conteúdo é linear e procura ser direta, não utilizamos esse recurso.

11.7.19 Indicador

Um Indicador é um ponto de referência para ser apontado por um hiperlink.

11.7.20 Referência

Uma Referência é uma citação pela qual utilizamos a ideia de informar algo do tipo, "conforme Figura 1". Em vez de escrever a palavra Figura 1, estaria utilizando uma referência a ela, para que caso seja inserida uma nova figura antes da 1 no documento, os locais em que havia sido citado como figura 1 sejam refatorados para 2.

11.7.21 Anotação

É o recurso de comentário que pode ser inserido em um documento como uma anotação do que deve ser feito.

11.7.22 Índices

Os Índices são os sumários e listas automáticas que podem ser inseridas em um documento, desde que se tenha utilizado os estilos de título e o recurso de legenda.

11.7.23 Quadro

Um quadro, basicamente, é uma caixa de texto para que seja inserido em seu interior uma estrutura qualquer.

11.7.24 Tabela

É mais um caminho possível para inserir uma tabela dentro do editor, dentre as quatro formas possíveis, como o atalho Ctrl + F12.

11.7.25 Figura

O recurso Figura permite inserir imagens de diferentes formatos (png, gif, jpg) em um documento.

11.7.26 Filme e som

É possível inserir uma música ou um vídeo em meio a um documento de texto.

11.7.27 Objeto

Destaque para a opção Objeto OLE (*Object Linked Embeded*) pela qual podemos inserir uma Planilha do Calc dentro de um documento de texto e ainda utilizá-la com suas características de planilha.

1 As notas de rodapé, assim como as notas de fim, têm a finalidade de trazer informações adicionais, que fogem ao contexto abordado no texto.

11.8 Menu Tabela

O menu Tabela apresenta as opções próprias de trabalho com uma tabela, como inicialmente inserir uma tabela no documento em edição. Várias opções aparecem desabilitadas, isso ocorre porque uma tabela não foi selecionada.

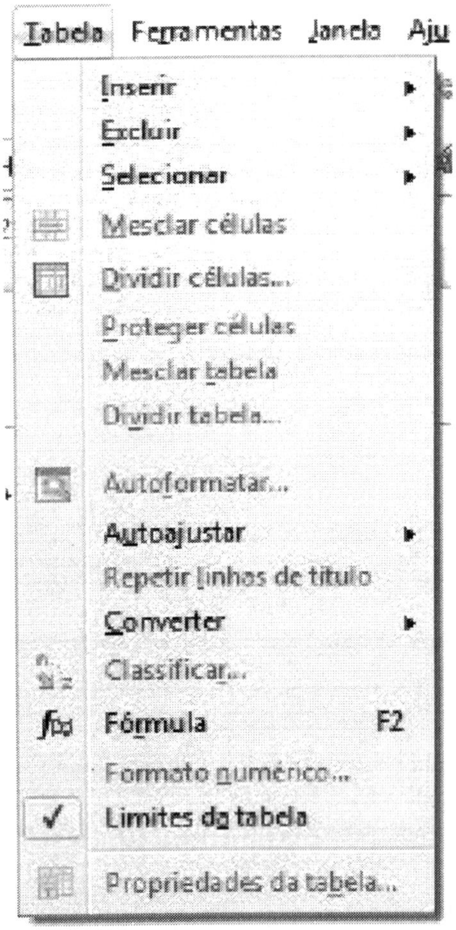

Outro caminho para se inserir uma tabela, além do menu Inserir e do atalho, dá-se por meio do menu Tabela opção Inserir e somente depois a opção Tabela.

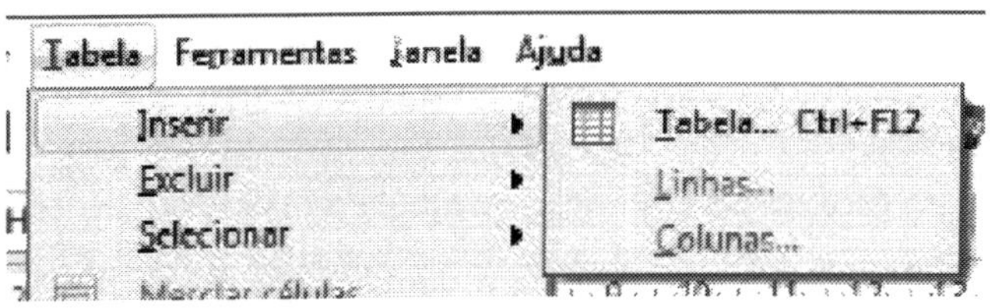

11.8.1 Mesclar células

Essa ferramenta só fica habilitada quando duas ou mais células de uma tabela estão selecionadas. Ao acioná-las, as células se tornam uma, ou seja, são mescladas.

11.8.2 Dividir células

Atente-se para esse recurso, pois somente em uma tabela é possível dividir células, ou seja, esse recurso não existe para planilhas.

11.8.3 Proteger células

É um recurso que pode ser utilizado para bloquear as alterações em uma determinada célula e em uma tabela.

11.8.4 Dividir tabela

Assim como é possível dividir uma célula, também podemos dividir uma tabela em duas ou mais, mas apenas tabelas.

11.8.5 Repetir linhas de título

Quando se trabalha com tabelas muito extensas, que se distribuem em várias páginas, é difícil manter a relação do que se tem em cada coluna e linha. Para não ter que copiar manualmente os títulos, podemos utilizar o recurso repetir linhas de título.

11.8.6 Converter

É possível converter tanto um texto em tabela como uma tabela em texto, utilizando, para isso, alguns critérios como espaços entre palavras ou tabulações, entre outros.

11.9 Menu Ferramentas

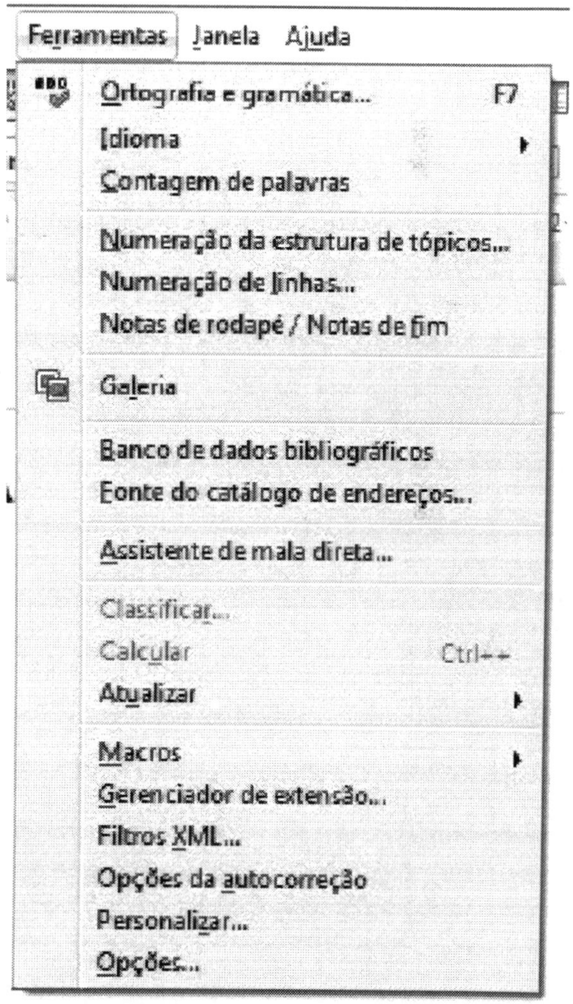

11.9.1 Ortografia e gramática (F7)

Abre uma janela para verificar o documento em busca de palavras desconhecidas ao dicionário do programa.

11.9.2 Idioma

No BrOffice Writer, podemos definir o idioma que está sendo trabalhado no texto selecionado, como no parágrafo e até para o documento de modo geral.

INFO

11.9.3 Contagem de palavras

O Writer também possui recurso de contabilização de total de palavras que compõem o texto.

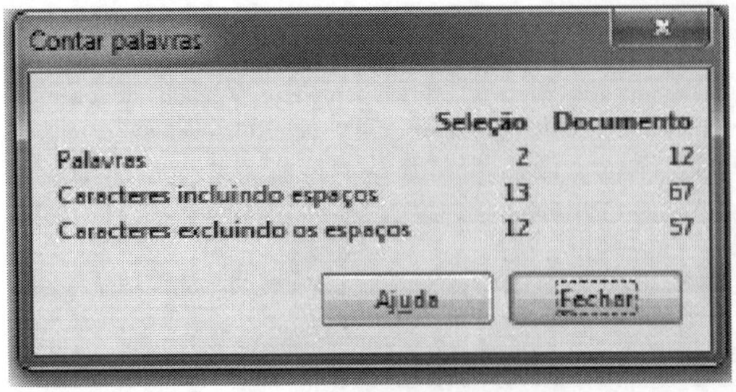

11.9.4 Numeração de linhas

Este recurso é bastante utilizado nas provas de Língua Portuguesa, em que ao lado das linhas, nos textos apresentados, aparece uma numeração, que não necessita ser exibida em todas as linhas. Atenção às questões que o comparam com o recurso Numeração, usado para numerar parágrafos.

Uma forma de identificar a diferença é pela presença dos indicadores de fim de parágrafo, visíveis quando a ferramenta "caracteres não imprimíveis" está ativa.

11.9.5 Notas de rodapé/notas de fim

Já vimos esse nome no menu Inserir. No entanto, são ferramentas distintas, mas relacionadas, pois esse recurso do menu Ferramentas abre a janela de configuração das notas, conforme ilustrado a seguir:

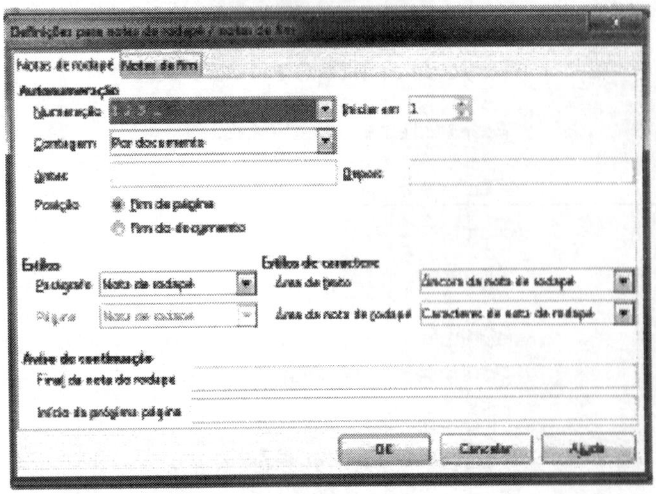

11.9.6 Galeria

A ferramenta que exibe a galeria também é encontrada no menu Ferramentas, além da barra de ferramentas padrão.

11.9.7 Assistente de mala direta

Uma ferramenta interessante para quem quer começar a entender o recurso de mala direta. Por meio dela, é possível criar uma mala direta passo a passo.

11.9.8 Macros

De uma forma geral, as Macros são regras criadas para automatizar tarefas repetitivas. Por meio dessa ferramenta é possível executar as macros existentes.

11.9.9 Opções de autocorreção

O recurso de Autocorreção é o responsável por corrigir palavras logo após a sua inserção, como colocar acento na palavra, caso digitada sem.

11.9.10 Opções

Esse recurso concentra as opções do programa como dados do usuário e recursos.

12 BROFFICE CALC

O BrOffice Calc é um editor de planilhas eletrônicas pelo qual pode-se estruturar um controle de livro-caixa ou estoque, dentre inúmeras outras estruturas para atender a necessidades básicas de um escritório, por exemplo, que deseja controlar suas atividades. A figura a seguir ilustra a janela principal desse programa.

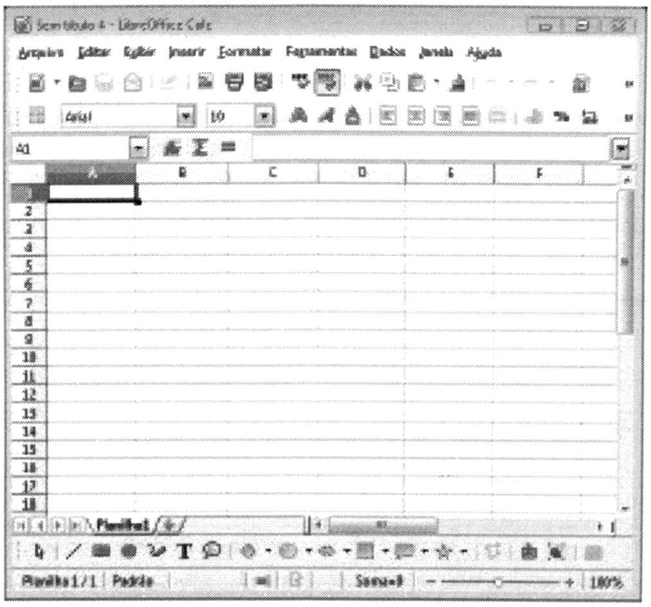

Para utilizar adequadamente esse programa, devemos entender as suas estruturas, com as quais iremos operar, como o formato de arquivo gerado.

Por padrão, um arquivo salvo no Calc é salvo no formato ODS (Open Document Spreadsheet), no entanto é possível por meio deste editor também salvar nos formatos padrões do Microsoft Office Excel: xls (97-2003) e xlsx (2007 e 2010).

Vale lembrar que o formato ODF é o formato genérico do BrOffice, conhecido como Open Document Format, ou seja, Formato de Documento Aberto. Fique atento, pois o PDF (Formato de Documento Portátil) também e possível de ser gerado pelo Calc, porém por meio da opção Exportar como PDF.

12.1 Planilha

Uma planilha nada mais é do que um reticulado de linhas e colunas, as quais são preenchidas com dados e fórmulas com o intuito de se obter algum resultado ou estruturar alguma informação.

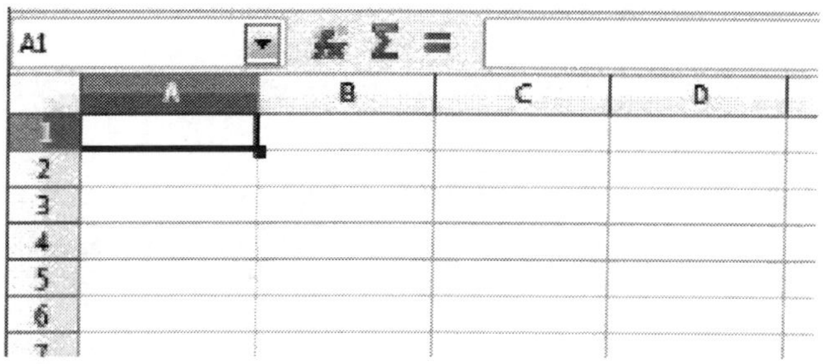

Por padrão, as linhas são identificadas por números enquanto as colunas são identificadas por letras, conforme ilustrado na figura acima. Vale lembrar que, uma vez que existe um padrão, que existe também outra forma de se trabalhar, neste caso, é possível utilizar números para as colunas, mas é necessário alterar as opções do programa.

Uma planilha já possui um total de 1.048.576 linhas por 1024 colunas, contudo, como o alfabeto vai apenas até a letra Z, a próxima coluna é dada pela combinação AA, seguida por AB até chegar a AZ, seguida por BA, BB e assim por diante até completar as 1024 colunas, sendo a última representada pela combinação AMJ.

O mais importante a ser observado sobre essa característica é que esses valores são fixos, ou seja, uma planilha sempre terá essa estrutura, mas quando usado o recurso inserir Linhas ou Colunas, ocorre um deslocamento de conteúdo para baixo, no caso de linhas, e para a direita, no caso de colunas.

12.2 Célula

Uma célula é a menor unidade estrutural de um editor de planilhas, elas são dadas pelo encontro de uma coluna com uma linha. Assim são identificadas pelos títulos das colunas e das linhas que são exibidas.

A célula A1 é a primeira célula de uma planilha, ou seja, é a célula que se encontra na coluna A e na linha 1.

12.2.1 Células de absorção

Dentre as características das células podemos citar as de Absorção, também conhecidas como células de resultado. Basicamente são aquelas que apresentam o resultado de algum cálculo.

Os indicadores de Células de Absorção são símbolos usados para identificar para o programa quais células devem ser calculadas. No Calc, são três os indicadores de células de absorção:

=	=5+5	10
+	+5+5	10
-	-5+5	0

12.2.2 Modos de endereçamento

Os modos de endereçamento são formas de identificar o endereço de uma célula, contudo para fins de identificação os três modos de endereçamento não possuem diferença, sua aplicação é apenas para os procedimentos de copiar e colar uma célula cujo conteúdo é uma fórmula, por vezes citado pelo clicar e arrastar.

Relativo: no modo de endereçamento relativo apenas precisamos indicar a coluna e a linha de uma célula. Como o exemplo: B2, ou seja, a célula que se encontra na junção da linha 2 com a coluna B.

Misto: no modo de endereçamento misto é utilizado o símbolo **$** (cifrão) para indicar que o dado que estiver imediatamente à sua direita será sempre o mesmo, ou seja, não poderá ser alterado.

Existem duas formas de endereçamento misto, em uma bloqueamos a coluna, enquanto na outra a linha é que é bloqueada.

Quando desejamos travar a coluna, escrevemos o endereço da célula, =$B2, assim a linha pode ser alterada quando houver deslocamento, porém, a coluna será sempre a coluna B.

Por outro lado, quando desejamos fixar uma linha, devemos escrever o **$** antes da linha, exemplo, =B$2, dessa forma, a coluna pode ser alterada quando houver deslocamento em relação à coluna, contudo a linha será sempre a linha 2.

Absoluto: no endereçamento absoluto tanto a coluna quanto a linha são fixadas, assim podemos dizer que a célula será sempre a mesma.

Endereço da planilha

<nome da Planilha>.<endereço da célula>

=Planilha1.B4+Planilha2.B4

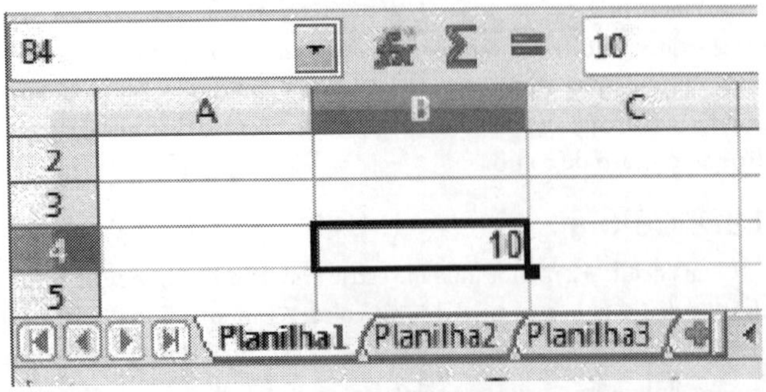

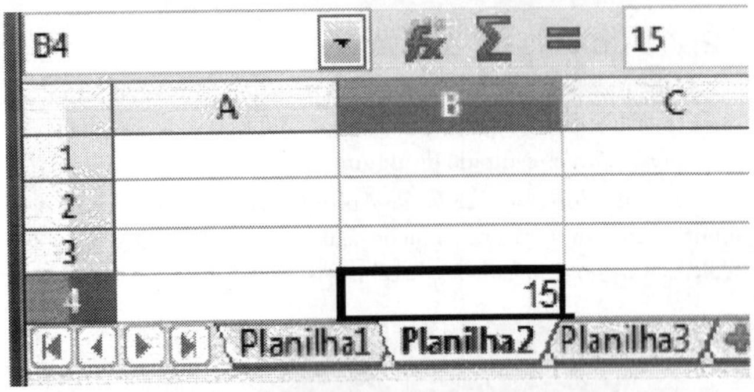

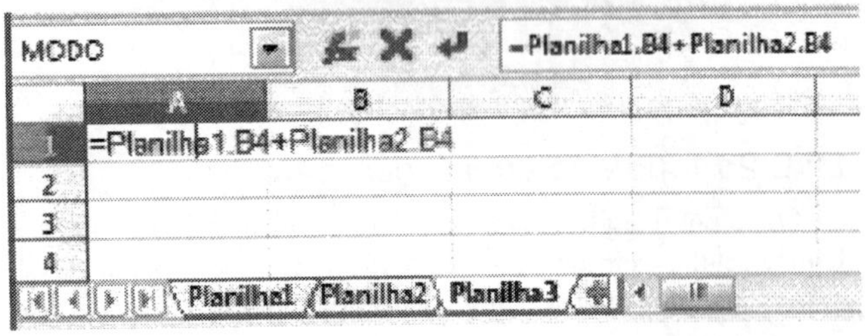

12.3 Operadores

No BrOffice Calc existem quatro tipos de operadores básicos: aritméticos, texto, referência e comparação, cada qual com suas peculiaridades.

12.3.1 Operadores aritméticos

Sobre Operadores Aritméticos, assim como sobre Células de Absorção, a maioria das perguntas é direta, mas as questões são colocadas na matemática destes operadores, ou seja, as regras de prioridade de operadores devem ser observadas para que não seja realizado um cálculo errado.

Operador	Símbolo	Exemplo de uso	Resultado
Adição	+	=5+5	10
Subtração	-	=5-5	0
Multiplicação	*	=5*5	25
Divisão	/	=5/5	1
Potenciação	^	=5^2	25
Percentagem	%	=200*10%	20

12.3.2 Operador de texto

Os editores também contam com um operador que permite atuar com texto. O operador de concatenação **&** tem a função de reunir o conteúdo das células na célula resultado. Atenção, nesse caso a ordem dos operadores altera o resultado.

A figura a seguir ilustra as células com operações de concatenação.

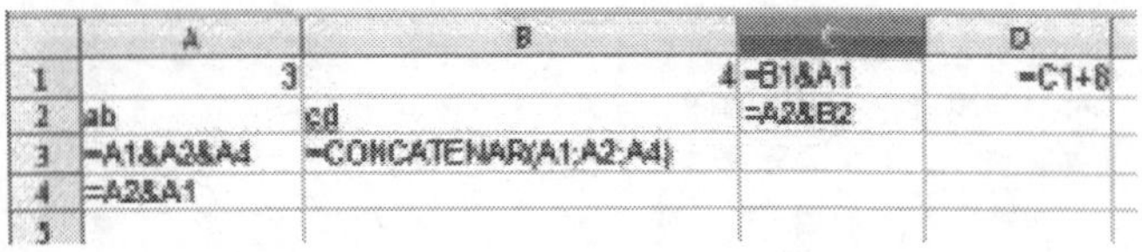

A figura a seguir mostra os resultados obtidos pelas fórmulas inseridas, atente aos resultados e perceba que a ordem dos fatores muda o resultado. Também observe que, por ter sido utilizado um operador de texto, o resultado por padrão fica alinhado à esquerda.

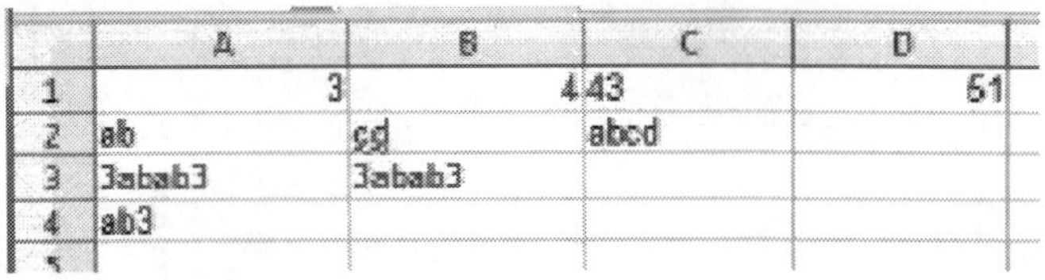

12.3.3 Referência

Os operadores de referência são aqueles utilizados para definir o intervalo de dados que uma função deve utilizar.

; ~	E	União
:	Até	Intervalo
!		Interseção

Considere o seguinte conjunto de dados em uma planilha em edição no Calc:

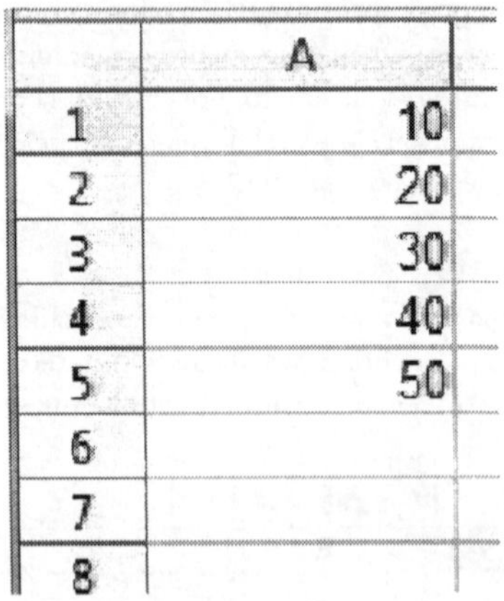

=SOMA(A1 : A4)

A função é lida como Soma de A1 até A4, ou seja, todas as células que estão no intervalo de A1 até A4 inclusive. No caso de exemplo o resultado = 100.

De forma equivalente pode-se escrever a função como se segue:

=SOMA(A1 ; A2 ; A3 ; A4)

A qual se lê Soma de A1 e A2 e A3 e A4, assim é possível especificar células aleatórias de uma planilha para realizar um cálculo.

=SOMA(A1 ; A4)

Neste caso fique atento pois, a leitura é Soma de A4 e A1, ou seja, apenas estão sendo somadas as células A1 com A4 as demais não entram no conjunto especificado. Assim, o resultado seria 50.

=SOMA(A1 : A4 ! A3 : A5)

Já nesta última situação apresentada, deseja-se somar apenas as células que são comuns ao intervalo de A1 até A4 com A3 até A5, que no caso são as células A3 e A4, assim a soma destas células resulta em 70.

12.4 Elemento fixador

O **$** (cifrão) é um símbolo usado para travar alguma informação, via de regra o que estiver vinculado à direita.

As questões normalmente descrevem uma planilha e citam que uma determinada fórmula foi inserida em uma célula. Na sequência, a célula é selecionada, copiada e colada em outra célula, ou mesmo clicado pela alça de preenchimento e arrastado para outra célula.

No caso a seguir, foi inserida na célula C1 a fórmula =A1+$A2+A$2, após foi arrastada pela alça de preenchimento desta célula para a célula C2, assim a fórmula presente em C2 será:

1º de C1 para C2 foi acrescido apenas uma linha, sem alterar a coluna, assim as letras não são alteradas, mas existem modos de endereçamento misto, em que aparece **$2** significa que a linha será sempre a linha 2, não podendo modificá-la.

	A	B	C	D
1	10	100	=A1+$A2+A$2	
2	50	200	=A2+$A3+A$2	
3	=$A$1+A1			
4		=$A$1+B2		
5				=B5+$A6+B$2
6				

	A	B	C	D
1	10	100	110	
2	50	200	120	
3	20			
4		210		
5				200
6				

C1	→	C2
Origem		Destino

	Destino		Origem	Deslocamento
Linha	2	-	1	1
Coluna	C3ª	-	C3ª	0

C1	→	D5
Origem		Destino

	Destino		Origem	Deslocamento
Linha	5	-	1	4
Coluna	D4ª	-	C3ª	1

A3	→	B4
Origem		Destino

	Destino		Origem	Deslocamento
Linha	4	-	3	1
Coluna	B2ª	-	A1ª	1

	→	
Origem		Destino

	Destino		Origem	Deslocamento
Linha		-		
Coluna		-		

12.5 Alça de preenchimento

A Alça de Preenchimento é um dos recursos que mais possui possibilidades de uso e por consequência respostas diferentes.

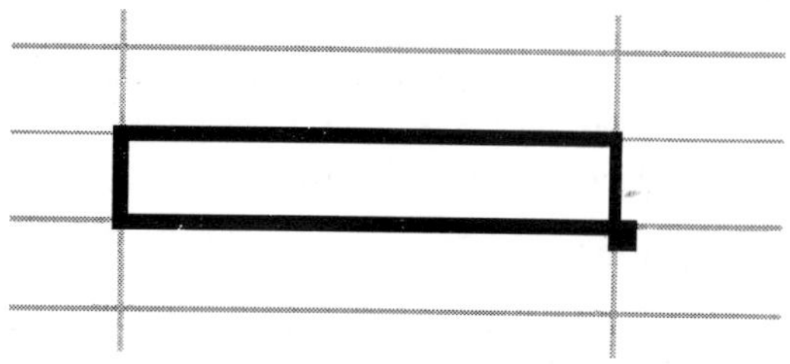

Observe que, quando uma ou mais células estão selecionadas, sempre no canto direito inferior é ilustrado um quadrado um pouco mais destacado, essa é a alça de preenchimento.

Ela possui esse nome porque é utilizada para facilitar o preenchimento de dados que obedeçam a uma regra ou padrão.

Quando uma única célula está selecionada e o seu conteúdo é um valor numérico. Ao clicar sobre a alça de preenchimento e arrastar seja na horizontal ou vertical, em qualquer sentido, exceto diagonal, será preenchido com uma Progressão Aritmética (PA) de razão 1, caso seja arrastado para esquerda ou para cima a razão é -1. A figura a seguir ilustra o comportamento.

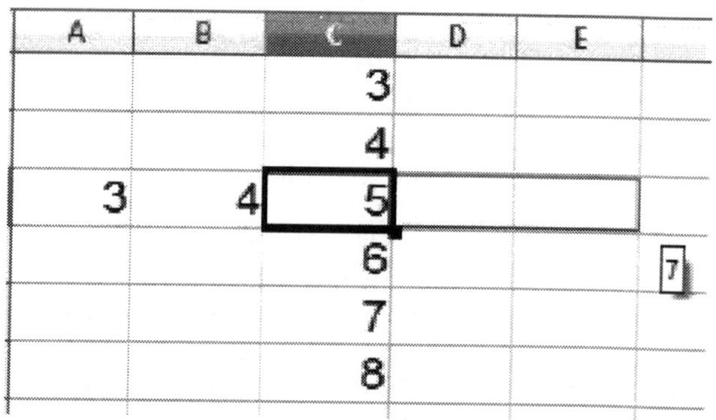

Já na situação em que existem duas células adjacentes selecionadas contendo valores numéricos diferentes entre si, ao se arrastar pela alça de preenchimento as células serão preenchidas com uma PA cuja razão é a diferença entre os dois valores selecionados. A figura a seguir ilustra esse comportamento. Podemos observar que o valor que irá ser exibido na célula B6 será o número 30, com isso a célula B4 receberá o valor 20, enquanto a B5 receberá 25, conforme vemos na figura da direita.

Quando o conteúdo de uma única célula selecionada for um texto esse, será copiado para as demais células. Mas se o conteúdo, mesmo sendo um texto, fizer parte de uma série conhecida pelo programa às células serão preenchidas com o próximo valor da série. Por exemplo, se **Janeiro** for o conteúdo inserido na célula, então, ao arrastar pela alça de preenchimento para a direita ou para baixo a célula adjacente será preenchida com **Fevereiro**, por outro lado se for arrastado para cima ou para a esquerda a célula adjacente será preenchida com **Dezembro**. O mesmo vale para as sequências Jan, Seg e Segunda-feira.

Atenção: A, B, C não são conhecidos como série nos programas, mas o usuário pode criá-las.

Já na situação em que haja duas células que contenham textos diferentes selecionadas, ao arrastar será preenchido com o padrão encontrado.

Quando o conteúdo da célula for uma fórmula ao arrastar pela alça de preenchimento o resultado é o mesmo, ou seja, deverá ser calculada a nova fórmula de acordo com o deslocamento.

12.6 Funções

As funções são estruturas prontas criadas para que o usuário não se preocupe em como elas funcionam, mas apenas com que informações devem descrever para obter o resultado. Contudo, para as provas de concurso precisamos saber como elas funcionam.

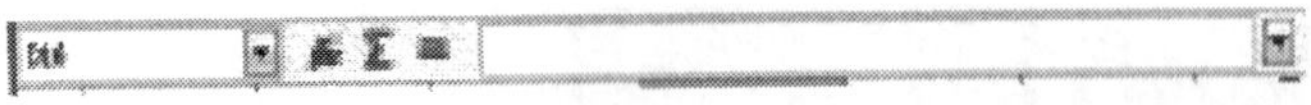

A figura acima ilustra a barra de fórmulas e funções do Calc, por meio dela podemos inserir as funções, além de poder digitá-las diretamente. Essa barra também tem importante informação, pois é nela que é exibido o real conteúdo de uma célula, ou seja, se o que foi inserido foi uma fórmula ou um dado (valor) direto.

Caso ainda não conheça muito bem as funções é possível contar com o assistente de funções, que pode ser acessado pelo ícone  presente nessa mesma barra. À direita dele encontra-se o botão SOMA, que pode ser usado para inserir a função =SOMA( ) já o sinal de igual presente na sequência é o mesmo que digitar o símbolo na célula selecionada a fim de inserir uma fórmula ou função, tanto que seu nome é Função.

12.6.1 Principais funções

=SOMA( ) =MÉDIA( ) =MED( )

=MÁXIMO( ) =MAIOR(;) =MÍNIMO( )

=MENOR(;) =MODO( )

=média(a1:a5)

Calcula-se a Média de A1 até A5. O cálculo da média é a soma de um conjunto de valores dividido pelo total de valores **somados**, assim para o caso apresentado na figura acima o resultado da média de A1 até A5 é 20/4 totalizando 5, ou seja, as células vazias são ignoradas. Caso a célula A3 possua o valor 0, o resultado seria 4, pois 0 (zero) é número.

=média(a1;a2;a3;a4;a5)

Nesta segunda forma, apenas se mudou os operadores de referência, mas o resultado será o mesmo, pois o conjunto de dados é o mesmo.

=média(b1:b5)

O conjunto apresentado também resulta em 5.

=soma(b1:b5)/5

Muito comum de ser usado nas provas as estruturas de funções combinadas com expressões aritméticas como somar o conjunto de B1 até B5 e na sequência dividir o resultado por 5. Atente-se, pois para o caso em questão a expressão acima calcula a média, porém não se pode dizer o mesmo para a frase, **a função =SOMA(B1:B5)/5 calcula a média dos valores de B1 até B5 qualquer que seja o valor nas células**, pois se alguma célula estiver vazia não será dividido por 5 o total somado, a fim de calcular a média.

=b1+b2+b3+b4+b5/5

Cuidado com a expressão acima, porque ela não calcula a média, mas é bastante usada nas provas para induzir o candidato ao erro, lembre-se que os cálculos devem ser realizados respeitando as precedências de operadores. Assim, a expressão para calcular a média seria **=(B1+B2+B3+B4+B5)/5** usando os parênteses para mudar a precedência indicando que o que está entre eles é que deve ser calculado por primeiro.

=med(b1:b5)

Atenção a essa função, pois as provas induzem o candidato a pensar que se trata da função que calcula a média, contudo o que ela calcula é a **Mediana**, que é o elemento central de um conjunto de elementos. Porém, outra questão recorrente pode ser apresentada: ocorre quando o conjunto de dados é similar ao apresentado, ou seja, com números repetidos e fora de ordem, devemos lembrar que a mediada leva em consideração os valores em ordem e que estes se repetem. Desse modo, na mediana de B1 até B5 devemos observar os valores (3, 3, 5, 7, 7), com base nesse conjunto tem-se que a mediana é 5, pois é o elemento central.

=med(a1:a5)

Contudo, quando o conjunto possui uma quantidade par de elementos, a mediana é a média dos elementos centrais. Dado do conjunto (3, 3, 7, 7) a mediana é a média de 3 e 7, ou seja, 5.

=máximo(b1:b5)

Essa função retorna o valor mais alto do conjunto de dados especificado.

=maior(b1:b5;3)

Em comparação com a função Máximo, é comum aparecer a função Maior que permite identificar o enésimo termo de um conjunto.

No exemplo anterior podemos ler como o terceiro maior número do intervalo de B1 a B5.

Neste caso, como se deseja o maior valor o conjunto, deve ser considerado em ordem decrescente (7, 7, 5, 3, 3), assim o terceiro maior número é 5.

=mínimo(b1:b5)

Enquanto o máximo traz como resposta o valor mais alto, o mínimo retorna o mais baixo.

Para o exemplo acima a resposta é 3.

=menor(b1:b5;1)

A função Menor exibe o enésimo menor número de um conjunto, desta forma, no exemplo dado, pede-se o primeiro menor número do intervalo de B1 a B5 (3, 3, 5, 7, 7), na função menor o conjunto de dados deve ser considerado em ordem crescente, assim o primeiro menor é 3, o mesmo que o mínimo de B1 até B5.

=modo(a1:a5)

Esta função retorna o valor que aparece com maior frequência no conjunto especificado. No caso do exemplo, a resposta é 3.

=modo(b1:b5)

Observe que o resultado será sempre o valor mais baixo que mais se repete, mesmo que outro valor apareça com a mesma frequência, como no segundo exemplo a resposta também é 3.

12.6.2 Outras funções comuns

	A	B	C	D	E
1	3	7	10	A	
2	7	3	20	B	
3		7	30	A	
4	3	3	40	A	
5	7	5	10	B	
6					

=se(; ;)

A função SE é também conhecida como condicional, por meio dela é possível definir ações a serem executadas diante de determinadas situações (condições).

Sua sintaxe é composta por três campos sendo que no primeiro é colocado um teste lógico, após o ponto e vírgula temos o campo que contém a ação a ser executada, caso o teste lógico seja verdadeiro e na sequência. No último campo, contém a ação caso o teste lógico seja falso.

=cont.Núm( )

Esta função exibe o total de células de um intervalo que possui como conteúdo um valor numérico.

=cont.Se(;)

Enquanto a função CONT.SE retorna a quantidade de células que atendem ao critério estabelecido no segundo campo.

=somase(; ;)

Já a função SOMASE, permite somar apenas o conteúdo das células de interesse ao montante.

Assim se aplicada a função **=SOMASE(D1:D5;"=A";C1:C5)** a resposta será o montante da soma das células da coluna C que estiverem na mesma linha das células da coluna D que possuírem a letra A como conteúdo. Assim a resposta é 80.

> Exs.:
> **=SE(C1>=10;"maior ou igual";"Menor")**

Se o valor contido na célula C1 for maior ou igual a 10, então será escrito na célula o texto expresso no segundo campo da função. Por ser um texto, a ação desejada ele obrigatoriamente deve ser expresso entre aspas, contudo as aspas não serão exibidas na resposta.

Mas se o valor da célula C1 for menor do que então será escrito como resposta o texto **Menor**.

=cont.Núm(a1:a5)

Como a célula A3 está vazia, a resposta desta função é 4, pois existem apenas 4 células cujo conteúdo é um número.

=cont.Se(d1:d5; "=a")

Ao se aplicar a função acima, ela irá contar quantas células possuem o texto A, neste caso a resposta é 3.

12.7 Formatos de células

Ao clicar com o botão direito do mouse sobre uma ou mais células selecionadas é aberto o menu suspenso, ilustrado a seguir. Neste momento nos interessa a opção Formatar Células que, ao ser acionada, abre a janela de formatação de células.

12.7.1 Guia números

A figura a seguir ilustra a janela Formatar Células exibindo as opções da aba Números, as principais abas são as guias Número e Alinhamento.

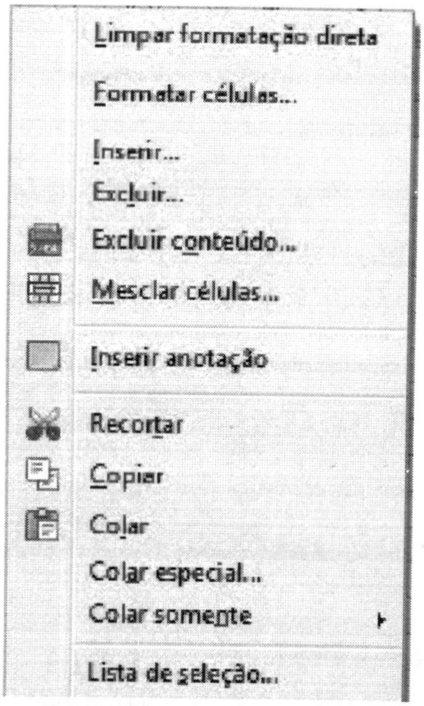

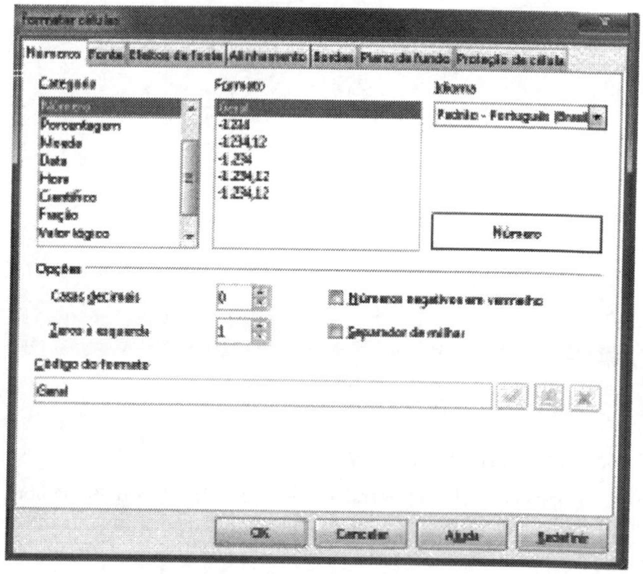

Na figura a seguir estão listados os formatos de células e exibidas as células formatadas.

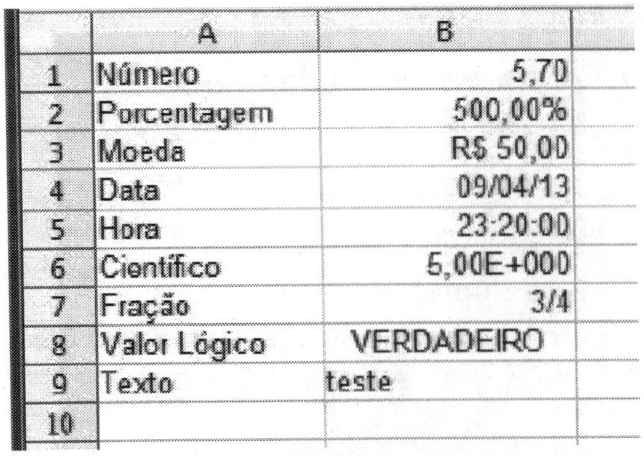

	A	B
1	Número	5,70
2	Porcentagem	500,00%
3	Moeda	R$ 50,00
4	Data	09/04/13
5	Hora	23:20:00
6	Científico	5,00E+000
7	Fração	3/4
8	Valor Lógico	VERDADEIRO
9	Texto	teste
10		

Os formatos Moeda e Percentagem também podem ser definidos pelas opções da barra de Ferramentas de Formatação. A figura a seguir ilustra parte desta barra com as opções citadas.

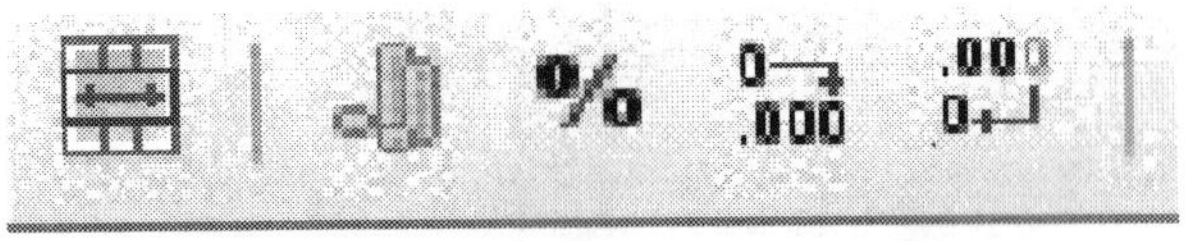

12.7.2 Guia alinhamento

Por meio desta guia, podemos formatar o alinhamento vertical e/ou horizontal de uma célula bem como a orientação do texto, ou seja, sua direção aplicando um grau de inclinação.

Também encontramos a opção Quebra Automática de texto que permite distribuir o conteúdo de uma célula em várias linhas de texto dentro da mesma célula. A figura a seguir ilustra estas opções.

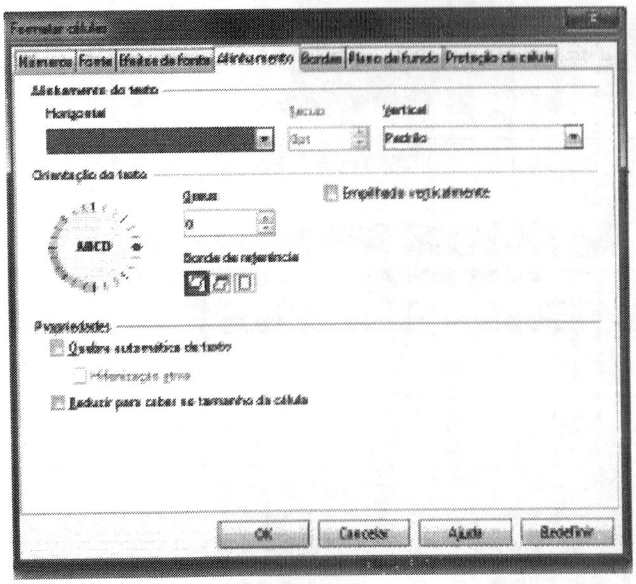

12.7.3 Outras ferramentas

Mesclar e centralizar

A opção Mesclar e Centralizar do Calc centraliza tanto na horizontal como na vertical. Porém, é possível exibir apenas o conteúdo da célula superior esquerda, como também se pode mover o conteúdo das células selecionadas que serão ocultas para a célula superior esquerda.

A sequência de imagens a seguir ilustra a operação de mesclar em que se opta por exibir apenas a célula superior esquerda, observe que as demais células são apenas ocultas, assim seus valores são mantidos e podem ser referenciados.

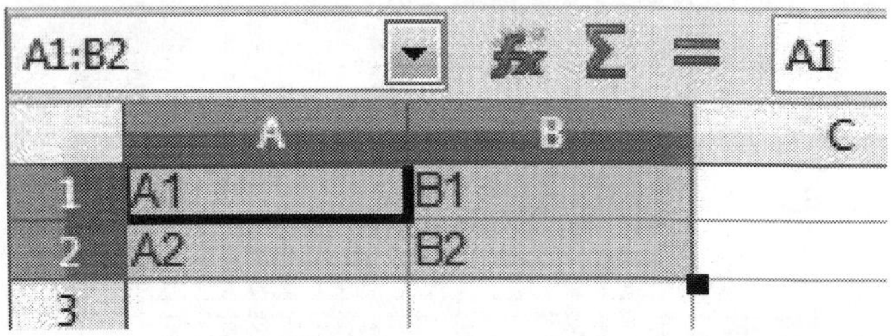

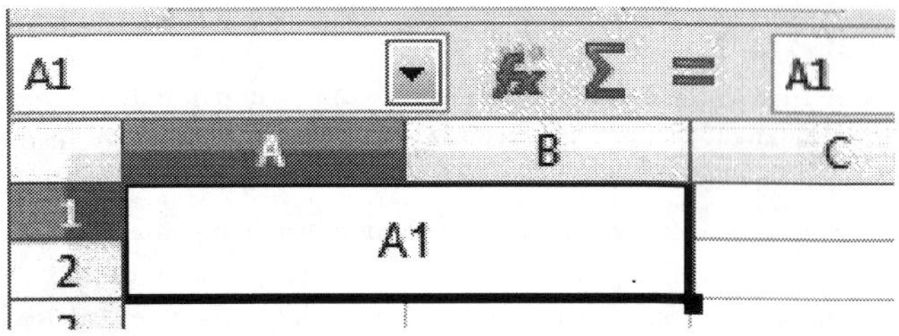

Nessa próxima sequência foi optado por mover o conteúdo para a célula superior esquerda, atente que a ordem dos dados é a mesma de leitura (esquerda para a direita e de cima para baixo).

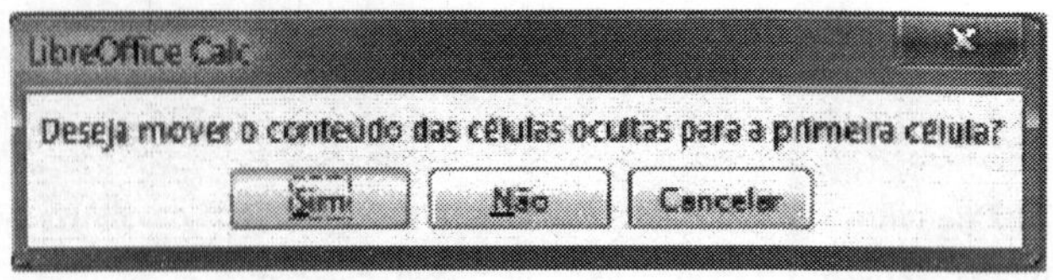

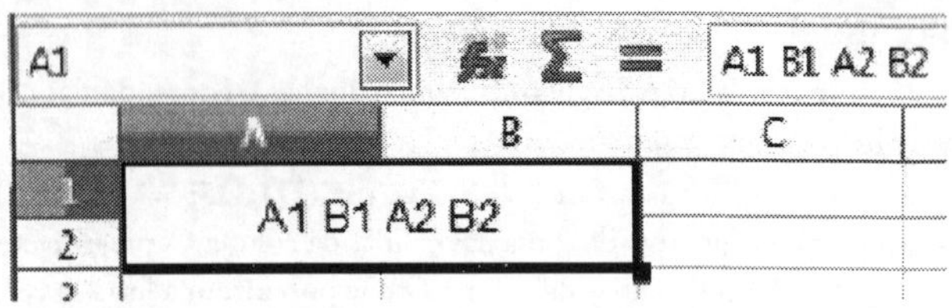

Bordas

Por padrão, em uma planilha, o que vemos são as linhas de grade e não as bordas das células, tanto que se realizarmos a impressão nenhuma divisão aparece. As bordas devem ser aplicadas manualmente de acordo com a necessidade, para isso, pode-se usar o botão Bordas presente na barra de ferramentas de formatação que, ao ser acionado, exibe as opções de bordas, como: bordas externas, internas, esquerda, direita, dentre outras.

Classificar

Outra opção que podemos destacar é a de classificação de dados, pela qual podemos ordenar um conjunto de dados selecionados em ordem crescente ou mesmo decrescente, por meio dos ícones.

13 BROFFICE IMPRESS

É também conhecido como editor de slides. Fique atento com as palavras expressas em português como eslaide, que aparenta ser errada, pelo fato de não ser empregada com frequência, comumente usada para induzir o candidato ao erro.

13.1 Janela do programa

Devemos, primeiramente, conhecer algumas funções da Janela do Editor para melhor entender seus recursos.

A primeira barra ao topo, onde encontramos os botões Fechar, Maximizar/Restaurar e Minimizar é a chamada Barra de Título, pois expressa o nome do arquivo e o programa no qual está sendo trabalhado.

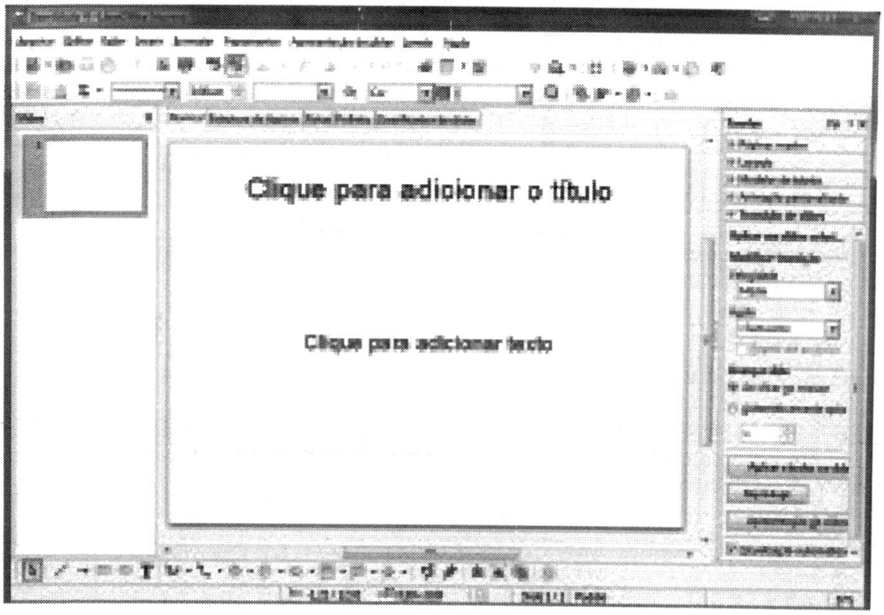

A barra logo abaixo é a Barra de Menu, onde se encontram as ferramentas do programa. Observe, à direita do menu Ferramentas, a existência de um menu diferente dos encontrados no Writer e Calc, o menu Apresentação de Slides. Nele, são encontradas as opções específicas das operações com slides como Cronometrar, Transição e Apresentação de Slides.

Na sequência, são exibidas as duas barras de ferramentas (Padrão e de Formatação). Fique atento às divisões da janela. Na lateral esquerda, está o painel Slides, nele são exibidas as miniaturas dos slides a fim de navegação na apresentação, bem como de organização. Uma vez que, para deslocar o slide, basta clicar e arrastá-lo para o local desejado.

A última é a barra de Status, por meio dela podemos visualizar em qual slide estamos, além de poder alterar o zoom do slide em edição.

Acima da barra de Status está a barra de Desenhos, ilustrada a seguir. Essa barra é comum aos demais editores (Calc e Writer). Porém, ela só aparece por padrão no Impress. Para ocultá-la ou exibi-la, basta selecionar a barra no menu Exibir → Barras de Ferramentas → Desenho.

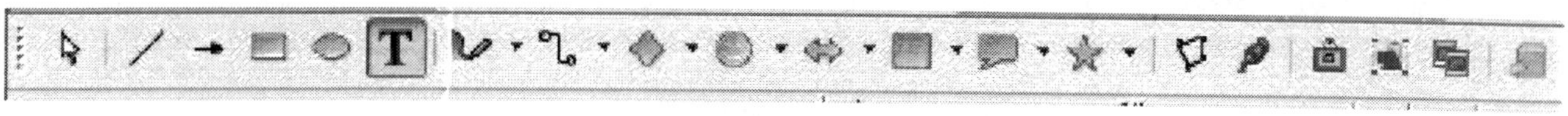

A área central da tela é onde fica o slide em edição, também conhecida como palco, quem sabe uma associação ao espaço onde o artista expõe a sua obra.

Já à direita, é exibido o Painel de Tarefas. Essa estrutura oferece diversas opções, conforme ilustrado a seguir:

Acima do slide em edição, podem-se encontrar cinco opções, elas são modos de exibição que podem ser alternados.

13.2 Mestre

Um mestre é aquele que deve ser seguido, ou seja, uma estrutura base para a criação de um conjunto de slides. Por meio dele podemos criar um modelo no qual se definem estilos de título, parágrafo, tópicos, planos de fundo e os campos de data/hora, rodapé e número do slide, conforme pode ser visualizado na imagem a seguir:

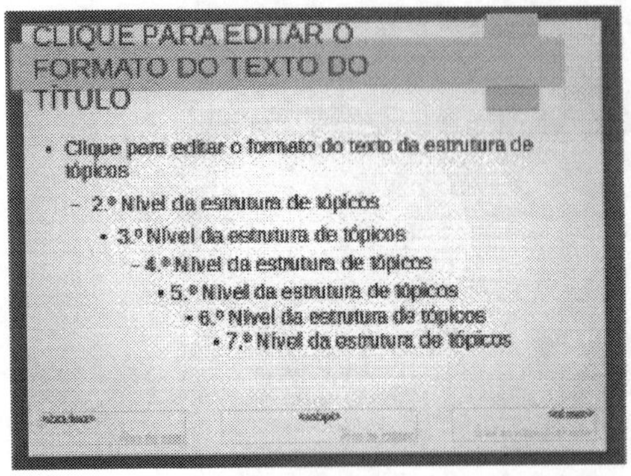

Para acionar o modo exibido, basta clicar no menu Exibir → Mestre → Slide Mestre.

A Nota Mestre serve para formatar as características das anotações (notas) que podem ser associadas a cada slide, conforme ilustrado a seguir.

Já o item Elementos do Slide Mestre, serve para indicar quais elementos devem aparecer nos slides ou notas.

No painel de Tarefas, a opção Páginas Mestre apresenta alguns modelos de Slides Mestres que podem ser utilizados pelo usuário.

13.3 Layouts

Também podendo ser citado como Leiaute, são as estruturas que um slide pode possuir, como slides de título, título e subtítulo, slide em branco entre outros.

A figura a seguir ilustra os diversos layouts disponíveis no Impress. Esses podem ser definidos a qualquer momento da edição, inclusive após o slide já ter sido inserido.

Por meio do botão Inserir Slide, presente na barra de ferramentas padrão, é possível escolher no momento da inserção o layout do slide. Após este já ter sido inserido, basta selecioná-lo no painel de slides, à esquerda, e escolher o novo layout desejado pelo botão de Layout do Slide ou pelo painel de Tarefas.

13.4 Formatos de arquivos

O Formato de Arquivo salvo por padrão no BrOffice (LibreOffice) Impress é o ODP (Open Document Presentation). Contudo, é possível salvar uma apresentação no formato ptt do PowerPoint (2003) ou pttx do PowerPoint 2007 e 2010.

Existe também um formato de arquivo pps (2003) e ppsx (2007 e 2010). Ele é um formato de autoplay, ou seja, ao ser acionado o arquivo com esse formato ele automaticamente é exibido no modo de exibição de slides.

13.5 Modos de exibição

Os Modos de Exibição refletem em diferentes estruturas e não apenas formas de visualizar os slides. No Impress, existem cinco modos de exibição principais, mas pode-se acrescentar também o modo de Apresentação de Slides como sendo um modo de exibição.

Para alternar entre os modos de exibição, pode-se escolher o modo desejado pelo Menu Exibir ou pelas opções presentes no topo do palco de edição.

13.5.1 Normal

Este é o modo de exibição padrão para a edição dos slides, conforme ilustrado a seguir. Com esse modo, é possível alterar os textos do slide, bem como suas formatações de texto, layout e plano de fundo.

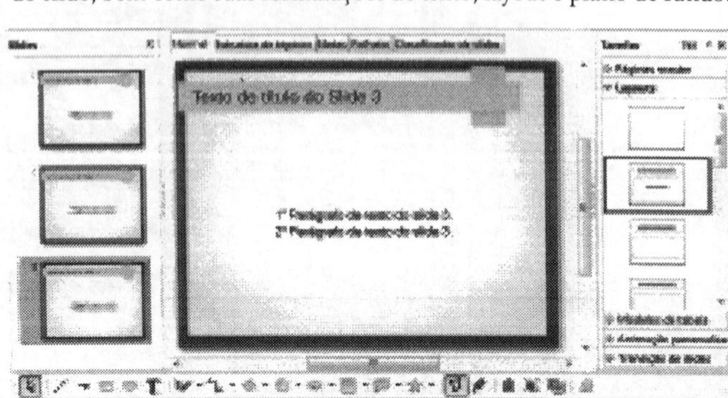

13.5.2 Estrutura de tópicos

Já no modo de Estruturas de Tópicos, as características de formatação do slide não são exibidas, mas apenas o conteúdo do slide. Cada slide é indicado, bem como cada parágrafo de conteúdo, conforme ilustrado a seguir. Propriedades como o tamanho e o tipo da fonte, bem como negrito, sublinhado e itálico são aparentes neste modo de exibição, ao contrário da cor da fonte.

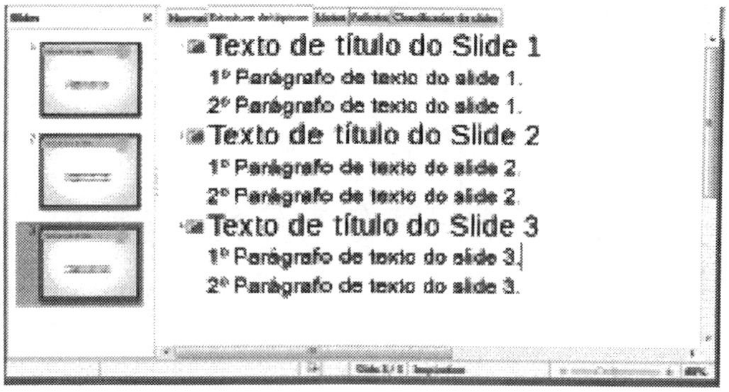

Notas

Este modo de exibição serve para que se possa inserir as anotações sobre um slide, muitas vezes usadas para descrever o assunto, ou conteúdo do slide, ou seja, são os tópicos a serem seguidos e apontados. Assim, as notas servem como um lembrete.

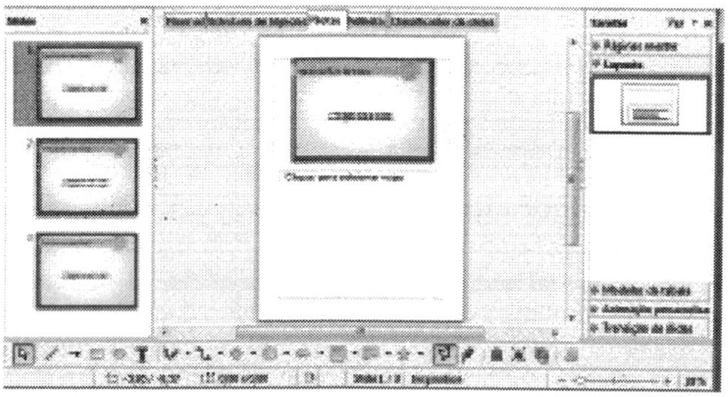

13.5.3 Folhetos

O modo de exibição de Folhetos, ilustrado a seguir, tem por objetivo as estruturas de cabeçalho e rodapé do modo de impressão de folhetos, ou seja, aquele em que são impressos vários slides por página.

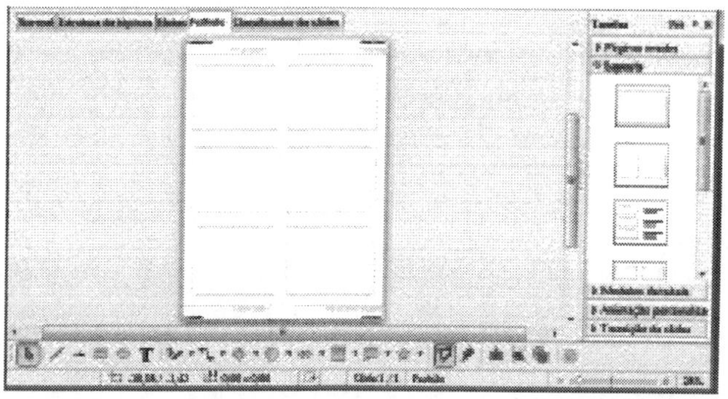

Também é possível dimensionar como ficaram os slides. Além do conteúdo do cabeçalho e rodapé, é possível inserir dados como data, hora e números de páginas. A figura a seguir ilustra com maior precisão os detalhes deste modo de exibição:

13.5.4 Classificador de slides

O modo Classificador de Slides serve para organizar a sequência dos slides na apresentação, oferecendo uma interface onde são exibidas as miniaturas das telas para que, ao clicar e arrastar os slides, seja possível movê-los para às posições desejadas. Na imagem a seguir, pode-se observar sua disposição:

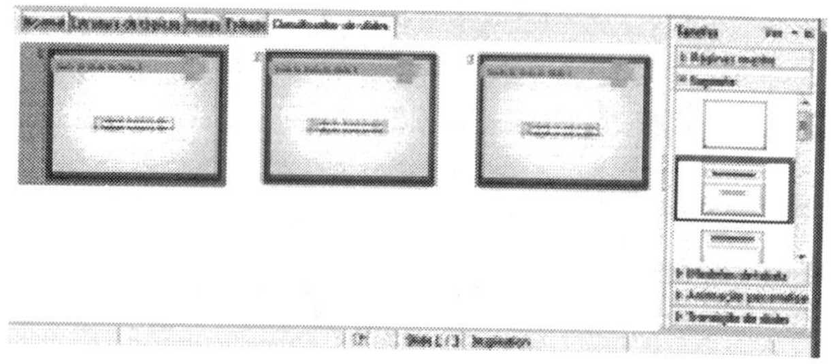

13.6 Inserir slide

Para inserir um slide em uma apresentação, podemos contar com o recurso Inserir Slide, que pode ser acionado a partir de três locais, dentro do editor de apresentação Impress: Menu Inserir, Botão direito do mouse e Barra de Ferramentas.

Além de poder inserir um novo slide pelo Menu Inserir, é possível duplicá-lo, ou seja, criar uma cópia do(s) slide(s) selecionado(s), conforme ilustrado a seguir.

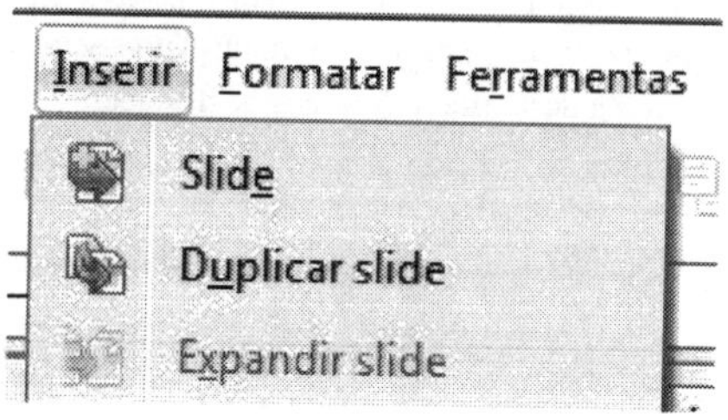

Com o clique do botão direito do mouse sobre um slide, é exibida a lista suspensa ilustrada a seguir, que possui tanto a opção de inserir novo slide, como duplicar o slide selecionado.

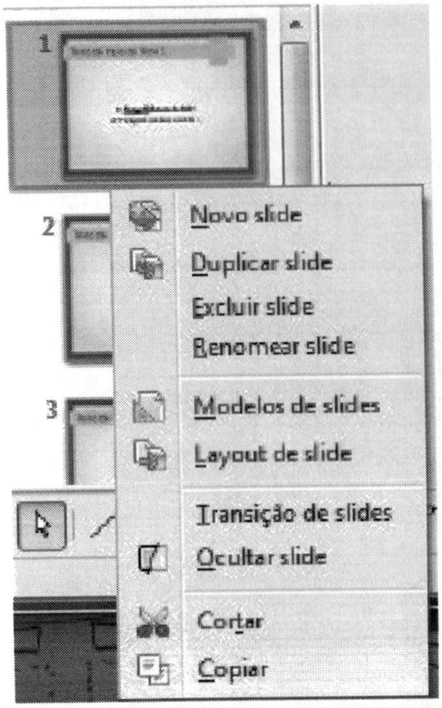

Caso o clique com o botão direito seja feito no espaço vazio, entre os slides é exibida apenas a opção Novo Slide, conforme ilustrado a seguir.

Já na barra de Ferramentas padrão, encontramos o ícone  que permite a inserção de um slide. Caso seja clicado na seta à sua direita, é possível ainda escolher o layout do slide que está sendo inserido.

13.7 Menu Apresentação de slides

Neste menu é que se encontram as opções específicas de uma edição de apresentação de slides, como os efeitos de animação e transição de slides. Assim, se a prova citar alguma opção solicitando o menu em que ela é apresentada, se a opção tiver relação à apresentação de slides, então provavelmente estará no menu Apresentação de Slides.

Dentre os itens deste menu, podem-se destacar:

13.7.1 Apresentação de Slides

É a opção que permite exibir a apresentação de slides em tela cheia, de forma a poder visualizá-la. Também é possível encontrar essa opção no Menu Exibir, assim como acioná-la por meio da tecla de atalho F5 que, no caso do Impress, sempre inicia a partir do slide selecionado.

13.7.2 Configuração da apresentação de slides

Por meio desta opção é possível configurar características da exibição da apresentação como tempo de transição de slides automática e a possibilidade padrão de trocar de slide a cada clique do mouse ou com tecla do teclado. A figura a seguir ilustra a janela de configurações de apresentação:

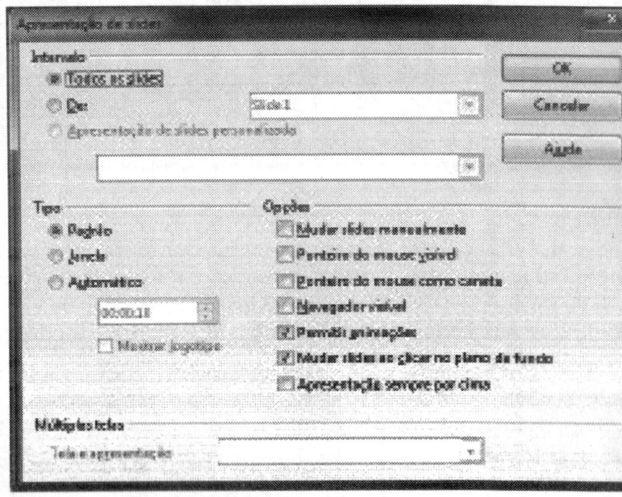

13.7.3 Cronometrar

A opção Cronometrar do Impress é muito inferior ao mesmo recurso no PowerPoint, se comparados. Em teoria, essa ferramenta deveria permitir marcar o tempo que seria gasto para explanar sobre uma apresentação. Contudo, o tempo é marcado por slide e exibido apenas enquanto este está sendo exibido, após, no próximo slide, o contador é novamente zerado.

13.7.4 Interação

Por meio deste recurso é possível modificar a sequência de exibição de uma apresentação, atribuindo a elementos do slide, como figuras e textos, ações como ir para determinado slide da apresentação, como que criando botões de navegação. Para isso, no entanto, faz-se necessário que algum elemento esteja selecionado.

13.7.5 Animação personalizada

Esse recurso permite atribuir um efeito a um elemento no slide. Ao ser acionado, exibe suas opções no Painel de Tarefas à direita da tela, conforme ilustrado a seguir.

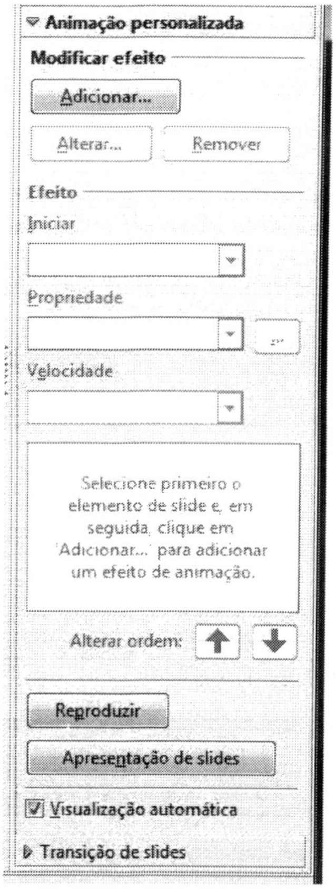

Para adicionar um efeito, é necessário selecionar algum elemento do slide, como texto ou figura e, na janela que se abre ao clicar em Adicionar (ilustrada a seguir), selecionar o efeito desejado, de acordo com categorias pré-definidas na forma de guias da janela, conforme ilustrado:

13.7.6 Transição de slides

Já a opção de Transição de Slides serve para aplicar um efeito a ser executado durante a troca de slide para outro. Permite, ainda, definir tempos específicos para cada slide em uma exibição automática.

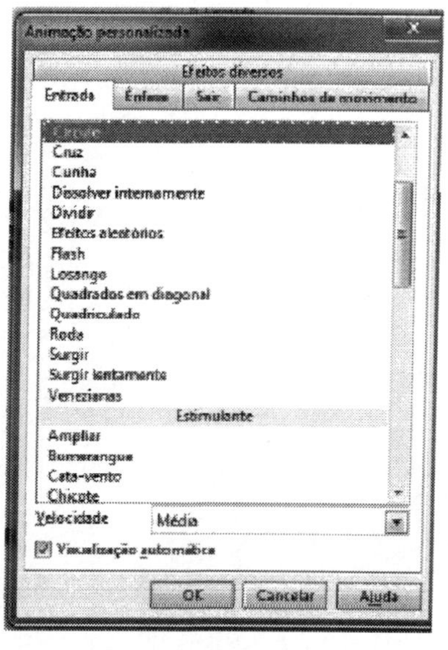

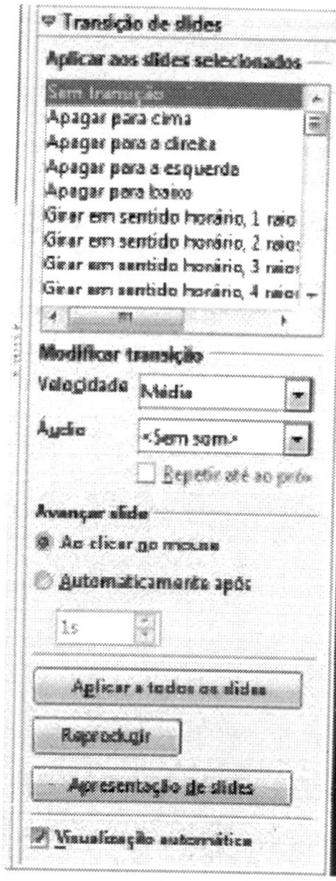

13.8 Impressão

É possível também imprimir a apresentação de slides de acordo com a necessidade, como imprimir um slide em cada página, como ilustrado na sequência, no modo **Slide**.

13.8.1 Slide

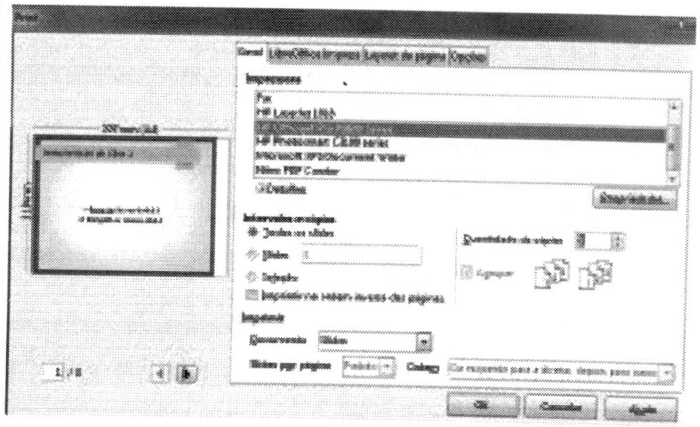

13.8.2 Folhetos

Caso necessário, para imprimir mais de um slide por página, pode-se escolher a opção Folheto, no campo Documento:

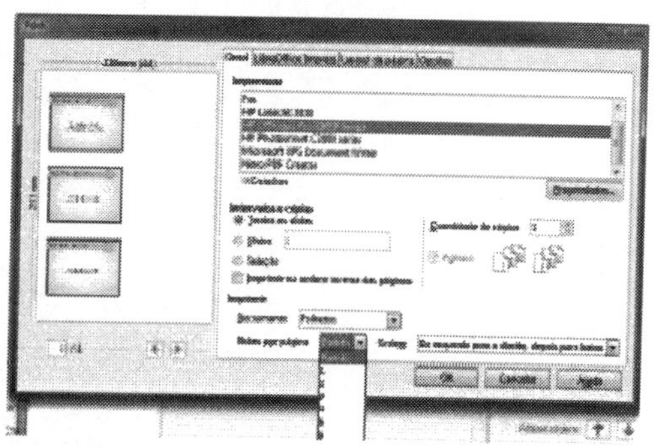

É importante observar que a janela anterior está com o número de três Slides por página, notando-se, assim, na pré-visualização à esquerda, que os slides ficam um abaixo do outro, nesta opção de impressão, enquanto nas demais quantias os slides são distribuídos como representado a seguir, no modo de impressão de quatro slides por página:

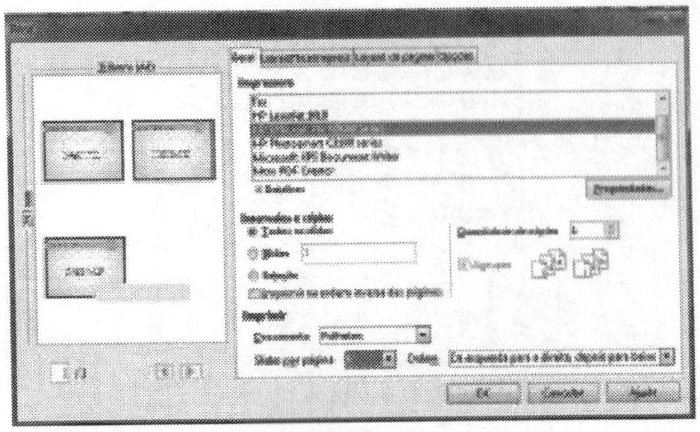

13.8.3 Notas

No modo de impressão de Notas, cada folha recebe um slide e, abaixo dele, são impressas as anotações referentes a ele.

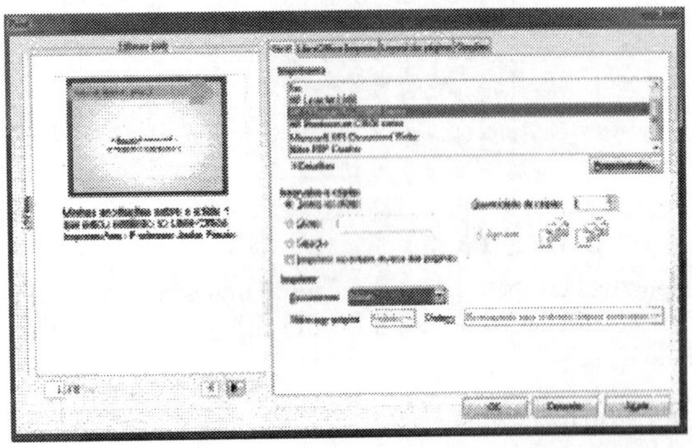

13.8.4 Estrutura de Tópicos

Já na forma de impressão de Estrutura de Tópicos, a impressão fica tal qual ao modo de exibição.

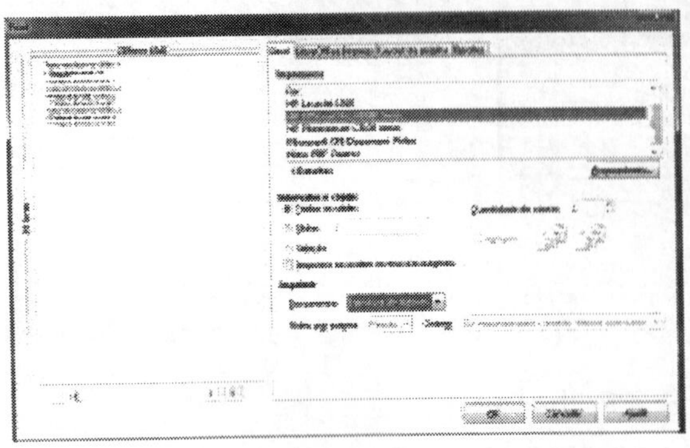

14 SEGURANÇA DA INFORMAÇÃO

A Segurança da Informação é um ponto crucial para muitas bancas examinadoras de concurso público e, também, de interesse da instituição que irá receber os aprovados. Afinal, ao ser aprovado, o candidato fará parte do quadro de funcionários de uma instituição pública que possui uma intranet e sistemas sobre os quais há necessidade de manter uma boa política de segurança.

Segundo o Comitê Gestor de internet no Brasil (CGI), para um sistema ser classificado como seguro, ele deve atentar a três requisitos básicos: confidencialidade, integridade e disponibilidade.

Faz-se necessário que sejam atendidos alguns requisitos mínimos para uma segurança do microcomputador, que dependem tanto de recursos tecnológicos como de bom senso e discernimento por parte dos usuários.

Para manter um computador com o mínimo de segurança deve-se:

- Manter o **sistema operacional sempre atualizado**, pois a maioria dos malwares exploram as vulnerabilidades do SO.
- Possuir um sistema **antivírus** e manter tanto o aplicativo quanto as assinaturas de vírus[1] atualizadas.
- Manter o Firewall sempre ativo.
- Para se proteger contra os spywares também é indicada a instalação de um antispyware. Atualmente, a maioria dos antivírus já possui esse recurso integrado a eles.

14.1 Princípios básicos da segurança da informação

Os Princípios Básicos de Segurança em Tecnologia da Informação (TI) incluem os processos que devem ser garantidos para manter um sistema de informações seguro. Podemos destacar quatro conceitos como principais:

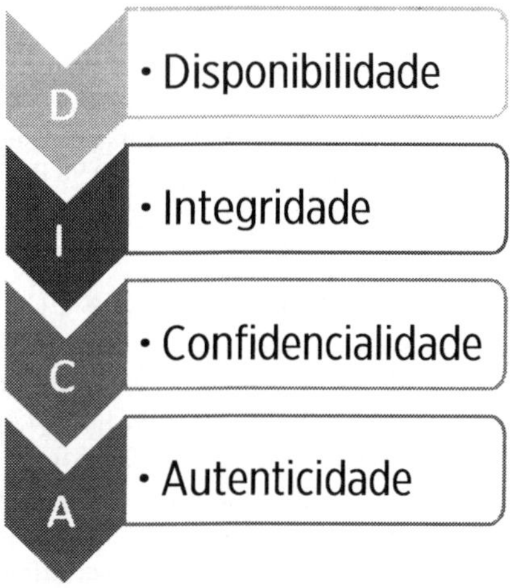

14.1.1 Disponibilidade

Deve garantir que os serviços ou recursos que forem necessários para uma tarefa, principalmente relacionados ao próprio processo de segurança, estejam sempre disponíveis. Um bom exemplo é na situação de entrega da declaração de imposto de renda, em que o serviço deve suportar a alta demanda que possa surgir sem afetar o usuário.

Podemos estreitar esse princípio sobre a garantia de que as chaves públicas do processo de Certificação Digital (estes conceitos são abordados na seção sobre Certificados Digitais) estejam sempre disponíveis para quem precisar delas.

14.1.2 Integridade

A Integridade garante a **não alteração** de uma informação/dado tanto no armazenamento quanto durante a troca dessas informações por algum meio. Com o princípio da integridade, verificamos se, durante o tráfego de uma informação, ela não foi alterada por alguém ou mesmo por falhas do processo de transmissão. No armazenamento ela garante que o dado não foi corrompido.

O processo que protege a integridade consiste na geração de um código de cerca de 20 caracteres, o **código HASH**, também conhecido como **resumo** de um dado; um exemplo é o MD5. O processo é realizado em uma via única, em que, a partir de um dado, gera-se o resumo dele. Porém, a partir do resumo, não é possível gerar o dado novamente.

Para verificar se houve alteração em um arquivo, deve-se comparar dois códigos HASH: um gerado por quem disponibiliza o dado e outro por quem o recebe. Se uma vírgula for alterada, os códigos gerados ficam completamente diferentes e é possível que dois dados diferentes gerem o mesmo HASH, mas é uma possibilidade ínfima.

14.1.3 Confidencialidade

O princípio da Confidencialidade é a garantia de que há sigilo sobre uma informação, de forma que o processo deve garantir que um dado não seja acessado por pessoas diferentes daquelas às quais ele se destina.

Para garantir a confidencialidade, utilizamos processo de criptografia de informações.

14.1.4 Autenticidade

A Autenticidade garante o autor de uma informação, ou seja, por meio dela podemos confirmar se uma mensagem é de autoria de quem diz.

Assim como a confidencialidade, a autenticidade é garantida por meio de criptografia.

14.2 Criptografia

A criptografia é a arte ou ciência de escrever em códigos, quer dizer, transformar um texto em algo ilegível de forma que possa ser armazenado ou enviado por um canal de comunicação. Assim, se alguém interceptá-lo, não conseguirá entender o que está escrito e o destinatário, ao receber a informação, deve fazer o processo inverso: decifrar o dado, para que consiga lê-lo.

Há dois principais métodos de criptografia: a de chave simétrica e a de chaves assimétricas.

14.2.1 Criptografia de chave simétrica

Uma chave de criptografia é uma informação a partir da qual seja possível transcrever uma mensagem criptografada.

A de chave simétrica é também conhecida como criptografia de chave única, em que a mesma chave é usada tanto para codificar uma mensagem quanto para decifrá-la. Um bom exemplo desse modelo é a criptografia maçônica.

A informação apresentada está criptografada. Para decifrar o que ela diz, precisamos da chave de criptografia que, na simétrica, é a mesma usada para gerar a mensagem. A seguir, temos a chave que abre a mensagem.

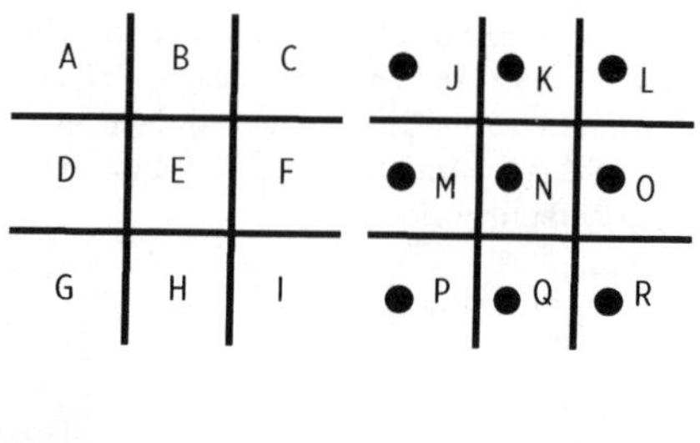

1 Assinatura de vírus: é uma sequência de caracteres que identifica a presença do vírus em um arquivo.

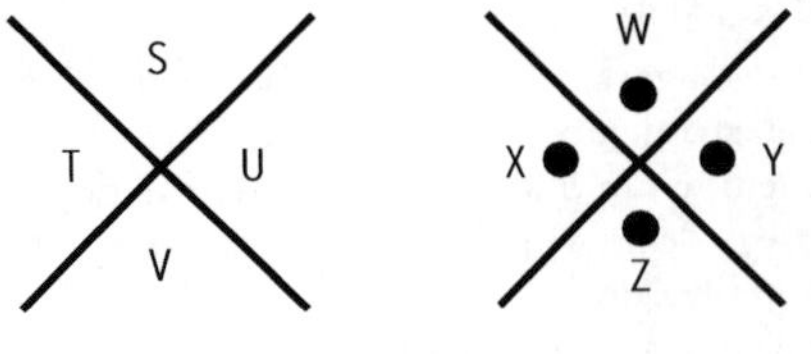

Ao substituirmos os símbolos pelas letras correspondentes, obtemos a palavra ALFA.

14.2.2 Criptografia de chaves assimétricas

Na criptografia de chaves assimétricas, em vez de uma chave como na simétrica, são usadas duas chaves que são diferentes entre si. Elas são chamadas de **Chave Pública** e a outra de **Chave Privada,** por conta da característica de cada uma.

A Chave Pública é uma informação (código) que fica disponível em um servidor de Chaves Públicas na internet, para quem precisar dela, enquanto a Chave Privada é um código que somente o dono deve conhecer.

O par de Chaves é único e correspondente, ou seja, uma mensagem/dado cifrada pela chave pública de um usuário só pode ser aberta pela chave privada do mesmo usuário. E o inverso também, uma mensagem cifrada com a chave privada de um usuário só pode ser descriptografada pela chave pública dele próprio.

14.2.3 Certificado digital

Um certificado digital é um documento eletrônico assinado digitalmente e cumpre o papel de associar um usuário a uma chave pública, pode ser comparado ao CPF ou CNPJ para empresas.

Ele também apresenta junto com a chave pública algumas informações essenciais como:

- Nome do dono da chave pública;
- Prazo de validade do certificado, que varia de 1 a 3 anos dependendo da classe contratada;
- Um número de série, critério de correspondência para identificar o usuário;
- E, juntamente, o certificado possui a assinatura da entidade de certificação, para comprovar sua validade.

Para adquirir um certificado digital, o usuário ou entidade deve procurar uma Autoridade Certificadora (AC), é a responsável por criar o par de Chaves de um usuário, ou uma Autoridade de Registro (AR), que é um intermediário entre o usuário e uma AC. Cabe a AR a responsabilidade de verificar os dados do usuário e encaminhar o pedido do certificado para a AC, entretanto, o usuário também pode se dirigir direto à AC. A Caixa Econômica Federal é a única instituição financeira que é uma AC.

14.2.4 Assinatura digital

Uma Assinatura Digital é um procedimento similar a uma assinatura de um documento impresso. Quando assinamos um contrato, normalmente ele possui mais de uma página, rubricamos[2] todas elas exceto a última, pois a assinatura precisa ser completa. A rubrica não prova que o documento foi lido, mas sim para que aquela folha não seja substituída. Além disso, é preciso recorrer a um cartório para reconhecer e certificar a assinatura na última página.

Esse procedimento realizado no papel, juntamente com as garantias, foi adaptado para o mundo digital, afinal, papel ocupa espaço.

Quando falamos sobre a rubrica garantir a não alteração de um documento, citamos o princípio da Integridade. Portando, uma Assinatura Digital deve garantir também esse princípio, enquanto a certificação de quem assinou é o princípio da Autenticidade, que também deve ser garantido pela Assinatura Digital. Ou seja, garante os princípios da Autenticidade e da Integridade.

2 Rubrica: assinatura abreviada.

14.3 Ataques

Nem todos os ataques são realizados por malwares, atualmente existem duas práticas muito comuns utilizadas pelos criminosos cibernéticos para obter dados do usuário e realizar invasões.

14.3.1 Phishing

Phishing é uma expressão derivada do termo "pescar" em inglês, pois o que esse tipo de ataque faz é induzir o usuário a informar seus dados pessoais por meio de páginas da internet ou e-mails falsos.

Podemos identificar a página do tipo Phishing pelo endereço do site na barra de endereços do navegador, porque a página de phishing possui um endereço parecido, mas ligeiramente diferente do que o endereço desejado. Por exemplo, você certamente já deve ter visto ou ouvido falar de alguém que teve sua conta do Facebook[3] hackeada[4]; esse ataque procede a partir de um recado que o usuário recebe em sua conta.

Imagine o seguinte cenário: um usuário está navegando no site www.facebook.com.br, conectado em sua conta e clica no recado que normalmente traz um anúncio chamativo como "veja as fotos/vídeos do fim de semana passado", "cara, olha o que vc aprontou no fds", entre outros tantos. Quando clicado, uma nova aba ou janela é carregada no navegador, apenas como uma distração para o usuário, pois, enquanto ele fica vendo a nova aba carregar, a anterior muda, ligeiramente, para um endereço do gênero www.facebooks.com.br ou www.facebooki.com.br e mostra uma página idêntica à página de login de usuário do Facebook.

Sem perceber, ao clicar no recado, acabou saindo de sua conta e redigita seu usuário e senha novamente e é redirecionado novamente para sua conta, porém, o usuário em nenhum momento havia saído. A página de login que lhe foi mostrada era uma página falsa que capturou suas informações de login; cerca de dois dias depois o perfil invadido começa a enviar propagandas para os amigos e o mesmo recado etc., até o usuário não conseguir mais entrar na conta.

14.3.2 Pharming

O Pharming é uma evolução do Phishing, uma forma de deixar este mais difícil de ser identificado. O Pharming, na maioria das questões, é cobrado com relação aos seus sinônimos: DNS Poisoning, Cache Poisoning, sequestro de DNS, sequestro de Cache, Envenenamento de DNS e Envenenamento de Cache.

14.3.3 Negação de serviço (DoS e DDoS)

Um ataque de negação de serviço se dá quando um servidor ou serviço recebe mais solicitações do que é capaz de suprir.

- **DoS** (Denial of Service) é um ataque individual, geralmente com o intuito de tornar um serviço inoperante para o usuário.
- **DDoS** (Distributed Denial of Service) é um ataque realizado em massa. Utiliza-se de varios computadores contaminados com um malware que dispara solicitações de acesso a determinados serviços ou sites, derrubando o serviço. Muitas vezes, enquanto o servidor tenta suprir a demanda, ele se torna vulnerável a inserções de códigos maliciosos. Um grupo intitulado Anonymous realizou vários ataques de DDoS em sites de governos em protesto às suas ações, por exemplo, em retaliação à censura do WikiLeaks[5] e do The Pirate Bay.[6]

3 Facebook: mídia social, definida erroneamente como rede social, assim como as demais.

4 Hackear: termo utilizado como sinônimo para invasão ou roubo.

5 WikiLeaks: portal com postagens de fontes anônimas com documentos, fotos e informações confidenciais, vazadas de governos ou empresas, sobre assuntos sensíveis.

6 The Pirate Bay: um dos maiores portais de compartilhamento, *peer to peer*.

15 CERTIFICADO DIGITAL

Como ter certeza de que, realmente, uma chave pública pertence a uma determinada pessoa? A solução para esse problema é o certificado de Chave Pública. Na prática, o certificado digital ICP-Brasil funciona como uma identidade virtual que permite a identificação segura e inequívoca do autor de uma mensagem ou transação feita em meios eletrônicos, como a web. Esse documento eletrônico é gerado e assinado por uma terceira parte confiável, ou seja, uma Autoridade Certificadora (AC) que, seguindo regras estabelecidas pelo Comitê Gestor da ICP-Brasil, associa uma entidade (pessoa, processo, servidor) a um par de chaves criptográficas. Os certificados contêm os dados de seu titular, conforme detalhado na política de segurança de cada Autoridade Certificadora.

De forma geral, os dados básicos que compõem um certificado digital são:

- Versão e número de série do certificado;
- Dados que identificam a ac que emitiu o certificado;
- Dados que identificam o dono do certificado (para quem ele foi emitido);
- Chave pública do dono do certificado;
- Validade do certificado (quando foi emitido e até quando é válido);
- Assinatura digital da AC emissora e dados para verificação da assinatura.

O certificado digital ICP-Brasil é um documento eletrônico, que pode ser emitido para cidadãos, pessoas físicas e empresas (pessoas jurídicas). O uso do certificado ICP-Brasil garante validade jurídica, autenticidade, confidencialidade, integridade e não repúdio às operações realizadas por meio dele em ambiente virtual.

Com esse documento digital é possível realizar uma série de procedimentos virtualmente, sem a necessidade de se deslocar presencialmente à sede de órgãos governamentais e de empresas ou imprimir documentos.

O uso de certificado digitais pode ser feito da seguinte forma:

- **Assinatura de documentos e contratos digitais:** os documentos assinados digitalmente com certificado digital ICP-Brasil têm a mesma validade que os documentos assinados em papel. Além de proporcionar economia de insumos, já que não há necessidade de realizar impressões, os documentos assinados digitalmente agilizam processos, pois podem ser enviados por e-mail e assinados de qualquer lugar facilmente;
- **Autenticação em sistemas:** existem vários sistemas com informações confidenciais, especialmente de governo, que só podem ser acessados presencialmente, por meio da confirmação de identidade. Como o certificado digital garante autenticidade, ele proporciona o acesso a esses sistemas e informações por meio da internet, não havendo necessidade de comparecimento presencial;
- **Atualização de informações em sistemas**: além de garantir acesso seguro a sistemas, o certificado também permite a alteração rápida de informações, evitando longos processos burocráticos;
- **Categorias profissionais:** diversas categorias profissionais (médicos, advogados, contadores, militares, entre outros) já utilizam o certificado digital em suas rotinas. Com o certificado, as classes profissionais têm a possibilidade de trabalhar com sistemas virtuais unificados e seguros, proporcionando integração e desburocratização de processos relativos ao setor.

O Certificado Digital pode ser armazenado em dois ambientes:

- **Certificado A1**: é emitido e armazenado no computador ou no dispositivo móvel (smartphone ou tablet). Normalmente, tem validade de 1 ano.
- **Certificado A3**: é emitido e armazenado em mídia criptográfica (Cartão, Token ou Nuvem). Tem validade de 1 a 5 anos.

15.1 ICP-Brasil

A Infraestrutura de Chaves Públicas Brasileira (ICP-Brasil) é uma cadeia hierárquica de confiança, que viabiliza a emissão de certificados digitais para identificação virtual do cidadão.

Observa-se que o modelo adotado pelo Brasil foi o de certificação com raiz única, sendo que o Instituto nacional de tecnologia da informação (ITI), além de desempenhar o papel de Autoridade Certificadora Raiz (AC-Raiz), também tem o papel de credenciar e descredenciar os demais participantes da cadeia, supervisionar e fazer auditoria dos processos.

15.2 AC-Raiz

A Autoridade Certificadora Raiz da ICP-Brasil, a AC-Raiz, é a primeira autoridade da cadeia de certificação, logo, possui um certificado autoassinado. Executa as Políticas de Certificados e as normas técnicas e operacionais aprovadas pelo Comitê Gestor da ICP-Brasil. Portanto, compete à AC-Raiz emitir, expedir, distribuir, revogar e gerenciar os certificados das autoridades certificadoras de nível imediatamente subsequente ao seu.

A AC-Raiz também está encarregada de emitir a Lista de Certificados Revogados (LCR) e de fiscalizar e auditar as Autoridades Certificadoras (AC), Autoridades de Registro (AR) e demais prestadores de serviço habilitados na ICP-Brasil. Além disso, verifica se as ACs estão atuando em conformidade com as diretrizes e normas técnicas estabelecidas pelo Comitê Gestor da ICP-Brasil.

15.3 Autoridade certificadora (AC)

Uma Autoridade Certificadora (AC) é uma entidade, pública ou privada, subordinada à hierarquia da ICP-Brasil, responsável por emitir, distribuir, renovar, revogar e gerenciar Certificados Digitais. Tem a responsabilidade de verificar se o titular do certificado possui a chave privada que corresponde à chave pública, que faz parte do certificado. Cria e assina digitalmente o certificado do assinante, onde o certificado emitido pela AC representa a declaração da identidade do titular, que possui um par único de chaves (pública/privada).

Cabe também a AC emitir Listas de Certificados Revogados (LCR) e manter registros de suas operações, sempre obedecendo as práticas definidas na Declaração de Práticas de Certificação (DPC). Além de estabelecer e fazer cumprir, pelas Autoridades de Registro (AR) a ela vinculadas, as políticas de segurança necessárias para garantir a autenticidade da identificação realizada.

15.4 Autoridade de registro (AR)

Uma Autoridade de Registro (AR) é responsável pela interface entre o usuário e a Autoridade Certificadora (AC). Vinculada a uma AC, tem por objetivo o recebimento, a validação, o encaminhamento de solicitações de emissão ou revogação de Certificados Digitais e identificação, de forma presencial, de seus solicitantes. É de responsabilidade da AR manter registros de suas operações. Pode estar fisicamente localizada em uma AC ou ser uma entidade de registro remota.

15.5 Autenticação de mensagem

A criptografia protege contra os ataques passivos (espionagem). Uma necessidade diferente é proteger contra os ataques ativos (falsificação de dados e transações). A proteção contra esses ataques é conhecida como autenticação de mensagens.

15.5.1 Métodos de autenticação de mensagem

Uma mensagem, um arquivo, um documento ou um outro conjunto de dados é tido como autêntico quando é genuíno e veio de sua suposta origem. A autenticação de mensagem é um procedimento que permite que as partes em comunicação verifiquem se as mensagens recebidas são autênticas. Os dois aspectos importantes são verificar se o conteúdo da mensagem não foi alterado e se a origem é autêntica.

15.5.2 Autenticação mediante criptografia simétrica

É possível realizar autenticação simplesmente pelo uso da criptografia simétrica. Se considerarmos que apenas o emissor e o receptor compartilham uma chave (que é como deveria ser), então, apenas o emissor genuíno seria capaz de criptografar com sucesso uma mensagem para o outro participante. Além disso, se a mensagem incluir um código de detecção de erro e um número sequencial, o receptor tem a garantia de que nenhuma alteração foi feita e que a sequência está correta.

NOÇÕES DE CRIMINOLOGIA

1 INTRODUÇÃO À CRIMINOLOGIA

Considerada uma ciência dedicada ao estudo do crime como manifestação social, a Criminologia dedica-se também ao estudo das formas de reação social ao delito, da figura do delinquente (criminoso), da vítima e das diversas formas de controle social. Nesse sentido, ela exerce a crítica de todas as ciências que tratam de algum aspecto do estudo do crime e da violência, predominantemente do Direito Penal e Processo Penal, e dialoga com todas elas.

A Criminologia se afirma como ciência, pois tem objetivos, métodos e fornece conhecimento válido e necessário para a sociedade e o homem. Não é apenas uma arte (que, para Aristóteles, consistia em tudo que não era ciência) ou mera práxis (ação ou agir reflexivo).

Por ter grande campo de visão e não se limitar apenas ao Direito, essa ciência é estudada por profissionais das mais diversas áreas do conhecimento, como psicólogos, sociólogos, antropólogos, psiquiatras, economistas e operadores do Direito e juristas. Por isso, é normalmente denominada como ciência multidisciplinar, uma vez que vários saberes se enfeixam (reúnem) para seu estudo.

A Criminologia é uma ciência do mundo do **ser**, da coleta, da discussão e da observação dos mais diversos fenômenos sociais (como crime, criminoso e vítima), de análise da realidade circundante. Possui grande espectro de estudo, com objetos e pretensões muito maiores do que os perseguidos pelo Direito Penal e Processo Penal, por exemplo.

Essa ciência difere do Direito Penal (e do próprio Direito), que é uma ciência normativa ou do **dever ser**, também denominada como cultural, com normas prescritivas de condutas, que pune com sanções as ações/omissões que contrariem as normas mais caras ao funcionamento da sociedade. Por outro lado, a Criminologia busca observar e coletar, nas mais diversas sociedades/realidades, dados sobre crimes e as formas de decidir como eleger condutas e classificá-las como delitos. Desse modo, tem por objetivo **apontar práticas para o incremento da prevenção de crimes, bem como oferecer formas mais humanizadas de repressão**.

A Criminologia estuda igualmente a figura do criminoso, questionando os condicionamentos individuais e sociais que podem levar à transgressão das normas penais. Ela questiona como é feita a atribuição/imputação de um delito a uma pessoa ou a determinada classe social, demonstrando, por exemplo, que alguns grupos sociais são mais frágeis e vulneráveis à criminalização, em detrimento de outros estamentos, que estariam mais protegidos da imputação de crimes pelo poderio econômico, social e político que possuem.

Fique ligado

A Criminologia sente a realidade e busca explicá-la (mundo do ser). Já o Direito, por sua vez, valora e determina a realidade a partir de inúmeros critérios e preceitos de valor (também denominados de axiológicos). Por isso, afirma-se como ciência do dever ser, de como as coisas devem ou deveriam ser e não de como atualmente são.

A classificação entre mundo ou âmbito do ser e do dever ser é atribuída a Hans Kelsen (1881-1973), em sua obra *Teoria Pura do Direito* (1934). Na obra, o autor classifica o aspecto do ser como o mundo natural, o mundo dos fenômenos, a própria sociedade, por exemplo. Já o mundo do dever ser representaria a previsão das normas que buscam dirigir a conduta.

Como exemplo da diferença de enfoques e visões, pode-se analisar o art. 176 do Código Penal, tanto no aspecto penal como criminológico.

> ***Art. 176*** *Tomar refeição em restaurante, alojar-se em hotel ou utilizar-se de meio de transporte, sem dispor de recursos para efetuar o pagamento.*
>
> ***Pena*** *– Detenção, de 15 (quinze) dias a 2 (dois) meses, ou multa.*

O Direito Penal estudará o referido artigo a partir das noções teóricas e normativas do conceito analítico de crime (fato típico, ilícito e culpável), passando, eventualmente, por uma análise jurisprudencial (decisões reiteradas dos Tribunais), dentre outras. Mas uma análise criminológica enfatizará os porquês da decisão legislativa de punir a conduta de quem se nega a pagar alimentação, tendo recursos para tal, em detrimento de quem não possui recursos para alimentação, passível de criminalização. Buscará também estabelecer um estudo de como se manifestam, na prática, as punições por tal delito, formando estatísticas e demonstrando, por exemplo, a seleção operada no mundo real (ser).

Pode-se dizer, também, que a Criminologia se debruça sobre o estudo de como efetivamente funciona todo o sistema de justiça criminal e o processo de criminalização/punição, integrado tradicionalmente pela polícia, justiça e prisão. Desse modo, aponta observações críticas ao processo seletivo de criminalização, desde o momento político de edição da norma penal até a atividade concreta de exercício do direito de punir, atividade que normalmente recai sobre classes sociais mais vulneráveis, do ponto de vista econômico.

A prevenção e o conhecimento sobre os fenômenos criminais demanda muito mais do que o estudo técnico-jurídico que nos fornece o Direito Penal. Para além da técnica e do estudo sistemático do Direito Penal, é necessário que o profissional de segurança pública, por exemplo, tenha noção de que a diminuição dos índices de violência depende apenas em parte da aplicação, tanto do Direito, como do Processo Penal. Deve-se ter em mente que o crime é fenômeno multicausal, com inúmeras causas e processos decorrentes. Daí a razão para a matéria Criminologia começar, de forma salutar, a ser cobrada em concursos públicos, como reflexo, também, do seu aparecimento nos currículos de graduação.

Repare que a Constituição Federal de 1988, ao tratar sobre a segurança pública (art. 144), dentro do título sobre a defesa do Estado e das Instituições Democráticas, prescreve ser a segurança pública não só um dever do Estado, mas também um direito e uma responsabilidade de todos. Ou seja, a responsabilidade pela segurança pública não pode ser debitada apenas na conta das Polícias, mas deve ser buscada de forma incisiva por todos os integrantes da sociedade.

A Criminologia também estuda as várias formas de controle social que são tradicionalmente classificadas em:

- **Controles sociais informais:** caracterizados predominantemente pelo pouco ou nenhum formalismo para o exercício das sanções, como são os casos dos controles familiares, escolares, profissionais, da opinião pública em geral, grupos de pressão (sindicatos e ONGs) e clubes de serviço.
- **Controles sociais formais:** são os exercidos pelo Estado, mediante aparelho político/burocrático e, assim, possuem um acréscimo de formalismo para aplicação das sanções, que será tanto maior quanto mais grave for a sanção aplicada e a possibilidade de aplicação de penas privativas de liberdade. Consistem nos controles sociais exercidos pelas Polícias, Justiça, Ministério Público, Forças Armadas, Prisão, órgãos de trânsito, prefeituras etc.

1.1 Método

Quanto ao método, diz-se que, na Criminologia, utiliza-se preponderantemente do **método empírico. Empirismo** é uma corrente filosófica que valoriza a observação, a coleta de dados e a análise indutiva (do particular para o geral) para fazer ciência e obter conhecimento. Por sua vez, a epistemologia é também outro conceito importante ligado ao método empírico, consistindo na teoria do conhecimento, ou no estudo sobre as formas e os métodos empregados pelo homem para aprender. Um dos métodos estudados pela epistemologia é o empirismo.

Assim, é importante frisar que o método principal da Criminologia é o empírico, em que se destacam a **experiência**, a **indução**, a **observação** e a **análise social**, partindo-se do princípio de que toda verdade pode e deve ser verificável na prática.

Já para o estudo do Direito, normalmente se utiliza o **método dogmático**, no qual predomina o estudo das normas jurídicas, partindo-se do plano geral da lei para a incidência específica do caso concreto (dedução).

Como a Criminologia é uma ciência multidisciplinar, que se utiliza de várias visões e ciências, como a Sociologia, o Direito, a Psicanálise, a Economia, a Antropologia, a Política e a Filosofia, empresta também de tais ciências o caminho (método) de se fazer ciência e procura integrar suas conclusões e mensagens. Lembre-se sempre de que quem comete crimes é o ser humano, um sujeito histórico extremamente complexo.

1.2 Algumas técnicas de investigação em Criminologia

Sabe-se que o método preponderante da Criminologia é o empírico. Desse modo, podem ser diferenciadas algumas técnicas de observação (também denominadas de métodos) em quantitativas ou qualitativas.

- **Quantitativas:** um exemplo ocorre quando a Criminologia se utiliza de estatísticas ou de quaisquer métodos de medição, por exemplo, buscar a estatística de crimes contra o patrimônio em um determinado ano, ou os índices de homicídio como forma de aferir (medir) o grau de violência de uma região. Repare que, nesses casos, não se trata de Direito Penal, mas de um estudo muito mais abrangente, próprio da Criminologia. O Direito Penal trata cada crime de forma isolada e técnica. A Criminologia vai estudar todo o contexto.
- **Qualitativas:** seriam as técnicas de pesquisa em que o cientista da Criminologia procede a entrevistas aprofundadas sobre o perfil e as condutas das vítimas de certos crimes, bem como quando faz observações, coletas de dados e perfis de criminosos em unidades prisionais. São técnicas também denominadas de intensivas ou de profundidade.

Fala-se, ainda, em técnicas ou **métodos transversais**, com a análise de uma única medida da variável ou do fenômeno observado. Já os métodos **longitudinais**, mais importantes e abrangentes, buscam várias medições, em diversos momentos.

O georreferenciamento de crimes, muito comum atualmente, consiste na medição por região geográfica (cidade, bairro e até mesmo ruas) da incidência de crimes, como forma de permitir que a Secretaria de Segurança Pública e suas polícias distribuam melhor o policiamento. Um exemplo de técnica longitudinal ocorre quando são feitas análises estatísticas sobre diversos períodos e regiões.

Por sua vez, há também a ideia de prognóstico criminológico como sendo a reunião e a análise de determinados dados e estatísticas que possibilitem o estudo de probabilidade de reincidência do criminoso.

- **Perfilamento criminal:** técnica de investigação policial, muito difundida nos Estados Unidos, que consiste na aplicação de recursos e conhecimentos técnicos nas áreas da Psicologia, da Criminologia, da Antropologia e outras, para traçar um perfil criminal do autor de crimes, normalmente violentos e sequenciais, como que numa "engenharia reversa do crime" (Penteado Filho).
- **Criminalidade real:** dado estatístico real sobre os crimes cometidos em uma sociedade.
- **Cifra negra (cifra oculta):** quantidade de crimes que, mesmo cometidos, não chegam ao conhecimento das autoridades, por falta de notificação ou não são apurados, como pequenos furtos, delitos sexuais etc.
- **Cifra dourada:** infrações penais cometidas pelas elites econômicas, não notificadas, ou não investigadas, como crimes de sonegação e lavagem de dinheiro.

1.3 Conceito

Podemos conceituar Criminologia como a ciência do ser, que se dedica de modo multidisciplinar e mediante a análise das experiências humanas, de maneira predominantemente empírica. Portanto, essa ciência se reporta ao estudo do delito como fenômeno social, dos processos de elaboração das leis, das várias formas de delinquência e das reações sociais ao crime, passando pelas causas da criminalidade, pela posição da vítima, e percorrendo os sistemas de justiça criminal e as inúmeras formas de controle social.

- **Criminalização primária:** o legislador faz a lei penal, prevendo a criminalização de uma conduta determinada.
- **Criminalização secundária:** violada a norma penal, nasce a possibilidade de se punir o infrator, por meio do Processo Penal. EsSe momento é quando, normalmente, criminalizam-se aqueles mais fáceis de se criminalizar.

1.4 Relações

A Criminologia, por se propor a um estudo multidisciplinar do delito e do criminoso (dentre outras), guarda estreitas relações, tanto com disciplinas de métodos empíricos, como a Biologia, a Psicologia e a Sociologia, como com o Direito Penal, de método normativo, ciência do dever ser.

Com o Direito Penal, todavia, as relações nem sempre foram amistosas. Isso porque o Direito estuda o crime de forma técnico-normativa e normalmente isolada de manifestações e influências sociais, muitas vezes ainda contrárias à sociedade. Já a Criminologia faz a crítica, demonstrando que o delito e o criminoso são produtos da sociedade e criações das leis penais.

Atualmente, Direito Penal e Criminologia são disciplinas de interesses comuns. O Direito Penal volta-se, sobremaneira, para a dogmática (técnicas) e para a previsão de como a sociedade deve ser. A Criminologia, por sua vez, por meio suas pesquisas e coletas de dados no mundo do ser (realidade), procura fornecer dados sólidos para eventuais mudanças legislativas e processuais. Pode-se dizer que a Criminologia alimenta o Direito Penal com os dados da realidade (dados empíricos), de forma que o Direito Penal possa alterar ou aprimorar as normas e prescrições de como a sociedade pode **aproximar o ser do dever ser**.

A **Política Criminal** é, desse modo, a disciplina que busca o encontro tanto com o Direito Penal como com a Criminologia, de maneira a buscar estratégias para entendimento e aprimoramento da organização social. Ela é a ponte de ouro entre o Direito Penal (e Processual) e a Criminologia. Ela oferece aos poderes públicos as opções científicas concretas mais adequadas para controle do crime, para o entendimento do criminoso, da vítima e dos meios e formas de controle social.

Por exemplo: mediante pesquisas criminológicas de georreferenciamento de crimes, em região, que demonstrem grande incidência de delitos contra a vida e o patrimônio, no período noturno, a Política Criminal pode recomendar como uma das estratégias viáveis aprimorar a iluminação pública daquela região, bem como aumentar o efetivo policial, nos horários de maior incidência dos delitos.

1.5 Criminologia: multidisciplinaridade ou interdisciplinaridade?

A Criminologia é uma ciência do mundo do ser que tanto pode ser interdisciplinar como multidisciplinar. Os termos se completam e não se excluem.

Interdisciplinar, pois busca tangenciar saberes próximos, não se tratando de uma ciência que se isola em seus estudos. A multidisciplinariedade, que não se contrapõe à interdisciplinaridade, consiste na busca de conhecimentos nas mais diversas ciências e artes do conhecimento humano, sem preconceitos, limitações ou distâncias. Também é coerente com os objetivos múltiplos de estudo da Criminologia, que investiga não apenas o crime, mas também o criminoso, a vítima e o controle social, podendo, inclusive, resolver por novos objetos futuros.

Na doutrina, normalmente as referências são de que a Criminologia é uma ciência interdisciplinar. Porém, não deixa de ser também uma ciência multidisciplinar, pois permite um conhecimento final mais eclético e múltiplo e autônomo, típico das explorações da ciência Criminológica.

A concepção interdisciplinar, por sua vez, é mais linear. Por isso, alguns autores preferem a noção de Criminologia como uma ciência que busca diversos conhecimentos e ciências, da forma mais ampla e múltipla possível, de maneira a colher elementos passíveis de permitir o melhor entendimento do fenômeno delitivo. Repare que como ciência a Criminologia é autônoma, mas que se aprimora sempre compartilhando outros saberes de forma plural.

A ideia de interdisciplinaridade consiste naquilo que seria comum a duas ou mais disciplinas. Enquanto multidisciplinariedade, seria um sistema de investigação que busca resolver os objetos da criminologia (como o crime, o delinquente, a vítima e o controle social) com as experiências de várias disciplinas (Psicologia, Direito, Economia, Psiquiatria, Sociologia etc.) de modo a melhor entender o fenômeno criminal, como objetivo próprio e às vezes diverso das ciências parceiras de que se utiliza. Não são conceitos antagônicos.

É necessário mencionar o que Lelio Braga Calhau diz:

> *A Criminologia busca mais que a multidisciplinaridade. Esta ocorre quando os saberes parciais trabalham lado a lado em distintas visões sobre um determinado problema. Já a interdisciplinaridade existe quando os saberes parciais se integram e cooperam entre si [...].*

1.6 Objetos da Criminologia

1.6.1 Delito ou crime

Na Criminologia, o conceito de *crime* ou *delito* é objeto muito mais abrangente do que a noção de *crime* no Direito Penal. No Direto Penal, o crime é visto e estudado em sua porção individualizada (Fulano cometeu crime de homicídio em face de Beltrano). Nota-se que, sob essa ótica, emprega-se a técnica jurídica do conceito analítico (fato típico, ilícito e culpável). Já a Criminologia, em contrapartida, faz o estudo do crime enquanto manifestação social ou de uma comunidade específica.

Por exemplo, é típico da Criminologia a análise da incidência criminal, no âmbito social, a partir das estatísticas, como o conhecido índice de homicídios que, conforme estudos da Organização das Nações Unidas (ONU), é de aproximadamente 7 mortes para cada 100 mil habitantes em todo o mundo. O Brasil concentraria 11% dos homicídios praticados no mundo, com 25,2 mortes violentas para cada grupo de 100 mil pessoas.

A Criminologia indaga os motivos pelos quais determinada sociedade resolveu, em um momento histórico, criminalizar uma conduta. Por exemplo, qual foi o motivo que levou a tornar crime o corte não autorizado de árvores e o maltrato a animais e ao meio ambiente? Eventualmente, o estudante de Criminologia fundamenta o incremento da proteção ao meio ambiente com o crescimento populacional desordenado e a decorrente escassez dos insumos naturais, com prováveis incidências negativas para as populações futuras. Perceba-se que a nossa atual Lei de Crimes Ambientais é de 1998 (Lei nº 9.605), e antes as prescrições de crimes ambientais eram difusas na legislação, como no Código Florestal (Lei nº 4.771/1965). É possível perceber um aumento histórico na proteção penal para delitos contra o meio ambiente e esta é uma típica análise criminológica sobre necessidade social de penalização, em face à escassez de recursos.

Assim, é possível perceber que o conceito de crime nasce ou deveria nascer na sociedade antes da sua configuração como tal na legislação penal. É preciso que o fato tenha uma grande ocorrência e relevância social e passe a necessitar do apoio do Direito Penal para tentar dissuadir (não recomendar) a sua prática. Doutrinariamente, o Direito Penal é tido como a última das razões para prescrever a organização da sociedade e não deve ser vulgarizado ou ser utilizado para sancionar (punir) condutas que possam ser reprimidas por outros ramos do Direito como o Administrativo, por exemplo.

É de senso comum a ideia de que não se deve utilizar de uma bazuca para matar um simples mosquito, para o qual seria mais apropriado e necessário um simples inseticida. A Criminologia, ao analisar de forma ampla a ideia de crime, critica a criminalização desnecessária e buscar o porquê ideológico do apenamento de algumas condutas humanas, muitas vezes idealizadas para atingir grupos que se quer reprimir. Por exemplo: a criminalização das bebidas alcoólicas nos Estados Unidos, no início do século XX (1920-1933), seria uma forma de reprimir e ordenar o grande número de desocupados, em face da grande depressão (recessão econômica). Porém, ela também foi uma forma de reprimir a migração de algumas etnias.

É próprio da análise criminológica o questionamento sobre os motivos que levaram à criminalização do uso de determinadas substâncias entorpecentes (estupefacientes), em detrimento de outras. Sabe-se, por exemplo, que as bebidas alcoólicas possuem grande potencial lesivo junto aos seres humanos e à sociedade em geral, notadamente pelas possibilidades de abuso. Todavia, atualmente, não há qualquer menção em criminalizá-las, diferentemente das drogas classificadas como ilícitas. As razões explícitas e recônditas (escondidas) de tal proceder são explorações típicas da Criminologia.

Percebe-se que, no caso tanto do álcool como do tabaco, há um movimento mundial de limitação de propaganda. Tal movimento aparece como forma de, ao menos, não incentivar o início do consumo dessas substâncias por jovens. Isso vem somado às campanhas antitabagismo e de prevenção ao abuso do consumo de bebidas alcoólicas. No caso do cigarro, percebe-se também uma política de restringir seu uso a locais cada vez mais isolados. Tais medidas têm demonstrado aptidão a diminuir ou a dificultar o uso dessas drogas por parte dos adultos. Entretanto, para reprimir o uso por crianças e adolescentes, houve a criminalização daqueles que fornecem álcool, cigarros ou demais substâncias ilícitas para jovens em pleno desenvolvimento (art. 243 do Estatuto da Criança e do Adolescente [ECA] – Lei nº 8.069/1990, redação da Lei nº 13.106/2015).

É preciso, além disso, destacar o fato de que, muitas vezes, há oportunismo de alguns legisladores, que vulgarizam a criminalização para condutas que mereceriam disciplinamento e punições não penais (como multas administrativas e investimentos em educação, por exemplo). É importante manter o Direito Penal como a última das forças de reação da sociedade em face das transgressões sociais.

Com efeito, o Direito Penal é considerado como a última alternativa, pois é o único ramo do Direito que pode aplicar sanções de prisão, por exemplo. A Criminologia vai fazer a crítica da infração ou da vulgarização do Direito Penal, sempre que ele for empregado de forma equivocada, como para dar *status* especial para condutas que não merecem criminalização. A crítica também aparecerá quando o Direito Penal é aplicado como panaceia (remédio milagroso) para aplacar altos índices delitivos.

Para a Criminologia, o conceito de crime passa também pela necessária ideia de sofrimento e angústia que a violação de uma norma penal causa. Não se deve criminalizar condutas que não propiciem sofrimento social, devendo-se empregar outros ramos do Direito para tais objetivos.

A Criminologia vai incluir também, nos estudos sobre o delito, a necessidade de que a conduta criminosa seja assim considerada, quanto tiver alguma verificação insistente, em um dado momento histórico. Assim, é possível construir severas críticas à chamada Lei da Copa (Lei nº 12.663/2012) que, em seus arts. 30 a 36, criminalizou a mera utilização não autorizada de símbolos da FIFA, bem como a apresentação de quaisquer outras marcas em áreas dos eventos da Copa do Mundo.

Desse modo, Shecaira aborda quatro elementos pré-penais para o amplo conceito de delito/crime na Criminologia:

- que o fato tenha "incidência massiva na população";
- que haja "incidência aflitiva" no fato praticado;
- que haja "persistência espaço-temporal" no fato;
- que exista um "inequívoco consenso" sobre quais técnicas de intervenção seriam mais eficazes para o combate.

Raffaele Garófalo, um dos representantes do positivismo criminológico, no decorrer de seus escritos, tentou cunhar um conceito de delito natural, pré-existente ao Direto positivado e que seria universal, com possibilidades de orientar eventuais produções legislativas.

Para Garófalo, delito natural é:

> *[...] a lesão daquela parte do sentido moral que consiste nos sentimentos de piedade (respeito aos bens alheios da personalidade) e de probidade (respeito aos demais bens dos terceiros) desde que haja ofensa a tais sentimentos. na parte mais comum, a que se considera patrimônio moral indispensável de qualquer indivíduo na comunidade [...].*

A contribuição da Criminologia no estudo amplo do delito é perceptível no âmbito do Direito Penal, quando, atualmente, os estudiosos e os tribunais vêm admitindo o princípio da insignificância para declarar atípica uma conduta que não lesione, de forma concreta, o bem jurídico tutelado.

1.6.2 Delinquente/criminoso

A Criminologia também se dedica ao estudo do criminoso, ou delinquente. Nesse sentido, esse estudo merece várias evoluções e perspectivas.

O criminoso já foi visto como o pecador, como a representação do mal, como aquele que, mesmo tendo o livre arbítrio divino, optou pela vida do crime, típica concepção da **Criminologia Clássica**. Naquele momento, a concepção seria reprimir o mal causado, com a pena proporcional. Aqui, nasceu a perspectiva da pena de prisão como retribuição humana ao mal causado.

Posteriormente, para os **positivistas** (culto à ciência), o criminoso passou a ser visto como aquele ser que não teria livre arbítrio e, sim, um prisioneiro de sua patologia (doença) delituosa. O criminoso nasceria como tal e não teria como desvencilhar de sua herança atávica (ancestral). Para os adeptos de tal perfil, o delinquente deveria ser tratado da "doença do crime", permanecendo internado enquanto persistisse a "doença". A ideia da medida de segurança como sanção penal vem dessa corrente.

Outra visão sobre o criminoso é aquela proposta pelos **correcionistas**, que advogam que o indivíduo inclinado ao delito é um ser inferior, sem atuação livre, intensamente condicionado e incapaz de assumir de forma emancipada a própria vida, suas vontades de seus impulsos. Precisa ser ensinado a viver em sociedade, educado e doutrinado a aceitar o contrato social. De acordo com essa visão, a reação da sociedade deveria ser de compaixão e de ensinamento (pedagogia).

Modernamente, entretanto, tem sido estudadas as condutas, em si, ao invés de se estudar estritamente o ser humano.

1.6.3 Vítima

A vítima é considerada, atualmente, a grande esquecida dos sistemas de Justiça Criminal. Já teve grande protagonismo no início das sociedades, nos tempos da chamada vingança privada, em que era a vítima que decidia e aplicava o direito de punir, atualmente monopólio Estatal.

Em que pese a falta de atuação consistente na atualidade, os estudos e as críticas por parte da Criminologia vêm, gradativamente, influenciando o legislador. Este passou a dar maior relevância à opinião da vítima, fato que possibilitou a composição dos danos, na fase preliminar do processo. Isso pode ser visto, por exemplo, na Lei dos Juizados Especiais Criminais (Lei nº 9.099/1995), para crimes e contravenções com penas de até 2 anos:

> ***Art. 72*** *Na audiência preliminar, presente o representante do Ministério Público, o autor do fato e a vítima e, se possível, o responsável civil, acompanhados por seus advogados, o Juiz esclarecerá sobre a possibilidade da composição dos danos e da aceitação da proposta de aplicação imediata de pena não privativa de liberdade. [...]*
>
> ***Art. 74*** *A composição dos danos civis será reduzida a escrito e, homologada pelo Juiz mediante sentença irrecorrível, terá eficácia de título a ser executado no juízo civil competente.*
>
> ***Parágrafo único.*** *Tratando-se de ação penal de iniciativa privada ou de ação penal pública condicionada à representação, o acordo homologado acarreta a renúncia ao direito de queixa ou representação.*
>
> ***Art. 75*** *Não obtida a composição dos danos civis, será imediatamente ao ofendido a oportunidade de exercer o direito de representação verbal, que será reduzida a termo.*

1.6.4 Controle social

Percebe-se, ao observar as abordagens até aqui desenvolvidas, a grandiosidade de análise a que se propõe a Criminologia. Ao se dedicar ao estudo do controle social, ou dos diversos controles erigidos pela sociedade para dispor o convívio de todos, passa a Criminologia a estudar uma das parcelas formais de tal controle que é, por exemplo, o Direito Penal.

A Criminologia classificará os controles sociais como **formais** e **informais**:

- **Controles formais:** seriam aqueles mais explícitos, estabelecidos institucional e politicamente pelo Estado, em regulamentos e leis escritas. São exercidos pelos seus mais diversos órgãos como Polícia, Justiça, Ministério Público, Sistema de Justiça, Administração Penitenciária, Forças Armadas e demais agências burocráticas (departamentos de trânsito, educação etc.).
- **Controles informais:** mais implícitos, sutis, difusos e informais, são os controles exercidos pelas atividades familiares, educacionais e religiosas, no sentido de, gradativamente, incutir no ser humano, desde a mais tenra idade, as normas sociais tradicionais de uma comunidade e sociedade. Quanto mais eficazes forem os controles informais, menos será necessária a coerção dos sistemas formais de controle social. Por exemplo: quanto mais educação para o trânsito for transmitida nas escolas, para as crianças e adolescentes, menos esforço e coerção será necessário imprimir, por parte do Direito de Trânsito, nas punições administrativa e penal.

É importante destacar o conceito de **alteridade**, que é a ideia de que o indivíduo depende do outro, da sociedade para a satisfação plena de suas potencialidades. É a concepção de que o indivíduo deve se colocar no lugar do outro quando decide sobre suas individualidades. Tal conceito é extremamente importante nos tempos pós-modernos, em que a pujança do individualismo causa grandes dificuldades à convivência social.

Pode-se dizer que as sociedades atuais vêm perdendo o âmbito de comunidade, no sentido de indivíduos que se conhecem e colaboram entre si. A velocidade e a pressa cotidianas vêm minando a solidariedade e a alteridade, substituindo tais conceitos para uma ideia de sobrevivência e sucesso a todo custo.

Zigmunt Bauman, sociólogo e escritor, articula, em suas obras, que vivemos no mundo líquido, corrido, cada vez mais dinâmico e veloz, em que as relações humanas são também extremamente transitórias e tênues, sem compromissos para a vida toda. Tal configuração afeta diretamente os controles sociais.

O uso incessante dos produtos descartáveis e a ampla competitividade e velocidade social fazem do próprio homem um ser descartável. Por vezes, ele parece ser comparado a uma peça substituível, descartável, caso não leve aos resultados esperados. Tais circunstâncias, estudadas pela Criminologia, com o apoio fundamental da Sociologia e da Antropologia, conduzem a uma séria crise nos sistemas de controle social informais. Isso porque tais sistemas já não conseguem socializar de forma eficaz os indivíduos, repercutindo em um maior acionamento dos sistemas formais de controle, que também se encontram exauridos e com graves crises de legitimidade.

Percebe-se a falta de investimentos no processo de **socialização primária**. Essa fase é concebida como o momento inicial em que a criança aprende os rudimentos de linguagem, a comunicação, a moral e os limites, na família. Falhas nesse primeiro processo acarretam problemas na fase subsequente de socialização secundária, promovida pela escola, pelo grupo de amigos, pelo ambiente de trabalho, por exemplo.

Neste ponto de estudo dos diversos controles sociais, deve-se ter em mente que o Direito Penal é apenas uma das ferramentas disponíveis para tal desiderato e deve ser utilizado com muita parcimônia. Isso porque, como todo e qualquer remédio forte, ele possui graves e amplos efeitos colaterais. Em uma sociedade doente, o Direito Penal pode ser como a quimioterapia em um doente terminal de câncer, matando a doença, mas também fulminando o paciente.

Por isso se fala em uma aplicação pontual e moderada do Direito Penal. Veja o plano gradual das intervenções:

- **Intervenções metajurídicas:** políticas sociais.
- **Intervenções extrapenais:** Direito Civil, Administrativo etc.
- **Intervenções penais:** Direito Penal.

Assim, devem-se valorizar como controle social, primeiramente, as intervenções metajurídicas, concebidas no seio social, além e muito antes do Direito. Posteriormente, e já de forma restrita, se aplicariam as intervenções extrapenais, como as multas de trânsito, ambientais e fiscais. Por fim, caso nenhuma das anteriores demonstre resultados eficazes, ou até mesmo para aqueles que não se sujeitaram àquelas intervenções iniciais, é o caso de intervenções penais, mediante sanções especialmente qualificadas, como são as sanções penais (pena de prisão e medida de segurança, por exemplo).

1.7 Funções e finalidades da Criminologia

Para Antônio García-Pablos de Molina e Luiz Flávio Gomes, a função essencial da Criminologia seria:

> *[...] A função básica da Criminologia consiste em informar a sociedade e os poderes públicos sobre o delito, o delinquente, a vítima e o controle social, reunindo um núcleo de conhecimentos – o mais seguro e contrastado – que permita compreender cientificamente o problema criminal, preveni-lo e intervir com eficácia e de modo positivo no homem delinquente [...].*

Por deter amplos objetos de investigação e utilizar-se de várias ciências humanas, a Criminologia ultrapassa em muito a visão limitada sobre o crime e o criminoso que o Direito Penal possui, por exemplo, condicionada pela teoria pura do Direito e pela análise técnica-jurídica e normativa do fenômeno criminal. Pode-se dizer que o Direito Penal é míope em relação à Criminologia que vê muito mais distante com ajuda das demais ciências humanas e pela amplitude de seus objetos.

A Criminologia procura cumprir a finalidade de alertar, de "abrir os olhos" da sociedade de que o problema criminal deve ser conhecido, prevenido e punido, por meio de várias ciências e providências. Ela alerta ainda que não se pode deixar apenas para os Sistemas de Justiça Criminal (tradicionalmente concebidos como Polícia, Justiça e Cárcere) a função de resolver o problema, extremamente complexo.

A vocação prática da Criminologia, como ciência empírica, faz de seus profissionais aqueles que colhem, na experiência das ruas, das comunidades e das sociedades, os dados relevantes para operar a crítica das Políticas Criminais estéreis, populistas e de burocratas de "gabinete". Essas políticas reduzem a problemática, por exemplo, ao conhecido recrudescimento das penas, sem atacar as causas mais profundas da criminalidade, a falência dos sistemas de controle sociais informais e as carências da socialização primária e secundária.

Por fim, a Criminologia tem por finalidade mostrar para o Direito Penal e para a sociedade os abismos e as armadilhas, aparentemente imperceptíveis, na coesão social.

2 EVOLUÇÃO HISTÓRICA DA CRIMINOLOGIA

Neste capítulo, vamos estudar o nascimento da Criminologia e sua evolução histórica, que passa da Escola Clássica para a Escola Positivista e, desta, para as atuais Escolas Sociológicas.

2.1 Nascimento da Criminologia e a "Guerra das Escolas" (Clássicos Positivistas)

O nascimento científico da Criminologia se dá a partir da denominada "Guerra das Escolas", delineada pela disputa metodológica entre a Criminologia Clássica e a Criminologia Positivista, ambas com heranças no Iluminismo.

A história da Criminologia pode ser considerada sob vários recortes históricos. Porém, vários autores e estudiosos mencionam a publicação da obra *O homem delinquente*, do italiano Cesare Lombroso, em 1876, como o marco de nascimento da Criminologia enquanto ciência.

Isso não significa que antes do século XIX não havia Criminologia ou discussões sobre o crime, sobre suas razões e personagens.

Shecaira afirma que mesmo que a ciência criminológica tenha uma curta história, não é menos verdade que tenha um longo passado.

Para alguns criminólogos, como Pablos de Molina, que entendem a etapa pré-científica, advinda com a Escola Clássica, e a etapa científica, decorrente da Escola Positivista, como linha de divisão, o nascimento da Criminologia deu-se em 1876, quando da publicação da obra: *O homem delinquente*, de Lombroso. Para outros, porém, o nascimento da Criminologia deu-se antes em 1764, quando da publicação da obra: *Dos delitos e das penas*, de Beccaria. Essa posição é defendida normalmente pelos criminólogos da reação social, com perspectiva histórica e crítica, como Juarez Cirino dos Santos. Para outros, como Zaffaroni e Nilo Batista, as discussões sobre o nascimento da Criminologia seriam estéreis, uma vez que esta nasceu muito antes, já que sempre acompanhou o Direito Penal, pois, a partir da existência do poder punitivo (confisco da vítima), houve questão criminal e alguém exerceu o poder do discurso sobre ela.

Com efeito, a Criminologia nasceu remotamente com a reunião do homem com outros indivíduos, nos primórdios da humanidade. O homem é um ser social, que somente se viabilizou enquanto espécie a partir da união com outros, sendo gregário.

A partir da primeira comunidade que se possa imaginar, em que pese a união das pessoas propiciar maior oportunidades de sobrevivência, em face às inúmeras ameaças naturais, passou-se também a representar a disputa dos seres humanos reunidos na sociedade pré-histórica (antes mesmo do desenvolvimento da escrita) pelos recursos mínimos de sobrevivência. Isso acarretou as primeiras disputas e violações sobre os costumes iniciais (concorrência por alimentos, divisão de tarefas, posição no grupo social e pela perpetuação da espécie).

Naquela época, os rudimentos de punição eram empregados mediante a denominada vingança privada, sendo o papel da vítima e o seu círculo íntimo decisivo sobre a punição a ser exercida, totalmente corporal, aflitiva e desproporcional. Era a "lei do mais forte", que, dependendo da força, dizimava impiedosa e irracionalmente toda uma comunidade, dificultando a própria existência do homem, que, como sabemos, necessita obrigatoriamente do plural.

A primeira ideia de proporcionalidade na punição advém da antiga Lei de Talião – "olho por olho, dente por dente". Nesse momento, teve início uma "fumaça" sobre a ideia de crime, na concepção de violação de costumes e prosaicos rudimentos de devolução proporcional do mal causado. Isso já representa uma ancestral discussão criminológica sobre a função retributiva da punição.

A Lei de Talião data de, aproximadamente, 2.000 a.C., tendo influenciado o Código de Hamurabi, rei da Babilônia, no século XXIII a.C. Este Código estabelecia uma mínima proporcionalidade na punição e lançava rudimentos de composição do dano. A Lei de Talião pode ter deixado indícios até mesmo na Bíblia, no livro do Êxodo (capítulo 21, versículo 12: "Aquele que ferir mortalmente um homem será morto"). Aparece também na Lei das XII Tábuas, na Roma Antiga. A ideia de retribuição, presente inicialmente na Lei de Talião, ainda hoje influencia diversas legislações e teorias sobre as funções da pena, notadamente nos retributivistas.

A busca pela proporcionalidade na punição, as discussões e explicações sobre o fenômeno da violação das regras de convívio social e a figura do indivíduo acompanham a humanidade, desde os tempos primitivos. Pelo que se percebe e se pode deduzir, tais discussões continuarão a acompanhar a trajetória humana. Tais questionamentos não deixam de representar as bases das preocupações criminológicas (lembre-se do conceito de Criminologia e seus objetos de estudo).

Na Idade Média, ainda vigoraram as fases da vingança, nas formas **privada**, **divina** e **pública**, tendo como ápice a Inquisição e o Estado Absoluto. Naquela época sombria da humanidade, a ideia de crime era atribuída à magia, a algo sobrenatural, ao demônio. A ciência ainda iluminava de um modo muito parco as concepções do homem, que tateava desorientado, na escuridão.

Importantíssimo documento sobre a Inquisição é o livro *Malleus Maleficarum*, ou o Martelo das Feiticeiras, escrito em 1484 pelos inquisitores Heinrich Kramer e James Sprenger. Trata-se de um repositório de análises rudimentares e radicais que atribuíam o crime à intervenção de demônios e que justificou o extermínio de milhões de mulheres, que, segundo a obra, eram mais suscetíveis às bruxarias.

A prisão, naquela época medieval, era meramente uma contenção, custódia provisória ou aprisionamento inicial em masmorras, enquanto a bruxa ou o infrator aguardavam seu sumário e tortuoso julgamento de extermínio voraz. As penas eram as mais mortificantes e corporais possíveis, como esquartejamentos, empalamentos, forcas e fogueiras, tão cruéis quanto a imaginação e o engenho humano permitissem.

A "suavização" da pena é inovação do Iluminismo (com inspiração em parte no Direito Canônico), do qual surgiram ideias de tornar a prisão custódia, suplício e aniquilamento em prisão, pena, detenção temporal, sem a morte torturante e dilacerante. Desse modo, passou-se dos castigos corporais para o castigo da alma, por meio do simples encarceramento.

Durante o período do Iluminismo, havia forte embate entre o antigo regime dos Estados Absolutos (cujo poder era considerado divino) e uma nova concepção burguesa de **igualdade**, **liberdade** e **fraternidade** entre os homens, mesmo que ainda em aspectos meramente formais. As concepções criminológicas eram várias e extremamente abundantes. Entretanto, ainda faziam uso, predominantemente, de um método abstrato, jusnaturalista (concepção de direitos naturais, anteriores ao homem e à sociedade), **dedutivo** e **formal**, em que havia mais retórica e silogismos (análises lógicas mais abstratas) do que observação e pesquisa junto à realidade.

Essa criminologia fortemente marcada pelo Iluminismo é denominada também de **clássica**. Ainda se mostra pouco científica, embora já buscasse o abandono de concepções sobrenaturais ou mágicas para o crime. A essa concepção é que se deve a gradativa evolução da Criminologia hoje entendida como científica.

É daquela época de transição/revolução entre a Idade Média e o Iluminismo que aconteceram grandes contribuições no campo das prisões, na busca por uma pena justa, proporcional e com utilidade. Atuou-se, sobremaneira, na área da reação ao crime, ao invés da prevenção. Aparecem concepções como as de Cesare Beccaria (1738 - 1794), na sua clássica obra *Dos Delitos e das Penas*, de 1764, que marca o início da Escola Clássica na Criminologia e no Direito Penal. Deve-se mencionar, também, John Howard (1726- 1790), considerado pai do penitenciarismo, com a obra publicada em 1777: As condições das prisões da Inglaterra e Gales. Verifica-se, ainda, a revolucionária concepção utilitarista de panóptico de Jeremy Bentham (1748 - 1832), resgatada na obra de Michel Foucault, *Vigiar e Punir* (1975), já bem mais recente e fundamental para a Criminologia e o estudo das formas de poder.

O conceito de panóptico (ou casa de inspeção), deriva das observações e cartas de Jeremy Bentham (escritas em 1787) que propunha uma "casa de penitência" (penitenciária). Nela, os presos ficariam em um edifício circular, em celas construídas uma ao lado de outras, todas com grades voltadas para o centro, no qual haveria uma grande torre de observação, idealizada de forma que o guarda no centro da torre pudesse observar todos os presos e estes não pudessem observá-lo. A concepção de Bentham, segundo o autor, não seria aplicável apenas a penitenciárias, mas a qualquer sorte de estabelecimento, no qual pessoas de qualquer tipo necessitem ser mantidas sob inspeção. O objetivo consistia na possibilidade de que a observação incessante condicionasse o comportamento dos presos ou de qualquer pessoa. É muito similar hoje ao que acontece com a vigilância por câmeras de segurança, por exemplo. Neste aspecto, pode-se dizer que Bentham, pelo conceito de panóptico, é o ancestral da concepção de *Big Brother*.

A ideia de supervigilância também é explorada na obra *1984*, do inglês George Orwell (1903-1950), escrita em 1948, em que o autor cunhou a expressão "o Grande Irmão está te observando" (do original *"Big Brother is watching you"*).

Com efeito, naquela época, há uma gradativa passagem da análise abstrata e dedutiva para a pesquisa empírico-indutiva. Antônio García-Pablos de Molina e Luiz Flávio Gomes destacam alguns representantes deste período ou etapa "pré-científica" da Criminologia, que preparou o terreno à passagem do período Clássico para o Positivismo Criminológico. Vejamos resumidamente:

Estudos dos fisionomistas Della Porta (1535-1616) e Lavater (1741-1801), faziam análises entre características corporais e espirituais dos presos, mediante observações, visitas e necropsias de reclusos.

Lavater cunhou a expressão "homem de maldade natural", sendo um dos antecedentes de Lombroso, na concepção do "delinquente nato".

Como exemplo dos estudos e influência fisionomista, temos o chamado "Edito de Valério", cunhado por um Juiz Italiano (Marquês de Moscardi). Segundo seus preceitos, se houvesse dúvidas entre dois prováveis ou presumíveis culpados, o melhor seria condenar sempre o mais feio.

Estudos na área da **Frenologia** (precursora da Neurofisiologia/Neuropsiquiatria) ou Cranioscopia, que se dizia capaz de indicar tendências criminosas através do estudo do crânio e, posteriormente, do próprio cérebro de um dado indivíduo. Menciona-se a obra de Franz J. Gall (1758-1828) que construiu um modelo de "mapa cerebral", afirmando localizar, no cérebro humano, instintos de agressividade. Cubi Y Soler (1801-1875), autor de um manual de Frenologia, já utilizava de pesquisas de campo, considerando o criminoso como um doente. Surgiu daí a expressão "criminoso nato", anos antes de Lombroso.

Estudos na área da **Psiquiatria**, com Pinel (1745-1826), que fez estudos a partir da segregação entre doentes mentais e delinquentes.

Estudos referentes à **Antropologia**, com pesquisas em crânios de assassinos. Tais estudos foram promovidos pelos médicos Broca (1824-1880) e Wilson, médico em penitenciárias europeias que estudou empiricamente quinhentos crânios de presos, afirmando teses de Thompson (1810-1873) sobre uma natureza hereditária de tendências criminais.

É importante mencionar, aqui, a relevância e a influência da obra de Charles Darwin (1809-1882), autor da clássica *A origem das espécies* (1859). Este autor teve algumas teses aproveitadas pela Escola Positivista, nos conceitos de criminoso como espécie atávica, não evoluída e detentora de um legado individual da carga hereditária.

Estudos de **Estatística** (Escola Cartográfica ou Estatística Moral), praticados por Guerry (1802-1866) e Quetelet (1796-1874), proporcionaram medições e estatísticas sobre práticas criminosas, em determinados territórios e momentos na França. Tais estudos forneceram considerações importantes sobre o crime enquanto fenômeno social, determinado pelo meio social/econômico e não meramente decorrente da liberdade de agir do indivíduo (livre arbítrio).

Os estudos promovidos pela Escola Estatística também são indicados como momento fortemente científico da Criminologia. Entretanto, o marco mais comemorado da fase científica da Criminologia é a obra de Lombroso, de 1876.

Percebe-se, nitidamente a vocação multidisciplinar e interdisciplinar da Criminologia, que não tem qualquer tendência ao isolamento, enquanto ciência exploratória do crime, do delinquente, da vítima e das formas de controle social.

A fase propriamente científica da Criminologia é baseada na denominada Escola Positivista. Ela sobrepuja a escola clássica (denominação pejorativa pelos próprios Positivistas, como Ferri), no estudo do crime e de seus decorrentes. Naquele momento da história da Criminologia, havia a importante passagem do método abstrato (dedutivo) dos clássicos para o empírico (experimental) e indutivo dos positivistas.

Podemos sintetizar as principais características e diferenças das duas correntes fundamentais da Criminologia da seguinte maneira:

CRIMINOLOGIA CLÁSSICA	CRIMINOLOGIA POSITIVISTA
Livre arbítrio (o homem, enquanto ser livre e racional, que busca o prazer e foge da dor)	Determinismo (a liberdade do homem é uma ficção)
Beccaria, ***Dos delitos e das Penas*** (1764)	Lombroso, ***O homem delinquente*** (1835)
Método lógico/abstrato (dedutivo), metafísico e filosófico	Método experimental/empírico, causal explicativo - indutivo
Retribuição ao crime pela pena proporcional. Cunho individual e liberal	Prevenção ao crime pelo estudo de suas causas (etiologia). Defesa da sociedade
Crença na possibilidade de ressocialização do criminoso	Pena como defesa social, deixando em segundo plano as ideias ressocializadoras
Etiologia: estudo das causas do crime em todos os seus condicionantes e fenômenos desencadeadores.	

Os principais expoentes da Escola Positivista Italiana são:

- **Cesare Lombroso (1836-1909):** considerado pai da Criminologia Científica, por ter aplicado o método científico ao estudo do crime, em forte reação do modelo Clássico (de cunho abstrato). Representante da vertente Antropológica, fundador da Escola Positivista Biológica, publicou em 1876 a obra *O homem delinquente*, escrito mediante investigações de centenas de autópsias e milhares de análises de criminosos reclusos em prisões da Europa, em que classificou, inicialmente, os delinquentes em seis grupos:
  - Criminoso nato (atávico), com predisposição orgânica para o delito. Não poderia ser ressocializado (é a sua principal categoria).
  - Criminoso como louco moral.
  - Epilético.
  - Louco.
  - Delinquente ocasional.
  - Criminoso passional (delitos de ciúme e paixão).

As principais ideias da sua teoria eram as concepções de que o criminoso seria um selvagem, um primitivo que sofria influências atávicas (ancestrais). Ele ainda teria características fisionômicas, como: crânio assimétrico, face larga e achatada, orelhas grandes, dentes irregulares, lábios finos, grandes "maçãs" no rosto, na maioria dos casos seriam canhotos, com olhar errante, tendo ainda dedos e mamilos irregulares.

Lombroso escreveu outras obras (mais de 600), dentre elas, a versão feminina de *O homem delinquente*, denominada *A mulher delinquente* (*La donna delinquente, la prostituta e la donna normale*), em 1856.

Em que pese tenha estudado aspectos biológicos e constatado uma herança na ideia de criminalidade, não é correto afirmar que Lombroso tenha se limitado apenas a condicionar a explicação das causas do crime às condições somáticas dos indivíduos. Sua principal obra mereceu grandes acréscimos após a primeira edição, passando das cerca de 250 páginas para mais de 2.000 páginas na quinta edição.

Durante a evolução de seus estudos, passou de um conceito inicial de atavismo para estudos da epilepsia e da loucura moral.

- **Enrico Ferri (1856-1929):** discípulo de Lombroso, também recebeu influência de Carrara. Foi um grande representante da vertente **Sociológica** no Positivismo. Essa concepção praticamente inaugurou a Sociologia Criminal e fez com que Ferri fosse considerado seu fundador. Ele escreveu, em 1877, sua primeira obra, logo após concluir o curso de Direito na Universidade de Bolonha. Trata-se do estudo intitulado de *a teoria da imputabilidade e a negação do livre arbítrio*, em que criticou de forma ferrenha o livre arbítrio defendido pelos clássicos, advogando que o crime também tem importantes condicionantes sociais (causas antropológicas, físicas e culturais).

Buscou estudar de forma mais aprofundada as grandes relações entre o crime e a sociedade, do que se limitar apenas a investigações sobre o delinquente (preocupações com a etiologia do crime – causas). Sua obra mais importante é *Sociologia Criminal* (1892).

Também fez uma classificação dos delinquentes em: nato, louco, habitual, ocasional e passional. Acreditava em condicionantes antropológicas e fisionômicas para o delito, mas em menor grau que Lombroso.

- **Rafaelle Garófalo (1851-1934):** mais moderado e conservador dentre os três expoentes da Escola Positivista Italiana, famoso jurista de sua época, destacou as condicionantes psicológicas na figura dos criminosos. É considerado representante da vertente jurídica/psicológica do Positivismo Criminológico. Escreveu, em 1885, a obra *Criminologia*, em que se preocupou em desenvolver o conceito de "delito natural" (aspecto jurídico de sua obra). Introduziu o conceito de "periculosidade" (aspecto psicológico), advogando que a pena não deveria ser meramente proporcional ao mal causado, mas, sim, à periculosidade (entendida como "perversidade constante" ou temibilidade) do delinquente. Foi, ainda, responsável por cunhar a sanção da medida de segurança, utilizada até os dias atuais.

Garófalo buscou sistematizar juridicamente a Escola Positivista. Pessimista quanto às concepções de ressocialização, defendeu a Defesa Social como fundamento do direito de punir. Defendeu também a pena de morte para os criminosos natos, com aplicação dos conceitos de seleção natural para aqueles sem qualquer capacidade de adaptação social.

Fique ligado

Naturalmente, houve controvérsias entre os três mais famosos expoentes anteriormente mencionados. Os principais traços em comum entre Lombroso, Ferri e Garófalo referem-se ao postulado determinista, em negação ao livre arbítrio, bem como ao emprego do método empírico com grandes tendências de classificação.

2.2 Evolução histórica pós-Guerra de Escolas

Como sucessora da Escola Positivista, temos a eclosão das denominadas Escolas Sociológicas (que nasceram das orientações positivistas), a partir do século XIX. Todavia, é importante destacar que não há necessariamente um momento específico nas viradas de página da história. Desse modo, é perfeitamente possível verificar concepções da Criminologia Clássica ainda nos dias de hoje, bem como a herança Positivista permanente. As ideias e escolas criminológicas não se sucedem necessariamente, mas se influenciam e corrigem rumos diuturnamente. Além disso, há graves controvérsias na classificação das escolas, posteriormente à guerra das escolas iniciais.

Devem-se mencionar, ainda, outras escolas com grande valor histórico, mas que, diferentemente, do choque entre Clássicos e Positivistas, não assumiram posições tão antagônicas e são tidas como **intermediárias** ou **ecléticas**. A seguir veremos mais recorrentes em provas e concursos.

2.2.1 Terza Scuola Italiana

A *Terza Scuola Italiana* representa o Positivismo crítico e busca conciliar alguns postulados das escolas Clássicas e Positivistas. Foi a primeira das correntes ecléticas e teria sido inaugurada por Manuel Carnevale, com a publicação, em 1891, do artigo *Uma Terza Scuola di Diritto Penale in Italia*. Outros expoentes foram Bernandino Alimena e João Impallomeni.

Principais postulados:

- Acredita no determinismo psicológico e não no simples livre arbítrio como fundamento da responsabilidade moral, distinguindo os imputáveis dos inimputáveis.
- Vê o crime como fenômeno social, individual e condicionado.
- A pena tem finalidade de defesa social (prevenção), mesmo sem perder a noção de retribuição, de caráter aflitivo e de natureza diversa da medida de segurança (para os inimputáveis).

C R I M

2.2.2 Escola de Política Criminal (Escola Moderna Alemã)

O principal representante da Escola de Política Criminal foi o alemão Franz Von Liszt (1851-1919). Ele escreveu, em 1882, o *Programa de Marburgo – A ideia de fim no Direito Penal*, em que sistematizou o Direito Penal e admitiu sua fusão e interdependência com outras disciplinas, com a Criminologia e a Política Criminal.

Para Liszt, a pena justa seria aquela necessária. Cunhou a expressão "Penologia" como estudo das causas e efeitos da pena. Inicialmente, não acreditava no livre arbítrio; priorizava a pena como prevenção, deixando na periferia a concepção meramente retributivista.

Os principais traços da Moderna Escola Alemã são:

- Método lógico-abstrato (para o Direito) e indutivo-experimental (para a Criminologia e demais ciências criminais).
- Distinção entre inimputabilidade e imputabilidade.
- Crime como fenômeno social e como fato jurídico relevante.
- Substituição da ideia retributivista dos clássicos, como função da pena, para uma concepção prevencionista (prevenção especial).
- Busca de alternativas à pena de prisão de curta duração.

2.2.3 Escola Técnico-Jurídica

A Escola Técnico-Jurídica surgiu como forma de reação à confusão metodológica criada a partir do Positivismo, que pretendia utilizar, no Direito Penal, o mesmo método empregado na Criminologia (método empírico).

Seu principal representante foi o jurista Arturo Rocco, que propôs, em 1905, na Universidade de Sassari, na Itália, a restauração do método dogmático para a ciência do Direito. Para Rocco, essa ciência deveria dedicar-se ao crime como fenômeno jurídico, sem negar a importância e a maior amplitude de foco dado para a ideia de crime nas ciências causais-explicativas, como a Criminologia, a Sociologia e outras.

Reafirma o Direito como ciência normativa, com método de estudo técnico-jurídico ou lógico-abstrato.

2.2.4 Escola Correcionalista

A Escola Correcionalista surgiu na Alemanha, por meio da obra de Karl Roder, como herança do idealismo romântico alemão (vertente filosófica).

Aprimorou-se e encontrou seus maiores seguidores na Espanha, na Escola Correcionalista Espanhola, de viés eclético, dentre eles estão Giner de Los Ríos, Alfredo Calderón e Pedro Dorado Montero.

Advogavam como fim único da pena a correção ou emenda do criminoso (daí o nome correcionalista).

2.2.5 Escola da Defesa Social

A primeira aparição de uma teoria de defesa social surgiu no final do século XIX, com o Positivismo. Entretanto, sua ideia inicial possui antecedentes mais remotos na Filosofia Grega e no Direito Canônico.

Tem como principais princípios:

- Valorização das ciências humanas, como a Criminologia e o Direito, que deveriam se unir, contribuindo multidisciplinarmente, no estudo e combate do crime.
- Prega a proteção do ser humano e a garantia dos direitos do cidadão, com reação social ao delito, criando uma doutrina de proteção social contra o crime, com críticas ao sistema existente, notadamente à visão clássica.

Seus principais expoentes foram Filippo Gramática, que fundou, na Itália, em 1945, o Centro Internacional de Estudos de Defesa Social, com objetivo de renovar o combate ao crime. Defendia que o Direito Penal deveria ser substituído pelo Direito de Defesa Social, com objetivos mais abrangentes, de forma a adaptar o indivíduo à ordem social.

Adolphe Prins sistematizou a doutrina, e Marc Ancel publicou, em 1954, a *Nova Defesa Social*, em que procura aproveitar as ideias das escolas anteriores. Todavia, conserva-se sempre a perspectiva humanista, que busca organizar racionalmente políticas de reação ao crime, como forma de defesa da ordem social.

3 ESCOLAS E TEORIAS CRIMINOLÓGICAS

As principais Escolas (modelos) e teorias da Criminologia são:

- **Criminologia Clássica e Neoclássica:** parte do dogma do livre arbítrio, não admitindo que o ser humano estivesse ou pudesse ser determinado por causas ou fatores.
- **Criminologia Positivista:** parte do paradigma etiológico (explicações causas para o delito). Atribui ao crime causas e fatores biológicos/antropológicos, psicológicos e sociológicos.
- **Sociologia Criminal:** evolução dos critérios meramente etiológicos dos positivistas, notadamente da sociologia positivista. Aplicam teorias da criminalização como a da reação social ou do etiquetamento (*labelling approach*).
- **Moderna Criminologia:** diversas vertentes modernas buscam explicar o crime em um enfoque dinâmico, mostrando que os padrões de conduta e a própria "gênese" do crime evoluem constantemente. Já não buscam uma análise etiológica e sequer constroem teorias generalizadas para a criminalidade.

Com a evolução científica desencadeada a partir da transição do modelo dedutivo-abstrato da Escola Clássica para o método empírico-indutivo dos positivistas, processo denominado como "lutas de escolas", tem-se como resultado predominante três paradigmas principais para o estudo criminológico: a vertente biológica/antropológica funda seus estudos sobretudo no homem delinquente; as concepções psicológicas priorizam o estudo da mente humana e de seus processos psíquicos e doenças relacionadas ao crime; já as orientações sociológicas canalizam seus estudos visualizando o crime como fenômeno social.

A seguir, conheceremos as Escolas Clássica e Positivista da Criminologia.

3.1 Clássica

Vários estudiosos, das mais diversas matizes e formações intelectuais, podem ser alocados nesse modelo, que pode ter seus principais pensamentos resumidos a seguir.

Não obstante a "luta das escolas" (clássicos positivistas), desencadeada no século XIX, dentro de uma concepção de disputa entre tese, antítese e síntese (dialética), a Escola Clássica, fundada no livre arbítrio, evoluiu mediante modelo da "teoria da opção racional". Segundo essa teoria, o ser humano, ainda que influenciável por processos causais (admissão da influência determinista do meio), tem autonomia para decidir e se guiar pelo utilitarismo das suas ações, buscando o prazer e fugindo da dor, por exemplo.

Tais modelos, que foram renovados da Escola Clássica, denominados neoclássicos, fazem uma análise econômica do delito. Eles preceituam uma opção racional do delinquente, o qual atua criminalmente através de uma decisão econômica, de ganhos e perdas, de custo-benefício. O criminoso não deixa de sofrer condicionantes do meio em que está inserido – é situacionista, portanto, – mas decide também, a partir de tais influências e determinações.

Assim, a pessoa cometeria crimes quando os critérios de benefícios (os ganhos) fossem maiores que os custos de eventual castigo. Este é tido como custo eventual da atividade delitiva, uma vez que o criminoso também conta com a possibilidade de não ser apanhado. Assim, quanto maior for a severidade, a velocidade e a certeza da punição, maior será a influência dissuasória na conduta do chamado delinquente potencial ou "cidadão indeciso"

3.2 Escola Neoclássica

No modelo neoclássico, há as chamadas **teorias das atividades rotineiras** ou **teoria da oportunidade**. Elas propõem que não seria apenas suficiente um criminoso motivado. Seria necessária, também, uma oportunidade que propiciasse ou facilitasse a prática do delito, com menos custos e riscos. Segundo tais teorias, as incessantes e dinâmicas atividades humanas e a mudança de velocidade no estilo de vida, a partir do pós-guerra, aumentaram assustadoramente as oportunidades para o cometimento de delitos. Isso porque há mais deslocamentos urbanos e casas vazias, uma vez que seus moradores vão ao trabalho ou à escola todos os dias.

Eles também compartilham da ideia de crime como opção racional as "teorias do meio ou entorno". Em resumo, elas propõem a influência do espaço físico (da ecologia) no cometimento de crimes, provocando no ser humano, mediante vantagens e facilidades de alguns espaços físicos, um incentivo na decisão de delinquir. São casos em que a concepção urbana e arquitetônica facilita a prática criminosa. Essas teorias defendem o aprimoramento e até mesmo **o resgate do sentimento de vizinhança e de comunidade ou pertencimento** como favoráveis ao incremento da segurança. Propõem medidas elementares como iluminação pública mais eficiente e compartilhamento de informações entre vizinhos e autoridades.

Repare que a exemplo da concepção clássica, os neoclássicos também dão ênfase ao critério de livre arbítrio (liberdade) para a prática delituosa. Entretanto, aceitam motivações decorrentes de uma decisão economicista (perdas e ganhos) e situacional (derivada do meio ambiente).

3.3 Escola Positivista

Na Criminologia Positivista existem diferentes modelos, que serão apresentados a seguir.

3.3.1 Modelos biológicos

Os modelos biológicos caracterizam-se por elevado nível de empirismo, mas padecem de potencial de abstração, mais verificável nas tendências sociológicas e psicológicas.

- **Antropometria:** busca fazer relações entre determinados aspectos e medidas corporais com a delinquência.
- **Antropologia:** ainda com herança lombrosiana, propõem a inferioridade do delinquente, de base hereditária, negando, entretanto, um tipo físico de criminoso (Göring). Ou, neste caso, com uma teoria mais próxima de Lombroso, Hooton afirma ter identificado estigmas (marcas) em populações de criminosos a e possibilidade de haver características específicas, nos mais diversos grupos de criminosos, dependendo do crime. Di Tulio aponta a necessidade de uma nova fase na doutrina lombrosiana, destacando a necessidade de estudos e exames específicos em cada delinquente, tanto clínicos com psicofisiológicos.
- **Biotipologia ou bioantropologia:** traça relações deterministas entre as características físicas de um dado indivíduo e seus decorrentes aspectos psicológicos.
- **Sheldon**, por meio de estudos embriológicos da blastoderme, distingue três formações decorrentes das características somáticas, classificando pessoas do tipo endomorfo, mesomorfo ou ectomorfo.
- **Endomorfo:** são aqueles com formas mais arredondadas, com tendência à obesidade, de membros curtos.
- **Mesomorfo:** são os de bom desenvolvimento corporal, altos, eretos, fortes e resistentes.
- **Ectomorfos:** são aqueles de formação mais frágil, com corpos magros, pouco musculosos e de ombros caídos.

Depois, em diversas pesquisas de campo, com diversos grupos de pessoas, inclusive de criminosos, teve a conclusão, confirmada por outros pesquisadores, de que haveria um predomínio do tipo mesomorfo (fortes) em criminosos, seguido de alguns com características ectomorfas (fracos e magros).

Fique ligado

Outras denominações:
Tipo endomorfo = viscerotônico
Tipo mesomorfo = somatotônico
Tipo ectomorfo = cerebrotônico

Kretschmer, em sua teoria dos tipos, de 1921, aponta quatro tipologias:

- **Leptossômicos:** alta estatura, grande tórax, pequena cabeça (inclinação aos crimes não violentos contra o patrimônio).
- **Atléticos:** musculosos, estatura média, forte composição óssea (propensão a crimes violentos).
- **Pícnicos:** (lembre-se de "pequenos") de tórax pequeno, formas arredondadas e femininas, grande cabeça, pés e mãos curtos (pouca tendência ao crime).
- **Displásicos:** corpo desproporcional (delitos sexuais).
- **Neurofisiologia:** estudos viabilizados a partir da descoberta do eletroencefalograma (EEG) que permitiu o estudo gráfico sobre a atividade nervosa no cérebro humano. Seria uma evolução da frenologia. Permitiu comprovar algumas atividades criminosas, como a prática de crimes violentos, com disfunções cerebrais observáveis nos exames encefalográficos, em comparação com pessoas "normais".

A partir das investigações promovidas, foi possível sistematizar as principais disfunções como:

- **Disfunção cerebral mínima:** problemas na estrutura cerebral, geralmente ligados à antissociabilidade, à percepção visual, à hiperatividade e à agressividade, com reações explosivas.
- **Anomalias eletroencefalográficas:** ligam anomalias observáveis no EEG e comportamentos propensos a crimes violentos.
- **Outras disfunções:** afirma a hipótese de que patologias ou doenças que atingem o sistema nervoso central, como epilepsias, demências senis e arteriosclerose cerebral, dentre outras, poderiam explicar a gêneses de crimes violentos.
- **Sistema nervoso autônomo:** estudos modernos (Eysenck) que relacionam sociopatias com problemas no sistema nervoso autônomo ou vegetativo. Tal sistema determina reações involuntárias. Assim, psicopatas teriam menor sensibilidade emocional e fisiológica e dificuldades de aprender com o castigo.
- **Endocrinologia:** aponta como uma possível causa (etiologia) do crime em problemas hormonais, estudando e demonstrando relações entre atividade hormonal e personalidade. Nos crimes sexuais, mediante violência, há estudos que ligam o fenômeno a níveis de testosterona indicando a "castração química" dos delinquentes sexuais, como forma de defesa contra tais delitos.
- **Bioquímica e sociobiologia:** inter-relaciona fatores biológicos, ambientais e o processo de aprendizagem no fenômeno da interação social, dando ao homem conotação complexa e biossocial.

Linus Pauling, ganhador do Prêmio Nobel de Química, foi representante da Psiquiatria Ortomolecular e entende a bioquímica como fator etiológico (causa) da criminalidade. Afirmou que o ser humano é um ser bioquímico e que problemas no equilíbrio bioquímico podem determinar crimes. Por exemplo, há estudos que associam a hipoglicemia com comportamentos agressivos, e carências de algumas vitaminas com hiperatividades.

É importante também, no modelo sociobiológico, mencionar a contribuição dos estudos de Jeffery, com sua teoria biossocial. Em seus estudos, ele critica a suposta efetividade do castigo, afirmando que mais prisões, juízes e policiais só trazem mais presos e prisões e, não necessariamente, menos delitos. Afirma que a prevenção à criminalidade juvenil implica para além de proporcionar atividades legítimas, bloquear a oportunidades ilegítimas, a partir da neutralização de exemplos negativos e da criação de condições sociais adequadas, com ênfase no adequado desenho urbano. Tem enfoque comportamentalista (conduccista).

O Modelo Biossocial de Jeffery possui três principais características: é prevencionista, dá relevância ao meio ambiente e à organização do espaço físico, com enfoque no comportamento singular (Behaviorismo).

- **Genética criminal:** procura oferecer uma explicação (etiologia) para as causas do crime em determinismos genéticos, traçando genealogias de famílias delinquentes. Desenvolvem estudos sobre filhos gêmeos, estudam também as adoções, de modo a realizar correspondências entre irmãos adotados e não adotados, com resultados empíricos de que filhos biológicos de criminosos delinquem mais que filhos adotados deles.

Há estudos, ainda, sobre malformações cromossônicas, mediante exames genéticos em presos e doentes mentais, de forma a demonstrar que variações específicas poderiam determinar causas criminais.

3.3.2 Modelos psicológicos/ psiquiátricos e psicanalíticos

Veremos os principais modelos que relacionaram as causas do crime (etiologia), com processos psíquicos anormais ou patológicos. Neste sentido, é importante relacionar enfoques um pouco diversos da Psiquiatria, Psicologia e Psicanálise.

A **Psiquiatria**, como ramo da Medicina que estuda as doenças mentais, parte de um estudo clínico, muitas vezes medicamentoso, ocupando-se do homem psiquicamente doente.

A **Psicologia**, enquanto ciência da alma humana, foca seu estudo de forma mais aprofundada na conduta e no comportamento do homem delinquente.

A **Psicanálise**, utilizando-se do método terapêutico, tenta explicar o crime como resultante de conflitos psíquicos, derivados da falta de equilíbrio da personalidade.

Vejamos a classificação (nosologia) das principais enfermidades psiquiátricas, com relevância para o estudo da Criminologia:

- **Oligofrenias ou "retardos mentais":** sinônimos de retardo mental ou desenvolvimento mental deficitário, são graduados da seguinte forma:
- **Retardo mental leve:** atinge pessoas com quociente intelectual (QI) na faixa de 50-70 pontos. Classificados como débeis mentais (incapacidade de lutar pela vida em igualdade com os demais).
- **Retardo mental moderado:** pessoas com QI 35-55.
- **Retardo mental grave:** QI entre 20-40. Classificado como imbecil (incapaz de prover sua subsistência).
- **Retardo mental profundo:** QI inferior a 20 pontos – Classificado como Idiota (incapaz de cuidar-se).

Há também a classificação proposta por João Farias Junior:

ESTADO MENTAL	QI	EVOLUÇÃO MENTAL	EVOLUÇÃO SOCIAL
Hipofrenia	Abaixo de 90	Abaixo de 12 anos	-
Idiota	Abaixo de 20	Abaixo de 3 anos	Incapaz de cuidar-se
Imbecil	Entre 20 e 50	Entre 3 e 7 anos	Incapaz de prover a si mesmo
Débil mental	Entre 50 e 90	Entre 7 e 12 anos	Incapaz de lutar em igualdade de condições com os demais
Normal	Entre 90 e 120	Entre 12 e 18 anos	Capacidade normal
Hiperfrenia	Acima de 120	Acima de 18 anos	Excepcional capacidade de assimilação
Super	Entre 120 e 140	Entre 17 e 22 anos	Impaciência e irritabilidade
Genial	Acima de 140	Acima de 22 anos	Rapidez de assimilação que o torna desajustado ou inadaptado

Segundo Pablos de Molina, é nos retardos leves moderados que são identificados os maiores índices de cometimento de crimes entre os oligofrênicos. Eles normalmente agem mais instintivamente e de forma irreflexiva, envolvendo-se mais frequentemente com roubos malsucedidos. Mas também podem aparecer ligados a crimes sexuais, por serem frequentemente vítimas de zombarias por terceiros.

- **Demências:** os crimes relacionados à demência têm explicação na deterioração cerebral operada com a idade. Eles podem levar, juntamente com causas emocionais e sociais, a um aumento na agressividade. Por vezes, isso está aliado a uma natural inibição, por parte dos anciãos, o que dá origem, normalmente, a crimes sexuais.
- **Consumo de álcool e drogas:** liga o uso e abuso de álcool e drogas como causas da criminalidade. Com efeito, é de conhecimento comum, hoje, que o uso deliberado e incondicional de tais substâncias tem notável efeito criminógeno nas sociedades, pois atingem os freios morais.

Convém mencionar a distinção entre a intoxicação aguda e crônica de álcool. Aguda é a intoxicação mais ocasional, em que o agente exagera eventualmente no uso do álcool. Com uso intenso, pode haver o cometimento de crimes relacionados à perda do controle psicomotor (crimes de trânsito, decorrentes da condução de veículos automotores, por exemplo).

Já a intoxicação crônica por álcool é aquela típica do bebedor contumaz, que diariamente faz uso do álcool, acabando por provocar alheamento das demais atividades sociais e familiares. Normalmente, isso repercute em crimes violentos contra a própria família, nos momentos de alucinação decorrentes do uso constante do álcool. Um exemplo a ser citado refere-se aos crimes passionais, em que o agente acredita erroneamente ser vítima de traição conjugal por parte da parceira/parceiro (delírio celotípico – paranoia alcoólica).

- **Esquizofrenia:** a esquizofrenia dificulta ou inviabiliza que o agente possa valorar adequadamente a realidade circundante. Dificulta também a observância e a obediência às normas sociais e legais de conduta. Normalmente, o esquizofrênico não comete substancialmente crimes, mas quando delinque, comete verdadeiras atrocidades, em face à sua incapacidade de valoração social, agindo só, sem quaisquer cúmplices, daí ser denominado "lobo solitário".

- **Transtornos delirantes (paranoias):** são mais raros que a esquizofrenia. Os paranoicos distinguem-se dos esquizofrênicos, frios e calculistas, por terem noções e práticas afetivas.

Os paranoicos são de difícil diagnóstico, pois não se sentem doentes e cumprem suas atividades cotidianas. É normalmente aquele bom, mas distante trabalhador; o familiar zeloso, mas tantas vezes rígido e autoritário.

De forma premeditada e reflexiva, cometem normalmente crimes contra a honra, desacatos e resistências às autoridades, bem como acusações e falsas denúncias. Podem ser violentos, praticando crimes contra a vida.

- **Transtornos bipolares:** são marcados por fases, em que se alteram a fase depressiva e a fase maníaca, alterando tristeza, silêncio e reflexões lentas com euforias, estresse e intensa sociabilidade (fase maníaca).

Os riscos mais evidentes na fase depressiva são as práticas suicidas e homicidas, com destaque para o chamado suicídio ampliado, em que o agente fulmina seus parentes próximos e, ao fim, suicida-se.

Já para a fase maníaca, tanto nos estágios hipomaníacos como premaníacos, ocorrem muito mais delitos que na fase puramente depressiva. Isso porque o aumento de atividade no autor é fator desencadeante de uma maior criminogênese, com registros de crimes de ímpeto, não planejados ou premeditados, como homicídios e lesões.

- **Ansiedade (neuroses):** neuroses são transtornos e não doenças mentais propriamente ditas. Etiologicamente, como causa de crimes, são pouco ocorrentes. Quando se manifestam, são como reações desproporcionais a uma agressão, como em atos impensados e compulsivos. Manifestam-se também em angústias, fobias e falta de atenção e concentração.
- **Psicopatias:** caracterizam-se por um elevado grau de insensibilidade frente aos sentimentos das demais pessoas, com ações de desrespeito e violações de direitos alheios, sem qualquer remorso ou culpa. Normalmente, implicam indiferença afetiva crônica, carências de valores, mas ausência de delírios e incapacidade de aprender a controlar impulsos e controlar-se frente à experiência punitiva.
- **Transtornos sexuais:** os mais importantes para o estudo da Criminologia são as parafilias, ou perversões sexuais, que são classificadas em:
- **Pedofilia:** desejo de manter relações sexuais com crianças e adolescentes, tanto de cunho homossexual como heterossexual. Envolvem tanto abusos sexuais diretos como pornografia infantil.
- **Sadismo/masoquismo:** são transtornos sexuais envolvendo a chamada "erotização da dor". No sadismo, a pessoa encontra prazer impondo sofrimento; no masoquismo, o indivíduo só tem prazer sexual quando submetido a castigos físicos.
- **Exibicionismos:** consiste na perversão sexual daqueles que têm prazer tanto maior quanto maior for o escândalo ou o risco de ser apanhado em uma prática sexual.
- **Voyeurismo (escopofilia ou mixoscopia):** aquele que obtém prazer mediante observação furtiva de pessoas em atividade sexual.
- **Fetichismo:** pessoas que obtêm satisfação sexual mediante atividade sexual com objetos.
- **Necrofilia:** atinge aqueles que têm atração sexual por mortos e/ou se satisfazem sexualmente mediante práticas sexuais com cadáveres.
- **Satiríase:** exaltação e impulsividade sexual sem freios, verificada em indivíduos do sexo masculino.
- **Ninfomania:** exaltação e impulsividade sexual sem freios, verificada em indivíduos do sexo feminino.

4 VITIMOLOGIA

4.1 Desenvolvimento histórico da vítima

Outro elemento importantíssimo para a Criminologia é a vítima e a vitimologia, um dos objetos de estudo da Criminologia moderna.

A vítima passou do total protagonismo, durante a época da vingança privada, no início das sociedades antigas, a um gradativo e total esquecimento, a partir da Idade Média. Quando protagonista, era o próprio ofendido ou os seus familiares que exerciam a punição, normalmente sem qualquer critério de razoabilidade e de proporcionalidade.

Conforme Shecaira, a vítima, nos dois últimos séculos, foi quase totalmente menosprezada pelo Direito Penal. Somente com os estudos criminológicos é que seu papel no processo penal foi resgatado. Tem-se convencionado dividir os tempos em três grandes momentos, no que concerne ao protagonismo das vítimas nos estudos penais: a idade de ouro da vítima; a neutralização do poder da vítima; e a revalorização do papel da vítima. Mesmo que tais períodos encontrem certo questionamento, essa classificação é aceita pela maioria dos autores.

Shecaira prossegue afirmando que a idade de ouro da vítima é aquele longo período que vai do início da civilização até o fim da Alta Idade Média (historiadores classificam a Idade Média em Alta – que vai da queda do Império Romano, até por volta do século XII, quando se inicia a Baixa Idade Média). Com a adoção da Inquisição, a vítima perde seu protagonismo.

Posteriormente, a fase de **neutralização da vítima** vem com o monopólio da reação penal, por parte do Estado. A vítima perde praticamente qualquer poder de reação ao fato criminoso. E sua reação é basicamente limitada apenas à legítima defesa, que é um instituto cada vez mais excepcional e regrado.

Já o período de revalorização, se iniciou inicia a partir da Escola Clássica da Criminologia, ou do Iluminismo.

Pode-se dizer, entretanto, que na chamada Escola Clássica, a Criminologia tinha como principal objeto de estudo a figura do crime. Posteriormente, com o advento da Escola Positivista, o principal enfoque passou para a pessoa do criminoso. Os primeiros estudos, com ênfase na figura da vítima, são decorrentes de estudos promovidos por Hans Gross, Von Henting e Mendelsohn, no século XX.

4.2 Classificação das vítimas

Benjamim Mendelsohn, advogado e professor da Universidade Hebraica em Jerusalém, proferiu, em 1947, uma conferência em que lança o desafio do estudo da vítima, na Criminologia: "Um horizonte novo na ciência biopsicossocial: a Vitimologia".

É importante recordar o específico e fulminante martírio sofrido pelo povo judeu nos campos de concentração alemães, durante a Segunda Guerra Mundial.

Mendelsohn propôs a seguinte classificação das vítimas:

- **Vítimas ideais:** aquelas que são completamente inocentes em relação à vitimização que sofreram (vítima inocente).
- **Vítimas menos culpadas:** aquelas com atuação mínima em relação à vitimização que sofreram por parte do criminoso (vítima provocadora).
- **Vítimas tão culpadas quanto os criminosos:** são aquelas que têm atuação correspondente ao do próprio criminoso, como nos casos de aborto consentido e eutanásia (vítima provocadora).
- **Vítimas mais culpadas que os criminosos:** trata-se daquelas que provocam e dão causa ativa ao delito (vítima provocadora).

- **Vítimas como únicas culpadas:** aquelas que são vitimizadas a partir de uma agressão que elas mesmas iniciam, como nos casos de vítimas originalmente agressoras, que são repelidas mediante legítima defesa, por exemplo (vítima agressora, simulada ou imaginária).

Tal classificação é útil, pois coloca a vítima numa posição mais dinâmica, demonstrando que ela não é apenas um mero objeto ou sujeito inerte, sobre o qual recai a prática delituosa. Entretanto, ela pode ser um agente capaz de influenciar decisivamente, em alguns casos, na prática criminosa. Tais estudos dão origem à ideia de Vitimologia, que consiste na análise sobre as atividades e comportamentos da vítima que, de alguma forma, podem favorecer o cometimento de delitos.

Assim, o estudo da vítima, aliado aos demais objetos de análise da Criminologia, vai possibilitar uma melhor compreensão do fenômeno multicausal do delito. Da mesma forma, permitirá estudos sobre a necessidade de amparo social, jurídico e moral para as vítimas e desviar um pouco o foco para a punição e para a ressocialização do criminoso, somente.

Quando se estuda a **interação vítima – criminoso**, fala-se em estudo do "par criminal" (autor e vítima).

Tais estudos precisarão das atitudes pessoais, que podem contribuir para a vitimização, denominados riscos de vitimização, ou fatores de vulnerabilidade. Vejamos:

- **Fatores biológicos:** são situações como idade, sexo e nível de desenvolvimento mental, que podem contribuir para o incremento de riscos de vitimização. Por exemplo: pesquisas em determinadas localidades e grandes centros podem demonstrar que mulheres desacompanhadas, que retornam de faculdades, à noite, estão mais vulneráveis ou são mais propensas à vitimização do que homens.

Da mesma forma, estariam mais vulneráveis pessoas de idade avançada em relação às de idade adulta, para figurarem como vítimas de crimes de trânsito, por terem fatores biológicos (como idade e decréscimo de atenção/reação) desfavoráveis.

- **Fatores biográficos:** estresse prévio, conhecimentos de técnicas de defesa pessoal, existência de traumas por vitimização anterior, problemas psiquiátricos são seguramente fatores que podem contribuir ou minimizar riscos de vitimização.
- **Fatores de personalidade:** nível de inteligência, ansiedade, instabilidade emocional, impulsividade, nível de agressividade, truculência e outros agregados na formação da personalidade também podem ter papel relevante no incremento ou não dos riscos de vitimização.

Tais fatores podem indicar pessoas como vítimas latentes ou potenciais, ou com "potencial de receptividade criminal" e orientar políticas criminais, no sentido de minimizar os riscos de vitimização.

De outro lado, assim como há criminosos contumazes, há o que se convencionou chamar de vítimas "voluntárias". Elas, na classificação de Mendelsohn, acabam por provocar a eclosão do evento criminoso. Um exemplo é o caso de pessoas com péssimo controle emocional, possuidoras de altos indicadores de agressividade, que normalmente estão envolvidas em episódios de vitimização voluntária, a partir de brigas e disputas providenciadas junto ao meio social, até em razão de um processo psicológico de afirmação perante o grupo.

Repare que o comportamento da vítima é um dos critérios que o Juiz deverá utilizar por ocasião da fixação da pena (art. 59 do Código Penal).

Veja um exemplo de modificador da posição da vítima no momento do crime:

- **Síndrome de Estocolmo:** termo cunhado pelo psicólogo Nils Bejerot, que auxiliou a polícia durante o famoso caso criminal, envolvendo extorsão e o sequestro em Estocolmo, em 1973, em que as vítimas permaneceram por cerca de 5 dias com seus algozes e, ao final, desenvolveram afinidades em relação a eles. O que surpreendeu é que elas, inclusive, perfilaram-se à frente dos criminosos para evitar que fossem alvejados pela polícia e ainda mantiveram depoimentos favoráveis aos perpetradores das condutas criminosas. A atitude foi explicada pelo fenômeno da dependência psicológica que seria desencadeada pela vítima, durante o confinamento.

Esse movimento de retorno à vítima repercutiu em iniciativas voltadas a pesquisas sobre vitimização e delitos, demonstrando, por exemplo, que os riscos de ser vítima de homicídios em São Paulo aumentam no período noturno e atingem um ápice por volta das 22 horas, retornando a índices mínimos as 10 horas da manhã.

Percebe-se, aqui, a importância da vítima como fonte alternativa de informações sobre a criminalidade, pois existe, frequentemente, um fenômeno que pode mascarar as estatísticas oficiais sobre criminalidade e vitimização. Trata-se das circunstâncias usuais, que levam as vítimas a não comunicar que sofreram delitos, causando uma criminalidade oculta, não revelável pelas estatísticas oficiais, que são colhidas através de dados policiais e judiciais.

Esta cifra de não notificações é muito alta em delitos de dano e crimes de trânsito, por exemplo, é a chamada **Cifra Negra da Criminalidade.** Esse conceito influencia fortemente o completo diagnóstico de crimes, em uma região. Para tentar minimizar a ausência de notificação, são buscadas, então, as denominadas "pesquisas de vitimização". Nessas pesquisas, ao invés de as pessoas procurarem os órgãos públicos para informar que sofreram delitos, pesquisadores é que buscam tais informações, anonimamente, com as vítimas. Destaque-se, aqui, na era da informação, diversos sites em que as pessoas passam a informar de forma anônima, a vitimização sofrida.

4.3 Vitimização

É importante mencionar, também, a classificação usual sobre graus e fases do processo de vitimização:

- **Vitimização primária:** ocorre quando a pessoa, a vítima, é diretamente atingida pelo delito, sofrendo a prática de um delito.
- **Vitimização secundária:** situação de desconforto, estresse e constrangimento pelo qual a vítima primária passa tantas vezes, quando vai até uma Delegacia ou perante qualquer policial, para ver registrada a sua ocorrência e, posteriormente, avança junto ao Poder Judiciário.
- **Vitimização terciária:** aspecto que atinge o criminoso, que sofre torturas e outros tipos de violência no cárcere (provenientes tanto de agentes do Estado, como de outros presos) como também àqueles que são acusados injustamente e expostos à execração pública, posteriormente comprovando-se sua inocência.

4.4 Programas e políticas de estado

A Vitimologia e o papel reivindicatório, exercido por intermédio de associações de vítimas de determinados delitos, vem repercutindo paulatinamente na elaboração de programas e políticas de Estado, que garantam o mínimo de atenção e de relevância para a problemática do vitimizado. Tais programas são resumidos por Pablos de Molina da seguinte forma:

- **Programas de assistência imediata:** ofertam serviços imediatos para as vítimas (como orientações médicas e psicológicas) e repercutem na maior notificação de crimes, pois a assistência influencia na disposição das vítimas em informar as autoridades sobre as violações sofridas.

- **Programas de reparação ou restituição a cargo do infrator:** programas e políticas que incentivam a reparação do dano por parte do próprio infrator. No Brasil, constitui um importante exemplo de incentivo reparatório a Lei dos Crimes de Menor Potencial Ofensivo (Lei nº 9.099/1995), que incentiva a composição do dano e a indenização, ainda na fase preliminar. Também há diversos dispositivos legais que buscam, mesmo que timidamente, incentivar a reparação da vítima, com destaque para a mudança na legislação processual penal, em 2008. Esta mudança passou a determinar ao Juiz Criminal que estabelecesse, na sentença criminal condenatória, o valor mínimo da indenização à vítima (art. 387, inciso IV, Código de Processo Penal).
- **Programas de compensação à vítima:** fundos públicos que providenciam seguros e indenizações para vítimas de certos delitos.

No Brasil, por exemplo, existe o Seguro Obrigatório para Cobertura de Acidentes de Trânsito, que, em alguns casos, repercute em coberturas mínimas para vítimas de crimes de trânsito.

- **Programas de assistência à vítima-testemunha:** procuram apoiar a vítima que participa como testemunha relevante, notadamente em processos criminais complexos, em que a cooperação da vítima ou testemunha é essencial, mas os riscos decorrentes são imensos e precisam da atuação Estatal, de forma a até mesmo viabilizar a colaboração. No Brasil, há a Lei de Proteção a Vítimas e Testemunhas, com sistema de proteção, consubstanciada, na Lei nº 9.807/1999.

Ainda com relação a algumas tipologias de vítimas, com evolução das classificações iniciais, pode-se destacar, resumidamente, a formulação proposta por Pablos de Molina:

- **Vítima nos delitos imprudentes, contra a vida ou a saúde, no trânsito:** neste caso, repousa grande insatisfação dos vulnerados por graves acidentes de trânsito, em face da baixa punibilidade decorrente de tais delitos.
- **Vítima de negligências profissionais:** nesta forma de classificação, também repousa grande insatisfação com a lentidão da justiça criminal, com grandes índices de não notificação e "cifra negra", apurados em pesquisas de vitimização.
- **Vítima de agressões sexuais:** nessa situação, é fundamental a assistência médica e social imediata, bem como políticas que incentivem as notificações de tais delitos pelas suas vítimas.
- **Vítima de violência e de maus-tratos intradomésticos:** acomete predominantemente as mulheres, com baixa taxa de notificação e elevados índices de "cifra negra". Campanhas públicas e reforços legais, aos poucos, vêm vencendo a cultura de "resignação" da vítima destes crimes. Destaca-se a Lei Maria da Penha (Lei nº 11.340/2006).

5 SISTEMA PENAL E ESTRUTURA SOCIAL

O Sistema Penal de uma sociedade é decorrente da sua estrutura social e é um dos instrumentos para manter e garantir a estrutura social desejada, em um dado momento histórico. Em sociedades capitalistas, por exemplo, observa-se maior atenção para a criminalização de condutas que venham a violar a propriedade privada; tais condutas, por sua vez, mostram-se inexistentes em Estados comunistas. Estes, porém, normalmente apresentam tendência a criminalizar a liberdade de expressão.

A principal obra de Criminologia que desenvolveu o amálgama entre as noções de sistema penal e de punição, levando em consideração as estruturas sociais, é a obra *Punição e Estrutura Social*, de Georg Rusche e Otto Kirchheimer. Nela, uma das primeiras representantes da **Escola de Frankfurt**, desenvolve-se a relação entre a atuação do sistema penal com a situação econômica de uma comunidade ou sociedade. Assim, o mercado de trabalho teria estreita relação com o momento econômico e a punição do sistema penal.

Fique ligado

Escola de Frankfurt foi uma escola de pensamento criada em 1923 na Universidade de Frankfurt, na Alemanha, com o nome de Instituto de Pesquisas Sociais.

De orientação marxista, tinha como objetivo criticar a sociedade ocidental, o capitalismo, a religião e a tradição de pensamento clássico, assim como o socialismo soviético. Dessa forma, acreditavam seus representantes, poderiam repensar novas formas de transformação da sociedade por caminhos alternativos. Foram criadores dos conceitos de teoria crítica e indústria cultural, fundamentais para a Sociologia moderna.

Teve como principais membros fundadores: Max Horkheimer, Theodor W. Adorno, Herbert Marcuse, Friedrich Pollock, Erich Fromm, Otto Kirchheimer e Leo Löwenthal. Atualmente, seu filósofo mais influente é Jürgen Habermas.

Como exemplo das relações entre estrutura social e punição, Rusche e Kirchheimer mencionam a utilização de presidiários como força de trabalho no impulsionamento das embarcações a remo nas galés do século XVI. Posteriormente, com o início da Revolução Industrial e o grande acúmulo de pessoas nas cidades, relacionam o surgimento das "casas de correção" (final do século XVII), das primeiras penitenciárias, como forma de reprimir a horda de mendigos que assolavam as cidades. Essas casas também buscavam discipliná-los para o serviço eventual nas fábricas, pois havia grande demanda por mão de obra e os trabalhadores, normalmente provenientes do campo, deveriam estar disciplinados e pouco articulados em suas reivindicações. O objetivo das primeiras casas de correção era transformar mendigos, ladrões, prostitutas e similares em força de trabalho útil para o mercantilismo, o sistema econômico da época.

Para essa escola, o sistema carcerário nasce pela necessidade econômica do mercantilismo. Entretanto, ele é elaborado e fundamentado ideologicamente pelo Iluminismo, que passa a criticar ferozmente a arbitrariedade das punições exercidas, naquela época de transição entre os Estados Absolutos e o Iluminismo. A famosa obra de Cesare Beccaria, *Dos Delitos e das Penas*, constitui a primeira síntese de tais críticas.

Podemos confirmar as hipóteses formuladas pelos autores citados anteriormente – da estreita relação entre o sistema penal e a estrutura social – quando verificamos o exemplo da história do Brasil Colônia e de grande parte do Império. Naquela época, a escravidão foi a base da mão de obra e de todo o sistema econômico. O sistema penal e punitivo teve, em geral, grande ênfase no controle e disciplinamento dos cativos.

Ainda hoje, a Lei de Contravenções Penais (LCP – Decreto-lei nº 3.688/1941), em seu art. 59, pune a conduta de "vadiagem", definida como ato de entregar-se habitualmente à ociosidade. Essa definição é válida para o trabalho, sem ter renda que lhe assegure meios bastantes de subsistência ou meios de prover a própria subsistência, mediante ocupação ilícita. A pena prevista é de prisão simples, de 15 dias a 3 meses. A aquisição superveniente de renda, assegurando ao condenado meios bastantes de subsistência, extingue a pena.

A criminalização da mendicância, também prevista na Lei de Contravenções, somente foi revogada em 2009. Já a embriaguez pública é ainda apenada no art. 62 da LCP, com pena similar à da vadiagem, prevendo-se, ainda, a internação em "casa de custódia e tratamento", caso seja habitual. Tais delitos são exemplos das teorias que ligam o sistema penal com a estrutura social, sempre na necessidade de criação de seres úteis para o mercado de trabalho, com maior ou menor repressão, a depender de momentos de crise ou de pujança do mercado de trabalho.

5.1 Correntes do Direito na Criminologia

É de suma importância conhecer as duas diferentes percepções acerca dos direitos na Criminologia. Ambas foram amplamente utilizadas no decorrer da história e continuam basilares para a compreensão essencial da sociedade.

5.1.1 Jusnaturalismo (direito natural)

Teoria que destaca e afirma a existência de direitos cujo conteúdo decorre da própria natureza, sendo, portanto, universais.

A concepção jusnaturalista dos Direitos Humanos entende tais direitos como inatos e naturais ao ser humano e anteriores a qualquer lei ou direito positivado. Tal concepção é recorrente nas declarações de direitos, como a Declaração dos Direitos do Homem e do Cidadão, da Revolução Francesa.

5.1.2 Juspositivismo (positivismo jurídico)

Essa teoria que defende que direito é somente aquilo que é determinado e exposto pelo Estado. O direito é produto da determinação e das decisões humanas, e não de algo natural, divino ou ancestral, como defende a teoria jusnaturalista.

A concepção juspositivista de Direitos Humanos relaciona e entende os direitos humanos a partir daquilo que está expressamente colocado em lei, ou seja, das normas positivadas em leis. Assim, esses direitos são aqueles expressamente relacionados nas normas, como as constantes da Constituição Federal de 1988 (CF/1988), por exemplo, notadamente no art. 5º.

5.2 Políticas de Segurança Pública

A segurança pública passou a ter status constitucional relevante com a promulgação da CF/1988. Erigiu-se, para isso, um capítulo exclusivo, qual seja o Título III do Capítulo V, que versa sobre a defesa do Estado e das instituições democráticas.

Anteriormente (e, em alguns aspectos, ainda hoje), a instituição policial esteve ou está fortemente vinculada às classes dominantes, servindo de proteção para o *status quo*, sem normalmente virar-se contra os poderes constituídos.

Conforme Marcos David Salem, "[...] considerando-se a gênese da polícia brasileira, não causa espanto, mesmo nos tempos atuais, que certos indivíduos situados em camadas mais altas do corpo social ainda considerem um acinte a sua mera participação em qualquer evento de natureza policial. Isto porque a polícia, no imaginário das classes dominantes brasileiras, não foi criada para os componentes delas, e sim por eles, para manter em ordem a mão-de-obra que participa do processo produtivo [...]."

Nesse novo contexto constitucional, democrático, inaugurado juridicamente a partir da CF/1988, a atuação do Estado, em qualquer das suas manifestações, teve que se ordenar pelo respeito aos fundamentos da República, principalmente no que tange à cidadania e à dignidade da pessoa humana. Não foi diferente para as políticas de segurança pública e a atuação dos órgãos policiais, que ainda se adaptam aos novos tempos constitucionais. Isso não se refere, necessariamente, à observância às normas Constitucionais e legais, cujo cumprimento é relativamente simples, mas notadamente à abertura necessária para garantir a participação popular na sua atuação.

É necessário relembrar que, conforme o art. 144 da CF/1988, segurança pública é um dever do Estado, mas também é um direito e uma responsabilidade de todos. Repare, portanto, que a segurança não é mera atribuição das polícias, mas de todos, indistintamente - tanto do governo, quanto de cidadãos, sociedade civil organizada e empresas.

Também dispõe a Constituição que a segurança pública é exercida para a preservação da ordem pública e da incolumidade das pessoas e do patrimônio, por meio de órgãos específicos, quais sejam:

> ***Art. 144, CF/1988***
> *I – Polícia Federal;*
> *II – Polícia Rodoviária Federal;*

Nesse momento, é importante fazer a distinção entre os seguintes conceitos:

- **Polícia Administrativa (ou de Segurança):** com maior caráter preventivo, atuando na manutenção da ordem pública e na prevenção de delitos, mediante o policiamento ostensivo. Atua com grande discricionariedade, independentemente de ordem judicial. Um exemplo, no Brasil, é a atuação da Polícia Militar (PM). Nas rodovias federais, a atividade é exercida pela Polícia Rodoviária Federal (PRF), que exerce o patrulhamento ostensivo das rodovias federais.
- **Polícia Judiciária:** tem caráter repressivo, atua primordialmente após a prática dos crimes, por meio do procedimento administrativo, destinado a apurar a autoria e a materialidade das infrações penais. Possui destaque, ainda, o Inquérito Policial (IP) ou o Termo Circunstanciado, destinado às infrações penais de menor potencial ofensivo (contravenções penais e crimes, cuja pena máxima seja igual ou inferior a 2 anos).

O Superior Tribunal de Justiça (STJ) diferencia ainda (REsp. 332.172/ES):

- **Polícia Judiciária:** aquela que funciona como auxiliar do Poder Judiciário, no cumprimento das suas ordens (por exemplo, prisão).
- **Polícia Investigativa:** atua na investigação dos crimes (Polícia Civil, tanto as estaduais como federal).
- **Poder de polícia:** por mais curioso que possa parecer, o conceito *lato* de poder de polícia consta do Código Tributário Nacional (CTN), pois não é exclusivo dos órgãos policiais, mas engloba toda a atividade de ordenação e de fiscalização exercidas pelos poderes públicos, notadamente o Poder Executivo. Vejamos:

> ***Art. 78, CTN*** *Considera-se poder de polícia atividade da Administração Pública que, limitando ou disciplinando direito, interesse ou liberdade, regula a prática de ato ou abstenção de fato, em razão de interesse público concernente à segurança, à higiene, à ordem, aos costumes, à disciplina da produção e do mercado, ao exercício de atividades econômicas dependentes de concessão ou autorização do Poder Público, à tranquilidade pública ou ao respeito à propriedade e aos direitos individuais ou coletivos.*

- **Poder de polícia *lato sensu*:** diligências policiais, propriamente ditas, como buscas pessoais, domiciliares, condução de presos, prisões etc.

Atualmente, o melhor modelo de policiamento é o de viés comunitário, em que o policial é incentivado a conviver e a interagir em uma comunidade. Estimula-se o convívio e a participação proativa na resolução integrada dos problemas sociais. A gestão policial em um Estado Democrático de Direito deve ser responsabilidade de todos e não apenas dos policiais ou de profissionais de segurança pública. Assim, modelos democráticos são sistemas que privilegiam o contato da Polícia com a comunidade, via conselhos e audiências públicas, por exemplo.

Conforme Theodomiro Dias Neto, "inerente ao conceito de democracia é o princípio de que os cidadãos devem possuir mecanismos de controle sobre as decisões estatais". Esse controle, no âmbito do modelo de policiamento comunitário, consiste na possibilidade de interação constante entre as forças policiais e uma comunidade, que pode trazer, via Conselhos Comunitários de Segurança, quais seriam as principais reinvindicações e angústias de segurança naquela localidade. O policiamento comunitário vem da constatação de que é praticamente impossível o êxito no combate ao crime se não houver cooperação da sociedade.

Dias Neto constrói a seguinte esquematização (apresentada a seguir), sobre a história das polícias nos Estados Unidos. Nota-se que suas propostas são similares a algumas manifestações de organização policial verificadas no Brasil:

- **Era Política (1ª metade do século XIX e início do XX):** polícia com fortes vínculos com políticos locais, com ampla discricionariedade no agir e enormes atribuições. A Polícia era vista como grande "quebra galho".
- **Modelo Profissional (início do século XX até anos 1970/1980):** chefes de Polícia com estabilidade e mandatos fixos, com grande ênfase na hierarquia e na disciplina, afastamento da população com o fundamento de se evitar a corrupção e os abusos, com demarcação das funções eminentemente policiais. O policial deve executar a lei, sem participação da sociedade na decisão policial.
- **Modelo Comunitário:** inicia-se na década de 1970 com a ampliação das competências não penais do policial, que também passa a ser um líder e um pacificador social, auxiliando nos pequenos atritos e construindo um relacionamento cooperativo com a sociedade. Parte do princípio de que a participação social na Polícia não entra em contradição com o respeito à lei.

Como fomentar a colaboração social da Polícia com a sociedade, e vice-versa? Eis as principais medidas e aspectos propostos, dentro da visão de policiamento comunitário:

- **Maior interação do policial com o cidadão:** deve-se incentivar, no modelo comunitário de policiamento, a presença constante e direta do policial na área em que atua, priorizando-se a noção de pertencimento do policial na sociedade em que trabalha. A formação do policial deve também priorizar a sensibilidade para aceitar a diversidade.
- **Ajustamento das expectativas:** o contato constante entre policiais e comunidade auxilia no reconhecimento das dificuldades inerentes ao trabalho policial, de modo a diminuir as altas e irreais expectativas que são normalmente depositadas nesse trabalho.
- **Policiamento orientado ao problema:** consiste na cooperação entre policiais e cidadãos, na busca por soluções integradas e colaborativas para os problemas de criminalidade local. Por exemplo: a partir de reuniões do Conselho de Segurança de um bairro, com a equipe de policiais que atua no policiamento comunitário, são levantadas as principais fragilidades que ocasionam a criminalidade. Algumas delas são: falta de iluminação pública, áreas degradadas (como prédios abandonados) e ociosidade de jovens, em face da ausência de contraturno escolar ou atividades de lazer. De forma integrada, comunidade e polícia devem buscar a solução dessas demandas.

A necessidade de organizar os órgãos policiais, de maneira a cumprir democraticamente as desafiadoras funções de garantir a preservação da ordem democrática, determinou a formulação de inúmeras políticas públicas. Merece destaque o fato de que ainda não há lei que discipline a organização e o funcionamento dos órgãos responsáveis pela segurança pública, de modo a garantir a eficiência de suas atividades de forma unitária, conforme determina o § 7º do art. 144 da CF/1988.

5.3 Direitos humanos

Pode-se situar a gestação inicial de políticas democráticas para a gestão e aplicação da segurança pública a partir de 1996, com o lançamento do primeiro Programa Nacional de Direitos Humanos (PHDH).

De acordo com Celso Lafer e vários outros doutrinadores, os direitos humanos podem ser classificados em quatro gerações, que representam a evolução histórica da humanidade:

- **Primeira geração:** representada pelas conquistas dos direitos civis e políticos, os direitos individuais fundamentados no contratualismo do Estado liberal. São tidos como inerentes ao indivíduo como direito natural.
- **Segunda geração:** também denominados direitos socioeconômicos, são os direitos relativos aos serviços públicos e que dão garantia de trabalho, saúde, educação e segurança pública e civil.
- **Terceira e quarta gerações:** define-se direitos humanos cujo titular é a coletividade. Citam-se grupos humanos como a família, as associações, coletividades regionais e outros. São conquistas referentes ao equilíbrio do meio ambiente e das relações de consumo, por exemplo.

5.3.1 Plano Nacional de Direitos Humanos (PNDH-3)

Atualmente, está em vigor o Programa Nacional de Direitos Humanos (PNDH-3), consubstanciado no Decreto nº 7.037/2009. Esse documento, em diversos eixos temáticos, busca concretizar políticas em prol do desenvolvimento contínuo dos direitos humanos. No Eixo Orientador nº IV, verifica-se a temática da segurança pública, do acesso à justiça e do combate à violência, com as seguintes diretrizes:

Diretriz 11	Democratização e modernização do sistema de segurança pública.
Diretriz 12	Transparência e participação popular no sistema de segurança pública e justiça criminal.
Diretriz 13	Prevenção da violência e da criminalidade e profissionalização da investigação de atos criminosos.
Diretriz 14	Combate à violência institucional, com ênfase na erradicação da tortura e na redução da letalidade policial e carcerária.
Diretriz 15	Garantia dos direitos das vítimas de crimes e de proteção das pessoas ameaçadas.
Diretriz 16	Modernização da política de execução penal, priorizando a aplicação de penas e medidas alternativas à privação de liberdade e melhoria do sistema penitenciário.
Diretriz 17	Promoção de sistema de justiça mais acessível, ágil e efetivo, para o conhecimento, a garantia e a defesa de direitos.

O PNDH-3 destaca que:

> *[...] Por muito tempo, alguns segmentos da militância em Direitos Humanos mantiveram-se distantes do debate sobre as políticas públicas de segurança no Brasil. No processo de consolidação da democracia, por diferentes razões, movimentos sociais e entidades manifestaram dificuldade no tratamento do tema. Na base dessa dificuldade, estavam a memória dos enfrentamentos com o aparato repressivo, ao longo de duas décadas de regime ditatorial, a postura violenta vigente, muitas vezes, em órgãos de segurança pública, a percepção do crime e da violência como meros subprodutos de uma ordem social injusta a ser transformada em seus próprios fundamentos.*
>
> *Distanciamento análogo ocorreu nas universidades, que, com poucas exceções, não se debruçaram sobre o modelo de polícia legado ou sobre os desafios da segurança pública. As polícias brasileiras, nos termos de sua tradição institucional, pouco aproveitaram da reflexão teórica e dos aportes oferecidos pela Criminologia moderna e demais ciências sociais, já disponíveis há algumas décadas às polícias e aos gestores de países desenvolvidos. A cultura arraigada de rejeitar as evidências acumuladas pela pesquisa e pela experiência de reforma das polícias no mundo era a mesma que expressava nostalgia de um passado de ausência de garantias individuais, e que identificava na ideia dos Direitos Humanos não a mais generosa entre as promessas construídas pela modernidade, mas uma verdadeira ameaça.*
>
> *Estavam postas as condições históricas, políticas e culturais para que houvesse um fosso aparentemente intransponível entre os temas da segurança pública e os Direitos Humanos.*
>
> *Nos últimos anos, contudo, esse processo de estranhamento mútuo passou a ser questionado. De um lado, articulações na sociedade civil assumiram o desafio de repensar a segurança pública a partir de diálogos com especialistas na área, policiais e gestores. De outro, começaram a ser implantadas as primeiras políticas públicas, buscando caminhos alternativos de redução do crime e da violência, a partir de projetos centrados na prevenção e influenciados pela cultura de paz.*
>
> *A proposição do Sistema Único de Segurança Pública, a modernização de parte das nossas estruturas policiais e a aprovação de novos regimentos e leis orgânicas das polícias, a consciência crescente de que políticas de segurança pública são realidades mais amplas e complexas do que as iniciativas possíveis às chamadas 'forças da segurança', o surgimento de nova geração de policiais, disposta a repensar práticas e dogmas e, sobretudo, a cobrança da opinião pública e a maior fiscalização sobre o Estado, resultante do processo de democratização, têm tornado possível a construção de agenda de reformas na área.*
>
> *O Programa Nacional de Segurança Pública com Cidadania (PRONASCI) e os investimentos já realizados pelo Governo Federal na montagem de rede nacional de altos estudos em segurança pública, que têm beneficiado milhares de policiais em cada Estado, simbolizam, ao lado do processo de debates da 1ª Conferência Nacional de Segurança Pública, acúmulos históricos significativos, que apontam para novas e mais importantes mudanças. [...]*

5.3.2 Diretrizes do PNDH-3 para a segurança pública

A seguir, são destacadas as principais propostas e diretrizes listadas no Plano Nacional de Direitos Humanos para a área de Segurança Pública:

- Propor alteração do texto constitucional, de modo a considerar as polícias militares não mais como forças auxiliares do Exército, mantendo-as apenas como força reserva.
- Propor a revisão de estrutura, treinamento, controle, emprego e regimentos disciplinares dos órgãos de segurança pública, de modo a potencializar suas funções de combate ao crime e proteção dos direitos de cidadania, bem como garantir que seus órgãos corregedores disponham de carreira própria, sem subordinação à direção das instituições policiais.
- Propor a criação obrigatória de ouvidorias de polícias independentes nos estados e no Distrito Federal, com ouvidores protegidos por mandato e escolhidos com participação da sociedade.
- Assegurar a autonomia funcional dos peritos e a modernização dos órgãos periciais oficiais, como modo de incrementar sua estruturação, assegurando a produção isenta e qualificada da prova material, bem como o princípio da ampla defesa e do contraditório e o respeito aos direitos humanos. Propor regulamentação da perícia oficial.
- Propor projeto de lei para proporcionar autonomia administrativa e funcional dos órgãos periciais federais.
- Desenvolver sistema de dados nacional informatizado para monitoramento da produção e da qualidade dos laudos produzidos nos órgãos periciais.
- Promover o aprofundamento do debate sobre a instituição do ciclo completo da atividade policial, com competências repartidas pelas polícias, a partir da natureza e da gravidade dos delitos.
- Apoiar a aprovação do projeto de lei que dispõe sobre o Sistema Único de Segurança Pública.
- Condicionar o repasse de verbas federais à elaboração e à revisão periódica de planos estaduais, distrital e municipais de segurança pública, que se pautem pela integração e pela responsabilização territorial da gestão dos programas e ações.
- Criar base de dados unificada, que permita o fluxo de informações entre os diversos componentes do sistema de segurança pública e a Justiça criminal.
- Proporcionar equipamentos para proteção individual efetiva para os profissionais do sistema federal de segurança pública.
- Condicionar o repasse de verbas federais aos estados, ao Distrito Federal e aos municípios, à garantia da efetiva disponibilização de equipamentos de proteção individual aos profissionais do sistema nacional de segurança pública.
- Fomentar o acompanhamento permanente da saúde mental dos profissionais do sistema de segurança pública, mediante serviços especializados do sistema de saúde pública.
- Propor projeto de lei instituindo seguro para casos de acidentes incapacitantes ou morte em serviço para profissionais do sistema de segurança pública.
- Garantir a reabilitação e reintegração ao trabalho dos profissionais do sistema de segurança pública federal, nos casos de deficiência adquirida no exercício da função.
- Publicar trimestralmente estatísticas sobre crimes registrados, inquéritos instaurados e concluídos, prisões efetuadas, flagrantes registrados, operações realizadas, armas e entorpecentes apreendidos pela Polícia Federal em cada estado da Federação; veículos abordados, armas e entorpecentes apreendidos e prisões efetuadas; presos provisórios e condenados sob custódia do sistema penitenciário federal e quantidade de presos trabalhando e estudando por idade, sexo e raça ou etnia; vitimização de policiais federais, policiais rodoviários federais, membros da Força Nacional de Segurança Pública e agentes penitenciários federais.
- Fomentar mecanismos de gestão participativa das políticas públicas de segurança, como conselhos e conferências, ampliando a Conferência Nacional de Segurança Pública (Conasp).
- Realizar ações permanentes de estímulo ao desarmamento da população.
- Propor reforma da legislação para ampliar as restrições e os requisitos para aquisição de armas de fogo por particulares e empresas de segurança privada.

- Propor alteração da legislação para garantir que as armas apreendidas em crimes que não envolvam disparo sejam inutilizadas imediatamente após a perícia.
- Propor projeto de lei para alterar o procedimento do inquérito policial, de modo a admitir procedimentos orais gravados e transformar em peça ágil e eficiente de investigação criminal voltada à coleta de evidências.
- Fomentar o debate com o objetivo de unificar os meios de investigação e obtenção de provas e padronizar procedimentos de investigação criminal.
- Promover a capacitação técnica em investigação criminal para os profissionais dos sistemas estaduais de segurança pública.
- Realizar pesquisas para qualificação dos estudos sobre técnicas de investigação criminal.
- Realizar anualmente pesquisas nacionais de vitimização.
- Fortalecer mecanismos que possibilitem a efetiva fiscalização de empresas de segurança privada e a investigação e responsabilização de policiais que delas participem de forma direta ou indireta.
- Elaborar diretrizes para atividades de policiamento comunitário e policiamento orientado para a solução de problemas, bem como catalogar e divulgar boas práticas dessas atividades.

6 MODELOS SOCIOLÓGICOS E SOCIOLOGIA CRIMINAL

As principais contribuições para o desenvolvimento dos estudos em Criminologia encontram-se em modelos sociológicos de explicação do crime. Com efeito, tais estudos evoluíram da vertente sociológica da Escola Positiva e emanciparam-se, deixando um viés eminentemente etiológico (estudo das causas). Neste sentido, iniciou-se, com esses modelos, uma busca por verdadeiras teorias da criminalidade, dispensando para além de pesquisas empíricas um elevado grau de abstração e teorização na formulação de suas teses e pensamentos.

Percebe-se a dificuldade de uma classificação precisa quanto ao momento em que as teorias sociológicas ainda se baseavam em uma teorização etiológica, ou seja, quando buscavam explicar as causas dos crimes. Posteriormente, passou-se a formalizar verdadeiras teorias da criminalidade. Neste capítulo, são apresentadas escolas ou modelos sociológicos, com teorias etiológicas e criminológicas.

Fique ligado
Não é correto afirmar que a investigação etiológica é estranha às teorias sociológicas. O deslocamento do paradigma positivista não significa ruptura com o caráter etiológico. Os modelos sociológicos partem da premissa fundamental de que o crime não é uma simples manifestação intrínseca ou psicológica do ser humano, mas, sim, é um fenômeno complexo e social.

Destacam-se dois principais caminhos da Sociologia Criminal: uma vertente europeia, cuja liderança coube a **Durkheim**, e o modelo norte-americano da **Escola de Chicago**.

As teorias que serão estudadas a seguir partem de uma análise macro do papel da sociedade como produtora de criminalidade. Elas envolvem não apenas um ou outro indivíduo e, tampouco, pequenos grupos, como era feito antes. Mas também, em alguns casos, enunciarão teorias sobre a criminalidade, a partir de análises microssociológicas ou microcriminológicas, partindo do estudo do crime da perspectiva individual para a social. Tratam, portanto, de conceber teorias e estudos macrocriminológicos ou microcriminológicos. Alguns desses estudos tomam por base uma sociedade de consenso, em que haveria uma ideia de contrato social e de harmonia de interesses entre seus membros, que compartilham objetivos e ideias em comum, com colaboração mútua. Outros desses estudos são classificados como teorias conflituais, as quais não concebem a sociedade no sentido de uma cooperação voluntária ou como fruto de um consenso de todos. Consideram, na verdade, que a coerção e a dominação pela força da lei e do Estado são responsáveis por garantir o amálgama social.

Os modelos positivistas de Criminologia são mais consensuais, de modo que a ideia de sociedade de conflito é desenvolvida por alguns teóricos da Sociologia Criminal e das **teorias criminológicas**.

Sociologia criminal	
Teorias do consenso	▷ Colaboração entre seus membros ▷ Ideia de contrato social ▷ Instituições funcionam para dar harmonia ▷ Consenso entre os membros da sociedade sobre valores ▷ Sociedade é baseada na estabilidade, integração e coordenação funcional

CRIM

Teorias de conflito	▹ Disputa entre seus membros e grupos sociais ▹ Ideia de coerção ▹ Instituições servem para garantir a dominação de alguns grupos sobre outros ▹ Dissenso e conflito entre os membros da sociedade, sempre tendendo para a desintegração ou mudança ▹ Sociedade é baseada no movimento ▹ É feita de dissenso e conflito ▹ Conflito é ubíquo (está em todo o lugar, é onipresente)

6.1 Teorias do consenso

A seguir serão apresentadas as principais teorias e seus formuladores.

6.1.1 Teoria ecológica – Escola de Chicago

- ▹ Macrocriminológica/macrossociológica.
- ▹ De consenso.

A Escola de Chicago corresponde ao nascedouro da moderna Sociologia norte-americana. Nasceu a partir do Departamento de Sociologia da Universidade de Chicago, em 1890, com apoio de grandes empresários norte-americanos, e garantiu remuneração bem acima da média para professores. Isso fez com que se dirigissem para Chicago vários catedráticos que, além de altos salários, tinham autonomia para se dedicar às suas pesquisas e aos seus estudos. Chicago, como qualquer cidade de médio porte, sofria com o crescimento desenfreado e com a eclosão da violência. Sua população duplicava de número a cada 2 anos, e muitos de seus novos moradores não vinham apenas de outros rincões norte-americanos, mas de inúmeros países da Europa. Desse modo, eles possuíam sotaques, culturas e costumes diversos que, normalmente, levavam a conflitos variados.

Os pesquisadores da Escola de Chicago eram eminentemente pragmáticos. Buscavam teorias capazes de entender e conter a criminalidade nas grandes cidades norte-americanas, as quais cresceram vertiginosamente a partir da metade do século XIX. Diante disso, os estudiosos desenvolveram a chamada "Sociologia da grande cidade".

Essa teoria supera o paradigma etiológico, pois se preocupa mais com o processo dinâmico e complexo de criminalização do que com o crime ou com o criminoso.

O principal avanço da Escola de Chicago foi priorizar o conhecimento prévio da realidade de cada cidade, antes de formalizar políticas de intervenção nas suas áreas. Priorizou-se o rigor metodológico, por meio de análises de estatísticas policiais e judiciais. Demonstrou-se a necessidade de atenção para os altos índices de criminalidade, verificados nas áreas deterioradas e pobres das grandes cidades.

Esses teóricos receberam críticas por terem substituído o antigo Determinismo do Positivismo para um **Determinismo Ecológico**. Todavia, a teoria por eles proposta obteve grande mérito, pois substituiu a visão meramente etiológica e propôs críticas às respostas e às soluções meramente individuais. Tudo isso com o objetivo de expor uma verdadeira teoria criminológica, que mesclasse pesquisas de campo com teses e abstrações, de modo que possuíssem sempre um viés mais abrangente do fenômeno criminal.

Segundo Shecaira (2014), não conheciam a concepção de "cifra negra" da criminalidade e, portanto, as estatísticas utilizadas não refletiam a problemática da subnotificação de crimes.

A primeira grande teoria desenvolvida foi a **teoria ecológica** (estudo do ambiente), também denominada **teoria da desorganização social**. Ela criticou a gênese desorganizada de crescimento dos grandes centros urbanos no século XIX, em que as pessoas disputavam cada vez mais energicamente o espaço urbano e os meios de subsistência. Segundo essa teoria, as pessoas perderiam, gradativamente, suas identidades com o local onde viviam, uma vez que pouco existiam/permaneciam naquele local. Isso era atribuído às grandes jornadas externas de trabalho, as quais faziam com que o trabalhador perdesse progressivamente os vínculos com seus vizinhos, por exemplo, os quais passavam a sequer se conhecer.

Tal teoria conclui que a cidade grande produziria, por si só, a violência urbana, pela desorganização e decorrente ausência de controle urbano. Essa informação recomenda maior atuação do Estado no disciplinamento urbano. Ou seja, a eclosão de uma grande cidade, em substituição às pequenas vilas, enfraqueceria os grupos primários de socialização (família, vizinhança etc.). Isso tornaria a disputa pelos meios de subsistência mais acirrados, degenerando as relações humanas.

Era preciso, então, regrar o crescimento das cidades e fazer intervenções que favorecessem o controle, com aumento das áreas de convívio (como parques), de modo a incentivar a interação entre vizinhos, e destes com as Polícias.

Os idealizadores dessa teoria propõem também o incremento das condições sociais e econômicas das famílias, de modo a melhor atender suas crianças, com fornecimento de creches e escolas. Promovem a observação da necessidade de fortalecimento de vínculos entre vizinhos, com amplos programas de integração comunitária. Para isso, incentivam a criação de comitês, associações, clubes e igrejas locais, de forma a, novamente, estabelecer a ideia de cooperação em prol de objetivos comuns de uma comunidade, que deveria se circunscrever em bairros (microcidades). Defendem, ainda, o aumento de atividades recreativas regionalizadas. Tais medidas tendem a oferecer melhorias no controle social informal (família, escola, clubes, empresa), com menos necessidade de utilização do controle formal (Direito Penal, por exemplo).

A teoria ecológica pode ser resumida por dois conceitos básicos:

Desorganização social	O crescimento desorganizado fulmina ou dificulta os controles sociais informais, como os exercidos pela família, escola, religião, trabalho, clubes e associações, tornando o homem cada vez mais um anônimo. Ao mesmo tempo, o crescimento descontrolado dificulta a atuação dos controles sociais formais, uma vez que o Estado não consegue crescer na velocidade de expansão das cidades (falta de policiais, de acesso à Justiça etc.), com tendências de surgimento de grupos de "justiceiros", de "extermínio" ou de "milicianos" que se encarregam de providenciar a coerção pela força (grupos armados).
Áreas de Criminalidade (*Gradient Tendency*)	As cidades cresceriam a partir de círculos, partindo do centro para a periferia (melhores moradias), como a inicial (denominada *loop*), concentrando a zona comercial, industrial e de serviços, sendo a 2ª Zona (ou de transição) mais propícia ao estabelecimento de guetos e cortiços, pois ficaria entre a 1ª Zona (industrializa, mais poluída e barulhenta e sempre em expansão) e a 3ª Zona (residencial de baixa renda). A 4ª Zona seria destinada a moradias da classe média, e a última zona (5ª Zona), a moradias da classe mais alta.

Vários foram os representantes da Escola de Chicago, como William Thomas, Florian Znaniecki, Robert E. Park, Louis Wirth, Ernest Burgess, Everett Hughes, Henry Mckay e Robert Mackenzie.

Clifford R. Shaw destacou-se pelas obras *The Jack Roller* e, também, por *Delinquência Juvenil e Desorganização Social*. Ernest W. Burgess, por sua vez, escreveu a obra *O crescimento da cidade: introdução a um projeto de pesquisa. Estudos de Ecologia humana*.

6.1.2 Teoria da anomia

- Macrocriminológica/macrossociológica.
- De consenso.
- Principais teóricos são Durkheim (1858-1917) e Robert King Merton (1910-2003).

Durkheim escreveu a obra *O suicídio*, na qual formula, pela primeira vez, a ideia de anomia. Em sua obra, o autor explica que o comportamento humano não pode ser explicado apenas pelo livre arbítrio. Há, para ele, condicionamentos do meio e da sociedade na conduta do ser humano.

Ele apropriou-se do exemplo do suicídio e demonstrou, com estatísticas oficiais, que mesmo o suicídio não depende apenas da livre decisão do homem. O suicídio receberia influências externas, com aumentos em épocas de crise, mas, surpreendentemente, também com acréscimos em tempos de prosperidade.

A partir dessa constatação empírica, Durkheim diz que o suicídio é explicável pela ausência de normas, ou **anomia**. Considera ainda o crime como fenômeno normal de uma sociedade, e não como uma doença atribuível a um indivíduo ou comunidade. Também nega se tratar de situações necessariamente nocivas à sociedade. Pelo contrário, os crimes seriam necessários para a estabilidade social.

Durkheim observa que, em toda e qualquer sociedade, por mais organizada e desenvolvida que seja, há patamares constantes de criminalidade, não havendo meios de evitar-se totalmente o desvio. Para ele, haveria uma taxa de crimes saudável para uma sociedade, pois permitiria a reafirmação da ordem e da defesa dessa sociedade, pela aplicação da decorrente sanção. Isso demonstraria o pleno funcionamento das instituições de um Estado.

A problemática – ou anomalia – estaria em aumentos abruptos que podem decorrer de ausência de normas (ou anomias), decorrentes de momentos de grave crise social, com verdadeiro desmoronamento de normas e valores de convivência social, sem que outros valores estejam a postos para adesão.

Também as diminuições rápidas na criminalidade são problemáticas, na visão de Durkheim. Isso porque demonstram crise na sociedade examinada. Nesse caso, decorrem de grande explicitação de força do Estado na contenção da sociedade. São casos em que, por exemplo, decreta-se estado de sítio, como modo de fazer cessar qualquer manifestação social, com a consequente redução artificial da criminalidade. Tal diminuição não significa que a sociedade está harmoniosa, mas sim que o "consenso" se obteve de forma forçada, mediante excessiva dissuasão, obtida pelo uso ou simples demonstração de força.

A teoria de Durkheim é funcionalista e consensual, pois defende que os diversos elementos que constituem a sociedade se inter-relacionam, buscando uma harmonia. Para o estudioso, a importância do crime está no estabelecimento de limites morais para uma comunidade.

Robert King Merton (1910-2003), sociólogo norte-americano, formulou sua teoria da anomia a partir dos conceitos de Durkheim. Ele toma por base as reflexões sobre a incapacidade de alguns integrantes da sociedade em atingir as metas e os fins culturais propostos, como *status*, poder, riqueza e satisfação pessoal ("lugar ao sol"). Sua teoria é construída sob a perspectiva do "sonho americano", criada dentro de uma filosofia de Estado do bem-estar social, em que, supostamente, haveria condições reais de oportunidades iguais para todos. As pessoas não conseguiriam atingir as expectativas sociais graças à insuficiência dos meios institucionalizados disponíveis.

Desta forma, segundo Merton, as pessoas poderiam ter um comportamento **conformista** (de acomodação em face às regras e limitações), **comportamento ideal e não criminógeno, por excelência**. Tais indivíduos concordam com as "regras do jogo", ou seja, estão sintonizados tanto com as metas como com os meios para obtenção.

Outros empreenderiam um comportamento de rompimento aparente com o sistema, negando os meios institucionalizados. Entretanto, continuariam a buscar as metas sociais pelo comportamento da **inovação**.

Merton classifica, ainda, como comportamento **ritualista** a ação daqueles que simplesmente fogem dos fins sociais (dinheiro e fama, por exemplo), por acreditarem que, por alguma razão, jamais alcançariam tais metas.

Pela **evasão** ou **retraimento**, temos o comportamento daqueles que renunciam às metas culturais, bem como aos meios institucionalizados. Esses indivíduos consideram-se derrotados e esquecidos da sociedade. Servem como exemplo disso os mendigos, os viciados em drogas e os alcoólatras crônicos (atualmente, um caso a ser citado é o dos habitantes das atuais "cracolândias").

Já os de comportamento **rebelde** lutam pelo estabelecimento de uma nova ordem social, pois negam tanto as metas quanto os meios institucionais para as alcançar. Individualmente, seriam os ditos "rebeldes", mas, coletivamente, podem levar a grandes mudanças sociais, tornando-se revolucionários.

A partir da teoria da anomia de Merton, outros teóricos afirmaram que os Estados Unidos estariam condicionados a altas taxas de criminalidade. Esse fato decorre da pressão ideológica do "sonho americano", ao estabelecer uma grande meta cultural (sucesso econômico), sem fixar e destacar que tal meta deve ser obtida licitamente. Isso faz com que muitos pretendam obter a grande meta do sucesso mediante quaisquer meios, lícitos ou ilícitos.

6.2 Teorias do conflito

6.2.1 Teorias do conflito cultural

As teorias do conflito cultural advogam que a cultura e o choque entre concepções socioculturais seriam fatores indutores de criminalidade preponderantes. A causa disso é o choque de antigas tradições culturais simplesmente herdadas e que perdem gradativamente sua credibilidade. Um exemplo refere-se à crise de paradigmas culturais, ocorrida na década de 1960 nos Estados Unidos (Guerra do Vietnã *versus* paz).

Os principais representantes são Taft, Sellin, White e Cohen.

6.2.2 Teorias do conflito social

As teorias do conflito social preceituam que o falso e artificial consenso social entrou em crise fatal, a partir da pluralidade de grupos e subgrupos sociais, que integram as sociedades modernas. Sua evolução se dá pela disputa entre costumes, valores antigos e as novas ambições e aspirações de uma sociedade. Desse modo, há coações e pressões de umas sobre as outras, fato responsável por causar repercussão na sua evolução.

- **Mudança:** o conflito e a dominação são os marcos de tais teorias, as quais consideram os conflitos como funcionais e benéficos, pois asseguram a mudança social e o aperfeiçoamento dos sistemas (Dahrendorf).

Chambliss e Seidman preceituam, em suas formulações, que dentro da concepção de conflito, não haveria neutralidade no sistema de Justiça Penal. Este atuaria consoante o interesse de parcelas da sociedade mais representadas em tais organizações.

6.2.3 Teorias do conflito marxistas

As teorias do conflito, de cunho marxista, estudam o crime em razão das relações de produção de uma sociedade capitalista, de modo a considerar o delito como produto histórico, decorrente da luta entre classes. Consideram que as classes são subjugadas e exploradas umas pelas outras, e as classes dominantes servem-se do Direito e da Justiça para manter sua dominação.

Sobre tais concepções, são cunhados modelos denominados Criminologia Crítica, Criminologia Radical ou Nova Criminologia.

Essas teorias têm como obra fundante *A Nova Criminologia* (1973), de Taylor, Walton e Young. Não é a mesma coisa que o *labelling approach* ou teoria do etiquetamento, que surgiu na década de 1960, como veremos a seguir. Entretanto, pode-se dizer que a Criminologia Crítica sofreu influências da teoria do etiquetamento.

Neste momento, é importante estabelecer diferenciações conceituais entre as teorias conflituais de concepção não marxista das marxistas, nos seguintes termos:

- **Teorias do conflito não marxistas:** crime como produto normal, **não patológico**, decorrente de tensões e disputas entre diversos segmentos e grupos sociais; conflito em um aspecto remoto, desconectado das relações e modos de produção.
- **Teorias do conflito marxistas:** crime é fenômeno histórico que se desenvolve a partir da luta entre classes sociais e é decorrência **patológica** de uma sociedade desigual; conflito diretamente relacionado e decorrente da organização dos modos de produção e do capitalismo.

Segundo Roldán Barbero, haveria cinco teses fundamentais na Criminologia Crítica:

- O conflito e o desvio são decorrentes da tensão social.
- Ênfase na atribuição criminal e etiquetamento (estigmatização) do infrator (desviação secundária) patrocinada pelas instâncias de controle.
- O Sistema de Justiça Criminal é extremamente seletivo, atuando como verdadeira justiça de classe ao selecionar e recrutar, atribuindo (etiquetando) sua clientela nos estamentos mais baixos da sociedade.
- Simpatia pelo delinquente das classes mais baixas e atitude hostil em face do criminoso poderoso (crimes do colarinho branco).
- Prega o Abolicionismo, pelo papel desempenhado pelas instâncias punitivas em seu funcionamento real.

O modelo da **Nova Prevenção,** idealizado pelos italianos Alessandro Baratta, Dario Melossi e Massimo Pavarini (Escola de Bolonha), entendem que a desigualdade social produz a criminalidade e deve ser respondida com políticas públicas. Foram críticos do enfoque da reação social que seria uma face liberal da criminologia conservadora e pleiteavam uma ampla reforma social. Buscavam individualizar uma Criminologia de cunho marxista.

6.2.4 Teorias subculturais

Os principais representantes das teorias subculturais são: Cohen, com suas teorias a respeito da delinquência juvenil; e Cloward e Ohlin, com a teoria da oportunidade diferencial.

São de cunho microssociológicas, pois partem do estudo de diversas minorias marginalizadas.

- Pluralismo atomizado da ordem social, em que vários grupos e subgrupos disputam espaço. Cada grupo possui seu código de valores, nem sempre sintonizados com os valores da maioria que domina.
- Semelhanças de estrutura e gênese do comportamento regular e irregular.
- Sancionamento e cobertura normativa da conduta desviada.

Diferentemente das teorias ecológicas, as teorias subculturais advogam que o crime não é decorrente da desorganização social ou da ausência de valores, mas, sim, do choque e da disputa entre valores diversos, dos inúmeros grupos sociais.

Tais teorias estudarão como se estabelecem os grupos e subgrupos sociais, predominantemente aqueles mais isolados e diferenciados. Constituem exemplos disso os subgrupos de delinquentes juvenis, os bandos e as gangues. A pesquisa volta-se, sobremaneira, para a gênese e origem desses subgrupos, os quais são decorrentes da própria estratificação social. O enfoque não é como o dos adeptos das teorias ecológicas, que se dedicavam ao estudo de funcionamento e da estrutura interna de tais comunidades.

O crime, para as teorias subculturais, decorre do enfrentamento de outros sistemas culturais e não da desorganização de uma sociedade (como no caso das teorias ecológicas).

Exemplos de subculturas: gangues juvenis ("rebeldes sem causa"), *hippies*, *beatniks*, *pacifistas*, *punks*, *skinheads*, pichadores, torcidas organizadas de futebol etc.

A grande lição das teorias subculturais é que, pelas características culturais particulares de cada subgrupo, o combate à criminalidade decorrente deve ser feito de forma inovadora, mediante a cooptação dos subgrupos. A ideia consiste em conceder a eles espaços próprios e oportunizar seu acesso à sociedade ordinária. Um exemplo é o caso dos grupos de pichadores, que têm seus esforços canalizados para experiências de uso de grafite em muros autorizados (exemplo de Sérgio Shecaira na obra *Criminologia*). Já em casos de subgrupos violentos, a resposta é a criação de grupos especializados de investigação e acompanhamento tecnológico da criminalidade, como monitoramento via câmeras, de modo a identificar e a punir as lideranças dos agressores, bem como ocasionar a desarticulação do subgrupo (neonazistas, *skinheads*, torcidas organizadas, *black blocs*).

6.3 Teorias do processo social

6.3.1 Teorias da aprendizagem social (*social learning*)

O crime apreende-se como todo comportamento em sociedade. O principal referencial teórico dessas teorias pertence ao norte-americano Edwin Hardin Sutherland (1883-1950), que cunhou a expressão "crime do colarinho branco" em sua obra *White Collar Criminality* (1940).

A **teoria da associação diferencial**, conforme Pala Veras, é anterior às suas pesquisas de Suthertland referentes aos crimes de colarinho branco. Esse estudo surge em sua obra *principles of criminology* (1939), no capítulo *"A Theory of Differencial Association"*. O autor afirma que o crime consiste em uma atividade aprendida no processo de interação social (de contato com outras pessoas e exemplos), por meio da qual são transmitidas diversas técnicas delitivas e incutidas justificações favoráveis ao delito.

O criminoso não concordaria necessariamente com sua prática, estimulada e racionalizada anteriormente por exemplos que recebeu, mas buscaria criar mecanismos de justificação como forma de garantir a sua conduta como legítima, em que pese não ser considerada válida pelo restante da sociedade. Tal técnica é denominada, na doutrina, como "técnica de neutralização".

Um possível exemplo da Associação Diferencial é daquele indivíduo que se vê cercado de atitudes ilegais, como "gato" ou furto de energia elétrica e água, sinal de tv a cabo ilegal, mídias "piratas" e, ao mesmo tempo, convive com grandes exemplos de corrupção da classe política. Tal indivíduo pode criar justificações, técnicas de neutralização para tentar justificar, em seu pensamento, atitudes contrárias às normas, mas necessárias à sua sobrevivência, como a prática de crimes.

O conceito de crimes de colarinho branco, termo cunhado por Sutherland, em referência às finas roupas (camisas brancas), geralmente empregadas pelos empresários, são considerados delitos cometidos no âmbito profissional. São praticados por pessoas respeitadas pela comunidade e que gozam de elevado *status* social e reconhecida posição. Esse conceito de crime busca identificar e desmistificar a prática criminosa ligada simplesmente às classes mais pobres, com famílias desarticuladas, provenientes de locais mais desorganizados das cidades. Percebe-se a busca da construção de uma teoria geral apta a evidenciar que todas as classes são suscetíveis ao crime, e que os crimes de colarinho branco têm prejuízos provavelmente maiores do que os delitos tradicionais. Isso porque, normalmente, os crimes tradicionais incidem sobre pessoas específicas; em contrapartida, os crimes de colarinho branco geram vítimas difusas e indetermináveis, as quais são lesadas por práticas ilícitas cometidas por grandes empresas.

Sutherland, inclusive, desenvolveu pesquisas, publicadas posteriormente, a partir de 1949, em que demonstrou empiricamente diversas ilicitudes cometidas pelas setenta maiores empresas privadas norte-americanas. Obteve os dados a partir de análises de processos administrativos e civis, uma vez que, na época, praticamente inexistia a criminalização por delitos financeiros contra o consumidor.

6.3.2 Teorias do controle

As teorias do controle correspondem aos vínculos sociais sutis (como criação familiar), que fundamentam e orientam uma conduta conformista. Desse modo, para essas teorias, devem ser estimulados os controles sociais informais. O crime resulta de problemas nos controles informais, nos fundamentos da socialização inicial do indivíduo.

6.3.3 Teoria do etiquetamento (labelling approach)

A teoria do etiquetamento é também denominada teoria da rotulação social, teoria interacionista ou reação social.

Alguns doutrinadores classificam tal teoria como o marco das teorias do conflito (Shecaira). Tais estudos são considerados como um verdadeiro movimento criminológico, nascido nos Estados Unidos, a partir dos anos 1960. Constituem um balizador, por delimitarem um momento de ruptura do modelo etiológico-determinista. A teoria do etiquetamento contribuiu para a construção de uma análise dinâmica e progressiva do fenômeno criminal, com superação do monismo cultural, para dar lugar ao pluralismo axiológico.

Esta teoria apresenta-se crítica com relação à Criminologia anterior, das teorias consensuais. No entanto, não pode ser confundida com a escola da Criminologia Crítica, que veio posteriormente, aproveitando-se de alguns termos do *labelling*, mas com um viés marxista.

Seus principais expoentes foram Erving Goffman (1922-1982) e Howard Becker, na sua obra de 1963 "*Outsiders*". Em sua obra, Becker destaca os problemas das condutas desviadas e das pessoas que não são aceitas como membros de uma comunidade ou sociedade, cunhando-as como *Outsiders*, ou os que estariam *"do lado de fora"*. Procura também substituir a nomenclatura de criminoso para a de *desviante*, com menor carga pejorativa. Desviante seria o diferente, e o próprio autor afirma, na obra, que o canhoto seria um desviante na noção dos destros, maioria.

Desviante também seria aquele que não consegue, ou o que fracassa na perspectiva de orientar-se pelas regras da comunidade. É aquele que se desvia culturalmente. É importante lembrar que a década de 1960 do século XX inaugura o movimento da Contracultura, principalmente nos Estados Unidos, com grande efervescência cultural, política e social.

Becker considera o crime como criação da sociedade, ao afirmar que *"cada sociedade tem o criminoso que quiser"*, no sentido de que é na elaboração das leis que se escolhem, inicialmente, as condutas. Todavia, posteriormente, na aplicação e na atribuição de tais condutas a dadas pessoas (e não a outras) é que se escolhe quem é o criminoso. Tal decisão é de poder, realizada e exercida pelos órgãos de controle.

Sepultam-se, de uma vez por todas, as concepções positivistas e o paradigma etiológico-determinista. Tais estudos afirmam que a sociedade é eminentemente conflitiva, e são desenvolvidas análises críticas sobre os sistemas de controle social.

Shecaira (2014, p. 241), com propriedade, resume o período de transição:

> *Assim, a ideia de encarar a sociedade como um 'todo' pacífico, sem fissuras interiores, que trabalha ordenadamente para a manutenção da coesão social, é substituída, em face de uma crise de valores, por uma referência que aponta para as relações conflitivas existentes dentro da sociedade e que estavam mascaradas pelo sucesso do Estado de Bem-Estar Social [...].*

Neste sentido, o crime é visto como produto do controle social. Determinadas instituições constroem o criminoso, selecionando-o e etiquetando-o. O indivíduo não seria um criminoso, mas sim um criminalizado, enquanto outros não teriam atribuição de tal etiquetamento e classificação, em razão de poderio econômico-social, por exemplo. Para Howard Becker, a desviação é decidida e originada pela sociedade, e o desviante (criminoso) seria aquele a quem é aposto o rótulo de delinquente.

Essa teoria é interacionista e trabalha com conceitos de conduta desviada e de reação social. As pessoas são rotuladas como criminosas (desviantes), pois seus comportamentos foram além dos limites tolerados pela comunidade.

O estudo em questão sofreu grande influência da teoria do **interacionismo simbólico**, da qual se extraiu a base para a teoria do *labelling*. George H. Mead afirma que a realidade existe a partir de um processo comunicativo, mediado por meio da interação entre as pessoas, negando tratar-se de um dado anterior, uma realidade ontológica. A realidade, para ele, é construída socialmente. O indivíduo é um ser ativo, que se relaciona com normas e significados e, posteriormente, exterioriza o seu comportamento a partir da sua leitura social.

Assim, a forma como o ser humano atua em sociedade é consequência do seu individualismo e da forma como os outros o percebem na comunidade. Se os outros o veem como estranho, provavelmente também ele se perceberá como estranho e será tachado, classificado ou etiquetado como tal. Esse processo de interação foi denominado de **interacionismo simbólico** (Herbert Blumer).

Dependendo da posição ocupada, o mesmo ato considerado criminoso teria leituras e interpretações distintas. Caso o crime fosse cometido pelo estranho, pelo diferente, este seria punido e severamente tratado. Caso o delito ocorresse dentro do aspecto de semelhante, a interação seria distinta, e o caso provavelmente seria absorvido, por exemplo, pela cifra negra.

O movimento do *labelling approach* destaca as flagrantes diferenças entre os controles informais, como família, escola, opinião pública e outras instâncias do sistema formal de controle. Este é classificado como eminentemente seletivo e discriminatório, exercido pelas agências estatais, como a Polícia e Justiça. Elas, normalmente, punem aquele que é taxado como diferente e possuem grandes dificuldades de punir o economicamente mais viável.

Considerada como o processo social de definição ou seleção de certas pessoas e condutas como criminais, a Criminalização Secundária é extremamente seletiva e, normalmente, recai sobre aqueles mais fáceis de serem criminalizados, como pobres e habitantes das periferias miseráveis. Geralmente, estes indivíduos estão envolvidos em crimes contra o patrimônio. Já os ricos, quando praticam crimes contra o patrimônio ou corrupção, como "os crimes de colarinho branco", dificilmente serão criminalizados, em virtude da grande elaboração dos esquemas criminosos. Há, ainda, estruturas de defesa que eles podem custear, além de contar com um Sistema de Justiça que não tem condições de descortinar a verdadeira engenharia criminosa deste nível. Isso porque o sistema de Justiça seria mais inclinado e estruturado para investigar e punir simples "obras toscas" da criminalidade, de modo a estigmatizar os mais fracos.

- **Criminalização primária:** definição de crimes pelo Poder Legislativo.
- **Criminalização secundária:** atribuição de crimes, mediante ampla discricionariedade e opção política – etiquetamento – àqueles que a sociedade entende como desviantes, especialmente a partir da ação de instituições oficiais de controle social, como Polícia, Justiça e Prisão. Normalmente, opta-se por criminalizar o mais fácil, o autor das "obras toscas da criminalidade". Estruturam-se os órgãos de controle social com o intuito maior de incidir contra os estratos mais básicos da sociedade (é muito mais difícil punir crimes de colarinho branco, por exemplo).
- **Criminalização terciária:** manutenção do estigma de "criminoso", atribuído àqueles rotulados como tal, passando pela internalização desse rótulo pelo próprio indivíduo, principalmente no contexto do Sistema Penitenciário e do cumprimento da pena.

6.4 Outras teorias importantes

6.4.1 Teoria da lei e da ordem (broken windows)

Também conhecida como neorretribucionista, a teoria da lei e da ordem decorre de estudos inspirados na Escola de Chicago. Ela confere grande relevância aos cuidados com os espaços públicos e com a tolerância zero para com as pequenas transgressões. É a ideia de "lei e ordem" e de "tolerância zero". Trata-se de um movimento que poderia ser classificado como realista de direita.

A obra inicial que forneceu a sua fundamentação teoria foi o artigo *Broken Windows Theory*, publicado em 1982, pelos estudos de James Wilson e George Kelling, o qual estipulou a relação entre desordem e criminalidade.

O sucateamento das estruturas de ordem e de controle, segundo essa teoria, favoreceria a ocorrência de crimes. Ela partiu de um experimento realizado por um psicólogo da Universidade de Stanford (Philip Zimbardo), que deixou dois veículos em bairros distintos, um de classe alta (Palo Alto – Califórnia) e outro no Bronx, em Nova York. O veículo abandonado em Bronx, foi rapidamente desmontado e "depenado". Já o deixado em bairro de classe alta permaneceu intacto até que o pesquisador quebrou uma de suas janelas, trazendo como consequência imediata o seu completo desmonte e vandalização.

Tais proposições foram aplicadas em Nova York, na década de 1990, pelo prefeito Rudolph Giuliani e pelo Chefe de Polícia Willian Bratton. Elas repercutiram diretamente na diminuição da criminalidade, alterando o status de Nova York como uma das cidades mais inseguras dos Estados Unidos para a mais segura.

6.4.2 Teoria behaviorista

A teoria behaviorista parte da concepção de que o comportamento humano, *behavior*, em inglês, deve ser observado. A partir do exame meticuloso, devem ser estudadas e aplicadas formas de incentivar os comportamentos adequados e desestimular os inadequados.

Essa teoria foi criada pelo psicólogo John Broadus Watson (1878-1958).

6.4.3 Teorias abolicionistas

O principal expoente das teorias abolicionistas foi Louk Hulsman (1923-2009). O movimento abolicionista sofreu grande influência do Iluminismo, da teoria da rotulação e da criminologia crítica.

Faz uma crítica voraz contra o sistema punitivo tradicional, em que o Direito Penal é considerado como instrumento seletivo e elitista, programado para legitimar e reproduzir desigualdades e injustiças sociais.

Em 1982, Louk Hulsman e Jacqueline Bernat de Celis publicam a obra *Penas Perdidas – O Sistema Penal em Questão*, na qual teceram fortes críticas ao sistema penal vigente na época. Posteriormente, em 1991, Eugenio Raúl Zaffaroni, jurista argentino e Juiz da Suprema Corte, publicou *Em Busca das Penas Perdidas – a perda de legitimidade do sistema penal*, em uma clara alusão à obra de Hulsman e Celis, na qual utiliza muito das teorias de Hulsman. Zaffaroni transporta suas ideias para a realidade pobre da América Latina e questiona duramente a legitimidade do sistema penal.

A ideia comum dos abolicionistas é a convicção de que o sistema penal atual é ineficiente e inútil. Por isso, eles defendem sua extinção e substituição por outros meios de solução de conflitos.

Essa não é, precisamente, uma teoria, mas sim um movimento contrário ao Direito Penal clássico. Esse movimento busca alternativas políticas à lógica punitivista. Propõe uma justiça restaurativa, com ênfase na reconciliação e nos paradigmas terapêuticos, reparador e conciliador.

6.4.4 Criminologia Clínica

A Criminologia Clínica é um segmento da Criminologia que estuda o crime, o delinquente, a vítima e as instâncias de controle. Essa vertente é orientada por um viés médico-psicológico, de cunho etiológico ou causalista, mas que também pode ter uma perspectiva multifatorial – mais desapegada de critérios psicológicos/biológicos – e, até mesmo, sob uma visão crítica.

Ela estuda as relações do criminoso com o espaço prisional e as perspectivas de reintegração social passíveis de serem viabilizadas, a partir do cumprimento da pena. Esse segmento da Criminologia busca discutir os exames criminológicos (avaliações técnicas e multidisplinares). Analisa também as discussões realizadas pelas Comissões Técnicas de Classificação. Toma por base a individualização da pena, na perspectiva de tais comissões e observa os diversos e exclusivos programas de individualização, designados para cada um dos reclusos. Tudo isso, sempre materializado na perspectiva de potencializar hipóteses de ressocialização. Também estuda a formação e as práticas dos servidores que atuam no sistema prisional.

Como exame criminológico, pode-se considerar a realização de um diagnóstico, avaliando-se todo o contexto social do encarcerado (condições pessoais, familiares, cognitivas e psicológicas) e de um decorrente prognóstico criminológico (possibilidades futuras de reincidência). Tal diagnóstico é utilizado como forma de permitir eventual concessão judicial de um dado benefício, no caminho da progressão da pena. A maior crítica ao exame criminológico é a possibilidade de prognosticar, prevendo ou não, futuras reincidências criminosas em uma pessoa. Essa situação é notadamente imponderável que chega às raias da adivinhação, pois, mesmo havendo um estudo sobre os antecedentes plenos de uma pessoa, não é possível adivinhar o comportamento futuro de alguém.

A perspectiva útil do exame criminológico é a de fornecer um estudo prévio, realizado no ingresso do preso junto ao sistema prisional. Tal estudo constitui a forma de fornecer subsídios para uma correta individualização da pena, no decorrer da execução, mediante avaliação das Comissões Técnicas de Classificação, também previstas na Lei de Execução Penal. As comissões têm a função de estabelecer, para cada apenado, sua classificação e seu programa individualizador, sugerindo práticas, estudos e trabalhos no âmbito prisional, de forma a potencializar as possibilidades de reinserção futura do recluso, quando do seu retorno à sociedade.

Não se deve, porém, confundir o exame criminológico, que consiste em uma perícia técnica, com os pareceres das Comissões Técnicas de Classificação. Estes são mais abrangentes e, normalmente, utilizam-se dos exames e de outros estudos, bem como das análises de profissionais que acompanham o cotidiano do recluso (como Diretor, Chefe de Segurança e outros), para então avaliar as respostas do preso aos programas de ressocialização ofertados.

Também não se deve confundir o exame criminológico com os exames de sanidade mental.

6.4.5 Velocidades no Direito Penal

A chamada **teoria das velocidades do direito penal** foi proposta, inicialmente, por Jesús-María Silva Sánchez, jurista Espanhol contemporâneo. Este estudioso aborda os caminhos do Direito Penal, em toda a história humana, e aponta velocidades distintas na efetivação do direito de punir.

Não é uma teoria criminológica, mas uma análise histórica do fenômeno punitivo, a partir do Direito Penal. Entretanto, em face ao interesse revelado e à incidência em provas de concursos públicos, é importante entender seus postulados básicos.

- **1ª velocidade:** sistema clássico de Direito Penal, **retributivista**, com amplas garantias e maior formalismo – pena de prisão.
- **2ª velocidade:** sistema alternativo, **restaurativo**, com menos garantias e menor formalismo – penas alternativas à prisão.
- **3ª velocidade:** sistema de Guerra, Direito Penal do Inimigo, sem maiores garantias, pois sistema excepcional, de exceção, de Guerra – pena: medida de segurança detentiva.

Günther Jakobs sustenta o **Funcionalismo Sistêmico**, advogando que o Direito Penal tem a função primordial de proteger a norma e só indiretamente tutelar os bens jurídicos mais fundamentais

Características do Direito Penal do Inimigo, segundo Luiz Flavio Gomes:

- Quem é o inimigo? É aquele que se afasta de modo permanente do Direito e não oferece garantias cognitivas de que vai continuar fiel à norma (criminosos econômicos, terroristas, delinquentes organizados, autores de delitos sexuais e outras infrações perigosas).
- O inimigo não é pessoa – o indivíduo que não admite ingressar no estado de cidadania, não pode participar dos benefícios do conceito de pessoa.
- O inimigo não conta com direitos processuais ou um procedimento penal, mas sim um procedimento de guerra.
- O inimigo, ao infringir o contrato social, deixa de ser membro do Estado, está em Guerra contra ele (Rousseau).
- Em casos de alta traição contra o Estado, o criminoso não deve ser castigado como súdito, senão como inimigo (Hobbes).
- Direito Penal do Cidadão.
- Direito Penal do Inimigo.
- Direito Penal da Culpabilidade.
- Direito Penal da Periculosidade.
- Direito Penal Retrospectivo.
- Direito Penal Prospectivo.
- Direito Penal de Autor.
- Direito Penal do Fato.

Esse não é, propriamente, um sistema penal, mas possui manifestações avulsas em leis especiais.

Fique ligado

Exemplos no Brasil:

- **Lei de Crimes Hediondos (Lei nº 8.072/1990):** não podem ter indulto individual ou coletivo, não podem ter progressão de regime.
- **Crime Organizado (antiga Lei nº 9.034/1995):** não permitia apelar em liberdade. Atualmente, a Lei nº 12.850/2013 não tem tal previsão.
- **Regime Disciplinar Diferenciado (RDD):** Lei de Execução Penal – art. 52 da Lei de Execução Penal.

CRIM

7 SISTEMAS PENITENCIÁRIOS E INSTÂNCIAS DE CONTROLE

Pode-se dizer que a prisão, como punição e pena, como forma de retribuição pelo crime, é advento recente na história. Acredita-se que ela tenha surgido na transição para a Idade Moderna, sob influências do Direito Canônico e do Iluminismo. Antes, na Idade Média, a prisão não servia como pena, mas apenas como custódia provisória, como forma de retenção, enquanto o acusado aguardava pela pena, de fato. Esta, por sua vez, tinha características de intenso suplício físico e moral e, normalmente, resultava na morte do sentenciado.

A historiografia sobre o tema situa a Idade Moderna, por volta do século XVIII, como o nascimento da prisão, da pena de encarceramento. Tal momento histórico reflete também uma grande movimentação populacional, que migrava do campo para as cidades. As pessoas eram atraídas pelo desenvolvimento das indústrias. A mão de obra, todavia, não era totalmente absorvida pelas fábricas. Aqueles que não detinham a disciplina necessária para as atividades repetitivas, que se desenvolviam nas primeiras unidades fabris, acabavam, em vários casos, disciplinadas nos primeiros cárceres modernos.

Rusche e Kirchheimer afirmam, na obra *Punição e estrutura social*, que o surgimento da prisão moderna tem a ver com uma verdadeira "pré-fabrica", com a responsabilidade de domesticar a mão de obra indisciplinada, de maneira a transformá-los em corpos dóceis, obedientes e úteis (concepção defendida por Foucault, na clássica obra *Vigiar e Punir*).

Trata-se da passagem da prisão-custódia para a prisão-pena.

7.1 Sistemas penitenciários

7.1.1 Sistema Pensilvânico

Aproveitou as experiências anteriores ocorridas na Europa, a partir do século XVI e os ideais iluministas e reformadores, notadamente de Beccaria, Benthan e Howard.

A principal característica do Sistema Pensilvânico (adotado no estado americano da Pensilvânia) era o isolamento do preso em cela individual, com orações, silêncio e abstinência total de álcool. Originalmente adotado na penitenciária de Walnut Street, fundada em 1776 e sendo considerada como a primeira penitenciária norte-americana, não previa o Sistema Pensilvânico o trabalho do preso. No máximo, admitia algum trabalho na própria cela. Isso ocorreu a partir de 1829, com a inauguração da penitenciária Oriental (*Eastern State*), na cidade da Filadélfia, a qual funcionou até 1970 e, atualmente, é um museu.

Tal sistema, de isolamento absoluto do preso, que sequer recebia visita, fracassou por causa do efeito deletério e torturante que o isolamento e o silêncio causavam no encarcerado. Von Hentig chegou ao ponto de comentar a visita que o escritor Charles Dickens realizou na Eastern Penitenciary, em 1842, segundo o qual o encarcerado estava "enterrado em vida". O sistema celular também mereceu críticas de Ferri, por ser muito caro e ser extremamente desumano, uma vez que eliminaria a possibilidade de socialização do delinquente, em razão do absoluto isolamento vivenciado.

7.1.2 Sistema Auburniano

Admitia o trabalho comum entre os presos durante o dia, com isolamento em cela somente no período noturno. Por isso, teve maiores características socializantes. Todavia, há de se ressaltar que trabalho em comum devia transcorrer em silêncio (*silent system*).

Foi implantado na prisão de Auburn (1821), no estado de Nova York, a partir do fracasso do sistema de isolamento celular absoluto (Sistema Pensilvânico). Naquela unidade prisional, havia presos isolados, que permaneciam completamente segregados em celas individuais. Entretanto, alguns reclusos, tidos como menos incorrigíveis, eram isolados por três dias na semana, podendo trabalhar nos demais dias. Enquanto os outros, com maiores perspectivas de correção, ficavam isolados durante o período noturno, em celas individuais, mas durante o dia trabalhavam juntos em oficinas. Percebe-se, nessa situação, um início de individualização da pena.

Assim, não havia grandes diferenças entre o Sistema Pensilvânico e o Auburniano, pois ambos exigiam silêncio entre os presos e isolamento noturno. Entretanto, no Auburniano os presos eram reunidos, em silêncio, durante o dia, para trabalharem. Isso diminuía os custos de manutenção da unidade e disciplinava os presos para eventual aproveitamento posterior nas fábricas.

O Sistema Auburniano, considerado sem o silêncio e sem sua rigorosa disciplina, é a base dos sistemas progressivos que se seguiram.

7.1.3 Sistemas progressivos

A concepção básica de tais sistemas é a de possibilitar a divisão dos períodos de condenação, viabilizando a evolução gradativa no cumprimento da pena, em razão do comportamento do preso, possibilitando-se, inclusive, que parte da pena fosse cumprida junto à sociedade.

Assim, Maconochie, já no final do século XIX, na Austrália, modificou o sistema e passou a adotar a premiação de presos com bom comportamento, substituindo severidade por benignidade. Tal sistema de premiação, como forma de condicionar os comportamentos, foi chamado também de *Mark System* (sistema de vales) pelos ingleses.

A revolução dos sistemas progressivos foi permitir que o condenado influenciasse decisivamente na evolução da sua pena. O bom comportamento e a dedicação ao trabalho eram premiados mediante vales que, somados, poderiam repercutir em melhores condições para o sentenciado e, inclusive, na abreviatura dos períodos de cárcere.

É similar ao sistema de remição, adotado atualmente na Lei de Execução Penal brasileira, pelo qual o preso pode remir ("perdoar") parte da sua pena, através do trabalho e do estudo.

Fique ligado

A **remição** é o perdão da pena, através do trabalho ou do estudo e está prevista na nossa Lei de Execução Penal.

Art. 126 *O condenado que cumpre a pena em regime fechado ou semiaberto poderá remir, por trabalho ou por estudo, parte do tempo de execução da pena.*

§ 1º A contagem de tempo referida no caput será feita à razão de:

I – 1 (um) dia de pena a cada 12 (doze) horas de frequência escolar – atividade de ensino fundamental, médio, inclusive profissionalizante, ou superior, ou ainda de requalificação profissional – divididas, no mínimo, em 3 (três) dias;

II – 1 (um) dia de pena a cada 3 (três) dias de trabalho.

O sistema progressivo idealizado por Maconochie dividia a pena em 3 fases:

- **Isolamento em cela:** era o chamado período de prova, em que o condenado permanecia enclausurado dia e noite, de forma a refletir sobre o delito cometido.
- **Trabalho em comum sob silêncio:** era a oportunidade de, progressivamente, trabalhar em silêncio durante o dia, em *public workhouse*, com segregação individual à noite. Transcorrido o tempo, sem punições e com acumulação dos vales, em sistema de débitos-créditos, o encarcerado poderia passar para a última fase da "liberdade condicional".

- **Liberdade condicional:** neste momento, o preso recebia autorização para trabalhar fora da unidade, sob vigilância. Passado o período sem nada que determinasse a revogação do benefício, ganhava a liberdade.

Ainda como Sistemas Progressivos, pode-se citar o **Sistema Progressivo Irlandês**, estabelecido por Walter Croftons, na Irlanda. Esse sistema tinha como inovação o estabelecimento de prisões intermediárias, como período entre o regime fechado e a liberdade condicional. Consistia em algo como o regime semiaberto, de hoje.

São 4 fases:

01. Reclusão celular diurna e noturna.

02. Reclusão celular noturna e trabalho durante o dia, em comum.

03. Período intermediário: era executado em prisões especiais, onde o preso laborava ao ar livre no exterior da unidade, normalmente em trabalhos agrícolas e podia receber alguma remuneração.

04. Liberdade Condicional.

Menciona-se, ainda, como um dos sistemas progressivos, o adotado por Manuel Montesinos e Molina, inicialmente no Presídio de Valência, na Espanha. Suplantou gradativamente os castigos físicos e deu grande importância às relações com os presos, impondo uma prática de respeito aos encarcerados, evitando castigos e medidas infamantes. Tinha grande confiança na possibilidade de recuperação do recluso e chegou a ter taxas zero de reincidência. Dava grande importância ao trabalho como forma de disciplinar o preso.

Montesinos era contrário ao regime celular. Chegou a admitir a concessão de autorizações de saída do preso, pelas mais variadas razões, e tinha como benéfica a integração ente grupos de presidiários. É tido por alguns como o responsável pela liberdade condicional, responsável por criar uma prática que foi um relevante antecedente da prisão em regime aberto.

Destaque-se que o Sistema Progressivo é o atualmente adotado em diversos países, como o Brasil. Nesse sistema, há o regime fechado; o semiaberto, no qual o preso trabalha normalmente em colônias penais, com menor rigor disciplinar; e o aberto, em que o recluso deixa a casa do albergado ou a própria casa, durante o dia, e se recolhe para dormir.

7.2 Instâncias de controle

O Estado tem atualmente o monopólio do direito de punir que é exercido através do Processo Penal e do Direito Penal. Assim, o Estado monopoliza, atualmente, o uso da força para a manutenção da ordem e da paz social. Restam ao indivíduo poucas alternativas de exercer, à força, suas pretensões, como no caso da legítima defesa, situação extremamente excepcional e regrada.

Fique ligado

Entende-se em legítima defesa quem, usando moderadamente dos meios necessários, repele injusta agressão, atual ou iminente, a direito seu ou de outrem (art. 25, CP).

Mas, na organização da sociedade, não é apenas o Estado que atua. **Aliás, a atuação do Estado na conformação social deve ser supletiva às instâncias informais ou sociais de controle.** O Direito e o Processo Penal devem ser utilizados apenas como último recurso (*ultima ratio*), para proteção dos direitos mais fundamentais da sociedade, como a vida, a liberdade sexual e a propriedade.

7.2.1 Instâncias informais

Buscam exercer controle sobre o comportamento de indivíduos e grupos em sociedade, como: a família, estrutura social básica e fundamental para a socialização primária do indivíduo; a escola, instância essencial de socialização e conhecimento sobre o funcionamento da sociedade. Também se pode mencionar o trabalho e a profissão, a opinião pública, os clubes e entidades associativas, as igrejas e demais congregações sociais. Tais esferas exercem um controle indireto sobre o cidadão, pois incutem, gradativamente, normas e regras de comportamento, de interação e aceitação social. também é dito que o controle informal é difuso ou vago.

7.2.2 Instâncias formais

Paralelamente às instâncias informais, há as instâncias formais de controle, que são coercitivas – aplicadas pelo Estado – e podem, inclusive, resultar na segregação do indivíduo, como é o caso das penas de prisão aplicadas a partir de crimes previstos no Código Penal. O controle formal é também chamado de institucionalizado.

Diz-se que o controle social formal é exercido pelas instâncias políticas do Estado, que aplicam alguma discricionariedade na seleção das condutas a serem punidas, uma vez que não conseguem apurar e identificar todos os desvios.

É denominado sistema de justiça penal ou criminal o exercício da pretensão punitiva através dos órgãos públicos de controle institucionalizado, como **Polícia**, **Ministério Público**, **Justiça** e **Prisão**.

Afirma-se, na doutrina, que a Polícia exerce a primeira seleção; esta é seguida da segunda seleção, capitaneada por parte do Ministério Público; já a terceira e final seleção fica a cargo da Justiça e do sistema prisional.

A Polícia, a partir da atividade de investigação (função repressiva) e, até mesmo, preventiva (rondas policiais) vai selecionar grupos, atividades e atitudes como prioritárias para incidência de apuração e controle. Ao exercer atividades de investigação, posteriores ao cometimento do delito, que é atividade precípua da denominada Polícia Judiciária/Polícia Investigativa (Polícia Civil e Federal), apuram-se a autoria e a materialidade do delito. Desse modo, busca-se evoluir de um juízo de possibilidade para um de probabilidade (prova) da existência de um crime, via inquérito policial ou termo circunstanciado.

Depois de identificados os critérios de materialidade e os indícios mínimos de autoria, com juízo de probabilidade, é a vez da seleção operada pelo órgão de acusação, ou seja, o Ministério Público (segunda seleção). Este tem como principal função exercer, com exclusividade, a ação penal pública, levando a investigação preliminar para julgamento.

Iniciada a ação penal, é a vez da terceira seleção delineada pelo Poder Judiciário, que, ao final da ação penal, vai decidir fundamentadamente sobre o juízo de certeza necessário para a condenação.

8 FATORES CONDICIONANTES E DESENCADEANTES DA CRIMINALIDADE

Conforme foi possível observar anteriormente, a Criminologia tem por objetos de estudo o crime, o criminoso, a vítima e o controle social. Pode-se dizer que todos esses objetos de análise da ciência criminológica podem ser fatores condicionantes e desencadeantes da criminalidade. Isso porque, inegavelmente, há circunstâncias que colaboram para os níveis de criminalidade em uma sociedade. Tais situações podem ser exemplificadas como: características do criminoso (como carências sociais, desemprego, agressividade); características da vítima (constituição física, estresse, traumas anteriores); situações aliadas à decisão política de punir, mediante escolha de condutas a serem reprimidas (definição de crimes – criminalização primária); a configuração, a efetividade e a estrutura das instâncias de controle.

Vejamos alguns desses fatores ou causas da criminalidade, destacando apenas os mais importantes.

Fique ligado

Nenhum dos objetos de estudo da Criminologia, entretanto, é absoluto como gerador de criminalidade (etiologia). Todos esses objetos de estudo devem ser discutidos e examinados numa perspectiva relativa. Dificilmente, no estudo criminológico, vamos nos deparar com termos como: "certeza", "sempre" e "nunca".

O homem como fator de criminalidade: a Escola Positivista tinha como objeto de estudo predominante a figura do delinquente como maior explicação, como etiologia principal da criminalidade. Lembre-se de que Lombroso pesquisou características físicas que, segundo suas teses iniciais, explicariam tendências ancestrais para a prática de crimes e transgressões.

Verri, seguidor de Lombroso, negou que o homem fosse totalmente livre nas suas decisões criminosas, como afirmavam os adeptos da Escola Clássica. Esse autor alegou haver um determinismo que dirigia a conduta do agente. Ele demonstrou ainda que o meio social poderia desencadear processos agressivos e contrários a normas penais, cuja determinação já existiria na formação psíquica e fisiológica do indivíduo.

Atualmente, modernas escolas e teorias criminológicas demostram que, algumas vezes, a prática de crimes resulta de condições psicológicas e, até mesmo, psiquiátricas do delinquente (oligofrenias, abuso de álcool e drogas, doenças mentais etc.), consistentes nos modelos psicológicos. Ainda conforme as teorias estudadas, a prática de crimes pode ser decorrente de aspectos biológicos. É possível citar, como exemplo, os estudos desenvolvidos pelas teorias antropológicas, biopsicossociais, genéticas e endocrinológicas, por exemplo.

O homem, portanto, é uma medida importante de todo o estudo da criminalidade e não pode ser negligenciado. Além disso, modernamente, estuda-se a influência da vítima como fator que pode levar ao incremento ou à de diminuição de crimes, tendo, inclusive, papel ativo em alguns delitos.

- **Desenvolvimento social como fator desencadeante:** em que pese o homem ser um vetor importante da criminalidade, mesmo considerado isoladamente, é em sociedade que os crimes repercutem drasticamente. Por isso, é importante analisar o crime como um fenômeno social amplo e dinâmico.

Assim, pesquisas estatísticas vão demonstrar que, quanto maior o nível de desenvolvimento econômico igualitário de uma sociedade, menores serão os índices de crimes contra o patrimônio. Por exemplo, há sociedades desenvolvidas economicamente, em números absolutos, mas com uma distribuição desigual da renda. Por isso, possuem maior incidência de crimes patrimoniais.

Não é correto afirmar que existe uma relação direta entre pobreza e criminalidade. Há comunidades pobres, mas homogêneas, em que todos possuem as mesmas carências de meios, e são registrados poucos crimes patrimoniais. O problema, normalmente, são os contrastes sociais observados entre pobres e ricos, decorrentes de carências de igualdades materiais, de acesso à educação de qualidade, com reflexos no nível de emprego, saúde e lazer.

Também, dentre as classes mais abastadas, há cometimentos de crimes graves, denominados "crimes do colarinho branco". Normalmente, são motivados pela intensa competitividade social e pela ambição desenfreada, na busca por poder, dinheiro e reconhecimento social.

Como abordado anteriormente, as teorias ecológicas também registram a enorme influência da organização do espaço físico das cidades, como passíveis de contribuir com as taxas de criminalidade. Comunidades superpovoadas, desorganizadas e com precárias condições urbanísticas e sem espaços públicos de lazer e encontro, possuem maiores tendências na eclosão de crimes violentos, pois a falta de espaço e a decorrente disputa de um lugar geram inevitáveis conflitos.

De outro modo, bairros planejados ou reurbanizados, em que a presença do Estado como promotor do convívio social se faz constante, estabelecendo diversas opções de encontro, formação profissional, estudo e lazer aos moradores, auxiliando no desenvolvimento de todos, tem inegável efeito na dissuasão de crimes. O Estado tem que atuar no sentido de demonstrar que é aliado da sociedade, e não seu mero algoz. Neste sentido, é importante mencionar, também, o papel relevante dos líderes da sociedade. Estes devem se conduzir pelo exemplo límpido de predominância do interesse público, da transparência política e da não corrupção.

Além de tudo, políticas que deixam a resolução dos problemas da criminalidade apenas a cargo das Polícias sempre irão fracassar, pois a Polícia é apenas e tão somente uma das instituições de controle. Além disso, normalmente é uma das últimas a atuar sobre aqueles que não se submeteram às demais instâncias, formais e informais, de controle social.

É preciso recordar sempre que a Segurança Pública é dever do Estado, mas é direito e responsabilidade de todos (art. 144 da CF/1988).

Assim, pode-se afirmar que investimentos consistentes em educação e creches para todos terão influência direta na diminuição da criminalidade no médio e longo prazos. Investir mais em educação significa construir menos presídios no futuro. O problema é que investimentos em educação têm seus benefícios colhidos após longos períodos, no transcorrer da formação de uma geração de jovens.

- **Meios de comunicação de massa:** a opinião pública e os meios utilizados para a comunicação em grande escala, como televisão, rádio e internet, possuem intensa responsabilidade na transmissão de valores éticos e morais. Isso porque muitos cidadãos utilizam-se de tais meios para se informar sobre o funcionamento social e são drasticamente influenciados.

O incentivo ao consumo, proporcionado pelos meios de comunicação, através de propagandas, por exemplo, geram desejos e condicionamentos que podem repercutir em frustrações e resignações em algumas pessoas. Muitas delas conseguem conviver com a ideia de que jamais conseguirão o nível econômico para dispor de tais produtos. Todavia, o consumismo também pode incentivar a obtenção de um status social, através de práticas ilícitas.

Pode-se dizer que os meios de comunicação são instâncias informais de controle, pois podem condicionar comportamentos, através de seus programas e propagandas. Veja, por exemplo, que a proibição de propagandas sobre o consumo de cigarros e a criação de campanhas antitabagismo vêm contribuindo para uma redução no consumo de tais produtos.

Da mesma forma, o poder da influência das mídias se manifesta com campanhas maciças que advertem sobre a contradição entre o consumo de álcool e drogas e o ato de dirigir, ou ainda propagandas que alertam sobre o uso do cinto de segurança e de cadeirinhas para crianças. Todas estas campanhas se destinaram a prestar relevantes serviços em prol da melhoria da segurança pública.

Já filmes e programas que relativizam e enfraquecem o papel da família e das escolas na formação básica do indivíduo; que vulgarizam a duração dos relacionamentos; que romantizam o papel do criminoso; que pregam a violência gratuita contra o próximo e o sucesso a qualquer preço, servem para incentivar a falta de alteridade (respeito ao outro e à diversidade). Nota-se ainda que estas influências contribuem para a formação de uma sociedade niilista (sem valores).

▷ **Migrações populacionais:** consistem em movimentos populacionais, tanto de aspectos internos (dentro de um dado país), como externos entre países.

É denominado emigrante aquele que, por motivos diversos, resolve por fixar-se em outro país. Logo, em seu país de origem, será considerado emigrante. Já a ideia de imigrante refere-se ao mesmo fenômeno, mas, dessa vez, visualizado e entendido na ótica do país que recebe o estrangeiro. No país de destino, será considerado um imigrante.

Essas mudanças podem ser elementos propícios a desencadear fenômenos criminais, pelo decorrente choque entre as culturas que se encontram em um mesmo território. Por vezes, há tendências xenofóbicas, decorrentes também do incremento de disputas por empregos e por colocação social. Tais conflitos são normalmente verificáveis em momentos de graves crises sociais e políticas.

É interessante ressaltar que dificilmente são constatadas movimentações internacionais significativas, quando as situações sociais e políticas no país de origem são adequadas. É o caso dos refugiados por guerras, dos imigrantes ilegais que buscam melhores condições de vida na Europa e Estados Unidos e que ficam à mercê de quadrilhas de atravessadores (como é o caso dos "coiotes" nos Estados Unidos e México).

Da mesma forma, a migração entre regiões de um mesmo país, normalmente decorrentes de oportunidades de emprego, podem repercutir em incremento da criminalidade. A explicação para isso pode se dar pela falta de adaptação, por diferenças de costumes, hábitos e valores, bem como pela ausência de amparo familiar e pela exploração do trabalho em condições degradantes.

▷ **Controle social como elemento criador da criminalidade:** conforme teorias já estudadas, como a do *labelling approach* (ou etiquetamento), a criminalidade constitui uma atribuição que se faz a uma determinada pessoa, através da criminalização primária (criação da lei penal, através de processo legislativo) e criminalização secundária, determinada a partir da atuação das agências de controle formal. Estas, quando não podem agir sobre todos os crimes que acontecem diariamente, acabam por selecionar algumas condutas e pessoas que seriam mais fáceis de criminalizar.

Também é possível estabelecer que o incremento nas atividades de Justiça Criminal, como a maior contratação de policiais, promotores e juízes, vai trazer como resultado maior apuração e punição dos crimes cometidos. Este fato, inclusive, incentiva as vítimas a notificarem os crimes, o que provoca a diminuição da denominada "cifra negra" da criminalidade. Tais atitudes repercutem diretamente na necessidade de maiores investimentos na última fase do Sistema de Justiça Criminal, que é a fase de execução das penas, com a construção de penitenciárias e gestão pública das unidades, de forma a não incentivar a união de presos em associações criminosas como Primeiro Comando da Capital (PCC) e Comando Vermelho.

9 PREVENÇÃO DO DELITO

A noção de prevenir é comum e consiste em antecipar-se ao cometimento ou ocorrência de algo indesejável. O crime, em que pese uma manifestação social inevitável, em muitas situações, pode ser evitado. Assim, a prevenção de delitos consiste no estudo de políticas e medidas que objetivem a antecipação ao cometimento do crime.

9.1 Prevenção primária

A prevenção primária é, sem dúvida, a **mais importante** e **genuína**, pois **ataca as raízes da criminalidade** e consiste em propiciar **educação de qualidade, moradia digna, trabalho, lazer e bem-estar social**, resolvendo questões básicas para a vivência humana. Estas atitudes vão proporcionar – a médio e longo prazo – soluções estabilizantes para manter os índices de criminalidade em níveis de normalidade. Infelizmente, é a prevenção mais negligenciada politicamente, pois seus efeitos concretos somente são sentidos após longa aplicação de seus paradigmas.

Como bem acentua Pablos de Molina:

> *[...] Disso advêm suas limitações práticas, porque a sociedade sempre procura e reclama por soluções a curto prazo e costuma lamentavelmente identificá-las com fórmulas drásticas e repressivas. E os governantes tampouco demonstram paciência ou altruísmo, ainda mais quando oprimidos pela periódica demanda eleitoral e o interessado bombardeio propagandístico dos forjadores da opinião pública. Poucos estão dispostos a envidar esforços e solidariedade para que outros, no futuro, desfrutem de uma sociedade melhor ou usufruam daquelas iniciativas assistenciais [...].*

9.2 Prevenção secundária

A prevenção secundária é aquela que **ataca o problema**, as **causas (etiologia) da criminalidade**, após os problemas começarem a ter manifestações práticas, ou seja, após o crime se manifestar. A prevenção secundária ataca as causas mais próximas, sem maiores preocupações com a origem do problema, pois sua perspectiva de atuação é de curto e médio prazos. Tal prevenção liga-se diretamente a decisões políticas sobre a criminalização de condutas e está relacionada à atividade policial e ao Sistema de Justiça Criminal. Vai preceituar, por exemplo, o aumento das penas e novas leis penais. Não atacam a gênese remota da criminalidade, normalmente decorrente de carências econômicas educacionais e familiares. ao menos para os delitos patrimoniais tradicionais.

9.3 Prevenção terciária

A prevenção terciária é a que atua sobre o preso, de modo a evitar que ocorra a reincidência. Das três, é a que possui **maiores características punitivas** e **menores chances de sucesso**. Isso porque o problema criminal, neste momento, já se encontra enraizado, tanto intrinsecamente no delinquente, quanto socialmente, na visão que a comunidade passa a ter sobre o criminoso, que, agora, está marcado pela prisão. Tenta-se, nesta fase, reabilitar ou ressocializar alguém que já passou pelas demais "prevenções" anteriores. Esse indivíduo, é preciso frisar, já tem caráter formado e possui uma concepção de vida. Provavelmente, foi socializado de forma deficiente e teve, como possível histórico, uma família instável, uma escolarização precária. Posteriormente, é possível que tenha sofrido com o desemprego ou com o subemprego, ou possuiu passagens policiais e judiciais, com poucas esperanças de sucesso. É, portanto, uma intervenção tardia.

É importante destacar que, para o êxito das atividades preventivas, é importante mesclar os três aspectos da prevenção. Isso deve ocorrer tanto na prevenção remota, com investimentos econômicos e sociais, passando pela atuação efetiva e integrada das estruturas de Justiça Criminal e de controle social formalizado. Tudo isso culminaria no oferecimento de condições mínimas de ressocialização para aquele que já delinquiu e está cumprindo a pena, evitando-se, ao máximo, o fenômeno da reincidência.

9.4 Reação social ao delito

Quando é cometida uma infração penal, o Estado é o titular do direito de punir. Nesse sentido, surge, compulsoriamente, uma reação social (capitaneada pelo Estado) catalogada segundo três paradigmas básicos: modelo dissuasório, modelo ressocializador e modelo integrador.

9.4.1 Modelo dissuasório (Direito Penal ordinário ou clássico)

Este modelo se refere à prevenção operada a partir da punição do criminoso. A ideia é demonstrar a todos os membros da comunidade que o crime não compensa e que tem como decorrência o castigo da pena.

9.4.2 Modelo ressocializador

Aplica a pena e a punição, mas procura também oferecer oportunidades de reinserção social. Tem como principal objetivo a reinserção social do infrator, buscando neutralizar os efeitos deletérios da prisão e do castigo.

9.4.3 Modelo integrador (restaurador)

Visa restabelecer, dentro do possível e da melhor maneira, o status quo anterior ao delito. Esse modelo é também denominado "justiça restaurativa" e tem como exemplos a "composição do dano" e a "transação penal". Tais exemplos estão propostos na Lei dos Juizados Especiais Criminais (Lei nº 9.099/1995), a qual confere mais protagonismo à vítima.

Esse modelo busca, ainda, satisfazer expectativas mais amplas, a partir do cometimento de um crime. Promove a aplicação da conciliação do conflito e pretende evitar novas incidências, harmonizando as expectativas de todas as partes envolvidas no crime.

9.5 Teorias sobre as funções da pena

Para muitos doutrinadores e pensadores do Direito e da sociedade, prevenir o crime significa dissuadir (não incentivar) o infrator potencial, com a ameaça do castigo criminal, de modo a desmotivar o desafio às normas penais. Outros afirmam que a pena deve ter como finalidade a ressocialização do delinquente. A seguir, estudaremos as principais teorias construídas para justificar a pena.

9.5.1 Teorias absolutas ou retributivas sobre as funções da pena

A concepção da pena como retribuição é antiga e remonta à própria Lei de Talião ("olho por olho, dente por dente"). Durante os Estados Absolutistas, teve seu apogeu e início de superação pelos ideais Iluministas. Estes ideais, mesmo timidamente, sugerem também um prenúncio da ideia de pena, também observada como forma prevenção ao crime. Vejamos os principais teóricos, a partir da classificação sugerida por Cezar Roberto Bitencourt: Kant e Hegel.

- **Kant:** a pena fundamentava-se na ideia ética, sendo obrigação do soberano castigar impiedosamente todo aquele que descumpre a lei. Para o filósofo russo, a lei era um imperativo categórico, um mandamento, cuja observação era compulsória. Embora defendesse a aplicação impiedosa da pena, limitava e modulava a retribuição pela Lei de Talião. Explicitava, ainda, que a determinação da pena deveria ficar a cargo de um Tribunal, e não do particular.
- **Hegel:** também retribucionista, o fundamento consiste na violação do Direito e da ordem jurídica. O crime, para este estudioso, é a negação do Direito. Assim, a pena representa a reafirmação do Direito ou a "negação da negação do Direito". Na sua concepção, a pena não constitui apenas um mal, por si só, aplicado ao infrator. Segundo esse pensador, a pena deve fazer parte da própria restituição do Direito, no sentido de conferir o tratamento adequado e justo ao criminoso, que é honrado com a entrega da punição, à qual tem direito. É possível perceber que Hegel também acreditava no conteúdo talional da pena, concepção própria do retribucionismo.

Outros grandes pensadores do Direito também explicavam e justificavam a pena como retribuição ao mal causado, como Carrara, Binding e Mezger. Convém destacar que a ideia da pena como retribuição também tem fundamentos na doutrina cristã, que apregoa a penitência, o castigo (pena), como a paga pelo pecado cometido.

9.5.2 Teorias relativas ou preventivas sobre as funções da pena

Os defensores da pena com função preventiva fundamentam a previsão e a aplicação das penalidades como uma forma de evitar novos crimes

Para os adeptos da prevenção geral (como **Bentham, Beccaria, Schopenhauer** e **Feuerbach**, dentre outros) a pena seria uma ameaça de punição capaz de influenciar comportamentos futuros.

- **Feuerbach:** cunhou a teoria da função da pena como "coação psicológica". Ele sustentou a ideia de que, mediante a ameaça abstrata de aplicação da pena e a comunicação aos cidadãos, juntamente com a aplicação efetiva da pena, cominada a incidir exemplarmente sobre os delinquentes, o efeito de coação sobre o homem médio seria alcançado. Para Feuerbach, tais atitudes objetivavam impedir novas práticas criminosas, por meio do exemplo, pela coação psicológica que a simples ameaça de punição ocasionaria.

Com efeito, os adeptos de que a pena exerceria uma prevenção geral na sociedade, acreditam que a mera previsão abstrata de eventual aplicação da pena, em caso de uma transgressão, seria passível de fazer com que as pessoas se abstivessem de cometer crimes. A mera ameaça da pena produziria uma desmotivação íntima ao cometimento de crimes. Assim, pensa-se a pena com um efeito pedagógico e educativo, geral para todos os membros da comunidade.

- **Prevenção geral negativa ou prevenção por intimidação:** consiste no efeito geral de intimidação que o sentimento e a materialização da aplicação da pena, em determinado autor do delito, ocasionam e refletem na comunidade.
- **Prevenção geral positiva (integradora):** aquela que projeta seus valores para toda a sociedade. Esta forma de prevenção alerta sobre a necessidade de respeito às normas e aos valores mais importantes.
- **Prevenção especial:** consiste em uma tentativa de se evitar a prática delitiva. Ao contrário de incidir sobre todos, ela está limitada a dissuadir o delinquente, com o objetivo de que ele não volte a cometer crimes.

Os defensores e teóricos da pena como prevenção especial são **Marc Ancel**, com a Nova Defesa Social, a corrente Correcionalista Espanhola e, remotamente, cita-se também o pensamento de Von Liszt. Este último concebeu a aplicação da pena com ideário de **ressocialização do delinquente**, mas também de intimidação dos passíveis de mera coação moral, como forma de neutralizar os incorrigíveis.

A **prevenção especial**, operada pela pena, busca não a coerção ou intimidação de todos os membros de uma determinada sociedade. Tampouco, essa prevenção não possui a ideia de simples retribuição. Ela deve objetivar apenas corrigir aquele que violou a norma, de forma que não volte mais a cometer crimes. Caso a correção não se viabilize, deve-se buscar, então, segregar o delinquente, de modo a afastar do convívio social os homens "maus".

A prevenção especial se divide em duas formas:

- **Prevenção especial negativa:** é aquela que opera no grau de inocuização (segregação) ou neutralização daqueles que necessitam de segregação social. Neste sentido, o Regime Disciplinar Diferenciado, previsto na Lei de Execução Penal, é um exemplo de prevenção especial negativa, pois visa a um maior isolamento daquele preso com péssimo histórico prisional.
- **Prevenção especial positiva:** é o aspecto individual e psicológico que atua sobre o delinquente, de modo a fazê-lo desistir de cometer novos delitos, a reincidir, portanto.

O Regime Disciplinar Diferenciado está previsto no art. 52 da Lei de Execução Penal:

> ***Art. 52*** *A prática de fato previsto como crime doloso constitui falta grave e, quando ocasione subversão da ordem ou disciplina internas, sujeita o preso provisório, ou condenado, sem prejuízo da sanção penal, ao regime disciplinar diferenciado, com as seguintes características:*
>
> *I – duração máxima de trezentos e sessenta dias, sem prejuízo de repetição da sanção por nova falta grave de mesma espécie, até o limite de um sexto da pena aplicada;*
>
> *II – recolhimento em cela individual;*
>
> *III – visitas semanais de duas pessoas, sem contar as crianças, com duração de duas horas;*
>
> *IV – o preso terá direito à saída da cela por 2 horas diárias para banho de sol.*
>
> *§ 1º O regime disciplinar diferenciado também poderá abrigar presos provisórios ou condenados, nacionais ou estrangeiros, que apresentem alto risco para a ordem e a segurança do estabelecimento penal ou da sociedade.*
>
> *§ 2º Estará igualmente sujeito ao regime disciplinar diferenciado o preso provisório ou o condenado sob o qual recaiam fundadas suspeitas de envolvimento ou participação, a qualquer título, em organizações criminosas, quadrilha ou bando.*

9.5.3 Teoria mista, eclética ou unificadora sobre as funções da pena

Para os adeptos da teoria unificadora, os fins da pena são tanto a retribuição, como a prevenção, quer especial ou geral, negativa ou positiva. Todos estes aspectos são singulares de um mesmo fenômeno, qualquer que seja a pena.

Adolf Merkel foi, na Alemanha, o principal representante de tal teoria, iniciada a partir do século XX.

A Lei de Execução Penal brasileira é influenciada pela teoria unificadora, mista ou eclética, pois busca tanto a retribuição como a humanização do preso, conforme se vê do art. 1º da lei.

CRIM

10 SEGURANÇA PÚBLICA E SERVIÇOS PENAIS NO ESTADO

Serão analisadas algumas políticas públicas formuladas no sentido de se garantir mais democracia na atuação policial. Serão também conhecidas as entidades instituídas para este mesmo fim.

10.1 1ª Conferência Nacional de Segurança Pública (1ª Conseg)

A 1ª Conferência Nacional de Segurança Pública (1ª Conseg) buscou mobilizar toda a sociedade para discutir a participação popular na segurança. Idealizada em 2008 e desenvolvida em 2009, por parte do Ministério da Justiça, propôs, basicamente, uma discussão democrática sobre segurança pública. após várias etapas municipais e regionais, teve seu ápice na conferência nacional, realizada em Brasília/DF, em agosto de 2009.

O que se vê a seguir é um resumo das principais discussões e características da Conseg, obtido a partir do relatório final da conferência.

Os membros da Comissão Organizadora Nacional da 1ª Conseg foram congregados em uma proporção de 40% de representantes da sociedade civil, 30% de trabalhadores e 30% de gestores da área de Segurança Pública. A concepção do projeto possuiu a ideia de que discutir segurança pública é, mais do que nunca, falar dos de dois eixos fundamentais presentes no texto inicial da conferência: respeito aos direitos humanos e valorização dos profissionais de segurança pública, responsáveis por prevenir e reprimir violência e crime no brasil.

Os objetivos da 1ª Conseg foram:

- **Objetivo geral**
  - Definir princípios e diretrizes orientadores da política nacional de segurança pública, com participação da sociedade civil, trabalhadores e poder público como instrumento de gestão, visando efetivar a segurança como direito fundamental.
- **Objetivos específicos**
  - Fortalecer o conceito de segurança como direito humano.
  - Definir as prioridades para a implementação da política nacional de segurança pública, conforme os eixos temáticos.
  - Contribuir para o fortalecimento do Sistema Único de Segurança Pública (Susp), tornando-o um ambiente de integração, cooperação e pactuação política entre as instituições e a sociedade civil com base na solidariedade federativa.
  - Contribuir para a implementação do Programa Nacional de Segurança Com Cidadania (Pronasci) e para valorização do conceito de segurança com cidadania entre os estados e municípios.
  - Promover, qualificar e consolidar a participação da sociedade civil, trabalhadores e poder público no ciclo de gestão das políticas públicas de segurança.
  - Fortalecer os eixos de valorização profissional e de garantia de direitos humanos como estratégicos para a política nacional de segurança pública.
  - Criar e estimular o compromisso e a responsabilidade para os demais órgãos do poder público e para a sociedade, na efetivação da segurança com cidadania.
  - Deliberar sobre a estratégia de implementação, monitoramento e avaliação das resoluções da 1ª conferência nacional de segurança pública, bem como recomendar a incorporação dessas resoluções nas políticas públicas desenvolvidas pelos estados, municípios e outros poderes.

Foram sete os eixos temáticos da 1ª Conseg:

Eixo 1	Gestão democrática: controle social e externo, integração e federalismo.
Eixo 2	Financiamento e gestão da política pública de segurança.
Eixo 3	Valorização profissional e otimização das condições de trabalho.
Eixo 4	Repressão qualificada da criminalidade.
Eixo 5	Prevenção social do crime e das violências e construção da cultura de paz.
Eixo 6	Diretrizes para o sistema penitenciário.
Eixo 7	Diretrizes para o sistema de prevenção, atendimentos emergenciais e acidentes.

Muito importante no âmbito da 1ª Conseg foi a concepção de que a segurança pública deveria ser uma política de Estado que proporcionasse autonomia administrativa, financeira, orçamentária e funcional das instituições envolvidas, nos três níveis de governo. incluem-se, ainda, a descentralização e a integração sistêmica do processo de gestão democrática, transparência na publicidade dos dados, consolidação do Susp e do Pronasci.

Também foi destacada a defesa da dignidade da pessoa humana, com valorização e respeito à vida e à cidadania. Enfatizou-se a necessidade de proporcionar atendimento humanizado a todas as pessoas, com respeito às diversas identidades religiosas, culturais, étnico-raciais, geracionais, de gênero, orientação sexual e as das pessoas com deficiência.

Fomentou-se, também, um ideário de cultura da paz, combatendo-se a criminalização da pobreza, da juventude, dos movimentos sociais e de seus defensores. Valorizou-se a busca pelo reconhecimento jurídico-legal, da importância do município como cogestor da área, no sentido de sua atuação na prevenção social do crime e das violências.

A 1ª Conseg admitiu que as discussões e as práticas sobre a segurança pública devem ser multidisciplinares e transversais. Reconheceu-se a sua necessária integração com políticas sociais, sobretudo na área da educação, como forma de prevenção da violência e da criminalidade. Reconheceu-se que os fenômenos de violência e de criminalidade têm origem multicausal (causas econômicas, sociais, políticas, culturais etc.) E que a competência de seu enfrentamento não pode ser de responsabilidade exclusiva dos órgãos de segurança pública. Desse modo, a polícia é entendida como apenas uma das forças que deve ser mobilizada para a diminuição da violência, e não a única responsável pela diminuição das estatísticas de violação e criminalidade.

A Conferência reconheceu , ainda, a necessidade de reestruturação do sistema penitenciário, de modo a torná-lo mais humanizado e respeitador das identidades, com capacidade efetiva de ressocialização dos apenados. No sentido de garantir legitimidade e autonomia na sua gestão, o sistema penitenciário deve privilegiar formas alternativas à privação da liberdade, bem como incrementar as estruturas de fiscalização e de monitoramento.

Também destacou o necessário papel de fortalecimento da família como garantidora da cidadania e de condições essenciais para a prevenção da violência. É a entidade familiar que proporciona a socialização primária, fundamental para a entrada plena do cidadão na sociedade.

Fique ligado

O Programa das Nações Unidas para o Desenvolvimento (PNUD) enfoca o conceito de segurança pública como uma segurança humana, de proteção à pessoa contra todas as fontes possíveis de insegurança pessoal, daquilo que é mínimo para a existência digna do ser humano. O PNUD vem, desde a década de 1990, reunindo conhecimentos e as melhores práticas colhidas, no mundo todo, de modo a consolidar um modelo de segurança baseado em uma abordagem multidisciplinar e integrada de políticas públicas, o que se convencionou chamar de "Segurança Cidadã".

10.2 Secretaria Nacional de Segurança Pública (Senasp/MJ)

Foi criada pelo Decreto nº 2.315/1997, sendo subordinada ao Ministério da Justiça. Foi sucessora da antiga Secretaria de Planejamento de Ações Nacionais de Segurança Pública (Seplanseg), de 1995.

Atualmente, são atribuições da Secretaria Nacional de Segurança Pública:

> *I – assessorar o Ministro de Estado na definição, implementação e acompanhamento da Política Nacional de Segurança Pública e dos Programas Federais de Prevenção Social e Controle da Violência e Criminalidade;*
>
> *II – planejar, acompanhar e avaliar a implementação de programas do Governo Federal para a área de segurança pública;*
>
> *III – elaborar propostas de legislação e regulamentação em assuntos de segurança pública, referentes ao setor público e ao setor privado;*
>
> *IV – promover a integração dos órgãos de segurança pública;*
>
> *V – estimular a modernização e o reaparelhamento dos órgãos de segurança pública;*
>
> *VI – promover a interface de ações com organismos governamentais e não governamentais, de âmbito nacional e internacional;*
>
> *VII – realizar e fomentar estudos e pesquisas voltados para a redução da criminalidade e da violência;*
>
> *VIII – estimular e propor aos órgãos estaduais e municipais a elaboração de planos e programas integrados de segurança pública, objetivando controlar ações de organizações criminosas ou fatores específicos geradores de criminalidade e violência, bem como estimular ações sociais de prevenção da violência e da criminalidade;*
>
> *IX – exercer, por seu titular, as funções de Ouvidor-Geral das Polícias Federais;*
>
> *X – implementar, manter e modernizar o Sistema Nacional de Informações de Justiça e Segurança Pública - INFOSEG;*
>
> *XI – promover e coordenar as reuniões do Conselho Nacional de Segurança Pública;*
>
> *XII – incentivar e acompanhar a atuação dos Conselhos Regionais de Segurança Pública;*
>
> *XIII – coordenar as atividades da Força Nacional de Segurança Pública.*

10.3 Força Nacional de Segurança Pública (FNSP)

Criada em 2004 e subordinada à Secretaria Nacional de Segurança Pública/MJ (Senasp), é integrada por policiais militares, bombeiros, policiais civis e peritos de vários estados da federação. Esses profissionais são cedidos pelos Governos Estaduais ao Poder Executivo federal, sob o apanágio do Ministério da Justiça que, após nivelamento de doutrina, viabiliza a atuação da FNSP nos mais recônditos rincões do território nacional.

O objetivo da FNSP é o de atender aos pedidos expressos dos governadores de estado ou até mesmo de outras Autoridades Federais, quando da necessidade de incrementar ações de segurança pública, sempre em respeito ao pacto federativo.

O órgão visa atender às necessidades emergenciais dos estados, em questões nas quais se fizer necessária a interferência decisiva do poder público. A FNSP age ainda em situações em que for detectada a urgência de reforço na área de segurança, sempre por períodos determinados e passíveis de prorrogações.

Uma importante atitude adotada pela Senasp foi a criação do Sistema Nacional de Informações de Segurança Pública, Prisionais e Sobre Drogas (Sinesp). Este sistema consiste em um portal de informações integradas, em parceria com os entes federados, o qual consultas estatísticas, operacionais, investigativas e estratégicas, relacionadas a drogas, segurança pública, justiça criminal, sistema prisional, entre outras.

O Sinesp constitui-se de importante medida estatística, que pode subsidiar diagnósticos de criminalidade, formulação e avaliação de políticas de segurança pública e promover a integração nacional de informações de forma padronizada.

Dentro do site do Sinesp é acessar o módulo Sinesp Cidadão, que consiste em um módulo do Sistema Nacional de Informações de Segurança Pública, Prisionais e sobre Drogas, o Sinesp, que permite acesso direto pelo cidadão aos serviços da Secretaria Nacional de Segurança Pública do Ministério da Justiça. Por ele, é possível a qualquer cidadão, inclusive a partir de celulares, consultar veículos, verificando eventual apontamento de roubo ou furto, bem como consultar mandados de prisão aguardando cumprimento e vigentes, com base no Banco Nacional de Mandados de Prisão (BNMP) do CNJ.

A iniciativa confirma a ideia de que a segurança pública é uma responsabilidade de todos, de modo a oferecer abertura à população sobre relevantes informações criminais. O aplicativo enfatiza que o cidadão deve procurar a Polícia para as ações decorrentes da localização de um foragido ou de um veículo roubado.

10.4 Gabinete de Gestão Integrada (GGI)

Foi idealizado no âmbito do Sistema Único de Segurança Pública (Susp). Teve o objetivo de ser espaço de interlocução entre as instituições do sistema de justiça criminal e os órgãos de segurança pública, debatendo e propondo ações visando à redução da violência e da criminalidade. Trata-se de um fórum deliberativo e executivo, que atua em consenso e sem hierarquia, garantindo respeito à autonomia de cada um dos órgãos que o compõem. Existem Gabinetes de Gestão Integrada estaduais, municipais, distrital, de fronteira e regionais.

Podem atuar ouvindo as demandas prioritárias da comunidade, a partir da promoção de audiências públicas, com líderes comunitários. O objetivo é o de difundir a filosofia de gestão integrada em segurança pública, a partir da elaboração de um planejamento estratégico das ações a serem executadas em âmbito local.

Cabe aos GGIs auxiliar na implementação das políticas vinculadas ao Plano Nacional de Segurança Pública e aos planos estaduais, distrital e municipais. Com isso, pretende-se que se crie e se alimente uma rede de intercâmbio e de troca de informações, experiências e propagação das melhores práticas de gestão. Tais atitudes contribuem para a construção de indicadores que possam medir a eficiência do sistema de segurança pública.

10.5 Conselho Nacional de Segurança Pública (Conasp)

É o órgão colegiado de cooperação técnica entre os entes federativos, no combate à criminalidade, subordinado diretamente ao Ministro da Justiça. Tem como principais finalidades a formulação da Política Nacional de Segurança Pública.

O Conasp segue o modelo tripartite, composto por membros da sociedade civil, gestores e trabalhadores da área de segurança pública. O conselho tem 9 conselheiros governamentais, 9 representantes de entidades dos servidores da segurança pública e outros 12 representantes de entidades e organizações da sociedade civil, cuja finalidade seja relacionada com as políticas de segurança pública.

Os representantes governamentais serão designados pelo Ministro da Justiça, e os demais serão eleitos mediante processo aberto a todas as entidades e organizações, cuja finalidade seja relacionada com as políticas de segurança pública, conforme convocação pública e critérios objetivos previamente definidos pelo Conasp.

Ao Conselho Nacional de Segurança Pública (Conasp) compete conforme Decreto nº 7.413/2010:

> *I – atuar na formulação de diretrizes e no controle da execução da Política Nacional de Segurança Pública;*
>
> *II – estimular a modernização institucional para o desenvolvimento e a promoção intersetorial das políticas de segurança pública;*
>
> *III – desenvolver estudos e ações visando ao aumento da eficiência na execução da Política Nacional de Segurança Pública;*
>
> *IV – propor diretrizes para as ações da Política Nacional de Segurança Pública e acompanhar a destinação e aplicação dos recursos a ela vinculados;*
>
> *V – articular e apoiar, sistematicamente, os Conselhos de Segurança Pública dos Estados, do Distrito Federal e dos Municípios, com vistas à formulação de diretrizes básicas comuns e à potencialização do exercício das suas atribuições legais e regulamentares;*
>
> *VI – propor a convocação e auxiliar na coordenação das Conferências Nacionais de Segurança Pública e outros processos de participação social, e acompanhar o cumprimento das suas deliberações;*
>
> *VII – estudar, analisar e sugerir alterações na legislação pertinente; e*
>
> *VIII – promover a integração entre órgãos de segurança pública federais, estaduais, do Distrito Federal e municipais.*

10.6 Estratégia Nacional de Justiça e Segurança Pública (Enasp)

Foi constituída em 2010, por ato do ministro de Estado da Justiça, do presidente do Conselho Nacional do Ministério Público e do presidente do Conselho Nacional de Justiça. Tem como objetivos planejar e implementar a coordenação de ações e metas nas áreas de justiça e segurança pública, em âmbito nacional, que exijam a conjugação articulada de esforços dos órgãos envolvidos.

A Enasp foi criada a partir da necessidade de planejamento conjunto de ações. Objetivou ainda a adoção de estratégias comuns pelos órgãos que compõem o sistema de justiça e de segurança pública, de modo que as ações estivessem voltadas para a plena eficácia dos programas desenvolvidos. A Enasp é instrumento, portanto, de efetivação da articulação transversal dos órgãos públicos para a consecução de fins específicos e comuns. Ela reúne representantes dos Poderes Executivo, Legislativo e Judiciário, do Ministério Público, da advocacia pública e privada, da Defensoria Pública, tanto em âmbito federal, quanto estadual.

Como estratégias de segurança integrada com o Judiciário, Ministério Público, Defensorias, para 2010 e 2011, foram selecionadas, a título de exemplo, as seguintes ações: dar maior efetividade na apuração de homicídios; erradicar carceragens em delegacias e criar um cadastro único de mandados de prisão. Atualmente, tal cadastro está no Banco Nacional de Mandado de Prisão, constante e aberto para consultas de quaisquer cidadãos.

10.7 Sistema Único de Segurança Pública (Susp)

O Sistema Único de Segurança Pública (Susp) ainda é um projeto de lei que tramita no Congresso Nacional, sob o nº 3.734/2012. Em que pese ainda não estar convolado em lei, algumas das medidas elencadas no presente capítulo fazem parte de iniciativas políticas que buscam articular as ações federais, estaduais e municipais, na área da segurança pública e da Justiça Criminal, ainda muito dispersas e pouco articuladas. É muito usual, na segurança pública, a atuação dispersa e solitária das forças policiais, com prejuízo ao enfrentamento da questão criminal.

Criou-se, pelo projeto, no âmbito do Ministério da Justiça, o Susp, que deverá planejar, orientar e executar as ações de segurança pública em todo o território nacional, com o objetivo de garantir a eficiência das atividades policiais. O SUSP será integrado pelos órgãos mencionados no art. 144 da Constituição Federal de 1988 e pela Força Nacional de Segurança Pública (FNSP) que poderão atuar, em conjunto ou isoladamente, nas rodovias, ferrovias e hidrovias federais, estaduais ou distritais, no âmbito de suas respectivas atribuições.

Do projeto que está sendo discutido no Congresso Nacional, mas já é praticado a partir de normas e regulamentos, junto ao Ministério da Justiça e Senasp, é importante destacar os seguintes tópicos:

- O Susp busca uma visão democrática da segurança pública, dever do Estado, direito e responsabilidade de todos, exercida para a preservação da ordem pública e para a garantia dos direitos fundamentais, individuais e coletivos da pessoa humana". Os termos "ordem pública" e "garantias fundamentais" passam a ser completamente relacionados.

Como princípios de atuação dos órgãos policiais destacam-se no projeto do Susp:

- Proteção dos direitos humanos.
- Respeito aos direitos fundamentais e promoção da cidadania e da dignidade da pessoa humana.
- Resolução pacífica de conflitos.
- Uso proporcional da força.
- Eficiência na prevenção e repressão das infrações penais.
- Eficiência nas ações de prevenção e redução de desastres.
- Participação comunitária.

Ainda como diretrizes fundamentais tem-se que a segurança pública deverá ser prestada com observância das seguintes prioridades:

- Atendimento imediato ao cidadão.
- Planejamento estratégico e sistêmico.
- Integração dos órgãos e instituições da segurança pública.
- Unidade de comando.
- Coordenação por cooperação e colaboração.
- Distribuição proporcional do efetivo policial.
- Deontologia policial comum.
- Utilização de métodos e processos científicos.
- Unidade de registro de ocorrência policial e procedimentos apuratórios.

- Uso de sistema integrado de informações e dados eletrônicos.
- Responsabilidade territorial.
- Qualificação para gestão e administração de conflitos.
- Prevenção e preparação para emergências e desastres e recuperação das áreas atingidas.
- Técnicas adequadas de controle de distúrbios civis.

A ideia do Susp é forjar uma articulação que não viole a autonomia dos estados federados. Não se trata de unificação, mas de integração prática entre os principais responsáveis pelo serviço de segurança. O sistema é único, mas as instituições que farão parte dele são diversas e autônomas, cada uma cumprindo suas responsabilidades. Servem de modelo para o Susp as experiências de missões especiais e forças-tarefa, em que órgãos diferentes trabalham integrados, com pessoal qualificado, e objetivos, metas e metodologia bem definidos.

Resumidamente e conforme informações da Senasp/MJ, é possível informar os principais eixos do Susp:

- **Gestão unificada da informação:** uma central vai receber todas as demandas na área de segurança pública. A coleta de informações deverá auxiliar na redução da violência e na prevenção ao crime.
- **Gestão do sistema de segurança:** delegacias com perícia, polícia civil e polícia militar deverão ser implantadas para cuidar de determinadas áreas geográficas das cidades.
- **Formação e aperfeiçoamento de policiais:** os policiais civis e militares serão treinados em academias integradas. A Secretaria Nacional de Segurança Pública tem um setor de formação e aperfeiçoamento que já está trabalhando nos currículos das academias para definir o conteúdo desses cursos de formação, que levarão em conta sempre a valorização do profissional.
- **Valorização das perícias:** essa fase da investigação dos crimes receberá atenção especial.
- **Prevenção:** ações concretas para a prevenção e redução da violência nos Estados serão prioritárias. A Polícia Comunitária terá papel fundamental nesse processo.
- **Ouvidorias independentes e corregedorias unificadas:** serão criados órgãos para receber as reclamações da população e identificar possíveis abusos da ação policial. A corregedoria vai fiscalizar os atos dos policiais civis e militares. O objetivo é realizar o controle externo sobre a ação da segurança pública nos Estados.

O projeto institui também o Sistema Integrado de Educação e Valorização Profissional (Sievap), com a finalidade, dentre outras, de planejar, pactuar, implementar, coordenar e supervisionar as atividades de educação gerencial, técnica e operacional, identificando e propondo novas metodologias e técnicas de educação voltadas ao aprimoramento das suas atividades.

O sistema educacional integrado dos policiais contará com uma rede nacional de altos estudos em segurança pública, uma rede nacional de educação à distância e um programa nacional de qualidade de vida para segurança pública.

Como matriz curricular nacional, para os servidores da segurança pública, destina-se um referencial teórico, metodológico e avaliativo para as ações de educação. Essa mesma matriz curricular deverá ser observada nas atividades formativas de ingresso, aperfeiçoamento, atualização, capacitação e especialização na área de segurança pública, nas modalidades presencial e à distância. Ela deve ainda ser pautada nos direitos humanos, nos princípios da andragogia e nas teorias que enfocam o processo de construção do conhecimento.

Fique ligado

Andragogia é a arte ou ciência de orientar adultos a aprender, segundo a definição creditada a Malcolm Knowles, na década de 1970. O termo remete a um conceito de educação voltada para o adulto, em contraposição à pedagogia, que se refere à educação de crianças (do grego paidós, criança).

Para educadores como Pierre Furter (1973), a andragogia é um conceito amplo de educação do ser humano, em qualquer idade. A UNESCO, por sua vez, já utilizou o termo para se referir à educação continuada.

"Andragogia é a arte de causar o entendimento." - Franklin Wave

Um importante conceito trazido pelo Susp é a noção de **segurança cidadã**. Essa noção consiste na situação política e social de segurança integral e cultura da paz, em que as pessoas têm, legal e efetivamente, garantido o gozo pleno de seus direitos fundamentais. A segurança cidadã se dá por meio de mecanismos institucionais eficientes e eficazes, capazes de prever, prevenir, planejar, solucionar pacificamente os conflitos e controlar as ameaças, as violências e coerções ilegítimas.

O projeto responsabiliza a União, estados, Distrito Federal e municípios na construção e execução de políticas públicas voltadas para a implementação da segurança cidadã. Concede-se efetividade às ações de prevenção da violência e da criminalidade e se tem, como meta, garantir a inclusão social e a igualdade de oportunidades, por meio de políticas públicas que garantam, conforme texto do projeto:

- **Prevenção primária:** centrada em ações dirigidas ao meio ambiente físico ou social, mais especificamente aos fatores ambientais que aumentam o risco de crimes e violências (fatores de risco) e que diminuem o risco de crimes e violência (fatores de proteção), visando reduzir a incidência ou os efeitos negativos de crimes e violências.
- **Prevenção secundária:** focada em ações dirigidas a pessoas mais suscetíveis de praticar crimes e violências, mais especificamente aos fatores que contribuem para a vulnerabilidade ou resiliência destas pessoas, visando evitar o seu envolvimento com o crime e a violência, bem como a pessoas mais suscetíveis de serem vítimas de crimes e violências, de modo a evitar ou limitar os danos causados pela sua vitimização.
- **Prevenção terciária:** consiste em ações dirigidas a pessoas que já praticaram crimes e violências, visando evitar a reincidência e promover o seu tratamento, reabilitação e reintegração familiar, profissional e social, bem como a pessoas que já foram vítimas de crimes e violências, de modo a evitar a repetição da vitimização e a promover o seu tratamento, reabilitação e reintegração familiar, profissional e social.
- **Prevenção situacional:** centrada em ações dirigidas à redução das oportunidades para a prática de crimes e violências na sociedade, por meio do aumento dos custos, aumento dos benefícios ou redução dos benefícios associados à prática de crimes e violências.
- **Prevenção social:** ações dirigidas à redução da predisposição dos indivíduos e grupos para a prática de crimes e violências na sociedade, visando enfrentar os problemas de fundo que criam condições para as pessoas ou grupos de risco, que chegam a incorrer em atos delitivos.

Tais conceitos, usuais em estudos criminológicos, conforme verificamos em lições passadas, passam a ser empregados expressamente em projetos legislativos, de modo a transpor a retórica academicista para se alcançar a prática.

Com efeito, a segurança pública é um bem democrático, cuja ausência e falhas afetam todos, indistintamente. Assim, ela é legitimamente desejada por todos os setores sociais; constitui um direito fundamental da cidadania; é uma obrigação constitucional do Estado; é, também, responsabilidade de todos.

Afirmar que o cidadão é o destinatário dos serviços de segurança pública significa reconhecer que compete à polícia trabalhar pelo estabelecimento das relações pacíficas entre os cidadãos. Para a obtenção de tais relações, é necessário o respeito às diferenças de gênero, classe, idade, pensamento, crenças e etnia. Deve-se criar ações de proteção aos direitos dos diferentes. Com isso, não se pretende a abdicação da força, mas seu uso - quando necessário - de forma proporcional.

10.8 Política Nacional de Proteção aos Defensores dos Direitos Humanos (PNPDDH)

Foi instituído a partir do Decreto nº 6.044/2007, que aprova a Política Nacional de Proteção aos Defensores dos Direitos Humanos. Tem a finalidade de estabelecer princípios e diretrizes de proteção e assistência à pessoa física ou jurídica, grupo, instituição, organização ou movimento social que promove, protege e defende os Direitos Humanos. Vale lembrar que, em função de sua atuação e atividade nessas circunstâncias, os indivíduos ou grupos protegidos por essa política encontram-se em situação de risco ou de vulnerabilidade.

10.8.1 Princípios da PNPDDH

I – respeito à dignidade da pessoa humana;

II – não discriminação por motivo de gênero, orientação sexual, origem étnica ou social, deficiência, procedência, nacionalidade, atuação profissional, raça, religião, faixa etária, situação migratória ou outro status;

III – proteção e assistência aos defensores dos direitos humanos, independentemente de nacionalidade e de colaboração em processos judiciais;

IV – promoção e garantia da cidadania e dos direitos humanos;

V – respeito a tratados e convenções internacionais de direitos humanos;

VI – universalidade, indivisibilidade e interdependência dos direitos humanos; e

VII – transversalidade das dimensões de gênero, orientação sexual, deficiência, origem étnica ou social, procedência, raça e faixa etária nas políticas públicas.

10.8.2 Diretrizes gerais da PNPDDH

I – fortalecimento do pacto federativo, por meio da atuação conjunta e articulada de todas as esferas de governo na proteção aos defensores dos direitos humanos e na atuação das causas que geram o estado de risco ou vulnerabilidade;

II – fomento à cooperação internacional bilateral ou multilateral;

III – articulação com organizações não governamentais, nacionais e internacionais;

IV – estruturação de rede de proteção aos defensores dos direitos humanos, envolvendo todas as esferas de governo e organizações da sociedade civil;

V – verificação da condição de defensor e respectiva proteção e atendimento;

VI – incentivo e realização de pesquisas e diagnósticos, considerando as diversidades regionais, organização e compartilhamento de dados;

VII – incentivo à formação e à capacitação de profissionais para a proteção, bem como para a verificação da condição de defensor e para seu atendimento;

VIII – harmonização das legislações e procedimentos administrativos nas esferas federal, estadual e municipal, relativas ao tema;

IX – incentivo à participação da sociedade civil;

X – incentivo à participação dos órgãos de classe e conselhos profissionais;

XI – garantia de acesso amplo e adequado a informações e estabelecimento de canais de diálogo entre o Estado, a sociedade e os meios de comunicação.

10.8.3 Diretrizes específicas de proteção aos defensores dos Direitos Humanos

I – implementação de medidas preventivas nas políticas públicas, de maneira integrada e intersetorial, nas áreas de saúde, educação, trabalho, segurança, justiça, assistência social, comunicação, cultura, dentre outras;

II – apoio e realização de campanhas socioeducativas e de conscientização nos âmbitos internacional, nacional, regional e local, considerando suas especificidades, que valorizem a imagem e atuação do defensor dos direitos humanos;

III – monitoramento e avaliação de campanhas com a participação da sociedade civil;

IV – apoio à mobilização social e fortalecimento da sociedade civil; e

V – fortalecimento dos projetos já existentes e fomento à criação de novos projetos.

São diretrizes específicas de proteção aos defensores dos direitos humanos, no que se refere à **responsabilização dos autores das ameaças ou intimidações**:

I – cooperação entre os órgãos de segurança pública;

II – cooperação jurídica nacional;

III – sigilo dos procedimentos judiciais e administrativos, nos termos da lei;

IV – integração com políticas e ações de repressão e responsabilização dos autores de crimes correlatos.

São diretrizes específicas de atenção aos defensores dos direitos humanos que se encontram em **estado de risco ou vulnerabilidade**:

I – proteção à vida;

II – prestação de assistência social, médica, psicológica e material;

III – iniciativas visando à superação das causas que geram o estado de risco ou vulnerabilidade;

IV – preservação da identidade, imagens e dados pessoais;

V – apoio para o cumprimento de obrigações civis e administrativas que exijam comparecimento pessoal;

VI – suspensão temporária das atividades funcionais; e

VII – excepcionalmente, a transferência de residência ou acomodação provisória em local sigiloso, compatível com a proteção.

10.9 Conselho Nacional de Combate à Discriminação e Promoção dos Direitos de Lésbicas, Gays, Bissexuais, Travestis e Transexuais (CNCD/LGBT)

É um órgão colegiado, integrante da estrutura da Secretaria de Direitos Humanos da Presidência da República (SDH/PR).

Com as políticas voltadas para a promoção da igualdade racial e para a população, o CNCD/LGBT é um órgão colegiado composto por trinta membros, sendo 15 representantes da Sociedade Civil e 15 do Governo Federal.

Esse órgão possui a finalidade de formular e propor diretrizes de ação governamental, em âmbito nacional, voltadas para o combate à discriminação, e para a promoção e a defesa dos direitos de lésbicas, gays, bissexuais, travestis e transexuais.

NOÇÕES DE MEDICINA LEGAL

1. INTRODUÇÃO À MEDICINA LEGAL

Medicina Legal é a ciência que engloba e soma conhecimentos de diferentes áreas da Medicina e do Direito. A Medicina Legal (ou Forense) usa um conjunto de conhecimentos médicos, jurídicos, psíquicos e biológicos para informar, elaborar e executar diversas normas. As ciências que mais se relacionam com a Medicina Legal são Sociologia, Filosofia, Botânica, Zoologia e, principalmente, o Direito, com todas as suas áreas.

1.1 Conceito de Medicina Legal

"É o conjunto de conhecimentos médicos e paramédicos destinados a servir ao Direito e cooperando na elaboração, auxiliando na interpretação e colaborando na execução dos dispositivos legais no seu campo de ação de medicina aplicada".

GOMES, H. **Medicina legal**. 23. ed. Rio de Janeiro: Freitas Bastos, 1984, p.7.

"Medicina legal é a ciência e arte extrajurídica auxiliar alicerçada em um conjunto de conhecimentos médicos, paramédicos e biológicos destinados a defender os direitos e os interesses dos homens e da sociedade".

CROCE, D.; CROCE JR., D. **Manual de medicina legal**. 8. ed. São Paulo: Saraiva, 2012, p.29.

"A Medicina Legal caracteriza-se por ser um conjunto de conhecimentos médicos e paramédicos que, no âmbito do direito, concorrem para a elaboração, interpretação e execução das leis existentes e ainda permite, através da pesquisa científica, o seu aperfeiçoamento. É a medicina a serviço das ciências jurídicas e sociais".

BENFICA, F.S.; VAZ, M. **Medicina legal**. 2. ed. ver. atual. Porto Alegre: Livraria do Advogado, 2012, p.11.

"Medicina Legal é a ciência de aplicação dos conhecimentos médico-biológicos aos interesses do Direito constituído, do direito constituendo e à fiscalização do exercício médico-profissional".

MARANHÃO, O.R. **Curso básico de medicina legal**. 4. ed. rev. ampl. São Paulo: Revista dos Tribunais, 1991, p.26-27.

1.2 Áreas de atuação da Medicina Legal

1.2.1 Medicina geral

- **Deontologia:** agrupa os deveres dos profissionais de Medicina e as regras internas do exercício dessa profissão (Juramento de Hipócrates).
- **Diceologia:** estuda os direitos dos médicos e suas responsabilidades.

A Deontologia e a Diceologia constam do Código de Ética Médica.

1.2.2 Medicina específica

- **Antropologia forense:** estudo e pesquisa da identidade e da identificação do indivíduo com o uso de variadas técnicas e metodologia específica.
- **Asfixiologia forense:** estuda todas as hipóteses que podem ter levado o indivíduo a ter a oxigenação de seus tecidos prejudicada.
- **Psiquiatria forense:** procura compreender como as doenças e os transtornos mentais comprometem as esferas civil e penal.
- **Infortunística:** analisa doenças e acidentes que ocorrem na área do trabalho.
- **Sexologia forense:** cuida da sexualidade humana, do estudo da normalidade e da anormalidade, como atentado ao pudor, sedução, infanticídio, estupro, aborto, gravidez e anulação de casamento.
- **Obstetrícia forense:** estuda as complicações do nascimento e suas implicações legais.
- **Criminologia:** analisa o crime, o criminoso, a vítima e todas as condições capazes de explicar o que aconteceu.
- **Psicologia judiciária:** estuda as emoções envolvidas em declarações, depoimentos e confissões feitas pelo autor, independentemente da idade.
- **Traumatologia forense:** cuida das lesões corporais traumáticas, dolosas ou culposas, assim como dos acidentes de trabalho com causas exógenas.
- **Tanatologia:** é a parte que estuda a morte, quando esta aconteceu e o que a causou.
- **Toxicologia:** estuda os casos de envenenamentos, as substâncias entorpecentes, os tóxicos, o alcoolismo, os barbitúricos, suas causas e efeitos.
- **Vitimologia:** estuda a vítima para descobrir como, porque e quando foi cometido o crime contra ela.

1.3 Criminologia, Criminalística e Medicina Legal

- **Criminalística:** o perito criminal realiza essa parte do procedimento investigatório, sendo o responsável pela coleta dos elementos possíveis de provas, que embasarão a instrução probatória da investigação e do processo criminal (caso exista).
- **Criminologia:** estudo das causas e da etiologia do delito como um fenômeno social. Ciência que não busca a análise do caso concreto mas estuda o comportamento do delinquente como um todo.
- **Medicina legal:** estuda as variações biológicas e psicológicas do organismo humano vivo e morto. Se relaciona com a materialidade de um possível delito e não com a sua autoria, culpa ou dolo.

2. PERITOS E PERÍCIAS

2.1 Conceitos e finalidades da perícia médico-legal

Perícia significa experiência, saber, habilidade. Trata-se da diligência com a finalidade de estabelecer a veracidade ou a falsidade de situações, fatos ou acontecimentos, por meio de prova.

A perícia médico-legal tem a finalidade de utilizar os exames realizados por profissionais da medicina em juízo.

Peritos são os especialistas em determinada área do conhecimento humano prestando serviços à justiça ou à polícia a respeito de fatos, pessoas ou coisas, por designação de autoridade competente.

2.2 Peritos

- **Peritos oficiais:** médicos legistas, papiloscopistas, psicólogos e outros. São servidores públicos aprovados por meio de concursos específicos.
- **Peritos nomeados:** são profissionais de diferentes áreas, nomeados por juiz ou delegado para situações específicas. No exercício dessa função, são considerados funcionários públicos, com as mesmas responsabilidades dos concursados.
- **Assistentes técnicos:** especialistas que acompanham o trabalho do perito oficial. São contratos pelas partes a seu critério e às suas custas e podem elaborar quesitos, acompanhar diligências e prestar depoimento em juízo, entre outros.

2.3 Exame de corpo de delito

É o conjunto de vestígios que se localizam no corpo da pessoa (lesões corporais) viva ou morta. É a reunião de elementos materiais resultantes de fatos criminosos ou acidentais que formarão e sustentarão a materialidade comprobatória da tipicidade do ato delituoso.

2.3.1 Tipos

Os exames de corpo de delito realizados em cadáveres podem ser:

- **Necropsia:** também chamada de exame necroscópico, tem por finalidade constatar a morte e o que a causou – tiros ou golpes, quantos e quais foram fatais. Deverá ser feita até 6 horas depois do óbito para certificação de que o indivíduo está morto mesmo. O exame necroscópico tem como função examinar e descobrir a data e a causa *mortis* e a identificação do *de cujus* nos casos de morte suspeita, esclarecendo dúvidas policiais e judiciárias. Em suicídios, homicídios e acidentes de trânsito e de trabalho esse exame é de grande relevância.
- **Exame cadavérico:** o médico-legista examina a parte externa do corpo, não havendo razão para incisões. Esse exame é feito em caso de morte violenta, aquela em que não pairam dúvidas quanto aos motivos do falecimento e que também não tenham incidido em infração penal.
- **Exumação de cadáver:** quando há a necessidade de exames complementares, a autoridade policial deve providenciar para que, em dia e hora determinados, seja realizada a diligência, devendo ser lavrado o auto circunstanciado. O local da sepultura deverá ser indicado pelo administrador do cemitério.
- **Exame visceral:** quando a causa da morte levantar suspeita ou não ocorrerem sinais de lesões externas ou um possível suicídio ou homicídio precisar ser elucidado, o cadáver será eviscerado, com retirada de vísceras ou parte delas no momento da necropsia. Fragmentos dos órgãos serão submetidos a exame laboratorial; amostras de sangue, urina e de conteúdo gástrico serão colhidas para exame laboratorial e toxicológico. Mortes por envenenamento, intoxicação, overdose, inalação de agentes tóxicos podem ser esclarecidas por esse exame.

2.3.2 Laudo

O médico-legista examina com detalhe e precisão a pessoa viva ou morta, registrando no laudo pericial o que conseguiu encontrar.

No laudo, deve constar o que foi encontrado na pessoa examinada e a descrição do resultado deve ser clara. No laudo, temos: preâmbulo, histórico, descrição, discussão, conclusão e respostas aos quesitos.

O laudo comprova a existência de lesões corporais dolosas ou culposas, não podendo haver argumentos refutáveis de que houve delito. Depois de pronto, o laudo é subscrito pelo examinador, sendo enviado para ser anexado ao inquérito policial.

2.3.3 Exames

- **Exame direto:** o perito examina de forma minuciosa, objetiva e direta o corpo da vítima.
- **Exame indireto:** o médico-legista utiliza a ficha clínica do hospital ou do pronto-socorro onde a vítima recebeu tratamento médico e elabora, com a maior clareza possível, o laudo.
- **Exame complementar:** é realizado quando o primeiro exame de corpo de delito se apresenta incompleto ou insatisfatório, com lacunas e dúvidas relacionadas à conclusão e ao resultado das lesões. Nesse caso, o art. 168 do CPP deixa a possibilidade de um segundo exame, determinado pela autoridade policial que preside o inquérito policial, ou pela autoridade judiciária, ou requerimento do Ministério Público, do ofendido ou do acusado, ou de seu defensor. Nele são analisados elementos que faltaram no primeiro exame e seu objetivo é aprimorar as conclusões. Caso os médicos-legistas não tenham condições de concluir sobre a classificação das lesões no primeiro exame, nele deverá constar a necessidade de um exame complementar após 30 dias a partir da data do delito.
- **Exames grafológicos:** são exames feitos por comparação. A autoridade encaminha aos peritos, para análise, o documento que considera falso e os documentos escritos de próprio punho pelos suspeitos.
- **Exames por precatória:** quando os exames periciais são feitos em outras comarcas, a autoridade judicial ou policial que preside o processo deverá pedir à autoridade do local que determine a realização do exame. Os quesitos das partes e da autoridade serão transcritos em precatória e a autoridade local fará a nomeação dos peritos.
- **Fotografia:** é um auxiliar importante na investigação de um crime, pois permite identificar o ambiente e as vítimas, além de fornecer pistas que podem levar ao criminoso e à descoberta de como o crime foi cometido. Nesse tipo de registro, temos todos os detalhes da cena que podem ser usados no esclarecimento do fato.

2.4 Necropsia e perinecroscopia

- **Necroscopia:** é o exame do cadáver. Realizado no Instituto Médico Legal pelo legista e por seus auxiliares, possui as partes interna e externa. Caso seja possível definir a causa da morte apenas com a avaliação externa, não há necessidade de análise de todas as cavidades do corpo.
- **Perinecroscopia:** é o exame de todos os vestígios deixados em volta do cadáver, normalmente feito por peritos criminais.

3. DOCUMENTOS MÉDICOS LEGAIS

3.1 Definição

São a exposição verbal e os instrumentos escritos por médicos que visam elucidar questões de relevância policial ou judicial, servindo como meio de prova.

3.2 Tipos de documentos médico-legais

3.2.1 Relatório médico-legal

É uma narração escrita de maneira minuciosa sobre todas as operações de uma perícia médica, determinada por autoridade policial ou judiciária.

De acordo com a elaboração, ele é classificado em laudo (relatório de perícia redigido por um dos peritos oficiais) ou auto (relatório ditado a um escrivão).

Os relatórios são compostos das seguintes partes:

- **Preâmbulo:** nele constam hora, data e local exatos onde o exame foi feito; a qualificação do perito; a qualificação do examinado; o nome da autoridade que requisitou o exame; o número da requisição; e o nome de quem determinou a perícia.
- **Quesitos:** são padronizados e oficiais, variando com o tipo de perícia para melhor aplicação dos dispositivos do Código Penal. A autoridade requisitante não precisa ficar presa a esses quesitos, podendo formular quesitos suplementares.
- **Histórico:** nele consta a análise do exame clínico, com narrativa do ocorrido contada pelo periciado. Em exames necroscópicos, o histórico fica restrito às informações fornecidas pela guia de encaminhamento policial. Quando a vítima não sofreu morte imediata e foi socorrida em hospital, a guia de encaminhamento hospitalar também é utilizada.
- **Descrição:** um dos peritos descreve detalhadamente para outro perito as lesões. Essa descrição deve mencionar a localização exata das lesões, relacionando-as com pontos fixos do corpo, descrever a forma, a coloração, a dimensão e, quando for uma ferida, discorrer sobre as bordas, os ângulos, as vertentes, a profundidade etc.
- **Discussão:** nesta etapa, os peritos têm liberdade para externar sua opinião e explicar o que for conveniente. Uma vez apresentada, ela não poderá ser refeita, pois, com o tempo, algumas condições que existiam na ocasião do exame são modificadas (lesões desaparecem, por exemplo).
- **Conclusão:** é a síntese da descrição e da discussão, devendo ser clara e expressar, sem margem de dúvida, o conteúdo do relatório.
- **Respostas aos quesitos:** os peritos devem responder de forma sintética e objetiva aos quesitos elaborados. Para cada tipo de laudo de corpo de delito existe um conjunto de quesitos oficiais.

3.2.2 Consulta médico-legal

Ela é feita quando o documento exprime dúvida sobre um relatório médico-legal e a autoridade ou um outro perito solicita o esclarecimento de pontos controvertidos, em geral formulando quesitos complementares. Decorre da não compreensão de algum aspecto do relatório ou pela superveniência de um fato novo no decorrer do processo.

São perguntas feitas aos peritos ou assistentes técnicos sob a forma de quesitos para que sejam respondidas por meio de pareceres médico-legais. Podem ser feitas pelo juiz e/ou pelas partes.

3.2.3 Parecer médico-legal

O parecer não utiliza o exame da vítima, nem a descrição, sendo composto por preâmbulo (qualificação do médico consultado e do autor da consulta), exposição (transcrição dos quesitos e do objeto da consulta) e conclusão (o consultado emitirá seu ponto de vista em relação aos fatos questionados).

Para elaborar o parecer, o médico examina os elementos dos autos desde o momento em que a autoridade policial tomou conhecimento do ocorrido até as declarações da vítima, do acusado, das testemunhas, os laudos de exame e de local, com a análise do laudo médico-legal. No parecer médico, a conclusão é a parte mais importante.

3.2.4 Atestado médico-legal

São afirmações de próprio punho ou digitadas do fato, com o respectivo carimbo e assinatura de quem o fornece. Apesar de não comprovarem compromisso legal, são documentos de importância e relevância, pois expressam a verdade sobre um fato. Podem ser:

- **Administrativos:** quando o serviço público necessita do atestado para autorizar licenças, abono de faltas, sanidade física e mental para ingresso no serviço público, aposentadoria, vacinação etc.
- **Judiciários ou médico-legais:** quando solicitados pelos juízes de direito, com interesse judicial, como nos casos de jurados que precisam justificar suas faltas ao Tribunal do Júri.
- **Oficiosos:** quando solicitados para comprovar a ausência durante algum tempo ou dia inteiro em escolas, trabalho, impossibilidade de realizar certas atividades, dispensa de educação física ou do serviço militar.

3.2.5 Notificação médico-legal

São comunicações compulsórias feitas pelos médicos a respeito de determinada doença ou fato, por necessidade social ou sanitária, desde que não exponham o paciente a procedimento criminal.

De acordo com a Lei das Contravenções Penais (LCP):

> ***Art. 66*** *Deixar de comunicar à autoridade competente:*
>
> *I - crime de ação pública, de que teve conhecimento no exercício de função pública, desde que a ação penal não dependa de representação;*
>
> *II - crime de ação pública, de que teve conhecimento no exercício da medicina ou de outra profissão sanitária, desde que a ação penal não dependa de representação e a comunicação não exponha o cliente a procedimento criminal:*
>
> *Pena - multa, de trezentos mil réis a três contos de réis.*

De acordo com o Estatuto da Criança e do Adolescente (ECA):

> ***Art. 13*** *Os casos de suspeita ou confirmação de castigo físico, de tratamento cruel ou degradante e de maus-tratos contra criança ou adolescente serão obrigatoriamente comunicados ao Conselho Tutelar da respectiva localidade, sem prejuízo de outras providências legais.*
>
> *§ 1º As gestantes ou mães que manifestem interesse em entregar seus filhos para adoção serão obrigatoriamente encaminhadas, sem constrangimento, à Justiça da Infância e da Juventude.*
>
> *§ 2º Os serviços de saúde em suas diferentes portas de entrada, os serviços de assistência social em seu componente especializado, o Centro de Referência Especializado de Assistência Social (Creas) e os demais órgãos do Sistema de Garantia de Direitos da Criança e do Adolescente deverão conferir máxima prioridade ao atendimento das crianças na faixa etária da primeira infância com suspeita ou confirmação de violência de qualquer natureza, formulando projeto terapêutico singular que inclua intervenção em rede e, se necessário, acompanhamento domiciliar.*

De acordo com o Código Penal (CP):

> ***Art. 269*** *Deixar o médico de denunciar à autoridade pública doença cuja notificação é compulsória:*
>
> *Pena - detenção, de seis meses a dois anos, e multa.*

3.2.6 Atestado ou declaração de óbito

É o documento que comprova a morte, suas causas e circunstâncias do ponto de vista médico. A certidão de óbito é o documento expedido pelo Cartório de Registro Civil, protegido pelo atestado de óbito. Este documento é específico, obrigatório para o sepultamento, para um novo casamento do(a) viúvo(a), em caso de herança, inventário, testamento, partilha de bens, requisição de pensão etc.

A Lei nº 6.015, em seu art. 77, expressa que não poderá, de forma alguma, ocorrer o sepultamento sem que haja a certidão de óbito, oriunda do cartório de registro do local do falecimento.

- **Em caso de morte natural:** quando não houver suspeita quanto à morte natural, o atestado de óbito é fornecido:
  - Pelo médico que estava cuidando do paciente;
  - Pelo médico que assistia o paciente no hospital;
  - Pelo médico plantonista que estava no hospital no momento da morte;
  - Pelo Serviço de Verificação de Óbito (SVO) quando a morte ocorreu sem assistência médica ou por causa desconhecida para realização da necropsia;
  - Pelo médico do serviço público de saúde mais próximo ou médico do município, quando a cidade não tiver SVO.
- **Em caso de morte suspeita:** os médicos legistas, depois da necropsia, são obrigados a fornecer a declaração de óbito, conforme o item 3 do art. 1º da Resolução nº 1.779/2005 do Conselho Federal de Medicina.

Serviço de Verificação de Óbito (SVO) é um serviço público denominado, pelo Ministério da Saúde, como "órgão oficial responsável pela realização de necropsias em pessoas que morreram sem assistência médica ou com diagnóstico de moléstia mal definida".

3.2.7 Depoimento oral

É uma declaração tomada em audiência de instrução e julgamento sobre fatos obscuros.

4. ANTROPOLOGIA FORENSE

4.1 Introdução à Antropologia Forense

A Antropologia Forense estuda o ser humano, suas características, seu comportamento e seu aspecto biológico. As pessoas se diferenciam pela aparência exterior, pelos traços fisionômicos (olhos, nariz, boca, lábios, sorriso, orelhas), por cabelos, atributos, peso e estatura.

Para esse estudo, os procedimentos devem ser práticos, baratos e fáceis. Exemplo: os canais de Havers dos ossos humanos não têm correspondência aos de qualquer outro animal; o formato do crânio permite identificar a raça a que o indivíduo pertencia.

4.1.1 Conceitos

- **Identidade:** é o conjunto de características que diferencia e individualiza uma pessoa. É o que torna a pessoa única e exclusiva.
- **Identificação:** é o conjunto de procedimentos para buscar as características individuais, usando a tecnologia para chegar à identidade a ponto de permitir comparações. A identificação de animais e pessoas pode ser feita no organismo vivo, no morto ou em restos.
- **Reconhecimento:** procedimento empírico com baixo grau de precisão, feito por lei nos termos do art. 226 do CPP. Trata-se de um processo subjetivo para estabelecer a identidade, que se baseia na comparação da experiência passada renovada no presente.

4.2 Noções de Osteologia

A Osteologia Forense estuda os ossos, as cartilagens e as articulações de restos cadavéricos. Possui grande valor ao médico-legal e torna-se imprescindível utilizada associada a Antropologia Forense por possuir importância jurídica.

4.3 Identidade e identificação criminal (Lei nº 12.037/2009)

A Lei nº 12.037/2009 dispõe sobre as perícias oficiais e estabelece normas gerais para perícias de natureza criminal. Trata, ainda, de autonomia técnica, regime especial de trabalho e exigibilidade de formação superior (específica no caso de alguns peritos).

- **Autonomia técnica:** o perito tem liberdade para realizar os exames que julgar necessários sem perguntar antes ao juiz sobre a possibilidade dos procedimentos, devendo, depois, apresentar laudo com as suas conclusões.
- **Regime especial de trabalho:** caso o perito seja médico, como servidor público sua carga horária será de 4 horas por dia.
- **Formação superior:** dependerá da área de atuação do servidor. Será específica, por exemplo, para médico-legista (diplomado em medicina) ou odontolegista (dentista por formação).

4.4 Formas de identificação médico-legal

A perícia de identificação de pessoas é dividida em três fases:

- **Fichamento:** primeiro registro, em que se determinam as características imutáveis do indivíduo.
- **Verificação**: segundo registro, quando se procura a identificação do indivíduo.
- **Comparação (ou identificação propriamente dita):** quando se comparam os dois primeiros registros e se confirma ou não a identificação.

4.4.1 Identificação da espécie

Necessária em caso de exames de esqueletos, partes de ossadas, cadáveres carbonizados ou em decomposição. Geralmente, são utilizados dentes (arcada dentária), ossos, cabelos, pelos ou plasma sanguíneo.

4.4.2 Identificação da etnia (raça)

É realizada pelo índice cefálico (forma do crânio e ângulo facial) como caucasiano, mongólico, negroide, indiano e australoide:

- **Caucasianos:** apresentam faces mais estreitas, narizes longos e queixos proeminentes.
- **Negroides:** destacam-se por possuírem grandes aberturas nasais e cavidades subnasais.
- **Asiáticos e índios americanos:** exibem os ossos das bochechas salientes e características dentárias particulares.

No Brasil, a miscigenação das raças originou mulatos (resultado do cruzamento entre branco e negro), cafuzos (do cruzamento entre negro e índio, muito raro atualmente) e mamelucos (os que nascem do cruzamento entre branco e índio).

Crânio, arcadas dentárias e dentes permitem que se obtenham dados sobre espécie, grupo racial, sexo, altura, idade e individualidade.

4.4.3 Identificação do sexo (gênero)

Pode ser identificado por:

- **Cromossomos:** XX sexo feminino e XY sexo masculino.
- **Gônadas:** ovários no sexo feminino e testículos no sexo masculino.
- **Cromatina sexual:** com aplicação de corante em células humanas para identificar a presença de cromatina sexual no sexo feminino (segundo cromossomo X das mulheres é considerado inativo) e sua ausência no sexo masculino (o único cromossomo X que tem é ativo).
- **Genitália interna:** útero e ovário no sexo feminino; próstata no sexo masculino.
- **Genitália externa:** vagina e clitóris no sexo feminino e pênis e bolsa escrotal no sexo masculino.
- **Sexo jurídico:** o que aparece nos documentos do indivíduo, pressupondo-se que fez a determinação.
- **Sexo de identificação:** o sexo psíquico, de comportamento, que, na maior parte das vezes, está relacionado ao sexo físico. É a sexualidade do indivíduo.
- **Sexo pericial:** obtido por avaliação e com um laudo que avalia todos os aspectos.

A cromatina sexual é uma pequena massa condensada de um dos dois cromossomos X que aparece na mulher normal, geralmente localizada no interior da membrana nuclear durante a interfase. O número de cromatina sexual por núcleo é um a menos do que o número de cromossomos X. Nos homens normais (XY), não há cromatina sexual porque eles presentam apenas um cromossomo X (ativo).

No caso da identificação do sexo de cadáver em estado adiantado de putrefação, esquartejado ou carbonizado, procuram-se inicialmente a próstata e o pomo de Adão, que são estruturas masculinas, ou o útero, que é um órgão feminino. Não sendo possível, exames dos ossos podem fazer a diferenciação:

- **Ossos na mulher:** os ombros são mais estreitos, o tórax é menor e tem formato de ovo, o malar é menos saliente, a pelve é mais larga, o sacro mais curto e largo, o cóccix não alcança a parte inferior da bacia, os ossos são menos volumosos, as extremidades mais delicadas e as pernas representam 50% da estatura. A caixa craniana apresenta paredes ósseas mais finas, menores, leves e mais lisas, com protuberâncias pouco acentuadas; a face e os maxilares não são volumosos.

- **Ossos no homem:** os ombros são amplos, os ossos são mais volumosos, o tórax é maior e coniforme, o malar é saliente, a pélvis mais estreita, o sacro comprido, o cóccix chega próximo à parte inferior da pelve e as pernas correspondem a 56% da estatura. O pomo de Adão, estimulado pelo hormônio testosterona, apresenta ângulo agudo, convexo e saliente.

4.4.4 Identificação da idade

Pode ser determinada no indivíduo vivo em diferentes fases da vida (infância, adolescência e juventude). Com o passar do tempo, as alterações físicas (flacidez, rugosidade, pele seca, calvície, bolsa de gordura na pálpebra inferior, obesidade, aumento da próstata, manchas senis nas mãos) indicam a velhice. O desgaste dos dentes também pode auxiliar na determinação da idade.

A determinação da idade de cadáveres pode ser feita por aumento da próstata, atrofia do útero, fígado, baço, cérebro, rins, pulmões e testículos, que caracterizam a velhice. Em cadáveres carbonizados ou em fase de decomposição, a identificação é feita pelos ossos. A análise de pontos de ossificação e de soldadura epifisária permite essa aferição.

A radiografia dos ossos dos punhos, das mãos e do crânio também auxilia na identificação. Nos punhos e nas mãos, o cálculo da idade é feito pela análise das soldaduras e dos núcleos de ossificação. No crânio, a radiografia permite verificar as fontanelas (moleira), indicando que é um bebê. Na fase adulta, as suturas dos ossos do crânio facilitam a identificação e, nos idosos, a diminuição de volume e peso (atrofia) dos ossos e a fragilidade óssea indicam osteopenia (diminuição da densidade dos ossos).

4.4.5 Identificação da estatura

Tabelas que podem ser aplicadas sobre vários tipos de ossos auxiliam na determinação da estatura do indivíduo, usando a tábua osteométrica de Broca. Por exemplo, se o fêmur mede 48,6 cm, o indivíduo vivo tinha 1,80 m.

Para esta análise, utiliza-se a técnica da PCR (reação em cadeia da polimerase), que permite multiplicar milhares de vezes um fragmento específico de DNA. A partir dessa técnica, é possível obter cópias de uma parte do DNA em quantidade suficiente para detectar e analisar a sequência que interessa.

4.4.6 Identificação pela rugopalatoscopia

- **Palatoscopia:** estuda as rugas do palato (céu da boca), que se formam no 3º mês de gestação, pelo método de comparação com documento que contenha essas impressões obtidas anteriormente.
- **Queiloscopia:** é o estudo das impressões labiais que são imutáveis e permanentes desde a 6ª semana de gestação, também pode ser utilizada na identificação.

4.4.7 Identificação pela arcada dentária

A identificação pelos dentes pode ser feita com uma ficha dentária fornecida pelo dentista da vítima. A presença de restaurações ou colocação de prótese facilita o reconhecimento.

4.4.8 Identificação por DNA

O diagnóstico molecular permite a identificação genética do ser humano, sendo instrumento pericial eficiente. Com ele, podemos determinar uma pequena massa de tecido carbonizado da vítima; e usando amostras de sangue de seu possível filho, fazer a identificação.

Em caso de estupro seguido de morte, podem-se utilizar amostras da secreção vaginal da vítima, um pouco de saliva dela e sangue dos suspeitos.

4.4.9 Sinais específicos que auxiliam na identificação

Podemos usar sinais individuais (verrugas, manchas), malformações (lábio leporino, desvios de coluna, fratura mal consolidada), sinais profissionais (calosidades), cicatrizes traumáticas (acidentes, queimaduras) ou patológicas (cirurgias, vacinas).

4.5 Identificação judiciária

A Polícia Civil utiliza vários processos para identificar pessoas: fotografias, dados qualificativos e filiação, documentos como RG e CNH, mas eles podem ser falsificados. Por isso, nada supera a papiloscopia, que analisa as impressões digitais, desenhos papilares encontrados nas polpas dos dedos das mãos e na sola dos pés, o que é universalmente aceito.

4.5.1 Papiloscopia

Conceito e divisão

A papiloscopia se divide em:

- **Quiroscopia:** que identifica por meio das impressões da palma da mão.
- **Podoscopia:** que identifica pelas impressões da sola dos pés. Esse método é usado nas maternidades para identificação dos recém-nascidos.
- **Poroscopia:** que identifica os poros digitais (sistema de Locard).
- **Albodactilograma:** é o estudo da presença de linhas brancas nos desenhos papilares, variando na forma, na direção e no tamanho (sistema de Locard).
- **Datiloscopia:** que identifica pelos desenhos papilares das polpas dos dedos das mãos. Esse sistema foi criado por Juan Vucetich e as digitais são caracterizadas por forma de arco, presilha interna (da esquerda para a direita), presilha externa (da direita para a esquerda) e verticilo (forma circular). Os detalhes em triângulo formados pelas linhas são denominados de deltas.

Sistema datiloscópico de Vucetich

Um desenho digital é formado por linhas que estão na margem chamadas de linhas marginais. As linhas que estão na base são chamadas de basais. As linhas localizadas no centro são chamadas de linhas centrais. O encontro dessas linhas irá formar um desenho – letra grega chamada delta.

Existem 4 tipos fundamentais dentro do sistema de Juan Vucetich:

- **Verticilo:** desenho digital com 2 deltas.
- **Presilha externa:** há uma laçada, localizada à esquerda do observador.
- **Presilha interna:** há uma laçada, localizada à direita do observador.
- **Arco:** não há nenhuma laçada ou linhas centrais, logo, não se forma o delta.

4.5.2 Sistema antropométrico de Bertillon

Utiliza o método de Alphonse Bertillon para diferenciar traços especiais do corpo e, assim, reconhecer criminosos. Esse método se vale da fotografia sinalética, do retrato falado e adota os desenhos papilares de Vucetich em suas fichas antropométricas.

- **Fotografia sinalética:** é uma fotografia normal, com redução em 1/7 de frente e de perfil direito, permitindo calcular e cotejar a altura da testa, as formas e o diâmetro do nariz e da boca, bem como altura do pavilhão auricular e a estatura do indivíduo.

- **Retrato falado:** descreve a pessoa reconstituindo seus traços fisionômicos a partir da fala de um terceiro indivíduo que viu a pessoa ou a conhece. Todos os dados e características devem ser informados ao policial desenhista para que ele faça um esboço e, depois, elabore o retrato. Apesar de ser um recurso complementar, esse processo é muito útil na procura de desaparecidos e infratores.
- **Sobreposição de imagens:** utiliza-se uma fotografia da pessoa a ser identificada e se sobrepõe essa imagem à fotografia do crânio. Com a sobreposição das imagens, é possível determinar a compatibilidade das duas fotos pela marcação de pontos craniométricos específicos. Pelo crânio, podemos obter diversas informações sobre a vítima: tempo transcorrido desde a morte, sexo e grupo racial humano.
- **Técnica de reconstituição bidimensional e tridimensional:** inclui o emprego de desenhos ou montagens de imagens digitais sobre um crânio. Já existem softwares para esse tipo de estudo.

5. TRAUMATOLOGIA FORENSE

5.1 Introdução à Traumatologia Forense

A Traumatologia Forense é um ramo da Medicina Legal que estuda os traumas e as lesões corporais resultantes de traumatismos de ordem física, química ou psicológica. O estudo é feito com o exame de corpo de delito, o exame pericial na vítima e no local do crime.

O trauma é uma energia que pode ser de ordem física, química, biológica ou mista. Essa energia, quando transferida para o corpo, causa uma lesão. O trauma e a lesão estão relacionados, pois a lesão é a consequência do trauma, porém pode existir lesão sem trauma e trauma sem lesão.

5.2 Estudo das lesões corporais

Lesão corporal é qualquer alteração na integridade corporal, feita de maneira culposa ou dolosa, no corpo ou nos tecidos de uma pessoa (um beliscão, por exemplo, pode caracterizar uma lesão corporal).

A perícia na lesão corporal deve constatar ou não a existência da lesão, determinar o nexo-causal entre o agente e a lesão, o tempo e a época em que ela foi produzida.

As lesões corporais podem ser simples (leve), qualificada, privilegiada, culposa ou dolosa majorada.

5.3 Energias vulnerantes e suas classificações

A origem da energia pode ser:

- **Ativa:** objeto em movimento, corpo em repouso.
- **Passiva:** objeto em repouso e corpo em movimento.
- **Mista:** objeto em movimento e corpo em movimento.

Os mecanismos de transmissão de energia cinética dos agentes vulnerantes são pressão, sucção, compressão, tração, torção, flexão, cisalhamento e deslizamento.

5.3.1 Energia química

Atua nos tecidos vivos, por meio de substâncias que provocam alterações somáticas, fisiológicas ou psíquicas, podendo levar o indivíduo à morte.

- **Ação cáustica externa:** quando agem sobre os tecidos provocando desorganização e destruição, processo conhecido como vitriolagem. Podem ter ação como:
  - **Coagulantes:** desidratando os tecidos e formando escaras endurecidas, como fazem o nitrato de prata, o cloreto de zinco e sulfato de cobre.
  - **Liquefacientes:** produzindo escaras úmidas e moles, como faz a soda, a potassa e a amônia.
- **Ação sistêmica (venenos):** são substâncias que atuam sobre a química do organismo, lesando a integridade corporal, a saúde e podendo provocar morte. Geralmente penetram pela boca, pelas mucosas (gástrica, retal, nasal), pela pele, pela região intramuscular, intraperitoneal, intravenosa e intra-arterial. A eliminação desses compostos se faz por urina, fezes, pulmões, suor, saliva e bile. Os venenos podem ser classificados quanto ao estado físico (líquidos, sólidos e gasosos), à origem (animal, vegetal, mineral e sintéticos), às funções químicas (óxidos, ácidos, bases e sais) e ao uso (doméstico, agrícola, industrial, medicinal e cosmético).

5.3.2 Energia biológica

Leva em consideração as condições orgânicas e de defesa de cada indivíduo.

5.3.3 Energia mista

É uma energia físico-química, ligada à Asfixiologia Forense. A asfixia ocorre quando as energias físico-químicas impedem a passagem de ar pelas vias respiratórias e alteram a bioquímica do sangue.

5.3.4 Energia física

É a energia que muda o estado físico dos corpos. Subdivide-se em energia física mecânica e energia física não mecânica.

5.4 Lesões e mortes decorrentes da energia física de natureza mecânica

A energia física de origem mecânica é a que depende do movimento para ser transferida entre dois pontos. Essa energia é calculada, por meio, da fórmula da energia cinética ($E_c = \frac{m \cdot v^2}{2}$). É importante ter conhecimento da fórmula para responder, por exemplo, o que causa a morte de um indivíduo por projétil de arma de fogo, se a massa do projétil ou a velocidade com que atinge o corpo. Nesse caso, a resposta é a velocidade implementada no projétil, pois um projétil arremessado com a mão, por exemplo, não tem a capacidade de causar a morte de uma pessoa. Ainda, os projéteis são classificados em baixa velocidade (viajam a uma velocidade inferior a 340 m/s), média velocidade (viajam a uma velocidade entre 340 e 680 m/s) e alta velocidade (viajam a uma velocidade maior que 680 m/s).

5.4.1 Instrumentos mecânicos ou agentes vulnerantes de natureza mecânica

Instrumento vulnerante é aquele que causa lesão (alteração no funcionamento do organismo, causada pela ação de uma certa quantidade de energia química, física, biológica ou mista, que quando transferida para o corpo causa o trauma).

Classificação dos instrumentos mecânicos de ação simples

- **Instrumento de ação contundente:** o contato ocorre por meio de uma superfície; não há ponta nem gume (borda aguçada). É um agente que não corta e nem perfura, somente contunde. São espécies de lesões por ação contundente:
  - **Rubefação:** é entendida por uma congestão repentina e momentânea, a qual é evidenciada por uma mancha vermelha na pele.
  - **Escoriação:** lesão na qual é arrancada traumaticamente a epiderme e expõe-se a derme sem ultrapassá-la. Se consolida por regeneração.
  - **Ferida:** lesão na qual é arrancada traumaticamente a epiderme, ultrapassando a derme e atingindo os planos mais profundos, como o tecido muscular, o tecido adiposo e as grandes cavidades do corpo. Se consolida por cicatrização.
  - **Equimose:** é a infiltração do sangue nas malhas dos tecidos adjacentes à lesão vista por transparência de uma lesão em uma membrana (por exemplo pele, pericárdio, conjuntiva e subconjuntivais) que venha a recobrir um órgão ou tecido.
  - **Hematoma:** há o extravasamento de sangue formando uma coleção de sangue (isto é, coleção hemática). Logo, a coleção de sangue afasta os tecidos se alinhando ali, formando uma

cavidade que não havia antes, ou seja, gerando uma cavidade neoformada.

- **Bossa serosa ou linfática:** hematoma em que o líquido extravasado é o de linfa proveniente dos vasos linfáticos traumatizados, formando bolsas linfáticas entre os planos ósseos e a região.
- **Bossa sanguínea:** hematoma em que o líquido extravasado impede a difusão do sangue nas malhas dos tecidos, formando bolsas salientes.
- **Entorse e luxação:** os ossos são conectados por ligamentos, que são protegidos por cápsulas. O estiramento de uma ligação, que é a união entre dois ossos, é a chamada entorse (os ligamentos foram esticados, podem até ter sido rompidos total ou parcialmente, mas não há a perda de ligação entre os ossos). Já quando ocorre a perda do contato entre os ossos se tem uma luxação. Assim, é possível existir entorse sem luxação, contudo não há luxação sem entorse.
- **Fraturas:** são soluções de continuidade do osso, que podem se dar por compressão, flexão ou torção. Podem ser diretas (ocorrem no local onde incidiu a energia vulnerante) ou indiretas (ocorrem em local diverso, queda em pé de certa altura e fratura do crânio).
- **Defenestração:** é o ato de atirar algo ou alguém janela afora.

▷ **Instrumento de ação perfurante:** o contato ocorre por meio de uma ponta. Esses agentes somente perfuram, mas não cortam, pois não têm lâmina, e não contundem, pois não têm massa suficiente para causar lesão. Podem ser de pequeno ou médio calibre. A lesão causada é punctória ou puntiforme (lesão em ponto).

▷ **Instrumento de ação cortante:** o contato ocorre por meio de uma borda aguçada. É um instrumento que somente corta, pois não tem massa avançada para causar contusão e não tem ponta para perfurar. A lesão causada por ele é a chamada lesão incisa. São espécies de lesões por ação cortante:

- **Esgorjamento:** lesão incisa na região anterior do pescoço ou lateral.
- **Degolamento:** lesão incisa na região atrás do pescoço, isto é, na nuca (região da nuca).

Classificação dos instrumentos mecânicos de ação composta

▷ **Instrumento de ação perfurocortante:** o contato ocorre por meio de uma ponta e uma borda aguçada. É um instrumento que perfura, porque tem uma ponta, e corta, pois tem uma lâmina. A lesão é chamada de perfuroincisa. São espécies de lesões por ação perfurocortante:

- **Perfuroincisas:** quando o agente vulnerante perfura e corta, sendo a ação por pressão e deslizamento.
- **Lesão em sanfona:** ocorre em regiões depressíveis, que permitem que o instrumento alcance profundidades maiores que a sua própria extensão.
- **Evisceração:** quando o ferimento ocorre na região abdominal, acarretando em saída das vísceras.

▷ **Instrumento de ação perfurocontundente:** o contato ocorre por meio de uma ponta romba. É aquele que perfura, porque tem ponta, e contunde, pois tem uma massa avantajada que, quando acelerada por uma velocidade, gera energia cinética; quando essa energia é impactada com o corpo altera o seu estado normal de funcionamento, causando uma lesão, chamada de perfurocontusa. São espécies de lesões provocadas por ações perfurocontundentes:

- **Encravamento:** lesão perfurocontusa feita por um instrumento de haste que entra no corpo, desde que não seja o períneo (região que fica em torno do ânus e da vagina ou do ânus e saco escrotal).
- **Empalamento:** lesão perfurocontusa feita por um instrumento de haste que entra no corpo, desde que seja no períneo. É necessário que esse objeto não seja retirado pelo bombeiro, mas que seja cortado e levado junto ao corpo da vítima para que o médico o retire cirurgicamente.
- **Lesões produzidas por projétil de arma de fogo (PAF):** a arma de fogo é um instrumento perfurocontundente, pois a maioria delas têm ponta (perfura) e têm grande energia cinética, gerando uma grande contusão.

▷ **Instrumento de ação cortocontundente:** o contato ocorre por meio de uma borda aguçada com grande massa. É um instrumento que corta, pois tem lâmina, e contunde, porque tem uma massa avantajada. A lesão causada é chamada de cortocontusa. São espécies de lesões por ação cortocontundente:

- **Decapitação:** lesão incisa que consiste na secção completa da cabeça do corpo.
- **Espostejamento:** cortar em multiplicidade de fragmentos do corpo, os quais se mostram irregulares.
- **Esquartejamento:** representado pela amputação, desarticulação, divisão do corpo em quartos. Se, no momento do esquartejamento, as bordas estiverem retraídas, no momento do ato a pessoa estava viva.

Lesões produzidas por projétil de arma de fogo (PAF)

▷ **Elementos que compõem o cone de dispersão do tiro:**

- Pólvora, que pode ser combusta (que sofreu combustão) ou incombusta (que não sofreu combustão).
- Micropartículas de metal do cano da arma.
- Gases superaquecidos – quando ocorre a combustão há a composição de gases.
- Língua de fogo.
- Fumaça.

▷ **Disparo – efeitos e distância:**

- **Efeito primário do tiro:** são aqueles efeitos que resultam do projetil, isto é, são característicos do ponto de impacto e independem da distância do tiro. Significa dizer que os efeitos primários do tiro estarão presentes nos tiros em curta e a longa distância.
- **Efeito secundário do tiro:** são resultantes dos tiros encostados ou em curta distância, da ação dos gases, de seus efeitos explosivos, de resíduos da combustão da pólvora e de microprojéteis. Portanto, os efeitos secundários do tiro não são produzidos pelos projéteis (esses são os efeitos primários), pois estes são formados pelos elementos do cone de dispersão.

▷ **Orlas:**

- **Orla enxugo (orla limpadura ou orla Chavigny):** quando o projétil entra na pele, ele se "limpa" na pele, podendo ser observado na lesão de entrada. As bordas são de entrada, pois estão para dentro, ou seja, estão invertidas (diferentemente da borda de saída que terá borda evertida, isto é, para fora). O sinal de Chavigny também aparecerá nas lesões incisas quando se entrecruzam (são epônimos na Medicina Legal).
- **Orla de contusão ou orla de equimose:** quando o projétil entra no corpo, ele arrebenta os vasos/capilares sanguíneos, o que gera um extravasamento de sangue, que irá se infiltrar nas malhas dos tecidos causando uma lesão chamada de orla de equimose.

- **Orla de escoriação:** se o projétil entrar perpendicularmente (formando um ângulo de 90°) no corpo, irá arrancar a epiderme e expor a derme, atingindo camadas mais profundas, causando uma ferida chamada de orla de escoriação.
- **Anel de Fisch:** a doutrina médico-legal utiliza a orla de equimose e a soma com a orla de Chavigny, resultando no anel de Fisch.

▷ **Análise do trajeto – conceito de cavidades:** quando o projétil sai do cano da arma, ele irá descrever alguns movimentos, que têm por objetivo gerar mais estabilidade ao projétil, pois existe menos resistência do ar contra ele e, consequentemente, gastará menos energia cinética. São movimentos do projétil:

- **Rotação:** primeiro movimento realizado pelo projétil. Ocorre quando o projétil gira em seu próprio eixo.
- **Translação:** movimento que o projétil faz da arma até o alvo.
- **Nutação e precessão:** muitas armas de fogo apresentam cano de almas raiadas e essas raias/sulcos fazem com que o projétil gire fazendo movimentos eliquoidais (em círculo). Nutação é o círculo pequeno e precessão o círculo maior. As raias podem ser voltadas para a direita (são chamadas de raias dextrogenas) e para a esquerda (são chamadas de raias sinistrogenas).
- **Báscula:** o projétil gira em forma de parafuso. Ademais, ao descrever uma trajetória, em um determinado momento, ele pode estar com a ponta elevada e outra hora estar com a retaguarda levantada.

Existem canos de alma lisa (espingarda calibre 12) e canos de alma raiada (essas raias podem ser viradas para a direita e para a esquerda). Essas raias geram uma marca nos projeteis chamada de estria. As estrias podem ser:

- **Primárias:** ocasionadas pelas raias originárias produzidas pelo cano da arma.
- **Secundárias:** eventuais defeitos das raias geram as estrias secundárias.
- **Terciárias:** desgastes e alterações das raias geram as estrias terciárias.

▷ **Características das lesões de entrada produzidas por PAF:**

- **Bordas invertidas:** bordas voltadas para dentro, regulares (regra). Exceção: o cano não pode ser encostado com plano ósseo por baixo, pois, caso seja, será característico o sinal de boca de mina de Hoffman.
- **Bordas evertidas:** bordas voltadas para fora. O crânio é formado por duas tábuas ósseas e, se o tiro quebrá-las, os elementos do cone de dispersão baterão no osso, explodindo-as para fora, formando uma lesão em cratera; nesse caso, as bordas são irregulares e evertidas.

▷ **Características das lesões de saída produzidas por PAF:**

- **Bordas evertidas e irregulares:** quando o projetil entra no corpo da vítima, normalmente ele se desestabiliza ao transcrever um trajeto, pois precisa gastar mais energia cinética, gerando uma cavidade temporária e permanente. Contudo, ao sair, ele sai mais desestabilizado do que entrou, fazendo com que as bordas sejam voltadas para fora (bordas evertidas), gerando lesões irregulares.

Lesões corporais e morte por explosivos

▷ **Noções introdutórias:** a quantidade excessiva de gases ocasiona um aumento da pressão ao redor do foco e uma compressão súbita do ar, gerando uma onda de choque, um *blast*.

▷ ***Blasts*:**

- ***Blast* primário:** é a onda de choque propriamente dita. A intensidade do *blast* sobre o corpo diminui quanto mais distante a pessoa estiver da explosão. Os órgãos e as cavidades que contêm ar são os mais afetados pelo *blast* primário.
- ***Blast* secundário:** trata-se do lançamento dos fragmentos, como estilhaços ou projéteis colocados no interior da granada. A fragmentação dos elementos ocorre pelo *blast* primário, porém os pedaços são propelidos pelo vento explosivo; transformados em projéteis supersônicos, esses fragmentos penetram no corpo da vítima com uma ação perfurocontundente.
- ***Blast* terciário:** onda de choque que atua sobre as pessoas ao redor da explosão, jogando-as contra o chão ou lançando objetos, tendo como resultado lesões por ação contundente ativa e passiva.

5.5 Lesões e mortes decorrentes da energia física de natureza não mecânica

A energia física não mecânica é aquela que não depende do movimento do corpo para ser transferida.

5.5.1 Energia térmica

Noções introdutórias

As energias não mecânicas de energia térmica são oriundas da variação térmica (temperatura), ou seja, dependem da variação da temperatura para serem transferidas.

Lesões provocadas pela ação do calor

▷ **Termonose:** ocorre através de doenças (mau funcionamento do organismo) oriundas da variação de temperatura. Existem duas espécies de termonoses:

- **Insolação:** termonose oriunda de uma ação solar (fonte do calor). O ser humano pode ter como sintomas tonturas e enjoo.
- **Intermação:** a fonte de calor é qualquer outra que não seja o sol. Vale ressaltar que a fonte de calor não toca no corpo da vítima.

▷ **Queimadura:** a fonte de calor toca no corpo da vítima. As queimaduras podem ser de primeiro, segundo, terceiro e quarto graus pela classificação de Hoffmann. Contudo, a classificação de Krisec divide as queimaduras em superficial e parcial (profunda e total).

Lesões provocadas pela ação do frio

▷ **Hipotermia:** quando a temperatura corporal está abaixo de 35 °C o corpo perde mais calor do que pode gerar. É normalmente causada pela permanência prolongada em ambientes muito frios.

▷ **Geladura:** quando é intensa, a exposição do corpo por tempo demorado pode provocar congestão e tumefação da pele, acompanhadas de manifestações abundantes de prurido e queimação, podendo evoluir para gangrena.

- **Acrocianose:** é uma forma de geladura que acomete as mãos (às vezes os pés), deixando-as suadas, frias e azuladas em razão de distúrbios circulatórios.

Agentes vulnerantes de natureza térmica

▷ **Fogo:** é possível observar lesões de todos os graus, algumas mais gerais do que locais, em que não é rara a carbonização e os pelos são crestados. Ademais, há a possibilidade de existirem áreas integras em meio a outras gravemente queimadas (lesão em mapa geográfico).

- **Sólido incandescente:** as lesões são mais gerais do que locais, sendo vistos, também, os pelos crestados. Pela classificação de Lussena-Hoffman carboniza em todos os graus.
- **Líquido fervente:** não cresta os pelos e não carboniza. Provoca queimaduras de primeiro, segundo e terceiro graus, de acordo com a classificação de Lussena-Hoffman, e as queimaduras se apresentam em graus decrescentes de gravidade ao escorrer. As lesões são mais gerais que locais.
- **Vapor superaquecido:** normalmente são lesões acidentais (mas podem ser criminosas) e são mais gerais do que locais. Não carboniza e não cresta pelo.

5.5.2 Energia elétrica

Noções introdutórias

A energia física não mecânica de origem elétrica é transferida pela vibração dos elétrons.

Energia elétrica natural

As lesões causadas pela energia elétrica de ordem natural ou cósmica são chamadas de eletrofulguração. Alguns autores diferenciam a eletrofulguração (atingiu a pessoa, mas ela perdeu a consciência e a retomou logo em seguida) da eletrofulminação (ao atingir a pessoa causou seu óbito).

Energia elétrica industrial

Se a energia for de origem industrial, tem-se a chamada lesão de eletroplessão (cuidado, não é eletropressão). O ferimento é gerado pela eletricidade artificial (energia elétrica de origem industrial).

5.5.3 Energia barométrica

Noções introdutórias

Baropatias são doenças oriundas da variação na pressão atmosférica. É a energia transferida pela variação da pressão ao nível do mar.

Baropatias causadas pela diminuição da pressão

- **Mal das montanhas ou mal dos aviadores:** o ar fica rarefeito quanto mais alto estiver. Trata-se se um quadro agudo que tem como principais características:
  - Acima de 3.000 m – ar rarefeito: 21% de O_2.
  - Hipóxia relativa.
  - Quadro agudo.
  - Edemas cerebral e pulmonar.
  - Fortes dores de cabeça.
  - Náuseas, tonteiras e dispneia.
  - Tendência a retenção de líquidos.
- **Doença de Monge:** é a forma crônica do mal das montanhas. Suas principais características são:
  - Atividade de eritropoietina (EPO).
  - Aumento de hematopoiese.
  - Poliglobulia compensadora.
  - Sangue denso.
  - Maior risco de trombose.
  - Dedos em baqueta de tambor.

Baropatias causadas pelo aumento da pressão

- **Mal dos mergulhadores:** também pode ser chamado de mal dos caixões. Se subdivide em duas espécies:
  - **Doença da descompressão:** é uma patologia do mal dos mergulhadores, que ocorre de forma crônica quando o mergulhador não sobe para a superfície de maneira gradual. Tem como principais características acúmulo de gases descomprimidos nas articulações, contratura dolorosa, maior concentração de nitrogênio na mistura e fenômeno Bend.
  - **Embolia traumática pelo ar:** é a forma aguda do mal dos mergulhadores. Nela, o ar dissolvido se descomprime rapidamente, gerando roturas dos vasos e vísceras e, em razão disso, muitas vezes se chega na superfície sem consciência ou morto. Tem como principais características rotura das paredes alveolares, hemorragia intrapulmonar, gases caindo na circulação arterial, disseminação universal e embolias gasosas difusas.

Leis da física no estudo das lesões barométricas

- **Lei de Boyle Mariotte:** sob temperatura constante, o volume de um gás é inversamente proporcional à pressão exercida sobre ele; logo, quanto menor o volume maior será a pressão.
- **Lei de Henry:** o gás que está entrando no corpo do mergulhador precisa ficar diluído em algum lugar (massa líquida do sangue); logo, quanto maior for a pressão desse gás, maior será a quantidade de gás que conseguirá dissolver na massa líquida.
- **Lei de Dalton:** a pressão exercida por uma mistura gasosa é igual a soma das pressões parciais de cada um dos gases que compõem aquela mistura.

Baropatias por explosões

Explosão é o efeito produzido pela transformação química de determinadas substâncias que, de forma violenta e brusca, produz uma quantidade excessiva de gases com capacidade de causar malefícios à vida ou à saúde de um ou de vários indivíduos.

Essa quantidade excessiva de gases ocasiona aumento da pressão ao redor do foco e compressão súbita do ar, gerando uma onda de choque, um *blast*.

5.6 Acidentes de trânsito

As infrações ao Código Brasileiro de Trânsito são, geralmente, a causa de muitos acidentes que têm responsabilidade penal ou civil. A intervenção do médico-legista é imprescindível na prevenção dos acidentes e na apreciação da aptidão física dos condutores de veículos.

5.6.1 Causas dos acidentes

- **Imperícia:** quando o condutor não tem habilidade técnica para exercer a atividade.
- **Imprudência:** quando o condutor age de maneira desatenta, não atendendo aos cuidados e à cautela que a atividade exige.
- **Negligência:** o condutor não age de acordo com as normas vigentes para o trânsito.

5.6.2 Modalidades de acidentes

- **Atropelamento:** ocorre quando o veículo em movimento se choca contra um pedestre que está passando, projetando-o à distância, provocando, com o impacto, lesões corporais culposas ou homicídio culposo, conforme a intensidade do choque.
- **Colisão:** quando dois veículos em movimento se chocam com intensidade de força frontal ou quando um colide com a traseira do outro, gerando, além de dano material, vítimas.
- **Choque:** um veículo encontra de maneira violenta um obstáculo.
- **Capotamento:** é a imobilização de um veículo, em determinado local, com as rodas para cima. O acidente pode ser causado pelo

próprio veículo, cujo motorista perdeu a direção. No caso de uma colisão para depois o capotamento, um veículo colide com outro, jogando para a esquerda ou direita, virando e permanecendo parado, com as rodas para o ar.

- **Tombamento:** o veículo sai de sua posição normal, vira e fica imobilizado, tombado com uma das laterais no solo e as rodas para o lado.
- **Abalroamento:** um veículo em movimento provoca colisão lateral com outro veículo, que pode estar parado ou não. Geralmente esse tipo de acidente gera danos materiais pelo atrito das laterais dos dois carros.

5.6.3 Consequências dos acidentes

Os acidentes de trânsito podem provocar lesões corporais de forma culposa, que podem ser leves, graves e gravíssimas, como luxações, contusões, hematomas, edemas, escoriações, fraturas, mutilações etc. Quando geram vítimas fatais, o local do acidente apresenta corpos despedaçados e espalhados na região.

O médico-legista, em caso de acidente de trânsito, fará os exames de corpo de delito conforme o caso (lesões corporais culposas ou homicídios culposos), tendo em vista a grande quantidade de crimes de trânsito na forma dolosa (dolo eventual).

6. SEXOLOGIA FORENSE

6.1 Introdução à Sexologia Forense

É a parte da Medicina Legal que estuda os problemas médico-legais relacionados ao sexo.

6.2 Gravidez, parto e puerpério

- **Gravidez:** o diagnóstico pode ser estabelecido de diferentes maneiras. São sinais de gravidez:
  - **Sinais de presunção:** amenorreia, aumento do volume e de pigmentação das mamas, náuseas, vômitos, constipação, edema nos membros inferiores, pigmentação acentuada no rosto – máscara gravídica.
  - **Sinais de probabilidade:** são identificados no exame ginecológico pela alteração da forma, consistência e topografia do útero; isoladamente não confirmam gravidez.
  - **Sinais de certeza:** batimentos cardiofetais audíveis a partir da 8ª semana com monitores eletrônicos, movimentos fetais ativos e passivos a partir da 18ª semana, esqueleto fetal visto em radiografia entre a 12ª e a 14ª semanas, ultrassonografia a partir da 4ª semana.
- **Puerpério:** do fim do parto até a volta do organismo materno ao estado anterior à gravidez é o período de puerpério. É de interesse médico-legal determinar os sinais que possam vir a definir a ocorrência de parto recente ou antigo, em mulher viva ou em cadáver.
- **Sinais de parto recente:**
  - **Externos:** edema de vulva e grandes lábios, rupturas himenais no primeiro parto, rupturas do períneo, sinais de episiotomia (incisão que amplia o canal de parto), presença de lóquios (fragmentos da placenta, de células epiteliais, hemácias etc.), mamas eliminando colostro, útero palpável.
  - **Internos:** edema, rupturas e equimoses na mucosa vaginal, colo uterino globoso com coágulos ou lóquios.
- **Sinais de parto antigo:**
  - **Externos:** pigmentação dos mamilos e da linha alba (linha escura que vai do umbigo ao véu pubiano), cicatrizes no períneo, sinais de episiotomia, hímen reduzido a uma carúncula, alterações do colo uterino.

6.3 Himenologia

6.3.1 Classificações do hímen

O hímen é uma membrana mucosa que separa a vulva da vagina e que se rompe geralmente no primeiro contato sexual. Apresenta borda livre em volta do óstio (abertura genital), orifício de morfologia variada por onde escoa o fluxo menstrual.

- **Hímen anular:** é o tipo mais comum entre as mulheres e, como o próprio nome sugere, tem o formato de um anel.
- **Hímen septado ou biperfurado:** conta com uma camada extra de pele no meio do furo central, que divide a abertura visível e cria a impressão de que são dois orifícios.
- **Hímen complacente e hímen não complacente:** o hímen complacente possui o mesmo formato do anular, porém a membrana é mais resistente e mais elástica, além do óstio nesse tipo de hímen também ser maior, suportando uma penetração sem que se rompa. Já no não complacente o óstio é pequeno e a orla é ampla ou alta.
- **Hímen cribiforme:** tem vários buraquinhos, vários pequenos óstios, o que dificulta bastante sua ruptura, sendo necessário, por vezes, uma intervenção cirúrgica.
- **Hímen comissurado e hímen acomissurado:** comissurado significa ângulo. A borda livre é que a que está para o óstio e a borda fixa é a que está colada no corpo da mulher. Se a borda livre tem ângulo, o hímen é classificado como comissurado, e se a borda livre não tem ângulo, é um hímen acomissurado.

6.3.2 Carúnculas mirtiformes

São ocasionadas pela dilaceração do hímen.

6.3.3 Rotura do hímen

É uma lesão, logo, ela foi adquirida. Quando o pênis passou por ali ocasionou uma rotura. Portanto, ela ficará equimosada, cicatrizada. Ademais, a rotura vai da borda livre à borda fixa, então a literatura menciona que ela é completa. Além disso, ela é coapta (se o médico quiser fechar essa lesão, ele pode costurá-la).

Por fim, ela é não simétrica (não é porque ela tem uma lesão do lado X que ela terá no lado Y). O relógio de Lacassagne dividiu o hímen como se fosse um ponteiro de um relógio e seria possível encontrar a localização daquela rutura (isso nada tem a ver com o horário em que aconteceu o fato, sendo apenas uma indicação anatômica do local do hímen em que ocorreu aquela lesão).

6.3.4 Entalhe

Não é uma lesão, logo, ele não é adquirido. Ele não fica equimosado e não será cicatrizado. Além disso, é incompleto, em razão de não ir da borda livre até a borda fixa. Por fim, não coapta e é simétrico (se tem um entalhe às 3 horas, terá outro às 9 horas, de acordo com o relógio de Lacassagne).

6.4 Provas de vida extrauterina

Como prova de vida extrauterina, deve constar no laudo de corpo de delito o procedimento técnico-científico concernente à docimasia pulmonar utilizada para determinar se houve vida ou não.

6.4.1 Pulmonares

- **Docimásia pulmonar hidrostática de Galeno:** na necropsia, um pequeno pedaço do pulmão do neonato é cortado em pedaços e colocado no interior de um frasco de vidro largo contendo aproximadamente 10 litros de água. Se os pedaços afundarem: não houve respiração; se flutuarem: houve respiração (prova de vida extrauterina).

6.4.2 Extrapulmonares

- **Docimasia microscópica de Balthazard Lebrunn:** consiste no corte do tecido pulmonar para verificar como estão os alvéolos (sacos pneumáticos que ficam na ramificação dos bronquíolos e que recebem o ar e se abrem). Um pulmão de um feto nascente com vida e que respirou mostrará que os alvéolos estarão abertos, pois receberam o ar. Contudo, se o feto não nasceu com vida, os alvéolos estão fechados/colabados. Estando fechados, sabe-se que ele não respirou e essa docimasia deu negativa, pois trata-se de um natimorto e somente terá certidão de óbito (não terá certidão de nascimento).
- **Docimasia óptica ou visual de Bouchut:** o pulmão que não respirou não crepita; logo, o aspecto visual é mais duro e as suas bordas são mais afinadas. Contudo, o aspecto anatômico de um pulmão positivo demonstra os pulmões insuflados, com desenho alveolar evidente e bordas arredondas.

- **Docimásia diafragmática de Ploquet:** ao abrir a cavidade toracoabdominal, quando houve respiração observa-se o músculo diafragma horizontal. Quando não ocorreu respiração apresenta convexidade exagerada das hemicúpulas devido à pressão exercida pelas vísceras abdominais.
- **Docimásia siálica de Souza Dinitz:** a partir da reação da aplicação de sulfocianetos busca-se a comprovação da presença de saliva no estômago do infante. Caso haja saliva no corpo fetal indicará deglutição, confirmando que houve respiração.
- **Docimásia gastrointestinal de Breslau:** as extremidades do aparelho digestório são bloqueadas e colocadas em vasilha médica com água; se boiarem, houve respiração.

6.5 Sinais periciais de conjunção carnal

A materialidade da conjunção carnal é configurada por:

- **Rotura do hímen:** que pode se dar na borda livre do óstio ou em qualquer parte da membrana, com pequena e passageira perda de sangue. Quando a ruptura é completa, ocorre da borda livre até a borda de inserção junto da parede vaginal. Durante o exame pericial, o hímen pode estar íntegro, com rotura completa, com rotura incompleta, com agenesia (ausência congênita), complacente ou reduzido a carúnculas mitriformes (em mulheres que pariram). Himens rotos podem ser, quanto à cicatrização, recentes (até 20 dias), antiga ou cicatrizada (mais de 20 dias).
- **Espermatozoides na vagina:** o encontro deles nessa região pressupõe que houve conjunção carnal, mesmo que seja uma célula apenas até 24 horas após a relação sexual. Tempo superior a 48 horas entre a perícia e a violência, uso de preservativo pelo homem e cuidados higiênicos da mulher costumam dificultar a descoberta.
- **Gravidez:** mesmo que a relação sexual não tenha ocorrido no sentido estrito e independentemente do estado do hímen, a confirmação de gravidez implica que houve defloramento. O prazo máximo legal da gravidez é de 300 dias.

6.6 Perícia nos crimes sexuais

6.6.1 Estupro

Segundo o Código Penal (CP), são atos sexuais a conjunção carnal e o ato libidinoso. A conjunção carnal com violência ou grave ameaça pode ocorrer com a penetração completa ou parcial do pênis em ereção na vagina, com ou sem ruptura do hímen, com ou sem orgasmo.

> ***Estupro***
>
> ***Art. 213*** *Constranger alguém, mediante violência ou grave ameaça, a ter conjunção carnal ou a praticar ou permitir que com ele se pratique outro ato libidinoso:*
>
> *Pena - reclusão, de 6 (seis) a 10 (dez) anos.*
>
> *§ 1º Se da conduta resulta lesão corporal de natureza grave ou se a vítima é menor de 18 (dezoito) ou maior de 14 (catorze) anos:*
>
> *Pena - reclusão, de 8 (oito) a 12 (doze) anos.*
>
> *§ 2º Se da conduta resulta morte:*
>
> *Pena - reclusão, de 12 (doze) a 30 (trinta) anos.*

6.6.2 Estupro de vulnerável

Trata-se da conjunção carnal, bem como dos atos libidinosos, acometidos com menores de 14 anos independentemente de seu consentimento. De acordo com o Código Penal:

> ***Estupro de vulnerável***
>
> ***Art. 217-A*** *Ter conjunção carnal ou praticar outro ato libidinoso com menor de 14 (catorze) anos:*
>
> *Pena - reclusão, de 8 (oito) a 15 (quinze) anos.*
>
> *§ 1º Incorre na mesma pena quem pratica as ações descritas no caput com alguém que, por enfermidade ou deficiência mental, não tem o necessário discernimento para a prática do ato, ou que, por qualquer outra causa, não pode oferecer resistência.*
>
> *§ 3º Se da conduta resulta lesão corporal de natureza grave:*
>
> *Pena - reclusão, de 10 (dez) a 20 (vinte) anos.*
>
> *§ 4º Se da conduta resulta morte:*
>
> *Pena - reclusão, de 12 (doze) a 30 (trinta) anos.*
>
> *§ 5º As penas previstas no caput e nos §§ 1º, 3º e 4º deste artigo aplicam-se independentemente do consentimento da vítima ou do fato de ela ter mantido relações sexuais anteriormente ao crime.*

6.6.3 Aborto

Juridicamente é a interrupção da gravidez em qualquer momento da gestação, com a morte do feto ou nascituro por algum método natural ou artificial.

Em obstetrícia, é a interrupção da gravidez antes de o feto ser viável, até vinte semanas de gestação, pesando 500 g e com altura calcâneo-occipital máxima de 16,5 cm.

O aborto é proibido e tipificado como fato delituoso de acordo com o Código Penal, nos seguintes dispositivos: art. 124 – aborto provocado pela gestante ou com seu consentimento; art. 125 – aborto provocado por terceiro, sem o consentimento da gestante; art. 126 – provocar aborto com o consentimento da gestante; art. 127 – qualificadoras.

No art. 128 do CP o ordenamento jurídico admite o aborto oriundo de estupro (aborto piedoso) e quando se coloca em risco a vida da gestante (aborto necessário), aborto previsto na ADPF 54. O STF permitiu o aborto do feto anencefálico.

> ***Aborto provocado pela gestante ou com seu consentimento***
>
> ***Art. 124*** *Provocar aborto em si mesma ou consentir que outrem lho provoque:*
>
> *Pena - detenção, de um a três anos.*
>
> ***Aborto provocado por terceiro***
>
> ***Art. 125*** *Provocar aborto, sem o consentimento da gestante:*
>
> *Pena - reclusão, de três a dez anos.*
>
> ***Art. 126*** *Provocar aborto com o consentimento da gestante:*
>
> *Pena - reclusão, de um a quatro anos.*
>
> *Parágrafo único. Aplica-se a pena do artigo anterior, se a gestante não é maior de quatorze anos, ou é alienada ou débil mental, ou se o consentimento é obtido mediante fraude, grave ameaça ou violência*
>
> ***Forma qualificada***
>
> ***Art. 127*** *As penas cominadas nos dois artigos anteriores são aumentadas de um terço, se, em consequência do aborto ou dos meios empregados para provocá-lo, a gestante sofre lesão corporal de natureza grave; e são duplicadas, se, por qualquer dessas causas, lhe sobrevém a morte.*
>
> ***Art. 128*** *Não se pune o aborto praticado por médico:*
>
> ***Aborto necessário***
>
> *I - se não há outro meio de salvar a vida da gestante;*
>
> ***Aborto no caso de gravidez resultante de estupro***
>
> *II - se a gravidez resulta de estupro e o aborto é precedido de consentimento da gestante ou, quando incapaz, de seu representante legal.*

Tipos

- **Aborto voluntário:** caracterizado unicamente pela manifestação de vontade da gestante em realizar a interrupção da gestação.
- **Aborto ético, piedoso, moral, sentimental ou humanitário:** realizado em caso de gravidez resultante de violência sexual, precedido de consentimento da gestante ou, quando incapaz, de seu representante legal.

M
E
D

- **Aborto eugênico:** ocorre nos casos de inviabilidade fetal, cujo maior exemplo é a anencefalia.
- **Aborto terapêutico:** realizado quando é a única maneira de salvar a vida da gestante – não basta que a mulher esteja acometida de doença grave; é necessário que ele realmente seja o único meio de preservação da vida da gestante. Exige um registro adequado do prontuário médico demonstrando a necessidade e a adequação da intervenção cirúrgica.
- **Aborto seletivo ou interrupção seletiva da gestação – hipóteses de anomalias congênitas:** prática da interrupção voluntária da gravidez motivada por fatores considerados indesejáveis pela gestante, tais como doenças hereditárias, má-formação fetal ou motivada pelo sexo do feto em gestação.
- **Aborto econômico ou social:** interrupção da gravidez visando a evitar dificuldades sociais e econômicas decorrentes das exigências para a criação do fruto da concepção.

Diagnóstico de aborto em mulher viva e em mulher morta

- **Em mulher viva:** há exames e uma série de provas periciais para confirmar se uma mulher deu à luz ou passou por uma gestação. São alguns exemplos:
  - **Sinais mamários:** congestão e aumento de volume das mamas.
  - **Sinais genitais:** tonalidade arroxeada, em razão do aumento da vascularização.
  - **Alterações cutâneas:** hiperpigmentação na aréola mamária.
  - **Lóquios:** sangramento que ocorre quando a placenta é desacoplada do colo do útero.
  - **Dosagem de HCG:** hormônio produzido pelo embrião.
  - **Ultrassonografia:** exame de imagem para detectar possíveis alterações morfológicas. Neste contexto, a análise do colo do útero também pode trazer informações importantes sobre gravidez regressa.
- **Em mulher morta:** todos os exames realizados para a confirmação em mulher viva poderão ser feitos na mulher morta, além do exame microscópico, mais detalhado, de seus órgãos. Quando ocorre morte materna como complicação do aborto, a perícia deve ser complementada pela necropsia. Os peritos passam a ter acesso à genitália externa e demais vísceras.

6.6.4 Infanticídio

Corresponde à morte do recém-nascido praticada pela mãe, durante ou logo após o parto e nas condições do estado puerperal. Nesse caso, os aspectos que devem ser observados pelo médico legista são:

- Se nascente ou recém-nascido no momento da morte.
- Se houve vida extrauterina.
- Quem causou a morte da criança.
- Se a mãe estava influenciada pelo estado puerperal.
- O meio empregado para o crime.

É importante lembrar que muitas mães passam por períodos de melancolia, tristeza, depressão e alterações de humor, aparentando tênue insanidade, não aceitando a criança que está nascendo ou tenha nascido naquele instante.

O crime e a pena estão previstos no Código Penal:

> ***Infanticídio***
>
> ***Art. 123*** *Matar, sob a influência do estado puerperal, o próprio filho, durante o parto ou logo após:*
>
> *Pena - detenção, de dois a seis anos.*

6.6.5 Violação sexual mediante fraude

Está previsto no Código Penal:

> ***Violação sexual mediante fraude***
>
> ***Art. 215*** *Ter conjunção carnal ou praticar outro ato libidinoso com alguém, mediante fraude ou outro meio que impeça ou dificulte a livre manifestação de vontade da vítima:*
>
> *Pena - reclusão, de 2 (dois) a 6 (seis) anos.*
>
> *Parágrafo único. Se o crime é cometido com o fim de obter vantagem econômica, aplica-se também multa.*

6.6.6 Importunação sexual

Está previsto no Código Penal:

> ***Importunação sexual***
>
> ***Art. 215-A*** *Praticar contra alguém e sem a sua anuência ato libidinoso com o objetivo de satisfazer a própria lascívia ou a de terceiro:*
>
> *Pena - reclusão, de 1 (um) a 5 (cinco) anos, se o ato não constitui crime mais grave.*

6.7 Exames complementares

No estupro de mulher com vida sexual pregressa, a perícia deve buscar provas de ejaculação/presença de sêmen: espermatozoides no líquido seminal, fosfatase ácida (enzima presente em grande quantidade no líquido seminal) e proteína P30 – PSA (glucoproteína produzida pela próstata e cuja presença no sêmen independe de haver ou não espermatozoides).

Pode ocorrer estupro sem que tenha havido ejaculação ou o sêmen encontrado na vítima pode ser oriundo de penetração consensual anterior.

Para confirmar a violência sexual, deve-se observar na vítima a presença de:

- **Lesões genitais:** contusões e lacerações podem ser produzidas pela violência da penetração ou pela desproporção entre o tamanho do pênis e a vagina (crianças).
- **Pelos pubianos:** encontrados na região pubiana, vulvar, sobre a cama, o corpo ou a roupa íntima da vítima. Se for comprovada a sua origem como sendo de outra pessoa, indica relação sexual.
- **Manchas de sêmen:** nas roupas (íntimas ou não) e na cama, constituem prova importante de crimes de natureza sexual.

6.8 Impotência

É a incapacidade da prática do ato sexual, da conjunção carnal.

- **Impotências masculinas:** instrumental, causada por defeitos na conformação do pênis; funcional, que impede a ereção; generandi, que impede a procriação por ausência de espermatozoide (azoospermia), por anomalias na ejaculação (aspermatismo – não tem ejaculação; dispermatismo – a ejaculação não alcança os órgãos reprodutores femininos) ou por oligospermia (falta de vitalidade nos espermatozoides).
- **Impotências femininas:** a impotência instrumental é caracterizada por problemas na vulva, na vagina ou em outros locais que dificultem a cópula; a impotência funcional é a resistência à cópula por motivos psicológicos; a impotência concipiendi é a incapacidade de conceber e praticar o ato de procriar.

6.9 Investigação de paternidade

Hoje o DNA é praticamente decisivo em todos os casos de investigação. Trata-se de um método de inclusão com 98% de certeza em sua técnica.

Antes do DNA eram utilizadas provas de exclusão – era possível afirmar, por meio de incompatibilidade absoluta (por tipo sanguíneo ou fator Rh, por exemplo) quem não era o pai da criança.

6.10 Parafilias

Os transtornos de sexualidade são disfunções qualitativas ou quantitativas do desejo e do instinto sexual. Englobam as parafilias ou disfunções de gênero, cujos sintomas são perturbação psíquica, alterações glandulares ou preferência sexual.

6.10.1 Espécies

Algumas das espécies são:

- **Anafrodisia:** diminuição do instinto sexual no homem, geralmente por doença nervosa ou glandular.
- **Frigidez:** caracteriza-se pela diminuição do apetite sexual da mulher, por conta de traumas, baixa autoestima ou rejeição.
- **Anorgasmia:** rara, caracteriza-se pelo fato de o homem não alcançar o orgasmo.
- **Erotismo:** frequência abusiva de atos sexuais (chamada de satirismo nos homens e ninfomania nas mulheres).
- **Necrofilia:** manifesta-se pela obsessão e pelo impulso de praticar atos sexuais com cadáveres.
- **Onanismo:** mesmo que masturbação, comum na puberdade.
- **Erotomania:** forma mórbida de erotismo no qual o indivíduo é dominado pela ideia fixa de uma paixão.
- **Frotteurismo:** quando o indivíduo se aproveita de aglomerações em transportes públicos ou em outros locais para esfregar ou encostar seus órgãos genitais em mulheres.
- **Voyeurismo:** caracteriza-se pelo prazer erótico despertado em certos indivíduos em presenciar o coito de terceiros.
- **Fetichismo e retifismo:** amor por uma determinada parte do corpo ou por objetos pertencentes à pessoa amada.
- **Dolismo:** atração que o indivíduo tem por bonecas e manequins, olhando ou exibindo-as, chegando a ter relações com elas.
- **Pigmalionismo:** amor desvairado pelas estátuas. Semelhante ao dolismo.
- **Pedofilia:** perversão sexual que se manifesta pela predileção erótica por crianças, indo desde os atos obscenos até a prática de atos libidinosos, denotando comprometimento psíquico.
- **Gerontofilia:** também chamada de cronoinversão, ocorre quando indivíduos jovens se sentem atraídos por pessoas bem mais velhas.
- **Urolagnia:** consiste na excitação de ver alguém urinar, ou em ouvir o ruído da urina ou, ainda, urinando sobre o(a) parceiro(a).
- **Riparofilia:** manifesta-se pela atração de certos indivíduos por pessoas sujas, de baixa condição social e higiênica (mais frequente em homens).
- **Edipismo:** tendência a manter relações sexuais com pessoas da família (incesto).
- **Bestialismo:** quando a satisfação sexual é obtida com animais domésticos.
- **Sadismo:** obtenção de prazer com a dor e o sofrimento da pessoa amada, podendo chegar à morte. Também chamado de algolagnia ativa.
- **Masoquismo:** busca de prazer sexual pelo sofrimento físico ou moral. Também chamado de algolagnia passiva.
- **Ginemimetofilia:** atração por homens que imitam mulheres ou por mulheres trans, pós-operatórios ou pós-operativo.

6.11 Aspectos médico-legais do casamento – lesões que podem impedir a conjunção carnal

O casamento visa atender o instinto sexual de acordo com a moral, satisfazendo a natureza social do indivíduo dentro de normas legais, estabelecendo em um contrato bilateral o comprometimento de criar e educar a prole que nascer.

Existem certos impedimentos matrimoniais estabelecidos pela lei e que tornam o casamento nulo, anulável ou passível de sanções civis se não forem cumpridos.

- **Impedimentos absolutos:** os que tornam o casamento nulo, movidos por ação de ordem pública são parentesco (ascendentes, descendentes, colaterais até 3º grau e afins por adoção; vínculo (pessoas já casadas); adultério (adúltero comum corréu); crime (pessoa condenada por tentativa ou consumação de homicídio sobre o cônjuge do outro).
- **Impedimentos relativos:** tornam o casamento anulável mediante ação privada. São aplicados nos casos de incapacidade de consentimento (doente mental, surdo que não expressa sua vontade etc.); menores de 14 anos; menor idade nupcial (16 anos para mulheres e 18 anos para homens); erro de identidade física ou civil do outro cônjuge; honra e fama; defeito físico irremediável (deformidades genitais, deformidades extragenitais repugnantes, impotência anterior desconhecida); moléstia grave e transmissível (doença infecto-contagiosa, de caráter crônico e grave, perturbação mental, doenças genéticas). As doenças mentais são as doenças graves mais alegadas nos processos de anulação, devendo ser anteriores ao casamento e desconhecidas por um dos cônjuges. Das anormalidades irremediáveis, a mais alegada em processos de anulação é a impotência no homem.

7. TANATOLOGIA FORENSE

7.1 Introdução à Tanatologia Forense

Tanatologia é o estudo da morte, enquanto a tanatopsia é o exame do cadáver. O objeto de estudo da tanatologia é estudar os sinais imediatos e tardios de morte, inclusive os sinais cadavéricos e a causa jurídica da morte (suspeita, natural, violenta, agônica), entre outros temas.

Autopsia é a nomenclatura usada no código penal, mas também é possível utilizar a expressão *necropsia*.

A morte é um processo que terá um encadeamento na estrutura corpórea, pois ocorre a desorganização do organismo em razão dos fatores externos ou internos.

De qualquer forma, quando estamos falando de morte, estamos falando da presença dos sinais de morte e a literatura divide esses sinais em imediatos (não são sinais de certeza) e mediatos.

7.2 Comoriência e premoriência

O perito legista vai buscar primeiramente a premoriência, contudo, muitas vezes a perícia não vai conseguir estabelecer quem morreu primeiro naquela situação e, nesse caso, o Código Civil vai priorizar a comoriência (situação em que se presume que as pessoas morreram ao mesmo tempo).

Vale ressaltar que a premoriência no Brasil jamais poderá ser presumida, pois ela precisa ser comprovada tecnicamente sempre, podendo somente a comoriência ser presumida (em outros países a regra é a premoriência, por exemplo, o mais velho morreu antes do novo).

7.3 Tipos de morte

7.3.1 Morte natural, morte violenta e perinecroscopia

- **Morte natural:** causas internas. Se dá em virtude do mau funcionamento do organismo, que pode ocorrer por conta de uma patologia (por exemplo AVC e câncer).
- **Morte violenta:** causas externas. Se dá em virtude de energia externa que altera o funcionamento do organismo, modificando a sua homeostasia e o equilíbrio físico, químico e biológico, fazendo a vida cessar. A energia que faz esse desequilíbrio ser implementado é externa em virtude de suicídio, acidente e morte (por exemplo atropelamento ou enforcamento). Nesse caso o atestado de óbito deve ser de responsabilidade do perito legista e o cadáver tem que ser encaminhado para o IML, pois é obrigatória a autopsia ou a necropsia.
- **Perinecroscopia:** exame de todos os vestígios deixados em volta do cadáver, normalmente feito por peritos criminais.

7.3.2 Morte suspeita

Quando não se sabe se a morte foi natural ou violenta, o corpo irá para o IML para que o perito legista possa dizer se foi hipótese de morte violenta ou natural.

Tanto o suicídio quanto o homicídio são mortes violentas e não suspeitas e quem terá que dar esse atestado de óbito é o perito legista e a investigação cessará essa dúvida.

Causa desconhecida ocorre quando, na ocasião do encontro do cadáver, ainda não se sabe se a causa foi interna ou externa.

7.3.3 Morte súbita

Não é sinônimo de morte agônica. O conceito de morte subida envolve as seguintes características:

- Não pode ser violenta.
- Precisa ser natural.
- Tem que ser inesperada.
- Pode ser fulminante ou agônica.

7.3.4 Mortes fetais

- **Prematuras:** feto com menos de 500 g, menos de 5 meses e menos de 25 cm.
- **Intermediárias:** feto com menos de 1.000 g, menos de 6 meses e menos de 35 cm.
- **Tardias:** feto com mais de 1.000 g, mais de 6 meses e mais de 35 cm.

Nos casos de morte fetal prematura, o médico não está obrigado a fornecer declaração de óbito. Já nos casos de morte fetal intermediária ou tardia, há essa obrigatoriedade para o sepultamento.

7.3.5 Mortes agônicas

Ocorrem nos casos em que um indivíduo sente alguma dor, é internado e morre três dias depois.

7.4 Lesões *intra vitam* e *post mortem*

As lesões *intra vitam*, principalmente as contusões, apresentam infiltrações hemorrágicas, coagulação do sangue, ferimento com bordas afastadas, equimoses com coloração fixa em vida, escoriações com presença de crosta, reação inflamatória, eritema cutâneo, flictenas com líquido seroso rico em albumina e leucócitos (queimaduras).

Já as lesões *post mortem* não apresentam infiltrações hemorrágicas (lesões brancas), coagulação do sangue, retração dos tecidos, presença de tonalidade das equimoses, aspectos das escoriações, reações inflamatórias e embolias.

As provas complementares para esses diagnósticos podem ser:

- **Prova de Verderau:** compara a relação existente entre hemácias e leucócitos.
- **Prova histológica:** examina os tecidos com técnicas próprias através da retirada, fixação, montagem e coloração pela hauratoxiluraeosina.

7.5 Necropsia ou autopsia

Trata-se de um procedimento *post mortem* para determinar a causa jurídica da morte (natural, acidental, suicídio, homicídio). É obrigatório nos casos de morte violenta e nos que possam ter vínculo com atividade laborativa.

É dividido em perinecroscopia e necropsia:

- **Perinecroscopia:** exame em torno do cadáver.
- **Necropsia:** exame do cadáver.

A necropsia é realizada no IML, pelo legista e seus auxiliares. Caso seja possível definir a causa médica da morte a partir da avaliação externa do corpo, não há a necessidade de necropsia interna (análise de todas as cavidades do corpo). Caso o perito não seja capaz de determinar a causa da morte com as necropsias externa e interna, ocorre a necropsia branca (ausência de achados que expliquem a causa da morte).

7.6 Fenômenos cadavéricos

A evolução dos fenômenos cadavéricos difere de um para outro corpo, de acordo com o estado de nutrição, causa da morte, idade, condições do ambiente etc. Mais comumente, a evolução dos fenômenos cadavéricos ocorre nessa cronologia:

Evolução dos fenômenos cadavéricos	
Tempo	**Cronologia**
< 2 horas	Corpo flácido, quente e sem livores.
2 - 4 horas	Rigidez da nuca e mandíbula e esboço de livores.
4 - 6 horas	Rigidez de membros anteriores, nuca, mandíbula e livores acentuado.
8 - 36 horas	Rigidez generalizada e livores.
24 horas	Início da flacidez e da putrefação.
48 horas	Flacidez, putrefação e início da coliquação.
72 horas	Coliquação.
2 - 3 anos	Desaparecimento das partes moles.
> 3 anos	Esqueletização completa.

7.6.1 Cronotanatognose

É o exame que investiga as circunstâncias em que ocorreu determinada morte para se esclarecer o *modus operandi*. Associa a cronologia e os fenômenos, ajudando o perito a estabelecer o tempo aproximado da morte a partir do fornecimento de parâmetros e levando em consideração que o tempo de ocorrência dos fenômenos sofre influência de diversos fatores (por exemplo a umidade e o calor aceleram os fenômenos, enquanto locais mais secos e frios os retardam).

Na determinação do tempo de morte, é utilizada, ainda, a análise da fauna cadavérica, que se baseia na especificidade de algumas espécies de animais, relacionadas a certa fase de decomposição do corpo.

7.6.2 Sinais abióticos imediatos de morte

São os sinais que ocorrem logo após a morte. Também conhecidos como sinais primários, não são sinais de certeza da morte. São eles:

- Perda da consciência.
- Perda da sensibilidade.
- Abolição da motilidade e do tônus muscular.
- Parada cardiorrespiratória.
- Ausência de atividade cerebral.

7.6.3 Sinais abióticos mediatos ou consecutivos de morte

São os sinais que aparecem após determinado prazo, sendo sinais de certeza e não de probabilidade de morte. São eles:

- **Evaporação tegumentar:** evaporação dos líquidos do corpo. É um fenômeno físico onde podem se verificar apergaminhamento da pele, dissecação das mucosas, fenômenos não oculares, tela viscosa de Stenon-Louis e mancha negra de Larcer-Sommer.
- **Resfriamento cadavérico:** fenômeno físico decorrente do fluxo de temperatura entre o cadáver e o ambiente.
- **Rigidez cadavérica:** fenômeno químico observado entre duas e três horas após a morte, chegando ao máximo depois de oito horas e desaparecendo após 24 horas, quando se inicia a putrefação. A sequência observada começa pela mandíbula e segue por nuca, tronco, membros torácicos e membros abdominais (lei de Nysten).
- **Espasmo cadavérico:** rigidez muscular instantânea (assim que ocorre a morte), mantendo o cadáver na última posição até o início da putrefação. Logo, se existe um caso de morte imediatamente surgem os sinais e, dentre eles, está o relaxamento muscular generalizado.
- **Livores cadavéricos:** são manchas arroxeadas resultantes do acúmulo de sangue no interior dos vasos sanguíneos nas regiões de maior declive do cadáver, ou seja, os livores ocorrem pelo depósito de sangue em algumas partes do corpo em razão da ação da gravidade.

7.6.4 Fenômenos transformativos do cadáver

Fenômenos transformativos conservadores do cadáver

- **Mumificação:** ocorre quando o corpo sofre forte desidratação, sendo um fenômeno físico-químico. Pode ocorrer naturalmente, quando provocada pelo calor do deserto ou pela grande ventilação em galerias; e artificialmente, quando os cadáveres são tratados com determinadas substâncias químicas. A pele escura, seca e dura, análoga ao couro, é um traço marcante desse processo.
- **Saponificação:** transforma o cadáver que está em adiantado estado de putrefação em uma substância amarelada ou amarelo-escura, com aparência de cera ou sabão; também chamada de adipocera, geralmente ocorre em cadáveres que ficam em região úmida, terreno argiloso ou encharcado.
- **Calcificação:** atinge os fetos retidos na cavidade abdominal, nos casos de gravidez ectópica. O feto morre fora do líquido amniótico, em um ambiente que não é propício ao seu desenvolvimento, ficando impregnado de cálcio, com aparência pétrea.
- **Corificação:** externamente o cadáver fica com aspecto de couro, enquanto internamente vísceras e músculos permanecem conservados, mas amolecidos. Ocorre nos casos em que os cadáveres são colocados em ambientes sem ar (por exemplo caixões lacrados, hermeticamente fechados, revestidos com folhas de zinco). Como o ar não adentra, os agentes que aceleram a decomposição não entram em contato com o cadáver, causando ressecamento e impedindo e a sua completa decomposição.

Fenômenos transformativos destrutivos do cadáver

- **Autólise:** inicia a decomposição com a desintegração dos tecidos pela ação das enzimas de acidificação.
- **Maceração:** durante a putrefação, a umidade ou o excesso de água podem agir sobre o cadáver. Pode ser:
  - **Maceração asséptica:** feita em líquido estéril, como a que ocorre em fetos retidos no útero depois da morte.
  - **Maceração séptica:** ocorre em líquido contaminado, como em casos de afogamentos, em que se notam retalhos de pele sendo destacados do cadáver.
- **Putrefação:** progressivamente os tecidos são destruídos pela ação de micro-organismos. São as fases da putrefação:
  - **Fase cromática ou de coloração:** dentro dos eritrócitos tem-se a hemoglobina (proteína), que irá se ligar com outros compostos químicos, levando o cadáver a apresentar cores ou manchas.
  - **Fase enfisematosa ou gasosa:** a circulação póstuma de Brouardel marca a segunda fase de putrefação, em que ocorre a produção de gases, pois as bactérias que irão digerir o cadáver de dentro para fora formam o gás sulfídrico, que começará a se expandir; consequentemente, o sangue depositado nas áreas de maior declive do corpo (livores) será impulsionado pelos gases (o sangue agora se movimenta pela expansão dos gases em virtude da putrefação e não através dos batimentos cardíacos).
  - **Fase coliquativa:** ocorre a destruição das partes moles do cadáver e ele passa a ser um todo putrefeito, sendo a fase

marcada pela dissolução dos tecidos moles. As vísceras perdem as suas características morfológicas, havendo a exposição do esqueleto.

- **Fase de esqueletização:** é a exposição dos ossos do esqueleto e pode ser parcial ou total.

7.6.5 Destinos do cadáver

Cremação

Técnica funerária que visa reduzir um corpo a cinzas através da queima do cadáver. O método comum no mundo ocidental é a cremação do cadáver em fornos crematórios desenvolvidos para esse fim.

Inumação e exumação (arts. 163 a 166, CP)

- **Inumação:** depois de confirmada a morte, com atestado de óbito lavrado e registrado no cartório e depois de decorridas 24 horas, efetua-se o sepultamento do cadáver. Caso a morte seja ocasionada por moléstia infecciosa, o sepultamento pode ser imediato; em caso de morte suspeita ou violenta não poderá ser feita a inumação do corpo antes do exame necroscópico.
- **Exumação:** é o ato de desenterrar o cadáver quando há a necessidade de exames complementares ou se não foram feitos antes da inumação. A autoridade policial deve providenciar dia e hora previamente determinados para a diligência, devendo lavrar auto circunstanciado. O administrador do cemitério deverá indicar a localização da sepultura. Há três tipos:
  - **Administrativa:** decorrido o lapso de tempo do aluguel da sepultura, a administração do cemitério exuma os restos mortais e remete ao ossário ou às caixas destinadas aos columbários. Ocorre a partir de três anos da morte.
  - **Judicial:** destinada a esclarecer alguma dúvida jurídica – área criminal, civil, trabalhista etc.
  - **Arqueológica:** destinada a pesquisas fósseis (pesquisas arqueológicas e históricas).

7.6.6 Morte e Lei dos Transplantes de Órgãos

A Lei nº 9.434/1997 (Lei de transplante de órgãos e tecidos) menciona que, para ocorrer a morte encefálica, não basta o cérebro morrer, pois os neurônios que determinam os batimentos cardíacos e os movimentos respiratórios são determinados pelos neurônios que se localizam na ponte e no bulbo. Portanto, a lei menciona que para haver a morte encefálica é necessário que haja a morte da ponte e do bulbo (tronco cerebral).

LEI ORGÂNICA DA PCMG

1 LEI Nº 5.406/1969 - LEI ORGÂNICA DA PCMG

1.1 Estatuto do servidor policial

1.1.1 Regime disciplinar

Art. 142 – do alcance da norma

As disposições constantes deste título aplicam-se a todos os servidores no exercício de funções de natureza policial.

Art. 143 – da disciplina policial

A disciplina policial fundamenta-se na subordinação hierárquica e funcional, no cumprimento das leis, regulamentos e normas de serviços.

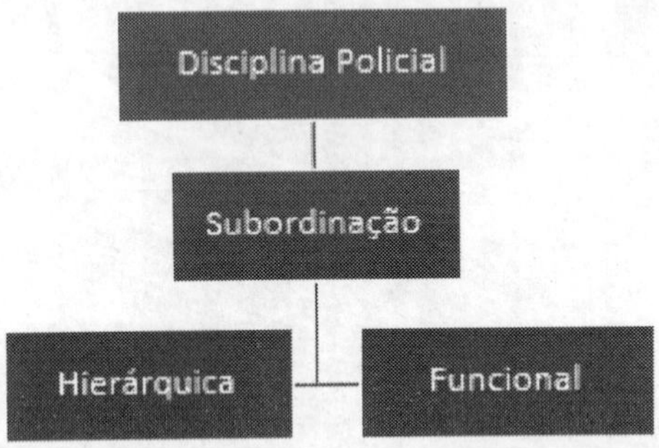

Art. 144 – dos princípios básicos da disciplina policial

- Além de outros a serem enumerados em regulamentação, são princípios básicos da disciplina policial:
- subordinação hierárquica;
- obediência aos superiores;
- respeito às leis vigentes e às normas éticas;
- cooperação e respeito às autoridades de corporações policiais diversas e de outros poderes ou Secretarias de Estado;
- apuração ou comunicação à autoridade competente, pela via hierárquica respectiva, da prática de transgressão disciplinar;
- observância das condições e normas necessárias para a boa execução das atividades policiais;
- espírito de camaradagem e de cooperação, mesmo quando de folga o servidor policial;
- atendimento ao público em geral dentro das normas de urbanidade e sem preferência.

Art. 145 – da fixação da hierarquia

- A hierarquia no serviço policial é fixada do seguinte modo:
- Secretário de Estado da Segurança Pública;
- Dirigentes dos Órgãos Superiores da Polícia Civil;
- Chefe de Departamentos Policiais e unidades equiparadas;
- Delegados de Polícia, observado em ordem descendente, o escalonamento da série de classes correspondentes;
- Médicos-Legistas, Peritos Criminais Especialistas, Inspetores Gerais e Chefes de Serviços Policiais;
- Ocupantes das demais chefias policiais, na escala descendente de níveis de vencimentos;
- Cargos das demais classes policiais, segundo o mesmo critério consignado no item anterior.

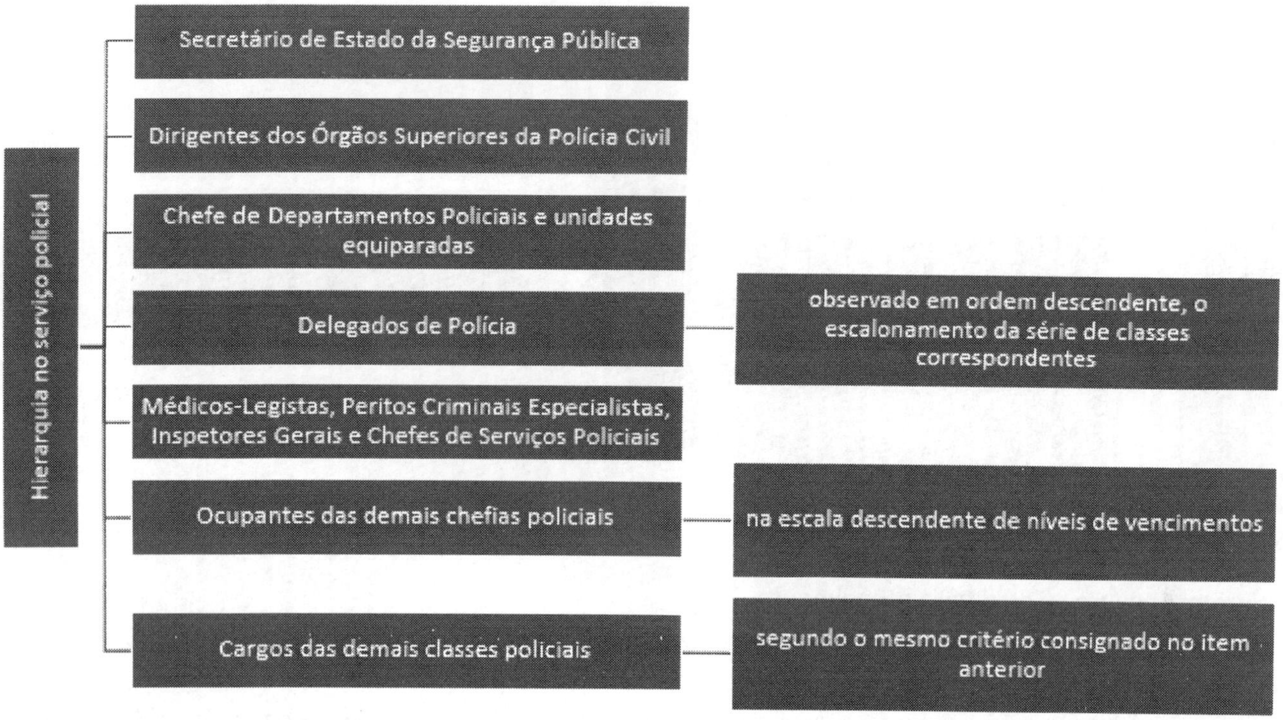

Critérios de desempate no grau de hierarquia

Para desempate no grau de hierarquia, observar-se-á o seguinte:

- em igualdade de cargo de chefia ou de classe, é considerado superior aquele que contar com mais antiguidade num ou noutro;
- quando a antiguidade de cargo ou classe for a mesma, prevalecerá a do cargo ou classe anterior e assim, sucessivamente, até o maior tempo de serviço na classe e, por fim, de idade.

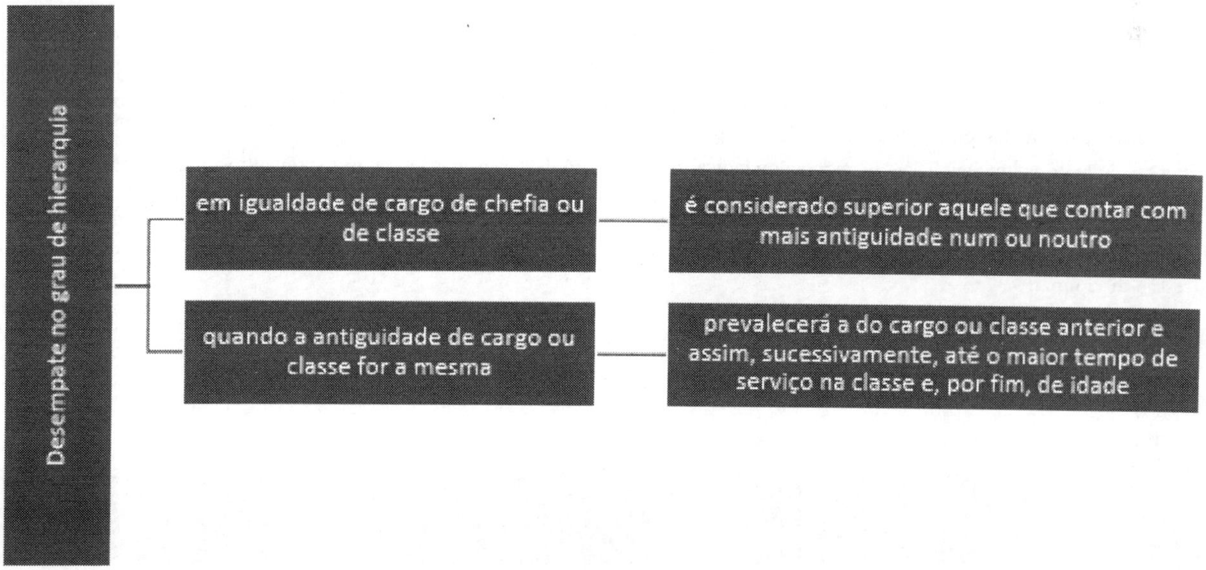

Art. 146 – do cumprimento das ordens

As ordens superiores devem ser prontamente executadas, quando não sejam manifestamente ilegais, cabendo a responsabilidade a quem as determinar, respondendo o agente pelos excessos que cometer.

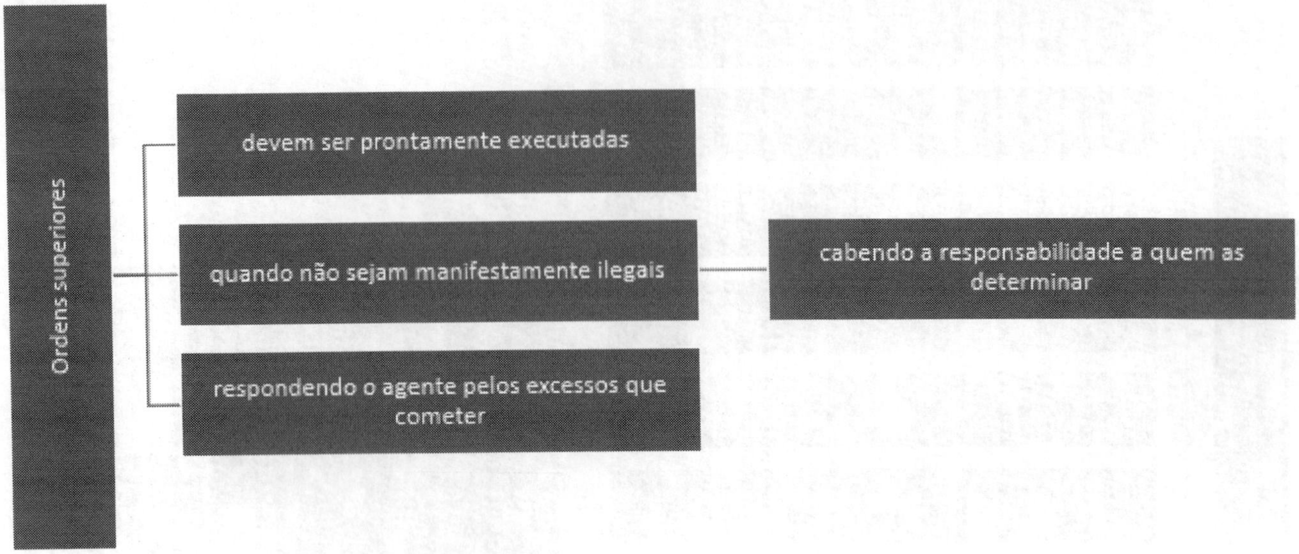

Da ordem obscura ou de difícil entendimento

Quando a ordem parecer obscura ou de difícil entendimento, compete ao agente solicitar os esclarecimentos necessários, no ato de recebê-la.

Art. 147 – das normas inerentes aos deveres do servidor policial

São deveres do servidor policial, observadas as suas atribuições, além dos que lhe cabem pelo cargo, os constantes dos regulamentos vigentes especiais, os das normas comuns a todos os funcionários e os que vierem a ser consignados em nova regulamentação.

Art. 148 – das vedações

Além de outras proibições vigentes ou que constarão de regulamento, é vedado ao servidor policial:

- participar de atividades político-partidárias, salvo se licenciado para tratar de interesses particulares;
- exercer outras ocupações, em detrimento do exercício normal e imparcial de suas funções específicas;
- recusar-se a aceitar encargos ao cargo ou função para os quais for designado;
- fomentar discussões ou antagonismo entre os integrantes das diferentes carreiras ou corporações policiais, a qualquer pretexto;
- aceitar presentes ou donativos por motivo de cumprimento de missão policial;
- censurar, através de veículos de divulgação, as autoridades constituídas ou criticar os atos da administração, ressalvado o trabalho de cunho doutrinário e que tenha sentido de colaboração e cooperação com esta;
- quebrar sigilo de assuntos policiais, de modo a prejudicar o andamento das investigações ou outros trabalhos policiais.

Art. 149. Da ação ou omissão como infração penal

Toda ação ou omissão contrária às disposições e aos deveres do servidor policial, ainda que constitua infração penal, será considerada transgressão disciplinar.

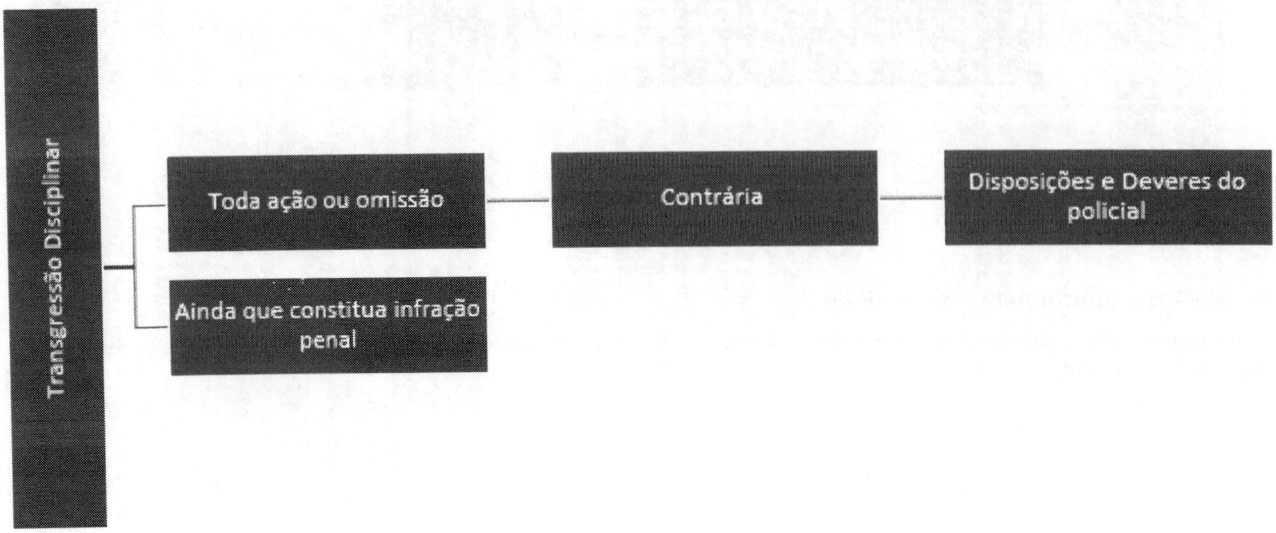

1.1.2 Classificação

Art. 151. Classificação das transgressões

As transgressões disciplinares classificam-se, segundo a intensidade de dolo ou do grau da culpa, em:

- leves;
- médias; e
- graves.

Art. 152. Da competência para classificação da transgressão

A classificação a que se refere o artigo anterior será feita pela autoridade competente para impor a penalidade, tendo em vista o fato, suas condições e os antecedentes pessoais do transgressor.

Da aplicação da pena e sua necessidade e eficácia

Só se torna necessária e eficaz a aplicação da pena quando dela advém benefício ao punido, pela sua reeducação, ou à classe a que pertence, pelo fortalecimento da disciplina e da justiça.

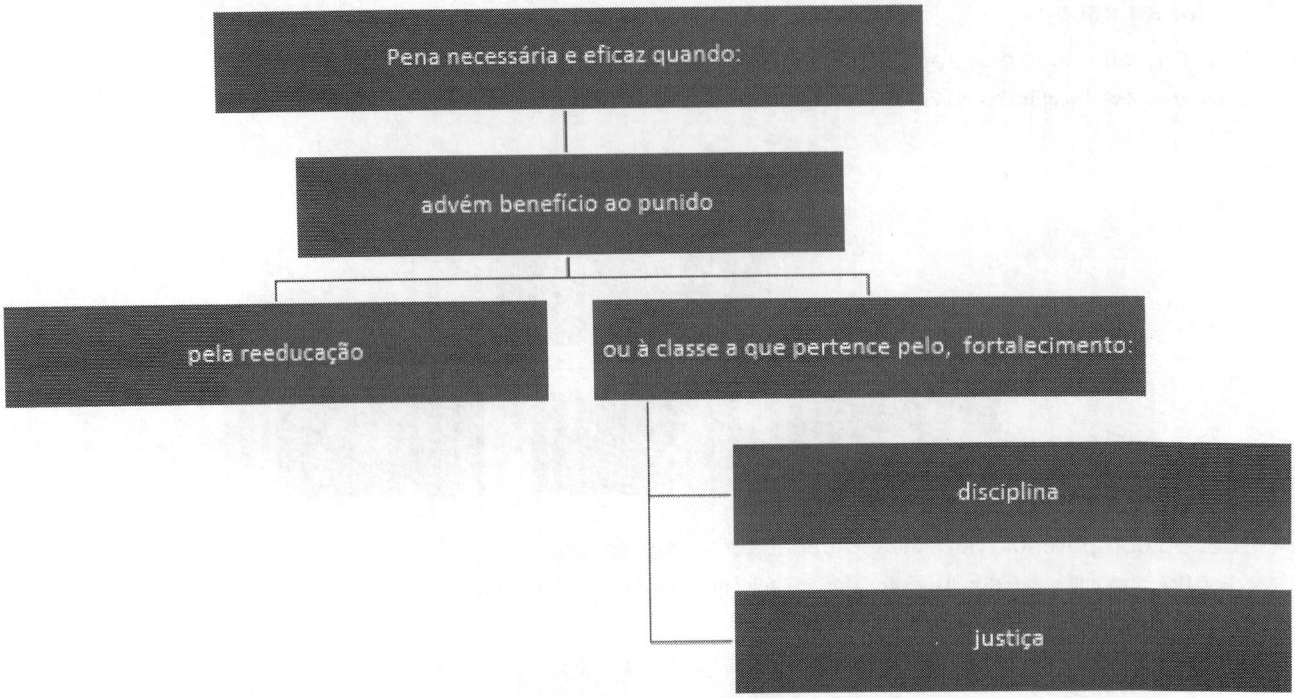

Das transgressões graves

Será sempre classificada como grave a transgressão que for:

- de natureza infamante e desonrosa;
- ofensiva à dignidade policial ou profissional;
- atentatória às instituições ou à ordem legal;
- decorrente da prática de ação ou omissão deliberada, prejudicial ao serviço policial; e
- contrária aos preceitos da hierarquia e de respeito à autoridade.

1.1.3 Causas e circunstâncias que influem no julgamento

Art. 153. Das causas e circunstâncias que influenciam no julgamento

Influem no julgamento das transgressões as causas justificativas e as circunstâncias atenuantes e agravantes.

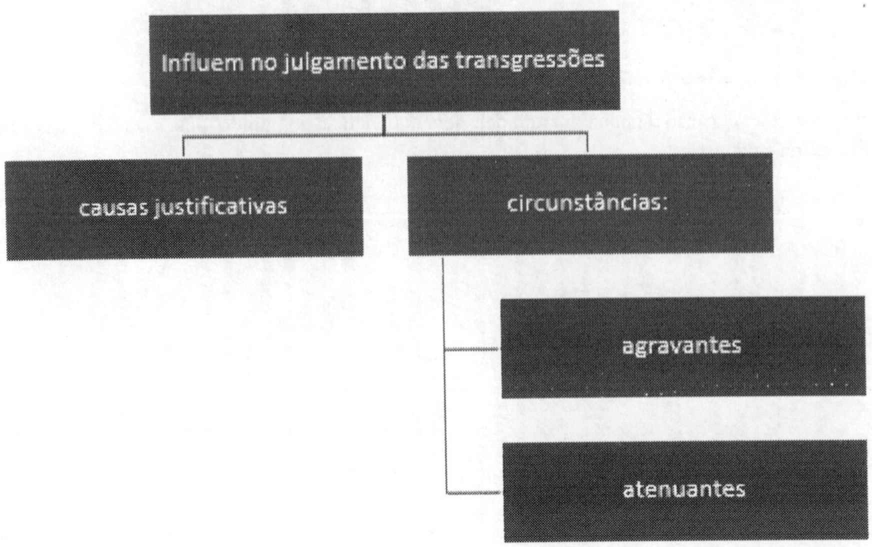

Das causas justificativas

São causas justificativas:

- ignorância, plenamente comprovada, quando não atente contra os sentimentos normais de patriotismo, humanidade e probidade;

- motivo de força maior plenamente comprovado e justificado;
- ter sido cometida a transgressão na prática de ação meritória, no interesse do serviço, da ordem ou do sossego público;
- ter sido cometida a transgressão em obediência a ordem superior;
- ter sido cometida a transgressão em legítima defesa própria ou de outrem; e
- uso imperativo de meios violentos a fim de compelir o subordinado a cumprir rigorosamente o seu dever; em caso de perigo, necessidade urgente, calamidade pública, manutenção da ordem e da disciplina.

Das circusntâncias atenuantes

São circunstâncias atenuantes:

- bom comportamento anterior;
- relevância de serviços prestados;
- falta de prática de serviço;
- ter sido cometida a transgressão em defesa própria, de outrem ou de seus respectivos direitos;
- ter sido cometida a transgressão para evitar mal maior;
- ter sido de somenos importância a participação do indiciado na transgressão disciplinar;
- aceitável ignorância ou errônea compreensão das disposições legais e administrativas;
- ter o transgressor procurado diminuir as consequências das faltas, antes da pena, reparando o dano; e
- ter o transgressor confessado espontaneamente a falta perante a autoridade sindicante, de modo a facilitar a sua apuração.

Das circunstâncias agravantes

São circunstâncias agravantes, quando não constituírem ou qualificarem outra transgressão disciplinar:

- reincidência específica ou genérica;
- mau comportamento anterior;
- a prática simultânea ou a conexão de duas ou mais transgressões;
- concurso de dois ou mais agentes na prática de transgressão;
- prática da transgressão durante a execução do serviço policial ou em prejuízo deste;
- abuso de autoridade ou poder;
- uso indevido de meios de coerção e intimidação;
- coação, instigação ou determinação para que outro policial, subordinado ou não, pratique a transgressão ou dela participe;
- impedir ou dificultar, de qualquer maneira, a apuração de falta;
- ter sido cometida a falta em presença de subordinados;
- ter sido praticada a transgressão com premeditação e;
- ter sido praticada a transgressão em lugar público;
- não haverá punição quando, no julgamento da transgressão, for reconhecida qualquer causa justificativa.

1.1.4 Penalidades

Art. 154. Das penas disciplinares

São penas disciplinares:

- repreensão;
- suspensão;
- multa;
- demissão;
- demissão a bem do serviço público; e
- cassação de aposentadoria ou disponibilidade.

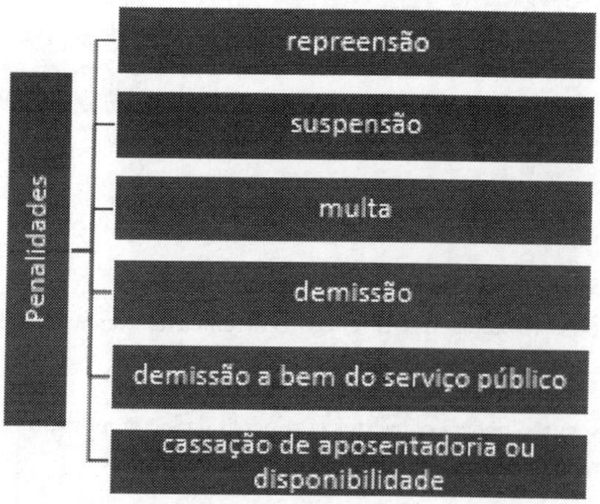

Art. 154 – das penas disciplinares

São penas disciplinares:

- repreensão;
- suspensão;
- multa;
- demissão;
- demissão a bem do serviço público; e
- cassação de aposentadoria ou disponibilidade.

1.1.5 Da autonomia das penas administrativas

A aplicação das penas administrativas não se sujeita à sequência estabelecida neste artigo, mas é autônoma, segundo cada caso, e consideradas a natureza e a gravidade de infração e os danos que dela provierem para o serviço público.

Art. 155 – da pena de repreensão

A pena de repreensão será aplicada por escrito e, em princípio, corresponderá às faltas de cumprimento de deveres e às transgressões consideradas de natureza leve.

1.1.6 Da aplicação da pena de suspensão

Havendo dolo ou má-fé, as faltas de cumprimento de deveres são punidas com a pena de suspensão.

Art. 156 – da pena de suspensão

A pena de suspensão, que não excederá noventa dias, será aplicada no caso da falta grave ou de reincidência.

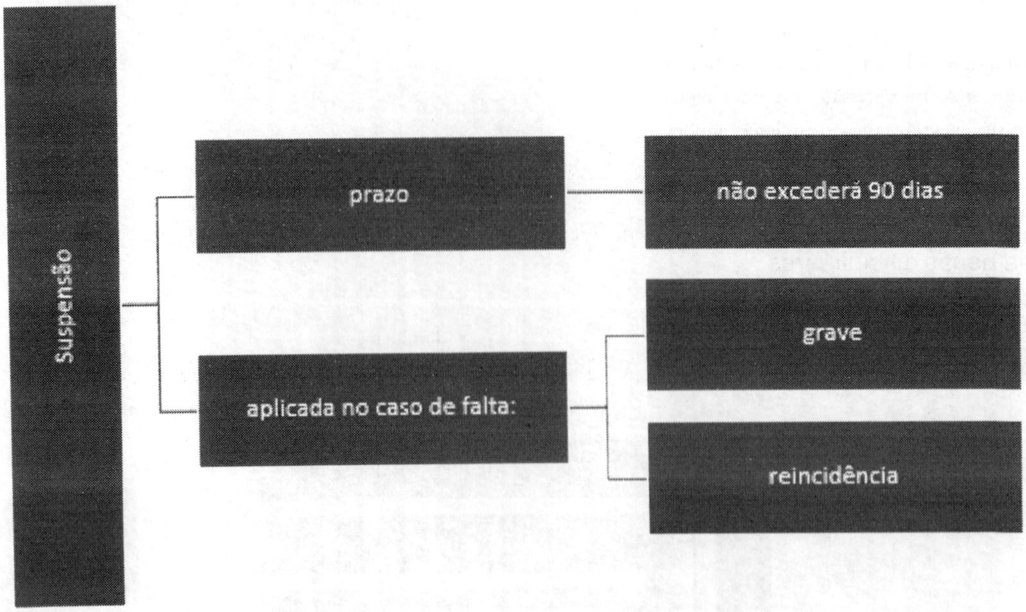

1.1.7 Da perda das vantagens e direitos

O servidor policial suspenso perderá todas as vantagens e direitos decorrentes do exercício do cargo.

1.1.8 Da conversão da penalidade de suspensão em multa

A autoridade que aplicar a pena de suspensão poderá converter essa penalidade em multa, na base de cinquenta por cento por dia de vencimento ou remuneração, sendo o servidor, nesse caso, obrigado a permanecer em serviço.

Art. 157 – da pena de multa

A pena de multa será aplicada na forma e nos casos expressamente previstos em lei ou regulamentos.

Art. 158 – da pena de demissão

Será aplicada a pena de demissão, nos casos de:

- abandono de cargo;
- procedimento irregular de natureza grave;
- ineficiência no serviço;
- aplicação indevida de dinheiro público;
- ausência do serviço, sem causa justificável, por mais de quarenta e cinco dias, interpoladamente, durante um ano; e
- exercício de qualquer atividade remunerada, estando o servidor licenciado para tratamento de saúde.

1.1.9 Do conceito de abandono de cargo

Considerar-se-á abandono de cargo o não comparecimento do servidor ao serviço, por mais de trinta dias consecutivos.

1.1.10 Da pena de demissão por ineficiência no serviço

A pena de demissão por ineficiência no serviço só será aplicada quando verificada a impossibilidade de readaptação.

Art. 159 – da pena de demissão a bem do serviço público

Será aplicada a pena de demissão a bem do serviço público ao servidor policial que:

- for dado à incontinência pública e escandalosa, ao vício de jogos proibidos, à embriaguez habitual, bem como ao uso de substâncias entorpecentes que determine dependência física ou psíquica;
- praticar crime contra a boa ordem, a administração pública e a Fazenda Estadual, ou previstos nas leis relativas à segurança e à defesa nacional;
- revelar segredos de que tenha conhecimento em razão do cargo, desde que o faça dolosamente e com prejuízo para o Estado ou particulares;
- praticar insubordinação grave;
- praticar, em serviço ou em decorrência deste, ofensas físicas contra funcionários ou particulares, salvo em legítima defesa;
- lesar os cofres públicos ou dilapidar o patrimônio do Estado;
- receber ou solicitar propinas, comissões, presentes ou vantagens de qualquer espécie, direta ou indiretamente, em razão de cumprimento de missão policial;
- pedir, por empréstimo, dinheiro ou quaisquer valores a pessoas que tratem de interesse ou os tenham na repartição do servidor, ou estejam sujeitos à sua fiscalização;
- praticar qualquer crime que, pela sua natureza e configuração, seja considerado infamante, de modo a incompatibilizar o servidor para o exercício da função policial;
- exercer advocacia administrativa;
- for contumaz na prática de transgressões disciplinares;
- praticar a usura em qualquer de suas formas;
- incitar greves ou a elas aderir, ou praticar atos de sabotagem contra o regime ou o serviço público; e
- apresentar, com dolo, declaração falsa em matéria de abono familiar ou de outro qualquer benefício, sem prejuízo da responsabilidade civil e do procedimento criminal, que no caso couber.

Art. 160 – da pena de cassação de aposentadoria ou disponibilidade

Será aplicada a pena de cassação de aposentadoria ou disponibilidade se ficar provado que o servidor policial inativo:

- praticou, quando em atividade, falta grave e que é cominada nesta lei a pena de demissão ou de demissão a bem do serviço público;
- aceitou ilegalmente cargo ou função pública;
- aceitou representação de Estado estrangeiro, sem prévia autorização do Presidente da República; e
- praticou, quando convocado para o exercício efetivo de funções policiais, nos termos legais e regulamentares, quaisquer transgressões puníveis com demissão a bem do serviço público.

1.2 Competência para imposição de penalidades

Art. 161 – da competência para aplicação das penalidades

Para a aplicação das penalidades previstas no artigo 154, são competentes:

- o Governador do Estado, em qualquer caso;
- o Secretário da Segurança Pública, até a de suspensão por noventa dias;
- o órgão disciplinar de Polícia Civil, até a de suspensão por sessenta dias;
- o Corregedor Geral de Polícia, até a de suspensão por trinta dias;
- os Superintendentes, Diretor da Academia de Polícia, Diretor da Casa de Detenção "Antônio Dutra Ladeira" e Chefes de Departamentos, até a de suspensão por trinta dias;
- os Delegados Gerais de Polícia, Delegados de Polícia de Classe Especial e Delegados Regionais de Polícia, até a de suspensão por dez dias; e
- os demais Delegados de Polícia de Carreira, até a de suspensão por cinco dias.

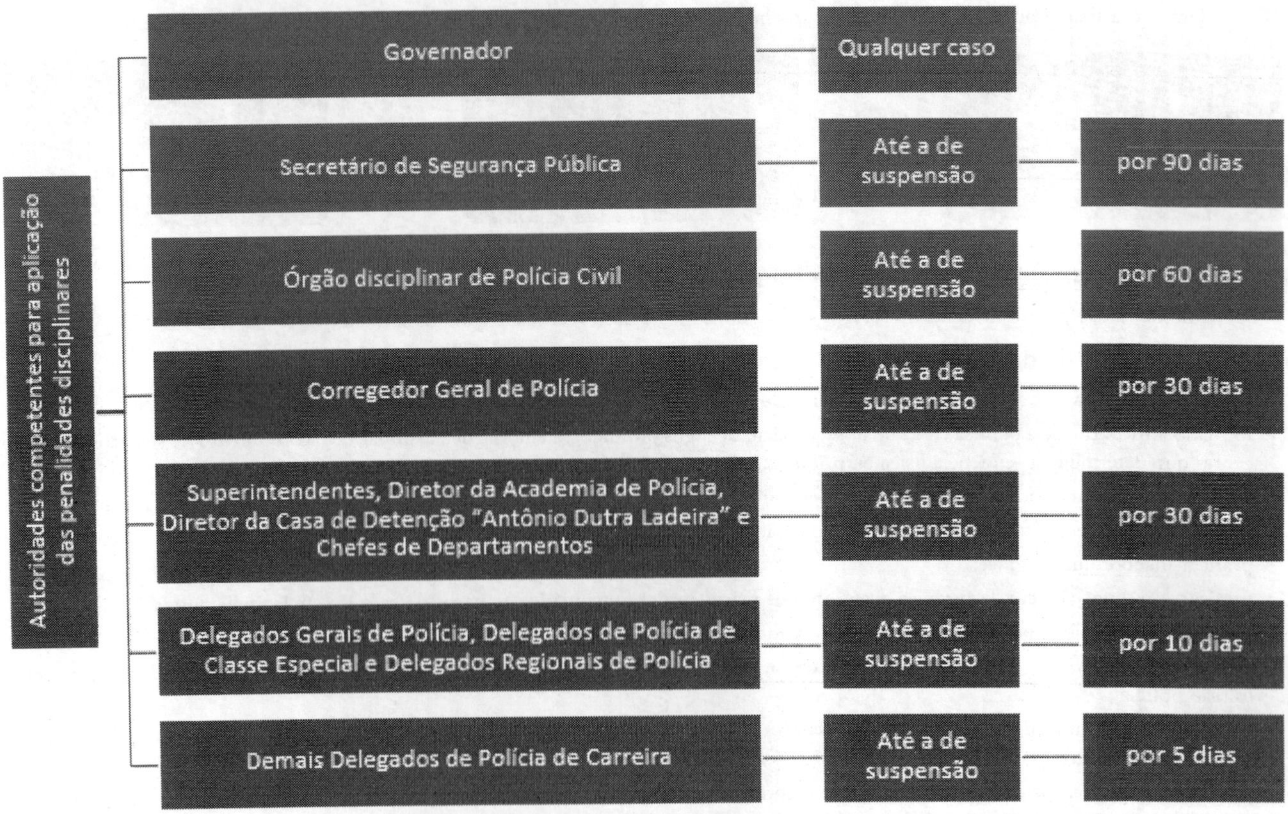

1.2.1 Da competência para aplicação das penalidades ao pessoal diretamente subordinado

A competência das autoridades referidas nos itens V, VI e VII deste artigo é limitada ao pessoal que lhes é diretamente subordinado.

V – os Superintendentes, Diretor da Academia de Polícia, Diretor da Casa de Detenção "Antônio Dutra Ladeira" e Chefes de Departamentos, até a de suspensão por trinta dias;

VI – os Delegados Gerais de Polícia, Delegados de Polícia de Classe Especial e Delegados Regionais de Polícia, até a de suspensão por dez dias; e

VII – os demais Delegados de Polícia de Carreira, até a de suspensão por cinco dias.

1.3 Prisão administrativa e suspensão preventiva

Art. 162 – das medidas acessórias

No curso do processo administrativo disciplinar poderão ser aplicadas, como medidas acessórias, a prisão administrativa e a suspensão preventiva, nos termos de lei e regulamentos.

1.3.1 Prazos

A prisão administrativa e a suspensão preventiva não poderão exceder noventa dias.

1.3.2 Da competência para aplicação da prisão administrativa e da suspensão preventiva

São competentes para a aplicação das medidas de que trata o parágrafo anterior:

- o Secretário de Estado da Segurança Pública, quanto à prisão administrativa e à suspensão preventiva; e
- o Órgão Disciplinar da Polícia Civil e o Corregedor Geral de Polícia, quanto à suspensão preventiva.

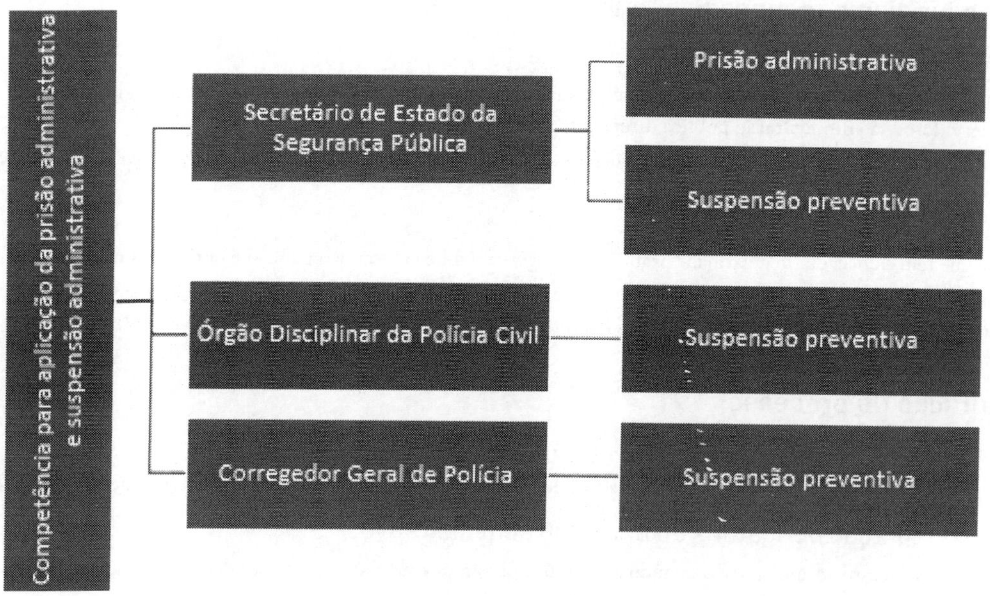

1.4 Procedimento administrativo

1.4.1 Instauração do processo

Art. 163 – da aplicação normativa

A aplicação do disposto neste capítulo se fará sem prejuízo da validade dos atos realizados sob a vigência da lei anterior.

Art. 164 – das modalidades de procedimento administrativo

O procedimento administrativo para apuração das transgressões disciplinares dos servidores da Polícia Civil compreende os seguintes feitos:

- sindicância administrativa; e
- processo administrativo.

1.5 Procedimento administrativo

1.5.1 Regime jurídico e responsabilidade

Art. 38 da constituição federal

A União, os Estados, o Distrito Federal e os Municípios instituirão, no âmbito de sua competência, regime jurídico único e planos de carreira para os servidores da administração pública direta, das autarquias e das fundações públicas.

Os procedimentos para averiguação dos descumprimentos legais por parte do agente público se dão através da sindicância e do processo administrativo disciplinar (PAD).

Importante:

- Autoridade que tem ciência de irregularidade praticada por agente público no serviço público é obrigada a realizar a apuração dos fatos.
- Quando da aplicação da penalidade ao agente público deve ser observado o contraditório e a ampla defesa – art. 5º, LV da CF/88.

Aos litigantes, em processo judicial ou administrativo, e aos acusados em geral são assegurados o contraditório e ampla defesa, com os meios e recursos a ela inerentes.

1.5.2 Instauração do processo

Art. 165 – da apuração da ação ou omissão do servidor

Instaura-se processo administrativo ou sindicância, a fim de apurar ação ou omissão de servidor policial civil puníveis disciplinarmente.

Art. 166 – da instauração obrigatória do processo administrativo

Será obrigatório o processo administrativo quando a falta disciplinar, por sua natureza, possa determinar a pena de demissão.

1.5.3 Da precedência da sindicância

O processo será precedido de sindicância, quando não houver elementos suficientes para se concluir pela existência da falta ou de sua autoria.

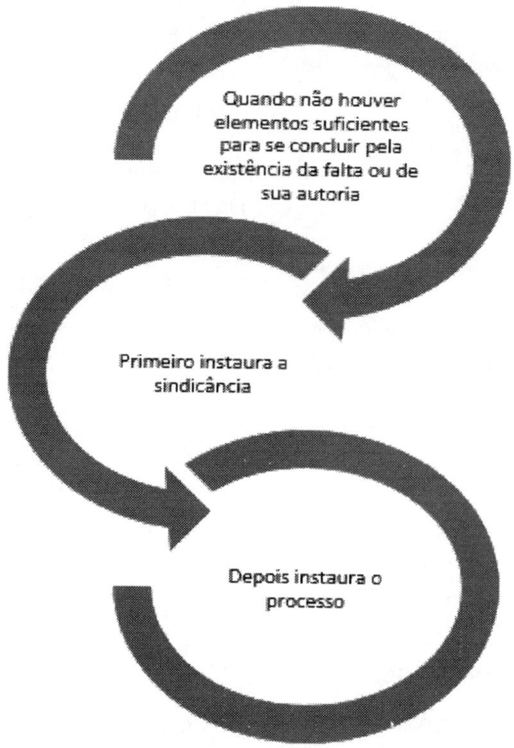

Art. 168 – da competência para determinação da instauração do processo administrativo

São competentes para determinar a instauração do processo administrativo as autoridades enumeradas no art. 161, até o item IV, inclusive, e, para determinar a instauração de sindicâncias, as autoridades enumeradas no mesmo artigo, até o número VII.

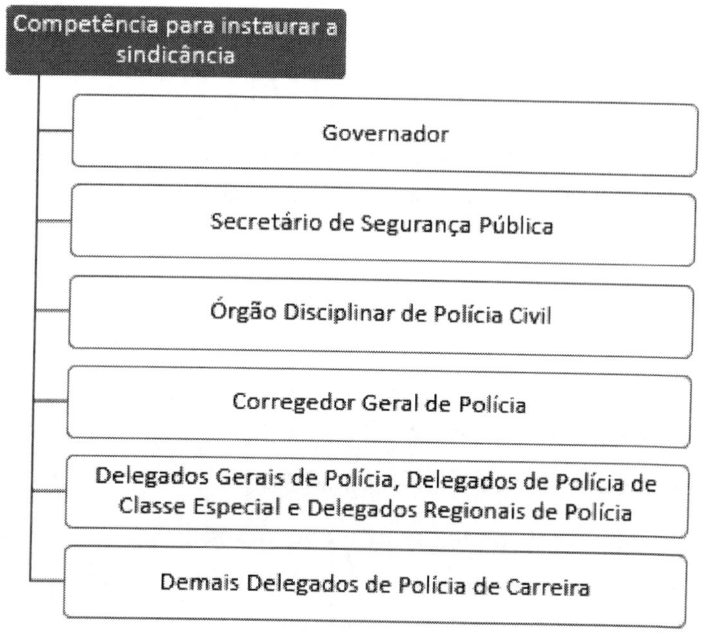

1.5.4 Sindicância

Art. 169 – da sindicância

A sindicância meio sumário e, o quanto possível sigiloso, de verificação, será cometida a funcionário ou à comissão de funcionários, de condição hierárquica nunca inferior à do indiciado, ou à Comissão Processante Permanente a que se refere o art. 173 e seguintes.

PCMG

Art. 170 – das diligências

A Comissão ou o funcionário incumbido da sindicância, dando-lhe início imediato, procederá às seguintes diligências:

- ouvirá testemunhas para esclarecimento dos fatos referidos na portaria ou despacho de designação, e, sempre que possível, o acusado; e
- colherá as demais provas que houver, concluindo pela procedência ou não, da arguição feita contra o servidor.

Art. 170 – do inquérito policial como meio sumário de verificação de falta disciplinar

Poderão, a critério da autoridade superior, ser consideradas como meio sumário de verificação de falta disciplinar, e terão valor de sindicância administrativa, as provas colhidas contra o servidor policial civil em inquérito policial instaurado contra o mesmo e das quais resultem, também, responsabilidade administrativa a que caiba pena de suspensão.

Art. 172 – da dedicação do agente público durante a sindicância

A critério da autoridade que o designar, o funcionário incumbido de proceder à sindicância poderá dedicar todo o seu tempo àquele encargo, ficando, em consequência e automaticamente, dispensado do serviço da repartição, durante a realização dos trabalhos.

1.5.5 Comissões processantes permanentes

Art. 173 – da comissão processante permanente

Na Superintendência de Polícia Judiciária e Correições haverá Comissões Processantes Permanentes, destinadas a realizar os processos administrativos.

1.5.6 Da competência para designar os membros das comissões processantes permanentes

Os membros das Comissões Processantes Permanentes serão designados pelo Secretário de Estado da Segurança Pública.

1.5.7 Da designação de comissões especiais

O disposto neste artigo não impede a designação de Comissões Especiais pelo Secretário, Corregedor Geral ou órgão disciplinar da Polícia Civil.

Art. 174 – da composição das comissões processantes permanentes

As Comissões Processantes Permanentes serão constituídas de três servidores estáveis da Polícia Civil, devendo a sua presidência recair em Delegado de Polícia de Carreira.

1.6 Procedimento administrativo

1.6.1 Comissões processantes permanentes

Art. 175 – dos impedimentos

Não poderá ser encarregado de proceder a sindicância, nem fazer parte da Comissão Processante Permanente, mesmo como secretário desta, parente, consanguíneo ou afim, em linha reta ou colateral, até o terceiro grau inclusive, do denunciante ou indiciado, bem como o subordinado deste.

1.6.2 Da comunicação do impedimento

Ao funcionário designado incumbirá, desde logo, comunicar, à autoridade competente, o impedimento que houver, de acordo com este artigo.

Art. 176 – da dedicação aos trabalhos da comissão

Os membros das Comissões Processantes Permanentes, bem como os respectivos secretários, dedicarão todo o seu tempo aos trabalhos pertinentes aos processos administrativos e às sindicâncias de que forem encarregados, ficando dispensados de outros serviços da repartição durante todo o prazo da designação.

1.6.3 Das comissões não permanentes

Nas comissões não permanentes, também compostas de três membros, somente por expressa determinação da autoridade que as designar, poderão seus integrantes ser afastados do exercício dos cargos, durante a realização do processo.

Art. 177 – da jurisdição das comissões processantes permanentes

As Comissões Processantes Permanentes e Especiais terão jurisdição em todo o Estado, para o bom desempenho de seus trabalhos.

1.7 Atos e termos processuais

Art. 178 – do prazo de início do processo administrativo

O processo administrativo terá a forma prevista neste capítulo, iniciando-se no prazo de oito dias, contados da data do ato que determinou sua instauração.

Prazo Início Processo	→	8 dias	→	Contados da data do ato que determinou sua instauração

Art. 179 – do direito a ampla defesa

É assegurado ao funcionário o direito de ampla defesa, podendo, pessoalmente ou por procurador, acompanhar todos os atos processuais, indicar e inquirir testemunhas, requerer juntada de documentos, vista dos autos em mãos da Comissão, e o mais que julgar necessário, observadas as normas processuais estabelecidas nesta lei.

1.7.1 Do conceito do direito de ampla defesa

Entende-se por direito de ampla defesa a oportunidade que se confere ao acusado de praticar todos os atos previstos no artigo anterior, na fase instrutória do processo.

Ademais, a autoridade processante não será obrigada a suprir "ex-officio" a omissão do acusado na fase de que trata o parágrafo anterior.

Art. 180 – da citação

Na portaria que der início ao processo, o Presidente da Comissão ordenará a citação do acusado para se ver processar, até julgamento final, e nomeará um dos membros da Comissão para secretariar os trabalhos.

1.7.2 Da forma da citação

A citação do acusado será feita em mandado próprio e será instruída com a cópia da portaria inicial.

1.7.3 Do acusado em local incerto ou não sabido ou que evita a citação

Se for desconhecido o paradeiro do acusado ou este se ocultar para evitar a citação, esta será feita com o prazo de dez dias, mediante edital publicado por cinco vezes seguidas no órgão oficial, findo o qual prosseguir-se-á no processo à sua revelia.

1.7.4 Do conceito de revel

Será considerado revel o funcionário que, citado ou intimado para os atos processuais, deixar de comparecer ou de se fazer representar.

Art. 181 – do interrogatório do acusado

Feita a citação, terá prosseguimento o processo, em sua fase de instrução, designando o Presidente dia e hora para o interrogatório do acusado e a inquirição de testemunhas, devendo este ser notificado a apresentar, caso queira, rol de testemunhas até o máximo de dez, no prazo de cinco dias.

1.7.5 Da substituição das testemunhas ou indicação de outras

Poderá o acusado, respeitado o limite previsto neste artigo, durante a fase instrutória, substituir as testemunhas ou indicar outras no lugar das que não comparecerem.

Art. 182 – da ordem da oitiva das testemunhas

Proceder-se-á à tomada de depoimentos das testemunhas arroladas pela Comissão e, a seguir, os das testemunhas indicadas pelo acusado.

1.8 Atos e termos processuais

Art. 182 – da ordem da oitiva das testemunhas

Proceder-se-á à tomada de depoimentos das testemunhas arroladas pela Comissão e, a seguir, os das testemunhas indicadas pelo acusado.

1.8.1 Do uso da palavra pelo defesor ou pelo acusado

Na audiência das testemunhas será dada a palavra ao defensor do acusado ou a este, para reperguntar às testemunhas.

1.8.2 Do não comparecimento do defensor ou do acusado

Se o acusado ou seu defensor não comparecer, será designado o fato no respectivo termo.

1.8.3 Do indeferimento de perguntas que não tenham nexo com a falta

O Presidente poderá indeferir as perguntas que não tiverem conexão com a falta, consignando-se no termo as que forem indeferidas.

1.8.4 Do testemunho de servidor público ou militar

Ocorrendo a necessidade do testemunho de servidores públicos ou militares, as respectivas solicitações deverão ser feitas a seus chefes ou comandantes imediatos.

Art. 183 – da fase instrutória

Durante a fase instrutória de processo, poderá o Presidente da Comissão ordenar toda e qualquer diligência que se lhe afigure conveniente, facultando-se ao acusado, nos termos do artigo 182, requerer o que for necessário à sua defesa, desde que não constitua recurso protelatório, prejudicial ao andamento normal dos trabalhos ou de nenhum interesse para o esclarecimento dos fatos em apuração.

1.8.5 Da pretensão descabida

O Presidente, entendendo descabida a pretensão do acusado, recusará a diligência em despacho fundamentado.

1.8.6 Das novas arguições

É permitido à Comissão tomar conhecimento, na fase instrutória, de arguições novas que surgirem contra o acusado, caso em que este terá o direito de produzir contra elas as provas que tiver.

Art. 185 – do prazo para razões finais da defesa

Encerrada a fase instrutória, em que serão praticados os atos concernentes à prova, o acusado não mais poderá requerer diligências no processo e, dentro de quarenta e oito horas, deverá ser citado para apresentar, por escrito, as razões finais de sua defesa.

1.8.7 Do direito do acusado

Terá o acusado o prazo de dez dias para apresentação da defesa a que se refere este artigo. Neste prazo lhe será dada vista dos autos em presença do secretário ou de qualquer dos membros da Comissão, no lugar do processo.

Art. 186 – da revelia do acusado ou perda do prazo para defesa

No caso de revelia do acusado ou ainda de perda de prazo para apresentação de defesa, o Presidente nomeará um funcionário, sempre que possível bacharel em Direito, para produzi-la, na forma do artigo 185 e seu parágrafo único.

1.8.8 Do relatório

Neste relatório, a Comissão apreciará, em relação a cada acusado, separadamente, as faltas administrativas e irregularidades que lhe forem atribuídas, as provas colhidas no processo, e as razões da defesa, propondo, então, a absolvição ou a punição, indicando, neste caso, a pena que couber.

1.8.9 Das demais providências

Deverá também a Comissão, em seu relatório, sugerir quaisquer outras providências que lhe parecerem de interesse do serviço público.

Art. 187 – do prazo para representação do relatório

Findo o prazo para a defesa e juntadas aos autos as peças que a contiverem, a Comissão, no prazo de dez dias, apreciará a prova e a defesa produzidas, representando o seu relatório.

Art. 188 – do prazo de conclusão do processo administrativo

O processo administrativo deverá ser concluído no prazo de sessenta dias, a contar da citação do acusado.

1.8.10 Da prorrogação do prazo

Poderá a autoridade que determinou a instauração do processo prorrogar-lhe o prazo até mais sessenta dias, por despacho, em representação circunstanciada que lhe fizer o Presidente da Comissão.

1.8.11 Da nova prorrogação

O Secretário de Estado da Segurança Pública, em casos especiais e mediante representação do Presidente da Comissão, poderá autorizar nova e última prorrogação do prazo, por tempo não excedente ao do parágrafo anterior.

Art. 189 – do prazo para julgamento

Ultimado o processo e, recebendo os autos conclusos, a autoridade que houver determinado a sua instauração deverá proferir julgamento no prazo de trinta dias, prorrogáveis por igual período.

1.8.12 Do processo não julgado dentro do prazo legal

Se o processo não for julgado no prazo indicado neste artigo, o acusado, caso esteja suspenso preventivamente, reassumirá automaticamente o cargo ou função e aguardará em exercício o julgamento, salvo nos casos de prisão administrativa que ainda perdure e abandono de cargo ou função.

Art. 190 – das penalidades que fogem a competência de quem determinou a instauração do processo administrativo

Quando escaparem à sua alçada as penalidades e providências que lhe parecerem cabíveis, a autoridade que determinou a instauração do processo administrativo deverá propô-las, justificadamente, dentro do prazo marcado para julgamento, à autoridade competente.

Art. 191 – do prazo para publicação da decisão

As decisões serão sempre publicadas no órgão oficial, dentro do prazo de oito dias.

Art. 192 – da vedação da sobrestação do processo administrativo em virtude de decisão de ação penal ou civil

O processo administrativo não poderá ser sobrestado para o fim de aguardar a decisão de ação penal ou civil.

Art. 193 – da não declaração de nulidade de ato processual

Não será declarada a nulidade de nenhum ato processual que não houver influído na apuração de verdade substancial ou, diretamente, na decisão do processo ou da sindicância, e os atos que forem declarados nulos não afetarão o processo em seu todo, mas tão somente a diligência que contenham.

1.9 Processo por abandono de cargo ou função

Art. 194 – do prazo para oferecimento da defesa ou requerimento de produção de prova

No caso de abandono de cargo ou função, instaurado o processo e feita a citação, na forma dos artigos 168 e 180, comparecendo o acusado e tomadas as suas declarações, terá ele o prazo de cinco dias para oferecer defesa ou requerer a produção da prova que tiver, que só pode versar sobre força maior ou coação ilegal.

Prazo para oferecer defesa ou requerer a produção da prova	→	05 dias

Observar-se-á, então, no que couber, o disposto nos artigos 182 e seguintes.

1.9.1 Da revelia

No caso de revelia, será designado pelo Presidente um funcionário para servir de defensor, observando-se o disposto na parte final deste artigo e, no que couber, o disposto nos artigos 182 e seguintes.

1.10 Revisão de processo administrativo

Art. 195 – da instauração do processo de revisão

Dar-se-á revisão dos processos findos, mediante recurso do punido, quando:

- a decisão for contrária a textos expressos de lei ou à evidência dos autos;
- a decisão se fundar em depoimento, exames ou documentos comprovadamente falsos ou errados; e
- após a decisão, se descobrirem novas provas da inocência do punido ou de circunstâncias que autorizem pena mais branda.

Art. 196 – dos demais regramentos inerentes ao processo de revisão

A revisão, que poderá verificar-se a qualquer tempo, não autoriza a agravação da pena.

Art. 197 – da legitimidade

A revisão poderá ser pedida pelo próprio punido, ou procurador legalmente habilitado, ou, no caso de morte do punido, pelo cônjuge, ascendente, descendente ou irmão.

Art. 198 – do não fundamento para revisão

Não constitui fundamento para revisão a simples alegação de injustiça da penalidade.

Art. 199 – do processamento da revisão

A revisão será processada por Comissão Processante Permanente, ou, a juízo do Secretário de Estado da Segurança Pública, por Comissão Especial.

1.10.1 Dos impedimentos

Será impedido de funcionar na revisão quem houver integrado a comissão de processo administrativo.

1.10.2 Da competência para designar funcionário para secretaria comissão

O Presidente designará um funcionário para secretariar a Comissão.

Art. 200 – do processo de revisão e do processo administrativo

Ao processo de revisão será apensado o processo administrativo ou sua cópia, marcando o Presidente o prazo de cinco dias para que o requerente junte as provas que tiver, ou indique as que pretenda produzir.

Art. 201 – do prazo para alegações do requerente

Concluída a instrução do processo, será aberta vista ao requerente, perante o secretário da comissão, pelo prazo de dez dias, para apresentação de alegações.

Art. 202 – do prazo para encaminhamento do relatório

Decorrido esse prazo, ainda que sem alegações, será o processo encaminhado, com o relatório fundamentado da Comissão e dentro do prazo de quinze dias, à autoridade competente para julgamento.

Art. 203 – do prazo para julgamento

Será de trinta dias o prazo para esse julgamento, sem prejuízo das diligências que a autoridade entenda necessárias ao melhor esclarecimento do processo.

Art. 204 – da revisão julgada procedente

Julgada procedente a revisão, a Administração determinará a redução ou cancelamento da pena.

2 LEI COMPLEMENTAR Nº 129/2013 - LEI ORGÂNICA DA PCMG

2.1 Disposições gerais

2.1.1 Disposições preliminares

Esta Lei Complementar organiza a Polícia Civil do Estado de Minas Gerais - PCMG -, define sua competência e dispõe sobre o regime jurídico dos integrantes das carreiras policiais civis.

A PCMG, órgão autônomo, essencial à segurança pública, à realização da justiça e à defesa das instituições democráticas, fundada na promoção da cidadania, da dignidade humana e dos direitos e garantias fundamentais, tem por objetivo, no território do Estado, em conformidade com o art. 136 da Constituição do Estado, dentre outros, o exercício das funções de:

- proteção da incolumidade das pessoas e do patrimônio;
- preservação da ordem e da segurança públicas;
- preservação das instituições políticas e jurídicas;
- apuração das infrações penais e dos atos infracionais, exercício da polícia judiciária e cooperação com as autoridades judiciárias, civis e militares, em assuntos de segurança interna.

A PCMG reger-se-á pelos princípios constitucionais da legalidade, impessoalidade, moralidade, publicidade e eficiência e deve ainda observar, na sua atuação:

- a promoção dos direitos humanos;
- a participação e interação comunitária;
- a mediação de conflitos;
- o uso proporcional da força;
- o atendimento ao público com presteza, probidade, urbanidade, atenção, interesse, respeito, discrição, moderação e objetividade;
- a hierarquia e a disciplina;
- a transparência e a sujeição a mecanismos de controle interno e externo, na forma da lei;
- a integração com órgãos de segurança pública do Sistema de Defesa Social.

Além dos princípios referidos no art. 3º, orientam a investigação criminal e o exercício das funções de polícia judiciária, a indisponibilidade do interesse público, a finalidade pública, a proporcionalidade, a obrigatoriedade de atuação, a autoridade, a oficialidade, o sigilo e a imparcialidade, observando-se ainda:

- a investidura em cargo de carreira policial civil;
- a inevitabilidade da atuação policial civil;
- a inafastabilidade da prestação do serviço policial civil;
- a indeclinabilidade do dever de apurar infrações criminais;
- a indelegabilidade da atribuição funcional do policial civil;
- a indivisibilidade da investigação criminal;
- a interdisciplinaridade da investigação criminal;
- a uniformidade de procedimentos policiais;
- a busca da eficiência na investigação criminal e a repressão das infrações penais e dos atos infracionais.

À PCMG é assegurada autonomia administrativa e financeira, cabendo-lhe, especialmente:

- elaborar a sua programação financeira anual e acompanhar e avaliar sua implantação, segundo as dotações consignadas no orçamento do Estado;
- executar contabilidade própria;
- adquirir materiais, viaturas e equipamentos específicos.

Fique Ligado

As atividades de planejamento e orçamento e de administração financeira e contabilidade subordinam-se administrativamente ao Chefe da PCMG e tecnicamente às Secretarias de Estado de Planejamento e Gestão e de Fazenda, respectivamente.

A investigação criminal tem caráter técnico-jurídico-científico e produz, em articulação com o sistema de defesa social, conhecimentos e indicadores sociopolíticos, econômicos e culturais que se revelam no fenômeno criminal.

O exercício da investigação criminal tem início com o conhecimento de ato ou fato passível de caracterizar infração penal e se encerra com a apuração da infração penal ou ato infracional ou com o exaurimento das possibilidades investigativas, compreendendo:

- a pesquisa técnico-científica a respeito de autoria, de materialidade, de motivos e de circunstâncias da infração penal;
- a articulação ordenada dos atos notariais do inquérito policial e demais procedimentos de formalização da produção probatória da prática de infração penal;
- a minimização dos efeitos do delito e o gerenciamento da crise dele decorrente.

A investigação criminal se destina à apuração de infrações penais e de atos infracionais, para subsidiar a realização da função jurisdicional do Estado, e à adoção de políticas públicas para a proteção de pessoas e bens para a boa qualidade de vida social.

A função de polícia judiciária consiste, precipuamente, no auxílio ao sistema de justiça criminal para a aplicação da lei penal e processual, bem como nos registros e fiscalização de natureza regulamentar.

A função de polícia judiciária compreende:

- o exame preliminar a respeito da tipicidade penal, ilicitude, culpabilidade, punibilidade e demais circunstâncias relacionadas à infração penal;
- as diligências para a apuração de infrações penais e atos infracionais;
- a instauração e formalização de inquérito policial, de termo circunstanciado de ocorrência e de procedimento para apuração de ato infracional;
- a definição sobre a autuação da prisão em flagrante e a concessão de fiança;
- a requisição da apresentação de presos do sistema prisional em órgão ou unidade da PCMG, para fins de investigação criminal;
- a representação judicial para a decretação de prisão provisória, de busca e apreensão, de interceptação de dados e de comunicações, em sistemas de informática e telemática, e demais medidas processuais previstas na legislação;
- a presença em local de ocorrência de infração penal, na forma prevista na legislação processual penal;
- a elaboração de registros, termos, certidões, atestados e demais atos previstos no Código de Processo Penal ou em leis específicas.

Fique Ligado

No desempenho de suas atribuições, o Delegado de Polícia, com sua equipe, comparecerá a local de crime e praticará diligências para apuração da autoria, materialidade, motivos e circunstâncias, formalizando inquéritos policiais e outros procedimentos.

A direção da polícia judiciária cabe, em todo o Estado, aos Delegados de Polícia de carreira, nos limites de suas circunscrições.

Os atos de polícia judiciária serão fiscalizados direta ou indiretamente pelo Corregedor-Geral de Polícia Civil.

São símbolos institucionais da PCMG o hino, o brasão, a logomarca, a bandeira e o distintivo.

Os policiais civis terão carteira funcional, com identificação das respectivas carreiras e validade em todo o território nacional, cujo modelo será regulamentado em decreto.

2.1.2 Competência

À PCMG, órgão permanente do poder público, dirigido por Delegado de Polícia de carreira e organizado de acordo com os princípios da hierarquia e da disciplina, incumbem, ressalvada a competência da União, as funções de polícia judiciária e a apuração, no território do Estado, das infrações penais e dos atos infracionais, exceto os militares.

São atividades privativas da PCMG a polícia técnico-científica, o processamento e arquivo de identificação civil e criminal, bem como o registro e licenciamento de veículo automotor e a habilitação de condutor.

A PCMG subordina-se diretamente ao Governador do Estado e integra, para fins operacionais, o Sistema de Defesa Social.

À PCMG compete:

- planejar, coordenar, dirigir e executar, ressalvada a competência da União, as funções de polícia judiciária e a apuração, no território do Estado, das infrações penais, exceto as militares;
- preservar locais de crime com cenários e bens, apreender objetos, colher provas, intimar, ouvir e acarear pessoas, requisitar e realizar exames periciais, proceder ao reconhecimento de pessoas e coisas e praticar os demais atos necessários à adequada apuração das infrações penais e dos atos infracionais, na forma da legislação processual penal;
- representar ao Poder Judiciário, por meio do Delegado de Polícia, pela decretação de medidas cautelares pessoais e reais, como prisão preventiva e temporária, busca e apreensão, quebra de sigilo e interceptação de dados e de telecomunicações, além de outras inerentes à investigação criminal e ao exercício da polícia judiciária, destinadas a colher e a resguardar provas da prática de infrações penais e de atos infracionais;
- organizar, cumprir e fazer cumprir os mandados judiciais de prisão e de busca domiciliar;
- cumprir as requisições do Poder Judiciário e do Ministério Público;
- realizar correições e inspeções, em caráter permanente ou extraordinário, em atividades e em repartições em que atue, bem como responsabilizar-se pelos procedimentos disciplinares destinados a apurar eventual prática de infrações atribuídas a seus servidores;
- formalizar o inquérito policial, o termo circunstanciado de ocorrência e o procedimento para apuração de ato infracional;
- exercer o controle e a fiscalização de suas armas e munições, de explosivos, fogos de artifício e demais produtos controlados, observada a legislação federal específica;
- exercer o registro de controle policial, especialmente no que tange a estabelecimentos de hospedagem, diversões públicas, comercialização de produtos controlados e o prévio aviso relativo à realização de reuniões e eventos sociais e políticos em ambientes públicos, nos termos do inciso XVI do art. 5º da Constituição da República;
- desenvolver atividades de ensino, extensão e pesquisa, em caráter permanente, objetivando o aprimoramento de suas competências institucionais;
- cooperar com os órgãos municipais, estaduais e federais de segurança pública, em assuntos relacionados com as atividades de sua competência;
- promover interações para uso dos bancos de dados disponíveis com os órgãos públicos municipais, estaduais e federais, bem como para uso de bancos de dados disponíveis com a iniciativa privada, observado o disposto nos incisos X e XII do art. 5º da Constituição da República;
- organizar e executar os serviços de identificação civil e criminal, bem como gerir o acervo e o banco de dados correspondentes, inclusive para as atividades de perícia criminal;
- promover o recrutamento, seleção, formação, aperfeiçoamento e o desenvolvimento profissional e cultural de seus servidores;
- organizar e realizar ações de inteligência, bem como participar de sistemas integrados de informações de órgãos públicos municipais, estaduais, federais e de entidades privadas;
- organizar estatísticas criminais e realizar análise criminal;
- promover outras políticas de segurança pública e defesa social, nos limites de sua competência.

Fique Ligado

As funções constitucionais da PCMG são indelegáveis e somente podem ser desempenhadas por ocupantes das carreiras que a integram.

2.2 Organização

2.2.1 Estrutura orgânica

São órgãos da PCMG:

- da administração superior:
- Chefia da PCMG;
- Chefia Adjunta da PCMG;
- Conselho Superior da PCMG;
- Corregedoria-Geral de Polícia Civil
- de administração:
- Gabinete da Chefia da PCMG;
- Academia de Polícia Civil;
- Superintendência de Investigação e Polícia Judiciária;
- Superintendência de Informações e Inteligência Policial;
- Superintendência de Polícia Técnico-Científica;
-) Superintendência de Planejamento, Gestão e Finanças.

Integram, ainda, a estrutura orgânica da PCMG as seguintes unidades administrativas:

- Instituto de Criminologia;
- Departamentos de Polícia Civil:
- Delegacias Regionais de Polícia Civil:

Delegacias de Polícia Civil;

- Divisões Especializadas:

Delegacias Especializadas;

- Instituto de Criminalística;
- Instituto Médico-Legal;
- Postos de Perícia Integrada, Postos Médico-Legais e Seções Técnicas Regionais de Criminalística;

- Instituto de Identificação:
- Postos de Identificação;
- Hospital da Polícia Civil;
- Colégio Ordem e Progresso;
- Divisão de Polícia Interestadual - Polinter;
- Casa de Custódia da Polícia Civil.

Os Departamentos de Polícia Civil, a Divisão de Polícia Interestadual e a Casa de Custódia da Polícia Civil subordinam-se à Superintendência de Investigação e Polícia Judiciária e o Instituto de Criminologia e o Colégio Ordem e Progresso subordinam-se à Academia de Polícia Civil.

O Instituto de Criminalística, o Instituto Médico-Legal, os Postos de Perícia Integrada, os Postos Médico-Legais e as Seções Técnicas Regionais de Criminalística subordinam-se à Superintendência de Polícia Técnico-Científica e o Instituto de Identificação subordina-se à Superintendência de Informações e Inteligência Policial.

As demais unidades administrativas da estrutura orgânica complementar e a distribuição e descrição das competências das unidades administrativas da PCMG serão estabelecidas em decreto.

O Hospital da Polícia Civil, resultado da transformação do Departamento de Saúde da Polícia Civil, conforme disposto na Lei nº 11.724, de 30 de dezembro de 1994, terá estrutura administrativa no nível de superintendência, na forma de regulamento.

As Delegacias de Polícia Civil, de âmbito territorial e de atuação especializada, são dirigidas por Delegados de Polícia de carreira, e as Delegacias Regionais de Polícia Civil e as Divisões de Polícia Especializada, por Delegados de Polícia de, no mínimo, nível especial.

A direção das Superintendências, dos Departamentos de Polícia Civil de âmbito territorial e atuação especializada, da Academia de Polícia Civil, da Corregedoria-Geral de Polícia Civil, do Instituto de Identificação, do Gabinete da Chefia da PCMG e da Chefia Adjunta da PCMG e o cargo de Delegado Assistente da Chefia da PCMG serão exercidos exclusivamente por Delegados-Gerais de Polícia, observado o disposto no § 1º do art. 41.

Os titulares dos cargos a que se referem a alínea "d" do inciso I e as alíneas do inciso II do caput, bem como o Delegado Assistente da Chefia da PCMG, serão escolhidos pelo Chefe da PCMG e nomeados pelo Governador do Estado dentre os integrantes, em atividade, do nível final da respectiva carreira que possuam, no mínimo, quinze anos de efetivo serviço policial.

Os titulares dos cargos a que se referem os incisos XII e XIII do art. 25 serão escolhidos pelo Chefe da PCMG dentre os integrantes, em atividade, do nível final da respectiva carreira que possuam, no mínimo, quinze anos de efetivo serviço policial.

2.2.2 Administração superior

Chefia da pcmg

A Chefia da PCMG, órgão da administração superior da PCMG, será exercida pelo Chefe da PCMG.

O Chefe da PCMG será nomeado pelo Governador do Estado dentre os integrantes, em atividade, do nível final da carreira de Delegado de Polícia que possuam, no mínimo, vinte anos de efetivo serviço policial, vedada a nomeação daqueles inelegíveis em razão de atos ilícitos, nos termos da legislação federal.

O Chefe da PCMG tem prerrogativas, vantagens e padrão remuneratório do cargo de Secretário de Estado.

O Chefe da PCMG será substituído, automaticamente, em seus afastamentos ou impedimentos eventuais, pelo Chefe Adjunto da PCMG e, nos afastamentos ou impedimentos eventuais deste, na seguinte ordem, pelo:

- Corregedor-Geral de Polícia Civil;
- Superintendente de Investigação e Polícia Judiciária;
- Chefe de Gabinete da PCMG;
- Diretor da Academia de Polícia Civil;
- Superintendente de Informações e Inteligência Policial;
- Superintendente de Planejamento, Gestão e Finanças;
- Delegado Assistente da Chefia da PCMG.

O Chefe da PCMG ficará afastado de suas funções pelo cometimento de infração penal cuja sanção cominada seja de reclusão, observado o disposto no § 1º do art. 21 da Constituição do Estado.

Na hipótese a que se refere o caput, assumirá a Chefia da PCMG o Chefe Adjunto da PCMG.

Ao Chefe da PCMG compete:

- exercer a direção superior, o planejamento estratégico e a administração geral da PCMG, por meio da coordenação, do controle e da fiscalização das funções policiais civis e da observância do disposto nesta Lei Complementar;
- presidir o Conselho Superior da PCMG e integrar o Conselho de Defesa Social;
- propor ao Governador do Estado o aumento do efetivo e prover, mediante delegação, os cargos dos quadros de pessoal da PCMG, bem como deferir o compromisso de posse aos servidores da PCMG;
- promover a movimentação de servidores, proporcionando equilíbrio entre os órgãos e unidades da PCMG, observado o quadro de distribuição de pessoal, nos termos de regulamento;
- autorizar servidores da PCMG a afastar-se, em serviço, do Estado, sem sair do País, observado o disposto no art. 68;
- determinar a instauração de processo administrativo disciplinar e aplicar sanções disciplinares;
- decidir, em último grau de recurso, sobre a instauração de inquérito policial e de outros procedimentos formais;
- decidir sobre a situação funcional e administrativa dos policiais civis, bem como editar atos de promoção, exceto se esta for por ato de bravura ou para o último nível da carreira;
- suspender o porte de arma de policial civil, por recomendação médica ou como medida cautelar em processo administrativo disciplinar, assegurado o contraditório e a ampla defesa;
- editar resoluções e demais atos normativos para a consecução das funções de competência da PCMG, observada a legislação pertinente;
- designar, em cada departamento da PCMG, o respectivo coordenador entre os chefes das Seções Técnicas Regionais de Criminalística, o qual se reportará ao Chefe de Divisão de Perícia do Interior;
- decidir sobre remoção por conveniência da disciplina de policial civil, na forma desta Lei Complementar;
- promover a motivação do ato de remoção ex officio de policial civil no interesse do serviço, comprovada a necessidade.

Chefia adjunta da pcmg

O Chefe Adjunto da PCMG, escolhido pelo Chefe da PCMG dentre os integrantes, em atividade, do nível final da carreira de Delegado de Polícia que possuam, no mínimo, vinte anos de efetivo serviço policial, e nomeado pelo Governador do Estado, tem por função auxiliar o Chefe da PCMG no exercício de suas atribuições, competindo-lhe:

- substituir o Chefe da PCMG em suas ausências, férias, afastamentos e impedimentos eventuais;
- cooperar com o exercício das funções do Chefe da PCMG, acompanhar a execução de atividades por órgãos e unidades da PCMG, requisitar informações e determinar ações de interesse do serviço policial civil;
- participar, como membro, das reuniões do Conselho Superior da PCMG;
- exercer atribuições que lhe sejam delegadas por ato do Chefe da PCMG.

Fique Ligado

O Chefe Adjunto da PCMG tem prerrogativas, vantagens e padrão remuneratório do cargo de Secretário de Estado Adjunto.

Conselho superior da pcmg

O Conselho Superior da PCMG é órgão da administração superior da PCMG, que tem a função de assessorar e auxiliar a Chefia da PCMG, e possui a seguinte estrutura:

- Órgão Especial;
- Câmara Disciplinar;
- Câmara de Planejamento e Orçamento.

Compõem o Conselho Superior da PCMG:

- o Chefe da PCMG, que o presidirá;
- o Chefe Adjunto da PCMG;
- o Corregedor-Geral de Polícia Civil;
- o Superintendente de Investigação e Polícia Judiciária;
- o Chefe de Gabinete da PCMG;
- o Diretor da Academia de Polícia Civil;
- o Superintendente de Informações e Inteligência Policial;
- o Superintendente de Planejamento, Gestão e Finanças;
- o Delegado Assistente da Chefia da PCMG;
- o Superintendente de Polícia Técnico-Científica;
- o Inspetor-Geral de Escrivães de Polícia;
- o Inspetor-Geral de Investigadores de Polícia.

Ao Conselho Superior da PCMG compete:

- conhecer, fomentar e manifestar-se sobre propostas de programas, projetos e ações da PCMG;
- deliberar sobre o planejamento estratégico e subsidiar a proposta orçamentária anual da PCMG;
- examinar ou elaborar atos normativos pertinentes ao serviço policial civil;
- deliberar sobre a localização de unidades da PCMG e sobre o quadro de distribuição de pessoal da PCMG;
- estudar e propor inovações visando à eficiência da atividade policial civil;
- propor ao Chefe da PCMG a remoção ex officio de policial civil, por conveniência da disciplina ou no interesse do serviço policial;
- pronunciar-se sobre atribuições e conduta funcional de servidores da PCMG;
- deliberar sobre promoção de policial civil, nos termos do regulamento do respectivo plano de carreira;
- outorgar a Medalha do Mérito Policial Civil Delegado Luiz Soares de Souza Rocha, criada pela Lei nº 7.920, de 8 de janeiro de 1981, e demais condecorações e distinções honoríficas;
- deliberar, atendida a necessidade do serviço, sobre o afastamento remunerado de servidores da PCMG para frequentar curso ou estudos, no País ou no exterior, observado o interesse da instituição e o disposto no art. 68;
- examinar e subsidiar a formulação da proposta orçamentária da PCMG, propor a priorização de programas, projetos e ações da PCMG e acompanhar a execução do orçamento da PCMG.

O Presidente do Conselho Superior da PCMG será substituído nas suas ausências, férias, afastamentos ou impedimentos eventuais pelo Chefe Adjunto da PCMG e, sucessivamente, na ordem estabelecida no art. 20.

O Conselho Superior da PCMG elaborará seu regimento interno, dispondo sobre o funcionamento, a estrutura, o quórum de deliberações, a divulgação de atos e a competência de sua Secretaria Executiva.

O regimento referido no caput será aprovado por maioria absoluta e submetido à apreciação do Chefe da PCMG, que o instituirá por meio de resolução.

Órgão especial

Ao Órgão Especial, composto exclusivamente por Delegados-Gerais de Polícia titulares dos órgãos constantes no art. 25 e pelo Delegado Assistente da Chefia da PCMG, compete pronunciar-se, por determinação do Chefe da PCMG, sobre recurso contra decisão que negar a instauração de inquérito policial e sobre recurso contra ato de Delegado-Geral de Polícia ou de órgão de administração da PCMG que avocou, excepcional e fundamentadamente, inquéritos policiais ou outros procedimentos formais, bem como sobre o previsto nos incisos VI a X do art. 26 quando relacionado com a carreira de Delegado de Polícia.

Câmara disciplinar

A Câmara Disciplinar será presidida pelo Chefe Adjunto da PCMG e integrada pelos membros do Conselho Superior da PCMG titulares de unidades, à exceção do Chefe da PCMG, e julgará recursos contra atos emanados do Corregedor-Geral de Polícia Civil, competindo-lhe:

- recomendar ao Corregedor-Geral de Polícia Civil a instauração de procedimento administrativo disciplinar contra servidor da PCMG e a realização de inspeções e correições em órgãos e unidades da PCMG, sem prejuízo das competências do Chefe da PCMG e do Corregedor-Geral de Polícia Civil;
- propor ao Chefe da PCMG a remoção ex officio de policial civil, por conveniência da disciplina, por maioria simples dos membros do Conselho Superior da PCMG, mediante trâmite de sindicância ou processo disciplinar e solicitação fundamentada do Corregedor-Geral de Polícia Civil;
- conhecer e julgar recurso contra decisão em procedimento administrativo disciplinar.

Parágrafo único. O recurso contra decisão que negar a instauração de inquérito policial ou outros procedimentos formais, bem como sobre o previsto nos incisos VI a X do art. 26 quando relacionado com a carreira de Delegado de Polícia, será apreciado exclusivamente por Delegados-Gerais de Polícia integrantes do órgão a que se refere o art. 29.

Câmara de planejamento e orçamento

À Câmara de Planejamento e Orçamento, composta na forma do regimento, competirá examinar e subsidiar a formulação da proposta orçamentária da PCMG, propor a priorização de programas, projetos e ações da PCMG e acompanhar a execução do orçamento da PCMG.

Corregedoria-geral de polícia civil

A Corregedoria-Geral de Polícia Civil é órgão orientador, fiscalizador e correicional das atividades funcionais e de conduta de servidores da PCMG.

À Corregedoria-Geral de Polícia Civil compete:

- praticar atos de correição, promover o controle de qualidade dos serviços e zelar pela correta execução das funções de competência da PCMG;
- realizar e determinar correições e inspeções, de caráter geral ou parcial, ordinário ou extraordinário, nas atividades de competência da PCMG;
- determinar a instauração de processo administrativo disciplinar, bem como concluir e decidir sobre o mesmo, instaurar sindicância, inquérito policial, termos circunstanciados de ocorrência e outros procedimentos para apurar transgressões disciplinares e infrações penais imputadas a servidores da PCMG;
- atuar, preventiva e repressivamente, em face às infrações penais e disciplinares atribuídas aos policiais civis e servidores da PCMG, bem como em requisições e solicitações dos órgãos e entidades de controle interno e externo;
- assumir, motivadamente, mediante ato do Chefe da PCMG, após a aprovação da maioria dos membros do Conselho Superior, a administração de órgãos e unidades da PCMG;
- avocar inquéritos policiais e outros procedimentos, para fins de correição, podendo concluí-los, se for o caso, ou delegar sua presidência a outra autoridade policial;
- articular-se, no âmbito de sua competência, com o Poder Judiciário, o Ministério Público, a Defensoria Pública e órgãos congêneres;
- aplicar, sem prejuízo da competência dos demais titulares de órgãos e unidades, nos termos desta Lei Complementar, penalidades disciplinares, observados os princípios da ampla defesa e do contraditório;
- ampliar, excepcionalmente, a competência correicional de Delegado de Polícia para o exercício de suas atribuições funcionais em unidade da PCMG diversa de sua lotação;
- propor ao Chefe da PCMG, mediante despacho devidamente fundamentado, o afastamento preliminar de servidores da PCMG pelo prazo máximo de até noventa dias, na hipótese de indícios suficientes de eventual prática de transgressão
- disciplinar, para fins de correição ou outro procedimento investigatório afim;
- propor ao Chefe da PCMG, expressa e motivadamente, a remoção ou a transferência de servidores da PCMG, para fins disciplinares, nos termos desta Lei Complementar;
- dirimir conflitos de competência funcional e circunscricional no âmbito da PCMG, inclusive com caráter normativo, quando necessário;
- manter atualizado o registro e o controle dos antecedentes funcionais e disciplinares dos servidores da PCMG e determinar, nas hipóteses legais, o cancelamento das respectivas anotações;
- acompanhar o estágio probatório dos servidores da PCMG;
- convocar servidor da PCMG para atos e procedimentos de correição, na forma da lei;
- coordenar o cumprimento de mandado judicial de prisão de servidor da PCMG e cumprir mandado de busca e apreensão relacionado a procedimentos de competência da Corregedoria-Geral de Polícia Civil;
- planejar, estabelecer e priorizar as necessidades logísticas e de pessoal para a realização das atividades de sua competência e subsidiar as atividades de suprimento de recursos pela Superintendência de Planejamento, Gestão e Finanças.

Acolhida a proposta de que trata o inciso X do caput, enquanto durar o afastamento, o servidor da PCMG poderá ser designado, provisoriamente, mantida a sua lotação, para exercer a sua atividade em unidade ou órgão diverso daquele em que se encontra lotado, bem como poderá ser convocado a participar de cursos de qualificação profissional promovidos pela Academia de Polícia Civil.

O afastamento de servidor da PCMG por período superior a noventa dias e inferior a cento e oitenta dias, para fins disciplinares, será determinado por ato do Chefe da PCMG, mediante deliberação de maioria simples dos membros do Conselho Superior da PCMG, na forma de seu regimento, e poderá implicar no impedimento para o exercício funcional.

Findo o prazo de cento e oitenta dias de afastamento previsto no § 2º, caso os procedimentos instrutórios não tenham sido concluídos, caberá ao Corregedor-Geral de Polícia Civil submeter os autos à deliberação do Conselho Superior da PCMG.

A competência da Corregedoria-Geral de Polícia Civil, para fins de atividade correicional, poderá ser delegada aos titulares dos órgãos e unidades da PCMG e aos Delegados de Polícia.

O procedimento correicional terá a participação de, no mínimo, um representante da respectiva carreira policial.

2.2.3 Administração

Gabinete da chefia da pcmg

O Gabinete da Chefia da PCMG tem por finalidade garantir assessoramento direto ao Chefe da PCMG e ao Chefe Adjunto da PCMG em assuntos políticos e administrativos, competindo-lhe:

- encaminhar os assuntos pertinentes a órgãos e unidades da PCMG e articular o fornecimento de apoio técnico, sempre que necessário;II - encarregar-se do relacionamento da PCMG com órgãos públicos federais, estaduais e municipais, dos diversos Poderes, e com organismos da sociedade civil;
- planejar, dirigir e coordenar as atividades do Gabinete e unidades a este vinculadas, mantendo o respectivo controle sobre os documentos e atos oficiais correspondentes;
- acompanhar o desenvolvimento das atividades de comunicação social da PCMG;
- manter diálogo com os servidores da PCMG, estabelecendo permanente canal de comunicação com os representantes sindicais eleitos e associações de classe;
- coordenar e executar atividades de atendimento e informação ao público e às autoridades.

2.2.4 Academia de polícia civil

A Academia de Polícia Civil tem por finalidade o desenvolvimento profissional e técnico-científico dos servidores da PCMG, competindo-lhe:

- realizar o recrutamento, a seleção, a formação técnico-profissional e o aperfeiçoamento dos servidores da PCMG;
- planejar e realizar treinamento, aperfeiçoamento e especialização para servidores da PCMG;
- realizar o acompanhamento educacional e assegurar o aprimoramento continuado de servidores da PCMG, aperfeiçoar a doutrina, a normalização e os protocolos de atuação profissional;
- executar pesquisas técnico-científicas sobre métodos de investigação criminal para fundamentar a edição de normas;

P C M G

- produzir e difundir conhecimentos acadêmicos de interesse policial e desenvolver a uniformidade de procedimentos didáticos e pedagógicos;
- selecionar, credenciar e manter o quadro docente preparado e capacitado, interna e externamente às carreiras da PCMG, visando atender às especificidades das disciplinas das diversas áreas do conhecimento, relacionadas às funções de competência da PCMG;
- admitir certificações de cursos e de titulações acadêmicas obtidas por servidor da PCMG em instituições de ensino e pesquisa, para incorporação no seu histórico funcional, atendidos os requisitos legais;
- promover o aprimoramento de técnicas policiais e oferecer suporte às atividades de ensino, de pesquisa e de operação, simuladas e reais, para a padronização de normas e de procedimentos de investigação criminal, de atividade notarial, de manejo e de emprego de armas de fogo, explosivos e técnicas de defesa pessoal;
- propor e viabilizar, junto aos órgãos estaduais e federais, o reconhecimento dos cursos que realiza;
- difundir estratégias de polícia comunitária;
- colaborar em políticas psicopedagógicas destinadas à preparação do policial civil para a aposentadoria;
- manter intercâmbio com outras instituições de ensino e pesquisa, nacionais e estrangeiras;
- conceder aos servidores da PCMG diplomas e certificados relativos às atividades acadêmicas de sua competência;
- organizar e manter biblioteca especializada em matéria de interesse dos serviços policiais civis;
- planejar, estabelecer e priorizar as necessidades logísticas e de pessoal para a realização das atividades de sua competência e subsidiar as atividades de suprimento de recursos pela Superintendência de Planejamento, Gestão e Finanças.

A Academia de Polícia Civil manterá o Instituto de Criminologia como órgão de articulação científica com outros centros de pesquisa e universidades interessados no estudo e pesquisa aplicados ao sistema de justiça criminal, com ênfase no processo da investigação criminal e no exercício da polícia judiciária.

Os servidores da PCMG poderão concorrer ao credenciamento para o magistério policial.

Os coordenadores das áreas temáticas da matriz curricular da Academia de Polícia Civil, indicados pelo seu diretor, terão seus nomes referendados pelo Chefe da PCMG.

O ensino, o treinamento, o recrutamento e a seleção de pessoal são privativos da Academia de Polícia Civil, que poderá decidir, atendidas as disposições legais, por sua terceirização, sob sua supervisão, vedado o exercício dessas atividades por qualquer outro órgão ou unidade da PCMG.

A Academia de Polícia Civil poderá credenciar órgãos ou entidades para a realização de exames biomédicos e psicotécnicos, necessários à consecução de concurso público, com observância das normas legais pertinentes.

Superintendência de investigação e polícia judiciária

A Superintendência de Investigação e Polícia Judiciária tem por finalidade planejar, coordenar e supervisionar a execução de investigação criminal, bem como o exercício das funções de polícia judiciária, competindo-lhe:

- manter uniformidade de procedimentos no âmbito das unidades da PCMG sob sua subordinação, zelando pela eficiência das ações técnico-científicas da investigação criminal, no âmbito de sua atuação;
- incumbir o Delegado de Polícia, ou outro policial sob sua subordinação, da realização de diligências necessárias à apuração de infrações penais, por até trinta dias, propondo ao Corregedor-Geral de Polícia Civil, quando for o caso, a ampliação de competência funcional ou circunscricional;
- decidir, sem prejuízo da competência do Corregedor-Geral de Polícia Civil, sobre conflito de competência em matéria de investigação criminal e exercício da polícia judiciária, bem como a respeito do encaminhamento, a quem de direito, de inquéritos e procedimentos cuja instauração determinar;
- inspecionar, periodicamente, unidades policiais subordinadas, mandando lavrar termo em que se consignem anotações sobre irregularidades encontradas a serem comunicadas ao Corregedor-Geral de Polícia Civil;
- remover Investigadores de Polícia e Escrivães de Polícia, a pedido ou por permuta, nos limites de determinado Departamento de Polícia Civil, bem como propor ao Chefe da PCMG a remoção de servidores entre Departamentos de Polícia Civil;
- propor ao Chefe da PCMG a remoção de Delegados de Polícia, nos termos desta Lei Complementar, bem como controlar a distribuição de servidores em unidades da PCMG sob sua subordinação;
- orientar, acompanhar e supervisionar atividades gerenciais executadas pelos titulares de Departamentos de Polícia Civil, Delegacias Regionais de Polícia Civil, Divisões Especializadas, Delegacias de Polícia Civil e Delegacias Especializadas, no âmbito de sua competência;
- planejar, estabelecer e priorizar as necessidades logísticas e de pessoal para a realização das atividades de polícia judiciária e investigação criminal e subsidiar as atividades de suprimento de recursos pela Superintendência de Planejamento, Gestão e Finanças;
- atuar em matérias relacionadas ao cumprimento de cartas precatórias, fornecer informações às unidades policiais de outros entes da Federação, apoiar o cumprimento de solicitações de captura de pessoas com ordem de prisão e oferecer suporte para a realização de diligências promovidas por policiais de outros entes da Federação, por meio da Polinter;
- receber, recolher e custodiar o policial civil da ativa ou aposentado, mesmo aquele que tenha sido demitido do cargo ou tenha cassada a aposentadoria em virtude de condenação, submetido a procedimento de natureza judicial ou contingenciamento de ordem legal, na Casa de Custódia da Polícia Civil.

Superintendência de informações e inteligência policial

A Superintendência de Informações e Inteligência Policial tem por finalidade coordenar e executar as atividades de gestão de inteligência, por meio da captação, análise e difusão de dados, informações e conhecimentos, competindolhe:

- organizar, dirigir, executar, orientar, supervisionar, normatizar e integrar as atividades de inteligência, visando subsidiar a apuração de infrações penais, o exercício das funções de polícia judiciária, a proteção de pessoas e a preservação das instituições político-jurídicas, em assuntos de segurança interna;
- realizar as atividades de inteligência e contrainteligência;
- assessorar, orientar e informar o Chefe da PCMG sobre assuntos de interesse institucional;
- dirigir as atividades de estatística, telecomunicações e informática no âmbito da PCMG;

- realizar a gestão de bancos de dados e sistemas automatizados em operação na PCMG;
- articular-se com unidades de inteligência de outras instituições públicas;
- disponibilizar para os Delegados de Polícia informações que possam subsidiar investigações criminais;
- ter acesso a dados oriundos do serviço de identificação civil e criminal, de registro de veículos e cadastro de condutores, para fins notariais e de composição das informações relevantes para os atos de investigação criminal e de polícia judiciária;
- planejar, estabelecer e priorizar as necessidades logísticas e de pessoal para a realização das atividades de sua competência e subsidiar as atividades de suprimento de recursos pela Superintendência de Planejamento, Gestão e Finanças.

Para os efeitos desta lei, considera-se gestão de inteligência de segurança pública o conjunto de atividades que objetivam identificar, acompanhar e avaliar ameaças reais ou potenciais à segurança pública e produzir informações e conhecimentos que subsidiem ações para prevenir, neutralizar, coibir e reprimir infrações de qualquer natureza, exceto as militares.

Estão compreendidos na gestão de inteligência de segurança pública os seguintes aspectos policiais, dentre outros:

- ocorrência criminal e seu desdobramento na esfera de competência da PCMG;
- registro dos atos de investigação criminal, desde a notícia sobre infração penal até o encerramento da respectiva apuração e sua formalização em procedimento legal;
- análise sobre cenário criminal e sobre a atuação policial civil;
- coleta de dados para subsidiar plano, programa, projeto e ação governamental;
- elaboração da estatística criminal e sua análise qualitativa.

Superintendência de polícia técnico-científica

A Superintendência de Polícia Técnico-Científica, órgão de caráter permanente, é unidade administrativa, técnica e de pesquisa que tem por finalidade coordenar e articular ações para a realização de exames periciais criminais e médico-legais, promover estudos e pesquisas inerentes à produção de provas objetivas para o suporte às atividades de investigação criminal, ao exercício da polícia judiciária e ao processo judicial criminal, competindo-lhe:

- gerir, planejar, coordenar, orientar, administrar o funcionamento, dirigir, supervisionar, controlar e avaliar a gestão e a execução do serviço de perícia oficial de natureza criminal no Estado;
- estabelecer técnicas e métodos relativos à perícia técnica e à medicina legal para maior eficiência, eficácia e efetividade dos exames periciais;
- promover a articulação entre o Instituto de Criminalística e o Instituto Médico-Legal, bem como entre os demais órgãos da polícia técnico-científica, no âmbito nacional e internacional;
- propor ao Chefe da PCMG a remoção de Médicos-Legistas e de Peritos Criminais, bem como controlar a distribuição de integrantes das referidas carreiras em unidades da PCMG;
- auxiliar os órgãos da administração superior, de administração e das unidades da PCMG, quanto à medicina legal e à perícia técnica;
- assegurar a autonomia técnica, científica e funcional no exercício da atividade pericial;
- manter intercâmbio com órgãos e instituições relacionadas às áreas técnico-científicas correspondentes;
- divulgar estudos e trabalhos científicos relativos a exames periciais;
- propor a elaboração de convênios com órgãos e instituições congêneres;
- planejar, estabelecer e priorizar as necessidades logísticas e de pessoal para a realização das atividades de perícia técnica e de medicina legal e subsidiar as atividades de suprimento de recursos pela Superintendência de Planejamento, Gestão e Finanças;
- acompanhar e avaliar as atividades desenvolvidas por Peritos Criminais e por Médicos-Legistas, bem como fiscalizar o cumprimento do regime do trabalho policial civil e do regime disciplinar a que estão sujeitos, no que for pertinente.

A Superintendência de Polícia Técnico-Científica será dirigida, alternadamente, por Médico-Legista ou Perito Criminal que esteja em atividade e no último nível da carreira, exigidos, no mínimo, quinze anos de efetivo exercício.

Os Peritos Criminais e os Médicos-Legistas lotados nas Seções Técnicas Regionais de Criminalística, nos Postos de Perícia Integrada e nos Postos Médico-Legais estão subordinados, administrativamente, à Superintendência de Polícia Técnico-Científica, cabendo a esta, ainda:

- o suporte consistente no provimento dos recursos logísticos;
- a avaliação de desempenho operacional de Peritos Criminais e de Médicos-Legistas, em conjunto com os coordenadores das Seções Técnicas Regionais de Criminalística;
- a avaliação de desempenho no cumprimento de normas técnicas pertinentes ao exercício das funções periciais;
- o acompanhamento das atividades desenvolvidas por Peritos Criminais e por Médicos-Legistas;
- a fiscalização a respeito do cumprimento do regime de trabalho a que estão sujeitos os Peritos Criminais e os Médicos-Legistas.

A atribuição prevista no inciso V do § 2º será exercida em conjunto com a chefia de Departamento.

A perícia oficial criminal é constituída pelas carreiras de Médico-Legista e de Perito Criminal, com formação superior específica, detalhada em regulamento.

O Instituto de Criminalística tem por finalidade dirigir, gerir, planejar, orientar, coordenar, avaliar, controlar, fiscalizar e executar as atividades de perícia criminal e assessorar o Superintendente de Polícia Técnico-Científica em assuntos pertinentes à criminalística.

O Instituto Médico-Legal tem por finalidade dirigir, gerir, planejar, orientar, coordenar, avaliar, controlar, fiscalizar e executar as atividades pertinentes às áreas da medicina legal e da odontologia legal, bem como assessorar o Superintendente de Polícia Técnico-Científica nos assuntos correspondentes.

A direção do Instituto Médico-Legal e do Instituto de Criminalística será exercida, respectivamente, por Médico-Legista e por Perito Criminal que estejam em efetivo exercício e no último nível da carreira, por proposta do Superintendente de Polícia Técnico-Cientifica ao Chefe da PCMG.

A chefia dos Postos de Perícia Integrada será exercida por um Perito Criminal ou Médico-Legista, a chefia das Seções Técnicas Regionais de Criminalística, por um Perito Criminal e a chefia dos Postos Médico-Legais, por um Médico-Legista, por proposta do Superintendente de Polícia Técnico-Científica ao Chefe da PCMG.

À Superintendência de Polícia Técnico-Científica será destinada parcela do orçamento total da PCMG compatível e adequada para custear e investir na perícia oficial criminal, sem prejuízo de eventuais recursos oriundos de outras fontes.

No exercício da atividade de perícia oficial criminal, é assegurada autonomia técnica, científica e funcional ao Perito Criminal e ao Médico-Legista, cabendo-lhe a realização de perícias relacionadas à investigação criminal de competência da PCMG, no âmbito de inquéritos policiais, termos circunstanciados de ocorrência, processos, sindicâncias e demais procedimentos administrativos, ficando vinculado operacionalmente ao Delegado responsável pela investigação criminal, na forma do Código de Processo Penal.

Superintendência de planejamento, gestão e finanças

A Superintendência de Planejamento, Gestão e Finanças tem por finalidade coordenar e executar o planejamento logístico, gerenciar o orçamento, a contabilidade e a administração financeira, gerir os recursos materiais e a administração de pessoal, competindo-lhe:

- elaborar a proposta orçamentária da PCMG e acompanhar sua execução financeira, bem como viabilizar a prestação de contas da PCMG;
- coordenar, orientar e executar as atividades de administração e pagamento de pessoal, expedir certidões funcionais, realizar averbações e preparar atos de posse e de aposentadoria;
- controlar o cadastro de pessoal, a lotação e a vacância de cargos da PCMG;
- admitir, organizar, orientar e supervisionar a prestação de serviços terceirizados de apoio administrativo para os órgãos e unidades da PCMG, consistentes nas atividades de conservação, limpeza, segurança e vigilância patrimonial, transportes, copeiragem, reprografia, abastecimento de energia e água, manutenção de instalações e suas dependências;
- guardar e manter controle de bens apreendidos ou arrecadados que não se vinculem a inquérito policial ou termo circunstanciado de ocorrência e realizar os respectivos leilões, inclusive de bens inservíveis para a PCMG, nas hipóteses legais, com a contabilização e destinação dos recursos para manutenção da PCMG;
- coordenar o sistema de administração de material, patrimônio e logística, inclusive adquirir, controlar e prover bens e serviços para órgãos e unidades da PCMG;
- manter a gestão de arquivo e de documentos e atuar na preservação da memória institucional da PCMG;
- prover a atualização, a manutenção e o abastecimento da frota de veículos da PCMG;
- gerenciar a elaboração e celebração dos termos de doação, convênio, contrato e instrumento congênere.

2.3 Estatuto dos policiais civis

2.3.1 Prerrogativas

O policial civil goza das seguintes prerrogativas:

- desempenhar funções correspondentes à condição hierárquica;
- usar privativamente distintivo e documento de identidade funcional, válido em todo território nacional;
- ter porte livre de arma, em todo o território nacional, nos termos de legislação específica;
- ter livre acesso a locais públicos ou particulares sujeitos a intervenção policial, no exercício de suas atribuições, observada a legislação vigente;
- ter prioridade em qualquer serviço de transporte e comunicação, público e privado, quando em serviço de caráter urgente;
- exercer poder de polícia, inclusive a realização de busca pessoal e veicular, no caso de fundadas suspeitas de prática criminosa ou para fins de cumprimento de mandado judicial;
- convocar pessoas para testemunhar diligência policial;
- ter aposentadoria especial, nos termos da lei;
- requisitar, em caso de iminente perigo público, bens ou serviços, públicos ou particulares, em caráter excepcional, quando inviável outro procedimento, assegurada indenização ao proprietário, em caso de dano;
- ser recolhido em prisão especial, à disposição da autoridade competente, quando sujeito a prisão antes e após a condenação definitiva, conforme disposto no Código de Processo Penal e nos termos da Lei federal nº 5.350, de 6 de novembro de 1967;
- receber, no ato de sua primeira designação, munições e colete balístico dentro do prazo de validade, arma de fogo, algemas e distintivo oficial individualizado;
- exercer as funções em instalações que ofereçam condições adequadas de segurança, higiene e saúde.

A carteira de identidade funcional do policial civil consignará as prerrogativas constantes nos incisos III a V do caput .

O Delegado de Polícia, no exercício de sua função, tem ainda as seguintes prerrogativas:

- expedir notificações, mandados policiais e outros atos necessários ao fiel desempenho de suas atribuições;
- ser preso somente por ordem judicial escrita, salvo em flagrante de crime inafiançável, caso em que a autoridade fará, no prazo máximo de vinte e quatro horas, a comunicação e a apresentação do Delegado de Polícia ao Chefe da PCMG;
- requisitar, diretamente, de entidades públicas ou privadas, informações, dados cadastrais, objetos, papéis, documentos, exames e perícias necessários à instrução de inquérito policial e demais procedimentos legais, determinando o prazo para sua apresentação, observadas as disposições legais pertinentes.

O Delegado de Polícia goza de autonomia e independência no exercício das funções de seu cargo.

As funções de polícia judiciária e a apuração de infrações penais exercidas pelo Delegado de Polícia são de natureza jurídica, essenciais e exclusivas de Estado.

O cargo de Delegado de Polícia é privativo de bacharel em direito, devendo-lhe ser dispensado o mesmo tratamento protocolar dado aos magistrados, aos membros da Defensoria Pública e do Ministério Público e aos advogados, nos termos da legislação específica.

O policial civil será afastado do exercício das funções, até decisão final transitada em julgado, quando for preso provisoriamente pela prática de infração penal, sem prejuízo de sua remuneração.

O policial civil em liberdade provisória retornará ao exercício das funções.

No caso de condenação que não implique demissão, o policial civil:

- será afastado a partir da decisão de mérito transitada em julgado até o cumprimento total da pena privativa da liberdade, com direito apenas a um terço de sua remuneração; ou
- perceberá a remuneração integral atribuída ao cargo, quando permitido o exercício da função pela natureza da pena aplicada ou por decisão judicial.

É vedado reter ou descontar vencimentos ou proventos do policial civil em decorrência de processo ou sindicância administrativa enquanto houver a possibilidade de recurso administrativo da decisão.

O afastamento a que se refere o caput compete ao Chefe da PCMG.

2.3.2 Direitos

Direitos dos policiais civis

São direitos do policial civil os expressos na Constituição da República, nesta Lei Complementar e ainda:

- ter respeitado o regime do trabalho policial civil;
- receber instrução e treinamento frequentes a respeito do uso dos equipamentos de proteção individual;
- ter assegurados os direitos da policial civil feminina, relativamente à gestação, amamentação e às exigências de cuidado com filhos menores, nos termos de regulamento;
- ter acesso a serviços de saúde permanentes e de boa qualidade;
- ter acompanhamento e tratamento especializado em caso de lesões ou quando acometido de alto nível de estresse;
- ter acesso à reabilitação e a mecanismos de readaptação na hipótese de traumas, deficiências ou doenças ocupacionais em decorrência da atividade policial;
- ter respeitado seus direitos e garantias fundamentais, tanto no cotidiano como em atividades de formação ou de treinamento;
- ser recolhido somente em unidade prisional própria e especial ou em sala especial da unidade em que sirva, sob a responsabilidade do seu dirigente, quando preso em flagrante delito ou por força de decisão judicial, sendo-lhe defeso exercer atividade funcional ou sair da repartição sem expressa autorização do juízo a cuja disposição se encontre;
- ter a garantia de que todos os atos decisórios de superiores hierárquicos que disponham sobre punições, lotação e remoção sejam motivados e fundamentados;
- receber equipamentos de proteção individual e mobiliários adequados ao tipo de trabalho desenvolvido;
- ter assistência médico-hospitalar na instituição a que se refere o inciso VII do § 1º do art. 17, na forma de regulamento.

Os direitos relacionados à utilização de armas de fogo e de veículos da PCMG durante o curso de habilitação técnico-profissional, ressalvada a finalidade acadêmica, são condicionados à qualificação e ao acompanhamento do policial civil por outro declarado apto e designado para o exercício das funções de seu cargo em unidade da PCMG.

Indenizações e das gratificações

Aos integrantes das carreiras da PCMG serão atribuídas verbas indenizatórias e de gratificação, observados os respectivos critérios e requisitos, em especial:

- ajuda de custo, em caso de remoção ex officio ou designação para serviço ou estudo que importe em alteração do domicílio, no valor de um mês de vencimento do servidor;
- diárias, nos termos de decreto;
- transporte pessoal e de dependentes, em caso de remoção ex officio, compreendidos o cônjuge ou companheiro, os filhos e os enteados;
- gratificação por encargo de curso ou concurso, por hora-aula proferida em cursos, inclusive para atuação em bancas examinadoras de competência da Academia de Polícia Civil, nos termos de decreto;
- auxílio-funeral, mediante a comprovação da execução de despesas com o sepultamento de servidor, no valor de até um mês de vencimento ou provento percebido na data do óbito;
- translado ou remoção quando ferido, acidentado ou falecido em serviço;
- adicional de desempenho, nos termos da legislação em vigor;
- prêmio de produtividade, nos termos da legislação específica;
- décimo terceiro salário, correspondente a um doze avos da remuneração a que fizer jus no mês de dezembro por mês de exercício no respectivo ano;
- adicional de férias regulamentares correspondente a um terço da remuneração do servidor;
- gratificação por risco de contágio, com a amplitude e condições estabelecidas em lei específica;
- indenização securitária para policial civil que for vítima de acidente em serviço que ocasione aposentadoria por invalidez ou morte, no valor de vinte vezes o valor da remuneração mensal percebida na data do acidente, até o limite de 9.993,6041 Ufemgs (nove mil novecentos e noventa e três vírgula seis mil e quarenta e uma Unidades Fiscais do Estado de Minas Gerais);
- - percepção do valor referente à diferença de vencimento entre o seu cargo e aquele para o qual vier a ser designado para fins de substituição, nos termos de decreto;
- auxílio-natalidade, devido pelo nascimento de filho ou adoção, no valor da remuneração percebida pelo servidor na ocasião do nascimento ou da adoção, a ser paga à vista de certidão, admitida uma única percepção no caso de pai e mãe serem dos quadros da PCMG.

Ao policial civil da ativa será assegurado pelo Estado, a título de indenização para aquisição de vestimenta necessária ao desempenho de suas funções, o valor correspondente a 40% (quarenta por cento) do vencimento básico do nível I da carreira de Investigador de Polícia, a ser pago anualmente no mês de abril.

Salvo por imposição legal, ordem judicial ou autorização do servidor, nenhum desconto incidirá sobre os vencimentos, provento ou pensão.

As reposições e indenizações em favor do erário serão descontadas em parcelas mensais de valor não excedente à décima parte dos vencimentos, provento ou pensão, salvo comprovada má-fé, regularmente apurada em processo judicial, que definirá o percentual do desconto.

2.3.3 Remoção

O policial civil só poderá ser removido de um município para outro, com prévia publicação de edital, observada a existência de vaga no quadro de distribuição de pessoal da PCMG e, ainda, excepcionalmente:

- a pedido ou por permuta;
- para acompanhamento de cônjuge ou companheiro com declaração de união estável, se servidor público, em caso de remoção ex officio ;
- por motivo de saúde do policial civil, filhos, cônjuges, companheiros, pais ou irmãos com comprovada dependência financeira, e atestada a necessidade clínica e nos termos de regulamento;
- ex officio, no interesse do serviço policial, comprovada a necessidade, mediante ato motivado e fundamentado;
- por conveniência da disciplina.

As remoções a que se referem os incisos I, II e V do caput não geram direito para o policial civil à percepção de auxílio ou qualquer outra forma de indenização.

O edital a que se refere o caput será publicado na forma e período definidos pelo Conselho Superior da PCMG.

A remoção a que se refere o inciso V do caput não depende de existência de vaga no quadro de distribuição de pessoal da PCMG.

Na hipótese do inciso V do caput, poderá ocorrer, além da remoção, a transferência do policial civil para unidade ou órgão da PCMG diverso daquele em que se encontra lotado, dentro do mesmo município.

A remoção ou transferência de lotação de Delegado de Polícia por conveniência da disciplina somente ocorrerá após a abertura da sindicância ou processo administrativo que observarão a ampla defesa, cabendo seu processamento à Corregedoria-Geral de Polícia Civil, e depois de aprovada a proposta de remoção por maioria simples dos membros do Órgão Especial do Conselho Superior da PCMG, observado o interesse da administração.

É assegurado ao policial civil, quando comprovar não ter sido o autor da infração disciplinar, o direito de revisão do ato de remoção ou transferência, com a consequente percepção dos auxílios correspondentes, nos termos desta Lei Complementar, caso requeira, formalmente, a lotação na unidade de origem.

A remoção de Delegado de Polícia, ex officio, no interesse do serviço policial, depende da existência de vaga no quadro de distribuição de pessoal da PCMG e somente ocorrerá depois de fundamentadas as razões e de aprovada a proposta de remoção por maioria simples dos membros do Órgão Especial do Conselho Superior da PCMG.

A remoção ex officio de policial civil durante o gozo de férias regulamentares, férias-prêmio ou licença para tratamento de saúde somente produzirá efeitos após o término do afastamento.

A licença para tratamento de saúde não impedirá a remoção ex officio, desde que já iniciado o processo disciplinar.

O policial civil poderá ser removido para a unidade de recursos humanos da PCMG em casos de licença, afastamento ou disponibilidade que inviabilizem o exercício pleno das atividades por período superior a cento e oitenta dias.

A distribuição de policial civil no âmbito interno de atuação da unidade policial, no mesmo município em que se encontra em exercício, pode ser determinada pelo seu titular e não implica remoção, desde que formalizada por ato fundamentado.

2.3.4 Regime do trabalho policial civil

Os ocupantes de cargos das carreiras policiais civis sujeitam-se ao regime do trabalho policial civil, que se caracteriza:

- pela prestação de serviço em condições adversas de segurança, cumprimento de jornadas normais e excepcionais, sujeito a plantões noturnos e a convocações a qualquer hora e dia, inclusive durante o repouso semanal e férias, garantidas, em caso de se exceder a carga horária prevista em lei, as compensações devidas;
- pelo dever de imediata atuação, sempre que presenciar a prática de infração penal, independentemente da carga horária semanal de trabalho, do repouso semanal e férias, respeitadas as normas técnicas de segurança;
- pela realização de diligências policiais em qualquer região do Estado ou fora dele.

Na hipótese do inciso II do caput, diante da impossibilidade de atuação decorrente de condições adversas, por exposição a risco desproporcional à incolumidade do policial civil ou de terceiros, deverá aquele acionar apoio para o atendimento do evento.

A prestação de serviço em regime de plantão implica:

- no efetivo exercício das funções do cargo ocupado pelo policial civil em atividades de competência da PCMG;
- no prévio aviso a respeito da escala de plantão que deve ser cumprida pelo policial civil;
- no descanso, imediato e subsequente, pelo período mínimo de doze horas;
- no cumprimento de carga horária semanal de trabalho de quarenta horas;
- compensação financeira ou em dias de folga, nos termos de lei específica a ser encaminhada à Assembleia Legislativa.

O período em trânsito para a realização de diligências policiais em localidade diversa da lotação do policial civil, em qualquer região do Estado ou fora dele, considera-se como tempo efetivamente trabalhado.

2.3.5 Licenças, afastamentos e disponibilidades

Licenças

Conceder-se-á licença:

- para tratamento de saúde;
- por motivo de doença em pessoa da família;
- por motivo de maternidade ou paternidade, guarda ou adoção, nos termos da lei;
- por acidente em serviço;
- para exercer mandato eletivo em diretoria de entidade sindical representativa de carreiras policiais civis, constituída na forma da Constituição do Estado, pelo período do mandato, sendo considerada como de efetivo exercício das funções e sem prejuízo da percepção da remuneração integral do cargo.

A licença para tratamento de saúde será concedida a pedido do policial civil ou ex officio, sem prejuízo dos vencimentos e demais vantagens, sendo indispensável a avaliação médica.

O policial civil licenciado para tratamento de saúde não poderá dedicar-se a qualquer atividade remunerada.

A licença para tratamento de saúde depende de inspeção por junta médica oficial, até para o caso de prorrogação.

A licença concedida dentro do prazo de sessenta dias do término da anterior é considerada prorrogação.

O policial civil que, no curso de doze meses imediatamente anteriores ao requerimento de nova licença, houver se licenciado por período contínuo ou descontínuo de três meses deverá submeter-se à verificação de invalidez.

Declarada a incapacidade definitiva para o serviço, o policial civil será afastado de suas funções e aposentado, ou, se considerado apto, reassumirá o exercício das funções imediatamente ou ao término da licença.

O policial civil acometido de doença grave definida em portaria ministerial ou legislação específica será compulsoriamente licenciado, com vencimento ou remuneração integral e demais vantagens.

Para verificação da doença referida no caput, a inspeção médica será feita obrigatoriamente por uma junta médica oficial, composta de três membros.

A licença será convertida em aposentadoria, antes do prazo estabelecido de dois anos ininterruptos, quando assim opinar a junta médica, por considerar definitiva para o serviço público a invalidez do policial civil.

A licença por motivo de doença em pessoa da família, não renovável no período de doze meses após a sua concessão, será concedida, com vencimentos integrais, pelo prazo máximo de noventa dias, sendo admitida a prorrogação, sem remuneração, por até cento e vinte dias.

A licença a que se refere o caput somente será concedida se a assistência direta do policial civil for indispensável e não puder ser dada simultaneamente com o exercício do cargo.

O requerimento da licença por motivo de doença em pessoa da família deverá ser instruído com laudo expedido por junta médica oficial.

Considera-se, para o efeito deste artigo, como pessoa da família, pais, filhos, cônjuge ou companheiro com declaração de união estável, para a qual seja indispensável a assistência pessoal do policial civil e esta não possa ser prestada simultaneamente com o exercício de suas funções.

Será concedida licença por acidente em serviço, sem prejuízo dos vencimentos e vantagens inerentes ao exercício do cargo, pelo prazo máximo de dois anos, observado o seguinte:

- configura acidente em serviço o dano físico ou mental que se relacione, mediata ou imediatamente, com as funções exercidas;
- equipara-se ao acidente em serviço o dano decorrente de agressão sofrida no exercício funcional, bem como o dano sofrido em trânsito a ele pertinente;
- caso o acidentado em serviço necessite de tratamento especializado comprovadamente não disponível em instituição pública, poderá ter tratamento em instituição privada à conta de recursos da PCMG, desde que recomendado por junta médica oficial;
- a prova do acidente deverá ser feita no prazo de trinta dias contado de sua ocorrência, prorrogável quando as circunstâncias o exigirem, na forma de regulamento.

Aplicam-se à licença por acidente em serviço as disposições pertinentes à licença para tratamento de saúde.

Afastamentos e das disponibilidades

Sem prejuízo da remuneração, o policial civil poderá afastar-se de suas funções, por oito dias consecutivos, por motivo de:

- casamento;
- falecimento de cônjuge ou companheiro, ascendente, descendente, ou irmão.

No caso do inciso I do caput, o policial civil comunicará seu afastamento, com antecedência, ao Delegado de Polícia ou ao titular da unidade a que esteja subordinado.

O Chefe da PCMG poderá conceder afastamento ao policial civil, sem prejuízo da remuneração:

- para frequentar cursos relacionados com o exercício das funções do cargo ocupado pelo policial civil, pelo prazo de três meses, prorrogável até o máximo de três meses;
- para participar de congressos, seminários ou encontros relacionados com o exercício da função, pelo prazo estabelecido no ato que o autorizar § 1º O afastamento a que se refere o inciso I do caput não será concedido ao policial civil em estágio probatório ou que esteja submetido a sindicância ou processo administrativo disciplinar.

O afastamento previsto nos incisos I e II do caput obriga ao atendimento dos interesses institucionais, à apresentação de relatório circunstanciado e certificados que comprovem as atividades desenvolvidas.

O policial civil que não comprovar o aproveitamento da atividade desempenhada, na forma do § 2º, nos trinta dias subsequentes ao seu término, perderá o direito de computar o tempo de afastamento como tempo de serviço.

O policial civil que tenha se afastado das funções para estudo, especialização ou aperfeiçoamento, sem prejuízo da remuneração ou com ônus para a PCMG, ficará obrigado a prestar serviços pelo menos por mais três anos após o período do afastamento ou a ressarcir o Estado da importância despendida, inclusive com o custeio da viagem, em conformidade com o disposto em regulamento.

Na hipótese de afastamento para participar de curso, congresso ou seminário no exterior ou para frequentar curso no País em prazo superior a seis meses, o policial civil dependerá de autorização do Governador do Estado.

O policial civil afastado não pode exercer nenhuma de suas funções, ou outra, pública ou particular, diversa da que motivou o ato, sob pena de cassação do ato de afastamento e do imediato retorno às atividades.

O policial civil poderá, ainda, afastar-se das funções do cargo para:

- exercer cargo público eletivo;
- concorrer a cargo público eletivo;
- exercer cargo:
- de Secretário de Estado, de Secretário Adjunto ou de Subsecretário na Secretaria de Estado de Defesa Social ou cargos correspondentes na Controladoria-Geral do Estado;
- de direção da Polícia Federal;
- de Ministro de Estado;
- de direção da Agência Brasileira de Informação - Abin;
- tratar de interesses particulares, pelo prazo máximo de dois anos.

Não será concedido, nas hipóteses previstas nos incisos III e IV do caput, o afastamento de policial civil submetido a processo administrativo disciplinar, que esteja em estágio probatório ou que reúna as condições previstas para aposentadoria.

O estágio probatório será interrompido nas hipóteses de afastamento previstas nos incisos I e II do caput .

Na hipótese de afastamento prevista no inciso III do caput, o policial civil deverá optar pela percepção dos vencimentos e vantagens de uma das funções públicas exercidas.

O afastamento previsto no inciso IV do caput não será considerado como efetivo exercício e dar-se-á sem vencimentos e vantagens.

O afastamento do policial civil para concorrer a cargo público eletivo dar-se-á sem prejuízo da percepção de vencimentos e vantagens, na forma da Lei Complementar federal nº 64, de 18 de maio de 1990.

Na hipótese do exercício de mandato eletivo, o policial civil não poderá exercer, no âmbito da PCMG, cargos de direção, chefia, assessoramento e coordenação, observado o disposto no inciso IX do art. 29 e no art. 38 da Constituição da República.

2.3.6 Aposentadoria, proventos e pensão especial

Aposentadoria

O policial civil será aposentado:

- compulsoriamente;
- voluntariamente;
- por invalidez.

A aposentadoria compulsória do policial civil ocorre aos setenta anos de idade, nos termos da Constituição da República.

É adotado regime especial de aposentadoria, nos termos dos incisos II e III do § 4º do art. 40 da Constituição da República, para o policial civil, cujo exercício é considerado atividade de risco.

A aposentadoria por invalidez será sempre precedida de licença por período não excedente a dois anos, salvo quando o laudo médico concluir, anteriormente àquele prazo, pela incapacidade definitiva para o serviço.

O policial civil será aposentado voluntariamente, independentemente da idade:

- se homem, após trinta anos de contribuição, desde que conte, pelo menos, vinte anos de efetivo exercício nos cargos das carreiras a que se refere o art. 76;
- se mulher:

- após trinta anos de contribuição, desde que conte, pelo menos, vinte anos de efetivo exercício nos cargos das carreiras a que se refere o art. 76;
- após vinte e cinco anos de contribuição e de efetivo exercício nos cargos das carreiras a que se refere o art. 76.

Considera-se no efetivo exercício dos cargos das carreiras a que se refere o art. 76 a execução de funções de cargo comissionado da PCMG para o qual tenha sido nomeado ou designado o policial civil.

Para a obtenção do prazo mínimo de efetivo exercício nos cargos das carreiras policiais civis, poderá ser considerado o tempo de serviço prestado como militar integrante dos quadros da Polícia Militar e do Corpo de Bombeiros Militar do Estado de Minas Gerais, bem como de instituições congêneres de outros estados da Federação.

Proventos

O policial civil, ao ser aposentado, perceberá provento:

- integral:
- se contar com tempo para a aposentadoria especial;
- se for julgado, mediante laudo de junta médica oficial, incapaz para o desempenho de suas atividades, em decorrência de acidente no serviço ou por moléstia profissional ou alienação mental, artrite reumatoide, lúpus eritematoso disseminado (sistêmico), pênfigo foliáceo, cegueira, estados avançados da doença de Paget (osteíte deformante), paralisia irreversível e incapacitante, cardiopatia grave, esclerose múltipla, hanseníase, tuberculose ativa, nefropatia grave, contaminação por radiação, síndrome de imunodeficiência adquirida, fibrose cística (mucoviscidose), doença de Parkinson, neoplasia maligna, espondilartrose ancilosante, hepatopatia grave ou doença que o invalide inteiramente, qualquer que seja o tempo de serviço;
- proporcional, à razão de tantas quotas de 1/30 (um trinta avos) do vencimento básico quantos forem os anos de serviço, nos demais casos.

Ao policial civil aposentado em razão de invalidez permanente, considerado incapaz para o exercício de serviço de natureza policial civil, em consequência de acidente no desempenho de suas funções ou de ato por ele praticado no cumprimento do dever profissional, é assegurado o pagamento mensal de auxílio-invalidez, de valor igual à remuneração de igual nível, incorporado ao seu provento para todos os fins.

O provento integral a que se refere o inciso I do caput corresponderá à totalidade da remuneração do cargo efetivo em que se deu a aposentadoria e será reajustado, na mesma data e em idêntico percentual, sempre que se modificar, a qualquer título, a remuneração dos policiais civis em atividade, sendo estendido ao policial civil aposentado todo benefício ou vantagem posteriormente atribuídos ao cargo ou função em que se deu a aposentadoria, inclusive os decorrentes de transformação ou reclassificação do cargo ou função em que se deu a aposentadoria, nos termos da Constituição da República.

Pensão especial

À família do policial civil que falecer em consequência de acidente no desempenho de suas funções ou de ato por ele praticado no estrito cumprimento do dever é assegurada pensão especial, que não poderá ser inferior ao vencimento e demais vantagens que percebia à época do evento.

A pensão especial de que trata o caput será reajustada nas mesmas bases do reajustamento que for concedido à remuneração do cargo equivalente.

Disposições relativas à concessão de pensão especial e seus beneficiários serão tratadas em lei específica.

2.4 Carreiras policiais civis

2.4.1 Disposições gerais

As carreiras policiais civis são as seguintes:

- Delegado de Polícia;
- Escrivão de Polícia;
- Investigador de Polícia;
- Médico-Legista;
- Perito Criminal.

Integram ainda o quadro de pessoal da PCMG as carreiras administrativas, instituídas na forma de lei específica.

A estrutura das carreiras de que trata o art. 76 e o número de cargos de cada uma delas são os constantes no Anexo I desta Lei Complementar.

Para os efeitos desta Lei Complementar, considera-se:

- carreira o conjunto de cargos de provimento efetivo agrupados segundo sua natureza e complexidade e estruturados em níveis e graus, escalonados em função do grau de responsabilidade e das atribuições da carreira;
- cargo de provimento efetivo a unidade de ocupação funcional do quadro de pessoal privativa de servidor público aprovado em concurso, com criação, remuneração e quantitativo definidos em lei ordinária, e, ainda, com atribuições, responsabilidades, direitos e deveres de natureza estatutária estabelecidos em Lei Complementar;
- quadro de pessoal o conjunto de cargos de provimento efetivo e de provimento em comissão de órgão ou de entidade;
- nível a posição do servidor no escalonamento vertical dentro da mesma carreira, contendo cargos escalonados em graus, com os mesmos requisitos de capacitação e mesma natureza, complexidade, atribuições e responsabilidades;
- grau a posição do servidor no escalonamento horizontal no mesmo nível de determinada carreira.

As atribuições dos cargos de provimento efetivo que integram as carreiras policiais civis são essenciais, próprias e típicas de Estado, têm natureza especial e caráter técnico-científico-jurídico para a carreira de Delegado de Polícia e caráter técnico-científico para as demais, derivados da aplicação dos conhecimentos das ciências humanas, sociais e naturalísticas, na forma da Constituição da República.

Ao policial civil são conferidas, além das atribuições específicas de seus cargos estipuladas no Anexo II desta Lei Complementar, as funções de polícia judiciária e de investigação criminal para o estabelecimento das causas, circunstâncias, motivos, autoria e materialidade das infrações penais, administrativas e disciplinares, inclusive os atos de formalização em inquérito policial, termo circunstanciado de ocorrência, laudos periciais ou outros procedimentos, instrumentos e atos oficiais, incumbindo-lhe ainda:

- realizar busca pessoal e veicular, no caso de fundada suspeita de prática de infração penal ou de cumprimento de mandados, bem como efetuar prisões;
- exercer atividades relativas à gestão científica de dados, de inteligência, de informações e de conhecimentos pertinentes à atividade investigativa;
- desenvolver conteúdo pedagógico e disseminar conhecimentos em cursos realizados pela Academia de Polícia Civil;

- operar os sistemas corporativos, registrar informações, elaborar estudos de suporte a decisão, bem como alimentar os programas e as fontes de informações de sua unidade, mantendo-os atualizados, na forma designada;
- exercer funções pertinentes à identificação civil e criminal e ao registro e licenciamento de veículo automotor e à habilitação de condutor;
- cumprir, fazer cumprir e executar as determinações e diretrizes superiores e atividades de competência da unidade em que tenha exercício para o cumprimento das funções da PCMG;
- sistematizar elementos e informações para fins de apuração das infrações penais, administrativas e disciplinares;
- formalizar relatórios sobre os resultados das ações policiais civis, diligências e providências adotadas no curso das investigações;
- conduzir, no exercício da função policial civil, veículos oficiais, inclusive aeronaves e embarcações, para os quais esteja habilitado;
- atuar no desenvolvimento e no aperfeiçoamento das técnicas de trabalho;
- observar os prazos e formas estabelecidos para a elaboração e entrega de documentos oficiais produzidos em decorrência de suas atribuições, justificando formalmente os casos de impossibilidade;
- realizar a proteção, a guarda e o registro formal da movimentação cronológica de procedimentos, documentos, substâncias, objetos, bens e valores arrecadados ou apreendidos, mediante recibo, durante o período em que com eles permanecer;
- colaborar com o fornecimento de dados e informações para a realização de estatísticas da unidade policial, na redação de ofícios e expedientes de interesse administrativo e no controle, arquivamento e organização de folhas e atestados de frequência, documentos e formulários do respectivo setor.

Para o desempenho de suas funções, o Delegado de Polícia disporá dos serviços e recursos técnico-científicos da PCMG e dos servidores e policiais civis a ele subordinados, podendo requisitar, observadas as limitações legais, quando necessário, o auxílio de unidades e órgãos do Poder Executivo.

A coleta de vestígios em locais de crime compete, com primazia, ao Perito Criminal, assegurada a máxima preservação por parte daqueles que primeiro chegarem ao local, o qual, depois de liberado, sujeita-se à análise dos Investigadores de Polícia para a obtenção de outros elementos que possam subsidiar a investigação criminal.

O exercício das atribuições dos cargos das carreiras a que se refere o art. 76 é incompatível com qualquer outra atividade, com exceção daquelas previstas na legislação.

Os cargos das carreiras a que se refere o art. 76 são lotados no quadro de pessoal da PCMG.

São vedadas a mudança de lotação dos cargos das carreiras a que se refere o art. 76 e a transferência de seus ocupantes para os demais órgãos e entidades da administração pública.

As carreiras policiais civis obedecem à ordem hierárquica estabelecida entre os níveis que as compõem, mantido o poder hierárquico e disciplinar do Delegado de Polícia, nos termos do art. 139 da Constituição do Estado, ressalvado aquele exercido pelos titulares de unidades na esfera da Superintendência de Polícia Técnico-Científica, do Instituto Médico-Legal, do Instituto de Criminalística e do Hospital da Polícia Civil.

A hierarquia e a disciplina são valores de integração e otimização das atribuições dos cargos e competências organizacionais pertinentes às atividades da PCMG e objetivam assegurar a unidade técnico-científica da investigação criminal.

A hierarquia constitui instrumento de controle e eficácia dos atos operacionais, com a finalidade de sustentar a disciplina e a ética e de desenvolver o espírito de mútua cooperação em ambiente de estima, harmonia, confiança e respeito.

A disciplina norteia o exercício efetivo das atribuições funcionais em face das disposições legais e das determinações fundamentadas e emanadas da autoridade competente, estimulando a cooperação, o planejamento sistêmico, a troca de informações, o compartilhamento de experiências e a desburocratização das atividades policiais civis.

O regime hierárquico não autoriza imposições sobre o convencimento do policial civil, desde que devidamente fundamentado, ficando garantida sua autonomia nas respostas às requisições.

Para fins de elaboração da política de remuneração das carreiras a que se refere o art. 76, o princípio da hierarquia será gradativamente aplicado.

Não há subordinação hierárquica entre o Escrivão de Polícia, o Investigador de Polícia, o Médico-Legista e o Perito Criminal.

A carga horária semanal de trabalho dos policiais civis é de quarenta horas, vedado o cumprimento de jornada diária superior a oito horas e em regime de plantão superior a doze horas ininterruptas, salvo, em caráter excepcional, para a conclusão de determinada atividade policial civil.

O Chefe da PCMG, mediante aprovação do Conselho Superior da PCMG poderá estabelecer regras complementares para cumprimento da jornada de trabalho dos policiais civis.

O funcionamento do plantão de Delegacias de Polícia Civil ocorrerá no período noturno, finais de semana e feriados, nos termos de instrução do Conselho Superior da PCMG.

Aplica-se o disposto neste artigo aos servidores da PCMG que, na data da publicação desta Lei Complementar, forem detentores de função pública.

2.4.2 Ingresso

O ingresso nas carreiras a que refere o art. 76 depende de aprovação em concurso público de provas e títulos, e dar-se-á no primeiro grau do nível inicial da carreira.

Caberá privativamente à Academia de Polícia Civil a realização:

- na forma do edital, do concurso público a que se refere o caput, admitida a terceirização, no todo ou em parte, sob supervisão da Academia da Polícia Civil;
- nas condições estabelecidas em regulamento, do curso de formação técnico-profissional.

O candidato aprovado nas etapas a que se refere o caput do art. 84 será, depois da nomeação e posse, matriculado automaticamente no curso de formação técnico-profissional, fazendo jus à percepção do valor correspondente à remuneração atribuída ao primeiro grau do nível inicial da carreira para a qual tenha se candidatado.

O concurso público para ingresso em cargo das carreiras policiais civis é constituído das seguintes etapas:

- provas e títulos;
- exame psicotécnico para avaliar os aspectos de cognição, aptidões específicas e características de personalidade adequadas para o exercício do cargo pretendido;
- exames biomédicos para aferir a higidez física e mental;
- exames biofísicos, por testes físicos específicos, para apurar as condições para o exercício profissional e a existência de deficiência física que o incapacite para o exercício da função;

- investigação social para verificar a idoneidade do candidato, sob os aspectos moral, social e criminal.

As etapas previstas nos incisos II a V do caput, de caráter eliminatório, serão realizadas para os aprovados na etapa prevista no inciso I.

A etapa a que se refere o inciso I do caput, de caráter eliminatório e classificatório, poderá ser constituída de prova objetiva de múltipla escolha, prova escrita discursiva e títulos para todos os cargos, além de prova oral para o cargo de Delegado de Polícia e de digitação para Escrivão de Polícia, devendo ser satisfeitos os demais requisitos e exigências estabelecidos em regulamento e no edital do concurso.

As regras do concurso serão publicadas em edital, que deverá conter:

- o número de vagas existentes;
- as matérias sobre as quais versarão as provas e os respectivos programas;
- o desempenho mínimo exigido para aprovação nas provas;
- os critérios de avaliação dos títulos;
- o caráter eliminatório e classificatório de cada etapa do concurso;
- os requisitos para a inscrição, com exigência mínima de comprovação pelo candidato:
- da escolaridade exigida para a nomeação;
- de estar no gozo dos direitos políticos;
- de estar em dia com as obrigações militares, se do sexo masculino.

O concurso para ingresso na carreira de Delegado de Polícia far-se-á, nas provas de conhecimento, com a participação da Ordem dos Advogados do Brasil.

O ingresso em cargo das carreiras a que se refere o art. 76, a realizar-se conforme o disposto no art. 83, depende da comprovação de habilitação mínima em nível superior:

- correspondente a graduação em direito, para ingresso na carreira de Delegado de Polícia;
- correspondente a graduação em medicina, para ingresso na carreira de Médico-Legista;
- conforme definido no edital do concurso público, para ingresso nas carreiras de Escrivão de Polícia, de Investigador de Polícia e de Perito Criminal.

Para fins do disposto nesta Lei Complementar, considera-se nível superior a formação em educação superior, que compreende curso ou programa de graduação, na forma da Lei de Diretrizes e Bases da Educação.

Constitui motivo para a exclusão do candidato, durante o concurso, a verificação das seguintes ocorrências, mediante investigação social, assegurada ampla defesa:

- a constatação de incapacidade moral, física ou inaptidão para o cargo almejado;
- o envolvimento em fato que o comprometa moral ou profissionalmente;
- o registro de antecedentes criminais, a demissão de outra instituição policial, bem como a omissão desses dados na ficha de informações destinada à investigação social.

2.4.3 Estágio probatório

O policial civil submeter-se-á a estágio probatório, pelo prazo de três anos, a partir do ato da posse, durante o qual será avaliada, em caráter permanente, sua aptidão para fins de declaração de estabilidade na carreira.

Na avaliação a que se refere o caput, serão observados, entre outros critérios estabelecidos em regulamento:

- idoneidade moral;
- conduta compatível com as atribuições do cargo;
- dedicação no cumprimento dos deveres e das atribuições do cargo;
- eficiência, pontualidade, assiduidade e comprometimento no desempenho de suas atribuições;
- presteza e segurança na atuação profissional;
- referências em razão da atuação funcional;
- publicação de livros, teses, estudos e artigos, premiação, concessões de comendas, títulos e condecorações;
- contribuição para a melhoria dos serviços da instituição;
- integração comunitária no que estiver afeto às atribuições do cargo;
- frequência e a avaliação em cursos promovidos pela PCMG.

O policial civil, no período do estágio probatório, será avaliado por comissão de acompanhamento e avaliação especial de desempenho composta por policiais civis estáveis, instituída por ato do Chefe da PCMG.

A comissão a que se refere o caput será composta:

- para a carreira a que se refere o inciso I do art. 76, por um Delegado de Polícia da Corregedoria-Geral de Polícia Civil, por um Delegado de Polícia da Superintendência de Investigação e Polícia Judiciária e por um Delegado de Polícia da Academia de Polícia Civil;
- para as carreiras a que se referem os incisos II a V do art. 76, por um Delegado de Polícia da Corregedoria-Geral de Polícia Civil, por um Delegado de Polícia da Superintendência de Investigação e Polícia Judiciária, por um Delegado de Polícia da Academia de Polícia Civil e por um ocupante da carreira do policial civil, de nível da carreira superior àquele em que estiver posicionado o servidor avaliado.

A permanência na carreira e a estabilidade do policial civil serão deliberadas pelo Conselho Superior da PCMG.

O Corregedor-Geral de Polícia Civil poderá, a qualquer tempo do estágio probatório, ex officio ou mediante provocação, impugnar, fundamentadamente, a permanência do policial civil no cargo efetivo de carreira para o qual foi nomeado.

Fica suspenso, até o definitivo julgamento da impugnação a que se refere o caput, o período de estágio probatório do policial civil.

O Corregedor-Geral de Polícia Civil, em até noventa dias antes do término do estágio probatório, apresentará ao Conselho Superior da PCMG parecer sobre a homologação de estágio probatório de policial civil.

A proposta de homologação de estágio probatório implica a expedição da declaração de estabilidade do policial civil.

Quando o Conselho Superior da PCMG decidir, em caráter definitivo, pela maioria simples de seus membros, pela não homologação do estágio probatório do policial civil no cargo efetivo para o qual foi nomeado, o Chefe da PCMG proporá a sua exoneração, mediante conclusão de processo administrativo próprio, assegurados o contraditório e a ampla defesa.

Ao Chefe da PCMG compete o ato declaratório de estabilidade, no qual constará a nova condição do policial civil para o desenvolvimento na carreira.

2.4.4 Desenvolvimento na carreira

O desenvolvimento do policial civil nas carreiras a que se refere o art. 76 dar-se-á mediante progressão ou promoção.

Decreto disporá sobre as regras de desenvolvimento do policial civil nas carreiras a que se refere o art. 76, observados os requisitos estabelecidos nesta Lei Complementar.

Progressão é a passagem do policial civil do grau em que se encontra para o grau subsequente, no mesmo nível da carreira a que pertence.

A progressão do policial civil posicionado até o penúltimo nível hierárquico da carreira está condicionada ao preenchimento dos seguintes requisitos:

- encontrar-se em efetivo exercício;
- ter cumprido o interstício mínimo de um ano de efetivo exercício no mesmo grau;
- ter recebido avaliação periódica de desempenho individual satisfatória durante o período aquisitivo, nos termos do § 3º do art. 31 da Constituição do Estado.

A progressão do policial civil do grau "A" do último nível hierárquico da carreira para o grau subsequente está condicionada ao preenchimento dos seguintes requisitos:

- ter cumprido os requisitos para a aposentadoria especial, a que se refere o § 2º do art. 71;
- ter cumprido um ano de efetivo exercício no último nível hierárquico da carreira a que pertence;
- ter recebido avaliação periódica de desempenho individual satisfatória no último nível hierárquico da carreira a que pertence;
- ter requerido a aposentadoria, em caráter irretratável, e ter se beneficiado da faculdade prevista no § 24 do art. 36 da Constituição do Estado.

Promoção é a passagem do policial civil do nível em que se encontra para o nível subsequente, na carreira a que pertence.

A promoção dar-se-á:

- por antiguidade, conforme os seguintes critérios:
- especial;
- aposentadoria;
- por merecimento, conforme os seguintes critérios:
- mérito profissional;
- por ato de bravura;
- por invalidez;
- post mortem .

A promoção pelos critérios alternados de antiguidade e merecimento ocorrerá, anualmente, nos meses de junho e dezembro, na forma de regulamento.

Os períodos previstos no § 2º podem se aplicar para a promoção por ato de bravura e para a promoção especial.

As promoções por invalidez, post mortem e por aposentadoria poderão ocorrer em qualquer época do ano e independem da existência de vagas.

Fará jus à promoção por merecimento e por antiguidade o policial civil que atender às exigências estabelecidas em regulamento e preencher os seguintes requisitos:

- encontrar-se em efetivo exercício;
- ter cumprido o interstício mínimo de dois anos de efetivo exercício no mesmo nível;
- ter recebido no mínimo duas avaliações periódicas de desempenho individual satisfatórias desde a sua promoção anterior, nos termos das normas legais pertinentes e do § 3º do art. 31 da Constituição do Estado;
- comprovar participação e aprovação em atividades de aperfeiçoamento;
- comprovar a escolaridade mínima exigida para o nível ao qual pretende ser promovido.

A promoção por merecimento observará, além do previsto no § 5º, critérios objetivos que levem em conta desempenho e capacitação profissional, os quais serão regulamentados por decreto.

O limite de vagas por nível para a promoção nas carreiras de Delegado de Polícia, de Médico-Legista e de Perito Criminal é o constante no Anexo I desta Lei Complementar.

O limite de vagas por nível para a promoção nas carreiras de Escrivão de Polícia e de Investigador de Polícia será definido na forma de decreto.

O posicionamento do policial civil no nível para o qual for promovido dar-se-á no primeiro grau cujo vencimento básico seja superior ao percebido pelo policial civil no momento da promoção, ressalvada a promoção para o último nível, cujo posicionamento ocorrerá no grau "A", garantida a irredutibilidade remuneratória, nos termos da Constituição da República.

O Delegado de Polícia será promovido de Delegado de Polícia Substituto para Delegado de Polícia Titular "A" após a publicação da declaração de estabilidade.

Farão jus a promoção especial, a que se refere a alínea "a" do inciso I do § 1º do art. 94, o Escrivão de Polícia e o Investigador de Polícia que preencherem os seguintes requisitos:

- estar em efetivo exercício;
- ter permanecido no mesmo nível da respectiva carreira pelo prazo de oito anos de efetivo exercício;
- ter obtido resultado satisfatório nas avaliações de desempenho individual durante o período aquisitivo, nos termos do § 3º do art. 31 da Constituição do Estado;
- comprovar participação e aprovação em atividades de aperfeiçoamento.

Após a conclusão do estágio probatório, o policial civil considerado apto será posicionado no grau "D" do nível de ingresso na carreira, ressalvado o disposto no art. 95.

A contagem do prazo para fins da segunda promoção terá início após a conclusão e homologação do estágio probatório, desde que o policial civil tenha sido aprovado.

Perderá o direito à progressão e à promoção o policial civil que, no período aquisitivo:

- sofrer punição disciplinar em que seja suspenso por trinta dias ou mais;
- afastar-se das funções específicas de seu cargo, excetuados os casos previstos como de efetivo exercício nas normas estatutárias vigentes e em legislação específica.

É assegurado ao policial civil absolvido em processo administrativo ou reabilitado o direito de computar o tempo de suspensão a que se refere o inciso I do caput como período aquisitivo para fins de progressão e de promoção.

Na hipótese prevista no inciso II do caput, o afastamento ensejará a suspensão do período aquisitivo para fins de promoção e progressão, contando-se, para tais fins, o período anterior ao afastamento, desde que tenha sido concluída a respectiva avaliação periódica de desempenho individual.

As promoções previstas no § 1º do art. 94 terão requisitos definidos na forma de decreto.

Para desempate no processo de promoção, serão apurados, sucessivamente:

- a maior média de resultados obtidos nas avaliações de desempenho no respectivo período aquisitivo;
- o maior tempo de serviço no nível;
- o maior tempo de serviço na carreira;
- o maior tempo no serviço público estadual;
- o maior tempo em serviço público;
- o policial civil de maior idade.

As atividades acadêmicas para o desenvolvimento do policial civil na carreira serão promovidas pela Academia de Polícia Civil ou qualquer outra instituição de ensino reconhecida pelo Ministério da Educação.

2.4.5 Adicional de desempenho

O Adicional de Desempenho - ADE - constitui vantagem remuneratória concedida mensalmente ao policial civil que tenha ingressado no serviço público após a publicação da Emenda à Constituição nº 57, de 15 de julho de 2003, ou que tenha feito a opção prevista no art. 115 do Ato das Disposições Constitucionais Transitórias da Constituição do Estado e que cumprir os requisitos estabelecidos nesta Lei Complementar.

O valor do ADE será determinado a cada ano, levando-se em conta o número de avaliações de desempenho individual - ADIs - e de avaliações especiais de desempenho - AEDs - satisfatórias obtidas pelo policial civil.

A ADI e a AED serão realizadas em conformidade com instrução do Conselho Superior da PCMG.

O policial civil da ativa que fizer a opção a que se refere o caput fará jus ao ADE a partir do exercício subsequente, desde que obtenha resultado satisfatório na ADI realizada no ano em que manifestar a referida opção.

A partir da data da opção pelo ADE, não serão concedidas novas vantagens por tempo de serviço ao policial civil, asseguradas aquelas já concedidas.

O somatório de percentuais de ADE e de adicionais por tempo de serviço, na forma de quinquênio ou trintenário, não poderá exceder a 90% (noventa por cento) do vencimento básico do policial civil.

O policial civil poderá utilizar, para fins de aquisição do ADE, o período anterior à sua opção por esse adicional, que será considerado de resultado satisfatório, salvo o período já computado para obtenção de adicional por tempo de serviço na forma de quinquênio.

São requisitos para a obtenção do ADE:

- a conclusão do estágio probatório pelo policial civil;
- ter obtido resultado satisfatório na ADI ou na AED.

Para fins do disposto no inciso II do caput, considera-se satisfatório o resultado igual ou superior a 70% (setenta por cento).

O período anual considerado para a AED terá início no dia e no mês do ingresso do policial na PCMG.

Na ADI e na AED, será considerado fator de avaliação, para concessão do ADE, o aproveitamento em curso profissional realizado pela Academia de Polícia Civil.

A regulamentação da ADI e da AED, no que se refere ao disposto no § 3º, será efetivada por instrução do Conselho Superior da PCMG.

Os valores máximos do ADE correspondem a um percentual do vencimento básico do policial civil, estabelecido conforme o número de AEDs e ADIs com resultado satisfatório por ele obtido, assim definidos:

- **para três AEDs e ADIs com resultado satisfatório:** 6% (seis por cento);
- **para cinco AEDs e ADIs com resultado satisfatório:** 10% (dez por cento);
- **para dez AEDs e ADIs com resultado satisfatório:** 20% (vinte por cento);
- **para quinze AEDs e ADIs com resultado satisfatório:** 30% (trinta por cento);
- **para vinte AEDs e ADIs com resultado satisfatório:** 40% (quarenta por cento);
- **para vinte e cinco AEDs e ADIs com resultado satisfatório:** 50% (cinquenta por cento);
- **para trinta AEDs e ADIs com resultado satisfatório:** 60% (sessenta por cento).

O policial civil que fizer jus à percepção do ADE continuará percebendo o adicional no percentual adquirido até atingir o número necessário de AEDs e ADIs com resultado satisfatório para alcançar o nível subsequente definido nos incisos do caput .

O valor do ADE não será cumulativo, devendo o percentual apurado a cada nível substituir o percentual anteriormente percebido pelo policial civil.

O policial civil que não for avaliado, por estar totalmente afastado de suas atividades por mais de cento e vinte dias, devido a problemas de saúde, terá o resultado de sua AED ou ADI fixado em 70% (setenta por cento), enquanto perdurar essa situação.

Se o afastamento previsto no § 3º for decorrente de acidente de serviço ou de doença profissional, o policial civil estável permanecerá com o resultado da sua última AED ou ADI, se este for superior a 70% (setenta por cento).

Ao policial civil submetido a readaptação de função, a outras restrições decorrentes de problemas de saúde, ou que tenha sofrido acidente no exercício de suas atividades, serão asseguradas, pelo Chefe da PCMG, condições especiais para a realização da AED e da ADI, observadas suas limitações.

O policial civil afastado do exercício de suas funções por mais de cento e vinte dias, contínuos ou não, durante o período considerado para a AED e para a ADI não será avaliado, quando o afastamento for devido a:

- licença para tratar de interesse particular, sem vencimento;
- ausência, conforme a legislação civil;
- privação ou suspensão de exercício de cargo ou função, nos casos previstos em lei;
- cumprimento de sentença penal ou de prisão judicial, sem o exercício das funções;
- exercício temporário de cargo público de outra esfera de governo.

O ADE será incorporado aos proventos do policial civil quando de sua aposentadoria, em valor correspondente a um percentual de seu vencimento básico, estabelecido conforme o número de avaliações de desempenho com resultado satisfatório por ele obtido, respeitados os seguintes percentuais máximos:

- **para trinta ADIs e AEDs com resultado satisfatório:** até 70% (setenta por cento);
- **para vinte e nove ADIs e AEDs com resultado satisfatório:** até 66% (sessenta e seis por cento);
- **para vinte e oito ADIs e AEDs com resultado satisfatório:** até 62% (sessenta e dois por cento);
- **para vinte e sete ADIs e AEDs com resultado satisfatório:** até 58% (cinquenta e oito por cento);

- **para vinte e seis ADIs e AEDs com resultado satisfatório:** até 54% (cinquenta e quatro por cento).

O valor do ADE a ser incorporado aos proventos do policial civil será calculado por meio da multiplicação do percentual definido nos incisos I a V do caput pela centésima parte do resultado da média aritmética simples dos resultados satisfatórios obtidos nas ADIs e AEDs durante a carreira.

Para fins de incorporação aos proventos do policial civil que não alcançar o número de resultados satisfatórios definido nos incisos do caput, o valor do ADE será calculado pela média aritmética das últimas sessenta parcelas do ADE percebidas anteriormente à sua aposentadoria ou à instituição da pensão.

2.5 Disposições finais

O policial civil que tiver sido designado para a função de Delegado Especial de Polícia, atendida, então, a condição de bacharel em direito, e que, na data de publicação desta Lei Complementar, fizer jus à percepção de vantagem pessoal equivalente à diferença entre o vencimento básico do cargo de Delegado de Polícia Substituto e o vencimento básico do cargo efetivo por ele ocupado, acrescido dos adicionais por tempo de serviço, terá esse valor incorporado aos proventos.

Estende-se ao policial civil aposentado o direito de incorporação de que trata o caput, desde que tenha percebido a vantagem pessoal durante a atividade, na condição descrita.

Para fins do disposto neste artigo, o policial civil da ativa ou aposentado será identificado em decreto.

O quantitativo de cargos das carreiras a que se refere o art. 76 correspondentes à função pública a que se refere a Lei nº 10.254, de 20 de julho de 1990, cujos detentores foram efetivados em decorrência do disposto nos arts. 105 e 106 do Ato das Disposições Constitucionais Transitórias da Constituição do Estado, bem como os não efetivados que foram posicionados nas estruturas das carreiras a que se refere o art. 76, é o constante no Anexo III desta Lei Complementar.

Os cargos de provimento em comissão e as funções de confiança da estrutura da PCMG, ressalvados os cargos de Chefe da PCMG e Chefe Adjunto da PCMG, são privativos de policiais civis que não tenham excedido em cinco anos o tempo exigido para a aposentadoria voluntária.

Os cargos cujos titulares compõem o Conselho Superior da PCMG a que se refere o art. 25 somente poderão ser ocupados por um mesmo servidor pelo período máximo de sete anos, ininterruptos ou não, observado o disposto no § 2º.

Não se aplica o disposto no § 1º aos titulares dos cargos de Chefe da PCMG e Chefe Adjunto da PCMG.

Os cargos de Chefe de Departamento de Polícia Civil, de Delegado Regional de Polícia Civil e de Chefe de Divisão Especializada somente poderão ser ocupados por um mesmo servidor, na mesma unidade, pelo período máximo de cinco anos, ininterruptos ou não.

Os períodos a que se referem os §§ 1º e 3º serão contados a partir da data de publicação desta Lei Complementar.

A verificação do nexo causal entre o exercício das funções e a consequente invalidez ou morte do policial civil, bem como das circunstâncias fáticas para aferição do direito à promoção por invalidez, post mortem ou por ato de bravura, ocorrerá por meio de sindicância de competência da Corregedoria-Geral de Polícia Civil, a ser apreciada pelo Conselho Superior da PCMG.

Até a completa assunção da gestão da custódia de presos pelo órgão competente, a PCMG auxiliará na referida gestão.

Aplica-se aos integrantes das carreiras policiais civis, nas matérias não disciplinadas nesta Lei Complementar, subsidiariamente, o Estatuto dos Servidores Públicos Civis do Estado de Minas Gerais.

Cabe à Corregedoria-Geral de Polícia Civil o processamento da correição dos servidores administrativos do quadro de pessoal da PCMG, nos termos do Estatuto dos Servidores Públicos Civis do Estado de Minas Gerais.

O cargo de Chefe Adjunto Institucional da Polícia Civil, criado pelo art. 8º da Lei nº 20.312, de 27 de julho de 2012, será extinto em 31 de dezembro de 2014.

Até a extinção do cargo, o Chefe Adjunto Institucional da Polícia Civil, nomeado pelo Governador do Estado, tem por função auxiliar o Chefe da PCMG no exercício de suas atribuições, competindo-lhe:

- substituir, nos afastamentos e impedimentos do Chefe Adjunto da PCMG, o Chefe da PCMG em seus afastamentos e impedimentos eventuais;
- realizar estudos sobre a modernização da estrutura organizacional da PCMG;
- exercer atribuições que lhe sejam delegadas por ato do Chefe da PCMG.

Aplica-se ao cargo de Chefe Adjunto Institucional da Polícia Civil a ressalva constante no caput do art. 109.

O Chefe Adjunto Institucional da Polícia Civil integra o Conselho Superior da PCMG.

O Poder Executivo encaminhará à Assembleia Legislativa, em até noventa dias contados da data de publicação desta Lei Complementar, projeto de lei complementar contendo o Estatuto Disciplinar da Polícia Civil do Estado de Minas Gerais.

Até a publicação do estatuto de que trata o caput, aplica-se o disposto nos arts. 142 a 205 da Lei nº 5.406, de 16 de dezembro de 1969, e normas complementares.

Ficam criados:

- seiscentos e setenta e oito cargos de provimento efetivo da carreira de Delegado de Polícia;
- setenta e dois cargos de provimento efetivo da carreira de Médico-Legista;
- duzentos e dezesseis cargos de provimento efetivo da carreira de Perito Criminal;
- um mil e doze cargos de provimento efetivo da carreira de Escrivão de Polícia I;
- três mil quatrocentos e trinta e quatro cargos de provimento efetivo da carreira de Investigador de Polícia I.

Em virtude da criação dos cargos a que se refere o caput, a quantidade de cargos das carreiras constantes no Anexo I desta Lei Complementar passa a ser:

- Delegado de Polícia, um mil novecentos e oitenta e sete cargos;
- Médico-Legista, quatrocentos e trinta e seis cargos;
- Perito Criminal, novecentos e três cargos;
- Escrivão de Polícia I, um mil e doze cargos;
- Escrivão de Polícia II, um mil oitocentos e setenta e oito cargos;
- Investigador de Polícia I, três mil quatrocentos e trinta e quatro cargos;
- Investigador de Polícia II, sete mil oitocentos e sessenta e sete cargos.

Serão transformados, com a vacância, os cargos de provimento efetivo da carreira de Investigador de Polícia II em cargos de provimento efetivo da carreira de Investigador de Polícia I e os cargos de provimento efetivo da carreira de Escrivão de Polícia II em cargos de provimento efetivo da carreira de Escrivão de Polícia I.

O policial civil que tenha cumprido as exigências para aposentadoria voluntária no âmbito do regime especial de aposentadoria adotado para os ocupantes dos cargos de provimento efetivo que integram as carreiras policiais civis e que opte por permanecer em atividade fará jus a gratificação de incentivo ao exercício continuado equivalente ao valor de 1/3 (um terço) de seus vencimentos, até completar as exigências previstas na alínea "a" do inciso III do § 1º do art. 40 da Constituição da República.

O policial civil ocupante de cargo de nível intermediário da respectiva carreira fará jus a promoção por antiguidade, independentemente de vaga, ao nível imediatamente superior quando completar as exigências para aposentadoria voluntária no âmbito do regime especial de aposentadoria adotado para os ocupantes dos cargos de provimento efetivo que integram as carreiras policiais civis.

Os policiais civis que, na data de publicação desta lei, forem ocupantes dos cargos de provimento efetivo da carreira de Delegado de Polícia terão a denominação do cargo alterada conforme o item I.1 do Anexo I desta Lei Complementar, mantidos o nível e o grau de posicionamento em que se encontrarem na data de publicação desta lei.

Os cargos de provimento em comissão de que trata o Decreto nº 17.826, de 2 de abril de 1976, mantidos suas funções e vencimentos, terão denominação e atribuições complementares fixadas por meio de decreto.

O policial civil que tenha se aposentado no último nível da respectiva carreira, mesmo aquele que tenha alcançado o último nível em virtude do pedido de aposentadoria, será classificado no grau subsequente, conforme tabela constante no Anexo I desta Lei Complementar.

O Governador do Estado poderá nomear, em caráter temporário, pelo prazo de até três anos, para os cargos de Chefe da Polícia Civil, Chefe Adjunto da Polícia Civil e Chefe de Gabinete da Polícia Civil, servidores integrantes do nível final da carreira de Delegado de Polícia, observadas as exigências previstas na legislação em vigor.

Para a nomeação a que se refere o caput, será exigido tempo de efetivo serviço policial superior a:

- vinte anos, para o cargo de Chefe da Polícia Civil;
- quinze anos, para o cargo de Chefe Adjunto da Polícia Civil

Para a nomeação para o cargo de Chefe de Gabinete da Polícia Civil, não será exigido tempo mínimo de efetivo serviço policial.

Ficam revogados:

- os arts. 1º a 74, 76 a 102, 104 a 141 e 206 a 221 da Lei nº 5.406, de 1969;
- os arts. 1º a 3º, 5º a 10, 12 a 20-F, 30, 37, 38, 40, 42 e os Anexos I e IV da Lei Complementar nº 84, de 25 de julho de 2005;
- os arts. 1º a 6º, 12 a 15 e os Anexos I e II da Lei Complementar nº 113, de 29 de junho de 2010;
- a Lei Complementar nº 98, de 6 de agosto de 2007;
- o art. 3º da Lei Complementar nº 23, de 26 de dezembro de 1991.

Esta Lei Complementar entra em vigor na data de sua publicação, ressalvado o disposto no inciso II do art. 96, o disposto no art. 97 e o disposto no art. 122, todos com vigência a partir de 1º de janeiro de 2015.

2.6 Anexo I

ESTRUTURA DAS CARREIRAS POLICIAIS CIVIS

- I.1 - Estrutura da Carreira de Delegado de Polícia

Carga horária: 40 horas semanais

Nível	Nível de Escolaridade	Quantidade	Graus				
Substituto	Superior	1.174	Substituto A	Substituto B	Substituto C	Substituto D	Substituto E
Titular	Superior		Titular A	Titular B	Titular C	Titular D	Titular E
Especial	Superior	622	Especial A	Especial B	Especial C	Especial D	Especial E
Geral	Superior	191	Geral A			Geral B	

- I.2 - Estrutura da Carreira de Médico-Legista

Carga horária: 40 horas semanais

Nível	Nível de Escolaridade	Quantidade	Graus				
I	Superior	236	I-A	I-B	I-C	I-D	I-E
II	Superior	121	II-A	II-B	II-C	II-D	II-E
III	Superior	62	III-A	III-B	III-C	III-D	III-E
Especial	Superior	17	Especial A			Especial B	

- I.3 - Estrutura da Carreira de Perito Criminal

Carga horária: 40 horas semanais

Nível	Nível de Escolaridade	Quantidade	Graus				
I	Superior	368	I-A	I-B	I-C	I-D	I-E
II	Superior	343	II-A	II-B	II-C	II-D	II-E
III	Superior	105	III-A	III-B	III-C	III-D	III-E
Especial	Superior	87	Especial A			Especial B	

- I.4 - Estrutura da Carreira de Escrivão de Polícia
- I.4.1 - Escrivão de Polícia I

Carga horária: 40 horas semanais

Nível	Nível de Escolaridade	Quantidade	Graus				
I	Superior	1.012	I-A	I-B	I-C	I-D	I-E
II	Superior		II-A	II-B	II-C	II-D	II-E
III	Superior		III-A	III-B	III-C	III-D	III-E
Especial	Superior		Especial A			Inspetor de Escrivão	

- I.4.2 - Escrivão de Polícia II

Carga horária: 40 horas semanais

Nível	Nível de Escolaridade	Quantidade	Graus				
I	Médio	1.878	I-A	I-B	I-C	I-D	I-E
II	Médio		II-A	II-B	II-C	II-D	II-E
III	Médio		III-A	III-B	III-C	III-D	III-E
Especial	Médio		Especial A			Inspetor de Escrivão	

- I.5 - Estrutura da Carreira de Investigador de Polícia
- I.5.1 - Investigador de Polícia I

Carga horária: 40 horas semanais

Nível	Nível de Escolaridade	Quantidade	Graus				
I	Superior	3.434	I-A	I-B	I-C	I-D	I-E
II	Superior		II-A	II-B	II-C	II-D	II-E
III	Superior		III-A	III-B	III-C	III-D	III-E
Especial	Superior		Especial A			Inspetor de Investigação	

- I.5.2 - Investigador de Polícia II

Carga horária: 40 horas semanais

Nível	Nível de Escolaridade	Quantidade	Graus				
T	Fundamental	7.867	T-A	T-B	T-C	T-D	T-E
I	Médio		I-A	I-B	I-C	I-D	I-E
II	Médio		II-A	II-B	II-C	II-D	II-E
III	Médio		III-A	III-B	III-C	III-D	III-E
Especial	Médio		Especial A			Inspetor de Investigação	

2.7 Anexo II

ATRIBUIÇÕES ESPECÍFICAS DOS CARGOS DAS CARREIRAS POLICIAIS CIVIS

II.1 - Ao Delegado de Polícia, na qualidade de autoridade policial, cabe:

- presidir a investigação criminal de acordo com seu livre convencimento técnico-jurídico, com isenção e imparcialidade;
- decidir sobre o indiciamento, desde que seja realizado por ato fundamentado, mediante análise técnico-jurídica do fato, que deverá indicar a autoria, materialidade e suas circunstâncias;
- requisitar a realização de exames periciais, informações, cadastros, documentos e dados, bem como colher provas e praticar os demais atos necessários à adequada apuração de infração penal e do ato infracional, observados os limites legais;
- decidir sobre a lavratura do auto de prisão em flagrante;
- representar à autoridade judiciária para a decretação de medidas cautelares reais e pessoais, como prisão preventiva e temporária, busca e apreensão, quebra de sigilo, interceptação de telecomunicações, em sistemas de informática e telemática, e outras medidas inerentes à investigação criminal e ao exercício da polícia judiciária, destinadas a colher e a resguardar provas de infrações penais;
- presidir inquéritos policiais, a lavratura de autos de prisão em flagrante delito, de termos circunstanciados de ocorrência, de interrogatórios, de oitivas e demais atos e procedimentos de natureza investigativa, penal ou administrativa;

g) expedir ordens de serviço, intimações e mandados de condução coercitiva de pessoas, na hipótese de não comparecimento sem justificativa, nos termos da legislação;

- formalizar o ato de indiciamento, fundamentando a partir dos elementos de fato e de direito existentes nos autos;
- realizar ou determinar a busca pessoal e veicular no caso de fundada suspeita de prática criminosa ou de cumprimento de mandado judicial;
- promover ações para a garantia da autonomia ética, técnica, científica e funcional de seus subordinados, no que se refere ao conteúdo dos serviços investigatórios, bem como a garantia da coesão da equipe policial e, quando necessário, a requisição formal de esclarecimentos sobre contradição, omissão ou obscuridade em laudos, relatórios de serviço e outros;
- promover o bem-estar geral, a garantia das liberdades públicas, o aprimoramento dos métodos e procedimentos policiais, a polícia comunitária e a mediação de conflitos;
- manter atualizadas, nos sistemas utilizados pela PCMG, as informações pertinentes à unidade policial sob sua responsabilidade;
- avocar, quando necessário e por ato motivado, inquéritos policiais e demais procedimentos presididos por Delegado de Polícia de hierarquia inferior, admitido recurso no prazo de dez dias para a autoridade superior;
- realizar a articulação técnico-científica entre as provas testemunhais, documentais e periciais, para a maior eficiência, eficácia e efetividade do ato investigativo, visando subsidiar eventual processo criminal;
- exercer o registro de controle policial, especialmente no que tange a estabelecimentos de hospedagem, diversões públicas e comercialização de produtos controlados e receber o aviso relativo à realização de reuniões e eventos sociais e políticos em ambientes públicos, nos termos do inciso XVI do art. 5º da Constituição da República;
- dirigir os serviços de trânsito e a identificação civil e criminal no âmbito do Estado;
- determinar o cumprimento de mandados de prisão e o cumprimento de alvarás de soltura expedidos pelo Poder Judiciário;
- requisitar a condução de preso de unidades do sistema prisional para Delegacia de Polícia Civil para a prática de atos relativos à investigação criminal e ao exercício da polícia judiciária.

II.2 - Ao Escrivão de Polícia cabe:

- registrar em termo declarações, depoimentos e informações de autores, suspeitos, vítimas, testemunhas, adolescente infrator e demais pessoas envolvidas nos procedimentos de polícia judiciária, mediante inquirição do Delegado de Polícia competente, cooperando na formulação das perguntas a serem respondidas;
- lavrar os autos de prisão em flagrante, sob a presidência e direção do Delegado de Polícia, e expedir as respectivas comunicações pertinentes às prisões;
- realizar a autuação, movimentação, remessa e recebimento dos inquéritos policiais, processos e demais procedimentos legais;
- formalizar autos e termos de apreensões, depósitos, restituições, fianças, acareações e reconhecimentos de pessoas e coisas, dentre outros previstos na legislação processual penal, alusivos aos procedimentos investigatórios, utilizando-se de técnicas de digitação, ressalvados os atos próprios da autoridade policial;
- realizar a guarda, conservação e controle do fluxo dos livros, procedimentos, documentos, objetos, bens e valores apreendidos relacionados a inquéritos policiais, termos circunstanciados de ocorrência, processos e procedimentos disciplinares que estejam sob sua responsabilidade, no âmbito do cartório de sua unidade policial, dando-lhes a destinação ou encaminhamentos legais;
- providenciar e formalizar a juntada nos procedimentos legais de laudos, relatórios, ofícios e outros documentos requisitados pelo Delegado de Polícia;
- realizar o registro, a autuação e ações para o cumprimento das portarias e cartas precatórias;
- expedir certidões e atestados de comparecimento referentes aos registros e atividades cartorárias;
- expedir e subscrever notificações, intimações, ofícios, ordens de serviço, requisições e outros atos atinentes ao desenvolvimento dos inquéritos policiais, termos circunstanciados de ocorrência, processos e procedimentos de ato infracional e disciplinares, por ordem escrita do Delegado de Polícia competente;
- lavrar ou orientar a lavratura dos termos de abertura e encerramento dos livros cartorários, bem como sua escrituração;
- dar vista dos autos dos procedimentos de polícia judiciária às partes, advogados, procuradores e autoridades competentes, quando autorizado pelo Delegado de Polícia presidente dos feitos;
- certificar a autenticidade de documentos no âmbito da PCMG;
- receber e recolher fiança, se fora do horário de expediente bancário, e emitir guia para o seu recolhimento, prestando contas à autoridade superior;
- cooperar com as investigações em curso na unidade policial por meio do efetivo desempenho de atividades técnicas de gestão e análise técnico-científica e do processamento eletrônico dos dados e informações existentes em bancos de dados e outros registros cartorários;
- assessorar o Delegado de Polícia ao qual estiver subordinado quanto aos prazos, técnicas e formalidades legais dos procedimentos de polícia judiciária e demais atividades jurídicas desenvolvidas no âmbito do cartório policial;

- coordenar, sob a direção e presidência do Delegado de Polícia, os atos dos procedimentos investigatórios previstos em lei e adotar normas técnicas e jurídicas para o cumprimento das formalidades processuais;
- acompanhar o Delegado de Polícia em operações policiais e outras diligências externas, quando determinado;
- atuar como secretário em sindicâncias e outros procedimentos disciplinares;
- gerir e organizar a agenda de intimados do cartório policial;
- realizar a gestão do cartório policial sob sua responsabilidade;
- proceder aos despachos ordinatórios, de modo a tramitar e executar os despachos realizados pela autoridade policial.

II.3 – Ao Investigador de Polícia cabe:

- cumprir e formalizar diligências policiais, mandados e outras determinações do Delegado de Polícia competente, analisar, pesquisar, classificar e processar dados e informações para a obtenção de vestígios e indícios probatórios relacionados a infrações penais e administrativas;
- obter elementos para a identificação antropológica de pessoas, no que se refere às características sociais e culturais que compõem a vida pregressa e o perfil do submetido à investigação criminal;
- colher as impressões digitais para fins de identificação civil e criminal, inclusive de cadáveres, para a realização do exame datiloscópico;
- desenvolver as ações necessárias para a segurança das investigações, inclusive a custódia provisória de pessoas no curso dos procedimentos policiais, até o seu recolhimento na unidade responsável pela guarda penitenciária;
- captar e interceptar dados, comunicações e informações pertinentes aos indícios e vestígios encontrados em bens, objetos e locais de infrações penais, inclusive em veículos, conforme determinação do Delegado de Polícia, com a finalidade de estabelecer a sua identificação, elaborando autos de vistoria e de constatação, descrevendo as suas características, circunstâncias e condições;
- realizar inspeções e operações policiais, além de adotar, sob a coordenação e presidência do Delegado de Polícia, medidas necessárias para a realização de exames periciais e médico-legais;
- controlar, em prontuários apropriados, o registro geral, os antecedentes criminais e a qualificação de pessoas identificadas oficialmente no Estado;
- coletar impressões papilo-digitais para que os Peritos Criminais procedam ao confronto individual datiloscópico para a identificação de pessoas e de cadáveres;
- preparar, examinar e arquivar as fichas datiloscópicas civis e criminais, bem como manter o arquivo de fragmentos e impressões papilares;
- operacionalizar a captura e a pesquisa em sistema automatizado de leitura, comparação e identificação de fragmentos e impressões papilares, à exceção de locais de crime, em que o Perito Criminal se fará presente;
- identificar indiciados em infrações penais e autores de atos infracionais, conforme estabelecido em lei;
- formalizar relatórios circunstanciados sobre os resultados das ações policiais, diligências e providências cumpridas no curso das investigações;
- promover a mediação de conflitos no âmbito da Delegacia de Polícia Civil e a pacificação entre os envolvidos em infrações penais;
- realizar o registro formal e a conferência de ocorrências policiais, de pedidos de providências e de representações de partes referentes a fatos tidos como delituosos, bem como de documentos, substâncias, objetos, bens e valores neles arrecadados, realizando o manuseio, a identificação, a proteção, a guarda provisória e o encaminhamento ao setor ou órgão competente;
- determinar as fundamentais, os subtipos e os pontos característicos das impressões digitais, para fins de identificação humana, e proceder à pesquisa monodactilar, decadactilar e onomástica, ressalvada a atuação do Perito Criminal em caso de necessidade da emissão de laudo pericial para auxilar na apuração de infração penal.

II.4 - Ao Médico-Legista cabe:

- realizar exames macroscópicos, microscópicos e de laboratório, em cadáveres e em vivos, para subsidiar a determinação da causa mortis ou da natureza de lesões, no âmbito da investigação criminal;
- realizar exames e análises pertinentes à identificação antropológica de natureza biológica, no âmbito da medicina legal;
- diagnosticar, avaliar e constatar a situação de pessoa submetida a efeito de substância de qualquer espécie além de avaliar o seu estado psíquico e psiquiátrico, com o objetivo de subsidiar a instrução de inquérito policial, procedimento administrativo ou processo judicial criminal;
- cumprir requisições médico-legais no âmbito das investigações criminais e do exercício da polícia judiciária, com a emissão dos respectivos laudos para viabilização de provas periciais;
- sistematizar no laudo pericial, os elementos objetivos de prova no âmbito da medicina legal que subsidiem a apuração de infrações penais, administrativas e disciplinares, sob a garantia da autonomia funcional, técnica e científica a ser assegurada pelo Delegado de Polícia;
- gerir, planejar, organizar, coordenar, executar, controlar e avaliar unidades periciais sob sua responsabilidade.

II.5 - Ao Perito Criminal cabe:

- realizar exames e análises, no âmbito da criminalística, relacionados à física, química, biologia, odontologia legal, papiloscopia e demais áreas do conhecimento científico e tecnológico, observada a formação acadêmica específica para o exercício da função, nos termos da Lei federal nº 12.030, de 17 de setembro de 2009;
- analisar documentos, objetos e locais de crime de qualquer natureza para colher vestígios, ou em laboratórios, para subsidiar a instrução de inquérito policial, procedimento administrativo ou processo judicial criminal;
- emitir laudos periciais para determinação da identificação criminal por meio da datiloscopia, quiroscopia, podoscopia ou outras técnicas, aplicadas em objetos com marcas encontrados em local de crime, com a finalidade de instruir procedimentos e formar elementos indicativos de autoria de infrações penais;
- cumprir requisições periciais, expedidas pelo Delegado de Polícia, pertinentes às investigações criminais e ao exercício da polícia judiciária, no que se refere à aplicação de conhecimentos oriundos da criminalística, com a elaboração e a sistematização dos correspondentes laudos periciais para a viabilização de provas periciais que subsidiem a apuração de infrações penais e administrativas;
- examinar elementos materiais existentes em locais de crime, com prioridade de análise, orientar a abordagem física correspondente e a interação com os demais integrantes da equipe investigativa;
- constatar a idoneidade de local, bens e objetos submetidos a exame pericial, sob a garantia da autonomia funcional, técnica e científica a ser assegurada pelo Delegado de Polícia;
- proceder à coleta de padrões caligráficos;
- gerir, planejar, organizar, coordenar, executar, controlar e avaliar unidades periciais sob sua responsabilidade.

2.8 Anexo III

Quantitativo de Funções Públicas e Cargos Resultantes de Efetivação pela Emenda à Constituição nº 49, de 13 de junho de 2001

Órgão	Carreira	Quantitativo
Polícia Civil do Estado de Minas Gerais	Investigador de Polícia II	70

QUESTÕES

1 QUESTÕES

01. (FUMARC – 2021 – PC/MG – ESCRIVÃO) Texto 1

Os buracos negros e a relatividade do tempo

Em um dos grandes relatos de viagens fantásticas, o escritor norte-americano Edgar Allan Poe conta a história de uma expedição marítima na costa norueguesa que se depara com um redemoinho gigante, conhecido como Maelstrom. Passado o terror inicial, o narrador proclama: "Pouco depois, fiquei possuído da mais aguçada curiosidade pelo próprio turbilhão. Sentia positivamente um desejo de explorar suas profundezas, mesmo ao preço do sacrifício que ia fazer; e meu principal pesar era que jamais poderia contar a meus amigos, na praia, os mistérios que iria conhecer".

Se Poe tivesse escrito seu conto 150 anos depois (o original foi publicado em 1841), talvez substituísse a exploração das entranhas do vórtice pela exploração das entranhas do buraco negro. Fica difícil imaginar uma viagem fictícia mais fascinante do que a uma região em que nossas noções de espaço e tempo deixam 4 de fazer sentido, de onde nada, nem a luz escapa, um verdadeiro Maelstrom cósmico. Os buracos negros e suas ligações com objetos exóticos, conhecidos como "buracos de minhoca" – possíveis pontes de um ponto a outro no espaço e no tempo –, desafiam até a imaginação dos físicos. [...]

Fonte: GLEISER, Marcelo. *Micro macro*: reflexões sobre o homem, o tempo e o espaço. São Paulo: Publifolha, 2005. p. 20.

O recurso semântico utilizado pelo autor para explicar o termo "**buraco negro**" foi:

a) antonímia.
b) homonímia.
c) paronímia.
d) sinonímia.

A: Incorreta. **A antonímia é a relação entre palavras de sentidos opostos.**

B: Incorreta. **A homonímia caracteriza palavras que têm a mesma grafia ou a mesma pronúncia, mas com significados diferentes.**

C: Incorreta. **Paronímia é a relação entre palavras que apresentam estrutura parecida, mas significados diferentes.**

D: Correta. **O termo "buraco negro" foi usado com uma relação de sinonímia (semelhança), já que os termos utilizados foram "redemoinho gigante" e "buracos de minhoca".**

GABARITO: D.

---

02. (FUMARC – 2021 – PC/MG – ESCRIVÃO) Texto 1

Os buracos negros e a relatividade do tempo

Em um dos grandes relatos de viagens fantásticas, o escritor norte-americano Edgar Allan Poe conta a história de uma expedição marítima na costa norueguesa que se depara com um redemoinho gigante, conhecido como Maelstrom. Passado o terror inicial, o narrador proclama: "Pouco depois, fiquei possuído da mais aguçada curiosidade pelo próprio turbilhão. Sentia positivamente um desejo de explorar suas profundezas, mesmo ao preço do sacrifício que ia fazer; e meu principal pesar era que jamais poderia contar a meus amigos, na praia, os mistérios que iria conhecer".

Se Poe tivesse escrito seu conto 150 anos depois (o original foi publicado em 1841), talvez substituísse a exploração das entranhas do vórtice pela exploração das entranhas do buraco negro. Fica difícil imaginar uma viagem fictícia mais fascinante do que a uma região em que nossas noções de espaço e tempo deixam 4 de fazer sentido, de onde nada, nem a luz escapa, um verdadeiro Maelstrom cósmico. Os buracos negros e suas ligações com objetos exóticos, conhecidos como "buracos de minhoca" – possíveis pontes de um ponto a outro no espaço e no tempo –, desafiam até a imaginação dos físicos. [...]

Fonte: GLEISER, Marcelo. *Micro macro*: reflexões sobre o homem, o tempo e o espaço. São Paulo: Publifolha, 2005. p. 20.

Sobre o Texto 1, é correto afirmar:

a) Desde o passado, já existem sólidas teorias que explicam esse movimento giratório.
b) O autor demonstra certa incompreensão sobre o fenômeno.
c) O redemoinho Maelstrom já causou prejuízos a muitas embarcações.
d) Poe relata sobre uma viagem da qual participou.

A: Incorreta. **Em nenhum momento, o autor cita teorias sólidas que explicam esse movimento giratório, apenas aborda viagens fictícias.**

B: Correta. **O autor realmente demonstra certa incompreensão sobre o fenômeno no 2º parágrafo: "[...] Se Poe tivesse escrito seu conto 150 anos depois (o original foi publicado em 1841), talvez substituísse a exploração das entranhas do vórtice pela exploração das entranhas do buraco negro [...]" e, no final, o autor ainda relata que "[...] desafiam até a imaginação dos físicos [...]"; então, imagine a dele (autor).**

C: Incorreta. **O texto não menciona o redemoinho Maelstrom causar prejuízos a muitas embarcações.**

D: Incorreta. **Poe relata uma viagem fictícia.**

GABARITO: B.

---

03. (FUMARC – 2021 – PC/MG – ESCRIVÃO) Texto 1

Os buracos negros e a relatividade do tempo

Em um dos grandes relatos de viagens fantásticas, o escritor norte-americano Edgar Allan Poe conta a história de uma expedição marítima na costa norueguesa que se depara com um redemoinho gigante, conhecido como Maelstrom. Passado o terror inicial, o narrador proclama: "Pouco depois, fiquei possuído da mais aguçada curiosidade pelo próprio turbilhão. Sentia positivamente um desejo de explorar suas profundezas, mesmo ao preço do sacrifício que ia fazer; e meu principal pesar era que jamais poderia contar a meus amigos, na praia, os mistérios que iria conhecer".

Se Poe tivesse escrito seu conto 150 anos depois (o original foi publicado em 1841), talvez substituísse a exploração das entranhas do vórtice pela exploração das entranhas do buraco negro. Fica difícil imaginar uma viagem fictícia mais fascinante do que a uma região em que nossas noções de espaço e tempo deixam 4 de fazer sentido, de onde nada, nem a luz escapa, um verdadeiro Maelstrom cósmico. Os buracos negros e suas ligações com objetos exóticos, conhecidos como "buracos de minhoca" – possíveis pontes de um ponto a outro no espaço e no tempo –, desafiam até a imaginação dos físicos. [...]

Fonte: GLEISER, Marcelo. *Micro macro*: reflexões sobre o homem, o tempo e o espaço. São Paulo: Publifolha, 2005. p. 20.

O uso do "porque" está incorreto em:

a) Fique atenta, porque não vou repetir novamente!
b) Não responda seu pai, porque ele está com a razão.
c) Porque não estava satisfeito com o filho, suspendeu a mesada.
d) Porque você não viajou?

A: Incorreta. **"Porque" é junto, pois se trata de uma explicação.**

B: Incorreta. **Também é uma explicação, logo "porque" junto.**

C: Incorreta. **Podemos trocar a posição das orações: "Suspendeu a mesada porque não estava satisfeito com o filho". Trata-se de uma explicação.**

D: Correta. Sempre que se tem uma pergunta, o "por que" deve estar separado. Assim, "Por que você não viajou?".

GABARITO: D.

---

04. (FUMARC – 2021 – PC/MG – ESCRIVÃO) Texto 1

Os buracos negros e a relatividade do tempo

Em um dos grandes relatos de viagens fantásticas, o escritor norte-americano Edgar Allan Poe conta a história de uma expedição marítima na costa norueguesa que se depara com um redemoinho gigante, conhecido como Maelstrom. Passado o terror inicial, o narrador proclama: "Pouco depois, fiquei possuído da mais aguçada curiosidade pelo próprio turbilhão. Sentia positivamente um desejo de explorar suas profundezas, mesmo ao preço do sacrifício que ia fazer; e meu principal pesar era que jamais poderia contar a meus amigos, na praia, os mistérios que iria conhecer".

Se Poe tivesse escrito seu conto 150 anos depois (o original foi publicado em 1841), talvez substituísse a exploração das entranhas do vórtice pela exploração das entranhas do buraco negro. Fica difícil imaginar uma viagem fictícia mais fascinante do que a uma região em que nossas noções de espaço e tempo deixam 4 de fazer sentido, de onde nada, nem a luz escapa, um verdadeiro Maelstrom cósmico. Os buracos negros e suas ligações com objetos exóticos, conhecidos como "buracos de minhoca" – possíveis pontes de um ponto a outro no espaço e no tempo –, desafiam até a imaginação dos físicos. [...]

Fonte: GLEISER, Marcelo. *Micro macro*: reflexões sobre o homem, o tempo e o espaço. São Paulo: Publifolha, 2005. p. 20.

Quanto à concordância nominal com o pronome de tratamento, a alternativa incorreta é:

a) Sua Excelência declarou encerrada a entrevista.
b) Vossa Excelência autoriza o início da sessão?
c) Vossa Senhoria apresentará vosso assessor direto em instantes.
d) Vossa Senhoria está inconformada com o parecer.

O pronome de tratamento expõe a segunda pessoa (tu) e concorda com a terceira pessoa do singular (você) da conjugação dos verbos.

A: Incorreta. "Sua Excelência (2ª pessoa) declarou (concorda com a 3ª pessoa) encerrada a entrevista."

B: Incorreta. "Vossa Excelência (2ª pessoa) autoriza (3ª pessoa) o início da sessão?"

C: Correta. "Vossa Senhoria (2ª pessoa) apresentará (3ª pessoa) seu (3ª pessoa) assessor direto em instantes."

D: Incorreta. "Vossa Senhoria (2ª pessoa) está inconformada (3ª pessoa) com o parecer."

GABARITO: C.

---

05. (FUMARC – 2021 – PC/MG – ESCRIVÃO) Texto 2

Violência no Brasil

[...]

"A violência doméstica é um crime contra a infância. A violência urbana é um crime contra a adolescência, que atinge principalmente meninos negros", diferencia Florence Bauer, representante do Unicef no Brasil. "Embora sejam fenômenos complementares e simultâneos, é crucial entendê-los, também, em suas diferenças para desenhar políticas públicas efetivas de prevenção e resposta às violências", acrescenta ela.

Jornal Estado de Minas, 23 out. 2021, p. 9.

Na oração "*Embora sejam fenômenos complementares e simultâneos, [...]*", a conjunção "**embora**" introduz, no período, uma articulação:

a) causal.
b) concessiva.
c) condicional.
d) proporcional.

A: Incorreta. Conjunções causais – porque, pois, porquanto, visto que, uma vez que etc.

B: Correta. As conjunções concessivas indicam uma oração em que se admite um fato contrário à ação principal, mas incapaz de impedi-la. Exemplos: conquanto, ainda que etc.

C: Incorreta. Conjunções condicionais – se, caso, conquanto que etc.

D: Incorreta. Conjunções proporcionais – à medida que, à proporção que, enquanto etc.

GABARITO: B.

---

06. (FUMARC – 2021 – PC/MG – ESCRIVÃO) Indique a frase que contém erro de regência verbal.

a) Aspiro a sucesso e saúde.
b) O engenheiro obedeceu às normas estabelecidas.
c) O policial visou ao alvo e atirou.
d) Prefiro o amor à guerra.

A: Incorreta. O verbo "aspirar" no sentido de "almejar" exige a preposição "a". Esta frase pode ser reescrita de três formas, tratando-se de uma questão de paralelismo:

1ª Aspiro a sucesso e saúde.

2ª Aspiro a sucesso e a saúde.

3ª Aspiro ao sucesso e à saúde.

B: Incorreta. Quem obedece, obedece a alguém (verbo transitivo indireto).

C: Correta. O verbo "visar" no sentido de "mirar" é transitivo direto: "visou o alvo".

D: Incorreta. Quem prefere, prefere alguma coisa a outra – verbo transitivo direto e indireto; objeto direto – amor; objeto indireto – à guerra.

GABARITO: C.

---

07. (FUMARC – 2021 – PC/MG – ESCRIVÃO) Sobre o padrão ofício nas comunicações, é incorreto afirmar:

a) A indicação do local e da data é desnecessária.
b) O assunto deve dar uma ideia geral do que trata o documento.
c) O endereçamento deve conter o devido pronome de tratamento.
d) O uso de 02 (dois) tipos de fecho: Respeitosamente e Atenciosamente.

A: Correta. A indicação do local e da data é **necessária**.

B: Incorreta. O assunto precisa dar uma ideia geral do que trata o documento.

C: Incorreta. O endereçamento deve conter o seu devido pronome de tratamento.

D: Incorreta. É necessário colocar os dois tipos de fecho: Respeitosamente e Atenciosamente.

GABARITO: A.

---

08. (FUMARC – 2021 – PC/MG – ESCRIVÃO) O período que contém sujeito simples é:

a) Alguém ouviu o chamado dele ontem à tarde.
b) Desviaram muitos recursos para a pavimentação das estradas.
c) Faz muito frio em Petrópolis.
d) Havia pouca gente no enterro do soldado.

A: Correta. O pronome "alguém", mesmo sendo indefinido, tem função sintática de sujeito simples. "Quem ouviu o chamado dele ontem à noite? Alguém".

B: Incorreta. O sujeito é indeterminado (eles ou elas – 3ª pessoa do plural).

C: Incorreta. Quando o verbo "fazer" indica tempo ou fenômenos da natureza, ele é impessoal, logo, a oração não tem sujeito (inexistente).

D: Incorreta. Quando o verbo "haver" tem sentido de "existir", a oração não tem sujeito (inexistente).

GABARITO: A.

---

09. (FUMARC – 2021 – PC/MG – ESCRIVÃO) As primeiras sessões de cinema, mudas até 1929, eram documentários e narrativas rudimentares acompanhados por um piano (ou até mesmo por uma orquestra, nas grandes salas) que pontuava as cenas mais emocionantes.

O uso das vírgulas no parágrafo apresentado justifica-se para:

a) destacar um objeto direto pleonástico.

b) inserir informação intercalada entre o sujeito e seu predicado.

c) para dar ênfase ao adjunto adverbial.

d) separar duas orações com a mesma função sintática.

Na oração, a expressão entre vírgulas é um aposto. Temos:

"As primeiras sessões de cinema" – sujeito.

"Eram" – verbo de ligação (ser).

"Documentários e narrativas rudimentares" – predicativo do sujeito.

"Nas grandes salas" – adjunto adverbial de lugar.

A: Incorreta. O objeto direto pleonástico tem relação com o pleonasmo (figura de linguagem que emprega palavras que produzem redundância). Na oração, não existe objeto direto pleonástico.

B: Correta. "Mudas até 1929" insere uma informação entre o sujeito ("As primeiras sessões de cinema") e o predicado ("eram" – verbo de ligação).

C: Incorreta. O adjunto adverbial "Nas grandes salas" apresenta somente uma vírgula antes dele e não promove ênfase.

D: Incorreta. As vírgulas são usadas para separar o aposto do sujeito e do predicado.

GABARITO: B.

---

10. (FUMARC – 2021 – PC/MG – ESCRIVÃO) Sobre a estrutura orgânica da PCMG, definida no art. 17 da Lei Complementar nº 129/2013, é correto afirmar:

a) A direção do Instituto de Identificação será exercida por Médico-Legista.

b) A direção dos Departamentos de Polícia Civil, de âmbito territorial e atuação especializada, será exercida por Investigador de Polícia.

c) As Delegacias de Polícia Civil, de âmbito territorial e de atuação especializada, são dirigidas por Escrivães de Polícia.

d) As Delegacias Regionais de Polícia Civil e as Divisões de Polícia Especializada são dirigidas por Delegados de Polícia de, no mínimo, nível especial.

Nos termos do art. 17, da Lei Complementar nº 129/2013, conforme dispõe o art. 6º, as Delegacias de Polícia Civil, de âmbito territorial e de atuação especializada, são dirigidas por Delegados de Polícia de carreira, e as Delegacias Regionais de Polícia Civil e as Divisões de Polícia Especializada, por Delegados de Polícia de, **no mínimo, nível especial.**

GABARITO: D.

---

11. (FUMARC – 2021 – PC/MG – ESCRIVÃO) É penalidade disciplinar que não se encontra prevista na Lei nº 5.406/1969:

a) Advertência.

b) Cassação de aposentadoria ou disponibilidade.

c) Demissão.

d) Suspensão.

Nos conformes da Lei nº 5.406/1969, são penas disciplinares a repreensão; suspensão; multa; demissão; demissão a bem do serviço público; e cassação de aposentadoria ou disponibilidade.

A aplicação das penas administrativas não se sujeita à sequência estabelecida, mas é autônoma, segundo cada caso, e consideradas a natureza e a gravidade da infração e os danos que dela provierem para o serviço público.

GABARITO: A.

---

12. (FUMARC – 2021 – PC/MG – ESCRIVÃO) Quanto à penalidade de repreensão, prevista na Lei nº 5.406/1969, é incorreto afirmar:

a) A pena de repreensão, em princípio, corresponderá às faltas de cumprimento de deveres.

b) A pena de repreensão, em princípio, corresponderá às transgressões disciplinares consideradas de natureza leve.

c) A penalidade de repreensão será aplicada por escrito.

d) O servidor policial punido com a penalidade de repreensão perderá todas as vantagens e direitos decorrentes do exercício do cargo.

A pena de repreensão será aplicada por escrito e, em princípio, corresponderá às faltas de cumprimento de deveres e às transgressões consideradas de natureza leve.

Havendo dolo ou má-fé, as faltas de cumprimento de deveres são punidas com a pena de suspensão.

No tocante a pena de suspensão, que não excederá de noventa dias, será aplicada no caso da falta grave ou de reincidência.

O servidor policial suspenso perderá todas as vantagens e direitos decorrentes do exercício do cargo.

GABARITO: D.

---

13. (FUMARC – 2021 – PC/MG – ESCRIVÃO) Nos termos do art. 16 da Lei Complementar nº 129/2013, compete à PCMG o exercício das seguintes atribuições, exceto:

a) Exercer o controle e a fiscalização de suas armas e munições, de explosivos, fogos de artifício e demais produtos controlados, observada a legislação federal específica.

b) Organizar estatísticas criminais e realizar análise criminal.

c) Representar ao Poder Judiciário, por meio de quaisquer dos ocupantes das carreiras que a integram, pela decretação de medidas cautelares pessoais e reais, como prisão preventiva e temporária, busca e apreensão, quebra de sigilo e interceptação de dados e de telecomunicações, além de outras inerentes à investigação criminal e ao exercício da polícia judiciária, destinadas a colher e a resguardar provas da prática de infrações penais e de atos infracionais.

d) Promover recrutamento, seleção, formação, aperfeiçoamento e desenvolvimento profissional e cultural de seus servidores.

Compete à PCMG exercer o controle e a fiscalização de suas armas e munições, de explosivos, fogos de artifício e demais produtos controlados, observada a legislação federal específica; organizar estatísticas criminais e realizar análise criminal e promover recrutamento, seleção, formação, aperfeiçoamento e desenvolvimento profissional e cultural de seus servidores.

A alternativa C não retrata nenhuma das hipóteses do artigo mencionado.

GABARITO: C.

14. (FUMARC – 2021 – PC/MG – ESCRIVÃO) Compete à Corregedoria-Geral de Polícia Civil, de acordo com o disposto no art. 33 da Lei Complementar nº 129/2013, exceto:

a) Acompanhar o estágio probatório dos servidores da PCMG.

b) Articular-se, no âmbito de sua competência, com o Poder Judiciário, o Ministério Público, a Defensoria Pública e órgãos congêneres.

c) Avocar inquéritos policiais e outros procedimentos, para fins de correição, podendo concluí-los, se for o caso, ou delegar sua presidência a outra autoridade policial.

d) Editar resoluções e demais atos normativos para a consecução das funções de competência da PCMG, observada a legislação pertinente.

Nos termos da Lei Complementar nº 129/13, o art. 22 dispõe que ao Chefe da PCMG compete editar resoluções e demais atos normativos para a consecução das funções de competência da PCMG, observada a legislação pertinente.

Já o art. 33, dispõe que à Corregedoria-Geral de Polícia Civil compete avocar inquéritos policiais e outros procedimentos, para fins de correição, podendo concluí-los, se for o caso, ou delegar sua presidência a outra autoridade policial; articular-se, no âmbito de sua competência, com o Poder Judiciário, o Ministério Público, a Defensoria Pública e órgãos congêneres; e acompanhar o estágio probatório dos servidores da PCMG.

GABARITO: D.

15. (FUMARC – 2021 – PC/MG – ESCRIVÃO) Compete à Academia de Polícia Civil, segundo o disposto no art. 36 da Lei Complementar nº 129/2013, exceto:

a) Colaborar em políticas psicopedagógicas destinadas à preparação do policial civil para a aposentadoria.

b) Subsidiar o planejamento, a organização, a manutenção, o gerenciamento e a supervisão da Escola Pública de Trânsito de Minas Gerais.

c) Promover o aprimoramento de técnicas policiais e oferecer suporte às atividades de ensino, de pesquisa e de operação, simuladas e reais, para a padronização de normas e de procedimentos de investigação criminal, de atividade notarial, de manejo e de emprego de armas de fogo, explosivos e técnicas de defesa pessoal.

d) Executar pesquisas técnico-científicas sobre métodos de investigação criminal para fundamentar a edição de normas.

O Departamento de Trânsito de Minas Gerais – Detran-MG –, órgão executivo de trânsito do Estado, tem por finalidade dirigir as atividades e serviços relativos ao registro e ao licenciamento de veículo automotor e à habilitação de condutor, nos termos do Código de Trânsito Brasileiro, competindo-lhe subsidiar o planejamento, a organização, a manutenção, o gerenciamento e a supervisão da Escola Pública de Trânsito de Minas Gerais.

GABARITO: B.

16. (FUMARC – 2021 – PC/MG – ESCRIVÃO) Nos termos do art. 49 da Lei Complementar nº 129/2013, os integrantes das carreiras da PCMG têm direito à percepção das seguintes verbas indenizatórias e de gratificação, exceto:

a) Auxílio-saúde, mediante comprovação da contratação particular de plano ou seguro de assistência à saúde.

b) Indenização securitária para policial civil que for vítima de acidente em serviço que ocasione aposentadoria por invalidez ou morte, no valor de vinte vezes o valor da remuneração mensal percebida na data do acidente, até o limite de 9.993,6041 Ufemgs (nove mil novecentos e noventa e três vírgula seis mil e quarenta e uma Unidades Fiscais do Estado de Minas Gerais).

c) Translado ou remoção quando ferido, acidentado ou falecido em serviço.

d) Transporte pessoal e de dependentes, em caso de remoção *ex officio*, compreendidos o cônjuge ou companheiro, os filhos e os enteados.

Para responder o enunciado, cabe o conhecimento acerca do art. 49 da Lei Complementar nº 129/2013. No rol expositivo, encontra-se no inciso III o transporte pessoal e de dependentes, em caso de remoção *ex officio*, compreendidos o cônjuge ou companheiro, os filhos e os enteados; no inciso VI o translado ou remoção quando ferido, acidentado ou falecido em serviço; e no inciso XII a indenização securitária para policial civil que for vítima de acidente em serviço que ocasione aposentadoria por invalidez ou morte, no valor de vinte vezes o valor da remuneração mensal percebida na data do acidente, até o limite de 9.993,6041 Ufemgs (nove mil novecentos e noventa e três vírgula seis mil e quarenta e uma Unidades Fiscais do Estado de Minas Gerais). Logo, a alternativa A não encontra previsibilidade na lei.

GABARITO: A.

17. (FUMARC – 2021 – PC/MG – ESCRIVÃO) Quanto às disposições finais da Lei Complementar nº 129/2013, é incorreto afirmar:

a) A verificação do nexo causal entre o exercício das funções e a consequente invalidez ou morte do policial civil, bem como das circunstâncias fáticas para aferição do direito à promoção por invalidez, *post mortem* ou por ato de bravura, ocorrerá por meio de sindicância de competência da Superintendência de Planejamento, Gestão e Finanças, a ser apreciada pelo Conselho Superior da PCMG.

b) Aplica-se aos integrantes das carreiras policiais civis, nas matérias não disciplinadas na Lei Complementar nº 129/2013, subsidiariamente, o Estatuto dos Servidores Públicos Civis do Estado de Minas Gerais.

c) Até a publicação do Estatuto Disciplinar da Polícia Civil do Estado de Minas Gerais aplica-se o disposto nos arts. 142 a 205 da Lei nº 5.406, de 16 de dezembro de 1969, e normas complementares.

d) Cabe à Corregedoria-Geral de Polícia Civil o processamento da correição dos servidores administrativos do quadro de pessoal da PCMG, nos termos do Estatuto dos Servidores Públicos Civis do Estado de Minas Gerais.

Neste caso, a única assertiva incorreta é a A, posto que a verificação do nexo causal entre o exercício das funções e a consequente invalidez ou morte do policial civil, bem como das circunstâncias fáticas para aferição do direito à promoção por invalidez, *post mortem* ou por ato de bravura, ocorrerá por meio de sindicância de competência da "Corregedoria-Geral de Polícia Civil", a ser apreciada pelo Conselho Superior da PCMG.

GABARITO: A.

18. (FUMARC – 2021 – PC/MG – ESCRIVÃO) São atribuições do cargo de Escrivão de Polícia, exceto:

a) Receber e recolher fiança, se fora do horário de expediente bancário, e emitir guia para o seu recolhimento, prestando contas à autoridade superior.

b) Captar e interceptar dados, comunicações e informações pertinentes aos indícios e vestígios encontrados em bens, objetos e locais de infrações penais, inclusive em veículos, conforme determinação do Delegado de Polícia, com a finalidade de estabelecer a sua identificação, elaborando autos de vistoria e de constatação, descrevendo as suas características, circunstâncias e condições.

c) Realizar a autuação, movimentação, remessa e recebimento dos inquéritos policiais, processos e demais procedimentos legais.

d) Realizar a guarda, conservação e controle do fluxo dos livros, procedimentos, documentos, objetos, bens e valores apreendidos relacionados a inquéritos policiais, termos circunstanciados de ocorrência, processos e procedimentos disciplinares que estejam sob sua responsabilidade, no âmbito do cartório de sua unidade policial, dando-lhes a destinação ou encaminhamentos legais.

Captar e interceptar dados, comunicações e informações pertinentes aos indícios e vestígios encontrados em bens, objetos e locais de infrações penais, inclusive em veículos, conforme determinação do Delegado de Polícia, com a finalidade de estabelecer a sua identificação, elaborando autos de vistoria e de constatação, descrevendo as suas características,

circunstâncias e condições são atribuições do investigador e não do escrivão de polícia.

GABARITO: B.

19. (FUMARC – 2021 – PC/MG – ESCRIVÃO) Sobre as Comissões Processantes Permanentes, disciplinadas na Lei nº 5.406/1969, é correto afirmar:

a) As Comissões Processantes Permanentes serão constituídas de três servidores estáveis da Polícia Civil.

b) As Comissões Processantes Permanentes serão presididas por integrante da carreira a que pertencer o servidor policial indiciado.

c) Os membros das Comissões Processantes Permanentes, bem como os respectivos secretários, conciliarão os trabalhos pertinentes aos processos administrativos de que forem encarregados com os outros serviços da repartição.

d) Poderá fazer parte da Comissão Processante Permanente parente, consanguíneo ou afim, em linha reta ou colateral, até o terceiro grau inclusive, do denunciante ou indiciado, bem como o subordinado deste.

Nos termos da Lei nº 5.406/1969, que dispõe sobre as Comissões Processantes Permanentes, as Comissões Processantes Permanentes serão constituídas de três servidores estáveis da Polícia Civil, devendo a sua presidência recair em Delegado de Polícia de Carreira.

Além do mais, haverá tantas Comissões Processantes Permanentes quantas forem julgadas necessárias.

GABARITO: A.

20. (FUMARC – 2021 – PC/MG – ESCRIVÃO) Quanto a Constituição do Estado de Minas Gerais, é correto afirmar:

a) A investidura em cargo ou emprego público depende de aprovação prévia em concurso público de provas ou de provas e títulos, ressalvadas as nomeações para cargo em comissão declarado em lei de livre nomeação e exoneração.

b) Compete exclusivamente ao Estado de Minas Gerais legislar sobre direito tributário, financeiro, penitenciário, econômico e urbanístico.

c) Para fins de promoção e progressão nas carreiras, será adotado, além dos critérios estabelecidos na legislação pertinente, o sistema de avaliação de desempenho, que será disciplinado em lei, sendo vedada a pontuação por tempo de serviço.

d) Todos têm o direito de requerer e obter informação sobre projeto do Poder Público, a qual será prestada no prazo da lei, ressalvada aquela cujo sigilo seja imprescindível à segurança do Estado Democrático de Direito.

Vale apontar que a investidura em cargo ou emprego público depende de aprovação prévia em concurso público de provas ou de provas e títulos, de acordo com a natureza e a complexidade do cargo ou emprego, na forma prevista em lei, ressalvadas as nomeações para o cargo em comissão declarado em lei de livre nomeação e exoneração.

GABARITO: A.

21. (FUMARC – 2021 – PC/MG – ESCRIVÃO) A Lei 8.072/90, conhecida por "Lei dos Crimes Hediondos", tem fundamento constitucional no art. 5, XLIII de nossa Constituição Federal e sofreu modificações em razão do "Pacote Anti-crime", Lei 13.964/19, de autoria do então Ministro Sérgio Moro. O critério adotado no Brasil para se definir se um crime é hediondo ou não é o Critério Legal, através do qual será hediondo apenas aquele que o legislador o definir como tal, ou seja, a Lei 8.072/90 trata de "numerus clausulus" as condutas criminosas tidas por hediondas.

Diante disso, é correto afirmar:

a) O feminicídio (art. 121, § 2º, VI), o tráfico de entorpecentes, o terrorismo e a tortura são exemplos de crimes hediondos.

b) O roubo qualificado pelo emprego de explosivo ou de artefato análogo que cause perigo comum é um exemplo de crime hediondo.

c) Os crimes hediondos, assim definidos pela Lei 8.072/90, são insuscetíveis de anistia, graça e indulto, sendo permitida apenas a liberdade provisória mediante fiança.

d) São exemplos de crimes hediondos o roubo circunstanciado pela restrição de liberdade da vítima, o estupro, o estupro de vulnerável e a epidemia com resultado morte.

A: Incorreta. São crimes assemelhados aos hediondos: tráfico de drogas, tortura e terrorismo (Lei nº 8.072/1990, art. 2º, *caput*).

B: Incorreta. O furto qualificado pelo emprego de explosivo ou de artefato análogo que cause perigo comum (CP, art. 155, § 4º-A) é considerado crime hediondo (Lei nº 8.072/1990, art. 1º, IX).

C: Incorreta. O art. 2º, II, da Lei nº 8.072/1990 estabelece que a fiança também é insuscetível.

D: Correta. Lei nº 8.072/1990:

***Art. 1º* São considerados hediondos os seguintes crimes, todos tipificados no Decreto-Lei nº 2.848, de 7 de dezembro de 1940 - Código Penal, consumados ou tentados: [...]**

II - roubo:

a) circunstanciado pela restrição de liberdade da vítima; [...]

V - estupro;

VI - estupro de vulnerável;

VII - epidemia com resultado morte .

GABARITO: D.

22. (FUMARC – 2021 – PC/MG – ESCRIVÃO) A "Lei Antidrogas" (Lei 11.343/06), de cunho mais preventivo, ao contrário das substituídas Leis 6.368/76 e 8.072/90, uma vez que está mais focada na "prevenção" das "drogas", substantivo que substituiu a expressão "substâncias entorpecentes", trouxe um novo conceito sobre o tratamento a ser ministrado, pelo Estado, ao "usuário" e ao combate ao "traficante".

Diante disso, é correto afirmar:

a) A apreensão de veículos, embarcações, aeronaves e quaisquer outros meios de transporte e dos maquinários, utensílios, instrumentos e objetos de qualquer natureza utilizados para a prática dos crimes definidos na Lei 11.343/06 será comunicada pela autoridade de polícia judiciária responsável pela investigação ao juízo competente, quando da conclusão do Inquérito Policial.

b) A infiltração por agentes de polícia em tarefas de investigação depende, exclusivamente, de autorização judicial, mediante representação da Autoridade Policial, titular do Inquérito Policial, independentemente do Ministério Público ser ouvido ou não.

c) O indiciado ou acusado que colaborar voluntariamente com a investigação criminal e o processo criminal na identificação dos demais coautores ou partícipes do crime e na recuperação total ou parcial do produto do crime, no caso de condenação terá sua pena reduzida.

d) Tratando-se de conduta prevista no artigo 28 da Lei 11.343/06, se imporá prisão em flagrante, devendo o autor do fato ser imediatamente encaminhado ao juízo competente.

A: Incorreta. Em desacordo com o art. 61 da Lei nº 11.343/2006.

B: Incorreta. Em desacordo com o art. 53, I, da Lei nº 11.343/2006

C: Correta. De acordo com o art. 41, da Lei nº 11.343/2006:

Art. 41 *O indiciado ou acusado que colaborar voluntariamente com a investigação policial e o processo criminal na identificação dos demais co-autores ou partícipes do crime e na recuperação total ou parcial do produto do crime, no caso de condenação, terá pena reduzida de um terço a dois terços.*

D: Incorreta. Em desacordo com o art. 48, § 2º, da Lei nº 11.343/2006.

GABARITO: C.

23. (FUMARC – 2021 – PC/MG – ESCRIVÃO) A Lei 11.340/06, conhecida por "Lei Maria da Penha", tem base no art. 226, § 8º da Constituição Federal, in verbis: "O Estado assegurará assistência à família na pessoa de cada um dos que a integram, criando mecanismos para coibir a violência no âmbito de suas relações". Dos procedimentos que devem ser tomados pela Polícia Civil, abaixo elencados, é improcedente:

a) Devem ser colhidas todas as provas que servirem para o esclarecimento do fato e de suas circunstâncias.

b) Os laudos ou prontuários médicos fornecidos por hospitais e postos de saúde não serão admitidos como meios de prova, daí a necessidade de a vítima ser encaminhada, o mais breve possível, ao IML para exame de corpo de delito.

c) Ouvir a ofendida, lavrar o boletim de ocorrência e tomar a representação a termo, se apresentada.

d) Ouvir o agressor e as testemunhas.

De acordo com a Lei nº 11.340/2006:

Art. 12 *Em todos os casos de violência doméstica e familiar contra a mulher, feito o registro da ocorrência, deverá a autoridade policial adotar, de imediato, os seguintes procedimentos, sem prejuízo daqueles previstos no Código de Processo Penal:*

I - ouvir a ofendida, lavrar o boletim de ocorrência e tomar a representação a termo, se apresentada;

II - colher todas as provas que servirem para o esclarecimento do fato e de suas circunstâncias;

V - ouvir o agressor e as testemunhas.

§ 3º Serão admitidos como meios de prova os laudos ou prontuários médicos fornecidos por hospitais e postos de saúde.

A: Correta. Conforme o art. 12, II, da Lei nº 11.340/2006.

B: Incorreta. De acordo com *caput* da Lei nº 11.340/2006.

C: Correta. Conforme o art. 12, I, da Lei nº 11.340/2006.

D: Correta. Conforme o art. 12, V, da Lei nº 11.340/2006.

GABARITO: B.

---

24. (FUMARC – 2021 – PC/MG – ESCRIVÃO) "A segurança pública é dever do Estado e consiste na prestação da ordem pública e da incolumidade das pessoas e do patrimônio (art. 144, CF/1988). Para sua concretização, envolve o exercício do poder de polícia – como atividade limitadora de direitos individuais em prol do interesse público, mas em sua modalidade especial, isto é, de segurança. A política de segurança, por sua vez, se divide em polícia administrativa – que atua preventivamente, evitando, assim, que o ilícito administrativo aconteça – e em polícia judiciária – destinada à atividade de investigação e, por isso, tem atuação repressiva, já que depende da ocorrência do ilícito penal (Bernardo Gonçalves Fernandes in Curso de Direito Constitucional).

Não condiz com o tratado no capítulo da Constituição, sobre a segurança pública:

a) A lei disciplinará a organização e o funcionamento dos órgãos responsáveis pela segurança pública, de maneira a garantir a eficiência de suas atividades.

b) Às polícias civis, dirigidas por delegados de polícia de carreira, incumbem, ressalvada a competência da União, as funções de polícia judiciária e a apuração de infrações penais, exceto as militares.

c) Às polícias penais, vinculadas ao órgão administrador do sistema de segurança pública da unidade federativa a que pertencem, cabe a segurança interna das cadeias públicas.

d) Os municípios poderão constituir guardas municipais destinadas à proteção de seus bens, serviços e instalações, conforme dispuser a lei.

A: Incorreta. A alternativa traz o texto igualmente publicado no art. 144, § 7º, da CF/1988, que traz a indicação que deverá ter norma que indiquem a organização e o funcionamento dos órgãos competentes para a segurança pública.

B: Incorreta. O disposto na alternativa está em acordo com o art. 144, § 4º da CF/1988, que indica que o delegado de polícia será responsável pela polícia judiciária e a apuração de infrações penais (exceto militares), ressalvado o que é de competência da União.

C: Correta. A alternativa carrega o termo "cadeias públicas" que são estabelecimentos destinados ao acolhimento de presos provisórios e não cumprimento de pena definitiva. Desse modo, o art. 144, § 5º-A, da CF/1988, dispõe do texto sobre as polícias penais estarem vinculadas ao órgão do sistema penal (e não de segurança pública) da unidade federativa a que pertencem, cabendo a segurança dos estabelecimentos penais (e não cadeias públicas).

D: Incorreta. As guardas civis poderão ser constituídas por meio de seus municípios, conforme expressa o art. 144, § 8º, da CF/1988.

GABARITO: C.

---

25. (FUMARC – 2021 – PC/MG – ESCRIVÃO) Uma das alterações mais significativas que o Pacote Anticrime (Lei 13.964/2019), de autoria do então Ministro Sérgio Moro, trouxe ao Direito Penal, seja ele substantivo ou adjetivo, foi a inserção da "Cadeia de Custódia", cujo escopo é de assegurar a preservação do local do crime e da prova em si. Sobre a cadeia de custódia e a cronologia de algumas de suas etapas, correto afirmar:

a) Reconhecimento, isolamento, fixação, coleta e acondicionamento.

b) Reconhecimento, coleta, fixação, processamento e recebimento.

c) Coleta, processamento, armazenamento, fixação e transporte.

d) Isolamento, reconhecimento, coleta, fixação e acondicionamento.

A alternativa correta é a A. De acordo com o CPP, em seu art. 158-B:

Art. 158-B *A cadeia de custódia compreende o rastreamento do vestígio nas seguintes etapas:*

I - reconhecimento: ato de distinguir um elemento como de potencial interesse para a produção da prova pericial;

II - isolamento: ato de evitar que se altere o estado das coisas, devendo isolar e preservar o ambiente imediato, mediato e relacionado aos vestígios e local de crime;

III - fixação: descrição detalhada do vestígio conforme se encontra no local de crime ou no corpo de delito, e a sua posição na área de exames, podendo ser ilustrada por fotografias, filmagens ou croqui, sendo indispensável a sua descrição no laudo pericial produzido pelo perito responsável pelo atendimento;

IV - coleta: ato de recolher o vestígio que será submetido à análise pericial, respeitando suas características e natureza;

V - acondicionamento: procedimento por meio do qual cada vestígio coletado é embalado de forma individualizada, de acordo com suas características físicas, químicas e biológicas, para posterior análise, com anotação da data, hora e nome de quem realizou a coleta e o acondicionamento; [...].

GABARITO: A.

---

26. (FUMARC – 2021 – PC/MG – ESCRIVÃO) A respeito do inquérito policial e da ação penal, está em dissonância com o Código de Processo Penal pátrio:

a) a representação será irretratável, depois de recebida a denúncia.

b) no caso de morte do ofendido ou quando declarado ausente por decisão judicial, o direito de oferecer queixa ou prosseguir na ação passará ao cônjuge, ascendente, descendente ou irmão.

c) nos crimes em que não couber a ação pública, os autos do inquérito serão remetidos ao juízo competente, onde aguardarão a iniciativa do ofendido ou de seu representante legal, ou serão entregues ao requerente, se o pedir, mediante translado.

d) os instrumentos do crime, bem como os objetos que interessarem à prova, acompanharão os autos do inquérito.

A: Incorreta. A irretratabilidade ocorre após o oferecimento da denúncia, nos termos do art. 25 do CPP: "A representação será irretratável, depois de oferecida a denúncia."

B: Correta. De acordo com o art. 31 do CPP: "No caso de morte do ofendido ou quando declarado ausente por decisão judicial, o direito de oferecer queixa ou prosseguir na ação passará ao cônjuge, ascendente, descendente ou irmão."

C: Correta. De acordo com o art. 19 do CPP: "Nos crimes em que não couber ação pública, os autos do inquérito serão remetidos ao juízo competente, onde aguardarão a iniciativa do ofendido ou de seu representante legal, ou serão entregues ao requerente, se o pedir, mediante traslado."

D: Correta. De acordo com o art. 11 do CPP: "Os instrumentos do crime, bem como os objetos que interessarem à prova, acompanharão os autos do inquérito."

GABARITO: A.

---

27. (FUMARC – 2021 – PC/MG – ESCRIVÃO) A expressão "agente público" é bastante ampla, para determinar, de forma específica, os sujeitos que exercem funções públicas. Assim, qualquer pessoa que age em nome do Estado é agente público, independentemente de vínculo jurídico, ainda que atue sem remuneração e transitoriamente. (Matheus Carvalho in Manual de Direito Administrativo). Diante do texto, é incorreto afirmar:

a) Agentes públicos que atuam no exercício da função política de Estado, que possuem cargos estruturais e inerentes à organização política do país, estão ali para exercer a vontade superior do Estado.

b) Os empregados públicos e os servidores estatutários têm vínculo permanente com a Administração Pública, de natureza profissional, com prazo determinado, para execução de atividades permanentes de interesse do Estado. Tais agentes se vinculam ao Poder Público com a celebração de contrato de emprego, com vínculo decorrente diretamente do texto da lei, o que lhes confere mais garantias.

c) Podem ser considerados agentes públicos aqueles que exercem função pública em virtude de relação trabalhista, em qualquer dos entes da Administração Pública Direta ou Indireta, seja esse regime estatutário, mediante a nomeação de servidores que se submetem às regras definidas em estatuto próprio, seja em regime de emprego, por meio de contratação de empregados, sob o regime da Consolidação das Leis Trabalhistas, para prestarem serviços, mediante regime de emprego público.

d) Podem ser considerados agentes públicos aqueles que, mesmo não possuindo qualquer vínculo de natureza administrativa ou política com o ente estatal, atuam no exercício de funções públicas, por exemplo, o mesário no dia da eleição ou o jurado, no dia em que presta o serviço de atuação no júri popular, ou ainda, os agentes das concessionárias e permissionárias de serviços públicos e os titulares das serventias de cartório, autorizados, após aprovação em concurso, para execução de serviços notariais, mediante delegação.

A: Correta. Os agentes políticos são aqueles do mais alto escalão, suas competências estão previstas na Constituição Federal e, em regra, não são hierarquizados, devendo respeito apenas a CF/1988.

B: Incorreta. Não há o que se falar em vínculo permanente para os empregados públicos e para os servidores públicos estatutários, pois o vínculo do servidor público estatutário é por meio de estatuto, por exemplo, a Lei nº 8.112/1990, e o vínculo do empregado público é a Consolidação das Leis Trabalhistas. Ainda, outro erro é afirmar que os agentes citados na assertiva vinculam-se ao Poder Público por meio de celebração de contrato de emprego, apenas os empregados públicos se encaixam nessa característica.

C: Correta. De maneira direta, elencou os servidores públicos estatutários e os empregados públicos.

D: Correta. Trouxe à tona a figura dos particulares em colaboração também considerados com agentes públicos.

GABARITO: B.

---

28. (FUMARC – 2021 – PC/MG – ESCRIVÃO) Sobre o Tribunal de Nuremberg (1945-46), não é correto afirmar que:

a) aplicou, fundamentalmente, tratados internacionais para a condenação criminal de indivíduos envolvidos na prática de crime contra a paz, crime de guerra e crime contra a humanidade.

b) detinha a competência para julgar os crimes cometidos ao longo do nazismo, seja pelos líderes do partido, seja pelos oficiais militares.

c) significou um poderoso impulso ao movimento de internacionalização dos Direitos Humanos, não apenas consolidando a ideia da necessária limitação da soberania nacional, mas reconhecendo que os indivíduos têm direitos protegidos pelo Direito Internacional.

d) teve sua composição e seus procedimentos básicos fixados pelo Acordo de Londres de 1945.

O Tribunal de Nuremberg foi importante mecanismo utilizado após o fim da Segunda Grande Guerra Mundial como forma de estabelecimento de responsabilidades dos crimes cometidos durante o conflito. Entre suas características, não se pode dizer que tenha ocorrido a aplicação de tratados internacionais para a condenação de crimes contra a paz, de guerra ou contra a humanidade. Explica-se: os mecanismos de proteção internacional de direitos humanos e, especialmente, o estabelecimento de um Tribunal Penal Internacional foram posteriores à realização do Tribunal de Nuremberg, que teve sua composição e procedimento básicos estabelecidos pelo Acordo de Londres justamente para sua realização.

GABARITO: A.

---

29. (FUMARC – 2021 – PC/MG – ESCRIVÃO) Sobre a Declaração dos Direitos do Povo Trabalhador e Explorado, de 1918, é correto afirmar que:

a) consagrava a ótica contratualista liberal, pela qual os direitos humanos se reduziam aos direitos à liberdade, segurança e propriedade, complementados pela resistência à opressão.

b) foi baseada no primado do valor da liberdade, com a supremacia dos direitos civis e políticos, e a ausência de previsão de qualquer direito social, econômico e cultural que dependesse da intervenção do Estado.

c) introduziu extraordinária inovação ao conter uma linguagem de direitos até então inédita, combinando o discurso liberal da cidadania com o discurso de natureza social.

d) primou por conter um discurso social da cidadania, em que a igualdade era o direito basilar e um extenso elenco de direitos econômicos, sociais e culturais era previsto.

A Declaração dos Direitos do Povo Trabalho e Explorado foi assinada na Rússia, em janeiro de 1918, e tinha como objetivo central a declaração de que a Rússia fosse reconhecida como "República dos Sovietes dos Deputados Operários, Soldados e Camponeses". Para tanto, visava "principalmente a suprimir toda exploração do homem pelo homem, a abolir completamente a divisão da sociedade em classes, a esmagar implacavelmente todos os exploradores, a instalar a organização socialista da sociedade e a fazer triunfar o socialismo em todos os países". Em seu texto, há diversos direitos econômicos, sociais e culturais voltados à consecução desse objetivo central, o que torna correta a alternativa D.

GABARITO: D.

---

30. (FUMARC – 2021 – PC/MG – ESCRIVÃO) A respeito da Convenção Internacional sobre a Eliminação de todas as formas de Discriminação Racial, não é correto afirmar:

a) Admite a adoção de ações que objetivam transformar a igualdade formal em igualdade material e substantiva, assegurando a diversidade e a pluralidade social.

b) Apresentou como precedentes históricos o ingresso de dezessete novos países africanos nas Nações Unidas em 1960, bem como o ressurgimento de atividades nazifascistas na Europa e as preocupações ocidentais com o antissemitismo.

c) Consagra a Convenção exclusivamente a vertente repressivo-punitiva, pela qual é dever dos Estados proibir e eliminar a discriminação racial.

d) Foi o primeiro instrumento jurídico internacional sobre direitos humanos a introduzir mecanismo próprio de supervisão para examinar petições individuais, relatórios encaminhados pelos Estados-partes e comunicações interestatais.

A Convenção Internacional sobre a Eliminação de tôdas as Formas de Discriminação Racial foi promulgada no Brasil por meio do Decreto nº 65.810/1969 não é exclusivamente repressiva-punitiva. Embora contenha, de fato, previsão de que os países signatários devam proibir e elminar a discriminação racil, seu enfoque é muito mais amplo, preevendo, em verdade, um reforço de diversos direitos necessários para a eliminação da discriminação, além da formação de um Comitê para elminação da discriminação racial, além de outras medidas.

GABARITO: C.

31. (FUMARC – 2021 – PC/MG – ESCRIVÃO) Sobre a Convenção Interamericana para a Eliminação de Todas as Formas de Discriminação contra as Pessoas Portadoras de Deficiência, não é correto afirmar que:

a) estabelece como mecanismo de monitoramento a criação da Comissão para a Eliminação de Todas as Formas de Discriminação contra as Pessoas Portadoras de Deficiência, que é constituída por um representante designado por cada Estado Parte.

b) foi aprovada, em cada Casa do Congresso Nacional, em dois turnos, por três quintos dos votos dos respectivos membros, nos termos do § 3º, do art. 5º, da Constituição Federal de 1988, incorporada, portanto, com hierarquia interna equivalente ao de emenda constitucional.

c) permite a adoção de ações afirmativas em benefício das pessoas com deficiência, ao explicitar que não constitui discriminação a diferenciação ou preferência adotada pelo Estado para promover a integração social ou o desenvolvimento pessoal dessas pessoas, desde que a diferenciação ou preferência não limite em si mesma o seu direito à igualdade e que as pessoas com deficiência não sejam obrigadas a aceitar tal diferenciação ou preferência.

d) prevê que os Estados devem tomar as medidas de caráter legislativo, social, educacional, trabalhista, ou de qualquer outra natureza, que sejam necessárias para eliminar a discriminação contra as pessoas com deficiência e proporcionar a sua plena integração à sociedade.

A Convenção Interamericana para a Eliminação de Todas as Formas de Discriminação contra as Pessoas Portadoras de Deficiência, foi promulgada no Brasil pelo Decreto nº 3.956, em 8 de outubro de 2001. Assim, seria impossível à época que adotasse a regra de aprovação prevista no art. 5º, § 3º, da Constituição Federal, uma vez que esse dispositivo somente foi inserido no texto constitucional com a Emenda Constitucional 45, de 8 de dezembro de 2004. A Convenção, assim, tem hierarquia de norma supralegal.

GABARITO: B.

32. (FUMARC – 2021 – PC/MG – ESCRIVÃO) A respeito da Convenção Internacional sobre os Direitos da Criança não é correto afirmar que:

a) estabelece que os Estados Partes devem abster-se de recrutar pessoas que não tenham completado 15 anos de idade para servir em suas forças armadas e, caso recrutem pessoas que tenham completado 15 anos, mas que tenham menos de 18 anos, deve-se dar prioridade aos mais velhos.

b) estabeleceu a constituição do Comitê para os Direitos da Criança, para conferir maior eficácia com relação às disposições da Convenção, devendo os Estados, periodicamente, encaminhar relatórios sobre a situação nacional dos direitos protegidos.

c) os Estados Partes devem reconhecer que todas as crianças têm o direito de usufruir da previdência social, inclusive do seguro social, e devem adotar as medidas necessárias para garantir a plena realização desse direito.

d) os Estados Partes estabelecerão uma idade mínima antes da qual se presumirá que a criança não tem capacidade para infringir as leis penais, não podendo ser inferior a 16 anos.

A Convenção Internacional sobre os Direitos da Criança, ao contrário do afirmado na alternativa D, não estabelece uma idade fixa para a imputabilidade penal. Mais especificamente, em seu artigo 40, número 3, prevê que os Estados Partes devem buscar promover o estabelecimento de leis, procedimentos, autoridades e instituições especificamente aplicáveis a crianças, que alegadamente, teriam infringido a legislação penal ou que sejam acusadas ou declaradas culpadas de ter infringido a legislação penal, e em especial o estabelecimento de uma idade mínima antes da qual se presumirá que a criança não tem capacidade para infringir a legislação penal. Não se estabelece, portanto, a idade de 16 anos como parâmetro.

GABARITO: D.

33. (FUMARC – 2021 – PC/MG – ESCRIVÃO) Sobre o Tribunal Penal Internacional, não é correto afirmar:

a) A jurisdição do Tribunal Internacional é adicional e complementar à do Estado, ficando, pois, condicionada à incapacidade ou à omissão do sistema judicial interno.

b) O exercício da jurisdição internacional pode ser acionado mediante denúncia de um Estado-parte ou do Conselho de Segurança à Promotoria, a fim de que esta investigue o crime, propondo a ação penal cabível, nos termos dos arts. 13 e 14 do Estatuto.

c) Os crimes da competência do Tribunal não prescrevem.

d) Quanto às penas, o Estatuto estabelece como regra a pena máxima de 30 anos, admitindo, excepcionalmente, a prisão perpétua ou a pena de morte, quando justificadas pela extrema gravidade do crime e pelas circunstâncias pessoais do condenado.

O Tribunal Penal Internacional, criado pelo Estatuto de Roma (Decreto nº 4.388/2002), não admite a pena de morte. Em regra, estabelece como pena máxima a privação de liberdade por até 30 anos. Contudo, se o elevado grau de ilicitude do fato e as condições pessoais do condenado o justificarem, excepcionalmente, permite a imposição da pena de prisão perpétua (art. 77 do Estatuto de Roma):

***Art.** 77 Penas Aplicáveis*

1. Sem prejuízo do disposto no artigo 110, o Tribunal pode impor à pessoa condenada por um dos crimes previstos no artigo 5º do presente Estatuto uma das seguintes penas:

a) Pena de prisão por um número determinado de anos, até ao limite máximo de 30 anos; ou

b) Pena de prisão perpétua, se o elevado grau de ilicitude do fato e as condições pessoais do condenado o justificarem.

2. Além da pena de prisão, o Tribunal poderá aplicar:

a) Uma multa, de acordo com os critérios previstos no Regulamento Processual;

b) A perda de produtos, bens e haveres provenientes, direta ou indiretamente, do crime, sem prejuízo dos direitos de terceiros que tenham agido de boa fé.

GABARITO: D.

34. (FUMARC – 2021 – PC/MG – ESCRIVÃO) A Convenção para a Prevenção e a Repressão do Crime de Genocídio considera genocídio a prática de quaisquer atos cometidos com a intenção de destruir, no todo ou em parte, um grupo nacional, étnico, racial ou religioso, tais como, exceto:

a) Atentado grave à integridade física e mental de membros do grupo.

b) Submissão deliberada do grupo a condições de existência que acarretarão a sua destruição física, total ou parcial.

c) Supressão da personalidade jurídica de membros do grupo.

d) Transferência forçada das crianças do grupo para outro grupo.

A Convenção para a Prevenção e a Repressão do Crime de Genocídio foi promulgada no Brasil pelo Decreto nº 30.822/1952. Em seu texto, entende-se por genocídio qualquer dos seguintes atos, cometidos com a intenção de destruir no todo ou em parte, um grupo nacional, étnico, racial ou religioso, como tal: a) matar membros do grupo; b) causar lesão grave à integridade física ou mental de membros do grupo; c) submeter intencionalmente o grupo a condição de existência capazes de ocasionar-lhe a destruição física total ou parcial; d) adotar medidas destinadas a impedir os nascimentos no seio de grupo; e) efetuar a transferência forçada de crianças do grupo para outro grupo. Não há, assim, qualquer menção à supressão de personalidade jurídica como forma de genocídio, excluindo portanto a alternativa C.

GABARITO: C.

35. (FUMARC – 2021 – PC/MG – ESCRIVÃO) A respeito da Corte Interamericana de Direitos Humanos e da Comissão Interamericana de Direitos Humanos, não é correto afirmar:

a) A decisão da Corte Interamericana de Direitos Humanos tem força jurídica vinculante e obrigatória, cabendo ao Estado seu imediato cumprimento.

b) A sentença da Corte Interamericana de Direitos Humanos admitirá apelação, que deverá ser proposta em até noventa dias a partir da data de notificação da sentença.

c) Não se poderá exigir responsabilidade em tempo algum dos juízes da Corte, nem dos membros da Comissão, por votos e opiniões emitidos no exercício de suas funções.

d) Os juízes da Corte e os membros da Comissão gozam, desde o momento de sua eleição e enquanto durar o seu mandato, das imunidades reconhecidas aos agentes diplomáticos pelo Direito Internacional.

A alternativa B está incorreta. De acordo com o art. 67 da Convenção Interamericana de Direitos Humanos, a sentença da Corte será definitiva e inapelável. É possível, contudo, em caso de divergência sobre o sentido ou alcance da sentença, que a Corte realize sua interpretação a pedido de qualquer das partes, desde que o pedido seja apresentando dentro de noventa dias a partir da data da notificação da sentença.

GABARITO: B.

36. (FUMARC – 2021 – PC/MG – ESCRIVÃO) Sobre a Convenção Interamericana para Prevenir, Punir e Erradicar a Violência Contra a Mulher ("Convenção de Belém do Pará"), não é correto afirmar que:

a) considera violência contra a mulher aquela perpetrada por particulares, não incluindo atos realizados pelo Estado ou por seus agentes.

b) determina que a violência contra a mulher abrange a violência física, sexual ou psicológica, quer tenha ocorrido no âmbito da família ou unidade doméstica ou em qualquer outra relação interpessoal, em que o agressor conviva ou haja convivido no mesmo domicílio que a mulher e que compreende, entre outros, estupro, violação, maus-tratos e abuso sexual, no âmbito da comunidade e seja perpetrada por qualquer pessoa.

c) é uma das referências para a criação da Lei nº 11.340/2006, conhecida como "Lei Maria da Penha".

d) estabelece, entre outros, o direito a ter igualdade de acesso às funções públicas de seu país e a participar nos assuntos públicos, inclusive na tomada de decisões.

A Convenção Interamericana para Prevenir, Punir e Erradicar a Violência contra a Mulher, concluída em Belém do Pará, em 9 de junho de 1994, entende como violência contra a mulher qualquer ato ou conduta baseada no gênero, que cause morte, dano ou sofrimento físico, sexual ou psicológico à mulher, seja realizado na esfera pública ou na esfera privada. Incorreta, portanto, a alternativa A, que limita a violência ao âmbito privado.

GABARITO: A.

37. (FUMARC – 2021 – PC/MG – ESCRIVÃO) A Agenda 2030 é uma estratégia de planejamento global que define objetivos e metas universais para o desenvolvimento sustentável do planeta até o ano de 2030. Esse planejamento se subdivide em 17 Objetivos de Desenvolvimento Sustentável distribuídos por 169 metas, cuja missão é ser referência para o desenvolvimento de ações de sociedade e governos. Entre os objetivos do Desenvolvimento Sustentável previstos na Agenda 2030 está o Objetivo 16, descrito como "Promover sociedades pacíficas e inclusivas para o desenvolvimento sustentável, proporcionar o acesso à justiça para todos e construir instituições eficazes, responsáveis e inclusivas a todos os níveis".

São metas do Objetivo 16, exceto:

a) Acabar com abuso, exploração, tráfico e todas as formas de violência e tortura contra crianças.

b) Acabar com todas as formas de discriminação contra todas as mulheres e meninas em toda parte.

c) Assegurar o acesso público à informação e proteger as liberdades fundamentais, em conformidade com a legislação nacional e os acordos internacionais.

d) Promover o Estado de Direito, em nível nacional e internacional, e garantir a igualdade de acesso à justiça para todos.

A alternativa B é a única que representa objetivo não expresso entre aqueles estabelecidos na Agenda 2030. Todos os demais estão englobados entre os 17 objetivos e as 169 metas estabelecidas em 2016.

GABARITO: B.

38. (FUMARC – 2021 – PC/MG – ESCRIVÃO) São exemplos das opções disponíveis no menu "Inserir" do LibreOffice Writer 7.1.6, versão português, exceto:

a)  Figura.

b)  Formas.

c)  Gráfico.

d)  Tabela.

A: Correta. "Figura" é utilizado para inserir imagens em um documento (Inserir > Figuras).

B: Correta. "Formas" é utilizado para inserir formas geométricas no documento (Inserir > Formas).

C: Correta. "Gráfico" é utilizado para inserir gráficos no documento (Inserir > Gráfico).

D: Incorreta. "Tabela" é utilizada para inserir uma tabela no documento (Inserir > Tabela). No Libreoffice existe um menu exclusivo para Tabela.

GABARITO: D.

39. (FUMARC – 2021 – PC/MG – ESCRIVÃO) É possível atualizar o envio e o recebimento de itens como mensagens de e-mail, compromissos do calendário e tarefas por meio das opções disponíveis na guia "Enviar/Receber" do Microsoft Outlook, versão português do Office 2016.

A única opção da guia "Enviar/Receber" que está corretamente descrita é:

a) A opção "Atualizar Pasta" envia e recebe itens em todas as pastas do Microsoft Outlook.

b) A opção "Enviar Tudo" envia todos os e-mails não enviados.

c) A opção "Marcar para Baixar" baixa todos os cabeçalhos de e-mail da pasta que estiver selecionada no Microsoft Outlook.

d) A opção "Mostrar Progresso" envia e recebe itens da pasta que estiver selecionada no Microsoft Outlook.

A: Incorreta. "Atualizar Pasta" envia e recebe apenas a pasta selecionada no Microsoft Outlook.

B: Correta. Autoexplicativa.

C: Incorreta. "Marcar para Baixar" marca a mensagem que será baixada no próximo download, e não irá baixar todos os arquivos.

D: Incorreta. "Mostrar Progresso" exibe o progresso de envio e recebimento.

GABARITO: B.

---

40. (FUMARC – 2021 – PC/MG – ESCRIVÃO) Analise a seguinte planilha do LibreOffice Calc 7.1.6, versão português.

	A	B	C	D	E
1	Estado	População	Percentual		Brasil
2	Bahia	14.985.284	7,02%		213.317.639
3	Minas Gerais	21.411.923	10,04%		
4	Rio de Janeiro	17.463.349	8,19%		
5	São Paulo	42.649.132	19,99%		

Considerando que o intervalo de células **C3:C5** recebeu uma cópia da fórmula e do formato da célula **C2** para calcular o percentual da população de cada estado em relação à população do Brasil, que está na célula **E2**, o conteúdo da célula C2 deveria ser:

a) =B2/$E2

b) =B2/(E2)

c) =B2/E$2

d) =B2/E2

O enunciado pede que a linha da célula E2 seja fixada a fim de que o usuário consiga copiar o conteúdo da célula C2 nas células C3 até C5 sem que o valor da população do Brasil (213.317.639) seja alterado após a cópia do conteúdo. Portanto, para fixar a linha de uma célula, o usuário deverá inserir o símbolo de cifrão antes do número da célula, logo a fórmula correta a ser inserida na célula C2, para que o usuário possa colar nas demais células e descobrir o percentual de cada região, é a "=B2/E$2".

A expressão "=B2/E$2" fixará a linha da célula E2, o que permitirá que o usuário copie o conteúdo da célula C2 nas demais células sem que o Calc altere o valor da população do Brasil. Portanto, a alternativa C está certa.

GABARITO: C.

---

41. (FUMARC – 2021 – PC/MG – ESCRIVÃO) É possível utilizar o teclado para acessar os comandos do LibreOffice Impress, bem como para navegar pelo espaço de trabalho.

Todas as descrições a seguir das teclas de atalho do LibreOffice Impress 7.1.6, versão português, estão corretas, exceto:

a) Ctrl+P cria uma nova apresentação.

b) F5 inicia a apresentação no primeiro slide.

c) F7 faz a verificação ortográfica no documento.

d) Shift+F5 inicia a apresentação no slide atual.

A: Incorreta. Ctrl+P imprime o documento.

B: Correta. F5 inicia a apresentação no primeiro slide.

C: Correta. F7 faz a verificação ortográfica.

D: Correta. Shift+F5 inicia a apresentação no slide atual.

GABARITO: A.

---

42. (FUMARC – 2021 – PC/MG – ESCRIVÃO) Analise as seguintes afirmativas sobre os atalhos de teclado do navegador Google Chrome:

I. Ctrl+Shift+N abre uma nova janela no modo de navegação anônima.

II. Ctrl+J abre a lista de downloads realizados no navegador.

III. Ctrl+N abre uma nova guia de navegação na janela atual.

Estão corretas as afirmativas:

a) I e II, apenas.

b) I e III, apenas.

c) I, II e III.

d) II e III, apenas.

I: Correta. Crtl+Shift+N = abre uma nova janela.

II: Correta. Ctrl+J = abre os downloads.

III: Incorreta. Ctrl+N = abre uma nova guia.

GABARITO: A.

---

43. (FUMARC – 2021 – PC/MG – ESCRIVÃO) Em relação às principais ameaças à segurança da informação em uma organização, correlacione as colunas a seguir:

Ameaça:

I. *Spyware*

II. *Pharming*

III. *Ransomware*

IV. *Worm*

Descrição:

( ) Manipula o tráfego de um site legítimo para direcionar usuários para sites falsos.

( ) Recolhe informações sobre o usuário, sobre seus hábitos na internet e transmite essas informações a uma entidade externa na internet.

( ) É semelhante a um vírus, mas é um programa autônomo que possui a capacidade de auto-replicação.

( ) Tipo de ataque que criptografa dados de um computador e exige resgate para liberação dos dados.

Está correta a seguinte sequência de respostas:

a) I, II, IV, III.

b) II, I, IV, III.

c) II, IV, I, III.

d) III, II, I, IV.

Na ordem em que as descrições foram apresentadas:

II: *Pharming*: redireção da navegação do usuário para *sites* falsos por meio de alterações no serviço de DNS. Quando o usuário tenta acessar o *site* legítimo, ele é redirecionado para uma página falsa.

I: *Spyware*: monitora as atividades de um sistema e envia as informações coletadas para terceiros.

IV: *Worm*: propaga-se automaticamente pelas redes, enviando cópias de si mesmo de computador para computador. Explora automaticamente as vulnerabilidade existentes em programas instalados em dispositivos.

III: *Ransomware*: código malicioso que torna inacessíveis os dados armazenados em um equipamento, geralmente usando criptografia, e que exige pagamento de resgate para restabelecer o acesso ao usuário.

GABARITO: B.

44. (FUMARC – 2021 – PC/MG – ESCRIVÃO) Considere a tabela a seguir do Microsoft Word, versão português do Office 2016, com a célula em destaque selecionada:

	Célula selecionada	

São exemplos de opções disponíveis no menu de contexto acionado com o botão direito do mouse sobre a célula selecionada, exceto:

a) Direção do Texto...

b) Dividir Células...

c) Dividir Tabela...

d) Excluir células...

Há opções de: Direção do Texto, Dividir Células e Excluir Células.

A opção "Dividir Tabela" está disponível na guia Layout, no grupo Mesclar.

Portanto, a alternativa certa é a C. Quando se pressiona o botão direito do *mouse* "Dividir Tabela", ele não aparece.

GABARITO: C.

45. (FUMARC – 2021 – PC/MG – ESCRIVÃO) No navegador Google Chrome 93.x ou superior, versão português, o atalho de teclado correto que corresponde à opção "Adicionar esta guia aos favoritos..." é:

a) Ctrl+D.

b) Ctrl+F.

c) Ctrl+H.

d) Ctrl+J.

A opção "Adicionar em favoritos" é acionada pelo atalho Ctrl+D.

Ctrl+F: localizar na página.

Ctrl+H: histórico de pesquisas.

Ctrl+J: histórico de Downloads.

Portanto, alternativa A.

GABARITO: A.

46. (FUMARC – 2021 – PC/MG – ESCRIVÃO) Considere o texto a seguir com a palavra "LibreOffice" selecionada em um documento do LibreOffice Writer 7.1.6, versão português:

Palavra a ser formatada no LibreOffice Writer

A alternativa correta que corresponde ao atalho de teclado para aumentar o

tamanho da fonte da palavra selecionada é:

a) Ctrl + /.

b) Ctrl +].

c) Ctrl + =.

d) Ctrl + ↑.

A: Incorreta. Ctrl + /" não existe.

B: Correta. Ctrl +]" aumenta em 2 pontos a fonte selecionada.

C: Incorreta. Ctrl + =" não existe.

D: Incorreta. Ctrl + ↑" move o cursor para o início do parágrafo.

GABARITO: B.

47. (FUMARC – 2021 – PC/MG – ESCRIVÃO) O tipo de software malicioso (malware) projetado para bloquear o acesso aos seus arquivos até que você pague um resgate é conhecido por:

a) Pharming.

b) Ransomware.

c) Spyware.

d) Worm.

Muito utilizado atualmente, o software malicioso chamado Ransomware encripta os dados do usuário e solicita um resgate para desbloquear seus dados. Geralmente o pagamento é pedido por meio de criptomoedas.

Vale lembrar que o pagamento do resgate não garante que os dados serão desbloqueados, ficando a cargo do cracker que realizou o ataque esse desbloqueio.

GABARITO: B.

48. (FUMARC – 2021 – PC/MG – ESCRIVÃO) Sobre as principais categorias dos delinquentes propostas por Enrico Ferri, analise as hipóteses a seguir enumeradas:

I. O delinquente nato caracterizava-se pela impulsividade ínsita que fazia que o agente passasse à ação por motivos absolutamente desproporcionais à gravidade do delito.

II. O delinquente louco era levado ao crime pela enfermidade mental e pela atrofia do senso moral.

III. Nascido e crescido em um ambiente de miséria moral e material, o delinquente ocasional começava com leves falhas até uma escalada obstinada no crime.

IV. O delinquente habitual era condicionado por influência de circunstâncias ambientais, tais como injusta provocação, necessidades familiares ou pessoais, comoção pública etc.

Estão corretas as assertivas:

a) I e II, apenas.

b) I, II e III, apenas.

c) I, II, III e IV.

d) II e III, apenas.

Conforme assevera Enrico Ferri, o delinquente ocasional é aquele que comete o crime em ocasiões excepcionais, temporárias e emergenciais, sob influência de circunstâncias ambientais, apresentando menor periculosidade e maior adaptabilidade social. Aquele nascido e crescido em ambiente desfavorável é classificado como delinquente habitual. Logo, a questão inverteu os conceitos de delinquente ocasional e habitual nos itens III e IV.

GABARITO: A.

49. (FUMARC – 2021 – PC/MG – ESCRIVÃO) Muitos criminólogos defendem ser útil manter-se firme, em linha de princípio, a distinção entre sociologia criminal e sociologia jurídico-penal. Entretanto, Alessandro Baratta sustenta que um ponto de encontro e de superposição logicamente necessário entre os referidos campos do conhecimento deriva do caráter problemático que alguns conceitos adquiriram no âmbito do labeling approach.

Nesse sentido, analise as asserções a seguir:

I. A sociologia criminal estuda os comportamentos que representam uma reação ante o comportamento desviante, os fatores condicionantes e os efeitos desta reação, assim como as implicações funcionais dessa reação com a estrutura social global. A sociologia jurídico-penal, ao contrário, estuda propriamente o comportamento desviante com relevância penal, a sua gênese, a sua função no interior da estrutura social dada.

No entanto,

II. Mesmo permanecendo firme o princípio de delimitação, o campo da sociologia criminal e o da sociologia penal se sobrepõem necessariamente, ao menos no que se refere aos aspectos da noção, da constituição e da função do desvio, que podem ser colocados em conexão estreita com a função e os efeitos estigmatizantes da relação social, institucional e não institucional.

Está correto o que se afirma em:

a) I e II são proposições falsas.

b) I e II são proposições verdadeiras e II é uma justificativa correta da I.

c) I e II são proposições verdadeiras, mas II não é uma justificativa correta da I.

d) I é uma proposição falsa e II é uma proposição verdadeira.

A assertiva I inverteu os conceitos de sociologia criminal e sociologia jurídico-penal, uma vez que a primeira vertente estuda o comportamento desviante com relevância penal, a sua gênese, a sua função interior da estrutura social dada; e a segunda vertente estuda os comportamentos que representam uma reação ante o comportamento desviante, os fatores condicionantes e os efeitos desta reação, assim como as implicações funcionais dessa reação com a estrutura social global.

GABARITO: D.

---

50. (FUMARC – 2021 – PC/MG – ESCRIVÃO) Os estudos criminológicos voltam-se para a criminalidade dos poderosos, tratados como homens de negócios e profissionais, colocando em debate a forma como o sistema de justiça criminal os tratava. O recurso paradigmático da referida vertente teórica contrapõe-se à relação de necessariedade entre delinquência/pobreza, abrindo-se caminho para o amadurecimento do direito penal econômico.

O postulado teórico constante do trecho apresentado evidencia a:

a) Escola de Chicago.

b) Teoria da anomia.

c) Teoria da associação diferencial.

d) Teoria da subcultura delinquente.

As teorias macrossociológicas surgiram para explicar a razão do cometimento dos crimes, tratando-se de observações de cunho biológico e, principalmente, sociológico. Dentre as teorias de consenso, de cunho funcionalista, a teoria da associação diferencial refere-se ao fato das práticas criminosas decorrerem de processos de aprendizagem e de experiências vividas, independentemente da classe social nas quais as pessoas estejam inseridas. Ademais, decorre dessa teoria o chamado "crime do colarinho branco", que são delitos praticados por pessoas respeitáveis e de elevado status social.

GABARITO: C.

---

51. (FUMARC – 2021 – PC/MG – ESCRIVÃO) As correntes do neorrealismo de esquerda, da teoria do direito penal mínimo e do pensamento abolicionista são desdobramentos da:

a) Criminologia crítica.

b) Escola de Chicago.

c) Teoria da anomia.

d) Teoria da associação diferencial.

Dentre as teorias de conflito, de cunho argumentativo, a teoria crítica ou radical versa a respeito da criminalidade ser baseada no egoísmo induzido pelo capitalismo. Desta teoria, desdobram-se as correntes do neorrealismo de esquerda, o minimalismo penal (direito penal mínimo) e o abolicionismo penal, fundamentadas nas ideias de Karl Marx de que o criminoso surge da luta de classes.

GABARITO: A.

---

52. (FUMARC – 2021 – PC/MG – ESCRIVÃO) Em sua obra "A síndrome da rainha vermelha: policiamento e segurança pública no século XXI", Marcos Rolim justifica o título do livro realçando a passagem narrada por Lewis Carroll na obra "As aventuras de Alice no país das maravilhas", em que, sem saber exatamente o motivo, Alice e a Rainha Vermelha começaram a correr de mãos dadas em uma velocidade crescente. A todo momento, a Rainha ordenava que corressem mais rápido, mas Alice mal conseguia acompanhá-la. Até que, exaustas, param para descansar". Nesse momento:

Alice olhou ao seu redor muito surpresa:

- Ora, eu diria que ficamos sob esta árvore o tempo todo! Tudo está exatamente

como era!

- Claro que está, esperava outra coisa? - perguntou a Rainha.

- Bem, na nossa terra, responde Alice, ainda arfando um pouco, geralmente

você chegaria a algum outro lugar... se corresse muito rápido por

um longo tempo, como fizemos.

- Que terra mais pachorrenta! - comentou a Rainha. Pois aqui, como vê,

você tem que correr o mais que pode para continuar no mesmo lugar.

(ROLIM, Marcos. **A síndrome da rainha vermelha**: policiamento e segurança pública no

século XXI. Rio de Janeiro: Jorge Zahar, 2006, p. 37).

Diante do contexto apresentado, e segundo a proposta de Marcos Rolim, analise as assertivas:

I. A passagem narrada entre Alice e a Rainha Vermelha descreve perfeitamente a situação produzida pelo modelo proativo de policiamento.

Porque

II. Os esforços policiais, mesmo quando desenvolvidos em sua intensidade máxima, costumam redundar em "lugar nenhum", e o cotidiano de uma intervenção que se faz presente apenas e tão-somente quando o crime já ocorreu parece oferecer aos policiais uma sensação sempre renovada de imobilidade e impotência.

Está correto o que se afirma em:

a) I e II são proposições verdadeiras e II é uma justificativa correta da I.

b) I e II são proposições verdadeiras, mas II não é uma justificativa correta da I.

c) I é uma proposição falsa e II é uma proposição verdadeira.

d) I é uma proposição verdadeira e II é uma proposição falsa.

A questão traz alusão à teoria da Rainha Vermelha, de Marcos Rolim, onde assevera que o modelo reativo (não proativo) de policiamento é insuficiente para garantir parâmetros mínimos de ordem pública e paz social. Esse novo modelo apresenta uma falha da segurança pública, que deveria se valer da prevenção ao invés da política penal, pois isso configura os esforços policiais a "lugar nenhum".

GABARITO: C.

---

53. (FUMARC – 2021 – PC/MG – ESCRIVÃO) De acordo com a classificação de Afrânio Peixoto, as asfixias podem ser definidas como puras, complexas e mistas.

É um exemplo de asfixia pura:

a) a esganadura.

b) a asfixia por monóxido de carbono.

c) o enforcamento.

d) o estrangulamento.

As asfixias puras podem ocorrer de quatro maneiras: em ambientes contendo gases irrespiráveis (confinamento, asfixia por monóxido de carbono ou asfixia por outros vícios de ambiente), obstáculos à penetração de ar nas vias respiratórias (sufocação direta ou indireta),

transformação de meio gasoso por líquido (afogamento) e transformação de meio gasoso por sólido (soterramento). O enforcamento e o estrangulamento constituem as asfixias classificadas como complexas, enquanto a esganadura é considerada como asfixia mista.

GABARITO: B.

54. (FUMARC – 2021 – PC/MG – ESCRIVÃO) A cronotanatognose é utilizada para:

a) determinar o tempo aproximado de morte da vítima.

b) determinar o tempo médio de duração da gestação.

c) indicar a idade da vítima no momento da morte.

d) indicar o tempo médio de vida da vítima.

O diagnóstico cronológico se faz importante para determinação da causa jurídica da morte e, ainda, essencial no auxílio à investigação sobre circunstâncias da morte. Vale relembrar que a morte não é um resultado simples, instantâneo e simultâneo, mas sim um processo gradativo que não se sabe quando inicia e quando termina. Assevera França que as "funções não cessam todas de uma vez, resultando daí uma certa dificuldade para se determinar com precisão o exato momento da morte".

GABARITO: A.

55. (FUMARC – 2021 – PC/MG – ESCRIVÃO) É um exemplo de fenômeno cadavérico abiótico consecutivo:

a) Putrefação.

b) Relaxamento dos esfíncteres.

c) Rigidez cadavérica.

d) Saponificação.

A rigidez cadavérica, a presença de livores hipostáticos (manchas de posição) e o resfriamento do corpo são exemplos de fenômenos abióticos consecutivos (ou mediatos ou tardios). A rigidez cadavérica é um fenômeno físico-químico em um estado de contratura muscular que se inicia entre 1 e 2 horas após a morte, atinge seu nível máximo em torno de 8 horas e se desfaz após decorridas 24 horas, com o início da putrefação. Os fenômenos transformativos destrutivos são: autólise, putrefação e maceração. Já os fenômenos transformativos conservadores são: mumificação, saponificação, corificação, calcificação, refrigeração e fossilização.

GABARITO: C.

56. (FUMARC – 2021 – PC/MG – ESCRIVÃO) O rompimento de barragem em Brumadinho, em 25 de janeiro de 2019, foi o maior acidente de trabalho no Brasil em perda de vidas humanas e o segundo maior desastre industrial do século. O desastre industrial, humanitário e ambiental causou a morte de 270 pessoas, incluindo oito desaparecidas, em números oficiais divulgados em 6 de outubro de 2021, com a identificação de 262 vítimas. A identificação do sexo de um cadáver humano adulto encontrado esqueletizado pode ser realizada por meio do estudo de algumas estruturas.

Quais as principais estruturas ósseas que contribuem para essa identificação?

a) Crânio, mandíbula, ossos do tórax, ossos da pelve.

b) Fêmur, mandíbula, metatarsos, falanges.

c) Vértebras, falanges, costelas, ossos da pelve.

d) Vértebras, úmeros, metatarsos, ossos do tórax.

A identificação craniométrica é de suma importância para orientação quanto ao sexo e à idade, podendo ainda em casos extremos ser utilizada na identificação de etnia. Os pontos craniométricos são muito utilizados na identificação de sexo, além da capacidade craniana e o ângulo dos arcos superciliares. Assim, para a identificação dos indivíduos pelo sexo, os ossos utilizados são: crânio, mandíbula, ossos da pelve e ossos do tórax.

GABARITO: A.

57. (FUMARC – 2021 – PC/MG – ESCRIVÃO) Nas mortes por calor (queimaduras), o sinal de Montalti corresponde à(às):

a) coleção hemática no espaço extradural.

b) flictenas simulando bolhas da putrefação.

c) posição de boxer ou boxeador da vítima de carbonização.

d) presença de fuligem nas vias aéreas.

Para a perícia, é importante verificar se o indivíduo morreu em decorrência do fogo ou antes de ser atingido por ele. Quando as queimaduras levam o indivíduo à morte, há fuligem e fumaça nas vias respiratórias (Sinal de Montalti) e monóxido de carbono no sangue, evidenciando que houve respiração durante o incêndio. Além disso, as flictenas, quando provocadas no cadáver, não apresentam conteúdo seroso com evidências de leucócitos (Sinal de Janesie-Jeliac), que estariam presentes em resposta do organismo vivo.

GABARITO: D.